D1619926

Gerold/Schmidt/v. Eicken/Madert
Bundesgebührenordnung für Rechtsanwälte

Bundesgebührenordnung für Rechtsanwälte

Kommentar

begründet von

Dr. jur. Wilhelm Gerold †

fortgeführt von

Dr. jur. Herbert Schmidt †

Kurt von Eicken
Vors. Richter am Kammergericht a. D.

Wolfgang Madert
Rechtsanwalt in Moers

9., neubearbeitete Auflage

C. H. BECK'SCHE VERLAGSBUCHHANDLUNG
MÜNCHEN 1987

Zitiervorschlag:
Gerold/Schmidt – (mit jeweiligem Bearbeiter) z. B.
Gerold/Schmidt-Madert § 3 A 1
Gerold/Schmidt – von Eicken § 6 A 5

ISBN 3 406 32114 3

© 1987 C. H. Beck'sche Verlagsbuchhandlung (Oskar Beck), München

Satz: Fotosatz Otto Gutfreund, Darmstadt

Druck und Bindung: Parzeller, Fulda

Vorwort

Eine Neubearbeitung des Kommentars ist aus zwei Gründen erforderlich geworden. Der Bearbeiter der 3.–8. Auflage, Herr Dr. Herbert Schmidt, ist am 29. Dezember 1985 verstorben. Sodann brachte das Kostenänderungsgesetz 1986, in Kraft getreten am 1. Januar 1987, neue Gebühren. Seit dem Erscheinen der letzten Auflage hat die Rechtsprechung in zahlreichen Entscheidungen zu neuen Gesetzen (Prozeßkostenhilfe, Beratungshilfe) ausführlich Stellung genommen. Zum anderen hat sie auch alte Streitfragen geklärt und neue aufgeworfen. Zu all diesen Punkten haben die Verfasser entweder kommentierend Stellung genommen oder, falls zuviel Einzelkasuistik den Überblick gefährdet hätte, zusammenfassende Entwicklungen und neue Grundlinien aufgezeigt. Die Verfasser haben die Gelegenheit genutzt, einige bisher vertretene Meinungen zu überdenken und – soweit geboten – zu ändern. Zu einzelnen besonders wichtigen Fragen wurden die Ausführungen erweitert. Dabei war es stets ein Anliegen der Verfasser, daß der Umfang des Kommentars nicht unangemessen zunimmt.

Rechtsprechung und Schrifttum wurden bis Anfang 1987 berücksichtigt. Dank soll allen Benutzern des Kommentars an dieser Stelle gesagt werden, die die Verfasser durch Hinweise und Anregungen unterstützt haben, das Werk praxisnah und umfassend zu gestalten.

Die Autoren verbinden mit dem Dank die Bitte, auch weiterhin durch Anregungen mitzuwirken.

1000 Berlin 33, Hellriegelstr. 5   Kurt von Eicken
4130 Moers 1, Ostring 7   Wolfgang Madert
im Juli 1987

Inhaltsverzeichnis

Dritter Abschnitt.
Gebühren in bürgerlichen Rechtsstreitigkeiten und in ähnlichen Verfahren

VIII

Inhaltsverzeichnis

Vierter Abschnitt.
Gebühren im Verfahren der Zwangsversteigerung und der Zwangsverwaltung

Fünfter Abschnitt.
Gebühren in Konkursverfahren und in Vergleichsverfahren zur Abwendung des Konkurses sowie in seerechtlichen Verteilungsverfahren

Sechster Abschnitt.
Gebühren in Strafsachen

1. Gebühren des gewählten Verteidigers und anderer gewählter Vertreter

2. Gebühren des gerichtlich bestellten Verteidigers und des beigeordneten Rechtsanwalts

Siebter Abschnitt.
Gebühren in Bußgeldverfahren

Dreizehnter Abschnitt.
Vergütung bei Prozeßkostenhilfe

Vierzehnter Abschnitt.
Vergütung für die Beratungshilfe

Fünfzehnter Abschnitt.
Übergangs- und Schlußvorschriften

Teil C. Anhang

Abkürzungen

A	Anmerkung = Randnummer
a. A.	anderer Ansicht
a. a. O.	am angegebenen Orte
ABl.	Amtsblatt
abl.	ablehnend
Abs.	Absatz
Abschn.	Abschnitt
AbzG	Abzahlungsgesetz
a. F.	alter Fassung
AG	Amtsgericht
AGBGB	Ausführungsgesetz zum Bürgerlichen Gesetzbuch
AktG	Aktiengesetz
allg. M.	allgemeine Meinung
a. M.	anderer Meinung
Anh.	Anhang
Anm.	Anmerkung
AnwBl.	Zeitschrift „Anwaltsblatt"
AO	Abgabenordnung
ArbG	Arbeitsgericht
ArbGG	Arbeitsgerichtsgesetz
ArbRS	Sammlung von Entscheidungen der Arbeitsgerichte
ArbRspr.	Die Rechtsprechung in Arbeitssachen
Art.	Artikel
Aufl.	Auflage
AuslG	Auslieferungsgesetz/Ausländergesetz
AVO/Ausf. VO	Ausführungsverordnung
BAG/BArbG	Bundesarbeitsgericht
BAGE	Entscheidungen des Bundesarbeitsgerichts
BayJMBl.	Zeitschrift „Bayerisches Justizministerialblatt"
BayObLG	Bayerisches Oberstes Landesgericht
BayObLGSt.	Entscheidungen des Bayerischen Obersten Landesgerichts in Strafsachen
BayObLGZ	Entscheidungen des Bayerischen Obersten Landesgerichts in Zivilsachen
BayVBl.	Bayerisches Verwaltungsblatt
BayVGH	Bayerischer Verwaltungsgerichtshof
BayZ	Zeitschrift für Rechtspflege in Bayern
b. a. w.	bis auf weiteres
BB	Zeitschrift „Betriebs-Berater"
BBl.	Büroblätter
Bd.	Band
BDH	Bundesdisziplinarhof
BDO	Bundesdisziplinarordnung
BEG	Bundesentschädigungsgesetz
Beil. betr.	Beilage betreffend, betreffs

XV

Abkürzungen

BerHG	Beratungshilfegesetz
BFH	Bundesfinanzhof
BFM	Bundesfinanzministerium
BG	Bezirksgericht
BGB	Bürgerliches Gesetzbuch
BGBl.	Bundesgesetzblatt
BGH	Bundesgerichtshof
BGHSt	Entscheidungen des Bundesgerichtshofs in Strafsachen
BGHZ	Entscheidungen des Bundesgerichtshofs in Zivilsachen
BinnSchG	Binnenschiffahrtsgesetz
BJM	Bundesjustizministerium
BlfPMZ	Blatt für Patent-, Muster- und Zeichenwesen
BNotO	Bundesnotarordnung
BPatG	Bundespatent(gesetz/gericht)
BRAGO	Bundesrechtsanwaltsgebührenordnung
BRAO	Bundesrechtsanwaltsordnung
Breithaupt	Sammlung von Entscheidungen der Sozialversicherung, Versorgungs- und Arbeitslosenversicherung (Jahr und Seite)
BSozG(BSG)	Bundessozialgericht
BStBl.	Amtsblatt „Bundessteuerblatt"
BT-Drucks.	Bundestags-Drucksache
Büro	Zeitschrift „Das Büro"
BVerfG	Bundesverfassungsgericht
BVerfGE	Amtliche Sammlung der Entscheidungen des BVerfG
BVerwG	Bundesverwaltungsgericht
BVerwGE	Amtliche Sammlung der Entscheidungen des BVerwG
BZRG	Bundeszentralregistergesetz
bzw.	beziehungsweise
DAutoR(DAR)	Zeitschrift „Deutsches Autorecht"
DAV	Deutscher Anwaltverein
DB	Zeitschrift „Der Betrieb"
DBest.	Durchführungsbestimmungen
DDR	Deutsche Demokratische Republik
dergl.	dergleichen
DGVZ	Deutsche Gerichtsvollzieher-Zeitung
d. h.	das heißt
DJustiz	Zeitschrift „Deutsche Justiz"
DJZ	Deutsche Juristenzeitung
DM	Deutsche Mark
DNotZ	Deutsche Notarzeitschrift
DONot	Dienstordnung für Notare
DÖV	Zeitschrift „Die Öffentliche Verwaltung"
DR	Deutsches Recht (früher JW)
DRechtspfl.	Zeitschrift „Deutsche Rechtspflege"
DRiZ	Deutsche Richterzeitung
DRM	Zeitschrift „Deutsches Recht", Monatsausgabe
DRW	Zeitschrift „Deutsches Recht", Wochenausgabe
DStR	Deutsches Steuerrecht

XVI

DVBl.	Zeitschrift „Deutsches Verwaltungsblatt"
DVO	Durchführungsverordnung
EFG	Entscheidungen der Finanzgerichte
EGH	Entscheidungen des Ehrengerichtshofs
EGBGB	Einführungsgesetz zum Bürgerlichen Gesetzbuch
EGGVG	Einführungsgesetz zum Gerichtsverfassungsgesetz
EGOWiG	Einführungsgesetz zum Ordnungswidrigkeitengesetz
EGZPO	Einführungsgesetz zur Zivilprozeßordnung
EGZVG	Einführungsgesetz zum Zwangsversteigerungsgesetz
EheG	Ehegesetz
EhrRiEG	Gesetz über die Entschädigung der ehrenamtlichen Richter
Einl.	Einleitung
EJuF	Entscheidungen aus dem Jugend- und Familienrecht
Entw.	Entwurf
Erl.	Erlaß
EuGÜB	Übereinkommen der Europäischen Gemeinschaft über die gerichtliche Zuständigkeit und die Vollstreckung gerichtlicher Entscheidungen in Zivil- und Handelssachen
FamRZ	Zeitschrift für das gesamte Familienrecht
ff.	folgende
FGG	Gesetz über die Angelegenheiten der freiwilligen Gerichtsbarkeit
FGO	Finanzgerichtsordnung
FinA	Finanzamt
FinG(FG)	Finanzgericht
Fußn.=Fn.	Fußnote
GBl.	Gesetzblatt
GBO	Grundbuchordnung
GebO	Gebührenordnung
GebrMG	Gebrauchsmustergesetz
Ges.	Gesetz
GG	Grundgesetz
GKG	Gerichtskostengesetz
GleichberG	Gleichberechtigungsgesetz v. 18. 6. 1957
GM	Goldmark
GmbH	Gesellschaft mit beschränkter Haftung
GoltdArch.	Goldammers Archiv für Strafrecht
Gruchot	Beiträge zur Erläuterung des Deutschen Rechts, begründet von Gruchot
GrundE	Zeitschrift „Das Grundeigentum"
GrdstVG	Grundstücksverkehrsgesetz
Grdz.	Grundzüge
GRUR	Zeitschrift „Gewerblicher Rechtsschutz und Urheberrecht"
GS	Gesetzessammlung
GVBl.	Gesetz- und Verordnungsblatt

Abkürzungen

GVG	Gerichtsverfassungsgesetz
GWB	Gesetz gegen Wettbewerbsbeschränkungen
HansGZ	Hanseatische Gerichtszeitschrift
HausratsVO	VO über die Behandlung der Ehewohnung und des Hausrats nach der Scheidung
HessVGH	Hessischer Verwaltungsgerichtshof
HEZ	Höchstrichterliche Entscheidungen in Zivilsachen
HGB	Handelsgesetzbuch
h. M.	herrschende Meinung
HRR	Höchstrichterliche Rechtsprechung
i. d. F.	in der Fassung
i. d. R.	in der Regel
IPR	Internationales Privatrecht
IRG	Gesetz über die internationale Rechtshilfe in Strafsachen
i. V. m.	in Verbindung mit
JA	Juristische Arbeitsblätter
JBeitrO	Justizbeitreibungsordnung
JBl.	Zeitschrift „Justizblatt"
JFG	Jahrbuch für Entscheidungen in Angelegenheiten der Freiwilligen Gerichtsbarkeit
Jg.	Jahrgang
JGG	Jugendgerichtsgesetz
JM	Justizminister, Justizministerium
JMBl.	Zeitschrift „Justizministerialblatt"
JMBlNRW	Justizministerialblatt für Nordrhein-Westfalen
JR	Zeitschrift „Juristische Rundschau"
JRfPrV	Zeitschrift „Juristische Rundschau für Privatversicherung"
JurBüro	Zeitschrift „Das juristische Büro"
Justiz	Die Justiz, Amtsblatt des Justizministerium Baden-Württemberg
JVBl.	Justizverwaltungsblatt
JW	Zeitschrift „Juristische Wochenschrift"
JZ	Zeitschrift „Juristenzeitung"
KG	Kammergericht, Kommanditgesellschaft
KGBl.	Blätter für Rechtspflege im Bezirk des Kammergerichts
KG Gaedeke	Kostenentscheidungen des Kammergerichts, herausgegeben von Gaedeke
KGJ	Jahrbuch für Entscheidungen des Kammergerichts
KO	Konkursordnung
KostÄndG	Kostenänderungsgesetz
KostO	Kostenordnung
KostRsp.	Kostenrechtsprechung, Nachschlagewerk, 9. Aufl., bearb. von Lappe, von Eicken, Noll, E. Schneider, Herget
KostV(KostVerf.)	Kostenverfügung (Durchführungsbestimmungen zu den Kostengesetzen)

XVIII

Abkürzungen

KTS	Zeitschrift „Konkurs-, Treuhand- und Schiedsgerichtswesen"
KunstUrhG	Gesetz betr. das Urheberrecht an Werken der bildenden Kunst und der Photographie
L	Leitsatz (ohne Begründung)
LAG	Lastenausgleichsgesetz/Landesarbeitsgericht
LandwVerfG	Gesetz über das gerichtliche Verfahren in
(LwVG)	Landwirtschaftssachen
LArbG	Landesarbeitsgericht
LG	Landgericht
LGebO	Landesgebührenordnung
LitUrhG	Gesetz betr. das Urheberrecht an Werken der Literatur und der Tonkunst
LM	Lindenmaier/Möhring, Nachschlagewerk des Bundesgerichtshofs in Zivilsachen
LSG	Landessozialgericht
LVG	Landesverwaltungsgericht
LwG	Landwirtschaftsgericht
LZ	Leipziger Zeitschrift für Deutsches Recht
LZB	Landeszentralbank
MaßnG	Gesetz über Maßnahmen auf dem Gebiete des Kostenrechts v. 7. 8. 1952
m. a. W.	mit anderen Worten
MDR	Zeitschrift „Monatsschrift für Deutsches Recht"
MinBl.	Ministerialblatt
MittDPatAnw.	Zeitschrift „Mitteilungsblatt Deutscher Patentanwälte"
MittRRAK	Mitteilungen der Reichsrechtsanwaltskammer
Mot.	Motive
MSchG	Mieterschutzgesetz
MuW	Zeitschrift „Markenschutz und Wettbewerb"
MWSt	Mehrwertsteuer
NdsFG	Niedersächsisches Finanzgericht
NdsRpfl.	Zeitschrift „Niedersächsische Rechtspflege"
n. F.	neue Fassung
NJ	Zeitschrift „Neue Justiz"
NJW	Zeitschrift „Neue Juristische Wochenschrift"
NN	Beitrag ohne namentlich genannten Autor
Nr.	Nummer
NRW	Nordrhein-Westfalen
NStZ	Zeitschrift „Neue Zeitschrift für Strafrecht"
ObG	Obergericht
OGH	Oberster Gerichtshof
OGHZ	Entscheidungen des Obersten Gerichtshofs der Britischen Zone in Zivilsachen
oHG	offene Handelsgesellschaft
OLG	Oberlandesgericht

Abkürzungen

OLGSt.	Entscheidungen der Oberlandesgerichte zum Straf- und Strafverfahrensrecht
OLGZ	Entscheidungen der Oberlandesgerichte in Zivilsachen
OVG	Oberverwaltungsgericht
OVGEMü./Lü.	Entscheidungen des Oberverwaltungsgerichts für das Land Nordrhein-Westfalen in Münster und für die Länder Niedersachsen und Schleswig-Holstein in Lüneburg
OWiG	Gesetz über Ordnungswidrigkeiten
PatA	Patentamt
PatG	Patentgesetz
RA	Rechtsanwalt, Rechtsanwalts, Rechtsanwälte
RAGebO	Gebührenordnung für Rechtsanwälte i. d. F. v. 5. 7. 1927
RAO	Rechtsanwaltsordnung
RArbG	Reichsarbeitsgericht
RAuNot	Zeitschrift „Rechtsanwalt und Notar"
RBerG	Gesetz zur Verhütung von Mißbräuchen auf dem Gebiete der Rechtsberatung
RdErl	Runderlaß
RdL	Zeitschrift „Recht der Landwirtschaft"
Recht	Zeitschrift „Das Recht"
RErstG	Rückerstattungsgesetz
RFinM	Reichsfinanzministerium
RG	Reichsgericht
RGBl.	Reichsgesetzblatt
RGRK	Bürgerliches Gesetzbuch, erläutert von Reichsgerichtsräten und Richtern des Bundesgerichtshofes
RGSt.	Entscheidungen des Reichsgerichts in Strafsachen
RGZ	Entscheidungen des Reichsgerichts in Zivilsachen
RhSchiffG	Rheinschiffahrtsgericht
RJA	Entscheidungen in Angelegenheiten der freiwilligen Gerichtsbarkeit und des Grundbuchwesens, zusammengestellt im Reichsjustizamt
RJM	Reichsjustizministerium
RKG	Reisekostengesetz
RKVO	Reisekostenverordnung
RM	Reichsmark
ROLG	Rechtsprechung der Oberlandesgerichte
Rpfleger	Zeitschrift „Der Deutsche Rechtspfleger"
RpflegerG	Rechtspflegergesetz
RRAGebO	Reichsrechtsanwaltsgebührenordnung
RRAK	Reichsrechtsanwaltskammer
RSchuldbG	Reichsschuldbuchgesetz
Rspr.	Rechtsprechung
RVO	Reichsversicherungsordnung
Rz.	Randziffer
RzW	Zeitschrift „Rechtsprechung zum Wiedergutmachungsrecht"

XX

S.	Seite oder Satz
s.	siehe
s. a.	siehe auch
SächsA	Sächsisches Archiv
ScheckG	Scheckgesetz
SchlHA	Schleswig-Holsteinische Anzeigen (Justizministerialblatt für Schleswig-Holstein)
SeuffA	Seufferts Archiv für Entscheidungen der obersten Gerichte
SG(SozG)	Sozialgericht
SGb	Zeitschrift „Sozialgerichtsbarkeit"
SGB	Sozialgesetzbuch – Verwaltungsverfahren
SGG	Sozialgerichtsgesetz
SJZ	Zeitschrift „Süddeutsche Juristenzeitung"
sog.	sogenannte
SozV	Die Sozialversicherung
SprB	Spruchbeilage
StBFG	Städtebauförderungsgesetz
StBGebVO	Steuerberatergebührenverordnung
StGB	Strafgesetzbuch
StPO	Strafprozeßordnung
str.	streitig
Strafverteidiger	Zeitschrift „Der Strafverteidiger"
StrEG	Gesetz über die Entschädigung für Strafverfolgungsmaßnahmen
StuW	Zeitschrift „Steuer und Wirtschaft"
StVollzG	Strafvollzugsgesetz
u.	und
UmstErgG	Umstellungsergänzungsgesetz
UStG	Umsatzsteuergesetz
u. U.	unter Umständen
UWG	Gesetz gegen den unlauteren Wettbewerb
v.	vom
V	Vorbemerkung
VerfG	Verfassungsgericht
VerfGH	Verfassungsgerichtshof
VerglO	Vergleichsordnung
VerschG	Verschollenheitsgesetz
VersR	Zeitschrift für Versicherungsrecht
VertragsHG	Vertragshilfegesetz
vgl.	vergleiche
VerwG(VG)	Verwaltungsgericht
VerwGH	Verwaltungsgerichtshof
VO	Verordnung
VOBl.	Verordnungsblatt
VollstrSchVO	Vollstreckungsschutzverordnung
Vorbem.	Vorbemerkung
VRsp.(VerwRsp.)	Verwaltungsrechtsprechung

Abkürzungen

VRS	Verkehrsrechts-Sammlung
VwGO	Verwaltungsgerichtsordnung
VZS	Vereinigte Zivilsenate
Warn	Warneyer, Die Rechtsprechung des Reichsgerichts und des Bundesgerichtshofes
WEG	Wohnungseigentumsgesetz
WM	Wohnungswirtschaft und Mietrecht
WRP	Wettbewerb in Recht und Praxis
WürttBadVGH	Württemberg-Badischer Verwaltungsgerichtshof
WürttZ	Zeitschrift für Rechtspflege in Württemberg
WZG	Warenzeichengesetz
z. B.	zum Beispiel
ZblJugR	Zentralblatt für Jugendrecht und Jugendwohlfahrt
ZfS	Zentralblatt für Sozialrentenversicherung, Sozialhilfe und Versorgung
ZIP	Insolvenzrecht (Zeitschrift für die gesamte Insolvenzpraxis)
ZLA	Zeitschrift für den Lastenausgleich
ZMR	Zeitschrift für Miet- und Raumrecht
ZPO	Zivilprozeßordnung
ZS	Zivilsenat
ZSEG	Gesetz über die Entschädigung von Zeugen und Sachverständigen
zust.	zustimmend
ZVG	Zwangsversteigerung
ZZP	Zeitschrift für Zivilprozeß

Literaturverzeichnis

Baumbach/Lauterbach/ Albers/Hartmann	Zivilprozeßordnung, 45. Aufl. 1987
BGB/RGRK/(Bearbeiter)	Das Bürgerliche Gesetzbuch – Kommentar, 12. Aufl., 1977 ff.
Bley/Mohrbutter	Vergleichsordnung, 4. Aufl., 1979
Böhle-Stamschräder/Kilger	Konkursordnung, 15. Aufl., 1985
Böhle-Stamschräder/Kilger	Vergleichsordnung, 11. Aufl., 1986
Dahs	Handbuch des Strafverteidigers, 5. Aufl., 1983
v. Eicken	Erstattungsfähige Kosten und Erstattungsverfahren, 4. Aufl., 1985
v. Eicken/Lappe/Madert (vormals Willenbücher)	Kostenfestsetzung, 17. Aufl., 1987
Eckert/Böttcher	Steuerberatungsgebührenordnung, Kommentar, 1982
Festschrift f. H. Schmidt	Kostenerstattung und Streitwert, Festschrift für Herbert Schmidt, Schriftenreihe der Bundesrechtsanwaltskammer, Band 3
Göttlich/Mümmler	Kostenordnung, Kommentar, 8. Aufl., 1983
Göttlich/Mümmler	Bundesgebührenordnung für Rechtsanwälte, Kommentar, 15. Aufl., 1984
Haegele	Der Testamentsvollstrecker, 5. Aufl., 1975
Hartmann	Kostengesetze, 21. Aufl., 1983
Hillach/Rohs	Handbuch des Streitwertes, 6. Aufl., 1986
Hodes/Mümmler	Kostenrechtsprechung seit 1945, 2. Aufl., 1974
Jaeger/(Bearbeiter)	Konkursordnung, 9. Aufl., 1977
Karlsruher Kommentar	Strafprozeßordnung und Gerichtsverfassungsgesetz, 1982; abgekürzt KK – mit jeweiligem Bearbeiter
Kleinknecht/Meyer	Strafprozeßordnung – Kommentar, 37. Aufl., 1985
Korintenberg/Lappe/ Bengel/Reimann	Kostenordnung, 10. Aufl., 1984
Lappe	Gebührentips für Rechtsanwälte, 1985
Lappe	Gerichtskostengesetz – Kommentar, 1975, in KostRsp.
Lappe	Kosten in Familiensachen, 4. Aufl., 1983
Lappe	Justizkostenrecht, 1982
Lappe/Stöber	Kosten in Handelssachen, 1963
Lechner	Bundesverfassungsgerichtsgesetz, 3. Aufl., 1973
Leibholz/Rupprecht	Bundesverfassungsgerichtsgesetz, 1968, Nachtrag 1971
Löwe/Rosenberg	Strafprozeßordnung und das Gerichtsverfassungsgesetz, 23. Aufl., 1976; abgekürzt LR – mit jeweiligem Bearbeiter

XXIII

Literaturverzeichnis

Madert	Gebühren des Strafverteidigers (Praxis des Strafverteidigers Bd. 5), 1987
Markl	Gerichtskostengesetz, 2. Aufl., 1983
Mentzel/Kuhn/Selzam	Konkursordnung, 9. Aufl., 1979
Noll	Die Streitwertfestsetzung im Verwaltungsprozeß, 1970, NJW-Schriftenreihe, Heft 9
Palandt/(Bearbeiter)	Bürgerliches Gesetzbuch – Kommentar, 46. Aufl., 1987
Riedel/Sußbauer	Bundesgebührenordnung für Rechtsanwälte, 5. Aufl., 1985
Rohs/Wedewer	Kostenordnung, Loseblattsammlung, 1961 ff.
Schmidt	Die Vergütung des Strafverteidigers, 2. Aufl., 1982
Schmidt/Schmidt	Der Gegenstandwert in bürgerlichen Rechtsangelegenheiten, 1978, NJW-Schriftenreihe, Heft 20, 2. Aufl.
Schneider E.	Streitwert-ABC, 6. Aufl., 1983
Schoreit/Dehn	Beratungshilfegesetz/Prozeßkostenhilfegesetz, Kommentar, 2. Aufl., 1985
Schumann/Geißinger	Bundesgebührenordnung für Rechtsanwälte, 2. Aufl., 1974 ff.
Staudinger/(Bearbeiter)	Kommentar zum Bürgerlichen Gesetzbuch, 12. Aufl., 1978
Stein/Jonas/(Bearbeiter)	Kommentar zur Zivilprozeßordnung, 20. Aufl., 1977 ff.
Swolana	Bundesgebührenordnung für Rechtsanwälte, 6. Aufl., 1981
Thomas/Putzo	Zivilprozeßordnung, 13. Aufl., 1985
Tschischgale/Satzky	Das Kostenrecht in Arbeitssachen, 3. Aufl., 1982
Uhlenbruck/Möhring/Selzam	Vermögensverwaltung in Vormundschafts- und Nachlaßsachen, 5. Aufl., 1963
Wieczorek/Schütze	Zivilprozeßordnung und Nebengesetze, 2. Aufl., 1977 ff.
Zöller/(Bearbeiter)	Zivilprozeßordnung – Kommentar, 15. Aufl., 1984

Weitere Nachweise bei den einzelnen Paragraphen

Zitierweise von Entscheidungen

Sind Entscheidungen nur mit der Ortsangabe angeführt, so handelt es sich um Entscheidungen des entsprechenden Oberlandesgerichts.
Die Zahl, die von der Zahl des Jahrgangs oder des Bandes durch ein Komma getrennt ist, ist die Seitenzahl.
Sind Entscheidungen durch = getrennt, so handelt es sich um die gleiche in einer anderen Sammlung oder Zeitschrift abgedruckte Entscheidung. Sind Entscheidungen des gleichen Gerichts durch Semikolon getrennt, so handelt es sich um verschiedene Entscheidungen.

Teil A. Text

Bundesgebührenordnung für Rechtsanwälte

Vom 26. Juli 1957 (BGBl. I 907)

verkündet als Bestandteil (Art. VIII) des Kostenrechtsänderungsgesetzes vom 26. Juli 1957 (BGBl. I 861), veröffentlicht im Bundesgesetzblatt Teil III, Gliederungsnummer 368 – in bereinigter Fassung geändert durch Gesetz gegen Wettbewerbsbeschränkungen vom 27. Juli 1957 (BGBl. I 1081), Gesetz zur Ausführung des Abkommens zwischen der Bundesrepublik Deutschland und dem Königreich Belgien vom 30. Juni 1958 usw. vom 26. Juni 1959 und 23. November 1960 (BGBl. I 425; BGBl. II 2048), Verwaltungsgerichtsordnung vom 21. Januar 1960 (BGBl. I 17), Gesetz zur Ausführung des Vertrages zwischen der Bundesrepublik und der Republik Österreich vom 6. Juni 1959 usw. vom 8. März 1960 und 4. Mai 1960 (BGBl. I 169; BGBl. II 1523), Sechstes Gesetz zur Änderung und Überleitung von Vorschriften auf dem Gebiet des gewerblichen Rechtsschutzes vom 23. März 1961 (BGBl. I 274), Gesetz zur Ausführung des Abkommens zwischen der Bundesrepublik und dem Vereinigten Königreich Großbritannien und Nordirland vom 14. Juli 1960 usw. vom 28. März 1961 und 28. Juli 1961 (BGBl. I 301; BGBl. II 1025), Gesetz zur Änderung der BRAGO und des GKG vom 19. Juni 1961 (BGBl. I 769), Zweites Gesetz zur Änderung mietrechtlicher Vorschriften vom 14. Juli 1964 (BGBl. I 457), Gesetz zur Änderung der StPO und des GVG (StPÄG) vom 19. Dezember 1964 (BGBl. I 1067), Gesetz zur Ausführung des Vertrages vom 30. August 1962 zwischen der Bundesrepublik und dem Königreich der Niederlande usw. vom 15. Januar und 11. August 1965 (BGBl. I 17; BGBl. II 1040), Gesetz zur Änderung der BRAGO und anderer Gesetze vom 30. Juni 1965 (BGBl. I 577), Gesetz über die Wahrnehmung von Urheberrechten und verwandten Schutzrechten vom 9. September 1965 (BGBl. I 1294), Gesetz zur Änderung strafprozessualer Vorschriften der Reichsabgabenordnung und anderer Gesetze (AOStrafÄndG) vom 10. August 1967 (BGBl. I 877), Gesetz zur Anpassung von Kostengesetzen an das Umsatzsteuergesetz vom 29. Mai 1967 u. vom 20. Dezember 1967 (BGBl. I 1246), Gesetz über den Schutz von Pflanzensorten (Sortenschutzgesetz) vom 20. Mai 1968 (BGBl. I 429), Einführungsgesetz zum Gesetz über Ordnungswidrigkeiten (EGOWiG) vom 24. Mai 1968 (BGBl. I 503), Gesetz zur Wahrung der Einheitlichkeit der Rechtsprechung der obersten Gerichtshöfe des Bundes vom 19. August 1968 (BGBl. I 661), Gesetz über die rechtliche Stellung der nichtehelichen Kinder vom 19. August 1969 (BGBl. I 1243), Gesetz zur allgemeinen Einführung eines zweiten Rechtszuges in Staatsschutz-Strafsachen vom 8. September 1969 (BGBl. I 1582) und Gesetz zur Änderung kostenrechtlicher Vorschriften vom 29. Oktober 1969 (BGBl. I 2049), Gesetz zur Änderung des Rechtspflegergesetzes, des Beurkundungsgesetzes und zur Umwandlung des Offenbarungseides in eine eidesstattliche Versicherung vom 27. Juni 1970 (BGBl. I 911), des Gesetzes über das Verfahren bei der Einzahlung und Verteilung der Haftungssumme zur Beschränkung der Reederhaftung (Seerechtliche Verteilungsordnung) vom 21. Juni 1972 (BGBl. I 953), das Gesetz zur Änderung der Bundesrechtsanwaltsordnung, der BRAGO und anderer Vorschriften vom 24. Oktober 1972 (BGBl. I 2013), Einführungsgesetz zum Strafgesetzbuch (EGStGB) vom 2. März 1974 (BGBl. I 469), Gesetz zur Änderung des Rechts der Revision in Zivilsachen vom 8. Juli 1975 (BGBl. I 1863), Gesetz zur Änderung des Gerichtskostengesetzes, des Gesetzes über die Kosten der Gerichtsvollzieher, der Bundesgebührenordnung für Rechtsanwälte und anderer Vorschriften vom 20. August 1975 (BGBl. I 2189), Gesetz über den Vollzug der Freiheitsstrafe und der freiheitsentziehenden Maßregeln der Besserung und Sicherung – Strafvollzugsgesetz (StVollzG) – vom 16. März 1976 (BGBl. I 581, berichtigt 2088), Erstes Gesetz zur Reform des Ehe- und Familienrechts

(1. EheRG) vom 14. Juni 1976 (BGBl. I 1421), Gesetz zur vereinfachten Abänderung von Unterhaltsrenten vom 29. Juli 1976 (BGBl. I 2029), Gesetz zur Vereinfachung und Beschleunigung gerichtlicher Verfahren (Vereinfachungsnovelle) vom 3. Dezember 1976 (BGBl. I 3281), Gesetz zur Änderung des Umsatzsteuergesetzes, des Bundeskindergeldgesetzes, des Einkommensteuergesetzes und anderer Gesetze (Steueränderungsgesetz 1977 – StÄndG 1977) vom 16. August 1977 (BGBl. I 1586), Gesetz zur Änderung des Einkommensteuergesetzes, des Gewerbesteuergesetzes, des Umsatzsteuergesetzes und anderer Gesetze (Steueränderungsgesetz 1979 – StÄndG 1979) vom 30. November 1978 (BGBl. I 1849), Gesetz zur Neuregelung des Rechts der elterlichen Sorge vom 18. Juli 1979 (BGBl. I 1061), Gesetz zur Neufassung des Umsatzsteuergesetzes und zur Änderung anderer Gesetze vom 26. November 1979 (BGBl. I 1953), Gesetz über die Prozeßkostenhilfe vom 13. Juni 1980 (BGBl. I 677), Gesetz über die Rechtsberatung und Vertretung für Bürger mit geringen Einkommen (Beratungshilfegesetz) vom 18. Juni 1980 (BGBl. I 689), Fünftes Gesetz zur Änderung der Bundesgebührenordnung für Rechtsanwälte vom 18. August 1980 (BGBl. I 1503), Gesetz über die internationale Rechtshilfe in Strafsachen (IRG) vom 23. Dezember 1982 (BGBl. I 2071), Gesetz zur Neuordnung des landwirtschaftlichen Pachtrechts vom 8. November 1985 (BGBl. I 2065), Gesetz zur Änderung des Einführungsgesetzes zum Gerichtsverfassungsgesetz vom 4. Dezember 1985 (BGBl. I 2141), Gesetz zur Änderung des Gesetzes über Ordnungswidrigkeiten, des Straßenverkehrsgesetzes und anderer Gesetze vom 7. Juli 1986 (BGBl. I 977), Gesetz über das Verfahren bei der Errichtung und Verteilung eines Fonds zur Beschränkung der Haftung für Seeforderungen (Seerechtliche Verteilungsordnung) vom 25. Juli 1986 (BGBl. I 1130), Gesetz zur Änderung des Gebrauchsmustergesetzes vom 15. August 1986 (BGBl. I 1446), Gesetz zur Änderung von Kostengesetzen vom 9. Dezember 1986 (BGBl. I 2326), Erstes Gesetz zur Verbesserung der Stellung des Verletzten im Strafverfahren (Opferschutzgesetz) vom 18. Dezember 1986 (BGBl. I 2496).

Erster Abschnitt. Allgemeine Vorschriften

§ 1 Geltungsbereich

(1) Die Vergütung (Gebühren und Auslagen) des Rechtsanwalts für seine Berufstätigkeit bemißt sich nach diesem Gesetz.

(2) Dieses Gesetz gilt nicht, wenn der Rechtsanwalt als Vormund, Pfleger, Testamentsvollstrecker, Konkursverwalter, Vergleichsverwalter, Mitglied des Gläubigerausschusses oder Gläubigerbeirats, Nachlaßverwalter, Zwangsverwalter, Treuhänder, Schiedsrichter oder in ähnlicher Stellung tätig wird. § 1835 des Bürgerlichen Gesetzbuchs bleibt unberührt.

§ 2 Sinngemäße Anwendung des Gesetzes

Ist in diesem Gesetz über die Gebühren für eine Berufstätigkeit des Rechtsanwalts nichts bestimmt, so sind die Gebühren in sinngemäßer Anwendung der Vorschriften dieses Gesetzes zu bemessen.

§ 3[1] Vereinbarung der Vergütung

(1) Aus einer Vereinbarung kann der Rechtsanwalt eine höhere als die gesetzliche Vergütung nur fordern, wenn die Erklärung des Auftraggebers schriftlich abgegeben und nicht in der Vollmacht oder in einem Vordruck, der auch andere Erklärungen umfaßt, enthalten ist. Hat der Auftraggeber freiwillig und ohne Vorbehalt geleistet, so kann er das Geleistete nicht deshalb zurückfordern, weil seine Erklärung der Vorschrift des Satzes 1 nicht entspricht.

---

[1] § 3 Abs. 3 Satz 3 angefügt durch Gesetz vom 20. August 1975 (BGBl. I 2189), § 3 Abs. 4 Satz 1 geändert durch Gesetz vom 13. Juni 1980 (BGBl. I 677).

(2) Die Festsetzung der Vergütung kann dem billigen Ermessen des Vorstandes der Rechtsanwaltskammer überlassen werden. Ist die Festsetzung der Vergütung dem Ermessen eines Vertragsteils überlassen, so gilt die gesetzliche Vergütung als vereinbart.

(3) Ist eine vereinbarte oder von dem Vorstand der Rechtsanwaltskammer festgesetzte Vergütung unter Berücksichtigung aller Umstände unangemessen hoch, so kann sie im Rechtsstreit auf den angemessenen Betrag bis zur Höhe der gesetzlichen Vergütung herabgesetzt werden. Vor der Herabsetzung hat das Gericht ein Gutachten des Vorstandes der Rechtsanwaltskammer einzuholen; dies gilt nicht, wenn der Vorstand der Rechtsanwaltskammer die Vergütung nach Absatz 2 Satz 1 festgesetzt hat. Das Gutachten ist kostenlos zu erstatten.

(4) Durch eine Vereinbarung, nach der ein im Wege der Prozeßkostenhilfe beigeordneter Rechtsanwalt eine Vergütung erhalten soll, wird eine Verbindlichkeit nicht begründet. Hat der Auftraggeber freiwillig und ohne Vorbehalt geleistet, so kann er das Geleistete nicht deshalb zurückfordern, weil eine Verbindlichkeit nicht bestanden hat.

§ 4[1] Vergütung für Tätigkeiten von Vertretern des Rechtsanwalts

Die Vergütung für eine Tätigkeit, die der Rechtsanwalt nicht persönlich vornimmt, wird nach diesem Gesetz bemessen, wenn der Rechtsanwalt durch einen Rechtsanwalt, den allgemeinen Vertreter oder einen zur Ausbildung zugewiesenen Referendar vertreten wird.

§ 5 Mehrere Rechtsanwälte

Ist der Auftrag mehreren Rechtsanwälten zur gemeinschaftlichen Erledigung übertragen, so erhält jeder Rechtsanwalt für seine Tätigkeit die volle Vergütung.

§ 6[2] Mehrere Auftraggeber

(1) Wird der Rechtsanwalt in derselben Angelegenheit für mehrere Auftraggeber tätig, so erhält er die Gebühren nur einmal. Ist der Gegenstand der anwaltlichen Tätigkeit derselbe, so erhöhen sich die Geschäftsgebühr (§ 118 Abs. 1 Nr. 1) und die Prozeßgebühr (§ 31 Abs. 1 Nr. 1) durch jeden weiteren Auftraggeber um drei Zehntel; die Erhöhung wird nach dem Betrag berechnet, an dem die Auftraggeber gemeinschaftlich beteiligt sind; mehrere Erhöhungen dürfen den Betrag von zwei vollen Gebühren nicht übersteigen. Bei Gebühren, die nur dem Mindest- und Höchstbetrag nach bestimmt sind, erhöhen sich der Mindest- und Höchstbetrag durch jeden weiteren Auftraggeber um drei Zehntel; mehrere Erhöhungen dürfen das Doppelte des Mindest- und Höchstbetrages nicht übersteigen.

(2) Jeder der Auftraggeber schuldet dem Rechtsanwalt die Gebühren und Auslagen, die er schulden würde, wenn der Rechtsanwalt nur in seinem Auftrag tätig geworden wäre. Der Rechtsanwalt kann aber insgesamt nicht

---

[1] § 4 mit Wirkung vom 1. Oktober 1965 geändert durch Gesetz vom 30. Juni 1965 (BGBl. I 577).
[2] § 6 Abs. 1 neu gefaßt durch Gesetz vom 20. August 1975 (BGBl. I 2189), geändert durch Gesetz vom 18. August 1980 (BGBl. I 1503).

mehr als die nach Absatz 1 berechneten Gebühren fordern; die Auslagen kann er nur einmal fordern.

§ 7¹ Gegenstandswert

(1) Die Gebühren werden, soweit dieses Gesetz nichts anderes bestimmt, nach dem Wert berechnet, den der Gegenstand der anwaltlichen Tätigkeit hat (Gegenstandswert).

(2) In derselben Angelegenheit werden die Werte mehrerer Gegenstände zusammengerechnet.

(3) Eine Scheidungssache und die Folgesachen (§ 623 Abs. 1, 4, § 621 Abs. 1 der Zivilprozeßordnung) gelten als dieselbe Angelegenheit im Sinne dieses Gesetzes.

§ 8² Wertvorschriften

(1) In gerichtlichen Verfahren bestimmt sich der Gegenstandswert nach den für die Gerichtsgebühren geltenden Wertvorschriften. Diese Wertvorschriften gelten sinngemäß auch für anwaltliche Tätigkeiten, die einem gerichtlichen Verfahren vorausgehen, insbesondere für Zahlungsaufforderungen, Mahnungen, Kündigungen, Versuche der gütlichen Einigung, ferner für die Vorbereitung der Klage oder der Rechtsverteidigung und für die Tätigkeit in einem Einspruchs-, Beschwerde- oder Abhilfeverfahren; dies gilt auch dann, wenn sich die Angelegenheit ohne gerichtliches Verfahren erledigt oder der Rechtsanwalt in dem gerichtlichen Verfahren nicht tätig wird. Sind für die Gerichtsgebühren keine Wertvorschriften vorgesehen, so bestimmt sich der Gegenstandswert nach Absatz 2.

(2) In anderen Angelegenheiten gelten für den Gegenstandswert § 18 Abs. 2, §§ 19 bis 23, 24 Abs. 1, 2, 4, 5, 6, §§ 25, 39 Abs. 2 der Kostenordnung sinngemäß. Soweit sich der Gegenstandswert aus diesen Vorschriften nicht ergibt und auch sonst nicht feststeht, ist er nach billigem Ermessen zu bestimmen; in Ermangelung genügender tatsächlicher Anhaltspunkte für eine Schätzung und bei nicht vermögensrechtlichen Gegenständen ist der Gegenstandswert auf 6000 Deutsche Mark, nach Lage des Falles niedriger oder höher, jedoch nicht unter 300 Deutsche Mark und nicht über eine Million Deutsche Mark anzunehmen. Betrifft die Tätigkeit eine einstweilige Anordnung der in § 620 Satz 1 Nr. 1, 2 oder 3 der Zivilprozeßordnung bezeichneten Art, so ist von einem Wert von 1000 Deutsche Mark auszugehen.

§ 9 Wertfestsetzung für die Gerichtsgebühren

(1) Wird der für die Gerichtsgebühren maßgebende Wert gerichtlich festgesetzt, so ist die Festsetzung auch für die Gebühren des Rechtsanwalts maßgebend.

(2) Der Rechtsanwalt kann aus eigenem Recht die Festsetzung des Werts beantragen und Rechtsmittel gegen die Festsetzung einlegen. Rechtsbehelfe, die gegeben sind, wenn die Wertfestsetzung unterblieben ist, kann er aus eigenem Recht ergreifen.

---

¹ § 7 Abs. 3 angefügt durch Gesetz vom 14. Juni 1976 (BGBl. I 1421).
² § 8 Abs. 2 Satz 2 geändert durch Gesetz vom 20. August 1975 (BGBl. I 2189) und durch Gesetz vom 9. Dezember 1986 (BGBl. I 2326); Abs. 2 Satz 3 angefügt durch Gesetz vom 14. Juni 1976 (BGBl. I 1421).

§ 10[1] Wertfestsetzung für die Rechtsanwaltsgebühren

(1) Berechnen sich die Gebühren für die anwaltliche Tätigkeit in einem gerichtlichen Verfahren nicht nach dem für die Gerichtsgebühren maßgebenden Wert oder fehlt es an einem solchen Wert, so setzt das Gericht des Rechtszugs den Wert des Gegenstands der anwaltlichen Tätigkeit auf Antrag durch Beschluß selbständig fest.

(2) Der Antrag ist erst zulässig, wenn die Vergütung fällig ist. Antragsberechtigt sind der Rechtsanwalt, der Auftraggeber und ein erstattungspflichtiger Gegner; wenn Prozeßkostenhilfe bewilligt ist, auch die Bundes- oder Landeskasse. Vor der Entscheidung sind die Beteiligten zu hören. Das Verfahren ist gebührenfrei. Der Rechtsanwalt erhält in dem Verfahren keine Gebühren.

(3) Gegen die Entscheidung kann Beschwerde eingelegt werden, wenn der Beschwerdegegenstand einhundert Deutsche Mark übersteigt. Eine Beschwerde an einen obersten Gerichtshof des Bundes ist nicht zulässig. Die Beschwerde ist binnen zwei Wochen nach Zustellung der Entscheidung einzulegen. Im übrigen sind die für die Beschwerde in der Hauptsache geltenden Verfahrensvorschriften anzuwenden. Die weitere Beschwerde ist statthaft, wenn sie das Beschwerdegericht wegen der grundsätzlichen Bedeutung der zur Entscheidung stehenden Frage zuläßt. Die weitere Beschwerde kann nur darauf gestützt werden, daß die Entscheidung auf einer Verletzung des Gesetzes beruht; die §§ 550 und 551 der Zivilprozeßordnung gelten sinngemäß.

(4) Anträge, Erklärungen und Beschwerden können zu Protokoll der Geschäftsstelle gegeben oder schriftlich ohne Mitwirkung eines Rechtsanwalts eingereicht werden.

§ 11[2] Volle Gebühr, Mindestbetrag einer Gebühr

(1) Die volle Gebühr bei einem Gegenstandswert bis 300 Deutsche Mark beträgt 40 Deutsche Mark. Die Gebühr erhöht sich bei einem

Gegenstandswert bis (Deutsche Mark)	für jeden angefangenen Betrag von weiteren (Deutsche Mark)	um (Deutsche Mark)
3 000	300	15
10 000	500	26
20 000	1 000	31
100 000	5 000	65
400 000	15 000	75
1 000 000	30 000	120
über 1 000 000	50 000	150

---

[1] § 10 Abs. 3 neu gefaßt durch Gesetz vom 20. August 1975 (BGBl. I 2189). Abs. 2 Satz 3 geändert durch Gesetz vom 13. Juni 1980 (BGBl. I 677).
[2] § 11 Abs. 2 Satz 1 neu gefaßt durch Gesetz vom 30. Juni 1965 (BGBl. I 577) und

Eine Gebührentabelle für Gegenstandswerte bis eine Million Deutsche Mark ist diesem Gesetz als Anlage beigefügt. Im Berufungs- und Revisionsverfahren erhöhen sich die Beträge der sich aus Satz 1 und 2 ergebenden Gebühren um drei Zehntel. Im Revisionsverfahren erhöht sich die Prozeßgebühr jedoch um zehn Zehntel, soweit sich die Parteien nur durch einen beim Bundesgerichtshof zugelassenen Rechtsanwalt vertreten lassen können.

(2) Der Mindestbetrag einer Gebühr ist 15 Deutsche Mark. Pfennigbeträge sind auf zehn Deutsche Pfennig aufzurunden.

§ 12[1] Rahmengebühren

(1) Bei Rahmengebühren bestimmt der Rechtsanwalt die Gebühr im Einzelfall unter Berücksichtigung aller Umstände, insbesondere der Bedeutung der Angelegenheit, des Umfangs und der Schwierigkeit der anwaltlichen Tätigkeit sowie der Vermögens- und Einkommensverhältnisse des Auftraggebers, nach billigem Ermessen. Ist die Gebühr von einem Dritten zu ersetzen, so ist die von dem Rechtsanwalt getroffene Bestimmung nicht verbindlich, wenn sie unbillig ist.

(2) Im Rechtsstreit hat das Gericht ein Gutachten des Vorstandes der Rechtsanwaltskammer einzuholen. Das Gutachten ist kostenlos zu erstatten.

§ 13 Abgeltungsbereich der Gebühren

(1) Die Gebühren entgelten, soweit dieses Gesetz nichts anderes bestimmt, die gesamte Tätigkeit des Rechtsanwalts vom Auftrag bis zur Erledigung der Angelegenheit.

(2) Der Rechtsanwalt kann die Gebühren in derselben Angelegenheit nur einmal fordern. In gerichtlichen Verfahren kann er die Gebühren in jedem Rechtszug fordern.

(3) Sind für Teile des Gegenstands verschiedene Gebührensätze anzuwenden, so erhält der Rechtsanwalt für die Teile gesondert berechnete Gebühren, jedoch nicht mehr als die aus dem Gesamtbetrag der Wertteile nach dem höchsten Gebührensatz berechnete Gebühr.

(4) Auf bereits entstandene Gebühren ist es, soweit dieses Gesetz nichts anderes bestimmt, ohne Einfluß, wenn sich die Angelegenheit vorzeitig erledigt oder der Auftrag endigt, bevor die Angelegenheit erledigt ist.

(5) Wird der Rechtsanwalt, nachdem er in einer Angelegenheit tätig geworden ist, beauftragt, in derselben Angelegenheit weiter tätig zu werden, so erhält er nicht mehr an Gebühren, als er erhalten würde, wenn er von vornherein hiermit beauftragt worden wäre.

(6) Ist der Rechtsanwalt nur mit einzelnen Handlungen beauftragt, so erhält er nicht mehr an Gebühren als der mit der gesamten Angelegenheit beauftragte Rechtsanwalt für die gleiche Tätigkeit erhalten würde.

---

geändert durch Gesetz vom 20. August 1975 (BGBl. I 2189); anderweit geändert durch Gesetz von 18. August 1980 (BGBl. I 1503). Abs. 1 Satz 3 angefügt durch Gesetz vom 8. Juli 1975 (BGBl. I 1863). Abs. 1 neu gefaßt und Abs. 2 Satz 1 geändert durch Gesetz vom 9. Dezember 1986 (BGBl. I 2326).
[1] § 12 Abs. 1 neu gefaßt und Abs. 2 Satz 2 angefügt durch Gesetz vom 20. August 1975 (BGBl. I 2189).

§ 14 Verweisung, Abgabe

Wird eine Sache an ein anderes Gericht verwiesen oder abgegeben, so sind die Verfahren vor dem verweisenden oder abgebenden und vor dem übernehmenden Gericht ein Rechtszug. Wird eine Sache an ein Gericht eines niedrigeren Rechtszugs verwiesen oder abgegeben, so ist das weitere Verfahren vor diesem Gericht ein neuer Rechtszug.

§ 15¹ Zurückverweisung

(1) Wird eine Sache an ein untergeordnetes Gericht zurückverwiesen, so ist das weitere Verfahren vor diesem Gericht ein neuer Rechtszug. Die Prozeßgebühr erhält der Rechtsanwalt jedoch nur, wenn die Sache an ein Gericht zurückverwiesen ist, das mit der Sache noch nicht befaßt war.

(2) In den Fällen des § 629b der Zivilprozeßordnung bildet das weitere Verfahren vor dem Familiengericht mit dem früheren einen Rechtszug.

§ 16 Fälligkeit

Die Vergütung des Rechtsanwalts wird fällig, wenn der Auftrag erledigt oder die Angelegenheit beendigt ist. Ist der Rechtsanwalt in einem gerichtlichen Verfahren tätig, so wird die Vergütung auch fällig, wenn eine Kostenentscheidung ergangen oder der Rechtszug beendigt ist oder wenn das Verfahren länger als drei Monate ruht.

§ 17 Vorschuß

Der Rechtsanwalt kann von seinem Auftraggeber für die entstandenen und die voraussichtlich entstehenden Gebühren und Auslagen einen angemessenen Vorschuß fordern.

§ 18² Berechnung

(1) Der Rechtsanwalt kann die Vergütung nur auf Grund einer von ihm unterzeichneten und dem Auftraggeber mitgeteilten Berechnung einfordern. Der Lauf der Verjährungsfrist ist von der Mitteilung der Berechnung nicht abhängig.

(2) In der Berechnung sind die Beträge der einzelnen Gebühren und Auslagen, Vorschüsse sowie die angewandten Gebührenvorschriften und bei Gebühren, die nach dem Gegenstandswert berechnet sind, auch dieser anzugeben. Bei Post-, Telegrafen-, Fernsprech- und Fernschreibkosten genügt die Angabe des Gesamtbetrags.

(3) Hat der Auftraggeber die Vergütung gezahlt, ohne die Berechnung erhalten zu haben, so kann er die Mitteilung der Berechnung noch fordern, solange der Rechtsanwalt zur Aufbewahrung der Handakten verpflichtet ist.

§ 19³ Festsetzung der Vergütung

(1) Die gesetzliche Vergütung, die dem Rechtsanwalt als Prozeßbevollmächtigten, Beistand, Unterbevollmächtigten oder Verkehrsanwalt (§ 52)

---

¹ § 15 Abs. 2 angefügt durch Gesetz vom 14. Juni 1976 (BGBl. I 1421).
² § 18 Abs. 2 Satz 2 eingefügt, bisheriger Satz 2 wurde Satz 3 durch Gesetz vom 20. Dezember 1967 (BGBl. I 1246). Abs. 2 Satz 2 wieder gestrichen durch Gesetz vom 26. November 1979 (BGBl. I 1953).
³ § 19 Abs. 3 geändert durch Gesetz vom 20. August 1975 (BGBl. I 2189).

zusteht, wird auf Antrag des Rechtsanwalts oder des Auftraggebers durch den Urkundsbeamten der Gechäftsstelle festgesetzt. Getilgte Beträge sind abzusetzen.

(2) Der Antrag ist erst zulässig, wenn die Vergütung fällig ist. Zuständig ist der Urkundsbeamte des Gerichts des ersten Rechtszugs. Vor der Festsetzung sind die Beteiligten zu hören. Die Vorschriften der Zivilprozeßordnung über das Kostenfestsetzungsverfahren und die Zwangsvollstreckung aus Kostenfestsetzungsbeschlüssen gelten sinngemäß. Das Verfahren ist gebührenfrei. Der Rechtsanwalt erhält in dem Verfahren vor dem Urkundsbeamten keine Gebühr.

(3) Wird der vom Rechtsanwalt angegebene Gegenstandswert von einem Beteiligten bestritten, so ist das Verfahren auszusetzen bis das Gericht (§§ 9, 10, 113a Abs. 1) hierüber entschieden hat.

(4) Die Festsetzung ist abzulehnen, soweit der Antragsgegner Einwendungen oder Einreden erhebt, die nicht im Gebührenrecht ihren Grund haben. Hat der Auftraggeber bereits dem Rechtsanwalt gegenüber derartige Einwendungen oder Einreden erhoben, so ist die Erhebung der Klage nicht von der vorherigen Einleitung des Festsetzungsverfahrens abhängig.

(5) Anträge, Erklärungen und Beschwerden können zu Protokoll der Geschäftsstelle gegeben oder schriftlich ohne Mitwirkung eines Rechtsanwalts eingereicht werden.

(6) Durch den Antrag auf Festsetzung der Vergütung wird die Verjährung wie durch Klageerhebung unterbrochen.

(7) Die Absätze 1 bis 6 gelten nicht bei Rahmengebühren.

Zweiter Abschnitt. Gemeinsame Vorschriften über Gebühren und Auslagen

§ 20[1] Rat, Auskunft

(1) Für einen mündlichen oder schriftlichen Rat oder eine Auskunft, die nicht mit einer anderen gebührenpflichtigen Tätigkeit zusammenhängen, erhält der Rechtsanwalt eine Gebühr in Höhe von einem Zehntel bis zehn Zehnteln der vollen Gebühr. Bezieht sich der Rat oder die Auskunft nur auf strafrechtliche, bußgeldrechtliche oder sonstige Angelegenheiten, in denen die Gebühren nicht nach dem Gegenstandswert berechnet werden, so beträgt die Gebühr 25 bis 335 Deutsche Mark. Die Gebühr ist auf eine Gebühr anzurechnen, die der Rechtsanwalt für eine sonstige Tätigkeit erhält, die mit der Raterteilung oder Auskunft zusammenhängt.

(2) Wird ein Rechtsanwalt, der mit der Angelegenheit noch nicht befaßt gewesen ist, beauftragt, zu prüfen, ob eine Berufung oder Revision Aussicht auf Erfolg hat, so erhält er eine halbe Gebühr nach § 11 Abs. 1 Satz 4, wenn er von der Einlegung eines Rechtsmittels abrät und ein Rechtsmittel durch ihn

---

[1] § 20 Abs. 1 Satz 1 geändert durch Gesetz vom 30. Juni 1965 (BGBl. I 577). Abs. 1 Satz 2 geändert durch Gesetz vom 2. März 1974 (BGBl. I 469) und Gesetz vom 20. August 1975 (BGBl. I 2189), anderweit geändert durch Gesetz vom 18. August 1980 (BGBl. I 1503). Abs. 1 Satz 2 und Abs. 2 Satz 1 geändert durch Gesetz vom 9. Dezember 1986 (BGBl. I 2326).

nicht eingelegt wird. Dies gilt nicht in den im Absatz 1 Satz 2 gannten Angelegenheiten.

§ 21 Gutachten

Für die Ausarbeitung eines schriftlichen Gutachtens mit juristischer Begründung erhält der Rechtsanwalt eine angemessene Gebühr. § 12 gilt sinngemäß.

§ 21 a[1] Gutachten über die Aussichten einer Berufung oder einer Revision

Für die Ausarbeitung eines schriftlichen Gutachtens über die Aussichten einer Berufung oder einer Revision erhält der Rechtsanwalt eine volle Gebühr nach § 11 Abs. 1 Satz 4; dies gilt nicht in den in § 20 Abs. 1 Satz 2 genannten Angelegenheiten. Die Gebühr ist auf eine Prozeßgebühr, die im Berufungs- oder Revisionsverfahren entsteht, anzurechnen.

§ 22[2] Hebegebühr

(1) Werden an den Rechtsanwalt Zahlungen geleistet, so erhält er für die Auszahlung oder Rückzahlung bei Beträgen

bis zu 5000 Deutsche Mark einschließlich 1 vom Hundert,
von dem Mehrbetrag bis zu 20000 Deutsche Mark
einschließlich 0,5 vom Hundert,
von dem Mehrbetrag über 20000 Deutsche Mark 0,25 vom Hundert.

Unbare Zahlungen stehen baren Zahlungen gleich. Der Rechtsanwalt kann die Gebühr bei der Ablieferung an den Auftraggeber entnehmen.

(2) Ist das Geld in mehreren Beträgen gesondert ausgezahlt oder zurückgezahlt, so wird die Gebühr von jedem Betrag besonders erhoben.

(3) Die Mindestgebühr beträgt eine Deutsche Mark.

(4) Für die Ablieferung oder Rücklieferung von Wertpapieren und Kostbarkeiten erhält der Rechtsanwalt die in den Absätzen 1 bis 3 bestimmte Gebühr nach dem Wert.

(5) Der Rechtsanwalt erhält die in den Absätzen 1 bis 3 bestimmten Gebühren nicht, soweit er Kosten an ein Gericht oder eine Behörde weitergeleitet oder eingezogene Kosten an den Auftraggeber abführt oder eingezogene Beträge auf seine Vergütung verrechnet.

§ 23[3] Vergleichsgebühr

(1) Für die Mitwirkung beim Abschluß eines Vergleichs (§ 779 des Bürgerlichen Gesetzbuchs) erhält der Rechtsanwalt eine volle Gebühr (Vergleichsgebühr). Der Rechtsanwalt erhält die Vergleichsgebühr auch dann, wenn er nur bei den Vergleichsverhandlungen mitgewirkt hat, es sei denn, daß seine Mitwirkung für den Abschluß des Vergleichs nicht ursächlich war.

(2) Für die Mitwirkung bei einem unter einer aufschiebenden Bedingung oder unter dem Vorbehalt des Widerrufs geschlossenen Vergleich erhält der

---

[1] § 21 a eingefügt durch Gesetz vom 30. Juni 1965 (BGBl. I 577) und neu gefaßt durch Gesetz vom 20. August 1975 (BGBl. I 2189). § 21 a Satz 1 geändert durch Gesetz vom 9. Dezember 1986 (BGBl. I 2326).
[2] § 22 Abs. 1 neu gefaßt durch Gesetz vom 20. August 1975 (BGBl. I 2189).
[3] § 23 Abs. 3 geändert durch Gesetz vom 20. August 1975 (BGBl. I 2189).

9

Rechtsanwalt die Vergleichsgebühr, wenn die Bedingung eingetreten ist oder der Vergleich nicht mehr widerrufen werden kann.

(3) Soweit über die Ansprüche vertraglich verfügt werden kann, gelten die Absätze 1 und 2 auch bei Rechtsverhältnissen des öffentlichen Rechts.

§ 24[1] Erledigungsgebühr

Erledigt sich eine Rechtssache ganz oder teilweise nach Zurücknahme oder Änderung des mit einem Rechtsbehelf angefochtenen Verwaltungsaktes, so erhält der Rechtsanwalt, der bei der Erledigung mitgewirkt hat, eine volle Gebühr.

§ 25[2] Ersatz von Auslagen

(1) Mit den Gebühren werden auch die allgemeinen Geschäftsunkosten entgolten.

(2) Der Rechtsanwalt hat Anspruch auf Ersatz der auf seine Vergütung entfallenden Umsatzsteuer, sofern diese nicht nach § 19 Abs. 1 des Umsatzsteuergesetzes unerhoben bleibt.

(3) Der Anspruch auf Ersatz der Postgebühren, der Schreibauslagen und der Reisekosten bestimmt sich nach den folgenden Vorschriften.

§ 26[3] Postgebühren

Der Rechtsanwalt hat Anspruch auf Ersatz der bei der Ausführung des Auftrags entstandenen Post-, Telegrafen-, Fernsprech- und Fernschreibgebühren. Er kann nach seiner Wahl an Stelle der tatsächlich entstandenen Kosten einen Pauschsatz fordern, der fünfzehn vom Hundert der gesetzlichen Gebühren beträgt, in derselben Angelegenheit und in gerichtlichen Verfahren in demselben Rechtszug jedoch höchstens 40 Deutsche Mark, in Strafsachen und Bußgeldverfahren höchstens 30 Deutsche Mark. § 11 Abs. 2 Satz 2 gilt sinngemäß.

§ 27[4] Schreibauslagen

(1) Schreibauslagen stehen dem Rechtsanwalt nur für die im Einverständnis mit dem Auftraggeber zusätzlich gefertigten Abschriften und Ablichtungen zu. Für Abschriften und Ablichtungen aus Behörden- und Gerichtsakten stehen dem Rechtsanwalt Schreibauslagen zu, soweit die Abschrift oder Ablichtung zur sachgemäßen Bearbeitung der Rechtssache geboten war.

---

[1] § 24 neu gefaßt durch Gesetz vom 20. August 1975 (BGBl. I 2189).
[2] § 25 Abs. 2 eingefügt, früherer Abs. 2 wurde Abs. 3 durch Gesetz vom 20. Dezember 1967 (BGBl. I 1246). Mit Wirkung vom 1. Juli 1968 wurde in § 25 Abs. 2 Satz 2 zweiter Halbsatz die bisherige Zahl „5" durch die Zahl „5,5" ersetzt; vgl. Abs. 4 Gesetz zur Anpassung von Kostengesetzen an das Umsatzsteuergesetz vom 29. Mai 1967 vom 20. Dezember 1967 (BGBl. I 1246), Abs. 3 geändert durch Gesetz vom 16. August 1977 (BGBl. I 586) (die Zahl 5,5 wurde mit Wirkung ab 1. Januar 1978 durch die Zahl 6 ersetzt), anderweit geändert durch Gesetz vom 30. November 1978 (BGBl. I 1849) (die Zahl 6 wurde mit Wirkung ab 1. Januar 1980 durch die Zahl 6,5 ersetzt). Absatz 2 geändert durch Gesetz vom 26. November 1979 (BGBl. I 1953).
[3] § 26 Satz 2 angefügt durch Gesetz vom 30. Juni 1965 (BGBl. I 577) und geändert durch Gesetz vom 20. August 1975 (BGBl. I 2189), anderweit geändert durch Gesetz vom 18. August 1980 (BGBl. I 1503).
[4] § 27 Abs. 2 neu gefaßt durch Gesetz vom 29. Oktober 1969 (BGBl. I 2049). Überschrift, Abs. 1 und Abs. 2 geändert durch Gesetz vom 20. August 1975 (BGBl. I 2189). § 27 Abs. 2 neu gefaßt durch Gesetz vom 9. Dezember 1986 (BGBl. I 2326).

(2) Die Höhe der Schreibauslagen in derselben Angelegenheit und in gerichtlichen Verfahren in demselben Rechtszug bemißt sich nach den für die gerichtlichen Schreibauslagen im Gerichtskostengesetz bestimmten Beträgen.

§ 28[1] Geschäftsreisen

(1) Bei Geschäftsreisen erhält der Rechtsanwalt, wenn er einen eigenen Kraftwagen benutzt, 0,45 Deutsche Mark für jeden angefangenen Kilometer des Hin- und Rückwegs, bei Benutzung anderer Verkehrsmittel die tatsächlichen Aufwendungen.

(2) Als Tage- und Abwesenheitsgeld erhält der Rechtsanwalt bei einer Geschäftsreise von nicht mehr als 4 Stunden 25 Deutsche Mark, von mehr als 4 bis 8 Stunden 50 Deutsche Mark und von mehr als 8 Stunden 95 Deutsche Mark; bei Auslandsreisen kann zu diesen Beträgen ein Zuschlag von 50 vom Hundert berechnet werden. Außerdem hat er Anspruch auf Ersatz der Übernachtungskosten.

§ 29 Reisen zur Ausführung mehrerer Geschäfte

Dient eine Reise mehreren Geschäften, so sind die entstandenen Reisekosten und Abwesenheitsgelder nach dem Verhältnis der Kosten zu verteilen, die bei gesonderter Ausführung der einzelnen Geschäfte entstanden wären.

§ 30 Verlegung der Kanzlei

Ein Rechtsanwalt, der seine Kanzlei nach einem anderen Ort verlegt, kann bei Fortführung eines ihm vorher erteilten Auftrags Reisekosten und Abwesenheitsgelder nur insoweit verlangen, als sie auch von seiner bisherigen Kanzlei aus entstanden wären.

Dritter Abschnitt. Gebühren in bürgerlichen Rechtsstreitigkeiten und in ähnlichen Verfahren

§ 31[2] Prozeßgebühr, Verhandlungsgebühr, Beweisgebühr, Erörterungsgebühr

(1) Der zum Prozeßbevollmächtigten bestellte Rechtsanwalt erhält eine volle Gebühr
1. für das Betreiben des Geschäfts einschließlich der Information (Prozeßgebühr),
2. für die mündliche Verhandlung (Verhandlungsgebühr),
3. für die Vertretung im Beweisaufnahmeverfahren oder bei der Anhörung oder Vernehmung einer Partei nach § 613 der Zivilprozeßordnung (Beweisgebühr),
4. für die Erörterung der Sache, auch im Rahmen eines Versuchs zur gütlichen Beilegung (Erörterungsgebühr).

---

[1] § 28 neu gefaßt durch Gesetz vom 30. Juni 1965 (BGBl. I 577); Abs. 2 S. 1 geändert durch Gesetz vom 24. Oktober 1972 (BGBl. I 2013) und durch Gesetz vom 20. August 1975 (BGBl. I 2189). § 28 Abs. 1 und Abs. 2 geändert durch Gesetz vom 9. Dezember 1986 (BGBl. I 2326).
[2] § 31 neu gefaßt durch Gesetz vom 20. August 1975 (BGBl. I 2189). Abs. 1 Nr. 3 geändert durch Gesetz vom 14. Juni 1976 (BGBl. I 1421). Abs. 3 angefügt durch Gesetz vom 14. Juni 1976 (BGBl. I 1421).

(2) Erörterungsgebühren und Verhandlungsgebühren, die denselben Gegenstand betreffen und in demselben Rechtszug entstehen, werden aufeinander angerechnet.

(3) Absätze 1 und 2 gelten auch für Scheidungsfolgesachen nach § 623 Abs. 1, 4, § 621 Abs. 1 Nr. 1 bis 3, 6, 7 und 9 der Zivilprozeßordnung.

§ 32¹ Vorzeitige Beendigung des Auftrags

(1) Endigt der Auftrag, bevor der Rechtsanwalt die Klage, den ein Verfahren einleitenden Antrag oder einen Schriftsatz, der Sachanträge, die Zurücknahme der Klage oder die Zurücknahme des Antrags enthält, eingereicht oder bevor er für seine Partei einen Termin wahrgenommen hat, so erhält er nur eine halbe Prozeßgebühr.

(2) Das gleiche gilt, soweit lediglich beantragt ist, eine Einigung der Parteien zu Protokoll zu nehmen.

§ 33² Nichtstreitige Verhandlung, Übertragung des mündlichen Verhandelns

(1) Für eine nichtstreitige Verhandlung erhält der Rechtsanwalt nur eine halbe Verhandlungsgebühr. Dies gilt nicht, wenn
1. eine Entscheidung nach Lage der Akten (§ 331a der Zivilprozeßordnung) beantragt wird,
2. der Berufungskläger oder Revisionskläger ein Versäumnisurteil beantragt oder
3. der Kläger in Ehesachen, in Rechtsstreitigkeiten über die Feststellung der Rechtsverhältnisse zwischen Eltern und Kindern oder in den vor die Landgerichte gehörenden Entmündigungssachen nichtstreitig verhandelt.

(2) Stellt der Rechtsanwalt in der mündlichen Verhandlung Anträge nur zur Prozeß- oder Sachleitung, so erhält er fünf Zehntel der Verhandlungsgebühr.

(3) Der Prozeßbevollmächtigte, der im Einverständnis mit der Partei die Vertretung in der mündlichen Verhandlung einem anderen Rechtsanwalt übertragen hat, erhält eine Gebühr in Höhe von fünf Zehnteln der diesem zustehenden Verhandlungsgebühr, mindestens jedoch drei Zehntel der vollen Gebühr. Diese Gebühr wird auf die Verhandlungsgebühr des Prozeßbevollmächtigten angerechnet.

§ 34 Vorlegung von Urkunden, Beiziehung von Akten oder Urkunden

(1) Der Rechtsanwalt erhält die Beweisgebühr nicht, wenn die Beweisaufnahme lediglich in der Vorlegung der in den Händen des Beweisführers oder des Gegners befindlichen Urkunden besteht.

(2) Werden Akten oder Urkunden beigezogen, so erhält der Rechtsanwalt die Beweisgebühr nur, wenn die Akten oder Urkunden durch Beweisbeschluß oder sonst erkennbar zum Beweis beigezogen oder als Beweis verwertet werden.

---

¹ § 32 Abs. 1 neu gefaßt durch Gesetz vom 20. August 1975 (BGBl. I 2189).
² § 33 Abs. 1 Nr. 3 neu gefaßt, Abs. 2 geändert durch Gesetz vom 20. August 1975 (BGBl. I 2189).

§ 35[1] Entscheidung ohne mündliche Verhandlung

Wird in einem Verfahren, für das mündliche Verhandlung vorgeschrieben ist, im Einverständnis mit den Parteien oder gemäß § 128 Abs. 3, § 307 Abs. 2 oder § 331 Abs. 3 der Zivilprozeßordnung ohne mündliche Verhandlung entschieden, so erhält der Rechtsanwalt die gleichen Gebühren wie in einem Verfahren mit mündlicher Verhandlung.

§ 35a[2] *(aufgehoben)*

§ 36[3] Aussöhnung von Eheleuten

(1) In Ehesachen (§ 606 Abs. 1 Satz 1 der Zivilprozeßordnung) gilt § 23 nicht. Wird ein Vergleich, insbesondere über den Unterhalt, im Hinblick auf eine Ehesache geschlossen, so bleibt der Wert der Ehesache bei der Berechnung der Vergleichsgebühr außer Betracht.

(2) Ist eine Scheidungssache oder eine Klage auf Aufhebung einer Ehe anhängig oder ist der ernstliche Wille eines Ehegatten, ein solches Verfahren anhängig zu machen, hervorgetreten und setzen die Ehegatten die eheliche Lebensgemeinschaft fort oder nehmen sie die eheliche Lebensgemeinschaft wieder auf, so erhält der Rechtsanwalt, der bei der Aussöhnung mitgewirkt hat, eine volle Gebühr.

§ 36a[4] Beigeordneter Rechtsanwalt

(1) Der Rechtsanwalt, der nach § 625 der Zivilprozeßordnung dem Antragsgegner beigeordnet ist, kann von diesem die Vergütung eines zum Prozeßbevollmächtigten bestellten Rechtsanwalts verlangen; er kann jedoch keinen Vorschuß fordern.

(2) Ist der Antragsgegner mit der Zahlung der Vergütung im Verzug, so kann der Rechtsanwalt eine Vergütung aus der Landeskasse verlangen. Die Vorschriften des Dreizehnten Abschnitts gelten sinngemäß.

§ 37[5] Rechtszug

Zum Rechtszug gehören insbesondere
1. die Vorbereitung der Klage, des Antrags oder der Rechtsverteidigung, soweit kein besonderes gerichtliches oder behördliches Verfahren stattfindet;
2. außergerichtliche Vergleichsverhandlungen;
3. Zwischenstreite, die Bestimmung des zuständigen Gerichts, die Sicherung des Beweises, wenn die Hauptsache anhängig ist, das Verfahren über die Prozeßkostenhilfe, die vorläufige Einstellung, Beschränkung oder Aufhebung der Zwangsvollstreckung, wenn nicht eine abgesonderte mündliche

---

[1] § 35 geändert durch Vereinfachungsnovelle vom 3. Dezember 1976 (BGBl. I 3281).
[2] § 35a aufgehoben durch Gesetz vom 8. Juli 1975 (BGBl. I 1863).
[3] § 36 Abs. 1 Satz 2 neu gefaßt durch Gesetz vom 30. Juni 1965 (BGBl. I 577). Abs. 2 geändert durch Gesetz vom 14. Juni 1976 (BGBl. I 1421).
[4] § 36a eingefügt durch Gesetz vom 14. Juni 1976 (BGBl. I 1421). Abs. 2 geändert durch Gesetz vom 18. August 1980 (BGBl. I 1503).
[5] § 37 Nr. 3 geändert durch Gesetz vom 30. Juni 1965 (BGBl. I 577), anderweit geändert durch Gesetz vom 13. Juni 1980 (BGBl. I 677), Nr. 6 geändert durch Gesetz vom 19. August 1969 (BGBl. I 1243), anderweit geändert durch Gesetz vom 18. August 1980 (BGBl. I 1503), Nr. 6a eingefügt durch Gesetz vom 28. März 1961 (BGBl. I 301), Nr. 7 geändert durch Vereinfachungsnovelle vom 3. Dezember 1976 (BGBl. I 3281).

Verhandlung hierüber stattfindet, Verfahren wegen der Rückgabe einer Sicherheit (§ 109 Abs. 1 und 2, § 715 der Zivilprozeßordnung), die Bestellung von Vertretern durch das Prozeßgericht oder das Vollstreckungsgericht, die Ablehnung von Richtern, Rechtspflegern, Urkundsbeamten der Geschäftsstelle oder Sachverständigen, die Zulassung einer Zustellung zur Nachtzeit, an einem Sonntag oder an einem allgemeinen Feiertag (§ 188 der Zivilprozeßordnung), die Festsetzung des Streitwerts;

4. das Verfahren vor dem beauftragten oder ersuchten Richter und die Änderung seiner Entscheidungen;
5. die Änderung von Entscheidungen des Urkundsbeamten der Geschäftsstelle oder des Rechtspflegers;
6. die Berichtigung oder Ergänzung der Entscheidung oder ihres Tatbestandes; die Festsetzung des Regelunterhalts nach § 642a Abs. 1 oder § 642d der Zivilprozeßordnung, soweit nicht § 43b Abs. 1 Nr. 1 Anwendung findet; die Festsetzung des für die Begründung von Rentenanwartschaften in einer gesetzlichen Rentenversicherung zu leistenden Betrages nach § 53e Abs. 2 des Gesetzes über die Angelegenheiten der freiwilligen Gerichtsbarkeit;
6a. die für die Geltendmachung im Ausland vorgesehene Vervollständigung der Entscheidung;
7. die Zustellung oder Empfangnahme von Entscheidungen oder Rechtsmittelschriften und ihre Mitteilung an den Auftraggeber, die Einwilligung zur Sprungrevision (§ 566a Abs. 2 der Zivilprozeßordnung), der Ausspruch über die Verpflichtung, die Kosten zu tragen oder eines Rechtsmittels verlustig zu sein (§§ 91a, 269 Abs. 3 Satz 2, § 515 Abs. 3 Satz 1, § 566 der Zivilprozeßordnung), die Vollstreckbarerklärung eines Urteils (§§ 534, 560 der Zivilprozeßordnung), die Erteilung des Notfristzeugnisses, Rechtskraftzeugnisses, die erstmalige Erteilung der Vollstreckungsklausel, wenn deswegen keine Klage nach § 731 der Zivilprozeßordnung erhoben wird, die Kostenfestsetzung (§§ 104, 107 der Zivilprozeßordnung) ausschließlich der Erinnerung gegen den Kostenfestsetzungsbeschluß, die Einforderung der Vergütung (§§ 18, 19), die Herausgabe der Handakten oder ihre Übersendung an einen anderen Rechtsanwalt.

§ 38 Einspruch gegen Versäumnisurteil

(1) Wird der Einspruch gegen ein Versäumnisurteil zurückgenommen oder verworfen, so gilt das Verfahren über den Einspruch als besondere Angelegenheit. Die Prozeßgebühr des bisherigen Verfahrens wird jedoch auf die gleiche Gebühr des Verfahrens über den Einspruch angerechnet.

(2) Wird nach Einspruch zur Hauptsache verhandelt, so erhält der Rechtsanwalt, der das Versäumnisurteil erwirkt hat, die Gebühr für die Verhandlung, soweit auf diese das Versäumnisurteil ergangen ist, besonders.

§ 39 Verfahren nach Abstandnahme vom Urkunden- oder Wechselprozeß oder nach Vorbehaltsurteil

Das ordentliche Verfahren, das nach Abstandnahme vom Urkunden- oder Wechselprozeß oder nach einem Vorbehaltsurteil anhängig bleibt (§§ 596, 600 der Zivilprozeßordnung) gilt als besondere Angelegenheit. Die Prozeßgebühr des Urkunden- oder Wechselprozesses wird jedoch auf die gleiche Gebühr des ordentlichen Verfahrens angerechnet.

§ 40¹ Arrest, einstweilige Verfügung

(1) Das Verfahren über einen Antrag auf Anordnung, Abänderung oder Aufhebung eines Arrestes oder einer einstweiligen Verfügung gilt als besondere Angelegenheit.

(2) Das Verfahren über einen Antrag auf Abänderung oder Aufhebung eines Arrestes oder einer einstweiligen Verfügung bildet mit dem Verfahren über den Antrag auf Anordnung des Arrestes oder der einstweiligen Verfügung eine Angelegenheit.

(3) Ist das Berufungsgericht als Gericht der Hauptsache anzusehen (§ 943 der Zivilprozeßordnung), so erhält der Rechtsanwalt die Gebühren nach § 11 Abs. 1 Satz 1 und 2.

§ 41² Einstweilige Anordnungen

(1) Die Verfahren nach
a) § 127a,
b) §§ 620, 620b Abs. 1, 2,
c) § 621f,
d) §§ 641d, 641e Abs. 2, 3
der Zivilprozeßordnung gelten jeweils als besondere Angelegenheit. Für mehrere Verfahren, die unter einem Buchstaben genannt sind, erhält der Rechtsanwalt die Gebühren in jedem Rechtszug nur einmal.

(2) Bei einer Einigung der Parteien erhält der Rechtsanwalt die Prozeßgebühr nur zur Hälfte, wenn ein Antrag nach den in Absatz 1 genannten Vorschriften nicht gestellt worden ist. Dies gilt auch, soweit lediglich beantragt ist, eine Einigung der Parteien zu Protokoll zu nehmen.

§ 42³ *(aufgehoben)*

§ 43⁴ Mahnverfahren

(1) Im Mahnverfahren erhält der Rechtsanwalt
1. eine volle Gebühr für die Tätigkeit im Verfahren über den Antrag auf Erlaß des Mahnbescheids einschließlich der Mitteilung des Widerspruchs an den Auftraggeber;
2. drei Zehntel der vollen Gebühr für die Erhebung des Widerspruchs;
3. fünf Zehntel der vollen Gebühr für die Tätigkeit im Verfahren über den Antrag auf Erlaß des Vollstreckungsbescheids, wenn innerhalb der Widerspruchsfrist kein Widerspruch erhoben oder der Widerspruch gemäß § 703a Abs. 2 Nr. 4 der Zivilprozeßordnung beschränkt worden ist.

(2) Die in Absatz 1 Nr. 1 und 2 bestimmten Gebühren werden auf die Prozeßgebühr angerechnet, die der Rechtsanwalt in dem nachfolgenden Rechtsstreit erhält.

(3) In den Fällen des Absatzes 1 Nr. 1 gilt § 32 sinngemäß.

---

¹ § 40 Abs. 3 geändert durch Gesetz vom 9. Dezember 1986 (BGBl. I 2326).
² § 41 neu gefaßt durch Gesetz vom 14. Juni 1976 (BGBl. I 1421).
³ § 42 aufgehoben durch Gesetz vom 14. Juni 1976 (BGBl. I 1421).
⁴ § 43 Abs. 1 Nr. 1 geändert durch Gesetz vom 3. Dezember 1976 (BGBl. I 3281). Abs. 1 Nr. 3 neu gefaßt durch Gesetz vom 20. August 1975 (BGBl. I 2189) und geändert durch Gesetz vom 3. Dezember 1976 (BGBl. I 3281).

§ 43a¹ Vereinfachtes Verfahren zur Abänderung von Unterhaltstiteln

(1) In Vereinfachten Verfahren zur Abänderung von Unterhaltstiteln nach den §§ 641 bis 641 p, 641 r bis 641 t der Zivilprozeßordnung erhält der Rechtsanwalt fünf Zehntel der vollen Gebühr für die Tätigkeit im Verfahren über den Abänderungsantrag.

(2) Die in Absatz 1 bestimmte Gebühr wird auf die Prozeßgebühr angerechnet, wenn eine Klage nach § 641 q der Zivilprozeßordnung erhoben wird.

(3) § 32 gilt sinngemäß.

§ 43b² Verfahren über den Regelunterhalt nichtehelicher Kinder

(1) Der Rechtsanwalt erhält fünf Zehntel der vollen Gebühr

1. im Verfahren über einen Antrag auf Festsetzung des Regelunterhalts nach §§ 642a, 642d der Zivilprozeßordnung, wenn die Festsetzung auf Grund eines Vergleichs, der vor einer Gütestelle abgeschlossen worden ist, oder auf Grund einer Urkunde nach § 642c Nr. 2 der Zivilprozeßordnung erfolgen soll;

2. im Verfahren über einen Antrag auf Neufestsetzung des Regelunterhalts nach § 642b Abs. 1 Satz 1, 2 der Zivilprozeßordnung;

3. im Verfahren über einen Antrag auf Stundung rückständiger Unterhaltsbeträge nach § 643a Abs. 4 der Zivilprozeßordnung;

4. im Verfahren über einen Antrag auf Aufhebung oder Änderung einer Entscheidung, durch die rückständige Unterhaltsbeträge gestundet worden sind, nach § 642f der Zivilprozeßordnung.

(2) § 32 gilt sinngemäß.

§ 44 Entmündigungsverfahren

(1) Im Entmündigungsverfahren vor dem Amtsgericht erhält der Rechtsanwalt eine volle Gebühr

1. als Prozeßgebühr,

2. für die Wahrnehmung der gerichtlichen Termine,

3. für die Mitwirkung bei der mündlichen Vernehmung von Zeugen oder Sachverständigen.

(2) Das Verfahren über den Antrag auf Wiederaufhebung der Entmündigung (§ 675 der Zivilprozeßordnung) gilt als besondere Angelegenheit.

§ 45³ Aufgebotsverfahren

(1) Im Aufgebotsverfahren (§§ 946 bis 956, 959, 977 bis 1024 der Zivilprozeßordnung) erhält der Rechtsanwalt als Vertreter des Antragstellers (§ 947 der Zivilprozeßordnung) fünf Zehntel der vollen Gebühr

1. als Prozeßgebühr,

2. für den Antrag auf Erlaß des Aufgebots,

3. für den Antrag auf Anordnung der Zahlungssperre, wenn der Antrag vor dem Antrag auf Erlaß des Aufgebots gestellt wird,

4. für die Wahrnehmung der Aufgebotstermine.

---

¹ § 43a eingefügt durch Gesetz vom 19. August 1969 (BGBl. I 1243), neu gefaßt durch Gesetz vom 29. Juli 1976 (BGBl. I 2029).
² § 43b eingefügt durch Gesetz vom 29. Juli 1976 (BGBl. I 2029).
³ § 45 geändert durch Gesetz vom 20. August 1975 (BGBl. I 2189).

(2) Als Vertreter einer anderen Person erhält der Rechtsanwalt fünf Zehntel der vollen Gebühr für das ganze Verfahren.

§ 46 Vollstreckbarerklärung von Schiedssprüchen, richterliche Handlungen im schiedsgerichtlichen Verfahren

(1) Im Verfahren über Anträge auf Vollstreckbarerklärung eines Schiedsspruchs oder eines schiedsrichterlichen Vergleichs (§§ 1042, 1044a der Zivilprozeßordnung) und im Verfahren nach den §§ 13 bis 30 des Gesetzes zur Ausführung des Abkommens vom 27. Februar 1953 über deutsche Auslandsschulden vom 24. August 1953 (Bundesgesetzbl. I S. 1003) erhält der Rechtsanwalt die in § 31 bestimmten Gebühren.

(2) Die Hälfte der in § 31 bestimmten Gebühren erhält der Rechtsanwalt, wenn seine Tätigkeit ausschließlich eine gerichtliche Entscheidung über die Ernennung oder Ablehnung eines Schiedsrichters, das Erlöschen eines Schiedsvertrages oder die Anordnung der von Schiedsrichtern für erforderlich erachteten richterlichen Handlungen (§ 1045 der Zivilprozeßordnung) betrifft.

§ 47[1] Vollstreckbarerklärung ausländischer Schuldtitel

(1) Im Verfahren über Anträge auf Vollstreckbarerklärung ausländischer Schuldtitel oder auf Erteilung der Vollstreckungsklausel zu ausländischen Schuldtiteln sowie im Verfahren der Aufhebung oder Abänderung der Vollstreckbarerklärung oder der Vollstreckungsklausel erhält der Rechtsanwalt die in § 31 bestimmten Gebühren auch dann, wenn durch Beschluß entschieden wird.

(2) Im Verfahren über die Beschwerde gegen eine den Rechtszug beendende Enscheidung erhält der Rechtsanwalt die gleichen Gebühren wie im ersten Rechtszug.

(3) Das Verfahren nach § 3 Abs. 2 des Gesetzes zur Ausführung des Vertrages zwischen der Bundesrepublik Deutschland und der Republik Österreich vom 6. Juni 1959 über die gegenseitige Anerkennung und Vollstreckung von gerichtlichen Entscheidungen, Vergleichen und öffentlichen Urkunden in Zivil- und Handelssachen vom 8. März 1960 (Bundesgesetzbl. I S. 169) gilt als besondere Angelegenheit. Die Prozeßgebühr, die der Rechtsanwalt für das Verfahren nach § 3 Abs. 1 des genannten Gesetzes im ersten Rechtszug erhalten hat, wird jedoch auf die gleiche Gebühr des Verfahrens nach § 3 Abs. 2 zu zwei Dritteln angerechnet.

§ 48 Sicherung des Beweises

Im Verfahren über Anträge auf Sicherung des Beweises erhält der Rechtsanwalt, wenn die Hauptsache nicht anhängig ist, die in § 31 bestimmten Gebühren je zur Hälfte.

---

[1] § 47 neu gefaßt durch Gesetz vom 26. Juni 1959 (BGBl. I 425) und Abs. 3 eingefügt durch Gesetz vom 8. März 1960 (BGBl. I 169); Abs. 1 geändert durch Gesetz vom 15. Januar 1965 (BGBl. I 17).

§ 49 Vorläufige Einstellung, Beschränkung oder Aufhebung der Zwangsvollstreckung, Vollstreckbarerklärung von Teilen eines Urteils

(1) Im Verfahren über die vorläufige Einstellung, Beschränkung oder Aufhebung der Zwangsvollstreckung erhält der Rechtsanwalt, wenn eine abgesonderte mündliche Verhandlung hierüber stattfindet, drei Zehntel der in § 31 bestimmten Gebühren. Wird der Antrag beim Vollstreckungsgericht und beim Prozeßgericht gestellt, so erhält der Rechtsanwalt die Prozeßgebühr nur einmal. Die Vorschriften des § 32 und des § 33 Abs. 1 und 2 gelten nicht.

(2) Im Verfahren auf Vollstreckbarerklärung der durch Rechtsmittelanträge nicht angefochtenen Teile eines Urteils (§§ 534, 560 der Zivilprozeßordnung) erhält der Rechtsanwalt drei Zehntel der vollen Gebühr.

§ 50¹ Räumungsfrist

Im Verfahren vor dem Prozeßgericht oder dem Amtsgericht auf Bewilligung, Verlängerung oder Verkürzung einer Räumungsfrist (§§ 721, 794a der Zivilprozeßordnung) erhält der Rechtsanwalt fünf Zehntel der in § 31 bestimmten Gebühren, wenn das Verfahren mit dem Verfahren über die Hauptsache nicht verbunden ist.

§ 51² Verfahren über die Prozeßkostenhilfe

(1) Im Verfahren über die Prozeßkostenhilfe erhält der Rechtsanwalt fünf Zehntel der in § 31 bestimmten Gebühren. In mehreren Verfahren dieser Art erhält der Rechtsanwalt die Gebühren in jedem Rechtszug nur einmal. Die Vorschriften des § 32 und des § 33 Abs. 1 und 2 gelten nicht.

(2) Im Verfahren über die Bewilligung oder die Aufhebung der Bewilligung der Prozeßkostenhilfe bestimmt sich der Gegenstandswert nach dem für die Hauptsache maßgebenden Wert.

§ 52 Gebühren des Verkehrsanwalts

(1) Der Rechtsanwalt, der lediglich den Verkehr der Partei mit dem Prozeßbevollmächtigten führt, erhält hierfür eine Gebühr in Höhe der dem Prozeßbevollmächtigten zustehenden Prozeßgebühr.

(2) Der Rechtsanwalt, der im Einverständnis mit dem Auftraggeber mit der Übersendung der Akten an den Rechtsanwalt des höheren Rechtszuges gutachtliche Äußerungen verbindet, erhält hierfür die in Absatz 1 bestimmte Gebühr.

§ 53 Vertretung in der mündlichen Verhandlung, Ausführung der Parteirechte

Der Rechtsanwalt, dem die Partei oder mit deren Einverständnis der Prozeßbevollmächtigte nur für die mündliche Verhandlung die Vertretung oder die Ausführung der Parteirechte übertragen hat, erhält neben der Verhandlungsgebühr eine halbe Prozeßgebühr. Diese Prozeßgebühr erhält er

---

¹ § 50 neu gefaßt durch Gesetz vom 14. Juli 1964 (BGBl. I 457) und Satz 1 geändert sowie früherer Satz 2 aufgehoben durch Gesetz vom 30. Juni 1965 (BGBl. I 577).
² § 51 Abs. 1 Satz 1 geändert durch Gesetz vom 20. August 1975 (BGBl. I 2189). § 51 Überschrift neu gefaßt, Abs. 1 Satz 1 und Abs. 2 geändert durch Gesetz vom 13. Juni 1980 (BGBl. I 677).

18

auch dann, wenn der Auftrag vor der mündlichen Verhandlung erledigt ist.

Erstreckt sich die Vertretung auf eine mit der mündlichen Verhandlung verbundene Beweisaufnahme, so erhält der Rechtsanwalt außerdem die Beweisgebühr.

§ 54 Vertretung in der Beweisaufnahme

Der Rechtsanwalt, dessen Tätigkeit sich auf die Vertretung in der Beweisaufnahme beschränkt, erhält für den Rechtszug je fünf Zehntel der Prozeß- und der Beweisgebühr. Der Rechtsanwalt erhält die Beweisgebühr nicht, wenn sich der Auftrag ohne Wahrnehmung eines Termins erledigt.

§ 55 Abänderung von Entscheidungen von beauftragten oder ersuchten Richtern, von Rechtspflegern und Urkundsbeamten

Der Rechtsanwalt, dessen Tätigkeit sich auf ein Verfahren auf Änderung einer Entscheidung des beauftragten oder ersuchten Richters, des Rechtspflegers oder des Urkundsbeamten der Geschäftsstelle (§ 576 der Zivilprozeßordnung) beschränkt, erhält drei Zehntel der im § 31 bestimmten Gebühren. Die Vorschriften des § 32 und des § 33 Abs. 1 und 2 gelten nicht.

§ 56 Sonstige Einzeltätigkeiten

(1) Der nicht zum Prozeßbevollmächtigten bestellte Rechtsanwalt erhält, soweit in diesem Abschnitt nichts anderes bestimmt, eine halbe Gebühr für
1. die Einreichung, Anfertigung oder Unterzeichnung von Schriftsätzen,
2. die Wahrnehmung von anderen als zur mündlichen Verhandlung oder zur Beweisaufnahme bestimmten Terminen.

(2) Endigt der Auftrag, bevor der Rechtsanwalt den Schriftsatz ausgehändigt oder eingereicht oder der Termin begonnen hat, so erhält der Rechtsanwalt nur drei Zehntel der vollen Gebühr.

(3) § 120 gilt sinngemäß.

§ 57[1] Zwangsvollstreckung

(1) Drei Zehntel der im § 31 bestimmten Gebühren erhält der Rechtsanwalt für die Tätigkeit in der Zwangsvollstreckung mit Ausnahme der im Vierten und Fünften Abschnitt geregelten Angelegenheiten. Die Vorschriften des § 32 und des § 33 Abs. 1 und 2 gelten nicht.

(2) Bei Pfändungen bestimmt sich der Gegenstandswert nach dem Betrag der zu vollstreckenden Geldforderung einschließlich der Nebenforderungen. Soll ein bestimmter Gegenstand gepfändet werden und hat dieser einen geringeren Wert, so ist der geringere Wert maßgebend. Wird künftig fällig werdendes Arbeitseinkommen gepfändet (§ 850 d Abs. 3 der Zivilprozeßordnung), so sind die noch nicht fälligen Ansprüche nach § 17 Abs. 1, 2 des Gerichtskostengesetzes zu bewerten.

§ 58[2] Angelegenheiten der Zwangsvollstreckung

(1) In der Zwangsvollstreckung (§ 57) gilt jede Vollstreckungsmaßnahme

---

[1] § 57 Abs. 2 angefügt durch Gesetz vom 20. August 1975 (BGBl. I 2189), berichtigt durch Gesetz vom 18. August 1980 (BGBl. I 1503).
[2] § 58 Abs. 3 wurde eingefügt durch Gesetz vom 30. Juni 1965 (BGBl. I 577), in Abs. 3 wurde Nr. 4a eingefügt durch Gesetz vom 30. Juni 1965 (BGBl. I 577), Abs. 2

zusammen mit den durch diese vorbereiteten weiteren Vollstreckungshandlungen bis zur Befriedigung des Gläubigers als eine Angelegenheit.

(2) Keine besonderen Angelegenheiten sind insbesondere

1. die erstmalige Erteilung des Notfristzeugnisses, des Rechtskraftzeugnisses und der Vollstreckungsklausel, wenn deswegen keine Klage nach § 731 der Zivilprozeßordnung erhoben wird;
2. die Zustellung des Urteils, der Vollstreckungsklausel und der sonstigen in § 750 der Zivilprozeßordnung genannten Urkunden;
3. die Zulassung einer Zwangsvollstreckung zur Nachtzeit, an einem Sonntag oder an einem allgemeinen Feiertag (§ 761 der Zivilprozeßordnung);
4. die Bestimmung eines Gerichtsvollziehers (§ 827 Abs. 1, § 854 Abs. 1 der Zivilprozeßordnung) oder eines Sequesters (§§ 848, 855 der Zivilprozeßordnung);
5. die Anzeige der Absicht, die Zwangsvollstreckung gegen eine juristische Person des öffentlichen Rechts zu betreiben (§ 882a der Zivilprozeßordnung);
6. die einer Verurteilung vorausgehende Androhung von Ordnungsgeld (§ 890 Abs. 2 der Zivilprozeßordnung);
7. die Aufhebung einer Vollstreckungsmaßnahme.

(3) Als besondere Angelegenheiten gelten

1. Verfahren über Einwendungen gegen die Erteilung der Vollstreckungsklausel, auf die § 732 der Zivilprozeßordnung anzuwenden ist;
2. das Verfahren auf Erteilung einer weiteren vollstreckbaren Ausfertigung (§ 733 der Zivilprozeßordnung);
3. Verfahren über Anträge nach den §§ 765a, 813a, 851a, 851b der Zivilprozeßordnung, §§ 30, 31 des Wohnraumbewirtschaftungsgesetzes und § 26 des Heimkehrergesetzes vom 19. Juni 1950 (Bundesgesetzbl. S. 221) in der Fassung der Gesetze vom 30. Oktober 1951 (Bundesgesetzbl. I S. 875) und vom 17. August 1953 (Bundesgesetzbl. I S. 931); jedes neue Verfahren, insbesondere jedes Verfahren über Anträge auf Änderung der getroffenen Anordnungen, gilt als besondere Angelegenheit;
4. das Verfahren auf Zulassung der Austauschpfändung (§ 811a der Zivilprozeßordnung);
4a. das Verfahren über einen Antrag nach § 825 der Zivilprozeßordnung;
5. die Ausführung der Zwangsvollstreckung in ein gepfändetes Vermögensrecht durch Verwaltung (§ 857 Abs. 4 der Zivilprozeßordnung);
6. das Verfahren auf Eintragung einer Zwangshypothek (§§ 867, 870a der Zivilprozeßordnung);
7. die Vollstreckung der Entscheidung, durch die der Schuldner zur Vorauszahlung der Kosten, die durch die Vornahme einer Handlung entstehen, verurteilt wird (§ 887 Abs. 2 der Zivilprozeßordnung);
8. das Verfahren zur Ausführung der Zwangsvollstreckung auf Vornahme einer Handlung durch Zwangsmittel (§ 888 der Zivilprozeßordnung);
9. jede Verurteilung zu einem Ordnungsgeld gemäß § 890 Abs. 1 der Zivilprozeßordnung;

Nr. 6 sowie Abs. 3 Nr. 8 und 9 geändert durch Gesetz vom 2. März 1974 (BGBl. I 469). Abs. 3 Nr. 11 geändert durch Gesetz vom 27. Juni 1960 (BGBl. I 911) und Gesetz vom 20. August 1975 (BGBl. I 2189), Abs. 3 Nr. 11 geändert durch Gesetz vom 18. August 1980 (BGBl. I 1503).

10. die Verurteilung zur Bestellung einer Sicherheit im Falle des § 890 Abs. 3 der Zivilprozeßordnung;

11. das Verfahren zur Abnahme der eidesstattlichen Versicherung (§§ 900, 901 der Zivilprozeßordnung); im Verfahren nach § 807 der Zivilprozeßordnung bestimmt sich der Gegenstandswert nach dem Betrag, der aus dem Vollstreckungstitel noch geschuldet wird; der Wert beträgt jedoch höchstens 2400 Deutsche Mark;

12. das Verfahren auf Löschung der Eintragung im Schuldnerverzeichnis (§ 915 Abs. 2 der Zivilprozeßordnung);

13. das Ausüben der Veröffentlichungsbefugnis.

§ 59 Vollziehung eines Arrestes oder einer einstweiligen Verfügung

(1) Die Vorschriften der §§ 57 und 58 gelten bei Vollziehung eines Arrestbefehls oder einer einstweiligen Verfügung (§§ 928 bis 934, 936 der Zivilprozeßordnung) sinngemäß.

(2) Die Angelegenheit endet mit der Aufhebung des Arrests oder der einstweiligen Verfügung oder mit dem Beginn der Zwangsvollstreckung aus dem in der Hauptsache erlassenen Urteil.

§ 60 Verteilungsverfahren

(1) Für die Vertretung im Verteilungsverfahren (§ 858 Abs. 5, §§ 872 bis 877, 882 der Zivilprozeßordnung) erhält der Rechtsanwalt fünf Zehntel, falls jedoch der Auftrag vor dem Termin zur Ausführung der Verteilung erledigt wird, drei Zehntel der vollen Gebühr.

(2) Der Gegenstandswert wird durch den Betrag der Forderung, wenn der zu verteilende Geldbetrag geringer ist, durch diesen bestimmt.

§ 61[1] Beschwerde, Erinnerung

(1) Fünf Zehntel der im § 31 bestimmten Gebühren erhält der Rechtsanwalt

1. im Beschwerdeverfahren;

2. im Verfahren über die Erinnerung gegen die Kostenfestsetzung und gegen den Kostenansatz.

(2) In derselben Angelegenheit erhält der Rechtsanwalt die in Absatz 1 Nr. 2 bezeichneten Gebühren nur einmal.

(3) Die Vorschriften des § 32 und des § 33 Abs. 1 und 2 gelten nicht.

§ 61a[2] Beschwerde in Scheidungsfolgesachen

Bei Scheidungsfolgesachen erhält der Rechtsanwalt im Verfahren über die Beschwerde nach § 621 e Abs. 1 und § 629 a Abs. 2 der Zivilprozeßordnung sowie über die weitere Beschwerde nach § 621 e Abs. 2 und § 629 a Abs. 2 der Zivilprozeßordnung die in § 31 bestimmten Gebühren. Die Gebühren richten sich nach § 11 Abs. 1 Satz 4, 5.

---

[1] § 61 Abs. 1 geändert durch Gesetz vom 20. August 1975 (BGBl. I 2189).
[2] § 61 a eingefügt durch Gesetz vom 14. Juni 1976 (BGBl. I 1421). § 61 a Satz 2 geändert durch Gesetz vom 9. Dezember 1986 (BGBl. I 2326).

§ 62[1] Arbeitssachen

(1) Im Verfahren vor den Gerichten für Arbeitssachen und vor dem Schiedsgericht (§ 104 des Arbeitsgerichtsgesetzes) gelten die Vorschriften dieses Abschnitts sinngemäß.

(2) Im zweiten und dritten Rechtszug des Beschlußverfahrens erhält der Rechtsanwalt die Gebühren nach § 11 Abs. 1 Satz 4.

(3) Die Hälfte der in § 31 bestimmten Gebühren erhält der Rechtsanwalt, wenn seine Tätigkeit ausschließlich eine gerichtliche Entscheidung über die Bestimmung einer Frist (§ 102 Abs. 3 des Arbeitsgerichtsgesetzes), die Ablehnung eines Schiedsrichters (§ 103 Abs. 3 des Arbeitsgerichtsgesetzes) oder die Vornahme einer Beweisaufnahme oder einer Vereidigung (§ 106 Abs. 2 des Arbeitsgerichtsgesetzes) betrifft. § 67 Abs. 4 gilt sinngemäß.

§ 63[2,3] Hausratssachen, Wohnungseigentumssachen, Landwirtschaftssachen, Regelung der Auslandsschulden

(1) Die Vorschriften dieses Abschnitts gelten für folgende Verfahren sinngemäß:

1. Verfahren nach der Verordnung über die Behandlung der Ehewohnung und des Hausrats vom 21. Oktober 1944 (Reichsgesetzbl. I S. 256);
2. Verfahren nach § 43 des Wohnungseigentumsgesetzes;
3. Verfahren nach dem Gesetz über das gerichtliche Verfahren in Landwirtschaftssachen vom 21. Juli 1953 (Bundesgesetzbl. I S. 667);
4. Verfahren nach § 76 des Gesetzes zur Ausführung des Abkommens vom
. 27. Februar 1953 über deutsche Auslandsschulden vom 24. August 1953 (Bundesgesetzbl. I S. 1003).

(2) Im Verfahren über die Beschwerde gegen eine den Rechtszug beendende Entscheidung erhält der Rechtsanwalt die gleichen Gebühren wie im ersten Rechtszug.

(3) Im Verfahren nach der Verordnung über die Behandlung der Ehewohnung und des Hausrats vom 21. Oktober 1944 (Reichsgesetzbl. I S. 256) erhält der Rechtsanwalt die im § 31 bestimmten Gebühren nur zur Hälfte.

(4) Im Verfahren nach § 35 Abs. 1 Nr. 1 und § 36 des Gesetzes über das gerichtliche Verfahren in Landwirtschaftssachen vom 21. Juli 1953 (Bundesgesetzbl. I S. 667) erhält der Rechtsanwalt die im § 31 bestimmten Gebühren nur zu drei Zehnteln; die Vorschriften des § 32 und des § 33 Abs. 1 und 2 gelten nicht. Wird in einem Verfahren, in dem eine mündliche Verhandlung auf Antrag stattfinden muß, ohne mündliche Verhandlung entschieden, so erhält der Rechtsanwalt die gleichen Gebühren wie in einem Verfahren mit mündlicher Verhandlung.

§ 64 Vertragshilfeverfahren

(1) Im Verfahren nach dem Vertragshilfegesetz, im Verfahren nach § 14 des

---

[1] § 62 bisheriger Abs. 2 aufgehoben; Abs. 3 und Abs. 4 wurden Abs. 2 und Abs. 3 durch Gesetz vom 20. August 1975 (BGBl. I 2189). § 62 Abs. 2 geändert durch Gesetz vom 9. Dezember 1986 (BGBl. I 2326).
[2] § 63 Abs. 1 Nr. 1 und Abs. 3 geändert durch Gesetz vom 14. Juni 1976 (BGBl. I 1421).
[3] § 63 Abs. 4 Satz 1 geändert durch Gesetz vom 8. November 1985 (BGBl. I 2065).

Gesetzes über die innerdeutsche Regelung von Vorkriegsremboursverbindlichkeiten vom 20. August 1953 (Bundesgesetzbl. I S. 999) und im Verfahren nach § 22 des Umstellungsergänzungsgesetzes und § 9 Abs. 3 des Zweiten Umstellungsergänzungsgesetzes erhält der Rechtsanwalt fünf Zehntel der vollen Gebühr für jeden Rechtszug. § 23 gilt nicht.

(2) Die Gebühr wird nach dem Nennwert der Hauptforderung berechnet; wenn das Verfahren lediglich Nebenforderungen betrifft, nach der Höhe der Rückstände. Betrifft das Verfahren lediglich die Beseitigung von Rechtsfolgen, die durch Nichtzahlung von Miet- oder Pachtzinsen eingetreten sind, so wird die Gebühr nach dem einjährigen Miet- oder Pachtzins berechnet.

§ 65 Güteverfahren

(1) Eine volle Gebühr erhält der Rechtsanwalt
1. im Güteverfahren vor einer Gütestelle der in § 794 Abs. 1 Nr. 1 der Zivilprozeßordnung bezeichneten Art;
2. im Verfahren vor einem Ausschuß der in § 111 Abs. 2 des Arbeitsgerichtsgesetzes bezeichneten Art;
3. im Verfahren vor dem Seemannsamt zur vorläufigen Entscheidung von Arbeitssachen;
4. im Verfahren vor sonstigen gesetzlich eingerichteten Einigungsstellen, Gütestellen oder Schiedsstellen.

Auf die Prozeßgebühr, die der Rechtsanwalt in dem nachfolgenden Rechtsstreit erhält, wird die Gebühr nicht angerechnet.

(2) Der Rechtsanwalt erhält eine volle Gebühr für die Mitwirkung bei einer Einigung der Parteien, die in einem der in Absatz 1 bezeichneten Verfahren erzielt wird. § 23 gilt nicht.

§ 65 a[1] Verfahren nach dem Gesetz gegen Wettbewerbsbeschränkungen

Im Beschwerdeverfahren und im Rechtsbeschwerdeverfahren nach dem Gesetz gegen Wettbewerbsbeschränkungen gelten die Vorschriften dieses Abschnitts sinngemäß. Die Gebühren richten sich nach § 11 Abs. 1 Satz 4.

§ 65 b[2] Verfahren nach dem Gesetz über die Wahrnehmung von Urheberrechten und verwandten Schutzrechten

Im Verfahren vor dem Oberlandesgericht nach § 15 des Gesetzes über die Wahrnehmung von Urheberrechten und verwandten Schutzrechten vom 9. September 1965 (BGBl. I S. 1294) gelten die Vorschriften dieses Abschnitts sinngemäß. Die Gebühren richten sich nach § 11 Abs. 1 Satz 4.

§ 66[3] Verfahren vor dem Patentgericht und dem Bundesgerichtshof

(1) Im Verfahren vor dem Patentgericht und im Verfahren vor dem Bun-

---

[1] § 65 a eingefügt durch Gesetz vom 27. Juli 1957 (BGBl. I 1081). Satz 2 geändert durch Gesetz vom 9. Dezember 1986 (BGBl. 2326).
[2] § 65 b eingefügt durch Gesetz vom 9. September 1965 (BGBl. I 1294). Satz 2 geändert durch Gesetz vom 9. Dezember 1986 (BGBl. 2326).
[3] § 66 neu gefaßt durch Gesetz vom 23. März 1961 (BGBl. I 274), Abs. 2 Satz 1 neu gefaßt durch Sortenschutzgesetz vom 20. Mai 1968 (BGBl. I 429); Abs. 2 Satz 1 geändert durch Gesetz vom 15. August 1986 (BGBl. I 1446); Abs. 3 geändert durch Gesetz vom 9. Dezember 1986 (BGBl. I 2326).

desgerichtshof über die Berufung, Rechtsbeschwerde oder Beschwerde gegen eine Entscheidung des Patentgerichts gelten die Vorschriften dieses Abschnitts sinngemäß.

(2) Der Rechtsanwalt erhält im Beschwerdeverfahren vor dem Patentgericht über andere als die in § 23 Abs. 4, § 50 Abs. 1 und 2, § 73 Abs. 3 des Patentgesetzes, § 10 Abs. 2 des Gebrauchsmustergesetzes, § 13 Abs. 2 des Warenzeichengesetzes und § 44 Abs. 1 des Sortenschutzgesetzes genannten Angelegenheiten drei Zehntel der in § 31 bestimmten Gebühren. Die Vorschriften der §§ 32 und 33 Abs. 1 und 2 gelten nicht.

(3) Die Gebühren im Verfahren vor dem Bundesgerichtshof richten sich auch bei Rechtsbeschwerdeverfahren und Beschwerdeverfahren nach § 11 Abs. 1 Satz 4.

§ 66a¹ Nachprüfung von Anordnungen der Justizbehörden

(1) Im Verfahren vor dem Oberlandesgericht und dem Bundesgerichtshof nach §§ 25, 29 des Einführungsgesetzes zum Gerichtsverfassungsgesetz und im Verfahren über den Antrag auf gerichtliche Entscheidung nach § 109 des Strafvollzugsgesetzes gelten die Vorschriften dieses Abschnitts sinngemäß; die Gebühren richten sich nach § 11 Abs. 1 Satz 1 und 2.

(2) Im Verfahren über die Rechtsbeschwerde nach § 116 des Strafvollzugsgesetzes erhält der Rechtsanwalt die gleichen Gebühren wie im ersten Rechtszug; die Gebühren richten sich nach § 11 Abs. 1 Satz 4.

§ 67² Schiedrichterliches Verfahren

(1) Im schiedsrichterlichen Verfahren gelten die Vorschriften dieses Abschnitts sinngemäß.

(2) Die Verhandlungsgebühr erhält der Rechtsanwalt auch, wenn der Schiedsspruch ohne mündliche Verhandlung erlassen wird.

(3) Im schiedsrichterlichen Berufungs- und Revisionsverfahren erhält der Rechtsanwalt die Gebühren nach § 11 Abs. 1 Satz 4.

(4) Für die Berechnung der Gebühren des im schiedsrichterlichen Verfahren zum Prozeßbevollmächtigten bestellten Rechtsanwalts gilt das gerichtliche Verfahren im Falle des § 1036 der Zivilprozeßordnung mit dem schiedsrichterlichen Verfahren als ein Rechtszug.

Vierter Abschnitt. Gebühren im Verfahren der Zwangsversteigerung und der Zwangsverwaltung

§ 68³ Zwangsversteigerung

(1) Im Verfahren der Zwangsversteigerung nach dem Gesetz über die Zwangsversteigerung und die Zwangsverwaltung einschließlich der Einstellungsverfahren nach §§ 30 bis 30d, 180 Abs. 2 erhält der Rechtsanwalt bei Vertretung eines Beteiligten

---

¹ § 66a eingefügt durch Verwaltungsgerichtsordnung vom 21. Januar 1960 (BGBl. I 17) und neu gefaßt durch Strafvollzugsgesetz vom 16. März 1976 (BGBl. I 581) und geändert durch Gesetz vom 9. Dezember 1986 (BGBl. I 2326).
² § 67 Abs. 3 geändert durch Gesetz vom 9. Dezember 1986 (BGBl. I 2326).
³ § 68 Abs. 1 Einleitungsworte und Nr. 1 neu gefaßt, und Abs. 3 Nr. 1 geändert durch Gesetz vom 20. August 1975 (BGBl. I 2189).

1. für das Verfahren bis zur Einleitung des Verteilungsverfahrens drei Zehntel der vollen Gebühr;
2. für die Wahrnehmung der Versteigerungstermine vier Zehntel der vollen Gebühr;
3. für das Verteilungsverfahren drei Zehntel der vollen Gebühr; diese Gebühr erhält der Rechtsanwalt auch, wenn unter seiner Mitwirkung eine außergerichtliche Verteilung stattfindet.

(2) Vertritt der Rechtsanwalt einen Bieter, der nicht Beteiligter ist, so erhält er zwei Zehntel der vollen Gebühr für das ganze Verfahren.

(3) Der Gegenstandswert bestimmt sich

1. bei der Vertretung des Gläubigers oder eines anderen nach § 9 Nr. 1 und 2 des Gesetzes über die Zwangsversteigerung und die Zwangsverwaltung Beteiligten nach dem Wert des dem Gläubiger oder dem Beteiligten zustehenden Rechts; wird das Verfahren wegen einer Teilforderung betrieben, so ist der Teilbetrag nur maßgebend, wenn es sich um einen nach § 10 Abs. 1 Nr. 5 des Gesetzes über die Zwangsversteigerung und die Zwangsverwaltung zu befriedigenden Anspruch handelt; Nebenforderungen sind mitzurechnen; der Wert des Gegenstandes der Zwangsversteigerung (§ 66 Abs. 1, § 74a Abs. 5 des Gesetzes über die Zwangsversteigerung und die Zwangsverwaltung), im Verteilungsverfahren der zur Verteilung kommende Erlös sind maßgebend, wenn sie geringer sind;
2. bei der Vertretung eines anderen Beteiligten, insbesondere des Schuldners, nach dem Wert des Gegenstandes der Zwangsversteigerung, im Verteilungsverfahren nach dem zur Verteilung kommenden Erlös; bei Miteigentümern oder sonstigen Mitberechtigten ist der Anteil maßgebend;
3. bei der Vertretung eines Bieters, der nicht Beteiligter ist, nach dem Betrag des höchsten für den Auftraggeber abgegebenen Gebots, wenn ein solches Gebot nicht abgegeben ist, nach dem Wert des Gegenstandes der Zwangsversteigerung.

§ 69[1] Zwangsverwaltung

(1) Im Verfahren der Zwangsverwaltung nach dem Gesetz über die Zwangsversteigerung und die Zwangsverwaltung erhält der Rechtsanwalt

1. für die Vertretung des Antragstellers im Verfahren über den Antrag auf Anordnung der Zwangsverwaltung oder auf Zulassung des Beitritts drei Zehntel der vollen Gebühr;
2. für die Vertretung des Antragstellers im weiteren Verfahren einschließlich des Verteilungsverfahrens und für die Vertretung eines sonstigen Beteiligten im ganzen Verfahren einschließlich des Verteilungsverfahrens drei Zehntel der vollen Gebühr, mindestens jedoch 60 Deutsche Mark.

(2) Der Gegenstandswert bestimmt sich bei der Vertretung des Antragstellers nach dem Anspruch, wegen dessen das Verfahren beantragt ist; Nebenforderungen sind mitzurechnen; bei Ansprüchen auf wiederkehrende Leistungen ist der Wert der Leistungen eines Jahres maßgebend. Bei der Vertretung des Schuldners bestimmt sich der Gegenstandswert nach dem zusammengerechneten Wert aller Ansprüche, wegen deren das Verfahren beantragt ist, bei der Vertretung eines sonstigen Beteiligten nach § 8 Abs. 2 Satz 2.

---

[1] § 69 Abs. 1 Nr. 2 geändert durch Gesetz vom 20. August 1975 (BGBl. I 2189), anderweit geändert durch Gesetz vom 18. August 1980 (BGBl. I 1503).

§ 70[1] Rechtsmittelverfahren

(1) In den Angelegenheiten der §§ 68 und 69 erhält der Rechtsanwalt für die Vertretung eines Beteiligten im Rechtsmittelverfahren fünf Zehntel der vollen Gebühr

1. als Prozeßgebühr;
2. für die Wahrnehmung der im Verfahren stattfindenden Termine;
3. für die Vertretung im Beweisaufnahmeverfahren; § 34 gilt sinngemäß.

(2) Der Gegenstandswert bestimmt sich nach § 8 Abs. 1 Satz 1.

§ 71 Besondere Verteilungsverfahren

Für die Mitwirkung des Rechtsanwalts in einem Verteilungsverfahren außerhalb der Zwangsversteigerung und der Zwangsverwaltung gilt, soweit dieses Gesetz nichts anderes bestimmt, § 68 Abs. 1 Nr. 3, Abs. 3 Nr. 1 und 2 sinngemäß.

Fünfter Abschnitt[2]. Gebühren in Konkursverfahren und in Vergleichsverfahren zur Abwendung des Konkurses sowie in seerechtlichen Verteilungsverfahren

§ 72 Eröffnung des Konkursverfahrens

Im Verfahren über einen Antrag auf Eröffnung des Konkursverfahrens (§§ 104 bis 106 der Konkursordnung) erhält der Rechtsanwalt drei Zehntel der vollen Gebühr; vertritt er einen Gläubiger, so erhält er die Hälfte der vollen Gebühr.

§ 73 Vertretung im Konkursverfahren

Für die Vertretung im Konkursverfahren erhält der Rechtsanwalt die Hälfte der vollen Gebühr.

§ 74 Zwangsvergleich

Für die Tätigkeit im Zwangsvergleichsverfahren erhält der Rechtsanwalt eine besondere volle Gebühr.

§ 75[3] Anmeldung einer Konkursforderung

Beschränkt sich die Tätigkeit des Rechtsanwalts auf die Anmeldung einer Konkursforderung, so erhält er drei Zehntel der vollen Gebühr.

§ 76[4] Beschwerdeverfahren, Sicherheitsmaßregeln

Der Rechtsanwalt erhält besonders fünf Zehntel der in § 31 bestimmten Gebühren

1. im Beschwerdeverfahren;
2. im Verfahren über Anträge auf Anordnung von Sicherheitsmaßregeln im Falle des § 197 Abs. 2 der Konkursordnung.

Die Vorschriften des § 32 und des § 33 Abs. 1 und 2 gelten nicht.

---

[1] § 70 Abs. 1 geändert, früherer Abs. 2 aufgehoben; bisheriger Abs. 3 wurde Abs. 2 durch Gesetz vom 20. August 1975 (BGBl. I 2189).
[2] Überschrift geändert durch Gesetz vom 21. Juni 1972 (BGBl. I 953).
[3] § 75 geändert durch Gesetz vom 20. August 1975 (BGBl. I 2189).
[4] § 76 Abs. 1 Satz 1 geändert durch Gesetz vom 20. August 1975 (BGBl. I 2189).

26

§ 77¹ Gegenstandswert

(1) Die Gebühren der § 72 bis 74 sowie des § 76 im Falle der Beschwerde gegen den Beschluß über die Eröffnung des Konkursverfahrens (§ 109 der Konkursordnung) oder den Beschluß über die Bestätigung eines Zwangsvergleichs (§§ 189, 230 Abs. 2, § 236 der Konkursordnung) werden, wenn der Auftrag vom Gemeinschuldner erteilt ist, nach dem Betrage der Aktivmasse (§ 37 des Gerichtskostengesetzes) berechnet.

(2) Ist der Auftrag von einem Konkursgläubiger erteilt, so werden die Gebühren der §§ 72, 73, 75 und die Gebühren im Falle der Beschwerde gegen den Beschluß über die Eröffnung des Konkursverfahrens nach dem Nennwert der Forderung, die Gebühr des § 74 und die Gebühren im Falle der Beschwerde gegen den Beschluß über die Bestätigung eines Zwangsvergleichs nach dem Wert der Forderung des Gläubigers unter sinngemäßer Anwendung des § 148 der Konkursordnung berechnet. Nebenforderungen sind mitzurechnen.

§ 78 Wiederaufnahme des Konkursverfahrens

Das wiederaufgenommene Konkursverfahren ist eine besondere Angelegenheit.

§ 79 Eröffnung des Vergleichsverfahrens

Im Verfahren über den Antrag auf Eröffnung des Vergleichsverfahrens zur Abwendung des Konkurses erhält der Rechtsanwalt drei Zehntel der vollen Gebühr; vertritt er einen Gläubiger, so erhält er die Hälfte der vollen Gebühr.

§ 80² Vertretung im Vergleichsverfahren, Beschwerdeverfahren, Sicherungsmaßregeln

(1) Für die Vertretung im Vergleichsverfahren zur Abwendung des Konkurses erhält der Rechtsanwalt eine volle Gebühr. Er erhält nur eine halbe Gebühr, wenn seine Tätigkeit vor dem Vergleichstermin beendet ist.

(2) Der Rechtsanwalt erhält besonders fünf Zehntel der vollen Gebühr
1. im Beschwerdeverfahren;
2. im Verfahren über Anträge auf Anordnung von Sicherungsmaßregeln (§ 88 Abs. 2 der Vergleichsordnung).

§ 81³ Gegenstandswert

Die Gebühren der §§ 79 und 80 werden bei der Vertretung des Schuldners nach dem Betrag der Aktiven (§ 36 des Gerichtskostengesetzes) berechnet. Bei der Vertretung eines Gläubigers werden die Gebühr des § 79 nach dem Nennwert der Forderung und die Gebühren des § 80 nach dem Wert der Forderung unter sinngemäßer Anwendung des § 148 der Konkursordnung berechnet. Nebenforderungen sind mitzurechnen.

§ 81a⁴ Seerechtliches Verteilungsverfahren

(1) Im Verfahren nach der Seerechtlichen Verteilungsordnung gelten § 72

---

¹ § 77 Abs. 1 geändert durch Gesetz vom 18. August 1980 (BGBl. I 1503).
² § 80 Abs. 2 geändert durch Gesetz vom 20. August 1975 (BGBl. I 2189).
³ § 81 Satz 1 geändert durch Gesetz vom 18. August 1980 (BGBl. I 1503).
⁴ § 81a eingefügt durch Gesetz vom 21. Juni 1972 (BGBl. I 953), Abs. 1 Satz 1 und Abs. 2 Nr. 2 geändert durch Gesetz vom 25. Juli 1986 (BGBl. I 1130).

erster Halbsatz, §§ 73, 75 entsprechend. § 77 gilt entsprechend mit der Maßgabe, daß an die Stelle der Aktivmasse die festgesetzte Haftungssumme tritt.

(2) Der Rechtsanwalt erhält besonders drei Zehntel der in § 31 bestimmten Gebühren:
1. im Verfahren über eine Beschwerde (§ 3 Abs. 2 der Seerechtlichen Verteilungsordnung) oder über eine Erinnerung (§ 12 Abs. 2, 4 der Seerechtlichen Verteilungsordnung);
2. im Verfahren über Anträge auf Aufhebung von Vollstreckungsmaßregeln (§ 8 Abs. 5 der Seerechtlichen Verteilungsordnung);
3. im Verfahren über Anträge auf Zulassung der Zwangsvollstreckung, soweit diese auf § 17 Abs. 4 der Seerechtlichen Verteilungsordnung gestützt werden.
Die Vorschriften der § 32, 33 Abs. 1 und 2 gelten nicht.

§ 82 Mehrere Aufträge
Die Gebühren werden für jeden Auftrag gesondert ohne Rücksicht auf andere Aufträge berechnet.

Sechster Abschnitt. Gebühren in Strafsachen
1. Gebühren des gewählten Verteidigers und anderer gewählter Vertreter

§ 83[1] Erster Rechtszug

(1) Der Rechtsanwalt erhält im ersten Rechtszug als Verteidiger in der Hauptverhandlung folgende Gebühren:
1. Im Verfahren vor dem Oberlandesgericht, dem Schwurgericht und vor der Jugendkammer, soweit diese in Sachen entscheidet, die nach den allgemeinen Vorschriften zur Zuständigkeit des Schwurgerichts gehören, 140 bis 2060 Deutsche Mark;
2. im Verfahren vor der großen Strafkammer und vor der Jugendkammer, soweit sich die Gebühr nicht nach Nummer 1 bestimmt, 100 bis 1240 Deutsche Mark;
3. im Verfahren vor dem Schöffengericht, dem Jugendschöffengericht, dem Strafrichter und dem Jugendrichter 80 bis 1060 Deutsche Mark.

(2) Erstreckt sich die Hauptverhandlung über einen Kalendertag hinaus, so erhält der Rechtsanwalt für jeden weiteren Verhandlungstag in den Fällen des Absatzes 1
Nr. 1 140 bis 1030 Deutsche Mark,
Nr. 2 100 bis 620 Deutsche Mark,
Nr. 3 80 bis 530 Deutsche Mark.
Wird jedoch mit dem Verfahren von neuem begonnen, so gelten für den ersten Tag der neuen Hauptverhandlung die Vorschriften des Absatzes 1.

---

[1] § 83 neu gefaßt durch Gesetz vom 20. August 1975 (BGBl. I 2189), geändert durch Gesetz vom 18. August 1980 (BGBl. I 1503). Abs. 1 und 2 geändert durch Gesetz vom 9. Dezember 1986 (BGBl. I 2326).

§ 84[1] Verfahren außerhalb der Hauptverhandlung

(1) Der Rechtsanwalt erhält im vorbereitenden Verfahren, im gerichtlich anhängigen Verfahren, in dem er nur außerhalb der Hauptverhandlung tätig ist, und in einem Verfahren, in dem eine Hauptverhandlung nicht stattfindet, die Hälfte der Gebühren des § 83 Abs. 1.

(2) Ist das Verfahren nicht gerichtlich anhängig geworden, so bestimmt sich die Gebühr nach der Ordnung des Gerichts, das für das Hauptverfahren zuständig gewesen wäre.

§ 85[2] Berufungsverfahren

(1) Der Rechtsanwalt erhält im Berufungsverfahren als Verteidiger folgende Gebühren:
1. Im Verfahren vor der großen Strafkammer und der Jugendkammer
   100 bis 1240 Deutsche Mark;
2. im Verfahren vor der kleinen Strafkammer
   80 bis 1060 Deutsche Mark.

(2) Erstreckt sich die Hauptverhandlung über einen Kalendertag hinaus, so erhält der Rechtsanwalt für jeden weiteren Verhandlungstag in den Fällen des Absatzes 1
   Nr. 1 100 bis 620 Deutsche Mark,
   Nr. 2 80 bis 530 Deutsche Mark.
Wird jedoch mit dem Verfahren von neuem begonnen, so gelten für den ersten Tag der neuen Hauptverhandlung die Vorschriften des Absatzes 1.

(3) Ist der Rechtsanwalt im Berufungsverfahren nur außerhalb der Hauptverhandlung tätig oder findet eine Hauptverhandlung vor dem Berufungsgericht nicht statt, so erhält er die Hälfte der Gebühren des Absatzes 1.

§ 86[3] Revisionsverfahren

(1) Der Rechtsanwalt erhält im Revisionsverfahren als Verteidiger folgende Gebühren:
1. Im Verfahren vor dem Bundesgerichtshof
   140 bis 2060 Deutsche Mark;
2. im Verfahren vor dem Oberlandesgericht
   100 bis 1240 Deutsche Mark
   und, wenn im ersten Rechtszug der Strafrichter, ausgenommen als Jugendrichter, entschieden hat,
   80 bis 1060 Deutsche Mark.

(2) Erstreckt sich die Hauptverhandlung über einen Kalendertag hinaus, so erhält der Rechtsanwalt für jeden weiteren Verhandlungstag in den Fällen des Absatzes 1

---

[1] § 84 Abs. 1 neu gefaßt durch Gesetz vom 20. August 1975 (BGBl. I 2189), anderweit geändert durch Gesetz vom 18. August 1980 (BGBl. I 1503). Abs. 1 neu gefaßt durch Gesetz vom 9. Dezember 1986 (BGBl. I 2326).
[2] § 85 Abs. 1 geändert und Abs. 2 neu gefaßt durch Gesetz vom 20. August 1975 (BGBl. I 2189), anderweit geändert durch Gesetz vom 18. August 1980 (BGBl. I 1503). Abs. 1 und 2 Satz 1 geändert durch Gesetz vom 9. Dezember 1986 (BGBl. I 2326).
[3] § 86 Abs. 1 geändert durch Gesetz vom 9. Dezember 1974 (BGBl. I 3393), Abs. 1 geändert und Abs. 2 neu gefaßt durch Gesetz vom 20. August 1975 (BGBl. I 2189) sowie durch Gesetz vom 18. August 1980 (BGBl. I 1503), Abs. 1 und 2 Satz 1 geändert durch Gesetz vom 9. Dezember 1986 (BGBl. I 2326).

Nr. 1 140 bis 1030 Deutsche Mark,
Nr. 2 100 bis 620 Deutsche Mark
und, wenn im ersten Rechtszug der Strafrichter, ausgenommen als Jugendrichter, entschieden hat,
80 bis 530 Deutsche Mark.

Wird jedoch mit dem Verfahren von neuem begonnen, so gelten für den ersten Tag der neuen Hauptverhandlung die Vorschriften des Absatzes 1.

(3) Ist der Rechtsanwalt im Revisionsverfahren als Verteidiger nur außerhalb der Hauptverhandlung tätig oder findet eine Hauptverhandlung vor dem Revisionsgericht nicht statt, so erhält er die Hälfte der Gebühren des Absatzes 1.

§ 87 Pauschgebühren

Durch die Gebühren der §§ 83 bis 86 wird die gesamte Tätigkeit des Rechtsanwalts als Verteidiger entgolten. Hierzu gehört auch die Einlegung von Rechtsmitteln bei dem Gericht desselben Rechtszuges.

§ 88[1] Einziehung und verwandte Maßnahmen

Wenn der Rechtsanwalt eine Tätigkeit für den Beschuldigten ausübt, die sich auf die Einziehung oder den Verfall, die Vernichtung, die Unbrauchbarmachung, die Abführung des Mehrerlöses oder auf eine diesen Zwecken dienende Beschlagnahme bezieht, so ist bei den nach § 12 maßgebenden Umständen auch der Gegenstandswert (§ 7) angemessen zu berücksichtigen. Der Gebührenrahmen kann um einen Betrag bis zu einer nach diesem Gegenstandswert berechneten vollen Gebühr (§ 11) überschritten werden, soweit der Rahmen nicht ausreicht, um die gesamte Tätigkeit des Rechtsanwalts angemessen zu entgelten. Übt der Rechtsanwalt eine Tätigkeit für den Beschuldigten aus, die sich auf das Fahrverbot oder die Entziehung der Fahrerlaubnis erstreckt, und reicht der Gebührenrahmen nicht aus, um die gesamte Tätigkeit des Rechtsanwalts angemessen zu entgelten, so kann er bis zu 25 vom Hundert überschritten werden.

§ 89[2] Vermögensrechtliche Ansprüche

(1) Macht der Verletzte oder sein Erbe im Strafverfahren einen aus der Straftat erwachsenen vermögensrechtlichen Anspruch geltend, so erhält der Rechtsanwalt neben den Gebühren eines Verteidigers an Stelle der in § 31 bestimmten Gebühren im ersten Rechtszug das Eineinhalbfache, im Berufungs- und im Revisionsverfahren das Doppelte der vollen Gebühr (§ 11). Wird der Anspruch im Berufungsverfahren erstmalig geltend gemacht, so erhöht sich für das Berufungsverfahren die Gebühr nicht.

(2) Wird der Rechtsanwalt als Prozeßbevollmächtigter des Beschuldigten wegen desselben Anspruchs im bürgerlichen Rechtsstreit tätig, so werden zwei Drittel der Gebühr, die ihm für die Abwehr des Anspruchs im Strafverfahren zusteht, auf die im bürgerlichen Rechtsstreit anfallenden Gebühren

---

[1] § 88 Satz 1 geändert durch Gesetz vom 24. Mai 1968 (BGBl. I 503), anderweit geändert durch Gesetz vom 2. März 1974 (BGBl. I 469), Satz 3 angefügt durch Gesetz vom 20. August 1975 (BGBl. I 2189).
[2] § 89 Abs. 4 aufgehoben durch Gesetz vom 2. März 1974 (BGBl. I 469), bisheriger Abs. 5 wurde Abs. 4.

angerechnet. Die Anrechnung unterbleibt, soweit der Rechtsanwalt durch diese weniger als zwei Drittel der ihm im bürgerlichen Rechtsstreit zustehenden Gebühren erhalten würde.

(3) Beschränkt sich die Tätigkeit des Rechtsanwalts auf die Geltendmachung oder Abwehr eines aus der Straftat erwachsenen vermögensrechtlichen Anspruchs im Strafverfahren, so erhält er nur die im Absatz 1 bestimmte Gebühr. Absatz 2 gilt sinngemäß.

(4) Die Gebühr für die Mitwirkung beim Abschluß eines Vergleichs nach § 23 bleibt unberührt.

§ 90[1] Wiederaufnahmeverfahren

(1) Für die Vorbereitung eines Antrags auf Wiederaufnahme des Verfahrens, die Stellung eines solchen Antrags und die Vertretung in dem Verfahren zur Entscheidung über den Antrag gelten die in § 84 bestimmten Gebühren. Diese gelten auch dann, wenn der Rechtsanwalt von der Stellung eines Antrags auf Wideraufnahme des Verfahrens abrät.

(2) Der Gebührenrahmen bestimmt sich nach der Ordnung des Gerichts, das im ersten Rechtszug entschieden hat.

§ 91[2] Gebühren für einzelne Tätigkeiten

Beschränkt sich die Tätigkeit des Rechtsanwalts, ohne daß ihm sonst die Verteidigung übertragen ist, auf
1. die Einlegung eines Rechtsmittels, die Anfertigung oder Unterzeichnung anderer Anträge, Gesuche oder Erklärungen oder eine andere nicht in den Nummern 2 oder 3 erwähnte Beistandsleistung;
2. die Anfertigung oder Unterzeichnung einer Schrift zur Rechtfertigung der Berufung oder zur Beantwortung der von dem Staatsanwalt, Privatkläger oder Nebenkläger eingelegten Berufung, die Führung des Verkehrs mit dem Verteidiger, die Beistandsleistung für den Beschuldigten bei einer staatsanwaltschaftlichen oder richterlichen Vernehmung oder einer mündlichen Verhandlung oder einer Augenscheinseinnahme außerhalb der Hauptverhandlung oder die Beistandsleistung im Verfahren zur gerichtlichen Erzwingung der Anklage (§ 172 Abs. 2 bis 4, § 173 der Strafprozeßordnung);
3. die Anfertigung oder Unterzeichnung einer Schrift zur Begründung der Revision oder zur Erklärung auf die von dem Staatsanwalt, Privatkläger oder Nebenkläger eingelegte Revision;
so erhält er in den Fällen der
Nummer 1 eine Gebühr
     von 20 bis 280 Deutsche Mark,
Nummer 2 eine Gebühr
     von 40 bis 520 Deutsche Mark,

---

[1] § 90 Abs. 1 neu gefaßt durch Gesetz vom 9. Dezember 1974 (BGBl. I 3393).
[2] § 91 Nr. 2 geändert durch Gesetz vom 19. Dezember 1964 (BGBl. I 1067), der Gebührenrahmen in § 91 „Nummer 1" durch Gesetz vom 30. Juni 1965 (BGBl. I 577). Der Höchstbetrag der Gebühren ist durch das Gesetz vom 29. Oktober 1969 (BGBl. I 2049) jeweils um ein Fünftel erhöht worden. Nr. 2 neu gefaßt durch Gesetz vom 9. Dezember 1974 (BGBl. I 3393). Gebühren geändert durch Gesetz vom 20. August 1975 (BGBl. I 2189), anderweit geändert durch Gesetz vom 18. August 1980 (BGBl. I 1503). § 91 geändert durch Gesetz vom 9. Dezember 1986 (BGBl. I 2326).

Nummer 3 eine Gebühr
von 60 bis 820 Deutsche Mark.

§ 92 Mehrere einzelne Tätigkeiten

(1) Mit der Gebühr für die Rechtfertigung der Berufung oder die Begründung der Revision ist die Gebühr für die Einlegung des Rechtsmittels entgolten.

(2) Im übrigen erhält der Rechtsanwalt mit der Beschränkung des § 13 für jede der in § 91 bezeichneten Tätigkeiten eine gesonderte Gebühr. Wird ihm die Verteidigung übertragen, so werden die Gebühren des § 91 auf die dem Rechtsanwalt als Verteidiger zustehenden Gebühren angerechnet.

§ 93[1] Gnadengesuche

Für die Vertretung in einer Gnadensache erhält der Rechtsanwalt eine Gebühr von 30 bis 410 Deutsche Mark. Sie steht ihm auch dann zu, wenn ihm die Verteidigung übertragen war.

§ 94[2] Privatklage

(1) Für die Tätigkeit als Beistand oder Vertreter eines Privatklägers gelten die Vorschriften der §§ 83 bis 93 sinngemäß.

(2) Durch die Widerklage erhöhen sich die Gebühren des Rechtsanwalts als Beistand oder Vertreter des Privatklägers und des Widerbeklagten sowie des Verteidigers des Angeklagten auch dann nicht, wenn der Privatkläger nicht der Verletzte ist.

(3) Für die Mitwirkung beim Abschluß eines Vergleichs erhält der Rechtsanwalt des Privatklägers und des Beschuldigten eine weitere Gebühr in Höhe von
20 bis 210 Deutsche Mark.
Die Vorschrift des § 23 bleibt unberührt.

(4) Beschränkt sich die Tätigkeit des Rechtsanwalts auf die Anfertigung oder Unterzeichnung der Privatklage, so erhält er eine Gebühr von
40 bis 520 Deutsche Mark.
Wird dem Rechtsanwalt die Vertretung des Privatklägers übertragen, so wird die im Satz 1 bestimmte Gebühr auf die Gebühren angerechnet, die ihm als Vertreter des Privtklägers zustehen.

(5) Für die Tätigkeit des Beistands oder Vertreters in einem Sühneversuch nach § 380 der Strafprozeßordnung erhält der Rechtsanwalt eine Gebühr von
20 bis 210 Deutsche Mark
und für die Mitwirkung bei einer Einigung der Beteiligten eine weitere Gebühr von
20 bis 210 Deutsche Mark.

---

[1] § 93 geändert durch Gesetz vom 20. August 1975 (BGBl. I 2189), anderweit geändert durch Gesetz vom 18. August 1980 (BGBl. I 1503). Geändert durch Gesetz vom 9. Dezember 1986 (BGBl. I 2326).
[2] § 94 Abs. 3 bis 5 geändert durch Gesetz vom 20. August 1975 (BGBl. I 2189), anderweit geändert durch Gesetz vom 18. Agust 1980 (BGBl. I 1503). geändert durch Gesetz vom 9. Dezember 1986 (BGBl. I 2326).

§ 95[1] Vertretung eines Nebenklägers und anderer Verfahrensbeteiligter

Für die Tätigkeit als Beistand oder Vertreter eines Nebenklägers, eines Einziehungs- oder Nebenbeteiligten sowie eines Verletzten gelten die Vorschriften der §§ 83 bis 93 sinngemäß; für die Tätigkeit als Beistand oder Vertreter des Verletzten erhält der Rechtsanwalt die Hälfte der Gebühren.

§ 96[2] Kostenfestsetzung, Zwangsvollstreckung

(1) Dem Rechtsanwalt stehen besondere Gebühren zu

1. im Verfahren über die Erinnerung gegen einen Kostenfestsetzungsbeschluß (§ 464 b der Strafprozeßordnung) oder Kostenansatz und im Beschwerdeverfahren gegen die Entscheidung über diese Erinnerung;
2. in der Zwangsvollstreckung aus Entscheidungen, die über einen aus der Straftat erwachsenen vermögensrechtlichen Anspruch oder die Erstattung von Kosten ergangen sind (§§ 406 b, 464 b der Strafprozeßordnung), für die Mitwirkung bei der Ausübung der Veröffentlichungsbefugnis und im Beschwerdeverfahren gegen eine dieser Entscheidungen.

(2) Die Gebühren bestimmen sich nach den Vorschriften des Dritten Abschnitts.

§ 96a[3] Abtretung des Kostenerstattungsanspruchs

Tritt der Angeschuldigte den Anspruch gegen die Staatskasse auf Erstattung von Anwaltskosten als notwendige Auslagen (§§ 464 b, 464 a Abs. 2 Nr. 2 der Strafprozeßordnung) an den Rechtsanwalt ab, so ist eine von der Staatskasse gegenüber dem Angeschuldigten erklärte Aufrechnung insoweit unwirksam, als sie den Anspruch des Rechtsanwalts vereiteln oder beeinträchtigen würde.

2. Gebühren des gerichtlich bestellten Verteidigers und des beigeordneten Rechtsanwalts

§ 97[4] Anspruch gegen die Staatskasse

(1) Ist der Rechtsanwalt gerichtlich bestellt worden, so erhält er anstelle der gesetzlichen Gebühr das Vierfache der in den §§ 83 bis 86, 90 bis 92, 94 und 95 bestimmten Mindestbeträge aus der Staatskasse, jedoch nicht mehr als die Hälfte des Höchstbetrages. Im Falle des § 90 Abs. 1 Satz 2 gilt dies nur dann, wenn der Rechtsanwalt nach § 364 b Abs. 1 Satz 1 der Strafprozeßordnung bestellt worden ist oder das Gericht die Feststellung nach § 364 b Abs. 1 Satz 2 der Strafprozeßordnung getroffen hat. In den Fällen der §§ 23, 89 ist § 123 anzuwenden.

---

[1] § 95 geändert durch Gesetz vom 10. August 1967 (BGBl. I 877). Neu gefaßt durch Gesetz vom 18. Dezember 1986 (BGBl. I 2496).
[2] § 96 Abs. 1 Nr. 1 und 2 geändert durch Gesetz vom 24. Mai 1968 (BGBl. I 503); Abs. 1 Nr. 2 anderweit geändert durch Gesetz vom 2. März 1974 (BGBl. I 469).
[3] § 96a eingefügt durch Gesetz vom 20. August 1975 (BGBl. 2189).
[4] § 97 Abs. 1 neu gefaßt durch Gesetz vom 19. Juni 1961 (BGBl. I 769), durch Gesetz vom 24. Oktober 1972 (BGBl. I 2013), durch Gesetz vom 9. Dezember 1974 (BGBl. I 3393) und durch Gesetz vom 20. August 1975 (BGBl. I 2189). Abs. 1 Satz 3 eingefügt durch Gesetz vom 18. Dezember 1986 (BGBl. I 2496).

(2) Der Rechtsanwalt erhält ferner Ersatz der Auslagen aus der Staatskasse. § 126 Abs. 1 Satz 1, Abs. 2 gilt sinngemäß; die Feststellung nach § 126 Abs. 2 kann auch für andere Auslagen als Reisekosten getroffen werden. Auslagen, die durch Nachforschungen zur Vorbereitung eines Wiederaufnahmeverfahrens entstehen, werden einem Rechtsanwalt nach Maßgabe der Sätze 1 und 2 vergütet, wenn er nach § 364b Abs. 1 Satz 1 der Strafprozeßordnung bestellt worden ist oder wenn das Gericht die Feststellung nach § 364b Abs. 1 Satz 2 der Strafprozeßordnung getroffen hat.

(3) Für die Tätigkeit als Verteidiger vor Eröffnung des Hauptverfahrens erhält der Rechtsanwalt die Vergütung unabhängig vom Zeitpunkt seiner Bestellung.

(4) Wegen des Vorschusses gelten § 127 Satz 1, § 98 sinngemäß.

§ 97a[1] Tätigkeit als Kontaktperson

(1) Der nach § 34a des Einführungsgesetzes zum Gerichtsverfassungsgesetz als Kontaktperson beigeordnete Rechtsanwalt erhält für seine gesamte Tätigkeit das Zweifache der Höchstgebühr des § 83 Abs. 1 Nr. 1 aus der Staatskasse, ferner Ersatz seiner Auslagen. Für eine besonders umfangreiche Tätigkeit bewilligt das Oberlandesgericht, in dessen Bezirk die Justizvollzugsanstalt liegt, auf Antrag eine höhere Gebühr als nach Satz 1.

(2) Die Vergütung wird auf Antrag von dem Urkundsbeamten der Geschäftsstelle des Landgerichts festgesetzt, in dessen Bezirk die Justizvollzugsanstalt liegt.

(3) Im übrigen gelten die Bestimmungen dieses Gesetzes sinngemäß.

§ 98[2] Festsetzung der Gebühren

(1) Die aus der Staatskasse zu gewährende Vergütung wird auf Antrag des Rechtsanwalts von dem Urkundsbeamten der Geschäftsstelle des Gerichts des ersten Rechtszuges festgesetzt. § 104 Abs. 2 der Zivilprozeßordnung gilt sinngemäß.

(2) Über die Erinnerung des Rechtsanwalts oder der Staatskasse gegen die Festsetzung nach Absatz 1 entscheidet der Vorsitzende des Gerichts des ersten Rechtszuges durch Beschluß.

(3) Gegen den Beschluß ist Beschwerde nach den Vorschriften der §§ 304 bis 310, 311a der Strafprozeßordnung zulässig.

(4) Das Verfahren über die Erinnerung und über die Beschwerde ist gebührenfrei. Kosten werden nicht erstattet.

§ 99[3] Strafsachen besonderen Umfangs

(1) In besonders umfangreichen oder schwierigen Strafsachen ist dem gerichtlich bestellten Rechtsanwalt für das ganze Verfahren oder für einzelne Teile des Verfahrens auf Antrag eine Pauschvergütung zu bewilligen, die über die Gebühren des § 97 hinausgeht.

---

[1] § 97a eingefügt durch Gesetz vom 4. Dezember 1985 (BGBl. I 2141).
[2] § 98 Abs. 2 früherer Satz 2 aufgehoben, Abs. 3 geändert und Abs. 4 neu gefaßt durch Gesetz vom 20. August 1975 (BGBl. I 2189).
[3] § 99 Überschrift und Abs. 1 geändert durch Gesetz vom 20. August 1975 (BGBl. I 2189).

(2) Über den Antrag entscheidet das Oberlandesgericht, zu dessen Bezirk das Gericht gehört, bei dem die Strafsache im ersten Rechtszug anhängig ist oder war. Der Bundesgerichtshof ist zur Entscheidung berufen, soweit er den Rechtsanwalt bestellt hat. In dem Verfahren ist die Staatskasse zu hören.

§ 100[1] Anspruch gegen den Beschuldigten

(1) Der gerichtlich bestellte Rechtsanwalt kann von dem Beschuldigten die Zahlung der Gebühren eines gewählten Verteidigers verlangen; er kann jedoch keinen Vorschuß fordern. Der Anspruch gegen den Beschuldigten entfällt insoweit, als die Staatskasse nach den §§ 97 und 99 Gebühren gezahlt hat.

(2) Der Anspruch kann nur insoweit geltend gemacht werden, als dem Beschuldigten ein Erstattungsanspruch gegen die Staatskasse zusteht, oder das Gericht des ersten Rechtszugs auf Antrag des Rechtsanwalts nach Anhörung des Beschuldigten feststellt, daß dieser ohne Beeinträchtigung des für ihn und seine Familie notwendigen Unterhalts zur Zahlung in der Lage ist. Ist das Verfahren nicht gerichtlich anhängig geworden, so entscheidet das Gericht, das den Verteidiger bestellt hat. Gegen den Beschluß ist sofortige Beschwerde nach den Vorschriften der §§ 304 bis 311a der Strafprozeßordnung zulässig.

(3) Der für den Beginn der Verjährung maßgebende Zeitpunkt tritt mit der Rechtskraft der das Verfahren abschließenden gerichtlichen Entscheidung, in Ermangelung einer solchen mit der Beendigung des Verfahrens ein. Von der in Absatz 2 Satz 1 vorgesehenen Feststellung des Gerichts ist der Lauf der Verjährungsfrist nicht abhängig.

§ 101[2] Anrechnung, Rückzahlung

(1) Vorschüsse und Zahlungen, die der Rechtsanwalt vor oder nach der gerichtlichen Bestellung für seine Tätigkeit in der Strafsache von dem Beschuldigten oder einem Dritten nach dieser Gebührenordnung oder auf Grund einer Vereinbarung erhalten hat, sind auf die von der Staatskasse zu zahlenden Gebühren anzurechnen. Hat der Rechtsanwalt von dem Beschuldigten oder einem Dritten Zahlungen empfangen, nachdem er Gebühren aus der Staatskasse erhalten hat, so ist er zur Rückzahlung an die Staatskasse verpflichtet.

(2) Die Anrechung oder Rückzahlung unterbleibt, soweit der Rechtsanwalt durch diese insgesamt weniger als den doppelten Betrag der ihm nach den §§ 97 und 99 zustehenden Gebühr oder Pauschvergütung erhalten würde.

(3) Vorschüsse und Zahlungen, die für die Anrechnung oder die Pflicht zur Rückzahlung nach den Absätzen 1 und 2 von Bedeutung sind, hat der Rechtsanwalt der Staatskasse anzuzeigen.

§ 102 Privatklage, Nebenklage, Klageerzwingungsverfahren

Für die Gebühren des Rechtsanwalts, der dem Privatkläger, dem Neben-

---

[1] § 100 Abs. 2 und 3 neu gefaßt durch Gesetz vom 20. August 1975 (BGBl. I 2189). Abs. 2 Satz 1 neu gefaßt durch Gesetz vom 9. Dezember 1986 (BGBl. I 2326).
[2] § 101 Abs. 2 neu gefaßt durch Gesetz vom 19. Juni 1961 (BGBl. I 769) und durch Gesetz vom 20. August 1975 (BGBl. I 2189).

kläger oder dem Antragsteller im Klageerzwingungsverfahren oder sonst beigeordnet worden ist, gelten die Vorschriften der §§ 97 bis 101 sinngemäß.

§ 103 Bundeskasse, Landeskasse

(1) Staatskasse im Sinne dieser Vorschriften ist die Bundeskasse, wenn ein Gericht des Bundes, die Landeskasse, wenn ein Gericht des Landes den Rechtsanwalt bestellt oder beigeordnet hat.

(2) Hat zuerst ein Gericht des Bundes und sodann ein Gericht des Landes den Rechtsanwalt bestellt oder beigeordnet, so zahlt die Bundeskasse die Vergütung, die der Rechtsanwalt während der Dauer der Bestellung oder Beiordnung durch das Gericht des Bundes verdient hat, die Landeskasse die dem Rechtsanwalt darüber hinaus zustehende Vergütung. Dies gilt sinngemäß, wenn zuerst ein Gericht des Landes und sodann ein Gericht des Bundes den Rechtsanwalt bestellt oder beigeordnet hat.

Siebenter Abschnitt.[1] Gebühren in Bußgeldverfahren

§ 104[1] *(aufgehoben)*

§ 105[2] Bußgeldverfahren

(1) Im Bußgeldverfahren vor der Verwaltungsbehörde und dem sich anschließenden Verfahren bis zum Eingang der Akten bei Gericht erhält der Rechtsanwalt als Verteidiger die Hälfte der Gebühr des § 83 Abs. 1 Nr. 3.

(2) Im Bußgeldverfahren vor dem Amtsgericht erhält der Rechtsanwalt als Verteidiger die Gebühren des § 83 Abs. 1 Nr. 3.

(3) Im übrigen gelten die Vorschriften des Sechsten Abschnitts sinngemäß.

Achter Abschnitt[3]
Gebühren in Verfahren nach dem Gesetz über die innerdeutsche Rechts- und Amtshilfe in Strafsachen

§ 105a[3]

(1) Der Rechtsanwalt erhält für die Beistandsleistung im Verfahren vor der Staatsanwaltschaft die Hälfte der Gebühr des § 83 Abs. 1 Nr. 3, vor dem Oberlandesgericht oder dem Bundesgerichtshof die Hälfte der Gebühr des § 83 Abs. 1 Nr. 1.

(2) Im übrigen gelten die Vorschriften des Sechsten Abschnitts sinngemäß.

---

[1] Überschrift des Siebenten Abschnitts geändert und § 104 aufgehoben durch Gesetz vom 24. Mai 1968 (BGBl. I 503).
[2] § 105 neu gefaßt durch Art. 44 Einführungsgesetz zum Gesetz über Ordnungswidrigkeiten vom 24. Mai 1968 (BGBl. I 503) und neu gefaßt durch Gesetz vom 20. August 1975 (BGBl. I 2189), Abs. 1 anderweit geändert durch Gesetz vom 18. August 1980 (BGBl. I 1503). Abs. 1 neu gefaßt durch Gesetz vom 9. Dezember 1986 (BGBl. I 2326).
[3] Neuer Achter Abschnitt mit § 105a eingefügt durch Gesetz vom 18. August 1980 (BGBl. I 1503). Abs. 1 neu gefaßt durch Gesetz vom 9. Dezember 1986 (BGBl. I 2326).

Neunter Abschnitt[1]
Gebühren in Verfahren nach dem Gesetz über die internationale Rechtshilfe in Strafsachen

§ 106[2] Beistandsleistung

(1) Für die Beistandsleistung nach den §§ 40, 45 Abs. 6, §§ 53, 61 Abs. 1 Satz 3, §§ 65, 71 Abs. 4 Satz 4 des Gesetzes über die internationale Rechtshilfe in Strafsachen erhält der Rechtsanwalt die Hälfte der Gebühr des § 83 Abs. 1 Nr. 1.

(2) Für die Beistandsleistung bei einer mündlichen Verhandlung erhält er die Gebühr des § 83 Abs. 1 Nr. 1. Erstreckt sich die Verhandlung über einen Kalendertag hinaus, so erhält der Rechtsanwalt für jeden weiteren Verhandlungstag die Gebühr des § 83 Abs. 2 Nr. 1.

§ 107[3] Bestellter Rechtsanwalt

(1) Ist der Rechtsanwalt gerichtlich bestellt worden (§ 31 Abs. 2 Satz 3, § 33 Abs. 3, § 36 Abs. 2 Satz 2, § 40 Abs. 2, § 45 Abs. 6, § 52 Abs. 2 Satz 2, § 53 Abs. 2, §§ 65, 71 Abs. 4 Satz 5 des Gesetzes über die internationale Rechtshilfe in Strafsachen), so erhält er anstelle der gesetzlichen Gebühr das Vierfache der in § 106 bestimmten Mindestbeträge aus der Staatskasse, jedoch nicht mehr als die Hälfte des Höchstbetrages.

(2) § 97 Abs. 2 und 4, § 98 Abs. 1, 2 und 4 sowie die §§ 99, 101 und 103 gelten sinngemäß. In den Fällen der Bestellung für Verfahren nach den §§ 53, 71 Abs. 4 Satz 5 des Gesetzes über die internationale Rechtshilfe in Strafsachen gilt § 98 Abs. 3 sinngemäß.

§ 108[4] Pauschgebühren

Durch die in den §§ 106 und 107 bestimmten Gebühren wird die gesamte Tätigkeit des Rechtsanwalts in dem jeweiligen Verfahren abgegolten. Hierzu gehören auch die Anfertigung und Unterzeichnung von Anträgen und Erklärungen an die beteiligten Behörden.

---

[1] Neu gefaßt durch Gesetz vom 23. Dezember 1982 (IRG) (BGBl. I 2073).
[2] § 106 geändert durch Gesetz vom 29. Oktober 1969 (BGBl. I 2049) und Gesetz vom 20. August 1975 (BGBl. I 2189), Gebühren geändert durch Gesetz vom 18. August 1980 (BGBl. I 1503), Absatz 1 geändert durch Gesetz vom 23. Dezember 1982 (BGBl. I 2073). Abs. 1 und 2 geändert durch Gesetz vom 9. Dezember 1986 (BGBl. I 2326).
[3] § 107 Abs. 1 neu gefaßt durch Gesetz vom 19. Juni 1961 (BGBl. I 769) und geändert durch Gesetz vom 20. August 1975 (BGBl. I 2189), Gebühren geändert durch Gesetz vom 18. August 1980 (BGBl. I 1503). § 107 neu gefaßt durch Gesetz vom 23. Dezember 1982 (BGBl. I 2071).
[4] § 108 Satz 1 neu gefaßt durch Gesetz vom 23. Dezember 1982 (IRG) (BGBl. I 2071).

Zehnter Abschnitt[1]. **Gebühren im Disziplinarverfahren, im Verfahren nach der Wehrbeschwerdeordnung vor den Wehrdienstgerichten, im ehren- und berufsgerichtlichen Verfahren, bei der Untersuchung von Seeunfällen und bei Freiheitsentziehungen**

§ 109[2] **Disziplinarverfahren**

(1) Im Disziplinarverfahren gelten nach Maßgabe der Absätze 2 bis 8 die Vorschriften des Sechsten Abschnitts sinngemäß.

(2) Der Rechtsanwalt erhält als Verteidiger in förmlichen Disziplinarverfahren einschließlich des vorangegangenen Verfahrens folgende Gebühren:
1. Im ersten Rechtszug 100 bis 1240 Deutsche Mark,
2. im zweiten Rechtszug 110 bis 1480 Deutsche Mark,
3. im dritten Rechtszug 140 bis 2060 Deutsche Mark.

(3) Erstreckt sich die Hauptverhandlung über einen Kalendertag hinaus, so erhält der Rechtsanwalt für jeden weiteren Verhandlungstag in den Fällen des Absatzes 2
Nr. 1   100 bis   620 Deutsche Mark,
Nr. 2   110 bis   730 Deutsche Mark,
Nr. 3   140 bis 1030 Deutsche Mark.

(4) Im Verfahren vor den Dienstvorgesetzten einschließlich Verfahren der Beschwerde erhält der Rechtsanwalt, der nicht auch Verteidiger im förmlichen Disziplinarverfahren ist, eine Gebühr von 60 bis 730 Deutsche Mark.

(5) Im Verfahren auf gerichtliche Entscheidung über die Disziplinarverfügung erhält der Rechtsanwalt als Verteidiger eine Gebühr von 40 bis 530 Deutsche Mark. Erstreckt sich die mündliche Verhandlung oder Beweiserhebung über einen Kalendertag hinaus, so erhält der Rechtsanwalt für jeden weiteren Tag eine Gebühr von 40 bis 530 Deutsche Mark.

(6) Im Verfahren über die Beschwerde gegen die Nichtzulassung der Revision erhält der Rechtsanwalt eine Gebühr von 70 bis 1030 Deutsche Mark.

(7) Im Verfahren auf Abänderung oder Neubewilligung eines Unterhaltsbeitrages erhält der Rechtsanwalt eine Gebühr von 40 bis 530 Deutsche Mark.

(8) Im Verfahren vor dem Dienstvorgesetzten und im gerichtlichen Verfahren über die nachträgliche Aufhebung einer Disziplinarmaßnahme erhält der Rechtsanwalt jeweils eine Gebühr von 30 bis 410 Deutsche Mark.

---

[1] Überschrift geändert durch Gesetz vom 20. August 1975 (BGBl. I 2189).
[2] § 109 neu gefaßt durch Gesetz vom 20. August 1975 (BGBl. I 2189), Gebühren geändert durch Gesetz vom 18. August 1980 (BGBl. I 1503). Abs. 2 bis 8 geändert durch Gesetz vom 9. Dezember 1986 (BGBl. I 2326).

§ 109a¹ Wehrbeschwerdeverfahren vor den Wehrdienstgerichten

(1) Im Verfahren auf gerichtliche Entscheidung nach der Wehrbeschwerdeordnung erhält der Rechtsanwalt im Verfahren vor dem Truppendienstgericht die Gebühr des § 109 Abs. 2 Nr. 1 und im Verfahren vor dem Bundesverwaltungericht die Gebühr des § 109 Abs. 2 Nr. 2.

(2) § 109 Abs. 3 gilt sinngemäß.

§ 110² Ehren- und berufsgerichtliche Verfahren

(1) Im Verfahren vor Ehrengerichten oder anderen Berufsgerichten wegen Verletzung einer Berufspflicht gelten die Vorschriften des Sechsten Abschnitts sinngemäß. Die Gebühren richten sich in der ersten Instanz nach den für das Verfahren vor dem Amtsgericht und im weiteren Verfahren in jedem Rechtszug nach den für das Berufungsverfahren vor der großen Strafkammer geltenden Vorschriften.

(2) Soweit es sich nicht um die Verletzung einer Berufspflicht handelt, gilt die Vorschrift des § 114 über das verwaltungsgerichtliche Verfahren sinngemäß.

§ 111 Untersuchung von Seeunfällen

(1) Bei der Untersuchung von Seeunfällen gelten die Vorschriften des Sechsten Abschnitts sinngemäß.

(2) Die Gebühren richten sich im Verfahren vor dem Seeamt nach den für das Verfahren vor dem Amtsgericht und im Verfahren vor dem Oberseeamt nach den für das Berufungsverfahren vor der großen Strafkammer geltenden Vorschriften.

§ 112³ Freiheitsentziehungen

(1) Im gerichtlichen Verfahren bei Freiheitsentziehungen erhält der Rechtsanwalt in jedem Rechtszug eine Gebühr
von 40 bis 530 Deutsche Mark
1. für seine Tätigkeit in dem Verfahren im allgemeinen,
2. für die Mitwirkung bei der mündlichen Anhörung der Person, der die Freiheit entzogen werden soll, und bei der mündlichen Vernehmung von Zeugen oder Sachverständigen.

(2) Im Verfahren über die Fortdauer der Freiheitsentziehung und im Verfahren über Anträge auf Aufhebung der Freiheitsentziehung erhält der Rechtsanwalt in jedem Rechtszug eine Gebühr
von 30 bis 320 Deutsche Mark
1. für seine Tätigkeit in dem Verfahren im allgemeinen,

---

¹ § 109a eingefügt durch Gesetz vom 20. August 1975 (BGBl. I 2189), Gebühren geändert durch Gesetz vom 18. August 1980 (BGBl. I 1503). Abs. 1 geändert durch Gesetz vom 9. Dezember 1986 (BGBl. I 2326.)
² § 110 Abs. 2 neu gefaßt durch Gesetz vom 18. August 1980 (BGBl. I 1503).
³ § 112 Abs. 3 geändert durch Gesetz vom 30. Juni 1965 (BGBl. I 577). Abs. 4 neu gefaßt durch Gesetz vom 19. Juni 1961 (BGBl. I 769). Beträge geändert durch Gesetz vom 20. August 1975 (BGBl. I 2189). Absatz 5 angefügt mit Wirkung vom 1. Januar 1980 durch Gesetz vom 18. Juli 1979 (BGBl. I 1061), Gebühren geändert durch Gesetz vom 18. August 1980 (BGBl. I 1503). Abs. 1 bis 3 geändert durch Gesetz vom 9. Dezember 1986 (BGBl. I 2326).

2. für die Mitwirkung bei der mündlichen Anhörung der Person, der die Freiheit entzogen ist, und bei der mündlichen Vernehmung von Zeugen oder Sachverständigen.

(3) Beschränkt sich die Tätigkeit des Rechtsanwalts auf die Einlegung eines Rechtsmittels, die Anfertigung oder Unterzeichnung von Anträgen, Gesuchen oder Erklärungen oder auf eine sonstige Beistandsleistung, so erhält er eine Gebühr
von 20 bis 280 Deutsche Mark.

(4) Ist der Rechtsanwalt vom Gericht beigeordnet worden, so erhält er das Vierfache der in den Absätzen 1, 2 und 3 bestimmten Mindestgebühren aus der Staatskasse; § 97 Abs. 2, 4, §§ 98 bis 101, 103 gelten sinngemäß.

(5) Die Absätze 1 bis 4 gelten sinngemäß im Verfahren über die Genehmigung der Unterbringung eines Mündels oder Kindes nach §§ 64a bis 64i des Gesetzes über die Angelegenheiten der freiwilligen Gerichtsbarkeit.

Elfter Abschnitt[1]. Gebühren in Verfahren vor Gerichten der Verfassungsgerichtsbarkeit, vor dem Gerichtshof der Europäischen Gemeinschaften, vor Gerichten der Verwaltungs-, Sozial- und Finanzgerichtsbarkeit

§ 113[2] Verfahren vor Verfassungsgerichten

(1) Die Vorschriften des Sechsten Abschnitts für Strafsachen, die im ersten Rechtszug vor das Oberlandesgericht gehören, gelten sinngemäß in folgenden Verfahren vor dem Bundesverfassungsgericht oder dem Verfassungsgericht (Verfassungsgerichtshof, Staatsgerichtshof) eines Landes:
1. Verfahren über die Verwirkung von Grundrechten, den Verlust des Stimmrechts, den Ausschluß von Wahlen und Abstimmungen,
2. Verfahren über die Verfassungswidrigkeit von Parteien,
3. Verfahren über Anklagen gegen den Bundespräsidenten, gegen ein Regierungsmitglied eines Landes oder gegen einen Abgeordneten oder Richter,
4. Verfahren über sonstige Gegenstände, die in einem dem Strafprozeß ähnlichen Verfahren behandelt werden.

(2) In sonstigen Verfahren vor dem Bundesverfassungsgericht oder dem Verfassungsgericht eines Landes gelten die Vorschriften des Dritten Abschnitts sinngemäß. Die Gebühren richten sich nach § 11 Abs. 1 Satz 4. Der Gegenstandswert ist unter Berücksichtigung aller Umstände, insbesondere der Bedeutung der Angelegenheit, des Umfangs und der Schwierigkeit der anwaltlichen Tätigkeit sowie der Vermögens- und Einkommensverhältnisse des Auftraggebers nach billigem Ermessen zu bestimmen, jedoch nicht unter 6000 Deutsche Mark.

---

[1] Überschrift geändert durch Gesetz vom 30. Juni 1965 (BGBl. I 577) und durch Gesetz vom 20. August 1975 (BGBl. I 2189).
[2] § 113 geändert durch Gesetz vom 20. August 1975 (BGBl. I 2189). Abs. 2 Satz 2 geändert durch Gesetz vom 5. Dezember 1986 (BGBl. I 2326).

§ 113a[1] Verfahren vor dem Gerichtshof der Europäischen Gemeinschaften

(1) In Vorabentscheidungsverfahren vor dem Gerichtshof der Europäischen Gemeinschaften gelten die Vorschriften des Dritten Abschnitts sinngemäß. Die Gebühren richten sich nach § 11 Abs. 1 Satz 4. Die Prozeßgebühr des Verfahrens, in dem vorgelegt worden ist, wird auf die Prozeßgebühr des Verfahrens vor dem Gerichtshof der Europäischen Gemeinschaften angerechnet, wenn nicht eine im Verfahrensrecht vorgesehene schriftliche Stellungnahme gegenüber dem Gerichtshof der Europäischen Gemeinschaften abgegeben wird. Der Gegenstandswert bestimmt sich nach den Wertvorschriften, die für die Gerichtsgebühren des Verfahrens gelten, in dem vorgelegt wird. Das vorlegende Gericht setzt den Gegenstandswert auf Antrag durch Beschluß fest. § 10 Abs. 2 bis 4 gilt sinngemäß.

(2) Ist für das Verfahren, in dem vorgelegt worden ist, die Gebühr nur dem Mindest- und Höchstbetrag nach bestimmt, so erhält der Rechtsanwalt in dem Vorabentscheidungsverfahren eine Gebühr von 140 bis 2060 Deutsche Mark. Ist der Rechtsanwalt in dem Verfahren vor dem Gericht, das vorgelegt hat, Verteidiger, Beistand oder Vertreter, so erhält er in dem Vorabentscheidungsverfahren eine Gebühr nur, wenn er vor dem Gerichtshof der Europäischen Gemeinschaften mündlich verhandelt; die Gebühr beträgt 140 bis 1030 Deutsche Mark. Hat ein Gericht der Sozialgerichtsbarkeit vorgelegt, so erhält der Rechtsanwalt in dem Vorabentscheidungsverfahren eine Gebühr von 110 bis 1240 Deutsche Mark. Ist der Rechtsanwalt in dem Verfahren vor dem Gericht der Sozialgerichtsbarkeit, das vorgelegt hat, Prozeßbevollmächtigter, so erhält er in dem Vorabentscheidungsverfahren eine Gebühr nur, wenn er vor dem Gerichtshof der Europäischen Gemeinschaften mündlich verhandelt; die Gebühr beträgt 100 bis 620 Deutsche Mark.

§ 114[2] Verfahren vor Gerichten der Verwaltungs- und Finanzgerichtsbarkeit

(1) In Verfahren vor den Gerichten der Verwaltungsgerichtsbarkeit und der Finanzgerichtsbarkeit gelten die Vorschriften des Dritten Abschnitts sinngemäß.

(2) Der Rechtsanwalt erhält im erstinstanzlichen Verfahren vor dem Bundesverwaltungsgericht, dem Bundesfinanzhof und vor einem Oberverwaltungsgericht (Verwaltungsgerichtshof) Gebühren nach § 11 Abs. 1 Satz 4, im Verfahren vor dem Finanzgericht Gebühren nach § 11 Abs. 1 Satz 1 und 2.

(3) Im Verfahren über die Beschwerde gegen die Nichtzulassung der Berufung oder der Revision erhält der Rechtsanwalt die Hälfte der in § 31 bestimmten Gebühren nach den Sätzen des § 11 Abs. 1 Satz 4.

(4) Im Verfahren auf Aussetzung oder Aufhebung der Vollziehung des

---

[1] § 113a eingefügt durch Gesetz vom 20. August 1975 (BGBl. I 2189). Gebühren geändert durch Gesetz vom 18. August 1980 (BGBl. I 1503). Abs. 1 Satz 2 und Abs. 2 geändert durch Gesetz vom 5. Dezember 1986 (BGBl. I 2326).
[2] § 114 geändert durch Gesetz vom 30. Juli 1965 (BGBl. I 577) und durch Gesetz vom 20. August 1975 (BGBl. I 2189). Abs. 2 und 3 geändert durch Gesetz vom 9. Dezember 1986 (BGBl. I 2326).

Verwaltungsakts, auf Anordnung oder Wiederherstellung der aufschiebenden Wirkung und in Verfahren auf Erlaß einer einstweiligen Anordnung gilt § 40 sinngemäß. Bei Vollziehung einer einstweiligen Anordnung gilt § 59 sinngemäß.

(5) Im gerichtlichen Verfahren über einen Akt der Zwangsvollstreckung (des Verwaltungszwangs) erhält der Rechtsanwalt drei Zehntel der in § 31 bestimmten Gebühren. Die Vorschriften des § 32 und des § 33 Abs. 1 und 2 gelten nicht.

§ 115[1] aufgehoben

§ 116[2] **Verfahren vor Gerichten der Sozialgerichtsbarkeit**

(1) Im Verfahren vor Gerichten der Sozialgerichtsbarkeit erhält der Rechtsanwalt
1. vor dem Sozialgericht 50 bis 590 Deutsche Mark,
2. vor dem Landessozialgericht 70 bis 850 Deutsche Mark,
3. vor dem Bundessozialgericht 130 bis 1410 Deutsche Mark.

(2) In Verfahren
1. auf Grund der Beziehungen zwischen Ärzten, Zahnärzten und Krankenkassen (Kassenarztrecht) sowie öffentlich-rechtlicher Versicherungsträger untereinander,
2. auf Grund öffentlich-rechtlicher Streitigkeiten zwischen Arbeitgebern und der Bundesanstalt für Arbeit oder einer Berufsgenossenschaft

werden die Gebühren nach dem Gegenstandswert berechnet. Die Vorschriften des Dritten Abschnittes gelten sinngemäß.

(3) In den Fällen des Absatzes 1 gelten die §§ 23, 24 nicht.

§ 117[3] **Besonderheiten für Verfahren vor Gerichten der Finanzgerichtsbarkeit**

Wird ohne mündliche Verhandlung entschieden, so erhält der Rechtsanwalt die gleichen Gebühren wie in einem Verfahren mit mündlicher Verhandlung.

Zwölfter Abschnitt. Gebühren in sonstigen Angelegenheiten

§ 118[4] **Geschäftsgebühr, Besprechungsgebühr, Beweisaufnahmegebühr**

(1) In anderen als den im Dritten bis Elften Abschnitt geregelten Angelegenheiten erhält der Rechtsanwalt fünf Zehntel bis zehn Zehntel der vollen Gebühr
1. für das Betreiben des Geschäfts einschließlich der Information, des Einreichens, Fertigens oder Unterzeichnens von Schriftsätzen oder Schreiben

---

[1] § 115 aufgehoben durch Gesetz vom 20. August 1975 (BGBl. I 2189).
[2] § 116 neu gefaßt durch Gesetz vom 20. August 1975 (BGBl. I 2189). Gebühren geändert durch Gesetz vom 18. August 1980 (BGBl. I 1503). Abs. 1 geändert durch Gesetz vom 9. Dezember 1986 (BGBl. I 2326).
[3] § 117 geändert durch Gesetz vom 20. August 1975 (BGBl. I 2189).
[4] § 118 geändert durch Gesetz vom 30. Juni 1965 (BGBl. I 577), durch Gesetz vom 20. August 1975 (BGBl. I 2189) sowie durch Gesetz vom 18. August 1980 (BGBl. I 1503).

und des Entwerfens von Urkunden (Geschäftsgebühr); der Rechtsanwalt erhält diese Gebühr nicht für einen Rat oder eine Auskunft (§ 20);

2. für das Mitwirken bei mündlichen Verhandlungen oder Besprechungen über tatsächliche oder rechtliche Fragen, die von einem Gericht oder einer Behörde angeordnet oder im Einverständnis mit dem Auftraggeber vor einem Gericht oder einer Behörde, mit dem Gegner oder mit einem Dritten geführt werden; für das Mitwirken bei der Gestaltung eines Gesellschaftsvertrages und bei der Auseinandersetzung von Gesellschaften und Gemeinschaften (Besprechungsgebühr); der Rechtsanwalt erhält diese Gebühr nicht für eine mündliche oder fernmündliche Nachfrage;

3. für das Mitwirken bei Beweisaufnahmen, die von einem Gericht oder von einer Behörde angeordnet worden sind (Beweisaufnahmegebühr); § 34 gilt sinngemäß.

(2) Soweit die in Absatz 1 Nr. 1 bestimmte Geschäftsgebühr für eine Tätigkeit außerhalb eines gerichtlichen oder behördlichen Verfahrens entsteht, ist sie auf die entsprechenden Gebühren für ein anschließendes gerichtliches oder behördliches Verfahren anzurechnen.

§ 119[1] Vorverfahren, Verwaltungszwangsverfahren, Aussetzung der Vollziehung

(1) Das Verwaltungsverfahren, das dem Rechtsstreit vorausgeht und der Nachprüfung des Verwaltungsakts dient (Vorverfahren, Einspruchsverfahren, Beschwerdeverfahren, Abhilfeverfahren), ist zusammen mit dem vorangegangenen Verwaltungsverfahren eine Angelegenheit.

(2) Im Verwaltungszwangsverfahren (Verwaltungsvollstreckungsverfahren) erhält der Rechtsanwalt je drei Zehntel der vollen Gebühr als Geschäftsgebühr, Besprechungsgebühr und Beweisaufnahmegebühr.

(3) Das Verwaltungsverfahren auf Aussetzung der Vollziehung oder auf Beseitigung der aufschiebenden oder hemmenden Wirkung ist zusammen mit den in den Absätzen 1 und 2 genannten Verfahren eine Angelegenheit.

§ 120[2] Einfache Schreiben

(1) Beschränkt sich die Tätigkeit des Rechtsanwalts auf Mahnungen, Kündigungen oder Schreiben einfacher Art, die weder schwierige rechtliche Ausführungen noch größere sachliche Auseinandersetzungen enthalten, so erhält er nur zwei Zehntel der vollen Gebühr.

(2) Beschränkt sich die Tätigkeit des Rechtsanwalts auf ein Schreiben, das nur dem äußeren Betreiben eines Verfahrens dient, insbesondere eine Benachrichtigung, ein Beschleunigungsgesuch, ein Gesuch um Erteilung von Ausfertigungen oder Abschriften, so erhält der Rechtsanwalt nur die Mindestgebühr (§ 11 Abs. 2 Satz 1).

---

[1] § 119 geändert durch Gesetz vom 30. Juni 1965 (BGBl. I 577).
[2] § 120 geändert durch Gesetz vom 30. Juni 1965 (BGBl. I 577) und durch Gesetz vom 20. August 1975 (BGBl. I 2189). Abs. 2 geändert durch Gesetz vom 9. Dezember 1986 (BGBl. I 2326).

Dreizehnter Abschnitt[1]. **Vergütung bei Prozeßkostenhilfe**

§ 121[2] **Vergütung aus der Bundes- oder Landeskasse**

Der im Wege der Prozeßkostenhilfe oder nach § 11 a des Arbeitsgerichtsgesetzes beigeordnete Rechtsanwalt erhält, soweit in diesem Abschnitt nichts anderes bestimmt ist, die gesetzliche Vergütung in Verfahren vor Gerichten des Bundes aus der Bundeskasse, in Verfahren vor Gerichten eines Landes aus der Landeskasse.

§ 122[3] **Umfang der Beiordnung**

(1) Der Anspruch des Rechtsanwalts bestimmt sich nach den Beschlüssen, durch die Prozeßkostenhilfe bewilligt und der Rechtsanwalt beigeordnet worden ist.

(2) Der Rechtsanwalt erhält Vergütung aus der Bundes- oder Landeskasse, wenn er für eine Berufung oder Revision beigeordnet ist, auch für die Rechtsverteidigung gegen eine Anschlußberufung oder eine Anschlußrevision und, wenn er für die Erwirkung eines Arrests oder einer einstweiligen Verfügung beigeordnet ist, auch für die Vollziehung des Arrests oder der einstweiligen Verfügung. Dies gilt nicht, wenn der Beiordnungsbeschluß ausdrücklich bestimmt, daß der Rechtsanwalt für die Rechtsverteidigung gegen die Anschlußberufung oder Anschlußrevision oder für die Vollziehung des Arrests oder der einstweiligen Verfügung nicht beigeordnet ist.

(3) Die Beiordnung eines Rechtsanwalts in einer Ehesache erstreckt sich auf den Abschluß eines Vergleichs, der den gegenseitigen Unterhalt der Ehegatten und den Unterhalt gegenüber den Kindern im Verhältnis der Ehegatten zueinander, die Sorge für die Person der gemeinschaftlichen minderjährigen Kinder, die Rechtsverhältnisse an der Ehewohnung und dem Hausrat und die Ansprüche aus dem ehelichen Güterrecht betrifft. In anderen Angelegenheiten, die mit dem Hauptprozeß nur zusammenhängen, erhält der für den Hauptprozeß beigeordnete Rechtsanwalt Vergütung aus der Bundes- oder Landeskasse nur dann, wenn er ausdrücklich auch hierfür beigeordnet ist. Dies gilt insbesondere für

1. die Zwangsvollstreckung (den Verwaltungszwang);
2. das Verfahren über den Arrest, die einstweilige Verfügung und die einstweilige Anordnung;
3. das Beweissicherungsverfahren;
4. das Verfahren über die Widerklage, ausgenommen die Rechtsverteidigung gegen die Widerklage in Ehesachen.

---

[1] Überschrift geändert durch Gesetz vom 13. Juni 1980 (BGBl. I 677) und durch Gesetz vom 18. August 1980 (BGBl. I 1503).
[2] § 121 geändert durch Gesetz vom 13. Juni 1980 (BGBl. I 677).
[3] § 122 Abs. 3 neu gefaßt durch Gesetz vom 20. August 1975 (BGBl. I 2189), Abs. 1 geändert durch Gesetz vom 13. Juni 1980 (BGBl. I 677).

§ 123[1] Gebühren des Rechtsanwalts

Aus der Staatskasse (§ 121) werden bei einem Gegenstandswert von mehr als 5000 Deutsche Mark anstelle der vollen Gebühr (§ 11 Abs. 1 Satz 1 und 2) folgende Gebühren vergütet:

Gegenstandswert bis (Deutsche Mark)	Gebühren (Deutsche Mark)	Gegenstandswert bis (Deutsche Mark)	Gebühren (Deutsche Mark)
5500	295	16000	450
6000	310	17000	460
6500	320	18000	470
7000	330	19000	480
7500	340	20000	490
8000	350	25000	500
8500	360	30000	510
9000	370	35000	520
9500	380	40000	530
10000	390	45000	540
11000	400	50000	550
12000	410	mehr als	
13000	420	50000	560
14000	430		
15000	440		

§ 124[2] Weitere Vergütung

(1) Gebühren bis zur Höhe der Regelgebühren erhält der Rechtsanwalt, soweit die von der Bundes- und der Landeskasse eingezogenen Beträge den Betrag übersteigen, der zur Deckung der in § 122 Abs. 1 Nr. 1 der Zivilprozeßordnung bezeichneten Kosten und Ansprüche erforderlich ist. Die weitere Vergütung wird aus der Staatskasse gewährt, an die die Zahlungen nach § 120 Abs. 2 der Zivilprozeßordnung zu leisten waren.

(2) Der beigeordnete Rechtsanwalt soll eine Berechnung seiner Vergütung unverzüglich zu den Prozeßakten mitteilen.

(3) Die weitere Vergütung wird erst festgesetzt, wenn das Verfahren durch rechtskräftige Entscheidung oder in sonstiger Weise beendet ist und die von der Partei zu zahlenden Beträge beglichen sind oder eine Zwangsvollstrekkung in das bewegliche Vermögen der Partei erfolglos geblieben ist oder aussichtslos erscheint.

---

[1] § 123 neu gefaßt durch Gesetz vom 29. Oktober 1969 (BGBl. I 2049) anderweit neu gefaßt durch Gesetz vom 20. August 1975 (BGBl. I 2189), anderweit neu gefaßt durch Gesetz vom 13. Juni 1980 (BGBl. I 677) und durch Gesetz vom 9. Dezember 1986 (BGBl. I 2326).
[2] § 124 Satz 2 weggefallen durch Gesetz vom 30. Juni 1965 (BGBl. I 577), § 124 geändert durch Gesetz vom 20. August 1975 (BGBl. I 2189), neu gefaßt durch Gesetz vom 13. Juni 1980 (BGBl. I 677).

(4) Waren mehrere Rechtsanwälte beigeordnet, so bemessen sich die auf die einzelnen Rechtsanwälte entfallenden Beträge nach dem Verhältnis der jeweiligen Unterschiedsbeträge zwischen den Gebühren nach § 123 und den Regelgebühren; dabei sind Zahlungen, die nach § 129 auf den Unterschiedsbetrag anzurechnen sind, von diesem abzuziehen.

§ 125 Verschulden eines beigeordneten Rechtsanwalts

Hat der beigeordnete Rechtsanwalt durch schuldhaftes Verhalten die Beiordnung eines anderen Rechtsanwalts veranlaßt, so kann er Gebühren, die auch für den anderen Rechtsanwalt entstehen, nicht fordern.

§ 126[1] Auslagen

(1) Auslagen, insbesondere Reisekosten, werden nicht vergütet, wenn sie zur sachgemäßen Wahrnehmung der Interessen der Partei nicht erforderlich waren. Nicht zu vergüten sind die Mehrkosten, die dadurch entstehen, daß der Rechtsanwalt seinen Wohnsitz oder seine Kanzlei nicht an dem Ort hat, an dem sich das Prozeßgericht oder eine auswärtige Abteilung dieses Gerichts befindet; dies gilt nicht, wenn ein Rechtsanwalt beigeordnet wird, der weder bei dem Prozeßgericht noch bei einem Gericht zugelassen ist, das sich an demselben Ort wie das Prozeßgericht befindet.

(2) Ob eine Reise erforderlich ist, stellt das Gericht des Rechtszugs auf Antrag vor Antritt der Reise fest. Die Feststellung, daß die Reise erforderlich ist, ist für das Festsetzungsverfahren (§ 128) bindend.

§ 127[2] Vorschuß

Für die entstandenen Gebühren (§ 123) und die entstandenen und voraussichtlich entstehenden Auslagen kann der Rechtsanwalt aus der Bundes- oder Landeskasse angemessenen Vorschuß fordern. § 128 gilt sinngemäß.

§ 128[3] Rechtsweg

(1) Die aus der Bundes- oder Landeskasse zu gewährende Vergütung wird auf Antrag des Rechtsanwalts von dem Urkundbeamten der Geschäftsstelle des Gerichts des Rechtszuges festgesetzt; jedoch setzt eine aus der Landeskasse zu gewährende Vergütung, wenn das Verfahren durch rechtskräftige Entscheidung oder in sonstiger Weise beendet ist, der Urkundbeamte des Gerichts des ersten Rechtszuges fest. § 104 Abs. 2 der Zivilprozeßordnung gilt sinngemäß. Der Antrag hat die Erklärung zu enthalten, ob und welche Zahlungen der Rechtsanwalt von der Partei oder einem Dritten bis zum Tage der Antragstellung erhalten hat; Zahlungen, die er nach diesem Zeitpunkt erhalten hat, hat er unverzüglich anzuzeigen.

(2) Der Urkundbeamte kann vor einer Festsetzung nach § 124 einen Rechtsanwalt auffordern, innerhalb einer Frist von einem Monat bei der Geschäftsstelle des Gerichts, dem der Unkundbeamte angehört, Anträge auf

---

[1] § 126 Überschrift und Abs. 1 Satz 1 geändert durch Gesetz vom 13. Juni 1980 (BGBl. I 677).
[2] § 127 neu gefaßt durch Gesetz vom 20. August 1975 (BGBl. I 2189) und geändert durch Gesetz vom 13. Juni 1980 (BGBl. I 677).
[3] § 128 geändert durch Gesetz vom 20. August 1975 (BGBl. I 2189), anderweit geändert durch Gesetz vom 13. Juni 1980 (BGBl. I 677).

Festsetzung der Vergütungen, für die ihm noch Ansprüche gegen die Bundes- oder Landeskasse zustehen, einzureichen oder sich zu den empfangenen Zahlungen (Absatz 1 Satz 3) zu erklären. Kommt der Rechtsanwalt der Aufforderung nicht nach, erlöschen seine Ansprüche.

(3) Über Erinnerungen des Rechtsanwalts und der Bundes- oder Landeskasse gegen die Feststellung entscheidet das Gericht des Rechtszuges, bei dem die Vergütung festgesetzt ist, durch Beschluß. § 10 Abs. 4 gilt sinngemäß.

(4) Gegen den Beschluß ist die Beschwerde zulässig, wenn der Beschwerdegegenstand einhundert Deutsche Mark übersteigt. § 10 Abs. 3 Satz 2, 4 und Absatz 4 gilt sinngemäß. Eine weitere Beschwerde findet nicht statt.

(5) Das Verfahren über die Erinnerung und über die Beschwerde ist gebührenfrei. Kosten werden nicht erstattet.

§ 129[1] Anrechnung von Vorschüssen und Zahlungen

Vorschüsse und Zahlungen, die der Rechtsanwalt von seinem Auftraggeber oder einem Dritten vor oder nach der Beiordnung erhalten hat, sind zunächst auf die Vergütungen anzurechnen, für die ein Anspruch gegen die Bundes- oder Landeskasse nicht oder nur unter den Voraussetzungen des § 124 besteht.

§ 130 Übergang von Ansprüchen auf die Bundes- oder Landeskasse

(1) Soweit dem Rechtsanwalt wegen seiner Vergütung ein Anspruch gegen die Partei oder einen ersatzpflichtigen Gegner zusteht, geht der Anspruch mit der Befriedigung des Rechtsanwalts durch die Bundes- oder Landeskasse auf diese über. Der Übergang kann nicht zum Nachteil des Rechtsanwalts geltend gemacht werden.

(2) Für die Geltendmachung des Anspruchs gelten die Vorschriften über die Einziehung der Kosten des gerichtlichen Verfahrens sinngemäß.

Vierzehnter Abschnitt[2]. Vergütung für die Beratungshilfe

§ 131 Vergütung aus der Landeskasse

Der Rechtsanwalt erhält, soweit nicht für die Tätigkeit in Beratungsstellen nach § 3 Abs. 1 des Beratungshilfegesetzes besondere Vereinbarungen getroffen sind, eine Vergütung nach diesem Gesetz aus der Landeskasse.

§ 132[2] Gebühren für die Beratungshilfe

(1) Für einen mündlichen oder schriftlichen Rat und für eine Auskunft, die nicht mit einer anderen gebührenpflichtigen Tätigkeit zusammenhängen, erhält der Rechtsanwalt eine Gebühr von 35 Deutsche Mark. § 20 Abs. 1 Satz 3 ist anzuwenden.

(2) Für die in § 118 bezeichneten Tätigkeiten erhält der Rechtsanwalt eine Gebühr von 90 Deutsche Mark. Auf die Gebühren für ein anschließendes gerichtliches oder behördliches Verfahren ist diese Gebühr zur Hälfte anzurechnen.

(3) Führt die Tätigkeit des Rechtsanwalts nach Absatz 2 Satz 1 zu einem

---

[1] § 129 geändert durch Gesetz vom 13. Juni 1980 (BGBl. I 677).
[2] Vierzehnter Abschnitt eingefügt durch das Beratungshilfegesetz vom 18. Juni 1980 (BGBl. I 689). § 132 geändert durch Gesetz vom 9. Dezember 1986 (BGBl. I 2326).

Vergleich oder einer Erledigung der Rechtssache (§§ 23, 24), so erhält der Rechtsanwalt eine Gebühr von 110 Deutsche Mark.

§ 133

Die §§ 125, 126, 128, 130 Abs. 1 sind sinngemäß anzuwenden. Der Pauschsatz des § 26 bemißt sich nach den Gebühren des § 132. Zuständig ist das Amtsgericht, das den Berechtigungsschein ausgestellt hat, in den Fällen des § 7 des Beratungshilfegesetzes das Amtsgericht, in dessen Bezirk der Rechtsanwalt seine Kanzlei hat.

Fünfzehnter Abschnitt[1]. Übergangs- und Schlußvorschriften

§ 134[1] Übergangsvorschrift

(1) Die Vergütung ist nach bisherigem Recht zu berechnen, wenn der unbedingte Auftrag zur Erledigung derselben Angelegenheit im Sinne des § 13 vor dem Inkrafttreten einer Gesetzesänderung erteilt oder der Rechtsanwalt vor diesem Zeitpunkt gerichtlich bestellt oder beigeordnet worden ist. Ist ein gerichtliches Verfahren im Zeitpunkt des Inkrafttretens einer Gesetzesänderung noch anhängig, so ist die Vergütung nach neuem Recht nur für das Verfahren über ein Rechtsmittel zu berechnen, das nach diesem Zeitpunkt eingelegt worden ist. Die Sätze 1 und 2 gelten auch, wenn Vorschriften geändert werden, auf die dieses Gesetz verweist.

(2) Sind Gebühren nach dem zusammengerechneten Wert mehrerer Gegenstände zu bemessen, gilt für die gesamte Vergütung das bisherige Recht auch dann, wenn dies nach Absatz 1 nur für einen der Gegenstände gelten würde.

§ 135 Berlin-Klausel

Dieses Gesetz gilt nach Maßgabe des § 13 Abs. 1 des Dritten Überleitungsgesetzes auch im Land Berlin.

Anlage (zu § 11)[2]

---

[1] Fünfzehnter Abschnitt eingefügt durch das Gesetz vom 18. August 1980 (BGBl. I 1503). § 134 neu gefaßt durch Gesetz vom 9. Dezember 1986 (BGBl. I 2326).
[2] Die Anlage zu § 11 wurde neu gefaßt durch Gesetz vom 29. Oktober 1969 (BGBl. I 2049), anderweit neu gefaßt durch Gesetz vom 20. August 1975 (BGBl. I 2189), erneut teilweise abgeändert durch Gesetz vom 18. August 1980 (BGBl. I 1503). Neu gefaßt als Anlage 3 (zu Artikel 3 Abs. 2) des Gesetzes vom 9. Dezember 1986 (BGBl. I 2326).

Bei einem Streitwert bis... DM	beträgt die Gebühr ...DM	Bei einem Streitwert bis... DM	beträgt die Gebühr ...DM
300	40	85000	1694
600	55	90000	1759
900	70	95000	1824
1200	85	100000	1889
1500	100	115000	1964
1800	115	130000	2039
2100	130	145000	2114
2400	145	160000	2189
2700	160	175000	2264
3000	175	190000	2339
3500	201	205000	2414
4000	227	220000	2489
4500	253	235000	2564
5000	279	250000	2639
5500	305	265000	2714
6000	331	280000	2789
6500	357	295000	2864
7000	383	310000	2939
7500	409	325000	3014
8000	435	340000	3089
8500	461	355000	3164
9000	487	370000	3239
9500	513	385000	3314
10000	539	400000	3389
11000	570	430000	3509
12000	601	460000	3629
13000	632	490000	3749
14000	663	520000	3869
15000	694	550000	3989
16000	725	580000	4109
17000	756	610000	4229
18000	787	640000	4349
19000	818	670000	4469
20000	849	700000	4589
25000	914	730000	4709
30000	979	760000	4829
35000	1044	790000	4949
40000	1109	820000	5069
45000	1174	850000	5189
50000	1239	880000	5309
55000	1304	910000	5429
60000	1369	940000	5549
65000	1434	970000	5669
70000	1499	1000000	5789
75000	1564		
80000	1629		

Teil B. Kommentar

Einleitung

Die Vergütung der Rechtsanwälte ist in **Art. VIII des Gesetzes zur** **1**
Änderung kostenrechtlicher Vorschriften vom 26. 7. 1957 (BGBl. I 861)
geregelt. Dieser Art. VIII bildet ein in sich geschlossenes Ganzes und ist als
Bundesrechtsanwaltsgebührenordnung **(BRAGO)** bezeichnet.

Die **bisherige Regelung** der Vergütung der Rechtsanwälte war zu einem **2**
wesentlichen Teil in der **Gebührenordnung für Rechtsanwälte** v. 7. 7.
1879 **(RAGebO),** zum Teil in Landesgebührenordnungen und zum Teil in
einer großen Anzahl von Sondergesetzen enthalten.

Die **BRAGO** umfaßt das gesamte Gebührenrecht für Rechtsanwälte. Es **3**
sind nicht nur die landesrechtlichen, sondern auch die verstreuten bundesrechtlichen Gebührenvorschriften für Rechtsanwälte aufgenommen worden.
Nur einige wenige Ausnahmen sind gemacht worden. Vgl. hierzu § 5 der
Schlußvorschriften des Art. XI des Gesetzes vom 26. 7. 1957 (vgl. Teil C –
Anhang – Nr. 15).

Die BRAGO strebt an, das Gebührenrecht für RA zu vereinfachen, soweit
dies bei der Vielgestaltigkeit der anwaltlichen Tätigkeit möglich ist.

Die BRAGO ist seit ihrem Inkrafttreten mehrfach geändert worden. Vgl.
hierzu die Zusammenstellung S. 1 und die Angaben bei den einzelnen Vorschriften im Textteil S. 2 ff.

Das System der **Verfahrenspauschgebühren,** auf dem bereits die
RAGebO beruhte, und das der Vereinfachung der Gebührenberechnung
dient, ist auch bei der Vereinheitlichung der landesrechtlichen Gebührenvorschriften befolgt worden. Dadurch wird erreicht, daß die ganze Gebührenordnung von einem einheitlichen System beherrscht wird.

Ein einheitliches System der Gebührenberechnung ist auch insofern befolgt, als die für die anwaltlichen Tätigkeiten in bürgerlichen Rechtsstreitigkeiten geltenden Vorschriften auf anwaltliche Tätigkeiten in Verfahren vor
Verfassungs-, Verwaltungs- und Finanzgerichten mit den in der Eigenart
dieser Verfahren begründeten Abwandlungen ausgedehnt worden sind. In all
diesen Verfahren entstehen danach die bekannten drei Regelgebühren (Prozeß-, Verhandlungs- und Beweisgebühr). Zu ihnen tritt – ebenfalls in allen
Verfahren – die Erörterungsgebühr. Auch diese Einheitlichkeit erleichtert die
Handhabung der BRAGO.

Die BRAGO vermeidet aus Gründen der Vereinfachung weitgehend Bagatellgebühren. Die anwaltlichen Tätigkeiten, für die bisher solche Kleinstgebühren vorgesehen waren, werden durch Verfahrenspauschgebühren mitabgegolten.

Die BRAGO enthält Sonderbestimmungen, die dem BGB vorgehen, z. B.
über die Fälligkeit der Vergütung (§ 16), das Recht auf Vorschuß (§ 17) und
das Recht auf Berechnung (§ 18). Hiervon abgesehen, bringt jedoch die
Fassung der Bestimmungen zum Ausdruck, daß sich die BRAGO auf ihre

4* *Madert* 51

eigentliche Aufgabe beschränkt, die Vergütung des RA für seine Berufstätigkeit zu bemessen (vgl. § 1 Abs. 1), d. h. ihre Höhe zu bestimmen. Ein Vergütungsanspruch wird – vom Pflichtverteidiger (§§ 97, 100) und dem im Wege der Prozeßkostenhilfe beigeordneten RA (§ 121) abgesehen – durch die BRAGO nicht gewährt. Vielmehr setzt diese einen solchen Anspruch voraus. Insofern gründet sich die BRAGO auf das bürgerliche Recht und ergänzt es, indem es die Höhe des Anspruchs bemißt, den das bürgerliche Recht dem Grunde nach bestimmt.

4   Die BRAGO ist in **15 Abschnitte** gegliedert. Der 1. Abschnitt enthält keine Gebührentatbestände, sondern allgemeine Vorschriften. Im 2. Abschnitt sind Gebührentatbestände und Bestimmungen über Auslagen enthalten, die für alle Verfahrensarten gelten und deshalb als gemeinsame Vorschriften bezeichnet sind. Der 3. bis 11. Abschnitt regelt die Gebühren für die verschiedenen Verfahrensarten. Der 12. Abschnitt enthält die Vorschriften über die Gebühren in solchen Angelegenheiten, die im 3. bis 11. Abschnitt nicht geregelt sind. Dadurch wird jede Berufstätigkeit des RA von der BRAGO erfaßt, soweit nicht § 5 der Schlußvorschriften des Art. XI (vgl. Teil C – Anhang – unter Nr. 15) einzelne der bisherigen Bestimmungen ausnahmsweise ausdrücklich aufrechterhalten hat. Der 13. Abschnitt regelt die Vergütung, die der im Wege der Prozeßkostenhilfe beigeordnete RA aus der Bundes- oder Landeskasse erhält. Der 14. Abschnitt regelt die Vergütung für die Beratungshilfe. Der 15. Abschnitt enthält die Übergangs- und Schlußvorschriften.

5   Die **Auslegung** der Bestimmungen der BRAGO hat unter Berücksichtigung ihres Zusammenhangs mit den Verfahrensvorschriften und den Vorschriften über die Gerichtskosten zu erfolgen. Grundsätzlich soll keine Tätigkeit des RA unentgeltlich sein. Zur Ausfüllung etwa sich ergebender Gesetzeslücken soll die Vorschrift des § 2 dienen, die bei der eingehenden Regelung der Gebühren in der BRAGO allerdings nur sehr selten zur Anwendung kommen wird.

Bei der Auslegung der einzelnen Gebührenvorschriften ist stets zu prüfen, welche Auslegung den mit den Vorschriften verfolgten wirtschaftlichen Zwecken und den Erfordernissen des praktischen Lebens entspricht.

6   **Angemessenheit der Pauschgebühren.** Zu beachten ist, daß nach dem Gegenstandswert abgestufte Pauschgebühren nicht immer angemessen sein können. Bei niedrigen Gegenstandswerten ergibt sich meist eine Vergütung, die weder dem Arbeitsaufwand des RA noch seinen allgemeinen Geschäftsunkosten gerecht wird. Hier ist eine Anpassung der Vergütung an die Höhe des Gegenstandswerts nötig, um die Parteien, wenn es sich um Gegenstände von geringem Wert handelt, nicht mit Kosten zu belasten, die gegenüber dem Werte des Gegenstandes unverhältnismäßig hoch sind. Der RA ist deshalb darauf angewiesen, bei höheren Gegenstandswerten eine Vergütung zu erhalten, die zugleich die bei niedrigen Gegenstandswerten eintretenden Verluste ausgleicht. Insoweit müssen bei der Auslegung Billigkeitserwägungen ausscheiden. Die schematische Regelung der Vergütung hat zur notwendigen Folge, daß das gleiche Maß von Arbeit je nach der anzuwendenden Vorschrift verschieden hoch entlohnt wird. Diese Folge muß in Kauf genommen werden. Es ist unzulässig, dem RA deshalb eine höhere Vergütung als im Gesetz vorgesehen zuzubilligen, weil – z. B. in einem umfangreichen Rechtsstreit über einen geringfügigen Betrag – die gesetzlichen Gebühren kein angemessenes Entgelt für seine Tätigkeit darstellen, vielleicht sogar nicht einmal seine allgemeinen Geschäftsunkosten decken (in einem solchen Falle ist der RA auf eine Honorarvereinbarung angewiesen, § 3). Andererseits ist es ebenso unzulässig, eine hohe Vergütung zu kürzen, weil Umfang und Schwierigkeiten der Tätigkeit an der unteren Grenze liegen (wird z. B. ein Mahnverfahren – Antrag auf Erlaß eines Mahnbescheids und Erwirkung eines Vollstreckungsbescheids – über 1 Million DM durchgeführt, so ist die verdiente Vergütung sicher sehr hoch; das darf aber nicht dazu führen, die Gebühren zu kürzen). Soweit jedoch im Rahmen der gesetzlichen Vorschrift Zweifel über die anzuwendende Bestimmung bestehen, ist diejenige Vorschrift anzuwenden, die der Billigkeit am besten entspricht.

In Strafsachen und anderen Angelegenheiten, für die Rahmengebühren vorgesehen sind (vgl. insbes. auch § 118), bietet der Gebührenrahmen die Möglichkeit, die Umstände des Einzelfalls zu berücksichtigen. Nach § 12 rechtfertigen der Umfang und die Schwierigkeit der anwaltlichen Tätigkeit, aber auch die wirtschaftlichen Verhältnisse der Beteiligten eine verschieden hohe Vergütung. Es ist aber unrichtig, die Vergütung in einzelnen Verfahren (z. B. Bußgeldverfahren) niedrig zu bemessen, weil in anderen Verfahren (z. B. Schwurgerichtssachen) höhere Vergütungen anfallen. Die Höhe der Vergütung ist nach dem Einzelfall zu bestimmen. Die Vergütung in anderen Verfahren soll keinen Ausgleich bringen. Daher ist darauf zu sehen, daß jede Tätigkeit des RA – innerhalb des Gebührenrahmens – angemessen vergütet wird. Bei Gebührenstreitigkeiten sollten die Gerichte vermeiden, die Vergütung der RA nach dem eigenen Einkommen der Richter und Beamten zu bemessen. Ein Verstoß gegen diesen Grundsatz führt in der Regel zu Fehlentscheidungen.

Eine **Vereinbarung mit dem Auftraggeber,** durch die eine höhere als die **7** gesetzliche Vergütung festgelegt wird, ist wie bisher zulässig (§ 3). Dadurch kann sich der RA, wenn ihm die gesetzliche Vergütung zu niedrig erscheint, eine höhere Vergütung sichern.

Madert

Bundesgebührenordnung für Rechtsanwälte

Erster Abschnitt. Allgemeine Vorschriften

Der erste Abschnitt enthält die allgemeinen Vorschriften, die im Grundsatz für alle Berufstätigkeiten des RA gelten. Es sind geregelt:
in § 1 der persönliche und sachliche Geltungsbereich der BRAGO; das Gesetz soll, wie bereits die Bezeichnung ausweist, die Gebühren der RA regeln; es stellt sich außerdem als Kodifikation des Gebührenrechts dieser Berufsgruppe dar; es will – soweit nicht Ausnahmen besonders bestimmt sind – die gesamte Berufstätigkeit des RA regeln. Ausdrücklich ausgenommen sind die in § 1 Abs. 2 aufgeführten Tätigkeiten,

in § 2 die sinngemäße Anwendung des Gesetzes bei Gesetzeslücken,

in § 3 die Vereinbarung eines Honorars an Stelle der gesetzlichen Vergütung oder zusätzlich zu ihr;

in § 4 die Vergütung, die der RA zu beanspruchen hat, wenn er nicht selbst tätig wird, vielmehr bestimmte Vertreter für ihn handeln,

in § 5 die Vergütung des RA, wenn mehrere Anwälte in einer Angelegenheit tätig werden,

in § 6 die Vergütung des RA, der für mehrere Auftraggeber tätig wird,

in § 7 der Wert des Gegenstandes der anwaltlichen Tätigkeit,

in § 8 die Vorschriften, die für die Berechnung des Gegenstandswertes (§ 7) maßgebend sind,

in § 9 die Wertfestsetzung in gerichtlichen Verfahren,

in § 10 die Wertfestsetzung für die Anwaltsgebühren, soweit nicht § 9 anzuwenden ist,

in § 11 nebst Anlage die Bestimmung der Höhe einer Gebühr,

in § 12 die Bemessung der Rahmengebühren, insbes. in Strafsachen und in Angelegenheiten des § 118,

in § 13 der Abgeltungsbereich der Gebühren; die Vorschrift behandelt insbes. den Begriff der Angelegenheit bei gerichtlichen Verfahren,

in § 14 die Gebührenberechnung bei Verweisung oder Abgabe einer Sache an ein anderes Gericht,

in § 15 die Gebühren bis einer Zurückverweisung,

in § 16 die Fälligkeit der Vergütung, die abweichend von den Vorschriften des BGB geregelt ist,

in § 17 das Recht auf einen angemessenen Vorschuß,

in § 18 die Notwendigkeit einer Vergütungsberechnung sowie Form und Inhalt dieser Berechnung,

in § 19 die Festsetzung der Vergütung gegen den Auftraggeber.

§ 1 Geltungsbereich

(1) **Die Vergütung (Gebühren und Auslagen) des Rechtsanwalts für seine Berufstätigkeit bemißt sich nach diesem Gesetz.**

§ 1 Geltungsbereich § 1

(2) **Dieses Gesetz gilt nicht, wenn der Rechtsanwalt als Vormund, Pfleger, Testamentsvollstrecker, Konkursverwalter, Vergleichsverwalter, Mitglied des Gläubigerausschusses oder Gläubigerbeirats, Nachlaßverwalter, Zwangsverwalter, Treuhänder, Schiedsrichter oder in ähnlicher Stellung tätig wird. § 1835 des Bürgerlichen Gesetzbuchs bleibt unberührt.**

Übersicht über die Anmerkungen

Madert

Allgemeines. § 1 umschreibt den **Anwendungsbereich** des Gesetzes. Die- 1
ser soll nicht auf die Tätigkeit des RA in bestimmten Verfahren beschränkt
sein. Vielmehr soll jede anwaltliche Tätigkeit nach dem Bestimmungen der
BRAGO vergütet werden, mag der RA in einem Verfahren vor Gerichten
oder Verwaltungsbehörden oder außerhalb eines gerichtlichen oder behördlichen Verfahrens tätig werden. Der Anwendungsbereich des Gesetzes ist
persönlich und sachlich abgegrenzt.
Die BRAGO gilt

persönlich: grundsätzlich nur für den RA und für Personen, denen die
Erlaubnis zur geschäftsmäßigen Besorgung fremder Rechtsangelegenheiten
erteilt worden ist (Teil C Anhang 6).

sachlich: grundsätzlich für die gesamte Berufstätigkeit des RA aber auch nur
für die Berufstätigkeit.

In Abs. 1 wird auf die hauptsächliche Aufgabe der BRAGO, das Maß der
Vergütung zu regeln, die der RA für seine Berufstätigkeit erhält, besonders
hingewiesen. Den Grund des Vergütungsanspruchs regelt die BRAGO nur
ausnahmsweise, nämlich für den im Wege der Prozeßkostenhilfe beigeordneten RA (§ 121) und den Pflichtverteidiger (§§ 97, 100). Sonst setzt sie einen
Vergütungsanspruch, der sich regelmäßig nach bürgerlichem Recht bestimmt, voraus. Besteht danach ein Vergütungsanspruch, so bemißt die
BRAGO dessen Höhe.

Der in Abs. 1 aufgestellte Grundsatz gilt jedoch nicht ausnahmslos. Es
bestehen sowohl Ausnahmen hinsichtlich des persönlichen (vgl. hierzu A 4)
wie auch des sachlichen Geltungsbereichs (vgl. zu den Ausnahmen des Abs. 2
und den sonstigen Ausnahmen A 20 ff.).

Die Gesetzgebungsbefugnis des Bundes beruht auf Art. 74 Nr. 1 GG. Die 2
BRAGO im ganzen liegt in dem Rahmen der Gesetzgebung auf dem Gebiete
der Rechtsanwaltschaft i. S. dieser Vorschrift. Soweit die BRAGO die Höhe
der Vergütung bestimmt, die der Auftraggeber dem RA schuldet, handelt es
sich um privatrechtliche Vorschriften, für die der Bund ferner unter dem
Gesichtspunkt der Gesetzgebung auf dem Gebiete des bürgerlichen Rechts
zuständig ist. Schließlich ist der Bund auch unter dem Gesichtspunkt der
Gesetzgebung für das gerichtliche Verfahren zuständig, soweit in der BRA-
GO Vorschriften für das Verfahren der Gerichte enthalten sind (z. B. §§ 9, 10,
19, 98, 100, 128) und soweit es sich um Gebühren und Auslagen handelt, die
im Zusammenhang mit gerichtlichen Verfahren entstehen.

Die Berufstätigkeit des Rechtsanwalts. Nur für **Rechtsanwälte,** die bei 3 einem Gericht des Bundesgebietes als solche zugelassen sind, gilt die BRA-GO. Wer RA ist, bestimmt sich nach den Vorschriften der BRAO. Für ausländische Anwälte gilt deshalb die BRAGO nicht. Nach § 1 BRAO ist der RA ein unabhängiges Organ der Rechtspflege. Er übt nach § 2 BRAO einen freien Beruf aus. Seine Tätigkeit ist kein Gewerbe. Nach § 3 BRAO ist er der berufene unabhängige Berater und Vertreter in allen Rechtsangelegenheiten. Sein Recht, in Rechtsangelegenheiten aller Art vor Gerichten, Schiedsgerichten oder Behörden aufzutreten, kann nur durch Bundesgesetz beschränkt werden. Jedermann hat im Rahmen der gesetzlichen Vorschriften das Recht, sich in Rechtsangelegenheiten aller Art durch einen RA seiner Wahl beraten und vor Gerichten, Schiedsgerichten oder Behörden vertreten zu lassen.

4 Auf **Rechtsberater, die nicht Rechtsanwälte sind,** ist die BRAGO nicht anwendbar. Zu beachten ist, daß die Rechtsberatung durch Nichtrechtsanwälte auf Grund des Rechtsberatungsgesetzes (vom 13. Dezember 1935 – RGBl. I 1478) sowie der zu ihm ergangenen Ausführungsverordnungen (vom 13. Dezember 1935 – RGBl. I 1481 – und vom 3. April 1936 – RGBl. I 359) erheblich eingeschränkt ist. Unerlaubte Rechtsberatung verstößt gegen ein gesetzliches Verbot i. S. des § 134 BGB; sie läßt keinen Gebührenanspruch entstehen.

Die BRAGO gilt aber für die Vergütung von Personen, denen die Erlaubnis zur geschäftsmäßigen Besorgung fremder Rechtsangelegenheiten erteilt worden ist, sinngemäß (vgl. Teil C Anhang 6).

Auf **andere Personen, die in erlaubter Weise tätig werden,** ist die BRAGO auch nicht stillschweigend anzuwenden. Die Vergütung der **Notare** ist in den §§ 140 ff. KostO abschließend geregelt. Die Notare erhalten auch dann keine Gebühren nach der BRAGO, wenn sie vor Gericht tätig werden, wenn sie etwa bei den Landwirtschaftsgerichten um die Genehmigung eines von ihnen beurkundeten Übergabevertrages kämpfen.

Hartmann A 2; Riedel-Sußbauer A 13.

Auch der Anwaltsnotar (Notaranwalt) kann in der Regel nicht die Anwaltsgebühren fordern, wenn er in Handlungen tätig wird, die dazu bestimmt sind, eigene Amtsgeschäfte als Notar vorzubereiten oder auszuführen (vgl. § 24 Abs. 2 BNotO und unten Vorbem. 21 vor § 118).

Wirtschaftsprüfer, Steuerberater, Inkassobüros, Vertreter berufsständiger, genossenschaftlicher oder gewerkschaftlicher Vereinigungen können ebenfalls die Vergütung der BRAGO – ohne besondere Vereinbarung – nicht fordern.

Hartmann A 2; BayVGH NJW 64, 315; vgl. über die Kosten der Inkassobüros H. Schmidt Rpfleger 70, 82 mit Nachw.

Für Steuerberater gilt jetzt die Steuerberatergebührenverordnung vom 17. Dezember 1981 (BGBl. I 1442), die in großem Umfang auf die BRAGO Bezug nimmt.

Eckert/Böttcher, Kommentar.

Andererseits kann ein RA („Nur-Rechtsanwalt", auch Fachanwalt für Steuerrecht) in steuerlichen Angelegenheiten nur aufgrund einer Honorarvereinbarung anstelle der BRAGO nach der Steuerberatergebührenverordnung abrechnen.

Ein RA, der gleichzeitig Steuerberater ist, kann nach seiner Wahl auch nach den für diesen Beruf geltenden Grundsätzen abrechnen, soweit seine anwaltliche Tätigkeit gleichzeitig eine Tätigkeit dieses Berufs darstellt. Voraussetzung ist, daß ihn der Auftraggeber auch als Steuerberater in Anspruch nimmt. Sonst kann er nur aufgrund einer Honorarvereinbarung nach der Steuerberatergebührenordnung abrechnen.

Jedoch bestehen keine Bedenken, daß auch Nicht-Rechtsanwälte – z. B. die vorstehend genannten Vertreter – die Anwendung der materiellrechtlichen Vorschriften der BRAGO, also der Gebührenvorschriften, vereinbaren. Eine solche Vereinbarung erfolgt verhältnismäßig häufig bei Schiedsgerichten, sofern Richter oder Wirtschaftsprüfer Mitglieder des Schiedsgerichts sind.

Häufig ist die Vergütung dieser Kreise, die vereinbart wird oder gemäß § 612 Abs. 2 BGB als übliche Vergütung gilt, höher als die Vergütung, die ein RA für eine gleichartige Tätigkeit auf Grund der BRAGO fordern kann.

In diesen Fällen ist die Vergütung in der Regel nur bis zur Höhe der einem RA auf Grund der BRAGO zustehenden Vergütung erstattungsfähig.

H. Schmidt Rpfleger 70, 82 (Für die Vergütung der Inkassobüros).

Soweit **Patentanwälte** in Patentstreitigkeiten, Gebrauchsmusterstreitsachen oder in Warenzeichenprozessen mitwirken, sind ihre Gebühren gemäß § 51 Abs. 5 PatG, § 19 Abs. 5 GebrMG, § 32 Abs. 5 WZG bis zur Höhe einer vollen Gebühr (§ 11) je Rechtszug zu erstatten. Bei einer Mehrheit von Streitgenossen erhöht sich auch die Gebühr des Patentanwalts gemäß § 6 Abs. 1 S. 2.

Düsseldorf JurBüro 81, 1386 (In Wettbewerbssachen, die keine Sonderschutzgesetze zum Gegenstand haben, für deren Bearbeitung Patentanwälte zuständig sind, sind die Gebühren des Patentanwalts nur erstattungsfähig, wenn sie zur zweckentsprechenden Rechtsverfolgung oder Rechtsverteidigung notwendig sind. – Die Rechtsprechung des Senates, daß Streitgenossen, die nur einen gemeinsamen Prozeßbevollmächtigten beauftragt haben, bis zur Grenze der Kosten ihrer Anzahl entsprechend vieler Prozeßbevollmächtigter die entsprechenden Kosten eines Verkehrsanwalts von dem unterlegenen Prozeßgegner unabhängig davon erstattet verlangen können, ob eine Zuziehung des Verkehrsanwaltes erforderlich war, gilt ebenso für die Hinzuziehung eines Patentanwalts); Frankfurt GRUR 79, 76.

Soweit die Patentanwälte in Prozessen einer armen Partei beigeordnet werden, erhalten sie nach dem Gesetz über die Beiordnung von Patentanwälten bei Prozeßkostenhilfe vom 7. September 1966 (BGBl. I 557) eine Gebühr, bei Wahrnehmung eines Verhandlungs- oder (und) Beweisaufnahmetermins eine weitere Gebühr wie ein im Wege der Prozeßkostenhilfe beigeordneter RA.

Rechtslehrer einer deutschen Hochschule, die in einem Verfahren vor dem BVerwG tätig gewesen sind, haben Anspruch auf eine Vergütung in Höhe von Anwaltsgebühren. Diese Vergütung ist auch erstattbar.

BVerwG NJW 78, 1173; vgl. aber OVG Münster JMBlNRW 76, 143 (nicht in eigenen Angelegenheiten).

Bei **Stellvertretung** des RA richtet sich die Vergütung nur dann nach den 5 Vorschriften der BRAGO, wenn der RA sich durch die in § 4 genannten Personen vertreten läßt. Bei Vertretung durch andere, besonders durch Kanzleiangestellte, kann lediglich eine angemessene Vergütung nach § 612 BGB berechnet werden. Möglich ist aber eine Vereinbarung, daß sich auch in solchen Fällen die Vergütung nach der BRAGO richten soll.

Vgl. A 11 zu § 4.

Bestellt der RA einen Vertreter für eine Obliegenheit, die er selbst erledigen muß, so haftet nicht die Partei, sondern der RA als Auftraggeber. Er hat aber dann Anspruch auf die durch den Vertreter verdienten Gebühren (Beispiel: Der Vertreter nimmt einen Verhandlungstermin wahr. Der RA hat Anspruch auf die Verhandlungsgebühr).

Vgl. auch nachst. Anm. 50.

6 Ein **Vertragsverhältnis** zwischen RA und Auftraggeber ist regelmäßig Voraussetzung des Vergütungsanspruchs. Für dieses gelten, soweit in der BRAGO keine abweichenden Bestimmungen enthalten sind, die Vorschriften des BGB. Jedoch können Vergütungsansprüche auch ohne Vertragsabschluß entstehen, z. B. aus Geschäftsführung ohne Auftrag oder aus ungerechtfertigter Bereicherung.

Vgl. Anm. 13 und 14.

Wegen der Ansprüche des Pflichtverteidigers gegen den Beschuldigten auf die Wahlverteidigervergütung vgl. § 100.

7 Eine **Berufstätigkeit** des RA muß nach § 1 Abs. 1 Gegenstand des Vertrags sein. Eine solche liegt in der Gewährung rechtlichen Beistandes. Im Zweifel ist anzunehmen, daß derjenige, der sich an einen RA wendet, ihn auch als solchen in Anspruch nimmt. Sind die Interessen des Auftraggebers rechtliche, so wird der RA beruflich tätig, sonst nicht.

Riedel-Sußbauer A 21 ff.; Schumann-Geißinger A 25 ff.; BGH JurBüro 80, 1809 (Eine Partei erwartet, wenn sie sich an einen RA wendet, daß er bei seiner Tätigkeit insbes. ihre rechtlichen Interessen betreut, also als RA tätig wird. Daher ist es gebührenrechtlich nicht von Belang, ob juristische oder sonstige Fähigkeiten des RA für die Erteilung des Auftrags im Vordergrund gestanden haben.).

Gewisse Tätigkeiten, die auch von anderen Personen ausgeführt werden können, sind zwar u. U. auch Berufstätigkeit, werden aber kraft der ausdrücklichen Vorschrift des Abs. 2 nicht durch die BRAGO vergütet.

Vgl. hierzu A 20 ff.

8 **Abgeschlossen wird der Vertrag,** wie jeder andere Vertrag, durch die Annahme des Vertragsantrags, die nach § 151 BGB auch durch schlüssige Handlungen erfolgen kann.

Stuttgart AnwBl. 76, 439 (Ein Anwaltsvertrag kann auch stillschweigend durch schlüssiges Verhalten des Mandanten zustande kommen).

Eine Annahme liegt aber noch nicht darin, daß der RA sich von der Partei, die ihm einen Auftrag erteilen will, eine Darstellung des Sachverhalts geben läßt, wenn er sich erst nach Kenntnis des Sachverhalts entscheiden will, ob er den Auftrag annimmt oder nicht; vielmehr liegt eine Annahme des Vertragsangebotes in diesem Falle erst dann vor, wenn er zu erkennen gibt, daß er den Auftrag annehmen will. Die Annahme des Antrags kann jedoch auch schon vor der Schilderung des Sachverhalts erfolgen, nämlich, wenn der RA von vornherein bereit ist, den Auftrag anzunehmen. Will er den Auftrag nicht annehmen, so ist er nach § 44 **BRAO** verpflichtet, die Ablehnung unverzüglich zu erklären, widrigenfalls er den aus einer schuldhaften Verzögerung dieser Erklärung entstehenden Schaden zu ersetzen hat. Eine sofortige Ablehnung ist z. B. dann geboten, wenn dem RA ein Auftrag brieflich zugeht, den Auftraggeber in einer gerichtlichen Angelegenheit zu vertreten, in der in den nächsten Tagen bereits Termin ansteht.

Eine unverzügliche Ablehnung schließt das Zustandekommen des Vertrags und damit auch jede Schadensersatzpflicht des RA aus.

Nach **§ 45 BRAO** darf der RA nicht tätig werden, wenn er durch ein ihm zugemutetes Verhalten seine Berufspflicht verletzen würde, wenn er eine andere Partei in derselben Rechtssache bereits im entgegengesetzten Interesse beraten oder vertreten hat, wenn er in derselben Rechtssache bereits als Richter, Schiedsrichter, Staatsanwalt oder als Angehöriger des öffentlichen Dienstes tätig geworden ist, und wenn es sich um den Rechtsbestand oder um die Auslegung einer Urkunde handelt, die er oder ein mit ihm zu gemeinschaftlicher Berufsausübung verbundener RA als Notar aufgenommen hat.

Nach **§ 46 BRAO** darf der RA für einen Auftraggeber, dem er auf Grund seines ständigen Dienst- oder ähnlichen Beschäftigungsverhältnisses seine Arbeitszeit und Arbeitskraft überwiegend zur Verfügung stellen muß, vor Gerichten oder Schiedsgerichten nicht in seiner Eigenschaft als RA tätig werden. Wird der RA trotzdem tätig, erwächst ihm kein Gebührenanspruch. Sein Auftraggeber hat deshalb auch keinen Erstattungsanspruch gegen einen unterlegenen Gegner.

Eine weitere Beschränkung enthält **§ 47 BRAO** für RA im öffentlichen Dienst.

Andererseits muß der RA nach **§ 48 BRAO** in gerichtlichen Verfahren die Vertretung einer Partei übernehmen, wenn er ihr auf Grund des § 115 Abs. 1 Nr. 3, des § 116 Abs. 1 oder des § 116a ZPO, des § 11a ArbGG oder auf Grund anderer gesetzlicher Vorschriften zur vorläufig unentgeltlichen Wahrnehmung ihrer Rechte oder wenn er der Partei auf Grund des § 78a ZPO oder wenn er der Partei auf Grund der §§ 668, 679, 686 ZPO als Vertreter beigeordnet ist. Der RA kann aber auch beantragen, die Beiordnung aufzuheben, wenn hierfür wichtige Gründe vorliegen. Nach **§ 49 BRAO** muß der RA in Strafsachen eine Vertretung übernehmen, wenn er nach den Vorschriften der StPO zum Verteidiger bestellt ist. Auch hier kann er beantragen, die Bestellung aufzuheben, wenn hierfür ein wichtiger Grund vorliegt.

Wird der RA als **Geschäftsführer ohne Auftrag** tätig, so kann er, wenn der Gechäftsherr die Geschäftsführung genehmigt, Vergütung nach der BRAGO verlangen, z. B. bei Abschluß eines Vergleiches. Dasselbe gilt, wenn ein Ersatzanspruch nach § 683 BGB besteht.

Riedel-Sußbauer A 7; vgl. auch Anm. 13.

Auch auf **ungerechtfertigte Bereicherung** kann der Vergütungsanspruch gestützt werden, z. B. wenn bei Geschäftsführung ohne Auftrag die Voraussetzungen des § 683 BGB nicht vorliegen (§ 684 BGB), oder wenn der Anwaltsvertrag nichtig ist, weil der Auftraggeber z. B. geisteskrank ist.

Riedel-Sußbauer A 8; vgl. auch Anm. 14.

Überschreitet der Rechtsanwalt den Auftrag, z. B. wenn er in einer Ehesache nur einen Rechtsmittelverzicht erklären soll, aber schon in der dem

Urteil vorausgehenden Verhandlung für den Auftraggeber auftritt, so kann er nur für die Erklärung des Rechtsmittelverzichts eine Vergütung verlangen.

Zu prüfen bleibt jedoch, ob nicht etwa ein weitergehender Gebührenanspruch aus Geschäftsführung ohne Auftrag oder aus ungerechtfertigter Bereicherung besteht.

9 Regelmäßig ist der Vertrag ein bürgerrechtlicher **Dienstvertrag** mit dem Inhalt einer Geschäftsbesorgung (§§ 611, 675 BGB), wobei aber zu beachten ist, daß die Berufsstellung des RA zugleich öffentlich-rechtlicher Art ist.

> Riedel-Sußbauer A 3.

Da eine Berufsleistung des RA in Anspruch genommen wird, gilt gemäß § 612 Abs. 1 BGB als stillschweigend vereinbart, daß der RA eine Vergütung für seine Tätigkeit fordern darf.

Diese Vergütung besteht – mangels abweichender Vereinbarung – aus den Gebühren und Auslagen, die der RA kraft Gesetzes nach der BRAGO fordern darf. Behauptet der Auftraggeber, es sei eine abweichende Vereinbarung getroffen worden, so hat er sein Vorbringen zu beweisen. Es ist nicht Sache des RA darzulegen, daß keine abweichende Vereinbarung getroffen worden ist.

Der RA ist nicht verpflichtet, ungefragt darauf hinzuweisen, daß er eine Vergütung fordern und diese in ihrer Höhe nach der BRAGO berechnen will. Erkundigt sich allerdings der Auftraggeber nach der Höhe der Vergütung, wird ihm der RA mitteilen müssen, welche Gebühren und in welcher Höhe diese bei Übernahme des Auftrags voraussichtlich entstehen werden. Ausnahmsweise wird der RA von sich aus nach Treu und Glauben auf die Vergütung und ihre Höhe hinweisen müssen, wenn die beabsichtigte Rechtsverfolgung augenscheinlich unwirtschaftlich ist.

> Riedel-Sußbauer A 4; BGH NJW 69, 932 = JurBüro 69, 413 (Zur Belehrungspflicht des RA über die Entstehung und die Höhe der gesetzlichen Gebühren) und AnwBl. 80, 500 = JurBüro 80, 1809 = NJW 80, 2128 = MDR 80, 828 = Rpfleger 80, 340 (Auf Verlangen muß ein RA die voraussichtliche Höhe der gesetzlichen Vergütung mitteilen. Art und Umfang der Aufklärung bestimmen sich nach den Umständen des einzelnen Falles, in erster Linie nach der erkennbaren Interessenlage des Mandanten).

Beispiel: Eine rechtsunkundige Frau ist von einem offenkundig vermögenslosen Hochstapler um 10 000 DM betrogen worden. Sie will diese 10 000 DM einklagen in der für den RA erkennbaren Annahme, daß sich der RA im Falle eines Obsiegens allein an den unterlegenen Gegner halten kann. Hier besteht für den RA eine Rechtspflicht zur Aufklärung und zum Hinweis, daß es sinnlos ist, gutes Geld hinter schlechtem her zu werfen. Unrichtige Belehrung des Auftraggebers über die Entstehung und die Höhe von Kosten kann jedoch eine Schadensersatzpflicht des RA begründen.

> Schumann-Geißinger Einl. A 24.

Der RA ist verpflichtet, seinen Mandanten darüber aufzuklären, daß in Arbeitsgerichtsprozessen die Anwaltskosten nicht zu erstatten sind.

> LG München I AnwBl. 81, 68; s. § 12a Abs. 1 S. 2 ArbGG.

Kommt es nicht zur Erteilung eines Prozeßauftrages oder eines anderen, umfassenden Auftrags, weil der RA abrät, die Angelegenheit zu betreiben, weil er die Sache für aussichtslos oder für unwirtschaftlich hält, und folgt die Partei seinem Rat, wird in der Regel der stillschweigende Abschluß eines Vertrages auf Erteilung eines Rates anzunehmen sein, so daß der RA die Ratsgebühren fordern kann.

Riedel-Sußbauer A 5.

Eine Aufklärungspflicht wird man auch bejahen müssen, wenn ein deutscher RA in einer ausländischen Angelegenheit einen Ausländer vertritt, sofern der Ausländer das deutsche Gebührenrecht nicht kennt und nach der BRAGO ungewöhnlich hohe Gebühren anfallen im Verhältnis zum Gebührenrecht des Heimatlandes des Ausländers. Allerdings ist auch möglich, daß der RA einen Auftrag unentgeltlich übernimmt. Für die Unentgeltlichkeit müssen aber ganz besondere Umstände sprechen, wenn sie nicht ausdrücklich vereinbart wird.

Vgl. nachst. Anm. 17.

Durch Schlechterfüllung des Anwaltsvertrages verliert der RA seinen Vergütungsanspruch gegen den Auftraggeber nicht. Er macht sich bei schuldhafter Verletzung des Anwaltsvertrages lediglich schadensersatzpflichtig.

Nürnberg AnwBl. 71, 175.

Ein **Werkvertrag** kann nur in ganz besonderen Ausnahmefällen angenom- 10 men werden. Zwar kann Gegenstand eines Werkvertrags nach § 631 Abs. 2 BGB nicht nur die Herstellung oder Veränderung einer Sache, sondern auch ein anderer durch Arbeit oder Dienstleistung herbeizuführender Erfolg sein. Jedoch passen die Vorschriften des BGB über den Werkvertrag, besonders über die Gewährleistungspflicht (§§ 633 ff. BGB), nicht auf den Anwaltsvertrag. Der RA übernimmt regelmäßig keine Gewähr für den Erfolg seiner Tätigkeit, und zwar auch dann nicht, wenn die Entstehung seines Vergütungsanspruchs ausnahmsweise gesetzlich oder vertraglich von dem Erfolg abhängig gemacht worden ist. Gesetzliche Erfolgshonorare sind die Vergleichsgebühr des § 23, die Erledigungsgebühr des § 24 und die für die Mitwirkung bei einer Aussöhnung in Ehesachen in § 36 vorgesehene Gebühr. Diese Gebühren entstehen nur dann, wenn der Vergleich, die Erledigung oder die Aussöhnung unter Mitwirkung des RA zustande gekommen sind. Der RA übernimmt aber bei Annahme des Auftrags nicht die Haftung für einen den Wünschen des Auftraggebers entsprechenden Inhalt des Vergleichs, der Erledigung oder für die Aussöhnung. Es ist vielmehr nur die Entstehung seines Vergütungsanspruchs durch das Zustandekommen eines Vergleichs, einer Erledigung oder einer Aussöhnung bedingt. Dasselbe gilt, wenn der RA mit dem Auftraggeber ein Erfolgshonorar vereinbart, was jetzt nach § 3 nicht mehr grundsätzlich untersagt ist. Es fehlt in diesen Fällen an der für einen Werkvertrag wesentlichen vertragsmäßigen Übernahme der Haftung für einen Erfolg.

Vgl. Riedel-Sußbauer A 3, 4.

Selbst wenn der RA, der einen Vertrag entwirft, die unbedingte Gültigkeit des Vertrags versichert hat, bildet nicht der Erfolg, sondern nur die zur Erreichung des Erfolgs vorzunehmende Tätigkeit den Inhalt seiner Vertragsverpflichtung.

Ebenso ist ein Vertrag, durch den die Beratung in einer Vermögensverwaltungssache übertragen wird, kein Werkvertrag.

Riedel-Sußbauer A 3.

Ein Fall, in dem ein RA einen Werkvertrag abschließt, wird nur selten gegeben sein. Ein Werkvertrag ist allerdings vom Reichsgericht angenommen worden, als ein RA es übernommen hatte, einen bereits abgeschlossenen Vertrag in die dem chinesische Berggesetz entsprechende Gestalt zu bringen.

RG JW 14, 642.

Das ist aber nicht überzeugend. Vielmehr wird man auch in einem solchen Falle nur die von dem RA zur Erreichung des gewünschten Zweckes vorzunehmende Tätigkeit als Vertragsverpflichtung des RA ansehen müssen.

Vgl. jedoch Riedel-Sußbauer A 3.

Ein Werkvertrag kann u. U. angenommen werden, wenn der RA es übernommen hat, ein Rechtsgutachten zu erstatten.

11 Auch **Wirtschaftsmandate,** besonders Finanzierungsaufträge, können Inhalt eines Anwaltsvertrags sein. Denn wer sich an einen RA mit einem derartigen Auftrag wendet, wünscht im Zweifel seinen rechtlichen Beistand.

Frankfurt AnwBl. 81, 152.

Die für wirtschaftliche Angelegenheiten maßgebende Gesetzgebung wird immer umfangreicher und verwickelter. Es bedarf daher besonderer Rechtskenntnisse, um wirtschaftliche Fragen zutreffend zu beurteilen, die zuständigen behördlichen Stellen zu ermitteln und Anträge in rechtlicher und tatsächlicher Beziehung sachgemäß zu begründen. Die Tatsache, daß der Auftraggeber einen RA zuzieht, spricht dafür, daß der RA die Rechtslage prüfen und bei den zuständigen Behörden diejenigen Schritte unternehmen soll, die zu dem gewünschten Erfolge führen. Das trifft z. B. zu, wenn gewisse Vergünstigungen bei Vorliegen bestimmter gesetzlicher Voraussetzungen von einer Behörde gewährt werden können.

LG Kiel NJW 55, 1521; Hamburg MDR 53, 500.

12 Ein **Maklervertrag** ist bei Beauftragung eines RA regelmäßig nicht anzunehmen. Selbst wenn der RA nur ein Darlehen einer Privatperson vermitteln soll, will der Auftraggeber regelmäßig die rechtliche Hilfe des Anwalts in Anspruch nehmen und ihn gleichzeitig beauftragen, die Bedingungen des abzuschließenden Vertrags rechtlich zu prüfen und das Interesse des Auftraggebers durch sachgemäße Verhandlungen wahrzunehmen.

Riedel-Sußbauer A 24; RG RGZ 121, 200; vgl. jedoch Frankfurt AnwBl. 81, 152 (Die Vermittlung eines Bankkredits ist keine Anwaltstätigkeit, die Anwaltsgebühren auslöst).

Nur dann, wenn die Gewährung rechtlichen Beistandes völlig in den Hintergrund tritt, ist ein Maklervertrag anzunehmen.

BGH BGHZ 18, 340 = NJW 55, 1921.

z. B. wenn sich jemand nur deshalb an einen Anwalt wendet, weil er erfahren hat, daß dieser ein passendes Kaufobjekt an der Hand hat, der RA den Namen des Verkäufers geheimhält und nur ein Exposé mit Auskünften kaufmännischer Art beschafft, und der RA erklärt, daß er bei Zustandekommen eines Kaufvertrages eine Vermittlungsprovision beanspruche.

Ein reiner Maklervertrag liegt auch dann vor, wenn die Tätigkeit des RA sich darauf beschränkt, daß er einem Darlehensuchenden einen seiner Klienten namhaft macht, von dem er weiß, daß er Geld anlegen will, dabei aber dem Darlehensuchenden zu erkennen gibt, daß er für den Nachweis bzw. die Vermittlung eine Vergütung fordern will. In einem solchen Falle ist schon nach § 652 BGB der Vergütungsanspruch vom Erfolg abhängig, und es bestimmt sich die Vergütung nach den für Makler üblichen Sätzen.

Dasselbe gilt, wenn sich der Auftrag darauf beschränkt, daß der RA wegen seiner persönlichen Beziehungen zu einer Bank nur die Verbindung zwischen dieser und dem Kreditsuchenden herstellen, aber keinen rechtlichen Beistand leisten soll.

BGH Betrieb 56, 864 = BB 56, 709.

Der RA hat anders als der Makler auch dann einen Vergütungsanspruch, wenn seine Tätigkeit erfolglos bleibt. Das gilt natürlich nicht, wenn er als Makler tätig geworden ist.

Vereinbart der Anwalt mit seinem Auftraggeber ausdrücklich ein Erfolgshonorar, so ist diese Vereinbarung nicht notwendig nach § 3 unwirksam. Entsprechende Klauseln verstoßen jedoch in der Regel gegen die guten Sitten und sind nach § 138 Abs. 1 BGB nichtig.

BGH BGHZ 18, 142 = MDR 63, 493 und MDR 76, 1001; vgl. auch § 3 A 14.

Wegen der Vereinbarung eines Erfolgshonorars kann aber noch nicht das Vorliegen eines Anwaltsvertrags verneint werden.

BGH BGHZ 18, 340 = NJW 55, 1921.

Es ist vielmehr davon auszugehen, daß entgegen § 139 BGB der Vertrag im übrigen aufrechterhalten bleiben soll.

BGH MDR 76, 1001.

Auch wenn eine selbst über Juristen verfügende Verwaltungsbehörde sich wegen Abschluß eines Kreditvertrags an einen Anwalt wendet, ist anzunehmen, daß sie ihn deshalb beauftragt, weil sie ihn in dieser Frage als besser unterrichtet ansieht.

Ob ein reiner Maklervertrag oder ein Anwaltsvertrag anzunehmen ist, wenn der RA den Verkauf eines von ihm verwalteten Grundstücks vermittelt, hängt davon ab, ob die Personen, für die er die Verwaltung führt, von ihm eine rechtliche Beratung erwarten.

Geschäftsführung ohne Auftrag. Wird der RA ohne Auftrag tätig, geneh- **13** migt der Geschäftsherr die Tätigkeit, hat der RA Anspruch auf die Anwaltsvergütung wie ein Beauftragter. Auch wenn der Auftraggeber die Tätigkeit des RA nicht ausdrücklich genehmigt, hat der RA Anspruch auf die Anwaltsvergütung, wenn seine Tätigkeit dem wirklichen oder mußmaßlichen Willen des Geschäftsherrn entspricht. Verweigert der Geschäftsherr die Genehmigung, so haftet er nur aus ungerechtfertigter Bereicherung, falls nicht die Voraussetzungen des § 683 BGB erfüllt sind.

Ungerechtfertigte Bereicherung. Ist der anwaltliche Dienstvertrag un- **14** wirksam, etwa wegen Geschäftsunfähigkeit des Auftraggebers, hat der RA

u. U. Ansprüche aus ungerechtfertigter Bereicherung. Der Wert der anwaltlichen Leistung ergibt sich aus der BRAGO.

Riedel-Sußbauer A 8; LG Wiesbaden NJW 67, 1570.

15 Anscheinsvollmacht. Wenn der Prozeßbevollmächtigte neben sich einen weiteren RA mit der Prozeßvertretung beauftragt und dieser im Rechtsstreit für den Mandanten längere Zeit hinweg tätig wird, kann dies nach den Grundsätzen der Anscheinsvollmacht einen vertraglichen Gebührenanspruch des beauftragten weiteren RA gegen den Mandanten begründen.

BGH MDR 81, 913.

16 Wird der RA mit der **Verwertung einer Erfindung** beauftragt, so ist ebenfalls im Zweifel ein Anwaltsvertrag anzunehmen, der den Auftrag zur Prüfung patent- oder urheberrechtlicher Gesichtspunkte umfaßt.

Wer nur wirtschaftliche Beratung wünscht, wird sich kaum gerade an einen RA wenden.

17 Unentgeltliche Tätigkeit ist nicht ausgeschlossen, da die BRAGO eine Vergütung nicht unbedingt vorschreibt. Für die Unentgeltlichkeit müssen aber ganz besondere Umstände sprechen, wenn sie nicht ausdrücklich vereinbart wird.

Beispiel: Der RA entwirft für einen nahen Freund ein einfaches Schreiben. Die Beweislast trifft den Auftraggeber.

Riedel-Sußbauer A 4.

Zu beachten ist, daß der Verzicht auf eine Vergütung den Umständen nach insoweit beschränkt sein kann, daß der RA keine Vergütung fordern will, wenn dem Auftraggeber die Kosten endgültig zur Last fallen, daß er aber einen gesetzlichen Gebührenanspruch behalten will, wenn ein erstattungspflichtiger Gegner die Kosten zu tragen hat.

Riedel-Sußbauer A 4.

Beispiel: Der RA führt für einen nahen Freund einen Rechtsstreit unentgeltlich. Nach einem siegreichen Ende kann er seine Vergütung im Namen des Freundes gegen den unterlegenen Gegner festsetzen lassen, da davon auszugehen ist, daß die Vereinbarung nicht so weit gehen sollte, daß sich auch der unterlegene Gegner auf die Unentgeltlichkeit berufen darf.

Hamburg MDR 70, 340.

18 Der Vergütungsanspruch entsteht nicht bereits mit dem Abschluß des Vertrages, sondern mit der ersten Tätigkeit des RA. Die erste Tätigkeit wird in der Regel in der Entgegennahme der Information bestehen. Durch sie erwächst bereits der Gebührenanspruch, z. B. auf die Prozeßgebühr nach Erteilung des Klageauftrages mit der Entgegennahme der Information.

Riedel-Sußbauer A 5.

19 Als **nichtanwaltliche Tätigkeit** sind angesehen worden:
der Aufkauf von Forderungen,

RG KonkTreuh. 29, 106.

die Gewährung eines Darlehens durch den Anwalt selbst,

die Ausarbeitung eines Finanzierungsplans, die im Zweifel nach den in Bankkreisen üblichen Sätzen zu vergüten sei.

Das gilt aber nur dann, wenn der Plan lediglich wirtschaftlichen Zwecken dient und seine Aufstellung keine wesentlichen rechtlichen Kenntnisse erfordert. Ist aber mit der Aufstellung des Planes eine rechtliche Beratung verbunden, z. B. wenn der Plan die Grundlage für die Auseinandersetzung von Gesellschaftern oder für die Gründung einer Gesellschaft oder der Erleichterung einer Ehescheidung dienen soll, so liegt eine anwaltliche Tätigkeit vor. Vgl. hierzu Riedel-Sußbauer A 23.

Die **Vorschrift des § 1 Abs.** 2 zählt eine Reihe von Tätigkeiten auf, für **20** welche die BRAGO nicht gilt. Dabei handelt es sich teils um ehrenamtliche Tätigkeiten, die von allen Staatsbürgern und daher auch von RA in der Regel unentgeltlich zu übernehmen sind, z. B. das Amt eines Vormunds, teils um Tätigkeiten, die in erheblichem Umfang auch Nichtrechtsanwälten übertragen werden und bei denen auch die Vergütung eines RA nach besonderen Vorschriften festgesetzt wird, z. B. die Übernahme des Amtes als Konkurs- oder Vergleichsverwalter, teils um Tätigkeiten, bei denen der RA nicht im Auftrag einer Partei und in deren Interesse tätig wird und bei denen die Vergütung vereinbart zu werden pflegt, z. B. wenn der RA als Treuhänder oder Schiedsrichter tätig wird.

Die **Vormundschaft** wird nach § 1836 BGB unentgeltlich geführt. Das **21** Vormundschaftsgericht kann jedoch dem Vormund eine angemessene Vergütung bewilligen.

Vgl. besonders Möhring Vermögensverwaltung in Vormundschafts- und Nachlaßsachen (insbes. S. 243 ff.) sowie Schumann-Geißinger Anh. § 1 A 69 ff.

Es handelt sich bei der **Bewilligung einer Vergütung** um eine reine Billigkeitsentscheidung, die der Vormundschaftsrichter nach seinem Ermessen zu treffen hat. Der Vormund hat vor Bewilligung keinen Rechtsanspruch auf eine Vergütung. § 1836 Abs. 1 Satz 3 BGB stellt zwei **Voraussetzungen** auf, unter denen die Bewilligung nur erfolgen soll: Erstens das Vermögen des Mündels, das vom Vormund verwaltet wird, und zweitens der Umfang und die Bedeutung der vormundschaftsgerichtlichen Geschäfte müssen die Bewilligung einer Vergütung rechtfertigen. **Vermögen** ist nicht das nach Abzug der Schulden verbleibende Reinvermögen, sondern das sog. Aktivvermögen. Es genügt also, daß Werte vorhanden sind, mögen diesen Werten auch Schulden gegenstehen; dabei können die Schulden sogar so hoch sein, daß sie die Aktiven übersteigen (die Folge ist, daß nicht einmal die Konkurseröffnung über das Vermögen des Mündels die Bewilligung der Vergütung ausschließt). Dieses Ergebnis ist auch durchaus billig. Denn gerade die Verwaltung derartiger Vermögen erfordert besondere Mühewaltung und Verantwortung. Die Aussicht auf einen späteren Vermögenserwerb – etwa die Anwartschaft, Erbe zu werden – ist kein Vermögen.

Daß das **Vermögen** einen **Ertrag abwirft,** ist nicht erforderlich. Eine Vergütung kann sonach auch dann bewilligt werden, wenn das Vermögen im wesentlichen nur aus Wertsachen und Ölgemälden besteht.

Einkommen (Arbeitslohn usw.) stellt grundsätzlich kein Vermögen dar. Der Umstand also, daß das Mündel z. B. eine Rente bezieht, rechtfertigt sonach nicht, dem Vormund eine Vergütung zuzubilligen. Das gilt auch dann, wenn es allein den Bemühungen des Vormundes zu verdanken ist, daß das Mündel eine Rente erhält.

Der Grundsatz, daß Einkommen keine Vergütung rechtfertigt, erleidet jedoch **Ausnahmen:**
a) Das Einkommen ist z. B. so hoch, daß es zur Bestreitung des Lebensunterhaltes nicht vollständig benötigt wird. Der Überschuß dient der Vermögensbildung und rechtfertigt deshalb eine Vergütung.

KG MDR 66, 589.

b) Das Mündel erhält nach jahrelangen Kämpfen um eine Rente eine Nachzahlung von mehreren Tausend Mark und außerdem eine laufende Rente. Die Nachzahlung ist Kapital und damit Vermögen.

Der Umstand, daß Vermögen vorhanden ist, reicht jedoch für sich allein nicht aus, um eine Vergütung zu bewilligen. Hinzukommen muß, daß **Umfang und Bedeutung der vormundschaftlichen Geschäfte** die Bewilligung einer Vergütung rechtfertigen. Diese beiden Voraussetzungen werden in der Regel erfüllt sein, wenn ein RA zum Vormund bestellt worden ist. Denn zur Führung einer Vormundschaft von geringem Umfang und mangelnder Bedeutung wird der Vormundschaftsrichter kaum einen Anwalt auswählen. Zu beachten ist, daß sich die Tätigkeit des Vormundes nicht auf eine umfangreiche Verwaltung des Vermögens zu beziehen braucht. Der Vormund kann auch dann eine Vergütung erhalten, wenn die Vermögensverwaltung kaum Arbeit macht (z. B. das Vermögen besteht aus einer Hypothek über 500 000 DM, für die jährlich einmal Zinsen gezahlt werden), wenn nur der Tätigkeit im übrigen ein gewisser Umfang und eine gewisse Bedeutung zukommt.

Welche **Vergütung angemessen** ist, sagt das Gesetz nicht. Hervorzuheben ist nur, daß weder die BRAGO noch andere Vorschriften – etwa die Vergütungsbestimmungen für den Konkursverwalter – zum Vergleich unmittelbar herangezogen werden dürfen. Die Vergütung soll angemessen sein, also sowohl die Interessen des Mündels berücksichten wie aber auch den Vormund kein unzumutbares Opfer auferlegen.

Vgl. z. B. KG JW 37, 1074; BayObLG BayObLGZ 65, 348 = JurBüro 65, 1021 = Rpfleger 66, 207.

Der RA, der die Führung einer Vormundschaft übernimmt, wird dies in der Regel berufsmäßig tun, wenn es sich nicht gerade um die Vormundschaft eines nahen Verwandten handelt. Der Vormundschaftsrichter sollte in einem solchen Falle – im eigenen Interesse – darauf sehen, daß der Anwalt die entsprechende Gegenleistung für seine Tätigkeit erhält.

Schumann-Geißinger Anh. § 1 A 70 ff.; BayObLG JurBüro 83, 1326 = MDR 83, 669 = Rpfleger 83, 313; LG Stuttgart AnwBl. 72, 240.

Das ist aber nur dann der Fall, wenn die Vergütung – was sie nach dem Gesetz auch sein sollte – „angemessen" ist. Angemessen ist eine Vergütung, die a) leistungsgerecht ist, also der Mühewaltung und Verantwortung entspricht, und die b) vom Mündel getragen werden kann. Ist der RA seiner besonderen Fachkunde wegen als Vormund bestellt worden, so ist dies – im Sinne einer Erhöhung der Vergütung – zu berücksichtigen. Ein erzielter Erfolg zugunsten des Vormundes ist zu beachten. Ein hohes Vermögen des Mündels rechtfertigt gleichfalls eine höhere Vergütung. Andererseits hindert eine bestehende Überschuldung nicht, dem Vormund eine Vergütung zu bewilligen. Hohe Einkünfte – insbesondere solche, die auf eine Tätigkeit des Vormundes zurückzuführen sind – rechtfertigen ebenso, die Vergütung höher zu bemessen.

Zusammenfassend läßt sich sagen, daß bei der Entscheidung über die Höhe der Vergütung folgende Umstände zu beachten sind: Wert des verwalteten Vermögens, Bedeutung der Verwaltung, Schwierigkeit und Umfang (insbes. Dauer) der Tätigkeit, Veranwortung des Vormunds, Einsatz des Vormunds (bes. sein Pflichteifer), Erfolg der Verwaltung sowie weitere Umstände des Einzelfalles.

Schumann-Geißinger Anh. § 1 A 77.

Im allgemeinen ist eine Vergütung nur angemessen, wenn sie dem übrigen Berufseinkommen des Vormunds, hier also dem Einkommen als RA entspricht.

Falls die Mehrwertsteuer nicht gesondert festgesetzt wird, ist bei der Höhe der Vergütung zu berücksichtigen, daß der RA aus seiner Vergütung Mehrwertsteuer zu entrichten hat.

LG Kempten AnwBl. 75, 242.

Mangelhafte Geschäftsführung des Vormunds schließt die Festsetzung einer Vergütung für seine Tätigkeit nicht grundsätzlich aus.

Düsseldorf Rpfleger 78, 410.

Der **Vergütungsanspruch entsteht** erst mit der Bewilligung des Vormundschaftsrichters. Etwaige Vereinbarungen des Vormundes mit dem Mündel oder seinen Angehörigen binden den Vormundschaftsrichter nicht. Der Richter kann die Vergütung höher oder niedriger als vereinbart festsetzen. Nur in einem Fall sind dem Vormundschaftsrichter die Hände gebunden: wenn mit der Vermögenszuwendung seitens eines Dritten an das Mündel gleichzeitig die Vergütung bestimmt ist, die der Vormund erhalten soll. Hier hat der Vormund einen Anspruch auf die für ihn ausgesetzte Vergütung.

Der Vormundschaftsrichter hat die Möglichkeit, eine Vergütung für das einzelne Geschäft, eine einmalige Vergütung für die gesamte Vormundtätigkeit und schließlich eine laufende Vergütung zu bewilligen. Die Vergütung für das einzelne Geschäft sollte die Ausnahme bleiben. Eine Tätigkeit – hier die Tätigkeit des Vormundes – sollte nicht in einzelne Mosaiksteine zerlegt werden. Die Bewilligung einer einmaligen Vergütung oder die Bewilligung einer laufenden Vergütung sollte je nach Sachlage vorgezogen werden. Übernimmt ein Anwalt eine Vormundschaft, die in 1 ½ Jahren zu Ende geht, wird in der Regel eine einmalige Vergütung am Ende der Vormundschaft in Betracht kommen. Ist ein Anwalt Vormund in einer umfangreichen Sache, die sich auf Jahre erstreckt, ist die Gewährung einer jährlichen Vergütung angebracht.

Die **Vergütung** kann **auf Antrag oder von Amts wegen** bewilligt werden. Ratsam ist ein Antrag des Vormunds, in dem nach Möglichkeit der Betrag genannt wird, den sich der Vormund als Vergütung vorstellt. Dabei sollte der Vormund dartun, welche Umstände die von ihm erstrebte Vergütung rechtfertigen. Der Vormund ist gemäß § 1836 Abs. 2 BGB vor der Entscheidung über die Vergütung zu hören. Diesem Erfordernis ist genügt, wenn er selbst den Antrag gestellt hat. Auch das Mündel bzw. seine Angehörigen sollten vor der Beschlußfassung gehört werden. Gegen die Entscheidung des Vormundschaftsrichters ist die Beschwerde gegeben – und zwar ohne Rücksicht auf den Beschwerdewert –, mit dem Antrag auf Erhöhung für den Vormund, mit dem Antrag auf Ermäßigung für das Mündel und seine Eltern. Über die Beschwerde entscheidet das Landgericht. Eine reformatio in peius ist unzulässig. Gegen die landgerichtliche Entscheidung ist die weitere Beschwerde gegeben, die eine Rechtsbeschwerde ist. Mit ihr kann sonach nicht gerügt werden, die bewilligte Vergütung sei nicht angemessen, falls nicht ersichtlich ist, daß das Beschwerdegericht den Rechtsbegriff der Angemessenheit verkannt hat.

Kommt es zu einem **Rechtsstreit um die Vergütung** des Vormundes, ist das Prozeßgericht an die Entscheidung des Vormundschaftsgerichts gebunden. Das Prozeßgericht kann die Vergütung weder erhöhen noch ermäßigen noch ganz streichen, weil etwa die Voraussetzungen des § 1836 BGB nicht erfüllt seien. Dagegen ist es Sache des Prozeßgerichts, etwaige Schadensersatzansprüche des Mündels wegen schlechter Amtsführung festzustellen und im Wege der Aufrechnung die Vergütung zu kürzen.

Einen **Vorschuß** für die zu erwartende Vergütung darf der Vormund dem Mündelvermögen nicht entnehmen. Dagegen kann er eine bewilligte Vergütung aus dem verwalteten Vermögen oder Einkommen entnehmen. Bedarf der Vormund eines Betrages (etwa weil eine längerdauernde Vormundschaft sehr umfangreich und viel Zeit kostet), mag er die Festsetzung einer Teilvergütung (etwa für das erste Jahr) beantragen.

Dem **Gegenvormund** kann gemäß § 1836 BGB – aus besonderen Gründen – ebenfalls eine Vergütung bewilligt werden. Die besonderen Gründe werden in der Regel vorliegen, da andernfalls die Bestellung eines Gegenvormunds nicht angebracht ist. Bei Bemessung der Höhe der Vergütung sind die o. a. Umstände ebenfalls zu beachten. Es kommt also z. B. wesentlich auf die Größe des Vermögens sowie auf Umfang und Schwierigkeit der Tätigkeit des Gegenvormundes an.

> Schumann-Geißinger Anh. § 1 A 84 ff.; vgl. auch BayObLG JurBüro 75, 906 (Ein Indiz für das Vorliegen „besonderer Gründer", welche die Bewilligung einer angemessenen Vergütung für den Gegenvormund nach § 1836 Abs. 1 S. 2 BGB rechtfertigen, kann grundsätzlich schon in dem Umstand erblickt werden, daß bei einer mit einer Vormundschaft verbundenen, nicht unerheblichen Vermögensverwaltung von voraussichtlich längerer Dauer ein Gegenvormund bestellt worden ist. Ob die Vormundschaft auch bei einem großen Mündelvermögen eine solche Vermögensverwaltung erfordert, ist Tatfrage. – Wenn der Vormund eine nicht unerhebliche Vermögensverwaltung des Vormunds zu überwachen hat, ist für die Vergütung mitzuberücksichtigen, daß er RA ist und als solcher die Tätigkeit des Vormunds auch in juristischer Beziehung ergänzt und überwacht hat).

22 Nach **§ 1835 BGB** kann der Vormund für **Aufwendungen,** die er zum Zwecke der Führung der Vormundschaft macht, nach den für den Auftrag geltenden Vorschriften der §§ 669, 670 BGB von dem Mündel Vorschuß oder Ersatz verlangen. Nach dem Abs. 2 des § 1835 BGB gelten als Aufwendungen auch solche Dienste des Vormunds, die zu seinem Gewerbe oder Berufe gehören. Für die Anwendung des § 1835 BGB ist unerheblich, ob die Vormundschaft entgeltlich oder unentgeltlich geführt wird.

Wird ein RA als Vormund bestellt, so kann er nach § 1835 Abs. 2 BGB für solche Dienste, die zu seiner Berufstätigkeit gehören, Vorschuß und Vergütung nach der BRAGO verlangen. Daraus folgt aber nicht, daß der RA für alle Geschäfte, die, wenn er sie im Auftrag einer Partei ausgeführt hätte, unter einen Gebührentatbestand der BRAGO fallen, auch dem Mündel stets Gebühren nach der BRAGO berechnen dürfte. Vielmehr betrifft § 1835 Abs. 2 BGB nur Dienste, die ein sonst geeigneter Vormund nicht selbst geleistet, sondern einem RA oder einem Dritten (etwa einem Steuerberater) gegen Entgelt übertragen hätte. Der RA kann also Vergütung nach der BRAGO nur für solche Dienste verlangen, die ein Vormund, der nicht von Beruf RA ist, üblicherweise einem solchen übertragen würde, z. B. für die Vertretung des Mündels in einem Rechtsstreit oder in einem ähnlichen Verfahren, nicht aber für die Verwaltung des Mündelvermögens, für einfache Eingaben an Behörden, für Mahnschreiben und Einziehung von Forderungen.

Riedel-Sußbauer A 25; Schumann-Geißinger Anh. § 1 A 82; LG Berlin NJW 70, 246; LG München Rpfleger 72, 309.

Auch kann keine Ratsgebühr dafür berechnet werden, daß sich der Vormund selbst von der Einleitung eines Rechtsstreits abgeraten hat.

Gelegentlich werden weitergehende Ansprüche an die Anwendbarkeit des § 1835 BGB gestellt. Die Tätigkeit des Anwaltsvormunds sei erst dann Rechtsanwaltstätigkeit, wenn sie ein anderer Vormund nicht hätte leisten können, wenn der andere Vormund sonach gezwungen gewesen wäre, einen RA in Anspruch zu nehmen. Eine solche Auffassung ist abzulehnen. Es kommt nicht darauf an, ob ein anderer Vormund die Tätigkeit nicht leisten kann, sondern darauf, ob sie von einem Laien üblicherweise einem RA übertragen wird. So „kann" ein Unterhaltsprozeß des Mündels gegen die Großeltern sicher von manchem Vormund vor dem Amtsgericht selbst geführt werden. Trotzdem ist es üblich, einen RA mit der Prozeßführung zu beauftragen. Deshalb führt auch der zum Vormund bestellte RA den Rechtsstreit als RA, so daß er berechtigt ist, für diese Tätigkeit die Gebühren der BRAGO zu berechnen.

Riedel-Sußbauer A 26.

Ist das Mündel mittellos, hat der zum Vormund bestellte RA im Anwaltsprozeß Anspruch auf Beiordnung im Wege der Prozeßkostenhilfe. Auch im Amtgerichtsprozeß wird in der Regel eine Beiordnung angebracht sein.

Chemnitz AnwBl. 54, 16; vgl. aber auch Riedel-Sußbauer A 29.

Führt der Vormund einen Rechtstreit an einem auswärtigen Gericht, kann er für die Unterrichtung des Prozeßbevollmächtigten die Verkehrsgebühr (§ 52) berechnen, wenn ein anderer Vormund einen RA als Verkehrsanwalt zugezogen hätte. Diese Verkehrsgebühr ist auch erstattungsfähig, wenn die Notwendigkeit der Zuziehung eines Verkehrsanwalts bei einem Laien als Vormund zu bejahen gewesen wäre.

Vgl. zu dieser sehr streitigen Frage A 24 zu § 52.

Zu beachten ist, daß nicht nur die Tätigkeit vor Gerichten oder Behörden Berufstätigkeit des Vormunds darstellen kann. Vielmehr kann auch außergerichtliche Tätigkeit Berufstätigkeit darstellen. In welchen Fällen außergerichtlicher Tätigkeit die Leistung beruflicher Dienste seitens des zum Vormund bestellten RA vorliegt, kann im Einzelfall schwierig zu entscheiden sein. Die

Trennung ist bei Anwälten dadurch erschwert, daß viele Tätigkeiten, die auch Laien ausüben, Berufstätigkeiten des RA sein können.

Die Abgabe einer Steuererklärung wird keine Berufstätigkeit sein, wenn es sich um eine Steuererklärung handelt, die üblicherweise von jedem Steuerpflichtigen selbst abgegeben wird. Dagegen ist sie als Berufstätigkeit zu beurteilen, wenn ein Laie einen Fachmann zu Rate gezogen hätte.

Die Stellung eines Antrags auf Unterbringung des Mündels in einer geschlossenen Anstalt gemäß § 1800 BGB wird sich vielfach als eine Tätigkeit darstellen, die auch von einem Laien als Vormund erbracht worden wäre. Liegt jedoch ein schwierig gelagerter Fall vor, in dem der Antrag näher begründet werden muß, handelt es sich um eine Tätigkeit, in der ein Laie regelmäßig einen RA zugezogen hätte. Hier liegt also Berufstätigkeit vor. Vertritt der zum vorläufigen Vormund bestellte RA das Mündel im Entmündigungsverfahren, liegt keine Anwaltstätigkeit vor, wenn die Anforderungen nicht über dem Maß dessen gelegen haben, was auch ein geeigneter, zum Vormund bestellter, Nichtanwalt hätte ausführen können.

LG München I Rpfleger 72, 309.

Der Vormund kann Ersatz wie auch bereits Vorschuß für seine Auslagen einschließlich seiner eigenen Berufstätigkeit aus dem Mündelvermögen entnehmen. Er kann sonach von der Befugnis des § 17 Gebrauch machen und als eigene Auslage auch die Postgebührenpauschale des § 26 fordern. Das Vormundschaftsgericht kann ihm insoweit keine bindenden Anweisungen erteilen.

Riedel-Sußbauer A 28; vgl. auch LG Berlin NJW 70, 246 (Anm. H. Schmidt) = JurBüro 69, 1180.

Es kann zwar sagen, daß es die Entnahme beanstandet, kann aber den Vormund nicht anweisen, die entnommenen Beträge dem Mündelvermögen – ganz oder teilweise – wieder zu erstatten. Es kann bei erheblichen Verstößen die Entlassung nur für den Fall androhen, daß weitere Verstöße vorkommen, oder die Entlassung aussprechen, wenn es die Entnahme als grobe Pflichtwidrigkeit ansieht. Über die Auslagen hat endgültig das Prozeßgericht zu entscheiden, entweder nach Beendigung der Vormundschaft oder nach Entlassung des Vormundes. Will der Vormund die Berechtigung seiner Entnahmen klären, kann er – unter Aufrechterhaltung seines Vormundsamtes – die Bestellung eines Pflegers beantragen und sodann gegen das Mündel, vertreten durch den Pfleger, Klage erheben. Aus der Tatsache, daß das Vormundschaftsgericht nicht über die Auslagen zu bestimmen hat, folgt, daß es auch keinen Pauschbetrag gemeinsam für Vergütung und Auslagen bewilligen kann.

LG Berlin MDR 67, 128.

Eine Festsetzung der Gebühren und Auslagen des RA, der für sein Mündel einen Rechtsstreit geführt hat, gemäß § 19 gegen das Mündel ist nicht zulässig.

Frankfurt NJW 66, 554; Hamm JurBüro 66, 311 = JVBl. 66, 115 = JMBlNRW 66, 116 = MDR 66, 517 = NJW 66, 2129. Vgl. auch § 19 A 6.

Ist das Mündel mittellos, so kann der Vormund gemäß § 1835 Abs. 3 BGB Vorschuß und Ersatz aus der Staatskasse verlangen.

Zimmermann JVBl. 71, 25.

Madert

Der Anspruch muß innerhalb der Dreimonatsfrist des § 15 Abs. 2 ZSEG geltend gemacht werden. Wann die Abschlußfrist beginnt, ist streitig.

Stöber Anm. zum Beschl. des LG Berlin Rpfleger 73, 93 (mit Beendigung der Vormundschaft);
a. M. LG Berlin Rpfleger 73, 92 (mit dem Ende der Tätigkeit).

Dem **Berufsvormund über mittellose Personen** sind in verfassungskon- **23** former Auslegung des § 1835 Abs. 2 und 3 BGB als Aufwendungen auch Zeitaufwand und anteilige Bürokosten zu erstatten.

BVerfG NJW 80, 2179 = MDR 80, 995 = JurBüro 81, 361 = Rpfleger 80, 461 (Werden einem Staatsbürger [hier: einem RA] in großem Umfang Vormundschaften und Pflegschaften über mittellose Personen übertragen und kann dieser die damit verbundene Aufgabe nur als Teil seiner Berufsausbildung wahrnehmen, so sind ihm in verfassungskonformer Auslegung des § 1835 II und III BGB als Aufwendungen auch Zeitaufwand und anteilige Bürokosten zu erstatten).

Für die Frage, ob ein Anwalt als „Berufsvormund" anzusehen ist, kommt es weniger auf die Zahl der von ihm übertragenen Vormundschaften als darauf an, ob er dem vom BVerfG umschriebenen Leitbild des „Berufsvormunds" entspricht, der nur im Rahmen seiner Berufstätigkeit die Vormundschaft ordnungsgemäß führen kann und dies üblicherweise nicht unentgeltlich tut.

LG Düsseldorf Rpfleger 82, 147; vgl. aber LG Berlin Rpfleger 81, 237 (Betreut ein RA nur etwa 15 Mündel, von denen zwei Drittel nicht mittellos sind, kann er sich nicht auf das Urteil des BVerfG berufen, weil die Führung dieser Vormundschaften und Pflegschaften bei ihm keinen umfangreichen Teil seiner Berufsausübung darstellt); vgl. auch Zweibrücken AnwBl. 83, 470.

Auf den **Pfleger** finden nach § 1915 BGB die für die Vormundschaft gelten- **24** den Vorschriften entsprechende Anwendung. Damit gelten die Vorschriften der §§ 1835, 1836 BGB auch für den Pfleger.

Vgl. hierzu bes. Schumann-Geißinger Anh. § 1 A 96 ff.

Die Pflegschaft ist hiernach gemäß § 1836 BGB grundsätzlich unentgeltlich zu führen. Jedoch kann dem Pfleger unter den gleichen Voraussetzungen wie dem Vormund eine Vergütung bewilligt werden: Das Vermögen des Mündels sowie Umfang und Bedeutung der Tätigkeit des Pflegers müssen die Bewilligung einer Vergütung rechtfertigen. Diese Voraussetzungen werden bei der Bestellung eines RA zum Pfleger in der Regel vorliegen.

BayObLG BayObLGZ 65, 348. Vgl. zur Frage der Vergütung, die ein RA als Gebrechlichkeitspfleger beanspruchen kann, LG Berlin JurBüro 68, 422 (auf 150 DM festgesetzt) und JurBüro 68, 566 (auf 1500 DM festgesetzt); BayObLG JurBüro 86, 88 (Nachlaßpflege); Düsseldorf JurBüro 87, 252; vgl. auch LG Kempten AnwBl. 75, 242.

Die Höhe der Vergütung kann durch einen Erfolg der Verwaltertätigkeit beeinflußt werden.

LG Darmstadt Rpfleger 68, 119.

§ 1835 Abs. 2 BGB gilt für den Pfleger wie für den Vormund. Auch als Pfleger braucht der RA Rechtsstreitigkeiten für den Pflegling nicht unentgeltlich zu führen, auch nicht solche, für die kein Anwaltszwang besteht. Er kann deshalb dafür Vergütungen nach der BRAGO verlangen und bei Mittellosigkeit seines Pfleglings diesem auch im Wege der Prozeßkostenhilfe als RA beigeordnet werden. Ist Vermögen vorhanden, kann der Pfleger einen Vor-

Madert 73

schuß fordern und – wenn er das Vermögen verwaltet – dem Vermögen entnehmen.

Schumann-Geißinger Anh. § 1 A 106; KG AnwBl. 82, 71 mit Anm. von H. Schmidt (Dem zum Pfleger bestellten RA, der anwaltstypisch tätig wird, steht für diese Tätigkeit eine Vergütung nach der BRAGO zu. Der Pfleger kann diese Vergütung dem Vermögen des Pflegebefohlenen entnehmen); Nürnberg AnwBl. 74, 327; LG Braunschweig FamRZ 68, 471; LG Mannheim AnwBl. 67, 161 = MDR 67, 593 (L).

Die Verkehrsgebühr kann der als Pfleger bestellte RA dann berechnen, wenn wegen der Schwierigkeiten des Rechtsstreits ein anderer Pfleger einen Verkehrsanwalt hätte zuziehen dürfen.

LG Hamburger AnwBl. 66, 168 (Anm. von Chemnitz); vgl. auch A 24 zu § 52.

Ist der Pflegling mittellos, sollte sich der RA um seine Beiordnung als Verkehrsanwalt im Wege der Prozeßkostenhilfe bemühen (§ 121 Abs. 3 ZPO).

Wie beim Vormund kann auch außergerichtliche Tätigkeit des Pflegers Berufstätigkeit als RA sein. Sie ist deshalb nach der BRAGO zu vergüten.

Die dem Pfleger gemäß §§ 1915, 1836 BGB zu gewährende Vergütung ist von dem Anspruch auf Ersatz der Aufwendungen nach § 1835 BGB zu unterscheiden. Die Festsetzung der Vergütung ist Sache des Vormundschaftsgerichts. Über den Anspruch des Pflegers auf Ersatz seiner Aufwendungen hat im Streitfalle das Prozeßgericht zu entscheiden. Die Festsetzung einer Pauschalvergütung (Vergütung einschl. Aufwendungen) durch das Vormundschaftsgericht ist deshalb unzulässig.

LG Berlin MDR 67, 128.

Häufig wird es vorkommen, daß der RA als Pfleger Gebühren (§ 1835 Abs. 2 BGB) und Auslagen (z. B. Portospesen während der Verwaltung) zu beanspruchen hat, diese jedoch weder von einem Gegner noch aus der Staatskasse (die Bewilligung von Prozeßkostenhilfe ist – wenn auch vielleicht fälschlich – abgelehnt worden) noch von dem Pflegling (dieser ist völlig mittellos) zu erhalten sind. In diesem Falle sind dem Pfleger gemäß dem entsprechend anwendbaren § 1835 Abs. 3 BGB die Auslagen (zu ihnen gehören die vollen Anwaltsgebühren) aus der Staatskasse zu erstatten. Die Anordnung der Erstattung obliegt dem Vormundschaftsgericht.

LG Lübeck Rpfleger 72, 369 (Vertretung im Ehelichkeitsanfechtungsprozeß); LG Berlin Rpfleger 73, 169 (Vertretung im Sozialgerichtsprozeß).

Auch der **Gegenpfleger** kann wie der Gegenvormund gemäß § 1836 BGB „aus besonderen Gründen" eine Vergütung erhalten.

Schumann-Geißinger Anh. § 1 A 105. Zu streng: Hamm OLGZ 71, 307 = Rpfleger 71, 218 (Ganz außergewöhnliche Umstände müssen gegeben sein, um eine Vergütung zu rechtfertigen).

Der RA, der einem Pflegebefohlenen im Verfahren betr. die Anordnung einer Gebrechlichkeitspflegschaft zur Wahrung des rechtlichen Gehörs beigeordnet worden ist, hat einen Vergütungsanspruch gegen die Staatskasse. Der Anspruch bestimmt sich jedenfalls dann nach § 118 (in Höhe der Wahlanwaltsgebühren), wenn sich der Wirkungskreis nicht auf das Aufenthaltsbestimmungsrecht beschränkt.

KG Rpfleger 79, 226 = JurBüro 79, 688.

Der **Nachlaßpfleger** (§ 1960 BGB) ist ein Pfleger wie jeder andere Pfleger auch. Für ihn gelten deshalb die §§ 1836 und 1835 BGB in gleicher Weise. Bei der Bemessung der Vergütung für den Nachlaßpfleger ist zu beachten, daß gerade die Verwaltung verwaister Nachlässe besonderen Zeitaufwand kostet und erhebliche Schwierigkeiten bereiten kann.

Schumann-Geißinger Anh. § 1 A 114 ff.

Wenn auch die Vergütung eines Nachlaßverwalters weder nach irgendwelchen Gebührensätzen noch nach Hundertsätzen des verwalteten Vermögens oder der daraus erzielten Einnahmen noch nach den Gebührensätzen für gewerbsmäßige Hausverwalter, sondern allein nach den Erfordernissen der Billigkeit und nach Maßgabe des Einzelfalls unter Berücksichtigung der Größe des verwalteten Vermögens, des Umfangs der Mühewaltung des Pflegers, der Dauer und des Umfangs der Geschäfte sowie der Schwierigkeit der Verwaltung bemessen werden soll, so bieten doch solche Sätze Anhaltspunkte, nach denen die Vergütung im Einzelfall ausgerichtet werden kann.

Möhring Vermögensverwaltung in Vormundschafts- und Nachlaßsachen S. 354 geht von 1 bis 2 %, bei kleineren Nachlässen von 3 bis 5 % des Aktivnachlasses (ohne Abzug von Schulden) aus. Er betrachtet diese Sätze aber nicht als starre Norm, sondern mehr als Ausgangsbasen. Vgl. auch Schumann-Geißinger Anh. § 1 A 114 ff.; BayObLG Rpfleger 74, 313 und Frankfurt JurBüro 72, 798 (Nachlaßpfleger verwaltet Miethäuser); vgl. ferner Köln NJW 67, 2408 (Anm. H. Schmidt NJW 68, 799); LG Darmstadt Rpfleger 68, 119; LG Kempten AnwBl. 75, 242 (Bei der Entscheidung über die Höhe der Pflegevergütung ist u. a. auch die Mehrwertsteuerbelastung zu berücksichtigen. Dabei erfordert es der Grundsatz der Billigkeit, bei einem Anwalt, der wegen seines Berufes zum Pfleger bestellt worden ist, wohlwollend zu verfahren); LG München I Büro 59, 25 (Ein RA, der mit einem Pflegeramt betraut wird – weil dies notwendig erscheint –, hat Anspruch auf eine seinen beruflichen Notwendigkeiten entsprechende Vergütung).

Gegenüber einem Pfleger, der mit Rücksicht auf seinen Beruf zur Führung der Pflegschaft bestellt worden ist, erfordert es der Grundsatz der Billigkeit, bei der Festsetzung der Vergütung wohlwollend zu verfahren.

BayObLG Rpfleger 80, 282 = MDR 80, 757 und Rpfleger 81, 111.

Gemäß § 1961 BGB kann ein Nachlaßpfleger bestellt werden, wenn die Bestellung zum Zwecke der gerichtlichen Geltendmachung eines Anspruchs, der sich gegen den Nachlaß richtet, vom Berechtigten beantragt wird. Hier wird häufig ein RA als Pfleger bestellt, um dessen Berufskenntnisse auszuwerten. Der RA hat hiernach regelmäßig Anspruch auf eine Vergütung.

Vlg. aber KG OLGZ 81, 176 = Rpfleger 81, 194 (Bei geringem Nachlaßwert kann eine Vergütung des Nachlaßpflegers angemessen sein, die die anteiligen Bürounkosten und die Zeitversäumnis des berufsmäßig als Pfleger tätigen Anwalts nicht deckt; das Urteil des BVerfG – vgl. vorst. Anm. 23 – wirkt sich nicht aus. Weitergehende Aufwendungen sind vor dem Prozeßgericht geltend zu machen).

Die Vergütung des Nachlaßpflegers ist von dem Nachlaßgericht festzusetzen. Die Festsetzung durch das Nachlaßgericht ist entbehrlich, wenn sich der Nachlaßpfleger und der festgestellte Erbe über die Vergütung einigen. Dagegen unterliegen die Aufwendungen des RA als Nachlaßpfleger (insbes. seine Anwaltsgebühren) nicht der Festsetzung durch das Nachlaßgericht. Über sie hat im Streitfall das Prozeßgericht zu entscheiden. Der Nachlaßpfleger kann sie dem Nachlaß entnehmen.

Madert 75

Frankfurt Rpfleger 74, 312; Köln NJW 67, 2408 (Anm. H. Schmidt NJW 68, 799);
LG Kassel AnwBl. 71, 179.

§ 1835 Abs. 3 BGB (Aufwendungsersatz aus der Staatskasse) ist auf Nachlaß-
pflegschaften sinngemäß anwendbar mit der Maßgabe, daß für die Beurteilung der Mittellosigkeit die Vermögenslage des Nachlasses zugrunde zu legen
ist.

LG Berlin Rpfleger 75, 435.

Der für die **unbekannten Nacherben** bestellte Pfleger hat beim Vorliegen
der übrigen Voraussetzungen gegen denjenigen, der sich als Nacherbe ausweist, einen Vergütungsanspruch.

Hamm Rpfleger 71, 433 = JurBüro 72, 159.

25 Der **Testamentsvollstrecker** kann nach **§ 2221 BGB** für die Führung seines
Amtes eine angemessene Vergütung verlangen, sofern nicht der Erblasser ein
anderes bestimmt hat. Der Testamentsvollstrecker hat sonach einen Rechtsanspruch auf eine Vergütung, falls vom Erblasser nicht Unentgeltlichkeit angeordnet ist.

Vgl. hierzu die eingehenden Ausführungen bei Schumann-Geißinger Anh. § 1
A 1 ff.; Glaser AnwBl. 83, 147 und MDR 83, 93 sowie BGH JurBüro 73, 622.

Die Vergütung kann festgesetzt werden a) durch Anordnung des Erblassers,
b) durch Vereinbarung mit dem Erben und c) durch Entscheidung des Gerichts im Rechtsstreit.

Durch Anordnung des Erblassers kann entweder die Vergütung der Höhe
nach festgesetzt oder die Festsetzung in das Ermessen eines Dritten gestellt
werden. Es darf aber auch eine Vergütung positiv ausgeschlossen werden
oder den Umständen nach als ausgeschlossen gelten. Den Umständen nach
ausgeschlossen ist sie im Zweifel, wenn der Haupterbe mit der Ausführung
nebensächlicher Anordnungen betraut oder ihm für die Führung des Testa-
mentsvollstreckeramtes bereits die Erbquote erhöht ist oder besondere Zuwendungen gemacht worden sind. Will sich der Testamentsvollstrecker mit
der Vergütung nicht begnügen, muß er das Amt ablehnen. Die Festsetzung
einer unangemessen hohen Vergütung kann als verschleiertes Vermächtnis zu
beurteilen sein. Sie kann deshalb nicht gekürzt werden, es sei denn, daß auch
ein Vermächtnis gekürzt werden kann.

Durch Vereinbarung mit dem Erben kann die Vergütung festgelegt werden,
weil der Erbe für sie als Nachlaßverbindlichkeit haftet. Das Nachlaßgericht ist
nicht befugt, eine angemessene Vergütung zuzuerkennen, auch nicht mit
Ermächtigung des Erblassers, da die Gerichtsbarkeit dem Parteiwillen entzogen ist. Eventuell kann in der Anordnung des Erblassers die Bestimmung des
Nachlaßrichters als Drittem im Sinne des § 317 BGB zur Entscheidung über
die Höhe der Vergütung liegen.

Hat der Erblasser keine Anordnung getroffen und kann zwischen dem
Testamentsvollstrecker und den Erben keine Einigung über die Vergütung
erzielt werden, so hat das Prozeßgericht zu entscheiden. Der Testamentsvollstrecker muß im Wege der Klage gegen die Erben die von ihm als angemessen
bezeichnete Vergütung fordern. Er wird in der Regel einen bestimmten
Klagantrag stellen. Fordert er einen in das Ermessen des Gerichts gestellten
Betrag, wird er die Unterlagen vortragen müssen, aus denen sich die Ange-

messenheit ergibt. Auch in diesem Falle wird der Testamentsvollstrecker sagen müssen, welchen Betrag er sich in etwa vorstellt.

> Schumann-Geißinger Anh. § 1 A 5; vgl. auch BGH Rpfleger 63, 77 = MDR 63, 293 = NJW 63, 487 = BB 62, 161 und NJW 67, 2400 = MDR 67, 824 = BB 67, 1063 = Betrieb 67, 1409.

Die Vergütung wird fällig bei Beendigung des Amtes, bei Dauerverwaltung oder langwieriger Abwicklung bei Anordnungen bereits früher (eventuell jährlich). Die Schlußvergütung kann der Testamentsvollstrecker auf jeden Fall erst nach der Rechnungslegung beanspruchen.

Die **Höhe der Vergütung** des Testamentsvollstreckers ist aus den gesetzlichen Bestimmungen nicht zu entnehmen. In der Praxis haben sich gewisse Sätze herausgebildet. So liegen aus früherer Zeit Empfehlungen, z. B. der Industrie- und Handelskammer Berlin und der Sächs. Anwaltskammer, vor. Es kann jedoch gesagt werden, daß sich die Sätze des Rheinischen Notariats für normale Verhältnisse bei glatter Abwicklung im Regelfall durchgesetzt hatten. Danach betrug die Vergütung des Testamentsvollstreckers

1. bei einem Nachlaßwert bis zu 20000 RM Bruttowert 4 %
2. darüber hinaus bis zu 100000 RM Bruttowert 3 %
3. darüber hinaus bis zu 1000000 RM Bruttowert 2 %
4. darüber hinaus 1 %.

Folgte eine längere Verwaltungstätigkeit, z. B. beim Vorhandensein von Minderjährigen, oder verursachte die Verwaltung eine besonders umfangreiche und zeitraubende Tätigkeit, so wurde eine höhere Gebühr als angemessen erachtet; auch eine laufende, nach dem Jahresbetrag der Einkünfte zu berechnende Gebühr wurde im Einzelfall als gerechtfertigt anerkannt.

Diese Sätze sind nicht mehr anwendbar, weil sie zu Vergütungsbeträgen führen, die dem Wert der Tätigkeit eines Testamentsvollstreckers nicht mehr angemessen sind. Sie stammen aus einer Zeit, in der die Testamentsvollstreckertätigkeit im Vergleich zu den heutigen Verhältnissen bedeutend einfacher war. Im Jahre 1925 gab es weder steuerrechtliche Vorschriften im heutigen Ausmaß, noch kannte man eine solche Fülle von Bestimmungen des Mietrechtes, Devisenrechts usw. Schließlich war auch der allgemeine wirtschaftliche Ablauf einer Testamentsvollstreckung bedeutend einfacher.

> So Möhring Vermögensverwaltung in Vormundschafts- und Nachlaßsachen S. 357; vgl. aber Glaser AnwBl. 83, 147 und MDR 83, 93 und Eckelskemper, Die Vergütung des TV, MittRhNotK 81, 148ff.

Anstelle der Sätze des Rhein. Notariats sind etwas erhöhte Sätze vorgeschlagen von Möhring

> a. a. O. S. 358; ebenso Haegele Der Testamentsvollstrecker 5. Aufl. 1975, Rz. 347ff. Vgl. auch BGH NJW 63, 487 = MDR 63, 293 = Rpfleger 63, 77 = DNotZ 64, 168.

und Tschischgale,

> JurBüro 65, 89; zustimmend Mümmler JurBüro 86, 1159; vgl. auch Schumann-Geißinger Anh. § 1 Anm. 12, 13.

die nur unwesentlich auseinandergehen:

		Vergütung	
	nach	nach Tschischgale	
Bruttowert des Nachlasses	Möhring	Regelfall	schwierig
bis 20 000 DM	5 %	5 %	6 %
darüber bis 100 000 DM	3,6 %	3,75 %	4,5 %
darüber bis 1 Million DM	2,4 %	2,5 %	3 %
darüber bis 2 Millionen DM	1,2 %	1,25 %	1,5 %
darüber hinaus	1 %	1,25 %	1,5 %

Die Berliner Praxis geht bei den unteren Beträgen von etwas höheren Prozentsätzen aus, weil andernfalls bei kleinen Objekten die Vergütung nicht der Mühewaltung entspricht.

Die Sätze lauten:

bis 5 000 DM	10 %
darüber bis 20 000 DM	6 %
darüber bis 50 000 DM	4 %
darüber bis 100 000 DM	3 %
darüber	wie Möhring.

Zu beachten ist, daß der Berechnung der Bruttonachlaß zugrunde zu legen ist.

Staudinger/Dittmann A 13; Palandt/Keidel A 1 a, je zu § 2221 BGB; Schumann-Geißinger Anh. § 1 A 27; Glaser NJW 62, 1998, AnwBl. 83, 147 und MDR 83, 93; Tschischgale JurBüro 65, 89; vgl. aber auch BGH NJW 63, 487 = MDR 63, 293 = Rpfleger 63, 77 (Anm. Haegele) = DNotZ 64, 168.

Diese Sätze stellen die in der Praxis übliche Vergütung dar. Die bisherige Handhabung richtet sich im allgemeinen nach Möhring aus, da dessen Sätze bereits länger vorliegen. Es fragt sich nur, ob die weitgehende Degression der Vergütung noch am Platze ist, nachdem erkannt ist, daß die geringe Vergütung bei hohen Werten nicht der Verantwortung des Testamentsvollstreckers entspricht und deshalb die Gebühren des RA bei hohen Streitwerten erheblich heraufgesetzt worden sind.

Zu beachten ist, daß diese **Vergütung nur für die** sogen. Grundtätigkeit oder **Konstituierung des Nachlasses** gewährt wird.

Möhring a. a. O. S. 358; Glaser AnwBl. 83, 147 und MDR 83, 93.

Unter „Konstituierung eines Nachlasses" ist zu verstehen die Ermittlung des Nachlasses, seine Inbesitznahme, die Aufstellung des Verzeichnisses der der Verwaltung des Testamentsvollstreckers unterliegenden Aktiven und Passiven, die Regelung der vom Erblasser herrührenden Schulden, die Bezahlung der Kosten für Beerdigung und Grabstein sowie die Erklärung und Zahlung der Erbschaftsteuer. Das sind alles Tätigkeiten, die der Auseinandersetzung unter den Erben und der Verteilung der Nachlaßgegenstände regelmäßig vorauszugehen haben. Im Rahmen der Konstituierung hat jeder Testamentsvollstrecker gewiß auch eine verwaltende Tätigkeit auszuüben, Nachlaßgegenstände – wenn nötig – zu veräußern, Angriffe auf den Nachlaß abzuwehren usw. Nicht zur Konstituierung gehört hingegen die Vollziehung der Auseinandersetzung unter den Miterben, wenn auch deren Herbeiführung gemäß § 2204 BGB Aufgabe des Testamentsvollstreckers ist.

Diese Konstituierungsgebühr kann sich je nach dem Umfang und der Schwierigkeit der Tätigkeit erhöhen oder ermäßigen. Sie erhöht sich, wenn die einzelnen von ihr erfaßten Tätigkeiten besonders schwierig oder umfangreich sind. Auch ein besonderer Erfolg bei der Verwaltung ist vergütungserhöhend zu beachten. Vgl. BGH NJW 63, 487 = MDR 63, 293 = Rpfleger 63, 77 = DNotZ 64, 168. Tschischgale sieht für diesen Fall erhöhte Sätze vor. Es erscheint jedoch zweckmäßiger, keinen Satz für schwierige Testamentsvollstreckungen aufzustellen, vielmehr von der Regelvergütung auszugehen und die Vergütung je nach Umfang und Schwierigkeit angemessen zu erhöhen. Die Vergütung ermäßigt sich, wenn das Testament die Aufgaben des Testamentsvollstreckers begrenzt oder wenn die Tätigkeit besonders einfach ist, etwa weil keine Schulden zu regulieren sind und der Nachlaß nur aus Bankguthaben und Wertpapieren besteht.

Die Konstituierungsgebühr kann ganz entfallen oder nur in geringerer Höhe anwachsen, wenn dem Testamentsvollstrecker der Nachlaß aus früherer Tätigkeit (z. B. Wirtschaftsprüfer) bekannt ist, das Nachlaßverzeichnis durch einen Notar gefertigt und/oder die Schuldabwicklung durch eine Firma erfolgt.

BayObLG Rpfleger 73, 94 = JurBüro 73, 340 = MDR 73, 317.

Der Vergütungsanspruch des einen bereits konstituierten Nachlaß verwaltenden Testamentsvollstreckers ist zweckmäßig in Prozentsätzen des jeweils noch vorhandenen Nachlasses zu bemessen.

KG JurBüro 74, 204 = MDR 74, 318 = OLGZ 74, 225.

Hat der Testamentsvollstrecker eine Verwaltung über längere Zeit zu führen und dauert diese über den Zeitpunkt der Erledigung der Erbschaftssteuer, der Aufstellung des Nachlaßverzeichnisses und der Erfüllung hinterlassener Nachlaßverbindlichkeiten hinaus an, so steht ihm neben der Konstituierungsgebühr ein **Verwalterhonorar** zu, das sich regelmäßig nach Zeitabschnitten (Jahren) berechnet. Bei der Bemessung des Verwalterhonorars sind die §§ 315, 316 BGB entsprechend anzuwenden.

Glaser AnwBl. 83, 147 und MDR 83, 93; BGH NJW 63, 1615.

Maßgebend ist das Maß der Verantwortung und der Umfang der zu leistenden Arbeit, wobei die Schwierigkeiten der zu lösenden Aufgaben, die Dauer der Verwaltung und der Abwicklung der Testamentsvollstreckung, die Verwertung besonderer Erfahrungen und Kenntnisse und auch die Bewährung einer sich im Erfolg auswirkenden Geschicklichkeit zu berücksichtigen sind.

Glaser JurBüro 78, 1105 mit Nachw., AnwBl. 83, 147 und MDR 83, 93.

Als laufende Verwaltungsgebühr wird üblicherweise entweder ein Richtsatz von $\frac{1}{3}$ bis $\frac{1}{2}$ % des Nachlaßbruttowertes jährlich oder ein Richtsatz von 3 bis 5 % des jährlichen Gewinns berechnet, wobei der Berechnung nach dem Nachlaßbruttowert der Vorzug zu geben ist. Gelegentlich finden sich auch Vergütungen, die von den Bruttoeinnahmen ausgehen und dabei einen Richtsatz von 5 % zugrunde legen. Die aus dem Nachlaßbruttowert errechnete Vergütung sollte auf alle Fälle der Mindestbetrag sein, den der Testamentsvollstrecker für seine Verwaltertätigkeit jährlich zu beanspruchen hat.

Schumann-Geißinger Anh. § 1 A 13; Glaser JurBüro 78, 1110; Möhring S. 359; vgl. BGH NJW 63, 487 = MDR 63, 293 = Rpfleger 63, 77 = DNotZ 64, 168 (Trägt ein Testamentsvollstrecker das Unternehmerrisiko, so ist es seiner Leistung

Madert   79

angepaßt, ihm einen namhaften Hundertsatz des Gewinns zuzusprechen) und KG NJW 74, 752 = JurBüro 74, 204.

Zu unterscheiden von dem Verwaltungshonorar als Testamentsvollstrecker ist aber die Vergütung, die ein Testamentsvollstrecker dann beanspruchen kann, wenn er über die Verwaltung des Nachlasses hinaus in berufliche, vor allem unternehmerische Funktionen des Erblassers einzutreten, beispielsweise ein Erwerbsgeschäft des Erblassers fortzuführen gehalten ist. Selbstverständlich muß diese Berufstätigkeit gesondert vergütet werden.

Übernimmt der Testamentsvollstrecker die Tätigkeit des Geschäftsführers, wird er entsprechend dem üblichen Gehalt eines leitenden Angestellten eine besondere Vergütung zu beanspruchen haben.

Schumann-Geißinger Anh. § 1 A 18; Möhring S. 359.

Diese Geschäftsführertätigkeit wird zur Folge haben, daß die Testamentsvollstreckervergütung zu ermäßigen ist. Denn die gesamte Tätigkeit, für die die Geschäftsführervergütung gewährt wird, kann nicht nochmals als Testamentsvollstreckertätigkeit honoriert werden.

Sind für einen Nachlaß **mehrere Testamentsvollstrecker** tätig, so ist – gleichgültig, ob diese ihren Aufgabenkreis verteilt haben oder nicht – die Vergütung jedes einzelnen geringer zu bemessen als für einen alleinigen Testamentsvollstrecker. Denn für den einzelnen Testamentsvollstrecker wird weniger Arbeit anfallen, als wenn er allein Testamentsvollstrecker wäre. Andererseits ist es auch nicht richtig, zunächst die Vergütung so zu bemessen, als wäre nur ein Testamentsvollstrecker vorhanden, und diesen Betrag durch die Zahl der Mittestamentsvollstrecker zu teilen. Hier ist einerseits die Zahl der Testamentsvollstrecker zu berücksichtigen, aber andererseits zu beachten, daß jeder der Testamentsvollstrecker die gleiche Verantwortung trägt und daß für eine Minderung der Einzelvergütung nur maßgebend sein kann, ob infolge der Mehrzahl der Testamentsvollstrecker der Tätigkeitsumfang für den einzelnen geringer ist, als er es bei einer Einzeltestamentsvollstreckung wäre. Beim Vorhandensein von z. B. 2 Testamentsvollstreckern wird ein Anspruch von je ¾ der nach den vorgenannten Grundsätzen errechneten Gebühren eines Einzeltestamentsvollstreckers für billig zu erachten sein. Je nach Umfang und Schwierigkeit der Tätigkeit und der Verantwortung kann die Vergütung höher oder niedriger bemessen werden.

Glaser AnwBl. 83, 147 und MDR 83, 93; Schumann-Geißinger Anh. § 1 A 24 meinen, mehrere Testamentsvollstrecker brächten keine Arbeitserleichterung oder -verminderung, sondern eine Arbeitserschwerung. Jeder Testamentsvollstrecker habe daher Anspruch auf die volle Vergütung; BGH NJW 67, 2400 = BB 67, 1063 = Betrieb 67, 1499.

Neben seiner Vergütung kann der Testamentsvollstrecker, soweit testamentarische Bestimmungen nicht entgegenstehen, nach § 2218 BGB Ersatz seiner Auslagen beanspruchen. § 1835 Abs. 2 BGB ist entsprechend anzuwenden. Der RA kann daher als Testamentsvollstrecker in gleicher Weise wie als Vormund oder Pfleger für solche Geschäfte, die ein anderer Testamentsvollstrecker einem RA übertragen hätte, Gebühren nach der BRAGO verlangen, z. B. für eine Prozeßführung oder für das Betreiben der Freigabe während eines Krieges im Ausland beschlagnahmter Nachlaßwerte.

RG RGZ 149, 121. Vgl. auch Schumann-Geißinger Anh. § 1 A 47 ff. mit vielen Beispielen.

Hat er einen anderen RA als Prozeßbevollmächtigten bestellt, so kann er eine Verkehrsgebühr (§ 52) in Rechnung stellen, wenn ein Nichtrechtsanwalt einen RA als Verkehrsanwalt zugezogen hätte. Diese Verkehrsgebühr ist auch von dem unterlegenen Gegner nach Maßgabe des § 91 ZPO zu ersetzen.

Streitig; vgl. A 22 zu § 52.

Die Vergütung des Testamentsvollstreckers wird in der Regel erst nach der Beendigung der Testamentsvollstreckung fällig. Bei einer länger dauernden Verwaltung ist allerdings üblich, daß der Testamentsvollstrecker sein Honorar in Teilbeträgen, z. B. nach der Konstituierung die Konstituierungsgebühr und jährlich in Verbindung mit dem von ihm vorzulegenden Rechenschaftsbericht geltend macht. Die Schlußvergütung kann er jedoch erst nach der abschließenden Rechnungslegung verlangen.

Schumann-Geißinger Anh. § 1 A 30ff.; Glaser JurBüro 78, 1110.

Der Testamentsvollstrecker kann für seine Auslagen keinen Vorschuß von den Erben fordern (§ 669 BGB ist in § 2218 BGB nicht aufgeführt); er ist aber nicht gehindert, die benötigten Beträge (einschl. seiner eigenen Gebühren) dem verwalteten Vermögen vorschußweise zu entnehmen.

Vgl. hierzu Schumann-Geißinger Anh. § 1 A 34; Haegele a. a. O. S. 85; BGH Rpfleger 63, 380 (fraglich, ob er zur Beschaffung erforderlicher Geldmittel Sachwerte des Nachlasses verwerten darf) und JurBüro 73, 622 (Verwertung von Nachlaßgegenständen nur dann, wenn besondere Umstände dies rechtfertigen).

Ist die Testamentsvollstreckung im Falle einer Nacherbfolge weiterzuführen, so fällt beim Eintritt des Nacherbfalls nicht nochmals eine Konstituierungsgebühr an. Da jedoch der Nacherbfall in der Regel den Arbeitsumfang des Testamentsvollstreckers erheblich erhöht, ist es gerechtfertigt, die bereits angefallene Konstituierungsgebühr angemessen zu erhöhen.

Stellt sich die Ernennung des Testamentsvollstreckers als rechtsunwirksam heraus, so kann der vermeintliche Testamentsvollstrecker für seine Tätigkeit trotzdem eine Vergütung erhalten.

BGH Rpfleger 63, 380 (Anm. Haegele).

Dies gilt jedoch nicht, wenn der vermeintliche Testamentsvollstrecker gegen den Willen der Erben gehandelt hat.

BGH NJW 77, 1726 = JurBüro 78, 205; kritisch Möhring und Seebrecht JurBüro 78, 145.

Der Anspruch des Testamentsvollstreckers auf Vergütung ist nicht verwirkt, wenn er in dem Bestreben, sein Amt zum Wohle der von ihm betreuten Personen auszuüben, infolge irriger Beurteilung der Sach- und Rechtslage fehlerhafte Entschlüsse faßt und Entscheidungen trifft.

BGH NJW 76, 1402 = MDR 76, 874 = Rpfleger 76, 295 = BB 76, 814 = WM 76, 771 = DNotZ 76, 559.

wohl aber, wenn der Testamentsvollstrecker gegen seine Treupflicht verstößt.

Schumann-Geißinger Anh. § 1 A 37.

Der Vergütungsanspruch verjährt gemäß § 195 BGB in 30 Jahren.

Schumann-Geißinger Anh. § 1 A 36.

Ob der Testamentsvollstrecker neben seiner Vergütung die Erstattung der

Mehrwertsteuer fordern kann, ist streitig. Ein Teil der Rechtsprechung verneint die Möglichkeit.

LG Berlin NJW 69, 1122 und NJW 70, 1462.

Andere bejahen die Berechtigung, die Mehrwertsteuer zusätzlich zu fordern.

Schumann-Geißinger Anh. § 1 A 46; LG Mönchengladbach NJW 71, 146.

Der Bewilligungsbeschluß sollte sich zweckmäßig darüber aussprechen, ob in dem Honorar die Mehrwertsteuer enthalten ist oder nicht.

26 Der **Konkursverwalter** hat nach § 85 KO Anspruch auf Erstattung angemessener Auslagen und auf Vergütung für seine Geschäftsführung, die durch das Konkursgericht festgesetzt wird. Maßgebend für die Vergütung ist die VO über die Vergütung des Konkursverwalters, des Vergleichsverwalters, der Mitglieder des Gläubigerausschusses und der Mitglieder des Gläubigerbeirats vom 25. Mai 1960 (BGBl. I 29), die auf Grund der Ermächtigung des § 85 Abs. 2 KO erlassen worden ist (abgedruckt in Teil C – Anhang – unter Nr. 7). Die VO ist eine Rechtsverordnung, somit für die Gerichte und die Verfahrensbeteiligten bindend.

Vgl. die eingehende Behandlung aller Probleme durch H. Schmidt Rpfleger 68, 251, KTS 70, 147, KTS 74, 197, KTS 81, 65 und KTS 82, 591, aber auch Schumann MDR 63, 282; Schumann-Geißinger Anh. § 1 A 135 ff.; Uhlenbruck, Festschrift S. 217 (Die Vergütung des Insolvenzverwalters und der Gläubigerselbstverwaltungsorgane als Problem der Insolvenzrechtsreform).

Die Vergütung des Konkursverwalters wird gemäß § 1 VO grundsätzlich nach der Teilungsmasse berechnet. § 2 VO erläutert den Begriff der Teilungsmasse (vgl. § 117 KO) näher. Auf Grund der sonach gefundenen Bemessungsgrundlage wird die Regelvergütung des Konkursverwalters ihrer Höhe nach gemäß § 3 VO wie folgt gestaffelt:

Die Vergütung beträgt:

von den ersten 10000 DM der Teilungsmasse 15 v. H.

von dem Mehrbetrag bis zu 50000 DM der Teilungsmasse 12 v. H.

von dem Mehrbetrag bis zu 100000 DM der Teilungsmasse 6 v. H.

von dem Mehrbetrag bis zu 500000 DM der Teilungsmasse 2 v. H.

von dem Mehrbetrag bis zu 1000000 DM der Teilungsmasse 1 v. H.

von dem darüber hinausgehenden Betrag ½ v. H.

Sie soll in der Regel mindestens 400 DM betragen. Die Vergütung berechnet sich hiernach wie folgt:

bei einer Teilungsmasse bis zu 10000 DM auf 15%, mind. jedoch auf 400 DM,

bei einer Teilungsmasse über 10000 DM bis zu 50000 DM auf 1500 DM + 12% des 10000 DM übersteigenden Betrages,

bei einer Teilungsmasse über 50000 DM bis zu 100000 DM auf 6300 DM + 6% des 50000 DM übersteigenden Betrages,

bei einer Teilungsmasse über 100000 DM bis zu 500000 DM auf 9300 DM + 2% des 100000 DM übersteigenden Betrages,

bei einer Teilungsmasse über 500000 DM bis zu 1 Million DM auf 17300 DM + 1% des 500000 DM übersteigenden Betrages,

bei einer Teilungsmasse von mehr als 1 Million DM auf 22300 DM + 0,5 %
des 1 Million übesteigenden Betrages.
Die Vergütung ist gemäß § 4 Abs. 1 VO abweichend vom Regelsatz festzusetzen, wenn Besonderheiten der Geschäftsführung des Konkursverwalters es
erfordern.
Der Konkursverwalter erhält eine über dem Regelsatz liegende Vergütung
insbes. dann, wenn die Bearbeitung von Aus- und Absonderungsrechten
einen erheblichen Teil der Verwaltertätigkeit ausgemacht hat, ohne daß die
Teilungsmasse entsprechend größer geworden ist. Der Regelsatz kann ferner
überschritten werden, wenn der Verwalter zur Vermeidung von Nachteilen
für die Konkursmasse das Geschäft weitergeführt oder wenn er Häuser
verwaltet hat und die Teilungsmasse nicht entsprechend größer geworden ist.
Die Regelvergütung stellt in den meisten Fällen nicht mehr die angemessene
Vergütung dar.
Die Praxis der großen Konkursgerichte hält sich deshalb bereits nicht mehr an
die „Regelsätze" des § 3, sondern überschreitet sie, zum Teil sehr wesentlich,
„in der Regel" um 200 bis 300 %, gelegentlich (insbes. bei Großinsolvenzen)
bis zum 12fachen.

Vgl. hierzu H. Schmidt Rpfleger 68, 251, KTS 70, 146, KTS 74, 197, KTS 81, 65
und KTS 82, 591 sowie LG Dortmund KTS 79, 125 (Zuschlag von 220%); LG
Koblenz KTS 82, 141 mit Anm. von H. Schmidt; AG Bad Neuenahr-Ahrweiler
KTS 82, 152; AG Otterndorf KTS 82, 153; AG Tübingen KTS 75, 125 (Als
Richtgröße für die Verwaltervergütung im Konkurs einer Aktiengesellschaft
kommt für die beiden ersten Jahre nach der Eröffnung des Konkursverfahrens je
ein etwa den Bezügen eines Vorstandsvorsitzenden eines Betriebes dieser Größe
entsprechender Betrag, für die folgenden Jahre je etwa ein Fünftel dieser Bezüge in
Betracht); vgl. auch LG Nürnberg-Fürth KTS 83, 316 (Vorschuß).

Ein Zurückbleiben hinter dem Regelsatz ist möglicherweise gerechtfertigt,
a) wenn der Konkursverwalter in einem früheren Vergleichsverfahren als
Vergleichsverwalter erhebliche Vorarbeit für das Konkursverfahren geleistet
und dafür eine entsprechende Vergütung erhalten hat oder
b) wenn die Masse bereits zu einem wesentlichen Teil verwertet war, als der
Konkursverwalter das Amt übernahm, oder
c) wenn das Konkursverfahren vorzeitig beendet wird (z. B. durch Aufhebung des Eröffnungsbeschlusses oder durch Einstellung des Verfahrens) oder
d) die Teilungsmasse groß war und die Geschäftsführung verhältnismäßig
geringe Anforderungen an den Konkursverwalter stellte.
Ob und in welcher Höhe Nachtragsverteilungen besonders vergütet werden,
bestimmt das Gericht nach billigem Ermessen unter Berücksichtigung der
Umstände des Einzelfalles.
Sind mehrere Konkursverwalter nebeneinander bestellt, so sind die Vergütungen gemäß § 3 Abs. 3 VO so zu berechnen, daß sie zusammen den Betrag
nicht übersteigen, der als Vergütung für einen Konkursverwalter vorgesehen
ist. Damit ist jedoch nicht gesagt, daß die Regelvergütung des § 3 VO auf
jeden Fall eingehalten werden muß. Zu einer Bestellung von mehreren
Konkursverwaltern nebeneinander wird es in der Praxis wohl nur kommen,
wenn Umfang oder Schwierigkeit des Verfahrens die Bestellung mehrerer
Verwalter geboten erscheinen lassen. Damit werden wohl immer die Voraus-

setzungen für eine erheblich über dem Regelsatz liegende Vergütung gegeben sein.

H. Schmidt KTS 82, 595.

Sind die mehreren Konkursverwalter nacheinander bestellt worden, hat an sich jeder Konkursverwalter Anspruch auf eine Vergütung, die der Beschränkung des § 3 Abs. 3 VO nicht unterliegt. Jedoch wird meist ein Zurückbleiben hinter dem Regelsatz gemäß § 4 Abs. 3 VO gerechtfertigt sein. Gemäß § 5 VO sind durch die Vergütung die allgemeinen Geschäftsunkosten abgegolten. Zu den allgemeinen Geschäftsunkosten gehört der Büroaufwand des Konkursverwalters. Schreibgebühren und Gehälter von Angestellten, die im Rahmen ihrer laufenden Arbeiten auch bei der Konkursverwaltung beschäftigt werden, können der Masse daher nicht – auch nicht anteilig – in Rechnung gestellt werden. Das ist eine unglückliche Regelung, die Spezialisten mit eingerichteten Büros benachteiligt. Es empfiehlt sich, die Stunden zu notieren, die bei der Bearbeitung des Konkurses aufgewendet worden sind, und die Zahlen bei der Honoraranforderung dem Gericht bekanntzugeben.

Vgl. H. Schmidt KTS 74, 197.

Auch die Kosten einer allgemein üblichen Haftpflichtversicherung gehören nach überwiegender Auffassung zu den allgemeinen Geschäftsunkosten.

Schumann-Geißinger Anh. § 1 A 143; vgl. H. Schmidt KTS 74, 197.

Dagegen können die Prämien einer besonders für das Verfahren abgeschlossenen Haftpflichtversicherung als Auslagen geltend gemacht werden.

Mentzel/Kuhn/Uhlenbruck Anm. 9 zu § 85 KO; Böhle-Stamschräder/Kilger, Anm. 1 c zu § 85 KO; H. Schmidt KTS 82, 596;
a. M. Jaeger/Weber Anm. 2 b zu § 85 KO.

In der Vergütung ist die von dem Konkursverwalter zu zahlende Umsatzsteuer gemäß § 4 Abs. 5 VO enthalten. Beträgt die Umsatzsteuer 14 %, erhält der Konkursverwalter zusätzlich einen Ausgleichsbetrag in Höhe von 7 %. Fordert die Finanzverwaltung von jedem Konkursverwalter 14 % Umsatzsteuer, ist der Ausgleichsbetrag anzusetzen. Auf einen Rechtsstreit mit der Finanzverwaltung braucht sich der Konkursverwalter nicht einzulassen.

LG Hamburg KTS 74, 118.

Zu den allgemeinen Geschäftsunkosten gehören dagegen nicht die besonderen Unkosten, die dem Verwalter im Einzelfall (z. B. durch die Einstellung von Hilfskräften für bestimmte Aufgaben im Rahmen der Konkursverwaltung oder durch Reisen) tatsächlich erwachsen. Es ist nicht ausgeschlossen, daß diese besonderen Unkosten als Auslagen erstattet werden, soweit sie angemessen sind.

Vgl. H. Schmidt KTS 82, 597.

Gemäß § 7 VO kann der Konkursverwalter aus der Masse einen Vorschuß auf die Vergütung und Auslagen entnehmen, wenn das Konkursgericht es genehmigt. Die Genehmigung soll erteilt werden, wenn das Konkursverfahren ungewöhnlich lange dauert oder besonders hohe Auslagen erforderlich werden. Die Genehmigung kann aber auch in anderen geeigneten Fällen erteilt werden. Die Gewährung eines Vorschusses ist nicht mehr auf Ausnahmefälle beschränkt. Die Vorschüsse dürfen die Regelvergütung überschreiten.

H. Schmidt Rpfleger 68, 253, KTS 73, 44 und KTS 82, 595; Uhlenbruck MDR 70, 644 und KTS 73, 174; LG Wiesbaden AnwBl. 73, 632 = KTS 73, 76; AG Mannheim KTS 77, 134; AG Otterndorf KTS 78, 260 (7facher Regelbetrag).

Der Grundsatz des § 1835 Abs. 2 BGB gilt auch für den Konkursverwalter. Nicht durch die vom Konkursgericht festgesetzte Vergütung abgegolten werden deshalb solche Tätigkeiten, die ein anderer Konkursverwalter einem RA übertragen würde, z. B. Führung von Rechtsstreitigkeiten für die Konkursmasse. Dafür kann er der Masse die gesetzliche Vergütung in Rechnung stellen, selbst wenn der Rechtsstreit verloren wird. Bestand für die Tätigkeit kein Anwaltszwang, kann der RA als Konkursverwalter dann gegenüber der Masse Gebühren nach der BRAGO berechnen, wenn ein Konkursverwalter, der nicht RA ist, aber die für einen Konkursverwalter allgemein vorauszusetzende Sachkunde und Geschäftsgewandtheit besitzt, die Tätigkeit einem RA übertragen hätte.

Schumann-Geißinger § A 47; vgl. Eickmann Rpfleger 70, 318; H. Schmidt Rpfleger 68, 251 und KTS 82, 593; LG Augsburg KTS 78, 117 (Patentsachen).

Für die Tätigkeit in einem Arbeitsgerichtsprozeß kann der Konkursverwalter Anwaltsgebühren aus der Konkursmasse fordern.

Schumann-Geißinger Anh. § 1 A 150; H. Schmidt KTS 82, 593; Uhlenbruck ZIP 80, 16; LG München I Rpfleger 70, 399 und KTS 71, 58; LG Würzburg JurBüro 74, 736.

Auch wenn der RA/Konkursverwalter einzelne Prozeßhandlungen, z. B. einen Beweistermin, selbst wahrnimmt oder eine Zwangsversteigerung oder Zwangsverwaltung auf Rechnung der Masse selbst betreibt, hat er Anspruch auf seine gesetzliche Vergütung.

Schumann-Geißinger Anh. § 1 A 151; H. Schmidt Rpfleger 68, 255.

Dasselbe gilt für seine anwaltliche Tätigkeit in einem Konkursverfahren über das Vermögen eines Schuldners des Gemeinschuldners. Dagegen steht ihm kein Vergütungsanspruch zu, wenn er in einem Masseprozeß als Partei vernommen wird.

Für den Schriftverkehr, den der RA als Konkursverwalter in einem bei einem auswärtigen Gericht anhängigen Rechtsstreit mit dem Prozeßbevollmächtigten führt, kann der RA dann die Verkehrsgebühr (§ 52) fordern, wenn ein anderer Konkursverwalter den Verkehr mit dem Prozeßbevollmächtigten über einen Verkehrsanwalt geführt hätte.

Vgl. hierzu A 51 zu § 52; ferner Schumann-Geißinger Anh. § 1 A 153a.

Für Geschäfte, die zur Verwaltung des zur Konkursmasse gehörenden Vermögens des Gemeinschuldners nötig sind, kann er keine Vergütung nach der BRAGO berechnen, auch nicht dafür, daß er sich in den Besitz der Konkursmasse im Wege der Zwangsvollstreckung verschafft. Etwas anderes gilt jedoch für solche Tätigkeiten, die ein anderer Konkursverwalter, der nicht RA ist, einem RA übertragen würde.

H. Schmidt Rpfleger 68, 251.

Ein Konkursverwalter, der RA ist, hat auch für außergerichtliche Tätigkeiten gegen die Konkursmasse Anspruch auf Anwaltsgebühren, wenn ein nichtanwaltlicher Konkursverwalter für derartige Tätigkeiten einen Anwalt beauftragt hätte.

Schumann-Geißinger Anh. § 1 A 160 ff.; H. Schmidt KTS 82, 593; Köln AnwBl. 76, 246 = KTS 77, 57 (Das OLG Köln vertritt fälschlich die Auffassung, daß das Konkursgericht zu entscheiden habe, ob der Konkursverwalter-Anwalt die für seine außergerichtliche Anwaltstätigkeit geltend gemachten Anwaltsgebühren der Konkursmasse entnehmen kann); LG Aachen KTS 77, 187 und Rpfleger 78, 380.

Eine Vergleichsgebühr kann er im allgemeinen nur dann beanspruchen, wenn er den verglichenen Masseprozeß selbst geführt, nicht wenn er nur in seiner Eigenschaft als Konkursverwalter bei dem Vergleich mitgewirkt hat. Eine Ausnahme wird insoweit gemacht werden können, daß die Vergleichsgebühr für den Konkursverwalter, der den Rechtsstreit nicht selbst führt, auch dann entsteht, wenn ein anderer sachkundiger und geschäftsgewandter Konkursverwalter seinen Verkehrsanwalt wegen der besonderen Schwierigkeit der Sach- und Rechtslage zu den Vergleichsverhandlungen gleichfalls hätte zuziehen müssen.

Vgl. Schumann-Geißinger Anh. § 1 A 154.

Für Reisen, die der RA in seiner Eigenschaft als Konkursverwalter unternimmt, kann er nur seine tatsächlichen Auslagen, nicht Reisekosten, nach § 28 berechnen. Kann der RA als Konkursverwalter für die Tätigkeit, die er auf der Geschäftsreise ausführt, gemäß § 1835 Abs. 2 BGB Gebühren nach der BRAGO berechnen, kann er seine Reisekosten gemäß § 28 berechnen.

Ähnlich Schumann-Geißinger Anh. § 1 A 163 (§ 28 anwendbar für Reisen in Masseprozessen); vgl. auch Mümmler JurBüro 83, 1625.

Auch eine Hebegebühr kann er für die Erhebung und Ablieferung von Massegeldern nicht beanspruchen.

Schumann-Geißinger Anh. § 1 A 164; H. Schmidt Rpfleger 68, 256.

Vergütungsansprüche des Konkursverwalters nach BRAGO, die auf beruflicher Tätigkeit beruhen und deshalb neben der allgemeinen Konkursverwaltervergütung erwachsen, sind Massekosten gemäß § 58 Ziff. 2 KO.

Schumann-Geißinger Anh. § 1 A 165; BGH NJW 71, 381 = MDR 71, 294 = JurBüro 71, 141 = Rpfleger 71, 102 = WM 71, 138.

Der RA-Konkursverwalter kann die Vergütung, die er als RA verdient hat, der Masse entnehmen, ohne daß es einer Genehmigung des Gerichts bedarf. Ebenso kann er Vorschuß auf seine Anwaltsvergütung entnehmen.

Schumann-Geißinger Anh. § 1 A 165; vgl. auch LG Freiburg Rpfleger 80, 354 (Hält das Konkursgericht einen Konkursverwalter, der Anwaltskosten aus der Masse bezahlt hat, unter Androhung von Zwangsgeld dazu an, den für nicht gerechtfertigt befundenen Teil der Gebühren der Masse wieder zuzuführen, so wird dies nicht durch das Aufsichtsrecht nach § 83 KO gedeckt).

Ein im Konkurseröffnungsverfahren bestellter Sequester hat Anspruch auf eine Vergütung, die in entsprechender Anwendung der VergütVO festzusetzen ist. Wird der Sequester später zum Konkursverwalter bestellt, hat er Anspruch auf zwei Vergütungen (als Sequester und als Konkursverwalter).

Uhlenbruck Festschrift S. 225; vgl. auch nachst. Anm. 33; H. Schmidt KTS 82, 598;
a. M. LG Köln ZIP 81, 142 mit krit. Anm. von Eickmann.

27 Der **Vergleichsverwalter** kann nach § 43 VerglO vom Schuldner die Erstattung seiner baren Auslagen und eine angemessene Vergütung für seine Geschäftsführung verlangen. Die Höhe setzt das Vergleichsgericht fest. Die Höhe der Vergütung richtet sich nach der o. a. VO vom 25. Mai 1960 (abgedruckt in Teil C – Anhang – unter Nr. 7). Die Vergütung des Vergleichsverwalters wird gemäß § 8 der VO nach dem Aktivvermögen des Schuldners berechnet. Das Aktivvermögen ergibt sich aus der mit dem Vergleichsantrag eingereichten Vermögensübersicht (§ 5 VerglO); Berichtigungen, die sich im Laufe des Verfahrens (etwa auf Grund der Angaben des Schuldners oder auf Grund von Ermittlungen des Gerichts oder des Vergleichsverwalters) ergeben, werden berücksichtigt.

> Schumann-Geißinger Anh. § 1 A 167 ff.; H. Schmidt KTS 82, 601. Darüber, daß die in der VergütungsVO für den Vergleichsverwalter bestimmte Vergütung nicht mehr den heutigen Verhältnissen entspricht, vgl. H. Schmidt KTS 70, 146 und KTS 74, 197.

Für die Bestimmung des Aktivvermögens gilt im einzelnen folgendes:

1. Der Wert von Gegenständen, die mit Absonderungsrechten belastet sind, wird nur insoweit in Ansatz gebracht, als er den Wert dieser Rechte übersteigt.

2. Werden Aus- oder Absonderungsrechte abgefunden, so sind von dem Wert der Gegenstände die Abfindungsbeträge abzusetzen.

3. Steht einer Forderung eine Gegenforderung gegenüber, so ist lediglich der bei einer Verrechnung sich ergebende Überschuß zu berücksichtigen.

4. Die zur Erfüllung des Vergleichs von einem Dritten geleisteten Zuschüsse bleiben außer Betracht.

Ist der Gesamtbetrag der Vergleichsforderungen geringer als das Aktivvermögen des Schuldners, so ist für die Berechnung der Vergütung des Vergleichsverwalters der Gesamtbetrag der Vergleichsforderungen maßgebend.

Der Vergleichsverwalter erhält als Vergütung gemäß § 9 VO in der Regel ½ der in § 3 Abs. 1 VO für den Konkursverwalter benannten Sätze, in der Regel jedoch mindestens 300 DM.

Die Vergütung ist abweichend von dem Regelsatz festzusetzen, wenn Besonderheiten der Geschäftsführung des Vergleichsverwalters es erfordern (§ 10 Abs. 1, § 4 Abs. 1 VO).

> Vgl. auch LG Rottweil KTS 75, 327 mit abl. Anm. von H. Schmidt.

Eine den Regelsatz übersteigende Vergütung ist gemäß § 10 Abs. 2 VO insbes. festzusetzen, wenn

a) die Prüfung von Aus- und Absonderungsrechten einen erheblichen Teil der Verwaltertätigkeit ausgemacht hat oder

b) durch die Ausübung des Mitwirkungsrechts bei Rechtsgeschäften des Schuldners gemäß § 57 VerglO oder durch Maßnahmen mit Rücksicht auf Verfügungsbeschränkungen des Schuldners gemäß §§ 58 ff. VerglO oder infolge anderer durch das Verfahren bedingter Umstände die Verwaltertätigkeit besonders umfangreich war.

Die Bruchteilsvergütung (½) des Vergleichsverwalters ist unter Berücksichtigung der Tatbestände des § 4 zu berechnen, nicht nur als Bruchteil der Regelvergütung des Konkursverwalters.

> Schumann-Geißinger Anh. § 1 A 168; Robrecht KTS 68, 65.

Madert 87

Ein Zurückbleiben hinter dem Regelsatz ist gemäß § 10 Abs. 3 VO insbesondere gerechtfertigt,

a) wenn das Vergleichsverfahren durch Einstellung vorzeitig beendet wurde oder

b) wenn das Aktivvermögen des Schuldners groß war und das Verfahren verhältnismäßig geringe Anforderungen an den Verwalter stellte oder

Vgl. LG Rottweil KTS 75, 327 mit abl. Anm. von H. Schmidt.

c) wenn der Verwalter ausnahmsweise zum Vergleichsverwalter bestellt wurde, obwohl er vor der Stellung des Antrags auf Eröffnung des Vergleichsverfahrens zur Vorbereitung des Vergleichsantrags tätig war und für die vorbereitende Tätigkeit ein Entgelt erhalten hat.

Vereinbarungen des Vergleichsverwalters und des Vergleichsschuldners über die Höhe der Vergütung des Vergleichsverwalters sind nichtig.

Düsseldorf KTS 71, 50.

Vorschußzahlungen auf die Vergütung und den Auslagenersatz soll das Gericht gemäß § 12 VO nur in Ausnahmefällen bewilligen.

Mehrere Vergleichsverwalter können nur eine Vergütung beanspruchen, die die Gebühr für einen einzigen Vergleichsverwalter nicht übersteigt.

LG Schweinfurt MDR 75, 853.

Diese Vergütung kann jedoch erheblich über der sog. Regelvergütung liegen.

Die Grundsätze des § 1835 Abs. 2 BGB gelten auch für den Vergleichsverwalter. Ein Vergleichsverwalter, der als RA tätig wird, kann seine Vergütung (Gebühren und Auslagen) nach der BRAGO gesondert neben seiner Vergleichsverwaltervergütung berechnen. Für die Frage, was als Anwaltsstreitigkeit anzusetzen ist, gilt das beim Konkursverwalter Gesagte.

Schumann-Geißinger Anh. § 1 A 162.

Eine Tätigkeit, die der Verwalter vor der Eröffnung des Vergleichsverfahrens als **vorläufiger Verwalter** ausgeübt hat, wird gemäß § 11 Abs. 2 der VO nicht besonders vergütet. Sie kann jedoch ausreichen, um die Vergütung gemäß § 10 der VO über die Regelvergütung hinaus zu erhöhen.

Bley/Mohrbutter Anm. 9 zu § 11 und Anm. 1 ff. zu § 43 VerglO; H. Schmidt KTS 82, 602.

Wird der vorläufige Vergleichsverwalter nicht zum Vergleichsverwalter bestellt, so erhält er für seine Tätigkeit als vorläufiger Vergleichsverwalter einen angemessenen Bruchteil der für den Vergleichsverwalter bestimmten Vergütung. Das gleiche gilt, wenn der bisherige vorläufige Vergleichsverwalter nach Eröffnung des Anschlußkonkurses zum Konkursverwalter bestellt wird.

Bley/Mohrbutter Anm. 9a zu § 11 und Anm. 6e zu § 43 VerglO; H. Schmidt KTS 82, 602; LG Tübingen KTS 76, 67; **a. M.** LG Münster KTS 66, 188 = MDR 67, 56.

Ein vorläufiger Vergleichsverwalter, der seinen Vergütungsanspruch gegen den Schuldner nicht durchsetzen kann, hat keinen Ausfallanspruch gegen die Staatskasse.

BGH AnwBl. 81, 281 = MDR 81, 484 = KTS 81, 434 = Rpfleger 81, 231.

Die Tätigkeit des Vergleichsverwalters in einem **Nachverfahren nach § 96**

VerglO wird gemäß § 43 Abs. 2 Satz 3 VerglO besonders vergütet. Die Vergütung wird nach der Art und dem Umfang der Tätigkeit des Verwalters im Nachverfahren bemessen; zu berücksichtigen ist, inwieweit der Vergleich erfüllt worden ist. Die Vergütung soll hierbei in der Regel einen angemessenen Bruchteil der Vergütung für das Vergleichsverfahren nicht übersteigen.

Über die Vergütung des Vergleichsverwalters im späteren Konkursverfahren vgl. Robrecht KTS 66, 160.
Über die Vergütung des bisherigen vorläufigen Vergleichsverwalters nach Eröffnung des Anschlußkonkurses bei Bestellung zum Konkursverwalter s. LG Hamburg KTS 64, 53, AG München KTS 65, 54, aber auch LG Münster MDR 67, 56 = KTS 66, 188.

Die Vergütung für die **zeitweilige Leitung des Unternehmens** und die Vertretung des erkrankten Vergleichsschuldners hat nicht das Vergleichsgericht, sondern im Streitfalle das Prozeßgericht festzusetzen.

LG Essen KTS 68, 122.

Mehrere Vergleichsverwalter können nur eine Vergütung beanspruchen, die die Vergütung für einen einzigen Verwalter nicht übersteigt.

LG Schweinfurt MDR 75, 853.

Die Vergütung kann jedoch gemäß § 4 VO erhöht werden.

Vgl. die Ausführungen vorst. A 26 über die Vergütung mehrerer Konkursverwalter.

Wegen der Vergütung des Vergleichsberaters

vgl. Mainka KTS 71, 13.

Wegen der Vergütung des Sachwalters

vgl. Uhlenbruck KTS 71, 17 und Schumann-Geißinger Anh. § 1 A 173.

Vor Annahme und Bestätigung des Vergleichs kann der Vergleichsverwalter sich grundsätzlich nicht wirksam mit dem Schuldner über die Höhe des Honorars einigen, das ihm als zukünftigem Sachwalter zustehen soll.

BGH NJW 82, 185 = MDR 82, 302 = Rpfleger 83, 34.

Die **Mitglieder des Gläubigerausschusses** haben nach § 91 KO Anspruch **28** auf Erstattung barer Auslagen und auf Vergütung für ihre Geschäftsführung. Die Festsetzung erfolgt nach Anhörung der Gläubigerversammlung durch das Konkursgericht.

Die **Mitglieder des Gläubigerbeirates** können nach § 45 VerglO von dem Schuldner die Erstattung angemessener barer Auslagen sowie angemessenen Ersatz für Zeitversäumnis verlangen. Die Festsetzung erfolgt durch das Vergleichsgericht.

Vgl. zur Bemessung der Vergütung für Mitglieder des Gläubigerausschusses und des Gläubigerbeirats Riggers JurBüro 68, 865.

Die Vergütung der Mitglieder des Gläubigerausschusses im Konkursverfahren richtet sich gemäß § 13 VO nach der Art und dem Umfang ihrer Tätigkeit. Maßgebend ist im allgemeinen der erforderliche Zeitaufwand. Die Vergütung beträgt regelmäßig 15 DM je Stunde. Dies gilt auch für die Teilnahme an einer Gläubigerausschußsitzung und für die Vornahme einer Kassenprüfung.

Der Anspruch der Mitglieder des Gläubigerbeirats auf Ersatz für Zeitversäumnis im Vergleichsverfahren bestimmt sich nach dem erforderlichen Zeitaufwand. Die Vergütung beträgt ebenfalls regelmäßig 15 DM je Stunde. Dieser Stundensatz entspricht jedoch den heutigen Verhältnissen nicht mehr. Die Vergütung muß deshalb erheblich höher festgesetzt werden, soll sie einigermaßen einen Ausgleich für die Tätigkeit der genannten Mitglieder darstellen.

Über die Möglichkeiten, eine höhere Vergütung festzusetzen, vgl. H. Schmidt KTS 74, 197 und KTS 81, 75.

Ist ein RA, der Mitglied des Gläubigerausschusses oder des Gläubigerbeirats ist, im Einzelfall als RA tätig, hat er zusätzlich Anspruch auf eine Vergütung nach der BRAGO. Beispiel: Ein RA – Mitglied des Gläubigerausschusses – führt einen Rechtsstreit für die Masse.

Schumann-Geißinger Anh. § 1 A 174.

29 Der **Nachlaßverwalter** hat den Nachlaß zu verwalten und die Nachlaßverbindlichkeiten aus dem Nachlaß zu berichtigen. Er hat gemäß § 1987 BGB einen Rechtsanspruch auf eine angemessene Vergütung. Er befindet sich somit in einer günstigeren Position als der Vormund, Pfleger oder Beistand.

Schumann-Geißinger Anh. § 1 A 125 ff.; zur Bemessung der Vergütung vgl. BayObLG JurBüro 86, 90.

Für die Höhe der Vergütung gelten die gleichen Grundsätze wie für die Vergütung des Vormunds.

Maßgebend sind also die Nachlaßmasse, und zwar das Aktivvermögen ohne Abzug der Verbindlichkeiten, doch ist auch der Reinnachlaß zu beachten, ferner der Umfang und die Bedeutung der Verwaltergeschäfte. Erhöhend wirkt, wenn der Verwalter Einnahmen aus dem Nachlaßvermögen erzielt. Der Erfolg ist also zugunsten der Vergütung zu beachten.

Weder die für die Vergütung der Konkursverwalter maßgebenden Sätze noch die Gebührensätze des Berufsverbandes, dem der Nachlaßverwalter angehört, können unmittelbar angewendet werden. Dieser Grundsatz gilt jedoch nur mit Einschränkungen. Die entsprechenden Sätze bieten einen gewissen Anhalt. Der Nachlaßverwalter soll eine „angemessene" Vergütung erhalten.

BayObLG Rpfleger 72, 254 = JurBüro 72, 608 = MDR 72, 692.

Die Frage der Angemessenheit läßt sich in etwa daran messen, was a) ein Konkursverwalter bei gleichartiger Arbeit erhält, b) der Nachlaßverwalter in seinem Berufe sonst verdient.

Gehört der Nachlaßverwalter einem gehobenen Beruf – etwa dem des Anwalts – an, muß er auch entsprechend entlohnt werden. Sonst ist die Vergütung nicht „angemessen".

Vgl. Hamm Rpfleger 66, 180 (Die Vergütung des Nachlaßverwalters ist dann „angemessen", wenn sie unter Berücksichtigung aller Umstände des Falles der Billigkeit entspricht). Über eine wohl unangemessen niedrige Vergütung vgl. Hamm Rpfleger 69, 53 (Nachlaß 100000 DM, Vergütung 500 DM).

Die Vergütung wird von dem Nachlaßgericht – auf Antrag oder von Amts wegen – festgesetzt. Nach Bewilligung kann sie dem Nachlaßvermögen entnommen werden.

Für die Berufstätigkeit des Nachlaßverwalters gilt § 1835 Abs. 2 BGB entsprechend. Der Nachlaßverwalter kann sonach z. B. die Gebühren des § 311 BRAGO berechnen, wenn er einen Rechtsstreit führt. Außergerichtliche Tätigkeit als Anwalt ist ebenfalls nach der BRAGO zu vergüten.

Köln NJW 67, 2408 mit zust. Anm. von H. Schmidt = NJW 68, 799.

Dauert die Nachlaßverwaltung nur kurze Zeit, weil sehr bald der Nachlaßkonkurs eröffnet wird, so wirkt sich das ermäßigend auf die Vergütung aus. Zu erwähnen ist in diesem Zusammenhang, daß die Vergütung gemäß § 224 KO Masseschuld ist.

Die dem **Zwangsverwalter** zu gewährende Vergütung wird nach § 153 30 ZVG vom Gericht festgesetzt. Maßgebend für die Vergütung ist die vom Bundesminister der Justiz erlassene VO über die Geschäftsführung und die Vergütung des Zwangsverwalters vom 16. Februar 1970 (BGBl. I 185) (wegen des Wortlauts der Vergütungsvorschriften vgl. Teil C – Anhang – unter Nr. 8).

Schumann-Geißinger Anh. § 1 A 175 ff.

Gemäß § 23 Abs. 1 der VO hat der Verwalter Anspruch auf eine Vergütung für seine Geschäftsführung, auf Erstattung angemessener barer Auslagen und auf Ersatz der darauf entfallenden Umsatzsteuer.

Als Regelvergütung bei der Verwaltung von Grundstücken, die durch Vermieten oder Verpachten genutzt werden, erhält der Verwalter gemäß § 24 der VO gewisse Prozentsätze von den im Kalenderjahr an Miet- oder Pachtzinsen eingezogenen Beträge. Zu beachten ist, daß bei Vermietung in Teilen die Sätze nicht aus den Gesamteinnahmen zu entnehmen sind, sondern nach den Leistungen jedes einzelnen Mieters.

Vgl. Mümmler JurBüro 76, 1017.

Ergibt sich im Einzelfall ein Mißverhältnis zwischen der Tätigkeit des Verwalters und der Vergütung nach § 24, so ist gemäß § 25 der VO eine entsprechend geringere oder höhere Vergütung festzusetzen.

§ 27 der VO enthält Bestimmungen über die Geschäftskosten des Verwalters und die Möglichkeit ihrer Erstattung. Die Vorschrift ist der entsprechenden Vorschrift über die Geschäftskosten des Konkursverwalter nachgebildet.

Vgl. darüber, daß die Vorschrift reformbedürftig ist, H. Schmidt KTS 70, 147 ff.

Zu beachten ist, daß nach § 23 der VO der Verwalter die gesamte auf seine Vergütung entfallende Umsatzsteuer offen abwälzen darf.

Die Vergütung und die dem Verwalter zu erstattenden Beträge werden auf seinen Antrag vom Gericht festgesetzt. Vor der Festsetzung kann der Verwalter mit Einwilligung des Gerichts aus den Einnahmen einen Vorschuß auf die Vergütung und die Auslagen entnehmen. Zu beachten ist hierbei, daß § 26 VO die einschränkenden Bestimmungen über die Vorschußgewährung, die in der VO über die Vergütung des Konkursverwalters stehen, nicht enthält.

Vgl. hierzu H. Schmidt KTS 70, 146.

Auch als Zwangsverwalter kann der RA Vergütung nach der BRAGO für solche Geschäfte berechnen, die ein anderer Zwangsverwalter einem Anwalt übertragen würde, z. B. für Prozeßführung, nicht aber dafür, daß er sich den

Madert 91

Besitz des Grundstücks oder eine Grundstücksteils im Zwangswege verschaffen muß, oder für den Abschluß von Formularmietverträgen (anders aber bereits bei komplizierten Verträgen).

Schumann-Geißinger Anh. § 1 A 183 ff.; LG München II Rpfleger 68, 293 (zust. Anm. Schumann).

31 Als **Schiedsrichter** muß der RA mit dem Auftraggeber über seine Vergütung eine Vereinbarung treffen, für die nicht die Bestimmung des § 3 gilt.

„Übliche Vergütung" eines Rechtsanwalts als Schiedsrichter ist die Vergütung nach der BRAGO.

Schumann-Geißinger Anh. § 1 A 222 ff.

Der Schiedsrichter erhält also

a) als Grundvergütung die Prozeßgebühr,

b) für seine Tätigkeit

    aa) in der Verhandlung die Verhandlungsgebühr,

    bb) in der Beweisaufnahme die Beweisgebühr,

c) bei Abschluß eines Vergleiches die Vergleichsgebühr.

Die Entstehungsvoraussetzungen sind in etwa die gleichen wie beim Prozeßbevollmächtigten. So entsteht z. B. die Prozeßgebühr a) zur Hälfte mit der ersten Tätigkeit im Schiedsgerichtsverfahren vor Eingang der Klage, b) voll mit dem Eingang der Klage beim Schiedsgericht.

Obwohl das Gesetz eine gerichtliche Vergleichsgebühr nicht kennt, entsteht sie für den Schiedsrichter. Seine persönliche Mühewaltung muß ebenso vergütet werden wie die des Prozeßbevollmächtigten.

In der Regel sind die Sätze des § 11 Abs. 1 Satz 1 anzuwenden. Gelegentlich finden sich jedoch Vereinbarungen, daß die Sätze des § 11 Abs. 1 Satz 4, also die Sätze des Rechtsmittelverfahrens, anzuwenden sind. Eine solche Vereinbarung wird mitunter getroffen, wenn das Schiedsgerichtsverfahren nur einen Rechtszug kennt.

Der Obmann des Schiedsgerichts bzw. der Alleinschiedsrichter hat als Ausgleich für seine zusätzliche Mühewaltung eine erhöhte Vergütung zu beanspruchen. In der Regel erhält der Obmann $^{13}/_{10}$-Gebühren, wenn die Schiedsrichter $^{10}/_{10}$-Gebühren erhalten. Erhalten die Schiedsrichter bereits $^{13}/_{10}$-Gebühren, wird in der Regel eine zweite Prozeßgebühr für den Obmann vereinbart.

Der Streitwert des Schiedsgerichtsverfahrens kann nicht vom Schiedsgericht selbst festgesetzt werden Soll sich die Vergütung der Schiedsrichter nach dem Streitwert bestimmen, ist auch insoweit eine Vereinbarung mit den Parteien erforderlich.

BGH Urteil v. 25. 11. 76 – III ZR 112/74.

32 § 1 Abs. 2 bestimmt weiter, daß der RA für seine Tätigkeit als **Treuhänder** oder in ähnlicher Stellung keinen Anspruch auf eine Vergütung nach der BRAGO hat. Der RA erhält als Treuhänder die vereinbarte, hilfsweise die angemessene Vergütung. Angemessen ist eine Vergütung dann, wenn sie dem Berufsstand des RA, seinem Zeitaufwand, der Schwierigkeit der Angelegenheit und der Verantwortung entspricht.

Schumann-Geißinger Anh. § 1 A 216.

Für reine Anwaltstätigkeit jedoch kann der RA in entsprechender Anwendung des § 1835 BGB neben einer Vergütung als Treuhänder eine Vergütung nach den Vorschriften der BRAGO fordern.

Schumann-Geißinger Anh. § 1 A 217.

Als **ähnliche Stellung** ist z. B. die eines Aufsichtsratsmitglieds oder als Syndikus eines Wirtschaftsunternehmens anzusehen. Vom Inhalt der von dem RA getroffenen Vereinbarung hängt es ab, inwieweit der RA für bestimmte Tätigkeiten, z. B. Prozeßführung, Vergütung nach der BRAGO verlangen kann. Dabei ist § 46 BRAO (wegen des Wortlauts vgl. Teil C – Anhang – unter Nr. 14) zu beachten. Eine sinngemäße Anwendung des § 1835 BGB kann in Ermangelung ausdrücklicher Vereinbarungen, inwieweit neben der Vergütung Anwaltsgebühren berechnet werden dürfen, bei der Auslegung des Vertrags in Frage kommen.

Eine Tätigkeit des Rechtsanwalts als **Sequester** wird ebenfalls nicht nach der **33** BRAGO vergütet.

Schumann-Geißinger Anh. § 1 A 187 ff.

Die Vergütung eines gemäß § 106 KO bestellten Sequesters wird in entsprechender Anwendung der VO über die Vergütung des Konkursverwalters usw. (wegen des Wortlauts vgl. Teil C – Anhang – unter Nr. 7) vom Konkursgericht festgesetzt. Eine Vergütung als Sequester ist auch nicht deshalb ausgeschlossen, weil der Sequester im anschließenden Konkursverfahren zum Verwalter ernannt wurde.

Schumann-Geißinger Anh. § 1 A 166; Bamberg JurBüro 78, 1571; Hamburg KTS 77, 176; LG Mannheim Rpfleger 76, 184 = Justiz 76, 171 (Die Vergütung eines gemäß § 106 KO bestellten Sequesters richtet sich nach den Bestimmungen der VO über die Vergütung der Konkursverwalter usw. Dem Sequester steht nur die Mindestvergütung von 400 DM zu, wenn eine Teilungsmasse nicht vorhanden ist und keine besonderen Umstände eine höhere Vergütung gebieten); vgl. LG München I Rpfleger 69, 212 mit Anm. H. Schmidt (auch zur Höhe der Vergütung); vgl. auch vorst. Anm. 26 (am Ende).

Die Vergütung für den nach den Vorschriften der ZPO bestellten Sequester ist in entsprechender Anwendung der Grundsätze der VO über die Vergütung des Zwangsverwalters (vgl. wegen des Wortlauts Teil C – Anhang – unter Nr. 8) festzusetzen, gleichgültig, ob Gegenstand der Sequestration ein Grundstück oder bewegliche Sachen sind. Auf jeden Fall muß eine angemessene Vergütung gewährt werden.

Celle NdsRpfl. 69, 182.

Auch für den Sequester gilt, daß Berufstätigkeit als RA besonders nach der BRAGO zu vergüten ist.

Die **Vermögensverwaltung** ist gleichfalls eine Tätigkeit, für die nach § 1 **34** Abs. 2 die BRAGO nicht gilt.

Schumann-Geißinger Anh. § 1 A 205 ff.; BGHZ 46, 268 = WM 69, 1360 = BB 69, 1413 = Betrieb 69, 2226.

Übernimmt der RA eine Hausverwaltung, werden die Vergütungssätze des Zwangsverwalters entsprechend angewendet werden können (vgl. oben A 30), falls keine abweichende Vereinbarung getroffen worden ist.

Übernimmt der RA eine Vermögensverwaltung im ganzen, wird es von der

Art des Vermögens abhängen, welche Vergütung der RA zu beanspruchen hat.

Besteht die Verwaltung nur in der Verwaltung festverzinslicher Wertpapiere, wird die Vergütung geringer zu bemessen sein als bei einer Verwaltung solcher Vermögen, bei denen der RA in erheblichem Umfange tätig werden muß.

Einen Anhalt kann die Vergütung bieten, die ein Testamentsvollstrecker zu beanspruchen hat, oder bei der Verwaltung von Wertpapieren, die Vergütung, die Banken für die Verwaltung zu fordern pflegen.

> Schumann-Geißinger Anh. § 1 A 213; BGH BB 67, 184 (hier auch Grundsätze für die Bemessung der Vermögensverwaltervergütung) und WM 69, 1360.

Der Vermögensverwalter, der als RA mit Berufsaufgaben tätig wird, hat zusätzlich Anspruch auf Vergütung seiner Tätigkeit nach der BRAGO.

> Riedel-Sußbauer A 27; KG MDR 60, 673.

35 **Kaufmännische Buchführung** ist keine Anwaltstätigkeit.

> BGH BGHZ 53, 394 = NJW 70, 1189 = AnwBl. 70, 286 = MDR 70, 582 = BB 70, 766.

Wenn der mit der Buchführung beauftrage RA den Jahresabschluß erstellt und bei der finanzamtlichen Prüfung mitwirkt, so hängt es von den Umständen des Einzelfalles ab, ob es bei diesen Tätigkeiten wesentlich auf die Erteilung von Rechtsrat ankommt oder nicht. Im ersten Falle handelt es sich um eine rechtsanwaltliche Berufstätigkeit i. S. von § 1 Abs. 1, im anderen Falle nicht.

36 Wird der RA gemäß § 306 AktG zum **Vertreter außenstehender Aktionäre** bestellt, liegt keine Berufstätigkeit vor. Allerdings kann bei Bemessung der Vergütung beachtet werden, welche Vergütung der RA nach der BRAGO erhalten würde.

> H. Schmidt BB 81, 1243 (Kostenprobleme des § 306 AktG); BayObLG JurBüro 80, 60; Frankfurt JurBüro 86, 1052.
> **a. M.** Celle JurBüro 73, 835 (reine Anwaltstätigkeit; Gebühren nach § 118) m. Anm. von H. Schmidt; unentschieden Düsseldorf JurBüro 85, 243.

37 Der gerichtlich bestellte **Liquidator einer oHG** übt als solcher keine Anwaltstätigkeit aus. Der RA-Liquidator kann deshalb nicht Gebühren nach § 118 verlangen. Die Höhe seiner Vergütung ist in entspr. Anwendung der VO über die Vergütung des Konkursverwalters zu bestimmen.

> Schumann-Geißinger Anh. A 218 ff.; Hamburg MDR 73, 54.

38 Der vom Registergericht zum **Abwickler für einen aufgelösten Verein** (sog. Notabwickler) bestellte RA übt keine Berufstätigkeit aus. Seine Vergütung ist in entspr. Anwendung der VO über die Vergütung des Konkursverwalters festzusetzen.

> LG Hamburg MDR 71, 298.

39 Der RA als **Zustellungsbevollmächtigter** übt als solcher keine Anwaltstätigkeit aus. Seine Tätigkeit wird deshalb nicht nach der BRAGO vergütet.

> Schumann-Geißinger Anh. § 1 A 197 ff.

40 Der RA als **Vertreter nach § 779 Satz 2 ZPO** hat Anspruch auf eine angemessene Vergütung, die in der Regel der Gebühr des § 57 entsprechen wird.

> Mümmler JurBüro 76, 164.

Zum Wesen einer **Anlagenberatung** gehört die Leistung rechtlicher Bei- 41
stands grundsätzlich nicht. Einem RA stehen daher für eine Anlagenberatung
Gebühren nach der BRAGO nicht zu.

BGH AnwBl. 80, 458 = MDR 80, 914 = NJW 80, 1855 = JurBüro 80, 1497.

Das gilt aber nicht, wenn der RA z. B. in Anspruch genommen worden ist,
um Auskunft über rechtliche Risiken zu geben.

Der Entscheidung des BGH ist im Ergebnis zuzustimmen, weil der RA aus
freundschaftlicher Verbundenheit in Anspruch genommen worden ist; er sich im
übrigen an der Anlage beteiligen wollte.

Vergütungsanspruch – Allgemeines. Eine Vergütung gilt beim Anwalts- 42
vertrag nach § 612 Abs. 1 BGB als stillschweigend vereinbart, da die Dienstleistung des RA den Umständen nach nur gegen eine Vergütung zu erwarten
ist. Dagegen ist § 612 Abs. 2 BGB nicht anwendbar, weil als Taxe i. S. dieser
Bestimmung eine gesetzliche Gebührenregelung nicht in Frage kommt. Deshalb ist die BRAGO keine Taxe. Ihre Bestimmungen setzen vielmehr die
Vorschriften des BGB insoweit außer Kraft, als sie eine Sonderregelung
treffen.

Riedel-Sußbauer A 1ff.

Die Frage, ob Taxe oder nicht, kann jedoch offen bleiben, da ihr eine
Bedeutung nicht zukommt. Auch wenn man die BRAGO als Taxe ansieht, ist
§ 316 BGB bei Rahmengebühren anwendbar. Bei einem weit gespannten
Rahmen ist „der Umfang der Gegenleistung" nicht bestimmt.

Vgl. hierzu A 4 zu § 12.

Daß unter Vergütung auch die Auslagen zu verstehen sind, ist in § 1 Abs. 1
ausdrücklich ausgesprochen.
Der RA erhält als Beistand die gleichen Gebühren wie für die Vertretung. Die
Beistandsleistung wird in der BRAGO mehrfach erwähnt. z. B. in § 19.

Die Vorschriften der BRAGO sind auf alle Berufstätigkeiten des 43
Rechtsanwalts anzuwenden, soweit nicht nach § 5 Abs. 2 der Schlußvorschriften des Art. XI KostÄndG 57 das bisherige Recht unberührt bleibt.

Vgl. wegen des Wortlauts Teil C – Anhang – unter Nr. 15.

Anwendung anderer Vorschriften. Durch das KostÄndG 57 ist § 53 44
Patentgesetz nicht aufgehoben worden. Er ermöglicht dem Gericht, in Patentstreitsachen den Streitwert für eine wirtschaftlich schwache Partei niedriger festzusetzen als für Gericht und Gegner.
Ähnliche Vorschriften sind nach dem Inkrafttreten der BRAGO neu geschaffen worden in § 31 a WZG für Warenzeichenprozesse, in § 23 und § 23 a UWG
für Prozesse nach dem UWG und in § 17 a GebrMG für Rechtsstreitigkeiten
nach dem Gebrauchsmustergesetz.

Wegen des Wortlauts der Vorschriften vgl. Anm. Teil C – Anhang – unter Nr. 4.

In **Rückerstattungs- und Entschädigungssachen** gelten unterschiedliche 45
Vorschriften, die sich nach den einzelnen Verfahrensrechten richten.

Vgl. im einzelnen das Fundstellenverzeichnis der landesrechtlichen Bestimmungen
über Rechtsanwaltsgebühren in Rückerstattungs- und Entschädigungsverfahren
(Nr. 86 der Bundeskostengesetze – Verlag C. H. Beck München).

Madert   95

46 Für die **Vertretung vor den Ausgleichs- und Feststellungsbehörden** gilt die VO vom 24. 8. 53 (BGBl. I 1026).

Vgl. hierzu AnwBl. 75, 230.

47 Die **Vereinbarung einer** von den gesetzlichen Bestimmungen abweichenden – höheren – **Vergütung** ist zulässig. Jedoch bedarf die Vereinbarung der Vergütung der in § 3 vorgeschriebenen Form.

Näheres s. bei § 3.

Während nach § 611 BGB der Dienstberechtigte grundsätzlich die vereinbarte und nur bei Fehlen einer Vereinbarung die taxmäßige oder eine angemessene Vergütung schuldet, schuldet beim Anwaltsvertrag umgekehrt der Auftraggeber grundsätzlich die gesetzliche und nur bei einer nach § 3 wirksamen Vereinbarung die vereinbarte Vergütung.

48 Die **Art der Ausführung** des Auftrags ist für die Entstehung des Vergütungsanspruchs nur insoweit von Bedeutung, als sie geeignet sein muß, den in einer Gebührenvorschrift vorgeschriebenen Tatbestand zu erfüllen. Unsachgemäße Ausführung begründet nur eine Haftung des RA für den dem Auftraggeber daraus entstandenen Schaden und kann als positive Vertragsverletzung der Geltendmachung des Vergütungsanspruchs entgegenstehen.

49 **Schuldner der Vergütung** ist der Auftraggeber, in den Fällen der Geschäftsführung ohne Auftrag der Geschäftsherr oder der Bereicherte.

Ausführlich Riedel-Sußbauer A 9, 10, vgl. auch Hartmann Grundzüge 3.

50 **Erteilt ein Rechtsanwalt** einem anderen RA **den Auftrag,** so ist die Partei als Auftraggeber anzusehen, wenn sie damit einverstanden war. Das gilt namentlich dann, wenn der Prozeßbevollmächtigte im Rahmen seiner Prozeßvollmacht (§ 81 ZPO) einen Vertreter oder einen Bevollmächtigten für einen höheren Rechtszug bestellt oder wenn er einen anderen RA mit der Erledigung solcher Geschäfte beauftragt, an deren Ausführung er rechtlich oder tatsächlich verhindert ist, z. B. Wahrnehmung von Terminen bei Gerichten, an denen er nicht zugelassen ist, oder die so weit entfernt sind, daß ihm die persönliche Wahrnehmung nicht zuzumuten ist.

Bestellt der Anwalt einen Vertreter für eine ihm persönlich obliegende Tätigkeit, beauftragt er z. B. wegen persönlicher Verhinderung einen beim gleichen Gericht zugelassenen RA mit der Wahrnehmung eines Termins, so ist der RA selbst der Auftraggeber. Falls der andere RA dafür eine Vergütung verlangt, haftet der RA, der den Auftrag erteilt hat, nicht die Partei.

51 **Erteilt ein Dritter Auftrag** zur Vertretung eines anderen, z. B. derjenige, der eine Forderung abgetreten hat, so ist dieser Dritte Vergütungsschuldner. Daneben kann unter Umständen auch der Vertretene für die Vergütung haften, wenn er ein eigenes Interesse an der Tätigkeit des Anwalts hat. Hat aber der Vertretene dem Anwalt ausdrücklich erklärt, er habe an der Durchführung des Rechtsstreits selbst kein Interesse und lehne es ab, Kosten zu tragen, so kann der RA ihn nicht deshalb in Anspruch nehmen, weil er ihm Prozeßvollmacht erteilt hat.

Erteilt eine Versicherungsgesellschaft den Auftrag für ihren Versicherten, wird in der Regel nur der Versicherer Vergütungsschuldner sein.

Bei Bestehen einer **Rechtsschutzversicherung** ist Auftraggeber auch dann der Versicherungsnehmer, wenn der Versicherer – immer im Auftrag und in Vollmacht des Versicherungsnehmers – den Auftrag an den RA erteilt.

Bestehen Differenzen hinsichtlich der Vergütung, kann der RA seine Ansprüche nur gegen den Versicherungsnehmer geltend machen. Der Versicherungsnehmer kann seine Ansprüche gegen den Versicherer nicht an den RA abtreten. Der RA kann aber die Ansprüche namens und in Vollmacht des Versicherungsnehmers gegen den Versicherer geltend machen.

Der Abschluß einer Rechtsschutzversicherung entbindet den erstattungspflichtigen Gegner nicht von seiner Erstattungspflicht. Auch wenn ein freigesprochener Angeklagter rechtsschutzversichert ist, hat die Staatskasse im Falle eines Freispruchs die Verteidigungskosten zu tragen.

Vgl. ausführliche Darstellung W. Madert in von Eicken/Lappe/Madert, Kostenfestsetzung F 94.

Gleiches gilt, wenn ein Berufsverband die durch die Verteidigerbestellung entstandenen Kosten übernommen hat.

Celle NJW 68, 1735.

Zu dem ursprünglichen Schuldner können weitere Schuldner treten, etwa durch kumulative Schuldübernahme oder durch Übernahme einer Bürgschaft.

Riedel-Sußbauer A 11.

Der Vergütungsanspruch des einer Partei im Wege der **Prozeßkostenhilfe** 52 **beigeordneten Rechtsanwalts** ist entstanden, sobald die Partei ihm mit der Vertretung beauftragt hat oder der RA als Geschäftsführer ohne Auftrag tätig wird. Ein bürgerrechtliches Verhältnis zwischen dem RA und der Partei ist also erforderlich. Der Vergütungsanspruch steht dem RA gegen die Bundes- oder Landeskasse zu.

Die Höhe dieser Vergütung bestimmt § 123. Auslagen werden nach § 126 nur mit gewissen Einschränkungen vergütet. Hat die Partei im Rechtsstreit ganz oder teilweise obgesiegt, so ist der beigeordnete RA nach § 126 ZPO berechtigt, seine Vergütung von dem in die Prozeßkosten verurteilten Gegner im eigenen Namen beizutreiben. Soweit er einen Anspruch gegen die Partei oder den Gegner hat, geht dieser nach § 130 mit der Befriedigung des RA durch die Bundes- oder Landeskasse auf diese über. Näheres s. die Anm. zu §§ 121 ff.

Der in Scheidungssachen gemäß § 625 ZPO beigeordnete Rechtsan- 53 **walt** hat in erster Linie einen Vergütungsanspruch gegen den Antragsgegner. Erst wenn sich dieser mit der Zahlung in Verzug befindet, haftet die Landeskasse gemäß § 36a.

Vgl. die Anm. zu § 36a.

In **Strafsachen** hat der gerichtlich bestellte RA nach Maßgabe der §§ 97, 99 54 einen Vergütungsanspruch gegen die Staatskasse. Vom Beschuldigten kann er nach § 100 die Zahlung der Gebühren eines gewählten Verteidigers verlangen, jedoch keinen Vorschuß. Der Anspruch entfällt insoweit, als die Staatskasse nach den §§ 97, 99 Gebühren bezahlt hat. Die Geltendmachung des Vergütungsanspruchs gegen den Auftraggeber ist von gerichtlicher Feststellung der Zahlungsfähigkeit abhängig (§ 100 Abs. 2). Entsprechendes gilt nach § 102 für die Gebühren des RA, der dem Privatkläger, dem Nebenkläger oder dem Antragsteller im Klageerzwingungsverfahren oder sonst beigeordnet worden ist. Näheres s. die Anm. zu § 97 ff., insbes. auch über Geltendmachung einer mit dem Auftraggeber vereinbarten (§ 3) Vergütung.

Vgl. die Anm. zu § 100.

55 Bei **Bestellung eines Rechtsanwalts als Vertreter** für eine nicht prozeßfähige Partei (§ 57 ZPO), für den künftigen Eigentümer eines Grundstücks, das von dem bisherigen Eigentümer nach § 928 BGB aufgegeben worden ist (§§ 58, 787 ZPO), für den Entmündigten (§ 679, 686 ZPO), für die Erben bei der Zwangsvollstreckung in einen Nachlaß (§ 779 ZPO), ist Vergütungsschuldner der Vertretene, nicht der Antragsteller.

Für die Vergütung des nach § 58 ZPO zum Vertreter eines herrenlosen Grundstücks bestellten RA haftet deshalb der Ersteher des Grundstücks.

Der bestellte RA ist gesetzlicher Vertreter im Rechtsstreit.

Deshalb ist § 1835 BGB entsprechend anzuwenden. Der RA kann die Übernahme der Vertretung von der Übernahme der Haftung für die Vergütung durch den Antragsteller abhängig machen. Dies gilt nicht im Falle der §§ 679, 686 ZPO, da in diesen Fällen der RA die Übernahme der Vertretung nicht ablehnen darf.

56 Bei **Beiordnung nach § 78 b ZPO,** der durch § 230 BRAO eingefügt worden ist, für die Partei, die keinen zu ihrer Vertretung bereiten Anwalt findet, **oder nach §§ 668, 684 ZPO** für den Entmündigten zur Erhebung der Anfechtungsklage ist die Partei Vergütungsschuldner, sobald sie dem RA Auftrag erteilt hat.

57 Bei **Veräußerung der streitbefangenen Sache oder Abtretung des geltend gemachten Anspruchs** bleibt der ursprüngliche Auftraggeber Vergütungsschuldner. Hat der Rechtsnachfolger den Rechtsstreit als Hauptpartei übernommen und läßt er ihn von dem bisherigen Prozeßbevollmächtigten weiterführen, so liegt darin meist ein stillschweigend erteilter Auftrag. Dem RA haftet daher für die bisherige Prozeßführung der ursprüngliche Auftraggeber, für die weitere Prozeßführung der Erwerber. Der RA muß aber damit einverstanden sein, daß der bisherige Auftraggeber als Auftraggeber ausscheidet. Dieses Einverständnis ist jedoch nicht zu unterstellen, so daß der bisherige Auftraggeber in der Regel weiter haftet.

58 Eine **Haftung des Mannes für Prozeßkosten der Frau** ist im gesetzlichen Güterstand der Zugewinngemeinschaft nicht vorgesehen.

Eine Vorschußpflicht besteht nur im Verhältnis der Ehegatten zueinander, nicht gegenüber dem RA. Auch der im Rechtsstreit unterlegene Ehegatte haftet nur dem obsiegenden Ehegatten, und zwar in gleicher Weise wie jede andere zur Kostentragung verurteilte Gegenpartei. Dasselbe gilt bei Übernahme der Kosten durch Vergleich. Der RA einer Ehefrau hat deshalb keinen eigenen Rechtsanspruch gegen den Ehemann.

Ist durch Ehevertrag Gütergemeinschaft vereinbart, so haften die Ehegatten auch für die Gebühren des RA gemeinschaftlich, soweit sie das Gesamtgut gemeinschaftlich verwalten. Verwaltet nur ein Ehegatte das Gesamtgut, so wird der andere Ehegatte für die Kosten eines sich auf das Gesamtgut beziehenden Rechtsstreits nicht persönlich verpflichtet (§ 1421, 1422 BGB).

59 Die **Eltern** eines Kindes haften für die Kosten eines Rechtsstreits, der für das

Kind geführt wird, nur dann, wenn sie nach § 1649 Abs. 2 BGB über die Einkünfte des Vermögens des Kindes verfügen können. Das Kind – nicht der RA – hat gemäß § 1610 Abs. 2 BGB einen Rechtsanspruch, daß ihm die Eltern die Kosten eines lebenswichtigen Prozesses vorschießen.

Die **Vergütung** des RA setzt sich aus den im Gesetz für seine Tätigkeit **60** vorgesehenen Gebühren und seinen Auslagen zusammen.

Die **Gebühren** unterscheiden sich in

a) Wertgebühren, die nach dem Gegenstandswert bemessen werden (§ 7), und Rahmengebühren (§ 12),

b) Verfahrensgebühren, die die Tätigkeit bei einem Gesamtauftrag abgelten (z. B. die Gebühren des § 31), und die Gebühren für Einzeltätigkeiten (vgl. z. B. § 56),

c) volle und Bruchteilsgebühren (vgl. z. B. § 31 einerseits und § 57 andererseits).

Schließlich kennt die BRAGO noch die angemessene Gebühr (vgl. § 21).

Der Pauschsatz des § 26 Satz 2 ist keine Gebühr; er stellt sich nur als eine besondere Berechnungsart der Portoauslagen dar.

Der **Vergütungsanspruch** des RA entsteht nicht bereits mit Abschluß des Anwaltsvertrags, sondern erst mit der Leistung der vertraglichen Dienste.

Die erste Dienstleistung wird in der Regel die Entgegennahme der Information sein. Mit ihr entstehen die Gebühren, z. B. die Prozeßgebühr des § 31 Abs. 1 Nr. 1 und die Geschäftsgebühr des § 118 Abs. 1 Nr. 1.

Die Entstehung des Vergütungsanspruchs wird nicht dadurch in Frage gestellt, daß der erteilte Auftrag auf Veranlassung des Auftraggebers nicht durchgeführt wird.

Beispiel: Mit der Entgegennahme der Information nach Erteilung des Klagauftrags entsteht die Prozeßgebühr gemäß § 32 zur Hälfte. Sie entfällt nicht deshalb, weil der RA abrät, den Rechtsstreit zu führen, und der Auftraggeber darauf von der Durchführung des Rechtsstreits absieht.

Gleiches gilt für den Auftrag zur Durchführung eines Rechtsmittelverfahrens und die Rücknahme des Auftrags nach Belehrung durch den RA.

Möglich ist jedoch auch, daß der Auftraggeber zunächst den Auftrag zur Erteilung eines Rates erteilt und vom Ausgang der Beratung abhängig macht, ob er einen weitergehenden Auftrag (z. B. zur Prozeßführung) erteilt. Hier entsteht mit der Entgegennahme der Information zunächst nur die Gebühr des § 20.

Über die **Fälligkeit und die Verjährung** des Vergütungsanspruchs und über **61** das Recht auf **Vorschuß** s. bei § 16 und § 17.

Ein **Zurückbehaltungsrecht** an den Handakten steht dem RA nach § 50 **62** BRAO zu. Danach kann er seinem Auftraggeber die Herausgabe der Handakten verweigern, bis er wegen seiner Gebühren und Auslagen befriedigt ist. Dies gilt jedoch nicht, soweit die Vorenthaltung der Handakten oder einzelner Schriftstücke nach den Umständen, insbesondere wegen verhältnismäßiger Geringfügigkeit der geschuldeten Beträge gegen Treu und Glauben verstoßen würde. Zu den Handakten gehören auch Schriftstücke, die der RA aus Anlaß seiner beruflichen Tätigkeit für den Auftraggeber erhalten hat. Dies gilt

jedoch nicht für den Briefwechsel zwischen dem RA und seinem Auftraggeber und für die Schriftstücke, die dieser bereits in Urschrift oder Abschrift
erhalten hat.

Auch ein dem RA für einen Rechtsstreit übergebener Grundschuldbrief kann
wegen sonstiger Vergütungsforderungen dann zurückbehalten werden, wenn
der Verdacht besteht, daß der in Vermögensverfall geratene Auftraggeber sich
seinen Verpflichtungen entziehen werden.

63 Für die **Kündigung** des Anwaltsvertrags gilt, soweit er Dienstvertrag ist,
§ 627 BGB. Der Vertrag kann also ohne Einhaltung einer Kündigungsfrist
auch dann gekündigt werden, wenn kein wichtiger Grund vorliegt.
Soweit durch die Kündigung eine begonnene Tätigkeit vorzeitig beendet
wird, behält der RA nach § 13 Abs. 4 den Anspruch auf die bereits verdienten
Gebühren. Näheres s. § 13.

64 **Geltendmachung des Vergütungsanspruchs.** Einen **Antrag auf Festsetzung** seiner Vergütung durch den Rechtspfleger nach § 19 kann der RA
stellen, soweit er Prozeßbevollmächtigter, Beistand, Unterbevollmächtigter
oder Verkehrsanwalt war. Die Festsetzung ist abzulehnen, soweit der Antragsgegner Einreden erhebt, die nicht im Gebührenrecht ihren Grund haben.
Für Rahmengebühren gilt § 19 nicht. Näheres s. bei § 19.

65 Eine **Gebührenklage ist nur dann geboten und zulässig, wenn keine
Festsetzung nach** § 19 erfolgen kann. Der RA hat sonach seinen Vergütungsanspruch im Wege der Klage (oder im Mahnverfahren) geltend zu machen,
soweit er ein vereinbartes Honorar (§ 3) oder Rahmengebühren – sei es
Gebühren mit Betragsrahmen (z. B. §§ 83 ff.), sei es Gebühren mit Satzrahmen (z. B. § 118) – fordert. Macht der Schuldner bei den übrigen Gebühren
außergerichtlich Einwendungen geltend, die nicht im Gebührenrecht ihren
Grund haben, ist der Anwalt nicht gezwungen, erst das Festsetzungsverfahren
nach § 19 zu betreiben; er kann sofort Gebührenklage erheben, muß dann
allerdings überlegen, daß der Schuldner Einwendungen erhoben hat. Er kann
jedoch auch erst das Verfahren nach § 19 betreiben und abwarten, ob der
Schuldner seine Einwendungen aufrecht erhält.

66 **Gerichtsstand.** Zuständig für die Klage der Prozeßbevollmächtigten, der
Beistände und der Zustellungsbevollmächtigten wegen Gebühren und Auslagen ist nach § 34 ZPO das Gericht des Hauptprozesses. In Familiensachen ist
jedoch nicht das Familiengericht, sondern das Zivilgericht zuständig.

> BGH AnwBl. 86, 353; BayObLG JurBüro 82, 442; Hamm FamRZ 81, 689;
> Zweibrücken FamRZ 82, 85; Koblenz FamRZ 83, 1253; Frankfurt FamRZ 84,
> 1119; Karlsruhe FamRZ 85, 498; Saarbrücken FamRZ 86, 73.
> **a. M.** Hamburg FamRZ 79, 1036; KG FamRZ RZ 81, 1089.

Der Gerichtsstand ist aber nicht ausschließlich. Daneben besteht auch der
allgemeine Gerichtsstand des Schuldners und der Gerichtsstand des Erfül-
lungsorts (§ 29 ZPO). Der RA kann deshalb immer bei dem Gericht, bei dem
er tätig war, seine Vergütung einklagen, da der Dienstvertrag auch von dem
Dienstberechtigten an diesem Orte zu erfüllen ist. Bei außergerichtlicher
Tätigkeit kann der RA die ihm geschuldete Vergütung bei dem Gericht seiner
Niederlassung einklagen, da er seine Tätigkeit in der Regel an seinem
Kanzleiort zu leisten hat.

> Riedel-Sußbauer A 50; Schumann-Geißinger Einl. A 32; BGH AnwBl. 86, 353 =
> JurBüro 86, 714; Celle OLGZ 67, 309 (Erfüllungsort für die beiderseitigen

Leistungen aus einem Anwaltsvertrag ist der Ort, an dem der Anwalt seine Tätigkeit entfaltet) und MDR 80, 673; Stuttgart AnwBl. 76, 439; LG Düsseldorf AnwBl. 66, 268 (Anm. Chemnitz); LG Hamburg AnwBl. 76, 20 = MDR 76, 318; LG Osnabrück AnwBl. 77, 217 = JurBüro 77, 722 mit zust. Anm. von Mümmler; AG Köln AnwBl. 78, 63.

Der Sitz der Anwaltskanzlei ist auch dann regelmäßig der Erfüllungsort, wenn der RA für einen Ausländer – selbst überwiegend im Ausland – tätig wird.
Riedel-Sußbauer A 50; Köln NJW 60, 1301.

Prozeßbevollmächtigte i. S. des § 34 ZPO sind alle Personen, die auf **67** Grund einer ihnen erteilten Vollmacht für den Auftraggeber und in dessen Namen mit der Prozeßführung verbundene Geschäfte übernehmen, also auch Bevollmächtigte im Verfahren über die Prozeßkostenhilfe (§ 51), Verkehrsanwälte (§ 52), Unterbevollmächtigte (§ 53), und Beweisanwälte (§ 54).

Auf für die **Rechtsnachfolger** der in § 34 ZPO genannten Personen gilt der **68** Gerichtsstand des § 34 ZPO,

nicht aber für **Klagen des Auftraggebers** gegen den RA z. B. Schadener- **69** satzklagen.

Unter **Gebühren und Auslagen** sind auch die nach § 2 oder § 3 bemessenen **70** Gebühren zu verstehen.

Hauptprozeß sind alle in der ZPO geregelten Verfahren, also auch Mahn- **71** verfahren, Arrestverfahren, Aufgebots- und Verteilungsverfahren, Entmündigungs-, Zwangsvollstreckungs- und Konkursverfahren, nicht aber Strafverfahren. Das schiedsrichterliche Verfahren als solches fällt nicht darunter, wohl aber das gerichtliche Verfahren nach §§ 1042 ff. ZPO.

Gericht des Hauptprozesses ist das Gericht, bei dem das Verfahren im ersten Rechtszug anhängig war. Auch der RA, der nur in einem höheren Rechtszug tätig war, muß seine Gebühren bei dem Prozeßgericht des ersten Rechtszugs einklagen, falls er nicht ein anderes zuständiges Gericht anruft (vgl. A 66).

War der Hauptprozeß vor einer Kammer für Handelssachen anhängig, so ist diese zuständig.

Ist das Mahnverfahren als Hauptprozeß anzusehen, so ist das Amtsgericht zuständig, das zuständig wäre, wenn das Amtsgericht im ersten Rechtszug sachlich unbeschränkt zuständig wäre (§ 689 Abs. 2 ZPO). Das Vollstreckungsgericht ist zuständig, wenn es sich um die Vergütung für die Tätigkeit im Zwangsvollstreckungsverfahren handelt.

Ist der Hauptprozeß ein Verfahren der freiwilligen Gerichtsbarkeit, eine Strafsache, ein Verfahren vor dem Arbeitsgericht oder vor einem anderen als den ordentlichen Gerichten, so sind für die Gebührenklage stets die Gerichte der ordentlichen Gerichtsbarkeit zuständig.

§ 34 ZPO ist in solchen Fällen jedoch nicht anwendbar. Vielmehr richtet sich die örtliche Zuständigkeit nach den allgemeinen Zuständigkeitsvorschriften.

Auf einen Anwaltsvertrag zwischen einem deutschen RA und einem Ausländer ist stets deutsches Recht anzuwenden, auch wenn der RA überwiegend im Ausland tätig werden soll. Es sind dann die deutschen Gerichte zur Entscheidung über die Vergütungsansprüche des RA zuständig.
Köln NJW 60, 1301.

72 Auch **gegen dritte Personen,** die Vergütungsschuldner des Hauptprozesses sind, kann die Klage im Gerichtsstand des § 34 ZPO erhoben werden. Deshalb besteht der Gerichtsstand des § 34 ZPO auch für die Gebührenklage gegen den Bürgen oder die Eltern, die Auftrag zur Vertretung einer verheirateten Tochter erteilt haben.

73 Die **Höhe der eingeklagten Vergütung** ist auf die Zuständigkeit des Gerichts des Hauptprozesses erster Instanz ohne Einfluß.

74 Der gemäß § 55 BRAO zum **Abwickler der Kanzlei** eines verstorbenen RA bestellte RA tritt in die Rechte des Verstorbenen ein. Ein für den Verstorbenen ergangener Schuldtitel ist auf den Abwickler umzuschreiben.

> LG Hamburg MDR 70, 429.

Kostenforderungen des Verstorbenen kann der Abwickler gemäß § 55 Abs. 4 BRAO im eigenen Namen im gegebenen Gerichtsstand geltend machen.

Wird der Abwickler nach Ablauf der Zeit, für die er bestellt ist, mit der Fortführung der Angelegenheit beauftragt, entstehen die Gebühren für ihn neu.

> a. M. Hamburg AnwBl. 72, 129 (der Abwickler hätte seine Bestellung verlängern lassen sollen) mit abl. Anm. von Chemnitz.

75 **Eine Erstattungspflicht der Gegenpartei** des Auftraggebers für die Vergütung des RA kann aus verfahrensrechtlichen oder materiellrechtlichen Gründen bestehen.

76 Hat der RA den Auftraggeber in einem Rechtsstreit vertreten, auf den die ZPO unmittelbar oder zufolge Verweisung anzuwenden ist, so folgt die Erstattungspflicht der unterlegenen und in die Kosten verurteilten Gegenpartei aus § 91 Abs. 2 S. 1 ZPO. Danach sind die gesetzlichen Gebühren und Auslagen des RA der obsiegenden Partei in allen Prozessen zu erstatten. Für entsprechend anwendbar erklärt ist diese Bestimmung in zahlreichen anderen streitigen Verfahren. In Verfahren der freiwilligen Gerichtsbarkeit ist die Kostenerstattung durch § 13a FGG geregelt. Andere Gesetze kennen zum Teil überhaupt keine Erstattungspflicht von Kosten oder schließen doch die Erstattungspflicht für die Kosten von Prozeßbevollmächtigten oder Beiständen ausdrücklich aus, wie z. B. § 61 Abs. 1 S. 2 ArbGG für das Verfahren der Arbeitsgerichte des ersten Rechtszugs. Für das Zwangsvollstreckungsverfahren regelt § 788 ZPO die Erstattungspflicht. Für Strafverfahren ist die Erstattungspflicht in den §§ 464ff. StPO geregelt (vgl. insbes. § 464a Abs. 2 Nr. 2 StPO). Soweit eine prozessuale Erstattungspflicht nicht besteht, kann ein Ersatzanspruch für Anwaltskosten aus Vertrag oder Verschulden, besonders aus dem Gesichtspunkt des Verzugsschadens, gegebenenfalls aus ungerechtfertigter Bereicherung oder aus positiver Vertragsverletzung hergeleitet werden. Er muß dann im Klagewege geltend gemacht werden.

> Vgl. umfassende Darstellung für alle Gerichtszüge in von Eicken/Lappe/Madert, Kostenfestsetzung sowie von Eicken, Erstattungsfähige Kosten und Erstattungsverfahren.

Zur **Geltendmachung des Erstattungsanspruchs** ist grundsätzlich nur der Auftraggeber, nicht der RA befugt. Für die Frage der Erstattungsfähigkeit der Vergütung ist ohne Einfluß, ob die Tätigkeit für die Gegenpartei erkennbar war. Das gleiche gilt für den materiellrechtlichen Ersatzanspruch gegen den Gegner.

Frankfurt Büro 60, 32.

Ein eigenes Betreibungsrecht steht nur dem im Wege der Prozeßkostenhilfe beigeordneten RA nach § 126 ZPO zu.

Bei Prozeßführung **in eigener Sache** sind nach § 91 Abs. 2 S. 4 ZPO dem RA **77** die Gebühren und Auslagen zu erstatten, die er als Gebühren und Auslagen eines bevollmächtigten RA erstattet verlangen könnte. Auch für die Zwangsvollstreckung gilt § 91 Abs. 2 S. 4 ZPO.

Hartmann A 3; Schumann-Geißinger A 11.

Wegen der Tätigkeit in eigener Sache in anderen Verfahren und der außergerichtlichen Tätigkeit vgl. A 92–100.

Auch dann, wenn der RA **im fremden Interesse** einen Rechtsstreit führt, ist **78** § 91 Abs. 2 S. 4 ZPO anwendbar. In solchen Fällen wird er für dritte Personen tätig, denen er nur rechtlich gleichgestellt wird. Er könnte deshalb auch ohne die Bestimmung des § 91 Abs. 2 S. 4 ZPO die ihm für die Prozeßführung im Namen seiner Partei entstandenen Kosten von der unterlegenen Gegenpartei erstattet verlangen.

Solche Fälle liegen vor, wenn der RA als gesetzlicher Vertreter eines Dritten tätig wird, z. B. als Inhaber der elterlichen Gewalt, Vormund, Pfleger, Vorstand eines Vereins, besonderer Vertreter nach den §§ 57, 58, 494 Abs. 2, 679 Abs. 3, 686 Abs. 2 S. 2 ZPO,

oder wenn der RA Geschäftsführer einer GmbH ist, die persönlich haftender Gesellschafter einer Kommanditgesellschaft ist,

oder wenn er als sogen. Partei kraft Amtes, z. B. als Konkursverwalter, Testamentsvollstrecker, Nachlaßverwalter, Zwangsverwalter auftritt.

Auch in diesen Fällen regelt § 91 Abs. 2 S. 4 ZPO nur die Erstattungspflicht der Gegenpartei, nicht die Frage, ob und inwieweit der RA von den Personen, die er vertritt, eine Vergütung verlangen kann. Über einen Vergütungsanspruch s. oben A 20–31.

Der **Umfang der Erstattungpflicht** ist in § 91 Abs. 2 S. 4 ZPO auf diejeni- **79** gen Gebühren und Auslagen begrenzt, die der RA als Gebühren und Auslagen eines bevollmächtigten RA erstattet verlangen könnte.

Hat der Rechtsanwalt keinen anderen Rechtsanwalt als Prozeßbevoll- **80** mächtigten **zugezogen,** so kann er alle Gebühren und Auslagen erstattet verlangen, die für einen anderen RA entstanden wären, wenn er die gleiche Tätigkeit ausgeübt hätte, die der RA als Partei selbst ausgeübt hat. Im bürgerlichen Rechtsstreit sind dies besonders die Gebühren des § 31 Abs. 1. Darunter fallen auch die Gebühren für die Erwirkung eines Mahnbescheids.

Reisekosten sind, wenn der RA nicht beim Prozeßgericht zugelassen ist und **81** an einem anderen Orte wohnt, nach § 91 Abs. 2 S. 1 Halbs. 2 ZPO nur insoweit zu erstatten, als die Zuziehung eines auswärtigen RA zur zweckentsprechenden Rechtsverteidigung oder Rechtsverfolgung notwendig gewesen wäre. Auch wenn der sich selbst vertretende RA beim Prozeßgericht zugelassen ist, sind nach § 91 Abs. 2 S. 2 die Mehrkosten nicht zu erstatten, die dadurch entstehen, daß er seinen Wohnsitz oder seine Kanzlei nicht an dem

Orte hat, an dem sich das Prozeßgericht oder eine auswärtige Abteilung dieses Gerichts befindet.

82 Klagen meherere Rechtsanwälte als Streitgenossen oder werden sie als solche verklagt, so wäre jeder von ihnen berechtigt, sich durch einen anderen RA vertreten zu lassen. Deshalb kann jeder der sich selbst vertretenden RA seine Vergütung von der unterlegenen Gegenpartei erstattet verlangen. Das gilt auch für RA, die in einer Anwaltsgemeinschaft stehen, wenn sie sämtlich verklagt worden sind. Sie können zwar, wenn sie gemeinsam einen Dritten vertreten, nach § 5 regelmäßig die Gebühren nur einmal berechnen, weil sie regelmäßig dem Dritten als Einheit gegenüberstehen. Richtet sich aber die Klage gegen mehrere in einer Anwaltsgemeinschaft zusammengeschlossene RA, so sind verschiedene Personen verklagt.

Vgl. zu dieser sehr streitigen Frage jedoch A 14, 15 zu § 6.

Wenn nach § 79 KO mehrere RA als Konkursverwalter bestellt sind und beide klagen oder verklagt werden, so besteht zwischen ihnen keine Streitgenossenschaft, da die Parteien kraft Amtes wie gesetzliche Vertreter zu behandeln sind.

Bei mehreren Testamentsvollstreckern ist die Rechtslage die gleiche, wenn sie nach der letztwilligen Verfügung nur gemeinschaftlich handeln dürfen. Dann könnten sie auch nur einen gemeinsamen Prozeßbevollmächtigten bestellen und können, wenn sie sich selbst vertreten, die Vergütung nur einmal beanspruchen.

83 Vertritt der Rechtsanwalt zugleich sich selbst und eine andere Person, so ist seine Vergütung nur so zu erstatten, wie wenn ein anderer RA beide Streitgenossen vertreten hätte.

Vgl. A 6 ff. zu § 6.

84 Hat der Rechtsanwalt einen anderen Rechtsanwalt als Prozeßbevollmächtigten zugezogen, so gilt § 91 Abs. 2 S. 3 ZPO, wonach die Kosten mehrerer Rechtsanwälte nur insoweit zu erstatten sind, als sie die Kosten eines RA nicht übersteigen oder als in der Person des RA ein Wechsel eintreten müßte.

Erscheint der vertretene RA neben dem Prozeßbevollmächtigten in einem Termin, so kann er dafür keine Vergütung beanspruchen. Reisekosten kann er nur in dem Umfang erstattet verlangen, als sie auch eine Partei, die nicht RA ist, erstattet verlangen könnte. Er kann deshalb nicht Tage- und Abwesenheitsgelder nach § 28, sondern nur seine tatsächlichen Auslagen berechnen (entsprechend dem ZSEG).

Dasselbe gilt für Informationsreisen zu seinem Prozeßbevollmächtigten.

85 Eine Verkehrsgebühr für die Unterrichtung seines Prozeßbevollmächtigten kann er nicht erstattet verlangen, da, wenn ein RA Partei ist, Zuziehung eines Verkehrsanwalts nicht als notwendig anerkannt werden kann. Handelt der RA als gesetzlicher Vertreter oder als Partei kraft Amtes, ist die Verkehrsgebühr zu erstatten, wenn ein Nichtanwalt in der gleichen Lage einen Verkehrsanwalt zugezogen hätte und dessen Verkehrsgebühr erstattungsfähig gewesen wäre.

Streitig; vgl. A 22 zu § 52.

Eine **Vergleichsgebühr** des RA in einer eigenen Prozeßsache hat der Gegner, **86** der die Kosten übernommen hat, nur dann zu erstatten, wenn kein anderer Anwalt eingeschaltet ist (vgl. A 84).

Ist der RA gesetzlicher Vertreter oder Partei kraft Amtes, kann die Erstattung seiner Vergleichsgebühr neben der des Prozeßbevollmächtigten gefordert werden, wenn ein anderer gesetzlicher Vertreter einen zweiten Anwalt als Verkehrsanwalt zur Vergleichsbesprechungen hätte zuziehen müssen.

Bei **Wahrnehmung eines Beweistermins,** den der Prozeßbevollmächtigte **87** nicht abwartet, kann er seine Vergütung gemäß § 54 bis zur Höhe der Reisekosten des Prozeßbevollmächtigten stets erstattet verlangen, die Reisekosten also auch nach § 28 berechnen. Mehrkosten bis zur Höhe derjenigen Kosten, die durch Beauftragung eines am Orte der Beweisaufnahme wohnenden RA entstanden wären, kann er nur dann erstattet verlagen, wenn der Prozeßbevollmächtigte an der Wahrnehmung des Termins verhindert war oder die Kosten eines Beweisanwaltes niedriger sind (z. B. bei großer Entfernung).

Beantragt er eine **einstweilige Verfügung** bei einem Gericht, bei dem er **88** nicht zugelassen ist, und muß er dann, weil mündliche Verhandlung angeordnet oder Widerspruch erhoben worden ist, einen anderen RA beauftragen, so ist seine Prozeßgebühr nicht erstattungsfähig, wenn mit einem Widerspruch zu rechnen war, weil durch alsbaldige Beauftragung eines bei dem zuständigen Gericht zugelassenen Anwalts ein Anwaltswechsel vermieden worden wäre.

Im **Mahnverfahren** gilt Entsprechendes, wenn gegen einen beim zuständi- **89** gen Landgericht nicht zugelassenen RA ein Mahnbescheid ergangen ist und dieser selbst Widerspruch erhebt, obwohl bereits im Antrag auf Mahnbescheid für den Fall des Widerspruchs Verweisung beantragt ist.

Bei **Tod** des sich selbst vertretenden **Anwalts** ist Anwaltswechsel stets **90** notwendig.

Bei **Aufgabe der Zulassung** gilt dasselbe wie bei dem prozeßbevollmächtig- **91** ten Anwalt.

s. A 70 ff. zu § 13.

Wird der RA als Beschuldigter im **Strafverfahren** (Bußgeldverfahren) frei- **92** gesprochen oder außer Verfolgung gesetzt, so kann er aus der Staatskasse für seine eigene Verteidigung eine Vergütung dann verlangen, wenn seine notwendigen Auslagen der Staatskasse auferlegt worden sind. § 91 Abs. 2 Satz 4 ZPO gilt gemäß § 464 a Abs. 2 Nr. 2 ZPO StPO auch für das Strafverfahren (Bußgeldverfahren), und zwar sowohl für das Offizialverfahren wie für das Privatklageverfahren.

Ein angeklagter RA, der sich selbst verteidigt hat, hat hiernach im Falle seines Freispruchs Anspruch auf Erstattung der Gebühren gemäß §§ 83 ff., 105 (zuzüglich Auslagen).

Hartmann A 3 Ac dd; Riedel-Sußbauer A 30, Schumann-Geißinger A 14; H. Schmidt Die Vergütung des Strafverteidigers S. 100 sowie NJW 74, 2246 und MDR 75, 115; LR-Schäfer § 464 a StPO A 41; Frankfurt Rpfleger 73, 407; LG Dortmund AnwBl. 79, 244; LG Hamburg AnwBl. 76, 25; LG Itzehoe AnwBl. 80, 471; LG Mainz NJW 79, 1897; LG Wuppertal NJW 75, 2309; AG Augsburg AnwBl. 75, 451; AG Gießen AnwBl. 83, 331; AG Würzburg AnwBl. 77, 82; LG Krefeld JurBüro 83, 250;

a. M. Kurzka MDR 74, 847 u. 75, 548; Mümmler JurBüro 82, 1131; KK-Schikora § 464a StPO A 14; LG Bonn MDR 78, 511; LG Darmstadt AnwBl. 79, 82; LG Memmingen JurBüro 77, 828; LG München JurBüro76, 1341; LG Nürnberg-Fürth NJW 73, 913 mit abl. Anm. von H. Schmidt, sowie NJW 74, 2246 mit abl. Anm. von H. Schmidt; LG Würzburg JurBüro 77, 517; LG Zweibrücken Rpfleger83, 330; LG Marburg JurBüro 78, 1046; LG Osnabrück JurBüro 78, 1167; LG Darmstadt AnwBl. 79, 82. Vgl. auch BVerfG AnwBl. 80, 303 mit abl. Anm. von H. Schmidt = JurBüro 80, 889 mit zust. Anm. von Mümmler = Rpfleger 80, 179 = MDR 80, 731 (Die Versagung des Erstattungsanspruchs ist nicht verfassungswidrig; das BVerfG ist jedoch weit über seine Aufgabe hinausgegangen und hat die Streitfrage sachlich – negativ – entschieden, allerdings mit unzutreffenden Gründen; vgl. die Anm. von H. Schmidt).

In gleicher Weise hat ein RA, der sich als Nebenkläger oder Prozeßkläger selbst vertritt, Anspruch auf Erstattung seiner Anwaltsvergütung.

LG Frankfurt MDR 70, 785; LG Hanau AnwBl. 82, 390; LG Heidelberg AnwBl. 81, 78; LR-Schäfer § 464a StPO A 41; KK-Schikora § 464a StPO A 14.

93 In der **freiwilligen Gerichtsbarkeit** ist die Kostenerstattung in § 13a FGG geregelt. Da diese Vorschrift nicht auf § 91 Abs. 2 ZPO verweist, wird die Auffassung vertreten, der Anwalt könne hier die Erstattung von Gebühren in eigenen Angelegenheiten nicht fordern;

Vgl. z. B. Riedel-Sußbauer A 30; Schumann-Geißinger A 18; Mümmler JurBüro 82, 1133; Bamberg JurBüro 80, 1722 und 1864; Köln JMBlNRW 71, 285 = DNotZ 71, 285 (in Notariatssachen nach § 111 BNotO); LG München JurBüro 76, 373.

er könne nur, wie jeder andere Beteiligte, der einen Erstattungsanspruch hat, seine Auslagen geltend machen.

Dieser – allerdings herrschenden – Meinung kann nicht gefolgt werden. § 91 Abs. 2 ZPO stellt keine Sonderregelung dar, spricht vielmehr nur einen geltenden Rechtssatz besonders aus.

Vgl. hierzu die Ausführungen bei A 99.

94 In **finanzgerichtlichen Verfahren** sind dem RA nach neuerer Rechtsauffassung auch in eigenen Sachen Gebühren und Auslagen zu erstatten.

Schumann-Geißinger A 15; Mümmler JurBüro 82, 1134; Oswald Wirtschaftsprüfung 69, 317; BFH BFHE 94, 113 = BstBl. II 69, 81 = StRK FGO § 139 R 18 = NJW 69, 951; FinG Baden-Württemberg EFG 69, 459 = JurBüro 69, 1953.

Dagegen soll ein RA, der sich im Einspruchsverfahren selbst vertreten hat, keine Kostenerstattung fordern dürfen.

BFH BFHE 108, 574; FG Hamburg EFG 71, 209 = JurBüro71, 606.

95 Im **Sozialgerichtsverfahren** hat der RA in eigener Sache gleichfalls Anspruch auf Erstattung seiner Gebühren und Auslagen.

Schumann-Geißinger A 17; Mümmler JurBüro 82, 1134; SG Duisburg AnwBl. 70, 300; SG Franfurt NJW 72, 1104.

96 Im **Arbeitsgerichtsverfahren** gilt das Gleiche für die Berufungs- und Revisionsverfahren.

Schumann-Geißinger A 10; Mümmler JurBüro 82, 1134.

97 Bei Obsiegen in eigenen **Verwaltungsgerichtsprozessen** kann der RA ebenfalls die Erstattung von Gebühren und Auslagen fordern.

Schumann-Geißinger A 16; Mümmler JurBüro 82, 1134; BayVGH BayVwBl. 72, 645; VG Düsseldorf NJW 65, 1039 = DÖV 65, 211; VG Oldenburg AnwBl. 75, 97; VG Münster JurBüro 78, 1334.

Gebühren und Auslagen eines im Vorverfahren sich selbst vertretenden RA sind erstattungsfähig, wenn die Beiziehung eines RA an sich notwendig war.

BVerwG AnwBl. 81, 244 = JurBüro 81, 1670; vgl. VGH Baden-Württemberg JurBüro 80, 936 mit weit. Nachw. (in eigener Sache); VG Oldenburg AnwBl. 75, 97.

Ist der RA in eigener Sache Beschwerdeführer zum Bundesverfassungsgericht **98** und vertritt er sich selbst, so sind in entsprechender Anwendung von § 91 Abs. 2 S. 4 ZPO die Kosten erstattungsfähig, die als Gebühren und Auslagen eines bevollmächtigten RA erstattet verlangt werden könnten.

BVerfG AnwBl. 76, 163.

Für eine **außergerichtliche Tätigkeit in eigenen Angelegenheiten** soll **99** dem RA ein Erstattungsanspruch gegen einen zahlungspflichtigen Gegner nicht zustehen. § 91 Abs. 2 ZPO gelte nur für Verfahren, nicht aber auch für außergerichtliche Tätigkeit.

Vgl. z. B. Riedel-Sußbauer A 30; Schumann-Geißinger A 19 ff.; AG Hamburg VersR 69, 67; AG Hamburg VersR 69, 1103 mit zust. Anm. v. Liebig.

Danach könne ein RA, der sich in einer Schadensregulierungsangelegenheit selbst vertritt, mag sie auch noch so schwierig und langwierig sein, keine Vergütung für seine Tätigkeit von dem Schädiger fordern.

AG Hamburg VersR 69, 673; AG München VersR 69, 1103; **a. M.** Klimke VersR 69, 981.

Dieser Meinung kann nicht beigetreten werden. Entwickelt der RA – sei es auch in einer eigenen Angelegenheit – eine Berufstätigkeit, hat er Anspruch auf eine Vergütung für diese Berufstätigkeit, wenn ein Dritter diese Vergütung bei Tätigkeit des RA für einen Auftraggeber zu erstatten hat. Von einem Kfz-Mechaniker, der seinen von einem Dritten beschädigten Wagen selbst repariert, wird wohl auch nicht verlangt, daß er dies unentgeltlich tut.

Vgl. hierzu die eingehenden Ausführungen H. Schmidt NJW 70, 1406 (Gebühren-erstattungsansprüche des RA bei Tätigkeit in eigenen Angelegenheiten); Palandt/Heinrichs Anm. 2e zu § 249 BGB; Mümmler JurBüro 82, 1640; LG Darmstadt AnwBl. 72, 235 = MDR 72, 779; LG Frankfurt AnwBl. 82, 82; LG Hamburg AnwBl. 71, 114; LG Mainz AnwBl. 72, 27 = NJW 72, 161 = VersR 72, 309; LG Mannheim AnwBl. 75, 68; LG München I VersR 72, 793 und NJW 72, 162 = VersR 73, 168; LG Nürnberg-Fürth AnwBl. 71, 213; AG Bielefeld AnwBl. 76, 50 und JurBüro 81, 1509 mit Anm. von Mümmler = BB 81, 1975 (LS); AG Freiburg AnwBl. 83, 238 = MDR 83, 314 = DAR 83, 83; AG München AnwBl. 78, 40 (Regulierung eines Unfallschadens).

Gebührenratenzahlungsvereinbarungen mit dem eigenen Mandanten. Die außergerichtliche Geltendmachung durch den RA gegen den Klienten sind wegen der Nachwirkung des Anwaltsvertrages nicht gebührenpflichtig.

Der RA, der sich vor dem **Ehrengericht** oder dem **Anwaltssenat** des BGH **100** selbst vertritt, kann die einem bevollmächtigten Anwalt zustehenden Gebühren und Auslagen (nicht jedoch die Umsatzsteuer) verlangen.

EGH Hamm AnwBl. 77, 323; EGH Koblenz AnwBl. 81, 415; **a. M.** EGH Stuttgart AnwBl. 83, 331 mit abl. Anm. von H. Schmidt.

101 Internationales Privatrecht.

Für deutsche Rechtsanwälte mit dem Sitz in Deutschland gilt mangels abweichender Vereinbarungen das deutsche Recht – somit die BRAGO – auch dann, wenn der RA im Ausland tätig werden soll.

> Hartmann Grdz. 7 vor § 11; Riedel-Sußbauer A 43 ff.; Schumann-Geißinger A 33 ff..

Dabei ist gleichgültig, ob der Auftraggeber ein Deutscher oder ein Ausländer ist.

Schwierigkeiten können sich bei der Berechnung des Gegenstandswertes ergeben, wenn die ausländischen Gerichte die Streitwerte oder die Gebühren abweichend von den deutschen Grundsätzen bestimmen. Es dürfte richtig sein, den Gegenstandswert gemäß § 8 so zu bemessen, wie er zu bemessen wäre, wenn der Rechtsstreit vor deutschen Gerichten anhängig wäre.

> Schumann-Geißinger A 36; vgl. auch BGH NJW 70, 150 = MDR 70, 836 (hierzu Schumann-Geißinger Fn. 50, 51 bei A 37).

Sind allerdings die deutschen Anwaltsgebühren im Verhältnis zu den im Ausland üblichen Gebühren ungewöhnlich hoch, ist es Pflicht des deutschen RA, den Ausländer vor der Annahme des Auftrags auf die Höhe der Gebühren hinzuweisen.

> Beispiel: In einem bei einem Gericht in New York eingereichten Rechtsstreit über 1 Milliarde Dollar wird ein deutscher Anwalt um die Vermittlung der Zustellung in Deutschland gebeten.

102 Für deutsche Rechtsanwälte mit dem Sitz im Ausland (vgl. § 213 BRAO) ist mangels abweichender Vereinbarungen deutsches Recht anwendbar, wenn sie in Deutschland tätig sind, etwa einen Rechtsstreit für den Auftraggeber in Deutschland führen sollen. Dagegen ist im Zweifel das Recht am Sitz des Rechtsanwalts für die Vergütung maßgebend, wenn der RA im Ausland tätig sein soll.

> Riedel-Sußbauer A 51.

103 Ausländische Rechtsanwälte können die Vergütung im Zweifel nach ihrem Heimatrecht fordern, wobei gleichgültig ist, ob sie in Deutschland oder im Ausland und ob sie für Deutsche oder für Ausländer tätig werden.

> Riedel-Sußbauer A 44; Schumann-Geißinger A 34; Düsseldorf MDR 59, 671; vgl. auch Köln JurBüro 75, 778 und AnwBl. 82, 532.

Ist nach dem ausländischen Recht die Vereinbarung eines Erfolgshonorars – sei es auch in Form der quota litis – zulässig, kann der ausländische RA das Erfolgshonorar auch – und zwar ohne die Formschriften des § 3 – mit dem deutschen Auftraggeber vereinbaren.

> Riedel-Sußbauer A 47; vgl. auch LG Kleve AnwBl. 75, 439 (Die Gebührenrechnung eines niederländischen Anwalts, die die deutschen Anwaltsgebührensätze um nicht mehr als das Doppelte übersteigt, ist nicht überhöht).

Das von einem ausländischen RA in Form eines Streitanteils vereinbarte Erfolgshonorar kann jedoch im Einzelfall mit dem Zweck deutscher Gesetze unvereinbar sein und damit gegen Art. 30 EGBGB verstoßen.

> Riedel-Sußbauer A 47; BGH NJW 66, 296 (Anm. Cohn NJW 66, 772) = MDR 66, 315 = JVBl. 66, 11; BGH AnwBl. 69, 239 = NJW 69, 838 = MDR 69, 387.

Wegen der Anwaltsgebühren im Ausland vgl. die Übersichten von Neidhart DAR 83, 122 (Das ausländische Rechtsanwaltsgebührenrecht unter besonderer Berücksichtigung der Gebühren in Verkehrsunfallsachen), Sandstein AnwBl. 66, 145 (USA), AnwBl. 82, 367 (Vereinbarung von Anwaltsgebühren in den USA), Padis AnwBl. 68, 374 (Frankreich) und Egger AnwBl. 70, 68 (Italien), Asmussen AnwBl. 72, 173 (Dänemark), Hardenberg AnwBl. 73, 2 (Niederlande), Kellerhals AnwBl. 73, 29 (Schweiz), NN AnwBl. 73, 278 (Österreich), NN AnwBl. 73, 202 (Argentinien), Fischler AnwBl. 75, 42 u. 113 (Schweden), Grasman AnwBl. 76, 145 (Jugoslawien), NN AnwBl. 76, 326 (Finnland); Moons AnwBl. 83, 495 (Belgien).

Die Kosten eines ausländischen Beweisanwalts sind erstattbar bis zur Höhe der fiktiven Kosten eines inländischen Anwalts einschließlich fiktiver Reise- und Dolmetscherkosten.

LG Köln AnwBl. 82, 532.

§ 2 Sinngemäße Anwendung des Gesetzes

Ist in diesem Gesetz über die Gebühren für eine Berufstätigkeit des Rechtsanwalts nichts bestimmt, so sind die Gebühren in sinngemäßer Anwendung der Vorschriften dieses Gesetzes zu bemessen.

Übersicht über die Anmerkung

Grundsätze. Während eine gerichtliche Tätigkeit nur dann zu vergüten ist, 1 wenn die Kostengesetze eine ausdrückliche Bestimmung treffen (vgl. § 1 GKG, § 1 KostO), hat der RA bei Ausübung seiner Berufstätigkeit in jedem Falle Anspruch auf eine Vergütung. Dieser Vergütungsanspruch ergibt sich teils aus dem bürgerlichen Recht (vgl. insbes. § 612 Abs. 1 BGB), teils aus Sondervorschriften (vgl. z. B. § 100). Es ist jedoch nicht Aufgabe des § 2, einen sonst nicht gegebenen Gebührenanspruch zu begründen. Nach dieser Vorschrift ist vielmehr nur die Höhe einer dem Grunde nach verdienten Vergütung zu bestimmen (sofern sie sich nicht aus den Vorschriften der BRAGO unmittelbar ergibt). § 2 tritt insoweit an die Stelle des § 612 Abs. 2 BGB.

2 Über § 2 soll erreicht werden, daß Gesetzeslücken, die der Gesetzgeber nicht bemerkt hat oder die sich nachträglich ergeben, i. S. der Grundgedanken der BRAGO ausgefüllt werden. Voraussetzung einer Anwendung des § 2 ist jedoch, daß sich die Tätigkeit des RA als eigentliche **Berufstätigkeit** darstellt. Betätigt sich der RA berufsfremd (etwa als Makler; vgl. auch § 1 Abs. 2), ist seine Vergütung nicht über § 2 zu bestimmen. Sie richtet sich in diesen Fällen nach den allgemeinen Bestimmungen des bürgerlichen Rechts.

3 Es muß eine **Lücke in der Gebührenregelung** der BRAGO vorliegen.

§ 2 soll solche Lücken der gesetzlichen Regelung ausfüllen und dort ergänzend eingreifen, wo die aufgestellten Gebührentatbestände nicht ausreichen oder versagen. Dies gilt aber nur in den Fällen, die bei Erlaß der BRAGO noch nicht zu übersehen waren, z. B. in Baulandsachen.

> München JurBüro75, 186.

Eine solche Lücke besteht, wenn der RA eine auf einen bestimmten Gebührentatbestand nicht passende, wohl aber der darin genannten Tätigkeit gleichgeartete Tätigkeit entwickelt, die jedoch aus Rechtsgründen die Begriffsmerkmale des gesetzlichen Gebührentatbestandes oder eines von ihnen nicht erfüllt.

4 Sind aber eine oder mehrere der für den gesetzlichen Gebührentatbestand erforderlichen tatsächlichen Voraussetzungen, d. h. **Tatbestandsmerkmale,** im Einzelfall **nicht erfüllt,** so ist § 2 nicht anwendbar. Es liegt vielmehr dann eine unzulängliche Tätigkeit des Anwalts vor, die gebührenrechtlich nicht selbständig gewertet werden soll und kann.

Es ist auch nicht Aufgabe des § 2, aus Billigkeitsgründen eine nach den gesetzlichen Bestimmungen bemessene, aber als zu gering empfundene Vergütung auf den angemessenen Betrag zu erhöhen.

> Riedel-Sußbauer A 2; Schumann-Geißinger A 4; Düsseldorf MDR 54, 303.

5 § 2 kommt in der Regel nur für **Einzeltätigkeiten** in Frage, für die nicht wie das für eine ganze Reihe von Einzeltätigkeiten geschehen ist, eine Gebühr besonders vorgesehen ist.

Einzeltätigkeiten, die unter die Pauschalgebühr fallen, kommen nur dann in Frage, wenn der RA ausschließlich mit der Einzeltätigkeit beauftragt ist.

Wird die gesamte Tätigkeit des RA von der Auftragserteilung bis zur vollständigen Erledigung der Angelegenheit durch eine Pauschgebühr abgegolten, so ist für die Vergütung einer Einzeltätigkeit im Rahmen des Gesamtauftrages auf dem Wege über § 2 kein Raum. Die Einzeltätigkeit ist durch die Pauschgebühr mit abgegolten. Das gleiche gilt, wenn die Einzeltätigkeit nachträglich durch eine Pauschgebühr vergütet wird, z. B. weil der Auftrag über eine Einzeltätigkeit nachträglich zu einem Auftrag über die gesamte Angelegenheit erweitert wird.

Da die BRAGO bestrebt ist, die Gebühren für möglichst alle Berufstätigkeiten des RA zu regeln, wird § 2 nur in verhältnismäßig seltenen Fällen Anwendung finden können. Es wäre jedoch zu eng, § 2 nur in den Fällen anzuwenden, die bei Schaffung der BRAGO noch nicht zu übersehen waren; er gilt auch für die Fälle, an die bei Schaffung der BRAGO nicht gedacht worden ist.

6 Ein **Streit über die Höhe** der Gebühr ist im Rechtsstreit zu entscheiden, da eine Festsetzung nach § 19 für Einzeltätigkeiten nicht vorgesehen ist. Anders ist die Lage, wenn einer der in § 19 genannten Rechtsanwälte über § 2 zusätzlich zu seiner sonstigen Vergütung eine weitere Gebühr fordert.

Der **Anwendungsbereich** des § 2 ist verhältnismäßig klein, da die BRAGO 7 bemüht war, alle nur denkbaren Fälle der Berufstätigkeit des RA zu regeln. Insbesondere werden viele Tätigkeiten über § 118 zu vergüten sein.

Vgl. die Beispiele bei Schumann-Geißinger A 5 ff., die § 2 wohl zu großzügig heranziehen (die zu § 118 mitgeteilten Fälle dürften wohl bereits unmittelbar nach dieser Vorschrift zu vergüten sein).

Der Verkehrsanwalt, der an der mündlichen Verhandlung teilnimmt, wird die Verhandlungsgebühr über § 2 beanspruchen können (er ist nicht der Anwalt des § 53).

Schumann-Geißinger A 22.

Ebenso hat der Unterbevollmächtigte (er ist mehr als der Terminsvertreter des § 53) Anspruch auf die Beweisgebühr wie ein Prozeßbevollmächtigter.

Vgl. H. Schmidt AnwBl. 65, 355 und Schumann-Geißinger A 18.

Anwendbar ist § 2 z. B. in Auslandssachen. Soweit in solchen die BRAGO Anwendung findet, sind dann die dem ausländischen Verfahrensrecht entsprechenden Vorschriften der BRAGO zu ermitteln.

Riedel-Sußbauer A 4.

Für die Vertretung im Rechtsbeschwerdeverfahren nach den Art. 37 Abs. 1, 41 EuGÜbk erhält der Rechtsanwalt ¹³⁄₁₀ der vollen Gebühr.

Frankfurt AnwBl. 81, 443 = JurBüro 81, 443 = Rpfleger 81, 321 = MDR 81, 681.

Für den Fall, daß für die **begonnene oder vorbereitete Ausführung eines** 8 **vor vollständiger Ausführung erledigten Auftrags** keine Gebühr vorgesehen ist, trifft die BRAGO keine besondere Bestimmung, da es sich in diesem Falle nur um einen Sonderfall des § 2 handelt. Es handelt sich dabei um den Fall, daß zwar für das Geschäft eine Vergütung vorgesehen, diese aber nicht verdient worden ist, weil der Auftrag nicht völlig ausgeführt, sondern nur begonnen oder vorbereitet wurde.

Fällt das Geschäft unter eine **Pauschgebühr** i. S. der §§ 13, 87, so wird der 9 Anspruch auf die Gebühr schon durch den Beginn der Tätigkeit erworben. Bei vorzeitiger Erledigung tritt nur dann eine Ermäßigung einer Gebühr ein, wenn dies ausdrücklich vorgesehen ist, wie z. B. für die Prozeßgebühr in § 32, für die Vertretung im Vergleichsverfahren in § 80 Abs. 2, für die Vertretung im Verteilungsverfahren in § 60 Abs. 1 Halbs. 2, für den RA, dessen Auftrag sich auf die Vertretung in der Beweisaufnahme beschränkt, in § 54 S. 2. Im Strafverfahren sind für den RA, der nur im vorbereitenden Verfahren oder im gerichtlichen Verfahren außerhalb der Hauptverhandlung tätig ist, ermäßigte Gebührenrahmen vorgesehen.

Für Einzeltätigkeiten in bürgerlichen Rechtsstreitigkeiten und in ähn- 10 **lichen Verfahren** ist in § 56 Abs. 2 für den Fall, daß der Auftrag endigt, bevor der RA den Schriftsatz ausgehändigt oder eingereicht oder der Termin begonnen hat, eine Dreizehntelgebühr vorgesehen.

Für **Einzeltätigkeiten in Strafsachen** fehlt in § 91 eine entsprechende 11 Bestimmung. Da dafür Rahmengebühren vorgesehen sind, darf dort der

Anwalt, der eine unter § 91 fallende Tätigkeit zwar begonnen, aber nicht ausgeführt hat, eine Gebühr nach dem vorgesehenen Rahmen auch dann berechnen, wenn er in Ausführung des erteilten Auftrags irgendwie tätig geworden ist, z. B. die Instruktion aufgenommen hat; die vorzeitige Beendigung des Auftrags ist durch entsprechend geringere Bemessung der Gebühr innerhalb des vorgesehenen Rahmens zu berücksichtigen, so daß es einer Heranziehung des § 2 nicht bedarf.

12 Ist die Entstehung einer Gebühr von dem Erfolg der anwaltlichen Tätigkeit **abhängig,** wie z. B. die Vergleichsgebühr des § 23, die Erledigungsgebühr des § 24 oder die Aussöhnungsgebühr des § 36, so kann sie nicht entstehen, wenn der Erfolg nicht eingetreten ist. Die vergebliche Bemühung des RA um den Erfolg wird durch die Prozeßgebühr des § 31 I 1, evtl. zusätzlich die Verhandlungsgebühr oder die Erörterungsgebühr oder die Geschäftsgebühr des § 118, evtl. zusätzlich der Besprechungsgebühr des § 118 abgegolten.

13 Bei der Gebühr für ein **Gutachten,** die nach § 21 die Ausarbeitung des Gutachtens voraussetzt, ist, wenn das Gutachten nicht fertiggestellt wird, z. B. weil sich die Angelegenheit vorher erledigt hat, eine unter Berücksichtigung der bisher geleisteten Arbeit angemessene Vergütung zu gewähren.

14 Sinngemäße Anwendung der BRAGO. Ist für eine Tätigkeit keine Gebühr vorgesehen, so ist zu prüfen, ob das ‚Gesetz für eine gleichartige Tätigkeit eine Gebühr bestimmt hat. Die Gebührenvorschrift für die gleichartige Tätigkeit ist entsprechend anzuwenden.

Beispiel: Die Verhandlungtätigkeit des Verkehrsanwalts entspricht der Verhandlungtätigkeit des Prozeßbevollmächtigten. Der Verkehrsanwalt erhält deshalb über § 2 die Verhandlungsgebühr des § 31 Abs. 1 Nr. 2.

Zu beachten ist, daß Gegenstandswert und Gebührensatz eine organische Einheit bilden. Es kann deshalb nicht aus einer Vorschrift der Gegenstandswert und aus einer anderen – mit ihr nicht übereinstimmenden – Vorschriften der Gebührenwert entnommen werden.

Riedel-Sußbauer A 5.

15 Auslagen. Die Bestimmung der BRAGO (§§ 25ff.) treffen für die Auslagenerstattung keine abschließende Regelung. Sie sind aus den einschlägigen Vorschriften des materiellen Rechts zu ergänzen. So sind z. B. über § 670 BGB u. U. auch solche Aufwendungen zu ersetzen, die in der BRAGO nicht augeführt sind. Einer Anwendung des § 2 bedarf es insoweit nicht.

Hartmann A 1; Riedel-Sußbauer A 7; Schumann-Geißinger A 4.

Ein RA, der Kisten mit Mustern, die seine Partei dem Gericht vorgelegt hat, nach Prozeßende per Fracht an die Partei zurückschickt, kann selbstverständlich die Frachtkosten berechnen, obwohl § 26 Frachtkosten nicht erwähnt.

§ 3 Vereinbarung der Vergütung

(1) Aus einer Vereinbarung kann der Rechtsanwalt eine höhere als die gesetzliche Vergütung nur fordern, wenn die Erklärung des Auftraggebers schriftlich abgegeben und nicht in der Vollmacht oder in einem Vordruck, der auch andere Erklärungen umfaßt, enthalten ist.

Hat der Auftraggeber freiwillig und ohne Vorbehalt geleistet, so kann er das Geleistete nicht deshalb zurückfordern, weil seine Erklärung der Vorschrift des Satzes 1 nicht entspricht.

(2) Die Festsetzung der Vergütung kann dem billigen Ermessen des Vorstandes der Rechtsanwaltskammer überlassen werden. Ist die Festsetzung der Vergütung dem Ermessen eines Vertragsteils überlassen, so gilt die gesetzliche Vergütung als vereinbart.

(3) Ist eine vereinbarte oder von dem Vorstand der Rechtsanwaltskammer festgesetzte Vergütung unter Berücksichtigung aller Umstände unangemessen hoch, so kann sie im Rechtsstreit auf den angemessenen Betrag bis zur Höhe der gesetzlichen Vergütung herabgesetzt werden. Vor der Herabsetzung hat das Gericht ein Gutachten des Vorstandes der Rechtsanwaltskammer einzuholen; dies gilt nicht, wenn der Vorstand der Rechtsanwaltskammer die Vergütung nach Absatz 2 Satz 1 festgesetzt hat. Das Gutachten ist kostenlos zu erstatten.

(4) Durch eine Vereinbarung, nach der ein im Wege der Prozeßkostenhilfe beigeordneter Rechtsanwalt eine Vergütung erhalten soll, wird eine Verbindlichkeit nicht begründet. Hat der Auftraggeber freiwillig und ohne Vorbehalt geleistet, so kann er das Geleistete nicht deshalb zurückfordern, weil eine Verbindlichkeit nicht bestanden hat.

Übersicht über die Anmerkungen

1 Grundsätze. § 34 Abs. 1 der Grundsätze des anwaltlichen Standesrechts lautet: „Der Rechtsanwalt ist in der Annahme eines Auftrags frei, es sei denn, das Gesetz verbietet (vgl. § 45 BRAO) oder gebietet (vgl. §§ 48, 49 a BRAO) die Annahme." Der RA muß also die Vertretung einer Partei im gerichtlichen Verfahren übernehmen, wenn er ihr im Wege der Prozeßkostenhilfe beigeordnet wird; er muß die Verteidigung übernehmen, wenn er zum Pflichtverteidiger bestellt ist; er ist verpflichtet, die in dem Beratungshilfegesetz vorgesehene Beratungshilfe zu übernehmen. Ist der RA ansonsten in der Annahme eines Auftrages frei, so folgt aus diesem Grundsatz der Vertragsfreiheit auch, daß er nicht verpflichtet ist, zu den gesetzlichen Gebühren tätig zu werden. Er kann die Annahme des Auftrages davon abhängig' machen, daß eine von den gesetzlichen Gebühren abweichende höhere Vergütung vereinbart wird. Eine solche abweichende Vereinbarung, gewöhnlich Honorarvereinbarung genannt, ist in allen Angelegenheiten zulässig mit einer einzigen Ausnahme: Durch eine Vereinbarung, nach der ein im Wege der Prozeßkostenhilfe beigeordneter RA eine Vergütung erhalten soll, wird eine Verbindlichkeit nicht begründet, § 3 Abs. 4. Aber auch hier gilt: Hat der Auftraggeber freiwillig und ohne Vorbehalt geleistet, so kann er das Geleistete nicht deshalb zurückfordern, weil eine Verbindlichkeit nicht bestanden hat, § 3 Abs. 4 S. 2.

Honorarvereinbarungen sind in vielen Fällen dringend geboten, weil die gesetzliche Gebühr nicht immer eine angemessene Vergütung darstellt.

     Schumann-Geißinger A 4 f.; Madert Gebühren des Strafverteidigers Rn. 2, 3.

Beispiele für unzulängliche gesetzliche Gebühren: Gebühren des § 116 Abs. 1 bei Sozialgerichtssachen mit sehr hohen Streitwerten, Anrechnung der Geschäftsgebühr des § 118 gemäß § 118 Abs. 2 auf die Gebühren des gerichtlichen Verfahrens bei längerer außergerichtlicher Tätigkeit (jahrelange Bemühungen um eine Erbauseinandersetzung mit nachfolgendem Rechtsstreit), umfangreiche Tätigkeit vor den Verwaltungsbehörden (vgl. § 119); weitere Hinweise s. A 50.

Die Vorschrift des § 3 enthält zwingendes Recht. Sie kann nicht abbedungen werden.

§ 3 gilt – das sei besonders hervorgehoben – selbstverständlich nur, wenn der RA Anwaltstätigkeit ausübt. Für andere Tätigkeiten, insbes. die in § 1 Abs. 2 genannten Tätigkeiten, gilt § 3 nicht. So kann also z. B. für eine Vermögensverwaltung eine Honorarvereinbarung formlos getroffen werden.

Schumann-Geißinger A 17; BGH NJW 67, 876 = MDR 67, 397 = JurBüro 67, 481 = JVBl. 67, 185 = BB 67, 185.

Die Übernahme des Auftrags kann selbstverständlich von dem Abschluß einer Honorarvereinbarung abhängig gemacht werden. Nach Übernahme des Auftrags ist der Abschluß einer Honorarvereinbarung ebenfalls möglich, jedoch darf der Auftraggeber nicht unter Druck zum Abschluß einer Honorarvereinbarung gebracht werden. So ist die Forderung eines Sonderhonorars kurz vor dem Hauptverhandlungstermin in Strafsachen unzulässig.

Schumann-Geißinger A 3; vgl. aber auch BGH AnwBl. 78, 227 = MDR 78, 558 (Kündigt ein Rechtsanwalt die Niederlegung des Mandats rechtzeitig für den Fall an, daß sein Auftraggeber nicht bereit ist, ihm eine höhere als die gesetzliche Vergütung zu zahlen, so ist eine darin möglicherweise enthaltene Drohung nicht widerrechtlich, wenn der RA nach den besonderen Umständen des Einzelfalles ein berechtigtes Interesse an einer zusätzlichen Vergütung hat).

Nicht jede Vereinbarung einer von den gesetzlichen Gebühren abweichenden 2 Vergütung bedarf der Form des Abs. 1. Die Formvorschrift bezieht sich nur auf die **Vereinbarung einer höheren als der gesetzlichen Vergütung.**

Ob die vereinbarte Vergütung höher ist als die gesetzliche, ergibt sich aus dem Vergleich der gesamten gesetzlichen Vergütung mit dem vereinbarten Betrag. Ein solcher Vergleich ist erst dann möglich, wenn sich die Höhe der gesetzlichen Vergütung ermitteln läßt, in der Regel sonach erst nach dem Ende der Tätigkeit des RA.

Ist ein bestimmter Geldbetrag als Vergütung vereinbart, ist dieser Geldbetrag den gesetzlichen Gebühren gegenüberzustellen. Auch in der Vereinbarung einer **hohen Auslagenpauschale** kann u. U. die Vereinbarung einer höheren Vergütung liegen, nämlich dann, wenn mit großer Wahrscheinlichkeit zu erwarten ist, daß die tatsächlichen Auslagen in weitaus geringerer Höhe anfallen werden (das gilt jedoch nicht, wenn die Postgebührenpauschale des § 26 Satz 2 gefordert wird).

Eine vereinbarte Vergütung kann auch dann eine höhere als die gesetzliche Vergütung sein, wenn sie sich – bei Rahmengebühren – im Gebührenrahmen hält.

Beispiele:

Ein Strafverteidiger vereinbart ein Honorar von 800 DM. Angemessen wäre gemäß § 12 eine Gebühr von 700 DM.

Ein Anwalt vereinbart mit seinem Auftraggeber in einer Unfallschadensangelegenheit ein Honorar von $^{10}/_{10}$. Angemessen wäre gemäß § 12 eine $^{7,5}/_{10}$–Gebühr aus § 118.

In beiden Fällen übersteigt die vereinbarte Vergütung die gesetzliche, so daß § 3 anzuwenden ist.

    a. M. LG Landshut AnwBl. 57, 373 = DAR 67, 308 (abl. Anm. H. Schmidt).

Die Vereinbarung einer niedrigeren als der gesetzlichen Vergütung ist nicht formbedürftig.

Vgl. aber Stuttgart AnwBl. 76, 439.

Die Vereinbarung einer geringeren als der gesetzlichen Vergütung widerspricht grundsätzlich den Vorschriften der BRAGO, weil die darin vorgesehenen Vergütungen ein Mindestentgelt darstellen. Nach § 51 Abs. 1 der Grundsätze des anwaltlichen Standesrechts (allgemein Standesrichtlinien genannt, vgl. wegen des Wortlauts unten Teil C Nr. 9) ist es grundsätzlich unzulässig, geringere Gebühren und Auslagen zu vereinbaren oder zu fordern, als sie die BRAGO vorgibt. Das Unterbieten kann u. U. gegen § 1 UWG und gegen die guten Sitten verstoßen und damit nichtig nach § 138 Abs. 1 BGB sein. Dies gilt jedenfalls dann, wenn dem Auftraggeber bewußt ist, daß ein Unterbieten vorliegt.

BGH NJW 80, 2407 = JZ 80, 733 = JurBüro 80, 1649; nach Riedel-Sußbauer A 6 muß hinzukommen, daß sich auch der Auftraggeber des unsittlichen Charakters der Vereinbarung bewußt sein muß, was meist nicht der Fall ist.

Um der Gefahr zu entgehen, eine zu niedrige Vergütung zu vereinbaren, empfiehlt es sich, in die Honorarzusage die Bestimmung aufzunehmen, daß mindestens die gesetzlichen Gebühren und Auslagen zu zahlen sind.

Der BGH hat aus der Sozialstaatlichkeitsklausel Art. 20 GG gefolgert, daß es weder standesrechtlich unzulässig noch ein Verstoß gegen § 1 UWG sei, wenn ein RA Minderbemittelte unentgeltlich rechtlich betreut.

BGH BGHZ 64, 301 = AnwBl. 76, 184 = NJW 75, 1559.

Nach Inkrafttreten des BerHG kann die Ansicht nur noch für die Rechtsgebiete gelten, die nicht vom BerHG erfaßt werden.

Nach § 51 Abs. 3 der Standesrichtlinien darf der RA ausnahmsweise im Einzelfall besonderen Umständen, etwa der Bedürftigkeit eines Auftraggebers, durch Ermäßigung oder Streichung von Gebühren oder Auslagen nach Erledigung des Auftrages Rechnung tragen. Bei der Betreuung eines Kollegen, einer Kollegenwitwe oder eines Mitarbeiters in deren eigener Sache darf der RA auf seine Gebühren verzichten, § 51 Abs. 5 der Standesrichtlinien.

Macht der RA die gesetzlichen Gebühren geltend, so muß er nicht beweisen, daß er keine unter den gesetzlichen Gebühren liegende Honorarvereinbarung getroffen hat.

BGH MDR 75, 739 = WM 75, 643 = Betrieb 75, 1982 (Der Dienstberechtigte trägt die Darlegungs- und Beweislast für das Zustandekommen eines unentgeltlichen Geschäftsbesorgungsvertrages, wenn die sonstigen Umstände ergeben, daß die vereinbarte Dienstleistung nur gegen eine Vergütung zu erwarten ist); Stuttgart AnwBl. 76, 439.

Behauptet der Auftraggeber, er habe mit dem RA vereinbart, daß er nur die Kosten zu tragen habe, die die Rechtsschutzversicherung ersetzt, ist er beweispflichtig.

LG Hamburg AnwBl. 79, 66.

Der allgemeine Verzicht eines RA auf Gebühren gegenüber einem Mandanten gegen dessen Verpflichtung, ihm Mandate Dritter zu vermitteln, ist sittenwidrig. Die Nichtigkeit einer solchen Gebührenabrede läßt die Wirksamkeit des Anwaltsvertrages grundsätzlich unberührt; die nachträgliche Geltendmachung der gesetzlichen Vergütung enthält aber unter diesen Umständen regelmäßig einen unzulässigen Widerspruch zu dem früheren Verhalten des RA.

BGH NJW 80, 2407 = JurBüro 80, 1649 = MDR 81, 30.

Ein Unterschreiten der gesetzlichen **Gebühren** ist **in Beitreibungssachen,** 3 bei der Vereinbarung eines Pauschalhonorars für Beratungen und bei der Einsicht in Strafakten für Versicherungsgesellschaften zulässig – jedoch dürfen die nachstehend ersichtlichen Mindestvergütungen nicht unterschritten werden.

Die Richtlinien für Beitreibungssachen enthalten Bestimmungen, die es dem RA gestatten, mit ständigen Auftraggebern Gebührenvereinbarungen zu treffen.

Diese vereinbarten Gebühren liegen unter bestimmten Voraussetzungen ganz erheblich unter den gesetzlichen Gebühren (vgl. wegen des Wortlauts der Richtlinien unten in Teil C Nr. 10).

Auch für die **Gebührenberechnung in Beitreibungssachen bei Zusammenarbeit mit genehmigten Inkassobüros** gelten bestimmte Grundsätze. Sie sind im Wortlaut unten in Teil C Nr. 11 ersichtlich.

Für die **Vereinbarung eines Beratungspauschalhonorars** bestimmen die Richtlinien für die Ausübung des Anwaltsberufes in Nr. 53:

Es ist standesrechtlich zulässig, mit einem Auftraggeber eine Pauschalvergütung für die laufende Beratungstätigkeit zu vereinbaren. Diese Pauschalvergütung muß im angemessenen Verhältnis zur Leistung des RA stehen.

Bei Prozeßführung und Zwangsvollstreckung hat der RA jedoch die Sätze der BRAGO zu fordern, abgesehen von den Ausnahmen in den Anlagen 1 und 2 (d.s. die vorstehend erwähnten Grundsätze für Beitreibungsachen).

Handelt es sich bei dem Auftraggeber um einen Verband oder Verein, so darf auch für die Beratung der Mitglieder dieser Organisation eine Pauschalvergütung vereinbart werden, soweit sich die Beratung auf Fragen des Fachgebiets der Organisation bezieht.

Die **Beratungstätigkeit** kann auch den Entwurf oder die Prüfung von Verträgen usw. umfassen. Notwendig ist in jedem Falle der Honorarvereinbarung für Beratungen usw., daß das vereinbarte Honorar im Zeitpunkt der Vereinbarung als angemessen erscheint. Stellt sich das Honorar als unangemessen niedrig dar, kann die Vereinbarung einer gesetzwidrig niedrigen Vergütung vorliegen, die den gesamten Beratungsvertrag nichtig macht. Stellt sich die Vergütung nachträglich als zu niedrig heraus, muß sie – von dem vertraglich zulässigen Zeitpunkt ab – erhöht werden, wollen die Vertragsschließenden nicht Gefahr laufen, daß ihre Vereinbarung als nichtig angesehen wird.

Schumann-Geißinger A 14; vgl. auch von Gleichenstein AnwBl. 77, 401; BGH NJW 82, 2329 = JurBüro 82, 1493 = MDR 82, 948 (Eine Vereinbarung, durch die es der RA übernimmt, gegen eine Pauschalvergütung alle Betriebsangehörigen eines Unternehmens in allen Rechtsfragen zu beraten, ist standeswidrig).

Für die **Einsichtnahme der Strafakten für Versicherungen** sind Honorarvereinbarungen getroffen worden, die unten in Teil C Nr. 12 im Wortlaut ersichtlich sind.

Die Aufwendungen für vorprozessual beschaffte Aktenauszüge aus Ermittlungsakten sind erstattbar.

> Nürnberg VersR 73, 529.

Eine Vereinbarung über eine **Gebührenpauschale für außergerichtliche Unfallregulierung** ist vom DAV und von HUK-Vertretern entworfen worden (Wortlaut s. Teil C Nr. 13). Der HUK-Verband hat dem Entwurf allerdings nicht zugestimmt, so daß die Vereinbarung keine allgemeine Gültigkeit besitzt. Jedoch lassen die im Anschluß an den Entwurf abgedruckten Versicherungen die Vereinbarung gegen sich gelten.

Danach erstatten die genannten Haftpflichtversicherer eine $^{15}/_{10}$-Vergütung aus dem erstatteten Betrag zuzüglich 10 %. Diese Vergütung wird erstattet, auch wenn nur eine $^{7,5}/_{10}$-Vergütung angefallen ist, aber auch dann, w enn nach Besprechung ein Abfindungsvergleich geschlossen wird und somit $^{25}/_{10}$-Gebühren ($^{7,5}/_{10}$-Geschäftsgebühr, $^{7,5}/_{10}$-Besprechungsgebühr und $^{10}/_{10}$-Vergleichsgebühr) anfallen.

Die Vereinbarung gilt für und gegen alle dem DAV angeschlossenen RA. Will ein RA die Vereinbarung nicht gegen sich gelten lassen, wird er das dem Haftpflichtversicherer des Schädigers bei Beginn der Verhandlung mitteilen müssen.

> LG Augsburg AnwBl. 82, 318.

Das Gebührenpauschalabkommen wirkt sich auf das Verhältnis RA – Auftraggeber wie folgt aus: Es ist möglich, daß dem RA Restgebührenansprüche gegen den Auftraggeber zustehen. Das ist dann der Fall, wenn der Geschäftswert, aus dem der Haftpflichtversicherer die Gebühren erstattet (Erledigungsbetrag zuzüglich 10 %) geringer ist als der Wert des Anspruchs des Auftraggebers. Beispiel: Der Auftraggeber hatte den RA beauftragt, einen Schaden von 10000 DM geltendzumachen. Ersetzt worden sind 5000 DM. Der Haftpflichtversicherer ersetzt die $^{15}/_{10}$-Gebühren aus 5500 DM (5000DM + 10 %). Der Anteil aus dem Unterschied zwischen den Gebühren aus 10000 DM und 5500 DM muß der Auftraggeber zahlen. Der RA ist nicht berechtigt, von dem Auftraggeber höhere Gebühren zu fordern, auch wenn diese entstanden sind (z. B. $^{25}/_{10}$ statt der erstatteten $^{15}/_{10}$).

> Vgl. Matzen AnwBl. 73, 60; abgedruckt unten in Teil C Nr. 13.

Andererseits ist der RA nicht berechtigt, von seinem Auftraggeber aus dem Unterschiedsbetrag (s. Beispiel: 5000 DM zu 10000 DM) $^{15}/_{10}$-Gebühren zu fordern, wenn der Gebührenanspruch ohne das Pauschalabkommen nur $^{7,5}/_{10}$ beträgt.

> Matzen AnwBl. 73, 60.

Die namentliche Benennung eines bestimmten Anwalts unter Verwendung von Blankovollmachten durch den Reparatur-, Abschlepp- und Mietwagenunternehmer schließt den Anwalt aus dem Kreis derjenigen RA aus, die sich auf das Gebührenpauschalabkommen berufen können.

> AG Essen AnwBl. 72, 170.

Zu beachten ist, daß das Pauschalabkommen nur für Schadensregulierungen in Verkehrsunfallsachen gilt. Für andere Schadensregulierungen verbleibt es bei der gesetzlichen Regelung.

Die **Vereinbarung einer anderen Leistung** als der gesetzlichen Vergütung **4** in Geld bedarf keiner Form. Der RA kann also mit dem Auftraggeber formlos vereinbaren, daß dieser Sach- oder Arbeitsleistungen erbringt. Notwendig ist jedoch, daß die zu erbringende Leistung des Auftraggebers in ihrem Geldwert der gesetzlichen Vergütung des RA entspricht. Ist sie mehr oder weniger wert, liegt das Vereinbaren einer höheren oder niedrigeren Vergütung vor. Vgl. hierzu Riedel-Sußbauer A 11.

Ist für die andere Leistung allerdings eine gesetzliche Form vorgechrieben, so ist diese einzuhalten. Verpflichtet sich z. B. der Auftraggeber, ein Grundstück zu übereignen, bedarf die Vereinbarung gemäß § 313 BGB der notariellen Beurkundung.

Der RA hat nur dann Anspruch auf eine höhere als die gesetzliche Vergütung, **5** wenn er die höhere Vergütung mit dem Auftraggeber vereinbart. Es ist sonach ein Vertrag erforderlich. Abweichend von **der Formvorschrift** des § 126 Abs. 2 BGB ist jedoch nicht nötig, daß der gesamte Vertrag schriftlich abgeschlossen wird. Nur die **Erklärung des Auftraggebers,** mit der die höhere Vergütung versprochen wird, muß **schriftlich** abgegeben werden. Es genügt aber nicht: „Mit Ihrer Forderung einverstanden." Vielmehr muß das Versprechen der Leistung in der Urkunde voll enthalten, das Schriftstück aus sich heraus allein verständlich sein. Diesem Erfordernis ist jedoch auch genügt, wenn der Auftraggeber das Honoraranforderungsschreiben des RA an diesen mit dem Vermerk „einverstanden" zurückschickt, wenn die Höhe des Honorars aus dem Schreiben zu ersehen ist. Die Erklärung des Anwalts, mit der er die höhere Vergütung fordert oder in der er das Angebot einer höheren Vergütung annimmt, ist dagegen formfrei.

Die Honorarvereinbarung muß von dem Auftraggeber eigenhändig durch Namensunterschrift oder mittels notariell beglaubigter Handzeichen unterzeichnet werden (§ 126 Abs. 1 BGB). Die Schriftform des Abs. 1 muß auch von Kaufleuten eingehalten werden, die sonst von verschiedenen Formvorschriften befreit sind (§ 350 HGB). Notarielle oder gerichtliche Beurkundung (auch ein gerichtlicher Vergleich) ersetzt die Schriftform (§ 126 Abs. 3 BGB). Verspricht ein Dritter (z. B. ein Freund des Angeklagten) die Vergütung (die die gesetzliche Vergütung überschreitet), so muß selbstverständlich seine Erklärung vollständig und von ihm selbst unterschrieben sein.

Riedel-Sußbauer A 9, 15; Schumann-Geißinger A 22; LG Berlin AnwBl. 82, 262.

Verspricht ein Bevollmächtigter eine höhere Vergütung, müssen seine Erklärung und die Vollmacht schriftlich abgegeben werden.

Das Versprechen der höheren Vergütung kann in jedes vom Auftraggeber selbst abgefaßte oder unterschriebene Schriftstück aufgenommen werden, also auch in ein Informationsschreiben. Unterzeichnung eines vom Anwalt verfaßten Schriftstücks oder Vordrucks genügt, soweit es sich nicht um eine Vollmachtsurkunde oder einen Vordruck handelt, der auch andere Erklärungen enthält. Beispiel: Das Formblatt enthält außerdem Vereinbarungen über die Aufbewahrung der Akten oder eine Beschränkung der Haftung des RA. In diesem Falle ist das Honorarversprechen unwirksam. Dagegen bestehen keine Bedenken gegen die Aufnahme von Nebenabreden hinsichtlich des vereinbarten Honorars, z. B. über Ratenzahlungen oder einen Gerichtsstand für die Honoraransprüche (etwas anderes gilt für eine Gerichtsstandvereinbarung für etwaige Schadensersatzklagen gegen den Rechtsanwalt).

> Riedel-Sußbauer A 15; Schumann-Geißinger A 23; LG Aachen NJW 70, 571.

Die Rechtsprechung hat für schriftlich vorzunehmende Parteihandlungen im Prozeß, auch für bestimmende Schriftsätze, telegrafische oder fernmündliche Übermittlung zugelassen.

> BGHZ 65, 11; 79, 314; AnwBl. 86, 401; BAG DB 84, 1688; BFH NJW 82, 2520; BGHSt 8, 174.

Diese Erleichterungen im Prozeßrecht gelten aber nicht für die Schriftform im bürgerlichen Recht. Die in § 126 BGB geregelte Schriftform gilt nicht nur für die Vorschriften des BGB, sondern für alle gesetzlichen Bestimmungen des Privatrechts, in denen Schriftform verlangt wird, also auch für § 3. Durch Telex oder Telegramm kann also ein Honorarversprechen nicht wirksam abgegeben werden. Dies gilt auch dann, wenn das Telegrammaufnahmeformular die eigenhändige Unterschrift des Mandanten trägt, weil die unterschriebene Erklärung nicht dem RA zugeht.

> BGHZ 24, 278; Staudinger § 126 BGB Rn. 19; Münchener Kommentar § 126 BGB Rn. 2.

Vorgedruckte Honorarvereinbarungen, kurz **Honorarscheine** genannt, sind im Fachhandel erhältlich. Werden sie verwandt, so ist mindestens sichergestellt, daß den gesetzlichen Vorschriften über eine Honorarvereinbarung genüge getan ist. Aber es ist Geschmacksache, die Frage des Honorars mit einem Formular zu bewältigen. Vorzuziehen ist daher die Vereinbarung eines Honorars mittels gewöhnlichen Schriftverkehrs. Hier besteht allerdings immer die Gefahr, daß den gesetzlichen Vorschriften nicht genüge getan und/oder wesentliche Bestandteile einer Honorarvereinbarung vergessen werden. Daher ist dringend zu empfehlen, daß der Anwalt, wenn er für den betreffenden Fall eine individuelle Honorarvereinbarung entwirft, bei der Abfassung anhand einer Checkliste überprüft, ob alle notwendigen und wesentlichen Betandteile enthalten sind. Dabei hat sich auch die programmierte Textbearbeitung sehr bewährt. Denn durch sorgfältig ausgearbeitete und gespeicherte Texte wird gewährleistet, daß kein notwendiger Bestandteil einer Honorarvereinbarung vergessen wird, der gespeicherte Text auf den betreffenden Fall abgewandelt werden kann, so daß eine individuelle Honorarvereinbarung entsteht.

Es ist zu erwarten, daß in Zukunft vorgedruckte Honorarscheine auf ihre Wirksamkeit an den Bestimmungen des AGBG geprüft werden. Nach § 9 des Gesetzes sind Bestimmungen in allgemeinen Geschäftsbedingungen unwirksam, „wenn sie den Vertragspartner des Verwenders entgegen den Geboten von Treu und Glauben unangemessen benachteiligen. Eine unangemessene Benachteiligung ist im Zweifel anzunehmen, wenn eine Bestimmung mit wesentlichen Grundgedanken der gesetzlichen Regelung, von der abgewichen wird, nicht zu vereinbaren ist . . ." Das AG Krefeld

> NJW 80, 1582; s. auch Bunte NJW 81, 2657 sowie LG Duisburg NJW 86, 2887 (für ärztliche Honorarvereinbarung).

ist der Ansicht, daß vorgedruckte anwaltliche Honorarscheine, die in einer Vielzahl von Fällen verwendet werden können, allgemeine Geschäftsbedingungen im Sinne von § 1 AGBG sind. Eine unangemessene Benachteiligung sah das AG Krefeld als gegeben an, weil in dem Honorarschein ein Honorar von 2500 DM „ohne Rücksicht auf den Umfang des Verfahrens" vereinbart war. Richtiger wäre es gewesen, von der Möglichkeit der Herabsetzung nach § 3 Abs. 3 Gebrauch zu machen, wonach im Rechtsstreit die vereinbarte Vergütung auf den angemessenen Betrag bis zur Höhe der gesetzlichen Vergütung herabgesetzt werden kann.

Dem Auftraggeber soll deutlich erkennbar sein, daß er sich zur Zahlung einer höheren als der gesetzlichen Vergütung verpflichtet.

Schumann-Geißinger A 1, 10.

Deshalb ist der RA auch standesrechtlich (§ 51 Abs. 4 Satz 2 der Richtlinien) verpflichtet, den Auftraggeber bei Abschluß der Vereinbarung darauf hinzuweisen, daß das geforderte Honorar höher ist als die gesetzliche Vergütung. Das Unterlassen dieser Belehrung hat nur standesrechtliche Folgen. Eine formgültig getroffene Honorarvereinbarung wird jedoch in ihrer Wirksamkeit durch die Unterlassung nicht beeinträchtigt.

Riedel-Sußbauer A 23; Schumann-Geißinger A 1, 10.

Eines Hinweises des Anwalts bedarf es selbstverständlich nicht, wenn dem Auftraggeber bekannt ist, daß die geforderte Vergütung die gesetzlichen Gebühren übersteigt. Der Auftraggeber muß sich also bewußt sein, daß er eine höhere als die gesetzliche Vergütung verspricht.

Ein Verstoß gegen die Formvorschrift hat nicht etwa die Nichtigkeit des 6 gesamten Anwaltsvertrages zur Folge, sondern bewirkt nur, daß der RA keine höhere als die gesetzliche Vergütung beanspruchen kann.

Riedel-Sußbauer A 17; Frankfurt JurBüro 83, 1032.

Während bei dem Dienstvertrag des BGB der Dienstberechtigte dem Dienstverpflichteten nach § 611 BGB die vereinbarte Vergütung und nur beim Fehlen einer Vereinbarung die taxmäßige und in Ermangelung einer Taxe die angemessene Vergütung schuldet, schuldet bei dem Anwaltsvertrag der Auftraggeber dem Anwalt die gesetzliche Vergütung, an deren Stelle nur bei wirksamer Vereinbarung die vereinbarte Vergütung tritt. Zum Zustandekommen des Anwaltsvertrags ist eine Vereinbarung über die Vergütung nicht erforderlich. Es genügt die Annahme des Auftrags und seine Ausführung durch den Anwalt, um den Anspruch auf die gesetzliche Vergütung entstehen zu lassen. Die gesetzliche Regelung der Vergütung soll den RA der Notwendigkeit entheben, wegen seiner Vergütung vor Beginn seiner Tätigkeit zu verhandeln. Wird eine nicht der Form des § 3 Abs. 1 entsprechende Vereinbarung über die Vergütung getroffen, so fehlt es lediglich an einer den gesetzlichen Vergütungsanspruch abändernden Vereinbarung. Das folgt aus Abs. 1 S. 1, wonach der RA nur bei formgerechter Vereinbarung eine höhere als die gesetzliche Vergütung fordern kann. Die Vergütungsvereinbarung ist also kein Teil des Anwaltsvertrags i. S. des § 139 BGB, sondern ein besonderer den Anwaltsvertrag abändernder Vertrag, so daß sich die Unwirksamkeit auf den Abänderungsvertrag als solchen beschränkt. Selbst wenn der RA den Vertrag zu den gesetzlichen Gebühren überhaupt nicht abschließen wollte, weil sie ihm zu niedrig erschienen, sich die höhere Vergütung aber nur mündlich versprechen ließ, weil er darauf vertraute, daß der Auftraggeber auch dann die vereinbarte Vergütung bezahlen werden, kann er, wenn der Auftraggeber dies später ablehnt, nur die gesetzliche Vergütung beanspruchen. Will er das nicht, so muß er entweder sich das Versprechen schriftlich geben lassen oder den Auftrag sofort ablehnen.

War eine die gesetzlichen Gebühren wertmäßig übersteigende Sachleistung oder Arbeit des Auftraggebers als Vergütung vereinbart, so kann bei Fehlen der Form der RA nur die gesetzliche Vergütung in Geld beanspruchen. Die Arglisteinrede ist gegenüber der Berufung auf den Formmangel zulässig. Da man aber von einem RA erwarten kann, daß er die Formvorschriften kennt, und da er verpflichtet ist, den Auftraggeber über die gesetzlichen Vorschriften zu belehren, wird man einen Verstoß gegen Treu und Glauben seitens des sich auf den Formmangel berufenden Auftraggebers nur selten annehmen können.

Vgl. dazu Düsseldorf MDR 57, 49.

7 Hat der Auftraggeber freiwillig und ohne Vorbehalt geleistet, so kann er nach § 2 Abs. 1 S. 2 das Geleistete nicht deshalb zurückfordern, weil seine Erklärung der Vorschrift des S. 1 nicht entspricht. Durch eine solche Leistung wird also der Formmangel geheilt. Erforderlich ist eine Zahlung, die der Schuldner oder für ihn ein Dritter (§ 267 BGB) vorbehaltlos und freiwillig leistet.

Frankfurt JurBüro 83, 1032; vgl. auch LG Freiburg AnwBl. 83, 514 = MDR 83, 1033 (Beweislast).

„Leisten" ist nicht nur die Erfüllung durch Zahlung der vereinbarten Vergütung, sondern auch die Aufrechnung des Auftraggebers mit einer ihm gegen den RA zustehenden Gegenforderung oder eine Leistung an Erfüllungs Statt, z. B. eine Arbeitsleistung oder Schuldanerkenntnis steht der Leistung nicht gleich, auch wenn es in der Form des Abs. 1 abgegeben wird.

BGH AnwBl. 72, 158 = NJW 71, 2227 = MDR 72, 42 = JurBüro 72, 39 = JR 72, 27;
a. M. Riedel-Sußbauer A 20 (gültig, wenn die Form des § 3 eingehalten ist).

Dagegen kann der RA eine nicht formgültig versprochene höhere Vergütung nicht gegen den Willen des Auftraggebers geltend machen. Er kann deshalb nicht mit seiner Forderung gegen eine Forderung des Auftraggebers aufrechnen; ebenso kann er nicht ein Zurückbehaltungsrecht geltend machen. Die Zahlung muß „freiwillig" erfolgt sein. Der Auftraggeber muß mehr zahlen wollen, als er nach dem Gesetz ohne die Vereinbarung zu zahlen hätte. Er muß also wissen, daß seine Zahlungen die gesetzliche Vergütung übersteigt. Dagegen braucht ihm nicht bekannt zu sein, daß der RA auf die höhere Vergütung keinen klagbaren Anspruch hat. Droht allerdings der RA mit einer Klage, wird es an der „Freiwilligkeit" fehlen. „Vorbehaltlos" ist geleistet, wenn der Auftraggeber keinen Zweifel an der Berechtigung der Forderung des RA äußert.

Riedel-Sußbauer A 19 ff.

Eine vor dem Abschluß der Honorarvereinbarung als Vorschuß auf die gesetzliche Vergütung geleistete Zahlung kann zurückgefordert werden.

Frankfurt JurBüro 83, 1032 = AnwBl. 83, 513.

Welche Anforderungen an die „freiwillige vorbehaltslose Leistung" zu stellen sind, wird sich nur nach dem Einzelfall bestimmen lassen. Bei einem geschäftsgewandten Auftraggeber wird bereits die Zahlung als solche genügen. Bei einem ungewandten Auftraggeber werden erheblich höhere Anforderungen zu stellen sein.

So Riedel-Sußbauer A 21.

Leistet ein Angeklagter oder ein Angehöriger am Tage der Hauptverhandlung auf die Worte des Verteidigers „entweder Sie zahlen jetzt das mündlich versprochene Honorar oder ich verteidige nicht", liegt sicher keine „freiwillige" Zahlung vor.

Aus § 3 Abs. 1 S. 2 folgt zugleich, daß es sich bei dem nicht der Form entsprechenden Versprechen einer höheren als der gesetzlichen Vergütung um die Begründung einer „Naturalobligation" handelt, die zwar nicht eingeklagt, aber erfüllt werden kann.

Fordert der Auftraggeber die Leistung als ungerechtfertigte Bereicherung zurück, so muß er beweisen, daß er nicht freiwillig und ohne Vorbehalt geleistet hat.

Riedel-Sußbauer A 22; a. M. LG Freiburg AnwBl. 83, 514 = MDR 83, 1033.

Wird nur ein Teilbetrag bezahlt, der die Höhe der gesetzlichen Vergütung 8 nicht übersteigt, so tritt keine Heilung ein. Wird mehr bezahlt, so tritt Heilung nicht erst dann ein, wenn die ganze Vergütung bezahlt ist, sondern nach dem Maße der Zahlung auch dann, wenn nur eine Teilzahlung auf die vereinbarte Vergütung erfolgt ist, welche die gesetzliche Vergütung übersteigt.

Inhalt der Vereinbarung kann nur eine bestimmte, zumindest aber be- 9 stimmbare, höhere als die gesetzliche Vergütung sein. Eine Einigung dahin, daß die gesetzlichen Gebührensätze ausgeschlossen sein sollen, und daß eine höhere Vergütung zu zahlen sei, genügt nicht. Es ist notwendig, daß ein Maßstab gewählt wird, der ohne Schwierigkeiten eine ziffernmäßige Berechnung zuläßt.

BGH NJW 65, 1023 = AnwBl. 65, 173 (Anm. Brangsch) = MDR 65, 570 = Rpfleger 65, 303.

Es ist aber nicht nötig, daß die Berechnung sofort – vor Abschluß der Tätigkeit des RA – erfolgen kann. Es genügt, daß die Vergütung nach Abschluß berechnet werden kann. Auch die gesetzlichen Gebühren lassen sich in ihrer Gesamtheit erst nach dem Abschluß der Tätigkeit des Rechtsanwalts eindeutig berechnen.

Zulässig ist z. B. die Vereinbarung, daß der doppelte Betrag der gesetzlichen Gebühren oder ein prozentualer Zuschlag dazu oder der höchste Betrag einer Rahmengebühr zu zahlen sei.

Auch kann ein bestimmter höherer Streitwert vereinbart werden, aus dem die gesetzlichen Gebühren berechnet werden sollen. Dagegen genügt die Vereinbarung einer Vergütung nach einem „angemessenen Streitwert" nicht den Anforderungen des § 3 Abs. 1.

Riedel-Sußbauer A 25; Schumann-Geißinger A 11; BGH NJW 65, 1023 = MDR 65, 570 = Rpfleger 65, 303 = AnwBl. 65, 173; Hamm AnwBl. 86, 452.

Vereinbarung von Zeitgebühren ist ebenfalls zulässig.

H. Schmidt MDR 74, 198; LG München I AnwBl. 75, 63 = NJW 75, 937 mit zust. Anm. von Chemnitz.

Sie sollte sich jedoch auf Ausnahmefälle beschränken, so wenn
a) Schwierigkeiten bei der Feststellung des Gegenstandswertes auftreten,
b) die gesetzlichen Gebühren dem Umfang und der Bedeutung der Sache nicht entsprechen und
c) der Klient im Ausland ansässig ist oder der Fall im Ausland spielt.

Bei der Vereinbarung sind jedoch regelmäßig zuvor Mindest- und Höchstgrenzen zu vereinbaren, dabei ist auf einen angemessenen Arbeitsaufwand abzustellen und ein angemessener Stundensatz vorzusehen, der zwischen 200 DM und 300 DM derzeit liegt. § 51 der Richtlinien des Standesrechts darf nicht verletzt sein.

Zur Kalkulation einer Anwaltsstunde vgl. Traulsen u. Fölster AnwBl. 82, 46 sowie Franzen NJW 73, 2054 u. 74, 784.

Bedingte Vereinbarung ist zulässig. Tritt die Bedingung nicht ein, so können nur die gesetzlichen Gebühren beansprucht werden.

Eine Vereinbarung, nach der die Vergütung durch Einigung über einen angemessenen Streitwert oder über ein angemessenes Honorar bestimmt werden soll, ist nur eine unverbindliche vorläufige Absprache, weil es an der Bestimmbarkeit der Leistung fehlt. Sie hat deshalb keine Verbindlichkeit.

Riedel-Sußbauer A 25.

Der RA kann auch nicht als Vergütung für eine anwaltliche Tätigkeit die Zahlung einer sich nach Maklerrecht bestimmenden Erfolgsprovision ausbedingen.

BGH MDR 76, 1001 = BB 76, 1346 = WM 76, 1135 = JurBüro 76, 1184.

10 Auch die Höhe der zu erstattenden **Auslagen** kann vereinbart werden, muß sich aber im Rahmen des Wahrscheinlichen halten. Beispiel: Der RA vereinbart mit dem Auftraggeber für die Wahrnehmung eines auswärtigen Termins anstelle des Tages- und Abwesenheitsgeldes einen bestimmten höheren Betrag.

Hartmann A 4 A.

Das Versprechen dieses Betrages muß schriftlich abgegeben werden.

Schumann-Geißinger A 9.

Wenn lediglich ein bestimmter Betrag als Pauschalhonorar vereinbart ist, so sind mit dem Pauschalhonorar auch die Auslagen (§§ 25–29) abgegolten und können nicht gesondert in Rechnung gestellt werden.

LG Koblenz AnwBl. 84, 206 m. Anm. v. Madert = JurBüro 84, 1667.

Sollen diese neben dem Pauschalhonorar geschuldet werden, so muß dies etwa so in die Honorarvereinbarung aufgenommen werden: „Alle Auslagen, wie Mehrwertsteuer, Reisekosten, Tagegelder, Abwesenheitsgelder, Schreibauslagen und dergleichen, werden daneben gesondert erstattet."

Formular K 422 der Hans-Soldan-Stiftung.

11 Umsatzsteuer. Es ist dringend zu empfehlen, in die Vereinbarung die

Bestimmung aufzunehmen, daß die Umsatzsteuer zusätzlich zu zahlen ist.

Eine Ansicht

    Karlsruhe OLGZ 79, 230 = Betrieb 79, 447

ist der Auffassung, daß mangels Vereinbarung die Umsatzsteuer in dem vereinbarten Honorar enthalten ist.

Dem billigen **Ermessen des Vorstandes der Rechtsanwaltskammer** kann **12** nach § 3 Abs. 2 S. 1 die Festsetzung der Vergütung überlassen werden. Für eine solche Vereinbarung besteht ein gewisses Bedürfnis, wenn sich der Umfang und die Schwierigkeit der von dem RA zu entfaltenden Tätigkeit im voraus nicht übersehen läßt. Dies kann z. B. in Angelegenheiten in Betracht kommen, bei denen die im § 118 Abs. 1 bestimmten Gebühren möglicherweise keine angemessene Vergütung des RA darstellen. Der Vorstand der Rechtsanwaltskammer ist für die Festsetzung der Vergütung nach billigem Ermessen bestens geeignet. Die Einverständniserklärung des Auftraggebers bedarf der im Abs. 1 bestimmten Form. Zuständig ist der Vorstand der Rechtsanwaltskammer, welcher der RA angehört.

    Schumann-Geißinger A 25; vgl. aber Dahs Rz. 1109.

Dem **Ermessen eines Vertragsteils oder eines Dritten** kann die Bestim- **13** mung der Höhe der vereinbarten Vergütung nicht überlassen werden. § 3 Abs. S. 2 besagt, daß die gesetzliche Vergütung als vereinbart gilt, wenn die Festsetzung der Vergütung dem Ermessen eines Vertragsteils überlassen ist. Auch die Festsetzung der Vergütung durch einen anderen Dritten als den Vorstand der Rechtsanwaltskammer ist grundsätzlich ausgeschlossen.

    a. M. Hartmann Anm. 2 Bc (Bestimmung nach billigem Ermessen zulässig).

Ausgeschlossen ist danach auch die Bestimmung durch einen Schiedsgutachter oder durch ein Schiedsgericht. Das ergibt sich zwar nicht mit Sicherheit aus dem Wortlaut der Vorschrift, wohl aber aus ihrem Sinn. Die Anführung des Vorstandes der Rechtsanwaltskammer in Abs. 2 Satz 1 beinhaltet gleichzeitig die Bestimmung, daß anderen Dritten die Festsetzung der Vergütung nicht überlassen werden kann.

    Riedel-Sußbauer A 27; **a. M.** Hartmann Anm. 2 Bc; Schumann-Geißinger A 27.

Die **Vereinbarung eines Erfolgshonorars**, d. h. einer Vergütung, deren **14** Höhe vom Ausgang der Sache oder sonst von dem Erfolg der anwaltlichen Tätigkeit abhängig gemacht wird, ist in § 3 nicht ausdrücklich untersagt. Die Bundesrechtsanwaltskammer hatte angeregt, die Frage der Zulässigkeit von Erfolgshonoraren in der BRAGO nicht zu regeln, sondern die Abgrenzung der Rspr. zu überlassen. Dem hat sich der Gesetzgeber angeschlossen. Nach der bisherigen Rspr. kann erwartet werden, daß die Vereinbarung eines Erfolgshonorars nur in wenigen Ausnahmefällen zugelassen, in Strafsachen wohl meist als standeswidrig angesehen wird. Daher besteht für eine gesetzliche Regelung kein zwingender Grund.

    Vgl. hierzu Riedel-Sußbauer A 2 ff.; Schumann-Geißinger A 30 ff. und – für das Erfolgshonorar in Strafsachen – Dahs Rz. 1054 ff. Vgl. auch BGH JurBüro 76, 1184 = AnwBl. 77, 66 = MDR 76, 1001 = BB 76, 1342 = WM 76, 1135 (Ein RA kann als Vergütung für eine anwaltliche Tätigkeit nicht die Zahlung einer sich nach Maklerrecht bestimmenden Erfolgsprovision ausbedingen).

Der RA darf sich nur von Rücksichten auf die von ihm vertretene Sache leiten

lassen, hierzu muß er seiner Partei gegenüber die erforderliche Freiheit
bewahren. Diese gefährdet er, wenn er das Interesse der Partei dadurch
verquickt, daß er es in Abhängigkeit von ihrem Erfolg im Rechtsstreit setzt.
Dies gilt besonders dann, wenn die Vergütung nicht in einer bestimmten
Summe, sondern in Bruchteilen des erstrittenen oder durch Vergleich oder
auf andere Weise zu erzielenden Betrags ausbedungen wird, vor allem dann,
wenn die Vergütung mit der Größe des Erfolgs steigen soll.

Die Grundsätze des anwaltlichen Standesrechts verbieten in § 52 im allgemeinen Vereinbarungen, durch die die Höhe der Vergütung vom Ausgang der
Sache oder vom sonstigen Erfolg der anwaltlichen Tätigkeit abhängig gemacht wird, lassen sie jedoch in Ausnahmefällen zu. Vereinbarungen, durch
die sich der RA im voraus einen Teil des erstrittenen Betrags als Honorar
ausbedingt (quota litis), sind jedoch gemäß § 52 Abs. 3 auf jeden Fall unzulässig. (Wegen des Wortlautes des § 52 vgl. unten Teil C Nr. 9.)

Der Grund für die standesrechtliche Unzulässigkeit des Erfolgshonorars wird
darin gesehen, daß es unser Gebührensystem, das dem Anwalt die gesetzlichen Gebühren nach einem Pauschalsystem ohne Rücksicht auf den Erfolg
seines anwaltlichen Wirkens gewährt und den unterlegenen Gegner zwingt,
die Verfahrenskosten beider Parteien zu zahlen, durchbricht. Auch sieht man
im Erfolgshonorar eine Gefährdung der dem RA vom Gesetz her gewährten
Unabhängigkeit innerhalb der Rechtspflege, weil er sich zum Partner seines
Mandanten macht. Damit sei auch eine Ansehensminderung verbunden,
besonders in den Augen des Richters. Auch der Arzt erhält sein Honorar
unabhängig davon, ob der Patient gesund wird oder stirbt. Verletzt werde
auch das Grundprinzip, daß der Anwalt kein Gewerbe betreibe.

Lingenberg-Hummel § 52 Rn. 2.

Das Verbot, ein Erfolgshonorar für den Fall des Freispruchs zu vereinbaren,
soll verhindern, daß der Verteidiger durch die Vorstellung beeinflußt wird,
am Freispruch seines Mandanten selbst zu verdienen, was ihn in manche
Versuchung bringen könnte.

Dahs Rn. 1111.

Die Rechtsprechung sieht in der Vereinbarung eines Erfolgshonorars grundsätzlich einen Verstoß gegen die guten Sitten, es sei denn, es liegt ein
Ausnahmefall nach § 52 Abs. 2 der Standesrichtlinien vor. Danach kann in
Ausnahmefällen die Vereinbarung eines Erfolgshonorars standesrechtlich zulässig sein, wobei aber der RA bei Vereinbarungen dieser Art mit besonderer
Sorgfalt und Gewissenhaftigkeit prüfen soll, ob er nicht Gefahr läuft, hierdurch seine unabhängige Stellung zu verlieren.

BHG KostRspr. BRAGO § 3 Nr. 4; BGH JurBüro 1981, 533; KG KostRspr.
BRAGO § 3 Nr. 3; kritisch Riedel-Sußbauer § 3 A 3.

Als nicht sittenwidrig wurde die Vereinbarung eines Erfolgshonorars nur
dann angesehen, wenn der Auftraggeber ohne erhebliche Verletzung eigener
Interessen die Zahlung der Vergütung in anderer Weise nicht hätte übernehmen können oder wenn ähnliche Gründe ihn genötigt hatten, auf einer
solchen Vereinbarung zu bestehen.

So RG RGZ 115, 141; 142, 70; vgl. auch BGH AnwBl. 81, 293 = MDR 81, 514 =
JurBüro 81, 533 (Die Vereinbarung von Erfolgshonoraren in „numerus-clausus"-
Fällen [Vertretung von Bewerbern um freie Studienplätze in verwaltungsgerichtl.

Verfahren] ist standeswidrig, auch wenn die vereinbarten Gebühren nach Erfolg oder Mißerfolg gestaffelt werden und die Höhe der Vergütung vom Ausgang eines Losverfahrens abhängt).

Auch in Strafsachen kann im Einzelfall die Vereinbarung eines Erfolgshonorars nicht sittenwidrig sein. Beispiel: Ein Angeklagter ist in ein Strafverfahren verwickelt, von dessen Ausgang abhängt, ob er ein vermögender Mann bleibt oder ob er nach dem Verfahren mittellos ist. Soll der Verteidiger ein Honorar vereinbaren, das den derzeitigen wirtschaftlichen Verhältnissen entspricht (alsbaldige Zahlung kann der Mandant nicht leisten, da er z. Zt. wirtschaftlich angespannt ist) oder soll er sich bereits auf die Mittellosigkeit einstellen? Ist eine Vereinbarung „Sie zahlen 3000 DM, wenn Sie dazu in der Lage sind, jedoch nur 300 DM, wenn sich Ihre Lage wirtschaftlich verschlechtert" wirklich sittenwidrig?

Die nach dem Abschluß des Verfahrens von dem Mandanten freiwillig vereinbarte Abtretung des Erstattungsanspruchs gegen die Staatskasse als zusätzliches Honorar ist zulässig (Abtretung nicht fordern, sondern höchstens anregen).

Dahs Rz. 1120.

Auch dann, wenn nicht die Höhe der Vergütung, sondern die Entstehung oder die Fälligkeit der Vergütung vom Erfolg abhängig gemacht wird, liegt ein Erfolgshonorar vor.

Die Rechtsprechung der Berliner Gerichte hält – jedenfalls in Entschädigungssachen – die Vereinbarung eines Erfolgshonorars für zulässig.

KG AnwBl. 58, 39 und NJW 58, 1685; vgl. auch Köln NJW 59, 155; vgl. aber Riedel-Sußbauer A 5; BGH BGHZ 34, 64; BGHSt 18, 110 = NJW 63, 262 = JZ 62, 369.

Mit einem ausländischen RA (z. B. einem amerikanischen) kann ein Erfolgshonorar vereinbart werden, sogar mit der Maßgabe, daß die Vergütung selbst dann fällig werden soll, wenn der Erfolg nicht auf die Tätigkeit des RA zurückzuführen ist.

BGH BGHZ 22, 162 = NJW 57, 184.

Die Höhe des in Form eines Streitanteils vereinbarten Erfolgshonorars darf jedoch nicht mit dem Zweck deutscher Gesetze unvereinbar sein.

BGH BGHZ 22, 184 = NJW 66, 296 = JVBl. 66, 11.

Mit ausländischen Auftraggebern können von deutschen Rechtsanwälten Erfolgshonorare nicht vereinbart werden, und zwar auch dann nicht, wenn die Vereinbarung von Erfolgshonoraren im Ausland zulässig, ja gebräuchlich ist. Das gilt selbst dann, wenn der deutsche RA im Ausland tätig werden soll.

Riedel-Sußbauer A 5.

Aus der Vereinbarung eines Erfolgshonorars kann nicht entnommen werden, es liege kein Anwaltsvertrag, sondern ein Maklervertrag vor.

BGH BGHZ 18, 340 = NJW 55, 1921; Gerold MDR 54, 23.

Hat der RA durch Vereinbarung eines Erfolgshonorars den Eindruck erweckt, daß eine Vergütung nur bei Erfolg zu zahlen sei, so kann er nicht später auch ohne Erfolg eine Vergütung verlangen.

BGH a. a. O. und MDR 76, 1001.

Madert   127

15 Eine **übermäßig hoch vereinbarte Vergütung** kann sittenwidrig und nichtig sein, wenn noch besondere Tatbestandsmerkmale vorliegen. Nichtig ist im Falle der Sittenwidrigkeit nicht nur die Honorarvereinbarung, sondern in der Regel auch der Anwaltsvertrag. Dem Anwalt stehen in solchen Fällen nicht einmal die gesetzlichen Gebühren zu.

> **a. M.** (Vertrag zu den gesetzlich Gebühren) Riedel-Sußbauer A 1; BGH BGHZ 18, 348.

So verstößt ein Vertrag, durch den sich ein RA ein das Angemessene in hohem Maße übersteigendes Honorar versprechen läßt, dann gegen die guten Sitten, wenn er sich als rücksichtslose Ausnutzung der Sach- und Rechtslage gegenüber dem von dem Anwalt abhängigen Auftraggeber darstellt oder wenn die Zusage durch Handlungen erreicht wird, die in ihrer Wirkung einer Expressung nahekommen.

Ausbedingung einer lebenslänglichen Rente kann bei Ungewöhnlichkeit der Geschäfte nach Art und Wert und hohem Alter (72 Jahre) des RA gerechtfertigt sein.

Ausbedingungen einer Verhandlungsgebühr für den Fall, daß keine Verhandlung stattfindet, ist nicht sittenwidrig.

16 Ein bestimmter **Zeitpunkt** ist für die Vereinbarung nicht vorgeschrieben. Sie kann auch noch nach Annahme des Auftrags und selbst noch nach seiner Erledigung getroffen werden.

> Vgl. auch vorst. A 1 (am Ende).

Es ist aber nicht zulässig, ein Sonderhonorar kurz vor dem Verhandlungstermin zu fordern, um den Auftraggeber dadurch unter Druck zu setzen.

> Schumann-Geißinger A 3; Dahs Rz. 1101; AG Butzbach JurBüro 86, 1033.

Auch nachträglich kann eine Honorarvereinbarung getroffen werden. Der Auftraggeber kann dem RA als Dank für seine Mühewaltung eine die gesetzlichen Gebühren übersteigende Vergütung versprechen. Der RA sollte jedoch vorsichtig sein und das Sonderhonorar nicht fordern, sondern bestenfalls eine Zahlung anregen, dabei aber zum Ausdruck bringen, daß es der freiwilligen Entscheidung des Auftraggebers überlassen ist, ob er eine höhere Vergütung als die verdienten gesetzlichen Gebühren zahlen will.

> Schumann-Geißinger A 3; Dahs Rz. 1057.

Manchmal wird ein Zusatzhonorar in der Form vereinbart, daß die aus der Staatskasse zu erstattenden Beträge als zusätzliches Honorar dem Verteidiger verbleiben. Das ist sicherlich psychologisch günstiger, als wenn der Mandant noch etwas dazuzahlen muß. Es besteht allerdings die Gefahr, daß damit ein verpöntes Erfolgshonorar statuiert wird. Erfolgshonorar deshalb, weil es hier auf den RA ankommen könnte, wieviel er im Erstattungswege „herausholt". Unbedenklich ist eine solche Vereinbarung sicherlich dann, wenn der Erstattungsbetrag bereits festgesetzt ist und nun der Verteidiger mit dem Mandanten vereinbart, daß der Betrag als Zusatzhonorar ihm verbleibt.

17 Einer **vormundschaftsgerichtlichen Genehmigung** bedarf der Vormund für eine im Namen des Mündels getroffene Vergütungsvereinbarung nicht.

18 Ein **Vergleich** liegt nicht vor, wenn bei Streit über die Höhe der Vergütung eine bestimmte Vergütung vereinbart wird, der RA aber keine genaue Berechnung, sondern nur einen Überschlag gemacht und der Auftraggeber in der Befürchtung, bei genauer Berechnung noch schlechter zu fahren, die verlangte Vergütung bewilligt hat, weil es an einem erkennbaren Nachgeben des Auftraggebers fehlt. Anders, wenn nach der Überzeugung der Beteiligten die Möglichkeit einer geringeren als der gesetzlichen Vergütung nicht auszuschließen ist. Wegen der Notwendigkeit der vormundschaftsgerichtlichen Genehmigung vgl. § 1822 Nr. 12 BGB.

Bei **vorzeitiger Erledigung** der Angelegenheit oder Beendigung des Auf- **19** trags ist § 13 Abs. 4 nicht anwendbar. Vielmehr kann der Auftraggeber eine Herabsetzung der vereinbarten Vergütung verlangen, wenn die Vergütung die Vertretung in der ganzen Angelegenheit entgelten sollte, der RA aber Leistungen, für welche die Vergütung mit bestimmt war, nicht erbracht hat. In einem solchen Falle kann der RA, der nicht durch vertragswidriges Verhalten die Kündigung veranlaßt hat, nach § 628 BGB nur einen seinen bisherigen Leistungen entsprechenden Teil der vereinbarten Vergütung verlangen. Dabei ist es zunächst unerheblich, ob das vereinbarte Pauschalhonorar unangemessen ist und gemäß § 3 Abs. 3 herabgesetzt werden kann. Vorrangig ist zu prüfen, welcher Teil des vereinbarten Honorars dem RA gemäß § 628 Abs. 1 Satz 1 BGB für die bisher geleisteten Dienste zusteht. Erst dann kann sich die Frage anschließen, ob der den erbrachten Leistungen entsprechende Teil des vereinbarten Honorars immer noch unangemessen hoch erscheint und nach § 3 Abs. 3 auf den angemessenen Betrag herabgesetzt werden kann.

BGH NJW 87, 315; Düsseldorf AnwBl. 85, 201 u. 259.

Eine Ermäßigung unter die gesetzlichen Gebühren, die der RA für seine Tätigkeit verdient hätte, ist jedoch nicht zulässig.

Köln AnwBl. 72, 159 = JurBüro 72, 223.

Beispiel: Hat der Angeklagte mit seinem Verteidiger eine Honorarvereinbarung getroffen, wonach er für die Verteidigung im Ermittlungsverfahren und in 1. Instanz ein Honorar von 2000 DM verspricht und kündigt der Angeklagte das Mandat vor Beginn der Hauptverhandlung, so ist wie folgt zu rechnen. Die gesetzlichen Mittelgebühren betrügen nach § 84 285 DM und nach § 83 Abs. 1 Nr. 3 570 DM, zusammen 855 DM. Unterstellt man, daß die Tätigkeit im Ermittlungsverfahren, Tätigkeit im gerichtlichen Verfahren außerhalb der Hauptverhandlung und Tätigkeit in der Hauptverhandlung etwa gleichwertig sind, dann beträgt der erbrachte Teil ⅔, so daß dem RA ⅔ von 2000 DM = 1333,33 DM verbleiben.

Weitere Beispiele für Herabsetzung eines vereinbarten Honorars bei vorzeitiger Beendigung des Auftrags siehe bei

Schumann-Geißinger A 45.

Die Vereinbarung, daß die volle Vergütung auch dann zu zahlen sei, wenn der Auftrag vor Beginn des Rechtsstreits erledigt, gekündigt oder zurückgenommen wird, ist insoweit unwirksam, als sie die Herabsetzung einer nunmehr unangemessen hoch gewordenen Vergütung nicht verhindern kann. Bei grundloser Auftragskündigung ist das bereits voll bezahlte Honorar auf die bereits geleisteten Tätigkeiten nach den Grundsätzen der Gebührenfälligkeit zu verrechnen.

BGH BGHZ 71, 161 = AnwBl. 78, 275 = MDR 78, 949 = NJW 78, 2304 =BGHSt 27, 366 (Eine Honorarvereinbarung, die ohne Rücksicht auf eine alsbaldige Beendigung des Mandats eine Verpflichtung des Mandanten begründen soll, stets die volle Vergütung zu entrichten – hier die Klausel „ohne Rücksicht auf den Umfang des Verfahrens" – ist regelmäßig standeswidrig); vgl. aber H. Schmidt in Anm. zu AG Krefeld NJW 80, 2534.

Zu beachten ist, daß eine frühzeitige Einstellung des Strafverfahrens für den Beschuldigten viel mehr wert sein kann als ein Freispruch nach langwierigem Verfahren.

Dahs Rz. 1055.

Es ist deshalb durchaus möglich, daß ein vereinbartes Verteidigerhonorar auch dann angemessen bleibt, wenn es nicht zu einer Hauptverhandlung kommt, weil der Verteidiger durch intensive Tätigkeit die Einstellung des Verfahrens erreicht hat.

München AnwBl. 67, 198 = NJW 67, 1571.

20 Eine **Herabsetzung der vereinbarten Vergütung** oder einer vom Vorstand der Rechtsanwaltskammer festgesetzten Vergütung ist in § 3 Abs. 3 für den Fall vorgesehen, daß sie unter Berücksichtigung aller Umstände unangemessen hoch ist. Die vereinbarte Vergütung muß unangemessen hoch sein, wenn sie herabgesetzt werden soll. Es genügt sonach nicht, ein geringes Überschreiten der angemessenen Vergütung. Vielmehr muß zwischen Vergütung und Tätigkeit des RA ein nicht zu überbrückender Zwiespalt bestehen. Es muß unerträglich sein, den Auftraggeber an seinem Honorarversprechen festzuhalten.

Riedel-Sußbauer A 36; Schumann-Geißinger A 44, München NJW 67, 1571.

Eine vereinbarte Vergütung ist nicht ohne weiteres deshalb unangemessen hoch, weil sie die gesetzlichen Gebühren um das Fünffache übersteigt. Bei der Prüfung der Frage, ob eine vereinbarte Vergütung herabzusetzen ist, hat das Gericht den anwaltlichen Zeit- und Arbeitsaufwand in der Sache, in der die Vereinbarung getroffen worden ist, entscheidend zu berücksichtigen.

München AnwBl. 67, 198 = NJW 67, 1571 (§ 3 Abs. 3 befugt den Richter nicht, das vertraglich vereinbarte Honorar durch die „billige" oder „angemessene" Leistung zu ersetzen. Er kann nur eingreifen, wenn ein Festhalten des Mandanten an der getroffenen Vereinbarung unter Berücksichtigung aller Umstände gegen Treu und Glauben verstöße); LG Berlin AnwBl. 82, 262 (das Sechsfache der gesetzlichen Gebühren); LG Braunschweig AnwBl. 73, 358; LG Karlsruhe AnwBl. 83 178 (zusätzliche Verhandlungsgebühr von 3000 DM je Verhandlungstag).

Ausdrücklich ist vorgeschrieben, daß auch eine von dem Vorstand der Rechtsanwaltskammer bestimmte Vergütung (s. oben Anm. 12) herabgesetzt werden kann.

Die Herabsetzung setzt eine wirksame Vergütungsvereinbarung voraus, kommt also nicht in Frage, wenn die Vereinbarung wegen Sittenwidrigkeit nichtig ist oder wenn ihr die Schriftform mangelt.

21 Bei **Rahmengebühren** kommt eine Herabsetzung nach § Abs. 3 nur dann in Frage, wenn eine Vergütungsvereinbarung vorliegt, nicht aber auch dann, wenn der RA eine nicht vereinbarte, innerhalb des Gebührenrahmens liegende Vergütung fordert. In diesem Falle ist vielmehr nach § 12 Abs. 2 im Rechtsstreit, und zwar ebenfalls nach **Einholung eines Gutachtens** des

130   *Madert*

Vorstandes der Rechtsanwaltskammer, zu entscheiden. Es kann aber auch die Höhe der Gebühr vereinbart worden sein, und zwar kann eine außerhalb oder innnerhalb des Gebührenrahmens liegende Vergütung vereinbart oder vom Vorstand der Rechtsanwaltskammer festgesetzt worden sein. In diesem Falle kann Herabsetzung nach § 3 Abs. 3 erfolgen. Es ist dann die vereinbarte Vergütung mit der Gebühr zu vergleichen, die der RA im Einzelfall nach § 12 zu beanspruchen hätte.

Schumann-Geißinger A 39.

Die **Herabsetzung** der vereinbarten Vergütung hat im **Rechtsstreit** zu 22 erfolgen. Klagt der RA sein Honorar ein, kann der Auftraggeber einwenden, das Honorar sei unangemessen hoch, und die Herabsetzung auf den angemessenen Betrag fordern (Antrag: die Klage abzuweisen, soweit mehr als . . .DM gefordert werden bzw. soweit mehr als der von dem Gericht als angemessen angesehene Betrag gefordert wird). Der Auftraggeber kann aber auch von sich aus Klage erheben mit dem Antrag, die vereinbarte Vergütung auf den angemessenen Betrag herabzusetzen.

Riedel-Sußbauer A 39.

Gutachten. Eine Verpflichtung des Gerichts, die sachverständige Standesver- 23 tretung anzuhören, ist gerechtfertigt, weil dem Gericht die Befugnis übertragen ist, in einen vom RA geschlossenen Vertrag gestaltend einzugreifen. Das Gutachten ist kostenlos zu erstatten. Eine besondere Bestimmung darüber, daß das Recht und die Pflicht des Gerichts, auch andere Beweise zu erheben, unberührt bleiben und daß das Gutachten der freien richterlichen Beweiswürdigung unterliegt, erübrigt sich, da Zweifel darüber nicht bestehen können. Ein Gutachten braucht nicht eingeholt zu werden, wenn der Vorstand der Rechtsanwaltskammer nach Abs. 2 S. 1 die Vergütung selbst festgesetzt hat, jedoch sollte das Gericht der Anwaltskammer in geeigneten Fällen Gelegenheit geben, die Angemessenheit der von ihr festgesetzten Vergütung zu begründen. Ein Gutachten braucht ferner nicht eingeholt zu werden, wenn das Gericht von einer Herabsetzung der vereinbarten Vergütung absehen will.

Riedel-Sußbauer A 40; Schumann-Geißinger A 40; vgl. auch Rückert Festschrift S. 205 (Der Gebührenrechtsstreit aus der Sicht des Vorstandes der Rechtsanwaltskammer).

Doch ist die Einholung eines Gutachtens auch in diesem Falle ratsam.

Zur Erstattung des Gutachtens ist der Vorstand derjenigen Rechtsanwaltskammer zuständig, welcher der Rechtsanwalt angehört.

Das Gericht ist an das Gutachten nicht gebunden.

LG Karlsruhe AnwBl. 83, 178.

Die Einholung des Gutachtens löst keine Beweisgebühr aus.

Inzw. überw. M.: Hamburg KostRsp BRAGO § 6 Nr. 41 m. Anm. v. Schnieder m. w. N. der Rspr.; Saarbrücken JurBüro 80, 63; Hamm AnwBl. 81, 70; Düsseldorf MDR 81, 1028.

Die Vergütung ist **auf den angemessenen Betrag herabzusetzen.** Die 24 Angemessenheit ist nach dem Zeitpunkt der Erledigung des Auftrages zu beurteilen. Ist die Tätigkeit des RA erheblich einfacher als bei Abschluß der Vereinbarung angenommen, kann die Vergütung herabgesetzt werden. Um-

gekehrt kann eine zunächst als sehr hoch erscheinende Vergütung angemessen
sein, wenn sich im Laufe der Tätigkeit erhebliche Schwierigkeiten ergaben.

25 **Zu berücksichtigen sind alle Umstände,** die entweder nach der Lebenserfahrung schlechthin oder nach der Sachlage im Einzelfalle bei der Bemessung
der Vergütung ins Gewicht fallen können und von einem objektiven Beurtei-
ler als berücksichtigenswert anerkannt werden, besonders die Leistungen des
Anwalts und die persönlichen Verhältnisse des Beteiligten. Die Leistung des
Anwalts bemißt sich nach dem Umfang und der Schwierigkeit der Sache,
nach ihrem Wert und ihrer Bedeutung für den Auftraggeber und der Verantwortlichkeit des Anwalts. Dabei ist zu beachten, welches Ziel der Auftraggeber erstrebt, in welchem Umfang es durch die vom RA aufgewendete Mühe
erreicht worden ist und inwieweit das Ergebnis tatsächlich und rechtlich als
sein Erfolg zu buchen ist.

Schumann-Geißinger A 43; LG Braunschweig AnwBl. 73, 358.

Läßt sich der RA in der Hauptverhandlung durch einen Stationsreferendar
vertreten, so kann ein vereinbartes Verteidigerhonorar auf die gesetzliche
Gebühr herabgesetzt werden.

AG Trier AnwBl. 71, 113.

Auch ist zu beachten, ob der RA als Kenner eines Sondergebiets besonderen
Ruf genießt, inwieweit er durch Wahrnehmung auswärtiger Termine Er-
werbseinbuße gehabt hat und ob die Tätigkeit des RA über den Rahmen rein
anwaltlicher Tätigkeit hinausgeht und als mehr kaufmännische Tätigkeit
anzusehen ist.

RG RGZ 158, 100 = JW 38, 2772 = HRR 38 Nr. 1359.

26 Die **Vermögensverhältnisse des Auftraggebers** sind bei Rahmengebühren
gemäß § 12 bereits bei Bemessung der gesetzlichen Gebühren zu beachten. Sie
sind deshalb auch bei der Nachprüfung zu berücksichten. Sie sind jedoch auch
dann nicht außer acht zu lassen, wenn die Vergütung an Stelle von anderen
Gebühren vereinbart ist. Das gilt insbesondere dann, wenn die Tätigkeit des
RA auf die Gestaltung der wirtschaftlichen Verhältnisse nicht ohne Einfluß
war.

Auch eine Verschlechterung seiner Vermögenslage ist zu berücksichtigen.

27 Die **gesetzlichen Gebühren** können zwar zum Vergleich herangezogen
werden, es kann aber nicht von ihnen ausgegangen werden, weil sie mitunter
gerade kein angemessenes Entgelt darstellen.

Hartmann A 5 b.

Unter den Betrag der gesetzlichen Vergütung kann die Herabsetzung
nicht erfolgen, bei Rahmengebühren ist der nach § 12 zu bemessende Betrag
die gesetzliche Vergütung.

Riedel-Sußbauer A 38.

Der RA darf durch die richterliche Herabsetzung nicht schlechter gestellt
werden, als wenn er keine Vereinbarung geschlossen hätte. Daher darf eine
Herabsetzung unter die unterste Grenze des Gebührenrahmens auf keinen Fall
erfolgen.

Eine Herabsetzung auf den Betrag der gesetzlichen Vergütung ist nur ausnahmsweise zulässig, da schon die Tatsache einer wirksamen Vergütungsvereinbarung eine höhere Festsetzung rechtfertigt.

Auch noch nach Bezahlung der vereinbarten Vergütung ist die Herabset- 28 zung zulässig. Ist das vereinbarte Anwaltshonorar nur teilweise unangemessen, so ist jedenfalls dann, wenn das zur Erfüllung der Vereinbarung Geleistete teilbar ist, nur der nicht angemessene Teil der Vergütung zurückzugewähren.

Eine **bereits durch Vergleich ermäßigte Vergütung** kann nochmals her- 29 abgesetzt werden, wenigstens dann, wenn es sich um einen außergerichtlichen Vergleich handelt.

Ein rechtswirksamer Verzicht auf das Recht, Herabsetzung zu verlangen, ist 30 nicht möglich.

Hartmann A 2 c; Riedel-Sußbauer A 43; Schumann-Geißinger A 42.

Verwirkung des Rückforderungsanspruchs kann nur unter ganz besonderen 31 Umständen in Frage kommen. Im allgemeinen steht aber der Anwendung des Verwirkungsgedankens der Zweck des § 3 Abs. 3 entgegen.

Hartmann A 2 c; Riedel-Sußbauer A 44.

Das Rechtsschutzbedürfnis für eine Herabsetzung kann fehlen, wenn die Zahlung einer auf den Anstand zu nehmenden Rücksicht entsprochen hat oder wenn der Auftraggeber freiwillig und ohne Vorbehalt gezahlt hat.

Auch der im Wege der Prozeßkostenhilfe beigeordnete Rechtsanwalt 32 darf nach § 3 Abs. 4 eine Vergütung vereinbaren. Durch eine solche Vereinbarung wird aber eine Verbindlichkeit nicht begründet. Hat jedoch der Auftraggeber freiwillig und ohne Vorbehalt geleistet, so kann er das Geleistete nicht deshalb zurückfordern, weil eine Verbindlichkeit nicht bestanden hat. Die Partei braucht also die eingegangene Verpflichtung selbst dann nicht zu erfüllen, wenn Ratenzahlungen (§ 120 ZPO) angeordnet worden sein sollten und der RA seine volle Regelgebühr erhält (§ 124), soweit sie durch die Vereinbarung die Verpflichtung zur Zahlung einer höheren als der gesetzlichen Vergütung übernommen hat.

Der RA, der einer Partei im Wege der Prozeßkostenhilfe beigeordnet ist, darf von ihr eine Vergütung für seine Tätigkeit nicht schon dann fordern, wenn er sie – gleichviel, ob zu Recht oder Unrecht – nicht oder nicht mehr für zahlungsunfähig hält, sondern erst dann, wenn das Gericht die Bewilligung der Prozeßkostenhilfe aufgehoben hat (§ 124 ZPO).

Der RA ist jedoch nicht gehindert, ein vollkommen aus freien Stücken angebotenes Honorar anzunehmen. Durch den Kontrahierungszwang, dem der beigeordnete RA unterliegt, ist sichergestellt, daß er seine Tätigkeit nicht von einer Gegenleistung abhängig machen darf, die die gesetzliche Vergütung übersteigt. Ist die Beiordnung im Wege der Prozeßkostenhilfe erfolgt, so ist die Beschränkung der Vertragsfreiheit wegen der schwachen wirtschaftlichen Stellung der Partei und auch deswegen gerechtfertigt, weil der RA eine Vergütung aus der Staatskasse erhält. Da auch nach den Standesrichtlinien der RA Honorarzahlungen oder sonstige Leistungen, die in Kenntnis der Tatsache, daß eine Verpflichtung nicht besteht, vollkommen aus freien Stücken angeboten und geleistet werden, annehmen darf, macht sich § 3 Abs. 4 diesen Standpunkt zu eigen.

33 Standesrechtliche Folgen einer mit der Partei, der Prozeßkostenhilfe bewilligt worden ist, getroffenen Vergütungsvereinbarung schließt § 3 Abs. 4 nicht aus. Nach den Standesrichtlinien (§ 59) darf der beigeordnete RA mit der Partei keine von der gesetzlichen Vergütung abweichende Vergütung vereinbaren,

EGH 4,163;

und zwar auch dann nicht, wenn die Partei freiwillig auf die Forderung des Anwalts eingeht oder wenn die Prozeßkostenhilfe zu Unrecht bewilligt sein sollte. Schon das Verlangen eines Sonderhonorars von der Partei oder einer Zuzahlung zu den Gebühren der §§ 121 ff. ist standeswidrig, solange nicht die Bewilligung der Prozeßkostenhilfe aufgehoben worden ist.

Ebenso ist es standeswidrig, wenn der beigeordnete Anwalt der Partei nach Erledigung des Auftrags „mitteilt", daß seine gesetzliche Vergütung 960 DM betrage und daß er hierauf aus der Staatskasse nur 390 DM erhalten habe.

34 Vergütungsvereinbarungen jeder Art, die der im Wege der Prozeßkostenhilfe beigeordnete RA mit seinem Auftraggeber für die durch die Bewilligung gedeckte Tätigkeit trifft, begründen keine Verbindlichkeit. Das folgt daraus, daß in Abs. 4 nicht wie in Abs. 1 nur von der Vereinbarung einer höheren als der gesetzlichen Vergütung die Rede ist. Unter Abs. 4 fällt daher auch die Vereinbarung, nach der die Partei zu der dem Anwalt aus der Staatskasse zu zahlenden Vergütung lediglich eine Zuzahlung leisten soll, die zusammen mit den aus der Staatskasse zu vergütenden Beträgen den Betrag der gesetzlichen Vergütung eines Wahlanwalts nicht übersteigt.

Wird die Bewilligung der Prozeßkostenhilfe aufgehoben, so ist die Partei auch ohne solche Vereinbarung zur Zahlung des Unterschieds zwischen den aus der Staatskasse erhaltenen Beträgen und den gesetzlichen Gebühren verpflichtet. Solange das nicht erfolgt ist, braucht die Partei auch eine in diesen Grenzen liegende vereinbarte Zuzahlung nicht zu leisten.

35 Eine **vor der Beiordnung getroffene Vergütungsvereinbarung** fällt unter § 3 Abs. 4, wenn die Vergütung für Tätigkeiten während der Beiordnung vereinbart wird. Andererseits fällt auch eine nach der Beiordnung getroffene Vereinbarung nicht unter § 3 Abs. 4, wenn sie sich auf vor der Beiordnung ausgeführte Tätigkeiten bezieht. Soweit die vereinbarte Vergütung für eine bereits vor der Beiordnung liegende Tätigkeit geschuldet wird, kann sie nicht durch nachträgliche Beiordnung beeinträchtigt werden, selbst nicht durch rückwirkende Beiordnung.

Hartmann A 4 D; Riedel-Sußbauer A 55.

Von der Rspr. wird eine Vergütungsvereinbarung, die der RA zwar vor seiner Beiordnung, aber in Kenntnis des Umstands, daß die Partei seine Beiordnung erstrebt, besonders wenn sie ihn schon mit der Einreichung des Gesuches um Bewilligung der Prozeßkostenhilfe beauftragt hat, für standeswidrig und sittenwidrig angesehen, wenn sie sich auf die Vergütung der durch die Prozeßkostenhilfe gedeckten Tätigkeit bezieht.

So EGH 12, 59; RG JW 39, 411 = HRR 39 Nr. 526; Breslau JW 30, 1093 = HRR 30 Nr. 914.

36 Freiwillig und ohne Vorbehalt erfolgte Leistungen kann der Auftraggeber nach § 3 Abs. 4 S. 2 nicht deshalb zurückfordern, weil keine Verbindlichkeit bestand. Sie sind nach § 129 zunächst auf die Vergütung anzurechnen, für die ein Anspruch gegen die Bundes- oder Landeskasse nicht besteht, jedoch nur bis zur Höhe der gesetzlichen Vergütung.

Vgl. zu den Zahlungen der Partei an den beigeordneten RA die Richtlinien Nr. 58 ff.

Ist der Rechtsanwalt nicht im Wege der Prozeßkostenhilfe beigeordnet, so **37** schlägt § 3 Abs. 4 nicht ein, z. B. dann nicht, wenn die Beiordnung erfolgt ist, weil im Anwaltsprozeß die Partei keinen zu ihrer Vertretung bereiten RA findet (§ 78 b ZPO). In diesem Falle kann der beigeordnete RA die Übernahme der Vertretung zwar davon abhängig machen, daß die Partei ihm einen Vorschuß zahlt, der nach den Bestimmungen der BRAGO bemessen ist, nicht aber davon, daß sie eine vereinbarte Vergütung bezahlt, deren Höhe die gesetzliche Vergütung übersteigt.

Bei Beiordnung nach den §§ 668, 679, 686 ZPO kommt eine Vergütungsvereinbarung mit dem Entmündigten schon deshalb nicht in Frage, weil der Entmündigte geschäftsunfähig ist.

Der RA, der einem Rechtsuchenden **Beratungshilfe** gewährt, kann eine **38** Vereinbarung über seine Vergütung nicht treffen. Eine trotzdem getroffene Vereinbarung ist nichtig (§ 8 Abs. 2 BerHG).

Der **gerichtlich bestellte Verteidiger** ist nicht im Wege der Prozeßkosten- **39** hilfe beigeordnet. Er fällt deshalb nicht unter § 3 Abs. 4. Der Beschuldigte, dem ein Pflichtverteidiger bestellt wird, braucht nicht mittellos zu sein. Es sind sehr wohl aber Fälle denkbar, in denen das Gericht einen Anwalt zum Pflichtverteidiger bestellt, in denen es aber durchaus billig ist, wenn eine Honorarvereinbarung getroffen wird. Der Pflichtverteidiger ist deshalb nicht gehindert, eine Vergütung zu vereinbaren. Die Vereinbarung muß aber von dem Beschuldigten freiwillig eingegangen sein. Diese vereinbarte Vergütung kann auch gefordert werden, ohne daß erst ein Beschluß nach § 100 Abs. 2 ergehen muß.

BGH Rpfleger 79, 412 = MDR 79, 1004 = JurBüro 79, 1793 = NJW 80, 1394 (L) = AnwBl. 80, 465; JurBüro 1983, 689.

Die **Erstattungspflicht der Gegenpartei** richtet sich im Zivilprozeß nach **40** § 91 Abs. 2 S. 1 ZPO. Die erstattungspflichtige Gegenpartei braucht also stets nur die gesetzliche Vergütung zu erstatten. Dies gilt selbst dann, wenn die obsiegende Partei keinen geeigneten RA gefunden haben sollte, der ihre Vertretung zu der gesetzlichen Vergütung übernahm.

Celle MDR 69, 155 = NJW 69, 328 = JurBüro 69, 268 (Auch in Wettbewerbssachen sind von der Partei mit ihrem RA vereinbarte Sonderhonorare schlechthin nicht erstattungsfähig); München JurBüro 79, 1062 (Die Kosten einer Partei, die sie ihrem Prozeßbevollmächtigten auf Grund einer Honorarvereinbarung neben seinen gesetzlichen Gebühren schuldet, sind auch nicht nach dem allgemeinen Grundsatz der Notwendigkeit (§ 91 Abs. 1 ZPO) erstattungsfähig, da insoweit § 91 Abs. 1 ZPO durch § 91 Abs. 2 Satz 1 ZPO ausgeschlossen ist); AG Frankfurt VersR 67, 670.

Auch ein Anspruch auf Ersatz außergerichtlicher Anwaltskosten beschränkt sich in der Regel auf die gesetzliche Vergütung des Anwalts.

LG Hamburg VersR 68, 263.

Die Gegenpartei kann sich jedoch in einem gerichtlichen Vergleich verpflichten, höhere als die gesetzlichen Gebühren zu erstatten.

Hamm AnwBl. 74, 274 = JurBüro 74, 996 = Rpfleger 74, 271 = JMBlNRW 74, 179 und AnwBl. 75, 95. Unrichtig Koblenz JurBüro75, 464.

41 Eine gesetzliche Vergütung liegt auch dann nicht vor, wenn für **von Kanzleiangestellten vorgenommene Geschäfte** die Vergütung nach der BRAGO vereinbart worden ist (vgl. hierzu § 4).

42 Sondervergütungen für auswärtige Beweistermine sind auch dann nur in Höhe der Reisekosten zu erstatten, wenn vereinbarungsgemäß der Prozeßbevollmächtigte die Gebühren erhalten sollte, die nach § 54 ein auswärtiger RA zu erhalten gehabt hätte.

43 Rechtsstreit gegen den Auftraggeber. Macht der RA das vereinbarte Honorar gegen den Vertragspartner geltend und wendet dieser nicht ein, die Vergütung sei unangemessen hoch, oder verneint das Gericht die Unangemessenheit, ist der Klage stattzugeben. Hält das Gericht die begehrte vereinbarte Vergütung für unangemessen hoch, hat es nur den gemäß § 3 Abs. 3 herabgesetzten Betrag zuzusprechen. Hält es eine Vereinbarung nicht für wirksam zustandegekommen, ist die Klage abzuweisen. Wird die Honorarklage in diesem Falle hilfsweise auch auf die gesetzlichen Gebühren gestützt, kann der RA nicht auf das vereinfachte Festsetzungsverfahren gemäß § 19 verwiesen werden. Der Gebührenklage ist vielmehr in Höhe der gesetzlichen Vergütung stattzugeben.

Hamburg MDR 68, 936.

44 Durch **Vergleich oder Vertrag** können auch vereinbarte Vergütungen, welche die gesetzliche Vergütung übersteigen, übernommen und im Kostenfestsetzungsverfahren festgesetzt werden. Hat aber die Gegenpartei im Vergleich lediglich Übernahme der Kosten erklärt, so bezieht sich die Übernahme nur auf die gesetzliche Vergütung.

Hartmann A 5.

45 Ein **Verzicht** des RA **auf die gesetzliche Vergütung,** sei es ganz oder zum Teil, ist regelmäßig dahin auszulegen, daß er nur unter der Bedingung gelten soll, daß sein Auftraggeber unterliegt. Das gilt auch dann, wenn die Gebühren nach einem geringeren Streitwert berechnet werden sollen. Der Erstattungsanspruch wird davon nur dann berührt, wenn aus besonderen Umständen ein abweichender Wille anzunehmen ist oder wenn der Verzicht ausdrücklich als unbedingt erklärt wird.

Hartmann A 3; Hamburg JurBüro 74, 59; Zweibrücken JurBüro 73, 304.

Das gilt auch dann, wenn ein RA, der zugleich Beigeordneter einer Stadtgemeinde ist, dieser erklärt hat, er führe den Rechtsstreit für sie unentgeltlich.

Verzichtet der RA bei Aufgabe der Zulassung auf Gebühren, die auch für seinen Nachfolger entstehen, so ist dagegen anzunehmen, daß auch die Gegenpartei die durch den Anwaltswechsel entstehenden Mehrkosten nicht zu erstatten braucht.

Ein Verzicht des Simultananwalts auf Reisekosten ist im Zweifel nur auf die nach § 91 Abs. 2 S. 3 ZPO nicht erstattungspflichtigen Mehrkosten zu beziehen.

Der Verzicht des RA auf seinen Vergütungsanspruch setzt einen Vertrag mit dem Auftraggeber voraus.

Bremen AnwBl. 82, 197.

Für die **Erstattung in Strafsachen** bestimmt die Vorschrift des § 464a Abs. 2 **46** Nr. 2 StPO, daß zu den notwendigen Auslagen eines Beteiligten gehören „die Gebühren und Auslagen eines Rechtsanwalts, soweit sie nach § 91 Abs. 2 ZPO zu erstatten sind".

Danach ist nach inzw. gefestigter Rspr. die Erstattung vereinbarter Honorare gesetzlich ausgeschlossen, soweit diese höher sind als die gesetzlichen Gebühren. Staatskasse, unterlegene Privatkläger, erstattungspflichtige Nebenkläger usw. haben deshalb nur noch die gemäß § 12 zu bestimmende gesetzliche Vergütung zu erstatten.

BVerfG NJW 85, 727; Düsseldorf JurBüro 79, 398; Celle Rpfleger 71, 28; Frankfurt NJW 71, 1327; Köln JMBlNRW 73, 101; Koblenz Rpfleger 74, 289 u. 84, 288; Hamm NJW 69, 1450; Hamburg MDR 76, 952; Nürnberg JurBüro 73, 733; München JurBüro 75, 336; Frankfurt JurBüro 78, 259; KK-Schikora § 464a StPO Rn. 11; Kleinknecht/Meyer § 464a StPO Rn. 11; LR-Schäfer § 464a StPO Rn. 29; Göttlich-Mümmler „Strafsachen" II. 4. 12; a. A. H. Schmidt Die Vergütung S. 78.

Die **Bundes- oder Landeskasse** braucht dem im Wege der Prozeßkostenhilfe **47** oder dem nach § 11a ArbGG beigeordneten RA nach § 121 nur die dort bestimmte Vergütung, dem in Strafsachen bestellten Verteidiger oder beigeordneten Rechtsanwalt nach § 97 nur die in § 97 bestimmten Gebühren zu erstatten.

Das gilt für den im Wege der Prozeßkostenhilfe beigeordneten Rechtsanwalt selbstverständlich dann nicht, wenn der Bund (das Land) der Prozeßgegner war, der im Rechtsstreit unterlegen ist. Hier kann der Anwalt, sei es im Namen einer Partei, sei es gemäß § 126 ZPO im eigenen Namen, die volle Vergütung fordern.

Der Pflichtverteidiger ist im Falle eines Freispruchs seines Auftraggebers schlechter gestellt. Er kann nicht im eigenen Namen einen Erstattungsanspruch geltend machen. Dagegen ist jetzt der Auftraggeber berechtigt, einen Erstattungsanspruch geltend zu machen. Falls der Auftraggeber nicht freiwillig den Anspruch auf Erstattung der Wahlanwaltskosten für seinen Verteidiger gegen die Bundes- oder Landeskasse geltend macht, ist der Verteidiger gezwungen, zunächst einen Antrag aus § 100 Abs. 2 zu stellen.

Vgl. die Anm. zu § 100.

Wegen der Auswirkungen des **Mandantenkonkurses** auf ein vereinbartes **48** Honorar für die Vertretung im Verfahren über den Antrag auf Eröffnung des Vergleichsverfahrens

Vgl. BGH BGHZ 77, 250 = NJW 80, 1962 = MDR 80, 843 = JurBüro 80, 1499 = WM 80, 1047 = ZIP 80, 618.

Gebührenteilung. Die Frage der Zulässigkeit der Gebührenteilung ist zu- **49** nächst keine Frage des materiellen Rechts sondern ausschließlich eine des Standesrechts. Die Standesrichtlinien bestimmten früher in § 55 Abs. 1 S. 1, daß jede Form der Gebührenteilung standeswidrig sei. Eine Lockerung trat am 18. 5. 79 ein, als die Bundesrechtsanwaltskammer die neue Standesauffassung feststellte und sie in dem neugefaßten § 55 und in dem neuen § 55a der Standesrichtlinien (s. Teil C Nr. 9) niederlegte.

Nach wie vor sind folgende Fälle der Gebührenteilung standesrechtlich verboten: Nach § 55 Abs. 1 der Standesrichtlinien ist die Abgabe eines Teils der Gebühren oder die Gewährung sonstiger Vorteile für die Vermittlung von Aufträgen, gleichgültig, ob an Anwälte oder andere Personen, standeswidrig; auch eine solche Vereinbarung ist standeswidrig. Verboten ist also die Gewährung jeglicher Art von „Provision" für die Zuführung von Aufträgen, gleichgültig, ob der Partner des RA ein Anwalt oder ein Nichtanwalt ist. Weiter verboten bleibt, von einem Notar die Abgabe eines Gebührenteils für die Zuführung von Aufträgen zu fordern oder anzunehmen, § 55 Abs. 2 der Standesrichtlinien. Dies gilt auch dann, wenn der RA einen wesentlichen Teil der Notartätigkeit vollbringt, indem er die Urkunde vollständig entwirft, die Notartätigkeit zeitlich nur noch wenige Minuten in Anspruch nimmt. Schließlich ist jede Gebührenteilung zwischen einem RA und einem singular beim OLG zugelassenen RA oder einem RA am BGH verboten, § 55a Abs. 2 S. 1 der Standesrichtlinien.

Nicht unter das Verbot der Gebührenteilung fällt die sog. unechte Gebührenteilung zwischen Anwälten. Eine solche liegt vor, wenn der beauftragte RA in seinem Interesse die interne Mitarbeit eines weiteren Anwalts honoriert. Unechte Gebührenteilung liegt auch vor, wenn der Prozeßbevollmächtigte an der Wahrnehmung der mündlichen Verhandlung oder an dem Termin zur Beweisaufnahme verhindert ist und in seinem Interesse einen Kollegen mit der Wahrnehmung beauftragt und diesem hierfür die Verhandlungs- bzw. die Beweisgebühr oder einen Teil davon überläßt. Das sog. Kartellsystem ist eine wechselseitige Gefälligkeit, das Honorarprobleme nicht aufwirft.

Die beiden einzigen zulässigen echten Gebührenteilungen sind in § 55a der Standesrichtlinien normiert.

Nach Abs. 1 ist es nicht standeswidrig, wenn mehrere, bei demselben Gericht zugelassene Anwälte (§ 18 BRAO), die einen Auftrag gemeinsam bearbeiten, die Gebühren nur einmal erheben und untereinander teilen. Voraussetzung ist also, daß sich die beiden beteiligten Anwälte und der Mandant darüber einig sind, daß die Gebühren nur einmal erhoben werden, kostenmäßig somit fingiert wird, als wenn nur ein Anwalt in der Sache tätig sei. Gedacht ist an die Fälle, daß der eine RA die Schriftsätze fertigt, der andere die Termine wahrnimmt oder an den Sachverhalt, daß der ständige Anwalt des Mandanten einen Spezialisten des in Betracht kommenden Fachgebietes zuzieht. Wie die beteiligten Anwälte die Gebühren aus der gemeinsamen Kostenrechnung untereinander aufteilen, berührt das Standesrecht nicht.

S. auch die Anm. zu § 5.

Wichtiger ist der Abs. 2 des § 55a der Standesrichtlinien, der lautet: „Es ist auch nicht standeswidrig, wenn in Rechtsstreitigkeiten der Prozeßbevollmächtigte den Verkehrsanwalt für eine über dessen Pflichten (§ 52 Abs. 1 BRAGO) hinausgehende Tätigkeit angemessen honoriert, es sei denn, der Prozeßbevollmächtigte ist beim Bundesgerichtshof oder singular beim Oberlandesgericht zugelassen. Bei der Beurteilung der Angemessenheit ist der Verantwortlichkeit, dem Haftungsrisiko und den sonstigen Umständen des Einzelfalles Rechnung zu tragen. Eine derartige Vereinbarung darf nicht zur Voraussetzung der Mandatserteilung gemacht werden." Diese zulässige Gebührenteilung besteht in ihrem finanziellen Ergebnis darin, daß der Prozeßanwalt dem Verkehrsanwalt von seiner Vergütung etwas abgibt. Voraussetzung

ist aber, daß der Verkehrsanwalt mehr tut, als das Gesetz es mit den Worten
„Der Rechtsanwalt, der lediglich den Verkehr der Partei mit dem Prozeßbevollmächtigten führt" in § 52 beschreibt. Der typische Fall hierfür ist, wenn
der Verkehrsanwalt dem Prozeßbevollmächtigten unterschriftsreife Schrift-
satzentwürfe zusendet. Ohne eine Gebührenteilung oder eine Honorarvereinbarung (welche die angemessenste Lösung darstellt), erhielte der Verkehrsanwalt kein über § 52 hinausgehendes Honorar. Diese allgemein als unbefriedi-
gend angesehene Gesetzeslage sollte durch die Zulassung der Gebührenteilung gemindert werden, zumal Änderung durch den Gesetzgeber, etwa durch
Erhöhung der Gebühren des § 52 nicht zu erwarten war und ist.

S. auch Rösen AnwBl. 78, 157.

Obwohl § 55a der Standesrichtlinien nur die Gebührenvorschrift des § 52,
also die für den Verkehrsanwalt, zitiert, ist standesrechtlich ebenso zu beurteilen die Zusammenarbeit von Hauptbevollmächtigten und Unterbevollmächtigten. Leistet der Unterbevollmächtigte Arbeit, die über die Vertretung in
mündlicher Verhandlung hinausgeht, formuliert er beispielsweise selbst
Schriftsätze, so sind auch seine kostenrechtlichen Ansprüche unangemessen
niedrig. Seine Mehrarbeit ist mit der Mehrarbeit des Verkehrsanwalts vergleichbar. Die hier besprochene erst seit 1979 zulässige Gebührenteilung hat sich in der
Praxis erstaunlich schnell durchgesetzt. Die als Ausnahme gedachte Regelung
ist zur Regel geworden. Dies hat dazu geführt, daß präzise Absprachen nicht
getroffen werden, der Verkehrsanwalt sich darauf beschränkt, Gebührenteilung vorzuschlagen und der Prozeßbevollmächtigte dies bestätigt, ohne daß
die Beteiligten klären, was unter Gebührenteilung zu verstehen ist. Hinzu
kommt, daß § 55a der Standesrichtlinien nicht vorschreibt, wie die Gebühren
zu teilen sind, sondern sich auf den Hinweis beschränkt, die Mehrarbeit des
Verkehrsanwalts sei „angemessen" zu honorieren. Eine vernünftige Auslegung muß in einem solchen Fall ergeben, daß die üblicherweise bei beiden
Beteiligten anfallenden Gebühren geteilt werden, also die Verkehrsgebühr des
Verkehrsanwalts und die beim Prozeßbevollmächtigten anfallenden Gebühren.

Hamm JurBüro 86, 217; Mayer AnwBl. 84, 239.

Empfehlenswert ist aber eine vorherige präzise Vereinbarung, um Probleme
von vornherein auszuschließen.

Vorschläge für eine Einzelvereinbarung s. Krieger AnwBl. 79, 107.

Die Gebührenteilungsvereinbarung zwischen Prozeßbevollmächtigtem und
Verkehrsanwalt entfaltet Wirkungen nur im Innenverhältnis zwischen den
beiden Anwälten. Der Mandant wird durch diese Vereinbarung, auch wenn
sie ihm bekannt gemacht worden ist und er ihr ausdrücklich oder durch
schlüssiges Verhalten zugestimmt hat, weder verpflichtet, dem Anwalt mehr,
noch berechtigt, dem anderen Anwalt weniger als die Gebühren nach der
BRAGO zu zahlen.

Hamm JurBüro 86, 217.

Das OLG Koblenz ist der Ansicht, wenn ein Gebührenteilungsabkommen
auch mit der Partei abgesprochen sei, so handele es sich nicht mehr um eine
gesetzliche Vergütung, sondern um eine vereinbarte; denn die Teilung der

Gebühren von § 52 und § 31 bewirke die Vereinbarung einer geringeren als die gesetzliche Gebühr für den Prozeßbevollmächtigten, eine höhere für den Korrespondenzanwalt; folglich sei eine vereinfachte Festsetzung nach § 19 gegen die eigene Partei nicht zulässig.

Koblenz JurBüro 85, 220.

50 Hinweise auf Notwendigkeit der Honorarvereinbarung. Im folgenden sind alle Anmerkungen aufgeführt, in denen auf die Notwendigkeit einer Honorarvereinbarung hingewiesen wird.

Einl. A 6; § 1 A 4, 5, 31; § 8 A 19; § 9 A 11, 104; § 23 A 45; § 66 A 12; § 83 A 19; § 88 A 6, 7; § 90 A 10; § 91 A 17; § 94 A 17; § 100 A 3; § 116 A 3; § 118 A 22, 23; § 119 A 4.

§ 4 Vergütung für Tätigkeiten von Vertretern des Rechtsanwalts

Die Vergütung für eine Tätigkeit, die der Rechtsanwalt nicht persönlich vornimmt, wird nach diesem Gesetz bemessen, wenn der Rechtsanwalt durch einen Rechtsanwalt, den allgemeinen Vertreter oder einen zur Ausbildung zugewiesenen Referendar vertreten wird.

Übersicht über die Anmerkungen

1 Grundsätze. Der RA hat seine Dienste im Zweifel in Person zu leisten, § 613 BGB. Das ist jedoch nicht immer möglich. Es ist deshalb nicht zu vermeiden, daß für den RA Vertreter tätig werden. Die Frage, ob und gegebenenfalls wie eine zulässig durch einen Stellvertreter ausgeübte Tätigkeit zu vergüten ist, bestimmt sich nach bürgerlichem Recht. § 4 greift nur ein Teilgebiet heraus. Er bestimmt, daß der RA auch dann die Gebühren der BRAGO erhält, wenn er nicht selbst tätig wird, sofern nur die Tätigkeit von dem in § 4 genannten Personenkreis ausgeübt wird. Dagegen entscheidet § 4 nicht, ob und welche Vergütung dem RA zusteht, wenn er sich durch eine andere Person vertreten läßt.

2 Die Frage der **Zulässigkeit einer Stellvertretung** ist regelmäßig nach bürgerlichem Recht zu beurteilen. Maßgebend ist insbesondere der mit dem

Auftraggeber geschlossener Vertrag. Er kann beinhalten, daß der RA selbst tätig werden muß (Verteidigung in einer bestimmten Strafsache durch einen besonders geschulten Spezialisten). Im allgemeinen wird jedoch davon auszugehen sein, daß der Auftraggeber die bei Anwälten übliche Vertretung hinzunehmen hat.

Für die Kostenerstattung ist es unerheblich, ob ein RA sich durch einen anderen Anwalt hat vertreten lassen. Ein Anwalt kann auch mehrere andere Anwälte nebeneinander vertreten.

Schumann-Geißinger § 6 A 24, § 83 A 4; München AnwBl. 79, 198.

Soweit Anwaltszwang besteht (§ 78 ZPO), kann der beim Prozeßgericht 3 zugelassene, zum Prozeßbevollmächtigten bestellte RA nach § 52 BRAO die Vertretung nur einem RA übertragen, der selbst in dem Verfahren zum Prozeßbevollmächtigten bestellt werden kann. Einem RA, der nicht zum Prozeßbevollmächtigten bestellt werden kann, darf er nur die Ausführung der Parteirechte in seinem Beistand überlassen.

Hamm AnwBl. 78, 182 = JurBüro 78, 856.

Die **Bestellung eines allgemeinen Vertreters** ist in § 53 BRAO geregelt. 4 Danach soll die Vertretung einem RA übertragen werden. Sie kann aber auch anderen Personen übertragen werden, welche die Fähigkeit zum Richteramt erlangt haben, oder Referendaren, die seit mindestens zwölf Monaten im Vorbereitungsdienst beschäftigt sind.

Durch seinen allgemeinen Stellvertreter darf sich der RA stets vertreten lassen, es sei denn, daß der Auftraggeber ausbedungen hat, daß nur der RA persönlich tätig wird (vgl. das Beispiel des Strafverteidigers).

Einen **Referendar,** der im Vorbereitungsdienst bei ihm oder einem anderen 5 RA zur Ausbildung (nicht während der Zuweisung an das Gericht zur Ausbildung) beschäftigt ist (Stationsreferendar), hat der RA in den Aufgaben eines RA zu unterweisen, ihn anzuleiten und ihm Gelegenheit zu praktischen Arbeiten zu geben. Aus diesem Grunde ist der RA auch seinem Auftraggeber gegenüber berechtigt, dem Referendar die Ausführung von Aufträgen insoweit zu übertragen, als kein Anwaltszwang besteht und der Ausbildungszweck die Übertragung erfordert. Die Grenze dieses Übertragungsrechts bestimmt das pflichtgemäße Ermessen des RA, das ihm verbietet, dem Referendar Aufgaben zu übertragen, die entweder nicht dem Ausbildungszweck dienen oder denen der Referendar nicht gewachsen ist.

Hartmann A 2; Riedel-Sußbauer A 6; LG Franfurt AnwBl. 78, 30.

Durch einen **nicht beim Prozeßgericht** zugelassenen RA darf sich der RA 6 regelmäßig vertreten lassen, soweit kein Anwaltszwang besteht.

Andere Personen, besonders Kanzleiangestellte, darf der RA seine Vertre- 7 tung im Zweifel nur dann übertragen, wenn der Auftraggeber ausdrücklich oder stillschweigend damit einverstanden ist. Als solche anderen Personen kommen insbes. in Betracht Assessoren, wissenschaftliche Hilfsarbeiter (z. B. Richter a. D.), Referendare außerhalb der anwaltlichen Ausbildungsstation, Bürovorsteher oder andere Kanzleiangestellte. Der Wille des Auftraggebers geht regelmäßig nicht dahin, von einem Bürovorsteher, einem sonstigen Laien oder nicht voll ausgebildeten Juristen vertreten zu werden. Auch auf die Einfachheit der Verrichtung, z. B. Erwirkung eines Versäumnisurteils, kann es nicht ankommen, weil die sich etwa im Termin ergebenden Weiterungen und Schwierigkeiten nicht voraussehbar sind. Mit der Betreuung durch einen Juristen wird der Auftraggeber im allgemeinen wohl einverstanden sein.

8 Über den **Vergütungsanspruch bei Stellvertretung** des RA bestand bisher lebhafter Streit, soweit es sich um die Vertretung durch Referendare und Kanzleiangestellte handelte.

Durch § 4 ist die Frage jetzt gesetzlich geregelt. Danach darf die Vergütung nur insoweit nach der BRAGO berechnet werden, als sich der RA durch einen anderen RA, seinen allgemeinen Stellvertreter oder einen zur Ausbildung zugewiesenen Referendar vertreten läßt. Diese Vorschrift gilt für alle Vergütungsvorschriften der BRAGO. Nicht notwendig ist, daß der einem RA zugewiesene Referendar gerade demjenigen RA zugewiesen ist, den er vertritt. Vielmehr ist durch die Fassung klargestellt, daß § 4 auch dann gilt, wenn der Referendar, der für den RA tätig wird, einem anderen RA überwiesen oder zugewiesen ist. Dagegen gilt § 4 nicht für einen Referendar, der dem Gericht zur Ausbildung zugewiesen worden ist.

> Riedel-Sußbauer A 6; Schumann-Geißinger A 3.

9 Auch die **Reisekosten** können für die in § 4 genannten Personen nach § 28 berechnet werden. Ein Abwesenheitsgeld entsteht aber nach § 28 Abs. 2 nur dann, wenn die Reise durch den allgemeinen Stellvertreter oder durch einen (angestellten) RA ausgeführt wird.

10 Bei **Vertretung durch andere als die in § 4 genannten Personen** kann der RA kraft Gesetzes keine Vergütung nach der BRAGO berechnen, auch nicht, wenn der Vertreter die Befähigung zum Richteramt hat. Wird also z. B. ein auf der Anwaltskanzlei beschäftigter wissenschaftlicher Hilfsarbeiter (Assessor) oder ein Referendar, der nicht Stationsreferendar ist, tätig, ist für eine Anwendung des § 4 kein Raum.

> Vgl. Frankfurt MDR 75, 767 = NJW 75, 2211; vgl. auch LG Krefeld AnwBl. 76, 181; LG Zweibrücken Rpfleger 77, 114.

Darauf, ob der Auftraggeber der Vertretung durch solche Personen zugestimmt hat, kommt es bei dem Vergütungsanspruch nicht an. Für durch solche Hilfspersonen ausgeübte Tätigkeiten kann daher nur nach § 612 BGB die vereinbarte oder angemessene Vergütung berechnet werden. Es ist zu prüfen, ob dafür überhaupt eine Vergütung zu erwarten ist. Diese Frage ist in der Regel zu bejahen; denn jede Leistung hat einen Geldwert. Ist die Vergütung für die erbrachte Leistung nicht mit dem Auftraggeber vereinbart, so hat sie der RA in Ermangelung einer üblichen Vergütung nach §§ 315, 316 BGB zu bestimmen. Erkennt sie der Auftraggeber nicht an, so ist über sie im Rechtsstreit zu entscheiden.

> Schumann-Geißinger A 4.

Es ist außerordentlich streitig, welche Vergütung der RA für eine Tätigkeit beanspruchen kann, die von – in § 4 nicht genannten – Stellvertretern, insbesondere einem Assessor, einem Nichtstationsreferendar oder dem Bürovorsteher, wahrgenommen worden sind. Die Skala reicht von „nichts"

> Düsseldorf JMBlNRW 63, 64 = JurBüro 63, 341; LG Gießen VersR 81, 963; LG Heidelberg Justiz 65, 173 = JVBl. 65, 185; LG Trier AnwBl. 78, 359; AG Mainz AnwBl. 81, 512 mit abl. Anm. von H. Schmidt; vgl. auch LG Wuppertal JurBüro 80, 537 mit abl. Anm. von Mümmler.

über die Auslagen von Porto und Schreibarbeiten,

Mümmler JurBüro 78, 1772; LG Berlin Rpfleger 73, 68 = JurBüro 73, 124 (35 % der Anwaltsgebühr beim Bürovorsteher), LG Essen JurBüro 75, 466; AG Hannover JurBüro 65, 715 (Anm. Tschischgale),

über Auslagenersatz (Reisekosten, Zeitaufwand),

Zweibrücken AnwBl. 85, 161 = JurBüro 85, 543; LG Frankenthal AnwBl. 85, 162, die „Bereicherung"

Riedel-Sußbauer A 2,

und die „angemessenen Aufwendungen"

Schumann-Geißinger A 4 ff.; Frankfurt JurBüro 59, 419 und NJW 67, 2067 (die angemessene Vergütung kann die Höhe der gesetzlichen Gebühren erreichen); Karlsruhe AnwBl. 76, 180; LG Aachen JurBüro 78, 261 (Nichtstationsreferendar ½ Gebühr); LG Bochum AnwBl. 71, 296 (Verteidigung durch Nichtstationsreferendar, halbe Gebühr); Köln MDR 85, 683; LG Braunschweig JurBüro 68, 53; LG Duisburg AnwBl. 73, 83; LG Düsseldorf AnwBl. 79, 194; LG Essen JurBüro 75, 466 mit Anm. von Mümmler; LG Wuppertal JurBüro 86, 1515; (Assessor 85 %, Bürovorsteher 35 % der Anwaltsgebühren); LG Frankfurt MDR 74, 64; LG Freiburg AnwBl. 74, 283; LG Kassel AnwBl. 80, 203; LG Krefeld AnwBl. 76, 181 = NJW 76, 1648 = JurBüro 76, 1347 (Assessor ⅔ der Gebühren); LG Landau MDR 79, 160 (Assessor ⅔); LG Mosbach AnwBl. 76, 180 (¾ der Gebühren); LG Osnabrück JurBüro78, 215 (Assessor ⅔); AG Freiburg AnwBl. 82, 264 (Referendar ⅔),

bis zu den vollen Gebühren des Rechtsanwalts.

Tschischgale JurBüro 65, 716; Lappe MDR 84, 990 (Bürovorsteher als Schadensregulierer); Düsseldorf JurBüro 79, 48 = MDR 78, 1031 (Assessor kurz vor Zulassung als Anwalt); Frankfurt NJW 75, 2211 = MDR 75, 767; vgl. auch LG Berlin AnwBl. 68, 27; LG Düsseldorf JurBüro 81, 1341 mit krit. Anm. von Mümmler; LG Flensburg SchlHA 70, 37; LG Ravensburg NJW 76, 2225; AG Hagen AnwBl. 75, 166 = NJW 75, 939.

Angemessen dürfte sein, die Vergütung wie folgt zu bemessen: bei Tätigkeit eines Assessors oder eines anderen Volljuristen auf die volle Gebühr des RA (der weniger gut ausgebildete Rechtsbeistand erhält jetzt auch die vollen Anwaltsgebühren), bei Tätigkeit eines Nichtstationsreferendars auf ½ bis ⅔ der Gebühr des RA, bei der Tätigkeit des Bürovorstehers auf ⅓ bis ½ der Gebühr des RA. Zu beachten ist, daß bei Strafverteidigungen die Gebühren des § 84 voll erwachsen (eigene Tätigkeit des RA) und die Bruchteile nur aus dem Unterschied der Gebühren der §§ 83 und 84 zu bemessen sind.

Vgl. auch LG Freiburg AnwBl. 74, 283.

Um unliebsame Auseinandersetzungen zu vermeiden, ist dringend zu emp- **11** fehlen, **mit dem Auftraggeber zu vereinbaren,** daß der RA auch dann seine **Vergütung nach der BRAGO** berechnen darf, wenn er sich im Einzelfall durch **eine in § 4 nicht genannte Person** vertreten läßt. Das ist keine Vergütungsvereinbarung i. S. des § 3, da darunter nur die Vereinbarung einer höheren als der gesetzlichen Vergütung fällt, nicht aber die Vereinbarung der gesetzlichen Vergütung für die Vertretung durch Stellvertreter, für die kein gesetzlicher Anspruch auf diese Vergütung besteht. Deshalb fällt die Vereinbarung, daß für die Tätigkeit nicht unter § 4 fallender Stellvertreter die

Vergütung nach der BRAGO berechnet werden solle, nicht unter die Formvorschrift des § 3, sondern ist nach den §§ 611, 612 BGB auch formlos gültig.

Hartmann A 1; Riedel-Sußbauer A 9; Schumann-Geißinger A 18.

Sie kann auch stillschweigend getroffen werden. Einer „ausdrücklichen"
Vereinbarung bedarf es nicht, wenn diese auch dringend zu empfehlen ist.
Aus der Genehmigung der Tätigkeit des Stellvertreters allein kann allerdings
noch nicht mit Sicherheit der Schluß gezogen werden, daß der Auftraggeber
die Tätigkeit auch nach der BRAGO vergüten will.

Vgl. hierzu H. Schmidt JurBüro 64, 330; Tschischgale JurBüro 65, 716.

12 Die **Gegenpartei** braucht nach § 91 Abs. 2 S. 1 ZPO nur die gesetzlichen
Gebühren des RA, also bei Stellvertretung nur für die in § 4 genannten
Personen die nach der BRAGO berechnete Vergütung, zu erstatten. Ob die
auf Grund des § 612 Abs. 2 BGB oder einer Vereinbarung geschuldete Vergütung erstattungsfähig ist, hängt davon ab, ob die Kosten zur zweckentsprechenden Rechtsverfolgung oder Rechtsverteidigung notwendig waren, was
im allgemeinen zu bejahen sein wird. Diese Kosten sind dann gemäß § 91
Abs. 1 ZPO zu erstatten.

Hartmann A 3; Riedel-Sußbauer A 12; Schumann-Geißinger A 19.

13 Dem **im Wege der Prozeßkostenhilfe beigeordneten Anwalt** ist aus der
Staatskasse nach § 121 nur die gesetzliche Vergütung zu erstatten, also nicht
die für die Tätigkeit eines Vertreters, der nicht unter § 4 fällt, vereinbarte oder
angemessene Vergütung. Wohl aber hat die Staatskasse die gesetzliche Vergütung dem beigeordneten RA auch dann zu erstatten, wenn er sich durch eine
der in § 4 genannten Personen hat vertreten lassen.

Saarbrücken JurBüro 84, 1668; VG Freiburg AnwBl. 84, 325.

Läßt sich ein im Wege der Prozeßkostenhilfe beigeordneter RA in der
mündlichen Verhandlung durch einen Rechtsbeistand, der Mitglied der
Rechtsanwaltskammer ist, vertreten, so entstehen durch diese Vertretung
erstattungsfähige Gebühren.

Mümmler JurBüro 84, 119; **a. A.** OLG Düsseldorf JurBüro 85, 1496; LG Kleve
JurBüro 84, 1022.

14 Eine **durch eigene Tätigkeit des Rechtsanwalts** oder eine der in § 4
genannten Stellvertreter **verdiente Vergütung** wird nicht dadurch beeinträchtigt, daß vorher oder später ein nicht unter § 4 fallender Vertreter eine
unter die gleiche Gebührenvorschrift fallende Tätigkeit entfaltet hat.

Z. B. ist der Anspruch auf die Verhandlungsgebühr entstanden, wenn der RA
oder ein unter § 4 fallender Vertreter den Antrag gestellt hat, auch wenn ein
nicht unter § 4 fallender Vertreter dann weiterverhandelt. Gibt ein Kanzleiangestellter einem vom RA oder einem unter § 4 fallenden Vertreter erteilten Rat
dem Auftraggeber lediglich weiter, so ist der Anspruch auf die Ratsgebühr
entstanden. Ein vom RA oder einem Vertreter des § 4 unterzeichneter
Schriftsatz gilt als solcher des RA selbst, auch wenn ihn ein Kanzleiangestellter angefertigt hat. Der Anspruch auf die Beweisgebühr oder auf die Vergleichsgebühr setzt nicht notwendig voraus, daß der RA selbst den Beweis-
stermin oder den Vergleichstermin wahrgenommen hat. So erhält der RA
z. B. die volle Vergleichsgebühr, wenn er dem Auftraggeber rät, einen von

einem Nichtstationsreferendar abgeschlossenen Vergleich nicht zu widerrufen. Auch **in Strafsachen** ist § 4 als allgemeine Bestimmung anzuwenden. Die **15** Übertragung der Verteidigung auf einen Stationsreferendar, selbst unter Aufsicht des RA, ist aber von der Genehmigung des Gerichts abhängig. Diese kann auch während der Verhandlung wieder entzogen werden.

BGH NJW 58, 1309 = MDR 58, 785.

Kostenrechtlich ist es ohne Bedeutung, ob der beauftrage RA selbst oder ein ihm zur Ausbildung zugewiesener Referendar – mit Zustimmung des Auftraggebers – in der Hauptverhandlung aufgetreten ist.

Schumann-Geißinger A 16; LG Heidelberg AnwBl. 65, 184.

Auch wenn einer der in § 4 genannten Personen im Strafverfahren tätig geworden ist, sind die Kosten gemäß § 464 a Abs. 2 Ziff. 2 StPO zu erstatten.

Auch in Strafsachen ist streitig, ob und gegebenenfalls welche Vergütung der RA beanspruchen kann, wenn ein in § 4 nicht genannter Vertreter für ihn tätig geworden ist. Vgl. den Fall der Vertretung des Nebenklägers in der Hauptverhandlung durch einen Nichtstationsreferendar.

Keine Vergütung: KG NJW 72, 1872; LG Freiburg NJW 64, 70 (abl. Tschischgale); LG Göttingen NJW 69, 946 (Wird ein Anwalt in der Hauptverhandlung durch einen wissenschaftlichen Hilfsarbeiter (Assessor) als Verteidiger vertreten, ohne daß dieser amtlich bestellter Vertreter im Sinne des § 4 ist, so entstehen insoweit keine von der Landeskasse zu erstattenden notwendigen Auslagen); LG Wuppertal AnwBl. 77, 322 mit abl. Anm. von Matzen.

Richtiger ist wohl, das vorstehend A 12 Gesagte für die Erstattung im Strafverfahren zu übernehmen.

Vgl. auch Schumann-Geißinger A 10; Hamm NJW 70, 1058 (Assessor als Nebenklägervertreter voll); Karlsruhe AnwBl. 76, 180 (Assessor ¾); LG Aschaffenburg JurBüro 77, 1234 (Nichtstationsreferendar ⅔); LG Darmstadt JurBüro 82, 73 mit Anm. von Mümmler (Nichtstationsreferendar ½); LG Freiburg MDR 77, 515 (Assessor voll); LG Heidelberg AnwBl. 78, 319 (Nichtstationsreferendar ½); LG Krefeld AnwBl. 76, 181 = NJW 76, 1648 = JurBüro 76, 1347 (Assessor ⅔); LG Ravensburg NJW 76, 2225 (Assessor voll).

Ist eine der in § 4 nicht genannten Personen tätig geworden, ist zu prüfen, ob ihre Tätigkeit zweckentsprechend war (was im allgemeinen zu bejahen ist). In diesem Falle ist die durch ihre Tätigkeit verdiente Vergütung ebenfalls erstattungsfähig.

Überträgt der RA die Verteidigung in der Hauptverhandlung einem Assessor, so hat er zunächst Anspruch auf die volle Gebühr für die Tätigkeit außerhalb der Hauptverhandlung, denn hier ist er selbst tätig geworden. Fraglich ist nur, in welcher Höhe der Unterschiedsbetrag (Beispiel: Mittelgebühr des § 83 – 570 DM – zur Mittelgebühr des § 84 – 285 DM – Unterschied 285 DM) zu vergüten ist. Hier schwankt die Rechtsprechung, soweit sie die Tätigkeit des Assessors vergütet, zwischen ½ und ⅓ der Anwaltsgebühr.

Karlsruhe AnwBl. 76, 180 (¾); LG Düsseldorf AnwBl. 79, 194; LG Freiburg AnwBl. 74, 283 (⅓); LG Krefeld AnwBl. 76, 181 = NJW 76, 1648 = JurBüro 76, 1347 (⅔).

Richtiger ist, die vollen Anwaltsgebühren anzusetzen.

Vgl. vorst. Anm. 10.

Der Pflichtverteidiger muß grundsätzlich die Verteidigung selbst führen.

BGH Strafverteidiger 81, 393.

Seine Bestellung gilt auch für seinen nach § 53 BRAO bestellten allgemeinen Vertreter. Ansonsten darf der zum Verteidiger bestellte Anwalt die Verteidigung nur mit Genehmigung des Vorsitzenden einem Vertreter überlassen.

Hamm JurBüro 66, 984; Frankfurt NJW 80, 1703; Schumann-Geißinger A 21.

Läßt sich der Pflichtverteidiger ohne Genehmigung des Gerichts – etwa durch einen Assessor – vertreten, entstehen ihm keine Vergütungsansprüche.

Hamm AnwBl. 79, 236.

Wird die Genehmigung aber erteilt, so sind die Gebühren dem bestellten Verteidiger, nicht dem Vertreter zu zahlen.

Hamm Rpfleger 52, 484; Braunschweig Rpfleger 56, 114; **a. A.** Riedel-Sußbauer A 15 zu § 97.

Wenn das Gericht den Vertreter aber verteidigen läßt, so kann darin eine Entbindung des beigeordneten Verteidigers und eine Bestellung des Vertreters zum selbständigen Pflichtverteidiger liegen, so daß nur dem Vertreter der Gebührenanspruch gegen die Staatskasse zusteht. Der Sozius des Pflichtverteidigers ist kein allgemeiner Vertreter im Sinne des § 53 BRAO. Er darf daher nur verteidigen, wenn ihm die Verteidigung ausdrücklich übertragen worden ist.

BayObLG NJW 81, 1629.

Tritt ein Sozius auf, so ist immer zu prüfen, ob die Genehmigung zum Handeln als Vertreter des Pflichtverteidigers vorliegt oder vielmehr die Bestellung zum Pflichtverteidiger mit gleichzeitiger Entbindung des zunächst beigeordneten Verteidigers. Im letzteren Fall hat der Sozius eigene Ansprüche auf Pflichtverteidigervergütung.

Karlsruhe KostRsp. BRAGO § 97 Nr. 5 m. Anm. v. Schmidt; LG Köln KostRsp. BRAGO § 97 Nr. 6.

Hat der Pflichtverteidiger sich mit Genehmigung des Gerichts durch einen Stationsreferendar vertreten lassen, so stehen ihm auch die gleichen Gebühren zu, die er bei eigener Tätigkeit hätte berechnen könne.

Riedel-Sußbauer A 15 zu § 97; vgl. auch LG Stuttgart AnwBl. 69, 372.

Für den Pflichtverteidiger, der sich in der Hauptverhandlung durch einen bei ihm beschäftigten, aber nicht zu seinem allgemeinen Vertreter bestellten Assessor vertreten läßt, kommt eine Pauschalvergütung gemäß § 99 nicht in Betracht.

Hamm AnwBl. 69, 65 = JVBl. 69, 95 = NJW 69, 946 = NdsRpfl. 69, 188 und AnwBl. 79, 236 (Warum hat es der RA unterlassen, den Assessor zu seinem allgemeinen Vertreter gemäß § 53 Abs. 3 BRAO bestellen zu lassen? Dann wäre diese Panne unterblieben).

§ 5 Mehrere Rechtsanwälte

Ist der Auftrag mehreren Rechtsanwälten zur gemeinschaftlichen Erledigung übertragen, so erhält jeder Rechtsanwalt für seine Tätigkeit die volle Vergütung.

Übersicht über die Anmerkungen

Allgemeines. „Mehrere Anwälte" können bei einer Angelegenheit in ver- **1** schiedener Weise tätig werden:

a) sie üben eine verschiedenartige Tätigkeit aus; Beispiel: der Prozeßbevollmächtigte § 31, der Verkehrsanwalt § 52, der Terminsanwalt § 53, der Beweisanwalt § 54,

b) sie üben die gleiche Tätigkeit nacheinander aus, Beispiel: nach dem Tode des ersten Prozeßbevollmächtigten wird ein zweiter Prozeßbevollmächtigter bestellt,

c) sie üben ihren Beruf in einer Anwaltssozietät aus; hier will der Auftraggeber von einem Anwalt vertreten sein, wobei es ihm in der Regel gleichgültig ist, welcher Anwalt tätig wird oder ob sich mehrere in die Arbeit teilen,

d) sie werden in der gleichen Angelegenheit in der gleichen Art nebeneinander tätig; Beispiel: ein Auftraggeber läßt sich von zwei Rechtsanwälten verteidigen.

§ 5 behandelt nur den Fall d). Hier liegen mehrere Anwaltsverträge vor; jeder RA hat auf Grund des mit ihm geschlossenen Vertrages Anspruch auf Vergütung. § 5 regelt die Frage, ob diese Vergütung etwa deshalb zu ermäßigen ist, weil das Maß der Arbeit für den einzelnen Anwalt bei gemeinsamer Tätigkeit meist geringer ist als bei Einzeltätigkeit. § 5 verneint diese Frage. Jeder der beteiligten RA hat Anspruch auf die volle gesetzliche Vergütung.

Zur **gemeinschaftlichen Erledigung** ist ein Auftrag mehreren RA nur dann **2** übertragen, wenn sie nebeneinander tätig werden sollen. Das ist z. B. der Fall, wenn in einem Strafverfahren ein Angeklagter seine Verteidigung mehreren RA überträgt. Dann hat jeder RA Anspruch auf die volle Vergütung, die er nach der BRAGO verdient hat. Es liegen in diesem Falle mehrere Rechtsanwaltsverträge vor, die mit mehreren RA abgeschlossen sind, aber die gleiche Tätigkeit zum Gegenstand haben. Die mehreren RA müssen die gleiche Aufgabe haben, z. B. den Auftraggeber in der Hauptverhandlung zu verteidigen. Dabei kann selbstverständlich eine gewisse Arbeitsteilung vorliegen. Dann hat schon nach bürgerlichem Recht jeder RA, der die aufgetragene

Tätigkeit leistet, Anspruch auf Vergütung. Daran ändert § 5 nichts. Er bestimmt nur, daß die nach der BRAGO bemessene Vergütung sich nicht deshalb ermäßigt, weil mehrere RA tätig geworden sind. Soweit die Vergütung des RA in einer Rahmengebühr besteht, kann jedoch bei Ausfüllung des Rahmens gemäß § 12 der Umfang der dem einzelnen Anwalt obliegenden Tätigkeit u. U. gebührenmindernd beachtet werden. Zwar kann nicht der eine RA durch seine Tätigkeit einen Gebührenanspruch für den anderen begründen. Jedoch ist nicht nötig, daß dann, wenn mehrere RA im gleichen Verhandlungstermin für den gleichen Auftraggeber tätig werden, jeder von ihnen den Antrag verliest. Die Verhandlungsgebühr entsteht vielmehr für den anderen RA schon dann, wenn er in der Verhandlung mit anwesend ist, auch wenn er selbst keine Ausführungen macht. Ebenso braucht nicht jeder Strafverteidiger die Zeugen zu befragen oder alle Anklagepunkte in seinem Plädoyer zu behandeln.

Erstattungsfähig sind in einem solchen Falle nur die Gebühren eines Anwalts, da die Voraussetzungen des § 91 Abs. 2 S. 3 ZPO nicht vorliegen. Das gilt auch dann, wenn der Fiskus als Partei durch mehrere nach ihrem Geschäftsbereich beteiligte Behörden vertreten wird, und diese mehrere RA beauftragt haben.

Köln AnwBl. 68, 231; und JurBüro 80, 1083; München AnwBl. 72, 277 = MDR 72, 790 = JurBüro 72, 780; vgl. aber auch Hamburg JurBüro 71, 263.

War es geboten, neben dem Prozeßbevollmächtigten einen Spezialisten zuzuziehen, sind die Kosten beider Anwälte erstattungsfähig.

Frankfurt JurBüro 77, 942.

Strafsachen. § 464a Abs. 2 Nr. 2 StPO verweist auf § 91 Abs. 2 ZPO. Im Hinblick auf die Kosten mehrerer RA ist somit S. 3 des Abs. 2 anzuwenden, wonach die Kosten mehrerer RA nur insoweit zu erstatten sind, als sie die Kosten eines RA nicht übersteigen. Nach dem eindeutigen Wortlaut des Gesetzes bedeutet dies, der Beschuldigte kann zwar mit der Begrenzung des § 137 Abs. 1 S. 2 StPO mehrere Anwälte als Wahlverteidiger bestellen, erstattbar sind nur die Kosten eines Anwalts. Auf die Frage, ob das Verfahren umfangreich oder schwierig war, kann es daher nicht ankommen.

KG JR 1975, 476; Düsseldorf Rpfleger 75, 256; JMBlNRW 83, 100; Frankfurt KostRspr. StPO § 464a Nr. 3; Koblenz OLGSt § 467 S. 150; KK-Schikora § 464 § StPO A 13; Kleinknecht-Meyer § 464a StPO A 13; LR-Schäfer § 464a StPO A 27; Mümmler JurBüro 78, 1597; **a. A.** Stuttgart Rpfleger 74, 403 u. insbesondere H. Schmidt, der aus den Eingangsworten des § 464a Abs. 2 StPO („... gehören auch") folgert, da es nicht heiße „gehören nur", könnten auch die Kosten mehrerer Anwälte notwendige Auslagen sein, s. Schmidt Die Vergütung S. 62 sowie in Festschrift für Karl Schäfer 79 S. 231, 237.

3 **Sind mehrere Rechtsanwälte nicht gemeinschaftlich tätig geworden,** sondern nacheinander oder jeder in einem besonderen Verfahrensabschnitt oder ist jedem Anwalt ein anderes Tätigkeitsgebiet übertragen worden, so ist § 5 nicht anwendbar, z. B. nicht bei Beauftragten eines Verkehrsanwalts neben dem Prozeßbevollmächtigten. In einem solchen Falle kann jeder RA nur die Vergütung für die gerade ihm übertragene Tätigkeit beanspruchen.

4 Bei **Tätigkeit eines Unterbevollmächtigten** gilt § 5 ebensowenig. Daß bei gemeinsamer Ausführung eines Auftrags durch einen RA und einen Nichtanwalt nur der RA die Vergütung nach der BRAGO verlangen kann, ist selbstverständlich.

Wird eine **Anwaltsgemeinschaft** beauftragt, so wird zwar die Prozeßvoll- **5** macht den verbundenen Anwälten gemeinschaftlich erteilt, wenn darin nichts Gegenteiliges enthalten ist. Auch bei mündlicher Auftragserteilung ist davon auszugehen, daß sich der Auftrag auf alle verbundenen Anwälte bezieht.

Inhalt des Auftrags ist aber nach dem regelmäßig zu unterstellenden Parteiwillen, daß die verbundenen RA nicht nebeneinander, sondern daß jeweils nur einer von ihnen, und zwar jeder an Stelle des anderen, tätig werden soll.

Riedel-Sußbauer A 2; Schumann-Geißinger A 4; BGH NJW 63, 1301 = MDR 63, 659 = JurBüro 63, 463 = VersR 63, 755 = BB 63, 711 = DB 63, 865; Hamm NJW 70, 1791; Hamburg JurBüro 75, 773. Vgl. aber auch LG Hamburg AnwBl. 74, 166.

Geht aber der Auftrag ausnahmsweise dahin, daß die verbundenen RA gemeinschaftlich tätig werden sollen, und werden sie auch gemeinsam tätig, so ist § 5 anzuwenden.

Schumann-Geißinger A 5; BGH MDR 63, 659 = NJW 63, 1301 = JurBüro 63, 463 = VersR 63, 755 = BB 63, 711 = DB 63, 865.

Erteilen Streitgenossen den Auftrag, so kann unter Umständen der Parteiwille auch dahin gehen, daß jeder Streitgenosse von einem der Sozien vertreten werden will. Dann können diese die Gebühren getrennt berechnen, z. B. wenn sie die Schriftsätze getrennt angefertigt haben und in den Terminen beide aufgetreten sind. In der Regel ist jedoch anzunehmen, daß auch die mehreren Streitgenossen eine Anwaltssozietät in der Weise beauftragen, daß immer nur ein RA für sie tätig werden soll.

Scheidet ein Rechtsanwalt aus der Anwaltsgemeinschaft aus, so be- 6 schränkt sich der Auftrag ohne weiteres auf die verbleibenden Anwälte, z. B. bei Tod eines Anwalts. Es findet also kein Anwaltswechsel statt, sondern es wechselt höchstens der Sachbearbeiter. Da doppelte Anwaltsgebühren nicht entstehen, ist § 91 Abs. 2 S. 3 ZPO nicht anwendbar.

Hamburg JurBüro 75, 773.

Ein Anwaltswechsel liegt auch nicht vor, wenn Mitglieder der beauftragten Anwaltssozietät im Laufe des Rechtsstreits ausscheiden, die Sozietät als solche aber von einem nach der Beauftragung eingetretenen RA zusammen mit einem weiteren RA fortgesetzt wird.

München JurBüro 79, 108.

Scheidet aus der Anwaltsgemeinschaft ein RA (z. B. derjenige, der bisher die Sache bearbeitet hat) aus und überträgt ihm der Auftraggeber die Fortführung, so liegt ein Anwaltswechsel nicht vor. Der RA erhält keine neuen Gebühren.

a. M. Mümmler JurBüro 81, 1637.

Sind die verbundenen Rechtsanwälte bei verschiedenen Gerichten 7 zugelassen, so kann allerdings von einem gemeinsamen Prozeßauftrag keine Rede sein. Scheidet z. B. der Landgerichtsanwalt durch Tod aus und übernimmt der bisherige Oberlandesgerichtsanwalt nach seiner Zulassung beim Landgericht die Vertretung der Partei vor dem Landgericht, so wird ein neues

Auftragsverhältnis begründet. Hier liegt dann ein notwendiger Anwaltswechsel vor: Daher besteht auch dann keine Anrechnungspflicht der Gebühren, wenn der zweite Anwalt die Praxis des verstorbenen übernommen hat.

8 **Geht ein Alleinanwalt** nach Erteilung eines Auftrags **eine Anwaltsgemeinschaft ein,** so kann eine Ausdehnung des Auftrags auf den neu eingetretenen Anwalt durch Stillschweigen erfolgen. Sie ist z. B. anzunehmen, wenn der neu eingetretene Anwalt fast alle Termine wahrgenommen und Schriftsätze unterzeichnet hat. Scheidet sodann einer der beiden Anwälte aus der Sozietät aus, so beschränkt sich der Auftrag, ohne daß ein Anwaltswechsel stattfindet, auf den verbleibenden Anwalt.

Schumann-Geißinger A 7; Hamm JurBüro 68, 982 = MDR 69, 63.

9 Zur **Geltendmachung des Vergütungsanspruchs** ist jeder der Gemeinschaft angehörige RA berechtigt.

Riedel-Sußbauer A 2; BGH NJW 63, 1301 = MDR 63, 659 = JurBüro 63, 463 = VersR 63, 755 = BB 63, 711 = DB 63, 865; vgl. aber Hamm JurBüro 65, 637.

Beim Zusammenschluß zweier RA zu einer Sozietät stehen Honorare, die einer von ihnen vorher allein erbracht hat, die aber erst nach dem Sozietätsbeginn eingehen, nur dann der Sozietät zu, wenn das besonders vereinbart worden ist.

BGH AnwBl. 72, 88 = NJW 72, 107 = MDR 72, 214.

10 **Erstattung bei Anwaltswechsel.** Gemäß § 91 Abs. 2 S. 3 ZPO sind die Kosten mehrerer Anwälte nur insoweit zu erstatten, als sie die Kosten eines RA nicht übersteigen oder als in der Person des RA ein Wechsel eintreten mußte.

Vgl. Mümmler JurBüro 83, 651.

Ist der bisherige Prozeßbevollmächtigte vor Prozeßende verstorben, ist es notwendig, einen neuen Prozeßbevollmächtigten zu bestellen. Daher sind von dem unterlegenen Gegner die Kosten beider Anwälte zu erstatten. Das gilt auch dann, wenn für den verstorbenen Anwalt ein **Abwickler** bestellt worden ist. Eine Partei ist nicht gehalten, auf jeden Fall den Abwickler mit der Weiterbehandlung ihrer Angelegenheit zu beauftragen.

Frankfurt AnwBl. 80, 517 = MDR 80, 1026 = VersR 80, 933 = JurBüro 81, 126 = Rpfleger 81, 29.

Beauftragt sie ihn doch, so stehen ihm gemäß § 55 Abs. 3 BRAO Gebühren und Auslagen nur insoweit zu, als sie noch nicht vor seiner Bestellung erwachsen sind.

Riedel-Sußbauer A 6 vgl. auch Hamm Rpfleger 69, 168 = AnwBl. 69, 349 = JurBüro 69, 642 (Stirbt der Prozeßbevollmächtigte und beauftragt die Partei deshalb einen neuen Prozeßbevollmächtigten, so kann sie grundsätzlich die Kosten beider Anwälte erstattet verlangen, auch wenn für den verstorbenen Anwalt ein Kanzleiabwickler bestellt worden ist. Dies gilt jedoch nicht, wenn die Partei die Anwaltssozietät, der der Kanzleiabwickler angehört, beauftragt).

Endet die Bestellung des Kanzleiabwicklers vor Beendigung der Angelegenheit und wird der Abwickler in dieser Angelegenheit weiter anwaltlich tätig, so erwachsen ihm in den Grenzen von § 13 Abs. 5 die Gebühren, für die er durch seine weitere Tätigkeit den Gebührentatbestand verwirklicht. Diese

Kosten sind nach den für einen Anwaltswechsel geltenden Grundsätzen erstattungsfähig.

Hamm JurBüro 76, 625.

Beauftagt eine Partei nach dem Tode des von ihr beauftragten Anwalts, der einer Sozietät angehört, einen nicht dieser Sozietät angehörenden Anwalt, so soll ein notwendiger Anwaltswechsel nicht vorliegen.

So Hamburg JurBüro 68, 918 = MDR 68, 618 und JurBüro 75, 773; Frankfurt Rpfleger 77, 259 = JurBüro 77, 1618; Schleswig JurBüro 78, 921.

Diese Auffassung dürfte – so allgemein ausgesprochen – zu streng sein. Hatte die Partei z. B. einen bestimmten Anwalt der Sozietät gebeten, ihre Angelegenheit zu betreiben, und stirbt dieser Anwalt, wird man die Partei kaum zwingen können, ihre Angelegenheit durch die anderen Anwälte weiterbearbeiten zu lassen.

So H. Schmidt JVBl. 69, 12; Karlsruhe JurBüro 77, 1142 = BB 77, 870; Stuttgart Justiz 69, 224.

Haben mehrere Auftraggeber gemeinsam einen Anwalt beauftragt und wechseln sie sodann gemeinsam oder auch nur zum Teil den Anwalt, so sind die Kosten dieser mehreren Anwälte zu erstatten.

Düsseldorf KTS 77, 121; Stuttgart Justiz 67, 197 (für Eheleute als Auftraggeber); vgl. auch KG VersR 78, 544 = JurBüro 78, 1394 (Streitgenossen, die in erster Instanz einen gemeinschaftlichen Prozeßbevollmächtigten bestellt hatten, können im Berufungsverfahren getrennt Anwälte beauftragen); a. M. Hamburg JurBüro 72, 58 = MDR 72, 60 und JurBüro 75, 384 = MDR 75, 323; Stuttgart Rpfleger 72, 318 = Justiz 72, 247; München MDR 83, 941.

Denn die mehreren Auftraggeber waren berechtigt, je einen Anwalt zu beauftragen, so daß Mehrkosten durch den Anwaltswechsel nicht entstanden sind.

Düsseldorf NJW 68, 1237 = Rpfleger 69, 197 (L) = VersR 69, 222 (für Halter und Fahrer eines Kfz); Karlsruhe Rpfleger 69, 422; München MDR 69, 934 = Rpfleger 69, 394 = JurBüro 69, 856 und JurBüro 72, 817 = Rpfleger 72, 376 = MDR 72, 1042 = DAR 73, 47.

Haben Streitgenossen in einem Rechtsstreit von vornherein gemeinsam mehrere RA mit ihrer Vertretung beauftragt, so kann jeder die im Innenverhältnis auf ihn entfallenden Kosten bis zur Höhe des Betrages der durch die Beauftragten eines nur für ihn tätigen Anwalts entstanden wäre, erstattet verlangen.

Düsseldorf AnwBl. 81, 70 (Grenze: Rechtsmißbrauch); KG Rpfleger 73, 437 = JurBüro 74, 86. Vgl. auch wegen der Vertretung des Fahrzeughalters und der Haftpflichtversicherung durch zwei RA Düsseldorf JurBüro 74, 1147 = Rpfleger 74, 404 = MDR 74, 853 = VersR 74, 1033; Frankfurt JurBüro 81, 609; München AnwBl. 74, 398 = MDR 74, 1022 = JurBüro 74, 1173 = VersR 74, 1033 = Rpfleger 74, 405 = DAR 75, 23; Nürnberg AnwBl. 82, 74; LG Frankfurt AnwBl. 78, 102; vgl. aber Hamm Rpfleger 78, 329 = JurBüro 78, 1399 (Der Grundsatz, daß jeder Streitgenosse unter kostenrechtlichen Gesichtspunkten berechtigt ist, sich durch einen eigenen Prozeßbevollmächtigten vertreten zu lassen, gilt nicht, wenn die Bestellung mehrerer RA im Einzelfall als rechtsmißbräuchlich anzusehen ist); KG VersR 77, 770 (Sind in einem Haftpflichtprozeß sowohl der Halter als auch der Fahrer als auch der Versicherer verklagt worden und hat der Versicherer zur Rechtsverteidigung namens aller Streitgenossen ein gemeinsames Mandat an einen RA erteilt, so sind die durch ein nachträgliches weiteres Mandat einzelner Streitgenossen an einen anderen RA verursachten Mehrkosten grundsätzlich nicht erstattungsfähig); vgl. auch Schleswig SchlHA 80, 202 = JurBüro 81, 610 mit Anm. von Mümmler.

Die Gebühren zweier RA einer Partei, wenn der erste Prozeßbevollmächtigte in den öffentlichen Dienst übergetreten ist, sind dann erstattungsfähig, wenn der Partei selbst keinerlei Verschulden an dem Mandatswechsel und die hierdurch entstandenen Mehrkosten trifft.

München AnwBl. 70, 77 = JurBüro 70, 318 = Rpfleger 70, 97.

Eine – länger dauernde – Erkrankung des Prozeßbevollmächtigten einer Partei kann ein hinreichender Anlaß für die Partei sein, innerhalb der gleichen Instanz einen neuen RA mit ihrer Vertretung zu beauftragen. Die Kosten dieses zweiten RA sind dann erstattungsfähig. Das gilt aber nicht, wenn der Anwalt seine Kanzlei weiterführt und es ihm mit der Partei zuzumuten ist, den Rechtsstreit zu Ende zu führen.

Strengere Auffassung: München JurBüro 70, 320.

Dagegen ist ein Anwaltswechsel z. B. dann unnötig, wenn in einem vermögensrechtlichen Rechtsstreit der Prozeßbevollmächtigte einer Partei von der Gegenpartei als Zeuge benannt worden und seine Vernehmung als Zeuge zu erwarten ist.

München AnwBl. 68, 353.

Wird zwischen dem seine Praxis aufgebenden RA und dem Praxisübernehmer vereinbart, daß die noch anhängigen Rechtsstreitigkeiten ohne Berechnung von Mehrkosten gegenüber dem Mandanten von dem Praxisübernehmer zu Ende geführt werden sollen, so gilt eine solche Vereinbarung nicht nur im Verhältnis zwischen den beiden RA und ihrem Auftraggeber; sie ist auch im Verhältnis zu dem in die Kosten verurteilten Prozeßgegner wirksam. Der Unterlegene braucht also die durch den Anwaltswechsel entstandenen Mehrkosten nicht zu tragen.

Celle MDR 69, 155 = NJW 69, 242 = Rpfleger 69, 155.

Beauftragt eine Partei im Rechtsstreit jeweils einen anderen Anwalt für die Klage und für die Vertretung zur Widerklage, so sind die Kosten auch dann nur in der Höhe erstattungsfähig, wie sie bei Einschaltung eines einzigen Anwalts entstanden wären, wenn die Mandatsaufspaltung auf Grund der Weisungen des für den Gegenstand der Widerklage eintrittspflichtigen Haftpflichtversicherers erfolgt ist.

KG JurBüro 75, 654 = Rpfleger 75, 180 = MDR 75, 499 = VersR 75, 837.

Ist in Patentstreitsachen die Zuständigkeit bei einem bestimmten Landgericht eines oder mehrerer Länder konzentriert, kann sich jede Partei nach § 51 Abs. 3 PatG auch von einem RA vertreten lassen, der bei dem Gericht zugelassen ist, vor das die Klage gehören würde, wenn es eine konzentrierte Zuständigkeit auf diesem Gebiet nicht gäbe (sog. „Außenbezirksanwalt"). Der Anwaltswechsel ist daher grundsätzlich nicht „notwendig", wenn das Mandat von einem „Außenbezirksanwalt" auf einen anderen RA übergeht, der seinerseits bei dem Gericht zugelassen ist, zu welchem die Patentstreitkammer gehört.

Frankfurt JurBüro 81, 1082.

Wird eine Vollmacht an zwei in „**Bürogemeinschaft**" verbundene RA **11** erteilt, die betreffende Rechtssache aber nur von einem der beiden RA bearbeitet, so ist nach dessen Tod nicht der andere RA der „Bürogemeinschaft" bevollmächtigt, den Rechtsstreit weiterzuführen; vielmehr ist die Partei befugt, einen anderen Anwalt ihres Vertrauens zu bevollmächtigen. Dessen Gebühren sind ebenfalls erstattungsfähig.

Schumann-Geißinger A 8; Stuttgart Justiz 69, 224.

§ 6 Mehrere Auftraggeber

(1) **Wird der Rechtsanwalt in derselben Angelegenheit für mehrere Auftraggeber tätig, so erhält er die Gebühren nur einmal.** Ist der **Gegenstand der anwaltlichen Tätigkeit derselbe, so erhöhen sich die Geschäftsgebühr (§ 118 Abs. 1 Nr. 1) und die Prozeßgebühr (§ 31 Abs. 1 Nr. 1) durch jeden weiteren Auftraggeber um drei Zehntel; die Erhöhung wird nach dem Betrag berechnet, an dem die Auftraggeber gemeinschaftlich beteiligt sind; mehrere Erhöhungen dürfen den Betrag von zwei vollen Gebühren nicht übersteigen.** Bei Gebühren, die **nur dem Mindest- und Höchstbetrag nach bestimmt sind, erhöhen sich der Mindest- und Höchstbetrag durch jeden weiteren Auftraggeber um drei Zehntel; mehrere Erhöhungen dürfen das Doppelte des Mindest- und Höchstbetrages nicht übersteigen.**

(2) **Jeder der Auftraggeber schuldet dem Rechtsanwalt die Gebühren und Auslagen, die er schulden würde, wenn der Rechtsanwalt nur in seinem Auftrag tätig geworden wäre.** Der Rechtsanwalt kann aber **insgesamt nicht mehr als die nach Absatz 1 berechneten Gebühren fordern; die Auslagen kann er nur einmal fordern.**

Lit.: Lappe NJW 76, 165 (Anwaltsgebühren bei mehreren Auftraggebern); H. Schmidt AnwBl. 73, 333 (Anwaltsgebühren für die Vertretung mehrerer Unfallgeschädigter) und NJW 76, 1438 (Anwaltsgebühren bei mehreren Auftraggebern). E. Schneider JurBüro 79, 1409 (Die Gebührenordnung nach § 6 Abs. 1 Satz 2 BRAGO wegen Auftraggebermehrheit in derselben Angelegenheit).

Übersicht über die Anmerkungen

Allgemeines. Während § 13 Abs. 2 bestimmt, daß der RA die Gebühren in 1 derselben Angelegenheit nur einmal fordern kann, bestimmt Abs. 1 S. 1 des § 6, daß auch die Zahl der Auftraggeber nicht zu einer Vermehrung der Gebühren führt. Für alle Auftraggeber, für die der RA in derselben gebührenrechtlichen Angelegenheit tätig wird, erhält der RA die Gebühren nur einmal.

Die BRAGO berücksichtigt aber, daß die Tätigkeit für mehrere Auftraggeber regelmäßig mit zusätzlicher Arbeit sowie mit einer Erhöhung der allgemeinen Geschäftsunkosten, der Veranwortung und auch der Regreßgefahr verbunden ist. Das geschieht bei den Gebühren, die sich nach dem Gegenstandswert richten, auf zwei Wegen, je nachdem, ob der RA für die Auftraggeber wegen desselben Gegenstandes oder wegen unterschiedlicher Gegenstände beauftragt worden ist.

Sind die Gegenstände, wegen deren die einzelnen Auftraggeber den RA beauftragt haben, verschieden, so werden die Werte nach § 7 Abs. 2 zusammengerechnet und führen so über einen höheren Gegenstandswert zu einer erhöhten Vergütung. Wird der RA dagegen für mehrere Auftraggeber in derselben Angelegenheit wegen desselben Gegenstandes tätig, so sieht § 6 Abs. 1 S. 2 eine Erhöhung der allgemeinen Betriebsgebühr (Geschäftsgebühr und Prozeßgebühr) vor. Das Gesetz geht dabei davon aus, daß eines dieser beiden Erhöhungssysteme zu einer Anhebung der Vergütung des RA führt.

> Vgl. dazu BGH AnwBl. 81, 402 = NJW 81, 2757 = Rpfleger 81, 437 = MDR 81, 1004 = JurBüro 81, 1657, der eine auszufüllende Gesetzeslücke annimmt, wenn das System des § 7 Abs. 2 beim PKH-Anwalt trotz verschiedener Gegenstände nicht zu einer Erhöhung der Vergütung führt, weil bereits durch die Vertretung eines Auftraggebers die Höchstgebühr des § 123 ausgelöst wird.

Bei den Gebühren, die nicht nach dem Gegenstandswert berechnet werden, sondern nur dem Mindest- und Höchstbetrag nach bestimmt sind (Betragsrahmengebühr), wird nach Abs. 1 S. 3 der Betragsrahmen erhöht, innerhalb dessen die konkrete Gebühr von dem RA nach § 12 Abs. 1 zu bestimmen ist. Bei diesen Gebühren kommt es, weil der Wert des Gegenstandes für die Gebührenbemessung keine Rolle spielt, nicht auf Gleichheit oder Verschiedenheit des Gegenstandes der Aufträge der mehreren Auftraggeber an.

> H. Schmidt AnwBl. 85, 388 in Anm. zu SG Münster; a. A. Mümmler JurBüro 86, 360.

Abs. 2 regelt die Frage, in welcher Höhe der RA seine – einheitliche – Vergütung gegen die einzelnen Auftraggeber geltend machen kann. Nicht geregelt ist, wie die einzelnen Auftraggeber im Innenverhältnis haften, ob ihnen ein Ausgleichsanspruch untereinander zusteht. Diese Frage wird dem bürgerlichen Recht überlassen. Ebenso behandelt § 6 die Frage der Kostenerstattung durch den unterlegenen Gegner nicht.

In welcher Stellung sich der RA befindet, ist gleichgültig. § 6 gilt also nicht nur für den RA als Prozeßbevollmächtigten, sondern ebenso für den Verkehrs-, Beweis- und Patentanwalt, den Unterbevollmächtigten und den mit Angelegenheiten des § 118 beauftragten RA.

2 Voraussetzung der Erhöhung ist, daß der RA für die mehreren Auftraggeber **in derselben Angelegenheit** auftragsgemäß tätig geworden ist.

Wegen des Begriffs der Angelegenheit s. A 5 ff. zu § 13.

Für die Anwendung des Abs. 1 S. 2 ist weiter Voraussetzung, daß der RA für die mehreren Auftraggeber **wegen desselben Gegenstandes** tätig wird.

Wegen des Begriffs des Gegenstandes und seiner Unterscheidung von dem Begriff der Angelegenheit s. A 5 zu § 13.

Weitere Voraussetzung ist, daß der RA die mehreren Auftraggeber gleichzeitig vertritt. Es reicht deshalb nicht aus, wenn er von dem Auftraggeber B erst beauftragt wird, nachdem der frühere Auftraggeber A ausgeschieden ist (näheres s. A 24 u. 27).

3 Daß im Einzelfall dem RA durch die Mehrheit von Auftraggebern **meßbare Mehrarbeit** erwachsen ist, ist ebensowenig Voraussetzung für den Eintritt der Gebührenerhöhung wie die Zugehörigkeit der Sache zu einer Fallgruppe, bei der nach Ansicht des jeweiligen Gerichts typischerweise durch den oder die zusätzlichen Auftraggeber dem RA meßbare zusätzliche Arbeitsbelastung erwächst.

BGH NJW 84, 2296 = AnwBl. 84, 208 = Rpfleger 84, 202 = JurBüro 84, 377 = MDR 84, 561; Schleswig JurBüro 80, 1505; Karlsruhe AnwBl. 81, 444; Düsseldorf AnwBl. 83, 518; Koblenz Rpfleger 85, 253; Saarbrücken AnwBl. 85, 391; Bamberg AnwBl. 86, 108 = JurBüro 86, 722;
a. A. Köln AnwBl. 80, 157; JurBüro 85, 66; OVG Bremen JurBüro 80, 1658.

Die regelmäßig durch zusätzliche Auftraggeber eintretende Erhöhung der Arbeitsbelastung und Verantwortung des RA ist zwar der gesetzgeberische Grund für die Erhöhung seiner Vergütung nach Abs. 1 S. 2 u. 3. Es darf aber nicht außer acht gelassen werden, daß die Gebühren der BRAGO Pauschgebühren sind, die an typische Tatbestände anknüpfen, ohne eine Prüfung zuzulassen, ob die bei Erfüllung des Gebührentatbestandes entstehende Gebühr im Einzelfall der Arbeitsleistung und Verantwortung des RA entspricht. Das Gesetz geht dabei davon aus, daß sich untypische Fälle letztlich in der Weise ausgleichen, daß der RA in dem einen Fall eine hohe Gebühr ohne wesentlichen Arbeitseinsatz erlangt, dafür aber in anderen Fällen Arbeitsleistungen erbringen muß, die durch die entstehende geringe Gebühr keineswegs angemessen vergütet werden. Die Bestimmung, welche Tatbestände Gebührenfolgen haben sollen, ist Sache des Gesetzgebers. Sie dürfen nicht vom Richter mit der Begründung, der Wortlaut des Gesetzes entspreche nicht dessen Normzweck, durch andere, engere Tatbestände ersetzt werden, die dem Grundgedanken der gesetzlichen Regelung vermeintlich besser entsprechen, indem aus den Fällen, in denen die Mehrheit von Auftraggebern typischerweise zu erhöhter Arbeitsbelastung und Verantwortung des RA führt, einzelne Fallgruppen ausgesondert werden, in denen diese Folge nicht typisch ist. Überdies dürfte die Meinung, die Bildung von Fallgruppen sei nicht mit der Prüfung, ob im Einzelfall Mehrarbeit entstanden ist, gleichzusetzen, auf einem Fehlschluß beruhen. Dem RA, der sich auf den klaren Wortlaut und den Normzweck des Gesetzes mit der Behauptung beruft, im konkreten Fall sei ihm durch die Auftraggebermehrheit auch ins Gewicht fallende Mehrarbeit erwachsen, kann nicht entgegengehalten werden, diese Behauptung sei unerheblich, weil sein Fall zu einer Fallgruppe gehöre, in der typischerweise keine Mehrarbeit entstehe. Dann muß wohl doch geprüft werden, ob der Einzelfall vom Normzweck erfaßt wird. Will das Gesetz nicht gerade das vermeiden?

Eine **Mehrheit von Auftraggebern** liegt vor, wenn derselbe RA für ver- **4** schiedene natürliche oder juristische Personen auftragsgemäß gleichzeitig tätig werden soll. Bei Beauftragung einer Anwaltssozietät ist diese als der beauftragte RA anzusehen, es sei denn, daß ausdrücklich vereinbart ist, daß der eine Sozius nur den einen, der andere nur den anderen Auftraggeber allein vertreten soll.

Auftraggeber i. S. des § 6 Abs. 1 ist nur derjenige, in dessen Rechtsangelegenheit der RA auftragsgemäß tätig werden soll, im gerichtlichen Verfahren also die Partei, deren Rechte oder Pflichten Gegenstand der gerichtlichen Entscheidung sein sollen. Dabei kommt es nicht entscheidend darauf an, wer vertragsgemäß die Anwaltsvergütung zahlen soll, ob mehrere Einzelpersonen beim Abschluß des Anwaltsvertrages tätig geworden sind und wie viele Personen dem RA die Information erteilen. Ebenso ist es (entgegen früherer Fassung des Gesetzes) nicht mehr erheblich, ob die Aufträge gleichzeitig oder zeitlich nacheinander erteilt wurden.

Beispiel: Eine GmbH hat zwei Geschäftsführer. Diese beauftragen den RA gemeinschaftlich, die GmbH zu vertreten. Auftraggeber ist nur die GmbH. Es liegt also keine Auftraggebermehrheit vor, obwohl der Auftrag und die Information von zwei Personen erteilt wurden.

In welcher Verfahrensrolle und mit welchem Ziel der einzelne Auftraggeber am Verfahren beteiligt ist, spielt für die Frage, ob eine Auftraggebermehrheit vorliegt, keine Rolle. Wenn ein und dieselbe Person in verschiedenen Verfahrensrollen am gerichtlichen Verfahren teilnimmt (z. B. als Kläger und Widerbeklagter, als Berufungskläger und Berufungsbeklagter, als Angeklagter und Nebenkläger) so bleibt er doch ein einziger Auftraggeber. Für die Annahme einer Auftraggebermehrheit ist es umgekehrt gleichgültig, ob der weitere Auftraggeber einfacher oder notwendiger Streitgenosse, Streithelfer oder Beigeladener ist.

Hamburg MDR 84, 413 (Partei und Nebenintervenient); BayVGH JurBüro 80, 1017 = BayVerwBl. 80, 444 (Partei u. Beigeladener); vgl. aber VGH Baden-Württemberg KostRsp. BRAGO § 6 Nr. 145 m. krit. Anm. Lappe (nimmt bei Vertretung mehrerer Beigeladener mehrere Gegenstände und damit den Fall des § 7 Abs. 2 an).

Bei einer **Auftragserteilung durch Vertreter** – seien sie gesetzliche Vertre- **5** ter, kraft Versicherungsbedingung zur Bestellung eines RA für die Partei befugt, Einzel- oder Generalbevollmächtigte – ist i. S. des § 6 nur der Vertretene Auftraggeber.

Beispiele: Der Hausverwalter beauftragt den RA, die verklagten Miteigentümer des von ihm verwalteten Grundstücks zu vertreten. Auftraggeber sind die Miteigentümer, nicht der Verwalter.

LG Berlin AnwBl. 77, 469.

Die sorgeberechtigten Eltern beauftragen den RA, für das minderjährige Kind tätig zu werden; Auftraggeber ist nur das Kind.

Der Haftpflichtversicherer beauftragt den RA, für Halter und Fahrer Klageabweisung zu beantragen; diese sind (zwei) Auftraggeber.

6 Bei Auftragserteilung durch einen Vertreter kann es vorkommen, daß dieser den Auftrag zugleich **im eigenen und im fremden Namen** erteilt. Dann soll der RA sowohl für den Vertreter wie für den Vertretenen, also für mehrere Auftraggeber tätig werden.

Beispiele: In einem Schadensersatzprozeß gegen Halter, Fahrer und Haftpflichtversicherung beauftragt diese den RA, für alle Beklagten Klageabweisung zu beantragen: Der RA hat drei Auftraggeber. Ob und in welcher Höhe sich die Prozeßgebühr erhöht, hängt davon ab, ob und in welchem Umfang Gegenstandsgleichheit der gegen die einzelnen Beklagten geltend gemachten Ansprüche besteht; sind sie als Gesamtschuldner verklagt, erhöht sich die Prozeßgebühr auf $^{16}/_{10}$.

München AnwBl. 77, 112 = JurBüro 77, 196; Köln JurBüro 78, 221.

Ein Gläubiger nimmt die A-oHG und den Gesellschafter A persönlich außergerichtlich auf Zahlung in Anspruch. Der alleinvertretungsberechtigte A beauftragt den RA mit der Abwehr des Anspruchs für die oHG und sich selbst. Der RA hat zwei Auftraggeber. Auf die Zahl der sonstigen persönlich haftenden Gesellschafter kommt es nicht an.

Gerade im Fall der Beauftragung im eigenen und im fremden Namen muß darauf geachtet werden, ob der Auftrag denselben Gegenstand betrifft. Den hier behandelten Fällen muß der Fall gleichgestellt werden, daß im Rechtsstreit der RA sich selbst und einen Streitgenossen erfolgreich vertreten hat. Dann hat er zwar nur einen (Fremd)Auftrag erhalten. Da er aber nach § 91 Abs. 2 S. 4 ZPO schon für die Selbstvertretung die volle Prozeßgebühr vom unterlegenen Gegner erstattet verlangen kann, muß sich für die zusätzliche Mühewaltung für den Auftraggeber die vom Gegner zu erstattende Prozeßgebühr ebenfalls nach § 6 Abs. 1 S. 2 erhöhen.

Hamburg JurBüro 78, 1180; ihm zustimmend E. Schneider JurBüro 79, 1415.

Natürliche Personen

7 Beauftragen **Eheleute** den RA, so handelt es sich um nach jetzt fast einhelliger Rechtsprechung um zwei Auftraggeber; ohne Belang ist dabei, ob jeder Ehegatte den RA beauftragt oder ob der eine Ehegatte den Auftrag für sich selbst und zugleich für den Ehepartner erteilt.

Celle JurBüro 79, 1005; NdsRpfl. 79, 176; Köln JurBüro 80, 542 (wenn als Gesamtschuldner in Anspruch genommen); KostRsp. BRAGO § 6 Nr. 136 (vorbeugende negative Feststellungsklage); Schleswig JurBüro 80, 1505 = SchlHA 80, 203; Düsseldorf AnwBl. 82, 529 = JurBüro 82, 1347 = VersR 82, 1008 = JMBlNW 82, 215; OVG Lüneburg MDR 83, 785; Frankfurt JurBüro 83, 1191 = MDR 83, 764; Nieders.FG EFG 84, 140; LG Duisburg MDR 82, 155; LG Aachen AnwBl. 82, 116 = JurBüro 82, 392; LG Bonn AnwBl. 82, 529; AG Mönchengladbach Rpfleger 82, 486 = JurBüro 82, 1670 (Beratungshilfe); **a. A.** Köln AnwBl. 80, 157 = JurBüro 79, 1815; JurBüro 86, 386; 865 (klagende Eheleute).

Anders ist es, wenn beide Eheleute den Auftrag nur im fremden Namen, z. B. als gesetzliche Vertreter des Kindes (der Kinder) erteilen; dazu A 6.

Unklar OVG Bremen JurBüro 80, 1658, das in Schulwegstreitigkeit die Eltern „zusammen" mit ihrem Kind als einen Auftraggeber ansieht.

8 Minderjährige **Kinder** sind selbständige Auftraggeber, gleichviel durch wen sie gesetzlich vertreten sind oder ob sie in Vormundschafts- und Familiensachen nach § 59 FGG selbständig verfahrensfähig sind. In dem häufig vorkommenden Fall, daß Unterhaltsansprüche eines Elternteils und der Kinder in einer Klage geltend gemacht werden, handelt es sich zwar um mehrere Auftraggeber, aber um verschiedene Gegenstände (die Unterhaltsansprüche des Elternteils und jedes einzelnen Kindes beruhen auf je einem besonderen Rechtsverhältnis). Eine Erhöhung der Prozeßgebühr des RA nach § 6 findet nicht statt; vielmehr sind die Werte nach § 7 Abs. 2 zusammenzurechnen.

Stuttgart Justiz 79, 104 (LS); 82, 272 = JurBüro 82, 1358; Karlsruhe Justiz 79, 231; 81, 50 = AnwBl. 81, 72 = Rpfleger 81, 122; Frankfurt MDR 81, 238; Hamburg JurBüro 82, 1179; Bamberg JurBüro 83, 129.

Der Auskunftsanspruch der einzelnen Unterhaltsgläubiger gegen den Unterhaltsschuldner teilt dabei als Nebenanspruch den rechtlichen Charakter des Hauptanspruchs, ist daher ebenfalls für jeden einzelnen Unterhaltsgläubiger als besonderer Gegenstand anzusehen; auch bei gemeinschaftlicher Geltendmachung des Auskunftsanspruchs erhöht sich die Prozeßgebühr nicht.

Düsseldorf JurBüro 82, 712.

Eine **Erbengemeinschaft** besteht aus mehreren natürlichen Personen, stellt 9 deshalb eine Auftraggebermehrheit dar. Das leuchtet ohne weiteres ein, soweit die Erbengemeinschaft selbst den Auftrag erteilt hat, mag dabei auch einer der Miterben für die anderen gehandelt haben.

Hamm JurBüro 78, 1176; Karlsruhe AnwBl. 81, 193; Stuttgart JurBüro 86, 719; Bamberg AnwBl. 86, 110 = JurBüro 86, 722; LG Hannover JurBüro 84, 223; teilweise a. A. auch hier Köln, das Auftraggebermehrheit annimmt, wenn die Miterben als Gesamtschuldner verklagt werden (JurBüro 84, 1353; 86, 1663; ebenso LG Bremen JurBüro 86, 721), die Erbengemeinschaft aber im Aktivprozeß als einen Auftraggeber ansieht (JurBüro 83, 1653; ebenso LG Bremen JurBüro 85, 1815).

Dabei ist es unerheblich, ob einer der Miterben zugleich gesetzlicher Vertreter der anderen ist.

Nach einer verbreiteten Meinung soll aber anderes gelten, wenn die Erbengemeinschaft den vom Erblasser beauftragten RA bittet, den Prozeß fortzuführen. In diesem Fall, so wird argumentiert, liege nur ein einziger Auftrag vor, nämlich derjenige des Erblassers; die Erben träten als dessen Rechtsnachfolger lediglich in den bestehenden Vertrag ein.

Bamberg JurBüro 78, 1179; Schleswig JurBüro 79, 524; Frankfurt AnwBl. 81, 403; JurBüro 82, 1346; Düsseldorf Rpfleger 82, 199; LAG Hamm JurBüro 84, 389 = MDR 84, 174; Mümmler JurBüro 82, 190.

Diese Argumentation verkennt, daß es nicht darauf ankommt, wieviel Geschäftsbesorgungsverträge geschlossen worden sind, sondern darauf, für wie viele Personen der RA auftragsgemäß tätig werden soll. Es kann doch keinerlei Zweifel bestehen, daß Partei des Prozesses oder sonstigen Verfahrens nicht mehr der Erblasser ist, daß vielmehr an seine Stelle die Mitglieder der Erbengemeinschaft getreten sind und jeder einzelne Miterbe durch den vom Erblasser beauftragten RA vertreten wird.

Nürnberg MDR 62, 226; Stuttgart Justiz 71, 183 (das entsprechend der damaligen Gesetzeslage noch darauf abstellt, ob die Miterben den RA zeitlich nacheinander bevollmächtigt haben); München MDR 85, 856.

Anders ist es nur, wenn ein einzelner Miterbe gemäß § 2039 BGB im eigenen

Namen Leistung an alle Miterben fordert. Dann ist nur er Auftraggeber des RA und Partei des Prozesses.

10 Auch die **Gesellschaft des bürgerlichen Rechts** besteht aus mehreren Einzelpersonen; als solche ist sie nicht rechtsfähig und – jedenfalls nach geltendem Recht – auch nicht parteifähig.

> Kritisch dazu Lindacher Rpfleger 86, 30 mit weiteren Nachweisen zur Lehre von der Teilrechtsfähigkeit aller Gesamthandsgesellschaften.

Der RA, der beauftragt wird, für eine BGB-Gesellschaft tätig zu werden, hat so viele Auftraggeber wie die Gesellschaft Gesellschafter hat. Es kommt nicht darauf an, ob alle Gesellschafter persönlich den Auftrag erteilt haben oder ob einzelne Mitglieder der Gesellschaft ihn auch für die anderen erteilt haben. Ebenso unerheblich ist der Zweck und die Dauer, für die die Gesellschafter sich zusammengeschlossen haben.

> Frankfurt Rpfleger 78, 336; JurBüro 78, 1017; Hamburg JurBüro 78, 1806; 79, 1310; Nürnberg JurBüro 80, 702 (auch bereits aufgelöste Gesellschaft); Düsseldorf AnwBl. 80, 260 = JurBüro 80, 856; MDR 80, 679; VersR 80, 774 (L); 81, 214 = Rpfleger 81, 122 = VersR 81, 359; Schleswig JurBüro 80, 1505; 81, 1675 = SchlHA 81, 201; Karlsruhe AnwBl. 81, 444; München AnwBl. 82, 440 (Wahrnehmungsgesellschaften); Saarbrücken JurBüro 85, 1820 (Betriebsgemeinschaft von Versicherungsunternehmen); Koblenz Rpfleger 86, 30 = JurBüro 86, 556 unter Aufgabe von Rpfleger 81, 320 u. 82, 441 (Arbeitsgemeinschaft von Bauunternehmen); a. A. FG Düsseldorf EFG 86, 202 = KostRsp. BRAGO § 6 Nr. 153 m. Anm. von Noll und Lappe (BGB-Gesellschaft mit eigener Klagebefugnis im Finanzgerichtsprozeß).

11 Eine verbreitete Meinung vertritt demgegenüber die Ansicht, die BGB-Gesellschaft müsse – jedenfalls bei Aktivprozessen – wie die offene Handelsgesellschaft als ein einziger Auftraggeber angesehen werden, wenn sie entweder allgemein im Rechts- oder Geschäftsverkehr oder auch im konkreten Fall dem Gegner gegenüber unter **firmenähnlicher Bezeichnung** oder in sonstiger Weise als Einheit aufgetreten sei.

> Nürnberg JurBüro 79, 1007 (Architekturbüro); 83, 1656 (Aktivprozeß zu einer Arbeitsgemeinschaft zusammengeschlossener Bauunternehmen); Köln JurBüro 80, 1507 (Arbeitsgemeinschaft der Baubranche); Hamm JurBüro 83, 225 (Architekturbüro); 86, 54 (Ingenieurbüro unter einheitlicher Bezeichnung); Schleswig JurBüro 85, 216 = KostRsp. BRAGO § 6 Nr. 145 m. krit. Anm. Lappe; LG Hannover JurBüro 86, 868 (Vermessungsingenieurbüro).

Diese Analogie zur Behandlung der offenen Handelsgesellschaft ist verfehlt, weil – worauf Lappe a. a. O. zutreffend hingewiesen hat – die oHG nach § 124 HGB selbständig parteifähig ist und zur Zwangsvollstreckung in das Gesellschaftsvermögen ein gegen die Gesellschaft gerichteter Titel erforderlich ist, während es zur Zwangsvollstreckung in das Privatvermögen des Gesellschafters eines Titels gegen diesen bedarf. Bei den Personengesellschaften des Handelsrechts können deshalb Gesellschaft und Gesellschafter nebeneinander in Anspruch genommen werden, was auch häufig geschieht, wodurch es dort erst recht zu einer Mehrheit von Auftraggebern kommt (Gesellschafter + Gesellschaft). Da diese Möglichkeit bei BGB-Gesellschaften nicht besteht, fehlt es an einer Grundlage für die Analogie. Bleibt als Argument wieder nur die schon aus tatsächlichen Gründen sehr fragwürdige, jedenfalls gebührenrechtlich aber unerhebliche (oben A 3) Ansicht, bei dem Tätigwerden für eine

BGB-Gesellschaft entstehe dem RA typischerweise keine Mehrarbeit gegenüber der Vertretung eines Einzelmandanten.

Die Frage, ob der unterlegene Gegner darauf vertrauen durfte, daß er es nur mit einem einzigen Geschäftspartner zu tun habe, kann für die Vergütung des RA keine Rolle spielen; sie kann allenfalls bei der Kostenerstattung berücksichtigt werden.

Auf den **nichtrechtsfähigen Verein** finden nach § 54 S. 1 BGB die Vor-   12 schriften über die Gesellschaft Anwendung. Deshalb gilt an sich das oben zur BGB-Gesellschaft Ausgeführte.

> Frankfurt JurBüro 84, 865 = Rpfleger 84, 202 (L) (Auftraggebermehrheit, wenn Mitglieder des Orchestervorstandes eines Städtischen Orchesters als Prozeßstandschafter urheberrechtliche Ansprüche geltend machen).

Abweichungen ergeben sich aber jedenfalls insoweit, als alle oder bestimmte nichtrechtsfähige Vereine nach Gesetz (§ 61 Nr. 2 VwGO, § 10 ArbGG, § 98 Abs. 2 Nr. 7 u. 8 AktG, 50 Abs. 2 ZPO) parteifähig sind oder nach gefestigter Rechtsprechung als parteifähig behandelt werden. Denn wenn der RA für eine parteifähige Körperschaft beauftragt wird, so ist sein Auftrag dahin zu verstehen, daß er nur diese, nicht auch deren Mitglieder vertreten soll, also ebenso wie beim rechtsfähigen Verein nur einen Auftraggeber hat.

Die **Wohnungseigentümergemeinschaft** ist weder rechts- noch parteifä-   13 hig. Die Eigentümerversammlung kann zwar die Beauftragung eines RA beschließen, kann als solche dem RA jedoch keinen Auftrag erteilen. Das kann nur in der Weise geschehen, daß die einzelnen Wohnungseigentümer den RA entweder persönlich oder durch einen Vertreter beauftragen. Häufig wird das der Verwalter sein. Im Regelfall wird der Verwalter oder einer der Miteigentümer den RA aber nicht im eigenen Namen, sondern als Vertreter aller Wohnungseigentümer beauftragen. Diese, nicht der Verwalter oder der sonst für die Eigentümergemeinschaft Handelnde, sind dann Auftraggeber des RA. Das gilt sowohl für den Fall, daß der RA mit der Wahrnehmung der Rechte der Eigentümergemeinschaft gegenüber außenstehenden Dritten (z. B. Handwerkern, Behörden, Lieferanten, Mietern der Gemeinschaft, Arbeitnehmern) tätig werden soll, als auch für den Fall, daß er mit der Vertretung gegenüber anderen Wohnungseigentümern oder dem Verwalter, z. B. im Verfahren nach § 43 WEG, beauftragt wird. Im ersteren Fall hat er so viele Auftraggeber, wie Eigentümer der Gemeinschaft angehören. Im zweiten Fall sind nur diejenigen Miteigentümer Auftraggeber, deren Rechte der RA gegenüber den anderen Beteiligten wahrnehmen soll. In beiden Fällen sind auch hier Eheleute und Miterben, mag ihnen das Wohnungseigentum auch gemeinschaftlich zustehen, mehrere Auftraggeber. Geschäfts- und Prozeßgebühr des RA erhöhen sich entsprechend. Das ist jetzt fast einhellige obergerichtliche Rechtsprechung.

> BGH AnwBl. 84, 208 = Rpfleger 84, 202 = JurBüro 84, 377 = MDR 84, 561; Hamburg JurBüro 78, 1018 = MDR 78, 767; Bamberg JurBüro 78, 1016; Frankfurt AnwBl. 79, 115 = JurBüro 79, 199; Karlsruhe Rpfleger 79, 389; Düsseldorf AnwBl. 80, 75; JurBüro 86, 53; Hamm Rpfleger 80, 76 = JurBüro 80, 379 = MDR 80, 239; OVG Lüneburg AnwBl. 84, 560 = JurBüro 84, 1935; **a. A.** OLG Köln JurBüro 83, 73; 85, 66; 86, 865 (gegen BGH); allgemein zu der Frage: Hansens JurBüro 86, 1765 ff.

Anders ist es nur, wenn der Verwalter Ansprüche der Wohnungseigentümergemeinschaft **als Prozeßstandschafter im eigenen Namen** geltend macht. Dann ist nur er Partei und alleiniger Auftraggeber des RA.

> Stuttgart JurBüro 83, 381; Hamm JurBüro 83, 856 = MDR 83, 501.

Ob die Wohnungseigentümergemeinschaft verpflichtet ist, diesen für den Gegner kostengünstigeren Weg zu beschreiten,

> bejahend Koblenz JurBüro 85, 711; LG Frankenthal Rpfleger 84, 201; verneinend LG Saarbrücken JurBüro 80, 1822

ist keine gebührenrechtliche, sondern eine erstattungsrechtliche Frage. Sie wird kaum allgemein bejaht werden können, denn der Verwalter ist nicht kraft seiner Verwalterstellung verpflichtet, Prozesse ohne besondere Vergütung als Prozeßstandschafter (und damit jedenfalls zunächst auf eigenes Kostenrisiko) zu führen. Eine solche Verpflichtung folgt auch nicht aus § 27 WEG.

14 Die **Anwaltssozietät** ist eine BGB-Gesellschaft. Deshalb gilt für sie grundsätzlich das oben A 10 Ausgeführte. Das ist – jedenfalls für den Passivprozeß – auch weitgehend anerkannt.

> Düsseldorf AnwBl. 78, 262 u. 311 = MDR 78, 854 = KostRsp. BRAGO § 6 Nr. 10 mit Anm. E. Schneider; Hamm JurBüro 79, 1645; Celle NdsRpfl. 80, 201; Frankfurt AnwBl. 80, 74; München AnwBl. 81, 105 = Rpfleger 81, 123 = JurBüro 81, 212 = MDR 81, 328; KG JurBüro 86, 272 = MDR 85, 851; Bamberg JurBüro 86, 1516.

Gleichwohl sind zur Frage der Anwendung des § 6 bei Prozessen von und gegen Anwaltssozietäten eine Fülle von Streitfragen entstanden. Sie lassen sich weitgehend auf Erstattungsfragen zurückführen. Es geht im wesentlichen um dreierlei: Einmal geht es um die Frage, ob jedes einzelne Mitglied der Sozietät, das sich im Prozeß selbst vertritt, nach § 91 Abs. 2 S. 4 ZPO Erstattung der Gebühren und Auslagen, die es als solche eines bevollmächtigten RA erstattet verlangen könnte, von dem unterlegenen Gegner beanspruchen kann, und zwar neben gleichen Erstattungsansprüchen der anderen Sozien, die sich ebenfalls selbst vertreten haben. Das ist eine rein erstattungsrechtliche Frage, deren Bejahung zunächst die Glaubhaftmachung voraussetzt, daß wirklich jeder einzelne Sozietätsanwalt sich selbst vertreten hat und nicht vielmehr die Sozietät sich selbst oder einer der Sozien sich selbst und zugleich die anderen Sozien vertreten hat. Diese tatsächliche Frage wird sich kaum bejahen lassen, wenn alle Schriftsätze gleichlautend waren und alle Termine von demselben Sozius wahrgenommen wurden. Wird sie bejaht, so erhebt sich die erstattungsrechtliche Frage, ob die Selbstvertretung aller Sozietätsmitglieder zur zweckentsprechenden Rechtsverfolgung oder Rechtsverteidigung notwendig war. Zwar kann keinem Mitglied der Sozietät verwehrt werden, sich selbst zu vertreten; daraus folgt aber nicht ohne weiteres, daß jedes einzelne Mitglied auch Erstattung nach § 91 Abs. 2 S. 4 ZPO vom unterlegenen Gegner beanspruchen kann. Oft wird die Vermutung naheliegen, daß diese Verfahrensweise nur gewählt wurde, um dem Gegner höhere Kosten zu verursachen, und damit mißbräuchlich war. Es kann aber auch sachliche Gründe für dieses Vorgehen geben, z. B. starke Interessengegensätze zwischen den Sozien bei Schadensersatzprozessen. Werden derartige Gründe anerkannt,

z. B. KG Rpfleger 79, 70 = JurBüro 79, 198; Nürnberg AnwBl. 81, 194 = JurBüro 81, 763; Hamm AnwBl. 83, 526; andererseits Hamburg JurBüro 79, 50 (Unterlassungsanspruch nach UWG, Aufgabe von JurBüro 78, 1015); KG JurBüro 86, 272 = MDR 85, 851

bestehen keine gebührenrechtlichen Zweifel. Dasselbe gilt für den Fall, daß jeder Sozius sich durch einen eigenen außenstehenden RA vertreten läßt. Daß einem solchen dritten RA die nichterhöhte Gebühr (er hat nur einen Auftraggeber) erwächst, kann nicht zweifelhaft sein.

Wird die erste Frage verneint, entsteht die Frage, in welcher Höhe bei sparsamer Prozeßführung Gebühren notwendigerweise entstanden wären und damit zu erstatten sind. Die gleiche Frage entsteht, wenn die Sozietät eine andere Vertretung tatsächlich gewählt hatte. Dafür kommen vier Möglichkeiten in Betracht:

a) Die Sozietät beauftragt eines ihrer Mitglieder mit ihrer Vertretung. Gebührenrechtlich ist dieser Fall eindeutig: Der beauftragte Sozius hat mehrere Auftraggeber. Er selbst ist zwar nicht sein eigener Auftraggeber, sondern erlangt für die Selbstvertretung nur einen Kostenerstattungsanspruch. Aus den oben zu A 6 genannten Gründen sind aber die übrigen Mitglieder der Sozietät dennoch als zusätzliche Auftraggeber zu berücksichtigen. Es entsteht also eine erhöhte Gebühr.

Hamm JurBüro 79, 1645; KG JurBüro 86, 272 = MDR 85, 851; Bamberg JurBüro 86, 1516.

Diese Rechtsfolge wird zu Unrecht gelegentlich mit erstattungsrechtlichen Argumenten geleugnet.

LG Bochum Rpfleger 77, 333; ihm zustimmend E. Schneider KostRsp. BRAGO § 6 Anm. zu Nr. 10.

b) Die Sozietät beauftragt einen außenstehenden RA. Dieser hat, wenn man nicht der oben zu A 11 abgelehnten Ansicht folgt, so viele Auftraggeber, wie die Sozietät Mitglieder hat. Auch hier entsteht eine erhöhte Gebühr.

c) Die Sozietät vertritt sich als solche selbst. In diesem Fall erwächst ihr weder eine erhöhte, noch eine nicht erhöhte, sondern gar keine Gebühr, denn sie kann nicht ihre eigene Schuldnerin sein. Ebenso wie dem Einzelanwalt, der sich in eigener Sache selbst vertritt, sind ihr jedoch in entsprechender Anwendung des § 91 Abs. 2 S. 4 ZPO vom unterlegenen Gegner diejenigen Gebühren und Auslagen zu erstatten, die sie als Gebühren und Auslagen eines (von ihr) bevollmächtigten (dritten) RA erstattet verlangen könnte. Auch in diesem Fall wäre also eine erhöhte Gebühr wie im Fall b) zu erstatten.

H. Schmidt AnwBl. 78, 49; Hamburg JurBüro 79, 50.

d) Bei Aktivprozessen besteht schließlich noch die Möglichkeit, daß ein Sozius im eigenen Namen auf Leistung an die Sozietät klagt. Dazu bedarf es allerdings einer entsprechenden Regelung im Sozietätsvertrag.

BGH NJW 63, 1301 = MDR 63, 659; die dieser Entscheidung zugrundeliegende Auffassung vom Wesen der Anwaltssozietät insbesondere hinsichtlich der Haftung für Verschulden der anderen Sozien hat der BGH zwar in BGHZ 55, 355 = NJW 71, 1801 aufgegeben; daraus folgt aber nicht die Unzulässigkeit einer Gestaltung des Gesellschaftsvertrages, die die Geltendmachung der der Sozietät zustehenden Gebührenansprüche durch einen einzelnen Sozius im eigenen Namen zuläßt.

In diesem Fall ist dem klagenden Mitglied nur die einfache, nicht erhöhte

Prozeßgebühr nach § 91 Abs. 2 S. 4 ZPO zu erstatten, denn er hat bei dieser Form der Klage im eigenen Namen auf Leistung an die Sozietät keine Auftraggeber.

Ob die Sozietätsanwälte aus erstattungsrechtlichen Gründen verpflichtet sind, soweit möglich die letztgenannte billigste Verfahrensweise zu wählen, ist – wie immer im Erstattungsrecht – eine nur nach den Gesamtumständen des Einzelfalls zu beurteilende Frage. Es wird keineswegs schlechthin immer als mißbräuchlich angesehen werden können, wenn sie einen anderen Weg wählen, insbesondere, wenn sie einen außenstehenden RA beauftragen.

15 Macht die Sozietät **eigene Honorarforderungen** gegen den (früheren) Mandanten geltend, wirkt ihre vertragliche Verpflichtung, den für den Mandanten kostengünstigsten Weg zu beschreiten, auch auf die Einforderung der eigenen Vergütung dahin nach, daß sie nicht mehr erstattet erhält, als für sie notwendigerweise entstehen mußte. Da jede Sozietät die Möglichkeit hat, eine so häufig vorkommende Aufgabe wie die Einziehung von Honorarforderungen in der oben zu d) beschriebenen Weise zu regeln, kommt es nicht darauf an, ob sie tatsächlich Vorsorge getroffen hat, daß ein Sozietätsmitglied Honorarforderungen im eigenen Namen geltend machen darf. Mehr, als wenn das geschehen wäre, ist ihr jedenfalls nicht zu erstatten.

Im Ergebnis, wenn auch mit unterschiedlichen Begründungen ebenso: München AnwBl. 78, 468 = Rpfleger 78, 461 = JurBüro 78, 1647 = MDR 79, 64; Hamm AnwBl. 81, 70 = Rpfleger 81, 31; Hamburg JurBüro 79, 1312; Köln JurBüro 80, 613; Nürnberg JurBüro 80, 1174; Schleswig JurBüro 81, 49 = SchlHA 80, 222; Düsseldorf JurBüro 81, 1514 = MDR 81, 1028; Saarbrücken JurBüro 80, 63; Zweibrücken JurBüro 84, 1828; Lappe NJW 76, 166; E. Schneider JurBüro 79, 1424; **a. A.** Frankfurt AnwBl. 80, 194 = Rpfleger 80, 308 = MDR 80, 678; Stuttgart AnwBl. 80, 295 = Rpfleger 80, 308 = JurBüro 80, 1176.

16 Der einzelne **Rechtsnachfolger des ursprünglichen Auftraggebers** tritt nicht neben diesen, sondern an dessen Stelle. So ist der Alleinerbe kein zusätzlicher Auftraggeber neben dem Erblasser, der den Auftrag zunächst erteilt hatte, denn der RA hatte zu keinem Zeitpunkt beide nebeneinander zu vertreten. Anders ist es aber, wenn an die Stelle des ursprünglichen Auftraggebers mehrere Rechtsnachfolger treten, für die der RA nunmehr auftragsgemäß gleichzeitig tätig werden muß, z. B. wenn der ursprüngliche Auftraggeber durch eine Erbengemeinschaft beerbt wird (s. A 9 auch mit Nachweisen für die gegenteilige Ansicht). Die einmal eingetretene Erhöhung fällt nicht wieder weg, wenn einer der mehreren Auftraggeber wegfällt, sei es, daß er den Auftrag kündigt, sei es, daß der bisherige Mitauftraggeber sein Rechtsnachfolger wird, § 13 Abs. 4.

17 **Juristische Personen** sind selbständig rechtsfähig und daher auch dann nur ein Auftraggeber, wenn sie durch mehrere gesetzliche Vertreter gemeinschaftlich vertreten werden (s. das Beispiel A 4). Auf die Zahl der Personen, die dem RA die Information erteilen, kommt es nicht an. Das schließt nicht aus, daß juristische Personen einen Auftrag neben einer anderen juristischen oder natürlichen Person erteilen; dann liegt Auftraggebermehrheit vor.

18 **Personengesellschaften des Handelsrechts** (offene Handelsgesellschaft, Kommanditgesellschaft) können nach § 124, 161 HGB unter ihrer Firma Verbindlichkeiten eingehen, vor Gericht klagen und verklagt werden. Sie sind deshalb selbständige Auftraggeber des RA ohne Rücksicht auf die Zahl der persönlich haftenden Gesellschafter, auch ohne Rücksicht darauf, wie viele Gesellschafter bei Auftragserteilung für die Gesellschaft handeln mußten oder gehandelt haben.

Da zur Zwangsvollstreckung an das Privatvermögen der Gesellschafter ein Titel gegen diese erforderlich ist, kommt es häufig vor, daß ein oder mehrere Gesellschafter neben der Gesellschaft auch persönlich in Anspruch genommen werden. Erteilt in solchem Fall der Gesellschafter dem RA den Auftrag sowohl im eigenen Namen als auch für die Gesellschaft, so handelt es sich um Auftraggebermehrheit (oben A 6). Dem steht es nicht entgegen, wenn die Information nur von ein und derselben Person erteilt wird. Voraussetzung für eine Gebührenerhöhung nach Abs. 1 S. 2 ist auch hier, daß der Gegenstand der anwaltlichen Tätigkeit derselbe ist; das wird meistens der Fall sein, ohne daß es darauf ankommt, ob die Haftung des Gesellschafters für die Verbindlichkeiten der Gesellschaft (§ 128 HGB) als (echtes) Gesamtschuldverhältnis anzusehen ist.

Auch die **GmbH & Co. KG** ist eine Kommanditgesellschaft. Bei ihr gilt für die Frage der Auftragserteilung nichts anderes wie bei anderen Personengesellschaften des Handelsrechts. Ob der Auftrag für die KG von einer natürlichen oder einer juristischen Person als Komplementär erteilt wird, ist unerheblich, denn in beiden Fällen soll der RA für die KG tätig werden.

> **a. A.** Köln JurBüro 78, 1170 (GmbH) einerseits; JurBüro 82, 1507; 83, 379 (natürliche Person) andererseits, mit dem Argument, im ersten Falle entstehe typischerweise keine Mehrarbeit für den RA, wohl aber im zweiten; vgl. dazu A 4.

Erteilt der Geschäftsführer als gesetzlicher Vertreter der GmbH dem RA den Auftrag sowohl namens der GmbH wie namens der durch diese vertretenen Kommanditgesellschaft, so liegt Auftraggebermehrheit vor, denn der RA soll auftragsgemäß sowohl für die GmbH als auch für die KG nebeneinander tätig werden. Es ist nicht anders wie in sonstigen Fällen, in denen jemand den Auftrag für mehrere Personen als gesetzlicher oder gewillkürter Vertreter erteilt. Auf die Zahl der Vertragserklärungen oder den RA Informierenden kommt es nicht an.

> KG Rpfleger 79, 353 = JurBüro 79, 846 = MDR 79, 682 = KostRsp. § 6 Nr. 34 mit Anm. E. Schneider; Stuttgart AnwBl. 79, 274 = Justiz 79, 297 = KostRsp. BRAGO § 6 Nr. 39 m. Anm. E. Schneider; Hamm Rpfleger 79, 472 = JurBüro 79, 1646 = MDR 80, 152; Frankfurt AnwBl. 83, 182 = Rpfleger 82, 441 (L); Koblenz Rpfleger 85, 253; Bamberg JurBüro 86, 721; **a. A.** Köln JurBüro 78, 1170 (s. oben); vgl. auch Mümmler JurBüro 78, 1769 (bei Aktivprozessen der KG keine Notwendigkeit für die Auftragserteilung namens der GmbH; erhöhte Gebühr für gleichwohl erteilten Auftrag daher jedenfalls nicht erstattungsfähig).

Der **Fiskus** ist nur ein Auftraggeber, auch wenn mehrere Behörden derselben **19** Körperschaft den Auftrag oder getrennte Aufträge erteilt haben und getrennt informieren. Darauf, ob ein Interessengegensatz zwischen den Behörden besteht, kommt es für die Frage der Auftraggebermehrheit nicht an.

Erteilt ein **Vormund oder Pfleger für mehrere Beteiligte** den Auftrag, so **20** ist nicht der Vormund (Pfleger), sondern sind die mehreren Mündel (Pflegebefohlenen) Auftraggeber, besteht also eine Auftraggebermehrheit. Die Gebühr erhöht sich, sofern – worauf hier besonders zu achten ist – auch Gegenstandsgleichheit besteht.

> Frankfurt AnwBl. 80, 260 = JurBüro 80, 1019 = Rpfleger 80, 310 (Abwesenheitspfleger für mehrere Personen).

Etwas anderes muß allerdings gelten, wenn ein Pfleger für unbekannte Beteiligte bestellt wird. Dann mag sich zwar später herausstellen, daß er mehrere (inzwischen bekannte) Beteiligte vertreten hat; ebenso möglich ist es aber auch, daß nur ein oder gar kein Beteiligter ermittelt wird. Es besteht also bei Auftragserteilung keinerlei Anhalt dafür, daß der RA für mehrere Beteiligte tätig werden sollte. In diesem Fall kann nur der Pfleger selbst als Auftraggeber angesehen werden.

> Hamburg JurBüro 82, 1505 = MDR 82, 1030; Koblenz KostRsp. BRAGO § 6 Nr. 140 (L) (beide betr. Nachlaßpfleger für unbekannte Erben).

Umgekehrt liegt bei Auftragserteilung durch mehrere Vormünder (Pfleger) namens desselben Mündels (Pflegebefohlenen), §§ 1797, 1915 BGB, keine Auftraggebermehrheit vor, denn Auftraggeber ist nur der Vertretene, nicht anders als wenn gemeinsam sorgeberechtigte Eltern den Auftrag namens des Kindes erteilen.

21 Es kann vorkommen, daß für dieselbe Vermögensmasse **mehrere Parteien kraft Amts** bestellt werden, z. B. mehrere Testamentsvollstrecker für denselben Nachlaß, mehrere Konkursverwalter für dieselbe Konkursmasse. Auftraggeber ist dann weder der wahre Vermögensträger (die Erben, der Gemeinschuldner) noch die verwaltete Vermögensmasse, sondern die Partei kraft Amts selbst. Mehrere Parteien kraft Amts werden auch nicht durch die verwaltete Vermögensmasse zu einer Einheit geformt, sondern sind Auftraggebermehrheit.

> Hamburg JurBüro 78, 1497 = MDR 78, 1031; JurBüro 82, 1024; Düsseldorf JurBüro 83, 1034 (Testamentsvollstrecker); a. A. Koblenz Rpfleger 79, 75 = MDR 79, 413 mit zust. Anm. E. Schneider.

Die Partei kraft Amts ist aber auch ein zusätzlicher Auftraggeber, wenn sie den Auftrag sowohl für die eigene Person als auch als Konkursverwalter erteilt. Dann handelt es sich nicht um verschiedene Parteirollen derselben Person (vgl. A 4).

> Frankfurt Rpfleger 83, 499 = JurBüro 83, 1816.

22 Ob ein **unterbevollmächtigter RA** mehrere Auftraggeber hat, hängt zunächst davon ab, wer als sein Auftraggeber anzusehen ist. Ist er vom Hauptbevollmächtigten im eigenen Namen beauftragt worden, so ist nur dieser sein Auftraggeber, Vertragsbeziehungen zwischen der Partei und dem Unterbevollmächtigten entstehen nicht. In diesem Fall tritt auch dann keine Erhöhung der Prozeßgebühr nach § 6 Abs. 1 S. 2 ein, wenn der Unterbevollmächtigte in derselben Angelegenheit einen anderen Verfahrensbeteiligten als Hauptbevollmächtigter vertritt, denn Gegenstand des dem Unterbevollmächtigten von dem eigenen Mandanten erteilten Auftrages ist nicht derselbe wie derjenige des von dem anderen Hauptbevollmächtigten erteilten Auftrages, für diesen bestimmte Verfahrensaufgaben wahrzunehmen (s. auch A 45).

Aus dem gleichen Grunde ist der Hauptbevollmächtigte kein zusätzlicher Auftraggeber neben dem von ihm vertretenen Auftraggeber. Hat der Hauptbevollmächtigte den Unterbevollmächtigten im Namen der Partei beauftragt, so ist nur diese Auftraggeber.

§ 6 Abs. 1 S. 2 ist deshalb für den Unterbevollmächtigten nur anwendbar, wenn der Hauptbevollmächtigte in derselben Angelegenheit wegen desselben Gegenstandes für mehrere Auftraggeber tätig war und in deren Namen den

Unterauftrag erteilt hat, denn dann hat auch der Unterbeauftragte mehrere Auftraggeber.

Beispiel: Der Hauptbevollmächtigte beauftragt namens der von ihm vertretenen Erbengemeinschaft einen anderen RA mit der Wahrnehmung eines auswärtigen Beweistermins; dessen nach § 54 entstehende halbe Prozeßgebühr erhöht sich in gleicher Weise wie die eigene Prozeßgebühr des Hauptbevollmächtigten.

Auftraggeber des **im Wege der PKH oder nach § 11a ArbGG beigeord- 23 neten RA** ist immer nur die Partei, nicht der Bund oder das Land, aus deren Kasse er die Vergütung nach § 121 erhält. Die Staatskasse ist darum auch niemals zusätzlicher Auftraggeber im Sinne des § 6. Möglich ist nur, daß derselbe RA mehreren bedürftigen Verfahrensbeteiligten beigeordnet wird. Geschieht das in derselben Angelegenheit und wegen desselben Gegenstandes, so erhält er aus der Staatskasse die nach § 6 erhöhte Gebühr des § 123. Die erhöhte Gebühr ist dabei nicht auf die Höchstgebühr des § 123 begrenzt.

Hamm AnwBl. 80, 75 = MDR 80, 152.

Wegen des Ausnahmefalls einer entsprechenden des § 6 Abs. 1 S. 2 bei Beiordnung für mehrere Parteien wegen verschiedener Gegenstände vgl. die bei A 1 zitierte Rechtsprechung des BGH.

Zeitpunkt der Auftragserteilung. Zum Verständnis älterer Entscheidun- 24 gen ist es wichtig zu wissen, daß bis zur BRAGO-Novelle 1975 eine Gebührenerhöhung nach § 6 nur eintrat, wenn die mehreren Aufträge nicht gleichzeitig erteilt waren. Dies Erfordernis nacheinander erteilter Aufträge ist weggefallen. Der Zeitpunkt der Auftragserteilung kann jetzt nur noch eine gewisse, wenn auch nicht immer ausschlaggebende Rolle bei der Beurteilung der Frage spielen, ob noch dieselbe Angelegenheit vorliegt, wenn der Auftrag des weiteren Auftraggebers erst erteilt wird, nachdem derjenige des früheren bereits beendet ist.

Vgl. dazu A 27 betr. Parteiwechsel, auch Hamburg JurBüro 75, 379; LG Berlin JurBüro 86, 388.

Gleichheit des Gegenstandes liegt nur vor, wenn der RA für die mehreren 25 Auftraggeber wegen desselben Rechts oder Rechtsverhältnisses tätig wird. Ob das der Fall ist, richtet sich nach der wirklichen Rechtslage, nicht danach, ob der Auftrag dahin ging, die verschiedenen Gegenstände als Gesamtanspruch geltend zu machen, denn das Gesetz stellt darauf ab, ob der Gegenstand der anwaltlichen Tätigkeit (nicht des Auftrages) derselbe „ist". Würde man den Auftrag für maßgeblich halten, so würden dem RA die beiden Gebührenerhöhungssysteme (A 1) entgegen der Absicht des Gesetzes kumulativ zugute kommen (Zusammenrechnung der selbständigen Gegenstände, § 7 Abs. 2, bereits durch die Antragstellung, Erhöhung nach § 6 Abs. 1 S. 2 durch Erhöhung der bereits über den Wert erhöhten Gebühr).

a. A. Düsseldorf AnwBl. 82, 259 = JurBüro 82, 1347 = JMBlNW 82, 215 (Klage von Eheleuten als Miteigentümer eines Grundstücks auf Zahlung der gesamten Enteignungsentschädigung auf ein gemeinsames Konto ist derselbe Gegenstand, obwohl jeder Miteigentümer einen eigenen Entschädigungsanspruch hat. Im entschiedenen Fall hatte das Gericht allerdings dem Klageantrag so entsprochen.)

Bei der Verteidigung wird der Gegenstand der anwaltlichen Tätigkeit allerdings durch den gegnerischen Angriff bestimmt. Er ist daher derselbe, wenn die mehreren Auftraggeber als Gesamtschuldner in Anspruch genommen

worden sind, auch wenn auftragsgemäß geltend gemacht werden soll, eine
Gesamtschuld bestehe nicht.

Beispiele aus der Rechtsprechung für Gegenstandsverschiedenheit:

Unterhaltsansprüche verschiedener Unterhaltsberechtigter gegen denselben Un-
terhaltsverpflichteten: Außer den A 8 genannten Entscheidungen Koblenz NJW
78, 2399 = JurBüro 78, 702; Hamm JurBüro 79, 1311 = KostRsp. BRAGO § 6
Nr. 38 m. Anm. E. Schneider; Düsseldorf JurBüro 82, 712;
Köln KostRsp. BRAGO § 6 Nr. 49 (Bruchteilseigentümer); vgl.
aber auch Hamm
JurBüro 78, 699 (Abwehr von Gefährdung des gemeinschaftlichen Grundstücks);
Frankfurt JurBüro 83, 1191 = MDR 83, 764 = KostRsp. BRAGO § 6 Nr. 123 m.
Anm. Lappe (Mängelbeseitigungsklage von 2 Ehepaaren an von ihnen in Auftrag
gegebenem Doppelhaus);
OVG Saarland KostRsp. BRAGO § 6 Nr. 7 (Mehrere Beamte greifen dienstliche
Beurteilungen ihres Dienstherrn an);
OVG Bremen Rpfleger 80, 310 = KostRsp. BRAGO § 6 Nr. 66 (Schulwegstrei-
tigkeiten mehrere Elternpaare für ihre Kinder);
Braunschweig MDR 82, 241 (Umlegungsverfahren betr. mehrere Grundstücke);
VGH Baden-Württemberg KostRsp. BRAGO § 6 Nr. 97 (Zulassungsverfahren);
Koblenz AnwBl. 83, 175 (2 Vermächtnisnehmer begehren Feststellung des jedem
zustehenden Vorausvermächtnisses);
OVG Bremen KostRsp. BRAGO § 6 Nr. 156 (Asylbegehren von Eheleuten und
ihren minderjährigen Kindern);
Bamberg JurBüro 77, 489; Düsseldorf AnwBl. 78, 422 = MDR 78, 1031 =
KostRsp. BRAGO § 6 Nr. 17 m. Anm. E. Schneider (Vertretung mehrerer Pfän-
dungsgläubiger gegen Drittwiderspruchsklage).

26 Verfahrenstrennung und -verbindung. Wird von einem Verfahren, in dem
der RA mehrere Auftraggeber wegen desselben Gegenstandes vertreten hat,
das Verfahren gegen einen der Auftraggeber abgetrennt, so entstehen von der
Trennung ab die Gebühren nach den Werten der getrennten Verfahren gesondert. Die vor der Trennung bereits erwachsene erhöhte Prozeßgebühr fällt
nicht weg, wird aber i. d. Regel in der höheren Summe der Einzelgebühren
aus den getrennten Verfahren aufgehen.

Der Erlaß von Teilurteilen betr. die einzelnen Auftraggeber im ersten Rechtszug bewirkt keine Verfahrenstrennung. Jedes Teilurteil ist aber für sich
anfechtbar. Werden die Teilurteile angefochten, so entstehen zunächst getrennte Berufungsverfahren. Dem Berufungsanwalt erwachsen in jedem dieser Verfahren gesonderte Gebühren; erst von einer etwaigen Verbindung ab
erwächst die eine nunmehr erhöhte Prozeßgebühr, da zu der nach wie vor
bestehenden Gegenstandsgleichheit (Gegenstand der Berufungsverfahren waren nicht die Teilurteile, sondern die Rechte oder Rechtsverhältnisse, über die
diese entschieden hatten) nun auch die Gleichheit der Angelegenheit wieder
hinzugetreten ist. Diese erhöhte Prozeßgebühr wirkt sich aber nicht aus, weil
die Summe in den gesonderten Berufungsverfahren erwachsenen nicht
erhöhten Prozeßgebühren höher ist.

Dasselbe gilt auch für die Verbindung getrennt anhängig gemachter erstinstanzlicher Verfahren für den in Zusammenhang mit § 6 allein bedeutsamen
Fall, daß der RA in der durch die Verbindung entstandenen gleichen Angelegenheit nunmehr mehrere Mandanten wegen desselben Gegenstandes vertritt. Die erhöhte Prozeßgebühr entsteht zwar, kann aber nicht neben der
höheren Summe der in den verbundenen Verfahren zunächst gesondert
entstandenen nicht erhöhten Prozeßgebühren gefordert werden; vgl.

Schwierigkeiten bereiten die Fälle des sog. **Parteiwechsels** hauptsächlich 27 hinsichtlich der nicht nach § 6, sondern nach § 13 zu beurteilenden Frage, ob und für welchen RA durch den Parteiwechsel eine neue gebührenrechtliche Angelegenheit entsteht, mit der Folge, daß er die Gebühren in jeder Angelegenheit gesondert fordern darf.

Es kann als gesicherte obergerichtliche Rechtsprechung bezeichnet werden, daß der Parteiwechsel verfahrensrechtlich als (subjektive) Klageänderung zu behandeln ist, nicht als Rücknahme der Klage der von der oder gegen die falsche Partei erhobenen Klage und Erhebung einer neuen Klage von der oder gegen die richtige(n) Partei. Das hat gebührenrechtlich zur Folge, daß für den Anwalt der im Verfahren verbleibenden Partei die Verfahrensabschnitte vor und nach dem Parteiwechsel dieselbe gebührenrechtliche Angelegenheit sind: Er darf nach § 13 Abs. 2 für das gesamte Verfahren die Gebühren von seinem Mandanten also nur einmal fordern.

KG NJW 72, 960 = Rpfleger 72, 183 = JurBüro 72, 409 = MDR 72, 524; Celle JurBüro 78, 1661; Frankfurt JurBüro 79, 1506; 80, 1016 = Rpfleger 80, 295; Hamm Rpfleger 80, 201 = JurBüro 80, 859; Düsseldorf AnwBl. 80, 259 = JurBüro 80, 855; 82, 549 = MDR 82, 590; Köln JurBüro 83, 80; Koblenz JurBüro 85, 229; **a. A.** München Rpfleger 68, 231 = JurBüro 68, 490.

Für den Fall, daß sich die ausscheidende und die für diese eintretende Partei durch verschiedene RAe vertreten lassen, bestehen keine gebührenrechtlichen Probleme; beide RAe können die ihnen erwachsenen Gebühren nur von der Partei, die sie beauftragt hat, beanspruchen. Dasselbe gilt grundsätzlich auch, wenn derselbe RA zunächst die ausscheidende und dann auch die eintretende Partei vertritt. Für ihn sind die Verfahrensabschnitte bis zum und nach dem Parteiwechsel besondere gebührenrechtliche Angelegenheiten.

Stuttgart Justiz 72, 204; 82, 138 = JurBüro 82, 551; Schleswig SchlHA 72, 214; 80, 222 = JurBüro 80, 1504; Frankfurt Rpfleger 78, 268 = JurBüro 78, 858; Hamburg AnwBl. 78, 143 = JurBüro 78, 369; **a. A.** Zweibrücken JurBüro 82, 1730 = Rpfleger 82, 441 (L); Koblenz JurBüro 85, 1822 m. abl. Anm. Mümmler.

Identität des Verfahrens und des Gegners reichen ebenso wie eine mehr oder minder starke persönliche (z. B. namensgleicher Vater und Sohn) oder wirtschaftliche (z. B. GmbH und deren Geschäftsführer) Verbindung zwischen der ausscheidenden und der eintretenden Partei nicht aus, um die gesonderten Vertragsverhältnisse als dieselbe Angelegenheit anzusehen, sofern nicht als Klammer hinzutritt, daß entweder

a) alter und neuer Auftraggeber zu irgendeiner Zeit in dem Verfahren Streitgenossen waren, denn dann würde kein hinreichender Grund bestehen, diesen Fall anders zu behandeln als andere Fälle der Vertretung von Streitgenossen durch denselben RA, bei denen die Anwendung von § 6 Abs. 1 S. 1 auch nicht davon abhängt, wie lange die Streitgenossenschaft bestanden hat und aus welchen Gründen sie endigte;

Frankfurt JurBüro 72, 959; Hamburg JurBüro 78, 369; Bamberg JurBüro 78, 696;

oder

b) zwar der Fall a) nicht gegeben war, aber der RA mindestens einen weiteren Streitgenossen gleichzeitig mit dem alten und mit dem neuen Auftraggeber vertreten hat; dann bildete der weitere Auftraggeber die für die Annahme einer einheitlichen Angelegenheit notwendige Klammer zwischen den zeitlich aufeinanderfolgenden Vertragsverhältnissen des RA mit dem ausgeschiedenen und dem eingetretenen Auftraggeber.

> BGH Rpfleger 78, 370 (Beratung); Koblenz JurBüro 82, 1348.

Liegt eine dieser Klammern vor, so erhält der RA nach § 6 Abs. 1 S. 1 die Gebühren von den Auftraggebern nur einmal, und zwar bei Verschiedenheit des Gegenstandes aus dem nach § 7 Abs. 2 zusammengerechneten Wert der Gegenstände, bei Gleichheit des Gegenstandes unter Erhöhung der Geschäfts- oder Prozeßgebühr nach § 6 Abs. 1 S. 2. Liegt keine der Klammern vor, erhält er die Gebühren gesondert von dem alten und dem neuen Auftraggeber.

Werden noch Abwicklungstätigkeiten des beendeten Mandats wie Erwirkung eines Kostenbeschlusses gem. § 269 ZPO oder eines Kostenfestsetzungsbeschlusses noch während der Tätigkeit für den neuen Mandanten vorgenommen, so reicht das nicht aus, um eine Streitgenossenschaft zwischen ausgeschiedener und eingetretener Partei anzunehmen. Solche anwaltlichen Tätigkeiten sind keine Vertretung der ausgeschiedenen Partei im Prozeß mehr.

> KG NJW 72, 959 = JurBüro 72, 132; Stuttgart Justiz 72, 204; Düsseldorf AnwBl. 80, 259 = JurBüro 80, 855; Frankfurt AnwBl. 80, 295 = Rpfleger 80, 309 = JurBüro 80, 1016 = MDR 80, 679.

28 Nach dem Wortlaut des Gesetzes sind gemäß § 6 Abs. 1 S. 2 erhöhungsfähig die **Geschäftsgebühr** (§ 118 Abs. 1 Nr. 1) und die Prozeßgebühr. Bei der Geschäftsgebühr kommt es nicht darauf an, ob die Gebühr für die anwaltliche Tätigkeit in einem gerichtlichen Verfahren (in Betracht kommen vor allem die Verfahren der freiwilligen Gerichtsbarkeit mit Ausnahme der in §§ 61 a, 63, 64, 66 und 112 genannten), in einem behördlichen Verfahren oder für außergerichtliche Tätigkeit erwächst.

29 Unter **Prozeßgebühr** ist nicht nur die Prozeßgebühr des § 31 Abs. 1 Nr. 1 zu verstehen. Vielmehr sind damit auch alle sonstigen Gebühren gemeint, die das Gesetz durch Verweisung auf die Gebühren des § 31 als Prozeßgebühren kennzeichnet, mögen sie auch nicht in einem eigentlichen Prozeßverfahren entstehen. Hierher gehören insbesondere

a) die Prozeßgebühr in den in § 31 Abs. 3 genannten Scheidungsfolgesachen, obwohl diese verfahrensrechtlich dem FGG folgen;

b) die sog. Differenzprozeßgebühr des § 32 Abs. 2 für den Antrag, eine Einigung zu Protokoll zu nehmen.

> Frankfurt AnwBl. 80, 75 = Rpfleger 79, 472 = JurBüro 79, 1647

c) die Prozeßgebühr im Verfahren des Arrests und der einstweiligen Verfügung, § 40;

d) die Prozeßgebühr im Verfahren der einstweiligen Anordnung, § 41;

e) die Prozeßgebühr im Entmündigungsverfahren, § 44 Abs. 1 Nr. 1;

f) die 5/10 Prozeßgebühr im Aufgebotsverfahren, § 45 Abs. 1 Nr. 1;

g) die halbe Prozeßgebühr im Beweissicherungsverfahren außerhalb einer anhängigen Hauptsache, § 48;

> LG Berlin JurBüro 77, 1552

h) die 3/10 Prozeßgebühr in den Fällen des § 49;

> Düsseldorf AnwBl. 80, 159 = JurBüro 80, 62 = VersR 80, 359 (L);

i) die 5/10 Prozeßgebühr im Räumungsfristverfahren, § 50;

j) die $^5/_{10}$ Prozeßgebühr im PKH-Bewilligungsverfahren, § 51;
k) die halbe Prozeßgebühr des Verhandlungsanwalts, § 53;
l) die halbe Prozeßgebühr des Beweisanwalts, § 54; dazu A 30;
m) die $^3/_{10}$ Prozeßgebühr im Verfahren auf Abänderung von Entscheidungen von beauftragten u. ersuchten Richtern, von Rechtspflegern und Urkundsbeamten, § 55;
n) die $^3/_{10}$ Prozeßgebühr in der Zwangsvollstreckung (sog. Vollstreckungsgebühr), § 57;

> Karlsruhe Justiz 79, 231; Koblenz JurBüro 80, 1656 = MDR 80, 1031; AG München DGVZ 78, 140; AG Borken DGVZ 79, 104 (L)

o) die $^3/_{10}$ Prozeßgebühr bei Vollziehung von Arresten und einstweiligen Verfügungen, § 59;
p) die $^5/_{10}$ Prozeßgebühr im Beschwerde- und Kostenerinnerungsverfahren, § 61;

> Frankfurt AnwBl. 80, 260 = JurBüro 80, 857 = MDR 80, 680; Köln JurBüro 86, 1663; VG Stuttgart JurBüro 81, 544

q) die $^{13}/_{10}$ ($^{20}/_{10}$) Prozeßgebühr im Beschwerdeverfahren über Scheidungsfolgesachen, § 61a;
r) die allgemeine Verfahrensgebühr in den in § 63 aufgeführten FGG-Verfahren (Verweisung auf die Vorschriften des 3. Abschnitts und damit auf § 31 in § 63 Abs. 1 S. 1);

> vgl. hierzu A 13 (Wohnungseigentumssachen)

s) ebenfalls durch Verweisung auf die Vorschriften des 3. Abschnitts die allgemeine Verfahrensgebühr in den in §§ 62, 65a, 65b, 66, 66a, 67, 76, 96, 113 Abs. 2, 113a, 114 genannten Verfahren.

Auch die **Verkehrsgebühr** (§ 52) ist nach § 6 Abs. 1 S. 2 erhöhungsfähig. 30

> München Rpfleger 78, 110 = JurBüro 78, 370; Hamburg JurBüro 79, 1310; Düsseldorf AnwBl. 81, 241 = JurBüro 81, 1006.

Das ergibt sich aus ihrer Wesensgleichheit mit der Prozeßgebühr und könnte schon aus der Verweisung auf die Höhe der dem Prozeßbevollmächtigten zustehenden Prozeßgebühr gefolgert werden. Diese Verweisung darf aber nicht dahin mißverstanden werden, daß immer, wenn dem Prozeßbevollmächtigten eine nach Abs. 1 S. 2 erhöhte Prozeßgebühr zusteht, sich auch die Verkehrsgebühr dementsprechend miterhöhe. Die Erhöhung der Verkehrsgebühr kommt nur dann in Betracht, wenn und soweit bei dem Verkehrsanwalt selbst die Voraussetzungen des Abs. 1 S. 2 vorliegen, er also den Verkehr für mehrere Auftraggeber in derselben Angelegenheit wegen desselben Gegenstandes mit dem Prozeßbevollmächtigten vermittelt.

Beispiel: In einem Prozeß vertritt der Prozeßbevollmächtigte P fünf als Gesamtschuldner in Anspruch genommene Beklagte. Zwei von diesen wohnen auswärts und haben einen gemeinsamen Verkehrsanwalt A bestellt; ein anderer Beklagter wohnt an einem anderen Ort und hat RA B mit der Vermittlung seines Verkehrs mit P beauftragt. Die Prozeßgebühr des P erhöht sich um 4 × $^3/_{10}$; die Verkehrsgebühr des A nur um $^3/_{10}$ und die B überhaupt nicht, denn A hat nur 2 Auftraggeber, B nur einen.

Entsprechendes gilt auch für den **Beweisanwalt.** Da er nach § 54 eine $^5/_{10}$ Prozeßgebühr erhält, kann sich diese auch erhöhen, wenn der Beweisanwalt

mehrere Auftraggeber in der Beweisaufnahme vertritt. Die mehreren Auftraggeber müssen nicht denselben Prozeßbevollmächtigten haben, wohl aber
müssen sie wegen desselben Gegenstandes am Verfahren beteiligt sein. Gegenstand ist dabei – wie auch sonst – das Recht oder Rechtsverhältnis, das die
Auftraggeber in der Hauptsache verfolgen, nicht etwa der Gegenstand der
Beweisaufnahme. Beispiel:
C hat an A und B je 5000 DM einer Forderung von 10000 DM gegen S
abgetreten. Diese klagen gemeinsam gegen S, der behauptet, er habe bereits
an C geleistet. Darüber wird vor dem ersuchten Richter ein Zeuge vernommen. Der Beweisanwalt nimmt im Auftrage von A und B den auswärtigen
Beweistermin wahr. Obwohl es sich um dieselbe Angelegenheit handelt und
der Gegenstand der Beweisaufnahme für A und B identisch ist, vertritt der
Beweisanwalt sie nicht wegen desselben Gegenstandes. Seine ⁵⁄₁₀ Prozeßgebühr erhöht sich nicht, er erhält vielmehr je eine nichterhöhte halbe Prozeß-
und Beweisgebühr aus dem nach § 7 Abs. 2 zusammengerechneten Wert der
Klageforderungen jedes Klägers, also aus 10000 DM.

Entsprechendes gilt auch für den sog. Verhandlungsanwalt, § 53.

31 Der vorstehenden Aufzählung der Fälle, in denen sich die Anwendbarkeit des
§ 6 Abs. 1 S. 2 durch unmittelbare oder mittelbare Verweisung auf § 31 ergibt,
läßt sich die Absicht des Gesetzes entnehmen, daß in allen Verfahren, für die
nicht Betragsrahmengebühren vorgesehen sind und für die deshalb § 6 Abs. 1
S. 3 eingreift, diejenige Gebühr, die den Betrieb des Verfahrens im allgemeinen abgilt (allgemeine Betriebsgebühr) § 6 Abs. 1 S. 2 anwendbar sein soll.
Damit unterliegen der Erhöhung unter den Voraussetzungen dieser Vorschrift
auch

a) die Mahnverfahrens- u. die Widerspruchsgebühr, § 43 Abs. 1 Nr. 1, 2;

> Stuttgart AnwBl. 77, 468 = JurBüro 77, 1717 = MDR 77, 852 = Justiz 77, 461;
> KG AnwBl. 79, 229 = Rpfleger 79, 274 = JurBüro 79, 847; Frankfurt AnwBl. 80,
> 159 = JurBüro 80, 540 (alle zur Widerspruchsgebühr);
> LG Münster MDR 76, 1647; LG Hamburg AnwBl. 79, 274; **a. A.** AG München
> JurBüro 81, 1009 (zur Mahnverfahrensgebühr);

b) die Schriftsatzgebühr des § 56 Abs. 1 Nr. 1;

> BGH Rpfleger 84, 202 (L) = JurBüro 84, 213; München AnwBl. 78, 470 =
> JurBüro 78, 1524 = MDR 79, 66;

c) die Gebühr für die Vertretung im Verteilungsverfahren, § 60;

d) die Gebühr im Vertraghilfeverfahren und in den sonstigen in § 64 genannten Verfahren;

e) die Gebühr in den in § 65 genannten Güteverfahren;

> München AnwBl. 82, 440;

f) die Verfahrensgebühr im Zwangsversteigerungs- und Zwangsverwaltungsverfahren, §§ 68 Abs. 1 Nr. 1, 69 Abs. 1 Nr. 1, 71; er gibt keinen
sachlichen Grund, warum diese Vollstreckungsgebühren anders behandelt
werden sollten, als diejenigen des § 57 oder die Gebühr im Rechtsmittelverfahren, § 70 Abs. 1 Nr. 1.

> Mümmler JurBüro 81, 1798; 83, 1623; **a. A.** Riedel/Sußbauer A 32 (ohne Begrün-
> dung).

Für die allgemeinen Verfahrensgebühren des fünften Abschnitts (§§ 72–81 a) enthält § 82 eine Sonderregelung dahin, daß in diesen Verfahren die Gebühren für jeden Auftrag gesondert berechnet werden ohne Rücksicht auf andere Aufträge. Bei einem einheitlichen Auftrag durch eine Personenmehrheit (z. B. Anmeldung einer Konkursforderung für eine Erbengemeinschaft) sollte aber auch hier § 6 Abs. 1 S. 2 anwendbar sein.

LG Freiburg Rpfleger 82, 393.

Nicht anwendbar ist § 6 Abs. 1 S. 2 u. 3 auf die Vergleichs-, die Erledigungs- und die Aussöhnungsgebühr, §§ 23, 24, 36 Abs. 2. Diese Gebühren sind Erfolgsgebühren, die zusätzlich zu einer allgemeinen Betriebsgebühr erwachsen.

Fraglich ist, ob die **Ratsgebühr** (§§ 20, 132 Abs. 1) und die Gutachtengebühr **32** (§ 21a) erhöhungsfähig sind. Rat und Auskunft beziehen sich zwar nicht notwendig auf ein laufendes oder bevorstehendes Verfahren und verpflichten den RA auch nicht zum Betreiben eines solchen, können also nicht als allgemeine Betriebsgebühren bezeichnet werden. Der weite Gebührenrahmen des § 20 ($\frac{1}{10}$ bis $\frac{10}{10}$) wird auch in vielen Fällen eine Berücksichtigung von Mehrarbeit und erhöhter Verantwortung durch mehrere Auftraggeber ermöglichen, sofern nicht überhaupt mehrere getrennte, je gesondert abzurechnende Anwaltsverträge vorliegen.

Vgl. dazu LG Berlin AnwBl. 84, 105 = JurBüro 84, 239; AnwBl. 85, 109.

Dieses Argument trifft aber für die feste Beratungshilfegebühr und die Gebühr des § 21a nicht zu. Mit der Prozeß- und Geschäftsgebühr haben Rat, Auskunft und Gutachtenerstattung die Entgegennahme der Information gemeinsam; den Zusammenhang mit diesen Gebühren erkennt das Gesetz auch dadurch an, daß die Gebühren der §§ 20, 21a auf sie angerechnet werden. Die entsprechende Anwendung von § 6 Abs. 1 S. 2 und 3 auf sie hat deshalb gute Gründe für sich.

a. A. Stuttgart AnwBl. 84, 209 = JurBüro 84, 53 = Justiz 84, 61 = KostRsp. BRAGO § 6 Nr. 131 m. krit. Anm. Lappe; zur grundsätzlichen Bedeutsamkeit der Anrechenbarkeit auf die Prozeßgebühr vgl. Düsseldorf, AnwBl. 80, 159 = JurBüro 80, 62; vgl. auch Mümmler JurBüro 87, 33.

Bei der Gutachtengebühr des § 21 fehlt schon eine rechnerische Grundlage für eine Erhöhung. Die Bemessung der „angemessenen" Gebühr ermöglicht die Berücksichtigung aller besonderen Umstände des Einzelfalls.

Umfang der Erhöhung. Erhöht wird die jeweils angefallene Gebühr. Es **33** wird also nicht neben dieser Gebühr eine weitere (Zusatz- oder Erhöhungs-) Gebühr zugebilligt, sondern es entsteht, wenn die Voraussetzungen des Abs. 1 S. 2 gegeben sind, nur eine einzige erhöhte Gebühr. Das gilt auch dann, wenn die zu erhöhende Gebühr nach unterschiedlichen Gebührensätzen erwachsen und nach § 13 Abs. 3 zu einer einheitlichen Gebühr zusammengefaßt ist.

Die Erhöhung beträgt für jeden weiteren Auftraggeber $\frac{3}{10}$ der im konkreten Fall erwachsenen Gebühr, der sogenannten Ausgangsgebühr. Darunter ist diejenige Gebühr zu verstehen, die unter den Umständen des jeweiligen Einzelfalls entstanden wäre, wenn der RA nur einen Auftraggeber gehabt hätte. Negativ ausgedrückt: Die Erhöhung beträgt nicht immer $\frac{3}{10}$ einer vollen Gebühr, sondern nur dann, wenn im Einzelfall die zu erhöhende

Gebühr als volle Gebühr wirklich erwachsen war. Das ist jetzt gesicherte allgemeine Rechtsprechung.

BGH AnwBl. 81, 192 = Rpfleger 81, 102 = JurBüro 81, 367.

34 Die Erhöhung für jeden weiteren, also zu dem ersten hinzutretenden Auftraggeber beträgt mithin bei einer Ausgangsgebühr von

20/10	6/10	7,5/10	22,5/100
13/10	39/100	5/10	1,5/10
10/10	3/10	3/10	9/100.

Die Erhöhung (nicht die erhöhte Gebühr!) ist (bei mehr als 7 Auftraggebern) auf 2 Ausgangsgebühren begrenzt. Dazu tritt noch die zu erhöhende Ausgangsgebühr, so daß die erhöhte Gebühr nicht mehr als das Dreifache der Ausgangsgebühr betragen darf.

Bei den Satzrahmengebühren ist zunächst zu ermitteln, welche Gebühr nach § 12 zu bestimmen gewesen wäre, wenn der RA nur einen Auftraggeber gehabt hätte. Das ist insofern schwierig, als die Umstände, die nach § 12 zu berücksichtigen sind, teilweise auf die Person des Auftraggebers bezogen sind (z. B. die Bedeutung der Sache für ihn, seine Vermögens- und Einkommensverhältnisse). Es erhebt sich die Frage, auf welchen der mehreren Auftraggeber dabei abzustellen ist. Hier kann nur ein Durchschnittswert aus den Verhältnissen aller Auftraggeber zu sachgerechten Ergebnissen führen; das ist keine rechnerische Aufgabe, denn das Gewicht der einzelnen in Betracht zu ziehenden Umstände wäre ja auch bei einem einzelnen Auftraggeber nur gegeneinander abzuwägen. Die so ermittelte Ausgangsgebühr ist dann rein rechnerisch um $\frac{3}{10}$, multipliziert mit der um 1 verringerten Gesamtzahl der Auftraggeber, zu erhöhen, ohne daß bei dieser Rechenoperation die besonderen Umstände der einzelnen Auftraggeber gesondert berücksichtigt werden dürfen.

35 Sind die mehreren Auftraggeber nicht gleichmäßig an dem Gegenstand oder den verschiedenen Gegenständen der anwaltlichen Tätigkeit innerhalb der Angelegenheit beteiligt, so schreibt der 2. Halbsatz des Abs. 1 S. 2 vor, daß die Erhöhung nach dem Betrag berechnet wird, an dem die Auftraggeber gemeinschaftlich beteiligt sind. Nicht klar geregelt ist dagegen das Verhältnis dieser Erhöhung zu dem Teil der anwaltlichen Tätigkeit, an dem keine gemeinschaftliche Beteiligung besteht. Eine Berechnungsmethode schlägt der nach dem Gesamtwert der Angelegenheit berechneten nicht erhöhten Gebühr die aus dem Wert der gemeinschaftlichen Beteiligung berechnete Erhöhung hinzu. Beispiel: Klage auf Zahlung von 10000 DM gegen B und C als Gesamtschuldner und weiterer 10000 gegen C allein. Der RA vertritt B und C.

Gerechnet wird: $^{10}/_{10}$ aus 200000 = 849,— DM.

$$+ \;\; ^{3}/_{10} \text{ aus } 10000 = \underline{\quad 161,70 \text{ DM}}$$

Prozeßgebühr insgesamt   1010,70 DM.

So Riedel/Sußbauer A 34; ähnlich auch LG Freiburg Rpfleger 82, 393.

Eine andere Methode errechnet die erhöhte Gebühr aus dem Betrag der gemeinschaftlichen Beteiligung und die nichterhöhte Gebühr aus dem um den Wert der gemeinschaftlichen Beteiligung verminderten Gesamtwert und wendet auf die Teilbeträge § 13 Abs. 3 an. Im Beispiel also

$$^{13}\!/_{10} \text{ aus } 10\,000 = 700{,}70 \text{ DM}$$
$$+ \ ^{10}\!/_{10} \text{ aus } 10\,000 = 539{,}00 \text{ DM.}$$

Summe 1239,70 DM, aber nach § 13 Abs. 3
nicht mehr als $^{13}\!/_{10}$ aus 20000 = 1103,70 DM.
Lappe, Rpfleger 81, 94.

Die zweite Methode verdient den Vorzug, weil sie berücksichtigt, daß neben der Erhöhung nach § 6 Abs. 1 S. 2 auch § 7 Abs. 2 anzuwenden sein kann, wenn in derselben Angelegenheit mehrere Gegenstände (Anspruch gegen B und C gemeinsam und weiterer Anspruch nur gegen B) geltend gemacht werden, ohne daß der RA unzulässigerweise eine Gebührenerhöhung sowohl nach § 6 Abs. 1 S. 2 als auch nach § 7 Abs. 2 erlangt. Allerdings kommt wohl nur eine entsprechende Anwendung von § 13 Abs. 3 in Betracht, weil diese Vorschrift nur den Fall regelt, daß für Teile des(selben) Gegenstandes verschiedene Gebührensätze anzuwenden sind.

Betragsrahmengebühren. Bei Gebühren, die nur dem Mindest- und **36** Höchstbetrag nach bestimmt sind, kann die Tätigkeit für mehrere Auftraggeber innerhalb des Gebührenrahmens berücksichtigt werden. Es erhöhen sich nach § 6 Abs. 1 S. 3 der Mindest- und Höchstbetrag je weiteren Auftraggeber um drei Zehntel. Mehrere Erhöhungen dürfen das Doppelte der Mindest- und Höchstgebühr nicht übersteigen. Innerhalb des erhöhten Gebührenrahmens ist die Gesamtvergütung nach den Grundsätzen des § 12 zu bestimmen. Es sind die Vermögens- und Einkommensverhältnisse aller Auftraggeber zu berücksichtigen. Sind sie verschieden, so haftet der Auftraggeber nur nach den für ihn in Betracht kommenden Verhältnissen.

Das Hauptanwendungsgebiet dieser Vorschrift sind die Strafsachen des 6. Abschnitts, die Gebühren des 7., 8., 9. und 10. Abschnitts und das Verfahren vor Verfassungsgerichten des 11. Abschnitts, soweit nach § 113 Abs. 1 die Vorschriften für Strafsachen sinngemäß gelten. Ferner gehören hierher die Verfahren vor den Gerichten der Sozialgerichtsbarkeit, § 116. Außerdem kommt die Ratsgebühr des § 20 Abs. 1 und 2 in Betracht.

Besonders gilt § 6 Abs. 1 S. 3 für die **Vertretung mehrerer Privat- oder 37 Nebenkläger,** sei es in der Hauptverhandlung, im Verfahren außerhalb der Hauptverhandlung oder im Wiederaufnahmeverfahren.

War eine Pauschgebühr schon vor dem Hinzutreten eines weiteren Auftraggebers entstanden, so erhöht sich der Rahmen bei der ersten Tätigkeit für die mehreren Auftraggeber, die den Tatbestand der Gebühr erfüllt.

Beispiel: In einem Privatklageverfahren beauftragt der zweite Privatkläger den RA, der den ersten Privatkläger vertritt, während des Verfahrens. Die Dauer der Tätigkeit für die mehreren Auftraggeber und die dadurch entstandene Mehrarbeit werden innerhalb des erhöhten Gebührenrahmens berücksichtigt. Bei Wegfall eines Auftraggebers vor der Beendigung der Angelegenheit bleibt dem RA die bereits verdiente Gebühr aus dem erhöhten Rahmen. Von zwei Privatklägern, die von dem RA vertreten werden, kündigt ein Privatkläger während des Verfahrens das Mandat. Durch die erhöhte Gebühr werden auch spätere Tätigkeiten für den verbleibenden einen Auftraggeber abgegolten, die unter die Pauschgebühr fallen. Der Wegfall des anderen Auftraggebers ist innerhalb des Rahmens zu berücksichtigen. Gebühren, die erst nach dem Ausscheiden entstehen, sind nach dem nicht erhöhten Rahmen zu bemessen.

Beispiele für die Vertretung mehrerer Nebenkläger:
Der RA, der vor dem Amtsgericht zwei unfallgeschädigte Eheleute als Nebenkläger vertritt, erhält sonach 1 Gebühr aus § 83 Abs. 1 Nr. 3, erhöht gemäß § 6 Abs. 1 S. 3, in Höhe von 104 DM bis 1378 DM mit der Mittelgebühr von 741 DM.

Düsseldorf JMBlNRW 68, 216; München AnwBl. 79, 74; LG Hanau AnwBl. 82, 494; LG Heilbronn AnwBl. 80, 203 (Vertretung der Witwe und fünf mdj. Kinder); LG Köln AnwBl. 70, 111; LG Landau AnwBl. 80, 213; LG Lüneburg AnwBl. 69, 143; LG Memmingen AnwBl. 69, 448; LG Koblenz AnwBl. 71, 92; a. M. (die erhöhte Gebühr ist nicht erstattungsfähig) LG Kaiserslautern JurBüro 71, 1021.

Beauftragen mehrere Hinterbliebene einen gemeinsamen RA, sie im Strafverfahren als Nebenkläger zu vertreten, dann erhöhen sich die Mindest- und Höchstgebühren des anzuwendenden Gebührenrahmens um je drei Zehntel für jeden zusätzlichen Auftraggeber. Bei der Bemessung der Gebühr ist von deren Mittelwert auszugehen. Bei der Ermittlung der konkreten Gebühr sind auch die später geltend zu machenden Schadensersatzansprüche der Nebenkläger zu berücksichtigen.

Düsseldorf JMBlNRW 68, 216; LG Weiden AnwBl. 69, 210; AG Emmendingen AnwBl. 69, 449.

Beauftragen Eltern als gesetzliche Vertreter eines Kindes den RA, den Ausschluß als Nebenkläger wegen Vertretung des Kindes zu beantragen, liegt nur ein Auftraggeber – das Kind – vor. Für eine Erhöhung der Gebühr gemäß Abs. 1 S. 3 ist deshalb kein Raum.

Lappe NJW 76, 165; Köln JMBlNRW 73, 24.

Liegen die Auftragsverhältnisse nicht neben-, sondern hintereinander, ist für eine Anwendung des Abs. 1 Satz 3 kein Raum. Beispiel: Der RA vertritt zunächst einen Nebenkläger, nach dessen Tod übernimmt er die Vertretung des zweiten Nebenklägers; es liegen zwei getrennte Auftragsverhältnisse vor, die also getrennt mehrere Gebühren entstehen lassen.

38 Hat vor der Verbindung der RA zwei Angeklagte, die wegen verschiedener – nicht in Verbindung stehender – Taten angeklagt sind, in der Hauptverhandlung vertreten, so handelt es sich vor der Verbindung um getrennt geführte Strafverfahren, also um verschiedene Angelegenheiten, für die der RA die Gebühren für jedes der früher selbständigen Verfahren besonders erhält.

LG Berlin JurBüro 64, 814.

39 Nach der Verbindung muß der RA ein **Mandat kündigen,** da er in einem Strafverfahren nur noch einen Angeklagten verteidigen darf.

40 Im **Verfahren außerhalb der Hauptverhandlung** kommt die Erhöhung des § 6 Abs. 1 S. 3 ebenfalls dann in Frage, wenn der RA für mehrere Auftraggeber (z. B. Privatkläger) tätig wird. Vertrat er schon vor der Verbindung mehrere Auftraggeber oder vertritt er mehrere Auftraggeber nach der Trennung, so erhält er die Gebühr des § 84 für jedes Verfahren besonders, so daß eine Erhöhung nach § 6 Abs. 1 S. 3 in der Regel nicht in Frage kommt, weil die zunächst entstandenen mehreren Gebühren für die Vertretung der einzelnen Auftraggeber höher sind als die spätere eine – wenn auch erhöhte – Gebühr für die gemeinsame Vertretung. Theoretisch wird jedoch wie folgt berechnet: Es werden zunächst die getrennten Gebühren aus § 84 bestimmt. Sodann wird die in der federführenden Strafsache anfallende Gebühr, die nunmehr aus dem erhöhten Rahmen nach Abs. 1 S. 3 entnommen wird, gemäß der weiteren Tätigkeit des RA erhöht.

Vgl. jedoch LG Krefeld JurBüro 80, 1825 = AnwBl. 81, 27 = Rpfleger 81, 72 (Wenn mehrere durch dieselbe Tat Verletzte durch einen Rechtsanwalt getrennte Privatklagen einreichen lassen, liegt nur ein einheitliches Verfahren vor).

Auch auf **Gebühren für Einzeltätigkeiten** ist § 6 Abs. 1 S. 3 anzuwenden, **41** wenn die in § 91 genannten Tätigkeiten mehrere Auftraggeber betreffen. Betrifft aber eine solche Tätigkeit nur einen von mehreren Auftraggebern, so kann keine Erhöhung berechnet werden.

Die **Gebühren des § 96** sind keine Rahmengebühren, vgl. A 29 a. E.

Der Rahmen der **Ratsgebühr des § 20** Abs. 1 Satz 2 erhöht sich bei mehre- **42** ren Auftraggebern je Auftraggeber um ³⁄₁₀.

§ 6 Abs. 1 Satz 3 gilt an sich auch für die **Vergütung der Pflichtanwälte 43** (§§ 97, 102, 109, 112), hat aber wegen § 146 StPO keine praktische Bedeutung mehr.

Vertritt der RA nur eine Person, so ist § 6 Abs. 1 S. 3 auch dann nicht **44** anwendbar, wenn diese in verschiedenen Parteirollen auftritt, z. B. als Beschuldigter und als Widerkläger oder als Privatkläger und als Beschuldigter bei Erhebung einer Widerklage seitens des Privatbeklagten.

Dasselbe gilt, wenn der RA nur einen Privatkläger vertritt, die Privatklage sich aber gegen mehrere Beschuldigte richtet, oder wenn der RA nur einen Beschuldigten vertritt, der von mehreren Privatklägern verklagt wird.

Ebenso erhält der RA nur eine – nicht erhöhte – Gebühr, wenn er einen Angeklagten verteidigt und ihn gleichzeitig als Nebenkläger gegen einen Mitangeklagten vertritt.

H. Schmidt, Die Vergütung des Strafverteidigers, S. 46; LG Krefeld JurBüro 78, 1500; LG Verden JurBüro 79, 1504.

Die Mehrarbeit ist in solchen Fällen durch höhere Bemessung der Gebühr innerhalb des Rahmens zu berücksichtigen. So kann die angemessene Gebühr in einem solchen Falle z. B. statt 500 DM vielleicht 650 DM betragen.

Eine **Personenmehrheit** kann nur als eine Person anzusehen sein, z. B. wenn **45** eine juristische Person Privatklage erhebt (§ 374 Abs. 3 StPO), mag sie auch durch mehrere gesetzliche Vertreter vertreten sein. Dann ist § 6 Abs. 1 S. 3 nicht anzuwenden.

Erheben aber mehrere juristische Personen Privatklage, so ist § 6 Abs. 1 S. 3 anzuwenden. Das gilt auch dann, wenn die mehreren juristischen Personen gemeinsam **eine** natürliche Person als gesetzlichen Vertreter haben. Dasselbe gilt, wenn mehrere natürliche Personen Privatkläger oder Angeklagter sind und die eine von ihnen zugleich gesetzlicher Vertreter der anderen ist. (Beispiel: Nach dem Unfalltod ihres Ehemannes schließt sich die Ehefrau für sich und als gesetzliche Vertreterin ihrer 3 minderjährigen Kinder dem Strafverfahren gegen den schuldigen Kraftfahrer an: 4 Nebenkläger, also Abs. 1 Satz 3.) Oder wenn der RA nicht nur den Verletzten als Privatkläger oder als Nebenkläger, sondern noch einen Dritten vertritt, der ein selbständiges Recht zum Strafantrag hat (§§ 194 Abs. 3, 232 Abs. 2 StGB), oder wenn er im Rechtsmittelverfahren sowohl den Angeklagten als dessen gesetzlichen Vertreter vertritt, die beide Rechtsmittel eingelegt haben (§ 298 StPO). Dagegen ist § 6 Abs. 1 S. 3 nicht anwendbar, wenn der gesetzliche Vertreter an dem Strafverfahren nicht persönlich beteiligt ist, sondern nur für den Vertretenen (§ 374 Abs. 3 StPO) oder als dessen Beistand (§ 149 StPO) auftritt.

46 Vertritt der RA einen Mitbeteiligten nur in Untervollmacht eines anderen RA, so schlägt § 6 Abs. 1 S. 3 nicht ein. Er erhält vielmehr für sich nur die nicht erhöhte Gebühr, während er durch seine Tätigkeit für den anderen RA gleichzeitig für diesen den Anspruch auf eine gleiche Gebühr erwirbt.

RA Hamburg DRW 40, 659; Riedel/Sußbauer A 9 wollen dem RA, der neben seinem Auftraggeber in Untervollmacht eines anderen RA einen weiteren Beteiligten vertritt, die gemäß Abs. 1 S. 3 erhöhte Gebühr zubilligen. Diese Auffassung dürfte unrichtig sein, da der RA zu dem weiteren Beteiligten nicht im Vertragsverhältnis steht.

Vertritt der RA mehrere RAe in Untervollmacht, die von mehreren am Strafverfahren Beteiligten mit ihrer Vertretung beauftragt sind, so erwirbt er durch seine Tätigkeit für jeden Hauptbevollmächtigten die Gebühren besonders.

Gerold Büro 60, 225.

47 Die Erhöhung gemäß Abs. 1 S. 3 tritt je weiteren Auftraggeber ein. Bei 4 Auftraggebern erhöht sich der Rahmen um somit ⁶/₁₀.

Aus dem erhöhten Rahmen ist die im Einzelfall angemessene Vergütung zu bestimmen. Bei den wirtschaftlichen Verhältnissen sind die Verhältnisse aller Auftraggeber zu berücksichtigen.

Der erhöhte Rahmen bleibt auch maßgebend, wenn ein weiterer Auftraggeber erst später hinzutritt oder wenn ein Auftraggeber wegfällt. Daß der RA nicht die gesamte Zeit für die mehreren Auftraggeber tätig war, ist bei der Bestimmung der Gebühr, die aus dem erhöhten Rahmen zu entnehmen ist, zu berücksichtigen.

Werden zwei oder mehrere Angelegenheiten verschiedener Auftraggeber miteinander verbunden, bleiben die bisher entstandenen Gebühren erhalten. Zu ihnen kommt als Gesamtvergütung die Erhöhung der Gebühr für die weitere Tätigkeit, die gemäß § 12 zu bestimmen ist.

Wird eine Angelegenheit mehrerer Auftraggeber in mehrere Angelegenheiten getrennt, entstehen die Gebühren nunmehr getrennt für die weitere Tätigkeit.

48 Im Auslieferungsverfahren ist § 6 Abs. 1 S. 3 anzuwenden, wenn der RA im Verfahren mehrere Beteiligte vertritt.

Voraussetzung ist, daß es sich um ein einheitliches Verfahren gegen mehrere Beteiligte handelt. Werden die Verfahren getrennt geführt, so erhält der RA in jedem Verfahren getrennte Gebühren, z. B. wenn er einen Ausländer im Auslieferungsverfahren, einen anderen in einem Durchlieferungsverfahren oder denselben Ausländer in einem Auslieferungs- und in einem Durchlieferungsverfahren vertritt. Ob es sich um dasselbe Stafverfahren im Ausland handelt, ist gleichgültig.

Die **Gebühr für ein einfaches Schreiben** des § 120 Abs. 2 ist keine Rahmen- 49
gebühr; auf sie ist deshalb § 6 Abs. 1 S. 3 nicht anzuwenden.

Haftung der Auftraggeber

Jeder der Auftraggeber schuldet nach § 6 Abs. 2 S. 1 dem RA die Gebüh- 50
ren und Auslagen, die er schulden würde, wenn der RA nur in seinem
Auftrag tätig geworden wäre. Der RA kann ihm also alle Gebühren und
Auslagen in Rechnung stellen, die durch seinen Auftrag entstanden sind und
die durch die Gesamttätigkeit entstanden sind, aber auch entstanden wären,
wenn der RA für den in Anspruch genommenen Auftraggeber allein tätig
gewesen wäre. Insgesamt kann er jedoch nicht mehr als die Vergütung nach
§ 6 Abs. 2 S. 2 fordern.

LG Berlin JurBüro 83, 1033 (Kostenfestsetzung nach § 19).

Hat der RA eine **besondere Tätigkeit nur für einen Auftraggeber** entfal- 51
tet und hat sich dadurch die Vergütung des RA erhöht, so haftet für diese
Erhöhung nur derjenige Auftraggeber, in dessen Interesse diese besondere
Tätigkeit ausgeübt worden ist. Denn nach dem klaren Wortlaut des Abs. 2
S. 1 haftet kein Auftraggeber für die Vergütung, die der RA für Sondertätig-
keiten im Interesse anderer Auftraggeber zu erhalten hat.

Ist z. B. eine Beweisaufnahme nur wegen der Forderung oder der Schuld eines
Auftraggebers nötig geworden oder hat nur ein Auftraggeber einen Vergleich
geschlossen, so ist die Beweis- oder die Vergleichsgebühr nur dem betreffenden Auftraggeber nach dem für ihn maßgebenden Gegenstandswert zu
berechnen.

Sind die Gegenstände verschieden und werden deshalb nach § 7 Abs. 2 die 52
Werte zusammengerechnet, so haftet jeder Auftraggeber nur für die nach dem
Einzelwert seines Auftrags berechneten Gebühren. Da der RA aber seine
Gebühren nicht getrennt, sondern nur einmal nach dem Gesamtwert berechnen darf, muß somit eine doppelte Berechnung aufgestellt werden. Es sind
demnach zu berechnen: einmal der dem RA zustehende Gesamtbetrag und
andererseits diejenigen Gebühren und Auslagen, die für jeden Auftraggeber
bei getrennter Ausführung der Aufträge entstanden wären. Wird z. B. ein
Schuldner auf Zahlung von 2000 DM, ein Bürge auf Zahlung von 1000 DM
verklagt, so ist die Vergütung des Rechtsanwalts nach dem Werte von 2000
DM zu berechnen. Dafür haftet aber nur der Schuldner, der Bürge haftet nur
für die nach dem Werte von 1000 DM berechneten Gebühren. Macht jeder
Auftraggeber einen anderen Anspruch geltend (§ 60 ZPO), so hat der RA
seine Gebühren nach den zusammengerechneten Werten zu beanspruchen.
Jeder Auftraggeber haftet aber nur für die nach dem Wert seines Anspruchs
berechneten Gebühren. Entsprechendes gilt bei Vertretung mehrerer nach
§ 60 ZPO in Anspruch genommener Beklagter.

Vgl. aber Celle NdsRpfl. 76, 35, das meint, es komme nicht auf den Anteil der
Ansprüche (Streitwert), sondern auf die Höhe der anteiligen Gebühren an.

Erhöht sich bei **Auftragserteilung** durch mehrere Auftraggeber mit glei- 53
chem Gegenstand die Prozeßgebühr nach Abs. 1 S. 2, so haftet jeder Auftraggeber nur für die nicht erhöhte Prozeßgebühr, die in seiner Person entstanden
ist. Der RA kann also z. B. von zwei Auftraggebern, die auf den gleichen
Gegenstand verklagt sind, je nur die Prozeßgebühr in Höhe von $^{10}/_{10}$ fordern,

also von keinem der beiden Auftraggeber $^{13}/_{10}$. Hat allerdings der eine Auftraggeber seine $^{10}/_{10}$-Prozeßgebühr gezahlt, so hat der andere die auf ihn entfallende Prozeßgebühr nur insoweit zu zahlen, als der RA dann insgesamt $^{13}/_{10}$ erhält, d. h. der zweite Auftraggeber braucht an den RA nur noch $^{3}/_{10}$ zu zahlen.

Hamm JurBüro 78, 62; München MDR 78, 854 = JurBüro 78, 1175 = BB 78, 891.

54 Erhöhen sich bei **Rahmengebühren** der Mindest- und Höchstbetrag, so haftet jeder Auftraggeber nur für diejenige Gebühr, die sich für ihn nach den bei ihm vorliegenden Umständen aus dem nicht erhöhten Gebührenrahmen ergibt. Der RA hat hiernach z. B. für die Vertretung zweier Nebenkläger in einer Hauptverhandlung unter Beachtung des § 12 mehrere Berechnungen aufzustellen:

a) für die Gesamtvertretung,

b) für die Vertretung des Auftraggebers A,

c) für die Vertretung des Auftraggebers B.

Jeder Auftraggeber schuldet dem RA nur die ihn betreffende Vergütung, also A die Vergütung b, B die Vergütung c, beide jedoch zusammen nur die Vergütung a.

55 Auftraggeber ist nur derjenige, der einen Vertretungsauftrag erteilt hat oder, wenn ein Dritter den Auftrag zur Vertretung eines anderen erteilt hat, dieser Dritte, nicht aber ein Dritter, der für die Vergütung des RA nur neben dem Auftraggeber haftet. Im letzteren Falle richtet sich die Mithaftung nur nach den Vorschriften des die Mithaftung bestimmenden Rechtsverhältnisses.

Zweifel können bestehen, ob der Begriff des Auftraggebers nicht ausdehnend auszulegen ist, wenn „ein Auftraggeber" den RA beauftragt, mehrere Nebenkläger zu vertreten oder in ähnlicher Weise für mehrere tätig zu werden. Beispiele: Das Gericht bestellt den RA im Wege der Prozeßkostenhilfe zum beigeordneten RA für zwei Privatkläger; eine Rechtsschutzversicherung beauftragt einen RA, zwei Nebenkläger zu vertreten. In diesen Fällen ist nur in der Weise ein vernünftiges Ergebnis zu erreichen, daß jeder Vertretene als Auftraggeber angesehen wird, an dessen Stelle die Staatskasse die Gebühren des beigeordneten RA bzw. die Rechtsschutzversicherung die Kosten übernimmt. Gleiches gilt, wenn in einem Unfallschadensprozeß Haftpflichtversicherer, Fahrer und Halter des Fahrzeugs verklagt werden. Es findet also eine Gebührenerhöhung gemäß § 6 Abs. 1 S. 2 statt.

> Köln AnwBl. 78, 65 (Ein Haftpflichtversicherer, der den Auftrag auch für den Halter erteilt, haftet auch für den Erhöhungsbetrag) und JurBüro 81, 1343 mit Anm. von Mümmler.

56 Werden Aufträge mehrerer Personen in getrennten Verfahren erledigt, so handelt es sich nicht um dieselbe Angelegenheit. Werden z. B. gleichartige Ansprüche je in einem besonderen Verfahren eingeklagt, so haftet auch dann jeder Auftraggeber für die vollen Gebühren, wenn die Schriftsätze in den verschiedenen Verfahren den gleichen Inhalt haben.

> München AnwBl. 81, 155.

57 Treten nachträglich an die Stelle eines Auftraggebers mehrere Auftraggeber, z. B. mehrere Rechtsnachfolger eines Auftraggebers (§§ 239, 727 ZPO), oder werden nach § 147 ZPO mehrere Rechtsstreitigkeiten miteinander verbunden, so haften die nachträglich eingetretenen Auftraggeber für die vor ihrem Eintritt entstandenen Gebühren nach § 6 Abs. 2 nicht. Vielmehr haftet dafür nur der bisherige Auftraggeber. Rechtsnachfolger können aber aus Gründen des bürgerlichen Rechts, z. B. § 2058 BGB, dafür als Gesamtschuldner haften. § 6 gilt nur für die nach dem Eintritt der Rechtsnachfolger oder nach der Verbindung entstandenen Gebühren.

Der RA kann nach § 6 Abs. 2 S. 2 **nicht mehr als die nach Abs. 1** **58 berechneten Gebühren fordern,** wenn er in derselben Angelegenheit für mehrere Auftraggeber tätig war. Soweit nach § 6 Abs. 2 S. 1 mehrere Auftraggeber die gleiche (nichterhöhte) Vergütung schulden, liegt ein Gesamtschuldverhältnis vor. Der RA kann also nach § 421 BGB die Leistung nach Belieben von jedem Auftraggeber ganz oder zum Teil fordern. Jeder Auftraggeber bleibt bis zur Erbringung der ganzen Leistung verpflichtet, solange er den Betrag, den er nach § 6 Abs. 2 S. 1 schuldet, nicht erbracht hat.

Die Vorschrift des § 420 BGB, nach der, wenn mehrere eine teilbare Leistung schulden, im Zweifel jeder Schuldner zu einem gleichen Teile verpflichtet ist, wird schon durch die Fassung des § 6 Abs. 2 S. 1 ausgeschlossen. Ebenso ist auch ausdrücklich klargestellt, daß die Auftraggeber auch dann, wenn sie den Auftrag gemeinschaftlich erteilt haben, nicht schlechthin nach § 427 BGB für die Gesamtkosten haften, sondern jeder nur für die durch Ausführung seines Auftrags allein entstandenen Kosten.

Soweit danach die Auftraggeber Gesamtschuldner sind, finden auf ihr Ver- **59** hältnis zu einem RA die §§ 421 bis 425 BGB Anwendung. Für das **Verhältnis der Auftraggeber zueinander** gilt § 426 BGB. Sie sind also zu gleichen Teilen verpflichtet, soweit sich nichts anderes aus dem zwischen ihnen bestehenden Rechtsverhältnis ergibt. Liegt kein solcher Ausnahmefall vor, so kann ein Auftraggeber, der den vollen Betrag oder doch mehr als den auf ihn entfallenden Kopfteil bezahlt hat, von den übrigen Auftraggebern nach § 426 BGB Ausgleich verlangen. In Höhe seines Ausgleichsanspruchs geht nach § 426 Abs. 2 BGB die Forderung des RA auf ihn über.

Ist die Höhe des Ausgleichsanspruchs streitig, so ist Klage vor dem ordentlichen Gericht zu erheben. Im Kostenfestsetzungsverfahren kann darüber nicht entschieden werden.

Auch die **Auslagen** kann der RA nach § 6 Abs. 2 S. 2 nur einmal fordern. Es **60** hat also nach Abs. 2 S. 1 jeder Auftraggeber nur diejenigen Auslagen zu tragen, die entstanden wären, wenn der RA nur in seinem Auftrag tätig gewesen wäre. Fordert der RA die Postgebührenpauschale, kann er von jedem Auftraggeber 15 % der gesetzlichen Gebühren, jedoch höchstens 40 DM (in Strafverfahren 30 DM) fordern. Der Betrag von 40 DM (in Strafverfahren 30 DM) darf auch als Gesamtforderung nicht überschritten werden.

Die Erstattungspflicht der Gegenpartei

Die Erstattungspflicht des Gegners von Streitgenossen, die denselben RA **61** beauftragt hatten, ist seit jeher für alle Fälle der gerichtlichen Kostengrundentscheidung streitig.

Haben **alle durch denselben RA vertretene Streitgenossen obsiegt,** ist also der Gegner voll in die Kosten verurteilt worden, so fragt es sich, ob der einzelne Streitgenosse voll diejenigen Gebühren und Auslagen erstattet verlangen kann, die er nach § 6 Abs. 2 S. 1 dem RA schuldet, ohne Rücksicht darauf, ob er sie tatsächlich in dieser Höhe gezahlt hat oder zwangsläufig (etwa wegen Zahlungsunfähigkeit des Streitgenossen) wird zahlen müssen.

Eine Meinung bejaht diese Frage mit der Begründung, sie entspreche allein der für die Kostenfestsetzung maßgeblichen Kostengrundentscheidung, die materiellrechtlichen Beziehungen im Innenverhältnis der Streitgenossen könnten in dem formellen Kostenfestsetzungsverfahren nicht berücksichtigt werden.

Sie kann aber nicht erklären, warum ein weiterer Streitgenosse, der dem gemeinsamen RA dieselben Gebühren und Auslagen schuldet, diese nicht ebenfalls in voller Höhe festgesetzt bekommt, weil der unterlegene Gegner keinesfalls mehr erstatten muß, als der RA von seinen Auftraggebern nach § 6 Abs. 2 S. 2 insgesamt fordern kann. Sie muß den weiteren Streitgenossen, auch wenn er nachweist, daß er seine Schuld dem RA gegenüber voll beglichen hat, auf einen (im Prozeßwege geltend zu machenden) Ausgleichsanspruch verweisen, nimmt ihm also seinen Erstattungsanspruch. Die Gegenmeinung gibt deshalb dem einzelnen Streitgenossen nur einen Erstattungsanspruch in Höhe seines Kopfteils an der gemeinsamen Schuld gegenüber dem RA; eine höhere Erstattung billigt sie ihm nur zu, wenn er nachweist, daß er tatsächlich mehr gezahlt hat oder zwangsläufig wird zahlen müssen.

62 Wenn die von demselben RA vertretenen **Streitgenossen nur teilweise obsiegen,** so ändert sich an der Problematik nichts, und zwar gleichgültig, ob die Streitgenossen zu gleichen oder verschiedenen Quoten teilweise obsiegen und teilweise unterliegen. Als mit der Kostengrundentscheidung unverträgliches Ergebnis kann lediglich hinzukommen, daß der Gegner die außergerichtlichen Kosten der Streitgenossen voll zu erstatten hat, obwohl beide einen Teil davon selbst zu tragen haben. Beispiel: Der im übrigen obsiegende Kläger hat ¼ der Kosten des Streitgenossen A und ½ der Kosten des Streitgenossen B zu tragen. A und B sind durch denselben RA vertreten und schulden diesem je 2 volle Gebühren, wegen § 6 Abs. 2 S. 2 in Verb. m. Abs. 1 S. 2 aber insgesamt nur 2,3 Gebühren. Müßte der Kläger nun dem A ¾ von 2 = 1,5 Gebühren erstatten, dem B aber ½ von 2 = 1, so wären das mit 2,5 mehr als das, was der RA von A und B zusammen fordern kann. Diese 2,5 ließen sich zwar auf 2,3 begrenzen, aber auch das entspräche nicht der Kostengrundentscheidung, nach der A und B erhebliche Teile ihrer eigenen außergerichtlichen Kosten selbst zu tragen haben.

Das Beispiel zeigt, daß das, was der eine von mehreren Auftraggebern dem gemeinsamen Rechtsanwalt nach § 6 Abs. 2 S. 1 schuldet, wegen der Relativierung durch Abs. 2 S. 2 nicht in gleicher Weise wie das, was der Einzelmandant dem RA schuldet, als zwangsläufig von jedem einzelnen der mehreren Auftraggeber aufzuwenden und daher nach Maßgabe der Kostengrundentscheidung vom unterlegenen Gegner zu erstatten angesehen werden kann. Es ist vielmehr nur ein Höchstbetrag seiner Haftung, wegen dessen der RA ihn nach der Lebenserfahrung aber in der Regel nicht in voller Höhe in Anspruch nimmt.

63 Dieselbe Problematik ergibt sich auch, wenn **ein Streitgenosse voll obsiegt, der andere voll unterliegt.** Hat der Gegner deshalb z. B. die außergerichtlichen Kosten des Streitgenossen A zu erstatten, muß der Streitgenosse B dagegen seine außergerichtlichen Kosten selbst tragen, so billigt die eine Meinung dem obsiegenden A auch hier volle Erstattung der Vergütung zu, die er dem gemeinsamen RA schuldet, weil dies allein der Kostengrundent-

scheidung entspreche; sie vernachlässigt dabei aber den anderen Teil derselben Kostengrundentscheidung, wonach der unterlegene B seine außergerichtlichen Kosten selbst zu tragen hat. Erhält A nämlich die von ihm (als Gesamtschuldner mit B) dem RA geschuldeten Gebühren erstattet und führt er diese auch an den RA ab, so schuldet B dem RA nur noch die Erhöhung der Prozeßgebühr um ³/₁₀, ist also weitgehend von seinen eigenen außergerichtlichen Kosten entgegen der Kostengrundentscheidung freigestellt. Würden von drei durch denselben RA vertretenen Streitgenossen zwei voll obsiegen und einer voll unterliegen, so würde der letztere sogar völlig von seinen außergerichtlichen Kosten freigestellt, wenn man jedem der obsiegenden Streitgenossen einen Erstattungsanspruch in Höhe des von ihm nach § 6 Abs. 2 S. 1 geschuldeten Betrages, wenn auch begrenzt durch Abs. 2 S. 2, zubilligte. Der Hinweis auf eine etwaige Ausgleichungspflicht aus dem Innenverhältnis zwischen den Streitgenossen hilft nicht weiter, denn diese besteht ohnehin unabhängig von dem Ausgang des Prozesses. Anders wäre es nur, wenn der Ausgleichsanspruch auf den Kläger überginge, wofür es aber an einer gesetzlichen Grundlage fehlt.

Beispiele aus der immer noch im Fluß befindlichen Rechtsprechung zur Frage, ob dem obsiegenden Streitgenossen die Gebühren und Auslagen, die er dem gemeinsamen RA nach § 6 Abs. 2 S. 1 schuldet, ohne Nachweis der Zahlung zu erstatten sind:

Voll: BGH JurBüro 1969, 941; Düsseldorf JurBüro 82, 921 = MDR 82, 327; Frankfurt JurBüro 82, 446; 86, 96 = AnwBl. 85, 648 = KostRsp. ZPO § 100 Nr. 57 m. Anm. von Eicken; Hamburg JurBüro 86, 1514; Hamm Rpfleger 78, 452 = JurBüro 78, 1650; München AnwBl. 81, 155; Oldenburg NdsRpfl. 70, 112; Zweibrücken JurBüro 79, 1565;
nur Anteil, wenn Zahlung oder Zahlenmüssen nicht dargetan:
Bamberg JurBüro 86, 94; Braunschweig MDR 79, 62; Bremen JurBüro 78, 592; Celle KostRsp. ZPO § 100 Nr. 53; KG NJW 72, 2045 = AnwBl. 72, 281; 84, 207; Karlsruhe AnwBl. 79, 183; JurBüro 84, 113; Koblenz Rpfleger 81, 122; NJW 85, 203 = JurBüro 85, 590; Köln AnwBl. 80, 72 = JurBüro 80, 611; Nürnberg NJW 75, 2346; JurBüro 83, 1404; Schleswig JurBüro 80, 1257; SchlHA 85, 44 u. 45; Stuttgart NJW 77, 2171 = JurBüro 77, 1140; OVG Lüneburg AnwBl. 82, 310.

Sachgerechte Lösungen lassen sich nur erzielen, wenn folgende Gesichts- 64 punkte berücksichtigt werden:
a) Der voll unterlegene Gegner braucht nicht mehr zu erstatten, als der gemeinsame RA von seinen Auftraggebern insgesamt nach § 6 Abs. 2 S. 2 fordern kann. Unterliegt er nur teilweise, so muß seine Erstattungspflicht sich entsprechend verringern.
b) Jede Erstattung setzt vom Begriff her voraus, daß der Erstattungsberechtigte notwendigerweise etwas aufgewandt hat oder zwangsläufig wird aufbringen müssen. Das Argument, die Streitgenossen hätten je einen eigenen RA beauftragen dürfen, durch die Beauftragung eines gemeinsamen RA also gespart, ist erstattungsrechtlich unerheblich. Entscheidend ist, daß die wirklichen Aufwendungen – auch im eigenen Interesse zur Begrenzung des Risikos – verringert wurden. Ersparte Kosten sind niemals als solche erstattungsfähig; nur wirklich entstandene, aber nicht erstattungsfähige Kosten können in Höhe durch sie ersparter notwendiger Kosten erstattungsfähig sind. Auch der einzelne Streitgenosse kann nicht im Rahmen des gemeinsamen Aufwandes dasjenige erstattet verlangen, was er hätte aufwenden dürfen, tatsächlich aber nicht aufgewandt hat.

c) Wenn die allgemeine Praxis bei einem Einzelmandanten des RA keinen Zahlungsnachweis für die Erstattung verlangt, so beruht das auf der Erfahrungstatsache, daß ein Einzelmandant die von ihm geschuldeten Gebühren und Auslagen dem RA zwangsläufig wird zahlen müssen.

d) Bei einem von mehreren Auftraggebern desselben RA besteht im Hinblick auf § 6 Abs. 2 S. 2 keine hinreichende Erfahrungsgrundlage für die Annahme, der RA werde gerade von ihm Zahlung des vollen Betrages fordern, für den er nach Abs. 2 S. 1 haftet. Die volle Erstattung dieses Betrages setzt deshalb die Glaubhaftmachung voraus, daß der Erstattungsberechtigte tatsächlich gezahlt hat oder auf Grund besonderer Umstände zwangsläufig wird zahlen müssen. Ohne solche Glaubhaftmachung kann nur davon ausgegangen werden, daß der einzelne Auftraggeber von dem RA anteilig, wenn keine sonstigen Verteilungsmaßstäbe ersichtlich sind, kopfteilig in Anspruch genommen werden wird.

e) Etwas anderes kann nur dann gelten, wenn sich aus der Kostengrundentscheidung oder der Kostenvereinbarung zweifelsfrei ergibt, daß die Gebühren und Auslagen, die die erstattungsberechtigte Partei einem gemeinsamen RA nach § 6 Abs. 2 S. 1 schuldet, gerade ihr ohne Rücksicht auf die Mithaft anderer Auftraggeber voll erstattet werden sollen. Das ist insbesondere dann nicht der Fall, wenn dieselbe Kostengrundentscheidung oder -vereinbarung auch einem anderen Auftraggeber desselben RA einen Erstattungsanspruch für die außergerichtlichen Kosten gibt oder bestimmt, daß ein anderer Auftraggeber des RA seine außergerichtlichen Kosten selbst zu tragen habe.

S. auch von Eicken/Lappe/Madert (vormals Willenbücher) A B 377 ff.

65 Der RA, der sowohl dem obsiegenden als dem unterlegenen Streitgenossen **im Wege der Prozeßkostenhilfe** beigeordnet war, kann die vollen Kosten, für die ihm seine Auftraggeber gesamtschuldnerisch haften, von der Gegenpartei nach § 126 ZPO beitreiben. Daß ihm die obsiegende Partei diese Kosten nicht bezahlt hat und er sie gegen die Partei nach § 122 Abs. 1 Nr. 3 ZPO auch nicht geltend machen darf, steht dem nicht entgegen (A 26 zu § 122). Hat der RA zunächst die Vergütung nach §§ 121 ff. aus der Staatskasse beantragt und erhalten, so geht sein Beitreibungsrecht insoweit nach § 130 auf die Staatskasse über. Die Differenz zu der Wahlanwaltsvergütung kann er jedoch gegen den Gegner voll festsetzen lassen.

66 Unterliegen mehrere Streitgenossen, so haften sie nach § 100 Abs. 1 ZPO regelmäßig nach Kopfteilen, als Gesamtschuldner nach § 100 Abs. 4 ZPO nur dann, wenn sie als Gesamtschuldner verurteilt worden sind.

66a Besteht eine **außergerichtliche Kostenersatzpflicht,** kann der Beteiligte, der einen Anspruch gegen den Gegner hat, seine Kostenansprüche geltend machen, auch wenn noch nicht über den Anspruch des anderen Beteiligten entschieden ist.

Beispiel: Eheleute machen aus einem Unfall Schadensersatzansprüche geltend. Der Ersatzanspruch der Frau ist befriedigt. Über den Anspruch des Mannes wird noch verhandelt. Die Ehefrau kann die Kosten des gemeinsam beauftragten Anwalts, für die sie gemäß Abs. 2 haftet, gegen den Gegner geltend machen.

a. M. Koblenz JurBüro 73, 176.

Erstattung in Strafsachen. Auch in Strafsachen können die Auftraggeber 67 Ansprüche auf Erstattung der aufgewendeten Anwaltskosten haben. Dabei ist es möglich, daß von allen Auftraggebern Erstattungsansprüche geltend gemacht werden können; jedoch kann das Verfahren ergeben, daß nur einem Teil der Auftraggeber ein Erstattungsanspruch zusteht.

Beispiele:

a) Die Privatklage zweier Beleidigter ist erfolgreich.

b) Auf die Privatklage des einen Beleidigten wird der Angeklagte verurteilt, die Privatklage des anderen Privatklägers wird abgewiesen.

c) In einem Strafverfahren gegen zwei Angeklagte A und B verteidigt der Rechtsanwalt den Angeklagten B und vertritt ihn und seine Ehefrau C gleichzeitig als Nebenkläger gegen den Angeklagten A. Beide Angeklagte werden verurteilt.

d) In einem Strafverfahren gegen A und B verteidigt der Rechtsanwalt den A und vertritt ihn gleichzeitig als Nebenkläger gegen B. A wird freigesprochen. B wird verurteilt.

Die Rechtslage ähnelt in diesen Fällen dem vorstehend Ausgeführten bei Beteiligung mehrerer Auftraggeber im Zivilprozeß. Jedoch bestehen folgende Abweichungen:

a) Bei Auftraggebermehrheit (Beispiele a–c) läßt sich sowohl die dem RA in der Angelegenheit insgesamt zustehende Vergütung, die er nach § 13 Abs. 2 nur einmal fordern darf (die Gesamtvergütung), als auch die Beträge, die die einzelnen Auftraggeber dem RA schulden (die Einzelvergütungen), und damit auch der Umfang der gesamtschuldnerischen Haftung der mehreren Auftraggeber nicht aus feststehenden Kriterien ablesen. Da es sich um Betragsrahmengebühren handelt, müssen sie zunächst nach § 12 bestimmt werden, und zwar von dem RA.

b) Neben dem Fall der Auftraggebermehrheit kommt – überschneidend mit diesem (Beispiel c) oder isoliert (Beispiel d) – der nicht unmittelbar durch § 6 geregelte, aber ähnlich zu beurteilende Fall vor, daß der RA in Doppelfunktion für denselben Auftraggeber tätig wird. Deshalb müssen außer der Gesamtvergütung auch die Einzelvergütungen von dem RA nach § 12 bestimmt werden, wenn ein Erstattungsanspruch nur für einen einzelnen Auftraggeber (im Beispiel b) nur der erfolgreiche Privatkläger) oder nur hinsichtlich einer der von dem RA wahrgenommenen Funktion (im Beispiel c nur die Nebenklagevertretung) besteht. Die Bestimmung muß nach den in § 12 genannten Kriterien erfolgen, zu denen aber der Ausgang des Verfahrens (Erfolg der anwaltlichen Tätigkeit) und die Entstehung eines Erstattungsanspruchs nicht gehören (A 5 zu § 12). Dagegen läßt § 12 es zu, trotz gleichen Umfangs und gleicher Schwierigkeit der anwaltlichen Tätigkeit individuelle Umstände (z. B. unterschiedliche Einkommens- und Vermögensverhältnisse) zu berücksichtigen.

Im praktischen Ergebnis wird die Erstattungsfähigkeit häufig davon abhängen, ob die Bestimmung der Einzelvergütung des erstattungsberechtigten Auftraggebers oder für die Funktion, hinsichtlich deren eine Erstattungspflicht besteht, der Billigkeit entspricht (§ 12 Abs. 1 S. 2). Eine Bestimmung zu Lasten des Erstattungspflichtigen läßt sich nach der zu A 64 vertretenen Auffassung nicht auf das Argument stützen, der Erstattungsberechtigte habe gespart, indem er zusammen mit anderen Auftraggebern oder für mehrere

Funktionen nur einen RA bestellte, obwohl er mehrere eigene Anwälte hätte bestellen dürfen; es sei deshalb billig, daß ihm, nicht dem Erstattungsschuldner, diese Ersparnis zugute komme (so aber die 8. Auflage A 67).

Die Bestimmung der Einzelvergütungen beschränkt den Vergütungsanspruch des RA nicht auf denjenigen Teil der Gesamtvergütung, die im Verhältnis der Einzelvergütungen auf den einzelnen Auftraggeber entfällt. Soweit sein Anspruch auf die Gesamtvergütung nicht bereits von einem anderen Auftraggeber erfüllt ist, steht es dem RA frei, den erstattungsberechtigten Auftraggeber auf die volle Einzelvergütung, die er für ihn im Rahmen der Billigkeit nach § 12 bestimmt hat, in Anspruch zu nehmen. Der so in Anspruch Genommene kann dann auch in dieser Höhe Erstattung verlangen. Das gilt auch, wenn alle Auftraggeber des RA erstattungsberechtigt sind (Beispiel a). Hier wird eine Bestimmung der Einzelvergütung regelmäßig nicht veranlaßt sein. Besteht jedoch die Gefahr, daß der Erstattungsanspruch eines Auftraggebers gepfändet oder gegen ihn aufgerechnet wird, so kann der RA den anderen Auftraggeber auf die volle von diesem geschuldete Einzelvergütung in Anspruch nehmen und entsprechende Festsetzung gegen den Gegner beantragen. Er braucht sich nicht der Gefahr auszusetzen, keine Zahlung zu erhalten, obwohl ein Erstattungsanspruch gegen einen zahlungsfähigen Gegner besteht.

> Zu allem Vorstehenden vgl. Madert in von Eicken/Lappe/Madert (vormals Willenbücher) A F 103, 104 mit Rechtsprechungsnachweisen.

Im Erstattungsverfahren kann nicht eingewendet werden, die Beteiligung mehrerer Personen an dem Verfahren sei nicht erforderlich gewesen, es hätte – bei gleichgelagerten Interessen – genügt, daß sich eine Person an dem Verfahren beteiligt hätte (Beispiel: In dem Verfahren wegen fahrlässiger Tötung dürfen sich die Witwe und die minderjährigen Kinder dem Strafverfahren als Nebenkläger anschließen). Die Erstattung der erhöhten Gebühr bei Tätigkeit eines RA für mehrere Beteiligte in derselben Angelegenheit kann den zur Auslagenerstattung berechtigten Nebenklägern (im Beispiel der Witwe und minderjährigen Kindern des Getöteten) nicht deswegen versagt werden, weil es ausgereicht hätte, wenn sich nur die Witwe eines Anwalts bedient hätte; die Gleichgelagertheit der Interessen der mehreren Beteiligten kann indessen im Rahmen des § 12 berücksichtigt werden.

> Schumann-Geißinger A 67; Hamm JurBüro 67, 168; LG Kleve AnwBl. 69, 31; LG Koblenz AnwBl. 71, 92; LG Lüneburg AnwBl. 69, 143; LG Osnabrück AnwBl. 68, 331;
> **a. M.** LG Kaiserslautern JurBüro 71, 1021 mit Anm. von Schalhorn.

Wird ein auf eine Sozietät lautendes Mandat zur Verteidigung zweier Mitbeschuldigter in zwei Einzelmandate der Sozietätsanwälte „aufgeteilt", um den Anforderungen des neuen § 146 StPO zu genügen, findet § 6 keine Anwendung. Die den Beschuldigten getrennt entstehenden Verteidigerkosten sind aus der Staatskasse zu erstatten.

> LG Saarbrücken AnwBl. 75, 367 = JurBüro 76, 1605.

§ 7 Gegenstandswert

(1) Die Gebühren werden, soweit dieses Gesetz nichts anderes bestimmt, nach dem Wert berechnet, den der Gegenstand der anwaltlichen Tätigkeit hat (Gegenstandswert).

(2) In derselben Angelegenheit werden die Werte mehrerer Gegenstände zusammengerechnet.

(3) Eine Scheidungssache und die Folgesachen (§ 623 Abs. 1, 4, § 621 Abs. 1 der Zivilprozeßordnung) gelten als dieselbe Angelegenheit im Sinne dieses Gesetzes.

Allgemeines. Es gibt verschiedene Möglichkeiten, die Tätigkeit des RA zu **1** vergüten:

a) Es kann bestimmt werden, daß er eine „angemessene Gebühr" zu erhalten hat (so § 21).

b) Es kann ein fester Betrag als Vergütung bestimmt werden (so z. B. die Vergütung des Pflichtverteidigers § 97 Abs. 1).

c) Für die Vergütung kann ein Betragsrahmen bestimmt werden (so z. B. die Gebühren in Strafsachen, vgl. §§ 83 ff.).

d) Es kann angeordnet werden, daß sich die Gebühren nach dem Wert der Angelegenheit berechnen. Diese Wertgebühren können sein

aa) solche mit festen Sätzen (so z. B. Prozeßgebühr $^{10}/_{10}$, Vollstreckungsgebühr $^{3}/_{10}$),

bb) solche mit Gebührensatzrahmen (so z. B. die Gebühren des § 118, $^{5}/_{10}$ bis $^{10}/_{10}$).

Die Wertgebühren stellen die regelmäßige Vergütung dar; Abs. 1 Satz 1 sagt deshalb „soweit dieses Gesetz nichts anderes bestimmt".

Gegenstandswert. Gegenstand der anwaltlichen Tätigkeit ist das Recht oder **2** Rechtsverhältnis, auf das sich die Tätigkeit eines RA bezieht.

Hartmann A 2; Riedel-Sußbauer A 2; Schumann-Geißinger A 12.

Gleichgültig ist, ob es sich um ein bestehendes oder künftiges, ein nur angestrebtes oder behauptetes Recht oder Rechtsverhältnis handelt.

Riedel-Sußbauer A 3; Schumann-Geißinger A 12.

Der Gegenstand wird durch den Auftrag des Auftraggebers bestimmt. Soweit der Anwalt in Geschäftsführung ohne Auftrag tätig wird, bestimmt sich der Gegenstand nach den Grenzen der Tätigkeit.

Maßgebend ist der objektive Geldwert des Gegenstandes, ausgedrückt in Deutscher Mark. Die subjektive Bewertung durch den Auftraggeber ist ohne Bedeutung.

Nähere Vorschriften über den Gegenstandswert finden sich in § 8. Aus § 8 ergibt sich, wie der Gegenstandswert zu berechnen ist. Soweit die Auffassung vertreten wird, auch § 7 Abs. 1 könne maßgebend für die Berechnung der Höhe des Gegenstandswertes sein,

Schumann-Geißinger A 5;

kann ihr nicht zugestimmt werden. Soweit die in § 8 Abs. 2 S. 1 aufgeführten Vorschriften der KostO nicht anwendbar sind, ist der Gegenstandswert gemäß § 8 Abs. 2 S. 2 zu bestimmen. Eine Lücke in § 8 liegt mithin nicht vor.

Zusammenrechnung mehrerer Werte. Betrifft die Tätigkeit des RA in **3**

derselben Angelegenheit mehrere Gegenstände, so werden deren Werte zusammengerechnet. Die Gebühren werden grundsätzlich aus den zusammengerechneten Werten entnommen.

> Braunschweig MDR 82, 241.

Wegen des Begriffs „derselben Angelegenheit" vgl. A 5 bis 17 zu § 13.
Der Grundsatz der Zusammenrechnung der Werte gilt jedoch nicht ausnahmslos. Bereits die BRAGO selbst kennt Ausnahmen; vgl. z. B. § 22
Abs. 2 für die Hebegebühr oder § 82 für das Konkurs- und Vergleichsverfahren. Weitere Ausnahmen enthält das GKG, das insoweit auch für die Anwaltsgebühren maßgebend ist; vgl. z. B. § 12 Abs. 3 GKG (vermögensrechtliche
Ansprüche, die aus nichtvermögensrechtlichen hergeleitet werden), § 18
GKG (Stufenklage), § 19 GKG (Klage und Widerklage, wechselseitig eingelegte Rechtsmittel).

4 **Zeitpunkt der Wertberechnung.** Maßgebend für die Bewertung des Gegenstandes ist der Zeitpunkt der Entstehung der Gebühr, die durch die
Tätigkeit für den Gegenstand veranlaßt ist. Es kommt also auf den Zeitpunkt
an, in dem der Gebührentatbestand erfüllt wird. Auf den Zeitpunkt der
Fälligkeit der Gebühr kommt es nicht an.

> Riedel/Sußbauer A 10; Schumann/Geißinger A 14.

U. U. kann der Wert erst rückschauend festgestellt werden, wenn der RA
einen allgemein gehaltenen Auftrag erhalten hat, z. B. ein Unternehmen zu
errichten, dessen Beschaffenheit und Größe nicht von vornherein feststeht.

> Riedel/Sußbauer A 8.

Der Gegenstandswert kann sich während der Tätigkeit des RA **ändern,**
einmal durch Änderung des Wertes des unveränderten Gegenstandes, zum
anderen durch Änderung des Gegenstandes selbst.

Bei unverändertem Gegenstand kann sich der Wert ändern, z. B. kann der
Kurs eines Wertpapiers steigen oder fallen. Maßgebend für die Berechnung
der Gebühren ist der höchste Wert während der Tätigkeit des Anwalts. Der
Wert ist für jeden Gebührentatbestand selbständig zu prüfen. Beispiel für eine
außergerichtliche Tätigkeit des § 118: Kurs des Wertpapiers, auf das sich die
Tätigkeit des Anwalts bezieht, bei Auftrag 450, während der Besprechung
mit dem Gegner 500, später 600, bei Vergleichsabschluß 400. Werte für die
Geschäftsgebühr 600, für die Besprechungsgebühr 500, für die Vergleichsgebühr 400.

> Riedel/Sußbauer A 15, 16; Schumann/Geißinger A 15.

Für gerichtliche Verfahren gilt die Sondervorschrift des § 15 Abs. 1 GKG: es
gilt für das gesamte Verfahren (alle Gebühren) der höhere Wert am Anfang
oder am Ende des Rechtszuges (zwischenzeitliche Schwankungen bleiben
unberücksichtigt; Wert im vorstehenden Beispiel bei Annahme eines gerichtlichen Verfahrens nach dem GKG: 450 DM). Teilweise wird allerdings die
Auffassung vertreten,

> Riedel/Sußbauer A 17,

§ 15 Abs. 1 GKG gelte für die im Rechtsstreit erwachsenen Anwaltskosten
nicht. Wenn also bei der Verhandlung der Wert 500 DM und während der
Beweisaufnahme der Wert 600 DM betragen habe, wären die Verhandlungs-

gebühr aus 500 DM und die Beweisgebühr aus 600 DM erwachsen. Dieser Meinung dürfte § 8 Abs. 1 Satz 1 entgegenstehen. In der Zwangsvollstreckung ist der Zeitpunkt der die Zwangsvollstreckung einleitenden Prozeßhandlung maßgebend (§ 15 Abs. 2 GKG, vgl. auch § 57 Abs. 2 S. 1). Der Gegenstandswert kann sich auch durch eine Veränderung des Gegenstandes ändern. Beispiel: Eine Klage auf Zahlung von 2000 DM wird auf Zahlung von 3000 DM erhöht oder auf 1000 DM ermäßigt. Maßgebend ist für jede Gebühr der höchste Wert, auf den sich die den Gebührentatbestand auslösende Tätigkeit des RA bezieht. Im vorstehenden Beispiel betrug z. B. der Wert bei Klageeinreichung 2000 DM, bei der mündlichen Verhandlung 3000 DM, während der Beweisaufnahme 1000 DM. Die Prozeß- und Verhandlungsgebühr berechnen sich nach 3000 DM, die Beweisgebühr nach 1000 DM.

Scheidet während der Tätigkeit des RA ein Gegenstand aus und wird sodann ein anderer Gegenstand eingeführt, werden die Gebühren, deren Tatbestände der RA für diese Gegenstände erfüllt, nach dem zusammengerechneten Wert dieser Gegenstände berechnet.

Riedel/Sußbauer A 14.

Beispiel: A klagt 500 DM Miete März und 500 DM Miete April ein. B zahlt vor der Verhandlung 500 DM Miete März. A fordert darauf zusätzlich 500 DM Miete Mai. Der RA hat Anspruch auf die Prozeßgebühr aus 500 DM März, 500 DM April und 500 DM Mai = 1500 DM und auf die Verhandlungsgebühr von 500 DM April und 500 DM Mai = 1000 DM.

Zu beachten ist, daß der Gegenstandswert bei gerichtlichen Verfahren nicht für alle Gebühren gleich hoch zu sein braucht:

Beispiel: Klage über 5000 DM. Hinsichtlich 1000 DM wird die Klage vor der Verhandlung zurückgenommen; verhandelt wird über 4000 DM; sodann wird Beweis erhoben über einen Teil von 3000 DM.

Der Anwalt des Klägers erhält in diesem Beispielsfall die Prozeßgebühr aus 5000 DM, die Verhandlungsgebühr aus 4000 DM und die Beweisgebühr aus 3000 DM.

Entsprechend kann auch der Streitwert festgesetzt werden.

Betrifft die Tätigkeit des RA nicht den gesamten Gegenstand, ist der Gegenstandswert für die Berechnung der Gebühr des RA geringer zu bemessen. Beispiel: In einem Rechtsstreit über 10000 DM wird Beweis über 1000 DM durch das ersuchte Gericht erhoben. Der Beweisanwalt erhält die Gebühren des § 54 nur aus 1000 DM.

Scheidungs- und Folgesachen. Wird die Scheidung einer Ehe begehrt, ist 5 gleichzeitig über die Folgesachen zu verhandeln und, sofern dem Antrag auf Scheidung stattgegeben wird, zu entscheiden. Das gilt auf jeden Fall für die Regelung der elterlichen Gewalt und des Versorgungsausgleichs. Für die übrigen Folgesachen gilt dies nur, wenn die Entscheidung über diese Folgesachen von einem Ehegatten rechtzeitig begehrt wird. Bei diesen übrigen Folgesachen handelt es sich gemäß § 621 Abs. 1 ZPO um die Regelung des persönlichen Verkehrs, die Herausgabe des Kindes, die gesetzliche Unterhaltspflicht, die Regelung der Rechtsverhältnisse an der Ehewohnung und am Hausrat, die Ansprüche aus dem ehelichen Güterrecht, die Stundung der Ausgleichsforderung (§ 1382 BGB). Werden die Folgesachen – sei es von

Amts wegen, sei es auf Antrag – mit dem Scheidungsverfahren verbunden, gelten das Scheidungsverfahren und die Folgesachen als eine Angelegenheit. Die Gebühren entstehen hiernach nur einmal aus den zusammengerechneten Werten.

Eine Folgesache, die nach einer Vorabentscheidung gemäß § 628 ZPO anhängig bleibt, behält ihren Charakter als Folgesache und ist daher gebührenrechtlich mit der vorab entschiedenen Scheidungssache und den vorab entschiedenen Folgesachen dieselbe Angelegenheit i. S. § 31 Abs. 3.

Bamberg JurBüro 80, 1827 mit Anm. von Mümmler (JurBüro 80, 1864); Celle JurBüro 79, 1551; Hamm JurBüro 79, 1648 und JurBüro 80, 381; KG JurBüro 81, 545 = Rpfleger 81, 205; Karlsruhe AnwBl. 80, 294 = JurBüro 80, 380 = Rpfleger 80, 159 = MDR 80, 412; Stuttgart JurBüro 80, 66 = Rpfleger 80, 26; Düsseldorf AnwBl. 83, 556; München AnwBl. 84, 203 = MDR 84, 320; vgl. auch Mümmler JurBüro 83, 1621.

6 Teilweises Entstehen der Gebühren. Ungeachtet der Zusammenfassung mehrerer Gegenstände zu einer Angelegenheit bleibt es bei dem Grundsatz, daß die Gebühren nur nach dem Werte des Gegenstandes anfallen, den die die Gebühren auslösende Handlung erfaßt.

Hamm Rpfleger 79, 228.

Wird in einem Eheverfahren nur über den Scheidungsantrag, nicht aber über eine Folgesache (z. B. Unterhaltsanspruch der Ehefrau) Beweis erhoben, entsteht die Beweisgebühr nur aus dem Werte des Scheidungsverfahrens.

§ 8 Wertvorschriften

(1) In gerichtlichen Verfahren bestimmt sich der Gegenstandswert nach den für die Gerichtsgebühren geltenden Wertvorschriften. Diese Wertvorschriften gelten sinngemäß auch für anwaltliche Tätigkeiten, die einem gerichtlichen Verfahren vorausgehen, insbesondere für Zahlungsaufforderungen, Mahnungen, Kündigungen, Versuche der gütlichen Einigung, ferner für die Vorbereitung der Klage oder der Rechtsverteidigung und für die Tätigkeit in einem Einspruchs-, Beschwerde- oder Abhilfeverfahren; dies gilt auch dann, wenn sich die Angelegenheit ohne gerichtliches Verfahren erledigt oder der Rechtsanwalt in dem gerichtlichen Verfahren nicht tätig wird. Sind für die Gerichtsgebühren keine Wertvorschriften vorgesehen, so bestimmt sich der Gegenstandswert nach Absatz 2.

(2) In anderen Angelegenheiten gelten für den Gegenstandswert § 18 Abs. 2, §§ 19 bis 23, 24 Abs. 1, 2, 4, 5, 6, §§ 25, 39 Abs. 2 der Kostenordnung sinngemäß. Soweit sich der Gegenstandswert aus diesen Vorschriften nicht ergibt und auch sonst nicht feststeht, ist er nach billigem Ermessen zu bestimmen; in Ermangelung genügender tatsächlicher Anhaltspunkte für eine Schätzung und bei nicht vermögensrechtlichen Gegenständen ist der Gegenstandswert auf 6000 Deutsche Mark, nach Lage des Falles niedriger oder höher, jedoch nicht unter 300 Deutsche Mark und nicht über eine Million Deutsche Mark anzunehmen. Betrifft die Tätigkeit eine einstweilige Anordnung der in § 620 Satz 1 Nr. 1, 2 oder 3 der Zivilprozeßordnung bezeichneten Art, so ist von einem Wert von 1000 Deutsche Mark auszugehen.

Lit.: Mümmler JurBüro 84, 487 (Bestimmung des Geschäftswerts nach § 8 Abs. 2 BRAGO).

Übersicht über die Anmerkungen

Allgemeines. § 7 bestimmt, daß sich die Anwaltsgebühren nach dem Gegen- 1
standswert richten, § 8 regelt in Ausführung des § 7, wie dieser Gegenstandswert zu berechnen ist. Er unterscheidet dabei:

a) Wird der RA in einem gerichtlichen Verfahren tätig, richtet sich der
Gegenstandswert grundsätzlich nach den für die Gerichtsgebühren geltenden
Vorschriften.

b) Hat die anwaltschaftliche Tätigkeit die Aufgabe, ein gerichtliches Verfahren vorzubereiten oder es zu vermeiden, ist der Gegenstand der gleiche wie
im Falle a). Der Gegenstandswert dieser Tätigkeit wird deshalb in gleicher
Weise nach den für die Gerichtsgebühren geltenden Vorschriften bemessen.

c) In anderen Angelegenheiten richtet sich der Gegenstandswert nach bestimmten Vorschriften der KostO.

d) Ist der Gegenstandswert nach den vorstehend aufgeführten Bestimmungen nicht zu ermitteln, ist er nach billigem Ermessen zu bestimmen.

e) Diese Regelung (zu a bis d) gilt jedoch nur, soweit nicht in Spezialvor-
schriften Sonderregelungen getroffen worden sind (vgl. A 10).

Der Gegenstandswert in gerichtlichen Verfahren   2

Gerichtliche Verfahren sind alle Verfahren, die vor einem Gericht anhängig
sind. Darunter fallen nicht nur die Verfahren der streitigen, sondern auch die

der freiwilligen Gerichtsbarkeit sowie die Verfahren vor den Verfassungs-, Verwaltungs- und Finanzgerichten. In Straf- und Sozialgerichtssachen (Ausnahme die Verfahren nach § 116 Abs. 2) werden die Gerichtsgebühren nicht nach dem „Gegenstandswert", sondern teils nach festen Sätzen berechnet, teils werden sie Betragsrahmen entnommen. Für sie sind die §§ 7, 8 nicht anwendbar. Die Anwaltsgebühren sind in diesen Fällen Betragsrahmengebühren (§§ 83 ff., 116).

Auch die anwaltliche Tätigkeit gegenüber dem Urkundsbeamten und dem Rechtspfleger wird nach den für die Gerichtsgebühren geltenden Wertvorschriften bewertet, ebenso die Tätigkeit gegenüber dem Gerichtsvollzieher im Rahmen einer Zwangsvollstreckung, nicht aber Tätigkeiten außerhalb der Zwangsvollstreckung, z. B. bei freiwilliger Versteigerung, soweit es sich nicht um vorgerichtliche Tätigkeiten i. S. des § 8 Abs. 1 S. 2 handelt.

Vor Verwaltungsbehörden und Spruchkörpern, die keine Gerichte sind, gelten die für Gerichtsgebühren geltenden Wertvorschriften grundsätzlich nicht. Sie gelten jedoch dann, wenn die BRAGO wegen der Anwaltsgebühren auf die Gebührenvorschriften für Tätigkeiten in gerichtlichen Verfahren verweist, z. B. für das schiedsrichterliche Verfahren (§ 67) sowie bestimmte ehrenrechtliche Verfahren (§ 110 Abs. 2).

3 Die für die Gerichtsgebühren maßgebenden Wertvorschriften gelten auch für die Anwaltsgebühren. Anders gesagt: Stellt ein Gesetz für ein gerichtliches Verfahren Wertvorschriften auf, so sind diese auch der Berechnung der Anwaltsgebühren zugrunde zu legen. Diese Vorschriften eignen sich durchweg auch für die Bewertung der anwaltlichen Tätigkeit in einem entsprechenden gerichtlichen Verfahren, da die Besonderheiten des gerichtlichen Verfahrens, auf die die Wertvorschriften zugeschnitten sind, sich auch auf die anwaltliche Tätigkeiten auswirken. Daher ist zunächst zu prüfen, welche Wertvorschriften für die Gerichtsgebühren gelten, bevor der für die anwaltliche Tätigkeit maßgebende Gegenstandswert festgesetzt werden kann.

4 Für bürgerliche Rechtsstreitigkeiten gelten die Vorschriften der §§ 12 ff. GKG und über § 12 GKG auch die Vorschriften der §§ 3 bis 9 ZPO und des § 148 KO.

5 Für Verfahren der freiwilligen Gerichtsbarkeit gelten nach § 1 KostO deren Wertvorschriften. Das sind die Vorschriften des §§ 18 ff. KostO, also nicht nur die in § 8 Abs. 2 für andere als gerichtliche Angelegenheiten für anwendbar erklärten Einzelvorschriften der KostO. Voraussetzung ist, daß der Anwalt in einem gerichtlichen Verfahren vor Gerichten der freiwilligen Gerichtsbarkeit tätig geworden ist, z. B. in einem Verfahren vor dem Vormundschafts- oder Nachlaßgericht.

LG München I AnwBl. 83, 31.

6 Auch in **Landwirtschaftssachen** sind nach § 33 LandwVerfG die Wertvorschriften der KostO maßgebend, soweit sich nicht aus den den Geschäftswert regelnden Bestimmungen der §§ 35 ff. LandwVerfG etwas anderes ergibt.

7 In **Wohnungseigentumssachen** ist nach § 48 Abs. 2 WEG, soweit nicht ausnahmsweise das Interesse der Beteiligten erheblich höher oder niedriger zu bewerten ist, der jährliche Mietwert des Gebäudes oder Grundstücksteils als Geschäftswert anzunehmen.

Nach § 20 Abs. 2 der **Hausratsverordnung** bestimmt sich der Geschäfts- 8 wert, soweit der Streit die Wohnung betrifft, nach dem einjährigen Mietwert, soweit der Streit Hausrat betrifft, nach dem Wert des Hausrats, falls aber der Streit im wesentlichen die Benutzung des Hausrats betrifft, in der Regel nach dem Interesse der Beteiligten.

In **Arbeitsgerichtsverfahren** ist nach § 12 Abs. 7 ArbGG für Klagen, die das 9 Bestehen oder Nichtbestehen eines Arbeitsverhältnisses zum Gegenstand haben, höchstens der Betrag des für die Dauer eines Vierteljahres zu leistenden Arbeitsentgelts maßgebend.

Die vorstehende Aufzählung gibt aber nur Beispiele.

Abweichende Regelungen, nach denen auch für anwaltliche Tätigkeiten in 10 einem gerichtlichen Verfahren oder für anwaltliche Tätigkeiten, die einem gerichtlichen Verfahren vorausgehen, nicht die für die Gerichtsgebühren maßgebenden Wertvorschriften gelten, finden sich in einer ganzen Reihe von Bestimmungen der BRAGO, z. B. in § 22 für die Hebegebühr, in § 51 Abs. 2 für das Verfahren über die Prozeßkostenhilfe, in § 60 Abs. 2 für das Verteilungsverfahren, in § 64 Abs. 2 für das Vertragshilfeverfahren, in § 69 Abs. 3 für das Zwangsversteigerungsverfahren, in § 71 für besondere Verteilungsverfahren, in § 77 für das Konkursverfahren, in § 81 für das Vergleichsverfahren, in § 113 Abs. 2 für die Verfahren vor den Verfassungsgerichten, in § 116 Abs. 2 für die dort bestimmten Streitsachen der Sozialgerichtsbarkeit. Dagegen gilt im Rechtsmittelverfahren der Zwangsversteigerung und Zwangsverwaltung nach § 70 Abs. 3 die Bestimmung des § 8 Abs. 1 S. 1.

In **Verfahren vor den Verfassungsgerichten** ist nach § 113 Abs. 2, soweit 11 die Vorschriften des 3. Abschnitts sinngemäß anzuwenden sind, der Gegenstandswert nach billigem Ermessen zu bestimmen, jedoch nicht unter 6000 DM.

Im **verwaltungsgerichtlichen Verfahren** gilt § 13 GKG. Dasselbe gilt nach 12 § 110 Abs. 2 für das **ehren- und berufsgerichtliche Verfahren,** soweit es sich nicht um die Verletzung einer Berufspflicht handelt.

Auch für **anwaltliche Tätigkeiten, die einem gerichtlichen Verfahren 13 vorausgehen,** gelten sinngemäß die Wertvorschriften, die in dem in Frage kommenden gerichtlichen Verfahren vorgesehen sind. In Betracht kommen allerdings nur solche Tätigkeiten, die üblicherweise ein gerichtliches Verfahren vorbereiten oder vermeiden sollen. Ein gerichtliches Verfahren muß im Hintergrund stehen. Dabei ist jedoch der Rahmen dieser Tätigkeit nicht eng zu ziehen.

Als **Beispiele** werden genannt: Zahlungsaufforderungen, Mahnungen, Kündigungen, Versuche der gütlichen Einigung, die Vorbereitung der Klage oder der Rechtsverteidigung. In Betracht kommen ferner außergerichtliche Sanierungsverhandlungen, Aussöhnungsversuche unter verstrittenen Eheleuten (zur Vermeidung des Antrags auf Scheidung der Ehe), Verhandlungen mit dem Haftpflichtversicherer des Verkehrsteilnehmers, der einen Unfall verschuldet hat.

Auch die Tätigkeit vor den Verwaltungsbehörden ist eine Tätigkeit, die einem gerichtlichen Verfahren vorausgeht, falls sich an die Tätigkeit ein gerichtliches

Verfahren (z. B. vor den Verwaltungsgerichten) anschließen kann. Es gelten deshalb auch für diese Tätigkeit die in A 12 genannten Wertvorschriften.

Den Wert für die Tätigkeit, die einem gerichtlichen Verfahren vorausgeht, findet man, wenn man erwägt, wie lautet für den Fall der Klage der Klagantrag.

Schumann/Geißinger A 8.

14 Ist ein **Auftrag zur Führung eines Rechtsstreits bereits erteilt,** so entsteht schon durch solche dem Rechtsstreit vorausgehende Tätigkeiten der Anspruch auf die Prozeßgebühr des § 31 Abs. 1 Nr. 1, die, wenn es dann nicht zu einem gerichtlichen Verfahren kommt oder der RA in diesem Verfahren aus irgendwelchen Gründen nicht mehr tätig wird, nach § 32 nur zur Hälfte erwächst. Durch die Prozeßgebühr wird auch die dem Rechtsstreit vorausgehende Tätigkeit mit abgegolten. Der Gegenstandswert, nach dem die Prozeßgebühr zu berechnen ist, wird auch dann, wenn es zu keinem gerichtlichen Verfahren kommt oder der RA darin nicht tätig geworden ist, nach den Vorschriften berechnet, nach denen die Gerichtsgebühren berechnet werden oder zu berechnen gewesen wären.

15 Ist kein **Prozeßauftrag erteilt,** sondern nur ein auf die vorbereitende Tätigkeit beschränkter Auftrag, z. B. nur ein Auftrag zum Versuch einer außergerichtlichen Einigung, zu Kündigungs- oder Mahnschreiben, so sind die Gebühren des RA nach den §§ 118, 120 zu berechnen. Ohne die Vorschrift des § 8 Abs. 1 S. 2 müßte der Gegenstandswert zufolge § 8 Abs. 2 nach den dort angezogenen Bestimmungen der KostO berechnet werden. Dies würde aber dann zu Schwierigkeiten führen, wenn dem RA später der Auftrag erteilt wird, in einem anschließenden gerichtlichen Verfahren tätig zu werden, in dem die Gebühren nach § 8 Abs. 1 S. 1 nach den für die Gerichtsgebühren geltenden Wertvorschriften zu berechnen sind, weil ja nach § 118 Abs. 2 die Geschäftsgebühr für die vorbereitende Tätigkeit auf die entsprechenden Gebühren für ein anschließendes gerichtliches Verfahren anzurechnen ist. Um Überschneidungen zu vermeiden, bestimmt deshalb Abs. 1 S. 2, daß die für die Gerichtsgebühren geltenden Wertvorschriften auch auf die Gebühren für die vorbereitende Tätigkeit anzuwenden sind. Auch wegen des inneren Zusammenhangs, der zwischen der vorprozessualen Tätigkeit und der Tätigkeit im Prozeß selbst besteht, kann der Gegenstandswert nicht nach verschiedenen Regeln ermittelt werden.

Abs. 1 Satz 2 gilt auch dann, wenn die Tätigkeit des RA das gerichtliche Verfahren nicht vorbereiten, sondern gerade vermeiden soll. Beispiel: Auftrag an den Anwalt, einen Schuldner zu bewegen, seine Schuld zu zahlen, mit der ausdrücklichen Anweisung an den Anwalt, keine Klage zu erheben, weil eine Zwangsvollstreckung bei den Verhältnissen des Schuldners aussichtslos erscheint. Es genügt für die Anwendung des Abs. 1 Satz 2, daß die Angelegenheit objektiv geeignet ist, in ein gerichtliches Verfahren überzugehen.

Andererseits gilt Abs. 1 Satz 2 nicht für anwaltliche Tätigkeiten, die einem gerichtlichen Verfahren in einer anderen Angelegenheit vorausgehen, mögen sie auch mit dieser anderen Angelegenheit zusammenhängen. Beispiel: Der Anwalt eines Ehemannes, der eine Scheidung der Ehe wünscht, verhandelt mit dem Anwalt der Ehefrau über einen vertraglichen (über das gesetzliche Maß hinausgehenden) Unterhalt und eine Vermögensabfindung, um die

Ehefrau zur Scheidung zu bewegen. Hier gehen die Verhandlungen zwar einem in Aussicht genommenen gerichtlichen Verfahren – dem Ehescheidungsverfahren – voraus, sie können aber selbst nie in ein gerichtliches Verfahren übergehen, da die Ehefrau vor Vertragsabschluß keine vertraglichen Unterhaltsansprüche besitzt. Die Tätigkeit der Anwälte (§ 118) ist deshalb gemäß § 8 Abs. 2 nach der KostO zu bewerten.

Hartmann A 3; LG Limburg AnwBl. 64, 83.

Anders ist die Rechtslage, wenn die Anwälte neben den Scheidungsverhandlungen über die gesetzlichen Unterhaltsansprüche verhandeln. Diese gesetzlichen Unterhaltsansprüche können nach dem Scheitern der Verhandlungen zusammen mit der Scheidungssache als Folgesache (§ 623 ZPO) im Prozeß verfolgt werden. Hier gehen also die Verhandlungen dem gerichtlichen Verfahren voraus. Deshalb gelten die Wertvorschriften des § 17 GKG.

Auch eine angestrebte außergerichtliche Grundstücksteilung unter Mitgesellschaftern kann in einen Teilungsprozeß übergehen. Daher ist Abs. 1 Satz 2 anwendbar (Berechnung gemäß § 6 ZPO nach dem Verkehrswert).

München NJW 65, 258.

Bestimmt sich der Wert gemäß Abs. 1 S. 2 für außergerichtliche Tätigkeiten nach den Wertvorschriften des GKG, so sind diese in vollem Umfange anzuwenden. Deshalb bestimmt sich der Gegenstandswert z. B. für wiederkehrende Leistungen nach § 17 GKG. Rückstände sind gemäß § 17 Abs. 4 GKG dem Gegenstandswert hinzuzurechnen. Kommt es nicht zur Rechtshängigkeit, weil sich die Angelegenheit vorher erledigt, so tritt an die Stelle der Rechtshängigkeit der Zeitpunkt der Erledigung der Angelegenheit.

Die Gebühr des § 20 für die Erteilung eines Rates oder einer Auskunft 16 ist nach den für die Gerichtsgebühren geltenden Wertvorschriften zu berechnen, wenn der Rat oder die Auskunft ein gerichtliches Verfahren oder einen Gegenstand, hinsichtlich dessen ein gerichtliches Verfahren möglich ist, betrifft. Denn nach § 20 Abs. 1 S. 3 ist auch diese Gebühr auf eine Gebühr anzurechnen, die der RA für eine sonstige Tätigkeit erhält, die mit dem Rat oder der Auskunft zusammenhängt, also z. B. auf die spätere Prozeßgebühr. Auch hier ist sonach eine Berechnung des Gegenstandswertes nach verschiedenen Vorschriften nicht angebracht.

Hat ein Verfahren anderer Art dem gerichtlichen Verfahren vorauszugehen, 17 z. B. ein Widerspruchs- oder Beschwerdeverfahren vor Anrufung des Verwaltungsgerichts (§§ 68 ff. VwGO) oder ein Abhilfeverfahren vor Einleitung eines Zivilprozesses gegen den Fiskus, so ist wegen des inneren Zusammenhangs Berechnung des Gegenstandswerts nach den für die Gerichtsgebühren geltenden Wertvorschriften vorgesehen.

VG Saarlouis NJW 69, 445 (Der vom Gericht festgesetzte Streitwert ist in der Regel auch für die Berechnung der im Vorverfahren entstandenen Rechtsanwaltsgebühren maßgebend).

Tätigkeit in gerichtlichen Verfahren. Für die Anwendbarkeit der gericht- 18 lichen Wertvorschriften ist es unerheblich, ob der RA gegenüber dem Gericht tätig wird. Es genügt ein Tätigwerden **in** gerichtlichen Verfahren. Deshalb richtet sich z. B. auch die Gebühr des Verkehrsanwalts, von dessen Existenz das Gericht vielleicht niemals erfährt, nach den gerichtlichen Wertvorschriften.

Riedel/Sußbauer A 8.

Setzt das Gericht den Wert fest, ist der Wert auch für die Berechnung der Rechtsanwaltsgebühren maßgebend (§ 9 Abs. 1). Deshalb gewährt § 9 Abs. 2 den betroffenen Rechtsanwälten das Recht, Rechtsmittel gegen diese Festsetzung einzulegen.

Tätigkeit vor gerichtlichen Verfahren. Ist der RA nur vorgerichtlich tätig, richtet sich seine Vergütung zwar auch nach dem für die Gerichtsgebühren maßgebenden Wert. Da der RA aber an dem gerichtlichen Verfahren nicht beteiligt ist, bindet ihn die Festsetzung des Wertes durch das Gericht gemäß § 9 Abs. 1 nicht. Er kann deshalb auch gegen die Festsetzung kein Rechtsmittel einlegen. Ist der RA der Auffassung, das Gericht habe den Wert unrichtig festgesetzt, kann er seiner Gebührenberechnung einen anderen Wert zugrunde legen. Beispiel: Ein RA wird mit der Einreichung einer Antragsschrift auf Ehescheidung beauftragt. Bevor er die Antragsschrift einreicht, wird ihm das Mandat entzogen. In dem von einem anderen Anwalt geführten Verfahren auf Scheidung setzt das Gericht den Streitwert auf 4000 DM fest. An diesen Wert ist der erste Anwalt nicht gebunden. Er kann z. B. einen Wert von 5000 DM seiner Gebührenberechnung zugrunde legen, wenn er der Auffassung ist, das Gericht habe den Wert zu niedrig festgesetzt. Kommt es zu einem Streit mit dem Auftraggeber, hat das Prozeßgericht im Gebührenprozeß den Wert zu ermitteln, ohne an die Festsetzung des Familiengerichts gebunden zu sein.

19 **Unterschiedlicher Ggenstandswert.** Wenn sich auch der Gegenstandswert der anwaltschaftlichen Tätigkeit nach den für die Gerichtsgebühren geltenden Wertvorschriften richtet, so ist doch nicht notwendig, daß die Werte für Gericht und RA immer übereinstimmen. Die gerichtliche Wertfestsetzung ist für den RA nur insoweit bindend, als sich die anwaltliche Tätigkeit mit dem für die gerichtliche Festsetzung maßgeblichen Gegenstand deckt.

Bamberg JurBüro 81, 923.

Der Gegenstandswert der anwaltschaftlichen Tätigkeit kann höher oder niedriger sein als der Wert zur Berechnung der Gerichtsgebühren. Beispiele:

a) Der RA erhält Prozeßauftrag über 10000 DM. Vor Klageeinreichung zahlt der Schuldner 4000 DM. Eingeklagt werden nur noch 6000 DM. Die Prozeßgebühr des Anwalts ist aus 10000 DM zu berechnen (in Höhe von 4000 DM allerdings nur zu $^{5}/_{10}$), die des Gerichts ist aus 6000 DM zu entnehmen.

b) Ein Hauseigentümer verklagt in einer Klage 3 Mieter auf Zahlung von je 500 DM. Für das Gericht und den Anwalt des Klägers beträgt der Wert 1500 DM, für jeden Anwalt der 3 Mieter nur je 500 DM.

Soweit in nichtvermögensrechtlichen Streitigkeiten der Umfang der Sache Einfluß auf die Höhe des Wertes hat (§ 12 Abs. 2 GKG), kommt es auf den Umfang der Sache bei Gericht an. Führen umfangreiche Verhandlungen der beiderseitigen RA zu einem vereinbarten Ehescheidungsverfahren, ist der geringe Umfang der Sache bei Gericht maßgebend. Es gibt keine unterschiedlichen Werte für Gericht und RA. Die RAe können sich nur durch Honorarvereinbarungen sichern.

Bamberg JurBüro 76, 217; Celle JurBüro 76, 746; Düsseldorf JurBüro 74, 1589; Schleswig SchlHA 76, 132.

Sind für die Gerichtsgebühren keine Wertvorschriften vorgesehen, so 20 sind für die Berechnung der Anwaltsgebühren – auch für die Tätigkeiten in gerichtlichen Verfahren oder im Zusammenhang mit solchen stehende Tätigkeiten – besondere Wertvorschriften erforderlich. Das trifft besonders dann zu, wenn entweder in dem gerichtlichen Verfahren überhaupt keine Gebühren erhoben werden oder wenn die Gerichtsgebühren sich nicht nach einem Streitwert, Geschäftswert und dergl. richten, sondern z. B. Betragsrahmengebühren sind. Für solche Fälle bestimmt § 8 Abs. 1 S. 3, daß sich dann der Gegenstandswert für die Anwaltsgebühren nach den Vorschriften richtet, die in § 8 Abs. 2 für außergerichtliche Tätigkeiten des RA vorgesehen sind. § 8 Abs. 1 Satz 3 ist jedoch nicht verwendbar, wenn nur im konkreten Falle keine Gerichtsgebühren erhoben werden, z. B. wegen sachlicher oder persönlicher Gebührenbefreiung.

Soweit in der BRAGO besondere Wertvorschriften für die Anwaltsgebühren enthalten sind (s. oben A 10 bis 12), gelten diese auch in den Fällen, in denen gerichtliche Wertvorschriften fehlen. Diese besonderen Wertvorschriften gehen der Regelung des Abs. 1 Satz 3 vor. Für eine Anwendung des Abs. 2 ist insoweit kein Raum.

Schwierigkeiten ergeben sich, wenn der RA vor ausländischen Gerichten tätig wird, wenn dort ein anderes Gebührenrecht praktiziert wird als in Deutschland. Einen Anhalt könnte bieten, ob und wie ein gleiches Verfahren in Deutschland durchgeführt wird.

Vgl. Schumann/Geißinger A 36 f. zu § 1; BGH BGHZ 54, 198 = NJW 70, 1508 = MDR 70, 836 = JurBüro 70, 757 (amerikanisches Recht).

In anderen Angelegenheiten, also dann, wenn der RA nicht in einem 21 gerichtlichen Verfahren und auch nicht im Zusammenhang mit einem gerichtlichen Verfahren tätig wird oder wenn in dem gerichtlichen Verfahren für die Gerichtsgebühren keine Wertvorschriften vorgesehen sind, gelten für den Gegenstandswert § 18 Abs. 2, §§ 19 bis 23, § 24 Abs. 1, 2, 4, 5, 6, § 25, § 39 Abs. 2 KostO sinngemäß. Die allgemeinen Vorschriften der KostO eignen sich auch für die Bewertung des Gegenstandes der anwaltlichen Tätigkeit. Nicht für entsprechend anwendbar erklärt ist § 18 Abs. 1 und 3 KostO. Die in § 18 Abs. 1 KostO enthaltene Vorschrift, daß der Wert im Zeitpunkt der Fälligkeit der Gebühren maßgebend ist, eignet sich für die Rechtsanwaltsgebühren nicht (vgl. § 16). Obwohl eine ausdrückliche Bestimmung darüber fehlt, ist für das bisher geltende Recht allgemein anerkannt, daß für die Wertberechnung der Zeitpunkt maßgebend ist, in dem der RA eine Gebühr verdient. Die Vorschrift des § 18 Abs. 3 KostO, nach der Verbindlichkeiten, die auf dem Gegenstand lasten, nicht abgezogen werden, ist für die Bewertung des Gegenstandes der anwaltlichen Tätigkeit zu starr. In der KostO selbst sind von diesem Grundsatz viele Ausnahmen vorgesehen, z. B. § 38 Abs. 2, § 111 Abs. 2, § 39 Abs. 3, § 46 Abs. 4, § 92 Abs. 1 KostO u. a. § 8 Abs. 2 sieht daher eine dem § 18 Abs. 3 KostO entsprechende Vorschrift nicht vor und läßt damit für das richterliche Ermessen genügend Raum. Damit erhält der Richter jedoch keinen Freibrief, die Verbindlichkeiten immer von den Aktiven abzuziehen. Entwirft z. B. ein RA einen Gesellschaftsvertrag,

Madert   197

wird der Geschäftswert dieser – nach § 118 zu vergütenden – Tätigkeit nach dem zusammengerechneten Wert aller Einlagen ohne Abzug der Schulden berechnet.

Ferner sind die Vorschriften der §§ 26 bis 29 KostO nicht für entsprechend anwendbar erklärt. Sie gelten nur bei Anmeldung und Eintragungen ins Register. Ist ein RA hiermit befaßt, so bestimmt sich der Gegenstandswert bereits auf Grund des § 8 Abs. 1 nach diesen Vorschriften.

Vgl. Hartmann A 5 zu § 39 KostO; Korintenberg/Bengel/Reimann/Lappe A II 4 b (mit Note 16 b) zu § 39 KostO; Rohs/Wedewer A III a 1 zu § 39 KostO.

22 Werte nach der KostO. Nach § 18 Abs. 2 KostO ist für die Bewertung der Hauptgegenstand maßgebend. Früchte und andere Nebenleistungen werden nur berücksichtigt, wenn sie Gegenstand eines besonderen Geschäfts sind. Die Bestimmung entspricht in etwa dem § 4 ZPO.

Nach § 19 Abs. 1 KostO sind Sachen mit dem gemeinen Wert zu bewerten. § 19 Satz 1 Satz 2 KostO erläutert, was unter gemeinem Wert zu verstehen ist.

Nach § 19 Abs. 2 KostO ist bei der Bewertung von Grundbesitz der letzte Einheitswert maßgebend, es sei denn, die Umstände, was regelmäßig der Fall sein wird, ergeben einen höheren Wert.

Nach § 20 ist beim Kauf von Sachen grundsätzlich der Kaufpreis maßgebend. Vorkaufs- und Wiederverkaufsrechte sind in der Regel mit dem halben Wert der Sache zu bewerten.

§ 21 KostO behandelt den Wert des Erbbaurechts, des Wohnungseigentums und des Wohnungserbbaurechts.

§ 22 KostO bestimmt den Wert von Grunddienstbarkeiten.

§ 23 KostO befaßt sich mit dem Wert von Pfandrechten und sonstigen Sicherheiten sowie mit Rangänderungen.

§ 24 KostO bestimmt den Wert wiederkehrender Nutzungen oder Leistungen. Zu beachten ist, daß die Ermäßigungsvorschrift des Abs. 3 nicht gilt.

Nach § 25 KostO ist bei Austauschverträgen der Wert einer Leistung – und zwar der höhere – maßgebend.

23 Soweit sich der Gegenstandswert aus diesen Vorschriften **nicht** ergibt und auch sonst nicht **feststeht**, ist er nach § 8 Abs. 2 S. 2 nach billigem Ermessen zu bestimmen. In Ermangelung genügender tatsächlicher Anhaltspunkte für eine Schätzung und **bei nichtvermögensrechtlichen Gegenständen** ist der Gegenstandswert auf 6000 DM und nach Lage des Falles niedriger oder höher, jedoch nicht unter 300 DM und nicht über eine Million DM anzunehmen. Diese Vorschrift ist der des § 30 KostO (hier allerdings Ausgangswert 5000 DM) und der des § 12 Abs. 2 GKG nachgebildet.

Vgl. LAG Stuttgart AnwBl. 82, 312 (Der in § 8 Abs. 2 vorgesehene Wert von 4000 DM ist kein Regelwert, von dem nur bei besonderen Umständen abgewichen werden kann, sondern ein Hilfswert für den Fall, daß eine individuelle Bewertung nicht möglich ist).

In vielen Fällen wird allerdings der Wert feststehen oder unschwer zu schätzen sein. Beispiel: Der Wert eines Vertrages über die Gewährung eines Darlehens von 50000 DM ist mit 50000 DM zu bewerten.

24 Wert einstweiliger Anordnungen in Ehesachen. Gemäß § 20 Abs. 2 GKG ist der Wert der Unterhaltsregelung nach dem Wert des sechsmonatigen Bezugs zu regeln. Soweit die Benutzung der Wohnung zu regeln ist, ist der dreimonatige Mietwert maßgebend. Der Wert der Benutzung des Hausrats ist gemäß § 3 ZPO zu bestimmen. S. 3 in § 8 Abs. 2 behandelt den Wert der Regelung der elterlichen Gewalt, der Regelung des persönlichen Verkehrs und die Herausgabe des Kindes. Insoweit ist bestimmt, daß von einem Wert von 1000 DM auszugehen ist. Dieser Betrag ist ein Ausgangswert. Der Wert kann also niedriger, aber auch höher festgesetzt werden. Er wird in der Regel höher festgesetzt werden können, wenn der Streitwert der Ehesache über dem Mindeststreitwert von 4000 DM liegt.

Die Bestimmung des Gegenstandswerts im Einzelfall richtet sich also 25 nach den verschiedensten Vorschriften, teils nach der ZPO und dem GKG, teils nach der KostO schlechthin, wenn es sich um Tätigkeiten im Verfahren der freiwilligen Gerichtsbarkeit handelt, teils nur nach den im § 8 Abs. 2 besonders angezogenen Vorschriften der KostO, teils nach besonderen Wertvorschriften. Eine eingehende Erläuterung aller Einzelfälle würde den Rahmen dieses Buches überschreiten.

Vgl. hierzu Hillach/Rohs Handbuch des Streitwertes; Korintenberg/Lappe/Bengel/ Reimann KostO; Rohs/Wedewer KostO; Schmidt/Schmidt Gegenstandswert (NJW-Schriften Heft 20); E. Schneider Streitwert; Schumann/Geißinger A 14 ff.

§ 9 Wertfestsetzung für die Gerichtsgebühren

(1) **Wird der für die Gerichtsgebühren maßgebende Wert gerichtlich festgesetzt, so ist die Festsetzung auch für die Gebühren des Rechtsanwalts maßgebend.**

(2) **Der Rechtsanwalt kann aus eigenem Recht die Festsetzung des Werts beantragen und Rechtsmittel gegen die Festsetzung einlegen. Rechtsbehelfe, die gegeben sind, wenn die Wertfestsetzung unterblieben ist, kann er aus eigenem Recht ergreifen.**

Übersicht über die Anmerkungen

Bedeutung der gerichtlichen Wertfestsetzung für die Anwaltsgebüh- 1
ren

Nach dem **Grundsatz des § 9 Abs. 1** ist, wenn der für die Gerichtsgebühren
maßgebende Wert gerichtlich festgesetzt wird, die Festsetzung auch für die
Gebühren des RA maßgebend. Er zieht die Folgerung aus § 8 Abs. 1, wonach

sich in gerichtlichen Verfahren der Gegenstandswert nach den für die Gerichtskosten geltenden Wertvorschriften bestimmt, und gilt selbstverständlich nur für solche Anwaltsgebühren, die durch eine Tätigkeit des Anwalts in einem gerichtlichen Verfahren entstanden sind.

Der Gegenstandswert zur Berechnung der Gebühren des Rechtsanwalts ist je nach der Tätigkeit des Rechtsanwalts auf drei verschiedene Arten zu ermitteln:

a) Richten sich in gerichtlichen Verfahren die Gerichtsgebühren nach dem Wert der Angelegenheit, so gilt § 9, sofern der Gegenstand der gerichtlichen und der anwaltlichen Tätigkeit der gleiche ist.

b) Richten sich in gerichtlichen Verfahren die Gerichtsgebühren nicht nach dem Wert oder ist der Gegenstand der Tätigkeit des RA mit dem der gerichtlichen Tätigkeit nicht identisch (er ist z. B. geringer), so ist der Gegenstandswert gemäß § 10 zu bestimmen.

c) Betrifft die Tätigkeit des RA kein bei Gericht anhängiges Verfahren, so ist für eine Festsetzung des Gegenstandswertes der Anwaltstätigkeit kein Raum. Der Wert ist in diesem Falle, falls sich der RA und der Auftraggeber nicht auf einen bestimmten Gegenstandswert einigen, in dem Gebührenprozeß zwischen Anwalt und Auftraggeber von dem Prozeßgericht des Gebührenprozesses als Vorfrage zu entscheiden. Hierher gehört auch der Fall, daß der Wert des Gegenstandes, auf den sich die Tätigkeit des RA erstreckt, höher ist als der Wert des Gegenstandes, auf den sich das gerichtliche Verfahren bezieht.

Beispiel: Klagauftrag über 10000 DM. Da 4000 DM vor Klageinreichung gezahlt werden, wird Klage nur über 6000 DM erhoben. Die gezahlten 4000 DM können bei der gerichtlichen Streitwertfestsetzung nicht beachtet werden. Der Streitwert wird nur für die gerichtlich geltend gemachten 6000 DM festgesetzt.

2 § 9 gilt nicht nur für die Festsetzung des Streitwerts durch die Gerichte der Zivilgerichtsbarkeit. Die Vorschrift des § 9 ist vielmehr auch anwendbar auf die **Wertfestsetzungen anderer Gerichte**, z. B. der Arbeits-, Verwaltungs- oder Finanzgerichte.

3 Voraussetzung der Bindung des Gegenstandswertes der Anwaltstätigkeit an die Festsetzung des Wertes für das gerichtliche Verfahren ist aber **Übereinstimmung der gerichtlichen und der anwaltlichen Tätigkeit**. Die Tätigkeit des RA muß sich also auftragsgemäß auf denselben Gegenstand bezogen haben, auf den sich die gerichtliche Tätigkeit bezogen hat. Der RA muß insbes. im gleichen Rechtszug tätig gewesen sein, für den der Wert festgesetzt worden ist. Der erstinstanzliche Prozeßbevollmächtigte ist deshalb an den – von ihm etwa für unrichtig gehaltenen – Beschluß des Berufungsgerichts nicht gebunden, es sei denn, das Erstgericht übernimmt den Streitwert oder das Berufungsgericht ändert den Streitwert der ersten Instanz gemäß § 25 GKG ab. Ebenso ist der vorprozessual tätig gewesene RA an die Streitwertsbeschlüsse der Gerichte nicht gebunden (er muß aber die Bestimmungen des § 8 beachten).

Vgl. auch OVG Berlin JurBüro 82, 1503.

4 **Gerichtliche und anwaltliche Tätigkeit** stimmen z. B. nicht überein,

a) wenn der **eingeklagte Betrag höher oder niedriger war, als der, mit dessen Geltendmachung der Anwalt beauftrag war**, z. B. wenn der

Anwalt den Auftrag hatte, nur einen Teilbetrag einzuklagen, er aber den ganzen Betrag einklagt, ohne daß der Auftraggeber dies genehmigt, oder wenn umgekehrt der RA den Auftrag hatte, den ganzen Anspruch geltend zu machen, er aber zunächst nur einen Teilbetrag einklagt;

b) wenn der RA einen von mehreren **Streitgenossen** vertritt, die Ansprüche 5 in verschiedener Höhe geltend machen oder die auf verschiedene Beträge in Anspruch genommen werden, oder bei der Widerspruchsklage gegen mehrere Pfändungspfandgläubiger, die durch mehrere RA vertreten werden. In diesen Fällen werden nach § 5 ZPO die Gerichtsgebühren und die Gebühren für den RA des Klägers nach den zusammengerechneten Streitwerten berechnet, während der RA jedes Beklagten die Gebühr nur nach dem Werte beanspruchen kann, mit dem der von ihm vertretene Streitgenosse an dem Rechtsstreit beteiligt ist.

Beispiele: Ein Unfallgeschädigter hat Halter und Fahrer des Kfz als Gesamtschuldner auf Zahlung von 6000 DM Sachschaden und den Fahrer zusätzlich auf Zahlung von 4000 DM Schmerzensgeld verklagt. Der Streitwert beträgt für den Anwalt des Halters 6000 DM und für den Anwalt des Fahrers 10000 DM.

Werden in einem Rechtsstreit nach § 771 ZPO mehrere Beklagte durch verschiedene RA vertreten, so kann jeder Anwalt seine Gebühr nur nach dem Streitwert liquidieren, der sich aus der Beteiligung seiner Partei am Rechtsstreit ergibt. Die Gerichtsgebühren und die Gebühren des Anwalts des Klägers sind aus den zusammengerechneten Werten zu bestimmen.

Schumann-Geißinger A 4; Bamberg JurBüro 77, 489; Düsseldorf AnwBl. 78, 422 = MDR 78, 1031 = Rpfleger 78, 426, München Rpfleger 73, 257 = MDR 73, 771.

Gleiches gilt, wenn mehrere Beklagte auf Einwilligung in die Auszahlung eines hinterlegten Betrages verklagt worden sind.

Frankfurt JurBüro 70, 770 = Rpfleger 70, 353 = NJW 70, 2119 (L).

Zu beachten ist, daß die niedrigeren Streitwerte gemäß § 10 nur auf Antrag, nicht von Amts wegen festzusetzen sind;

c) wenn sich der dem RA erteilte **Auftrag vor Klagerhebung zum Teil** 6 **erledigt** hat. Dann ist für die Gerichtsgebühren der Wert des rechtshängig gewordenen Anspruchs, für die Prozeßgebühr des RA, die allerdings nach § 32 hinsichtlich des Mehrbetrages nur zur Hälfte entsteht (vgl. auch § 13 Abs. 3), der höhere Gegenstand des Auftrags maßgebend. Vgl. das bei A 1 am Ende gebildete Beispiel;

d) wenn sich nach Klagerhebung, aber **vor Beauftragung des Rechtsan-** 7 **walts** durch den Beklagten, **der Anspruch zum Teil erledigt hat.** Dann ist umgekehrt für die Gerichtsgebühren der ganze Streitwert, für die Gebühren des RA des Beklagten nur der ermäßigte Streitwert maßgebend.

Dasselbe gilt, wenn ein Rechtsmittel zum Teil zurückgenommen worden ist, bevor der Rechtsmittelbeklagte einen RA beauftragt hat;

e) wenn ein außergerichtlicher **Vergleich** über einen den Gegenstand des 8 Rechtsstreits übersteigenden Betrag abgeschlossen wird, weil in diesem Falle für den höheren Wert des Vergleichs keine Gerichtsgebühr erhoben wird. Dasselbe gilt, wenn ein in einem gerichtlichen Vergleich mitverglichener Anspruch in einem anderen Rechtsstreit anhängig ist.

Madert   203

Sonst wird beim gerichtlichen Vergleich eine Gerichtsgebühr auch insoweit erhoben, als der Wert des Vergleichsgegenstandes den Wert des Streitgegenstandes übersteigt. Dann ist der festgesetzte Vergleichswert auch für die Rechtsanwaltsgebühren maßgebend;

9 f) wenn die **Gebühreninstanz früher endet als die Gerichtsinstanz,** z. B. bei Tod des RA, Verlust seiner Zulassung oder Kündigung des Auftrags, und sich der Streitwert danach erhöht hat.

10 **Gelten für die Anwaltsgebühren besondere Wertvorschriften** (s. A 10 bis 12 zu § 8), so kann § 9 Abs. 1 gleichfalls nicht angewendet werden. Beispiel: In Beschlüssen, durch die Beschwerden in Verfahren über die Prozeßkostenhilfe zurückgewiesen werden, finden sich häufig Festsetzungen des Beschwerdewertes (berechnet gemäß der üblichen Gerichtspraxis nach den Kosten, von denen die Partei befreit sein will). Dieser Beschwerdewert gilt gemäß § 51 Abs. 2 nicht für die Berechnung der Anwaltsgebühren. Die Gerichte sollten bei der Festsetzung des Beschwerdewertes zum Ausdruck bringen, daß dieser nur für die Berechnung der Gerichtsgebühren maßgebend ist.

11 **Abweichende Vereinbarung.** Die Beteiligten sind nicht gehindert, einen abweichenden Gegenstandswert zu vereinbaren. Vereinbaren der RA und der Auftraggeber – in der Form des § 3 –, daß der Gebührenberechnung z. B. ein Streitwert von 50 000 DM zugrunde gelegt wird, so ist der RA berechtigt, seine Gebühren aus 50 000 DM zu berechnen, auch wenn das Gericht den Streitwert auf 25 000 DM festsetzt. Erstattungsfähig sind aber nur die aus dem Streitwertbeschluß des Gerichts errechneten Gebühren.

Vereinbaren die Parteien im Rechtsstreit, daß die Gebühren aus einem Streitwert von 50 000 DM erstattet werden sollen, so können die Gebühren aus einem Wert von 50 000 DM festgesetzt werden, auch wenn der Streitwert nur auf 25 000 DM festgesetzt wird.

Frankfurt JurBüro 80, 579; Hamm AnwBl. 75, 95 = JurBüro 75, 938.

Die Vereinbarung hat jedoch keinen Einfluß auf die Wertfestsetzung für die Gerichtsgebühren. Ebenso betrifft sie an der Vereinbarung nicht beteiligte frühere Prozeßbevollmächtigte nicht.

Frankfurt JurBüro 80, 579.

12 **Das gerichtliche Wertfestsetzungsverfahren**
Nach welchen Bestimmungen die Wertfestsetzung für die Gerichtsgebühren zu erfolgen hat, richtet sich nach den für das jeweils in Frage kommende Verfahren geltenden Vorschriften. Mit Rücksicht darauf, daß jetzt auch dem RA ein Antragsrecht eingeräumt ist, soll auf diese Vorschriften näher eingegangen werden.

13 **In bürgerlichen Rechtsstreitigkeiten** gelten für das Wertfestsetzungsverfahren die §§ 23 bis 26 GKG.

14 **§ 23 GKG** betrifft die Angabe des Wertes. Er lautet:

„(1) Bei jedem Antrag ist der Wert des Streitgegenstandes, sofern dieser nicht in einer bestimmten Geldsumme besteht oder sich aus früheren Anträgen ergibt, und auf Erfordern auch der Wert eines Teils des Streitgegenstandes schriftlich oder zu Protokoll der Geschäftsstelle anzugeben.
(2) Die Angabe kann jederzeit berichtigt werden."
Lit.: Hartmann Kostengesetze; Markl Gerichtskostengesetz.

Die **Angabe des Wertes** des nicht in einer bestimmten Geldsumme bestehenden Streitgegenstandes ist für die Klage schon in § 253 Abs. 3 Nr. 2 ZPO für den Fall vorgeschrieben, daß die Zuständigkeit des Gerichts vom Werte des Streitgegenstandes abhängt. § 23 GKG erweitert diese Verpflichtung auf alle Anträge und für die Klage auch auf die Fälle, in denen die Zuständigkeit nicht vom Streitwert abhängt.

Unter **Antrag** ist jeder Antrag zu verstehen, der ein selbständiges gebühren- 15 pflichtiges Verfahren einleitet. Außer Klage und Widerklage kommen z. B. der Antrag auf Anordnung eines Arrestes oder einer einstweiligen Verfügung, auf Einleitung eines Beweissicherungs- oder eines Zwangsvollstreckungsverfahrens in Frage. Eine wesentliche Rolle spielen weiter die Rechtsmittelverfahren (vgl. §§ 511a, 546 ZPO); Rechtsmittel sind Anträge i. S. des § 23 GKG. Antragsteller ist der Rechtsmittelführer (z. B. der Berufungs- oder Revisionskläger).

Eine **Wertangabe für einen Teil des Streitgegenstandes** kann nötig sein, 16 wenn ein gebührenpflichtiger Akt einen Teil des Streitgegenstandes betrifft (§ 21 GKG). Eine Verpflichtung dazu besteht nur „auf Erfordern".

Entbehrlich ist die Streitwertgabe, wenn der Streitgegenstand in einer 17 bestimmten Geldsumme besteht. Gemeint ist eine bestimmte Geldsumme deutscher Währung. Bei ausländischer Währung ist der Umrechnungskurs anzugeben. Ferner bedarf es nicht der Angabe, wenn sich der Wert aus früheren Anträgen ergibt, d. h. wenn er bereits in einem den gleichen Streitgegenstand betreffenden Verfahren angegeben oder sogar schon festgesetzt worden ist.

Verpflichtet zur Angabe **ist der Antragsteller.** Der Gegner braucht sich 18 dazu nicht zu erklären. Vgl. den vom BGH

  NJW 63, 1606 = MDR 63, 746 = BB 63, 996 = VRS 25, 81

entschiedenen Fall, in dem sich der Revisionsbeklagte zum Streitwert in der Revisionsinstanz nicht geäußert und nach der Verwerfung der Revision (weil die Revisionssumme nicht erreicht sei) Ansprüche geltend gemacht hat, die die Revisionssumme weit überstiegen.

Der Antragsteller oder, falls er durch einen RA vertreten wird, sein Anwalt, hat also zunächst selbst die zur Ermittlung des Streitwerts erforderlichen Feststellungen zu treffen, z. B. bei einer Herausgabeklage den Wert des herausverlangten Gegenstandes zu schätzen oder bei einer Unterlassungsklage das Interesse, das der Kläger an der begehrten Unterlassung hat, anzugeben. Bei der Wertangabe hat er die Vorschriften der §§ 3 bis 9 ZPO, §§ 12 bis 22 GKG zugrunde zu legen. Der Prozeßbevollmächtigte darf die Wertangabe nicht deshalb ablehnen, weil seine Ansicht und sein Interesse von dem seines Auftraggebers abweicht. Er ist aber berechtigt, neben der Wertangabe der Partei seine eigene Auffassung zum Ausdruck zu bringen (etwa in der Form: Der Kläger gibt den Streitwert mit 5000 DM an. Ich selbst halte 10000 DM für angemessen). Das Gericht kann auch, wenn die Partei durch einen RA vertreten wird, eine Äußerung der Partei selbst einholen.

Eine **Begründung der Schätzung** ist zweckmäßig, aber nicht vorgeschrie- 19 ben. **Glaubhaft gemacht** zu werden braucht die Wertangabe nur dann, wenn ein Rechtsmittel eingelegt wird. Eine Versicherung an Eides Statt ist zur Glaubhaftmachung nicht zugelassen (§§ 511a, 546 ZPO). Für Beschwerden ergibt sich die Verpflichtung zur Glaubhaftmachung aus der sinngemäßen Anwendung dieser Vorschriften. In anderen Fällen ist weder eine Glaubhaftmachung noch die Angabe von Beweismitteln für die Höhe des Streitwerts nötig.

20 **Dem Anwaltszwang** unterliegt die Streitwertangabe nicht, da sie schriftlich oder zu Protokoll der Geschäftsstelle erfolgen darf.

21 **Unterbleibt die Wertangabe,** wie das in der Praxis häufig vorkommt, so kann sie vom Gericht nicht erzwungen werden. Der Antragsteller läuft nur Gefahr, daß ein zu hoher oder zu niedriger Streitwert vom Gericht angenommen oder eine Abschätzung durch Sachverständige nach § 26 GKG angeordnet wird.

Letzteres kann das Gericht aber auch dann tun, wenn der Wert angegeben worden ist, das Gericht jedoch Zweifel an der Richtigkeit der Angabe hat. Das Gericht oder der Kostenbeamte kann auch zur Erläuterung der Wertangabe noch weitere Angaben fordern. Kommt die Partei dieser Aufforderung nicht nach, so können ihr nicht schon deshalb die Abschätzungskosten nach § 26 S. 2 GKG auferlegt werden. Das ist nur dann möglich, wenn die Partei durch Unterlassung der ihr obliegenden Wertangabe oder durch unrichtige Angabe die Abschätzung veranlaßt hat.

22 **Bindend für das Gericht** ist die Wertangabe nicht, auch nicht dann, wenn der Streitwert von beiden Parteien übereinstimmend angegeben wird. Sie bietet lediglich einen wichtigen Anhalt für die gerichtliche Wertfestsetzung.

23 **Berichtigung der Wertangabe** durch den Antragsteller ist nach § 23 Abs. 2 GKG jederzeit möglich. Die Ansicht, wonach die Partei an ihre Streitwertangabe bis zum Nachweis des Gegenteils gebunden sein soll, ist mit dieser Vorschrift kaum vereinbar.

a. M. Schumann-Geißinger A 5.

Daß das Gericht die Berichtigung nicht zu beachten braucht, ergibt sich schon daraus, daß die Wertangaben überhaupt nicht bindend sind (s. A 22).

24 **§ 24 GKG** betrifft die Wertfestsetzung für die Zuständigkeit des Prozeßgerichts oder die Zulässigkeit des Rechtsmittels. Er lautet:

„(1) Ist der Streitwert für die Entscheidung über die Zuständigkeit des Prozeßgerichts oder die Zulässigkeit des Rechtsmittels festgesetzt, so ist die Festsetzung auch für die Berechnung der Gebühren maßgebend. Die §§ 14 bis 20 bleiben unberührt."

Lit.: Hartmann Kostengesetze; Markl Gerichtskostengesetz.

Zur **Entscheidung über die Zuständigkeit des Prozeßgerichts oder die Zulässigkeit des Rechtsmittels** ist eine Festsetzung des Streitwerts in allen Fällen nötig, in denen die Zuständigkeit des Gerichts oder die Zulässigkeit des Rechtsmittels von der Höhe des Streitgegenstandes oder des Beschwerdegenstandes abhängt. Dazu bedarf es allerdings keiner genauen Ermittlung des Wertes, sondern nur der Festsetzung, daß das Gericht den für seine Zuständigkeit vorgeschriebenen Streitwert oder die Höhe der vorgeschriebenen Beschwerdesumme für vorliegend oder nicht für vorliegend ansieht. Diese Wertfestsetzung erfolgt mit bindender Wirkung nicht durch besonderen Streitwertbeschluß, sondern in den Gründen des in der Sache selbst entscheidenden Urteils. Sie liegt auch in einem Verweisungsbeschluß wegen sachlicher Unzuständigkeit oder in einem Beschluß, durch den ein Rechtsmittel wegen Fehlens der vorgeschriebenen Beschwerdesumme als unzulässig verworfen worden ist.

Anfechtbar ist die Entscheidung über den Wert des Streitgegenstandes nur 25 mit den gegen die in der Sache selbst ergangene Entscheidung zulässigen Rechtsmitteln und nur mit dem Ziel, die Entscheidung in der Sache selbst aufzuheben. Beispiel: Bejaht das LG entgegen der Auffassung des Beklagten, der das AG für sachlich zuständig hält, seine sachliche Zuständigkeit durch Zwischenurteil (§ 280 ZPO), so ist gegen dieses Urteil nur die Berufung gegeben (§ 280 Abs. 2 ZPO). Mit ihr kann begehrt werden, die Klage abzuweisen, weil das LG nicht zuständig sei. Dagegen wäre ein allein gestelltes Begehren, den Streitwert z. B. auf 1000 DM herabzusetzen, unzulässig. Ist die Sachentscheidung unanfechtbar (z. B. das Berufungsurteil des Landgerichts), ist auch die Streitwertfestsetzung unangreifbar.

Gegen Entscheidungen des Oberlandesgerichts ist, soweit diese durch Urteil erfolgt sind, nach § 547 ZPO die Revision ohne Zulassung und ohne Rücksicht auf den Wert des Beschwerdegegenstandes zulässig, insoweit es sich um die Unzulässigkeit der Berufung handelt. Ist die Berufung nach § 519b ZPO vom OLG durch Beschluß verworfen worden, so ist nach § 519b Abs. 2 ZPO dagegen sofortige Beschwerde zulässig.

Die Revision und die Beschwerde können also in diesen Fällen auch darauf gestützt werden, daß das OLG das Vorhandensein der Beschwerdesumme zu Unrecht verneint habe. Dabei ist aber, falls der Wert nach § 3 ZPO zu schätzen war, die Ausübung des freien Ermessens der Nachprüfung durch das Revisionsgericht entzogen, soweit nicht ersichtlich gegen Rechtssätze verstoßen worden ist.

Erfolgt die Entscheidung durch Verweisungsbeschluß, so ist sie nach § 281 Abs. 2 ZPO unanfechtbar.

Ist in der Entscheidung der **Streitwert auf einen bestimmten Betrag** 26 **festgesetzt,** so gilt dieser Betrag nach § 24 GKG auch für die **Berechnung der Gebühren.** Voraussetzung ist jedoch – wie sich aus § 24 Satz 2 GKG „§§ 14 bis 20 bleiben unberührt" ergibt –, daß die Wertberechnung für die Gebühren nicht nach anderen Grundsätzen zu erfolgen hat wie die Wertberechnung zur Bestimmung der Zuständigkeit oder der Zulässigkeit des Rechtsmittels. Sind für die Gebühren andere Vorschriften maßgebend, so ist für sie eine abweichende Festsetzung zulässig. Gelten die gleichen Grundsätze, so wird ein etwa vor der Entscheidung in der Sache nach § 25 GKG ergangener Wertfestsetzungsbeschluß durch die abweichende Wertfestsetzung in der Entscheidung der Hauptsache wirkungslos.

Abweichende Vorschriften für die Gebührenberechnung kommen in folgenden Fällen in Frage:

§ 14 GKG bestimmt, daß sich im Berufungs- und Revisionsverfahren der 27 Streitwert grundsätzlich nach den Anträgen des Rechtsmittelklägers bestimmt und daß nur dann, wenn das Verfahren endet, ohne daß solche Anträge gestellt werden, oder wenn innerhalb der Frist für die Berufungs- oder Revisionsbegründung (§ 519 Abs. 2, § 554 Abs. 2 ZPO) Berufungs- oder Revisionsanträge nicht eingereicht werden, die Beschwer maßgebend ist.

§ 15 GKG betrifft den Fall, daß der Wert des Streitgegenstandes bei Erlaß des 28 Urteils oder der anderweitigen Beendigung der Instanz höher ist als im

Madert   207

Zeitpunkt der Erhebung der Klage oder der Rechtsmitteleinlegung. Dann soll den in der Instanz entstandenen Gebühren der höhere Wert zugrunde gelegt werden. In der Zwangsvollstreckung ist für die Wertberechnung der Zeitpunkt der die Zwangsvollstreckung einleitenden Prozeßhandlung entscheidend.

Es ist somit sowohl dann, wenn sich der Wert des Streitgegenstandes im Laufe der Instanz erhöht, als auch dann, wenn sich der Streitgegenstand selbst während der Instanz verändert hat, die nach § 22 für die Zuständigkeit oder die Zulässigkeit des Rechtsmittels ergangene Entscheidung für die Berechnung der Gebühren nicht bindend, weil sie gemäß § 4 Abs. 1 ZPO auf den Beginn des Verfahrens abstellt.

29 In den §§ 16 u. 17 GKG ist für die darin erwähnten Streitigkeiten über Miet-, Pacht- und ähnliche Nutzungsverhältnisse, über wiederkehrende Leistungen aus gesetzlicher Unterhaltspflicht, wegen Schadensersatzes bei Tötung, Körperverletzung und Gesundheitsschädigung und solchen von Richtern, Beamten und Arbeitnehmern der Streitwert für die Gebühren abweichend von den Vorschriften der §§ 8, 9 ZPO geregelt. In vielen dieser Fälle wird eine Streitwertfestsetzung zur Entscheidung über die Zuständigkeit überhaupt nicht erforderlich, da für die in den §§ 16 u. 17 GKG vorgesehenen Fälle zum Teil eine ausschließliche Zuständigkeit besteht. Jedoch kann auch dann die Festsetzung des Wertes des Beschwerdegegenstandes zur Entscheidung über die Zulässigkeit von Rechtsmitteln in Frage kommen. Der Streitwert für die Zuständigkeit (die Zulässigkeit des Rechtsmittels) und der für die Gebührenberechung fallen hier vielfach weit auseinander. Beispiel: Ein Unfallverletzter fordert von dem Schädiger eine monatliche Rente von 450 DM. Der Streitwert für die Zuständigkeit (Zulässigkeit des Rechtsmittels) ist gemäß § 9 ZPO auf den 12½fachen Jahresbetrag (= 67500 DM), für die Gebührenberechnung gemäß § 17 Abs. 2 GKG dagegen nur auf den 5fachen Jahresbetrag (= 27000 DM) festzusetzen. Die Revision ist also zulässig, was gelegentlich im Hinblick auf den Gebührenstreitwert übersehen wird.

§ 17a GKG regelt den Streitwert für das Verfahren über den **Versorgungsausgleich.**

30 **§ 18 GKG** betrifft die Wertberechnung für die Stufenklage. Er bestimmt – abweichend von § 5 ZPO –, daß die verbundenen Ansprüche nicht zusammengerechnet werden, daß vielmehr nur der höhere allein maßgebend ist.

31 **§ 19 GKG** betrifft die **Klage und Widerklage.** Er enthält für die Gebühren eine Ausnahme von der Bestimmung des § 5 ZPO, nach der die Gegenstände von Klage und Widerklage nicht zusammenzurechnen sind, während für die Gebührenberechnung nach § 19 Abs. 1 S. 2 GKG Zusammenrechnung erfolgt, wenn beide Klagen nicht denselben Streitgegenstand betreffen.

Wegen wechselseitig eingelegter Rechtsmittel vgl. A 40 zu § 13.

§ 19 GKG befaßt sich außerdem mit der **Aufrechnung** und dem **Hilfsanspruch.**

§ 19a GKG bestimmt, daß die **Scheidungssache und die Folgesachen** als ein Verfahren gelten, deren Gebühren nach den zusammengerechneten Werten der Gegenstände zu berechnen sind.

32 In **nichtvermögensrechtlichen Streitigkeiten** kommt eine Festsetzung des Streitwerts weder für die Entscheidung über die Zuständigkeit noch über die

Zulässigkeit eines Rechtsmittels in Frage. Die Gebühren sind nach § 12 GKG zu berechnen. Eine Erwähnung dieser Bestimmung in § 24 GKG war aus den angegebenen Gründen nicht erforderlich.

Ist in der Entscheidung der **Streitwert nicht mit einer bestimmten** 33 **Summe angegeben,** sondern nur gesagt, daß er mehr oder weniger betrage, als für die Zuständigkeit oder für die Zulässigkeit des Rechtsmittels vorgeschrieben ist, so ist für die Gebühren lediglich diese Feststellung bindend. Ist die Zuständigkeit oder die Zulässigkeit des Rechtsmittels bejaht, so dürfen die Gebühren nach keinem niedrigeren Wert, ist sie verneint, nach keinem höheren Werte berechnet werden. Zur Ermittlung des innerhalb dieser Grenzen liegenden genauen Betrags ist anderweitige Streitwertfestsetzung zulässig, die auch an die Begründung der Sachentscheidung nicht gebunden ist. Hat das Gericht nur stillschweigend seine Zuständigkeit oder die Zulässigkeit des Rechtsmittels angenommen, so liegt darin eine – ebenfalls stillschweigende – Festsetzung nach § 24 GKG. Hat z. B. das Berufungsgericht die Berufung für zulässig erachtet und über sie sachlich entschieden, kann der Streitwert des Berufungsverfahrens nicht nachträglich auf 200 DM festgesetzt werden. Die Berufungssumme muß mindestens gewahrt bleiben. Etwas anderes wird nur gelten, wenn das Gericht erkennbar falsch entschieden hat, z. B. über eine Berufung von 700 DM, weil es noch an der Berufungssumme von 500 DM gedacht hat.

Auch wenn in der Entscheidung der Streitwert mit einer bestimmten Summe 34 angegeben ist, kann er in den in A 33 genannten Grenzen geändert werden. Beispiel: Das AG verweist den Rechtsstreit an das LG, wobei es den Streitwert im Verweisungsbeschluß auf 20 000 DM festsetzt. Das LG (und mit ihm die Rechtsmittelgerichte) ist an diese Entscheidung nur insoweit gebunden, als der die landgerichtliche Zuständigkeit begründende Streitwert (mehr als 5000 DM) auf jeden Fall gewahrt bleiben muß. Das LG ist aber nicht gehindert, den Streitwert z. B. auf 6000 DM festzusetzen.

Celle NJW 57, 1640; Nürnberg Büro 60, 168 = JVBl. 59, 84.

Hat das **Amtsgericht** sich für **sachlich zuständig** erklärt, obgleich der 35 Beklagte die Unzuständigkeit wegen des Zuständigkeit des Landgerichts begründenden Streitwertes gerügt hat, kann der Streitwert nicht über 5000 DM festgesetzt werden. Der Beklagte kann nur mit der Berufung einen höheren Streitwert erreichen.

Zur Entscheidung über die Zuständigkeit oder die Zulässigkeit eines Rechts- 36 mittels kann mit bindender Wirkung ein **gesonderter Wertfestsetzungsbeschluß** nicht erlassen werden. Eine Festsetzung i. S. des § 24 GKG findet nur in der Sachentscheidung statt.

Doch sind solche gesonderten Wertfestsetzungsbeschlüsse nicht unüblich, im Gegenteil gelegentlich anzuraten. Erläßt z. B. das Rechtsmittelgericht alsbald nach Rechtsmitteleinlegung einen Streitwertbeschluß mit einem die Rechtsmittelsumme nicht erreichenden Betrag, ist das Schicksal des Rechtsmittels zu erkennen. Der RA des Rechtsmittelführers kann das Rechtsmittel zurücknehmen und damit seiner Partei weitere Kosten sparen.

Eine Beschwerde ist gegen solche Beschlüsse nicht gegeben. Sie stellen sich vor der Sachentscheidung nur als Meinungsäußerung des Rechtsmittelgerichts dar.

a. M. KG JurBüro 65, 486 = Rpfleger 65, 323 (als Beschluß gemäß § 23 GKG anzusehen [jetzt 25 GKG]).

Jedoch bindet ein zur Vorbereitung einer Verweisung ergangener Wertfestsetzungsbeschluß des Amtsgerichts das LG nur insoweit, als es später den Wert nicht unter den seine sachliche Zuständigkeit begründenden Betrag festsetzen kann. Hat das LG die Festsetzung später abgeändert, so ist dagegen Beschwerde zulässig. Es kann jeder Betrag oberhalb der amtsrichterlichen Zuständigkeit mit der Beschwerde begehrt werden. Dagegen ist eine Beschwerde, die die Herabsetzung auf 5000 DM oder darunter fordert, unzulässig.

Frankfurt MDR 64, 246 = JurBüro 64, 206 = Rpfleger 65, 162; Nürnberg JVBl. 59, 84 = Büro 60, 168 = Rpfleger 63, 179.

37 Das **Rechtsmittelgericht** hat den Wert des Beschwerdegegenstandes selbst nach dem Werte z. B. der Einlegung des Rechtsmittels festzusetzen. Der BGH ist jedoch an die Festsetzung durch das OLG gebunden, wenn und soweit dieses den Streitwert über 40000 DM festsetzt (§ 546 Abs. 2 Satz 2 ZPO).

Dagegen kann eine Festsetzung des Streitwertes auf einen Betrag unterhalb der Revisionssumme die Revision nicht verhindern. Der BGH ist in seiner Entscheidung frei, er kann einen anderen Streitwert festsetzen als das Berufungsgericht. Der BGH ist an die von dem OLG festgesetzte Beschwer jedoch insoweit gebunden, daß er den auf über 40000 DM festgesetzten Beschwerdewert nicht unter 40000 DM festsetzen kann (§ 546 Abs. 2 ZPO).

38 **§ 25 GKG** enthält die Vorschriften über die Wertfestsetzung für die Gerichtsgebühren. Er lautet:

„(1) Soweit eine Entscheidung nach § 24 Satz 1 nicht ergeht oder nach § 24 Satz 2 nicht bindet, setzt das Prozeßgericht den Wert durch Beschluß fest, wenn dies eine Partei, ein Beteiligter oder die Staatskasse beantragt oder das Gericht es für angemessen erachtet. Der Antrag kann zu Protokoll der Geschäftsstelle oder schriftlich, auch ohne Mitwirkung eines Bevollmächtigten, gestellt werden. Die Festsetzung kann von dem Gericht, das sie getroffen hat, und, wenn das Verfahren wegen der Hauptsache oder wegen der Entscheidung über den Streitwert, den Kostenansatz oder die Kostenfestsetzung in der Rechtsmittelinstanz schwebt, von dem Rechtsmittelgericht von Amts wegen geändert werden. Die Änderung ist nur innerhalb von sechs Monaten zulässig, nachdem die Entscheidung in der Hauptsache Rechtskraft erlangt oder das Verfahren sich anderweitig erledigt hat.

(2) Gegen den Beschluß findet die Beschwerde statt, wenn der Wert des Beschwerdegegenstandes einhundert Deutsche Mark übersteigt; § 5 Abs. 2 Satz 2, 3, 5 bis 7 und Abs. 3 Satz 1 ist anzuwenden. Die Beschwerde ist ausgeschlossen, wenn das Rechtsmittelgericht den Beschluß erlassen hat. Sie ist nur zulässig, wenn sie innerhalb der in Absatz 1 Satz 4 bestimmten Frist eingelegt wird; ist der Streitwert später als einen Monat vor Ablauf dieser Frist festgesetzt worden, so kann sie noch innerhalb eines Monats nach Zustellung oder formloser Mitteilung des Festsetzungsbeschlusses eingelegt werden.

(3) Das Verfahren über die Beschwerde ist gebührenfrei. Kosten werden nicht erstattet.“

Lit.: Hartmann Kostengesetze; Markl Gerichtskostengesetz.

Eine Streitwertfestsetzung für die Berechnung der Gerichtsgebühren und deshalb auch für die Rechtsanwaltsgebühren ist nur dann zulässig, wenn eine Entscheidung nach § 24 GKG, die auch für die Berechnung der Gebühren maßgebend ist (s. oben A 22ff.), nicht erfolgt ist. Sie ist auch dann nicht notwendig, sondern hat nur zu erfolgen, wenn dies eine Partei oder die Staatskasse beantragt oder das Gericht es für angemessen erachtet. Andernfalls setzt die Geschäftsstelle den Wert an und berechnet danach die Gerichtsgebühren. Gleiches gilt für den Rechtspfleger hinsichtlich der etwa von einer Partei der Gegenpartei zu erstattenden Kosten.

Gelegentlich gibt auch das Gericht den Streitwert formlos am Kopfe oder unter der von ihm erlassenen Entscheidung an. In beiden Fällen handelt es sich nicht um einen Festsetzungsbeschluß i. S. des § 25 GKG, sondern nur um einen Hinweis.

Auch wenn das Gericht einer Entscheidung einen bestimmten Wert zugrunde legt, z. B. der Entscheidung über eine Erinnerung gegen einen Kostenfestsetzungsbeschluß, liegt darin selbst dann keine Wertfestsetzung, wenn der Beschluß mit der Begründung abgeändert wird, die Gebühren seien nach einem unrichtigen Werte berechnet, oder wenn das Gericht den gleichen Wert annimmt.

Über die Rechtsbehelfe in solchen Fällen s. unten A 63.

Wohl aber liegt ein Festsetzungsbeschluß i. S. des § 25 GKG vor, wenn der Wert im Urteilstenor oder in einem mit dem Urteilstenor verbundenen Beschluß festgesetzt ist.

Auf Antrag einer Partei oder der Staatskasse hat die Festsetzung zu 39 erfolgen. Die Partei kann den Antrag auch dann stellen, wenn ihr oder der Gegenpartei Prozeßkostenhilfe bewilligt ist. Eine Beschwer braucht nicht vorzuliegen.

a. M. BFH NJW 70, 1767.

Der Antrag unterliegt nicht dem Anwaltszwang, wie daraus hervorgeht, daß der Antrag ohne Mitwirkung eines Bevollmächtigten gestellt werden kann. Stellt der RA als Prozeßbevollmächtigter einer Partei den Antrag, so kann er dafür nach § 37 Nr. 3 keine Gebühr beanspruchen.

Die Staatskasse kann den Antrag stellen, ist aber auf den Antrag nicht angewiesen, vielmehr kann, solange noch keine Wertfestsetzung erfolgt oder über den Kostenansatz noch nicht gerichtlich entschieden worden ist, der Behördenvorstand oder der mit der Prüfung des Kostenansatzes beauftragte Beamte (Bezirksrevisor) die Berichtigung des Kostenansatzes auch insoweit anordnen, als die Gebühren nach einem für unrichtig gehaltenen Streitwert berechnet worden sind.

Die Geschäftsstelle als solche ist nicht antragsberechtigt, sondern kann nur die Festsetzung von Amts wegen anregen.

Im Streitwertfestsetzungsverfahren (einschl. Beschwerdeverfahren) ist kein Raum für eine einstweilige Einstellung der Zwangsvollstreckung aus einem bereits erlassenen Kostenfestsetzungsbeschluß.

Hillach/Rohs § 95 B VII b; KG Rpfleger 62, 121.

Insoweit empfiehlt es sich, gegen den Kostenfestsetzungsbeschluß Erinnerung einzulegen und innerhalb des Erinnerungsverfahrens die Einstellung der Zwangsvollstreckung zu beantragen.

40 Der **Rechtsanwalt** kann nach § 9 Abs. 2 S. 1 die Festsetzung aus eigenem Recht beantragen. Von Bedeutung ist dies besonders dann, wenn die Parteien des Rechtsstreits Gebührenfreiheit genießen oder wenn ihnen Prozeßkostenhilfe bewilligt ist und daher weder sie noch das Gericht an der Festsetzung des für die Gebühren maßgebenden Steitwerts ein Interesse haben.

41 Eine **Frist** ist für den Antrag nicht vorgeschrieben.

Hartmann A 3 B c zu § 25 GKG.

Die Festsetzung wird häufig erst nach der Beendigung des Rechtszugs erfolgen. In nicht vermögensrechtlichen Streitigkeiten wird dies sogar die Regel sein. Denn vor dem Ende der Instanz ist der bei der Streitwertbemessung zu beachtende Umfang der Sache (§ 12 GKG) nicht mit Sicherheit festzustellen. Der Antrag kann auch schon vorher und in jedem Rechtszug neu gestellt werden, ohne daß das Verfahren bis zu einem bestimmten Grade fortgeschritten sein müßte. In nichtvermögensrechtlichen Streitigkeiten ist ein vor dem Ende der Instanz festgesetzter Wert nur ein vorläufiger Wert. In vermögensrechtlichen Streitigkeiten, die nicht auf einen bestimmten Geldbetrag ausgerichtet sind (z. B. in Unterlassungsprozessen des gewerblichen Rechtsschutzes), empfiehlt sich sogar eine möglichst frühzeitige Festsetzung des Streitwertes. Ist der Rechtsstreit bereits so weit gediehen, daß das Ergebnis vorauszusehen ist, wird erfahrungsgemäß der voraussichtliche Gewinner einen hohen Streitwert, der Verlierer einen möglichst geringen Streitwert angeben. Objektive Erklärungen sind gerade im gewerblichen Rechtsschutz von den Parteien im allgemeinen nur am Beginn der Instanz zu erwarten.

Werden Ermessensanträge gestellt, empfiehlt sich eine frühzeitige Festsetzung des Streitwertes, insbes. dann, wenn außerdem noch ziffernmäßig bestimmte Anträge gestellt werden.

Beispiel: Der Beklagte wird verurteilt, an den Kläger 3000 DM sowie ein Schmerzensgeld, dessen Höhe in das Ermessen des Gerichts gestellt wird, zu zahlen.

Wird der Klage nur teilweise stattgegeben, kann sich die Höhe des Streitwertes auf die Quotelung der Kosten auswirken. Ist dies der Fall, so ist eine spätere Streitwertbeschwerde unzulässig, wenn durch eine Änderung des Streitwertes die Kostenentscheidung unrichtig wird. Das gilt jedenfalls dann, wenn der Streitwert so frühzeitig festgesetzt worden ist, daß noch vor Erlaß des Urteils Streitwertbeschwerde eingelegt werden konnte.

Schmidt/Schmidt Gegenstandswert Rz. 15; Schmidt JurBüro 65, 171; BGH MDR 77, 925; Celle JurBüro 69, 541 = NJW 69, 279; Nürnberg MDR 69, 853; Stuttgart Rpfleger 64, 131;
a. M. E. Schneider NJW 69, 1237; Tschischgale Rpfleger 63, 75; KG NJW 70, 255; Köln JurBüro 69, 265; vgl. auch Speckmann NJW 72, 232.

Auch nach rechtskräftiger Erledigung des Verfahrens und nach Einziehung der Gerichtskosten kann der Antrag noch gestellt werden. Das Berufungsgericht hat dem Antrag selbst dann zu entsprechen, wenn es schon als Beschwerdegericht über den Streitwert des ersten Rechtszugs entschieden hat.

In § 25 GKG ist von einer Befristung abgesehen worden, weil nach § 5 GKG auch die Erinnerung gegen den Kostenansatz des Kostenbeamten nicht befri-

stet ist. Das Recht der Staatskasse auf Nachforderung von Gebühren, das nach § 7 GKG überdies befristet ist, und das Recht auf Rückerstattung zuviel bezahlter Gebühren unterliegen aber nach § 10 Abs. 1 u. 2 GKG der Verjährung.

Eine Befristung der Erinnerung gegen den Kostenansatz ist nicht zweckmäßig, weil eine solche Befristung auch für die Staatskasse gelten müßte, und die Überprüfung der Kostenrechnung durch die Rechnungsprüfungsstellen zu sehr einengen würde.

Die in § 7 GKG für die Nachforderung der Gerichtskosten vorgeschriebene Frist gilt nicht für den Antrag auf Streitwertfestsetzung.

Allerdings entfällt für die Staatskasse nach Ablauf der Frist des § 7 GKG das Interesse an einer Erhöhung des Streitwerts.

Hillach/Rohs § 95 B IV.

Deshalb kann sie auch keinen Wertfestsetzungsantrag mehr stellen, um eine Grundlage für die Herabsetzung der Gebühren des im Wege der Prozeßkostenhilfe beigeordneten RA zu erlangen.

Dagegen kann der beigeordnete Anwalt auch nach Beendigung des Verfahrens innerhalb einer angemessenen Frist, die jedenfalls dann gewahrt ist, wenn noch kein Jahr verstrichen ist, zwecks Erhöhung seiner Gebühren eine höhere Festsetzung des Streitwerts beantragen.

Zu beachten ist aber, daß das Abänderungsrecht des Gerichts und die Beschwerde fristgebunden sind; vgl. hierzu unten A 60 und A 75.

Eine **Verwirkung des Antragsrechts** kann aber dann angenommen werden, 42 wenn die Geltendmachung solange verzögert worden ist, daß die Kostenberechnung längst abgeschlossen ist und alle Beteiligten sich auf sie eingestellt haben. Die Möglichkeit einer Verwirkung wird neuerdings mit der Begründung bestritten, § 25 GKG enthalte in Abs. 1 Satz 4 und in Abs. 2 Satz 2 Fristen für die Abänderung bzw. Beschwerde, so daß für eine Verwirkung kein Bedürfnis bestehe.

Die Fristen versagen jedoch, wenn eine Streitwertfestsetzung bisher nicht erfolgt ist (weil sich alle Beteiligten mit dem vom Urkundsbeamten angenommenen Streitwert abgefunden haben) und nunmehr – vielleicht nach Jahren – erstmals Antrag auf Festsetzung des Streitwertes gestellt wird (etwa weil sich inzwischen eine bisher feststehende Rechtsprechung geändert hat).

Zur Verwirkung genügt aber noch nicht, daß die Rückzahlung von Gebühren der §§ 121 ff. für den Anwalt eine Härte bedeutet, wenn die Herabsetzung des Wertes nur neun Monate nach Zahlung erfolgt.

Im allgemeinen wird man davon ausgehen können, daß für einen Antrag kein Raum mehr ist, wenn der Anspruch des RA gegen den Auftraggeber oder ein Rückforderungsanspruch des Auftraggebers gegen den RA verjährt ist und zu erwarten steht, daß die Verjährungseinrede erhoben wird.

Zuständig für die Festsetzung ist das **Prozeßgericht** desjenigen Rechtszugs, 43 für den der Wert festgesetzt werden soll. Das ist für den ersten Rechtszug das Prozeßgericht erster Instanz, für das Berufungsverfahren das Berufungsgericht, für das Revisionsverfahren das Revisionsgericht (Ausnahme § 546 Abs. 2 Satz 2 ZPO). Die Wertfestsetzung gilt auch grundsätzlich nur für den Rechtszug, für den sie getroffen worden ist.

Abgesehen von der Festsetzung des Wertes durch das OLG für die Revision

(§ 546 Abs. 2 ZPO) kann die untere Instanz niemals den Streitwert für die höhere Instanz festsetzen.

Ebensowenig kann das Gericht des höheren Rechtszugs den Wert für den niedrigeren Rechtszug erstmals festsetzen; es kann nur eine bereits erfolgte Festsetzung der unteren Instanz abändern.

Hillach/Rohs § 96 D; Schumann/Geißinger A 13; E. Schneider JurBüro 69, 705 und MDR 72, 99.

Die Frage, ob das Rechtsmittelgericht bei Festsetzung des Streitwertes für die eigene Instanz verpflichtet ist, den Streitwert der unteren Instanz zu überprüfen, ist zu verneinen.

BGH VersR 72, 440; **a. M.** E. Schneider MDR 72, 99; Köln VersR 72, 205.

Durch die Zurückweisung einer Beschwerde gegen einen Festsetzungsbeschluß der unteren Instanz ist das Berufungsgericht nicht gehindert, den Wert für das Berufungsverfahren anders festzusetzen. Erweist sich hierbei der Beschwerdeentscheid als unrichtig, wird das Berufungsgericht von der in § 25 Abs. 1 Satz 3 GKG gewährten Möglichkeit der Berichtigung Gebrauch machen müssen. Über die Änderung der Streitwertfestsetzung der unteren Instanz s. unten A 58 ff.

Hat das AG den Rechtsstreit an das LG verwiesen, so ist dieses für die Festsetzung des Streitwerts auch dann zuständig, wenn sich der Rechtsstreit zum Teil schon bei dem AG durch Vergleich erledigt hat, oder wenn das AG schon über den Grund des Anspruchs entschieden hat und erst im Betragsverfahren den Rechtsstreit an das LG verwiesen hatte.

Auch im Falle des § 942 ZPO darf das Amtsgericht den Streitwert nicht mehr festsetzen, wenn das LG als Gericht der Hauptsache mit der Sache befaßt ist.

44 Das **Vollstreckungsgericht** ist für die Wertfestsetzung zuständig, wenn es sich um den Gegenstandswert des Zwangsvollstreckungsverfahrens handelt. Maßgebend ist der Wert im Zeitpunkt der Einleitung des in Frage kommenden Abschnitts der Zwangsvollstreckung (§ 15 Abs. 2 GKG). Eine frühere Wertfestsetzung des Prozeßgerichts ist für das Vollstreckungsgericht nicht bindend. Regelmäßig wird aber das Vollstreckungsgericht von der Festsetzung des Prozeßgerichts nicht ohne sachlichen Grund abweichen, falls nicht aus der Verschiedenheit des maßgebenden Zeitpunkts auch eine Änderung des Wertes folgt.

45 Der **Einzelrichter** ist für die Streitwertfestsetzung nur dann zuständig, wenn er in der Sache selbst entscheidet oder nach Lage der Akten erkennt oder wenn dies im Interesse der raschen Erledigung des Rechtsstreits zweckmäßig ist, z. B. wenn vor dem Einzelrichter ein Vergleich, sei es über Hauptsache und Kosten, sei es nach Erledigung der Hauptsache nur über die Kosten, abgeschlossen werden soll.

Schumann/Geißinger A 8.

Auch der Vorsitzende einer Kammer für Handelssachen hat nur die Befugnisse des Einzelrichters. Er kann nicht allein den Streitwert festsetzen, namentlich dann nicht, wenn die Streitwertfestsetzung nur den Zweck hat, die Höhe des geforderten Gerichtskostenvorschusses zu begründen.

Schumann/Geißinger A 8 Fn. 9; Oldenburg MDR 59, 401 (L) = Büro 60, 81.

Der **Rechtspfleger** kann den Streitwert festsetzen, wenn er in der Sache **46** selbst zu entscheiden hat.

Hillach/Rohs § 95 B VI; vgl. auch Mümmler JVBl. 71, 196.

Über die Rechtsbehelfe gegen seine Festsetzung s. unten A 70.

Sollen **Schiedsrichter** vereinbarungsgemäß den Streitwert festsetzen, so ist **47** deren Beschluß wirksam, wenn er nicht offenbare Unrichtigkeit enthält. Ohne Vereinbarung können die Schiedsrichter den Streitwert nicht festsetzen, soweit die Höhe ihrer Vergütung vom Streitwert abhängt.

Eine **Ablehnung des Antrags** darf auch dann nicht erfolgen, wenn sich der **48** Streitwert aus dem Antrag oder aus dem Gesetz ohne weiteres ergibt und der geltend gemachte Anspruch zu Zweifeln über den Wert keinen Anlaß gibt. Das Gericht darf eine beantragte Wertfestsetzung nicht wegen Offensichtlichkeit des Wertes als überflüssig ablehnen. Die Ablehnung würde auch dem Gericht meist mehr Arbeit machen als eine ohne weiteres zu treffende Wertfestsetzung, die in solch glatten Fällen selbstverständlich nicht begründet werden braucht.

Auch für das Verfahren über den Widerspruch gegen eine einstweilige Verfügung muß eine besondere Streitwertfestsetzung erfolgen.

Von Amts wegen kann das Gericht den Streitwert festsetzen, wenn es dies **49** für angemessen erachtet. Grundsätzlich soll dem die Kosten berechnenden Beamten die Bestimmung des Streitwerts überlassen bleiben, also dem Rechtspfleger bei der Kostenfestsetzung und dem Urkundsbeamten bei der Feststellung der Gebühren der §§ 121 ff. Nur falls dem Rechtspfleger oder Urkundsbeamten die Wertfestsetzung nicht zuzumuten ist, weil ein tieferes Eindringen in den Prozeßstoff erfolgen muß, oder wenn der Rechtspfleger oder der Urkundsbeamte schon einen offenbar unrichtigen Wert angenommen hat, soll das Gericht den Wert von Amts wegen festsetzen.

Die Festsetzung von Amts wegen kann auch von dem Kostenbeamten, z. B. wenn er Zweifel hat, oder von der Partei oder vom Anwalt angeregt werden.

Die **Festsetzung** des Streitwerts **erfolgt durch Beschluß**. Auch wenn die **50** Streitwertfestsetzung in das Urteil aufgenommen wird, handelt es sich um einen Streitwertfestsetzungsbeschluß.

Der Beschluß kann auch in Verbindung mit einer anderen Entscheidung ergehen. Es muß dann aber klar zum Ausdruck kommen, daß eine Wertfestsetzung beabsichtigt ist.

Der Beschluß muß von dem Richter oder, falls es sich um ein Kollegialgericht handelt, zumindest von dem Vorsitzenden unterschrieben und als Gerichtsbeschluß kenntlich gemacht werden. Über formlose Streitwertangaben s. oben A 38.

Eine vorherige mündliche Verhandlung über die Höhe des Streitwerts ist zulässig, aber äußerst selten. Innerhalb von Vergleichsverhandlungen wird häufig auch über den Streitwert gesprochen, um die Kostenlast der Parteien für den Vergleichsabschluß klarzustellen. Das ist aber keine Verhandlung über den Streitwert i. S. der vorstehenden Ausführungen.

Über Beweisaufnahme s. unten A 86.

Der **Beschluß** soll regelmäßig auch **begründet** werden; die Begründung ist nur bei übereinstimmenden Parteiangaben oder sonstiger Zweifelsfreiheit entbehrlich. In der Praxis werden allerdings erstmalig Streitwertfestsetzungs-beschlüsse meist nicht begründet. Das ist solange unbedenklich, als sich alle Beteiligten (Parteien, Rechtsanwälte, Staatskasse) mit dem Beschluß abfinden. Wird allerdings gegen den Festsetzungsbeschluß Beschwerde eingelegt, ist es geboten, die Festsetzung nachträglich zu begründen. Das geschieht zweckmäßigerweise – falls das Erstgericht der Beschwerde nicht stattgibt – in dem Nichtabhilfebeschluß (§ 571 ZPO), der den Beteiligten bekanntgegeben werden sollte.

> Schmidt/Schmidt Gegenstandswert Rz. 9; Braunschweig Rpfleger 64, 66; Celle NdsRpfl. 62, 257 = Rpfleger 64, 230 und NJW 66, 936; Frankfurt NJW 68, 409; Schleswig SchlHA 58, 46 u. 61, 58; LG Koblenz JurBüro 67, 893.

Ist in den Fällen, in denen sich die Höhe des Streitwerts nicht eindeutig aus dem Sachverhalt ergibt, weder Streitwertbeschluß noch der Nichtabhilfebe-schluß mit Gründen versehen, liegt ein Verfahrensverstoß vor, der das Beschwerdegericht berechtigt, den Streitwertbeschluß aufzuheben und die Sache zur anderweiten Entscheidung zurückzuverweisen.

> Hillach/Rohs § 95 B VII b (m. Fußn. 34).

Beschlüsse, die den Streitwert nur teilweise, z. B. nur für die Widerklage, festsetzen, sind unzweckmäßig. Sie sollten – wenn überhaupt – nur dann erlassen werden, wenn der Streitwert wegen der übrigen Punkte zweifelsfrei feststeht (z. B. Klage auf Zahlung von 100 DM, Widerklage auf Herausgabe eines Bildes).

Ist der Streitwert in einzelnen Verfahrensabschnitten verschieden hoch, ist dies bei der Streitwertfestsetzung zu beachten. Beispiel: Der Streitwert wird festgesetzt auf 5000 DM, für das Beweisaufnahmeverfahren jedoch nur auf 3000 DM.

> Celle NdsRpfl. 62, 257.

51 Eine förmliche **Zustellung** des Festsetzungsbeschlusses ist nicht erforderlich (§ 329 Abs. 2 ZPO), es sei denn, daß bereits eine Kostenfestsetzung nach einem niedrigeren oder höheren Streitwert erfolgt ist, da dann von der Zustellung ab die Monatsfrist für den Abänderungsantrag nach § 107 ZPO läuft.

> Tschischgale JR 50, 138.

52 Eine **Gerichtsgebühr** wird für die Streitwertfestsetzung nicht erhoben. Über die Auferlegung von Abschätzungskosten s. unten A 87.

53 Die **Wirkung des Beschlusses** ist, da es sich um einen konstitutiven Verwaltungsakt handelt, nicht auf den Antragsteller oder, wenn es sich um einen auf Beschwerde ergangenen Beschluß handelt, nicht auf den Beschwerdeführer beschränkt. Vielmehr wirkt er für und gegen alle Beteiligten, nicht aber gegen eine Partei, die im Rechtsstreit überhaupt nicht vertreten war, falls die Klage zurückgenommen worden ist.

Das Gesetz kennt nur eine einheitliche Festsetzung des Streitwerts. Daher wirkt auch die Festsetzung, die nur auf Antrag eines Anwalts ergangen ist, sowohl für die Gerichtskosten als für die Gebühren des Gegenanwalts, vorausgesetzt, daß sich dessen Tätigkeit auf denselben Gegenstand bezogen hat, auch für die Berechnung der im Wege der Prozeßkostenhilfe beigeordneten RA aus der Staatskasse zu erstattenden Kosten sowie für den

Anspruch eines Ehegatten auf Prozeßkostenvorschuß und für die von der Gegenpartei zu erstattenden Kosten.

Er ist, solange er nicht abgeändert worden ist, auch für das Gericht und für den Urkundsbeamten selbst dann bindend, wenn in der Zwischenzeit eine Änderung eingetreten ist.

Auch alle anderen auf den Streitwert aufbauenden Entscheidungen haben den festgesetzten Streitwert zugrunde zu legen, z. B. die Entscheidung über den Gebührenanspruch des RA gegen seine Partei oder – wie bereits erwähnt – die Kostenfestsetzung gemäß §§ 103 ff. ZPO. Der Festsetzungsbeamte darf nicht anstelle des in dem Festsetzungsbeschluß genannten Streitwertes einen abweichenden – von ihm für richtig erachteten – Streitwert der Gebührenberechnung zugrunde legen.

Über die Fälle, in denen die gerichtliche Festsetzung ausnahmsweise für die Rechtsanwaltsgebühren nicht maßgebend ist, s. oben A 3 bis 9. Der Festsetzungsbeschluß wirkt aber grundsätzlich nur für diejenige Instanz, für die die Festsetzung erfolgt ist. Die Festsetzung des Rechtsmittelgerichts gilt für die untere Instanz nur dann, wenn sie erkennbar als eine Änderung der Festsetzung der unteren Instanz von Amts wegen anzusehen ist.

Der **Festsetzungsbeschluß kann** nach § 25 Abs. 1 S. 3 GKG **von Amts 54 wegen geändert werden.** Er wird also nicht rechtskräftig; vgl. jedoch A 60. Die Änderung ist selbst dann zulässig, wenn auf Grund der Festsetzung, z. B. im Gebührenstreit zwischen RA und Partei, bereits eine rechtskräftige Entscheidung erfolgt ist.

Voraussetzung der Abänderung ist selbstverständlich, daß bereits ein Streitwertfestsetzungsbeschluß ergangen ist. Berechtigt zur Abänderung ist nicht nur das gleiche Gericht, das den Festsetzungsbeschluß erlassen hat, sondern auch das Rechtsmittelgericht, das also nicht nur seinen eigenen Festsetzungsbeschluß, sondern auch den der unteren Instanz, abändern kann, wenn die Sache bei ihm schwebt.

Das untere Gericht kann dagegen stets nur seinen eigenen Festsetzungsbeschluß, niemals einen solchen der höheren Instanz, abändern.

Die untere Instanz kann ihre Wertfestsetzung auch dann noch ändern, wenn schon ein Antrag auf Festsetzung für die höhere Instanz gestellt wurde, was allerdings nicht zweckmäßig ist. Sie kann aber nicht die vom Rechtsmittelgericht auf Beschwerde oder von Amts wegen für die untere Instanz getroffene Wertfestsetzung abändern, und zwar auch dann nicht, wenn das Rechtsmittelgericht die Beschwerde gegen den Beschluß des unteren Gerichts zurückgewiesen hatte. Eine anderweite Festsetzung kann in solchen Fällen nur durch das Beschwerdegericht erfolgen.

Das **Gericht ist zur Abänderung verpflichtet,** wenn sich die Wertfestset- 55 zung nachträglich als unrichtig herausstellt oder wenn der Wert sich später erhöht hat. Obwohl das Gesetz davon spricht, daß die Festsetzung geändert werden „kann", ist die Abänderung nicht in das Belieben oder in das freie Ermessen des Gerichts gestellt.

Hillach/Rohs § 96 B.

Das gilt selbst dann, wenn durch die Abänderung Schwierigkeiten entstehen, weil die Kosten bereits nach dem früher festgesetzten Werte eingezogen worden sind und bei Herabsetzung des Streitwerts teilweise zurückgezahlt werden müssen. Deshalb ist sorgfältig festzusetzen und nur dann abzuändern, wenn dies wirklich geboten erscheint. Unzulässig ist die Abänderung, wenn die Grundlage der Ermessensausübung unverändert ist, also weder neue Gesichtspunkte hervorgetreten sind noch schon früher bekannte wesentliche Umstände unberücksichtigt gelassen worden waren.

56 Ist eine **Entscheidung aus § 24 GKG** nach der Wertfestsetzung aus § 25 GKG ergangen, die den Wert auf einen bezifferten Betrag festgesetzt hat, so ist eine Abänderung jedenfalls insoweit unzulässig, als dadurch die Entscheidung über die Zuständigkeit oder die Zulässigkeit des Rechtsmittels berührt wird. Hat das Gericht ausgesprochen, daß der Wert seine Zuständigkeitsgrenze übersteigt, so ist Herabsetzung unter den für die Zuständigkeit maßgebenden Betrag unzulässig. Das gleiche gilt, wenn das LG den Wert auf einen zur Zuständigkeit des Amtsgerichts gehörigen Betrag festgesetzt hat. Hier ist eine Erhöhung über den Betrag der amtsgerichtlichen Zuständigkeit hinaus unzulässig. Ebenso ist eine Änderung der Streitwertentscheidung des Rechtsmittelgerichts insoweit unzulässig, als nunmehr entgegen der ergangenen Sachentscheidung die Zulässigkeit des Rechtsmittels mit Rücksicht auf den Streitwert zu bejahen oder zu verneinen wäre.

> Schumann/Geißinger A 11.

57 **Zuständig für die Abänderung** ist einmal das Gericht, das die Entscheidung getroffen hat, andererseits das Rechtsmittelgericht. Das Gericht, daß die Entscheidung getroffen hat, kann sowohl das Gericht der unteren Instanz als auch das Berufungs- oder Revisionsgericht sein, falls es den Streitwert für das Berufungs- oder Revisionsverfahren festgesetzt hat. Ausschlaggebend ist, daß die eigene Entscheidung abgeändert werden soll. Hat der Einzelrichter oder der Rechtspfleger den Streitwert festgesetzt (s. oben A 45, 46), so ist er auch für die Abänderung zuständig.

Es braucht nicht der gleiche Richter, die gleiche Kammer oder der gleiche Senat den Streitwert festgesetzt zu haben, sofern es sich nur um dasselbe Gericht handelt.

Hat sich die Zuständigkeit des Gerichts, z. B. durch Verweisung, geändert, so ist das zur Zeit der Änderung zuständige Gericht zur Abänderung berechtigt.

58 Das **Rechtsmittelgericht** ist nach der ausdrücklichen Vorschrift des § 25 Abs. 1 S. 3 GKG nur dann zur Änderung der vom Gericht des niedrigeren Rechtszugs getroffenen Feststellung befugt, wenn das Verfahren wegen der Hauptsache oder wegen der Entscheidung über den Streitwert, den Kostenansatz oder die Kostenfestsetzung in der Rechtsmittelinstanz schwebt.

Die von dem Gericht des niedrigeren Rechtszugs getroffene Festsetzung kann dieses Gericht, solange das Verfahren bei ihm schwebt, auch dann ändern, wenn es schon früher als Beschwerdegericht über den Streitwert entschieden hatte.

Ob das Rechtsmittel Erfolg hat oder nicht, ist gleichgültig, es sei denn, daß ein prozessual unzulässiges Rechtsmittel eingelegt worden ist. Ist das Rechtsmittel unzulässig, ist das Rechtsmittelgericht an einer Sachentscheidung gehindert. Ihm muß deshalb auch die Änderungsbefugnis des § 25 Abs. 1 Satz 3 GKG versagt bleiben.

Nur dann, wenn das Verfahren in der Rechtsmittelinstanz schwebt, 59
kann das Rechtsmittelgericht die von dem unteren Gericht getroffene Wertfestsetzung ändern.

Richtet sich das Rechtsmittel gegen ein Teilurteil, so beschränkt sich die Änderungsbefugnis auf den Teilanspruch.

Ist das Verfahren vor dem Rechtsmittelgericht in der Hauptsache beendet, so ist die Änderung nur zulässig, wenn das Verfahren noch wegen der Entscheidung über den Streitwert, den Kostenansatz oder die Kostenfestsetzung in der Rechtsmittelinstanz schwebt. Dagegen genügt nicht, wenn noch ein Beschwerdeverfahren anderer Art bei dem Beschwerdegericht anhängig ist, z. B. wegen einer Beschwerde gegen die Ablehnung eines Sachverständigen oder über einen sonstigen Nebenpunkt.

Nicht erwähnt wird in § 25 Abs. 1 S. 3 GKG auch die Beschwerde gegen einen Beschluß über die Erinnerung des RA oder der Bundes- bzw. Landeskasse, welche die Festsetzung der dem beigeordneten RA aus der Bundes- oder Landeskasse zu gewährenden Vergütung betrifft (§ 128 Abs. 3). Es ist daher anzunehmen, daß auch die Anhängigkeit eines solchen Beschwerdeverfahrens das Änderungsrecht nicht begründen soll.

Dann genügt aber auch nicht, wenn das Beschwerdegericht als Gericht des Rechtszugs über eine Erinnerung gegen die Festsetzung der aus der Bundes- oder Landeskasse zu gewährenden Vergütung nach § 128 Abs. 2 zu entscheiden hat.

In beiden Fällen handelt es sich um eine Entscheidung über einen „sonstigen Nebenpunkt" i. S. der vorstehenden Ausführungen.

Nimmt allerdings das Rechtsmittelgericht die Entscheidung gemäß § 128 Abs. 2 oder 3 zum Anlaß, seine eigene Streitwertentscheidung zu überprüfen und abzuändern, kann es selbstverständlich – nunmehr liegt ein klarer Fall des § 25 Abs. 1 Satz 3 GKG vor – auch die Streitwertentscheidung der unteren Instanz ändern.

Ist eine Beschwerde nach Fristablauf eingelegt (vgl. A 75), so besteht kein Änderungsrecht, ebensowenig, wenn die Streitwertbeschwerde wegen Nichterreichung der Beschwerdesumme unzulässig ist, da sonst der Zweck der die Beschwerde einschränkenden Bestimmungen vereitelt werden würde.

Wird das Rechtsmittel zurückgenommen, so ist die Änderung noch zulässig bis zur Entscheidung über die Verlustigkeit oder die Kosten, sofern eine solche beantragt wird. Andernfalls dürfte die Instanz mit der Rücknahme des Rechtsmittels beendet sein.

Das **Abänderungsrecht ist befristet,** und zwar auch das Recht zur Abände- 60
rung der eigenen Entscheidung. Die Abänderung darf nach § 25 Abs. 1 S. 4 GKG nur innerhalb von sechs Monaten, nachdem die Entscheidung in der Hauptsache Rechtskraft erlangt oder das Verfahren sich anderweit erledigt hat, erfolgen. Ist das Verfahren in der Hauptsache durch Rücknahme der Klage oder des Rechtsmittels erledigt und dann noch Verlustigkeits- oder Kostenbeschluß ergangen, so ist die Frist von diesem Zeitpunkt an zu berechnen.

BGH NJW 61, 1819 = MDR 61, 926 = Rpfleger 62, 53 = JVBl. 62, 10.

Ein Arrestverfahren ist endgültig abgeschlossen, wenn entweder der Arrestantrag endgültig zurückgewiesen oder dem Antrag auf Aufhebung des Arrestes rechtskräftig stattgegeben oder im Falle der Aufrechterhaltung der Hauptprozeß endgültig abgeschlossen ist.

Hillach/Rohs § 96 C; E. Schneider JurBüro 68, 171; Frankfurt MDR 58, 346 = Rpfleger 58, 287 = Büro 58, 130.

Erfolgt die erstmalige Festsetzung des Streitwertes für die Rechtsmittelinstanz erst nach Ablauf der Frist des § 25 Abs. 1 Satz 4 GKG, so kann die Festsetzung abgeändert werden, wenn die Abänderung von einer Partei innerhalb angemessener Frist angeregt wird.

BGH NJW 64, 2062 = MDR 64, 483 = Rpfleger 64, 368 = JVBl. 64, 143.

61 Förmliche **Zustellung des Abänderungsbeschlusses** ist nötig, wenn der Beschluß nicht verkündet worden ist, da von der Zustellung an die Frist des § 107 Abs. 2 ZPO für den Antrag auf Abänderung des Kostenfestsetzungsbeschlusses läuft (§ 329 Abs. 2 ZPO).

Wegen des Interessenwiderstreits ist der Beschluß regelmäßig den Parteien selbst und außerdem ihren Anwälten zuzustellen.

Zustellung an den RA ist auch dann nötig, wenn dieser sich durch Antragstellung in das Verfahren eingeschaltet hatte.

Riedel/Sußbauer A 30.

Hat aber der RA namens seiner Partei eine niedrigere Festsetzung beantragt und sich damit eines entgegengesetzten Verlangens begeben, so ist er auch für das Festsetzungsverfahren als Prozeßbevollmächtigter i. S. des § 176 ZPO anzusehen.

LG Gießen Rpfleger 52, 501.

Erläßt das Rechtsmittelgericht den Abänderungsbeschluß, so ist er den für diesen Verfahrenszug bestellten Prozeßbevollmächtigten zuzustellen.

Sind die Kosten noch nicht festgesetzt, liegen also die Voraussetzungen des § 107 ZPO nicht vor, bedarf es der Zustellung nicht. Hier genügt die formlose Bekanntgabe.

Mitteilung an den Vertreter der Staatskasse ist stets nötig, wenn eine niedrigere Festsetzung erfolgt und dagegen Beschwerde zulässig ist, unter Umständen auch bei höherer Festsetzung.

62 Beschwerde **gegen den Streitwertfestsetzungsbeschluß** ist zufolge § 25 Abs. 2 GKG unter den dort aufgeführten Voraussetzungen zulässig. Der RA hat ein eigenes Beschwerderecht nach § 9 Abs. 2 BRAGO.

Voraussetzung der Beschwerde ist, daß ein förmlicher Streitwertfestsetzungs- oder abänderungsbeschluß vorliegt. Ein Beschluß liegt auch dann vor, wenn der Streitwert für die Gebühren im Urteil festgesetzt ist (s. oben A 50).

Die Beschwerde ist keine Rechtsbeschwerde, ermöglicht sonach dem Beschwerdegericht die Nachprüfung in vollem Umfange. Bei der Festsetzung des Streitwertes nach freiem Ermessen tritt deshalb das Beschwerdegericht voll an die Stelle des erstinstanzlichen Gerichts. Es hat sonach den Streitwert nach seinem eigenen Ermessen zu bestimmen und nicht nur nachzuprüfen, ob das Erstgericht den Begriff des freien Ermessens verkannt hat.

Hillach/Rohs § 97 B XII; Tschischgale DRiZ 56, 199; Hamm JMBlNRW 63, 98; München MDR 68, 935 = NJW 68, 1937 = Rpfleger 68, 360;

a. M. Köln JMBINRW 65, 154 = JurBüro 65, 753 und VersR 64, 1261 = JurBüro 65, 408 (abl. H. Schmidt) (nur auf grobe Ermessensfehler nachprüfbar); Frankfurt JurBüro 68, 313 (abl. Tschischgale).

Gegen **formlose Streitwertannahmen** gibt es nicht die Beschwerde nach 63 § 25 Abs. 2 GKG. Hat z. B. der Urkundsbeamte bei der Berechnung der Gerichtskosten oder der Rechtspfleger bei der Kostenfestsetzung einen bestimmten Streitwert angenommen (s. oben A 38), so kann die zahlungspflichtige Partei im ersten Falle ihre Erinnerung nach § 4 Abs. 1 GKG oder ihre Beschwerde gegen den die Erinnerung zurückweisenden Beschluß nach § 4 Abs. 2 GKG auch auf die falsche Wertangabe gründen. Entsprechendes gilt im zweiten Falle für die Erinnerung oder die sofortige Beschwerde nach § 104 ZPO.

Die Beschwerde der Partei gegen einen Kostenfestsetzungsbeschluß ist – anders als die Streitwertbeschwerde – auch nicht deshalb unzulässig, weil sie sich gegen die Herabsetzung des Streitwerts wendet.

Ist der Streitwert noch nicht festgesetzt, so hat ihn das über die Beschwerde gegen den Kostenfestsetzungsbeschluß entscheidende Gericht zu ermitteln.

Die Partei kann jedoch auch die gerichtliche Festsetzung nach § 25 GKG beantragen und dann gegen den Festsetzungsbeschluß des Gerichts Beschwerde nach § 25 Abs. 2 GKG einlegen.

Der RA hat das Recht zur Erinnerung und Beschwerde gegen einen Kostenfestsetzungsbeschluß, wenn er als beigeordneter RA die Kostenfestsetzung nach § 126 ZPO auf seinen Namen erwirkt hat oder wenn er selbst die erstattungsberechtigte Partei ist. Sonst kann er gegen einen Kostenfestsetzungsbeschluß auch dann nicht im eigenen Namen Erinnerung oder Beschwerde einlegen, wenn er sich gegen die Annahme eines zu niedrigen Streitwerts wendet.

Er kann aus eigenem Recht nur die gerichtliche Festsetzung des Streitwertes beantragen.

Hat das Gericht den Streitwert nur formlos auf seiner Entscheidung angegeben, so muß erst eine förmliche Wertfestsetzung herbeigeführt werden, bevor eine Beschwerde eingelegt werden kann.

Ist die **Streitwertfestsetzung abgelehnt** worden, so schlägt § 25 Abs. 2 64 GKG nicht ein, da diese Bestimmung nur eine Beschwerde gegen einen Wertfestsetzungsbeschluß zuläßt.

Da aber die Antragsberechtigten einen Anspruch auf die Festsetzung haben, wenn deren Voraussetzungen vorliegen, ist gegen den Ablehnungsbeschluß Beschwerde nach § 567 Abs. 1 ZPO zulässig.

Hillach/Rohs § 97 B III; Frankfurt Büro 53, 493; KG Rpfleger 62, 121.

Die Ablehnung einer Anregung auf Änderung des Streitwerts kann nicht mit Beschwerde angefochten werden.

Zweibrücken JurBüro 79, 405.

In diesen Fällen kann aber gegen den Festsetzungsbeschluß Beschwerde eingelegt werden. In der Regel kann auch die Beschwerde gegen den Ablehnungsbeschluß in eine solche gegen den Festsetzungsbeschluß umgedeutet werden.

65 **Beschlüsse, die den Wert zur Vorbereitung der Entscheidung über die Zuständigkeit oder die Zulässigkeit eines Rechtsmittels festsetzen,** sind nicht anfechtbar. S. oben A 36.

66 **Beschlüsse des Rechtsmittelgerichts** sind nach der ausdrücklichen Vorschrift des § 25 Abs. 2 S. 2 GKG nicht mit Beschwerde anfechtbar. Soweit es sich dabei um Beschlüsse des Oberlandesgerichts handelt, folgt dies schon aus § 567 Abs. 3 ZPO. Wertfestsetzungsbeschlüsse, die das LG als Berufungsgericht erlassen hat, sind sonach ebenfalls nicht anfechtbar.

Celle JurBüro 64, 274.

Ob das LG den Streitwert für das Berufungsverfahren oder für die erste Instanz festgesetzt hat, ist gleichgültig.

Ebenso sind Streitwertentscheidungen der Landgerichte unanfechtbar, wenn sie in der Hauptsache als Beschwerdegerichte entschieden haben. Das gilt auch dann, wenn gegen die Entscheidung des Landgerichts in der Hauptsache die weitere Beschwerde gegeben ist. Beispiel: In einer Zwangsvollstreckungssache ändert das LG als Beschwerdegericht eine Entscheidung des Amtsgerichts als Vollstreckungsgericht ab. Hier ist in der Sache selbst die weitere Beschwerde zulässig (§ 568 Abs. 2 ZPO). Dagegen kann die Festsetzung des Wertes des Beschwerdeverfahrens durch das LG nicht angefochten werden, da es als Rechtsmittelgericht entschieden hat.

Schneider MDR 72, 369; Tschischgale Rpfleger 63, 75; Frankfurt Rpfleger 71, 446 = JurBüro 71, 954; Hamm JurBüro 68, 247 = MDR 68, 424; Karlsruhe NJW 64, 361 = Rpfleger 64, 2; **a. M.** Hillach/Rohs § 97 B III; Markl JVBl. 69, 179; KG NJW 68, 1729 = MDR 68, 851 = Rpfleger 68, 294 = JurBüro 68, 722.

Dem OLG bleibt es jedoch unbenommen, sofern zu ihm eine zulässige weitere Beschwerde in der Sache selbst eingelegt ist, von Amts wegen den Streitwertfestsetzungsbeschluß zu ändern.

Nach Auffassung des KG Rpfleger 65, 354 ist das Gericht der weiteren Beschwerde zu einer Änderung der Wertfestsetzung des Landgerichts von Amts wegen befugt, wenn die weitere Beschwerde lediglich wegen Fehlens eines neuen selbständigen Beschwerdegrundes nach § 568 Abs. 2 ZPO unzulässig ist.

Das Rechtsmittelgericht darf aber seinen unanfechtbaren Beschluß auf Vorstellung ändern; s. oben A 58. Ist – wie in dem vorstehend geschilderten Vollstreckungsfall – gegen die landgerichtliche Sachentscheidung ein Rechtsmittel gegeben, kann bei dem OLG auch angeregt werden, von der Befugnis des § 25 Abs. 1 Satz 3 GKG Gebrauch zu machen.

67 Eine **weitere Beschwerde** ist unzulässig. Eine Entscheidung über den Streitwert ist eine die Prozeßkosten betreffende Entscheidung i. S. des § 568 Abs. 3 ZPO.

Zu beachten ist: Der RA kann nur eine sonst zulässige Beschwerde aus eigenem Recht erheben. Sein Beschwerderecht geht nicht weiter als das der Parteien. Ist für diese weitere Beschwerde nicht gegeben, so hat sie auch nicht der RA.

Celle JurBüro 70, 150 = Rpfleger 70, 103.

Das Beschwerdegericht darf aber auch hier seinen Beschluß auf Gegenvorstellungen ändern; s. A 81.

Gegen **Festsetzungsbeschlüsse nach** § 53 PatG, § 23a UWG, § 31 WZG, 68
§ 17a GebrMG ist die Beschwerde in gleicher Weise zulässig, wie gegen
andere Wertfestsetzungsbeschlüsse. Sie kann auch durch die nichtbegünstigte
Partei oder den Anwalt der begünstigten Partei eingelegt werden, beide
jedoch nur mit dem Ziel einer Erhöhung des Streitwertes bis zur Höhe des
sonst gültigen Streitwertes. Die nicht begünstigte Partei verliert allerdings das
Beschwerderecht, sobald sie rechtskräftig zur Tragung der Kosten des
Rechtsstreits verurteilt ist. Denn dann hat sie kein Interesse mehr daran, ob
der Streitwert für den Gegner niedrig oder auch für ihn auf den Regelwert
festgesetzt ist. Sie muß auf jeden Fall die Kosten aus dem höheren Streitwert
tragen.

Ist der **Festsetzungsbeschluß später geändert** worden, so kann die Be- 69
schwerde auch gegen den Abänderungsbeschluß eingelegt werden.

Gegen einen **Festsetzungsbeschluß des Rechtspflegers** ist zunächst die 70
Erinnerung und erst gegen den darauf ergangenen Gerichtsbeschluß Beschwerde zulässig (§ 10 RechtspflG).

Bei **Verweisung des Rechtsstreits** vom AG an das LG hat das OLG auch 71
über einen vor der Verweisung vom Amtsgericht erlassenen Festsetzungsbeschluß zu entscheiden, weil die Festsetzung als solche des Landgerichts
anzusehen ist. Auf jeden Fall kann das LG den Festsetzungsbeschluß des
Amtsgerichts ändern. Voraussetzung ist in jedem Falle, daß der Festsetzungsbeschluß ein solcher nach § 25 GKG und kein Beschluß gemäß § 24 GKG ist.

Beschwerdeberechtigt sind die Parteien, die Staatskasse und der RA. Das 72
Beschwerderecht steht jedem Anwalt zu, der in der Instanz einen Gebühren-
anspruch erworben hat, also auch dem Anwalt, der vor Verweisung des
Rechtsstreits nach § 281 ZPO tätig war.

Neustadt Rpfleger 66, 353.

Voraussetzung ist eine Beschwer, die bei der Partei in der Regel in einer zu
hohen, bei dem RA nur in einer zu niedrigen Bemessung des Streitwerts
bestehen kann. Der RA hat auch dann ein schutzwürdiges rechtliches Interesse an der Erhöhung des festgesetzten Streitwertes, wenn er mit seinem
Auftraggeber eine Vergütung in Höhe der Gebühren vereinbart hat, die sich
aus einem wesentlich höheren Streitwert ergibt.

BFH BB 75, 1321.

Ist der RA allerdings gleichzeitig Partei, kann er sowohl eine zu hohe (als
Partei) als auch eine zu niedrige (als RA) Streitfestsetzung mit der Beschwerde
angreifen.

Der RA wird in seiner Beschwerde angeben müssen, ob er sie im eigenen
Namen oder im Namen der Partei einlegt. Die nicht ausdrücklich namens des
Auftraggebers eingelegte Erhöhungsbeschwerde ist im allgemeinen als eigene
Streitwertbeschwerde des RA anzusehen.

Köln MDR 68, 852.

Die im Namen der Partei auf Erhöhung des Streitwerts gerichtete Beschwerde ist als unzulässig zu verwerfen, falls nicht ein Ausnahmetatbestand vorliegt. Vlg. A 104. Es ist jedoch ein nobile officium, wenn nicht sogar eine
wirkliche Amtspflicht des Gerichts (§ 139 ZPO), bei dem Anwalt rückzufra-
gen, ob die Beschwerde wirklich im Namen der Partei erhoben werden soll.

Madert 223

Die Staatskasse ist regelmäßig nur durch eine zu niedrige Bemessung des Wertes beschwert, durch eine zu hohe jedoch auch dann, wenn sie dem im Wege der Prozeßkostenhilfe beigeordneten RA Gebühren zu erstatten hat. Haben sich die Parteien mit dem festgesetzten Streitwert einverstanden erklärt, z. B. ihn selbst vorgeschlagen, so liegt darin unter Umständen ein Verzicht auf eine Beschwerde.

Schumann/Geißinger A 13; Bamberg JurBüro 75, 1463; Neustadt MDR 60, 411 (L) = Büro 60, 307; **a. A.** München JurBüro 81, 892; KG KostRspG KG § 12 Nr. 88 m. zust. Anm. v. E. Schneider.

Ist jedoch der Streitwert – etwa auf Beschwerde eines RA oder der Staatskasse – durch das Beschwerdegericht erhöht worden, ist die erstattungsberechtigte Partei durch ihren Beschwerdeverzicht nicht gehindert, die Anwaltsgebühren gegen den Gegner aus dem festgesetzten höheren Streitwert geltend zu machen.

München MDR 63, 604 = JVBl. 63, 99 = JurBüro 63, 277 = Rpfleger 67, 133 (L).

Auch die ohne Kosten aus dem Rechtsstreit hervorgegangene Partei kann wegen ihrer Haftung als Antragsteller aus § 49 Abs. 1 S. 1 GKG und wegen ihrer Verpflichtung gegenüber ihrem eigenen Anwalt beschwerdeberechtigt sein.

Dasselbe gilt für die Personen, die nach § 54 Nr. 2 und 3 GKG Kostenschuldner sind.

Der Beklagte, der im Rechtsstreit nicht vertreten war, weil der Kläger die Klage zurückgenommen hat, hat ein Beschwerderecht, wenn er in einem außergerichtlichen, dem Gericht nicht mitgeteilten Vergleich die Kosten des Rechtsstreits übernommen hat. Mit der Klagerhebung ist er in den Prozeß einbezogen worden. Er verliert seine Stellung als Beteiligter auch nicht dadurch, daß die erhobene Klage wieder zurückgenommen worden ist. Anders mag die Rechtslage sein, wenn die Klage eingereicht, dem Beklagten aber nicht zugestellt worden ist. Hier ist der Beklagte in das Prozeßverhältnis nicht einbezogen worden.

Sonst ist nur derjenige beschwerdeberechtigt, der unmittelbar auf Grund des GKG oder nach §§ 103 ff. ZPO für die Kosten einzustehen hat, nicht aber, wer nur aus anderen Gründen für die Kosten eines Beteiligten haftet. Der Ehegatte, der gemäß § 1360a BGB einen Prozeßkostenvorschuß zahlen soll, oder die Rechtsschutzversicherung, gegen die die Partei einen Anspruch auf Tragung der Prozeßkosten hat, haben sonach kein eigenes Beschwerderecht.

Hamm Rpfleger 56, 77.

Abgetreten oder gepfändet werden kann das Beschwerderecht nicht.

73 Dem **Anwaltszwang** unterliegt die Beschwerde nicht, da sie nach dem in § 25 Abs. 2 GKG angezogenen § 5 Abs. 3 GKG in allen Fällen durch Erklärung zu Protokoll der Geschäftsstelle oder schriftlich ohne Mitwirkung eines RA eingelegt werden kann.

74 Von einer **Beschwerdesumme** von 100 DM ist die Zulässigkeit der Beschwerde abhängig. Das ergibt sich aus § 25 Abs. 2 GKG.

Um feststellen zu können, ob diese Beschwerdesumme vorhanden ist, muß die Beschwerde einen bestimmten Antrag enthalten, aus dem die Höhe des für zutreffend gehaltenen Streitwerts hervorgeht. Ein Antrag auf angemessene Festsetzung genügt nicht. Fehlt ein bestimmter Antrag, so ist die Beschwerdesumme nach § 3 ZPO zu schätzen.

Bei Beschwerden der Partei ist der Unterschied zwischen den ihr zur Last fallenden Gesamtkosten, berechnet nach dem festgesetzten und dem mit der Beschwerde erstrebten Streitwert die Beschwerdesumme. Dasselbe gilt für die Beschwerde der im Rechtsstreit unterlegenen Gegenpartei. Ist die beschwerdeführende Partei nur teilweise unterlegen, so ist der auf sie entfallende Anteil der Gesamtkosten maßgebend.

Beschwert sich eine Partei, die voll obsiegt hat, so kann es sich für sie nur um eine Minderung der Gebühren ihres Anwalts und der Gerichtskosten insoweit handeln, als sie diese als Antragsteller der Instanz nach § 49 Abs. 1 S. 1 GKG oder infolge einer wiederaufgehobenen Entscheidung nach § 54 Nr. 1 GKG gezahlt hat und nicht nach § 57 S. 2 GKG zurückerhält.

Da sich die Umsatzsteuer, welche die Partei dem Anwalt erstatten muß, nach der Höhe der zu zahlenden Vergütung und daher auch nach dem Streitwert richtet, ist auch sie in die Beschwerdesumme einzurechnen.

Vgl. die Nachweise bei A 108.

Bei Beschwerden der Staatskasse ist der Unterschied der Gerichtsgebühren oder der zu erstattenden Vergütung des beigeordneten RA maßgebend.

Über die Beschwerdesumme bei Beschwerden des RA s. unten A 108.

Die Streitwertbeschwerde ist **befristet.** Sie ist nach § 25 Abs. 2 S. 2 GKG nur **75** zulässig, wenn sie innerhalb der in Abs. 1 S. 4 bestimmten Frist eingelegt wird, also innerhalb von sechs Monaten, nachdem die Entscheidung in der Hauptsache Rechtskraft erlangt oder das Verfahren sich anderweit erledigt hat. In einem Rechtsstreit gegen Gesamtschuldner beginnt die Beschwerdefrist erst, wenn der Rechtsstreit gegen alle Gesamtschuldner wegen aller erhobenen Ansprüche voll erledigt ist. Über die Beendigung eines Arrestverfahrens s. oben A 60.

Karlsruhe Die Justiz 63, 60.

Ist aber der Streitwert später als einen Monat vor Ablauf dieser Frist festgesetzt worden, so kann die Beschwerde noch innerhalb eines Monats nach Zustellung oder formloser Mitteilung des Festsetzungsbeschlusses eingelegt werden. Als Festsetzung in diesem Sinne ist auch die Abänderung des Festsetzungsbeschlusses anzusehen.

Abänderung zuungunsten des Beschwerdeführers ist zulässig, weil das **76** Rechtsmittelgericht auch dann, wenn die Sache nur infolge einer Streitwertbeschwerde bei ihm schwebt, die Festsetzung von Amts wegen abändern kann (oben A 59). Das Beschwerdegericht hat den richtigen Streitwert auch dann festzusetzen, wenn dadurch der Beschwerdeführer schlechter gestellt wird. Ein allgemeines Verbot der reformatio in peius ist im Gesetz nirgends enthalten. Bei der Kostenregelung ist das Gericht, anders als bei der Sachentscheidung, nicht an die Parteianträge gebunden.

Allgemeine Meinung; vgl. z. B. Schumann/Geißinger A 20; **a. M.** jedoch KG Rpfleger 62, 121.

Das Gericht kann andererseits auch zugunsten des Beschwerdeführers über
dessen Antrag hinausgehen.

Hillach/Rohs § 97 B XII b.

Beispiele aus der Praxis:

a) Landgericht:	5000 DM
Beschwerde des Anwalts: Erhöhung auf	10000 DM
Oberlandesgericht: Streitwert	4000 DM
b) Landgericht: Streitwert	10000 DM
Beschwerde des Anwalts: Erhöhung auf	20000 DM
Oberlandesgericht: Streitwert	50000 DM

77 Das **Gericht,** dessen Entscheidung angefochten worden ist, **kann der Beschwerde abhelfen.** Geschieht dies nur teilweise, so ist die Beschwerde,
soweit nicht abgeholfen worden ist, dem Beschwerdegericht vorzulegen. Es
bleibt dann die ursprüngliche Beschwerdesumme maßgebend.

Hillach/Rohs § 97 B VIII; Gubelt MDR 70, 805; H. Schmidt NJW 71, 503; KG
NJW 58, 2023 = MDR 59, 49 = Büro 59, 246; Nürnberg JurBüro 68, 242;
a. M. Hamm JurBüro 70, 47 mit zust. Anm. von E. Schneider = JVBl. 70, 34;
Koblenz JurBüro 86, 893.

Eine weitere Beschwerde liegt nicht vor, wenn die Gegenpartei gegen den
Abhilfebeschluß Beschwerde einlegt.

Über das Recht des Gerichts, seine Entscheidung auch bei unzulässiger
Beschwerde auf Gegenvorstellung abzuändern, s. oben A 58 und 66.

78 **Rechtliches Gehör** ist allen Beteiligten vor der Entscheidung über die
Beschwerde zu gewähren. Bei Erhöhungsbeschwerden sind beide Parteien,
u. U. die Staatskasse (falls Gebühren nach §§ 121 ff. in Frage stehen), bei
Beschwerden auf Herabsetzung des Streitwertes die beteiligten RA (z. B.
auch der Verkehrsanwalt, falls dieser dem Gericht bekannt ist) und der
Vertreter der Staatskasse (wegen der Auswirkung auf die Gerichtsgebühren)
zu hören.

79 Eine förmliche **Zustellung** der Beschwerdeentscheidung ist erforderlich,
wenn die frühere Festsetzung abgeändert wird, vorausgesetzt, daß eine Zustellung mit Rücksicht auf § 107 ZPO geboten ist (ein Kostenfestsetzungsbeschluß liegt vor, der nunmehr abgeändert werden muß). Andernfalls genügt
formlose Mitteilung. Näheres s. oben A 51, 61.

80 **Gerichtsgebühren** werden im Beschwerdeverfahren nicht erhoben, und
zwar auch dann nicht, wenn die Beschwerde als unzulässig verworfen oder als
unbegründet zurückgewiesen wird.

Der RA, der allein im Streitverfahren des ersten Rechtszuges tätig wird (z. B.
als Parteivertreter gegen die Interessen des Prozeßbevollmächtigten), hat
Anspruch auf die Gebühr des § 56 Nr. 1. Wird er im Beschwerdeverfahren
tätig, so erhält er die Gebühr des § 61 Abs. 1 Nr. 1.

Außergerichtliche Kosten werden im Streitwertbeschwerdeverfahren nicht
erstattet, § 25 Abs. 3 S. 2 GKG. Jeder Beteiligte hat also die im Beschwerdeverfahren ihm erwachsenen Kosten selbst zu tragen, also auch die Partei, die
sich gegen eine Beschwerde ihres Prozeßbevollmächtigten wehrt, sowie der
Prozeßbevollmächtigte, der sich gegen die Beschwerde seiner Partei wehrt.

81 Gegen Beschlüsse, die nicht anfechtbar sind (Beschwerdebeschlüsse, Be-

schlüsse der Rechtsmittelgerichte), können – formlos – **Gegenvorstellungen** erhoben werden. Zweck der Gegenvorstellung ist, das Gericht zur Überprüfung seiner Entscheidung zu veranlassen. Ist das Gericht wegen Ablaufs der Frist des § 25 GKG gehindert, seine Entscheidung zu ändern, sind Gegenvorstellungen unzulässig.

> BGH JurBüro 86, 1027; Köln JurBüro 86, 1221.

§ 26 GKG betrifft die Schätzung des Wertes.   82
Er bestimmt:

> *„Wird eine Abschätzung durch Sachverständige erforderlich, so ist in dem Beschluß, durch den der Wert festgesetzt wird (§ 25), über die Kosten der Abschätzung zu entscheiden. Die Kosten können ganz oder teilweise der Partei auferlegt werden, welche die Abschätzung durch Unterlassen der ihr obliegenden Wertangabe, durch unrichtige Angabe des Wertes, durch unbegründetes Bestreiten des angegebenen Wertes oder durch eine unbegründete Beschwerde veranlaßt hat."*

> Lit.: Hartmann Kostengesetze; Markl Gerichtskostengesetz.

Auf den **Fall des § 24 GKG** bezieht sich § 26 GKG nicht, da nur § 25 GKG herangezogen ist. In allen Fällen des § 24 GKG sind die Kosten einer etwa erforderlich werdenden Abschätzung Prozeßkosten, über deren Tragung im Urteil entschieden wird.

> Hartmann A 1 zu § 26 GKG; Tschischgale JR 50, 138.

Zuständig für die Anordnung einer Abschätzung ist das Gericht und,   83
soweit der Rechtspfleger entscheidet (s. a. oben A 46), auch dieser, nicht aber der Urkundsbeamte der Geschäftsstelle, da er ja, auch für die Streitwertfestsetzung nicht zuständig ist.

Beweismittel für die Höhe des Streitwerts braucht die Partei nicht anzuge-   84
ben. Glaubhaft zu machen ist nach § 511a Abs. 2, § 554 Abs. 4 ZPO nur die Höhe der Beschwer, wozu Versicherung an Eides Statt nicht zulässig ist. Unterbleibt die Glaubhaftmachung, so muß das Rechtsmittelgericht gleichwohl den Wert des Beschwerdegegenstandes prüfen. Nach § 3 S. 2 ZPO kann das Gericht auf Antrag eine Beweisaufnahme sowie von Amts wegen die Einnahme des Augenscheins und die Begutachtung durch Sachverständige anordnen.

Die Anordnung einer förmlichen Beweisaufnahme anderer Art ohne entspre-   85
chenden Parteiantrag ist unstatthaft. Allerdings ist auch die Staatskasse Partei i. S. dieser Ausführungen. Ihr Vertreter kann deshalb auch eine „Beweisaufnahme beantragen".

Abschätzung durch Sachverständige ist, wie aus § 26 GKG folgt, auch dann zulässig, wenn die Wertfestsetzung nur zum Zwecke der Berechnung der Kosten erfolgt. Voraussetzung ist, daß sie erforderlich ist. Selbst auf übereinstimmenden Parteiantrag braucht die Abschätzung oder eine Beweisaufnahme nicht angeordnet zu werden.

Erforderlich ist eine Abschätzung durch Sachverständige nur selten, so wenn dem Gericht jeder Anhalt zur Ermittlung des ungefähren Wertes fehlt, z. B. bei besonders schwierigen Fällen des gewerblichen Rechtsschutzes, in denen das Gericht den Wert des Patents, den Umfang der Beeinträchtigung durch einen Wettbewerber und ähnliches nicht selbst beurteilen kann, aber anzunehmen ist, daß die Parteien den Wert zu niedrig angegeben haben, oder wenn eine Beschwerde eine genauere Ermittlung des Wertes erforderlich macht.

86 Die **Anordnung** hat **durch Beweisbeschluß** zu erfolgen.

87 Die **Kosten der Abschätzung** trägt grundsätzlich der Staat, da die Abschätzung in seinem Interesse erfolgt. Sie können, müssen aber nicht, ganz oder teilweise der Partei auferlegt werden, wenn sie die Abschätzung schuldhaft veranlaßt hat.

88 Ein **Verschulden der Partei** ist zwar nach dem Wortlaut des § 26 GKG nicht erforderlich, da nur davon die Rede ist, daß die Partei sie veranlaßt hat. Der Sinn ist aber, daß die Partei schuldhaft die Abschätzung veranlaßt haben muß. Ein solches Verschulden kann in der Unterlassung der durch § 23 GKG vorgeschriebenen Wertangabe liegen, setzt aber voraus, daß die Partei zur Wertangabe noch ausdrücklich aufgefordert worden ist. Unrichtige Wertangabe ist nur dann ein Verschulden, wenn der Wert bewußt oder doch grob fahrlässig unrichtig angegeben worden ist.

Ferner kann das Verschulden auch in unbegründetem Bestreiten oder unbegründeter Beschwerde liegen, kann also auch den Gegner der antragstellenden Partei oder den Streithelfer treffen, wenn seine Erklärung statt oder neben der Erklärung der Partei gilt.

89 **Trifft das Verschulden den gesetzlichen Vertreter oder den Prozeßbevollmächtigten,** so sind gleichwohl die Kosten der Partei selbst aufzuerlegen.

Dem RA können sie nur dann auferlegt werden, wenn er die Abschätzung im eigenen Interesse durch unbegründete Beschwerde – schuldhaft veranlaßt hat.

Nürnberg JurBüro 68, 242.

Kosten, die durch Unterlassung der Wertangabe veranlaßt sind, können ihm, auch wenn er die Beschwerde im eigenen Namen eingelegt hat, nicht auferlegt werden, da die Wertangabe nicht dem RA, sondern der Partei obliegt.

90 Eine gerichtliche Gebühr entsteht durch Anordnung der Abschätzung nicht. § 26 GKG bezieht sich nur auf die durch die Abschätzung entstandenen Auslagen.

Auch für den RA entstehen nach § 37 Nr. 3 keine besonderen Gebühren, vorausgesetzt, daß die entsprechenden Gebühren bereits im Rechtsstreit erwachsen sind. Hat aber z. B. im Rechtsstreit keine Beweisaufnahme stattgefunden, erhält der im Streitwertfestsetzungsverfahren beschäftigte RA, falls es in diesem Verfahren zu einer Beweisaufnahme kommt und er in ihr tätig wird, die Beweisgebühr (allerdings nur aus dem Wert der streitigen Kosten). Dagegen kann im Beschwerdeverfahren unter den Voraussetzungen des § 31 Abs. 1 Nr. 3 gemäß § 61 Abs. 1 Nr. 1 eine 5/10-Beweisgebühr entstehen.

Kommt es in dem Rechtsstreit selbst zu einer Beweisaufnahme wegen des Streitwertes, so hat der RA Anspruch auf die Beweisgebühr aus dem Wert der Hauptsache.

     a. M. Celle JurBüro 67, 131 (abl. Tschischgale) = NJW 67, 889 (abl. H. Schmidt).

Beispiel: Der Beklagte wendet in einem bei dem AG erhobenen Herausgabeprozeß ein, der Wert der Sache übersteige die amtsgerichtliche Zuständigkeit, er rüge deshalb die mangelnde sachliche Zuständigkeit.

Die **Entscheidung über die Auferlegung der Kosten** hat nach § 26 S. 1   **91** GKG in dem Beschlusse zu erfolgen, durch den der Wert festgesetzt wird. Ist das nicht geschehen, so kann ein Ergänzungsbeschluß ergehen. Da nur die Staatskasse daran Interesse haben kann, kann allein sie die Ergänzung anregen. Ein solcher Ergänzungsbeschluß ist auch dann noch zulässig, wenn die Kosten zunächst ohne ausdrückliche Auferlegung von der Partei gefordert worden waren und die Partei dagegen Erinnerung nach § 5 GKG eingelegt hatte. Der Beschluß ist der Partei, der die Kosten der Abschätzung nachträglich auferlegt worden sind, formlos mitzuteilen.

Eine **Beschwerde** gegen die Auferlegung der Abschätzungskosten ist nach   **92** § 99 Abs. 1 ZPO nur dann zulässig, wenn sie sich zugleich gegen die Höhe des festgesetzten Wertes richtet.

Eine Beschwerde ist auch dann nicht zulässig, wenn das Gericht, trotz des Antrags der Partei, die Kosten nicht der Gegenpartei auferlegt hat, denn die Partei hat kein schutzwürdiges Interesse, daß die Kosten der Abschätzung der Gegenpartei auferlegt werden und nicht der Staatskasse zur Last fallen.

Die Angemessenheit der Abschätzungskosten, besonders die Höhe der dem Sachverständigen gezahlten Vergütung, kann nicht mit der Beschwerde, sondern nur mit der Erinnerung gegen den Kostenansatz gerügt werden.

Im **Verfahren vor den Arbeitsgerichten** kommt eine Streitwertfestsetzung   **93** für die **Zuständigkeit** nicht in Frage, da die Arbeitsgerichte ohne Rücksicht auf den Wert des Streitgegenstandes in den ihnen zugewiesenen Sachen zuständig sind.

Von Bedeutung ist aber der Streitwert für die **Zulässigkeit der Berufung.**   **94** Nach § 64 Abs. 1 ArbGG findet, soweit nicht nach § 78 ArbGG das Rechtsmittel der sofortigen Beschwerde gegeben ist, gegen die Urteile der Arbeitsgerichte die Berufung an das Landesarbeitsgericht statt, wenn der Wert des Beschwerdegegenstands 800 DM übersteigt oder wenn das Arbeitsgericht die Berufung wegen der grundsätzlchen Bedeutung der Rechtssache zugelassen hat. Nach § 72 Abs. 1 ArbGG findet gegen die Urteile der Landesarbeitsgerichte die Revision an das Bundesarbeitsgericht statt, wenn sie in dem Urteil des Landesarbeitsgerichts oder in dem Beschluß des Bundesarbeitsgerichts nach § 72a Abs. 5 Satz 2 ArbGG zugelassen worden ist.

Die **Festsetzung des Streitwerts** erfolgt nach § 61 Abs. 1 ArbGG im Urteil   **95** des Arbeitsgerichts. Bei dieser Festsetzung handelt es sich um eine Streitwertbestimmung nach § 25 Abs. 1 GKG. Das Arbeitsgericht kann die Streitwertfestsetzung von Amts wegen oder auf Antrag ändern. Gegen die mit dem Urteil verbundene Streitwertfestsetzung findet – unabhängig von der Möglichkeit, in der Hauptsache ein Rechtsmittel einzulegen – die Beschwerde statt.

Wenzel MDR 80, 13.

Für die **Wertbemessung** gelten die §§ 3 bis 9 ZPO nach § 46 Abs. 2, § 64 Abs. 2 ArbGG entsprechend. Wird über Klage und Widerklage oder über mehrere Ansprüche einheitlich entschieden, so ist der Gesamtwert entscheidend.

Auch für die **Gebühren** ist nach § 24 GKG die im Urteil erfolgte Streitwert-   **96** festsetzung maßgebend, soweit die Gebühren nach den Wertvorschriften der ZPO zu berechnen sind, nicht aber nach den §§ 12 bis 17 GKG.

§ 19 GKG scheidet in Arbeitssachen aus, weil schon im Urteil der Wert von Klage und Widerklage zusammenzurechnen ist, wenn ihr Gegenstand nicht der gleiche ist. § 18 GKG kommt deshalb für den verfahrensbedeutsamen Streitwert nicht in Frage, weil über die Rechnungslegung und über den Zahlungsanspruch in getrennten Urteilen entschieden werden muß. Für die Gebühren des RA gilt nach § 8 Abs. 1 BRAGO die im Urteil erfolgte Wertfestsetzung, soweit nicht §§ 12 ff. GKG anzuwenden sind und soweit sich die Tätigkeit des RA auf den gleichen Streitgegenstand bezogen hat. Näheres s. oben A 4 ff.

97 Für die **Zulassung von Rechtsanwälten** zur Vertretung vor den Arbeitsgerichten spielt nach § 11 ArbGG der Streitwert keine Rolle mehr, da Rechtsanwälte nunmehr unbeschränkt zugelassen sind.

98 Im **arbeitsgerichtlichen Beschlußverfahren** erfolgt keine Wertfestsetzung in der Entscheidung, da der Streitwert für die Zulässigkeit des Rechtsmittels ohne Bedeutung ist und auch Gerichtskosten nicht entstehen. Über die Festsetzung des Streitwerts für die Anwaltsgebühren s. § 10.

99 Für den **Geltungsbereich der Kostenordnung** bestimmt § 31 KostO die Festsetzung des Geschäftswerts. Er lautet:

„(1) Das Gericht setzt den Geschäftswert durch Beschluß gebührenfrei fest, wenn ein Zahlungspflichtiger oder die Staatskasse dies beantragt oder es sonst angemessen erscheint. Die Festsetzung kann von dem Gericht, das sie getroffen hat, und, wenn das Verfahren wegen der Hauptsache oder wegen der Entscheidung über den Geschäftswert, den Kostenansatz oder die Kostenfestsetzung in der Rechtsmittelinstanz schwebt, von dem Rechtsmittelgericht von Amts wegen geändert werden. Die Änderung ist nur innerhalb von sechs Monaten zulässig, nachdem die Entscheidung in der Hauptsache Rechtskraft erlangt oder das Verfahren sich anderweitig erledigt hat.

(2) Das Gericht kann eine Beweisaufnahme, insbesondere die Begutachtung durch Sachverständige auf Antrag oder von Amts wegen anordnen. Die Kosten können ganz oder teilweise einem Beteiligten auferlegt werden, der durch Unterlassen der Wertangabe, durch unrichtige Angabe, unbegründetes Bestreiten oder unbegründete Beschwerde die Abschätzung veranlaßt hat.

(3) Gegen den Beschluß findet die Beschwerde nach Maßgabe des § 14 Abs. 3 und 4 statt. Das Verfahren über die Bechwerde ist gebührenfrei. Kosten werden nicht erstattet.“

Lit.: Hartmann Kostengesetz; Korintenberg/Bengel/Reimann/Lappe Kostenordnung.

Die genannten Bestimmungen des § 14 Abs. 3 und 4 KostO lauten:

„(3) Gegen die Entscheidung nach Absatz 2 ist die Beschwerde nach § 567 Abs. 2, 3, § 568 Abs. 1, §§ 569 bis 575 der Zivilprozeßordnung zulässig. Gegen die Entscheidung, die ein Landgericht als Beschwerdegericht trifft, ist die weitere Beschwerde statthaft, wenn sie das Landgericht wegen der grundsätzlichen Bedeutung der zur Entscheidung stehenden Frage zuläßt. Die weitere Beschwerde kann nur darauf gestützt werden, daß die Entscheidung auf einer Verletzung des Gesetzes beruht; §§ 550 und 551 der Zivilprozeßordnung gelten

entsprechend. Für die weitere Beschwerde gilt § 567 Abs. 2 der Zivilprozeßordnung nicht.

(4) Erinnerungen oder Beschwerden können in allen Fällen zu Protokoll der Geschäftsstelle oder schriftlich ohne Mitwirkung eines Rechtsanwalts eingelegt werden."

Diese Bestimmungen entsprechen im wesentlichen denen des GKG. Jedoch ist hier weder das Abänderungs- noch das Beschwerderecht befristet, und es ist eine weitere Beschwerde zulässig, wenn sie ausdrücklich vom LG als Beschwerdegericht zugelassen worden ist.

In anderen Verfahrensgesetzen findet sich vielfach nur die Bestimmung, **100** daß das Gericht den Wert von Amts wegen festsetzt, z. B. in § 20 Abs. 2 HausratsVO, § 34 Abs. 2 LandwVerfG, in § 48 Abs. 2 S. 1 WEG. Ein Beschwerderecht ist in § 34 Abs. 2 LandwVerfG für den Fall vorgesehen, daß infolge der verlangten Änderung des Geschäftswerts sich die Gebühren zugunsten des Beschwerdeführers um mehr als 100 DM ändern.

Im Verfahren vor den Verfassungsgerichten kann der Streitwert in entsprechender Anwendung des § 25 GKG festgesetzt werden, wenn aus besonderen Gründen ein Bedürfnis dazu besteht.

BVerfG NJW 54, 913 = MDR 54, 408 (L).

Für die Wertfestsetzung in Verwaltungsprozessen gilt § 13 GKG.

Vgl. Schatte Büro 60, 3.

Das BVerwG ist für die Entscheidung von Beschwerden gegen Streitwertfestsetzungsbeschlüsse des Verwaltungsgerichts in Lastenausgleichssachen nicht zuständig.

BVerwG MDR 60, 72.

Ein Recht des Anwalts zur Antragstellung und Rechtsmitteleinlegung 101 begründet § 9 Abs. 2. Der RA hat nicht nur die Beschwerdebefugnis, sondern auch das Recht, die Wertfestsetzung zu beantragen. Dieses Recht ist besonders für diejenigen Fälle von praktischer Bedeutung, in denen die Parteien an einer solchen Wertfestsetzung kein Interesse haben, z. B. weil sie Gebührenfreiheit genießen.

Das **Antragsrecht des Rechtsanwalts** besteht in allen Fällen, in denen das in **102** Frage kommende Verfahrensrecht eine gerichtliche Festsetzung des Wertes auf Antrag einer Partei oder der Staatskasse vorsieht, z. B. auch in Landwirtschaftssachen.

Auch der RA des Gegners der Partei kann die Festsetzung des Wertes der Beschwerde über die Versagung der Prozeßkostenhilfe beantragen, da er einen Vergütungsanspruch gegen seine eigene Partei hat.

Nürnberg Büro 59, 247.

Wenn die Festsetzung von Amts wegen erfolgen muß, aber versehentlich unterblieben ist, kann sie der RA beantragen. In § 10 wird das Antragsrecht auf auf diejenigen Fälle ausgedehnt, in denen sich die Gebühren für die anwaltliche Tätigkeit nicht nach dem für die Gerichtsgebühren maßgebenden Wert errechnen oder es an einem solchen Werte fehlt. Näheres s. bei § 10.

Ein **Rechtsmittel** gegen einen gerichtlichen Wertfestsetzungsbeschluß kann **103** der RA immer dann einlegen, wenn die in Frage kommende Verfahrensordnung ein solches zuläßt. Für sein Beschwerderecht gelten die gleichen Voraussetzungen wie für das Beschwerderecht der Partei oder Staatskasse. Es gelten dafür insbesondere die Vorschriften des § 25 Abs. 2 GKG und des § 31 Abs. 3 KostO. Darüber s. oben A 62 bis A 80 und A 99.

Das Rechtsmittel des Anwalts ist fristgerecht eingelegt, solange die Frist für einen der unmittelbar Beteiligten noch nicht abgelaufen ist. Solange über ein von einem anderen Beteiligten fristgerecht eingelegtes Rechtsmittel noch nicht entschieden ist, kann der RA auch noch nach Fristablauf eine Anschlußbeschwerde einlegen.

104 Voraussetzung eines Beschwerderechts ist ein **eigenes Interesse** an der Abänderung der Festsetzung. Ein solches besteht nur an einer höheren Festsetzung. Deshalb ist die Beschwerde des RA nur zulässig, wenn er eine Erhöhung des Streitwerts verlangt und diese Erhöhung Einfluß auf seine Gebühren hat. An einer niedrigeren Festsetzung kann nur die Partei selbst ein Interesse haben, während bei ihr das Interesse an einer höheren Festsetzung in der Regel fehlt. Deshalb kann im allgemeinen weder die Partei selbst noch der RA für die Partei eine Beschwerde mit dem Ziele einer Erhöhung des Streitwerts einlegen. Eine solche Beschwerde ist unzulässig, und zwar auch dann, wenn die Partei ein Rechtsmittel einlegen will, weil ja die Streitwertfestsetzung nach § 25 GKG durch die untere Instanz für die Entscheidung des Rechtsmittelgerichts über das Vorliegen der Beschwerdesumme nicht maßgebend ist. Es genügt auch nicht das Interesse der Partei, die von ihr an ihren RA nach einem höheren Streitwert gezahlten Gebühren von der Gegenpartei erstattet zu erhalten. Eine Ausnahme wird dann gelten müssen, wenn die Partei mit ihrem Anwalt eine bestimmte höhere Vergütung oder die Berechnung der Gebühren nach einem bestimmten höheren Streitwert vereinbart hat. Dann ist sie daran interessiert, die gesetzlichen Gebühren ihres Anwalts (§ 91 Abs. 2 Satz 1 ZPO) in die Nähe der vereinbarten Vergütung zu bringen. Die Partei wird diesen Ausnahmefall bei Einlegung der eigenen Beschwerde behaupten und durch Vorlegung der Honorarvereinbarung (§ 3) dartun müssen.

Vgl. hierzu Hillach/Rohs § 97 X; Schumann/Geißinger A 22; Götz Rpflger 59, 371; Tschischgale MDR 64, 97; vgl auch Oswald DStR 70, 31.

Der Beklagte kann nicht Beschwerde mit dem Ziele einer höheren Wertfestsetzung einlegen, wenn er einen Antrag auf Sicherheitsleistung für die Prozeßkosten gestellt hat.

Hillach/Rohs § 97 X; Schneider JurBüro 70, 277; KG Büro 57, 231.

105 **Aus der Beschwerde muß hervorgehen, ob der Rechtsanwalt sie im eigenen Namen oder für die Partei eingelegt hat.** Ist dies nicht klar ersichtlich, so ist eine auf Herabsetzung des Streitwerts gerichtete Beschwerde als für die Partei, eine auf Erhöhung gerichtete als im eigenen Namen eingelegt anzusehen. Nötigenfalls ist der RA zu befragen.

Vgl. hierzu auch A 72;
a. M. Nürnberg JurBüro 63, 476.

106 Ist der **Rechtsanwalt selbst Partei,** so kann er sowohl auf Herabsetzung als auf Heraufsetzung Beschwerde einlegen.

107 Das **Beschwerderecht der Partei und das des Rechtsanwalts sind von-**

einander unabhängig. So kann die Partei Herabsetzung verlangen, nachdem der RA im eigenen Namen eine Erhöhung erwirkt hat, und umgekehrt.

Beschwerdesumme für die Beschwerde des RA ist der Unterschied der 108 Gebühren, die er in der in Frage kommenden Instanz nach dem festgesetzten Streitwert erhalten würde, und den Gebühren, die sich bei dem Werte ergeben, dessen Festsetzung mit der Beschwerde begehrt wird. In Betracht kommen nur solche Gebühren, die angefallen sind oder angefallen sein können. Vom RA etwa angesetzte Gebühren, die mit Sicherheit nicht angefallen sind, bleiben unberücksichtigt.

> Hillach/Rohs § 97 B VIII; Schumann/Geißinger A 26 ff.; KG Rpfleger 70, 254 = MDR 70, 854 = JurBüro 70, 682; vgl. auch Chemnitz in Anm. zu LG Stade AnwBl. 82, 438;
> **a. M.** Düsseldorf MDR 68, 934 mit abl. Anm. von H. Schmidt.

Auch in Verfahren, in denen Prozeßkostenhilfe gewährt worden ist, ist der Berechnung der Wert der vollen nach der BRAGO berechneten Gebühr zugrunde zu legen.

> Hillach/Rohs § 97 B VIII.

Die Frage, ob die Umsatzsteuer bei der Berechnung der Beschwerdesumme beachtet werden muß, ist zu bejahen. Einmal haftet der RA persönlich für die Steuer. Zum anderen kann er den erhaltenen Betrag gelegentlich behalten (nämlich dann, wenn die Freigrenze nicht überschritten wird). Schließlich schlägt das Gegenargument, es handele sich nur um durchlaufende Gelder, nicht durch; es ist unerheblich, ob der RA die Gelder behalten darf oder nicht, seine Forderung ist „Gebühr + Umsatzsteuer"; auch im Kostenfestsetzungsverfahren nach §§ 103 ff. ZPO handelt es sich vielfach um durchlaufende Gelder, ohne die diese durchlaufenden Gelder bei der Berechnung der Beschwerdesumme abgesetzt werden.

> Wie hier Riedel/Sußbauer A 28; Hillach/Rohs § 97 B VIII; Schumann/Geißinger A 29; Tschischgale Büro 56, 1; Düsseldorf JurBüro 64, 280; Hamm JVBl. 61, 20 = Büro 60, 346 sowie Rpfleger 69, 64; KG MDR 58, 701 = Rpfleger 60, 179 (zust. Lappe); München NJW 63, 392 = MDR 63, 233; LG Limburg AnwBl. 72, 56; OVG Hamburg AnwBl. 81, 501 mit Anm. von H. Schmidt.

Ändert sich bei der begehrten Erhöhung des Streitwerts auch der Betrag der begehrten Postgebührenpauschale, ist der Unterschiedsbetrag bei der Berechnung der Beschwerdesumme ebenfalls zu berücksichtigen.

Die Gerichtsgebühren und die Gebühren des Gegenanwalts bleiben außer Betracht. Die Beschwerde der beiderseitigen RA ist auch dann nicht zusammenzurechnen, wenn die Beschwerde von beiden Prozeßbevollmächtigten eingelegt worden ist. Ebensowenig kann die Beschwerde des Prozeßbevollmächtigten einer Partei und ihres Verkehrsanwalts zusammengerechnet werden.

Unerheblich ist, ob der RA auch noch in höherer Instanz tätig ist und ob die Wertfestsetzung der unteren Instanz für die Berechnung seiner Gebühren für die höhere Instanz von Bedeutung werden kann.

Dem **Anwaltszwang** unterliegt die Beschwerde des Anwalts ebensowenig 109 wie die der Partei, da ja für ihn die gleichen Bestimmungen gelten. Da der RA für eine im eigenen Interesse eingelegte Streitwertbeschwerde von seinem Auftraggeber keine Gebühren verlangen kann, kann der Auftraggeber eine Beschwerdegebühr seines RA nicht auf Grund der im Rechtsstreit ergangenen Entscheidung von der Gegenpartei erstattet verlangen.

110 Auch **Rechtsbehelfe, die gegeben sind, wenn die Wertfestsetzung unterblieben ist,** stehen nach § 9 Abs. 2 S. 2 dem RA aus eigenem Recht zu (s. oben A 64).

111 **Nur dem Rechtsanwalt, der in demjenigen Rechtszug tätig war, dessen Gegenstandswert festgesetzt werden soll** oder festgesetzt worden ist, steht das Recht aus § 9 Abs. 2 zu, nicht aber dem RA, der nur in einem höheren oder einem niedrigeren Rechtszug oder ausschließlich vorgerichtlich tätig war.

Der RA eines niedrigeren Rechtszugs hat auch dann kein Beschwerderecht gegen die Wertfestsetzung eines höheren Rechtszugs, wenn diese auch den Wert für den niedrigeren Rechtszug mit festgesetzt hat, weil nach § 25 Abs. 2 S. 1 Halbsatz 2 GKG Streitwertfestsetzungsbeschlüsse des Rechtsmittelgerichts unanfechtbar sind. Er kann aber gegen den Beschluß des Rechtsmittelgerichts Gegenvorstellungen erheben. Zu beachten ist, daß das Rechtsmittelgericht nicht befugt ist, den Streitwert für die untere Instanz erstmals festzusetzen. Liegt kein Beschluß der unteren Instanz vor, kann das Rechtsmittelgericht über den Streitwert der unteren Instanz nicht befinden. Das Rechtsmittelgericht darf zwar abändern, aber nicht erstmals festsetzen.

Im übrigen hat nicht nur der Prozeßbevollmächtigte, sondern jeder das Recht aus § 9 Abs. 2, der in dem in Frage kommenden Rechtszug einen Gebührenanspruch erworben hat, der sich nach den für die Gerichtsgebühren maßgebenden Wertvorschriften richtet, also z. B. auch der Verkehrsanwalt, der Anwalt des § 53, der Beweisanwalt des § 54 oder ein RA, der sich selbst vertreten hat, soweit ihm ein Erstattungsanspruch zusteht.

112 Bei **Anwaltswechsel** steht dem neuen RA ein Beschwerderecht dann nicht zu, wenn bereits eine Beschwerdeentscheidung vorliegt und sich seit ihr die Verhältnisse nicht geändert haben. Die einmal ergangene Beschwerdeentscheidung wirkt für und gegen alle Beteiligten, mögen sie auch erst später in das Verfahren eintreten. Hat der neue RA gute Gründe, wird das Beschwerdegericht auf eine Gegenvorstellung seine Entscheidung gemäß den besseren Gründen des neuen Anwalts ändern.

113 Auch ein RA, dessen **Zulassung erloschen** ist, behält das Recht aus § 9 Abs. 2. Der Erlaß eines Vertretungsverbots unterbricht ein Streitwertbeschwerdeverfahren nicht.

§ 10 Wertfestsetzung für die Rechtsanwaltsgebühren

(1) **Berechnen sich die Gebühren für die anwaltliche Tätigkeit in einem gerichtlichen Verfahren nicht nach dem für die Gerichtsgebühren maßgebenden Wert oder fehlt es an einem solchen Wert, so setzt das Gericht des Rechtszugs den Wert des Gegenstands der anwaltlichen Tätigkeit auf Antrag durch Beschluß selbständig fest.**

(2) **Der Antrag ist erst zulässig, wenn die Vergütung fällig ist. Antragsberechtigt sind der Rechtsanwalt, der Auftraggeber und ein erstattungspflichtiger Gegner; wenn Prozeßkostenhilfe bewilligt ist, auch die Bundes- oder Landeskasse. Vor der Entscheidung sind die**

Beteiligten zu hören. Das Verfahren ist gebührenfrei. Der Rechtsanwalt erhält in dem Verfahren keine Gebühren.

(3) **Gegen die Entscheidung kann Beschwerde eingelegt werden, wenn der Beschwerdegegenstand einhundert Deutsche Mark übersteigt. Eine Beschwerde an einen obersten Gerichtshof des Bundes ist nicht zulässig. Die Beschwerde ist binnen zwei Wochen nach Zustellung der Entscheidung einzulegen. Im übrigen sind die für die Beschwerde in der Hauptsache geltenden Verfahrensvorschriften anzuwenden. Die weitere Beschwerde ist statthaft, wenn sie das Beschwerdegericht wegen der grundsätzlichen Bedeutung der zur Entscheidung stehenden Frage zuläßt. Die weitere Beschwerde kann nur darauf gestützt werden, daß die Entscheidung auf einer Verletzung des Gesetzes beruht; die §§ 550 und 551 der Zivilprozeßordnung gelten sinngemäß.**

(4) **Anträge, Erklärungen und Beschwerden können zu Protokoll der Geschäftsstelle gegeben oder schriftlich ohne Mitwirkung eines Rechtsanwalts eingereicht werden.**

Übersicht über die Anmerkungen

Wertfestsetzung nur für die Anwaltsgebühren. § 10 schließt einige Lük- 1 ken, die § 9 für die Wertfestsetzung offen gelassen hat. Eine – auch für die Berechnung der Rechtsanwaltsgebühren bindende – Festsetzung des Wertes ist nach § 9 nicht möglich,

a) wenn das Verfahren gerichtsgebührenfrei oder wenn sich die Gerichtsgebühren nicht nach dem Wert richten (hier findet nach § 9 überhaupt keine Festsetzung statt).

Beispiel: Verfahren vor den Sozialgerichten sind gerichtsgebührenfrei;

b) wenn sich die Gegenstandswerte der gerichtlichen und der anwaltlichen Tätigkeit nicht decken (hier findet zwar eine Streitwertfestsetzung nach § 9 statt; sie ist jedoch für die Berechnung der Anwaltsgebühren nicht maßgebend).

Beispiele:
Die Gebühren eines RA, der einen Miterben im Erbscheinserteilungsverfahren vertritt, sind grundsätzlich nach dem Wert des von dem Vertretenen beanspruchten Erbteils zu berechnen, nicht nach der gesamten Erbschaft.
> BGH NJW 68, 2334 = MDR 69, 36 = BB 68, 1456 = JurBüro 69, 45 = JVBl. 69, 19 = Rpfleger 68, 390.

Ein Hauseigentümer verklagt drei Mieter auf Zahlung von je 500 DM Mietzins. Die Mieter werden getrennt durch je einen Anwalt vertreten. Festsetzung des Wertes für das Gericht und den Anwalt des Klägervertreters gemäß § 9 auf 1500 DM. Für die Anwälte der Mieter gilt dieser Streitwert nicht.
In den Fällen a) und b) füllt § 10 die offen gelassene Lücke aus.
> BayObLG JurBüro 79, 1505.

Er ermöglicht auf einfache, billige und für alle Gerichte brauchbare Weise, den Wert zur Berechnung der Rechtsanwaltsgebühren in diesen Verfahren festzusetzen. Das Wertfestsetzungsverfahren des § 10 hat einige Eigenheiten, durch die es sich von dem Wertfestsetzungsverfahren des § 9 unterscheidet:
a) Der Wert wird nur auf Antrag, nie von Amts wegen festgesetzt.
b) Die Wertfestsetzung gilt nur für die Gebühren des Anwalts, der den Antrag gestellt hat oder der in dem Antrag (des Auftraggebers oder der erstattungspflichtigen Gegenpartei) genannt ist. Sie erstreckt sich nicht – im Gegensatz zu der Wertfestsetzung des § 9, die für alle an dem Gerichtsverfahren Beteiligten gilt – auf andere Anwälte, z. B. den Verkehrsanwalt, wenn der Prozeßbevollmächtigte den Antrag gestellt hat.
c) Der Beschluß unterliegt – was häufig übersehen wird – der befristeten Beschwerde. Er kann allerdings im Rechtsmittelwege sowohl von dem Erstgericht als auch von dem Beschwerdegericht geändert werden.
d) Bei Zulassung durch das Beschwerdegericht findet die weitere Beschwerde – eine Rechtsbeschwerde – statt.

Ist der Anwalt nicht in einem gerichtlichen Verfahren tätig gewesen, ist für eine Wertfestsetzung durch ein Gericht kein Raum. Es verbleibt dabei, daß in solchen Fällen der Gegenstandswert im Gebührenprozeß vom Prozeßgericht ermittelt werden muß.

Zwischen den Festsetzungsverfahren nach § 9 und nach § 10 besteht keine Wahlmöglichkeit. Ist die Festsetzung nach § 9 möglich, ist für eine solche nach § 10 kein Raum (vorausgesetzt, daß die Gegenstände der Tätigkeit von Gericht und Anwalt übereinstimmen).

> Riedel/Sußbauer A 3.

2 Voraussetzung einer Festsetzung des Wertes gemäß § 10 ist, daß es sich um Gebühren für eine anwaltliche Tätigkeit in einem gerichtlichen Verfahren handelt und daß sich die Gebühren entweder nicht nach dem für die gerichtlichen Gebühren maßgebenden Wert berechnen oder daß es an einem solchen Werte überhaupt fehlt. Gerichtsgebühren fallen z. B. im Verfahren über die Prozeßkostenhilfe des ersten Rechtszuges nicht an, wohl aber Gebühren der an diesem Verfahren beteiligten RAe, § 51. Die Festsetzung des Wertes für die Rechtsanwaltsgebühren erfolgt sonach gemäß § 10.

Riedel/Sußbauer A 4; Schumann/Geißinger A 2; BayObLG Rpfleger 79, 434 (Deckt sich der Gegenstand der gerichtlichen Tätigkeit mit der anwaltlichen Tätigkeit nicht, so ist deren Wert auf Antrag nach § 10 gesondert festzusetzen) und JurBüro 82, 1510; KG Rpfleger 62, 37. Vgl. auch BVerwG NJW 68, 1298 (Die Gebührenfreiheit des Verfahrens nach der Wehrbeschwerdeordnung steht der Festsetzung des Gegenstandswertes nach der BRAGO nicht entgegen).

Dagegen ist ein gerichtliches Verfahren als solches nicht gebührenfrei, wenn nur die Parteien aus besonderen Gründen (vgl. z. B. § 2 GKG) Gebührenfreiheit genießen. Ist z. B. in einem Prozeß zwischen dem Bund und seinem Lande der Streitwert festzusetzen, hat die Festsetzung gemäß § 9 zu erfolgen.

Eine Tätigkeit in einem gerichtlichen Verfahren liegt auch vor, wenn die Prozeßbevollmächtigten in einem anhängigen Rechtsstreit einen außergerichtlichen Vergleich schließen, in den nichtrechtshängige Ansprüche einbezogen werden. Der Wert des Vergleichsgegenstandes ist nach § 10 festzusetzen, da wegen des überschießenden Vergleichsgegenstandes eine gerichtliche Vergleichsgebühr nicht anfällt.

Riedel/Sußbauer A 5; Schumann/Geißinger A 8; H. Schmidt JurBüro 63, 155; Bremen Rpfleger 65, 97; KG Rpfleger 65, 321 und JurBüro 70, 853 = Rpfleger 70, 407; München MDR 61, 780 = Rpfleger 61, 417; a. M. Düsseldorf JurBüro 63, 154.

Eine Wertfestsetzung nach § 10 Abs. 1 kommt auch dann in Betracht, wenn ein RA in einem gerichtlichen Verfahren tätig geworden ist, ohne dem Gericht gegenüber tätig geworden zu sein (Beispiel: der Verkehrsanwalt). In diesem Falle hat jedoch der RA darzutun, daß er überhaupt tätig geworden ist. Geschieht dies nicht, ist für eine Wertfestsetzung auf Antrag des RA kein Raum. Voraussetzung für die Festsetzung nach § 10 ist jedoch, daß sich die Streitwerte für die Tätigkeit des Gerichts und des Verkehrsanwalts nicht decken (sonst gilt § 9).

Dagegen ist für eine Festsetzung nach § 10 kein Raum, wenn der RA vorzeitig ausscheidet, wenn im übrigen die Voraussetzungen des § 9 gegeben sind. Der Beweisanwalt kann also nicht deshalb den Wert gemäß § 10 festsetzen lassen, weil seine Gebühren mit der Durchführung der Beweisaufnahme fällig geworden sind. Er kann aber selbstverständlich einen Antrag aus § 9 stellen.

a. M. LG München I AnwBl. 63, 88.

Nicht erforderlich ist, daß der RA dem Gericht gegenüber tätig geworden ist. Voraussetzung der Anwendung des § 10 ist nur, daß der zu bewertende Gegenstand bei Gericht anhängig ist oder gewesen ist. § 10 gilt deshalb u. a. für den Verkehrsanwalt und den Beweisanwalt (Die Benennung des Beweisanwalts in den vorstehenden Ausführungen steht nicht entgegen; § 10 kommt – wie oben aufgeführt – in Betracht, wenn sich die Gegenstandswerte nicht decken. Der Beweisanwalt, der einen Beklagten vertritt, der nur auf einen Teil des rechtshängigen Anspruchs verklagt ist, kann die Festsetzung des Gegenstandswertes seiner Tätigkeit gemäß § 10 betreiben).

Die Festsetzung erfolgt durch **Beschluß des Gerichts des Rechtszugs**, d. h. 3 also desjenigen Gerichts, bei dem das Verfahren in dem Rechtszug anhängig war, für den der RA einen Vergütungsanspruch geltend macht. Ist der Rechtspfleger für die Entscheidung der Hauptsache zuständig, obliegt ihm

auch die Wertfestsetzung nach § 10. Das Gericht des höheren Rechtszuges ist –
anders als bei der Festsetzung des § 9 – nicht befugt, bei Festsetzung des
Wertes für das eigene Verfahren den Festsetzungsbeschluß der unteren Instanz
zu ändern.

4 Auch das **Verfahren auf Bewilligung der Prozeßkostenhilfe** ist – wie
bereits ausgeführt – als gerichtliches Verfahren i. S. des § 10 anzusehen. War
der RA nur in diesem Verfahren tätig, so erfolgt die Wertfestsetzung durch
das Gericht, das über das Gesuch entschieden hat. Den Wert des Beschwerdeverfahrens setzt das Beschwerdegericht fest.

Der Gegenstandswert richtet sich gemäß § 51 Abs. 1 nach den Anträgen, die
in dem künftigen Rechtsstreit gestellt werden sollen

Der Wert kann sowohl für den Anwalt der Partei wie auch für den Anwalt der
Gegenpartei festgesetzt werden.

5 **Die Verfahrensvorschriften des § 10 Abs. 2, 3 und 4** gelten einheitlich für
alle Gerichte. Sie gelten aber nur bei der Wertfestsetzung lediglich für die
Anwaltsgebühren, also nicht dann, wenn eine Festsetzung für die Gerichtsgebühren möglich ist, die auch für die Rechtsanwaltsgebühren maßgebend ist.
Dann gelten die Vorschriften des jeweils in Frage kommenden Verfahrensrechts, namentlich die des § 25 GKG oder des § 31 KostO. S. A 12 ff. zu § 9.

Die Wertfestsetzung muß für jeden Rechtszug besonders erfolgen. Ist der RA
in mehreren Instanzen tätig gewesen, sind mehrere Festsetzungsbeschlüsse
nötig, und zwar jeweils des Gerichts einer Instanz für das bei ihm anhängige
Verfahren.

6 Nur auf **Antrag** – niemals von Amts wegen – erfolgt die Festsetzung nach
§ 10. Der Antrag ist erst zulässig, wenn die Vergütung fällig ist. Wann
Fälligkeit eintritt, bestimmt § 16.

Der Antrag muß die zur Begründung der Zulässigkeit und der sachlichen
Berechtigung der Festsetzung erforderlichen tatsächlichen Behauptungen und
die für eine Schätzung nötigen Angaben enthalten. Ein bestimmter Streitwert
braucht dagegen nicht genannt zu werden.

Der Antrag kann auch noch nach Zahlung gestellt werde, z. B. wenn der
Auftraggeber einen Teil zurückfordert oder die Gegenpartei im Kostenfestsetzungsverfahren den Wert beanstandet.

7 **Antragsberechtigt** ist nicht nur der RA, dessen Gebühren in Frage stehen.
Das Antragsrecht ist vielmehr allen Beteiligten zuerkannt, deren Rechte und
Pflichten sich nach dem für die Berechnung der Anwaltsgebühren maßgebenden Gegenstandswert bestimmen, daher auch dem Auftraggeber und einem
erstattungspflichtigen Gegner, wenn Prozeßkostenhilfe bewilligt ist, ferner
der Bundes- oder Landeskasse. Die nach § 10 erfolgende Wertfestsetzung ist,
ebenso wie die nach § 25 GKG, sowohl für das Kostenfestsetzungsverfahren
nach §§ 103 ff. ZPO wie für das Festsetzungsverfahren gegen den Auftraggeber nach § 19 als auch für die Gebührenklage und die Festsetzung der
Vergütung des Armenanwalts maßgebend.

Die Wertfestsetzung beschränkt sich jedoch auf den Anwalt, dessen Gebühren
in Frage stehen. Eine von dem Prozeßbevollmächtigten oder gegen ihn
betriebene Wertfestsetzung berührt deshalb z. B. den Verkehrsanwalt nicht, es
sei denn, daß er als Antragsteller oder Antragsgegner an dem Wertfestsetzungsverfahren ebenfalls teilnimmt.

Gehör der Beteiligten hat nach Abs. 2 S. 3 zu erfolgen. Als Beteiligte sind   8
die Antragsberechtigten des konkreten Verfahrens anzusehen. Hat also z. B.
der Prozeßbevollmächtigte den Antrag gestellt oder der Auftraggeber in
Richtung auf den Prozeßbevollmächtigten, ist der Verkehrsanwalt an dem
Verfahren nicht beteiligt.

> Vgl. auch Riedel/Sußbauer A 16; Schumann/Geißinger A 12.

Gebühren. Das Wertfestsetzungsverfahren erster Instanz ist gerichtsgebüh-   9
renfrei. Für das Beschwerdeverfahren gilt Nr. 1181 der Anl. zum GKG, d. h.
eine Gebühr wird nur erhoben, wenn die Beschwerde als unzulässig verworfen oder ganz oder teilweise als unbegründet zurückgewiesen wird.
Der betroffene RA kann nach der ausdrücklichen Vorschrift des Abs. 2 Satz 5
für seine Tätigkeit in dem Wertfestsetzungsverfahren keine Gebühren fordern.

Aus dem Umstand, daß der RA keine Gebühren erhält, ist zu folgern, daß
eine Erstattung von Kosten nicht in Frage steht. Der Beschluß über die
Wertfestsetzung hat deshalb keine Kostenentscheidung zu enthalten.

> BayObLG Rpfleger 60, 99.

Für den von dem Auftraggeber bzw. von der Gegenpartei beauftragten RA
gilt Abs. 2 Satz 5 nicht. Dieser Anwalt hat Anspruch auf eine Vergütung für
seine Tätigkeit. Er erhält die Gebühr des § 56 Abs. 1 Nr. 1 bzw. im Beschwerdeverfahren die Gebühr des § 61 Abs. 1 Nr. 1. Zu beachten ist jedoch, daß der
Anwalt der erstattungspflichtigen Gegenpartei die Gebühr des § 56 Abs. 1
Nr. 1 nicht erhält, wenn er Prozeßbevollmächtigter der Gegenpartei ist; in
diesem Falle gehört die Tätigkeit gemäß § 37 zur Instanz. Dagegen hat auch er
Anspruch auf die Gebühr des § 61 Abs. 1 Nr. 1. Erstattungsfähig sind diese
Gebühren, soweit sie in erster Instanz erwachsen, nicht.

Abs. 2 Satz 3 schließt Gebühren des RA nur für den ersten Rechtszug aus. Das
ergibt sich eindeutig aus Abs. 2 Satz 4, der sich ebenfalls nur auf das erstinstanzliche Verfahren bezieht. Das Problem, ob Gebühren des RA im Beschwerdeverfahren (§ 61 Abs. 1 Nr. 1) entstehen, wird allerdings nur praktisch, wenn der Beschwerdebeschluß eine Kostenentscheidung dahin trifft,
daß ein Beteiligter die außergerichtlichen Beschwerdekosten eines anderen
Beteiligten zu tragen hat. Für eine solche Kostenentscheidung ist jedoch kein
Raum. Auch die außergerichtlichen Kosten des Beschwerdeverfahrens sind
nicht zu erstatten.

> OVG Hamburg AnwBl. 81, 501 mit zust. Anm. von H. Schmidt; vgl. auch
> Anm. 77 zu § 9 und Schumann/Geißinger A 22.

Soweit Gebühren bei Gericht oder einem RA anfallen, ist Gegenstandswert
der Betrag der Gebühren, der sich aus dem Unterschied der Gebühren
zwischen dem beantragten und dem festgesetzten Wert ergibt.

> Schumann/Geißinger A 23.

Die Entscheidung über den Antrag ergeht gemäß Abs. 1 durch **Beschluß.**   10
Gegen die Entscheidung nach Abs. 3 die **befristete Beschwerde** zulässig,
also nicht, wie gegen den Beschluß, der den für die Gerichtsgebühren
maßgebenden Streitwert festsetzt, nach § 25 GKG oder § 31 KostO die
einfache Beschwerde. Die befristete Beschwrede ist binnen einer Frist von
zwei Wochen, die mit der Zustellung der Entscheidung beginnt, einzulegen.

Daraus folgt zugleich, daß die Entscheidung stets den Beteiligten zugestellt werden muß, soweit es sich nicht um einen Beschluß der letzten Instanz handelt, der nicht angefochten werden kann. Bei ihm genügt formlose Mitteilung, es sei denn, die Voraussetzungen des § 107 ZPO liegen vor. Die Frist von 2 Wochen ist auch dann maßgebend, wenn für das Gericht sonst andere Beschwerdefristen gelten, z. B. bei Geltendmachung vermögensrechtlicher Ansprüche im Strafverfahren.

Liegen die Voraussetzungen für eine Wiederaufnahme des Verfahrens vor, kann die Beschwerde auch noch innerhalb der für die Wiederaufnahme bestimmten Frist erhoben werden. Der Verfahrensgegner kann sich der befristeten Beschwerde auch nach Fristablauf anschließen, also z. B. der RA mit dem Antrag auf Erhöhung des Streitwertes, wenn der Auftraggeber sofortige Beschwerde mit dem Antrag auf Herabsetzung eingelegt hat.

> Schumann/Geißinger A 15; Hamburg MDR 63, 318; KG NJW 63, 1556; Nürnberg MDR 59, 1020 = JZ 59, 711 = BayJMBl. 59, 172 = Büro 62, 691; **a. M.** BayObLG JurBüro 82, 1024 (aber: Da nach Auffassung des BayObLG das Verbot der reformatio in peius nicht gilt, sind die Einwendungen des Beschwerdegegners im Rahmen einer fristgerecht eingelegten Beschwerde von Amts wegen zu berücksichtigen).

Die unbefristete Beschwerde ohne Erfordernisse einer Beschwerdesumme ist zulässig, wenn die Wertfestsetzung aus verfahrensrechtlichen Gründen abgelehnt worden ist.

> KG NJW 66, 1369 = JurBüro 66, 218 = KostRsp. Nr. 7.

11 Nur wenn der **Beschwerdegegenstand** 100 DM übersteigt, ist nach Abs. 3 S. 1 die sofortige Beschwerde zulässig. Beschwerdegegenstand für die Beschwerde des RA wie bei der Beschwerde nach § 25 GKG der Unterschied der nach dem festgesetzten und dem mit der Beschwerde erstrebten Werte berechneten Gebühren zuzüglich Umsatzsteuer.

> S. Anm. 108 zu § 9; vgl. auch OVG Hamburg AnwBl. 81, 501.

Auch hier ist anzunehmen, daß der RA die Beschwerde nur mit dem Ziele einer Erhöhung des Wertes, die anderen Beteiligten im allgemeinen (wegen der Ausnahme für den Auftraggeber vgl. § 9 A 104) nur mit dem Ziele einer Herabsetzung des Wertes einlegen können. Bei der Beschwerde des Auftraggebers ist Beschwerdewert der Betrag der Anwaltsgebühren, um den sich diese bei der erstrebten Herabsetzung des Gegenstandswerts vermindern. Dasselbe gilt für die Beschwerde des erstattungspflichtigen Gegners. Für die Bundes- oder Landeskasse kommt als Beschwerdegegenstand der Unterschied der dem Anwalt aus der Bundes- oder Landeskasse zu gewährenden Vergütung in Frage. Zur Feststellung, ob der Beschwerdegegenstand vorhanden ist, ist wie bei der Streitwertbeschwerde ein bestimmter Antrag erforderlich (s. A 74 zu § 9).

> Schumann/Geißinger A 23.

12 Die **Entscheidung über die Beschwerde** trifft nach § 568 Abs. 1 ZPO das im Rechtszug zunächst höhere Gericht. Kommt als solches ein oberster Gerichtshof des Bundes in Frage, so ist die Beschwerde nach Abs. 3 S. 2 unzulässig.

Für das Beschwerdeverfahren gilt das Verschlechterungsverbot (reformatio in peius).

a. M. BayObLG JurBüro 82, 1024.

Gegen **Festsetzungsbeschlüsse des Oberlandesgerichts** ist somit eine Be- 13
schwerde unzulässig, obwohl § 567 Abs. 3 ZPO nicht genannt ist. **Festsetzungsbeschlüsse des Landgerichts als Berufungsgericht** können dagegen, anders als nach § 25 GKG, mit der befristeten Beschwerde an das OLG angefochten werden, wenn die Festsetzung nicht den Wert für die Gerichtsgebühren, sondern nur für die Anwaltsgebühren betrifft.

Unzulässig ist die Beschwerde ferner gegen Beschlüsse der Landesarbeitsgerichte, Finanzgerichte, Oberverwaltungsgerichte, da bei diesen Gerichten als Beschwerdegericht ein oberster Gerichtshof des Bundes in Frage käme (vgl. Abs. 3 Satz 5).

Eine Entscheidung des Bundespatentgerichts nach § 144 PatG, die sich allein auf die Verpflichtung zur Tragung der Rechtsanwaltsgebühren auswirkt, kann nicht mit der Beschwerde an den BGH angefochten werden.

BGH JurBüro 82, 1828 = MDR 83, 129.

An **sonstigen Verfahrensvorschriften** gilt für neues Vorbringen § 570 14
ZPO. Nach § 573 Abs. 1 ZPO kann über die Beschwerde ohne mündliche Verhandlung entschieden werden. Auch die Vorschriften des § 574 ZPO über die Prüfung und Zulässigkeit und des § 575 ZPO über die Übertragung der erforderlichen Anordnungen auf das Gericht, das die Entscheidung erlassen hat, sind entsprechend anzuwenden. Nach § 577 Abs. 3 ZPO ist das Gericht zur Änderung seiner der Beschwerde unterliegenden Entscheidung nicht befugt.

Anwaltszwang besteht auch für das Beschwerdeverfahren nicht, da nach 15
Abs. 4 Anträge, Erklärungen und Beschwerden zu Protokoll der Geschäftsstelle gegeben oder schriftlich ohne Mitwirkung eines RA eingereicht werden können.

Eine **weitere Beschwerde** ist nach § 10 Abs. 3 S. 5 statthaft, während eine 16
solche gegen die Festsetzung des für die Gerichtsgebühren maßgebenden Wertes nach § 25 GKG auch dann unzulässig ist, wenn sich die Rechtsanwaltsgebühren nach diesem Werte berechnen (s. A 65 zu § 9). Andererseits läßt auch § 31 Abs. 3 S. 2 KostO unter den gleichen Voraussetzungen wie § 10 Abs. 3 S. 5 die weitere Beschwerde gegen Entscheidungen des LG als Beschwerdegericht zu. § 10 Abs. 3 S. 3 beschränkt zwar die weitere Beschwerde nicht auf Beschlüsse des LG. Da aber nach § 10 Abs. 3 S. 2 Beschwerden an einen obersten Gerichtshof des Bundes nicht zulässig sind, wird auch nach § 10 Abs. 3 S. 2 regelmäßig die weitere Beschwerde nur gegen solche Beschlüsse in Frage kommen, die das LG als Beschwerdegericht erlassen hat.

Die Nichterwähnung des LG hat wohl darin ihren Grund, daß eine Festsetzung nach § 10 nicht auf bürgerliche Rechtsstreitigkeiten und auf Verfahren, für welche die KostO gilt, beschränkt ist und deshalb auch andere Gerichte als das Landgericht Beschwerdegericht sein können.

Jedoch kommt die weitere Beschwerde nur in der ordentlichen Gerichtsbarkeit in Betracht, weil nur sie in den Ländern über mehr als zwei Rechtszüge verfügt.

Voraussetzung einer weiteren Beschwerde ist, daß sie das Beschwerdegericht wegen der grundsätzlichen Bedeutung der zur Entscheidung stehenden Frage zuläßt. Ist das geschehen, so kommt es auf einen bestimmten Wert des Beschwerdegegenstandes nicht an. Die weitere Beschwerde kann nach § 10 Abs. 3 S. 6 nur darauf gestützt werden, daß die Entscheidung auf einer Verletzung des Gesetzes beruht. Wann dies der Fall ist, richtet sich nach den §§ 500, 551 ZPO. Die Zulassung erfolgt in der Beschwerdeentscheidung. Sie kann, abgesehen von einer Berichtigung nach § 319 ZPO, nicht nachgeholt werden. Die Nichtzulassung ist unanfechtbar. Das Gericht der weiteren Beschwerde ist an die Zulassung gebunden, ist aber nicht auf die Nachprüfung der Frage beschränkt, wegen deren die Zulassung erfolgt ist.

Auch die weitere Beschwerde ist eine befristete. Sie unterliegt ebenfalls nicht dem Anwaltszwang.

Die Entscheidung über die weitere Beschwerde kann nach Art. XI § 2 Kost-ÄndG 57 durch die Landesjustizverwaltung einem von mehreren Oberlandesgerichten oder anstelle eines solchen einem Obersten Landesgericht übertragen werden.

17 **Fehlt es an einem Gericht des Rechtszugs,** so kann auch eine Festsetzung des Gegenstandswerts für die Anwaltsgebühren nicht erfolgen. Das trifft besonders dann zu, wenn ein gerichtliches Verfahren weder anhängig ist noch anhängig war, z. B. wenn der RA nur eine ein gerichtliches Verfahren vorbereitende Tätigkeit vorgenommen hat und es dann zu keinem gerichtlichen Verfahren gekommen ist (§ 8 Abs. 1 S. 2) oder wenn die Tätigkeit weder in einem gerichtlichen Verfahren vorgenommen wurde noch ein solches Verfahren vorbereitet hat (§ 8 Abs. 2), also besonders dann, wenn es sich um die Vergütung für sonstige Angelegenheiten i. S. des 12. Abschnitts handelt. Da in solchen Fällen auch eine Festsetzung der Vergütung im Verfahren gegen den Auftraggeber nach § 19 Abs. 2 S. 2 nicht möglich ist, bleibt dem RA, der sich mit seinem Auftraggeber über die Höhe seiner Vergütung und über den ihr zugrunde zu legenden Gegenstandswert nicht einigen kann, nur der Weg der Gebührenklage. Es hat dann das Gericht des Gebührenstreits auch über die Höhe des Gegenstandswerts zu entscheiden.

18 **Ist eine** nach § 9 oder § 10 **zulässige Wertfestsetzung nicht erfolgt** und wird im Festsetzungsverfahren nach § 19 der vom RA angegebene Gegenstandswert von einem Beteiligten bestritten, so ist nach § 19 Abs. 3 das Verfahren auszusetzen, bis das Gericht nach §§ 9, 10 über den Gegenstandswert entschieden hat. Ist das Festsetzungsverfahren nach § 19 nicht zulässig, z. B. weil der RA nur mit einer Einzeltätigkeit beauftragt war, und ist der RA deshalb auf die Gebührenklage angewiesen, so wird in sinngemäßer Anwendung des § 19 Abs. 3 auch das für die Gebührenklage zuständige Gericht sein Verfahren auszusetzen haben, bis eine Feststellung nach §§ 9, 10 erfolgt. Die nach §§ 9, 10 erfolgte Wertfestsetzung ist sowohl für das Festsetzungsverfahren nach § 19 als für die Gebührenklage bindend.

Wird während des Gebührenstreits der Wert des Hauptprozesses herabgesetzt, so ist der RA wegen der Zuvielforderung dann nicht kostenpflichtig, wenn er insoweit seine Forderung alsbald herabsetzt oder Erledigung anzeigt.

19 **Bei nachträglicher Änderung der Wertfestsetzung** entsteht, wenn der

Wert heraufgesetzt wird, ein vertraglicher Nachforderungsanspruch des RA, wenn der Wert herabgesetzt wird, ein vertraglicher Rückgewährungsanspruch des Auftraggebers. Diese Ansprüche werden auch durch ein vorher im Gebührenstreit ergangenes rechtskräftiges Urteil nicht ausgeschlossen. Der erstattungspflichtigen Gegenpartei steht die Herabsetzung des Wertes dem rechtskräftigen Festsetzungsbeschluß oder dem rechtskräftigen Urteil gegenüber die Vollstreckungsgegenklage und, wenn sie schon gezahlt hat, ein Bereicherungsanspruch zu.

KG JurBüro 70, 853 = Rpfleger 70, 407; vgl. auch Hamm JurBüro 83, 1719 (keine Nachprüfung der Gebühren dem Grunde nach).

Über die Änderung einer Kostenfestsetzung s. § 107 ZPO.

§ 11 Volle Gebühr, Mindestbetrag einer Gebühr

(1) Die volle Gebühr bei einem Gegenstandswert bis 300 Deutsche Mark beträgt 40 Deutsche Mark. Die Gebühr erhöht sich bei einem

Gegenstandswert bis (Deutsche Mark)	für jeden angefangenen Betrag von weiteren (Deutsche Mark)	um (Deutsche Mark)
3 000	300	15
10 000	500	26
20 000	1 000	31
100 000	5 000	65
400 000	15 000	75
1 000 000	30 000	120
über 1 000 000	50 000	150

Eine Gebührentabelle für Gegenstandswerte bis eine Million Deutsche Mark ist diesem Gesetz als Anlage beigefügt. Im Berufungs- und Revisionsverfahren erhöhen sich die Beträge der sich aus Satz 1 und 2 ergebenden Gebühren um drei Zehntel. Im Revisionsverfahren erhöht sich die Prozeßgebühr jedoch um zehn Zehntel, soweit sich die Parteien nur durch einen beim Bundesgerichtshof zugelassenen Rechtsanwalt vertreten lassen können.

(2) Der Mindesbetrag einer Gebühr ist 15 Deutsche Mark. Pfennigbeträge sind auf zehn Deutsche Pfennig aufzurunden.

Übersicht über die Anmerkungen

1 **§ 11 hat Bedeutung nur für die sog. Wertgebühren,** d. h. für die Gebühren, die sich nach dem Wert des Gegenstandes richten. Dabei ist es gleichgültig, ob es sich um feste Gebühren (z. B. in § 31: $^{10}/_{10}$, in § 57: $^{3}/_{10}$) oder um Gebühren mit Satzrahmen (z. B. in § 118: $^{5}/_{10}$ bis $^{10}/_{10}$) handelt. Dagegen gilt § 11 nicht für Gebühren mit Betragsrahmen (z. B. in § 83: von 80 bis 1060 DM).

2 Abs. 1 Satz 1 bestimmt den **Begriff der vollen Gebühr.** Die volle Gebühr ist der Betrag, der sich nach dem Gegenstandswert aus der Tabelle ergibt, die der BRAGO als Anlage beigefügt ist. Bei Gegenstandswerten über einer Million DM ist der Betrag nicht mehr genannt. Bei den hohen Werten ist in der Tabelle nur angegeben, wie der Betrag für den einzelnen Gegenstandswert zu errechnen ist.

Die Gegenstandswerte sind in einzelne Wertklassen aufgeteilt. Die Tabelle enthält sodann einen bestimmten Betrag, der in den einzelnen Wertklassen als volle Gebühr vorgesehen ist.

3 Beträgt die **Gebühr nur einen Bruchteil** einer vollen Gebühr, ist der Betrag als Bruchteil der vollen Gebühr zu errechnen. Aus dem Gesetz ist er nur unmittelbar nicht zu entnehmen. Doch geben meistens die veröffentlichten Tabellen die Bruchteile an (vgl. die Gebührentabelle im Teil D).

4 **Bruchteile der vollen Gebühr** unter $^{3}/_{10}$ sind im Gesetz kaum mehr vorgesehen (Ausnahmen z. B. § 48 in Verb. mit § 32 u. § 120 Abs. 1).

5 Die **volle Gebühr** ist in der Anlage zu § 11 Abs. 1 (am Ende von Teil A) **für Gegenstandswerte bis zu** einem Betrage von **einer Million DM** mit festen Beträgen angegeben.

6 **Bei Werten über einer Million DM** erhöht sich die Gebühr von 5789 DM, die für einen Wert von einer Million DM vorgesehen ist, für jeden angefangenen Betrag von weiteren 50000 DM um 150 DM. Wegen der Einzelheiten darf auf die Anlage zu § 11 und auf die Tabelle im Teil D verwiesen werden.

Ferner ist eine **Aufrundung der Gegenstandswerte** über einer Million DM 7 vorgesehen. Gegenstandswerte über 1 Million DM sind auf volle 50000 DM aufzurunden.

Während es sich in den in der Tabelle vorgesehenen Aufrundungen um 8 Aufrundungen der Gegenstandswerte handelt, ist in § 11 Abs. 2 eine **Aufrundung der Gebühren** vorgeschrieben. Danach sind Pfennigbeträge auf zehn Deutsche Pfennig aufzurunden. Bei den vollen Gebühren gibt es keine Pfennigbeträge. Wohl aber können solche bei Bruchteilsgebühren entstehen. Jede einzelne Gebühr ist für sich aufzurunden. Auslagen, z. B. Portobeträge und Umsatzsteuer, sind nicht aufzurunden, Ausnahme die Postgebührenpauschale, § 26.

Der **Mindestbetrag einer Gebühr** ist nach § 11 Abs. 2 S. 1 15 DM. Diese 9 Mindestgebühr gilt nur für die nach § 11 zu berechnenden Gebühren, also z. B. nicht für Auslagen, wie die Schreibauslagen des § 27, und nicht für die Hebegebühr des § 22, deren Mindestbetrag nach § 22 Abs. 3 eine DM ist. Wohl aber ist in den Fällen des § 2 § 11 Abs. 2 S. 1 anzuwenden, da danach die Gebühren in sinngemäßer Anwendung der Vorschriften der BRAGO zu bemessen sind.

Der Mindestbetrag gilt für jede Gebühr besonders, also nicht für deren Gesamtbetrag. Voraussetzung ist aber, daß es sich um eine selbständige Gebühr, nicht nur um eine Erhöhung einer Gebühr handelt, wie z. B. im Falle des § 11 Abs. 1 S. 4.

Im Berufungs- und Revisionsverfahren erhöhen sich nach § 11 Abs. 1 S. 4 10 die Gebühren der Tabelle um drei Zehntel. Die volle Gebühr ist also im Rechtsmittelverfahren eine Dreizehntelgebühr, anstelle einer halben Gebühr 13 Zwanzigstel, anstelle einer ~~einer~~ Dreizehntelgebühr 39 Hundertstel der vollen Gebühr. Für das Revisionsverfahren bei dem Bundesgerichtshof ist eine Besonderheit vorgesehen. Der bei dem BHG zugelassene RA, der im Revisionsverfahren tätig wird, erhält die Prozeßgebühr in Höhe von $^{20}/_{10}$.

Die Frage ist, ob auch der RA, der als Verkehrsanwalt mit dem BGH-Anwalt verkehrt, eine $^{20}/_{10}$-Verkehrsgebühr erhält. Die Frage wird zu verneinen sein.

München JurBüro 79, 525;
a. M. Düsseldorf GRUR 78, 199 und JurBüro 80, 549 = JVBlNRW 80, 44 sowie Karlsruhe JurBüro 80, 1413 (für den Patentanwalt).

Der **Geltungsbereich des § 11 Abs. 1 S. 4** ist nicht auf bürgerliche Rechts- 11 streitigkeiten beschränkt, sondern hat allgemeine Bedeutung. § 11 Abs. 1 S. 4 gilt z. B. auch im verwaltungsgerichtlichen Berufungs- und Revisionsverfahren.

Das Finanzgericht ist kein Berufungsgericht. Deshalb gilt § 11 Abs. 1 S. 4 nicht (§ 114 Abs. 2).

Auch im zweiten und dritten Rechtszug des **arbeitsgerichtlichen Be-** 12 **schlußverfahrens** sowie im **Beschwerdeverfahren und im Rechtsbeschwerdeverfahren nach dem Ges. gegen Wettbewerbsbeschränkungen** v. 27. 7. 1957, ferner in dem Beschwerdeverfahren vor dem Bundesgerichtshof gegen eine Entscheidung des Patentgerichts erhält der RA nach § 62 Abs. 3, § 65a, § 66 Abs. 3 die erhöhten Gebühren des § 11 Abs. 1 S. 4.

Bei **Beschwerden in Scheidungsfolgesachen** richten sich die Gebühren 13 nach § 11 Abs. 1 Satz 4 (§ 61a).

14 Dasselbe gilt für das **schiedsgerichtliche Berufungs- und Revisionsverfahren** nach § 67 Abs. 3.

15 Für den im Wege der Prozeßkostenhilfe **beigeordneten Rechtsanwalt** erhöhen sich im Berufungs- und Revisionsverfahren die nach § 123 an die Stelle der vollen Gebühr tretenden Sätze gleichfalls um drei Zehntel, die Prozeßgebühr des beigeordneten RA am BGH auf zwanzig Zehntel.

Schumann/Geißinger A 5.

16 Voraussetzung der Erhöhung ist, daß der Rechtsanwalt die zu vergütende **Tätigkeit in einem Berufungs- oder Revisionsverfahren** oder in einem diesem gleichgestellten Verfahren vorgenommen hat. Dabei ist die Erhöhung nicht auf Tätigkeiten des Prozeßbevollmächtigten beschränkt, sondern gilt auch für die Gebühren für Einzeltätigkeiten, soweit diese in einem Berufungs- oder Revisionsverfahren ausgeübt worden sind.
Volle Gebühr ist im Rechtsmittelverfahren die $^{13}/_{10}$-Gebühr, halbe Gebühr die $^{13}/_{20}$-Gebühr und Dreizehntelgebühr die $^{39}/_{100}$-Gebühr. Volle Prozeßgebühr des BGH-Anwalts ist die $^{20}/_{10}$-Gebühr.

17 **Ob der Rechtsanwalt bei dem Berufungs- oder Revisionsgericht zugelassen ist,** ist nicht entscheidend. Es kann daher auch der erstinstanzliche Anwalt die erhöhten Gebühren berechnen, wenn er zulässigerweise eine Tätigkeit im Berufungs- oder Revisionsverfahren vorgenommen hat, z. B. als Verkehrsanwalt (§ 52), bei Ausführung der Parteirechte in der mündlichen Verhandlung (§ 53) oder bei einer Beweisaufnahme (§ 54), durch Mitwirkung bei einem Vergleich oder durch Erteilung eines das Berufungs- oder Revisionsverfahren betreffenden Rates (s. besonders § 20 Abs. 2).
So hat z. B. der erstinstanzliche Anwalt Anspruch auf die erhöhten Gebühren, wenn er, nachdem die Gegenpartei Berufung eingelegt hat, bei Abschluß eines Vergleichs mitwirkt, wenn sein Auftraggeber noch keine Prozeßbevollmächtigten für das Berufungsverfahren bestellt hat.

Vgl. auch Schleswig JurBüro 83, 551 (Haben die Beklagten Berufung eingelegt und wirkt der erstinstanzliche Prozeßbevollmächtigte des Klägers, ohne daß dieser einen Berufungsanwalt bestellt hat, an dem Abschluß eines das Berufungsverfahren mit erledigenden Vergleichs vor dem Erstgericht mit, so ist für den erstinstanzlichen Prozeßbevollmächtigten des Klägers (neben der Vergleichsgebühr) eine halbe, um $^3/_{10}$ erhöhte Prozeßgebühr entstanden und erstattungsfähig).

Hat die Gegenpartei in dem Vergleich die gesamten Kosten übernommen, so muß sie dem erstinstanzlichen Prozeßbevollmächtigten neben der erhöhten Vergleichsgebühr auch eine halbe nach § 11 Abs. 1 S. 4 erhöhte Prozeßgebühr erstatten.

Düsseldorf MDR 59, 500 = NJW 59, 680.

Erläßt das Berufungsgericht auf Antrag des erstinstanzlichen Anwalts einen Kostenbeschluß gemäß § 515 Abs. 3 ZPO, so steht dem erstinstanzlichen Anwalt die im Berufungsverfahren erhöhte Prozeßgebühr aus dem Kostenwert zu.

Frankfurt MDR 80, 941.

18 Auch **ob die Sache bei der höheren Instanz schon rechtshängig ist,** ist belanglos. Es kann deshalb auch für ein Gesuch um Bewilligung der Prozeßkostenhilfe für das Berufungs- oder Revisionsverfahren die erhöhte Gebühr

(also ¹³⁄₂₀) beansprucht werden, sofern dafür nach § 51 überhaupt eine Gebühr
verlangt werden kann.

Auch der RA, der nur den Antrag erhalten hat, das Rechtsmittel einzulegen
oder den Rechtsmittelbeklagten zu vertreten, erhält die erhöhten Gebühren,
selbst wenn es zu dem Rechtsmittelverfahren nicht kommt.
Daß der RA, der von der Einlegung der Berufung oder der Revision abrät,
unter den Voraussetzungen des § 20 Abs. 2 die halbe Gebühr nach § 11 Abs. 1
S. 4 erhält, ist dort ausdrücklich bestimmt.

Bei **gemeinsamem Vergleich** mehrerer **in verschiedenen Instanzen an-** 19
hängiger Rechtsstreitigkeiten erhält der RA die Gebührensätze der höchsten Instanz.

Auch in einem **Wiederaufnahmeverfahren** erhält der RA die erhöhten 20
Gebühren, wenn dafür das Berufungs- oder Revisionsgericht zuständig ist.

Ist für einen **Arrest oder eine einstweilige Verfügung** das Berufungsge- 21
richt als Gericht in der Hauptsache anzusehen (§ 943 ZPO), so können in
diesem Verfahren nach § 40 Abs. 3 nur die nicht erhöhten Gebühren des § 11
Abs. 1 berechnet werden.

In dem die **einstweiligen Anordnungen in Ehesachen** betreffenden § 41
fehlt eine dem § 40 Abs. 3 entsprechende Bestimmung. Es ist streitig, ob § 40
Abs. 3 entsprechend anzuwenden ist. Die Frage ist zu verneinen.

Vgl. hierzu A 8 zu § 41.

Ferner erhalten im erstinstanzlichen Verfahren nach den ausdrücklichen Aus- 22
nahmevorschriften des § 113 Abs. 2 S. 2 und des § 114 Abs. 2 die RAe die
erhöhten Gebühren des § 11 Abs. 1 S. 4 vor **Verfassungsgerichten,** dem
Bundesverwaltungsgericht, dem **Bundesfinanzhof** und vor dem **Oberverwaltungsgericht** (Verwaltungsgerichtshof). Auch in einem Verfahren
vor dem Kompetenzgerichtshof ist § 11 Abs. 1 S. 4 entsprechend anzuwenden.

Für das **Beschwerdeverfahren** gilt dagegen, von den in § 61 a, § 62 Abs. 3 23
und § 65 a (oben A 12) geregelten Ausnahmefällen abgesehen, § 11 Abs. 1 S. 4
nicht. Daher kann der RA auch dann nicht die erhöhten Gebühren beanspruchen, wenn das Beschwerdegericht von sich aus mündliche Verhandlung
angeordnet hat. Zur Frage, welche Gebühren anfallen, wenn das Beschwerdegericht in Arrest- und einstweiligen Verfügungssachen mündliche Verhandlung anordnet und durch Urteil entscheidet, vgl. A 16 zu § 40. Zur Höhe der
Vergütung in dem Verfahren auf sofortige Beschwerde gemäß § 42 BRAO
vor dem Bundesgerichtshof vgl. A 9 zu § 110.

Auch wenn sich die Tätigkeit des RA, soweit sie die Beschwerde betrifft,
äußerlich im Rahmen eines Berufungsverfahrens abspielt, tritt keine Erhöhung der Beschwerdegebühr ein.

Bei Beschwerden, die nach § 118 vergütet werden, erhöht sich der Gebührenrahmen nicht. Es bleibt bei dem Satz von ⁵⁄₁₀ bis ¹⁰⁄₁₀ mit der Mittelgebühr von
⁷,⁵⁄₁₀. Erhöhte Bedeutung oder Mehrarbeit sind innerhalb des Gebührenrahmens zu beachten.

Auf **Rechtsbeschwerdeverfahren** kann § 11 Abs. 1 S. 4 nur dann angewen- 24
det werden, wenn dies in der BRAGO ausdrücklich vorgeschrieben ist. Vgl.
§ 61 a und § 65 a.

25 Das **Rückerstattungsverfahren** fällt nicht unter die BRAGO. Nach § 5 Abs. 2 Nr. 5 der Schlußvorschriften des Art. XI bleiben die Vorschriften, nach denen die Anwaltsgebühren in Rückerstattungssachen bestimmt werden, unberührt. Soweit aber in diesen Vorschriften bisher auf die RAGebO verwiesen worden war, treten nach § 6 der Schlußvorschriften des Art. XI die Vorschriften der BRAGO an ihre Stelle.

Vgl. im einzelnen A 45 zu § 1.

26 Im Berufungsverfahren wegen **Nichtigkeitserklärung oder Rücknahme von Patenten** oder Zwangslizenzen (§ 66) ist § 11 Abs. 1 S. 4 anzuwenden, nicht aber im ersten Rechtszug.

§ 12 Rahmengebühren

(1) **Bei Rahmengebühren bestimmt der Rechtsanwalt die Gebühr im Einzelfall unter Berücksichtigung aller Umstände, insbesondere der Bedeutung der Angelegenheit, des Umfangs und der Schwierigkeit der anwaltlichen Tätigkeit sowie der Vermögens- und Einkommensverhältnisse des Auftraggebers, nach billigem Ermessen. Ist die Gebühr von einem Dritten zu ersetzen, so ist die von dem Rechtsanwalt getroffene Bestimmung nicht verbindlich, wenn sie unbillig ist.**

(2) **Im Rechtsstreit hat das Gericht ein Gutachten des Vorstandes der Rechtsanwaltskammer einzuholen. Das Gutachten ist kostenlos zu erstatten.**

Lit.: H. Schmidt Die Rahmengebühren in Strafsachen (Büro 62, 177 ff.); ders. Die Vergütung des RA für eine Tätigkeit nach dem Gesetz über die Entschädigung für Strafverfolgungsmaßnahmen (MDR 72, 755).

Übersicht über die Anmerkungen

1 Rahmengebühren sind solche Gebühren, die nicht fest nach dem Gegenstandswert berechnet werden, für die das Gesetz vielmehr einen Gebührenrahmen geschaffen hat, der nur in seiner oberen und unteren Grenze bestimmt ist. Die BRAGO kennt zwei Arten von Rahmengebühren, die Gebühren mit Gebührensatzrahmen und die Gebühren mit Betragsrahmen.

Beim **Gebührensatzrahmen** räumt das Gesetz einen Spielraum im Gebüh- 2
rensatz ein, wobei unter Gebührensatz ein Bruchteil der vollen Gebühr zu
verstehen ist. Das Gesetz bestimmt nur den Höchst- und den Mindestsatz.
Ein Beispiel hierfür bilden die Gebühren des § 118. Bei ihnen schwankt der
Gebührensatz zwischen ⁵⁄₁₀ und ¹⁰⁄₁₀ der vollen Gebühr (§ 118 Abs. 1).
Ist der Gebührensatz im Einzelfall festgelegt, ergibt sich die Höhe der Gebühr
zwangsläufig aus Gegenstandswert und Gebührentabelle.

Gebühren mit Betragsrahmen sind – wie die Definition in § 6 Abs. 1 Satz 3 3
lautet – die Gebühren, die dem Mindest- und Höchstbetrag nach bestimmt
sind. Das Schulbeispiel für diese Gebühren sind die Gebühren in Strafsachen
§§ 83 ff.

Die **Bestimmung der Gebühr im Einzelfall** erfolgt gemäß § 12 unter 4
Berücksichtigung aller persönlichen und sachlichen Umstände nach billigem
Ermessen. Das Gesetz gibt einige Anhaltspunkte, nach denen das Ermessen
ausgeübt werden soll. Da es sich bei diesen Anhaltspunkten nur um Beispiele
handelt („insbesondere sind zu berücksichtigen"), sind im Einzelfall noch
weitere Gesichtspunkte zu beachten. § 12 bestimmt, daß **alle Umstände** zu
berücksichtigen sind. Ein solch weiterer Umstand ist z. B. in § 88 aufgeführt.
Wer die Bestimmung zu treffen hat, ist durch die Neufassung des § 12
durch das Kostenänderungsgesetz 1975 geklärt. Das Bestimmungsrecht ist
dem RA übertragen worden. Es ist sonach Aufgabe des RA, die Gebühr im
Einzelfall unter Berücksichtigung aller Umstände zu bestimmen.

Der RA ist an sein einmal ausgeübtes Ermessen sowohl bei der Wertbestimmung als auch bei der Bestimmung der angefallenen Gebühr innerhalb eines
Gebührenrahmens sowie bei dem Billigkeitsermessen gebunden. Es sei denn,
er habe sich eine Erhöhung ausdrücklich und erkennbar vorbehalten oder er
sei über Bemessungsfaktoren getäuscht worden oder er habe einen gesetzlichen Gebührentatbestand übersehen.

Vgl. jedoch Kümmelmann AnwBl. 80, 451 (Bindung des Anwalts an eine absicht-
lich zu niedrig gehaltene Kostenrechnung, die der Mandant beanstandet).

Im FG-Verfahren bestimmt auch der im Wege der Prozeßkostenhilfe beigeordnete RA seinen Gebührensatz nach billigem Ermessen.

Düsseldorf AnwBl. 82, 254.

Entspricht die von dem RA bestimmte **Gebühr nicht der Billigkeit,** so ist 5
zu unterscheiden.
Ist die Gebühr von einem Dritten zu ersetzen, so ist gem. § 12 Abs. 1 S. 2 die
von dem RA getroffene Bestimmung nicht verbindlich, wenn sie unbillig ist.
Dritter ist nicht nur der Beteiligte, der sie z. B. gem. § 464 b StPO einem
Beteiligten zu erstatten hat, sondern auch die Staatskasse, die gem. § 467
Abs. 2 StPO dem Angeschuldigten bei Freispruch die Verteidigergebühr zu
erstatten hat. Im Kostenfestsetzungsverfahren nach § 464 b StPO sind somit
Rechtspfleger und Gericht auf die Prüfung beschränkt, ob die geltend gemachte, vom Verteidiger bestimmte Gebühr sich innerhalb des Gebührenrahmens hält und ob sie im Einzelfall unter Berücksichtigung aller Umstände
nicht unbillig ist. Im Festsetzungsverfahren muß also ausdrücklich festgestellt
werden, daß die bestimmte Gebühr unbillig hoch ist.

LR-Schäfer § 464a StPO Rn. 32; Schmidt in Anm. zu LG Detmold NJW 69, 1394.

Aus der negativen Fassung des § 12 Abs. 1 S. 2 – „nicht verbindlich, wenn sie unbillig ist" – ist zu schließen, daß die Unbilligkeit vom Rechtspfleger oder vom Gericht dargetan werden muß, daß die erforderlichen Tatsachen von Amts wegen ermittelt werden müssen, da die Beantwortung der Rechtsfrage nicht zur Disposition der Parteien steht.

Schmidt Die Vergütung S. 17; Lappe in Anm. KostRsp. BRAGO § 12 Nr. 7.

Die Behauptungs- und Beweislast trifft den Dritten. Zweifel gehen zu seinen Lasten.

Schmidt Die Vergütung S. 17.

Ergibt sich nicht ihre Unbilligkeit, muß die begehrte Gebühr festgesetzt werden; ergibt sich ihre Unbilligkeit, wird die Gebühr im Kostenfestsetzungsverfahren bestimmt.

Lappe Justizkostenrecht S. 229.

Die Rechtsschutzversicherung ist nicht Dritte i. S. des § 12 Abs. 1 S. 2; das Wort „zu ersetzen" ist i. S. von „zu erstatten" zu verstehen.

Muß der RA seine Gebühr gegen seinen Auftraggeber wegen des Verbots der Kostenfestsetzung (§ 19 Abs. 7) einklagen, so gilt § 315 Abs. 3 BGB: „Soll die Bestimmung nach billigem Ermessen erfolgen, so ist die getroffene Bestimmung für den anderen Teil nur verbindlich, wenn sie der Billigkeit entspricht. Entspricht sie nicht der Billigkeit, so wird die Bestimmung durch Urteil getroffen; das gleiche gilt, wenn die Bestimmung verzögert wird." Hier trifft die Behauptungs- und Beweislast den RA.

In der Praxis werden diese Unterschiede kaum beachtet, so daß letztlich auch das Kostenfestsetzungsverfahren analog § 315 Abs. 3 S. 2 BGB abläuft.

Dem RA ist daher dringend zu empfehlen, auch im Kostenfestsetzungsgesuch alle Umstände anzugeben, die die Höhe der Gebühr rechtfertigen sollen, denn sonst geht der Rechtspfleger und das Gericht nur vom Inhalt der Akten aus, aus dem die Tätigkeit des Anwalts meist nur äußerlich und unvollkommen, vor allen Dingen im Hinblick auf seine außergerichtliche Tätigkeit, hervorgeht.

Schmidt Die Vergütung S. 17.

Die vom Anwalt bestimmte Gebühr ist also zunächst verbindlich. Im Erstattungsverfahren kann ihre Verbindlichkeit nur durch die positive Feststellung ihrer Unbilligkeit beseitigt werden. Denn ob eine Gebühr der Höhe nach billigem Ermessen entspricht, unterliegt der Wertung. Es ist daher nicht möglich, im Einzelfall, einen nach Mark und Pfennig genau bezifferten Betrag auf den als einzigen dem billigen Ermessen unterliegenden Betrag zurückzuführen. Daraus folgt, daß billiges Ermessen sich nicht positiv bestimmen, sondern nur negativ abgrenzen läßt, indem man von einer konkreten Bestimmung sagt, diese stehe außerhalb des Bereichs, der vom billigen Ermessen abgedeckt sei.

Schneider in Anm. KostRsp. BRAGO § 12 Nr. 5.

Die Schwierigkeit liegt nun darin festzulegen, wann steht eine bestimmte Gebühr außerhalb des Bereichs, der vom billigen Ermessen abgedeckt ist. Die Rechtsprechung bemüht sich um Einheitlichkeit und wendet immer wieder Formeln an wie: Die Bestimmung dürfe nur auf Ermessensmißbrauch nachgeprüft werden, nur völlig abwegige Überlegungen und die Mißachtung von wesentlichen Aspekten könnten Anlaß zur Korrektur geben, die Gebührenbestimmung sei billig, die nicht grob vom Üblichen abweiche und dem Schuldner zumutbar sei, ermessensfehlerhaft sei jede objektiv nicht zu billigende Abweichung von dem angemessenen Gebührenbetrag. Mit Recht weist Schneider

> in Anm. KostRsp. BRAGO § 12 Nr. 5

darauf hin, daß diese Umschreibungsformeln ihrerseits viel zu unbestimmt sind und lediglich das Bewertungsproblem neu formulieren.

Es kann also generell nicht umschrieben werden, wann eine Unbilligkeit der vom RA getroffenen Bestimmung vorliegt. Maßgebend können nur die Umstände des Einzelfalles sein. Dabei ist zu beachten, daß das grundsätzliche Gebührenbestimmungsrecht des Anwalts nicht dadurch praktisch ausgehöhlt werden darf, daß eine Gebührenbemessung schon dann als unbillig korrigiert wird, wenn sie lediglich „gut bemessen" ist.

> LR-Schäfer § 464a StPO Rn. 33.

Auf der anderen Seite ist zu berücksichtigen, daß die Korrektur auf grobe Unbilligkeit beschränkt ist, denn sonst hätte sich der Gesetzgeber des Begriffs der offenbaren Unbilligkeit wie z. B. in § 319 Abs. 1 BGB bedient. Wenn also nicht allgemein unbestimmt werden kann, wann eine Gebühr unbillig hoch ist, so kann doch gesagt werden, daß die bestimmte Gebühr deutlich unbillig hoch sein muß. Dabei ist jedoch nicht erforderlich, daß es sich um einen Extremfall der Unbilligkeit handelt. Unbilligkeit kann vorliegen, wenn der RA einen auf der Hand liegenden Faktor überhaupt nicht beachtet oder einen offensichtlich völlig abwegigen zum Maßstab gemacht hat.

> LG Frankfurt AnwBl. 76, 353.

Um die Ermessensentscheidung bei der Bestimmung der konkreten Rahmengebühr praktikabel zu machen, bedient sich die Rechtsprechung des Hilfsmittels der Mittelgebühr in Verbindung mit der Kompensationstheorie und der Figur der Toleranzgrenze.

Die Mittelgebühr. Wegen der Schwierigkeit zu bestimmen, wann eine 6 Rahmengebühr unbillig ist und weil mit der Aufzählung der Umstände, die einerseits für die Erhöhung, andererseits für eine Ermässigung der Gebühr sprechen, der Praxis nicht viel geholfen ist, weil ihr ein Ansatzpunkt fehlt, hat die Praxis sich diesen Ansatzpunkt mit der sog. Mittelgebühr geschaffen. Die Mittelgebühr soll gelten und damit zur konkreten billigen Gebühr in den „Normalfällen" werden, d. h. in den Fällen, in denen sämtliche, insbesondere die nach § 12 Abs. 1 S. 1 zu berücksichtigenden Umstände durchschnittlicher Art sind, also übliche Bedeutung der Angelegenheit, durchschnittlicher Umfang und durchschnittliche Schwierigkeit der anwaltlichen Tätigkeit, wirtschaftliche Verhältnisse des Auftraggebers, die dem Durchschnitt der Bevölkerung entsprechen.

> LG Flensburg JurBüro 1979, 1504; Riedel/Sußbauer A 13; Schumann/Geißinger A 19; Schmidt Büro 62, 178.

Die Mittelgebühr ist auch – mittelbar – vom Gesetzgeber anerkannt. Bei den Beratungen des Gesetzes vom 29. Okt. 1969 – BGBl. I 2049 – ist ausgeführt worden, daß bei den Betragsrahmengebühren eine Erhöhung der Mindestgebühr nicht erforderlich sei, weil allein durch die Erhöhung der Höchstgebühr auch die „Mittelgebühr" angehoben werde.

Die Mittelgebühr wird von der Praxis mit der Mindestgebühr zuzüglich der Hälfte des Unterschieds zwischen Mindest- und Höchstgebühr angenommen:

Beispiel:

Mindestgebühr	80,00 DM
Höchstgebühr	1 060,00 DM
Unterschied: 1 060,00 ./. 80,00 DM =	980,00 DM.

Mittelgebühr:

Mindestgebühr	80,00 DM	
+ Hälfte des Unterschiedes	490,00 DM	
Mittelgebühr sonach		570,00 DM.

Schneller läßt sich die Mittelgebühr ausrechnen, wenn man Mindest- und Höchstgebühr addiert und das Ergebnis durch 2 dividiert

$$\frac{\text{Mindestgebühr} + \text{Höchstgebühr}}{2}$$

im obigen Beispiel:

$$\frac{80 + 1060}{2} = 570 \text{ DM}$$

Bei den Gebühren des § 118 wird die Mittelgebühr wie folgt errechnet:

$$\frac{{}^{5}/_{10} + {}^{10}/_{10}}{2} = {}^{7.5}/_{10}$$

> Köln NJW 1962, 830 = AnwBl. 1962, 74 = Rpfleger 62, 111; Schumann-Geißinger A 23.

Auf der anderen Seite darf der Mittelwert nicht aus Bequemlichkeit grundsätzlich als konkreter Wert angenommen werden. Er ist vielmehr Ansatzpunkt für die konkrete Gebühr, die unter Berücksichtigung aller erhöhenden und vermindernden Umstände ermittelt werden muß.

> Saarbrücken JVBl. 65, 256.

Jedes der Bemessenskriterien des § 12 kann Anlaß sein, vom Mittelwert nach oben oder unten abzuweichen, soweit der Umstand vom Durchschnitt abweicht.

> München JurBüro 79, 227; LG Flensburg JurBüro 76, 1504.

Bereits ein einziger Umstand i. S. des § 12 kann ein Abweichen von der Mittelgebühr rechtfertigen. Ein im Einzelfall besonders ins Gewicht fallendes Kriterium kann die Relevanz der übrigen Umstände kompensierend zurückdrängen.

> München JurBüro 79, 227; LG Flensburg JurBüro 76, 1504; AG Pforzheim AnwBl. 87, 49.

Sicher ist, daß die **Höchstgebühr** nicht nur dann angebracht ist, wenn alle Umstände für eine Erhöhung sprechen. Auch bei durchschnittlichen wirtschaftlichen Verhältnissen kann z. B. allein der Umfang oder die Schwierigkeit die Höchstgebühr rechtfertigen.

> Frankfurt JurBüro 74, 1001; München AnwBl. 77, 171 = JurBüro 77, 490; LG Flensburg JurBüro 76, 1504; VG Münster AnwBl. 86, 455; einschränkend Nürnberg JurBüro 73, 400 (Der Rahmenhöchstsatz ist nur dann berechtigt, wenn alle Bemessungsfaktoren weit überdurchschnittlich sind oder es sich um einen ganz außergewöhnlichen Fall handelt).

Andererseits kann auch bei gleichen wirtschaftlichen Verhältnissen die Mindestgebühr gerechtfertigt sein, wenn der Anwalt eine Tätigkeit entwickelt hat, die nach Umfang und Schwierigkeit an der untersten Grenze liegt. Bereits ein einzelner Umstand kann ein Abweichen von der Mittelgebühr nach oben oder nach unten rechtfertigen. Es ist also nicht nötig, daß mehrere Umstände zusammenkommen müssen. So kann z. B. die Bedeutung des Strafverfahrens für sich allein die Festsetzung einer erhöhten Gebühr rechtfertigen. Sehr günstige Vermögensverhältnisse des Auftraggebers können die Höchstgebühr rechtfertigen, auch wenn andere Umstände (wie z. B. Umfang und Schwierigkeit) nur durchschnittlich sind.

Celle Rpfleger 69, 305; Schumann/Geißinger A 21.

Andererseits können z. B. extrem schlechte wirtschaftliche Verhältnisse für sich allein Anlaß geben, eine erheblich unter der Mittelgebühr liegende Gebühr festzusetzen. Die **Mindestgebühr** kommt nur für ganz einfache Sachen von geringem Umfang in Betracht, insbesondere dann, wenn auch die wirtschaftlichen Verhältnisse des Auftraggebers ungünstig sind.

Ähnlich Schumann/Geißinger A 20.

Hieraus hat sich auch die sog. **Kompensationstheorie** entwickelt, wonach 7 das geringere Gewicht eines Bemessungsmerkmals das überragende Gewicht eines anderen Merkmals kompensieren kann.

München AnwBl. 77, 177; 1980, 469.

Ein anderer Versuch, das Problem der Berechenbarkeit der konkreten Gebühr einigermaßen zu bewältigen, ist das Abstellen auf **Toleranzgrenzen.** Der Rechtspfleger berechnet die ihm als billig erscheinende Gebühr, vergleicht diese mit der durch den RA bestimmten und toleriert Abweichungen in Höhe eines bestimmten Prozentsatzes mit der Begründung, eine Abweichung innerhalb dieses Prozentsatzes mache die bestimmte Gebühr noch nicht zu einer unbilligen; umgekehrt macht dann ein Überschreiten der Grenze die anwaltliche Feststellung und Festsetzung unverbindlich. Im allgemeinen werden Abweichungen bis zu 20 % noch als verbindlich angesehen.

Düsseldorf JurBüro 83, 875; Köln JMBlNRW 73, 191; München MDR 75, 336 = Rpfleger 75, 106 = AnwBl. 75, 171; Düsseldorf AnwBl. 82, 262; LG Düsseldorf AnwBl. 83, 41; LG München AnwBl. 79, 243; LG Flensburg JurBüro 84, 548.

Mit Recht weist Schneider

Anm. zu KostRsp. BRAGO § 12 Nr. 5

darauf hin, daß die Methode kein Patentrezept ist, daß es keine rational begründbaren Argumente dafür gibt, daß eine Abweichung von 19,5 % noch im Bereich des billigen Ermessens, eine solche von 20,5 % dagegen nicht mehr liege; es sei aber unergiebig, die Schwächen des Prinzips der Prozentabweichung zu kritisieren, ohne zugleich eine zuverlässigere und praktikablere Methode anzubieten; eine solche sei aber nicht in Sicht.

Allgemein anerkannt ist inzwischen, daß das Gericht jedenfalls nicht befugt ist, geringfügige bzw. kleinliche Abstriche von den vom RA bestimmten Gebührensätzen zu machen.

München AnwBl. 80, 469.

Die **Bedeutung der Angelegenheit** ist als erster zu berücksichtigender 8

Umstand in § 12 genannt. Die „Bedeutung" ist nicht identisch mit dem „Interesse" des Auftraggebers oder dem erhofften bzw. erzielten Erfolg in der Angelegenheit. Zu berücksichtigen ist nicht nur das unmittelbare Ziel der anwaltlichen Tätigkeit. Zu beachten sind vielmehr auch die weiteren Auswirkungen auf die wirtschaftlichen Verhältnisse des Auftraggebers, seine Stellung, sein Ansehen, ferner auch die rechtliche und tatsächliche Klärung für andere Fälle.

LG Hanau AnwBl. 82, 388 (nachfolgende Disziplinarmaßnahmen beim Beamten); LG Flensburg JurBüro 84, 1038 (Verlust der beruflichen Existenz = Höchstgebühr); LG Kaiserslautern AnwBl. 64, 289; LG Heidelberg AnwBl. 65, 184; LG Flensburg JurBüro 76, 1216 (Führerscheinentzug für Berufskraftfahrer, Handelsvertreter); s. auch Anm. v. Schneider zu KostRsp. BRAGO § 12 Nr. 2); Riedel/ Sußbauer A 8; Schumann/Geißinger A 7.

In Betracht kommt in der Regel nur die Bedeutung, die die Angelegenheit für den Auftraggeber hat. Denn die Vergütung des RA soll ja die Tätigkeit entgelten, die der RA für einen Auftraggeber ausübt. Nicht wesentlich ist die Bedeutung, die die Öffentlichkeit der Angelegenheit beimißt, es sei denn, daß sich dadurch gleichzeitig die Bedeutung der Angelegenheit für den Auftraggeber erhöht. Wird eine Angelegenheit als Modellfall betrieben, ist nicht nur das Interesse des einzelnen, sondern das Gesamtinteresse aller Beteiligten zu beachten.

Riedel/Sußbauer A 6; Schumann/Geißinger A 7.

In Strafsachen kommt es auf den Erfolg, der in dem Verfahren erzielt worden ist, nicht ausschlaggebend an. Es ist sonach unerheblich, ob der Angeklagte freigesprochen oder verurteilt wird. Ebensowenig spielt es eine Rolle, ob der Angeklagte wegen seiner Tat zu hoch oder zu niedrig bestraft wird. Mit der Bedeutung der Sache hat es nichts zu tun, wenn der Angeklagte im Einzelfall eine zu milde oder zu harte Strafe erhalten hat. Dagegen spricht für die Bedeutung der Angelegenheit, ob wegen Betrugs – objektiv richtig – eine Geldstrafe von 100 DM oder eine Freiheitsstrafe von 3 Jahren ausgeworfen wird.

Schumann/Geißinger A 7; a. M. Göttlich Büro 56, 122; Kimmig AnwBl. 54, 206 und AnwBl. 63, 98.

Ein Indiz für das Merkmal Bedeutung der Angelegenheit ist immer auch der Antrag der Staatsanwaltschaft zur Strafzumessung.

Eine Strafsache ist sowohl für den Angeklagten wie auch für den Nebenkläger von erhöhter Bedeutung, wenn die Angelegenheit mit der Durchführung des Strafverfahrens nicht erledigt ist, vielmehr noch erhebliche zivilrechtliche Ansprüche erhoben werden. Es ist zwar richtig, daß der Zivilrichter an die Feststellungen des Strafurteils nicht gebunden ist. Jedoch wird kein Zivilrichter an dem ihm vorliegenden Strafurteil vorbeigehen, ohne sich mit ihm – falls er ihm nicht folgen will – gründlich auseinanderzusetzen. Der Ausgang des Strafverfahrens hat also schon eine beachtliche Bedeutung für den folgenden Zivilprozeß, nämlich wenn der Sachverhalt im Strafverfahren einwandfrei geklärt werden konnte. Hier gewinnt das Strafurteil die Bedeutung eines zivilrechtlichen Grundurteils. Es wird kaum eine Versicherungsgesellschaft geben, die Ersatzansprüche auch weiterhin dem Grunde nach bestreitet, wenn das Strafverfahren (z. B. in einer Verkehrssache) eindeutig das alleinige Verschulden ihres Versicherungsnehmers ergeben hat. Haftpflichtversicherer pflegen auch dem Anwalt des Geschädigten zu schreiben, sie würden mit der Regulierung bis zum Abschluß des Strafverfahrens warten. Mit diesem Schreiben kann sozusagen als Urkundenbeweis die Bedeutung der Angelegenheit i. S. von § 12 bewiesen werden.

LG Bamberg JurBüro 72, 882 m. Anm. v. Mümmler; LG München I AnwBl. 82, 263 m. Anm. v. Schmidt; LG Wuppertal DAR 85, 94 = AnwBl. 85, 160; AG Hanau AnwBl. 80, 311.

Eine Strafsache hat auch dann für den Betroffenen eine über das übliche Maß hinausgehende Bedeutung, wenn der Betroffene bei Berücksichtigung seiner persönlichen Verhältnisse (bisherige Unbescholtenheit, Stellung im Berufsleben, schwerwiegender Schuldvorwurf) ein besonderes Interesse an seiner Rehabilitierung hat.

Saarbrücken JVBl. 66, 189.

Da es auf den Erfolg in Strafsachen nicht ausschlaggebend ankommt, kann es sich auch nicht als bedeutungsmindernd auswirken, wenn z. B. in einer Verkehrsstrafsache ein erhebliches Mitverschulden des Verletzten festgestellt wird. Steht allerdings dieses erhebliche Mitverschulden von vornherein fest und geht es in dem Strafverfahren nur darum, ob auch dem Kraftfahrer ein gewisses Verschulden anzulasten ist, ist das Verfahren in seiner Bedeutung gemindert.

Schumann/Geißinger A 9; LG Koblenz DAR 62, 21.

In anderen Angelegenheiten kann der erzielte Erfolg unter Umständen die Bedeutung der Angelegenheit erhöhen.

Beispiel: In Vertragsverhandlungen gelingt es dem RA, ein für seinen Auftraggeber besonders günstiges Ergebnis zu erzielen.

Schumann/Geißinger A 7.

Ein weiterer Umstand, der bei der Bemessung der Gebühr zu beachten ist, ist **9** der **Umfang der anwaltlichen Tätigkeit**. Bei dem Umfang ist der zeitliche Aufwand zu berücksichtigen, den der RA auf die Sache verwenden muß. Es ist also zu beachten, ob die Hauptverhandlung in einer Strafsache nur eine Stunde dauert oder ob sie sich über den ganzen Tag hinzieht. Die Vergütung des RA, der einen ganzen Tag an einer Strafverhandlung teilnimmt, muß – bei sonst gleichen Umständen – selbstverständlich höher sein als die Vergütung des RA, der nur an einer Hauptverhandlung von einer Stunde teilgenommen hat. Bei der Gebühr für die Hauptverhandlung ist auch die Ordnung des Gerichts zu berücksichtigen. Eine Hauptverhandlungsdauer beim Amtsrichter von einer Stunde ist mit Sicherheit nicht unterdurchschnittlich, bei einer großen Strafkammer aber wohl.

Schumann/Geißinger A 11; Bremen JurBüro 81, 1193; unrichtig AG Hamburg VersR 67, 265, das meint, die Gebühr brauche die Kosten des Anwalts für die von ihm und seinem Personal aufgewendete Zeit nicht zu decken.

Der „zeitliche Aufwand" ist ein Umstand, der nach § 12 zu beachten ist. Das Gesetz ermöglicht es also, im Rahmen des § 12 die Kosten zu decken. Ebenso muß es sich z. B. bei Vertragsverhandlungen auf den Gebührensatz (§ 118) auswirken, wenn die Verhandlungen an einem Tag zum Ziele führen oder wenn sie sich über Monate oder Jahre hinziehen. Dagegen sind solche Umstände bei der Berechnung der einen Gebühr nicht zu beachten, die eine zweite Gebühr auslösen. So ist bei der Geschäftsgebühr des § 118 Abs. 1 Nr. 1 nicht zu berücksichtigen, daß auch eine Besprechung erforderlich war, da für die Besprechung eine eigene Gebühr – die Besprechungsgebühr des § 118 Abs. 1 Nr. 2 – angefallen ist.

Auch ist nicht zu berücksichtigen, daß die Hauptverhandlung in einer Strafsache sich über zwei Tage hingezogen hat. Denn für jeden weiteren Tag der Hauptverhandlung erhält der RA eine besondere zusätzliche Gebühr (§ 83 Abs. 2). Dauert die Hauptverhandlung z. B. am 1. und 2. Tag nur je eine Stunde (etwa weil eine an sich normale Sache wegen Ausbleibens eines Zeugen auf den nächsten Tag vertagt werden muß), bietet der „Umfang" des Verfahrens keinen Anlaß zu einer Erhöhung der Gebühr. Denn der Umstand, daß zwei Tage verhandelt worden ist, wird durch die Gebühr des § 83 Abs. 2 abgegolten. Dieser Grundsatz gilt jedoch nicht uneingeschränkt. Erfordert die Besprechung eine eingehende – zeitraubende – Vorbereitung, ist dieser Umstand auch der Bemessung der Geschäftsgebühr zu beachten. Ebenso erfordert eine Hauptverhandlung in Strafsachen, die mehrere Tage oder Wochen dauert, eine umfangreichere Vorarbeit als eine nur eintägige Hauptverhandlung. Die gesamte Vorarbeit ist bei der Bemessung der Gebühr des § 83 Abs. 1 zu beachten. Denn die Gebühr des § 83 Abs. 1 gilt die gesamte Tätigkeit nach dem Ende des vorbereitenden Verfahrens einschließlich des 1. Hauptverhandlungstermins ab.

Es ist also z. B. zu berücksichtigen
a) der Zeitaufwand, der nötig ist, um die Akten zu studieren und Notizen zu machen (etwa notwendige Ablichtungen sind nicht zu berücksichtigen, ihre Anfertigung wird gesondert über § 27 vergütet), Rechtsprechung und Literatur zu studieren, sowie die Vorbereitung des Plädoyers,
b) der Zeitaufwand, der nötig ist, um die Sache mit dem Angeklagten zu besprechen; dabei macht es einen Unterschied, ob der Mandant wie gewöhnlich zu dem RA in die Kanzlei kommt oder der RA ihn im Untersuchungsgefängnis aufsuchen muß, oder in seinem Unternehmen, weil z. B. dort die Unterlagen oder Gegenstände liegen, die nicht in die Kanzlei transportiert werden können;
c) zum Umfang gehören besonders alle die Tätigkeiten, die mangels entsprechender Gebührenvorschriften nicht durch eine besondere Gebühr vergütet werden. Diese sind für den Verteidiger z. B. (wegen Fehlens einer Beschwerdegebühr) die Haft- oder sonstigen Beschwerden, wegen Fehlens einer allgemeinen Terminsgebühr die Teilnahme an Terminen außerhalb der Hauptverhandlung (Vernehmen vor dem beauftragten oder ersuchten Richter), aber auch sonstige Tätigkeiten wie z. B. Haftprüfungsverfahren, Besichtigung der Unfallstelle. Ganz generell gesagt, unter dieses Bemessungskriterium gehört all das, was zur Verteidung notwendig ist und über das Normalmaß der Verteidigung hinausgeht. Es wird immer wieder der Fehler gemacht, daß bei der Gebühr für den 1. Hauptverhandlungstag erheblich unter der Mittelgebühr geblieben wird mit der Begründung, die Hauptverhandlung habe nur wenige Minuten gedauert, weil wegen Ausbleiben eines Zeugen sofort habe vertagt werden müssen. Dabei wird übersehen, daß mit der Gebühr für die Hauptverhandlung auch die gesamte, die Hauptverhandlung vorbereitende Tätigkeit des Verteidigers mitabgegolten werden muß.
LG Wuppertal DAR 85, 94.

In einem solchen Fall ist es wichtig, wenn die Gebühr von einem Dritten zu
ersetzen oder von der Rechtsschutzversicherung zu übernehmen ist, daß etwa
wie folgt begründet wird: Zwar hat die Hauptverhandlung am 1. Hauptverhandlungstag nur wenige Minuten gedauert; zu berücksichtigen ist aber, daß
mit der Gebühr des § 83 Abs. 1 die gesamte vorbereitende Tätigkeit des
Verteidigers für die Hauptverhandlung abgegolten wird. Diese Tätigkeit
bestand in . . . Oft scheitert die weitere Begründung daran, daß der Verteidiger den Umfang seiner Tätigkeit nicht mehr kennt, weil er versäumt hat,
diesbezügliche Aktennotizen zu fertigen.

Bei dem Zeitaufwand ist zu beachten, was eine Anwaltsstunde kostet.

> Franzen NJW 73, 2054 u. 74, 748 kam bereits 1973/74 zu dem Ergebnis, daß ein
> Anwalt pro Arbeitsstunde ca. 160 DM verdienen muß. Traulsen u. Fölster
> AnwBl. 82, 64 kommen für 1982 zum Ergebnis, daß der Anwalt seinem Mandan-
> ten pro Stunde ein Honorar von 221,78 DM in Rechnung stellen muß. Zur
> Kalkulation des Honorars in Strafsachen s. Madert Die Gebühren des Strafverteidi-
> gers Rn. 3.

Als nächster Umstand ist die **Schwierigkeit** der anwaltlichen Tätigkeit zu   10
würdigen.

> Übersicht s. Schneider in Anm. KostRspr. BRAGO § 12 Nr. 4.

Umfang und Schwierigkeit sind also nicht das gleiche. Umfang ist der
zeitliche Arbeitsaufwand, Schwierigkeit die Intensität der Arbeit. Es ist
hiernach möglich, daß eine Sache umfangreich, aber nicht schwierig ist, daß
sie nicht umfangreich, aber schwierig, daß sie weder umfangreich noch
schwierig, aber auch, daß sie sowohl umfangreich als auch schwierig ist.
Schwierig ist die Tätigkeit z. B. dann, wenn erhebliche, im Normalfall nicht
auftretende Probleme auftauchen, sei es, daß sie auf juristischem Gebiet liegen
(Fragen auf entlegenen Spezialgebieten, die noch wenig geklärt sind), sei es,
daß sie auf nicht juristischem Gebiet liegen.

> LG Karlsruhe AnwBl. 80, 121; LG Nürnberg-Fürth AnwBl. 69, 208; LG Bochum
> AnwBl. 85, 151 (psychiatrischer Sachverständige in der Hauptverhandlung); VG
> Münster AnwBl. 86, 455; AG Krefeld AnwBl. 80, 303.

Verteidigt ein Spezialist in einem Verfahren auf seinem – entlegenen –
Spezialgebiet, so ist dies bei der Bemessung der Vergütung gebührenerhöhend zu beachten.

> Schumann/Geißinger A 6, 12; LG Karlsruhe JurBüro 73, 740; AG Hünfeld JurBüro
> 70, 97.

Auch wenn der Verteidiger Spezialist auf einem bestimmten Gebiet ist, bleibt
das Gebiet als solches schwierig, und es ist nicht zulässig, die Erhöhung der
Gebühr mit der Begründung zu verneinen, für die Mehrzahl der Anwälte sei
die Sache zwar schwierig, für diesen Verteidiger als Spezialisten aber nicht.

> LG Karlsruhe AnwBl. 73, 367; LG Freiburg AnwBl. 65, 184; AG Köln AnwBl. 78,
> 63.

Ebenso sind angewandte Fremdsprachenkenntnisse als gebührenerhöhend zu
berücksichtigen.

> Riedel/Sußbauer A 9; Schumann/Geißinger A 12; LG Nürnberg-Fürth AnwBl. 69,
> 208; AG Darmstadt AnwBl. 70, 80.

Ist das Bemessungskriterium Schwierigkeit im ersten Rechtszug gebüh[ren-] höhend berücksichtigt worden, so kann es in folgenden Instanzen nicht noch einmal berücksichtigt werden, wenn im ersten Rechtszug die Schwierigkeiten behoben worden sind oder es sich in den folgenden Instanzen um andere Probleme handelt (z. B. nur um die Zulässigkeit des Rechtsmittels).

Wird der RA in mehreren gleichgelagerten Angelegenheiten von höchstem Schwierigkeitsgrad tätig, hat er in jeder Sache Anspruch auf die Höchstgebühr (nicht nur in einer).

OVG Hamburg MDR 72, 808.

11 Ferner sind die „**Vermögens- und Einkommensverhältnisse**" des Auftraggebers zu berücksichtigen. Gute wirtschaftliche Verhältnisse rechtfertigen eine höhere Vergütung, schlechte wirtschaftliche Verhältnisse bedingen eine Ermäßigung der Gebühr.

Hartmann A 2 c; Riedel/Sußbauer A 10; AG Freiburg AnwBl. 82, 264.

Für die gleiche Leistung hat deshalb ein wirtschaftlich gutgestellter Auftraggeber eine höhere Vergütung zu entrichten als ein wenig bemittelter Mandant.

BayVerfGH JVBl. 67, 108 (Daß die wirtschaftlichen Verhältnisse des Kostenschuldners zu berücksichtigen sind, verstößt nicht gegen die Verfassung, vor allem nicht gegen den Gleichheitssatz und den Rechtsstaatsgrundsatz).

Maßgebend sind die wirtschaftlichen Verhältnisse zur Zeit der Auftragserteilung bzw. der Ausführung des Auftrags.

Frankfurt OLGSt. § 12 BRAGO (Die Angemessenheit der Gebühr nach § 12 Abs. 1 ist nach den wirtschaftlichen Verhältnissen des Auftraggebers im Zeitpunkt der Fälligkeit der Vergütung oder allenfalls der Auftragserteilung zu beurteilen); LG Krefeld AnwBl. 76, 136 = JurBüro 76, 64.

Dabei ist der Begriff der wirtschaftlichen Verhältnisse gemäß den Gegebenheiten des täglichen Lebens weit zu fassen. Es ist also auch von Bedeutung, wenn der Auftraggeber gegen einen Dritten einen Anspruch auf Freistellung von den Kosten hat, z. B. die Ehefrau gegen ihren Ehemann gemäß § 1360a BGB, das minderjährige Kind gegen die Eltern gemäß §§ 1601 ff. BGB. In gleicher Weise sind die Verhältnisse eines Mannes ohne Vermögen mit bescheidenem Einkommen als normal zu bezeichnen, wenn eine Rechtsschutzversicherung die Kosten der Vertretung übernimmt.

Riedel/Sußbauer A 11; Schumann/Geißinger A 13.

Nicht zu berücksichtigen sind die wirtschaftlichen Verhältnisse eines erstattungspflichtigen Gegners. Denn § 12 behandelt das Verhältnis zwischen Auftraggeber und RA. Der Gesetzgeber hat das Wort „Zahlungspflichtiger" in der Fassung des früheren § 74 RAGebO bewußt gegen den Ausdruck „Auftraggeber" in § 12 ausgetauscht.

Riedel/Sußbauer A 12; Schumann/Geißinger A 14; München AnwBl. 79, 74; LG Nürnberg-Fürth JurBüro 85, 869 m. zust. Anm. von Mümmler; a. M. Schmidt Büro 62, 182 u. Gerold-Schmidt 8. Auflage A 8, die der Berücksichtigung von guten wirtschaftlichen Verhältnissen des erstattungspflichtigen Gegners bejaht, wenn diese besser sind als die des Auftraggebers; denn mit dem Erwerb des Erstattungsanspruches hätten sich die wirtschaftlichen Verhältnisse des Auftraggebers normalisiert.

Der schlichte Hinweis, ein Auftraggeber habe weit über dem Durchschnitt liegende Einkommensverhältnisse, besagt für die zu berücksichtigenden Einkommenverhältnisse des Auftraggebers (hier ein RA) nichts.

AG Hagen AnwBl. 86, 160.

Zugunsten des RA ist zu beachten, wenn sich durch seine Tätigkeit die wirtschaftlichen Verhältnisse des Auftraggebers wesentlich gebessert haben. Beispiel: Ein bisher vermögensloser Auftraggeber gewinnt in einem Verfahren einen hohen Betrag.

Kimming AnwBl. 63, 98.

Die wirtschaftlichen Verhältnisse sind den anderen Bewertungsumständen gleichwertig. Es ist also nicht richtig, sie nur hilfsweise zu bewerten. Ein sehr hoher Streitwert z. B. in Ehesachen läßt sich nur mit den ungewöhnlich günstigen wirtschaftlichen Verhältnissen der Eheleute rechtfertigen.

Besonderheiten in Strafsachen. Sind keine Umstände erkennbar, die eine 12 Erhöhung oder eine Ermäßigung rechtfertigen, ist von der Mittelgebühr auszugehen.

Schumann/Geißinger A 26; Köln AnwBl. 62, 74 = Rpfleger 62, 111 = JMBlNRW 62, 73; LG Köln AnwBl. 79, 75; LG Mönchengladbach JurBüro 80, 1830; LG München II AnwBl. 68, 401; LG Osnabrück AnwBl. 66, 71; LG Würzburg JurBüro 79, 1034 und JurBüro 81, 851; AG Düsseldorf AnwBl. 68, 401.

Der Umstand, daß ein Rechtsmittel auf das Strafmaß beschränkt ist, rechtfertigt nicht, von der Mittelgebühr abzugehen.

Ostler MDR 66, 367; a. M. LG Bayreuth JurBüro 81, 546.

Für einen nichtvorbestraften Beschuldigten wiegt die Bedeutung schwerer.

AG Hannover AnwBl. 80, 311.

Für die Verteidigung in einem Fall, der in jeder Hinsicht dem Durchschnitt entspricht, steht dem Verteidiger grundsätzlich die Mittelgebühr des einschlägigen Gebührenrahmens zu.

Einem Verteidiger, der durch eine umfangreiche Tätigkeit vor Eröffnung des Hauptverfahrens erreicht, daß die Anklage zurückgenommen wird, steht die Höchstgebühr des § 84 auch dann zu, wenn es sich im übrigen um eine Sache von nur durchschnittlicher Bedeutung handelt.

LG Bochum AnwBl. 67, 237.

Die Vergütung des Verteidigers ist nicht deshalb geringer zu bemessen, weil bereits der Staatsanwalt Freispruch beantragt. Es ist möglich, daß die Aufklärung des Sachverhalts auf der Tätigkeit des Verteidigers beruht.

LG Osnabrück AnwBl. 84, 263;
a. M. LG München I JurBüro 82, 1182 mit Anm. von Mümmler.

Wird nach umfangreichen Stellungsnahmen des Verteidigers schließlich die Eröffnung des Hauptverfahrens abgelehnt, dann ist eine Verteidigergebühr im oberen Bereich des Gebührenrahmens angemessen.

AG Hannover AnwBl. 80, 311.

Auch bei Privatklagen ist von der Mittelgebühr auszugehen.

Schumann/Geißinger A 32; LG München II AnwBl. 80, 470; LG Weiden JurBüro 73, 1063.

Ist eine Privatklage gegen mehrere Angeklagte gerichtet, ist eine Erhöhung der Gebühr des Vertreters des Privatklägers gerechtfertigt (für ihn gilt § 6 Abs. 1 Satz 3 nicht).

LG Amberg NJW 62, 398; LG Mannheim JurBüro 64, 111 (Anm. H. Schmidt).

Das Gesetz hat dem Nebenklägervertreter dieselben Gebühren wie dem Verteidiger zugebilligt. Die Auffassung, die Tätigkeit des Nebenklägervertreters sei grundsätzlich von geringerer Bedeutung als die des Verteidigers, ist falsch. Auch die Tatsache, daß der RA als Nebenklägervertreter neben dem Staatsanwalt tätig wird, rechtfertigt es nicht, seine Vergütung zu kürzen. Unerheblich ist auch, ob der Vertreter des Nebenklägers in der Hauptverhandlung sich besonders hervorgetan hat; denn es ist nicht seine Aufgabe, den Gang des Verfahrens erkennbar zu beeinflussen. Also ist in durchschnittlichen Strafverfahren grundsätzlich auch für den Nebenklägervertreter die Mittelgebühr anzusetzen.

Schumann/Geißinger A 26; Bamberg JurBüro 75, 39; Düsseldorf AnwBl. 81, 30; München AnwBl. 80, 469; Schleswig AnwBl. 73, 407; LG Aurich JurBüro 74, 342; LG Detmold AnwBl. 74, 400; LG Dortmund AnwBl. 80, 470; LG Essen AnwBl. 66, 143; LG Freiburg AnwBl. 65, 184; LG Hanau AnwBl. 63, 111; LG Hechingen AnwBl. 60, 100; LG Heidelberg AnwBl. 65, 184; LG Lüneburg AnwBl. 66, 29 u. JurBüro 73, 837; LG Marburg AnwBl. 66, 272; LG München II AnwBl. 67, 238; LG Regensburg Rpfleger 63, 252; LG Verden AnwBl. 81, 31; LG Duisburg AnwBl. 82, 212;
a. A. (regelmäßig geringer) LG Karlsruhe DAR 82, 19 m. abl. Anm. von Schmidt.

Die Wahrnehmung eines Ortstermins an der Unfallstelle kann ein Umstand sein, der eine Erhöhung der Verteidigergebühr über den Mittelwert rechtfertigt.

LG Lüneburg AnwBl. 66, 29.

Der Umstand, daß zunächst ein Strafbefehl ergangen war, gegen den Einspruch eingelegt worden ist, rechtfertigt noch nicht die Annahme, es handele sich um ein Verfahren geringeren Umfangs oder geringerer Bedeutung. Die Mittelgebühr ist deshalb in solchen Fällen in der Regel verdient.

a. M. Medebach JurBüro 66, 765.

Vertritt ein Verteidiger den Angeklagten in demselben Verfahren auch als Nebenkläger, so ist dies bei der Festsetzung der Gebühr des § 83 Abs. 1 Ziffer 3 BRAGO zu berücksichtigen, da die Doppelfunktion für den Anwalt in der Regel eine ins Gewicht fallende Mehrbelastung mit sich bringt.

H. Schmidt DAR 79, 159 (Vergütung des in einer Doppelfunktion tätigen RA); LG Krefeld AnwBl. 79, 79 = Rpfleger 78, 462 = JurBüro 78, 1500 = MDR 78, 1046; vgl. aber LG Braunschweig NdsRpfl. 66, 204.

Übt der RA eine Tätigkeit für den Beschuldigten aus, die sich auf das Fahrverbot oder die Entziehung der Fahrerlaubnis erstreckt, ist dies ebenfalls gebührenerhöhend zu beachten.

Für den Fall, daß der Gebührenrahmen nicht ausreicht, vgl. § 88.

Beispiele für die Höhe der Gebühren in Strafsachen finden sich bei

H. Schmidt Büro 62, 177 ff.; Celle JurBüro 80, 1860; Zweibrücken Rpfleger 72, 71; LG Duisburg AnwBl. 70, 110; LG Köln AnwBl. 70, 111; LG Mönchengladbach JurBüro 80, 1830; AG Mannheim AnwBl. 82, 265 sowie in den Übersichten von Schneider in Anm. zu KostRsp. § 12 Nr. 2–4.

Sprachliche Verständigungsschwierigkeiten mit dem Beschuldigten begründen eine überdurchschnittliche tatsächliche Schwierigkeit der Sache.
LG Karlsruhe AnwBl. 80, 121.

Der Umstand, daß eines der Bemessungsmerkmale des § 12 das Durchschnittsmaß nicht übersteigt, schließt nicht schlechthin aus, gleichwohl den Höchstbetrag der Rahmengebühr als billig und angemessen und damit als erstattungsfähig anzusehen.
München AnwBl. 77, 171 = JurBüro 77, 490.

Die Angemessenheit der Höhe der Verteidigergebühr ist nach den Kriterien des § 12 für jeden Rechtszug gesondert zu beurteilen.
LG Flensburg JurBüro 83, 1335.

Vereinbarte Honorare sind nicht zu erstatten, falls sie die gesetzliche Höchstgebühr übersteigen. Dies folgt aus Wortlaut und Entstehungsgeschichte des § 464a StPO.

Inzwischen gefestigte Rechtspr.: BVerfG NJW 85, 727; Düsseldorf JurBüro 79, 398; Celle Rpfleger 71, 28; Frankfurt NJW 71, 1327; Köln JMBlNRW 73, 101; Koblenz Rpfleger 74, 289 u. 84, 288; Hamm NJW 69, 1450; Hamburg MDR 76, 952; Nürnberg JurBüro 73, 733; München JurBüro 75, 336; Frankfurt JurBüro 78, 259; KK-Schikora § 464a StPO Rn. 11; Kleinknecht-Meyer § 464a StPO Rn. 11; LR-Schäfer § 464a StPO Rn. 29; Göttlich-Mümmler „Strafsachen" II. 4.12; a. A. Schmidt Die Vergütung S. 79.

Die Frage, ob ein innerhalb der gesetzlichen Grenzen liegendes vereinbartes Honorar auf jeden Fall zu erstatten ist, wenn es die gesetzliche Gebühr überschreitet, ist ebenfalls zu verneinen. Ist das innerhalb des gesetzlichen Gebührenrahmens vereinbarte Honorar unbillig hoch, besteht kein Anlaß, seine Vereinbarung für notwendig und erstattungsfähig zu erklären. Allerdings ist bei der Bemessung der gesetzlichen Gebühr im Rahmen des § 12 die Höhe der vereinbarten Vergütung ein wichtiges Anzeichen dafür, welche Bedeutung der Auftraggeber der Angelegenheit beigemessen hat, was ihm die Verteidigung wert gewesen ist.

Schleswig SchlHA 71, 95; Celle Rpfleger 71, 28; Köln AnwBl. 74, 54; München JurBüro 75, 339; LG Düsseldorf AnwBl. 70, 58; 71, 90; LR-Schäfer § 464a StPO Rn. 29; Schmidt a. a. O.

Besonderheiten in Bußgeldverfahren. Was die Höhe der Gebühren in 13 Bußgeldverfahren angeht, stehen sich nahezu unversöhnlich zwei Ansichten gegenüber.

Die eine Ansicht wird von Schmidt angeführt und sagt etwa folgendes: § 105 Abs. 2 wurde durch das Kostenänderungsgesetz 1975 verselbständigt. Nach der Begründung des Rechtsausschusses des Bundestags sollte der Auffassung entgegengewirkt werden, daß im Bußgeldverfahren in der Regel geringere Gebühren als in einem amtsgerichtlichen Verfahren angebracht seien, dem ein staatsanwaltliches Ermittlungsverfahren vorhergegangen ist. Weil im Strafverfahren allgemein anerkannt ist, daß im durchschnittlichen Verfahren von der Mittelgebühr auszugehen ist, muß dies auch im Bußgeldverfahren gelten. Denn Bußgeldverfahren wegen Verkehrsordnungswidrigkeiten sind die durchschnittlichen Bußgeldverfahren.

Gerold-Schmidt 8. Auflage § 12 A 10a u. § 105 A 17 m. Nachweisen über die

Rechtsprechung; Schmidt MDR 76, 549; s. auch Übersicht KostRsp. BRAGO § 105 Nr. 22.

Die entgegengesetzte Auffassung, die insbesondere von Mümmler vertreten wird, sagt: In alltäglichen Verkehrsordnungswidrigkeitenverfahren ist nur eine im unteren Bereich des jeweiligen Rahmens liegende Gebühr angemessen. Denn die Verfahren wegen Verkehrsordnungswidrigkeiten müssen mit allen Bußgeldverfahren verglichen werden.

Vergleicht man dann die angedrohten Geldbußen, die ein entscheidendes Indiz für die Bedeutung der Angelgenheit darstellen, dann ergibt sich, daß die Bußgeldverfahren wegen Verkehrsordnungswidrigkeiten an der unteren Grenze der Skala liegen.

Mümmler JurBüro 81, 517; Göttlicher-Mümmler BRAGO „Verkehrsordnungswidrigkeiten" 2 m. Rechtsprechungsnachweisen; s. auch Übersicht in KostRsp. BRAGO § 105 Nr. 21; die von Baumgärtel (VersR 78, 581) erfundene Punktetabelle hat sich in der Praxis nicht durchgesetzt, s. hierzu Anm. Madert zu LG Baden-Baden AnwBl. 82, 267 mit weiteren Nachweisen.

Beiden Auffassungen ist entgegen zu halten, daß weder das Delikt an sich noch seine statistische Häufigkeit von Einfluß auf die Höhe der Gebühr sein können. Richtig allein dürfte es sein, auf den zu beurteilenden Einzelfall abzustellen und die verlangte Gebühr anhand der Bemessungskriterien des § 12 zu überprüfen.

14 Besonderheiten in anderen Angelegenheiten. Ist ein Gebührensatz zu bestimmen, so muß dieser nicht notwendig ein Bruchteil der vollen Gebühr sein, den das Gesetz auch sonst verwendet (etwa $\frac{3}{10}$ oder $\frac{5}{10}$). Vielmehr können auch z. B. $\frac{35}{100}$ der vollen Gebühr bestimmt werden.

Von einer zu großen Differenz ist jedoch im allgemeinen abzuraten, da sie selten so begründet werden kann, daß sie Angriffen standhält.

Dem in der Verkehrsunfallsache beauftragten Anwalt steht für die üblichen Schadensregulierungen die mittlere Rahmengebühr ($\frac{7.5}{10}$) zu. Für Fälle von größerer Schwierigkeit ist die volle Gebühr ($\frac{10}{10}$) angemessen. Dies gilt besonders dann, wenn die Gegenseite Mitverschulden des Schädigers eingewandt hat.

LG Mannheim AnwBl. 68, 129; AG Donaueschingen AnwBl. 67, 445; AG Jülich AnwBl. 68, 94; AG Köln AnwBl. 67, 445; AG Neustadt AnwBl. 67, 446; AG Wiesbaden AnwBl. 67, 239; OVG Berlin NJW 68, 471.

Die Mindestgebühr kommt nur für die denkbar einfachste außergerichtliche Anwaltstätigkeit in Betracht.

AG München AnwBl. 67, 447. Unrichtig AG Celle VersR 67, 1130 (Eine höhere als die Mindestgebühr des § 118 ist nicht angemessen, wenn es sich um einen verhältnismäßig geringen Sachschaden handelt, dessen Ermittlung und Nachweis einfach war) (Bemerkung hierzu: Daß der Schaden gering war, wird bereits bei der Berechnung des Gegenstandswertes beachtet. Der niedrige Wert kann nicht noch einmal mindernd bei der Bemessung des Rahmens beachtet werden).

15 Geltendmachen der Gebühren. Die Gebühren des RA können in ihrer Höhe streitig werden

a) zwischen RA und Auftraggeber,

b) zwischen dem Auftraggeber und einem erstattungspflichtigen Gegner.

Der Streit zwischen dem RA und seinem Auftraggeber ist vor dem Prozeßgericht auszutragen. Eine Festsetzung gemäß § 19 ist bei Rahmengebühren ausgechlossen (§ 19 Abs. 7).

Die Bemessung von Rahmengebühren ist vom Revisionsgericht nur daraufhin nachzuprüfen, ob dem Tatrichter ein Rechtsirrtum unterlaufen, ob er wesentliche Umstände außer acht gelassen oder die Grenzen seines Ermessens verkannt hat.

BGH NJW 69, 932 = JurBüro 69, 413 = MDR 69, 473 = Warn. 1969 Nr. 23.

Der Streit zwischen dem Auftraggeber und dem erstattungspflichtigen Gegner ist im Kostenfestsetzungsverfahren auszutragen. Das gleiche gilt bei einem Widerstreit zwischen Auftraggeber und Staatskasse in den Fällen des § 467 Abs. 2 StPO. Der Rechtspfleger hat die Gebühr nach Grund und Höhe zu überprüfen. Er kann sie jedoch nicht herabsetzen, wenn die von dem RA bestimmte Gebühr der Billigkeit entspricht.

Bei Festsetzung der dem beigeordneten RA aus der Landeskasse zu gewährenden Vergütung ist die durch den RA getroffene Bestimmung einer Rahmengebühr für den Urkundsbeamten der Geschäftsstelle grundsätzlich verbindlich. Er kann von ihr nur dann abweichen, wenn die bestimmte Gebühr unbillig hoch ist.

Zweibrücken JurBüro 82, 714.

Der Rechtspfleger hat die Voraussetzungen des § 12 Abs. 1 im Kostenfestsetzungsverfahren auch dann zu prüfen, wenn der erstattungspflichtige Gegner die Höhe der Gebühr nicht beanstandet. Denn ihm obliegt es, festzustellen, ob der RA im Einzelfall verdiente Gebühren nach billigem Ermessen bestimmt hat. (Er darf im Zivilprozeß eine nicht entstandene Beweisgebühr auch dann nicht gegen den Gegner festsetzen, wenn dieser keine Einwendungen erhebt.)

Vgl. hierzu A 4 a.

Die Kostenfestsetzungsinstanzen sollten sich hüten, unangemessen niedrige Gebühren festzusetzen. Es ist dem Ansehen der Justiz abträglich, wenn im Zivilprozeß zwischen RA und Auftraggeber festgestellt wird, daß die bei Freispruch des Angeklagten aus der Staatskasse zu erstattenden Beträge unangemessen niedrig festgesetzt worden sind.

Vgl. Düsseldorf NJW 74, 653 mit Anm. von H. Schmidt.

Nach Abs. 2 hat das Gericht im Rechtsstreit ein **Gutachten des Vorstandes** 16 **der Rechtsanwaltskammer** einzuholen.

Vgl. H. Schmidt AnwBl. 79, 133 und Rückert Festschrift S. 205 ff. (Der Gebührenrechtsstreit aus der Sicht des Vorstandes der Rechtsanwaltskammer).

Mit „Rechtsstreit" ist der Gebührenprozeß zwischen dem Anwalt und seinem Auftraggeber zu verstehen. Das Prozeßgericht darf im Gebührenprozeß kein streitiges Urteil erlassen, ohne zuvor das Gutachten eingeholt zu haben. Das Gericht ist jedoch an dieses Gutachten nicht gebunden. Es kann von ihm abweichen, sollte dann aber seine Auffassung besonders eingehend begründen. Das Gutachten ist von dem Vorstand der Anwaltskammer einzuholen, der der RA angehört. Der Einholung des Gutachtens bedarf es nicht, wenn die Parteien einen Vergleich schließen, wenn ein Versäumnis- oder Anerkenntnisurteil ergeht.

Riedel/Sußbauer A 13; Schumann/Geißinger A 36; LG Kempten AnwBl. 69, 27; **a. M.** E. Schneider NJW 61, 2198 (auch vor Versäumnisurteil); Tschischgale NJW 65, 1002 (auch vor Anerkenntnisurteil).

Der Einholung des Gutachtens bedarf es ferner nicht, wenn der RA nur die Mindestgebühr fordert oder der Auftraggeber mit der Höhe der geforderten Gebühr (auch der Höchstgebühr) einverstanden ist und nur andere Einwände erhebt.

Köln JurBüro 72, 223 = AnwBl. 72, 159.

Das Gericht kann schon vor Einholung des Gutachtens der Gebührenklage dem Grunde nach zusprechen.

Der Einholung eines Gutachtens bedarf es weiter dann nicht, wenn der Auftraggeber die von ihm an seinen Anwalt gezahlte Vergütung in einem Rechtsstreit von einem Dritten fordert.

BGH DVBl. 69, 204; Köln JurBüro 72, 223 = AnwBl. 72, 159.

Beispiele: In einer Schadensregulierung hat der Geschädigte an seinen Anwalt eine $^{10}/_{10}$-Geschäftsgebühr bezahlt. Der Haftpflichtversicherer des Schädigers hat nur eine $^{5}/_{10}$-Gebühr erstattet. Der Geschädigte fordert von dem Haftpflichtversicherer die restliche $^{5}/_{10}$-Gebühr. – Im Enteignungsverfahren ist Streit entstanden, ob die Tätigkeit des anwaltlichen Vertreters mit $^{5}/_{10}$ oder mit $^{10}/_{10}$ zu vergüten und welcher Betrag deshalb dem Enteigneten zu erstatten ist.

Der RA, der seinen Gebührenanspruch in einem Rechtsstreit geltend macht, sollte Grund und Höhe seines Gebührenanspruchs erschöpfend darlegen. Umstände für die Bemessung einer Rahmengebühr können bei einem Gutachten nur berücksichtigt werden, soweit diese sich aus dem Akteninhalt ergeben. Handakten eines RA dürfen nur verwendet werden, wenn diese Teil der Gerichtsakten sind.

Das Gutachten darf selbstverständlich auch eingeholt werden, wenn der Auftraggeber des RA einen Rechtsstreit gegen einen Dritten um die Anwaltskosten führt (z. B. Klage eines Unfallgeschädigten gegen die Versicherungsgesellschaft des Schädigers, die die Anwaltskosten des Geschädigten übernommen hat, sich aber weigert, eine höhere als eine $^{5}/_{10}$-Gebühr aus § 118 zu erstatten).

AG Freiburg NJW 67, 258 (zust. H. Schmidt); **a. M.** AG Speyer VersR 66, 1145.

Die Verpflichtung des Gerichts, das Gutachten einzuholen, gilt nicht für das Kostenfestsetzungsverfahren, auch nicht für das Erinnerungsverfahren. Das Kostenfestsetzungsverfahren ist kein „Prozeß".

So z. B. BVerwG JurBüro 82, 857 m. zust. Anm. von Mümmler; Hamm KostRsp. ZPO § 104 Nr. 4; Oldenburg NJW 61, 614 (Kimmig).

Damit ist aber nicht gesagt, daß das Gutachten im Kostenfestsetzungsverfahren nicht eingeholt werden sollte. Die Kostenfestsetzungsinstanzen schlagen ein wertvolles Erkenntnismittel aus, wenn sie von der Möglichkeit der Einholung eines Gutachtens keinen Gebrauch machen. Der Rechtspfleger, der einen geringeren als den beanspruchten Betrag festsetzen will, sollte das Guachten einholen. Ebenso sollte das Gericht im Erinnerungsverfahren (evtl. auch in der Beschwerdeinstanz, wenn die erste Instanz das Gutachten nicht eingeholt hat) das Gutachten einholen.

LG Regensburg VersR 68, 860; AG Staubing VersR 69, 96. Vgl. darüber, zu welch fehlerhaften Ergebnissen es führt, wenn die Kostenfestsetzungsinstanzen ohne Gutachten entscheiden, Düsseldorf NJW 74, 653 mit Anm. von H. Schmidt.

Das Gericht ist ebenfalls nicht an das Gutachten gebunden, sollte von ihm aber nur bei triftigen Gründen abweichen.

KG NJW 65, 1602 (Tschischgale).

Das von dem Gericht in einem Rechtsstreit des RA gegen seinen Mandanten über die Angemessenheit der gemäß § 118 geltend gemachten Gebühr eingeholte schriftliche Gutachten oder ein in anderer Sache eingeholtes Gutachten ist **kein Sachverständigen-Gutachen** i. S. des § 411 Abs. 1 ZPO. Eine mündliche Erläuterung des Gutachtens vor Gericht durch dessen Verfasser nach Maßgabe des § 411 Abs. 3 ZPO kann deshalb nicht erfolgen.

Schumann/Geißinger A 36; Celle NJW 73, 203 = MDR 73, 147 = JurBüro 72, 1090 = AnwBl. 73, 144; Hamm MDR 73, 147.

Die Einholung des Gutachtens löst deshalb für den beteiligten RA die Beweisgebühr nicht aus.

Bamberg OLGZ 76, 354; Frankfurt AnwBl. 83, 182 = MDR 83, 372 = JurBüro 83, 865; Köln Rpfleger 74, 444; LG Kempten MDR 80, 412; **a. A.** Heinrich AnwBl. 73, 124; LG Berlin AnwBl. 74, 227 = JurBüro 74, 1001 = Rpfleger 74, 325 = MDR 74, 763 m. abl. Anm. von Schneider; AG Duisburg AnwBl. 82, 318.

§ 13 Abgeltungsbereich der Gebühren

(1) **Die Gebühren entgelten, soweit dieses Gesetz nichts anderes bestimmt, die gesamte Tätigkeit des Rechtsanwalts vom Auftrag bis zur Erledigung der Angelegenheit.**

(2) **Der Rechtsanwalt kann die Gebühren in derselben Angelegenheit nur einmal fordern. In gerichtlichen Verfahren kann er die Gebühren in jedem Rechtszug fordern.**

(3) **Sind für Teile des Gegenstands verschiedene Gebührensätze anzuwenden, so erhält der Rechtsanwalt für die Teile gesondert berechnete Gebühren, jedoch nicht mehr als die aus dem Gesamtbetrag der Wertteile nach dem höchsten Gebührensatz berechnete Gebühr.**

(4) **Auf bereits entstandene Gebühren ist es, soweit dieses Gesetz nichts anderes bestimmt, ohne Einfluß, wenn sich die Angelegenheit vorzeitig erledigt oder der Auftrag endigt, bevor die Angelegenheit erledigt ist.**

(5) **Wird der Rechtsanwalt, nachdem er in einer Angelegenheit tätig geworden ist, beauftragt, in derselben Angelegenheit weiter tätig zu werden, so erhält er nicht mehr an Gebühren, als er erhalten würde, wenn er von vornherein hiermit beauftragt worden wäre.**

(6) **Ist der Rechtsanwalt nur mit einzelnen Handlungen beauftragt, so erhält er nicht mehr an Gebühren als der mit der gesamten Angelegenheit beauftragte Rechtsanwalt für die gleiche Tätigkeit erhalten würde.**

Übersicht über die Anmerkungen

1 Allgemeines. § 13 regelt mehrere Fragen, die für alle Gebühren in gleicher Weise zu beantworten sind:

a) Die Gebühr gilt die gesamte Tätigkeit ab, für die sie gewährt wird (Abs. 1).

b) Der RA kann die Gebühr grundsätzlich nur einmal fordern (Abs. 2).

c) Abs. 3 regelt die Anwendung verschiedener Gebührensätze auf Teile des Gegenstandes.

d) Die vorzeitige Erledigung der Angelegenheit oder des Auftrags läßt die bereits entstandenen Gebühren grundsätzlich unberührt (Abs. 4).

e) Abs. 5 behandelt die wiederholte Erteilung eines Auftrags in derselben Angelegenheit.

f) Der mit mehreren Einzelhandlungen beauftragte RA erhält nicht mehr an Gebühren als der mti einem Gesamtauftrag beauftragte RA (Abs. 6).

2 Der **Begriff Pauschgebühren** läßt sich wie folgt umreißen:

Die dem Anwalt für seine Berufstätigkeit nach § 612 Abs. 2 S. 2 BGB zustehende „übliche Vergütung" ist der Höhe nach in der BRAGO gesetzlich in Gebührentatbeständen geregelt, die entweder bestimmte gleichartige Tätigkeiten des Anwalts zur Erfüllung eines Auftrags zu Gruppen zusammenfassen oder einen vom Anwalt zumindest mitverursachten Erfolg beschreiben.

Durch die Erfüllung eines solchen Gebührentatbestandes wird jeweils eine Gebühr in der in ihm bestimmten Höhe ausgelöst, im Falle einer Rahmengebühr außerdem nach Maßgabe des § 12.

Die Gebühren entstehen durch jede weitere Erfüllung des Gebührentatbestands erneut. Gebühren derselben Gebührengruppe, die zunächst nur als Bruchteilsgebühren oder nach einem Teilgeschäftswert entstanden sind, können dadurch zu vollen Gebühren nach dem vollen Geschäftswert, Rahmengebühren können bis zur oberen Grenze des Rahmens anwachsen.

Der RA kann die ihm in derselben Angelegenheit – in gerichtlichen Verfahren in jedem Rechtszug – entstandenen Gebühren einer Gruppe oder eine Erfolgsgebühr nur einmal, berechnet höchsten nach dem vollen Wert der Sache oder der zusammengerechneten Sachen, fordern.

Chemnitz Festschrift S. 1 ff. (Anwaltsgebühren als Pauschgebühren).

3 Die **zeitliche Abgrenzung** der im Besonderen Teil enthaltenen Bestimmungen über die Bildung der Gruppen enthält § 13 Abs. 1. Die im Besonderen Teil für die Gruppen vorgesehenen Gebühren entgelten alle gleichartigen Tätigkeiten bzw. den mitverursachten Erfolg von der Erteilung des Auftrags an bis zur Erledigung der Angelegenheit. Soweit nichts anderes bestimmt ist, wird sonach durch die Gesamtheit der im Besonderen Teil vorgesehenen Gebühren die gesamte Tätigkeit bzw. der mitverursachte Erfolg des RA in derselben Angelegenheit entgolten. Damit ergänzt § 13 Abs. 1 die Vorschriften des Besonderen Teils über die Eingruppierung der anwaltlichen Tätigkeit ab, die sich in die im Besonderen Teil gebildeten Sachgruppen nicht einreihen lassen. Dadurch wird der Anwendungsbereich des § 2 auf besondere Ausnahmefälle beschränkt. Denn wenn der RA eine der im Besonderen Teil be-

268   *Madert*

stimmten Gebühren verdient hat, so ist diese Gebühr gleichzeitig bestimmt, Tätigkeiten mitabzugelten, die nicht mit einer besonderen Gebühr bedacht sind.

Soweit nichts anderes bestimmt ist, gelten die Vorschriften des Abs. 1. **4** Die damit vorgesehenen Ausnahmen betreffen Gebühren, die einerseits in derselben Angelegenheit (demselben Rechtszug) mehrmals anfallen können, andererseits nur die Tätigkeiten entgelten, für die sie besonders bestimmt sind. Als Beispiele kommen z. B. die Bestimmungen der §§ 22, 38 Abs. 2, 39, 40, 41, 44 Abs. 2 in Betracht.

Vgl. A 7.

In derselben Angelegenheit kann der RA nach Abs. 2 S. 1 die Gebühren **5** nur einmal fordern.

Dieser Satz enthält eine Ergänzung des Grundsatzes des Abs. 1, indem er die dem Pauschcharakter entsprechende Einmaligkeit der Gebühr hervorhebt. Dafür, wann dieselbe Angelegenheit und wann verschiedene Angelegenheiten vorliegen, kann keine allgemeine Richtlinie gegeben werden, weil die in Betracht kommenden Lebensverhältnisse vielseitig sind. Die BRAGO hat es der Rechtsprechung überlassen, die Abgrenzung im Einzelfall zu finden. Für den in der Praxis wohl häufigsten Fall, daß der RA in einem gerichtlichen oder sonstigen behördlichen Verfahren tätig wird, ist die Angelegenheit im allgemeinen mit dem Verfahren identisch und sofern ohne besondere Schwierigkeiten abzugrenzen. Für viele Verfahren ist die Abgrenzung besonders vorgeschrieben. Im allgemeinen wird man unter einer Angelegenheit einen einheitlichen Lebensvorgang verstehen können. Solche einheitlichen Lebensvorgänge sind z. B.

a) die Führung eines Rechtsstreits (durch Abs. 2 aufgespalten in einzelne Rechtszüge),

vgl. KG Rpfleger 79, 434 = JurBüro 80, 1022 (Wird der Anwalt im Verfahren der Beschwerde gegen die Anordnung der Gebrechlichkeitspflegschaft tätig und erstreckt er das Rechtsmittel später auf die Erweiterung des Wirkungskreises des Pflegers, so wird er grundsätzlich in derselben Angelegenheit im Sinne von § 13 tätig.);

b) ein Verwaltungsverfahren (vgl. § 119),

c) die Durchführung einer Sanierung, wenn alle Gläubiger in gleicher Weise angesprochen und behandelt werden sollen (z. B. durch eine einheitliches Rundschreiben),

Schumann/Geißinger A 56; dagegen liegen mehrere Angelegenheiten vor, wenn die Gläubiger einzeln angesprochen und sie verschieden behandelt werden sollen;

die Erstellung von Geschäftsbedingungen (auch mehrere Entwürfe stellen eine Angelegenheit dar),

e) die Beratung vor und bei Abschluß des Vertrages (dagegen zwei Angelegenheiten, wenn nach dem Scheitern eines Planes – Abschluß eines Mietvertrages – ein anderer Plan – Kauf eines Grundstücks – verfolgt wird).

Vgl. auch LG München II Rpfleger 68, 239 (Bei Mieterhöhungen aus verschiedenen Mietverträgen sind die Gebühren des RA für jeden einzelnen Mieter gesondert abzurechnen) mit zust. Anm. v. Schumann; abl. Riedel/Sußbauer A 20.

Die Angelegenheit ist nicht identisch mit dem **Gegenstand** der anwaltlichen

Tätigkeit. Gegenstand ist das Recht oder Rechtsverhältnis, auf das sich die Tätigkeit aufgrund des Auftrages bezieht. In einer Angelegenheit können mehrere Gegenstände behandelt werden. Beispiel: In einer Klage (eine Angelegenheit) werden ein Kaufpreis und ein Darlehen (zwei Gegenstände) gefordert.

> Riedel/Sußbauer A 5 ff., die die Angelegenheit als den Rahmen bezeichnen, innerhalb dessen sich die anwaltliche Tätigkeit abspielt, und als Gegenstand das Recht oder Rechtsverhältnis annehmen, auf das sich die anwaltliche Tätigkeit bezieht; Hamm JurBüro 79, 1311.

Eine Angelegenheit liegt vor, wenn in einem Eheverfahren von einem Begehren zu einem anderen Begehren übergegangen wird, also z. B. von der Nichtigkeitsklage auf den Antrag auf Scheidung der Ehe (oder umgekehrt).

> Hamm MDR 70, 61 = JurBüro 69, 1171; vgl. auch KG JurBüro 69, 1176.

Eine einheitliche Angelegenheit liegt auch vor, wenn der RA in einem Verfahren zwei Personen mit verschiedenen Interessen vertritt. Verteidigt z. B. der RA in einem Strafverfahren den Ehemann und vertritt er gleichzeitig die Ehefrau als Nebenklägerin gegen den Mitangeklagten, so liegt nur eine einheitliche Angelegenheit vor. Das einheitliche Strafverfahren ist hier ein Bindeglied.

> Streitig; vgl. A 7 zu § 6.

Die Angelegenheit ist auch nicht notwendig identisch mit dem Gegenstand des Auftrags. Ein einheitlicher Auftrag kann mehrere Angelegenheiten umfassen. Beispiel: Ein Unfallgeschädigter beauftragt einen RA, ihn in der Strafsache gegen den Schädiger als Nebenkläger zu vertreten und außerdem in einem Zivilprozeß den Ersatz des durch den Unfall verursachten Schadens zu fordern (zwei Angelegenheiten). Andererseits kann der Auftrag auf einen Teil der Angelegenheit beschränkt werden. Beispiel: Der RA wird nur mit der Wahrnehmung der Termine zur mündlichen Verhandlung beauftragt.

> Riedel/Sußbauer A 8.

Der BGH

> JurBüro 72, 684 = MDR 72, 766;

formuliert den Begriff Angelegenheit dahin: Die Angelegenheit bedeutet den Rahmen, innerhalb dessen sich die anwaltliche Tätigkeit abspielt, wobei im allgemeinen der dem Anwalt erteilte Auftrag entscheidet. Als Gegenstand wird das Recht oder Rechtsverhältnis angesehen, auf das sich auftragsgemäß die jeweilige anwaltliche Tätigkeit bezieht.

> Vgl. auch BGH AnwBl. 76, 337 = JurBüro 76, 749 (Unter einer Angelegenheit ist nach der BRAGO das gesamte Geschäft zu verstehen, das der RA für den Auftraggeber besorgen soll. Ihr Inhalt bestimmt den Rahmen, innerhalb dessen der RA tätig wird. Wann eine und wann mehrere Angelegenheiten vorliegen, bestimmt die BRAGO nicht. Die in Betracht kommenden Lebensverhältnisse sind zu vielfältig. Maßgebend muß daher der Inhalt des einzelnen Auftrags sein.).

Klarer wird man wohl sagen, daß eine Angelegenheit dann vorliegt, wenn drei Voraussetzungen erfüllt sind: Auftrag, Rahmen und Tätigkeit, innerer Zusammenhang.

Erste Voraussetzung für das Vorliegen einer Angelegenheit wird im allgemeinen sein, daß ein einheitlicher Auftrag vorliegt.

Vgl. Mümmler JurBüro 78, 335 (Zwei Angelegenheiten, wenn ein neuer Auftrag nach vollständiger Erledigung des ersten Auftrags erteilt wird) und JurBüro 81, 1796.

Ein einheitlicher Auftrag liegt auch dann vor, wenn der RA zu verschiedenen Zeiten beauftragt worden ist, wenn Einigkeit besteht, daß die Ansprüche gemeinsam behandelt werden sollen. Notwendig ist weiter, daß der Rahmen, in dem der RA – z. B. für verschiedene Auftraggeber – tätig wird, gewahrt wird. Der Rahmen ist z. B. gewahrt, wenn der RA verschiedene Ansprüche in einem Brief an den Gegner behandelt oder in einer Klage geltend macht.

Macht der RA in einer Unfallsache für Eheleute Ansprüche an den Haftpflichtversicherer des Schädigers in einem Brief geltend, liegt eine Angelegenheit vor. Macht er seine Ansprüche in getrennten Briefen geltend, liegen zwei Angelegenheiten vor.

H. Schmidt AnwBl. 73, 333; Frankfurt JurBüro 78, 697 = MDR 78, 500 = Rpfleger 78, 109 = VersR 78, 573 (L); LG Flensburg JurBüro 75, 764; LG Hagen AnwBl. 78, 67 = JurBüro 78, 368; AG Dortmund DAR 80, 276; AG Karlsruhe AnwBl. 75, 407; AG Weilheim VersR 78, 678.

Es kommt darauf an, ob sich der RA einen einheitlichen Auftrag oder zwei getrennte Aufträge hat erteilen lassen.

LG Detmold JurBüro 81, 214 m. Anm. v. Mümmler; LG Flensburg JurBüro 75, 464 m. Anm. von Meyer.

Zu beachten ist aber, daß die Mandanten frei entscheiden können, ob die Ansprüche für jeden von ihnen getrennt oder gemeinschaftlich geltendgemacht werden. Der RA kann nicht ohne entsprechenden Auftrag durch die Art seiner Bearbeitung z. B. durch getrennte Aufforderungsschreiben eine Vermehrung der Angelegenheiten und damit seiner Gebühr erreichen. Geschieht dies aus besonderen Gründen dennoch, so muß der RA auf die gebührenrechtlichen und mögliche erstattungsrechtlichen Folgen hinweisen. Schließlich ist Voraussetzung für das Vorliegen einer Angelegenheit, daß die verschiedenen Gegenstände innerlich zusammengehören. Die innerliche Zusammengehörigkeit ergibt sich u. a. aus der Frage, ob die verschiedenen Gegenstände im Falle gerichtlicher Geltendmachung in einem Verfahren verfolgt werden können.

Vgl. hierzu H. Schmidt AnwBl. 73, 333 (Anwaltsgebühren für die Vertretung mehrerer Unfallgeschädigter); Frankfurt JurBüro 78, 697 = MDR 78, 500 = Rpfleger 78, 109; Düsseldorf AnwBl. 83, 31 = JurBüro 82, 1508 (Die Fertigung gleichlautender Abmahnungen wegen einer gleichartigen Wettbewerbsverletzung an viele rechtlich selbständige Unternehmen eines Konzerns sind Tätigkeiten des Anwalts mit verschiedenen Gegenständen in derselben Angelegenheit).

Beispiele: Zwei Angelegenheiten liegen vor, wenn sich der RA in einer Unfallsache zunächst an den Kaskoversicherer und später an den Haftpflichtversicherer des Gegners wendet.

Zweibrücken AnwBl. 68, 363; AG Lippstadt AnwBl. 66, 405 u. 67, 67.

Das gleiche gilt, wenn sich der RA in einer Verkehrsschadenssache zunächst an den Haftpflichtversicherer des Schädigers wendet und später den Schädiger allein verklagt.

H. Schmidt AnwBl. 75, 222; a. M. Klimke AnwBl. 75, 220.

Die anwaltliche Unfallschadensregulierung und die jährliche Neuberechnung und Geltendmachung der Unterhaltsrente in den folgenden Jahren sind gebührenrechtlich verschiedene Angelegenheiten. Es kommt dabei nicht darauf an, ob der Auftrag zu dieser Tätigkeit dem Anwalt zu Beginn seiner Tätigkeit erteilt worden ist oder jedes Jahr neu erteilt wird. Die Klägerin verstößt nicht gegen ihre Schadensminderungspflicht, wenn sie ihren Anwalt mit der jährlichen Neuberechnung der Unterhaltsansprüche beauftragt.

> LG Kleve AnwBl. 81, 509; **a. A.** Mümmler JurBüro 85, 257.

Vertritt ein RA den aus einer Lebensversicherung Begünstigten gegenüber dem Nachlaßpfleger und dem Nachlaßkonkursverwalter, die die Versicherungssumme für den Nachlaß des Versicherungsnehmers beanspruchen, und gegenüber den Kindern und einzigen Erben des Versicherungsnehmers, die die Versicherungssumme für sich begehren, so liegen gebührenrechtlich zwei Angelegenheiten vor.

> München AnwBl. 80, 504 (richtiger ist wohl: drei Angelegenheiten).

Abmahnschreiben und Abschlußschreiben in Wettbewerbssachen sind keine einheitliche Angelegenheit i. S. des § 13 Abs. 2. Die durch das Abmahnschreiben ausgelöste Gebühr ist auf das nachfolgende Verfahren (Verfügungsverfahren oder Hauptsacheverfahren) gemäß § 118 Abs. 2 anzurechnen. Durch das Abschlußschreiben wird eine selbständige Gebühr aus § 118 Abs. 1 ausgelöst, die gegebenenfalls im Hauptprozeß anzurechnen, dagegen nicht Teil des Verfügungsverfahrens ist.

> Hamburg MDR 81, 944.

Dagegen sind mehrere Abmahnschreiben an verschiedene Gegner eine Angelegenheit mit mehreren Gegenständen.

> Düsseldorf BB 83, 1440.

Das BVerfG

> AnwBl. 76, 163,

vertritt die Auffassung, daß die Verbindung mehrerer gleichgelagerter Verfassungsbeschwerden und die gemeinsame Entscheidung über sie die mehreren Verfassungsbeschwerden nicht zu einer Angelegenheit zusammenfaßt.

6 Wird der RA **in einem gerichtlichen Verfahren** tätig, so ist gem. § 13 Abs. 2 S. 2 jeder Rechtszug eine besondere Angelegenheit. Sind mehrere Personen als Kläger oder Beklagte in einem Rechtsstreit beteiligt, so ist nicht erforderlich, daß die von ihnen oder gegen sie erhobenen Ansprüche gleichartig sind. Auch bei Verbindung ungleichartiger Ansprüche liegt eine Angelegenheit vor, wenn die Ansprüche in einem Rechtsstreit geltend gemacht werden.

> Vg. aber Hamm JurBüro 74, 688.

Jedoch können innerhalb eines Rechtszugs verschiedene Angelegenheiten vorliegen. Ein solcher Fall ist z. B. gegeben, wenn der RA in einem Rechtsstreit zunächst einen Kläger (oder Beklagten) und nach dessen Ausscheiden aus dem Rechtsstreit einen anderen Kläger (oder Beklagten) vertritt.

> Schumann/Geißinger A 5; Bamberg JurBüro 78, 696; Celle NJW 71, 1757; Frankfurt JurBüro 78, 858; KG NJW 72, 959 = JurBüro 72, 132; vgl. aber Zweibrücken JurBüro 82, 1730.

Anders ist die Rechtslage (nur eine Angelegenheit), wenn die zweite Partei den RA beauftragt, bevor die erste Partei ausgeschieden ist. So liegt z. B. eine Angelegenheit vor, wenn der RA im Verfahren der einstweiligen Verfügung den Auftraggeber im Widerspruchsverfahren als Partei und in einem zweiten Widerspruchsverfahren als Nebenintervenienten vertritt.

KG JurBüro 69, 974.

Für **bürgerliche Rechtsstreitigkeiten und ähnliche Verfahren** ist im 7 3. Abschnitt in einer Reihe von Vorschriften zusätzlich bestimmt, was als besondere Angelegenheit anzusehen ist, z. B. in § 38 Abs. 1 das Verfahren über den Einspruch, in § 39 das ordentliche Verfahren nach Abstandnahme vom Urkunden- und Wechselprozeß, in § 40 das Verfahren bei Arresten und einstweiligen Verfügungen, in § 41 das Verfahren bei Anträgen auf einstweilige Anordnungen nach den §§ 127 a, 620, 620 b Abs. 1, 2, 621 f, 641 d, 641 e Abs. 2, 3 ZPO. In § 37 ist geregelt, was zum Rechtszug gehört, also keine besondere Angelegenheit bildet, § 58 bestimmt, was in der Zwangsvollstrekkung eine besondere Angelegenheit bildet und wo das nicht der Fall ist. § 59 enthält ähnliche Bestimmungen für die Arrestvollziehung. Für bürgerliche Rechtsstreitigkeiten und ähnliche Verfahren gilt also der Grundsatz, daß dieselbe Angelegenheit stets dann vorliegt, wenn der Auftrag Tätigkeiten betrifft, die zu dem gleichen Rechtszug gehören und die nicht ausdrücklich als besondere Angelegenheit bezeichnet worden sind, auch wenn der Auftrag von mehreren Auftraggebern erteilt und der Gegenstand verschieden ist.

Bei **Zwangsversteigerungs- und Zwangsverwaltungsverfahren** ist ent- 8 scheidend, ob die Aufträge mehrerer Beteiligter das gleiche gerichtliche Verfahren betreffen. Das Rechtsmittelverfahren bildet auch hier nach § 70 eine besondere Angelegenheit.

Vertritt der RA zwei Beteiligte mit dem gleichen Ziel (also z. B. zwei antragstellende Gläubiger), erhält er nur eine einheitliche Gebühr aus den zusammengerechneten Werten.

Riedel/Sußbauer Vorbem. 15 vor § 68; Mümmler JurBüro 72, 753; **a. M.** Schumann/Geißinger A 28, die getrennte Angelegenheiten annehmen und mehrere Gebühren aus den Einzelwerten entstehen lassen.

Vertritt der RA Gesamtgläubiger, erhält er nur eine Gebühr aus dem Gegenstand, die nicht erhöht ist.

Mümmler JurBüro 81, 1798.

In **Strafsachen** ist das gleiche Strafverfahren stets die gleiche Angelegenheit. 9 § 6 ist also anzuwenden, wenn der RA in dem gleichen Strafverfahren mehrere Privatkläger, Nebenkläger oder andere Verfahrensbeteiligte vertritt. Ob die Interessen der von dem RA vertretenen Personen in verschiedene Richtungen gehen, ist unerheblich. Vertritt z. B. der RA einen Angeklagten, um dessen Freisprechung zu erreichen, und einen Nebenkläger, um die Verurteilung eines Mitangeklagten herbeizuführen, so ist § 6 anwendbar. Es liegt das gleichzeitige Tätigwerden in einer Strafsache für zwei Auftraggeber vor. Der RA erhält deshalb nur eine – allerdings nach § 6 Abs. 1 S. 3 erhöhte – Vergütung.

LG Bayreuth JurBüro 71, 426; LG Krefeld AnwBl. 79, 79 = JurBüro 78, 1500 = Rpfleger 78, 462 = MDR 78, 1046 = DAR 79, 143.

Teilweise wird allerdings eine abweichende Meinung vertreten. So sollen zwei Angelegenheiten vorliegen, wenn die Interessen der Auftraggeber auseinandergehen: der RA verteidigt den Ehemann und vertritt gleichzeitig die Ehefrau als Nebenklägerin gegen einen Mitangeklagten.

> Riedel/Sußbauer A 15; LG Göttingen NdsRpfl. 66, 95; LG Hildesheim AnwBl. 66, 168; LG Ulm AnwBl. 60, 99; Schneider in Anm. zu LG Krefeld KostRsp. BRAGO § 6 Nr. 3.

Diese Auffassung steht jedoch im Widerspruch zu § 13 Abs. 2 S. 1, der bestimmt, daß in gerichtlichen Verfahren jeder Rechtszug eine Angelegenheit ist.

Ist der Angeklagte gleichzeitig Nebenkläger und wird er durch einen RA vertreten, dann übt der Anwalt eine Doppelfunktion aus, nämlich als Verteidiger und Nebenklägervertreter. Auch hier verbindet das einheitliche Strafverfahren zwei verschiedene Gegenstände zu einer Angelegenheit. Der Anwalt hat daher nur Anspruch auf eine Gebühr je Rechtszug.

> LG Tübingen AnwBl. 67, 166; LG Regensburg AnwBl. 67, 100; LG Bochum AnwBl. 68, 235; LG Krefeld KostRsp. BRAGO § 6 Nr. 3 = JurBüro 74, 999; Schumann/Geißinger § 95 Rn. 13;
> **a. A.** Riedel/Sußbauer § 6 A 13 (entsprechende Anwendung vor § 6 Abs. 1 S. 3).

Die für die Doppelfunktion aufgewendete Mehrarbeit rechtfertigt eine Erhöhung der Gebühren innerhalb des Rahmens gem. § 12.

> LG Krefeld KostRsp. BRAGO § 6 Nr. 3; LG Freiburg AnwBl. 82, 390 = JurBüro 82, 1685.

10 Soweit es sich um **sonstige Angelegenheiten** i. S. des 12. Abschnitts handelt, ergeben sich bei der Abgrenzung des Begriffs derselben Angelegenheit keine größeren Schwierigkeiten. § 6 ist anzuwenden; d. h. daß der RA, der in derselben Angelegenheit für mehrere Auftraggeber tätig wird, die Geschäftsgebühr nur einmal erhält.

11 Auch bei den Angelegenheiten des § 118 kann es sich um eine **Tätigkeit vor Gerichten** handeln, z. B. solche **der freiwilligen Gerichtsbarkeit**. Wird z. B. der RA von den Vormündern zweier Mündel beauftragt, die vormundschaftsgerichtliche Genehmigung des Verkaufs eines Grundstücks einzuholen, welches beiden Mündeln gemeinsam gehört, so liegt eine einheitliche Angelegenheit vor, wenn das Gesuch in einem Auftrag an das gleiche Vormundschaftsgericht gestellt wird. Dagegen liegen verschiedene Angelegenheiten vor, wenn der eine Genehmigungsantrag an das Amtgericht A und der andere an das Amtsgericht B gestellt werden muß.

Soweit es sich in den Angelegenheiten der freiwilligen Gerichtsbarkeit um gerichtliche Verfahren handelt, bildet gem. § 13 Abs. 2 S. 2 jeder Rechtszug eine besondere Angelegenheit (z. B. das Beschwerdeverfahren bei Ablehnung der vormundschaftsgerichtlichen Genehmigung).

12 In **Verwaltungsverfahren** ist der Begriff der gleichen Angelegenheit sehr weit gespannt. Nach § 119 stellt das Verwaltungsverfahren, das dem Rechtsstreit vorausgeht und der Nachprüfung des Verwaltungsaktes dient (Vorverfahren, Einspruchsverfahren, Beschwerdeverfahren, Abhilfeverfahren), zusammen mit dem vorangegangenen Verwaltungsverfahren eine Angelegenheit dar.

Vorbereitungshandlungen rechnen zu der Angelegenheit, soweit dafür kein besonderes Vefahren nötig ist.

Auch Abwicklungstätigkeiten gehören zu der Angelegenheit, falls kein besonderes Verfahren beschritten werden muß, z. B. Erwirkung einer weiteren beglaubigten Abschrift des behördlichen Bescheids.

Dasselbe gilt für Nebentätigkeiten, z. B. die Beschaffung von Beweismitteln und die Beratung des Auftraggebers.

Für **andere als vor Gericht oder vor Behörden vorzunehmende Tätig-** **keiten** kommt es auf den Inhalt des Auftrags an. Jeder Auftrag ist bis zu seiner Ausführung dieselbe Angelegenheit. Wird ein Auftrag gleichen Inhalts von mehreren Personen erteilt, so ist § 6 anzuwenden. Nicht entscheidend ist aber der vom Auftraggeber erstrebte Erfolg. Z. B. ist ein Auftrag, den Schuldner zu freiwilliger Leistung zu veranlassen, gegenüber dem später erteilten Auftrag, die Forderung einzuklagen, eine besondere Angelegenheit. Das folgt auch daraus, daß nach § 118 Abs. 2 die Geschäftsgebühr für eine Tätigkeit außerhalb eines gerichtlichen oder behördlichen Verfahrens auf die entsprechenden Gebühren für ein anschließendes gerichtliches oder behördliches Verfahren anzurechnen ist. Ist aber von vornherein der Auftrag erteilt, die Leistung, falls der gütliche Versuch mißlingt, durch Klage geltend zu machen, so liegen im Zweifel zwei Anträge vor, ein unbedingter auf Verhandlungen gemäß § 118 und ein – durch das Scheitern dieser Handlungen – bedingter zur Prozeßführung, vgl. A 5 vor § 118.
Ist ein RA allgemein damit beauftragt, alle Rechtsangelegenheiten eines Auftraggebers wahrzunehmen, z. B. die eines kaufmännischen oder industriellen Unternehmens, so ist jeder Einzelauftrag als besondere Angelegenheit anzusehen, z. B. jede Kündigung, jede Mahnung, jeder Vertragsentwurf.

Wechsel des Auftraggebers. Die Angelegenheit bleibt dieselbe, wenn an die 14 Stelle des Auftraggebers dessen Gesamtrechtsnachfolger tritt/treten. Der Gebührenanspruch entsteht nicht neu.

Schumann/Geißinger A 39; München MDR 61, 699; Nürnberg MDR 62, 226.

Dagegen beginnt eine neue Angelegenheit, wenn nach dem Ausscheiden des Auftraggebers der Einzelrechtsnachfolger den Auftrag erteilt. Die Gebühren entstehen neu.

Schumann/Geißinger A 5 zu § 6; Stuttgart JurBüro 82, 551 m. Anm. von Mümmler (Vertritt ein RA in demselben Rechtsstreit nacheinander mehrere Personen als Kläger, so wird er nicht in derselben Angelegenheit tätig. Deshalb steht ihm sowohl gegen den ausgeschiedenen als auch gegen den neu eingetretenen Kläger ein selbständiger Gebührenanspruch zu).

Vertritt der RA aber mehrere Auftraggeber und tritt nun bei einem Teil der Einzelrechtsnachfolger dem Auftrag bei, bleibt die Angelegenheit die gleiche. Die Fortdauer des Auftrages der übrigen Auftraggeber stellt die Verbindung zwischen den Aufträgen her.

Schumann/Geißinger A 8 zu § 6; BGH MDR 79, 39 = BB 79, 76 = JurBüro 78, 1481.

Auch wenn im Prozeß auf der Klägerseite ein Parteiwechsel stattfindet, entstehen dem Prozeßbevollmächtigten des Beklagten die Gebühren nur einmal.

Frankfurt JurBüro 79, 1506; Hamm JurBüro 80, 859; KG JurBüro 72, 409; Köln JurBüro 83, 80.

15 Werden **mehrere Rechtsanwälte** in derselben Angelegenheit tätig, wie z. B. bei Anwaltswechsel, so gilt § 13 Abs. 2 für jeden RA besonders. Jeder RA kann also durch seine Tätigkeit die gleichen Gebühren nochmals verdienen, die ein anderer RA bereits verdient hat. Für die Erstattungspflicht der Gegenpartei gilt § 91 Abs. 2 S. 3 ZPO.

Vgl. hierzu unten A 85 ff.; vgl. auch Schumann/Geißinger A 10.

16 **Sämtliche Gebühren,** die im Besonderen Teil für eine Tätigkeit in derselben Angelegenheit vorgesehen sind, kann der gleiche RA nur einmal fordern. Als Beispiele seien die Gebühren des § 31 genannt, also die Prozeßgebühr, die Verhandlungsgebühr, die Beweisgebühr, und die in § 23 geregelte Vergleichsgebühr. Der gleiche RA kann in bürgerlichen Rechtsstreitigkeiten und in ähnlichen Verfahren im Grundsatz höchstens vier volle Gebühren erhalten, im Berufungs- und Revisionsverfahren vier nach § 11 Abs. 1 S. 4 erhöhte Gebühren. Ausnahmen gelten nur kraft besonderer Bestimmung (vgl. §§ 38, 39). Verwandte Gebühren kann der RA nur einmal fordern. Beispiel: Der Prozeßbevollmächtigte wird Verkehrsanwalt. Der RA kann die Gebühr nur einmal – entweder als Prozeßgebühr oder als Verkehrsgebühr – fordern (die Wahlmöglichkeit ist wichtig für die Erstattungsfähigkeit).

Ungenau Schumann/Geißinger A 37.

Aus dem Umstand, daß der RA jede Gebühr nur einmal fordern kann, folgt nicht, daß die Gebühr nur einmal – mit der ersten Tätigkeit – entsteht. Die Gebühr entsteht vielmehr mit jeder Tätigkeit, für die sie bestimmt ist, neu. Mit jeder Prozeßtätigkeit entsteht die Prozeßgebühr, mit jeder Verhandlung die Verhandlungsgebühr. Dies wird wesentlich, wenn z. B. vor einer Unterbrechung entstandene Gebühren verjährt sind. Wird der RA nach der Aufnahme erneut tätig, kann er die neu entstandenen Gebühren als unverjährt fordern. Die Frage wird weiter für die Kostenerstattung wesentlich, wenn innerhalb eines Rechtszuges gegensätzliche Kostenentscheidungen ergehen.

Chemnitz Festschrift S. 1 ff.; H. Schmidt AnwBl. 79, 382 und in abl. Anm. zu München AnwBl. 77, 111.

17 Auch **Teilgebühren** d. h. solche Gebühren, die auf Bruchteile der vollen Gebühr bemessen werden, können nur einmal berechnet werden. Es dürfen also nicht etwa diese ermäßigten Gebühren bis zur Höhe einer vollen Gebühr dann mehrmals beansprucht werden, wenn in derselben Angelegenheit mehrere gleichartige Tätigkeiten vorgenommen sind, die den gleichen Teil des Streitgegenstandes betreffen. Das gilt z. B. für die nach § 33 Abs. 1 oder 2 auf fünf Zehntel ermäßigten Verhandlungsgebühren für eine nichtstreitige Verhandlung oder eine Verhandlung nur über die Prozeß- oder Sachleitung, ferner für die je fünf Zehntel der Prozeß- und Beweisgebühr, die der RA erhält, dessen Tätigkeit sich auf die Vertretung in der Beweisaufnahme beschränkt, und für alle sonstigen Teilgebühren.

Beispiele: Auch wenn der RA in mehreren Terminen hintereinander Vertagung beantragt, weil der Beklagte Abzahlungen leistet, erhält er nur einmal die Gebühr des § 33 Abs. 2. Der RA des Klägers, der im ersten Termin gegen einen Beklagten Versäumnisurteil und im zweiten Termin nach Vertagung

gegen den anderen Beklagten Anerkennungsurteil erwirkt, erhält nur **eine**
halbe Verhandlungsgebühr aus § 33 Abs. 1 Satz 1.

Die niedrige Teilgebühr wird nicht nur durch die volle Gebühr, sondern auch
durch jede höhere Teilgebühr ausgeschlossen, immer vorausgesetzt, daß es
sich um gleichartige Tätigkeiten für den gleichen Streitgegenstand handelt. So
entsteht, wenn über den gleichen Teil des Streitgegenstandes erst streitig und
dann nichtstreitig verhandelt wird, z. B. bei späterem Anerkenntnis des erst
streitigen Anspruchs, nur die volle Verhandlungsgebühr für die streitige
Verhandlung.

Das gilt auch, wenn zunächst die geringere und später die höhere Gebühr
entstanden ist.

Beispiel: Die Verhandlung wird mehrfach vertagt, weil außergerichtliche
Vergleichsverhandlungen schweben. Es entsteht die $^5/_{10}$-Gebühr des § 33
Abs. 2. Nach dem Scheitern der Vergleichsverhandlungen wird streitig ver-
handelt. Es entsteht nunmehr die $^{10}/_{10}$-Gebühr des § 31 Abs. 1 Nr. 2. Die $^5/_{10}$-
Gebühr geht in der $^{10}/_{10}$-Gebühr auf, bzw. die $^5/_{10}$-Gebühr erstarkt zur $^{10}/_{10}$-
Gebühr.

Ist eine Teilgebühr, z. B. eine halbe Verhandlungsgebühr, vom Gesamtstreitwert entstanden, so kann daneben nicht noch eine solche von einem Teil des
Streitwerts entstehen.

Jeder Rechtszug eines gerichtlichen Verfahrens gilt nach § 13 Abs. 2 S. 2 als   **18**
besondere Angelegenheit. Der RA kann daher, wenn er in mehreren Rechtszügen tätig wird, die gleichen Gebühren, die er bereits im niedrigeren
Rechtszug erhalten hat, im höheren Rechtszug nochmals berechnen, und
zwar im Berufungs- und Revisionsverfahren die nach § 11 Abs. 1 S. 4 erhöhten Gebühren.

Keine neue Angelegenheit liegt vor, wenn das Gericht erster Instanz über
einen bei ihm noch anhängigen Teil eines Anspruchs entscheidet, nachdem
eine Berufungsentscheidung über einen anderen Teil des Anspruchs vorliegt,
und sich das Gericht erster Instanz der darin geäußerten Rechtsauffassung
anschließt. In diesem Falle wird ein neuer Rechtszug auch nicht dadurch
eröffnet, daß gegen einen Beklagten, gegen den in erster Instanz keine
Ansprüche mehr anhängig waren, erneut Ansprüche geltend gemacht werden, die in der Berufungsinstanz anhängig geblieben sind.

    KG JurBüro 71, 429.

Abs. 2 Satz 2 gilt nicht nur für den Zivilprozeß und die ihm ähnlichen
Verfahren, sondern für alle gerichtlichen Verfahren.

Der RA, der einen Angeklagten durch drei Instanzen verteidigt, erhält sonach
drei Verteidigungsgebühren, zunächst die Gebühr des § 83, sodann die Gebühr des § 85 und schließlich die Gebühr des § 86. Verweist das Revisionsgericht die Sache unter Aufhebung des angefochtenen Urteils an die Strafkammer zurück, stellt das erneute Berufungsverfahren eine weitere – die vierte –
Instanz dar, in der eine Gebühr nach § 85 erneut anfällt. Wird wiederum
Revision eingelegt, erwächst auch die Gebühr des § 86 zum zweiten Mal. Eine
Ausnahme gilt für das Beschwerdeverfahren. Dieses bildet keinen neuen
Rechtszug.

Der RA, der einen Beteiligten in einem freiwilligen Gerichtsbarkeitsverfahren

(z. B. Erbscheinsverfahren) durch mehrere Instanzen vertritt, erhält die Gebühren des § 118 für jede Instanz, also z. B. bei Vertretung vor dem Amtsgericht, dem Landgericht und dem Gericht der weiteren Beschwerde (OLG
bzw. BayObLG) drei Gechäftsgebühren aus § 118 Abs. 1 Nr. 1 (eine Erhöhung dieser Gebühren gemäß § 11 Abs. 1 Satz 4 findet im Rechtsmittelverfahren nicht statt; die unterschiedliche Bedeutung der einzelnen Rechtszüge ist
bei Ausfüllung des Gebührenrahmens zu beachten).

19 Für **andere als gerichtliche Verfahren** gilt dieser Grundsatz nicht, z. B.
nicht für Aufsichtsbeschwerden. Im Verwaltungsverfahren kann es im Einzelfall recht schwierig sein, die verschiedenen Verwaltungsinstanzen abzugrenzen. Die BRAGO hat deshalb in § 119 das gesamte Verwaltungsverfahren zu
einer Angelegenheit zusammengefaßt. Ein unterschiedlicher Arbeitsaufwand
soll innerhalb des Gebührenrahmens des § 118 Abs. 1 beachtet werden.

Bei dieser Regelung wird in schwierigen und umfangreichen Verwaltungsverfahren eine angemessene Vergütung der Anwaltstätigkeit häufig nicht zu erreichen
sein. Eine Gebührenvereinbarung ist in solchen Fällen anzuraten. Vgl. hierzu die
A 1 ff. zu § 119.

20 Der **Begriff des Rechtszugs** in einem gerichtlichen Verfahren, wie er für die
Rechtsanwaltsgebühren gilt, deckt sich nicht völlig mit dem Instanzenbegriff
der Prozeßordnungen und des GKG.

Darunter ist die Gesamtheit der Prozeßhandlungen zu verstehen, die vor dem
Gericht einer bestimmten Ordnung stattfinden, um den diesem Gericht
unterbreiteten Streitstoff zu erledigen. Der Rechtszug wird bei dem Gericht
mit der Erhebung der Klage eingeleitet und mit der Zustellung des Urteils
beendet, auch wenn es nicht mit Rechtsmitteln anfechtbar ist, ferner durch
Vergleich, Rücknahme der Klage, Widerklage oder des Rechtsmittels (falls
nicht Entscheidungen gemäß §§ 269 Abs. 3 oder 515 Abs. 3 beantragt werden;
für diese Beschlüsse gilt das vorstehend über die Urteile Gesagte).

Dagegen beginnt für die Rechtsanwaltsgebühr der Rechtszug schon mit der
Annahme des Auftrags zur Einleitung des Verfahrens und umfaßt alle Tätigkeiten, die in § 37 einzeln aufgeführt sind. Dazu gehören auch Tätigkeiten, die
nach der Zustellung des Urteils liegen, wie z. B. die meisten der in § 37 Nr. 7
aufgeführten Tätigkeiten. Die Gebühren für die Tätigkeit im Rechtszug
gelten zugleich auch ab

a) die Vorbereitungshandlungen,

b) die Abwicklungstätigkeiten,

c) die Nebentätigkeiten.

Näheres s. A 1 ff. zu § 37.

Nicht zum Rechtszug gehören mit der Folge, daß weitere Gebühren erwachsen, solche Tätigkeiten, die das Gesetz besonders genannt hat (vgl. nachstehend A 24).

Auch ein nach Erlaß des Urteils, vor Einlegung eines Rechtsmittels bzw. vor
Eintritt der Rechtskraft geschlossener Vergleich gehört zur unteren Instanz.
Für sog. Dauerverfahren paßt der Begriff Rechtszug nur ungenau. Wird der
RA z. B. in der freiwilligen Gerichtsbarkeit stoßweise tätig (z. B. Verkehrsre-
gelung, Abänderung der Verkehrsregelung), bildet jedes Aufgabengebiet eine
Angelegenheit. Die Abänderung der Verkehrsregelung ist sonach eine zweite
Angelegenheit.

Der RA muß auf Grund eines **einheitlichen Auftrags** tätig geworden sein.　21
Dabei ist aber davon auszugehen, daß der Auftrag zur Erledigung einer
bestimmten Angelegenheit stets den Auftrag erhält, die Angelegenheit bis
zum völligen Abschluß der in Frage kommenden gebührenpflichtigen Tätigkeit zu erledigen.

Es wird also nicht schon dadurch eine neue gebührenpflich-
tige Instanz eröffnet, daß der Auftraggeber im Laufe einer gerichtlichen
Instanz oder sonst in derselben Angelegenheit den RA noch mit einer
Einzeltätigkeit beauftragt, die unter die gleiche Gebührenvorschrift fällt.
Auch bei einer Erweiterung des zunächst erteilten Auftrags liegt ein einheitli-
cher Auftrag vor. Beispiel: Der Kläger, der zunächst nur einen Teilbetrag
eingeklagt hat, beauftragt seinen Prozeßbevollmächtigten, die Klage auf den
Gesamtbetrag zu erweitern.

Bei der Tätigkeit des RA für eine Partei, die zuerst Streitgehilfin, nach
Klageausdehnung aber Partei ist, handelt es sich gebührenmäßig um ein und
dieselbe Angelegenheit.

　　KG Rpfleger 62, 37.

Der Auftrag braucht nicht zur gleichen Zeit erteilt zu sein. Auch dann, wenn
zwei Streitgenossen den RA nacheinander zu ihrem Prozeßbevollmächtigten
bestellen, liegt ein einheitlicher Auftrag vor.

Wenn innerhalb derselben Instanz eine von mehreren beklagten Parteien
durch ein gegen sie ergehendes Teilurteil aus dem Verfahren ausscheidet, ihr
jedoch daraufhin der Streit verkündet wird und sie dem Rechtsstreit als
Streithelferin der verbliebenen Beklagten beitritt, so handelt es sich bei der
gesamten Tätigkeit ihres RA für sie um dieselbe Angelegenheit.

　　Stuttgart JurBüro 83, 857.

Auch bei **irriger Annahme, die Instanz sei völlig beendet,** fällt, wenn　22
später eine Wiederaufnahme der Tätigkeit des Anwalts zum endgültigen
Abschluß der vermeintlich beendet gewesenen Instanz erforderlich wird, die
erneute Tätigkeit unter den ursprünglichen Auftrag, selbst wenn der RA seine
Akten weggelegt und die Kosten abgerechnet hatte, z. B. bei Ausübung des in
einem Vergleich vorbehaltenen Rücktrittsrechts.

Der Auftrag an einen auswärtigen RA zur **Wahrnehmung eines Beweister-**　23
mins enthält mitunter zugleich den Auftrag, etwa später im gleichen Rechtszug am gleichen Orte noch stattfindende Beweistermine wahrzunehmen, so
daß dieser RA, wenn er nach Abschluß der ersten Beweisaufnahme im
gleichen Rechtszug erneut mit der Wahrnehmung eines Beweistermins beauftragt wird, weder die halbe Beweisgebühr noch die halbe Prozeßgebühr des
§ 54 doppelt erhält. Aber selbst wenn man einen so weitgehenden Auftrag
nicht annimmt, vielmehr von zwei verschiedenen Aufträgen ausgeht, ist das
Ergebnis das gleiche. Abs. 5 verhindert in diesem Falle das mehrfache Entstehen der Gebühren. Dagegen hat auch der Beweisanwalt Anspruch auf mehrere Gebühren, wenn er in verschiedenen Instanzen tätig wird, also z. B. je eine
Beweisaufnahme im ersten Rechtszug und im Berufungsverfahren wahrnimmt.

Gesetzliche Regelungen des Umfangs der Instanz sind in zahlreichen　24
Bestimmungen enthalten, so in § 14 für die Fälle der Verweisung oder der
Abgabe einer Sache an ein anderes Gericht, in § 15 für den Fall der Zurückver-

weisung. § 37 enthält eine Aufzählung von Tätigkeiten, die zum Rechtszug gehören. Nach § 38 gilt das Verfahren über den Einspruch gegen ein Versäumnisurteil als besondere Angelegenheit, wenn der Einspruch zurückgenommen oder verworfen wird. Nach § 39 gilt das ordentliche Verfahren, das nach Abstandnahme vom Urkunden- oder Wechselprozeß oder nach einem Vorbehaltsurteil anhängig bleibt, als besondere Angelegenheit, wobei jedoch eine Anrechnung der Prozeßgebühr vorgeschrieben ist. Nach § 40 gilt das Verfahren über einen Antrag auf Anordnung, Abänderung oder Aufhebung eines Arrestes oder einer einstweiligen Verfügung gegenüber dem Hauptprozeß als besondere Angelegenheit, ebenso nach § 41 die Verfahren nach §§ 127 a, 620, 620 b Abs. 1, 2, 621 f, 641 d, 641 e Abs. 2, 3 ZPO, wobei aber innerhalb dieser Verfahren in § 40 Abs. 2 und § 41 Abs. 1 S. 2 wieder mehrere derartige Verfahren nur eine Angelegenheit bilden. Im Entmündigungsverfahren ist nach § 44 Abs. 2 das Verfahren über den Antrag auf Wiederaufhebung der Entmündigung eine besondere Angelegenheit. § 58 bestimmt, wann im Zwangsvollstreckungsverfahren eine besondere Angelegenheit vorliegt. Mit dem schiedsrichterlichen Verfahren gilt nach § 67 Abs. 4 das gerichtliche Verfahren im Falle des § 1036 ZPO als ein Rechtszug. Vgl. auch § 49 (abgesonderte Verhandlung über vorläufige Einstellung) und § 50 (Verfahren über Bewilligung einer Räumungsfrist).

25 Um die **gleiche gebührenpflichtige Instanz** handelt es sich z. B. noch in folgenden Fällen:

a) bei **Verfahren vor verschiedenen Kammern oder Senaten** desselben Gerichts, z. B. erst vor der Zivilkammer, dann vor der Kammer für Handelssachen,

26 b) bei dem **Verfahren über prozeßhindernde Einreden** und dann über die Hauptsache; ist z. B. erst die Einrede der Unzulässigkeit des Rechtswegs verworfen worden, so bildet das spätere Verfahren zur Hauptsache erster Instanz mit jenem Verfahren nur eine Instanz,

c) wenn ein ruhendes Verfahren weiter betrieben wird,

        Hamm MDR 70, 61 = JurBüro 69, 1171;

27 d) wenn nach Erlaß eines **Teilurteils** das Verfahren bei dem gleichen Gericht wegen des noch nicht entschiedenen Teiles fortgesetzt wird. Das gilt auch dann, wenn durch das Testurteil einer von mehreren Beklagten aus dem Rechtsstreit ausscheidet,

        vgl. Hamm Rpfleger 63, 28 (Anfechtungsklage gegen mehrere Kinder; Teilurteil gegen ein Kind).

e) wenn nach Erlaß eines Vorbehaltsurteils gemäß § 302 ZPO das Nachverfahren über die Aufrechnung durchgeführt wird. § 39 ist nicht entsprechend anwendbar,

        Nürnberg JurBüro 72, 404; Stuttgart KostRsp. Nr. 23;

f) wenn ein Senat eines Obersten Gerichtshofes eine Sache dem Großen Senat vorlegt,

g) wenn eine Sache dem Gemeinsamen Senat der Obersten Gerichtshöfe des Bundes vorgelegt wird.

Die Vorlage einer Sache an das Bundesverfassungsgericht leitet einen neuen

Rechtszug ein, ebenso die Vorlage an den Gerichtshof der Europäischen Gemeinschaften. Wegen der Gebühren vgl. §§ 113 und 113a.

Das **Verfahren nach der Aufnahme** eines nach §§ 239ff. 28 ZPO unterbroche- nen Rechtsstreits bildet mit dem unterbrochenen Verfahren zusammen eine einheitliche Instanz. Der RA, der Anspruch auf Gebühren in dem unterbrochenen Rechtsstreit erlangt hat, kann deshalb die gleichen Gebühren nicht nochmals für seine Tätigkeit im Verfahren nach der Aufnahme verlangen, und zwar auch dann nicht, wenn es erst nach der Verkündigung des Urteils eingeleitet worden ist. Anlegung besonderer Akten und besondere Streitwertfestsetzung können für sich allein keinen Gebührenanspruch begründen.

Wird nach **Anfechtung eines gerichtlichen Vergleichs** der Rechtsstreit 29 fortgesetzt, so erhält der RA die bereits verdienten Gebühren nicht nochmals. Es bleibt derselbe Rechtszug und damit dieselbe Angelegenheit.

Bamberg JurBüro 80, 1515 und JurBüro 81, 1675 mit Anm. von Mümmler; Hamm JurBüro 80, 1027; Schleswig JurBüro 74, 606.

Die Gebühren entstehen zwar neu; der RA kann sie aber nur einmal fordern. Hat der Vergleich einen höheren Streitwert als der Rechtsstreit, so ist dieser höhere Wert auch für das Nachverfahren maßgebend. Die sich nach dem höheren Wert ergebenden Gebühren des Verfahrens sind erstattbar, soweit sie die entsprechenden Gebühren des Vorverfahrens übersteigen.

Hamm JurBüro 80, 1027.

Der **Streit über die Rechtsnachfolge** in einem nach Urteilsverkündigung, 30 aber vor Rechtskraft durch den Tod einer Partei unterbrochenen Verfahren läßt deshalb die bereits erwachsenen Gebühren nicht mit der Maßgabe nochmals entstehen, daß sie ein zweites Mal gefordert werden können.

Schumann/Geißinger A 39.

Bei Fortsetzung des Rechtsstreits für die Erben durch den Prozeßbevollmächtigten des Erblassers gilt das gleiche, da durch den Tod des Auftraggebers weder der Auftrag noch die Vollmacht erlöschen.

Zu beachten ist jedoch, daß die in den Prozeß hineingezogenen „Erben" auch wirklich die Rechtsnachfolger des Erblassers sein müssen. Wird der Rechtsstreit versehentlich gegen einen unbeteiligten Dritten als „Erben" aufgenommen, bedeutet für den Anwalt, der bisher den Erblasser vertreten hatte, die Vertretung des Dritten eine neue Angelegenheit, die eine besondere Vergütung auslöst.

Köln JMBlNRW 62, 272 = Rpfleger 63, 361.

Auch der **Wechsel des Prozeßgegners** eröffnet keine neue Instanz. Ändert 31 der Kläger seine Klage dahin ab, daß er anstelle des A nunmehr B verklagt, bleibt die Angelegenheit für den Anwalt des Klägers die gleiche.

Düsseldorf MDR 82, 590 (Vergütung des Vertreters des Beklagten bei Klägerwechsel); Frankfurt JurBüro 79, 1506, Hamm Rpfleger 80, 201.

Der Anwalt des Klägers erhält deshalb keine zusätzlichen Gebühren. Das gleiche gilt, wenn die gegen A erhobene Klage auf B erstreckt wird (Der Anwalt des A, der nunmehr auch B vertritt, erhält die Zusatzgebühr des § 6

Abs. 1 Satz 2). Dagegen kann sich für den RA des (der) Beklagten die Rechtslage bei einem Parteiwechsel verschieden darstellen.

Scheidet der erste Beklagte nach der Auftragserteilung durch den zweiten Beklagten aus, liegt eine Angelegenheit mit der Besonderheit des § 6 Abs. 1 Satz 2 vor.

> Schumann/Geißinger A 25; Celle JurBüro 78, 1661; Düsseldorf AnwBl. 55, 86 = Büro 55, 149; **a. M.** München JurBüro 68, 490.

Scheidet dagegen der erste Auftraggeber aus, bevor der RA von dem zweiten Beklagten mit der Vertretung beauftragt wird, liegen zwei verschiedene Angelegenheiten vor. Die erste Angelegenheit war mit dem Ausscheiden des Beklagten A beendet. Mit dem danach erteilten Auftrag des Beklagten B beginnt deshalb eine neue Angelegenheit. Der RA der Beklagten erhält demzufolge für die Vertretung des B neue Gebühren.

> Hamburg AnwBl. 78, 143; München MDR 66, 340; Schleswig SchlHA 72, 214.

Gleiches gilt bei einem gewillkürten Parteiwechsel auf der Klägerseite. Bei der Rechtsverteidigung des Beklagten gegen den ursprünglichen Kläger und gegen den neuen Kläger handelt es sich deshalb um eine gebührenrechtliche Angelegenheit mit der Folge, daß die Verfahrensgebühren nur einmal anfallen.

> Düsseldorf AnwBl. 55, 86 = Büro 55, 140; KG NJW 72, 960 = MDR 72, 524 = JurBüro 72, 409 = Rpfleger 72, 183; LG Frankenthal AnwBl. 78, 465 (behandelt auch die Frage, welche Kosten der ausscheidende Kläger zu tragen hat); LG Nürnberg-Fürth JurBüro 75, 1466; **a. M.** Schumann/Geißinger A 23a; München AnwBl. 68, 271 = NJW 68, 848 = Rpfleger 68, 231 = JurBüro 68, 490 (zwei Angelegenheiten mit der Folge, daß Verfahrensgebühren zweimal anfallen).

Nimmt der Nebenintervenient den Beitritt auf der Seite der zunächst unterstützten Partei zurück und tritt er zugleich der anderen Partei bei, so handelt es sich bei der Tätigkeit seines Anwalts vor und nach dem Beitrittswechsel innerhalb desselben Rechtszuges nur um eine Angelegenheit.

> KG Rpfleger 83, 125 = JurBüro 83, 1098.

32 Bei einer **Klagänderung** ist der Rechtsstreit auch nach der Änderung dieselbe Angelegenheit.

> Hamburg JurBüro 78, 1807.

33 Wiedereröffnung eines prozessual abgeschlossenen Verfahrens ist möglich, wenn sich nachträglich herausstellt, daß durch Anordnung des höheren Gerichts oder durch eine Parteihandlung der die Instanz begrenzende Aufgabenkreis des Gerichts noch nicht erschöpft war und die endgültige Erledigung noch ein Nachverfahren erfordert. Das gilt z. B. bei dem Streit über die Wirksamkeit eines Vergleichs (z. B. Nichtigkeit oder Anfechtung). Wird in diesem Falle oder weil der Vergleich durch Eintritt einer aufschiebenden Bedingung oder durch Widerruf hinfällig geworden sei, der Rechtsstreit vor dem gleichen Gericht fortgesetzt, so kann deshalb der RA bereits vor Vergleichsschluß verdiente Gebühren nicht nochmals beanspruchen.

> Hartmann A 3 D; Schumann/Geißinger A 15; Hamm Rpfleger 66, 97 und JurBüro 80, 550; KG MDR 72, 431; Köln MDR 63, 770; München JurBüro 71, 1025 = Rpfleger 71, 427; Schleswig JurBüro 74, 606 und SchlHA 76, 15; Frankfurt AnwBl. 85, 263 m. Anm. von Chemnitz.

Hatte der – angefochtene – Vergleich einen höheren Streitwert als der Rechtsstreit, so ist dieser höhere Streitwert auch für das Nachverfahren maßgebend. Die sich nach dem höheren Wert ergebenden Gebühren sind erstattungsfähig, soweit sie die entsprechenden Gebühren des Vorverfahrens übersteigen.

> Hamm JurBüro 80, 550 = Rpfleger 80, 162 = AnwBl. 80, 154 und JurBüro 80, 1027.

Stimmen die Kostenvereinbarungen des Vergleichs (z. B. die Kosten werden gegeneinander aufgehoben) und die Kostenentscheidung des Urteils (z. B. der Beklagte hat die Kosten des Rechtsstreits zu tragen) nicht überein, ist streitig, welche Kosten aufgrund der Kostenentscheidung des Urteils festgesetzt werden können.

> Vgl. einerseits Schmidt AnwBl. 77, 111, andererseits Frankfurt MDR 81, 856 = JurBüro 81, 1345 = Rpfleger 81, 367 und JurBüro 84, 1671.

Wird jedoch über die Anfechtung eines Vergleichs in einem neuen Rechtsstreit oder in einem neuen Rechtszug (etwa im Berufungsverfahren) entschieden, so entstehen neue Gebühren. Es kann dann auch eine neue Vergleichsgebühr entstehen.

> Nürnberg JurBüro 63, 233 = Rpfleger 63, 137.

Daß der Antrag des Prozeßbevollmächtigten, die Gegenpartei zur Tragung der Kosten zu verurteilen oder eines Rechtsmittels für verlustig zu erklären (§§ 91 a, 269 Abs. 3 S. 2; 515 Abs. 3; 566 ZPO), zum Rechtzug gehört, ist in § 37 Nr. 7 ausdrücklich bestimmt.

Auch ein **Wiedereinsetzungsverfahren** kann die Instanz wieder eröffnen. **34** Dieses Verfahren gehört zu dem Rechtszug des Verfahrens über die versäumte Prozeßhandlung.

Beschränkt sich die Tätigkeit des RA auf das Wiedereinsetzungsverfahren, so erhält er die Gebühren des § 31.

Ein „Übergang" vom Verfahren der einstweiligen Verfügung in das ordentli- **35** che Verfahren **(Verfahrensänderung)** ist nicht möglich. Dies gilt auch dann, wenn – wie insbesondere in Wettbewerbssachen – das Rechtsschutzziel beider Verfahren identisch ist.

Summarisches und ordentliches Verfahren sind auch dann gebührenrechtlich als zwei verschiedene Verfahren zu behandeln, wenn das Gericht die „Klageänderung" (Verfahrensänderung) ausdrücklich zugelassen hatte.

Hat der Prozeßbevollmächtigte des Beklagten dem „Übergang in das ordentliche Verfahren" widersprochen, so ist hierdurch eine ⁵⁄₁₀-Verhandlungsgebühr nach § 33 Abs. 2 BRAGO entstanden, wenn über den Verfügungsantrag selbst nicht verhandelt worden ist.

> Karlsruhe WRP 68, 456.

Eine **neue Instanz,** die sämtliche Gebühren neu entstehen läßt, beginnt stets, **36** wenn ein Gericht höherer Ordnung mit dem Rechtsstreit befaßt wird. Eine Ausnahme bildet das Beschwerdeverfahren im Strafprozeß. Dieses Beschwerdeverfahren ist mit dem Verfahren, in dem die angefochtene Entscheidung ergangen ist, ein Rechtszug.

> Koblenz JurBüro 80, 87; Düsseldorf JurBüro 86, 869.

Legt z. B. der Verteidiger des ersten Rechtszuges gegen den Haftbefehl des Ermittlungsrichters Beschwerde und gegen den Zurückweisungsbeschluß des Landgerichts weitere Beschwerde ein, wird die Tätigkeit in den Beschwerdeverfahren durch die Gebühr des § 83 (oder § 84) mit abgegolten.

Alle anderen Beschwerden eröffnen einen neuen Rechtszug, wobei gleichgültig ist, ob die angegriffene Entscheidung eine die Instanz beendende Entscheidung oder nur eine Zwischenentscheidung ist.

Schumann/Geißinger A 17; H. Schmidt Büro 62, 264.

37 Verschiedene Instanzen des Rechtsmittelverfahrens liegen regelmäßig dann vor, wenn mehrere Urteile angefochten werden. Sie behalten ihre gebührenrechtliche Selbständigkeit so lange, bis eine Verbindung erfolgt.

Das gilt bei Anfechtung von Teilurteilen selbst dann, wenn die Rechtsmittel für die gleiche Partei eingelegt worden sind oder das eine Teilurteil die Klage, das andere die Widerklage betrifft, und zwar selbst dann, wenn die Berufung gegen mehrere Teilurteile im gleichen Schriftsatz eingelegt wird.;

oder bei Berufung gegen Vorbehaltsurteil und Urteil im Nachverfahren des Urkunden- oder Wechselprozesses;

oder bei getrennten Berufungen gegen Grund- und Betragsurteil;

oder bei erneuter Berufung gegen das nach Zurückverweisung auf Grund einer früheren Berufung erlassene anderweitige Urteil des ersten Rechtszugs;

oder bei Berufung gegen das Urteil in der Hauptsache, nachdem bereits gegen ein prozeßhindernde Einreden betreffendes Urteil Berufung eingelegt und der Rechtsstreit vom Berufungsgericht an das erste Gericht zurückverwiesen worden war.

Dagegen entsteht bei Berufung gegen das die Hauptsache betreffende Teilurteil und danach gegen das nur die Kosten betreffende Schlußurteil für diese zweite Berufung keine besondere Prozeßgebühr.

Auch das Ergänzungsurteil nach § 321 ZPO steht zu dem ergänzten Urteil im gleichen Verhältnis wie Teilurteil und Schlußurteil.

Eine Ausnahme macht auch hier das Kostenergänzungsurteil.

38 Bei Verbindung mehrerer Berufungssachen liegt vom Zeitpunkt der Verbindung an nur eine Instanz vor; nunmehr werden die Gebühren von den zusammengerechneten Werten berechnet.

Erfolgt die Verbindung erst nach streitiger Verhandlung in den zu verbindenden Sachen, verbleibt es bei den bis dahin entstandenen Einzelgebühren, da diese fast immer höher sind als die Gebühren für die verbundenen Sachen. Wird nach der Verbindung eine Beweisaufnahme angeordnet, entsteht nur noch eine Beweisgebühr.

Beispiel: Zwei Berufungen über 2000 DM und 3000 DM werden nach streitiger Verhandlung verbunden. Sodann wird Beweis über die gesamten 5000 DM erhoben. Es sind entstanden

1 Prozeßgebühr aus 2000 DM
1 Verhandlungsgebühr aus 2000 DM
1 Prozeßgebühr aus 3000 DM
1 Verhandlungsgebühr aus 3000 DM
1 Beweisgebühr aus 5000 DM.

Es entstehen weiter
1 Prozeßgebühr aus 5000 DM
1 Verhandlungsgebühr aus 5000 DM
Der RA hat die Wahl, ob er die getrennten Gebühren oder die Gebühren aus dem Wert von 5000 DM fordern will.

Wird vor Stellung der Anträge verbunden, entstehen nur die Prozeßgebühr doppelt aus den getrennten Streitwerten.

Auch die Beweisgebühr entsteht nur einmal, wenn vor der Verbindung in einem Verfahren eine Beweisaufnahme erfolgt ist und diese nach der Verbindung auch für das andere Berufungsverfahren mit verwendet wird. Über die Streitfrage, aus welchem Streitwert die Beweisgebühr berechnet wird, vgl. A 145 zu § 31.

Bei Trennung eines Berufungsverfahrens in verschiedene Verfahren lie- **39** gen vom Zeitpunkt der Trennung an verschiedene Instanzen vor. Beispiel: ein Berufungsverfahren über 3000 DM Kaufpreis und 2000 DM Darlehen wird in ein Verfahren über den Kaufpreis und ein solches über das Darlehen getrennt, etwa nach Stellung der Anträge.

Es sind entstanden
¹³⁄₁₀-Prozeßgebühr aus 5000 DM
¹³⁄₁₀-Verhandlungsgebühr aus 5000 DM

Es entstehen nach der Trennung
¹³⁄₁₀-Prozeßgebühr aus 3000 DM
¹³⁄₁₀-Verhandlungsgebühr aus 3000 DM
und
¹³⁄₁₀-Prozeßgebühr aus 2000 DM
¹³⁄₁₀-Verhandlungsgebühr aus 2000 DM

Da die Gebühren aus den getrennten Verfahren höher sind als die aus dem einheitlichen Verfahren, wird der RA seine Gebühren aus den getrennten Verfahren berechnen.

Wird dasselbe Urteil angefochten, so liegt auch dann eine einheitliche **40** Rechtsmittelinstanz vor, wenn von beiden Parteien oder von mehreren Streitgenossen die Berufung gesondert eingelegt worden ist.

Voraussetzung ist, daß die Rechtsmittel zeitlich zusammentreffen, d. h. daß über das erste Rechtsmittel noch nicht entschieden ist, wenn das zweite Rechtsmittel eingelegt wird. Gleichzeitige Einlegung der Rechtsmittel ist nicht erforderlich.

Im gleichen Verfahren werden die Rechtsmittel sonach dann verhandelt, wenn ein zulässiges Rechtsmittel zu einem noch anhängigen zulässigen Rechtsmittel hinzutritt, nicht aber, wenn der Beklagte erst dann selbständig Berufung einlegt, nachdem der Kläger seine Berufung schon zurückgenommen hatte. In einem solchen Verfahren können die Gebühren in jedem Verfahren besonders berechnet werden.

Außerdem muß die Richtung die gleiche sein (Berufung des Klägers gegen den Beklagten und Berufung des Beklagten gegen den Kläger oder Berufung des Beklagten A und spätere Berufung des Beklagten B, beide gegen den Kläger).

Dagegen liegen zwei Rechtsmittelinstanzen vor, wenn es an dem zeitlichen

Zusammentreffen oder an der gleichen Richtung fehlt. Beispiel: Der Kläger war mit seiner Klage gegen A erfolgreich, ist aber gegen B unterlegen. A legt Berufung ein (also A gegen den Kläger). Der Kläger legt gegen B Berufung ein (Kläger gegen B). Hier sind zwei Berufungsverfahren gegeben, in denen – bis zu einer Verbindung – getrennte Gebühren anfallen.

> H. Schmidt JurBüro 63, 377; **a. M.** Schumann/Geißinger A 40; RG RGZ 145, 166 (nur ein Berufungsverfahren; Verbindung nicht erforderlich).

In einem einheitlichen Rechtsmittelverfahren können die Gebühren nur je einmal erwachsen.

Für den Streitwert des Rechtsmittelverfahrens gilt folgendes: Hat nur eine Partei das Rechtsmittel eingelegt, richtet sich der Streitwert nach seinen Anträgen, § 14 Abs. 1 GKG. Haben beide Parteien Rechtsmittel eingelegt (sog. wechselseitige Rechtsmittel), richtet sich der Streitwert gemäß § 19 Abs. 2 GKG nach dem einfachen Wert des Gegenstandes, wenn die wechselseitigen Rechtsmittel den gleichen Gegenstand betreffen (Voraussetzung ist, daß nicht getrennt verhandelt wird), nach dem zusammengerechneten Wert der Gegenstände, wenn die wechselseitigen Rechtsmittel verschiedene Gegenstände betreffen.

In Ehesachen handelt es sich stets um den gleichen Gegenstand. Das gilt auch dann, wenn etwa die Ehefrau Antrag auf Scheidung und der Ehemann Widerklage auf Aufhebung der Ehe erhoben hat.

Der gleiche Gegenstand liegt auch dann vor, wenn von mehreren als Gesamtschuldner in Anspruch genommenen Beklagten der eine gegen seine Verurteilung, der Kläger gegen die Abweisung seiner Klage gegen den anderen Rechtsmittel einlegt. Voraussetzung ist jedoch, daß die Rechtsmittel in einem einheitlichen Verfahren verhandelt werden.

Der gleiche Gegenstand liegt auch dann vor, wenn der Kläger nach Hinterlegung von Sicherheit ein vorläufig vollstreckbares Urteil vollstreckt hat, der Beklagte mit Berufung Rückzahlung des beigetriebenen Betrags und der Kläger mit Anschlußberufung Einwilligung in die Rückzahlung der Sicherheit verlangt.

41 **Eine neue Instanz** liegt vor, wenn eine Klage zurückgenommen und dann neu erhoben wird.

> Hamm AnwBl. 78, 425 = JurBüro 78, 1655.

Dagegen liegt nur ein Rechtsmittelverfahren vor, wenn ein Rechtsmittel nochmals eingelegt wird, weil Zweifel an der Zulässigkeit des ersten Rechtsmittels entstanden sind. (Das gilt auch dann, wenn das erste Rechtsmittel zurückgenommen wird.)

> Frankfurt MDR 57, 305; Hamburg MDR 72, 877 und JurBüro 76, 616.

Ebenso liegt nur ein einheitliches Berufungsverfahren vor, wenn eine zurückgenommene Berufung nach Rücknahme und selbständiger Berufung des Gegners als Anschlußberufung wiederholt wird.

> Bamberg JurBüro 78, 866 und JurBüro 81, 381 mit Anm. von Mümmler; vgl. auch München AnwBl. 78, 108 = JurBüro 78, 532 (Nach Verwerfung der Berufung durch Teilanteil unselbständige Anschlußberufung an das Rechtsmittel des Gegners).

Dagegen liegen zwei Berufungsverfahren vor, wenn nach der Verwerfung der

Berufung als unzulässig innerhalb der Berufungsfrist erneut Berufung eingelegt wird.

Vgl. H. Schmidt JR 68, 259 (Der Anwalt des Berufungsbeklagten, der in beiden
Berufungen auftritt, hat wohl Anspruch auf doppelte Gebühren; der Anwalt des
Berufungsklägers, der die Verwerfung verschuldet hat, wird die Gebühren nur
einmal fordern dürfen).

In Ehesachen kann der RA die Gebühren nur einmal verlangen, wenn er den
Antrag auf Scheidung zurücknimmt und später, weil auch der andere Ehegatte die Scheidung beantragt hatte, in demselben Verfahren den Antrag erneut
stellt. Dagegen liegen zwei verschiedene Verfahren vor, wenn z. B. der
Ehemann seinen Scheidungsantrag zurücknimmt und nach Stellung eines
selbständigen Scheidungsantrags der Ehefrau ebenfalls die Scheidung der Ehe
begehrt.

Reichen die Prozeßbevollmächtigten von Eheleuten – was häufig vorkommt
– selbständige Antragsschriften auf Scheidung ein, werden durch diese Antragsschriften zwei Verfahren in Gang gebracht, in denen – bis zur notwendigen Verbindung – eigene Gebühren entstehen.

> Schumann/Geißinger A 21; H. Schmidt Büro 62, 21; a. M. KG MDR 75, 1028.

Beispiele:

a) Beide Parteien stellen selbständige Scheidungsanträge. Sie nehmen zu den
Anträgen des anderen Ehegatten Stellung und regen Verbindung an. Nach
Verbindung wird verhandelt und Beweis erhoben.

Es sind erwachsen
in dem von dem Ehemann beantragten Verfahren:
die Prozeßgebühr des Anwalts des Mannes für seinen Antrag,
die Prozeßgebühr des Anwalts der Ehefrau für den Gegenantrag,
in dem von der Ehefrau beantragten Verfahren:
die Prozeßgebühr des Anwalts der Ehefrau für ihren Antrag,
die Prozeßgebühr des Anwalts des Mannes für den Gegenantrag,
im verbundenen Prozeß:
für beide Anwälte
eine Verhandlungsgebühr
und eine Beweisgebühr.

Beide Anwälte verdienen sonach zwei Prozeßgebühren.

> Schumann/Geißinger A 21.

b) Fall wie a), jedoch beantragt der Anwalt der Ehefrau erst nach der
Verbindung der Anträge die Abweisung des Antrags des Mannes.

Für den Anwalt des Mannes verbleibt es bei den Gebühren wie im Fall a).

Für den Anwalt der Frau entsteht, da er nur in dem verbundenen Rechtsstreit
tätig wird, nur eine Prozeßgebühr.

c) Erfolgt die Verbindung der beiden Verfahren erst, nachdem in beiden
Verfahren verhandelt worden ist, erhalten die RAe auch die Verhandlungsgebühren doppelt.

Wird ein Umlegungsbeschluß von mehreren am Umlegungsverfahren Beteiligten durch getrennte Aufträge auf gerichtliche Entscheidung angefochten,
so kann über diese Anträge zwar nur gleichzeitig verhandelt und entschieden

werden. Der förmlichen Verbindung der einzelnen Anträge zur einheitlichen Entscheidung durch einen Beschluß der Kammer für Baulandsachen bedarf es aber trotzdem. Denn jeder Antrag leitet ein eigenes Verfahren ein. Bei einer Vertretung eines Beteiligten durch einen Anwalt gegenüber mehreren Anträgen auf gerichtliche Entscheidung gegen einen Umlegungsbeschluß handelt es sich sonach um verschiedene Angelegenheiten, so daß die Gebühren mehrfach entstehen. Erst ab Verbindung liegt nur noch eine einheitliche Angelegenheit vor.

> Schumann/Geißinger A 24; **a. M.** Schleswig NJW 69, 1862 = Rpfleger 69, 314.

42 Das **Wiederaufnahmeverfahren** bildet stets eine neue Instanz.

> Hartmann A 4 D; Schumann/Geißinger A 35; Hamm Büro 53, 167; LAG Stuttgart JVBl. 64, 185.

Im Verhältnis zum Wiederaufnahmeverfahren bildet der sich anschließende, die Hauptsache selbst betreffende Verfahrensteil keinen neuen selbständigen Rechtszug i. S. von § 13 Abs. 2 S. 2, vielmehr stellt das Wiederaufnahmeverfahren im Verhältnis zum anschließenden Hauptsacheverfahren nur einen Zwischenstreit dar, der gebührenrechtlich nach § 37 Ziff. 3 zu beurteilen ist.

> Stuttgart JurBüro 81, 698.

Wenn beide Parteien gegen ein Urteil Klage auf Wiederaufnahme des Verfahrens erheben, entstehen in beiden Verfahren so lange getrennte Gebühren, bis eine Verbindung erfolgt ist.

43 Die **Vollstreckungsklage** des § 767 ZPO ist gegenüber dem ersten Rechtsstreit und dem Zwangsvollstreckungsverfahren eine besondere Angelegenheit.

44 Das **Vorhandensein mehrerer Streitgenossen** ändert nichts an der Einheit der Instanz.

Deshalb kann, wenn in einem Prozeß getrennte Vergleiche mit mehreren Streitgenossen abgeschlossen werden, die Vergleichsgebühr nur einmal berechnet werden. Sind die Streitgenossen mit verschiedenen Gegenständen an dem Verfahren beteiligt, wächst die zunächst nach einem geringeren Streitwert angefallene Vergleichsgebühr zu der Vergleichsgebühr aus dem Gesamtstreitwert an.

> Vgl. auch A 47.

Die Vergleichsgebühr erhält der RA auch dann nur einmal, wenn z. Z. des ersten Vergleichs die Klage dem anderen Streitgenossen noch nicht zugestellt war, sofern der RA einheitlichen Klagauftrag hatte.

Ebenso erhält der RA nur eine Vergleichsgebühr, wenn auf Seiten des Klägers oder des Beklagten ein Dritter dem Rechtsstreit zwecks Abschlusses eines Vergleiches beitritt. Vertritt ein Anwalt eine Partei und den Dritten, erhöht sich seine Prozeßgebühr gemäß § 6 Abs. 1 Satz 2 um $\frac{3}{10}$.

Werden getrennte Versäumnisurteile wegen des gleichen Gegenstandes gegen Streitgenossen erlassen, so erhält der RA die halbe Verhandlungsgebühr des § 33 Abs. 1 nur einmal.

Liegt ein einheitlicher Auftrag vor, so schafft die Zustellung der Klage an einen weiteren Streitgenossen auch nach der Verurteilung des ersten keine neue Gebühreninstanz.

Auch der RA, der die Streitgenossen vertritt, erhält die Gebühren nur einmal, wenn erst über die Klage gegen den einen rechtskräftig entschieden wird, das Verfahren gegen den anderen Streitgenossen zunächst ruht und erst später auch über den Anspruch gegen den anderen Streitgenossen verhandelt und entschieden wird.

Nur dann, wenn durch gerichtlichen Beschluß getrennte Verhandlung angeordnet worden war und dadurch der Rechtsstreit in zwei Prozesse zerlegt worden ist, entstehen von der Trennung an auch getrennte Gebühren. Auf alle Fälle entstehen in den getrennten Prozessen die Prozeßgebühren neu aus dem Streitwert der getrennten Verfahren. Wird also z. B. ein Rechtsstreit über 5000 DM in zwei Rechtsstreite über 3000 DM und 2000 DM getrennt, ergibt sich folgende Lage: Die Anwälte haben zunächst die Prozeßgebühr aus 5000 DM verdient. Nunmehr erhalten sie je eine Prozeßgebühr aus 3000 DM und aus 2000 DM. Da die beiden Prozeßgebühren aus 3000 DM und 2000 DM höher sind als die eine Prozeßgebühr aus 5000 DM, haben sie nur Anspruch auf die beiden Prozeßgebühren aus 3000 DM und 2000 DM. Durch sie wird die Prozeßgebühr aus 5000 DM aufgezehrt.

Wird ein Rechtsstreit über 2000 DM gegen zwei Gesamtschuldner in zwei Prozessen über 2000 DM aufgespalten, haben die Anwälte Anspruch auf 2 Gebühren aus 2000 DM.

Was hier über die Prozeßgebühr gesagt ist, gilt in gleicher Weise für die Verhandlungs- und die Beweisgebühr.

Nach der Trennung entstehen bisher nicht erwachsene Gebühren nur in dem Rechtsstreit, in dem der Gebührentatbestand erfüllt wird. Wird also z. B. nur in dem 3000-DM-Prozeß Beweis erhoben, entsteht nur in ihm die Beweisgebühr.

Legen mehrere als Gesamtschuldner verurteilte Streitgenossen getrennt Berufung ein, so wird dadurch nur eine Rechtsmittelinstanz eröffnet. Das gilt jedoch dann nicht, wenn gegen die Streitgenossen getrennte Teilurteile ergangen sind, weil durch die Berufung gegen jedes Teilurteil ein eigenes Berufungsverfahren (mit eigenen Gebühren) eröffnet wird. Die Berufungsverfahren gegen die einzelnen Teilurteile verlieren ihre Selbständigkeit erst mit der Verbindung.

Verhandelt der RA mit mehreren **Gegeninteressenten,** ist nur eine Angelegenheit anzunehmen, wenn diese Gegeninteressenten gemeinsam klagen oder verklagt werden können.   45

   Riedel/Sußbauer A 19.

Sind für Teile des Gegenstandes verschiedene Gebührensätze anzu-   46
wenden, so erhält nach § 13 Abs. 3 der RA für die Teile gesondert berechnete Gebühren, jedoch nicht mehr als die aus dem Gesamtbetrag der Wertteile nach dem höchsten Gebührensatz berechneten Gebühren. Anders ausgedrückt: Die Gebühr wird für jeden Teilwert gesondert berechnet, aber die Summe der so errechneten Gebühren darf die aus dem Gesamtwert nach dem höchsten Gebührensatz berechnete Gebühr nicht übersteigen.

Beispiele:
a) In einem Rechtsstreit über 5000 DM wird wegen eines Teiles von DM 3000 DM streitig verhandelt, wegen des Restes von 2000 DM ergeht Anerkenntnisurteil. Es entstehen außer der Prozeßgebühr aus 5000 DM (279 DM)

¹⁰⁄₁₀-Verhandlungsgebühr aus 3000 DM	175,— DM,
⁵⁄₁₀-Verhandlungsgebühr aus 2000 DM	65,— DM,
	240,— DM
jedoch nicht mehr als	
¹⁰⁄₁₀ aus 5000 DM	279,— DM

Die Anwälte erhalten 240,— DM.

b) Fall wie a) mit folgenden Werten: 10000 DM, 9000 DM und 1000 DM.

Gebühren:

¹⁰⁄₁₀-Verhandlungsgebühr aus 9000 DM	487,— DM,
⁵⁄₁₀-Verhandlungsgebühr aus 1000 DM	42,50 DM,
	529,50 DM,
jedoch nicht mehr als	
¹⁰⁄₁₀-Verhandlungsgebühr aus 10000 DM	539,— DM

Die Anwälte erhalten 529,50 DM.

c) In einem Rechtsstreit über einen Teilbetrag von 5000 DM wird der Gesamtanspruch von 15000 DM verglichen.

Die Anwälte erhalten außer der Vergleichsgebühr aus 15000 DM (694 DM)

¹⁰⁄₁₀-Prozeßgebühr aus 5000 DM	279,— DM
und	
⁵⁄₁₀-Prozeßgebühr aus den überschießenden 10000 DM	269,50 DM
	548,50 DM,
jedoch nicht mehr als	
¹⁰⁄₁₀-Prozeßgebühr aus 15000 DM	694,— DM

Die Anwälte erhalten sonach 548,50 DM.

Düsseldorf JurBüro 78, 1516; Frankfurt JurBüro 79, 256; Hamm JurBüro 66, 282 (für den Armenanwalt).

d) Der Anwalt erhält Prozeßauftrag über 15000 DM, erhebt aber nur Klage über 5000 DM, weil der Anspruch im übrigen unbegründet erscheint.

Der Anwalt hat zu beanspruchen

¹⁰⁄₁₀-Prozeßgebühr aus 5000 DM	279,— DM
und	
⁵⁄₁₀-Prozeßgebühr aus 10000 DM	269,50 DM
	548,50 DM,
jedoch nicht mehr als	
¹⁰⁄₁₀-Prozeßgebühr aus 15000 DM	694,— DM.

Der Anwalt hat 548,50 DM zu beanspruchen.

Der abweichenden Meinung,

Riedel-Sußbauer A 36.

die wie folgt rechnet:

⁵⁄₁₀-Prozeßgebühr aus 15000 DM	347,— DM
und	
¹⁰⁄₁₀-Prozeßgebühr aus 5000 DM	279,— DM
weniger	
⁵⁄₁₀-Prozeßgebühr aus 5000 DM	139,50 DM
weil bereits in der ⁵⁄₁₀-Gebühr aus 15000 DM enthalten,	486,50 DM.

ist nicht beizustimmen.

Diese Berechnungsart, die dem Anwalt im Beispiel 62,— DM nimmt, wird der gesetzlichen Regelung des Abs. 3 nicht gerecht. In Höhe von 5000 DM hat der RA auf jeden Fall Anspruch auf eine $^{10}/_{10}$-Prozeßgebühr.

e) Der Kläger klagt 75000 DM ein. In Höhe von 35000 DM ist ihm sein Prozeßbevollmächtigter im Wege der Prozeßkostenhilfe beigeordnet. In Höhe von 40000 DM ist der Auftrag durch die Prozeßkostenhilfe nicht gedeckt.

Der Anwalt des Klägers hat Anspruch auf

$^{10}/_{10}$-Prozeßgebühr aus 40000 DM	1109,— DM
gegen den Auftraggeber	
und	
$^{10}/_{10}$-Gebühr gemäß § 123 aus 35000 DM	
gegen die Staatskasse	520,— DM
zusammen	1629,— DM
jedoch höchstens auf	
$^{10}/_{10}$-Prozeßgebühr aus 75000 DM	1499,— DM.

a. M. Riedel-Sußbauer A 31.

f) Klage über 15000 DM. Erster Termin vertagt, Vor dem zweiten Termin werden 4000 DM gezahlt. Im zweiten Termin werden 5000 DM anerkannt. Wegen 6000 DM wird streitig verhandelt.

Außer der Prozeßgebühr aus 15000 DM sind erwachsen

$^{10}/_{10}$-Verhandlungsgebühr aus 6000 DM	331,— DM.
$^{5}/_{10}$-Verhandlungsgebühr aus 5000 DM und	
$^{5}/_{10}$-Vertagungsgebühr aus 4000 DM	
(die Vertagungsgebühr für den überschießenden	
Betrag wird durch die Verhandlungsgebühr aufgezehrt),	
also aus 9000 DM	243,50 DM
	574,50 DM,
jedoch nicht mehr als	
$^{10}/_{10}$-Verhandlungsgebühr aus 15000 DM	694,— DM.

Der RA hat sonach als Verhandlungsgebühr 574,50 DM außer der Prozeßgebühr in Höhe von 694,— DM zu beanspruchen.

Fällt neben der Prozeßgebühr für die Ehescheidung eine weitere $^{5}/_{10}$-Prozeßgebühr für die Aufnahme nicht rechtshängiger sonstiger Familiensachen in eine Scheidungsvereinbarung an, so ist eine vergleichende Berechnung nach § 13 Abs. 3 durchzuführen.

Düsseldorf JurBüro 80, 1847; München JurBüro 81, 856 m. Anm. von Mümmler.

Werden **in einem Rechtsstreit mehrere Teilvergleiche** geschlossen, so 47 entsteht doch nur eine Vergleichsgebühr aus dem Gesamtwert der verglichenen Ansprüche. Hier liegt ein Fall des Abs. 2, nicht ein solcher des Abs. 3 vor. Die mit dem ersten Vergleich verdiente Vergleichsgebühr erhöht sich mit dem zweiten Versuch auf den Gebührenbetrag aus dem Gesamtvergleichswert.

Es wird also nicht gerechnet

$^{10}/_{10}$-Vergleichsgebühr aus 3000 DM	175,— DM
und	
$^{10}/_{10}$-Vergleichsgebühr aus 2000 DM	130,— DM
	305,— DM,

jedoch nicht mehr als
¹⁰⁄₁₀-Vergleichsgebühr aus 5000 DM   279,— DM.
Es wird vielmehr gerechnet:
An die Stelle der zunächst verdienten
Vergleichsgebühr aus 3000 DM   von 175,— DM
tritt nach Abschluß des zweiten Vergleichs eine
Vergleichsgebühr aus 5000 DM   von 279,— DM.

a. M. Schumann/Geißinger A 11 (Fall des Abs. 3).

48 Was über die Vergleichsgebühr gesagt ist, gilt in gleicher Weise für die **Beweisgebühr,** wenn über verschiedene Teile des Streitgegenstandes nacheinander getrennt Beweis erhoben worden ist. Hier fällt ebenfalls nur eine Beweisgebühr an, die sich allerdings nach Beweisordnung über weitere Teile des Streitgegenstandes bis auf den Gebührenbetrag aus dem Gesamtwert erhöht, über den Beweis erhoben worden ist.

49 Auch die **Verhandlungsgebühr** kann mit der Beschränkung auf den Betrag einer vollen Gebühr vom Gesamtstreitwert mehrfach entstehen, wenn über Teile des Streitgegenstandes unter Anwendung verschiedener Gebührensätze verhandelt worden ist. Ein solcher Fall liegt vor, wenn über einen Teil streitig, über einen anderen Teil nichtstreitig verhandelt wird, z. B. wenn über einen Teil der Klagforderung Versäumnis- oder Anerkenntnisurteil ergeht und über den Rest streitig verhandelt wird. In solchen Fällen entsteht neben der halben Verhandlungsgebühr nach § 33 Abs. 1 vom Werte des nichtstreitigen Teiles die volle Verhandlungsgebühr vom Werte des streitigen Teiles. Beide zusammen dürfen aber den Betrag einer vollen Verhandlungsgebühr, berechnet aus dem Gesamtwert, nicht übersteigen. Wird dagegen nacheinander über verschiedene Teile des Streitgegenstandes unter Anwendung des gleichen Gebührensatzes verhandelt, liegt wie bei A 47 und 48 kein Fall des Abs. 3 vor. Es entsteht vielmehr nur eine Gebühr aus dem gleichen Gebührensatz vom Gesamtstreitwert, über den verhandelt worden ist. Wird also z. B. in einem Rechtsstreit über 5000 DM zunächst über 3000 DM und später über 2000 DM streitig verhandelt, entstehen nicht zwei volle Verhandlungsgebühren aus 3000 DM und 2000 DM, sondern nur eine einzige Verhandlungsgebühr aus 5000 DM.

50 Eine **Verhandlungsgebühr nach dem Werte der Kosten** kann nicht entstehen, wenn eine volle Verhandlungsgebühr vom Werte der Hauptsache entstanden ist, z. B. dann nicht, wenn erst über die Hauptsache streitig verhandelt worden ist.

Ist über die Klage streitig verhandelt und durch Teilurteil entschieden worden, hat sich danach die Widerklage erledigt, und ist schließlich über die Kosten von Klage und Widerklage streitig verhandelt und entschieden worden, so wird von der durch die streitige Verhandlung zur Klage entstandene Verhandlungsgebühr auch die Verhandlung über die Kosten von Klage und Widerklage abgegolten, wenn beide denselben Streitgegenstand haben. Haben Klage und Widerklage nicht den gleichen Streitgegenstand, erhöht sich die bisher aus der Hauptsache der Klage berechnete Verhandlungsgebühr auf eine Gebühr aus den zusammengerechneten Werten Hauptsache der Klage und der durch die Widerklage entstandenen Mehrkosten.

Ist aber über die Hauptsache nichtstreitig, über die Kosten streitig 51
verhandelt worden, z. B. wenn der Hauptanspruch anerkannt, über die Kostenpflicht aber gestritten worden ist, so entsteht neben der halben Verhandlungsgebühr nach dem Werte der Hauptsache noch eine volle Verhandlungsgebühr nach dem Werte der Kosten, zusammen aber nicht mehr als eine volle Verhandlungsgebühr nach dem Werte der Hauptsache.

> Bamberg Rpfleger 54, 476; Düsseldorf JurBüro 70, 400; Hamburg JurBüro 75, 412; KG JurBüro 74, 1452; Köln JurBüro 80, 861; Stuttgart JurBüro 80, 1832.

Wenn **zur Hauptsache nichtstreitig und** nach ihrer Erledigung **auch über** 52
die Kosten nichtstreitig verhandelt worden ist, entsteht dagegen nur eine halbe Verhandlungsgebühr aus dem Wert der Hauptsache. Die Rechtslage ist die gleiche wie bei einer streitigen Verhandlung zunächst über die Hauptsache und später über die Kosten. Auch hier erwächst nur eine Verhandlungsgebühr.

Hat sich die **Hauptsache** einschließlich aller Nebenforderungen **erledigt,** 53
ohne daß darüber verhandelt worden ist, so entsteht vom Werte der Kosten stets eine besondere Verhandlungsgebühr, wenn nur über sie verhandelt worden ist. S. A 79 zu § 31.

Über Verhandlungen nur zur Prozeß- oder Sachleitung hinsichtlich der Hauptsache und Kostenverhandlung s. A 28 zu § 33.

§ 13 Abs. 3 ist nicht anwendbar, wenn sich die anwaltliche Tätigkeit nicht nach Teilen des Streitgegenstandes aussondern läßt, z. B. wenn ein Gegenstand in dem anderen enthalten ist, so bei Gebühren, die nur nach dem höheren Gegenstand berechnet werden (§§ 12 Abs. 3, 18 GKG), oder wenn es sich bei Klage und Widerklage oder bei wechselseitigen Rechtsmitteln um den gleichen Streitgegenstand handelt, oder bei Klagen gegen Gesamtschuldner.

Wohl aber ist § 13 Abs. 3 auf den Fall anzuwenden, daß der RA bei einem Vergleich mitwirkt, der außer dem rechtshängigen Anspruch auch nicht rechtshängige Ansprüche umfaßt. Er erhält dann neben der vollen Prozeßgebühr vom Werte des rechtsanhängigen Anspruchs noch eine halbe Prozeßgebühr nach dem Werte der nicht rechtsanhängigen Ansprüche, zusammen aber nicht mehr als eine volle Prozeßgebühr vom Gesamtstreitwert.

> Celle AnwBl. 62, 261; Düsseldorf AnwBl. 64, 20; Hamburg NJW 63, 664; Hamm JMBlNRW 62, 152 = Rpfleger 66, 97; KG NJW 61, 1481 = MDR 61, 698 = AnwBl. 61, 142; Schleswig SchlHA 62, 215; Zweibrücken JVBl. 67, 87.

Wird im Zusammenhang mit einem Eheprozeß ein Vergleich über Folgesachen geschlossen, gelten die Scheidungssache und die Folgesachen gemäß § 19a GKG als ein Verfahren, dessen Gebühren nach dem zusammengerechneten Wert der Gegenstände zu berechnen sind. Die Prozeßgebühr und die Verhandlungsgebühr (evtl. die Verhandlungsgebühr der Scheidungssache und die Erörterungsgebühr aus den Folgesachen) sind aus dem zusammengerechneten Streitwert zu berechnen. Für die Vergleichsgebühr kommt der Wert der Folgesachen in Betracht.

> Schleswig JurBüro 80, 1516 mit Anm. von Mümmler.

§ 13 Abs. 4 besagt, daß es auf bereits entstandene Gebühren, soweit das 54
Gesetz nichts anderes bestimmt, ohne Einfluß ist, wenn sich die Angelegenheit vorzeitig erledigt oder der Antrag endigt, bevor die Angelegenheit

erledigt ist. Abs. 4 zieht damit die Folgen aus dem Pauschcharakter der Gebühren.

Diesem entspricht es, daß sich Gebühren nicht deshalb ermäßigen, weil die Erledigung der Angelegenheit einen geringeren Arbeitsaufwand verursacht hat, als bei Erteilung des Auftrags angenommen worden ist. Wegen Einschränkungen dieses Grundsatzes vgl. A 58.

55 Eine **vorzeitige Erledigung der Angelegenheit** liegt vor, wenn der Auftrag gegenstandslos wird, bevor ihn der RA durchgeführt hat, z. B. wenn bei einem Auftrag zur Einklagung einer Forderung der Beklagte vor Einreichung der Klage oder doch vor der mündlichen Verhandlung den Auftraggeber befriedigt oder wenn der Auftraggeber die Klage oder sein Rechtsmittel zurücknimmt oder wenn sich die Parteien vergleichen oder wenn ein sonstiger Antrag, der bei Gericht oder einer Behörde gestellt worden ist, zurückgenommen wird, z. B. ein Antrag auf Erlaß einer einstweiligen Verfügung. Als weiteres Beispiel sei genannt: Der Berufungsbeklagte erteilt einem RA Auftrag, ihn im Berufungsverfahren zu vertreten. Der Berufungskläger nimmt die Berufung zurück. Über die Verhandlungsgebühr des Anwalts des Berufungsbeklagten in einem solchen Fall vgl. A 4, 5 zu § 32.

56 Eine **Endigung des Auftrags, bevor die Angelegenheit erledigt ist,** liegt vor, wenn der Anwaltsvertrag aufgehoben wird, bevor der RA den Auftrag zu Ende geführt hat. Inhalt des Vertrags ist regelmäßig die Verpflichtung des RA, den ihm erteilten Auftrag zur Erledigung einer bestimmten Rechtsangelegenheit bis zu ihrem völligen Abschluß durchzuführen, bei gerichtlichen Verfahren bis zur Beendigung des in Frage kommenden Rechtszugs. S. oben A 21. Der RA ist verpflichtet, alle Tätigkeiten für die Partei vorzunehmen, die durch die für die betreffende Angelegenheit vorgesehenen Gebühren abgegolten werden. Ist der Auftrag nur für einen bestimmten Verfahrensabschnitt erteilt, z. B. für die Zwangsvollstreckung, oder auf eine Einzeltätigkeit beschränkt, z. B. die Wahrnehmung eines Termins oder die Ausführung eines sonstigen Geschäfts, so muß der RA gleichfalls alles tun, was durch die in Frage kommende Gebühr abgegolten wird.

Die vorzeitige Aufhebung des Anwaltsvertrags kann im beiderseitigen Einverständnis durch Vertrag oder einseitig durch Kündigung oder auch dadurch erfolgen, daß dem RA die Erfüllung seiner Verpflichtung unmöglich wird.

57 Auf die **bereits entstandenen Gebühren** ist sowohl die vorzeitige Erledigung der Angelegenheit als auch die vorzeitige Endigung des Auftrags ohne Einfluß, soweit das Gesetz nichts anderes bestimmt.

Der RA kann also zwar keine Gebühren beanspruchen, die er noch nicht durch irgendeine Tätigkeit verdient hat, z. B. keine Beweisgebühr, wenn noch keine Beweisordnung erfolgt war, keine Verhandlungsgebühr, wenn noch nicht verhandelt worden ist, wohl aber jede Gebühr, auf die er durch irgendeine Tätigkeit einen Anspruch erlangt hat, mag auch der Tätigkeitsbereich, der durch die Gebühr abgegolten wird, noch längst nicht abgeschlossen sein.

Hat der RA ein Honorar vereinbart, gilt bei vorzeitiger Erledigung der Angelegenheit oder dem vorzeitigen Ende des Auftrags nicht § 13 Abs. 4, sondern § 628 Abs. 1 S. 1 BGB.

Vgl. hierzu A 19 zu § 3; Köln AnwBl. 72, 159 = JurBüro 72, 223.

58 **Einschränkungen dieses Grundsatzes** sind in einigen Gebührenbestim-

mungen enthalten, z. B. in § 32 für die Prozeßgebühr, wenn der Auftrag
endigt, ehe der RA die dort erwähnten Tätigkeiten vorgenommen hat, in § 54
für den Beweisanwalt, wenn sich der Auftrag ohne Wahrnehmung eines
Termins erledigt, in § 56, wenn der Auftrag endigt, bevor der RA den
Schriftsatz ausgehändigt oder eingereicht oder der Termin begonnen hat. In
Strafsachen sind in § 84 geringere Rahmengebühren vorgesehen, falls der RA
nur außerhalb der Hauptverhandlung tätig ist. Den gleichen Fall betreffen für
das Berufungsverfahren § 85 Abs. 3, für das Revisionsverfahren § 86 Abs. 3.
Im übrigen ist bei den Rahmengebühren, und zwar sowohl bei den Gebühren
mit Gebührensatzrahmen wie auch bei den Gebühren mit Betragsrahmen, der
Umfang der Sache gemäß § 12 bei der Ausfüllung des Rahmens zu beachten.
Endet eine Angelegenheit des § 118 vorzeitig, kann der Gebührensatz geringer bemessen werden als bei vollständiger Durchführung der Angelegenheit.
Ebenso ist die Gebühr des Verteidigers aus § 84 geringer, wenn der Angeklagte alsbald nach der Auftragserteilung Selbstmord verübt, als sie zu bemessen
wäre, wenn der Angeklagte nach mehreren Haftprüfungsterminen, Durcharbeitung vieler Beiakten durch den Verteidiger kurz vor dem Verhandlungstermin stirbt.

    Riedel/Sußbauer A 36; Schumann/Geißinger A 92.

Zu beachten ist jedoch, daß der Mindestbetrag bzw. der Mindestsatz nicht
unterschritten werden kann.

Die **Kündigung** des Auftrags ist ein besonders häufiger Fall der vorzeitigen **59**
Endigung des Auftrags. Da der Anwaltsvertrag fast ausnahmslos ein Dienstvertrag mit dem Inhalt einer Gechäftsbesorgung ist (s. A 9 zu § 1), so gilt für
ihn § 627 BGB. Der Vertrag kann also von jedem Teil jederzeit ohne Einhalt
einer Kündigungsfrist gekündigt werden, auch wenn kein wichtiger Grund
vorliegt.

Die **Wirkung einer vorzeitigen Kündigung** ist in § 628 BGB geregelt. **60**
Nach § 628 Abs. 1 S. 1 BGB ist regelmäßig der den bisherigen Leistungen
entsprechende Teil der Vergütung geschuldet. Da aber nach § 13 Abs. 1 die
Gebühr für einen Teil der aufgetragenen Leistung regelmäßig gleich hoch
bemessen ist wie die Gebühr für die ganze Leistung, kann die Vorschrift des
§ 628 Abs. 1 S. 1 BGB im Falle der vorzeitigen Beendigung des Auftragsverhältnisses regelmäßig nicht zu einer Kürzung der Gebühren führen. Lediglich
zur Vermeidung von Zweifeln ist dies in § 13 Abs. 4 ausdrücklich bestimmt.
Im übrigen ist an den Grundsätzen des § 628 Abs. 1 BGB nichts geändert
worden. Danach gilt also auch die Vorschrift des § 628 Abs. 1 S. 2 BGB für
den Anwaltsvertrag.
Der Grundsatz des § 628 Abs. 1 S. 1 BGB i. V. m. § 13 Abs. 4, wonach die
vorzeitige Erledigung oder Endigung keinen Einfluß hat auf bereits entstandene Gebühren, wird erheblich eingeschränkt, wenn der RA ohne ein vertragswidriges Verhalten des Mandanten (§ 628 Abs. 1 S. 2 1. Alternative
BGB), oder
der Mandant wegen eines vertragswidrigen Verhaltens des RA (§ 628 Abs. 1
S. 2. Alternative BGB)
das Mandat kündigt.
In beiden Fällen steht dem RA „ein Anspruch auf die Vergütung insoweit
nicht zu, als seine bisherigen Leistungen infolge der Kündigung für den
anderen Teil kein Interesse haben". Umgekehrt ausgedrückt: Bei der Rege-

lung der §§ 628 Abs. 1 S. 1 BGB, 13 Abs. 3 verbleibt es nur dann, wenn die Kündigung vom RA wegen eines vertragswidrigen Verhaltens des Mandanten oder vom Mandanten ohne ein vertragswidriges Verhalten des RA ausgesprochen wurde.

61 Auch **ohne vertragswidriges Verhalten** steht somit nach § 628 Abs. 1 S. 2 BGB dem RA, der den Auftrag kündigt, insoweit kein Vergütungsanspruch zu, als seine bisherigen Leistungen infolge der Kündigung für den Auftraggeber kein Interesse haben, sofern die Kündigung nicht durch vertragswidriges Verhalten des Auftraggebers veranlaßt worden war.

Das gilt selbst dann, wenn die Kündigung aus einem wichtigen Grunde erfolgt, falls dieser nicht gleichzeitig ein vertragswidriges Verhalten des Auftraggebers ist. Denn § 628 Abs. 1 S. 2 BGB gilt, wie aus seinem Abs. 1 S. 1 Halbs. 1 folgt, auch für die nach § 626 BGB aus wichtigem Grunde erfolgte Kündigung, z. B. für eine Kündigung wegen Arbeitsüberlastung des Anwalts oder wegen Eingehung einer Anwaltsgemeinschaft mit dem Gegenanwalt.

Für den beigeordneten RA besteht zwar kein Kündigungsrecht. § 125 stellt aber die Frage, inwieweit ihm die Erstattung der durch die Beiordnung eines anderen Anwalts neu entstehenden Gebühren zu versagen ist, darauf ab, ob er durch schuldhaftes Verhalten die Beiordnung eines anderen Anwalts veranlaßt hat.

Anders zu beurteilen ist aber der Fall, daß dem RA die Durchführung des Auftrags unmöglich geworden ist, und er deshalb auch noch die Kündigung ausspricht. Darüber s. unten A 70 ff.

62 Die Voraussetzung, daß die **bisherige Tätigkeit des Rechtsanwalts für den Auftraggeber kein Interesse** hat, wird man immer dann annehmen müssen, wenn der Auftraggeber einen anderen RA beauftragen und diesem die gleichen Gebühren nochmals in voller Höhe entrichten muß.

BGH JurBüro 84, 1659.

Der Wegfall des Interesses führt zum Untergang der Gebührenforderung, ohne daß es einer Aufrechnung mit der Gegenforderung bedarf.

BGH NJW 82, 437; 85, 41.

Dagegen behält der RA den Anspruch auf die Gebühren, die bei dem zweiten RA nicht entstehen (z. B. die Beweisgebühr).

Bei den Rahmengebühren des Strafverteidigers sind die Gebühren des 1. und des 2. Anwaltes unter Berücksichtigung aller nach § 12 Abs. 1 heranzuziehenden Umstände zu prüfen. Hat der zweite RA den Gebührenrahmen zulässigerweise vollständig ausgeschöpft, ist kein Raum mehr vorhanden für Gebühren des ersten RA, die dieser behalten könnte. Wenn aber der zweite RA durch die Vorarbeit des ersten RA spürbar entlastet ist, so daß er z. B. anstelle der Höchstgebühr nur eine Mittelgebühr beanspruchen kann, verbleibt dem ersten RA die Differenz. Beim vereinbarten Honorar sind ähnliche Überlegungen anzustellen.

Fraglich ist, ob der RA seinen Gebührenanspruch behält, wenn der Auftraggeber keinen zweiten RA beauftragt, sondern nunmehr selbst tätig wird.

Bejahend Schumann/Geißinger A 94; LG Kempten NJW 54, 725 mit abl. Anm. von Gerold; vgl. auch Pabst MDR 78, 449.

Ist die Kündigung des RA durch vertragswidriges Verhalten des Auf- 63
traggebers veranlaßt, so kann der Anwalt alle durch seine bisherige Tätigkeit verdienten Gebühren von dem Auftraggeber auch dann beanspruchen,
wenn dieser die gleichen Gebühren für die Beendigung der gleichen Angelegenheit noch einem weiteren RA bezahlen muß.

Die Begriffe vertragswidriges Verhalten und Kündigung aus wichtigem
Grund sind zu unterscheiden. Ein wichtiger Grund kann bereits aus objektiven Gegebenheiten vorliegen ohne Verschulden. Vertragswidriges Verhalten
setzt notwendigerweise ein schuldhaftes Handeln oder Unterlassen im Sinne
der §§ 276, 278 BGB voraus. Ein vertragswidriges Verhalten des Mandanten
liegt immer dann vor, wenn der Mandant schuldhaft etwas tut oder unterläßt,
dessentwegen es dem RA billigerweise nicht zugemutet werden kann, das
Mandat weiter zu führen.

Ist der Mandant mit seiner Vorschußpflicht gem. § 17 in Verzug, so sehen
viele darin ein vertragswidriges Verhalten mit der Folge, daß der RA kündigen kann ohne Wegfall seiner bisher entstandenen Gebühren.

So Gerold-Schmidt 8. Aufl. § 13 A 49; Schumann/Geißinger § 13 A 96; Riedel/
Sußbauer § 17 A 15.

Es ist aber fraglich, ob der formelle Eintritt des Verzugs schon die Zerstörung
des Vertrauensverhältnisses begründet. Es wird wohl eine deutliche Niederle-
gungsandrohung hinzukommen müssen. Unterbleibt dann die Bezahlung,
dann kann der RA davon ausgehen, daß dem Mandanten an der Fortführung
des Mandats nicht mehr gelegen ist.

Weitere Fälle vertragswidrigen Verhaltens des Mandanten: Unrichtige und/
oder unvollständige Informationserteilung. Denn dem RA als Organ der
Rechtspflege kann nicht zugemutet werden, die Vertretung auf bewußt
falsche Information zu stützen, abgesehen davon, daß er in den Verdacht der
strafbaren Begünstigung geraten kann.

Schumann/Geißinger § 13 A 97.

Unvollständige oder gänzlich unterlassene Informationen erschweren die
anwaltlichen Tätigkeiten, können das Vertrauensverhältnis zerstören. Auch
hier wird der RA vor Kündigung wohl dem Mandanten ausdrücklich auf die
damit verbundenen Folgen hinweisen müssen. Weiter hierher gehören unbegründete und/oder unangemessene Vorwürfe sowie die Geltendmachung
unberechtigter Ersatzansprüche. Denn kündigt der Mandant unberechtigt
Ersatzansprüche an, dann ist das Vertrauensverhältnis zerstört.

Schumann/Geißinger § 13 A 97.

Überträgt der Auftraggeber eine andere Angelegenheit einem anderen 64
Rechtsanwalt, während der dem ersten RA erteilte Auftrag noch nicht
erledigt ist, so rechtfertigt das nur dann die Kündigung des Anwalts, wenn
nach der besonderen Sachlage darin eine derartige Mißtrauenskundgebung zu
finden ist, daß dem Anwalt die Fortführung der Angelegenheit für den
Auftraggeber nicht zuzumuten ist. Der Regelfall ist das aber nicht.

Stellt sich im Laufe des Rechtsstreits heraus, daß die **Rechtsverfolgung oder** 65
Rechtsverteidigung aussichtslos ist, so kann darin zwar kein vertragswidriges Verhalten des Auftraggebers gefunden werden. Der Auftraggeber hat
aber in einem solchen Falle kein berechtigtes Interesse an der Beauftragung

eines anderen RA mit der weiteren Durchführung des Auftrags, so daß der Anspruch des kündigenden RA auf die bereits verdienten Gebühren bestehen bleibt. Im allgemeinen wird man jedoch vom RA verlangen können, daß er einen Auftrag auch dann zu Ende führt, wenn er zu der Überzeugung kommt, die Position seines Auftraggebers sei aussichtslos geworden. Der Auftraggeber hat einen Anspruch darauf, daß das Gericht über seinen Anspruch entscheidet. So wie das Gericht kurz vor dem Urteil nicht die Bewilligung der Prozeßkostenhilfe aufheben soll, weil die Rechtsposition der Partei aussichtslos geworden ist, sondern sachlich durch Urteil entscheiden muß, soll auch der RA die Vertretung der Partei bis zu Ende führen. Eine Ausnahme wird nur dann zu machen sein, wenn dem RA aus besonderen Gründen des Einzelfalles nicht zuzumuten ist, die Vertretung des Auftraggebers beizubehalten. Das gilt z. B., wenn sich die Geltendmachung des Anspruchs vom Standpunkt des Anwalts als bedenklich herausstellt. Doch ist der RA in einem solchen Falle verpflichtet, der Partei zunächst seine Auffassung mitzuteilen und ihr die entsprechenden Schritte anzuraten.

Vgl. auch Schumann/Geißinger A 112 und LG Hamburg AnwBl. 85, 261.

66 Wird durch **bloße Mißverständnisse** ohne Verschulden des Auftraggebers oder des RA das Vertrauensverhältnis erschüttert, so ist bei Kündigung des RA nach § 628 Abs. 1 S. 2 BGB diesem der Anspruch auf bei einem anderen Anwalt nochmals entstehende Gebühren zu versagen. Zunächst sollten sich RA und Auftraggeber bemühen, das Vertrauensverhältnis wieder herzustellen und die Mißverständnisse auszuräumen. Erklärt der Auftraggeber jedoch, daß er kein Vertrauen mehr besitze, ist dem Anwalt die Fortführung des Auftrags nicht mehr zuzumuten. Er kann kündigen mit der Folge, daß er seine Gebührenansprüche behält.

Vgl. zur Erstattung Hamburg MDR 73, 324 = JurBüro 73, 448.

Der Mandatsvertrag begründet für den Auftraggeber keinen Anspruch auf die Befolgung von Weisungen, die einem wohlbegründeten Rat zuwiderlaufen und von deren Ausführung nennenswerte Nachteile zu besorgen sind. Kündigt die Partei das Mandatsverhältnis wegen der Weigerung des RA, eine derartige Weisung zu befolgen, behält der RA seinen Gebührenanspruch.

LG Hamburg JurBüro 84, 1824.

Behauptet der Auftraggeber, daß der RA die Störung des Vertrauensverhältnisses verschuldet habe, so ist er dafür beweispflichtig.

Das Vorbringen der als Erbe den Rechtsstreit führenden Partei, sie habe zu dem Anwalt des Erblassers das erforderliche Vertrauen nicht gehabt, kennzeichnet allein einen Anwaltswechsel nicht als notwendig.

Köln JurBüro 74, 757.

67 **Hat der Rechtsanwalt die Kündigung des Auftraggebers verschuldet,** so kann der RA keine Gebühren verlangen, die in der Person des nunmehr beauftragten RA nochmals entstehen. Er ist darüber hinaus nach § 628 Abs. 2 BGB dem Auftraggeber auch für etwaige weitere, durch sein Verschulden entstandenen Schäden ersatzpflichtig. Ein solcher Schaden kann auch in den Kosten der Einreichung einer aussichtslosen Klage bestehen.

Vertragswidriges Verhalten des RA kann in unsachgemäßer Prozeßführung liegen, z. B. wenn der RA ohne im Interesse der Rechtspflege oder ohne im

besonderen Interesse des Auftraggebers liegende Gründe Tatsachen vorbringt, die geeignet sein können, dem Auftraggeber zu schaden,

> Pabst MDR 78, 449 (mit weiteren Beispielen);

oder wenn er dem Auftraggeber die unrichtige Mitteilung macht, ein Termin
zur Vernehmung eines wichtigen Zeugen sei aufgehoben worden, weil er
annahm, der Termin werde auf den von der Gegenpartei gestellten Antrag,
dem er zugestimmt hatte, aufgehoben werden, und deshalb der Auftraggeber
im Termin nicht vertreten war,
oder wenn er durch grobe Pflichtverletzung Fristen versäumt hat, z. B. wenn
er ihm vom Auftraggeber rechtzeitig gegebene Erklärungen und Beweismittel verspätet geltend macht, so daß sie vom Gericht zurückgewiesen werden,

> Hartmann A 6 B a (aa);

oder wenn er der Gegenpartei erklärt, er halte eine von ihm eingereichte
Klage für aussichtslos, oder wenn er in einem anderen Rechtsstreit die
Vertretung einer GmbH übernimmt, deren einziger Gesellschafter die Gegen-
partei seines Auftraggebers ist,

> BGH JurBüro 84, 1659; Hamm Büro 54, 286;

oder wenn er den Auftraggeber fehlerhaft beraten hat, wobei es gleichgültig
ist, in welcher Rechtssache die Fehlleistung geschehen ist.

> Düsseldorf NJW 72, 2311 = MDR 73, 59 = JurBüro 72, 1106 = Rpfleger 72, 457.

Ist streitig, ob der RA die Kündigung des Anwaltsvertrages seitens des
Auftraggebers durch vertragswidriges Verhalten veranlaßt hat, so hat der
Auftraggeber zu beweisen, daß vertragswidriges Verhalten des RA zur Kündigung geführt hat und daß das Interesse an den bisherigen Leistungen des RA
infolgedessen entfallen ist.

> BGH AnwBl. 82, 67 = MDR 82, 386.

Kündigt der Auftraggeber, ohne durch vertragswidriges Verhalten des 68
Anwalts dazu veranlaßt worden zu sein, so behält der RA seine bereits
entstandenen Vergütungsansprüche auch insoweit, als bei Bestellung eines
anderen Anwalts der Auftraggeber die Gebühren nochmals bezahlen muß.

> Hamm Büro 56, 385.

Wird die Beendigung des Mandats durch vertragswidriges Verhalten des 69
Auftraggebers veranlaßt, so ist dieser nach § 628 Abs. 2 BGB **zum Ersatze
des** durch die Aufhebung des Mandatsverhältnisses **entstehenden Schadens**
verpflichtet. Ob dies auch im Verhältnis Anwalt/Auftraggeber gilt, ist umstritten.

> Nach Gerold-Schmidt 8. Aufl. § 13 A 46 findet § 628 Abs. 2 BGB deshalb keine
> Anwendung, weil der RA keinen Anspruch auf Vergütung für nicht geleistete
> Dienste hat. Nach Riedel/Sußbauer § 13 A 45 ist die Bestimmung anwendbar, da
> aber andererseits der Anwalt frei werde und seine Arbeitskraft anderweitig einset-
> zen könne, werde sich oft ein Schaden nicht feststellen lassen können.

Nach § 249 S. 1 BGB hat der schadensersatzpflichtige Auftraggeber den
Zustand herzustellen, der bei Nichteintritt der vorzeitigen Beendigung des
Vertragsverhältnisses bestehen würde. Auf das Verhältnis vom RA zum
Mandanten angewandt, bedeutet dies: Es müssen die Gebühren gezahlt
werden, die bei Fortsetzung des Mandats voraussichtlich entstanden wären

abzüglich solcher Einkünfte, die der RA durch anderweitige Verwertung seiner Arbeitskraft erzielt oder schuldhaft zu erzielen unterläßt. § 249 BGB wird ersichtlich nicht durch eine Norm des Gebührenrechts eingeschränkt. Es ist z. B. durchaus denkbar, daß der Verteidiger im Hinblick auf eine größere Strafverteidigung, in denen viele Hauptverhandlungstermine datenmäßig schon festgelegt sind, andere Mandate nicht angenommen hat, weil deren Hauptverhandlungstermine mit den Hauptverhandlungsterminen aus dem beendeten Mandat kollidiert hätten. Hier müßte § 628 Abs. 2 BGB anwendbar sein.

Schumann/Geißinger § 13 A 51; Hartmann § 13 A 5 b; vgl. auch Pabst MDR 78, 449.

70 Das **Unmöglichwerden der Vertragserfüllung** ist, da auf die Kündigung § 628 BGB mit alleiniger Ausnahme des § 628 Abs. 1 S. 1 BGB auch für den Anwaltsvertrag uneingeschränkt anwendbar ist, von der Kündigung zu unterscheiden. Denn da durch § 628 nur die Anwendbarkeit der §§ 325, 326 BGB, nicht aber die Anwendbarkeit der §§ 323, 324 BGB ausgeschlossen wird, ist bei dem Unmöglichwerden der Vertragserfüllung auch § 628 Abs. 1 S. 2 BGB nicht anwendbar. Vielmehr greift dann nach § 323 Abs. 1 BGB auch bei unverschuldeter Unmöglichkeit die Bestimmung des § 13 Abs. 4 ein, nach der eine Minderung der Vergütung des Anwalts, soweit es sich um bereits verdiente Gebühren handelt, bei unverschuldeter Unmöglichkeit nicht eintritt, also auch dann nicht, wenn der Auftraggeber die gleichen Gebühren einem neu beauftragten RA nochmals bezahlen muß.

Riedel/Sußbauer A 48; vgl. aber Hamm Büro 58, 251 (Hamm übersieht diesen Unterschied).

71 Das gilt besonders bei **Tod des Anwalts** oder bei schwerer Erkrankung, die den Anwalt zur Aufgabe seiner Praxis zwingt.

72 Nach dem **Tod der Partei** ist ein Anwaltswechsel nur notwendig, wenn konkrete Umstände es den Erben dringend geboten erscheinen lassen, einen anderen RA zu beauftragen.

Hamburg MDR 79, 762 = JurBüro 79, 1064.

73 **Hat** jedoch **der Rechtsanwalt die Unmöglichkeit** verschuldet, so bleibt § 628 BGB, also auch sein Abs. 2 S. 2, anwendbar, weil die Anwendbarkeit des § 325 BGB durch die Sonderbestimmung des § 628 BGB ausgeschlossen wird.

Vgl. Köln JurBüro 80, 551 (Niederlegung des Mandats wegen der Gefahr einer Interessenkollision).

74 Deshalb ist bei **Selbstmord** des RA der Anspruch auf nochmals entstehende Gebühren u. U. zu versagen, nämlich dann, wenn der Anlaß zu dem Selbstmord vorwerfbar ist (z. B. Selbstmord nach Aufdeckung erheblicher Straftaten). Anders ist die Lage z. B. zu beurteilen, wenn der Anwalt den Selbstmord in einem Zustand der Depression begeht.

Die Auffassungen von Schrifttum und Rechtsprechung sind unterschiedlich.
Auf jeden Fall versagen den Anspruch:
Schumann/Geißinger A 111.
Grundsätzlich kein Gebührenverlust:
KG JW 30, 3337; 34, 914 u. 3145; Braunschweig HRR 36 Nr. 695; Naumburg JW 34, 1742.

Auch durch **Aufgabe oder unfreiwilligen Verlust der Zulassung** als RA 75
wird die weitere Durchführung des Anwaltsvertrags unmöglich. Ob der RA
den Auftraggeber darauf noch besonders aufmerksam macht, indem er den
Auftrag aus diesem Grunde kündigt, ist ohne rechtliche Bedeutung, da der
wirkliche Grund die Nichtdurchführung des Auftrags die Unmöglichkeit der
Erfüllung, nicht die Kündigung ist. Es kommt also für den Verlust des
Gebührenanspruchs bei Entstehung gleicher Gebühren für den neu beauftragten RA auch hier darauf an, ob der RA den Verlust seiner Zulassung
verschuldet hat.

> Düsseldorf JurBüro 78, 1877 = MDR 79, 147 = JMBlNRW 79, 65 (Der RA, der
> seine Zulassung bei dem Prozeßgericht freiwillig aufgibt, braucht bei der Über-
> nahme der Vertretung ein Jahr vorher seinen Auftraggeber noch nicht darauf
> hinzuweisen, oder in eigener Sache einen anderen RA mit seiner Vertretung zu
> beauftragen; in einem solchen Fall hat die unterlegene Prozeßpartei die durch den
> Anwaltswechsel verursachten Mehrkosten zu erstatten).

Bei **Ausschließung des Rechtsanwalts** aus dem Anwaltsstand liegt stets ein 76
Verschulden des RA an der vorzeitigen Beendigung seiner Tätigkeit vor. Das
gilt auch, wenn er sonst die Rücknahme seiner Zulassung schuldhaft veranlaßt hat.

Jedoch liegt bei **Rücknahme der Zulassung aus politischen Gründen** kein 77
auf zivilrechtlichem Gebiet liegendes Verschulden des Anwalts vor.

Niederlegung der Zulassung seitens des Anwalts macht gleichfalls die 78
Vertragserfüllung unmöglich. Deshalb ist sie nur bei Verschulden des Anwalts auf seinen Vergütungsanspruch von Einfluß.

Will der RA durch die Aufgabe der Zulassung seinem Ausschluß aus der
Anwaltschaft zuvorkommen, so liegt ein Verschulden vor.

Erfolgt die **Aufgabe der Zulassung aus anderen Gründen,** z. B. um das 79
Gericht der Zulassung zu wechseln, so würde stets ein Verschulden des RA
anzunehmen sein, wenn man diesen für verpflichtet hält, vor Erledigung der
Angelegenheit, deren Durchführung übernommen hat, seine Zulassung
nicht aufzugeben.

> So Schumann/Geißinger A 102, 104; Frankfurt MDR 53, 371 (L) und Rpfleger 54,
> 646 = Büro 53, 491 sowie JurBüro 80, 141 (Wechsel vom LG zum OLG);
> Hamburg MDR 81, 767 = JurBüro 81, 1515 = VersR 81, 1061 (Bei Übernahme
> eines Prozeßmandats verpflichtet sich der Anwalt, den Rechtsstreit jedenfalls bis
> zum Abschluß der Instanz zu führen; wenn Abweichendes gelten soll, muß der
> Anwalt ausdrücklich darauf hinweisen. Werden für den Mandanten durch die
> Aufgabe der Zulassung seines Prozeßbevollmächtigten beim Prozeßgericht die von
> ihm bisher geleisteten Dienste wirtschaftlich wertlos, weil er dem neuen Prozeßbe-
> vollmächtigten noch einmal die gleichen Gebühren zahlen muß, so verliert der
> erste Anwalt seinen Vergütungsanspruch); Hamm Rpfleger 55, 207 = Büro 55,
> 401; Büro 60, 529 = JVBl. 61, 168 = Rpfleger 61, 257; Koblenz Büro 53, 365;
> Stuttgart AnwBl. 55, 215; OVG Lüneburg SchlHA 54, 123; LG Lüneburg MDR
> 54, 750.

Freiwillige Aufgabe der Zulassung, die ein Verschulden darstellt, liegt nach
dieser Rspr. auch dann vor, wenn zwingende wirtschaftliche Erwägungen
dafür bestimmend waren, z. B. weil die bisherige Praxis keine Existenzgrund-
lage bot

> so KG JW 35, 2293; Düsseldorf JW 36, 616; Hamm JVBl. 35, 319;

oder wenn sie zum Zwecke der Übernahme einer Beamtenstellung erfolgt.

So KG 35, 1044 und JVBl. 35, 218; München JVBl. 34, 97; Stuttgart Rpfleger 57, 98 (L);

a. M. Eintritt in den Staatsdienst ist kein Verschulden: Düsseldorf Rpfleger 56, 22; KG NJW 53, 427.

Dieser Meinung kann aber nicht beigetreten werden. Der Auftrag verpflichtet den RA, sofern er nicht ausdrücklich die Verpflichtung übernommen hat, den Auftrag bis zur Beendigung der Angelegenheit durchzuführen, nicht, seine Zulassung nur deshalb beizubehalten, um den Auftrag zu Ende zu führen. Ein Wegfall des Anspruchs auf die bisher verdienten Gebühren, soweit sie auch für einen neu beauftragten RA nochmals entstehen, würde es vielfach dem RA unmöglich machen, seinen Beruf zu wechseln, da er es nicht in der Hand hat, bis zur Aufgabe der Zulassung alle oder auch nur den größten Teil der ihm übertragenen Rechtsangelegenheiten zu Ende zu führen.

Hartmann A 5 B b; Riedel/Sußbauer § 125 A 6; BGH NJW 57, 1152 = MDR 58, 33; KG NJW 53, 427 und AnwBl. 55, 214; Karlsruhe AnwBl. 82, 248.

Teilweise wird die Auffassung vertreten, daß der RA, der seine Zulassung freiwillig aufgibt, versuchen müsse, das Mandat auf einen anderen Anwalt mit der Maßgabe zu übertragen, daß die Honoraransprüche nicht doppelt entstehen.

Köln JurBüro 74, 471 (Frage: Was geschieht, wenn der Auftraggeber zu dem neuen Anwalt kein Vertrauen hat?).

80 **Zulassung wegen Krankheit oder hohen Alters** ist auch nach derjenigen Ansicht, die bei Aufgabe der Zulassung aus anderen Gründen ein Verschulden annimmt, kein Verschulden des RA.

Schumann/Geißinger A 104; Frankfurt JurBüro 74, 1599; Koblenz JurBüro 78, 1068.

Der RA behält also seinen Anspruch auf die bereits verdienten Gebühren, wenn er aus diesen Gründen seine Zulassung aufgibt, während er ihn, soweit die Gebühren nochmals entstehen, verliert, wenn er nur einen Einzelauftrag wegen Krankheit oder hohen Alters kündigt, seine Praxis im übrigen aber weiterbetreibt (s. oben A 61).

Ein Anwalt, der wegen Krankheit oder hohen Alters seine Praxis veräußert, soll versuchen, den Übernehmer zu bewegen, den Auftrag fortzuführen, ohne erneut Gebühren zu fordern.

So Braunschweig AnwBl. 73, 208 mit abl. Anm. von Chemnitz = JurBüro 73, 871.

81 Im **Verschweigen der Absicht,** bei Übernahme des Auftrags **seine Zulassung alsbald aufzugeben,** wird allerdings meist ein Verschulden zu finden sein.

Schumann/Geißinger A 99, 100; Schleswig SchlHA 54, 152; LG Oldenburg AnwBl 55, 215.

Hat sich aber der RA z. Z. der Übernahme erst um eine Anstellung im Staatsdienst beworben und ist noch in keiner Weise abzusehen, ob diese Bewerbung auch Erfolg haben wird, so liegt in der Nichtangabe dieser Tatsache kein Verschulden.

Hartmann A 6 B a; Riedel/Sußbauer § 125 A 6; Schumann/Geißinger A 105; BGH NJW 57, 1152; Düsseldorf Rpfleger 56, 22; KG NJW 52, 1389 und AnwBl. 55, 213; **a. M.** München BayJMBl. 53, 71.

Ein Verschulden liegt gleichfalls nicht vor, wenn der RA seine Zulassung ein Jahr nach Übernahme des Auftrags aufgibt.

Düsseldorf MDR 79, 147 = JMBlNRW 79, 65 = JurBüro 78, 1877.

Eine Ausnahme wird dann zu machen sein, wenn vorauszusehen ist, daß sich die Angelegenheit erheblich länger als ein Jahr hinzieht.

Bei Aufträgen, die einer **Anwaltsgemeinschaft** erteilt worden sind, hat, **82** wenn einer der verbundenen Anwälte seine Zulassung aufgibt, regelmäßig der andere Anwalt den Auftrag zu Ende zu führen. Waren die verbundenen Anwälte bei verschiedenen Gerichten zugelassen, so ist allerdings die Weiterführung des Auftrags durch den bei einem anderen Gericht zugelassenen Anwalt nicht immer möglich. Die Frage, ob den Sachbearbeiter bei der Aufgabe der Zulassung ein Verschulden trifft, ist nach den gleichen Grundsätzen zu beurteilen, wie bei dem Alleinanwalt. Das gilt auch dann, wenn er die Zulassung beim Oberlandesgericht deshalb aufgegeben hat, um die Praxis des verstorbenen Landgerichtsanwalts zu übernehmen.

Endet die **Bestellung des Kanzleiabwicklers** vor Beendigung der Angele- **83** genheit und wird der Abwickler in dieser Angelegenheit weiter anwaltlich tätig, so erwachsen ihm in den Grenzen von § 13 Abs. 5 die Gebühren, für die er durch seine weitere Tätigkeit den Gebührentatbestand verwirklicht. Diese Kosten sind nach den für einen Anwaltswechsel geltenden Grundsätzen erstattungsfähig.

Hamm AnwBl. 76, 215 = JurBüro 76, 625; vgl. auch KG AnwBl. 76, 441 = JurBüro 77, 200 und Koblenz JurBüro 79, 1314.

Das gilt auch dann, wenn ein anderer Anwalt die Kanzlei weiter abwickelt. Der Auftraggeber ist nicht verpflichtet, einen Abwickler zu beauftragen.

Frankfurt AnwBl. 80, 71 = MDR 80, 239 = VersR 80, 145 (L) = JurBüro 80, 614 und AnwBl. 80, 517 = MDR 80, 1026.

Wird der **Auftrag durch Vertrag vorzeitig** aufgehoben, so werden sich die **84** Vertragsparteien regelmäßig darüber einigen, inwieweit der Anwalt seinen Anspruch auf bereits entstandene Gebühren, die für den Nachfolger neu entstehen, behält, sei es, daß der RA auf solche Gebühren verzichtet, sei es, daß der Auftraggeber sich zu ihrer Zahlung bereit erklärt.

Die Erstattungspflicht der Gegenpartei richtet sich nach § 91 Abs. 2 S. 3 **85** ZPO. Danach sind die Kosten mehrerer RAe nur insoweit zu erstatten, als sie die Kosten eines RA nicht übersteigen oder als in der Person des RA ein Wechsel eintreten mußte. Notwendig ist der Anwaltswechsel stets, wenn Anwaltszwang besteht und der erste RA den Auftrag nicht zu Ende geführt hat. Die Gegenpartei braucht aber nur die Kosten zu erstatten, zu deren Zahlung die obsiegende Partei verpflichtet ist. Inwieweit eine solche Verpflichtung besteht, ergibt sich aus den vorstehenden Ausführungen. Sie entfällt danach, wenn der Anwalt kündigt, ohne durch vertragswidriges Verhalten des Auftraggebers dazu veranlaßt worden zu sein, wenn der Anwalt durch sein vertragswidriges Verhalten die Kündigung der Partei veranlaßt hat, wenn durch sein Verschulden die Durchführung des Auftrags unmöglich geworden ist oder wenn die obsiegende Partei selbst durch ihr vertragswidriges Verhalten die Kündigung des Anwalts veranlaßt oder selbst gekündigt hat, ohne durch vertragswidriges Verhalten ihres Anwalts dazu veranlaßt worden zu sein. In diesen Fällen kann sie die Erstattung der Mehrkosten nicht verlangen, weil sie diese selbst veranlaßt hat und deshalb der Anwaltswechsel nicht als notwendig anzusehen ist. Zusammenfassend kann gesagt werden: Die Kosten zweier nacheinander tätig gewordener Anwälte sind dann erstattungsfähig, wenn der Anwaltswechsel nicht auf Umständen beruht, die die Partei oder der Anwalt hätten voraussehen oder in irgendeiner durch die Unzumutbarkeit begrenzten Weise hätten verhindern können.

Mümmler JurBüro 83, 651 (Erstattungsfähigkeit der Mehrkosten beim Anwaltswechsel); Frankfurt AnwBl. 68, 232 = MDR 67, 774 und JurBüro 83, 122; zu streng KG JurBüro 68, 130 (Wird ein Verfahren zur Entscheidung über die Wirksamkeit der Anfechtung eines Vergleichs fortgesetzt, so liegt ein notwendiger Anwaltswechsel nicht allein deshalb vor, weil seit dem Abschluß des Vergleichs sieben Jahre vergangen sind und eine frühere Anwaltsgemeinschaft nicht mehr besteht).

Die obsiegende Partei, welche die Kosten mehrerer RA erstattet verlangt, muß also darlegen, daß sie zur Zahlung der Mehrkosten verpflichtet war und ihre Entstehung nicht selbst verschuldet hat.

Eine Ausnahme kann dann bestehen, wenn die Partei dem RA gekündigt hat, weil gegen ihn ein Strafurteil ergangen war, später aber seine Freisprechung erfolgt ist.

86 **Hat der Rechtsanwalt wegen Aussichtslosigkeit** der Rechtsverfolgung oder Rechtsverteidigung **gekündigt** (s. oben A 65), so besteht keine Erstattungspflicht der Gegenpartei für die durch Bestellung eines neuen Anwalts entstandenen Mehrkosten. Ist der RA zu einer solchen Ansicht, die sich später als irrig herausstellt, durch mangelhafte Unterrichtung seitens des Auftraggebers gekommen, so trifft diesen selbst, andernfalls den Anwalt ein Verschulden.

87 Nimmt ein als **Konkursverwalter** bestellter RA ein anhängiges Verfahren auf und kündigt er dem vom Gemeinschuldner bestellten RA die Vollmacht, so liegt kein notwendiger Anwaltswechsel vor.

Schumann/Geißinger A 101; Frankfurt JurBüro 79, 694; Hamm JMBlNRW 54, 67 = Büro 54, 58; Stuttgart Rpfleger 57, 98 (L).

Das gleiche gilt, wenn ein zum **Nachlaßpfleger** bestellter RA dem von dem Erblasser bestellten Prozeßbevollmächtigten den Auftrag kündigt, um den Rechtsstreit selbst weiterzuführen.

Frankfurt BB 78, 1442 (L).

Das gleiche gilt bei dem zum **Nachlaßverwalter** bestellten RA.

Frankfurt MDR 79, 62 = JurBüro 78, 1656 = Rpfleger 78, 419.

88 Wurden **Streitgenossen** durch einen gemeinsamen Anwalt vertreten, so sind bei Wechsel des Anwalts durch einen Streitgenossen die Mehrkosten erstattungspflichtig, weil die Streitgenossen sich von vornherein durch mehrere RAe hätten vertreten lassen können.

München Rpfleger 56, 60 (L); München NJW 51, 1135 (L) = JVBl. 59, 149 = Rpfleger 69, 130; Frankfurt AnwBl. 80, 505;
a. M. Mümmler JurBüro 83, 169 und 83, 651; Braunschweig MDR 67, 687 (L); Düsseldorf MittRRAK 38, 206 für den Fall grundlosen Anwaltswechsels; Koblenz JurBüro 79, 266 = VersR 79, 360; Köln JurBüro 82, 1076 mit zust. Anm. von

Mümmler (Bestellt der aus einem Verkehrsunfall in Anspruch genommene Halter/ Fahrer neben dem von seiner Haftpflichtversicherung zum Prozeßbevollmächtigten bestellten Anwalt einen eigenen Prozeßbevollmächtigten, so sind dessen Kosten in aller Regel nicht erstattungsfähig).

War der obsiegenden Partei ein **Rechtsanwalt im Wege der Prozeßkosten-** 89 **hilfe beigeordnet,** so sind die Mehrkosten, die dadurch entstanden sind, daß nicht der von der Partei zunächst als Wahlanwalt beauftragte RA beigeordnet worden ist, nicht erstattungspflichtig.

a. M. Hamburg JurBüro 72, 58 = MDR 72, 60.

Dasselbe gilt, wenn der zuerst beigeordnete Anwalt aus Schuld der Partei von seiner Beiordnung befreit ist.

Das Unmöglichwerden der Durchführung des Auftrags infolge **unverschul-** 90 **deter Aufgabe der Zulassung** ist also der Hauptfall, in dem eine Verpflichtung der Gegenpartei zur Erstattung der durch Anwaltswechsel entstandenen Mehrkosten besteht (s. oben A 79, 80).

Hat bei **vertraglicher Aufhebung des Anwaltsvertrags** die obsiegende 91 Partei, ohne dazu verpflichtet zu sein, dem Anwalt gegenüber die Tragung der Mehrkosten übernommen, so kann sie diese nicht von der unterlegenen Gegenpartei erstattet verlangen.

Aus der **Staatskasse** kann der beigeordnete RA nach § 125, wenn er durch 92 sein Verschulden die Beiordnung eines anderen RA veranlaßt hat, die auch für diesen entstehenden Gebühren nicht fordern. Näheres s. bei § 125.

Bei erneuter Beauftragung des Rechtsanwalts in derselben Angelegen- 93 **heit,** in der er bereits tätig geworden war, erhält er nach § 13 Abs. 5 nicht mehr Gebühren, als er erhalten würde, wenn er von vornherein mit dem weiteren Tätigwerden beauftragt worden wäre.

Bei einem Rechtsstreit ist z. B. der in Frage kommende Rechtszug die Angelegenheit. § 13 Abs. 5 schlägt daher dann ein, wenn der RA nicht mit der Vertretung im ganzen Rechtszug, sondern zunächst nur mit einer Einzeltätigkeit beauftragt worden war und erst später den Auftrag zu weiteren Einzeltätigkeiten oder zur Gesamtvertretung erhält.

Bei außergerichtlichen Angelegenheiten kann mitunter zweifelhaft sein, ob noch dieselbe Angelegenheit vorliegt, wenn der RA beauftragt wird, „weiter tätig zu werden". Dieselbe Angelegenheit liegt zweifelsfrei vor, wenn z. B. in einer Verkehrssache der mit außergerichtlicher Regulierungsverhandlungen beauftragte RA während der Bearbeitung den Auftrag erhält, weitere Ansprüche geltend zu machen.

Dagegen dürfte „nicht mehr" dieselbe Angelegenheit gegeben sein, wenn nach endgültiger Erledigung eines Anspruchs später ein weiterer Anspruch geltend gemacht wird, mag dieser auch aus der gleichen Wurzel stammen. Beispiel: Nach einem Verkehrsunfall wird ein Schmerzensgeldanspruch verglichen. Die Versicherung zahlt Vergleichssumme und Kosten. Später wird die Frage des materiellen Zukunftsschadens aufgeworfen und bereinigt. Obwohl dieser Schaden durch den gleichen Unfall verursacht worden ist wie der immaterielle Schaden, liegen doch zwei Angelegenheiten vor.

H. Schmidt NJW 73, 1311.

Etwas anderes könnte gelten, wenn bei Abschluß des Vergleiches über den

Schmerzensgeldanspruch die Frage des materiellen Zukunftsschadens zurückgestellt und die Kostenregelung ebenfalls zurückgestellt oder als vorläufig angesehen worden wäre.

Bei Geltendmachung eines Teilanspruchs und späterer Beauftragung mit der Eintreibung des Restbetrages wird es auf den zeitlichen Zusammenhang ankommen, ob noch von einem „weiter tätig werden" gesprochen werden kann. Wird der Restanspruch etwa erst zwei Jahre nach Erledigung des Teilanspruchs geltend gemacht, liegt nicht mehr dieselbe Angelegenheit, sondern eine neue Angelegenheit vor. Im einzelnen kann zweifelhaft sein, ob von einem „weiter tätig werden" oder von einem „erneut tätig werden" (i. S. einer zweiten Angelegenheit) gesprochen werden kann.

94 **Wird der Auftrag gekündigt und nimmt später der Rechtsanwalt die Tätigkeit wieder auf,** die den Gegenstand des gekündigten Auftrags bildete, z. B. weil der Auftraggeber den geforderten Vorschuß erst dann gezahlt hat, nachdem ihm der RA wegen Nichtzahlung des Vorschusses den Auftrag gekündigt hatte, so kann er nach § 13 Abs. 5 die bereits vor der Kündigung entstandenen Gebühren nochmals berechnen.

    a. M. Braunschweig Rpfleger 64, 65, das ausführt: „Dieselbe Angelegenheit" im Sinne des § 13 Abs. 5 BRAGO liege dann nicht vor, wenn ein RA auf Grund völlig geänderter Rechts- oder Sachlage in derselben Instanz erneut tätig werde, nachdem früher seine Vertretung des Mandanten wegen damaliger Aussichtslosigkeit der Rechtsverfolgung beendet und abgerechnet worden sei.

95 In **Bürgerlichen Rechtsstreitigkeiten** und ähnlichen Verfahren kann der RA höchstens die für den Prozeßbevollmächtigten vorgesehenen Gebühren des § 31 für alle diejenigen Tätigkeiten erhalten, die unter den für den Prozeßbevollmächtigten vorgesehenen Gebührenrahmen fallen.

Wird z. B. der Verkehrsanwalt oder der mit der Wahrnehmung eines Termins oder mit der Anfertigung eines Schriftsatzes beauftragte RA später Prozeßbevollmächtigter, so muß er sich diejenigen Gebühren, die er durch seine frühere Einzeltätigkeit verdient hatte, auf die ihm später als Prozeßbevollmächtigten zustehenden gleichartigen Gebühren anrechnen lassen (s. A 11 zu § 52).

96 Auch auf den ungekehrten Fall, daß der frühere Prozeßbevollmächtigte **später** nur **noch** einen **Teilauftrag** erhält, ist § 13 Abs. 5 anzuwenden, z. B. wenn er nach Verweisung des Rechtsstreits an ein anderes Gericht Verkehrsanwalt wird oder einen Beweistermin wahrnimmt (s. A 10, 11 zu § 52).

97 In gerichtlichen Verfahren ist weiter Voraussetzung, daß es sich um den **gleichen Rechtszug** handelt. Der RA, der Prozeßbevollmächtigter am Landgericht war und nach Berufungseinlegung zum auswärtigen Oberlandesgericht Verkehrsanwalt wird, erhält die Verkehrsgebühr neben seinen am Landgericht verdienten Gebühren.

98 **Spätere Erhöhung des Gegenstandswertes** oder des Gebührensatzes sind aber zu berücksichtigen, so daß der dadurch begründete Gebührenunterschied noch gefordert werden kann.

Beispiel:
Vor der Verweisung des Rechtsstreits betrug der Streitwert 5000 DM, nach der Verweisung wurde er auf 10000 DM erhöht. Der RA hat als Prozeßbevollmächtigter zunächst die Prozeßgebühr aus 5000 DM verdient. Als Ver-

kehrsanwalt erhält er zusätzlich den Unterschied einer Gebühr aus 5000 DM und aus 10000 DM; so daß er insgesamt eine Gebühr aus 10000 DM zu beanspruchen hat.

Hat der RA als Beweisanwalt einen Beweistermin wahrgenommen und dadurch eine halbe Beweisgebühr verdient und wird er später als Prozeßbevollmächtigter nochmals in einem Beweisaufnahmeverfahren tätig, so erhält er nur noch eine halbe Beweisgebühr, insgesamt nur eine volle Beweisgebühr.

Für die **Ratsgebühr** des § 20 ist in § 20 Abs. 1 S. 3 noch besonders bestimmt, **99** daß sie auf eine Gebühr anzurechnen ist, die der RA für eine sonstige Tätigkeit erhält, die mit der Erledigung des Rates oder aus Auskunft zusammenhängt.

Ferner ist für die Geschäftsgebühr des § 118 Abs. 1 Nr. 1 in § 118 Abs. 2 **100** bestimmt, daß, soweit diese Gebühr für eine Tätigkeit außerhalb eines gerichtlichen oder behördlichen Verfahrens entsteht, sie auf die Gebühren für ein anschließendes gerichtliches oder behördliches Verfahren anzurechnen ist.

Der **mit Einzelhandlungen beauftragte Rechtsanwalt** erhält nach § 13 **101** Abs. 6 nicht mehr an Gebühren, als der mit der gesamten Angelegenheit beauftragte RA für die gleichen Tätigkeiten erhalten würde.

Die gesamte Angelegenheit i. S. des § 13 Abs. 6 ist, wenn es sich um einen Rechtsstreit handelt, der gesamte Rechtszug (vgl. § 13 Abs. 2). Ein Auftrag zu einzelnen Handlungen ist jeder Auftrag zu einer Tätigkeit, für die der mit der Führung des ganzen Rechtsstreits beauftragte RA in derselben Instanz keine besondere Gebühr erhält, also nach § 37 Abs. 2 auch der Auftrag zur Führung außergerichtlicher Vergleichsverhandlungen.

§ 13 Abs. 6 enthält für den Prozeß den Grundsatz, daß der nicht zum Prozeßbevollmächtigten bestellte RA für eine Tätigkeit, die für den Prozeßbevollmächtigten durch eine der Pauschgebühren des § 31 abgegolten wird, niemals eine höhere Gebühr erhalten kann, als sie der Prozeßbevollmächtigte für eine solche Tätigkeit erhalten würde.

Auch wenn **verschiedene Aufträge** zu Einzeltätigkeiten vorliegen, soll der **102** damit beauftragte RA nicht mehr an Gebühren erhalten, als der mit der gesamten Angelegenheit beauftragte RA erhalten hätte, wenn er die Tätigkeiten vorgenommen hätte. Wird z. B. der mit der Wahrnehmung eines Beweistermins beauftragte RA noch mit anderen Tätigkeiten beauftragt, z. B. mit der Anfertigung von Schriftsätzen, so kann er höchstens die volle Prozeßgebühr erhalten.

Für alle Gebührenarten hat getrennte Prüfung zu erfolgen. Es kann also **103** z. B. für den mit Einzelhandlungen beauftragten RA stets höchstens eine Prozeß-, Verhandlungs- oder Beweisgebühr entstehen.

Sind nur **Teilgebühren** für das in Frage kommende Verfahren vorgesehen, **104** also niedrigere als die vollen Gebühren, wie z. B. im Zwangsvollstreckungsverfahren, so kann der mit Einzeltätigkeiten beauftragte RA für mehrere Einzelaufträge höchstens diese Teilgebühren beanspruchen, z. B. in einem Zwangsvollstreckungsverfahren höchsten je drei Zehntel der vollen Gebühr. Das gilt natürlich nur dann, wenn es sich um Tätigkeiten in der gleichen Angelegenheit der Zwangsvollstreckung (s. § 58) handelt.

Für **Tätigkeiten in verschiedenen gerichtlichen Instanzen** kann auch der **105** mit Einzeltätigkeiten beauftragte RA für jede Tätigkeit in einem anderen

Rechtszug die gleiche Gebühr erneut berechnen. Z. B. erhält der RA, der erst mit der Wahrnehmung eines Beweistermins und später mit der Erwirkung einer Zwangsvollstreckung beauftragt worden ist, die Gebühren des § 57 neben denen des § 54. Entscheidend ist stets, ob auch der Prozeßbevollmächtigte oder der mit der gesamten Angelegenheit beauftragte Rechtsanwalt für die gleichen Tätigkeiten mehrere Gebühren beanspruchen könnte.

106 Der **Grundsatz des Abs. 6 gilt für alle Angelegenheiten,** also z. B. auch für Strafsachen und die Angelegenheiten des § 118. In Strafsachen z. B. kann der RA für mehrere Einzeltätigkeiten innerhalb einer Instanz nicht mehr an Gebühren erhalten, als er zu beanspruchen hätte, wenn er zum Verteidiger der Instanz bestellt worden wäre.

§ 14 Verweisung, Abgabe

Wird eine Sache an ein anderes Gericht verwiesen oder abgegeben, so sind die Verfahren vor dem verweisenden oder abgebenden und vor dem übernehmenden Gericht ein Rechtszug. Wird eine Sache an ein Gericht eines niedrigeren Rechtszugs verwiesen oder abgegeben, so ist das weitere Verfahren vor diesem Gericht ein neuer Rechtszug.

Übersicht über die Anmerkungen

1 Allgemeines. § 14 bildet – wie § 15 – eine Ergänzung zu § 13 Abs. 2 Satz 2. Beide Bestimmungen umreißen den Begriff des Rechtszugs näher für den Fall der Verweisung oder Zurückverweisung.

2 § 14 findet – wie § 15 – nur Anwendung bei **Verweisung von einem Gericht** an ein anderes Gericht. Die Vorschrift ist sonach unanwendbar, wenn eine Verwaltungsbehörde eine Sache (Akten) an eine andere Verwaltungsbehörde abgibt. Bei Abgabe innerhalb der Verwaltungsbehörden ist entscheidend, ob die Angelegenheit noch nach der Abgabe dieselbe Angelegenheit wie bisher ist. Die Frage ist im allgemeinen zu bejahen.

Hartmann A. I.

3 In § 14 sind **zwei Arten von Verweisungen** (Abgaben) geregelt. Satz 1 befaßt sich mit der Verweisung (Abgabe) innerhalb der gleichen Instanz. Satz 2 behandelt die Verweisung (Abgabe) der Sache durch ein Gericht der Rechtsmittelinstanz an ein Gericht des niedrigeren Rechtszuges.

4 Innerhalb des gleichen Rechtszuges sind z. B. folgende **Verweisungen** (Abgaben) möglich:

a) innerhalb der gleichen Gerichtsbarkeit (z. B. der ordentlichen Gerichtsbarkeit)

aa) wegen örtlicher Unzuständigkeit,

Beispiel: Amtsgericht A an Amtsgericht B.

bb) wegen sachlicher Unzuständigkeit,

Beispiele: Das Amtsgericht verweist an das Landgericht, weil die landgerichtliche Zuständigkeit gegeben ist.

Hamm JMBlNRW 79, 119.

Das Landwirtschaftsgericht gibt eine Sache an das Prozeßgericht ab. Die Strafkammer eröffnet eine Strafsache vor dem Schöffengericht.

cc) aus Gründen der Geschäftsverteilung (funktionelle Zuständigkeit),

Beispiel: Eine Zivilkammer gibt eine Sache an eine andere Zivilkammer oder an eine Kammer für Handelssachen ab, weil diese nach der Geschäftsordnung zuständig ist.

dd) wegen örtlicher und sachlicher Unzuständigkeit,

Beispiel: Das Amtsgericht München verweist eine Sache an das Landgericht Stuttgart.

b) von dem Gericht der einen Gerichtsbarkeit an ein Gericht der anderen Gerichtsbarkeit

Beispiele: Verweisung von Amts- (oder Land-)gericht an das Arbeitsgericht, vom Sozialgericht an ein Verwaltungsgericht.

c) die Abgabe der Akten von einem Gericht an ein anderes Gericht auf Grund der Zuständigkeitsbestimmung des höheren Gerichts (vgl. z. B. § 36 ZPO),

d) vom OVG (VGH) als Berufungsgericht als truppendienstliche Angelegenheit an die Wehrdienstsenate des BVerwG.

BVerwG AnwBl. 82, 444 = Rpfleger 82, 310.

Gebührenrechtliche Folgen der Verweisung. Nach Satz 1 sind die Verfah- 5 ren vor dem verweisenden (abgebenden) Gericht und dem übernehmenden Gericht ein Rechtszug. Demgemäß sind auf diese beiden Verfahren die Vorschriften des § 13 anzuwenden. Insbesondere gilt, daß der RA die Gebühren nur einmal beanspruchen kann.

Frankfurt JurBüro 79, 849 = MDR 79, 682 = VersR 79, 578; BVerwG AnwBl. 81, 191.

Beispiele: Verweisung vom AG Frankfurt an das LG Frankfurt. Die Anwälte beider Parteien treten vor beiden Gerichten auf. Die Gebühren der RA sind die gleichen wie im Falle des Verbleibs der Sache beim Amtsgericht oder dem Falle, daß die Klage sofort zum Landgericht erhoben worden wäre. Die RA erhalten also keine zusätzliche Vergütung. – Verweisung vom AG München an das LG Frankfurt. Der bisherige Prozeßbevollmächtigte wird Verkehrsanwalt. Er kann wegen der Gleichheit der Gebühren nur die Prozeßgebühr oder nur die Verkehrsgebühr geltend machen.

Hat das Amtsgericht in einem dringenden Fall gemäß § 942 Abs. 1 ZPO die einstweilige Verfügung erlassen, bilden das Verfahren vor dem Amtsgericht und das Rechtfertigungsverfahren vor dem Prozeßgericht eine einheitliche

Instanz. Der RA, der sowohl vor dem Amtsgericht als auch vor dem Prozeßgericht tätig geworden ist, erhält deshalb die Gebühren nur einmal.

Nürnberg Rpfleger 66, 290.

6 Gebührenrechtliche Besonderheiten ergeben sich, wenn die Tätigkeit des RA vor und nach der Verweisung nicht nach den gleichen Gebührenvorschriften vergütet wird.

a) Änderung des Gebührensatzes, z. B. bei Verweisung vom Prozeßgericht ($^{10}/_{10}$-Gebühren des § 31) an den Hausratsrichter ($^{5}/_{10}$-Gebühren nach § 63 Abs. 3) oder umgekehrt. Hier gilt: Bereits entstandene Gebühren bleiben dem RA erhalten. Nach Verweisung entstehen die noch nicht angefallenen Gebühren nach diesem Verfahren.

Schumann/Geißinger A 8.

Beispiele: Vor dem Prozeßgericht ist verhandelt worden. Vor dem Hausratsrichter wird Beweis erhoben. Es sind erwachsen

$^{10}/_{10}$-Prozeßgebühr,
$^{10}/_{10}$-Verhandlungsgebühr,
$^{5}/_{10}$-Beweisgebühr.

Vor dem Hausratsrichter ist verhandelt und Beweis erhoben worden. Vor dem Prozeßgericht wird nach Verweisung ohne nochmalige Verhandlung ein Vergleich geschlossen. Es sind erwachsen

$^{10}/_{10}$-Prozeßgebühr (zunächst nur $^{5}/_{10}$, die sich auf $^{10}/_{10}$ erhöhen, wenn der RA in bezug auf den Geschäftsbetrieb vor dem Prozeßgericht noch irgend etwas tut; hier den Vergleichsabschluß),
$^{05}/_{10}$-Verhandlungsgebühr,
$^{05}/_{10}$-Beweisgebühr,
$^{10}/_{10}$-Vergleichsgebühr.

Bamberg JurBüro 79, 366.

b) Änderung des Betragsrahmens.

Beispiel: Verteidigung vor der großen Strafkammer, die jedoch vor dem Schöffengericht eröffnet, vor dem dann auch die Hauptverhandlung stattfindet.

Tätigkeit vor der Strafkammer § 84 Nr. 2
50 bis 620 DM.

Tätigkeit vor dem Schöffengericht § 83 Abs. 1 Nr. 3
80 bis 1060 DM.

Der Verteidiger erhält die Gebühr des § 84 2. Alternative für das Verfahren vor der großen Strafkammer ohne Hauptverhandlung (50 bis 620 DM) und den Unterschied zwischen der Gebühr des § 84 und der Gebühr des § 83 für das Verfahren vor dem Schöffengericht mit Hauptverhandlung (40 bis 530 DM). Beispiel unter der Annahme, daß die Mittelgebühren erwachsen sind; Strafkammer 335 DM, Schöffengericht Gebühr nach § 83 (570 DM), weniger Gebühr nach § 84 (285 DM), sonach 285 DM. Die Gesamtvergütung beträgt 335 DM + 285 DM = 620 DM.

Vgl. LG Krefeld JurBüro 81, 546 = Rpfleger 81, 320 (Der höhere Rahmen nach § 14 S. 1 ist in Strafsachen innerhalb der Gebühreninstanz nur auf den während der Zuständigkeitsverschiebung noch laufenden Gebührentatbestand (Pauschquantum) anzuwenden, bereits abgeschlossene oder spätere neue bleiben davon unberührt.

Die Sache endet vor dem Schöffengericht ohne Verhandlung. Geht man davon aus, daß das vorbereitende Verfahren mit der Anklageerhebung endet und ist der RA erst nach der Anklageerhebung tätig geworden, erhält er nur eine Gebühr aus § 84, die Gebühr des § 84 Nr. 2. Die Mehrarbeit ist durch Erhöhung der Gebühr gemäß § 12 zu vergüten.

Weiteres Beispiel: Die Staatsanwaltschaft ermittelt und klagt wegen gefährlicher Körperverletzung zum Schöffengericht an. Im Hauptverhandlungstermin wird die Sache wegen der Annahme eines hinreichenden Verdachts des versuchten Totschlags an das Schwurgericht verwiesen. Die Gebühr des § 83 für die Hauptverhandlung beim Schöffengericht und nochmals § 83 für die Hauptverhandlung beim Schwurgericht ist zu entnehmen aus dem Schwurgerichtsrahmen des § 83 Abs. 1 Nr. 1. Denn § 14 S. 1 hat gebührenrechtlich zur Folge, daß für die Tätigkeit des Verteidigers für das Gesamtverfahren innerhalb des Rechtszugs sowohl vor dem abgebenden als auch vor dem übernehmenden Gericht nur eine einheitliche Verfahrensgebühr nach § 83 berechnet werden kann; aus dem Grundsatz der Einheitlichkeit des Rechtszugs ergibt sich weiterhin, daß das jeweils höchste Gericht, vor dem die Verteidigertätigkeit entfaltet wird, den Gebührenrahmen bestimmt.

> Düsseldorf JurBüro 82, 1529 = JMBlNRW 82, 251; Hamm AnwBl. 66, 144; Schleswig JurBüro 84, 867; a. A. Hamburg AnwBl. 81, 202 (Gebühr für die Verhandlung beim Schöffengericht aus dem Rahmen der Nr. 3, beim Schwurgericht aus dem Rahmen der Nr. 1 des § 83).

Die Gebühr des § 84 ist aber aus Nr. 3 zu entnehmen, weil die Tätigkeit während des Verfahrensabschnitts Vorverfahren bereits abgeschlossen gewesen ist, eine Wiederholung vor dem Schwurgericht nicht stattfinden kann.

> Mümmler in Anm. zu Düsseldorf JurBüro 82, 1529 u. JurBüro 84, 867.

c) Änderung von Wertgebühren zu Gebühren mit Betragsrahmen und umgekehrt.

Beispiele: Eine Sache (Wert 1000 DM) wird nach streitiger Verhandlung vom Prozeßgericht an das Sozialgericht verwiesen. Dort wird noch Beweis erhoben. Vor dem Prozeßgericht sind erwachsen

¹⁰/₁₀-Prozeßgebühr aus 1000 DM	85,– DM
¹⁰/₁₀-Verhandlungsgebühr aus 1000 DM	85,– DM

Vor dem Sozialgericht sind erwachsen

50 bis 590 DM.

Der RA muß mindestens erhalten die vor dem Prozeßgericht verdienten 170,– DM. Diese Vergütung ist jedoch mit Rücksicht auf die weitere Tätigkeit (Beweisaufnahme) innerhalb des nunmehrigen Gebührenrahmens 170,– bis 590,– DM angemessen zu erhöhen.

> Vgl. SG Stuttgart AnwBl. 79, 188; vgl. auch BVerwG AnwBl. 81, 191 (Hat der RA vor dem verweisenden Gericht bereits Wertgebühren verdient und entsteht ihm vor dem Gericht, an das verwiesen wird, eine Rahmengebühr, so ist für das ganze Verfahren die Rahmengebühr maßgeblich, die für die Tätigkeit vor der Verweisung angemessen zu erhöhen ist).

Verweisung nach Satz 2. Sie erfolgt, wenn das vorinstanzliche Gericht seine 7

Zuständigkeit bejaht, diese aber vor dem Rechtsmittelgericht verneint und nunmehr ein Verweisungsantrag gestellt (ein im ersten Rechtszug nur eventualiter gestellter Verweisungsantrag wiederholt) wird.

Beispiele: Das OLG Hamburg als Berufungsgericht verweist einen nichtvermögensrechtlichen Streit an das LG München II.

Das Landesarbeitsgericht verweist an das Sozialgericht.

Das Landwirtschaftsgericht zweiter Instanz verweist an das Landgericht als Prozeßgericht erster Instanz.

Nicht:

Das Landgericht erster Instanz verweist an das Amtsgericht (beide Gerichte sind im gegebenen Fall erstinstanzliche Gerichte).

Streitig ist, ob eine Verweisung nach § 14 Satz 2 auch dann vorliegt, wenn das Rechtsmittelgericht die Sache von einem Gericht an ein anderes Gericht innerhalb eines Bezirks verweist.

Beispiel: Das LG Nürnberg-Fürth verweist eine vom AG Nürnberg stammende Berufungssache an das AG Fürth (für Berufungen gegen das Urteil des AG Fürth ist ebenfalls das LG Nürnberg-Fürth zuständig).

In diesem Falle soll eine Verweisung nach § 14 Satz 1 vorliegen.

So Riedel/Sußbauer A 16.

Dem kann nicht zugestimmt werden. Die Verschiedenheit des Rechtsmittelzuges (vgl. das obige Beispiel: Verweisung von Hamburg nach München) ist kein Kriterium für die Anwendbarkeit des Satzes 2. Der Hinweis darauf, daß die Instanz gewahrt geblieben wäre, wenn bereits das Untergericht verwiesen hätte, schlägt wohl nicht durch; sonst wäre nämlich für eine Anwendung des Satzes 2 kein Raum, denn auch bei Verweisung von dem Erstgericht der einen Gerichtsbarkeit an ein Erstgericht einer anderen Gerichtsbarkeit bleibt die Instanz gewahrt.

Streitig ist weiter, ob ein Fall des § 14 Satz 2 vorliegt, wenn das Landgericht als Berufungsgericht eine Sache an sich als erstinstanzliches Gericht verweist.

Beispiel: Das AG verurteilt den Beklagten, der die sachliche Unzuständigkeit gerügt hat, zur Zahlung von 10000 DM. Im Berufungsverfahren beantragt der Kläger hilfsweise die Verweisung an das LG als erste Instanz.

Ein neuer Rechtszug liegt vor, wenn die Berufungskammer des LG wegen sachlicher Zuständigkeit des LG an sich selbst oder eine andere Kammer als erste Instanz verweist.

Rosenberg ZZP 53, 394; Oldenburg AnwBl. 73, 111 und AnwBl. 85, 262 = JurBüro 85, 301 = Rpfleger 84, 431; Schleswig JurBüro 80, 1178 mit Anm. von Mümmler = SchlHA 80, 152 (Gebührenrechtlich entsteht ein neuer Rechtszug im Sinne von § 14 S. 2, wenn die Berufungskammer eines LG den Rechtsstreit wegen Unzuständigkeit des zunächst angegangenen AG an die erstinstanzliche Kammer desselben Gerichts verweist); **a. M.** Riedel/Sußbauer A 16 unter Bezugnahme auf RG RGZ 119, 382; Karlsruhe VersR 73, 1073 = Justiz 74, 19.

Gibt das LG als zweitinstanzliches Gericht der freiwilligen Gerichtsbarkeit eine als Wohnungseigentumssache zu ihm gelangte Sache an das AG als erstinstanzliches Prozeßgericht der streitigen Gerichtsbarkeit ab, erhält der RA im Rechtsstreit vor dem AG die Prozeßgebühr neu.

LG Düsseldorf JurBüro 83, 1035.

Im übrigen kommt es für das Gebührenrecht auf die Frage der Zuständigkeit nicht an. Auch wer eine Verweisung, z. B. vom LG an sich selbst, für unzulässig erachtet, muß die gebührenrechtlichen Folgen ziehen, wenn die Verweisung trotzdem erfolgt.

So auch Riedel/Sußbauer A 21.

Ändert sich bei der Verweisung **der Gegenstandswert,** so gilt als Grund- 8 satz: Mit der Erhöhung erhöhen sich auch die Gebühren; bei einer Verringerung des Gegenstandswertes verbleiben dem RA die aus dem höheren Wert verdienten Gebühren, in Zukunft erwachsen aber nur Gebühren aus dem geringen Wert.

Wegen der Gebühren bei **Verweisung einer Revision vom Bayer. Ober-** 9 **sten Landesgericht an den Bundesgerichtshof** vgl. A 6 zu § 56.

Anwaltswechsel. § 14 wird nur dann praktisch, wenn der RA auch nach der 10 Verweisung (Abgabe) tätig bleibt. Dabei ist allerdings gleichgültig, in welcher Rolle er weiterhin tätig wird. Er kann, wenn er vor beiden Gerichten auftreten darf, z. B. Prozeßbevollmächtigter bleiben. Er kann aber auch im gleichen Rechtszug eine andere Rolle übernehmen. Aus dem Prozeßbevollmächtigten wird ein Verkehrsanwalt oder ein Beweisanwalt oder umgekehrt. Auch insoweit gilt der Grundsatz: Jede Gebühr kann nur einmal verdient werden. Der bisherige Prozeßbevollmächtigte erhält sonach zu seiner Prozeßgebühr nicht noch zusätzlich die Verkehrsgebühr. Der bisherige Beweisanwalt erhält zu seinen Gebühren ($^{5}/_{10}$-Prozeßgebühr, $^{5}/_{10}$-Beweisgebühr) nach seiner Bestellung zum Prozeßbevollmächtigten zusätzlich nur so viel an Gebühren, daß er die Gebühren eines Prozeßbevollmächtigten erhält. Die Gebühren entstehen zwar in voller Höhe neu (wesentlich, wenn die bisher entstandenen Gebühren verjährt sind). Der RA kann sie aber nur einmal fordern.

Beispiel: Der Beweisanwalt hat $^{5}/_{10}$-Prozeßgebühr und $^{5}/_{10}$-Beweisgebühr verdient. Nunmehr wird er – nach Verweisung – Prozeßbevollmächtigter. Nach Verhandlung ergeht Urteil. Er hat zu beanspruchen

$^{10}/_{10}$-Prozeßgebühr ($^{5}/_{10}$ als Beweisanwalt, $^{5}/_{10}$ zur Auffüllung),
$^{10}/_{10}$-Verhandlungsgebühr als Prozeßbevollmächtigter,
$^{5}/_{10}$-Beweisgebühr als Beweisanwalt.

Die **Kostenerstattung** hängt – wie in allen Fällen – von der Kostenentschei- 11 dung ab. Ist eine Kostenentscheidung ergangen, ist sie zu beachten.

Beispiel: Im Falle einer Verweisung von Hamburg nach München lautet die Kostenentscheidung beim Unterliegen des Beklagten: „Der Beklagte hat die Kosten des Rechtsstreits zu tragen. Die durch die Anrufung des unzuständigen Gerichts entstandenen Mehrkosten hat jedoch der Kläger zu tragen." –
Hier hat der RA und mit ihm der Rechtspfleger bei der Kostenfestsetzung eine Vergleichsberechnung aufzustellen:

aa) Welche Kosten wären entstanden, wenn das richtige Gericht sofort angerufen worden wäre?

bb) Welche Kosten sind tatsächlich entstanden.

Der Betrag, um den bb) höher liegt als aa), ist nicht zu erstatten.

Celle NdsRpfl. 75, 123; Düsseldorf JurBüro 71, 947 = Rpfleger 71, 409; und JurBüro 70, 621 = MDR 80, 321 = JMBlNRW 80, 143 (Bei den zur Berechnung der Mehrkosten gegenüberzustellenden Kosten sind nur notwendige zu berücksichtigen.

Notwendig ist ein Wechsel in der Person des Anwalts nicht, wenn der zunächst beauftragte Anwalt zugleich bei dem zuständigen Gericht zugelassen ist; Mehrkosten sind in einem solchen Fall jedoch die zusätzlichen Reisekosten der Partei und des Anwalts); Frankfurt AnwBl. 80, 362 = JurBüro 80, 1588; Hamm JurBüro 70, 533 = Rpfleger 70, 179; Schleswig JurBüro 81, 1388 = SchlHA 81, 118.

Der bisherige Prozeßbevollmächtigte wird Verkehrsanwalt, der (hier unterstellt) nötig ist. Er hat den Verweisungsantrag schriftlich gestellt (Verweisung z. B. ohne Auftreten der Anwälte durch Beschluß nach Lage der Akten).

Es ist erwachsen die Prozeßgebühr, neben der keine Verkehrsgebühr entsteht. Wäre die Sache sofort am zweiten Gericht anhängig geworden, wäre der RA sogleich Verkehrsanwalt geworden. In seiner Person sind keine zusätzlichen Gebühren erwachsen, die von ihm zusätzlich geltend gemacht werden können. Die Prozeßgebühr ist damit als Verkehrsgebühr erstattungsfähig.

Schumann/Geißinger A 15.

Wird übersehen, die durch die Anrufung des ersten Gerichts entstandenen Mehrkosten dem Kläger aufzuerlegen, hat der unterlegene Beklagte auch die durch die Anrufung des unzuständigen Gerichts entstandenen Mehrkosten zu ersetzen. Der Rechtspfleger kann diese Kosten nicht als „nicht notwendig" absetzen. Es ist nicht Aufgabe des Kostenfestsetzungsverfahrens, falsche Kostenentscheidungen zu korrigieren.

H. Schmidt NJW 75; 984; Bremen NJW 72, 1206 = JurBüro 72, 519; Hamburg JurBüro 72, 419 und JurBüro 83, 771; Hamm MDR 70, 1078; KG Rpfleger 76, 103 = MDR 76, 405; Köln JurBüro 74, 98; München AnwBl. 79, 432 = JurBüro 79, 1899 mit Anm. von Mümmler = Rpfleger 79, 465 und JurBüro 80, 298 mit Anm. von Mümmler; Schleswig SchlHA 76, 13; Stuttgart JurBüro 73, 73; a. M. Schumann/Geißinger A 14; Mümmler JurBüro 81, 813; Celle Rpfleger 69, 170; Frankfurt MDR 81, 58 = JurBüro 81, 928 = Rpfleger 81, 29; Hamm JurBüro 72, 70 = Rpfleger 71, 442 und KostRsp. ZPO § 276 Nr. 57; Saarbrücken NJW 75, 982 mit abl. Anm. von H. Schmidt; Zweibrücken JurBüro 75, 1248 mit Anm. von Mümmler.

Das gilt auch für den Fall, daß in einem Vergleich vergessen wird, eine Vereinbarung über die durch die Anrufung des unzuständigen Gerichts entstandenen Mehrkosten zu treffen.

a. M. Frankfurt JurBüro 78, 594 mit Anm. von Mümmler.

Bei Verweisung vom Landgericht an das Verwaltungsgericht sind die Mehrkosten in entspr. Anwendung des § 281 ZPO dem Kläger aufzuerlegen.

OVG Berlin NJW 72, 839.

Bei Verweisung vom LG an das Arbeitsgericht sind gemäß der Kostenentscheidung die bei dem Zivilgericht angefallenen Kosten erstattungsfähig.

Schumann/Geißinger A 17; Frankfurt AnwBl. 80, 157; LAG Mainz AnwBl. 71, 90; LAG Nürnberg AnwBl. 72, 49; ArbG Stuttgart AnwBl. 72, 364.

Bei der Verweisung vom Arbeitsgericht an das LG sind die bei dem Landgericht entstandenen Kosten erstattungsfähig, auch soweit sie als Gebühren bereits bei dem ArbG angefallen sind.

Schumann/Geißinger A 17; Frankfurt MDR 83, 941 = JurBüro 83, 1717.

§ 15 Zurückverweisung

(1) **Wird eine Sache an ein untergeordnetes Gericht zurückverwiesen, so ist das weitere Verfahren vor diesem Gericht ein neuer Rechtszug. Die Prozeßgebühr erhält der Rechtsanwalt jedoch nur, wenn die Sache an ein Gericht zurückverwiesen ist, das mit der Sache noch nicht befaßt war.**

(2) **In den Fällen des § 629 b der Zivilprozeßordnung bildet das weitere Verfahren vor dem Familiengericht mit dem früheren einen Rechtszug.**

Übersicht über die Anmerkungen

§ 15 ergänzt – wie § 14 – den § 13 Abs. 2 Satz 2. Er regelt die Gebührenfrage **1** bei einer **Zurückverweisung der Sache durch das Rechtsmittelgericht** an die untere Instanz dahin, daß das Verfahren nach der Zurückverweisung als neuer Rechtszug gilt; demzufolge erhält der RA, der vor und nach der Zurückverweisung tätig war, mehrfach Gebühren. Satz 2 macht nur insoweit eine Einschränkung, als die Prozeßgebühr im Regelfall nicht nochmals gefordert werden kann.

Voraussetzung für die Anwendung des Satzes 2 ist, daß der RA in der gleichen Instanz bereits vor der Zurückverweisung tätig war und die Prozeßgebühr verdient hat. Tritt ein anderer Anwalt neu auf, erhält er selbstverständlich auch die Prozeßgebühr.

Abs. 2 bildet eine Ausnahme von Abs. 1. Wird ein Urteil aufgehoben, durch das der Scheidungsantrag abgewiesen ist, so ist die Sache gemäß § 629 b ZPO an das Gericht zurückzuverweisen, das die Abweisung ausgesprochen hat, wenn bei diesem Gericht eine Folgesache zur Entscheidung ansteht. Nach der Zurückverweisung entstehen die bereits angefallenen Gebühren nicht zum zweiten Mal.

Madert 315

2 Eine **Zurückverweisung** liegt vor, wenn das Rechtsmittelgericht durch eine den Rechtszug beendende Entscheidung einem in dem Instanzenzug untergeordneten Gericht die abschließende Entscheidung überträgt.

> Riedel/Sußbauer A 1; Schumann/Geißinger A 2; vgl. Hamburg JurBüro 83, 1515.

Ein Gericht eines höheren Rechtszuges muß auf Rechtsmittel – Berufung, Revision, Beschwerde – mit der Sache befaßt gewesen sein. Das Rechtsmittelgericht darf die Sache nicht selbst entgültig entschieden haben, sondern muß die Sache zur weiteren Verhandlung und Entscheidung an das Untergericht verwiesen haben.
Beispiele:
a) Zurückverweisung.

Das LG weist die Klage ab, Das OLG erklärt den Anspruch dem Grunde nach für gerechtfertigt und verweist zur Verhandlung über die Höhe zurück.

Das Berufungsgericht weist die Berufung gegen ein Grundurteil zurück

> Hartmann A 2 B; Bamberg JurBüro 78, 1184 mit Anm. von Mümmler; Frankfurt AnwBl. 78, 145 = JurBüro 78, 703; Hamm AnwBl. 79, 23 = JurBüro 78, 1507 mit Anm. von Mümmler; vgl. auch Anm. 4.

Eine Zurückverweisung (§ 15) mit anschließender Verweisung (§ 14) liegt vor, wenn das Landgericht ein Urteil des AG aufhebt und die Sache an das AG zurückverweist, das die Sache anschließend an das LG als erstinstanzliches Gericht abgibt.

> Hamm JurBüro 79, 54.

Eine Zurückverweisung soll nicht vorliegen, wenn das Revisionsgericht ein zusprechendes Grundurteil des Berufungsgerichts bestätigt.

> Celle NdsRpfl. 81, 231; Hamburg JurBüro 87, 233.

b) Keine Zurückverweisung.

Das LG weist einen Teil des Anspruchs durch Teilurteil ab. Die Berufung des Klägers wird zurückgewiesen. Nunmehr gehen die Akten zwar wieder an das LG zurück, aber nur zur Verhandlung über den Restanspruch. Der Teilanspruch, der durch das Teilurteil abgewiesen war, ist durch das Berufungsurteil endgültig erledigt.

> München JurBüro 81, 1677 m. Anm. von Mümmler = Rpfleger 81, 456 (Ein neuer Rechtszug liegt nicht vor, wenn das Erstgericht über einen bei ihm anhängig gebliebenen Teil entscheidet, nachdem eine Berufungsentscheidung über den anderen Teil des Anspruchs vorliegt).

Das Beschwerdegericht kann eine Sache nur dann zurückverweisen, wenn die Beschwerde die Sache selbst in die zweite Instanz gebracht hat. Rückgabe der Akten nach Entscheidungen des Beschwerdegerichts über Zwischen- oder Nebenfragen (z. B. Richterablehnung, Beschwerde gegen die Versagung der Prozeßkostenhilfe) stellen keine Zurückverweisung dar.

3 Die **Zurückverweisung** muß durch ein Gericht **an ein** im gegebenen Instanzenzuge **untergeordnetes Gericht** erfolgen.

Beispiele: Der BGH verweist eine auf Sprungrevision an ihn gelangte Sache des LG Hamburg an das OLG Hamburg zurück (Instanzenzug im gegebenen Falle: LG Hamburg, OLG Hamburg, BGH). Verweist dagegen z. B. das OLG Frankfurt eine Sache des LG Wiesbaden an das LG Frankfurt, liegt eine Verweisung i. S. des § 14, nicht eine Zurückverweisung vor, da der Instanzenzug wechselt (LG Wiesbaden – OLG Frankfurt ist nicht LG Frankfurt – OLG Frankfurt, mag auch in beiden Fällen das Obergericht das gleiche sein).

Ebenso liegt eine Verweisung und keine Zurückverweisung vor, wenn das LG als Berufungsgericht eine Sache an sich als Erstgericht verweist (der Instanzenzug ändert sich von Amtsgericht – Landgericht in Landgericht – Oberlandesgericht).

Eine Ausnahme gilt in den Fällen, in denen das Gesetz die Zurückverweisung an ein anderes Gericht kennt (vgl. § 354 Abs. 2 StPO).

Erfolgt im Verwaltungsgerichtsverfahren eine Zurückverweisung an die Verwaltungsbehörde, so ist § 15 nicht anwendbar. Die Frage ist, ob die Gebühren vor der Verwaltungsbehörde neu entstehen. Eine Ansicht

Riedel/Sußbauer A 10; BFH NJW 63, 1472.

geht dahin: Die Gebühren des RA vor der Verwaltungsbehörde entstehen nicht neu, da es sich um die gleiche Angelegenheit handelt. Die Mehrarbeit ist innerhalb des Gebührenrahmens des § 118 zu berücksichtigen. Eine andere Auffassung

Schumann/Geißinger A 20.

sagt: Nach Zurückverweisung beginnt grundsätzlich eine neue Angelegenheit. Da § 15 für die Geschäftsgebühr nicht gilt, erhält der RA in vollem Umfange neue Gebühren.

Der zweiten Auffassung ist zuzustimmen. Für eine erweiternde Auslegung des § 119 ist kein Raum.

Wird nach der Zurückverweisung der Verwaltungsakt wiederum angefochten, so entstehen in dem gerichtlichen Verfahren neue Gebühren.

Riedel/Sußbauer A 10; Schumann/Geißinger A 20.

Eine Zurückverweisung i. S. des § 15 liegt auch vor, wenn eine Sache vom Bundesverfassungsgericht an das – mit der Sache schon einmal befaßt gewesene – Gericht zurückverwiesen worden ist.

Schumann/Geißinger A 8; OVG Lüneburg SchlHA 66, 170 = NJW 66, 468 = AnwBl. 66, 137.

Ob die Zurückverweisung infolge einer **Aufhebung oder** einer **Bestätigung** 4 des angefochtenen Urteils und ob sie mit ausdrücklichen Worten erfolgt ist, ist gleichgültig. Entscheidend ist allein, daß sich aus dem Urteil der höheren Instanz die Notwendigkeit einer weiteren Verhandlung vor dem untergeordneten Gericht ergibt und daß der RA nunmehr das Ergebnis der Erörterungen des zweiten Rechtszugs in den Kreis seiner Betrachtungen einbeziehen und auf die Entscheidungen des höheren Rechtszuges sein weiteres Verfahren aufbauen muß. Das ist auch dann der Fall, wenn das höhere Gericht das Rechtsmittel gegen ein Urteil, das den Anspruch dem Grunde nach für begründet erklärt hatte (§ 304 ZPO), zurückgewiesen hat und nunmehr vor dem unteren Gericht über die Höhe des Anspruchs verhandelt werden muß.

Riedel/Sußbauer A 3; Schumann/Geißinger A 3; Bamberg JurBüro 69, 735 (zust. Mümmler) = MDR 69, 231 (zust. H. Schmidt) und JurBüro 74, 604 sowie JurBüro 78, 1184; Düsseldorf JMBlNRW 70, 176; Frankfurt AnwBl. 78, 145 = JurBüro 78, 703; Hamburg AnwBl. 66, 233; Hamm JMBlNRW 62, 273 = Büro 62, 468 = Rpfleger 66, 97 und AnwBl. 79, 23 = JurBüro 78, 1507; Stuttgart JurBüro 84, 1672; **a. M.** jedoch KG Rpfleger 62, 27; Celle NdsRpfleger 81, 231.

5 Notwendig ist eine Sachentscheidung des höheren Gerichts. Deshalb entstehen keine neuen Gebühren vor dem unteren Gericht, wenn das Rechtsmittel gegen ein Grundurteil zurückgenommen oder als unzulässig verworfen worden ist oder wenn sonst die Sache ohne Entscheidung des höheren Gerichts an das untere Gericht zurückgefallen ist.

> Riedel/Sußbauer A 3; Schumann/Geißinger A 11.

Zweifelhaft ist die Frage, wenn das Rechtsmittelverfahren (z. B. das Berufungsverfahren gegen das Grundurteil) durch einen gerichtlichen Vergleich beendet wird (z. B. die Parteien vergleichen sich nach Klagabweisung durch das Landgericht vor dem Oberlandesgericht dahin, daß der Anspruch dem Grunde nach zur Hälfte gerechtfertigt sein soll). Der Vergleich ist dem Urteil gleichzusetzen. Auch bei einem Vergleich in der Rechtsmittelinstanz über den Grund des Anspruchs liegt eine Zurückverweisung vor.

> Riedel/Sußbauer A 3, Schumann/Geißinger A 3, Koblenz AnwBl. 66, 322 = NJW 66, 2068,
> **a. M.** Karlsruhe NJW 67, 938 = Justiz 67, 200 (L) = Rpfleger 69, 420.

Auch ein in der Rechtsmittelinstanz ergehendes Versäumnisurteil ist eine Sachentscheidung.

> Riedel/Sußbauer A 3; Düsseldorf JurBüro 78, 1808, Hamm AnwBl. 72, 132 = Rpfleger 72, 110 = JurBüro 72, 143.

In der Nichtannahme der Revision gegen ein Grundurteil ist eine Zurückverweisung nach sachlicher Bestätigung des Urteils der Vorinstanz zu erblikken, so daß der Gebührensatz des RA unter Beachtung des § 15 zu erfolgen hat.

> Frankfurt AnwBl. 84, 98 = JurBüro, 83, 1193.

6 Keine Zurückverweisung i. S. des § 15 **liegt vor,** wenn im ersten Rechtszug der Klaganspruch nur zum Teil für begründet erklärt, zum anderen Teil abgewiesen worden ist, der Kläger gegen die Teilabweisung Berufung eingelegt hat und diese zurückgewiesen worden ist, und zwar auch dann nicht, wenn das Berufungsgericht unnötigerweise noch eine Zurückverweisung ausgesprochen hat, oder wenn gegen ein Grundurteil überhaupt kein Rechtsmittel eingelegt und, nachdem es rechtskräftig geworden ist, über die Höhe des Anspruchs verhandelt wird.

> Schumann/Geißinger A 12; Nürnberg Büro 62, 467.

Auch soweit trotz Einlegung eines Rechtsmittels noch vor der Zurückverweisung bei dem unteren Gericht über die Höhe verhandelt wird, entstehen keine neuen Gebühren. Solche entstehen nur für das Verfahren nach der Zurückverweisung. Maßgebend ist der Zeitpunkt der Verkündung des Rechtsmittelurteils. Dauert das Verfahren über die Höhe länger als das Berufungsverfahren über den Grund, ist in dem Erlaß des Berufungsurteils eine Zurückverweisung mit der Gebührenfolge des § 15 zu sehen.

Ferner schlägt § 15 nicht ein, wenn gegen ein Teilurteil nach § 301 ZPO ein Rechtsmittel eingelegt und dann das Teilurteil durch Zurückweisung des Rechtsmittels rechtskräftig wird. Das weitere Verfahren vor dem untergeordneten Gericht über den noch offenen Teil ist also nicht als neuer Rechtszug zu behandeln.

Wird ein klagabweisendes Urteil teilweise in ein Grundurteil abgeändert oder ein ergangenes Grundurteil teilweise in ein klagabweisendes Urteil geändert, liegt nur eine teilweise Zurückverweisung vor.

Schumann/Geißinger A 4; Celle DAR 62, 156 = NdsRpfl. 63, 33 = Rpfleger 64, 197.

Beispiele: Klage über 2000 DM vom LG abgewiesen, vom OLG dem Grund nach zur Hälfte für gerechtfertigt erklärt. Zurückverweisung wegen 1000 DM.

Anspruch über 2000 DM vom LG dem Grunde nach für gerechtfertigt erklärt. Vom OLG zur Hälfte bestätigt, zur anderen Hälfte abgewiesen. Zurückverweisung wegen 1000 DM (hinsichtlich Bestätigung).

Legt der Beklagte gegen ein Zwischenurteil, das den Klageanspruch in vollem Umfange für gerechtfertigt erklärt, mit dem Antrag Berufung ein, den Klageanspruch nur zu ⅔ für gerechtfertigt zu erklären, und wird diese Berufung zurückgewiesen, so liegt in Höhe des im Berufungsverfahren anhängig gewesenen Drittels eine Zurückverweisung i. S. des § 15 vor.

Bamberg MDR 69, 231 (zust. Anm. H. Schmidt).

Anspruch über 2000 DM vom LG dem Grund nach für gerechtfertigt erklärt. Dagegen Berufung des Beklagten mit dem Antrag, den Anspruch nur zur Hälfte dem Grunde nach für gerechtfertigt zu erklären. Das OLG weist die Klage ab, soweit der Kläger mehr als die Hälfte seines Anspruchs fordert. Keine Zurückverweisung: Die eine Hälfte, die noch offen geblieben ist, ist nie in der Berufung gewesen, die andere Hälfte ist vom OLG durch Klagabweisung endgültig erledigt.

Eine Zurückverweisung liegt nicht vor, wenn gegen ein Teilurteil, das teils der Klage stattgibt, teils die Klage abweist, nur der Kläger Berufung einlegt und die Akten nach Zurückweisung der Berufung an das Gericht des ersten Rechtszuges zurückgeleitet werden.

Köln Rpfleger 67, 68 = JVBl. 66, 46; Nürnberg Büro 62, 467 = Rpfleger 63, 137.

Eine Zurückverweisung liegt dagegen vor, wenn das Berufungsgericht auf eine Stufenklage (§ 254 ZPO) über den ersten Anspruch im Sinne des Klägers (sei es die zur Auskunft verurteilende Entscheidung des Landgerichts bestätigend, sei es ein klagabweisendes Urteil in ein zur Auskunfterteilung verurteilendes abändernd) entscheidet.

Schumann/Geißinger A 6; Celle NJW 58, 1688 = NdsRpfl. 58, 235; Düsseldorf AnwBl. 70, 289 = JurBüro 70, 953 = JVBl. 70, 260; Schleswig JurBüro 75, 473 = SchlHA 75, 104.

Ebenso liegt eine Zurückverweisung vor, wenn das Berufungsgericht die Berufung gegen ein Zwischenurteil bestätigt, das prozeßbehindernde Einreden verworfen hat.

Hamburg MDR 62, 998 u. JurBüro 83, 1515; a. A. München JurBüro 84, 1177 m. abl. Anm. von Mümmler.

Verweist das Revisionsgericht eine Sache nicht an das Berufungsgericht, sondern an das Gericht erster Instanz zurück, so bildet ein etwaiges neues Berufungsverfahren kostenrechtlich eine neue Instanz.

Schumann/Geißinger A 9; KG NJW 69, 2151 = MDR 69, 938 = JurBüro 69, 983 = Rpfleger 69, 360.

7 Das weitere Verfahren vor dem Gericht, an das zurückverwiesen worden ist, bildet einen neuen Rechtszug i. S. des § 13 Abs. 2 Satz 2. Die Folge ist, daß nach der Zurückverweisung neue Gebühren entstehen (wegen der Prozeßgebühr vgl. unten A 8 ff.)

Die **Verhandlungs- und die Beweisgebühr** kann der RA nach der Zurückverweisung erneut berechnen, wenn nach der Zurückverweisung bei dem untergeordneten Gericht nochmals verhandelt und Beweis erhoben wird. Selbstverständlich entstehen neue Gebühren nur für solche Tätigkeiten, die der RA erst nach der Zurückverweisung vorgenommen hat. Der Gegenstandswert richtet sich nach dem Zeitpunkt des Entstehens der neuen Gebühr. Hat das Rechtsmittelgericht die Sache nur teilweise zurückverwiesen, entstehen die neuen Gebühren nur nach dem Werte dieses Teils.

Köln JurBüro 79, 697.

Erhöht sich der Gegenstandswert nach der Zurückverweisung (sei es durch Klagerweiterung, sei es durch Erhebung einer Widerklage), entstehen die neuen Gebühren aus dem erhöhten Gegenstandswert.

Auch dann, wenn nach dem Erlaß eines Grundurteils schon zur Höhe verhandelt worden war und die Verhandlung nach Einlegung von Berufung unterbrochen und dann nach der Zurückverweisung fortgesetzt worden ist, entsteht die Verhandlungsgebühr neu.

Dagegen entsteht die Beweisgebühr dann nicht neu, wenn vor dem unteren Gericht schon vor der Zurückverweisung Beweis über die Höhe erhoben worden war und diese Beweisaufnahme dann in der Entscheidung verwertet wird. Sie entsteht aber neu, wenn nach der Zurückverweisung die erneute Vernehmung bereits vorher vernommener Zeugen oder Sachverständigen angeordnet wird oder wenn an Hand bereits vorher vorgetragener Akten neue Beweisfragen geklärt werden.

Eine Anrechnung der bereits früher verdienten **Vergleichsgebühr** auf die für einen nach der Zurückverweisung geschlossenen Vergleich erwachsene Vergleichsgebühr ist in § 15 nicht vorgesehen.

8 Nur die **Prozeßgebühr** kann der RA, der schon vor dem unteren Gericht tätig war, nicht nochmals berechnen. Auf den Umfang der Tätigkeit, die nach der Zurückverweisung entwickelt werden muß, kommt es nicht an. Die Prozeßgebühr entsteht also auch dann nicht neu, wenn nunmehr eingehende Ausführungen zur Sache erforderlich werden.

Tritt aber ein anderer RA erstmals nach der Zurückverweisung auf, so kann er auch die Prozeßgebühr fordern. Das gilt nicht nur bei Anwaltswechsel nach der Zurückverweisung, sondern auch dann, wenn die Partei vorher überhaupt noch nicht durch einen Anwalt vertreten war. Die durch die Beauftragung eines zweiten RA entstandenen Mehrkosten sind vom Gegner jedoch nur zu erstatten, wenn für den Anwaltswechsel eine Notwendigkeit bestanden hat.

Hartmann A 3; Hamburg JurBüro 75, 1079 = MDR 75, 852.

Erhöht sich nach der Zurückverweisung **der Gegenstandswert,** z. B. durch Klagerweiterung, so ist der höhere Gegenstandswert auch für die Prozeßgebühr maßgebend. Die bisher aus dem niedrigeren Gegenstandswert berechnete Prozeßgebühr erhöht sich nunmehr auf den Betrag, der sich aus dem höheren Gegenstandswert ergibt.

Celle AnwBl. 71, 107; KG MDR 73, 594; Frankfurt AnwBl. 83, 519.

Für den im Wege der Prozeßkostenhilfe beigeordneten RA spielt die Erhöhung dann keine Rolle, wenn er seine Gebühren bereits nach dem höchsten Satze des § 123 erhalten hat.

Hat der RA die vor der Zurückverweisung verdiente Prozeßgebühr nicht erhalten und kann er sie auch nicht mehr erhalten, weil sie z. B. zwischenzeitlich verjährt ist, so verdient er sie durch seine weitere Tätigkeit nach der Zurückverweisung neu.

Haben sich die Gebühren nach dem Abschluß des ersten Verfahrens erhöht, so hat der RA Anspruch auf den Unterschied zwischen der Prozeßgebühr in alter Höhe und der nunmehr erhöhten Prozeßgebühr.

Schumann/Geißinger A 14; H. Schmidt AnwBl. 77, 233; KG JurBüro 78, 1164; **a. M.** Bamberg JurBüro 80, 537; Düsseldorf AnwBl. 78, 232 = JurBüro 78, 1166 = VersR 78, 673 (L); Köln JurBüro 79, 697; Nürnberg JurBüro 64, 63 = Rpfleger 66, 289; Hamm JurBüro 80, 1338 mit Anm. von Mümmler (1. Hat die Partei ihren Prozeßbevollmächtigten vor dem 15. 9. 75 beauftragt und ist die Sache danach zurückverwiesen worden, so steht dem Prozeßbevollmächtigten für die Vertretung in der zurückverwiesenen Sache keine Prozeßgebühr in Höhe des Differenzbetrages zwischen den Gebühren nach altem und neuem Recht zu. 2. Auch eine Klagerweiterung in der zurückverwiesenen Sache führt nicht zur Berechnung der Differenz-Prozeßgebühr nach neuem Gebührenrecht. 3. Läßt sich die Partei in der zurückverwiesenen Sache mit dem erhöhten Streitwert durch einen anderen Anwalt vertreten, so hat dieser Anspruch auf die Prozeßgebühr aus dem erhöhten Wert nach neuem Gebührenrecht. Diese Prozeßgebühr ist ohne Rücksicht auf die Notwendigkeit des Anwaltswechsels insoweit erstattungsfähig, als sie die vom früheren Prozeßbevollmächtigten im Verfahren vor Zurückverweisung verdiente Prozeßgebühr übersteigt. 4. Der hiernach verbleibende Rest der Prozeßgebühr ist erstattungsfähig, wenn der Anwaltswechsel notwendig war).

§ 15 gilt auch in Finanzgerichtsverfahren. Verweist der BFH die Sache an das erstinstanzliche Finanzgericht zurück, erhält der RA nicht nochmals die Prozeßgebühr.

BFH BFHE 113, 45 = JurBüro 72, 133; FinG Berlin EFG 70, 238.

War das Gericht, an das zurückverwiesen worden ist, mit der Sache 9 noch nicht befaßt, so erhält der RA für seine Tätigkeit nach der Zurückverweisung auch eine neue Prozeßgebühr. Dieser Fall liegt z. B. dann vor, wenn nach § 566a Abs. 5 ZPO bei der Sprungrevision der Rechtsstreit an das Oberlandesgericht zurückverwiesen wird, das für die Berufung zuständig gewesen wäre.

Riedel/Sußbauer A 8; Schumann/Geißinger A 18.

Der Fall, daß die Zurückverweisung an einen anderen Senat des Berufungsgerichts erfolgt (§ 565 Abs. 1 S. 2 ZPO), ist keine Zurückverweisung an ein Gericht, das mit der Sache noch nicht befaßt war.

Frankfurt JurBüro 75, 473.

War ein Leistungs- und ein Feststellungsanspruch erhoben und wird nach 10 der Zurückverweisung nur der Leistungsanspruch, aber mit erweitertem Betrag, weiterverfolgt, so ist die Prozeßgebühr so zu berechnen, als wenn von Anfang an der erweiterte Leistungsanspruch geltend gemacht worden wäre. Ist aber der Anspruch nur zu einem Bruchteil für begründet erklärt worden, so erhöht sich der Gegenstandswert nicht deshalb, weil der ursprünglich geforderte Betrag den ganzen Schaden, der erweiterte Anspruch nur noch den zuerkannten Bruchteil darstellt.

11 Die **Verkehrsgebühr** ist die Prozeßgebühr des Verkehrsanwalts. Für sie gilt § 15 Abs. 1 Satz 2 entsprechend. Die Folge ist, daß der Verkehrsanwalt bei einer Zurückverweisung grundsätzlich keine weitere Verkehrsgebühr erhält, seine nach der Zurückverweisung entwickelte Tätigkeit sonach durch die bereits vor der Einlegung des Rechtsmittels, das zur Zurückverweisung führte, verdiente Verkehrsgebühr abgegolten wird.

> Riedel/Sußbauer A 9; Schumann/Geißinger A 15; Hamm JurBüro 65, 989 = Rpfleger 66, 97; Nürnberg Büro 62, 624.

Etwas anderes gilt, wenn die Sache an ein Gericht zurückverwiesen worden ist, das mit der Sache noch nicht befaßt war.

> Schumann/Geißinger A 15.

12 § 15 gilt nicht nur für Verfahren, in denen die Gebühren der §§ 31 ff. anfallen. Die Vorschrift des Satzes 1 enthält vielmehr einen **allgemeinen Rechtsgrundsatz**. In gerichtlichen Verfahren, in denen der Rechtsanwalt die Gebühren des § 118 erhält (z. B. in einigen Verfahren der freiwilligen Gerichtsbarkeit), fallen bei einer Zurückverweisung die Gebühren ebenfalls erneut an.

Die Geschäftsgebühr ist jedoch keine Prozeßgebühr. Für sie gilt deshalb die Ausnahmebestimmung des Satzes 2 nicht. Bei einer Zurückverweisung erwächst demzufolge auch die Geschäftsgebühr neu. Ist das weitere Verfahren in Umfang oder Schwierigkeit geringer, kann das beim Gebührenrahmen des § 118 berücksichtigt werden.

> Riedel/Sußbauer A 9; Schumann/Geißinger A 16;
> **a. M.** Mümmler JurBüro 78, 1615; Lappe in Anm. zu KostRsp. BRAGO § 15 Nr. 14; Düsseldorf JurBüro 83, 697 mit Anm. von Mümmler; LG Braunschweig Büro 62, 30 (Frage: Spricht nicht der Umstand, daß § 15 die Geschäftsgebühr – entgegen z. B. § 6 – nicht erwähnt, dafür, daß § 15 Abs. 1 S. 2 nicht anzuwenden ist?).

13 Auch bei Zurückverweisung von **Strafsachen** gilt § 15 Satz 1. Nach der Zurückverweisung entstehen somit die Gebühren der unteren Instanz neu. Die Gebühren der §§ 83, 84, 85 sind keine Prozeßgebühren; auf sie findet deshalb Satz 2 keine Anwendung.

Beispiel: Verhandlung vor dem AG. Revision zum OLG. Zurückverweisung durch Beschluß. Neue Verhandlung vor dem AG. Es sind folgende Gebühren für den Verteidiger erwachsen:

a) Gebühr nach § 83 Abs. 1 Nr. 3,

b) Gebühr nach § 86 Abs. 1 Nr. 2 in Verb. m. Abs. 3,

c) Gebühr nach § 83 Abs. 1 Nr. 3 (die Verhandlung nach der Zurückverweisung ist keine weitere Verhandlung i. S. des § 83 Abs. 2; das zurückverwiesene Verfahren ist vielmehr ein neuer Rechtszug, der die Gebühren des § 83 Abs. 1 neu entstehen läßt – eine etwaige Minderbelastung des RA nach der Zurückverweisung ist durch Ermäßigung der Gebühr innerhalb des Gebührenrahmens auszugleichen).

Schumann/Geißinger A 17;

a. A. BGHSt 18, 231 (das dem der Revision vorausgehende Verfahren bildet mit dem Verfahren nach Zurückverweisung kostenrechtlich eine Einheit).

Auch im **Sozialgerichtsprozeß** gilt § 15 Satz 1. Der RA erhält also im Falle **14** der Zurückverweisung die Gebühren des § 116 nochmals. Die Gebühr aus § 116 Abs. 1 ist keine Prozeßgebühr i. S. des § 15 Satz 2. Die Vergütung ist deshalb nicht zu kürzen.

Schumann/Geißinger A 19; SozG Hamburg MDR 69, 426.

Fälle des § 629 b ZPO. Hat das Familiengericht den Scheidungsantrag abge- **15** wiesen und wird das Urteil aufgehoben, so hat das OLG über den Scheidungsantrag nicht selbst zu entscheiden, sondern die Sache an das Familiengericht zurückzuverweisen, das die Abweisung ausgesprochen hat, wenn bei dem Familiengericht eine Folgesache zur Entscheidung ansteht. Nach der Zurückverweisung erwachsen zu den bereits angefallenen Gebühren die gleichen Gebühren nicht nochmals. Die Sache wird so behandelt, als wäre sie von Anfang an nur bei dem Familiengericht anhängig gewesen. Der RA erhält also die Verhandlungs- und die Beweisgebühr nicht zum zweiten Mal. Wird allerdings über die Folgesachen nunmehr erstmals verhandelt und Beweis erhoben, erhöht sich der Gegenstandswert, aus dem die Gebühren errechnet werden. Damit erhöhen sich auch die Verhandlungs- und Beweisgebühr.

Wird gegen das Aufhebungsurteil Revision eingelegt, so kann das Familiengericht gemäßt § 629 b Abs. 2 ZPO auf Antrag anordnen, daß über die Folgesachen verhandelt wird. Die Sache wird dann so behandelt, als lägen die Akten dem Familiengericht zur weiteren Behandlung vor.

§ 16 Fälligkeit

Die Vergütung des Rechtsanwalts wird fällig, wenn der Auftrag erledigt oder die Angelegenheit beendigt ist. Ist der Rechtsanwalt in einem gerichtlichen Verfahren tätig, so wird die Vergütung auch fällig, wenn eine Kostenentscheidung ergangen oder der Rechtszug beendigt ist oder wenn das Verfahren länger als drei Monate ruht.

Übersicht über die Anmerkungen

1 Allgemeines. Die Gebühren des RA entstehen, sobald der Rechtsanwalt die erste den Gebührentatbestand auslösende Tätigkeit entwickelt. Die Auslagen erwachsen mit ihrer Aufwendung. Gemäß § 17 kann der RA für Gebühren und Auslagen einen Vorschuß fordern. § 16 bestimmt, unter welchen Voraussetzungen die Vergütung des RA, die die Gebühren und die Auslagen umfaßt, fällig wird.

2 Fälligkeitstatbestände. Die Vergütung des RA wird fällig,

a) wenn der Auftrag erledigt ist,

b) wenn die Angelegenheit beendet ist,

bei Tätigkeit des RA in einem gerichtlichen Verfahren außerdem,

c) wenn eine Kostenentscheidung ergangen ist,

d) wenn der Rechtszug beendigt ist,

e) wenn das Verfahren länger als drei Monate ruht.

Für den Eintritt der Fälligkeit genügt die Erfüllung eines dieser Tatbestände, und zwar des frühesten Tatbestandes. Zu beachten ist insbes. der Fälligkeitstatbestand „Ruhen länger als drei Monate". Er wird häufig übersehen (Verjährung!). (Beispiel: Gegen ein Grundurteil ist Berufung eingelegt worden. Das Verfahren schwebt jahrelang beim OLG und BGH).

     BGH AnwBl. 85, 257.

3 Ausnahmen. Die Vergütung wird trotz Eintritts einer der in A 2 aufgeführten Tatbestände nicht fällig, wenn der RA die Vergütung vereinbarungsgemäß (Vertrag nötig; einseitige Stundung genügt nicht!) gestundet hat. In diesem Falle wird die Vergütung erst mit dem Ablauf der Stundung fällig.

Der **Partei, der Prozeßkostenhilfe bewilligt worden ist,** sind nach § 115 Abs. 2 Nr. 3 ZPO die Gebühren durch die Bewilligung gestundet. Sie werden ihr gegenüber erst dann fällig, wenn nach § 124 ZPO die Bewilligung der Prozeßkostenhilfe aufgehoben worden ist. Auch durch Vereinbarung kann eine frühere Fälligkeit nicht herbeigeführt werden (vgl. § 3 Abs. 1 S. 1).

Dagegen ist die **Vergütung des Pflichtverteidigers** (§ 97) und des sonst beigeordneten RA (§ 102) nicht gestundet. Der Pflichtverteidiger und der beigeordnete RA können zwar ihre Vergütung von dem Vertretenen nur unter den Voraussetzungen des § 100 fordern. Trotzdem ist ihre Vergütung nicht gestundet, so daß unter den Voraussetzungen des § 100 Abs. 3 die Verjährung beginnt.

324   *Madert*

Vergütungsschuldner ist zunächst der Auftraggeber. Die Vergütung des **4** zum Pflichtverteidiger bestellten RA schuldet der Beschuldigte auch dann, wenn er dem RA keinen Auftrag erteilt hat (vgl. hierzu A 1 ff. zu § 100). Hat das Gericht den RA im Wege der Prozeßkostenhilfe oder als Pflichtverteidiger beigeordnet, ist der Justizfiskus in erster Linie Schuldner der Vergütung. Auch **gegen Dritte,** die neben dem Auftraggeber nach bürgerlichem Recht für die Vergütung des RA haften, tritt die Fälligkeit nach § 16 ein. Bei **mehreren Auftraggebern** tritt Fälligkeit gegenüber dem einzelnen Auftraggeber dann ein, wenn im Verhältnis zu ihm ein Fälligkeitsgrund eingetreten ist, so z. B. bei Vergleich mit nur einem der Streitgenossen oder bei Beendigung der Instanz nur gegenüber einem Streitgenossen.

Riedel/Sußbauer A 11; Schumann/Geißinger A 11.

Deshalb wird auch der Vergütungsanspruch gegen die Staatskasse unter den Voraussetzungen des § 16 fällig.

Die **Erledigung des Auftrags** kann vor Endigung der Angelegenheit eintre- **5** ten, z. B. durch Kündigung, durch Unmöglichwerden der weiteren Tätigkeit des Anwalts bei Tod oder Beendigung seiner Zulassung (nicht Tod eines Anwalts oder Beendigung seiner Zulassung bei Auftragserteilung an eine Sozietät), oder bei Verweisung oder Abgabe der Sache an ein Gericht, bei dem der Anwalt nicht zugelassen ist, oder durch vertragliche Aufhebung des Auftrags, bei dem im Wege der Prozeßkostenhilfe beigeordneten Anwalt auch durch Tod der Partei, Aufhebung der Beiordnung.

Wird für den verstorbenen RA ein Abwickler bestellt (§ 55 BRAO), setzt sich das Auftragsverhältnis kraft Gesetzes mit dem Abwickler fort bis zur Beendigung der Angelegenheit, falls nicht vorher der Auftrag gekündigt oder der Abwickler abberufen wird. Die Fälligkeit tritt hier erst unter den sonstigen Voraussetzungen des § 16 bzw. bei der Beendigung der Abwicklung ein.

Der Auftrag ist auch – und zwar in erster Linie – erledigt durch vollständige Erfüllung. Die Angelegenheit braucht nicht beendet sein, wenn sich der Auftrag nur auf einen Teil bezogen hat. Ebenso braucht das Ziel nicht erreicht zu sein.

Beispiel: Die Sanierungsverhandlungen, mit deren Durchführung der RA beauftragt war, sind gescheitert.

Riedel/Sußbauer A 7; Schumann/Geißinger A 6.

Die durch die Niederlegung des Mandats eingetretene Fälligkeit der Vergütung wird durch die spätere Wiederaufnahme der Vertretung nicht beseitigt.

Schleswig JurBüro 80, 68.

Die Angelegenheit ist beendet, sobald der Rahmen, innerhalb dessen sich **6** die anwaltliche Tätigkeit abspielt, ausgefüllt ist (wegen des Begriffs der Angelegenheit vgl. A 5 zu § 13). Die Beendigung der Angelegenheit wird vor allem bei der außergerichtlichen Tätigkeit des RA wesentlich. Bei dem Tätigwerden in einem gerichtlichen Verfahren wird die Fälligkeit in der Regel durch die in A 2 unter c bis e aufgeführten Tatbestände ausgelöst.

Beispiele für Beendigung:

Hat der RA einen Vertrag oder Geschäftsbedingungen oder eine sonstige Urkunde zu entwerfen, ist die Angelegenheit mit der Aushändigung der entworfenen Urkunde an den Auftraggeber beendet. Ist ein Anwalt beauftragt, einen Vertrag notariell beurkunden zu lassen, dann ist der Auftrag erst beendet, wenn der Anwalt die Möglichkeit hatte, den beurkundeten Vertrag darauf zu prüfen, ob er das von seiner Partei Gewollte richtig wiedergibt.

BGH AnwBl. 85, 257.

Ist der RA mit der Erteilung eines Rates beauftragt, ist die Angelegenheit mit der Erteilung des Rates beendet.

Wird dem RA die außergerichtliche Regulierung eines Unfallschadens übertragen, ist die Angelegenheit mit der Regulierung oder ihrem Scheitern beendet.

Schumann/Geißinger A 1; LG Mannheim AnwBL. 66, 30 = MDR 65, 920 = VersR 66, 299 (L) (Der Gebührenanspruch für die außergerichtliche Tätigkeit des Anwalts zur Regulierung eines Unfallschadens ist fällig, wenn die Versicherung des Schädigers eindeutig zu erkennen gibt, daß eine außergerichtliche Einigung über die vom Geschädigten geltend gemachten Ansprüche für sie nicht mehr in Betracht kommt); ebenso LG Hannover NdsRpfl. 68, 33.

Der Beendigung der Angelegenheit und damit der Fälligkeit der Vergütung steht nicht entgegen, daß die für die Tätigkeit in der Angelegenheit verdienten Gebühren u. U. auf die in einer späteren Angelegenheit verdienten Gebühren angerechnet werden müssen (vgl. § 20 Abs. 1 Satz 3, § 118 Abs. 2). Die Gebühren können also geltend gemacht werden.

Riedel/Sußbauer A 8; Schumann/Geißinger A 9.

Die bisher behandelte Angelegenheit ist ferner dann beendet, wenn das Gesetz das weitere Tätigwerden des RA als ein solches in einer neuen oder besonderen Angelegenheit bezeichnet (vgl. §§ 38 Abs. 1 Satz 2, 39, 40, 41 Abs. 1 Satz 1, 58 Abs. 3).

7 Eine **Kostenentscheidung** ist **ergangen,** sobald das Gericht in der Sache in irgendeiner Weise über Kosten erkannt hat, sei es auch nur über die Gerichtskosten. Dabei ist es gleichgültig, ob der Kostenausspruch konstitutiv wirkt oder aber nur eine bereits kraft Gesetzes eingetretene Folge bestätigt.

Beispiel: Bei Zurückweisung einer Beschwerde betr. die Bewilligung von Prozeßkostenhilfe enthält der Beschluß den Satz: „Die Gerichtskosten des Beschwerdeverfahrens fallen dem Beschwerdeführer zur Last." Das Gericht wiederholt mit diesem Satz nur die gesetzliche Regelung des § 49 Abs. 1 Satz 1 GKG.

Die Fälligkeit der Vergütung ist dagegen nicht an eine Entscheidung über die Erstattung der Gebühren des RA angeknüpft, weil es Verfahren gibt, in denen diese Kosten nicht erstattet werden, wie z. B. im Verfahren vor den Arbeitsgerichten nach § 61 Abs. 1 S. 2 ArbGG.

Es muß aber eine Entscheidung in einem gerichtlichen Urteil oder Beschluß vorliegen. Auferlegung der Kosten durch Verwaltungsakt genügt nicht.

Diese Entscheidung braucht weder rechtskräftig noch vorläufig vollstreckbar zu sein. Sie ist ergangen, wenn sie auf Grund einer mündlichen Verhandlung erlassen worden ist mit der Verkündung, bei schriftlicher Entscheidung nach § 128 Abs. 2 und 3 ZPO mit der Zustellung der Urteilsformel.

Beschlüsse, die ohne mündliche Verhandlung ergehen, sind erst dann ergangen, wenn der RA in die Lage gesetzt ist, von ihnen Gebrauch zu machen, also wenn sie ihm zugegangen sind.

Fällig werden nur die Gebühren und Auslagen, die im Zeitpunkt der Entscheidung schon entstanden sind.

Wird durch **Teilurteil** nur über einen Bruchteil der Kosten entschieden, so wird die Vergütung nur zu dem entsprechenden Bruchteil fällig.

Hartmann A 2 D.

Ist nur über die Kosten eines Streitgenossen entschieden worden, so wird nur die Vergütung des RA gegenüber diesem Streitgenossen fällig, auch soweit andere Streitgenossen mithaften.

Die Anforderung von Vorschuß durch das Gericht ist keine Kostenentscheidung.

Die Vergütung des RA wird weiter fällig bei **Beendigung des Rechtszugs.** 8

Der Rechtszug endet mit der Verkündung des Urteils, durch den Abschluß eines Vergleichs und durch die Rücknahme der Klage, der Widerklage oder des Rechtsmittels oder durch beiderseitige Erklärung, daß die Hauptsache erledigt sei.

Hartmann A 2 E.

Das gilt jedoch nur, wenn kein Kostenantrag (§§ 91 a, 269 Abs. 3, 515 Abs. 3 ZPO) nachfolgt. Sonst ist der Rechtszug erst mit dem Ergehen der Kostenentscheidung beendet.

Bei einem Vergleich ist dessen Rechtswirksamkeit Voraussetzung.

Ein außergerichtlicher Vergleich genügt. Erforderlich ist aber, daß er dem Gericht mitgeteilt worden ist und in dem in Frage kommenden Verfahren prozeßbeendende Wirkung hat.

Ein Beschlußverfahren endet mit der Zustellung des Beschlusses, das strafrechtliche Hauptverfahren mit der Verkündung, bei Abwesenheit des Angeklagten mit der Zustellung des Urteils oder mit der Verweisung an das zuständige Gericht.

Für die Beendigung des Rechtszuges ist es unerheblich, ob der RA noch mit Abwicklungstätigkeiten beschäftigt ist. Solche abschließenden Arbeiten sind zwar notwendig, betreffen aber nicht mehr die Aufgabe des RA, Rechtsschutz zu gewähren, sondern nur eine Nebenpflicht. Die Vergütung des RA ist also z. B. auch dann bereits (durch das Ergehen des Urteils) fällig, wenn er noch das Kostenfestsetzungsverfahren betreiben muß.

BGH AnwBl. 85, 257; Riedel/Sußbauer A 12; Schumann/Geißinger A 13.

Die Beendigung des Rechtszugs spielt für die Fälligkeit nur dann eine Rolle, wenn keine Kostenentscheidung ergangen ist.

Durch ein **Grundurteil** wird der Rechtszug bei dem erstinstanzlichen Gericht 9 nicht beendet. Das Betragsverfahren setzt den Rechtszug fort.

Das gilt auch dann, wenn ein Rechtsmittel gegen das Grundurteil eingelegt, über dieses aber nicht sachlich entschieden wird.

Wird dagegen von dem Rechtsmittelgericht sachlich entschieden und der Rechtsstreit nunmehr zur Entscheidung über die Höhe an das untere Gericht gemäß § 15 zurückverwiesen, ist durch die Zurückverweisung der bisherige vorinstanzliche Rechtszug beendet. Denn nunmehr beginnt gemäß § 15 ein neuer Rechtszug. Es wäre unverständlich, wenn die Gebühren eines abgeschlossenen Gebührenrechtszuges nicht mit dem Ende der Gebühreninstanz fällig werden sollen. Die Zurückverweisung bewirkt sonach die Fälligkeit der im ersten Rechtszug bisher erwachsenen Gebühren.

> Riedel/Sußbauer A 13; Schumann/Geißinger A 14.

Das Berufungsverfahren gegen ein Grundurteil wird durch den Erlaß des Berufungsurteils beendet. Damit werden die Gebühren des Berufungsanwalts fällig. Es ist also gleichgültig, ob das Berufungsurteil eine Kostenentscheidung (die Berufung wird zurückgewiesen) enthält oder nicht (das Ersturteil wird ganz oder teilweise abgeändert).

10 Die **abschließende Entscheidung des Rechtspflegers** beendet die Instanz, auch wenn das Verfahren auf Erinnerung fortgesetzt werden kann.

> Riedel/Sußbauer A 13.

11 Ein **Teilurteil** beendet die Instanz, soweit seine Wirkung reicht. Beispiel: Die Klage gegen den Beklagten zu 3) wird durch Teilurteil abgewiesen. Die Vergütung des RA dieses Beklagten wird durch das Teilurteil fällig. Wird dagegen bei einer Klage über 1000 DM ein klagabweisendes oder zusprechendes Teilurteil über 300 DM erlassen, hat dies keine Auswirkungen.

12 Ein **Vorbehaltsurteil** nach § 302 ZPO und ein **Zwischenurteil** über eine prozeßhindernde Einrede oder ein solches nach § 303 ZPO beenden die Instanz nicht. Zu beachten ist jedoch, daß nach Rechtsmitteleinlegung und Zurückverweisung gemäß § 15 ein neuer Rechtszug beginnt und damit der bisherige beendet wird.

> Riedel/Sußbauer A 13; Schumann/Geißinger A 17.

Ob ein Vorbehaltsurteil nach § 599 ZPO den Rechtszug beendet, kann offen bleiben. Denn auf jeden Fall bildet das Verfahren nach Erlaß des Vorbehaltsurteils ebenso wie das Verfahren nach Abstandnahme vom Urkunden- oder Wechselprozeß gemäß § 39 eine neue Angelegenheit, so daß die bisherige Angelegenheit beendet ist und damit die Fälligkeit der bisher entstandenen Gebühren auslöst.

13 Das Verfahren über einen **Arrest oder eine einstweilige Verfügung** bildet dem Hauptprozeß gegenüber stets eine besondere Angelegenheit (§ 40). Es endet deshalb auch dann, wenn die Entscheidung keine Kostenentscheidung enthält.

14 **Einstweilige Anordnungen in Ehesachen** sind gegenüber der Ehesache gebührenmäßig selbständig. Die Fälligkeit tritt deshalb getrennt ein.

> Schumann/Geißinger A 18; KG JurBüro 86, 724; vgl. auch Düsseldorf JurBüro 83, 1037.

15 Im **Mahnverfahren** wird der Vergütungsanspruch des RA gegen seinen Auftraggeber erst mit der Aufnahme in den Vollstreckungsbescheid, nicht schon mit der Aufnahme in den Mahnbescheid, fällig.

> Riedel/Sußbauer A 13.

16 Im **Zwangsvollstreckungsverfahren** hat nach § 788 ZPO die Beitreibung der Kosten mit der Beitreibung des zur Zwangsvollstreckung stehenden Anspruchs zu erfolgen. Mit der Beitreibung der Kosten vom Gegner wird auch die Vergütung des RA für seine Tätigkeit in der Zwangsvollstreckung fällig. Er braucht also den beigetriebenen Kostenbetrag nicht an den Auftraggeber abzuliefern, um bis zur Beendigung der Zwangsvollstreckung zu warten (etwa weil nur ein kleiner Geldbetrag gezahlt, im übrigen aber ein Gegenstand gepfändet worden ist, der erst noch versteigert werden muß). Ebenso wird die **Hebegebühr** des § 22 mit der Ablieferung fällig. Das gilt sowohl für die Ablieferung von Geld, bei der der RA seine Vergütung gemäß § 22 Abs. 2 Satz 2 sofort entnehmen kann, als auch für die Ablieferung von Wertpapieren.

Wenn das Verfahren länger als drei Monate ruht, tritt Fälligkeit des 17 Vergütungsanspruchs ein. Die Bestimmung liegt nicht nur im Interesse des RA, weil sie die Abrechnung ermöglicht, wenn in der Angelegenheit länger als drei Monate nichts veranlaßt ist, sondern auch des Auftraggebers, weil mit der Fälligkeit der Lauf der Verjährungsfrist für den Vergütungsanspruch beginnt.

Als Ruhen des Verfahrens ist der Zustand anzusehen, daß mehr als drei Monate lang nichts veranlaßt wird, also das tatsächliche Ruhen, nicht nur das Ruhen i. S. des § 251 ZPO.

Auch die **Aussetzung und Unterbrechung** des Verfahrens fallen darunter. Die Vergütung wird sonach drei Monate nach Erlaß des Beschlusses über die Aussetzung usw. fällig.

a. M. Riedel/Sußbauer A 15.

Nicht genügend sind Aktenversendung an ein ersuchtes Gericht, Anberaumung eines Termins über drei Monate hinaus, Untätigkeit während der Gerichtsferien.

Riedel/Sußbauer a 15.

Bleibt aber die Sache beim ersuchten Gericht unbearbeitet liegen, so tritt damit ein Stillstand und sonach das Ruhen ein.

Wird nach Erlaß eines Grundurteils das Verfahren nicht weiter betrieben, sei es, daß gegen das Grundurteil Berufung eingelegt ist, sei es, daß die Rechtskraft des Grundurteils abgewartet wird, so ist das Verfahren über die Höhe tatsächlich zum Stillstand gekommen. Damit ist das Ruhen des Verfahrens eingetreten, das die Fälligkeit der Vergütung herbeigeführt hat, sobald es drei Monate gedauert hat.

Die Unterbrechung des Verfahrens durch Konkurseröffnung beendet aber für sich allein den Prozeßauftrag nicht, auch wenn er eine unter § 3 KO fallende Forderung betrifft. Deshalb ist auch die Gebührenforderung noch nicht fällig, da die Unterbrechung die Rechtshängigkeit nicht beseitigt. Dauert aber die Unterbrechung länger als drei Monate, wird die Vergütungsforderung – wegen Ruhens des Verfahrens – fällig.

a. M. Riedel/Sußbauer A 5 und Schumann/Geißinger A 5, die annehmen, der Auftrag habe sich erledigt, wenn er sich auf das zur Konkursmasse gehörige Vermögen bezieht (nicht für andere Angelegenheiten, z. B. Ehescheidungsverfahren); die Folge dieser Auffassung ist, daß die Vergütung sofort fällig wird, nicht erst nach drei Monaten.

Jeder Rechtszug ist für sich allein zu beurteilen. Es kommt deshalb für 18 den RA des ersten Rechtszugs nicht darauf an, ob der Rechtsstreit in der höheren Instanz weiter geführt wird. Der Eintritt der Fälligkeit der Vergütung des ersten Rechtszugs wird häufig von den Anwälten übersehen, die den Auftraggeber auch in der zweiten Instanz vertreten. Es empfiehlt sich, nach dem Ende der Instanz die Vergütung der beendeten Instanz abzurechnen und den Ablauf der Verjährung zu notieren.

19 Durch **spätere Fortsetzung des Rechtsstreits** wird die bereits eingetretene Fälligkeit nicht beseitigt. Ist die Vergütung nach Erlaß des Grundurteils durch Ruhen des Verfahrens über die Höhe auf länger als drei Monate fällig geworden, verbleibt es bei dieser Fälligkeit, auch wenn das Verfahren nach der Entscheidung des Berufungsgerichts nunmehr fortgesetzt wird.

20 **Die Fälligkeit der Vergütung bewirkt:**

a) die Zulässigkeit des Antrags auf Wertfestsetzung gemäß § 10,

b) die Zulässigkeit des Festsetzungsverfahrens gemäß § 19,

c) das Recht zur Einforderung der Vergütung gemäß § 18,

d) die Verpflichtung zur Berechnung der Vergütung gemäß § 18,

e) das Erlöschen des Rechtes auf Vorschuß § 17,

f) den Beginn der Verjährung.

21 Für die **Verjährung** des Vergütungsanspruchs gegen den Auftraggeber ist der Eintritt der Fälligkeit wichtig. Nach § 196 Abs. 1 Nr. 15 BGB verjähren die Ansprüche des RA wegen seiner Gebühren und Auslagen in zwei Jahren. Die Verjährung beginnt nach §§ 198, 201 BGB mit dem Schlusse des Jahres, in dem der Anspruch fällig geworden ist. Ist die Fälligkeit aus mehreren Gründen zu verschiedenen Zeiten eingetreten, so kann sich der Gebührenschuldner auf den für ihn günstigsten, also auf den frühesten Zeitpunkt berufen. Sind die Vergütungen zu verschiedenen Zeitpunkten fällig geworden (z. B. Vergütung für den Rechtsstreit 1974, Vergütung für die Zwangsvollstreckung 1975), beginnen auch die Verjährungsfristen verschieden.

BGH AnwBl. 85, 257.

Auch der Anspruch aus Geschäftsführung ohne Auftrag verjährt in zwei Jahren.

LG Wiesbaden AnwBl. 79, 390.

Der Lauf der Verjährungsfrist ist nach § 18 Abs. 1 S. 2 von der Mitteilung der Berechnung der Vergütung nicht abhängig. Jedoch unterbricht eine Gebührenklage auch ohne vorherige oder gleichzeitige Mitteilung der Berechnung der Verjährung.

Antrag auf Festsetzung der Vergütung unterbricht nach § 19 Abs. 6 die Verjährung in gleicher Weise wie Klageerhebung.

22 Der **Anspruch des im Wege der Prozeßkostenhilfe beigeordneten Rechtsanwalts gegen die Staatskasse** verjährt ebenfalls nach §§ 196 Abs. 1 Nr. 15, 198, 201 BGB in zwei Jahren.

München JurBüro 84, 1830.

23 Für den **Anspruch des Pflichtverteidigers** gegen die Staatskasse gilt das gleiche.

Celle JurBüro 83, 699.

Jedoch tritt bei einem Anspruch gegen den Beschuldigten nach § 100 Abs. 3

dadurch keine Hemmung der Verjährung ein, daß nach § 100 Abs. 2 die Geltendmachung des Anspruchs von der vorherigen gerichtlichen Feststellung der Zahlungsfähigkeit des Beschuldigten abhängt.

Neu entstehen können verjährte Ansprüche, wenn der RA durch spätere 24 Tätigkeit einen Anspruch auf gleiche Gebühren erwirbt.

Beispiel: Ein Verfahren, das drei Jahre geruht hat, wird fortgesetzt. Der RA verhandelt erneut. Der RA kann fordern die Prozeßgebühr und die Verhandlungsgebühr. Dagegen bleibt die Verjährung der Beweisgebühr bestehen, wenn nicht erneut Beweis erhoben wird.

H. Schmidt AnwBl. 79, 382.

Der **Erstattungsanspruch gegen die Gegenpartei** verjährt erst in 30 Jah- 25 ren.

München NJW 71, 1755 = AnwBl. 71, 321 = JurBüro 71, 790; **a.M** OVG Münster NJW 71, 1767 mit abl. Anm. von H. Schmidt.

Verwirkung des Anspruchs kann schon vor dem Eintritt der Verjährung 26 eintreten, besonders bei dem Erstattungsanspruch gegen die Gegenpartei.

Eine Verwirkung innerhalb der zweijährigen Verjährungsfrist des § 196 Abs. 1 Nr. 15 BGB ist aber nicht anzunehmen.

Vgl. BGH VersR 69, 38 (Der Gedanke der Verwirkung ist zwar ein allgemeiner Rechtsgedanke, der von der Treue- und Sorgfaltspflicht ausgeht und der für alle Rechtsverhältnisse gilt, denen eine besondere Treuepflicht des Dienstverpflichteten, wie des Rechtsanwalts gegenüber seinem Auftraggeber, innewohnt. Es können aber nur schwerwiegende Treueverstöße in Betracht kommen).

Bei **nachträglicher Erhöhung des Streitwerts durch gerichtliche Wert-** 27 **festsetzung** beginnt die Verjährung des auf den erhöhten Streitwertteil entfallenden Gebührenteils erst mit dem Schluß desjenigen Jahres zu laufen, in dem die den Streitwert erhöhende Entscheidung verkündet worden ist.

BGH AnwBl. 78, 229 = Rpfleger 78, 91 = JurBüro 78, 357 = KostRsp. BRAGO § 16 Nr. 4 mit Anm. von Schneider; Koblenz AnwBl. 83, 172; Oldenburg AnwBl. 76, 134.

Durch Vereinbarung einer späteren Fälligkeit kann der Beginn der Verjährung hinausgeschoben werden, da § 16 nachgiebiges Recht ist.

Dagegen kann die Verjährungsfrist als solche nicht verlängert werden.

Gegenüber der Verjährungseinrede kann u. U. der **Einwand der unzulässi-** 28 **gen Rechtsausübung** erhoben werden. So z. B., wenn der Schuldner den RA an der rechtzeitigen Klagerhebung hindert (Beispiel: der Schuldner hält sich versteckt).

Schumann/Geißinger A 29.

Die **Aufrechnung** mit Gebührenforderungen gegen einen Anspruch des Auf- 29 traggebers auf Herausgabe eines eingegangenen Geldbetrages nach Eröffnung des Vergleichsverfahrens über das Vermögen des Auftraggebers ist zulässig, wenn der erteilte Auftrag bei Eröffnung des Vergleichsverfahrens noch fortbestand.

BGH, AnwBl. 78, 460.

Madert 331

§ 17 Vorschuß

**Der Rechtsanwalt kann von seinem Auftraggeber für die entstande-
nen und die voraussichtlich entstehenden Gebühren und Auslagen
einen angemessenen Vorschuß fordern.**

Übersicht über die Anmerkungen

1 Allgemeines. § 17 gewährt dem RA einen Anspruch auf Gewährung eines
Vorschusses. Mit Hilfe dieses Anspruchs kann der RA die gesetzliche Regelung (Vorleistungspflicht des RA) praktisch in ihr Gegenteil (Vorleistungspflicht des Auftraggebers) verkehren. Der RA wird von diesem Anspruch
Gebrauch machen, um seinen Vergütungsanspruch sicherzustellen.

Der Anspruch auf Vorschuß erstreckt sich sowohl auf die Auslagen als auch
auf die Gebühren, somit auf die gesamte Vergütung, die der RA zu erwarten
hat.

Dem Anspruch auf den Vorschuß entspricht die Pflicht des Auftraggebers zur
Zahlung des Vorschusses. Diese Verpflichtung entsteht mit dem Zustandekommen des Anwaltsvertrages. Der Auftraggeber kann aber in der Regel
abwarten, bis ihm der RA die Höhe des zu zahlenden Vorschusses mitteilt.

2 Der **Anspruch auf Vorschuß** steht jedem RA zu, nicht nur dem Prozeßbevollmächtigten, sondern z. B. auch dem Verkehrsanwalt, dem Strafverteidiger, dem Gutachter und dem mit der Erledigung außergerichtlicher Angelegenheiten beauftragten Rechtsanwalt.

Der RA, dem ein Auftrag erteilt wird, hat zwei Möglichkeiten:

a) Er kann den Auftrag annehmen und Vorschuß fordern. In diesem Falle
wird er dringende Arbeiten bereits vor Eingang des Vorschusses ausführen
müssen.

Beispiel: Ein Rechtsmittel einlegen, wenn die Frist in den nächsten Tagen
abläuft.

b) Er kann die Übernahme des Auftrags von der Vorschußzahlung abhängig
machen. In diesem Falle braucht der Anwalt nicht tätig zu werden, bevor der
Vorschuß eingegangen ist. Sind allerdings dringliche Arbeiten auszuführen,
ist von dem RA zu erwarten, daß er die Nichtannahme des Auftrags ohne

Vorschußzahlung dem Auftraggeber unverzüglich (evtl. fernmündlich) mitteilt.

Schumann/Geißinger A 3.

Ein Vormund (Pfleger), der als RA tätig wird und deshalb gemäß § 1835 Abs. 2 BGB Anspruch auf Vergütung als RA hat, kann einen angemessenen Vorschuß dem Mündelvermögen entnehmen.

KG AnwBl. 84, 71; Schumann/Geißinger A 9; H. Schmidt in Anm. zu LG Berlin Rpfleger 69, 53.

Ausnahmen (also kein Anspruch auf Vorschuß gegen den Mandanten) gelten 3
a) für den gemäß § 625 ZPO beigeordneten RA (§ 36a),
b) für den gerichtlich bestellten Verteidiger (vgl. § 100 Abs. 1),
c) für den in Strafsachen oder in Auslieferungssachen beigeordneten RA.

Der im Wege der Prozeßkostenhilfe beigeordnete RA hat aber unter den Voraussetzungen des § 127 einen Anspruch auf Gewährung eines Vorschusses wegen der bereits eintstandenen Gebühren und wegen der Auslagen gegen die Amtskasse, desgleichen der Pflichtverteidiger (vgl. § 97 Abs. 4).

Ist Prozeßkostenhilfe nur zum Teil bewilligt, kann der RA für den Teil, für den Prozeßkostenhilfe nicht bewilligt ist, Vorschuß verlangen. Bis zur Zahlung des Vorschusses kann er die Tätigkeit für den Teil, für den Prozeßkostenhilfe nicht bewilligt ist, zurückstellen.

a. M. Schumann/Geißinger A 7 (die gesamte Tätigkeit; Frage: wenn bei einem Anspruch von 1000 DM Prozeßkostenhilfe wegen 300 DM bewilligt ist, muß er nicht wegen der 300 DM tätig werden?).

Erhaltene Vorschüsse (vor der Beiordnung oder trotz Beiordnung freiwillig gezahlt) kann der beigeordnete RA bzw. der Pflichtverteidiger behalten. Wegen der Verrechnung vgl. §§ 101, 129.

Schumann/Geißinger A 6.

Dagegen haben einen **Anspruch auf Vorschuß**   4
a) der Notanwalt des § 78a ZPO,
b) der beigeordnete RA, der die Entmündigung mit Klage anfechten soll (§§ 668, 684 ZPO).

Diese RA können ihre Tätigkeit von der Zahlung des Vorschusses abhängig machen;

Schumann/Geißinger A 4, 5.

c) der beigeordnete RA, der die Wiederaufhebung einer Entmündigung klageweise geltend machen soll (§§ 679, 686 ZPO). Dieser RA kann seine Tätigkeit nicht von der Zahlung des Vorschusses abhängig machen.

Die **Höhe des Vorschusses** richtet sich nach der voraussichtlichen Höhe der 5
Vergütung. Dabei ist unerheblich, ob die Gebühren bereits erwachsen sind oder ob ihre Entstehung erst zu erwarten ist. Ebenso ist gleichgültig, ob die Vergütung die gesetzliche oder eine vereinbarte ist. Der Vorschuß kann in der vollen Höhe der Vergütung gefordert werden, nicht nur in Höhe eines Teilbetrages.

Der Prozeßanwalt wird bei Beginn des Rechtsstreits zunächst die Prozeß- und die Verhandlungsgebühr vorschußweise anfordern, außerdem die Beweisgebühr, wenn damit zu rechnen ist, daß alsbald Beweis erhoben wird, Eineinhalb Gebühren reichen dann aus, wenn mit dem Erlaß eines Versäumnis- oder Anerkenntnisurteils zu rechnen ist. Ist der Vorschuß zu gering bemessen gewesen (etwa nur Prozeß- und Verhandlungsgebühr, weil nicht mit einer Beweisaufnahme gerechnet wurde), kann weiterer Vorschuß gefordert werden, wenn erkennbar wird, daß der bisherige Vorschuß nicht ausreicht (es ist wahrscheinlich, daß eine Beweisaufnahme stattfindet; in diesem Fall kann die Beweisgebühr nachgefordert werden). „Angemessen" ist der Vorschuß, der die gesamte voraussichtlich entstehende Vergütung abdeckt.

Riedel/Sußbauer A 17; Schumann/Geißinger A 11.

Ferner kann eine Pauschale für die voraussichtlichen Auslagen gefordert werden.

Der Strafverteidiger kann den Vorschuß in Höhe der voraussichtlichen Verteidigervergütung fordern. Wird er im Ermittlungsverfahren beauftragt und ist abzusehen, daß es zu einer Hauptverhandlung kommen wird, kann er als Vorschuß die Gebühren der §§ 84 und 83 fordern. Sind vier Hauptverhandlungstage terminiert, kann er als Vorschuß die Gebühr des § 83 Abs. 1 und 3 × die Gebühr des § 83 Abs. 2 fordern.

Der Vorschußanspruch besteht auch für des vereinbarte Honorar.

Riedel/Sußbauer A 10; Schumann/Geißinger A 10.

Hier ist dem Anwalt zu empfehlen, es in voller Höhe als Vorschuß zu fordern. Denn nachträglich messen die Mandanten oft die Höhe des Honorars am erzielten Erfolg und machen, wenn die Sache nicht nach ihren Vorstellungen ausgegangen ist, Schwierigkeiten.

6 Vorschußpflichtig ist zunächst der Auftraggeber. Haftet dem RA nach bürgerlichem Recht unmittelbar noch ein Dritter für die Vergütung, ist auch dieser Dritte vorschußpflichtig.

Riedel/Sußbauer A 7; Schumann/Geißinger A 12.

Dagegen hat der RA keinen unmittelbaren Anspruch gegen Dritte, die nur seinem Auftraggeber gegenüber vorschußpflichtig sind. Der Rechtsanwalt, der eine Ehefrau im Scheidungsverfahren vertritt, kann von dem Ehemann nicht im eigenen Namen gemäß § 1360 a BGB Vorschuß fordern. Er muß vielmehr die Ansprüche des Auftraggebers (im Beispiel: der Ehefrau) für diese geltend machen.

Besondere Vorsicht ist geboten bei der Übernahme der Vertretung Minderjähriger. Zwar kann z. B. ein Minderjähriger selbst einen Verteidiger wählen, denn im Strafprozeß kommt es nicht auf seine Prozeßfähigkeit i. S. der §§ 51 ff. ZPO an, sondern ausschließlich auf seine Fähigkeit, der Verhandlung zu folgen, die Bedeutung des Verfahrens zu erkennen.

KK-Laufhütte § 137 StPO Rn. 4.

Ohne Einwilligung des gesetzlichen Vertreters des Minderjährigen kommt dadurch aber kein Mandatsvertrag zustande, da dieser sich ausschließlich nach bürgerlichem Recht richtet (von der Ausnahme des sog. Taschengeldparagraphen (§ 110 BGB) hier einmal abgesehen). Aber auch, wenn der gesetzliche Vertreter den Auftrag zur Verteidigung des Minderjährigen erteilt, ist aufzupassen. Beauftragt z. B. die Mutter des Kindes als Inhaberin der elterlichen

Sorge den RA mit der Verteidigung des Kindes und weigert sie sich später, die Anwaltsgebühren zu bezahlen, so geht der RA – wenn das Kind keine eigenen Einkünfte hat – leer aus. Denn es besteht keine Haftung des Inhabers der elterlichen Sorge für die Anwaltskosten, nachdem § 1654 BGB durch das Gleichberechtigungsgesetz aufgehoben ist.

Schumann/Geißinger § 17 A 12, 13.

Zum Anspruch des Betriebsrats auf Kostenerstattung bei anwaltlicher Vertretung und Anspruch des RA auf Zahlung eines angemessenen Vorschusses vgl. Eich AnwBl. 85, 62.

Zahlt der Vorschußpflichtige den geforderten Vorschuß nicht, kann der **7** RA seine weitere Tätigkeit für den Auftraggeber einstellen, bis der Vorschuß eingeht. Ist für den Auftraggeber mit Nachteilen zu rechnen, wird der RA dem Vorschußpflichtigen rechtzeitig ankündigen müssen, daß er bis zum Eingang des Vorschusses nicht mehr tätig wird.

Vgl. § 13 A 63; Riedel/Sußbauer A 12–14; Schumann/Geißinger A 14.

Ein nachträgliches Vorschußbegehren darf aber nicht zur Unzeit erfolgen.

Schumann/Geißinger A 14.

Der **Vorschuß** dient zwar zunächst als Sicherungsmittel, bildet aber zugleich **8** eine Vorauszahlung auf die noch nicht entstandene oder noch nicht fällige Vergütung. Er geht in das Vermögen des RA über und haftet ungeteilt für jeden Vergütungsanspruch, solange noch keine Verrechnung stattgefunden hat. Eine solche erfolgt meist erst nach Beendigung des Auftrags. Soweit nicht Sonderabreden zu einer anderen Beurteilung nötigen, ist anzunehmen, daß der Auftraggeber dem RA die Verrechnung überläßt und soweit Vergütungsansprüche entstehen, von vornherein auf Rückzahlung verzichtet.

Schumann/Geißinger A 15.

Der **Vorschuß** auf Gebühren ist bei Verzug zu verzinsen, nicht aber der Vorschuß für noch nicht entstandene Auslagen.

Riedel/Sußbauer A 9.

Die Verrechnung des Vorschusses erfolgt in der Berechnung nach § 18. **9** Nichtverbrauchte Vorschüsse sind beim Fälligwerden der Vergütung zurückzuzahlen. Der Auftraggeber hat einen vertraglichen Anspruch (keinen Bereicherungsanspruch).

Ein **Rückzahlungsanspruch** entsteht erst dann, wenn feststeht, daß weitere **10** Ansprüche des RA, für die der Vorschuß eingefordert wurde, nicht mehr entstehen können und nur insoweit, als durch die entstandenen Ansprüche der Vorschuß nicht verbraucht ist.

Riedel/Sußbauer A 18; Schumann/Geißinger A 16.

Ein Rückzahlungsanspruch verjährt nach § 196 Abs. 16 BGB in zwei Jahren. Die Verjährung beginnt mit dem Schlusse des Jahres, in dem sich der Auftrag erledigt hat.

Schumann/Geißinger A 17.

Einklagen des Vorschusses gegen den Auftraggeber verstößt, solange der **11** RA dessen Vertretung beibehält, gegen die Standesehre, ist aber zulässig,

Madert 335

wenn der RA die Übernahme der Vertretung von der Vorschußzahlung nicht abhängig machen darf.

Riedel/Sußbauer A 8; Schumann/Geißinger A 14.

12 **Mitteilung einer Berechnung** nach § 18 ist bei der Einforderung des Vorschusses nicht vorgeschrieben. Jedoch ist, damit die Angemessenheit nachgeprüft werden kann, anzugeben, von welchem Vergütungsbetrage bei der Berechnung des Vorschusses ausgegangen worden ist.

Übersendung einer Berechnung vor Fälligkeit der Vergütung bedeutet im Zweifel, daß der berechnete Betrag als Vorschuß gefordert wird.

13 Ein **Verzicht auf Vorschuß** ist zulässig, liegt aber nicht im Unterlassen der Einforderung. Liegt ein Verzicht vor, so wird er bei erheblicher Verschlechterung der Vermögenslage des Auftraggebers hinfällig.

Riedel/Sußbauer A 11; Schumann/Geißinger A 18.

14 Eine **Pflicht zur Vorschußanforderung** besteht nicht. Eine solche Pflicht besteht auch nicht für den Wahlverteidiger gegenüber der Staatskasse. Die Staatskasse kann also dem RA, der den abgetretenen Kostenerstattungsanspruch gemäß § 96a geltend macht, nicht entgegenhalten, er hätte sich Vorschuß gewähren lassen sollen, um der Staatskasse die Möglichkeit der Aufrechnung zu erhalten.

Vgl. A 4 zu § 96 a.

15 Zwischen dem RA und der **Rechtsschutzversicherung** bestehen grundsätzlich keine unmittelbaren Rechtsbeziehungen. Diese bestehen nur zwischen Versicherer und Mandanten einerseits und dem Mandanten und dem RA andererseits.

Bergmann VersR. 81, 520.

Daraus folgt, daß der Vorschußanspruch aus § 17 nur gegenüber dem Mandanten besteht. Aber nach § 1 Abs. 2 der Allgemeinen Bedingungen für die Rechtsschutzversicherung hat der Mandant als Versicherungsnehmer einen Anspruch gegen den Versicherer auf Freistellung. Fordert der RA von seinem Mandanten einen Vorschuß, so hat die Versicherung diesen zu erfüllen. Zahlt die Versicherung den Vorschuß, so zahlt sie in Erfüllung ihrer Verpflichtung aus dem Versicherungsvertrag gegenüber dem Versicherungsnehmer auf dessen Schuld aus dem Anwaltsvertrag gegenüber dem RA (§ 267 BGB). Die von der Versicherung gezahlten Vorschüsse kann diese vom Anwalt auch dann nicht zurückverlangen, wenn nachträglich die Kostendeckungszusage wirksam widerrufen oder aus anderen Gründen Ersatzansprüche bestehen. Derartige Ansprüche des Versicherers richten sich allein gegen seinen Versicherungsnehmer.

Bergmann a. a. O.

§ 18 Berechnung

(1) **Der Rechtsanwalt kann die Vergütung nur auf Grund einer von ihm unterzeichneten und dem Auftraggeber mitgeteilten Berechnung einfordern. Der Lauf der Verjährungsfrist ist von der Mitteilung der Berechnung nicht abhängig.**

(2) **In der Berechnung sind die Beträge der einzelnen Gebühren und Auslagen, Vorschüsse sowie die angewandten Gebührenvorschriften und bei Gebühren, die nach dem Gegenstandswert berechnet sind, auch dieser anzugeben. Bei Post-, Telegrafen-, Fernsprech- und Fernschreibkosten genügt die Angabe des Gesamtbetrags.**

(3) **Hat der Auftraggeber die Vergütung gezahlt, ohne die Berechnung erhalten zu haben, so kann er die Mitteilung der Berechnung noch fordern, solange der Rechtsanwalt zur Aufbewahrung der Handakten verpflichtet ist.**

Übersicht über die Anmerkungen

Allgemeines. Mit der ersten Tätigkeit nach Übernahme des Auftrags entsteht der Vergütungsanspruch des RA. Mit Abschluß des Anwaltsvertrags erhält der RA ferner das Recht, Vorschuß zu fordern (§ 17). Fällig wird die Vergütung, wenn eines der Tatbestandsmerkmale des § 16 erfüllt ist. § 18 bestimmt, daß der RA die entstandene und fällige Vergütung nur einfordern kann, wenn er dem Auftraggeber eine Berechnung seiner Vergütung übermittelt hat. **1**

Die **Anforderung des Vorschusses** ist von der Mitteilung einer Berechnung nicht abhängig. Immerhin ist angebracht, den vorschußweise angeforderten Betrag so weit aufzuschlüsseln, daß der Auftraggeber die Berechtigung der Anforderung erkennen bzw. nachprüfen lassen kann. **2**

Einfordern ist jede Geltendmachung des Anspruchs, also schon die Aufforderung zur Zahlung, weiter die Mahnung, ferner die Aufrechnung oder die Zurückhaltung gegenüber einem Geldanspruch und schließlich das gerichtliche Geltendmachen des Anspruchs mittels Klage oder im Wege des Mahnverfahrens. **3**

BGH AnwBl. 85, 257; Hartmann A 2 A; Riedel/Sußbauer A 2; Schumann/Geißinger A 2.

Voraussetzung der Einforderung ist Fälligkeit. Vorher kann der RA nur Vorschuß verlangen. Daher ist Übersendung einer Berechnung vor Fälligkeit in der Regel als Forderung eines Vorschusses aufzufassen.

Schumann/Geißinger A 4.

Der Antrag auf Festsetzung des Streitwertes oder der auf Festsetzung des Gegenstandswertes gemäß § 10 stellt sich nicht als Einfordern dar. Insoweit handelt es sich um Vorbereitungshandlungen.

Hartmann A 2 A.

4 **Mitteilung einer Berechnung** ist Voraussetzung für die Zulässigkeit des Einforderns, nicht aber Voraussetzung des Anspruchs. Der RA ist nicht nur berechtigt, eine Berechnung mitzuteilen. Er ist darüber hinaus zur Mitteilung der Berechnung nach Fälligkeit (§ 16) seiner Vergütung verpflichtet, wenn er von dem Auftraggeber oder einem Dritten Vorschüsse erhalten hat. Der Auftraggeber hat einen Rechtsanspruch darauf, daß seine geleisteten Vorschüsse abgerechnet werden.

5 Die **Berechnung** ist nur dem **Auftraggeber** zu übermitteln, nicht auch dritten Personen, die für den Auftraggeber Zahlungen geleistet haben. Der Auftraggeber kann jedoch fordern, daß die Berechnung nicht ihm, sondern einem Dritten (etwa der Rechtsschutzversicherung) mitgeteilt wird.

AG München AnwBl. 73, 119.

Übersendet der RA z. B. nach mündlich erteiltem Rat dem Auftraggeber seine Kostenrechnung, so kann er für die Übersendung keine Postgebühren nach § 26 fordern. Denn den Anspruch auf Ersatz der Postgebühren hat er nur für die, die „bei der Ausführung des Auftrags entstanden" sind. Der Auftrag ist aber durch die Beratung beendet.

6 Die **Form der Berechnung** ergibt sich aus Abs. 2. Die Berechnung muß schriftlich erfolgen und von dem RA oder seinem allgemeinen Vertreter unterzeichnet sein. Mit der Unterzeichnung übernimmt der RA die rechtliche Verantwortung. Die Unterstempelung mit einem Faksimilestempel reicht nicht aus.

Hartmann A B b (ff.); Riedel/Sußbauer A 10; Hamburg AnwBl. 70, 233.

Die Unterzeichnung durch den Bürovorsteher reicht ebensowenig aus wie das Gutachten eines „Kostenfachmannes".

Hartmann A 2 B b (ff.); a. M. München MDR 62, 63.

Übermittelt der RA jedoch dieses Gutachten seinem Auftraggeber und geht aus dem Begleitschreiben hervor, daß er dem Auftraggeber gegenüber die Verantwortung für das Gutachten übernehmen will, und es sich zu eigen macht, ist den Erfordernissen des § 18 genügt.

Schumann/Geißinger A 5; auch AG Gießen AnwBl. 67, 443 (Für die erforderliche „Mitteilung" der Berechnung der Anwaltsgebühren genügt es, daß der RA seinem Mandanten einen Durchschlag seines Schreibens an den Rechtsschutzversicherer des Mandanten zur Kenntnisnahme übersendet, aus dem sich diese Berechnung ergibt) (Anm. Brangsch).

7 Der **Inhalt der Berechnung** ergibt sich aus Abs. 2.

Die Berechnung muß zunächst die Gebühren, die Gebührenvorschriften, den Gegenstandswert und schließlich den Betrag angeben.

Beispiel:

Streitwert: 2500 DM

$^{10}/_{10}$-Prozeßgebühr § 31 Abs. 1 Nr. 1	160,— DM
$^{5}/_{10}$-Verhandlungsgebühr §§ 33 Abs. 1, 38 Abs. 2	70,— DM

§ 18. Berechnung 8-10 § 18

¹⁰⁄₁₀-Verhandlungsgebühr § 31 Abs. 1 Nr. 2   160,—DM
¹⁰⁄₁₀-Vergleichsgebühr § 23   160,—DM
Sodann hat der RA die Auslagen anzugeben, und zwar mit Einzelbeträgen:
Gerichtskostenvorschuß vom 1. Februar 1987
(+ 5,— Zustellgeb.)   92,—DM,
dasselbe vom 17. April 1987 (z. B. Auslagen)   100,—DM,
Reisekosten zur Besprechung vom 25. März 1987
120 km Kraftwagen § 28 Abs. 1   54,—DM,
Tage und Abwesenheitsgeld   50,—DM,
(über 4 Stunden) § 28 Abs. 2
Postgebührenpauschale
§ 26 Satz 2   50,—DM,
Mehrwertsteuer § 25   DM

Schließlich sind die erhaltenen Vorschüsse einzeln anzugeben:
Vorschuß 25. Januar 1987   350,—DM,
    25. März 1987   150,—DM.

Fordert der RA statt der Postgebührenpauschale des § 26 Satz 2 die tatsächlichen Postauslagen, so genügt die Angabe des Gesamtbetrages, etwa
Post- und Fernsprechgebühren, § 26   44,30 DM.

Verlangt der Auftraggeber jedoch eine Aufschlüsselung, sind die Beträge einzeln anzugeben und ihre Entstehung nachzuweisen.

Bei Rahmengebühren braucht der Rahmen nicht angegeben werden. Es genügt die Angabe der im Einzelfall berechneten Gebühr.

Beispiele:

Gegenstandswert: 5000 DM
⁷·⁵⁄₁₀-Geschäftsgebühr § 118 Abs. 1 Ziff. 1   209,30 DM,
oder
Gebühr gemäß § 83 Abs. 1 Ziff. 3   570,—DM.

Verzicht auf die Berechnung ist zulässig. Auch kann auf jedes einzelne **8** Erfordernis der Berechnung verzichtet werden. Ein stillschweigender Verzicht liegt in sofortiger Bezahlung, z. B. bei Erteilung eines Rates. Die trotz Fehlens der Berechnung erfolgte Zahlung kann nicht zurückgefordert werden, wenn der Anspruch entstanden und fällig war. Wohl aber kann nach Abs. 3 die Berechnung noch nachträglich verlangt und im Klagweg erzwungen werden.

Der RA ist zwar vor Mitteilung der Berechnung gehindert, die Vergütung zu **9** fordern. Der Auftraggeber kann aber auch **ohne Berechnung** freiwillig **zahlen.**

Bei vereinbartem Honorar ist eine Berechnung ebenfalls erforderlich, **10** wenn der RA Auslagen fordert oder Vorschüsse abzurechnen hat.

Riedel/Sußbauer A 12; Schumann/Geißinger A 3.

Die Berechnung kann in solchen Fällen einfach gestaltet werden, etwa:

Honorar laut Honorarschein vom 20. Januar 1987   750,—DM
Postgebührenpauschale § 26 Satz 2   <u>40,—DM</u>
    790,—DM

22* *Madert* 339

abzüglich Vorschüsse

1. Februar 1987	300,—DM	
15. März 1987	300,—DM	600,—DM
Restanspruch		190,—DM

11 Einfordern ohne Berechnung verpflichtet den Auftraggeber nicht zur Zahlung. Ebensowenig kann er vor Erhalt der Berechnung durch Mahnung in Verzug geraten.

Riedel/Sußbauer A 2; Schumann/Geißinger A 6.

Macht der RA seine Vergütung gerichtlich geltend, muß er in der Klage, dem Mahnbescheidsantrag oder dem Festsetzungsgesuch gemäß § 19 angeben, daß er eine Berechnung erstellt und sie dem Auftraggeber mitgeteilt hat. Unterläßt er diese Angabe, ist sein Anspruch unschlüssig. Seine Klage muß abgewiesen werden. Die Berechnung kann jedoch mit der Klage nachgeholt werden.

BGH AnwBl. 85, 257; Riedel/Sußbauer A 3; Nürnberg JurBüro 73, 956.

Der RA riskiert jedoch, daß ihm die Kosten gemäß § 93 ZPO auferlegt werden.

12 Unrichtige Berechnung oder Angabe unrichtiger Bestimmung beeinflußt die Wirksamkeit der Mitteilung der Berechnung nicht. Es brauchen aber natürlich nur die wirklich entstandenen Gebühren und Auslagen bezahlt zu werden.

Hamburg AnwBl. 70, 233.

Der RA kann eine unrichtige Berechnung nachträglich berichtigen, auch übersehene Gebühren nachfordern. Die richtigen Gebühren hat der Richter im Rechtsstreit oder der Rechtspfleger im Festsetzungsverfahren nach § 19 zu überprüfen und unrichtige Berechnungen gegebenenfalls abzuändern.

Schumann/Geißinger A 20; Hamburg JurBüro 78, 1882 = MDR 79, 235; KG JurBüro 71, 1029; Nürnberg JurBüro 73, 956.

Die Aufstellung muß geordnet und übersichtlich sein; andernfalls kann sie der Auftraggeber zurückweisen.

Eine Schadensersatzpflicht des RA begründet die Unrichtigkeit der Berechnung, obwohl in einer verschuldeten Zuvielforderung eine Verletzung seiner Vertragspflicht liegt, nur dann, wenn der RA schuldhaft die Richtigkeit der falsch aufgestellten Berechnung versichert.

13 Nach Zahlung der Vergütung kann die **Mitteilung der Berechnung** noch **verlangt** werden, solange der RA zur Aufbewahrung der Handakten verpflichtet ist. Die Aufbewahrungspflicht erlischt nach § 50 Abs. 2 BRAO mit dem Ablauf von fünf Jahren nach Beendigung des Auftrags und schon vor der Beendigung dieses Zeitraums, wenn der Auftraggeber, zur Empfangnahme der Handakten aufgefordert, sie nicht binnen sechs Monaten nach erhaltener Aufforderung in Empfang genommen hat. Der Fall, daß die Handakten zurückgenommen worden sind, ist in § 18 Abs. 3 nicht erwähnt. Es ist anzunehmen, daß der RA nach Rückgabe der Handakten eine Berechnung nicht mehr aufzustellen braucht. Überdies kann der RA bis zu seiner Befriedigung die Herausgabe der Handakten verweigern. Ist schon eine den Erfordernissen des § 18 entsprechende Berechnung erteilt worden, so kann nochmalige Mitteilung nicht verlangt werden.

Aus Abs. 3 folgt mittelbar, daß der Auftraggeber auch schon vor der Zahlung Mitteilung der Berechnung fordern, also auf ihre Erteilung klagen kann, z. B. um Rechenschaft über die Verwendung geleisteter Vorschüsse zu erhalten. Riedel/Sußbauer A 7, 8; Schumann/Geißinger A 24.

Die **Verjährung** der Vergütung **beginnt** ab Fälligkeit, auch wenn der RA 14 dem Auftraggeber keine Berechnung mitgeteilt hat. Der RA kann somit die Verjährung seiner Ansprüche nicht dadurch hinausschieben, daß er die Aufstellung einer Berechnung unterläßt.

§ 19 Festsetzung der Vergütung

(1) **Die gesetzliche Vergütung, die dem Rechtsanwalt als Prozeßbevollmächtigten, Beistand, Unterbevollmächtigten oder Verkehrsanwalt (§ 52) zusteht, wird auf Antrag des Rechtsanwalts oder des Auftraggebers durch den Urkundsbeamten der Geschäftsstelle festgesetzt. Getilgte Beträge sind abzusetzen.**

(2) **Der Antrag ist erst zulässig, wenn die Vergütung fällig ist. Zuständig ist der Urkundsbeamte des Gerichts des ersten Rechtszugs. Vor der Festsetzung sind die Beteiligten zu hören. Die Vorschriften der Zivilprozeßordnung über das Kostenfestsetzungsverfahren und die Zwangsvollstreckung aus Kostenfestsetzungsbeschlüssen gelten sinngemäß. Das Verfahren ist gebührenfrei. Der Rechtsanwalt erhält in dem Verfahren vor dem Urkundsbeamten keine Gebühr.**

(3) **Wird der vom Rechtsanwalt angegebene Gegenstandswert von einem Beteiligten bestritten, so ist das Verfahren auszusetzen, bis das Gericht (§§ 9, 10, 113a Abs. 1) hierüber entschieden hat.**

(4) **Die Festsetzung ist abzulehnen, soweit der Antragsgegner Einwendungen oder Einreden erhebt, die nicht im Gebührenrecht ihren Grund haben. Hat der Auftraggeber bereits dem Rechtsanwalt gegenüber derartige Einwendungen oder Einreden erhoben, so ist die Erhebung der Klage nicht von der vorherigen Einleitung des Festsetzungsverfahrens abhängig.**

(5) **Anträge, Erklärungen und Beschwerden können zu Protokoll der Geschäftsstelle gegeben oder schriftlich ohne Mitwirkung eines Rechtsanwalts eingereicht werden.**

(6) **Durch den Antrag auf Festsetzung der Vergütung wird die Verjährung wie durch Klageerhebung unterbrochen.**

(7) **Die Absätze 1 bis 6 gelten nicht bei Rahmengebühren.**

Lit.: von Eicken/Lappe/Madert: Die Kostenfestsetzung, Abschnitt I; Mümmler JurBüro 81, 641 (Die Kostenfestsetzung nach § 19 BRAGO).

Übersicht über die Anmerkungen

Allgemeines. § 19 bietet dem in einem gerichtlichen Verfahren tätig gewor- **1** denen RA und seinem Auftraggeber ein vereinfachtes, billiges und schnelles Verfahren zur gerichtlichen Prüfung der von dem RA berechneten Vergütung. Der RA erhält eine gegenüber dem Gebührenprozeß vereinfachte Möglichkeit, einen Titel für seinen Vergütungsanspruch zu erlangen. Der Auftraggeber kann die Vergütungsberechnung seines RA ohne das Kostenrisiko eines Gebührenprozesses vom Gericht nachprüfen lassen. Das Verfahren sollte deshalb zur Unterscheidung von der Kostenfestsetzung nach §§ 103 ff. ZPO, in der es um die betragsmäßige Ausfüllung eines schon vorhandenen Erstattungstitels geht, Vergütungsfestsetzung genannt werden. Für außerhalb des Gebührenrechts liegende Streitigkeiten zwischen RA und Auftraggeber ist das Verfahren nicht gegeben; sie müssen im ordentlichen Prozeßverfahren entschieden werden.

Mit dem **Ausgangsverfahren,** in dem die festzusetzende Vergütung entstan- **2** den sein soll, hat die Vergütungsfestsetzung verfahrensmäßig nicht mehr zu tun, als daß das Gericht des ersten Rechtszuges des Ausgangsverfahrens zur Entscheidung berufen ist und daß das Verfahren unter dessen Aktenzeichen und in dessen Akten bearbeitet wird. Im übrigen sind beide Verfahren voneinander unabhängig, da sie zwischen anderen Personen geführt werden und andere Streitgegenstände haben. Das gilt auch für das Verhältnis der Vergütungsfestsetzung zur Kostenfestsetzung nach §§ 103 ff. ZPO im Ausgangsverfahren (s. dazu A 57).

Daraus folgt, daß die im Ausgangsverfahren einem neuen RA erteilte Prozeßvollmacht sich nicht ohne weiteres auf das Vergütungsfestsetzungsverfahren erstreckt. Zustellungen sind daher an die Partei selbst vorzunehmen, solange keine Vollmacht vorliegt, die eindeutig auch die Vergütungsfestsetzung umfaßt.

KG Rpfleger 79, 275; Schleswig JurBüro 79, 1823; Hamm Rpfleger 83, 366 = JurBüro 83, 1816 = MDR 83, 1033; München Rpfleger 84, 74 = JurBüro 84, 394; **a. A.** (Zustellung an neuen Prozeßbevollmächtigten schon dann geboten, wenn dieser sich für Auftraggeber meldet) Frankfurt, KostRsp. BRAGO § 19 Nr. 1.

Aus dem gleichen Grunde ist der Prozeßbevollmächtigte des ersten Rechtszuges ohne ausdrückliche Vollmacht nicht befugt, Anträge nach § 19 für andere im ersten Rechtszug oder in der Rechtsmittelinstanz für dieselbe Partei tätig gewordene Rechtsanwälte zu stellen.

Für eine **Gebührenklage** fehlt das Rechtsschutzbedürfnis soweit, d. h. in **3** dem Umfang, in dem die Vergütungsfestsetzung gegeben ist. Eine dennoch erhobene Klage ist als unzulässig abzuweisen. Sie wird jedoch zulässig, wenn der Auftraggeber sich nunmehr mit außergebührenrechtlichen Einwendungen verteidigt. Ist nur ein Teil der geforderten Vergütung nicht festsetzbar, z. B. weil es sich um eine Rahmengebühr oder um verauslagte Beträge handelt oder weil der Auftraggeber nur insoweit außergebührenrechtliche Einwendungen erhoben hat, so ist die Klage nur wegen des festsetzbaren Teils unzulässig.

Soweit der Auftraggeber bereits dem RA gegenüber außergebührenrechtliche
Einwendungen erhoben hatte, ist die Klageerhebung nicht von der vorherigen Einleitung des Festsetzungsverfahrens abhängig, § 19 Abs. 4 S. 2, d. h.
der Auftraggeber kann nicht mit Erfolg geltend machen, er hätte seine
Einwendungen im Vergütungsfestsetzungsverfahren nicht aufrecht erhalten.

Betreibt der RA wegen seiner Vergütung das Mahnverfahren, so braucht er
erst nach Widerspruch gegen den Mahnbescheid darzulegen, daß und warum
die Vergütungsfestsetzung nicht gegeben sei.

LG Karlsruhe AnwBl. 83, 178.

Wird die Vergütungsfestsetzung fälschlich nach § 19 Abs. 4 abgelehnt, so ist
der Antragsteller zwar berechtigt, aber nicht verpflichtet, den Rechtsmittel-
weg zu beschreiten; er kann nunmehr sofort Klage erheben.

4 Verfahrensbeteiligte sind nur der RA und sein(e) Auftraggeber. Das Gesetz
bezeichnet sie als Antragsteller und Antragsgegner. So sollten sie auch im
Verfahren bezeichnet werden. Die Verwendung der Parteibezeichnung des
Ausgangsverfahrens (Kläger, Beklagter) kann leicht zu Verwirrung führen
und sollte deshalb unterbleiben. Die Gegenpartei und sonstige Beteiligte des
Ausgangsverfahrens sind nicht beteiligt. Mehrere RAe, insbesondere Sozietätsanwälte, können das Verfahren gemeinsam betreiben. Da sie in der
gerichtlichen Entscheidung schon wegen der Rechtskraftwirkung, aber auch
für die Zwangsvollstreckung einzeln und namentlich bezeichnet werden
müssen, auch wenn sie im Ausgangsverfahren unter einer Kollektivbezeich-
nung (z. B. „RA A und Partner") aufgetreten waren, sind die einzelnen
antragstellenden Sozietätsmitglieder schon im Antrag namentlich zu bezeichnen. In der Antragstellung durch ein Mitglied der Sozietät kann (Klarstellung
geboten) Geltendmachung des Vergütungsanspruchs zugunsten der Sozietät
liegen, zu der auch das einzelne Mitglied berechtigt ist.

BGH NJW 63, 1301; Saarbrücken Rpfleger 78, 228.

Ob im Innenverhältnis der Sozietät, zumal bei Wechsel der Mitglieder, der
Vergütungsanspruch dem Antragsteller/den Antragstellern zusteht, wird im
Vergütungsfestsetzungsverfahren nicht geprüft. Bestreitet der Auftraggeber
die Legitimation, so ist das ein nichtgebührenrechtlicher Einwand, der zur
Ablehnung des Verfahrens führt.

Sonstige Parteienhäufung ist auf beiden Seiten verfahrensrechtlich nicht ausgeschlossen, aber unzweckmäßig. Meist wird sich Trennung empfehlen.

5 Für die **Antragsberechtigung des RA** führt Abs. 1 bestimmte Funktionen
auf, in denen der RA für den Auftraggeber tätig geworden ist. Eine bestimmte Tendenz läßt sich diesem Katalog nicht entnehmen. Aus der Nennung des
Prozeßbevollmächtigten ist nicht zu folgern, der RA müsse zur umfassenden
Vertretung dem Gericht gegenüber beauftragt gewesen sein, denn auch der
nicht vertretungsberechtigte Beistand oder der nur mit der Vermittlung des
Verkehrs beauftragte Verkehrsanwalt sind als antragsberechtigt aufgeführt.
Erst recht besteht kein Grund für die Annahme, das Gesetz habe die Antrags-
berechtigung dem RA, der nicht Prozeß-, sondern Verfahrensbevollmächtig-
ter war, weil er nicht für einen Prozeß, sondern für ein sonstiges gerichtliches
Verfahren (z. B. das Mahnverfahren, die in §§ 63, 64 BRAGO aufgeführten
FGG-Verfahren, die Zwangsvollstreckung) beauftragt war, versagen wollen.
Aus Abs. 7 kann nicht auf die Absicht geschlossen werden, die Vergütungs-

festsetzung für Verfahren zu verschließen, in denen überwiegend Rahmengebühren entstehen (andere FGG-Verfahren, Straf-, Bußgeld- und Sozialgerichtssachen). Der Ausschluß der Rahmengebühren von der Festsetzbarkeit hat andere Gründe (s. A 19).

Antragsberechtigt ist deshalb jeder, der als RA in einem gerichtlichen Verfahren aufgrund eines hierfür erteilten Auftrages tätig geworden ist. Die Zulassung als RA braucht bei der Antragstellung nicht mehr zu bestehen. Die Beschränkung auf Tätigkeiten in einem gerichtlichen Verfahren ergibt sich dabei lediglich daraus, daß es für Tätigkeiten außerhalb eines Gerichtsverfahrens an einem für die Festsetzung nach Abs. 2 S. 1 zuständigen Gericht fehlt. Auf den Umfang des Auftrages (umfassender Vertretungsauftrag, Auftrag nur für bestimmte Verfahrensabschnitte oder für Einzeltätigkeiten) kommt es nicht an.

a. M. Riedel/Sußbauer A 15–19; Hartmann A 2; teilweise auch die 8. Auflage.

Die Vergütungsfestsetzung steht insbesondere dem RA (und seinem Auftraggeber) offen, der nur

a) für das PKH-Bewilligungsverfahren

Koblenz JurBüro 79, 1315; München AnwBl. 79, 441 = Rpfleger 79, 302 = JurBüro 79, 1508; KG AnwBl. 82, 375 = Rpfleger 82, 310 = JurBüro 82, 1185; Tschischgale in Anm. zu LG Tübingen NJW 53, 751;
a. M. Hamm JurBüro 67, 896;

b) für die Erklärung des Rechtsmittelverzichts in Ehesachen

München JurBüro 74, 1388 = MDR 75, 153; Zweibrücken Rpfleger 77, 112;

c) für die Terminsvertretung

OVG NW Rpfleger 86, 70.

beauftragt war.

Ist der **RA als gesetzlicher Vertreter oder Partei kraft Amtes** tätig **6** geworden, so ist die Vergütungsfestsetzung nicht gegeben. In diesem Fall fehlt es an einem Auftraggeber. Aus der Erstattungspflicht des in die Kosten verurteilten Gegners gem. § 91 Abs. 2 S. 4 ZPO kann nicht ohne weiteres gefolgert werden, daß der RA die Vergütung eines prozeßbevollmächtigten RA auch von dem Vertretenen fordern könne. Seine Vergütung bestimmt sich nach § 1 Abs. 2 nicht ohne weiteres nach der BRAGO, sondern nach anderen Vorschriften (für den RA als Vormund oder Pfleger nach §§ 1835 Abs. 1 u. 2, 1915 BGB, als Konkursverwalter nach § 85 Abs. 1 S. 2 KO).

Prozeßpfleger nach § 57 ZPO: München MDR 72, 155 m. krit. Anm. von E. Schneider; MDR 74, 413; Düsseldorf AnwBl. 80, 156 = JurBüro 80, 69 = VersR 80, 389 = KostRsp. BRAGO § 19 Nr. 17 m. krit. Anm. v. E. Schneider; Zöller-Vollkommer ZPO § 57 A 8;
vormundschaftsgericht. bestellter Pfleger: Frankfurt NJW 66, 554; Schleswig JurBüro 78, 1657; Hamburg JurBüro 79, 1510; LG Düsseldorf JurBüro 86, 726 (auch nicht, wenn Pfleger die RA-Sozietät beauftragt, der er selbst angehört).

Antragsberechtigt ist nach der durch Art. 2 Abs. 1 BRAGOÄndG 1980 **7** geänderten Fassung des Art. IX Abs. 1 S. 1 KostÄndG 1957 nunmehr (entgegen dem früheren Rechtszustand) auch der **Rechtsbeistand** unter den oben für den RA genannten Voraussetzungen. Dasselbe gilt auch für andere Personen, denen nach § 1 Abs. 2 RBeratG die Erlaubnis zur Besorgung fremder Rechtsangelegenheiten nur für einen Sachbereich erteilt worden ist mit Ausnahme der Frachtprüfer und Inkassobüros.

8 Steuerberater, Steuerberatungsgesellschaften und Steuerbevollmächtigte sind nach § 45 StBGebVO für ihre durch Tätigkeit vor den Finanzgerichten erwachsene Vergütung ebenfalls antragsberechtigt.

> FG Hamburg EFG 84, 630; FG Berlin EFG 85, 197 (unter Aufgabe von EFG 79, 311); kritisch zur Gültigkeit von § 45 StBGebVO Lappe, NJW 82, 1439.

9 Für **Patentanwälte** ist das Verfahren weder in Patentstreitsachen oder Warenzeichenprozessen oder anderen Verfahren des gewerblichen Rechtsschutzes vor dem ordentlichen Gericht noch im Verfahren vor dem Patentgericht gegeben. Gesetzliche Vergütung i. S. des § 19 Abs. 1 S. 1 ist nur die sich aus der BRAGO ergebende Vergütung.

> Bremen JurBüro 72, 690 = KostRsp. BRAGO § 19 Nr. 5 m. Anm. E. Schneider.

Die Gebührenordnung für Patentanwälte aber ist kein Gesetz. Etwas anderes ergibt sich auch nicht aus § 143 Abs. 5 PatG und den entsprechenden Bestimmungen anderer Gesetze des gewerblichen Rechtsschutzes. Danach können zwar die Gebühren eines Patentanwalts „bis zur Höhe" einer vollen RA-Gebühr zu erstatten sein. Auch daraus ergibt sich aber nicht, daß die Vergütung des Patentanwalts gesetzlich festgelegt ist.

> BPatG MDR 76, 963 m. Anm. von H. Schmidt; München Rpfleger 78, 67 = JurBüro 78, 533 = GRUR 78, 450; **a. M.** LG Berlin NJW 54, 1086.

10 Aus dem gleichen Grunde ist auch die Vergütung **ausländischer Rechtsanwälte** nicht festsetzbar. Haben diese die Anwendung der BRAGO vereinbart, so handelt es sich um eine vereinbarte, nicht um die gesetzliche Vergütung.

11 Auch der **Auftraggeber** eines antragsberechtigten RA usw. ist antragsberechtigt. Auftraggeber ist der Vertragspartner des mit dem RA geschlossenen Geschäftsbesorgungsvertrages. Das kann außer der vertretenen Partei auch ein Dritter sein, der den RA im eigenen Namen beauftragt hat. Die gerichtliche Beiordnung (§§ 121 ZPO; 11a Abs. 1 ArbGG) allein schafft noch kein Auftragsverhältnis (A 9 zu § 121). Im Falle der Beiordnung nach § 625 ZPO erwächst dem beigeordneten RA indessen – auch wenn der Antragsgegner des Scheidungsverfahrens ihn nicht beauftragt – nach § 36a Abs. 1 kraft Gesetzes ein Vergütungsanspruch, für dessen Geltendmachen das Verfahren nach § 19 als gegeben angesehen werden muß.

12 Ist der Auftrag von einer **Personengesellschaft des Handelsrechts** (oHG, KG) erteilt worden, so ist nur sie Partei des Vergütungsfestsetzungsverfahrens. Für und gegen die persönlich haftenden Gesellschafter ist das Verfahren nur gegeben, wenn sie den Auftrag auch im eigenen Namen erteilt hatten. Die Haftung gemäß § 128 HGB macht sie nicht zu Auftraggebern.

> München NJW 64, 933 = JurBüro 64, 344; LAG Berlin NJW 71, 1056; Bamberg JurBüro 83, 1194 = KostRsp. BRAGO § 19 Nr. krit. Anm. v. Lappe; Hamburg JurBüro 84, 1180 = MDR 84, 593; Schleswig JurBüro 84, 1178 = SchlHA 85, 30; E. Schneider in Anm. IV zu KostRsp. BRAGO § 19 Nr. 9. **a. A.** KG AnwBl. 70, 287 = Rpfleger 70, 294; Frankfurt AnwBl. 71, 318; Schumann/Geißinger A 18; H. Schmidt JurBüro 63, 249 u. 8. Auflage; Lappe, Gebührentips S. 192 u. KostRsp. BRAGO § 19 Anm. zu Nr. 83.

Auch gegen sonstige Personen, die für die Schuld des Auftraggebers lediglich mithaften (Bürgen, Vermögensübernehmer) findet das Verfahren nicht statt.

Bei **Unterbevollmächtigten** ist die Partei nur Auftraggeber, wenn der 13
Hauptbevollmächtigte den Auftrag in ihrem Namen erteilt hat, was allerdings
regelmäßig der Fall sein und im Vergütungsfestsetzungsverfahren nicht nachgeprüft wird. Bestreitet die Partei das oder wendet sie ein, der Hauptbevollmächtigte habe die Untervollmacht nicht erteilen dürfen, so ist das ein
nichtgebührenrechtlicher Einwand, der zur Ablehnung des Verfahrens führt.

Der Eintritt einer **Rechtsnachfolge** – gleichgültig, ob Einzel- oder Gesamt- 14
rechtsnachfolge, ob auf Seiten des RA oder des Auftraggebers – steht der
Durchführung des Verfahrens nicht entgegen. Die Rechtsnachfolge muß
nicht urkundlich (Erbschein, Abtretungsurkunde) nachgewiesen, sondern
nur vorgetragen werden. Bestreitet der Gegner sie, so führt das zur Ablehnung des Verfahrens nach § 19 Abs. 4.

Neustadt, Rpfleger 53, 205; Nürnberg MDR 70, 688; Köln AnwBl. 72, 168;
JurBüro 82, 76 (Erbe); KG JurBüro 86, 220 (Praxisübernehmer).

Über die Einrede der beschränkten Erbenhaftung oder der Dürftigkeit des
Nachlasses wird in der Vergütungsfestsetzung ebensowenig wie im Gebührenprozeß entschieden (§§ 780 ff. ZPO); sie führt deshalb auch nicht zur
Ablehnung des Verfahrens, sondern lediglich zur Aufnahme eines Vorbehalts
in den Festsetzungsbeschluß.

Düsseldorf Rpfleger 81, 409 = JurBüro 81, 1346 = MDR 81, 944.

War dem Auftraggeber uneingeschränkt **Prozeßkostenhilfe** bewilligt, so
scheitert eine Vergütungsfestsetzung daran, daß der beigeordnete RA im
Umfang der Beiordnung auch gegen den vermögenden Erben keinen Vergütungsanspruch geltend machen kann (§ 122 Abs. 1 Nr. 3 ZPO), nachdem das
Gesetz eine Nachzahlungsanordnung nicht mehr kennt und der Tod der
bedürftigen Partei kein Aufhebungsgrund (§ 124 ZPO) ist.

Vgl. KG Rpfleger 86, 281 = JurBüro 86, 894 (betr. Gerichtskosten).

Nur die **gesetzliche Vergütung** kann nach § 19 festgesetzt werden, also die 15
nach der BRAGO berechneten Gebühren und Auslagen, nicht aber eine
höhere vereinbarte Vergütung. Ist eine solche höhere Vergütung vereinbart
worden, so kann auch nicht Festsetzung desjenigen Teils, der der gesetzlichen
Vergütung entspricht, verlangt werden. Sind sich RA und Auftraggeber
allerdings einig, daß ein vereinbartes Sonderhonorar bereits durch Vorschüsse
gedeckt ist, steht der beantragten Festsetzung der gesetzlichen Vergütung
nichts entgegen, wenn der Auftraggeber keine Einwendungen erhebt.

Bamberg JurBüro 63, 538.

Zur gesetzlichen Vergütung gehören gemäß § 1 Abs. 1 auch die nach der 16
BRAGO bemessenen **Auslagen.** Das sind nur die in §§ 25 Abs. 2, 26–28
geregelten Auslagen (Umsatzsteuer, Postgebühren, Schreibauslagen für zusätzlich gefertigte Abschriften und Ablichtungen, Reisekosten, Tage- und
Abwesenheitsgeld). Andere Aufwendungen, die der RA für den Auftraggeber getätigt hat (aus eigenen Mitteln vorgeschossene Gerichtskostenvorschüsse, verauslagte Fracht-, Detektiv- und Privatgutachterkosten) gehören nicht
zu der gesetzlichen Vergütung i. S. des § 1, nämlich der Gegenleistung, die
der Auftraggeber für die Dienste des RA zu erbringen hat, mag auf deren
Ersatz auch ein gesetzlicher Anspruch nach sonstigen Vorschriften (z. B.
§§ 670, 675, 683 BGB) bestehen. Ob es prozeßökonomisch wäre, solche

von Eicken   347

Aufwendungsersatzansprüche in das Vergütungsfestsetzungsverfahren einzubeziehen, erscheint keineswegs unzweifelhaft; der Kreis der zur gesetzlichen Vergütung gehörenden Auslagen könnte jedenfalls nicht aus Zweckmäßigkeitsgründen beliebig erweitert werden, denn für solche nicht nach den Vorschriften der BRAGO zu beurteilende Ansprüche ist der Urkundsbeamte/ Rechtspfleger des ersten Rechtszuges des Ausgangsverfahrens nicht der gesetzliche Richter. Die Frage ist aber sehr streitig.

> Bremen, JurBüro 72, 690; KG NJW 73, 1557 = Rpfleger 73, 326 = JurBüro 73, 840; Hamm AnwBl. 74, 281 = JurBüro 74, 1135 = MDR 74, 490; Zweibrücken JurBüro 80, 552; Köln JurBüro 86, 558 = KostRsp. BRAGO § 19 Nr. 83 m. abl. Anm. von Lappe.
> **a. M.** Hamburg, AnwBl. 71, 359; Celle AnwBl. 72, 322; Schleswig JurBüro 74, 730 = SchlHA 74, 104; Bamberg JurBüro 76, 1647; 79, 200; Stuttgart JurBüro 78, 382; Justiz 79, 409; München JurBüro 87, 386; LG Frankfurt Rpfleger 84, 433 (Funkbotenkosten zur Übermittelung des Einstellungsbeschlusses an Gerichtsvollzieher); Riedel/Sußbauer A 12.

17 Die gesetzliche Vergütung muß **im Rahmen eines gerichtlichen Verfahrens** erwachsen sein (A 5). Die Vergütungsfestsetzung ist deshalb nicht gegeben,

a) soweit der Auftrag des RA den Gegenstand des gerichtlichen Verfahrens überschritt. Im Verfahren nach § 19 kann Festsetzung nur desjenigen Teils der insgesamt erwachsenen Vergütung verlangt werden, der auf den Gegenstand des gerichtlichen Verfahrens entfällt.

Beispiel: Auftrag zur Klagerhebung über 5000 DM. Nach Entgegennahme der Information rät der RA, zunächst nur ein PKH-Gesuch über 2000 DM einzureichen. Nach dessen Ablehnung nimmt der Auftraggeber von der Klagerhebung Abstand. Entstanden ist zwar nach § 32 Abs. 1 die $^5/_{10}$-Gebühr aus 5000 DM; festsetzbar ist aber nur die $^5/_{10}$-Gebühr des § 51 aus 2000 DM. Der Rest muß klageweise oder im Mahnverfahren geltend gemacht werden.

b) wenn der RA überhaupt nicht mit der Einleitung eines Gerichtsverfahrens, sondern nur mit Tätigkeiten beauftragt war, die einem gerichtlichen Verfahren vorausgehen (z. B. mit Mahn- oder Kündigungsschreiben, außergerichtlichen Vergleichsverhandlungen, Ausarbeitung eines Gutachtens, Erteilung von Beratungshilfe), auch soweit dadurch Festgebühren (z. B. nach §§ 120, 132) entstanden sind.

18 **Nicht erforderlich** ist dagegen, daß Gebühren, die im Rahmen eines gerichtlichen Verfahrens erwachsen sind, durch **eine dem Gericht gegenüber vorgenommene Tätigkeit** ausgelöst worden sind. Festsetzbar ist deshalb die für die Vermittlung der Information erwachsene Verkehrsgebühr ebenso wie die (dem Prozeßbevollmächtigten oder auch dem Verkehrsanwalt) erwachsene Vergleichsgebühr für den Abschluß eines außergerichtlichen Vergleichs zur vollen oder teilweisen Beilegung des Rechtsstreits.

> München AnwBl. 67, 90; JurBüro 87, 385; Hamm NJW 70, 2220 = AnwBl. 70, 290 = JurBüro 70, 770; LAG Hamm JurBüro 70, 772 = MDR 70, 876; Stuttgart JurBüro 85, 871.

Unerheblich ist, ob in dem Vergleich auch nichtrechtshängige Ansprüche einbezogen worden sind. Auch die insoweit entstandenen Gebühren (Differenzprozeßgebühr, Vergleichsgebühr aus höherem Wert) können festgesetzt werden.

Auch wenn die Klage (der Antrag) anhängig, aber wegen Rücknahme vor Zustellung nicht rechtshängig geworden ist, kann die Prozeßgebühr des Beklagtenanwalts gegen seinen Mandanten festgesetzt werden, denn auch diese Gebühr ist im Rahmen eines gerichtlichen Verfahrens entstanden, so daß ein für die Festsetzung zuständiger Urkundsbeamter/Rechtspfleger vorhanden ist. Die Festsetzbarkeit gegen den unterlegenen Gegner nach § 103 ZPO kann dabei durchaus anders zu beurteilen sein.

Nicht festsetzbar sind nach § 19 Abs. 7 **Rahmengebühren.** Das gilt sowohl **19** für Gebühren, bei denen der gesetzliche Gebührenrahmen durch den Gebührensatz bestimmt wird (Satzrahmengebühren, z. B. § 118 Abs. 1 „fünf Zehntel bis zehn Zehntel der vollen Gebühr"), wie für solche, die nur dem Mindest- und Höchstbetrag nach bestimmt sind (Betragsrahmengebühren, z. B. § 83 Abs. 1 Nr. 1 „140 DM bis 2060 DM").

Der Grund für den Ausschluß dieser Gebühren von der Festsetzbarkeit (nur nach § 19, nicht auch nach § 103 ZPO) liegt in Folgendem: Zwar bestimmt der RA nach § 12 Abs. 1 die Gebühr für den konkreten Fall eigenverantwortlich unter Berücksichtigung aller, insbesondere aber der dort ausdrücklich genannten Umstände nach billigem Ermessen. Es handelt sich damit um eine Bestimmung der Gegenleistung durch den Gläubiger, die nach § 315 Abs. 4 BGB für den Auftraggeber nur verbindlich ist, wenn sie der Billigkeit entspricht. Ist das nicht der Fall, so wird die Bestimmung durch Urteil, d. h. vom Richter, getroffen. § 12 Abs. 1 S. 3 BRAGO wäre nicht anwendbar, denn der Auftraggeber ist Schuldner der Vergütung, nicht Dritter, der sie (ihm) zu ersetzen hat. Mit Verweisung der Billigkeitsprüfung in das Urteilsverfahren wäre eine Einbeziehung der Rahmengebühren in das dem Urkundsbeamten/Rechtspfleger übertragene Beschlußverfahren nicht zu vereinbaren. Würde in diesem der Auftraggeber Unbilligkeit der Bestimmung des RA geltend machen, so wäre das eine Einwendung, die im Gebührenrecht ihren Grund hat, denn die Bestimmung der Rahmengebühr ist ein gebührenrechtlicher Vorgang. Eine Ablehnung des Verfahrens käme nicht in Betracht, die Entscheidung bliebe vielmehr beim Urkundsbeamten/Rechtspfleger im Beschlußverfahren. Das soll durch den Ausschluß der Rahmengebühren vermieden werden.

a. A. Lappe in Anm. zu KostRsp. BRAGO § 19 Nr. 8, der meint, § 315 Abs. 3 BGB gelte im Rahmen des § 12 BRAGO nicht. Er folgert das aus der Einfügung des Abs. 1 S. 2 in diese Bestimmung. Daß dort eine Billigkeitsprüfung im Verhältnis des Gebührenschuldners zu einem ersatzpflichtigen Dritten vorgesehen ist, besagt keineswegs, daß sie im Verhältnis des RA zum Gebührenschuldner nicht stattfinde. Warum sollte der ersatzpflichtige Dritte vor einer unbilligen Bestimmung geschützt werden, nicht aber der Gebührenschuldner? Der Dritte mußte nur dagegen geschützt werden, daß der Gebührenschuldner die Unbilligkeit nicht geltend macht, weil sie ihn wirtschaftlich nicht trifft.

Aus dem Ausschluß der Rahmengebühren von der Vergütungsfestsetzung folgt aber nicht, daß in Gerichtsverfahren, in denen für die RAtätigkeit grundsätzlich Rahmengebühren vorgesehen sind (Straf- und Bußgeldsachen, Freiheitsentziehung (§ 112), Sozialgerichtssachen gem. § 116 Abs. 1, FGG-Sachen außer den in §§ 63, 64 genannten Verfahren) auch Festgebühren von der Vergütungsfestsetzung ausgeschlossen wären.

München NJW 67, 1619 = AnwBl. 67, 90 = JurBüro 67, 224 (Gebühren nach § 96 BRAGO).

Nicht ausgeschlossen sind Rahmengebühren, wenn der RA sie verbindlich nach dem gesetzlichen Mindestsatz (bei Satzrahmengebühren) oder auf den Mindestbetrag (bei Betragsrahmengebühren) bestimmt hat (sehr streitig). In diesem Fall kommt nämlich eine Billigkeitskontrolle nach § 315 Abs. 3 BGB überhaupt nicht in Betracht. Es reicht allerdings nicht aus, wenn der RA zwar eine höhere Bestimmung vorgenommen hat, aber lediglich den Mindestbetrag zur Festsetzung anmeldet.

Oldenburg AnwBl. 64, 325; weitergehend Lappe in Anm. zu KostRsp. BRAGO § 19 Nr. 8; offengelassen von BGH Rpfleger 77, 59; Braunschweig NdsRpfl 68, 36; LG Köln JurBüro 67, 698;
a. A. die gesamte Kommentarliteratur, Mümmler JurBüro 81, 641, 647; Hamm NJW 72, 2318 = Rpfleger 72, 460 = JurBüro 72, 1005; Köln JurBüro 72, 135; E. Schneider in Anm. zu KostRsp. BRAGO § 19 Nr. 5 unter II, 2.

20 Das **Verfahren** ist für alle Gerichte einheitlich geregelt. Nach Abs. 2 S. 4 gelten die Vorschriften der ZPO über das Kostenfestsetzungsverfahren sinngemäß. Soweit es sich nicht um Verfahrensvoraussetzungen handelt, gelten Beibringungs- und Verhandlungsgrundsatz auch dann, wenn im Ausgangsverfahren Amtsermittlung oder Amtsprüfung stattfindet. Die tatsächlichen Umstände, aus denen die festzusetzende Vergütung hergeleitet wird, müssen grundsätzlich so substantiiert vorgetragen werden, daß der Verfahrensgegenstand eindeutig erkennbar wird. Die (auch stillschweigende) Bezugnahme auf den Akteninhalt genügt nur, soweit sich der Vergütungstatbestand ohne weiteres aus sowohl dem Gericht wie dem Antragsgegner bekannten aktenkundigen Vorgängen ergibt. Ist das nicht der Fall, müssen die anspruchsbegründenden Tatsachen angegeben werden, z. B. muß bei Anmeldung einer Erörterungsgebühr ersichtlich sein, wann, bezüglich welchen Gegenstandes und zwischen wem die Erörterung stattgefunden haben soll, wenn sich das nicht aus der Sitzungsniederschrift ergibt; bei Reisekosten des RA wann, aus welchem Anlaß und wohin die Reise mit welchem Verkehrsmittel durchgeführt wurde und wie lange sie gedauert hat; bei Hebegebühren welche an den RA geleisteten Zahlungen in welchen Einzelbeträgen an wen aus- oder zurückbezahlt wurden.

Einer näheren Darlegung und Glaubhaftmachung von Einzelheiten bedarf es erst, wenn der Gegner Einwendungen erhebt, die nicht schon zur Ablehnung des Verfahrens nach Abs. 4 führen.

21 **Form des Antrages:** Antrag und Erklärungen können schriftlich oder zu Protokoll der Geschäftsstelle des angerufenen Gerichts eingereicht werden. **Anwaltszwang besteht nicht,** auch wenn im Ausgangsverfahren Anwaltszwang bestand oder eine entsprechende Gebührenklage wegen der Höhe des geltend gemachten Anspruchs dem Anwaltszwang unterliegen würde.

22 Der **Antrag des RA** muß eine Berechnung der Vergütung unter Absetzung getilgter Beträge, die zur Rechtfertigung der einzelnen Ansätze erforderlichen Tatsachen und Belege enthalten und ergeben, welcher bezifferte Betrag gegen welche(n) Auftraggeber festgesetzt werden soll. Ergibt sich der der Berechnung zugrunde gelegte Wert nicht einer gerichtlichen Festsetzung nach §§ 9 oder 10 oder sonst ohne weiteres aus den Anträgen des Ausgangsverfahrens, so ist er zu erläutern. Für jeden Antragsgegner ist eine Durchschrift beizufügen.

23 Der **Antrag des Auftraggebers** muß erkennen lassen, für welche Tätigkeiten welches RA die Vergütung festgesetzt werden soll. Dazu reicht Bezug-

nahme auf eine dem Auftraggeber gem. § 18 erteilte Berechnung oder einzelne Positionen derselben aus. Da das Antragsrecht dem Auftraggeber die Möglichkeit zu einer schnellen und billigen Überprüfung des Vergütungsanspruchs des RA bieten soll, kann von ihm eine bestimmte Antragstellung nicht erwartet werden. Es muß aber erkennbar sein, in welchem Umfang (voll oder nur bezüglich einzelner Positionen) die Prüfung begehrt wird. Auch dem Antrag des Auftraggebers ist eine Durchschrift beizufügen.

Ein Antrag auf Festsetzung eines von dem RA zurückzuzahlenden Betrages ist nicht zulässig, denn das Verfahren dient nur der Festsetzung des Vergütungsanspruchs des RA.

Köln JurBüro 84, 1356.

Wohl aber ist ein Antrag auf Feststellung, daß ein Vergütungsanspruch des RA nicht mehr bestehe, bei entsprechendem Rechtsschutzbedürfnis für zulässig zu erachten.

Der Antrag ist für beide Seiten erst **nach Fälligkeit** der Vergütung zulässig, 24 Abs. 2 S. 1. Über den Eintritt der Fälligkeit s. § 16. Da in der Antragstellung des RA eine Einforderung der Vergütung liegt, muß spätestens gleichzeitig eine den Vorschriften des § 18 entsprechende Berechnung mitgeteilt werden. Fügt der RA eine solche Berechnung nicht bei und behauptet er auch nicht, seinem Auftraggeber die Berechnung bereits erteilt zu haben, so ist sein Festsetzungsantrag zurückzuweisen. Ob dies wegen Fehlens der Verfahrensvoraussetzung Fälligkeit („Der Antrag ist erst zulässig...") als unzulässig oder im Hinblick auf § 18 („kann... nur einfordern") als zur Zeit unbegründet geschieht, bleibt im Ergebnis gleich. In beiden Fällen steht der Wiederholung des Antrages nach Eintritt der Fälligkeit nichts entgegen, dürfte aber andererseits auch das Rechtsschutzbedürfnis für eine Gebührenklage noch fehlen.

Vor Fälligkeit kann der Antrag auch nicht mit der Begründung gestellt werden, es sei zu besorgen, daß sich der Auftraggeber später seiner Verpflichtung entziehen werde.

Nach vollständiger vorbehaltsloser Bezahlung der Vergütung besteht für das Verfahren für beide Seiten kein Rechtsschutzbedürfnis mehr.

Schleswig SchlHA 80, 204 (auch für Auftraggeber nicht).

Hat der Auftraggeber vor Erhalt der Berechnung (§ 18 Abs. 3) einen Vorschuß gezahlt oder sich bei der Zahlung Nachprüfung der Berechnung vorbehalten, so ist sein Antrag zulässig, denn damit ist der Grund für sein Antragsrecht nicht entfallen.

a. M. Riedel/Sußbauer A 10.

Zuständig für die Vergütungsfestsetzung ist der Rechtspfleger des Gerichts 25 des ersten Rechtszuges des Ausgangsverfahrens. Im Verfahren vor den Verwaltungs-, Finanz- und Sozialgerichten ist weiterhin der Urkundsbeamte zuständig, §§ 151 VwGO, 133 FGO, 178 SGG.

OVG Hamburg MDR 80, 258 mit Nachweisen.

Diese Zuständigkeit besteht auch für RAe, die nur in einem höheren Rechtszug oder im Festsetzungsverfahren tätig geworden sind,

BVerfG NJW 77, 145.

sowie bei Vergütungsansprüchen für die Zwangsvollstreckung aus einem
gerichtlichen Titel. Nur wenn es an einem gerichtlichen Ausgangsverfahren
fehlt (z. B. bei der Vollstreckung aus einer notariellen Urkunde) und gleichwohl in einem gerichtlichen Verfahren der Zwangsvollstreckung Vergütungsansprüche erwachsen sind, ist für deren Festsetzung das Vollstreckungsgericht
des ersten Rechtszuges berufen.

> So die jetzt ganz überwiegende Rspr. zum Kostenfestsetzungsverfahren nach § 103
> ZPO: BGH NJW 82, 2070 = AnwBl. 82, 252 = Rpfleger 82, 235; Rpfleger 86, 236
> = JurBüro 86, 1185. Für das Vergütungsfestsetzungsverfahren auch Hamm (das
> sonst dem BGH nicht folgt) Rpfleger 83, 499 = JurBüro 83, 1656 = MDR 83, 1034
> = KostRsp. ZPO § 788 Nr. 10 m.krit.Anm. von Eicken. Vgl. auch KG AnwBl.
> 77,, 258 = JurBüro 77, 352 (Kosten der Vollstreckung aus Beschluß nach § 19),
> andererseits Rpfleger 86, 404 = JurBüro 86, 1570 = MDR 86, 856 (Vollstreckung
> aus notarieller Urkunde);
> **a. A.** nur München (ausdrücklich gegen BGH) Rpfleger 85, 324 = JurBüro 85,
> 1191 = MDR 85, 1191.

Ist das Ausgangsverfahren an ein anderes Gericht verwiesen worden, so ist
das Gericht des ersten Rechtszuges des Gerichts, an das verwiesen worden ist,
zuständig.

> Hamm RdL 60, 103; SG Stuttgart AnwBl. 79, 188.

Die Ansicht von Fraunholz (Riedel/Sußbauer A 25), das gelte nicht bei Verweisung an ein Sozialgericht, weil bei diesem nur Rahmengebühren entstün-
den, trifft nicht zu, weil in den Fällen des § 116 Abs. 2 auch in Verfahren vor
dem Sozialgericht Gebühren des Dritten Abschnitts entstehen, bei diesem
eine Vergütungsfestsetzung also auch abgesehen von Gebühren, die vor der
Verweisung in einem anderen Rechtsweg erwachsen sind, stattfindet.

Die Ansicht der 8. Auflage (A 26, ebenso Riedel/Sußbauer A 25), das verwei-
sende Gericht bleibe zuständig, solange sich die Akten noch bei ihm befänden
und der Auftrag des RA mit der Verweisung ende, wird nicht aufrecht
erhalten, da dies wegen der notwendigen Gewährung des rechtlichen Gehörs
zu einer Verzögerung des Hauptverfahrens führen würde und der gesetzliche
Richter nicht von willkürlich beeinflußbaren Umständen, wie der Aktenübersendung, abhängig sein darf.

26 **Rechtliches Gehör** der Beteiligten ist nach Abs. 2 S. 2 zwingend vorgeschrieben. Es ist vor der Entscheidung zu gewähren. Anders als im Kostenfestsetzungsverfahren nach § 103 ZPO kann davon auch nicht in Fällen
abgesehen werden, in denen die zur Festsetzung angemeldeten Gebühren und
Auslagen nach dem Akteninhalt eindeutig erwachsen sind, denn es ist niemals
auszuschließen, daß der Auftraggeber außergebührenrechtliche Einwendungen erhebt (z. B. Erteilung des Auftrages leugnet oder Erfüllung einwendet).
Auch der RA ist zu dem Vorbringen des Auftraggebers zu hören.

Das rechtliche Gehör ist noch nicht dadurch gewährt, daß die Abschrift des
Antrages oder des Schriftsatzes dem Gegner an die letzte aus den Akten
ersichtliche oder die im Antrag angegebene Anschrift zur Stellungnahme
zugesandt wird, denn damit ist nicht gewährleistet, daß das Schriftstück
diesem auch wirklich zur Kenntnis gelangt. Zwar pflegen in Deutschland
Briefe anzukommen (E. Schneider), aber nach Beendigung des Prozesses
besteht keinerlei Gewähr dafür, daß der Auftraggeber noch immer unter seiner
alten Anschrift postalisch erreichbar ist. Eine förmliche Zustellung des Antrags

ist nicht vorgeschrieben, aber oft angebracht, wenn der Antragsgegner auf formlose Aufforderung sich nicht äußert, zumal wenn die Akten des Ausgangsverfahrens Zweifel ergeben (Rückbriefe), ob die im Antrag genannte Anschrift noch zutrifft; auch aus dem Antrag ergeben sich mitunter Hinweise, daß der RA selbst keinen Kontakt mehr zu dem Auftraggeber hat. Läßt sich der tatsächliche Zugang nicht feststellen, so bleibt nur die förmliche Zustellung.

> Frankfurt JurBüro 83, 1517 = NJW 84, 744 (LS); dazu Lappe, Gebührentips, S. 190.

Ist der wirkliche Aufenthalt nicht zu ermitteln, muß öffentlich zugestellt werden.

> Hamburg MDR 76, 324; E. Schneider in Anm. IV zu KostRsp. BRAGO § 19 Nr. 20; **a. M.** Schumann/Geißinger A 6.

Wegen des Zustellungsadressaten s. A 1. Ist der Auftraggeber im Vergütungsfestsetzungsverfahren (nicht nur im Ausgangsverfahren) durch einen neuen RA vertreten, können Zustellungen nur an diesen bewirkt werden.

> KG AnwBl. 68, 354 = Rpfleger 68, 321 = JurBüro 68, 802.

Keines rechtlichen Gehörs bedarf es ausnahmsweise, wenn der Antrag nach den eigenen Angaben des Antragstellers insgesamt unzulässig (es werden z. B. nur über dem Mindestsatz liegende Rahmengebühren oder nur vereinbarte Vergütungen angemeldet, aus dem Antrag ergibt sich, daß der Auftraggeber schon dem RA gegenüber außergebührenrechtliche Einwendungen erhoben hat) oder unbegründet ist.

Für **Aussetzung und Unterbrechung** gelten im Verfahren nach § 19 die 27 allgemeinen Vorschriften (§§ 239 ff. ZPO). Konkurseröffnung über das Vermögen des Auftraggebers unterbricht also das Festsetzungsverfahren. Der RA muß seinen Vergütungsanspruch zur Konkurstabelle anmelden. Bestreitet der Konkursverwalter, so ist streitig, ob dem RA dann nur die Feststellungsklage nach § 146 KO offensteht oder ob er das Verfahren nach § 19 betreiben/fortsetzen darf.

> dazu E. Schneider in Anm. III,1. zu KostRsp. BRAGO § 19 Nr. 9 mit weiteren Nachweisen.

Eine Unterbrechung nach § 240 ZPO kommt nicht in Betracht, weil im Vergütungsfestsetzungsverfahren kein Anwaltszwang besteht. In den Fällen der §§ 239, 241, 242 ZPO tritt eine Unterbrechung nur dann gem. § 246 Abs. 1 ZPO nicht ein, wenn die Beteiligte in dem Festsetzungsverfahren durch einen Verfahrensbevollmächtigten vertreten war; es reicht nicht aus, daß er im Ausgangsverfahren durch einen neuen Prozeßbevollmächtigten vertreten ist.

Eine Aussetzung nach § 148 ZPO wird kaum in Betracht kommen, insbesondere nicht bis zur Entscheidung der gleichen Frage in einem Kostenfestsetzungsverfahren nach § 103 ZPO oder einem Verfahren auf Vergütung des PKH-Anwalts nach § 128 BRAGO, da Entscheidungen in solchen Verfahren für die Vergütungsfestsetzung nicht vorgreiflich sind.

Wird von einem Beteiligten der vom RA angegebene **Gegenstandswert** 28 **bestritten,** so ist weder das Verfahren nach Abs. 4 abzulehnen, noch über die Wertfrage im Festsetzungsverfahren zu entscheiden. Das Verfahren ist vielmehr nach Abs. 3 auszusetzen, bis das im Ausgangsverfahren zuständige

Gericht gem. §§ 9, 10, 113 a Abs. 1 entschieden hat. Diese Aussetzung steht nicht im Ermessen; sie ist auch noch im Erinnerungs- und Beschwerdeverfahren anzuordnen, sofern nicht das Gericht selbst zu der fraglichen Wertfestsetzung berufen ist. War der Wert noch nicht festgesetzt oder zwar fortgesetzt, aber für die Bemessung der RA-Gebühren nicht maßgeblich (Fall des § 10), so erfolgt die Aussetzung bis zur Entscheidung des Gerichts, das den Wert erstmalig festzusetzen hat. Liegt dessen Entscheidung vor, so endet die Aussetzung und ist die Vergütungsfestsetzung unter Zugrundelegung des festgesetzten Werts von Amts wegen fortzuführen.

    a. A. Riedel/Sußbauer A 31 a.E. (Aufnahme nach § 250 ZPO).

Im Falle der Festsetzung nach § 10 BRAGO empfiehlt es sich, die Beschwerdefrist von 2 Wochen (§ 10 Abs. 3 S. 3) abzuwarten.

Wird ein bereits festgesetzter Wert bestritten, so ist das Verfahren – ggf. erneut – bis zur Entscheidung über die Streitwertbeschwerde auszusetzen. Auch wenn nach Ansicht des Rechtspflegers die Beschwerde nach § 10 Abs. 3 S. 1–3 BRAGO, § 25 Abs. 2 u. 3. GKG oder § 31 Abs. 1 S. 3 KostO nicht (mehr) zulässig ist, sollte er diese Entscheidung dem Streitwertbeschwerdegericht überlassen (von Fällen des Rechtsmißbrauchs abgesehen).

Bestreitet zwar kein Beteiligter den vom RA der Gebührenberechnung zugrundegelegten Wert, hat aber der Rechtspfleger/Urkundsbeamte selbst Bedenken gegen ihn, so kann er seinerseits erstmalige gerichtliche Festsetzung beantragen oder amtswegige Änderung des festgesetzten Wertes anregen. Das gilt nicht im Fall des § 10, weil das Antragsrecht nach § 10 Abs. 2 nur dem RA, dem Auftraggeber und dem erstattungspflichtigen Gegner zusteht und auch eine Änderung von Amts wegen nach § 577 Abs. 3 ZPO ausgeschlossen ist. Zur Einlegung einer Streitwertbeschwerde ist der Rechtspfleger nicht befugt.

Wird der Gegenstandswert während des Vergütungsfestsetzungsverfahrens, aber vor der Festsetzung ohne Veranlassung eines Verfahrensbeteiligten gerichtlich erstmalig festgesetzt oder ein festgesetzter Wert geändert, so ist er ohne besonderen Antrag (eines Antrags bedarf es nach § 107 ZPO nur bei Wertänderungen nach erfolgter Festsetzung) der Festsetzung zugrunde zu legen, sofern er nach § 9 Abs. 1 für die Gebühren des RA maßgeblich ist. Wird von einem an dem Verfahren nach § 19 nicht Beteiligten (z. B. der Staatskasse oder dem Gegner des Ausgangsverfahrens) Streitwertbeschwerde eingelegt, so sollte die Vergütungsfestsetzung analog Abs. 3 ausgesetzt werden.

Wird der vom RA zugrundegelegte Wert nur teilweise (z. B. nur der Wert der Beweisaufnahme) oder im Falle des § 10 nur in bestimmter Höhe bestritten, so kann die Festsetzung im übrigen durchgeführt werden.

Gegen die Anordnung der Aussetzung ist die unbefristete, gegen ihre Ablehnung die befristete (Notfrist von 2 Wochen) Erinnerung (bei Entscheidung des Richters: Beschwerde) gegeben (§§ 252, 276 ZPO, 11 RpflG).

    a. A. Riedel/Sußbauer A 31 a. E.

29 Die Vergütungsfestsetzung findet nicht statt, wenn der Antragsgegner (das kann auch der RA sein!) **Einwendungen** erhebt, die nicht im Gebührenrecht ihren Grund haben (Abs. 4). Werden derartige Einwendungen erhoben, so ist die Festsetzung abzulehnen, d. h. es findet keine sachliche Prüfung der Begründetheit der Einwendung statt. Einwendungen gegen die Zulässigkeit des

Verfahrens (z. B. der RA gehöre nicht zum Kreis der antragsberechtigten Anwälte; die geforderte Vergütung sei noch nicht fällig (dazu oben A 24) und Einwendungen, die im Gebührenrecht ihren Grund haben, sind dagegen zu prüfen und – nötigenfalls nach Beweisaufnahme – zu bescheiden. Die Beschränkung auf gebührenrechtliche Einwendungen bedeutet nicht, daß nur Rechtsfragen des Gebührenrechts zu entscheiden seien. Ist die Erfüllung des Gebührentatbestandes im Tatsächlichen streitig, so ist darüber im Vergütungsfestsetzungsverfahren zu entscheiden. Das häufige Argument, das Verfahren sei, weil es sich mit Glaubhaftmachung begnüge und dem Urkundsbeamten/Rechtspfleger übertragen sei, für eine Beweisaufnahme nicht geeignet, ist nicht stichhaltig. Es gibt auch andere Verfahren, in denen die Glaubhaftmachung ausreicht (z. B. das Arrestverfahren, die Verfahren der einstweiligen Verfügung und einstweiligen Anordnung), in denen niemand auf den Gedanken kommt, sie eigneten sich deshalb nicht für eine Beweisaufnahme. Dem Rechtspfleger sind auch andere Verfahren übertragen, in denen eine Beweisaufnahme stattfinden kann. Es kommt auch nicht darauf an, ob die streitigen Vorgänge sich im gerichtlichen Verfahren ereignet haben oder außerhalb desselben. Daß Tatbestandsmerkmale einer im Rahmen eines gerichtlichen Verfahrens anfallenden Gebühr auch durch außergerichtliche Umstände erfüllt werden können, macht den Streit darüber nicht außergebührenrechtlich. **a. A.** KG JurBüro 80, 72 (Bestreiten der ursächlichen Mitwirkung des RA an dem Zustandekommen eines prozeßbeendenden außergerichtlichen Vergleichs ist außergebührenrechtliche Einwendung); ähnlich auch Frankfurt KostRsp. BRAGO § 19 Nr. 86.

Gebührenrechtliche Einwendungen liegen vor, wenn geltend gemacht 30 wird, die geforderte Vergütung sei nach den Vorschriften der BRAGO einschließlich der in ihr in Bezug genommenen sonstigen Gebührenvorschriften nicht oder nicht in der geforderten Höhe erwachsen. Sie kann dahin gehen,
die Norm des Gebührenrechts, aus der die beanspruchte Vergütung hergeleitet wird, sei nicht anwendbar (Beispiele: Der Auftraggeber vertritt die – falsche – Meinung, für die Verwertung von Lichtbildern zu Beweiszwecken entstehe wegen § 34 Abs. 1 keine Beweisgebühr; er bestreitet die Voraussetzungen des § 34 Abs. 2 für die Entstehung einer Beweisgebühr durch Herbeiziehung von Akten;
die geforderte Gebühr sei auf eine andere anzurechnen (z. B. nach § 118 Abs. 2);
es liege eine unzulässige Nachliquidation vor;
    KG AnwBl. 72, 24 = Rpfleger 72, 66 = JurBüro 71, 1029.

Nichtgebührenrechtlich sind alle anderen Einwendungen und Einreden, 31 die auf Vorschriften des allgemeinen, auch für andere Rechtsbeziehungen maßgeblichen Rechts oder auf besondere Abmachungen zwischen RA und Auftraggeber gestützt sind. Hierher gehören insbesondere:
Leugnen des Auftrags. Ob überhaupt ein Auftrag erteilt wurde, ob ihn gerade der als Antragsgegner in Anspruch Genommene erteilt hat und bejahendenfalls mit welchem Inhalt und Umfang ist keine Frage des Gebührenrechts, sondern des allgemeinen Vertragsrechts. Daß die Entstehung des Vergütungsanspruchs von ihm abhängen kann, macht sie nicht zur gebührenrechtlichen.

Nürnberg JurBüro 64, 299; Koblenz JurBüro 75, 670; 86, 1524 = AnwBl.
86, 411; Hamm JurBüro 76, 907; Stuttgart JurBüro 76, 1648; Frankfurt JurBüro 82, 227;
KG AnwBl. 82, 375 = Rpfleger 82, 310 = JurBüro 82, 1185; VG Düsseldorf,
AnwBl. 1983, 287 = Rpfleger 83, 125.

Daß eine Prozeßvollmacht erteilt wurde, steht dem Leugnen des Auftrags
nicht entgegen, denn die Vollmacht ist im Innenverhältnis einschränkbar. Das
gilt auch, wenn der Berufungsanwalt seinen Auftrag von dem erstinstanzlichen Prozeßbevollmächtigten herleitet.

Frankfurt JurBüro 82, 227.

Dasselbe gilt für die Behauptung, das **Auftragsverhältnis sei vorzeitig
beendet** worden, gleichgültig wodurch das geschehen sein soll.

OVG NW Rpfleger 86, 320.

Der Einwand, es sei eine **Gebührenvereinbarung** getroffen worden, ist
nicht gebührenrechtlich. Er betrifft den Inhalt des RAvertrages und kann
nicht durch Anwendung der Gebührenvorschriften entschieden werden.

Hamm JurBüro 61, 450; Schleswig Rpfleger 62, 364; Celle AnwBl. 85, 650 =
MDR 856, 157; Hamm JurBüro 63, 777 = Rpfleger 66, 97 (Erfolgshonorar).

Die Beurteilung, ob die behauptete Vereinbarung niedrigerer als der gesetzlichen Gebühren standes- oder sittenwidrig wäre, muß dem Prozeßgericht
überlassen werden.

OVG Bremen AnwBl. 84, 324 = JurBüro 84, 1181.

Hierher gehört auch die Behauptung des Auftraggebers, er schulde wegen
eines mit ihm abgesprochenen Gebührenteilungsabkommens zwischen dem
Prozeßbevollmächtigten und dem Verkehrsanwalt weniger als die gesetzlichen Gebühren. Die Beurteilung, ob und unter welchen Voraussetzungen ein
solches dreiseitiges Abkommen den Gebührenanspruch des einzelnen RA
mindert, muß dem Prozeßgericht überlassen werden.

Koblenz AnwBl. 85, 43 = JurBüro 85, 220; Lappe in Anm. zu KostRsp. § 19
Nr. 57.

Wegen Behauptung eines Gebührenteilungsabkommens allein zwischen den
Anwälten s. A 35.

Stundung beseitigt die eingetretene Fälligkeit; für sie gilt daher das oben zu
A 24 Gesagte.

32 **Erfüllung und Aufrechnung** sind außergebührenrechtliche Einwendungen.
Ob und worauf gezahlt worden ist, sowie ob ein zur Aufrechnung geeigneter
Gegenanspruch (noch) besteht, ist nicht nach dem Gebührenrecht zu entscheiden. Nach Abs. 1 S. 2 sind zwar getilgte Beträge bei der Festsetzung abzusetzen. Das kann aber nur gelten, wenn die Tilgung unstreitig ist oder von dem
RA selbst vorgetragen wird. Zur Annahme der Unstreitigkeit reicht es aus,
daß der RA einer substantiierten Zahlungs- oder Aufrechnungsbehauptung,
zumal wenn sie urkundlich belegt ist, nicht widerspricht (§ 138 Abs. 3 ZPO).
Nicht unstreitig ist die Tilgung, wenn zwar die Zahlung oder die Aufrechnungserklärung nicht bestritten, aber Erfüllungs- oder Aufrechnungswirkung
in Abrede gestellt wird (der RA behauptet z. B., er habe die Zahlung auf eine
andere Schuld des Auftraggebers verrechnet, er habe gegen die Aufrech-
nungsforderung bereits vorher mit einem anderen Anspruch aufgerechnet

gehabt). Der Streit, ob und in welcher Höhe der zur Festsetzung angemeldete Vergütungsanspruch durch Zahlung oder Aufrechnung erloschen ist, muß im Prozeßverfahren entschieden werden. Er steht der Vergütungsfestsetzung aber nur in soweit entgegen, als die umstrittene Tilgung reicht; im übrigen kann festgesetzt werden (s. A 33).

Hierher gehört auch der Fall, daß der Auftraggeber eine von dem RA vorgenommene Anrechnung von Vorschüssen, sonstigen Zahlungen oder Guthaben des Auftraggebers beanstandet, denn damit macht er geltend, der zur Festsetzung angemeldete Vergütungsanspruch sei in Höhe der beanstandeten Verrechnung getilgt. Ob das zutrifft, ist nur dann im Vergütungsfestsetzungsverfahren zu entscheiden, wenn der Anspruch, auf den der RA verrechnet hat, in demselben Verfahren festsetzbar gewesen wäre. Es ist dann so anzusehen, als habe der RA – wie zu empfehlen ist – seine gesamte Vergütung angemeldet und Zahlung und/oder Guthaben des Auftraggebers von dem Gesamtbetrag abgesetzt. Anders ist es dagegen, wenn auf einen Anspruch verrechnet wurde, der entweder gar nicht (z. B. Rahmengebühr, vereinbarte Zusatzvergütung) oder nur in einem anderen Vergütungsfestsetzungsverfahren (anderes Ausgangsverfahren mit anderem erstinstanzlichen Gericht) festsetzbar wäre. In diesem Fall kann die Zulässigkeit der vorgenommenen Verrechnung nur im Prozeßweg nachgeprüft werden und ist deshalb insoweit die Vergütungsfestsetzung abzulehnen.

Streitig ist, ob das auch gilt, wenn der Auftraggeber sich zu der von dem RA vorgenommenen Verrechnung nicht äußert. § 138 Abs. 3 ZPO läßt keine Fiktion des Einverständnisses zu, denn der Auftraggeber hat keine Veranlassung, sich zur Entstehung von Ansprüchen zu äußern, die nicht Verfahrensgegenstand sind, ganz abgesehen davon, daß diese nur in den seltensten Fällen substantiiert dargelegt werden. Sein Schweigen kann darauf beruhen, daß er irrtümlich annimmt, das Gericht werde diese von Amts wegen auch ohne seine Beanstandung nachprüfen, kann aber auch Einverständnis mit der vorgenommenen Verrechnung bedeuten. Im letzteren Fall wäre es nicht zu verantworten, ihn durch Ablehnung der Vergütungsfestsetzung dem erhöhten Kostenrisiko eines Gebührenprozesses, den er in Wahrheit gar nicht will, auszusetzen. Deshalb ist Aufklärung jedenfalls des nicht erkennbar anwaltlich beratenen Auftraggebers über den Umfang der gerichtlichen Prüfung und über das weitere Verfahren im Falle einer Beanstandung der von dem RA vorgenommenen Verrechnung geboten. Es empfiehlt sich, den Auftraggeber aufzufordern, sich innerhalb einer zu bestimmenden Frist ausdrücklich zu erklären und ihm anzukündigen, daß andernfalls Einverständnis mit der vorgenommenen Verrechnung unterstellt werde.

KG JurBüro 78, 1134 = Rpfleger 78, 33; Ablehnung der Festsetzung nur auf Einwand des Auftraggebers: Hamburg JurBüro 74, 1134; Ablehnung nur bei fehlendem Einverständnis des Auftraggebers: Düsseldorf AnwBl. 73, 210 = Rpfleger 73, 261 = JurBüro 73, 741; Frankfurt JurBüro 78, 1810; 79, 528; keine Festsetzung bei Verrechnung auf eine vom Auftraggeber bestrittenen Rahmengebühr: Hamm Rpfleger 76, 439 = JurBüro 76, 1657; **a. A.** München Rpfleger 74, 326 = JurBüro 74, 1136 = MDR 74, 941 (Ablehnung der Festsetzung, auch wenn Auftraggeber sich nicht geäußert hat); Schleswig SchlHA 75, 201 (verneint Entstehung der Rahmengebühr, auf die verrechnet worden war); Hamm Rpfleger 79, 436 = JurBüro 79, 1316 (RA kann Verrechnung mit verauslagten Beträgen nicht geltend machen, es sei denn, Auftraggeber erklärt sich ausdrücklich einverstanden).

von Eicken   357

Die Einrede der **Verjährung** des Vergütungsanspruchs hat ihren Grund nicht im Gebührenrecht, sondern in den allgemeinen Verjährungsvorschriften des BGB.

Hamburg JurBüro 73, 742 = MDR 73, 594; Frankfurt JurBüro 81, 1517; VersR 82, 48; Stuttgart AnwBl. 83, 568 = JurBüro 83, 700 = MDR 83, 502; Köln JurBüro 86, 1525.

Nichtgebührenrechtlich sind auch alle Einwendungen, mit denen der Auftraggeber **Schlechterfüllung des RAvertrages** geltend macht, denn darin liegt die – jedenfalls stillschweigende – Behauptung, ihm sei ein Schadensersatzanspruch aus positiver Vertragsverletzung erwachsen, mit dem er gegen den Vergütungsanspruch aufrechne.

Schleswig JurBüro 65, 893; KG Rpfleger 69, 100; Köln AnwBl. 80, 155 = JurBüro 80, 1179; hierher gehört auch der Einwand, der RA habe es unterlassen, auf die Kostenbelastung und kostengünstigere Möglichkeiten (PKH) hinzuweisen: KG a. a. O.; Koblenz JurBüro 79, 1824 = VersR 80, 239 (LS); LAG Baden-Württ. Rpfleger 80, 162; Bamberg JurBüro 87, 386; Niederlegung des Mandats zur Unzeit: OVG Münster Rpfleger 86, 320; Köln JurBüro 86, 1666.

33 Wendet sich die Einwendung nicht gegen den vollen Vergütungsanspruch, sondern **nur gegen einen Teil,** so ist die Festsetzung nur abzulehnen „soweit" die nichtgebührenrechtliche Einwendung reicht und kann im übrigen festgesetzt werden. Ebenso, wenn der Auftraggeber zwar eine beantragte Gebühr voll beanstandet, aber zur Begründung selbst einen Sachverhalt vorträgt, der eine andere, niedrigere Gebühr auslöst. Dann ist die Festsetzung nur in Höhe der Differenz abzulehnen.

Hamm JurBüro 75, 1605 (Widerspruchsgebühr festsetzbar, wenn Auftraggeber behauptet, er habe nur Auftrag zur Einlegung des Widerspruchs erteilt); KG AnwBl. 82, 375 = Rpfleger 82, 310 = JurBüro 82, 1185 (wenn Auftraggeber behauptet, er habe den RA nur für das PKH-Bewilligungsverfahren beauftragt Festsetzung der Gebühr aus § 51, Ablehnung nur wegen des Restes).

34 Nach Abs. 4 genügt es, daß der Antragsgegner außergebührenrechtliche Einwendungen oder Einrede „erhebt". Da über die Begründetheit gerade nicht im Vergütungsfestsetzungsverfahren zu entscheiden ist, kann weder nähere **Substantiierung** noch Schlüssigkeit verlangt werden. Die Einwendung oder Einrede muß nur erkennen lassen, daß der Antragsgegner sie aus konkreten Umständen herleitet, die ihren Grund nicht im Gebührenrecht haben.

KG NJW 71, 1322 = JurBüro 71, 521; Stuttgart JurBüro 76, 1200; Köln AnwBl. 80, 155 = JurBüro 80, 1179; Koblenz JurBüro 1986, 1668 = MDR 86, 1038; auch Frankfurt JurBüro 72, 412, das jedoch Schlüssigkeit verlangt).

Die nur formelhafte Wiederholung des Gesetzestextes (auch durch einen RA) reicht nicht aus.

Koblenz NJW 77, 1869 = AnwB. 77,70 = JurBüro 77, 495; der Einwand, es sei „alles gezahlt", ist nicht konkret genug, Frankfurt, AnwBl. 83,568, kann aber zu einer Auflage Anlaß geben.

35 Nur ein Einwand, der **offensichtlich aus der Luft gegriffen** oder gänzlich haltlos und unverständlich ist, kann unbeachtet bleiben. Das ist er aber nicht schon, wenn er unschlüssig oder (auch urkundlich) widerlegt erscheint, denn über materiellrechtliche Einwendungen soll im Vergütungsfestsetzungsverfahren auf keinen Fall entschieden werden. Es muß vielmehr ausgeschlossen sein, daß sich nicht nach rechtlicher Beratung oder auf Aufklärungsauflagen des Prozeßgerichts hin doch ein sachlicher Kern des Einwandes ergibt, der ein Rechtsschutzbedürfnis für eine Prüfung im Prozeßverfahren begründet. Die Instanzen des § 19 sind zu solchen Auflagen nicht befugt. Größte Zurückhaltung ist am Platze.

KG NJW 71, 1322 = JurBüro 71, 520; Stuttgart Rpfleger 76, 408 = JurBüro 76, 331; Hamm Rpfleger 76, 408; JurBüro 76, 907 u. 1649; Köln AnwBl. 80, 156 = JurBüro 80, 1179 (das den Einwand der Schlechterfüllung des RAvertrages mit Recht nicht hierher rechnet); Frankfurt JurBüro 82, 227; VG Düsseldorf AnwBl. 83, 287 (Leugnen des Auftrags auch wenn Prozeßvollmacht erteilt nicht haltlos).

Einwendungen können auch dann unbeachtet bleiben, wenn sie auch im Falle ihrer Begründetheit den Vergütungsanspruch unter keinem denkbaren Gesichtspunkt berühren können.

LAG Baden-Württ. Rpfleger 82, 485 (Einwand, Antragsgegner sei rechtsschutzversichert); Frankfurt JurBüro 84, 869 und Hamm JurBüro 86, 217 (Gebührenteilungsabkommen zwischen Prozeßbevollmächtigtem und Verkehrsanwalt ohne Einbeziehung des Auftraggebers; **a. A.** in diesem Fall Schleswig JurBüro 83, 1516 = SchlHA 83, 176 = KostRsp. BRAGO § 19 Nr. 57 m. krit. Anm. von Lappe, der Pflicht zur Aufklärungsauflage im Verfahren nach § 19 annimmt).

Ist der Festsetzungsantrag ganz oder wegen eines abtrennbaren Teils (einer bestimmten Gebühr oder Auslage) aus gebührenrechtlichen Gründen unbegründet, so ist der Antrag insoweit zurückzuweisen und das Verfahren auf eine außergebührenrechtliche Einwendung hin nur insoweit abzulehnen, als die Entscheidung von der Begründetheit der Einwendung oder Einrede abhängt.

Die **Festsetzung** hat zu erfolgen, wenn dem Antragsgegner, ggf. auch dem **36** Antragsteller zu den Einwendungen des Antragsgegners rechtliches Gehör gewährt worden ist. Die Vorschrift des § 103 Abs. 1 ZPO, nach der die Festsetzung einen zur Zwangsvollstreckung geeigneten Titel voraussetzt, ist nicht anwendbar, da hier ein solcher Titel gerade erst geschaffen werden soll.

Zur Berücksichtigung eines Ansatzes genügt nach § 104 Abs. 2 ZPO die **37** **Glaubhaftmachung**, bei Auslagen an Post-, Telegrafen- und Fernsprechgebühren die Versicherung des RA, daß sie entstanden sind. Wird die Entstehung bestritten, so ist auch insoweit Glaubhaftmachung erforderlich. Das gilt nicht, wenn der RA die Postgebührenpauschale des § 26 Satz 2 fordert. Die Höhe der Pauschale ist bis zur gesetzlich festgelegten Höchstgrenze allein von der Höhe der in der Angelegenheit erwachsenen RA-Gebühren abhängig.

Bindung an den Antrag. Über den Antrag darf die Festsetzung nicht **38** hinausgehen, § 308 Abs. 1 S. 1 ZPO. Das gilt auch für den Fall, daß während des Verfahrens ein für die Bemessung der RA-Gebühren maßgeblicher höherer Wert festgesetzt oder geändert wird. Dieser ist zwar von Amts wegen der Gebührenberechnung zugrunde zu legen (A 28), jedoch muß der RA, wenn ihm aufgrund des neuen Werts eine höhere Vergütung zusteht, seinen Antrag erweitern, was ebenso wie die volle oder teilweise Rücknahme des Antrags zulässig ist.

Der **Austausch von Positionen** ist zulässig. An Stelle einer verlangten, aber **39** nicht erwachsenen Gebühr darf eine entstandene andere Gebühr desselben (nicht eines anderen) RA bis zur gleichen Höhe zugesprochen werden, wenn sie auf demselben tatsächlichen Sachverhalt beruht (z. B. die Prozeßgebühr des Beweisanwalts, § 54, statt einer nicht entstandenen Verkehrsgebühr).

Austausch zwischen Gebühren und Auslagen ist nur insoweit zulässig, als es sich um Berücksichtigung gebührenabhängiger Auslagen (Auslagenpauschale, Mehrwertsteuer) handelt. Nicht zulässig ist es, statt einer beantragten sonstigen Aufwendung (z. B. eines verauslagten Gerichtskostenvorschusses) nicht beantragte Gebühren festzusetzen. Wollte der RA erkennbar die gesamte ihm im Ausgangsverfahren erwachsene Vergütung anmelden, kann er in solchem Fall zur Stellung eines sachdienlichen Antrages gem. § 139 ZPO veranlaßt werden.

Auch die **Verzinsung** des festgesetzten Betrages darf nur angeordnet werden, wenn sie beantragt war, § 104 Abs. 1 S. 2 ZPO.

40 Ist der Festsetzungsantrag ganz oder wegen eines abtrennbaren Teils (einer bestimmten Gebühr oder Auslage) **aus gebührenrechtlichen Gründen unbegründet,** so ist er insoweit zurückzuweisen und das Verfahren auf eine außergebührenrechtliche Einwendung hin nur insoweit abzulehnen, als die Entscheidung von der Begründetheit der Einwendung oder Einrede abhängt.

41 Wird eine gebühren- oder außergebührenrechtliche **Einwendung vom Antragsteller als berechtigt anerkannt,** so ist der Rechtspfleger/Urkundsbeamte daran nur gebunden, soweit darin ein tatsächliches Geständnis liegt. Schränkt der Antragsteller seinen Antrag nicht entsprechend ein, so muß auf der Grundlage der danach unstreitigen Tatsachen entschieden werden, ob eine Tilgung des Vergütungsanspruchs vorliegt und der getilgte Betrag deshalb nach § 19 Abs. 1 S. 2 abzusetzen ist. Ist das nicht der Fall, so muß bei einer gebührenrechtlichen Einwendung entschieden werden, ob sie rechtlich durchgreift; bei einer außergebührenrechtlichen Einwendung ist die Festsetzung insoweit nach Abs. 4 abzulehnen, denn eine Entscheidung über die rechtliche Begründetheit der Einwendung erübrigt sich nicht allein dadurch, daß der Antragsteller sie für berechtigt hält.

42 Die Entscheidung über den Festsetzungsantrag ergeht durch Beschluß. Er bedarf einer **Begründung,** soweit dem Antrage oder einer Einwendung des Antragsgegners ganz oder teilweise nicht stattgegeben wird. Will der Rechtspfleger von der ihm bekannten Auffassung des Richters abweichen, muß er die Sache nach § 5 Abs. 1 Nr. 1 RpflG dem Richter vorlegen. Soll von der Rechtsprechung des Beschwerdegerichts abgewichen werden, so muß diese Abweichung in jedem Fall kenntlich gemacht und begründet werden. Dabei reicht die Verweisung auf eine den Verfahrensbeteiligten nicht bekannte Entscheidung in einer Parallelsache nicht aus.

> LAG Hamm KostRsp. BRAGO § 19 Nr. 18 mit A. von Lappe.

Einer Kostenentscheidung bedarf es nur ausnahmsweise, weil im Verfahren vor dem Urkundsbeamten/Rechtspfleger weder Gerichtskosten noch Gebühren für den RA, um dessen Vergütung es sich handelt, entstehen, Abs. 2 S. 5 u. 6. Letzteres hat zur Folge, daß auch für den obsiegenden Antragsgegner eine seinem Verfahrensbevollmächtigten nach § 56 geschuldete Vergütung nicht erstattungsfähig ist.

> BVerfG NJW 1977, 145 = Rpfleger 77, 126 = JurBüro 77, 333.

Eine Kostenerstattung kommt deshalb in der erstinstanzlichen Vergütungsfestsetzung nur in Betracht, wenn ein Beteiligter obgesiegt hat, d. h. ein Streit zu seinen Gunsten entschieden worden ist (was bei der Ablehnung des

Verfahrens nicht der Fall ist) und ihm nichtgebührenabhängige Auslagen entstanden sind, was selten vorkommt. **Zustellung.** Nach § 104 Abs. 1 S. 3 ZPO ist die Entscheidung, wenn dem **43** Antrag ganz oder zum Teil entsprochen wird, dem Antragsgegner persönlich zuzustellen. Hat er einen neuen RA, so ist diesem nur dann zuzustellen, wenn er ausdrücklich für das Verfahren nach § 19 bestellt worden ist (A 2). Der Beifügung einer Abschrift der Kostenberechnung des RA bedarf es nicht mehr, da diese dem Auftraggeber schon bei Gewährung des rechtlichen Gehörs mitzuteilen war (A 26). Dem Antragsteller ist die Entscheidung nur zuzustellen, wenn der Antrag ganz oder teilweise zurückgewiesen wird. Im übrigen genügt formlose Mitteilung. Ist die Entscheidung vor Kenntnis von der Unterbrechung des Verfahrens durch Konkurseröffnung (A 27) erlassen worden, so darf sie nicht mehr zugestellt werden.

Hamm JurBüro 75, 1465.

Gegen Entscheidungen über den Festsetzungsantrag ist die **Erinnerung** **44** (§§ 104 Abs. 3 S. 1, 576 ZPO, 11 Abs. 1 u. 2 RpflG) gegeben. Sie setzt eine Beschwer voraus, für die kein Mindestwert erreicht sein muß. Sie kann schriftlich oder telegraphisch bei dem Gericht des ersten Rechtszuges oder zu Protokoll der Geschäftsstelle dieses Gerichts oder jedes Amtsgerichts (§ 129 a ZPO) eingelegt werden. Anwaltszwang besteht in keinem Fall. Die Verwendung des Wortes „Erinnerung" ist nicht erforderlich, es muß nur erkennbar sein, daß eine Überprüfung der angefochtenen Entscheidung erstrebt wird. Eine Ausdeutung als Erinnerung ist aber nicht möglich, wenn der Beteiligte die angefochtene Entscheidung bei Einlegung des Rechtsbehelfs noch gar nicht kannte; ein solcher Rechtsbehelf wäre unzulässig.

Düsseldorf AnwBl. 78, 234 = Rpfleger 78, 269 = JurBüro 78, 1339; Stuttgart, Rpfleger 82, 309 = JurBüro 82, 1256 = Justiz 82, 229 (eine nicht berücksichtigte Gegenerklärung ist nicht als Erinnerung anzusehen); LG Berlin JurBüro 83, 132.

Einer Begründung bedarf die Erinnerung nicht. Schon deshalb reicht die Bitte aus, einen früheren Schriftsatz als Erinnerung zu behandeln; sie muß bei der befristeten Erinnerung allerdings innerhalb der Frist eingehen.

Stuttgart a. a. O.; Frankfurt Rpfleger 83, 117 = JurBüro 84, 287.

Erinnerungsfrist. Die Erinnerung ist jedenfalls dann befristet, wenn über **45** den Antrag in der Sache festsetzend oder zurückweisend entschieden worden ist. Ist dagegen die Vergütungsfestsetzung für unzulässig erklärt oder nach Abs. 4 abgelehnt worden, so ist das kein Festsetzungsbeschluß, sondern dessen Verweigerung. Diese unterliegt nach § 576 ZPO (Urkundsbeamter), § 11 Abs. 2 S. 1 RpflG (Rechtspfleger) der einfachen Erinnerung (str.). Es besteht auch kein Bedürfnis für eine durch Befristung des Rechtsbehelfs zu erreichende beschleunigte abschließende Klärung, ob die Vergütungsfestsetzung gegeben ist, denn für die Gebührenklage besteht schon dann das Rechtsschutzinteresse, wenn das Festsetzungsverfahren für nicht gegeben erklärt wird; rechtskräftig braucht diese Entscheidung nicht zu sein (A 1 a.E.).

Nürnberg KostRsp. BRAGO § 19 Nr. 4; KG JurBüro 84, 1673; E. Schneider in KostRsp. BRAGO § 19 Nr. 4 Anm. A I u. B I; Anm. zu Nr. 29; Mümmler JurBüro 81, 641, 661; Riedel/Sußbauer A 43 m. Nachweisen aus der älteren Rspr.; Hartmann A 4 a.
a. A. Koblenz NJW 75, 883 = Rpfleger 75, 148 = MDR 75, 674; Köln JurBüro 80, 1662; München JurBüro 81, 705 (entgegen AnwBl. 71, 167); Schleswig JurBüro

83, 1330 = SchlHA 83, 176; JurBüro 85, 219 = SchlHA 85, 47 = KostRsp. BRAGO § 19 Nr. 72 m. krit. Anm. Lappe.

Bei der Streitigkeit der Frage muß Wahrung der Notfrist von 2 Wochen empfohlen werden, wenn die Entscheidung förmlich zugestellt worden ist.

Einlegung des Rechtsbehelfs beim Beschwerdegericht wahrt die Frist auch bei der Rechtspflegerentscheidung nicht.

Köln MDR 75, 671; Stuttgart MDR 76, 852; **a. A.** Bamberg JurBüro 75, 1498.

Wiedereinsetzung in den vorigen Stand wegen Versäumung der Erinnerungsfrist ist nach §§ 233–238 ZPO zulässig. Wegen der Zuständigkeit zur Entscheidung über den Wiedereinsetzungsantrag s. A 52.

Entsprechend § 577 Abs. 2 S. 3 ZPO ist auch die Nichtigkeits- (Restitutions-) erinnerung zulässig, wenn die Erinnerungsfrist verstrichen ist, aber die Voraussetzungen einer Nichtigkeits- oder Restitutionsklage vorliegen und der Grund nicht innerhalb der Erinnerungsfrist geltend gemacht werden konnte. Wegen der Frist in diesem Fall s. § 586 ZPO.

46 Die **Anschlußerinnerung** ist auch als unselbständige zulässig.

Nürnberg MDR 59, 1020; Hamm JMBlNW 69, 68; Köln NJW 70, 336; München NJW 71, 763 = Rpfleger 71, 155 = JurBüro 71, 269; KG Rpfleger 73, 221 = JurBüro 73, 556; Koblenz Rpfleger 76, 142 = JurBüro 76, 518 = MDR 76, 584; Bamberg JurBüro 78, 592; Hamburg JurBüro 79, 769.

Sie bedarf keiner Beschwer, darf insbesondere auch zum Zwecke des Nachschiebens von Positionen oder der Geltendmachung nichtgebührenrechtlicher Einwendungen eingelegt werden.

47 Erweiterung des Antrags und der Erinnerung, neuer Tatsachenvortrag. Liegt eine zulässige Erinnerung vor (Beschwer nötig), kann mit dieser und mit der Anschlußerinnerung der Festsetzungsantrag erweitert (nachliquidiert) werden. Neuer Tatsachenvortrag ist zulässig. Auch im Erinnerungsverfahren führen außergebührenrechtliche Einwendungen – soweit sie reichen – zur Ablehnung der Festsetzung, ggf. unter Aufhebung der angefochtenen Festsetzung. Eine zunächst beschränkte Erinnerung kann noch nach Ablauf der Erinnerungsfrist erweitert werden, weil eine Teilanfechtung die Rechtskraft auch des (zunächst) nicht angefochtenen Teils der Entscheidung hemmt.

Köln NJW 70, 336; JurBüro 81, 1404 (mit falschem Leitsatz).

Im übrigen gilt für das **Erinnerungsverfahren** das zu A 26–28 Gesagte entsprechend. Die Erinnerung hat keine aufschiebende Wirkung. Jedoch kann die Vollziehung der angefochtenen Entscheidung ausgesetzt werden, §§ 21 Abs. 2 S. 4, 11 Abs. 4 RpflG, 572 Abs. 3 ZPO. Die Aussetzung ist nicht selbständig anfechtbar. Bei der Entscheidung darf nicht über das Erinnerungsbegehren hinausgegangen und nicht zum Nachteil des Erinnerungsführers entschieden werden, es sei denn auf eine Anschlußerinnerung hin. Eine solche Verböserung liegt aber nicht vor, wenn die nur vom RA angefochtene Ablehnung des Verfahrens gem. § 19 Abs. 4 in eine Zurückweisung mangels gebührenrechtlicher Begründetheit geändert wird.

KG JurBüro 1986, 220.

Auch das Verbot von Überraschungsentscheidungen, § 278 Abs. 3 ZPO, ist zu beachten. Für die Wahrheitsfeststellung reicht auch hier die Glaubhaftmachung.

362   *von Eicken*

Rechtspfleger (§§ 11 Abs. 2 S. 1, 21 Abs. 2 S. 2 RpflG) und Urkundsbeamter **48** (per Analogie) sind zur **Abhilfe** nicht nur berechtigt, sondern auch verpflichtet, soweit der Rechtsbehelf nach Gewährung des rechtlichen Gehörs für zulässig und auch nur teilweise begründet erachtet wird. Sie dürfen die Abhilfefrage nicht offen lassen.

Köln Rpfleger 75, 140; Frankfurt Rpfleger 79, 388 = JurBüro 79, 1572; München Rpfleger 81, 412 = JurBüro 81, 1539; Düsseldorf MDR 86, 404 m. krit. Anm. Lappe u. Meyer-Stolte.

Die Abhilfe ergeht dahin, daß der Erstattungsbetrag neu festgesetzt oder die bisherige Festsetzung ergänzt wird.

München JurBüro 80, 1746.

Sie beendet im Umfang der Abhilfe das Erinnerungsverfahren und ist erneut mit der Erinnerung anfechtbar. Nach Vorlage an den Richter darf der Urkundsbeamte/Rechtspfleger seine Entscheidung nur nach förmlicher Aufhebung und Zurückverweisung (A 55) ändern.

München Rpfleger 82, 196 = JurBüro 82, 1563; KG Rpfleger 85, 455 = JurBüro 86, 113 = KostRsp. ZPO § 104 (B) Nr. 38 m. Anm. von Eicken.

Richterliche Entscheidungen über die Erinnerung. Soweit der Urkunds- **49** beamte/Rechtspfleger nicht abhilft, hat der Richter der Instanz (bei Kollegialgerichten das Kollegium, auch wenn im Ausgangsverfahren der Einzelrichter entschieden hatte, bei der Kammer für Handelssachen der Vorsitzende allein, § 349 Abs. 2 Nr. 12 ZPO) zu entscheiden. Ist eine Entscheidung des Urkundsbeamten angefochten, so muß der Richter in vollem Umfang stattgebend und/oder zurückweisend über den Rechtsbehelf durch zu begründenden Beschluß befinden. Richtet sich die Erinnerung gegen eine Entscheidung des Rechtspflegers, so darf und muß der Richter nur insoweit abhelfen, als er die Erinnerung für zulässig und begründet erachtet. Im Sinne der Zurückweisung (Verwerfung) des Rechtsbehelfs darf er nur entscheiden, wenn gegen die Entscheidung, hätte er sie selbst erlassen, ein Rechtsmittel nicht gegeben wäre, § 11 Abs. 2 S. 3 RpflG. Das ist auch dann der Fall, wenn nach einer Teilabhilfe durch den Rechtspfleger oder ihn selbst der Beschwerdewert nicht mehr erreicht wäre. Liegt dieser Fall nicht vor, so legt er die (im Fall der Teilabhilfe die verbleibende) Erinnerung dem Beschwerdegericht vor und unterrichtet die Beteiligten davon; die Erinnerung gilt dann, ohne daß es zusätzlicher Erklärungen der Beteiligten bedarf, als Beschwerde gegen die Entscheidung des Rechtspflegers, § 11 Abs. 2 S. 4 u. 5 RpflG (sogen. Durchgriffserinnerung oder Durchgriffsbeschwerde). Die richterliche Abhilfeentscheidung ist zu begründen. Die Vorlage an das Rechtsmittelgericht ist nicht selbständig anfechtbar und bedarf deshalb auch keiner Begründung; eine Begründung erleichtert aber dem Erinnerungsführer die Entscheidung, ob er seine Beschwerde zurücknehmen soll, um eine Kostenvergünstigung des § 11 Abs. 6 S. 2 RpflG zu erlangen.

Kostenentscheidung. Wird über die Erinnerung in vollem Umfang ent- **50** schieden, so muß eine Kostenentscheidung ergehen. Zwar entstehen keine Gerichtskosten, jedoch entsteht sowohl dem RA als einem vom Auftraggeber etwa für das Erinnerungsverfahren bevollmächtigten RA die Gebühr des § 61 Abs. 1 Nr. 2. Diese ist für den Obsiegenden auch erstattungsfähig. § 19 Abs. 2 S. 6 gilt nur im Verfahren vor dem Urkundsbeamten/Rechtspfleger.

LG Berlin AnwBl. 80, 361 = Rpfleger 80, 311 = KostRsp. BRAGO § 19 Nr. 16 m. zust. Anm. E. Schneider; a. A. Koblenz JurBüro 80, 70 unter Berufung auf BVerfG NJW 77, 145.

Wird der Erinnerung dagegen nur teilweise abgeholfen, so muß über die Kosten derjenige allein entscheiden, der über die Erinnerung im übrigen zu befinden hat, bei der Durchgriffserinnerung also das Beschwerdegericht.

51 Gegen die richterliche Entscheidung über die Erinnerung ist die **Beschwerde** gegeben, sofern der Beschwerdewert von mehr als 100 DM erreicht ist. Nach Teilabhilfe ist für den Erinnerungsführer höchstens die verbleibende Beschwer, für den Erinnerungsgegner nur die durch die Teilabhilfe begründete Beschwer maßgeblich. Entscheidungen des Finanzgerichts unterliegen nicht der Beschwerde.

BFH BFHE 105, 328.

Für die Frage der Befristung der Beschwerde gilt das oben zu A 45 Ausgeführte entsprechend. Hat der Richter den Antrag für unzulässig erklärt, gem. Abs. 4 die Festsetzung abgelehnt oder die dahin gehende Entscheidung des Urkundsbeamten/Rechtspflegers bestätigt, ist danach die einfache Beschwerde (str.), im übrigen die sofortige Beschwerde (Notfrist von 2 Wochen seit Zustellung) gegeben. Das gilt auch, wenn der Richter nach § 11 Abs. 2 S. 3 RpflG zu Unrecht die Erinnerung gegen eine Entscheidung des Rechtspflegers zurückgewiesen hat. Einer sofortigen Beschwerde darf der erste Richter nicht abhelfen, § 577 Abs. 3 ZPO.

52 Über ein Gesuch um **Wiedereinsetzung in den vorigen Stand** wegen Versäumung der Erinnerungs- oder Beschwerdefrist hat derjenige zu befinden, der im Zeitpunkt der Anbringung zur sachlichen Entscheidung berufen ist: Urkundsbeamter/Rechtspfleger nur, solange er die Sache nicht bereits dem Richter, dieser nur, solange er sie nicht bereits dem Beschwerdegericht vorgelegt hat, beide jedoch auch dann nur, wenn sie dem Gesuch stattgeben und der Erinnerung mindestens teilweise abhelfen wollen. Zurückweisen darf der Richter das Gesuch nur, wenn er die Erinnerung selbst zurückweisen darf (oben A 49) und dies auch beabsichtigt. Wird die Erinnerung im vollen Umfang dem Beschwerdegericht nach § 11 Abs. 2 S. 4 RpflG vorgelegt und bei Versäumung der Beschwerdefrist ist nur das Beschwerdegericht zur Entscheidung über die Wiedereinsetzung berufen.

Düsseldorf Rpfleger 74, 429; 83, 29; Koblenz Rpfleger 76, 11; Hamburg Rpfleger 71, 216 = KostRsp. ZPO § 104 (B) Nr. 6 m. Anm. von Eicken; **a. A.** München AnwBl. 76, 294 = Rpfleger 76, 300 = JurBüro 76, 1114 (Rechtspfleger überhaupt nicht zuständig); Bamberg JurBüro 71, 341 (Richter 1. Instanz zunächst zuständig, wenn vorher Erinnerung als unzulässig verworfen).

53 Familiensachen. Richtet sich die Beschwerde gegen eine Entscheidung des Familiengerichts oder hat dessen Richter die Erinnerung vorgelegt, so ist Beschwerdegericht das Oberlandesgericht. Zwar ist der Streit um die in Familiensachen entstandene RA-Vergütung nicht selbst Familiensache und ist deshalb zur Entscheidung über eine Gebührenklage im Gerichtsstand des § 34 ZPO die allgemeine Prozeßabteilung des Amtsgerichts oder das Gericht des allgemeinen Gerichtsstandes des Beklagten berufen.

BGH AnwBl. 86, 353 = FamRZ 86, 347 m. zust. Anm. v. Bosch; Hamm JurBüro 81, 1517; Zweibrücken FamRZ 82, 85. Die Frage war sehr streitig.

Nach der jetzigen Fassung des § 119 Nr. 2 GVG ist jedoch das OLG schlechthin für Beschwerden in den von den Familiengerichten entschiedenen Sachen zuständig. Das Gesetz hat damit für die Rechtsmittelzuständigkeit ausdrücklich die formelle Qualifikation für maßgeblich erklärt. Dasselbe gilt für Kindschaftssachen.

Für das **Beschwerdeverfahren** (Anschlußbeschwerde, Erweiterung des An- 54 trags und der Beschwerde, neuer Tatsachenvortrag, Erhebung nichtgebührenrechtlicher Einwendungen, Vollziehungsaussetzung, Bindung an den Rechtsmittelantrag, Verböserungsverbot, Wahrheitsfeststellung) gilt im übrigen das in A 46, 47 zum Erinnerungsverfahren Ausgeführte entsprechend, und zwar gleichgültig, ob es sich um eine echte Beschwerde oder um eine gem. § 11 Abs. 2 S. 4 u. 5 RpflG vorgelegte Durchgriffserinnerung handelt.

Die **Entscheidung des Beschwerdegerichts** ergeht durch zu begründenden 55 Beschluß. Eine Aufhebung und Zurückweisung an den ersten Richter oder auch an den Urkundsbeamten/Rechtspfleger ist unter den Voraussetzungen der entsprechend anwendbaren §§ 538, 539 ZPO zulässig.

> Stuttgart Justiz 71, 250 (Festsetzungsbeschluß war nicht mit Gründen versehen und unrichtig; weitere Aufklärung nötig); Frankfurt AnwBl. 80, 153 = Rpfleger 80, 156; JurBüro 83, 451 u. 733 Festsetzung u. Nichtabhilfe durch Rechtspfleger u. Richter ohne Gründe nicht verständlich); LG Berlin Rpfleger 81, 311 (Nichtabhilfe durch Richter ohne Gründe, obwohl schwere Fehler unterlaufen).

In diesem Fall kann der unteren Instanz auch die Entscheidung über die Kosten des Beschwerdeverfahrens übertragen werden.

> Hamm Rpfleger 71, 443.

Kostenentscheidung. Hatten Urkundsbeamter/Rechtspfleger oder Richter 56 der Erinnerung teilweise abgeholfen und war wegen des Restes vorgelegt worden, so muß das Beschwerdegericht einheitlich über die Kosten insgesamt entscheiden. Ist in einem solchen Fall auch die Teilabhilfe durch den ersten Richter mit der Beschwerde angefochten worden und entscheidet das Beschwerdegericht über diese und die Durchgriffserinnerung in demselben Beschluß, so ist zu berücksichtigen, daß zwei Beschwerden mit unterschiedlichen Werten vorliegen, durch die auch je eine Gebühr nach § 61 Nr. 1 und Nr. 2 ausgelöst worden sein kann. Hat der Beschwerdegegner erst im Erinnerungs- oder Beschwerderechtszug eine nichtgebührenrechtliche Einwendung erhoben und ist deshalb die angefochtene Entscheidung aufgehoben und die Festsetzung nach Abs. 4 abgelehnt worden, so kann Anlaß zur Anwendung des § 97 Abs. 2 ZPO bestehen. Bei Rücknahme des Antrages ist § 269 Abs. 3 S. 2 u. 3 ZPO, bei übereinstimmender Erledigungserklärung § 91 a ZPO, bei Zurücknahme der Beschwerde § 515 Abs. 3 ZPO entsprechend anzuwenden.

Eine **weitere Beschwerde** findet nicht statt, §§ 567 Abs. 3, 568 Abs. 3. 57 **Rechtskraft.** Mit Erschöpfung des Rechtsmittelzuges, Versäumung der Erinnerungs- oder Beschwerdefrist oder Rechtsmittelverzicht erwachsen alle Entscheidungen im Vergütungsfestsetzungsverfahren, auch die Ablehnung des Verfahrens nach Abs. 4 wegen nichtgebührenrechtlicher Einwendungen zwischen dem Antragsteller und dem Antragsgegner in Rechtskraft. Diese erstreckt sich aber nicht auf die zwischen anderen Personen stattfindenden Festsetzungsverfahren nach §§ 103 ff. und 126 ZPO und nach § 128 BRAGO. Eine teilweise Anfechtung hemmt jedoch den Eintritt der Rechtskraft wie im

Erkenntnisverfahren auch hinsichtlich des nichtangefochtenen Restes, und zwar wegen der Zulässigkeit von Anschlußerinnerung und -beschwerde für beide Seiten, es sei denn, daß insoweit auf Rechtsmittel verzichtet worden ist.

Soweit durch formell rechtskräftige Entscheidung ein angemeldeter Vergütungsanspruch zu- oder abgesprochen ist, tritt materielle Rechtskraft in vollem Umfang ein, nicht etwa nur hinsichtlich der gebührenrechtlichen Seite, sondern auch hinsichtlich des Nichtbestehens von nichtgebührenrechtlichen Einwendungen oder Einreden.

BGH BGHZ 21, 199, 203; AnwBl. 76, 339 = Rpfleger 76, 354 = MDR 76, 914.

Wegen nachträglich entstandener Einwendungen s. A 59.

Wird nachträglich der der Vergütungsberechnung zugrundeliegende Wert festgesetzt oder geändert, so ist nach Abs. 2 S. 4 auch § 107 ZPO anwendbar. Bei der danach trotz Rechtskraft zulässigen, binnen eines Monats zu beantragenden Änderung der Festsetzung dürfen jedoch nur die von der Wertänderung betroffenen Gebühren und gebührenabhängigen Auslagen dem neuen Wert angepaßt werden; andere Änderungen, auch die Geltendmachung von nichtgebührenrechtlichen Einwendungen, sind in diesem Verfahren nicht zulässig.

58 Die **Zwangsvollstreckung** aus dem Festsetzungsbeschluß findet nach § 19 Abs. 2 S. 4 unter sinngemäßer Anwendung der Vorschriften über die Zwangsvollstreckung aus Kostenfestsetzungsbeschlüssen (§ 794 Abs. 1 Nr. 2 ZPO) statt. Die Wochenfrist des § 798 ZPO ist zu beachten. Einlegung von Erinnerung und Beschwerde haben keine aufschiebende Wirkung, hindern die Vollstreckung also nicht. Die Aussetzung der Vollziehung kann jedoch (auch bei der sofortigen Beschwerde) von dem Gericht, das die angefochtene Entscheidung erlassen hat, und von dem Beschwerdegericht nach §§ 104 Abs. 3 S. 4, 572 Abs. 2 und 3 ZPO angeordnet werden.

59 Nach Rechtskraft eines Vergütungsfestsetzungsbeschlusses können Einwendungen nur noch im Wege der **Vollstreckungsgegenklage** nach § 767 ZPO geltend gemacht werden. § 767 Abs. 2 ZPO ist dahin anwendbar, daß vor Erlaß des Beschlusses entstandene Einwendungen nicht mehr zulässig sind.

BGH AnwBl. 76, 399 = Rpfleger 76, 354 = JurBüro 76, 1188; Hamburg MDR 57, 367; JZ 59, 446; Betrieb 60, 1213; Hamm 56, 1763; München 57, 176; Nürnberg 75, 1029;
a. A. Celle NdsRpfl. 52, 28; Pohlmann NJW 57, 107.

Sind sie zwar danach, aber während eines bereits anhängigen Erinnerungs- oder Beschwerdeverfahrens entstanden, so müssen sie in diesen Verfahren geltend gemacht werden. Die Frage, ob der Auftraggeber nicht nur berechtigt, sondern auch verpflichtet ist, zur Geltendmachung nichtgebührenrechtlicher Einwendungen eine noch zulässige Erinnerung oder Beschwerde einzulegen,

bejahend die 8. Auflage A 35, verneinend Riedel/Sußbauer A 56,

dürfte kaum praktisch werden, weil beide Wege zur Klärung im Prozeßwege führen würden und der allenfalls geringe Zeitgewinn für den Auftraggeber kaum den Nachteil aufwiegt, gegen einen rechtskräftigen Titel selbst klagen zu müssen. Der Möglichkeit, die Einwendung „durch Einspruch" (§ 767 Abs. 2 ZPO a. E.), also in derselben Instanz, geltend zu machen, dürfte allenfalls die Möglichkeit, Erinnerung einzulegen, vergleichbar sein; im Prozeß hat der Schuldner auch die Wahl zwischen Berufung und Vollstreckungsgegenklage.

Welches Gericht als „Prozeßgericht des ersten Rechtszuges" (§§ 767 Abs. 1, 802 ZPO) für die Vollstreckungsgegenklage zuständig ist, ist besonders für die von Verwaltungsgerichten erlassenen Vergütungsfestsetzungsbeschlüsse zunehmend streitig geworden.

Verwaltungsgericht zuständig: BayVGH DVBl. 69, 614; OVG Münster NJW 80, 2372; 86, 2484; LG Bochum Rpfleger 78, 426; LG Bonn NJW 77, 814; E. Schneider in KostRsp. BRAGO § 19 Nr. 10, Anm. II; Noll in Anm. zu KostRsp. BRAGO § 19 Nr. 64; Redeker/von Oertzen VwGO § 168 A 12; Kopp, VwGO § 168 A 5. Dabei ist wiederum streitig, ob für die örtliche Zuständigkeit § 52 VwGO oder über § 167 VwGO § 764 ZPO entsprechend anwendbar ist.

Zivilgericht (Amtsgericht) zuständig: OVG Lüneburg NJW 84, 2485 = AnwBl. 84, 562 = Rpfleger 84, 331; OVG NW Rpfleger 86, 152 m. Anm. von Lappe = KostRsp. BRAGO § 19 Nr. 77 m. Anm. Noll u. Lappe.

Der letzteren Ansicht ist wegen des zivilrechtlichen Charakters des Vergütungsanspruchs zu folgen: Aus dem Zusammenhang von § 767 Abs. 1 u. 2 ZPO ist zu entnehmen, daß unter „Prozeßgericht des ersten Rechtszuges" dasjenige Gericht zu verstehen ist, das in erster Instanz über die nunmehr erhobene Einwendung zu entscheiden gehabt hätte, wenn sie schon dort geltend gemacht worden wäre. Für die Vollstreckungsgegenklage kommen bei der Vergütungsfestsetzung praktisch nur nichtgebührenrechtliche Einwendungen in Betracht, denn daß gebührenrechtliche Einwendungen im Festsetzungsverfahren nicht vorgebracht werden konnten, ist kaum vorstellbar. Wäre die nichtgebührenrechtliche Einwendung im Festsetzungsverfahren erhoben worden, so hätte die Festsetzung abgelehnt werden und das für die Gebührenklage zuständige Zivilgericht entscheiden müssen. Warum soll das Gericht eines anderen Rechtsweges dafür zuständig sein, wenn die Einwendung erst nachträglich entstanden ist?

Aufgaben des **Vollstreckungsgerichts** bei der Vollstreckung von Vergü- **60** tungsfestsetzungsbeschlüssen, z. B. der Erlaß von Pfändungs- und Überweisungsansprüchen, die Abnahme der eidesstattlichen Versicherung nach § 807 ZPO, obliegen dem nach § 764 ZPO zuständigen Amtsgericht auch soweit es sich um Beschlüsse anderer Gerichtsbarkeiten handelt.

Außer den vorstehend für das Zivilgericht genannten Gerichten Lappe in Anm. zu OVG NW Rpfleger 86, 152 mit durchgreifenden Argumenten.

Die **Verjährung** des Vergütungsanspruchs wird nach § 19 Abs. 6 durch den **61** Antrag auf Vergütungsfestsetzung wie durch Klageerhebung unterbrochen. Es reicht aus, daß der Antrag vor Ablauf der Verjährungsfrist bei Gericht eingeht. Die Mitteilung oder gar die Zustellung an den Antragsgegner muß nicht „demnächst" (§§ 207 Abs. 1, 270 Abs. 3 ZPO) erfolgen.

BGH AnwBl. 81, 66 u. 81 = JurBüro 81, 369 = WM 81, 226.

Die gegenteilige Ansicht, die mindestens demnächstige Mitteilung verlangt,

LG Bonn JurBüro 75, 1337 m. abl. Anm. Chemnitz; LG Stuttgart AnwBl. 79, 24 = JurBüro 79, 202 = KostRsp. BRAGO § 19 Nr. 12 m. zust. Anm. E. Schneider

verdient schon aus praktischen Gründen keine Zustimmung, weil der Festsetzungsantrag im Gegensatz zur Klage meist nicht alsbald zugestellt, sondern zunächst formlos zur Stellungnahme übersandt wird. Das Gesetz stellt „den Antrag auf Festsetzung der Vergütung" auch nicht der Klage, sondern der Klagezustellung gleich.

Der Antrag unterbricht die Verjährung auch dann, wenn der Auftraggeber nichtgebührenrechtliche Einwendungen erhebt oder bereits vor Antragstellung erhoben hatte. Die Unterbrechung dauert bis zur rechtskräftigen Entscheidung über den Antrag an. Wird der Antrag zurückgenommen, rechtskräftig als unzulässig abgewiesen oder die Festsetzung nach Abs. 4 abgelehnt, so gilt die Unterbrechung gemäß § 212 Abs. 1 BGB als nicht erfolgt, sofern nicht binnen sechs Monaten Klage erhoben wird, § 212 Abs. 2 BGB.

Vgl. hierzu H. Schmidt JurBüro 62, 449.

Zweiter Abschnitt
Gemeinsame Vorschriften über Gebühren und Auslagen

Die in diesem Abschnitt geregelten Gebühren sind allgemeine in dem Sinn, daß sie in jedem Tätigkeitsbereich entstehen können, sowohl im Zusammenhang mit gerichtlichen oder behördlichen Verfahren wie außerhalb solcher Verfahren. Sie stehen den in den folgenden Abschnitten für die einzelnen Tätigkeitsbereiche geregelten Gebühren insofern selbständig gegenüber, als die Tätigkeiten, für die allgemeine Gebühren geschuldet werden, nicht durch die in den folgenden Abschnitten geregelten Pauschgebühren abgegolten werden. Jede allgemeine Gebühr kann daher grundsätzlich zu jeder anderen Gebühr hinzutreten, soweit nicht anderes bestimmt ist. Eine Ausnahme hiervon gilt besonders für die Ratsgebühr (§ 20).

Auch die Vorschriften über die Auslagen sind den besonderen Vorschriften vorangestellt, weil sich ein Anspruch auf Ersatz von Auslagen bei allen anwaltlichen Tätigkeiten ergeben kann.

Als solche allgemeinen Gebühren werden im 2. Abschnitt geregelt: die Gebühr für einen Rat oder eine Auskunft (§ 20), für Gutachten (§ 21), für Gutachten über die Aussichten einer Berufung oder einer Revision (§ 21a), die Hebegebühr (§ 22), die Vergleichsgebühr (§ 23) und die Erledigungsgebühr (§ 24). Die §§ 25 bis 30 regeln die Auslagen.

§ 20 Rat, Auskunft

(1) Für einen mündlichen oder schriftlichen Rat oder eine Auskunft, die nicht mit einer anderen gebührenpflichtigen Tätigkeit zusammenhängen, erhält der Rechtsanwalt eine Gebühr in Höhe von einem Zehntel bis zehn Zehnteln der vollen Gebühr. Bezieht sich der Rat oder die Auskunft nur auf strafrechtliche, bußgeldrechtliche oder sonstige Angelegenheiten, in denen die Gebühren nicht nach dem Gegenstandswert berechnet werden, so beträgt die Gebühr 25 bis 335 Deutsche Mark. Die Gebühr ist auf eine Gebühr anzurechnen, die der Rechtsanwalt für eine sonstige Tätigkeit erhält, die mit der Raterteilung oder Auskunft zusammenhängt.

(2) **Wird ein Rechtsanwalt, der mit der Angelegenheit noch nicht befaßt gewesen ist, beauftragt, zu prüfen, ob eine Berufung oder Revision Aussicht auf Erfolg hat, so erhält er eine halbe Gebühr nach § 11 Abs. 1 Satz 4, wenn er von der Einlegung eines Rechtsmittels abrät und ein Rechtsmittel durch ihn nicht eingelegt wird. Dies gilt nicht in den im Absatz 1 Satz 2 genannten Angelegenheiten.**

Lit.: Ludwig Meyer, Festschrift S. 101 (Der Beratungs-Rechtsschutz der Allgemeinen Bedingungen für die Rechtsschutzversicherung (ARB) und der Gebührenbestand des § 20 Abs. 1 BRAGO); Schumann MDR 68, 892 (Die Abgrenzung zwischen § 20 und § 118 BRAGO).

Übersicht über die Anmerkungen

Allgemeines. § 20 regelt die Vergütung des RA, dessen Tätigkeit sich **1** auftragsgemäß auf die Erteilung eines Rates oder einer Auskunft beschränkt. Notwendig ist also, daß nicht mehr begehrt wird als die Erteilung des Rates oder der Auskunft. Erteilt der Auftraggeber Prozeßauftrag und nimmt er nach dem Abraten des RA von der Prozeßführung Abstand, erhält der RA nicht die Ratsgebühr, sondern die Prozeßgebühr gem. § 32.

Vgl. LG Stade AnwBl. 82, 539.

Rat ist die Empfehlung des RA, wie sich der Auftraggeber in einer bestimm- **2** ten Lage verhalten soll. Der Rat darf sich aber nicht nur auf nebensächliche Punkte, sondern muß sich auf solche Punkte beziehen, die für die Beurteilung einer Rechtsangelegenheit von Einfluß und Bedeutung sind. Rat ist auch ein Abraten.

Riedel/Sußbauer A 1; Schumann/Geißinger A 2; Schumann MDR 68, 892.

Der Rat kann schriftlich, mündlich oder fernmündlich erteilt werden. Der schriftlich erteilte Rat ist vom schriftlichen Gutachten abzugrenzen. Ein Rat liegt vor, wenn es dem Auftraggeber nur auf das Ergebnis der Untersuchung und nicht auf die rechtlichen Erwägungen, die zu ihm geführt haben, ankommt. Allerdings kann ein Rat auch eine schriftliche Begründung enthalten.

Schumann/Geißinger A 24; AG Wiesbaden AnwBl. 62, 51.

Wegen des Begriffs „Gutachten" sei auf § 21 verwiesen.

Vgl. A 2 zu § 21.

Die Ratserteilung muß eine Rechtsangelegenheit betreffen. Die Ratsgebühr entsteht deshalb z. B. nicht, wenn der RA in einer Angelegenheit nach § 1 Abs. 2 tätig wird (es sei denn, es wird ein rechtlicher Rat erteilt).

Hartmann A 1.

Die Erteilung eines Rats oder einer Auskunft im Wege der Beratungshilfe wird nicht durch die Gebühr des § 20, sondern gemäß §§ 131 ff, abgegolten.

3 Die **Auskunft** unterscheidet sich vom Rat dadurch, daß es sich nicht um die Empfehlung des RA über das Verhalten des Auftraggebers in einer bestimmten Lage handelt, sondern um die Beantwortung bestimmter Fragen allgemeiner Art, z. B. darüber, welche Rechtsvorschriften auf einem bestimmten Gebiete bestehen oder welche Rechtslage bei einem bestimmten Sachverhalt gegeben ist.

Riedel/Sußbauer A 1; Schumann/Geißinger A 4.

4 Der **Beratungs- oder Auskunftsvertrag** kommt ausdrücklich oder stillschweigend durch die Befragung des RA zustande. Der Auftrag muß auf den Rat oder die Auskunft gerichtet sein. Wird ein weitergehender Auftrag, z. B. ein Prozeßauftrag, erteilt, wird die Rats- bzw. Auskunftserteilung durch die für den weitergehenden Auftrag entstandene Gebühr mit abgegolten.

Riedel/Sußbauer A 2.

Bei der durch den weitergehenden Auftrag entstandenen Gebühr (z. B. der Prozeßgebühr) verbleibt es auch dann, wenn der Auftraggeber auf das Abraten des RA von der Prozeßführung absieht (entstanden sind ⁵/₁₀ Prozeßgebühr gemäß § 32). Mehrere in einer Angelegenheit gleichzeitig um Rat oder Auskunft fragende Personen haften regelmäßig als Gesamtschuldner. Es ist jedoch auch möglich, daß sie entsprechend ihrem Anteil an der in Frage stehenden Angelegenheit für die Ratsgebühr des RA haften. Beispiel: Ein Gläubiger fordert in der gleichen Angelegenheit von A 50 DM, von B 100 DM und von C 150 DM. A, B und C lassen sich von einem RA gemeinsam beraten. Der Anwalt hat Anspruch auf eine Ratsgebühr aus 300 DM, für die die Ratsuchenden wie folgt haften: A nach 50 DM, B nach 100 DM, C nach 150 DM (vgl. hierzu § 6 Abs. 2).

5 Die **Abgrenzung zwischen § 20 und § 118** ist oft schwierig. Die nach § 118 zu vergütende Tätigkeit erfordert ein Mehr gegenüber der Ratserteilung.

Dabei ist nicht erforderlich, daß der RA nach außen hervortritt. (Das Entwerfen von Geschäftsbedingungen ist eine Tätigkeit nach § 118, ohne daß der RA nach außen hervortritt.) Tritt der RA aber nach außen hervor, so ist das ein sicheres Zeichen für eine Tätigkeit nach § 118.

Vgl. hierzu Schumann/Geißinger A 5 ff.; Schumann MDR 68, 891; Nürnberg JurBüro 73, 956.

Gelegentlich kann unentschieden bleiben, ob § 20 oder § 118 einschlägt. Es ist möglich, daß bei § 118 die Mittelgebühr ($^{7,5}/_{10}$) ausgelöst wird, während bei § 20 der Umfang der Tätigkeit ein Hinausgehen über die Mittelgebühr und ebenfalls eine $^{7,5}/_{10}$ Gebühr gerechtfertigt sein kann.

Beispiel: Ein Mieter legt dem RA einen vom Vermieter entworfenen Mietvertrag vor, bei dem dieser dem Auftraggeber in mehreren Besprechungen Vorschläge für Abänderungen des Mietvertrages unterbreitet. Wohl Tätigkeit nach § 118, da der Entwurf von einzelnen Bestimmungen über eine Ratserteilung hinausgehen dürfte. Gebühr $^{7,5}/_{10}$. Als Ratsgebühr, da überdurchschnittliche Tätigkeit, gleichfalls $^{7,5}/_{10}$.

Besprechung und Erteilung eines Rates oder einer Auskunft sind auseinan- **6** derzuhalten. Die Besprechung kann zu einem Rate oder einer Auskunft führen, sich aber auch auf eine Erörterung beschränken. Eine sogen. Konferenzgebühr kennt die BRAGO nicht.

Lediglich für die Entgegennahme einer Information zur Prüfung der Frage, ob der Auftrag angenommen wird, kann keine Gebühr berechnet werden. Erklärt z. B. der RA, nachdem er vom Inhalt des Auftrags Kenntnis genommen hat, daß er ihn nicht übernehmen könne, etwa weil er in derselben Angelegenheit schon die Gegenpartei vertrete, oder daß er ihn nicht übernehmen wolle, etwa weil ihm die Angelegenheit nicht liege, so kommt kein Vertrag zustande. Der RA kann deshalb auch nicht die Gebühr des § 20 beanspruchen. Lehnt der RA einen Prozeßauftrag ab, weil er die Sache für aussichtslos hält, so liegt darin u. U. die Erteilung eines Rates, die Prozeßführung wegen Aussichtslosigkeit zu unterlassen.

LG Köln AnwBl. 73, 117;
a. M. Schumann/Geißinger A 3 (keine Gebühr, jedoch Vorschlag, für Prüfung besondere Vergütung zu vereinbaren).

Der Erteilung eines Rates oder einer Auskunft können mehrere Besprechungen vorausgehen. Auch in einem solchen Falle besteht nur Anspruch auf eine einmalige Gebühr. Eine Besprechung kann aber auch zu mehreren verschiedenen Ratschlägen führen. Dann entsteht ein Anspruch auf mehrere Gebühren. Voraussetzung ist allerdings, daß der Rat verschiedene Angelegenheiten betrifft. Dabei ist zu beachten, daß in einer Angelegenheit verschiedene Gegenstände besprochen werden können. Angelegenheit und Gegenstand ist nicht der gleiche Begriff (s. hierüber A 5 zu § 13). Erteilt der RA in einer Angelegenheit über mehrere Gegenstände einen Rat, entsteht nur eine Ratsgebühr aus den zusammengerechneten Werten aller Gegenstände. Mehrere Angelegenheiten liegen jedoch vor, wenn die Gegenstände – z. B. in einer Klage – nicht verbunden werden können. Die Beratung eines Unfallverletzten, ob er sich einem Strafverfahren als Nebenkläger anschließen soll und welche zivilrechtlichen Ansprüche er geltend machen kann, betrifft zwei Angelegenheiten. Das gleiche gilt, wenn sich der Auftraggeber wegen der

Scheidung seiner Ehe und wegen der weiteren Frage beraten läßt, ob er im Falle einer Scheidung ein von den Schwiegereltern gewährtes Darlehen zurückzahlen muß.

7 Die **Angelegenheit, die der Rat oder die Auskunft betrifft,** muß unter die Berufstätigkeit des RA fallen, die nach der BRAGO vergütet wird. Darunter fällt auch der Rat oder die Auskunft in verwaltungsrechtlichen, finanzrechtlichen oder wirtschaftsrechtlichen Fragen, auch in Angelegenheiten der freiwilligen Gerichtsbarkeit, so daß § 20 auch die Vorschrift des § 118 ergänzt.

Hartmann A 1.

8 **Hängt der Rat oder die Auskunft mit einer anderen gebührenpflichtigen Tätigkeit zusammen,** so kann die Gebühr des § 20 nicht berechnet werden.

Schleswig JurBüro 81, 1347 = SchlHA 81, 207 (Eine Ratsgebühr nach § 20 ist nicht entstanden, wenn der Rat mit einer anderen gebührenpflichtigen Tätigkeit des RA zusammenhängt [hier mit einer außergerichtlichen Tätigkeit i. S. des § 118 Abs. 1 Nr. 1]).

Vielmehr wird der Rat oder die Auskunft durch die für die Angelegenheit vorgesehene Gebühr abgegolten. Rät der RA, dem Prozeßauftrag erteilt ist, ab, den Prozeß zu führen, da er wenig aussichtsreich sei, beharrt der Auftraggeber aber auf der Führung des Rechtsstreits und übernimmt nunmehr der RA die Prozeßführung, wird seine Beratung durch die Prozeßgebühr abgegolten.

Es kann weder der Prozeßbevollmächtigte noch der Verkehrsanwalt der abgeschlossenen Instanz eine besondere Ratsgebühr dafür beanspruchen, daß er das Urteil mit der Partei bespricht und sie über die dagegen zulässigen Rechtsmittel belehrt. Dagegen fällt die sachliche Prüfung der Aussichten eines Rechtsmittels und die entsprechende Beratung nicht unter die Prozeßgebühr des Prozeßbevollmächtigten des ersten Rechtszugs. Er kann dafür die Ratsgebühr beanspruchen, die jedoch anzurechnen ist, wenn der gleiche RA mit der Einlegung des Rechtsmittels beauftragt oder im Rechtsmittelverfahren Verkehrsanwalt oder Beweisanwalt wird, d. h. wenn er eine Betriebsgebühr (Verkehrsgebühr, Prozeßgebühr, wenn auch nur zur Hälfte) erhält.

Riedel/Sußbauer A 16; H. Schmidt AnwBl. 79, 474; **a. M.** Celle NdsRpfl. 66, 193; LG Berlin JurBüro 86, 872.

Eine Gebühr nach § 20 Abs. 2 kann nur der RA beanspruchen, der mit der Sache noch nicht befaßt war.

Der nach § 54 mit der Wahrnehmung eines Beweistermins beauftragte RA kann keine Gebühr nach § 20 beanspruchen, wenn er die Partei berät, wie sie sich in dem Beweistermin verhalten soll. Auch der nur mit der Anfertigung eines Schriftsatzes beauftragte RA erhält für einen damit zusammenhängenden Rat keine Gebühr nach § 20. § 20 betrifft nur den Fall, daß sich die Tätigkeit des RA auf die Erteilung eines Rates oder einer Auskunft beschränkt.

9 **Geht der Rat oder die Auskunft über den Gegenstand der anderen gebührenpflichtigen Tätigkeit hinaus,** z. B. wenn der mit der Wahrnehmung eines Beweistermins beauftragte RA um Rat wegen der weiteren Behandlung des Rechtsstreits befragt wird, oder wenn dem RA, seinem Rate entsprechend, Klagauftrag nur wegen eines Teiles des Anspruchs erteilt worden ist, oder wenn bei einem Sukzessivlieferungsvertrag auf Zahlung einer Teillieferung geklagt wird und der Prozeßbevollmächtigte des Beklagten diesem auf seinen Wunsch einen Rat erteilt, ob er durch sein Verhalten dem Kläger ein Recht zum Rücktritt von dem ganzen Lieferungsvertrag gegeben habe, so ist die Ratserteilung, die sich auf diesen Teil der Ansprüche bezieht, nach § 20 zu vergüten.

Ist aber der RA wegen des ganzen Anspruchs zum Prozeßbevollmächtigten bestellt worden mit der Weisung, vorläufig unter Vorbehalt der Erweiterung des Klagantrags nur einen Teilbetrag einzuklagen, so erhält er wegen des nicht eingeklagten Betrags nicht die Gebühr des § 20, sondern nach § 32 die halbe Prozeßgebühr.

Für die **Stellvertretung** bei der Rats- oder Auskunftserteilung gilt § 4. Erteilt **10** ein nicht zu den in § 4 aufgeführten Personen gehörender Kanzleiangestellter mit Wissen und Willen des RA einen Rat, so haftet dafür der RA, er kann aber die Vergütung nicht nach der BRAGO berechnen.

Hartmann A 2 C.

Es kann aber mit dem Auftraggeber vereinbart werden, daß die Vergütung auch für einen von einem Kanzleiangestellten erteilten Rat nach § 20 berechnet wird. Eine solche auch formlos gültige Vereinbarung liegt z. B. dann vor, wenn der Auftraggeber freiwillig und ohne Vorbehalt die von ihm geforderte, nach § 20 berechnete Vergütung bezahlt und der RA zustimmt. Möglicherweise kann der Auftraggeber eine solche Vereinbarung nach § 119 BGB anfechten, wenn er angenommen hat, die ihn beratende Person sei der RA selbst oder einer der in § 4 angeführten Vertreter.

Die Vergütung des § 20 kann aber natürlich dann berechnet werden, wenn der Kanzleiangestellte dem Auftraggeber lediglich den vom Anwalt selbst erteilten Rat oder die von diesem selbst erteilte Auskunft als Bote übermittelt.

Hartmann A 2 C.

Die **Ratsgebühr** beträgt ein bis zehn Zehntel der vollen Gebühr. Dieser **11** Gebührensatzrahmen soll es dem RA ermöglichen, einerseits in Bagatellsachen sich auf nur geringe Gebühren zu beschränken, andererseits für schwierige Beratungen angemessene Gebühren zu erlangen.

Berechnungsvorschlag:

Erteilung eines einfachen Rates	$^{1}/_{10}$ bis $^{3}/_{10}$
ist die Angelegenheit mittelschwer oder etwas umfangreicher	$^{4}/_{10}$ bis $^{9}/_{10}$
sehr umfangreich oder sehr schwierig	$^{10}/_{10}$

So Schumann-Geißinger A 16; Bamberg JurBüro 86, 1518 ($^{3}/_{10}$, wenn Beratung sich auf die Frage beschränkt, ob der Beklagte sich gegen die Klage verteidigen soll).

Bei Ausfüllung des Rahmens sind gemäß § 12 alle Umstände zu beachten, insbes. auch die wirtschaftlichen Verhältnisse des Auftraggebers (sie können dazu führen, in einfacheren Angelegenheiten die Gebühren anzuheben, aber auch in schwierigen dazu führen, daß der Rahmen nicht voll ausgeschöpft wird). Die Bestimmung der Höhe der Gebühr ist Aufgabe des RA. Auszugehen ist von der Mittelgebühr ($^{5,5}/_{10}$).

LG Berlin MDR 82, 499.

Die Ratsgebühr gilt sämtliche mit der Ratserteilung zusammenhängende Tätigkeiten ab, also insbes. die Informationserteilung, die Einsichtnahme in Akten und Urkunden, ja in Register und Grundbücher, in schwierigeren Angelegenheiten auch die Nachprüfung der einschlägigen Literatur und Rechtsprechung. Der Kreis dieser Tätigkeiten ist daher bei der Bemessung der Gebühr zu beachten.

Schumann/Geißinger A 14 ff.

12 Bezieht sich der Rat oder die Auskunft nur auf strafrechtliche, bußgeldrechtliche oder sonstige **Angelegenheiten, in denen die Gebühren nicht nach dem Gegenstandswert berechnet werden,** so beträgt die Gebühr nach § 20 Abs. 1 S. 2 25 bis 335 DM. Für die Ausfüllung des Betragsrahmens gilt § 12; es sind also alle Umstände des Falles zu beachten. Die Bestimmung der Höhe der Gebühr ist Aufgabe des RA.

13 Bezieht sich der Rat oder die Auskunft **zugleich** auf **Angelegenheiten, in denen die Gebühren nach dem Gegenstandswert berechnet werden und auf solche, bei denen dies nicht der Fall ist,** so sollen nach weitverbreiteter Ansicht, die sich auf Ausführungen in der Begründung des Gesetzes zu stützen vermag,

Begründung zu § 20 Nr. 3 (BT-Drucks. S. 239, 240); vgl. Hartmann A 2 D b; Riedel/Sußbauer A 11.

die Gebühren nach dem Gebührensatzrahmen des Abs. 1 S. 1 berechnet werden. Das sei zweckmäßig, weil sich sonst Überschneidungen mit den für solche Angelegenheiten vorgesehenen Betragsrahmengebühren ergeben würden. Die Mehrarbeit, die dadurch entstehe, daß der RA in der gleichen Angelegenheit sowohl zivilrechtlichen als strafrechtlichen Rat erteile, werde in solchen Fällen in der Weise bewertet, daß bei Bemessung des Gegenstandswertes auch der Wert des strafrechtlichen Gegenstandes, also eines nicht vermögensrechtlichen Gegenstandes, zu berücksichtigen sei. Ein solcher Fall liege z. B. dann vor, wenn sich der Rat auf die strafrechtlichen und die zivilrechtlichen Folgen ein und desselben Lebensvorgangs, z. B. eines Unfalls, beziehe. Diesen Ausführungen kann nicht beigetreten werden. Es handelt sich um verschiedene Angelegenheiten mit der Folge, daß verschiedene Gebühren entstehen. Erbittet der Auftraggeber keinen **Rat,** sondern erteilt er den Vertretungsauftrag, ist kaum zu bezweifeln, daß mehrere Angelegenheiten vorliegen, die zivilrechtliche (Klagauftrag) und die strafrechtliche (Auftrag, sich als Nebenkläger anzuschließen). Es ist kein Grund ersichtlich, warum aus diesen zwei Angelegenheiten nur eine Angelegenheit werden soll, wenn sich der Auftraggeber – vielleicht nur zunächst – mit der Erteilung des Rates begnügt. Die Anrechnung gemäß Abs. 1 Satz 3 wird auch einfacher, wenn getrennte Gebühren angesetzt werden. In den sogen. Mischangelegenheiten sind sonach mehrere Ratsgebühren zu erheben. Dabei können beide u. U. geringer bemessen werden, als geboten wäre, wenn nur eine Angelegenheit behandelt worden wäre (z. B. mit Rücksicht auf die gemeinsame Informationsaufnahme).

Schumann/Geißinger A 19 f.

14 Der **Gegenstandswert** bestimmt sich zufolge § 8 Abs. 1 S. 2 nach den für die Gerichtsgebühren geltenden Wertvorschriften, wenn der Rat oder die Auskunft einem gerichtlichen Verfahren vorausgehen oder der Vorbereitung der

Klage oder der Rechtsverteidigung dienen, selbst wenn sich die Angelegenheit ohne gerichtliches Verfahren erledigt oder der RA in dem gerichtlichen Verfahren nicht tätig wird. Das gleiche gilt, wenn der Rat sich darauf erstrecken soll, wie ein gerichtliches Verfahren vermieden werden kann. In anderen Angelegenheiten und wenn für die Gerichtsgebühren keine Wertvorschriften vorgesehen sind, gelten für den Gegenstandswert die in § 8 Abs. 2 S. 1 herangezogenen Bestimmungen der KostO. Wenn diese nicht einschlagen, gilt § 8 Abs. 2 S. 2. Betrifft derselbe Rat oder dieselbe Auskunft verschiedene Gegenstände, so ist die Gebühr nach § 7 Abs. 2 von den zusammengerechneten Gegenstandswerten zu berechnen.

Sind **mehrere Rechtsfragen** zu prüfen, obwohl der Rat oder die Auskunft 15 nur eine Angelegenheit betreffen, so ist nur eine Gebühr zu berechnen.

Werden **mehrere Ratschläge oder Auskünfte** erteilt, so kann die Gebühr 16 nach § 13 Abs. 1 nur einmal berechnet werden, wenn es sich um die gleiche Angelegenheit handelt und ein einheitlicher Auftrag vorliegt. Bei rasch hintereinander stattfindenden Besprechungen ist im Zweifel ein einheitlicher Auftrag anzunehmen. Liegen dagegen die Besprechungen so weit auseinander, daß dem RA erneut die ganze Arbeit erwächst, so handelt es sich um verschiedene Angelegenheiten, so daß mehrere Gebühren beansprucht werden können.

    Riedel/Sußbauer A 6; Schumann/Geißinger A 22.

Eine **Geschäftsgebühr** kann der mit der Erteilung eines Rates oder einer 17 Auskunft beauftragte RA nach § 118 Abs. 1 Nr. 1 nicht beanspruchen. Damit entfällt auch die Möglichkeit, die Besprechungsgebühr zu verdienen. Denn die Besprechungsgebühr kann nur dann anfallen, wenn die Geschäftsgebühr ebenfalls erwächst. Sind im Zusammenhang mit der Ratserteilung „Besprechungen" erforderlich, werden diese ebenfalls durch die Ratsgebühr abgegolten. In solchen Angelegenheiten, die Besprechungen erforderlich machen, ist jedoch zu prüfen, ob nicht in Wahrheit ein Auftrag gemäß § 118 erteilt worden ist. In diesen Fällen, die eine Besprechung mit Dritten erforderlich machen, geht der Auftrag über einen Auftrag zur Ratserteilung hinaus. Die Abgrenzung zwischen § 20 und § 118 kann gelegentlich schwierig sein.

    Vgl. A 5.

Eine **Vergleichsgebühr** gemäß § 23 kann auch bei Erteilung eines Rates 18 anfallen. Rät der um einen Rat angegangene RA zum Abschluß eines Vergleiches und wird sodann der angeratene Vergleich abgeschlossen, hat der RA „mitgewirkt".

    Schumann/Geißinger A 9, 17; H. Schmidt AnwBl. 78, 132.

Anzurechnen ist die Gebühr nach § 20 Abs. 1 S. 3 auf eine Gebühr, die der 19 RA für eine sonstige Tätigkeit erhält, die mit der Erteilung des Rates oder der Auskunft zusammenhängt. Sonstige Tätigkeiten sind mit dem Rat oder der Auskunft innerlich zusammenhängende Tätigkeiten, die durch eine andere Gebühr als die Ratsgebühr abgegolten werden.

Das kommt besonders dann in Frage, wenn dem RA später die Vertretung in einem Verfahren übertragen wird, für das der Rat oder die Auskunft erteilt worden ist. So muß sich z. B. der Prozeßbevollmächtigte die Gebühr des § 20, die er durch Erteilung eines den Prozeß betreffenden Rates oder einer sich auf diesen beziehenden Auskunft verdient hat, auf die Prozeßgebühr des § 31 anrechnen lassen, ebenso der mit der Verteidigung beauftragte RA die durch einen Rat oder eine Auskunft verdiente Gebühr auf die Gebühren der §§ 83 ff., wenn sich der Rat oder die Auskunft auf die Strafsache bezog. Auch auf die Geschäftsgebühr des § 118 Abs. 1 Nr. 1 ist die Gebühr des § 20 anzurechnen, wenn das nach § 118 zu vergütende Geschäft mit der Erteilung des Rates oder der Auskunft zusammenhängt. Hat der RA zu Beginn des zweiten Rechtszuges einen Rat erteilt und nach der Zurückverweisung aus der Revision den Verkehr mit dem Prozeßbevollmächtigten übernommen, muß er sich die Ratsgebühr auf die spätere Verkehrsgebühr anrechnen lassen.

Schleswig Rpfleger 62, 364.

Auch auf Gebühren für Einzeltätigkeiten ist die Gebühr des § 20 anzurechnen.

Anzurechnen ist die Ratsgebühr auf die sog. Betriebsgebühren. Sie ist also z. B. nicht anzurechnen auf die Vergleichsgebühr.

20 Für den **Rat, von der Einlegung eines Rechtsmittels abzusehen,** erhält nach § 20 Abs. 2 der RA, der mit der Sache noch nicht befaßt war und beauftragt ist zu prüfen, ob eine Berufung oder eine Revision Aussicht auf Erfolg hat, eine halbe Gebühr nach § 11 Abs. 1 S. 4, also dreizehn Zwanzigstel einer vollen Gebühr, falls er von der Einlegung abrät und ein Rechtsmittel durch ihn nicht eingelegt wird. Er erhält somit die gleiche Gebühr wie ein mit der Einlegung der Berufung oder Revision beauftragter RA für die gleiche Tätigkeit erhalten würde.

21 Der RA darf mit der Angelegenheit noch nicht befaßt gewesen sein. Er darf also noch nicht in der gleichen Angelegenheit tätig gewesen sein, auch nicht in einem niedrigeren Rechtszug. Der RA, der den Auftraggeber schon im ersten Rechtszug als Prozeßbevollmächtigter vertreten hat, kann somit die Gebühr des § 20 Abs. 2 nicht erhalten, auch nicht ein RA, der für die Partei schon als Verkehrsanwalt, Verhandlungsvertreter, Beweisanwalt, durch Ratserteilung oder in anderer Weise tätig gewesen ist.

Vgl. Celle NdsRpfl. 66, 193.

Streitig ist, ob nur der RA die Abrategebühr des Abs. 2 erhält, der selbst in der Lage wäre, das Rechtsmittel einzulegen, m.a.W., ob nur der am Rechtsmittelgericht zugelassene RA die Gebühr verdienen kann.

so Riedel/Sußbauer A 22.

Dem ist entgegenzuhalten, daß auch der am Rechtsmittelgericht nicht zugelassene RA die Gebühr des § 21 a für das Aussichtengutachten verdienen kann. Eine unterschiedliche Behandlung der beiden Fälle erscheint nicht geboten.

Schumann/Geißinger A 29.

Im übrigen wird die Frage in der Praxis kaum noch eine Rolle spielen. Der RA, dem die Abrategebühr versagt bleibt, sei es, daß er in der Angelegenheit bereits tätig war, sei es, daß er das Rechtsmittel nicht einlegen kann, erhält für das Abraten zumindest die Gebühr des Abs. 1. Es ist angesichts des Rahmens $^{1}/_{10}$ bis $^{10}/_{10}$ durchaus möglich, dem nicht zugelassenen RA für das Abraten eine $^{13}/_{20}$-Gebühr zu bewilligen. Der bereits mit der Angelegenheit befaßt gewesene RA wird eine geringere Gebühr ($^{3}/_{10}$ bis $^{5}/_{10}$) erhalten können, da ihm der Sachverhalt bereits bekannt ist.

Das **Rechtsmittel darf** auch **nicht durch den mit der Prüfung der** 22
Erfolgsaussicht beauftragten Rechtsanwalt eingelegt werden. Legt der
Auftraggeber trotz des Abratens Berufung oder Revision durch einen anderen
Rechtsanwalt oder, z. B. im verwaltungsgerichtlichen Verfahren, selbst ein,
so kann der Rechtsanwalt, der von der Einlegung abgeraten hatte, gleichwohl
die Gebühr des § 20 Abs. 2 verlangen. Denn das Rechtsmittel ist nicht „durch
ihn" eingelegt.

Erhält der RA, der von der Einlegung abgeraten hat, selbst den Auftrag zur
Einlegung der Berufung oder der Revision und führt er diesen Auftrag aus, so
erhält er die nach § 11 Abs. 1 S. 4 erhöhten Gebühren des § 31, nicht die
Gebühr des § 20 Abs. 2. Das gilt auch dann, wenn er das Rechtsmittel schon
auftragsgemäß, z. B. zur Fristwahrung, eingelegt hatte, der Auftraggeber es
aber dann auf seinen Rat zurücknimmt. Dasselbe gilt, wenn der RA zwar den
Auftrag zur Einlegung des Rechtsmittels erhalten, dieses aber noch nicht
eingelegt hat. In diesem Falle erwächst die Prozeßgebühr gemäß § 32 nur zur
Hälfte, somit in Höhe von ¹³/₂₀.

Hat der RA den Auftrag zur Einlegung des Rechtsmittels deshalb nicht
ausgeführt, weil er erst bei näherer Prüfung zu dem Ergebnis gekommen ist,
daß das Rechtsmittel unzulässig oder aussichtslos ist, und hat er dies dem
Auftraggeber mitgeteilt, so kann ihm nicht die Vergütung mit der Begründung versagt werden, daß er den ihm erteilten Auftrag nicht ausgeführt habe.

Jeder Auftrag zur Einlegung eines Rechtsmittels wie auch zur Einreichung
einer Klage enthält zugleich den Auftrag, die Zulässigkeit und die Aussichten
zu prüfen. Gelangt der RA zu dem Ergebnis, daß die Klage oder das
Rechtsmittel unzulässig oder aussichtslos sei, und rät er deshalb von der
Durchführung ab, so kann darin die Erteilung eines Rates verbunden mit der
Ablehnung des Auftrags liegen. Der RA kann daher, wenn er von der
Einlegung des Rechtsmittels abrät und mit der Sache noch nicht befaßt war,
die Gebühr des § 20 Abs. 2 verlangen. Im allgemeinen wird man allerdings
annehmen können, daß ein Fall des § 32 vorliegt.

Fraglich ist, ob der RA die Abrategebühr auch dann erhält, wenn er nur
teilweise abrät, wegen des Restes aber zur Berufung zurät und sie dann
insoweit auch durchführt.

Beispiel: Vom Berufungsanwalt wird ein Rat erbeten, ob wegen 10000 DM
Berufung eingelegt werden soll. Er rät in Höhe von 3000 DM zu und in Höhe
von 7000 DM ab. Die Berufung wird entsprechend dem Rat nur in Höhe von
3000 DM durchgeführt.

Eine Ansicht

Hartmann A 3 D, E; Riedel/Sußbauer A 22.

versagt in diesem Fall die Abrategebühr. Sie ist jedoch zuzubilligen. Die
Worte „und ein Rechtsmittel durch ihn nicht eingelegt wird" sind dahin zu
interpretieren, daß hinzugefügt wird „soweit der RA abgeraten hat und der
Auftraggeber seinen Rat befolgt hat".

Schumann/Geißinger A 30; Düsseldorf MDR 64, 66 = JVBl. 64, 21 = JMBlNRW
63, 268 = JurBüro 63, 779 = Rpfleger 64, 358.

Im übrigen wäre ein gleiches Ergebnis in praxi über Abs. 1 ebenfalls zu
erreichen.

Madert

Weitere Beispiele. Der Kläger klagt 20000 DM ein. Der Beklagte bestreitet die Klagforderung und rechnet hilfsweise mit einer Gegenforderung von 20000 DM. Das LG verurteilt zur Zahlung von 20000 DM, weil die Klagforderung besteht und die zur Aufrechnung gestellte Gegenforderung unbegründet ist. Streitwert gemäß § 19 Abs. 3 GKG 20000 DM + 20000 DM = 40000 DM. Der Beklagte beauftragt einen RA mit der Berufungseinlegung. Dieser rät nach eingehender Prüfung der Rechtslage,

a) die Berufung nur auf die Aufrechnung zu stützen, weil die Klagforderung begründet sei,

b) die Berufung nur auf die Bekämpfung der Klagforderung zu stützen, weil die zur Aufrechnung gestellte Gegenforderung unbegründet sei.

Der Auftraggeber folgt dem Rat. Entsprechend wird die Berufung durchgeführt. Der Streitwert des Berufungsverfahrens beträgt – da nur noch über eine Forderung (entweder die Klagforderung oder die zur Aufrechnung gestellte Gegenforderung) zu entscheiden ist – 20000 DM. Es erhebt sich die Frage, ob der RA, der von der Geltendmachung der zweiten Forderung abgeraten hat, hinsichtlich dieser Forderung die Abrategebühr verdient hat. Diese Frage ist zu verneinen. Gemäß § 19 Abs. 3 GKG wird bei der Geltendmachung einer Aufrechnung die Tätigkeit des RA nur dann aus dem Werte beider Forderungen vergütet, wenn das Gericht streitentscheidend tätig werden muß (oder wenn ein Vergleich über beide Ansprüche geschlossen wird). Auf den Umfang und die Schwierigkeit der Tätigkeit des RA kommt es nicht an. Wird in dem vorstehenden Beispiel das Rechtsmittel im vollen Umfange eingelegt (also die Klagforderung bekämpft und die Gegenforderung begründet), später aber dahin eingeschränkt, daß nur noch die Klagforderung bekämpft oder nur noch die Gegenforderung geltend gemacht wird, ist eindeutig, daß das Berufungsverfahren nur einen Streitwert von 20000 DM hat. Denn das Berufungsgericht hat nur über eine Forderung zu entscheiden, so daß im Berufungsverfahren gemäß § 19 Abs. 3 GKG nur diese eine Forderung den Streitwert bildet. Erhält sonach der RA die Gebühren nur aus dem Wert einer Forderung, wenn er beide Forderungen in der Berufungsbegründung zur Debatte stellt und sein Vorbringen erst später beschränkt, kann er nicht mehr erhalten, wenn er bereits bei Anbeginn den Rat erteilt, die Berufung nur mit einem Anspruch zu begründen. Der RA erhält also keine Abrategebühr. Dieses auf den ersten Blick vielleicht nicht überzeugende Ergebnis beruht auf der eigentümlichen Beschränkung des § 19 Abs. 3 GKG.

23 Für **andere Rechtsmittel** als Berufung oder Revision gilt § 20 Abs. 2 nicht, also z. B. nicht für Beschwerden. Ein Abraten ist bei diesen Rechtsmitteln als Rat nach Abs. 1 zu behandeln.

Hartmann A 3 A.

24 **Ebensowenig gilt § 20 Abs. 2 in den in § 20 Abs. 1 S. 2 genannten Angelegenheiten,** also nicht in strafrechtlichen, bußgeldrechtlichen oder sonstigen Angelegenheiten, in denen die Gebühren nicht nach dem Gegenstandswert berechnet werden. Rät in diesen Angelegenheiten mit Betragsrahmengebühren der Rechtsanwalt von der Einlegung eines Rechtsmittels ab, erhält er die Gebühr des Abs. 1 Satz 2 mit 25 bis 335 DM.

25 **Erstattungspflichtig** ist die Gebühr des § 20 dann, wenn ein rechtsunkundiger, weit entfernt vom zuständigen Gericht wohnender Berufungsbeklagter alsbald nach Mitteilung der Berufungsschrift, aber vor Mitteilung der Begründung, einen RA zugezogen hat und dann die Berufung vor Anberaumung eines Verhandlungstermins zurückgenommen worden ist.

Vgl. auch München JurBüro 80, 1664 = MDR 80, 1027 = Rpfleger 81, 32 = VersR 81, 194 (Für die im Revisionsverfahren anwaltschaftlich nicht vertretenen Revisionsbeklagten kann eine Ratsgebühr erstattungsfähig sein).

Gleiches gilt, wenn die Partei, der eine Klage angedroht ist, bei schwieriger Rechtslage den Rat eines an ihrem Wohnsitz ansässigen RA einholt.

Schumann/Geißinger A 27; Bamberg JurBüro 78, 592.

Eine Partei, die eine Klage erheben will, ist berechtigt, sich von einem Anwalt ihres Vertrauens hinsichtlich der Ermittlung des zuständigen Gerichts und der Auswahl eines dort – in einem fremden Landgerichtsbezirk – zugelassenen Anwalts beraten zu lassen. Die Beratungsgebühr ist erstattungsfähig.

Düsseldorf MDR 83, 760; Karlsruhe MDR 82, 1024.

Läßt sich eine Partei in einem Rechtsstreit ohne Anwaltszwang von einem RA beraten, ohne ihn zum Prozeßbevollmächtigten zu bestellen, so sind die ihr dadurch entstehenden Kosten erstattungsfähig.

LG Berlin MDR 82, 499 = Rpfleger 82, 234 = JurBüro 82, 1028.

In einigen Fällen ist die Verkehrsgebühr in Höhe einer Ratsgebühr erstattungsfähig. Es sind dies die Prozesse, in denen die Partei die Dienste eines Verkehrsanwalts in Anspruch nimmt, um sich die Reisen zum Prozeßbevollmächtigten zu ersparen. Hier wird der Partei an sich zuzumuten sein, den Prozeßbevollmächtigten persönlich zu unterrichten, andererseits wird ihr zuzubilligen sein, daß sie zunächst einmal den Rat ihres Vertrauensanwalts oder eines anderen Anwalts am Ort in Anspruch nimmt.

Celle MDR 62, 663 = Rpfleger 64, 327; Celle NdsRpfl. 63, 203; München NJW 58, 677 = AnwBl. 58, 97 = Büro 58, 170; Nürnberg JurBüro 64, 833 und JVBl. 67, 90; Schleswig SchlHA 58, 312 = Büro 59, 28 = Rpfleger 62, 428.

§ 21 Gutachten

Für die Ausarbeitung eines schriftlichen Gutachtens mit juristischer Begründung erhält der Rechtsanwalt eine angemessene Gebühr. § 12 gilt sinngemäß.

Übersicht über die Anmerkungen

1 Allgemeines. Das Gutachten ist vom Rat (§ 20) zu unterscheiden. Der Rat kann, das Gutachten muß schriftlich erstattet werden. Beim Rat kommt es ausschlaggebend auf das Ergebnis an. Der Rat braucht daher nicht oder nur kurz begründet zu werden. Es reicht die Mitteilung der Empfehlung aus. Das Gutachten soll dagegen die rechtlichen Erwägungen klarlegen. Es muß deshalb schriftlich begründet werden.

Die Vereinbarung über die Erstattung eines Gutachtens ist in der Regel kein Dienst-, sondern ein Werkvertrag.

Riedel/Sußbauer A 5; BGH NJW 67, 719; LG Hamburg AnwBl. 75, 237.

2 Das Gutachten hat in der Regel zu enthalten: eine geordnete Darstellung des zu beurteilenden Sachverhalts, die Herausstellung der rechtlichen Probleme, die Stellungnahme von Rechtsprechung und Schrifttum zu diesen Problemen und schließlich – als wesentlichsten Teil des Gutachtens – das eigene Urteil unter Würdigung der Stimmen aus Rechtsprechung und Schrifttum.

Das Gutachten muß so abgefaßt sein, daß es dem Auftraggeber möglich ist, das Gutachten in tatsächlicher und rechtlicher Beziehung nachzuprüfen oder nachprüfen zu lassen.

Riedel/Sußbauer A 1, 2; Schumann/Geißinger A 2.

Das Gutachten darf sich nicht von Zweckmäßigkeitserwägungen leiten lassen, sondern muß die Rechtslage ohne Parteinahme so darstellen, wie sie der Gutachter beurteilt. Dagegen spielen beim Rat, der meist auch eine juristische Begründung nicht entbehren und sich auf schwierige Fragen beziehen kann, stets Zweckmäßigkeitserwägungen die ausschlaggebende Rolle. Der Unterschied zwischen Gutachten und Rat liegt in der Intensität der Vorarbeiten für das Gutachten und in der Eindringlichkeit seiner Begründung.

Um ein Gutachten wird in der Regel nur ein auf dem in Frage kommenden Gebiete besonders erfahrener RA ersucht, wobei nicht selten die Anregung von dem prozeßbevollmächtigten Rechtsanwalt ausgehen wird, der selbst nicht die nötigen Spezialkenntnisse besitzt. Oft werden Gutachten von Firmen oder Gesellschaften eingeholt, bei denen ähnlich liegende Fälle häufiger vorkommen.

Schriftsatz und Gutachten sind voneinander nicht nach ihrem Inhalt zu unterscheiden, sondern von ihrer Funktion her. Der Schriftsatz ist an das Gericht adressiert und kündigt diesem und dem Gegner den demnächst in der mündlichen Verhandlung zu erwartenden Vortrag an. Das Gutachten dagegen hat als Adressaten die Partei, die es bestellt. Es zielt darauf ab, dem Auftraggeber Entscheidungselemente als Entscheidungshilfen an die Hand zu geben.

Köln JurBüro 78, 870.

3 Fehlt eine eigene Stellungnahme des RA, so liegt kein Gutachten vor, sondern nur eine Auskunft nach § 20.

Schumann/Geißinger A 2.

Enthält das Gutachten zugleich einen Rat, so erhält der RA gleichwohl **4** nur die Gebühr des § 21, da nach § 20 Abs. 1 S. 3 die Ratsgebühr auf eine Gebühr anzurechnen ist, die der RA für eine sonstige Tätigkeit erhält, die mit der Ratserteilung zusammenhängt.

Das **Anwendungsgebiet des § 21** erstreckt sich auf Rechtsangelegenheiten **5** jeder Art. Das Gutachten kann sowohl Fragen des ausländischen Rechts wie auch Probleme des inländischen Rechts behandeln. Stehen z. B. in einem Rechtsstreit schwierigste konkursrechtliche Probleme in Frage, kann es sich empfehlen, ein Gutachten eines anerkannten Konkursrechtlers einzuholen.

Ein **Auftrag** muß zur Erstattung gerade eines Gutachtens erteilt worden sein. **6** Im allgemeinen wird der Auftraggeber nur die Erteilung eines Rates seitens des RA wünschen. Es muß deshalb zweifelsfrei feststehen, daß sich der Auftraggeber nicht mit der Erteilung eines Rates oder einer Auskunft begnügen, sondern ein wirkliches Gutachten erhalten will.

Riedel/Sußbauer A 4, 5; Schumann/Geißinger A 1.

Eine **angemessene Gebühr** erhält der RA. Es gilt § 12 sinngemäß. Die **7** Gebühr ist also unter Berücksichtigung aller Umstände, insbesondere der Bedeutung der Angelegenheit, des Umfangs und der Schwierigkeit der anwaltlichen Tätigkeit sowie der Vermögens- und Einkommensverhältnisse des Auftraggebers nach billigem Ermessen festzustellen. Bei der Berechnung der Gebühr ist auch der Gegenstandswert zu beachten, auf den sich das Gutachten bezieht.

BGH NJW 66, 539 = MDR 66, 314 = BB 66, 54. Vgl. auch Thier NJW 66, 2300 (Ermittlung der angemessenen Gebühr für ein Rechtsgutachten in einer steuerrechtlichen Frage).

Da die Erstattung eines Gutachtens schwieriger und umfangreicher ist als die Erteilung eines Rates, muß die Gebühr über der Gebühr des § 20 liegen.

Anders als bei den Rahmengebühren des § 12 ist aber ein Mindest- und Höchstbetrag der Gebühr nicht vorgeschrieben. Zunächst muß also der RA selbst nach billigem Ermessen bestimmen, welche Gebühr er beansprucht (§ 315 BGB). Eine Festsetzung der Höhe durch den Rechtspfleger nach § 19 kann nicht erfolgen. Entsteht Streit über die Angemessenheit, so muß der RA im ordentlichen Rechtsweg Klage erheben.

Schumann/Geißinger A 3.

Beispiel: Betrifft ein Rechtsgutachten schwierige Fragen und erfordert seine Erstattung einen größeren Zeitaufwand, so sind – unter Berücksichtigung der wirtschaftlichen Verhältnisse des Auftraggebers – u. U. $^{20}/_{10}$ angemessen.

Stuttgart Justiz 69, 104.

Kommt es zum Rechtsstreit zwischen RA und Auftraggeber, hat das Gericht **8** vor der Entscheidung ein **Gutachten des Vorstandes der Rechtsanwalts- kammer** einzuholen. Das folgt aus der sinngemäßen Anwendung der Vor- schrift des § 12 Abs. 2. Zuständig ist der Vorstand derjenigen Rechtsanwalts- kammer, der der Rechtsanwalt angehört. Das Gutachten ist kein Sachverstän- digengutachten i. S. der §§ 404 ff. ZPO, sondern nur eine Form der vorge- schriebenen Stellungnahme des Kammervorsitzenden. Nichteinholung des Gutachtens ist ein Verfahrensmangel, der aber nach § 295 ZPO heilbar ist. Das Prozeßgericht ist an das Gutachten nicht gebunden. Es sollte von ihm aber nur abweichen, wenn es durchschlagende Gründe für seine abweichende Auffassung hat. Hält z. B. der Vorstand der Anwaltskammer 5000 DM für eine angemessene Vergütung, lassen sich 4900 DM oder 5100 DM kaum sachgemäß begründen.

Schumann/Geißinger A 11.

9 **Auslagen** sind neben der Gebühr zu erstatten. Schreibauslagen werden in der Regel durch die Vergütung mit abgegolten.

Riedel/Sußbauer A 7; Schumann/Geißinger A 7.

Wünscht jedoch der Auftraggeber das Gutachten in mehreren Ausfertigungen, wird der RA für die zusätzlichen Exemplare Schreibauslagen berechnen können.

Die Mehrwertsteuer ist gemäß § 25 Abs. 2 neben der Gebühr des § 21 zu entrichten.

Oswald MDR 67, 554; Schumann NJW 67, 867.

10 Erstattet der **Prozeßbevollmächtigte** das Gutachten, so erhält er die Gebühr des § 21 neben seiner Prozeßgebühr. Voraussetzung ist jedoch, daß der Auftraggeber ganz zweifelsfrei und ausdrücklich dem Prozeßbevollmächtigten erklärt, daß er sich nicht auf den Prozeßauftrag beschränken, sondern zuvor noch ein Gutachten mit juristischer Begründung haben und dieses besonders bezahlen will.

Vgl. Köln JurBüro 78, 870 (Grundsätzlich ist es Aufgabe des Prozeßbevollmächtigten, die Rechtslage darzustellen).

Handelt es sich um entlegene Rechtsgebiete oder sind in dem Rechtsstreit schwierige Rechtsfragen zu entscheiden, ist es durchaus angebracht, von dem Prozeßbevollmächtigten die Erstattung eines eingehenden Rechtsgutachtens zu erbitten.

Riedel/Sußbauer A 8; Schumann/Geißinger A 9; Karlsruhe MDR 76, 670 = JurBüro 76, 210.

Die Ausarbeitung eines Gutachtens ist stets eine besondere Angelegenheit. Die Gebühr des § 21 wird daher auf andere Gebühren nicht angerechnet. Sie entsteht deshalb z. B. auch neben der Geschäftsgebühr des § 118 oder der Verteidigergebühr der §§ 83 ff. Voraussetzung ist aber auch hier, daß der Auftraggeber neben dem Auftrag aus § 118 oder dem Verteidigungsauftrag zusätzlich den Auftrag zur Erstattung eines Gutachtens erteilt hat.

Mümmler JurBüro 78, 496.

11 Soll sich der RA über **die Aussichten einer Berufung oder Revision** äußern, so erhält er nicht die Gebühr des § 21, sondern die des § 20 Abs. 2, falls nicht ausdrücklich der Auftrag auf Erstattung eines schriftlichen Gutachtens mit juristischer Begründung gerichtet war. Häufig ist anzunehmen, daß nur eine Prüfung der Erfolgsaussicht nach § 20 Abs. 2 gewünscht wird. Beide Gebühren können nicht nebeneinander beansprucht werden. Wegen der Ausarbeitung eines schriftlichen Gutachtens über die Aussichten einer Berufung oder einer Revision vgl. die Sondervorschriften des § 21 a.

Schumann/Geißinger A 9.

Hat der Rechtsanwalt mit der Ausarbeitung des Gutachtens begonnen, 12
es aber nicht fertiggestellt, z. B. weil sich vorher die Angelegenheit durch
Kündigung des Auftraggebers erledigt hatte, so ist ihm dafür eine angemessene Gebühr unter Berücksichtigung seiner bisherigen Arbeitsleistung zu gewähren (§ 649 BGB). Stirbt dagegen der RA vor der Erstattung des Gutachtens oder unterläßt er die Erstattung des Gutachtens aus anderen Gründen
(z. B. Aufgabe der Zulassung), hat er keinen Vergütungsanspruch gegen den
Auftraggeber.

Riedel/Sußbauer A 5; Schumann/Geißinger A 8.

Rechtsgutachten in Steuersachen sind verhältnismäßig häufig. Bei dem 13
Übermaß des Rechtsstoffes und dem raschen Wandel desselben bedarf es in
allen nicht einfach gelagerten Steuersachen einer eingehenden rechtlichen
Prüfung, die im allgemeinen durch ein wohl fundiertes Gutachten zu erreichen ist.

Oswald Wirtschaftsprüfung 69, 397; Schumann NJW 69, 265.

Als angemessene Gebühr kommt in Betracht

in einfacheren Sachen eine	$^5/_{10}$- bis $^{7,5}/_{10}$-Gebühr,
in durchschnittlichen Sachen	$^{10}/_{10}$-Gebühr,
in schwierigeren Sachen eine	$^{15}/_{10}$- bis $^{20}/_{10}$-Gebühr,
in schwierigen und umfangreichen Sachen eine	$^{25}/_{10}$- bis $^{30}/_{10}$-Gebühr.

In Einzelfällen kann eine noch höhere Vergütung angemessen sein.

Oswald Wirtschaftsprüfung 69, 397; Schumann NJW 69, 265; Schumann/Geißin-
ger A 6; vgl. auch RAKammer München NJW 66, 2300.

Von der Gegenpartei zu erstatten ist die Gebühr nur dann, wenn die 14
Einholung des Gutachtens zur zweckentsprechenden Rechtsverfolgung oder
Rechtsverteidigung notwendig war. Das setzt voraus, daß es sich um fernlie-
gende Rechtsfragen aus Sondergebieten handelt, deren Kenntnis bei Rechtsanwälten und Richtern nicht vorausgesetzt werden kann und auch durch
Benutzung des vorhandenen Schrifttums nicht oder nur sehr schwer zu
erwerben ist.

Hartmann A 5; Riedel/Sußbauer A 9; Schumann/Geißinger A 12; Schumann NJW
69, 265; Düsseldorf NJW 70, 1802; KG AnwBl. 57, 100; Karlsruhe MDR 76, 670
= JurBüro 76, 210; OVG Münster MDR 69, 170 = Betrieb 68, 2274 (in einem
rechtlich nicht einfach gelagerten Fall, in dem das OVG die Revision zugelassen
hat); vgl. auch LG Hannover JurBüro 79, 1372 (Die Kosten eines vorprozessualen
Gutachtens sind dann erstattungsfähig, wenn es in Erwartung eines künftigen
Rechtsstreits eingeholt worden ist und für einen dem Auftraggeber günstigen
Ausgang des Rechtsstreits erforderlich und geeignet gewesen ist).

Erstattungspflichtig ist z. B. die Gebühr für ein Gutachten eines ausländischen
Anwalts mit Spezialkenntnissen aus Urheber- und Verlagsrecht in einem
einstweiligen Verfügungsverfahren.

Hamm Büro 60, 354 = Rpfleger 60, 178.

Ebenso dürften keine Bedenken bestehen, in schwierigen Steuersachen die
Beiziehung eines Gutachtens für geboten zu erachten und damit die Erstattung der Gutachterkosten für notwendig zu halten.

Oswald Wirtschaftsprüfung 69, 397; Schumann NJW 69, 265; Hamm Rpfleger 60,
178.

Madert

Soweit die Erstattungspflicht anerkannt wird, ist der angemessene Betrag zu erstatten, wobei aber Kleinlichkeit zu vermeiden ist.

Will der Rechtspfleger die Gebühr herabsetzen, so hat er zweckmäßigerweise ein Gutachten des Vorstandes der Rechtsanwaltskammer einzuholen (s. § 12 A 15).

§ 21a Gutachten über die Aussichten einer Berufung oder einer Revision

Für die Ausarbeitung eines schriftlichen Gutachtens über die Aussichten einer Berufung oder einer Revision erhält der Rechtsanwalt eine volle Gebühr nach § 11 Abs. 1 Satz 4; dies gilt nicht in den in § 20 Abs. 1 Satz 2 genannten Angelegenheiten. Die Gebühr ist auf eine Prozeßgebühr, die im Berufungs- oder Revisionsverfahren entsteht, anzurechnen.

Übersicht über die Anmerkungen

1 Allgemeines. Die Rechtsanwälte am Reichsgericht und ihnen folgend die Rechtsanwälte am Bundesgerichtshof haben als Vergütung für die Prüfung der Aussichten einer Revision die Prozeßgebühr für die Revision vereinbart. Diese Praxis hat § 21a übernommen und zum Gesetz erhoben. Die Revisionsgutachten sind gebührenmäßig nicht mehr als Gutachten i. S. des § 21 zu behandeln; andererseits ist klargestellt, daß sie nicht durch die Abrategebühr des § 20 Abs. 2 vergütet werden. Nunmehr gilt § 21a auch für die Erstattung eines Gutachtens über die Aussichten einer Berufung.

2 Das Gutachten ist ein Gutachten i. S. des § 21. Es ist schriftlich auszuarbeiten und muß auch sonst den Erfordernissen genügen, die an ein Gutachten zu stellen sind (vgl. hierzu § 21 A 2).

3 Über die Aussichten einer Berufung oder einer Revision soll sich das Gutachten aussprechen. § 21a ist somit nicht anzuwenden, wenn ein anderes Rechtsmittel (etwa Beschwerde) in Frage steht. Auch für die der Revision sehr nahestehende Rechtsbeschwerde gilt § 21a nicht.

Riedel/Sußbauer A 3; Schumann/Geißinger A 2.

Die Gebühr des § 21a kann nur in solchen Berufungen und Revisionen anfallen, in denen die Gebühren nach dem Gegenstandswert berechnet werden. Das ergibt sich aus dem Hinweis auf § 20 Abs. 1 Satz 2. In Frage kommen sonach im wesentlichen die Gutachten in Zivilprozessen. Dagegen kann die Gutachtengebühr des § 21a nicht anfallen für die Prüfung der Revisionsaussichten in Strafsachen, Sozialgerichtssachen, für die in den Fällen des § 116 Abs. 1 keine nach dem Gegenstandswert bemessene Gebühren in Betracht kommen.

Das Gutachten muß sich über die Aussichten einer Berufung oder einer Revision aussprechen, die bereits eingelegt sein kann, aber auch – das wird der häufiger vorkommende Fall sein – erst eingelegt werden soll, wenn die Durchführung der Berufung oder der Revision aussichtsreich erscheint. Die in § 52 Abs. 2 erwähnte gutachtliche Äußerung ist kein Gutachten i. S. des § 21 a.

Hartmann A 1; vgl. auch A 8 zu § 52.

Der **Auftrag** muß – wie im Fall des § 21 – auf die Erstattung eines Gutachtens **4** gerichtet sein. Auftraggeber wird in der Regel die Partei sein, die durch das Vorurteil beschwert ist und die Berufung oder Revision einlegen will. Jedoch kann auch der Gegner ein solches Gutachten anfordern, z. B. wenn er die Aussichten der Revision prüfen will, etwa mit Rücksicht auf ein nach Erlaß des Berufungsurteils unterbreitetes Vergleichsangebot.

Riedel/Sußbauer A 4.

Gutachter kann jeder RA sein, nicht nur der am zuständigen Rechtsmittelge- **5** richt zugelassene. Allerdings wird das Gutachten in Revisionssachen in der Regel von dem Revisionsanwalt eingeholt werden, da er im allgemeinen die besten Erfahrungen besitzt. Jedoch ist auch möglich, den Berufungsanwalt oder einen anderen RA (etwa einen Anwalt, der über Spezialkenntnisse auf dem in Frage stehenden Gebiet verfügt) mit der Erstattung eines Gutachtens zu beauftragen.

Riedel/Sußbauer A 5; Schumann/Geißinger A 2.

Die **Gebühr** ist die $^{13}/_{10}$-Gebühr aus dem Werte des Beschwerdegegenstandes. **6** Wird nur eine Teilanfechtung des Ersturteils oder des Berufungsurteils erwogen, richtet sich der Wert nach diesem Teil. Da nicht auf § 11 Abs. 1 Satz 4 Bezug genommen ist, erhöht sich die Gutachtengebühr des BGH-Anwalts nicht auf $^{20}/_{10}$.

Riedel/Sußbauer A 7.

Anrechnung. Entsprechend der bisherigen Praxis der Revisionsanwälte, die **7** sich die Gutachtergebühr auf die Prozeßgebühr anrechnen ließen, bestimmt § 21 a – im Gegensatz zu § 21 – ausdrücklich, daß die Anrechnung zu erfolgen hat. Der Rechtsmittelanwalt erhält also die Prozeßgebühr nicht nochmals zusätzlich zu der Gutachtergebühr. Der bei dem Bundesgerichtshof zugelassene Rechtsanwalt erhält die Prozeßgebühr in Höhe von $^{20}/_{10}$, auf die die Gutachtengebühr von $^{13}/_{10}$ anzurechnen ist, so daß er zusätzlich noch $^{7}/_{10}$ erhält.

Wird die Revision, zu der Auftrag erteilt worden ist, aufgrund des Gutachtens nicht eingelegt, erhält der Revisionsanwalt, der das Gutachten erstattet hat, eine $^{13}/_{10}$-Gebühr (nämlich $^{10}/_{10}$ als halbe Prozeßgebür und $^{3}/_{10}$ als restliche Gutachtengebühr).

Gleiches (nämlich $^{13}/_{10}$-Prozeßgebühr und $^{13}/_{20}$ restliche Gutachtengebühr = $^{13}/_{10}$-Gebühr) gilt, wenn der Berufungsanwalt Auftrag zur Einlegung der Berufung erhalten hat und sodann auf Grund seines Gutachtens von der Einlegung der Berufung abgesehen wird.

Hat der vorinstanzliche oder ein anderer RA das Gutachten erstattet und übernimmt er nunmehr den Verkehr mit dem Revisionsanwalt, muß er sich die Gutachtergebühr auf die Verkehrsgebühr anrechnen lassen.

Riedel/Sußbauer A 8; bedenklich Schumann/Geißinger A 3.

§ 22 Hebegebühr

(1) **Werden an den Rechtsanwalt Zahlungen geleistet, so erhält er für die Auszahlung oder Rückzahlung bei Beträgen**
bis zu 5000 Deutsche Mark einschließlich 1 vom Hundert,
von dem Mehrbetrag bis zu 20000 Deutsche Mark
einschließlich 0,5 vom Hundert,
von dem Mehrbetrag über 20000 Deutsche Mark 0,25 vom Hundert.
Unbare Zahlungen stehen baren Zahlungen gleich. Der Rechtsanwalt kann die Gebühr bei der Ablieferung an den Auftraggeber entnehmen.

(2) **Ist das Geld in mehreren Beträgen gesondert ausgezahlt oder zurückgezahlt, so wird die Gebühr von jedem Betrag besonders erhoben.**

(3) **Die Mindestgebühr beträgt eine Deutsche Mark.**

(4) **Für die Ablieferung oder Rücklieferung von Wertpapieren und Kostbarkeiten erhält der Rechtsanwalt die in den Absätzen 1 bis 3 bestimmte Gebühr nach dem Wert.**

(5) **Der Rechtsanwalt erhält die in den Absätzen 1 bis 3 bestimmten Gebühren nicht, soweit er Kosten an ein Gericht oder eine Behörde weiterleitet oder eingezogene Kosten an den Auftraggeber abführt oder eingezogene Beträge auf seine Vergütung verrechnet.**

Übersicht über die Anmerkungen

Allgemeines. Wie der Notar (vgl. § 149 KostO) erhält der RA für seine 1
Tätigkeit, die in der „Erhebung, Verwahrung und Ablieferung von Geld,
Wertpapieren und Kostbarkeiten" besteht, eine besondere Gebühr.

Die **Hebegebühr** des § 22 (Inkassogebühr) soll dem RA eine Entschädigung 2
gewähren für die verantwortungsvolle und aus dem Rahmen seiner sonstigen
Tätigkeit herausfallende Auszahlung oder Rückzahlung und die damit verbundene Verwaltung von Geldern. Sie kann in allen Fällen berechnet werden,
in denen die Auszahlung oder Rückzahlung erhaltener Gelder mit einer in der
BRAGO geregelten Berufstätigkeit des RA in Verbindung steht und wird
durch andere Gebühren niemals abgegolten. Wird die Tätigkeit, die zu der
Hingabe der Gelder an den RA geführt hat, nicht nach der BRAGO vergütet,
kann der RA auch nicht die Hebegebühr erhalten.

Beispiel:

Der RA, der als Vormund, Pfleger, Testamentsvollstrecker, Konkursverwal-
ter usw. Gelder erhält und weiterleitet, vollzieht diese Tätigkeit nicht in seiner
Eigenschaft als RA, sondern als Vormund usw. Er hat deshalb keinen
Anspruch auf die Hebegebühr.

Der Anwaltsnotar, der Gelder in seiner Eigenschaft als Notar verwahrt, erhält
für diese Tätigkeit nicht die Hebegebühr des § 22 (er hat aber Anspruch auf
die gleichgestaltete Hebegebühr des § 149 KostO).

Den Geldern sind die Wertpapiere und die Kostbarkeiten gleichgestellt.
Die Hebegebühr kann in derselben Angelegenheit mehrmals entstehen. § 13
Abs. 2 ist nicht einschlägig, weil jeder Verwahrungsvorgang eine selbständige
Angelegenheit ist.

Abgegolten wird durch die Gebühr jede mit der Verwaltung zusammenhängende Tätigkeit, z. B. Einlösung von Zinsscheinen von Wertpapieren. Erweist es sich als nötig, Gelder, die der RA erhalten hat, umzutauschen
(Deutsches Geld in ausländische Währung oder umgekehrt) oder Wertpapiere
bzw. Kostbarkeiten, die dem RA übergeben worden sind, zu veräußern, z. B.
um den Erlös in kleineren Beträgen an verschiedene Empfangsberechtigte
auszuzahlen, wird diese zusätzliche Tätigkeit durch die Hebegebühr nicht
abgegolten. Sie ist besonders zu vergüten (§ 118). Dagegen erfüllt die anschließende Auszahlung den Tatbestand des § 22 und löst die Hebegebühr aus.

Riedel/Sußbauer A 8; Schumann/Geißinger A 6.

Ein **Auftrag** zur Empfangnahme und Auszahlung oder Rückzahlung der 3
Gelder muß dem RA erteilt worden sein. Die Prozeßvollmacht ermächtigt
nach § 81 ZPO den RA zur Empfangnahme der vom Gegner zu erstattenden
Kosten, nicht aber auch zur Empfangnahme der Streitsumme. Ist allerdings in
die Vollmachtsurkunde die Ermächtigung zur Entgegennahme der Streitsumme aufgenommen, liegt darin regelmäßig der Auftrag, der bei Erfüllung des
Tatbestandes des § 22 die Hebegebühr entstehen läßt. Der Auftrag kann auch
stillschweigend erteilt werden.

Ein Auftrag liegt vor, wenn dem RA Geld zur Weiterleitung an die Gegenpartei übergeben wird. Ein zumindest stillschweigendes Einverständnis ist darin
zu sehen, wenn der Auftraggeber die Gelder, die der Gegner an den RA
gezahlt hat, von diesem entgegennimmt.

a. M. Riedel/Sußbauer A 3.

4 Ein **Auftragsverhältnis zwischen dem Rechtsanwalt und der Gegenpartei** seines Auftraggebers kann selbst dann nicht angenommen werden, wenn dieser von sich aus an den RA zahlt.

5 Für die **Auszahlung oder Rückzahlung** erhaltener Beträge kann der RA die Hebegebühr beanspruchen. Die Empfangnahme für sich allein begründet keinen Gebührenanspruch, daher auch nicht die Erhebung von Geld für eigene Rechnung.

Die unkontrollierte Weiterleitung von lediglich in die Hand genommenen Geldbündeln begründet keinen Anspruch auf eine Hebegebühr.

Frankfurt Büro 59, 520.

6 Die **Person des Zahlenden** ist nicht entscheidend. Es ist nicht bestimmt, daß das Geld von dritten Personen für den Auftraggeber gezahlt worden sein muß. Auch der Auftraggeber kann das Geld bei dem RA einzahlen. Die Hebegebühr entsteht daher auch dann, wenn der RA vom Auftraggeber erhaltenes Geld usw. an einen Dritten auszahlt oder später an seinen Auftraggeber zurückzahlt.

7 **Hinterlegt der Rechtsanwalt vom Auftraggeber erhaltene Gelder oder Wertpapiere** für diesen, z. B. als Prozeßkostensicherheit (§ 110 ZPO), zur Herbeiführung oder Abwendung der Zwangsvollstreckung (§§ 707, 710, 713, 719, 732, 769, 771, 890 Abs. 2 ZPO) oder zur Erlangung oder Aufhebung eines Arrests oder einer einstweiligen Verfügung (§§ 921, 923, 925, 927, 936, 939 ZPO), so kann er sonach gleichfalls die Hebegebühr beanspruchen.

8 Dasselbe gilt, wenn er **hinterlegte Beträge** oder Wertpapiere von der Hinterlegungsstelle **wieder in Empfang nimmt und dem Auftraggeber zurückgibt,**

9 oder **wenn der Auftraggeber dem Rechtsanwalt die Streit- oder Vergleichssumme** zur Ablieferung an die Gegenpartei **übergibt und der Rechtsanwalt** sie dieser **auszahlt.**

10 Die Hebegebühr entsteht selbstverständlich auch für die **Einzahlung der Streit- oder Vergleichssumme** von der Gegenpartei und ihre Ablieferung an den Auftraggeber (Auftrag – evtl. auch stillschweigend – vorausgesetzt) Gleiches gilt für die **Einziehung eines Erlöses** aus der Zwangsvollstreckung oder einer Konkursteilzahlung.

Streitig ist, ob der RA die Hebegebühr auch dann erhält, wenn er eigene Gelder für seinen Auftraggeber an den Gegner abführt oder als Sicherheit hinterlegt. Die Frage ist zu bejahen. Die Bereitschaft, für den Auftraggeber zu zahlen, stellt sich als Darlehensgewährung dar. Daß die Gelder von dem RA nicht zunächst an den Auftraggeber ausgezahlt und sodann von diesem bei dem RA wieder eingezahlt werden, steht der Annahme, daß „empfangene" Gelder an den Gegner ausgezahlt werden, nicht entgegen. Denn unbare Zahlungen (Verrechnung) stehen nach Abs. 1 Satz 2 der Barzahlung gleich.

Vgl. RG HRR 41, Nr. 951; **a. M.** Riedel/Sußbauer A 4.

11 **Keine Hebegebühr entsteht nach § 22 Abs. 5,** wenn der RA **Kosten an ein Gericht oder eine Behörde weiterleitet,** also besonders dann nicht, wenn der Auftraggeber Gerichtskostenvorschüsse an den RA zahlt und dieser das Geld bei der Gerichtskasse einzahlt,

12 oder wenn er **eingezogene Kosten an den Auftraggeber abführt oder**

eingezogene Beträge auf seine Vergütung berechnet. Im letzteren Falle braucht es sich also nicht um eingezogene Kosten zu handeln. Vielmehr liegt dieser Fall auch dann vor, wenn er einen Teil der eingezogenen Streitsumme oder vom Auftraggeber erhaltene Beträge auf seine Vergütung verrechnet. In diesen Fällen fehlt es auch an einer Auszahlung oder Rückzahlung. Die Hebegebühr entsteht auch dann nicht, wenn der RA Gelder, die er als Gerichtskostenvorschuß erhalten hat, an den Auftraggeber zurückzahlt. Andernfalls würde er besser stehen als in dem Falle, daß er die Gelder an die Gerichtskasse abgeführt und später wieder zurückerhalten hat. Sie entsteht aber, wenn der RA einen nicht verbrauchten Gebührenvorschuß zurückzahlt.

 a. A. Riedel/Sußbauer A 7.

Bare Zahlungen werden durch Gelder, die gesetzliche Zahlungsmittel sind, **13** geleistet. Dabei ist es gleichgültig, ob es sich um deutsches oder ausländisches Geld handelt. Dagegen sind kein Geld außer Kurs gesetzte Zahlungsmittel (diese können im Einzelfall „Kostbarkeiten" sein). **Unbare Zahlungen** stehen nach § 22 Abs. 1 S. 2 baren Zahlungen gleich, so z. B. Überweisungen auf ein Bank- oder Postscheckkonto.

Auch für Ablieferung oder Rücklieferung von Wertpapieren oder Kostbarkei- **14** ten erhält der RA nach § 22 Abs. 4 die Hebegebühr.

Wertpapiere sind Urkunden, die Träger des in ihnen verbrieften Rechts sind, wie z. B. Schuldverschreibungen auf den Inhaber, Pfandbriefe, Aktien, Kuxe, Konnossemente, Wechsel, Schecks, auch Verrechnungsschecks.

 Schumann/Geißinger A 18.

Ausweispapiere, z. B. Hypothekenbriefe, Versicherungsscheine oder bloße Beweisurkunden, Schuldscheine, Legitimationspapiere sind keine Wertpapiere, auch nicht Sparkassenbücher. Zu beachten ist jedoch, daß z. B. auch bei der Aushändigung von Sparbüchern die Hebegebühr entstehen kann, nämlich dann, wenn der RA ermächtigt wird, von den Sparbüchern Gelder abzuheben und an den Gegner auszuzahlen. Die Gebühr entsteht aus den abgehobenen und sodann an den Gegner ausgezahlten Beträgen.

 Schumann/Geißinger A 18; H. Schmidt JurBüro 63, 667.

Ebenso sind Bürgschaftsurkunden, die der RA zur Hinterlegung als Prozeßsicherheit von einer Bank beschafft, keine Wertpapiere. Der Empfang und die Weitergabe solcher Bürgschaftsurkunden löst deshalb die Hebegebühr nicht aus.

 Bremen Rpfleger 65, 97; Hamburg MDR 58, 349 = Rpfleger 62, 233.

Banknoten und Kassenscheine sind Gelder.

Kostbarkeiten sind Sachen, deren Wert im Verhältnis zu Größe und Gewicht **15** besonders hoch ist oder deren Wert die allgemeinen Werte in ungewöhnlicher Weise übersteigt.

Beispiele: Edelmetall, Schmuckstücke, seltene Briefmarken von hohem Wert, Edelsteine.

Pelze sind regelmäßig nicht als Kostbarkeiten anzusehen. Eine Ausnahme mögen außergewöhnlich wertvolle Pelze machen.

 Vgl. Schumann/Geißinger A 19.

16 Die **Höhe der Hebegebühr** richtet sich bei deutschem Gelde nach dem Nennbetrag, bei Ablieferung oder Rücklieferung von Wertpapieren nach ihrem Kurswert oder ihrem sonstigen Werte in diesem Zeitpunkt. Letzterer ist auch für Kostbarkeiten maßgebend. Geld oder Wertpapiere in ausländischer Währung werden nach dem amtlichen Kurs umgerechnet.

Die Gebühr beträgt:
bei Beträgen bis zu 5000 DM 1 %,
von dem Mehrbetrag bis 20000 DM einschließlich 0,5 %, also 0,5 % des Gesamtbetrags + 25,— DM,
von dem Mehrbetrag über 20000 DM einschließlich 0,25 %, also 0,25 % des Gesamtbetrags + 75,— DM.
Die Mindestgebühr beträgt nach Abs. 3 eine DM. Pfennigbeträge sind gemäß § 11 Abs. 2 auf zehn Deutsche Pfennige aufzurunden.

Vgl. Teil D. Die Hebegebühr Tabelle III.

Neben der Hebegebühr hat der RA Anspruch auf Erstattung seiner Auslagen, die durch die in § 22 bezeichnete Tätigkeit entstanden sind (z. B. Postgebühren, Bankspesen), nicht aber auf Ersatz seiner allgemeinen Geschäftsunkosten.

17 **Ist das Geld in mehreren Beträgen gesondert ausgezahlt oder zurückgezahlt,** so wird nach § 22 Abs. 2 die Gebühr von jedem Betrag besonders erhoben.

Beispiel: Der RA zahlt den von einem Gegner empfangenen Betrag an verschiedene Auftraggeber einzeln aus.

Ebenso ist die Gebühr nach den erhobenen Einzelbeträgen zu berechnen, wenn der RA Gelder von verschiedenen Personen erhoben, sie aber zusammen an den Auftraggeber oder an einen Dritten abliefert. Dabei muß es sich aber um Zahlungen in verschiedenen Angelegenheiten handeln. Beispiel: A zahlt 500 DM Darlehen, B zahlt 400 DM Kaufpreis, C zahlt 600 DM Mietzins. Auch wenn der RA die eingenommenen Beträge in einer Summe auszahlt (1500 DM), richtet sich die Höhe der mehreren Hebegebühren nach den Einzelbeträgen.

Etwas anderes gilt, wenn Gesamtschuldner A 500 DM, Gesamtschuldner B 400 DM und Gesamtschuldner C 600 DM zahlt und der Anwalt den vereinnahmten Gesamtbetrag von 1500 DM in einer Summe an den Auftraggeber auszahlt. Hier erhält der RA nur eine Hebegebühr aus 1500 DM.

Auf den Umstand, daß der RA einen Betrag in einzelnen Raten erhält, kommt es nicht an. Wesentlich ist allein die Auszahlung.

Beispiel: Ein Schuldner zahlt eine Schuld von 1000 DM in wöchentlichen Raten von 50 DM an den Anwalt. Nach Empfang der letzten Rate zahlt der RA die vereinnahmten 1000 DM an den Auftraggeber aus. Er erhält nur eine Hebegebühr aus 1000 DM.

Wird das verwahrte Geld weisungsgemäß in mehreren Beträgen ausgezahlt oder zurückgezahlt, so werden die Hebegebühren für die Teilbeträge jeweils sofort und nicht erst mit der endgültigen Abwicklung des Anderkontos fällig.

Vgl. KG DNotZ 77, 56 (zu § 149 KostO).

18 **Entnehmen** kann der RA nach § 22 Abs. 1 S. 3 die Gebühr bei der Abliefe-

rung an den Auftraggeber. Er kann also in diesem Falle die Gebühr von dem
an den Auftraggeber abzuliefernden Betrag abziehen.

Wertpapiere und Kostbarkeiten braucht er nur Zug um Zug gegen Zahlung
der Hebegebühr abzuliefern.

Ist der RA beauftragt, das Geld an einen Dritten abzuliefern, so darf er die
Hebegebühr nicht abziehen. Das folgt daraus, daß nach Abs. 1 S. 3 die
Entnahme nur bei der Ablieferung an den Auftraggeber vorgesehen ist.
Unzulässig ist es besonders, gegen den Willen des Auftraggebers die Gebühr
von einer zu einem bestimmten Zwecke übergebenen Summe, z. B. einer
Vergleichssumme oder Unterhaltsgeldern, einzubehalten.

Der RA braucht aber das Geld dem Dritten erst dann auszuzahlen, wenn er
die Hebegebühr vom Auftraggeber erhalten hat. Aus Treu und Glauben wird
sich jedoch häufig das Gegenteil ergeben. Muß z. B. die Vergleichssumme bis
zu einem bestimmten Zeitpunkt an den Gegner gezahlt werden, damit der
Vergleich endgültig wirksam wird, darf der RA die Zahlung nicht zurückhalten, um die Hebegebühr sicherzustellen.

Die Erstattungspflicht der Gegenpartei hängt davon ab, daß die Zuzie- 19
hung des RA bei der Empfangnahme, Auszahlung oder Rückzahlung i. S. des
§ 91 Abs. 1 ZPO zur zweckentsprechenden Rechtsverfolgung oder Rechtsverteidigung notwendig war. Die Hebegebühr gehört nicht zu den Gebühren
des RA der obsiegenden Partei i. S. des § 91 Abs. 2 ZPO, weil sie überhaupt
nicht unter die eigentlichen Kosten des Rechtsstreits i. S. des § 91 ZPO fällt.

> Riedel/Sußbauer A 15; a. M. Hartmann A 7 A.

Festsetzung im Kostenfestsetzungsverfahren ist aber deshalb zulässig, 20
weil die Hebegebühr zu den Prozeßkosten i. S. des § 103 ZPO gehört, da der
Rechtsstreit erst mit der Zahlung der Vollstreckung endgültig abgeschlossen
wird und Vollstreckungsgebühren trotz § 788 ZPO auch nach § 103 ZPO
festgesetzt werden können. Die Hebegebühr gehört zu den Vollstreckungskosten, wenn der Geldbetrag lediglich zur Abwendung der Zwangsvollstrekkung gezahlt oder im Vollstreckungswege beigetrieben wird, oder bei Zug-
um-Zug-Leistungen. Es widerspricht auch dem Grundsatz, daß unnötige
Rechtsstreitigkeiten vermieden werden sollen, den Gläubiger zu nötigen, die
Hebegebühr als Schadensersatz besonders einzuklagen. Es ist aber nach § 788
ZPO, anders als nach § 91 Abs. 2 S. 1 ZPO, die Notwendigkeit der Zuziehung eines RA besonders zu prüfen.

Es ist streitig, ob die für die Hinterlegung einer Sicherheit zum Zwecke der
Zwangsvollstreckung oder zum Zwecke ihrer Abwendung entstehenden
Kosten zu den Prozeß- oder Vollstreckungskosten gehören.

> Bejahend Quard Büro 61, 174; Celle JurBüro 65, 44 = MDR 66, 155 = NJW 65,
> 2261 = Rpfleger 66, 213 = JVBl. 65, 279 = NdsRpfl. 65, 249; Hamburg MDR 58,
> 112 = Rpfleger 62, 297; München NJW 56, 717 sowie MDR 67, 412 = JVBl. 67,
> 187 = JurBüro 67, 228; Nürnberg JW 29, 1755 und Rpfleger 63, 261.
> Verneinend Bremen Rpfleger 65, 97; Düsseldorf JurBüro 66, 802 = JVBl. 66, 237;
> Frankfurt JurBüro 66, 160; KG Rpfleger 65, 243 = MDR 65, 295.

Der bejahenden Auffassung ist – aus Gründen der Praktikabilität – zuzustimmen.

Von der Lösung dieser Frage ist im wesentlichen abhängig, ob die hierbei
entstehenden Anwaltskosten erstattungsfähig sind.

> Mit Recht bejahend München JurBüro 64, 286; verneinend KG Rpfleger 65, 243.

Madert   391

21 **Im Regelfall ist die Zuziehung eines Rechtsanwalts nicht notwendig.** Will der Auftraggeber des RA von dem Schuldner bei Einziehung der Streitsumme duch seinen RA die Hebegebühr besonders fordern, so muß er ihn zuvor auf die Entstehung der Gebühr aufmerksam machen. Die Zahlung an den RA ist auch dann nicht notwendig, wenn eine Vergleichssumme auf das Bankkonto des Gläubigers eingezahlt werden soll und der RA des Gläubigers auf eine Anfrage des Schuldners erklärt, er kenne das Bankkonto nicht, sei aber bereit, die Zahlung selbst in Empfang zu nehmen.

> Hamm JurBüro 75, 1609; Koblenz JurBüro 74, 1138; vgl. auch Mümmler JurBüro 82, 1643.

Ebenso ist die Hebegebühr im Zwangsversteigerungsverfahren in der Regel nicht erstattungsfähig.

> LG Münster JurBüro 80, 1687 mit zust. Anm. von Mümmler

22 **Erstattungspflichtig** ist dagegen die Hebegebühr, wenn der Schuldner, ohne vom Gläubiger oder dessen Anwalt dazu aufgefordert zu sein, an den RA des Gläubigers zahlt, besonders um eine Zwangsvollstreckung zu vermeiden,

> Riedel/Sußbauer A 15; Schumann/Geißinger A 20; Düsseldorf AnwBl. 80, 264 = JurBüro 80, 865 = VersR 80, 682; VersR 86, 243 (L); Frankfurt JurBüro 81, 1181 = MDR 81, 856 = Rpfleger 81, 367; KG AnwBl. 59, 132; vgl. Koblenz JurBüro 74, 1138 (keine Erstattung, wenn RA zur Zahlung an ihn auffordert); Köln AnwBl. 62, 21 = Rpfleger 63, 394; Schleswig JurBüro 85, 394; LG Frankenthal JurBüro 79, 1325; LG Hagen AnwBl. 82, 541; AG Ahaus JurBüro 82, 1187 mit Anm. von Mümmler = AnwBl. 82, 438; AG Frankfurt VersR 86, 776.

oder wenn der Schuldner dem RA des Gläubigers einen Scheck übersendet, der diesem nur Zug um Zug gegen Übersendung einer Grundbucherklärung ausgehändigt werden soll,

oder wenn der Prozeßbevollmächtigte des Klägers die Streitsumme zur Vermeidung eines Urteils annehmen mußte,

oder wenn besondere Eile geboten oder die Rechtslage schwierig war,

oder wenn der RA ein gegen Sicherheitsleistung vorläufig vollstreckbares Urteil erwirkt hat und, um die Zwangsvollstreckung betreiben zu können, die Sicherheitsleistung bewirkt,

> Schumann/Geißinger A 23;
> a. M. Celle NJW 68, 2246; Nürnberg JurBüro 72, 504 mit abl. Anm. von H. Schmidt (Anm. hierzu: Ist es wirklich richtig zu sagen: „Die Prozeßkosten sind zu erstatten, die Vollstreckungskosten auch, dagegen nicht, was notwendigerweise dazwischen liegt?" Bei Banken und Großunternehmen kann man selbstverständlich eine Ausnahme machen).

oder wenn der Gläubiger im Ausland ansässig ist,

> München AnwBl. 63, 339 = JurBüro 63, 485 (Wohl zu allgemein; müssen z. B. Zahlungen in die Schweiz oder nach Frankreich wirklich über den gegnerischen Anwalt gehen?).

oder wenn besondere Gründe in der Person oder dem Verhalten des Gegners die Einschaltung bei der Gelderhebung rechtfertigen (unregelmäßige Zahlungen oder Betreibung durch langwierige Lohnpfändungen),

> Schumann/Geißinger A 21; Düsseldorf Rpfleger 73, 188; KG Rpfleger 62, 37 = NJW 60, 2345 = JR 60, 422; LG Frankenthal JurBüro 79, 1325; LG Koblenz JurBüro 84, 870.

oder wenn der Beklagte sich in einem Vergleich zur Zahlung zu Händen des
RA des Klägers verpflichtet hat.

KG JurBüro 81, 1349 = Rpfleger 81, 410; Nürnberg Büro 62, 342; dass. Rpfleger
63, 137; dass. JurBüro 68, 398 (Der Satz gilt aber wohl nicht, wenn die Zahlung an
den Anwalt allein im Interesse des Gläubigers oder gar des Anwalts selber liegt,
weil dieser aus anderen Sachen erhebliche Gebührenansprüche gegen seinen Mandanten hat, wegen der er sich aus der Vergleichssumme befriedigen soll oder will).

Die Hebegebühr ist vom Rechtsschutzversicherer nicht zu erstatten.

AG Schorndorf JurBüro 82, 1348.

Der **im Wege der Prozeßkostenhilfe beigeordnete Rechtsanwalt** kann　23
die Hebegebühr im allgemeinen nicht aus der Staatskasse erstattet verlangen.
Es sind jedoch Ausnahmen denkbar, die es geboten erscheinen lassen, daß der
beigeordnete RA auch die Tätigkeiten als Pflichtanwalt entwickelt, die durch
die Hebegebühr vergütet werden.

Rechtsbeiständen steht die Gebühr in voller Höhe zu (vgl. in Anh. C 6).　24

§ 23 Vergleichsgebühr

(1) **Für die Mitwirkung beim Abschluß eines Vergleichs (§ 779 des
Bürgerlichen Gesetzbuchs) erhält der Rechtsanwalt eine volle Gebühr
(Vergleichsgebühr). Der Rechtsanwalt erhält die Vergleichsgebühr
auch dann, wenn er nur bei den Vergleichsverhandlungen mitgewirkt
hat, es sei denn, daß seine Mitwirkung für den Abschluß des Vergleichs
nicht ursächlich war.**

(2) **Für die Mitwirkung bei einem unter einer aufschiebenden Bedingung oder unter dem Vorbehalt des Widerrufs geschlossenen Vergleich erhält der Rechtsanwalt die Vergleichsgebühr, wenn die Bedingung eingetreten ist oder der Vergleich nicht mehr widerrufen werden
kann.**

(3) **Soweit über die Ansprüche vertraglich verfügt werden kann,
gelten die Absätze 1 und 2 auch bei Rechtsverhältnissen des öffentlichen Rechts.**

Übersicht über die Anmerkungen

Allgemeines. Ein Streit wird durch gütliche Vereinbarungen der Beteiligten **1** meist besser als durch einen Richterspruch bereinigt. Für den RA bringt allerdings der Abschluß eines Vergleichs meist eine Mehrbelastung, in jedem Falle aber eine erhöhte Verantwortung mit sich. Er muß genau prüfen, ob den Interessen seiner Partei besser durch einen Vergleichsabschluß oder durch die Austragung des Streites vor Gericht usw. gedient ist. Für diese erhöhte Verantwortung (wie oft scheitern Vergleichsverhandlungen mit großen Unternehmen oder öffentlich-rechtlichen Körperschaften, weil auf seiten dieser Beteiligten kein Vertreter die Verantwortung für den Vergleich übernehmen will!) billigt das Gesetz dem RA eine zusätzliche Gebühr, die Vergleichsgebühr, zu.

Geltungsbereich. Aus dem Umstand, daß § 23 im zweiten Abschnitt steht, **2** der die gemeinsamen Vorschriften enthält, ist zu entnehmen, daß er für alle Vergleiche gilt, bei deren Abschluß der RA mitwirkt. Welcher Art die verglichenen Ansprüche sind, ist gleichgültig, soweit nur die Parteien berechtigt sind, über sie zu verfügen. Es kommt auch nicht darauf an, ob der Vergleich im Laufe eines gerichtlichen oder behördlichen Verfahrens oder außerhalb eines solchen abgeschlossen wird.

Ergänzende Vorschriften. § 23 wird durch verschiedene Vorschriften mo- **3** difiziert und ergänzt:

a) Soweit die Vergleichsgebühr bei Rechtsverhältnissen des öffentlichen Rechts gemäß Abs. 3 entfällt, tritt an ihre Stelle in einigen Fällen die Erledigungsgebühr des § 24.

b) Ein „Vergleich in einer Ehesache" löst gemäß § 36 Abs. 1 S. 1 die Vergleichsgebühr nicht aus. Wird ein Vergleich im Hinblick auf eine Ehesache geschlossen, so entsteht zwar die Vergleichsgebühr, jedoch bleibt gemäß § 36 Abs. 1 S. 2 der Wert der Ehesache bei der Berechnung der Vergleichsgebühr außer Betracht.

c) Wirkt der RA an einer Aussöhnung zerstrittener Eheleute mit, erhält er unter den Voraussetzungen des § 36 Abs. 2 eine – der Vergleichsgebühr verwandte – Gebühr, nämlich die Aussöhnungsgebühr.

d) In den Vertragshilfesachen des § 64 Abs. 1 erhält der RA bei Vergleichsabschluß keine zusätzliche Gebühr.

e) Im Güteverfahren des § 65 erhält der RA für die Mitwirkung bei einer Einigung an Stelle der Vergleichsgebühr die Einigungsgebühr des § 65 Abs. 2.

f) Für die Mitwirkung beim Abschluß eines Vergleichs in Privatklagesachen erhält der RA die Vergleichsgebühr des § 94 Abs. 3. Daneben kann der RA zusätzlich die Vergleichsgebühr des § 23 erhalten, wenn in dem Vergleich auch außerstrafrechtliche Ansprüche verglichen werden.

KG Rpfleger 62, 38.

g) Für die Mitwirkung bei einer Einigung der Beteiligten in dem Sühnetermin gemäß § 380 StPO erhält der Rechtsanwalt die Einigungsgebühr des § 94 Abs. 5.

h) In Verfahren vor Gerichten der Sozialgerichtsbarkeit gilt § 23 ebensowenig wie § 24 (vgl. § 116 Abs. 3) mit Ausnahme der Verfahren nach § 116 Abs. 2.

i) Für den Vergleich bei einer Tätigkeit im Rahmen einer Beratungshilfe gilt statt des § 23 der § 132 Abs. 3.

4 Handelt es sich um **Rechtsverhältnisse des öffentlichen Rechts,** so kann nach § 23 Abs. 3 ein Vergleich abgeschlossen werden, soweit über die Ansprüche vertraglich verfügt werden kann. Vgl. hierzu § 106 VwGO und § 101 SGG. In Steuersachen kann dagegen kein Vergleich geschlossen werden.

5 Der **Begriff des Vergleichs** ergibt sich aus § 779 BGB, wie daraus folgt, daß diese Bestimmung in § 23 Abs. 1, S. 1 ausdrücklich angezogen wird. Danach ist ein Vergleich ein Vertrag, durch den der Streit oder die Ungewißheit der Parteien über ein Rechtsverhältnis im Wege gegenseitigen Nachgebens beseitigt wird. Der Ungewißheit über ein Rechtsverhältnis steht es gleich, wenn die Verwirklichung des Anspruchs unsicher ist.

Die Ungewißheit kann in rechtlicher oder tatsächlicher Hinsicht bestehen. Es genügt subjektive Ungewißheit, auch Streit über Nebenpunkte, wie Fälligkeit, Zinsen usw., oder Ungewißheit für die Zukunft, z. B. über die künftige Rechtsentwicklung oder über die künftige Zahlungsfähgkeit.

> Vgl. auch Pikart WM 67, 590 (Die Rechtsprechung des Bundesgerichtshofs zum außergerichtlichen und gerichtlichen Vergleich).
>
> Vgl. ferner VG Berlin NJW 67, 366 (Auch in einem verwaltungsgerichtlichen Nebenverfahren ist ein Prozeßvergleich nach § 106 VwGO zulässig. Daher ist im Aussetzungsverfahren das Enstehen einer Vergleichsgebühr nicht ausgeschlossen.

6 Der Begriff des Vergleichs erfordert den **Abschluß eines Vertrages.** Die Beteiligten müssen den Streit oder die Ungewißheit vertraglich bereinigen. Dieser Vertrag bedarf grundsätzlich keiner Form; er kann auch mündlich abgeschlossen werden. Selbst stillschweigend kann ein solcher Vertrag u. U. zustande kommen. Enthält der Vergleich allerdings formbedürftige Verpflichtungs- oder Erfüllungsgeschäfte, gilt der Formzwang auch, wenn diese Geschäfte vergleichshalber geschlossen werden. So muß z. B. ein Vergleich, der die Verpflichtung zur Veräußerung oder zum Erwerb eines Grundstücks enthält, stets in Form des § 313 BGB abgeschlossen werden. Prozeßvergleiche (§ 794 Nr. 1 ZPO) ersetzen jede nach dem BGB erforderliche Form.

Zu beachten ist, daß von dem stillschweigenden Vertrag zu unterscheiden ist das vereinbarungslose tatsächliche Nachgeben.

Beispiele: Der Verpflichtete erfüllt die erhobenen Ansprüche voll. Der Verpflichtete erfüllt die erhobenen Ansprüche zum Teil und bestreitet im übrigen die Rechtmäßigkeit. Der Gläubiger wagt nicht, die weitergehenden Ansprüche gerichtlich geltend zu machen, weil er sich seiner Sache nicht sicher ist. Ein Vergleich liegt deshalb z. B. nicht vor, wenn der Haftpflichtversicherer eines Kraftfahrers den geltend gemachten Schadensersatzanspruch von sich aus um ein Drittel kürzt, weil der Geschädigte den Unfall mitverschuldet habe, oder wenn der Versicherer von den geltend gemachten Mietwagenkosten 15 % als Eigenersparnis streicht. Das gilt auch dann, wenn der Verletzte dem Haftpflichtversicherer mitteilt, er erkenne die Abzüge an; denn dann liegt zwar u. U. auf seiner Seite ein Vertragswille vor, er fehlt aber immer noch auf seiten der Versicherung (die Folge ist allerdings, daß der Verletzte seine Ansprüche weiter verfolgen kann). Ein Vergleich liegt dagegen vor, wenn der Haftpflichtversicherer eine Abfindungserklärung fordert.

Vgl. hierzu BGH NJW 70, 1122 = VersR 70, 573 = AnwBl. 71, 321 mit abl. Anm. von Fleischmann = JurBüro 70, 1065 (Ein Vergleich liegt nicht vor, wenn der Schadensersatzpflichtige im Wege einer „Abrechnung" die von ihm für objektiv gerechtfertigt oder doch für vertretbar gehaltenen Schadensbeträge dem Geschädigten anbietet und leistet, und der Geschädigte daraufhin auf die Verfolgung seiner ursprünglichen Mehrforderungen verzichtet. Das gilt auch dann, wenn der Schadensersatzpflichtige auf Gegenvorstellungen des Geschädigten seine Leistung erhöht). Vgl. hierzu Klingmüller-Müller VersR 71, 25; ferner Kubisch NJW 70, 1456 und Roidl DAR 70, 236 (beide den BGH ablehnend). Vgl. auch die – objektive – Übersicht von Klingmüller-André in VersR 68, 837 (ein Heft – Nr. 35 –, das sich ausschließlich mit der Vergleichsgebühr beschäftigt und eine gute Zusammenstellung der zusprechenden und der klageabweisenden Urteile enthält); vgl. außerdem die Übersicht von H. Schmidt JVBl. 69, 35. Erwähnenswert erscheint auch eine Entscheidung des OLG München AnwBl. 70, 78 (Ein Vergleich liegt vor, wenn ein Haftpflichtversicherer auf die Aufforderung des Anwalts des Geschädigten sein ursprüngliches Angebot erhöht und der Geschädigte sich unter Verzicht auf seine überschießende Forderung damit einverstanden erklärt. Die Erklärung des Versicherers, keinen Vergleich abschließen zu wollen, ist unbeachtlich). Vgl. die den BGH ablehnenden Entscheidungen von LG Darmstadt AnwBl. 72, 235; LG Hanau AnwBl. 72, 170; LG Karlsruhe AnwBl. 83, 95; AG Ansbach AnwBl. 78, 70; AG Brühl AnwBl. 78, 467; AG Seligenstadt AnwBl. 77, 30; AG Stuttgart AnwBl. 72, 204; AG Wiesbaden AnwBl. 72, 28 mit zust. Anm. von Chemnitz, sowie Oswald AnwBl. 77, 207.

Für die Frage, ob ein Vergleich geschlossen worden ist, kommt es auf den sachlich-rechtlichen Gehalt der Erklärungen der Parteien und nicht auf die äußere Form dieser Erklärungen an; deshalb kann ein Vergleich auch dann vorliegen, wenn die Parteien nach ihrer Einigung die Hauptsache übereinstimmend für erledigt erklärt haben.

Hamburg JurBüro 79, 203.

Der **Streit** oder die Ungewißheit muß **unter den Parteien** bestehen. Partei- 7 en in diesem Sinne sind nicht notwendig Prozeßparteien. Denn ein Vergleich kann auch geschlossen werden, wenn ein Rechtsstreit nicht anhängig ist. Parteien sind die Personen, zwischen denen des streitige oder ungewisse Rechtsverhältnis besteht (vgl. hierzu A 27).

Besteht zwischen den „streitenden Parteien" kein **Rechtsverhältnis,** kann 8 auch kein Vergleich i. S. des § 779 BGB und damit i. S. des § 23 geschlossen werden.

Beispiel: Der Verkäufer und der Käufer „streiten" in den Verkaufsverhandlungen um den Kaufpreis. Sie „vergleichen" sich in der Form, daß der Kauf zu ⅔ des geforderten Kaufpreises zustande kommt; kein Vergleich, weil noch kein Rechtsverhältnis bestand, dieses vielmehr erst durch den Kauf zustande kommen sollte.

Andererseits reicht aus, wenn nur eine Partei das Bestehen eines Rechtsverhältnisses behauptet: Fordert ein Gläubiger von dem Schuldner einen Betrag wegen Nichterfüllung eines Vertrages und bestreitet der Schuldner den Abschluß des Vertrages, so können sich die Parteien dennoch „vergleichen". Es braucht also nicht erst geprüft zu werden, ob wirklich ein Rechtsverhältnis – der Vertrag – zustande gekommen ist. Zahlt der Schuldner an den Gläubiger zur Abfindung der angeblichen Ansprüche des Gläubigers einen Betrag, so stellt diese Vereinbarung einen Vergleich dar.

Daß es ausreicht, daß ein Beteiligter das Bestehen eines Rechtsverhältnisses behauptet, wird von dem BGH nicht ausreichend beachtet. Der BGH fordert bei Vergleichen in Enteignungssachen, daß ein Rechtsverhältnis bereits besteht (s. A 68).

Der **Begriff des Rechtsverhältnisses** ist im weitesten Sinne zu verstehen. Er umfaßt alle Rechtsverhältnisse des materiellen Rechts, die der Verfügung der Parteien unterstehen, also z. B. nicht nur schuldrechtliche und dingliche, sondern z. B. auch familien- und erbrechtliche Verhältnisse, aber auch die Rechtsverhältnisse des öffentlichen Rechts (Abs. 3).

Nur ein materiellrechtliches Rechtsverhältnis fällt unter § 779 BGB, nicht das Prozeßrechtsverhältnis.

a. A. Martini MDR 61, 731.

In einem vereinbarten gegenseitigen prozessualen Nachgeben wird aber in aller Regel zugleich eine Vereinbarung über das in dem Prozeß geltend gemachte materielle Rechtsverhältnis liegen, kann insofern also ein Vergleich im Sinne des § 779 BGB liegen.

9 **Gegenseitiges Nachgeben** ist Voraussetzung für das Zustandekommen eines Vergleichs. Das erfordert, daß jede Partei einen für sie selbst günstigen Standpunkt der anderen Partei gegenüber irgendwie hervorgekehrt und sodann erkennbar ganz oder teilweise zum Ausgleich eines auch von der Gegenpartei gebrachten Opfers aufgegeben hat. Jedoch dürfen die Anforderungen nicht zu hoch gestellt werden. Ein Vergleich liegt z. B. auch schon vor, wenn Parteien sich alsbald im Interesse einer schnellen gütlichen Erledigung auf eine bestimmte Geldsumme einigen.

BGH BGHZ 39, 40 = AnwBl. 60, 244 = VRS 19, 408; KG JurBüro 81, 706 (Eine protokollierte Einigung über die Höhe des nachehelichen Kindesunterhalts stellt regelmäßig auch dann einen unter beiderseitigem Nachgeben geschlossenen Vergleich dar, wenn der Beteiligte nicht zuvor mit weitergehenden Forderungen hervorgetreten war); München JurBüro 68, 983 (Gegenseitiges Nachgeben bejaht bei Anerkennung der Pflicht zur Rückzahlung des Kaufpreises und Rücknahme des Kaufgegenstandes einerseits und bei teilweisem Verzicht auf Ausübung des Zurückbehaltungsrechts); Vgl. auch München NJW 69; 1306 = Rpfleger 69, 251 = JurBüro 69, 737 = JVBl. 69, 212 (Das Nachgeben muß gegenseitig sein, d. h. jede Partei muß nachgeben, weil auch die andere Partei nachgibt); Nürnberg JurBüro 67, 899 (Das Nachgeben der Parteien kann gering sein); Oldenburg Rpfleger 68, 313 (Geringfügiges Nachlassen in irgendeinem Punkt genügt).

Ein als Vergleich bezeichnetes Übereinkommen der Parteien ist gebührenrechtlich nur dann als Vergleich anzusehen, wenn es den Streit oder die Ungewißheit der Parteien im Wege gegenseitigen Nachgebens beseitigt.

Daraus, daß nach § 794 Nr. 1 ZPO ein Prozeßvergleich einen vollstreckbaren Titel bildet, kann nicht geschlossen werden, daß umgekehrt bei Schaffung eines vollstreckbaren Titels auch ein Prozeßvergleich vorliege.

Das Nachgeben braucht kein wirkliches Opfer zu sein. Es genügt z. B. der Verzicht auf Ansprüche, mögen diese in Wirklichkeit nicht bestehen (kein objektives Opfer), wenn sie von einem Beteiligten nur ernstlich in den Kreis der Erwägungen gezogen worden sind (subjektives Opfer genügt).

BGH BGHZ 39, 60 = NJW 63, 637 = MDR 63, 289; KG Rpfleger 62, 38; Oldenburg Rpfleger 68, 313; LAG Düsseldorf JurBüro 86, 873.

Schließen in einem Verfahren der einstweiligen Verfügung die Parteien einen „Vergleich" dahin, daß sich der Antragsgegner unter Versprechen einer Vertragsstrafe verpflichtet, das beanstandete Verhalten zu unterlassen, ist das kein echter Vergleich. Zwar hat der Antragsgegner durch die Verpflichtung nachgegeben, dagegen liegt auf Seiten des Antragstellers in dem Verzicht auf den Richterspruch und die Möglichkeit, eine Bestrafung bei Zuwiderhandlungen zu erwirken, kein echtes Nachgeben, weil der Antragsteller diesen Richterspruch mangels Rechtsschutzbedürfnisses nicht mehr erreichen kann.

Düsseldorf JurBüro 66, 220 = MDR 66, 424 = JVBl. 66, 111 = JMBlNRW 66, 106 = Rpfleger 66, 346. Hamburg MDR 77, 502; Köln JurBüro 86, 222; a. A. Frankfurt AnwBl. 78, 467; H. Schmidt AnwBl. 84, 306 und 8. Auflage.

Verpflichtet sich in einem Verfahren der einstweiligen Verfügung die beklagte Partei, die ihr zu untersagende Behauptung in Zukunft nicht aufzustellen, und erklären daraufhin beide Parteien die Hauptsache für erledigt, so liegt auch hierin nicht der Abschluß eines Vergleichs.

Schleswig JurBüro 83, 1818; a. A. Frankfurt AnwBl. 78, 467 = JurBüro 79, 53.

Gegenseitig ist das Nachgeben, wenn beide Teile Zugeständnisse machen, die zusammengenommen zu einer Einigung über den Gegenstand oder die Ungewißheit führen.

Vgl. VGH Kassel AnwBl. 84, 52.

Bei einem Vergleich liegt ein Nachgeben der anderen Partei im gebührenrechtlichen Sinn bereits vor, wenn sie um der Einigung willen eine erlangte Rechtsstellung gegenüber dem Gegner aufgibt oder in einer dem Gegner erkennbaren Weise ihre rechtlichen Möglichkeiten, die sie bei Weiterführung des Prozesses hätte, nicht mehr ausnützt.

München AnwBl. 65, 214 = NJW 65, 1026 = JurBüro 65, 467 = JVBl. 65, 140 = Rpfleger 67, 133 (L).

Auch ein Erbauseinandersetzungsvertrag kann einen Vergleich darstellen. Das ist z. B. dann der Fall, wenn mehrere Erben die gleichen Gegenstände beanspruchen und sie sich dahin einigen, daß der eine Erbe den einen Gegenstand und der andere Erbe den anderen streitigen Gegenstand erhält.

a. M. Schumann/Geißinger A 25 (Vergleich nur bei Abfindung).

Auch bei **Verzicht auf den Klaganspruch, Klagrücknahme oder Rechts- 10 mittelrücknahme bei Kostenaufhebung** liegt ein Vergleich vor. Im Nachgeben des Klägers oder des Rechtsmittelklägers liegt im Verzicht auf die Weiterverfolgung des Anspruchs, das des Beklagten oder des Rechtsmittelbeklagten im Verzicht auf ein die Klage abweisendes oder das Rechtsmittel zurückweisendes Urteil und in der Übernahme der Hälfte der Kosten. Voraussetzung dabei ist, daß die Klage oder das Rechtsmittel gerade in Erfüllung der durch Vergleich übernommenen Verpflichtung und mit Rücksicht auf die vereinbarte Kostenaufhebung zurückgenommen wird. Vergleichsgegenstand ist dann die Hauptsache, nicht nur der Kostenbetrag.

LG Berlin AnwBl. 84, 450 = JurBüro 84, 1517; VGH Kassel AnwBl. 84, 52.

Auch in Ehesachen ist ein solcher Vergleich, daß der Scheidungsantrag unter Kostenaufhebung zurückgenommen wird, möglich. Hier ist allerdings die

Hauptsache gemäß § 36 Abs. 1 Satz 1 nicht zu bewerten. Der Vergleichswert richtet sich allein nach den Kosten. Vgl. hierzu im einzelnen A 3 zu § 36.

Vgl. Hamm JurBüro 80, 1685 = MDR 81, 62 = Rpfleger 81, 32 (L) = VersR 81, 360 (Rücknahme der Berufung bei Verzicht des Berufungsbeklagten auf Erstattung seiner Kosten).

Wird die Klage bedingungslos zurückgenommen und erst nachträglich Kostenaufhebung vereinbart, so liegt nur ein Kostenvergleich vor.

Wird die Klage unter Verzicht auf den Anspruch und Übernahme aller Kosten zurückgezogen, so liegt nicht schon deshalb ein Vergleich vor, weil der Beklagte die Rücknahme genehmigt.

Hamburg MDR 80, 589 = JurBüro 80, 866; KG FamRZ 68, 652.

Dagegen ist ein Vergleich, und zwar auch über die Hauptsache, anzunehmen, wenn der Beklagte als Gegenleistung die Kosten des Rechtsstreits übernimmt. Hat der Beklagte eine Widerklage erhoben, so kann sein Entgegenkommen in der Verpflichtung zur Rücknahme der Widerklage liegen.

Gerold Büro 59, 455.

Nimmt der Kläger die Klage zurück und stimmt der Beklagte unter Stellung des Kostenantrages zu, nachdem sich die Parteien zuvor über die Hauptsache im Wege gegenseitigen Nachgebens geeinigt haben (das ist notwendig), so liegt ein Vergleich auch dann vor, wenn die Parteien ihre Einigung nicht als Vergleich erkannt und bezeichnet haben.

Hamm NJW 73, 148 = MDR 73, 148 = AnwBl. 73, 24 = JurBüro 72, 1082.

Durch die Erklärung des Beklagten, das nach seiner Behauptung mangelhafte Werk bis zu einem bestimmten Zeitpunkt zurückzugeben, und die Erklärung des Klägers, nach fristgerechter Rückgabe des Werks die Klage auf Zahlung des Werklohns zurückzunehmen, erwächst den die Parteien vertretenden Prozeßbevollmächtigten die Vergleichsgebühr auch dann, wenn das Gericht die Erklärungen der Parteien deshalb nicht als Vergleich protokolliert hat, weil nach seiner Auffassung der Vergleich keinen vollstreckbaren Inhalt habe.

Frankfurt AnwBl. 82, 248 = JurBüro 82, 716 = BB 82, 832 (L).

11 Beiderseitiger Rechtsmittelverzicht stellt sich nicht notwendig als Vergleich dar. Ein Vergleich liegt insbesondere dann nicht vor, wenn die Entscheidung den beiderseitigen Anträgen entspricht (z. B. Rechtsmittelverzicht nach Anerkenntnisurteil oder nach einem Scheidungsurteil gemäß den Anträgen der Parteien). Das gleiche gilt, wenn das Urteil derart überzeugend ist, daß beide Parteien sich bei dem Urteil bescheiden wollen (hier liegt kein Streit mehr vor; dieser ist durch das überzeugende Urteil bereinigt worden). Der Rechtsmittelverzicht ist auch dann kein Vergleich, wenn jede Partei den Verzicht nur für den Fall erklärt, daß die andere eine gleichlautende Erklärung abgibt. Etwas anderes gilt jedoch z. B., wenn das Urteil beiden Parteien nicht entspricht und deshalb beide Streitteile erwägen, Berufung einzulegen, sich jedoch nach Verhandlungen dahin einigen, es bei dem Urteil zu belassen und Rechtsmittelverzicht zu erklären.

12 Ein bloßes **Anerkenntnis** des Schuldners ist zwar kein Vergleich. Da aber auch eine Unsicherheit der Rechtsverwirklichung nach § 779 BGB genügt und das Anerkenntnis die Verwirklichung sichert, ist darin ein Nachgeben des

Schuldners zu finden. Gewährt dafür der Gläubiger Stundung, bewilligt er Ratenzahlung, verzichtet er auf Zinsen oder übernimmt er einen Teil der Kosten, so liegt beiderseitiges Nachgeben und deshalb auch ein Vergleich vor.

Hamburg JurBüro 83, 1039 = MDR 83, 589; vgl. aber LAG Baden-Württemberg JurBüro 84, 871 (praktisch vollkommenes Anerkenntnis kein Vergleich).

Der Umstand, daß das Nachgeben einer Partei nur gering ist, schließt, sofern nur ein wirkliches Nachgeben vorliegt, einen Vergleich nicht aus.

Auch dann, wenn der Schuldner sich verpflichtet, den Anspruch vor Gericht anzuerkennen und der Gläubiger zusichert, das Anerkenntnisurteil nur unter gewissen Voraussetzungen zu vollstrecken, liegt ein Vergleich vor. Dasselbe gilt, wenn der Beklagte sich verpflichtet, ein Versäumnisurteil gegen sich ergehen zu lassen und die Schuld in Raten abzuzahlen, der Kläger sich dagegen verpflichtet, bei pünktlicher Ratenzahlung seine Rechte aus dem Versäumnisurteil nicht geltend zu machen. Dieser Auffassung stehen abweichende Entscheidungen aus früherer Zeit nicht entgegen. Nach § 13 Nr. 4 RAGebO löste nur ein „zur Beilegung des Rechtsstreits" geschlossener Vergleich die Vergleichsgebühr aus. Mußte noch ein Urteil (sei es auch ein Anerkenntnis- oder Versäumnisurteil) ergehen, war für die Vergleichsgebühr kein Raum.

Gewährt der Gläubiger einer unbestrittenen Forderung dem Schuldner **Stundung,** so liegt darin kein Vergleich, wenn nicht auch dieser seinerseits nachgibt, indem er auf die gerichtliche Prüfung ernsthafter sachlicher Einwendungen im weiteren Verfahren der Instanz oder im Rechtsmittelverfahren verzichtet, wofür aber der formularmäßige Verzicht nicht ausreicht, wenn derartige Einwendungen nicht erhoben worden oder sonst ersichtlich waren,

LG Berlin JurBüro 85, 545,

oder indem er eine Bürgschaft beibringt oder sonstige Sicherheit leistet oder Forderungen abtritt.

München AnwBl. 59, 136 = Rpfleger 61, 413; Hamburg JurBüro 83, 1039 = MDR 83, 589.

Die von H. Schmidt in der 8. Auflage

dort besonders auch A 27 zu § 57 zum Ratenzahlungsvergleich in der Zwangsvollstreckung, auch JurBüro 63, 79

vertretene Ansicht, damit werde der Vergleichsbegriff zu eng aufgefaßt, wird nicht aufrecht erhalten. Mit der – auch schriftlich erteilten – Absichtserklärung, die Schuld in den eingeräumten Raten pünktlich begleichen zu wollen, gibt der Schuldner nicht nach, denn dazu ist er bei unbestrittener oder gar titulierter Forderung ohnehin verpflichtet, und wird auch die Verwirklichung des Anspruchs nicht sicherer. Daraus, daß der Gläubiger sich überhaupt auf die Stundung einläßt, kann nicht geschlossen werden, der Schuldner müsse doch wohl irgendwie nachgegeben haben. Oft will der Gläubiger nur ein günstiges Klima pflegen oder vertraut er schlicht der ehrlichen Absicht des Schuldners. Darin liegt aber kein Nachgeben von dessen Seite.

Wird nach Teilanerkenntnisurteil ein Vergleich abgeschlossen, durch den auch für den anerkannten Teil Ratenzahlungen vereinbart werden, so ist der ganze Klaganspruch Vergleichsgegenstand. Die Rechtslage ist dieselbe, wie wenn nicht rechtshängige Ansprüche in den Vergleich einbezogen werden.

Dasselbe gilt, wenn ein Teilanerkenntnis und eine Klageermäßigung angekündigt waren.

13 Nach **Erledigung der Hauptsache** kann über sie kein Vergleich mehr
geschlossen werden, weil es an einem Streit oder einer Ungewißheit fehlt, die
durch gegenseitiges Nachgeben beseitigt werden können. Es ist dann nur
noch ein Vergleich über die Kosten möglich, der nicht vorliegt, wenn eine
Partei die ganzen Kosten übernimmt.

War aber die Hauptsache noch nicht erledigt und wird vereinbart, sie solle als
erledigt angesehen werden, so liegt dann ein Vergleich in der Hauptsache vor,
wenn eine Partei in der Kostenfrage entgegenkommt.

Ein vereinbarungsgemäß erfolgtes außergerichtliches gegenseitiges Nachgeben der Parteien, das zur übereinstimmenden Erledigungserklärung nach
§ 91 a ZPO führt, läßt die Vergleichsgebühr erwachsen.

Hamburg JurBüro 80, 554 = MDR 80, 325.

Dasselbe gilt, wenn die Parteien darüber streiten, ob die Hauptsache erledigt
ist und anschließend unter gegenseitigem Nachgeben (z. B. in der Kostenfrage) die Erledigung der Hauptsache erklären.

Gerold Büro 56, 177; München Rpfleger 56, 26 (L).

Haben Parteien einen Rechtsstreit teilweise für erledigt erklärt, so ist regelmäßig davon auszugehen, daß die erledigten Ansprüche nicht Gegenstand eines
in dem Rechtsstreit geschlossenen Vergleichs sein sollen.

KG MDR 72, 431 = JurBüro 72, 227.

14 Im **Verfahren über eine einstweilige Verfügung** besteht der Streit nicht
über den im Hauptprozeß geltend gemachten materiellen Anspruch, sondern
über den auf Prozeßrecht beruhenden Anspruch auf Sicherung des nur
glaubhaft zu machenden Anspruchs für die Dauer des Hauptrechtsstreits. Ein
Vergleich liegt daher vor, wenn der Antragsteller im Widerspruchsverfahren
auf die Rechte aus der einstweiligen Verfügung zum Teil verzichtet, der
Antragsgegner zum anderen Teil auf die Durchführung des Widerspruchsverfahrens und auf Vornahme einzelner beanstandeter Handlungen verzichtet
und wenn vereinbart wird, daß die Kosten des Verfügungsverfahrens der
Kostenentscheidung in der Hauptsache folgen sollen.

Vgl. auch Hamburg JurBüro 72, 691.

Auch die Vereinbarung, eine einstweilige Verfügung bis zur Entscheidung des
Rechtsstreits aufrechtzuerhalten und die Kosten denen der Hauptsache folgen
zu lassen, ist ein Vergleich.

15 Durch den Vergleich **muß der Streit oder die Ungewißheit beseitigt
werden.** Nicht mehr erforderlich ist, daß der Vergleich zur Beilegung eines
Rechtsstreits geschlossen sein muß. Ein Rechtsstreit braucht also nicht anhängig zu sein. Wird der Streit oder die Ungewißheit nicht beseitigt, so liegt kein
Vergleich vor, z. B. dann nicht, wenn vereinbart wird, der Streit solle durch
ein Schiedsgericht entschieden werden. Hier wird der Streit nicht beseitigt,
sondern nur eine Einigung über den modus procedendi geschaffen.
Vereinbaren aber die Parteien, daß ein Sachverständigengutachten eingeholt
und als bindend anerkannt werden soll, so liegt darin ein Vergleich.

KG JurBüro 79, 695 = MDR 79, 592 (Vereinbaren die Parteien durch Zwischenvergleich die Einholung eines Schiedsgutachtens, so fällt die Vergleichsgebühr

selbst dann an, wenn das Schiedsgutachten infolge Rücknahme der Klage keine entscheidungserhebliche Bedeutung gewinnt), bestätigt JurBüro 85, 1499; a. A. Stuttgart JurBüro 84, 550 = Justiz 84, 99.

Auch die Beschränkung des Streitstoffs auf bestimmte Angriffs- oder Verteidigungsmittel beseitigt den Streit oder die Ungewißheit nicht, z. B. nicht die Vereinbarung, es solle nur über eine bestimmte, für die Entscheidung wichtige Rechtsfrage ein Urteil herbeigeführt werden; insoweit liegt also ein Vergleich nicht vor.

Dagegen kann sich eine Vereinbarung, daß ein Anspruch nur aus Vertrag und nicht aus unerlaubter Handlung geltend gemacht werden soll, als Vergleich darstellen, wenn der Leistung des Gläubigers (Verzicht auf den Anspruch aus unerlaubter Handlung) eine Gegenleistung des Schuldners gegenübersteht.

Ein Vergleich liegt weiter vor, wenn eine über einen Teilanspruch ergehende Entscheidung kraft Parteivereinbarung für den Gesamtanspruch maßgebend sein soll. Mit der Vereinbarung haben die Streitteile den zwischen ihnen bestehenden Streit – aufschiebend bedingt durch das Ergehen des Urteils über den Teilanspruch – bereinigt.

Ist ein Anspruch nach Grund und Höhe streitig, kann auch allein über den Grund ein Vergleich geschlossen werden (daß ein Vergleich über die Höhe möglich ist, nachdem über den Grund entschieden ist, steht außer Streit). Das ergibt sich daraus, daß der Streit über den Anspruch in zwei Verfahren aufgespalten werden kann, in ein solches über den Grund und ein weiteres über die Höhe. Hat also z. B. das Landgericht ein Grundurteil erlassen (etwa dahin, daß der Anspruch zu ⅔ gerechtfertigt ist) und einigen sich sodann die Parteien im Berufungsverfahren dahin, daß der Beklagte verpflichtet sein soll, die Hälfte des entstandenen Schadens zu ersetzen, liegt ein Vergleich über den Grund vor. Eine solche Einigung kann viel wert sein, denn häufig folgt der Einigung über den Grund auch die Einigung über die Höhe.

Vgl. H. Schmidt JurBüro 64, 413; Frankfurt VersR 71, 945 (L).

Ein **Zwischenvergleich,** der nur einen vorläufigen Zustand regelt, genügt in 16 der Regel nicht, z. B. nicht die Vereinbarung, einen Rechtsstreit einstweilen nicht weiterzuführen, es bei dem bisherigen Prozeßstand zu belassen oder einen besonders vereinbarten Schwebezustand zu schaffen.

Vgl. Hamm JurBüro 76, 913 und Köln JurBüro 73, 963 = JMBlNRW 74, 142.

Werden aber für das Zwischenstadium endgültige Vereinbarungen geschaffen, die auch für den Fall der Endlösung ihre Gültigkeit behalten sollen, liegt ein Vergleich hinsichtlich des Zwischenstadiums vor. Beispiel: Während des Schwebens eines Herausgabeprozesses vereinbaren die Parteien, daß der Beklagte für die Nutzung des Gegenstandes, dessen Herausgabe begehrt wird, einen bestimmten Betrag entrichtet, bei dem es auch dann verbleiben soll, wenn der Klage stattgegeben oder wenn sie abgewiesen werden sollte.

Einigen sich die Parteien zur Abwendung der Zwangsvollstreckung eines vorläufig vollstreckbaren Urteils auf die Bestellung einer Sicherungshypothek, so liegt darin, weil keine über die vorläufige Vollstreckbarkeit hinausgehende Wirkung erreicht ist, nur ein die Vergleichsgebühr nicht auslösender Zwischenvergleich.

Celle JurBüro 66, 949 = JVBl. 67, 20 = NdsRpfl. 66, 266 = Rpfleger 67, 425.

Dagegen vermag auch ein Zwischenvergleich die Vergleichsgebühr auszulösen, wenn er endgültige Regelungen über Streitfragen enthält, die auch für den Fall der gerichtlichen Entscheidung Gültigkeit behalten sollen.

Hamburg JurBüro 72, 691; Köln JurBüro 73, 963; München AnwBl. 76, 91 = JurBüro 76, 189; Koblenz JurBüro 1986,1527 = MDR 86, 860.

17 Über einen prozessualen Zwischenstreit ist kein Vergleich möglich, wenn dieser Zwischenstreit nur Verfahrensfragen betrifft und die Einigung die Instanz nicht beendet. Beispiel: In der ersten Instanz einigen sich die Parteien, daß der Kläger keine Sicherheit für die Prozeßkosten zu leisten hat. Dagegen kann ein Vergleich vorliegen, wenn die Einigung zugleich materiellrechtlichen Inhalt hat (die Parteien treffen eine Vereinbarung über den Erfüllungsort und damit über die Zuständigkeit) oder wenn sie die Instanz beendet (die Parteien einigen sich im Berufungsverfahren über die Sicherheitsleistung, weil damit eine Instanz und somit eine Angelegenheit – § 13 Abs. 2 Satz 2 – endgültig erledigt wird).

18 Wird der **Streit nur wegen eines Teiles** des streitigen Anspruchs **beseitigt,** so ist nur dieser Teil der der Gebührenberechnung zugrunde zu legende Vergleichsgegenstand. Das gilt auch für einen Vergleich, der einen Unterhaltsanspruch nur für einige Monate regelt.

Einigen sich die Parteien in einer Unfallsache zwar über die Höhe des beiderseitigen Schadens, bleibt aber die Haftungsquote streitig und ist deshalb über die Ansprüche durch Urteil zu entscheiden, liegt ein Vergleich nicht vor, auch kein Teilvergleich (nur eine Vereinfachung des Rechtsstreits).

Köln MDR 74, 1026 mit Anm. von H. Schmidt.

Vergleichen sich die Parteien nur über die Hauptsache, während über die Kosten entschieden werden soll, so ist das zwar ebenfalls nur ein Teilvergleich. Vergleichsgegenstand ist aber die ganze Streitsache, denn die Hauptsache ist verglichen worden. Daß über die Kosten noch eine Entscheidung getroffen werden muß, ist unschädlich.

München Rpfleger 67, 168 (Haben sich die Parteien in einem gerichtlichen Vergleich nur über die Hauptsache geeinigt und legt das Gericht einer Partei gemäß § 91 a ZPO die Kosten des Rechtsstreits auf, so hat diese auch die Vergleichsgebühr des Rechtsanwalts der obsiegenden Partei zu erstatten); LG Limburg Büro 61, 404.

19 Nach Rechtskraft des den Streit entscheidenden Urteils wird es in der Regel zu einem Vergleich nicht mehr kommen. Denn Streit und Ungewißheit sind ja nunmehr beseitigt. Dagegen ist ein Vergleich möglich, wenn neue Streitfragen hervorgetreten sind, die zu einer Vollstreckungsgegenklage oder zu einer Wiederaufnahme des Verfahrens führen können, oder wenn die Vollstreckung unsicher ist, z. B. wenn der Schuldner gegen Gewährung eines Nachlasses sofort bezahlt.

Schumann MDR 60, 456.

Ist ein rechtskräftiges Teilurteil ergangen, so kann der entschiedene Teilanspruch in einen Vergleich erneut in der Form einbezogen werden, daß das Teilurteil abgeändert wird.

Beispiel: Klage auf Lieferung oder Herausgabe eines bestimmten Gegenstandes. Eventualwiderklage auf Zahlung eines Betrages für den Gegenstand. Nach Erlaß eines der Klage stattgebenden Teilurteils einigen sich die Parteien dahin, daß der Beklagte den herauszugebenden Gegenstand doch behält und dafür an den Kläger eine bestimmte Entschädigung entrichtet. Auch in der Zwangsvollstreckung kann noch ein Vergleich geschlossen werden. Zwar ist die „Ungewißheit über das Rechtsverhältnis" in der Regel beseitigt. Es bleibt aber offen die „Unsicherheit der Rechtsverwirklichung". Wegen der Einzelheiten vgl. Anm. 27 zu § 57.

Ein **vor Rechtskraft, aber nach Urteilserlaß** abgeschlossener Vergleich 20 begründet den Anspruch auf eine Vergleichsgebühr ebenfalls. Ein Vergleich kann somit auch zwischen den Instanzen geschlossen werden. Bis zur Einlegung eines Rechtsmittels ist der Vergleich noch in der Vorinstanz abgeschlossen. Wird der Vergleich erst abgeschlossen, nachdem gegen das Urteil Berufung eingelegt worden ist, ist der Vergleich in der Berufungsinstanz geschlossen ($^{13}/_{10}$ Vergleichsgebühr).

Die Vergleichsgebühr erwächst auch für einen Vergleich, durch den auf Einspruch gegen ein Versäumnisurteil verzichtet wird. Voraussetzung ist, daß in dem Vergleich beide Parteien nachgeben. Wird ein solcher Vergleich außergerichtlich geschlossen, so kann die Vergleichsgebühr des Rechtsanwalts des Klägers nicht auf Grund des Versäumnisurteils erstattet verlangt werden.

Bei einem **unter einer aufschiebenden Bedingung abgeschlossenen Ver-** 21 **gleich** erhält der RA nach § 23 Abs. 2 die Vergleichsgebühr nur dann, wenn die Bedingung eingetreten ist. Dafür, ob es sich um einen aufschiebend oder einen auflösend bedingten Vergleich handelt, ist nicht seine Fassung, sondern sein Inhalt maßgebend, z. B. liegt ein aufschiebend, nicht ein auflösend bedingter Vergleich vor, wenn ein in einem einstweiligen Verfügungsverfahren abgeschlossener Vergleich hinfällig werden soll, falls nicht bis zu einem bestimmten Zeitpunkt die Klage zugestellt wird, oder wenn ein Unterhaltsvergleich erst mit Rechtskraft des Scheidungsurteils wirksam werden soll.

Der Abschluß einer Scheidungsvereinbarung erfolgt – auch ohne ausdrücklichen Hinweis – unter der aufschiebenden Bedingung der Rechtskraft des Scheidungsurteils.

Bamberg JurBüro 80, 1347 mit Anm. von Mümmler; Hamm AnwBl. 80, 363 = Rpfleger 80, 445 = JurBüro 80, 1518 (Auch bei einem Vergleich über Scheidungsfolgesachen, der nach § 630 ZPO Voraussetzung für eine einverständliche Scheidung nach § 1566 Abs. 1 BGB ist, fällt die Vergleichsgebühr der RAe nur bei Eintritt der aufschiebenden Bedingung der Rechtskraft der Scheidung an. Der Bedingungseintritt ist jedoch nicht Voraussetzung für den Anfall der halben Prozeßgebühr nach § 32 Anm. 2; insoweit handelt es sich nicht um eine Erfolgsgebühr) und JurBüro 81, 382; KG AnwBl. 78, 475 = Rpfleger 78, 389 = JurBüro 78, 1664 mit Anm. von Mümmler = KostRspr. § 31 Ziff. 1 Nr. 86 mit Anm. von Lappe (Das KG macht fälschlich auch die Entstehung der Prozeßgebühr von dem Bedingungseintritt abhängig).

Ein aufschiebend bedingter Vergleich liegt nicht schon deshalb vor, weil zu seiner Durchführung die Mitwirkung eines Dritten erforderlich ist. Verweigert der Dritte wider Erwarten seine Zustimmung, so ändert das nichts am Vorliegen eines Vergleichs.

Wohl aber entsteht bei einem Vergleich, der einer behördlichen Genehmigung bedarf und bis dahin schwebend unwirksam ist, die Vergleichsgebühr erst mit der Erteilung der Genehmigung. Der Vergleich bleibt auch dann ein aufschiebend bedingter Vergleich, wenn er dahin gefaßt ist, daß er außer Kraft tritt, wenn die zu seiner Rechtsgültigkeit notwendige Genehmigung versagt wird.

Koblenz Rpfleger 82, 441 = JurBüro 82, 1829; vgl. auch Zweibrücken JurBüro 83, 226 (Durch die Mitwirkung des RA an einer Vereinbarung der Parteien über den Verzicht auf die Durchführung des Versorgungsausgleichs kann die Vergleichsgebühr anfallen, wenn das Gericht die Vereinbarung, sei es auch in Form einer sie billigenden Entscheidung über den Versorgungsausgleich, gem. § 1587 o BGB genehmigt.)

22 Ebenso erhält bei einem **Vergleich auf Widerruf** der RA nach § 23 Abs. 2 die Vergleichsgebühr nur dann, wenn der Vergleich nicht mehr widerrufen werden kann.

Auch für den RA, der ohne Widerruf abschließt, entsteht keine Vergleichsgebühr, wenn die Gegenseite von dem allein ihr vorbehaltenen Widerrufsrecht Gebrauch macht.

Frankfurt Rpfleger 79, 229 = JurBüro 79, 849 = VersR 79, 578.

Die Vergleichsgebühr entsteht auch dann nicht, wenn der Widerruf später zurückgenommen wird, weil dadurch der widerrufene Vergleich nicht wieder wirksam wird. Vereinbaren jedoch die Parteien, daß der widerrufene Vergleich trotz des Widerrufs gelten soll, so liegt darin der Abschluß eines neuen Vergleichs. Etwaige Formvorschriften (z. B. § 313 BGB) müssen auch für den neuen Vergleich eingehalten werden.

Ob dann, wenn der unter Mitwirkung des RA geschlossene, widerrufene Vergleich ohne seine Mitwirkung in abgeänderter Form neu abgeschlossen wird, dem RA die Vergleichsgebühr zusteht, hängt davon ab, ob die Mitwirkung des RA bei dem widerrufenen Vergleich auch für den Abschluß des neuen Vergleichs ursächlich war (§ 23 Abs. 1 S. 2). Das ist anzunehmen, wenn der Vergleich nur mit geringfügigen Änderungen neu geschlossen wird (vgl. hierzu A 31).

23 Ein **auflösend bedingter Vergleich** begründet dagegen den Anspruch auf die Vergleichsgebühr. Denn ein rechtsgültiger Vergleich ist abgeschlossen. Die Gebühr entfällt auch nicht, wenn die auflösende Bedingung eintritt.

24 Dasselbe gilt auch für einen unter **Vorbehalt des Rücktritts** für bestimmte Fälle oder mit **Verwirkungsklausel** abgeschlossenen Vergleich, auch wenn der Rücktritt wirksam erkärt wird oder die Verwirkungsklausel eintritt. Der Unterschied zu dem unter aufschiebender Bedingung oder auf Widerruf geschlossenen Vergleich liegt darin, daß dort das Wirksamwerden des Vergleichs und damit auch seine Auswirkung auf den Streit oder die Ungewißheit der Parteien in der Schwebe bleibt, während bei dem Vergleich mit Rücktrittsrecht oder Verwirkungsklausel dieser bis zur etwaigen Ausübung des Rücktrittsrechts oder bis zum Eintritt der Klausel den Streit wirksam beendet. Die Vergleichsgebühr entsteht daher auch dann, wenn der Kläger den Vergleich nur unter bestimmten Voraussetzungen, z. B. Nichtzahlung fälliger Raten seitens des Beklagten, widerrufen darf, da als Vergleich unter Widerruf nur ein solcher anzusehen ist, bei dem der Widerruf in das freie Ermessen der Parteien gestellt ist.

Stellt sich aber das vereinbarte Rücktrittsrecht in Wahrheit als Vereinbarung eines Widerrufsrechts dar, so liegt ein Vergleich auf Widerruf vor,

Hamburg MDR 65, 308; München Rpfleger 56, 26 (L).

so z. B., wenn der Rücktritt innerhalb einer bestimmten Frist erklärt werden muß.

Braunschweig Rpfleger 56, 113 (L); s. a. oben A 21.

Ein **anfechtbarer Vergleich** ist zunächst wirksam zustande gekommen. **25** Damit ist die Vergleichsgebühr entstanden. Sie entfällt auch nicht wieder, wenn der Vergleich später angefochten wird. Ein etwaiger Einwand, der RA habe die Anfechtbarkeit des Vergleichs verschuldet, bleibt unberührt. Wegen erneuten Vergleichs im Streit um die Anfechtung s. A 26.

Ist dagegen der **Vergleich** von vornherein **nichtig** (z. B. wegen Sittenwidrigkeit, Wuchers, Verstoßes gegen ein gesetzliches Verbot), ist niemals ein wirksamer Vergleich zustande gekommen. Infolgedessen ist auch die Vergleichsgebühr nicht erwachsen.

Ist der **Vergleich gemäß § 779 BGB unwirksam,** weil ihm die erforderliche Geschäftsgrundlage fehlt, ist kein wirksamer Vergleich zustande gekommen. Die Vergleichsgebühr ist nicht erwachsen, auch wenn sich erst nachträglich herausstellt, daß der als feststehend zugrunde gelegte Sachverhalt der Wirklichkeit nicht entsprach.

Donau NJW 55, 1424; Düsseldorf NJW 68, 1098 = MDR 68, 505 = Rpfleger 68, 197 = JurBüro 68, 216 = JVBl. 68, 64; **a. M.** Schumann/Geißinger A 71.

Voraussetzung ist allerdings, daß die Unwirksamkeit feststeht oder durch Urteil festgestellt wird. Wird der Streit über die Wirksamkeit des Vergleichs durch einen weiteren Vergleich bereinigt, kann offen bleiben, ob der erste Vergleich wirksam war oder nicht, denn der Rechtsanwalt kann die Vergleichsgebühr nur einmal erhalten. Wird der zweite Vergleich allerdings von einem anderen Rechtsanwalt oder in der nächsten Instanz geschlossen, erwächst für den zweiten Vergleich die Vergleichsgebühr. Kommt es wegen der ersten Vergleichsgebühr zu einem Gebührenstreit, ist in diesem über die Wirksamkeit des ersten Vergleichs zu entscheiden.

Macht nach Abschluß eines rechtswirksamen gerichtlichen Vergleichs eine Partei geltend, die Geschäftsgrundlage des Vergleichs sei weggefallen, so ist diese Frage nicht durch Fortsetzung des durch den Vergleich erledigten Rechtsstreits zu entscheiden. Die entstandene Vergleichsgebühr entfällt deshalb nicht.

BGH NJW 66, 1658.

Bei **erneutem Vergleichsschluß** nach Eintritt der auflösenden Bedingung, **26** der Verwirkungsklausel oder nach Rücktritt kann zufolge § 13 Abs. 2 S. 1 die bereits verdiente Vergleichsgebühr nicht nochmals entstehen. Wird ein angefochtener Vergleich durch einen zweiten Vergleich bestätigt, so können die Prozeß- und die Vergleichsgebühren nur einmal gefordert werden.

Frankfurt JurBüro 69, 233 = Rpfleger 69, 99; KG AnwBl. 74, 183 = Rpfleger 74, 231 = JurBüro 74, 736.

Das gilt aber nur dann, wenn über die Wirksamkeit des Vergleichs im gleichen Rechtszug verhandelt wird. Wird über die Wirksamkeit ein neuer selbständiger Rechtsstreit geführt, so entstehen sämtliche Gebühren neu, auch die Vergleichsgebühr. Das gleiche gilt, wenn der zweite Vergleich in einem anderen Rechtszug geschlossen wird (§ 13 Abs. 2 Satz 2).

Mümmler JurBüro 1985, 1631.

Auch dann, wenn der Streit über die Wirksamkeit eines außergerichtlichen Vergleichs durch einen im Rechtsstreit geschlossenen Vergleich beendet wird, entsteht eine neue Vergleichsgebühr, da die außergerichtlichen Vergleichsverhandlungen und der Rechtsstreit zwei verschiedene Angelegenheiten sind und der Rechtsanwalt nach § 118 Abs. 2 sich nur die Geschäftsgebühr des § 118 anrechnen lassen muß, nicht aber die Vergleichsgebühr des § 23.

27 Vergleichsparteien können alle Personen sein, zwischen denen ein Streit oder eine Ungewißheit über ein Rechtsverhältnis besteht. Daß der Vergleich nicht nur zwischen Prozeßparteien geschlossen werden kann, folgt jetzt schon daraus, daß der Vergleich nicht mehr zur Beilegung eines Rechtsstreits geschlossen werden muß. Nicht nötig ist auch, daß der Anspruch, über den der Vergleich geschlossen wird, sich gegen die andere Vergleichspartei richtet. So kann z. B. ein Vergleich über einen Schadensersatzanspruch auch zwischen dem Schadensersatzberechtigten und einem Angehörigen (z. B. dem Vater) des Ersatzpflichtigen geschlossen werden, obwohl der Geschädigte diesem gegenüber keinen unmittelbaren Anspruch hat, sofern ein solcher Vergleich auch den Streit zwischen dem Geschädigten und dem Ersatzpflichtigen beseitigt. Entsprechendes gilt für den Vergleich mit einem Bürgen des Schuldners.

28 Tritt ein Dritter einem gerichtlichen Vergleich bei, was zulässig ist, so erhält auch der RA des Dritten die Vergleichsgebühr (neben der zumindest noch die halbe Prozeßgebühr des § 32 anfällt, da die Vergleichsgebühr nicht als einzige Gebühr entstehen kann). Beauftragt der Dritte den RA einer Partei mit seiner Vertretung, so erhält dieser keine zweite Vergleichsgebühr (aber seine Prozeßgebühr erhöht sich gemäß § 6 Abs. 1 um ³⁄₁₀).

Der Prozeßbevollmächtigte des Streithelfers hat keinen Anspruch auf die Vergleichsgebühr, wenn der zwischen den Parteien geschlossene Vergleich nicht zugleich Rechtsverhältnisse des Streithelfers regelt. Es genügt nicht, daß der RA des Streithelfers bei dem Vergleich der Parteien mitgewirkt hat.

München JurBüro 63, 409; Hamm JurBüro 75, 913 = MDR 75, 943; Hamburg AnwBl. 79, 438 = JurBüro 79, 1013 (Regelung auch von Rechtsverhältnissen des Streithelfers sollte, muß aber nicht im Vergleichstext ausgedrückt werden.)

29 Für die **Mitwirkung** beim Abschluß eines Vergleichs erhält der RA die Vergleichsgebühr. Das setzt nicht voraus, daß der RA persönlich mit der Gegenpartei verhandelt hat oder daß er bei dem endgültigen Abschluß des Vergleichs anwesend war. Es genügt vielmehr die Prüfung und Begutachtung des Vergleichsvorschlags und die Beratung der eigenen Partei. Demgemäß verdient z. B. der Verkehrsanwalt, der die Partei über die Annahme eines gerichtlichen Vergleichsvorschlages berät, ebenfalls die Vergleichsgebühr, wenn es zum Abschluß des Vergleichs kommt.

BGH NJW 62, 1621 = MDR 62, 816 = Büro 62, 464 = JZ 63, 97 = VersR 62, 801 = LM BRAGO § 23 Nr. 1. Frankfurt AnwBl. 84, 101 = JurBüro 84, 59. Wegen der Vergleichsgebühr des Verkehrsanwalts vgl. auch A 17, 50 zu § 52.

30 Die **Tätigkeit** des RA muß **für den Vergleichsabschluß ursächlich** (mitursächlich) gewesen sein, was auch dann der Fall ist, wenn die Vergleichsverhandlungen zunächst gescheitert sind, die Parteien aber ohne RA oder mit einem anderen RA den gleichen Vergleich doch noch geschlossen haben, Celle NdsRpfl. 62, 112 = MDR 62, 489 = Rpfleger 64, 197; KG AnwBl. 70, 290 = MDR 70, 936 (L) = JurBüro 70, 775; LG Krefeld VersR 74, 894.

oder wenn der Vergleich erst nach dem Tode des RA abgeschlossen worden ist.

Endgültig fehlgeschlagene Vergleichsverhandlungen lösen die Vergleichsgebühr nicht aus. Die hieraus verwendete Tätigkeit wird durch andere Gebühren vergütet.

Abweichen des Vergleichs **vom Vorschlag** des RA steht der Entstehung der **31** Vergleichsgebühr nicht entgegen, wenn er nur im großen und ganzen dem Rate des RA entspricht.

Braunschweig AnwBl. 68, 280; Stuttgart AnwBl. 74, 355.

Das ist aber dann nicht der Fall, wenn die Parteien an Stelle des unter Mitwirkung des RA vorbereiteten oder widerruflich abgeschlossenen und sodann widerrufenen Vergleichs einen wesentlich abweichenden Vergleich geschlossen haben.

Geringfügige Änderungen reichen nicht aus. Beispiel: Die RAe regen in einem Prozeß über 2000 DM einen Vergleich über 1000 DM an. Der Vergleich wird über 900 DM abgeschlossen. Die RAe haben die Vergleichsgebühr verdient. Wird dagegen aus dem Vergleich gegenüber dem Vorschlag der RAe ein aliud, so ist die Vergleichsgebühr nicht erwachsen, mögen auch die RAe sich noch so sehr für einen Vergleichsabschluß eingesetzt haben. Beispiel: In einem Rechtsstreit auf Räumung eines Grundstücks streiten die Parteien darüber, ob der Mietvertrag beendet ist oder noch über 5 Jahre läuft. Die RAe schlagen vor, den Mietvertrag noch 2 Jahre fortzusetzen. Die Parteien einigen sich – ohne Mitwirkung der RAe – dahin, daß der Beklagte das Mietgrundstück käuflich erwirbt. Hier liegt zweifelsfrei ein aliud vor.

Auch **Abraten vom Widerruf** genügt, wenn darauf der vorbehaltene Wider- **32** ruf unterblieben ist, selbst wenn der RA am Termine nicht teilgenommen hat. Beispiel: Der Verkehrsanwalt rät der Partei dringend ab, den vom Prozeßbevollmächtigten widerruflich abgeschlossenen Vergleich zu widerrufen. Wird der Vergleich nicht widerrufen, haben beide RAe die Vergleichsgebühr verdient, der Prozeßbevollmächtigte für den Abschluß, der Verkehrsanwalt für das Abraten vom Widerruf.

Auch **Mitwirkung bei der Protokollierung** eines ohne Zuziehung des RA **33** bereits außergerichtlich abgeschlossenen Vergleichs genügt. Voraussetzung ist aber, daß der Vergleich vorher noch nicht wirksam war, was jedoch nach § 154 Abs. 2 BGB zu vermuten ist.

Bremen JurBüro 80, 1667 mit Anm. von Mümmler (Ein die Vergleichsgebühr auslösender Prozeßvergleich über die Aufteilung des ehelichen Hausrats liegt nicht vor, wenn etwaige Differenzen zwischen den Parteien über die Hausratsverteilung bei „Vergleichsabschluß" bereits beigelegt waren und sie schon vorher darüber Einigkeit erzielt hatten. Die in Form eines Prozeßvergleichs getroffene klarstellende Vereinbarung hat in diesem Falle nur deklaratorischen Charakter). Bedenklich LG Frankfurt Rpfleger 85, 166 (Erscheint der RA erst, nachdem bereits mit dem Diktat des Vergleichstextes begonnen wurde, und ist nicht ersichtlich, welchen wesentlichen Beitrag er noch zum Vergleichsabschluß geleistet hat, so erhält er die

Vergleichsgebühr nicht) – auch die Genehmigung des bereits diktierten Vergleichs ist ursächliche Mitwirkung, denn damit übernimmt der RA die Verantwortung.

Es entsteht auch dann die Vergleichsgebühr nur einmal, wenn der protokollierte Vergleich mit einem außergerichtlich geschlossenen Vergleich inhaltlich nicht übereinstimmt.

Ferner genügt, wenn sich der RA um eine zur Wirksamkeit des Vergleichs erforderliche Genehmigung bemüht.

34 Als Mitwirkung genügt nicht
eine erfolglose Bemühung des Anwalts, die entweder zu keinem Vergleich geführt hat oder auf den später zustandegekommenen Vergleich ohne Einfluß war, ein allgemeiner Rat zur gütlichen Erledigung;

Hamm JurBüro 65, 466 = Rpfleger 66, 98.

bloße Mitteilung von Vergleichsvorschlägen der Gegenpartei ohne Stellungnahme;

Unterrichtung der Partei über Einzelheiten eines gerichtlichen Vergleichsvorschlags und dessen Folgen ohne eine auf Herbeiführung des Vergleichs hinzielende Beratung;

Hamm Büro 53, 405.

Mitteilung, daß und wann der Prozeßbevollmächtigte des ersten Rechtszugs an einem vom Berufungsgericht anberaumten Sühnetermin teilnehmen werde;

bloße Anzeige eines ohne seine Mitwirkung geschlossenen außergerichtlichen Vergleichs.

Die Vergleichsgebühr entsteht nicht, wenn die Parteien selbst die entscheidende Ursache für den Vergleich setzen. Das ist z. B. dann der Fall, wenn sie sich zu einer internen Aussprache in Abwesenheit ihrer Prozeßvertreter zurückziehen, anschließend allein mit dem Gericht verhandeln und sodann ebenfalls ohne Prozeßvertreter einen Vergleich abschließen.

Celle JurBüro 67, 425 = NdsRpfl. 67, 88.

35 Auch bloße **Bestellung eines Unterbevollmächtigten** für einen Sühnetermin genügt nicht, wenn dieser durch Abschluß eines Vergleichs selbst den Anspruch auf die Vergleichsgebühr erworben hat. Wohl aber kann durch den vom Unterbevollmächtigten vermittelten Vergleich der Anspruch auf die Vergleichsgebühr für den RA entstehen, der den Unterbevollmächtigten beauftragt hat, wenn dieser nicht für eigene Rechnung, sondern für Rechnung des den Auftrag erteilenden RA handelt, sofern der Unterbevollmächtigte zu den in § 4 genannten Stellvertretern gehört. Außerdem kann neben dem Unterbevollmächtigten (§ 53), der den Vergleich abschließt, auch der Prozeßbevollmächtigte die Vergleichsgebühr verdienen, wenn er bei dem Vergleich mitgewirkt, etwa die Partei in Richtung auf den Vergleich beraten hat.

36 Bei **Abraten vom Vergleichsabschluß** entsteht keine Vergleichsgebühr, wenn die Partei trotz des Abratens den Vergleich abschließt (die Vergleichsgebühr entsteht aber, wenn der RA den Vergleich trotz Abratens auf Anweisung der Partei abschließt), auch nicht bei **Abweichen von den Weisungen** der Partei, wenn diese mit dem abweichenden Vergleich nicht einverstanden ist. Denn die Tätigkeit, die den Anspruch auf eine Vergleichsgebühr begründet, muß durch den Auftrag gedeckt sein.

410   *von Eicken*

Hat der RA von der Annahme eines gerichtlichen Vergleichsvorschlags abgeraten und empfohlen, einen günstigeren Vergleich anzustreben, haben jedoch die Parteien ohne seine Mitwirkung dann doch den vorgeschlagenen Vergleich abgeschlossen, so hat der RA Anspruch auf die Vergleichsgebühr.

Das gilt jedenfalls dann, wenn der RA den vorgeschlagenen Vergleich für annehmbar hält, aber abrät, ihn zu schließen, weil er erwartet, daß der Gegner bei weiteren Verhandlungen auf einen der Partei noch günstigeren Vergleich eingehen wird.

> München NJW 58, 1927 = Rpfleger 59, 137 = Büro 58, 383 (L).

Das gilt jedoch nicht, wenn der RA abrät, den vorgeschlagenen Vergleich anzunehmen, weil er viel zu ungünstig sei, die – prozeßmüde – Partei ihn dann aber hinter dem Rücken des RA abschließt.

Die **Beweislast** dafür, daß die Mitwirkung des RA für den Abschluß des **37** Vergleichs nicht ursächlich war, hat, wie aus den in Abs. 1 S. 2 enthaltenen Worten „es sei denn" hervorgeht, der Auftraggeber, falls der RA nur überhaupt bei Vergleichsverhandlungen oder als Berater mitgewirkt hat.

> Braunschweig AnwBl. 68, 280; AG Gießen AnwBl. 67, 443 (Anm. Brangsch).

So steht dem RA, der Vergleichsverhandlungen geführt hat, die Vergleichsgebühr auch dann zu, wenn der Vergleich ohne seine Zuziehung durch einen Gesamtrechtsnachfolger des Auftraggebers geschlossen wird und dieser dabei in die von dem RA für den Auftraggeber ausgehandelten Bedingungen eingetreten ist.

> KG AnwBl. 70, 290 = MDR 70, 936 (L) = JurBüro 70, 775.

Der **Prozeßbevollmächtigte eines früheren Rechtszugs** erhält keine Ver- **38** gleichsgebühr, wenn in einem höheren Rechtszug unter Mitwirkung des Prozeßbevollmächtigten der höheren Instanz ein Vergleich abgeschlossen wird, es sei denn, daß seine Mitwirkung zum Vergleichsschluß schon vor Einlegung des Rechtsmittels begonnen hatte oder daß er als Verkehrsanwalt bei dem Vergleich in der höheren Instanz mitgewirkt hat.

> Vgl. jedoch München JurBüro 80, 1345 = Rpfleger 80, 201 (Der um einen Vergleich bemühte Prozeßbevollmächtigte des ersten Rechtszuges erhält keine Vergleichsgebühr nach § 23, wenn ohne seine weitere Mitwirkung ein gleichlautender Vergleich erst in der höheren Instanz zustande kommt); vgl. auch Anm. 17, 50 zu § 52.

Denn es können auch **mehrere Rechtsanwälte** bei Abschluß eines Ver- **39** gleichs für denselben Auftraggeber mitwirken. Das ist nahezu die Regel, wenn eine Partei einen Verkehrsanwalt bestellt hat. Durch die Verkehrsgebühr wird die Mitwirkung bei dem Vergleich nicht abgegolten. S. A 17 zu § 52.

Auch wenn Anwaltswechsel stattgefunden hat, kann die Vergleichsgebühr beiden RAe zustehen, z. B. wenn der frühere RA bei vorhergegangenen für den Abschluß des Vergleichs ursächlichen Vergleichsverhandlungen mitgewirkt hat.

Das gilt auch für den Vergütungsanspruch des im Wege der Prozeßkostenhilfe beigeordneten RA gegen die Staatskasse.

Werden in einem einstweiligen Verfügungsverfahren zugleich zwei Berufungsverfahren mitverglichen, so können auch die in den Berufungsverfahren im Wege der Prozeßkostenhilfe beigeordneten RAe bei dem Abschluß des Vergleichs mitgewirkt haben, wenngleich sie an der Vergleichsverhandlung selbst nicht teilgenommen haben.

München Büro 60, 391.

Mehrere RAe auf einer Seite werden auch dann mitwirken, wenn Prozesse, die in verschiedenen Instanzen anhängig sind, gemeinsam verglichen werden sollen. Hier wird es die Regel sein, daß die RAe aller Instanzen an den Vergleichsverhandlungen aktiv oder wenigstens beratend teilnehmen.

40 **Vergleichsgebühr ist die volle Gebühr.** Der RA erhält somit auch dann die volle Gebühr des § 11 Abs. 1, wenn die Verfahrensgebühr geringer ist. Der Prozeßbevollmächtigte, der vor Klageeinreichung einen Vergleich schließt, erhält zwar die Prozeßgebühr gemäß § 32 nur zu $^5\!/\!_{10}$, die Vergleichsgebühr jedoch zu $^{10}\!/\!_{10}$. Ebenso ist die Vergleichsgebühr z. B. in Hausratssachen (Verfahrensgebühr gemäß § 63 Abs. 3 nur $^5\!/\!_{10}$) oder in der Zwangsvollstreckung (Verfahrensgebühr gemäß § 57 nur $^3\!/\!_{10}$) eine volle $^{10}\!/\!_{10}$-Gebühr.

Hamburg MDR 74, 942; Nürnberg Rpfleger 63, 137;
a. M. LG Frankfurt NJW 76, 1411 = JurBüro 1976, 908 = VersR 77, 184 (L).

Wird der Vergleich im Berufungs- oder Revisionsverfahren oder in einem Verfahren vor einem Gericht, für das die erhöhten Gebühren ausdrücklich vorgeschrieben sind, abgeschlossen, so hat der RA nach § 11 Abs. 1 S. 4 Anspruch auf $^{13}\!/\!_{10}$ der vollen Gebühr. Das gilt auch für den Prozeßbevollmächtigten des ersten Rechtszugs, der, nachdem die Gegenpartei Berufung eingelegt hat, bei Abschluß eines Vergleichs mitwirkt, sei es, weil die Partei noch keinen Prozeßbevollmächtigten für das Berufungsverfahren bestellt hat, sei es, daß er neben dem Prozeßbevollmächtigten des höheren Rechtszugs als Verkehrsanwalt bei dem Vergleichsschluß mitgewirkt hat.

S. A 17 zu § 52.

41 Die Höhe der Gebühr berechnet sich nach dem Vergleichsgegenstand. **Vergleichsgegenstand** ist das Rechtsverhältnis, über das sich die Parteien vergleichen, nicht der Betrag, auf den sie sich verglichen haben. Es ist daher auch dasjenige, was die Parteien aufgegeben haben, zu berücksichtigen. Maßgebend ist also nicht der Wert desjenigen, was die Parteien durch den Vergleich erlangen.

Düsseldorf AnwBl. 72, 131 = JurBüro 72, 228 = JMBlNRW 72, 242; Frankfurt JurBüro 80, 242 mit Anm. von Mümmler; Hamburg JurBüro 81, 1182 = MDR 81, 945.

Auch wenn ein bereits geschlossener Vergleich nur deshalb protokolliert wird, um ihm einen vollstreckungsfähigen Inhalt zu geben, bemißt sich der Wert nach dem Vergleichsgegenstand, nicht nur nach dem Protokollierungsinteresse.

a. M. Hamm JurBüro 78, 1563.

Der Betrag, auf den sich die Parteien verglichen haben, kann nicht höher sein als der Betrag, der Gegenstand der Verhandlungen zwischen den Parteien gewesen ist. Eine scheinbare Ausnahme bildet der Vergleich über eine Kapitalabfindung bei Rentenansprüchen (vgl. A 44).

In Unfallsachen kommt es nicht selten vor, daß der Haftpflichtversicherer des

Schädigers während der Verhandlungen Abschlagszahlungen leistet. Es erhebt sich hier die Frage, ob diese Abschlagszahlungen bei der Berechnung des Vergleichsgegenstandes wertmindernd zu beachten sind. Im allgemeinen wird die Frage zu verneinen sein, da der Wille der Beteiligten in der Regel dahin geht, den Gesamtschaden zu vergleichen.

Vgl. Tschischgale JurBüro 66, 923.

Zu beachten ist, daß der Gegenstandswert der Vergleichsgebühr, die der Auftraggeber seinem RA zu zahlen hat, und der Gegenstandswert der Kosten, die der Gegner dem Auftraggeber zu ersetzen bzw. zu erstatten hat, verschieden hoch sein können.

Vgl. hierzu H. Schmidt AnwBl. 69, 72 (Die Anwaltskosten bei der Unfallschadensregulierung); vgl. auch Kersten DAR 68, 12.

Wird der Vergleich in einem **gerichtlichen Verfahren oder zur Verhütung** 42 **eines solchen** abgeschlossen, was wohl meist der Fall sein wird, so bestimmt sich der Wert gemäß § 8 Abs. 1 nach den für die Gerichtsgebühren maßgebenden Wertvorschriften. Das gilt auch dann, wenn es nicht zu einem gerichtlichen Verfahren kommt. Nach § 9 Abs. 1 ist die Festsetzung des Wertes für die Gerichtsgebühren auch für den Wert des Vergleichsgegenstandes maßgebend. Das gilt aber nur dann, wenn sich der Vergleich auf den gleichen Gegenstand bezieht wie das gerichtliche Verfahren, nicht aber dann, wenn der Vergleich sich zugleich auf in dem gerichtlichen Verfahren nicht anhängige Ansprüche erstreckt. Bei dem gerichtlichen Vergleich ist aber auch insoweit der für die Gerichtsgebühren festgesetzte Wert maßgebend, wenn und insoweit nach Nr. 1170 KostVerz. GKG eine Gerichtsgebühr entsteht. Zu beachten ist jedoch, daß gelegentlich bei Prozeßvergleichen, die über den Gegenstand des Rechtsstreits hinausgehen, die Gebühr der Nr. 1170 KostVerz. GKG nicht entsteht. Beispiel: In dem Prozeß A werden auch die Prozesse B und C verglichen. Eine Gebühr nach Nr. 1170 KostVerz. GKG entsteht nicht. Der Vergleichswert richtet sich deshalb nicht nach dem Wert des Rechtsstreits A, sondern nach dem zusammengerechneten Werte der Prozesse A, B und C.

Die gerichtliche Wertfestsetzung ist, soweit sie gemäß der Regel zugleich für die Berechnung der Anwaltgebühren gilt, auch dann maßgebend, wenn sie sachlich unrichtig ist; der RA kann aber dagegen nach § 9 Abs. 2 aus eigenem Recht Beschwerde einlegen.

Soweit die gerichtliche Wertfestsetzung nicht maßgebend ist oder für die Gerichtsgebühren keine Wertvorschriften vorgesehen sind, kann der RA nach § 10 die Festsetzung des Wertes des Vergleichsgegenstandes, der für seine Vergleichsgebühr maßgebend ist, beantragen. In letzterem Fall (d. h., wenn für die Gerichtsgebühren keine Wertvorschriften vorgesehen sind) bestimmt sich zufolge § 8 Abs. 1 S. 3 der Gegenstandswert des Vergleichs nach den Vorschriften des § 8 Abs. 2.

Kann eine gerichtliche Wertfestsetzung nicht erfolgen, weil es zu einem gerichtlichen Verfahren überhaupt nicht gekommen ist, was besonders dann zutrifft, wenn der Vergleich schon vor Einleitung eines gerichtlichen Verfahrens zu dessen Verhütung abgeschlossen worden ist, so kann der RA, wenn er sich mit seinem Auftraggeber über die Höhe des Vergleichsgegenstandes nicht einigen kann, eine Entscheidung nur im Klageweg herbeiführen.

S. A 17 zu § 10.

43 Soweit sich der Wert des Vergleichsgegenstandes nach dem für die Bemessung der Gerichtsgebühren maßgebenden Wert richtet, sind sämtliche **Vorschriften des GKG anzuwenden,** die für die Bemessung des Streitgegenstandes gelten, soweit nicht für das in Frage kommende gerichtliche Verfahren abweichende Vorschriften gelten.

Daher ist z. B. die Abrede, daß zur Sicherstellung der Vergleichsforderung eine Hypothek abgetreten werden soll, nicht besonders zu bewerten.

Werden nicht rechtshängige Ansprüche verglichen, so ist für die Wertbestimmung an Stelle des Klagantrags das Vorbringen der Parteien über die Höhe ihrer Ansprüche maßgebend.

> Gerold Büro 60, 19.

Vergleichen sich die Parteien über die Klageforderung und eine zur Aufrechnung gestellte Gegenforderung, sind gemäß § 19 Abs. 3 Satz 2 GKG beide Werte zusammenzurechnen.

44 Wird über **gesetzliche Unterhaltsansprüche** ein Vergleich geschlossen, so ist nach § 17 Abs. 1 GKG nur der Jahresbetrag der Vergleichsgegenstand. Bei einem Vergleich über **Rentenansprüche** ist der Vergleichsgegenstand nach § 17 Abs. 2 GKG zu bestimmen. In beiden Fällen ist notwendig, daß sich der Charakter der Ansprüche nicht ändert. Die gesetzlichen Unterhaltsansprüche müssen z. B. gesetzliche Unterhaltsansprüche bleiben, sie dürfen also nicht in vertragliche Leibrentenansprüche umgewandelt werden. Treten im Vergleichswege an Stelle der gesetzlichen Ansprüche vertragliche Unterhaltsrenten, so ist deren Wert gemäß § 9 ZPO zu berechnen. Zu beachten ist jedoch, daß nicht jede Vereinbarung den gesetzlichen Unterhaltsansprüchen den gesetzlichen Charakter nimmt.

45 Häufig werden **gesetzliche Unterhaltsansprüche** (z. B. geschiedener Ehegatten) oder Rentenansprüche (z. B. Unfallverletzter) durch Gewährung einer einmaligen **Kapitalabfindung** vergleichsweise geregelt. Dabei wird meistens der Abfindungsbetrag sehr viel höher sein, als der durch § 17 GKG auf den Jahresbetrag der wiederkehrenden Leistung begrenzte Streitwert.

Beispiel: Eine geschiedene Ehefrau, die einen Unterhaltsanspruch von monatlich 2000 DM geltend macht, wird durch ein Kapital von 200 000 DM abgefunden. Der Streitwert des Unterhaltsprozesses beträgt gem. § 17 Abs. 1 GKG 24 000 DM.

Eine auch in der 8. Auflage vertretene Meinung hält in solchem Fall den Abfindungsbetrag für maßgeblich, weil sich mit der Ersetzung des gesetzlichen Unterhaltsanspruchs durch die vertragliche Kapitalabfindung der Charakter des Anspruchs wandele. Dies zeige sich an den Folgen: Keine Abänderbarkeit gemäß § 323 ZPO; kein Rückforderungsrecht der Erben des Unterhaltsschuldners bei dessen frühzeitigem Tod oder bei dem des Unterhaltsgläubigers.

> Markl Festschrift S. 85 ff.; H. Schmidt JurBüro 62, 601; Tschischgale JurBüro 66, 515; Hamm NJW 1966, 162 = Rpfleger 66, 341; Nürnberg Rpfleger 63, 178 = JurBüro 62, 226; Frankfurt Rpfleger 80, 239 mit krit. Anm. Lappe (maßgeblich in erster Linie geforderte Abfindung).

Dieser Ansicht kann jedoch nicht gefolgt werden. Der Vertrag, durch den die Parteien den Streit über die gesetzliche Unterhaltspflicht beilegen, ist kein anderer Vertrag als eben der Vergleich. Darin unterscheidet sich die Kapitalabfindung nicht von anderen Vergleichen. Somit fehlt eine Grundlage, von der für alle Vergleiche geltenden Bewertungsregel abzuweichen, daß der Wert des Gegenstandes über den (nicht auf den) man sich geeinigt hat, maßgeblich ist. Daß dieser Wert aus sozialen Gründen begrenzt ist, bietet ebenfalls keine solche Grundlage, solange das Gesetz keinen Anhalt dafür bietet, daß die Wertbeschränkung für Parteien, die in der Lage sind, hohe Abfindungen zu zahlen, nicht gelten solle.

so im Ergebnis Hillach/Rohs Handbuch des Streitwerts § 55 D II a; Riedel/Sußbauer A 29; Braunschweig Rpfleger 64, 66; Frankfurt VersR 63, 1136; Rpfleger 71, 116 = JurBüro 71, 170 = MDR 71, 404 = VersR 71, 549; Saarbrücken JurBüro 66, 515; Celle KostRsp. GKG § 17 Nr. 11 m. Anm. Lappe; Schleswig JurBüro 80, 411 = SchlHA 80, 23; LAG Mainz AnwBl. 81, 35; Düsseldorf JurBüro 84, 1865; Köln KostRsp. GKG § 17 Nr. 70 mit Anm. E. Schneider.

Dasselbe gilt auch für das bei A 31 gebildete Beispiel, daß ein Mietstreit durch **46** den Verkauf des Mietgegenstandes an den Mieter beendet wird. Der Folge, daß die Wertbemessung bei Abfindungsvergleichen der erhöhten Verantwortung der an dem Vergleich mitwirkenden RAe nicht immer gerecht wird, läßt sich nur durch Honorarvereinbarungen begegnen.

Auch wenn schon ein **Teilanerkenntnis oder eine Teilermäßigung** durch **47** Schriftsatz **angekündigt** ist, ist bei einem über den Gegenstand des Rechtsstreits abgeschlossenen Vergleich der volle Streit der Vergleichsgegenstand. Fordert A von B 1000 DM und erklärt B, nur 200 DM zu schulden, bleiben die geforderten 1000 DM so lange Streit- und gegebenenfalls Vergleichsgegenstand, bis B die eingeräumten 200 DM gezahlt hat. Ebenso scheiden anerkannte Beträge erst dann aus dem Rechtsstreit aus, wenn der Kläger Anerkentnisurteil erwirkt hat. Erwirkt der Kläger kein Anerkenntnisurteil, vergleichen sich sodann die Parteien über den Gesamtbetrag, ist Vergleichsgegenstand der gesamte geforderte Betrag.

a. M. Mümmler JurBüro 79, 1136.

Bei **Klageerweiterung innerhalb der Widerrufsfrist** ist, wenn der unter **48** Widerrufsvorbehalt geschlossene Vergleich nicht widerrufen wird, nur der ursprüngliche Klageanspruch Vergleichsgegenstand.

Bei **Vergleich über die Kosten** nach Erledigung der Hauptsache ist die **49** Summe der bis zur Erledigung entstandenen gerichtlichen und außergerichtlichen Kosten beider Seiten Vergleichswert. Das gilt auch dann, wenn die Erledigung nur zum Teil von der gesetzlichen Regelung abweicht.

LG Nürnberg-Fürth AnwBl. 53, 135
a. M. LG Frankfurt VersR 69, 623, das eine Vergleichsgebühr bei beiderseitigem Einlenken in der Kostenfrage verneint.

Vergleichen sich die Parteien über die Kosten, nachdem sie sich vorher bereits über die Hauptsache verglichen haben, erhält der Rechtsanwalt, der die Vergleichsgebühr aus der Hauptsache verdient hat, keine Vergleichsgebühr aus den Kosten, §§ 12 Abs. 1 GKG, 4 ZPO.

Vergleichen sich die Parteien in einer Ehesache nach Aussöhnung über die Kosten des Verfahrens, so steht dem RA neben der Aussöhnungsgebühr keine Vergleichsgebühr nach dem Wert der Kosten zu.

KG JurBüro 69, 1178 = Rpfleger 70, 33.

Beim **Vergleich nur über einen Teil** des Streits ist der Wert dieses Teiles **50** maßgebend, z. B. wenn der Kläger im Laufe des Rechtsstreits zum Teil befriedigt worden ist oder wenn schon ein Teilurteil (wenn z. B. in den Fällen der A 47 bereits Teilanerkenntnisurteil ergangen ist) vorliegt oder wenn nur die Klage oder nur die Widerklage verglichen wird.

> Hamburg JurBüro 81, 1518.

Der ganze Klaganspruch ist aber Vergleichsgegenstand, wenn auch für den durch Teilurteil erledigten Teil Ratenzahlung vereinbart oder bei einer Leistungs- und Feststellungsklage nach Teilzwischenurteil über den Grund des Leistungsanspruchs der ganze Streit verglichen wird.

Vergleich über die Hauptsache, während der Kostenstreit durchgeführt wird, ist zwar Teilvergleich, der Vergleichsgegenstand ist aber der Wert der Hauptsache.

51 Werden in einer Angelegenheit (einer Instanz) **mehrere Teilvergleiche** geschlossen, entsteht gemäß § 13 Abs. 2 Satz 1 nur eine Vergleichsgebühr. Diese Vergleichsgebühr wird jedoch jeweils nach dem Gesamtbetrag der verglichenen Ansprüche berechnet, erhöht sich somit von Teilvergleich zu Teilvergleich. Eine andere Meinung läßt mehrere Vergleichsgebühren aus den Teilvergleichen entstehen, jedoch mit der Einschränkung, daß die Summe der Vergleichsgebühren den Betrag einer Vergleichsgebühr aus dem Gesamtwert nicht überschreiten darf. Das Ergebnis ist also das gleiche.

52 Bei **gemeinsamem Vergleich mehrerer Rechtsstreitigkeiten** derselben Parteien entsteht ebenfalls nur eine Vergleichsgebühr, die von den zusammengerechneten Werten zu berechnen ist. Das gilt auch dann, wenn zuvor eine Verbindung nach § 147 ZPO nicht erfolgt ist oder überhaupt nicht zulässig gewesen wäre, da der Abschluß eines einheitlichen gerichtlichen Vergleichs den übereinstimmenden Willen des Gerichts, der Parteien und ihrer Anwälte zum Ausdruck bringt, die Sachen für den Vergleichsschluß als miteinander verbunden zu behandeln.

> Köln MDR 73, 324.

Der im Wege der Prozeßkostenhilfe beigeordnete Rechtsanwalt kann auch in diesem Falle aus der Staatskasse nicht mehr als die Höchstgebühr der Staffel des § 123 verlangen.

53 **Sind die verglichenen Rechtsstreitigkeiten in verschiedenen Instanzen** anhängig, so ist streitig, nach welchen Gebührensätzen die Vergleichsgebühr zu berechnen ist. Eine Auffassung geht dahin, daß der Gebührensatz der Instanz maßgebend ist, in der der Vergleich geschlossen worden ist.

> Vgl. z. B. LAG Hamm MDR 81, 347.

Eine zweite Meinung hält für richtig, die Gebühr teils nach dem Gebührensatz der höheren und teils nach dem der unteren Instanz zu berechnen.

Eine dritte Ansicht billigt grundsätzlich für den Gesamtvergleich den Gebührensatz der höchsten Instanz zu, gleichgültig, in welcher Instanz der Vergleich geschlossen wird.

> Hartmann A 4 A; Riedel/Sußbauer A 42; Schumann/Geißinger A 97; Rudolph NJW 63, 528; Braunschweig MDR 60, 149; Karlsruhe NJW 58; Oldenburg NJW 72, 1331 (L) = MDR 72, 618 (L).

Entscheidend ist, daß die Vergleichsgebühr einerseits immer die volle Gebühr ist, die sich nach § 11 Abs. 1 S. 4 und 5 nur „im" Berufungs- und Revisionsverfahren erhöht, und daß sie andererseits eine Erfolgsgebühr ist. Der Erfolg tritt jedoch nur dann insgesamt im Rechtsmittel-„Verfahren" ein, wenn der Vergleich vor dem Rechtsmittelgericht abgeschlossen wird. Wird lediglich ein im Rechtsmittelgericht anhängiger Anspruch durch einen vor dem erstinstanzlichen Gericht oder außergerichtlich geschlossenen Vergleich miterledigt, so tritt der Erfolg nur in Höhe des im Rechtsmittelzug anhängigen Anspruchs im Rechtsmittelverfahren ein, indem es dieses erledigt. Deshalb ist der zweiten Auffassung zu folgen. Daß diese nicht praktikabel sei, wie vielfach (auch von der 8. Auflage) argumentiert wird, ist nicht einzusehen; auch andere Gebühren, die innerhalb derselben Angelegenheit zu unterschiedlichen Gebührensätzen entstehen, werden ohne Schwierigkeiten nach § 13 Abs. 3 berechnet. Es gilt deshalb Folgendes:

Bei Vergleichsabschluß vor dem Berufungs- oder Revisionsgericht gilt insgesamt der erhöhte Gebührensatz des § 11 Abs. 2 S. 3 oder 4 für alle mitverglichenen Ansprüche.

Wird der Vergleich dagegen vor dem erstinstanzlichen Gericht oder außergerichtlich geschlossen erwächst die Vergleichsgebühr nur nach dem Wert des im Rechtsmittelverfahren befindlichen Anspruchs zu dem erhöhten Satz, im übrigen in Höhe von $^{10}/_{10}$; die einheitliche Vergleichsgebühr wird dann nach § 13 Abs. 3 gebildet.

Beispiel: Vor dem Gericht des 1. Rechtszuges wird ein Gesamtvergleich geschlossen über in dieser Instanz verbliebene 10000, nach Berufung gegen ein Teilurteil im Berufungsrechtszug befindliche 15000 und weitere bisher nicht anhängige 7000. Zu rechnen ist

$^{13}/_{10}$ aus 15000	902,20 DM
+ $^{10}/_{10}$ aus 17000	756,— DM
	1658,20 DM, aber nicht mehr als
$^{13}/_{10}$ aus 32000	1357,20 DM.

In diesem Fall kommen die zweite und die dritte Ansicht zum selben Ergebnis. Das kann aber bei anderen Werten anders sein, z. B. bei außergerichtlichem Gesamtvergleich über erstinstanzliche 40000, zweitinstanzliche 5000 und nicht anhängige 5000. Berechnung:

$^{13}/_{10}$ aus 5000	362,70 DM
+ $^{10}/_{10}$ aus 45000	1174,— DM
	1536,70 DM, aber nicht mehr als
$^{13}/_{10}$ aus 50000	1610,70 DM.

In beiden Fällen entsteht die Gebühr allen RAen, die an dem Gesamtvergleich ursächlich mitgewirkt haben, gleichgültig, ob sie beim erstinstanzlichen Gericht, beim Berufungsgericht oder bei keinem von beiden zugelassen sind.

Sind mehrere Parteien auf der einen oder der anderen Seite mit verschiede- **54** nen Gegenständen **beteiligt,** so sind die Vergleichsgebühren getrennt zu berechnen.

Beispiel: Der Kläger fordert von A 500 DM, von B 300 DM und von C 200 DM. Der Rechtsstreit wird in der Weise verglichen, daß sich der Kläger mit der Hälfte der begehrten Beträge begnügt. Der Vergleichswert beträgt für den RA des Klägers 1000 DM; für die Höhe des A 500 DM, für die des B 300 DM und den des C 200 DM.

Bei **gemeinsamem Vergleich der Hauptsache und des Arrests oder der 55 einstweiligen Verfügung** erhält der RA die Vergleichsgebühr nur einmal.

Es ist nur **ein** Vergleich geschlossen und deshalb kann auch nur **eine** Vergleichsgebühr entstehen.

Die weitaus überwiegende Meinung berechnet diese eine Vergleichsgebühr aus den zusammengerechneten Werten des Hauptprozesses und des Arrest-(einstweiligen Verfügungs-)verfahrens. Sie geht davon aus, der Gegenstand der Hauptsache sei von dem des Arrests oder der einstweiligen Verfügung stets verschieden, da es sich bei der Hauptsache um Befriedigung, bei dem Arrest oder der einstweiligen Verfügung aber nur um Sicherung handele.

Hillach/Rohs § 68 B II 2; Riedel/Sußbauer A 38; Schumann/Geißinger A 121; Gerold Büro 55, 426 mit Nachw.; Mümmler JurBüro 82, 199; Düsseldorf AnwBl. 72, 131 = JurBüro 72, 228 = JMBlNRW 72, 242; Hamburg MDR 59, 401; München NJW 69, 938 = AnwBl. 69, 200 = JurBüro 69, 514.

Dieser Auffassung kann nicht zugestimmt werden. Der Gegenstand des Arrest-(einstweiligen Verfügungs-)verfahrens ist gegenüber dem Gegenstand des Hauptprozesses ein Minus, das bei gemeinsamer Behandlung in dem größeren Gegenstand aufgeht. Mit der Zahlung der Hauptsache geht nicht nur der Anspruch der Hauptsache unter, vielmehr erlischt auch der Arrestanspruch, der insoweit kein selbständiges Leben führen kann. Vergleichsgegenstand ist deshalb bei gemeinsamem Vergleichsabschluß allein der höherwertige Gegenstand des Hauptprozesses.

KG AnwBl. 73, 80 = JurBüro 73, 127.

Wird nur in der Hauptsache ein Vergleich geschlossen, in dem aber auch die Kosten einer einstweiligen Verfügung mitgeregelt werden, so erhöht sich der Vergleichsgegenstand der Hauptsache um den Betrag der Kosten des einstweiligen Verfügungsverfahrens, das durch den Vergleich von selbst gegenstandslos wird.

Frankfurt JurBüro 81, 916.

Ist nur ein einstweiliges Verfügungsverfahren anhängig und wird in diesem auch die nicht anhängige Hauptsache verglichen, so ist Vergleichsgegenstand der Wert der Hauptsache.

Nürnberg BayZ 29, 180;

a. M. Hamburg MDR 59, 401 (Zusammenrechnung der Werte).

56 **Werden nichtrechtshängige Ansprüche in einen gerichtlichen Vergleich einbezogen,** so ist deren Wert dem Werte des Streitgegenstandes hinzuzurechnen.

Markl Festschrift S. 85 ff.

Da es für die mitverglichenen nichtrechtshängigen Ansprüche an einem für die Höhe des Streitwerts maßgebenden Klagantrag fehlt, ist für die Berechnung ihres Wertes von den Behauptungen der Parteien auszugehen.

Werden **nichtstreitige Ansprüche in einem Vergleich mitgeregelt,** so ist für die Vergleichsgebühr nicht nur der Wert der streitigen Ansprüche maßgebend. Der Vergleichswert richtet sich vielmehr nach dem Gesamtbetrag aller Ansprüche.

Köln MDR 63, 690; München AnwBl. 63, 85; Oldenburg MDR 72, 618;

a. M. Riedel/Sußbauer A 32, 36; LG Essen JurBüro 72, 1006; LAG Rheinl.-Pfalz JurBüro 1985, 397.

Wird also in einen Prozeßvergleich auch ein nichtstreitiger Anspruch hinein-
gezogen und für ihn ein Vollstreckungstitel geschaffen, so ist auch der
nichtstreitige Anspruch Vergleichsgegenstand. Etwas anderes gilt jedoch,
wenn der unstreitige Anspruch nur Rechnungsposten ist. Parteien wollen in
einer außergerichtlichen Vereinbarung ihre Beziehungen klären. Rechnen sie
zusammen: 300 DM sind unstreitig, 600 DM sind streitig. Einigen sich die
Parteien dahin, daß mit einer sofortigen Zahlung von 500 DM alles abgegolten sein soll, bildet der Betrag von 300 DM nur einen Rechnungsposten.
Vergleichsgegenstand sind nur die streitigen 600 DM. Werden allerdings die
unstreitigen 300 DM in der Weise in die Vereinbarung einbezogen, daß für
den Gesamtbetrag von 500 DM monatliche Ratenzahlungen von 50 DM
bewilligt werden, werden sie ebenfalls Vergleichsgegenstand. Der Vergleichswert beträgt nunmehr 900 DM.

Vgl. H. Schmidt JurBüro 64, 99; Celle AnwBl. 62, 261; Düsseldorf AnwBl. 63, 98
(für den Armenanwalt).

Diese Auffassung ist jedoch nicht unstreitig. Gegen sie wird eingewandt, über
unstreitige Gegenstände bestünde kein Streit, sie könnten deshalb nicht
Vergleichsgegenstand sein.

So besonders Speckmann MDR 74, 359; gegen ihn H. Schmidt MDR 75, 26.

Wird in einer Unfallschadensregulierung ein Vergleich über verschiedene
Ansprüche, die teils streitig, teils unstreitig sind, als Gesamtvergleich ge-
schlossen, werden wohl die unstreitigen Ansprüche auch nicht aus dem
Gegenstandswert des Vergleichs herausgenommen.

Eine vermittelnde Auffassung verbleibt grundsätzlich bei der Notwendigkeit
eines Streits über das Rechtsverhältnis, argumentiert aber dahin, wenn sich
die Parteien zur Regelung der nichtstreitigen Ansprüche eines Vergleichs –
mit – bedienen, ist davon auszugehen, daß sie auch die unstreitigen Verhältnisse wie streitige behandelt wissen wollen. Benutzen sie das prozessuale
Instrument eines Vergleichs, so müssen sie auch die hierbei anfallenden
Kosten entrichten.

Mümmler JurBüro 81, 513; Celle JurBüro 71, 237; Hamm JurBüro 78, 1563; KG
Büro 61, 282.

Wird in höherer Instanz in einen Vergleich auch ein Anspruch einbezo- 57
gen, über den bereits in unterer Instanz unangefochten **entschieden wor-**
den ist, so ist nur der Wert der in höherer Instanz noch streitigen Ansprüche
Vergleichsgegenstand. Der in der unteren Instanz verbliebene Anspruch, über
den somit bereits ein Vollstreckungstitel vorliegt, bildet in diesem Falle nur
einen Rechnungsposten. Werden dagegen in dem in der höheren Instanz
geschlossenen Vergleich auch – in Abänderung des unangefochten gebliebenen Urteils – für die in erster Instanz verbliebenen Ansprüche Ratenzahlungen
bewilligt, werden sie ebenfalls Vergleichsgegenstand. Damit ist ihr Wert bei
der Berechnung der Vergleichsgebühr zu beachten.

a. M. Hamburg JurBüro 81, 1182 = MDR 81, 945.

Für die Mitwirkung beim Abschluß eines Vergleichs im **PKH-Bewilli-** 58
gungs- und Bewilligungsbeschwerdeverfahren erhält der RA die volle
Gebühr. Eine Ermäßigung der Gebühr findet auch in diesem Fall nicht statt.
Bei Ausdehnung des Vergleichs auf andere Ansprüche ist der Gesamtwert
Vergleichsgegenstand.

27*   *von Eicken*   419

Die Übernahme der Kosten des Rechtsstreits im Vergleich erstreckt sich auf die nach dem gesamten Vergleichswert entstandenen Kosten. München Büro 60, 86. Über den Anspruch gegen die Staatskasse s. A 80 ff. zu § 122.

59 Für einen **Vergleich im Zwangsvollstreckungsverfahren** erhält der Rechtsanwalt gleichfalls die volle Vergleichsgebühr. Auch in der Immobiliarvollstreckung ist ein Vergleich möglich. Es müssen aber alle Voraussetzungen des § 779 BGB erfüllt sein. Beispiel: Der Gläubiger ermäßigt seine Forderung. Die Ehefrau des Schuldners übernimmt die Restschuld gesamtschuldnerisch und zahlt sie. Der Versteigerungsantrag wird daraufhin zurückgenommen.

60 Auch der **außergerichtliche Vergleich** wird regelmäßig zur Verhütung eines Rechtsstreits abgeschlossen. Es sind daher für den Wert des Vergleichsgegenstandes die für die Gerichtsgebühren maßgebenden Wertvorschriften anzuwenden (s. oben A 42). Handelt es sich bei dem Vergleich über mehrere Gegenstände um dieselbe Angelegenheit, so sind nach § 7 Abs. 2 die Werte zusammenzurechnen. Umfaßt der außergerichtliche Vergleich mehrere Rechtsstreitigkeiten, die nicht verbunden sind, oder sonst mehrere verschiedene Angelegenheiten, so werden die mehreren Rechtsstreitigkeiten oder die verschiedenen Angelegenheiten durch die einheitlichen Vergleichsverhandlungen für die Dauer der Verhandlungen und den evtl. Vergleichsabschluß zu einer Angelegenheit zusammengefaßt. Es entsteht deshalb nur eine einheitliche Vergleichsgebühr aus dem Gesamtwert der in den Vergleich einbezogenen Gegenstände. Den Parteien ist es aber selbstverständlich auch unbenommen, mehrere Vergleiche nebeneinander zu schließen. In diesen Fällen erwachsen auch mehrere Vergleichsgebühren je aus dem Werte der einzelnen Vergleichsgegenstände. Eine Berechnung des Wertes nach § 8 Abs. 2 dürfte für die Vergleichsgebühr nicht in Frage kommen, da auch ein außergerichtlicher Vergleich als zur Verhütung eines Rechtsstreits dienend unter § 8 Abs. 1 S. 2 fällt.

61 Die **Prozeß- oder** die **Geschäftsgebühr** kann der RA stets neben der Vergleichsgebühr berechnen, da durch die Vergleichsgebühr nur die Mitwirkung bei dem Vergleichsabschluß abgegolten wird. Die Vergleichsgebühr ist eine reine Erfolgsgebühr, die nie allein entstehen kann. Neben ihr muß zumindest die Prozeß- oder die Geschäftsgebühr als allgemeine Verfahrens-(Tätigkeits-)gebühr erwachsen.

62 Schließt der **Prozeßbevollmächtigte** im Laufe eines Rechtsstreits einen Vergleich über den Gegenstand des Rechtsstreits, so hat er schon nach § 31 den Anspruch auf die Prozeßgebühr. Schließt er den Vergleich vor Einreichung der Klage oder des das Verfahren einleitenden Schriftsatzes außergerichtlich oder im Verfahren über die Prozeßkostenhilfe, so hat er, sofern er Prozeßauftrag hatte, Anspruch auf eine halbe Prozeßgebühr nach § 32.

Werden in den Prozeßvergleich auch Ansprüche einbezogen, die nicht Gegenstand des Rechtsstreits sind, so hat er neben dem Anspruch auf die Prozeßgebühr nach dem Werte der rechtshängigen Ansprüche noch Anspruch auf eine halbe Prozeßgebühr nach dem Werte der mitverglichenen nicht rechtshängigen Ansprüche, sofern sein Auftrag dahin ging, die noch nicht rechtshängigen Ansprüche in den Rechtsstreit – sei es auch nur zum Zwecke des Vergleichsabschlusses – einzubeziehen. Einen Anspruch auf eine volle Prozeßgebühr hat er insoweit auch dann nicht, wenn der Vergleich in einem Verhandlungstermin abgeschlossen wird. Das folgt aus der Vorschrift des § 32 Abs. 2 und der des § 41 Abs. 2 (s. A 21, 22 zu § 32). Die volle Prozeßgebühr für den rechtshängigen Anspruch und die halbe Prozeßgebühr für den in den Vergleich einbezogenen weiteren Anspruch dürfen jedoch gemäß § 13 Abs. 3 eine volle Prozeßgebühr für den Gesamtanspruch nicht übersteigen.

> Hamm MDR 62, 913; Zweibrücken Rpfleger 66, 353 = JurBüro 66, 675 = JVBl. 67, 87. Vgl. jedoch auch A 63, insbes. das dort angeführte Urteil des BGH.

Beispiel:

$^{10}/_{10}$ Gebühr aus 2000,— DM	130,— DM
$^{5}/_{10}$ Gebühr aus 1000,— DM	42,50 DM
	172,50 DM
jedoch nicht mehr als $^{10}/_{10}$-Gebühr aus 3000,— DM	175,— DM

Die Prozeßgebühr beträgt 172,50 DM.

Eine andere – aber mit § 13 Abs. 3 wohl kaum zu vereinbarende – Berechnung geht dahin:

$^{5}/_{10}$ aus dem Gesamtbetrag (3000,— DM)	87,50 DM
und zusätzlich	
$^{5}/_{10}$ aus dem rechtshängigen Betrag (2000,— DM)	65,— DM
	153,— DM

> So Bremen Rpfleger 65, 97.

Werden in einem Prozeßvergleich Ansprüche einbezogen, die Gegenstand eines anderen Verfahrens sind, so hat der RA die zusätzliche halbe Prozeßgebühr aus § 32 BRAGO auch dann verdient, wenn er seine Partei auch in dem anderen Verfahren vertreten hat.

> Düsseldorf JurBüro 72, 228 = AnwBl. 72, 131; KG AnwBl. 77, 510 = Rpfleger 77, 375 = JurBüro 77, 1400;
> a. A. Hamburg JurBüro 79, 203 = MDR 79, 506; Mümmler JurBüro 81, 179.

Die halbe Prozeßgebühr für den Auftrag auf Einbeziehung der nichtrechtshängigen Ansprüche in den Rechtsstreit entfällt auch nicht wieder – was vielfach übersehen wird –, wenn die Vergleichsverhandlungen scheitern. Der RA behält den Anspruch auf diese Gebühr. Sie wird allerdings nicht Teil der Kosten des Rechtsstreits, die der Gegner im Fall eines Unterliegens zu erstatten hat. Prozeßkosten sind allein die Kosten, die für den mit der Klage zur Entscheidung gestellten Anspruch anfallen.

Ist gegen ein Teilurteil Berufung eingelegt und hat alsdann der erstinstanzliche Prozeßbevollmächtigte der einen Partei, bevor diese einen Prozeßbevollmächtigten für den Berufungsrechtszug bestellt hat, in dem erstinstanzlichen Verfahren über die durch das Teilurteil nicht erledigten restlichen Klagansprüche an einem Vergleich mitgewirkt, in welchen der in der zweiten Instanz anhängige Streitgegenstand miteinbezogen ist, so ist für den erstinstanzlichen Prozeßbevollmächtigten außer der nach A 53 berechneten Vergleichsgebühr auch eine halbe Prozeßgebühr zweiter Instanz entstanden und erstattungsfähig.

> Düsseldorf JurBüro 66, 767 = AnwBl. 66, 323 = NJW 67, 55; vgl. auch Schleswig SchlHA 83, 175.

von Eicken 421

Beim Abschluß eines Gesamtvergleichs vor dem Berufungsgericht über den Klageanspruch, der auf Grund eines Teilurteils zum Teil in der zweiten Instanz, wegen des Restes aber noch in der ersten Instanz anhängig ist, steht dem Prozeßbevollmächtigten der zweiten Instanz eine $^{13}/_{20}$-Prozeßgebühr nach dem Werte des mitverglichenen Restanspruchs erster Instanz zu, auch wenn er für die erste Instanz eine volle Prozeßgebühr erhalten hat, denn nach § 13 Abs. 2 S. 2 ist jeder Rechtszug eine neue gebührenrechtliche Angelegenheit.

Celle JurBüro 67, 414; KG JVBl. 67, 281 = JurBüro 67, 574; **a. A.** Stuttgart JurBüro 82, 394 = Justiz 82, 88; LAG Hamm JurBüro 87, 70 = MDR 86, 788; Bamberg JurBüro 86, 1529.

63 Hat der Rechtsanwalt wegen der Ansprüche, die er geltend machen soll, **keinen Prozeßauftrag,** sondern nur den Auftrag, eine gütliche Einigung zu versuchen, so hat er nach § 118 Abs. 1 Nr. 1 Anspruch auf die Geschäftsgebühr. Auch diese Geschäftsgebühr berechnet sich wie die Prozeßgebühr nach den für die Gerichtsgebühr maßgebenden Wertvorschriften gemäß § 8 Abs. 1 S. 2. Die Geschäftsgebühr beträgt $^{5}/_{10}$ bis $^{10}/_{10}$. Darüber, welcher Gebührensatz im einzelnen angemessen ist, vgl. die A zu § 12 und zu § 118. Bei bedingtem Klagauftrag handelt es sich bis zum Scheitern der Vergleichsverhandlungen um eine sonstige Angelegenheit im Sinne des § 118.

Riedel JVBl. 58, 187; BGH AnwBl. 69, 15 = VersR 68, 1145 = MDR 69, 41 (gekürzt) = NJW 68, 2334 (gekürzt); H. Schmidt AnwBl. 69, 72 (Die Anwaltskosten bei der Unfallschadensregulierung).

In Einzelfällen ist es möglich, daß der RA damit beauftragt wird, unabhängig von einem anhängigen Rechtsstreit (z. B. über einen Teilanspruch) in außergerichtlichen Verhandlungen mit der Gegenpartei eine Einigung über nichtrechtshängige Ansprüche (z. B. den Restanspruch) anzustreben. Der RA erhält für seine Tätigkeit die Gebühren des § 118.

Über die Gebührenanrechnung bei Abschluß eines gerichtlichen Gesamtvergleiches vgl. München JVBl. 64, 11.

Der Bundesgerichtshof

JurBüro 69, 413 = MDR 69, 473 = NJW 69, 932, gebilligt von Hartmann A 4 C. Vgl. hierzu auch A 6 vor § 118.

vertritt allerdings die Auffassung, daß es bei Einbeziehung nichtrechtshängiger Ansprüche in die Vergleichsverhandlungen über die bei Gericht anhängigen Ansprüche ausschlaggebend darauf ankomme, ob wegen den nichtrechtshängigen Ansprüche Klagauftrag erteilt ist (hier: eine $^{5}/_{10}$-Prozeßgebühr aus § 32) oder nicht (hier: Gebühren aus § 118 für die nichtrechtshängigen Ansprüche).

Über die Frage, ob und welche Gebühren bei Scheidungsvereinbarungen entstehen, vgl. A 7 zu § 36.

Der Anspruch des mit den außergerichtlichen Verhandlungen beauftragten RA auf die Geschäftsgebühr besteht auch dann, wenn die Bemühungen um einen Vergleich erfolglos sind, der RA also keinen Anspruch auf eine Vergleichsgebühr erwirbt. Wird der RA aber nach Scheitern der Vergleichsverhandlungen in einem anschließend gerichtlichen oder behördlichen Verfahren tätig, so ist nach § 118 Abs. 2 die Geschäftsgebühr auf die in diesem Verfahren entstehenden Gebühren anzurechnen. Der RA, der später Prozeßauftrag erhält, kann also nicht die Geschäftsgebühr neben der Prozeßgebühr berechnen.

Hat in der Angelegenheit, für deren Erledigung der RA die Gebühren des **64** § 118 erhält, eine Besprechung i. S. des § 118 Abs. 1 Nr. 2 stattgefunden, erhält der Rechtsanwalt neben der Geschäftsgebühr auch die **Besprechungsgebühr.** Die Besprechungsgebühr entfällt auch nicht.

wie Hamburg JurBüro 65, 49 meint,

wenn es zu einem Vergleichsabschluß kommt. Der RA, dessen Tätigkeit nach § 118 vergütet wird, erhält sonach

die Geschäftsgebühr für das Betreiben des Geschäfts,

die Besprechungsgebühr für die Besprechungen (als Tätigkeitsgebühr),

die Vergleichsgebühr für den Vergleichsabschluß (als Erfolgsgebühr).

München JVBl. 64, 11.

Einigen sich die Parteien später dahin, daß der getroffene Vergleich doch zu gerichtlichem Protokoll gegeben werden soll, so verliert der RA die dadurch verdienten Gebühren nicht wieder. Er muß sich nur die Geschäftsgebühr gemäß § 118 Abs. 2 auf die durch den Auftrag zur gerichtlichen Protokollierung entstehende Prozeßgebühr anrechnen lassen.

München JVBl. 64, 11.

Erstattungspflicht. Schließen die Parteien in einem Rechtsstreit einen Ver- **65** gleich, so gelten gemäß § 98 ZPO mangels anderweitiger Vereinbarung die Kosten des Rechtsstreits einschl. der Kosten des Vergleichs als gegeneinander aufgehoben, d. h. die Gerichtskosten werden geteilt, außergerichtliche Kosten nicht erstattet.

Vgl. auch Frankfurt JurBüro 82, 1830 m. Anm. von Mümmler (Erklärt der Berufungsbeklagte in der mündlichen Verhandlung, im Falle der Berufungsrücknahme übernehme er einen Teil der Prozeßkosten, und nimmt der Berufungskläger daraufhin seine Berufung zurück, so ist eine etwa entstandene Vergleichsgebühr jedenfalls nicht erstattungsfähig).

Übernimmt eine Partei in dem Vergleich die Kosten des Rechtsstreits, ist auch die Vergleichsgebühr des gegnerischen RA mit übernommen. Sind auf Seiten einer Partei mehrere RAe beteiligt, die je die Vergleichsgebühr beanspruchen, empfiehlt sich eine Klärung, ob mit den Kosten die gesamten Kosten des Rechtsstreits oder nur die notwendigen übernommen werden sollen. Im Regelfall wird davon auszugehen sein, daß nur die notwendigen Kosten zu erstatten sind. U. U. kann in einem solchen Fall die Vergleichsgebühr des Verkehrsanwalts von der Erstattung ausgeschlossen sein.

Frankfurt AnwBl. 60, 78 (zu erstatten, wenn Beiziehung notwendig); KG Rpfleger 62, 37; Karlsruhe Rpfleger 64, 1.

Ist jedoch bei Abschluß des Vergleiches mit Übernahme aller Kosten offenkundig, daß der Verkehrsanwalt entscheidend bei den Vergleichsverhandlungen mitgewirkt hat, kann im allgemeinen davon ausgegangen werden, daß auch die Verkehrs- und die Vergleichsgebühren des Verkehrsanwalts mit übernommen worden sind. Denn nach Treu und Glauben kann erwartet werden, daß die Partei, die die Kosten übernimmt, erklärt, daß sie nicht alle, sondern nur die sog. notwendigen Kosten übernehmen will.

von Eicken 423

Die Gebühren des erstinstanzlichen RA, der an einem Vergleich im Berufungsverfahren neben dem Berufungsanwalt mitgewirkt hat, sind in der Regel nicht zu erstatten.

> Düsseldorf AnwBl. 78, 426 = JurBüro 78, 1657 mit Anm. von Mümmler; Frankfurt Büro 62, 427 = MDR 62, 743 = Rpfleger 63, 249.

Die für den Abschluß eines außergerichtlichen Vergleichs entstandene Vergleichsgebühr rechnet zu den erstattungsfähigen Kosten des Rechtsstreits, wenn die außergerichtliche Vereinbarung zur Erledigung des Rechtsstreits bestimmt war (hier: Anerkenntnis des Beklagten).

> Karlsruhe JurBüro 83, 278.

Für Vergleiche, die vorgerichtlich geschlossen werden, gilt mangels besonderer Vereinbarung, daß jeder Beteiligte seine Kosten selbst trägt. Soll also der Vergleichspartner die Kosten einschl. der Vergleichskosten tragen, muß das ausdrücklich oder mindestens stillschweigend vereinbart werden.

Eine Ausnahme soll für Vergleiche mit dem Amt für Verteidigungslasten gelten. Hier sei stillschweigend vereinbart, daß das Amt für Verteidigungslasten die Anwaltskosten der Gegenseite einschl. der Vergleichsgebühr als Schadensfolge erstattet, jedoch nur nach dem Werte des Betrages, den das Amt für Verteidigungslasten zahlt, nicht aus dem Betrage, der gefordert und über den der Vergleich geschlossen worden ist. (Die Anwaltskosten einschl. der Vergleichsgebühr sind auch hier aus dem vollen Werte des geltend gemachten Anspruchs erwachsen. Nur die Erstattungsfähigkeit ist auf die Kosten aus dem Betrag beschränkt, auf den die Beteiligten sich verglichen haben.)

> BGH BGHZ 30, 154 = NJW 59, 1631 = MDR 59, 737.

Es wird jedoch auch die Auffassung vertreten, daß bei allen Unfallschäden der Haftpflichtversicherer des Schädigers im Falle eines Vergleichsabschlusses die dem Geschädigten erwachsenen Anwaltsgebühren als adäquate Schadensfolge zu tragen habe.

> Vgl. z. B. Tschischgale NJW 66, 2103; AG Ansbach AnwBl. 66, 363; AG Köln AnwBl. 62, 244; AG Solingen AnwBl. 66, 403; vgl. auch H. Schmidt AnwBl. 69, 72.

66 Der **Gegenstandswert der zu ersetzenden bzw. zu erstattenden Kosten** (insbes. der Vergleichsgebühr) richtet sich nach dem Vergleich. Werden die Kosten ohne Beschränkung übernommen, ist Gegenstand der Betrag, über den die Beteiligten sich verglichen haben. Der Wert deckt sich mit dem Gegenstandswert, aus dem der Anwalt seine Gebühr gegen seinen Auftraggeber fordern kann (vgl. A 41). Werden die Kosten nur aus einem bestimmten Betrag übernommen, bildet dieser den Gegenstandswert.

Sind die Anwaltsgebühren eines Geschädigten von dem Schädiger – ohne daß es zu einer Vereinbarung über die Kosten gekommen ist – als adäquate Schadensfolge zu tragen, bilden den Gegenstandswert die Beträge, die aus der Sicht des Geschädigten zur Zeit der Geltendmachung verständigerweise vertretbar gewesen sind.

> H. Schmidt AnwBl. 69, 78; ebenso München AnwBl. 70, 78; vgl. auch die Nachweise in BGH AnwBl. 69, 18; ferner LG Bochum AnwBl. 68, 315; LG München I AnwBl. 69, 139; LG Oldenburg AnwBl. 68, 186; AG Ingolstadt AnwBl. 68, 318; AG Jülich VersR 68, 288; AG Köln AnwBl. 68, 163;

a. M. BGH AnwBl. 69, 18 (Der Gegenstandswert bildet der Betrag, der von dem Schädiger gezahlt wird).

Einigen sich die Parteien über rechtshängige Ansprüche nicht in einem gerichtlichen, sondern in einem außergerichtlichen Teilvergleich, so können die den Prozeßbevollmächtigten erwachsenen Vergleichsgebühren im Kostenfestsetzungsverfahren als Kosten des Rechtsstreits festgesetzt werden, wenn im Vergleich vereinbart ist, daß die Kosten des Vergleichs der im Rechtsstreit ergehenden Kostenentscheidung folgen sollen.

München NJW 69, 242 = Rpfleger 68, 399 = JurBüro 68, 983.

Festsetzung der Kosten. Schließen die Parteien während des Rechtsstreits **67** außergerichtlich einen Vergleich, der zur Erledigung des Rechtsstreits in der Hauptsache führt, so gehört die Vergleichsgebühr zu den Kosten des Rechtsstreits. Sie ist festsetzbar.

LG Karlsruhe AnwBl. 71, 52; vgl. aber Düsseldorf JurBüro 82, 1672 mit Anm. von Mümmler und Frankfurt JurBüro 79, 1652 (Schließen die Parteien während des Prozesses einen außergerichtlichen Vergleich, so gehört die Vergleichsgebühr auch dann nicht zu den festsetzbaren Kosten des Rechtsstreits, wenn der Vergleich zur Erledigung des Rechtsstreits in der Hauptsache führt).

Wird ein im Berufungsrechtszug anhängiger Rechtsstreit von den Parteien in einem anderen, vor dem Landgericht schwebenden Verfahren, mitverglichen, so können etwaige, durch die Mitwirkung der Berufungsanwälte beim Vergleichsabschluß anfallende Kosten nur in dem Prozeß zur Festsetzung angemeldet und im Falle ihrer Erstattungsfähigkeit berücksichtigt werden, in dem der Gesamtvergleich abgeschlossen worden ist.

München JurBüro 72, 985 und JurBüro 78, 1024.

Wird aufgrund eines außergerichtlichen Vergleichs das Rechtsmittel zurückgenommen und ergeht Beschluß nach § 515 Abs. 3 ZPO, können die Vergleichskosten festgesetzt werden, wenn über die Erstattungspflicht dem Grunde nach kein Streit besteht.

Hamm AnwBl. 74, 275 = JurBüro 74, 1130 = MDR 74, 942.

Das gleiche gilt, wenn nach dem Abschluß eines außergerichtlichen Vergleichs die Parteien die Erledigung der Hauptsache angezeigt und darauf einen Beschluß nach § 91 a ZPO erwirkt haben (also Einigung über die Erstattungspflicht).

Düsseldorf AnwBl. 78, 427 = Rpfleger 78, 420 = MDR 78, 940 = JurBüro 78, 1813; vgl. aber Düsseldorf JurBüro 82, 398 (Aufgrund eines Beschlusses gem. § 91 a ZPO kann die obsiegende Partei nicht verlangen, daß zu ihren Gunsten eine Beweis- und Vergleichsgebühr für einen Vergleich festgesetzt wird, den die Parteien in einem anderen Verfahren [hier: Eherechtsstreit] über den Prozeßgegenstand [hier: Unterhaltspflicht] geschlossen haben).

Löst eine im Zwangsvollstreckungsverfahren geschlossene Vereinbarung die Vergleichsgebühr aus, kann sie auch festgesetzt werden.

a. M. Frankfurt MDR 73, 860 mit abl. Anm. von H. Schmidt; LG Wuppertal JurBüro 73, 313.

Ist der Vergleich vor dem Vollstreckungsgericht geschlossen worden, empfiehlt sich die Festsetzung durch das Vollstreckungsgericht. Der Gerichtsvollzieher kann die Vergleichsgebühr nicht beitreiben, wenn sie nicht festgesetzt ist.

68 Der **im Wege der Prozeßkostenhilfe beigeordnete Rechtsanwalt** erhält die Vergleichsgebühr von der Staatskasse erstattet, allerdings nur aus dem Gegenstand, für den der RA beigeordnet worden ist. Das gilt auch für den Abschluß eines außergerichtlichen Vergleichs, durch den der anhängige Rechtsstreit beendet wird.

> Hamburg JurBüro 86, 224 = MDR 86, 246; vgl. aber KG JurBüro 76, 212 (keine Vergleichsgebühr des beigeordneten RA, wenn aus gerichtlich protokolliertem Vergleich kein gegenseitiges Nachgeben ersichtlich).

Wird ein Vergleich über rechtshängige und über nichtrechtshängige Ansprüche geschlossen, muß sich der RA wegen der erhöhten Vergleichsgebühr an den Auftraggeber wenden. Anzuraten ist jedoch, die Prozeßkostenhilfe und die Beiordnung auf den mitzuvergleichenden, bisher nicht rechtshängigen Anspruch erstrecken zu lassen. Im Falle der Erstreckung der Prozeßkostenhilfe erhält der RA auch eine halbe Prozeßgebühr nach dem Wert der mitverglichenen nichtrechtshängigen Ansprüche aus der Staatskasse.

> Düsseldorf AnwBl. 62, 98.

Der RA, der zunächst für einen Teilbetrag und dann für den Abschluß eines Vergleichs über den gesamten Klaganspruch im Wege der Prozeßkostenhilfe beigeordnet worden ist, kann aus der Landeskasse außer der Vergleichsgebühr nach dem Wert der verglichenen Ansprüche und einer vollen Prozeßgebühr nach dem Betrag, für den er uneingeschränkt beigeordnet war, eine halbe Prozeßgebühr nach dem Unterschiedsbetrag zwischen beiden Werten erstattet verlangen.

> KG JurBüro 69, 1179.

Der einer Partei nur für den Abschluß eines Vergleichs beigeordnete Verkehrsanwalt erhält außer der Vergleichsgebühr nur eine halbe Prozeßgebühr nach § 32 Abs. 1.

> Celle Rpflege 69, 253.

Wenn die Parteien **über die Kosten des Rechtsstreits** einen **Vergleich** schließen, so ist der Vergleich nicht allein deshalb ein Scheinvergleich, weil beiden Parteien Prozeßkostenhilfe bewilligt war. Ein Scheinvergleich ist jedenfalls dann zu verneinen, wenn das Einkommen einer Partei den pfändungsfreien Betrag übersteigt, so daß der Anwalt des Gegners im Falle des Obsiegens seiner Partei seine Kosten gemäß § 126 ZPO mit Erfolg beitreiben könnte.

Schließt ein beigeordneter RA in derselben Angelegenheit mehrere Vergleiche und erhält er für einen dieser Vergleiche bereits die Vergleichsgebühr nach dem Höchstsatz des § 123, so erhält er für die übrigen Vergleiche keine weiteren Vergleichsgebühren mehr aus der Staatskasse. Erhält er die Prozeßgebühr bereits zum Höchstsatz des § 123, so ist ihm neben dieser auch keine halbe Prozeßgebühr mehr nach § 32 Abs. 2 aus der Staatskasse zu zahlen.

> Schleswig JurBüro 65, 57 = SchlHA 64, 218.

69 Vergleich bei der Regelung von Stationierungsschäden.
Keinem Zweifel unterliegt, daß in dem Rechtsstreit zwischen den Geschädigten und der Bundesrepublik ein Vergleich abgeschlossen werden kann, der sich als ein echter Vergleich i. S. des § 779 BGB darstellt und der für den beteiligten RA die Vergleichsgebühr entstehen läßt.

Dagegen war früher streitig, ob bereits in dem Verfahren vor dem Amt für Verteidigungslasten ein Vergleich geschlossen werden kann und welche kostenrechtlichen Folgen gegebenenfalls ein solcher Vergleich zeitigt. Dieser Streit ist zwischenzeitlich für die Praxis durch eine Reihe von Entscheidungen des Bundesgerichtshofs geklärt worden:

> a) VersR 63, 826 = b) BGHZ 39, 73 = NJW 63, 630 = MDR 63, 288 = VersR 63, 266 = VRS 24, 251, c) VersR 63, 475, d) VersR 63, 590, e) VersR 63, 830, f) VersR 63, 575, g) BGHZ 39, 60 = VersR 62, 267 = BB 63, 210 = MDR 63, 289 = VRS 24, 244 = NJW 63, 637 und 1303 (Anm. Chemnitz) = LM Nr. 18 zu § 779 BGB (Anm. Werthauer), h) VersR 63, 1206 = Warn. 63, Nr. 184.

Diese Entscheidungen liegen sämtlich auf der gleichen Linie. Von besonderer Bedeutung sind die beiden in der amtl. Sammlung veröffentlichten Urteile.

Die Leitgedanken dieser Rechtsprechung lassen sich dahin zusammenfassen: Im Falle eines Stationierungsschadens ist eine Vereinbarung, die zwischen dem Geschädigten und der zuständigen Behörde über die Höhe der Ersatzleistung geschlossen wird, grundsätzlich als Vergleich im Sinne des § 779 BGB und des § 23 zu werten.

Das gemäß § 779 BGB erforderliche gegenseitige Nachgeben kann ganz geringfügig sein. Dabei braucht objektiv ein Opfer nicht vorzuliegen. Es genügt, wenn nur subjektiv ein Entgegenkommen gezeigt wird. Ein Nachgeben des Geschädigten liegt vor, wenn er durch den Abschluß der Vereinbarung darauf verzichtet, mehr als die ihm durch die Vereinbarung zugestandenen Beträge geltend zu machen. Ein solcher Verzicht ist nicht nur gegeben, wenn der Geschädigte sich mit weniger zufrieden gibt, als er vorher gefordert hatte, oder wenn er sich ausdrücklich für abgefunden erklärt, sondern im Zweifel auch dann, wenn die Vereinbarung eine solche Klausel nicht enthält; denn auch dann steht sie regelmäßig der Erhebung weiterer Ansprüche aus demselben Schadensereignis entgegen, abgesehen etwa von Ansprüchen aus später aufgetretenen, nicht vorhersehbar gewesenen schweren Schadensfolgen, denen gegenüber die Berufung auf die Vereinbarung einen Rechtsmißbrauch darstellen könnte.

Ein Nachgeben des Geschädigten wird nur dann nicht anzunehmen sein, wenn die Höhe seines Schadens ausnahmsweise von vornherein so eindeutig feststeht, daß eine Erweiterung des Anspruchs nicht in Betracht kommt, und das Amt für Verteidigungslasten den Beklagten durch die Vereinbarung zur Zahlung des vollen Schadensbetrages verpflichtet.

Mit Recht bejaht der BGH auch die Möglichkeit eines Nachgebens durch die Behörde, da ihr ein gewisser Ermessensspielraum zur Verfügung steht. Die Behörde gibt dem Abschluß der Vereinbarung die bis dahin bestehende, dem anderen Teil bewußte Möglichkeit auf, den Anspruch hinsichtlich des zuerkannten Betrages abzulehnen oder den Versuch zu machen, durch weitere Ermittlungen den Sachverhalt noch nach der einen oder anderen Richtung zu klären.

Notwendig ist allerdings, daß das gegenseitige Nachgeben in Form einer Vereinbarung (§ 779 BGB) geschieht, die allerdings nicht notwendig ausdrücklich erklärt sein muß, vielmehr auch durch schlüssiges Verhalten zustandekommen kann. Lehnt allerdings die Behörde ab, eine Vereinbarung mit dem Verletzten zu treffen, und entscheidet sie ohne Rücksicht auf das Verhalten des Verletzten, fehlt es an einem Vergleich.

BGH MDR 64, 118 (Ein Vergleich liegt nicht vor, wenn die Höhe der für einen Stationierungsschaden geschuldeten Entschädigung rechtswirksam dadurch festgelegt wird, daß die Behörde einen Festsetzungsbescheid erläßt, und der Verletzte es unterläßt, diesen durch Klage anzufechten).

Der wesentliche Streit zwischen dem Verletzten und der Bundesrepublik betraf die Rechtsanwaltskosten, deren Begleichung die Behörden nach Vergleichsabschluß nicht übernehmen wollten. Der BGH hat hierzu ausgeführt: „Auch wenn in einer solchen Vereinbarung keine Regelung bezüglich der Rechtsanwaltskosten getroffen ist, die dem Geschädigten durch seine Rechtsverfolgung erwachsen sind, so ändert dies nichts an der nach der Rechtsprechung des Senats (BGHZ 30, 154) bestehenden Verpflichtung der Bundesrepublik, diese Kosten zu erstatten. Dies gilt regelmäßig auch für die etwa entstandene Vergleichsgebühr."

Dieser Auffassung ist beizutreten.

Dagegen hat der BGH in der Frage des Gegenstandswertes geschwankt. Während er zunächst

NJW 62, 637 = MDR 62, 380.

die Bundesrepublik verpflichtet, die Anwaltskosten des Geschädigten aus dem geltend gemachten Betrag zu begleichen, ist er in den o. a. Entscheidungen dazu übergegangen, den Betrag als maßgebend anzusehen, den die Bundesrepublik zu zahlen hat. So führt der BGH

BGHZ 39, 60 = NJW 63, 637 = MDR 63, 289 = BB 63, 210 = JurBüro 63 B 14 Nr. 295.

aus:

„Der Berechnung zu erstattender Rechtsanwaltsgebühren ist regelmäßig der durch die Vereinbarung zuerkannte Ersatzbetrag zugrunde zu legen; das gilt auch, soweit die Höhe eines Anspruchs durch Schätzung zu ermitteln ist, wie bei Schmerzensgeld und merkantilem Minderwert."

Ähnlich lautet die Entscheidung

BGHZ 39, 73 = NJW 63, 640 = MDR 63, 288.

Hat im Falle eines Stationierungsschadens der Geschädigte den Festsetzungsbescheid des Amtes für Verteidigungslasten nicht durch Klage angefochten, so ist für die Berechnung von Rechtsanwaltsgebühren, die durch die Anmeldung des Ersatzanspruches entstanden und dem Geschädigten als Schaden nach dem Finanzvertrag zu erstatten sind, allein der zuerkannte Ersatzbetrag maßgebend.

Diese Entscheidungen haben viel Unruhe hervorgerufen, weil angenommen wurde, der BGH wolle künftig als Vergleichsgegenstand nicht mehr den Betrag ansehen, **über** den man sich verglichen hat, sondern den Betrag, **auf** den man sich verglichen hat. Diese Bedenken hat der BGH in einer späteren Entscheidung

VersR 64, 748.

ausgeräumt, in der er ausgeführt hat.

„Diese nur für die besondere Regelung von Stationierungsschäden entwickelte Lösung kann nicht generell auf alle sonstigen Schadensersatzfälle angewandt werden. Hier richtet sich der Streitwert bei Vergleichen nach den allgemeinen Rechtsgrundsätzen und muß der Sinn der Vergleiche jeweils im Einzelfall ermittelt werden."

„Der Wert des Vergleichs ist auf den ganzen Betrag dieser streitigen Ansprüche festzusetzen, weil der Vergleich den Streit über alle diese Ansprüche erledigt."

Es bleibt also dabei, daß Vergleichsgegenstand der Betrag ist, über den der Vergleich geschlossen worden ist. Die Bundesrepublik ist jedoch nur verpflichtet, die Kosten aus dem zuerkannten Hauptsachbetrag zu tragen bzw. aus dem Betrag, der aus der Sicht des Geschädigten zur Zeit der Geltendmachung verständigerweise vertretbar gewesen ist (vgl. hierzu A 66).

Diesen Ausführungen, die sich nur auf die Kostentragungspflicht bei mangelnder Regelung beziehen, ist beizutreten. Den Vergleichschließenden bleibt jedoch unbenommen, bei Vergleichsabschluß zu vereinbaren, daß die Bundesrepublik die gesamten Kosten aus dem Vergleichsgegenstandswert übernimmt. Ist ein Vergleich solcher Art nicht zu erreichen, muß der Geschädigte die Kosten aus dem mehrgeforderten Betrag selbst tragen. Der RA hat Anspruch auf seine gesetzlichen Gebühren aus dem vollen Vergleichsgegenstandswert.

Vgl. hierzu H. Schmidt JurBüro 64, 855 ff. (859) und AnwBl. 69, 72 ff.

Vergleich in Enteignungsangelegenheiten. Bund und Länder benötigen **70** in großem Umfange Grundstücke, die sich in Privatbesitz befinden, um Autobahnen und Straßen zu bauen. Weigern sich die Privateigentümer, den geforderten Grundbesitz freiwillig abzutreten, droht ihnen das Enteignungsverfahren. Zur Abwendung des Enteignungsverfahrens oder auch während des Enteignungsverfahrens kommt es häufig zu Vereinbarungen zwischen den Beteiligten, die eine Entscheidung erübrigen. Die Frage ist, ob sich solche Vereinbarungen als Vergleiche i. S. des § 779 BGB und damit auch des § 23 darstellen können. Diese Frage wurde früher verneint,

RG Recht 1912 Nr. 1778.

jedoch zu Unrecht. Auch in Enteignungsangelegenheiten können Vergleiche geschlossen werden.

H. Schmidt NJW 70, 229 mit eingehender Begründung; Lingenberg Baurecht 73, 89; Frankfurt NJW 72, 166; Köln AnwBl. 74, 396; LG Lüneburg AnwBl. 72, 131; LG München I AnwBl. 70, 360; AG Frankfurt AnwBl. 85, 266 (Umlegungsverfahren);
a. M. Reinhardt NJW 70, 697.

Der BGH vertritt ebenfalls die Auffassung, daß im Enteignungsverfahren zwischen dem Enteignungsbegünstigten und dem Grundstückseigentümer ein Vergleich geschlossen werden kann.

BGH NJW 72, 157 = JVBl. 72, 41 = AnwBl. 72, 130 = MDR 72, 217 und NJW 72, 2264 = JurBüro 73, 41.

Er verlangt allerdings, daß bereits ein Rechtsverhältnis zwischen dem Enteignungsbegünstigten und dem Grundstückseigentümer besteht. So fordert er, daß bereits das Planfeststellungsverfahren betrieben worden ist oder daß ein genehmigter Bebauungsplan vorliegt, der das betroffene Grundstück erfaßt.

BGH JurBüro 73, 412; Köln JurBüro 76, 190; vgl. auch Köln AnwBl. 74, 396 (Verkauf eines gemäß § 15 StBFG mit einer Verfügungsbeschränkung belegten Grundstücks).

Liegen diese Voraussetzungen nicht vor, soll in dem Grundstücksverkauf kein Vergleich zu sehen sein.

BGH BGHZ 59, 69 = NJW 72, 1318 = JurBüro 72, 873 = MDR 72, 771 und 72, 1025 mit abl. Anm. von H. Schmidt = JR 73, 64 mit abl. Anm. von Haase; vgl.

jedoch BGH JurBüro 79, 1796 = MDR 80, 128 (Der Verkauf eines in einem förmlich festgelegten Sanierungsgebiet liegenden Grundstücks vor Aufstellung oder mindestens Auslegung des Entwurfs eines Bebauungsplans an einen Sanierungsträger ist, falls nicht aus besonderen Gründen die alsbaldige Inanspruchnahme des Grundstücks schon feststeht, grundsätzlich kein Vergleich, weil sich die Beziehungen der Vertragspartner zueinander bis dahin in der Regel noch nicht zu einem Rechtsverhältnis im Sinne des § 779 verdichtet haben. – Der Gegenstand, aus dessen Wert sich die Vergleichsgebühr berechnet, ist nicht die nach dem Vergleich zu erbringende Leistung, sondern das Rechtsverhältnis, über das der Streit oder die Ungewißheit bestanden hat, die der Vergleich beseitigt).

Der von dem BGH gemachten Einschränkung kann nicht zugestimmt werden. Es genügt, daß der sog. Enteignungsbegünstigte behauptet, im Enteignungsverfahren das Grundstück erwerben zu können. Streiten sich zwei Parteien darüber, ob ein Vertrag zwischen ihnen zustandegekommen ist, und vergleichen sie sich über die Ansprüche der einen Partei, wird wohl auch nicht geprüft, ob ein Vertrag (das Rechtsverhältnis) zustandegekommen ist, bevor die Vereinbarung als Vergleich angesehen wird. Es reicht aus, daß eine Partei behauptet, einen Rechtsanspruch zu haben.

Vgl. Mümmler JurBüro 78, 1457.

71 Vergleich bei der Unfallschadensregulierung.

Gemäß § 779 BGB ist der Vergleich ein Vertrag. Beide Beteiligten müssen sich also vertraglich binden, soll ein Vergleich angenommen werden. Rechnet der Haftpflichtversicherer des Schädigers den Schaden ab (ohne zum Ausdruck zu bringen, daß er ein gegenseitiges Nachgeben und den Abschluß eines Vertrages vorschlagen will), liegt auch dann kein Vergleich vor, wenn sich der Geschädigte mit der Abrechnung einverstanden erklärt.

Vgl. oben Anm. 6.

Einigen sich der Haftpflichtversicherer des Schädigers und der Geschädigte im Wege gegenseitigen Nachgebens durch Vertrag, liegt ein Vergleich vor. Der RA hat Anspruch auf die Vergleichsgebühr.

H. Schmidt AnwBl. 69, 72ff.

Außerdem steht ihm als Betriebsgebühr bei außergerichtlichem Vergleichsabschluß die Geschäftsgebühr des § 118 (evtl. auch die Besprechungsgebühr) und bei Abschluß im Rechtsstreit die Prozeßgebühr (evtl. auch die Erörterungsgebühr) zu.

Den Gegenstandswert (für die Ansprüche des RA gegen seinen Auftraggeber) bilden die von dem Auftraggeber erhobenen Ansprüche.

Vgl. H. Schmidt AnwBl. 69, 72ff.

Als Gegenstandswert für die von dem Haftpflichtversicherer zu ersetzenden Rechtsanwaltskosten (insbes. auch die Vergleichsgebühr) kommt in erster Linie der in der Vereinbarung genannte Wert in Betracht. Übernimmt der Haftpflichtversicherer die gesamten Kosten, gilt das vorstehend über das Verhältnis Anwalt zu Auftraggeber gesagte. Übernimmt der Haftpflichtversicherer die Kosten aus einem bestimmten Betrag, bildet dieser Betrag den

Gegenstandswert. Ist über den Gegenstandswert in dem Vergleich nichts gesagt, ist streitig, aus welchem Betrag die Kosten zu erstatten sind. Der BGH

Vgl. AnwBl. 69, 15.

vertritt die Auffassung, der Betrag, zu dessen Zahlung sich der Haftpflichtversicherer verpflichtet habe, bilde den Gegenstandswert. Richtiger dürfte sein, den Betrag als Gegenstandswert zu bestimmen, den der Geschädigte verständigerweise gefordert hat.

Vgl. H. Schmidt AnwBl. 69, 78; vgl. auch Anm. 6 am Ende.

Um die Unsicherheiten zu vermeiden, die sich nach den vorstehenden Ausführungen in der Praxis ergeben können, hat der Deutsche Anwaltsverein mit einigen Haftpflichtversicherern eine Vereinbarung über eine pauschale Abgeltung der Rechtsanwaltsgebühren bei außergerichtlicher Unfallregulierung geschlossen.

Wegen des Wortlauts der Vereinbarung und Namen der beteiligten Versicherer vgl. Teil C Anhang Nr. 13.

Nach dieser Vereinbarung erstattet der Haftpflichtversicherer $^{15}\!/_{10}$ Gebühr ohne Rücksicht darauf, ob eine Besprechung stattgefunden hat und ein Vergleich geschlossen worden ist. Den Gegenstandswert bildet der gezahlte Betrag zuzüglich 10 %, jedoch nicht mehr als der geforderte Betrag.

Vergleich in Ehe- und Scheidungsfolgesachen. Vgl. hierzu A 2ff. zu § 36. 72

Vergleich bei Rechtsverhältnissen des öffentlichen Rechts. Soweit über 73 die Ansprüche vertraglich verfügt werden kann, kann auch bei Rechtsverhältnissen des öffentlichen Rechts die Vergleichsgebühr anfallen. Wann über Anspruch verfügt werden kann, bestimmt das materielle öffentliche Recht. So sind vertragliche Vereinbarungen mit Sicherheit in den Verfahren nach § 116 Abs. 2 möglich. Nachdem in den Vorschriften der §§ 117, 118 die Bestimmungen gefallen sind, daß § 23 in den Verfahren vor den Finanzbehörden und Finanzgerichten nicht gilt, wird auch in einzelnen Verfahren vor diesen Behörden der Abschluß einer Vereinbarung möglich sein (allerdings schwer denkbar).

§ 24 Erledigungsgebühr

Erledigt sich eine Rechtssache ganz oder teilweise nach Zurücknahme oder Änderung des mit einem Rechtsbehelf angefochtenen Verwaltungsaktes, so erhält der Rechtsanwalt, der bei der Erledigung mitgewirkt hat, eine volle Gebühr.

Lit.: Kapp BB 81, 2085 (Die Erledigungsgebühr im Steuerprozeß). Oswald Steuerberater 68, 165ff.

Übersicht über die Anmerkungen

von Eicken 431

1 Aufgabe der Gebühr. Soweit über die Ansprüche vertraglich verfügt werden kann, fällt gemäß § 23 Abs. 3 auch bei Rechtsverhältnissen des öffentlichen Rechts die Vergleichsgebühr an. Damit ist gleichzeitig zum Ausdruck gebracht, daß die Vergleichsgebühr bei allen anderen Rechtsverhältnissen des öffentlichen Rechts nicht entstehen kann. Ausdrücklich hervorgehoben ist dies in § 116 Abs. 3 für die Verfahren des § 116 Abs. 1 vor den Gerichten der Sozialgerichtsbarkeit.

Andererseits ist ein intensives Bemühen des RAs, eine Verwaltungsangelegenheit für den Auftraggeber zu einem günstigen Ende zu führen, ohne daß erst eine gerichtliche Entscheidung herbeigeführt wird, für den Auftraggeber von besonderem Nutzen. Dem Auftraggeber werden Unannehmlichkeiten, Unsicherheiten, Zeitaufwand, Nervenkraft und Kostenrisiko erspart, die mit der Durchführung jedes Rechtsstreits verbunden sind. Es ist deshalb gerechtfertigt, dem RA für den erzielten Erfolg eine besondere Gebühr zuzubilligen.

Die Erledigungsgebühr fällt nicht an, wenn die Widerspruchsbehörde über den Widerspruch streitig entscheidet.

> Vgl. BVerwG AnwBl. 82, 26 m. abl. Anm. von H. Schmidt = JurBüro 81, 1824 m. zust. Anm. von Mümmler = MDR 82, 433 (Das BVerwG behandelt eine Empfehlung der Widerspruchsbehörde an die Ausgangsbehörde, den Verwaltungsakt zuzurücknehmen, als streitige Entscheidung).

2 Die **Erledigungsgebühr** stellt sich als eine Art Ersatz für die Vergleichsgebühr dar. In derselben Angelegenheit können die Vergleichsgebühr und die Erledigungsgebühr für dieselbe Tätigkeit und hinsichtlich des gleichen Gegenstandes nicht nebeneinander entstehen.

Der RA braucht nicht Verfahrens- oder Prozeßbevollmächtigter zu sein. Auch wenn er nur beratend tätig wird oder einen Einzelauftrag erhalten hat, kann er die Erledigungsgebühr verdienen. Erforderlich ist nur, daß er an der Erledigung mitgewirkt hat.

Der im Wege der Beratungshilfe tätige RA erhält für die Mitwirkung bei der Erledigung nicht die Gebühr des § 24, sondern die Gebühr des § 132 Abs. 3.

3 In allen Verwaltungsangelegenheiten (im weiteren Sinne) kann die Erledigungsgebühr anfallen. Zu nennen sind hier z. B.

a) in erster Linie Angelegenheiten der inneren Verwaltung, aber auch

b) Verwaltungsakte, die der Nachprüfung durch die ordentliche Gerichtsbarkeit unterliegen, wie

aa) Justizverwaltungsakte i. S. der §§ 23 ff. EGGVG,

bb) Verwaltungsakte der Landwirtschaftsbehörden, die der Nachprüfung durch die Landwirtschaftsgerichte unterliegen,

cc) Verfahren wegen Erinnerungen gegen den Kostenansatz (§ 5 GKG, § 14 KostO),

dd) Anrufung des Gerichts gegen Justizverwaltungsakte im Bereich der Justizbeitreibung, ee) Patentangelegenheiten, die der Nachprüfung des Patentgerichts unterliegen,

ff) Verwaltungsakte, die der Überprüfung durch die Entschädigungskammer, Baulandkammern, Kartellsenate usw. unterliegen.

a. M. hinsichtlich Entschädigungssachen Schumann/Geißinger A 8.

Für den Begriff „Rechtssache" kommt es nicht darauf an, welchem Zweig der Gerichtsbarkeit das Gericht angehört.

Ausdrücklich ausgeschlossen ist jedoch die Anwendung des § 24 in Verfahren der Sozialgerichtsbarkeit (§ 116 Abs. 3 für die Verfahren des § 116 Abs. 1).

Die Verwaltungsangelegenheit muß sich durch **Zurücknahme oder Ände-** 4 **rung eines** ergangenen **Verwaltungsaktes** erledigt haben. Die Verwaltungsbehörde muß ihre bisherige Entscheidung ganz oder mindestens teilweise geändert haben.

VGH Mannheim AnwBl. 82, 208.

Über den Wortlaut des § 24 hinausgehend wird die Erledigungsgebühr – mit Recht – auch dann zuerkannt, wenn sich eine Verwaltungsangelegenheit durch den Erlaß eines früher abgelehnten Verwaltungsaktes erledigt.

Oswald Steuerberater 68, 165; OVG Lüneburg NJW 60, 1782; VG Ansbach AnwBl. 62, 228.

Notwendig ist danach, daß die Verwaltungsbehörde bereits einen bestimmten, dem Auftraggeber des RA ungünstigen Standpunkt eingenommen – nicht lediglich Bedenken geäußert – hat und daß es der Tätigkeit des RAs gelungen ist, diesen Standpunkt, der sich auch aus einem negativen Verhalten ergeben kann, zugunsten seines Auftraggebers zu ändern.

Vgl. einerseits LG Berlin AnwBl. 84, 515; andererseits LG Kleve JurBüro 85, 1663, 1665 (beide Beratungshilfe).

Die Erledigung der Hauptsache in einem Zivilprozeß ist keine Erledigung einer Verwaltungsangelegenheit durch Zurücknahme oder Änderung eines Verwaltungsaktes. Durch die Mitwirkung bei der Erledigung der Hauptsache in einem Zivilprozeß kann deshalb die Erledigungsgebühr nicht entstehen.

Neustadt JurBüro 59, 421 = MDR 59, 935 = Rpfleger 63, 33.

Nicht hierher gehören, so daß keine Erledigungsgebühr anfallen kann,

a) die abstrakte Normenkontrolle,

Hess. FG EFG 70, 58; OVG Rheinland-Pfalz JurBüro 84, 227; OVG Münster KostRsp. BRAGO § 24 Nr. 18.

b) Feststellungsklagen,

Vgl. aber Schumann/Geißinger A 7.

c) reine Leistungsklagen, z. B. Klagen auf Zahlung von Beamtengehalt.

VGH Kassel DVBl. 62, 569.

Anfechtung eines Verwaltungsaktes ist erforderlich, um die Erledigungs- 5 gebühr entstehen zu lassen. Nicht erforderlich ist, daß bereits ein Rechtsstreit anhängig ist.

Allerdings erwächst die Erledigungsgebühr nicht bei jeder Erledigung einer Verwaltungsangelegenheit. Erläßt die Verwaltungsbehörde einen beantragten

Verwaltungsakt alsbald, ist für eine Erledigungsgebühr kein Raum. Die
Verwaltungsbehörde muß zunächst einen dem Auftraggeber des RA ungünstigen Standpunkt eingenommen, also einen belastenden Verwaltungsakt
erlassen oder einen begünstigenden Verwaltungsakt abgelehnt haben.
Es ist weiter erforderlich, daß die Verwaltungsbehörde den Verwaltungsakt
zurücknimmt oder zumindest ändert. Die Änderung kann allerdings gering
sein. Dagegen erwächst die Erledigungsgebühr nicht, wenn sich der Auftraggeber nach Erörterungen mit der Verwaltungsbehörde mit dem erlassenen
Verwaltungsakt bescheidet.

6 Die **Verwaltungsangelegenheit** ist **erledigt,** wenn der Auftraggeber des
RA durch die Aufhebung oder Änderung des Verwaltungsaktes zufriedenge-
stellt ist. Ein gegenseitiges Nachgeben – wie bei der Vergleichsgebühr – ist
nicht erforderlich. Andernseits ist eine Angelegenheit aber auch dann erledigt,
wenn sich der Auftraggeber mit einem Weniger, als er begehrt hat, zufrieden
gibt.

    Vgl. auch VGH München AnwVl. 81, 162 (Die Erledigungsgebühr entsteht, wenn
der Kläger die Klage zurücknimmt, nachdem sich der Beklagte für diesen Fall
bereiterklärt hat, die Kosten des Verfahrens zu übernehmen); sehr eng AG Braunschweig JurBüro 85, 398 (keine Erledigung, wenn Behörde sich lediglich aufschiebend bedingt verpflichtet, den angefochtenen Verwaltungsakt durch einen dem
Antragsteller positiven zu ersetzen).

    Wegen Erledigung durch Entscheidung von Musterprozessen siehe A 8 a. E.

7 **Mitwirkung.** Der RA muß bei der Erledigung der Verwaltungsangelegenheit mitgewirkt haben. Der Begriff der Mitwirkung ist in etwa der gleiche
wie in § 23 (vgl. die A 29 ff zu § 23). Es genügt ein Tätigwerden in Richtung
auf den später erzielten Erfolg. Worin dieses Tätigwerden besteht, ist – wie
bei der Vergleichsgebühr – gleichgültig. Die Mitwirkung kann auch in einer
Einwirkung auf den Auftraggeber bestehen, sich mit einer Teilaufhebung
zufrieden zu geben.

    Oswald Steuerberater 69, 53; BayVGH AnwBl. 61, 291 = DVBl. 61, 678; VGH
Kassel NJW 66, 1092; Hess. FG EFG 70, 50; NdsFG EFG 78, 289; VG Münster
AnwBl. 81, 163.

    Eine Mitwirkung des Prozeßbevollmächtigten liegt z. B. vor, wenn er in der
mündlichen Verhandlung wesentlich dazu beigetragen hat, daß das Gericht
einen später angenommenen Erledigungsvorschlag finden konnte oder wenn
der Bevollmächtigte seinen Mandanten zur Zustimmung zu einer bestimmten
außergerichtlichen Erledigung bewogen hat. – Die Mitwirkung braucht nicht
aktenkundig zu sein.

    FG Baden-Württemberg EFG 69, 504 = JurBüro 69, 1054; BayVGH AnwBl. 61,
291 = DVBl. 61, 679.

    Streitig ist, ob als Mitwirkung des RA auch die bloße Vornahme von
Verfahrenshandlungen (z. B. Fertigung der Widerspruchsschrift, der Klage
oder die Wahrnehmung von Verhandlungsterminen), für die entsprechende
Tätigkeitsgebühren (Geschäfts-, Besprechungs-, Prozeß-, Verhandlungsgebühr) erwachsen, ausreicht. Eine Meinung bejaht das. Sie stützt sich auf den
Wortlaut des Gesetzes, der die Entstehung der Gebühr lediglich davon
abhängig macht, daß ein bestimmter Erfolg (Erledigung durch Zurücknahme
oder Änderung des Verwaltungsaktes) eintritt und daß der RA bei der

434   *von Eicken*

Erledigung mitgewirkt hat. Die Erledigungsgebühr vergüte, so wird argumentiert, nur den Erfolg; durch Tätigkeitsgebühren werde sie ebensowenig wie die Vergleichsgebühr ausgeschlossen.

So Vorauflage, Luetgebrune AnwBl. 65, 213; FG Baden-Württemberg EFG 82, 534; FG Berlin EFG 81, 523.

Die andere, in der Rechtsprechung weit überwiegende, Meinung folgert gerade aus dem Charakter der Gebühr als Erfolgsgebühr, daß nur eine Mitwirkung des RA ausreicht, die nicht nur allgemein auf Verfahrensförderung (natürlich mit dem Ziel eines Erfolges des Mandanten), sondern – wie beim Vergleich – auf den besonderen Erfolg einer Erledigung der Sache ohne förmliche Entscheidung gerichtet ist.

Riedel/Sußbauer A 19; Hartmann A 2 C; Müller JurBüro 83, 1458; BVerwG s. A. 1; AnwBl. 86, 41 m. krit. Anm. Hamacher = JurBüro 86, 215; OVG Münster NJW 76, 261 = KostRsp. BRAGO § 24 Nr. 3 m. zahlreichen Nachweisen über den Meinungsstand in. Anm. von E. Schneider; FG Hamburg EFG 83, 146; OVG Bremen JurBüro 86, 1360.

Die letztgenannte Ansicht entspricht allein dem Gesetzeszweck, einen der Vergleichsgebühr entsprechenden Tatbestand für die Fälle zu schaffen, in denen die Beteiligten sich nicht vergleichen können. Der Erfolg, den das Gesetz honorieren will, kann – wie bei der Vergleichsgebühr – nicht das Obsiegen einer Partei, sondern nur die gütliche Beilegung des Streits sein. An die letztgenannte Zielrichtung der anwaltlichen Tätigkeit dürfen aber nicht zu hohe Anforderungen gestellt werden, wenn der Gesetzeszweck erreicht werden soll. Beispiele aus der Rechtsprechung:

Einlegung des Widerspruchs reicht nicht: LG Frankfurt JurBüro 86, 886; Beschwerde im PKH-Bewilligungsverfahren reicht nicht: OVG Bremen JurBüro 86, 574.

Nähere mündliche Begründung des schriftlich eingelegten Widerspruchs anläßlich Vorsprache bei der Behörde reicht nicht (sehr eng!): BVerwG AnwBl. 86, 41 = JurBüro 86, 215.

Beratung des Mandanten, tatsächlich nur in geringem Umfang erledigtes Verfahren insgesamt für erledigt zu erklären, reicht: OVG Münster, JurBüro 85, 1500.

Gezielter Einsatz eines sachkundigen Dritten, der zu Änderung des Verw.Akts entscheidende Gesichtspunkte vorträgt, reicht: FG Düsseldorf, EFG 85, 577.

Hinweis auf einschlägiges BFH-Urteil kann Mitwirkungshandlung darstellen (sehr weit!): FG Saarland EFG 83, 253.

Mitwirkung im gerichtlichen Erörterungstermin, die f. außergerichtliche Erledigung kausal ist, reicht: HessFG EFG 82, 155.

Gespräche des RA in einer Sitzungspause mit Mandanten und Gegner, die zu beiderseitigem Nachgeben führen, reichen: OVG Münster KostRsp. BRAGO § 24 Nr. 20.

Auch Tätigkeit des RA im Prozeß (schriftsätzlicher Hinweis, daß Partei entgegen Auffassung des Gegners nicht klaglos gestellt sei) kann ausreichen: VG Stuttgart AnwBl. 83, 283 = JurBüro 83, 1518

Im Gegensatz zu § 23 Abs. 1 Satz 2 enthält § 24 keine rechtliche Vermutung für die Ursächlichkeit der Tätigkeit des RA. Jedoch spricht eine tatsächliche Vermutung für die Ursächlichkeit des Handelns des RA, wenn der RA in Richtung Aufhebung des Verwaltungsaktes tätig geworden ist, und die Verwaltungsbehörde daraufhin den Verwaltungsakt aufhebt oder abändert. Soll die Erledigungsgebühr versagt werden, muß der Sachverhalt einen Anhalt dafür geben, daß die Tätigkeit des RA für die abändernde Entschei-

von Eicken

dung nicht ursächlich war (Beispiel: Die Regierung hebt einen Verwaltungsakt des Landratsamts auf und begründet ihren Entscheid wie folgt: Die
Angriffe des Beschwerdeführers gehen zwar fehl. Die Aufhebung ist jedoch
aus folgenden Erwägungen gerechtfertigt).

> FG Baden-Württemberg BB 81, 218; FG Berlin EFG 81, 523; EFG 85, 517
> (Rücknahme des Verw. Akts ausdrücklich mit Rücksicht auf neue obergerichtliche
> Entscheidung).

Wird der RA nur tätig, nachdem die Verwaltungsbehörde den Verwaltungsakt zurückgenommen oder aufgehoben hat, so ist für eine Mitwirkung bei der
Erledigung kein Raum. Durch die Anzeige der Erledigung bei Gericht und
einen Kostenantrag entsteht deshalb die Erledigungsgebühr nicht. Ist der
Rechtsstreit durch Änderung des Verwaltungsaktes materiell noch nicht
erledigt, kann der RA aber – auch durch Beratung des Mandanten – noch an
endgültiger Erledigung mitwirken.

> OVG Lüneburg AnwBl. 83, 282.

Eine Mitwirkung liegt auch nicht darin, daß der RA dem Auftraggeber nach
Aufhebung des Verwaltungsaktes rät oder abrät, zu dem Feststellungsantrag
nach § 113 Abs. 1 Satz 4 VwGO (im sozialgerichtlichen Verfahren § 131 I
SGG) überzugehen. Hierin liegt die Entscheidung, ob der Rechtsstreit in
anderer Weise fortzusetzen ist. Die Erledigung durch Zurücknahme ist bereits
vorher erfolgt.

> OVG Münster Anw.Bl. 61, 293 (Anm. Luetgebrune) = NJW 61, 2370; VGH
> München DVBl. 61, 678; VG Frankfurt NJW 62, 2123;
> **a. M.** Luetgebrune NJW 60, 1606.

Allerdings liegt in der Fortsetzung des Rechtsstreits nach Umstellung auf den
Feststellungsanspruch die Erklärung des Auftraggebers, daß er die Angelegenheit nicht als vollständig erledigt ansehe. Damit kann die Erledigungsgebühr nicht entstehen.

8 Erfolgsgebühr. Die Erledigungsgebühr ist – wie die Vergleichsgebühr – eine
Erfolgsgebühr. Sie fällt nur an, wenn sich die Angelegenheit durch die
Zurücknahme des Verwaltungsaktes erledigt. Die Rücknahme eines Rechtsmittels gegen ein den Verwaltungsakt aufhebendes Urteil ist kein Aufheben
des Verwaltungsaktes durch die Behörde. Sie bringt deshalb die Erledigungsgebühr nicht zum Entstehen.

> BVerwG JVBl. 64, 102 = MDR 64, 172 = DVBl. 64, 79 = DÖV 64, 566.

Ist allerdings die Verwaltungsbehörde entschlossen gewesen, die Wiederherstellung des aufgehobenen Verwaltungsaktes durch eine Abänderung des
angefochtenen Urteils zu erreichen, und wird sie durch Bemühungen des RA
veranlaßt, es durch Rücknahme des Rechtsmittels bei der Aufhebung des
Verwaltungsaktes zu belassen, liegt eine Mitwirkung bei der Erledigung des
Rechtsstreits vor. In der Rücknahme des Rechtsmittels liegt der Entschluß der
Behörde, die Aufhebung des Verwaltungsaktes aus eigenem Willen endgültig
werden zu lassen. Der RA hat auch in diesem Falle die Erledigungsgebühr
verdient. Die Vergleichsgebühr des § 23 fällt doch wohl auch an, wenn die
Beteiligten vereinbaren: „Der Kläger nimmt die Berufung zurück. Der
Beklagte trägt seine außergerichtlichen Kosten des Berufungsverfahrens
selbst."

> **a. A.** Hess. VGH AnwBl. 86, 411.

Die Erledigungsgebühr erwächst auch, wenn sich ein Verfahren nach § 80 Abs. 5 oder 6 VwGO dadurch erledigt, daß der RA die Rücknahme des Verwaltungsaktes oder die Aufhebung der Vollziehbarkeit oder auch nur die Aussetzung des Vollzugs durch die Verwaltung erreicht.

VG Darmstadt NJW 75, 1716.

Die Erledigungsgebühr als Erfolgsgebühr tritt neben die für die Tätigkeit verdienten Gebühren, also bei außergerichtlicher Erledigung neben die Gebühren des § 118, bei Erledigung in einem gerichtlichen Verfahren neben die in diesem Verfahren verdienten Gebühren (vgl. auch Anm. 7). Tritt der erstrebte Erfolg nicht ein, bescheidet sich also z. B. der Auftraggeber mit dem ungünstigen Verwaltungsakt oder entscheidet das Gericht – sei es zugunsten des Auftraggebers, sei es zu seinen Ungunsten – über die Verwaltungsangelegenheit, erhält der RA die Erledigungsgebühr nicht. Es verbleibt allein bei den Tätigkeitsgebühren.

Der Erfolg kann auch dadurch eintreten, daß sich das konkrete Verfahren aufgrund eines **Musterprozesses** erledigt. Dabei ist nicht erforderlich, daß der Ausgang des Musterprozesses zur Aufhebung oder Änderung des angefochtenen Verwaltungsaktes führt; es reicht aus, daß das Verfahren seine tatsächliche Erledigung findet.

FG Baden-Württemberg EFG 82, 534; OVG Münster MDR 83, 872 = KostRsp. BRAGO § 24 Nr. 13 m. Anm. Noll; a. A. Hess. FG EFG 69, 255 (Mitwirkung des RA im Parallelprozeß, dessen Ausgang zur außergerichtl. Erledigung führt, löst Erledigungsgebühr nicht aus); OVG Lüneburg AnwBl. 82, 537 = KostRsp. BRAGO § 24 Nr. 10 m. Anm. Noll (Erledigterklärung weil angefochtener Planfeststellungsbeschluß in anderen Verfahren rechtskräftig aufgehoben worden ist, löst Erledigungsgebühr nicht aus.

Als Mitwirkungshandlung reicht es dabei aus, daß der RA sich mit Aussetzung oder Zurückstellung der Entscheidung bis zur Entscheidung im Parallel- oder Musterprozeß einverstanden erklärt hat. Nicht notwendig ist es, daß er dieselben Argumente vorgebracht hat, die zur Entscheidung des Musterprozesses geführt haben. Erst recht muß es ausreichen, wenn er (wie in dem vom OVG Lüneburg entschiedenen Fall) im Hinblick auf eine Erklärung der Behörde nicht auf förmlicher Aufhebung des angefochtenen Verwaltungsaktes besteht.

Die **Gebührenhöhe.** Die Gebühr ist – wie § 24 sagt – die volle Gebühr, **9** sonach bei vorgerichtlicher Erledigung oder Erledigung während des ersten Rechtszuges die $^{10}/_{10}$-Gebühr, bei Erledigung in gerichtlichen Rechtsmittelverfahren die $^{13}/_{10}$-Gebühr.

Der **Gegenstandswert,** aus dem die Erledigungsgebühr zu errechnen ist, **10** richtet sich nach dem Wert des Gegenstandes, der durch die Aufhebung oder Abänderung des Verwaltungsaktes erledigt worden ist. Bei Teilerledigung ist der erledigte Teil maßgebend.

Teilerledigung liegt aber nicht vor, wenn die Verwaltungsbehörde den Verwaltungsakt teilweise abändert und sich der Auftraggeber mit dieser teilweisen Abänderung zufrieden gibt. Hier ist die gesamte Angelegenheit erledigt.

Kostenerstattung. Die Erledigungsgebühr gehört zu den Kosten, die durch **11** das Betreiben der Angelegenheit entstanden sind. Werden diese Kosten der Körperschaft auferlegt, hat diese auch die Erledigungsgebühr zu erstatten.

von Eicken   437

§ 25 Ersatz von Auslagen

(1) **Mit den Gebühren werden auch die allgemeinen Geschäftsunkosten entgolten.**

(2) **Der Rechtsanwalt hat Anspruch auf Ersatz der auf seine Vergütung entfallenden Umsatzsteuer, sofern diese nicht nach § 19 Abs. 1 des Umsatzsteuergesetzes unerhoben bleibt.**

(3) **Der Anspruch auf Ersatz der Postgebühren, der Schreibauslagen und der Reisekosten bestimmt sich nach den folgenden Vorschriften.**

Übersicht über die Anmerkungen

1 Grundsätze. Die Gebühren, die der Auftraggeber an den RA entrichtet, sind die Gegenleistung für die Tätigkeit des RA. Aus diesen Einnahmen muß der RA alle Ausgaben bestreiten, die notwendig sind, damit er seinem Beruf nachgehen kann. Abs. 1 bestimmt deshalb als Grundsatz, daß mit den Gebühren auch die allgemeinen Geschäftsunkosten entgolten werden; d. h. der RA darf die Erstattung der allgemeinen Geschäftsunkosten nicht neben den Gebühren fordern.

Gewisse Auslagen, die der RA bei Bearbeitung einer Sache hat aufwenden müssen, darf er jedoch gemäß Abs. 3 neben den Gebühren in Rechnung stellen. Voraussetzung ist, daß ihm ein Erstattungsanspruch nach bürgerlichem Recht zusteht.

Außerdem kann der RA die Erstattung solcher – nicht in seinem eigenen Bürobetrieb entstandenen – Aufwendungen fordern, die er im Einverständnis des Auftraggebers oder als Geschäftsführer ohne Auftrag gemacht hat.

Schließlich ist in Abs. 2 bestimmt, daß der RA Anspruch auf Ersatz der auf seine Vergütung entfallenden Mehrwertsteuer hat.

2 Die **allgemeinen Geschäftsunkosten** muß der RA selbst tragen. Solche Geschäftsunkosten sind insbes. die durch die Unterhaltung der Kanzlei entstehenden Kosten wie Miete der Büroräume, Gehälter der Angestellten, die Kosten für Anschaffung und Unterhaltung von Büromaschinen, die Aufwendungen für Literatur.

Zu den allgemeinen Geschäftsunkosten gehört auch die Grundgebühr für den Fernsprecher und Fernschreiber.

Allgemeine, somit nicht abwälzbare Geschäftsunkosten sind z. B. auch die Mitgliedsbeiträge bei einer Kreditauskunft

> H. Schmidt Büro 61, 587.

oder einer Fachvereinigung.

Ferner gehören hierher die allgemeinen Aufwendungen, die bei der Erledigung des bestimmten Auftrags entstehen. Zu nennen sind die Kosten für Briefpapier, Formulare, Briefumschläge.

Benötigt der RA für den Transport von Beweisstücken eine besondere – im Anwaltsbetrieb unübliche – Verpackung, sind die Aufwendungen für diese besondere Verpackung (z. B. Kisten für Maschinen) als besondere Aufwendungen zu ersetzen.

Aufwendungen für Fahrspesen innerhalb des Ortsverkehrs (etwa von der Kanzlei zum Gericht) gehören gleichfalls zu den allgemeinen Geschäftsunkosten.

Als Auslagen, die auf jeden Fall neben den Gebühren **zu erstatten** sind, zählt 3 Abs. 3 auf:

a) die Postgebühren (vgl. § 26),

b) die Schreibauslagen (vgl. § 27),

c) die Reisekosten (vgl. § 28).

Neben den in Abs. 3 genannten Auslagen kann der RA u. U. die **Erstattung** 4 **weiterer Aufwendungen** fordern. Diese gehören jedoch nicht zu der Vergütung im Sinne des § 1 Abs. 1. Gemäß § 670 BGB, der über § 675 BGB auf den Anwaltsvertrag anzuwenden ist, hat der Auftraggeber alle Aufwendungen zu ersetzen, die der RA den Umständen nach für erforderlich halten durfte.

Zu diesen Aufwendungen gehören insbes.

a) die Vorschüsse auf Gerichtsgebühren und Auslagen des Gerichts, die der RA aus eigenen Mitteln gezahlt hat,

b) die Kosten für die Ermittlung der Anschriften von Zeugen usw.,

c) die Detektivkosten im Eheprozeß für die Beobachtung des Prozeßgegners (die Beauftragung eines Detektivs sollte jedoch zweckmäßig der Partei selbst überlassen werden),

d) die Kosten für Auskünfte des Handelsregisters, des Gewerbeamtes usw.

e) die Kosten für die Übersetzung in fremder Sprache abgefaßter Urkunden ins Deutsche und umgekehrt (zur Frage, ob Übersetzungen durch den RA selbst durch die Prozeßgebühr oder ähnliche Gebühren abgegolten werden, vgl. A 28 zu § 31).

> Vgl. z. B. Celle NJW 60, 1306.

f) die verauslagten Gerichtsvollzieherkosten,

g) Fotos zwecks Beweissicherung.

> AG Hamm AnwBl. 75, 251.

Hiernach sind dem RA alle notwendigen und nützlichen Auslagen zu erstatten, die er zum Zwecke der Ausführung seines Auftrags gemacht hat. Es kommt darauf an, ob der RA nach den Verhältnissen zur Zeit der Aufwendungen der Auslagen diese nicht nur persönlich, sondern vom Standpunkt eines unbeteiligten Dritten für erforderlich halten durfte.

5 Ersatz der Mehrwertsteuer. Nach Abs. 2 S. 1 darf der RA die auf seine Vergütung entfallende Umsatzsteuer (Mehrwertsteuer) auf den Auftraggeber abwälzen. Dabei ist gleichgültig, ob die Vergütung in den gesetzlichen Gebühren oder in einer vereinbarten Vergütung (§ 3) besteht.

Beispiel: Der RA vereinbart für eine Verteidigung vor dem Amtsgericht ein Honorar von 750,— DM. Er darf die auf diesen Betrag entfallende Mehrwertsteuer dem Angeklagten in Rechnung stellen.

> **a. M.** Hartmann A 3 A; Karlsruhe OLGZ 79, 230 = DB 79, 447 (in dem vereinbarten Honorar enthalten). Es ist jedoch zweckmäßig zu vereinbaren, daß die Mehrwertsteuer zusätzlich zu dem vereinbarten Honorar gezahlt wird.

Daher ist auch die auf die „angemessene Gebühr" des § 21 entfallende Mehrwertsteuer abwälzungsfähig.

> Schumann NJW 67, 867.

Umsatzsteuerpflichtig sind außer den gesetzlichen Gebühren oder vereinbarten Honoraren die Schreibauslagen, die Reisekosten, die Portoauslagen, die Fernsprech- und Telegrammgebühren.

> KG AnwBl. 83, 333 = Rpfleger 83, 150.

Umsatzsteuerpflichtig sind auch die Zinsen aus der festgesetzten Vergütung (§ 104 Abs. 1 S. 2 ZPO).

> LG Baden-Baden AnwBl. 83, 240 = JurBüro 83, 80; **a. A.** LG Amberg AnwBl. 77, 115 mit abl. Anm. H. Schmidt; AG Mainz KostRsp. BRAGO § 25 Nr. 9 m. Anm. Lappe; Rpfleger 83, 457; SG Kiel AnwBl. 84, 571; Hansens JurBüro 83, 325.

Nicht umsatzsteuerpflichtig sind durchlaufende Gelder (z. B. Gerichtskosten, eingetriebene Forderungen),

sowie Auslagen, die der RA namens und für Rechnung des Auftraggebers gemacht hat.

> Düsseldorf JurBüro 74, 738 = MDR 74, 590 = Rpfleger 74, 232 = JMBlNRW 74, 142.

Erben des RA sind wegen der aus dessen Tätigkeit noch vereinnahmten Gebühren umsatzsteuerpflichtig.

Dies gilt jedoch nicht für Abwickler.

> BFH DB 71, 1287.

6 Keine Mehrwertsteuer. Der RA, dessen Umsatz im vergangenen Kalenderjahr unter 20000,— DM gelegen hat und dessen Umsatz im laufenden Kalenderjahr voraussichtlich 100000,— DM nicht übersteigt, braucht gemäß § 19 Abs. 1 des Umsatzsteuergesetzes keine Umsatzsteuer zu zahlen. Er kann deshalb auch keine Umsatzsteuer ansetzen.

Ein deutscher RA darf gemäß § 3a Abs. 4 Ziff. 3 UStG (1980) seinem ausländischen Auftraggeber keine deutsche Umsatzsteuer in Rechnung stellen; daher kann eine ausländische Prozeßpartei von dem zur Kostentragung verpflichteten Gegner insoweit auch keine Erstattung verlangen.

> BMdF BB 83, 1397; Frankfurt AnwBl. 83, 324 = JurBüro 83, 446 = MDR 83, 234 = Rpfleger 83, 85; Stuttgart JurBüro 82, 1674; Hamburg MDR 82, 857; Bamberg JurBüro 87, 67.

Ermäßigte Mehrwertsteuer. Erbringt der RA eine Leistung, die ein nach dem UrhG geschütztes Werk darstellt, unterliegt er insoweit nach § 12 Abs. 2

Ziff. 7 d UStG nur der halben Mehrwertsteuer (Beispiel: wissenschaftliches Gutachten).

Kostenfestsetzung. Keinem Zweifel unterliegt, daß ein Auftraggeber, der 7 die ihm von seinem RA in Rechnung gestellte Mehrwertsteuer nicht zum Vorsteuerabzug verwenden kann, berechtigt ist, die Erstattung auch der Mehrwertsteuer von dem unterlegenen Gegner zu fordern.

Wird der RA in eigener Angelegenheit tätig, ist zu unterscheiden. Betrifft die Tätigkeit ein Innengeschäft (aus beruflicher Anwaltstätigkeit – z. B. der RA klagt seine Vergütung gegen den Auftraggeber ein), entsteht keine Mehrwertsteuer.

OFD Düsseldorf BB 82, 850 und AnwBl. 82, 193; Hamburg JurBüro 82, 1349; KG MDR 81, 1024 = JurBüro 81, 1685 =Rpfleger 81, 441; EGH Koblenz AnwBl. 81 415 (Selbstverteidigung); Schleswig JurBüro 85, 399 (bei Anwaltssozietät); LG Berlin JurBüro 85, 224.

Betrifft die Tätigkeit ein Außengeschäft (aus reiner Privattätigkeit – z. B. der RA klagt ein Privatdarlehen ein), entsteht die Mehrwertsteuer.

Hamm MDR 85, 683; AnwBl. 86, 452; Hamburg JurBüro 86, 873. Stuttgart JurBüro 85, 1188 = MDR 85, 683; Niejahr AnwBl. 85, 34.

Die Gegenpartei ist verpflichtet, die Mehrwertsteuer des RA der obsiegenden Partei auch dann zu erstatten, wenn der Auftraggeber des RA ein zum Vorsteuerabzug berechtigter Unternehmer ist. § 91 Abs. 2 ZPO sagt ausdrücklich: „Die gesetzlichen Gebühren und Auslagen des RA der obsiegenden Partei sind in allen Prozessen zu erstatten." Zu den Auslagen gehört auch die Mehrwertsteuer. Für Billigkeitserwägungen ist kein Raum. Andernfalls müßte auch von zwei Streitgenossen, die sich durch je einen RA vertreten lassen, verlangt werden, daß sie zusammen nur einen RA beauftragen, weil dies billiger ist. Selbstverständlich ist, daß die obsiegende Partei die Mehrwertsteuer ihres RA nicht zum Vorsteuerabzug verwenden darf, wenn sie ihr vom Gegner erstattet worden ist.

H. Schmidt JVBl. 68, 49 mit eingehender Begründung; Seltmann NJW 69, 1153; BFH BStBl. II 70, 434 = StRK FGO § 139 R 34 = BB 70, 696 mit Anm. von Boeker = NJW 70, 1343 mit zust. Anm. von Wollany = AnwBl. 70, 228; Düsseldorf AnwBl. 83, 334 = JurBüro 83, 385; Frankfurt JurBüro 77, 1394 und AnwBl. 83, 334 = BB 83, 21 = JurBüro 83, 218; Koblenz AnwBl. 84, 97 = Rpfleger 83, 414 = JurBüro 83, 1519 = MDR 83, 852.

Wenn der RA in eigener Sache berechtigt ist, die Erstattung von Gebühren und Auslagen von einem Gegner oder aus der Staatskasse zu fordern, kann er Umsatzsteuer nicht geltend machen, wenn sie nicht entsteht (vgl. vorstehend Anm. 6).

Ist die Gebühr nicht als solche, sondern nur in Höhe ersparter fiktiver Aufwendungen erstattungsfähig, so ist auch die Mehrwertsteuer bei der Vergleichsrechnung zu berücksichtigen; jedoch sind die fiktiven Kosten als solche nicht umsatzsteuerpflichtig.

a. A. Koblenz AnwBl. 79, 116.

Außergerichtliche Kostenerstattung. Die Grundsätze des Verfahrens- 8 rechts lassen sich nicht ohne weiteres auf die materiellrechtliche Kostenerstattungspflicht übertragen. Ist ein Beteiligter aus Gründen des materiellen Rechts verpflichtet, einem anderen die diesem erwachsenen Anwaltskosten zu

von Eicken　　　　441

erstatten, so kann (und wird in der Regel) die **Mehrwertsteuer** von der Erstattung ausgeschlossen sein, wenn der Auftraggeber des RAs die Mehrwertsteuer zum Vorsteuerabzug verwenden kann.

Das Schulbeispiel für den Ausschluß der Erstattung der Mehrwertsteuer wird die Verpflichtung zur Schadensersatzleistung sein. Hier ist der Geschädigte gemäß § 254 BGB verpflichtet, den Schaden möglichst gering zu halten. Hier wird ein geschädigter Unternehmer, falls die Voraussetzungen für den Vorsteuerabzug vorliegen, für verpflichtet gehalten werden müssen, von der Möglichkeit des Vorsteuerabzugs Gebrauch zu machen.

Beispiel: In einer Verkehrsschadenssache sind dem geschädigten Unternehmer, dessen Betriebsfahrzeug einen Schaden erlitten hat, neben 3000,—DM Reparaturkosten nebst 420,—DM Mehrwertsteuer 400,—DM Anwaltskosten nebst 56,—DM Mehrwertsteuer erwachsen. Der Haftpflichtversicherer des Schädigers hat nur 3400,—DM zu erstatten. Die Mehrwertsteuer muß der Unternehmer zum Vorsteuerabzug verwenden.

Erleidet der Unternehmer dadurch, daß er die ihm in Rechnung gestellte Mehrwertsteuer früher begleichen muß als er sie zum Vorsteuerabzug verwenden kann, einen Zinsverlust, so ist ihm dieser allerdings zu ersetzen.

Vgl. hierzu Kracht BB 68, 317.

Der Grundsatz, daß bei außergerichtlicher Kostenerstattung der vorsteuerabzugsberechtigte Auftraggeber die Mehrwertsteuer seines RA nicht dem Gegner anlasten darf, gilt jedoch nicht uneingeschränkt. Er findet seine Grenzen dort, wo die Verwendung der Mehrwertsteuer des RA zum Vorsteuerabzug unzumutbar wird. Denn dann verstößt der Unternehmer nicht gegen seine sich aus § 254 BGB ergebende Schadenminderungspflicht.

Beispiel: In Beitreibungssachen, vor allem wenn es sich um die Beitreibung kleiner Beträge handelt, ist dem RA nicht zuzumuten, seine Kosten mit Ausnahme der Mehrwertsteuer von dem Schuldner beizutreiben und sodann seinem Auftraggeber eine Rechnung über die verbleibende Mehrwertsteuer zu schreiben. Da es sich bei diesen Mehrwertsteuerbeträgen in der Regel um geringfügige Beträge handelt, wird das Ausschreiben und die Übersendung der Rechnung über die Mehrwertsteuer an den Auftraggeber nicht selten höhere Kosten verursachen als die Mehrwertsteuer beträgt.

AG Stuttgart-Bad Cannstatt AnwBl. 79, 37; Lauscher AnwBl. 68, 114 hält allerdings eine Änderung des UStG für erforderlich.

Ist der Geschädigte nicht vorsteuerabzugsberechtigt,

Beispiel: Bei dem vorstehend behandelten Verkehrsunfall wird der Kraftwagen eines Rentners beschädigt.

so ist die Mehrwertsteuer des RAs dem Geschädigten auf jeden Fall von dem Schädiger zu ersetzen.

9 Der **im Wege der Prozeßkostenhilfe beigeordnete RA** und der **Pflichtverteidiger** haben gegen die Staatskasse Anspruch auf Erstattung der auf ihre Vergütungen entfallenden Mehrwertsteuer. Maßgebend sind dabei für die Höhe der Gebühren – im Gegensatz zur Postgebührenpauschale des § 26 – nicht die Gebühren des Wahlanwalts, sondern die Gebühren des beigeordneten RAs bzw. des Pflichtverteidigers. Ist dem Pflichtverteidiger eine Vergütung gemäß § 99 bewilligt worden, so ist diese für die Berechnung der Mehrwertsteuer maßgebend.

Akteneinsicht in Unfallstrafakten für Versicherungsgesellschaften. Der 10 HUK-Verband hat sich gegenüber dem DAV damit einverstanden erklärt, daß ab 1. April 1968 die Mehrwertsteuer auf den gesamten in diesen Sachen in Rechnung gestellten Betrag (Pauschalhonorar von 40,— DM und Schreibauslagen) zusätzlich berechnet wird.

Vgl. den Hinweis AnwBl. 68, 111.

Konkursverwalter, Vergleichsverwalter. In der Vergütung, die der RA als 11 Konkursverwalter, Vergleichsverwalter, Mitglied des Gläubigerausschusses oder Mitglied des Gläubigerbeirats gemäß § 4 Abs. 5 der VO vom 25. Mai 1960 erhält, ist die Umsatzsteuer enthalten (vgl. die unter Anh. C Nr. 7 abgedruckte VO vom 22. Dezember 1967). Der RA kann deshalb hier die Umsatzsteuer – abweichend von § 25 Abs. 2 BRAGO – nicht zusätzlich fordern. Hat der Konkursverwalter jedoch Umsatzsteuer in Höhe von 14 % zu entrichten, erhält er einen Ausgleich in Höhe von 7 % seiner sonstigen Vergütung.

Vgl. Bilsdorfer ZIP 80, 93 (Zur Höhe der Umsatzsteuer bei RAen als Konkursverwalter).

Der **Zwangsverwalter** kann gemäß § 23 der VO über die Geschäftsführung und die Vergütung des Zwangsverwalters den vollen Ersatz der auf seine Vergütung und Auslagen entfallenden Umsatzsteuer fordern.

Vgl. Anhang C Nr. 8.

Streitig ist, ob der RA, der als **Vormund, Pfleger,** Beistand, Nachlaßpfleger, 12 Testamentsvollstrecker, Nachlaßverwalter oder in einer anderen unter § 1 Abs. 2 fallenden Eigenschaft tätig ist, berechtigt ist, neben seiner Vergütung die Mehrwertsteuer zu fordern oder ob die Mehrwertsteuer in der Vergütung enthalten ist.

Eine Auffassung geht dahin, daß § 25 Abs. 2 auf diese Tätigkeiten nicht anzuwenden sei, die Vergütung deshalb die Mehrwertsteuer enthalte.

So z. B. Schumann/Geißinger A 8; BGH NJW 75, 210 = Rpfleger 75, 55; KG NJW 73, 762 = Rpfleger 73, 24 = OLGZ 73, 130 und OLGZ 74, 225; LG Berlin NJW 69, 1122; dass. MDR 70, 936 mit Anm. von H. Schmidt und NJW 70, 1462 mit Anm. von Kaus NJW 70, 2112.

Die Mehrwertsteuer soll bei der Bemessung der Vergütung berücksichtigt werden.

Hamm NJW 72, 2038 = MDR 72, 1035 = JurBüro 72, 1007 = Rpfleger 72, 370 (Frage: ist schon einmal die Vergütung auf 1140,— DM = 1000,— DM +14 % Umsatzsteuer festgesetzt worden?

Eine andere Auffassung geht dahin, es entspreche der Regel, daß der RA die Mehrwertsteuer neben seiner Vergütung fordert, infolgedessen sei es angebracht, § 25 Abs. 2 zumindest entsprechend anzuwenden.

H. Schmidt Rpfleger 69, 229; Hamburg NJW 72, 1427 = MDR 72, 782; LG Hannover AnwBl. 71, 146 mit zust. Anm. von Chemnitz; LG Mönchengladbach AnwBl. 71, 147 = NJW 71, 146.

RAe und Gerichte könnten eine Auseinandersetzung über diese Frage vermeiden, wenn die Anwälte in ihren Anträgen und die Gerichte in ihren Entscheidungen zu erkennen gäben, daß die begehrte bzw. bewilligte Vergütung die Mehrwertsteuer nicht enthält, daß infolgedessen der RA berechtigt ist, die Mehrwertsteuer neben seiner Vergütung zu berechnen.

13 Für den Fall, daß sich die **Höhe der Umsatzsteuer ändert,** gilt, daß derjenige Satz maßgebend ist, der zur Zeit der Fälligkeit der Vergütung bestand.

Mümmler JurBüro 78, 484 und 79, 819; Bamberg JurBüro 82, 1515 und 83, 1039; Düsseldorf JurBüro 82, 1840 = MDR 83, 142; Frankfurt JurBüro 83, 77 = Rpfleger 83, 41 und JurBüro 83, 232 (Vergleich); Hamburg JurBüro 82, 862; Hamm AnwBl. 79, 23 = JurBüro 78, 1507, JurBüro 82, 716 sowie Rpfleger 82, 237; KG JurBüro 80, 706 = Rpfleger 80, 162 und JurBüro 82, 1835; Koblenz JurBüro 82, 1837 und 83, 76; Köln JurBüro 80, 861 und 82, 1832; München JurBüro 83, 231; Schleswig JurBüro 82, 1351 = SchlHA 82, 160; Stuttgart Rpfleger 82, 311 = JurBüro 82, 1189; Zweibrücken JurBüro 83, 861; LG Berlin MDR 82, 1030; LG Frankfurt AnwBl. 82, 490;
a. M. Düsseldorf JurBüro 83, 78 = Rpfleger 83, 40; Hamm JurBüro 83, 860; Karlsruhe JurBüro 82, 1845 mit abl. Anm. von Mümmler; Nürnberg JurBüro 83, 229.

Der Fälligkeitszeitpunkt ist auch dann maßgeblich, wenn sich der zu versteuernde Betrag nachträglich durch eine Streitwertänderung ändert.

Frankfurt JurBüro83, 232; Schleswig JurBüro 83, 233 = SchlHA 83, 63.

§ 26 Postgebühren

Der Rechtsanwalt hat Anspruch auf Ersatz der bei der Ausführung des Auftrags entstandenen Post-, Telegrafen-, Fernsprech- und Fernschreibgebühren. Er kann nach seiner Wahl an Stelle der tatsächlich entstandenen Kosten einen Pauschsatz fordern, der fünfzehn vom Hundert der gesetzlichen Gebühren beträgt, in derselben Angelegenheit und in gerichtlichen Verfahren in demselben Rechtszug jedoch höchstens 40 Deutsche Mark, in Strafsachen und Bußgeldverfahren höchstens 30 Deutsche Mark. § 11 Abs. 2 Satz 2 gilt sinngemäß.

1 **Allgemeines.** Die in § 26 aufgeführten Postgebühren gehören zu den Auslagen, die der RA nicht aus seinen Gebühren zu bestreiten braucht, die er vielmehr zusätzlich in Rechnung stellen kann.

2 **Postgebühren** sind dem RA vom Auftraggeber zu erstatten, soweit sie bei der Ausführung des Auftrags entstanden sind und der RA ihre Aufwendungen den Umständen nach für erforderlich halten durfte. Nach § 18 Abs. 2 S. 2 genügt in der Berechnung die Angabe des Gesamtbetrags. Falls jedoch der Auftraggeber die Höhe der Auslagen bestreitet, hat sie der RA nachzuweisen.

Kosten für die Fernsprech- und Fernschreibanlage sowie die Nebenkosten gehören zu den allgemeinen Geschäftsunkosten.

Postgebühren sind die Portokosten für die Briefe, Pakete usw.

3 Auslagen für **Besorgung** eiliger Briefe **durch besondere Boten** sind keine Postgebühren. Für ihre Erstattung gelten die allgemeinen Grundsätze. Läßt der RA Briefe durch Kanzleipersonal austragen, kann er hierfür keine Postgebühren in Ansatz bringen. Beim Austragen entstehende Auslagen (z. B. Straßenbahnkosten) darf er jedoch im Rahmen der Notwendigkeit berechnen.

Expreßgut- und Frachtkosten (bei der Bundesbahn oder Transportunternehmen) sind keine Portokosten. Ihre Erstattung richtet sich allein nach § 670 BGB.

Die **Höhe** der Post-, Telegraphen-, Fernsprech- und Fernschreibgebühren 4 richtet sich nach den im Zeitpunkt der Aufwendung geltenden Tarifen. Mehr als die gesetzlichen Postgebühren darf der RA nicht fordern. Er kann deshalb auch nicht die Kosten für die Unterhaltung der Fernsprechanlage durch Berechnung höherer Gebühren für Ortsgespräche (etwa 0,30 oder 0,40 DM) auf den Auftraggeber abwälzen. Sowohl Orts- wie Ferngespräche sind nach Gebühreneinheiten abzurechnen. Soweit nicht zu erwarten ist, daß statt der tatsächlichen Auslagen die Pauschale gewählt wird, empfiehlt sich eine genaue Notierung der Gespräche.

Pauschsatz. Satz 2 bringt für den RA eine nicht unerhebliche Erleichterung 5 in seinem Bürobetrieb. Er kann an Stelle der tatsächlich entstandenen Kosten einen Pauschsatz fordern. Es bleibt ihm aber unbenommen, die Erstattung der tatsächlich entstandenen Kosten zu fordern. Der RA hat die Wahl. Er kann aber je Angelegenheit als Pauschsatz höchstens 40,— DM, in Strafsachen und Bußgeldverfahren höchstens 30,— DM beanspruchen. Der Pauschatz umfaßt alle Postgebühren. Es ist also unzulässig, den Pauschsatz für Portoauslagen anzusetzen und daneben die Fernsprechgebühren zu fordern.

Der Pauschsatz kann in allen Angelegenheiten gefordert werden, nicht nur in gerichtlichen Verfahren. Der RA kann deshalb den Pauschsatz z. B. auch in Angelegenheiten des § 118 ansetzen.

Voraussetzung ist jedoch: Es müssen überhaupt Postgebühren entstanden sein. Das wird in der Regel der Fall sein, bei der Erteilung eines mündlichen Rates jedoch kaum vorkommen.

Nicht erforderlich ist, daß der RA die gesetzlichen Gebühren fordert. Der Pauschsatz kann auch neben einem vereinbarten Honorar berechnet werden. Nur sind die 15 % nicht aus dem Honorar, sondern aus den gesetzlichen Gebühren zu entnehmen, die entstanden wären, wenn keine Honorarvereinbarung getroffen worden wäre.

Der Pauschsatz beträgt 15 vom Hundert der gesetzlichen Gebühren. Die Berechnung gestaltet sich einfach bei den Gebühren mit festen Sätzen. Der Pauschsatz kann aber auch bei den Rahmengebühren, insbes. den Gebühren mit Betragsrahmen gefordert werden. „Gesetzliche Gebühr" ist bei der Gebühr mit Betragsrahmen, die Gebühr, die der RA in Beachtung der Grundsätze des § 12 fordern darf. Kann der RA z. B. die Mittelgebühr des § 83 Abs. 1 Nr. 3 fordern, beträgt die „gesetzliche Gebühr" 570,— DM. 15 % sind sonach 85,50 DM. Der RA kann als Pauschsatz jedoch höchstens 30,— DM fordern, also z. B. in dem vorstehenden Beispiel mit der Mittelgebühr nicht 85,50 DM, sondern nur 30,— DM.

Der Pauschsatz kann in jeder Angelegenheit, in gerichtlichen Verfahren für jeden Rechtszug gefordert werden. In einem durch 3 Instanzen geführten Strafverfahren können deshalb dreimal Pauschgebühren – jeweils bis zum Höchstsatz von 30,— DM in Strafsachen und Bußgeldverfahren, 40,— DM in anderen Angelegenheiten, insgesamt sonach bis zu 90,— DM in Strafsachen und Bußgeldverfahren, 120,— DM in anderen Angelegenheiten – gefordert werden. Ob Postgebühren tatsächlich in dieser Höhe erwachsen sind, ist nicht nachzuprüfen. Der Auftraggeber kann also nicht einwenden, es seien nur 10,—DM an Postgebühren erwachsen. Sind in einer Instanz höhere Auslagen als der Pauschsatz entstanden, kann der RA für diese Instanz die tatsächlichen Auslagen neben den Pauschsätzen für die anderen Instanzen fordern.

Zu beachten ist, daß einstweilige Anordnungsverfahren anwaltsgebühren-rechtlich eigene Angelegenheiten neben der Ehesache sind. Der RA kann deshalb für die Ehesache und die einstweilige Anordnung getrennte Pausch-sätze berechnen. Mehrere einstweilige Anordnungsverfahren in der gleichen Instanz gelten gemäß § 41 Abs. 1 S. 2 als eine Angelegenheit. Daher kann der Pauschsatz für die einstweiligen Anordnungen nur einmal gefordert werden.

Wird in einem Ehescheidungsverfahren eine Scheidungsvereinbarung getrof-fen, fällt keine weitere Postgebührenpauschale an. Gemäß § 19a GKG gelten die Scheidungssache und die Folgesachen als ein Verfahren.

Bamberg JurBüro 79, 127; Frankfurt JurBüro 79, 526; KG Rpfleger 78, 390 = JurBüro 78, 1509; Koblenz JurBüro 78, 1695; München JurBüro 81, 856 mit Anm. von Mümmler; Schleswig SchlHA 79, 58 und JurBüro 80, 1516.

Das gilt auch bei einer Abtrennung der Folgesachen gem. § 628 ZPO.

Braunschweig JurBüro 79, 1821; Bamberg JurBüro 84, 1514.

Weiter ist bei Verbindung bzw. Trennung von Verfahren zu beachten, daß vor der Verbindung bzw. nach der Trennung mehrere Verfahren vorliegen. Berechnet der RA – was zulässig ist – die Gebühren für mehrere Verfahren, kann er auch die Pauschale für mehrere Verfahren berechnen.

Beispiele:

2 Strafverfahren werden vor der Hauptverhandlung verbunden und gemein-sam verhandelt. Es sind erwachsen zwei Gebühren aus § 84, von denen eine zur Gebühr des § 83 anwächst. Der RA kann deshalb berechnen:

Gebühr aus § 83	z. B. 500,—DM
Gebühr aus § 84 für das 2. Verfahren	z. B. 250,—DM
Er kann als Postpauschale berechnen	
für das durchgeführte Verfahren	30,—DM
für das verbundene Verfahren	30,—DM

a. A. Schleswig JurBüro 86, 1045 = SchlHA 86, 156 (Pauschale nur einmal).

2 Klagen über 500,—DM und über 1000,—DM werden vor Entstehung der Verhandlungsgebühren verbunden und in der 500,—DM-Sache weiterbehan-delt.

Es entstehen

$^{10}/_{10}$-Prozeßgebühr aus 500,—DM	55,—DM
$^{10}/_{10}$-Prozeßgebühr aus 1000,—DM	85,—DM
$^{10}/_{10}$-Verhandlungsgebühr aus 1500,—DM	100,—DM
$^{10}/_{10}$-Beweisgebühr aus 1500,—DM	100,—DM

Der Rechtsanwalt kann folgende Pauschsätze berechnen

aus dem Rechtsstreit über 500,—DM bzw. später 1500,—DM	38,30 DM
aus dem Rechtsstreit über 1000,—DM	12,80 DM

LG Berlin JurBüro 85, 1343.

Ein Rechtsstreit über 3000,—DM wird in zwei Prozesse über 1000,—DM und 2000,—DM getrennt. Fallen alle Gebühren sowohl im Rechtsstreit über 3000,—DM wie in den getrennten Prozessen an, kann der RA berechnen:

Prozeßgebühr aus 3000,—DM	175,—DM
Verhandlungsgebühr aus 3000,—DM	175,—DM
Beweisgebühr aus 3000,—DM	175,—DM
Postgebührenpauschale	40,—DM
oder	
Prozeßgebühr aus 1000,—DM	85,—DM
Verhandlungsgebühr aus 1000,—DM	85,—DM
Beweisgebühr aus 1000,—DM	85,—DM
Postgebührenpauschale	38,30 DM
sowie zusätzlich	
Prozeßgebühr aus 2000,—DM	130,—DM
Verhandlungsgebühr aus 2000,—DM	130,—DM
Beweisgebühr aus 2000,—DM	130,—DM
Postgebührenpauschale	40,—DM

Vgl. FinG Kassel EFG 75, 580 = AnwBl. 76, 46 (L).

Der RA wird die zweite Berechnung wählen, weil bei ihr seine Vergütung höher ist und er zwei Pauschsätze erhält.

Wird von einem Strafverfahren ein Teil abgetrennt, entsteht für das abgetrennte Verfahren ebenfalls die Postgebührenpauschale.

Wird in einem normalen Forderungsprozeß mit dem Klagegegenstand auch noch ein nichtrechtshängiger Anspruch verglichen, bleibt es dabei, daß nur ein Pauschbetrag entstehen kann.

Hamburg MDR 67, 55.

Wird im Berufungsverfahren gegen ein Teilurteil zwischen dem Anwalt des Berufungsführers und dem erstinstanzlichen Anwalt des Gegners ein Gesamtvergleich geschlossen, so erhält der erstinstanzliche Anwalt außer den Gebühren für das Berufungsverfahren auch die Postpauschale für das Berufungsverfahren.

a. M. Düsseldorf JVBl. 67,70 = JurBüro 66, 767 = JMBlNRW 67, 72 = KostRsp. BRAGO § 26 unter „Vergleich" = NJW 67,55 (Lappe hat zutreffend auf den Widerspruch hingewiesen, den die Entscheidung enthält. Entweder gibt es zweitinstanzliche Gebühren, dann gibt es auch die Pauschale. Oder es gibt weder Gebühren noch Pauschale. Da Gebühren erwachsen sind, ist die Pauschale zu Unrecht versagt).

Im Wechsel-(Urkunden-)prozeß steht dem Rechtsanwalt für das Vor- und das Nachverfahren jeweils eine gesonderte Postgebührenpauschale zu.

LG Aachen AnwBl. 69, 141; LG Kiel AnwBl. 69, 354; LG München I AnwBl. 68, 128.

Das Mahnverfahren (der Antrag auf Erlaß des Mahnbescheids und der Antrag auf Erlaß des Vollstreckungsbescheids) ist eine Angelegenheit; daher Pauschgebühr höchstens 40,—DM.

Wird eine Sache an ein untergeordnetes Gericht zurückverwiesen, so liegt gemäß § 15 ein neuer Rechtszug vor. In diesem neuen Rechtszug kann die Pauschale in Höhe der nunmehr erwachsenden Gebühren (Höchstbetrag 40,—DM) gefordert werden. Ist gegen ein Grundurteil ein Rechtsmittel

von Eicken 447

eingelegt worden, entsteht nach der Zurückverweisung der Pauschsatz im Betragsverfahren erneut.

Düsseldorf JurBüro 78, 1808; Hamm AnwBl. 72, 137.

Bei der Durchgriffserinnerung im Kostenfestsetzungsverfahren entsteht die Gebühr nur einmal, so daß auch nur ein Pauschsatz anfällt.

Wird der Einspruch gegen ein Versäumnisurteil zurückgenommen oder verworfen (vgl. § 38 Abs. 1), kann der RA für das Einspruchsverfahren eine neue Postgebührenpauschale berechnen, bei deren Berechnung allerdings die anzurechnende Prozeßgebühr nicht mitzuberücksichtigen ist.

München JurBüro 78, 1815; H. Schmidt AnwBl. 84, 438;
a. A. Hamburg MDR 86, 329 = JurBüro 86, 562. LG Berlin, JurBüro 82, 1351 (neue Pauschale, auch wenn keine weiteren Gebühren außer anrechenbarer Prozeßgebühr entstanden).

Dagegen erwächst für die halbe Verhandlungsgebühr des § 38 Abs. 2 keine besondere Postgebührenpauschale.

KG AnwBl. 80, 370 = JurBüro 80, 1026 = Rpfleger 80, 243.

In Strafsachen entsteht die Postgebührenpauschale für das vorbereitende Verfahren und das gerichtliche Verfahren nur einmal.

LG Köln AnwBl. 79, 75; LG Aachen JurBüro 1978, 230.

Der Sühneversuch (§ 380 StPO) ist gegenüber der Privatklage eine eigene Angelegenheit, so daß auch die Pauschale gesondert anfällt.

a. M. AG Mainz Rpfleger 72, 234 und AnwBl. 81, 512.

Das Bußgeldverfahren vor der Verwaltungsbehörde und vor dem Amtsgericht ist eine Angelegenheit, so daß die Pauschale nur einmal entstehen kann.

LG Aachen JurBüro 78, 230; LG Detmold JurBüro 77, 954;
a. M. (zwei Postgebührenpauschalen) LG Düsseldorf AnwBl. 77, 265 = JurBüro 77, 1233.

Das Vorverfahren und das gerichtliche Verfahren in Sozialgerichtssachen sind zwei verschiedene Angelegenheiten. Deshalb entsteht die Postgebührenpauschale zweimal.

SG Stuttgart AnwBl. 80, 127.

Ebenso sind die vorgerichtliche Tätigkeit nach § 118 und das spätere gerichtliche Verfahren zwei Angelegenheiten. Die vorgerichtliche Pauschale ist deshalb auf die im gerichtlichen Verfahren entstandene Pauschale nicht anzurechnen.

AG Alzey AnwBl. 82, 399 m. Anm. von H. Schmidt; derselbe auch AnwBl. 84, 438.

Die Beschwerde gegen die Nichtzulassung der Revision und das nachfolgende Revisionsverfahren sind eine Angelegenheit. Die Postgebührenpauschale entsteht deshalb nur einmal.

Holger Schmidt SGb 79, 388;
a. M. BSG SGb 79, 387 (zwei Pauschalen).

6 Pauschsatz für den im Wege der Prozeßkostenhilfe beigeordneten Rechtsanwalt und den Pflichtverteidiger. Auch der beigeordnete Rechtsanwalt und der Pflichtverteidiger können der Staatskasse gegenüber den

Pauschsatz berechnen. § 126 bringt keine Einschränkung des Grundsatzes des § 26 Satz 2.

Der Pauschsatz ist nicht aus den gekürzten Gebühren des § 123 oder den Pflichtverteidigergebühren (vgl. § 97), sondern aus den gesetzlichen Gebühren des Wahlanwalts zu entnehmen, die die gesetzlichen Gebühren der RA sind. Der beigeordnete RA und der Pflichtverteidiger haben keine niedrigeren Aufwendungen für Postgebühren als die Wahlanwälte. Es besteht deshalb auch kein Anlaß, die Portoauslagen (es wird kraft Gesetzes unwiderlegbar vermutet, daß die Postgebühren in Höhe der Pauschsätze entstanden sind) zu kürzen.

BGH AnwBl. 71, 315 = NJW 71, 1845 = Rpfleger 71, 351; KG JurBüro 80, 1198.

Hat der RA in einer Angelegenheit mehrere Gebührenschuldner (§ 6 Abs. 2), kann er von jedem Gebührenschuldner die Pauschale fordern, insgesamt aber wohl nicht mehr als den Höchstsatz von 40,— DM bzw. 30,— DM (Strafsachen).

a. M. AG Frankfurt AnwBl. 67, 242 (Ein RA, der von mehreren Gebührenschuldnern je einen Teil seiner Kosten fordern kann, kann jedem von ihnen die volle Postgebührenpauschale des § 26 Satz 2, berechnet auf die jeweilige Teilforderung, in Rechnung stellen).

Der **RA als Vormund, Pfleger usw.** (§ 1 Abs. 2) erhält seine Vergütung nicht nach der BRAGO. Er kann daher auch die Postgebührenpauschale nicht fordern. Führt er allerdings einen Rechtsstreit und kann er gemäß § 1835 Abs. 2 BGB für diese Tätigkeit eine Vergütung als RA fordern, steht ihm auch die Postgebührenpauschale zu.

LG Berlin NJW 70, 246 (zust. H. Schmidt) = JurBüro 69, 1180.

Bei der **Beratungshilfe** richtet sich der Pauschsatz nach den Gebühren des 7 § 132 (vgl. § 133 S. 2), bei Anrechnung gem. § 132 Abs. 2 S. 2 jedoch nur aus der Restgebühr.

AG Gronau JurBüro 85, 400 mit zust. Anm. Mümmler

Kostenerstattung. Der erstattungspflichtige Gegner hat die Postgebühren 8 ohne Nachprüfungsmöglichkeit jedenfalls in Höhe der Pauschgebühren zu erstatten. Denn in Höhe der Pauschsätze sind die Postgebühren als notwendig entstanden zu behandeln.

LG Kassel AnwBl. 66, 269 (Die Postgebührenpauschale des § 26 S. 2 ist als notwendige Auslage des Anwalts in vom Gesetz vermuteter Höhe festzusetzen und vom Gegner zu erstatten. Wird sie geltend gemacht, dann bedarf es keiner Versicherung des Anwalts gem. § 104 Abs. 2 ZPO mehr).

Fordert die Partei vom Gegner höhere Postgebühren als die Pauschsätze, gilt folgendes:

Nach § 104 Abs. 2 S. 2 ZPO genügt zur Festsetzung des vom Gegner zu erstattenden Betrages die Versicherung des RA, daß diese Auslagen entstanden sind.

Die Versicherung muß derjenige RA abgeben, dessen Auslagen erstattet werden sollen. Es genügt also für Portoauslagen des Verkehrsanwalts nicht die Versicherung des Prozeßbevollmächtigten.

Hamm Büro 58, 84.

Die Versicherung des RA, daß die Porto- und Telefonauslagen entstanden
sind, genügt dann nicht zur Festsetzung, wenn Streit über ihre Notwendigkeit besteht. In diesem Fall muß die Partei die Erforderlichkeit der Auslagen
im einzelnen darlegen.

Frankfurt AnwBl. 82, 202 = JurBüro 82, 555 = MDR 82, 418 = Rpfleger 82, 199
= BB 82, 896 = VersR 82, 902; Hamburg JurBüro 81, 454; vgl. aber auch
München JurBüro 82, 1190 = MDR 82, 760 = Rpfleger 82, 311 (Für die
Erstattungsfähigkeit der nicht als Pauschsatz geltend gemachten Post- usw. Gebühren des Prozeßbevollmächtigten genügt dessen Versicherung nach § 104 Abs. 2
S. 2 ZPO jedenfalls dann, wenn sie im Verhältnis zu dem Prozeßstoff angemessen
erscheinen); vgl. auch BFH NJW 70, 352 (Post- und Fernsprechgebühren können
bei der Kostenfestsetzung dann ohne weitere Nachprüfung als notwendig anerkannt werden, wenn ihre Höhe nicht ersichtlich unangemessen ist).

Zweifel an der Notwendigkeit werden höchstens bei besonders hohen Tele-
grammspesen und Fernsprechgebühren in Frage kommen.

Celle JurBüro 72, 69; Düsseldorf JurBüro 77, 812; Hamburg JurBüro 74, 1285 und
75, 783 (die Notwendigkeit ist nachzuweisen, wenn sie bestritten wird); KG NJW
76, 1272 (L) = Rpfleger 76, 325 = JurBüro 76, 814; FinG Hamburg BB 68, 616.

Auch höhere Fernsprechgebühren können angemessen sein, wenn der Sachverhalt durch fernmündliche Besprechungen besser und schneller geklärt
werden kann als durch Briefwechsel. Sie sind von der Gegenpartei insbes.
dann zu erstatten, wenn durch fernmündliche Besprechungen ein sonst
notwendiger Verkehrsanwalt eingespart worden ist.

Vgl. Karlsruhe JurBüro 75, 206 (Telefongebühren eines auswärtigen Strafverteidigers).

Im übrigen kann es Fälle geben, in denen nicht alle Postgebühren, die der RA
seinem Auftraggeber in Rechnung stellen darf, vom Gegner zu erstatten sind.
Das ist dann der Fall, wenn der Auftraggeber kostenverteuernde Maßnahmen
wünscht, die nicht notwendig sind. Beispiel: Der Auftraggeber wünscht von
dem Ergebnis jeden Termins telefonisch verständigt zu werden. Er gibt seine
Informationen grundsätzlich nur fernmündlich auf Anruf des RA.

Bei einem von der obsiegenden Partei vorgenommenen notwendigen Anwaltswechsel können die Postgebühren beider Anwälte gemäß § 26 nebeneinander im Wege des Pauschsatzes gegenüber der unterlegenen Partei geltend
gemacht werden.

Oldenburg JurBüro 82, 718.

Strittig ist, ob der RA, der zunächst die tatsächlichen Auslagen gefordert hat,
dazu übergehen kann, die Pauschale zu berechnen, und umgekehrt (statt der
Pauschale die tatsächlich entstandenen Auslagen). Die Frage ist zu bejahen.

Stuttgart NJW 70, 287 (Hat ein RA zunächst anstelle der tatsächlich entstandenen
Auslagen – Postgebühren – den Pauschsatz „gewählt", so ist er hierdurch nicht
gehindert, nachträglich die tatsächlich entstandenen, den Pauschsatz übersteigenden Auslagen zu fordern. Die zunächst getroffene „Wahl" ist nicht bindend; sie
betrifft nur die Berechnungsmethode. Diese weiteren Auslagen sind auch erstattungsfähig); AG Preetz AnwBl. 66, 361;
a. M. Hartmann A 1 (Nachforderungen für Instanz sind dann ausgeschlossen);
Hamm JurBüro 67, 913.

9 Wird der **Pauschsatz erhöht**, gilt der erhöhte Pauschsatz auch für von der

Erhöhung begonnene Verfahren, wenn das Verfahren erst nach der Erhöhung endet (die Vergütung erst nach der Erhöhung fällig wird).

BGH MDR 72, 567 = NJW 82, 1001 = JurBüro 82, 378 = Rpfleger 82, 116; KG AnwBl. 81, 454 = JurBüro 81, 1037 = MDR 81, 768; Koblenz Rpfleger 81, 456; Schleswig SchlHA 82, 15.

§ 27 Schreibauslagen

(1) **Schreibauslagen stehen dem Rechtsanwalt nur für die im Einverständnis mit dem Auftraggeber zusätzlich gefertigten Abschriften und Ablichtungen zu.** Für Abschriften und Ablichtungen aus Behörden- und Gerichtsakten stehen dem Rechtsanwalt Schreibauslagen zu, soweit die Abschrift oder Ablichtung zur sachgemäßen Bearbeitung der Rechtssache geboten war.

(2) **Die Höhe der Schreibauslagen in derselben Angelegenheit und in gerichtlichen Verfahren in demselben Rechtszug bemißt sich nach den für die gerichtlichen Schreibauslagen im Gerichtskostengesetz bestimmten Beträgen.**

Lit.: Mümmler (Entstehung und Erstattungsfähigkeit von Schreibauslagen des Rechtsanwalts) JurBüro 83, 491 ff.

Übersicht über die Anmerkungen

Schreibauslagen sind, wie auch der Wortlaut klarstellt, keine Gebühren, **1** sondern Auslagen. Die Fertigung des üblichen Schriftwerkes gehört zur Tätigkeit des RA. Sie wird deshalb durch die Gebühren, die der RA für seine Tätigkeit erhält, abgegolten. Die entstehenden Personal- und Materialkosten sind allgemeine Geschäftsunkosten, die der RA selbst tragen muß, § 25. Schreibauslagen dürfen insoweit nicht berechnet werden. Der RA erhält Schreibauslagen gemäß Abs. 1 nur für solche Abschriften und Ablichtungen, die er aus Behörden- bzw. Gerichtsakten oder im Einverständnis des Auftraggebers zusätzlich fertigt.

Von der Entstehung der Schreibauslagen (Anspruch gegen den Auftraggeber) ist die Erstattungspflicht (Anspruch des Auftraggebers auf Erstattung der Schreibauslagen gegen den Gegner) scharf zu trennen. Es ist also möglich, daß Schreibauslagen entstehen, daß sie aber nicht erstattungsfähig sind. Diese Unterschied wird häufig übersehen. In den Fällen, in denen nicht notwendige Abschriften – auf Verlangen des Auftraggebers (!) – gefertigt worden sind, wird die Erstattung der für solche nicht notwendigen Abschriften entstandenen Kosten mit den – unrichtigen – Worten abgelehnt, das Schreibwerk werde durch die Gebühren abgegolten, ein Fall des § 27 liege nicht vor.

Die Herstellung von Lichtbildern (etwa von Unfallstellen) ist kein Schreibwerk i. S. des § 27. Die Herstellungskosten werden deshalb nicht durch § 27 abgegolten. Maßgebend ist insoweit § 670 BGB. Die Kosten sind auch erstattungsfähig, wenn die Partei die Herstellung für den Prozeß (das Strafverfahren) als notwendig ansehen durfte.

> Hamm NJW 67, 1600 = JVBl. 67, 282 = JurBüro 67, 737.

2 Durch die Gebühren wird die Herstellung allen Schreibwerks entgolten, das durch die betreffende gebührenpflichtige Tätigkeit veranlaßt und außerdem erforderlich ist, um den Auftraggeber über den Gang der Angelegenheit auf dem laufenden zu halten.

Abgegolten sind auch die Materialkosten (Ausgaben für Schreibpapier, Formulare usw.).

3 Für die **Fertigung der Urschriften** erhält der RA keine Schreibauslagen. Briefe an den Auftraggeber, den Gegner oder an dritte Personen, Schriftsätze an das Gericht, die Fertigung eines schriftlichen Gutachtens oder eines Vertrags sind durch die Gebühren abgegolten. Auf den Umfang des Schriftwerks kommt es dabei nicht an. Deshalb lösen auch z. B. mehrere Schriftsätze von 50 und mehr Seiten keine Schreibauslagen aus.

4 Ferner ist die **Unterrichtung des Auftraggebers** durch den RA über den Fortgang und Abschluß seiner Tätigkeit durch die Gebühren abgegolten. Der RA kann deshalb keine Schreibauslagen fordern, wenn er den Auftraggeber von einem Mahnschreiben an den Schuldner und von dessen Antwort unterrichtet. Dabei ist gleichgültig, ob die Unterrichtung durch Briefe oder durch Übersendung von Abschriften des Mahnschreibens und der Antwort erfolgt.

5 **Abschriften von Schriftsätzen.** Es ist feste Übung, daß der RA in Prozessen und ähnlichen gerichtlichen Verfahren außer der Urschrift für das Gericht noch folgende Abschriften seiner Schriftsätze fertigen läßt:
a) eine für die eigenen Akten,
b) eine für die eigene Partei,
c) zwei für den Gegenanwalt und dessen Partei.

Die Fertigung dieser Abschriften ist keine „zusätzliche", sie löst deshalb keine Schreibauslagen aus.

> Bamberg JurBüro 78, 1188.

Auch dann, wenn der RA außer den hiernach üblichen vier Abschriften eine oder zwei weitere fertigen läßt (etwa weil für die eigene Partei nicht nur eine, sondern auch für den eingeschalteten Verkehrsanwalt eine weitere Abschrift nötig ist, oder weil auf der Gegenseite zwei Parteien stehen), liegt die Herstellung der Abschriften noch im Rahmen der üblichen Kanzleitätigkeit. Ebenso wird es nötig sein, für den Unterbevollmächtigten (§ 53) Abschriften herzustellen. Auch insoweit entstehen keine Schreibauslagen.

H. Schmidt JurBüro 65, 96; Hamm VersR 81, 69 (Die Fertigung von Abschriften und Ablichtungen eigener Schriftsätze des RA zur Unterrichtung des Mandanten und des von diesem beauftragten Verkehrsanwalts gehört zur ordnungsmäßigen Erfüllung des Prozeßauftrags und wird durch die Prozeßgebühr abgegolten. Das gilt aber nicht, wenn die Abschriften nachträglich angefertigt werden müssen, etwa weil der Verkehrsanwalt erst während des Prozesses eingeschaltet worden ist).

Dabei ist gleichgültig, ob die Abschriften der Partei selbst oder − z. B. in Schadensersatzprozessen − dem hinter ihr stehenden Haftpflichtversicherer übermittelt werden.

a. M. Schumann/Geißinger A 12 (Abschriften für die Versicherungsgesellschaft sind auslagenpflichtig, die Kosten erstattungsfähig); AG Wuppertal Rpfleger 81, 368.

Der Prozeßbevollmächtigte des Streithelfers kann von dem vorausgegangenen Inhalt der Prozeßakte, soweit er für die Bearbeitung der Prozeßakte von Bedeutung ist, je zwei Ablichtungen (für sich und für den Streithelfer) fertigen. Diese Ablichtungen sind zusätzliche Ablichtungen. Die Auslagen sind erstattungsfähig.

Düsseldorf JMBlNRW 79, 248 = VersR 79, 870.

Hat der RA mehrere Auftraggeber, so sind die erforderlichen Abschriften für jeden ohne zusätzliche Vergütung zu fertigen. Die erhöhten Unkosten werden durch die Erhöhung der Gebühren nach § 6 Abs. 1 S. 2 oder § 7 Abs. 2 ausgeglichen.

Düsseldorf, JurBüro 86, 874
Köln JurBüro 83, 862 (135 Sätze der Schriftsätze).

Schriftwerk, das Schreibauslagen auslöst. Zur Erteilung weiterer Ab- **6** schriften ist der RA nicht verpflichtet. Fertigt er auf Wunsch oder im Einverständnis der Partei weitere Abschriften, kann er für diese Abschriften als „zusätzlich gefertigte Abschriften" Schreibauslagen fordern.

Zusätzliche Abschriften sind z. B. solche, die die Partei über die ihr **7** üblicherweise erteilte Zahl hinaus fordert. Begehrt die Partei z. B. von Schriftsätzen usw. je 10 Abschriften, werden mind. 8 Abschriften als zusätzliche anzusehen sein. Ebenso kann der RA Schreibauslagen fordern, wenn er zur Unterrichtung anderer Verfahrensbeteiligter eine außergewöhnliche Anzahl von Abschriften der Urschrift beifügen muß.

BVerfG AnwBl. 61, 21 (Der Armenanwalt kann im Verfahren vor dem BVerfG Schreibauslagen für 10 Abschriften aus der Amtskasse erhalten) und AnwBl. 76, 163; Düsseldorf AnwBl. 83, 31 = JurBüro 82, 1508; Karlsruhe AnwBl. 76, 344 (Schriftsätze bei großer Wohnungseigentümergemeinschaft); München AnwBl. 78, 109 = JurBüro 78, 382 = Rpfleger 78, 152; Schleswig JurBüro 83, 1091.

„Zusätzliche Abschriften" sind ferner solche, die nachträglich von der Partei

angefordert werden, ohne daß dem RA eine Unterlassung anzulasten ist.
Beispiel: Der Auftraggeber schaltet während des Rechtsstreits einen Verkehrsanwalt ein und bittet, diesem Abschriften der bisher gewechselten Schriftsätze zuzuleiten.

8 Fordert der Auftraggeber die Erteilung von **Abschriften an Dritte,** um diese über den Prozeßstand zu unterrichten, sind die Abschriften für diese Dritten „zusätzlich gefertigte Abschriften", falls sie nicht bei einem Arbeitsgang gemeinsam mit der Urschrift hergestellt werden können. Insbes. die Herstellung von Abschriften der bisher gewechselten Schriftsätze zur Zustellung an einen Streitverkündeten oder zur Unterrichtung eines beigetretenen Nebenintervenienten ist „Fertigung zusätzlicher Abschriften".

9 Hat der **Gegner** übersehen, die erforderliche Anzahl der Abschriften seiner Schriftsätze (mind. zwei) beizufügen, ist der RA nicht verpflichtet, die fehlende Abschrift auf eigene Kosten herzustellen. Ist die Abschrift vom Gegner nicht mehr zu erhalten (nachträgliche Anforderung nötig), wird sie der RA auf Wunsch der Partei herstellen müssen, falls sich diese nicht damit begnügt, die für die Akten des RA bestimmte Abschrift einzusehen. Diese Herstellung ist zusätzliche Schreibarbeit, die Schreibauslagen auslöst. Dabei sei darauf hingewiesen, daß die Schreibauslagen erstattungsfähig sind.

> München JurBüro 82, 1190; LG Aachen AnwBl. 81, 451; VG Schleswig JVBl. 72, 257; FinG Bremen EFG 69, 499 (Wenn der Kläger aufgrund eines Versehens des Prozeßgegners Ablichtungen anfertigt, sind die dafür aufgewendeten Kosten erstattungsfähig);
> **a. M.** Riedel/Sußbauer A 3; Schleswig JurBüro 73, 966 = SchlHA 73, 229; OVG Münster Betrieb 68, 1623; Düsseldorf JurBüro 86, 875.

10 Protokollabschriften. Der RA ist nicht verpflichtet, die Protokolle über Verhandlungen, Beweisaufnahmen usw. auf eigene Kosten abschreiben zu lassen. Andererseits benötigt er zur ordnungsgemäßen Prozeßführung Abschriften zumindest der Beweisprotokolle. Nach Nr. 1900 KostVerz. (Anl. 1 zum GKG) ist eine Abschrift jeder Niederschrift über eine Sitzung frei von Auslagen zu erteilen, also auch vom Protokoll einer Strafverhandlung.

Es ist – bis auf Bagatellprozesse und ganz einfach gelagerte Verfahren – üblich geworden, dem Auftraggeber Abschriften der gerichtlichen Beweisprotokolle zuzuleiten. Streitig ist, ob der RA verpflichtet ist, Abschriften der Protokolle der Partei auslagenfrei zu erteilen. Eine Verpflichtung des RA für kostenlose Erteilung ist zu verneinen. Es ist nicht seine Aufgabe, reine Schreibarbeit zu leisten. Will die Partei die Schreibauslagen ersparen, muß sie sich mit der Einsichtnahme in die ihrem RA erteilte Protokollabschrift begnügen.

11 Abschriften von Entscheidungen. Für Abschriften von Urteilen und Beschlüssen (mit Einschluß der Aufklärungs- und Beweisbeschlüsse) gilt das über die Herstellung von Protokollabschriften Gesagte (A 10) in gleicher Weise. Der RA wird sich sonach mind. zwei Abschriften der Entscheidungen vom Gericht erteilen lassen, davon eine für die eigenen Akten, die andere zur Unterrichtung der Partei. Nach Nr. 1900 Ziff. 2c KostVerz. (Anl. 1 zum GKG) ist unentgeltlich eine weitere Abschrift zu erteilen, wenn der Beteiligte durch einen Bevollmächtigten vertreten ist. Der RA erhält also die notwendigen Abschriften unentgeltlich vom Gericht.

München AnwBl. 81, 507 (Nicht erstattbar sind Ablichtungen von Gerichtsentscheidungen, die kostenfrei vom Gericht bezogen werden können).

Abschriften für die Zustellung. Da die Entscheidungen nunmehr von 12 Amts wegen zugestellt werden, bedarf es einer Zustellung durch den RA nicht mehr, so daß Abschriften für die Zustellung nicht benötigt werden.

Urkunden und sonstige Schriftsatzanlagen. Hier bestehen in der Recht- 13 sprechung sehr unterschiedliche Auffassungen, ob diejenigen Abschriften, die nach dem Gesetz oder festem Gerichtsgebauch den Schriftsätzen als Anlagen beizufügen sind, von dem RA ohne besondere Vergütung zu fertigen sind,

KG Rpfleger 75, 107 (L) = JurBüro 75, 346; Hamburg AnwBl. 78, 430; JurBüro 81, 439 = MDR 81, 58; JurBüro 81, 708; VG München JurBüro 79, 1655,

oder ob es an sich Sache der Partei ist, solche Schriftsatzanlagen dem RA in der erforderlichen Zahl zu Verfügung zu stellen, so daß der RA sie als zusätzlich gefertigt berechnen kann, wenn er sie für den Mandanten herstellt.

München NJW 62, 817 = AnwBl. 62, 98 = JurBüro 62, 416 (Ablichtungen von Urkunden, die dem Schriftsatz an das Gericht, dessen Abschriften für den Gegner, die Handakten und die eigene Partei als Anlagen beigefügt werden, sind zusätzlich gefertigt); AnwBl. 81, 507, 82, 488 = Rpfleger 82, 438 = JurBüro 83, 386 (3 Sätze für Schriftsatzabschriften nach § 133 ZPO erstattungsfähig); ebenso unter Aufgabe früherer Rechtsprechung Frankfurt AnwBl. 79, 437 = JurBüro 79, 1509; Koblenz JurBüro 81, 383; Celle Nds.Rpfl. 83, 27; vgl. auch Schleswig JurBüro 78, 1512.

Die meisten hierzu veröffentlichten Entscheidungen betreffen zwar die Erstattungsfähigkeit; diese setzt jedoch – was nicht immer genügend beachtet wird – voraus, daß der erstattungsberechtigten Partei die Schreibauslagen von ihrem RA überhaupt nach § 27 als zusätzlich gefertigt in Rechnung gestellt werden durften.

Da die Herstellung der eigentlichen Schriftsätze für das Gericht und der Schriftsatzabschriften, die ihnen nach dem Gesetz (§ 133 Abs. 1 S. 1 ZPO) beizufügen oder nach allgemeinem Gebrauch sonst herzustellen sind (Abschriften für die Handakten und zur Unterrichtung der eigenen Partei) zu den nach § 25 Abs. 1 mit den Gebühren abgegoltenen allgemeinen Geschäftsunkosten gehört, sollte das auch für die notwendigerweise diesen Schriftsätzen beizufügenden Urkunden oder deren Abschriften gelten. Sofern keine besonderen Absprachen getroffen worden sind, kann der Auftraggeber erwarten, daß der RA alles Schriftwerk herstellt, das zur Prozeßführung notwendigerweise hergestellt werden muß. Das gilt umsomehr, als die Leichtigkeit, mit der heute Ablichtungen hergestellt werden können, dazu geführt hat, daß in den Schriftsätzen auf Schriftsatzanlagen Bezug genommen wird, deren Inhalt ohne Nachteil auch schriftsätzlich hätte vorgebracht werden können. Durch die Entwicklung der Bürotechnik wird der Abgeltungsbereich der Gebühren nicht verschoben. Vervielfältigungsgeräte werden ja in den Kanzleien nicht angeschafft, um den Mandanten einen „zusätzlichen" Service anzubieten, sondern um die eigene Arbeit rationeller zu gestalten und Schreibpersonal zu sparen. Es kommt in der Praxis wohl auch nur selten vor, daß der Auftraggeber gefragt wird, ob er die benötigte Zahl von Schriftsatzanlagen auf eigenen Vervielfältigungsgeräten selbst herstellen oder auf dem freien Markt (billiger) beschaffen will, oder ob der RA das „zusätzlich" für ihn tun soll.

Auch nach der Ansicht, es sei grundsätzlich Sache des Auftraggebers, die notwendigen Abschriften oder Ablichtungen von Urkunden und sonstigen

Schriftsatzanlagen dem RA zur Verfügung zu stellen, sind davon auszunehmen

so z. B. Frankfurt JurBüro 1979, 1509, 1510 a. E.

a) Urkunden, deren Beifügung nicht erforderlich ist, weil sie sich bereits bei den Gerichtsakten oder den Beiakten befinden;

VG Arnsberg JurBüro 81, 858

b) Anlagen, die zwar dem Schriftsatz an das Gericht, nicht aber den Schriftsatzabschriften für den Gegner beizufügen sind, weil sie diesem bereits bekannt sind, §§ 131 Abs. 3, 133 Abs. 1 S. 2 ZPO;

c) Anlagen von bedeutendem Umfang, bei denen nach § 131 Abs. 3 ZPO die genaue Bezeichnung mit dem Erbieten, Einsicht zu gewähren, ausreicht, sofern nicht im Einzelfall von der Ablichtung eine wesentliche Beschleunigung oder Vereinfachung des Prozesses zu erwarten war und ein Auszug (§ 131 Abs. 2 ZPO) dafür nicht ausreichte.

14 Abschriften von Literatur. Beschafft sich der RA Abschriften von Literatur für seine eigene Arbeit, gehören die Kosten zu den allgemeinen Geschäftsunkosten, die gemäß § 25 mit den Gebühren abgegolten werden.

Bamberg JurBüro 78, 1188; Schleswig JurBüro 79, 373 = SchlHA 79, 43.

Läßt der RA aber Ablichtungen von schwer zugänglicher Literatur und von unveröffentlichten Entscheidungen fertigen und legt er die Ablichtungen dem Gericht vor, das sie auch benutzt, sind die Ablichtungskosten erstattungsfähig.

LG Konstanz KostRsp. Nr. 108;
a. M. VGH Baden-Württemberg MDR 74, 432; vgl. auch Schleswig JurBüro 81, 386 m. Anm. von Mümmler

15 Abschriften aus Strafakten. Selbstverständliche Pflicht des Strafverteidigers und des Vertreters des Nebenklägers ist es, die Strafakten einzusehen und sich aus ihnen Notizen zu machen. Die Einsichtnahme und die Fertigung kurzer Notizen werden durch die gesetzlichen Gebühren abgegolten. Schreibauslagen erwachsen insoweit nicht. Der RA kann jedoch nicht auf handschriftliche Notizen verwiesen werden.

Frankfurt AnwBl. 78, 183.

Mit der sich immer mehr durchsetzenden Ausstattung der Anwaltskanzleien mit Fotokopiergeräten hat sich auch die Übung der in Strafsachen tätigen RAe geändert. Die Leichtigkeit, mit der Kopien hergestellt werden können, und die Entlastung des RA, die mit der Verbesserung der Arbeitsunterlagen verbunden ist, haben dazu geführt, daß die Strafakten in großem Umfange abgelichtet werden. Nach anfänglichem Schwanken der Rechtsprechung besteht jetzt fast Einigkeit, daß der RA nicht verpflichtet ist, die Ablichtungen auf eigene Kosten vorzunehmen. Er ist vielmehr berechtigt, für die Ablichtungen Schreibauslagen zu berechnen. Fotokopien sind im heutigen Strafverfahren als notwendige Maßnahme einer ordnungsgemäßen Verteidigung anzusehen.

AG Mönchengladbach AnwBl. 82, 268; AG Bad Oldesloe AnwBl. 82, 124; vgl. auch LG Düsseldorf AnwBl. 83, 41 mit Anm. von Chemnitz (Ablichten der gesamten Strafakte); LG Hannover AnwBl. 83, 462.

Dabei ist gleichgültig, ob viele oder nur wenige Seiten abzulichten sind. Die Frage nach der Anzahl der Ablichtungen ist nur eine Frage, ob die Ablichtungen „zusätzlich" gefertigt sind. Es ist unrichtig zu sagen, Ablichtungskosten bis zu 5 % des Verteidigerhonorars seien durch das Honorar mit abgegolten. Ebenso verfehlt ist es, von dem Verteidiger zu verlangen, daß er sich von weniger umfangreichen Akten nur handschriftliche Auszüge fertigt.

AG München AnwBl. 70, 72

Ist es notwendig, daß der Angeklagte Unterlagen ständig zur Hand hat, können für ihn Ablichtungen aus den Strafakten gefertigt werden. Diese Ablichtungen sind zusätzliche Ablichtungen. Die Auslagen sind erstattungsfähig.

Bode MDR 81, 287.

Schließt sich an das Strafverfahren ein Zivilprozeß an (z. B. der Schadensersatzprozeß nach einer Verkehrsstrafsache), ist auch für den Prozeßbevollmächtigten des Zivilprozesses die Kenntnis vom Inhalt der Strafakten geboten. Er wird deshalb – falls nicht bereits Ablichtungen vorliegen sollten, die während des Strafverfahrens gefertigt worden sind – die wesentlichsten Aktenseiten ablichten lassen müssen.

Nürnberg JurBüro 63, 712; LG Bielefeld AnwBl. 69, 142; LG Essen VersR 76, 251; vgl. auch Hamburg JurBüro 75, 768 = MDR 75, 939.

Ablichtungen aus den Strafakten für Versicherungsgesellschaften. 16
Haftpflichtversicherer haben ein großes Interesse daran, bei Verkehrsunfällen ihrer Versicherungsnehmer Kenntnis von den Verkehrsstrafakten zu erhalten. Sie beauftragen deshalb RAe mit der Einsichtnahme in die Akten und der Anfertigung von Aktenauszügen. Wegen der Vergütung für diese Tätigkeit vgl. Anh. C Nr. 12. Neben der Vergütung sind die Schreibauslagen zu ersetzen.

Ablichtungen aus den Strafakten für die Bevollmächtigten der Ge- 17
schädigten. Wie die Haftpflichtversicherer der Schädiger sind auch die Vertreter der Geschädigten auf eine genaue Kenntnis des Unfallvorgangs angewiesen. Sie müssen deshalb die Akten in der Regel ebenfalls ablichten lassen. Ihre Tätigkeit – die Akten einsehen und die Blattzahl der abzulichtenden Seiten angeben – wird allerdings nicht wie bei den Vertretern der Versicherungsgesellschaften (vorstehend A 16) abgegolten. Die Herstellung der Ablichtungen ist aber zusätzliches Schreibwerk und deshalb nach § 27 zu vergüten.

Frankfurt AnwBl. 78, 144 = Rpfleger 78, 151 = JurBüro 78, 705 = MDR 78, 498 = VersR 78, 969; Hamburg JurBüro 78, 1511; LG Aachen AnwBl. 73, 149; LG Bielefeld AnwBl. 69, 142; LG Düsseldorf AnwBl. 69, 356; LG Essen AnwBl. 79, 117 = JMBlNRW 79, 104; LG Darmstadt AnwBl. 82, 217; AG Moers AnwBl. 68, 364; AG Nürnberg MDR 69, 585 (zust. H. Schmidt) (Bei schweren Verkehrsunfällen ist es für den mit der Schadensregulierung beauftragen RA geradezu notwendig, die Ermittlungen ablichten zu lassen, um sich genaue Kenntnis von dem Unfallgeschehen zu verschaffen).

Einverständnis des Auftraggebers. Der RA kann Schreibauslagen nur 18
fordern, wenn er die zusätzlichen Abschriften „im Einverständnis mit dem Auftraggeber" gefertigt hat. Das Einverständnis muß sich auf die Fertigung der Abschriften beziehen, ein allgemeines Einverständnis mit der Prozeßführung genügt nicht. Das Einverständnis kann vor, aber auch nach der Herstel-

lung der Abschriften erklärt werden. Es kann ausdrücklich oder stillschweigend erklärt werden, sich vielfach auch aus den Umständen ergeben. So wird dem Angeklagten daran gelegen sein, daß er bestmöglich verteidigt wird. Er wird deshalb mit der Fertigung der gebotenen Ablichtungen aus den Strafakten einverstanden sein. Das gleiche gilt für den Verkehrsunfallgeschädigten, dessen RA Schadensersatzansprüche geltend machen soll.

> FinG Kassel EFG 75, 581 = AnwBl. 76, 46 (L) (Stillschweigendes Einverständnis reicht aus).

Außerdem wird regelmäßig Abs. 1 Satz 2 einschlagen. Die Ablichtungen aus den Akten werden zur sachgemäßen Bearbeitung der Rechtssache geboten sein. Das Einverständnis des Auftraggebers braucht nicht eingeholt zu werden.

19 Erstattung durch den Gegner. Für die Entstehung der Schreibauslagen ist nur notwendig, daß der Auftraggeber mit der Herstellung der Abschriften einverstanden ist. Es können deshalb auch Schreibauslagen für Abschriften entstehen, die nicht unbedingt notwendig sind.

Der unterlegene Gegner hat jedoch gemäß § 91 Abs. 1 ZPO nur die notwendigen Kosten zu ersetzen, also auch nur die Schreibauslagen für die notwendigen Abschriften zu erstatten. Notwendig sind aber alle Abschriften und Ablichtungen, die für eine ordnungsgemäße Prozeßführung benötigt werden. Hierzu gehören insbes. die Abschriften gegnerischer Schriftsätze, die gesondert gefertigt werden müssen (vgl. A 9), sowie die Abschriften von Urkunden (vgl. A 13).

> Bamberg JurBüro 78, 1188; Celle NdsRpfl. 83, 27; Düsseldorf AnwBl. 80, 78 = JurBüro 79, 850 (Schreibauslagen des Vertreters des Nebenintervenienten); Frankfurt JurBüro 79, 1509 = AnwBl. 79, 437 = VersR 79, 943 (L) und JurBüro 81, 384; München AnwBl. 68, 398 = NJW 68, 2115 = JVBl. 68, 239 = Rpfleger 68, 303 = MDR 68, 1021; LG Frankfurt AnwBl. 68, 399 u. 69, 60 sowie 69, 166; VGH München AnwBl. 81, 162;
> **a. M.** Hamburg MDR 68, 506.

Die vom Haftpflichtversicherer vor Prozeßbeginn aufgewandten Kosten für Ablichtungen aus den Strafakten sind erstattungsfähig, auch wenn der Versicherer nicht Prozeßpartei war.

> Nürnberg AnwBl. 72, 104; LG Dortmund VersR 69, 766. Vgl. aber wegen der Vergütung für die Akteneinsicht Celle VersR 69, 808 = Rpfleger 69, 252; noch einschränkender Oldenburg Rpfleger 68, 315.

Hat der beklagte Versicherungsnehmer Ablichtungen von Prozeßvorgängen zur Unterrichtung seines Haftpflichtversicherers anfertigen lassen, so gehören die ihm dadurch entstandenen Auslagen zu den notwendigen Kosten des Rechtsstreits.

> Düsseldorf JurBüro 73, 869 = Rpfleger 73, 316.

Bei der außergerichtlichen Schadensregulierung gehören auch die Kosten für Ablichtungen aus den Strafakten zu den notwendigen Folgekosten; sie sind deshalb zu erstatten.

> LG Aachen AnwBl. 73, 149; LG Bielefeld AnwBl. 69, 142; LG Düsseldorf AnwBl. 69, 356; LG Frankfurt AnwBl. 73, 323; AG Moers AnwBl. 68, 364; AG Nürnberg MDR 69, 585 (zust. H. Schmidt);
> **a. M.** AG Köln VersR 68, 680 = JVBl. 69, 60 (L) (abl. H. Schmidt).

Ebenso sind im Strafverfahren nur die notwendigen Auslagen zu erstatten. Schreibauslagen für überflüssige Abschriften sind sonach nicht zu erstatten. Bei der Überprüfung der Notwendigkeit der Abschriftenherstellung ist allerdings jede kleinliche Handhabung zu vermeiden. Der RA hat die Verteidigung zu führen, nicht das Gericht, das nach Abschluß des Strafverfahrens über die Schreibauslagen zu entscheiden hat. Man wird deshalb von der Auffassung des RA ausgehen müssen, was er für die Strafverteidigung benötigt. Ebenso ist auf den Zeitpunkt der Herstellung der Abschriften abzustellen, nicht auf den Zeitpunkt der Erstattung.

Vgl. auch H. Schmidt Büro 61, 367 und JurBüro 63, 180; Düsseldorf AnwBl. 70, 269; Hamm AnwBl. 78, 320 = JurBüro 78, 705 (Die Schreibauslagen des Wahlverteidigers für tatsächlich gefertigte Ablichtungen sind dann zu vergüten, wenn ein gewissenhafter RA sie aus seiner Sicht im Zeitpunkt der Herstellung als für die Verteidigung möglicherweise notwendig ansehen konnte); Karlsruhe NJW 72, 1480; Stuttgart AnwBl. 71, 150; LG Köln AnwBl. 79, 75; LG Tübingen AnwBl. 69, 172 u. 453; AG Baden-Baden AnwBl. 69, 371; AG München AnwBl. 70, 27; AG Mülheim/Ruhr AnwBl. 70, 27; AG Wiesbaden AnwBl. 73, 178.

Wird Entstehung, Zahl oder Notwendigkeit der Ablichtungen bestritten, so muß der Erstattungsgläubiger dartun, was wie oft abgelichtet wurde und daß er mit der Fertigung einverstanden war. Bestreitet der Erstattungsschuldner dann Entstehung und Zahl nicht mehr, gelten diese als zugestanden. Wird die Notwendigkeit nicht bestritten, gilt diese als zugestanden. Was bestritten bleibt, muß der Gläubiger glaubhaft machen (§ 104 Abs. 2 S. 1 ZPO).

Frankfurt Rpfleger 80, 399 = JurBüro 80, 1521 (Sind Fotokopierkosten für Schriftsatzanlagen nicht festgesetzt worden, so sind die Angriffe gegen den Festsetzungsbeschluß im einzelnen darzulegen, nicht pauschal ohne Differenzierung auf einzelne Urkunden oder Urkundengruppen); München JurBüro 83, 1092 = Rpfleger 83, 86 (Die Partei, die die Erstattung von Fotokopierkosten begehrt, hat die Umstände für die Notwendigkeit der Beifügung der einzelnen Anlagen zu ihren Schriftsätzen darzulegen, wenn der Gegner die Notwendigkeit bestreitet. Es ist nicht Aufgabe des Gerichts, von sich aus die Notwendigkeit der einzelnen Anlagen nachzugehen). **A. A.** Frankfurt AnwBl. 83, 186 = KostRsp. BRAGO § 27 Nr. 63 mit Anm. Lappe (von Amts wegen zu prüfen, ob die angesetzten Ablichtungen erstattbar sind).

Schreibauslagen des im Wege der Prozeßkostenhilfe beigeordneten 20 Rechtsanwalts und des Pflichtverteidigers sind grundsätzlich von der Staatskasse zu ersetzen. Sie werden gemäß § 126 Abs. 1 Satz 1 (vgl. auch § 97 Abs. 2) nur dann nicht vergütet, wenn sie zur sachgemäßen Wahrnehmung der Interessen der Partei (des Angeklagten) nicht erforderlich waren.

Auf das Einverständnis der Partei (des Angeklagten) kommt es nicht an. Die Partei (der Angeklagte) und der RA können nicht zu Lasten der Staatskasse vereinbaren, daß der RA überflüssiges Schreibwerk herstellt. Der Partei (dem Angeklagten) bleibt jedoch freigestellt, auf eigene Kosten Abschriften herstellen zu lassen. Insoweit hat der RA gemäß § 27 trotz Bewilligung der Prozeßkostenhilfe (der Beiordnung als Pflichtverteidiger) einen unmittelbaren Anspruch gegen die Partei (den verteidigten Angeklagten) auf Vergütung der entstehenden Schreibauslagen. Die Schreibauslagen sind nur dann nicht aus der Staatskasse zu vergüten, wenn sie zur sachgemäßen Wahrnehmung der Interessen der Partei nicht erforderlich waren. Aus dieser doppelten Negation ergibt sich, daß die Schreibauslagen grundsätzlich zu vergüten sind und daß von einer Erstattung nur dann abzusehen ist, wenn feststeht (Zweifel gehen somit zu Lasten der Staatskasse), daß die Herstellung der Abschriften nicht erforderlich war. Hier gilt das zur Erstattung der Schreibauslagen durch den Gegner Gesagte (A 19) in gleicher Weise, und zwar in noch verstärktem Maße. Während bei § 91 ZPO Zweifel an der Notwendigkeit zu Lasten der obsiegenden Partei gehen, wirken sich in § 126 Zweifel zu Ungunsten der Staatskasse aus.

Jede Hervorkehrung des fiskalischen Interesses sollte bei Überprüfung der Schreibauslagen vermieden werden. Allein das Interesse der Partei bzw. des Angeklagten, gut vertreten bzw. verteidigt zu werden, ist zu beachten.

Vgl. BVerwG WM 70, 1280 (Als Auslagen i. S des § 126 Abs. 1 können dem beigeordneten RA auch Beträge vergütet werden, die er für zusätzlich gefertigte Ablichtungen von in den Prozeßakten enthaltenen Schriftstücken aufgewendet hat, sofern der Besitz dieser Ablichtungen dem Interesse des Mandanten an einer wirksamen, wenngleich kostensparenden Prozeßführung entsprach); vgl. auch LG Hanau AnwBl. 83, 134.

Dabei darf jedoch nicht übersehen werden, daß es nicht Aufgabe des RA ist, zu Lasten der Staatskasse Abschriften herzustellen, die von der Partei beizubringen sind.

Ist allerdings die Partei nicht in der Lage, erforderliche Ablichtungen herzustellen, wird der beigeordnete RA diese Aufgabe übernehmen müssen. In diesem Falle sind ihm die Ablichtungskosten aus der Staatskasse zu erstatten.

Abschriften (Ablichtungen) aus den Strafakten sind – wie in A 15 dargelegt – zusätzlich gefertigte Abschriften (Ablichtungen). Der Pflichtverteidiger hat deshalb Anspruch auf Ersatz der Kosten für die Ablichtungen, deren Herstellung er im Interesse des Angeklagten für geboten erachtet hat.

21 Die **Höhe der Schreibauslagen** richtet sich nach den Sätzen der gerichtlichen Schreibauslagen.

Diese sind mit Wirkung vom 1. Januar 1987 geändert worden. Während nach der bis dahin geltenden Fassung der Nr. 1900 KostVerz. (Anl. 1 z. GKG) für jede Seite unabhängig von der Art der Herstellung 1 DM erhoben wurde, gilt dieser Satz nach der nunmehr geltenden Fassung nur für die ersten 50 Seiten; für jede weitere Seite beträgt der Satz dagegen nur noch 0,30 DM.

Für die entsprechende Anwendung auf die Schreibauslagen des RA stellt die Neufassung des § 27 Abs. 2 klar, daß für jede gebührenrechtlich selbständige Angelegenheit und im gerichtlichen Verfahren für jeden Rechtszug jeweils die ersten 50 Seiten zu 1 DM berechnet werden dürfen, weitere Seiten nur zu 0,30 DM.

Beispiel: Während eines Scheidungsverbundverfahrens erster Instanz werden einstweilige Anordnungen wegen der elterlichen Sorge, der Ehewohnung und des Ehegattenunterhalts beantragt und erlassen. Gegen die einstweilige Anordnung zur elterlichen Sorge wird sofortige Beschwerde eingelegt. Das Verfahren über den Versorgungsausgleich wird gem. § 628 ZPO abgetrennt. Gegen das Scheidungsurteil wird Berufung eingelegt. Während des Berufungsverfahrens wird beantragt, die einstweilige Anordnung zum Ehegattenunterhalt abzuändern und eine einstweilige Anordnung zum Kindesunterhalt zu erlassen. Der RA hat im Einverständnis mit dem Auftraggeber an Abschriften oder Ablichtungen hergestellt im

a) erstinstanzlichen Verbundverfahren 30 Seiten,
b) einstw. Anordnungsverfahren elterl. Sorge 20 Seiten,
c) einstw. Anordnungsverfahren Ehewohnung 14 Seiten,
d) einstw. Anordnungsverfahren Ehegattenunterhalt 28 Seiten,
e) Beschwerdeverfahren elterl. Sorge 14 Seiten,
f) Berufungsverfahren 30 Seiten,
g) Abänderungsverfahren (§ 620 b ZPO) Ehegattenunterhalt 7 Seiten,
h) einstw. Anordnungsverfahren Kindesunterhalt 4 Seiten,
i) Versorgungsausgleich nach Abtrennung 30 Seiten.

Der RA darf berechnen:

1. Für das erstinstanzliche Verbundverfahren einschließlich des Versorgungsausgleichs, der auch nach Abtrennung Folgesache bleibt (a + i) 60 Seiten,
davon 50 zu 1 DM, 10 zu 0,30 DM, insgesamt 53,— DM.

2. Für die Verfahren der einstweiligen Anordnung, die zwar gegenüber dem
Verbundverfahren besondere Angelegenheit sind, aber nach § 41 Abs. 1
S. 2 unter sich dieselbe Angelegenheit bilden. Dazu gehören auch die
Verfahren auf Abänderung der Anordnung zum Ehegatteunterhalt (§ 620 b
ZPO) und auf Erlaß einer einstw. Anordnung zum Kindesunterhalt. Beide
finden zwar während des Berufungsverfahrens statt, so daß das Beru-
fungsgericht über sie zu entscheiden hat (§§ 620 a Abs. 4 S. 2, 620 b Abs. 3
ZPO), gehören aber zum ersten Rechtszug der Angelegenheit einstweilige
Anordnung. Also (b + c + d + g + h) = 73 Seiten, davon 50 zu 1 DM, 23
zu 0,30 DM = 56, 90 DM.

3. Für das Verfahren der sofortigen Beschwerde betr. die einstweilige Anordnung zur elterlichen Sorge (e) 14 Seiten zu 1 DM = 14 DM.

4. Berufungsverfahren (f) 30 Seiten zu 1 DM = 30 DM.

Nicht zulässig wäre es, die bei einer Angelegenheit an 50 fehlenden Seiten mit
den über 50 hinausgehenden Seiten in anderen Angelegenheiten zu verrechnen,
etwa zu rechnen: 177,— DM für insgesamt hergestellte 177 Seiten, da in 4
Angelegenheiten je 50, zusammen also 200 zu 1 DM berechnet werden dürfen.

Mehrere Auftraggeber. Ob der Sockel von 50 Seiten zu 1 DM innerhalb
derselben Angelegenheit nur einmal oder für jeden einzelnen Auftraggeber
gesondert zu berechnen ist, läßt die Neufassung des § 27 Abs. 2 nicht klar
erkennen, da sie nur auf die im GKG bestimmten „Beträge" verweist.
Dennoch wird auch S. 2 der Nr. 1900 KostVerz. entsprechend angewandt
werden müssen, wonach die Höhe der Schreibauslagen für jeden Kostenschuldner besonders zu berechnen ist, jedoch Gesamtschuldner als ein Schuldner gelten. Hat der RA die einzelne Abschrift für alle Auftraggeber gefertigt,
was meistens der Fall sein wird, so sind die mehreren Auftraggeber insoweit
Gesamtschuldner. Hat er z. B. 60 Seiten für alle gemeinsam gefertigt, kann er
insgesamt nur 53 DM berechnen, für die alle Auftraggeber gesamtschuldnerisch haften. Hat er nur 30 Seiten für die Auftraggeber A und B gemeinsam
gefertigt, so kann er für weitere 40 Abschriften, die nur für A, und andere 25,
die nur für B hergestellt wurden, zusätzlich zu den 30 DM, für die A und B
Gesamtschuldner sind, von A noch 20,— + 6,— = 26 DM, von B noch 20,—
+ 1,50 = 21,50 DM verlangen. Daß die Neuregelung die Schreibauslagener-
stattung vereinfacht habe, läßt sich damit wohl kaum sagen.

Übergangsrecht. Die alte Fassung der Nr. 1900 KostVerz. gilt nach § 134
Abs. 1 S. 3 noch für alle selbständigen Angelegenheiten, für die der unbeding-

te Auftrag vor dem 1. Januar 1987 erteilt war, gleichgültig wann die Abschrift hergestellt wurde. Bei zu Beginn des 1. Januar 1987 anhängigen gerichtlichen Verfahren gelten die neuen Beträge erst für ein nach diesem Zeitpunkt eingelegtes Rechtsmittel.

Ob auf dem freien Markt Ablichtungen billiger hergestellt werden können, ist für den Anspruch des RA gleichgültig. Für die Erstattungsfähigkeit kann es allerdings darauf ankommen, ob der Partei zumutbar war, zur Prozeßführung notwendige größere Mengen von Ablichtungen auf dem freien Markt selbst billiger herstellen zu lassen und diese dem RA zur Verfügung zu stellen.

Vgl. dazu Köln JurBüro 84, 1519.

§ 28 Geschäftsreisen

(1) Bei Geschäftsreisen erhält der Rechtsanwalt, wenn er einen eigenen Kraftwagen benutzt, 0,45 Deutsche Mark für jeden angefangenen Kilometer des Hin- und Rückwegs, bei Benutzung anderer Verkehrsmittel die tatsächlichen Aufwendungen.

(2) Als Tage- und Abwesenheitsgeld erhält der Rechtsanwalt bei einer Geschäftsreise von nicht mehr als 4 Stunden 25 Deutsche Mark, von mehr als 4 bis 8 Stunden 50 Deutsche Mark und von mehr als 8 Stunden 95 Deutsche Mark; bei Auslandsreisen kann zu diesen Beträgen ein Zuschlag von 50 vom Hundert berechnet werden. Außerdem hat er Anspruch auf Ersatz der Übernachtungskosten.

Lit.: Mümmler JurBüro 83, 7 (Entstehung und Erstattungsfähigkeit von Reisekosten des Rechtsanwalts); JurBüro 85, 23 (Zum Begriff der Geschäftsreise eines Rechtsanwalts).

Übersicht über die Anmerkungen

Allgemeines. Der Beruf des RA bringt es mit sich, daß er Geschäftsreisen **1** unternehmen muß. Durch diese Reisen entstehen dem RA Unkosten. § 28 regelt, ob und welche Auslagen der RA seinem Auftraggeber berechnen darf. Reisekosten des Anwalts sind nach den zur Zeit der Ausführung der Reise geltenden Bestimmungen zu berechnen. Reisekosten des in einer Patentrechtssache hinzugezogenen Patentanwalts sind nach Maßgabe des § 28 zu berechnen und zu erstatten.

Düsseldorf Rpfleger 72, 416.

Eine **Geschäftsreise** liegt vor, wenn ein RA in Ausführung eines ihm **2** erteilten Vertretungsauftrags ein Geschäft an einem anderen Orte als seinem Wohnort oder dem Ort, an dem er seine Kanzlei eingerichtet hat (dem Geschäftsort), vornimmt. Hierbei muß es sich um Anwaltstätigkeit handeln, die nach der BRAGO vergütet wird. Reisekosten in anderen Geschäften (als Vormund, Konkursverwalter, in Maklertätigkeit usw.) sind nach den allgemeinen Vorschriften (§ 670 BGB) zu vergüten.

Schumann/Geißinger A 2 C.

Unternimmt der Anwalt als Vormund, Konkursverwalter usw. eine Geschäftsreise in einer Angelegenheit, für die er Gebühren nach der BRAGO berechnen kann, erhält er auch Reisekosten nach § 28.

Frankfurt JurBüro 72, 412 = Rpfleger 72, 180.

Ebenso kann der RA bei Geschäftsreisen in eigenen Rechtssachen Reisekosten gemäß § 28 ansetzen.

Schumann/Geißinger A 4.

Für **Geschäfte am Wohnort** oder dem Orte seiner Kanzlei kann der Rechts- **3** anwalt keine Reisekosten berechnen. Auch dann, wenn in größeren Städten der RA von seiner Kanzlei oder seinem Wohnort zum Gericht einen weiten Weg hat und deshalb die Eisenbahn, die Straßenbahn oder einen gemieteten oder eigenen Kraftwagen benutzt, kann er dafür kein Fahrgeld berechnen.

Madert 463

Die kommunale Neugliederung, die zwei bisher getrennte Orte zu einem Ort vereinigt, schließt sie zu einem Ort i. S. des § 28 zusammen.

> LG Berlin JurBüro 80, 1078; AG Geldern JurBüro 87, 67; **a. A.** AG Attendorf JurBüro 78, 537 mit abl. Anm. von Mümmler.

Ein Berliner RA, der in Ausführung eines Mandats eine PKW-Fahrt innerhalb Berlins zurücklegt, erhält keine Auslagen für eine „Geschäftsreise".

> LG Berlin JurBüro 80, 1078 mit Anm. von Mümmler.

4 Wird der RA durch **außergewöhnliche Umstände** genötigt, sich am Geschäftsort eines Fahrzeugs zu bedienen, so unternimmt er trotzdem keine Geschäftsreise. Für eine Anwendung des § 28 ist deshalb kein Raum.

> Hartmann A 2; Riedel/Sußbauer A 3; Schumann/Geißinger A 6.

Hier hilft nur eine Vereinbarung mit dem Auftraggeber über die Begleichung zusätzlicher Reisekosten.

5 Der **Wohnsitz** des RA kann sich an einem anderen Orte befinden als an dem Orte, an dem er seine Kanzlei errichtet hat, da nach § 27 BRAO der RA seinen Wohnsitz nur innerhalb der Oberlandesgerichtsbezirks, in dem er zugelassen ist, begründen muß, aber an dem Orte des Gerichts, bei dem er zugelassen ist, eine Kanzlei einrichten muß. Durch das Wohnen in einem anderen Orte wird ein zweiter Wohnsitz i. S. des § 7 BGB begründet. Es kann dann die Tätigkeit des RA an jedem dieser Orte nicht als Tätigkeit außerhalb seines Wohnorts angesehen werden. Es können daher weder Reisekosten vom Wohnort nach dem Orte des Gerichts der Zulassung noch vom Orte der Zulassung nach dem der Wohnung berechnet werden.

Wird dem RA nach § 29 BRAO von den Pflichten des § 27 BRAO Befreiung gewährt, darf er also seinen Wohnsitz außerhalb des Oberlandesgerichtsbezirks seiner Zulassung nehmen oder seine Kanzlei an einem anderen Orte als dem Orte des Gerichts, bei dem er zugelassen ist, einrichten, so kann ihm, wie aus § 29 Abs. 3 BRAO folgt, die Auflage gemacht werden, daß er Reisekosten nur insoweit berechnen darf, als er solche berechnen dürfte, wenn er seinen Wohnsitz in dem Oberlandesgerichtsbezirk seiner Zulassung genommen oder seine Kanzlei am Orte des Gerichts, bei dem er zugelassen ist, eingerichtet hätte.

6 **Reisekosten zu auswärtigen Zweigstellen des Gerichts,** an dessen Sitz der RA wohnt, z. B. zu einer Kammer für Handelssachen oder einer Strafkammer, die ihren Sitz an einem anderen Orte hat als dem des Landgerichts, und auf die sich die Zulassung erstreckt, sind dem RA zu vergüten.

> Schumann/Geißinger A 6 (Beispiel: Reise des Münchener OLG Anwalts zum Senat in Augsburg); vgl. auch E. Schneider MDR 83, 811.

7 **Ist der Rechtsanwalt bei mehreren Gerichten zugelassen,** die ihren Sitz an verschiedenen Orten haben, z. B. bei einem Amtsgericht und einem Landgericht oder bei mehreren benachbarten Landgerichten, und hat der RA seinen Wohnsitz am Sitze des Amtsgerichts oder eines Landgerichts genommen und dort seine Kanzlei eingerichtet (vgl. § 27 Abs. 2 S. 2 BRAO), so ist nur dieser Ort maßgebend. Er kann deshalb, falls er nicht auf Reisekosten verzichtet hat, für Reisen nach den anderen Orten seiner Zulassung seinem Auftraggeber Reisekosten berechnen. Der RA, der am Sitze eines auswärtigen Amtsgerichts seine Kanzlei betreibt, kann sonach seinem Auftraggeber

für Fahrten zum übergeordneten Landgericht, bei dem er ebenfalls zugelassen
ist, Reisekosten berechnen.

    Karlsruhe MDR 82, 64.

Die Kosten einer Reise des Simultansanwalts zum Prozeßgericht sind in Höhe
der – fiktiven – Informationsaufwendungen der Partei nur dann erstattungsfähig, wenn diese Parteireise notwendig gewesen wäre.

    Bamberg JurBüro 80, 1584 und JurBüro 82, 1348.

Zweigstellen einrichten **oder auswärtige Sprechstunden** abhalten darf der   **8**
RA nach § 28 BRAO nur mit Genehmigung der Justizverwaltung. Ist die
Genehmigung erteilt, so darf er weder für die Reise nach dem Orte der
Sprechstunde oder der Zweigstelle noch zu Terminen an diesen Orten Reise-
kosten berechnen, falls die Termine an einem Tage stattfinden, an dem er dort
Sprechstunden hält. Reist er aber zu einem Termin am Orte der Sprechstunde
an einem Tage, an dem er dort keine Sprechstunde hält, so kann er Reiseko-
sten berechnen.

Eine **Mindestentfernung** des Geschäftsorts vom Wohnsitz ist in der BRAGO   **9**
nicht vorgeschrieben. Der RA hat deshalb Anspruch auf Reisekosten, wenn
er z. B. an einem Lokaltermin teilnimmt, der etwa in einer Entfernung von
2 km von seinem Wohnort abgehalten wird.

Bei **Nachbarorten** soll eine Dienstreise nicht vorliegen, wenn der Geschäfts-   **10**
ort und der dienstliche Wohnort oder der tatsächliche Wohnort derart benach-
bart sind, daß sie nach der Verkehrsanschauung örtlich und wirtschaftlich
zusammen gehören; eine solche örtliche Einheit mehrerer Orte sei grundsätzlich dann anzunehmen, wenn die geschlossene Bebauung beider Orte ineinander übergehen.

    Gerold-Schmidt 8. Auflage § 28 A 10; Chemnitz AnwBl. 84, 198.

Welche Orte Nachbarorte sind, bestimmte sich früher nach den Reisekosten-
bestimmungen für Bundesbeamte. Diese gelten zwar nach der Neufassung
des § 28 nicht mehr für Geschäftsreisen der Anwälte. Immerhin kann man zur
Interpretation des Begriffs der Geschäftsreise jene Aussagen übernehmen, die
nach dem Gesetz über die Reisekostenvergütung für Beamte heute noch
gelten, da die Entwicklung des § 28 durch diese Grundsätze mitgeprägt
worden ist.

Nach § 2 Abs. 1 des Gesetzes über die Reisekostenvergütung für Bundesbeamte sind Dienstreisen zur Erledigung von Dienstgeschäften außerhalb des
Dienstortes zu entschädigen. Hinzu kommt, daß die Nachbarschaftsverord-
nung für Bundesbeamte vom 2. Mai 1966 – BGBl. I 321 – durch die Streichung des § 2 Abs. 4 BRKG gegenstandslos geworden ist. Mithin kann der
Begriff des Nachbarortes nicht mehr für die Auslegung des § 28 herangezogen
werden. Das bedeutet, daß der RA erst dann Reisekosten erhält, wenn er die
Grenzen seiner (politischen) Wohnort- bzw. Kanzleigemeinde überschreitet.
Ob sich eine (politische) Gemeinde aus mehreren geschlossenen Ortschaften
oder Ortsteilen zusammensetzt oder ob umgekehrt politisch selbständige
Gemeinden infolge geschlossener Bebauung so ineinander übergehen, daß
man das Überschreiten der Kommunalgrenze nicht merkt, darauf kommt es
nicht mehr an. Eine Geschäftsreise liegt nur dann vor, wenn der RA eine Reise
ausführt, die ihn über die Grenzen seiner (politischen) Wohnsitz- bzw.
Kanzleigemeinde hinausführt.

Mümmler JurBüro 85, 23; vgl. jedoch Hamburg JurBüro 83, 1040 = MDR 83, 589; Köln AnwBl. 75, 164 = JurBüro 76, 248; LG Itzehoe Rpfleger 82, 442 = JurBüro 83, 391; LG Oldenburg JurBüro 78, 1685 mit zust. Anm. von Mümmler; AG Nürnberg AnwBl. 84, 509.

11 Eine **Vergütung** kann der RA von seinem Auftraggeber für die Geschäftsreise dann beanspruchen, wenn ihre Ausführung durch den ihm erteilten Vertretungsauftrag gedeckt wird. Ob dies der Fall ist, richtet sich, wenn nichts Besonderes vereinbart worden ist, nach § 670 BGB. Es kommt also, wie bei dem Anspruch auf Ersatz von Auslagen überhaupt, darauf an, ob der RA die Reise bei sorgsamer vernünftiger Überlegung für notwendig halten durfe.

12 Die **Wahrnehmung auswärtiger Beweistermine** gehört grundsätzlich zur Aufgabe des prozeßbevollmächtigten RA.

Nürnberg AnwBl. 72, 59.

Das gilt auch dann, wenn die dadurch entstehenden Reisekosten höher sind als die Kosten, die durch Beauftragung eines auswärtigen RA entstehen würden, sofern sie nicht im auffälligen Mißverhältnis zu der Bedeutung des Streitstoffs stehen.

Stuttgart JurBüro 74, 735 = Justiz 74, 182.

Immerhin wird in Zweifelsfällen der RA den Auftraggeber darüber aufklären und ihm Gelegenheit zur Stellungnahme geben müssen, ob er die Wahrnehmung des Termins durch ihn selbst oder durch einen beauftragten auswärtigen RA wünscht oder ob der Termin überhaupt nicht wahrgenommen werden soll.

Ist das Beweisthema einfach und leicht überschaubar, so sind nur die – fiktiven – wesentlich geringeren Vertretungskosten eines Beweisanwalts anstelle der Reisekosten des Prozeßbevollmächtigten erstattungsfähig.

LG Bayreuth JurBüro 80, 1348.

Versäumt der RA infolge unvorhergesehener Verkehrsschwierigkeiten (plötzlicher Ausfall eines Zuges) den Termin, so ist der Auftraggeber gleichwohl zur Bezahlung der entstandenen Reisekosten verpflichtet.

VG Münster AnwBl. 66, 139.

13 Auch **Informationsreisen,** z. B. zur Besichtigung einer Unfallstelle, zur Einsichtnahme bestimmter Akten an Ort und Stelle, zu Besprechungen mit einem auswärtigen Auftraggeber oder mit dritten Personen oder zu Vergleichsverhandlungen, können im Rahmen des Auftrags liegen.

Nürnberg MDR 69, 854 (Die Kosten einer Reise des Prozeßbevollmächtigten zur Unfallstelle zwecks persönlicher Information über die örtlichen Gegebenheiten können erstattungsfähig sein).

14 Unternimmt der RA **Reisen nicht in Ausführung seines Vertretungsauftrags,** so kann er Reisekosten berechnen, z. B. wenn er selbst Prozeßpartei ist, sei es, daß er persönlich oder als Konkursverwalter, Testamentsvollstrecker oder gesetzlicher Vertreter den Rechtsstreit führt. Er kann nach § 91 Abs. 2 S. 4 ZPO die Reisekosten von der unterlegenen Gegenpartei in gleicher Höhe erstattet verlangen, in der sie für einen bevollmächtigten RA entstanden wären, es sei denn, daß er sich durch einen anderen RA als Prozeßbevollmächtigten vertreten läßt. Reist er nicht als RA, sondern als Konkursverwalter usw., kann er Reisekosten nach § 28 nicht berechnen.

Wird der RA als **Zeuge oder Sachverständiger** vernommen, so kann er für 15 die Reise nur eine Entschädigung nach dem ZSEG verlangen. Das gilt selbst dann, wenn der RA über seine Handlungen oder Wahrnehmungen als Prozeßbevollmächtigter vernommen wird.

Hartmann A 2 A.

Reisekosten. Die Reisekosten, deren Ersatz der RA als Aufwendungen bei 16 Durchführung von Geschäftsreisen fordern kann, gliedern sich in drei Gruppen:

a) die Wegeentschädigung,
b) das Tage- und Abwesenheitsgeld,
c) die Übernachtungskosten.

Wegeentschädigung. Abs. 1 bestimmt, in welcher Höhe der RA eine Wege- 17 entschädigung erhält. An erster Stelle ist – weil allgemein übliches Verkehrsmittel – das eigene Kraftfahrzeug genannt. Für seine Benutzung ist ein bestimmter Pauschsatz genannt. Bei Benutzung anderer Verkehrsmittel sind die tatsächlichen Aufwendungen zu ersetzen.

Benutzung des eigenen Kraftwagens. Der RA darf Geschäftsreisen grund- 18 sätzlich mit dem eigenen Kraftwagen unternehmen. Damit ist zum Ausdruck gebracht, daß die entstehenden Kosten notwendig sind. Dem RA kann sonach für den Regelfall nicht mehr vorgerechnet werden, die Reisekosten wären billiger ausgefallen, wenn er statt seines Kraftwagens ein öffentliches Verkehrsmittel benutzt hätte.

Riedel/Sußbauer A 6; Schumann/Geißinger A 9; Bamberg JurBüro 81, 1350 (Der Anwalt darf das für ihn bequemste und zeitlich günstigste Verkehrsmittel wählen. Diese Wahl ist auch für die Erstattungspflicht maßgebend, sofern die Aufwendungen nicht angesichts der Bedeutung des Rechtsstreits mißbräuchlich sind); Nürnberg AnwBl. 72, 59; Koblenz AnwBl. 74, 353 (einfache Strecke 600 km); BFH BFHE 107, 97 = BStBl. 73 II 23.

Nur in Mißbrauchsfällen kann dem RA die Erstattung der Mehrkosten verweigert werden, die durch die Benutzung seines eigenen Kraftwagens entstanden sind.

Hartmann A 3; Riedel/Sußbauer A 6; Hamburg AnwBl. 66, 322 = MDR 66, 854; Köln JMBlNRW 74, 108; Nürnberg MDR 68, 852 und AnwBl. 72, 59; BFH BFHE 107, 97 = BStBl. 73 II 23 (Ein RA darf Geschäftsreisen grundsätzlich mit dem eigenen Kraftwagen ausführen. Sind jedoch bei besonders großen Entfernungen die Kosten für die Benutzung des eigenen Kraftwagens im Vergleich zu den Kosten der Benutzung öffentlicher Verkehrsmittel unverhältnißig hoch und ist die Benutzung des eigenen Kraftwagens nicht aus anderen Gründen wirtschaftlich gerechtfertigt, sind Kilometergelder für die Kraftwagenbenutzung insoweit nicht erstattungsfähig, als sie die Kosten der Beförderung mit einem öffentlichen Verkehrsmittel überschreiten).

Als einen Mißbrauch wird man es z. B. ansehen können, wenn der RA für eine Geschäftsreise von Hamburg nach Zürich seinen Kraftwagen statt eines IC-Zuges oder des Flugzeuges benutzt (vorausgesetzt, daß er am Zielort den Kraftwagen nicht für längere Zeit benötigt).

Hamburg MDR 68, 504 (Mißbrauch bejaht bei erheblich höheren Kosten als bei Bahnbenutzung, wenn keine Zeitersparnis).

Ein Mißbrauch liegt nicht eindeutig vor, wenn die Kosten für die Kraftwagenbenutzung der Partei oder einem Zeugen ohne Nachprüfungsmöglichkeit ersetzt werden müssen (§ 9 Abs. 3 ZSEG: Reisen bis 200 km).

Riedel-Sußbauer A 6.

19 Die Vergütung für die Benutzung des eigenen Kraftwagens. Die Entschädigung ist pauschal auf 0,45 DM für den km festgesetzt worden. Bei ihr hat es auch dann zu verbleiben, wenn die tatsächlichen Aufwendungen des RA im Einzelfall höher (er benutzt einen sehr großen Wagen) oder niedriger (er fährt einen Kleinwagen) sind.

Zu vergüten sind – im Rahmen der Notwendigkeit – die tatsächlich gefahrenen km. Die frühere Berechnung der Entfernung von Ortsmitte zu Ortsmitte entfällt, da die Reisekostenvorschriften der Bundesbeamten nicht mehr anzuwenden sind.

Hartmann A 3 C; Riedel/Sußbauer A 7; Schumann/Geißinger A 10; Celle AnwBl. 67, 210 = NdsRpfl. 67, 63 (Dem Armenanwalt sind aus der Staatskasse die tatsächlich gefahrenen Pkw-Kilometer zu vergüten. Die amtliche Streckenkarte ist dafür nicht maßgebend, jedoch müssen erhebliche Abweichungen begründet werden).

Im Regelfall lassen sich die gefahrenen km am Entfernungszähler des Kraftwagens ablesen. Zu berechnen ist die Fahrt von der Kanzlei des RA (vom Gericht aus, wenn dort die Reise angetreten wird) bis zum Ort des Geschäfts und wieder zurück bis zur Kanzlei (dem Gericht). Ergibt die Hin- und Rückreise (zusammengerechnet) einen angefangenen km, ist er aufzurunden.

Ist der RA durch Umleitungen an der Benutzung der direkten Strecke gehindert, kann er die durch die Umleitungen verursachten Mehr-km ebenfalls berechnen.

Der RA darf für seine Reise den zweckmäßigsten oder der Verkehrssitte entsprechenden Reiseweg wählen, auch wenn dieser etwas länger ist als die kürzeste Straßenverbindung von Ort zu Ort.

Riedel/Sußbauer A 7; Hamm JurBüro 81, 1681 (Erhöhte Fahrtkosten eines Pflichtverteidigers, die auf einem Umweg beruhen, weil die Bundesautobahn benutzt worden ist, können bei Vorliegen besonderer Umstände – hier: Winterzeit und ungünstige Verkehrsbedingungen – in einem angemessenen Umfang erstattet werden).

Beträgt z. B. die Entfernung von Ort zu Ort auf schlechter kurvenreicher und durch viele Ortschaften führende Landstraße 95 km und kann der Zielort über die Autobahn mit 110 km erreicht werden, darf der RA die Autobahn benutzen und somit 110 km berechnen.

Vgl. H. Schmidt zu LG Ansbach NJW 66, 1762.

Neben der Kilometerpauschale kann der Ersatz weiterer – notwendiger – Aufwendungen aus der Pkw-Benutzung gefordert werden, z. B. Parkgebühren.

LG Freiburg AnwBl. 83, 47 = MDR 82, 764 = JurBüro 82, 1184; **a. M.** Hartmann A 3 C; Stuttgart JurBüro 81, 708 = Rpfleger 81, 245; LG Freiburg JurBüro 83, 557; s. a. BVerwG BB 67, 521 (Weggebühren durch die DDR).

20 Bei **Benutzung anderer Verkehrsmittel** sind dem RA die tatsächlichen Aufwendungen zu ersetzen. Hierzu gehören bei Benutzung öffentlicher Verkehrsmittel, inbes. der Bundesbahn, die Ausgaben für die Fahrkarte einschließlich der Mehrkosten für zuschlagpflichtige Züge oder für den Flugschein, für Platzkarten und für die Benutzung von Schlafwagen oder Schiffskabinen. Auch die Liegegebühr für Nachtschnellzüge gehört dazu.

Zu vergüten sind die bei Benutzung fahrplanmäßiger Beförderungsmittel entstehenden Fahrgelder bei Geschäftsreisen unter Benutzung der Deutschen Bundesbahn und sonstiger Deutscher Bahnen, die ihre Tarifbestimmungen in Übereinstimmung mit der Deutschen Bundesbahn festsetzen, die Auslagen für die Benutzung der 1. Wagenklasse, soweit sie tatsächlich entstanden sind. Für die Benutzung von Schlafwagen sind die entrichteten Zuschläge zu gewähren.

Riedel/Sußbauer A 10; Schumann/Geißinger A 9.

Für Luftverkehrsmittel gelten keine grundsätzlich abweichenden Sonderbestimmungen.

München AnwBl. 67, 56 = MDR 66, 937 = JVBl. 67, 69 (Eine Abwesenheitsdauer von 1 ½ Tagen zur Wahrnehmung eines auswärtigen Beweistermins ist dem Anwalt grundsätzlich zuzumuten; die Mehrkosten einer Flugreise zur Abkürzung der Abwesenheit sind deshalb nicht „notwendig". Hingegen ist eine Flugreise von München nach Hamburg nicht zu beanstanden, wenn die Abwesenheit des Anwalts dadurch nur einen Tag – statt drei Tagen bei Bahnbenutzung – beträgt). (Bem. hierzu: Sollte nicht bereits ein halber Tag so wertvoll sein, daß auch seine Einsparung die Flugreise rechtfertigt? Die Industrie würde bei ihren Managern eine Zeitverschwendung von einem halben Tag wohl kaum zulassen. Warum soll der Anwalt verschwenden?) Vgl. auch LG Offenburg AnwBl. 73, 86 = JurBüro 73, 129 (Wird eine Reise von Düsseldorf nach Offenburg für notwendig erachtet, sind auch die Flugkosten zu erstatten. Wird das Flugzeug wegen Nebels von Stuttgart nach Frankfurt umgeleitet, sind die Kosten für eine Fahrt mit dem Taxi von Frankfurt nach Offenburg gleichfalls erstattungsfähig); VG Stuttgart NJW 71, 2190 (Die Benutzung eines Flugzeuges ist zweckmäßig, wenn hierdurch ein erheblicher Zeitgewinn erreicht wird).

Einem RA als Pflichtverteidiger sollen bei Flugreisen grundsätzlich nicht die Kosten der 1. Klasse zu erstatten sein.

Frankfurt NJW 71, 160; vgl. auch Frankfurt AnwBl. 76, 306 mit abl. Anm. von H. Schmidt.

Hiergegen bestehen – zumindest bei längeren Flugstrecken – erhebliche Bedenken.

Der Reiseweg ist so zu wählen, daß er unter Berücksichtigung der Tage- und Übernachtungsgelder die geringsten Kosten verursacht, sofern er nach dem Zweck der Reise und den Umständen des Falles benutzt werden kann. Möglichkeiten zur Erlangung von Fahrpreisermäßigungen sind auszunutzen.

Beim Zu- und Abgang zu und von den Beförderungsmitteln sind als Nebenkosten die notwendigen Auslagen für die Beförderung des RA und des zum Gebrauch dienenden Gepäcks in angemessenen Grenzen zu gestatten. Zu- und Abgang ist die Zurücklegung des Weges in der Wohngemeinde oder am Geschäftsort oder Übernachtungsort zu und vom Bahnhof, dem Flughafen, der Kraftwagenhaltestelle, dem Anlegeplatz des Schiffes usw.

Die Benutzung einer Kraftdroschke wird als angemessen anzusehen sein. Von dem RA kann nicht erwartet werden, daß er grundsätzlich nur mit der Straßenbahn fährt. Benutzt er allerdings die Straßenbahn, kann er nur die Fahrgelder der Straßenbahn berechnen.

a. M. Hamm AnwBl. 82, 488 mit abl. Anm. von H. Schmidt; LG Flensburg JurBüro 76, 1651 (Taxikosten nicht erstattbar, wenn öffentliche Verkehrsmittel zur Verfügung stehen).

Bei Benutzung eines eigenen Kraftrades oder eines Fahrrades können nur die tatsächlichen Aufwendungen ersetzt werden. Eine Pauschale ist insoweit nicht mehr vorgesehen.

Für Fußwegstrecken erhält der RA keinen Auslagenersatz, da Abs. 1, der eine abschließende Regelung enthält, insoweit keine Entschädigung vorsieht.

21 **Andere Aufwendungen** zur Erreichung des Zweckes der Geschäftsreise sind als Nebenkosten in nachgewiesener Höhe zu erstatten. Insbes. werden Auslagen für die Beförderung von Akten, Karten, Geräten usw., die zur Erledigung des Geschäfts notwendig sind, besonders erstattet. Unter die Nebenkosten fallen auch andere notwendige Ausgaben, wie z. B. für Gepäckaufbewahrung, für Paßgebühren, für Post-, Telegrafen- und Fernsprechgebühren, die durch Ausführung der Geschäftsreise erwachsen sind. Ebenso gehören Kurtaxe, Reise- und Gepäckversicherung, Auslagen für Zimmerbestellung, Kleiderablagen, Trinkgelder usw. zu den Nebenkosten.

Hartmann A 4 C.

Die Kosten einer Flugunfallversicherung des Pflichtverteidigers (bei Teilnahme an einer kommissarischen Zeugenvernehmung in Israel) wurden als Reiseauslagen für erstattungsfähig angesehen.

Düsseldorf AnwBl. 78, 471; LG Frankfurt AnwBl. 78, 472; **a. M.** Riedel/Sußbauer A 10; Bamberg JurBüro 79, 374 und 79, 1030.

22 Das **Tage- und Abwesenheitsgeld** dient dazu, die Mehrkosten, die durch die Geschäftsreise verursacht werden, auszugleichen. Es ist pauschaliert, also in voller Höhe auch dann zu erstatten, wenn die Mehrkosten des RA geringer sind. Andererseits kann der RA im Einzelfall entstandene, den Pauschalsatz übersteigende Mehrkosten nicht berechnen. Hier bleibt bei Voraussehbarkeit nur die Honorarvereinbarung.

Riedel-Sußbauer A 12; Schumann-Geißinger A 7.

Das Gesetz unterscheidet zwischen einem Tage- und Abwesenheitsgeld bei Geschäftsreisen von nicht mehr als 4 Stunden (25,— DM), von mehr als 4 bis 8 Stunden (50,— DM) und einem solchen bei Geschäftsreisen von über 8 Stunden (mind. 8 Stunden und 1 Minute) (95,— DM). Die Zeit wird gerechnet vom Verlassen der Kanzlei (Wohnung) bis zum Wiederbetreten. Dabei ist gleichgültig, ob die Reise mit dem eigenen Kraftfahrzeug oder mit einem öffentlichen Verkehrsmittel unternommen wird. Zeiten für die Einnahme des Mittagessens sind zu berücksichtigen, wenn die Reise in die Mittagszeit fällt.

VG Stuttgart AnwBl. 84, 323 u. 562.

Zugverspätungen sind deshalb – anders als bei den Beamten – auch dann zu beachten, wenn sie kürzer als eine Stunde sind (es kommt auf die tatsächlichen Abgangs- und Zugangszeiten aus der Kanzlei, nicht auf die Fahrplanzeiten der Verkehrsmittel an).

Bei einer mehrtägigen Reise hat der RA Anspruch auf das Tage- und Abwesenheitsgeld auch – getrennt – für den Tag der Abreise und den der Rückreise.

Bei Geschäftsreisen an Sonn- und Feiertagen erhält der RA das gleiche Tage- und Abwesenheitsgeld wie an Werktagen.

Bei Auslandsreisen erhöht sich das Tage- und Abwesenheitsgeld um 50 %. Es beträgt sonach bei einer Reisedauer

von nicht mehr als 4 Stunden 37,50 DM,
von mehr als 4 bis 8 Stunden 75,— DM,
von über 8 Stunden 142,50 DM.

Auf diese erhöhten Sätze hat der RA einen Rechtsanspruch. Es handelt sich nicht um eine Kannvorschrift.

> Riedel/Sußbauer A 14.

Weder bei Inlands- noch bei Auslandsreisen erhöhen sich die Pauschalsätze, wenn der RA mit ihnen nicht auskommt. Sind erhöhte Aufwendungen voraussehbar, muß der RA eine Honorarvereinbarung treffen.

Übernachtungskosten. Der RA erhält nicht ein bestimmtes Übernach- 23 tungsgeld. Ihm werden vielmehr die tatsächlichen Übernachtungskosten im Rahmen des Angemessenen ersetzt.

> Vgl. hierzu Karlsruhe AnwBl. 86, 110; LG Berlin AnwBl. 71, 326 (Kosten für eine Übernachtung im Berliner Hilton-Hotel sind unangemessen hoch) (Bem. hierzu: Es wird wohl auf die Umstände des Einzelfalles ankommen. Pflegt z. B. der Auftraggeber im Hilton-Hotel zu übernachten, kann auch der RA dort übernachten).

Der RA muß aus Gründen der Geschäftsreise auswärts übernachtet haben. War ihm zuzumuten, noch am Tage des Antritts der Geschäftsreise zurückzukehren (etwa bis 22 Uhr; bei älteren oder kränklichen Anwälten kann die Zeitgrenze noch weiter heruntergesetzt werden), kann er Kosten der Übernachtung nicht fordern.

„Übernachtet" er im Schlafwagen, sind seine Kosten bereits durch die Fahrtkosten ersetzt. Übernachtet der RA ohne Vergütung bei Freunden oder Verwandten, kann er keine Übernachtungskosten ansetzen.

Zu erstatten sind die Kosten in der tatsächlich entstandenen Höhe einschl. der üblichen Trinkgelder, aber ausschl. der Kosten für das Frühstück, die aus dem Tage- und Abwesenheitsgeld zu bestreiten sind.

> Riedel/Sußbauer A 16.

Reisekosten von Vertretern. Unternimmt der RA die Reise nicht selbst, 24 beauftragt er vielmehr im Einverständnis des Auftraggebers einen Vertreter mit der Ausführung der Geschäftsreise, gilt folgendes: Für Reisen der in § 4 genannten Vertreter können die Reisekosten nach § 28 berechnet werden. Läßt sich der RA durch andere Personen vertreten, z. B. durch den Kanzleivorstand, einen Referendar oder durch einen bei ihm angestellten Volljuristen, der nicht als RA zugelassen ist, so kann er die Reisekosten nicht nach § 28 berechnen, sondern nur die ihm tatsächlich für die Reise entstandenen Auslagen, wenn der Auftraggeber mit der Vertretung einverstanden war, also Fahrgeld, angemessenes Zehrgeld und die Übernachtungskosten. Der RA kann jedoch mit dem Auftraggeber vereinbaren, daß für Reisen aller Vertreter (auch des Kanzleivorstandes) die Reisekosten nach § 28 berechnet werden.

25 Die **Erstattungspflicht der Gegenpartei** richtet sich nach § 91 ZPO.

Oldenburg Rpfleger 68, 315; Nürnberg MDR 69, 854.

26 Reisen zum Prozeßgericht. Reisekosten eines RA, der nicht am Orte des Prozeßgerichts wohnt, sind nur insoweit zu erstatten, als die Zuziehung zur zweckentsprechenden Rechtsverfolgung oder Rechtsverteidigung notwendig war. Es ist also zu prüfen, ob nicht ein am Sitze des Prozeßgerichts wohnender RA hätte zugezogen werden können. Ist dies der Fall, so sind die durch die Zuziehung des auswärtigen RA entstandenen Reisekosten nur in Höhe der Kosten zu erstatten, die entstanden wären, wenn der Auftraggeber einen RA am Sitze des Prozeßgerichts beauftragt hätte. Es sind also zwei Kostenrechnungen aufzumachen:

a) die Berechnung der wirklich entstandenen Kosten des auswärtigen RA,

b) die Berechnung der Kosten, die entstanden wären, wenn der Auftraggeber einen RA am Sitze des Prozeßgerichts beauftragt hätte.

In Höhe der fiktiven Kosten zu b) sind die tatsächlich entstandenen Kosten zu a) auf jeden Fall zu erstatten, vorausgesetzt, daß sie niedriger sind als die Kosten zu a). Sie sind notwendig gewesen.

Düsseldorf JurBüro 82, 919; Frankfurt AnwBl. 82, 489; Karlsruhe AnwBl. 82, 203; LG Koblenz AnwBl. 82, 24.

Zu den Kosten zu b) rechnen nicht nur die Kosten des RA (einschl. etwaiger Reisen an den Ort des wirklich beauftragten RAs, z. B. zu Beweisaufnahmen am auswärtigen Amtsgericht), sondern auch die ersparten Kosten des Auftraggebers, der sonst Informationsreisen hätte unternehmen müssen.

Schumann/Geißinger A 12; Bamberg JurBüro 74, 1028 mit zust. Anm. von Mümmler; vgl. auch Bamberg JurBüro 74, 882 und JurBüro 81, 1574 (keine Erstattung von Reisekosten, wenn schriftliche Information ausgereicht hätte); dass. JurBüro 79, 442 und 79, 904; Celle AnwBl. 68, 89 mit Anm. von Chemnitz = NJW 68, 1097 = NdsRpfl. 68, 89; Düsseldorf AnwBl. 68, 396 = Rpfleger 69, 198; München JurBüro 78, 1082 = Rpfleger 78, 102 = MDR 78, 402; Schleswig JurBüro 73, 989 (keine Reisekosten des Simultananwalts in eigener Sache) und JurBüro 75, 658 = SchlHA 75, 67. Vgl. jedoch Frankfurt NJW 72, 1328 = Rpfleger 72, 180 (Für Fahrten zum Prozeßgericht kann der einen Rechtsstreit als Konkursverwalter führende RA ungeachtet der Bestimmung des § 91 II Satz 2 ZPO von dem unterlegenen Gegner Ersatz nach den Vorschriften der BRAGO verlangen); vgl. aber Karlsruhe MDR 82, 1025 (Bem. hierzu: Hätte der Auftraggeber den Anwalt nicht bereits bei Auftragserteilung aufsuchen müsen?).

27 Konnte ein am Sitze des Prozeßgerichts wohnender Rechtsanwalt nicht zugezogen werden, z. B. weil dort entweder überhaupt kein RA zugelassen ist oder der eine dort zugelassene RA die Gegenpartei vertritt oder sonst verhindert ist oder aus wichtigen Gründen nicht zugezogen werden konnte, so ist die Zuziehung eines auswärtigen RA angebracht. Er soll möglichst in der Nähe des Prozeßgerichts wohnen. Seine Kosten sind erstattungsfähig.

Dem RA, der zwar nicht am Ort des Prozeßgerichts wohnt, dort aber zugelassen ist, sollen bei Prozeßführung in eigener Sache die Reisekosten zu erstatten sein.

So Hamm JurBüro 75, 914 = Rpfleger 75, 228 = MDR 75, 762.

28 Beweistermine. Hält das Prozeßgericht selbst einen Beweistermin außerhalb seines Sitzes ab, so kann der Prozeßbevollmächtigte auf jeden Fall an der Beweisaufnahme teilnehmen. Seine Reisekosten sind erstattungsfähig.

Stuttgart JurBüro 74, 182.

Beweistermine vor dem ersuchten Richter sollte der Prozeßbevollmächtigte ebenfalls wahrnehmen. Das gilt insbes. bei prozeßentscheidenden Beweisaufnahmen. Eine Ausnahme ist dann zu machen, wenn die Reisekosten erheblich über den Kosten eines Beweisanwalts liegen und der Termin auch durch einen Beweisanwalt wahrgenommen werden kann.

Hamm JurBüro 71, 696 = JVBl. 71, 261 = MDR 71, 768; Köln Rpfleger 67, 100; Nürnberg AnwBl. 72, 59; Oldenburg Rpfleger 63, 315.

Ortstermin des Sachverständigen. Die Anwesenheit des Prozeßbevoll- 29 mächtigten neben der Partei in einem von dem gerichtlichen Sachverständigen angesetzten Ortstermin wird in der Regel erforderlich sein, so daß die Reisekosten des Anwalts zu den notwendigen Kosten des Rechtsstreits gehören.

Celle JurBüro 72, 1105.

Bei **Verweisung** oder Abgabe sind, wenn der bei dem Amtsgericht und bei 30 dem Landgericht zugelassene RA die obsiegende Partei erst beim Amtsgericht seines Wohnsitzes und dann bei dem Landgericht vertreten hat und die Partei die Anrufung des Amtsgerichts nicht zu vertreten hat, weil die Verweisung erst infolge einer Widerklage erfolgt ist, die Reisekosten zum Landgericht bis zu der Höhe zu erstatten, in der Kosten erwachsen wären, wenn ein am Landgerichtssitz wohnender RA mit der Weiterführung des Rechtsstreits beauftragt worden wäre.

In **Patent-, Gebrauchsmuster- und Warenzeichenstreitigkeiten** können 31 nach § 51 Abs. 3 PatG, § 19 Abs. 3 GebrMG, § 32 Abs. 3 WZG die Parteien vor dem Gericht für Patent- und Warenzeichenstreitsachen sich durch RAe vertreten lassen, die bei dem sonst zuständigen Landgericht zugelassen sind. Die dadurch entstehenden Mehrkosten sind nach § 51 Abs. 4 PatG, § 19 Abs. 4 GebrMG, § 32 Abs. 4 WZG nicht erstattungspflichtig. Die Frage, inwieweit Mehrkosten entstanden sind, ist nach den oben A 26 erwähnten Gesichtspunkten zu beurteilen. Die Reisekosten des auswärtigen RA sind hiernach jedenfalls in Höhe der Kosten ersparter Informationsreisen des Auftraggebers erstattungsfähig.

Riedel/Sußbauer A 24; Schumann/Geißinger A 20; vgl. auch Düsseldorf GRUR 72, 566 (Hat der Kläger in einer Patentstreitsache Klage beim sachlich unzuständigen Gericht erhoben und wird der Rechtsstreit auf die Rüge des Beklagten an das für Patentstreitsachen zuständige Landgericht verwiesen, dann sind auch die Mehrkosten erstattungsfähig, die dem Beklagten dadurch entstehen, daß er sich weiterhin durch den nicht am Gerichtsort ansässigen RA vertreten läßt, der ihn auch schon vor dem unzuständigen Gericht vertreten hat).

Entsprechendes gilt, wenn nach § 89 das Gesetz gegen Wettbewerbsbeschränkungen Rechtsstreitigkeiten, die sich aus diesem Gesetz oder aus Kartellverträgen und aus Kartellbeschlüssen ergeben, einem von mehreren Landgerichten übertragen worden sind und sich die Parteien durch einen RA vertreten lassen, der bei dem Gericht zugelassen ist, vor das der Rechtsstreit ohne diese Regelung gehören würde.

Riedel-Sußbauer A 24.

32 Wirtschaftsstrafkammern. Ist einem Landgericht für den Bereich mehrerer Landgerichte die Zuständigkeit für sog. Wirtschaftsstraftaten zugewiesen, sind die Reisekosten des bei dem an sich zuständigen Landgericht zugelassenen RA erstattungsfähig.

33 Familiengerichte können gemäß § 23 c GVG für die Bezirke mehrerer Amtsgerichte für zuständig erklärt werden. In diesem Falle sind die Reisekosten des bei dem an sich zuständigen Amtsgericht zugelassenen RA erstattungsfähig.

In Ehe- und Folgesachen ist ein Anwalt als bei allen Familiengerichten seines LG-Bezirks zugelassen anzusehen. Zur Frage, ob er als beigeordneter Anwalt Anspruch auf Reisekostenersatz für die Wahrnehmung eines auswärtigen Termins in seinem LG-Bezirk hat, vgl. A 22 zu § 126.

34 Vor dem **Landesarbeitsgericht und dem Bundesarbeitsgericht** können sich die Parteien durch jeden bei einem deutschen Gericht zugelassenen RA vertreten lassen (§ 11 Abs. 2 S. 1 ArbGG). Die Mehrkosten eines auswärtigen RA sind zu erstatten, wenn seine Zuziehung zweckmäßig war.

Schumann/Geißinger A 18; LAG Baden-Württemberg BB 79, 1352; LAG Düsseldorf AnwBl. 81, 504; LAG Hamm NJW 70, 2132 = JurBüro 70, 991 = MDR 70, 875. Vgl. auch LAG Düsseldorf AnwBl. 80, 267 = Rpfleger 80, 300 = KTS 80, 407 (Wenn auch in der Regel Reisekosten eines nicht am Gericht residierenden RA in arbeitsgerichtlichen Verfahren nicht erstattungsfähig sind, können doch objektiv vorliegende Gründe, wie etwa die Vertrautheit des Anwalts mit einer umfangreichen Spezialmaterie, so der Spezialmaterie des Insolvenzschutzes, eine Ausnahme von dem des Arbeitsrechts beherrschenden Verbilligungsgrundsatzes rechtfertigen); vgl. auch LAG Hannover AnwBl. 80, 472.

35 In **Verwaltungsgerichtssachen** (§ 162 Abs. 2 VwGO) sind die Kosten eines RA stets erstattungsfähig, die eines auswärtigen RA ebenfalls, es sei denn, daß die Beauftragung eines auswärtigen Anwalts gegen Treu und Glauben verstößt.

Riedel/Sußbauer A 25; Schumann/Geißinger A 16; BayVGH BayVBl. 77, 477; VGH Baden-Württemberg MDR 74, 432; VG Bremen AnwBl. 69, 2105 = MDR 69, 607; VG Bayreuth MDR 74, 431; VG Freiburg AnwBl. 82, 29; VG Karlsruhe AnwBl. 82, 208; VG Minden AnwBl. 75, 399 = JurBüro 76, 196 mit Anm. von Mümmler; VG Stuttgart NJW 71, 2190 (Sind in dem Verwaltungsrechtsstreit schwierige Spezialfragen zu entscheiden, ist dem Kläger zuzubilligen, daß er einen auswärtigen Spezialisten mit seiner Vertretung beauftragt); VG Schleswig AnwBl. 76, 404 (Reisekosten im eigenen Verfahren).
Vgl. OVG Hamburg AnwBl. 66, 138 (In Verfahren vor dem BVerwG sind die Reisekosten eines auswärtigen Anwalts erstattbar, wenn dieser am Sitz der auswärtigen Partei seinen in diesem Nähe ansässig ist); VG Karlsruhe AnwBl. 69, 415 (Im Verfahren vor dem BVerwG ist jede Partei berechtigt, sich von dem RA vertreten zu lassen, auf dessen sachgerechte Prozeßführung sie besonders vertrauen kann. In der Revisionsinstanz sind auch dessen Flugreisekosten zum Sitz des BVerwG erstattbar). Vgl. aber auch OVG Bremen AnwBl. 67, 133 (In Verfahren vor dem BVerwG sind bei Benutzung eines gebräuchlichen Verkehrsmittels entstandene Reisekosten eines auswärtigen Anwalts auch insoweit erstattbar, als sie die Kosten übersteigen, die bei Benutzung eines anderen Verkehrsmittels entstanden wären. Der RA ist nicht verpflichtet, von Bremen nach Berlin zu fliegen; er kann die Bundesbahn benutzen).

Im übrigen gelten für die Erstattung der Reisekosten auswärtiger RA die vorstehenden Ausführungen.

a. M. Henrichs NJW 60, 517, der annimmt, daß die Notwendigkeit der Zuziehung eines auswärtigen RA nicht zu prüfen, sondern nur auf Einwendung zu entscheiden ist, ob in der Zuziehung eines weit entfernt wohnenden RA ein Mißbrauch zu erblicken ist; ähnlich Knobelsdorf NJW 60, 423; OVG Münster Büro 60, 454.

Gleiches gilt in **Verfahren vor den Sozial- und Finanzgerichten.** 36

Schumann/Geißinger A 19; Tschischgale KostSozG S. 100; Boeker Kosten im steuerl. Rechtsmittelverfahren S. 141 ff.; Peters/Sautter/Wolff Komm. z. Sozialgerichtsbarkeit, 4. Aufl., § 193 Anm. 2b; vgl. jedoch BFH NJW 69, 224 = Betrieb 69, 1090 = BStBl. II 69, 398 = JurBüro 70, 41 (Die Reisekosten eines auswärtigen Bevollmächtigten sind auch im finanzgerichtlichen Verfahren unter sinngemäßer Anwendung des § 91 Abs. 2 Satz 1 ZPO nur zu erstatten, soweit sie zur zweckentsprechenden Rechtsverfolgung oder Rechtsverteidigung notwendig waren).

In **Schiffahrtssachen** sind Reisekosten eines nicht am Ort des Prozeßgerichts 37 wohnhaften RA jedenfalls dann erstattungsfähig, wenn sie die Kosten sonst notwendiger Informationsreisen der Partei und der Wahrnehmung von auswärtigen Beweisterminen nicht erheblich überschreiten. Bei dem Vergleich ist wegen der auch vom Gesetz anerkannten Besonderheit von Schiffahrtssachen ein großzügiger Maßstab geboten.

KG KostRsp. ZPO § 91 (B-Vertretungskosten) Nr. 82; vgl. auch Karlsruhe Rpfleger 72, 456.

Kosten für **Informationsreisen** sind erstattungspflichtig, wenn sie i. S. des 38 § 91 ZPO als notwendig anzusehen sind. Das kann auch bei vor Klagerhebung zur Vorbereitung des Rechtsstreits unternommenen Reisen der Fall sein, z. B. wenn der RA bestimmte Akten nur an Ort und Stelle einsehen kann, oder wenn der Auftraggeber wegen besonderer Schwierigkeit nicht imstande ist, die Information zu beschaffen,

Hamm JMBlNRW 52, 170 = Büro 52, 290

oder wenn der RA in Unfallsachen zum Verständnis des Unfallhergangs die Unfallstelle besichtigen muß,

Schumann/Geißinger A 23.

oder wenn die Partei im Krankenhaus liegt und Rücksprache dringend nötig ist.

LG Lüneburg AnwBl. 54, 89.

Reisen zu Vergleichsverhandlungen sind nur ausnahmsweise erstattungs- 39 pflichtig, z. B. wenn sie gerade durch die Gegenpartei veranlaßt worden sind und die auswärtigen Verhandlungen zum Vergleichsschluß geführt haben, besonders wenn bisher der Vergleich an Fragen gescheitert war, die auf schriftlichem Wege nicht zu klären waren und nur persönliche Aussprache an Ort und Stelle zum Vergleich führen konnte.

Die Reisekosten sind aber auch dann erstattungspflichtig, wenn die Vergleichsverhandlungen scheitern, aber – objektiv gesehen – hinreichend Aussicht auf Erfolg hatten.

Schumann/Geißinger A 22; LG Göttingen Büro 59, 378.

Eine **vereinbarte Vergütung,** die an den RA zur Abgeltung von Reisekosten 40 gezahlt worden ist, braucht die Gegenpartei nur in Höhe der gesetzlichen Reisekosten zu erstatten. Das folgt auch § 91 Abs. 2 S. 1 ZPO, wo ausdrücklich von den „gesetzlichen" Gebühren und Auslagen die Rede ist.

41 Auswärtiger Verteidiger. Ein nicht am Ort des Gerichts ansässiger RA kann aus verschiedenen Gründen mit der Verteidigung beauftragt werden.

Beispiele:
a) Die Hauptverhandlung findet nicht vor dem Gericht am Wohnort des Angeklagten, sondern vor einem auswärtigen Gericht statt. Der Angeklagte beauftragt einen RA an seinem Ort mit der Verteidigung.
b) Gegen das Urteil des Wohnsitzamtsgerichts ist Berufung eingelegt. Der Verteidiger reist zur Berufungsverhandlung an das Landgericht.
c) Der Verteidiger fährt zur Revisionshauptverhandlung zum Bundesgerichtshof oder zum Oberlandesgericht.

Schließlich kommt noch folgender Fall in Betracht:
d) Der Angeklagte ist zwar bei seinem Wohnsitzgericht angeklagt. Er zieht jedoch einen auswärtigen RA zu, weil er ihn wegen seiner Spezialkenntnisse für besonders geeignet hält oder weil er mit Rücksicht auf die Bedeutung des Verfahrens nur zu einem anerkannten Strafverteidiger Vertrauen hat.

In allen diesen Fällen entstehen Reisekosten, die erspart geblieben wären, wenn der Angeklagte einen RA am Sitze des Gerichts mit seiner Verteidigung beauftragt hätte.

Selbstverständlich ist, daß der RA Anspruch auf Erstattung dieser Reisekosten gegen den Auftraggeber hat.

Es erhebt sich die Frage, ob die Reisekosten notwendige Auslagen i. S. des § 467 StPO sind, so daß sie dem Angeklagten im Falle eines Freispruches aus der Staatskasse zu erstatten sind. Gemäß § 464a Abs. 2 StPO gehören zu den notwendigen Kosten die Gebühren und Auslagen eines RA, soweit sie nach § 91 Abs. 2 ZPO zu erstatten sind. Gemäß § 91 Abs. 2 Satz 1 ZPO sind zu erstatten die Reisekosten eines RA, der nicht bei dem Prozeßgericht zugelassen ist und am Orte des Prozeßgerichts auch nicht wohnt, nur insoweit, als die Zuziehung zur zweckentsprechenden Rechtsverfolgung und Rechtsverteidigung notwendig war. Die herangezogenen Vorschriften sagen hiernach etwa für das Strafverfahren:

Die Reisekosten eines auswärtigen Verteidigers sind nur zu erstatten, wenn die Zuziehung des auswärtigen Verteidigers zur zweckentsprechenden Verteidigung notwendig war.

Die Antwort auf die Frage nach der Notwendigkeit der Zuziehung eines auswärtigen Verteidigers wird nicht für alle oben gebildeten Beispiele gleich sein können:

Fall a): Ein Münchener Kraftfahrer verursacht in Stuttgart einen Verkehrsunfall mit erheblichen Schäden. Er wird in Stuttgart angeklagt und reist mit seinem Münchener Verteidiger nach Stuttgart. Er wird freigesprochen, weil ihn kein Verschulden trifft. In diesem Fall wird man dem Angeklagten zugestehen müssen, daß er wegen der Bedeutung des Verfahrens einen RA in München, dem er sein Vertrauen geschenkt hat, als Verteidiger wählt. Die Kosten des Münchener Verteidigers sind durch die Staatskasse zu erstatten. Hier hat der Angeklagte den Münchener Anwalt nicht aus Bequemlichkeit, sondern wegen des besonderen Vertrauens gewählt. Die Aufwendung der Mehrkosten des auswärtigen Anwalts steht auch in einem vernünftigen Verhältnis zu der Bedeutung des Verfahrens.

Anders wäre die Lage zu beurteilen, wenn es sich um ein Bagatellverfahren gehandelt hätte, etwa wegen angeblich falschen Parkens in Stuttgart. Hier stehen die Reisekosten des auswärtigen Anwalts kaum im angemessenen Verhältnis zu der Bedeutung des Verfahrens.

Für den Fall der Berufungsverhandlung (Fall b) ist die Zuziehung des bisherigen Verteidigers auf jeden Fall gerechtfertigt. Es ist dem Angeklagten nicht zuzumuten, zwischen den Instanzen den Anwalt zu wechseln. Die Reisekosten des auswärtigen Amtsgerichtsanwalts zum Landgericht sind hiernach grundsätzlich zu erstatten.

Der Hauptverhandlung vor dem Revisionsgericht (Fall c) kommt jetzt erhöhte Bedeutung zu, nachdem das Revisionsgericht gemäß § 349 StPO vielfach im Beschlußverfahren entscheiden wird, also nur Verfahren von Bedeutung zur Hauptverhandlung kommen. Entschließt sich der RA, zur Revisionshauptverhandlung zu fahren, sind seine Kosten auch erstattungsfähig (das Auftreten in der Revisionsverhandlung muß Erfolg gehabt haben, andernfalls wären der Staatskasse nicht die notwendigen Auslagen des Angeklagten auferlegt worden).

LG Hildesheim MDR 70, 439; LG Düsseldorf AnwBl. 70, 109.

Bleibt als schwierigster Fall die Beauftragung eines auswärtigen RA mit der Verteidigung vor dem Heimatgericht (Fall d). Gegen die Notwendigkeit, einen auswärtigen RA zu beauftragen, bestehen keine Bedenken, wenn in der Hauptverhandlung Spezialfragen – sei es in tatsächlicher, sei es in rechtlicher Hinsicht – zu erörtern sind und der gewählte Verteidiger ein Spezialist auf dem in Frage stehenden Gebiet ist. In einem solchen Falle sind die Kosten dieses auswärtigen Anwalts auf jeden Fall zu erstatten. Darüber hinaus werden Angeklagte auch in den üblichen Strafsachen mitunter auswärtige RA zu ihren Verteidigern bestellen. Das wird z. B. dann geschehen, wenn der auswärtige Strafverteidiger einen besonderen Ruf genießt. Von Ausnahmen abgesehen (in einer Bagatellsache wird ein anerkannter Strafverteidiger beauftragt – ein nicht sehr wahrscheinlicher Fall, denn ein Spitzenverteidiger wird es in der Regel ablehnen, in einer Bagatellsache vor einem auswärtigen Gericht zu verteidigen) sind auch in solchen Fällen die Kosten des auswärtigen Verteidigers zu erstatten. Zu beachten ist dabei, daß der Angeklagte ja nicht von vornherein weiß, daß er auf Kosten der Staatskasse freigesprochen wird. Er muß also damit rechnen, die erhöhten Kosten des auswärtigen Verteidigers selbst tragen zu müssen. Entschließt er sich trotzdem zur Beauftragung eines auswärtigen Anwalts, muß er beachtliche Gründe für seine Wahl haben. Diese Gründe sind – im Falle des Freispruchs auf Kosten der Staatskasse – auch von den Gerichten zu respektieren. Die Kostenfestsetzungsinstanzen haben deshalb die Kosten eines auswärtigen Strafverteidigers in aller Regel gegen die Staatskasse festzusetzen.

Schumann/Geißinger A 24; H. Schmidt, Die Vergütung des Strafverteidigers, S. 71 ff.; vgl. auch Matzen AnwBl. 72, 74. Wie hier: Die Praxis des Bundesgerichtshofes, der zu etwa einem Drittel den Pflichtverteidiger für die Revisionshauptverhandlung aus dem Kreis der bisherigen – auswärtigen – Pflichtverteidiger bestellt.

Frankfurt OLGSt § 467 Abs. 2 StPO (Welche Maßnahmen ein Angeschuldigter zu seiner Verteidigung für notwendig erachtet, muß seiner freien Entschließung überlassen bleiben. Eine öffentliche Klage greift so tief in sein persönliches Schicksal ein, daß seine nach dem jeweiligen Verfahrensstand und nicht rückschau-

end zu würdigende freie Entschließung, wie er einer solchen Anklage gegenüber-
treten will, nicht durch gerichtliche Maßnahmen mit ungünstigen wirtschaftlichen
Auswirkungen beeinträchtigt werden darf).
Nürnberg AnwBl. 70, 323 = JurBüro 70, 935 (Reisekosten eines auswärtigen
Verteidigers sind in der Regel erstattbar, da der Angeschuldigte grundsätzlich das
Recht hat, sich des Anwalts seines besonderen Vertrauens zu bedienen); vgl.
Koblenz NJW 71, 1147 (Der Angeklagte ist grundsätzlich berechtigt, mit seiner
Verteidigung den in seiner Nähe wohnenden Anwalt seines Vertrauens zu beauftra-
gen, auch wenn dieser nicht am Ort des Prozeßgerichts wohnt oder seine Praxis
führt. Die hierdurch anfallenden Reisekosten sind im Falle des Freispruchs aus der
Staatskasse zu erstatten).

Die Praxis der Strafgerichte ist zum Teil erheblich engherziger. Die Erstattungsfähigkeit der Reisekosten eines auswärtigen Strafverteidigers wird noch
anerkannt in Schwurgerichtssachen,

Schleswig JurBüro 79, 1332 = SchlHA 79, 131; Zweibrücken Rpfleger 72, 71;
Düsseldorf AnwBl. 86, 157; vgl. jedoch Celle JurBüro 80, 1860 mit zust. Anm.
von Mümmler.

oder wenn der Schuldvorwurf schwer ist,

Schleswig JurBüro 79, 1332 = SchlHA 79. 131.

oder in schwierigen Strafverfahren, in denen Fachkenntnisse auf einem Spezialgebiet erforderlich sind.

Düsseldorf AnwBl. 71, 153 und 86, 157; Karlsruhe Justiz 73, 401 und JurBüro 75,
206 sowie 79, 868; Nürnberg JurBüro 74, 1256; LG Flensburg JurBüro 79, 1008
und 79, 1179; LG Frankfurt MDR 74, 65; LG Freiburg AnwBl. 70, 324; LG
Karlsruhe JurBüro 73, 740. Vgl. auch LG Bayreuth JurBüro 83, 1668.

In allen übrigen Fällen, wenn nicht besondere Ausnahmen gegeben sind,
sollen die Reisekosten eines auswärtigen Strafverteidigers nicht erstattungsfähig sein, weil dem Angeklagten zuzumuten sei, einen Verteidiger unter den
am Sitz des Gerichts ansässigen RAe auszuwählen.

Vgl. z. B. Düsseldorf AnwBl. 71, 153 = NJW 71, 1146 = JurBüro 71, 364 =
Rpfleger 71, 111 sowie AnwBl. 72, 200 (vgl. aber AnwBl. 71, 325) und JurBüro
81, 1043 = Rpfleger 81, 366; JurBüro 86, 1677; München JurBüro 81, 1370 mit
Anm. von Mümmler; LG Hof JurBüro 73, 307; Karlsruhe Justiz 79, 342; LG
Regensburg JurBüro 74, 211 mit zust. Anm. von Mümmler; LG Schweinfurt
JurBüro 71, 160; LG Würzburg JurBüro 74, 643; LG Wuppertal JurBüro 74, 212.

Wer dieser Auffassung folgt, muß aber mindestens die Reisekosten in der
Höhe für erstattungsfähig erklären, in der dem Angeklagten Kosten für
Informationsreisen entstanden wären.

Düsseldorf AnwBl. 72, 200; LG Düsseldorf AnwBl. 73, 176 mit Anm. von
Matzen; LG Mönchengladbach JurBüro 80, 1830; LG Wuppertal JurBüro 79, 1184;
LG Flensburg JurBüro 84, 1038 u. 1537;
a. M. LG Köln AnwBl. 72, 99.

Die Zahl der erforderlichen Informationsreisen wird häufig zu gering angenommen. Sollen die Reisekosten des auswärtigen Verteidigers nicht voll
anerkannt werden, empfiehlt es sich, die Zahl der notwendigen Informations-
besuche festzustellen. Es ist auf jeden Fall angebracht, daß der Verteidiger im
Kostenfestsetzungsgesuch (spätestens in der Erinnerung) angibt, wie oft der
Beschuldigte bei ihm war und ob alle Besprechungen notwendig waren.

Übersteigen die Reisekosten des Verteidigers die fiktiven Kosten der Informationsreisen nur geringfügig, sind die Reisekosten des Verteidigers zu erstatten.

Eine Ausnahme – keine vorherige Informationsreise nötig – wird man nur dann machen dürfen, wenn die Sach- und Rechtslage so einfach ist, daß es einer Besprechung zwischen Verteidiger und Angeklagten vor der Verhandlung nicht bedarf. Erstattbar ist auch eine Ratsgebühr (§ 20 Abs. 1 S. 2), wenn sich der Beschuldigte an seinem Wohnsitzort bei einem RA beraten läßt, wie er und welchen Anwalt er am Gerichtsort beauftragt, weil er dort keinen kennt.

Im Wege der Prozeßkostenhilfe beigeordneter Rechtsanwalt, Pflicht- 42 verteidiger. Über die Erstattungspflicht der Staatskasse für Reisekosten vgl. § 126.

§ 29 Reisen zur Ausführung mehrerer Geschäfte

Dient eine Reise mehreren Geschäften, so sind die entstandenen Reisekosten und Abwesenheitsgelder nach dem Verhältnis der Kosten zu verteilen, die bei gesonderter Ausführung der einzelnen Geschäfte entstanden wären.

§ 29 ist eine Ergänzung zu § 28. Er regelt die Verteilung der Reisekosten auf 1 die einzelnen Sachen, wenn der RA auf einer Reise mehrere Geschäfte dahin erledigt, daß die Gesamtreisekosten nach dem Verhältnis der Kosten zu verteilen sind, die bei gesonderter Ausführung der einzelnen Geschäfte entstanden wären.

Hat der RA mit einem Auftraggeber eine Vereinbarung über die Höhe der Reisekosten getroffen, so ist die Aufteilung trotzdem vorzunehmen. Der Auftraggeber mit der Vereinbarung haftet nach der Vereinbarung; die anderen Auftraggeber nur nach Maßgabe des § 29.

      Schumann/Geißinger A 1.

Geschäfte i. S. des § 29 sind nur solche Tätigkeiten, die der RA in Ausfüh- 2 rung eines Parteiauftrags vornimmt. Wird er auch in eigener Angelegenheit tätig, so ist § 29 nicht anwendbar. Wenn z. B. der RA bei einem auswärtigen Gericht für einen Auftraggeber einen Termin wahrnimmt und am gleichen Tage vor demselben Gericht in einer anderen Sache als Zeuge vernommen wird, so hat der Auftraggeber den vollen Reiseaufwand zu tragen, soweit die gleichen Kosten auch dann entstanden wären, wenn die Zeugenvernehmung nicht hinzugekommen wäre. Wird aber durch die Zeugenvernehmung aus einer Reise von 3 Stunden eine solche von 6 Stunden, braucht der Auftraggeber nur das Tage- und Abwesenheitsgeld zu zahlen, das bei Reisen bis zu 4 Stunden anfällt.

Eine einzige Geschäftsreise ist auch eine Rundreise, bei der der RA, ohne an den Ort seiner Kanzlei zurückzukehren, Geschäfte an mehreren Orten erledigt. Entstehen dadurch höhere Reisekosten als bei gesonderten Reisen, so trägt der RA die Mehrkosten, soweit er nicht die Rundreise im Interesse der Auftraggeber für erforderlich halten durfte.

Zu verteilen sind die entstandenen Reisekosten nach dem Verhältnis der 3 Kosten, die bei gesonderter Ausführung der einzelnen Geschäfte entstanden wären. Es sind also soviel Berechnungen aufzustellen, als Geschäfte erledigt worden sind, und zwar so, als wenn jedes Geschäft allein ausgeführt worden wäre.

Hat der RA auf einer Geschäftsreise die Geschäfte A, B und C erledigt, so ist wie folgt zu rechnen:

a) Gesamtberechnung der tatsächlich durch die Reise entstandenen Reisekosten (z. B. 120,—DM),

b) Berechnung der Reisen, wenn diese einzeln durchgeführt worden wären
   aa) Kosten der Reise A (z. B. 60,—DM),
   bb) Kosten der Reise B (z. B. 80,—DM),
   cc) Kosten der Reise C (z. B. 100,—DM),
   dd) fiktive Kosten der Reisen A bis C = 60,—DM + 80,—DM + 100,—DM = 240,—DM.

c) Die Verteilung der tatsächlichen Reisekosten a) auf die einzelnen Reisekosten b) aa) bis cc) erfolgt nach dem Schlüssel

Betrag der fiktiven Einzelreise × tatsächlich Gesamtkosten geteilt durch den Betrag aller fiktiven Reisekosten.

Sonach entfallen

auf die Reise A $\dfrac{60 \times 120}{240} = 30 \text{ DM}$

auf die Reise B $\dfrac{80 \times 120}{240} = 40 \text{ DM}$

auf die Reise C $\dfrac{100 \times 120}{240} = \dfrac{50 \text{ DM}}{120 \text{ DM}}$

Vgl. auch die ausdrückliche Regelung in § 137 Ziff. 5 KostO.

Treffen Reisekosten für Rechtsanwalts- und Notargeschäfte zusammen, so erfolgt Verteilung der Reisekosten unter Berücksichtigung der Entfernung und des Zeitaufwandes für die Einzelgeschäfte.

> Hartmann A 1

4 Handelt es sich um **Geschäfte verschiedener Auftraggeber,** so schuldet jeder der Auftraggeber dem RA den Auslagenbetrag, den er schulden würde, wenn der RA nur in seinem Auftrag tätig geworden wäre. Sind also in dem Beispiel von A und B die auf sie entfallenden Beträge nicht zu erhalten, muß C 100,—DM zahlen.

> Schumann/Geißinger A 2;
> **a. M.** Riedel/Sußbauer A 6.

5 Handelt es sich um **mehrere Geschäfte desselben Auftraggebers,** so schuldet er dem RA die entstandenen Gesamtkosten. Eine getrennte Berechnung nach den auf jedes Geschäft entfallenden Einzelbeträgen ist daher nur dann erforderlich, wenn es sich um verschiedene Rechtsstreitigkeiten handelt und daher die Erstattungspflicht verschiedener Prozeßgegner in Frage kommt. Auch die Gegenpartei haftet nicht für diejenigen Kosten, die bei getrennter Ausführung entstanden wären, sondern nur für die nach § 29 gekürzten Kosten.

6 Bei **Geschäften am gleichen Orte** genügt es meist, wenn die Gesamtreisekosten nach der Zahl der Sachen, in denen sie entstanden sind, gleichmäßig verteilt werden, z. B. wenn ein nicht am Sitze des Prozeßgerichts wohnender RA am gleichen Tage vor demselben Gericht oder vor mehreren Gerichten am gleichen Orte in mehreren Prozessen verhandelt oder Beweistermine wahrgenommen hat. Das gilt auch dann, wenn bei Erledigung nur einer Sache geringere Reisekosten entstanden wären, falls für jede einzelne Sache die gleichen Kosten entstanden wären. Wären aber in einer Sache höhere Kosten, z. B. höhere Tage- und Abwesenheitsgelder, entstanden als in anderen Sachen, so sind auch in solchen Fällen die Gesamtkosten im Verhältnis der Einzelkosten zu verteilen.

§ 30 Verlegung der Kanzlei

Ein Rechtsanwalt, der seine Kanzlei nach einem anderen Ort verlegt, kann bei Fortführung eines ihm vorher erteilten Auftrags Reisekosten und Abwesenheitsgelder nur insoweit verlangen, als sie auch von seiner bisherigen Kanzlei aus entstanden wären.

Gelegentlich kommt es vor, daß ein **Rechtsanwalt** seine **Kanzlei** in eine **1** andere politische Gemeinde **verlegt**, z. B. ein am Sitze eines auswärtigen Amtsgerichts ansässiger RA verlegt seine Kanzlei an den Landgerichtsort oder umgekehrt.

Durch die **Verlegung der Kanzlei** dürfen die Reisekosten zwar niedriger, **2** aber niemals höher werden. Aus welchem Grunde die Verlegung erfolgt, ist gleichgültig.

Bei einer Verlegung der Kanzlei innerhalb eines Ortes ändern sich die Reisekosten entweder überhaupt nicht oder nur so geringfügig, daß eine gesetzliche Regelung für diese Fälle nicht geboten erscheint.

Eine **abweichende Vereinbarung** mit dem Auftraggeber ist wirksam. Die **3** Gegenpartei braucht aber nach § 91 Abs. 2 S. 1 ZPO die Mehrkosten nicht zu erstatten.

Dritter Abschnitt. Gebühren in bürgerlichen Rechtsstreitigkeiten und in ähnlichen Verfahren

Vorbemerkungen

Der Dritte Abschnitt regelt die Vergütung für die Tätigkeiten, die von dem **1** Gesetz als die wesentlichen Tätigkeiten des RA angesehen werden, in erster Linie das Betreiben der bürgerlichen Rechtsstreitigkeiten, auf die die ZPO anzuwenden ist. Außer dem eigentlichen Zivilprozeß sind hier insbes. zu nennen das Kostenfestsetzungsverfahren, das Beweissicherungsverfahren, das Aufgebotsverfahren, das Entmündigungsverfahren, das Mahnverfahren, das Arrest- und einstweilige Verfügungsverfahren sowie das Zwangsvollstrekkungsverfahren (allerdings ohne die Vollstreckung in das unbewegliche Vermögen). Ob die Sache vor die ordentlichen Gerichte gehört, ist unerheblich. Deshalb ist auch eine öffentlichrechtliche Streitsache, die zu Unrecht vor die ordentlichen Gerichte gebracht worden ist, eine bürgerliche Rechtsstreitigkeit, solange sie bei dem ordentlichen Gericht anhängig ist.

2 Der Dritte Abschnitt gilt jedoch nicht nur für die **Tätigkeiten** des RA vor den ordentlichen Gerichten, sondern auch **vor den besonderen Gerichten der Zivilgerichtsbarkeit** (§ 14 GVG), insbes. vor

den Gerichten in Arbeitssachen § 62,

den Mosel- und Rheinschiffahrtsgerichten (die Schiffahrtsgerichte für die anderen Binnengewässer sind Bestandteile der ordentlichen Gerichte),

    s. Hamburg JurBüro 86, 224

den Gemeindegerichten,

den Friedensgerichten,

ferner vor den

Gerichten für Kompetenzkonflikte § 17 Abs. 2 GVG.

3 Schließlich regelt der Dritte Abschnitt die Gebühren für die **Tätigkeiten** des RA „**in ähnlichen Verfahren**". Solche „ähnlichen Verfahren" sind
die Verfahren in Hausratssachen § 63 Nr. 1,
die Verfahren in Wohnungseigentumssachen § 63 Nr. 2,
die Verfahren in Landwirtschaftssachen § 63 Nr. 3,
die Verfahren zur Regelung der Auslandsschulden § 63 Nr. 4,
die Vertragshilfeverfahren § 64,
die Güteverfahren § 65,
die Verfahren nach dem Gesetz gegen Wettbewerbsbeschränkungen § 65 a,
die Verfahren nach dem Gesetz über die Wahrnehmung von Urheberrechten und verwandten Schutzverfahren § 65 b,
die Verfahren vor dem Patentgericht und dem Bundesgerichtshof § 66,
die Verfahren betr. die Nachprüfung von Anordnungen der Justizbehörden § 66 a,
die schiedsrichterlichen Verfahren § 67,
die gerichtlichen Verfahren in Baulandbeschaffungssachen (Gesetz vom 3. 8. 53 – BGBl. I 720).

4 Ferner gelten die Vorschriften des Dritten Abschnitts sinngemäß in Verfahren vor den **Verfassungsgerichten** (§ 113 Abs. 2), im Verfahren vor dem Gerichtshof der Europäischen Gemeinschaften (§ 113 a) sowie in Verfahren vor **Gerichten der Verwaltungs- und Finanzgerichtsbarkeit** (§ 114).

Einzelne Vorschriften des Dritten Abschnitts gelten sinngemäß für Tätigkeiten des RA in Angelegenheiten, die in anderen Abschnitten geregelt sind (vgl. z. B. §§ 76, 96).

5 Schließlich gelten die Vorschriften des Dritten Abschnitts für vergleichbare **Verfahren vor ausländischen Gerichten,** soweit das deutsche Gebührenrecht anzuwenden ist.

Keine Anwendung finden die Vorschriften des Dritten Abschnitts auf die 6
Tätigkeit des RA in
Zwangsversteigerungs- und Zwangsverwaltungsverfahren (vgl. §§ 68 ff.),
Konkurs- und Vergleichsverfahren (vgl. §§ 72 ff.),
Angelegenheiten der freiwilligen Gerichtsbarkeit (Vergütung nach § 118) (mit
Ausnahme der in §§ 63, 64, 66 a und 112 genannten Angelegenheiten).
Weiter sind die Vorschriften des Dritten Abschnitts – da die Verfahren völlig
anders gestaltet sind – u. a. nicht anwendbar auf
Strafsachen (vgl. §§ 83 ff.; vgl. aber auch § 89),
Bußgeldverfahren § 105,
Auslieferungssachen §§ 106 ff.

Die Gebühren des Dritten Abschnitts sind im Regelfall **Wert-Pauschgebüh-** 7
ren, d. h. nach dem Gegenstandswert bemessene Pauschgebühren. Durch sie
wird die gesamte Tätigkeit des RA in einem Verfahren, Verfahrensabschnitt
oder einer besonderen Tätigkeitsgruppe vergütet.

Als Gebühren kommen in Betracht die volle (¹⁰/₁₀) Gebühr (so z. B. § 31
Abs. 1) oder Bruchteile der vollen Gebühr, z. B. die halbe Gebühr (§ 48) oder
die ³/₁₀ Gebühr (z. B. § 57). Mit Ausnahme der ³/₁₀ Gebühr können diese
Gebühren u. U. nur zu einem Bruchteil anfallen (z. B. die halbe Gebühr des
§ 48 bei vorzeitiger Erledigung – § 32 – nur in Höhe von ⁵/₂₀). In Berufungs-
und Revisionssachen erhöhen sich die vollen Gebühren um ³/₁₀ auf ¹³/₁₀ (die
Prozeßgebühr des Revisionsanwalts am BGH jedoch um ¹⁰/₁₀ auf ²⁰/₁₀).

§ 31 Prozeßgebühr, Verhandlungsgebühr, Beweisgebühr, Erörterungsgebühr

(1) **Der zum Prozeßbevollmächtigten bestellte Rechtsanwalt erhält
eine volle Gebühr**
1. **für das Betreiben des Geschäfts einschließlich der Information
(Prozeßgebühr),**
2. **für die mündliche Verhandlung (Verhandlungsgebühr),**
3. **für die Vertretung im Beweisaufnahmeverfahren oder bei der Anhörung oder Vernehmung einer Partei nach § 613 der Zivilprozeßordnung (Beweisgebühr),**
4. **für die Erörterung der Sache, auch im Rahmen eines Versuchs zur
gütlichen Beilegung (Erörterungsgebühr).**

(2) **Erörterungsgebühren und Verhandlungsgebühren, die denselben
Gegenstand betreffen und in demselben Rechtszug entstehen, werden
aufeinander angerechnet.**

(3) **Absätze 1 und 2 gelten auch für Scheidungsfolgesachen nach
§ 623 Abs. 1, 4, § 621 Abs. 1 Nr. 1 bis 3, 6, 7 und 9 der Zivilprozeßordnung.**

Übersicht über die Anmerkungen

von Eicken

Der **Prozeßbevollmächtigte.** Der zum Prozeßbevollmächtigten bestellte **1** RA erhält die in § 31 bestimmten Gebühren.

Prozeßbevollmächtigter ist der RA, den sein Auftraggeber allgemein damit beauftragt hat, ihn in einem Streitverfahren zu vertreten, den Rechtsstreit im ganzen zu führen, der Prozeßvollmacht i. S. des § 81 ZPO erhalten hat. Kann der Rechtsstreit durch mehrere Instanzen geführt werden, ist jeder Rechtszug für sich „Rechtsstreit im ganzen".

Die Vollmachtsurkunde kann nachträglich ausgestellt werden. Die Partei kann auch zunächst auftraglose Handlungen des RA nachträglich genehmigen. Ob der RA im Sitzungsprotokoll oder im Urteil aufgeführt ist, ist ohne Bedeutung. Das gilt nicht nur für den Gebührenanspruch, sondern auch für die Erstattungspflicht der Gegenpartei.

Der RA wird Prozeßbevollmächtigter mit der Erteilung des Auftrags, den Auftraggeber in einem Rechtsstreit zu vertreten. Der Rechtsstreit braucht noch nicht anhängig zu sein. Die Tätigkeit des Prozeßbevollmächtigten beginnt – wie § 37 Nr. 1 besagt – bereits mit der Vorbereitung der Klage oder der Rechtsverteidigung. Ein Auftraggeber, der einen Rechtsstreit erwartet, kann sonach bereits vor Klageerhebung einen RA zum Prozeßbevollmächtigten bestellen, ihn als Beklagten in dem bevorstehenden Prozeß zu vertreten. Das wird zwar gelegentlich geleugnet,

So z. B. von KG Rpfleger 62, 38; vgl. auch Schumann/Geißinger A 5 (Einreichung der Klage ist erforderlich)

jedoch zu Unrecht. Es ist kein Grund ersichtlich, den Beklagten anders als den Kläger zu behandeln. Der „vorzeitige" Auftrag kann in einzelnen Fällen sogar geboten sein.

Vgl. Hamburg JurBüro 70, 957.

Beispiel: Dem Auftraggeber ist eine Klage angedroht. Er steht vor einer längeren Reise. Er kann einen RA beauftragen, die Klage in Empfang zu nehmen und den Rechtsstreit für ihn zu führen.

Vgl. auch unten A 16.

Prozeßbevollmächtigter kann ein RA nur so lange werden, als der Prozeß noch nicht beendet ist. Da gemäß § 13 Abs. 2 Satz 2 jeder Rechtszug eine selbständige Angelegenheit ist, ist Ende des Prozesses i. S. der vorstehenden Ausführungen das Ende der Instanz. Die Instanz ist in der Regel beendet mit dem Erlaß des letzten im gleichen Rechtszuge ergehenden Urteils (also nicht mit dem Erlaß eines Zwischen- oder Teilurteils), dem Abschluß eines – unwiderruflichen – Vergleichs, dem Erlaß der Kostenentscheidung im Falle einer übereinstimmenden Erklärung, die Hauptsache habe sich erledigt (§ 91 a ZPO), oder der Klage- bzw. Rechtsmittelrücknahme (falls eine Kostenentscheidung gemäß §§ 269 Abs. 3, 515 Abs. 3 ZPO nicht beantragt wird, mit der Rücknahmeerklärung). Aber diese Grenze darf nicht darüber hinwegtäuschen, daß der bereits bestellte Prozeßbevollmächtigte auch nach dem Ende der Instanz tätig werden muß, ohne daß er dafür eine besondere Vergütung beanspruchen kann (vgl. z. B. die in § 37 Nr. 7 aufgeführten Tätigkeiten). Unter besonderen Umständen kann ein RA auch noch nachträglich (z. B. bis zur Rechtskraft des Urteils oder der Einlegung eines Rechtsmittels) zum Prozeßbevollmächtigten bestellt werden.

Wird der RA erst nach dem Ende der Instanz mit der Vornahme einzelner Tätigkeiten beauftragt, so hat er nicht deshalb Anspruch auf die Gebühren des § 31 Abs. 1, weil die von ihm vorzunehmenden Tätigkeiten nach § 37 zum Rechtszug gehören, und zwar auch dann nicht, wenn ihm Prozeßvollmacht erteilt wird. Er erhält nur die Gebühren nach § 56. Wesentlich ist der erteilte Auftrag.

Ist der RA von vornherein nur mit der **Vertretung in bestimmten Einzelabschnitten** des Verfahrens **oder** nur mit **Einzelhandlungen** beauftragt, so ist er nicht Prozeßbevollmächtiger i. S. des § 31, auch dann nicht, wenn ihm eine Prozeßvollmacht ausgestellt worden ist (es kommt nicht auf die Vollmacht, sondern auf den Auftrag an). Er hat deshalb keinen Anspruch auf die Gebühren des § 31 Abs. 1. Für solche Aufträge gelten vielmehr besondere Gebührenbestimmungen. Als solche Sonderbestimmungen kommen z. B. in Frage die §§ 52 ff., welche die Gebühren des Verkehrsanwalts, für die Vertretung in der mündlichen Verhandlung, in einer Beweisaufnahme, für die Abänderung von Entscheidungen und für sonstige Einzeltätigkeiten betreffen.

Nicht notwendig ist, daß der RA, um Prozeßbevollmächtiger zu sein, den Rechtsstreit von seinem Beginn bis zu seiner Erledigung geführt hat (s. unten A 19).

2 Für **Verfahren, deren Gebühren abweichend geregelt sind,** gilt § 31 nicht, so nicht für das Mahnverfahren (§ 43), das Entmündigungsverfahren (§ 44), das Aufgebotsverfahren (§ 45), das Beweissicherungsverfahren (§ 48), das Zwangsvollstreckungseinstellungsverfahren (§ 49), das Räumungsfristverfahren (§ 50), das Verfahren über die Prozeßkostenhilfe (§ 51), das Zwangsvollstreckungsverfahren (§ 57), die Arrestvollziehung (§ 59), das Verteilungsverfahren (§ 60), das Beschwerde- und Erinnerungsverfahren (§ 61), das Vertragshilfeverfahren (§ 64), das Güteverfahren (§ 65).

3 Als **Prozeßverfahren,** in dem der allgemein mit der Vertretung beauftragte RA die Gebühren des § 31 Abs. 1 erhält, kommen in Frage: der durch Klage eingeleitete Zivilprozeß, das Verfahren nach Abstandnahme vom Urkunden- oder Wechselprozeß oder nach Vorbehaltsurteil, bei dem aber die Prozeßgebühr des Urkunden- oder Wechselprozesses angerechnet wird (§ 39), das Verfahren über Arreste oder einstweilige Verfügungen (§ 40) und über einstweilige Anordnungen (§ 41), das Verfahren über die Vollstreckbarerklärung von Schiedssprüchen und richterliche Handlungen im schiedsgerichtlichen Verfahren (§ 46) und über die Vollstreckbarerklärung ausländischer Schuldtitel (§ 47). Für Arbeitssachen (§ 62), Hausrats-, Wohnungseigentums-, Landwirtschaftssachen, Regelung der Auslandsschulden (§ 63), in Verfahren nach dem Gesetz über die Wahrnehmung von Urheberrechten und verwandten Schutzrechten (§ 65 b), in Verfahren vor dem Patentgericht und dem Bundesgerichtshof (§ 66), in Verfahren zur Nachprüfung von Anordnungen der Justizbehörden (§ 66 a) und im schiedsrichterlichen Verfahren (§ 67) gilt § 31 sinngemäß, soweit keine Abweichungen vorgeschrieben sind.

Auf **nicht im 3.** Abschnitt geregelte **Tätigkeiten** wie das Zwangsverstei- 4
gerungsverfahren und Zwangsverwaltungsverfahren des 4. Abschnitts, das
Konkurs- und Vergleichsverfahren des 5. Abschnitts, die Strafsachen des
6. Abschnitts, das Bußgeldverfahren des 7. Abschnitts, das Auslieferungsverfahren des 9. Abschnitts und auf die im 12. Abschnitt geregelten sonstigen
Angelegenheiten ist § 31 nicht anwendbar.

Wohl aber kann eine **Anwendung des § 31 in den im 10. und 11.** Abschnitt 5
geregelten **Verfahren** in Frage kommen, so **vor Ehren- und Berufsgerichten,** soweit es sich nicht um die Verteidigung handelt (§ 110 Abs. 2),
ebenso im **Verfahren vor Verfassungs-, Verwaltungs- und Finanzgerichten** sowie dem Gerichtshof der Europäischen Gemeinschaften, soweit es
sich nicht um strafprozeßähnliche Verfahren handelt (§§ 113 Abs. 2, 113a
Abs. 1, § 114 Abs. 1).

Die **Prozeßvollmacht,** deren Umfang in § 81 ZPO geregelt ist, kann 6
formlos erteilt werden. Sie liegt in dem Auftrag, eine Klage zu erheben, den
Antrag auf Einleitung eines Verfahrens, auf das § 31 anwendbar ist, zu stellen,
ein Rechtsmittel einzulegen oder eine Partei in einem erwarteten oder bereits
gegen sie eingeleiteten Verfahren dieser Art zu vertreten.

Für den **Gebührenanspruch** nach § 31 ist es gleichgültig, ob die Vertretung 7
durch einen RA nach § 78 ZPO notwendig ist oder nicht. Auch kommt es
nicht darauf an, ob vom Gericht angeordnete Maßnahmen, durch die eine
gebührenpflichtige Tätigkeit des Prozeßbevollmächtigten veranlaßt wird,
zulässig oder unzulässig waren.

Jede der in § 31 Abs. 1 bestimmten Gebühren ist die **volle Gebühr.** Ihre Höhe 8
ergibt sich aus der Anlage zu § 11. Im Berufungs- und Revisionsverfahren
erhöhen sich nach § 11 Abs. 1 S. 4 die Beträge der Tabelle um drei Zehntel.
(Wegen der Prozeßgebühr des Revisionsanwalts beim BGH vgl. § 11 Abs. 1
S. 5.) In den genannten Rechtsmittelverfahren ist sonach die $^{13}/_{10}$-Gebühr die
volle Gebühr i. S. des § 31 Abs. 1. Stets entsteht die Prozeßgebühr (Nr. 1).
Neben ihr können die Verhandlungsgebühr (Nr. 2), die Beweisgebühr (Nr. 3)
und die Erörterungsgebühr (Nr. 4) entstehen. Die Vergleichsgebühr ist bereits
in § 23 geregelt, weil sie auch außerhalb eines Prozesses entstehen kann. Wird
der Vergleich im Berufungs- oder Revisionsverfahren abgeschlossen, ist auch
die Vergleichsgebühr eine $^{13}/_{10}$-Gebühr. Es ist unmöglich, daß in einem Rechtsstreit die Verhandlungsgebühr, die Beweisgebühr oder die Vergleichsgebühr
erwächst, ohne daß gleichzeitig auch die Prozeßgebühr anfällt. Die Prozeßgebühr als Betriebsgebühr muß auf jeden Fall erwachsen, wenn der Tatbestand
einer anderen Gebühr erfüllt ist. Ferner kann der Streitwert der genannten
anderen Gebühren nie höher als der der Prozeßgebühr sein.

Fälle, in denen keine volle Gebühr entsteht, regelt § 32 für die Prozeßge- 9
bühr und § 33 für die Verhandlungsgebühr. Andererseits gewährt § 35 die
Verhandlungsgebühr ohne Verhandlung. § 34 Abs. 1 bringt eine Einschränkung für die Beweisgebühr: Trotz Beweiserhebung erwächst die Beweisgebühr nicht.

Bruchteile der vollen Gebühr sind z. B. vorgesehen in den §§ 43, 45, 48, 50,
51, 53, 54, 56, 60, 61, 63, 64 ($^{5}/_{10}$) und in den §§ 43, 49, 55, 57, 59, 60, 63 ($^{3}/_{10}$).

In jedem Rechtszug des gleichen Verfahrens kann der Prozeßbevollmäch- 10
tigte nach § 13 Abs. 2 die in § 31 vorgesehenen **Gebühren nur einmal**
fordern. Sie entgelten seine gesamte Tätigkeit vom Auftrag bis zum Ende des

Rechtszugs (§ 13 Abs. 1), zum Teil auch noch Tätigkeiten nach Beendigung des Rechtszugs. Eine Aufzählung der zum Rechtszug gehörenden Tätigkeiten enthält § 37. Auf den Umfang der Tätigkeit kommt es, soweit nicht in den §§ 32, 33 Ausnahmen vorgesehen sind, grundsätzlich nicht an. Zu beachten ist jedoch, daß bereits entstandene Gebühren nicht wieder untergehen. Werden z. B. zwei Klagen über denselben Streitgegenstand erhoben, so bleiben die entstandenen Gebühren auch dann erhalten, wenn die Klagen verbunden werden.

Ausnahmen von dem Grundsatz der Einmaligkeit der Gebühr sind vorgesehen in

§ 38 Einspruch gegen Versäumnisurteil,
§ 39 Verfahren nach Abstandsnahme vom Urkunden- oder Wechselprozeß,
§ 40 Arrest und einstweilige Verfügung,
§ 41 einstweilige Anordnungen.
Diese Verfahren gelten als besondere Angelegenheiten.

Besondere Gebühren für einzelne Tätigkeiten, die in den Kreis der durch die Gebühren des § 31 abgegoltenen Tätigkeiten fallen, kann der Prozeßbevollmächtigte nicht fordern, soweit nicht die BRAGO bestimmte Verfahrensteile, wie z. B. das Verfahren nach einem Einspruch gegen ein Versäumnisurteil (§ 38), als besondere Angelegenheit oder als nicht zum Rechtszug gehörig bezeichnet. Der Gegenstandswert kann für die einzelnen Gebühren im gleichen Rechtszug verschieden hoch sein. Im Normalfall kann der RA im gleichen Rechtszug vier volle Gebühren erhalten, nämlich die Prozeßgebühr, die Verhandlungsgebühr, die Beweisgebühr und die Vergleichsgebühr. Weitere Gebühren können in den Fällen der §§ 38 ff. erwachsen. Bei Vertretung mehrerer Streitgenossen tritt eine Erhöhung der Prozeßgebühr nach § 6 Abs. 1 S. 2 ein. Im Berufungs- und Revisionsverfahren ist bei allen Gebühren die Erhöhung des § 11 Abs. 1 S. 4 zu beachten.

Zur Frage, ob die Prozeßgebühr im Berufungsverfahren doppelt entsteht, wenn zweimal Berufung eingelegt wird (etwa nach Verwerfung der ersten Berufung als unzulässig), vgl. A 41 zu § 13.

11 Ein **Vertreter des Rechtsanwalts** (sogen. Substitut) wird nicht Prozeßbevollmächtigter, z. B. nicht der am Ort eines Amtsgerichts wohnende RA, dem der nicht am Sitze des Prozeßgerichts wohnende Prozeßbevollmächtigte die Vertretung in der mündlichen Verhandlung überträgt (§ 33 Abs. 3, § 53) oder der mit der Wahrnehmung eines auswärtigen Beweistermins beauftragte RA (§ 54). Er kann nicht die Gebühren des § 31, sondern nur die für seine besondere Tätigkeit in den §§ 53, 54 vorgesehenen Gebühren verlangen.

Der RA, der gemäß §§ 7, 8 EGZPO die **Revision zum BayObLG** (statt zum BGH) einlegt, wird im Zweifel nicht zum Prozeßbevollmächtigten im Revisionsverfahren bestellt werden. Zum einen kann auch ein am BayObLG nicht zugelassener RA die Revision einlegen, zum anderen werden die meisten Sachen vom BayObLG an den BGH verwiesen, so daß es in der Regel zwecklos ist, einen Prozeßbevollmächtigten am BayObLG zu bestellen. Für die Revisionseinlegung hat der RA die $^{13}/_{20}$ Gebühr des § 56 Abs. 1 Nr. 1 zu erhalten.

BayObLG BayObLGZ 54, 308 = Rpfleger 55, 51 und MDR 61, 611; München Rpfleger 59, 232 = BayJMBl. 59, 97 = JVBl. 59, 168 = Rpfleger 59, 232 (zust.

Lappe); Nürnberg BayJMBl. 62, 22 und Büro 62, 469 = Rpfleger 63, 138; **a. M.** Schumann/Geißinger A 30 und A 18 ff. zu § 14, die davon ausgehen, daß der mit der Einlegung der Revision zum BayObLG beauftragte RA immer zum Prozeßbevollmächtigten bestellt wird.

Jedoch ist auch möglich, daß ein am BayObLG zugelassener RA – zum Prozeßbevollmächtigten bestellt – die Revision einlegt. Das wird dann in der Regel geschehen, wenn zu erwarten steht, daß das BayObLG die Sache behält und über die Revision selbst entscheidet. In diesem Falle erhält der RA die Gebühren des § 31, somit insbesondere die $^{13}/_{10}$-Prozeßgebühr. Ebenso erhält der bei dem BGH zugelassene – zum Prozeßbevollmächtigten bestellte – RA, der die Revision – was nunmehr zulässig ist – zum BayObLG einlegt, die Prozeßgebühr. Der BGH-Anwalt wird in der Regel zum Prozeßbevollmächtigten bestellt werden, wenn zu erwarten ist, daß das BayObLG die Sache an den BGH verweist. Außer der Prozeßgebühr, die auch die Tätigkeit vor dem BGH abgilt (nach Verweisung zum BGH erhöht sich jedoch die Prozeßgebühr auf $^{20}/_{10}$), erhält der BGH-Anwalt keine weitere Gebühr für die Einlegung der Revision zum BayObLG.

Läßt sich der Revisionsbeklagte vor dem BayObLG durch einen RA vertreten, hat dieser die gleichen Gebühren zu fordern wie der Vertreter des Revisionsklägers, somit als Prozeßbevollmächtigter die Gebühren des § 31, als mit Einzeltätigkeit beauftragter RA die $^{13}/_{20}$-Gebühr des § 56 Abs. 1 Nr. 1. Auch bei einer Verweisung an den BGH wird die Gebühr des § 56 (die des § 31 in Höhe der Gebühr aus § 56) zu erstatten sein. Wegen der Anwendung des § 56 Abs. 3 vgl. A 6 zu § 56.

Bamberg AnwBl. 58, 197 = NJW 58, 1879.

Der **Bevollmächtigte für den höheren Rechtszug,** den der Prozeßbevoll- **12** mächtigte des niederen Rechtszugs kraft der ihm nach § 81 ZPO erteilten Ermächtigung bestellt, ist aber nicht dessen Vertreter, sondern selbständiger Prozeßbevollmächtigter.

Seine Vollmacht erlischt mit der Zustellung des in dem betreffenden Rechtszug ergangenen Urteils, soweit nicht Prozeßhandlungen in Frage kommen, die nach § 178 S. 1 ZPO als zur Instanz gehörig behandelt werden. Betreibt der Prozeßbevollmächtigte der Rechtsmittelinstanz die Kostenfestsetzung, wird diese Tätigkeit durch die Prozeßgebühr der Rechtsmittelinstanz abgegolten.

VG Oldenburg JurBüro 74, 1394.

Es ist jedoch auch möglich, daß derselbe Prozeßbevollmächtigte den Rechtsstreit durch mehrere Instanzen führt (z. B. Amtsgericht und Landgericht als Berufungsgericht). Der RA erhält in diesem Falle die Gebühren des § 31 je Instanz; denn jeder Rechtszug ist gemäß § 13 Abs. 2 Satz 2 eine besondere Angelegenheit.

Die Prozeßgebühr

Der Anspruch auf die Prozeßgebühr entsteht, sobald der RA von einer **13** Partei zum Prozeßbevollmächtigten in einem Verfahren der oben in A 3 und 5 bezeichneten Art bestellt worden ist und eine unter die Prozeßgebühr fallende Tätigkeit (s. unten A 22 bis 33) ausgeübt hat. Im Regelfall wird hiernach die

Prozeßgebühr mit der Entgegennahme der ersten Information nach Erteilung des Auftrags entstehen. Es kommt nicht darauf an, wann sich der RA bei Gericht bestellt hat.

LG Karlsruhe AnwBl. 67, 125.

Endet allerdings der Auftrag unter den Voraussetzungen des § 32, erwächst die Prozeßgebühr nur zur Hälfte (im Rechtsmittelverfahren zu $^{13}/_{20}$).

Wird der bisherige Verkehrsanwalt nach der Verweisung des Rechtsstreits Prozeßbevollmächtigter, so erwächst für ihn mit der ersten Tätigkeit als Prozeßbevollmächtigter die Prozeßgebühr. Die Prozeßgebühr ist jedoch mit der Verkehrsgebühr so eng verwandt, daß beide Gebühren als eine Gebühr i. S. des § 13 Abs. 2 gelten, d. h. der RA kann nur eine Gebühr, sei es als Verkehrsgebühr, sei es als Prozeßgebühr, fordern.

Hamm NJW 65, 1025.

Das gleiche gilt von dem Unterbevollmächtigten des § 53 und dem Beweisanwalt des § 54, der im Laufe des Rechtszuges Prozeßbevollmächtigter wird. Er erhält zu der halben Prozeßgebühr des § 53 bzw. des § 54 nicht nochmals die volle Prozeßgebühr. Vielmehr wird die halbe Prozeßgebühr nur zur vollen Prozeßgebühr aufgefüllt.

Celle NdsRpfl. 65, 152.

Der Anfall der Prozeßgebühr des Anwaltes des Streitverkündeten hängt nicht vom vorherigen Beitritt des Streitverkündeten ab.

Koblenz JurBüro 82, 723.

14 Nur das **Innenverhältnis zum Auftraggeber** ist maßgebend, nicht der in § 81 ZPO bestimmte Umfang der Prozeßvollmacht. Erhebt z. B. die Gegenpartei Widerklage, so ist zur Entstehung des Anspruchs auf die Prozeßgebühr für die Vertretung des Auftraggebers in seiner Eigenschaft als Widerbeklagter nicht schon die Erhebung der Widerklage genügend, vielmehr ist zusätzlich die Erteilung eines Auftrags auch zur Vertretung in dem Verfahren über die Widerklage erforderlich. Der gleiche Grundsatz gilt überall, wo der RA im Rahmen des § 81 ZPO, aber über seinen Auftrag hinaus tätig wird. In den meisten Fällen wird allerdings die Erweiterung des Auftrags stillschweigend erfolgen.

15 Der **Auftrag des Prozeßbevollmächtigten des Klägers oder des Antragstellers** in einem Verfahren, auf das § 31 Anwendung findet, muß auf Erhebung einer Klage, Stellung des das Verfahren einleitenden Antrags, Einlegung eines Rechtsmittels oder Fortführung eines bereits eingeleiteten Verfahrens gerichtet sein. Ob es dann zu dem Verfahren tatsächlich kommt, ist gleichgültig. Das folgt aus § 32, in dem gerade der Fall geregelt ist, daß der Auftrag endet, ehe der RA die Klage oder den das Verfahren einleitenden Antrag eingereicht hat.

16 Ebenso setzt der **von dem Beklagten oder Antragsgegner erteilte Auftrag** zu seiner Vertretung nicht voraus, daß bereits ein unter § 31 fallendes Verfahren anhängig ist. Allerdings wird die Erteilung eines Prozeßauftrags durch den Beklagten vor Klagezustellung nicht allzu häufig vorkommen. Der Beklagte kann abwarten, ob die Klage wirklich erhoben wird (Ausnahme z. B. der bei A 1 geschilderte Fall einer längeren Auslandsreise).

Erhält der Antragsgegner von einem gegen ihn gerichteten Arrest oder einstweiligen Verfügungsantrag ohne gerichtliche Anordnung Kenntnis, so kann er einem RA zur vorsorglichen Wahrung seiner Rechte Prozeßauftrag erteilen.

Wegen der Einzelheiten vgl. A 4 zu § 40.

Ein rechtskräftig gewordener Beschluß nach § 269 Abs. 3 ZPO, der ergangen ist, obgleich die Klage vor ihrer Zustellung zurückgenommen worden war, ist zwar für das Kostenfestsetzungsverfahren bindend. Für den vom Beklagten bestellten Prozeßbevollmächtigten, der vor der Zustellung, nämlich während des PKH-Prüfungsverfahrens, zur Klage Stellung genommen hat, ist aber keine Prozeßgebühr nach § 31, vielmehr nur eine solche nach § 51 entstanden, die nach § 118 Abs. 1 S. 4 ZPO nicht zu erstatten ist.

Düsseldorf JurBüro 81, 1017 m. Anm. von Mümmler; Hamburg MDR 83, 411.

Tätigkeit im Verfahren über die Prozeßkostenhilfe. Will ein Kläger für 17 eine Klage die Bewilligung von PKH erbitten, kann dies durch den von ihm bevollmächtigten RA wie folgt geschehen: 1. Der RA des Klägers reicht ein Gesuch um Bewilligung von PKH ein; 2. er reicht eine Klage ein und bittet am Schluß um die Bewilligung von PKH; 3. er reicht ein Gesuch um Bewilligung von PKH ein und fügt zur Begründung des Gesuches die beabsichtigte Klage bei.

Für den RA des Klägers ist entscheidend, ob er bereits Klageauftrag hat (hier entsteht die Prozeßgebühr) oder ob er nur beauftragt ist, ein Gesuch um Bewilligung von PKH zu stellen (hier erwächst nur die Gebühr des § 51, und zwar auch dann, wenn das Gesuch in der Form einer Klage eingereicht wird). Im allgemeinen wird man davon ausgehen können, daß der RA zunächst nur mit der Stellung des Gesuches um Bewilligung von PKH beauftragt ist.

Vgl. Bamberg JurBüro 82, 556 und 83, 1659; KG JurBüro 73, 314 = Rpfleger 73, 224 = AnwBl. 73, 399.

Dem RA des Beklagten wird in der Regel zunächst nur Auftrag zur Vertretung im Verfahren über die PKH zu erteilen sein. Denn es ist nicht ersichtlich, warum sich der Beklagte sofort höhere Kosten machen soll, insbes. wenn zu erwarten steht, daß das Gesuch um Bewilligung von PKH ganz oder teilweise abgelehnt wird. Der Anwalt des Beklagten erhält dann nur die Gebühren des § 51. Es ist jedoch auch möglich, daß ihm bereits Prozeßauftrag erteilt wird (vgl. A 16). In diesem Falle hat er Anspruch auf die Prozeßgebühr des § 31 Abs. 1.

Vgl. jedoch Düsseldorf JurBüro 81, 1017; Hamm AnwBl. 72, 232 mit Anm. von Chemnitz = NJW 72, 1903 = JurBüro 72, 696; München AnwBl. 79, 441; Bamberg JurBüro 83, 1659.

Durch die formlose Übermittlung einer mit einem Gesuch um Bewilligung von PKH verbundenen Klage an den Gegner wird die Klage nicht rechtshängig.

BGH NJW 52, 375 = JR 53, 104; Koblenz NJW 60, 536.

Gleiches gilt, wenn die Klage förmlich zugestellt wird, aus dem Begleitschreiben des Gerichts aber ersichtlich ist, daß nur eine Stellungnahme zum Gesuch um Bewilligung von PKH erbeten wird.

Celle NdsRpfl. 53, 201.

Aus dem Umstand, daß eine Terminbestimmung unterblieben ist, kann im Regelfall entnommen werden, daß das Gericht nur ein Verfahren über die PKH in Gang bringen wollte.

Bremen NJW 51, 969; Kassel MDR 51, 44.

18 Ist die Tätigkeit des Anwalts nicht nach außen in Erscheinung getreten, weil der Auftrag endigt, bevor der RA die Klage, den ein Verfahren einleitenden Antrag oder einen Schriftsatz, der Sachanträge, die Zurücknahme der Klage oder die Zurücknahme des Antrags enthält, eingereicht oder bevor er seine Partei in einem Termine vertreten hat, so erhält er nach § 32 nur die halbe Prozeßgebühr. Hat der RA des Gegners nach Rücknahme der Klage oder des eingelegten Rechtsmittels einen Schriftsatz mit Anträgen bei Gericht eingereicht, so hat er die volle Prozeßgebühr verdient, wenn er die Rücknahme bei Einreichung seines Schriftsatzes weder kannte noch kennen konnte.

Vgl. hierzu A 5 zu § 32.

Beantragt der RA in Fällen, in denen bis zur Kenntnis der Rücknahme nur die halbe Prozeßgebühr angefallen ist, den Erlaß einer Kostenentscheidung, z. B. nach § 269 Abs. 3, § 515 Abs. 3, erhält er außer der halben Prozeßgebühr aus dem Wert der Hauptsache die volle Prozeßgebühr aus dem Wert der Kosten (jedoch nicht mehr als die volle Prozeßgebühr aus dem Wert der Hauptsache) denn der Kostenantrag ist ein Sachantrag (näheres A 7 zu § 32).

Köln JurBüro 82, 550.

19 In welchem Verfahrensabschnitt die Bestellung zum Prozeßbevollmächtigten erfolgt ist, ist ohne Bedeutung. Es genügt, daß das Verfahren noch irgendwie anhängig ist, sei es wegen der Hauptsache, sei es wegen einer Nebenforderung oder sei es auch nur wegen der Kosten (der Unterschied wird nur wesentlich für die Frage, aus welchem Wert die Prozeßgebühr zu berechnen ist).

Der RA verdient die volle Prozeßgebühr auch dann, wenn seine Tätigkeit nur in der Zurücknahme einer im Mahnverfahren erhobenen Klage besteht.

Frankfurt AnwBl. 80, 508.

Auch der RA des Beklagten, der zu einer Zeit beauftragt wird, zu der der Beklagte die Klagesumme bereits bezahlt hat, hat Anspruch auf die Prozeßgebühr, falls z. Z. seiner Beauftragung die Rücknahme der Klage noch nicht zugestellt worden war. Gleiches gilt für den RA des Beklagten, wenn sich die Hauptsache erledigt hat, die Erledigung aber noch nicht formgerecht angezeigt ist.

Der erst nach der Schlußverhandlung (vielleicht sogar erst nach Erlaß des Urteils) zum Prozeßbevollmächtigten bestellte RA hat ebenfalls Anspruch auf die Prozeßgebühr, wenn er noch in irgendeiner Weise im Verfahren tätig wird. Als solche Tätigkeit genügt z. B. die Zustellung bzw. die Empfangnahme des Urteils oder die Abgabe des Rechtsmittelverzichts. Eine Beauftragung zwecks der Abgabe eines Rechtsmittelverzichts wird häufiger in Ehesachen vorkommen, wenn der bisher nicht durch einen RA vertretene Antragsgegner Wert darauf legt, daß das Scheidungsurteil alsbald rechtskräftig wird.

Erklärt der zum Prozeßbevollmächtigten bestellte RA im Verhandlungstermin nach der Verkündigung des Urteils Rechtsmittelverzicht, so erhält er für diese Tätigkeit die volle Prozeßgebühr.

Hamburg NJW 73, 202 mit zust. Anm. v. H. Schmidt = JurBüro 73, 131 = MDR 73, 148; Hamm Rpfleger 74, 79; Schleswig JurBüro 83, 1657;
a. M. Riedel/Sußbauer A 13 (nur Gebühr aus § 56; Bestellung zum Prozeßbevollmächtigten nach Urteilserlaß nicht mehr möglich), Hamburg JurBüro 75, 1082; KG Rpfleger 63, 75; JurBüro 86, 1367 = MDR 86, 861(L); München MDR 75, 153; Schleswig JurBüro 75, 475; Zweibrücken JurBüro 83, 226.

Erklärt der zum Prozeßbevollmächtigten bestellte RA den Rechtsmittelverzicht schriftsätzlich, ist streitig, ob der RA die volle oder nur die halbe Prozeßgebühr erhält.

Nur halbe Prozeßgebühr: Karlsruhe NJW 73, 202 mit abl. Anm. v. H. Schmidt; Hamm NJW 74, 465 = JurBüro 74, 208 = Rpfleger 74, 79.

Ob es allerdings geboten war, den RA noch zum Prozeßbevollmächtigten zu bestellen, ob es nicht vielmehr zweckmäßiger gewesen wäre, ihn mit der Tätigkeit als Einzeltätigkeit i. S. des § 56 zu beauftragen, ist eine andere Frage. Der RA wird wohl darauf hinweisen müssen, daß ein Einzelauftrag billiger ist als die Bestellung zum Prozeßbevollmächtigten. Über die Erstattungspflicht der Gegenpartei in solchem Falle s. unten A 53.

Zur Vertretung in einem **Rechtsmittelverfahren** muß ein bestimmter Auf-   20
trag von der Partei erteilt worden sein. Daher hat der Prozeßbevollmächtigte des ersten Rechtszuges nicht schon deshalb Anspruch auf die Prozeßgebühr des zweiten Rechtszuges, weil ihm mangels eines für den zweiten Rechtszug bestellten Prozeßbevollmächtigten die Rechtsmittelschrift, die Rechtsmittelbegründung oder z. B. der Schriftsatz mit der Rücknahme des Rechtsmittels zugestellt wird.

Ist der erstinstanzliche Prozeßbevollmächtigte auch am Rechtsmittelgericht zugelassen, kann ein Auftrag zur Vertretung im Rechtsmittelverfahren stillschweigend erteilt werden, evtl. sogar aus den Umständen hervorgehen. Hat der RA dann etwas in Richtung seines Berufungsauftrags getan, hat er die Prozeßgebühr – jedenfalls mindestens zur Hälfte (§ 32) – verdient. Er verdient sie voll, wenn er im Auftrag der Partei einen Sachantrag stellt oder die Partei in einem Termin vertritt. Der RA, der beantragt, dem Beklagten die Kosten des zurückgenommenen Rechtsmittels aufzuerlegen, erhält ebenfalls die volle Prozeßgebühr. Jedoch berechnet sich dann die Prozeßgebühr nur nach dem Kostenwert.

Beispiel: Der RA des Berufungsbeklagten zeigt seinen Auftrag an, ohne Anträge zu stellen. Nunmehr wird die Berufung zurückgenommen. Darauf beantragt der RA des Berufungsbeklagten den Erlaß eines Beschlusses nach § 515 Abs. 3 ZPO. Er hat an Gebühren zu beanspruchen:
$\frac{13}{20}$-Prozeßgebühr aus dem Wert der Hauptsache (für die Anzeige),
$\frac{13}{10}$-Prozeßgebühr aus dem Wert der bis dahin angefallenen Kosten des Berufungsverfahrens (für den Antrag aus § 515 Abs. 3 ZPO),
jedoch gemäß § 13 Abs. 3 nicht mehr als eine $\frac{13}{10}$-Prozeßgebühr aus dem Wert der Hauptsache.

Hamburg JurBüro 75, 472 = MDR 75, 674; Koblenz JurBüro 78, 229; vgl. auch Frankfurt MDR 80, 941.

Der Berufungsbeklagte ist auch dann, wenn die Berufung ohne Begründung eingelegt worden ist, berechtigt, einen RA mit seiner Vertretung zu beauftragen. Reicht dieser einen Zurückweisungsantrag ein, so hat er auch dann

Anspruch auf die volle Prozeßgebühr, wenn danach die Berufung vor ihrer Begründung zurückgenommen wird.

BGH BGHZ 52, 385 = NJW 70, 99 = MDR 70, 27 = JurBüro 69, 1165 = Rpfleger 70, 61; Bamberg JurBüro 75, 1340 und JurBüro 76, 1051; Bremen AnwBl. 77, 28 = Rpfleger 76, 436 = JurBüro 76, 1651; KG NJW 70, 616 = Rpfleger 70, 69; Schleswig SchlHA 83, 59; vgl. aber KG JurBüro 76, 671 = Rpfleger 76, 257 (Für den Berufungsbeklagten ist es i. d. R. zur zweckentsprechenden Rechtsverfolgung oder -verteidigung nicht notwendig, schon vor Zustellung der Berufungsschrift einen Prozeßauftrag für die Berufungsinstanz zu erteilen).

Die früher teilweise vertretene Auffassung, der Zurückweisungsantrag sei kein Sachantrag, sondern nur ein Prozeßantrag, der die volle Prozeßgebühr nicht auslöse, wird praktisch nicht mehr vertreten.

Koblenz AnwBl. 78, 263 = JurBüro 78, 717 = Rpfleger 78, 187 = VersR 78, 353 (L) (Klageabweisungsantrag ist Sachantrag i. S. des § 32 Abs. 1).

Die ($^{13}/_{10}$-)Prozeßgebühr ist regelmäßig nicht erstattungsfähig, wenn die Berufung vor ihrer Begründung zurückgenommen wird; dann nur $^{13}/_{20}$.

Koblenz JurBüro 81, 387; 82, 1352; 83, 558 = MDR 83, 414; Köln v. 15. 9. 86; anders, wenn begründete Einrede d. Berufungsverzichts geltend gemacht wurde: Koblenz, JurBüro 84, 925; a. A. Bremen AnwBl. 77, 28 = JurBüro 76, 1651; Düsseldorf AnwBl. 74, 164 = JurBüro 74, 610 = Rpfleger 74, 202 = JMBlNRW 74, 92 und JurBüro 82, 555 = VersR 82, 980; KG AnwBl. 74, 396 = Rpfleger 74, 447; München AnwBl. 72, 276 = JurBüro 72, 786 = Rpfleger 72, 460; Nürnberg AnwBl. 82, 201 = JurBüro 82, 1255; Stuttgart NJW 72, 961 = JurBüro 72, 141.

Legt der Berufungskläger nur zur Fristwahrung Berufung ein und teilt er das dem Berufungsbeklagten mit, so ist es nicht notwendig, daß der Berufungsbeklagte Anträge stellen läßt, wenn die Berufung kurzfristig wieder zurückgenommen wird. Die Prozeßgebühr des Vertreters des Berufungsbeklagten ist deshalb nur zur Hälfte ($^{13}/_{20}$) erstattungsfähig.

Bamberg JurBüro 79, 703 und 82, 1353; Hamm JurBüro 70, 955 und 76, 337; Karlsruhe AnwBl. 84, 619 = Rpfleger 85, 167 = JurBüro 85, 225; KG AnwBl. 82, 112 = MDR 82, 326 = JurBüro 82, 604 = Rpfleger 82, 160; AnwBl. 84, 621; Koblenz JurBüro 82, 1352 = MDR 83, 414; München AnwBl. 71, 190 mit abl. Anm. von Chemnitz; Nürnberg AnwBl. 82, 201 = JurBüro 82, 1255; Saarbrücken AnwBl. 73, 112; Schleswig JurBüro 1986, 603 = SchlHA 86, 63; Stuttgart Justiz 73, 138; Celle KstRsp. ZPO § 91 (B-Vertretungskosten) Nr. 127; vgl. aber auch Bamberg JurBüro 82, 80; 83, 1514 und AnwBl. 83, 523; sowie Köln MDR 80, 940 und JurBüro 81, 139; vgl. jedoch Hamm AnwBl. 82, 530.

Läßt allerdings der Berufungskläger die Begründungsfrist verlängern, werden die Interessen des Berufungsbeklagten berührt. Sein Bevollmächtigter kann dann tätig werden und damit die volle erstattungsfähige Prozeßgebühr verdienen.

Vgl. auch Bamberg JurBüro 83, 1261.

Eine abweichende Meinung hält die volle Prozeßgebühr des Berufungsbeklagten auch dann für erstattungsfähig, wenn mitgeteilt worden ist, daß die Berufung nur vorsorglich eingelegt werde.

Frankfurt AnwBl. 80, 461 = MDR 80, 940 = JurBüro 80, 1528; Düsseldorf JurBüro 74, 609; Hamburg JurBüro 75, 1607 und AnwBl. 80, 462; München JurBüro 72, 786; Hamm JurBüro 84, 1835; LAG Köln AnwBl. 85, 105 = MDR 85, 83;

a. A. überhaupt keinen Erstattungsanspruch: Bamberg JurBüro 85, 407; 86, 62; LAG Düsseldorf JurBüro 86, 1361; vgl. auch Bamberg 86, 876 (nur Prozeßgebühr für Antrag nach § 515 Abs. 3 ZPO).

Schließt der Prozeßbevollmächtigte einen **Vergleich,** erhält er selbstver- **21** ständlich neben der Vergleichsgebühr (§ 23) die Prozeßgebühr, sei es voll (§ 31), sei es nur zur Hälfte (§ 32). Erstreckt sich der Vergleich auch auf nichtrechtshängige Ansprüche, erhält er zusätzlich eine weitere Vergütung, deren Charakter streitig ist (vgl. hierzu A 62 zu § 23).

Abgegolten werden durch die Prozeßgebühr alle Tätigkeiten, die zu dem **22** in Frage kommenden Rechtszug gehören, falls nicht für sie eine besondere Gebühr vorgesehen ist, wie z. B. die Verhandlungs- und Beweisgebühr des § 31 Abs. 1 Nr. 2 und 3, die Vergleichsgebühr des § 23, die in den §§ 49, 50, 57, 61 genannten Gebühren, oder es sich um ein als besondere Angelegenheit bezeichnetes Verfahren handelt, wie z. B. in §§ 38, 39, 40, 41. Vgl. dazu auch unten A 34 ff. Eine Aufzählung von Tätigkeiten, die zum Rechtszug gehören und deshalb durch die Prozeßgebühr abgegolten werden, enthält § 37. Aus § 37 folgt zugleich, daß dazu auch Tätigkeiten gehören, die vor dem Beginn des Rechtsstreits vorgenommen worden sind, wie z. B. Mahn- und Kündigungsschreiben, Gesuche um Bewilligung von Prozeßkostenhilfe, Vergleichsverhandlungen, aber auch solche Tätigkeiten, die erst nach der Beendigung des Rechtszuges i. S. der ZPO vorkommen können (§ 37 Nr. 7). Durch die Prozeßgebühr werden auch die allgemeinen Geschäftsunkosten (§ 25) abgegolten.

Voraussetzung ist aber stets, daß die **Tätigkeit auf den Rechtsstreit ausge- 23 richtet** ist. Tritt der Rechtsstreit gegenüber der dem RA aufgetragenen, sonstigen Tätigkeit völlig in den Hintergrund, so daß er zur Nebensache wird, so handelt es sich um verschiedene Angelegenheiten, die getrennt zu vergüten sind. Entscheidend ist, ob nach den Umständen des Einzelfalls die zu leistende Arbeit nach Ziel, Art und Umfang noch als prozeßzugehörig angesehen werden kann. Z. B. gehört die laufende Beratung des Auftraggebers in Fragen, die nur gelegentlich des Rechtsstreits auftreten, ihn aber nicht selbst betreffen, und die Vertretung des Auftraggebers in solchen Fragen gegenüber Dritten regelmäßig nicht zu dem Betreiben des Geschäfts i. S. des § 1 Abs. 1 Nr. 1.

Die **Gebühr für einen Rat oder für eine Auskunft** ist nach § 20 Abs. 3 **24** dann auf die Prozeßgebühr anzurechnen, wenn sie mit dem Rechtsstreit, für den der RA die Prozeßgebühr erhält, zusammenhängt. Beispiel: Der Auftraggeber erbittet einen Rat, ob er einen Rechtsstreit mit einer gewissen Aussicht auf Erfolg beginnen kann (Ratsgebühr). Erteilt der Auftraggeber nach erteiltem Rat den Auftrag, den Rechtsstreit zu führen, entsteht die Prozeßgebühr, auf die die Ratsgebühr anzurechnen ist. Erhält der RA sofort Prozeßauftrag, entsteht alsbald die Prozeßgebühr, und zwar auch dann, wenn der RA dem Auftraggeber rät, den Anspruch anzuerkennen oder auf die Forderung zu verzichten. Denn mit der Entgegennahme der Information nach Erteilung des Auftrags ist die Prozeßgebühr erwachsen (sie kann sich mit der Erteilung des Rates nicht in eine Ratsgebühr umwandeln, jedoch gemäß § 32 auf die Hälfte beschränken, wenn sich nach dem Rat der Auftrag erledigt hat).

Vgl. Celle AnwBl. 64, 77 = NdsRpfl. 64, 12 = Rpfleger 64, 197 (Rat, die Klagforderung zu erfüllen, sodann Anzeige der Erledigung der Hauptsache und Verhandlung über die Kosten).

25 Das **Betreiben des Geschäfts einschließlich der Information** wird in § 31 Abs. 1 Nr. 1 ausdrücklich hervorgehoben. Dazu gehören u. a.:

a) Besprechungen mit dem Auftraggeber, dritten Personen und Gerichtsstellen, die zur Führung des Rechtsstreits erforderlich sind,

b) der Schriftwechsel mit den Parteien und Dritten, der sich auf den Rechtsstreit bezieht, besonders soweit er der Sammlung des Prozeßstoffs dient, die Anfertigung der Schriftsätze, besonders die Darstellung der Prozeßbehauptungen und die Angabe von Beweismitteln, auch die Ermittlung und Angabe der Anschriften von Zeugen,

26 c) **die Wahrnehmung von Terminen,** auch solchen vor dem beauftragten oder ersuchten Richter (§ 37 Nr. 4) oder von Sühneterminen.

Kiel JW 32, 2907.

Ob in dem Termin Erörterungen stattfinden und für den Prozeßverlauf bestimmte Erklärungen abgegeben und entgegengenommen werden, ist gleichgültig.

Darüber, wann außerdem eine Verhandlungsgebühr entsteht, s. unten A 54 ff.

Wegen der Erörterungsgebühr vgl. A 147 ff.

27 d) die **Einsicht in Urkunden oder Akten,** auch wenn sie sich nicht in den Händen der Parteien befinden, z. B. in Handelsregisterakten, wenn eine Firma verklagt werden soll, oder in das Grundbuch, wenn ein das Eigentum am Grundstück oder ein die dingliche Belastung betreffender Rechtsstreit geführt werden soll,

28 e) die **Verwertung besonderer Kenntnisse,** durch welche die Zuziehung von Hilfspersonen erspart wird, z. B. Übersetzung fremder Sprachen, Anfertigung von Skizzen, Erläuterung technischer Vorgänge, wenn nicht die Tätigkeit über die dem RA obliegenden Aufgaben hinausgeht. Wann die zusätzliche Tätigkeit über die einem RA obliegende Tätigkeit hinausgeht, läßt sich nur für den Einzelfall sagen. Bei der Ausnützung der Kenntnisse fremder Sprachen wird man sagen können:

Die Tätigkeit bleibt Anwaltstätigkeit, wird also nicht besonders vergütet, wenn der RA in der von ihm beherrschten fremden Sprache das tut, was er sonst in deutscher Sprache tun müßte.

Beispiel: Der RA, der einen englischen Auftraggeber hat, unterhält sich mit ihm englisch. Der RA führt den Briefwechsel mit seinem Auftraggeber in Rom italienisch. Der RA liest in französischer Sprache abgefaßte Beweisurkunden durch.

KG NJW 61, 1588 = Rpfleger 62, 38; KG JurBüro 67, 77; Hamburg MDR 66, 426 und AnwBl. 71, 145 = JurBüro 71, 685 = MDR 71, 592; Stuttgart Rpfleger 81, 32 = JurBüro 81, 65; LG Waldshut VersR 74, 70;
a. M. Schumann/Geißinger A 4 (auch der Schriftwechsel in der ausländischen Sprache ist gesondert zu vergüten).

Dagegen ist keine Anwaltstätigkeit mehr, sondern Übersetzerarbeit, wenn der RA die Beweisurkunde für das Gericht oder die Schriftsätze des Gegners und die Entscheidungen des Gerichts in die Sprache seines Auftraggebers übersetzt. Diese zusätzliche Tätigkeit wird durch die Prozeßgebühr nicht abgegolten, sondern ist daneben – etwa gemäß § 17 ZSEG – zu vergüten.

Ott AnwBl. 81, 173 (Zur Erstattbarkeit der Übersetzungskosten eines RA); Bamberg JurBüro 74, 1027; Frankfurt NJW 62, 1577 = Büro 62, 343 = Rpfleger 63, 313; KG JurBüro 67, 77; Karlsruhe Justiz 78, 315 = MDR 78, 674 (L); LG Hamburg MDR 63, 227; LG Mannheim AnwBl. 78, 61; einschränkend Stuttgart JurBüro 81, 65 = Rpfleger 81, 32.

Beherrscht der RA die fremde Sprache nicht (und andererseits der Auftraggeber nicht die deutsche), kann der RA seinen Briefwechsel mit dem Auftraggeber, die Schriftsätze des Gegners und die Entscheidungen übersetzen lassen. Die hierdurch entstehenden Kosten sind keine allgemeinen Geschäftsunkosten, sondern Auslagen, die von dem Auftraggeber zu ersetzen und von dem erstattungspflichtigen Gegner im Rahmen der Notwendigkeit zu erstatten sind.

Celle Rpfleger 64, 327.

Ist der RA zugleich als Patentanwalt zugelassen und wird er von der Partei in einem Patentprozeß in beiden Funktionen mit der Vertretung beauftragt, kann er außer den Anwaltsgebühren auch eine Patentanwaltsgebühr nach § 143 Abs. 5 PatG fordern.

München AnwBl. 72, 363 = JurBüro 72, 988 = Rpfleger 72, 416; Riedel/Sußbauer A 22 bezeichnet die Entscheidung als bedenklich.

Zum Betreiben des Geschäfts gehören ferner

f) die **Streitverkündung** sowie alle **Anträge auf Wiedereinsetzung,**   29

Frankfurt NJW 60, 636

g) die **Aufnahme eidesstattlicher Versicherungen** und ihre Einreichung,   30 besonders bei Einstellungsanträgen, Arresten, einstweiligen Verfügungen, Widerspruchsklagen, gleichviel, ob es sich um solche der Partei oder dritter Personen handelt, da diese Tätigkeit nur der Vorbereitung des Rechtsstreits dient,

h) **Rücksprachen mit dem Auftraggeber nach Urteilsverkündung,**   31 besonders auch die Besprechung des Urteils und die Belehrung über die zulässigen Rechtsmittel (nicht aber die Beratung über die Aussichten eines Rechtsmittels; hierfür entsteht die Ratsgebühr),

i) die **Tätigkeit in einem Verfahren zur Abgabe der eidesstattlichen** 32 **Versicherung nach § 260 BGB** vor dem Prozeßgericht,

k) die **Abrechnung** mit der Partei, die **Einforderung** der Vergütung (§§ 18, 33 19). Auch die **Kostenfestsetzung** (§§ 104, 107 ZPO) gehört nach § 37 Nr. 7 zum Rechtszug, wird also durch die Prozeßgebühr abgegolten, nicht aber die Erinnerung gegen einen Kostenfestsetzungsbeschluß (vgl. § 37 Nr. 7 in Verb. mit § 61 Abs. 1 Nr. 2).

Zu beachten ist jedoch, daß nicht jede Tätigkeit, die durch die Prozeßgebühr abgegolten wird, ihrerseits für sich allein die Prozeßgebühr auslösen kann. Der RA, der z. B. nur die Kostenfestsetzung betreibt, erhält die Prozeßgebühr nicht.

Vgl. die Nachweise bei A 1. Das LG Köln billigt allerdings allein für die Kostenfestsetzung die volle Prozeßgebühr aus der Hauptsache zu: AnwBl. 63, 58 = JurBüro 63, 101 (abl. H. Schmidt).

Nicht abgegolten durch die Prozeßgebühr werden alle **Tätigkeiten, für** 34 **die eine besondere Gebühr** vorgesehen ist, wie z. B. die Vergleichsgebühr des § 23, die Verhandlungs-, die Erörterungs- und die Beweisgebühr des § 31 Abs. 1 Nr. 2, 3 und 4, das Verfahren über die vorläufige Einstellung, Beschränkung oder Aufhebung der Zwangsvollstreckung, wenn hierüber abgesonderte mündliche Verhandlung stattfindet (§ 49 Abs. 1), das Verfahren über die Vollstreckbarerklärung der durch Rechtsmittelanträge nicht angefochtenen Teile eines Urteils (§ 49 Abs. 2), das Verfahren vor dem Prozeßgericht auf Bewilligung oder Verlängerung einer Räumungsfrist, wenn es mit dem Verfahren über die Hauptsache nicht verbunden ist (§ 50), die Tätigkeit in der Zwangsvollstreckung (§ 57) und im Beschwerde- oder Erinnerungsverfahren (§ 61),

35 oder wenn das Verfahren als **besondere Angelegenheit** bezeichnet ist, z. B. das Einspruchsverfahren gegen ein Versäumnisurteil (§ 38 Abs. 1), das ordentliche Verfahren, das nach Abstandnahme vom Urkunden- oder Wechselprozeß oder nach einem Vorbehaltsurteil anhängig bleibt (§ 39), das Verfahren über Arreste, einstweilige Verfügungen oder einstweilige Anordnungen (§§ 40, 41),

36 oder die **Tätigkeit in einem besonderen gerichtlichen oder behördlichen Verfahren,** auch wenn sie einen bürgerlichen Rechtsstreit oder ein ähnliches Verfahren ermöglichen oder fördern soll (§ 37 Nr. 1), z. B. die Einholung einer vormundschaftsgerichtlichen Genehmigung (Vergütung nach § 118), auch der Antrag auf Bestellung eines gesetzlichen Vertreters, soweit er bei dem Gericht der freiwilligen Gerichtsbarkeit (nicht aber nach § 57 ZPO bei dem Prozeßgericht) gestellt wird (§ 37 Nr. 3).

Gerold Büro 56, 214.

37 Auch die **Beschaffung einer etwa erforderlichen Devisengenehmigung** wird nicht durch die Prozeßgebühr abgegolten. Die Berechnung der Vergütung erfolgt nach § 118. Die dafür entstehenden Kosten können als Kosten des Rechtsstreits im Kostenfestsetzungsverfahren geltend gemacht werden, wenn die Genehmigung zur Durchführung des Rechtsstreits notwendig ist und die Notwendigkeit keinem Zweifel unterliegt, besonders dann, wenn das Gericht durch Beschluß die Beschaffung der Devisengenehmigung aufgegeben hat, selbst wenn sie tatsächlich nicht erforderlich war.

38 Auch **neben dem Prozeß herlaufende Verfahren,** z. B. Beratung oder Verteidigung in einem mit einem bürgerlichen Rechtsstreit zusammenhängenden Strafverfahren oder Vertretung in einem Vergleichs- oder Konkursverfahren, sind besonders zu vergüten,

39 ebenso die **notarielle Tätigkeit** des Prozeßbevollmächtigten, die nach der KostO zu vergüten ist, wenn der Prozeßbevollmächtigte zugleich Notar ist.

40 Die **Hebegebühr** des § 22 ist stets besonders zu berechnen. Sie entsteht aber nach § 22 Abs. 5 nicht, soweit der RA Kosten an ein Gericht oder eine Behörde weiterleitet oder eingezogene Kosten an den Auftraggeber abführt oder eingezogene Beiträge auf seine Vergütung verrechnet. Die damit zusammenhängende Tätigkeit wird also durch die Prozeßgebühr mit abgegolten.

Die etwa erforderliche **Sicherheitsleistung,** insbes. Hinterlegung von Geld oder die Besorgung einer Bankbürgschaft durch den Prozeßbevollmächtigten, wird nicht durch die Prozeßgebühr abgegolten. die auf sie entwickelte Tätigkeit wird gesondert durch die Gebühren des § 118 vergütet. Dagegen wird die Zustellung der von dem Auftraggeber selbst besorgten Bürgschaftsurkunde oder der Urkunde über die Hinterlegung durch die Prozeßgebühr abgegolten.

Auslagen, besonders Reisekosten, werden niemals duch die Prozeßgebühr   41
oder andere Gebühren abgegolten. Fahrtkosten am Wohnsitz des RA zum Gericht sind jedoch keine Reisekosten.
Eine Ausnahme besteht nur für die allgemeinen Geschäftsunkosten (§ 25 Abs. 1) und für Schreibauslagen, soweit diese nicht in § 27 ausdrücklich als besonders zu vergüten anerkannt sind.

> Hamm Rpfleger 66, 98 (Der Aufwand für die Unterrichtung des eigenen Mandanten gehört zu den allgemeinen Unkosten des RA und wird im Rechtsstreit durch die Prozeßgebühr abgegolten, gleichgültig, ob der RA die Schriftsätze mit der Schreibmaschine oder im Wege der Fotokopie anfertigen läßt).

Für die **Höhe der Prozeßgebühr** ist der dem RA erteilte Auftrag maßge-   42
bend. Der Wert richtet sich gemäß § 4 Abs. 1 ZPO nach dem Wert bei Instanzbeginn, jedoch gemäß § 15 Abs. 1 GKG nach dem Wert bei Beendigung des Rechtszuges, wenn dieser höher ist. Zwischenzeitliche Schwankungen sind dagegen nicht zu beachten. Verändert sich nicht der Wert des Gegenstandes, sondern der Gegenstand selbst (sei es durch Erhöhung, sei es durch Ermäßigung des Anspruchs), ist für die Berechnung der höchste Wert während der Tätigkeit des RA maßgebend.

Gemäß § 9 Abs. 1 ist die **für die Gerichtsgebühren maßgebende Wertfest-**   43
setzung auch für die Berechnung der Gebühren der Prozeßbevollmächtigten, insbes. für die Höhe der Prozeßgebühr, maßgebend.
Sie gilt jedoch für die Prozeßgebühr des RA dann nicht, wenn der bei Gericht geltend gemachte Anspruch im Wert höher oder niedriger ist, als der Anspruch, hinsichtlich dessen der RA beauftragt ist. Der Wert ist höher, wenn der RA einen als Streitgenossen verklagten Beklagten vertritt, gegen den nur ein Teilanspruch geltend gemacht wird. Beispiel: A verklagt B und C auf Zahlung von je 500 DM. Gerichtlicher Streitwert 1000 DM. Streitwert für die Vertreter des Beklagten B oder C (keine gemeinsame Vertretung) je 500 DM.

Der Streitwert ist niedriger, z. B. wenn der RA nur einen Teil einklagt. Der Auftraggeber beauftragt den RA, 10000 DM einzuklagen. Der RA rät, zunächst nur einen Teilbetrag von 3000 DM einzuklagen. Der Auftraggeber folgt dem Rat. Entsprechend wird eine Klage über 3000 DM erhoben. Gegenstandswert für den Vertreter des Auftraggebers 10000 DM, Streitwert für das Gericht 3000 DM.

Soweit der Anspruch nicht gerichtlich geltend gemacht worden ist, erwächst die Prozeßgebühr für den darauf entfallenden Mehrbetrag nach § 32 nur zur Hälfte. Es finden sich zwei Berechnungsarten.

Beispiel: Gesamtauftrag 10000,— DM. Gerichtlich geltend gemacht nur 3000,— DM.

Erste Berechnungsart:

$^5/_{10}$-Gebühr aus 10000,— DM	269,50 DM
$^5/_{10}$-Gebühr aus 3000,— DM	87,50 DM
	357,— DM

So Riedel/Sußbauer A 27.

Zweite Berechnungsart:
$^{10}/_{10}$-Gebühr aus 3000,— DM   175,— DM
$^{5}/_{10}$-Gebühr aus 7000,— DM   191,50 DM
                                                              366,50 DM
jedoch nicht mehr als $^{10}/_{10}$-Gebühr aus 10000,— DM   539,— DM

Der zweiten Berechnungsart ist zuzustimmen. Sie wird der Vorschrift des § 13 Abs. 3 allein gerecht. Die $^{10}/_{10}$-Gebühr aus 3000,— DM und die $^{5}/_{10}$-Gebühr aus 7000,— DM sind zunächst getrennt zu berechnen. Es geht nicht an, zunächst $^{5}/_{10}$ aus 10000,— DM zu berechnen und sodann für die gerichtlich geltend gemachten 3000,— DM nunmehr eine $^{5}/_{10}$-Gebühr zuzuschlagen.

44 Entscheidend ist der **höchste Streitwert** während der Tätigkeit des RA als Prozeßbevollmächtigter.

Die Prozeßgebühr bemißt sich nach der Summe der Ansprüche, die gleichzeitig oder nacheinander in den Prozeß eingeführt werden.

Ein höherer als der im Rechtsstreit geltend gemachte Betrag kann dann in Frage kommen, wenn der ursprüngliche Anspruch ermäßigt wird oder sich in der Hauptsache erledigt und dann die Klagforderung wieder um einen anderen Anspruch erhöht wird.

Beispiel: Es werden geltend gemacht 600,— DM Mietzinsanspruch (Jan. bis März je 200,— DM). Im Laufe des Rechtsstreits werden 400,— DM gezahlt für Jan. und Febr. Der Kläger erhöht anschließend um 400,— DM Miete für April und Mai. Es wird immer nur um 600,— DM gestritten. Trotzdem beträgt der Streitwert für die Prozeßgebühr 600,— DM (ursprünglicher Anspruch) + 400,— DM (nachträglich eingeführter Anspruch) = 1000,— DM.

Niedriger im Wert als die Verhandlungsgebühr, die Erörterungsgebühr oder die Beweisgebühr kann die Prozeßgebühr nicht sein. Denn diese Gebühren können niemals allein entstehen. Es muß immer die allgemeine Betriebsgebühr (= die Prozeßgebühr) aus dem gesamten Streitwert hinzukommen. In der Höhe kann sie allerdings im Einzelfall niedriger sein (vgl. § 32).

45 Die **spätere Erledigung oder Beschränkung des Auftrags** oder der in den Schriftsätzen enthaltenen Anträge ist ohne Einfluß. Daher ist die Prozeßgebühr des Prozeßbevollmächtigten des Klägers auch dann nach dem vollen Wert des Auftrags zu berechnen, wenn die Klagsumme nach Einreichung der Klage, aber vor der ersten Verhandlung bezahlt und dann nur noch über die Kosten verhandelt worden ist. Meldet sich der RA als Prozeßbevollmächtigter des Klägers beim Gericht, und zeigt er gleichzeitig an, daß sich die Hauptsache erledigt habe, bemißt sich seine Prozeßgebühr nach dem Wert der Hauptsache, nicht nur nach dem der Kosten. Denn auch die Anzeige der Erledigung ist eine Erklärung, die die Hauptsache betrifft.

München AnwBl. 70, 289 = NJW 70, 1930 = JurBüro 70, 777 = MDR 70, 1022; Schlesweg JurBüro 65, 376 = SchlHA 65, 251; vgl. auch Frankfurt JurBüro 83, 863 = BB 83, 1058 (L); AnwBl. 84, 99 = Rpfleger 84, 37 = JurBüro 84, 59, KostRsp. BRAGO § 31 Ziff. 1 Nr. 76 mit system. Anm. Lappe.
a. M. Schleswig JurBüro 81, 921 = SchlHA 81, 120.

46 Auch der **Prozeßbevollmächtigte des Beklagten** hat Anspruch auf die volle Prozeßgebühr nach dem Wert des Streitgegenstandes z. Z. der Klagerhebung, wenn er den Auftrag erhalten hat, den Beklagten in vollem Umfang zu vertreten, und Abweisung der Klage beantragt hat, solange die Klage nicht ganz oder teilweise zurückgenommen worden ist.

502   *von Eicken*

Frankfurt AnwBl. 84, 99 = Rpfleger 84, 37 = JurBüro 84, 59; 85, 1197; Bamberg JurBüro 74, 734 mit zust. Anm. von Mümmler.

Meldet sich der Anwalt des Beklagten schriftsätzlich mit einem Sachantrag, bevor die Hauptsache in der mündlichen Verhandlung für erledigt erklärt worden ist, so erhält er die volle Prozeßgebühr nach dem ursprünglichen Wert der Hauptsache.

Hamm AnwBl. 69, 13 = NJW 68, 2149.

Dies gilt auch dann, wenn er rät, einen Teilbetrag zu bezahlen und der Beklagte diesem Rat folgt (erst mit Abgabe der Erledigungserklärung verringert sich der Streitwert um den bezahlten Betrag),

Hamm JurBüro 76, 663 (Erst mit der Abgabe der Erledigungserklärung, nicht bereits mit der Erledigung, wird der Wert auf den Wert der Kosten reduziert); München AnwBl. 70, 289; Stuttgart JurBüro 81, 860 und 81, 1351

oder wenn er den Auftrag erhält, den Klaganspruch anzuerkennen oder den Einwand des Vergleichs zu erheben, wenn der Kläger trotz außergerichtlichen Vergleichs die Klage aufrecht erhält, oder Zahlung einzuwenden, oder ein Zurückbehaltungsrecht geltend zu machen.

Für das Bedürfnis der Rechtsverteidigung ist stets der Antrag entscheidend, der durch sie abgewendet werden soll, also der Antrag in der zugestellten Klageschrift.

Hamm JurBüro 69, 740 (Solange der Anspruch in voller Höhe rechtshängig ist, bemißt sich die Prozeßgebühr des RA des Beklagten nach dem vollen Wert der Hauptsache. Die Tatsache allein, daß die Klagsumme teilweise gezahlt worden ist, ist ohne Bedeutung.

Im Zweifel wird sich der Auftrag stets auf den ganzen Prozeßstoff beziehen. Wer eine Einschränkung behauptet, hat die Beweislast. Teilt aber der Beklagte dem RA bei der Auftragserteilung mit, daß sich der Klaganspruch schon vor Klagzustellung erledigt habe, und soll insoweit Abweisung der Klage nicht verlangt, auch keine Erklärung über die Erledigung der Hauptsache abgegeben werden, so ist die Prozeßgebühr nur nach dem Werte der Kosten zu berechnen (dieser Fall wird nur selten gegeben sein, da die Gefahr besteht, daß der Kläger den Erlaß eines Versäumnisurteils beantragt, wenn der RA des Beklagten zur Hauptsache keinen Vertretungsauftrag hat).

Dasselbe gilt, wenn gegen ein Versäumnisurteil Einspruch nur wegen der Kosten eingelegt und ein weitergehender Auftrag auch nicht erteilt worden ist, oder wenn – was das gleiche ist – gegen einen Mahnbescheid auftragsgemäß nur wegen der Kosten Widerspruch eingelegt wird,

Hamm JurBüro 63, 100 = Rpfleger 66, 98

oder wenn nach Rücknahme der Klage sich der Auftrag auf die Erwirkung einer Entscheidung nach § 269 Abs. 3 S. 3 ZPO beschränkt.

Legt der RA, gegen dessen Auftraggeber im Beschlußwege eine einstweilige Verfügung auf wettbewerbsrechtliche Unterlassung ergangen ist, nur im Kostenpunkte Widerspruch ein und verzichtet er zugleich bei Gericht auf den Widerspruch im übrigen sowie auf die Rechte aus den §§ 926, 927 ZPO, so erwächst ihm eine volle Prozeßgebühr nach dem Kostenstreitwert sowie eine halbe Gebühr nach dem Wert des ursprünglichen Verfahrensgegenstandes mit der Begrenzung nach § 13 Abs. 3.

KG JurBüro 73, 967 = MDR 74, 150 = Rpfleger 73, 410; AnwBl. 85, 530 = JurBüro 85, 1238 = MDR 85, 770.

47 Das Geltendmachen einer **Widerklage oder einer Klagerweiterung** in einem Schriftsatz gilt regelmäßig als Erhebung, nicht nur als Ankündigung. Auf die Zustellung (§ 261 Abs. 2 ZPO) kommt es nicht an; schon die formlose Übersendung begründet den Anspruch auf die erhöhte Gebühr für den absendenden RA, wenn er dazu Auftrag hatte.

Über die Entstehung der Prozeßgebühr nach dem Werte der Widerklage für den Prozeßbevollmächtigten des Widerbeklagten s. oben A 14.

Wird auf die Widerklage hin die Sache vom Amtsgericht an das Landgericht verwiesen, so steht dem Amtsgerichtsanwalt des Klägers die Prozeßgebühr auch nach dem Werte der Widerklage zu, falls er Auftrag hatte, den Kläger auch gegenüber der Widerklage zu vertreten.

Faßt das Gericht mehrere – dieselben Parteien betreffende und im wesentlichen auf denselben tatsächlichen Zusammenhängen beruhende – Anträge auf Erlaß von einstweiligen Verfügungen zu einem einheitlichen Verfahren zusammen, so liegen bis zu der Verbindung mehrere Verfahren vor, so daß die beteiligten RA mehrere Prozeßgebühren verdienen.

Aufrechnung. Wie der Streitwert zu bestimmen ist, wenn der Beklagte mit einer Gegenforderung aufrechnet, ergibt sich aus § 19 Abs. 3 GKG. Bei der Primäraufrechnung (der Beklagte rechnet gegen die nicht bestrittene Klagforderung auf) wird die zur Aufrechnung gestellte Gegenforderung nicht bewertet. Bei der Eventualaufrechnung wird die zur Aufrechnung gestellte Gegenforderung bewertet, wenn eine der Rechtskraft fähige Entscheidung über sie ergeht (Beispiele: Der Klage wird stattgegeben, weil die Gegenforderung nicht besteht. Die Klage wird abgewiesen, weil die Gegenforderung besteht). Ob die Entscheidung auch rechtskräftig wird, ist unerheblich. Dagegen wird die zur Aufrechnung gestellte Gegenforderung nicht bewertet, wenn über sie nicht entschieden wird; Beispiel: Die Klage wird abgewiesen, weil die Klagforderung nicht besteht.

Vgl. Schmidt/Schmidt, Gegenstandswert RdNr. 56.

Bei Vergleichsabschluß gilt das gleiche wie bei einer Entscheidung.

48 Im **Berufungs- und Revisionsverfahren** bestimmt sich gemäß § 14 Abs. 1 GKG der Streitwert nach den Anträgen des Rechtsmittelklägers.

Bamberg JurBüro 75, 620; Hamburg JurBüro 74, 1130 = MDR 74, 942.

Endet das Verfahren, ohne daß solche Anträge eingereicht werden, oder werden innerhalb der Frist für die Berufungs- oder Revisionsbegründung (§ 519 Abs. 2, § 554 Abs. 2 ZPO) Berufungs- oder Revisionsanträge nicht eingereicht, so ist die Beschwer maßgebend. Es ist also in diesen Fällen des § 14 Abs. 1 S. 2 GKG das Urteil in vollem Umfang als angefochten anzusehen, soweit es zuungunsten des Rechtsmittelklägers ergangen ist.

Die Prozeßgebühr des RA des Rechtsmittelklägers bemißt sich aber auch hier stets nach dem ihm erteilten Auftrag. Hat die Partei uneingeschränkten Auftrag zur Anfechtung des Urteils gegeben und erst später den Auftrag auf die Anfechtung nur eines Teiles beschränkt, so beschränkt sich die Prozeßgebühr für den nicht angefochtenen Teil nach § 32 auf die Hälfte.

Beispiel: Der Beklagte ist zur Zahlung von 10000,—DM verurteilt worden. Er beauftragt den RA in vollem Umfange, Berufung einzulegen. Der RA legt Berufung ein (ohne Antrag). Bei der Besprechung des Ersturteils ergibt sich, daß die Berufung wegen 6000,—DM aussichtslos ist. Auf Rat des RA verzichtet der Beklagte darauf, wegen dieser 6000,—DM die Berufung durchzuführen. Der in der Berufungsbegründung gestellte Antrag lautet auf Abweisung der Klage in Höhe von 4000,—DM. Der RA hat zu beanspruchen

$^{13}/_{10}$-Prozcßgebühr aus 4000,—DM	295,10 DM
$^{13}/_{20}$-Prozeßgebühr aus 6000,—DM	215,20 DM
	510,30 DM
jedoch nicht mehr als	
$^{13}/_{10}$-Prozeßgebühr aus 10000,—DM	700,70 DM

Celle NdsRpfl. 73, 78; Düsseldorf JurBüro 73, 742 = JMBlNRW 73, 237; **a. M.** KG JurBüro 67, 651 = JVBl. 67, 261 = MDR 67, 681 (L) = Rpfleger 68, 77 (nur $^{13}/_{10}$-Prozeßgebühr aus 4000,—DM).

Etwas anderes gilt, wenn der Auftraggeber den Berufungsanwalt beauftragt, das Ersturteil anzufechten, und ihm gleichzeitig mitteilt, den Umfang der Anfechtung werde er noch bekanntgeben. Beauftragt der Auftraggeber den RA später, die Berufung nur wegen 4000,—DM durchzuführen, war der RA nie mit dem Gesamtanspruch von 10000,—DM befaßt. Auch für ihn gilt insoweit § 14 Abs. 1 GKG. Er erhält die Prozeßgebühr ($^{13}/_{10}$) nur aus 4000,—DM.

Bei **Berufung gegen ein Kostenschlußurteil,** nachdem bereits gegen das **49** die Hauptsache betreffende Teilurteil Berufung eingelegt worden war, entsteht keine Prozeßgebühr, weil gerade wegen des zwischen dem Hauptsachenteilurteil und dem Kostenschlußurteil bestehenden Zusammenhangs die Berufung gegen das Kostenschlußurteil gegeben ist.

Die **Prozeßgebühr des Prozeßbevollmächtigten des Rechtsmittelbe-** **50** **klagten** bemißt sich nach dem Streitwert z. Z. der Erteilung des Auftrags, nicht nach dem Werte z. Z. der Rechtsmitteleinlegung. War bei Auftragserteilung das Rechtsmittel bereits wirksam auf einen Teil des Anspruchs beschränkt oder erfolgt die Beschränkung innerhalb der Begründungsfrist, so ist nur der Wert dieses Teiles maßgebend. In dem bei A 48 gebildeten Beispiel berechnet sich sonach die Prozeßgebühr des Berufungsbeklagten (wie übrigens auch die des Gerichts) nach 4000,—DM.

Hamburg JurBüro 74, 1130 = MDR 74, 942.

Dagegen ist der volle Streitwert maßgebend, wenn die Beschränkung auf einen Teil nur vorläufig unter Vorbehalt erfolgt ist.

Beschränkt sich der Auftrag des Prozeßbevollmächtigten des Rechtsmittelbe- **51** klagten auf die Erwirkung einer **Verlustigerklärung und Kostenentschei-** **dung,** so ist seine Prozeßgebühr nach dem Werte zu bemessen, der dem Betrag der bisher entstandenen Kosten des Berufungsverfahrens entspricht, nicht aber nach dem Werte der Hauptsache.

BGH BGHZ 15, 394 = NJW 55, 260; München Rpfleger 56, 29 (L); Schleswig Büro 59, 190; vgl. auch Frankfurt MDR 80, 941 (Der erstinstanzliche Prozeßbevollmächtigte erwirkt Beschluß nach § 515 ZPO).

Hatte jedoch der RA schon vor der Rücknahme des Rechtsmittels Vertretungsaufrag, so hat er die Prozeßgebühr verdient, wenn er schon irgendeine Tätigkeit im Hinblick auf das Rechtsmittelverfahren entwickelt hat.

von Eicken 505

Hamburg JurBüro 76, 472 (Für den Revisionsanwalt erwächst die volle Prozeßgebühr, wenn er in Unkenntnis der bereits erfolgten Rücknahme der Revision
schriftsätzlich die Zurückweisung des Rechtsmittels beantragt. Beruht die Unkenntnis auf einem Verschulden des Berufungsanwalts, so hat die Gegenseite die
Vergütung des Revisionsanwalts nur nach dem Gegenstandswert zu erstatten, der
dem Betrag der Kosten des Revisionsverfahrens entspricht).

Er erhält jedoch die Prozeßgebühr aus der Hauptsache, wenn die Voraussetzungen des § 32 gegeben sind, nur zur Hälfte. Außerdem hat er allerdings
Anspruch auf die volle Prozeßgebühr aus den Kosten.

München AnwBl. 60, 225; Nürnberg Rpfleger 63, 138;
a. M. Nürnberg Büro 59, 117 (volle Prozeßgebühr aus der Hauptsache); Stuttgart
(nur halbe Prozeßgebühr aus der Hauptsache) Justiz 74, 424 = JurBüro 75, 194 mit
Anm. von Mümmler.

52 Nachträgliche **Verbindung** mehrerer Rechtsstreitigkeiten bewirkt, daß von
der Verbindung ab die Gebühren nach den zusammengerechneten Streitwerten entstehen, läßt aber bereits entstandene Gebühren unberührt.

a. M. Stuttgart JurBüro 82, 1670 mit abl. Anm. von Mümmler; für den Fall, daß
die Gebühr nur in einem der verbundenen Verfahren und erneut nach der Verbindung erwachsen war; KG JurBüro 73, 1162 (vor Verbindung erwachsene Gebühr
voll anzurechnen); Koblenz JurBüro 86, 1523 (Gebühr nach der Verbindung
erwächst nur noch wegen des überschießenden Wertes).

Beispiel: Das Gericht verbindet vor dem Verhandlungstermin 2 Prozesse über
300,— DM und 400,— DM zu einem Rechtsstreit über 700,— DM. Der RA
des Klägers hat zu beanspruchen

$^{10}/_{10}$-Prozeßgebühr aus 300,— DM	40,— DM
$^{10}/_{10}$-Prozeßgebühr aus 400,— DM	55,— DM
mind. aber	
$^{10}/_{10}$-Prozeßgebühr aus 700,— DM	70,— DM
dazu	
$^{10}/_{10}$-Verhandlungsgebühr aus 700,— DM	70,— DM.

Der RA kann stets die für ihn günstigere Prozeßgebühr berechnen.

Eine in der Berufungsinstanz durchgeführte Verbindung mehrerer Prozesse
berührt die Gebühren der erstinstanzlichen Anwälte nicht.

Entsprechendes gilt bei der **Trennung.** Ein Rechtsstreit über 5000,— DM
wird nach Durchführung einer Beweisaufnahme in nächster Verhandlung in
zwei Prozesse über 2000,— DM und 3000,— DM getrennt. In beiden Prozessen wird erneut verhandelt, in dem 3000,—DM-Prozeß auch weiterer Beweis
erhoben.

Vgl. LG Düsseldorf JurBüro 67, 895 (Anm. Tschischgale).

Es waren angefallen

$^{10}/_{10}$-Prozeßgebühr aus 5000,— DM	279,— DM
$^{10}/_{10}$-Verhandlungsgebühr aus 5000,— DM	279,— DM
$^{10}/_{10}$-Beweisgebühr aus 5000,— DM	279,— DM

Es fallen an nach der Trennung

im 2000,—DM-Prozeß

$^{10}/_{10}$-Prozeßgebühr aus 2000,— DM	130,— DM
$^{10}/_{10}$-Verhandlungsgebühr aus 2000,— DM	130,— DM

im 3000,—DM-Prozeß

$^{10}/_{10}$-Prozeßgebühr aus 3000,— DM	175,— DM
$^{10}/_{10}$-Verhandlungsgebühr aus 3000,— DM	175,— DM
$^{10}/_{10}$-Beweisgebühr aus 3000,— DM	175,— DM

Der RA hat die Wahl.
Er kann berechnen

$^{10}/_{10}$-Prozeßgebühr aus 5000,— DM	279,— DM
oder	
$^{10}/_{10}$-Prozeßgebühr aus 2000,— DM	130,— DM
und	
$^{10}/_{10}$-Prozeßgebühr aus 3000,— DM	175,— DM

Er wird – da höher (305,— DM) – die Prozeßgebühren aus den getrennten Prozessen berechnen.

Vgl. jedoch FG Hamburg EFG 69, 505.

Ebenso wird er hinsichtlich der Verhandlungsgebühr verfahren.

Für die Beweisgebühr gilt folgendes:

Aus der Gebühr über 5000,— DM in Höhe von 279,— DM entfallen

auf den Anspruch aus 2000,— DM 2/5	= 111,60 DM
auf den Anspruch aus 3000,— DM	= 167,40 DM
	279,— DM
Der RA kann fordern den ⅖-Anteil aus 2000,— DM	111,60 DM
sowie	
die neu angefallene Beweisgebühr aus 3000,— DM	175,— DM
(anstelle des 167,40 DM-Anteils)	286,60 DM.

Eine in der Berufungsinstanz durchgeführte Trennung des Rechtsstreits in zwei Verfahren berührt die Gebühren der erstinstanzlichen RAe nicht.

Düsseldorf MDR 59, 851.

Auch wenn sich nach der Verbindung der Wert durch Klageerweiterung oder Widerklage erhöht, unterbleibt die Erhöhung der Prozeßgebühr selbst dann nicht, wenn die vor der Verbindung entstandenen getrennten Prozeßgebühren bereits mehr betragen als eine nach dem erhöhten Gesamtstreitwert berechnete Prozeßgebühr, Beispiel: 2 Prozesse über 5000,—DM und 7000,—DM werden verbunden. Nach der Verbindung wird der Anspruch auf insgesamt 20000,—DM erhöht.

Berechnung der Prozeßgebühr

$^{10}/_{10}$-Gebühr aus 5000,— DM	279,— DM
$^{10}/_{10}$-Gebühr aus 7000,— DM	383,— DM
$^{10}/_{10}$-Gebühr aus 12000,— DM	601,— DM
Mehrbetrag der beiden Gebühren aus 5000,— DM und 7000,— DM gegenüber der Gebühr aus 12000,— DM	61,— DM
$^{10}/_{10}$-Gebühr aus 20000,— DM	849,— DM

Der RA hat zu beanspruchen

$^{10}/_{10}$-Gebühr aus 20000,— DM	849,— DM
zuzüglich Mehrbetrag	61,— DM
insgesamt:	910,— DM

von Eicken   507

a. A. München JurBüro 86, 556 = MDR 86, 329 (Gebühren aus dem höchsten erreichten Streitwert maßgeblich, wenn diese die Summe der vor der Verbindung erwachsenen Einzelgebühren übersteigen).

Werden gleichartige Klagen mehrerer durch verschiedene RAe vertretener Kläger gegen den gleichen Beklagten miteinander verbunden, so richten sich die Gebühren jedes dieser RAe auch nach der Verbindung nach dem Werte des von ihm auftragsgemäß geltend gemachten Klaganspruchs. Für den Prozeßbevollmächtigten des Beklagten wird dagegen zusammengerechnet. Für ihn liegt eine normale Verbindung vor.

Düsseldorf MDR 57, 239 (L).

Wegen der Fälle, in denen der RA infolge **Parteiwechsels** mehrere Auftraggeber nacheinander vertritt s. A 27 zu § 6.

Wegen der Entstehung der **Prozeßgebühr nach Widerspruch im Mahnverfahren** s. A 16 zu § 43.

53 **Erstattungsfähig** ist die Prozeßgebühr des RA für die obsiegende Partei, in jedem Falle, soweit sie im Rechtsstreit erwachsen ist. Auf den Zeitpunkt der Einschaltung des RA kommt es nicht an. Auch der RA, der in einem Jahre hindurch geführten Rechtsstreit erst im Schlußtermin eintritt (etwa wegen des Todes seines Vorgängers), erhält die volle Prozeßgebühr. Sie ist auch zu erstatten.

Jedoch kann die obsiegende Partei die Prozeßgebühr, die der RA von ihr als seinem Auftraggeber fordern kann, nicht immer in gleicher Höhe auch von der Gegenpartei im Kostenfestsetzungsverfahren erstattet verlangen. Während für die Berechnung der Prozeßgebühr im Verhältnis zum Auftraggeber der Auftrag maßgebend ist, der RA daher, wenn der Auftrag später eingeschränkt und die Klage nur wegen eines Teilbetrages erhoben wird, seinem Auftraggeber die Prozeßgebühr nach dem höheren Werte des ursprünglichen Auftrags berechnen kann, ist die Gegenpartei nur verpflichtet, die Prozeßgebühr nach dem für die Berechnung der Gerichtskosten maßgebenden Streitwert zu erstatten. Denn die Kostenentscheidung hat stets nur die im Laufe des Rechtsstreits entstandenen Kosten zum Gegenstand, nicht aber die Gebühren des RA für nicht rechtshängig gewordene Ansprüche. Ist z. B. eine Klage über einen höheren Anspruch eingereicht, der Anspruch aber noch vor Zustellung der Klage deshalb ermäßigt worden, weil dem Kläger die Prozeßkostenhilfe nur für einen Teilbetrag bewilligt worden ist, so kann der Kläger bei Verurteilung des Beklagten zur Zahlung dieses Teilbetrages nicht die seinem RA geschuldete höhere Prozeßgebühr nach dem ursprünglichen Anspruch vom Beklagten erstattet verlangen. Es ist jedoch durchaus möglich, daß der Beklagte den im Kostenfestsetzungsverfahren nicht geltend zu machenden Teil der Prozeßgebühr des Vertreters des Klägers aus materiellen Gründen schuldet.

Beispiel: Der Kläger beauftragt einen RA, gegen den im Verzug befindlichen Beklagten Klage über 10000,—DM zu erheben. Vor Einreichung der Klage zahlt der Beklagte 6000,—DM. Die halbe Prozeßgebühr aus diesen 6000,—DM kann als Verzugsschaden mit den restlichen 4000,—DM eingeklagt werden.

Umgekehrt kann aber auch der Beklagte, wenn die in dem oben gebildeten Beispiel dargestellte Klage wegen des rechtshängig gewordenen Teilbetrags

508   *von Eicken*

kostenpflichtig abgewiesen worden ist, die Prozeßgebühr seines Anwalts nur nach dem Werte des Teilbetrags erstattet verlangen, nicht aber auch von dem vor Klagzustellung abgesetzten Betrag, und zwar auch dann nicht, wenn sein RA im Verfahren über die Prozeßkostenhilfe schon zu dem vollen ursprünglich verlangten Betrage Stellung genommen hatte.

Soweit aber ein Anspruch rechtshängig geworden ist (§§ 253, 261 Abs. 2 ZPO), ist sein Wert für die Höhe der von der Gegenpartei zu erstattenden Prozeßgebühr auch dann maßgebend, wenn sich ein Teil des Anspruchs vor der mündlichen Verhandlung erledigt hat, sofern sich der Auftrag des RA auf den erledigten Teil erstreckt hat.

Ist die Beauftragung durch den Rechtsmittelbeklagten schon vor der Zustellung des Rechtsmittels erfolgt und wird das Rechtsmittel vor Zustellung zurückgenommen, so sind die Gebühren des RA des Rechtsmittelbeklagten trotzdem voll erstattungsfähig. Mit der Einlegung der Berufung ist das Berufungsverfahren anhängig. Auf die Zustellung kommt es (im Gegensatz zur Klageerhebung, die erst mit Zustellung bewirkt ist) nicht an. Der Berufungsbeklagte, der von der Einlegung der Berufung Kenntnis erhalten hat, kann deshalb sofort einen Berufungsanwalt beauftragen.

Düsseldorf AnwBl. 74, 163 = JurBüro 74, 610 = Rpfleger 74, 202 = JMBlNRW 74, 92;
a. M. KG Büro 58, 428 (Erst ab Zustellung, es sei denn, daß besondere Gründe für eine frühere Beauftragung vorliegen) und Rpfleger 76, 257 = JurBüro 76, 671; Bremen NJW 69, 142 (Vor Eingang der Berufungsbegründung brauche der Rechtsmittelbeklagte keinen Berufungsanwalt zu bestellen) (abl. Anm. H. Schmidt); Hamm JurBüro 79, 57.

Über die Beauftragung vor der Berufungsbegründung s. oben A 20.

Über den Fall, daß sich die Hauptsache nach Klageeinreichung, aber vor Zustellung erledigt, s. A 31 zu § 32.

Eine erstattungsfähige Prozeßgebühr kann auch im Falle fehlender Zulassung des RA bei dem Gericht, vor dem der Rechtsstreit geführt wird, entstehen.

Saarbrücken AnwBl. 72, 394 = JurBüro 73, 50; Hamm AnwBl. 81, 446 = JurBüro 81, 859 = MDR 81, 682; Zweibrücken Rpfleger 82, 157 = FamRZ 82, 187 = JurBüro 82, 82; Frankfurt JurBüro 83, 277 (beim OLG nicht zugelassener RA im Versorgungsausgleichbeschwerdeverfahren).

Die Verhandlungsgebühr

Verhandeln ist die Tätigkeit der Parteien, bei der sie vor dem Richter den 54 Rechtsstreit mündlich von entgegengesetztem Standpunkt aus erörtern und jede Partei diejenigen tatsächlichen Umstände, rechtlichen Ausführungen und Anträge vorbringt, durch die sie eine ihren Absichten entsprechende Entscheidung des Richters herbeiführen will. Die Verhandlungsgebühr ist dazu bestimmt, das von dem allgemeinen Geschäftsbetrieb sich abhebende besondere Tätigwerden des RA in der mündlichen Verhandlung abzugelten.

Voraussetzung ist, daß ein Termin zur mündlichen Verhandlung bestimmt ist.

Im Beweissicherungsverfahren entsteht die Verhandlungsgebühr nicht, wenn das Gericht die Beweissicherung ohne mündliche Verhandlung anordnet, auch wenn es den Sachverständigen später zu seinem Gutachten vernimmt.

Nürnberg JurBüro 72, 510.

Voraussetzung für das Erwachsen der Verhandlungsgebühr für den RA der Streitverkündeten ist der Beitritt zum Rechtsstreit.

Hamburg JurBüro 79, 209; Koblenz JurBüro 82, 723.

55 Die **Stellung der Anträge** ist für die Entstehung der Verhandlungsgebühr in bürgerlichen Rechtsstreitigkeiten wesentlich. Denn nach § 137 ZPO wird die Verhandlung dadurch eingeleitet, daß die Parteien ihre Anträge stellen. Die mündliche Verhandlung beginnt also mit der Antragstellung. Ohne Antrag-stellung ist ein Verhandeln an sich nicht denkbar, weil dann der Gegenstand, um den sich die Verhandlung dreht, nicht bezeichnet wäre. Sehen also die Parteien in dem Termin zur mündlichen Verhandlung bewußt von der Stellung der Anträge ab, haben sie nicht „verhandelt". Andererseits genügt zum „Verhandeln" die Stellung der Anträge. Der RA, der einen Antrag gestellt, d. h. ihn verlesen oder auf ihn Bezug genommen hat, hat damit den Anspruch auf die Verhandlungsgebühr erworben. Nicht erforderlich ist, daß der Antrag durch Vortrag der ihn begründenden Behauptungen erläutert worden ist.

Es genügt aber zur Entstehung einer vollen Verhandlungsgebühr nicht, daß der RA einen Antrag gestellt hat, es muß vielmehr hinzukommen, daß auch der Gegenanwalt einen Antrag gestellt hat oder bei seinem Ausbleiben oder Schweigen (vgl. § 333 ZPO) ein solcher fingiert wird, z. B. als Zugeständnis der klagbegründenden Tatsachen (§ 331 ZPO). Beantragt der Gegenanwalt lediglich Vertagung oder Aussetzung und vertagt daraufhin das Gericht oder setzt es das Verfahren aus, so erhalten beide Anwälte nur fünf Zehntel Verhandlungsgebühr nach § 33 Abs. 2. Denn in diesem Falle sind übereinstim-mende oder entgegengesetzte Anträge nur zur Prozeßleitung gestellt worden.

Stellt der alleinvertretende RA des Klägers zwar den Klagantrag, aber keinen weiteren Antrag (auf Erlaß eines Versäumnisurteils oder einer Entscheidung nach Lage der Akten), erhält er die Verhandlungsgebühr nicht.

Hamm JurBüro 78, 1313; KG JurBüro 79, 1157.

Beantragt der Beklagte im Wechselprozeß nur, ihm die Rechte für das Nachverfahren vorzubehalten, entsteht die Verhandlungsgebühr nur zur Hälfte.

Schleswig SchlHA 72, 26.

In der Praxis wird jedoch – sei es aus Nachlässigkeit, sei es versehentlich – mitunter auch „streitig verhandelt", ohne daß vorher die Anträge gestellt worden sind.

Beispiel: Im ersten Termin wird nach kurzer Sachbesprechung (etwa nach Ausführungen des Vorsitzenden gemäß § 139 ZPO) ohne Antragstellung sofort vertagt. Im nächsten, nunmehr ordnungsgemäß vorbereiteten Termin glauben alle Beteiligten – Anwälte und Richter –, im ersten Termin seien die Anträge bereits gestellt worden. Es wird deshalb sofort streitig verhandelt. In einem solchen Falle ist – auch ohne ausdrückliche Stellung der Anträge – verhandelt worden. Die Verhandlungsgebühr ist somit erwachsen. In dem beiderseits widersprechenden Vortrag liegt stillschweigend die Stellung der Anträge.

Frankfurt AnwBl. 80, 503 = JurBüro 80, 1849 = Rpfleger 80, 489; Oldenburg Rpfleger 68, 313; Stuttgart AnwBl. 58, 115 und Rpfleger 64, 129; LG München I

AnwBl. 73, 45 mit zust. Anm. von Chemnitz; vgl. auch Hamburg MDR 72, 1043 (Verhandlungsgebühr für Armenanwalt, dem das Armenrecht nach Stellung der Anträge zugebilligt worden ist);
a. M. Hamm JurBüro 72, 791 = MDR 72, 1044.

Wenn sich das Begehren der Partei aus ihrem Vorbringen ergibt, ist nicht einmal notwendig, daß sich ein Antrag in den Akten befindet. Ein Beklagter, der den Klaganspruch nach Grund und Höhe bestreitet, will die Klage abgewiesen haben. Nicht notwendig ist, daß nach Antragstellung eine Sachentscheidung des Gerichts begehrt wird. Die Verhandlungsgebühr für eine streitige Verhandlung entsteht deshalb auch dann, wenn die Parteien Sachanträge gestellt haben, der Kläger einen Verweisungsantrag gemäß § 281 ZPO stellt, weil der Beklagte seinen Abweisungsantrag mit der Unzuständigkeit des Gerichts begründet hat.

Hamm JurBüro 67, 903; Hamm JurBüro 71, 527 und AnwBl. 74, 276 = JurBüro 74, 1261 = Rpfleger 74, 327; vgl. auch Düsseldorf JurBüro 82, 1511 = JMBlNRW 82, 263 (Die widersprechenden Anträge zur Verweisung der Sache lösen auch ohne Antragstellung zur Hauptsache die volle Verhandlungsgebühr aus); München AnwBl. 85, 590 = Rpfleger 85, 326 = JurBüro 85, 1345 (Antrag eines irrtümlich in den Prozeß Hineingezogenen, ihn aus dem Prozeß zu entlassen, ist Sachantrag, der volle Verhandlungsgebühr auslöst, wenn Gegner sich unter Hinweis auf angeblich fehlende Parteistellung widersetzt).

Läßt es der Kläger nicht zu einem Abweisungsantrag kommen, sondern stellt er sofort von sich aus den Verweisungsantrag, entsteht die Verhandlungsgebühr „für die unstreitige Verhandlung" gemäß § 33 Abs. 1 nur zur Hälfte.

Ebenso entsteht die Verhandlungsgebühr teils in voller Höhe (bei Stellung eines Abweisungsantrags des Klägers), teils nur zur Hälfte (bei nichtstreitiger Verhandlung), wenn der Beklagte im Hinblick auf die von ihm erhobene Widerklage gleichzeitig die Verweisung nach § 281 ZPO beantragt hat.

Celle Rpfleger 64, 197.

Daß der RA in einer Ehesache den Sachantrag in der Absicht stellt, anschließend die Aussetzung des Verfahrens zu beantragen, steht der Entstehung einer vollen Verhandlungsgebühr nicht entgegen.

KG AnwBl. 70, 18 = NJW 69, 2022 = MDR 69, 1022 = Rpfleger 69, 439 = JurBüro 69, 1057.

Auch die Erklärung des Vertreters des Antragsgegners, er stelle im Eheverfahren keinen Gegenantrag, läßt die volle Verhandlungsgebühr entstehen (vgl. § 33 Abs. 1 S. 2 Ziff. 3).

Schleswig SchlHA 72,47;
a. M. München AnwBl. 80, 259 = Rpfleger 80, 355.

Auch fakultativ mündliche Verhandlungen beginnen erst mit der Stellung der Anträge. Erörterungen über Sach- oder Prozeßleitung oder über die Sach- und Rechtslage ohne vorherige Antragstellung sind keine mündliche Verhandlung. Jedoch kann auch hier die „stillschweigende" Antragstellung genügen.

Hamm Büro 60, 342.

Erörterungen können aber die Erörterungsgebühr des Abs. 1 Nr. 4 begründen.

56 **Bloße Anwesenheit** im Verhandlungstermin genügt nicht. Daher kann der RA, der selbst keinen Antrag gestellt hat, keine Verhandlungsgebühr beanspruchen, z. B. nicht ein RA, der zu dem vom Gegenanwalt gestellten Antrag weder einen Gegenantrag stellt noch sich ihm anschließt. Das „sich anschließen" kann jedoch auch stillschweigend geschehen. Beantragt z. B. der RA der einen Partei Vertagung und erklärt dazu der RA der Gegenpartei „ohne Erinnerung", so hat er mit diesen Worten zu dem Antrag Stellung genommen. Er hat damit – ebenso wie der Gegenanwalt – die ⁵⁄₁₀-Gebühr des § 33 Abs. 2 verdient.

Auch der anwaltliche Vertreter des Nebenintervenienten (Streithelfers) verdient die Verhandlungsgebühr nur durch Antragstellung in der mündlichen Verhandlung.

KG AnwBl. 71, 107 = NJW 71, 104 = JurBüro 70, 958 = Rpfleger 70, 443 = JVBl. 71, 38 mit zust. Anm. von H. Schmidt; Koblenz JurBüro 82, 723; München AnwBl. 69, 14 = JurBüro 68, 986 = MDR 69, 155 = Rpfleger 68, 403; Stuttgart JurBüro 76, 631 = Justiz 76, 392 (L); vgl. auch Hamburg JurBüro 79, 209 (Keine Verhandlungsgebühr vor Beitritt auf einer Seite).

Doch reicht es aus, daß er sich der Antragstellung des Vertreters der von ihm unterstützten Partei anschließt.

Wird eine Partei in der Verhandlung durch mehrere Anwälte vertreten, genügt es zur Entstehung der Verhandlungsgebühr für alle Anwälte, daß ein Vertreter die Anträge stellt und sich aus den Umständen ergibt, daß die anderen Anwälte sich den Anträgen – stillschweigend – anschließen wollen.

Sind Streitgenossen durch mehrere Anwälte vertreten, ist im Verhandlungstermin aber nur ein Anwalt erschienen, der auch für die anderen Anwälte die Anträge stellt, haben alle Anwälte die Verhandlungsgebühr verdient.

Hamm JurBüro 78, 858.

Über die Entstehung der Verhandlungsgebühr in den in § 33 Abs. 1 Nr. 3 geregelten Verfahren – Ehesachen, Rechtsstreitigkeiten über die Feststellung des Rechtsverhältnisses zwischen Eltern und Kindern, die vor die Landgerichte gehörenden Entmündigungsverfahren – vgl. A 2 ff. zu § 33.

57 **In Verfahren, für die Amtsbetrieb gilt,** besonders solchen, auf die das FGG Anwendung findet, ist § 137 ZPO nicht maßgebend. Soweit § 31 auch auf solche Verfahren Anwendung findet, wie z. B. auf Hausrats- und Landwirtschaftssachen (§ 63), auf Verfahren vor Verwaltungsgerichten (§ 114) oder Finanzgerichten (§ 114), kann eine Stellung von Anträgen nicht verlangt werden, da sie in solchen Verfahren nicht vorgeschrieben ist. Es genügt also dort zur Entstehung der Verhandlungsgebühr, daß eine mündliche Verhandlung stattgefunden hat und daß der Prozeßbevollmächtigte in der Verhandlung aufgetreten ist.

Schleswig AnwBl. 73, 44; LG Lübeck JurBüro 85, 1201 (Wohnungseigentumssache, in der nur Antragsteller verhandelt).

Danach ist z. B. im Verwaltungsgerichtsprozeß verhandelt, wenn im Anschluß an den Vortrag des Berichterstatters die Sach- und Rechtslage erörtert wird.

BayVGH BayVBl. 77, 186; OVG Hamburg NJW 70, 1094; OVG Bremen AnwBl. 84, 561 = JurBüro 85, 230.

Gleiches gilt bei Verfahren vor dem Landwirtschaftsgericht.

Celle Rpfleger 75, 64.

Ebenso reicht es in den Folgesachen des § 621 Abs. 1 Nr. 1 bis 3, 6, 7, 9 ZPO aus, daß das Familiengericht die Sache mit den Anwälten bespricht.

Bamberg JurBüro 78, 1514; Düsseldorf JurBüro 79, 705 und 1912; Frankfurt JurBüro 80, 1670; Nürnberg JurBüro 79, 208; Düsseldorf JurBüro 79, 1828 = KostRsp. BRAGO § 31 Ziff. 2 Nr. 56 m. Anm. Lappe; KG AnwBl. 84, 506 = JurBüro 84, 1524 = KostRsp. a.a.O. Nr. 72 m. Anm. Lappe.

Im Verfahren nach § 620 Abs. 1 Nr. 1–3, 7, 8 ZPO genügt es für die Entstehung der Verhandlungsgebühr, wenn die Parteivertreter durch schlüssiges Verhalten zum Ausdruck bringen, daß sie auf ihrem widerstreitenden Begehren beharren und eine gerichtliche Entscheidung wünschen. Nicht erforderlich ist, daß die Erklärungen über die Antragstellung stets ausdrücklich erfolgen und in das Sitzungsprotokoll aufgenommen werden.

Bremen JurBüro 79, 1656.

Ein RA, der im Verhandlungstermin nicht erscheint, kann auch im Verwaltungsstreitverfahren keine Verhandlungsgebühr beanspruchen.

BVerwG NJW 57, 315; OVG Lüneburg NJW 57, 275.

Über Entmündigungssachen s. A 4 zu § 44.

Aufführung der Anträge in der Sitzungsniederschrift ist, auch soweit 58 Antragstellung notwendig ist, nicht erforderlich. Es genügt, daß sich die Antragstellung aus dem Urteilsbestand oder aus der ganzen Sachlage ergibt. Ist Beweis erhoben worden, so ist anzunehmen, daß vorher mündlich verhandelt worden ist. Denn die Vermutung spricht für ein prozeßordnungsgemäßes Verfahren des Gerichts.

Frankfurt VersR 80, 876 (L); Koblenz JurBüro 80, 1846; München AnwBl. 59, 302 und Rpfleger 61, 418; Oldenburg Rpfleger 68, 313.

Andererseits genügt aber auch die Feststellung in der Sitzungsniederschrift, die Parteien hätten zur Sache verhandelt, nicht zur Begründung des Anspruchs auf die Verhandlungsgebühr, wenn Anträge, soweit solche erforderlich sind, nicht gestellt worden sind. Eine solche Feststellung kann auch dahin verstanden werden, daß ohne Antragstellung nur allgemeine Erörterungen stattgefunden haben.

Ob Sachanträge oder nur Anträge zur Sach- und Prozeßleitung gestellt sind, richtet sich nach der Sitzungsniederschrift, gegen die allerdings der Gegenbeweis zulässig ist.

Frankfurt Rpfleger 77, 261.

Fehler des Gerichts. Trifft das Gericht ordnungswidrig eine Entscheidung 59 ohne vorherige mündliche Verhandlung, so erwächst die Verhandlungsgebühr der RAe nicht deshalb, weil die Verhandlung an sich notwendig war.

Das gleiche gilt, wenn ohne generelle Antragstellung und ohne tatsächliches Verhandeln ein Zeuge „informatorisch" vernommen wird, etwa um einen Vergleich vorzubereiten.

Hamburg MDR 67, 774.

Darüber, daß nicht jede Beweisanordnung eine vorgängige mündliche Verhandlung erfordert, vgl. § 273 Abs. 2, § 358a ZPO (Das Gericht kann schon vor der mündlichen Verhandlung einen Beweisbeschluß erlassen).

60 **Späteres Fallenlassen der Anträge** beseitigt die bereits entstandene Verhandlungsgebühr nicht.

Beispiel: Nach Stellung der Klaganträge (z. B. auf Zahlung von 10000,– DM bzw. auf Klagabweisung) legt der Vertreter des Beklagten eine Quittung vor, wonach 6000,– DM vor Klagerhebung gezahlt worden sind.

Auch dann, wenn nunmehr der Kläger die Klage hinsichtlich dieser 6000,– DM zurücknimmt, verbleibt es bei der Verhandlungsgebühr aus 10000,– DM (selbstverständlich auch bei der Prozeßgebühr).

61 **Abgabe von Prozeßerklärungen allein genügt nicht.** Derartige Erklärungen werden durch die Prozeßgebühr abgegolten. Dies gilt besonders für die Rücknahme der Klage oder Widerklage. Eine solche Erklärung ist keine Verhandlung, sondern erübrigt im Gegenteil die Verhandlung. Dasselbe gilt für die Zurücknahme von Rechtsmitteln. Bedarf es zur wirksamen Rücknahme der Klage oder des Rechtsmittels der Zustimmung des Gegners, ist auch die Zustimmungserklärung eine Prozeßerklärung. Sie löst also die Verhandlungsgebühr ebenfalls nicht aus.

München MDR 83, 944 = JurBüro 83, 1660 = Rpfleger 83, 458 = KostRsp. BRAGO § 31 Ziff. 2 Nr. 69 mit Anm. Lappe.

Ebensowenig genügen der bloße Nachweis der Zustellung und Ladung oder die Urteilszustellung oder die Berichtigung eines noch nicht verlesenen Antrags.

Eine Besonderheit ergibt sich in Ehesachen. Wird gegen ein Scheidungsurteil Berufung nur zum Zweck der Antragsrücknahme eingelegt und werden in der Verhandlung übereinstimmende Anträge auf Aufhebung des erstinstanzlichen Urteils gestellt, entsteht die Verhandlungsgebühr. Das gleiche gilt, wenn die Ehegatten sich ausgesöhnt haben und im zweiten Rechtszug, ohne den Scheidungsantrag zurückzunehmen, beantragen, unter Aufhebung des angefochtenen Scheidungsurteils die Hauptsache für erledigt zu erklären.

62 Auch die übereinstimmende **Erklärung** der Parteien, **der Rechtsstreit sei erledigt,** ist keine Verhandlung. Sie löst zwar – falls noch nicht entstanden – die volle Prozeßgebühr aus, läßt aber die Verhandlungsgebühr nicht erwachsen.

Schleswig JurBüro 82, 1356 = KostRsp. BRAGO § 31 Ziff. 2 Nr. 67 mit Anm. Lappe, der Verhandeln annimmt; VG Köln JurBüro 79, 1656 = KostRsp. a.a.O. Nr. 58 m. Anm. Lappe; Frankfurt JurBüro 83, 1821 = MDR 84, 63; Stuttgart JurBüro 85, 90 = Justiz 84, 395.

Wohl aber kann sich daran eine Verhandlung über die Kosten anschließen, die aber nicht deshalb eine Verhandlung zur Hauptsache ist, weil die Kostenanträge darauf gestützt werden, daß der Hauptanspruch ohne die Erledigung begründet oder unbegründet gewesen wäre. Hier entsteht bei widersprechenden Anträgen die volle Verhandlungsgebühr aus dem Wert der bis zur Abgabe der Erledigungserklärung angefallenen Kosten.

Düsseldorf VersR 81, 786; Frankfurt JurBüro 78, 871 = VersR 78, 573; Schleswig JurBüro 82, 1356; Koblenz JurBüro 86, 1669.

Dasselbe gilt, wenn der Kläger die Hauptsache für erledigt erklärt, der

Beklagte zwar widerspricht, aber weder der Kläger den Antrag stellt, dem Beklagten die Kosten aufzuerlegen, noch der Beklagte Klagabweisung beantragt. Hier haben sich die Parteien auf die Abgabe von Prozeßerklärungen beschränkt. Deren Abgabe – mögen sie auch einander widersprechen – wird durch die Prozeßgebühr abgegolten.

Die Verhandlungsgebühr aus der Hauptsache erwächst auch dann nicht, wenn der Kläger als Berufungskläger in der Berufungsbegründung die Hauptache für erledigt erklärt und beantragt hat, dem Beklagten die Kosten aufzuerlegen, der Beklagte zwar den Antrag auf Zurückweisung der Berufung verlesen hat, sich aber aus der Entscheidung des Gerichts über die Kosten ergibt, daß sich die Parteien über die Erledigung der Hauptsache einig waren. Hier ist eine Verhandlungsgebühr aus dem Werte der Kosten zu berechnen.

KG DRW 42, 350.

Dagegen liegt eine streitige Verhandlung zur Hauptsache vor, wenn der Beklagte die vom Kläger behauptete Erledigung der Hauptsache bestreitet und den Abweisungsantrag stellt oder umgekehrt der Beklagte Erledigung behauptet und der Käger Verurteilung beantragt. In beiden Fällen hat das Gericht über die Hauptsache zu entscheiden.

BGH Rpfleger 79, 412.

Hier erwächst die volle Verhandlungsgebühr aus dem Wert der Hauptsache.

Düsseldorf AnwBl. 60, 114; Frankfurt MDR 56, 689. Die Frage nach der Höhe des Streitwertes ist sehr streitig; vgl. hierzu Schmidt/Schmidt Gegenstandswert Rdnr. 135.

63 Die **Verhandlungsgebühr** kann in Ausnahmefällen auch **ohne mündliche Verhandlung** erwachsen. Hierher gehören insbes. die Fälle des § 35, in denen im Einverständnis der Parteien (§ 128 Abs. 2 ZPO) oder gemäß §§ 128 Abs. 3, 307 Abs. 2 sowie 331 Abs. 3 ZPO ohne mündliche Verhandlung entschieden wird. Vgl. außerdem das Gesetz zur Entlastung der Gerichte der Verwaltungs- und Finanzgerichtsbarkeit (s. Anm. 18 zu § 35).

Hamm AnwBl. 73, 45.

Für Verfahren vor Gerichten der Finanzgerichtsbarkeit vgl. § 117.

64 **Abgegolten wird durch die Verhandlungsgebühr** nicht nur die Stellung der Anträge, sondern auch die gesamten nachfolgenden Erörterungen über den gestellten Antrag, also die zu seiner Begründung vorgetragenen Erläuterungen und die Stellungnahme der Gegenpartei zu dem Antrag, gleichgültig, ob diese Stellungnahme widersprechend oder zustimmend ausfällt; ferner auch die Verhandlung nach einer Beweisaufnahme. Schließlich wird durch die Verhandlungsgebühr die vor der Stellung der Sachanträge entstandene Gebühr des § 33 Abs. 2 abgegolten.

Beispiel: Durch ein- oder mehrmaliges Vertagen der Verhandlung ist zunächst die Gebühr des § 33 Abs. 2 erwachsen. Sie geht in der Verhandlungsgebühr auf, sobald diese entsteht, wobei gleichgültig ist, ob sie in voller Höhe oder nur zur Hälfte erwächst (vgl. hierzu A 65).

65 Die **Verhandlungsgebühr kann in voller Höhe oder nur zu einem Bruchteil entstehen.** Grundsätzlich ist die Verhandlungsgebühr eine volle Gebühr (§ 31 Abs. 1). Ausnahmsweise erwächst die Verhandlungsgebühr nur zur Hälfte (§ 33 Abs. 1 und Abs. 3). Im Rechtsmittelverfahren ist die volle

Gebühr gemäß § 11 Abs. 1 Satz 4 die $^{13}/_{10}$-Gebühr. Daraus folgt, daß die halbe Gebühr des Rechtsmittelverfahrens die $^{13}/_{20}$-Gebühr ist.

66 Nur für eine **streitige Verhandlung zur Hauptsache** erhält der RA die volle Verhandlungsgebühr nach dem Werte der Hauptsache.

Streitig ist die Verhandlung, wenn von beiden Parteien einander widersprechende Anträge gestellt werden. Der regelmäßige Fall der streitigen Verhandlung zur Hauptsache ist der, daß der Kläger den Klagantrag stellt und der Beklagte Abweisung der Klage beantragt. Auf die Begründung der Anträge kommt es nicht an. Die Verhandlung bleibt auch dann streitig, wenn der Beklagte nach Stellung des Klagabweisungsantrags offensichtlich unbegründete Einwendungen erhebt.

Wird der Rechtsstreit in dem Verhandlungstermin wegen örtlicher oder sachlicher Unzuständigkeit verwiesen, kann die Verhandlungsgebühr sowohl voll wie auch nur zur Hälfte entstehen. Sie erwächst als volle Gebühr, wenn der Kläger zunächst den Sachantrag und der Beklagte den Abweisungsantrag gestellt hat und nunmehr erst die Verweisung beantragt wird. Sie entsteht nur als halbe Verhandlungsgebühr, wenn der Klägervertreter – aus dem Schriftsatz des Beklagten wissend, daß dieser die Unzuständigkeit des angerufenen Gerichts rügen will – sofort von sich aus die Verweisung beantragt.

67 Auch wenn nur **über Prozeßvoraussetzungen** gestritten wird, z. B. wenn der Beklagte eine prozeßhindernde Einrede erhebt oder die Zulässigkeit eines Rechtsmittels bestreitet und deshalb Verwerfung des Rechtsmittels beantragt, oder wenn der RA des Berufungsklägers beantragt, ihm gegen die Versäumung der Rechtsmittelfrist die Wiedereinsetzung zu erteilen, liegt eine streitige Verhandlung zur Hauptsache vor.

Zweibrücken AnwBl. 77, 316 (Verhandlung über die örtliche Zuständigkeit löst die volle Verhandlungsgebühr aus).

Gleiches gilt, wenn der Beklagte Klagänderung einwendet.

Frankfurt Büro 60, 72; Hamm Büro 53, 253.

68 Ebenso liegt eine **streitige Verhandlung** vor, wenn der Beklagte zwar die den Anspruch begründenden Tatsachen zugesteht, aber gleichwohl Abweisung der Klage beantragt,

oder wenn er beantragt, **ihn nur Zug um Zug** gegen eine Leistung des Klägers **zu verurteilen.**

KG Rpfleger 62, 39.

Eine **unstreitige Verhandlung** liegt jedoch vor, wenn der Kläger sich von vornherein zur Zug-um-Zug-Leistung erbietet.

Eine unstreitige Verhandlung liegt ferner vor, wenn der Beklagte – ohne daß der Kläger widerspricht – beantragt,

ihn nur unter dem Vorbehalt der beschränkten Erbenhaftung zu verurteilen,

ihm im Urkunden- und Wechselprozeß die Ausführung aller Rechte für das Nachverfahren vorzubehalten (vorausgesetzt allerdings, daß gegen die Verurteilung im Urkunden- oder Wechselprozeß weitere Einwendungen nicht erhoben werden).

Düsseldorf Büro 60, 252 = JVBl. 60, 235 = JMBlNRW 60, 83 = MDR 60, 685; Hamm JurBüro 63, 284 = JMBlNRW 63, 99; Schleswig SchlHA 72, 26.

Verhandlung nach Vergleichsabschluß. Verhandeln die Prozeßbevollmächtigten nach Abschluß eines widerruflichen Vergleichs vorsorglich streitig zur Hauptsache, entsteht die Verhandlungsgebühr auch, wenn der Vergleich nicht widerrufen wird.

Düsseldorf NJW 71, 763 = AnwBl. 71, 355 = JurBüro 71, 763 = Rpfleger 71, 367
= MDR 71, 936; Bremen Rpfleger 73, 374. Vgl. aber München NJW 76, 429 (L) =
Rpfleger 76, 104 = JurBüro 76, 194 LG Bayreuth JurBüro 86, 225.

Für eine **nichtstreitige Verhandlung** zur Hauptsache erhält der RA nach   69
§ 33 Abs. 1 S. 1 nur eine **halbe Verhandlungsgebühr.**

Nichtstreitig ist die Verhandlung, wenn entweder nur eine Partei einen
Antrag stellt, wobei – wie z. B. im Versäumnisverfahren – fingiert wird, daß
die andere Partei zustimmt, oder wenn beide Parteien Anträge stellen, die
einander nicht widersprechen, z. B. wenn der Beklagte den Klaganspruch
anerkennt.

Ausnahmen gelten in den Fällen des § 33 Abs. 1 S. 2 Nr. 1 bis 3, also bei Anträgen
auf Entscheidung nach Lage der Akten, bei dem Antrag auf Erlaß eines
Versäumnisurteils durch den Rechtsmittelkläger und dann, wenn der Kläger in
Ehesachen, Kindschaftssachen und Entmündigungssachen verhandelt.

Vgl. hierzu die A 10 ff. zu § 33.

Werden **Anträge nur zur Prozeß- oder Sachleitung** gestellt, so beträgt die
Verhandlungsgebühr nach § 33 Abs. 2 ebenfalls fünf Zehntel der vollen
Gebühr.

Mehr als die volle Verhandlungsgebühr kann der RA im gleichen Rechts-   70
zug regelmäßig auch dann nicht verlangen, wenn mehrere streitige Verhandlungen stattgefunden haben. Mehrere halbe Verhandlungsgebühren können
ebenfalls nicht anfallen. Ist z. B. in einem Rechtsstreit gegen zwei Beklagte im
ersten Verhandlungstermin gegen den ersten Beklagten Versäumnisurteil
ergangen, gegen den zweiten nach Vertagung des ersten Termins im zweiten
Termin Anerkenntnisurteil erwirkt worden, erhält der RA des Klägers doch
nur eine halbe Verhandlungsgebühr für die Erwirkung beider Urteile.

Ebenso können bei mehreren Vertagungen nach § 33 Abs. 2 nicht mehrere ⁵⁄₁₀-
Gebühren entstehen. Sämtliche Vertagungen werden durch eine ⁵⁄₁₀-Gebühr
abgegolten.

Auch eine Verhandlungsgebühr zu einem Bruchteil nach § 33 kann nicht
neben der vollen beansprucht werden.

Eine Verhandlungsgebühr nach dem Kostenstreitwert kann nicht berechnet
werden, wenn die Rücknahme der Klage oder eines Rechtsmittels nach
Verhandlung zur Hauptsache erfolgt ist und danach Kostenentscheidung
beantragt wird. Ist allerdings eine Verhandlungsgebühr zur Hauptsache nicht
oder nur zur Hälfte angefallen, kann eine Verhandlungsgebühr aus dem Werte
der Kosten erwachsen (Ist die Verhandlungsgebühr zur Hauptsache als halbe
Gebühr entstanden, kann keine halbe Gebühr aus dem Wert der Kosten
anfallen, etwa bei unstreitiger Verhandlung über die Kosten. Wohl aber kann
bei streitiger Verhandlung über die Kosten eine volle Verhandlungsgebühr aus
dem Wert der Kosten entstehen; m. a. W. eine Verhandlungsgebühr aus dem
Werte der Kosten kann nur anfallen, wenn aus dem Wert der Hauptsache
entweder keine Verhandlungsgebühr oder nur eine mit einem geringeren
Gebührensatz angefallen ist).

Ausnahmsweise kann die Verhandlungsgebühr im gleichen Rechtszug nochmals entstehen, wenn nach Einspruch gegen ein Versäumnisurteil (vgl. § 38) oder wenn nach Abstandnahme vom Urkunden- oder Wechselprozeß oder nach einem Vorbehaltsurteil in einem solchen Prozeß (§ 39) erneut verhandelt wird.

71 Verbindung, Trennung. Werden getrennt erhobene Klagen nach Entstehung der Verhandlungsgebühr miteinander verbunden oder wird ein Rechtsstreit nach Entstehung der Verhandlungsgebühr in mehrere Prozesse geteilt, gilt für die Verhandlungsgebühr das für die Prozeßgebühr bei Verbindung und Trennung Gesagte in gleicher Weise.

Vgl. vorst. Anm. 52.

Ist bei der Verbindung getrennt anhängig gemachter Prozesse vor der Verbindung nur in einem derselben verhandelt worden und wird nach der Verbindung über den verbundenen Streitgegenstand verhandelt, fällt außer der durch die frühere Verhandlung bereits verdienten Verhandlungsgebühr für die Verhandlung nach der Verbindung eine Verhandlungsgebühr aus dem zusammengerechneten Wert beider Sachen an, allerdings in dem Verhältnis gekürzt, das dem Anteil des Streitwerts der einen Sache, in der vor der Verbindung verhandelt worden war, an dem zusammengerechneten Streitwert entspricht.

Düsseldorf AnwBl. 78, 235 = JMBlNRW 78, 129; vgl. hierzu vorst. Anm. 52; vgl. aber Zweibrücken JurBüro 81, 699 (Ist bei Verbindung getrennt anhängig gemachter Prozesse nur in einem Verfahren verhandelt worden und wird nach Verbindung über den gesamten Streitgegenstand verhandelt, so ist die in dem einen Ausgangsverfahren erwachsene Verhandlungsgebühr auf die spätere höhere Gebühr voll anzurechnen).

72 Streitwert. Die Höhe der Verhandlungsgebühr richtet sich, da die Verhandlungsgebühr eine **Aktgebühr** ist, nach dem Werte des Gegenstandes, über den verhandelt worden ist.

Dies ist in der Regel der ganze Klagegegenstand, und zwar auch dann, wenn zunächst nur über prozessuale Vorfragen verhandelt wird. Der Streitwert für die Verhandlung, z. B. über die Einrede der Unzuständigkeit des Gerichts, ist deshalb gleich dem Streitwert der Hauptsache.

Stuttgart MDR 59, 223.

Wird nur über einen Teil des Klagegegenstandes verhandelt, z. B. wegen Teilerledigung, so ist der Wert dieses Teiles maßgebend.

Beispiel: In einem Rechtsstreit über 1000,— DM wird die Klage vor dem ersten Termin wegen eines Teilbetrages von 600,— DM zurückgenommen. Die Verhandlungsgebühr entsteht nur wegen der restlichen 400,— DM (wegen der Kosten vgl. A 81).

Bei der Höhe der Verhandlungsgebühr sind nicht zu berücksichtigen die Ansprüche, die bei der Bemessung des Streitgegenstandes nicht in Betracht kommen, wie Nebenforderungen (§ 4 ZPO), wiederkehrende Leistungen, die nicht mit dem vollen Betrag angesetzt werden (§ 9 ZPO, § 17 GKG).

Beispiele:

Nach Verhandlung über die Hauptsache wird ein Zinsanspruch eingeführt und auch über ihn verhandelt. Keine Werterhöhung.

Bei einem Rentenanspruch aus § 17 Abs. 2 GKG, der auf Lebenszeit geltend gemacht wird, wird zunächst über die ersten 5 Jahre und erst später über die Folgezeit verhandelt. Es bleibt bei dem Streitwert des § 17 Abs. 2 GKG mit dem 5-Jahres-Höchstbetrag.

Voraussetzung ist allerdings, daß die Verhandlungen durch eine gleichhohe ($^{10}/_{10}$ oder $^5/_{10}$) Verhandlungsgebühr abgegolten werden.

Der Streitwert einer durchgeführten Nebenintervention richtet sich nach dem Interesse des Nebenintervenienten.

Schmidt/Schmidt, Gegenstandswert, RdNr. 253 mit weit. Nachw.;
a. M. BGH BGHZ 31, 144 = NJW 60, 42 = MDR 60, 41 = JurBüro 60, 161 = Rpfleger 60, 150.

Erhöht sich der Streitwert nach der ersten mündlichen Verhandlung, 73 so entsteht bei nochmaliger Verhandlung nach der Erhöhung nicht neben der nach dem ursprünglichen Streitwert berechneten Verhandlungsgebühr noch eine weitere nach dem Unterschied der Streitwerte berechnete neue Verhandlungsgebühr; die zuerst entstandene Verhandlungsgebühr erhöht sich vielmehr auf den Betrag, der sich nach dem erhöhten Gesamtbetrag des Streitwerts ergibt.

Beispiel: Die Klage wird von 3000,— DM um 7000,— DM auf 10000,— DM erhöht. Zunächst ist eine $^{10}/_{10}$-Verhandlungsgebühr aus 3000,— DM mit 175,— DM erwachsen. Nachdem die weiteren 7000,— DM in den Rechtsstreit eingeführt worden sind, beträgt die Verhandlungsgebühr $^{10}/_{10}$ aus 10000,— DM = 539,— DM.

Im Falle des § 302 Abs. 4 ZPO bildet die Verhandlung über die Gegenforderung mit dem vorausgegangenen Verfahren einen einzigen Rechtsstreit.

Dadurch, daß später ein Vergleich über einen höheren Anspruch geschlossen wird, erhöht sich die Verhandlungsgebühr nicht.

Beispiel: Aus einer Forderung von 10000,— DM wird ein Teilbetrag von 3000,— DM geltend gemacht. Nachdem verhandelt worden ist, wird in einem Sühnetermin ein Vergleich über die gesamten 10000,— DM geschlossen. Folgende Gebühren sind erwachsen:

$^{10}/_{10}$-Prozeßgebühr aus 3000,— DM	175,— DM
$^5/_{10}$-Prozeßgebühr aus 7000,— DM	191,50 DM
	366,50 DM
jedoch nicht mehr als	
$^{10}/_{10}$ aus 10000,—DM 539,— DM	
$^{10}/_{10}$-Verhandlungsgebühr aus 3000,— DM	175,— DM
$^{10}/_{10}$-Vergleichsgebühr aus 10000,— DM	539,— DM
	1080,50 DM

Auch bei einer **Mehrheit von Ansprüchen** bei Klaghäufung sind die Gebüh- 74 ren nicht für jeden Anspruch getrennt zu berechnen.

Beispiele:

Eingeklagt sind 1000,— DM Kaufpreis, 2000,— DM Miete und 5000,— DM Darlehen. Wird über alle Ansprüche verhandelt, erwächst die Verhandlungsgebühr aus 8000,— DM. Dabei ist gleichgültig, ob über die Ansprüche gleichzeitig oder nacheinander verhandelt wird.

Eingeklagt sind 1000,— DM gegen A, 2000,— DM gegen B und 5000,— DM gegen C. Für den Anwalt des Klägers erwächst die Verhandlungsgebühr aus 8000,— DM, wobei ebenfalls gleichgültig ist, ob gegen die drei Beklagten gleichzeitig oder nacheinander verhandelt worden ist. Das gleiche gilt für den Vertreter der Beklagten, wenn dieser alle Beklagten vertritt. Wird jeder Beklagte durch einen anderen Anwalt vertreten, erwächst für die Beklagtenvertreter die Verhandlungsgebühr jeweils nur aus dem Betrag, der gegen die eigene Partei geltend gemacht wird.

> Vgl. auch Düsseldorf NJW 73, 2034 = Rpfleger 73, 327 = JurBüro 73, 843.

75 **Höher im Wert als die Prozeßgebühr** kann die Verhandlungsgebühr niemals sein. Sie ist bei mehreren Verhandlungen nach dem höchsten Werte zu berechnen, über den jemals verhandelt worden ist. Vgl. hierzu das bei der Prozeßgebühr A 44 gebildete Beispiel bei Geltendmachen von Mietzinsansprüchen.

76 Durch **Teilerledigung** des Rechtsstreits nach der Verhandlung ermäßigt sich die Verhandlungsgebühr nicht.

77 **Ist teils streitig, teils nichtstreitig verhandelt worden,** z. B. wenn wegen eines Teiles der Klagforderung Versäumnis- oder Anerkenntnisurteil ergeht und dann über den Rest streitig verhandelt wird, so entsteht die volle Verhandlungsgebühr nach dem Werte des streitigen Teiles und daneben eine halbe Verhandlungsgebühr nach dem des nichtstreitigen Teiles. Beide zusammen dürfen aber den Betrag der vollen Verhandlungsgebühr vom Gesamtstreitwert gemäß § 13 Abs. 3 nicht übersteigen.

Entsprechendes gilt, wenn nach Verhandlung zur Prozeß- und Sachleitung wegen der ganzen Sache wegen eines Teils streitig und eines anderen Teils nichtstreitig verhandelt wird.

Beispiel: In einem Rechtsstreit über 10000,— DM wird die Verhandlung auf Antrag beider Anwälte mehrfach vertagt. Im Laufe der Zeit zahlt der Beklagte 7000,— DM. Im nächsten Verhandlungstermin erkennt der Beklagte weitere 1000,— DM an. Über den Rest von 2000,— DM wird streitig verhandelt.

Die Verhandlungsgebühr ist erwachsen zu

$^{10}/_{10}$ aus 2000,— DM	130,— DM
$^{5}/_{10}$ aus 8000,— DM	217,50 DM
	347,50 DM

Die Gebühr darf jedoch gemäß § 13 Abs. 3 die Gebühr aus dem Gesamtwert (hier: 10000,— DM) nach dem höchsten angewandten Gebührensatz (das sind die $^{10}/_{10}$ aus den 2000,— DM) = 539,— DM nicht übersteigen.

In einem Rechtsstreit gegen zwei Gesamtschuldner wird zunächst gegen A und später gegen B verhandelt; hier entsteht nur eine Verhandlungsgebühr.

78 Bei der **Stufenklage** ist, wenn sich die Verhandlung auf die Rechnungslegung beschränkt, die Verhandlungsgebühr nur nach dem Werte des Rechnungslegungsanspruchs zu bemessen.

> Hamburg JurBüro 78, 1664; KG Rpfleger 83, 500 = JurBüro 83, 1822 = MDR 84, 63.

Ist nach der Rechnungslegung ein Teil anerkannt oder sonst erledigt worden und betrifft dann die Verhandlung nur noch den nicht erledigten Teil, so ist die Verhandlungsgebühr nach diesem Teilbetrag zu berechnen. Ist die vor der

Rechnungslegung entstandene Verhandlungsgebühr höher, so bleibt es bei der früheren Gebühr.

München Rpfleger 56, 29 (L).

Wird in einem Rechtsstreit gegen zwei Gesamtschuldner gegen A streitig und gegen B unstreitig verhandelt, entsteht nur eine volle ($^{10}/_{10}$) Verhandlungsgebühr.

Nach dem Werte der Kosten kann eine Verhandlungsgebühr nur dann 79 entstehen, wenn noch keine gleich hohe oder höhere Verhandlungsgebühr nach dem Werte der Hauptsache entstanden ist.

Hamburg JurBüro 74, 1006 (Hauptsache anerkannt ½-Gebühr, Kosten streitig $^{10}/_{10}$-Gebühr); Düsseldorf JurBüro 81, 862 (Verhandlung über die Kosten nach Erledigung der Hauptsache); Koblenz JurBüro 79, 1832.

Ist dies nicht der Fall, so steht den Prozeßbevollmächtigten der Parteien, obwohl über die Kosten von Amts wegen zu entscheiden ist, eine Verhandlungsgebühr nach dem Werte der Kosten dann zu, wenn der Streit nur die Kosten betrifft. Das setzt voraus, daß die Hauptsache einschließlich aller Nebenforderungen erledigt ist.

Das trifft z. B. zu, wenn die Klage oder das Rechtsmittel zurückgenommen worden ist oder wenn sich die Hauptsache in anderer Weise erledigt hat und jede Partei beantragt, die Kosten der Gegenpartei aufzuerlegen.

Über den Fall, daß über die Hauptsache nichtstreitig, über die Kosten streitig verhandelt wird, s. A 51 zu § 13; über den Fall, daß sowohl zur Hauptsache als über die Kosten nichtstreitig verhandelt wird, s. A 52 zu § 13.

Stellt nur eine Partei einen Kostenantrag, zu dem der Anwalt der 80 Gegenpartei keine Erklärung abgibt (er verhält sich völlig passiv), wie dies besonders bei Rücknahme der Klage oder des Rechtsmittels gelegentlich der Fall sein wird, so erhält nur der Prozeßbevollmächtigte der Partei, die den Antrag, nötigenfalls (wenn die Entscheidung durch Urteil ergehen muß) mit Zusatzantrag auf Erlaß des Versäumnisurteils, stellt, nach § 33 eine halbe Verhandlungsgebühr nach dem Kostenstreitwert.

Vgl. auch LG Berlin JurBüro 68, 37 (Die Verhandlungsgebühr entsteht für den Prozeßbevollmächtigten des Klägers nur nach dem Wert der bisher entstandenen Kosten, wenn er gegen den säumigen Beklagten im Verhandlungstermin den Antrag stellt, den Rechtsstreit in der Hauptsache für erledigt zu erklären, dem Beklagten die Kosten aufzuerlegen und gegen diesen dementsprechend Versäumnisurteil zu erlassen, das alsdann ergeht). Siehe auch A 23 zu § 37.

Erkennt die andere Partei den Anspruch an oder verhandelt sie ohne Gegenantrag (z. B. Antrag nach Sachlage zu entscheiden), so kann auch ihr Prozeßbevollmächtigter die halbe Verhandlungsgebühr nach dem Kostenstreitwert verlangen. S. A 6 zu § 33.

Koblenz JurBüro 86, 1669

Streiten die Parteien über die Erledigung der Hauptsache, so liegt eine streitige Verhandlung zur Hauptsache, nicht nur eine Kostenverhandlung vor. S. oben A 62.

Über Erwirkung einer Verlustigerklärung s. oben A 51.

Hat sich **nur die Widerklage erledigt** und wird über deren Kosten gestrit- 81 ten, so wird die Verhandlung über die Kosten der Widerklage durch die

Verhandlungsgebühr für die Verhandlung über die Klage abgegolten, wenn Klage und Widerklage denselben Gegenstand betreffen.

Betreffen Klage und Widerklage nicht denselben Gegenstand und wird, nachdem sich die Klage in der Hauptsache erledigt hat, nur noch über die Widerklage und über die Kosten verhandelt, so bemißt sich die Verhandlungsgebühr nach dem Wert der Widerklage, weil die Kosten der Klage ein nicht ausscheidbarer Teil der Gesamtkosten sind.

> BGH Rpfleger 55, 12; Hamburg JurBüro 69, 556; Karlsruhe Rpfleger 70, 31; München Rpfleger 76, 255 = JurBüro 76, 801 = MDR 76, 759; a. M. Hamm AnwBl. 73, 43 = Rpfleger 73, 101 und 8. Auflage.

Die Beweisgebühr

82 Allgemeines. Die Beweisgebühr hat die Aufgabe, dem Mehraufwand an Zeit, Tätigkeit und Verantwortung Rechnung zu tragen, den eine Beweisaufnahme für den Prozeßbevollmächtigten unzweifelhaft bedingt.

Die Beweisgebühr ist die volle Gebühr des § 11 Abs. 1. Im Berufungs- und Revisionsverfahren ist sie die $^{13}\!/_{10}$-Gebühr. In einzelnen, besonders bestimmten Fällen ist die Beweisgebühr niedriger. Beispiele: $^5\!/_{10}$-Gebühr gemäß §§ 43 a, 48, 51; $^3\!/_{10}$-Gebühr gemäß § 57.

Die Vorschrift des § 31 Abs. 1 Nr. 3 wird ergänzt durch die Bestimmung des § 34. Die Beweisgebühr entsteht nicht, wenn die Beweisaufnahme mit Urkunden durchgeführt wird, die von den Parteien vorgelegt worden sind (§ 34 Abs. 1). Besondere Vorschriften enthält § 34 Abs. 2, wenn Akten oder Urkunden beigezogen werden.

83 Beweisaufnahme ist die Tätigkeit eines Gerichts (und der von ihm zugezogenen Hilfskräfte) innerhalb eines gerichtlichen Verfahrens, die zum Ziele hat, beweisbedürftige (als des Beweises bedürftig angesehene) erhebliche Umstände, die in der Regel tatsächlicher Natur sind, mittels Beweismitteln zu klären (d. h. das Gericht von der Wahrheit oder Unwahrheit einer Tatsache oder der Richtigkeit oder Unrichtigkeit eines anderen Umstandes zu überzeugen) bzw. dort, wo Glaubhaftmachung ausreicht, die Umstände glaubhaft zu machen. Die Glaubhaftmachung i. S. v. § 294 ZPO ist sonach auch Beweisaufnahme.

> VG Ansbach AnwBl. 82, 159 (Glaubhaftmachung).

Diese Begriffsbestimmung ist allerdings nicht unstreitig.

So wird die Auffassung vertreten, es reiche nicht aus, wenn Hilfskräfte tätig würden. Demgemäß stelle eine Ortsbesichtigung durch den gerichtlich bestellten Sachverständigen keine Beweisaufnahme dar.

> Mümmler JurBüro 83, 660; Bamberg JurBüro 80, 221 m. Anm. v. Mümmler; Düsseldorf JVBl. 66, 160; Hamm JurBüro 72, 701 = Rpfleger 72, 328; München JurBüro 64, 670 = JVBl. 64, 169 = Rpfleger 65, 247 sowie JurBüro 69, 860 = MDR 69, 855.

Diese Einschränkung ist nicht geboten. Eine Beweisaufnahme liegt wohl unstreitig vor, wenn der Richter an der Ortsbesichtigung teilnimmt. Das gilt auch dann, wenn dem Richter die Fachkenntnisse fehlen, um festzustellen, ob Mängel vorliegen oder nicht. Es ist nicht ersichtlich, warum die erforderlichen Feststellungen nicht allein von der sachverständigen Hilfskraft des Richters getroffen werden dürfen. Soll ein Augenschein an dem Körper einer Frau eingenommen werden, wird das Gericht die Augenscheinseinnahme auch einem Arzt oder einer Ärztin übertragen müssen (mind. aber dürfen). Im übrigen treffen die Gründe, die zur Schaffung der Beweisgebühr geführt haben, auch bei der „Beweisaufnahme des Sachverständigen" zu. Die Teilnahme an einer eingehenden Besichtigung eines Bauwerks durch einen Sachverständigen, die sich vielleicht über einen ganzen Tag erstreckt, ist durch die allgemeine Verfahrensgebühr (Prozeßgebühr) nicht abgegolten.

> H. Schmidt Jur Büro 64, 186 und AnwBl. 80, 107;
> **a. M.** München JurBüro 64, 670 = JVBl. 64, 169 = Rpfleger 65, 247 (Für die Gebühr des Verkehrsanwalts. München versucht, das unbillige Ergebnis dadurch zu umgehen, daß es dem Verkehrsanwalt 91,— DM Reisekosten zubilligt, die entstanden wären, wenn der Prozeßbevollmächtigte den Besichtigungstermin wahrgenommen hätte. Das ist jedoch unrichtig; wenn die Teilnahme des Verkehrsanwalts durch die Verkehrsgebühr abgegolten ist, also zusätzliche Kosten nicht entstanden sind, können ersparte Kosten des Prozeßbevollmächtigten, die nicht entstanden sind, nicht zugebilligt werden).

Ferner wird weitgehend darauf abgestellt, daß sich die Beweisaufnahme auf Tatsachen (tatsächliche Umstände) erstreckt.

Die Beschränkung auf Tatsachen ist nicht gerechtfertigt, wie die Ausführungen bei A 84 zeigen.

Die Tatsachen sollen beweisbedürftig und erheblich sein.

Auch dieses Erfordernis ist nicht gerechtfertigt. Das Gericht soll zwar nach den Verfahrensgesetzen Beweise nur erheben, wenn die Umstände, über die Beweis erhoben wird, beweisbedürftig und erheblich sind. Für das Gebührenrecht kommt es jedoch weder auf die Beweisbedürftigkeit noch auf die Erheblichkeit an. Die Beweisgebühr erwächst auch dann, wenn – fälschlich – Beweis über unstreitige oder unerhebliche Umstände erhoben wird.

> Nürnberg AnwBl. 69, 355.

Ob die Beweisaufnahme auf Antrag oder von Amts wegen erfolgt, ist für die Entstehung der Beweisgebühr unerheblich. Ebenso ist ohne Bedeutung, ob durch die Beweisaufnahme der volle Beweis erbracht werden soll oder ob die Beweiserhebung nur der Glaubhaftmachung dienen soll.

In erster Linie wird sich die Beweisaufnahme auf streitige Tatsachen erstrecken. Über zugestandene oder als zugestanden anzusehende (§ 138 Abs. 3 ZPO) Tatsachen soll kein Beweis erhoben werden, § 288 ZPO. Soweit die Parteiherrschaft ausgeschlossen ist, muß jedoch auch über unstreitiges Vorbringen Beweis erhoben werden. Soweit Amtsermittlungspflicht besteht, brauchen die Umstände nicht einmal von den Parteien in den Rechtsstreit eingeführt worden zu sein.

> BayVGH JurBüro 81, 1523 (Im Verfahren vor den Verwaltungsgerichten kann Beweis auch erhoben werden, wenn kein bestrittenes Vorbringen der Parteien vorliegt); VG Ansbach AnwBl. 82, 160.

Außer Tatsachen können Gegenstand einer Beweisaufnahme u. a. auch sein
a) die Auslegung eines für die Wirtschaft wichtigen Begriffs (z. B. „Markenbenzin"),
b) das Bestehen einer Verwaltungsübung,

c) das Bestehen von Handelsbräuchen,
d) das Vorliegen von Erfahrungssätzen.

84 Bei **Streit über den Inhalt von Rechtsnormen** handelt es sich um ein Beweisaufnahmeverfahren, wenn sich das Gericht des förmlichen Beweisverfahrens bedient, z. B. der Beiziehung einer Auskunft oder eines Sachverständigengutachtens.

> BGH NJW 75, 2142 = MDR 75, 1003 = Betrieb 75, 1937 = WM 75, 1058.

Ob die Beweiserhebung von Amts wegen oder auf Antrag vorgenommen worden ist und ob es sich um ausländisches oder inländisches Recht handelt, ist gleichgültig.

> Schleswig JurBüro 83, 561 (Die Einholung einer Rechtsauskunft über ausländisches Recht ist Beweisaufnahme und läßt die Beweisgebühr entstehen).

Das ist bei dem in einem anderen Lande geltenen Recht selbstverständlich. Für das Prozeßrecht ist allerdings streitig, ob ein Beweisverfahren überhaupt rechtlich möglich ist, weil sich das Gericht die erforderlichen Rechtskenntnisse von Amts wegen zu verschaffen hat. Soviel ist aber – auch für das Prozeßrecht – unstreitig, daß § 293 ZPO dem Gericht die Ermittlung der Rechtsnormen in den Formen des Beweises, d. h. unter Benützung der Beweismittel, gestattet. Macht das Gericht von dieser Befugnis Gebrauch, liegt jedenfalls gebührenrechtlich ein Beweisaufnahmeverfahren vor. Aber auch über inländisches Recht kann im Einzelfall Beweis erhoben werden. Häufig werden solche Beweiserhebungen allerdings nicht sein, da der Richter das in seinem Bezirk geltende Recht kennen soll. Ausnahmen sind jedoch möglich.

Vom – und zwar deutschen – Gewohnheitsrecht spricht bereits § 293 ZPO. Es kann jedoch auch über deutsches Gesetzesrecht Beweis erhoben werden. Jedenfalls dann, wenn Beweis erhoben wird, liegt gebührenrechtlich eine Beweisaufnahme vor. Das wird jedoch teilweise geleugnet.

> BGH JurBüro 66, 393 = MDR 66, 479 = JVBl. 66, 58 = NJW 66, 1364 = Rpfleger 66, 301; Düsseldorf Rpfleger 56, 178; Neustadt MDR 61, 68 = Rpfleger 63, 34.

Die Ermittlung geschriebenen inländischen Rechts richte sich nach Grundsätzen, die eine Beurteilung als Beweisaufnahme nicht zuließen. Dieser Ansicht kann jedoch nicht zugestimmt werden. Unzweifelhaft ist es erste Pflicht eines Gerichts, sich durch eigenes Studium die Kenntnis von dem anzuwendenden Recht zu verschaffen. Wie aber, wenn das Gericht trotz eingehenden Studiums sich keine sichere Kenntnis der geltenden Rechtsvorschriften hat verschaffen können oder wenn seine Zweifel über die Auslegung des Gesetzes bestehen geblieben sind? In diesen Fällen ist es angebracht, in entsprechender Anwendung des § 293 ZPO Auskünfte oder Gutachten einzuholen. Die Einholung einer Auskunft z. B. über Besatzungsrecht unterscheidet sich in keiner Weise von der Einholung einer Auskunft über ausländisches Recht. Es besteht deshalb kein Anlaß, die Einholung der Auskunft in dem einen Falle als Beweisaufnahme i. S. des Gebührenrechts anzusehen, in dem anderen dagegen nicht. Deshalb ist auch die Einholung von Auskünften und Gutachten über inländisches Gesetzesrecht als Beweisaufname i. S. des § 31 Abs. 1 Nr. 3 anzusehen.

> E. Schneider JurBüro 68, 95; München Büro 61, 247 = AnwBl. 61, 118 = MDR 61, 424 = NJW 61, 1219 = JVBl. 61, 167 = Recht 61, 419;
> **a. M.** Riedel/Sußbauer A 86; LG Hamburg MDR 84, 413.

Nicht ausreichend ist es aber, wenn sich die Parteien auf Aufforderung des Gerichts Auskünfte oder Gutachten verschaffen und diese vorlegen. In solchen Fällen entfällt die Beweisgebühr mit Rücksicht auf § 34 Abs. 1.

> Vgl. z. B. Düsseldorf Büro 61, 605 = JMBlNRW 61, 251 = MDR 61, 1026 = Rpfleger 64, 358.

Eine **Beweiserhebung** soll nach verbreiteter Meinung nur dann vorliegen, **85** wenn die Klärung der zu beweisenden Umstände **mit den „vom Gesetz zugelassenen Beweismitteln" erfolgt.**

Gesetzlich zugelassene Beweismittel sind Augenscheinseinnahmen, Zeugen, Sachverständige, Parteivernehmung und Urkunden. Diese Beschränkung auf die „zugelassenen Beweismittel" ist jedoch nicht geboten. Eine Beweiserhebung mit Beweismitteln, die das Gesetz nicht kennt (die ZPO kennt weder Tonband- noch Videoaufnahmen) und infolgedessen auch nicht zulassen kann, bleibt trotzdem eine Beweiserhebung, wenn auch möglicherweise eine fehlerhafte. Gebührenrechtlich ist sie jedenfalls existent.

Beispiel: Vertragspartner haben während ihrer Verhandlungen vereinbarungsgemäß ein Tonband laufen lassen. Nunmehr streiten die Parteien. Darf das Gericht das Tonband abhören? Wohl ja. Warum soll das keine Beweisaufnahme sein?

Wegen Einholung privater Lohn- usw. Auskünfte s. A 122.

Welchen Zwecken die Beweisaufnahme dient, ist gleichgültig. Infolge- **86** dessen ist auch z. B. die Zeugenvernehmung zur Vorbereitung eines Vergleiches eine Beweisaufnahme, die die Beweisgebühr auslöst.

> Frankfurt JurBüro 79, 375 = VersR 79, 357 und JurBüro 80, 1839 = VersR 80, 933 (L); Hamm AnwBl. 74, 277 = JurBüro 74, 1006 = MDR 74, 764 = Rpfleger 74, 327 = JMBlNRW 74, 225; KG JurBüro 86, 64 = MDR 85, 1037 (Klärung, ob bestimmte Feststellung wissenschaftlich möglich, ist Beweisaufnahme).

Die **„informatorische"** Anhörung von Zeugen und Sachverständigen ist **87** ebenfalls Beweisaufnahme, gleichgültig, ob der Zeuge befragt wird, ob er etwas bekunden kann oder was er bekunden kann. Verneint er die erste Frage, so ist das schon Beweisergebnis.

> Celle AnwBl. 80, 78; Frankfurt JurBüro 79, 375 = VersR 79, 357, JurBüro 80, 1839 = VersR 80, 933 und AnwBl. 81, 194; Hamburg JurBüro 77, 665 und JurBüro 82, 861; Hamm AnwBl. 72, 190 = NJW 72, 1072 = JurBüro 71, 1043 = JMBlNRW 72, 123; Koblenz AnwBl. 73, 114 und AnwBl. 81, 74 = JurBüro 81, 549 = MDR 81, 239 = Rpfleger 81, 73; München AnwBl. 81, 110 = JurBüro 81, 394 = MDR 80, 239; Stuttgart Justiz 73, 95 und JurBüro 74, 480 = Rpfleger 74, 168 = Justiz 74, 125 sowie AnwBl. 77, 470.
> **a. M.** Bamberg NJW 72, 912; Celle JurBüro 74, 861 = NdsRpfl. 74, 131; Schleswig JurBüro 85, 878 (nicht, wenn nur gefragt wird, ob Zeuge etwas bekunden könne).

Ebenso ist gleichgültig, **worüber Beweis** erhoben wird. Eine Beweisaufnah- **88** me liegt auch vor, wenn über Formalien (z. B. über die Rechtzeitigkeit der Berufungseinlegung) oder Prozeßvoraussetzungen Beweis erhoben wird.

Beispiel: In einem Amtsgerichtsprozeß auf Herausgabe wendet der Beklagte ein, der Wert des Gegenstandes übersteige die amtsgerichtliche Zuständigkeit. Beweis wird durch Einholung eines Sachverständigengutachtens erhoben. Die mitwirkenden RAe haben die Beweisgebühr verdient.

H. Schmidt NJW 67, 889 u. Tschischgale JurBüro 67, 131;
a. M. Celle NJW 67, 889 = JurBüro 67, 131.

Wird über einen Wiedereinsetzungsantrag Beweis erhoben, ist dies eine
Beweisaufnahme, die die Beweisgebühr auslöst.

Die objektiven Voraussetzungen

89 Für die **Entstehung der Beweisgebühr** ist nach § 31 Abs. 1 Nr. 3 die
Vertretung in einem Beweisaufnahmeverfahren oder bei der Anhörung oder
Vernehmung einer Partei nach § 613 ZPO erforderlich. Es muß also vorliegen: einmal die sog. objektive Voraussetzung, daß ein Beweisaufnahmeverfahren oder eine Anhörung oder Vernehmung einer Partei nach § 613 ZPO
stattgefunden hat, andererseits die sog. subjektive Voraussetzung, daß der RA
seinen Auftraggeber in einem solchen Verfahren vertreten hat.

90 Die **Beweiserhebung** soll **von dem Gericht** durch Beweisbeschluß angeordnet werden (§ 358 ZPO). Es ist aber nicht erforderlich, daß der Beschluß
als Beweisbeschluß bezeichnet wird.

> Frankfurt AnwBl. 79, 32.

Es genügt, wenn die Beweisanordnung aus dem Verfahrensablauf nachweis-
bar ist.

> Koblenz JurBüro 79, 205 und DAR 82, 80 = VersR 82, 585.

Auf die Vorstellung des Gerichts, keinen Beweis erhoben zu haben, kommt es
nicht an, wenn sich eine Beweisaufnahme objektiv feststellen läßt. Auch
dann, wenn sich das Gericht nicht bewußt war, daß es Beweis erhob, oder
wenn es sogar keinen Beweis erheben wollte, liegt eine Beweisaufnahme vor,
wenn die objektiven Voraussetzungen des § 31 Abs. 1 Nr. 3 erfüllt sind.

> Frankfurt AnwBl. 80, 367 = VersR 80, 777; Hamm JurBüro 68, 891 = AnwBl. 69,
> 136 = JMBlNRW 69, 117; Köln JurBüro 68, 806; Hamburg JurBüro 86, 1669.

Gleichgültig ist auch, daß das Gericht – fälschlich – im Tatbestand des Urteils
feststellt, eine Beweisaufnahme sei nicht erfolgt, wenn tatsächlich Beweis
erhoben worden ist.

> Frankfurt AnwBl. 79, 32 und JurBüro 83, 1041 = BB 83, 1373; AnwBl. 83, 521;
> München AnwBl. 79, 32; Nürnberg JurBüro 72, 506.

Beispiele:

Das Gericht meint, die „informatorische Vernehmung" von Zeugen zur
Vorbereitung eines Vergleichs sei keine Beweisaufnahme, weil sie gewollt sei,
um die Verhandlungs- und Beweisgebühr der Anwälte zu ersparen (vgl.
A 87).

Das Gericht nimmt im Verhandlungstermin eines einstweiligen Verfügungsverfahrens eine mündliche eidesstattliche Versicherung einer Partei entgegen
in der Auffassung, die Abgabe eidesstattlicher Versicherungen werde durch
die Prozeßgebühr abgegolten.

Die Beweisaufnahme kann formlos beginnen. Ein Beweisbeschluß ist nicht
erforderlich. Es genügt, daß das Gericht tatsächlich mit den Beweiserhebungen beginnt, also z. B. anfängt, mitgebrachte Zeugen zu vernehmen.

Ein Beweisbeschluß ist nur erforderlich, wenn die Beweisaufnahme nicht
sofort durchgeführt werden kann, wenn also – wie § 358 ZPO sagt – ein

besonderes Verfahren erforderlich ist. Zu ergänzen wäre, daß die Vernehmung einer Partei gemäß § 450 ZPO auch dann durch Beweisbeschluß angeordnet werden muß, wenn die anwesende Partei sofort vernommen werden könnte. Wird aber die Form nicht eingehalten (die Partei wird ohne Beweisbeschluß vernommen), kann die Parteivernehmung trotzdem Beweisaufnahme sein.

Ein Beweisbeschluß kann schon vor der mündlichen Verhandlung erlassen (§ 358a S. 1 ZPO) und unter bestimmten Voraussetzungen (§ 358a S. 2 ZPO) auch ausgeführt werden.

Die Anhörung oder Parteivernehmung nach § 613 ZPO kann dagegen formlos durchgeführt werden. Ein Beweisbeschluß ist somit nicht erforderlich, in vielen Fällen sogar nicht einmal angebracht.

Aber auch hier gilt der Satz: Fehler der Beweisanordnung nehmen einer durchgeführten Beweisaufnahme nicht den Charakter als Beweisaufnahme. Als Beispiel ein Fall der Praxis: In einem Streit zwischen Eheleuten, der jedoch keine Ehesache war, sondern die wirtschaftliche Auseinandersetzung betraf, hat das Gericht, vergessend, daß es sich nicht um den gleichzeitig laufenden Scheidungsprozeß handelte, eine Partei förmlich als Partei, aber ohne Erlaß eines Beweisbeschlusses (§ 450 Abs. 1 ZPO), vernommen. Der vom Gericht bei Beginn gemachte Fehler macht die Beweisaufnahme nicht zu einem nullum.

Frankfurt JurBüro 63, 161 = NJW 63, 664 und BB 79, 297 (formlose Zeugenvernehmung).

Nicht nur die Tatsacheninstanzen erheben Beweis. Auch im Revisionsverfahren kann es zu einer Beweisaufnahme kommen.

Nürnberg JurBüro 68, 397.

Beispiele:

Der BGH prüft die Rüge, das Berufungsgericht sei nicht richtig besetzt gewesen, durch Einholung einer Auskunft des OLG-Präsidenten.

Der BGH vernimmt Zeugen über die Rechtzeitigkeit der Rechtsmitteleinlegung.

Dagegen liegt eine Beweisaufnahme noch nicht vor, wenn sich die Parteien mit der Verwertung der in einem anderen Verfahren vorgesehenen Beweisaufnahme einverstanden erklären und das Gericht das Verfahren deshalb zunächst zurückstellt.

KG JurBüro 68, 39.

Ist ein **förmlicher Beweisbeschluß** verkündet worden, so wird durch ihn **91** auch dann ein Beweisverfahren eingeleitet, wenn die getroffene Anordnung nicht nur zu Beweiszwecken, sondern auch zu anderen Zwecken erlassen worden sein kann. Sie kann nicht später dadurch ihren Charakter als Beweisbeschluß verlieren, daß sie als Irrtum oder als Vergreifen im Ausdruck bezeichnet wird. Jedoch ist die Bezeichnung als Beweisbeschluß dann nicht maßgebend, wenn der Beschluß überhaupt keine Beweisanordnung enthalten kann, sondern nur den Parteien die Abgabe bestimmter Erklärungen aufgibt.

Koblenz JurBüro 75, 1226; LAG Düsseldorf JurBüro 85, 1827.

Ein Beweisaufnahmeverfahren wird auch eingeleitet, wenn ein Beweisbeschluß nur mündlich seinem wesentlichen Inhalt nach verkündet wird. Uner-

von Eicken   527

heblich ist, daß die schriftliche Absetzung des Beweisbeschlusses und die Durchführung der Beweisaufnahme unterbleiben.

> Düsseldorf JurBüro 72, 417 = MDR 72, 524.

Ebenso ist das Beweisaufnahmeverfahren eingeleitet, wenn der Beweisbeschluß mündlich verkündet ist und die schriftliche Abfassung zurückgestellt wird, bis weitere Schriftsätze eingehen.

> Düsseldorf NJW 72, 1766 = JurBüro 72, 507 = Rpfleger 72, 234.

Im Einzelfall kann zweifelhaft sein, ob eine Beweisaufnahme beabsichtigt war und durchgeführt wurde. Beispiel: Es läßt sich bei der Beiziehung von Akten nicht mit Sicherheit feststellen, ob die Voraussetzungen des § 34 Abs. 2 gegeben sind. Hier empfiehlt es sich, bei der Kostenfestsetzung eine Stellungnahme des Prozeßgerichts einzuholen. Zu beachten ist jedoch, daß diese Stellungnahme für das Kostenfestsetzungsverfahren nicht bindend ist. Die Kostenfestsetzungsinstanzen werden aber die Stellungnahme bei ihrer Entscheidung berücksichtigen müssen. Ist die Stellungnahme augenscheinlich unrichtig (z. B. eine Parteivernehmung, die beweismäßig gewürdigt worden ist, wird nur als Anhörung nach § 141 ZPO bezeichnet), braucht sie nicht beachtet zu werden.

> KG Rpfleger 62, 38; vgl. jedoch München NJW 69, 702 (abl. Anm. H. Schmidt) = JurBüro 69, 151 = Rpfleger 69, 65; Hamburg JurBüro 73, 639 = MDR 73, 771 sowie JurBüro 74, 475 = MDR 74, 678 und Hamm AnwBl. 74, 278 = MDR 74, 765 = Rpfleger 74, 327 = JMBlNRW 74, 143.

Die Prozeßgerichte sollten sich in ihren Beschlüssen und Sitzungsniederschriften klar ausdrücken, um solche Zweifel zu vermeiden.

> H. Schmidt NJW 69, 702; vgl. auch Celle NJW 70, 477 (Die Beweisgebühr entsteht auch ohne ausdrückliche Beweisanordnung, wenn sich aus den Entscheidungsgründen des Urteils entnehmen läßt, daß über streitige Behauptungen Beweis – hier durch Benutzung von Teilen einer Strafakte – erhoben worden ist).

92 Ein **bedingter Beweisbeschluß** leitet erst dann ein Beweisverfahren ein, wenn die Bedingung eintritt. Soll z. B. nur, wenn ein Sühneversuch scheitert, Beweis erhoben werden, so liegt kein Beweisverfahren vor, wenn ein Vergleich zustande kommt. Der aufschiebend bedingte Beweisbeschluß entwikkelt erst mit Eintritt der Bedingung seine volle Wirksamkeit. Tritt die Bedingung nicht ein, liegt kein Beweisbeschluß vor. Die Beweisaufnahme hat noch nicht begonnen.

> Frankfurt JurBüro 81, 1353 mit Anm. von Mümmler; Koblenz JurBüro 82, 1837 mit Anm. von Mümmler = MDR 83, 65; JurBüro 86, 1528; Hamm Rpfleger 86, 277 = MDR 86, 860 (ausnahmsweise aber auch nur aufgeschobene Durchführung des unbedingten Beweisbeschlusses).
> **a. M.** Schumann/Geißinger A 109; Düsseldorf AnwBl. 72, 397 = NJW 72, 2053 mit zust. Anm. von Baur = JurBüro 72, 507 = Rpfleger 72, 235; Köln Büro 58, 510 = AnwBl. 60, 33 = JMBlNRW 58, 225 = ZZP 72, 292.

Nicht zu verwechseln ist der aufschiebend bedingte Beweisbeschluß mit dem unbedingt erlassenen Beweisbeschluß, dessen Durchführung jedoch vorbehalten oder von dem Eintritt weiterer Voraussetzungen abhängig geworden ist.

Beispiele: Anordnung der Einholung eines erbbiologischen Gutachtens in einem Vaterschaftsprozeß. Die Einholung wird zurückgestellt, bis das Kind 3 Jahre alt ist.

Anordnung von Zeugenvernehmungen, deren Durchführung zurückgestellt wird, bis entschieden ist, ob ein gleichzeitig angeordneter Sühneversuch Erfolg hat oder nicht.

In diesen Fällen des Erlasses eines Beweisbeschlusses mit Vorbehalten der Durchführung hat die Beweisaufnahme mit der Verkündung des Beweisbeschlusses begonnen.

Enthält ein Beweisbeschluß neben der Beweisanordnung einen Vergleichsvorschlag oder die Bestimmung eines Sühnetermins, wird in der Regel nicht ein bedingter Beweisbeschluß, sondern ein unbedingter Beschluß mit aufgeschobener Durchführung der Beweisaufnahme vorliegen.

> Celle AnwBl. 65, 313 = JVBl. 65, 234 = MDR 65, 838 = NJW 65, 1815 = NdsRpfl. 65, 20 = Rpfleger 66, 28; Hamburg JurBüro 71, 689. Vgl. aber auch Hamburg MDR 65, 57 und Schleswig SchlHA 63, 249; Hamm Rpfleger 86, 277 = JurBüro 86, 1036 = MDR 86, 860.

Auch ein **Auflagenbeschluß,** in dem Beweiserhebung über bestimmte Par- 93
teibehauptungen vorbehalten worden ist, kann ein bedingter Beweisbeschluß sein. Es ist aber kein unbedingter Beweisbeschluß und läßt deshalb die Beweisaufnahme zeitigstens mit der Erfüllung der Auflage beginnen.

Eine Anordnung des Gerichts, die **im angenommenen Einverständnis der** 94
Parteien oder in der Annahme des Einverständnisses für den Fall, daß nicht binnen bestimmter Frist widersprochen wird, erfolgt, wird regelmäßig erst dann wirksam, wenn das Einverständnis ausdrücklich oder stillschweigend erklärt wird. Vorher liegt nur die Ankündigung einer behördlichen Maßnahme vor. Erst dann, wenn die Anordnung wirksam geworden ist, ist eine Tätigkeit in einem Beweisaufnahmeverfahren möglich. Jedoch liegt auch dann eine Beweisaufnahme – wenn auch möglicherweise eine fehlerhafte – vor, wenn das Gericht trotz Widerspruchs die Anordnung durchführt, etwa ein Gutachten einzuholen. In der Regel ist jedoch das Gericht an das Einverständnis der Parteien nicht gebunden.

Wird die **Vernehmung noch zu benennender Zeugen** angeordnet, so liegt 95
eine unbedingte Beweisanordnung vor. Dasselbe gilt, wenn die Anschrift der Zeugen noch angezeigt werden soll.

Von einem Auslagenvorschuß abhängig gemacht wird in der Regel nur 96
die Ladung von Zeugen oder die Vernehmung von Sachverständigen. Darin liegt keine bedingte Beweisanordnung.

Das **Beweisaufnahmeverfahren beginnt** mit der Beweisanordnung. 97

Es genügt daher die mündliche Verkündung des Beschlusses, z. B. wenn es infolge Abschluß eines Vergleiches (der vielleicht durch den Beweisbeschluß veranlaßt ist, weil die Parteien erkennen, was das Gericht für wesentlich erachtet) zu einer schriftlichen Abfassung nicht mehr gekommen ist.

> **a. M.** Schumann/Geißinger A 157; Düsseldorf JurBüro 72, 417 = MDR 72, 524; KG JurBüro 74, 482; Schleswig JurBüro 73, 968.

Eine mündliche Verhandlung ist vor Beginn der Beweisaufnahme nicht erforderlich (vgl. § 358a ZPO). Beispiele für Beweisaufnahmen ohne mündliche Verhandlung: Einholung eines Gutachtens gemäß § 358a Ziff. 4 ZPO, Vernehmung von Zeugen im ersten Termin vor Antragstellung zur Ermöglichung eines Vergleiches.

> Mümmler JurBüro 81, 1309.

98 Durchführung des Beweisbeschluses ist nicht erforderlich. Es ist also nicht nötig, daß die Beweisaufnahme auch wirklich stattgefunden hat.

Hamburg JurBüro 79, 374; HessVGH KostRsp. BRAGO § 31 Ziff. 3 Nr. 132 (L).

Die Beweisgebühr kann daher auch dann entstehen, wenn der Beweisbeschluß nicht durchgeführt worden ist, weil sich die Beweisaufnahme infolge abgeänderter Parteidarstellung erübrigt hat, weil sich die Parteien nach Erlaß des Beweisbeschlusses verglichen haben oder weil das Gericht – was nach Richterwechsel gelegentlich vorkommt – die zu beweisende Tatsache für unerheblich hält und deshalb den Beweisbeschluß aufhebt.

Köln NJW 70, 572 (Unterbreitet das Gericht den Parteien in einem Beweisbeschluß einen Vergleichsvorschlag und wird dieser von den Parteien, ohne daß es zur Durchführung der Beweisaufnahme gekommen ist, angenommen, so erwachsen den Prozeßbevollmächtigten sowohl eine Beweisgebühr als auch eine Vergleichsgebühr).

99 Verwertet das Rechtsmittelgericht eine Beweisaufnahme des unteren Gerichts, die dieses für seine Entscheidung **nicht benutzt hat,** da es aus Rechtsgründen unabhängig vom Ergebnis der Beweisaufnahme entschieden hat, so entsteht dadurch keine Beweisgebühr, weil darin nur die Verwertung des bereits abgeschlossen vorliegenden Prozeßmaterials liegt.

Das gleiche gilt, wenn das Berufungsgericht eine Beweisaufnahme erneut würdigt, die bereits von dem Erstgericht verwertet worden ist. Beispiel: Die vom Erstgericht beigezogenen und als Beweis verwerteten Strafakten werden auch vom Berufungsgericht zur Entscheidungsgrundlage gemacht. Etwas anderes gilt aber, wenn sich der Gegenstand der Beweisaufnahme in beiden Rechtszügen nicht deckt.

Beispiel: Im ersten Rechtszug enthielten die Strafakten nur das Verfahren bis zum Ersturteil, im Berufungsverfahren waren in den Strafakten auch die Verhandlungen vor der Strafkammer und auch das Revisionsurteil enthalten. Hier erstreckt sich die Verwertung der Strafakten auf Vorgänge, die im ersten Rechtszug noch nicht vorlagen. Infolgedessen ist die Verwertung der nachträglich angefallenen Aktenteile eine neue Beweisaufnahme.

100 Eine Beweisaufnahme durch **Augenscheinseinnahme** liegt vor, wenn die Parteien durch Bezeichnung des Gegenstandes des Augenscheins und durch Angabe der zu beweisenden Tatsachen den Beweis durch Augenschein angetreten haben und daraufhin das Gericht die Vornahme des Augenscheins angeordnet hat. Ist dies nicht durch ausdrücklichen Beweisbeschluß geschehen, so ist aus dem Inhalt der Sitzungsniederschrift, des Urteilstatbestandes und der Entscheidungsgründe zu ermitteln, ob das Gericht den Willen hatte, eine Beweisaufnahme vorzunehmen. Dazu genügt allerdings nicht die bloße Feststellung, daß die Parteien einen Gegenstand vorgelegt haben und das Gericht davon Kenntnis genommen hat, da die Besichtigung oft nur den Zweck hat, ein besseres Verständnis des Parteivortrags zu gewinnen. Erforderlich ist vielmehr, daß der Wille des Gerichts erkennbar geworden ist, durch eigene Wahrnehmung sich ein eigenes Urteil über die Richtigkeit oder Unrichtigkeit streitiger Tatsachen zu bilden.

Karlsruhe MDR 76, 236; München AnwBl. 76, 21; Hamburg JurBüro 86, 1669.

Z. B. liegt Beweisaufnahme vor, wenn das Gericht in einem Rechtsstreit über Verletzung des Urheberrechts die von beiden Parteien überreichten Modelle und Abbildungen vergleicht, um festzustellen, ob die bestrittene Behauptung des Klägers über eine weitgehende Übereinstimmung der Modelle beider Parteien den Tatsachen entspricht

> München JurBüro 64, 451 = NJW 64, 1527 = Rpfleger 67, 169; Stuttgart AnwBl. 80, 510.

oder wenn Streit darüber besteht, ob die Beschaffenheit eines Gegenstandes gefährlich ist und das Gericht diese Frage nach Besichtigung des Gegenstandes nach eigener Sachkunde entscheidet, letzteren selbst in Augenschein nimmt, oder wenn bei Streit darüber, ob ein Unfallverletzter ohne den Unfall nach dem 65. Lebensjahr noch erwerbsfähig geblieben wäre, das Gericht den Verletzten selbst in Augenschein nimmt,

oder wenn der körperliche Befund einer Partei zum Nachweis einer streitigen Mißhandlung festgestellt wird,

> Frankfurt AnwBl. 78, 69 und AnwBl. 82, 200 = JurBüro 82, 558 = VersR 82, 909 (Auch ohne ausdrücklichen Beweisbeschluß liegt in der Inaugenscheinnahme einer Partei eine Beweisaufnahme, wenn der Prozeßgegner behauptet hat, die Partei sei nicht in der Lage, ihre Beeinträchtigung schmerzlich zu empfinden, und sich aus den Urteilsgründen ergibt, daß die gegenteilige Überzeugung des Gerichts sich auch auf seinen persönlichen Eindruck von der Partei stützt); Köln JurBüro 72, 993 mit abl. Anm. von H. Schmidt; München AnwBl. 82, 439; bedenklich Schleswig JurBüro 64, 586 = SchlHA 64, 105 (Besichtigung einer Unfallverletzten, von der unstreitig war, daß sie verstümmelt ist. War aber wirklich der Grad der Verstümmelung unstreitig?). Vgl. auch Koblenz JurBüro 83, 1521.

oder bei einer vom Gericht angeordneten Ortsbesichtigung, falls die Besichtigung der Klärung streitiger Fragen (etwa, ob die Unfallstelle übersichtlich ist) dienen soll.

> Düsseldorf JurBüro 69, 853 (Der Entstehung der Beweisgebühr steht bei der Augenscheinseinnahme nicht entgegen, daß kein förmlicher Beweisbeschluß vorliegt und das Ergebnis auch nicht protokolliert worden ist. Es genügt, daß sich das Gericht in den Entscheidungsgründen mit dem Ergebnis der Augenscheinseinnahme auseinandergesetzt hat; Frankfurt JurBüro 86, 226.

Dagegen liegt keine Beweisaufnahme vor, wenn die Örtlichkeit mit allen ihren Einzelheiten unstreitig ist und das Gericht die Unfallstelle nur deshalb besichtigen will, um den Parteivortrag besser verstehen zu können.

> Celle JurBüro 67, 425 = NdsRpfl. 67, 88 (Auch in Landwirtschaftssachen kann eine Ortsbesichtigung nur dann eine Beweisgebühr auslösen, wenn sie eine Aufklärung der dem Gericht unbekannten und von ihm als erheblich angesehenen Tatsachen bezweckt. Sie entsteht nicht, wenn das Gericht mit dem Ortstermin lediglich bezweckt, die örtlichen Verhältnisse kennenzulernen); Hamm Rpfleger 73, 225 = MDR 73, 684; Köln JurBüro 68, 806 (Ein Ortstermin allein löst die Beweisgebühr noch nicht aus); München JurBüro 73, 526; vgl. auch Bamberg JurBüro 77, 353 und 79, 59; LG Mönchengladbach JurBüro 86, 1835.

Vorlegung von Gegenständen zwecks Augenscheinseinnahme seitens der Parteien ist keine Vorlegung von in den Händen der Parteien befindlichen Urkunden i. S. des § 34 Abs. 1 Sie stellt sich deshalb, wenn das Gericht von den vorgelegten Gegenständen Kenntnis nimmt, als Beweisaufnahme dar.

> Frankfurt MDR 61, 780 = Rpfleger 61, 337; Stuttgart AnwBl. 80, 510; LG Tübingen und Stuttgart, JurBüro 86, 1039.

Die Besichtigung von Lichtbildern oder polizeilichen Unfallskizzen ist Augenscheinseinnahme, nicht Urkundenbeweis.

Bamberg JurBüro 82, 1847 mit Anm. von Mümmler; Frankfurt VersR 80, 336 und 80, 777 = AnwBl. 80, 367. (Eine Beweisaufnahme liegt vor, wenn das Gericht Lichtbilder in Augenschein nimmt, um sich ein eigenes Urteil über die Richtigkeit oder Unrichtigkeit streitiger Tatsachen zu bilden); Koblenz JurBüro 77, 353 = AnwBl. 77, 72 und DAR 82, 20 = VersR 82, 585; Nürnberg JurBüro 72, 506; AG Hanau AnwBl. 81, 160; VG Minden AnwBl. 75, 399 = JurBüro 76, 196 mit zust. Anm. von Mümmler.

Ebenso liegt eine Beweiserhebung vor, wenn das Gesetz sich von einer Partei eine Unterschriftsprobe fertigen läßt und sie mit der angeblich gefälschten Unterschrift vergleicht.

H. Schmidt, JurBüro 63, 593.

Ansetzung eines Termins an Ort und Stelle ist noch keine Anordnung einer Augenscheinseinnahme. Sie entspricht der vorsorglichen Ladung eines Zeugen gemäß § 273 Abs. 2 ZPO. Die Anordnung soll nur die alsbaldige Augenscheinseinnahme ermöglichen, falls diese nach dem Vortrag der Parteien erforderlich werden sollte. Das Gericht kann jedoch gemäß § 358a ZPO durch Beweisbeschluß die Einnahme eines Augenscheins anordnen. Dies wird es dann tun, wenn die Einnahme des Augenscheins auf jeden Fall erforderlich ist.

Zusammenfassend kann gesagt werden: Die Einnahme eines Augenscheins ist nur dann eine Beweisaufnahme, wenn durch sie etwas Bestimmtes bewiesen werden soll.

Vgl. auch LG Berlin JurBüro 83, 88 (Die Einnahme eines Augenscheins an Grundrissen stellt dann keine die Beweisgebühr auslösende Beweisaufnahme dar, wenn das Gericht die Augenscheinseinnahme nur zur Veranschaulichung und Würdigung eines unstreitigen Sachverhalts vorgenommen hat. Hierfür ist allein die objektive Lage, nicht jedoch die Vorstellung des Gerichts maßgebend.)

Die erneute Augenscheinseinnahme durch das Berufungsgericht ist eine erneute Beweisaufnahme, nicht nur die Verwertung der Augenscheinseinnahme durch das Gericht der ersten Instanz. Das gilt nicht nur für die erneute Besichtigung einer Person, sondern auch für die Besichtigung von Fotos.

101 **Zeugenvernehmung** ist stets Beweisaufnahme. Die Vernehmung beginnt gemäß § 395 Abs. 2 ZPO mit der Befragung des Zeugen über seine Personalien.

Düsseldorf JurBüro 83, 234 (Der Prozeßbevollmächtigte entfaltet eine auf die Beweisaufnahme gerichtete Tätigkeit, die die Beweisgebühr begründet, noch nicht mit seinem Erscheinen im Beweisaufnahmetermin, sondern erst mit dem Beginn der Durchführung der Beweisaufnahme. Das ist im Fall des Zeugenbeweises der Beginn der Vernehmung des Zeugen zur Person).

Dagegen liegen die Wahrheitsermahnung und die Eidesbelehrung – wie § 395 Abs. 1 ZPO bestimmt – vor der Vernehmung und damit vor der Beweisaufnahme. Eine nur informatorische Anhörung von Zeugen ist der ZPO fremd. In der Befragung eines Zeugen, ob er überhaupt als Zeuge für das Beweisthema in Frage kommt, liegt in der Regel eine Beweisaufnahme, denn wenn er diese Frage verneint, ist das ebenso Beweisergebnis, als wäre er auf Grund eines förmlichen Beweisbeschlusses vernommen worden; vgl. A 87. Keinesfalls kann eine Beweisaufnahme verneint werden, wenn der Zeuge bereits Angaben zur Sache gemacht hat, oder wenn zu einem Sühnetermin zugezogene Zeugen zur Sache gehört werden (s. unten A 104).

Ein Beweisbeschluß auf Zeugenvernehmung liegt auch dann vor, wenn das Gericht nach § 377 Abs. 3 oder 4 ZPO anordnet, daß der Zeuge zum Termin nicht zu erscheinen braucht, wenn er vorher eine schriftliche Beantwortung der Beweisfrage unter eidesstattlicher Versicherung ihrer Richtigkeit einreicht.

Über die Einholung einer solchen Auskunft nach § 358a Ziff. 3 ZPO s. A 32 zu § 34.

Verlesen des Entschuldigungsschreibens eines Zeugen, das zugleich An- 102 gaben zum Beweisthema enthält, ist nur dann Beweisaufnahme, wenn der Inhalt im Wege des Urkundenbeweises an Stelle der persönlichen Vernehmung des Zeugen verwertet werden soll. Das bedarf der ausdrücklichen Klarstellung durch das Prozeßgericht, kann sich jedoch auch aus dem Urteil ergeben (wenn z. B. das Gesetz in den Entscheidungsgründen ausführt, auf Grund der glaubhaften Angaben des Zeugen in seinem Schreiben sei erwiesen . . .).

Die Bekanntgabe, daß der Zeuge angezeigt habe, er mache von seinem Zeugnisverweigerungsrecht Gebrauch, ist nach verbreiteter Meinung keine Beweisaufnahme.

Dem ist zuzustimmen, soweit sich der Zeuge auf ein Zeugnisverweigerungsrecht aus persönlichen Gründen beruft (§ 383 ZPO), weil insoweit aus der Zeugnisverweigerung keine Schlüsse gezogen werden können. Beruft sich der Zeuge dagegen in seiner Anzeige, er verweigere das Zeugnis, auf sachliche Gründe (§ 384 ZPO), können aus der Zeugnisverweigerung Schlüsse gezogen werden. Der Vortrag des Schreibens des Zeugen stellt sich insoweit als Urkundenbeweis dar.

Für **Sachverständige** gilt Entsprechendes. Wird der Sachverständige alsbald 103 – d. h. ohne vorherige Einholung eines schriftlichen Gutachtens – vernommen, gilt das zum Zeugenbeweis Gesagte in gleicher Weise. Die Beweisaufnahme beginnt sonach – falls nicht ein Beweisbeschluß erlassen wird – mit der Vernehmung des Sachverständigen zur Person.

Wird ein schriftliches Gutachten eingeholt, beginnt die Beweisaufnahme gem. § 411 ZPO mit dem Erlaß der Anordnung. In der Vernehmung eines Gutachters zur Erläuterung seines Gutachtens liegt eine Beweisaufnahme.

> München AnwBl. 59, 302 mit Anm. von Schumann; KG JurBüro 86, 64 = MDR
> 85, 1037 (Bitte an den Sachverständigen um Äußerung, ob eine bestimmte
> Behauptung wissenschaftlich überhaupt feststellbar ist, enthält Beweisanordnung).

Wird in Rechtsstreitigkeiten, die eine besondere Sachkunde erfordern, in Anlehnung an § 144 ZPO von vornherein ein Sachverständiger zugezogen, so ist seine Aufgabe die Aufklärung des Gerichts zum besseren Verständnis der Parteivorträge. Die Beweisgebühr entsteht erst dann, wenn der Sachverständige zum Zwecke der Beweisaufnahme über strittige Punkte vernommen wird. Nicht notwendig ist, daß ein besonderer Beweisbeschluß erlassen wird. Ein Beweisbeschluß ist jedoch zu empfehlen, da sonst gelegentlich zweifelhaft bleiben kann, ob eine Befragung zur Aufklärung oder eine Beweiserhebung vorgelegen hat.

> BGH JurBüro 66, 581 = GRUR 66, 523 = MDR 66, 577 = NJW 66, 1319 =
> Rpfleger 67, 403 (Die Beweisgebühr erwächst im Berufungsverfahren in Patent-
> nichtigkeitssachen mit der Beauftragung eines technischen Sachverständigen mit

der Erstattung eines schriftlichen Gutachtens, sofern das Gutachten nicht nur der Aufklärung des Gerichts über technische Fragen, sondern darüber hinaus auch Beweiszwecken dienen soll).

Die Beweisannahme endet – falls der Sachverständige nicht vernommen wird – mit dem Vortrag des Gutachtens in der mündlichen Verhandlung.

> Bamberg JurBüro 82, 1835 mit Anm. von Mümmler; KG JurBüro 79, 688; München JurBüro 79, 539.

Hat das Prozeßgericht seine auf einem früheren Gutachten beruhende Kenntnis der bestrittenen Tatsache, nicht aber das Gutachten selbst als Beweismittel verwertet, fehlt es an dem Vorliegen eines Beweisaufnahmeverfahrens. Mithin ist keine Beweisgebühr entstanden.

> KG Rpfleger 62, 39.

Legen die Parteien von sich aus ein privates Sachverständigengutachten vor, so stellt sich dies als die Vorlegung einer Urkunde i. S. des § 34 Abs. 1 dar. – Die Beweisgebühr entsteht deshalb nicht.

> H. Schmidt JurBüro 65, 601.

Ebenso liegt kein Sachverständigenbeweis vor, wenn das Gericht einer Partei aufgibt, sich von einem Arzt untersuchen zu lassen und sodann das ärztliche Zeugnis vorzulegen.

> **a. M.** Riedel/Sußbauer A 102 unter Bezugnahme auf KG JW 38, 2771.

Auch hier liegt nur die Vorlegung einer Urkunde vor. Daß diese erst geschaffen werden muß und daß vorher die Untersuchung der Partei nötig ist, ist unerheblich. Ordnungsgemäß wäre gewesen, einen Beweisbeschluß auf Einholung einer gutachtlichen Äußerung des Hausarztes zu erlassen und sodann die Äußerung beizuziehen.

Die Beweisaufnahme ist mit dem Verlesen des Protokolls oder dessen Vorlage zur Durchsicht beendet, wenn der Sachverständige sein Gutachten mündlich erstattet oder nach Erstellung eines schriftlichen Gutachtens dieses mündlich erläutert.

> BGH JurBüro 73, 625.

104 Werden Zeugen oder Sachverständige bei Vergleichsverhandlungen zugezogen, nicht um die Grundlage für eine Entscheidung zu schaffen, sondern um die Parteien bei Abschluß eines Vergleichs zu unterstützen oder zu beraten, so liegt keine Beweisaufnahme vor. Die Anordnung eines Sühnetermins unter Zuziehung von Sachverständigen oder anderen Personen ist keine Beweisanordnung.

> Bamberg JurBüro 79, 59; Koblenz JurBüro 81, 1687 (Hat in einem Baumängelprozeß der Berichterstatter den Auftrag der Kammer erhalten, mit den Parteien Vergleichsverhandlungen zu führen, und zieht er hierbei einen Sachverständigen hinzu, so ist darin nicht schon eine Beweisaufnahme zu sehen).

Werden die Zeugen jedoch vom Gericht gehört und machen sie Angaben zur Sache, so liegt eine Beweisaufnahme vor.

> München Büro 61, 450 = MDR 61, 949 = NJW 61, 2216 (Auch die Verhandlungsgebühr soll entstehen, da ohne Verhandlung keine Beweisaufnahme erfolgen könne; dem kann jedoch nicht zugestimmt werden. Findet in einem Sühnetermin ohne vorherige Verhandlung eine Zeugenvernehmung statt, ist eben die Verhand-

lung unterblieben). Vgl. aber Hamm Rpfleger 66, 98 (Eine Beweisaufnahme liegt nicht vor, wenn das Gericht einen gemäß § 273 Abs. 2 ZPO geladenen Zeugen ohne Beweisbeschluß und Niederschrift im Sitzungsprotokoll zu streitigen Punkten befragt, nachdem es ausdrücklich klargestellt hat, daß kein Beweis für die gerichtliche Entscheidung erhoben, sondern nur eine Vergleichsgrundlage gewonnen werden soll). Vgl. auch Celle Rpfleger 70, 104 (Macht eine als Zeuge geladene Person in einem mit einem Vergleich abgeschlossenen Termin des Einzelrichters, an den die Sache „zur Durchführung des Sühnetermins" verwiesen worden war, Angaben zur Sache, so liegt eine die Beweisgebühr auslösende Beweisaufnahme und nicht nur eine Maßnahme zur Vorbereitung eines Vergleichsabschlusses vor). Vgl. ferner Hamm AnwBl. 74, 277 = JurBüro 74, 1006 = MDR 74, 764 = Rpfleger 74, 327 = JMBlNRW 74, 225 und Frankfurt JurBüro 80, 1839 = VersR 80, 933 (L).

Wird ein Sachverständiger zu einem Sühnetermin zugezogen, so ist es möglich, daß ein sachkundiger Rat lediglich die Vergleichsverhandlungen fördern soll, ohne daß er ein abschließendes Gutachten erstattet. Wird er jedoch über streitige Punkte gehört, damit die Parteien ihre Prozeßansichten beurteilen können, liegt eine Beweisaufnahme vor.

Frankfurt JurBüro 63, 161 = NJW 63, 664. Bedenklich Hamm JurBüro 69, 1061 (Wird der Sachverständige zur Information des Gerichts und der Parteien zur Unterstützung einer vergleichsweisen Regelung angehört, so wird keine Beweisgebühr ausgelöst).

Über die Anordnung des Erscheinens von Zeugen und Sachverständigen nach § 273 Abs. 2 ZPO oder die Beiziehung eines Gutachtens vor der Verhandlung s. unten A 110.

Parteivernehmung ist Beweisaufnahme, wenn die Partei nach §§ 445 ff.   105 ZPO förmlich vernommen wird. Darüber, ob eine Beweisaufnahme nach §§ 445 ff. ZPO erfolgen soll, entscheidet der Wille des Gerichts, der deutlich erkennbar sein muß. Es ist deshalb entweder – wie in § 450 Abs. 1 Satz 1 ZPO vorgeschrieben – ein förmlicher Beweisbeschluß oder doch eine andere Willensentschließung des Gerichts zu fordern, aus der klar hervorgeht, daß das Gericht zu einer förmlichen Beweisaufnahme übergehen und sich nicht auf eine bloße Befragung der Partei beschränken wollte.

Frankfurt JurBüro 63, 161 = NJW 63, 664 (Eine die Beweisgebühr auslösende Beweiserhebung liegt vor, wenn die Parteien zu streitigen Fragen ohne förmlichen Beweisbeschluß in der Art vernommen werden, wie dies für die Vernehmung von Zeugen oder Sachverständigen vorgeschrieben ist). Vgl. auch Nürnberg AnwBl. 72, 132 (Die Beweisgebühr entsteht auch ohne Erlaß eines Beweisbeschlusses, wenn das Gericht die Parteien bei bestrittenen Parteibehauptungen zur Feststellung des wahren Sachverhalts vernimmt).

Für den Willen, Beweis nach § 445 ff. ZPO zu erheben, spricht, wenn das Gericht vor der Vernehmung die Partei auf die Möglichkeit ihrer Beeidigung hingewiesen und nach der Vernehmung einen Beschluß verkündet hat, daß von ihrer Beeidigung abzusehen sei, da eine solche nach § 452 ZPO nur bei einer förmlichen Beweisaufnahme in Frage kommt,

oder wenn ein besonderer Beschluß ergangen ist und vor der Vernehmung die Personalien festgestellt worden sind,

oder wenn die Aussagen protokolliert und vorgelesen worden sind.

Vgl. auch Stuttgart AnwBl. 69, 244 (Die Beweisgebühr entsteht auch ohne Erlaß eines förmlichen Beweisbeschlusses, wenn das Gericht die Parteien bei bestrittenen Parteibehauptungen zur Feststellung des wahren Sachverhalts vernimmt) und

Justiz 79, 18 (Die Anhörung einer Partei im Termin stellt eine Beweisaufnahme dar, wenn die Anhörung die Bedeutung einer Augenscheinseinnahme hat).

Bei der Parteivernehmung gemäß § 287 Abs. 1 S. 3 ZPO (sog. Schätzungsvernehmung) handelt es sich nicht lediglich um eine Parteianhörung i. S. von § 141 ZPO. Diese Parteivernehmung löst eine Beweisgebühr aus.

Koblenz JurBüro 80, 1836.

In Verfahren vor den Verwaltungsgerichten genügt es, wenn durch die Angaben der Parteien bei ihrer Anhörung die Darstellung einer Partei als glaubhaft gemacht angesehen und die Entscheidung darauf gestützt wird.

VGH Stuttgart AnwBl. 58, 156; VG Ansbach AnwBl. 68, 273 (Die Beweisgebühr entsteht auch ohne Erlaß eines förmlichen Beweisbeschlusses, wenn das Ergebnis der persönlichen Anhörung einer Partei zur Überzeugung des Gerichts von der Wahrheit einer Parteibehauptung beigetragen hat) und AnwBl. 82, 160; BFH BFHE 119, 400 = AnwBl. 77, 22 (L) = BB 76, 1445. Vgl. aber OVG Münster NJW 68, 2160 (Die formlose Befragung eines Beteiligten durch das Verwaltungsgericht läßt, gleichgültig, ob dessen persönliches Erscheinen angeordnet wurde oder nicht, eine Beweisgebühr nicht entstehen.)

Die **Erklärung der Partei,** deren Vernehmung nach § 445 ZPO beantragt worden ist, darüber **ob sie sich vernehmen lassen will** oder nicht, gehört zum Parteivortrag und hat nach § 450 ZPO der Anordnung der Beweisaufnahme vorauszugehen. Lehnt die Partei ihre Vernehmung ab, so liegt auch dann keine Beweisaufnahme vor, wenn das Gericht nach § 446 ZPO diese Erklärung zur Bildung seiner Überzeugung verwertet.

106 **Bloßes Gehör der Parteien nach § 141 ZPO,** sei es, daß das Gericht nach § 141 ZPO das persönliche Erscheinen der Partei zur Aufklärung des Sachverhalts angeordnet hatte, sei es, daß es im Anwaltsprozeß die Partei persönlich zu Worte kommen läßt, ist auch dann keine Beweisaufnahme, wenn das Gericht an die Partei bestimmte Fragen stellt. Vielmehr dient solches persönliches Befragen der Partei nur dazu, den Sachvortrag ihres Prozeßbevollmächtigten zu erläutern und zu ergänzen sowie etwaige Lücken, Unklarheiten oder Widersprüche zu beseitigen.

BGH MDR 67, 834; Düsseldorf MDR 64, 685; Neustadt Büro 60, 74 = MDR 60, 412.

Es ist nicht ausgeschlossen, daß das Gericht das Ergebnis einer Parteianhörung beweismäßig verwertet. Daraus, daß das geschieht, folgt aber nicht, daß die Anhörung als Beweisaufnahme anzusehen ist. Das Gericht kann nach § 286 ZPO seine Überzeugung von der Wahrheit frei unter Berücksichtigung des gesamten Inhalts der Verhandlungen bilden. Es kann z. B. der Art und Weise, wie die Partei Aufklärungsfragen beantwortet hat, seine Überzeugung entnehmen. Ein derartiger Schluß macht die Sachverhaltsklärung nicht nachträglich zur Beweisaufnahme. Um eine Verwertung der Prozeßanhörung als Beweisaufnahme annehmen zu können, müssen sich deshalb der Entscheidung klare Anhaltspunkte dafür entnehmen lassen, daß das Gericht seine Überzeugung von der Wahrheit oder Unwahrheit einer streitigen oder sonst für beweisbedürftig erachteten Tatsache gerade aus dem Inhalt der Angaben der Partei wie bei einer Parteivernehmung nach § 448 ZPO entnommen hat. Im Zweifel wird keine Beweisaufnahme anzunehmen sein.

Düsseldorf JurBüro 83, 712; Hamburg MDR 74, 765 = JurBüro 74, 1267; Hamm 80, 709; Schleswig JurBüro 79, 1833 = SchlHA 79, 199; Stuttgart AnwBl. 81, 447

= JurBüro 81, 1352 = MDR 81, 945; JurBüro 86, 1834 = MDR 86, 860 = Justiz 86, 413; KG Rpfleger 85, 507; OVG Lüneburg JurBüro 86, 1671 = KostRsp. BRAGO § 31 Ziff. 3 Nr. 140;
Beispiele der Anerkennung nach § 141 ZPO durchgeführter Anhörung als Beweisaufnahme: Bamberg JurBüro 73, 530; Frankfurt JurBüro 79, 1516; AnwBl. 83, 183 = JurBüro 83, 1331; München NJW 65, 2112 = Rpfleger 67, 167 = JurBüro 65, 927 = MDR 66, 158; Hess. VGH AnwBl. 86, 412 = KostRsp. a.a.O. Nr. 137.

Einen persönlichen Eindruck kann das Gericht auch ohne ein eine Beweisgebühr auslösendes Verfahren gewinnen.

Schleswig SchlHA 68, 150.

Im **Arrestverfahren und in den Verfahren der einstweiligen Verfügung** 107 **und der einstweiligen Anordnung** kann eine Beweisaufnahme außer mit den ordentlichen Beweismitteln auch durch **Glaubhaftmachung** stattfinden. Dafür kommen vor allem die eidesstattliche Versicherung und die anwaltliche Versicherung in Betracht.

Die Vorlage schriftlicher eidesstattlicher Versicherungen löst nach § 34 Abs. 1 keine Beweisgebühr aus, und zwar auch dann nicht, wenn das Gericht die Glaubhaftmachung angeordnet hat. Ihre Aufnahme wird durch die Prozeßgebühr abgegolten.

Ordnet das Gericht dagegen die Abgabe einer eidesstattlichen Versicherung in der mündlichen Verhandlung an, so liegt darin eine Beweisaufnahme. Diese Anordnung kann auch schlüssig dadurch folgen, daß das Gericht die eidesstattliche Versicherung entgegennimmt.

Frankfurt 80, 243; Hamburg 84, 399.

Das gilt auch, wenn eine Partei auf richterliche Anordnung eine eidesstattliche Versicherung mündlich vor Gericht abgibt. Dem steht nicht entgegen, daß es möglich gewesen wäre, eine schriftlich formulierte Versicherung einzureichen.

Celle, Rpfleger 64, 198; Hamm JurBüro 63, 163 = Rpfleger 66, 98; KG Rpfleger 80, 488 = JurBüro 80, 1673 = MDR 80, 1031; JurBüro 81, 551; München Rpfleger 61, 419; Schleswig JurBüro 82, 862 = SchlHA 82, 80; Stuttgart Rpfleger 64, 129; Zweibrücken JurBüro 83, 1041.
a. A. (keine Beweisaufnahme, wenn Partei lediglich ihr schriftsätzliches Vorbringen vor Gericht an Eides statt versichert) Hamburg JurBüro 85, 565 = MDR 86, 330; LG Verden Rpfleger 85, 327 mit abl. Anm. H. Schmidt).

Das gleiche gilt, wenn der Prozeßbevollmächtigte im Termin eine eidesstattliche Versicherung abgibt.

Karlsruhe AnwBl. 75, 74; Hamburg MDR 81, 1029 = JurBüro 81, 1183.

Ordnet das Gericht an, daß ein Zeuge seine schriftliche Aussage an Eides statt versichert, so handelt es sich nicht um Urkunden-, sondern um Zeugenbeweis nach § 377 Abs. 3 ZPO.

Düsseldorf, JurBüro 85, 1825.

Der Abgabe einer eidesstattlichen Versicherung steht es gleich, wenn der Prozeßbevollmächtigte im Termin in sein Wissen gestellte Tatsachen unter Berufung auf seine Stellung als Anwalt ("anwaltlich") versichert.

Koblenz Rpfleger 86, 71 = MDR 86, 329; München Rpfleger 85, 457 = JurBüro 86, 67 = MDR 85, 1037; Frankfurt NJW 62, 1354 = AnwBl. 62, 148 = Rpfleger 65, 161 (RA versichert den entscheidungserheblichen Inhalt einer Urkunde, die er als Dritter, nicht als Prozeßbevollmächtigter, in Besitz hat).

von Eicken   537

Aufgabe einer durch Urteil auferlegten eidesstattlichen Versicherung ist keine Beweisaufnahme.

Schleswig JurBüro 77, 1377.

108 Auch im **PKH-Bewilligungsverfahren** kann eine Beweisaufnahme stattfinden, wenn auch in der Regel die nach § 114 ZPO erforderliche hinreichende Erfolgsaussicht schon dann zu bejahen sein wird, wenn sie vom Ergebnis einer Beweisaufnahme abhängt, die dann erst im Hauptverfahren durchzuführen ist. Dem RA, der bei einer solchen Beweisaufnahme mitgewirkt hat, steht die ⁵/₁₀ Beweisgebühr nach §§ 51, 31 Abs. 1 Nr. 3 zu.

Wird das Ergebnis der im PKH-Bewilligungsverfahren durchgeführten Beweisaufnahme auch im gleichzeitigen oder anschließenden Rechtsstreit verwertet, so liegt entgegen der in der 8. Auflage vertretenen Ansicht keine nochmalige Beweisaufnahme (im Wege des Urkundenbeweises) vor, s. A 31 zu § 34.

109 Die Anordnungen nach § 273 Abs. 2 ZPO haben einen unterschiedlichen Charakter. Sie stellen sich teils als Aufklärungstätigkeit des Gerichts dar, so z. B. wenn den Parteien aufgegeben wird, ihre Schriftsätze zu ergänzen oder zu erläutern (Abs. 2 Nr. 1). Zum Teil bereiten sie eine Beweisaufnahme vor, ohne selbst eine Beweisaufnahme zu sein (Abs. 2 Nr. 1, 4: die Anordnung, Urkunden, Pläne, Risse oder Zeichnungen vorzulegen oder die Ladung von Zeugen und Sachverständigen).

Zum weiteren Teil kann es sich um wertneutrale Anordnungen handeln (Abs. 2 Nr. 3: die Anordnung des persönlichen Erscheinens der Parteien kann der Aufklärung – § 141 ZPO – oder einem Sühneversuch dienen; sie kann aber auch die Vorbereitung einer Beweisaufnahme – der Parteivernehmung nach §§ 445 ff. ZPO oder der Anhörung bzw. Vernehmung nach § 613 ZPO – bezwecken).

Celle JurBüro 63, 686; Hamburg Rpfleger 62, 233; Nürnberg Rpfleger 63, 138.

Maßnahmen, die von dem Vorsitzenden oder einem von ihm bestimmten Mitglied des Prozeßgerichts getroffen werden, lösen die Beweisgebühr nicht aus. Beweisanordnungen kann nach § 358a ZPO nur das Gericht treffen.

Mümmler JurBüro 82, 682; Bamberg JurBüro 82, 1030; vgl., auch Koblenz JurBüro 83, 86 (Holt der Vorsitzende gemäß § 273 II 2 ZPO informationshalber zur Ergänzung und Überprüfung nichtstreitiger Tatsachen eine amtliche Auskunft ein, so entsteht dafür keine anwaltliche Beweisgebühr);
a. A. Schleswig JurBüro 86, 63 (Einholung einer Auskunft durch den Vorsitzenden, auch wenn prozessual unzulässig); Koblenz MDR 84, 410 = KostRsp. BRAGO § 31 Ziff. Nr. 122 mit Anm. Lappe.

Werden im Verfassungsbeschwerdeverfahren vor dem Bundesverfassungsgericht vom Senatsvorsitzenden und vom Berichterstatter Organe des Bundes oder der Länder und sonstige Stellen befragt oder um Auskünfte ersucht, handelt es sich um vorbereitende Maßnahmen zur Stoffsammlung (§ 23 Abs. 2 BVerfGG, § 22 Abs. 2 GOBVerfG). Nach § 34 Abs. 2 erhält der RA eine Beweisgebühr nur, wenn die Akten oder Urkunden durch Beweisbeschluß oder sonst erkennbar durch den Senat beigezogen oder als Beweis in der Entscheidung verwertet worden sind.

BVerfG JurBüro 83, 1177 = MDR 83, 552 = Rpfleger 83, 258.

Anordnung des Erscheinens von Zeugen oder von Sachverständigen
zur mündlichen Verhandlung (§ 273 Abs. 2 Nr. 4 ZPO) ist nur eine vorsorgliche Maßnahme, die für den Fall, daß sich in der mündlichen Verhandlung die Notwendigkeit einer Beweisaufnahme ergeben sollte, deren sofortige Durchführung ermöglichen soll. Das Beweisaufnahmeverfahren beginnt daher erst dann, wenn das Gericht in der Verhandlung die Beweiserhebung beschließt. Erst dieser Beschluß ist die Beweisanordnung und ermöglicht eine Vertretung der Partei in einem Beweisaufnahmeverfahren nach § 31 Abs. 1 Nr. 3.

Frankfurt AnwBl. 79, 438 mit krit. Anm. von Chemnitz = VersR 79, 1062 = JurBüro 79, 1514; Koblenz Rpfleger 79, 76 = JurBüro 79, 537 = VersR 79, 359 und JurBüro 80, 1353; München JurBüro 80, 1193; Schleswig JurBüro 79, 1321; Zweibrücken JurBüro 79, 1320 und JurBüro 79, 1833 (Eine Beweisgebühr entsteht nicht, wenn eine Partei – auch auf Veranlassung des Gerichts – einen Zeugen zu einem Termin mitbringt, der dann nicht vernommen wird); LAG Hamm MDR 80, 348. Hamburg JurBüro 84, 1184 (auch nicht bei fälschlicher Mitteilung an Prozeßbevollmächtigten, es sei Termin zur Beweisaufnahme angeordnet).

Das gilt auch dann, wenn nach § 379 ZPO ein Auslagenvorschuß gefordert worden ist oder wenn den Zeugen das Beweisthema, über das sie vernommen werden sollen, mitgeteilt wird;

Bamberg JurBüro 79, 705 und JurBüro 82, 1030 mit Anm. von Mümmler, JurBüro 86, 1364; Frankfurt AnwBl. 79, 438 mit krit. Anm. von Chemnitz = JurBüro 79, 1514 (auch nicht bei Ladung nach streitiger Verhandlung); und AnwBl. 81, 446 = JurBüro 81, 1352 AnwBl. 85, 207 = JurBüro 85, 232; Karlsruhe AnwBl. 79, 391 mit krit. Anm. von Chemnitz = JurBüro 79, 1834; Koblenz Rpfleger 80, 241 = MDR 80, 506; München MDR 80, 506 (L); München JurBüro 73, 1072 = NJW 72, 2139 = MDR 72, 1043 = Rpfleger 72, 379; LG München II AnwBl. 79, 36 mit krit. Anm. von Chemnitz; LAG Hamm AnwBl. 80, 161 mit abl. Anm. von Chemnitz; Köln JurBüro 86, 563; Stuttgart JurBüro 86, 565 (bei vorsorglich geladenem Sachverständigen reicht auch Mitwirkung des RA bei der Vorbereitung der Gutachtenerstattung nicht aus).

wohl aber, wenn dem Zeugen anheimgegeben wird, die Aussage vorher schriftlich mit eidesstattlicher Versicherung einzureichen.

München JurBüro 78, 1520.

Die Beweisgebühr entsteht auch noch nicht dadurch, daß der Zeuge zur Vernehmung aufgerufen, zur Wahrheit ermahnt und belehrt wird,

Bamberg JurBüro 73, 525; JurBüro 84, 1184; Hamm Rpfleger 66, 98; KG Rpfleger 62, 38 und JurBüro 73, 531 = Rpfleger 73, 150 = MDR 73, 418; München JurBüro 80, 1193; Neustadt Rpfleger 63, 33.

oder daß der Zeuge schriftlich anzeigt, daß er seine Aussage aus persönlichen Gründen (§ 383 ZPO) verweigert, und diese Anzeige in der Verhandlung vorgetragen wird; anders aber wenn die Zeugnisverweigerung aus sachlichen Gründen erfolgt (§ 384 ZPO).

Es stellt keine Beweisaufnahme dar, wenn ein Angaben zur Sache enthaltendes Entschuldigungsschreiben verlesen wird, vorausgesetzt, daß Gericht und Parteien nur die Entschuldigung, nicht auch die sachlichen Ausführungen, zur Kenntnis nehmen wollen (etwa, wenn alle Beteiligten sagen: es ist gleichgültig, was der Zeuge schreibt, er muß erscheinen). Nehmen Gericht und Parteien dagegen von den sachlichen Ausführungen Kenntnis und verwerten sie diese, so liegt ein Urkundenbeweis vor.

Wird ein nach § 273 Abs. 2 ZPO geladener Zeuge ohne Beisein der Parteien

vernommen, so ist die Sachlage so anzusehen, als wenn er auf einen in der
Verhandlung gestellten Parteiantrag vernommen worden wäre.

In der Anhörung des Zeugen liegt stets eine Beweisaufnahme, sobald dieser
Angaben zur Person (§ 395 Abs. 2 ZPO) oder zur Sache macht, auch wenn
das Gericht sie als unwesentlich nicht niederschreiben läßt und nicht verwertet, es sei denn, daß der Zeuge vor Beginn seiner Vernehmung angibt, daß er
über das in sein Wissen Gestellte nichts angeben könne, und die Parteien
deshalb auf seine Vernehmung verzichten.

Wird ein Sachverständigengutachten vor der mündlichen Verhandlung beigezogen, so liegt in der Anordnung der Begutachtung die Anordnung einer
Beweiserhebung.

Das gleiche gilt, wenn von einem Zeugen eine Auskunft gemäß § 377 Abs. 3
ZPO angefordert wird,

> KG JurBüro 69, 224 = MDR 69, 232 = Rpfleger 69, 25 = VersR 69, 32 (L);
> Bremen JurBüro 73, 966; Hamm AnwBl. 72, 279 = JurBüro 72, 698 = Rpfleger
> 72, 326; Schleswig AnwBl. 73, 209.

Ebenso stellt sich die Beziehung von amtlichen Auskünften als eine vorweg-
genommene Beweisaufnahme dar (vgl. jedoch bei Auskünften zum Versorgungsausgleich und bei Anhörung des Jugendamtes A 120, 121).

> BGH JurBüro 63, 763 = JVBl. 64, 10 = MDR 64, 44 = Warn. 63 Nr. 233; JVBl.
> 67, 36; Hamm JurBüro 66, 404; Nürnberg Rpfleger 63, 138 (Eine Beweisaufnahme
> liegt nicht vor, wenn durch die Auskunft lediglich der unvollständige Parteivortrag
> ergänzt oder substantiiert und den Parteien ihre Darlegungspflicht erleichtert
> werden soll. Eine Beweisaufnahme liegt dagegen vor, wenn die Auskünfte zur
> Klärung streitiger Parteibehauptungen eingeholt werden); KG AnwBl. 77, 114 =
> JurBüro 77, 354; Schleswig SchlHA 61, 293 = Rpfleger 62, 304 und 305 und
> JurBüro 68, 561; OVG Münster KostRsp. BRAGO § 31 Ziff. 3 Nr. 126; VG
> Karlsruhe AnwBl. 84, 324; Düsseldorf JurBüro 85, 1824; LG Oldenburg JurBüro
> 85, 877.
> **a. M.** Bamberg JurBüro 79, 151; Zweibrücken JurBüro 79, 1716 (soweit die
> Auskunft von dem Vorsitzenden beigezogen ist).
> Wegen Einholung privater Lohn- usw. Auskünfte s. A 122.

Ob der RA bei vom Gericht (nicht von dem Vorsitzenden oder einem
beauftragten Mitglied des Gerichts) vorweggenommenen Beweiserhebungen
die Beweisgebühr verdient, hängt davon ab, ob auch die subjektiven Voraussetzungen der Beweisgebühr erfüllt sind (vgl. hierzu A 123 ff.). Sie sind z. B.
erfüllt, wenn der RA von der Beweisanordnung oder von den eingegangenen
Auskünften Kenntnis nimmt.

> BGH JurBüro 63, 763 = JVBL. 64, 10 = MDR 64, 44 und JVBl. 67, 36;
> **a. M.** Hamburg Rpfleger 62, 233 (Die Beweisgebühr entsteht erst und nur, wenn
> die Auskunft in der mündlichen Verhandlung vorgetragen wird); vgl. auch Hamm
> JVBl. 66, 159 = NJW 66, 1370 (Eine Beweisanordnung, durch die ein Beweisauf-
> nahmeverfahren im Sinne des § 31 Abs. 1 Nr. 3 eröffnet wird, ist auch in der
> Einholung einer amtlichen Auskunft, der Beiziehung einer schriftlichen Zeugen-
> aussage nach § 377 Abs. 3 und 4 ZPO, der Einnahme des Augenscheines und der
> Einholung eines Sachverständigengutachtens zu sehen, sofern diese Maßnahmen
> sich auf Tatsachen beziehen, die im schriftsätzlich angekündigten Parteivortrag
> enthalten und für die nach mündlicher Verhandlung zu treffende Entscheidung
> erheblich sind). Vgl. auch Schleswig SchlHA 80, 167 (Keine Beweisgebühr, wenn
> der Prozeßbevollmächtigte erst nach Einholung einer Auskunft für die Partei
> auftritt).

Es liegt sonach ein Fall vor, in dem die Beweisgebühr vor der Verhandlungsgebühr anfällt. U. U. fällt die Verhandlungsgebühr überhaupt nicht an, nämlich dann, wenn die Parteien sich nach Eingang der Auskunft sofort vergleichen,

Hamm AnwBl. 66, 262 = JVBl. 66, 141 = MDR 66, 685.

oder wenn der Kläger die aufgrund der Auskunft aussichtslos gewordene Klage zurücknimmt.

Die einmal entstandene Beweisgebühr entfällt auch nicht wieder, wenn die Partei ihr Vorbringen nicht mehr aufrecht erhält.

Beispiel: Die Partei, die die unrichtige Besetzung des Berufungsgerichts gerügt hat, nimmt nach dem Eingang der Auskunft des OLG-Präsidenten die Rüge zurück, so daß über sie nicht mehr mündlich verhandelt zu werden braucht. Die Beweisgebühr bleibt bestehen.

Anordnung des persönlichen Erscheinens einer Partei nach § 273 Abs. 2 Ziff. 3 ZPO ist keine Beweisaufnahme.

Die **Beiziehung von Akten** kann sich als Beginn einer Beweisaufnahme darstellen, nämlich dann, wenn sie von dem Gericht (nicht nur von dem Vorsitzenden) erkennbar zu Beweiszwecken (so § 34) erfolgt. Vgl. hierzu A 14 ff. zu § 34.

Nicht gesetzmäßig durchgeführte Beweisaufnahmen sind trotzdem Be- 110
weisaufnahmen und lösen deshalb die Beweisgebühr ebenfalls aus.

Karlsruhe Justiz 68, 260 (In der Regel entsteht eine Beweisgebühr auch dann, wenn die Beweisanordnung oder die Beweisaufnahme prozeßordnungswidrig durchgeführt oder überflüssig war. Sie entsteht nicht, wenn es sich um mehrfache erhebliche Verstöße gegen die im Einzelfall zu beachtenden Grundlagen des Beweisverfahrens handelt. Bem. hierzu: Warum wird eine Einschränkung gemacht? Eine Beweisaufnahme bleibt auch dann eine Beweisaufnahme, wenn mehrere Verstöße begangen worden sind. Ob sie wiederholt werden muß und ob die Gerichtskosten gemäß § 8 GKG niederzuschlagen sind, ist eine andere Frage); Stuttgart AnwBl. 77, 470; vgl. auch Hamm JurBüro 83, 864.

Beispiele:

Eine Partei wird ohne Beweisbeschluß (§ 450 ZPO), ein Sachverständiger ohne vorherige mündliche Verhandlung vernommen.

Frankfurt JurBüro 63, 161 = NJW 63, 664; Nürnberg AnwBl. 72, 132. Hamburg JurBüro 86, 1531 (maßgeblich allein, ob nach objektiven Kriterien Beweisaufnahme vorliegt); OVG Münster Rpfleger 1986, 280 = KostRsp. BRAGO § 31 Ziff. 3 Nr. 139 (Vorsitzender führt ohne Gerichtsbeschluß umfangreiche Ortsbesichtigung durch); LAG JurBüro 85, 1827 (unvollkommener Beweisbeschluß, wenn Beweisthema erkennbar); Schleswig AnwBl. 85, 544 (fernmündl. Einholung einer Verdienstauskunft während mündl. Verhandlung); Bamberg JurBüro 86, 1363 (Partei wird beauftragt, schriftliches Gutachten des behandelnden Arztes zu veranlassen und vorzulegen).

Soll ein Zeuge die Beweisfragen gemäß § 377 Abs. 3 und 4 ZPO schriftlich beantworten und richten sich die Beweisfragen prozessual unzulässigerweise an eine juristische Person oder Handelsgesellschaft, so ergibt die Auslegung in aller Regel, daß diejenige natürliche Person aussagen soll, die mit den Vorgängen betraut ist.

Hamm AnwBl. 69, 136 = JurBüro 68, 891 = JMBlNRW 69, 117.

Bei Beweiserhebungen ohne vorherige mündliche Verhandlung entsteht die Verhandlungsgebühr nicht. Gebühren erwachsen nur dann, wenn der Gebührentatbestand erfüllt wird, nicht aber auch, wenn er zwar nicht erfüllt wird, aber bei ordnungsgemäßer Verfahrensgestaltung erfüllt worden wäre. Zu beachten ist aber, daß auch ohne formelle Verlesung der Anträge verhandelt worden sein kann. Falls das Protokoll nicht eindeutig ist, dürfte eine Vermutung dafür sprechen, daß das Gericht ordnungsgemäß verfahren ist.

> Vgl. Hamm JurBüro 71, 1042.

Beweisaufnahme in Familiensachen

111 Bei einer **Anhörung oder Parteivernehmung nach § 613 ZPO** erhält nach der ausdrücklichen Vorschrift des § 31 Abs. 1 Nr. 3 der RA für die Vertretung seines Auftraggebers die Beweisgebühr.

Gemäß § 613 ZPO soll das Gericht das persönliche Erscheinen der Ehegatten anordnen und sie anhören; es kann sie auch als Parteien vernehmen. Was das Gericht tut – Anhörung oder Parteivernehmung –, ist gleichgültig. Beides löst die Beweisgebühr aus. Es braucht deshalb nicht erörtert werden, wann eine Anhörung und wann eine Parteivernehmung vorliegt. Die Anhörung wird in der Regel formlos beginnen, eine Parteivernehmung muß durch Beweisbeschluß angeordnet werden.

> Bamberg JurBüro 82, 235 = Rpfleger 82, 116 (Die anwaltliche Beweisgebühr entsteht in Ehescheidungsverfahren bereits mit der Anhörung der Parteien gemäß § 613 Abs. 1 S. 1 ZPO, ohne daß es eines förmlichen Anordnungsbeschlusses bedarf); vgl. auch Bamberg Rpfleger 82, 441 und JurBüro 83,559 (Die Anhörung kann auch vor der Stellung von Anträgen erfolgen).

Auch eine als informatorisch bezeichnete Anhörung löst die Beweisgebühr aus.

> Koblenz AnwBl. 81, 74.

Zur Entstehung der Beweisgebühr genügt es, wenn der RA bei dem Beginn oder während oder nach der Anordnung der Vernehmung eine Tätigkeit vornimmt, welche die subjektiven Voraussetzungen einer Vertretung in einem Beweisaufnahmeverfahren erfüllt. Es reicht also die gleiche Tätigkeit aus, die auch sonst die Beweisgebühr entstehen läßt (s. unten A 123ff.). Es ist demnach nicht erforderlich, daß die Parteien vernommen werden und der RA hierbei zugegen ist. Der RA verdient die Beweisgebühr bei der Vernehmung nach § 613 ZPO vielmehr schon dann, wenn er in dem auf diese Vernehmung gerichteten Verfahren irgendwie für seine Partei tätig wird.

> Bamberg Rpfleger 60, 379 (Lappe) = Büro 59, 370 = NJW 59, 2074; Hamm AnwBl. 61, 20 = Rpfleger 61, 257; KG NJW 65, 1815 = JurBüro 65, 898 = AnwBl. 66, 28 = Rpfleger 65, 321; Nürnberg JurBüro 63, 784 = Rpfleger 66, 289.

Die Anordnung des Erscheinens der Partei reicht jedoch für sich nicht aus, um die Beweisgebühr entstehen zu lassen.

> Koblenz JurBüro 79, 534; Saarbrücken JurBüro 81, 392.

Wird die Partei nach § 613 ZPO angehört, so ist ein Mindestumfang der Anhörung nicht erforderlich.

> Bamberg JurBüro 77, 699; KG JurBüro 86, 1530 (Frage an die Parteien, ob sie geschieden werden wollen, reicht aus).

Die eine Beweisgebühr auslösende Anhörung einer Partei im Scheidungsverfahren setzt nicht voraus, daß sie zur Aufklärung streitiger Tatsachen dienen
müsse; es genügt vielmehr, wenn sie den unbestrittenen schriftsätzlichen
Vortrag ergänzen bzw. ersetzen oder dem Gericht einen persönlichen Eindruck von den Parteien und ihrer Scheidungsabsicht verschaffen soll. Wie das
Gericht die Anhörung bewertet, ist unerheblich.

> Stuttgart JurBüro 82, 865; Hamburg AnwBl. 85, 543.

Die Anhörung einer Partei zur Begründung eines gestellten Gesuches um die
Bewilligung von Prozeßkostenhilfe ist keine Anhörung nach § 613 ZPO.

> KG Rpfleger 62, 39.

Ebenso stellen die im Verfahren über die Prozeßkostenhilfe von der Gegenseite zu Protokoll der Geschäftsstelle abgegebenen Erklärungen zu den Behauptungen der Scheidungsantragsschrift keine Vernehmung nach § 613 ZPO,
sondern die Anhörung nach § 118 ZPO dar.

> Hamm, Rpfleger 66, 98.

Geben in einem Scheidungsstreit die prozeßbevollmächtigten RAe mit ausdrücklicher Ermächtigung der abwesenden Parteien zugestehende Erklärungen ab, so ist darin weder eine Beweisaufnahme noch eine Parteivernehmung
zu sehen.

> KG Rpfleger 62, 39.

Macht das Gericht – wohl ordnungswidrig – diese Erklärungen zum Gegenstand seines Urteils, so kann dadurch allein die Beweisgebühr nicht entstehen.
In Scheidungsfolgesachen ist § 613 ZPO nicht anwendbar.

> Bamberg JurBüro 81, 391 (Die Beweisgebühr kann bei einer Äußerung der
> Eheleute in einer Ehesache nur entstehen, wenn es sich tatsächlich um eine
> Anhörung oder Vernehmung nach § 613 ZPO handelt); München JurBüro 80,
> 1190; Schleswig JurBüro 80, 1351; vgl. aber Stuttgart AnwBl. 81, 159.

Im **Scheidungsverbundverfahren** kann die Beweisgebühr ebenfalls entste- 112
hen. Nach § 7 Abs. 3 entsteht sie für die Vertretung in allen innerhalb des
Verbundverfahrens in einer Instanz durchgeführten Beweisaufnahmen als
einheitliche Gebühr, gleichgültig ob sie die Scheidungssache, die dem Verfahren der ZPO folgenden Folgesachen des § 621 Abs. 1 Nr. 4, 5 und 8 ZPO oder
sonstige Folgesachen, für die nach § 621a Abs. 1 ZPO grundsätzlich das FGG
gilt, nach § 31 Abs. 3 aber ebenfalls die Beweisgebühr (nicht die Beweisaufnahmegebühr der § 118 Abs. 1 Nr. 3) entsteht, betreffen. Die Beweisgebühr
entsteht aber nicht nach dem zusammengerechneten Wert der Scheidung und
aller Folgesachen, sondern nur nach der Summe der Werte, bezüglich deren
eine Beweisaufnahme durchgeführt worden ist.

> Beispiel: Festgesetzter Wert des gesamten Verbundverfahrens 53 000 DM (davon
> 8000 Scheidung, 2500 elterliche Sorge für drei minderjährige Kinder, 18 000
> Ehegattenunterhalt, 9000 Kindesunterhalt, 6000 Hausrat, 7200 Ehewohnung, 2400
> Versorgungsausgleich). Beweis ist nur wegen der elterlichen Sorge für ein Kind
> und wegen 500 DM monatl. Ehegattenunterhalt erhoben worden; außerdem sind
> die Eheleute nach § 613 ZPO zur Scheidung angehört worden. Die Beweisgebühr
> erwächst nach 15 500 DM (8000 Scheidung + 12 × 500 = 6000 Ehegattenunterhalt
> + 1500 Sorgerecht für 1 Kind, § 12 Abs. 2 S. 3 GKG).

113 Bei den **Folgesachen, die verfahrensrechtlich der ZPO folgen** (§§ 621 Abs. 1 Nr. 4, 5 und 8 ZPO) gibt es keine Besonderheiten gegenüber anderen ZPO-Verfahren. Beweis wird nur insoweit erhoben, als die Entscheidung von zwischen den Parteien streitigen Tatsachen abhängt. Eine Amtsermittlung findet nicht statt.

Bei den **Folgesachen des § 621 Abs. 1 Nr. 1 bis 3, 6 und 9 ZPO** entstehen dadurch erhebliche Schwierigkeiten und entsprechende Meinungsverschiedenheiten in Rechtsprechung und Schrifttum, daß gemäß § 621 a Abs. 1 ZPO § 12 FGG Anwendung findet, das Gericht also **von Amts wegen und ohne Rücksicht auf die Streitigkeit** die zur Feststellung der Tatsachen erforderlichen Ermittlungen zu veranstalten und die geeignet erscheinenden Beweise zu erheben hat. Hier läßt sich deshalb die Frage, ob und in welchem Umfang ein Beweisaufnahmeverfahren stattgefunden hat, nicht danach beurteilen, ob und inwieweit das tatsächliche Vorbringen der Ehegatten streitig war. Die Amtsermittlungspflicht des Gerichts besteht unabhängig davon, ob die Parteien überhaupt etwas vorgetragen haben und inwieweit zwischen ihnen Streit besteht.

> Beispiel: Auch wenn eine Partei dem „Antrag" der anderen, ihr die elterliche Sorge für ein gemeinschaftliches minderjähriges Kind zu übertragen, nicht widerspricht, ja selbst wenn die Parteien dem Gericht einen übereinstimmenden Vorschlag betr. die elterliche Sorge (§ 1671 Abs. 3 BGB) machen, muß das Gericht von Amts wegen prüfen, ob es zum Wohl des Kindes erforderlich ist, von dem Vorschlag abzuweichen. Dazu kann eine Beweisaufnahme (etwa die Einholung eines Sachverständigengutachtens) erforderlich sein.

114 Nicht jegliche amtswegige Sachverhaltsfeststellung kann als Beweiserhebung angesehen werden.

> München AnwBl. 85, 207 = JurBüro 85, 79.

Schon der Wortlaut des § 12 FGG unterscheidet die Veranstaltung der erforderlichen Ermittlungen von der Aufnahme geeignet erscheinender Beweise. Daraus kann nicht etwa der Schluß gezogen werden, das Gericht müsse die von ihm ermittelten Tatsachen stets durch ein Beweisaufnahmeverfahren auf ihre Wahrheit hin überprüfen. Wenn das Gericht nur von ihm für wahr gehaltene Tatsachen der Entscheidung zugrunde legt, so bedeutet das nicht, daß diese in einem Beweisaufnahmeverfahren festgestellt sein müßten. Das ist auch im Zivilprozeß nicht so, in dem das Gericht gem. § 286 Abs. 1 ZPO nach freier Überzeugung unter Berücksichtigung des gesamten Inhalts der Verhandlungen und des Ergebnisses einer „etwaigen" Beweisaufnahme entscheidet, ob eine tatsächliche Behauptung für wahr oder für nicht wahr zu erachten sei. Im Verfahren der freiwilligen Gerichtsbarkeit steht das Gericht noch freier; es bestimmt den Umfang und die Art der Amtsermittlungen selbst.

115 Grenzziehung zwischen Stoffsammlung und Wahrheitsfeststellung. Stoffsammlung ist die (im Zivilprozeß der Beibringung durch die Parteien überlassene, im FGG-Verfahren dem Gericht selbst übertragene) Erfassung der möglicherweise entscheidungserheblichen tatsächlichen Umstände. Ihr dient insbesondere auch die Gewährung des rechtlichen Gehörs für die Verfahrensbeteiligten, aber auch die Anhörung Dritter, die vom Gesetz vorgeschrieben ist und deshalb unabhängig davon, ob Streit oder konkrete Zweifel des Gerichts über die Wahrheit bestehen, durchgeführt werden muß.

Einer Wahrheitsfeststellung bedarf es zur Behebung von konkreten Zweifeln oder Streit über die Wahrheit der wirklich entscheidungserheblichen Tatsachen. Beweisaufnahme ist nur der auf Wahrheitsfeststellung gerichtete Verfahrensabschnitt, nicht dagegen die formlose freie Überzeugungsbildung des Gerichts von der Wahrheit oder Unwahrheit einer Tatsache. Nur die Vertretungstätigkeit des RA in der Beweisaufnahme oder bei der Parteianhörung nach § 613 ZPO löst die Beweisgebühr aus.

Diese wichtige begriffliche Abgrenzung zwischen Stoffsammlung und Beweisaufnahme bietet allerdings nicht immer leicht praktikable formale Kriterien, die in jedem Einzelfall eine sichere Bestimmung ermöglichen, ob eine Beweisaufnahme stattgefunden hat, zumal im Anwendungsbereich des FGG das Beweisaufnahmeverfahren nicht formalisiert ist. § 15 FGG erklärt zwar die Vorschriften der ZPO über den Beweis durch Augenschein, über den Zeugenbeweis und den Beweis durch Sachverständige (Strengbeweis) für entsprechend anwendbar, schließt aber andere Formen der Beweisaufnahme (Freibeweis) nicht aus. Bedient sich das Gericht einer **in § 15 FGG genannten förmlichen Beweisverfahren,** so liegt jedenfalls eine Beweisaufnahme vor, auch wenn sie nicht notwendig gewesen oder verfahrensfehlerhaft durchgeführt worden sein sollte. In diesen Fällen wird die Entstehung der Beweisgebühr in der Praxis auch kaum, allenfalls wegen der subjektiven Voraussetzungen (Vertretungstätigkeit des RA) zweifelhaft sein.

Eine Beweisaufnahme ist andererseits klar zu verneinen, wenn es sich **aus-** 116 **schließlich um Gewährung des rechtlichen Gehörs** für einen Verfahrensbeteiligten handelt. Hierher gehört z. B. die Anhörung der in § 7 HausratsVO genannten Personen in der Folgesache Regelung der Rechtsverhältnisse an der Ehewohnung.

Ob auch die **Anhörung der Eltern** zu den Folgesachen Regelung des 117 Sorgerechts, des Umgangsrechts und Kindesherausgabe (§ 621 Abs. 1 Nr. 1–3 ZPO) hierher gehören, ist zweifelhaft. Die Eltern sind Verfahrensbeteiligte; einer besonderen Vorschrift, daß ihnen das rechtliche Gehör zu gewähren sei, bedurfte es nicht. Die Formulierung des § 50a Abs. 4 FGG spricht andererseits nicht dafür, daß die Anhörungspflicht der Wahrheitsfeststellung dienen soll, denn von der Anhörung darf nur aus schwerwiegenden Gründen abgesehen werden, sie muß also unabhängig davon stattfinden, ob das Gericht die Wahrheit bestimmter tatsächlicher Umstände für zweifelhaft hält. Auch § 50a Abs. 2 FGG spricht dafür, daß die Vorschrift auf Aufklärung, nicht auf Wahrheitsfeststellung zielt. Die Anhörung der Eltern ist damit am ehesten der Anhörung nach§ 141 ZPO zu vergleichen.

Die **Anhörung von Kindern** zu den gleichen Folgesachen kann jedenfalls bei 118 Kindern, die das vierzehnte Lebensjahr nicht vollendet haben, nicht als Gewährung des rechtlichen Gehörs angesehen werden, denn sie sind nicht Verfahrensbeteiligte. In Verfahren der genannten Art, die ein über vierzehnjähriges Kind betreffen, ist dieses zwar insofern am Verfahren zu beteiligen, als ihm nach § 50b Abs. 2 S. 3 2. Halbsatz FGG Gelegenheit zur Äußerung zu geben ist, die nach § 1671 Abs. 3 S. 2 BGB auch materiellrechtliche Bedeutung haben kann. Auch bei ihm dient aber die nach § 50b FGG vorgeschriebene Anhörung jedenfalls nicht ausschließlich der Gewährung des rechtlichen Gehörs. Im Vordergrund stehen auch hier die in § 50b Abs. 1 FGG bezeichneten Zwecke, die jedoch grundsätzlich auf Feststellung des Sachverhalts zielen, zu dem auch innere Tatsachen wie Neigung, Bindung und Wille des Kindes gehören, nicht aber klären sollen, ob etwas wahr oder unwahr ist.

Das Vorstehende schließt es aber nicht aus, daß das Gericht bei der Anhörung von Eltern und Kindern auch Erkenntnisse über die Wahrheit streitiger oder ihm sonst zweifelhaft erscheinender entscheidungserheblicher Umstände anstrebt, mithin Beweis erheben will.

Beispiel: Die Mutter behauptet, der Vater mißhandle das Kind häufig, während der Vater erklärt, er gebe ihm nur gelegentlich einen kleinen Klaps, wenn es ungezogen sei. Was zutrifft, kann das Gericht im Verfahren der freiwilligen Gerichtsbarkeit auch durch Befragung anläßlich der persönlichen Anhörung der Eltern und/oder der Kinder ohne eine förmliche Beweisanordnung prüfen. Tut es das, so enthält die persönliche Anhörung eine Beweisaufnahme, denn insoweit zielt sie auf Wahrheitsermittlung.

119 Dabei ist nicht ausschlaggebend, ob das Ergebnis der Anhörung in der Weise **als Beweis verwertet wird,** daß das Gericht in der Entscheidung seine Überzeugung von der Wahrheit oder Unwahrheit darauf stützt. Der Versuch, die Wahrheit zu ermitteln, bleibt auch dann Beweisaufnahme, wenn er zu keinem klaren Ergebnis (einem non liquet) führt oder wenn die Erheblichkeit der auf ihre Wahrheit hin geprüften Tatsache durch neue Tatsachen überholt wird. Die Verwertung als Beweis erleichtert nur den sonst oft schwierig zu führenden Nachweis, daß die Anhörung (auch) der Wahrheitsfeststellung diente.

Anhörung von Eltern und Kindern enthält keine Beweisaufnahme:
Bamberg JurBüro 81, 1686 (wenn nur rechtl. Gehör); 86, 1376 (zu § 118 Nr. 3)
Bremen AnwBl. 79, 34
Celle Rpfleger 79, 35 = JurBüro 79, 577 = NdsRpfl 79,41
Düsseldorf JurBüro 79, 204 u. 533 (wenn nur zur Klärung u. Erläuterung des Sachverhalts); JurBüro 81, 712 (wenn nur Gelegenheit zur Stellungnahme); AnwBl. 85, 654 = JurBüro 86, 234 (wenn nur zwingend vorgeschriebene Anhörung)
Frankfurt JurBüro 79, 704; 83, 1826 = AnwBl. 84, 376
Hamm Rpfleger 85, 169 = MDR 85, 421 (zu § 118 Nr. 3)
KG Rpfleger 84, 116 = JurBüro 84, 60 (wenn nur zwingend vorgeschriebene Anhörung)
Karlsruhe AnwBl. 84, 325; Rpfleger 85, 509 = JurBüro 86, 1051 (auch wenn Ergebnis zu streitigem Vortrag verwertet)
Köln JurBüro 80, 725 (wenn nur zwingend vorgeschriebene Anhörung)
München JurBüro 80, 1840 = Rpfleger 80, 401; JurBüro 81, 856 (wenn Gericht sich nur persönlichen Eindruck verschaffen wollte); AnwBl. 84, 210 = JurBüro 84, 708 (wenn nur zwingend vorgeschriebene Anhörung); AnwBl. 84, 376; 85, 207 = JurBüro 85, 79 (wenn nur zur Erläuterung und Ergänzung des Sachverhalts)
Saarbrücken JurBüro 86, 1375 (wenn nur zu informativen Zwecken)
Stuttgart Justiz 81, 442
Schleswig SchlHA 79, 58
Zweibrücken JurBüro 84, 876 (wenn nur zur Information u. nicht zur Klärung gegensätzl. Tatsachenfragen)

Beweisaufnahme bejaht, wenn Anhörungsergebnis beismäßig verwertet:
Bamberg JurBüro 81, 1686
Düsseldorf JurBüro 82, 719
Köln JurBüro 80, 72 (wenn bestimmte Tatsachen d. bereits vorliegenden Stoffs überprüft werden sollen)
München AnwBl. 84, 210 = JurBüro 84, 708 (wenn Beweiserhebung über streitige oder zweifelhafte Einzeltatsachen gewollt)

Beweisaufnahme bejaht:
Celle AnwBl. 84, 615 (wenn Jugendamtsbericht mit Eltern erörtert, diese und Kind angehört u. Ergebnis d. Entscheidung zugrundegelegt); vgl. auch NdsRpfl 79, 106
AG Mönchengladbach JurBüro 79, 61 (auch bei Einigkeit d. Eltern)
Lappe, Kosten in Familiensachen A 97, 98 (wenn Gericht sich persönlichen Eindruck verschaffen will)

Die nach § 48a Abs. 1 Nr. 3, 4 u. 6 JWG zwingend vorgeschriebene **Anhö-** 120 **rung des Jugendamts** dient in aller Regel nicht der Feststellung, ob bereits vorliegender Tatsachenstoff wahr oder unwahr ist; sie soll vielmehr die Möglichkeiten schaffen, dem Gericht bisher unbekannte Tatsachen, die zur Beurteilung des Kindeswohls erheblich sind, zur Kenntnis zu bringen. Sie ist damit regelmäßig nicht Beweisaufnahme.

Bittet das Gericht hingegen das Jugendamt zu ermitteln, welche der gegensätzlichen Darstellungen der Eltern zu einem entscheidungserheblichen Punkt wahr ist, liegt darin eine Beweisanordnung. Dabei ist es für die Entstehung der Beweisgebühr unerheblich, ob das Gericht die Wahrheitsfeststellung in dieser Weise auf das Jugendamt delegieren darf. Es spielt aus den oben in A 119 genannten Gründen auch keine ausschlaggebende Rolle, ob die Ermittlungen des Jugendamts zu einem klaren Ergebnis führen; beantwortet das Jugendamt die ihm gestellte Frage nicht, so wird das allerdings die Möglichkeit einer Vertretung im Beweisaufnahmeverfahren für den RA oft stark verringern. Auch wenn das Gericht dem Jugendamt keine gezielten Fragen zur Wahrheit von tatsächlichen Umständen gestellt hat, kann es vorkommen, daß das Gericht den Inhalt des Jugendamtsberichts zur Klärung streitiger oder sonst auf den Wahrheitsgehalt nachprüfungsbedürftig erscheinender tatsächlicher Umstände **beweismäßig verwertet.** Unter Anwendung des in § 34 Abs. 2 zum Ausdruck kommenden Rechtsgedankens kann dem RA dadurch die Beweisgebühr erwachsen, wenn er auch die subjektiven Voraussetzungen für deren Entstehung erfüllt. Da das Gericht in diesem Fall aber – anders als bei der Anhörung von Eltern und Kindern – selbst keine Beweisaufnahmehandlungen vornimmt, muß es wirklich zu einer beweismäßigen Verwertung in der Entscheidung kommen.

Die Ansicht, bei dem Jugendamtsbericht handele es sich um ein **Sachverständigengutachten einer Fachbehörde,**
so Hamm Rpfleger 79, 228 = JurBüro 79, 700; 81, 1520; AnwBl. 85, 542

hat mit Recht keine Zustimmung gefunden. Das Gesetz spricht mit gutem Grund lediglich von einer Anhörung, nicht dagegen von der Erstattung eines Gutachtens, dessen Aufgabe es wäre, dem Gericht nicht Tatsachen, sondern Erfahrungswissen, über das das Gericht selbst nicht verfügt, zu vermitteln. Die Jugendamtsberichte haben auch inhaltlich nur ausnahmsweise gutachtlichen Charakter. Damit wird nicht ausgeschlossen, daß das Jugendamt im Einzelfall mit der Erstattung eines Sachverständigengutachtens (meist eines psychologischen Gutachtens) beauftragt wird, wenn es über entsprechende Fachkräfte verfügt. In der Anhörung nach § 48a JWG liegt aber ein solcher Gutachtenauftrag nicht.

Jugendamtsanhörung grundsätzlich keine Beweisaufnahme
Bamberg JurBüro 80, 232, 382 u. 1044; 80, 1530 (auch nicht, wenn bei der Entscheidung verwertet); 85, 242 (zu § 118 Nr. 3); 86, 68

Braunschweig JurBüro 79, 1821 = NdsRpfl 79, 243
Celle NdsRpfl 79, 106; AnwBl. 86, 254
Düsseldorf JurBüro 79, 1828; 81, 712
Frankfurt JurBüro 79, 704; 80, 76 u. 1670; 83, 1826
Hamburg JurBüro 80, 555
KG JurBüro Rpfleger 80, 400 = JurBüro 80, 1183 = MDR 80, 767
Karlsruhe MDR 79, 683; Rpfleger 85, 509 = JurBüro 86, 1051 (auch nicht bei
  Verwertung d. Berichts); JurBüro 80, 1186
Köln JurBüro 80, 709;
München JurBüro 79, 863 (zu § 118 Nr. 3, auch nicht bei Verwertung d. Berichts)
Nürnberg JurBüro 79, 1516 u. 1671 (zu § 118 Nr. 3)
Oldenburg JurBüro 80, 399 (zu § 118 Nr. 3)
Schleswig JurBüro 80, 1351
Stuttgart Justiz 79, 300

Beweisaufnahme, wenn Jugendamtsbericht zur Klärung streitiger Tatsachen eingeholt oder verwertet wird:
Bremen AnwBl. 79, 34
Celle AnwBl. 84, 615 (wenn mit Eltern erörtert u. der Entscheidung zugrunde
  gelegt)
Düsseldorf JurBüro 78, 533
Frankfurt JurBüro 79, 704
KG Rpfleger 82, 118 = JurBüro 82, 567
Köln JurBüro 80, 709 u. 725
München JurBüro 82, 413; AnwBl. 84, 376
Schleswig JurBüro 80, 1351

Beweisaufnahme grundsätzlich bejaht:
Saarbrücken AnwBl. 80, 261 = JurBüro 80, 710 = MDR 80, 505 (LS); AnwBl. 80,
296; JurBüro 81, 66 u. 395 (wenn RA Gelegenheit zur Stellungnahme hatte);
vgl. aber JurBüro 86, 1375 (Keine Beweisgebühr, wenn Jugendamtsbericht aus
früherer Sache erneut Verwendung findet).

121 Ähnliche Fragen, wie bei Einholung und Verwertung des Jugendamtsberichts
treten auf, wenn das Gericht **gem. § 53 b Abs. 2 S. 2 zur Folgesache
Versorgungsausgleich Auskünfte über Grund und Höhe der Versorgungsanwartschaften** bei den hierfür zuständigen Behörden, Rentenversicherungsträgern, Arbeitgebern, Versicherungsgesellschaften und sonstigen
Stellen einholt. Gegen den Beweischarakter dieser Auskunftseinholung wird
geltend gemacht, die um Auskunft gebetenen Stellen seien, soweit sie Träger
der Versorgungslast sind, nach § 53 b Abs. 2 S. 1 FGG Verfahrensbeteiligte,
ihre Auskunft sei somit in Wahrheit nichts anderes als Tatsachenvortrag eines
Verfahrensbeteiligten. Die daraus gelegentlich gezogene Folgerung,

z. B. Düsseldorf JurBüro 80, 546 u. 1186 (Auskunft einer Stadt als ehemaliger
Arbeitgeberin)

die Auskunftserholung von Personen und Stellen, die nicht Träger der
Versorgungslast sind, sei Beweisaufnahme, trifft jedoch – jedenfalls mit dieser
Begründung – nicht zu.

Soweit es sich um den **Grund der Versorgungsanwartschaften,** d. h. die zu
berücksichtigenden Beschäftigungs- und sonstige Zeiten, Versicherungsbeiträge, Vergütungen und sonstige für die Entstehung einer Versorgungsanwartschaft erheblichen Tatsachen handelt, dient die Auskunft, ob sie nun vom
Träger der Versorgungslast oder einem sonstigen Auskunftspflichtigen eingeholt wird, zunächst lediglich dem Gericht obliegenden Tatsachenermittlung (Stoffsammlung).

Erst wenn das Gericht – meist aufgrund abweichender Angaben anderer Beteiligter – konkrete Zweifel an bestimmten Daten hat, besteht Anlaß zu einer Wahrheitsfeststellung. Holt dann das Gericht hierzu eine gezielte (ggf. weitere) Auskunft ein, so handelt es sich um Feststellung der Wahrheit tatsächlicher Umstände, mithin um Beweisaufnahme. Für die Entstehung der Beweisgebühr kommt es dann weder auf den Erfolg des Auskunftsersuchens noch darauf an, was das Gericht schließlich für erwiesen ansieht, sondern nur darauf, ob der RA im Rahmen der Beweisaufnahme eine Vertretungstätigkeit entfaltet hat.

Soweit die erbetene Auskunft nicht nur den Grund, sondern auch die **Höhe der Versorgungsanwartschaft** betrifft, geht sie in der Regel jedenfalls bei den Trägern der Versorgungslast, mitunter aber auch bei den anderen auskunftspflichtigen Personen und Stellen über die bloße Mitteilung von Tatsachen hinaus. Die Erteilung der Auskunft hierzu erfordert vielmehr nicht selten Ausrechnungen unter Anwendung nicht nur von Gesetzen und Verordnungen, sondern auch von Verwaltungsvorschriften, versicherungsmathematischen und betriebswirtschaftlichen Grundsätzen, mithin um sehr spezielles Erfahrungswissen. Insoweit muß die Auskunftserteilung als Gutachtenerstattung und damit als Beweisaufnahme angesehen werden.

> BGH NJW 84, 438 = FamRZ 84, 159 („enthält eine rechtsgutachtliche Äußerung darüber, wie nach den maßgeblichen rentenrechtlichen Vorschriften die ehezeitlich erworbene Versorgungsanwartschaft eines Ehegatten zu berechnen").

Darauf, ob im Einzelfall das Gericht anhand der mitgeteilten Daten über den Grund der Versorgungsanwartschaft deren Höhe selbst hätte errechnen können oder müssen, kommt es nicht an. Die Mitwirkung des RA liegt regelmäßig darin, daß ihm die Berechnung der Höhe mitgeteilt wird und er – was unterstellt wird – pflichtgemäß prüft, ob sie zugunsten seines Mandanten zu beanstanden ist.

Im praktischen Ergebnis führt diese Überlegung entgegen der überwiegenden Rechtsprechung, die fast durchweg nur auf die tatsächliche Auskunft über den Grund der Versorgungsanwartschaft abstellt, regelmäßig dazu, daß die Beweisgebühr nach dem Wert des Versorgungausgleichs erwächst.

Einholung der Auskünfte über Versorgungsanwartschaften löst die Beweisgebühr aus:
Bremen KostRspr. BRAGO § 31 Ziff. 3 Nr. 12
Celle AnwBl. 79, 275 = JurBüro 79, 1016 = NdsRpfl 79, 180 u. 204; JurBüro 80, 220
Düsseldorf AnwBl. 80, 162; JurBüro 80, 546; JurBüro 85, 1824 (zur Klärung rentenspezifischer Fragen)
Hamm JurBüro 79, 700 u. 1835 = MDR 80, 65; Rpfleger 81, 496 = JurBüro 81, 1520
Nürnberg JurBüro 79, 208 (Auskunft der Deutschen Bundespost)
Schleswig SchlHA 79, 231 (wenn zur Prüfung der Genehmigung des vereinbarten Versorgungsausgleichsausschlusses eingeholt)
AG Mönchengladbach AnwBl. 85, 265
Lappe Rpfleger 80, 241 (Anm.)

Beweisgebühr nur, wenn Auskunft zur Klärung bestrittener oder sonst nachprüfungsbedürftiger Tatsachen eingeholt
Bamberg JurBüro 79, 533
Düsseldorf JurBüro 78, 1517 (nicht, wenn wegen Vereinbarung der Parteien) nicht zu Beweiszwecken

von Eicken   549

KG JurBüro 80, 1675 = MDR 80, 767
Karlsruhe AnwBl. 80, 370
Köln JurBüro 80, 709
Koblenz Rpfleger 86, 320
Nürnberg AnwBl. 80, 162 = JurBüro 79, 1871
Oldenburg Beschl. v. 26. 1. 79 – 5 WF 11/79

Auskunftseinholung regelmäßig keine Beweisaufnahme
Bamberg JurBüro 78, 1514; 79, 699 u. 851 (auch wenn durch Beschluß z.
Gegenstand d. Beweises gemacht); 80, 382; 84, 1033; 86, 68 u. 1202; 87, 69
Braunschweig JurBüro 79, 1821 = NdRpfl. 79, 243; JurBüro 80, 712 = NdsRpfl.
79, 271
Düsseldorf JurBüro 78, 1516; 79, 532, 533 u. 1828; 80, 1842
Frankfurt JurBüro 78, 1815 (Einholung einer Bescheinigung über Höhe der
Besoldung); 80, 1670
Hamburg JurBüro 80, 555; MDR 80, 683
KG JurBüro 80, 1675 = MDR 80, 767
Karlsruhe AnwBl. 80, 370
Koblenz JurBüro 79, 534; Rpfleger 86, 320; JurBüro 86, 880
München Rpfleger 80, 240 = JurBüro 80, 867 = MDR 80, 506
Nürnberg AnwBl. 80, 162 = JurBüro 79, 511 = MDR 80, 65; JurBüro 79, 1516 u.
1871; 86, 882
Saarbrücken JurBüro 81, 392
Schleswig JurBüro 80, 1351
Stuttgart Justiz 79, 300; JurBüro 86, 390
Zweibrücken JurBüro 81, 713

122 Einholung von Lohn- und Verdienstbescheinigungen. Gibt das Gericht
der Partei auf, eine derartige Bescheinigung vorzulegen, so handelt es sich
nicht um eine Beweisanordnung, sondern um eine Auflage. Durch Vorlegung
oder Verwertung der Bescheinigung entsteht nach § 34 Abs. 1 keine Beweisgebühr.

Anders kann es dagegen sein, wenn das Gericht selbst die Bescheinigung
einholt. Geschieht das unter den Voraussetzungen und in der Form des § 377
Abs. 3 u. 4 ZPO, so liegt Zeugenbeweis, also Beweisaufnahme vor. Wird
dagegen – was in der Praxis häufig geschieht – die Form des § 377 Abs. 3 nicht
gewahrt oder gar die Bescheinigung von der Auskunftsperson fernmündlich
angefordert, so kann es sich darum handeln, daß das Gericht – z. B. aus
Gründen der Verfahrensbeschleunigung – lediglich den Umweg über eine
Auflage an die Partei sparen will. Dann wird man § 34 Abs. 1 entsprechend
anwenden müssen, denn da dem RA die Beweisgebühr nicht entsteht, wenn
er selbst die Bescheinigung beschafft und vorlegt, erscheint es nicht gerechtfertigt, sie zuzubilligen, wenn das Gericht ihm beides abnimmt. In der Regel
veranlassen aber Gründe der besseren Wahrheitsfeststellung das Gericht, die
Bescheinigung selbst zu erfordern, statt der Partei die Vorlage aufzugeben.
Bei der von der Partei selbst vorgelegten Bescheinigung liegt die Gefahr nicht
fern, daß der Inhalt auf deren Zwecke abgestimmt ist, während es der
Auskunftsperson psychologisch viel schwerer fallen wird, auf die vom Gericht selbst kommende Aufforderung eine Gefälligkeitsbescheinigung zu
erteilen. Die Einholung der Bescheinigung durch das Gericht erfüllt also
gerade die Funktion der Einholung einer schriftlichen Zeugenauskunft. Es
wird deshalb in vielen Fällen näherliegen, sie als – wenn auch formfehlerhafte
– Beweisaufnahme anzusehen.

Celle AnwBl. 79, 439; Hamm AnwBl. 79, 439; JurBüro 83, 864 (Bankauskunft); Frankfurt AnwBl. 79, 32 = JurBüro 78, 1815 (behördliche Auskunft); Düsseldorf JurBüro 83, 1042; Bremen KostRsp. BRAGO § 31 Ziff. 3 Nr. 36; Zweibrücken Rpfleger 82, 486 (wenn Auskunft verwertet); Schleswig AnwBl. 85, 544 (fernmündlich eingeholt);

a. A. Stuttgart JurBüro 82, 55; Zweibrücken JurBüro 82, 1197 (jedenfalls nicht, wenn Auskunft nicht erteilt); Düsseldorf JurBüro 84, 1530 (wenn nicht erkennbar nach § 377 Abs. 3 erholt); 84, 1528; 86, 881; Mümmler JurBüro 84, 1531.

Die subjektiven Voraussetzungen   **123**

Die **Vertretung in einem Beweisaufnahmeverfahren** oder in einer Anhörung bzw. Parteivernehmung nach § 613 ZPO ist Voraussetzung für die Entstehung der Beweisgebühr für den RA. Es muß also zu der gerichtlichen Anordnung noch eine Tätigkeit des RA hinzukommen, die der Wahrnehmung der Parteirechte im Hinblick auf die Förderung und das Ergebnis der Beweisaufnahme oder der Anhörung bzw. der Parteivernehmung nach § 613 ZPO dient. Vertretung im Beweisaufnahmeverfahren ist jede Tätigkeit des Prozeßbevollmächtigten, die in unmittelbarem Zusammenhang mit der Beweisaufnahme steht. Dabei ist gleichgültig, ob die Tätigkeit gegenüber dem Gericht oder dem Gegner erfolgt. Der vertretenen Partei gegenüber kann begrifflich eine Vertretungstätigkeit nicht entfaltet werden.

a. A. Riedel/Sußbauer A 113 und 8. Auflage.

Dagegen reicht nicht aus, daß der RA im Laufe des Rechtsstreits Prozeßbevollmächtigter geworden ist und z. B. einen Schriftsatz einreicht. Er muß eine Tätigkeit in Richtung Beweisaufnahme entwickeln.

Auf das Maß der Tätigkeit kommt es nicht an. Es genügt also jedes Handeln geringsten Umfangs. Eine Tätigkeit, die sich nicht unmittelbar auf das Beweisverfahren bezieht, sondern mit ihm nur zeitlich zusammentrifft, begründet dagegen die Beweisgebühr nicht.

Beispiel: Der RA des Beklagten erkennt aus dem erlassenen Beweisbeschluß, daß es dem Gericht auf ein bestimmtes Geschehen, das er bisher für unerheblich gehalten hat, ankommt. Er behandelt darauf dieses Geschehen eingehend in einem Schriftsatz und benennt einige Zeugen für sein Vorbringen. Das ist „Prozeßbetrieb", aber keine Beweistätigkeit (offen bleibt, ob der RA die Beweisgebühr aus anderen Gründen verdient).

Im allgemeinen ist es unerheblich, welche Tätigkeiten im einzelnen ausreichen, um die Beweisgebühr entstehen zu lassen. Denn wenn der RA vom Anfang bis zum Ende bei der Beweisaufnahme tätig wird, spielt es keine Rolle, ob die Anwesenheit im Verkündungstermin die Beweisgebühr schon erwachsen läßt und ob es noch ausreicht, wenn der RA bei dem Prozeßgericht beantragt, den vom ersuchten Richter vernommenen Zeugen zu vereidigen.

Die Frage wird erst dann wesentlich, wenn die angeordnete Beweisaufnahme nicht durchgeführt wird oder wenn der RA vorzeitig ausscheidet oder erst später in den Prozeß eintritt.

Ob der RA sich dessen bewußt war, daß er in einem Beweisaufnahmeverfahren tätig geworden ist, ist unerheblich. Deshalb kann ein RA, der für einen Aktenvortrag zunächst keine Beweisgebühr berechnet hat, diese nachfordern, wenn er später erkennt, daß die Beiziehung der Akten als Beweisaufnahme angesehen worden ist.

124 Die bloße **Anwesenheit des Rechtsanwalts bei der Verkündung des Beweisbeschlusses** und die **Kenntnisnahme von dem Inhalt des Beschlusses sind noch keine Vertretungstätigkeit „im" Beweisaufnahmeverfahren.**

OLG Frankfurt JurBüro 79, 375; LAG Düsseldorf JurBüro 85, 1827.

Auch die Erläuterung der Tatsache, daß das Gericht Beweis erheben will, und deren Bedeutung gegenüber dem anwesenden Mandanten stellt noch kein Tätigwerden für den Mandanten im Beweisaufnahmeverfahren dar; sie ist rechtliche Belehrung, die durch die Prozeßgebühr abgegolten wird. Die erste Tätigkeit, die der RA in Bezug auf die Beweisaufnahme als Vertreter seiner Partei entfalten kann, ist die **Prüfung des Beweisbeschlusses auf Richtigkeit und Vollständigkeit.** Daß der RA sie unternimmt, ist zu unterstellen. Sie setzt aber voraus, daß ihm der vollständige Beweisbeschluß nicht nur seinem wesentlichen Inhalt nach mitgeteilt worden ist.

So die weitaus überwiegende Auffassung; vgl. z. B. Schumann/Geißinger A 157; Düsseldorf JurBüro 72, 417 = MDR 72, 524; Köln AnwBl. 82, 531 mit abl. Anm. von H. Schmidt = JurBüro 83, 85; Schleswig JurBüro 73, 968; vgl. auch KG JurBüro 74, 482. **a. M.** Hamm JurBüro 72, 700 = AnwBl. 72, 279 (Der RA erörtert mit dem Auftraggeber den in seiner Gegenwart verkündeten Beweisbeschluß).

125 Auch der bloße **Zugang einer Abschrift des vollständig abgesetzten Beweisbeschlusses** löst die Beweisgebühr nicht aus.

Beispiel: Der RA schickt den ihm zugegangenen Beweisbeschluß ungeprüft an den Mandanten weiter, weil ihm inzwischen das Mandat gekündigt worden ist: Keine Beweisgebühr. Auch hier ist aber zu unterstellen, daß der weiter bevollmächtigte RA die Abschrift pflichtgemäß auf die Vollständigkeit der Beweisanordnungen und die Notwendigkeit etwaiger Ergänzungsanträge geprüft hat. Ob diese Prüfung bejahend oder verneinend ausfällt und ob der Anwalt Anlaß zu einer weiteren Tätigkeit oder zu einer Mitteilung der Beweisanordnung an die Partei hat, ist nicht entscheidend;

So auch Schumann/Geißinger A 158; Hamburg JurBüro 79, 374; Hamm JurBüro 66, 319 = JMBlNRW 66, 203; München AnwBl. 67, 403 = JVBl. 67, 213 = MDR 67, 852 (L) = NJW 67, 2068 = JurBüro 67, 205 (zust. Tschischgale).

126 **Übersendung einer Abschrift des Beweisbeschlusses an die Partei.** Wird der RA erst nach Erlaß eines Beweisbeschlusses mit der Vertretung einer Partei beauftragt, so entsteht für ihn die Beweisgebühr schon dadurch, daß er bei der Partei anfragt, ob sie Änderungen des Beweisbeschlusses anzuregen habe.

Celle AnwBl. 69, 135.

Dagegen löst die schlichte Mitteilung, ein Beweisbeschluß sei ergangen, die Beweisgebühr nicht aus;

127 Die **Beauftragung eine auswärtigen Rechtsanwalts** mit der Wahrnehmung des Beweistermins bei dem ersuchten Gericht, Versendung der Akten an diesen und Erteilung der Information lösen die Beweisgebühr aus.

128 Die **Inempfangnahme der Ladung** ebenso wie die **Benachrichtigung** der Partei von der Anordnung oder Aufhebung des Beweistermins sind keine Vertretungstätigkeiten und deshalb nicht geeignet, die bis dahin etwa noch nicht erwachsene Beweisgebühr auszulösen.

Die **Besprechung mit der Partei über das Vorgehen im Beweisverfah-** 129
ren ist als notwendige Vorbereitung der Vertretungtätigkeit dieser bereits
zuzurechnen. Sie löst die Beweisgebühr aus, auch wenn die Besprechung
keine Notwendigkeit zu konkreten Tätigkeiten des RA für den Mandanten
zur Vorbereitung des Beweistermins ergibt.

Weitere ausreichende Vertretungtätigkeiten des RA sind z. B.   130
a) Bemühung um die Befreiung eines Zeugen von der Schweigepflicht,
b) Einreichung der Verzichtserklärung eines Zeugen auf Zeugenentschädi-
gung,
c) Einzahlung eines Auslagenvorschusses für die Partei,
d) Erkundigung, ob der Vorschuß gezahlt ist.

Das **Erscheinen zum Beweistermin** als solches reicht nicht aus, wenn es 131
nicht zur Beweisaufnahme kommt; es ist nur die Bereitschaft, in der Beweisaufnahme tätig zu werden.

> Schleswig JurBüro 86, 65.

Beispiel: Der RA wird erst zu Beginn des Termins als PKH-Anwalt beigeordnet. Vor Eintritt in die Beweisaufnahme unternimmt das Gericht einen
erfolgreichen Vergleichsversuch. Daraufhin unterbleibt die Beweisaufnahme.
Der RA hat keinen Anspruch auf die Beweisgebühr gegen die Staatskasse,
vgl. auch A 139.

Jedoch ist die Anwesenheit des RA im Termin nicht erforderlich, wenn eine
andere Tätigkeit im Beweisaufnahmeverfahren vorliegt.

Beim **Sachverständigenbeweis** kommen noch folgende Tätigkeiten für die 132
Auslösung der Beweisgebühr in Betracht:

Alle Tätigkeiten, die die Auswahl des Sachverständigen betreffen, z. B. die
Prüfung, ob Ablehnungsgründe gegen den ernannten Sachverständigen bestehen und das etwaige Ablehnungsverfahren.

Vorschläge zur Auswahl des Sachverständigen, falls das Gericht den Beweisbeschluß bereits erlassen, die Bestimmung des Gutachters aber noch vorbehalten hat.

Die Teilnahme an Ortsbesichtigungsterminen des Sachverständigen. Ob diese
für den Beweisanwalt ausreicht, ist streitig (s. A 4 zu § 54). Für den Prozeßbevollmächtigten ist sie jedenfalls eine Tätigkeit im Beweisaufnahmeverfahren.
Anders aber, wenn noch kein Sachverständigenbeweis beschlossen, sondern
der Sachverständige nur gem. § 273 Abs. 2 ZPO vorsorglich geladen worden
ist, s. A 109.

Die Prüfung des schriftlichen Gutachtens. Sie ist nicht nur Beweiswürdigung,
sondern noch Tätigkeit im Beweisaufnahmeverfahren, weil der RA prüfen
muß, ob Ergänzung oder mündliche Erläuterung des Gutachtens zu beantragen ist.

Der Antrag, den Sachverständigen zur Erläuterung seines Gutachtens gem.
§ 411 Abs. 3 ZPO zu laden und die Teilnahme an dem Termin, in dem der
Sachverständige das Gutachten erläutert.

Ob der Vortrag des Beweisergebnisses (§ 285 Abs. 2 ZPO) noch zum Beweisaufnahmeverfahren zu rechnen ist, ist streitig, aber zu verneinen. Es handelt
sich schon nach dem Wortlaut des Gesetzes um eine Tätigkeit in der mündli-

chen Verhandlung, die ein abgeschlossenes Beweisaufnahmeverfahren („Beweisergebnis") voraussetzt.

Die bloße Übersendung des Gutachtens an die Partei ist keine Vertretungstätigkeit und löst die Beweisgebühr nicht aus.

a. A. Bamberg NJW 59, 891 = JurBüro 59, 120.

133 Bei der **Anhörung oder Vernehmung nach § 613 ZPO** reichen alle Tätigkeiten, die auch sonst die Beweisgebühr auslösen, aus. Wie bei sonstigen Vernehmungen von Zeugen oder Parteien ist es nicht notwendig, daß der RA bei der Vernehmung anwesend ist. Es genügt z. B. auch die Besprechung mit der Partei zur Vorbereitung der Vernehmung, die allerdings bereits angeordnet sein muß.

134 Die Kenntnisnahme und Prüfung der **Protokolle über eine auswärtige Beweisaufnahme** ist noch Tätigkeit in der Beweisaufnahme. Dies zwar nicht, weil die Beweisaufnahme erst mit dem Vortrag des Beweisergebnisses in der mündlichen Verhandlung abgeschlossen wäre, wie mitunter aus § 285 Abs. 2 ZPO gefolgert wird, sondern einfach deshalb, weil Gericht und Parteien Gelegenheit haben müssen, zu prüfen, ob eine Vervollständigung oder Ergänzung der Beweisaufnahme veranlaßt ist.

135 Bei **Auskunftsersuchen** ist sowohl die Prüfung des Ersuchens als auch Kenntnisnahme von der erteilten Auskunft und deren Prüfung noch Tätigkeit in der Beweisaufnahme, vorausgesetzt, daß das Ersuchen überhaupt der Beweisaufnahme und nicht lediglich der Sachverhaltserklärung diente.

Hamm JurBüro 78, 1821.

136 **Nicht genügend** sind solche Handlungen, die zwar zeitlich in das Beweisaufnahmeverfahren fallen, aber Bedeutung für andere Teile des Rechtsstreits haben. Diese werden durch die Prozeßgebühr abgegolten.

Zweibrücken JurBüro 82, 1029 (Eine Beweisgebühr für einen Anwalt entsteht nicht, wenn dieser zur Beginn der Beweisaufnahme erklärt hat, er trete nicht auf. Das gilt auch dann, wenn er während der Beweisaufnahme anwesend war, aber keine Tätigkeit entfaltet hat).

137 Das Ersuchen des RA an den Auftraggeber um **Mitteilung der Anschrift eines Zeugen** und Anzeige der Anschrift an das Gericht genügt nicht, weil die Angabe der Anschrift zum Beweisantritt gehört. Sie wird nicht dadurch, daß sie später erfolgt, zum Teil der Beweisaufnahme.

138 Eine **Tätigkeit bei Vergleichsverhandlungen** ist keine Vertretung in einem Beweisaufnahmeverfahren, z. B. nicht die Unterstützung von Vergleichsbemühungen eines Sachverständigen,

oder die Vertretung bei Anhörung von Sachverständigen in einem Sühne- oder Vergleichstermin, falls die Anhörung zu Informationszwecken erfolgt (vgl. A 104).

139 Auch bei **Vergleichsabschluß in einem zur Beweisaufnahme bestimmten Termin** oder sonst nach Anordnung der Beweisaufnahme entsteht die Beweisgebühr nicht, wenn der RA nicht schon durch eine sonstige Tätigkeit im Beweisaufnahmeverfahren die Beweisgebühr verdient hatte.

Ferner genügen nicht:

140 **eine Tätigkeit zur Vermeidung der Durchführung der angeordneten Beweisaufnahme,**

Celle AnwBl. 66, 324 = JurBüro 66, 768 = JVBl. 66, 234 = NdsRpfl. 66, 218 (Die Beweisgebühr entsteht dem RA für eine auf die Beweisaufnahme gerichtete Tätigkeit. Nicht erforderlich ist, daß die anwaltliche Tätigkeit die Beweisaufnahme fördert. Nicht schädlich ist, daß der RA sich bemüht, die Beweisaufnahme zu vermeiden).

die aber nicht vorliegt, wenn die Gegenpartei eine Abänderung des Beweisbeschlusses erstrebt und der Beweisführer darauf die Ansicht äußert, daß sich dann die Beweisaufnahme erübrige;

eine Tätigkeit nach Abschluß des Beweisaufnahmeverfahrens, 141

Hamm JurBüro 68, 38; München Rpfleger 50, 286.

z. B. der Verzicht auf die Beeidigung von Zeugen oder auf Anträge zur Beeidigung, wenn diese Erklärungen erst bei der Verhandlung über das Ergebnis der Beweisaufnahme abgegeben werden, bei welcher der RA nicht tätig geworden ist.

Die Verhandlung über das Beweisergebnis und die Beweiswürdigung gehören nicht zu dem Beweisaufnahmeverfahren, sondern werden durch die Prozeß- und die Verhandlungsgebühr abgegolten.

München JurBüro 82, 864.

Auch Empfangnahme und Weiterleitung der Beweisniederschriften über Beweiserhebungen, die vor dem Prozeßgericht stattgefunden haben, und Mitteilungen über das Ergebnis der Beweisaufnahme an den Auftraggeber begründen für sich allein keinen Anspruch auf die Beweisgebühr.

Eine Tätigkeit, die nach dem Ende der Beweisaufnahme entfaltet wird, kann die Beweisgebühr nicht auslösen, auch wenn sie sich mit der Beweisaufnahme befaßt. Deshalb löst ein beweiswürdigender Schriftsatz die Beweisgebühr nicht mehr aus.

Die Beweisaufnahme ist spätestens mit Beginn der Verhandlung über die 142 Ergebnisse der Beweisaufnahme **beendet.**

Der **Anwalt,** der erst in diesem Stadium des Rechtsstreis tätig oder im Wege der Prozeßkostenhilfe beigeordnet wird, erhält die Beweisgebühr nicht mehr, auch wenn er die umfangreichen Beweisprotokolle durcharbeiten muß. Die Beweisaufnahme kann aber noch früher enden.

Die Augenscheinseinnahme endet in dem Augenblick, in dem das Gericht das Kenntnisnehmen beendet, also z. B. beim Augenschein in einer Verkehrssache mit dem Verlassen der Unfallstelle, beim Augenschein eines Bauplanes mit dem Weglegen des Planes.

Beim Zeugenbeweis ist die Beweisaufnahme mit der Entlassung des Zeugen beendet, u. U. auch schon vorher, nämlich dann, wenn das Gericht zu erkennen gibt, daß es die Vernehmung des Zeugen als beendet ansieht.

Wenn der Zeuge nicht vor dem Prozeßgericht, sondern von dem beauftragten oder ersuchten Richter vernommen worden ist, handelt es sich um eine Beweisaufnahme, die nicht vor dem Prozeßgericht erfolgt ist. Sie endet, wenn Gericht und Parteien Gelegenheit zur Prüfung der Beweisprotokolle hatten und eine Vervollständigung oder Ergänzung der Beweisaufnahme nicht beantragt oder angeordnet wurde. S. A 134.

Für die mündliche Anhörung des Sachverständigen gilt das zum Zeugenbeweis Gesagte in gleicher Weise. Die Erstattung eines schriftlichen Gutachtens

von Eicken 555

ist ebenfalls eine Beweisaufnahme, die nicht vor dem Prozeßgericht erfolgt ist. Bleibt die Beweisaufnahme auf die Beiziehung eines Gutachtens beschränkt, endet sie mit der Verlesung des Gutachtens oder mit der Bezugnahme.

Das oben zur Vernehmung von Zeugen durch den beauftragten oder ersuchten Richter Gesagte gilt entsprechend. Die Verlesung des Gutachtens oder die Bezugnahme gem. § 285 Abs. 2 ZPO gehört nicht mehr zur Beweisaufnahme.

Hamm JurBüro 71, 435; Bamberg JurBüro 75, 619; Schleswig JurBüro 77, 1402 u. 1723; Bremen JurBüro 78, 1824; Köln JurBüro 78, 1675; Stuttgart JurBüro 78, 1519; KG JurBüro 72, 793 (sämtlich zum Beweissicherungsgutachten); Düsseldorf JurBüro 80, 1189 = MDR 80, 686 = VersR 80, 747;
a. A. Hamm JurBüro 67, 735 = JMBlNRW 68, 70; KG JurBüro 79, 688 = Rpfleger 79, 226; München JurBüro 79, 539; Karlsruhe JurBüro 85, 874.

Für die Beiziehung von amtlichen Auskünften und schriftlichen Zeugenbekundungen gilt das Gleiche.

Celle NdsRpfl. 61, 222 = JVBl. 62, 17 = MDR 62, 64 = NJW 61, 2024 = Rpfleger 62, 112.

Wegen Verwertung des Ergebnisses einer außerhalb der anhängigen Hauptsache durchgeführten Beweissicherungsverfahrens s. A 13 zu § 48.

Höhe der Beweisgebühr

143 Der RA erhält als Beweisgebühr die **volle Gebühr,** somit im Berufungs- und Revisionsverfahren die $^{13}/_{10}$-Gebühr.

Beweiserhebungen im Verfahren betr. die Prozeßkostenhilfe (§ 118 ZPO) lassen nur eine $^{5}/_{10}$-Beweisgebühr aus § 51 entstehen, ebenso Beweiserhebungen in der Zwangsvollstreckung nur eine $^{3}/_{10}$-Beweisgebühr aus § 57.

144 Der **Gegenstandswert,** welcher der Berechnung der Beweisgebühr zugrunde zu legen ist, richtet sich nach dem Wert des Gegenstandes, über den Beweis erhoben wird. Er kann nie höher sein als der Streitwert des Prozesses, wohl aber geringer, nämlich dann, wenn nur über einen Teil des Anspruchs Beweis erhoben wird. Auch dann, wenn in der Zinsklage (z. B. 400,— DM Zinsen) über das behauptete Darlehen (z. B. 10000,— DM) Beweis erhoben wird, bilden die 400,— DM Zinsen den Gegenstandswert.

KG JurBüro 79, 1157 (Der Gegenstandswert für die Beweisgebühr ist grundsätzlich danach zu bemessen, in welchem Umfange das Prozeßgericht nach dem eindeutigen Inhalt der Beweisanordnung im Zeitpunkt ihres Erlasses den Tatsachenkomplex klären wollte. Unerheblich ist demgegenüber, welche Tatsachenkomplexe nach Auffassung der Kostenfestsetzungsinstanzen klärungsbedürftig oder welche Tatsachen nach der späteren Rechtsauffassung der Urteilsgründe entscheidungserheblich waren); München JurBüro 82, 401 (Sofern das Beweisaufnahmeverfahren nicht auf einen Teil des Streitgegenstandes (prozessualen Anspruchs) beschränkt wird, ist – wie z. B. bei der Geltendmachung eines Zurückbehaltungsrechts – der Berechnung der Beweisgebühr der volle Streitwert zugrunde zu legen) Frankfurt JurBüro 83, 1822 = MDR 84, 154; Düsseldorf JurBüro 86, 1833; aber Hamm Anw.Bl. 85, 209 (Teilbetrag nur, wenn dieser wertmäßig ausschaltbar).

Beziehen sich die Beweiserhebungen auf Prozeßvoraussetzungen, ist Streitwert des Beweisaufnahmeverfahrens der Wert des gesamten Anspruchs.

Bezieht sich die Beweisaufnahme nur auf einen Teil des Anspruchs, bildet nur der betroffene Teil den Gegenstand der Beweisaufnahme. Der Wert richtet sich deshalb nur nach diesem Teil.

Düsseldorf JurBüro 83, 1042.

Beispiel: Der Beklagte wird auf Zahlung von 1000,—DM in Anspruch genommen. Er erkennt 600,—DM an und bestreitet den Rest von 400,—DM. Wird über diese 400,—DM Beweis erhoben, beträgt der Beweiswert 400,—DM.

Vgl. aber Frankfurt AnwBl. 81, 155 = JurBüro 81, 554 (Die Beweisgebühr bestimmt sich auch dann nach dem Hauptsachewert, wenn der Beklagte einen Teilbetrag schriftsätzlich anerkennt. Mangels Zahlung oder Teilanerkenntnisurteil hat sich dadurch das Zahlungsinteresse des Klägers nicht gemindert); insoweit anders Köln JurBüro 84, 877 mit zust. Anm. Mümmler = KostRsp. ZPO § 3 Nr. 692 mit abl. Anm. E. Schneider.

Wird über verschiedene Teile des Anspruchs nacheinander Beweis erhoben, so entsteht trotzdem nur eine Beweisgebühr. Sie ist aber aus den zusammengerechneten Werten der Gegenstände zu berechnen, über die nacheinander Beweis erhoben worden ist.

Bezieht sich die Beweisaufnahme auf die Fälligkeit oder auf ein Zurückbehaltungsrecht, bildet der gesamte Klaggegenstand den Gegenstand des Beweisaufnahmeverfahrens.

Ist bei Verbindung getrennt anhängig gemachter Prozesse nur in einem Verfahren eine gerichtliche Beweisanordnung ergangen und wird nach der Verbindung für den gesamten Streitgegenstand weiter Beweis erhoben, so sollen die in dem einen Ausgangsverfahren erwachsenen gerichtlichen und anwaltlichen Beweisgebühren auf die spätere höhere Gebühr voll anzurechnen sein.

So KG Rpfleger 73, 441 = JurBüro 73, 1162.

Dieser Auffassung kann nicht zugestimmt werden. Die in den einzelnen Prozessen entstandenen Gebühren können nicht in den – durch die Degression – geringeren Gebühren des verbundenen Rechtsstreits aufgehen.

Frankfurt NJW 58, 554 (Problem entschieden für die Verhandlungsgebühr); vgl. auch die Beispiele bei Anm. 52; E. Schneider in Anm. II KostRsp. BRAGO § 31 Ziff. 3 Nr. 11.

Maßgebend für die Berechnung der Beweisgebühr ist der Wert des Anspruchs, über den Beweis erhoben wird, im Zeitpunkt der Anordnung der Beweiserhebungen.

Eine spätere Ermäßigung der Klagforderung ist für die Höhe des Wertes der Beweisgebühr ohne Bedeutung. Beispiel: Zwischen dem Erlaß des Beweisbeschlusses und der Vernehmung der Zeugen bezahlt der Beklagte die Hälfte der Klagforderung. Die Beweisgebühr wird trotzdem nach der gesamten Klagforderung berechnet. Etwas anderes gilt nur, wenn der RA **erstmals** nach der Ermäßigung im Beweisaufnahmeverfahren tätig geworden ist. Beispiel: Im Amtsgerichtsprozeß über 900,—DM ergeht Beweisbeschluß wegen der gesamten Klagforderung. Der Beklagte zahlt hierauf 500,—DM an den Kläger. Danach beauftragt er einen RA mit seiner weiteren Vertretung im Rechtsstreit. Beweis wird nunmehr wegen der noch strittigen 400,—DM erhoben. Die Beweisgebühr des neu eingetretenen RA berechnet sich aus 400,—DM, während sich die Beweisgebühr des Klägervertreters, der den Rechtsstreit von Anbeginn geführt hat, aus 900,—DM berechnet.

Ermäßigt sich die Klagforderung zwischen Verhandlung und Beweisanordnung, so bildet der ermäßigte Klaganspruch den Gegenstandswert der Beweisaufnahme.

Hamm JurBüro 73, 1068 = Rpfleger 73, 375; Karlsruhe JurBüro 86, 1040.

Wird in einem Ehescheidungsverfahren lediglich über die Begründetheit des Scheidungsantrags Beweis erhoben, entsteht wegen der Amtsfolgesachen die Beweisgebühr nicht.

Nürnberg JurBüro 80, 897.

145 Umstritten ist das **Wertproblem bei nachträglicher Erhöhung des Streitwertes.**

Eindeutig ist die Lage, wenn die Werterhöhung während des Beweisaufnahmeverfahrens vorgenommen wird und der RA auch nach der Erhöhung in der Beweisaufnahme noch tätig ist. In diesem Falle ist die Beweisgebühr aus dem erhöhten Streitwert zu berechnen. Beispiel: Der Kläger hat 1000,—DM Teilbetrag eingeklagt. Beweisbeschluß auf Vernehmung zweier Zeugen. Aus der Vernehmung des ersten Zeugen ersieht der Kläger, daß die Sache günstig steht. Er erhöht auf 7000,—DM. Nunmehr wird der zweite Zeuge vernommen. Bei der Beweisaufnahme sind beide Anwälte tätig. Die Beweisgebühr errechnet sich aus 7000,—DM.

Bamberg JurBüro 78, 1662 (vgl. aber JurBüro 77, 960); Frankfurt JurBüro 83, 234; München AnwBl. 63, 106 = Rpfleger 67, 133; München AnwBl. 64, 79 = JurBüro 64, 119 = MDR 64, 245 (L) = Rpfleger 67, 134.

Wird der RA nach der Erhöhung des Wertes nicht mehr in der Beweisaufnahme tätig, erhält er die Beweisgebühr nur aus dem geringeren Wert.

Beispiel: Im vorstehenden Beispiel wechselt der Kläger zwischen der Vernehmung der beiden Zeugen den Anwalt. Der zweite Anwalt nimmt die Erhöhung vor. Der erste Anwalt erhält die Beweisgebühr aus 1000,—DM, der zweite Anwalt aus 7000,—DM.

Streitig ist, wie die Beweisgebühr zu berechnen ist, wenn die Klage erhöht (oder Widerklage erhoben) wird, nachdem die Beweisaufnahme abgeschlossen ist und das Ergebnis der Beweisaufnahme für die Entscheidung des Rechtsstreits auch hinsichtlich der erhöhten Ansprüche verwertet wird.

Beispiel: Der Kläger berühmt sich eines Anspruchs in Höhe von 10000,—DM. Da er sich seiner Sache nicht sicher ist (oder: Kosten sparen will), klagt er nur 1000,—DM ein. Die Beweisaufnahme ergibt eindeutig, daß der Anspruch in vollem Umfange a) begründet, b) unbegründet ist. Im Falle a) erhöht der Kläger auf 10000,—DM. Im Falle b) erhebt der Beklagte negative Feststellungsklage über 9000,—DM. In beiden Fällen beträgt der Streitwert in der Schlußverhandlung 10000,—DM. Das Gericht verwertet in seinem Urteil das Beweisergebnis für die Entscheidung des gesamten Streitgegenstandes.

Unstreitig ist, daß die Prozeß- und die Verhandlungsgebühren der beiderseitigen Anwälte nach einem Werte von 10000,—DM zu berechnen sind. Wie hoch ist der Wert, der für die Höhe der Beweisgebühr maßgebend ist: 1000,—DM oder 10000,—DM?

Die weitaus überwiegende Meinung geht dahin, daß sich der Wert des abgeschlossenen Beweisaufnahmeverfahrens nicht dadurch erhöht, daß sein Ergebnis auch zur Entscheidung über die nachträglich eingeführten Ansprüche verwertet wird.

> Bamberg JurBüro 63, 476; Celle JurBüro 65, 379 = NdsRpfl. 64, 270 und Büro 59, 422 = Rpfleger 64, 198; Düsseldorf JurBüro 80, 1189 = VersR 80, 747 (hier war jedoch die Beweisaufnahme noch nicht abgeschlossen; vgl. Anm. 134).

Diese Auffassung ist auf Widerspruch gestoßen, weil sie kaum oder nur unzulänglich begründet war. Ihr wurde entgegengehalten, daß die Beweisergebnisse des bisherigen Verfahrens ohne Zustimmung der Parteien nicht für den erweiterten Anspruch verwendet werden dürfen und daß die Verwertung mit Zustimmung der Parteien sich als Urkundenbeweis i. S. des § 34 darstellt.

> Belzer Büro 60, 372; Geißler AnwBl. 61, 106; Holste AnwBl. 61, 54; H. Schmidt JurBüro 65, 380.

In einer Entscheidung hat das KG

> Rpfleger 70, 105 = JurBüro 70, 246 = MDR 70, 518

erstmals eine Begründung gegeben, die die herrschende Meinung als zutreffend erscheinen läßt (Näheres siehe dort). Ihr wird deshalb beigetreten. Sind in einem Rechtsstreit Tatsachen streitig, die bereits in einem anderen Verfahren Gegenstand einer Beweisaufnahme waren, so können sich die Parteien zwar zum Beweis auf die früheren Beweisverhandlungen berufen. Diese sind dann nach Vorlegung der entsprechenden Urkunden oder Beiziehung der früheren Akten im Wege des Urkundenbeweises zu würdigen. Die Parteien können stattdessen aber auch den gesamten Inhalt der früheren Beweisaufnahme vortragen. Besteht dabei über den Inhalt der früheren Beweisaufnahme kein Streit, so werden hierdurch nicht die Tatsachen unstreitig, die Gegenstand der Beweisaufnahme waren. Das Gericht braucht hier jedoch nicht erneut Beweis zu erheben, es kann vielmehr die frühere Beweisaufnahme in der Weise verwerten, daß es die vorgetragene Beweisaufnahme neu würdigt. Hierbei handelt es sich aber nicht um eine Beweiserhebung, sondern um die Würdigung unstreitigen Parteivorbringens. Nichts anderes kann gelten, wenn es sich nicht um eine Beweisaufnahme aus einem früheren, sondern aus demselben Verfahren handelt. Ob die Parteien diesen Weg beschreiten wollen, ist von dem Prozeßgericht auf Grund des gesamten Verhaltens der Parteien frei zu würdigen und von den Kosteninstanzen aus dem Verlauf des Verfahrens zu entnehmen. Hat eine neue Beweisaufnahme über den erweiterten Klageanspruch – im Wege der Wiederholung der Beweisaufnahme – nicht stattgefunden, dann hat das Gericht lediglich die Beweiswürdigung auf den erweiterten Anspruch ausgedehnt. Hieraus kann nur geschlossen werden, daß der Inhalt der Beweisaufnahme vom Gericht als unstreitiges Parteivorbringen angesehen und als solches gewürdigt worden ist. Damit ist aber nach dem erhöhten Streitwert keine Beweisgebühr entstanden.

Eine bereits angefallene Beweisgebühr entfällt nicht deshalb, weil der **146** Sachverhalt, der Gegenstand der Beweisaufnahme war, vor oder nach Durchführung der Beweisaufnahme unstreitig geworden ist. Beispiele: a) Ein Zeuge ist darüber vernommen worden, ob der Beklagte eine bestimmte Zahlung an den Kläger geleistet hat. Nach der Vernehmung des Zeugen räumt der Kläger den Empfang des Geldes ein. b) Nach Erlaß des Beweisbeschlusses, aber vor der Vernehmung des Zeugen, räumt der Kläger ein, den strittigen Betrag erhalten zu haben. Die Vernehmung des Zeugen unterbleibt daraufhin.

Ebenso bleibt die – bereits verdiente – Beweisgebühr bestehen, wenn der Sachverhalt, über den Beweis erhoben werden soll oder erhoben worden ist, nachträglich unerheblich geworden ist.

> KG AnwBl. 59, 300.

Beispiele: Ein Beweisbeschluß ist dahin ergangen, daß über einen Unfallvorgang Zeugen vernommen werden sollen. Der Beklagte erhebt nunmehr die Verjährungseinrede, die durchschlägt. Daraufhin unterbleibt die Vernehmung der Zeugen. Oder: Die Beweisaufnahme unterbleibt, weil ein vom Gericht vorgeschlagener Vergleich abgeschlossen wird.

> Köln NJW 70, 572.

Die Erörterungsgebühr

147 Die **Erörterungsgebühr** ist durch die Novelle 1975 eingeführt worden. Durch sie sollen Unbilligkeiten ausgeräumt werden, die sich aus der engen Fassung der Nr. 2 (Verhandlungsgebühr) ergeben. Bisher wurde die Verhandlungsgebühr versagt, wenn im ersten Termin vor Stellung der Anträge sofort „zum Vergleich verhandelt" und ein Vergleich abgeschlossen wurde. Ebenso wurde die Verhandlungsgebühr überwiegend für Verhandlungen im Erörterungstermin des § 87 S. 2 VwGO versagt.

> Vgl. z. B. letztmalig VGH Mannheim NJW 75, 1377.

Dieser durch eine Gebühr bisher nicht vergütete zusätzliche Arbeitsaufwand sollte durch eine neue Gebühr abgegolten werden.

Dieser gesetzgeberische Zweck muß bei Auslegung des sehr weit gefaßten Wortlauts der Vorschrift, insbesondere bei der Definition der unscharfen Begriffe „Erörterung" und „Sache" berücksichtigt werden. Dazu hat sich eine gefestigte Rechtsprechung gebildet, an der sich durch die beabsichtigte gesetzliche Festlegung wohl kaum etwas ändern würde.

Der aus Zeitmangel nicht verwirklichte Gesetzesentwurf lautete:

„Eine mündliche Erörterung, auch mit dem Ziel der gütlichen Beilegung, steht der mündlichen Verhandlung nach Abs. 1 Nr. 2 gleich, wenn sie in einem gerichtlichen Termin stattfindet, den in dem Verfahren rechtshängigen Anspruch betrifft und die Parteien ihre gegensätzlichen Standpunkte darlegen."

> dazu Madert AnwBl. 86, 237 ff.

148 **Erörterung im Termin.** Die Erörterung muß in einem Termin, regelmäßig in dem zur mündlichen Verhandlung bestimmten Termin, stattfinden. Jedoch kann die Erörterung auch in einem anderen Termin stattfinden, z. B. in den Erörterungsterminen der §§ 87 VwGO oder 79 FGO, in der Güteverhandlung des § 54 ArbGG oder in einem Beweisaufnahmetermin.

> Bamberg JurBüro 81, 857; OVG Lüneburg NJW 77, 2229; vgl. auch Anm. 153 (§ 54 ArbGG).

Damit lassen alle Erörterungen außerhalb des Gerichtssaales die Erörterungsgebühr nicht entstehen. Das Gericht muß anwesend sein.

> Koblenz AnwBl. 83, 91 (Kurze Unterbrechungen schaden nicht).

Eine formlose Zusammenkunft zwischen Gericht und Parteien löst die Erörterungsgebühr nicht aus.

München JurBüro 79, 1818 = Rpfleger 78, 463.

Kann die Verhandlungsgebühr nicht entstehen, kann auch die Erörterungsgebühr nicht entstehen.

Rechtshängige Ansprüche. Weiter ist erforderlich, daß die Sache, die 149
erörtert wird, bereits rechtshängig ist.

Karlsruhe AnwBl. 80, 368 und 80, 370 = Rpfleger 80, 489; Stuttgart JurBüro 79, 383; Zweibrücken JurBüro 83, 1522.

Die Folge ist, daß die Einbeziehung nichtrechtshängiger Ansprüche in die Erörterungen die Erörterungsgebühr hinsichtlich dieser Ansprüche nicht entstehen läßt.

Celle NdsRpfl. 80 131 = JurBüro 81, 863; Hamm JurBüro 79, 380 = Rpfleger 79, 75; Karlsruhe Rpfleger 80, 489; München JurBüro 80, 1190; Zweibrücken JurBüro 78, 1816 und 80, 1679.

Beispiel: Im Rechtsstreit über einen Teilanspruch wird der gesamte Anspruch erörtert. Bei einem Vergleichsabschluß im Anschluß an die Erörterungen entstehen

$\frac{10}{10}$-Prozeßgebühr aus dem rechtshängigen Teilanspruch,

$\frac{5}{10}$-Prozeßgebühr aus dem Restanspruch,

$\frac{10}{10}$-Erörterungsgebühr aus dem Teilanspruch,

$\frac{10}{10}$-Vergleichsgebühr aus dem Gesamtanspruch.

Dasselbe gilt, wenn ein Anspruch, der bei demselben oder einem anderen Gericht in einem anderen Verfahren anhängig ist, in die Erörterung mit einbezogen wird, weil insoweit in dem Verfahren, in dem die Erörterung stattfindet, nicht verhandelt werden könnte.

KG JurBüro 77, 1400 Koblenz MDR 86, 861; vgl. aber LAG Düsseldorf JurBüro 86, 727 (zu gleicher Terminzeit anberaumte Verfahren).

Haben die Parteien übereinstimmend schriftsätzlich die Teilerledigung der Hauptsache angekündigt, erwächst die Erörterungsgebühr nicht mehr aus dem anschließend für erledigt erklärten Teil.

Hamburg MDR 82, 63; Koblenz JurBüro 80, 1846

Scheidungsfolge. Werden in einem Termin über Folgesachen Vergleichsver- **150**
handlungen geführt, entsteht die Erörterungsgebühr nur, soweit die Folgesachen anhängig sind. Amtsfolgesachen werden anhängig, sobald das Gericht etwas in Richtung dieser Folgesachen unternimmt. Das ist z. B. der Fall, wenn es die Erörterungen in dem Termin zuläßt. Bei Antragsfolgesachen entsteht die Erörterungsgebühr dagegen nur, wenn vorher ein Antrag gestellt ist. Dazu ist zwar kein Antrag i. S. des § 253 ZPO erforderlich; es muß aber eine gerichtliche Entscheidung über die Folgesache begehrt worden sein.

Vgl. z. B. Düsseldorf AnwBl. 79, 477 = JurBüro 78, 1516 und JurBüro 81, 70 sowie 81, 884; Hamm Rpfleger 79, 75 = JurBüro 79, 380; KG Rpfleger 78, 389 = JurBüro 78, 1664; Karlsruhe JurBüro 80, 1685; Koblenz JurBüro 79, 378; Schleswig SchlHA 80, 79; vgl. auch Celle MDR 83, 852.

Daß der Antrag nachträglich gestellt werden kann, reicht nicht aus. Die

Folgesache muß im Zeitpunkt der Erörterung bereits zur gerichtlichen Entscheidung gestellt worden sein.

> Zweibrücken JurBüro 78, 1816.

Die Erörterung der Abtrennung des Versorgungsausgleichs aus dem Verbund löst keine Erörterungs- oder Verhandlungsgebühr aus.

> Schleswig SchlHA 81, 72.

151 In dem **Verfahren der einstweiligen Anordnung nach § 620 ZPO** kann eine Erörterungsgebühr nur entstehen, wenn in diesem Verfahren ausdrücklich mündliche Verhandlung angeordnet wurde oder wenn ausnahmsweise zweifelsfreie Anhaltspunkte dafür vorhanden sind, daß das Gericht darin eine mündliche Verhandlung abhalten wollte.

> Bamberg JurBüro 81, 67; vgl. auch Düsseldorf JurBüro 81, 550.

152 Zielrichtung der Erörterung. Es ist gleichgültig, mit welcher Zielrichtung die Erörterung erfolgt.

> Hamm AnwBl. 77, 25 = JurBüro 77, 210 = Rpfleger 76, 439; KG AnwBl. 76, 296 = NJW 76, 1645 = JurBüro 1069; ebenso Mümmler JurBüro 76, 1148; vgl. aber Koblenz MDR 83, 853 = JurBüro 83, 1661 (Erörterung der Zuständigkeit).

Das Gericht kann die Sache aber auch in der Richtung erörtern,

a) daß die Klage oder ein Rechtsmittel zurückgenommen wird,

> Hamm JurBüro 77, 210 = AnwBl. 78, 472 (Klagerücknahme); Hamburg JurBüro 77, 205 (Rechtsmittelrücknahme).

b) daß der Beklagte den Klaganspruch anerkennt,

> Düsseldorf AnwBl. 80, 368; München AnwBl. 80, 266 (Volle Erörterungsgebühr bei Anerkenntnis der Klagforderung nach Erörterung der Sach- und Rechtslage, Anrechnung der ⁵/₁₀-Gebühr).

c) daß die Parteien die Hauptsache für erledigt erklären.

> KG JurBüro 77, 212 = Rpfleger 77, 72.

d) Wie sich schon aus dem Gesetzestext ergibt, kann die Erörterung auch im Rahmen des Versuchs einer gütlichen Einigung entstehen. Daraus, daß die Erörterungsgebühr für die Fälle gedacht ist, in denen das Gericht entgegen § 137 Abs. 1 ZPO nicht mit der Stellung der Anträge beginnt, wird zwar mit Recht gefolgert, daß die Gebühr nur entstehen soll, wenn der fragliche Termin überhaupt zur Stellung gegensätzlicher Anträge bestimmt war und damit die Verhandlungsgebühr hätte entstehen können. Andererseits soll das Gericht aber „in jeder Lage des Verfahrens" auf eine gütliche Einigung bedacht sein, also auch in Terminen, die nicht zur Verhandlung bestimmt sind. Da für die Erörterung der Sache im Rahmen des Versuchs einer solchen Einigung nach dem Gesetz die Erörterungsgebühr erwachsen soll, wird zunehmend die Ansicht vertreten, die Gebühr entstehe auch, wenn in einem anderen gerichtlichen Termin, z. B. einem Gütetermin nach § 279 Abs. 1 S. 2 ZPO oder einem sonstigen Termin vor dem beauftragten oder ersuchten Richter die (anhängige) Sache mit dem Ziel einer gütlichen Einigung erörtert wird. Dieser Ansicht ist zu folgen. Allerdings reicht die bloße Frage, ob eine gütliche Einigung möglich sei, nicht aus.

Düsseldorf JurBüro 85, 1828 unter Aufgabe älterer Rechtsprechung; LG Lüneburg JurBüro 86, 727; LG Kleve AnwBl. 86, 209; Lappe in Anm. zu KostRsp. BRAGO § 31 Ziff. 4 Nr. 92 u. 93; **a. A.** Celle JurBüro 87, 70; Stuttgart JurBüro 86, 227 = Justiz 86, 17 und die überwiegende Rechtsprechung.

Erörterung im arbeitsgerichtlichen Verfahren. Gemäß § 62 Abs. 2 BRA- **153** GO a. F. erhielt der RA für die Güteverhandlung die halbe Verhandlungsgebühr. Die Bestimmung ist aufgehoben worden, weil jetzt für die Güteverhandlung ganz allgemein die Erörterungsgebühr eingeführt worden ist. Der RA erhält deshalb für seine Teilnahme an der Güteverhandlung des § 54 ArbGG die volle Erörterungsgebühr.

So die einhellige Rechtsprechung der Arbeitsgerichte mit Ausnahme des LAG Hamm, das in ständiger Rechtsprechung (zuletzt MDR 86, 435) die gegenteilige Ansicht vertritt.

Unstreitig ist dagegen, daß der RA die Erörterungsgebühr erhält, wenn vor dem Landesarbeitsgericht die Sache im Termin – im Rahmen eines Versuchs der gütlichen Beilegung des Streits – erörtert wird.

LAG Hamm NJW 76, 2287 = MDR 76, 788.

Das **Ergebnis der Erörterung** ist für die Entstehung der Gebühr unerheb- **154** lich. Kommt keine Einigung zustande, so bleibt die Gebühr bestehen. Kommt sie in Form eines Vergleichs (§ 779 BGB) zustande, so entsteht die Vergleichsgebühr als Erfolgsgebühr zusätzlich zu der Erörterungsgebühr als Tätigkeitsgebühr ebenso, wie sie bei einem Vergleich nach streitiger Verhandlung zusätzlich zur Verhandlungsgebühr entstehen würde.

Auch wenn die Erörterung zu einem Ergebnis (Versäumnis- oder Anerkenntnisurteil, übereinstimmende Erledigterklärung der Hauptsache, Klagerücknahme) führt, bei dem die Verhandlungsgebühr zu einem geringeren Satz oder nach einem geringeren Wert (z. B. nur nach dem Kostenwert) entsteht, bleibt die (volle) Erörterungsgebühr bestehen. Die Ansicht, die Erörterungsgebühr entstehe nur (subsidär), soweit keine Verhandlungsgebühr entsteht,

OLG Koblenz in ständiger Rechtsprechung, z. B. JurBüro 79, 206; MDR 83, 853.

ist mit dem Wortlaut des Abs. 2, wonach Erörterungs- und Verhandlungsgebühren, die denselben Gegenstand betreffen und in demselben Rechtszug entstehen aufeinander anzurechnen sind, nicht vereinbar. Das Gesetz geht danach davon aus, daß auch die Verhandlungsgebühr auf die Erörterungsgebühr angerechnet werden kann.

Erörterung der Sache. Der RA erhält die Erörterungsgebühr, wenn er die **155** Sache erörtert. Unter Sache ist der in diesem Rechtsstreit anhängige Anspruch zu verstehen. Allerdings brauchen sich die Erörterungen nicht auf die materiellrechtlichen Fragen zu beschränken. Auch die Erörterung der sachlichen oder örtlichen Zuständigkeit löst die Erörterungsgebühr aus.

Hamburg JurBüro 80, 77.

Es kommt weder auf die Dauer der Erörterung (sie kann kurz sein) noch darauf an, ob sie schwierig oder einfach verlaufen ist.

Koblenz JurBüro 83, 562 = MDR 83, 240.

Die Erörterung über einen Nebenpunkt (z. B. über die Zinsen) löst die Erörterungsgebühr aus (allerdings nur aus dem Wert des Nebenpunktes).

Hamburg JurBüro 78, 1522;
a. M. Frankfurt AnwBl. 78, 145 = MDR 78, 587 = JurBüro 78, 187.

Ebenso lösen Erörterungen, ob und in welcher Art Ratenzahlungen zugestanden werden, die Erörterungsgebühr aus.

LG Berlin JurBüro 77, 498;
a. M. Bremen JurBüro 77, 1561.

Die weitere Frage ist, ob die Erörterungsgebühr auch dann anfällt, wenn nur die Prozeß- oder Sachleitung erörtert wird. Diese Frage ist zu verneinen. Hier werden nur Verfahrensfragen erörtert, nicht aber der Anspruch selbst.

Schleswig JurBüro 78, 1520 = SchlHA 78, 222; vgl. auch Düsseldorf JurBüro 83, 234 (Erörterungen über Fragen der Prozeß- und Sachleitung – hier die Vernehmung gegenbeweislich benannter Zeugen vor dem nichterschienenen Zeugen des Beweisführers – begründen keine Erörterungsgebühr) und KG MDR 82, 505 = JurBüro 82, 1197 (Eine Erörterungsgebühr entsteht nicht, wenn die Parteien des Ehescheidungsverfahrens lediglich die Frage erörtern, wie ihrem Willen, einen Versöhnungsversuch zu unternehmen, verfahrensrechtlich Rechnung getragen werden soll).

Allerdings wird bei der Erörterung der Prozeß- oder Sachleitung regelmäßig die Gebühr des § 33 Abs. 2 entstehen. Anträge i. S. des § 33 Abs. 2 brauchen nicht ausdrücklich gestellt zu werden. Sie können sich auch stillschweigend aus der Erörterung ergeben.

Ebenso löst eine Erörterung über den Streitwert die Erörterungsgebühr nicht aus,

München Rpfleger 79, 436 = JurBüro 79, 1663 = MDR 79, 1034.

es sei denn, sie erfolgt mit Rücksicht auf die Zuständigkeit oder die Zulässigkeit eines Rechtsmittels.

156 Beteiligung. Eindeutig ist, daß die Erörterungsgebühr für beide Parteivertreter erwächst, wenn sich beide an der Erörterung beteiligen.

München JurBüro 82, 396.

Die Erörterungsgebühr erwächst aber auch dann, wenn das Gericht nur mit dem Vertreter der einen Partei die Sach- und Rechtslage erörtert, während der andere RA die Erörterung beobachtet und dabei erwägt, ob es im Interesse seiner Partei nötig ist, in das Gespräch einzugreifen.

Holger Schmidt MDR 77, 188; Düsseldorf JurBüro 77, 1505; Frankfurt JurBüro 77, 1095 und AnwBl. 82, 487; Hamburg MDR 77, 239 = JurBüro 77, 205 und JurBüro 80, 1851; Hamm JurBüro 77, 208 = Rpfleger 77, 71 und JurBüro 79, 1322; KG AnwBl. 76, 297 = MDR 76, 766 = JurBüro 76, 1067 = NJW 76, 1544; vgl. dass. AnwBl. 80, 265 = MDR 80, 589 (Trägt das Gericht in einem schriftsätzlich mit gegensätzlichen Standpunkten vorbereiteten Verhandlungstermin seine rechtliche Beurteilung im einzelnen vor, so erwächst für die erschienenen RAe auch dann die Erörterungsgebühr, wenn sich dabei keiner von ihnen mit eigenen Äußerungen einschaltet und der Kläger schließlich aufgrund der Argumente des Gerichts die Klage zurücknimmt); München Rpfleger 77, 420; LG Aachen AnwBl. 80, 511; LG München I AnwBl. 81, 112 mit Anm. von Chemnitz. Vgl. auch Bamberg AnwBl. 83, 521; Frankfurt JurBüro 86, 566; vgl. aber KG AnwBl. 86, 109 (Nicht ausreichend, wenn Gericht ohne rechtliche Argumentation Rücknahme nahelegt und der angesprochene RA dem sofort ohne Gegenäußerung entspricht).

Die Erörterungsgebühr entsteht also z. B. auch für den Vertreter der Gegenpartei, wenn das Gericht mit dem Vertreter des Klägers eine Rücknahme der

Klage oder mit dem Vertreter des Beklagten über ein Anerkenntnis Erörterungen führt.

Eine Erörterung kann auch vorliegen, entsteht aber nicht, wenn die angesprochene Partei eine Anregung des Gerichts im Hinblick auf dessen Argumente sofort befolgt, ohne sich vorher zu der aufgeworfenen Frage zu äußern.

Hamburg JurBüro 79, 709 und JurBüro 82, 1032; vgl. jedoch auch Bamberg Rpfleger 81, 368 = JurBüro 81, 1526 (Die Erörterungsgebühr erwächst bei den Prozeßbevollmächtigten bereits dann, wenn das Gericht nach Aufruf der Sache auf Bedenken gegen die Erfolgsaussicht der Klage hinweist und der Kläger diese daraufhin ohne weitere Erklärungen der Parteivertreter zurücknimmt) und JurBüro 82, 1516; Hamm JurBüro 79, 1322; Köln VersR 79, 655; München AnwBl. 76, 298 = MDR 76, 765 = JurBüro 76, 777 = NJW 76, 1643 = Rpfleger 76, 260; Zweibrücken JurBüro 82, 723; vgl. aber JurBüro 81, 1525 (Die Erörterungsgebühr entsteht, wenn nach Aufruf der Sache das Gericht den Parteien seine Bedenken gegen die Schlüssigkeit des Klagbegehrens darlegt und daraufhin, ohne daß weitere sachliche Erklärungen abgegeben werden, der Kläger die Klage zurücknimmt. Auf Seiten des Beklagtenvertreters genügt es hierbei, daß er den Hinweis des Gerichts an den Klägervertreter aufmerksam verfolgt).

Erörtert das Gericht die Sache nur mit dem Vertreter einer Partei, weil nur dieser erschienen ist, entsteht die Erörterungsgebühr nicht. Der Begriff „Erörterung" sieht voraus, daß beide Parteien Erklärungen abgeben können.

Düsseldorf Rpfleger 78, 463 = MDR 79, 152; Frankfurt JurBüro 81, 1356 = Rpfleger 81, 321 und AnwBl. 83, 182 = JurBüro 83, 714 = MDR 83, 327 = Rpfleger 83, 126; Hamburg JurBüro 78, 1193; KG AnwBl. 79, 232 mit abl. Anm. von Chemnitz = Rpfleger 79, 276 = JurBüro 79, 1161; München Rpfleger 79, 157 = JurBüro 79, 540; Schleswig JurBüro 79, 852 = MDR 79, 855 (L) = SchlHA 79, 231 und JurBüro 81, 69 = SchlHA 81, 87; Zweibrücken JurBüro 82, 723; vgl. auch Hamm JurBüro 83, 1194;
a. M. Stuttgart AnwBl. 79, 186.

Beteiligte. Daß die Erörterungsgebühr für den Prozeßbevollmächtigten, der **157** die Sache selbst im Termin erörtert, entsteht, ist selbstverständlich.

Vgl. auch KG JurBüro 81, 1688 = Rpfleger 82, 39 (In einer selbständigen ZPO-Familiensache vor dem Amtsgericht wird die Entstehung der Erörterungsgebühr nicht dadurch gehindert, daß der im Termin anwesende Gegner nicht anwaltlich vertreten ist).

Die Frage ist, ob auch der Unterbevollmächtigte i. S. des § 53 die Erörterungsgebühr erhalten kann, wenn er die Sache im Termin erörtert. Diese Frage ist – trotz Fehlens einer ausdrücklichen Bestimmung – zu bejahen, denn der Unterbevollmächtigte führt die gleiche Tätigkeit aus, die für den Hauptbevollmächtigten, wenn er selbst auftreten würde, die Erörterungsgebühr erwachsen ließe.

Chemnitz AnwBl. 75, 433.

Erhält der Unterbevollmächtigte des § 53 die Erörterungsgebühr, hat auch der Prozeßbevollmächtige, der gemäß § 33 Abs. 3 die Vertretung in der mündlichen Verhandlung einem anderen RA übertragen hat, Anspruch auf eine halbe Erörterungsgebühr.

Chemnitz AnwBl. 75, 433.

Der Verkehrsanwalt, der zu einem Verhandlungstermin erscheint und in ihm das Wort ergreift, verdient dadurch die Verhandlungsgebühr. Er kann auch die Erörterungsgebühr verdienen.

Vgl. Anm. 16 zu § 52.

Für den Prozeßbevollmächtigten des Streithelfers erwächst die Erörterungsgebühr nicht, wenn die Sache erörtert wird, bevor die Anträge gestellt
werden, wenn er weder den Beitritt zurücknimmt und nur die Hauptparteien
zur Sache verhandeln.

KG MDR 80, 945; Koblenz JurBüro 82, 723.

158 Höhe der Gebühr. Die Erörterungsgebühr entsteht immer in Höhe einer
vollen Gebühr. Eine Unterscheidung zwischen „streitiger" und „unstreitiger"
Erörterung ist ausgeschlossen. Also auch dann, wenn die Verhandlungsgebühr nur in Höhe einer halben Gebühr anfallen würde, entsteht die Erörterungsgebühr in voller Höhe. Beispiel: Der Richter am Amtsgericht schlägt
mit dem persönlich erschienenen Beklagten in der Richtung, daß er empfiehlt, den Klaganspruch anzuerkennen. Der Beklagte entschließt sich hierzu.
Der RA des Klägers stellt nunmehr den Antrag aus der Klage und nach dem
Anerkenntnis Antrag auf Erlaß eines Anerkenntnisurteils. Er hat durch die
Beobachtung der Erörterung die volle Erörterungsgebühr verdient, auch
wenn er später für die Erwirkung des Anerkenntnisurteils nur eine halbe
Verhandlungsgebühr verdient.

Bamberg JurBüro 80, 1849 und 81, 534 (Folgt nach dem Anfall der Erörterungsgebühr in der gleichen Instanz und hinsichtlich des gleichen Gegenstandes eine
nichtstreitige Verhandlung, so erwächst dem RA eine – volle – Erörterungsgebühr,
auf die die ⁵⁄₁₀-Verhandlungsgebühr anzurechnen ist); Hamm JurBüro 77, 206 =
Rpfleger 77, 71; KG Rpfleger 80, 243 (Ist vor Erlaß eines Versäumnisurteils die
Sache erörtert worden und wird nach Einspruch und streitiger Verhandlung das
Versäumnisurteil aufrechterhalten, so erhält der Prozeßbevollmächtigte der obsiegenden Partei nicht mehr als ¹⁵⁄₁₀-Verhandlungs- und Erörterungsgebühren); München AnwBl. 81, 111 = JurBüro 81, 555 = Rpfleger 81, 158 (Eine bereits
entstandene Erörterungsgebühr kommt wegen des Erlasses eines Anerkenntnisurteils nicht in Wegfall. – Die Erörterungsgebühr fällt aus dem vollen Streitwert an,
selbst wenn die Erörterung weitgehend für die Kostenentscheidung des Anerkenntnisurteils Bedeutung hat); vgl. auch Koblenz JurBüro 81, 1684;
a. A. Koblenz s. A. 154.

Entsteht allerdings nach dem Gesetz auch bei „streitiger" Verhandlung die
Verhandlungsgebühr in geringerer Höhe (z. B in den Fällen der §§ 51, 57),
entsteht auch die Erörterungsgebühr nur in gleicher Höhe. Allerdings wird in
diesen Fällen die Verhandlungsgebühr sofort entstehen, da hier die Stellung
von Anträgen nicht geboten ist und daher durch die Erörterung die Verhandlungsgebühr sofort anfällt.

Haben die Parteien nach der Erörterung der Rechtslage die Hauptsache
übereinstimmend für erledigt erärt und nur über die Kosten streitig verhandelt, so erwächst dem RA neben der Eröterungsgebühr nach dem Wert der
Hauptsache keine Verhandlungsgebühr nach dem Wert der Kosten, auch
wenn sich die der Erledigungserklärung vorausgehende Erörterung noch
nicht auf die Kostenfolge erstreckte.

KG JurBüro 77, 212 = Rpfleger 77, 72; vgl. auch Stuttgart JurBüro 83, 1664
(Erörterung eines ausscheidbaren Teils).

Die Erörterungsgebühr kann jedoch nur noch aus dem Betrage der Verfahrenskosten angesetzt werden, wenn bereits vor der mündlichen Verhandlung
bezüglich der Hauptsache eine Erledigungserklärung bzw. ein Anerkenntnis
angekündigt wurde und diese Absicht bei der mündlichen Verhandlung beibehalten wird.

Bamberg JurBüro 82, 1848.

von Eicken

Nachweis der Erörterung. Für die Feststellung, ob die Sache erörtert **159** worden ist, ist nicht allein das Sitzungsprotokoll maßgebend, da die Erörterung der Sache nicht zu den für die mündliche Verhandlung vorgeschriebenen Förmlichkeiten i. S. des § 165 ZPO gehört, die nur durch das Protokoll bewiesen werden können.

Hamburg NJW 76, 1273 = MDR 76, 589 = JurBüro 76, 475; Hamm Rpfleger 76, 442; KG AnwBl. 76, 296 = NJW 76, 1645 = JurBüro 76, 1069.

Allerdings empfiehlt es sich, nunmehr ins Protokoll aufzunehmen, daß eine Erörterung stattgefunden hat. Es können jedoch auch nichtprotokollierte Umstände, inbes. die dienstliche Äußerung des Richters, berücksichtigt werden.

KG NJW 76, 1644 = JurBüro 76, 1062.

Enthält das Protokoll einen Hinweis darauf, daß das Gericht auf die Rechtslage hingewiesen hat, so begründet das die Vermutung einer Erörterung der Sache.

Hamburg NJW 76, 1273 = MDR 76, 589 = JurBüro 76, 475.

Auch ein Vergleichsabschluß läßt eine vorherige Erörterung vermuten, da dieses rein begrifflich bereits ein vorheriges Gespräch über die verglichene Sache voraussetzt.

Chemnitz AnwBl. 76, 332; Holger Schmidt MDR 77, 188; Hamm MDR 77, 238 = JurBüro 77, 59 = Rpfleger 76, 442.

Die Anrechnungsvorschrift des Abs. 2. Wird die Sache zunächst erörtert **160** und nach Abbruch der Erörterungen streitig verhandelt, sind sowohl die Erörterungsgebühr wie auch die Verhandlungsgebühr erwachsen. Die Erörterungsgebühr ist nicht nur eine subsidär entstehende Gebühr, s. A 154.

Chemnitz NJW 77, 747; Holger Schmidt MDR 77, 188;
a. M. Kersting und Reuter NJW 76, 2246.

Wegen ihrer Verwandtschaft werden Verhandlungsgebühr und Erörterungsgebühr aufeinander aufgerechnet. Entsteht also die volle Verhandlungsgebühr aus dem gleichen Gegenstandswert, ist nur noch die Verhandlungsgebühr zu berechnen.

Vgl. Düsseldorf JurBüro 81, 1184 (Wird in einem Scheidungsverbundverfahren über die Scheidungssache und über eine [oder mehrere] Folgesachen verhandelt, werden andere Folgesachen dagegen lediglich erörtert, so erhält der RA eine Verhandlungs-/Erörterungsgebühr nach dem Wert der zusammengerechneten Gegenstände).

Entsteht die Verhandlungsgebühr nur zu $5/10$ oder nur wegen eines Teiles, erfolg die Anrechnung entsprechend.

Bamberg JurBüro 80, 1849 und JurBüro 81, 1185.

Beispiele: Erörterungen über 10000,— DM. Danach anerkannt. Es ensteht zunächst die $10/10$-Erörterungsgebühr aus 10000,— DM, sodann die $5/10$-Gebühr für das Anerkenntnis; diese wird auf die höhere Erörterungsgebühr angerechnet.

Erörterungen über 10000,— DM
5000,— DM werden sofort gezahlt.

Wegen 5000,— DM wird streitig verhandelt. Auch hier wird die niedrigere Verhandlungsgebühr auf die Erörterungsgebühr angerechnet. Die Vertagungsgebühr nach § 33 Abs. 2 ist eine Verhandlungsgebühr. Fällt daneben eine Erörterungsgebühr nach § 31 Abs. 1 Nr. 4 aus dem gleichen Streitwert an, so greift die Anrechnungsvorschrift des § 31 Abs 2 ein mit der Folge, daß der RA insgesamt nicht mehr als eine volle Gebühr erhält.

München JurBüro 77, 211 = Rpfleger 77, 72.

Wegen des Falls, daß zunächst die Hauptsache erörtert und nach deren Erledigung nur noch über die Kosten verhandelt wird s. A 158.

vgl. auch Nürnberg JurBüro 83, 1045.

161 **Die Vorschrift des Abs. 3 – Scheidungsfolgesachen** – bezieht sich auf folgende in § 621 Abs. 1 ZPO geregelte Scheidungsfolgesachen: Nr. 1 (Regelung der elterlichen Sorge für ein eheliches Kind), Nr. 2 (Regelung des persönlichen Verkehrs), Nr. 3 (Herausgabe des Kindes an den anderen Elternteil), Nr. 6 (Versorgungsausgleich), Nr. 7 (Regelung der Rechtsverhältnisse an der Ehewohnung und am Hausrat), Nr. 9 (Verfahren nach den §§ 1382 und 1383 BGB).

Soweit über diese Folgesachen eine Entscheidung für den Fall der Scheidung zu treffen ist und von einem Ehegatten – soweit erforderlich (§ 623 Abs. 3 ZPO) – rechtzeitig begehrt wird, ist über diese Folgesachen gleichzeitig und zusammen mit der Scheidungssache zu verhandeln und, sofern dem Scheidungsantrag stattgegeben wird, zu entscheiden.

Abs. 3 besagt, daß für die Folgesachen die Vorschriften der Absätze 1 und 2 gelten, obwohl sie gemäß § 621a Abs. 1 ZPO grundsätzlich dem FGG unterliegen. Die Prozeßbevollmächtigten erhalten sonach für ihre Tätigkeit, die die Folgesachen betrifft, die gleichen Gebühren wie für die Scheidungssache. Es erwachsen sonach die Prozeßgebühr, die Verhandlungsgebühr, die Beweisgebühr und – wie sich aus Abs. 3 klar ergibt – auch die Erörterungsgebühr, sofern die entsprechenden Tatbestände erfüllt sind.

Nach § 7 Abs. 3 gelten die Scheidungssache und die Folgesachen als dieselbe Angelegenheit im Sinne des § 13. Die Werte der mehreren Gegenstände werden nach § 7 Abs. 2 zusammengerechnet. Näheres bei A 112, 113.

162 Wird über **isolierte Familiensachen** außergerichlich verhandelt, entstehen die Gebühren des § 118 (vgl. Anm. 7 vor § 118). Wird über Familiensachen der streitigen Gerichtsbarkeit verhandelt, entstehen keine Besonderheiten. Wird über Familiensachen der freiwilligen Gerichtsbarkeit gerichtlich verhandelt, entstehen die Gebühren des § 118 (vgl. Anm. 8 vor § 118).

§ 32 Vorzeitige Beendigung des Auftrags

(1) **Endigt der Auftrag, bevor der Rechtsanwalt die Klage, den ein Verfahren einleitenden Antrag oder einen Schriftsatz, der Sachanträge, die Zurücknahme der Klage oder die Zurücknahme des Antrags enthält, eingereicht oder bevor er für seine Partei einen Termin wahrgenommen hat, so erhält er nur eine halbe Prozeßgebühr.**

(2) **Das gleiche gilt, soweit lediglich beantragt ist, eine Einigung der Parteien zu Protokoll zu nehmen.**

Übersicht über die Anmerkungen

Allgemeines. § 32 ergänzt § 31 hinsichtlich der Höhe der Prozeßgebühr. Er **1** bestimmt in seinem Abs. 1, daß unter genau angegebenen Umständen die Prozeßgebühr nur in Höhe der Hälfte erwächst. Außerdem ist in Abs. 2 eine Herabsetzung der Prozeßgebühr für den Fall vorgeschrieben, daß der Auftrag des RA dahin beschränkt ist, eine Einigung der Parteien zu Protokoll zu geben.

§ 32 setzt wie § 31 voraus, daß der RA Klagauftrag bzw. den Auftrag, den Beklagten gegen eine Klage zu vertreten, erhalten hat. Liegt nur der Auftrag vor, den Auftraggeber außergerichtlich zu vertreten, ist eine Angelegenheit des § 118 gegeben.

Vgl. Frankfurt AnwBl. 83, 523 (Keine Gebühr für bloße Weiterleitung der Berufung).

Die **vorzeitige Endigung des Auftrags** ist nach § 13 Abs. 4 auf bereits **2** entstandene Gebühren ohne Einfluß, soweit das Gesetz nichts anderes bestimmt. § 32 enthält eine solche andere Bestimmung für die Prozeßgebühr des zum Prozeßbevollmächtigten bestellten RA. Er ordnet die Entstehung nur in

Höhe der Hälfte an für die Fälle, in denen die volle Gebühr als zu hoch angesehen wird, weil die Tätigkeit des RA vor Endigung des Auftrags noch nicht nach außen in Erscheinung getreten ist. Es genügt aber nicht, daß die Tätigkeit auf irgendeine Weise nach außen in Erscheinung tritt, sondern § 32 erfordert ganz bestimmte äußere Erscheinungsformen, um die Gebühr in voller Höhe entstehen zu lassen. Gewählt sind solche, die einen gewissen Umfang der bereits entfalteten Tätigkeit voraussetzen oder doch vermuten lassen. Fehlen diese Merkmale, so erhält der RA nur die halbe Prozeßgebühr. Das gilt auch dann, wenn die Tätigkeit im Einzelfall sehr umfangreich war. Beispiel: Der mit der Einreichung der Antragsschrift auf Scheidung der Ehe beauftragte RA diskutiert mit dem Gegenanwalt in langen und schwierigen Verhandlungen über die Modalitäten des Verfahrens. Nach erzielter Einigung wird ihm das Mandat entzogen. Der RA hat nur Anspruch auf eine halbe Gebühr.

> Nürnberg Rpfleger 71, 328.

Erledigt sich der Auftrag zu einem späteren Zeitpunkt, so gilt § 13 Abs. 4, d. h. eine Ermäßigung der Prozeßgebühr tritt nicht ein.

§ 32 bezieht sich nur auf den prozeßbevollmächtigten RA gleichviel, ob er den Kläger, den Beklagten oder einen Streitgehilfen vertritt. In welchem Rechtszug der RA den Auftraggeber vertritt, ist ebenfalls gleichgültig. § 32 gilt somit auch für den Prozeßbevollmächtigten der Rechtsmittelinstanz (Berufung, Revision).

Mittelbar gilt § 32 auch für den Verkehrsanwalt.

> Vgl. hierzu Anm. 9 zu § 52.

§ 32 ist nicht ausdehnend auszulegen, d. h. die Ermäßigung der Prozeßgebühr tritt nur in den in § 32 aufgeführten Fällen ein.

Dagegen gilt **§ 32 sinngemäß** für alle Verfahren, in den § 31 sinngemäß anzuwenden ist. Beispiele: Die Verfahrensgebühr des RAs im Entmündigungsverfahren, § 44; das Beschwerdeverfahren über Scheidungsfolgesachen, § 61 a.

> BGH MDR 82, 566.

Gelegentlich ist die sinngemäße Anwendung des § 32 ausdrücklich angeordnet, so für die Gebühr im Verfahren über den Antrag auf Erlaß eines Mahnbescheids, § 43 Abs. 3.

§ 32 gilt auch in den Fällen, in denen die Verfahrensgebühr niedriger ist als die volle Gebühr des § 11.

In den Fällen, in denen die Verfahrensgebühr insgesamt nur $\frac{3}{10}$ beträgt, ist jedoch eine weitere Ermäßigung auch bei vorzeitiger Beendigung des Auftrags vom Gesetz in den einzelnen Vorschriften ausgeschlossen worden. Vgl. A 12. Eine Ermäßigung der Gebühr auf $\frac{3}{20}$ findet also nicht statt.

Beispiel: Die Vollstreckungsgebühr bleibt auch dann eine $\frac{3}{10}$-Gebühr, wenn der Auftrag des mit der Durchführung der Zwangsvollstreckung beauftragten RA endet, bevor er dem Gerichtsvollzieher den Vollstreckungsauftrag erteilt. Ein solcher Fall liegt u. a. vor, wenn der Schuldner auf Zahlungsaufforderung zahlt (vgl. A 16 zu § 57).

Ebenso tritt eine Ermäßigung gemäß § 32 nicht ein, wenn die Prozeßgebühr mit Rücksicht auf den geringeren Umfang der Tätigkeit des RA bereits gekürzt ist. **Anwendungsfälle:** Die Prozeßgebühren des Verhandlungsanwalts (§ 53) und des Beweisanwalts (§ 54) (nach Satz 2 fallen bei vorzeitiger Erledigung nur die Verhandlungs- bzw. die Beweisgebühr weg).

Der **Auftrag endet** z. B.

a) durch Kündigung des Anwaltsvertrages, sei es durch den RA, sei es durch den Auftrageber,

b) durch den Tod des RA oder die Endigung seiner Zulassung,

c) durch die Erledigung der Angelegenheit, wobei es auf die Art der Erledigung nicht ankommt,

d) u. U. bei Tod oder Geschäftsunfähigkeit des Auftraggebers (§ 672 BGB).

Der **Zeitpunkt,** in dem die Erledigung des Auftrags eintritt, ist ein objektiv 3 feststehender. In Betracht kommen

a) der Zugang der Kündigung an den RA oder den Auftraggeber,

b) der Zeitpunkt des Todes des RA oder der Endigung seiner Zulassung,

c) der Zeitpunkt der Erledigung der Angelegenheit (z. B. bei Auftrag zur Erhebung einer Zahlungsklage der Eingang des geschuldeten Betrages bei dem Auftraggeber oder bei der Vertretung in einem Eheverfahren die Aussöhnung der Parteien),

d) der Zeitpunkt des Todes des Auftraggebers (z. B. bei Erteilung des Auftrages, Antragsschrift auf Scheidung der Ehe einzureichen).

Nach der Endigung des Auftrags durch Kündigung kann der Anspruch auf 4 die volle Prozeßgebühr auch durch eine der in § 32 genannten Tätigkeiten grundsätzlich nicht mehr entstehen.

Erlischt der **Auftrag** in anderer Weise als durch Kündigung, so **gilt** er zugunsten des RA gleichwohl als **fortbestehend,** bis der RA von dem Erlöschen Kenntnis erlangt oder das Erlöschen kennen muß (§ 674 BGB).

    Bamberg JurBüro 76, 197 m. zust. Anm. von Mümmler; Düsseldorf JurBüro 80, 74; Nürnberg JurBüro 64, 57 = NJW 64, 304; LG München I AnwBl. 72, 131.

Wenn also der RA nach dem Erlöschen des Auftrags, aber vor der Kenntniserlangung (Kennenmüssen) noch eine der in § 32 genannten Tätigkeiten vornimmt, erwächst die Prozeßgebühr noch in voller Höhe.

    München AnwBl. 83, 523.

Beispiele:
Der RA reicht eine Antragsschrift auf Scheidung der Ehe ein, obwohl der Antragsteller tags zuvor verstorben ist (was der Anwalt bei Einreichung der Antragsschrift weder wußte noch wissen konnte). Der RA hat mit der Einreichung der Antragsschrift die Prozeßgebühr voll verdient.

Der RA reicht eine Zahlungsklage über 5000,— DM ein. Er hat Anspruch auf die volle Prozeßgebühr aus 5000,— DM, auch wenn der Beklagte eine Stunde vor Klageinreichung an den Kläger den Betrag von 5000,— DM gezahlt hat.

Erheblich häufiger sind die Fälle, in denen der **Rechtsanwalt des Beklagten** 5 (des Rechtsmittelbeklagten) trotz **Beendigung des Auftrages** Anspruch auf die volle Prozeßgebühr erwirbt.

Beispiele: Nach Rücknahme der Klage bzw. des Rechtsmittels reicht der RA des Beklagten bzw. des Rechtsmittelbeklagten, der die Rücknahme weder kannte noch kennen mußte, einen Schriftsatz mit Sachanträgen (auf Abweisung der Klage bzw. Zurückweisung des Rechtsmittels) ein.

> Bamberg JurBüro 75, 1339 = KostRsp. BRAGO § 32 Nr. 13 mit krit. Anm. Lappe; 81, 717 und 82, 231 mit Anm. von Mümmler; Frankfurt AnwBl. 78, 182 = MDR 78, 680 = JurBüro 78, 862 = BB 78, 429 = VersR 78, 573 und AnwBl. 83, 181 = JurBüro 83, 83; vgl. Hamburg JurBüro 75, 1607 (Anwalt kannte die Rücknahme der Berufung); Schleswig JurBüro 78, 383; zu eng Hamm Rpfleger 78, 427.

Ebenso erhält der RA des Berufungsbeklagten, der die Zurückweisung der Berufung beantragt, die volle Prozeßgebühr, wenn das Berufungsgericht die Verwerfung der Berufung beschlossen hat, der Beschluß aber noch nicht zugestellt ist.

> Düsseldorf MDR 80, 239 = AnwBl. 80, 160 = VersR 80, 389.

Der Antrag auf Klagabweisung bzw. Zurückweisung der Berufung ist jedenfalls im Sinne des Gebührenrechts als Sachantrag anzusehen.

> Vgl. A 20 zu § 31.

Dem RA, der in Unkenntnis der Berufungsrücknahme deren Zurückweisung beantragt hat, erwächst die volle Prozeßgebühr aus dem Wert der Hauptsache.

> KG NJW 75, 125 = JurBüro 74, 1271 = MDR 75, 62.

Unter Umständen ist die Prozeßgebühr aus dem Wert der Hauptsache zwar voll entstanden, aber nicht voll erstattungsfähig.

> Vgl. Hamburg JurBüro 76, 472 (Für den Revisionsanwalt erwächst die volle Prozeßgebühr, wenn er in Unkenntnis von der bereits erfolgten Rücknahme der Revision schriftsätzlich die Zurückweisung der Revision beantragt. Beruht die Unkenntnis auf einem Verschulden des Berufungsanwalts, so hat die Gegenseite die Vergütung des Revisionsanwalts nur nach dem Gegenstandswert zu erstatten, der dem Betrage der Kosten des Revisionsverfahrens entspricht) und JurBüro 79, 702.

6 Endigt der Auftrag zum Teil, ohne daß er zugunsten des RA in vollem Umfange als fortbestehend gilt, so ermäßigt sich für diesen Teil des Streitgegenstandes die Prozeßgebühr, z. B. wenn der Beklagte vor Einreichung der Klage einen Teil der Streitsumme bezahlt und die Klage dann mit einem ermäßigten Klagantrag eingereicht wird. Der RA erhält in diesem Falle die volle Prozeßgebühr nach dem Werte der eingereichten Klage, die halbe nach dem Werte des erledigten Teiles, zusammen aber nicht mehr als die volle Prozeßgebühr nach dem ursprünglichen Streitwert.

Beispiele:
a) Klagauftrag über 5000,—DM. Schuldner zahlt vor Klageinreichung 3000,—DM, Klage über 2000,—DM.

Der RA des Klägers hat zu beanspruchen

¹⁰/₁₀-Prozeßgebühr aus 2000,—DM	130,—DM
⁵/₁₀-Prozeßgebühr aus 3000,—DM	87,50 DM
	217,50 DM
jedoch nicht mehr als	
¹⁰/₁₀-Prozeßgebühr aus 5000,—DM =	279,—DM

Der Rechtsanwalt erhält 217,50 DM.

Riedel/Sußbauer (A 18) rechnen wie folgt:

⁵⁄₁₀-Prozeßgebühr aus 5000,— DM   139,50 DM

⁵⁄₁₀-Prozeßgebühr aus 2000,— DM   65,— DM

                                                   204,50 DM

Vgl. hierzu auch Anm. 43 zu § 31.

b) Rät der erstmals in der Angelegenheit tätig gewordene Prozeßbevollmächtige zweiter Instanz dem Beklagten und Berufungskläger, der ihn mit der Einlegung der Berufung (Wert 15000,— DM) beauftragt hat, davon ab, wegen eines Teiles der dem Kläger in erster Instanz zuerkannten Klagansprüche (Teil 10000,— DM) Berufung einzulegen, und legt er auftragsgemäß nur wegen der dem Kläger zugesprochenen Restansprüche (Restanspruch 5000,— DM) Berufung ein, so erwächst ihm neben den gesetzlichen Regelgebühren nach dem Wert des Gegenstandes der Berufung eine halbe gesetzliche Regelgebühr zweiter Instanz nach dem Wert der dem Kläger zugesprochenen Ansprüche, wegen deren er von der Einlegung der Berufung abgeraten hatte. Die Bestimmung des § 14 Abs. 1 GKG steht nicht entgegen.

> Düsseldorf JMBlNRW 63, 268 = MDR 64, 66;
> **a. A.** Hamm JurBüro 85, 873 (Keine Gebühr, soweit Berufung nicht durchgeführt).

Berechnung:

¹³⁄₁₀-Prozeßgebühr aus z. B.

5000,— DM (Berufung durchgeführt)   362,70 DM

¹³⁄₂₀-Prozeßgebühr aus z. B.

10000,— DM (Berufung abgeraten)   350,40 DM

                                                 713,10 DM

jedoch nicht mehr als

¹³⁄₁₀-Prozeßgebühr aus 15000,— DM =   902,20 DM.

Der RA erhält 713, 10 DM.

Das gilt auch dann, wenn es sich um nicht ausscheidbare Teile des Streitgegenstandes handelt, z. B. Teile eines Rentenanspruchs oder Nebenforderungen.

Beispiele:

a) Klage auf Unterhalt von monatlich 100,— DM über 18 Monate. Streitwert gemäß § 17 Abs. 1 GKG: 1200,— DM. Nachdem der Beklagte einen Anwalt beauftragt, dieser jedoch noch keinen Schriftsatz eingereicht hat, nimmt der Kläger die Klage zurück, soweit für einen längeren Zeitraum als 10 Monate Unterhalt begehrt wird. Der Rest (10 Monate) wird streitig.

Prozeßgebühr des RA des Beklagten

¹⁰⁄₁₀-Prozeßgebühr für 10 Monate

Unterhalt = 1000,— DM   85,— DM

⁵⁄₁₀-Prozeßgebühr für 8 Monate

Unterhalt = 800,— DM   35,— DM

                                                 120,— DM

jedoch nicht mehr als

¹⁰⁄₁₀-Prozeßgebühr aus 1200,— DM

(§ 17 Abs. 1 GKG) =   85,— DM.

Der Rechtsanwalt erhält 85,— DM.

Vgl. jedoch Riedel/Sußbauer A 18.

b) Klage über 1000,— DM Hauptsache und 100,— DM Zinsen. Streitwert gemäß § 4 ZPO: 1000,— DM. Der Beklagte beauftragt einen RA mit seiner Vertretung, zahlt jedoch danach 1000,— DM Hauptsache. Der Kläger nimmt in Höhe der Hauptsache (1000,— DM) die Klage zurück und hält nur noch den Antrag auf Zahlung von 100,— DM Zinsen aufrecht. Darauf Antrag des Beklagtenvertreters auf Abweisung des Zinsanspruchs.

Prozeßgebühr des Beklagtenvertreters
$\frac{5}{10}$-Prozeßgebühr aus 1000,— DM   42,50 DM
$\frac{10}{10}$-Prozeßgebühr aus 100,— DM   40,— DM
                                                                      ⎯⎯⎯⎯⎯⎯
                                                                      82,50 DM

jedoch nicht mehr als
$\frac{10}{10}$-Prozeßgebühr aus 1000,— DM =   85,— DM.
Der RA erhält 82,50 DM.

Diese Berechnungsweise ist jedoch nicht unstreitig. Mit Rücksicht auf § 4 Abs. 1 ZPO wird teilweise die Auffassung vertreten, die Prozeßgebühr aus den 100,— DM Zinsen sei bereits teilweise – zu $\frac{5}{10}$ – in der $\frac{5}{10}$-Prozeßgebühr aus 1000,— DM enthalten, so daß die Prozeßgebühr aus den Zinsen nur noch in Höhe von $\frac{5}{10}$ = 15,— DM (Mindestgebühr) entstehen könne.

So Riedel/Sußbauer A 18.

Dieser Auffassung kann jedoch nicht beigetreten werden. Mit dem Wegfall der Hauptsache verlieren die Zinsen ihren Charakter als Nebenforderungen, sie werden selbst zur Hauptsache und können die Prozeßgebühr auslösen (und zwar in voller Höhe).

Hamm JurBüro 65, 480 = JVBl. 65, 91 = Rpfleger 66, 98; Düsseldorf JurBüro 83, 1334 = MDR 83, 764.

6a Entsteht **zusätzlich** zu der vollen Prozeßgebühr wegen eines weiteren Gegenstandes eine **halbe Prozeßgebühr**, ist § 13 Abs. 3 ebenfalls zu beachten.

Beispiel: In einen Rechtsstreit über 5000,— DM werden zu Vergleichsverhandlungen weitere 10000,— DM eingeführt. Der RA hat zu beanspruchen

$\frac{10}{10}$-Prozeßgebühr aus 5000,— DM   279,— DM
$\frac{5}{10}$-Prozeßgebühr aus 10000,— DM   269,50 DM
                                                                      ⎯⎯⎯⎯⎯⎯
                                                                      548,50 DM

insgesamt jedoch nicht mehr als
$\frac{10}{10}$-Prozeßgebühr aus 15000,— DM   694,— DM.
Der Rechtsanwalt erhält 548,50 DM.

Gleiches gilt, wenn in ein Scheidungsverfahren Antragsfolgesachen zwecks Vergleichsschluß eingeführt werden.

Beispiel mit Anwaltsgebühren des im Wege der PKH beigeordneten RA.

$\frac{10}{10}$-Prozeßgebühr des Scheidungsverfahrens und der Amtsfolgesachen (Wert 8400,— DM)   360,— DM
$\frac{5}{10}$-Prozeßgebühr der Antragsfolgesachen (Wert 13700,— DM)   215,— DM
                                                                      ⎯⎯⎯⎯⎯⎯
                                                                      575,— DM

jedoch nicht mehr als
$\frac{10}{10}$-Prozeßgebühr aus 22100,— DM   500,— DM.

Der RA erhält als beigeordneter Anwalt die Prozeßgebühr in Höhe von 500,— DM.

Düsseldorf JurBüro 78, 1516; Frankfurt JurBüro 79, 526 (für den Wahlanwalt).

Hat sich der **Auftrag hinsichtlich der Hauptsache erledigt** (etwa durch 7 Klagrücknahme), ist aber der Kostenpunkt noch offen, so entsteht die Prozeßgebühr voll nach dem Werte der Kosten. Sie wird nicht durch die halbe Prozeßgebühr nach dem Werte der Hauptsache abgegolten. Höchstgrenze ist aber auch hier die volle nach dem Werte der Hauptsache berechnete Prozeßgebühr. Es handelt sich um das gleiche Problem wie vorstehend bei Streitigwerden des Zinsanspruchs.

Düsseldorf JurBüro 71, 764 und MDR 83, 764; Hamburg Rpfleger 53, 268; Hamm Büro 58, 86; München AnwBl. 60, 225 und JurBüro 65, 480 sowie AnwBl. 80, 259;
a.M. Riedel/Sußbauer A 18.

Beispiel: Klage über 1000,— DM. Auftrag an Anwalt, den Beklagten zu vertreten. Darauf Rücknahme der Klage. Nunmehr Antrag aus § 269 Abs. 3 ZPO. Gebühren des Beklagtenvertreters: $^5/_{10}$-Prozeßgebühr aus der Hauptsache sowie $^{10}/_{10}$-Prozeßgebühr aus dem Wert der bis zur Rücknahme entstandenen Kosten, jedoch nicht mehr als $^{10}/_{10}$-Prozeßgebühr aus der Hauptsache.

Zu beachten ist, daß bei Erledigung der Hauptsache i. S. des § 91 a ZPO der Wert der Hauptsache so lange maßgebend ist, bis beide Parteien die Erledigung erklärt haben. Der RA des Beklagten, der der Erledigungserklärung des Klägervertreters zustimmt, hat deshalb Anspruch auf die volle Prozeßgebühr aus dem Wert der Hauptsache.

Hamm JurBüro 68, 889.

Tritt der RA erst nach Ende der letzten mündlichen Verhandlung als Prozeßbevollmächtigter ein, so erwächst ihm ebenfalls nur eine halbe Prozeßgebühr, die erstattungsfähig ist.

LG Berlin JurBüro 84, 1034 m. Nachw. für andere Auffassungen.

Nur die **halbe Prozeßgebühr** erhält der Prozeßbevollmächtigte, dessen 8 Auftrag endigt, bevor er eine der in § 32 genannten Tätigkeiten vorgenommen hat oder soweit lediglich beantragt ist, eine Einigung der Parteien zu Protokoll zu nehmen. Dieser Anspruch auf die halbe Prozeßgebühr entsteht nämlich schon dann, wenn der Prozeßbevollmächtigte irgendeine unter die Prozeßgebühr fallende Tätigkeit ausgeübt hat. S. A 13 ff. zu § 31.
Die halbe Prozeßgebühr ist in den Rechtsmittelinstanzen gemäß § 11 Abs. 1 Satz 4 die $^{13}/_{20}$-Gebühr, für den RA am BGH gemäß § 11 Abs. 1 Satz 5 jedoch $^{10}/_{10}$.

Karlsruhe JurBüro 75, 37.

Beispiele für das Entstehen der halben Prozeßgebühr:

Der RA, der Klagauftrag erhalten hat, mahnt den Gegner, der daraufhin zahlt, so daß die Erhebung der Klage unterbleibt.

Im Berufungsverfahren gegen ein Teilurteil wird ein Vergleich über den gesamten Anspruch (teils im Berufungsverfahren, teils im ersten Rechtszug anhängig) geschlossen. Es entstehen für den Berufungsanwalt:

von Eicken   575

$^{13}/_{10}$-Prozeßgebühr aus dem im Berufungsverfahren anhängigen Teilanspruch,
$^{13}/_{20}$-Prozeßgebühr aus dem noch im ersten Rechtszuge anhängigen Restanspruch,

jedoch nicht mehr als

$^{13}/_{10}$-Prozeßgebühr aus dem Gesamtanspruch,

außerdem

$^{13}/_{10}$-Vergleichsgebühr.

In diesem Falle erhält der Berufungsanwalt die $^{13}/_{20}$-Prozeßgebühr aus dem Restanspruch selbst dann, wenn er die Partei auch in erster Instanz vertritt und dort die volle Prozeßgebühr aus dem Gesamtanspruch verdient hat. Der Berufungsrechtszug ist nach § 13 Abs. 2 S. 2 eine neue gebührenrechtliche Angelegenheit. Daß der Berufungsanwalt wegen desselben Gegenstandes die Prozeßgebühr bereits im ersten Rechtszug erlangt hat, hindert nicht, daß sie ihm in der zweiten Instanz erneut erwächst.

> Düsseldorf JVBl. 67, 70 = JMBlNRW 67, 72 = NJW 67, 55 und AnwBl. 72, 131 = JurBüro 72, 228 = JMBlNRW 72, 242; KG JVBl. 67, 28 = JurBüro 67, 574 = NJW 67, 1573; Hamburg JurBüro 84, 1026 unter Aufgabe von JurBüro 79, 203 = MDR 79, 506;
> **a. M.** Stuttgart JurBüro 82, 394 = Justiz 82, 88; LAG Hamm MDR 86, 788 = JurBüro 87, 70; Bamberg JurBüro 86, 1529; ArbG Hannover JurBüro 85, 1026; Mümmler JurBüro 81, 179.

Scheitert ein Vergleichsversuch, entsteht zwar die Vergleichsgebühr nicht. Es verbleibt aber dabei, daß der RA die $^{13}/_{20}$-Prozeßgebühr für den Restanspruch verdient. Diese Gebühr, die für die Einführung des Restanspruchs in die Vergleichsverhandlungen erwachsen ist, fällt mit dem Scheitern der Vergleichsverhandlungen nicht wieder weg. Sie gehört allerdings nicht zu den Prozeßkosten, über die nach dem Scheitern des Vergleichs das Gericht im Urteil zu erkennen hat.

Bestellt der Berufungsbeklagte auf Wunsch des Berufungsklägers zunächst keinen Prozeßbevollmächtigten für die zweite Instanz, korrespondieren die Bevollmächtigten über die Durchführung der Berufung und nimmt der Berufungskläger die Berufung dann zurück, dann ist dem Prozeßbevollmächtigten erster Instanz die Berufungsprozeßgebühr in entsprechender Anwendung des § 32 Abs. 1 zur Hälfte in der durch das Berufungsverfahren bestimmten Höhe erwachsen. Diese Gebühr ist auch erstattungsfähig.

> Frankfurt AnwBl. 81, 157 = JurBüro 81, 694 = MDR 81, 506; Schleswig JurBüro 83, 551 = SchlHA 83, 175.

9 Zur **Entstehung der vollen Prozeßgebühr** ist Voraussetzung, daß der Prozeßbevollmächtigte vor Endigung seines Auftrags

entweder

die Klage (den ein Verfahren einleitenden Antrag) oder

einen Schriftsatz, der Sachanträge oder die Zurücknahme der Klage (des Antrags) enthält,

eingereicht oder

für seine Partei einen Termin wahrgenommen hat.

Eine dieser Voraussetzungen muß erfüllt sein, wenn die halbe Prozeßgebühr zur vollen Prozeßgebühr anwachsen soll. Eine weitere Tätigkeit des Anwalts ist andererseits nicht erforderlich.

Die **Klage muß eingereicht,** d. h. bei Gericht eingegangen sein. Ihre Zustel- **10** lung ist nicht notwendig.

KG JurBüro 85, 1030

Es ist auch nicht erforderlich, daß das Gericht etwas veranlaßt, z. B. Akten angelegt, eine Eintragung in ein Register vorgenommen oder Termin anberaumt hat.

Klage ist auch die Widerklage.

Die zweite Voraussetzung – **den ein Verfahren einleitenden Antrag ein- 11 gereicht hat** – betrifft alle diejenigen Fälle, in denen ein unter den 3. Abschnitt fallendes Verfahren nicht durch eine Klge, sondern durch einen bloßen Antrag eingeleitet wird. In Betracht kommen Anträge z. B. im Ehescheidungsverfahren (§ 622 ZPO), im Verfahren über Arreste oder einstweilige Verfügungen (§ 40), über einstweilige Anordnungen (§ 41), im Entmündigungsverfahren (§ 44), im Verfahren über die Vollstreckbarerklärung von Schiedssprüchen (§ 46) oder von ausländischen Entscheidungen (§ 47), in Hausratsachen und den übrigen in § 63 geregelten Angelegenheiten.

Die Einlegung eines Rechtsmittels ist ebenfalls ein ein Verfahren einleitender Antrag, und zwar nicht nur in den Verfahren, die vorstehend genannt sind. Antrag i. S. dieser Bestimmung ist auch die Berufung und die Revision.

Düsseldorf VersR 82, 981; Hamm JurBüro 85, 873; Koblenz JurBüro 86, 1830 = MDR 86, 1038; LG Berlin AnwBl. 82, 76 = JurBüro 82, 32 mit Anm. von Mümmler.

Soweit in einem Verfahren **nur geringere Gebühren entstehen,** wie z. B. **12** im Verfahren betr. Bewilligung von Prozeßkostenhilfe (§ 51), im Zwangsvollstreckungsverfahren (§ 57), im Beschwerdeverfahren (§ 61, vgl. ferner §§ 49, 55, 63 Abs. 4), ist § 32 nicht anwendbar, da für diese Gebühren die Anwendung des § 32 ausgeschlossen ist. Der RA erhält also in solchen Verfahren auch bei vorzeitiger Endigung des Auftrags die volle Fünfzehntel- bzw. Dreizehntelgebühr.

Ebensowenig ist § 32 dann anwendbar, wenn schon eine Ermäßigung der vollen Gebühr auf einen Bruchteil mit Rücksicht auf den geringeren Umfang der Tätigkeit des RA vorgeschrieben ist, wie z. B. in den Fällen der §§ 53, 54 Abs. 1, wohl aber in allen anderen Fällen, in denen die sinngemäße Anwendung des § 31 vorgeschrieben ist, z. B. § 44, und zwar auch dann, wenn mit Rücksicht auf die weniger große Bedeutung der Angelegenheit höhere Bruchteilsgebühren als drei Zehntel der vollen Gebühr für das ganze Verfahren vorgesehen sind, z. B. § 46 Abs. 2; §§ 48, 62 Abs. 3, § 63 Abs. 3.

Der RA verdient weiter die volle Prozeßgebühr, wenn er einen **Schriftsatz 13 einreicht, der Sachanträge, die Zurücknahme des Antrags oder des Rechtsmittels enthält.** Zustellung braucht nicht erfolgt zu sein. Für die Einreichung eines Schriftsatzes gilt das in A 10 für die Einreichung der Klage Gesagte in gleicher Weise.

Nicht genügend ist eine bloße Anfertigung. Der Schriftsatz muß bei Gericht eingegangen sein. Andererseits ist nicht erforderlich, daß das Gericht auf den Antrag etwas veranlaßt. In Scheidungssachen reicht deshalb der Eingang des

Scheidungsantrages, um die volle Prozeßgebühr auch nach dem Wert der
Amtsfolgesachen entstehen zu lassen.

> Stuttgart JurBüro 83, 1666;
> **a. A.** Lappe Kosten in Familiensachen Rdn. 618.

14 **Sachanträge** muß der Schriftsatz enthalten. Es muß ein Schriftsatz sein, der
nach § 270 ZPO zuzustellen ist, oder außerhalb des Erkenntnisverfahrens
oder sonstiger streitiger Verfahren ein Schriftsatz von entsprechender Bedeutung. Er muß von dem RA unterschrieben sein.

> München JurBüro 82, 402 = MDR 82, 418.

Sachanträge sind Anträge, durch die der Antragsteller erklärt, welchen Inhalt
die Formel des von ihm erbetenen Endurteils haben soll, also die Klaganträge
einschließlich ihrer Abweichungen, besonders Klagänderung, Erledigungserklärung, Widerklage, Inzidentfeststellungsantrag, Anträge des Berufungs-
und Revisionsklägers, Anschließungsantrag des Rechtsmittelbeklagten, Anträge nach Zurücknahme der Klage oder des Rechtsmittels nach § 269 Abs. 3,
§ 515 Abs. 3, § 566 ZPO, Anträge auf Urteilsergänzung nach § 321 ZPO oder
auf Vollstreckbarerklärung, Einspruch gegen ein Versäumnisurteil oder einen
Vollstreckungsbescheid, Widerspruch gegen einen Arrestbefehl oder eine
einstweilige Verfügung, Antrag auf Fristbestimmung nach § 926 oder § 942
ZPO,

ebenso Verweisungsanträge.

> vgl. aber Köln JurBüro 86, 1041 (schriftlich erklärtes Einverständnis mit vom
> Gegner beantragter Verweisung kein Sachantrag).

Ein Schriftsatz, in dem die Zustimmung zur Scheidung erklärt wird, steht
einem Schriftsatz mit Sachantrag i. S. des § 32 gleich.

> Frankfurt JurBüro 82, 1527; KG AnwBl. 84, 375; aber München AnwBl. 80, 259 =
> Rpfleger 80, 355 = KostRsp. BRAGO § 32 Nr. 19 m. krit. Anm. Lappe (Schrifts-
> ätzl. Erklärung zur Scheidung keinen Antrag stellen zu wollen ist kein Sachantrag).

Dagegen sind weder die Anwaltsbestellung noch die Erklärung der Verteidi-
gungsabsicht i. S. von § 276 Abs. 1 S. 1 ZPO Sachanträge gemäß § 32.

> Koblenz JurBüro 81, 1518 = VersR 81, 1061 = MDR 81, 507; Düsseldorf AnwBl.
> 83, 520 = JurBüro 83, 1334 = MDR 83, 764; Bamberg JurBüro 84, 403.

Ein Schriftsatz, der formlos mitgeteilt werden kann, genügt also grundsätzlich nicht.

15 **Gegenanträge** des Beklagten, des Rechtsmittelbeklagten oder des Antragsgegners sind Sachanträge i. S. des § 32.

> Vgl. hierzu A 20 zu § 31.

Gerade für den Prozeßbevollmächtigten des Beklagten, des Rechtsmittelbeklagten oder des Antragsgegners ist die Einreichung eines Schriftsatzes für die
Entstehung der vollen Prozeßgebühr von besonderer Bedeutung, während
der Prozeßbevollmächtige des Klägers, des Rechtsmittelklägers oder des
Antragstellers die volle Prozeßgebühr schon regelmäßig mit der Einreichung
der Klage oder des das Verfahren einleitenden Antrags erwirbt. Mit dem
Antrag auf Abweisung der Klage oder auf Verwerfung bzw. Zurückweisung
des Rechtsmittels ist die volle Prozeßgebühr verdient. Bei den Anträgen auf
Abweisung der Klage oder Verwerfung bzw. Zurückverweisung des Rechts-

mittels ist die volle Prozeßgebühr verdient. Bei den Anträgen auf Abweisung der Klage oder Verwerfung bzw. Zurückweisung des Rechtsmittels handelt es sich nicht um Prozeßanträge, wie gelegentlich angenommen wird, sondern um echte Sachanträge.

Eine Begründung der Anträge braucht der Schriftsatz nicht zu enthalten.

Der RA des Rechtsmittelbeklagten, der den Antrag stellt, den Rechtsmittelkläger des Rechtsmittels für verlustig zu erklären, erhält eine volle um drei Zehntel erhöhte Prozeßgebühr. (Wegen des Streitwerts vgl. A 15a).

Der auf die Kosten beschränkte Widerspruch gegen eine einstweilige Verfügung löst Gebühren nur nach dem Kostenwert aus, sofern nicht zunächst weitergehender Auftrag erteilt war.

> Koblenz Rpfleger 86, 407 (weitergehende Gebühr jedenfalls nicht erstattbar); Hamburg JurBüro 85, 283;
> **a. A.** KG Rpfleger 85, 39 = JurBüro 85, 404 (neben vollen Gebühren nach Kostenwert auch halbe Prozeßgebühr nach Wert der Hauptsache).

Der **Streitwert,** aus dem die Prozeßgebühr anfällt, berechnet sich nach dem **15a** Gegenstand, auf den sich der Sachantrag bezieht. Bei Anträgen auf Abweisung der Klage (sei es aus formellen, sei es aus sachlichen Gründen) und auf Verwerfung oder Zurückweisung des Rechtsmittels ist der Wert der Hauptsache maßgebend. Bei den Anträgen aus §§ 269 Abs. 3, 515 Abs. 3, 566 ZPO berechnet sich die Prozeßgebühr nur aus dem Wert der Kosten. Das gilt auch für Anträge aus §§ 515 Abs. 3, 566 ZPO, soweit sie darauf gerichtet sind, den Rechtsmittelkläger des Rechtsmittels für verlustig zu erklären.

Meldet sich der RA des Beklagten schriftsätzlich mit einem Sachantrag, bevor die Hauptsache für erledigt erklärt worden ist, so erhält er die volle Prozeßgebühr nach dem ursprünglichen Wert der Hauptsache.

> Hamm AnwBl. 69, 13 = JurBüro 68, 889 = NJW 68, 2149.

Stellt der RA des Berufungsbeklagten nach Einlegung der Berufung, die noch keine Anträge erhält, aber noch vor der innerhalb der Berufungsfrist erfolgenden Stellung der Berufungsanträge den Antrag auf Zurückweisung des Rechtsmittels, so erwächst ihm die Prozeßgebühr nur aus dem Wert der Anträge des Berufungsklägers.

Schriftsätze, die nur sachliche oder rechtliche Ausführungen enthal- **16** **ten,** genügen nicht, da Sachanträge ausdrücklich gefordert werden. Zu beachten ist jedoch, daß die Anträge nicht unbedingt in der üblichen Form gestellt zu werden brauchen (wenn dies auch dringend zu empfehlen ist). Wenn die Praxis trotz §§ 253 Abs. 1 Nr. 2, 519 Abs. 3 Nr. 1, 554 Abs. 3 Nr. 1 ZPO genügen läßt, daß aus den Schriftsätzen des Klägers bzw. Rechtsmittelklägers das Begehren des Klägers bzw. Rechtsmittelklägers zu erkennen ist, muß auch für die Schriftsätze des Beklagten bzw. Rechtsmittelbeklagten ausreichen, daß sein Begehren erkennbar ist. Es genügt deshalb z. B., wenn die Berufungserwiderung, ohne daß sie einen formalen Antrag enthält, mit dem Satz schließt: „Nach alledem muß die Berufung zurückgewiesen werden."

> BGH Rpfleger 70, 239 = JurBüro 70, 665 = NJW 70, 1462 = MDR 70, 748 = JVBl. 70, 251 = AnwBl. 72, 22.

Die Wiederholung bereits früher gestellter Anträge in einem Schriftsatz reicht aus. Führt also z. B. nach Anwaltswechsel der neue Prozeßbevollmächtige in einem Schriftsatz aus, er werde im nächsten Verhandlungstermin die aus einem früheren Schriftsatz ersichtlichen Anträge stellen, so ist sein Schriftsatz ein solcher mit Sachanträgen.

Auch wenn der Prozeßbevollmächtige des Beklagten den einen Antrag enthaltenden Schriftsatz bei **einem unzuständigen Gericht einreicht,** hat er die Prozeßgebühr voll verdient. Es ist unschädlich, wenn danach, aber vor dem Eingang des Schriftsatzes bei dem zuständigen Gericht, die Klage zurückgenommen wird.

Nürnberg JurBüro 66, 771.

Die Einreichung eines Schriftsatzes, der Sachanträge enthält, reicht jedoch nur dann aus, die volle Prozeßgebühr zu begründen, wenn die Klage oder der das Verfahren einleitende Antrag bereits eingereicht ist.

Hamm MDR 79, 683.

17 Nicht ausreichend sind Schriftsätze mit **lediglich das Verfahren betreffenden Anträgen,** z. B. dem Antrag, den Rechtsstreit auszusetzen.

Ferner genügen nicht
Antrag auf Terminsbestimmung,
die Anzeige der Übernahme der Parteivertretung oder der Niederlegung der Vollmacht,
die Anzeige, daß die Partei oder die Gegenpartei verstorben sei,
die Erklärung, zunächst keinen Antrag stellen zu wollen,
Einreichung einer Bescheinigung über einen erfolglosen Sühneversuch,
Anzeige, daß die Partei am Erscheinen in einem Sühnetermin verhindert sei,
Antrag auf Verlegung des Termins,
Einreichung eines Gesuches um Bewilligung von Prozeßkostenhilfe,
bloße Schreiben an die eigene oder die Gegenpartei,
Antrag auf Streitwertfestsetzung,
Empfangnahme eines Schriftsatzes der Gegenpartei.

18 Die Einreichung eines Schriftsatzes, der die **Rücknahme der Klage oder des Antrags** enthält, ist in § 32 ausdrücklich als zur Entstehung der vollen Prozeßgebühr für genügend erklärt worden. Zurücknahme einer Widerklage ist der Rücknahme der Klage gleichzustellen. Rücknahme eines Rechtsmittels ist Zurücknahme eines das Verfahren einleitenden Antrags.

Gemeinschaftliche Anzeige, daß sich die Parteien eines Eheverfahrens ausgesöhnt haben, ist der Rücknahme des Scheidungsantrags gleichzustellen.

Bei Rücknahme der Klage ist nicht Voraussetzung, daß die Klage schon zugestellt ist.

Streitig ist, ob der schriftlich erklärte Rechtsmittelverzicht der Rücknahme des Rechtsmittels gleichzusetzen ist und die volle Prozeßgebühr begründet. Die Frage betrifft aber nur den zum Prozeßbevollmächtigten bestellten RA, da sonst nur die Gebühr des § 56 erwächst (vgl. A 6 zu § 56).

Bejahend H. Schmidt NJW 73, 202; ablehnend Hamm Rpfleger 74, 79 = JurBüro 74, 208 = NJW 74, 465; Karlsruhe NJW 73, 202; auch KG JurBüro 86, 1366 = MDR 86, 861 (L), das zu Unrecht meint, der mit Protokollierung eines Scheidungsvergleichs und Erklärung des Rechtsmittelverzichts beauftragte RA sei nicht Prozeßbevollmächtigter).

Weiter ist zur Entstehung der vollen Prozeßgebühr ausreichend, daß der RA 19
seine Partei in einem Termine vertreten hat. Dazu genügt, daß der RA
bei der Eröffnung in dem Termin anwesend ist, auch wenn er nicht verhandelt, weil die Klage noch nicht zugestellt ist und deshalb die Verhandlung
vertagt wird, oder wenn in dem Termin die Klage zurückgenommen oder ein
Vergleich geschlossen wird, ohne daß die Anträge verlesen worden sind.
Ist ein Termin auf Antrag des Gegenanwalts oder von Amts wegen vertagt
worden, so hat der in diesem Termine nicht erschienene RA seine Partei nicht
in dem Termin vertreten.
Beantragt der Beklagte, gegen den nicht erschienenen Kläger das **Versäumnisurteil zu erlassen,** so liegt darin die **Stellung eines Sachantrags.**
Nimmt der Kläger nach Einspruch die Klage zurück, so ermäßigt sich die
Prozeßgebühr nicht.

> KG JurBüro 66, 607.

Ein in dem Verhandlungstermin nach der Urteilsverkündung (z. B. in Ehesachen) mündlich erklärter Rechtsmittelverzicht ist Vertretung in der mündlichen Verhandlung und begründet deshalb die volle Prozeßgebühr (Voraussetzung: Prozeßauftrag, nicht nur Auftrag zur Einzeltätigkeit, § 56; Prozeßauftrag liegt vor, wenn der RA beauftragt ist, den Termin wahrzunehmen, dort
eine Einigung zu Protokoll zu geben und alsdann auf Rechtsmittel zu verzichten.

> Hamburg NJW 73, 202 mit zust. Anm. von H. Schmidt = MDR 73, 148 =
> JurBüro 73, 131;
> **a. A.** KG A 18 a. E.

Ein **Beweistermin,** wie überhaupt die Wahrnehmung irgendeines Termines, 20
genügt (ein Verhandlungstermin ist nicht mehr erforderlich),
ebenso ein **Sühnetermin,** der lediglich dazu bestimmt ist, eine gütliche 21
Einigung der Parteien herbeizuführen, sei es, daß er von vornherein als
Sühnetermin anberaumt worden ist, sei es, daß die Parteien einen Termin nur
zu dem Zwecke erbitten, um einen Vergleich zu schließen oder einen bereits
außergerichtlich geschlossenen Vergleich zu gerichtlichem Protokoll zu geben
(vgl. auch unten A 22).
**Ist lediglich beantragt, eine Einigung der Parteien zu Protokoll zu 22
nehmen,** so erhält nach der ausdrücklichen Vorschrift des **§ 32 Abs. 2** der
Prozeßbevollmächtigte nur die halbe Prozeßgebühr. Die Einigung erfordert
kein gegenseitiges Nachgeben, stellt also gegenüber dem Vergleich geringere
Anforderungen, bezieht allerdings als Oberbegriff den Vergleich ein. Die
Feststellung tatsächlicher Verhältnisse ist jedoch keine Einigung, wenn zwischen den Parteien darüber weder Streit noch Ungewißheit bestand.

> Celle JurBüro 86, 69 = NdsRpflege 85, 262.

Daß eine Einigung tatsächlich erzielt wird, ist nicht erforderlich. Es genügt
bereits die Stellung des Antrags. Die halbe Prozeßgebühr entsteht also auch,
wenn die geplante Einigung scheitert.

> Düsseldorf JurBüro 81, 70; Frankfurt JurBüro 79, 1664.

§ 32 Abs. 2 bezieht sich nicht auf den Fall, daß eine Einigung über die in
diesem Verfahren rechtshängigen Ansprüche protokolliert wird, sondern
darauf, daß die Protokollierung eine Einigung über andere, nichtrechtshängi-

ge Ansprüche, in einem anderen Verfahren anhängige Ansprüche oder einen im PKH-Bewilligungsverfahren geschlossenen Vergleich betrifft.

Beinhaltet die Einigung einen Vergleich – beide Parteien haben nachgegeben –, erwächst neben der halben Prozeßgebühr zusätzlich die Vergleichsgebühr, § 23.

§ 32 Abs. 2 ist auch nicht dahin auszulegen, daß die halbe Prozeßgebühr nur dann entstehen soll, wenn sich die Parteien schon vor dem Termin außergerichtlich geeinigt haben und lediglich die Einigung zu Protokoll geben. Der Auftrag kann vielmehr auch dahin gehen, in dem anhängigen Verfahren eine Einigung zu erzielen.

Düsseldorf JurBüro 78, 1516; Hamburg JurBüro 78, 929; KG JurBüro 78, 1509; Zweibrücken JurBüro78, 1816.

Da die Prozeßgebühr aus dem Wert des rechtshängigen Anspruchs in der Regel bereits früher voll verdient ist (vgl. die A 10 ff.), bezieht sich § 32 Abs. 2 praktisch auf die Einbeziehung nichtrechtshängiger (nicht in diesem Verfahren anhängiger) Ansprüche.

Vgl. jedoch über die abweichende Meinung des BGH NJW 69, 932 = MDR 69, 473 = JurBüro 69, 413 nachstehend A 6 vor § 118.

Auch dann, wenn der in die Einigung aufgenommene Anspruch bereits anderweit anhängig ist und der RA dort die Prozeßgebühr verdient hat, entsteht in dem Verfahren, in dem die Einigung erklärt wird, nochmals die – halbe – Prozeßgebühr.

Vgl. die Nachweise bei A 8.

Wird im Verfahren der einstweiligen Verfügung ein Vergleich protokolliert, der auch den anhängigen Prozeß über die Hauptsache mitumfaßt, so steht dem RA auch dann eine $\frac{5}{10}$-Prozeßgebühr nach dem überschießenden Wert der Hauptsache zu, wenn er in jenem Verfahren bereits eine $\frac{10}{10}$-Prozeßgebühr verdient hat.

KG AnwBl. 73, 80 = JurBüro 73, 127.

Der Anspruch auf die volle Prozeßgebühr kann nicht damit begründet werden, daß bei einem außergerichtlichen Vergleich neben der Geschäftsgebühr noch eine Besprechungsgebühr entstehe.

Düsseldorf MDR 60, 60 = JVBl. 60, 63; Köln JurBüro 81, 1187 m. Anm. von Mümmler;
a. M. Schumann JVBl. 59, 65, der, wenn die Einigung erst vor Gericht erfolgt, die volle Prozeßgebühr zubilligt.

Ist allerdings der Vergleich auftragsgemäß bereits außergerichtlich geschlossen und erst dann zu gerichtlichem Protokoll erklärt worden, so sind die Gebühren des § 118 bereits entstanden. Sie fallen auch durch die spätere Protokollierung nicht wieder weg. Nur muß sich der RA gemäß § 118 Abs. 2 die Geschäftsgebühr auf die Prozeßgebühr anrechnen lassen.

Im allgemeinen wird man davon ausgehen können, daß dann, wenn in einem anhängigen Verfahren eine Einigung zu gerichtlichem Protokoll erklärt wird, der RA Prozeßauftrag und nicht Auftrag zum Tätigwerden in einer sonstigen Angelegenheit (§ 118) erhalten hat.

Hamburg MDR 65, 586 (das von einer Vermutung für einen Prozeßauftrag spricht).

Von einer Vermutung, der RA habe einen Auftrag gemäß § 32 Abs. 2, kann aber nicht die Rede sein, wenn der RA – ohne daß ein Verfahren anhängig ist – beauftragt wird, über streitige oder nicht geklärte Fragen Verhandlungen zu beginnen und eine Einigung zu versuchen. Es kommt auf den Auftrag an, wobei in zweifelhaften Fällen (ob ein Auftrag nach § 118 oder ein Prozeßauftrag nach § 32 vorliegt) wesentlich sein kann, was geschehen soll, wenn eine Einigung nicht zustande kommt (wenn dann kein Verfahren anhängig gemacht werden soll, spricht kaum etwas für einen Auftrag nach § 32).

Für den **Vergütungsanspruch des PKH-Anwalts** gegen die Staatskasse ist **23** § 32 deshalb von besonderer Bedeutung, weil Tätigkeiten, die der Prozeßbevollmächtigte vor dem Wirksamwerden seiner Beiordnung vorgenommen hat, keinen Anspruch gegen die Staatskasse begründen (s. A 17, 19 zu § 121). Es entsteht daher für den beigeordneten RA für vor dem Wirksamwerden der Beiordnung vorgenommene Tätigkeit nur ein Anspruch gegen seinen Auftraggeber. Zur Entstehung des Anspruchs auf die volle Prozeßgebühr nach den Sätzen des § 123 gegen die Staatskasse ist es erforderlich, daß der RA eine der in § 32 bezeichneten Tätigkeiten nach dem Wirksamwerden seiner Beiordnung vorgenommen hat. Andernfalls erhält er aus der Staatskasse nur die halbe Prozeßgebühr, z. B. wenn die Klage vor der Beiordnung eingereicht und die Bewilligung der Prozeßkostenhilfe wieder aufgehoben worden ist oder wenn der RA nach der Beiordnung weder einen Schriftsatz der in § 32 bezeichneten Art eingereicht noch seine Partei in einem Termine vertreten hat,

> BGH NJW 70, 757 = JurBüro 70, 389 = MDR 70, 664 = Rpfleger 70, 165 = JVBl. 70, 137; JurBüro 83, 1021 = MDR 83, 744 = VersR 83, 539; Hamm JurBüro 74, 1392 = JMBlNRW 74, 240.

oder wenn dem Berufungskläger die PKH erst nach der Einlegung der Berufung bewilligt worden ist und der Anwalt seine Vollmacht vor seinem Auftreten in der Verhandlung und vor Einreichen eines Schriftsatzes der in § 32 genannten Art niederlegt.

Um dieses Ergebnis zu vermeiden, wird angeraten, um die rückwirkende Bewilligung der PKH zu bitten oder den Antrag nach der Bewilligung und der Beiordnung zu wiederholen.

Reicht der RA die Klage und das Gesuch um Bewilligung der Prozeß- 24 kostenhilfe gleichzeitig ein, sei es in getrennten Schriftsätzen, sei es, daß er in der Klageschrift selbst den Antrag stellt, seinem Auftraggeber PKH zu bewilligen, so müssen für den Willen, die Klage erst nach der Bewilligung der PKH als eingereicht gelten zu lassen, besondere Umstände vorliegen, die diesen Willen erkennen lassen. Denn die Einreichung der Klage ist ein rein tatsächlicher Vorgang und mit dem Eingang der Klagschrift bei Gericht vollzogen.

Der Wille, die Klage erst nach Bewilligung der PKH eingereicht anzusehen, muß entweder ausdrücklich erklärt werden oder ist dann erkennbar, wenn das Gesuch um Bewilligung der PKH in einem besonderen Schriftsatz eingereicht wird, in dem erklärt wird, daß die gleichzeitig eingereichte Klagschrift nur als Begründung des Gesuchs um Bewilligung der PKH gehen solle, oder wenn der RA die Klagschrift nicht unterzeichnet hat.

> BGH BGHZ 7, 268 = NJW 52, 1375.

In solchen Fällen ist aber außerdem noch nötig, daß besonders angegeben wird, in welchem Zeitpunkt die Klage als eingereicht gelten solle, falls die mit dem Gesuch um Bewilligung der PKH eingereichte Klage unterschrieben ist. Ausreichend ist z. B. die nach der Bewilligung der PKH gegebene Erklärung, die Klage solle nunmehr als eingereicht gelten.

Etwaige Zweifel darüber, ob die Beiordnung schon erfolgt war, bevor die Klage in den Geschäftsgang genommen worden ist, gehen zu Lasten des RA.

Hat der RA im Vertrauen auf eine mündliche Mitteilung des Urkundsbeamten über seine Beiordnung die Klage schon vor Zustellung des Beiordnungsbeschlusses eingereicht, so hat er Anspruch auf die volle Prozeßgebühr gegen die Staatskasse. Denn mit der Bekanntgabe der Bewilligung der PKH und der Beiordnung ist der Beschluß über die Gewährung der PKH wirksam geworden. Einer formellen Zustellung bedarf es nicht, s. A 20 vor § 121.

Einreichung der Klage schon vor Bewilligung der PKH kann namentlich dann geboten sein, wenn eine Verjährungsfrist unterbrochen werden soll. Dann erwirbt der RA mit der Einreichung der Klage den Anspruch auf die volle Prozeßgebühr zwar nicht gegen die Staatskasse, wohl aber gegen den Auftraggeber. In diesem Falle kann es aber angebracht sein, einen Antrag auf rückwirkende Bewilligung der PKH zu stellen. Wird die PKH rückwirkend bewilligt und der RA beigeordnet, hat er Anspruch auf die volle Prozeßgebühr gegen die Staatskasse.

Gerold Büro 55, 161.

25 Für die **Einreichung eines ein Verfahren einleitenden Antrags mit PKH-Gesuch** gilt dasselbe wie bei der Klage mit Gesuch um Bewilligung von PKH.

Wird der Antrag auf Erlaß eines Arrestes oder einer einstweiligen Verfügung mit einem Gesuch um Bewilligung von PKH eingereicht, so spricht wegen der Eilbedürftigkeit die Vermutung dafür, daß ohne Rücksicht auf die Entscheidung über das PKH-Gesuch über den Antrag entschieden werden soll.

26 Auch **der dem Beklagten oder dem Antragsgegner beigeordnete Anwalt,** der vor der Beiordnung einen Schriftsatz eingereicht hat, der einen Sachantrag enthält, oder seinen Auftraggeber in einem Termine vertreten hat, nachher aber keine solche Tätigkeit mehr vorgenommen hat, kann aus der Staatskasse nur die halbe Prozeßgebühr verlangen, die volle aber seinem Auftraggeber berechnen, wenn die frühere Tätigkeit dem Auftrag entsprach.

Beispiel: Der Prozeßbevollmächtigte des Revisionsbeklagten beantragt die Zurückweisung der Revision. Gleichzeitig bittet er um die Bewilligung der PKH. Nach Bewilligung der PKH nimmt der Revisionskläger die Revision zurück, ohne daß der Prozeßbevollmächtigte des Revisionsbeklagten eine weitere Tätigkeit zuvor entwickelt hat. Der Prozeßbevollmächtigte erhält nur die Hälfte der Prozeßgebühr (gemäß § 11 Abs. 1 S. 5 eine $^{10}/_{10}$-Gebühr) aus der Staatskasse.

27 Die **Zurücknahme der Klage oder des Antrags nach der Beiordnung** begründet auch für den erst nach Einreichung der Klage oder des Antrags beigeordnete RA der Staatskasse gegenüber den Anspruch auf die volle Prozeßgebühr, z. B. wenn der erst nach Einreichung der Berufung beigeordnete RA dann die Berufung in einer Ehesache unter Mitteilung der Aussöhnung der Parteien vor der Terminbestimmung zurücknimmt.

584   *von Eicken*

Ist die **Beiordnung ausschließlich zum Abschluß eines Vergleichs** er- 28
folgt, so erhält der RA neben der Vergleichsgebühr nur die halbe Prozeßgebühr. Das folgt aus § 32 Abs. 2.
    Vgl. auch KG NJW 74, 323 = Rpfleger 73, 442 = JurBüro 73, 1169.
Dasselbe gilt für den Fall der Beiordnung für einen Vergleich im PKH-
Bewilligungsverfahren.

Wird der bisherige Wahlanwalt im Laufe eines Termins uneinge- 29
schränkt beigeordnet, so kann er die volle Prozeßgebühr aus der Staatskasse
verlangen, denn er hat die Partei – auch noch nach der Beiordnung – in einem
Termin vertreten.

Die **Kostenentscheidung** eines gerichtlichen Erkenntnisses betrifft stets nur 30
die durch den rechtshängig gewordenen Anspruch entstandenen Kosten. Ist
der Auftrag schon vor der Einreichung der Klage beendet, so kann über die
vorher entstandenen Kosten keine Kostenentscheidung erfolgen. Auf Grund
der Kostenentscheidung über den rechtshängig gewordenen Teil des Anspruchs kann daher der Prozeßbevollmächtigte der obsiegenden Partei von
der unterlegenen Gegenpartei nicht auch denjenigen Teil seiner Kosten erstattet verlangen, der auf den vor Klagerhebung erledigten Teil seines Auftrags
entfällt (s. A 53 zu § 31). Diese Kosten können nur aus Gründen des bürgerlichen Rechts, z. B. als Verzugsschaden, mit besonderer Klage erstattet verlangt werden. Die Kosten können selbstverständlich auch neben dem Restanspruch in einer einheitlichen Klage geltend gemacht werden. Beispiel: Der
RA des Klägers, der Klagauftrag erhalten hat, fordert den in Verzug befindlichen Beklagten vor Klageinreichung nochmals auf, die Schuldsumme von
10000,— DM zu zahlen. Der Beklagte zahlt daraufhin 6000,— DM. Der
Klagantrag kann nunmehr auf 4000,— DM Restanspruch und eine halbe
Prozeßgebühr aus 6000,— DM (165,50 DM), insgesamt somit auf 4165,50
DM, lauten.

Gleiches gilt für den Rechtsmittelkläger. Erteilt der mit seiner Klage abgewie-
sene Kläger seinem Prozeßbevollmächtigten Auftrag, in vollem Umfange
Berufung einzulegen, wird die Berufung jedoch auf Anraten des RA mit der
Stellung der Anträge (vgl. § 14 GKG) beschränkt, so erstreckt sich die
Kostenentscheidung des Berufungsrichters nur auf den Gegenstand des Beru-
fungsantrags. Hinsichtlich des Restanspruchs (dessentwegen die Berufung
nicht durchgeführt wird) ist zwar für den Prozeßbevollmächtigten des
Rechtsmittelklägers eine halbe ($^{13}/_{20}$) Berufungsprozeßgebühr gegen den Auftraggeber erwachsen; auf sie bezieht sich die Kostenentscheidung des Berufungsgerichts aber nicht.

Werden in Vergleichsverhandlungen über rechtshängige Ansprüche auftragsgemäß auch nichtrechtshängige Ansprüche einbezogen, so entsteht in Höhe
der nichtrechtshängigen Ansprüche zusätzlich eine halbe Prozeßgebühr.
    Vgl. hierzu oben A 62 zu § 23.

Diese halbe Prozeßgebühr entfällt nicht wieder, wenn die Vergleichsverhandlungen scheitern. Wird nun der Rechtsstreit allein wegen der bereits rechtshängig gewesenen Ansprüche weitergeführt und über diese entschieden,
betrifft die Kostenentscheidung nur die Kosten, die wegen der rechtshängigen
Ansprüche entstanden sind. Dagegen können die durch die Einbeziehung der
nichtrechtshängigen Ansprüche in die Vergleichsverhandlungen entstandenen

Kosten (insbes. die halbe Prozeßgebühr) nicht auf Grund der Kostenentscheidung des Urteils festgesetzt werden.

H. Schmidt JurBüro 64, 346 gegen LG Marburg JurBüro 64, 345.

31 Hat sich die **Hauptsache zwischen Einreichung und Zustellung der Klage ganz oder teilweise erledigt,** kann der Kläger die Klage auf Zahlung der Kosten umstellen.

§ 33 Nichtstreitige Verhandlung, Übertragung des mündlichen Verhandelns

(1) Für eine nichtstreitige Verhandlung erhält der Rechtsanwalt nur eine halbe Verhandlungsgebühr. Dies gilt nicht, wenn

1. **eine Entscheidung nach Lage der Akten (§ 331a der Zivilprozeßordnung) beantragt wird,**

2. **der Berufungskläger oder Revisionskläger ein Versäumnisurteil beantragt oder**

3. **der Kläger in Ehesachen, in Rechtsstreitigkeiten über die Feststellung der Rechtsverhältnisse zwischen Eltern und Kindern oder in den vor die Landgerichte gehörenden Entmündigungssachen nichtstreitig verhandelt.**

(2) Stellt der Rechtsanwalt in der mündlichen Verhandlung Anträge nur zur Prozeß- oder Sachleitung, so erhält er fünf Zehntel der Verhandlungsgebühr.

(3) Der Prozeßbevollmächtigte, der im Einverständnis mit der Partei die Vertretung in der mündlichen Verhandlung einem anderen Rechtsanwalt übertragen hat, erhält eine Gebühr in Höhe von fünf Zehnteln der diesem zustehenden Verhandlungsgebühr, mindestens jedoch drei Zehntel der vollen Gebühr. Diese Gebühr wird auf die Verhandlungsgebühr des Prozeßbevollmächtigten angerechnet.

Übersicht über die Anmerkungen

Allgemeines. § 33 ergänzt § 31 Abs. 1 Nr. 2. Er betrifft also die Verhand- **1** lungsgebühr des Prozeßbevollmächtigten. Die Vorschrift enthält drei Tatbestände:

a) Die Verhandlungsgebühr entsteht im Grundsatz nur zur Hälfte, wenn die Verhandlung „nicht streitig" geführt wird. Gleichzeitig normiert jedoch Abs. 1 drei Ausnahmefälle, in denen die nichtstreitige Verhandlung nicht einfacher als die streitige ist; für diese Ausnahmefälle wird die volle Verhandlungsgebühr gewährt.

b) Wird nicht zur Sache selbst, sondern nur zur Prozeßleitung verhandelt, entsteht die Verhandlungsgebühr nur zu fünf Zehntel. Dabei ist gleichgültig, ob die Verhandlung streitig oder nichtstreitig geführt wird.

c) Schließlich wird der Fall geregelt, daß der Prozeßbevollmächtigte die Verhandlung nicht selbst führt, sondern die Verhandlung im Einverständnis mit der Partei einem anderen Anwalt überträgt.

Als Ergänzung zu § 31 Abs. 1 Nr. 2 ist § 33 auch in den Fällen anzuwenden, für die § 31 nur sinngemäß gilt. Eine Ermäßigung der $5/10$-Gebühr ist jedoch auch in den Fällen ausgeschlossen, in denen die Gebühr für die streitige Verhandlung unter der vollen ($10/10$) Gebühr liegt.

von Eicken 587

Für den Verhandlungsvertreter (§ 53) gelten die Abs. 1 und 2 mittelbar. Zu beachten ist, daß immer verhandelt werden muß, soll eine Verhandlungsgebühr – sei es auch nur ermäßigt gemäß § 33 – erwachsen. Die Abgabe von Prozeßerklärungen (z. B. Klagrücknahmen, Rechtsmittelrücknahme) stellt sich nicht als Verhandlung dar, auch nicht als eine solche zur Prozeßleitung. Auch Abgabe und Annahme einer strafbewehrten Unterlassungserklärung in der mündlichen Verhandlung sind kein Verhandeln.

Nürnberg JurBüro 80, 1358.

Durch die Abgabe derartiger Erklärungen erwächst daher keine Verhandlungsgebühr, auch nicht in Höhe von $^5/_{10}$. Etwas anderes ist es aber, wenn dann die Verhandlung wegen der Kosten vertagt wird, etwa weil der Kläger die Kosten der zurückgenommenen Klage freiwillig zahlen wird. Hier entsteht eine Vertagungsgebühr aus dem Wert der Kosten.

Vgl. z. B. Hamburg Rpfleger 62, 233; Nürnberg JurBüro 80, 1358.

Nichtstreitige Verhandlung

2 Im **Regelfall des Abs.** 1 steht dem RA für eine nichtstreitige Verhandlung nur die halbe Verhandlungsgebühr zu. Voraussetzung ist aber stets, daß der RA überhaupt verhandelt. Er muß einen Antrag stellen.

Bamberg JurBüro 79, 712.

Über die Frage, wann eine Verhandlung durch die der RA einen Anspruch auf die Verhandlungsgebühr erwirbt, vorliegt, s. A 54ff. zu § 31.

3 **Nichtstreitig** ist die Verhandlung, wenn entweder nur eine Partei einen Antrag gestellt hat, wobei fingiert wird, die andere Partei habe nicht bestreitend verhandelt, oder wenn beide Parteien Anträge gestellt oder Erklärungen abgegeben haben, die einander nicht widersprechen. Der erste Fall liegt z. B. dann vor, wenn eine Partei ein Versäumnisurteil beantragt, der zweite Fall, wenn die Gegenpartei den mit dem Klagantrag geltend gemachten Anspruch anerkennt.

Die bloße Abgabe übereinstimmender Erklärungen durch die Parteien (z. B. die Erklärung des Ehemannes im Termin der Ehesache zur Hauptsache, der Ehefrau einen Prozeßkostenvorschuß zahlen zu wollen, und die Annahme dieser Erklärung durch die Ehefrau) löst keine Verhandlungsgebühr, auch nicht die Gebühr für eine nichtstreitige Verhandlung aus. Zum Begriff der nichtstreitigen Verhandlung gehört, daß eine der Parteien ihren Antrag stellt, während die andere keinen oder jedenfalls keinen widersprechenden Antrag stellt.

Celle Rpfleger 64, 198; Hamm Rpfleger 65, 245 (Nach Rücknahme von Klage und Widerklage in der Berufungsinstanz gestellte Anträge auf Erkärung der Wirkungslosigkeit des erstinstanzlichen Urteils und auf Kostenentscheidung sind nichtstreitige Verhandlung über die Kosten).

4 **Hat nur eine Partei einen Antrag gestellt,** so kann nur ihr RA die halbe Verhandlungsgebühr beanspruchen, jedoch nur, wenn er bei Säumnis oder Anerkenntnis des Gegners den Antrag auf Erlaß des Versäumnis- oder Anerkenntnisurteils stellt oder Entscheidung nach Lage der Akten beantragt (dazu A 11), denn ohne solchen Zusatzantrag kann auf seinen einseitigen Antrag vom Gericht nichts veranlaßt werden.

Hamm JurBüro 78, 1313; AnwBl. 81, 445 = JurBüro 81, 1021; KG JurBüro 79, 1157.

Der Anwalt der Gegenpartei, der weder einen Antrag gestellt noch sich dazu erklärt hat, sei es, daß er in einem Termin nicht anwesend ist, sei es, daß er in dem Termin zugegen ist, sich aber völlig passiv verhält (vgl. § 333 ZPO) erhält keine Verhandlungsgebühr.

Schleswig SchlHA 65, 251.

Wohl aber wirkt auch derjenige RA bei der nichtstreitigen Verhandlung mit, der zwar keinen Antrag stellt, aber sich sonst irgendwie an der Verhandlung beteiligt, z. B. den Anspruch anerkennt oder bezüglich eines Scheidungs- oder Eheaufhebungsantrags erklärt, keine Anträge zu stellen bzw. beantragt, nach Sachlage zu entscheiden, soweit dadurch zugleich die von der Gegenpartei zur Begründung ihres Antrags behaupteten Tatsachen zugestanden werden sollen oder gegen das Scheidungsbegehren des Antragstellers kein Widerspruch erhoben wird.

Fälle nichtstreitiger Verhandlung sind außer dem häufigsten Falle des 5 Versäumnis- oder Anerkenntnisurteils z. B. gegeben, wenn der Kläger nach § 306 ZPO auf den Klaganspruch verzichtet und der Beklagte Abweisung beantragt. In diesem Falle erhält, ebenso wie im Falle des Anerkenntnisses, auch der RA des Klägers die Verhandlungsgebühr, da der Verzicht nicht wie die einfache Klagrücknahme nur eine rein prozeßrechtliche Erklärung ist, sondern den Anspruch sachlich-rechtlich beseitigt,

wenn im Urkunden- oder Wechselprozeß der Beklagte den Anspruch unter Vorbehalt seiner Rechte für das ordentliche Verfahren anerkennt oder ihm nicht widerspricht, also nicht Abweisung der Wechselklage beantragt,

Bamberg JurBüro 73, 224 mit Anm. von Mümmler; Koblenz JurBüro 75, 192 m. zust. Anm. von Mümmler; Köln JurBüro 73, 1074; Schleswig JurBüro 81, 866 = SchlHA 81, 152; Stuttgart JurBüro 78, 1198; vgl. auch Bamberg JurBüro 82, 233 (Widerspricht der Beklagte dem im Scheckprozeß geltend gemachten Anspruch, so erwächst seinem Prozeßbevollmächtigten die volle Verhandlungsgebühr); **a. M.** Schumann/Geißinger A 11 (halbe Gebühr nur, wenn – unter Vorbehalt der Rechte für das Nachverfahren – anerkannt wird; volle Gebühr, wenn – auch ohne ausdrücklichen Gegenantrag – dem Anspruch widersprochen und die Ausführung der Rechte im Nachverfahren vorbehalten wird); Braunschweig JurBüro74, 198.

wenn – ohne Widerspruch des Klägers – die Einrede des Zurückbehaltungsrechts erhoben und die Verurteilung nur Zug um Zug beantragt wird,

vgl. aber KG Rpfleger 62, 39 (Streitig ist eine Verhandlung aber dann, wenn der Beklagte zwar den Klaganspruch an sich anerkennt, aber beantragt, ihn nur Zug um Zug gegen eine streitige Leistung des Klägers zu verurteilen).

wenn der Beklagte – ohne Widerspruch des Klägers – beantragt, die Beschränkung seiner Erbenhaftung vorzubehalten, wenn beide Parteien – ohne vorherige Antragstellung – übereinstimmend beantragen, den Rechtsstreit an das zuständige Gericht zu verweisen.

Frankfurt AnwBl. 80, 509 = JurBüro 80, 1835 = Rpfleger 80, 489; Hamm AnwBl. 67, 234 = JMBlNRW 67, 108 = JurBüro 67, 136.

Beantragt der Kläger die Verweisung erst, nachdem die Anträge gestellt worden sind und der Beklagte seinen Klagabweisungsantrag mit der mangelnden Zuständigkeit begründet hat, ist durch die beiderseitige Antragstellung die volle Verhandlungsgebühr erwachsen.

Bei einer nichtstreitigen Verhandlung in einstweiligen Anordnungsverfahren gemäß § 620 ZPO, die den Regeln der ZPO folgen, entsteht lediglich eine halbe Verhandlungsgebühr.

Hamm JurBüro 83, 711.

6 Eine **nichtstreitige Verhandlung über die Kosten** liegt vor, wenn der Beklagte (Rechtsmittelbeklagte) nach Rücknahme der Klage (des Rechtsmittels) Kostenantrag gemäß § 269 Abs. 3 ZPO (§ 515 Abs. 3 ZPO) stellt und der Kläger (Rechtsmittelkläger) hierzu keinen Gegenantrag stellt.

Zur Vergütung, wenn über die Hauptsache unstreitig und über die Kosten streitig verhandelt wird, vgl. A 51 zu § 13.

7 Zur **Annahme einer streitigen Verhandlung** genügt es nicht, daß die einander widersprechenden Anträge in den Schriftsätzen angekündigt sind. Sie müssen in dem Termin nach § 297 ZPO gestellt worden sein, was außer durch die Sitzungsniederschrift auch durch den Urteilstatbestand dargetan werden kann.

Über die Fälle streitiger Verhandlung s. A 66 bis 68 zu § 31.

Ist einmal streitig verhandelt worden, so ist der Anspruch auf die volle Verhandlungsgebühr mit der streitigen Verhandlung erwachsen. Es verbleibt bei der vollen Verhandlungsgebühr auch dann, wenn in einem späteren Termine die Sache nicht mehr streitig ist.

8 **Stellt der Kläger den Antrag zur Hauptsache, während der Beklagte Vertagung beantragt,** und wird gegen den Widerspruch des Klägers vertagt, so ist der Sachantrag des Klägers ohne Bedeutung, s. A 4. Er kann daher nicht die volle Verhandlungsgebühr, sondern nur die Fünfzehntelgebühr aus § 33 Abs. 2 beanspruchen. Die – volle – Verhandlungsgebühr entsteht nur dann, wenn beide Parteien zur Sache verhandelt haben. Eine Verhandlung zur Sache liegt aber nicht vor, wenn nur die eine Partei zur Sache, die andere dagegen nur zur Prozeßleitung verhandelt.

9 Für den Fall, daß **über einen Teil des Streitgegenstandes streitig, über einen anderen Teil nichtstreitig** verhandelt wird, s. A 77 zu § 31 und A 49 zu § 13.

10 **Trotz nichtstreitiger Verhandlung erwächst die volle Verhandlungsgebühr** in den drei nachstehend behandelten Fälle, die Abs. 1 Satz 2 – abschließend – aufführt.

11 Nur für den **Fall des § 331a ZPO** bestimmt § 33 Abs. 1 S. 2 Nr. 1, daß, wenn eine Entscheidung nach Lage der Akten beantragt wird, die Minderung der Verhandlungsgebühr auf die Hälfte nicht eintritt. Der RA der erschienenen Partei, der statt eines Versäumnisurteils eine Entscheidung nach Lage der Akten beantragt, erhält also die volle Verhandlungsgebühr. Der RA der nicht erschienenen Partei kann dagegen keine Verhandlungsgebühr beanspruchen. Er erhält sie auch dann nicht, wenn er nachträglich im Verhandlungssaal erscheint und sich mit der beantragten Aktenlageentscheidung einverstanden erklärt.

Das gilt auch dann, wenn in einem Verfahren über eine einstweilige Verfügung Termin zu mündlicher Verhandlung anberaumt war, der Antragsgegner in dem Termin nicht erschienen ist und nunmehr das Gericht auf Antrag des

RA des Antragstellers ohne mündliche Verhandlung durch Urteil entschieden hat.

Düsseldorf Büro 60, 128.

Darauf, ob das Gericht dem Antrag entspricht, kommt es nicht an. Die durch Stellung des Antrags auf Entscheidung nach Lage der Akten entstandene volle Verhandlungsgebühr fällt daher nicht weg, wenn der RA in einem späteren Termin auf Grund veränderter Sachlage seinen Antrag nicht mehr aufrecht erhält oder das Gericht den Antrag zurückweist.

Erklärt der RA der erschienenen Partei, er wolle nicht verhandeln, so liegt darin kein Antrag auf Entscheidung nach Lage der Akten; er kann daher keine Verhandlungsgebühr verlangen.

Über den Vergütungsanspruch gegen die Staatskasse, wenn der Antrag vor der Beiordnung gestellt worden ist, s. A 76 zu § 122.

Vgl. ferner A 14 zu § 35.

Auf den **Fall des § 251 a ZPO** ist § 33 Abs. 1 S. 2 Nr. 1 nicht anwendbar. Ein **12** Antrag auf Entscheidung nach Lage der Akten nach § 251 a ZPO ist nur eine Anregung an das Gericht, von der Befugnis des § 251 a ZPO Gebrauch zu machen, aber keine Verhandlung. Eine Verhandlungsgebühr entsteht dadurch nicht. Die Verhandlungsgebühr wird aber in der Regel bereits früher entstanden sein, da ein Urteil nach Lage der Akten nur ergehen darf, wenn in einem früheren Termin mündlich verhandelt worden ist.

Auch § 35 ist auf diesen Fall nicht anwendbar. S. A 13 zu § 35.

Dagegen ist in **Verfahren, in denen Amtsbetrieb herrscht,** besonders **13** soweit darauf das FGG Anwendung findet, § 33 Abs. 1 S. 2 Nr. 1 sinngemäß anzuwenden, wenn eine mündliche Verhandlung stattgefunden hat und in dem Termin nur der Prozeßbevollmächtigte einer Partei aufgetreten ist, da in diesen Fällen trotz des Nichterscheinens der anderen Partei eine Sachentscheidung zu ergehen hat. Voraussetzung ist, daß die Vorschriften des Dritten Abschnitts anzuwenden sind (vgl. z. B. § 63).

Tschischgale NJW 54, 326; KG JR 54, 226; Düsseldorf RzW 56, 170; s. a. A 57 zu § 31.

In Baulandverfahren erhält der Verfahrensbevollmächtigte eines Beteiligten, der nicht streitig verhandelt, deshalb die volle Verhandlungsgebühr.

Hamburg MDR 81, 768; KG NJW 67, 2319.

Beantragt der Berufungs- oder Revisionskläger ein Versäumnisurteil, 14 so muß eine sachliche Entscheidung ergehen (§§ 542 Abs. 2, 557, 331 ZPO). Deshalb erhält der RA, der diesen Antrag stellt, nach § 33 Abs. 1 S. 2 Nr. 2 die volle Verhandlungsgebühr, und zwar nach § 11 Abs. 1 S. 4 mit der Erhöhung um drei Zehntel. Dasselbe gilt, wenn Anschlußberufung oder Anschlußrevision eingelegt worden ist und der Anschlußrechtsmittelkläger gegen den Anschlußrechtsmittelbeklagten Versäumnisurteil beantragt. Stellt er gleichzeitig den Antrag auf Zurückweisung des Rechtsmittels der nicht erschienenen Gegenpartei durch Versäumnisurteil, so erhält er die volle Verhandlungsgebühr nur nach dem Werte des Anschlußrechtsmittels, die halbe Verhandlungsgebühr nach dem Werte des Hauptrechtsmittels, zusammen aber nicht mehr als die volle Verhandlungsgebühr von den zusammengerechneten Werten.

Ob das Gericht das Versäumnisurteil erläßt, ist ohne Bedeutung.

Dem RA, der in zwei Verhandlungsterminen für den Berufungskläger ein erstes und ein zweites Versäumnisurteil erwirkt hat, stehen zwei volle Verhandlungsgebühren zu.

Düsseldorf JurBüro 83, 237.

15 Für den **Antrag auf Zurückweisung des Rechtsmittels** oder Anschlußrechtsmittels durch Versäumnisurteil gegen den nicht erschienenen Rechtsmittelkläger entsteht nur die halbe Verhandlungsgebühr.

a. A. LAG Hamm MDR 85, 962.

16 War schon früher eine Verhandlungsgebühr voll enstanden, so erhält der RA nach § 13 Abs. 2 durch den Antrag auf Erlaß eines Versäumnisurteils keine weitere Verhandlungsgebühr.

17 Wird aber nach **Einspruch** gegen das Versäumnisurteil zur Hauptsache verhandelt, so erhält nach § 38 Abs. 2 der RA, der das Versäumnisurteil erwirkt hat, die Verhandlungsgebühr für die Erwirkung des Versäumnisurteils besonders, sonach der RA des Rechtsmittelklägers die volle Verhandlungsgebühr (A 14), der Bevollmächtigte des Rechtsmittelbeklagten die halbe Gebühr (A 15), je aus dem Satz des § 11 Abs. 1 Satz 4.

Beantragt der Prozeßbevollmächtigte des Rechtsmittelklägers Verwerfung des vom Rechtsmittelbeklagten eingelegten Einspruchs durch Versäumnisurteil, so erhält er nach § 38 Abs. 1 dafür die volle ($^{13}/_{10}$) Verhandlungsgebühr zusätzlich. Diese zusätzliche Verhandlungsgebühr ist gemäß § 33 Abs. 1 Satz 2 die volle Verhandlungsgebühr, weil der „Rechtsmittelkläger das Versäumnisurteil beantragt".

18 Das **Verfahren nach § 927 ZPO** auf Aufhebung eines Arrests oder einer einstweiligen Verfügung **und das Widerspruchsverfahren nach § 924 ZPO** stehen dem Berufungsverfahren auch dann nicht gleich, wenn das Berufungsgericht als das Gericht der Hauptsache nach § 943 ZPO den Arrest oder die einstweilige Verfügung erlassen hatte und deshalb auch im Aufhebungsverfahren entscheidet. Stellt der Prozeßbevollmächtigte des Aufhebungsklägers den Antrag auf Erlaß eines Versäumnisurteils, so erhält er nur eine halbe Verhandlungsgebühr.

19 Für den **Anschlußrechtsmittelkläger** gilt § 33 Abs. 1 Satz 2 Nr. 2 ebenfalls, jedoch nur insoweit, als sich der Antrag auf Erlaß des Versäumnisurteils auf die Ansprüche bezieht, die mit dem Anschlußrechtsmittel verfolgt werden. Im übrigen entsteht durch den Antrag auf Erlaß des Versäumnisurteils (auf Zurückweisung des gegnersichen Rechtsmittels) die Verhandlungsgebühr nur zur Hälfte. Dabei ist unerheblich, ob das Anschlußrechtsmittel ein selbständiges oder unselbständiges ist.

Beispiel: Das Landgericht hat die Klage wegen 6000,—DM stattgegeben, sie jedoch wegen weiterer 4000,—DM abgewiesen. Beide Parteien haben Berufung eingelegt. Im Verhandlungstermin beantragt der allein erschienene Beklagte das Versäumnisurteil. Der RA des Beklagten erhält die Verhandlungsgebühr

aus 6000,— DM zu ¹³⁄₁₀   430,30 DM
(Rechtsmittelkläger, daher § 33 Abs. 1 Satz 2 Nr. 2)
aus 4000,— DM zu ¹³⁄₂₀   147,60 DM
(da Rechtsmittelbeklagter)   577,90 DM
mit Rücksicht auf § 13 Abs. 3 jedoch
nicht mehr als ¹³⁄₁₀ aus 10000,— DM =   700,70 DM.
Der RA erhält 577,90 DM.

Ehesachen, Rechtsstreitigkeiten über die Feststellung der Rechtsver- 20
hältnisse zwischen Eltern und Kindern und **die vor die Landgerichte**
gehörenden Entmündigungssachen sind ebenfalls privilegiert. In diesen
Verfahren ähnelt auch die unstreitige Verhandlung des Klägers mit Rücksicht
auf die Einschränkung der Parteiherrschaft (vgl. §§ 616, 617 ZPO) der
streitigen derart, daß es gerechtfertigt erscheint, beide gleich zu behandeln.
Dazu gehören auch Ehelichkeitsanfechtungssachen.

Karlsruhe Rpfleger 85, 254 = JurBüro 85, 721.

Verhandelt in diesen Fällen **der Kläger (Antragsteller),** so erhält sein 21
Prozeßbevollmächtigter, auch wenn er nur allein zur Sache verhandelt, die
volle Verhandlungsgebühr. Ebenso erhält der RA des Beklagten (Antragsgeg-
ners), wenn er gleichfalls, sei es auch nur nichtstreitig, verhandelt, die volle
Verhandlungsgebühr. Dazu ist nicht erforderlich, daß er einen Antrag stellt.
Voraussetzung ist aber immer, daß er im Sinne eines Verhandelns tätig wird,
d. h. irgendwelche Erklärungen abgibt, die den Begriff des mündlichen
Verhandelns zur Sache überhaupt erfüllen können.

Mümmler JurBüro 81, 1456.

Die bloße Anwesenheit des RA des Beklagten in dem Verhandlungstermin, in
dem seine Partei gehört wird und ihrerseits, sei es auch zur Aufklärung des
Sachverhalts, nach § 141 ZPO Erklärungen abgibt, genügt dazu nicht. Es
reicht auch nicht aus, wenn der RA, ohne sonst auf eine sachliche Erörterung
des Streitstoffs einzugehen, sich auf die Erklärung beschränkt, Anträge nicht
stellen zu wollen. Diese Erklärung genügt vielmehr nur dann, wenn dadurch
zum Ausdruck gebracht wird, daß damit zugleich die von der Gegenpartei
zur Begründung ihres Antrags behaupteten Tatsachen zugestanden werden
sollen. Die Verhandlungstätigkeit des RA muß sich aus der Sitzungsniederschrift oder aus dem Urteil einwandfrei ergeben.

Hamburg NJW 78, 1443 = JurBüro 78, 1199 = MDR 78, 855.

Eine solche **Verhandlung liegt z. B. vor,** wenn in einer Ehesache überein- 22
stimmende Erklärungen über die Aussöhnung abgegeben werden und dann
der eine RA Zurückweisung des Scheidungsantrags beantragt und der andere
keinen Gegenantrag stellt,

oder wenn sich die Parteien nach Erlaß eines Scheidungsurteils ausgesöhnt
haben und im Berufungsverfahren, ohne ihre Scheidungsanträge zurückzunehmen, den Antrag stellen, unter Aufhebung des Scheidungsurteils den
Rechtsstreit für erledigt zu erklären.

Düsseldorf JMBlNRW 63, 279 = MDR 63, 1022 = Rpfleger 64, 358 (Erklärt der
zum Prozeßbevollmächtigten des Beklagten bestellte RA im Termin zur mündlichen Verhandlung des zweiten Rechtszuges eines Scheidungsrechtsstreits, daß er

zur Klage keinen Antrag stelle und die Anschlußberufung und Widerklage zurücknehme, nachdem der Prozeßbevollmächtigte der Klägerin die Anträge zur Berufung (Klage) und Anschlußberufung (Widerklage) verlesen hat, so erwächst dem Prozeßbevollmächtigten des Beklagten die volle Verhandlungsgebühr).

oder wenn der RA der Gegenpartei bezüglich des Scheidungs- oder Aufhebungsantrags erklärt, keinen Gegenantrag stellen zu wollen, wenn damit zugleich eine Stellungnahme zu dem Antrag zum Ausdruck gebracht werden soll, besonders wenn in dieser Erklärung bezüglich eines Scheidungsantrags zugleich die Erklärung liegt, daß der Scheidung nicht widersprochen werden soll.

KG NJW 74, 2138 = MDR 74, 1027 = AnwBl. 74, 277 = JurBüro 74, 1004.

23 Liegt keine Verhandlung zur Sache vor, so ist § 33 Abs. 1 S. 2 Nr. 3 nicht anwendbar. Z. B. erhält der RA, der nur Anberaumung eines neuen Termins oder nur Aussetzung beantragt, nur eine Fünfzehntelgebühr nach § 33 Abs. 2.

24 Kläger i. S. des § 33 Abs. 1 S. 2 Nr. 3 **ist auch der Widerkläger,**

der Rechtsmittelkläger nur dann, wenn er der Kläger oder Widerkläger ist, nicht aber der jeweilige Rechtsmittelkläger als solcher. Beantragt der Beklagte als Rechtsmittelkläger Versäumnisurteil gegen den Kläger, so gilt § 33 Abs. 1 S. 2 Nr. 2. Er erhält damit ebenfalls die volle ($^{13}/_{10}$) Verhandlungsgebühr.

Celle JurBüro 71, 436.

Verhandelt nur der Beklagte zur Sache, beantragt er z. B. gegen den nicht erschienenen Kläger das Versäumnisurteil, erhält sein RA nur die halbe Prozeßgebühr. Das gilt, wenn der Beklagte als Berufungsbeklagter verhandelt, z. B. das Versäumnisurteil gegen den Kläger und Berufungskläger beantragt ($^{13}/_{20}$-Verhandlungsgebühr). Ist jedoch für eine vorangegangene Verhandlung, in der auch der Kläger verhandelt hat, für den Anwalt des Beklagten die volle Verhandlungsgebühr erwachsen, verbleibt es bei dieser, auch wenn in einem späteren Termin der Beklagten-Vertreter allein verhandelt.

In **Scheidungsfolgesachen** ist zu unterscheiden: Wird in Antragsfolgesachen unstreitig – sei es einseitig, sei es gemeinsam – verhandelt, entsteht die Verhandlungsgebühr nur zur Hälfte.

In Amtsfolgesachen entsteht auch bei unstreitiger Verhandlung die Verhandlungsgebühr voll. Voraussetzung ist jedoch, daß der RA verhandelt.

Braunschweig JurBüro 78, 1670 mit Anm. von Mümmler; Düsseldorf JurBüro 80, 853; Hamm Rpfleger 80, 77 = JurBüro 80, 558 und JurBüro 80, 707 (bei einseitiger Verhandlung).

Anträge nur zur Prozeß- oder, Sachleitung.

25 Zur **Prozeß- oder Sachleitung** gehören alle Anträge, die nur den Gang des Verfahrens betreffen, nicht aber das Streitverhältnis selbst, z. B. die Anordnung des persönlichen Erscheinens einer Partei, die Unterbrechung oder Aussetzung des Verfahrens nach §§ 239 ff. und § 614 ZPO, die Art der Zustellung nach §§ 174, 177 ZPO, die Verbindung mehrerer Rechtsstreitigkeiten nach §§ 147, 150, 517, 610, 667 ZPO oder die Trennung der Verhandlung nach §§ 145, 302, 304 ZPO, das Ruhen des Verfahrens, die Verweisung von der Kammer für Handelssachen an die Zivilkammer und umgekehrt, die Erklärung zu einer Feriensache,

München Rpfleger 56, 27 (L);
a. M. Riedel/Sußbauer A 18 für die Verbindung oder Trennung, die Beantragung eines Sühnetermins, die Anordnung des persönlichen Erscheinens der Parteien, da insoweit kein Antragsrecht, sondern nur die Möglichkeit einer Anregung bestehe. Darauf, ob den Parteien ein Antragsrecht zusteht, kommt es jedoch nicht an. Sie verhandeln auch dann zur Prozeßleitung, wenn sie in der mündlichen Verhandlung nur Anregungen zur Prozeßleitung geben. Daß der Begriff „Anträge" in § 33 Abs. 2 nicht wörtlich zu nehmen ist, entspricht der allgemeinen Meinung. Auch der RA, der auf einen Vertagungsantrag des Gegners erklärt „ohne Gegenantrag", erhält die Gebühr des § 33 Abs. 2.
Vgl. auch Karlsruhe Rpfleger 69, 420 (Der die Prozeßverbindung regelnde § 147 ZPO sieht kein Antragsrecht der Partei vor. Ein dahingehender „Antrag" ist daher nur eine Anregung, die die Gebühr des § 33 Abs. 2 nicht auslöst).

auch solche auf Erlaß einer schriftlichen Entscheidung nach § 128 Abs. 2 ZPO.

München Rpfleger 56, 26 (L).

Voraussetzung ist aber immer, daß keine Sachanträge gestellt werden und nicht zur Hauptsache verhandelt wird.

Erklären sich z. B. Parteien nach Stellung der Anträge und streitiger Verhandlung mit einer Entscheidung im schriftlichen Verfahren einverstanden, ist die volle Verhandlungsgebühr mit der Antragstellung verdient. Sie kann auch dann nicht zu einer ⁵/₁₀-Gebühr zusammenschrumpfen, wenn das Einverständnis nach § 128 Abs. 2 ZPO erklärt oder die Verhandlung auf Antrag vertagt wird.

Gleiches gilt, wenn in einer Ehesache nach Stellung der Sachanträge (damit entsteht die volle Verhandlungsgebühr) die Aussetzung des Verfahrens gemäß § 614 ZPO beantragt wird.

A. M. KG Rpfleger 68, 161 = JurBüro 68, 395. Bem. hierzu: Es ist unerheblich „mit welchem Ziel Sachanträge gestellt werden".

Der häufigste Anwendungsfall des § 33 Abs. 2 ist die Verhandlung über eine Vertagung.

Vgl. auch Frankfurt JurBüro 82, 1199 = MDR 82, 765 = VersR 82, 909 (Durch den Antrag, zu vertagen, entsteht die Verhandlungsgebühr auch dann, wenn die Klage ohne daß das Gericht dies wußte, bereits zurückgenommen war).

Für die **Stellung eines Antrags,** der nur die Prozeß- oder Sachleitung **26** betrifft, in der mündlichen Verhandlung erhält der RA nach § 33 Abs. 2 fünf Zehntel der Verhandlungsgebühr, im Rechtmittelverfahren ¹³/₂₀. Vgl. auch A 32.

Der RA erhält aber die **Verhandlungsgebühr** des § 33 Abs. 2 nur unter der **27 Voraussetzung,** daß eine Verhandlung in der Hauptsache weder schon stattgefunden hat noch später stattfindet, daß also keine Verhandlungsgebühr vom Werte der Hauptsache entstanden, sondern nur zur Prozeß- oder Sachleistung verhandelt worden ist.

Frankfurt BB 79, 1262 und AnwBl. 81, 159 = JurBüro 81, 557 mit Anm. von Mümmler (Die Prozeßleitungsgebühr ist eine abgestufte Verhandlungsgebühr und kann neben einer Verhandlungsgebühr aus dem Wert der Hauptsache nicht entstehen).

Auch wenn nur eine halbe Verhandlungsgebühr für eine nichtstreitige Verhandlung zur Hauptsache entstanden ist, kann daneben nicht noch die fünf Zehntel Verhandlungsgebühr des § 33 Abs. 2 beansprucht werden.

Ebenso kann, wenn durch den Antrag zur Prozeß- oder Sachleistung eine halbe Verhandlungsgebühr angefallen ist, für den Antrag auf Erlaß eines Versäumnisurteils in einem weiteren Termin nicht eine zweite halbe Gebühr gefordert werden.

Frankfurt MDR 79, 1034 = VersR 79, 1156 (L).

Die Verhandlung zur Hauptsache muß aber entweder den ganzen Streitgegenstand oder den gleichen Teil des Gegenstandes betroffen haben, auf den sich auch die Verhandlung zur Prozeß- oder Sachleitung bezieht.

Ist zur Hauptsache verhandelt worden, so erhält der RA auch dann die Verhandlungsgebühr nach § 31 Abs. 1 Nr. 2, wenn danach nur eine die Prozeß- oder Sachleitung betreffende Entscheidung des Gerichts ergeht.

Beispiel: Nach streitiger Verhandlung, in welcher der Vorsitzende gemäß § 139 ZPO die Ergänzung des beiderseitigen Vorbringens angeregt hat, beantragen die Parteien Vertagung, die ausgesprochen wird.

Durch eine andere Gebühr als die Verhandlungsgebühr, z. B. durch die Prozeßgebühr oder die Vergleichsgebühr, wird die Stellung von Anträgen zur Prozeß- oder Sachleitung in der mündlichen Verhandlung nicht abgegolten.

Ist allerdings vorher die Erörterungsgebühr entstanden oder entsteht sie später, geht nach § 31 Abs. 2 die Verhandlungsgebühr des § 33 Abs. 2 in ihr auf.

AG Offenbach MDR 82, 680.

28 Ist nur über einen Teil der Hauptsache oder nur über die Kosten verhandelt worden, so kann neben der nach dem Werte des betreffenden Teiles der Hauptsache oder nach dem Kostenwerte berechneten Verhandlungsgebühr noch die Gebühr des § 33 Abs. 2 berechnet werden, wenn über den anderen Teil nur zur Prozeß- oder Sachleitung verhandelt worden ist. Maßgebend ist der Wert des betreffenden Teiles.

Beispiel: In einem Rechtsstreit über 1000,— DM ist auf Antrag des Klägers mehrfach vertagt worden, weil der Beklagte Zahlungen leistete. Nachdem er 900,— DM gezahlt hat, wird wegen der Kosten streitig verhandelt. Die Verhandlungsgebühr des Anwalts des Klägers berechnet sich wie folgt:

$^{5}/_{10}$ aus 900,— DM	35,— DM
$^{10}/_{10}$ aus 100,— DM	40,— DM
	75,— DM

jedoch gemäß § 13 Abs. 3 nicht mehr als
$^{10}/_{10}$ aus 1000,— DM =   85,— DM
Es verbleigt bei 75,— DM.

Vgl. Düsseldorf JurBüro 69, 246.

Ist die Hauptsache vertagt und nach ihrer Erledigung oder Rücknahme der Klage die Kostenpflicht anerkannt worden, so erhält der RA fünf Zehntel Verhandlungsgebühr nach dem Werte der Hauptsache. Ist nach der Erledigung der Hauptsache streitig über die Kosten verhandelt worden, so erhalten die RAe die $^{5}/_{10}$-Gebühr aus der Hauptsache (für die Vertagung) und eine

$^{10}/_{10}$-Gebühr aus den Kosten (für die streitige Verhandlung über die Kostenpflicht).

Die beiden Gebühren (die Vertagungsgebühr und die $^{10}/_{10}$-Verhandlungsgebühr) dürfen jedoch gemäß § 13 Abs. 3 nicht höher sein als eine Gebühr aus dem Gesamtbetrag nach dem höchsten Gebührensatz.

Als höchster Gebührensatz kommt in vorstehendem Fall $^{10}/_{10}$ (streitige Verhandlung über die Kosten) in Betracht.

Als Gesamtbetrag kommt dann, wenn Hauptsache und Kosten weder verbunden oder als verbunden behandelt werden, gemäß § 4 ZPO nur die Hauptsache selbst in Betracht.

Bei **mehreren Verhandlungen** zur Prozeß- oder Sachleitung entsteht, wenn **29** sie den gleichen Streitgegenstand oder den gleichen Teil des Streitgegenstandes betreffen, die $^{5}/_{10}$-Gebühr des § 33 Abs. 2 nur einmal.

Bamberg JurBüro 79, 712.

Hat der RA die $^{5}/_{10}$-Gebühr für einen Antrag zur Prozeß- oder Sachleitung verdient, kann er nicht daneben eine zweite $^{5}/_{10}$-Gebühr für einen Antrag auf Erlaß eines Versäumnisurteils beanspruchen.

Frankfurt JurBüro 79, 1666 = MDR 79, 1034.

Die $^{5}/_{10}$-Vertagungsgebühr erhöht sich auf eine $^{5}/_{10}$-Gebühr aus dem Gesamtbetrag, wenn die Verhandlungen verschiedene Teile des Streitwerts betroffen haben, eine Verhandlung zur Sache aber nicht stattgefunden hat.

Beispiel: Klage über 600,— DM Miete für Januar bis März. Mehrfache Vertagungen mit Abzahlung der Schuld. Vor dem letzten Termin Einführung weiterer 600,— DM Miete für April bis Juni. Zunächst ist entstanden eine $^{5}/_{10}$-Gebühr aus 600,— DM. Sie erhöht sich auf eine $^{5}/_{10}$-Gebühr aus 1200,— DM nach Einführung der weiteren 600,— DM.

Formlose Besprechungen mit dem Gericht über Maßnahmen der Prozeß- **30** oder Sachleitung genügen nicht, ebensowenig schriftliche Anträge. Vielmehr ist stets Stellung eines Antrags in der mündlichen Verhandlung nötig.

OLG Hamm JurBüro 64, 811 = Rpfleger 66, 98 (Die Gebühr für eine nichtstreitige Verhandlung entsteht nur, wenn in der Verhandlung ein Antrag gestellt worden ist; allgemeine Erörterungen über den Prozeßverlauf und die Streitpunkte lösen keine Verhandlungsgebühr aus; die im Termin abgegebene Erklärung, daß die Klage oder das Rechtsmittel zurückgenommen werden, stellt kein Verhandeln im Sinne des Gebührenrechts dar).

Kommt es dann auf den Antrag oder die Anregung der Parteien zu einer Entscheidung des Gerichts (die Verhandlung wird vertagt, das Ruhen des Verfahrens wird angeordnet), ist die $^{5}/_{10}$-Gebühr erwachsen. Es genügt auch die Anregung, Bitte, das Verlangen oder ähnliches (auf die Wortwahl kommt es nicht an).

Hamburg JurBüro 77, 968 = MDR 77, 766 = KostRspr. BRAGO § 33 Nr. 15 mit grundsätzl. Anm. E. Schneider.
a. M. Hamm JurBüro 72, 796 (förmlicher Antrag erforderlich); Koblenz MDR 75, 65 = JurBüro 74, 1269.

Keine Verhandlungsgebühr nach § 33 Abs. 2 entsteht, wenn die Entscheidung über die Prozeß- oder Sachleitung, z. B. eine Vertagung, von Amts wegen erfolgt. Ergibt sich aus der Sitzungsniederschrift nicht, daß von Amts wegen neuer Termin anberaumt worden ist, so ist anzunehmen, daß auf Antrag des Klägers vertagt worden, vorausgesetzt natürlich, daß der Vertreter des Klägers im Termin anwesend war (ein schriftlicher oder fernmündlicher Vertagungsantrag reicht für die Entstehung der ⁵⁄₁₀-Gebühr nicht aus).

Vgl. auch Frankfurt AnwBl. 80, 508 = JurBüro 80, 1849 = MDR 81, 63 und LG Aachen AnwBl. 70, 20 (Den im Termin anwesenden Prozeßbevollmächtigten entsteht eine ⁵⁄₁₀-Verhandlungsgebühr, wenn das Gericht den Termin „im Einverständnis" mit ihnen vertagt). Vgl. aber KG Büro 62, 611 = MDR 62, 227 = Rpfleger 62, 39 (Aus dem Erlaß eines Beschlusses „Neuer Termin auf Antrag" kann nicht ohne weiteres gefolgert werden, daß die Anwälte prozessuale Anträge auf Ruhen des Verfahrens gestellt haben).

Auch dann, wenn das Gericht den Parteien im Verhandlungstermin einen Vergleich vorschlägt, zu dem die Parteien noch Stellung nehmen sollen, wird die Verhandlung in der Regel nicht von Amts wegen, sondern auf Antrag der Parteien vertagt werden (die übliche Reaktion der Anwälte ist nämlich „dazu können wir heute keine Erklärung abgeben, wir müssen mit unseren Parteien sprechen, wir bitten deshalb um Vertagung"). Das gilt auch dann, wenn das Gericht von sich aus erklärt: „Wir vertagen deshalb nochmals." Denn die Vertagung entspricht dem mutmaßlichen Willen der Anwälte.

Schleswig SchlHA 74, 196 = JurBüro 74, 1270;
a. M. Hamm JurBüro 68, 890 (Vertagung von Amts wegen, auch wenn der RA einen Vertagungsantrag stellt – ! –); Koblenz JurBüro 74, 1269 = MDR 75, 63 = VersR 75, 161.

31 Eine **Ermäßigung der Gebühr** des § 33 Abs. 2 tritt auch bei nichtstreitiger Verhandlung nicht ein. Die Anwälte beider Parteien erhalten also je eine ⁵⁄₁₀-Vertagungsgebühr auch dann, wenn sie beide gemeinsam die Vertagung beantragen oder der eine Anwalt die Vertagung beantragt und der andere zustimmt.

32 **Stellt nur ein Anwalt Anträge** zur Prozeß- oder Sachleitung, z. B. einen Vertagungsantrag, so erhält nur er die Gebühr, nicht der Gegenanwalt. Es erhält aber auch der RA die Vertagungsgebühr, der sich zu dem Vertagungsantrag der Gegenpartei – in der mündlichen Verhandlung (schriftliche Zustimmung reicht nicht aus) – nur äußert, ohne selbst einen förmlichen Antrag zu stellen.

KG AnwBl. 70, 19 = JVBl. 70, 40 = JurBüro 69, 1183.

Ein Verweisungsbeschluß an das zuständige Gericht ist keine prozeßleitende Verfügung, sondern eine sachliche Entscheidung über die Zuständigkeit. Bei streitiger Verhandlung über die Zuständigkeit entsteht daher die volle Verhandlungsgebühr nach § 31 Abs. 1 Nr. 2, bei nichtstreitiger Verhandlung die halbe Verhandlungsgebühr nach § 33 Abs. 1 S. 1.

33 Der **Gegenstandswert** richtet sich auch bei Verhandlungen über die Prozeßleitung nach dem Wert der Sache, hinsichtlich der zur Sachleitung verhandelt worden ist. Wird also in einem 1000,—DM-Prozeß auf Antrag vertagt, erwächst die ⁵⁄₁₀-Gebühr aus 1000 DM.

Hamm JurBüro 71, 944 = NJW 71, 2317 = KostRspr. § 33 Nr. 6 mit Anm. E. Schneider;
a. M. Hartmann A 3 (Wert gemäß § 3 ZPO schätzen).

Etwas anderes mag gelten, wenn in einem neuen Rechtszuge nur über die Maßnahmen der Prozeßleitung gestritten wird. Wird also z. B. Beschwerde wegen der Aussetzung des Rechtsstreits erhoben, ist nur noch das Interesse an der Aufhebung der Aussetzung zu bewerten.

BGH BGHZ 22, 283 = NJW 57, 424.

Ist der Antrag, eine Sache zur Feriensache zu erklären, abgelehnt worden, ist der Gegenstandswert der Beschwerde nicht der Wert der Hauptsache; er richtet sich vielmehr nach dem Beschleunigungsinteresse der beschwerdeführenden Partei.

Braunschweig NdsRpfl. 63, 255.

34 Der **Nachweis,** ob widersprechende Sachanträge oder nur Anträge zur Prozeß- und Sachleitung gestellt worden sind, wird durch den Inhalt der Niederschrift über die mündliche Verhandlung geführt, gegen deren Richtigkeit jedoch der volle Gegenbeweis zulässig ist.

Frankfurt JurBüro 78, 446; Hamm MDR 72, 1044.

Anträge zur Prozeß- und Sachleitung bedürfen nicht der Protokollierung; der RA sollte aber des besseren Nachweises wegen darauf dringen, daß sie im Protokoll erscheinen.

Übertragung der Verhandlung

35 Im **Einverständnis mit der Partei** muß die Übertragung der Vertretung in der mündlichen Verhandlung seitens des Prozeßbevollmächtigten erfolgt sein. Das Einverständnis braucht nicht ausdrücklich erklärt zu werden. Es genügt vielmehr, daß die Übertragung zweckmäßig war und dem erkennbaren Willen der Partei nicht widerspricht, daß also die Partei, weil sich die Beauftragung eines zweiten RA von selbst verstand, stillschweigend damit einverstanden ist, daß noch ein zweiter RA auf ihre Kosten in der Verhandlung tätig wird.

Dieser Fall wird namentlich dann vorliegen, wenn im Amtsgerichtsprozeß die Partei einen an ihrem Wohnsitz ansässigen RA zum Prozeßbevollmächtigten bestellt hat, der Rechtsstreit aber in einem weit entfernten Amtsgericht anhängig ist.

36 Dagegen ist ein **Einverständnis** der Partei **nicht anzunehmen,** wenn sie zwar nichts dagegen hat, daß ein anderer RA sie anstelle des Prozeßbevollmächtigten in der mündlichen Verhandlung vertritt, aber nicht bereit ist, auch für die Vergütung dieses RA aufzukommen. Das trifft z. B. dann zu, wenn der Prozeßbevollmächtigte den Termin durch einen Stellvertreter wahrnehmen läßt, der die Gebühren für den Prozeßbevollmächtigten durch seine Tätigkeit verdienen soll, z. B. wenn der Prozeßbevollmächtigte nur wegen seiner persönlichen Verhinderung einen anderen RA mit der Wahrnehmung des Verhandlungstermins beauftragt, zumal wenn beide Anwälte bei demselben Gericht zugelassen sind. In einem solchen Falle ist der Terminsvertreter nur Erfüllungshilfe des Prozeßbevollmächtigten. Er verdient die Verhandlungsgebühr für den Prozeßbevollmächtigten, soweit sie diesem nicht bereits zusteht. Die Partei tritt zu dem Vertreter in kein Vertragsverhältnis und schuldet ihm keine Gebühren. Inwieweit der Prozeßbevollmächtigte den

von Eicken 599

Vertreter zu entschädigen hat, ist lediglich Sache der Vereinbarung zwischen ihm und dem Vertreter.

Hamm AnwBl. 78, 182.

37 Überträgt der Prozeßbevollmächtigte dem anderen RA **die Prozeßvollmacht** selbst, nicht nur die Vertretung in der mündlichen Verhandlung, z. B. wenn ein nicht bei dem zuständigen Landgericht zugelassener RA eine einstweilige Verfügung beantragt hatte und nach Erhebung von Widerspruch einen bei dem zuständigen Landgericht zugelassenen RA mit der weiteren Vertretung seines Auftraggebers beauftragt, so handelt es sich nicht um einen Fall des § 33 Abs. 3, sondern um einen Anwaltswechsel. Die Prozeßvollmacht des ersten RA endet mit der Übertragung. Er kann daher keine halbe Verhandlungsgebühr beanspruchen. Ebenso endet die Prozeßvertretung des erstinstanzlichen RA, wenn er nach Berufungseinlegung des Gegners oder zwecks Einlegung der Berufung für die eigene Partei den Prozeßauftrag an einen beim Berufungsgericht zugelassenen RA weitergibt.

38 Die **Verhandlungsgebühr** würde der Prozeßbevollmächtigte, der die Verhandlung einem anderen RA in der Weise überträgt, daß dieser selbst einen Gebührenanspruch gegen die Partei erwirbt, ohne die Bestimmung des § 33 Abs. 3 nicht beanspruchen können, sofern er sie nicht durch eigenes Verhandeln ebenfalls verdient hat. Weil er aber den anderen RA unterrichten muß und ihm dadurch eine Mehrarbeit entsteht, billigt ihm § 33 Abs. 3 neben seinen sonstigen Gebühren eine weitere Gebühr zu.

39 Er erhält **fünf Zehntel der dem anderen RA zustehenden Verhandlungsgebühr.** Der Anspruch des anderen RA auf die Verhandlungsgebühr folgt aus § 53. Handelt es sich um eine Verhandlung im Berufungs- oder Revisionsverfahren, so beträgt dessen Verhandlungsgebühr $^{13}/_{10}$ der vollen Gebühr nach § 11 Abs. 1 S. 4. Der übertragende RA erhält also $^{13}/_{20}$ der vollen Gebühr.

40 Der **Mindestbetrag** ist nach § 33 Abs. 3 S. 3, letzter Halbs., $^{3}/_{10}$ der vollen Gebühr. Daraus folgt einmal, daß dann, wenn der andere RA nichtstreitig verhandelt und daher nach § 33 Abs. 1 S. 1 nur eine halbe Verhandlungsgebühr erhält, der Prozeßbevollmächtigte nicht nur $^{5}/_{20}$, sondern $^{3}/_{10}$ Verhandlungsgebühr erhält, und andererseits, daß er jetzt auch dann $^{3}/_{10}$ der vollen Gebühr beanspruchen kann, wenn es sich um ein Verfahren handelt, in dem die Verhandlungsgebühr selbst nur $^{5}/_{10}$ der vollen Gebühr beträgt, wie z. B. im Zwangsvollstreckungsverfahren. Wenn der RA, dem die Vertretung in der mündlichen Verhandlung übertragen worden ist, selbst keine Verhandlungsgebühr verdient, z. B. wenn es deshalb zu keiner Verhandlung kommt, weil sich der Rechtsstreit vor der mündlichen Verhandlung erledigt, erhält auch der Prozeßbevollmächtigte keine Gebühr aus § 33 Abs. 3. Die Bestimmung, daß der Prozeßbevollmächtigte mind. eine $^{3}/_{10}$-Gebühr erhält, soll nur die Herabsetzung der Gebühr unter $^{3}/_{10}$ verhindern, sie will aber dem Prozeßbevollmächtigten nicht – völlig systemwidrig – eine $^{3}/_{10}$-Gebühr zubilligen, wenn es in dem Rechtsstreit niemals zu einer Verhandlung kommt.

41 Angerechnet wird nach § 33 Abs. 3 S. 2 diese Verhandlungsgebühr auf eine Verhandlungsgebühr des Prozeßbevollmächtigten. Der Prozeßbevollmächtigte, der selbst die Partei in einer mündlichen Verhandlung vertreten und dadurch eine Verhandlungsgebühr verdient hat, muß sich also die Gebühr des § 33 Abs. 3 von der selbst verdienten Verhandlungsgebühr kürzen lassen. Hat er streitig verhandelt, so erhält er nur die volle, hat er nichtstreitig verhandelt, so erhält er nur die halbe Verhandlungsgebühr, selbst wenn der andere RA streitig verhandelt hat.

Auch wenn der Prozeßbevollmächtigte nach § 35 einen Anspruch auf die Verhandlungsgebühr hat, ohne daß eine mündliche Verhandlung stattgefunden hat, ist die Gebühr des § 33 Abs. 3 anzurechnen.

Nimmt der andere RA **mehrere Verhandlungstermine** wahr, so erhält der **42** Prozeßbevollmächtigte die Gebühr des § 33 Abs. 3 ebenso nur einmal wie der andere RA die Verhandlungsgebühr nur einmal erhält.

Das gilt auch dann, wenn der Prozeßbevollmächtigte verschiedene RAe mit der Vertretung in der mündlichen Verhandlung beauftragt.

Hat ein Prozeßbevollmächtigter die Vertretung in der mündlichen Verhandlung einem anderen RA als Unterbevollmächtigtem übertragen und erwirkt dieser zunächst in nichtstreitiger Verhandlung ein Versäumnisurteil und nach einem Einspruch gegen dasselbe in nichtstreitiger Verhandlung ein zweites Versäumnisurteil, so erhält der Prozeßbevollmächtigte gemäß § 33 Abs. 3 zwei ³⁄₁₀-Gebühren.

LG Berlin JurBüro 79, 1839.

Findet eine **Beweisaufnahme statt,** die der andere RA wahrnimmt, so erhält **43** sowohl er als auch der Prozeßbevollmächtigte die Beweisgebühr, da auch die Beauftragung eines anderen RA mit der Wahrnehmung eines Beweistermins eine Tätigkeit in einem Beweisaufnahmeverfahren darstellt.

Bei **Übertragung der Ausführung der Parteirechte** in der mündlichen **44** Verhandlung ist § 33 Abs. 3 nicht anwendbar. In diesem Falle muß der Prozeßbevollmächtigte selbst die Partei in der mündlichen Verhandlung vertreten, namentlich auch die Anträge stellen, und hat deshalb Anspruch auf die volle Verhandlungsgebühr. Hier sind beide RAe in dem Verhandlungstermin erschienen, der Prozeßbevollmächtigte, der die Anträge stellt, und der andere RA, dem die Ausführung der Parteirechte überlassen wird (z. B. ein auswärtiger Spezialist auf dem Gebiete des gewerblichen Rechtsschutzes).

Sonstige Gebühren, z. B. die Prozeßgebühr, werden durch § 33 Abs. 3 nicht **45** berührt, wie daraus folgt, daß die Bestimmung in den nur von der Verhandlungsgebühr handelnden § 33 eingefügt worden ist.

Über die **Erstattungspflicht** der Gegenpartei s. A. 17 ff. zu § 53. **46**

Überträgt der Prozeßbevollmächtigte die Vertretung auf einen **Rechtsbei-** **47** **stand,** dem die Erlaubnis zur geschäftsmäßigen Besorgung fremder Rechtsangelegenheiten erteilt worden ist, hat er ebenfalls Anspruch auf die Verhandlungsgebühr des Abs. 3.

Die **Erörterungsgebühr** ist weder in § 33 Abs. 3 noch in § 53 erwähnt. Das **48** Problem ist augenscheinlich bei Schaffung der Erörterungsgebühr übersehen worden.

Chemnitz AnwBl. 75, 433; Holger Schmidt NJW 76, 1076.

Wäre das Problem erkannt worden, wäre die Erörterungsgebühr mit Sicherheit in § 33 Abs. 3 und § 53 aufgenommen worden. Es ist daher angebracht, beide Bestimmungen erweiternd dahin auszulegen, daß auch die Erörterungsgebühr entstehen kann. Erörtert der Unterbevollmächtigte die Sache, erhält er die Erörterungsgebühr. Der Prozeßbevollmächtigte erhält dementsprechend eine ⁵⁄₁₀-Erörterungsgebühr.

§ 34 Vorlegung von Urkunden, Beiziehung von Akten oder Urkunden

(1) **Der Rechtsanwalt erhält die Beweisgebühr nicht, wenn die Beweisaufnahme lediglich in der Vorlegung der in den Händen des Beweisführers oder des Gegners befindlichen Urkunden besteht.**

(2) **Werden Akten oder Urkunden beigezogen, so erhält der Rechtsanwalt die Beweisgebühr nur, wenn die Akten oder Urkunden durch Beweisbeschluß oder sonst erkennbar zum Beweis beigezogen oder als Beweis verwertet werden.**

Lit.: E. Schneider JurBüro 75, 569 (Die Beweisgebühr durch Aktenverwertung im zweiten Rechtszug).

Übersicht über die Anmerkungen

1 Allgemeines. § 34 ergänzt – wie die §§ 32, 33 die Vorschriften über die Prozeß- und Verhandlungsgebühr – den § 31 über die Beweisgebühr. Die Bestimmung befaßt sich mit dem Beweis durch Akten und andere Urkunden.

§ 34 regelt drei Fälle:

a) Beweis wird erhoben durch Urkunden, die von den Parteien vorgelegt worden sind: es entsteht keine Beweisgebühr.

b) Akten werden vom Gericht durch Beweisbeschluß oder sonst erkennbar zu Beweiszwecken beigezogen: die Beweisgebühr entsteht.

c) Nicht gemäß b) beigezogene Akten (z. B. zu „Informationszwecken" beigezogene Akten) oder Urkunden werden zu Beweiszwecken verwertet: die Beweisgebühr entsteht.

> KG JurBüro 82, 725 (Eine Verwertung beigezogener Akten als Beweis muß nicht notwendig in der gerichtlichen Entscheidung vorgenommen werden. Eine Beweisgebühr nach der 3. Alternative des § 34 Abs. 2 kann auch entstehen, wenn nach Auswertung der Beiakten durch das Gericht das bisher streitige Vorbringen unstreitig wird).

Die Aufzählung ergibt ferner negativ, daß die Beiziehung und Verwertung von Akten und sonstigen Urkunden zu anderen Zwecken (z. B. zur Ergänzung des Sachvortrags der Parteien, zur Information des Gerichts) die Beweisgebühr nicht auslöst. Damit soll aber nicht gesagt sein, daß die Beiziehung zur Information die Regel und die Beiziehung zum Beweis die Ausnahme ist.

> **A. M.** München JurBüro 69, 151 = NJW 69, 702 (abl. H. Schmidt) = Rpfleger 69, 65.

Besteht die Beweisaufnahme lediglich in der **Vorlegung der in den Händen 2 des Beweisführers oder des Gegners befindlichen Urkunden,** so erhält der RA nach § 34 Abs. 1 keine Beweisgebühr.

Urkunden sich nur in Wort- oder Schriftzeichen abgefaßte Schriftstücke. Gegenstand des Urkundenbeweises ist demgemäß der durch die Urkunde verkörperte Gedankeninhalt.

Solche Urkunden sind z. B. ärztliche Zeugnisse, Auskünfte, Behördenakten einer am Rechtsstreit beteiligten Körperschaft, Briefe, eidesstattliche Erklärungen, Grundbuchauszüge, Handelsbücher einer Partei, Handelsregisterauszüge, Handakten eines Anwalts, Kontoauszüge, Mappen mit Schriftwechsel, Privatgutachten, Quittungen, Schuldscheine.

> München JurBüro 79, 539; Schleswig JurBüro 78, 539.

Vorgelegte Auszüge aus anderen Akten sind ebenfalls vorgelegte Urkunden.

> Hamburg JurBüro 74, 1144 = MDR 74, 765.

Eine Beweisgebühr entsteht natürlich auch nicht dadurch, daß das Gericht in die Urkunden Einsicht nimmt oder daß die Urkunden in der Verhandlung vorgetragen werden. Denn ohne Kenntnis ihres Inhalts kann das Gericht die Urkunden nicht zu Beweiszwecken verwerten.

> Bamberg JurBüro 80, 1185; Frankfurt JurBüro 79, 1832 (Die Einsichtnahme des Gerichts in vom RA vorgelegte und zu Beweiszwecken verwertete Urkunden löst eine Beweisgebühr nicht aus, auch nicht unter dem Gesichtspunkt der Augenscheineinnahme, es sei denn, daß über die Echtheit der Urkunde gestritten wird) und JurBüro 81, 1683 mit Anm. von Mümmler; vgl. aber Bamberg JurBüro 80, 1359 mit abl. Anm. von Mümmler.

Von einer Beweisaufnahme, die in der Vorlegung von Urkunden besteht, kann also überhaupt nur dann gesprochen werden, wenn auch der Inhalt der

Urkunde durch Vortrag oder auf sonstige Weise zur Kenntnis des Gerichts gelangt ist.

Schleswig JurBüro 79, 1518 = SchlHA 79, 183.

Keine Urkunden sind Bilder (insbes. Lichtbilder), Zeichnungen, Modelle, Pläne. Diese Gegenstände können in Augenschein genommen werden. Ein mit ihnen geführter Beweis ist sonach kein Urkundenbeweis, sondern ein Augenscheinsbeweis. Auch wenn die genannten Gegenstände von den Parteien vorgelegt werden, entsteht die Beweisgebühr. Die Beschränkung des § 34 Abs. 1 gilt nur für den Urkundenbeweis.

Frankfurt AnwBl. 78, 110; 80, 367; 83, 183; 86, 1200; Hamm JVBl. 67, 282 = JurBüro 67, 737 = NJW 67, 1763 = VersR 68, 206 (L) (Die Entscheidung versagt allerdings die Beweisgebühr, aber auch nur deshalb, weil die Lichtbilder nicht zu Beweiszwecken, sondern allein zu Informationszwecken vorgelegt worden seien); Nürnberg JurBüro 72, 506; VGH München NJW 71, 2039.

3 In den Händen des Beweisführers oder des Gegners müssen sich die Urkunden befinden. Dies trifft zu, wenn die Partei ihre eigenen Akten oder die ihres Prozeßbevollmächtigten vorlegt und darin enthaltene Urkunden, z. B. Briefe, vorgetragen werden, auch wenn dies durch einen Streitgehilfen geschieht,

Koblenz JurBüro 74, 1548 = MDR 75, 152 = VersR 75, 958 und JurBüro 75, 622. § 34 Abs. 1 gilt auch, wenn der Nebenintervenient die Urkunde vorlegt; Schleswig JurBüro 79, 1518 = SchlHA 79, 183.

oder bei Vorlegung von Handelsregister- oder Grundbuchauszügen

oder eidesstattlichen Versicherungen.

Stuttgart JurBüro 84, 1186.

Auch wenn eine am Rechtsstreit beteiligte Behörde ihre Sachakten vorlegt und diese zu Beweiszwecken verwertet werden, entsteht keine Beweisgebühr.

Frankfurt NJW 67, 210 (Werden in Stationierungsschadenssachen von der beklagten Bundesrepublik Sachakten des Amts für Verteidigungslasten vorgelegt, so kommt die eine Beweisgebühr ausschließende Ausnahmebestimmung des § 34 Abs. 1 zum Zuge, weil der Bund die Verfügungsgewalt über die Akten dieses Amtes hat); KG JurBüro 67, 653 = Rpfleger 68, 78 (Akten des Entschädigungsamts und darin enthaltene Urkunden befinden sich in den Händen des Landes, das vom Entschädigungsamt im Entschädigungsrechtsstreit vertreten wird); OVG Hamburg MDR 56, 637 (L); s. a. unten A 5 u. A 11; vgl. aber BayVGH JurBüro 81, 1523 (Akten anderer Behörden gelten nur dann durch den Vertreter des öffentlichen Interesses i. S. des § 34 Abs. 1 als beigezogen, wenn er sie als Beweismittel für sein eigenes Vorbringen in den Prozeß einführt).

4 Auf das Eigentum an der Urkunde kommt es nicht an. Es genügt, daß der Beweisführer oder sein Gegner die tatsächliche Verfügungsgewalt hat. Die Parteien können somit auch in fremdem Eigentum stehende Urkunden vorlegen.

5 Bei der Vorlegung müssen sich die Urkunden in den Händen des Beweisführers oder des Gegners befinden. Es kommt deshalb nicht darauf an, ob das Gericht der Partei die Vorlegung durch Beschluß aufgegeben hat, z. B. die Vorlegung ihrer Geschäftsbücher, oder ob sich die Partei den Besitz der Urkunde erst beschaffen muß

München JurBüro 70 401 = MDR 70, 688 = Rpfleger 70, 253; Hamburg MDR 76, 151; BFH BFHE 97, 278 = BB 70, 158 = JurBüro 70, 385; **a. M.** Hartmann A 2.

oder ob der Beweisführer nach § 428 ZPO beantragt, ihm zur Herbeischaffung der Urkunde eine Frist zu bestimmen.

Die Beweisgebühr fällt auch dann bei Vorlegung der in den Händen des Beweisführers oder seines Gegners befindlichen Urkunden nicht an, wenn das Gericht die Vorlegung der Urkunden durch Beweisbeschluß angeordnet hat.

Nürnberg JurBüro 64, 426 = Rpfleger 66, 290.

Ist der Bund, ein Land oder eine andere öffentlich-rechtliche Körperschaft Prozeßpartei, so entsteht daher auch keine Beweisgebühr, wenn sie sich Akten anderer Behörden oder Dienststellen verschaffen und sie zu Beweiszwecken vorlegen. Werden die Akten (Urkunden) vorgelegt, liegt ein Beweis gemäß § 34 Abs. 1 vor. Darauf, wie sich die Partei den Besitz der Akten beschafft hat, kommt es nicht an; d. h. bei den anderen Stellen braucht es sich nicht um unterstellte Behörden oder Gerichte zu handeln

a. M. Hartmann A 2; Düsseldorf AnwBl. 69, 355 = JurBüro 69, 1070.

Werden die Urkunden von dritten, am Prozeß nicht beteiligten Personen vorgelegt, so ist der Tatbestand des § 34 Abs. 1 nicht erfüllt. Der Prozeßbevollmächtigte einer Partei ist aber wohl nicht Dritter, wenn er eine im Eigenbesitz befindliche Urkunde vorlegt. Er wird sie für seine Partei vorlegen.

Vgl. aber Frankfurt AnwBl. 62, 140 = Büro 62, 284.

Es genügt, daß die Partei (oder der Gegner) im Zeitpunkt der Vorlegung im Besitz der Urkunde ist.

Auch wenn die schon bestehende **Urkunde von der Partei erst beschafft** **6** werden muß, ändert das nichts an der Anwendbarkeit des § 34 Abs. 1. Dabei ist es gleichgültig, ob die Partei die Urkunde von sich aus beschafft und sie vorgelegt hat, oder ob ihr die (Beschaffung und) Vorlegung der Urkunde vom Gericht aufgegeben wurde. Bei einer solchen gerichtlichen Anordnung handelt es sich um eine Auflage, die auch dann noch keine Beweisaufnahme darstellt, wenn sie fälschlich als Beweisbeschluß bezeichnet worden ist.

München JurBüro 70, 401.

Dasselbe gilt schließlich auch dann, **wenn die Urkunde erst angefertigt** **7** **werden muß.** Auch eine dahingehende gerichtliche Anordnung bleibt Auflage. Beispiele: In einem Unfallprozeß gibt das Gericht dem Kläger auf, ein ärztliches Zeugnis darüber vorzulegen, daß er unfallbedingt arbeitsunfähig war; in einem Erbschaftsprozeß gibt das Gericht der Partei auf, Bankbescheinigungen über den streitigen Stand der Konten des Erblassers am Todestage vorzulegen.

München JurBüro 79, 539 (ärztl. Zeugnis); Nürnberg NJW 55, 1845; JurBüro 70, 1017; Stuttgart Rpfleger 57, 66 (L) (Bankbescheinigung); Frankfurt JurBüro 83, 1332.

Wie es zur Schaffung der Urkunde gekommen ist, ist gleichgültig. Entscheidend ist nur, daß sich die Urkunde im Zeitpunkt der Vorlegung in den Händen des Beweisführers oder des Gegners befindet. Unerheblich ist auch, ob das Gericht in diesen Fällen auch Zeugenbeweis (ggf. nach § 377 ZPO) hätte erheben können und aus welchen Gründen es dies nicht getan hat (meist beruhen derartige Auflagen darauf, daß die Partei Urkundenbeweis angeboten, wenn auch nicht angetreten hatte, aber auch Beschleunigungsgründe können eine Rolle spielen).

Etwas anderes wird nur dann angenommen werden können, wenn das Gericht in Wahrheit nicht der Partei zum Antritt des Urkundenbeweises (§ 420 ZPO) auffordern, sondern bereits Sachverständigenbeweis erheben wollte, um ihm fehlendes Erfahrungswissen vermittelt zu bekommen, es dazu aber nicht den im Gesetz vorgesehenen Weg (§§ 402 ff. ZPO) eingeschlagen, sondern der Partei aufgegeben hat, das Gutachten zu beschaffen und vorzulegen. Dann handelt es sich um – wenn auch verfahrensfehlerhaften – Sachverständigenbeweis. Dem steht nicht entgegen, daß auch ein von der Partei eingeholtes Sachverständigengutachten eine Urkunde ist, deren Vorlage die Beweisgebühr nach § 34 Abs. 1 nicht auslöst. Entscheidend ist, ob das Gericht späteren Urkundenbeweis vorbereiten oder schon in die Beweisaufnahme durch Sachverständigen eingetreten ist.

KG JW 38, 2771.

8 Wird die **Beibringung einer den Gesetzen eines fremden Staates entsprechenden öffentlichen Urkunde** über die Beweisaufnahme nach § 364 Abs. 2 ZPO dem Beweisführer aufgegeben, so handelt es sich um eine Beweisanordnung, die (bei Erfüllung der subjektiven Voraussetzungen, vgl. A 123 ff. zu § 31) bereits die Beweisgebühr auslöst, weil hier nicht Urkundenbeweis vorbereitet, sondern eine Beweisaufnahme im Ausland angeordnet wird, mit der Besonderheit, daß dem Beweisführer aufgegeben wird, sich mit den ausländischen Behörden selbst in Verbindung zu setzen.

Köln JurBüro 72, 991 mit zust. Anm. H. Schmidt.

9 **Nimmt das Gericht dem Beweisführer die Beschaffung und Vorlegung der Urkunde ab,** indem es eine Urkunde oder Akten, deren Vorlage es dem Beweisführer aufgeben könnte, selbst beschafft, so ist § 34 Abs. 1 nach seinem Grundgedanken ebenfalls anwendbar. Meist geschieht dies zur Beschleunigung des Verfahrens. Dem RA des Beweisführers wird dabei noch durch die Prozeßgebühr abgegoltene Arbeit (Beschaffung und Vorlage der Urkunde) abgenommen, während die Mühewaltung bei der eigentlichen Beweisaufnahme für ihn jedenfalls nicht größer ist, als wenn er oder der Gegner die Urkunde (Akten) vorgelegt hätten. Die Meinung der 8. Auflage, es komme darauf an, was geschehen ist, nicht was hätte geschehen sollen oder können, wird nicht aufrecht erhalten. Sie ist zwar einfach anzuwenden, wird der gesetzlichen Wertung aber nicht gerecht und würde letztlich dazu führen, daß das Gericht zweckmäßige, zur Bechleunigung gebotene Maßnahmen unterlassen müßte, um nicht zu Lasten der Parteien eine möglicherweise vermeidbare Beweisgebühr der RAe entstehen zu lassen.

KG NJW 70, 59; Karlsruhe Justiz 72, 74 = VersR 72, 446 = MDR 72, 525; München JurBüro 80, 1194; Frankfurt JurBüro 83, 1833 = MDR 84, 63 = KostRsp. BRAGO § 34 Nr. 41 mit Anm. Lappe; AG Charlottenburg Rpfleger 85, 168 = JurBüro 85, 880; speziell für Einholung von Lohnbescheinigungen Hamburg JurBüro 83, 1823; Bamberg JurBüro 83, 1833; Koblenz JurBüro 84, 232; Düsseldorf JurBüro 85, 1826; **a. A.** Stuttgart JurBüro 82, 558 = Justiz 82, 138; s. auch A 122 zu § 31.

Hierher gehört auch der Fall, daß eine Urkunde von der Partei bereits zu anderen Akten überreicht worden war, wenn die Partei die Urkunde aus diesen Akten zurückfordern oder eine beglaubigte Abschrift erfordern und vorlegen könnte. Nimmt das Gericht diese Mühewaltung dem RA der vorlegungspflichtigen Partei ab, indem es kurzerhand die Akten mit der darin befindlichen Originalurkunde erfordert, so liegt ebenfalls ein Fall des Abs. 1 vor.

Vgl. aber KG JurBüro 84, 1685 (Beweisgebühr, wenn Beweisführer oder Gegner zwar vor Absendung des Originals gefertigte Durchschrift hätten vorlegen, nicht aber das Original aus herbeigezogener Akte hätten zurückfordern können).

Nicht hierher gehört jedoch die im Gesetz vorgesehene Mitwirkung des Gerichts bei der Beschaffung der Urkunde in den Fällen, in denen die Partei die Urkunde nicht ohne gerichtliche Mitwirkung zu beschaffen in der Lage ist (§§ 426, 432 Abs. 1 ZPO) s. A 10.

Ebenfalls nicht hierher sind die Fälle zu rechnen, in denen das Gericht zwar die Vorlage der Urkunde hätte aufgeben können, es davon aber aus Gründen bestmöglicher Wahrheitsfeststellung abgesehen und es vorgezogen hat, die Urkunde selbst zu beschaffen. Hierunter fallen insbesondere die Fälle, in denen das Gericht selbst Verdienst-, Lohn-, Gehaltsbescheinigungen von Arbeitgebern der Partei erfordert (str.). Dazu A 122 zu § 31.

Die Beweisgebühr entsteht auch im Falle des Abs. 1, wenn die Beweis- **10** aufnahme nicht lediglich in der Vorlegung der Urkunde besteht, sondern gerichtliche Maßnahmen im urkundenbeweislichen Verfahren erforderlich werden. So entsteht die Beweisgebühr, wenn die Gegenpartei den Besitz der Urkunde bestreitet und sie nach § 426 ZPO über ihren Verbleib vernommen wird oder wenn dem Antrag nach § 432 Abs. 1 ZPO, eine Behörde oder einen Beamten um die Mitteilung einer in ihrem Besitz befindlichen Urkunde zu ersuchen, stattgegeben wird.

Ebenso entsteht die Beweisgebühr, wenn ein Sachverständiger über die Echtheit einer Urkunde vernommen wird, denn dann handelt es sich nicht mehr um Urkunden-, sondern um Sachverständigenbeweis.

Dagegen liegt keine Beweisaufnahme vor, wenn das Gericht eine fremdsprachliche Urkunde übersetzen läßt. Die Verwertung der fremdsprachlichen Urkunde unter Benutzung der Übersetzung bleibt Urkundenbeweis. Auch der RA, der die fremdsprachliche Urkunde übersetzen läßt, ehe er sie vorlegt, erhält dafür keine Beweisgebühr, denn die Veranlassung der Übersetzung oder die Übersetzung durch den RA selbst ist keine Tätigkeit im Beweisaufnahmeverfahren, sie bereitet vielmehr nur den Beweisantritt vor.

Während Abs. 1 den Fall der Vorlegung einer Urkunde durch die Partei **11** betrifft, regelt Abs. 2 die Fälle in denen **das Gericht selbst Urkunden oder Akten herbeizieht.** Der Absatz sieht drei Gebührentatbestände vor:

1. Herbeiziehung der Akten oder Urkunden durch Beweisbeschluß,
2. sonstige Herbeiziehung, wenn sie erkennbar zum Beweis erfolgt ist,
3. Verwertung der Akten oder Urkunden als Beweis.

Wie das Wort „nur" zeigt, soll bei sonstiger Herbeiziehung dem RA eine Beweisgebühr nicht erwachsen.

Es genügt, daß einer der Tatbestände erfüllt ist. Daraus erfolgt, daß dem RA die Beweisgebühr auch dann entstehen kann, wenn z. B. Akten zwar weder durch Beweisbeschluß noch sonst erkennbar zum Beweis herbeigezogen, aber als Beweis verwertet wurden.

12 Eine **Beiziehung i. S. des Abs. 2** liegt nach der hier vertretenen Auffassung nur vor, wenn die Partei die Urkunde oder die Akten nicht selbst beschaffen und nach Abs. 1 vorlegen kann, mithin nicht, wenn das Gericht aus sonstigen Gründen die Urkunde oder Akten für die Partei beschafft (s. A 9).

> München JurBüro 80, 1194; Hamburg JurBüro 83, 1823.

Kein Beiziehen i. S. des § 34 Abs. 2 ist deshalb die Aufforderung an eine Partei, Urkunden oder Akten, auf die sie sich bezogen hat, vorzulegen, auch wenn dies durch Beweisbeschluß geschieht.

> AG Mönchengladbach KostRsp. BRAGO § 34 Nr. 8 mit Anm. E. Schneider.

Kommt die Partei dieser Aufforderung nach, so liegt ein Fall des Abs. 1 vor, der eine Beweisgebühr anschließt.

Nichts anderes gilt auch in dem Fall, daß eine Körperschaft des öffentlichen Rechts Prozeßpartei ist, und zwar auch dann, wenn die benötigten Akten nicht bei der Behörde geführt werden, die die Körperschaft im Rechtsstreit vertritt.

> VGH Kassel AnwBl. 85, 538;
> **a. A.** für den Fall der Beiziehung durch Beweisbeschluß: Schumann/Geißinger A 40, 45; Düsseldorf Rpfleger 64, 358; Frankfurt NJW 67, 210.

Schließlich liegt auch keine Beziehung von Akten vor, wenn das Gericht Vorgänge (z. B. eine Beweisaufnahme) in einem anderen zwischen den Parteien vor ihm geführten Verfahren noch im Gedächtnis hat und verwertet.

> KG AnwBl. 81, 160 = JurBüro 81, 867 = KostRsp. BRAGO § 34 Nr. 15 mit Anm. E. Schneider.

13 Zieht das Gericht Akten oder Urkunden **durch Beweisbeschluß** bei, so entsteht dem RA der auch die subjektiven Voraussetzungen für die Entstehung der Beweisgebühr erfüllt (vgl. A 123 ff. zu § 31) die Beweisgebühr. Ob die beigezogenen Akten dann eingehen oder später verwertet werden, ist unerheblich.

Die Bezeichnung des Beschlusses als Beweisbeschluß ist, wenn nichts Gegenteiliges ersichtlich ist, dahin zu verstehen, daß ein Beweisaufnahmeverfahren eingeleitet werden soll. Gegenteiliges kann sich aber ergeben, wenn es in dem Beweisbeschluß ausdrücklich heißt, die Akten sollten zur Information herbeigezogen werden.

> Hamm JurBüro 66, 772; AG Mönchengladbach KostRsp. BRAGO § 34 Nr. 8 mit Anm. E. Schneider (Anordnung, Partei solle Akten vorlegen).

Andererseits schadet auch die fehlende Bezeichnung als Beweisbeschluß nicht. Maßgeblich ist, daß der Beschluß den Willen des Gerichts erkennen läßt, mit Hilfe der beizuziehenden Akten die Wahrheit oder Unwahrheit einer für entscheidungserheblich gehaltenen Tatsache festzustellen. Im Bereich des Verhandlungsgrundsatzes setzt das voraus, daß für streitige Tatsachen Urkundenbeweis durch Bezeichnung der Akten oder der Urkunde angetreten worden ist. Auch hier gilt aber, daß auch eine fehlerhafte Beweisanordnung ein Beweisaufnahmeverfahren einleitet, vgl. A 110 zu § 31.

14 Der zweite Tatbestand macht in der Praxis erhebliche Schwierigkeiten, weil oft nicht eindeutig erkennbar ist, zu welchem Zweck das Gericht Akten herbeigezogen hat.

Gegen eine **Herbeiziehung zum Beweis** spricht,
a) daß die Akten schon zu einem Zeitpunkt angefordert wurden, als noch nicht erkennbar war, ob und wie sich der Gegner verteidigen würde. Bei vielen Gerichten ist es üblich, schon beim Eingang der Klage alle in der Klageschrift erwähnten Akten herbeizuziehen, damit sie jedenfalls im Verhandlungstermin vorliegen;
b) daß im Zeitpunkt der Anforderung kein streitiges Vorbringen zu Tatsachen ersichtlich war, die mit dem Inhalt der erforderten Akten hätten erwiesen werden können;
c) daß die Akten ausdrücklich „zur Information" oder mit ähnlicher Zweckangabe erfordert wurden. Zwar schließt die Anforderung zur Information eine spätere Verwertung als Beweis nicht aus. Aber erkennbar wird die Absicht, die Akten „zum Beweis" beizuziehen, kaum sein, wenn ein anderes Motiv ausdrücklich genannt wurde;
d) daß die Anforderung in einem als Auflagenbeschluß bezeichneten Beschluß angeordnet wurde.

Nicht erforderlich ist, daß bereits eine Beweisanordnung gewollt ist, denn dann läge der erste Tatbestand „durch Beweisbeschluß" vor. Deshalb spricht es auch nicht gegen eine Beiziehung zum Beweis, wenn die Anforderung von dem Vorsitzenden oder dem Berichterstatter des Gerichts verfügt wurde.

Aus dem Verhandlungsprotokoll läßt sich nur selten auf den Zweck rückschließen, zu dem die Akten beigezogen worden sind. Der Vermerk, daß die Akten vorlagen und Gegenstand der mündlichen Verhandlung waren, ergibt weder, daß sie zum Beweise beigezogen wurden, noch daß sie Gegenstand der Beweisaufnahme waren. Er spricht eher für das Gegenteil, denn es wäre zu erwarten, daß jedenfalls eine Partei die Protokollierung eines derartigen Vorgangs nach § 160 Abs. 4 S. 1 ZPO beantragt hätte, etwa mit dem Zusatz „und waren Gegenstand des Beweises".

Für Herbeiziehung zum Beweis spricht es, wenn das spätere Beweisthema bereits angedeutet oder – wenn auch nur aktenintern – bei der Anforderungsverfügung die Fundstellen des streitigen Vortrages, zu deren Klärung die erforderten Akten dienen könnten, vermerkt wurden. Dabei ist es unschädlich, daß die Akten nur von dem Vorsitzenden oder dem Berichterstatter angefordert wurden und nicht ersichtlich ist, daß dies in Ausführung einer entsprechenden Entschließung des Gerichts geschah. Dasselbe gilt, wenn der Einzelrichter die Akten für eine etwaige spätere Beweisaufnahme durch das Kollegium beizieht.

Dem Gesetz läßt sich nicht entnehmen, für wen die Absicht, die Akten „zum **15** Beweis" herbeizuziehen **erkennbar sein muß.** Daß die Parteien die Absicht schon im Zeitpunkt der Anforderung erkennen konnten, wird man schon deshalb nicht verlangen können, weil sie von der Beiziehung oft keine Kenntnis erhalten, geschweige denn von den Indizien, die einen Rückschluß darauf zulassen, zu welchem Zweck die Beiziehung erfolgt ist.

    A. A. München NJW 69, 702 = Rpfleger 69, 65 (Absicht muß den Parteien schon im Verfahren erkennbar sein).

Letztlich wird es darauf ankommen, ob demjenigen, der bei der Kostenfestsetzung oder im Gebührenprozeß über die Erfüllung des Gebührentatbestandes zu befinden hat, erkennbar ist, daß die Beiziehung zum Beweis erfolgte.

Nötigenfalls werden dieser eine dienstliche Äußerung des Prozeßgerichts einholen müssen, die allerdings nur ein Indiz ist und nicht bindet.

Frankfurt Rpfleger 80, 70 = JurBüro 80, 229 = MDR 80, 233 = KostRsp. BRAGO § 34 Nr. 14 mit Anm. E. Schneider u. weiteren Nachweisen; Stuttgart JurBüro 82, 1034 = Justiz 82, 262.

Auch eine im Urteiltatbestand zum Ausdruck kommende Auffassung des Prozeßgerichts, die Akten seien lediglich zum Zweck der Information Gegenstand der mündlichen Verhandlung gewesen, steht der Festsetzung der Beweisgebühr nicht schlechthin entgegen.

Düsseldorf JurBüro 83, 1046; Zweibrücken KostRsp. BRAGO § 34 Nr. 37.

Derjenige, der den Gebührentatbestand für sich in Anspruch nimmt, muß deshalb die Tatsachen angeben und – wenn sie bestritten werden – beweisen (glaubhaftmachen), aus denen zu folgern sein soll, daß die Akten „zum Beweis" beigezogen wurden.

Beispiele aus der neueren Rechtsprechung:

Hamburg JurBüro 83, 1833 (daß in den beigezogenen Akten enthaltene Zeugenaussagen unstreitig waren, steht Beiziehung zum Beweis nicht entgegen, wenn Würdigung der Aussagen streitig blieb);
Bamberg JurBüro 84, 401 (auch Unfallakten nur, wenn zur Klärung streitiger Tatsachenbehauptungen dienend);
Hess. VGH KostRsp. BRAGO § 34 Nr. 58 (Mitteilung, daß bestimmte Dokumentation beigezogen, erfolgt i. d. R. zur Gewährung d. rechtl. Gehörs; läßt keinen Rückschluß auf Absicht der Beweisaufnahe zu).

16 Nicht mindere Schwierigkeiten wie der zweite Tatbestand macht der dritte Tatbestand der **Verwertung beigezogener Akten oder Urkunden als Beweis.** Eine Verwertung als Beweis setzt voraus, daß sich das Gericht im Wege des Urkundenbeweises Gewißheit über die Wahrheit oder Unwahrheit einer streitigen oder sonst für beweisdürftig angesehenen Tatsache verschafft. Nicht notwendig ist, daß das Gericht sich seine Überzeugung allein aufgrund des Akteninhalts bildet.

OVG Münster AnwBl. 79, 232.

17 Streitig ist, ob sich die Verwertung **in den Gründen der gerichtlichen Entscheidung** niederschlagen muß. Eine Meinung hält den Anfall der Beweisgebühr nach der letzten Alternative des § 34 Abs. 2 für ausgechlossen, wenn es aus irgendwelchen Gründen nicht zu einer gerichtlichen Entscheidung kommt, weil das Gericht dann keinen Anlaß zu einer beweismäßigen Verwertung der beigezogenen Akten habe, eine solche jedenfalls aber nicht feststellbar sei.

München JurBüro 81, 1022; 85, 405 = AnwBl. 85, 615 mit krit. Anm. von Chemnitz; Frankfurt AnwBl. 81, 159 = JurBüro 81, 557.

Eine andere Ansicht hält es für möglich, daß die Verwertung als Beweis auch schon in einem früheren Stadium stattfindet, wenn das Gericht seine Überzeugung aus anderem Anlaß, insbesondere im Rahmen seiner Hinweis- und Aufklärungspflicht, zu erkennen gibt, so daß die Parteien sich vergleichen, Klage oder Rechtsmittel zurückgenommen wird oder es zu einem Versäumnis- oder Anerkenntnisurteil kommt.

KG Rpfleger 82, 237 = JurBüro 82, 725; LAG Baden-Württemberg Rpfleger 81, 368; Hamburg JurBüro 83, 1524; Chemnitz AnwBl. 85, 615.

Die zweite Ansicht verdient den Vorzug. Das Gesetz kennt eine Verwertung „als Beweis" nur durch das Gericht. Die Parteien können lediglich ihr Verhalten durch Urkunden oder andere Beweismittel bestimmen lassen, indem sie ihre Behauptung oder ihr Bestreiten aufgeben, nicht aber Urkunden usw. als Beweis verwerten. Daraus folgt aber nicht, daß dem Gericht eine derartige Verwertung nur in der Entscheidung erlaubt sei. Vielmehr bleibt es ihm überlassen, seine Beweisverwertung auch in anderer Weise, z. B. im Rahmen des Versuchs einer gütlichen Beilegung, zu verwenden. Für eine Verwertung als Beweis ist lediglich dann kein Raum mehr, wenn die Tatsache bereits vorher zwischen den Parteien unter dem Eindruck der Beweisaufnahme unstreitig geworden ist.

Eine weitere grundsätzliche Meinungsverschiedenheit besteht in Bezug auf **18** die Frage, ob es eine beweismäßige, nämlich **urkundenbeweisliche Verwertung** von Akten oder Urkunden darstellt, wenn das Gericht die von einem anderen Gericht oder von ihm selbst in einem anderen Verfahren erhobenen Beweise zur Wahrheitsfeststellung benutzt, oder ob es sich dabei nicht vielmehr um bloße Würdigung bereits erhobener Beweise handelt. Echter Urkundenbeweis liegt nur vor, wenn das Ergebnis der anderweitig durchgeführten Beweisaufnahme streitig oder (im Bereich der Amtsprüfung) sonst klärungsbedürftig ist. Streiten die Parteien z. B. darüber, was die Zeugen in dem anderen Verfahren bekundet haben, und wird das anhand der beigezogenen Akten festgestellt, so handelt es sich sicher um das urkundenbeweisliche Verwertung.

Häufig besteht jedoch gar kein Streit über das Beweisergebnis des anderen Verfahrens, weil dieses urkundlich (z. B. durch Protokolle über die Aussagen von Parteien und Zeugen, das Ergebnis des Augenscheins, schriftliches Sachverständigengutachten) festliegt, sondern sind nur die in jenem Verfahren streitig gewesen Tatsachen trotz der Beweisaufnahme streitig geblieben. Es wird z. B. vorgetragen, der Zeuge habe zwar tatsächlich so ausgesagt, er habe aber gelogen oder sich geirrt. Was soll da urkundenbeweislich durch Verwertung der Akten geklärt werden, da doch über den Inhalt der Akte oder der Urkunde (Beweisprotokoll) kein Streit besteht?

Ebenso liegt es, wenn das Beweisergebnis des anderen Verfahrens unstreitig **19** ist, die Parteien jedoch um die Würdigung dieses Ergebnisses streiten. Daß die erneute Würdigung eines vorliegenden, inhaltlich unstreitigen Beweisergebnisses keine Beweisaufnahme ist, wird für die Berufungsinstanz einhellig – auch für den Fall des § 34 Abs. 2 – anerkannt, s. A 27. Es gibt keinen vernünftigen Grund, die Frage anders zu behandeln, wenn es sich um die erneute Würdigung eines in anderen Akten erzielten Beweisergebnisses handelt, schon gar nicht wenn es sich dabei um eigene Akten des entscheidenden Gerichts in einem zwischen denselben Parteien geführten Verfahren handelt. Die in der 8. Auflage vertretene Ansicht, es liege eine die Beweisgebühr auslösende urkundenbeweisliche Aktenverwertung vor, wenn das Gericht von ihm selbst im PKH-Bewilligungsverfahren erhobene Beweise benutze, kann nicht aufrecht erhalten werden, ganz abgesehen davon, daß es in diesem Fall schon an einer „Beiziehung" der Akte fehlt. Aber auch in anderen Fällen einer erneuten Würdigung unstreitiger Beweisergebnisse, z. B. Verwertung von Zeugenaussagen im Verfahren der einstweiligen Verfügung im anschließenden Hauptsacheverfahren, Verwendung eines im selbständigen Sorgerechtverfahren eingeholten psychologischen Gutachtens in der anschließenden Scheidungsfolgesache, liegt keine erneute Beweisaufnahme vor, so daß der RA auch seine Partei nicht in einer solchen vertreten kann.

> Hamm AnwBl. 74, 278 = Rpfleger 74, 327 = JurBüro 74, 1267 = MDR 74, 765; KG AnwBl. 81, 160 = JurBüro 81, 868; **a. A.** Hamburg JurBüro 83, 1524; vgl. im übrigen die A 15 a. E. zititerte Rspr.

Dagegen läßt sich jedenfalls im Bereich des Verhandlungsgrundsatzes nicht einwenden, das Gericht könne den beigezogenen Akten nicht vorgetragene sonstige Umstände entnehmen, die es zu einer anderen Würdigung des unstreitigen Beweisergebnisses veranlassen könnten. Derartige Umstände müssen vorgetragen werden und bedürfen nur dann des Beweises, wenn sie bestritten werden. Werden allerdings solche außerhalb des vorliegenden Beweisergebnisses liegende Umstände vorgetragen, so können diese durch Verwertung anderer Teile der beigezogenen Akten unrkundenbeweislich festgestellt werden. Es handelt sich dann aber nicht mehr allein um neue Würdigung, sondern um Beweiserhebung über neuen Tatsachenvortrag.

20 Eine dritte Schwierigkeit bereitet die Feststellung, ob das Gericht die beigezogenen Akten tatsächlich beweismäßig verwertet hat. Dafür reicht nicht jede Erwähnung der beigezogenen Akten in den Entscheidungsgründen des Urteils aus. Es muß vielmehr ersichtlich sein, daß das Gericht seine Überzeugung von der Wahrheit oder Unwahrheit einer von ihm für entscheidungserheblich gehaltenen Tatsache durch Verwertung der beigezogenen Akte gebildet hat. In der Praxis kommen immer wieder Fälle vor, in denen zunächst ausgeführt wird, warum es keiner Entscheidung über Wahrheit oder Unwahrheit einer Tatsache bedürfe (z. B. sie sei unerheblich, verspätet vorgebracht, nicht substantiiert bestritten), unterstützend aber doch noch erwähnt wird, „im übrigen" spreche aber der Inhalt der beigezogenen Akten auch für oder gegen die Behauptung. Wenn das Gericht die Wahrheitsfeststellung aus materiellen oder prozessualen Gründen nicht für erforderlich hielt, kann keine beweismäßige Verwertung vorliegen.

Nimmt das Gericht Lichtbilder, Pläne oder ähnliches, die sich in den beigezogenen Akten befinden, in Augenschein, so liegt darin zwar keine Verwertung der Akten als Beweis, wohl aber Augenscheinsbeweis, der bei entsprechender Mitwirkung der RA für diesen die Beweisgebühr auslöst.

21 Im Bereich der Amtsprüfung kommt es häufiger vor, daß das Gericht Akten herbeizieht, nicht um bestimmte in ihr enthaltene Urkunden beweismäßig zu verwerten, sondern um die gesamte Akte daraufhin zu prüfen, ob sie Anhaltspunkte für die eigene Entscheidung enthält. Das ist beispielsweise der Fall, wenn im Fahrerlaubniswiedererteilungsverfahren die einschlägigen Straf- oder Bußgeldakten zum Zwecke der Würdigung der Gesamtpersönlichkeit beigezogen werden.

> OVG Bremen AnwBl. 84, 52 = JurBüro 84, 557; AnwBl. 87, 50.

Ähnlich liegt der Fall, wenn in einem Verfahren auf Entlassung eines Pflegers (§§ 1915, 1886 BGB) wegen pflichtwidrigen Verhaltens das Vormundschaftsgericht die Akten anderer Pflegschaftsverfahren beizieht, um zu prüfen, ob dort ähnliche Unregelmäßigkeiten des Pflegers vorgekommen sind. Wenn es sich in diesen Fällen auch nicht um Wahrheits- sondern um Eignungsfeststellung handelt, liegt doch in der Prüfung der anderen Akten eine beweismäßige Verwertung, die für den RA die Beweisgebühr auslöst, wenn er auch die subjektiven Voraussetzungen erfüllt.

Besonders in Entschädigungsverfahren und in der Verwaltungsgerichtsbar- **22** keit kommt es vor, daß das Gericht aus früheren Verfahren entscheidungserhebliche Kenntnisse tatsächlicher Art besitzt, z. B. über Verfolgungssituationen in bestimmten Zeiten und Ländern; solche Kenntnisse werden mitunter bei dem Gericht in Dokumentationen gesammelt. Es erhebt sich dann die Frage, ob die Einführung solcher Kenntnisse in das konkrete Verfahren als beweismäßige Verwertung der Dokumentation oder bestimmter zu früheren Verfahren erteilter Auskünfte darstellt oder ob es sich lediglich um Gewährung des rechtlichen Gehörs zu aus den früheren Verfahren gerichtsbekannten und daher keines Beweises bedürftigen Tatsachen handelt. Überwiegend wird die Frage im letztgenannten Sinn beantwortet.

OVG Rheinland-Pfalz DöV 83, 347 (L) = KostRsp. BRAGO § 34 Nr. 33;
VG Stuttgart AnwBl. 84, 323; HessVGH KostRsp. a. a. O. Nr. 58;
VG Münster KostRsp. a. a. O. Nr. 56 u. 59.

Es handelt sich hier um eine tatsächliche Frage; ob etwas bei dem Gericht gerichtsbekannt ist, wird das Gericht am besten selbst beurteilen können. Gegen die Versagung der Beweisgebühr läßt sich nicht einwenden, die Einarbeitung in die ihm im Gegensatz zum Gericht nicht bekannten Unterlagen, habe dem RA erhebliche zusätzliche Arbeit verursacht. Das mag zutreffen, ändert aber nichts daran, daß er nicht in einem Beweisverfahren tätig werden kann, wenn das Gericht eine Tatsache für nicht beweisdürftig hält.

Nicht mit der zu A 19 behandelten Frage der erneuten Würdigung einer in der **23** beigezogenen Akte enthaltenen Beweisaufnahme zu verwechseln ist der Fall, daß der **Akteninhalt unstreitig, die Auslegung** darin enthaltener Urkunden **aber streitig** ist, z. B. wenn das Gericht Akten, in denen sich Testamente, Verträge, Hypothekenurkunden usw. befinden, beizieht und dann den Urkundeninhalt lediglich auslegt. Dann liegt keine Beweisaufnahme vor.

Hamm Rpfleger 66, 99 = JurBüro 63, 466; vgl. auch München MDR 80, 152.

Auch wenn das Gericht Akten beizieht, um sich zu unterrichten, wie **24** **andere Gerichte und Behörden** den gleichen oder einen ähnlichen Sachverhalt oder eine einschlägige Rechtsfrage **entschieden haben,** liegt keine Beweisaufnahme vor. Hier handelt es sich nur um eine Aktenbeiziehung zur Information, die nicht anders zu beurteilen ist, als wenn das Gericht Vorentscheidungen in Entscheidungssammlungen nachliest.

Im **Arrest- oder einstweiligen Verfügungsverfahren** kann durch Akten- **25** beiziehung die Beweisgebühr ebenfalls entstehen; da die Glaubhaftmachung in solchen Verfahren zur Begründung des Antrags gehört, wird aber in der Regel § 34 Abs. 1 eingreifen.

Im Verfahren auf Erlaß einer einstweiligen Verfügung liegt keine Beweisaufnahme vor, wenn das Gericht im Verfügungsurteil das Ergebnis einer in der gleichzeitig bei ihm anhängigen Hauptsache durchgeführten Zeugenvernehmung verwertet.

So Hamm AnwBl. 74, 278 = MDR 74, 765 = JurBüro 74, 1267 = Rpfleger 74, 327 = JMBlNRW 74, 143; KG AnwBl. 81, 160 = JurBüro 81, 868.

26 Erneute Verwertung von Akten, auf deren Inhalt bereits der frühere Prozeßbevollmächtigte und der Gegenanwalt Bezug genommen haben, ist keine neue Beweisaufnahme.

27 Im **Berufungsverfahren** liegt die Beiziehung und Verwertung schon im ersten Rechtszug zu Beweiszwecken verwerteter Akten im Rahmen des in § 526 ZPO vorgeschriebenen Vortrags der erstinstanzlichen Beweisverhandlungen und ist deshalb keine neue Beweisaufnahme des zweiten Rechtszugs. Das gilt auch dann, wenn das Berufungsgericht den Sachverhalt abweichend vom Erstgericht rechtlich oder tatsächlich würdigt.

Hamm JurBüro 71, 243 = JVBl. 71, 94; KG Rpfleger 65, 321; Koblenz JurBüro 74, 1548 = MDR 75, 152; München Rpfleger 61, 419; Schleswig JurBüro 66, 771.

Im Versäumnisverfahren nach § 542 ZPO kann keine Beweisaufnahme stattfinden und können daher auch vom Berufungsgericht beigezogene Akten nicht zum Beweis verwertet werden. (Möglich ist jedoch, daß das Berufungsgericht die Akten „erkennbar zum Beweis" beigezogen hat).

Eine neue Beweisaufnahme liegt aber dann vor, wenn im Berufungsverfahren entweder andere Teile der bereits im ersten Rechtszug vorgetragenen Akten zum Beweis verwertet oder wenn die Akten zum Beweis für andere Fragen benutzt werden als im ersten Rechtszug, oder wenn die Akten im ersten Rechtszug zwar vorgelegen haben, aber nicht zum Beweis verwertet worden sind.

Hamburg MDR 66, 425; vgl. auch München AnwBl. 64, 79 = JVBl. 64, 46 = JurBüro 64, 144 = MDR 64, 246 = NJW 64, 600 = Rpfleger 67, 168 = VersR 64, 273 (Beweisgebühren erwachsen im Berufungsverfahren auch dann, wenn eine Partei einen vom Ersturteil abweichenden Sachverhalt behauptet und das Berufungsgericht dieses Vorbringen anhand von erneut beigezogenen Beiakten prüft).

Die Beweisgebühr entsteht z. B. wenn im zweiten Rechtszug die Akten beigezogen werden, um die Urheberschaft darin befindlicher Briefe, die im ersten Rechtszug nicht für erheblich angesehen wurden, durch Schriftvergleichung festzustellen,

nicht aber, wenn nur die Frage eines mitwirkenden Verschuldens des Klägers auf Grund der bereits im ersten Rechtszug beigezogenen Strafakten durch eingehendere Verwertung ihres Inhalts nachgeprüft wird.

Bamberg Rpfleger 54, 646.

Hat jedoch zwischen den beiden Rechtszügen des Zivilprozesses im Strafverfahren etwa die Berufungsverhandlung stattgefunden, so sind in den Strafakten neue Aktenteile angefallen, deren Vortrag im Berufungsverfahren des Zivilprozesses die Beweisgebühr entstehen läßt.

28 Bei **Zurückverweisung** entsteht eine neue Beweisgebühr nur dann, wenn aus den Akten neue Beweisfragen geklärt werden sollen.

29 Im **Wiederaufnahmeverfahren** entsteht die Beweisgebühr, wenn Akten zur Feststellung beigezogen werden, ob ein Wiederaufnahmegrund vorliegt, selbst wenn sich aus den Akten darüber nichts ergibt.

30 Erhebungen PKH-Bewilligungsverfahren nach § 118 ZPO sind keine Beweisaufnahme im Rechtsstreit und können deshalb nicht den Anspruch auf eine Beweisgebühr nach § 31 Abs. 1 Nr. 3, sondern nur auf eine solche nach § 51 in Verbindung mit § 31 Abs. 1 Nr. 3 begründen; s. A 108 zu § 31.

Verwendung der im Verfahren PKH-Bewilligungsverfahren aufge- 31 **nommenen Niederschriften** zum Beweis im Rechtsstreit begründet keinen Anspruch auf eine Beweisgebühr, wenn das Gericht die Angaben von in diesen Verfahren gehörten Zeugen oder Sachverständigen, statt diese nochmals anzuhören, im Einverständnis mit den Parteien vorträgt oder sie als vorgetragen behandelt und im Urteil verwertet.

S. A 19.

Verwertung im Verfahren betreffend die Bewilligung der Prozeßkostenhilfe beigezogener Akten oder Urkunden, z. B. von Strafregisterauszügen oder Auskünften, begründet den Anspruch auf die Beweisgebühr, wenn sie im Rechtsstreit zum Beweis verwertet werden nur unter denselben Voraussetzungen wie bei erneuter Verwertung der Akten durch die Berufungsinstanz (A 27).

Beiziehung von Auskünften ist unter den Voraussetzungen des § 34 Abs. 2 32 Beweisaufnahme. Das gilt auch dann, wenn sie vor der mündlichen Verhandlung nach § 358a ZPO angeordnet worden war.

> München JurBüro 78, 1815 (Die Beweisgebühr wird ausgelöst, wenn das Gericht zur Frage der Rechtzeitigkeit eines Einspruchs eine amtliche Auskunft der Bundespost einholt); LG Flensburg AnwBl. 79, 391; vgl. auch Bamberg JurBüro 80, 1837 mit Anm. von Mümmler; VG Karlsruhe AnwBl. 84, 324.

Bereits in der Beiziehung liegt der Beginn der Beweisaufnahme. Es ist deshalb in der Regel gleichgültig, ob die Auskunft noch in der mündlichen Verhandlung vorgetragen wird, etwa weil auf Grund der Auskunft der bisher strittige Sachverhalt unstreitig geworden ist.

Jedoch können auch Auskünfte zu „Informationszwecken" eingeholt werden. Allerdings ist insoweit Vorsicht geboten. Die Einholung der Auskunft der vorgesetzten Dienststelle über die Höhe des Gehalts eines Beamten dient dann nicht zum Beweis streitiger Tatsachen, wenn sich die Parteien einig sind. Dagegen liegt eine Beweisaufnahme vor, wenn die Parteien über das Einkommen streiten und das Gericht zur Klärung die Gehaltsauskunft beizieht.

> Frankfurt JurBüro 78, 1815; vgl. auch KG JurBüro 78, 1617 (Erbittet das Gericht zur Vorbereitung der mündlichen Verhandlung von der unselbständigen, weisungsgebundenen Stelle einer Anstalt des öffentlichen Rechts, die Partei des Rechtsstreits ist, tatsächliche Angaben in bezug auf den Streitstoff, so handelt es sich in aller Regel nicht um die Einleitung einer Beweisaufnahme durch Einholung einer amtlichen Auskunft (§ 273 Abs. 3 Ziff. 2 ZPO), sondern um eine an die Partei gerichtete Auflage zur Ergänzung oder Erläuterung ihres Vorbringens (§ 273 Abs. 2 Ziff. 1 ZPO); vgl. aber Hamm JVBl. 67, 261 = JMBlNRW 68, 48 = JurBüro 67, 905 = MDR 67, 932.

Gleiches gilt, wenn eine Auskunft darüber eingeholt wird, ob der Beklagte im Handelsregister eingetragen ist, um festzustellen, ob die Kammer für Handelssachen zuständig ist.

Die auf Grund des § 358a Ziff. 3 ZPO angeordnete Einholung schriftlicher Auskünfte von Zeugen nach § 377 Abs. 3, 4 ZPO ist Anordnung von Zeugenbeweis.

Werden im Verfassungsbeschwerdeverfahren vor dem Bundesverfassungsgericht vom Senatsvorsitzenden und vom Berichterstatter Organe des Bundes oder der Länder und sonstige Stellen beauftragt oder um Auskünfte ersucht, handelt es sich um vorbereitende Maßnahmen zur Stoffsammlung, die die Beweisgebühr nicht auslösen.

BVerfG NJW 83, 1657 = MDR 83, 552 = JurBüro 83, 1177 = Rpfleger 83, 258.

33 **Benutzung der Beweisaufnahme eines Beweissicherungsverfahrens** im Rechtsstreit ist keine Beweisaufnahme. Vgl. hierzu im einzelnen A 13 zu § 48.

34 Im **Entmündigungsverfahren** entsteht nach § 44 Abs. 1 Nr. 3 bei Beiziehung von Urkunden oder Akten keine besondere Gebühr.

35 **Vertretung im Beweisaufnahmeverfahren.** Selbstverständlich ist, daß der RA in dem Beweisaufnahmeverfahren tätig gewesen sein muß. Die Frage nach dem Tätigwerden spielt keine Rolle bei Erlaß eines Beweisbeschlusses. Hier gelten keine Besonderheiten (vgl. A 123 ff. zu § 31).

Schwieriger ist die Lage, wenn die Akten „sonst erkennbar zum Beweis beigezogen oder als Beweis verwertet" worden sind und der RA an dem Rechtsstreit nicht von Anbeginn oder nicht bis zum Ende beteiligt war. Auf den Zeitpunkt der Beweiserhebung kommt es nicht an, wenn der RA den Rechtsstreit von Anfang bis zum Ende geführt hat. Die Beweisgebühr ist auf jeden Fall verdient, ohne daß erörtert werden muß, welcher der maßgebliche Zeitpunkt der Entstehung war. Anders ist die Situation bei einem vorzeitigen Ausscheiden oder einem späteren Eintritt des RA. Hier kann es im Einzelfall Schwierigkeiten bereiten, den maßgeblichen Zeitpunkt festzustellen.

§ 35 Entscheidung ohne mündliche Verhandlung

Wird in einem Verfahren, für das mündliche Verhandlung vorgeschrieben ist, im Einverständnis mit den Parteien oder gemäß § 128 Abs. 3, § 307 Abs. 2 oder § 331 Abs. 3 der Zivilprozeßordnung ohne mündliche Verhandlung entschieden, so erhält der Rechtsanwalt die gleichen Gebühren wie in einem Verfahren mit mündlicher Verhandlung.

Übersicht über die Anmerkungen

Allgemeines. Grundsätzlich entsteht die Verhandlungsgebühr des § 31 **1**
Abs. 1 Nr. 2 nur durch Verhandeln in der mündlichen Verhandlung. § 35
durchbricht diesen Grundsatz, indem er die Verhandlungsgebühr auch ohne
mündliche Verhandlung entstehen läßt. Voraussetzung ist jedoch einmal, daß

a) an sich eine mündliche Verhandlung vorgeschrieben (nicht nur freigestellt)
ist,

b) die Parteien ihr Einverständnis erklären, daß von einer mündlichen Verhandlung abgesehen wird,

c) das Gericht daraufhin eine Entscheidung erläßt.

Die mündliche Verhandlung – richtig gehandhabt – trägt im allgemeinen zur
Klärung der Sach- und Rechtslage bei. Wird von einer mündlichen Verhand-
lung abgesehen, trifft den RA eine erhöhte Verantwortung. Er muß sein
Vorbringen noch genauer als sonst prüfen. Zum Ausgleich hierfür soll er die
Verhandlungsgebühr erhalten.

Die RAe sollten jedoch sehr vorsichtig mit dem Erteilen ihres Einverständnisses sein und auf die mündliche Verhandlung wirklich nur dann verzichten,
wenn sie entbehrlich ist, wenn also die Sache so vorbereitet ist, daß eine
mündliche Verhandlung entbehrlich erscheint.

Nur für ein **Verfahren, für das mündliche Verhandlung vorgeschrieben 2
ist,** gilt § 35. Es genügt daher nicht, daß die mündliche Verhandlung in das
Ermessen des Gerichts gestellt worden ist. Der Hauptanwendungsfall des § 35
ist auch jetzt noch der Fall des § 128 Abs. 2 ZPO, der nach § 46 Abs. 2, § 64
Abs. 2 ArbGG auch für das Urteilsverfahren vor Gerichten in Arbeitssachen
gilt. Der gleiche Grundsatz gilt ferner nach § 101 VwGO, da in Abs. 2
bestimmt ist, daß mit Einverständnis der Beteiligten das Gericht ohne mündliche Verhandlung entscheidet, soweit nichts anderes bestimmt ist. Auch in
dieser Bestimmung ist eine ausdrückliche Verzichterklärung Voraussetzung
einer Entscheidung ohne mündliche Verhandlung. Fehlt eine solche, so ist
§ 35 nicht anzuwenden. Durch bloßen Austausch von Schriftsätzen entsteht
auch hier keine Verhandlungsgebühr.

BVerwG NJW 57, 315 (L); vgl. auch Hess. VGH DVBl. 51, 705.

Ausnahmsweise erhält nach § 63 Abs. 4 S. 2 der RA auch dann eine Verhandlungsgebühr, wenn im Verfahren nach § 15 Abs. 1 LandwVerfG in dem
Verfahren nur auf Antrag eine mündliche Verhandlung stattfinden muß und
das Gericht ohne solche entscheidet; s. A 22 zu § 63.

Einverständnis der Parteien mit der Entscheidung ohne mündliche Ver- **3**
handlung muß vorliegen. Es braucht zwar nicht ausdrücklich erklärt zu
werden, muß aber eindeutig und völlig klar sein.

Erläßt das Gericht eine Entscheidung „im vermuteten Einverständnis der
Parteien ohne mündliche Verhandlung", ist das Einverständnis erklärt, wenn
die Parteien auf die Rüge hinsichtlich des Vorgehens des Gerichts verzichten.

Hamm AnwBl. 66, 357 = JurBüro 66, 953 = JVBl. 66, 284; Bamberg JurBüro 86,
1362.

Ein nur unter einer Bedingung erklärtes Einverständnis genügt nicht.

BGH LM Nr. 5 zu § 128 ZPO.

Ist im Anwaltsprozeß nur eine Partei durch einen beim Prozeßgericht zugelassenen Anwalt vertreten, so kann ein Einverständnis i. S. des § 35 nicht vorliegen. Es entsteht z. B. keine Verhandlungsgebühr, wenn in einem vor der Berufungsverhandlung abgehaltener Sühnetermin der Berichterstatter Zeugen hört, ohne daß der beim Berufungsgericht zugelassene RA der einen Partei und der RA erster Instanz der anderen Partei widersprechen. Ein Beweisbeschluß nach § 358 a ZPO löst die Verhandlungsgebühr nicht aus.

Mümmler JurBüro 82, 684.

Es genügt nicht, daß die Parteien sich lediglich nicht erklären, nachdem ihnen das Gericht schriftlich bekanntgegeben hat, es werde ihr Einverständnis mit einer Entscheidung ohne mündliche Verhandlung angenommen, wenn innerhalb einer bestimmten Frist keine anderen Anträge gestellt werden würden, da Schweigen nur dann Zustimmung bedeutet, wenn eine Pflicht zur Erklärung besteht.

Zweibrücken JurBüro 82, 84.

4 Eine **Entscheidung** ohne mündliche Verhandlung muß auf Grund des Parteieinverständnisses ergehen. Dabei muß es sich entweder um eine Endentscheidung oder doch um eine Entscheidung handeln, durch welche die Endentscheidung sachlich vorbereitet wird.

BGH BGHZ 17, 118 = JR 55, 265 = NJW 55, 988.

Solange keine Entscheidung ergeht, kann die Verhandlungsgebühr nicht anfallen, auch wenn die Parteien ihr Einverständnis mit der schriftlichen Entscheidung erklärt und sodann mehrere Schriftsätze gewechselt haben. Beispiel: Das Gericht verzögert die Entscheidung; die Parteien vergleichen sich.

Es genügt nicht, wenn das Gericht nur eine Verfügung über die Prozeß- oder Sachleitung erläßt, z. B. Anberaumung eines neuen Verhandlungstermins oder Verweisung der Sache vom Einzelrichter an die Kammer oder den Senat, oder wenn sich nach der Einverständniserklärung der Parteien der Rechtsstreit ohne entscheidung erledigt, z. B. durch Vergleich, auch wenn es sich dabei um einen Vergleich unter Widerruf handelt, der nicht widerrufen worden ist.

Auch eine im Einverständnis mit den Parteien getroffene Anordnung nach § 273 Abs. 2 ZPO genügt nicht (Anordnungen nach § 273 Abs. 2 ZPO können auch erlassen werden, wenn auf die mündliche Verhandlung nicht verzichtet wird),

Hamm NJW 58, 1242 und AnwBl. 66, 262 = JurBüro 66, 497 = JVBl. 66, 141 = MDR 66, 685.

auch nicht ein Beschluß, durch den die Sache zur Feriensache erklärt wird.

BGH BGHZ 17, 118 = JR 55, 265 = NJW 55, 983;
a. M. Riedel/Sußbauer A 7; Schumann/Geißinger A 7 für die Aufhebung eines solchen Beschlusses.

Wohl aber genügt ein Verweisungsbeschluß

Frankfurt AnwBl. 78, 313 = JurBüro 78, 1344 = MDR 78, 1032; Hamm JurBüro

72, 509 = Rpfleger 72, 235; Zweibrücken Rpfleger 81, 368; vgl. auch Stuttgart JurBüro 80, 1852 = Rpfleger 81, 33; KG AnwBl. 84, 507 = JurBüro 84, 1363; Köln JurBüro 86, 1199.

oder ein Aufklärungsbeschluß.

Umstritten ist, ob der Beschluß über die Anberaumung eines Sühnetermins die Verhandlungsgebühr auslöst. Die Frage dürfte zu bejahen sein. Ob die Entscheidung den Parteien vorschriftsmäßig mitgeteilt worden ist, ist gleichgültig.

Die Erklärung beider Parteien, daß sie für den Fall des Widerrufs eines widerruflich abgeschlossenen Vergleichs mit schriftlicher Entscheidung einverstanden seinen, begründet die Verhandlungsgebühr nicht, wenn der Vergleich nicht widerrufen wird und eine schriftliche Entscheidung des Gerichts deshalb nicht ergeht.

Hamburg Rpfleger 62, 234.

Verfahren nach § 128 Abs. 3, § 307 Abs. 2 und § 331 Abs. 3 ZPO. Nach 5 § 128 Abs. 3 ZPO kann das Gericht bei Streitigkeiten über vermögensrechtliche Ansprüche von Amts wegen anordnen, daß schriftliche zu verhandeln sei, wenn eine Vertretung durch einen RA nicht geboten ist, der Wert des Streitgegenstandes bei Einreichung der Klage 500 DM nicht übersteigt und einer Partei das Erscheinen vor Gericht wegen großer Entfernung oder aus sonstigem wichtigen Grund nicht zuzumuten ist. Auch in diesem Falle hat der RA, der schriftlich verhandelt, Ansprüche auf die Verhandlungsgebühr.

Erklärt der Beklagte auf eine Aufforderung nach § 276 Abs. 1 S. 1 ZPO, daß er den Anspruch des Klägers ganz oder zum Teil anerkennt, so ist er auf Antrag des Klägers ohne mündliche Verhandlung dem Anerkenntnis gemäß zu verurteilen. Der Antrag kann schon in der Klageschrift gestellt werden. Der Vertreter des Klägers – und wenn der Beklagte das Anerkenntnis durch einen RA hat abgeben lassen, auch dieser – erhält gemäß § 33 Abs. 1 eine halbe Verhandlungsgebühr. Hat der Beklagte entgegen § 276 Abs. 1 S. 1, Abs. 2 ZPO nicht rechtzeitig angezeigt, daß er sich gegen die Klage verteidigen wolle, so trifft das Gericht gemäß § 331 Abs. 3 ZPO auf Antrag des Klägers die Entscheidung ohne mündliche Verhandlung.

Düsseldorf JurBüro 84, 1838 = MDR 84, 950 (Keine Gebühr nach § 35, wenn Versäumnisurteil ohne Antrag ergeht).

Dies gilt nicht, wenn die Erklärung des Beklagten noch eingeht, bevor das von den Richtern unterschriebene Urteil der Geschäftsstelle übergeben ist. Der Antrag kann von dem Kläger schon in der Klageschrift gestellt werden. Hat das Gericht auf den Antrag des Klägers eine Entscheidung ohne mündliche Verhandlung erlassen, erhält der RA für den Antrag die halbe Verhandlungsgebühr.

Im Verfahren der **Verfassungsbeschwerde** findet § 35 keine Anwendung. 6 Eine Verhandlungsgebühr steht daher dem RA nicht zu, wenn das Bundesverfassungsgericht von einer mündlichen Verhandlung abgesehen hat.

BVerfG Rpfleger 73, 243.

Die **gleichen Gebühren wie in einem Verfahren mit mündlicher Ver-** 7 **handlung** erhält der RA unter den Voraussetzungen des § 35. Es sind also ausnahmsweise die schriftlich gestellten Anträge als in einer mündlichen

Verhandlung gestellt zu behandeln. Der Prozeßbevollmächtigte kann demnach also bei einander widersprechenden Anträgen die volle Verhandlungsgebühr beanspruchen.

Der Gegenstandswert, der der Berechnung der Verhandlungsgebühr zugrunde zu legen ist, bestimmt sich nach dem Werte zur Zeit der gerichtlichen Entscheidung, falls bis dahin eingegangene Schriftsätze berücksichtigt werden, andernfalls zur Zeit des Eingangs der letzten Einverständniserklärung. Betrifft die Entscheidung nur einen Teil des Streitgegenstandes, so ist nur der Wert dieses Teils maßgebend. Würde der RA bei einer Verhandlung nur eine halbe Verhandlungsgebühr erhalten, weil die Verhandlung nichtstreitig ist (§ 33 Abs. 1 Satz 1), erhält er auch im schriftlichen Verfahren nur eine halbe Verhandlungsgebühr.

Stellt die Gegenpartei nur einen Antrag zur Prozeß- oder Sachleitung, z. B. auf Aussetzung, und wird ausgesetzt, so erhalten beide Prozeßbevollmächtigtenur ⁵⁄₁₀-Verhandlungsgebühr. Der Gebührenanspruch entsteht mit dem Erlaß der Entscheidung, und zwar auch dann, wenn der RA in diesem Zeitpunkt nicht mehr Prozeßbevollmächtigter ist. Soweit der RA im gleichen Rechtszug schon eine Verhandlungsgebühr verdient hat, kann er nach § 13 Abs. 2 S. 2 keine weitere Verhandlungsgebühr fordern.

8 **Nicht anwendbar ist** § 35 auf Verfahren, für die eine mündliche Verhandlung nicht vorgeshrieben ist, mit Ausnahme der Fälle der §§ 128 Abs. 3, 307 Abs. 2 und 331 Abs. 3 ZPO, des § 117 und des § 63 Abs. 4 (s. A 22 zu § 63). Als Ausnahmebestimmung darf er nicht gegen seinen Wortlaut ausdehnend ausgelegt werden. Vielmehr kann, falls mündliche Verhandlung nicht vorgeschrieben, eine Verhandlungsgebühr nur dann entstehen, wenn gleichwohl eine mündliche Verhandlung stattgefunden und der Anwalt die Partei in dieser vertreten hat (§ 31 Abs. 1 Nr. 2).

9 So ist auf **Verfahren, die sich nach dem FGG richten,** § 35 nicht anwendbar, z. B. nicht in Landwirtschaftssachen (§ 9 LandwVerfG), auch nicht in der Rechtsbeschwerdeinstanz (vgl. jedoch § 63 Abs. 4),

Lappe Rpfleger 56, 336; BGH NJW 56, 1800 (L) = Rpfleger 56, 335; Frankfurt (Kassel) Rpfleger 57, 316 (L); vgl. auch Schleswig SchlHA 81, 120 (§ 35 ist auf die im 12. Abschnitt geregelten Angelegenheiten nicht anzuwenden).

in Hausratssachen (§ 13 VI. DVO z EheG), in Wohnungseigentumssachen (§ 44 WEG).

Oldenburg NdsRpfl. 55, 226 = Rpfleger 55, 201; LG Flensburg MDR 76, 412.

10 In **Entschädigungssachen** kann das Gericht ohne Einverständnis der Parteien von einer mündlichen Verhandlung nicht absehen. § 35 ist daher anzuwenden, wenn im Einverständnis der Parteien ohne mündliche Verhandlung entschieden wird.

Die Verhandlungsgebühr entsteht aber auch, wenn das Entschädigungsgericht bei Säumnis der Gegenpartei von Amts wegen oder auf Antrag ohne mündliche Verhandlung entscheidet, Der Antrag nur einer Partei auf Entscheidung ohne mündliche Verhandlung genügt.

Für den RA der säumigen Partei entsteht in diesem Falle keine Verhandlungsgebühr.

Celle Rpfleger 64, 198; Koblenz JurBüro 74, 1274; Neustadt Rpfleger 66, 354.

Wird auf Antrag des Landes nach § 209 Abs. 3 BEG entschieden, so erhält der RA, der im Termin nicht erschienen ist, keine Verhandlungsgebühr.

Koblenz JVBl. 59, 213.

§ 35 ist nicht anwendbar im **arbeitsgerichtlichen Beschlußverfahren**, in **11** dem nach § 83 Abs. 1 S. 2 ArbGG die Anhörung der Parteien auch schriftlich erfolgen kann,

und nicht **in den in der ZPO geregelten Verfahren, in denen ohne 12 mündliche Verhandlung entschieden werden kann,** wie z. B. bei Anträgen auf Erlaß einer Kostenentscheidung (§§ 269 Abs. 3, 515 Abs. 3 ZPO),

Koblenz JurBüro 75, 1082.

im Beschwerdeverfahren (§ 573 Abs. 1 ZPO), im Verfahren über einstweilige Anordnungen im Sinne von § 41, im Verfahren über Anträge auf Erlaß eines Arrestes oder einer einstweiligen Verfügung (§ 921 Abs. 1 ZPO) (wohl aber, wenn nach Einlegung eines Widerspruchs oder im Berufungsverfahren entschieden werden soll, weil hier die mündliche Verhandlung vorgeschrieben ist).

München Rpfleger 56, 26 (L).

Auch auf den **Fall des § 251a ZPO**, wonach, wenn in einem Termin beide **13** Parteien nicht erscheinen oder beim Ausbleiben einer Partei, ohne daß es zu einer Vertagung kommt, die erschienene Partei keinen Antrag zur Sache stellt, das Gericht nach Lage der Akten entscheiden kann, ist § 35 nicht anwendbar. Denn im Falle des § 128 Abs. 2 ZPO ersetzt die Einverständniserklärung der RAe ihre Verhandlung zur Sache, während im Falle des § 251a ZPO der RA überhaupt nicht tätig wird.

Stillschweigen kann nicht als Einverständnis angesehen werden.

Im Unterlassen eines Antrags auf Wiedereintritt in die mündliche Verhandlung liegt kein Einverständnis mit schriftlicher Entscheidung.

Im Falle des § 331a ZPO erhält zwar der RA der erschienenen Partei, der **14** statt eines Versäumnisurteils Entscheidung nach Lage der Akten beantragt, nach § 33 Abs. 1 Nr. 1 die volle Verhandlungsgebühr. Der RA der säumigen Partei, der von dem Antrag Kenntnis nimmt und auf eingeschriebenen Brief verzichtet oder sich dem Antrag anschließt, kann aber keine Verhandlungsgebühr verlangen.

Nur wenn besondere Umstände dies rechtfertigen, können der Antrag auf Entscheidung nach Aktenlage und die spätere Anschließungserklärung der Gegenpartei als übereinstimmender Antrag auf schriftliche Entscheidung angesehen werden.

Im **schiedsgerichtlichen Verfahren** entsteht nach der ausdrücklichen Vor- **15** schrift des § 67 Abs. 2 die Verhandlungsgebühr auch dann, wenn der Schiedsspruch ohne mündliche Verhandlung erlassen wird. S. A 10 zu § 67.

Subjektive Voraussetzung für die Entstehung der Verhandlungsgebühr **16** gemäß § 35 ist, daß der RA irgendeine Tätigkeit in Richtung der Förderung des Rechtsstreits entwickelt hat. Die Einreichung eines Schriftsatzes oder die Stellung eines Antrags gemäß §§ 307 Abs. 2, 331 Abs. 3 ZPO reicht aus.

Prozeßkostenhilfe. Hat der Prozeßbevollmächtigte einer mittellosen Partei **17** bereits vor seiner Beiordnung als Pflichtanwalt das Einverständnis seiner

Partei mit schriftlicher Entscheidung erklärt und dazu einen Schriftsatz eingereicht, so steht ihm daraus, wenn er nach seiner Beiordnung bis zum Erlaß
der Entscheidung keine Tätigkeit mehr entwickelt hat, kein Anspruch auf
eine Gebühr nach § 35 gegen die Staatskasse zu.

Köln Rpfleger 67, 69.

18 Das **Gesetz zur Entlastung der Gerichte in der Verwaltungs- und
Finanzgerichtsbarkeit** vom 31. März 1978 (BGBl. I 446) enthält in Abs. 2
§ 1 u. a. folgende Bestimmungen:

*(1) Das Verwaltungsgericht kann über die Klage bis zur Anberaumung der mündli-
chen Verhandlung und bis zur Anordnung einer Beweiserhebung ohne mündliche
Verhandlung durch Gerichtsbescheid entscheiden, wenn es einstimmig der Auffassung
ist, daß die Sache keine besonderen Schwierigkeiten tatsächlicher oder rechtlicher Art
aufweist und der Sachverhalt geklärt ist; Anordnungen nach § 87 der Verwaltungsgerichtsordnung in Verbindung mit § 273 Abs. 2 der Zivilprozeßordnung stehen dem
Erlaß eines Gerichtsbescheides nicht entgegen. Die ehrenamtlichen Richter wirken
nicht mit. Die Beteiligten sind vorher zu hören. Für den Gerichtsentscheid gilt § 122
der Verwaltungsgerichtsordnung entsprechend.*

*(4) Für die Gerichtskosten steht der Gerichtsbescheid einem Urteil gleich. Der RA
erhält im Verfahren nach Abs. 1 S. 3 eine halbe Gebühr nach der Bundesgebührenordnung für RAe. Diese Gebühr gilt als Verhandlungsgebühr.*

Das Verwaltungsgericht kann hiernach unter bestimmten Voraussetzungen –
auch ohne Zustimmung der Beteiligten – ohne mündliche Verhandlung
entscheiden. Gemäß Abs. 1 S. 1 sind die Beteiligten vorher zu hören. Gemäß
Abs. 4 S. 2 erhält der RA in dem Verfahren nach Abs. 1 S. 3 eine halbe
Gebühr, die als Verhandlungsgebühr gilt. Es erhebt sich die Frage, ob die
halbe Gebühr nur entsteht, wenn das Gericht – wie in § 35 – auch entscheidet
oder ob die halbe Gebühr selbst dann entsteht, wenn das Verfahren nach der
Anhörung ohne Entscheidung endet (Beispiele: Der Kläger nimmt seine
Klage zurück; der Rechtsstreit findet außergerichtliche Erledigung). Die
Frage ist dahin zu entscheiden, daß die Anhörung zur Entstehung der Gebühr
ausreicht. Eine Entscheidung braucht nicht zu ergehen. Das ergibt sich
daraus, daß Abs. 4 S. 1 entscheidend auf die Anhörung und nicht auf das
gesamte Verfahren nach Abs. 1 abstellt.

a. M. OVG Lüneburg AnwBl. 82, 537 m. abl. Anm. von H. Schmidt.

Die Vorschriften des Abs. 1 und Abs. 4 gelten nicht für die Finanzgerichtsbarkeit. Hier genügt die Bestimmung des § 117.

§ 36 Aussöhnung von Eheleuten

(1) **In Ehesachen (§ 606 Abs. 1 Satz 1 der Zivilprozeßordnung) gilt
§ 23 nicht. Wird ein Vergleich, insbesondere über den Unterhalt, im
Hinblick auf eine Ehesache geschlossen, so bleibt der Wert der Ehesache bei der Berechnung der Vergleichsgebühr außer Betracht.**

(2) **Ist eine Scheidungssache oder eine Klage auf Aufhebung einer
Ehe anhängig oder ist der ernstliche Wille eines Ehegatten, ein solches**

Verfahren anhängig zu machen, hervorgetreten und setzen die Ehegatten die eheliche Lebensgemeinschaft fort oder nehmen sie die eheliche Lebensgemeinschaft wieder auf, so erhält der Rechtsanwalt, der bei der Aussöhnung mitgewirkt hat, eine volle Gebühr.

Übersicht über die Anmerkungen

Allgemeines. § 36 befaßt sich mit dem Vergleich in Ehesachen. Er enthält **1** mehr, als die amtliche Überschrift „Aussöhnung von Eheleuten" vermuten läßt. Er entscheidet zunächst eine alte Streitfrage, ob in Ehesachen bei einem Vergleich über die Ehesache selbst eine Vergleichsgebühr erwachsen kann, in negativem Sinne.

Vgl. über Scheidungsvereinbarungen Göppinger: Vereinbarungen anläßlich der Ehescheidung (NJW-Schriften 1, 3. Aufl.); H. Schmidt JurBüro 65, 9 ff.; Brangsch AnwBl. 63, 186 sowie Mümmler JurBüro 75, 1.

Darüber hinaus regelt Abs. 1 Satz 2 eine Frage aus dem Recht des Streitwertes. Satz 2 geht davon aus, daß im Hinblick auf eine Ehesache ein Vergleich geschlossen werden kann, und bestimmt hierzu, daß der Wert der Ehesache bei der Berechnung der Vergleichsgebühr außer Betracht zu bleiben hat.

Abs. 2 billigt dem RA für die Mitwirkung bei der Aussöhnung zerstrittener Eheleute eine Aussöhnungsgebühr zu.

Besonderer Auftrag. Der Auftrag auf Vertretung in einem Scheidungsver- **1a** fahren umfaßt nicht die Regelung aller mit der Scheidung sich ergebenden vermögensrechtlichen Fragen. Hierzu bedarf es eines besonderen Auftrags, der allerdings auch stillschweigend erteilt werden kann.

Nürnberg AnwBl. 72, 59.

Das gilt nicht, soweit von Amts wegen über die Scheidungsfolgen (z. B. Versorgungsausgleich) zu entscheiden ist.

2 Eine **Vergleichsgebühr** kann **in Ehesachen** gemäß Abs. 1 Satz 1 nicht entstehen. Ehesachen sind nach § 606 Abs. 1 Satz 1 ZPO Verfahren auf Scheidung, Aufhebung oder Nichtigerklärung einer Ehe, auf Feststellung des Bestehens oder Nichtbestehens einer Ehe zwischen den Parteien oder auf Herstellung des ehelichen Lebens. Selbst dann, wenn sich eine Vereinbarung der Eheleute als echter Vergleich i. S. des § 779 BGB darstellt – solche Vereinbarungen sind in beschränktem Umfange durchaus zulässig –, kann die Gebühr des § 23 nicht entstehen.

H. Schmidt JurBüro 65, 9 ff.

3 **Vergleich über die Kosten.** Zu einem Vergleich über die Kosten des Eheverfahrens kann es mehrfach kommen.

a) Der einfachste Fall ist der, daß sich das Verfahren in der Hauptsache (etwa durch den Tod eines Ehegatten) erledigt hat.

b) Weiter ist möglich, daß die Parteien nach dem Erlaß eines Scheidungsurteils eine vom Kostenanspruch dieses Urteils abweichende Vereinbarung treffen, also z. B. statt „Die Kosten der Scheidungssache werden gegeneinander aufgehoben" wird vereinbart, daß der Ehemann die gesamten Kosten trägt und auf die Rückvergütung des gewährten Prozeßkostenvorschusses verzichtet.

c) Schließlich ist noch möglich, daß vor Erlaß eines Scheidungsurteils eine Vereinbarung über die Kosten getroffen wird. Da die Parteien an der Kostenentscheidung des Scheidungsurteils nichts ändern können, vereinbaren sie: „Unbeschadet der Kostenentscheidung im Endurteil soll für das Innenverhältnis zwischen den Parteien gelten: Die Gerichtskosten übernimmt der Ehemann. Außergerichtliche Kosten werden nicht erstattet."

Für diese Kostenvergleiche (a bis c) fällt die Vergleichsgebühr des § 23 an. Soweit die Ehesache in der Hauptsache bereits erledigt ist (z. B. durch Tod einer Partei, Klag- oder Rechtsmittelrücknahme), stehen einer vergleichsweisen Regelung Bedenken nicht mehr entgegen. Die „Kosten" sind keine Ehesache.

H. Schmidt JurBüro 65, 12 f.; Celle AnwBl. 61, 288; Düsseldorf MDR 59, 402; München NJW 60, 1958; Nürnberg Büro 58, 505; Köln Rpfleger 67, 68; Hamburg JurBüro 69, 272 = MDR 68, 851 (L).

Es bestehen jedoch keine Bedenken, daß die Vergleichsgebühr bei Kostenvergleichen auch dann anfällt, wenn die Hauptsache noch nicht erledigt ist. Dann ist zwar die Ehesache noch anhängig. Abs. 1 Satz 1 verbietet jedoch den Vergleich in Ehesachen nicht.

KG Rpfleger 66, 268;
a. M. Riedel/Sußbauer A 6; KG FamRZ 68, 651.

Die Vorschrift läßt nur die Vergleichsgebühr in der Hauptsache nicht entstehen. Es ist jedoch kein Grund ersichtlich, der einen Kostenvergleich hindern könnte.

H. Schmidt JurBüro 65, 13; Düsseldorf Büro 59, 165 = MDR 59, 402 = JVBl. 59, 61; München Büro 60, 341 = JVBl. 60, 236; Neustadt JurBüro 64, 226; Nürnberg Büro 58, 505 = Rpfleger 63, 138 und MDR 60, 935; Stuttgart AnwBl. 68, 92 = Justiz 68, 13;

a. M. Riedel/Sußbauer A 6; Mümmler JurBüro 81, 1307; Braunschweig NdsRpfl. 62, 138 = Rpfleger 64, 65; Celle NJW 61, 683 (abl. Brangsch) = Büro 61, 249 = Rpfleger 64, 198; Hamm JMBlNRW 62, 152 = Büro 62, 285 = Rpfleger 66, 99.

Gegenstand des Kostenvergleichs sind die in dem Rechtsstreit entstandenen Kosten. Wird über Folgesachen entschieden oder bilden auch sie Gegenstand des Vergleichs, sind die insoweit entstandenen Kosten Nebensachen und deshalb nicht zu bewerten.

Kostenvergleiche, die die Voraussetzungen des § 794 Nr. 1 ZPO erfüllen (zur Beilegung des Rechtsstreits geschlossen, z. B. nach Erledigung der Hauptsache – durch Tod – oder nach Erlaß – aber vor Rechtskraft – des Urteils), bilden einen geeigneten Titel für die Kostenfestsetzung.

München AnwBl. 76, 90 = JurBüro 76, 376 = MDR 76, 406 = Rpfleger 76, 406.

Dagegen bilden die vorstehend unter c) aufgeführten Kostenvergleiche (unbeschadet der Kostenentscheidung des Urteils wird vereinbart...) keine Grundlage für die Kostenfestsetzung, da sie den Rechtsstreit nicht – auch nicht im Kostenpunkt – beilegen.

Haben die Parteien eine Vereinbarung über die Kosten getroffen, so kann das Gericht sie gemäß § 93a Abs. 1 ZPO ganz oder teilweise der Entscheidung zugrunde legen. Eine Vergleichsgebühr entsteht in diesem Fall jedoch nicht.

Vergleiche im Hinblick auf eine Ehesache werden häufig geschlossen. Sie 4 sind – bis auf verschwindende Ausnahmen – rechtsgültig. Sogar Vergleiche, die die Scheidung erleichtern oder gar erst ermöglichen sollen, sind nicht zu beanstanden.

Gegenstand solcher Vergleiche können u. a. sein

a) der Unterhalt nach der Scheidung, sei es, daß auf ihn verzichtet wird, sei es, daß er durch Vereinbarung einer Rente oder einer Abfindung geregelt wird,

b) ein etwa rückständiger Unterhalt aus der Zeit vor Rechtskraft des Scheidungsurteils,

c) – mit den Kosten eng zusammenhängend – die Frage der Verrechnung eines etwa gewährten Prozeßkostenvorschusses,

d) die Regelung der Rechtsverhältnisse an der Ehewohnung und am Hausrat,

e) die Auseinandersetzung hinsichtlich des sonstigen Vermögens, insbes. auch über den Zugewinn bei der Zugewinngemeinschaft,

Vgl. BGH NJW 70, 1183 = Rpfleger 70, 237 und Reinicke NJW 70, 1657.

f) damit eng zusammenhängend z. B. das Ausscheiden des einen Ehegatten aus einem bisher gemeinsam betriebenen Unternehmen,

g) ein gemeinsamer Vorschlag für die Übertragung der elterlichen Sorge auf einen Elternteil,

h) die Regelung des Umgangs mit dem Kind,

i) der Unterhalt für die Kinder.

Ein Vergleich liegt auch in Ehesachen nur vor, wenn die Voraussetzungen des § 779 BGB erfüllt sind, wenn also z. B. beide Parteien nachgeben.

Bamberg JurBüro 80, 863 (Vergleichsgebühr bei Regelung der elterlichen Sorge, wenn beide Ehegatten nachgeben); Schleswig SchlHA 80, 79 (keine Vergleichsgebühr, wenn von vornherein Einigkeit über die Sorge bestand).

In diesem Zusammenhang entsteht die Frage, ob das Nachgeben der einen Partei in der Ehesache selbst, das der anderen Partei z. B. in der Unterhaltsfrage bestehen kann. Die Frage ist zu bejahen (soweit die getroffene Vereinbarung rechtsgültig ist, also z. B. nicht den guten Sitten widerspricht). Das Gesetz verbietet – wie bereits ausgeführt – den Ehevergleich nicht. Die Ehesache kann sonach in den Vergleich einbezogen werden, soweit die Parteien verfügungsberechtigt sind. Beispiel für einen zulässigen Vergleich: Die Ehefrau nimmt den Widerspruch gegen die Scheidung (§ 1568 Abs. 1 BGB) zurück. Der Ehemann verpflichtet sich zur Zahlung eines angemessenen Unterhalts und sichert ihn dinglich ab. Aus Abs. 1 Satz 2 folgt nur, daß die Ehesache bei Bewertung des Vergleichsgegenstandes nicht eingesetzt werden kann. Im Beispiel richtet sich deshalb der Vergleichswert allein nach dem Unterhalt.

> München Büro 60, 341 = JVBl. 60, 236 = NJW 60, 1958; **a. M.** KG Rpfleger 65, 321 = JurBüro 64, 116 (888).

Aus dem Umstand, daß die Eheleute sich nicht endgültig über die Übertragung der Sorge für die Kinder und den Umgang mit den Kindern einigen können, daß vielmehr noch eine Entscheidung des Familiengerichts erforderlich ist, wird teilweise der Schluß gezogen, daß über diese Gegenstände ein Vergleich nicht möglich sei, so daß die Vergleichsgebühren nicht entstehen können.

> Celle JurBüro 79, 1551 = NdsRpfl. 79, 181; Koblenz KostRspr. § 23 Nr. 6 mit abl. Anm. von Lappe = Zweibrücken JurBüro 80, 1028 = Rpfleger 80, 312.

Dieser Auffassung kann nicht zugestimmt werden. Der Einigung der Eheleute kommt erhebliche Bedeutung zu. Von dieser Einigung kann das Gericht nur abweichen, wenn dies im Interesse des Kindes geboten ist. Der beteiligte RA hat deshalb Anspruch auf die Vergleichsgebühr. Schließt der Vormund einen Vergleich, der noch vormundschaftsgerichtlich genehmigt werden muß, bezweifelt auch niemand, daß der RA die Vergleichsgebühr erhält.

> Lappe, Kosten in Familiensachen A 101; Bamberg JurBüro 80, 863; Celle Rpfleger 79, 35 = NdsRpfl. 79, 41 = JurBüro 79, 577; Düsseldorf JurBüro 79, 1654 und JurBüro 80, 735 (es muß aber Streit oder Ungewißheit über das Vorschlagsrecht bestanden haben); 85, 222; München JurBüro 79, 1550; AG Grevenbroich JurBüro 79, 1319; Nürnberg JurBüro 86, 58.

5 Gegenstandswert der Vereinbarungen. Für den Vergleich in Ehesachen gelten an sich keine Besonderheiten. Der Vergleichswert wird in der allgemein üblichen Art berechnet. Als einzige Ausnahme bestimmt Abs. 1 Satz 2, daß die Ehesache selbst, falls sie in den Vergleich einbezogen ist, bei der Berechnung des Vergleichsgegenstandes nicht zu bewerten ist. In dem obigen Beispiel (Nachgeben in der Ehesache gegen Unterhaltsregelung) wird sonach nur die Unterhaltsregelung bewertet.

Bei der Bewertung der Unterhaltsregelung ist von § 17 Abs. 1 GKG auszugehen. Zu bewerten ist der Jahresbetrag der in Betracht kommenden Unterhaltsleistungen. Dabei ist der höchste in Frage stehende Jahresbetrag zugrunde zu legen; denn nach ihm würde sich auch der Streitwert eines Unterhaltsrechtsstreits richten. Ist ungewiß, ob jemals ein Unterhaltsanspruch gestellt wird (beide Eheleute sind jung und arbeitsfähig), kann von dem errechneten Jahresbetrag je nach der Wahrscheinlichkeit der Entstehung des Unterhaltsanspruchs ein mehr oder minder großer Abschlag gemacht werden.

Mümmler JurBüro 70, 109; H. Schmidt JurBüro 65, 15; Schmidt/Schmidt Gegenstandswert Rz. 305.

Der Gegenstandswert im Verfahren über den Versorungsausgleich richtet sich nach § 17a GKG.

Werden rückständiger und laufender Unterhalt in die Vereinbarung einbezogen, so ist der Rückstand besonders zu berechnen und der gefundene Betrag dem Wert der laufenden Rente zuzuschlagen.

H. Schmidt MDR 70, 481;
a. M. Mümmler JurBüro 70, 111.

Einigen sich die Elten, wem nach der Scheidung die elterliche Sorge über die gemeinschaftlichen Kinder zustehen soll, so ist diese Einigung zwar noch von der Zustimmung des Familiengerichts abhängig. Das Familiengericht soll aber gemäß § 1671 Abs. 3 BGB von einem gemeinsamen Vorschlag der Eltern nur abweichen, wenn dies zum Wohl der Kinder erforderlich ist. Da das Familiengericht erfahrungsgemäß nur äußerst selten von dem Vorschlag der Eltern abweicht, kommt der Vereinbarung der Eltern erhebliche Bedeutung bei. Gemäß § 12 Abs. 2 S. 3 GKG ist von einem Wert von 1500,— DM auszugehen. Handelt es sich um mehrere Regelungen nach § 621 Abs. 1 Nr. 1 bis 3 ZPO, kann der Wert erhöht werden. Das gleiche gilt, wenn sich die Regelung auf verschiedene Kinder bezieht.

Der Wert erhöht sich ferner gemäß § 12 Abs. 2 GKG z. B., wenn die Eltern wirtschaftlich sehr gut gestellt sind. Beträgt der Streitwert des Eheverfahrens wegen der wirtschaftlichen Verhältnisse der Parteien bei sonst durchschnittlichen Umständen z. B. 10000,— DM, ist es angemessen, bei der Bewertung der Scheidungsfolgesache von 3000,— DM auszugehen.

Regeln die Eheleute auch das Besuchsrecht neben der Vereinbarung über die elterliche Sorge, so ist auch das Besuchsrecht gesondert, in der Regel aber niedriger als der Vorschlag zur elterlichen Sorge zu bewerten.

Die Regelung des Unterhalts für die Kinder ist wie die Regelung des Unterhalts der Eheleute gemäß § 17 Abs. 1 GKG zu bewerten.

Schmidt/Schmidt Gegenstandswert Rz. 157 a.

Die Regelung des Unterhalts für die Kinder folgt nicht aus der Vereinbarung über die elterliche Sorge (§ 12 Abs. 3 GKG). Sie ist deshalb gesondert zu bewerten.

Die Regelung des Hausrats ist mit dem Wert des Hausrats zu bewerten, wenn man davon ausgeht, daß beide Eheleute gemeinsam Eigentümer sind.

Vgl. auch Celle AnwBl. 71, 316 (bei einfachem Haushalt 2000,— DM).

Die Vereinbarung, wem die gemeinsame Wohnung in Zukunft allein zustehen soll, ist mit der Jahresmiete zu bewerten.

Zu beachten ist dabei, daß für die Regelung der Benutzung der Ehewohnung durch einstweilige Anordnung für die Dauer des Eheverfahrens bereits der dreimonatige Mietwert gemäß § 20 Abs. 2 GKG maßgebend ist.

Die Vergleichsgebühr. Welche Gebühren der RA bei dem Abschluß von 6 Scheidungsvereinbarungen zu beanspruchen hat, war außerordentlich streitig. Soviel ist jedoch gewiß, daß der RA – stellt sich die Scheidungsvereinbarung als Vergleich dar – die Vergleichsgebühr des § 23 zu beanspruchen hat.

Ob der Vergleich **gerichtlich oder außergerichtlich** abgeschlossen wird, ist, wie auch sonst, für die Entstehung der Vergleichsgebühr ohne Bedeutung. Es braucht auch kein gerichtliches Verfahren über die verglichenen Ansprüche anhängig zu sein. Entscheidend ist nur, daß über die Ansprüche Streit oder Ungewißheit besteht, die durch gegenseitiges Nachgeben beseitigt werden und daß die Mitwirkung des RA für das Zustandekommen des Vergleichs ursächlich war.

Zulässig ist auch, daß der **Vergleich vor dem Familiengericht** abgeschlossen oder zu Protokoll erklärt wird. Ist ein Verfahren auf Scheidung anhängig gemacht worden, ist gemäß § 623 ZPO mit der Scheidungssache gleichzeitig – teils von Amts wegen, teils auf Antrag – über die Folgesachen zu verhandeln. Von Amts wegen ist über die Regelung der elterlichen Sorge und über die Durchführung des Versorgungsausgleichs in den Fälle des § 1587b BGB zu entscheiden. Auf Begehren eines oder beider Ehegatten ist auch über die übrigen Folgesachen (vgl. § 621 Abs. 1 ZPO) gleichzeitig zu verhandeln. Durch den Verbund werden die Folgesachen in das Eheverfahren eingeführt. Damit können die Folgesachen auch vergleichsweise geregelt werden. Für das Sorgerecht als nicht disponible Scheidungsfolge hat der zwischen den Ehegatten geschlossene Vergleich keine bindende Wirkung. Hier muß das Gericht noch entscheiden. Allerdings ist wohl im allgemeinen nicht zu erwarten, daß es von der Vereinbarung der Ehegatten abweicht. Der RA hat Anspruch auf die Vergleichsgebühr.

Wird der Vergleich im Berufungsverfahren geschlossen, beträgt die Vergleichsgebühr $^{13}/_{10}$.

Hamburg AnwBl. 64, 81 = MDR 64, 425; Hamm JMBlNRW 63, 218 = JVBl. 64, 15; Köln Rpfleger 67, 68.

Zu beachten ist, daß die Vergleichsgebühr als Erfolgsgebühr nur erwächst, wenn der Vergleich endgültig zustande gekommen ist. Vor der Rechtskraft des Eheurteils geschlossene Scheidungsvereinbarungen hängen in ihrer Wirksamkeit davon ab, daß die Ehe der Beteiligten rechtskräftig geschieden wird. Haben die Parteien z. B. „für den Fall der Scheidung der Ehe eine Vereinbarung getroffen", so entfällt die Vergleichsgebühr, wenn die Scheidungsanträge zurückgenommen werden (und zwar auch dann, wenn dies erst im Berufungsinstanz nach Erlaß eines Scheidungsurteils geschieht),

Hamm AnwBl. 80, 363 und 80, 507.

oder wenn die Ehe vor Rechtskraft des Scheidungsurteils durch den Tod eines Ehegatten aufgelöst wird.

7 Weitere Gebühren. Unstreitig ist, daß die Vergleichsgebühr als reine Erfolgsgebühr nicht allein entstehen kann. Es muß für das Betreiben des Geschäfts mind. noch eine Verfahrensgebühr hinzukommen. Als solche Verfahrensgebühr können mehrere Gebühren in Betracht gezogen werden:

a) die Prozeßgebühr des § 31 Abs. 1 Nr. 1,

b) die Geschäftsgebühr des § 118.

Am häufigsten fand sich die Auffassung, daß der RA neben der Vergleichsgebühr eine halbe Prozeßgebühr zu beanspruchen hat.

BGH BGHZ 48, 334 = JurBüro 68, 381 = JVBl. 68, 38 = MDR 68, 143 = NJW 68, 52 (abl. H. Schmidt NJW 68, 702) vgl. auch Düsseldorf AnwBl. 85, 388

(Gebühren nach § 118 nur, wenn ausdrücklicher Auftrag zu außergerichtlicher Regelung der Scheidungsfolgen z. B. durch notarielle Vereinbarung); Mümmler JurBüro 86, 19.

Sollen mit der Ehescheidung zusammenhängende Familiensachen – soweit zulässig (Ausnahme Sorgerecht) – außergerichtlich geregelt werden (z. B. im Hinblick auf § 630 Abs. 3 ZPO durch notarielle Beurkundung), entsteht die Geschäftsgebühr des § 118 Nr. 1. Daneben kann die Besprechungsgebühr des § 118 Nr. 2 erwachsen.

Sollen die Folgesachen – was jetzt wohl wegen des Verbunds die Regel sein wird – im Rahmen des Eheverfahrens geregelt werden, entsteht die Prozeßgebühr, zunächst zur Hälfte, soweit die Voraussetzungen des § 32 Abs. 1 erfüllt sind, in voller Höhe. So erwächst die Prozeßgebühr in voller Höhe, wenn die Folgesache anhängig geworden (Amtsfolgesache) oder anhängig gemacht worden ist (Antragsfolgesache). In Antragsfolgesachen muß also ein Antragsschriftsatz eingereicht sein, damit die Prozeßgebühr in voller Höhe entsteht.

Mümmler JurBüro 82, 1637; Hamburg MDR 78, 768; Zweibrücken JurBüro 78, 1816.

Wird der Verkehrsanwalt in Ehesachen in die Verhandlung über eine Scheidungsvereinbarung eingeschaltet, erhält er zusätzlich zu der Verkehrsgebühr in der Ehesache eine weitere Vergütung. Erhält der Prozeßbevollmächtigte auch für die Folgesachen die Prozeßgebühr (vgl. § 7 Abs. 3), so erhält der Verkehrsanwalt die Verkehrsgebühr aus dem zusammengerechneten Wert der Scheidungssache und der Folgesache, sofern sich sein Auftrag auch auf die Folgesachen erstreckte.

Festsetzung der Gebühren gegen den erstattungspflichtigen Gegner und die 8 eigene Partei.

Hier ist zu unterscheiden, ob die Vergütung für die Scheidungsvereinbarung gegen den Auftraggeber oder gegen den anderen Ehegatten geltend gemacht wird.

Gegen den Gegner kann der Anspruch gemäß § 103 ZPO nur auf Grund eines zur Zwangsvollstreckung geeigneten Titels geltend gemacht werden. Die Kostenentscheidung des Eheurteils erstreckt sich gemäß § 93a ZPO auf die Kosten der Scheidungsvereinbarung, wenn diese keine abweichende Kostenentscheidung trifft. Das Gericht kann jedoch die von den Parteien getroffene Vereinbarung über die Kosten auch seiner Entscheidung zugrunde legen (vgl. § 93a Abs. 1 ZPO).

Hat die Gegenpartei die durch Scheidungsvereinbarung entstandenen Gebühren in dem gerichtlich protokollierten Vergleich übernommen, können die bei Gericht entstandenen Gebühren (die Vergleichsgebühr des § 23 und die Verfahrensgebühr des § 31 Abs. 1 Nr. 1 i. V. m. § 32) festgesetzt werden. Für die Festsetzung von Gebühren des § 118 ist dagegen kein Raum, es sei denn, die Parteien haben in dem Vergleich bestimmt, daß auch die Geschäftsgebühr in Höhe von ⁵⁄₁₀ und die Besprechungsgebühr von ⁵⁄₁₀ erstattet werden soll.

Wird im Rahmen eines Eheverfahrens über die Nebenfragen zur Scheidung ein Gesamtvergleich ohne besondere Kostenvereinbarung getroffen, so sind die Kosten dieses Vergleichs unabhängig von der Entscheidung im Hauptprozeß gegeneinander aufzuheben.

Braunschweig NdsRpfl. 70, 10; Düsseldorf MDR 71, 54; Hamburg MDR 67, 138; Stuttgart AnwBl. 69, 20 = NJW 69, 103; vgl. jedoch auch Schumann JVBl. 62, 262 und NJW 63, 998 sowie München AnwBl. 62, 72 = NJW 62, 351 und NJW 63, 2330.

Gegen die eigene Partei können etwa außerhalb des Prozeßauftrages durch außergerichtliche Verhandlungen entstandene Gebühren des § 118 mit Rücksicht auf die Vorschrift des § 19 Abs. 7 nicht festgesetzt werden. Sie müssen eingeklagt werden.

Dagegen können die im gerichtlichen Verfahren einschließlich der Protokollierung einer Scheidungsvereinbarung entstandenen Gebühren (§§ 31, 32 i. V. m. § 23) gemäß § 19 gegen die eigene Partei festgesetzt werden.

9 **Gebühren des PKH-Anwalts** Der beigeordnete RA erhält für den Abschluß einer Scheidungsvereinbarung Gebühren aus der Staatskasse, soweit er der Partei für den Abschluß der Scheidungsvereinbarung besonders beigeordnet worden ist oder sich seine Beiordnung für die Ehesache nach § 122 Abs. 3 S. 1 auf den Abschluß eines Vergleichs über bestimmte mit der Scheidung zusammenhängende Gegenstände erstreckt (vgl. A 33 ff. zu § 122).

Dagegen ist kein Raum für eine Vergütung etwaiger darüber hinausgehender Gebühren aus § 118. Die Beiordnung in einem gerichtlichen Verfahren kann sich nur auf die im gerichtlichen Verfahren entstehenden Gebühren erstrecken.

Wird die Scheidungsvereinbarung in der Berufungsinstanz abgeschlossen, erhält auch der beigeordnete RA die gemäß § 11 Abs. 1 Satz 4 erhöhten Gebühren.

10 **Vergleiche für die Dauer des Eheverfahrens.** Den Parteien ist es überlassen, ob sie ihre Verhältnisse während der Ehesache durch einstweilige Anordnungen gemäß § 620 ZPO regeln lassen oder ob sie auftauchende Fragen durch Vereinbarungen lösen wollen. Der RA, der an einer derartigen Vereinbarung mitwirkt, erhält ebenfalls die Vergleichsgebühr und – je nach dem Auftrag – die Gebühr des § 41 bzw. des § 31 Abs. 1 Nr. 1, § 32 oder die Vergütung aus § 118.

Der Gegenstandswert ist gemäß § 20 Abs. 2 GKG zu bestimmen. Es bleibt auch dann bei dem Sechsmonatsbetrag für den Unterhaltswert, wenn eine längere Dauer des Eheverfahrens vorauszusehen ist (z. B. weil das Eheverfahren auf ein Jahr ausgesetzt ist, § 614 Abs. 4 ZPO) oder wenn das Verfahren früher beendet ist.

11 Die **Aussöhnungsgebühr** ist nicht die Vergleichsgebühr des § 23. Der Gesetzgeber hat es für erforderlich gehalten, die Aussöhnungsgebühr zu einer eigenen, von der Vergleichsgebühr verschiedenen Gebühr zu gestalten.

Beide Gebühren – die Aussöhnungsgebühr und die Vergleichsgebühr – unterscheiden sich jedoch nicht grundlegend. Sie sind vielmehr miteinander verwandt. Die Folge ist, daß für die Tätigkeit, die die Aussöhnungsgebühr auslöst, der RA nicht gleichzeitig auch die Vergleichsgebühr erhalten kann.

Vgl. wegen der Vergütung des RA bei Vereinbarungen, die außer der Aussöhnung weitere Streitfragen zwischen den Eheleuten klären, unten A 21.

12 **Zerstrittene Ehegatten.** Notwendige Voraussetzung jeder Aussöhnung ist, daß sich die Ehegatten vorher zerstritten haben. Ohne vorherigen Streit keine Aussöhnung! Nun genügt allerdings nicht jeder Streit zwischen Eheleuten,

um dem RA, der bei der Beilegung des Streites mitwirkt, die Aussöhnungsgebühr zu verschaffen. Die Beilegung eines Streites, wie er wohl in jeder Ehe einmal vorkommt, reicht nicht aus.

Damit ist aber nicht gesagt, daß ein RA, der bei der Aussöhnung nach einem solchen Streit mitwirkt, überhaupt keinen Gebührenanspruch hat. Der RA hat den Auftrag, in einer „anderen Angelegenheit" i. S. des § 118 tätig zu werden. Er erhält für die Tätigkeit die Geschäftsgebühr und meist auch – z. B. wenn eine Aussprache der Ehegatten in seiner Gegenwart stattfindet – die Besprechungsgebühr. Der Geschäftswert dieser Gebühren wird – je nach der Schwere des Streites – etwas unter dem Wert liegen, den ein Scheidungsstreit dieser Eheleute haben würde. Unter 600,— DM kann der Wert – wegen § 12 Abs. 2 GKG – nicht liegen. Er wird – bei Durchschnittsehen – zwischen 600,— DM und 4000,— DM zu suchen sein.

Voraussetzung für das Entstehen der Aussöhnungsgebühr ist, daß der Fortbestand der Ehe durch den Streit erschüttert ist. Abs. 2 drückt dies mit den Worten aus: „Ist eine Scheidungssache oder eine Klage auf Aufhebung einer Ehe anhängig oder ist der ernstliche Wille eines Ehegatten, ein solches Verfahren anhängig zu machen, hervorgetreten."

Scheidungssache oder Klage auf Aufhebung einer Ehe.   13
Scheidungssache oder Klage auf Aufhebung der Ehe ist auch ein Antrag des Beklagten auf Scheidung der Ehe oder eine Widerklage auf Aufhebung, z. B. gegen eine Herstellungklage.

Ein Antrag auf Scheidung der Ehe oder eine Klage auf Aufhebung der Ehe muß anhängig sein.

Zustellung des Scheidungsantrages ist nicht erforderlich, denn in der bloßen Einreichung des Antrages – auch beim unzuständigen Gericht – kommt jedenfalls der ernstliche Wille, geschieden zu werden, zum Ausdruck.

Der Antrag oder die Klage muß „noch" anhängig sein.

> Da die Anhängigkeit ohne Rücksicht auf die Erfolgsaussichten genügt, spielt es keine Rolle, ob der Antrag bzw. die Klage etwa in erster Instanz abgewiesen worden ist.

Nach rechtskräftiger Entscheidung über den Antrag bzw. die Klage oder nach der Rücknahme des Antrags bzw. der Klage

> In den Aussöhnungsbesprechungen kann selbstverständlich vereinbart werden, daß der Antrag bzw. die Klage zurückgenommen wird. In der Regel ist die Rücknahme des Antrags bzw. der Klage sogar notwendige Folge der Aussöhnung (jedoch nicht immer; Beispiel: Der Ehemann läßt das abweisende Urteil nach der Aussöhnung rechtskräftig werden).

ist grundsätzlich kein Raum mehr für die Entstehung der Aussöhnungsgebühr. Ist die Ehe rechtskräftig geschieden, ist die Ehe gelöst. Die Aussöhnung kann nur zur Wiederverehelichung, nicht aber zur Fortsetzung der alten Ehe führen. Für eine Anwendung des § 36 Abs. 2 ist deshalb kein Raum.

Der ernstliche Wille, einen Antrag zu stellen bzw. eine Klage zu 14 erheben. Auch wenn kein Antrag auf Scheidung gestellt bzw. keine Klage erhoben ist, kann die Aussöhnungsgebühr erwachsen, wenn der ernstliche Wille eines Ehegatten, ein Verfahren anhängig zu machen, hervorgetreten ist.

Wann dies der Fall ist, kann im Einzelfall zweifelhaft sein. Der ernstliche Wille zur Stellung eines Antrags auf Scheidung bzw. Erhebung der Klage ist z. B.

erkennbar, wenn ein Ehegatte bereits Auftrag erteilt hat, er die Gewährung von Prozeßkostenhilfe für das Verfahren erbeten hat. Meist wird der ernstliche Wille auch in der Sammlung von Material erkennbar werden. Doch lassen sich hier auch Fälle denken, in denen auf einen Scheidungswillen nicht geschlossen werden kann. Eine mißtrauisch gewordene Ehefrau beauftragt einen Detektiv mit Ermittlungen, wobei sie den Willen hat, die Ehe fortzusetzen, wenn die Ermittlungen negativ verlaufen, dagegen sich scheiden zu lassen, wenn sich ihre Vermutung, der Ehemann betrüge sie, bestätigt. Hier ist die Ehefrau noch unschlüssig. Die Trennung vom anderen Ehegatten besagt ebenfalls nicht notwendig, daß dies in der Absicht geschehen ist, sich scheiden zu lassen. Häufig trennen sich Ehegatten mit der festen Absicht, an der Ehe festzuhalten, wenngleich sie die häusliche Gemeinschaft vorerst nicht mehr fortsetzen wollen. In vielen Fällen wird jedoch die Trennung die Vorstufe der Erhebung der Aufhebungsklage oder der Stellung des Scheidungsantrags sein und im Zusammenwirken mit anderen Umständen erkennbar machen, daß ein solches Verfahren gewollt ist. Drohungen, wie sie bei ehelichen Auseinandersetzungen gelegentlich ausgestoßen werden („ich lass' mich scheiden"), reichen allerdings nicht aus, um einen „ernstlichen Scheidungswillen" anzunehmen.

Der Wille, eine Klage auf Feststellung des Bestehens oder Nichtbestehens der Ehe, eine Herstellungklage oder eine Klage auf Feststellung der Berechtigung zum Getrenntleben zu erheben, reicht nicht aus.

15 **Die Aussöhnung.** Die Aussöhnung ist kein Rechtsgeschäft, sondern ein tatsächlicher Vorgang. Sie ist von der Verzeihung zu unterscheiden. Verzeihung ist der zum Ausdruck gekommene innere Vorgang, daß der gekränkte Ehegatte die anfangs als ehezerrüttend empfundene Handlung des anderen nicht mehr als solche ansehen will. Auf das Verhalten des anderen Ehegatten kommt es nicht an. Ein Ehegatte kann eine Verfehlung des anderen Ehegatten gegen dessen Willen verzeihen.

Die Aussöhnung ist dagegen ein zweiseitiger Vorgang. Beide Ehegatten müssen den Willen haben und erkennbar zeigen, die früher – sei es einseitig, sei es beiderseitig – erhobenen Vorwürfe als erledigt anzusehen und die Ehe miteinander fortzusetzen.

Mümmler JurBüro 81, 1458; KG NJW 60, 1306 = Rpfleger 62, 40.

Die Eheleute müssen demzufolge – ohne Vorbehalte – gewillt sein, die eheliche, in der Regel auch die häusliche Gemeinschaft wiederaufzunehmen oder – falls noch nicht aufgehoben – fortzusetzen.

Es wird genügen müssen, wenn die Beziehungen des Ehegatten sich so gestalten, daß sie nach außen dem Bild einer fortgesetzten oder wiederhergestellten ehelichen Lebensgemeinschaft entsprechen.

Im allgemeinen wird die Folge sein, daß die beiden Ehegatten sich entschließen,

a) bereits anhängig gemachte Verfahren zurückzunehmen,
b) Aufträge zur Stellung des Antrags auf Scheidung der Ehe zu widerrufen,
c) bei Trennung die Gemeinschaft wiederaufzunehmen.

Nicht nötig ist, daß dies in der ehelichen Wohnung geschieht; eine gemeinsame Urlaubsreise reicht gleichfalls aus. Eine Aussöhnung kann auch vorliegen, wenn die häusliche Lebensgemeinschaft nicht aufgenommen wird,

Hamburg AnwBl. 62, 151 = MDR 62, 417.

d) die geschlechtlichen Beziehungen fortzusetzen oder wiederaufzunehmen und ihr Vorhaben auch durchführen.

Andererseits ist eine Aussöhnung auch denkbar, ohne daß die vorstehend aufgezeigten Folgerungen gezogen werden.

Beispiele: Die Parteien leben wieder wie eh und je zusammen. Sie kümmern sich nicht mehr um ihren Ehestreit, der vielleicht gemäß § 614 ZPO ausgesetzt war.

Ein Künstlerehepaar, das aus beruflichen Gründen getrennt lebt, kann sich auch dann aussöhnen, wenn die Eheleute weiterhin die Absicht haben, aus den berufsbedingten Gründen getrennt zu leben.

Kommt es – sei es aus Krankheits-, sei es aus Altersgründen – zunächst oder überhaupt nicht zur Wiederaufnahme geschlechtlicher Beziehungen, so spricht dies nicht notwendig gegen eine Aussöhnung.

Eine Aussöhnung liegt aber nicht vor, wenn sich die Ehegatten entschließen, den gestellten Antrag auf Scheidung der Ehe zurückzunehmen bzw. den beabsichtigten Scheidungsantrag nicht zu stellen, sie aber weiterhin gewillt bleiben, getrennt zu leben.

Beispiel: Ehegatten entschließen sich, des Rufes willen das Scheidungsverfahren zu beenden, sind sich aber einig, daß sie weiterhin getrennt leben.

Auch wenn die Eheleute nicht getrennt leben, besagt die Rücknahme des Scheidungsantrags für sich allein noch nicht, daß sich die Parteien ausgesöhnt haben.

Düsseldorf MDR 65, 496 = JMBlNRW 65, 96 = JurBüro 65, 476 = Rpfleger 65, 380.

Zum Begriff der Aussöhnung gehört nicht, daß sie von Dauer ist.

Celle NdsRpfl. 61, 250 = JVBl. 62, 17; Hamburg AnwBl. 62, 151 = MDR 62, 417.

Andererseits liegt keine „Aussöhnung" vor, wenn sich die Parteien im Gerichtssaal „versöhnt" haben, aber bereits auf der Treppe des Gerichtsgebäudes wieder zu streiten beginnen.

Es ist also durchaus möglich, daß sich Ehegatten versöhnt haben, sich jedoch z. B. nach einem Vierteljahr wieder – nunmehr vielleicht unheilbar – zerstreiten. Deswegen spricht gegen eine Aussöhnung nicht rechtsnotwendig der Umstand, daß das alte Eheverfahren fortgesetzt wird.

Beispiel: Das Gericht hat den Ehestreit gemäß § 614 ZPO auf ein Jahr ausgesetzt. Nach der Aussetzung haben sich beide Ehegatten ausgesöhnt. Sie leben wieder miteinander, ohne sich um das Schicksal des Eheverfahrens, das sie nicht mehr interessiert, zu kümmern. Nach längerem Zusammenleben kommt es wieder zum Streit. Der verletzte Ehegatte will sich nunmehr scheiden lassen. Es unterliegt keinem Zweifel, daß sich die Parteien in dem Beispiel ausgesöhnt hatten. Ebenso unzweifelhaft ist auch, daß die Scheidung der Ehe in dem noch anhängigen Verfahren – allerdings mit Gründen, die nach der Aussöhnung liegen – betrieben werden muß. Der Erhebung einer neuen Scheidungssache würde die Einrede der Rechtshängigkeit entgegenstehen. Von der tatsächlich erfolgten Aussöhnung ist die in Aussicht genommene Aussöhnung zu unterscheiden. Erklären die Parteien, sie wollten es noch einmal miteinander versuchen und wieder zusammenziehen, um zu prüfen, ob eine Fortsetzung der Ehe möglich ist, so liegt darin noch keine Aussöhnung.

Selbst in der Wiederaufnahme der häuslichen Gemeinschaft und einem einmaligen Geschlechtsverkehr ist noch keine Aussöhnung zu sehen, wenn es alsbald wieder zum Streit kommt.

Eine Aussöhnung liegt bei einem solchen versuchsweisen Zusammenleben vor, wenn beide Ehegatten zu der Überzeugung kommen, daß eine Fortsetzung der Ehe möglich ist, und sie dementsprechend den Willen haben, die Ehe auch fortzusetzen.

Gelegentlich wird es schwierig sein festzustellen, ob nur ein versuchsweises Zusammenleben oder eine echte Aussöhnung vorliegt, wenn es wieder zum Streit zwischen den Ehegatten kommt. Als Unterscheidungsmerkmal könnte dienen, ob der alte Streit fortgesetzt oder ob eine neue Eheverfehlung des anderen Ehegatten geltend gemacht wird (ein untrügliches Zeichen ist dies allerdings nicht).

Beispiele: Nach Trennung und Einreichung des Scheidungsantrags ziehen die Eheleute versuchsweise wieder zusammen. Am zweiten oder dritten Tage wirft die Ehefrau dem Manne vor, er habe sie mit ihrer Freundin in der übelsten Weise betrogen, sie komme über diesen Vertrauensbruch nicht hinweg (gescheiterte Aussöhnung).

Der Mann hält sein Versprechen, sich nicht mehr zu betrinken, etwa einen Monat lang. Die Eheleute leben gut miteinander. Verführt durch seinen Freund, verfällt der Mann seinem alten Laster, er betrinkt sich tagtäglich. (Aussöhnung. Neuer Streit nach neuer Eheverfehlung.)

Die Eheleute leben einige Zeit gut zusammen. Aus einem geringfügigen Anlaß geraten beide in Streit, der immer schärfer wird. Hierbei werfen sie sich gegenseitig früheres Verhalten vor (im Unterschied zum ersten Beispiel dürfte hier eine Aussöhnung zu bejahen sein. Beide Eheleute waren über die frühen Vorgänge hinweggekommen. Die alten Vorwürfe wurden neu vorgehalten, um den anderen im Streit zu kränken).

Eine Aussöhnung liegt auch nicht vor, wenn die Eheleute zwar vereinbaren, die Lebensgemeinschaft fortzusetzen oder wiederaufzunehmen, die Absprache aber an Bedingungen oder Vorbehalte geknüpft ist, die nicht erfüllt werden.

Haben Ehegatten, nachdem die Lebensgemeinschaft zwischen ihnen aufgehoben und ein Eheverfahren zwischen ihnen anhängig geworden war, eine Aussöhnung vereinbart, so erhält der RA, der dabei mitgewirkt hat, eine Aussöhnungsgebühr erst dann, wenn die Bedingungen, unter denen die Parteien vereinbarungsgemäß die eheliche Lebensgemeinschaft endgültig wiederaufnehmen wollten, dem wesentlichen Inhalt nach erfüllt sind.

KG Rpfleger 67, 237.

16 Die Mitwirkung des Anwalts bei der Aussöhnung. Soll der RA die Aussöhnungsgebühr erhalten, muß er bei der Aussöhnung mitgewirkt haben. Er muß also eine Tätigkeit in Richtung auf eine Aussöhnung der Ehegatten entwickelt haben.

Die Aussöhnungsgebühr ist keine Tätigkeitsgebühr, sondern eine Erfolgsgebühr.

Das hat in zweierlei Richtung Bedeutung:

Scheitern die Bemühungen des RA um die Aussöhnung der Eheleute, erhält er die Aussöhnungsgebühr nicht.

> Vgl. auch Hamm JurBüro 64, 733 = JMBlNRW 64, 227 = Rpfleger 66, 99 (Die Aussöhnungsgebühr erwächst dem RA nicht, wenn zwar auf Grund einer unter seiner Mitwirkung zustande gekommenen Absprache die eheliche Lebensgemeinschaft von den Parteien eines Eherechtsstreits fortgesetzt oder wiederaufgenommen wird, diese Absprache aber an Bedingungen oder Vorbehalte geknüpft ist, die nicht erfüllt werden).

Haben die Bemühungen Erfolg, tritt die Aussöhnungsgebühr als Erfolgsgebühr zusätzlich zu den Gebühren, die der RA für seine Tätigkeit verdient hat. Es ist also verfehlt, die Aussöhnungsgebühr etwa an die Stelle der Besprechungsgebühr zu setzen.

Worin muß nun das „Mitwirken" des RA bestehen?

Allgemein läßt sich sagen, muß er in Richtung auf eine Aussöhnung der Eheleute tätig geworden sein. Einen bestimmten Umfang braucht diese Tätigkeit nicht gehabt zu haben. Sie muß jedoch die Aussöhnung gefördert haben. Dabei ist es nicht nötig, daß der RA bei der Aussöhnung selbst zugegen gewesen ist oder daß er überhaupt mit dem anderen Ehegatten gesprochen hat. Es reicht für die Entstehung der Aussöhnungsgebühr z. B. aus, wenn der RA seinen Auftraggeber eingehend beraten und für die Besprechung mit dem anderen Ehegatten mit Ratschlägen versehen hat.

Andererseits reicht ein allgemein gehaltener Ratschlag

„Mit Ihrer Scheidung wird es doch nichts. Gehen Sie lieber zu Ihrem Mann zurück und söhnen Sie sich mit ihm aus"

nicht aus, um die Aussöhnungsgebühr entstehen zu lassen.

Der RA muß durch konkrete Ausführungen die Bereitschaft seines Auftraggebers zur Aussöhnung wecken oder eine bereits vorhandene Bereitschaft so weit fördern, daß die Aussöhnung tatsächlich zustande kommt.

Wann diese Voraussetzung erfüllt ist, mag im Einzelfall zweifelhaft sein. Ein Blick auf die verwandte Vergleichsgebühr wird in vielen Fällen die Antwort erleichtern: „Hätte die Tätigkeit des RA zur Entstehung der Vergleichsgebühr ausgereicht, wenn sie nicht auf ein Eheverfahren, sondern auf eine Zahlungsklage gerichtet gewesen wäre."

Beispiele: Ein hingeworfener Satz „Vergleichen Sie sich lieber" begründet die Vergleichsgebühr nicht.

Der Ratschlag „Gewähren Sie ihrem Schuldner monatliche Ratenzahlungen von 100,— DM, dann wird er sein Bestreiten aufgeben. Er weigert sich doch nur zu zahlen, weil er die 3000,— DM, die Sie fordern, nicht auf einmal zahlen kann", rechtfertigt die Vergleichsgebühr, wenn die Parteien sich tatsächlich in der vorgeschlagenen oder ähnlichen Art vergleichen.

Der RA wirkt in der Regel an der Aussöhnung auch dann mit, wenn der Richter im Termin mit den Eheleuten ein Aussöhnungsgespräch führt und die Eheleute sich alsbald oder auch später unter dem Eindruck des Aussöhnungsgesprächs aussöhnen. Denn es ist nicht anzunehmen, daß der RA im Termin untätig dabeisteht, wenn zur Aussöhnung verhandelt wird. Das Protokoll braucht über die Tätigkeit des RA bei den Aussöhnungsverhandlungen nichts auszusagen.

Bamberg JurBüro 85, 233.

Beteiligt sich der RA allerdings tatsächlich nicht an den Aussöhnungsbesprechnungen (zur Mitwirkung genügt, daß er sagt: ich rate Ihnen zu), weil er etwa sagt: „Schade um den schönen Prozeß, den ich durch zwei Instanzen hätte führen können", hat er die Aussöhnungsgebühr nicht verdient.

Ebensowenig entsteht die Aussöhnungsgebühr, wenn die Eheleute dem RA eine ohne seine Mitwirkung zustande gekommene Aussöhnung mitteilen.

Das gilt auch dann, wenn der RA die Aussöhnung dem Gericht berichtet und nunmehr den Antrag auf Aufhebung der Ehe zurücknimmt oder die Zustimmung zur Rücknahme durch den Gegner erteilt.

Das gleiche gilt, wenn der Berufungsanwalt die ohne seine Mitwirkung erfolgte Aussöhnung dem Gericht mitteilt und beantragt, die Wirkungslosigkeit des Ehescheidungsurteils des Familiengerichts auszusprechen.

Hamm JurBüro 64, 735 = JMBlNRW 64, 240.

17 Die Höhe der Aussöhnungsgebühr. Die Aussöhnungsgebühr ist gemäß § 36 Abs. 2 eine volle Gebühr, also eine $^{10}/_{10}$-Gebühr, wenn die Aussöhnung vor Einreichung des Antrags auf Aufhebung der Ehe oder im ersten Rechtszuge erfolgt.

Söhnen sich die Eheleute erst im Berufungs- oder Revisionsverfahren aus, ist die Aussöhnungsgebühr gemäß § 11 Abs. 1 Satz 4 eine $^{13}/_{10}$-Gebühr.

Die Höhe der Gebühr richtet sich nach dem Gegenstand der Ehesache. Ist die Ehesache anhängig, ist der von dem Gericht für die Ehesache festgesetzte Streitwert maßgebend.

Ist ein Ehestreit nicht anhängig, ist der Wert gemäß § 12 Abs. 2 GKG zu berechnen. Einer der sonst zu berücksichtigenden Umstände hat allerdings außer Betracht zu bleiben, der Umfang der Sache. Da es nicht zu einem Eheverfahren gekommen ist, gibt es keinen „Umfang". Es kann also nicht gesagt werden „da kein Umfang, möglichst geringer Gegenstandswert". Der „Umfang" der Ehesache ist hiernach wertneutral. Er ist weder auf das mutmaßliche Maß, das er bei Durchführung der Sache angenommen hätte, zu schätzen noch, weil nicht vorhanden, gebührenmindernd zu beachten.

Der Wert eines Aussöhnungsvergleiches kann den Wert der Ehesache übersteigen, wenn noch zusätzliche Vereinbarungen getroffen werden.

Frankfurt AnwBl. 70, 136.

18 Entstehen weitere Gebühren. Die Aussöhnungsgebühr ist – wie bereits ausgeführt – keine Tätigkeits-, sondern eine Erfolgsgebühr, die zusätzlich zu den Gebühren tritt, die der RA durch seine Tätigkeit ohne Rücksicht auf den Erfolg verdient hat.

Welche weiteren Gebühren hat nun der RA bei einer Aussöhnung der Eheleute neben der Aussöhnungsgebühr verdient?

Die Antwort ist leicht, wenn das Verfahren bereits anhängig ist. Hier hat der RA die Prozeßgebühr, gegebenenfalls auch die Verhandlungsgebühr und die Beweisgebühr verdient.

Für die Aussöhnungsverhandlungen selbst erhält der RA allerdings keine zusätzliche Vergütung. Sie gehören – wie die Vergleichsverhandlungen in anderen Prozessen – gemäß § 37 zum Rechtszuge und werden durch die Prozeßgebühr und die Erörterungs- bzw. Verhandlungsgebühr abgegolten.

Hat der RA bereits Auftrag, die Scheidung zu beantragen, söhnen sich die Parteien jedoch vor der Einreichung des Antrags unter seiner Mitwirkung aus, erhält der RA neben der Aussöhnungsgebühr ($^{10}/_{10}$) die Prozeßgebühr – wegen § 32 – nur zur Hälfte ($^{5}/_{10}$).

Das gleiche gilt, wenn der OLG-Anwalt Auftrag zur Berufungseinlegung hat, sich die Eheleute aber vor der Einlegung der Berufung unter seiner Mitwirkung aussöhnen. Der Berufungsanwalt erhält jedoch – wegen § 11 Abs. 1 Satz 4 – eine $^{13}/_{10}$-Aussöhnungs- und eine $^{13}/_{20}$-Prozeßgebühr.

Schließlich ist es noch möglich, daß Aussöhnungsaussprachen vorgerichtlich stattfinden.

Beispiel: Die Ehefrau hat sich von dem Ehemann getrennt, um sich scheiden zu lassen. Bevor sie einen RA mit der Stellung des Scheidungsantrags beauftragt, wendet sich der Ehemann an einen RA mit der Bitte, eine Aussprache herbeizuführen. Der RA bittet beide Eheleute zu sich. In einer eingehenden Aussprache kommt es zu einer Aussöhnung.

Hier hat der RA einen Auftrag für eine Angelegenheit des § 118 erhalten. Er hat sonach zu beanspruchen

die Geschäftsgebühr des § 118 Abs. 1 Nr. 1

und

die Besprechungsgebühr des § 118 Abs. 1 Nr. 2.

Zu diesen Gebühren tritt im Falle einer Aussöhnung zusätzlich als Erfolgsgebühr hinzu

die Aussöhnungsgebühr.

Beweis für die Mitwirkung. Nicht selten bestreiten Ehegatten, die sich **19** ausgesöhnt haben, nachträglich die Mitwirkung ihrer Anwälte an der Aussöhnung. Da der RA die Aussöhnungsgebühr jedoch nur erhält, wenn er den Nachweis seiner Mitwirkung an der Aussöhnung führen kann, ist dringend zu raten, die Mitwirkung bei der Versöhnungsbesprechung aktenkundig zu machen.

Aus der Verwandtschaft der Aussöhnungsgebühr mit der Vergleichsgebühr wird man folgern können, daß der Rechtsgedanke des § 23 Abs. 1 Satz 2 auf die Aussöhnungsgebühr entsprechend anzuwenden ist. Der RA erhält somit im Falle einer Aussöhnung der Eheleute die Aussöhnungsgebühr auch dann, wenn er zwar nicht bei der Aussöhnung selbst, wohl aber bei vorangegangenen Aussöhnungsverhandlungen mitgewirkt hat, es sei denn – die Beweislast trifft nunmehr die Ehegatten –, daß die Mitwirkung des RA für die Aussöhnung nicht ursächlich war.

An die Glaubhaftmachung der Mitwirkung des RA an der Aussöhnung dürften keine zu hohen Anforderungen gestellt werden. Es reicht aus, wenn nach den gesamten Umständen des Falles die Überzeugung begründet ist, daß die Tätigkeit des RA irgendwie ursächlich für die Aussöhnung der Eheleute gewesen ist, auch wenn nicht glaubhaft gemacht wird, welches konkrete Verhalten des RA zu dem Erfolg beigetragen hat.

von Eicken

20 Prozeßkostenhilfe. Söhnen sich die Eheleute unter Mitwirkung der ihnen beigeordneten RAe aus, erhalten die RAe die Aussöhnungsgebühr in der aus § 123 ersichtlichen Höhe. Einer besonderen Beiordnung für die Aussöhnung bedarf es nicht. Die für das Eheverfahren bewilligte PKH umfaßt auch die Aussöhnungsverhandlungen und die Aussöhnung.

Bamberg JurBüro 85, 233.

Der beigeordnete RA erhält jedoch die Aussöhnungsgebühr nicht aus der Staatskasse, wenn seine „Mitwirkung" an der Aussöhnung vor der Beiordnung liegt und dem Beschluß betreffend die Gewährung der Prozeßkostenhilfe keine rückwirkende Kraft beigelegt ist.

21 Aussöhnung und Vergleich. Nicht selten treffen die Eheleute anläßlich ihrer Aussöhnung vermögensrechtliche wie auch nichtvermögensrechtliche Vereinbarungen, um in Zukunft Streitigkeiten zu vermeiden.

Beispiele: Die Eheleute einigen sich

a) über die Höhe des Wirtschaftsgeldes, das die Frau erhält,

b) über den Zeitpunkt der Rückkehr der Frau in die eheliche Wohnung,

c) über die Berechtigung der Ehefrau, eine Arbeit zu übernehmen,

d) über eine etwaige vorübergehende auswärtige Unterbringung der Kinder.

Diese Vereinbarungen regeln im wesentlichen Verpflichtungen bzw. Berechtigungen, die sich aus der Aussöhnung und aus der damit fortbestehenden Ehe ergeben. Insoweit wird die Auffassung vertreten, Verpflichtungen, die sich aus der Aussöhnung und aus der damit fortbestehenden Ehe ohne weiteres ergäben, könnten nicht Gegenstand eines Vergleiches sein.

Tschischgale NJW 59, 321.

Dieser Auffassung kann in der ausgesprochenen Allgemeinheit nicht zugestimmt werden. Aus dem Fortbestand der Ehe folgt z. B. der Unterhaltsanspruch der Ehefrau gegen den allein verdienenden Ehemann sowie ihr Anspruch auf Zahlung von Wirtschaftsgeld. Es ist nicht ersichtlich, warum es nicht möglich sein soll, daß sich die Eheleute anläßlich ihrer Aussöhnung auch über derartige Fragen einigen und einen Vergleich schließen. Wäre kein Eheverfahren anhängig, wird wohl die Befugnis der Eheleute, über den Unterhaltsanspruch der Ehefrau oder über ihren Anspruch auf Gewährung von Wirtschaftsgeld einen echten Vergleich zu schließen, nicht bestritten werden können. Die Möglichkeit des Abschlusses eines Vergleiches ist damit zu bejahen.

Vgl. Celle MDR 60, 509 (Vermögensrechtliche Vereinbarungen in einem Prozeßvergleich, der zugleich eine Aussöhnung der Scheidungspartner darstellt, sind nur dann ein Vergleich, wenn sie für sich allein betrachtet einen Vergleich enthalten – insbes. unter gegenseitigem Nachgeben zustande gekommen sind –. Nur in einem solchen Fall erwächst die Vergleichsgebühr für die Aussöhnungsvereinbarung.).

Die weitere Frage ist allerdings, ob für den an einem solchen Vergleich mitwirkenden RA auf jeden Fall eine Vergleichsgebühr erwächst. Diese Frage ist – insoweit befindet sich die hier vertretene Auffassung in Übereinstimmung mit der sonst vertretenen Meinung – in vielen Fällen zu verneinen.

Würde die Aussöhnungsgebühr als echte Vergleichsgebühr angesehen, ergäbe sich eine leichte Lösung. Die vermögensrechtlichen Regelungen sind aus der nichtvermögensrechtlichen Regelung hergeleitet. Daraus ergibt sich die Anwendung des § 12 Abs. 3 GKG. Für die Berechnung der Vergleichsgebühr ist allein der höherwertige Anspruch maßgebend.

Unterstellt, bei einem „Aussöhnungsvergleich" würde außer der Ehe auch der Unterhaltsanspruch mit monatlich 200,—DM geregelt, ergäbe sich folgende Vergleichswertberechnung:

Wert der Ehesache	4000,— DM
Wert der Unterhaltsregelung (200,— DM × 12)	2400,— DM
Maßgebend der höhere Wert, also	4000,— DM.

Wird im Zusammenhang mit dem „Aussöhnungsvergleich" etwa ein Ehe- und Erbvertrag geschlossen, ergäbe sich z. B. folgende Vergleichswertberechnung:

Wert der Ehesache	4000,— DM
Wert des Ehe- und Erbvertrages	25000,— DM
Maßgebend der höhere Wert, also	25000,— DM.

Nun ist zwar die Aussöhnungsgebühr keine Vergleichsgebühr. Beide Gebühren sind aber so nahe miteinander verwandt, daß es angemessen erscheint, den sich aus § 12 Abs. 3 GKG ergebenden Rechtsgedanken – wenn nicht unmittelbar, so doch jedenfalls entsprechend – anzuwenden. Wirkt also der RA bei der Aussöhnung und bei einem im Zusammenhang mit der Aussöhnung geschlossenen Vergleich mit, erhält er die höhere Gebühr, also entweder die Aussöhnungsgebühr oder die Vergleichsgebühr.

Vgl. auch Frankfurt AnwBl. 70, 136; vgl. auch Bamberg JurBüro 85, 223 (Aussöhnungsgebühr zusätzlich zu bereits zugebilligter Vergleichsgebühr).

Zu beachten ist allerdings, daß zwei verschiedene Aufträge vorliegen können, einmal in der Ehesache an einer Aussöhnung mitzuwirken, zum anderen (als selbständiger Auftrag) eine Vereinbarung über vermögensrechtliche Fragen zu schließen. In diesem Falle laufen beide Angelegenheiten nebeneinander mit der Folge, daß bei jeder Angelegenheit eigene Gebühren erwachsen, also etwa

in der Ehesache die üblichen Gebühren des Verfahrens (§ 31) sowie die Aussöhnungsgebühr,

in der anderen Angelegenheit die Gebühren des § 118 und – bei Vorliegen der Voraussetzungen des § 779 BGB – die Vergleichsgebühr des § 23.

Zu beachten ist noch, daß in den Fällen, in denen die Aussöhnung und die Regelung der vermögensrechtlichen Fragen eine einheitliche Angelegenheit bilden, das für den Vergleich notwendige „Nachgeben" in der Aussöhnungsbereitschaft liegen kann.

In dem obigen Beispiel (Aussöhnung und Abschluß eines Ehe- und Erbvertrages) kann also der eine Ehegatte in der Ehesache, der andere in den vermögensrechtlichen Fragen nachgeben! Ist das der Fall, liegt ein echter Vergleich mit einem Vergleichswert von 25000,—DM vor.

a. M. die Ehesache darf nicht einbezogen werden; das gegenseitige Nachgeben muß den Vergleichsgegenstand ohne Ehesache betreffen – KG DR 41; 603; Celle MDR 60, 509.

Kostenvergleich – Klagrücknahme. Gelegentlich schließen Eheleute an- 22 läßlich ihrer Aussöhnung einen Vergleich über die Kosten des Verfahrens. Es erhebt sich die Frage, ob die beteiligten RAe neben der Aussöhnungsgebühr eine Vergleichsgebühr aus dem Werte der Kosten beanspruchen können. Die Frage ist zu verneinen. Wie nach einem Vergleich über die Hauptsache bei einem späteren Vergleich über die Kosten nicht zwei Vergleichsgebühren anfallen, so fällt – hier zeigt sich die Verwandtschaft zwischen Aussöhnungsgebühr und Vergleichsgebühr – neben der Aussöhnungsgebühr nicht auch noch eine Vergleichsgebühr aus den Kosten an.

Hamm JurBüro 63, 689 = JMBlNRW 63, 243 = JVBl. 63, 218; vgl. jedoch Köln AnwBl. 65, 179 und Hamm AnwBl. 71, 51 = JurBüro 71, 65 = Rpfleger 71, 192.

§ 36a Beigeordneter Rechtsanwalt

(1) **Der Rechtsanwalt, der nach § 625 der Zivilprozeßordnung dem Antragsgegner beigeordnet ist, kann von diesem die Vergütung eines zum Prozeßbevollmächtigten bestellten Rechtsanwalts verlangen; er kann jedoch keinen Vorschuß fordern.**

(2) **Ist der Antragsgegner mit der Zahlung der Vergütung im Verzug, so kann der Rechtsanwalt eine Vergütung aus der Landeskasse verlangen. Die Vorschriften des Dreizehnten Abschnitts gelten sinngemäß.**

Übersicht über die Anmerkungen

1 Voraussetzungen der Beiordnung. In den Verfahren vor dem Familiengericht in Ehesachen herrscht Anwaltszwang. Der Antragsgegner kann jedoch den Anwaltszwang praktisch umgehen, indem er keinen Prozeßbevollmächtigten bestellt. Da jedoch eine anwaltliche Beratung in Ehesachen im Hinblick auf die Möglichkeiten des Verbundes besonders wichtig ist, bestimmt § 625 ZPO, daß dem Antragsgegner ein RA – auch gegen seinen Willen – zur Wahrnehmung der Rechte im ersten Rechtszug hinsichtlich des Antrags auf Scheidung der Ehe und der Regelung der elterlichen Sorge über ein gemeinschaftliches Kind beigeordnet werden kann, wenn diese Maßnahme nach der freien Überzeugung des Gerichts zum Schutze des Antragsgegners unabweisbar erscheint. Vor der Beiordnung soll der Antragsgegner persönlich gehört werden. Er soll dabei besonders darauf hingewiesen werden, daß die Familiensachen des § 621 Abs. 1 ZPO gleichzeitig mit der Ehesache verhandelt und entschieden werden können.

2 Der beigeordnete RA hat gemäß § 625 Abs. 2 ZPO die **Stellung eines Beistandes.** Seine Aufgabe ist es, den Antragsgegner zu beraten. Dagegen obliegt es ihm nicht, den Antragsgegner in dem Scheidungverfahren und in den Folgesachen zu vertreten. Er wird den Antragsgegner darauf hinweisen müssen, daß in den zivilprozessualen Folgesachen Versäumnisurteil ergehen kann, wenn sich der Antragsgegner nicht vertreten läßt.

Der RA wird Prozeßbevollmächtigter, wenn ihm der Antragsgegner Vollmacht zu seiner Vertretung erteilt.

Gebührenanspruch. Auch wenn ihm der Antragsgegner keine Vollmacht **3** erteilt, selbst wenn er mit der Beiordnung nicht einverstanden ist, hat der RA gegen ihn einen Gebührenanspruch. Als Beistand – d. h. soweit der Antragsgegner ihm keine Prozeßvollmacht erteilt – ist der beigeordnete RA zwar nicht zur Vertretung befugt, wird aber gebührenrechtlich wie ein Prozeßbevollmächtigter behandelt. Er kann damit alle Gebühren des § 31 erlangen, soweit er sich wie ein Prozeßbevollmächtigter am Verfahren beteiligt.

Der RA hat sonach als Beistand Anspruch auf die Prozeßgebühr. Sofern die Voraussetzungen des § 32 nicht erfüllt sind, erhält er die Prozeßgebühr nur zur Hälfte. Die Prozeßgebühr erwächst aber z. B. dann in voller Höhe, wenn der RA in einem Termin als Beistand des Antragsgegners erscheint.

> Mümmler JurBüro 81, 1459.

Er erhält die Verhandlungsgebühr, und zwar gemäß § 33 Abs. 1 Nr. 3 in voller Höhe, wenn er dem Antragsgegner im Verhandlungstermin beisteht oder – wenn dieser nicht erschienen ist – dessen Rechte wahrnimmt.

> Mümmler JurBüro 81, 1459; Bamberg JurBüro 79, 246 m. Anm. von Mümmler.

Schaltet sich der RA in ein Beweisaufnahmeverfahren ein, erhält er auch die Beweisgebühr.

> Mümmler JurBüro 81, 1459.

Wird die Sache erörtert und beobachtet er die Erörterung im Interessse des Antragsgegners, erhält er die Erörterungsgebühr.

Vorschuß. Der beigeordnete RA kann keinen Vorschuß fordern. Er muß die **4** Fälligkeit seiner Vergütung abwarten. Hat ihm der Antragsgegner Prozeßvollmacht erteilt, kann er nunmehr Vorschuß fordern. Wird der Vorschuß aber nicht gezahlt, kann der RA zwar seine Vollmacht niederlegen. Er bleibt aber verpflichtet, weiterhin als Beistand tätig zu werden.

Fälligkeit der Vergütung. Ist die Vergütung gemäß § 16 fällig geworden, **5** kann der RA seine Vergütung von dem Antragsgegner fordern.

Die Vergütung als Prozeßbevollmächtigter wird aber nicht fällig, wenn der RA – z. B. nach Niederlegung der Prozeßvollmacht, weil kein Vorschuß gezahlt worden ist – weiterhin als Beistand tätig bleiben muß. Denn dann würde die Einforderung der Vergütung das Verlangen auf Zahlung eines Vorschusses als Beistand darstellen, was unzulässig ist.

Die Vergütung des beigeordneten RA ist die Vergütung, die ein Prozeßbevollmächtigter als Wahlanwalt fordern kann.

Vergütung aus der Landeskasse. Der RA muß sich wegen seiner Vergü- **6** tung zunächst an den Antragsgegner halten. Kommt dieser in Verzug, zahlt er also auf Mahnung oder auf Festsetzung gemäß § 19 nicht, kann der RA eine Vergütung aus der Landeskasse verlangen. Nicht notwendig ist, daß sich der Antragsgegner mit der vollen Zahlung in Verzug befindet. Es genügt auch, wenn er sich mit einem Teilbetrag in Verzug befindet. Die Landeskasse ist jedoch nicht verpflichtet, die vollen Wahlanwaltskosten zu zahlen. Der RA hat gegen die Landeskasse nur Anspruch auf eine Vergütung wie ein PKH-Anwalt.

Es gelten die Vorschriften der §§ 121 ff. Hat der Antragsgegner einen Teilbetrag gezahlt, ist § 129 anzuwenden, d. h. der RA darf den erhaltenen Betrag so lange behalten, als dieser den Unterschied zwischen den Wahlanwaltskosten und den Kosten eines beigeordneten RA nicht übersteigt. Übersteigt der erhaltene Betrag den Unterschied, kann der RA nur noch den Rest aus der Staatskasse fordern.

7 Weitere Ansprüche – Prozeßkostenhilfe. Auch nach der Zahlung der Vergütung aus der Landeskasse kann der RA von dem Antragsgegner den Unterschied zwischen den Wahlanwaltskosten und den Pflichtanwaltskosten, die die Landeskasse gezahlt hat, fordern. Der Anspruch des RA beschränkt sich also nicht auf den Anspruch an die Landeskasse.

Will der Antragsgegner die Inanspruchnahme von Anwaltskosten vermeiden, weil er zur Zahlung nicht in der Lage ist, wird er um die Bewilligung der Prozeßkostenhilfe bitten müssen. Es ist Aufgabe des RA, den Antragsgegner auf diese Möglichkeit hinzuweisen.

§ 37 Rechtszug

Zum Rechtszug gehören insbesondere

1. die Vorbereitung der Klage, des Antrags oder der Rechtsverteidigung, soweit kein besonderes gerichtliches oder behördliches Verfahren stattfindet;

2. außergerichtliche Vergleichsverhandlungen;

3. Zwischenstreite, die Bestimmung des zuständigen Gerichts, die Sicherung des Beweises, wenn die Hauptsache anhängig ist, das Verfahren über die Prozeßkostenhilfe, die vorläufige Einstellung, Beschränkung oder Aufhebung der Zwangsvollstreckung, wenn nicht eine abgesonderte mündliche Verhandlung hierüber stattfindet, Verfahren wegen der Rückgabe einer Sicherheit (§ 109 Abs. 1 und 2, § 715 der Zivilprozeßordnung), die Bestellung von Vertretern durch das Prozeßgericht oder das Vollstreckungsgericht, die Ablehnung von Richtern, Rechtspflegern, Urkundsbeamten der Geschäftsstelle oder Sachverständigen, die Zulassung einer Zustellung zur Nachtzeit, an einem Sonntag oder an einem allgemeinen Feiertag (§ 188 der Zivilprozeßordnung), die Festsetzung des Streitwerts;

4. das Verfahren vor dem beauftragten oder ersuchten Richter und die Änderung seiner Entscheidungen;

5. die Änderung von Entscheidungen des Urkundsbeamten der Geschäftsstelle oder des Rechtspflegers;

6. die Berichtigung oder Ergänzung der Entscheidung oder ihres Tatbestandes; die Festsetzung des Regelunterhalts nach § 642a Abs. 1 oder § 642d der Zivilprozeßordnung, soweit nicht § 43b Abs. 1 Nr. 1 Anwendung findet; die Festsetzung des für die Begründung von Rentenanwartschaften in einer gesetzlichen Rentenversicherung zu leistenden Betrages nach § 53e Abs. 2 des Gesetzes über die Angelegenheiten der freiwilligen Gerichtsbarkeit;

6a. die für die Geltendmachung im Ausland vorgesehene Vervollständigung der Entscheidung;

7. die Zustellung oder Empfangnahme von Entscheidungen oder Rechtsmittelschriften und ihre Mitteilung an den Auftraggeber, die Einwilligung zur Sprungrevision (§ 566a Abs. 2 der Zivilprozeßordnung), der Ausspruch über die Verpflichtung, die Kosten zu tragen oder eines Rechtsmittels verlustig zu sein (§§ 91a, 269 Abs. 3 Satz 2, § 515 Abs. 3 Satz 1, § 566 der Zivilprozeßordnung), die Vollstreckbarerklärung eines Urteils (§§ 534, 560 der Zivilprozeßordnung), die Erteilung des Notfristzeugnisses, Rechtskraftzeugnisses, die erstmalige Erteilung der Vollstreckungsklausel, wenn deswegen keine Klage nach § 731 der Zivilprozeßordnung erhoben wird, die Kostenfestsetzung (§§ 104, 107 der Zivilprozeßordnung) ausschließlich der Erinnerung gegen den Kostenfestsetzungsbeschluß, die Einforderung der Vergütung (§§ 18, 19), die Herausgabe der Handakten oder ihre Übersendung an einen anderen Rechtsanwalt.

Übersicht über die Anmerkungen

1 Allgemeines. Ergänzt durch die §§ 38 bis 41 umschreibt § 37 den für die Gebühren des RA in bürgerlichen Rechtsstreitigkeiten maßgebenden Begriff des Rechtszugs im Sinne des § 13 Abs. 2 S. 2. Er bestimmt, welche Tätigkeiten mit den in § 31 Abs. 1 bestimmten Gebühren abgegolten werden. Der Rechtszug (Instanz) in diesem Sinne stimmt mit der Instanz im Sinne des Prozeßrechts nicht überein. Der Gebührenrechtszug beginnt mit dem Auftrag (§ 13 Abs. 1), also schon vor der Inanspruchnahme des Gerichts. Er endet erst nach dem Erlaß der die Gerichtsinstanz abschließenden Entscheidung, da zum Gebührenrechtszug z. B. auch die Erwirkung der Vollstreckungsklausel und des Rechtskraftszeugnisses gehören. Zu beachten ist, daß eine prozessual abgeschlossene Instanz wiederaufleben kann. Beispiel: Nach Abschluß eines Prozeßvergleiches wird geltend gemacht, der Vergleich sei nichtig. Wird der Rechtsstreit fortgesetzt, bilden die Verfahren vor und nach Abschluß des Vergleiches einen Rechtszug. Gleiches gilt, wenn gegen das Versäumnisurteil Einspruch eingelegt worden ist und der Rechtsstreit nunmehr fortgesetzt wird.

Gleichgültig ist, ob der RA innerhalb des Rechtszuges auf Grund eines einheitlichen Auftrages tätig wird oder ob er mehrere Aufträge erhält (vgl. § 13 Abs. 5).

Der Rechtszug bleibt auch dann der gleiche, wenn auf seiten einer Partei andere Personen in den Rechtsstreit eintreten (z. B. die Erben an Stelle des verstorbenen Erblassers, der Konkursverwalter an die Stelle des Gemeinschuldners). Der RA, der den Rechtsstreit für die Nachfolger weiterführt, erhält keine neuen Gebühren. Bei Eintritt mehrerer Erben anstelle des Erblassers tritt jedoch die Erhöhung der Prozeßgebühr gemäß § 6 Abs. 1 S. 2 ein.

vgl. A 9 zu § 6.

Etwas anderes gilt im Falle eines Parteiwechsels durch Klagänderung. Erhält der RA den Auftrag von der neuen Partei erst, nachdem die alte Partei bereits ausgeschieden ist, liegen für ihn zwei Angelegenheit mit getrennten Gebühren vor.

2 Eine **Ergänzung des § 13 Abs. 1 und 2** enthält § 37. Dort ist bestimmt, daß die Gebühren, soweit die BRAGO nichts anderes bestimmt, die gesamte Tätigkeit des RA vom Auftrag bis zur Erledigung der Angelegenheit abgilt und daß der RA die Gebühren in derselben Angelegenheit nur einmal fordern kann, in gerichtlichen Verfahren in jedem Rechtszug. § 37 führt eine Reihe von Beispielen für Tätigkeiten auf, die zum Rechtszug gehören, die also nicht besonders zu vergüten sind und für den Prozeßbevollmächtigten durch die Gebühren des § 31 Abs. 1 abgegolten werden. Die §§ 38 bis 41 enthalten Ausnahmevorschriften, nach denen bestimmte Verfahren oder Verfahrensteile als besondere Angelegenheit zu behandeln sind. Wie aus dem Wort „insbesondere" folgt, enthält § 37 nur Beispiele von zum Rechtszug gehörenden Tätigkeiten. Die Aufzählung ist also nicht erschöpfend.

Für alle Gebühren des 3. Abschnitts gilt § 37, also z. B. auch für die **3** Gebühren im Mahnverfahren (§ 43), im Güteverfahren (§ 65), auch für Verfahren, in denen nur Bruchteile der vollen Gebühr entstehen, wie z. B. das Vollstreckungsverfahren (§ 57) oder das Beschwerdeverfahren (§ 61). § 37 erwähnt die Gebühren des § 31 nicht ausdrücklich. Sie bilden aber, wie auch in der Begründung hervorgehoben wird, den Hauptanwendungsfall des § 37.

Tätigkeiten nach Urteilszustellung, die also nach Ende der gerichtlichen **4** Instanz, zum Teil sogar nach Rechtskraft des Urteils liegen, aber in § 37 für die Gebühren des RA zum Rechtszug gerechnet werden, sind z. B. die Berichtigung oder Ergänzung der Entscheidung (Nr. 6) und die in Nr. 7 aufgeführten Tätigkeiten.

Über den Umfang des Rechtszugs s. a. A 18 ff. zu § 13.

Die Weiterleitung eines Schreibens des Gegners, der bittet, vorerst von der Bestellung eines RA für die Rechtsmittelinstanz abzusehen, an die Partei löst keine neue Gebühr aus. Sie wird durch die Prozeßgebühr für die bisherige Instanz abgegolten.

> KG MDR 79, 319 = JurBüro 79, 388 = Rpfleger 79, 229; Köln JurBüro 86, 1035; vgl. auch KG AnwBl. 86, 545 = MDR 87, 67 (Stellungnahme des Berufungsanwalts zum Antrag auf Verlängerung der Revisionsbegründungsfrist gehört zur Berufungsinstanz);
> **a. A.** Hamburg, JurBüro 79, 1841 (Stellungnahme des Berufungsanwalts zur Annahme der Revision gehört nicht mehr zum Rechtszug).

Als Beispiele werden in § 37 aufgeführt:

Nr. 1 die **Vorbereitung der Klage, des Antrags oder der Rechtsverteidi- 5 gung,** soweit kein besonderes gerichtliches oder behördliches Verfahren stattfindet. Es handelt sich hier um Tätigkeiten vor dem Beginn der gerichtlichen Instanz, die aber zur Gebühreninstanz des RA gehören, weil diese schon mit der Annahme des Auftrags beginnt. Dazu sind auch Kündigungs- und Mahnschreiben zu rechnen, besonders natürlich auch die Aufnahme der Information. Dabei ist gleichgültig, ob die Information von dem Auftraggeber oder einem Dritten erteilt wird oder ob der RA sich die Information selbst besorgt (z. B. durch Aktenstudium, Einsicht in das Grundbuch, Registerakten usw.).

Hat der Auftraggeber vor der Erteilung des Prozeßauftrags einen Rat erbeten, erhält der RA die Ratsgebühr des § 20. Nach Erteilung des Prozeßauftrags ist die Ratsgebühr auf die Prozeßgebühr anzurechnen.

Hat der Auftraggeber den RA zunächst nur mit der außergerichtlichen Geltendmachung seiner Ansprüche beauftragt, erhält der RA die Gebühren des § 118. Wird – etwa nach Scheitern der Verhandlungen – Prozeßauftrag erteilt, ist die Geschäftsgebühr gemäß § 118 Abs. 2 auf die Prozeßgebühr anzurechnen. Zu beachten ist, daß dann, wenn der RA Prozeßauftrag erhalten hat, für die Entstehung von Gebühren aus § 118 kein Raum mehr ist. Der RA, der nach Erhalt des Klagauftrags nochmals mit dem Gegner verhandelt, kann die Besprechungsgebühr des § 118 Abs. 1 Nr. 2 nicht verdienen.

Zu beachten ist, daß der RA auch zwei Aufträge erhalten kann, einen unbedingten Auftrag zu außergerichtlichen Verhandlungen (§ 118) und einen bedingten zur Prozeßführung (§ 31 Abs. 1). Der zweite Auftrag wird für die Gebührenrechnung erst maßgebend, wenn sich der erste Auftrag erledigt hat (Scheitern der Vergleichsverhandlungen, so daß nunmehr Klage erhoben werden soll).

Vgl. H. Schmidt AnwBl. 69, 73 und BGH AnwBl. 69, 15.

Hat der mit der Führung des Rechtsstreits beauftragte RA vor oder auch nach Erhalt des Auftrags auftragsgemäß ein Gutachten erstattet, verbleibt ihm die Gebühr des § 21 neben den Gebühren des § 31 Abs. 1. Eine Anrechnung findet nicht statt.

Findet ein **besonderes gerichtliches oder behördliches Verfahren** statt, z. B. vor dem Vormundschaftsgericht (die Bestellung eines Pflegers wird beantragt) oder dem Amt für Verteidigungslasten oder ein Abhilfeverfahren nach Art. 2 BayAG zur ZPO u. KO, so entstehen in diesem Verfahren besondere Gebühren. Auf sie hat der RA neben den Gebühren des § 31 Abs. 1 einen Anspruch. Eine Anrechnung gemäß § 118 Abs. 2 findet nicht statt, da § 118 Abs. 2 die Anrechnung ausdrücklich ausschließt, soweit die Gebühren des § 118 durch ein gerichtliches oder behördliches Verfahren entstanden sind.

Zu beachten ist aber, daß ein besonderes behördliches Verfahren nicht vorliegt, wenn auf der Gegenseite eine öffentlich-rechtliche Körperschaft steht und mit ihrer Vertretungsbehörde in dieser Angelegenheit verhandelt wird.

Beispiel: Ein Landkreis soll auf Schadenersatz verklagt werden. Nach Erhalt des Auftrags, aber vor Einreichung der Klage, verhandelt der RA des Klägers mit dem Landrat, evtl. auch mit dem Regierungspräsidenten wegen einer außergerichtlichen Erledigung der Angelegenheit. Hier wird mit dem Gegner bzw. seiner Aufsichtsbehörde verhandelt, aber kein behördliches Verfahren betrieben.

6 **Nr. 2 Außergerichtliche Vergleichsverhandlungen.** Wenn sie den Gegenstand eines Rechtsstreits betreffen, werden sie durch die Prozeßgebühr abgegolten. Voraussetzung ist, daß der RA bereits Prozeßauftrag hat (andernfalls liegen Verhandlungen nach § 118 vor). Führen sie zum Vergleich, so erhält der RA zusätzlich die Vergleichsgebühr des § 23. Betreffen die Vergleichsverhandlungen Ansprüche, die nicht Gegenstand des Rechtsstreits sind, so handelt es sich um eine besondere Angelegenheit, für die der RA die Gebühren des § 118 (die Geschäftsgebühr und evtl. auch die Besprechungsgebühr) erhält. Für die Entstehung der Gebühren aus § 118 ist aber kein Raum, wenn in außergerichtliche Vergleichsverhandlungen, die den Gegenstand des Rechtsstreit betreffen, weitere Ansprüche einbezogen werden (Versuch einer Generalbereinigung der Beziehung der Parteien). In diesem Fall erhält der RA für die auftragsgemäße Einbeziehung der nichtrechtshängigen Ansprüche in die Vergleichsverhandlungen eine halbe Prozeßgebühr gemäß § 32 aus dem Werte der nichtrechtshängigen Ansprüche.

Vgl. Anm. 6 vor § 118;
a. M. jedoch BGH (vgl. A 63 zu § 23).

Wann die Vergleichsverhandlungen – innerhalb des Rechtszuges – geführt werden, ist unerheblich. Sie können vor Klagerhebung liegen, wenn nur der RA bereits Prozeßauftrag hatte (vor Erteilung des Prozeßauftrages: § 118). Sie könner. auch noch nach Urteilserlaß – zwischen den Instanzen – geführt werden.

Beispiel: Beide Parteien sind mit dem ergangenen Urteil unzufrieden. Sie setzen sich zusammen und schließen zur Vermeidung der Berufung einen Vergleich. Diese Tätigkeit gehört noch zur ersten Instanz und wird durch die in ihr verdiente Prozeßgebühr abgegolten (die Vergleichsgebühr entsteht natürlich zusätzlich).

a. M. Schumann/Geißinger A 11 (gehört bereits zur Berufungsinstanz).

Hat dagegen eine Partei bereits Berufung eingelegt oder wenigstens den Auftrag zur Berufungseinlegung erteilt und schließen nunmehr die Parteien einen Vergleich, um die Durchführung des Berufungsverfahrens zu vermeiden, so liegt ein im zweiten Rechtszug geschlossener Vergleich vor. Ist auf seiten des Berufungsgegners der erstinstanzliche RA beteiligt, so erhält er außer der Vergleichsgebühr ($^{13}/_{10}$) eine halbe Prozeßgebühr ($^{13}/_{20}$) für das Berufungsverfahren. Ist nur der Berufungsauftrag erteilt, aber die Berufung noch nicht eingelegt, erhält auch der RA der beschwerten Partei mit Rücksicht auf § 32 die Prozeßgebühr nur zu $^{13}/_{20}$.

a. M. Köln JurBüro 83, 858 (Tätigkeit ist noch Tätigkeit in der ersten Instanz).

Selbstverständlich gehören auch Vergleichsverhandlungen, die vor Gericht geführt werden, zum Rechtszuge. Sie werden ebenfalls durch die Prozeßgebühr abgegolten, zu der im Falle eines Vergleichs die Vergleichsgebühr hinzutritt.

Zur Frage, ob durch die Vergleichsverhandlungen die Erörterungsgebühr entsteht, vgl. A 147 ff. zu § 31.

Scheitern die Vergleichsverhandlungen, in die auch nichtrechtshängige Ansprüche einbezogen worden sind und für die der RA ebenfalls beauftragt war, so gehen die Gebühren, die hinsichtlich der nichtrechtshängigen Ansprüche entstanden sind (die halbe Prozeßgebühr, nach BGH die Gebühren des § 118), nicht etwa unter. Die Gebührenansprüche gegen die Partei bleiben erhalten. Die Kostenentscheidung im Prozeß erstreckt sich allerdings nicht auf sie.

Beispiel: Klage über einen Teilbetrag von 3000,— DM. Im Verhandlungstermin wird der Versuch unternommen, den Gesamtanspruch über 10000,— DM zu vergleichen. Der Versuch scheitert. Nach streitiger Verhandlung ergeht Urteil nach Klagantrag. Der RA des Klägers hat gegen seine Partei Anspruch auf folgende Gebühren:

$^{10}/_{10}$-Prozeßgebühr aus 3000,— DM	175,— DM
$^{5}/_{10}$-Prozeßgebühr aus 7000,— DM	191,50 DM
$^{10}/_{10}$-Verhandlungsgebühr aus 3000,— DM	175,— DM
	541,50 DM

Die Partei kann dagegen auf Grund des Urteils gegen den Gegner nur geltend machen – je aus 3000,— DM –

$^{10}/_{10}$-Prozeßgebühr	175,— DM
$^{10}/_{10}$-Verhandlungsgebühr	175,— DM
	350,— DM

Die restliche $^{5}/_{10}$-Prozeßgebühr aus 7000,— DM = 191,50 DM muß sie zunächst selbst tragen.

Die Fälle der Nr. 3

7 Zwischenstreite mit Nebenintervenienten und solche mit Zeugen oder Sachverständigen (§§ 71, 387, 402, 408 ZPO) gehören hierher. Auch der Streit über die Verpflichtung eines RA zur Rückgabe einer vom Gegner mitgeteilten Urkunde (§ 135 ZPO) ist ein solcher Zwischenstreit.

Stuttgart Justiz 70, 13 (Ein Zwischenstreit über die Zulassung einer Nebenintervention gehört gebührenrechtlich zum Rechtszug); vgl. Hamburg JurBüro 83, 1515.

Die Streitverkündung wird ebenfalls durch die Prozeßgebühr abgegolten.

Die Hauptintervention ist ein selbständiger Rechtsstreit und fällt daher nicht unter § 37 Nr. 3.

Das Normenkontrollverfahren vor dem BVerfG ist ein selbständiges Verfahren (kein Zwischenstreit).

Über den Antrag auf Zurückweisung einer Nebenintervention wird nach § 71 ZPO nach vorgängiger mündlicher Verhandlung unter den Parteien und dem Nebenintervenienten entschieden. Auch die Entscheidung über eine Zeugnisverweigerung erfolgt nach § 387 ZPO durch Zwischenurteil.

Die in einem Zwischenurteil (z. B. Zurückweisung der Nebenintervention) getroffene Kostenentscheidung bezieht sich nur auf solche Gebühren und Auslagen, die in dem Verfahren über den Zwischenstreit entstanden sind, nicht auf die im Hauptsacheverfahren erwachsenen Gebühren der Anwälte, auch wenn durch sie die Tätigkeit im Verfahren über den Zwischenstreit mit abgegolten wird.

Nürnberg Rpfleger 63, 138.

Daraus, daß der Zwischenstreit zum Rechtszug gehört, folgt, daß der Prozeßbevollmächtigte einer der Parteien des Rechtsstreits in dem Zwischenstreit solche Gebühren nicht nochmals zusätzlich verdienen kann, die er bereits im Hauptprozeß verdient hat, also vor allem keine besondere Prozeßgebühr. Dagegen besteht die Möglichkeit, daß er durch eine Verhandlung oder Beweisaufnahme im Zwischenstreit den Anspruch auf eine Verhandlungs- oder Beweisgebühr erwerben kann, wenn im Hauptprozeß keine mündliche Verhandlung oder kein Beweisaufnahmeverfahren stattgefunden haben sollte. Entsprechendes gilt für den Prozeßbevollmächtigten des Nebenintervenienten, wenn er nach Zulassung der Nebenintervention als Prozeßbevollmächtigter des nunmehrigen Streitgehilfen im Rechtsstreit auftritt. Wird dagegen der Prozeßbevollmächtigte des Nebenintervenienten nicht im Hauptprozeß tätig, sondern beschränkt sich seine Tätigkeit auf den Zwischenstreit, z. B. weil die Zulassung abgelehnt wird, so kann er selbstverständlich für seine Tätigkeit im Zwischenstreit alle Gebühren des § 31 Abs. 1 verdienen, soweit die Tatbestandsmerkmale für ihre Entstehung vorliegen. Da eine Ermäßigung der Gebühren des § 31 Abs. 1 für Tätigkeiten in einem Zwischenstreit nicht vorgesehen ist, entstehen die vollen Gebühren des § 31 Abs. 1, die allerdings nicht nach dem Wert des Hauptstreits, sondern nur nach dem Wert des Zwischenstreits zu berechnen sind.

§ 56 ist nicht anwendbar, da § 71 ZPO mündliche Verhandlung vorschreibt und § 56 für eine mündliche Verhandlung keine Gebühr vorsieht, es sich vielmehr bei der Vertretung eines Nebenintervenienten um eine Gesamtvertretung und nicht um Einzeltätigkeiten handelt.

In Beschwerdeverfahren entstehen stets die Gebühren des § 61.

Das Interesse, welches der Nebenintervenient an der Zulassung seines Beitritts hat, ist vom Gericht unter Berücksichtigung aller Umstände nach freiem Ermessen festzusetzen und kann wesentlich geringer sein als der Streitwert des Hauptprozesses, zumal dann, wenn sich aus dem Obsiegen der Partei, der der Nebenintervenient beitreten will, für ihn keine unmittelbaren rechtlichen Vorteile ergeben.

Schmidt/Schmidt Gegenstandswert Rz. 242.

Vertritt der RA einen Zeugen oder einen Sachverständigen in einem Zwischenstreit über die Berechtigung zur Zeugnisverweigerung bzw. zur Verweigerung des Gutachtens, so wird er ebenfalls als Bevollmächtigter oder Beistand in einem Rechtsstreit tätig. Er hat deshalb Anspruch auf die Gebühren aus § 31 Abs. 1.

Schumann/Geißinger A 18;
a. M. Riedel/Sußbauer A 8 zu § 118, die die Gebühren des § 118 zubilligen.

Bei dem Streit über die Urkundenrückgabe ist der Wert frei zu schätzen.

Bei dem Streit über die Verweigerung des Zeugnisses oder des Gutachtens ist der Wert des Beweisgegenstandes maßgebend.

Die **Bestimmung des zuständigen Gerichts** (§ 36 ZPO) gehört ebenfalls **8** zum Rechtszug. Die Tätigkeit des RA wird deshalb durch die Prozeßgebühr mit abgegolten. Hat der RA die Bestimmung des zuständigen Gerichts als Einzelauftrag erhalten, erhält er hierfür die Gebühr des § 56.

Frankfurt AnwBl. 81, 450 = JurBüro 80, 1195 (neben Verkehrsgebühr keine besondere Gebühr für Antrag auf Zuständigkeitsbestimmung).

Das Verfahren über die Zuständigkeit des Bayer. Obersten Landesgerichts in Revisionssachen gehört jedoch nicht hierher. Über die Vergütung des RA bei einer Tätigkeit in diesem Verfahren vgl. A 11 zu § 31 und A 6 zu § 56.

Die **Sicherung des Beweises** gehört, wenn die Hauptsache anhängig ist, **9** gleichfalls zum Rechtszuge. Die Tätigkeit in dem unselbständigen Beweissicherungsverfahren löst also keine zusätzlichen Gebühren aus. Ist die Beweisgebühr in der Hauptsache noch nicht entstanden, entsteht sie durch die Tätigkeit im Beweissicherungsverfahren (in voller Höhe). Ist die Hauptsache nicht anhängig, so erhält der RA nach § 48 je eine halbe Gebühr als Prozeß-, Verhandlungs- und Beweisgebühr. Näheres s. bei § 48.

Die **Bewilligung und die Aufhebung der Bewilligung der Prozeßko- 10 stenhilfe** gehören gleichfalls zum Rechtszug. Der RA als Prozeßbevollmächtigter kann also für Tätigkeiten in solchen Verfahren keine besonderen Gebühren verlangen, soweit es sich um denselben Anspruch und den gleichen Rechtszug handelt.

München Rpfleger 61, 419.

Selbstverständlich ist, daß es sich um das PKH-Bewilligungsverfahren der gleichen Instanz handeln muß. Fertigt der erstinstanzliche RA ein Gesuch um PKH-Bewilligung für das Berufungsverfahren, so gehört diese Tätigkeit nicht mehr zu seiner Tätigkeit als erstinstanzlicher Prozeßbevollmächtigter. Er hat damit Anspruch auf die Gebühr des § 51 neben seinen bisher verdienten Gebühren. Das gleiche gilt, wenn der erstinstanzliche RA der einen Partei zu

dem Gesuch der anderen Partei um PKH-Bewilligung für das Berufungsverfahren Stellung nimmt.

Soweit der RA nicht zum Prozeßbevollmächtigten bestellt ist, erhält er nach
§ 51 ⁵⁄₁₀ der in § 31 Abs. 1 bestimmten Gebühren; s. bei § 51.

11 Die **vorläufige Einstellung, Beschränkung oder Aufhebung der
Zwangsvollstreckung** gehören zum Rechtszug, wenn nicht eine abgesonderte mündliche Verhandlung hierüber stattfindet.

Eine Verweisung zum getrennten Verfahren liegt aber nicht schon deshalb
vor, weil das Gericht – wie wohl fast immer – über die vorläufige Einstellung,
Beschränkung oder Aufhebung der Zwangsvollstreckung gesondert entschieden hat. Damit bleibt für gesondert zu berechnende Gebühren (vgl. § 49)
praktisch nur der Fall übrig, daß über den Antrag eine abgesonderte mündliche Verhandlung stattfindet. Nur in diesen Fällen enthält nach § 49 der RA für
das Einstellungsverfahren drei Zehntel der in § 31 Abs. 1 bestimmten Gebühren. Daraus, daß in § 37 und in § 49 bestimmte Paragraphen der ZPO nicht
erwähnt werden, folgt, daß für alle Einstellungsverfahren usw. die gleichen
Bestimmungen gelten.

Die Tätigkeit zur Ausführung der Entscheidung des Gerichts gehört, soweit
kein besonderes Verfahren stattfindet, zur Instanz.

Wird nach Erlaß eines gemäß § 769 ZPO ergangenen Beschlusses über die
einstweilige Einstellung der Zwangsvollstreckung gegen Sicherheitsleistung
seitens des beklagten Gläubigers die Erhöhung der Sicherheitssumme beantragt, so entstehen zugunsten der Prozeßbevollmächtigten beider Parteien
keine besonderen Gebühren für das Erhöhungsverfahren; die insoweit entfaltete Anwaltstätigkeit wird durch die Prozeßgebühr abgegolten.

> Celle JurBüro 71, 948 = NdsRpfl. 72, 21.

Ist der Partei gestattet, eine angeordnete Sicherheitsleistung durch Bankbürgschaft zu erbringen, so löst die Vorlegung der Bankbürgschaft keine besondere Gebühr aus.

> Vgl. hierzu Schleswig JurBüro 69, 416 (Der von den Prozeßbevollmächtigten des
> Klägers gestellte Antrag, zu gestatten, die Sicherheitsleistung durch Vorlage einer
> Bankbürgschaft zu erbringen, gehört zum ersten Rechtszug. Diese Tätigkeit der
> Anwälte ist durch die Prozeßgebühr abgegolten).

Findet ein besonderes behördliches Verfahren statt, gehört die Tätigkeit nicht
mehr zur Instanz, sondern löst neue Gebühren aus.

Der Antrag auf Annahme zur Hinterlegung zwecks Sicherheitsleistung für die
Vollstreckung eines vorläufig vollstreckbaren Urteils löst hiernach zugunsten
des Prozeßbevollmächtigten die Gebühr nach § 118 Abs. 1 aus.

Außerdem erhält der Prozeßbevollmächtigte die Hebegebühr des § 22, wenn
er den erforderlichen Betrag annimmt und sodann an die Hinterlegungsstelle
abliefert.

> Die Frage ist aber sehr streitig. Wie hier: von Eicken/Lappe/Madert Kostenfestset-
> zung unter B 605; München NJW 64, 409; Bamberg JurBüro 73, 1076; Nürnberg
> NJW 67, 940; KG JurBüro 77, 501;
> **a. M.** (mit unterschiedlichen Begründungen) Köln JurBüro 77, 1397; Rpfleger 67,
> 69; 84, 74 (L); Stuttgart JurBüro 81, 220; 82, 561; 85, 1344; Koblenz Rpfleger 83,
> 500 = JurBüro 84, 562 = MDR 84, 325; Frankfurt AnwBl. 77, 314 = JurBüro 77,
> 1092 = MDR 77, 760.

Muß der RA die Sicherheitsleistung (Bankbürgschaft, Besorgung eines Darlehens) selbst beschaffen, so erhält er für diese Tätigkeit eine gesonderte Vergütung, die Gebühren des § 118.

Streitig ist, ob die nach den vorstehenden Ausführungen entstehenden Gebühren auch erstattungsfähig sind.

Eine weit verbreitete Meinung verneint die Erstattungsfähigkeit, weil die Tätigkeit weder zum Rechtsstreit noch zur Zwangsvollstreckung gehöre und deshalb die Bestimmung des § 91 Abs. 2 Satz 1 ZPO nicht eingreife.

> Vgl. z. B. Schleswig JurBüro 69, 416 (Bei den durch die Beschaffung und Vorlage einer Bankbürgschaft entstehenden Kosten handelt es sich weder um Kosten des Rechtsstreits noch um Kosten der Zwangsvollstreckung. Die Kosten, die einem Kläger durch Beschaffung und Vorlage einer Bankbürgschaft deshalb entstehen, weil er aus einem vorläufig vollstreckbaren Urteil vollstrecken will, sind nicht erstattungsfähig).

Dieser Auffassung kann nicht beigetreten werden. Auch die Tätigkeit, die erforderlich ist, um eine Vollstreckung zu ermöglichen oder abzuwenden, sollte eine Partei ihrem RA überlassen dürfen. Die Vergütung für diese Zwischentätigkeit ist deshalb ebenfalls erstattungsfähig.

Ob auch die Vergütung für die Beschaffung der Sicherheitsleistung zu erstatten ist, wird davon abhängen, ob es der Partei zugemutet werden kann, diese Tätigkeit selbst zu übernehmen. Ein Geschäftsmann kann sicher eine Bankbürgschaft selbst besorgen, die Witwe eines Kleinrentners wahrscheinlich nicht.

Verfahren wegen der **Rückgabe einer Sicherheit** (§ 109 Abs. 1 und Abs. 2, **12** § 715 ZPO) gehören zum Rechtszug. § 109 ZPO bestimmt, daß, wenn die Veranlassung für eine Sicherheitsleistung weggefallen ist, das Gericht auf Antrag eine Frist zu bestimmen hat, binnen deren die Partei, zu deren Gunsten die Sicherheit geleistet ist, die Einwilligung in die Rückgabe der Sicherheit zu erklären oder die Erhebung der Klage wegen ihrer Ansprüche nachzuweisen hat. Nach Ablauf der Frist hat das Gericht auf Antrag die Rückgabe der Sicherheit anzuordnen, wenn nicht inzwischen die Erhebung der Klage nachgewiesen ist.

§ 715 ZPO betrifft die Rückgabe der vom Gläubiger nach § 709 ZPO zur Erlangung der vorläufigen Vollstreckbarkeit geleisteten Sicherheit. In diesen Fällen ist die Rückgabe der Sicherheit vom Gericht auf Antrag anzuordnen, wenn ein Zeugnis über die Rechtskraft des für vorläufig vollstreckbar erklärten Urteils vorgelegt wird.

Nach § 37 gehören sowohl die Verfahren nach § 109 Abs. 1 und 2 als das Verfahren nach § 715 ZPO zum Rechtszug. Es wird also auch die Tätigkeit im Verfahren nach § 109 Abs. 1 und 2 ZPO für den Prozeßbevollmächtigten durch die Gebühren des Hauptprozesses mit abgegolten.

Dagegen gehört die Tätigkeit gegenüber der Hinterlegungsstelle nicht zum Rechtszug. Für diese Tätigkeit erwachsen die Gebühren des § 118. Weiter kann der RA für die Erhebung der Sicherheit und die Rückzahlung an den Auftraggeber die Hebegebühr des § 22 verdienen.

Die Rückforderung der dem Gegner übergebenen Bürgschaftsurkunde nach Wegfall der Veranlassung der Sicherheitsleistung gehört dagegen zum Rechtszug i. S. des § 37 Nr. 3. Diese Tätigkeit, die kein besonderes behördliches Verfahren erfordert, ist deshalb durch die Prozeßgebühr mit abgegolten.

München Rpfleger 69, 62 = JurBüro 69, 335 = MDR 69, 155 (L).

Gemäß §§ 109 Abs. 2, 715 Abs. 1 ordnet das Gericht das Erlöschen der Bürgschaft an.

13 Die **Bestellung von Vertretern** durch das Prozeßgericht oder das Vollstreckungsgericht gehört zur Instanz. Als Beispiele seien erwähnt: die Bestellung eines Vertreters einer nicht prozeßfähigen oder unbekannten Partei, für ein vom Eigentümer aufgegebenes Grundstück oder für einen Erben, der die Erbschaft noch nicht angetreten hat (§§ 57, 58, 494, 668, 679, 686, 779, 787 ZPO). Hierunter fällt aber nicht der bei dem Gericht der freiwilligen Gerichtsbarkeit gestellte Antrag auf Bestellung eines gesetzlichen Vertreters (s. A 36 zu § 31).

Schumann/Geißinger A 33 mit Fn. 31; vgl. aber Frankfurt Rpfleger 70, 444 = JurBüro 70, 965.

14 Für die **Ablehnung von Richtern, Rechtspflegern, Urkundsbeamten der Geschäftsstelle oder Sachverständigen** gilt dasselbe. Es handelt sich hier um die Fälle der §§ 42 bis 49, 406 ZPO, § 10 RpflG. Über die Ablehnung von Schiedsrichtern s. § 46 Abs. 2.

15 Die **Zulassung einer Zustellung zur Nachtzeit, an einem Sonntag oder an einem allgemeinen Feiertag** (§ 188 ZPO) gehört ebenso zum Rechtszug (vgl. für die Zwangsvollstreckung § 58 Abs. 2 Nr. 2).

16 Die **Festsetzung des Streitwerts** gehört gleichfalls zum Rechtszug. Beantragt der RA nach § 10 die Wertfestsetzung für seine Gebühren, so erhält er nach § 10 Abs. 2 S. 5 für dieses Verfahren keine Gebühren. § 37 betrifft also nur den Fall, daß der RA nach § 9 i. V. m. § 25 GKG im Auftrag der Partei die Wertfestsetzung für die Gerichtsgebühren beantragt. Ob die Wertfestsetzung erst nach Urteilsverkündung oder erst nach Rechtskraft des Urteils beantragt wird, ist gleichgültig. Das Beschwerdeverfahren ist aber ein besonderer Rechtszug. Hat der RA die Beschwerde im Auftrag der Partei eingelegt, so kann er nach § 61 Abs. 1 ³/₁₀ der in § 31 Abs. 1 bestimmten Gebühren nach dem Beschwerdegegenstand besonders verlangen. Legt er nach § 9 Abs. 2 im eigenen Namen Rechtsmittel ein, so kann er dafür von seiner Partei keine Gebühren erstattet verlangen.

17 **Nr. 4** Das **Verfahren vor dem beauftragten oder ersuchten Richter und die Änderung seiner Entscheidung** gehören zum Rechtszug. Die Wahrnehmung von Terminen vor dem beauftragten oder ersuchten Richter ist Aufgabe des Prozeßbevollmächtigten. Ein Anspruch auf die durch Wahrnehmung solcher Termine entstandenen Reisekosten wird durch § 37 nicht berührt. Das Verfahren auf Änderung von Entscheidungen des beauftragten oder ersuchten Richters (§ 576 ZPO) wird durch die Gebühren des Hauptprozesses abgegolten.

18 **Nr. 5** Für **Änderung der Entscheidungen des Urkundsbeamten der Geschäftsstelle oder des Rechtspflegers** gilt nichts Besonderes. Die Tätigkeit des Prozeßbevollmächtigten wird sonach nicht zusätzlich vergütet. Nur der RA, dessen Tätigkeit sich auf Verfahren der in § 37 Nr. 4 und 5 erwähnten Art beschränkt, erhält nach § 55 ³/₁₀ der in § 31 Abs. 1 bestimmten Gebühren.

Koblenz JurBüro 81, 719 = VersR 81, 467 (L).

Nr. 6 Die **Berichtigung oder Ergänzung der Entscheidung oder ihres** 19 **Tatbestandes, die Festsetzung des Regelunterhalts, die Festsetzung des für die Begründung von Rentenanwartschaften in einer gesetzlichen Rentenversicherung zu leistenden Beitrages** gehören zum Rechtszug.

KG Rpfleger 65, 321.

Betreibt der RA ausschließlich das Urteilsergänzungsverfahren, so erhält er die Gebühren des § 56 nach dem Werte des Anspruchs, wegen dessen die Ergänzung beantragt wird. Wenn jedoch die Partei, z. B. weil ihr bisheriger Prozeßbevollmächtigter verstorben ist oder seine Zulassung aufgegeben hat, einen anderen RA zum Prozeßbevollmächtigten bestellt, erhält dieser die Gebühren als Prozeßbevollmächtigter, insbes. die Prozeßgebühr, auch wenn sich seine Tätigkeit auf die Urteils- oder Tatbestandsberichtigung beschränkt.

Ebenso gehört die Tätigkeit des RA bei Festsetzung des Regelunterhalts nach § 642a Abs. 1 oder § 642d ZPO zur Instanz, soweit nicht § 43b Abs. 1 Nr. 1 Anwendung findet.

Ist ein Ehegatte aufgrund einer Vereinbarung, die das Gericht nach § 1587o Abs. 2 BGB genehmigt hat, verpflichtet, für den anderen Zahlungen zur Begründung von Rentenanwartschaften in einer gesetzlichen Rentenversicherung zu leisten, so wird der für die Begründung dieser Rentenanwartschaften erforderliche Betrag (§ 1304b Abs. 1 S. 1, 2 RVO i. V. m. der Bekanntmachung aufgrund des § 1304c Abs. 3 RVO oder § 83b Abs. 1 S. 1, 2 AngVersG i. V. m. der Bekanntmachung aufgrund des § 83c Abs. 3 AngVersG) gemäß § 53e Abs. 2 FGG gesondert festgesetzt. Dieses Festsetzungsverfahren gehört gemäß Nr. 6 gleichfalls zur Instanz.

Nr. 6a Die für die Geltendmachung im Ausland vorgesehene Vervoll- 20 **ständigung** der Entscheidung gehört ebenfalls zum Rechtszuge. Entscheidungen, die im Ausland vollstreckt werden sollen, müssen mitunter nach dem Recht des ausländischen Staates begründet sein, um eine Nachprüfung zu ermöglichen. Soweit sie in abgekürzter Form ergangen sind (die meisten Versäumnis- und Anerkenntnisurteile), müssen sie nachträglich mit einem Tatbestand und mit Entscheidungsgründen versehen werden. Die hierauf gerichtete Tätigkeit des RA wird durch die im Rechtszug verdienten Gebühren mit abgegolten. Anwendungsfälle: Belgien (BGBl. 59 I 425), Großbritannien (BGBl. 61 I 301), die Niederlande (BGBl. 65 I 17).

Die **Fälle der Nr. 7** betreffen meist Tätigkeiten nach Urteilsverkündung, die jedoch als zum Rechtszug gehörend behandelt werden. Es sind:

die Zustellung oder Empfangnahme von Entscheidungen oder 21 **Rechtsmittelschriften** und ihre Mitteilung an den Auftraggeber. Dazu gehört besonders die Empfangnahme eines Kostenfestsetzungsbeschlusses für den Auftraggeber, da Kostenfestsetzungsbeschlüsse stets dem für die erste Instanz bestellten Prozeßbevollmächtigten zuzustellen sind,

oder eines im Berufungsverfahren ergangenen Versäumnisurteils, das ebenfalls dem Prozeßbevollmächtigten des ersten Rechtszuges zugestellt werden muß, wenn noch kein Prozeßbevollmächtigter für die höhere Instanz bestellt worden ist,

oder der Berufungsschrift, der Berufungsbegründung und des die Berufung verwerfenden Beschlusses.

Beschränkt sich die Tätigkeit eines erst nach der Schlußverhandlung zum Prozeßbevollmächtigten bestellten RA auf solche Tätigkeiten, so hat er Anspruch auf eine halbe Prozeßgebühr. Wird dem RA diese Tätigkeit als Einzeltätigkeit übertragen, hat er Anspruch auf die Gebühr des § 56. Die Auslagen, die dem RA bei dieser Tätigkeit erwachsen, darf er von dem Auftraggeber fordern. § 37 (insbes. Nr. 7) besagt nur, welche Tätigkeit durch die Gebühren abgegolten wird. Er will aber nicht bestimmen, daß der RA die Auslagen selbst tragen soll.

22 Die **Einwilligung zur Sprungrevision** (§ 566a Abs. 2 ZPO) wird durch die Prozeßgebühr abgegolten, und zwar durch die Gebühr des ersten Rechtszugs, wenn der Prozeßbevollmächtigte des ersten Rechtszugs die Einwilligung erteilt oder einholt, durch die der Revisionsinstanz, wenn dies durch den Prozeßbevollmächtigten der Revisionsinstanz geschieht.

23 Der **Ausspruch über die Verpflichtung, die Kosten zu tragen oder eines Rechtsmittels verlustig zu sein** (§ 91a, § 269 Abs. 3 S. 2, § 515 Abs. 3 S. 1, § 566 ZPO). Nach § 91a ZPO entscheidet, wenn die Parteien den Rechtsstreit in der Hauptsache für erledigt erklärt haben, das Gericht durch Beschluß über die Kosten. Nach § 269 Abs. 3 S. 2 ZPO ist bei Zurücknahme der Klage der Kläger verpflichtet, die Kosten des Rechtsstreits zu tragen, soweit nicht bereits rechtskräftig über sie erkannt ist. Nach S. 3 ist auf Antrag des Beklagten diese Wirkung durch Beschluß auszusprechen, wozu es nach S. 4 keiner mündlichen Verhandlung bedarf. Nach § 515 Abs. 3 S. 1 ZPO hat die Zurücknahme der Berufung den Verlust des eingelegten Rechtsmittels und die Verpflichtung zur Folge, die durch das Rechtsmittel entstandenen Kosten zu tragen, welche Folge auf Antrag des Gegners durch Beschluß auszusprechen ist, der keiner mündlichen Verhandlung bedarf. Diese Bestimmung ist nach § 566 ZPO auch auf die Revision anzuwenden.

Wird ein Kostenbeschluß nach § 515 Abs. 3 ZPO auf Antrag des erstinstanzlichen Prozeßbevollmächtigten erlassen, so erhält dieser eine $^{13}\!/_{10}$-Prozeßgebühr nach dem Wert der Kosten des Berufungsverfahrens; für ihn gehört diese Tätigkeit nicht mehr zu dem Rechtszug, für die er eine Prozeßgebühr erhalten hat.

Frankfurt AnwBl. 83, 523; Nürnberg AnwBl. 85, 206.

In allen diesen Fällen wird der Antrag, die Kostenpflicht oder die Verlustigkeit auszusprechen, durch die Prozeßgebühr abgegolten. Ist die Prozeßgebühr in der Hauptsache allerdings nur zur Hälfte entstanden, erwächst für den Antrag die volle Prozeßgebühr aus dem Werte der Kosten zusätzlich (aber insgesamt nicht mehr als eine volle Prozeßgebühr aus dem Wert der Hauptsache, § 13 Abs. 3). Wird der Antrag nicht schriftlich, sondern in der mündlichen Verhandlung gestellt, so entsteht durch den Antrag der Anspruch auf eine Verhandlungsgebühr nach dem Werte der Kosten, wenn der RA noch keinen Anspruch auf eine Verhandlungsgebühr erworben hat.

Die Verhandlungsgebühr ist von der Gegenpartei dann zu erstatten, wenn die Stellung des Antrags in der Verhandlung zur zweckentsprechenden Rechtsverfolgung notwendig war. Das ist dann anzunehmen, wenn die Zurücknahme der Klage oder des Rechtsmittels erst in der mündlichen Verhandlung oder zwar vorher, aber so spät erfolgt ist, daß der Verhandlungstermin nicht aufgehoben worden war. Einen besonderen Verhandlungstermin nur zur

Verhandlung über die Kosten wird das Gericht nicht anberaumen. Deshalb wird die Verhandlungsgebühr immer erstattungsfähig sein. Sie kann auch nicht mit der Begründung versagt werden, der RA hätte den Kostenantrag nachträglich schriftsätzlich stellen können.

Frankfurt JurBüro 82, 403 = Rpfleger 82, 81; LG Detmold JurBüro 86, 1831.

Über den Gegenstandswert s. A 51 zu § 31.

Die **Vollstreckbarerklärung eines Urteils** (§§ 534, 560 ZPO). Nach den **24** §§ 534, 560 ZPO kann ein nicht oder nicht unbedingt für vollstreckbar erklärtes Urteil, soweit es durch die Berufungs- oder Revisionsanträge nicht angefochten wird, auf Antrag von dem Berufungs- oder Revisionsgericht für vorläufig vollstreckbar erklärt werden. Der Antrag auf diese Vollstreckbarerklärung gehört zum Rechtszug des Berufungs- oder Revisionsverfahrens. Da aber der Prozeßbevollmächtigte des Rechtsmittelverfahrens seine Gebühren nur von dem Werte des Beschwerdegegenstandes, also von dem mit den Rechtsmittelanträgen angefochtenen Teil des Urteils, erhält, der Wert des nicht angefochtenen Teiles aber unberücksichtigt bleibt, erhält nach § 49 Abs. 2 der RA in dem Verfahren auf Vollstreckbarkeitserklärung der nicht angefochtenen Urteilsteile drei Zehntel der vollen Gebühr mit der sich aus § 11 Abs. 1 S. 2 ergebenden Erhöhung. Durch diese Gebühr wird die gesamte Tätigkeit des RA in dem Verfahren auf Vollstreckbarerklärung, besonders auch die Stellung des Antrags in der mündlichen Verhandlung, abgegolten. Die Gebühr ist nach dem Werte der nicht angefochtenen Urteilsteile zu berechnen.

§ 37 Nr. 7 schlägt daher nur dann ein, wenn entweder der Rechtsmittelkläger sein Rechtsmittel nachträglich auf den bisher nicht angefochtenen Teil des Urteils ausdehnt und die Gebühren deshalb nach dem Gesamtwert des Urteils berechnet werden oder wenn die Berechnung nach dem Gesamtwert erfolgt, weil das Urteil im Ganzen angefochten war und das Rechtsmittel erst später beschränkt oder wenn die Vollstreckbarerklärung nach § 534 Abs. 2 ZPO beantragt oder wenn durch Anschlußrechtsmittel auch der zunächst noch nicht angefochtene Teil des Urteils noch angefochten wird. Vgl. hierzu auch die Anm. zu § 49.

Die Bewilligung der Prozeßkostenhilfe für das Rechtsmittelverfahren erstreckt sich auch auf den Antrag aus §§ 534, 560 ZPO. Der beigeordnete RA kann daher die Gebühr des § 49 Abs. 2 auch aus der Staatskasse erstattet verlangen, sofern er nicht schon auf Grund des Rechtsmittelantrags die Höchstgebühren des § 123 erhält.

Das Verfahren wegen Vorabentscheidung über die Vollstreckbarkeit (§ 718 ZPO) gehört ebenfalls zum Rechtszug. Die Tätigkeit des RA wird also durch die Gebühren für die Hauptsache abgegolten. Nur insoweit, als Gebühren für die Hauptsache nicht entstehen (z. B. die Verhandlungsgebühr wegen Rücknahme der Berufung), fallen sie für das Verfahren nach § 718 ZPO an.

Zur Instanz gehört weiter die **Erteilung des Notfristzeugnisses, Recht-** **25** **skraftzeugnisses, die erstmalige Erteilung der Vollstreckungsklausel,** wenn deswegen keine Klage nach § 731 ZPO erhoben wird. Da § 37 nur davon spricht, daß die Erteilung der Zeugnisse oder der Vollstreckungsklausel zum Rechtszug gehört, ist anzunehmen, daß nicht nur der RA der Instanz, in der sie zu erteilen sind, keinen Gebührenanspruch hat, sondern daß auch der Prozeßbevollmächtigte des ersten Rechtszugs keine Gebühr berechnen darf, wenn er den Antrag bei dem für die Erteilung zuständigen Urkundsbeamten der höheren Instanz stellt oder umgekehrt nicht der Prozeßbevollmächtigte der höheren Instanz, der den Antrag bei dem zuständigen Urkundsbeamten des ersten Rechtszugs stellt.

a. M. Schumann/Geißinger A 51.

Daß im Zwangsvollstreckungsverfahren für die genannten Anträge keine besonderen Gebühren entstehen, ist in § 58 Abs. 2 Nr. 1 bestimmt.

Das Notfristzeugnis ist ein Zeugnis der Geschäftsstelle des für das Rechtsmittel zuständigen Gerichts, daß bis zum Ablauf der Notfrist eine Rechtsmittelschrift nicht eingereicht sei (§ 706 Abs. 2 ZPO). Es ist eine Voraussetzung der Erteilung des Rechtskraftzeugnisses, soweit dessen Erteilung von der Nichteinlegung eines Rechtsmittels abhängig ist. Für die Erteilung des Rechtskraftzeugnisses ist nach § 706 Abs. 1 ZPO der Geschäftsstelle des Gerichts des ersten Rechtszugs und, solange der Rechtsstreit in einem höheren Rechtszug anhängig ist, die Geschäftsstelle dieses Rechtszugs zuständig. Die gleiche Zuständigkeit der Geschäftsstelle des höheren Gerichts dauert, wenn das Rechtsmittelverfahren durch Urteil rechtskräftig erledigt ist, so lange, wie mit Rücksicht auf die Abfassung und Ausfertigung des Urteils sowie ein etwaiges Berichtigungsverfahren die Akten in der Rechtsmittelinstanz zu verbleiben haben.

Die Geschäftsstelle des höheren Gerichts ist für die Erteilung der Vollstreckungsklausel nicht deshalb zuständig, weil nach Beendigung der Instanz und Rückgabe der Akten diese Akten auf Grund einer Streitwert- oder Kostenbeschwerde erneut dem höheren Gericht übersandt worden sind.

Können die für die Erteilung der Vollstreckungsklausel erforderlichen Nachweise durch öffentliche oder öffentlich beglaubigte Urkunden nicht geführt werden, so muß der Gläubiger nach § 731 ZPO auf Erteilung der Vollstreckungsklausel klagen. Der RA, der die Partei in einem auf eine solche Klage eingeleiteten Rechtsstreit vertritt, erhält die vollen Gebühren des § 31 Abs. 1; dieser Rechtsstreit ist eine besondere Angelegenheit.

Stellt ein RA, der weder Prozeßbevollmächtigter im Rechtsstreit war noch mit der Zwangsvollstreckung beauftragt ist, den Antrag auf Erteilung der Zeugnisse oder der Vollstreckungsklausel, z. B. ein RA, der nach dem Tode des Prozeßbevollmächtigten nur mit der Stellung eines solchen Antrags beauftragt worden ist, so erhält er die ²/₁₀-Gebühr des § 56 (i. V. m. § 120). Dasselbe gilt, wenn er nach § 732 ZPO Einwendungen gegen die Erteilung der Vollstreckungsklausel erhebt (hier keine Ermäßigung der Gebühr des § 56 duch § 120) oder wenn der RA eine weitere vollstreckbare Ausfertigung beantragt.

26 Die **Kostenfestsetzung** (§§ 104, 107 ZPO) **mit Ausschluß der Erinnerung** gegen den Kostenfestsetzungsbeschluß gehört zum Rechtszug, so daß dafür keine besonderen Gebühren entstehen. Das gilt auch, wenn der erstinstanzliche RA die Kostenfestsetzung für alle Rechtszüge betreibt. Stellt der RA der Berufungsinstanz den Kostenfestsetzungsantrag, ist diese Tätigkeit durch die Prozeßgebühr der zweiten Instanz abgegolten.

VG Oldenburg JurBüro 74, 1394.

Wegen der Erinnerung gegen den Kostenfestsetzungsbeschluß vgl. § 61 Nr. 2. Stellt ein RA, der mit der Sache noch nicht befaßt war, z. B. weil sich die Partei selbst vertreten hat, einen Kostenfestsetzungsantrag, so muß er dafür natürlich eine Gebühr erhalten. Er hat Anspruch auf die Gebühr des § 56 aus dem Werte der geltend gemachten Kosten.

Mümmler JurBüro 78, 821; H. Schmidt JurBüro 64, 491.

Kommt es zur Einlegung von Erinnerungen und zur sofortigen Beschwerde, erwachsen die Gebühren des § 61.

Die **Einforderung der Vergütung** (§§ 18, 19). § 18 betrifft die Berechnung 27 der Kosten. Für die Anfertigung und Übersendung der Rechnung über die Gebühren und Auslagen und für die Aufforderung zu ihrer Bezahlung dürfen sonach keine Gebühren beansprucht werden.

§ 19 betrifft die Festsetzung der Vergütung gegen den Auftraggeber. Bereits in § 19 Abs. 2 S. 5 ist bestimmt, daß der RA in diesem Verfahren vor dem Urkundsbeamten keine Gebühr erhält. Im Erinnerungs- und im Beschwerdeverfahren erhält er auch in diesen Fällen des § 19 nach § 61 Abs. 1 ⁹/₁₀ der in § 31 Abs. 1 bestimmten Gebühren.

Die **Herausgabe der Handakten oder ihre Übersendung an einen ande-** 28 **ren Rechtsanwalt** gehört zur Instanz.

Jedoch erhält nach § 52 Abs. 2 der RA, der mit der Übersendung der Akten an den RA der höheren Instanz im Einverständnis mit dem Auftraggeber gutachtliche Äußerungen verbindet, hierfür die Verkehrsgebühr.

Die Besprechung des Urteils mit dem Auftraggeber wird dagegen durch die Prozeßgebühr abgegolten, soweit sich die Besprechung auf die Frage der Zulässigkeit eines Rechtsmittels beschränkt. Dagegen wird eine Besprechung des Urteils in sachlicher Hinsicht (Aussichten eines Rechtsmittels) durch die Gebühr des § 20 abgegolten.

Auch die Beratung über die Frage, welchen RA er im Rechtsmittelverfahren beauftragen soll und ob die Zuziehung eines Verkehrsanwalts erforderlich ist, fällt unter die Prozeßgebühr.

Durch die Aktenübersendung entstandene Postgebühren können nach § 26 berechnet werden. Da der RA für die Aktenübersendung keine zusätzliche Gebühr erhält, hat er auch keinen Anspruch auf eine weitere Postgebührenpauschale.

Nur der **Prozeßbevollmächtigte des Rechtszugs,** in dem die in § 37 29 bezeichneten Tätigkeiten vorgenommen werden oder zu dem die dort genannten Verfahren gehören, erhält dafür keine besonderen Gebühren.

Wechselt der Prozeßbevollmächtigte vor Beendigung des Rechtszugs, so 30 kann der neue Prozeßbevollmächtigte die Gebühren erneut berechnen. Reicht der neue Prozeßbevollmächtigte keinen den Erfordernissen des § 32 entsprechenden Schriftsatz mehr ein und vertritt er auch seine Partei nicht mehr in einem Termin, so entsteht für ihn nur eine halbe Prozeßgebühr nach § 32. Dieser Grundsatz gilt, wenn der RA als Prozeßbevollmächtigter irgendeine der nach § 37 zum Rechtszug gehörende Tätigkeit vornimmt, sofern nicht auch in der BRAGO für die betreffende Tätigkeit geringere Gebühren vorgesehen sind. Auf das Maß der entfalteten Tätigkeit kommt es für die Entstehung der Prozeßgebühr nicht an. Ebenso ist es gleichgültig, in welchem Verfahrensabschnitt die Bestellung zum Prozeßbevollmächtigten erfolgt. Voraussetzung ist allerdings, daß der RA noch zum Prozeßbevollmächtigten bestellt werden kann.

Ist der Rechtsstreit rechtskräftig entschieden oder wenigstens die Instanz beendet, ist für die Bestellung eines Prozeßbevollmächtigten kein Raum mehr. Denn es gibt nichts mehr zu prozessieren. Daß ein bereits früher bestellter Prozeßbevollmächtigter auch nach der Rechtskraft (oder am Ende der Instanz) Tätigkeiten zu entwickeln hat, die durch die Gebühren des § 31 Abs. 1 abgegolten sind, ändert hieran nichts. Der RA, dem nach Rechtskraft z. B. die Kostenfestsetzung übertragen worden ist, kann nicht mehr Prozeßbevollmächtigter werden. Er ist vielmehr mit einer Einzeltätigkeit beauftragt.

31 **Ist der Rechtsanwalt nicht als Prozeßbevollmächtigter bestellt,** sondern nur mit der Vertretung in bestimmten Einzelabschnitten des Verfahrens oder nur mit bestimmten Einzeltätigkeiten beauftragt worden, so kann er nicht die Gebühren des § 31 Abs. 1, sondern nur die für die betreffenden Verfahrensabschnitte oder die in Frage kommenden Einzeltätigkeiten in den §§ 51 ff. vorgesehenen Gebühren beanspruchen (s. A 1 zu § 31).

In Frage kommen besonders die Schriftsatzgebühr des § 56 und, falls es sich um Tätigkeiten im Zwangsvollstreckungsverfahren handelt, wie z. B. bei der Erteilung des Notfrist- oder Rechtskraftzeugnisses oder der Vollstreckungsklausel, ³/₁₀ der in § 31 Abs. 1 bestimmten Gebühren nach §§ 57, 58.

32 **Besondere Gebühren für den Prozeßbevollmächtigten sind** vorgesehen:

in § 14 Satz 2 bei Verweisung an ein Gericht des niederen Rechtszuges,

in § 15 bei Zurückverweisung,

in § 21 für die Erstattung eines Gutachtens (vgl. aber § 21 a),

in § 22 (Hebegebühr),

in § 38 für das Verfahren nach Einspruch gegen das Versäumnisurteil,

in § 39 für das Verfahren nach Abstandnahme vom Urkunden- oder Wechselprozeß oder nach Vorbehaltsurteil,

in § 40 für das Arrest- und einstweilige Verfügungsverfahren,

in § 41 für einstweilige Anordnungen,

in § 43 a in vereinfachten Verfahren zur Abänderung von Unterhaltstiteln,

in § 43 b in Verfahren über den Regelunterhalt nichtehelicher Kinder,

in § 48 für das Beweissicherungsverfahren, wenn die Hauptsache noch nicht anhängig ist,

in § 49 für das Verfahren über vorläufige Einstellung usw., jedoch nur dann, wenn eine abgesonderte Verhandlung stattfindet,

in § 50 für das Verfahren über die Bewilligung einer Räumungsfrist, sofern das Verfahren nicht mit dem Verfahren über die Hauptsache verbunden ist,

in § 57 für die Zwangsvollstreckung,

in § 59 für die Vollziehung eines Arrestes oder einer einstweiligen Verfügung,

in § 60 für das Verteilungsverfahren,

in § 61 für Erinnerungen und Beschwerden.

§ 38 Einspruch gegen Versäumnisurteil

(1) **Wird der Einspruch gegen ein Versäumnisurteil zurückgenommen oder verworfen, so gilt das Verfahren über den Einspruch als besondere Angelegenheit. Die Prozeßgebühr des bisherigen Verfahrens wird jedoch auf die gleiche Gebühr des Verfahrens über den Einspruch angerechnet.**

(2) **Wird nach Einspruch zur Hauptsache verhandelt, so erhält der Rechtsanwalt, der das Versäumnisurteil erwirkt hat, die Gebühr für die Verhandlung, soweit auf diese das Versäumnisurteil ergangen ist, besonders.**

Übersicht über die Anmerkungen

Allgemeines. § 38 regelt die Gebühren des Prozeßbevollmächtigten im **1** Rechtsstreit, der vor Erlaß eines Versäumnisurteils und nach Einspruchseinlegung tätig wird.

Endet der Rechtsstreit mit dem Erlaß des Versäumnisurteils oder wird der RA später nicht mehr tätig, ergeben sich keine Besonderheiten. Der RA erhält die Gebühren der §§ 31 ff., die er bis zum Erlaß des Versäumnisurteils verdient hat.

Ebenso stellt sich die Rechtslage für den RA dar, der erst nach Erlaß des Versäumnisurteils als Prozeßbevollmächtigter in den Rechtsstreit eintritt. Er erhält die Gebühren der §§ 31 ff., die durch seine Tätigkeit nach Erlaß des Versäumnisurteils erwachsen. Der Umstand, daß ein Versäumnisurteil vorliegt, bleibt unberücksichtigt.

Ist der RA vor und nach Erlaß des Versäumnisurteils tätig geworden, sind zwei Fälle zu unterscheiden:

a) Der Einspruch wird verworfen oder zurückgenommen (Fall des Abs. 1). Hier wird das Verfahren wie eine neue Angelegenheit behandelt. Die Gebühren entstehen neu. Jedoch wird die bisher bereits entstandene Prozeßgebühr auf die neu entstehende Prozeßgebühr angerechnet.

b) Nach dem Einspruch wird zur Hauptsache verhandelt (Fall des Abs. 2). Hier bilden das Verfahren vor und nach Erlaß des Versäumnisurteils eine einheitliche Angelegenheit. Nur erhält der RA, der das Versäumnisurteil erwirkt hat, zusätzlich eine halbe Verhandlungsgebühr (in den Fällen des § 33 Abs. 1 Nr. 2 eine volle Verhandlungsgebühr). Da es sich in diesem Fall nicht um eine neue Angelegenheit handelt, entsteht keine neue Postgebührenpauschale.

> KG AnwBl. 80, 370; Hamburg JurBüro 86, 562 (das allerdings die Pauschale auch im Falle des Abs. 1 verneint).

Die Fälle der Abs. 1 und 2 schließen einander aus. Ist zur Hauptsache verhandelt worden (Fall Abs. 2), ist für eine Anwendung des Abs. 1 kein Raum mehr. Wird also z. B. nach Verhandlung zur Hauptsache der Einspruch zurückgenommen, verbleibt es dabei, daß Abs. 2 anzuwenden ist.

> Hamm NJW 69, 2245 = JVBl. 69, 283 = JurBüro 69, 854 (vgl. aber unten bei Anm. 4).

2 **Wird der Einspruch gegen ein Versäumnisurteil zurückgenommen oder verworfen,** so gilt das Verfahren über den Einspruch nach Abs. 1 S. 1 als besondere Angelegenheit. Es muß also ein Versäumnisurteil ergangen und gegen dieses Einspruch eingelegt worden sein. Darauf, ob das Versäumnisurteil im ersten Rechtszug oder in der Rechtsmittelinstanz ergangen ist, kommt es nicht an. Ebenso ist unerheblich, ob das Versäumnisurteil gegen den Kläger (Rechtsmittelkläger) oder gegen den Beklagten (Rechtsmittelbeklagten) ergangen ist.

Für das Verfahren über den Einspruch entstehen also neue Vergütungsansprüche. Jedoch wird nach § 38 Abs. 1 Satz 2 die Prozeßgebühr des bisherigen Verfahrens auf die gleiche Gebühr des Verfahrens über den Einspruch angerechnet. Wird der Einspruch vor der mündlichen Verhandlung zurückgenommen, entsteht praktisch keine neue Prozeßgebühr (da Anrechnung der vorher entstandenen Prozeßgebühr). Dagegen entsteht die Postgebührenpauschale neu.

> München JurBüro 78, 1815; LG Berlin JurBüro 82, 1351; **a. A.** Hamburg JurBüro 86, 562.

3 Bei **streitiger Verhandlung über die Zulässigkeit** entsteht für beide RAe eine volle Verhandlungsgebühr. Wird über die Frage der Zulässigkeit Beweis erhoben, so entsteht auch eine Beweisgebühr. Diese Gebühren können stets ohne Rücksicht darauf verlangt werden, ob schon vor Erlaß des Versäumnisurteils gleichartige Gebühren entstanden sind. Nur die Prozeßgebühr kann von einem RA, der sie schon vor Erlaß des Versäumnisurteils verdient hat, also stets von dem RA, der das Versäumnisurteil beantragt hatte, nicht doppelt berechnet werden. Es können also für die Prozeßbevollmächtigten beider Parteien im günstigsten Fall je eine Prozeßgebühr, je zwei Verhandlungs- und Beweisgebühren entstehen.

4 **Wird nichtstreitig über die Zulässigkeit verhandelt,** so entsteht die neue Verhandlungsgebühr nach § 33 zur Hälfte, z. B. wenn nach § 345 ZPO der Einspruch durch ein zweites Versäumnisurteil verworfen wird.

a. M. Riedel/Sußbauer A 7, die den Fall des § 345 ZPO unter Abs. 2 einreihen (§ 38 Abs. 1 spricht jedoch nur von „verwerfen", ohne einen Unterschied in der Art des Verwerfens zu machen); ebenso Hamm NJW 69, 2245 = JVBl. 69, 283 = JurBüro 69, 854 (In der Praxis spielt das Problem keine Rolle: der RA erhält – sei es nach Abs. 1, sei es nach Abs. 2 – eine ⁵⁄₁₀-Verhandlungsgebühr; vgl. hierzu E. Schneider JurBüro 67, 954 und Schumann/Geißinger A 13); Schleswig JurBüro 86, 567.

Bei **Verhandlung über die Kosten** nach Rücknahme des Einspruchs ent- **5** steht, wenn die Verhandlung streitig ist, eine volle, wenn sie, wie z. B. bei Anerkenntnis der Kostenpflicht, nichtstreitig ist, eine halbe Verhandlungsgebühr nach dem Werte der Kosten des Einspruchsverfahrens, also nicht nach dem Werte der Kosten des gesamten Verfahrens, da ja über die bis zur Erlassung des Versäumnisurteils entstandenen Kosten schon in dem Versäumnisurteil entschieden worden ist.

Bamberg JurBüro 78, 1662; Frankfurt JurBüro 83, 1045.

Die **halbe Verhandlungsgebühr für die Erwirkung des Versäumnisur- 6 teils** fällt dadurch, daß über die Zulässigkeit des Einspruchs oder über dessen Kosten verhandelt wird und der RA, der das Versäumnisurteil erwirkt hatte, durch die Verhandlung nach dem Einspruch eine neue Verhandlungsgebühr verdient hat, nicht weg. Ist über die Zulässigkeit des Einspruchs streitig verhandelt worden, so hat also dieser RA insgesamt die anderthalbfache Verhandlungsgebühr zu fordern. Das gilt auch dann, wenn der Einspruch verspätet eingelegt worden war und über den Antrag auf Wiedereinsetzung streitig verhandelt und der Einspruch als unbegründet zurückgewiesen worden ist.

Frankfurt Büro 60, 72 = NJW 60, 636.

Ist **vor dem Versäumnisurteil streitig verhandelt** worden und erst später **7** Versäumnisurteil ergangen, so hat der RA, der das Versäumnisurteil erwirkt hat, neben der bereits verdienten vollen Verhandlungsgebühr noch Anspruch auf die volle oder halbe Verhandlungsgebühr für die Verhandlung über die Zulässigkeit des Einspruchs.

Er erhält aber nicht – wie im Falle des Abs. 2 – zusätzlich eine besondere Vergütung für die Erwirkung des Versäumnisurteils.

Beispiele:

a) Streitig verhandelt, später Versäumnisurteil. Danach streitig über den Einspruch verhandelt und Beweis aufgehoben. Sodann Einspruch – weil verspätet – als unzulässig verworfen.

Gebühren:

¹⁰⁄₁₀-Prozeßgebühr
¹⁰⁄₁₀-Verhandlungsgebühr (vor Einspruch)
¹⁰⁄₁₀-Verhandlungsgebühr (nach Einspruch)
¹⁰⁄₁₀-Beweisgebühr.

b) Versäumnisurteil im ersten Termin, Einspruch. Streitige Verhandlung über Zulässigkeit. Sodann Rücknahme. Kostenanerkenntnisurteil.

Gebühren:

¹⁰⁄₁₀-Prozeßgebühr
⁵⁄₁₀-Verhandlungsgebühr (vor Einspruch)
¹⁰⁄₁₀-Verhandlungsgebühr (nach Einspruch; gilt auch die Verhandlung über die Kosten ab).

c) Streitige Verhandlung und Beweisaufnahme. Sodann Versäumnisurteil. Einspruch. Rücknahme vor Termin. Anerkenntnisurteil im Termin wegen der Kosten.

Gebühren:
$^{10}\!/_{10}$-Prozeßgebühr
$^{10}\!/_{10}$-Verhandlungsgebühr
$^{10}\!/_{10}$-Beweisgebühr
(je für Tätigkeit vor dem Versäumnisurteil)
$^{5}\!/_{10}$-Verhandlungsgebühr aus dem Wert der nach Erlaß des Versäumnisurteils erwachsenen Kosten.

(Einspruch und Rücknahme lösen nur die Prozeßgebühr aus, auf die jedoch die bereits entstandene Prozeßgebühr angerechnet wird).

8 Tritt **Anwaltswechsel** nach Einlegung des Einspruchs ein, so kann der im Einspruchsverfahren erstmals auftretende RA natürlich auch die Prozeßgebühr beanspruchen. Die dadurch entstehenden Mehrkosten sind regelmäßig nicht erstattungspflichtig. Wird aber erst nach Jahren ein unzulässiger Einspruch eingelegt und beauftragt die Partei, die das Versäumnisurteil erwirkt hatte, nunmehr aus besonderen Gründen, z. B. weil ihr früherer Prozeßbevollmächtigter nicht mehr als RA zugelassen ist, einen anderen RA, so kann sie auch dessen Prozeßgebühr erstattet verlangen.

9 **Wird nach Einspruch zur Hauptsache verhandelt,** so erhält der RA, der das Versäumnisurteil erwirkt hat, nach § 38 Abs. 2 die Gebühr für die Verhandlung, soweit auf diese das Versäumnisurteil ergangen ist, besonders. Das weitere Verfahren über die Hauptsache gilt also nicht als besondere Angelegenheit, auch dann nicht, wenn das Versäumnisurteil aufrecht erhalten wird.

Dabei ist unerheblich, ob zunächst über die Zulässigkeit des Einspruchs streitig verhandelt und Beweis erhoben worden ist. In dem Augenblick, in dem zur Hauptsache verhandelt wird, entwickelt sich die Angelegenheit vom Abs. 1 weg zum Abs. 2.

Vgl. auch Hamm JurBüro 83, 1663 (Erörterungsgebühr).

Der RA, auf dessen Antrag das Versäumnisurteil erlassen worden ist, kann aber die halbe Verhandlungsgebühr für die Verhandlung, auf die das Versäumnisurteil ergangen ist (Regelfall; im Falle des § 33 Abs. 1 Nr. 2 erhält der RA für den Antrag auf Erlaß des Versäumnisurteils die volle $^{13}\!/_{10}$-Gebühr), besonders beanspruchen. Er erhält also, wenn später streitig verhandelt wird, die anderthalbfache Gebühr (bzw. im Falle des § 33 Abs. 1 Nr. 2 die zweifache Gebühr). Die Verhandlungsgebühr des § 38 Abs. 2 ist eine Sondergebühr, die nur für den RA, der das Versäumnisurteil erwirkt hat, entsteht und ihm unabhängig von seinen sonstigen Gebühren zusteht. Es ergibt sich hiernach folgendes: Ist zunächst streitig verhandelt oder erörtert worden (der RA hat die volle Verhandlungsgebühr verdient), im nächsten Termin Versäumnisurteil antragsgemäß ergangen und nach Einspruchseinlegung erneut streitig verhandelt worden, erhält der RA insgesamt 1½ Verhandlungsgebühr (1 Verhandlungsgebühr für die streitigen Verhandlungen, ½ Verhandlungsgebühr für das Erwirken des Versäumnisurteils).

Hamburg JurBüro 78, 1031; Hamm JurBüro 78, 873; KG AnwBl. 80, 370 = JurBüro 80, 1026 (Ist vor Erlaß eines Versäumnisurteils die Sache mit den Prozeßbevollmächtigten beider Parteien erörtert worden und wird nach Einspruch und streitiger Verhandlung zur Hauptsache das Versäumnisurteil aufrechterhalten, so erhält der Prozeßbevollmächtigte der obsiegenden Partei nicht mehr an Verhandlungs- und Erörterungsgebühren als eine volle und eine halbe Gebühr); Koblenz VersR 81, 467.

Die Verhandlungsgebühr für die Verhandlung nach dem Einspruch ist von dem Werte des streitigen Hauptanspruchs zu berechnen, nicht von dem Werte der Kosten des Verfahrens für die durch den Einspruch veranlaßte zweite Verhandlung.

Daß für den gleichen Termin bereits eine Verhandlungsgebühr in Ansatz gebracht worden ist, schließt nicht aus, daß daneben noch für die gleiche Verhandlung die besondere Verhandlungsgebühr des § 38 Abs. 2 entsteht. Diese Gebühr entsteht so oft, als nach Einspruch zur Hauptsache verhandelt wird. Sind zweimal oder noch mehrmals Versäumnisurteile (auf Aufrechterhaltung des vorangegangenen Versäumnisurteils nach zwischenzeitlicher Verhandlung, nicht ein solches aus § 345 ZPO) ergangen, entsteht auch die zusätzliche Verhandlungsgebühr aus § 38 Abs. 2 mehrfach.

Ist kein Versäumnisurteil ergangen, so entsteht die Gebühr des § 38 Abs. 2 **10** nicht, z. B. wenn der RA den Antrag auf Erlaß eines Versäumnisurteils zurückgenommen und sich mit der Bestimmung eines neuen Verhandlungstermins einverstanden erklärt hat. Es fehlt in diesem Falle an den Voraussetzungen für die Anwendung des § 38, nämlich an dem Erlaß eines Versäumnisurteils und der Einlegung des Einspruchs.

Ist nicht zur Hauptsache verhandelt, sondern ohne eine solche Verhand- **11** lung alsbald ein Vergleich abgeschlossen worden, so ist § 38 Abs. 2 gleichfalls nicht anwendbar. Da nach dem Einspruch nicht verhandelt worden und somit keine Verhandlungsgebühr entstanden ist, besteht kein Raum für die Entstehung einer zusätzlichen Verhandlungsgebühr.

Allerdings ist zu beachten, daß die Verhandlung zur Hauptsache keine ausdrückliche Wiederholung der Anträge voraussetzt, so daß es genügt, wenn vor dem Vergleichsabschluß der Streitstoff erörtert worden und ersichtlich ist, daß die eine Partei die Aufrechterhaltung, die andere die Aufhebung des Versäumnisurteils erstrebt. U. U. kann statt der Verhandlungsgebühr die Erörterungsgebühr entstehen.

Nürnberg JurBüro 81, 1357 m. zust. Anm. von Mümmler (Wird nach dem Einspruch gegen ein Versäumnisurteil in einem neuen Verhandlungstermin die Hauptsache unter Darlegung der verschiedenen Standpunkte erörtert und erledigt sich anschließend der Rechtsstreit, ohne daß Sachanträge gestellt werden, dann fällt eine Erörterungsgebühr an, die nicht auf die vorher entstandene halbe Verhandlungsgebühr für die Erwirkung des Versäumnisurteils anzurechnen ist); Ham JurBüro 83, 1663; LAG Hamm AnwBl. 84, 161 = JurBüro 84, 234 = MDR 83, 874; Stuttgart JurBüro 85, 1829 = Justiz 85, 312; Schleswig JurBüro 86, 567.

Auch dann schlägt § 38 Abs. 2 nicht ein, wenn der RA, der das Versäumnisurteil erwirkt hat, nach Einspruch lediglich zur Prozeß- oder Sachleitung verhandelt, die Klage zurückgenommen oder Erledigung der Hauptsache erklärt hat.

Auch wenn schon vor dem Versäumnisurteil zur Hauptsache verhan- 12 delt worden war, aber nach dem Einspruch keine Verhandlung zur Hauptsache stattfindet, schlägt § 38 Abs. 2 nicht ein.

13 Wird **Einspruch nur gegen einen Teil des Anspruchs** eingelegt, wegen dessen das Versäumnisurteil ergangen ist, z. B. wenn die säumige Partei einen Teil des Anspruchs bezahlt und den Einspruch auf den Rest beschränkt, so erhält der RA, der das Versäumnisurteil erwirkt hat, neben der bereits vorher verdienten halben Verhandlungsgebühr vom Gesamtstreitwert die Gebühr für die Verhandlung nach dem Einspruch nur von dem Werte des mit dem Einspruch angegriffenen Teiles des Anspruchs.
Die Sondergebühr entsteht nach § 38 Abs. 2 für die Verhandlung, soweit auf sie Versäumnisurteil ergangen ist. Ist wegen des ganzen Anspruchs schon vor dem Antrag auf Erlaß des Versäumnisurteils streitig verhandelt und dann wegen des ganzen Anspruchs Versäumnisurteil erwirkt worden, so hat der RA, der das Versäumnisurteil beantragt hat, schon den Anspruch auf die volle Verhandlungsgebühr nach dem Gesamtstreitwert erworben und erhält, wenn nach Einspruch zur Hauptsache verhandelt wird, als Sondergebühr noch eine halbe Verhandlungsgebühr aus dem Werte des Teilbetrages, wegen dessen Einspruch eingelegt worden ist, da zwar das Versäumnisurteil wegen des ganzen Anspruchs erwirkt worden ist, die Voraussetzungen des § 38 Abs. 2 nur hinsichtlich des Teilbetrages erfüllt sich, wegen dessen Einspruch eingelegt worden ist.
    a. M. Hartmann A 3 C bb; Riedel-Sußbauer A 15 (Sondergebühr aus dem Gesamtstreitwert).

14 Ist das Versäumnisurteil vom Berufungs- oder Revisionskläger erwirkt worden, so beträgt die Sondergebühr des § 38 Abs. 2 nach § 33 Abs. 1 Nr. 2 mit § 11 Abs. 1 S. 2 $^{13}/_{10}$ der vollen Gebühr. Ist das Versäumnisurteil vom Rechtsmittelbeklagten erwirkt worden, so beträgt die Sondergebühr $^{13}/_{20}$.
    Düsseldorf JurBüro 83, 237 m. zust. Anm. von Mümmler.

15 Werden **mehrere Versäumnisurteile** erwirkt, so erhält der RA, auf dessen Antrag sie ergangen sind, die Sondergebühr für jede Verhandlung zur Hauptsache nach Einspruch besonders.

16 Findet gegen ein Versäumnisurteil Berufung statt, z. B. bei einem zweiten Versäumnisurteil nach § 345 ZPO oder bei einem die Klage abweisenden, unechten Versäumnisurteil, so ist § 38 nicht anwendbar. Wird aber gegen das zweite Versäumnisurteil keine Berufung, sondern – wenn auch unzulässig – erneut Einspruch eingelegt, ist ein Fall des Abs. 1 gegeben. Der Einspruch muß verworfen werden.

17 Ist gegen einen **Streitgenossen** Versäumnisurteil ergangen, der keinen Einspruch eingelegt hat, so ist § 38 nicht deshalb sinngemäß anwendbar, weil gegen die anderen Streitgenossen streitig verhandelt worden ist.

18 Die **Verkehrsgebühr** entsteht für das Verfahren über einen Einspruch nicht neu. Sie ist wie die Prozeßgebühr zu behandeln. Der RA erhält weder im Fall des Abs. 1 noch in dem des Abs. 2 die Verkehrsgebühr doppelt.

19 Der **PKH-Anwalt,** dessen Beiordnung erst nach der Verhandlung wirksam geworden ist, in der das Versäumnisurteil ergangen ist, kann die Sondergebühr des § 38 Abs. 2 aus der Staatskasse auch dann nicht verlangen, wenn er das Versäumnisurteil als Wahlanwalt erwirkt hatte.

20 Auf den **Einspruch gegen einen Vollstreckungsbescheid** ist § 38 nicht anwendbar. Der Vollstreckungsbescheid steht zwar – wie § 700 ZPO sagt –

einem für vorläufig vollstreckbar erklärten, auf Versäumnis erlassenen Endurteil gleich. Gebührenrechtlich wird jedoch das gleiche Ergebnis auch ohne Anwendung des § 38 erzielt, weil die Gebühren für das Mahnverfahren (§ 43) neben den Gebühren des Rechtsstreits gesondert bestehen bleiben. Die in § 43 Abs. 2 angeordnete Anrechnung der Gebühren des § 43 Abs. 1 Nr. 1 und 2 auf die Prozeßgebühr entspricht der Bestimmung des § 38 Abs. 1 Satz 2. Der RA erhält also praktisch die gleichen Gebühren wie bei einer Anwendung des § 38.

Hamm JurBüro 63, 467 = JMBlNRW 63, 196 = Rpfleger 66, 99.

§ 39 Verfahren nach Abstandnahme vom Urkunden- oder Wechselprozeß oder nach Vorbehaltsurteil

Das ordentliche Verfahren, das nach Abstandnahme vom Urkunden- oder Wechselprozeß oder nach einem Vorbehaltsurteil anhängig bleibt (§§ 596, 600 der Zivilprozeßordnung), gilt als besondere Angelegenheit. Die Prozeßgebühr des Urkunden- oder Wechselprozesses wird jedoch auf die gleiche Gebühr des ordentlichen Verfahrens angerechnet.

Übersicht über die Anmerkungen

Allgemeines. § 39 behandelt das ordentliche Verfahren nach begonnenem **1** Urkunden-(Wechsel-)Prozeß als besondere Angelegenheit mit der Folge, daß die im Urkunden-(Wechsel-)Prozeß verdienten Gebühren im gleichen Rechtszug – mit Ausnahme der Prozeßgebühr – nochmals anfallen können. Dabei ist gleichgültig, ob der Kläger während des Rechtsstreits vom Urkunden-(Wechsel-)Prozeß abgegangen ist oder ab nach Ergehen eines Vorbehaltsurteils das Nachverfahren betrieben wird.

§ 39 gilt auch für den Scheckprozeß.

Das ordentliche Verfahren, das nach Abstandnahme vom Urkunden- 2 oder Wechselprozeß oder nach einem Vorbehaltsurteil anhängig bleibt, gilt als besondere Angelegenheit. Der RA kann daher die bereits im Urkunden- oder Wechselprozeß oder in dem Verfahren, in dem das Vorbe-

von Eicken   665

haltsurteil ergangen ist, verdienten Gebühren in dem Nachverfahren nochmals fordern. Nur die Prozeßgebühr wird angerechnet.

3 Die **Verhandlungs-** und die **Beweisgebühr** kann also der RA im Nachverfahren auch dann berechnen, wenn er sie in dem bisherigen Verfahren schon erhalten hat.

Hat aber der RA des Klägers sogleich im Anschluß an seinen Sachvortrag, aber vor Stellung eines Gegenantrags erklärt, daß er vom Urkundenprozeß abgehe, so entsteht die Verhandlungsgebühr nur im ordentlichen Verfahren. Zum Verhandeln gehört immer der – echte oder fingierte (vgl. die A 4 zu § 33) – Antrag der anderen Partei. Solange dieser Antrag nicht vorliegt, kann keine Verhandlungsgebühr erwachsen. Im gegebenen Fall kann im Urkundenprozeß keine Verhandlungsgebühr entstehen, da der Kläger vor der Stellung eines Gegenantrags bereits ins ordentliche Verfahren übergegangen ist.

4 Die **Prozeßgebühr** wird angerechnet. Ist der Gegenstandswert im Nachverfahren der gleiche, so kann also der RA die Prozeßgebühr nur einmal berechnen. Ist er höher (z. B. durch Klagerweiterung oder durch Erhebung einer Widerklage), so kann er noch den Unterschied fordern. So läßt sich die Gebührenberechnung in praxi am besten durchführen. Theoretisch sind die Gebühren jedoch anders zu berechnen. Für das ordentliche Verfahren entsteht eine neue Prozeßgebühr. Auf diese Prozeßgebühr ist jedoch der Betrag der im Urkundenprozeß entstandenen Prozeßgebühr anzurechnen. Der Unterschied wird wesentlich, wenn sich die Gebühren zwischen den beiden Verfahren infolge einer Gebührenerhöhung verändern.

5 Der **Streitwert** des Nachverfahrens ist der Gegenstand, bezüglich dessen dem Beklagten die Ausführung seiner Rechte vorbehalten worden ist. Ist das wegen des ganzen Gegenstandes geschehen, so ist der Streitwert des Nachverfahrens der gleiche wie der des Urkunden- oder Wechselprozesses, und zwar nicht nur dann, wenn der Beklagte die Aufhebung des ganzen Vorbehaltsurteils beantragt, sondern auch dann, wenn der Beklagte im Nachverfahren die Abweisung der Klage nur zum Teil beantragt, denn der Rechtsstreit ist gemäß § 600 Abs. 1 ZPO im vollen Umfange im ordentlichen Verfahren anhängig.

Stellen allerdings im Nachverfahren beide Parteien nur beschränkte Anträge, so können die weiteren Gebühren nur aus den Werten erwachsen, über die gestritten wird. Die Lage ist die gleiche wie in dem Falle, daß in einem Rechtsstreit über 1000,— DM Anträge beiderseits nur wegen 800,— DM gestellt werden (in Höhe von 200,— DM ist die Sache anhängig, ohne daß verhandelt wird).

6 Eine **Erhöhung des Streitwerts** kann im Nachverfahren eintreten z. B. durch Klagerweiterung, durch Erhebung einer nicht den gleichen Gegenstand betreffenden Widerklage, nicht aber durch Rückforderung des auf Grund des Vorbehaltsurteils bezahlten Betrags des Hauptanspruchs einschließlich der beigetriebenen oder bezahlten Zinsen und Kosten.

Bei einer solchen Erhöhung des Wertes erhält der RA im Nachverfahren die Prozeßgebühr nach den zusammengerechneten Werten, muß sich aber die im Urkunden- oder Wechselprozeß entstandene Prozeßgebühr darauf anrechnen lassen.

Eine **Minderung des Streitwerts** kann eintreten z. B. durch Teilrücknahme 7
oder Teilerledigung des Klaganspruchs.

Dann erhält der RA die im Urkunden- oder Wechselprozeß verdiente Prozeßgebühr ungekürzt.

Bei **Trennung des Verfahrens** über mehrere im Urkunden- oder Wechsel- 8
prozeß geltend gemachte Ansprüche und Überleitung nur des einen Anspruchs in das ordentliche Verfahren sind von der Trennung ab die Werte
nicht mehr zusammenzurechnen.

Beispiel: Ein Rechtsstreit über 3000,— DM wird noch im Urkundenprozeß in
einen Rechtsstreit über 1000,— DM und einen solchen über 2000,— DM
getrennt. Der Rechtsstreit über 2000,— DM wird im Nachverfahren fortgeführt.

Es sind zunächst entstanden

$^{10}/_{10}$-Prozeßgebühr aus 3000,— DM	175,— DM
$^{10}/_{10}$-Verhandlungsgebühr aus 3000,— DM	175,— DM.

An ihre Stelle treten

$^{10}/_{10}$-Prozeßgebühr aus 1000,— DM	85,— DM
$^{10}/_{10}$-Verhandlungsgebühr aus 1000,— DM	85,— DM
und	
$^{10}/_{10}$-Prozeßgebühr aus 2000,— DM	130,— DM
$^{10}/_{10}$-Verhandlungsgebühr aus 2000,— DM	130,— DM
und nach Beweiserhebung im 2000,— DM-Prozeß	
$^{10}/_{10}$-Beweisgebühr aus 2000,— DM	130,— DM
außerdem nach dem Vorbehaltsurteil	
$^{10}/_{10}$-Prozeßgebühr aus 2000,— DM,	
auf die jedoch die vorstehende Prozeßgebühr voll	
angerechnet wird, insoweit also praktisch	—,— DM
sowie zusätzlich	
$^{10}/_{10}$-Verhandlungsgebühr aus 2000,— DM	130,— DM
$^{10}/_{10}$-Beweisgebühr aus 2000,— DM	130,— DM.

Die **Verkehrsgebühr** ist wie die Prozeßgebühr zu behandeln, d. h. sie 9
entsteht nochmals. Da jedoch auf die neu entstandene Verkehrsgebühr die alte
Verkehrsgebühr anzurechnen ist, verbleibt es praktisch bei der höheren dieser
beiden Gebühren.

Der RA, der im Wege der **Prozeßkostenhilfe** erst für das Nachverfahren 10
beigeordnet worden ist, kann die Prozeßgebühr aus der Staatskasse auch dann
erstattet verlangen, wenn er im Urkunden- oder Wechselprozeß als Wahlanwalt tätig war, die Prozeßgebühr aber von der Partei nicht erhalten hat. Ist der
RA bereits im Urkundenprozeß beigeordnet gewesen, erstreckt sich die
Bewilligung der Prozeßkostenhilfe automatisch auf das ordentliche Verfahren. Einer nochmaligen Beiordnung bedarf es nicht.

Im **Wiederaufnahmeverfahren** ist § 39 anzuwenden, wenn nach der Ver- 11
handlung über den Wiederaufnahmegrund, die im ordentlichen Verfahren
durchgeführt wird, sodann zunächst im Urkundenprozeß verhandelt und
dann in das ordentliche Verfahren übergegangen wird.

Bei **Berufung gegen das Vorbehaltsurteil** ist § 39 S. 2 selbst dann nicht 12
anwendbar, wenn noch vor Erlaß des Berufungsurteils auch gegen das im
ordentlichen Verfahren ergangene Urteil Berufung eingelegt wird. Vielmehr

handelt es sich um zwei getrennte Berufungsverfahren. Werden die Berufungsverfahren verbunden, so wird ab Verbindung die Einheitlichkeit des Verfahrens wiederhergestellt. Maßgebend ist nur der höchste Streitwert. Die in den zwei Berufungsverfahren erwachsenen Gebühren bleiben jedoch bestehen, da sie höher sind als die Gebühren in dem verbundenen Berufungsverfahren.

13 **Auf andere Nachverfahren,** z. B. auf das Verfahren nach Erlaß eines Vorbehaltsurteils gemäß § 302 ZPO, ist § 39 nicht anwendbar, auch nicht auf Verfahren betr. die Verlängerung der Räumungsfrist; § 721 Abs. 3 ZPO.

Hamm MDR 75, 1029 = JurBüro 75, 1608; Nürnberg AnwBl. 72, 161 = JurBüro 72, 404 beide = KostRspr. BRAGO § 39 Nr. 1 mit zust. Anm. E. Schneider. Schumann/Geißinger A 11 halten diese Regelung für unverständlich (Anwendung des § 2).

§ 40 Arrest, einstweilige Verfügung

(1) **Das Verfahren über einen Antrag auf Anordnung, Abänderung oder Aufhebung eines Arrestes oder einer einstweiligen Verfügung gilt als besondere Angelegenheit.**

(2) **Das Verfahren über einen Antrag auf Abänderung oder Aufhebung eines Arrestes oder einer einstweiligen Verfügung bildet mit dem Verfahren über den Antrag auf Anordnung des Arrestes oder der einstweiligen Verfügung eine Angelegenheit.**

(3) **Ist das Berufungsgericht als Gericht der Hauptsache anzusehen (§ 943 der Zivilprozeßordnung), so erhält der Rechtsanwalt die Gebühren nach § 11 Abs. 1 Satz 1 und 2.**

Übersicht über die Anmerkungen

         von Eicken

Allgemeines. § 40 behandelt den Gebührenanspruch des RA, der im Arrest- **1** und einstweiligen Verfügungsverfahren tätig wird. Er stellt drei Richtlinien auf:

a) Auch dann, wenn der RA Prozeßbevollmächtigter im Hauptsachenprozeß ist, erhält er die Gebühren für das Arrest- und einstweilige Verfügungsverfahren zusätzlich.

b) Das gesamte Verfahren von der Anordnung bis zur Aufhebung bildet eine Angelegenheit. Der RA, der von Anfang bis zum Ende in dem Verfahren tätig ist, erhält die Gebühren nur einmal. Voraussetzung ist, daß der RA in der gleichen Instanz tätig ist (vgl. A 9).

c) Wird das Berufungsgericht als Hauptsachegericht tätig, erhöhen sich die Gebühren nicht auf die Berufungsgebühren. Der RA erhält vielmehr nur die Gebühren eines erstinstanzlichen RAs.

Als **besondere Angelegenheit** gilt nach § 40 Abs. 1 das Verfahren über einen **2** Antrag auf Anordnung, Abänderung oder Aufhebung eines Arrestes oder einer einstweiligen Verfügung. Der RA erhält in diesen Verfahren die vollen Gebühren des § 31 Abs. 1. Es können sämtliche Gebühren des § 31 Abs. 1 mit den in §§ 32 ff. geregelten Abwandlungen entstehen.

Mehrere getrennte Anträge leiten getrennte Verfahren ein, so daß jedes Verfahren eine eigene Angelegenheit bildet mit der Folge, daß auch die Gebühren des § 40 mehrfach entstehen. Wenn das Gericht die mehreren Verfahren verbindet, liegt ab Verbindung nur noch ein Verfahren vor.

Vgl. unten A 14;
a. M. LG Hildesheim NdsRpfl. 68, 35, das auch bei mehreren Anträgen nur ein Verfahren annimmt.

Der mit der Führung des Hauptprozesses beauftragte RA hat Anspruch auf eine Vergütung im Arrestverfahren nur, wenn ihm für dieses Verfahren ein besonderer Auftrag erteilt worden ist.

Köln JurBüro 75, 185.

Der Auftrag kann allerdings auch stillschweigend erteilt werden.
Der Rechtsanwalt des Antragstellers verdient die Prozeßgebühr, so- **3** bald er einen Auftrag zur Erwirkung eines Arrestes oder einer einstweiligen Verfügung erhalten hat und zur Ausführung des Auftrags irgendwie tätig geworden ist. Erledigt sich der Auftrag, bevor das Gesuch eingereicht worden ist, so entsteht die Prozeßgebühr gemäß § 32 nur zur Hälfte.

4 Der **Rechtsanwalt des Antragsgegners** erwirbt den Anspruch auf die Prozeßgebühr, sobald er den Auftrag erhalten hat, eine Partei in einem solchen Verfahren zu vertreten, und in Ausführung des Auftrags tätig geworden ist, z. B. wenn er Widerspruch erhebt oder, falls das Gericht mündliche Verhandlung angeordnet hat, diese durch einen Schriftsatz vorbereitet, oder wenn er nach § 926 ZPO beantragt, dem Antragsteller eine Frist zur Klagerhebung zu bestimmen, ferner wenn er nach § 927 ZPO die Aufhebung des Arrestes oder der einstweiligen Verfügung wegen veränderter Umstände beantragt.

Vgl. hierzu H. Schmidt MDR 68, 376 (zur Vergütung des RA für die in § 926 ZPO genannte Tätigkeit).

Die erste Tätigkeit, die die Gebühren auslöst, ist in der Regel die Entgegennahme der Information. Wie ein Auftrag zur Prozeßvertretung bereits vor Klagerhebung erteilt werden kann (vgl. A 1 zu § 31), so kann auch der Auftrag zur Vertretung im Arrest-(einstweiligen Verfügungs-)Verfahren bereits vor Einreichung des Gesuchs durch den Gegner erteilt werden. Nur sind die Kosten in der Regel nicht zu erstatten, wenn es zu keinem Verfahren kommt. Die Kosten sind aber zu erstatten, wenn ein – unbegründetes – Gesuch vom Gegner bei Gericht eingereicht wird. Dabei ist nicht nötig, daß das Gericht das Gesuch dem Auftraggeber mitgeteilt hat. Es reicht aus, wenn der Auftraggeber auf andere Weise von dem Gesuch Kenntnis erlangt hat.

KG MDR 77, 319; München JurBüro 64, 664 = JVBl. 64, 189 = MDR 64, 1015 = NJW 64, 1730 und AnwBl. 82, 114 = JurBüro 82, 763 = MDR 82, 412 = Rpfleger 82, 114.

Die Frage, wann der RA die volle Prozeßgebühr erhält, ist nach § 32 zu beantworten.

Empfangnahme des den Arrest oder die einstweilige Verfügung anordnenden Beschlusses und seine Weitergabe an den Antragsgegner genügt zur Entstehung der Gebühren des Arrest-(einstweiligen Verfügungs-)Verfahrens nur dann, wenn der RA schon einen Vertretungsauftrag erhalten oder ihm ein Gebührenanspruch aus Geschäftsführung ohne Auftrag zusteht.

Köln JurBüro 75, 185.

5 Die **Verhandlungsgebühr** entsteht nur dann, wenn der Rechtsanwalt in einer mündlichen Verhandlung Anträge gestellt hat. Im Widerspruchs- und Aufhebungsverfahren findet stets, sonst nur auf besondere Anordnung, mündliche Verhandlung statt (§§ 921, 924, 927 ZPO). Unter welchen Voraussetzungen der Anspruch auf die Verhandlungsgebühr entsteht und in welcher Höhe, richtet sich nach den gleichen Grundsätzen wie im ordentlichen Rechtsstreit (s. A 54 ff. zu § 31 und A 2 ff. zu § 33). Erscheint eine Partei in dem Verhandlungstermin nicht, kann wie im Prozeß Versäumnisurteil gegen die nicht erschienene Partei ergehen. Der RA, der das Versäumnisurteil beantragt hat, erhält für den Antrag eine halbe Verhandlungsgebühr. Stellt er statt dessen einen Antrag auf Entscheidung nach Lage der Akten, entsteht gemäß § 33 Abs. 1 Nr. 1 die volle Verhandlungsgebühr. Auch § 35 ist anzuwenden.

Die **Erörterungsgebühr** kann vor oder anstelle der Verhandlungsgebühr erwachsen, wenn die Sach- und Rechtslage vor Stellung der Anträge erörtert wird und es zur Stellung der Anträge nicht mehr kommt (z. B. durch Abschluß eines Vergleiches).

Vgl. A 147 ff. zu § 31.

Die **Beweisgebühr** entsteht nur dann, wenn durch das Gericht in der 6 Verhandlung anwesende Personen vernommen werden oder wenn durch das Gericht eine eidesstattliche Versicherung dieser Personen aufgenommen wird oder wenn eine Augenscheinseinnahme stattfindet.

Frankfurt Rpfleger 80, 243 = AnwBl. 80, 262 = JurBüro 80, 1034 = MDR 80, 767 (Im Arrestverfahren und im Verfahren der einstweiligen Verfügung erwächst die Beweisgebühr, wenn eine Partei im Verhandlungstermin mündlich eine eidesstattliche Versicherung zum Zwecke der Glaubhaftmachung zu Protokoll gibt); vgl. auch Düsseldorf JurBüro 81, 224 = MDR 81, 152.

Die Vorlegung eidesstattlicher Versicherungen oder anderer Urkunden zur Glaubhaftmachung löst die Beweisgebühr nicht aus, § 34 Abs. 1. Die Aufnahme eidesstattlicher Versicherungen wird durch die Prozeßgebühr abgegolten (s. A 30 zu § 31). Werden vom Gericht beigezogene Akten zu Beweiszwecken vorgetragen, kann die Beweisgebühr gemäß § 34 Abs. 2 entstehen.

Frankfurt JurBüro 82, 283; Köln JurBüro 82, 399 mit Anm. von Mümmler; Hamburg JurBüro 86, 565 = MDR 86, 330.

Auch eine **Vergleichsgebühr** kann entstehen. Über den Fall, daß die Haupt- 7 sache und das Arrest- oder einstweilige Verfügungsverfahren gemeinschaftlich verglichen werden, s. A 55 zu § 23.

Die **gleiche Angelegenheit** bildet nach § 40 Abs. 2 mit dem Verfahren auf 8 Anordnung des Arrestes oder der einstweiligen Verfügung das Verfahren über einen Antrag auf Abänderung oder Aufhebung eines Arrestes oder einer einstweiligen Verfügung. Es bildet also das Anordnungsverfahren dieselbe Angelegenheit mit dem Widerspruchsverfahren nach §§ 924, 925 ZPO, dem Verfahren auf Aufhebung wegen nicht fristgemäßer Klagerhebung nach § 926 ZPO oder wegen veränderter Umstände nach § 927 ZPO oder gegen Sicherheitsleistung nach § 939 ZPO oder wegen nicht fristgemäßer Ladung vor das Gericht der Hauptsache nach § 942 ZPO.

Nach dem Grundsatz des § 13 Abs. 1 kann der gleiche RA, der in allen diesen Verfahren tätig ist, gleichartige Gebühren nur einmal beanspruchen.

Nürnberg JurBüro 66, 774.

Auch wenn das Landgericht über einen Widerspruch durch Urteil entschieden hat und, nachdem die Hauptsache auf Berufung bei dem Oberlandesgericht anhängig geworden ist, dort nach § 927 ZPO Aufhebung der einstweiligen Verfügung wegen veränderter Umstände beantragt wird, bildet das Verfahren mit dem Anordnungsverfahren dieselbe Angelegenheit.

Das gilt ferner bei mehrfach wiederholten Aufhebungsverfahren und bei langen zeitlichen Zwischenräumen, selbst wenn bereits ein früheres Widerspruchs- oder Aufhebungsverfahren rechtskräftig erledigt ist.

KG JurBüro 69, 1175 (Für mehrere, dieselbe einstweilige Verfügung betreffende Aufhebungsverfahren stehen dem RA innerhalb desselben Rechtszuges die Gebühren nur einmal zu. Um denselben Rechtszug handelt es sich auch, wenn die Aufhebungsverfahren erstinstanzlich teils bei dem Gericht erster Instanz als dem Gericht der Hauptsache und teils bei dem Berufungsgericht als dem Gericht der Hauptsache stattgefunden haben).

Die gleiche Rechtslage wird angenommen, wenn der Antragsteller, dem eine Unterhaltsrente zugesprochen worden ist, nachdem die Rente auf Abänderungsantrag herabgesetzt worden war, Wiedererhöhung der Rente begehrt. Diese Auffassung erscheint jedoch bedenklich. Es liegt näher, eine teilweise Aufhebung anzunehmen. Eine teilweise Aufhebung muß insoweit jedoch wie eine vollständige Aufhebung behandelt werden. In diesen Fällen muß ein neues Gesuch eingereicht werden (das neue Gebühren auslöst).

9 **Zuständig für die Verhandlung und Entscheidung über den Widerspruch** ist ausschließlich das Gericht, das den Arrest oder die einstweilige Verfügung erlassen hat; wenn aber das Beschwerdegericht erst auf Beschwerde den Arrest oder die einstweilige Verfügung erlassen hat, das Gericht erster Instanz (str.).

Hat das Amtsgericht nach § 942 ZPO die einstweilige Verfügung erlassen, so steht dem Antragsgegner weder die Beschwerde noch der Widerspruch beim Amtsgericht zu, selbst dann nicht, wenn dieses die Fristbestimmung für den Antrag auf Ladung des Gegners zur mündlichen Verhandlung über die Rechtmäßigkeit der einstweiligen Verfügung vor das Gericht der Hauptsache unterlassen hat. Die Ladung zur mündlichen Verhandlung über die Rechtmäßigkeit der einstweiligen Verfügung kann von beiden Parteien bei dem Gericht der Hauptsache beantragt werden.

Wird gleichwohl Widerspruch bei dem unzuständigen Beschwerdegericht erhoben oder beantragt im Falle des § 942 ZPO der Antragsgegner Terminsbestimmung vor dem Amtsgericht, das nicht gleichzeitig Gericht der Hauptsache ist, oder erhebt er bei diesem Widerspruch, so kann das angerufene Gericht die Verweisung an das zuständige Gericht aussprechen. Damit liegt ein Fall des § 14 vor. Das Verfahren vor dem verweisenden und dem übernehmenden Gericht bildet einen Rechtszug. Erfolgt jedoch die Verweisung von dem Beschwerdegericht an das Erstgericht, sind die Voraussetzungen des § 14 Satz 2 gegeben. Das Verfahren vor dem Erstgericht bildet gegenüber dem Verfahren vor dem Beschwerdegericht einen neuen Rechtszug, dagegen mit dem bereits bei ihm anhängig gewesenen Verfahren gemäß § 40 eine Angelegenheit.

Vgl. auch Koblenz JurBüro 82, 1183 mit Anm. von Mümmler.

In diesen Fällen ist kostenrechtlich das Verfahren vor dem unzuständigen Beschwerdegericht als besondere Angelegenheit zu behandeln. Die gleiche Angelegenheit i. S. des § 40 Abs. 2 bilden, wenn das Beschwerdegericht den Arrest oder die einstweilige Verfügung erlassen hat, nur das Verfahren vor dem erstinstanzlichen Gericht über die Anordnung mit dem Widerspruchsverfahren und, wenn das Amtsgericht nach § 942 ZPO die einstweilige Verfügung erlassen hat, das Anordnungsverfahren des Amtsgerichts mit dem Rechtmäßigkeitsverfahren vor dem Gericht der Hauptsache.

§ 40 Abs. 2 setzt einen **gleichgeordneten Rechtszug** voraus. Schließt sich an ein zweitinstanzliches Anordnungsverfahren ein erstinstanzliches Aufhebungsverfahren an, so gestattet es diese Vorschrift auch dann nicht, beide Verfahrensabschnitte als eine Einheit im gebührenrechtlichen Sinne zu behandeln, wenn sie zur Zuständigkeit desselben (im Aufhebungsverfahren als Gericht der Hauptsache tätig werdenden) Gerichts gehören.

Celle AnwBl. 63, 139 = NJW 63, 306 = NdsRpfl. 63, 34 = Rpfleger 64, 198.

Wenn das Amtsgericht nicht nach § 942 ZPO, sondern als Gericht der Hauptsache eine einstweilige Verfügung erlassen, der Antragsgegner aber erst ein Widerspruchsverfahren vor dem unzuständigen Landgericht und dann noch ein solches vor dem zuständigen Amtsgericht eingeleitet hatte, liegen zwei Verfahren vor, die auch doppelte Gebühren auslösen (vorausgesetzt, daß es nicht zu einer Verweisung kommt; darüber vgl. oben).

Wird der **dingliche und der persönliche Arrest** in einem einheitlichen **10** Antrag beantragt, so handelt es sich um die gleiche Angelegenheit.

Dasselbe gilt, wenn in dem gleichen Antrag Anordnung eines Arrestes und einer einstweiligen Verfügung beantragt wird.

Auch wenn **mehrere gerichtliche Anordnungen** zur Erreichung des **11** Zweckes einer einstweiligen Verfügung begehrt und getroffen werden, handelt es sich um die gleiche Angelegenheit. Die Einheitlichkeit des Antrags entscheidet.

Wird **Widerspruch in getrennten Verfahren** gegen einzelne Punkte einer **12** einstweiligen Verfügung erhoben, so kann der RA keine höheren Gebühren verlangen, als wenn er sofort einheitlich gegen die ganze einstweilige Verfügung Widerspruch erhoben hätte, selbst wenn das eine Verfahren schon vor Beginn des nächsten erledigt war.

Wegen des auf die Kosten beschränkten Widerspruchs vgl. A 15 a. E. zu § 32.

Legt der Antragsgegner „Widerspruch" gegen die einstweilige Verfügung ein verbunden mit dem Hinweis, im Termin werde der Anspruch unter Protest gegen die Kostenlast anerkannt werden, so kann darin – vorbehaltlich einer Klarstellung in der gleichzeitigen Widerspruchsbegründung – kein sog. Kostenwiderspruch gesehen werden. Der Gebührenwert richtet sich daher in solchem Falle nach dem vollen Streitwert, nicht lediglich nach dem Kosteninteresse des Antragsgegners.

KG AnwBl. 82, 436 = JurBüro 82, 1400 = MDR 82, 853.

Handelt es sich um **Abänderung eines im einstweiligen Verfügungsver-** **13** **fahren abgeschlossenen Vergleichs**, so ist § 40 Abs. 2 anzuwenden.

Mehrere selbständige, auf je besonderen Anträgen beruhende **Arrest- oder** **14** **einstweilige Verfügungsverfahren** sind dagegen selbst dann besondere Angelegenheiten, wenn die zu sichernde Forderung die gleiche ist. Erst von der Verbindung an entstehen die Gebühren nur einmal.

Auch dann, wenn ein Arrestgesuch wiederholt wird, z. B. weil ein früherer Antrag zurückgewiesen worden ist oder die Vollziehungsfrist abgelaufen war, liegt ein neues Verfahren vor.

Im **Berufungsverfahren** gilt § 40 Abs. 2 ebenfalls. Anordnungs-, Abände- **15** rungs- und Aufhebungsverfahren bilden, soweit sie im gleichen Rechtszug stattfinden, stets die gleiche Angelegenheit. Es erhält deshalb, abweichend von der sonst geltenden Regel, daß verschiedene Instanzen im Rechtsmittelverfahren vorliegen, wenn mehrere Urteile angefochten werden (s. A 37 zu § 13), auch der RA, der in zwei verschiedenen Berufungsverfahren gegen zwei getrennte Endurteile tätig war, die Gebühren nur einmal, z. B. wenn erst das Berufungsgericht die Berufung gegen ein eine einstweilige Verfügung bestätigendes Urteil zurückgewiesen hat und später Berufung gegen das einen Herabsetzungsantrag abweisende Urteil eingelegt worden ist, oder wenn nach Widerspruch über die Rechtmäßigkeit einer einstweiligen Verfügung durch Urteil entschieden worden ist (§§ 925, 936 ZPO) und dann, weil inzwischen die Hauptsache auf Berufung bei dem Landgericht anhängig geworden ist, bei diesem nach § 927 ZPO die Aufhebung der einstweiligen Verfügung wegen veränderter Umstände beantragt und darüber durch Urteil entschieden worden ist.

16 Das **Beschwerdeverfahren** ist stets eine besondere Angelegenheit, jedoch erhält in diesem der RA nur fünf Zehntel der vollen Gebühren nach § 61 Abs. 1 Nr. 1.

Erlangt der Antragsgegner durch eigene Nachforschungen oder zufällig Kenntnis von einer gegen die Zurückweisung des Antrages eingelegten Beschwerde, so ist, wenn er daraufhin einen RA mit seiner Vertretung beauftragt und dieser eine Gegenerklärung einreicht, die entstehende Beschwerdegebühr erstattungsfähig.

> KG JurBüro 81, 228 = Rpfleger 81, 161.

Ordnet das Beschwerdegericht mündliche Verhandlung an, geht das Verfahren ins Spruchverfahren über. Die mündliche Verhandlung ist nunmehr eine notwendige. Das Beschwerdegericht tritt insoweit an die Stelle des Erstgerichts und entscheidet – unanfechtbar – durch Urteil. Da das Verfahren ab Anordnung ein Spruchverfahren geworden ist, erhält der RA die Gebühren nunmehr aus § 31 in voller ($^{10}/_{10}$) Höhe.

> H. Schmidt NJW 70, 89; Hartmann A 2 A zu § 61; Celle NJW 70, 1692 = JurBüro 70, 672 = Rpfleger 70, 252; Frankfurt AnwBl. 78, 313 = JurBüro 78, 1523; Hamm AnwBl. 76, 299 = JurBüro 76, 916; KG JurBüro 72, 226 = MDR 72, 431 = Rpfleger 72, 110; Nürnberg AnwBl. 72, 188 = JurBüro 72, 694 mit Anm. von H. Schmidt; Stuttgart AnwBl. 73, 145 = NJW 73, 1137 = Justiz 73, 174 = GRUR 73, 433 und JurBüro 78, 1084; KG JurBüro 74, 1539 = MDR 75, 237 ($^{10}/_{10}$-Gebühren, nicht $^{13}/_{10}$-Gebühren); Saarbrücken AnwBl. 75, 362 = JurBüro 75, 1464; **a. M.** Schumann/Geißinger A 26; Hamburg JurBüro 74, 209 = MDR 73, 1031; Nürnberg NJW 71, 1948 mit abl. Anm. von H. Schmidt, die dem RA die Verhandlungsgebühr und die Beweisgebühr nur zu $^3/_{10}$ (jetzt $^5/_{10}$) zubilligen.

17 Bei **Widerspruch gegen einen vom Beschwerdegericht durch Beschluß angeordneten Arrest** oder eine von ihm angeordnete einstweilige Verfügung bildet das Widerspruchsverfahren mit dem Anordnungsverfahren die gleiche Angelegenheit. Der Widerspruch ist vor dem Gericht des ersten Rechtszugs zu erheben (s. oben A 9) und durchzuführen. Im Widerspruchsverfahren entstehen also die vollen Gebühren. Jedoch können schon im Anordnungsverfahren des ersten Rechtszugs entstandene Gebühren nicht nochmals beansprucht werden.

> Stein/Jonas/Grunsky A IV zu § 924 ZPO;
> **a. M.** Hartmann A 3 B c; Riedel/Sußbauer A 11, wonach das Widerspruchsverfahren zur Beschwerdeinstanz gehört.

18 Der **Antrag nach § 934 ZPO** auf Aufhebung eines vollzogenen Arrests gegen Hinterlegung fällt nicht unter § 40 Abs. 2, sondern gehört zum Vollziehungsverfahren, da er nicht die Aufhebung der Anordnung, sondern die der Vollziehung des Arrests bezweckt. Dieses Aufhebungsverfahren bildet nach § 59 mit § 58 Abs. 1 Nr. 7 mit der Arrestvollziehung eine Angelegenheit.

19 Eine **Widerspruchsklage nach § 771 ZPO,** die von einem Dritten erhoben wird, fällt nicht unter § 40 Abs. 2, sondern nur eine vom Arrestschuldner beantragte Aufhebung. Die Widerspruchsklage löst einen besonderen Rechtsstreit aus, in dem die Gebühren unabhängig von dem Arrestverfahren erwachsen.

Ist das **Berufungsgericht als Gericht der Hauptsache** anzusehen (§ 943 **20** ZPO), so erhält nach § 40 Abs. 3 der Rechtsanwalt die Gebühren des § 11 Abs. 1 S. 1 und 2. Wird der Antrag auf Anordnung eines Arrestes beim Berufungsgericht als Gericht der Hauptsache gestellt (§ 943 ZPO), so ist das Arrestverfahren ein erstinstanzliches Verfahren. Die erhöhten Gebühren für die Berufung sind daher in dem Arrestverfahren nicht angefallen.

Der Arrestschuldner, der nach § 927 Abs. 2 ZPO die Aufhebung wegen veränderter Umstände betreibt, hat nicht die Stellung des Berufungsklägers i. S. des § 33 Abs. 1 S. 2 Nr. 2. Erwirkt er ein Versäumnisurteil, so erhält er deshalb nur die halbe Verhandlungsgebühr nach § 33 Abs. 1 S. 1. Dasselbe gilt für das Widerspruchsverfahren (s. A 18 zu § 33).

Ordnet das Beschwerdegericht mündliche Verhandlung an, entstehen die Gebühren des § 31 (vgl. oben A 16) in entsprechender Anwendung des § 40 Abs. 3 nur in Höhe von $^{10}/_{10}$.

Die **Vollziehung** eines Arrestes oder einer einstweiligen Verfügung ist in § 59 **21** Abs. 1 geregelt. Anordnungs- und Vollziehungsverfahren verhalten sich zueinander wie Rechtsstreit und Zwangsvollstreckung.

Wird mit dem Arrestgesuch ein Antrag auf Forderungspfändung verbunden, so entsteht gleichzeitig mit der Gebühr des § 40 die des § 59. Wird über beide Anträge mündlich verhandelt, so entsteht sowohl eine volle Verhandlungsgebühr nach § 40 als auch eine $^{3}/_{10}$-Verhandlungsgebühr nach §§ 57, 59. In der Regel wird allerdings wohl nur über das Arrestgesuch mündlich verhandelt werden, während die Entscheidung über den Pfändungsantrag zurückgestellt wird.

> H. Schmidt Büro 62, 614.

Legt aber der Arrestkläger gegen das Urteil, durch das der Arrestbefehl und der Pfändungsbeschluß aufgehoben worden sind, Berufung ein und außerdem noch Beschwerde gegen die Aufhebung des Pfändungsbeschlusses, so liegt in der Verhandlung über den Berufungsantrag nicht zugleich eine Verhandlung im Beschwerdeverfahren. Es entsteht keine $^{3}/_{10}$-Verhandlungsgebühr.

> Frankfurt MDR 60, 594 = Büro 60, 453.

Wird das Arrestgesuch zurückgenommen, kann die Vollziehungsgebühr nicht verlangt werden, weil die Vollziehung nur für den Fall beantragt ist, daß dem Arrestgesuch stattgegeben wird (vgl. A 3 zu § 59).

Kostenerstattung. **22**

Voraussetzung eines prozessualen Kostenerstattungsanspruchs ist, daß der Erstattungsberechtigte an dem Verfahren überhaupt beteiligt war. Auch wenn der Antrag ohne Gehör des Antragsgegners zurückgewiesen worden ist, kann der Antragsgegner Erstattung von Anwaltsgebühren verlangen, die dadurch entstanden sind, daß er von dem Antrag Kenntnis erlangt und daraufhin schon einen RA beauftragt hat (vgl. oben A 4).

> Vgl. auch Hamburg Rpfleger 79, 28.

23 Bei **Aufhebung wegen veränderter Umstände** nach § 927 ZPO kann jede Partei aus der ihr günstigen Entscheidung ihre Anwaltskosten erstattet verlangen. Die erste Kostenentscheidung steht der zweiten nicht deshalb im Wege, weil der RA der im Aufhebungsverfahren obsiegenden Partei die Gebühren schon im Anordnungsverfahren verdient hatte, in dem seine Partei unterlegen war. Es kann sich also folgender Fall ereignen. Die Kostenentscheidung des Anordnungsverfahrens lautet zugunsten des Antragstellers, die des Aufhebungsverfahrens zugunsten des Antragsgegners. Die RAe beider Parteien sind von Anfang bis Ende eingeschaltet gewesen. Der Antragsteller kann auf Grund der Kostenentscheidung des Anordnungsverfahrens seine Anwaltskosten vom Antragsgegner fordern, während der Antragsgegner seine Anwaltskosten auf Grund der Kostenentscheidung des Aufhebungsverfahrens vom Antragsteller fordern kann.

Vgl. H. Schmidt AnwBl. 79, 382; Hamburg MDR 74, 150 = JurBüro 74, 1275 und JurBüro 81, 277 mit Anm. von Mümmler; Hamm JurBüro 78, 854; KG JurBüro 79, 542; Koblenz JurBüro 78, 1823; München Rpfleger 61, 419; E. Schneider JurBüro 68, 294;
a. M. Düsseldorf JurBüro 75, 481 = MDR 75, 588; Hamm JurBüro 82, 1517; KG JurBüro 74, 1395 = MDR 75, 153.

Die in dem Aufhebungsverfahren siegreiche Partei kann aber außerdem auch die Erstattung der im Anordnungsverfahren entstandenen Kosten verlangen, wenn die im Aufhebungsverfahren ergangene Entscheidung die Kostenentscheidung des Anhörungsverfahrens aufgehoben und durch eine gegenteilige ersetzt hat.

24 Jedoch kann **der im einstweiligen Verfügungsverfahren Unterlegene, der im Hauptprozeß obsiegt,** nicht aufgrund von § 945 ZPO seine außergerichtlichen Kosten des Widerspruchsverfahrens erstattet verlangen, da diese nicht unter den Vollziehungsschaden fallen.

Baumbach/Lauterbach/Albers/Hartmann A 4 B zu § 945 ZPO; BGHZ 45, 251 ff.; LG Mainz NJW 54, 560 (zust. Rosenberg);
a. M. Löwen ZZP 75, 232.

25 Hat der im Wege der **Prozeßkostenhilfe** beigeordnete RA des Arrestklägers seine Kosten nach § 126 ZPO gegen den Arrestbeklagten festsetzen lassen und bezahlt erhalten, ist dann, nachdem der Arrestkläger im Hauptprozeß unterlegen ist, der Arrest im Aufhebungsverfahren aufgehoben worden, sind aber auch die Kosten des Aufhebungsverfahrens nach § 93 ZPO dem Arrestbeklagten auferlegt worden, weil der Arrestkläger zur Stellung des Aufhebungsantrages keinen Anlaß gegeben hatte, so kann der RA des Arrestklägers nicht nochmals Festsetzung nach § 126 ZPO verlangen, weil eine weitere Vergütung nach § 40 Abs. 2 nicht erwachsen ist.

26 Ist **Anwaltswechsel** eingetreten, weil der Antragsteller mit der Erwirkung des Arrestes oder der einstweiligen Verfügung zunächst einen bei dem zuständigen Landgericht nicht zugelassenen RA beauftragt hat und sich dann im Widerspruchsverfahren oder in dem durch Anordnung mündlicher Verhandlung verursachten weiteren Verfahren durch einen anderen RA vertreten lassen mußte, so sind regelmäßig die dadurch entstandenen Mehrkosten nicht zu erstatten, weil kaum Fälle denkbar sind, in denen der Antragsteller mit der Erhebung von Widerspruch oder der Anordnung einer mündlichen Verhandlung nicht zu rechnen brauchte.

Vgl. z. B. Bamberg JurBüro 78, 1029; Frankfurt JurBüro 81, 608; KG JurBüro 80, 607; Koblenz JurBüro 82, 1081 = Rpfleger 81, 494; vgl. aber auch Schleswig JurBüro 81, 385.

Ausnahmsweise besteht Erstattungspflicht, wenn es infolge besonderer 27 Eilbedürftigkeit nicht möglich ist, einen bei dem zuständigen Gericht zugelassenen RA rechtzeitig zu erreichen oder ausreichend zu unterrichten, oder wenn zwar der Vertrauensanwalt des Antragstellers mit der Sachlage eingehend vertraut ist, eine ausreichende Unterrichtung eines anderen RA infolge Kürze der Zeit nicht mehr durchführbar ist und ohne Mitwirkung des bisher mit der Sache befaßten RA nicht möglich wäre, so daß dessen Zuziehung als Verkehrsanwalt notwendig gewesen wäre, oder wenn sonst eine Reise zur Unterrichtung des auswärtigen RA notwendig gewesen wäre, deren Kosten gleich hoch oder höher gewesen wären als die Zuziehung eines zweiten RA, nicht aber dann, wenn das Prozeßgericht in einem nahen Nachbarort liegt.

Besonders in den Fällen des § 942 ZPO kann der Antragsteller seinen Vertrauensanwalt auch dann zuziehen, wenn voraussichtlich Anwaltswechsel notwendig wird. Auch Mehrkosten, die der Antragsgegner durch Anrufung des unzuständigen Gerichts zur Entscheidung über die Rechtmäßigkeit dem Antragsteller veranlaßt hat, hat der Antragsgegner zu erstatten; ebenso solche, die dadurch entstanden, sind, daß der Widerspruch vor dem unzuständigen Beschwerdegericht eingelegt worden war.

Werden **verschiedene Rechtsanwälte für das Anordnungs- und für das** 28 **Aufhebungsverfahren zugezogen,** so gelten für die Erstattungspflicht die gleichen Grundsätze wie sonst bei Anwaltswechsel, selbst wenn der erste Wahlanwalt, der zweite ein im Wege der PKH beigeordneter RA war.

Bestellt aber das Gericht im Wege der Prozeßkostenhilfe für das Aufhebungsverfahren einen anderen RA als für das Anordnungsverfahren oder für das Widerspruchsverfahren, so können beide ihre Gebühren aus der Staatskasse erstattet verlangen.

Der **Wert** im Verfahren über einen Arrest oder eine einstweilige Verfügung 29 bestimmt sich nach § 20 Abs. 1 GKG stets nach § 3 ZPO.

Näheres s. Schmidt/Schmidt Gegenstandswert Rz. 49; vgl. auch KG AnwBl. 82, 436 = MDR 82, 833 = JurBüro 82, 1400.

Schutzschrift. Für den Antragsgegner kann schon vor Zustellung der An- 30 tragsschrift Anlaß bestehen, einen RA mit der Vertretung seiner Interessen in dem erwarteten Verfahren der einstweiligen Verfügung zu beauftragen. Insbesondere der wegen Wettbewerbsverstoßes unter Androhung gerichtlicher Schritte Abgemahnte, der sich geweigert hat, die geforderte Unterlassungsverpflichtung abzugeben, muß damit rechnen, daß eine einstweilige Verfügung gegen ihn beantragt und wegen Eilbedürftigkeit auch ohne mündliche Verhandlung aufgrund der Darstellung und Glaubhaftmachung des Abmahnenden erlassen wird. Um dem entgegenzuwirken wird häufig ein RA beauftragt, eine sogenannte Schutzschrift bei den für den Erlaß der einstweiligen Verfügung in Betracht kommenden Gerichten einzureichen. Ob der dahingehende Auftrag auf Vornahme einer Einzeltätigkeit (§ 56 Abs. 1 Nr. 1) geht oder bereits Prozeßauftrag ist,

wegen Zulässigkeit der Erteilung des Prozeßauftrages bereits vor Anhängigkeit
des Verfahrens vgl. A 1, 16 zu § 31,

ist eine tatsächliche Frage. Das erstere wird dann anzunehmen sein, wenn der
RA bei keinem der für das Verfahren in Betracht kommenden Gerichte
zugelassen ist, das letztere dann, wenn der Auftraggeber mit großer Wahrscheinlichkeit (z. B. bei entsprechender Ankündigung des Gegners) mit der
Einleitung des Eilverfahrens vor einem bestimmten Gericht rechnen muß, bei
dem der RA zugelassen ist. In beiden Fällen entsteht mit der ersten Tätigkeit
in Ausführung des Auftrages, meist also mit der Entgegennahme der Information, eine halbe Gebühr, sofern keine Gebührenvereinbarung getroffen
wird, die sich in solchen Fällen oft empfiehlt.

Die halbe Gebühr entsteht nur einmal, auch wenn die Schutzschrift bei
mehreren Gerichten eingereicht wird, weil zunächst nicht mit Sicherheit
abzusehen ist, bei welchem von mehreren zuständigen Gerichten der Antragsteller seinen Antrag einreichen wird. Bei ihr verbleibt es jedenfalls
dann, wenn entweder kein Antrag gestellt wird oder der gestellte Antrag
schon bei Eingang der Schutzschrift zurückgewiesen oder zurückgenommen
worden war, diese mithin nicht mehr im Eilverfahren verwendet werden
konnte.

Streitig ist, ob im Falle der Erteilung eines Prozeßauftrages die halbe Prozeßgebühr dadurch zu einer vollen Gebühr erstarkt, daß bei Eingang der Schutzschrift der erwartete Antrag bereits eingegangen war oder jedenfalls danach
eingeht. Die Frage wird meist unter dem Gesichtspunkt der Erstattungsfähigkeit erörtert, die in der Tat auch bei der Entstehung der Gebühr eine Rolle
spielt. Der bloße Eingang des gegnerischen Antrages auf Erlaß der einstweiligen Verfügung bei Gericht ist kein Tatbestand, der nach § 32 Abs. 1 die
Erstarkung der halben Gebühr zu einer vollen bewirkt. Als ein solcher
Tatbestand käme nur in Betracht, daß die Schutzschrift den Sachantrag auf
Zurückweisung des (erwarteten) Antrages (vgl. dazu A 15 zu § 32) enthält.
Dieses Antrages bedarf es aber nach dem Sinn der Schutzschrift nicht, denn
entweder hält das Gericht das Vorbringen des Antragstellers für unschlüssig
oder unter Berücksichtigung der Schutzschrift für nicht glaubhaft gemacht,
dann wird es den Antrag auf Erlaß der einstweiligen Verfügung auch ohne
darauf gerichteten Gegenantrag zurückweisen, oder es beraumt unter Zustellung der Antragsschrift mündliche Verhandlung an und gibt erst damit Anlaß
zur schriftsätzlichen Ankündigung des Zurückweisungsantrages. Da aus diesem Grunde ganz überwiegend nur eine halbe Gebühr für die Einreichung der
Schutzschrift als erstattungsfähig angesehen wird, sollte der RA auch dem
Mandanten gegenüber nur die halbe Gebühr entstehen lassen.

Die **Erstattungsfähigkeit** der Gebühr für die Schutzschrift ist jedenfalls
dann zu bejahen, wenn eine Kostenentscheidung gegen den Antragsteller
ergeht. Einige Gerichte meinen allerdings, das gelte nur, wenn die Schutzschrift nach Eingang des Antrages aber vor einer etwaigen Zurückweisung
oder Rücknahme desselben bei Gericht eingehe. Andere wollen darauf abstellen, ob der Antragsgegner bei Absendung der Schutzschrift Kenntnis von der
Stellung des Antrages hatte, ja sogar darauf, auf welche Weise er diese
Kenntnis erlangt habe. Auf alle diese mehr oder weniger vom Zufall abhängigen Umstände kann es aber nach dem Sinn der Schutzschrift und der Lage
desjenigen, der mit dem Erlaß einer einstweiligen Verfügung ohne seine

vorherige Anhörung rechnen muß, nicht ankommen. Der Antragsgegner trägt ohnehin das Risiko, daß – jedenfalls bei den Gerichten, bei denen er eine Schutzschrift eingereicht hat – ein Eilantrag nicht gestellt wird oder er aus sonstigen Gründen keinen Kostenerstattungstitel erlangt.

Näheres zur Erstattungsfähigkeit bei von Eicken/Lappe/Madert Kostenfestsetzung unter B 512; Rechtsprechungsnachweise bei KostRsp. ZPO § 91 (A) = Erstattungsfähige Kosten unter 4.1.1.0.4.

Abschlußschreiben. Das Schreiben eines RA, mit dem nach der Erwirkung **31** einer einstweiligen Verfügung der Antragsgegner dazu aufgefordert wird, den Verfügungsanspruch anzuerkennen und auf Widerspruch sowie die Stellung eines Antrags nach § 926 ZPO zu verzichten, gehört in Wettbewerbssachen hinsichtlich der Anwaltsgebühren nicht mehr zum Eilverfahren.

BGH LM BRAGO § 32 Nr. 6 = NJW 73, 901 = JurBüro 73, 409 u. 825 = MDR 73, 482 = GRUR 73, 384 mit Anm. Pietzcker; Stuttgart Justiz 84, 343 (L) = WRP 84, 230.

Hat der RA bereits Klageauftrag, erhält er für das Aufforderungsschreiben eine halbe Prozeßgebühr (§ 32). Hat er noch keinen Klageauftrag, hat er Anspruch auf die Geschäftsgebühr des § 118 (Geschäftswert der Wert der späteren Klage.

Frankfurt JurBüro 82, 1084 = BB 82, 1077; Hamburg MDR 81, 944 und AnwBl. 82, 397; LG Lübeck AnwBl 80, 519; LG Nürnberg-Fürth JurBüro 82, 859; AG Saarbrücken AnwBl. 80, 517 = MDR 81, 55 und JurBüro 81, 276 = AnwBl. 81, 114 sowie JurBüro 81, 560.

Dem verletzten Mitbewerber steht insoweit ein materiellrechtlicher Kostenerstattungsanspruch gegen den Störer zu, wenn dieser die geforderten Erklärungen abgibt und es deshalb nicht zum Hauptprozeß kommt.

BGH a. a. O.; LG Lübeck AnwBl 80, 519; LG Saarbrücken JurBüro 81, 580; AG Saarbrücken AnwBl. 80, 517 = MDR 81, 55.

§ 41 Einstweilige Anordnungen

(1) **Die Verfahren nach**
a) **§ 127a,**
b) **§§ 620, 620b Abs. 1,2,**
c) **§ 621f,**
d) **§§ 641d, 641e Abs. 2, 3**
der Zivilprozeßordnung gelten jeweils als besondere Angelegenheit. Für mehrere Verfahren, die unter einem Buchstaben genannt sind, erhält der Rechtsanwalt die Gebühren in jedem Rechtszug nur einmal.

(2) **Bei einer Einigung der Parteien erhält der Rechtsanwalt die Prozeßgebühr nur zur Hälfte, wenn ein Antrag nach den in Absatz 1 genannten Vorschriften nicht gestellt worden ist. Dies gilt auch, soweit lediglich beantragt ist, eine Einigung der Parteien zu Protokoll zu nehmen.**

von Eicken   679

Übersicht über die Anmerkungen

1 Allgemeines. § 41 Abs. 1 regelt die Gebühren des RA bei einer Vertretung seines Auftraggebers in Verfahren der einstweiligen Anordnung in Ehe- und Kindschaftssachen in ähnlicher Weise wie § 40 (bei Arresten und einstweiligen Verfügungen). § 41 Abs. 2 entspricht in etwa dem § 32 Abs. 2.

Die **Vorschrift des § 127a ZPO** bestimmt, daß in einer Unterhaltssache das Prozeßgericht auf Antrag einer Partei durch einstweilige Anordnung die Verpflichtung zur Leistung eines Prozeßkostenvorschusses für diesen Rechtsstreit unter den Parteien regeln kann. Das einstweilige Anordnungsverfahren bildet gegenüber dem Rechtsstreit eine eigene Angelegenheit, die die Gebühren der §§ 31 ff. gesondert auslöst. Den Streitwert bildet der Betrag des begehrten Prozeßkostenvorschusses.

§ 127a ZPO gilt nicht für die Sonderfälle der §§ 620, 621 f ZPO.

2 Die Bestimmung des § 620 ZPO. Nach § 620 ZPO kann das Gericht auf Antrag für die Dauer des Ehestreits das Getrenntleben der Ehegatten gestatten, ihren gegenseitigen Unterhalt sowie die Verpflichtung zur Leistung eines Prozeßkostenvorschusses regeln, wegen der elterlichen Sorge über ein gemeinschaftliches Kind, des Umgangs des nichtsorgeberechtigten Elternteils mit dem Kind und der Herausgabe des Kindes an den anderen Elternteil Anordnungen treffen und die Unterhaltspflicht gegenüber den Kindern im Verhältnis der Ehegatten zueinander regeln. Ferner kann das Gericht auf Antrag die Benutzung der Ehewohnung und des Hausrats sowie die Herausgabe oder Benutzung der zum persönlichen Gebrauch eines Ehegatten oder eines Kindes bestimmten Sachen einstweilen regeln. Über den Antrag wird durch Beschluß entschieden, der ohne mündliche Verhandlung ergehen kann. Zuständig ist das Gericht des ersten Rechtszuges, wenn die Ehesache in der Berufungsinstanz schwebt, das Berufungsgericht.

Um eine einstweilige Anordnung nach § 620 ZPO handelt es sich auch bei der nach § 628 Abs. 2 ZPO gleichzeitig mit dem Scheidungsurteil getroffenen Regelung der elterlichen Sorge.

Schleswig JurBüro 86, 883;
a. A. Frankfurt, KostRsp. BRAGO § 41 Nr. 13.

Gemäß **§ 620 b ZPO** kann das Gericht den nach § 620 ZPO erlassenen Beschluß auf Antrag aufheben oder ändern. Das Gericht kann von Amts wegen entscheiden, wenn die Anordnung die elterliche Sorge über ein gemeinsames Kind betrifft oder wenn eine Anordnung über den Umgang mit dem Kind oder die Herausgabe des Kindes ohne vorherige Anhörung des Jugendamtes erlassen worden ist. Ist der Beschluß ohne mündliche Verhandlung ergangen, ist auf Antrag aufgrund mündlicher Verhandlung erneut zu beschließen.

Gemäß **§ 621 f ZPO** kann das Gericht in einer selbständigen Familiensache des § 621 Abs. 1 Nr. 1 (Regelung der elterlichen Sorge), Nr. 2 (Regelung des persönlichen Umgangs), Nr. 3 (Herausgabe des Kindes), Nr. 6 (Versorgungsausgleich), Nr. 7 (Rechtsverhältnisse an der ehelichen Wohnung und am Hausrat), Nr. 8 (Ansprüche aus dem ehelichen Güterrecht) und Nr. 9 (Verfahren nach §§ 1382 und 1383 BGB) auf Antrag durch einstweilige Anordnung die Verpflichtung zur Leistung eines Kostenvorschusses für dieses Verfahren regeln. Die einstweilige Anordnung ist gegenüber dem Verfahren eine eigene Angelegenheit und löst gesonderte Gebühren aus.

Als **besondere Angelegenheit** gelten die Verfahren über die Anträge nach **3** §§ 620, 620 b, 621 f ZPO. Durch diese Bestimmung ist klargestellt, daß die Tätigkeit des RA in diesen Verfahren nicht durch die im Hauptverfahren verdienten Gebühren abgegolten wird. Die einstweiligen Anordnungsverfahren sind zwar prozessual Bestandteile des Hauptverfahrens, gebührenrechtlich werden sie aber als selbständige Verfahren behandelt. Der Prozeßbevollmächtigte des Hauptverfahrens kann daher alle Gebühren des § 31 mit den in §§ 32 ff. geregelten Abwandlungen in dem Verfahren über die einstweiligen Anordnungen neu verdienen; er erhält sie also neben den Gebühren des Hauptverfahrens.

Mehrere einstweilige Anordnungen innerhalb derselben Gruppe bilden eine Angelegenheit. Mehrere einstweilige Anordnungen in verschiedenen Gruppen bilden mehrere getrennte Angelegenheiten.

Aus der vergütungsrechtlichen Selbständigkeit folgt, daß auch die Auslagen gesondert zu berechnen sind. Die Folge ist, daß der RA die Postgebührenpauschale sowohl für das Hauptverfahren als auch für das Verfahren der einstweiligen Anordnung fordern kann.

Der **Prozeßbevollmächtigte des Antragstellers verdient die Prozeßge- 4 bühr,** wenn er in Ausführung des Auftrags zur Erwirkung einer einstweiligen Anordnung irgendwie tätig wird. Die volle Prozeßgebühr erwirbt er durch Einreichung des Antrags.

Erledigt sich sein Auftrag vor diesem Zeitpunkt, so erhält er nach § 32 nur die halbe Prozeßgebühr.

5 Der **Rechtsanwalt des Antraggegners verdient die Prozeßgebühr** nicht schon durch die Empfangnahme des Antrags, dessen Zustellung an den Prozeßbevollmächtigten des Antragsgegners im Hauptverfahren erfolgen muß, auch noch nicht durch die Weiterleitung des Antrags an seine Partei, sondern erst dann, wenn ihm die Partei den Auftrag erteilt, sie auch in dem Verfahren über die einstweilige Anordnung zu vertreten, und er danach in Ausführung des Antrags tätig wird, besonders also, wenn er sich nunmehr schriftlich oder mündlich zu dem Antrag äußert. In der Praxis wird allerdings der RA mit dem Auftrag zur Vertretung im Hauptverfahren zugleich den Auftrag zur Vertretung in dem zu erwartenden einstweiligen Anordnungsverfahren erhalten. Ist das der Fall, löst bereits die Kenntnisnahme von dem Antrag des Gegners auf Erlaß einer einstweiligen Anordnung die Prozeßgebühr aus. Denn damit ist der RA tätig geworden.

Erledigt sich sein Auftrag vor einer den Erfordernissen des § 32 entsprechenden Tätigkeit, z. B. wenn er eine Erwiderung ausgearbeitet, bei Rücknahme des Antrags durch den Gegner aber noch nicht eingereicht hat, so erhält er nach § 32 nur die halbe Prozeßgebühr.

6 Eine **Verhandlungsgebühr** entsteht nicht bei nur schriftlicher Erklärung und Gegenerklärung, sondern nur dann, wenn das Gericht mündliche Verhandlung angeordnet und der RA in dieser einen Antrag gestellt hat. Ist die Verhandlung streitig, so entsteht die volle, ist sie nicht streitig, nach § 33 Abs. 1 die halbe Verhandlungsgebühr, z. B. bei Anerkenntnis des Antrags.

Daraus, daß der Antrag auf eine Anordnung oder auf Aufhebung einer solchen in der Verhandlung des Hauptverfahrens zu gerichtlichem Protokoll gestellt wird, kann noch nicht geschlossen werden, daß eine mündliche Verhandlung im Anordnungsverfahren stattgefunden habe. Der RA kann also die mündliche Verhandlung über die beantragte einstweilige Anordnung nicht dadurch erzwingen, daß er den Antrag in der mündlichen Verhandlung über das Hauptverfahren stellt.

Mümmler JurBüro 78, 319; Celle JVBl. 60, 237; Hamburg JurBüro 72, 697 = MDR 72, 701; Hamm JVBl. 67, 86 = JurBüro 67, 239 und JMBlNRW 72, 159.

Wird der Antrag für gegenstandslos erklärt oder Entscheidung im Büroweg beantragt, so liegt keine mündliche Verhandlung vor.

München Rpfleger 56, 26 (L).

Eine Vertagungsgebühr nach § 33 Abs. 2 kann entstehen, wenn in der angeordneten mündlichen Verhandlung lediglich Vertagung beantragt wird und danach sich das Verfahren ohne Verhandlung zur Sache, z. B. durch Vergleich, erledigt.

Die Erörterungsgebühr kann anfallen, wenn die Sach- und Rechtslage unter den Voraussetzungen des § 31 Abs. 1 Nr. 4 erörtert wird.

Vgl. hierzu A 147 ff. zu § 31.

7 Die **Beweisgebühr entsteht,** da die Voraussetzungen der Anordnung nur glaubhaft gemacht zu werden brauchen, unter den gleichen Bedingungen wie im Arrestverfahren, also nicht durch Vorlegung von Urkunden, z. B. von Lohnauskünften oder von eidesstattlichen Versicherungen. Sie entsteht aber z. B., wenn das Gericht von sich aus eine Lohnauskunft des Arbeitgebers beizieht. Denn diese Beiziehung erfolgt regelmäßig zu Beweiszwecken (§ 34

Abs. 2), sie stellt sich nicht als Vorlegung einer Urkunde (§ 34 Abs. 1) dar (str., vgl. A 122 zu § 31 u. 9 zu § 34).

Ist das Berufungsgericht für den Erlaß der Anordnung zuständig 8 (§ 620a Abs. 4 ZPO), so ist § 40 Abs. 3 nicht anzuwenden. Da das Verfahren der einstweilige Anordnung prozessual Bestandteil des Hauptverfahrens und damit eines im zweiten Rechtszuge anhängigen Verfahrens ist, liegt kein erstinstanzliches Verfahren vor. Der RA kann also die erhöhten Gebührensätze des § 11 Abs. 1 S. 4 verlangen.

Mümmler JurBüro 78, 319; BGH BGHZ 48, 334 = JVBl. 68, 38 = JurBüro 68, 381 = MDR 68, 143 = NJW 68, 52; Düsseldorf MDR 72, 156 = JVBl. 72, 20; KG NJW 72, 216 = AnwBl. 72, 23 = JurBüro 71, 1024; Hamm AnwBl. 68, 274 = JurBüro 68, 464; München Rpfleger 67, 169; a. M. Köln JVBl. 69, 190 = JurBüro 69, 782.

Auch der im Wege der Prozeßkostenhilfe beigeordnete RA hat im Berufungsverfahren Anspruch auf die $^{13}/_{10}$-Gebühren.

Streitwert. Für die nichtvermögensrechtlichen Ansprüche gilt § 12 Abs. 2 9 GKG. Dabei ist zu beachten, daß die einstweiligen Anordnungen keine Ehesachen i. S. des § 12 Abs. 2 GKG sind; für sie gilt deshalb der Mindeststreitwert von 4000,— DM nicht. Der Mindeststreitwert beträgt 600,— DM. Er darf auch nicht mit Rücksicht auf die Vorläufigkeit der Regelung unterschritten werden. Die Praxis bewertet die Gestaltung des Getrenntlebens bei Eheleuten in bescheidenen Verhältnissen meist mit 600,— DM, bei Eheleuten in besseren wirtschaftlichen Verhältnissen entsprechend höher. Für die Regelungen, die eheliche Kinder betreffen, bestimmt § 8 Abs. 2 S. 3, daß von einem Wert von 1000 DM auszugehen ist.

Vgl. Schmidt/Schmidt Gegenstandswert Rz. 118.

Der Unterhalt ist gemäß § 20 Abs. 2 GKG mit dem Sechsmonatsbetrag zu bewerten.

Bei dem Prozeßkostenvorschuß ist der geforderte Betrag maßgeblich. Dabei ist unerheblich, daß es sich nur um eine vorschußweise Zahlung handelt. Ebenso reicht die Bewilligung von Ratenzahlungen nicht aus, um den Streitwert unter den geforderten Betrag herabzusetzen.

Bei der Regelung der Wohnungsbenutzung ist der dreimonatige Mietwert der Ehewohnung anzunehmen (§ 20 Abs. 2 S. 2 GKG). Der Streitwert für die Benutzung des Hausrats ist gemäß § 3 ZPO zu schätzen. Mit dem Sachwert der Gegenstände, deren Benutzung geregelt wird, wäre der Streitwert zu hoch angenommen.

Ist mit einem nichtvermögensrechtlichen Anspruch ein aus ihm hergeleiteter vermögensrechtlicher Anspruch verbunden, so ist gemäß § 12 Abs. 3 GKG nur ein Anspruch, und zwar der höhere, maßgebend. Früher wurde angenommen, daß aus der Gestattung des Getrenntlebens der Unterhalt für den Ehegatten, die Wohnungs- und Haushaltsregelung hergeleitet sei. Aus der Sorgerechtsübertragung ist der Unterhalt für die Kinder hergeleitet worden. Diese Auffassung ist zwischenzeitlich überwiegend aufgegeben worden. Beide Ansprüche sind getrennt zu bewerten. Die Werte sind zusammenzurechnen.

Mümmler JurBüro 78, 324; Celle AnwBl. 73, 42; Frankfurt AnwBl. 74, 49; Köln NJW 73, 520; München (Augsburg) NJW 74, 370 = JurBüro 74, 740; Schleswig JurBüro 77, 836; Stuttgart AnwBl. 74, 48 = Justiz 73, 209.

10 **Mehrere Verfahren nach §§ 620, 620b Abs. 1, 2 ZPO** gelten als dieselbe Angelegenheit, da nach § 41 Abs. 1 S. 2 dafür der RA die Gebühren im gleichen Rechtszug nur einmal erhält.

Mümmler JurBüro 82, 35; KG JurBüro 80, 1673 m. Anm. von Mümmler (Wenn das Gericht in einer Ehesache auf Antrag über eine ohne mündliche Verhandlung erlassene einstweilige Anordnung aufgrund mündlicher Verhandlung erneut beschließt (§ 620b Abs. 2 ZPO), so bildet dieses Verfahren gebührenrechtlich mit dem Verfahren über den Antrag auf Erlaß der einstweiligen Anordnung eine Angelegenheit und der Streitwert für die Berechnung der anwaltlichen Prozeßgebühr ist nicht zu erhöhen [Abgrenzung zu KG JurBüro 80, 880]); vgl. ferner Düsseldorf JurBüro 81, 727 (Während der Anhängigkeit einer Ehesache kann der RA für das Verfahren auf Erlaß einer einstweiligen Anordnung gemäß § 620 ZPO sowie für weitere Verfahren auf Abänderung dieser einstweiligen Anordnung (§ 620b Abs. 1 ZPO) jeder der in § 31 Abs. 1 vorgesehenen Gebühren insgesamt nur einmal erhalten. – Im Falle des § 620 S. 1 Nr. 4 und 6 ZPO erhöht sich der für die Gebührenberechnung maßgebliche Streitwert nicht, wenn die Unterhaltsschuldner gemäß § 620b Abs. 1 ZPO die Aufhebung oder die Herabsetzung der einstweiligen geregelten Unterhaltspflicht beantragen; Stuttgart JurBüro 82, 1358.

Werden mehrere RAe tätig, z. B. wenn der eine RA zunächst eine einstweilige Anordnung auf Zahlung eines Prozeßkostenvorschusses, ein anderer RA, z. B. weil der Prozeßbevollmächtigte des Eheverfahrens gewechselt hat eine einstweilige Anordnung auf Unterhalt erwirkt, so kann jeder RA für seine Tätigkeit die Gebühren gesondert berechnen, also der erste RA nach dem Werte des Vorschusses, der zweite nach dem Werte des Unterhaltsanspruchs.

11 Nur wenn **derselbe Rechtsanwalt in demselben Rechtszug** des Eheverfahrens tätig wird, ist § 41 Abs. 1 S. 2 anwendbar. Mehrere Verfahren nach § 620 ZPO werden regelmäßig verschiedene Streitgegenstände betreffen. Die Werte dieser Gegenstände sind – unter Beachtung des § 12 Abs. 3 GKG – zusammenzuzählen. Der so gewonnene Betrag bildet den Streitwert, aus dem die Gebühren zu berechnen sind.

Der RA erhält also nur eine Prozeßgebühr und ebenso nur eine Verhandlungs- und nur eine Beweisgebühr.

Wird z. B. zunächst der Antrag auf Gestattung des Getrenntlebens und auf Zahlung von 100 DM Unterhalt an die Frau, später der Antrag auf Übertragung der elterlichen Sorge für zwei Kinder und Zahlung von 50 DM Unterhalt für jedes Kind, schließlich ein Antrag auf Zahlung von 150 DM Prozeßkostenvorschuß gestellt, so könnte der RA ohne die Bestimmung des § 41 Abs. 1 S 2 für das erste Verfahren, falls der Anspruch auf Getrenntleben nur mit 600,— DM bewertet wird, die Prozeßgebühr nach einem Werte von 600,— DM + (100,— DM × 6 =) 600,— DM = 1200,— DM verlangen. Für das zweite Verfahren könnte er, wenn der Anspruch auf Übertragung der Personensorge für die beiden Kinder mit 1500 DM bewertet wird, eine Prozeßgebühr nach einem Werte von 1500,— DM + (2 × 50,— DM × 6 =) 600,— DM = 2100,— DM und für das dritte Verfahren eine solche nach einem Werte von 150 DM berechnen. Infolge des § 41 Abs. 1 S. 2 kann er aber nur eine Prozeßgebühr nach einem Gesamtwerte von 1200 + 2100 + 150 = 3450 DM, also in Höhe von 201,— DM, beanspruchen.

Ist in dem Anordnungsverfahren über den Unterhalt der Frau ein Vergleich abgeschlossen worden, so erhält er noch eine Vergleichsgebühr nach einem Werte von 600 DM. Ist in dem Verfahren über die elterliche Sorge auf gerichtliche Anordnung mündlich verhandelt worden, so erhält er weiter eine

Verhandlungs- und, wenn auch noch Beweis erhoben worden ist, eine Beweisgebühr nach einem Werte von 1500 DM, also von je 100 DM. Nach § 41 Abs. 1 S. 2 gilt die Zusammenfassung mehrerer in S. 1 unter einem **12** Buchstaben aufgeführter einstweiliger Anordnungen **nur in jedem Rechtszug.** Dabei wird unter Rechtszug ganz überwiegend der jeweilige Rechtszug der Ehesache oder Kindschaftssache verstanden.

So 8. Auflage, Riedel/Sußbauer A. 11; Hartmann C mit Nachweisen aus der spärlichen Rechtsprechung; Lappe Kosten in Familiensachen A 981 unter Hinweis auf die entsprechenden Regelungen in Nr. 1160–1163 KostVerz. zum GKG.

Dem ist jedoch nicht zuzustimmen, denn das Verfahren der einstweiligen **13** Anordnung hat auch verfahrensrechtlich einen eigenen, wenn auch durch §§ 127a Abs. 2 S. 1, 620c S. 2 ZPO eingeschränkten Rechtsmittelzug. Beispiel: Auf sofortige Beschwerde erläßt das Beschwerdegericht die vom Familiengericht abgelehnte einstweilige Anordnung auf Kindesherausgabe. Diese im zweiten Rechtszug getroffene Anordnung soll nicht mit den im ersten Rechtszug des Anordnungsverfahrens getroffenen sonstigen unter §§ 620, 620b ZPO fallenden einstweiligen Anordnungen eine Angelegenheit bilden. Dagegen handelt es sich um eine in Bezug auf das Anordnungsverfahren zum ersten Rechtszug gehörende Entscheidung, wenn das OLG, bei dem die Ehesache in der Berufungsinstanz anhängig ist, gem. §§ 620b Abs. 3 S. 2 ZPO über den Antrag auf Abänderung einer vom Familiengericht erlassenen einstweiligen Anordnung über den Ehegattenunterhalt zu befinden hat. Diese Abänderungsentscheidung fällt ebenso unter § 41 Abs. 1 S. 2, wie wenn das Hauptverfahren noch beim Familiengericht anhängig wäre und dieses deshalb über die Abänderung zu befinden hätte.

Sehr große praktische Bedeutung hat die Frage allerdings deshalb nicht, weil beim OLG oft ein anderer RA mit der Sache befaßt sein wird, der in diesem Fall die $^{13}/_{10}$ Gebühr (nicht etwa die $^3/_{10}$ Beschwerdegebühr) ohnehin ohne Rücksicht auf die von einem anderen RA in anderen erstinstanzlichen Verfahren nach §§ 620, 620b ZPO erlangten Gebühren erhält.

Die **Kostenentscheidung** der Scheidungssache gilt nach § 620g ZPO auch **14** für die Kosten des Anordnungsverfahrens. In Ausnahmefällen, z. B. wenn durch eine erhebliche Zuvielforderung oder offenbar unbegründeten Widerspruch die Gesamtkosten erheblich erhöht worden sind, kann das Gericht nach § 96 ZPO dem Ehegatten einen entsprechenden Teil der Kosten im Eheurteil auferlegen.

Ob bei einem im Verfahren der einstweiligen Anordnung geschlossenen **Vergleich,** in dem wegen der Kosten keine Vereinbarung getroffen worden ist, § 98 oder § 620g ZPO gilt, ist sehr streitig; überwiegend wird Ersteres angenommen.

Das **Beschwerdeverfahren** (vgl. § 620c ZPO) fällt nicht unter § 41, sondern **15** unter § 61 Abs. 1 Nr. 1. Der RA erhält also für die Vertretung im Beschwerdeverfahren die Gebühren des § 31 Abs. 1 neben den Gebühren für das erstinstanzliche Anordnungsverfahren, jedoch nur in Höhe von $^5/_{10}$. Mehrere Beschwerdeverfahren werden nicht zu einem Verfahren zusammengefaßt, so daß der RA, der den Auftraggeber in mehreren Beschwerdeverfahren vertritt, mehrere Beschwerdegebühren aus dem Wert der einzelnen Beschwerdeverfahren erhält.

Der RA der erstmals im Beschwerdeverfahren tätig wird, kann sämtliche Gebühren nur in Höhe von ⁵⁄₁₀ der vollen Gebühr erhalten.

Köln JurBüro 75, 196 = MDR 75, 326.

Wird im Beschwerdeverfahren mündliche Verhandlung angeordnet, so entsteht auch die Verhandlungsgebühr nur zu fünf Zehnteln.

Anhörung des Beschwerdegegners ist keine Beweisaufnahme, wenn die Anhörung nur zur Aufklärung des Sachverhalts dient (§ 141 ZPO).

16 Die **Beiordnung** eines RA im Wege der **Prozeßkostenhilfe** für das Eheverfahren erstreckt sich gemäß § 624 Abs. 2 ZPO auf die Folgesachen Regelung der elterlichen Sorge und Versorgungsausgleich, soweit sie nicht ausdrücklich ausgenommen werden, nicht jedoch auf Verfahren der einstweiligen Anordnung, § 122 Abs. 3 S. 2 u. S. 3 Nr. 2.

17 Bei einer **Einigung der Parteien** erhält der RA nach § 41 Abs. 2 die Prozeßgebühr nur zur Hälfte, wenn ein Antrag nach den in Abs. 1 genannten Vorschriften nicht gestellt ist oder soweit lediglich beantragt ist, eine Einigung der Parteien zu Protokoll zu nehmen.

Wenn von einer Einigung, nicht aber von einem Vergleich die Rede ist, so folgt daraus, daß gegenseitiges Nachgeben nicht Voraussetzung ist. Jedoch entsteht dann auch keine Vergleichsgebühr nach § 23, sondern nur eine halbe Prozeßgebühr.

18 Wird ein **Vergleich** abgeschlossen, der den Voraussetzungen des § 779 BGB entspricht, so entsteht neben der halben Prozeßgebühr auch die Vergleichsgebühr des § 23.

Die halbe Prozeßgebühr entsteht auch dann, wenn der Vergleich erst in dem Termin abgeschlossen wird. Anders kann § 41 Abs. 2, der in S. 1 schlechthin von der Einigung spricht und erst in S. 2 den Antrag, eine Einigung zu Protokoll zu bringen, erwähnt, nicht verstanden werden.

Düsseldorf MDR 60, 60.

Die volle Prozeßgebühr entsteht nur dann, wenn ein Antrag auf Einleitung eines Verfahrens bereits gestellt war.

19 Soweit in einem Vergleich Regelungen nur für die Dauer des Hauptverfahrens getroffen werden, richtet sich der Wert sowohl der Prozeßgebühr wie auch der Vergleichsgebühr nach den für das Verfahren der einstweiligen Anordnung maßgeblichen Werten, gleichgültig, ob insoweit ein Verfahren der einstweiligen Anordnung anhängig ist oder nur eine Einigung zu Protokoll gegeben werden soll.

20 Werden jedoch, was zulässig ist, neben solchen Regelungen auch endgültige Regelungen getroffen, die auch für den Fall der Rechtskraft des Scheidungsurteils gelten sollen, so ist für diese der volle Wert maßgeblich.

Soweit es sich um Gegenstände handelt, die weder als Verfahren der einstweiligen Anordnung noch als Folgesachen zur gerichtlichen Entscheidung gestellt sind, erwächst als Betriebsgebühr in jedem Fall nur die halbe Prozeßgebühr, die sowohl § 32 Abs. 2 wie auch § 41 Abs. 2 übereinstimmend für diesen Fall vorsehen.

Ist ein Vergleich über den Unterhalt der Kinder für die Dauer der Ehesache

und später ein endgültiger Auseinandersetzungsvergleich geschlossen worden, so sind für jeden Vergleich die Gebühren getrennt zu berechnen.
LG Mannheim AnwBl. 60, 16.

Ist die Regelung der Folgesachen nicht beantragt und wird lediglich 21 beantragt, eine Einigung, also auch einen Vergleich, zu Protokoll zu nehmen, so erhält der RA die Prozeßgebühr nach dem Werte der verglichenen Ansprüche zur Hälfte. Voraussetzung ist allerdings, daß der RA nur beauftragt ist, eine von den Parteien selbst herbeigeführte Einigung zu Protokoll zu geben. War der RA außergerichtlich beauftragt, eine Regelung zu versuchen und hat er die Einigung durch seine Tätigkeit mit herbeigeführt, so erhält er für diese Tätigkeit eine Vergütung aus § 118 (s. A 23).

Ist bereits die Regelung der Folgesachen beantragt, so bleibt selbst- 22 verständlich trotz der Einigung ein bereits entstandener Anspruch auf die volle Prozeßgebühr nach dem Werte der Folgesachen bestehen. Zu beachten ist jedoch, daß gemäß § 19a GKG die Scheidungssache und die Folgesachen (§ 623 Abs. 1, 4; § 621 Abs. 1 ZPO) als ein Verfahren gelten, dessen Gebühren nach dem zusammengerechneten Wert der Gegenstände zu berechnen sind.

Tätigkeit gemäß § 118. Es ist nicht ausgeschlossen, daß die Eheleute ihren 23 Prozeßbevollmächtigten der Ehesache den Auftrag erteilen, eine außergerichtliche Regelung der Scheidungsfolgen herbeizuführen. Ein solcher Auftrag löst die Gebühren des § 118, also die Geschäftsgebühr, meist auch die Besprechungsgebühr aus und beim Zustandekommen eines Vergleichs die Vergleichsgebühr aus. Meist wird ein solcher Auftrag jedoch nicht gewollt sein, denn außergerichtliche Vergleichsverhandlungen nach Erteilung eines Prozeßbeauftragten gehören nach § 37 Nr. 2 zum Rechtszug, werden also, soweit es sich um Gegenstände des gerichtlichen Verfahrens handelt, durch die Prozeßgebühr abgegolten. Ein außergerichtlicher Auftrag kann deshalb nicht allein deshalb angenommen werden, weil die Vergleichsbemühungen mit Wissen und Wollen der Parteien außerhalb des Gerichtssaals stattfinden. Die Parteien müssen vielmehr in Kenntnis der gebührenrechtlichen Folgen für sie, d. h. wissend, daß den RAen zusätzliche Gebühren erwachsen können, nämlich eine Geschäftsgebühr (die auf die Prozeßgebühr nicht nach § 118 Abs. 2 anrechenbar wäre, weil der Auftrag zu außergerichtlicher Tätigkeit nach dem Prozeßauftrag erteilt wäre, also das Tatbestandsmerkmal „anschließendes" gerichtliches Verfahren nicht vorläge) und eine Besprechungsgebühr, ausdrücklich eine außergerichtliche Regelung der Scheidungsfolgen wünschen. Ist ein solcher Auftrag feststellbar, so wäre es unschädlich, wenn die Parteien sich schließlich doch für eine gerichtliche Protokollierung entscheiden, um einen vollstreckbaren Titel zu erlangen. Wenn die Prozeßbevollmächtigten das Risiko nicht tragen können und wollen, im Falle des Scheiterns langwieriger komplizierter Verhandlungen lediglich eine halbe Prozeßgebühr nach dem Wert der nicht zur gerichtlichen Entscheidung gestellten Gegenstände und auch diese nur mit der Einschränkung des § 13 Abs. 3 zusätzlich zu erlangen, dürfte eine Honorarvereinbarung der Interessenlage besser gerecht werden.

Über den **Vergütungsanspruch des im Wege der Prozeßkostenhilfe** 24 **beigeordneten Anwalts** s. A 33 ff. zu § 122.

von Eicken 687

25 Einstweilige Anordnungen nach §§ 641 d, 641 e, Abs. 2, 3 ZPO.
Gemäß § 41 Abs. 1 S. 2 bildet das Verfahren über einen Antrag nach § 641 e Abs. 2 oder 3 mit dem Verfahren über den Antrag nach § 641 d der Zivilprozeßordnung eine Angelegenheit.

Der RA erhält also die Gebühren, die er bereits in einem Verfahren nach § 641 d ZPO erhalten hat, in dem Verfahren nach § 641 e Abs. 2 oder 3 ZPO nicht nochmals.

Bei einer Einigung der Parteien erhält der RA die Prozeßgebühr nur zur Hälfte, wenn ein Antrag nach §§ 641 d, 641 e Abs. 2 oder 3 der Zivilprozeßordnung nicht gestellt ist. Dies gilt auch, soweit lediglich beantragt ist, eine Einigung der Parteien zu Protokoll zu nehmen.

Zu beachten ist, daß Kindschaftssachen voll dem Amtsgericht zugewiesen sind, daß aber Berufungs- und Beschwerdegericht nicht das Landgericht, sondern das Oberlandesgericht ist.

Wegen der Vergütung des RA in Verfahren über den Unterhalt eines nichtehelichen Kindes vgl. § 43 b.

Die Vergütung des RA in den Kindschaftssachen, die § 41 regelt, ist die gleiche wie in den einstweiligen Anordnungsverfahren in Ehesachen. Der RA erhält also die vollen Gebühren in Antragsverfahren und die 5/10-Gebühren des § 61 Abs. 1 Nr. 1 in Beschwerdeverfahren.

26 Vorläufige Anordnungen in isolierten Familiensachen. Schon lange vor Einführung der Familiengerichtsbarkeit hatte die Rechtsprechung der freiwilligen Gerichtsbarkeit das Institut der sogen. vorläufigen Anordnungen (bewußt nicht als enstweilige Anordnungen bezeichnet) für Fälle entwickelt, in denen ein besonders dringendes Bedürfnis für ein unverzügliches Einschreiten des Gerichts besteht, welches ein Abwarten bis zu Beendigung der Sachuntersuchung nicht gestattet. Es handelt sich dabei um Maßnahmen unterschiedlicher Art, die im Rahmen des Hauptverfahrens von Amts wegen ohne besonderes Verfahren getroffen werden. Dadurch unterscheiden sie sich wesentlich von den gesetzlich geregelten Verfahren der einstweiligen Anordnung. Das Bedürfnis für derartige vorläufige Regelungen besteht auch in einigen der selbständigen Familiensachen des § 621 ZPO, auf die gem. § 621 a Abs. 1 die Bestimmungen des FGG und der HausratsVO anzuwenden sind. Sie sind in § 41 nicht genannt und auch eine entsprechende Anwendung dieser Vorschrift ist nicht gerechtfertigt, weil es sich im Gegensatz zu den in § 41 genannten Verfahren nicht um in das Hauptsacheverfahren eingebettete besondere Verfahren handelt. Sie sind deshalb gebührenrechtlich keine besonderen Angelegenheiten. Die Tätigkeit des RA wird durch die Gebühren des Hauptsacheverfahrens abgegolten. Bei den Rahmengebühren des § 118 kann der Erlaß einer vorläufigen Anordnung unter dem Gesichtspunkt des Umfangs oder der Bedeutung der Angelegenheit jedoch im Einzelfall durch Bestimmung eines höheren Gebührensatzes innerhalb des Gebührenrahmens nach § 12 Abs. 1 Berücksichtigung finden.

Hamm JurBüro 79, 1819; Karlsruhe Rpfleger 80, 77 = JurBüro 80, 544 = MDR 80, 325 = Justiz 80, 85; JurBüro 80, 1660 = Justiz 80, 444; Bamberg JurBüro 81, 120; 85, 396; 86, 1202; Schleswig SchlHA 81, 120; Celle JurBüro 82, 222; Köln JurBüro 83, 867; Frankfurt JurBüro 85, 1818; Koblenz Beschl. v. 26. 6. 86 – 13 WF 831/86; Düsseldorf Beschl. v. 3. 7. 84 – 10 WF 113/84;
a. A. Stuttgart JurBüro 83, 1676; Lappe Kosten in Familiensachen A 989, 990.

Das gilt auch bei Erlaß einstweiliger Anordnungen nach § 13 Abs. 4 Hausr-VO.

Hamm JurBüro 79, 540 = KostRsp. BRAGO § 41 Nr. 4 mit krit. Anm. Lappe; Köln AnwBl. 83, 88 = JurBüro 83, 867; Bamberg JurBüro 85, 549.

Im Beschwerdeverfahren gegen eine vorläufige Anordnung erhält der RA gesonderte Gebühren nach § 118, im Beschwerdeverfahren gegen eine einstweilige Anordnung nach § 13 Abs. 4 HausrVO die halben Gebühren des § 31, § 63 Abs. 2 u. 3.

§ 42 Sühneverfahren (aufgehoben)

§ 43 Mahnverfahren

(1) **Im Mahnverfahren erhält der Rechtsanwalt**

1. **eine volle Gebühr für die Tätigkeit im Verfahren über den Antrag auf Erlaß des Mahnbescheids einschließlich der Mitteilung des Widerspruchs an den Auftraggeber;**

2. **drei Zehntel der vollen Gebühr für die Erhebung des Widerspruchs;**

3. **fünf Zehntel der vollen Gebühr für die Tätigkeit im Verfahren über den Antrag auf Erlaß des Vollstreckungsbescheids, wenn innerhalb der Widerspruchsfrist kein Widerspruch erhoben oder der Widerspruch gemäß § 703a Abs. 2 Nr. 4 der Zivilprozeßordnung beschränkt worden ist.**

(2) **Die in Absatz 1 Nr. 1 und 2 bestimmten Gebühren werden auf die Prozeßgebühr angerechnet, die der Rechtsanwalt in dem nachfolgenden Rechtsstreit erhält.**

(3) **In den Fällen des Absatzes 1 Nr. 1 gilt § 32 sinngemäß.**

Lit.: Mümmler JurBüro 79, 151 (Erstattung der Mahnkosten eines Anwaltwechsels nach vorangegangenem Mahnverfahren); H. Schmidt AnwBl. 78, 410 (Erstattung der Gebühr des § 43 Abs. 1 Nr. 1 BRAGO); E. Schneider MDR 79, 441 (Kostenerstattung bei Anwaltswechsel nach Mahnverfahren).

Übersicht über die Anmerkungen

1 Allgemeines. § 43 regelt die Gebühren des im Mahnverfahren (§§ 688 ff ZPO) tätigen RA, und zwar abschließend. Die Gebühren sind Pauschgebühren, mit denen die gesamte Tätigkeit des RA innerhalb des Mahnverfahrens abgegolten wird. Ist der RA auftragsgemäß zunächst außergerichtlich tätig geworden (z. B. mehrfache Mahnungen mit Darlegung des Rechtsstandspunktes), hat er die Gebühren des § 118 verdient; die Geschäftsgebühr ist gemäß § 118 Abs. 2 auf die Gebühr des § 43 Abs. 1 Nr. 1 bzw. Nr. 2 anzurechnen.

2 Im Mahnverfahren kann der Rechtsanwalt ausschließlich die im § 43 bestimmten Gebühren erhalten. Nur dann, wenn seine Tätigkeit über den Rahmen des Mahnverfahrens hinausgeht und den Tatbestand einer anderen Gebührenvorschrift erfüllt, kann er noch weitere Gebühren beanspruchen. Beschränkt sich die Tätigkeit des RA auf das Mahnverfahren, so kann er nicht etwa noch eine Prozeßgebühr neben den Gebühren des § 43 berechnen. Der RA, dessen Tätigkeit sich auf den Antrag auf Erlaß des Vollstreckungsbescheids beschränkt, z. B. weil die Partei den Antrag auf Erlaß des Mahnbescheids selbst gestellt und das Verfahren sich dann ohne Einspruch erledigt hat, kann deshalb nicht neben der Gebühr des § 43 Abs. 1 Nr. 3 noch eine halbe Prozeßgebühr für seine Einarbeitung in den Prozeßstoff verlangen, auch nicht nach § 2.

Gerold Büro 56, 254.

3 Besonders erhalten kann der Rechtsanwalt z. B. die Beschwerdegebühr nach § 61 Abs. 1 Nr. 1 für eine innerhalb des Mahnverfahrens erhobene Beschwerde oder die **Vergleichsgebühr** des § 23, wenn unter seiner Mitwirkung ein Vergleich abgeschlossen wird.

Ferner kann der RA nach Abschluß des Mahnverfahrens weitere Gebühren verdienen, z. B. für die Einlegung des Einspruchs gegen den ergangenen Vollstreckungsbescheid die Prozeßgebühr des § 31 Abs. 1 Nr. 1 (da bereits zum folgenden Prozeß gehörend) oder für das Betreiben der Zwangsvollstreckung aus dem Vollstreckungsbescheid die Vollstreckungsgebühr des § 57. Kommt es im Anschluß an das Mahnverfahren zum Rechtsstreit (auf Widerspruch oder auf Einspruch gegen den Vollstreckungsbescheid), entstehen die Gebühren des § 31 Abs. 1. Wegen der Anrechnung vgl. A 10 ff.

4 Für die Tätigkeit im **Verfahren über den Antrag auf Erlaß des Mahnbescheids** einschließlich der Mitteilung des Widerspruchs an den Auftraggeber erhält nach § 43 Abs. 1 Nr. 1 der RA des Gläubigers eine volle Gebühr. Die Gebühr ist keine Prozeßgebühr im Sinne des § 31 Abs. 1 Nr. 1, ist ihr aber sehr ähnlich. Sie gilt gleich der Prozeßgebühr die gesamte Tätigkeit des RA im Mahnverfahren mit Ausnahme der Tätigkeit im Verfahren über den Antrag auf Erlaß des Vollstreckungsbescheids ab, insbesondere, wie in § 43 Abs. 1 Nr. 1 ausdrücklich hervorgehoben wird, die Mitteilung des Widerspruchs an den Auftraggeber.

Abgegolten wird ferner die Aufnahme der Information, die Beratung des Antragstellers, der den Mahnbescheid betreffende Schriftwechsel mit dem Auftraggeber und dem Gericht. Endigt der Auftrag vor Einreichung des Antrags, so erhält der RA nach § 43 Abs. 3 mit § 32 nur die halbe Gebühr. Dasselbe gilt, wenn sich der Auftrag auf die Anfertigung des Antrags beschränkt (§ 56 Abs. 1 Nr. 1).

Vertritt der RA mehrere Antragsteller wegen desselben Gegenstandes, so erhöht sich die Gebühr gemäß § 6 Abs. 1 S. 2 durch jeden weiteren Auftraggeber um ³⁄₁₀, jedoch höchstens um 2 volle Gebühren.

Vgl. Anm. 31 zu § 6.

Verdient wird die Gebühr mit der Einreichung des Antrags, auch wenn er 5 zurückgewiesen oder zurückgenommen wird. Aus dem Umstand, daß die Gebühr nicht mehr – wie früher – „für die Erwirkung" des Mahnbescheids gewährt wird, sondern die gesamte Tätigkeit des RA im Verfahren, beginnend mit der Entgegennahme der Information bis zur Mitteilung des Widerspruchs an den Auftraggeber, abgilt, folgt, daß der RA die Gebühr der Nr. 1 auch dann verdient, wenn er erst nach Erlaß des Mahnbescheids im Mahnverfahren tätig wird, z. B. die Anschrift des Antragsgegners ermittelt und dem Gericht anzeigt, so daß der Mahnbescheid nunmehr zugestellt werden kann (allerdings gemäß Abs. 3 i. V. m. § 32 nur in Höhe einer halben Gebühr). Ist der Mahnbescheid noch nicht zugestellt, kann er durch Aufnahme der Kosten noch ergänzt werden (evtl. ein eigener Ergänzungsbeschluß, der gemeinsam mit dem Mahnbescheid zuzustellen ist).

H. Schmidt JurBüro 64, 328.

Für die **Erhebung des Widerspruchs** erhält der RA des Antragsgegners nach 6 § 43 Abs. 1 Nr. 2 drei Zehntel der vollen Gebühr, berechnet nach dem Betrage, wegen dessen der Widerspruch erhoben wird.

Ein Anspruch auf eine höhere Gebühr kann nicht etwa unter Anwendung des § 56 Abs. 1 S. 1 entstehen. Ein Anspruch auf eine Prozeßgebühr nach § 31 Abs. 1 Nr. 1 entsteht daneben nicht, auch nicht für die Begründung des Widerspruchs, selbst wenn mit ihm die Unzuständigkeit des Amtsgerichts gerügt wird.

Koblenz JurBüro 78, 1200 mit Anm. von Mümnmler = VersR 79, 266 (L) (Die ³⁄₁₀-Gebühr des § 43 Abs. 1 Nr. 2 ist das Entgelt für die gesamte Vertretung des Schuldners bei der Einlegung des Widerspruchs, z. B. Entgegennahme der Information, Prüfung der Erfolgsaussicht, eventuelle Begründung des Widerspruches. Die unterschiedliche Behandlung von Gläubigervertreter (¹⁰⁄₁₀: § 43 Abs. 1 Nr. 1) und Schuldnervertreter (³⁄₁₀: § 43 Abs. 1 Nr. 2) muß hingenommen werden).

Wird mit dem Widerspruch auftragsgemäß ein Antrag auf Durchführung des streitigen Verfahrens gemäß § 696 Abs. 1 ZPO verbunden, so erwächst durch diesen Antrag die volle Prozeßgebühr, sofern die Streitsache alsbald abgegeben wird.

Vgl. aber Schleswig JurBüro 80, 1523 (Verbindet ein Anwalt des Schuldners mit dem Widerspruch gegen den Mahnbescheid einen Klagabweisungsantrag, wird die

Sache auf Antrag des Gläubigers dann an das zuständige Landgericht abgegeben (§ 696 Abs. 3 ZPO) und wird dort die Klage ohne weitere Antragstellung zurückgenommen, so erlangt der Schuldner keinen Kostenerstattungsanspruch in Höhe von $^{10}/_{10}$-Prozeßgebühr); s. auch A 25 am Ende.

Im Urkunden- oder Wechselmahnverfahren (§ 703a Abs. 2 Nr. 4 ZPO) ist auch Vorbehalt der Rechte Widerspruch. Der RA, der nach Erlaß eines Urkunden- oder Wechselmahnbescheids nur beantragt, dem Antragsgegner die Ausführung seiner Rechte vorzubehalten, hat hiernach ebenfalls Anspruch auf die Widerspruchsgebühr der Nr. 2.

Bei einem Tätigwerden des RA für mehrere Antragsgegner, die ihm Auftrag erteilen, gegen den gleichen Mahnbescheid Widerspruch einzulegen, soll eine Erhöhung der Gebühr nach § 6 Abs. 1 S. 2 nicht eintreten. Der RA soll die Gebühr der Nr. 2 nur einmal – nicht erhöht – erhalten.

So Riedel/Sußbauer A 7; Schumann/Geißinger A 12; AG Calw MDR 77, 589.

Dieser Auffassung kann nicht zugestimmt werden. Die Gebühren des § 43 sind zwar keine Prozeßgebühren. Zumindest aber sind die Gebühren der Nr. 1 und 2 der Prozeßgebühr so nahe verwandt, daß es gerechtfertigt erscheint, § 6 Abs. 1 Satz 2 entsprechend anzuwenden. Sollte für eine Anwendung des § 6 Abs. 1 Satz 2 kein Raum sein, müßten dem RA wohl für jeden Auftrag, Widerspruch einzulegen, gesonderte Gebühren zustehen, da eine Vorschrift, welche die verschiedenen Aufträge zu einer Angelegenheit zusammenfaßt, in diesem Falle nicht vorhanden wäre. Die Widerspruchsgebühr erhöht sich hiernach durch jeden weiteren Auftraggeber um $^3/_{100}$, höchstens jedoch um $^9/_{10}$.

Vgl. hierzu A 31 zu § 6.

Der RA des Antragstellers erhält die Gebühr der Nr. 2 nicht, auch nicht für die Mitteilung von der Einlegung des Widerspruchs. Seine Tätigkeit wird durch die Gebühr der Nr. 1 abgegolten („bis zur Mitteilung des Widerspruchs an den Auftraggeber").

Der Streitwert, aus dem die Gebühr der Nr. 2 zu berechnen ist, richtet sich nach dem Betrag, dessentwegen Widerspruch eingelegt wird, also in der Regel nach dem Gesamtstreitwert des Mahnbescheids, u. U. jedoch auch nur nach einem Teilbetrag (der Rest ist unstreitig oder zwischenzeitlich bezahlt worden) oder nach den Kosten (die Hauptsache ist zwischenzeitlich bezahlt worden; jedoch wird vorgebracht, die Forderung sei bis zur Erwirkung des Mahnbescheids noch nicht fällig gewesen).

Erhält der RA Auftrag, wegen des Gesamtbetrages Widerspruch einzulegen, rät er jedoch dazu, den Widerspruch auf einen Teil zu beschränken, und wird darauf nur beschränkt Widerspruch eingelegt, so erhält der RA die Gebühr der Nr. 2 trotzdem aus dem vollen Werte. Die Vorschrift ist ausdehnend dahin auszulegen, daß sie die Tätigkeit des RA des Antragsgegners im Widerspruchsverfahren – vom Auftrag bis zur Erledigung des Auftrags – abgelten soll. Eine Ermäßigung der $^3/_{10}$-Gebühr auf $^3/_{20}$ findet nicht statt, da § 32 auf die Gebühr der Nr. 2 gemäß Abs. 3 keine Anwendung findet.

Die Rücknahme des von der Partei selbst eingelegten Widerspruchs nach Abgabe an das Prozeßgericht löst für den RA die $^{10}/_{10}$ Prozeßgebühr aus.

München AnwBl. 85, 206 = Rpfleger 85, 167 = JurBüro 85, 402.

Für die Tätigkeit im **Verfahren über den Antrag auf Erlaß des Vollstrek-** 7
kungsbescheids erhält der RA des Antragstellers nach § 43 Abs. 1 Nr.
3 fünf Zehntel der vollen Gebühr, wenn innerhalb der Widerspruchsfrist kein Widerspruch erhoben wird. Durch die abgeänderte Fassung, die nicht mehr, wie § 38 Abs. 1 Nr. 3 RAGebO, von der Erwirkung des Vollstreckungsbescheids, sondern von dem Verfahen über den Antrag spricht, wird klargestellt, daß die Gebühr nicht vom Erfolg der anwaltlichen Tätigkeit abhängig ist. Gemäß § 699 Abs. 1 ZPO kann der Antrag auf Erlaß des Vollstreckungsbescheids nicht mehr vor Ablauf der Widerspruchsfrist gestellt werden. Ein vorher gestellter Antrag ist unwirksam. Dagegen löst ein nach Ablauf der Widerspruchsfrist gestellter Antrag die Gebühr des § 43 Abs. 1 Nr. 3 auch dann aus, wenn der Antragsgegner zwischenzeitlich Widerspruch eingelegt hat, ohne daß der Antragsteller davon Kenntnis erhalten hat.

Die Widerspruchsfrist beträgt gemäß § 692 Abs. 1 Nr. 3 ZPO zwei Wochen. Nach § 694 Abs. 1 ZPO kann aber der Antragsgegner auch nach Ablauf dieser Frist noch Widerspruch erheben, solange der Vollstreckungsbescheid nicht verfügt ist. Damit der einen Widerspruch ausschließende Vollstreckungsbescheid ergehen kann, muß der Antragsteller den Antrag möglichst frühzeitig stellen. Wird nach Fristablauf Widerspruch erhoben, so hat das auf die Entstehung der Gebühr des § 43 Abs. 1 Nr. 3 keinen Einfluß. Beispiel: Der Antragsgegner hat einen Tag nach Ablauf der Widerspruchsfrist Widerspruch eingelegt (etwa durch Einwurf in den Nachtbriefkasten). Der RA, der von der Einlegung des Widerspruchs nichts weiß (er hatte sich am Vormittag erkundigt), beantragt am nächsten Tage den Erlaß des Vollstreckungsbescheids. Er hat für diesen Antrag die Gebühr der Nr. 3 verdient, obwohl der Vollstreckungsbescheid wegen des zwischenzeitlich eingelaufenen Widerspruchs nicht mehr erlassen werden kann.

Celle JurBüro 65, 141 = JVBl. 65, 23 = NJW 65, 307 = NdsRpfl. 65, 14 = Rpfleger 65, 246 (Anm. Tschischgale) und NdsRpfl. 74, 319; LG Berlin JurBüro 84, 882.
a. M. Bamberg JurBüro 80, 721 (Die Gebühr entsteht erst mit Eingang des Antrags bei Gericht).
Vgl. BGH JurBüro 82, 705 (Der Widerspruch gegen einen Mahnbescheid ist auch dann rechtzeitig erhoben, wenn er, als der Vollstreckungsbescheid verfügt wurde, zwar noch nicht der Geschäftsstelle der Mahnabteilung, wohl aber bereits dem Gericht zugegangen war).

Wird der Vollstreckungsbescheid gegen verschiedene Antragsgegner getrennt beantragt (etwa, weil der Mahnbescheid zu verschiedenen Zeiten zugestellt worden ist), so entsteht die Gebühr des § 43 Abs. 1 Nr. 3 doch nur einmal.

Wird im Urkunden- oder Wechselmahnverfahren der Widerspruch auf den Antrag beschränkt, dem Beklagten die Ausführung seiner Rechte vorzubehalten, entsteht die Gebühr des § 43 Abs. 1 Nr. 3. Das ist nunmehr durch den Gesetzestext klargestellt.

Ist innerhalb der Frist Widerspruch erhoben worden, so entsteht für den 8
Antrag auf Erlaß des Vollstreckungsbescheids kein Vergütungsanspruch. Das gilt auch dann, wenn der RA von der rechtzeitigen Einlegung des Widerspruchs keine Kenntnis erlangt hat.

Hamburg MDR 83, 142 = JurBüro 83, 239.

Will der RA eine Tätigkeit ohne Vergütung (durch vorzeitiges Stellen des

Antrags auf Erlaß des Vollstreckungsbescheids) vermeiden, so muß er den Ablauf der Widerspruchsfrist abwarten und sich erkundigen, ob innerhalb der Frist Widerspruch erhoben worden ist, bevor er den Antrag stellt. Hat der RA bereits den Antrag auf Erlaß des Mahnbescheids gestellt und den Antrag auf Erlaß des Vollstreckungsbescheids damit verbunden oder ihn doch vor Fristablauf gestellt (was in beiden Fällen unzulässig ist), so erhält er, wenn innerhalb der Frist Widerspruch erhoben wird, nur die Gebühr des § 43 Abs. 1 Nr. 1. Hat ein anderer RA in einem solche Falle den Antrag vorzeitig gestellt, so erhält er für eine solche unzulässige Maßnahme überhaupt keine Vergütung.

Die halbe Gebühr des § 43 Abs. 1 Nr. 3 entsteht auch dann, wenn der Auftraggeber zur Erwirkung des Vollstreckungsbescheids Auftrag erteilt hat, aber z. B. wegen inzwischen erfolgter Zahlung der Auftrag nicht ausgeführt wird, denn der RA ist mit der Entgegennahme des Auftrags „in dem Verfahren über den Antrag auf Erlaß des Vollstreckungsbescheids" tätig geworden.

Ein Gebührenanspruch entsteht auch dann nicht, wenn der RA den Antrag auf Vollstreckungsbescheid zwar nach Ablauf der Widerspruchsfrist, aber in Kenntnis des Umstandes, daß bereits Widerspruch erhoben worden ist, wenn auch erst nach Ablauf der Widerspruchsfrist, gestellt hat (über die Gebühren bei Stellung des Antrags in Unkenntnis der Widerspruchseinlegung vgl. A 7).

Wird nur wegen eines Teilbetrags des Anspruchs Vollstreckungsbescheid beantragt, so ist für die Gebühr der Teilbetrag maßgebend. Das gilt jedoch nicht, wenn der zunächst unbeschränkt gestellte Antrag nachträglich ermäßigt wird.

Die Kosten des Mahnverfahrens sind in entsprechender Anwendung des § 104 Abs. 1 Satz 2 ZPO ab Erlaß des Vollstreckungsbescheids mit 4% zu verzinsen.

9 **Abgegolten durch die Gebühr des § 43 Abs. 1 Nr. 3** wird die gesamte mit dem Antrag zusammenhängende Tätigkeit, besonders auch die Erwirkung einer besonderen Vollstreckungsklausel (vgl. § 37 Nr. 7). Weitere Gebühren entstehen nicht. Eine volle oder halbe Prozeßgebühr kann der RA neben der Gebühr des § 43 Abs. 1 Nr. 3 auch dann nicht beanspruchen, wenn sich sein Auftrag auf den Antrag auf Erlaß des Vollstreckungsbescheids beschränkt hat.

10 Eine **Anrechnung auf die Prozeßgebühr,** die der RA in dem nachfolgenden Rechtsstreit erhält, ist nur für die Gebühr für den Antrag auf Erlaß des Mahnbescheids des § 43 Abs. 1 Nr. 1 und für den Widerspruch des § 43 Abs. 1 Nr. 2 vorgeschrieben. Dagegen wird die Gebühr für den Antrag auf Vollstreckungsbescheid des § 43 Abs. 1 Nr. 3 nicht angerechnet, weil sie der Gebühr für die Erwirkung eines Versäumnisurteils entspricht, die nach § 38 gleichfalls bestehen bleibt.

Hiernach erhält weder der mit der Prozeßführung beauftragte RA, der den Mahnbescheid beantragt hat, noch derjenige, der den Widerspruch erhoben hat, neben der Prozeßgebühr des § 31 Abs. 1 die Gebühren des § 43 Abs. 1 Nr. 1 und 2 zusätzlich.

Nachfolgender Rechtsstreit im Sinne des § 43 Abs. 2 ist nur der erste Rechtszug, nicht auch eine höhere Instanz.

11 Auch auf die **Verkehrsgebühr** hat die Anrechnung zu erfolgen, wenn der RA, der den Mahnbescheid beantragt oder den Widerspruch erhoben hat, im nachfolgenden Streitverfahren Verkehrsanwalt wird.

694   *von Eicken*

Hamm JurBüro 63, 538 = Rpfleger 66, 99 sowie AnwBl. 68, 233 = Rpfleger 68, 159 = JMBlNRW 69, 67; vgl. auch Schleswig JurBüro 66, 50 = JVBl. 66, 112.

Der RA, der zunächst im Mahnverfahren tätig war und später Verkehrsanwalt wurde, kann nicht mehr als die $^{10}\!/\!_{10}$-Gebühr des § 52 erhalten. Hamm Rpfleger 66, 99.

Die Verkehrsgebühr ist auch erstattungsfähig, wenn die Zuziehung eines Verkehrsanwalts notwendig war; vgl. auch A 23.

Für die bei **Wahrnehmung eines Beweistermins** nach § 54 entstehende **12** halbe Prozeßgebühr gilt das gleiche.

Hat der Rechtsstreit einen höheren Streitwert als das Mahnverfahren, **13** z. B. infolge Klageerweiterung oder Widerklage, so kann der RA, der den Mahnbescheid beantragt oder Widerspruch eingelegt hatte und sodann Prozeßbevollmächtigter geworden ist, noch den Unterschied beanspruchen.

Ist der Gegenstand des Rechtsstreits niedriger als der des Mahnverfahrens, so sind nur die Gebühren anzurechnen, die im Mahnverfahren entstanden wären, wenn dieses sich auf den geringeren Gegenstandswert beschränkt hätte.

Beispiele:

a) Erhöhung: Mahnbescheid über 1000 DM. Dagegen Widerspruch. Im Prozeß Widerklage über 5000 DM.

Gebühren des Klägervertreters:

zunächst $^{10}\!/\!_{10}$ aus 1000 DM	85,— DM
sodann $^{10}\!/\!_{10}$ aus 6000 DM	331,— DM

(also Erhöhung um 246 DM, falls die 85 DM für den Mahnbescheid bereits bezahlt sind).

Gebühren des Beklagtenvertreters:

zunächst $^{3}\!/\!_{10}$ aus 1000 DM	25,50 DM
sodann $^{10}\!/\!_{10}$ aus 6000 DM	331,— DM

(also Zuzahlung von 305,50 DM).

b) Ermäßigung: Mahnbescheid über 6000 DM. Widerspruch wegen 3000 DM. Rechtsstreit nur wegen 1000 DM.

Gebühren des Klägervertreters:

zunächst $^{10}\!/\!_{10}$ aus 6000 DM	331,— DM
sodann $^{10}\!/\!_{10}$ aus 1000 DM	85,— DM

die vollständig in den 331 DM aufgehen (also keine zusätzliche Prozeßgebühr).

Gebühren des Beklagtenvertreters:

zunächst $^{3}\!/\!_{10}$ aus 3000 DM	52,50 DM
sodann $^{10}\!/\!_{10}$ aus 1000 DM	85,— DM.

In die $^{10}\!/\!_{10}$-Prozeßgebühr aus 1000 DM gehen $^{3}\!/\!_{10}$ Widerspruchsgebühr aus 1000 DM auf. Es verbleiben

$^{10}\!/\!_{10}$-Prozeßgebühr aus 1000 DM	85,— DM
$^{3}\!/\!_{10}$-Widerspruchsgebühr aus den restlichen 2000 DM	39,— DM
insgesamt	124,— DM.

Vgl. auch Frankfurt AnwBl. 81, 161 = JurBüro 81, 561.

Riedel/Sußbauer (A 7) und Schumann/Geißinger (A 15) (wohl auch Hartmann A 5) rechnen für den Beklagtenvertreter anders:

Sie billigen zu:
³⁄₁₀ aus 3000 DM   52,50 DM
sowie
¹⁰⁄₁₀ aus 1000 DM   85,— DM
                                                    ‾‾‾‾‾‾‾‾‾‾
                                                    137,50 DM.
Sodann ziehen sie
³⁄₁₀ aus 1000 DM (als in den ¹⁰⁄₁₀ enthalten) ab,   −25,50 DM
               so daß sie dem Beklagtenvertreter 112,— DM
zubilligen (statt 121,30 DM).

Ebenso LG Bielefeld AnwBl. 71, 178 = JurBüro 71, 520.

Der Unterschied ergibt sich dadurch, daß sie die Gebührendegression zu
Lasten des RA auswerten (³⁄₁₀ aus 1000 DM werden abgezogen), statt dem
Grundgedanken des § 13 Abs. 3 folgend zu den ungekürzten ¹⁰⁄₁₀ aus 1000 DM
³⁄₁₀ aus den restlichen 2000 DM hinzuzuzählen (zunächst werden von 3000 DM
1000 DM abgezogen, sodann wird aus den restlichen 2000 DM die ³⁄₁₀-Gebühr
berechnet).

14 Bei **Anwaltswechsel** kommt Anrechnung nicht in Frage. Jeder RA erhält
und behält die Gebühren, die er verdient hat, z. B. RA X die ³⁄₁₀-Gebühr für
den Widerspruch, RA Y die ¹⁰⁄₁₀-Prozeßgebühr für den folgenden Rechtsstreit.

15 Das **Mahnverfahren endet** mit der Erhebung des Widerspruchs oder mit
dem Erlaß des Vollstreckungsbescheids oder mit der Rücknahme des Antrags. Mit den darauf folgenden Prozeßhandlungen, also entweder mit der
Bestimmung des Termins zur mündlichen Verhandlung vor dem Amtsgericht
oder mit der Abgabe des Rechtsstreits an das Gericht, das in dem Mahnbescheid gemäß §§ 692 Abs. 1 Nr. 1, 690 Abs. 1 Nr. 5 ZPO bezeichnet worden
ist, oder im Falle des Erlasses eines Vollstreckungsbescheids mit der Einlegung des Einspruchs beginnt das Streitverfahren. Mit dem Zeitpunkt der
Terminsanberaumung oder der alsbaldigen Abgabe des Rechtsstreits nach
Erhebung des Widerspruchs wird die Prozeßlage gemäß § 696 Abs. 3 ZPO so
angesehen, als sei die Streitsache mit der Zustellung des Mahnbescheids
rechtshängig geworden. Mit dem Eingang der Akten bei dem Gericht, an das
abgegeben wird, gilt der Rechtsstreit als dort anhängig, § 696 Abs. 1 ZPO.

   Frankfurt JurBüro 79, 389 (Das Mahnverfahren endet mit Einlegung des Widerspruchs, so daß das erstmalige Tätigwerden eines RA durch Stellung eines Verwei-
   sungsantrages nicht die Mahnverfahrensgebühr auslöst; der Anwalt ist vielmehr
   im nachfolgenden Rechtsstreit tätig geworden).

16 Der **Anspruch auf die volle Prozeßgebühr** in dem nachfolgenden Rechtsstreit entsteht dadurch, daß der RA den Antrag auf Durchführung des
streitigen Verfahrens stellt und das Gericht, das den Mahnbescheid erlassen
hat, den Rechtsstreit an das im Mahnbescheid bezeichnete Gericht abgibt. Ist
der Antrag schon im Antrag auf Erlaß des Mahnbescheides bedingt für den
Fall des Widerspruchs gestellt, so entsteht der Anspruch auf die Prozeßgebühr
für den RA des Antragstellers mit der Abgabe nach Erhebung des Widerspruchs. Hat der Antragsteller den Mahnbescheid selbst erwirkt und den
Antrag auf Abgabe gleichfalls gestellt, so entsteht für den nunmehr beauftragten RA eine halbe Prozeßgebühr mit der ersten Tätigkeit (z. B. Information),
die volle Prozeßgebühr nur, wenn er den Antrag wiederholt oder einen
Sachantrag stellt.

Für den RA des Antragsgegners entsteht der Anspruch auf die Prozeßgebühr dadurch, daß auftragsgemäß der Antrag auf Durchführung des streitigen Verfahrens in der Widerspruchsschrift gestellt und darauf die Sache an das Prozeßgericht abgegeben wird.

> Bamberg JurBüro 83, 82; Düsseldorf JurBüro 75, 353 = Rpfleger 75, 70 und JurBüro 81, 1682; Hamburg JurBüro 83, 811.

Ist die Abgabe an das für zuständig bezeichnete Streitgericht schon auf Antrag des Antragstellers erfolgt, so entsteht für den RA des Antragsgegners nicht deshalb die Prozeßgebühr, weil er lediglich die Einrede der sachlichen Unzuständigkeit erhoben hat, vorausgesetzt, daß er noch keinen Prozeßauftrag erhalten hat,

> Düsseldorf JMBlNRW 55, 152 = MDR 55, 495.

wohl aber, wenn er nach der Verweisung einen Sachantrag stellt.

Reicht der RA keinen den Erfordernissen des § 32 entsprechenden Schriftsatz ein, z. B. weil nach der Abgabe an das für zuständig bezeichnete Streitgericht die Klage zurückgenommen wird, so steht ihm nach § 32 die Prozeßgebühr nur zur Hälfte zu.

Der Klagabweisungsantrag ist ein Sachantrag i. S. des § 32. Er löst deshalb die volle Prozeßgebühr aus.

> Vgl. hierzu A 20 zu § 31 mit Nachweisen; Braunschweig JurBüro 71, 686.

Auch durch die Einlegung des Einspruchs gegen einen Vollstreckungsbescheid erlangt der RA des Antragsgegners den Anspruch auf die Prozeßgebühr.

Ist **wegen des gesamten Betrags Widerspruch erhoben worden** und hat 17 der RA irgendeine Tätigkeit über die Widerspruchserhebung hinaus vorgenommen, so kann er auch dann die Prozeßgebühr nach dem Werte des ganzen Anspruchs berechnen, wenn der Antragsgegner schon vor der Zustellung des Mahnbescheids einen Teil bezahlt hatte oder wenn sich der Rechtsstreit schon vor der Verweisung erledigt hatte.

> Celle MDR 60, 854.

Ist der **Wert des Streitverfahrens niedriger** als der des Widerspruchsverfah- 18 rens, so ist die Vergütung des Beklagtenvertreters wie in A 13 dargelegt zu berechnen. Bei dem Vertreter des Klägers ändert sich nichts, da er die 10/10-Gebühr bereits durch den Antrag auf Erlaß des Mahnbescheids verdient hat.

> Frankfurt AnwBl. 81, 161 = JurBüro 81, 561.

Erledigt sich ein Mahnverfahren in der Hauptsache durch Zahlung der Hauptforderung und erklärt darauf der Gläubiger die Hauptsache für erledigt und betreibt das Verfahren nur noch wegen der Zinsen und Kosten weiter, so liegt darin die Zurücknahme des Antrags auf Durchführung des streitigen Verfahrens hinsichtlich der Hauptforderung. Beim Prozeßgericht werden dann nur noch die Zinsen und Kosten rechtshängig.

> KG JurBüro 82, 1195; Köln AnwBl. 82, 198 = JurBüro 82, 1070.

Wird die **Verweisung an das zuständige Gericht in der mündlichen** 19 **Verhandlung beantragt,** weil das im Mahnbescheid bezeichnete Gericht nicht zuständig ist (vgl. § 696 Abs. 5 ZPO), so entsteht dadurch auch ein Anspruch auf die Verhandlungsgebühr,

> Düsseldorf JMBlNRW 56, 79; KG Büro 59, 69; s. a. A 3 zu § 14.

nicht aber bei nur schriftlichem Antrag, sofern nicht die Voraussetzungen des § 35 vorliegen.

Erstattungspflicht

20 Die **Kosten eines Rechtsanwalts** hat der unterlegene Antragsgegner nach § 91 Abs. 2 S. 1 ZPO stets zu erstatten, auch wenn der Antragsteller den Mahnbescheid selbst hätte beantragen können. Da nach § 689 ZPO für die Erlassung des Mahnbescheids das Amtsgericht ausschließlich zuständig ist, bei dem der Antragsteller seinen allgemeinen Gerichtsstand hat, wird der Antragsteller in aller Regel einen RA an seinem Wohnsitz mit der Vertretung in dem Mahnverfahren beauftragen.

21 **Mehrere Rechtsanwälte** werden tätig, wenn der Antragsgegner seinen allgemeinen Gerichtsstand an einem anderen Ort hat als der Antragsteller. Denn nach § 690 Abs. 1 Nr. 5 ZPO ist für das streitige Verfahren das Landgericht oder Amtsgericht zuständig, bei dem der Antragsgegner seinen allgemeinen Gerichtsstand hat. Legt der Antragsgegner gegen den Mahnbescheid Widerspruch ein, gibt das Mahngericht die Sache an das für das streitige Verfahren zuständige Gericht ab. Der Antragsteller muß dann oft einen RA, der bei diesem Gericht zugelassen ist, beauftragen.

Die **Erstattungsfähigkeit der Kosten mehrerer Rechtswanwälte** beim Übergang vom Mahnverfahren zum Streitverfahren ist in der Rechtsprechung sehr umstritten.

> Überblick bei von Eicken/Lappe/Madert Kostenfestsetzung unter B 544–B 547. Einzelnachweise über die Rechtsprechung bei KostRsp ZPO § 91 (A) = Erstattungsfähige Kosten unter 4.2.3.1.–4.2.3.1.4. sowie § 91 (B-Vertretungskosten).

Das Mahnverfahren ist zwar kein Prozeß kann aber durch den Widerspruch leicht in das Prozeßverfahren übergehen. Deshalb muß der Gläubiger entsprechend § 91 Abs. 2 S. 1 ZPO als berechtigt angesehen werden, sich schon im Mahnverfahren durch einen RA vertreten zu lassen, ohne erstattungsrechtliche Nachteile befürchten zu müssen. Auch wenn mit Widerspruch zu rechnen ist, kann von ihm nicht verlangt werden, auf das Mahnverfahren und die damit gegebene Aussicht, schnell und billig zu einem Titel zu kommen, überhaupt zu verzichten. Denn mancher Schuldner, der zunächst seine Zahlungspflicht strikt leugnet, scheut dann doch das Kostenrisiko eines vollen Prozesses oder sieht nach anwaltlicher Beratung von Einlegung des Widerspruchs ab. Das gilt auch, wenn im Falle des Widerspruchs mit einer Weiterverweisung nach § 696 Abs. 5 ZPO zu rechnen ist.

> KG AnwBl. 82, 79; 84, 208; Zweibrücken Rpfleger 83, 497;
> **a. A.** Köln JurBüro 81, 441; 83, 931; Bamberg JurBüro 82, 768.

Auf die Widerspruchserwartung kommt es aber für den Gläubiger bei der Auswahl des RA an, durch den er sich im Mahnverfahren vertreten läßt. Nur wenn mit Widerspruch nicht zu rechnen ist, kann er einen beliebigen RA, auch einen solchen an seinem eigenen Wohnsitz oder an einem dritten Ort wählen, weil dadurch dem Schuldner keine vermeidbaren Mehrkosten entstehen. Anders ist es, wenn nach den Umständen des konkreten Falls und dem bisherigen Verhalten des Schuldners mit Widerspruch zu rechnen ist. Dann muß der Gläubiger von vornherein einen RA beauftragen, der ihn auch im Streitverfahren weitervertreten kann. Tut er das nicht, kann der Anwaltswechsel, der dadurch erforderlich wird, daß sein Mahnanwalt beim Streitgericht nicht zugelassen ist, nicht i. S. von § 91 Abs. 2 S. 3 ZPO als notwendig anerkannt werden und braucht der unterlegene Gegner nur die Kosten eines RA zu erstatten. Insoweit besteht in der Rechtsprechung weitgehende Übereinstimmung. Die Meinungen darüber, wenn mit Widerspruch zu rechnen ist, gehen dagegen weit auseinander. Einige Gerichte meinen, mit Widerspruch sei grundsätzlich immer schon aus Verzögerungsgründen zu rechnen,

so z. B. Hamm JurBüro 73, 845; 78, 385; Düsseldorf JurBüro 84, 1241; 85, 772.

Andere meinen, der Gläubiger müsse grundsätzlich mit Widerspruch rechnen, sofern nicht triftige Gründe für das Gegenteil vorliegen,

so z. B. Bremen JurBüro 72, 520; 73 1172.

Am anderen Ende der Skala steht die Meinung, der Widerspruch müsse sich deutlich abzeichnen, ein streitiges Verfahren also mit größter Sicherheit zu erwarten sein, wozu nicht einmal vorprozessuales Bestreiten eines anwaltlich vertretenen Schuldners ausreichen soll.

OLG Stuttgart JurBüro 80, 717; AnwBl. 85, 269; AnwBl. 80, 359 (nur eindeutige Ablehnung des Anspruchs durch gegnerischen RA reicht aus).

Wiederholte Stundungsbitten und Vergleichsvorschläge des Schuldners werden überwiegend nicht für ausreichend gehalten, um die Erwartung zu begründen, der Schuldner werde es auf ein streitiges Verfahren ankommen lassen. Als Umstände, die Widerspruch erwarten lassen, werden dagegen angesehen: Konkrete vorprozessuale Einwendungen, völliges Schweigen des Schuldners auf wiederholte Mahnungen, aber auch das eigene Verhalten des Gläubigers (erhebliche Zuvielforderungen, nicht nachvollziehbare Abrechnung, Nichtberücksichtigung von Zahlungen des Schuldners). Daß der Schuldner sich in solchen Fällen mit einem Teilwiderspruch begnügen werde, wird meist nicht zu erwarten sein.

Auch darüber, wer im Streitfall die Widerspruchserwartung darzulegen und **22** zu beweisen hat, gehen die Meinungen sehr auseinander.

Schuldner: Köln JurBüro 79, 213; München AnwBl. 79, 443; JurBüro 82, 405; Oldenburg AnwBl. 80, 516; Frankfurt 85, 216; Schleswig SchlHA 83, 59; Gläubiger: Koblenz JurBüro 79, 216; Zweibrücken JurBüro 79, 1323.

Die erstere Ansicht hat die besseren Gründe für sich, weil der Schuldner, der behauptet, der Gläubiger habe mit seinem Widerspruch rechnen müssen, in der Lage sein muß, dafür konkrete Umstände zu benennen und zu beweisen, während es fast unmöglich ist, alle denkbaren Möglichkeiten, die gegen die Widerspruchserwartung sprechen könnten, auszuschließen (Beweis eines Negativums).

Letztlich geht es auch darum, ob dem Gläubiger nach den Umständen des Einzelfalls zuzumuten war, wegen eines unsicheren Verdachts, daß der Schuldner es auf ein streitiges Verfahren ankommen lassen könnte, schon mit der Durchführung des Mahnverfahrens einen bei dem u. U. weit entfernten Streitgericht zugelassenen RA zu beauftragen und die dafür notwendigen zusätzlichen Mühen und Kosten in Kauf zu nehmen.

23 In diesem Zusammenhang muß auch beachtet werden, daß häufig der **Mahnanwalt** am Wohnsitz des Gläubigers im Streitverfahren **als Verkehrsanwalt** tätig wird. Er kann zwar in diesem Fall die Verkehrsgebühr nicht zusätzlich zur Mahnverfahrensgebühr fordern, die nach § 43 Abs. 2 auch auf die Verkehrsgebühr anzurechnen ist. Das ändert aber nichts daran, daß beide Gebühren nebeneinander entstanden sind. Diese Erkenntnis ist gerade für die Erstattungsfähigkeit wichtig, weil die eine Gebühr erstattungsfähig sein kann, die andere dagegen nicht. War für den Fall des Widerspruchs die Einschaltung des bisherigen Mahnanwalts als Verkehrsanwalt als notwendig i. S. des § 91 Abs. 1 ZPO anzusehen, sind dessen Kosten als Verkehrsgebühr erstattungsfähig, so daß die Frage der Notwendigkeit des Anwaltswechsels sich nicht stellt. Dasselbe gilt auch für den umgekehrten Fall, daß die Erteilung des Verkehrsmandats nicht als notwendig anzuerkennen ist, die Mahnverfahrensgebühr desselben RA aber mangels Widerspruchserwartung erstattungsfähig ist.

24 Wird nach Widerspruch des Schuldners die Sache an das Wohnsitzgericht des Schuldners abgegeben, so ist für beide Parteien die Bestellung eines Prozeßbevollmächtigten bei diesem Gericht auch dann als notwendig anzusehen ist, wenn die **Weiterverweisung des Rechtsstreits nach § 696 Abs. 5 ZPO** an ein drittes Gericht voraussehbar war, auch wenn die Partei selbst beabsichtigte, die Weiterverweisung zu beantragen oder ihr zuzustimmen.

> KG AnwBl. 82, 79; AnwBl. 84, 208 (Gläubiger muß sich nicht vorher erkundigen, ob das Gericht die Verweisung auch ohne Antrag eines bei ihm zugelassenen RA im schriftlichen Verfahren anordnen würde)
> **a. A.** insoweit Köln JurBüro 83, 931;
> Schleswig JurBüro 81, 1388 (Schuldner darf Widerspruch durch beim Gericht seines allgemeinen Gerichtsstands zugelassenen RA auch dann einlegen, wenn er selbst Weiterverweisung beantragen will);
> **a. A.** insoweit Hamm JurBüro 65, 157.

25 Verbindet der RA des Schuldners den **Widerspruch mit einem Klageabweisungsantrag,** so ist die dadurch ausgelöste (volle) Prozeßgebühr nicht erstattungsfähig, wenn es nicht zur Durchführung des Streitverfahrens kommt, weil der Gläubiger den Mahnantrag oder den Antrag auf Durchführung des streitigen Verfahrens zurücknimmt, ehe er seinen Anspruch gem. § 697 Abs. 1 S. 1 ZPO begründet hat. Die Zustellung des Begründungsschriftsatzes entspricht für den Schuldner dem Zeitpunkt der Klagerhebung, von dem ab für ihn erst eine Notwendigkeit anerkannt werden kann, den Klagabweisungsantrag zu stellen. Der RA des Schuldners sollte sich deshalb einen über den Widerspruchsauftrag hinausgehenden Prozeßauftrag auch nur bedingt für den Fall der Durchführung des Streitverfahrens erteilen lassen.

> KG NJW 73, 909 = Rpfleger 73, 102; Bamberg JurBüro 75, 38; 86 61 u. 228; Koblenz JurBüro 86, 569; LG Hannover JurBüro 85, 717 unter Aufgabe früherer entgegengesetzter Meinung;
> **a. A.** München AnwBl. 86, 208 = JurBüro 86, 877 = MDR 86, 507 unter Aufgabe von JurBüro 81, 389.

Anders zu beurteilen ist die Lage nur dann, wenn der Gläubiger den Schuldner in unzumutbarer Weise darüber im Unklaren läßt, ob er das streitige Verfahren durchführen wird, indem er entweder den Antrag dafür nicht stellt oder die zweite Hälfte des Prozeßkostenvorschusses nicht einzahlt, aber auch den Mahnantrag nicht zurücknimmt. Dann ist es als notwendige Verteidigungsmaßnahme anzusehen, daß der nunmehrige Beklagte seinerseits den Antrag auf Durchführung des streitigen Verfahrens stellt und dabei Klageabweisung beantragt.

Bamberg JurBüro 81, 712; Bremen JurBüro 83, 1666; Düsseldorf JurBüro 75, 353 = MDR 75, 326; Hamm AnwBl. 81, 444 = JurBüro 81, 870 = MDR 81, 593; KG JurBüro 84, 1362; Köln JMBlNRW 74, 135; München AnwBl. 83, 520 = JurBüro 84, 228; Schleswig JurBüro 84, 405 = SchlHA 84, 62.

Die **Gebühr für das Verfahren auf den Erlaß eines Vollstreckungsbe-** **26** **scheids** ist stets erstattungspflichtig, wenn sie nach § 43 Abs. 1 Nr. 3 entstanden ist, also wenn innerhalb der Widerspruchsfrist kein Widerspruch erhoben worden ist. Sie ist auch dann zu erstatten, wenn infolge des nach Fristablauf erhobenen Widerspruchs kein Vollstreckungsbescheid ergeht, soweit der Antragsgegner in dem anschließenden Rechtsstreit zur Tragung der Kosten des Verfahrens verurteilt worden ist.

Ein **besonderes Kostenfestsetzungsverfahren** ist, da nach § 692 ZPO die **27** Anwaltskosten schon in dem Mahnbescheid oder nach § 699 ZPOP in dem Gesuch auf Erlassung des Vollstreckungsbescheids angesetzt werden können, wenn es nicht zum Rechtsstreit kommt, regelmäßig unnötig.

Vgl. auch Hofmann Rpfleger 79, 446 (Die „Kostenfestsetzung" im Mahnverfahren).

Es ist aber zulässig und kann unter besonderen Umständen notwendig sein.

Vgl. auch Hamburg JurBüro 75, 773; AG München BB 76, 1050; **a. M.** Frankfurt Rpfleger 81, 239.

§ 43 a Vereinfachtes Verfahren zur Abänderung von Unterhaltstiteln

(1) **In Vereinfachten Verfahren zur Abänderung von Unterhaltstiteln nach den §§ 641 l bis 641 p, 641 r bis 641 t der Zivilprozeßordnung erhält der Rechtsanwalt fünf Zehntel der vollen Gebühr für die Tätigkeit im Verfahren über den Abänderungsantrag.**

(2) **Die in Absatz 1 bestimmte Gebühr wird auf die Prozeßgebühr angerechnet, wenn eine Klage nach § 641 q der Zivilprozeßordnung erhoben wird.**

(3) **§ 32 gilt sinngemäß.**

Voraussetzungen der vereinfachten Abänderung. Ist die Höhe der für **1** einen Minderjährigen (eheliches Kind; wegen nichtehelicher Kinder vgl. § 43 b) als Unterhalt zu entrichtenden Geldrente in einer gerichtlichen Entscheidung, einer Vereinbarung oder einer Verpflichtungsurkunde festgelegt, so kann der Berechtigte oder der Verpflichtete gemäß § 1612 a BGB verlangen, daß der zu entrichtende Unterhalt der allgemeinen Entwicklung der wirtschaftlichen Verhältnisse angepaßt wird. Die Bundesregierung bestimmt durch Rechtsverordnung den Vomhundertsatz, um den die Unterhaltsrente zu erhöhen oder herabzusetzen ist.

Das Abänderungsverlangen ist durch einen Antrag, dessen Inhalt sich aus § 641 m ZPO ergibt, bei dem Amtsgericht zu stellen, bei dem der Unterhaltsberechtigte seinen allgemeinen Gerichtsstand hat. Erscheint nach dem Vorbringen des Antragstellers das vereinfachte Verfahren zulässig, so teilt das

Gericht dem Antragsgegner gemäß § 641 n ZPO den Antrag oder seinen Inhalt mit. Zugleich teilt es ihm mit, in welcher Höhe und von wann eine Abänderung in Betracht kommt. Der Antragsgegner kann gemäß § 641 o ZPO nur Einwendungen gegen die Zulässigkeit des vereinfachten Verfahrens, die Höhe des Abänderungsbetrages und den Zeitpunkt der Abänderung erheben. Ist der Antrag nicht zurückzuweisen, so wird der Titel gemäß § 641 p ZPO ohne mündliche Verhandlung durch Beschluß abgeändert. Gegen den Beschluß findet gemäß § 641 p Abs. 3 ZPO die sofortige Beschwerde statt. Mit der sofortigen Beschwerde kann nur geltend gemacht werden, daß das vereinfachte Verfahren nicht statthaft, der Abänderungsbetrag falsch errechnet oder der Zeitpunkt für die Wirksamkeit der Abänderung falsch bestimmt sei.

2 Voraussetzung einer Klage. Führen Abänderungen eines Schuldtitels im vereinfachten Verfahren zu einem Unterhaltsbetrag, der wesentlich von dem Betrag abweicht, der der Entwicklung der besonderen Verhältnisse der Parteien Rechnung trägt, so kann der Antragsgegner im Wege der Klage eine entsprechende Abänderung eines im vereinfachten Verfahren ergangenen Beschlusses verlangen. Das gleiche gilt, wenn die Parteien über die Anpassung eine abweichende Vereinbarung getroffen hatten. Die Klage muß innerhalb eines Monats nach Zustellung des Beschlusses erhoben werden.

3 Gebühren im vereinfachten Verfahren. Der RA – sei es der des Antragstellers, sei es der des Antraggegners – erhält für seine Tätigkeit in dem Verfahren insgesamt $\frac{5}{10}$ der vollen Gebühr. Das gilt auch dann, wenn es – was jedoch unwahrscheinlich ist – zu einer Verhandlung oder einer Beweisaufnahme kommen sollte.

Liegen die Voraussetzungen des § 32 Abs. 1 vor, endet also z. B. der Auftrag zur Stellung des Antrags vor der Einreichung des Antrags oder der Auftrag des Antragsgegners vor der Einreichung eines Schriftsatzes durch seinen RA, ermäßigt sich die Gebühr gemäß Abs. 3 auf $^{2,5}/_{10}$.

Im Beschwerdeverfahren erhält der RA gemäß § 61 ebenfalls nur $\frac{5}{10}$ der vollen Gebühr.

4 Der **Streitwert des vereinfachten Verfahrens** bestimmt sich in entsprechender Anwendung des § 17 GKG nach dem Jahresbetrag des Unterschiedes zwischen dem bestehenden Unterhaltsanspruch und dem Unterhaltsanspruch, der mit der Abänderung begehrt wird.

5 Gemäß § 641 p ZPO sind in dem Beschluß, mit dem über den Antrag entschieden wird, auch die **erstattungsfähigen Kosten festzusetzen,** soweit sie ohne weiteres ermittelt werden können. Es ist angebracht, daß der Antragsteller die notwendigen Angaben dem Gericht mitteilt. Ein RA wird zweckmäßig eine ordnungsgemäße Kostenrechnung mit dem Antrag einreichen.

6 Gebühren im Prozeß. Kommt es gemäß § 641 q ZPO zu einem Rechtsstreit, erhält der RA in diesem Rechtsstreit die üblichen Gebühren des § 31. Ist der RA bereits im Vereinfachten Verfahren tätig gewesen, ist die dort entstandene Gebühr gemäß Abs. 2 auf die Prozeßgebühr anzurechnen. Der RA erhält somit keine zusätzliche Vergütung für das Vereinfachte Verfahren. Die Auslagen, insbes. die Postgebührenpauschale für das Vereinfachte Verfahren, bleiben aber bestehen und können weiterhin gefordert werden.

§ **43 b Verfahren über den Regelunterhalt nichtehelicher Kinder**

(1) **Der Rechtsanwalt erhält fünf Zehntel der vollen Gebühr**

1. **im Verfahren über einen Antrag auf Festsetzung des Regelunterhalts nach §§ 642 a, 642 d der Zivilprozeßordnung, wenn die Festsetzung auf Grund eines Vergleichs, der vor einer Gütestelle abgeschlossen worden ist, oder auf Grund einer Urkunde nach § 642 c Nr. 2 der Zivilprozeßordnung erfolgen soll;**

2. **im Verfahren über einen Antrag auf Neufestsetzung des Regelunterhalts nach § 642 b Abs. 1 Satz 1, 2 der Zivilprozeßordnung;**

3. **im Verfahren über einen Antrag auf Stundung rückständiger Unterhaltsbeträge nach § 643 a Abs. 4 der Zivilprozeßordnung;**

4. **im Verfahren über einen Antrag auf Aufhebung oder Änderung einer Entscheidung, durch die rückständige Unterhaltsbeträge gestundet worden sind, nach § 642 f der Zivilprozeßordnung.**

(2) **§ 32 gilt sinngemäß.**

Allgemeines. Das Gesetz über die rechtliche Stellung der nichtehelichen **1** Kinder hat die bisherige Doppelspurigkeit der sog. Giltvaterschaftsklage (mit Unterhalt) zum Amtsgericht und der Klage auf Feststellung der blutsmäßigen Abstammung zum Landgericht beseitigt und eine einheitliche Zuständigkeit des Amtsgerichts für Streitigkeiten in Kindschaftssachen begründet. Das Kind kann nunmehr in einem Rechtsstreit auf Feststellung der Vaterschaft und zugleich auf Zahlung klagen.

Dieser Rechtsstreit ist ein Statusprozeß mit dem Streitwert des § 12 GKG, wobei festzustellen ist, daß für die bisherige Ermäßigung des Streitwerts von 4000 DM auf einen niedrigeren Betrag wegen der nunmehrigen Bedeutung der Angelegenheit kein Raum mehr ist.

Neu eingeführt ist in § 642 ZPO, daß das nichteheliche Kind mit der Klage gegen seinen Vater auf Unterhalt anstatt Verurteilung des Vaters zur Leistung eines bestimmten Betrags zu begehren, beantragen kann, den Vater zur Leistung des Regelunterhalts zu verurteilen.

Weiter ist gemäß § 642 d Abs. 1 ZPO möglich, daß je nach den Verhältnissen der Beteiligten der Regelunterhalt zuzüglich eines Zuschlags oder abzüglich eines Abschlages beantragt und zuerkannt wird.

In diesem Rechtsstreit erhält der RA die üblichen Gebühren, also insbes. die Gebühren des § 31 Abs. 1.

Festsetzung des Unterhalts. Die Beträge, die aufgrund eines solchen Urteils **2** auf Leistung des Regelunterhalts (mit oder ohne Zuschlag und mit oder ohne Abschlag) zu leisten sind, bestimmt das Urteil nicht ziffernmäßig.

Für die Bestimmung des Betrags ist ein eigenes Verfahren vorgesehen, das in den §§ 642 a ff. ZPO geregelt ist.

Es handelt sich um ein Beschlußverfahren, in dem ohne mündliche Verhandlung entschieden werden kann.

Die Gebührenregelung des § 43 b gilt sowohl für den Vertreter des Kindes wie für den des Vaters.

Hat der Vater den Regelunterhalt (mit oder ohne Zuschlag bzw. mit oder ohne Abschlag) aufgrund eines Urteils oder gerichtlichen Vergleichs zu leisten, erhält der RA, der in dem Rechtsstreit Bevollmächtigter war, keine zusätzliche Vergütung. Die Festsetzung des Regelunterhalts gehört gemäß § 37 Nr. 6 zum Rechtszug.

LG München II NJW 72, 2140.

Hat sich der Vater zur Zahlung des Regelunterhalts in einem vor einer Gütestelle abgeschlossenen Vergleich oder in einer gerichtlichen oder notariellen Urkunde verpflichtet, gilt folgendes: In dem Verfahren erhält der RA $^5/_{10}$ der vollen Gebühr. Dabei ist gleichgültig, ob etwa mündliche Verhandlung angeordnet wird. § 32 ist gemäß Abs. 2 sinngemäß anzuwenden, d. h. die Gebühr ermäßigt sich auf $^{2,5}/_{10}$, wenn der Auftrag vorzeitig endet.

In § 43b nicht geregelt ist der Fall, daß der RA das Kind oder den Vater in einem Festsetzungsverfahren im Anschluß an ein gerichtliches Verfahren vertritt, an dem er nicht beteiligt war. In diesem Fall wird § 43b Abs. 1 Nr. 1 entsprechend anzuwenden sein.

Riedel/Sußbauer A 5 (gleiches Ergebnis über §§ 31, 32 oder über § 56).

3 Neufestsetzung des Regelunterhalts. In einem Verfahren auf Neufestsetzung gemäß § 642b Abs. 1 S. 1, 2 ZPO erhält der RA gleichfalls $^5/_{10}$ der vollen Gebühr wie in dem Verfahren auf Festsetzung des Unterhalts. Dabei ist gleichgültig, ob er im Rechtsstreit oder im Festsetzungsverfahren beteiligt war.

4 Antrag auf Stundung und auf Aufhebung oder Abänderung einer Stundungsentscheidung. Die Anträge leiten je ein neues Verfahren ein, in dem die Gebühr des § 43b jeweils neu entsteht.

5 Vergleichsgebühr. Wird in einem der in Nr. 1 bis 4 genannten Verfahren ein Vergleich geschlossen, entsteht zusätzlich die Vergleichsgebühr in Höhe von $^{10}/_{10}$.

6 Erinnerung und Beschwerde. Wird gegen die Entscheidung des Rechtspflegers Erinnerung eingelegt, erhält der RA für das Erinnerungsverfahren keine zusätzliche Gebühr, da die Vertretung in dem Erinnerungsverfahren durch die Gebühr für das Antragsverfahren mit abgegolten wird (§ 37 Nr. 5). Wird der RA nur im Erinnerungsverfahren tätig, erhält er die Gebühren wie für das Antragsverfahren. Für die Vertretung im Beschwerdeverfahren erhält der RA die Gebühren des § 61 Nr. 1.

7 Kostenentscheidung und Kostenerstattung. In dem Verfahren des § 43b ist gemäß §§ 91 ff. ZPO über die Kosten zu entscheiden. Für die Vergütung des RA gilt § 91 ZPO.

8 Gegenstandswert. In dem Verfahren der Nr. 1 bestimmt sich der Gegenstandswert in entsprechender Anwendung des § 17 GKG nach dem Jahresbetrag des Unterhalts, dessen Festsetzung beantragt wird.

Werden Rückstände geltend gemacht, sind sie hinzuzurechnen.

H. Schmidt MDR 70, 481.

In dem Verfahren der Nr. 2 bestimmt sich der Gegenstandswert nach dem Unterschied der Jahresbeträge des festgesetzten Unterhalts und des Unterhalts, dessen Neufestsetzung begehrt wird.

In den Verfahren der Nr. 3 und der Nr. 4 ist der Gegenstandswert gemäß § 3

ZPO auf einen Bruchteil des Betrages festzusetzen, um dessen Stundung das Verfahren betrieben wird.

§ 44 Entmündigungsverfahren

(1) Im Entmündigungsverfahren vor dem Amtsgericht erhält der Rechtsanwalt eine volle Gebühr

1. als Prozeßgebühr,

2. für die Wahrnehmung der gerichtlichen Termine,

3. für die Mitwirkung bei der mündlichen Vernehmung von Zeugen oder Sachverständigen.

(2) Das Verfahren über den Antrag auf Wiederaufhebung der Entmündigung (§ 675 der Zivilprozeßordnung) gilt als besondere Angelegenheit.

Übersicht über die Anmerkungen

Im **Entmündigungsverfahren vor dem Amtsgericht** erhält der RA nicht **1** die Gebühren des § 31 Abs. 1, sondern die in § 44 bestimmten Gebühren. Dabei ist gleichgültig, ob der RA den Antragsteller oder den zu Entmündigenden vertritt.

Die Entmündigung wegen Geisteskrankheit oder wegen Geistesschwäche erfolgt nach § 645 ZPO durch Beschluß des Amtsgerichts. Dasselbe gilt nach § 680 ZPO für die Entmündigung wegen Verschwendung oder wegen Trunksucht. In beiden Fällen wird der Beschluß nur auf Antrag erlassen (§ 645 Abs. 2, § 680 Abs. 2 ZPO). Der Antrag kann schriftlich eingereicht oder zum Protokoll der Geschäftsstelle angebracht werden (§ 647, § 680 Abs. 3 ZPO). Das Gericht hat unter Benutzung der im Antrag angegebenen Beweismittel von Amts wegen die erforderlichen Ermittlungen zu veranlassen und die erheblich erscheinenden Beweise aufzunehmen (§ 653, § 680 Abs. 3 ZPO). Im Entmündigungsverfahren wegen Geisteskrankheit oder Geistesschwäche ist der zu Entmündigende persönlich unter Zuziehung eines oder mehrerer Sachverständiger zu vernehmen (§ 654 ZPO), und es darf die Entmündigung nicht ausgesprochen werden, bevor das Gericht einen oder mehrere Sachverständige über den Geisteszustand des zu Entmündigenden gehört hat (§ 655 ZPO). Gegen den Beschluß, durch den die Entmündigung abgelehnt wird, ist die sofortige Beschwerde zulässig (§§ 663, 680 Abs. 3 ZPO). Eine Wiederaufhebung der Entmündigung erfolgt durch Beschluß des Amtsgerichts (§§ 675, 676, 685 ZPO).

Der die Entmündigung aussprechende Beschluß kann gemäß §§ 664, 684 ZPO im Wege der Klage angefochten werden. Wird der Antrag auf Wiederaufhebung der Entmündigung abgelehnt, so kann sie gemäß §§ 679, 686 ZPO im Wege der Klage beantragt werden. Wegen der Gebühren in diesen Prozessen vgl. A 12.

2 Der **Rechtsanwalt,** der im Entmündigungsverfahren tätig wird, erhält die Gebühren des § 44, also nicht nur der RA, der mit der Vertretung im ganzen Verfahren beauftragt ist, sondern auch derjenige, der nur einzelne Geschäfte während des Verfahrens als Vertreter oder Beistand zu erledigen hat.

Für die Anwendung der §§ 53, 54 und 56 ist kein Raum. Der RA, der eine Tätigkeit ausübt, die im Zivilprozeß nach diesen Vorschriften vergütet wird, erhält im Entmündigungsverfahren ebenfalls die Gebühren des § 44. Wird der RA nur um einen Rat gebeten, erhält er die Gebühr des § 20.

Dagegen ist § 52 anwendbar. Der Verkehrsanwalt erhält die Verkehrsgebühr. (Das Ergebnis wäre übrigens das gleiche, wenn man § 52 ebenfalls für unanwendbar erachten würde. Der Verkehrsanwalt erhielte in diesem Falle die gleich hohe Prozeßgebühr des § 44 Abs. 1 Nr. 1.)

3 Der RA **erhält je eine volle Gebühr (§ 11)**

a) als **Prozeßgebühr.** Durch diese wird seine gesamte Tätigkeit in dem Verfahren von der Erteilung des Auftrags bis zu dem über den Antrag entscheidenden Gerichtsbeschluß abgegolten, soweit nicht in § 44 Abs. 1 Nr. 2 und 3 weitere Gebühren vorgesehen sind. Über den Umfang der abgegoltenen Tätigkeit gilt entsprechendes wie für die Prozeßgebühr des § 31 Abs. 1. Abgegolten werden insbes. die Entgegennahme der Information, der allgemeine Betrieb der Angelegenheit, die Vorbereitung der Termine usw.

Nicht abgegolten werden Geschäfte, die ein besonderes gerichtliches oder behördliches Verfahren betreffen. Z. B. richtet sich die Vergütung für Vertretung gegenüber dem Vormundschaftsgericht bei Fürsorgemaßnahmen, wie Bestellung eines vorläufigen Vormunds (§ 1906 BGB), nach § 118.

Bei **vorzeitiger Beendigung des Auftrags** erhält der RA nach § 32 nur die halbe Prozeßgebühr, wenn er nicht den das Verfahren einleitenden Antrag oder einen Schriftsatz, der Sachanträge oder die Zurücknahme des Antrags enthält, eingereicht oder seine Partei in einem Termin vertreten hat. Als solcher ist jeder gerichtliche Termin anzusehen.

    a. M. Schumann/Geißinger A 4: volle Gebühr auch bei vorzeitiger Beendigung, da § 32 nicht für anwendbar erklärt sei (Bem. hierzu: wenn § 32 nicht gelten soll, wird er im Gesetz für unanwendbar erklärt; vgl. §§ 49, 51, 55, 57, 61, 66).

b) für die **Wahrnehmung der gerichtlichen Termine.** Diese Gebühr ist **4**
keine Verhandlungsgebühr im Sinne des § 31 Abs. 1 Nr. 2, da eine streitige
Verhandlung im Entmündigungsverfahren nicht stattfindet. Eine Stellung
von Anträgen ist deshalb nicht erforderlich. Es genügt, daß der RA in einem
vom Gericht anberaumten Termin erscheint, sei es auch nur in einem Termin
zur persönlichen Vernehmung des zu Entmündigenden vor dem ersuchten
Richter. § 33 ist also nicht anwendbar. Zu einer Vernehmung braucht es aber
nicht gekommen zu sein. Der RA hat deshalb die Terminsgebühr auch dann
verdient, wenn der Termin, in dem er erschienen ist, sofort vertagt wird, weil
z. B. der zu vernehmende Zeuge nicht erschienen ist.

Es ist deshalb nicht erforderlich, andererseits aber für die Entstehung der
Terminsgebühr ausreichend, daß der RA bei der Vernehmung des zu Entmündigenden zugegen ist.

Eine Tätigkeit in dem Termin braucht der RA nicht zu entwickeln. Sein
bloßes Erscheinen löst die Gebühr aus. Andererseits entsteht – als Folge des
Pauschgebührensystems – die Terminsgebühr auch dann nur einmal, wenn
der RA eine sehr umfangreiche Tätigkeit entwickelt und mehrere Termine
stattfinden.

Neben der Terminsgebühr entsteht stets auch die Prozeßgebühr.

c) außerdem (also zusätzlich zu der Gebühr für die Wahrnehmung der **5**
gerichtlichen Termine) für die **Mitwirkung bei der mündlichen Vernehmung von Zeugen oder Sachverständigen.** Auch diese Gebühr ist nicht
die gleiche wie die in § 31 Abs. 1 Nr. 3 für die Vertretung in einem Beweisaufnahmeverfahren vorgesehene Gebühr. Eine solche allgemeine Beweisgebühr
eignet sich für das amtsgerichtliche Entmündigungsverfahren nicht. Das
Entmündigungsgericht hat von Amts wegen die zur Feststellung des Geistes-
zustandes erforderlichen Ermittlungen anzustellen. Nur bei der Vernehmung
von Zeugen und Sachverständigen ist ein förmliches Verfahren zu beachten (§ 653 ZPO). Ein Beweisbeschluß ist auch hierfür nicht erforderlich.
Außer bei der mündlichen Vernehmung von Zeugen und Sachverständigen
fehlen daher sichere prozessuale Ansatzpunkte für eine Beweisgebühr.

Es müssen also Zeugen oder Sachverständige vor Gericht vernommen worden sein. Der RA muß bei dieser Vernehmung mitgewirkt haben.

Diese **Mitwirkung** kann der Vertretung in einem Beweisaufnahmeverfahren **6**
des § 31 Abs. 1 Nr. 3 nicht gleichgestellt werden. Das bloße Erscheinen im
Termin genügt noch nicht, wenn es dann zu der angeordneten Vernehmung
nicht kommt, ebensowenig die Einsichtnahme oder die Verlesung der Niederschrift über eine auswärtige Vernehmung oder der Vortrag eines Gutachtens in der Verhandlung. Es genügt aber, wenn der RA bei der Vernehmung
anwesend ist, mag er auch von Vorhalten absehen. Die Beobachtung der
Vernehmung durch den Richter ist genauso wertvoll wie die eigene Fragestel-
lung. Sie löst deshalb für sich allein die Gebühr des Abs. 1 Nr. 3 aus.

H. Schmidt Büro 62, 315; LG Lüneburg AnwBl. 61, 21; LG München I AnwBl.
60, 117.

Andere Ermittlungen des Gerichts genügen auch dann nicht, wenn der RA **7**
dabei mitwirkt, besonders nicht der Vortrag von schriftlichen Sachverständigengutachten, von Auskünften oder Akten. Selbst das Durcharbeiten umfangreicher Sachverständigengutachten reicht nicht aus.

Auch die Mitwirkung bei der persönlichen Vernehmung des zu Entmündigenden unter Zuziehung von Sachverständigen (§ 654 ZPO) (diese Tätigkeit wird durch die Gebühr des Abs. 1 Nr. 2 abgegolten) genügt nicht, falls nicht die Sachverständigen anschließend mündlich vernommen werden.

8 Entstehen von drei Gebühren. Neben der Vernehmungsgebühr entsteht zugleich die Terminsgebühr und die Prozeßgebühr. Der RA kann also allein durch das Erscheinen in einem zur Zeugenvernehmung bestimmten Termin alle drei Gebühren des § 44 verdienen, wenn es zur Vernehmung kommt.

9 Das **Verfahren über den Antrag auf Wiederaufhebung der Entmündigung** gilt als besondere Angelegenheit. Es können also in dem Wiederaufhebungsverfahren für den gleichen RA sämtliche Gebühren neu entstehen, die er bereits in dem Entmündigungsverfahren verdient hat.

10 Der **Gegenstandswert,** der der Berechnung der Gebühren zugrunde zu legen ist, bestimmt sich nach § 12 Abs. 2 GKG. Der Ausgangswert ist hiernach der Betrag von 4000,— DM. Er kann gemäß § 12 Abs. 2 Satz 4 GKG unter Berücksichtigung aller Umstände – da das Entmündigungsverfahren keine Ehesache ist - bis auf 600,— DM ermäßigt, aber auch bis zu zwei Millionen erhöht werden.

Auch in Verfahren, für die PKH bewilligt ist, ist nicht schlechthin der Mindestwert anzunehmen.

Andererseits ist auch nicht nur das Vermögen des zu Entmündigenden zu beachten (wenngleich die Entmündigung einen wesentlichen Eingriff in die Vermögensverwaltung darstellt). Es ist vielmehr zu berücksichtigen, daß die Entmündigung einen über die Verfügungsbefugnis über das Vermögen weit hinausgehenden Eingriff in die Lebenssphäre des zu Entmündigenden bedeuten kann.

> Düsseldorf Rpfleger 56, 77; Nürnberg Büro 59, 288. Wegen weiterer Einzelheiten vgl. Schmidt/Schmidt Gegenstandswert Rz. 119.

Der Umstand, daß die Entmündigung auf mehrere Gründe gestützt und/oder von verschiedenen Personen betrieben wird, wirkt sich auf den Gegenstandswert nicht aus, es sei denn, daß sich der Umfang der Sache (§ 12 GKG) dadurch erheblich erweitert.

Wird das Entmündigungsverfahren gegen mehrere Personen (z. B. gegen Ehemann und Ehefrau wegen Trunksucht) betrieben, ist der Gegenstandswert für jede Person gesondert festzustellen. Die Werte sind sodann gemäß § 7 Abs. 2 zusammenzurechnen.

11 Für das **Beschwerdeverfahren** gegen die Ablehnung des Antrags (§ 663, § 678 Abs. 3, § 680 Abs. 3 ZPO) gilt § 44 nicht. Vielmehr richten sich in ihm die Gebühren nach § 61 Abs. 1. Der RA erhält also in dem Beschwerdeverfahren fünf Zehntel der in § 31 bestimmten Gebühren. Das Beschwerdeverfahren ist stets eine besondere Angelegenheit. Der Gegenstandswert richtet sich nach dem Gegenstandswert des Entmündigungsverfahrens.

12 Auch für die **Anfechtungsklage** (§§ 664 ff., 684 ZPO) **und** für die **Wiederaufhebungsklage** (§§ 679, 686 ZPO) gilt § 44 nicht. Die Wiederaufhebungsklage ist dann zulässig, wenn das Amtsgericht die Wiederaufhebung der Entmündigung durch Beschluß abgelehnt hat. Die Verfahren über beide Klagen sind ordentliche Rechtsstreitigkeiten, für die das Landgericht ausschließlich zuständig ist (§§ 665, 679, 684 Abs. 4, 686 Abs. 4 ZPO). Diese Klagen bilden gegenüber dem amtsgerichtlichen Entmündigungs- und Wiederaufhebungsverfahren besondere Angelegenheiten. In ihnen entstehen die Gebühren des § 31 Abs. 1. Nach § 33 Abs. 1 Nr. 3 entsteht die Verhandlungsgebühr auch bei nichtstreitiger Verhandlung stets in voller Höhe. Durch Vortrag der Akten des amtsgerichtlichen Entmündigungs- oder Wiederaufhebungsverfahrens entsteht keine Beweisgebühr, da dieser Vortrag dem Vortrag der Akten des ersten Rechtszugs im Berufungsverfahren gleichsteht.

Die **Kostenentscheidung** richtet sich nach § 658 ZPO. Hiernach sind drei **13** Kostenentscheidungen möglich:

a) falls die Entmündigung erfolgt:
„Der Entmündigte hat die Kosten des Verfahrens zu tragen."

b) falls die Entmündigung nicht erfolgt:
„Die Staatskasse hat die Kosten des Verfahrens zu tragen."

c) bei verschuldeter falscher Antragstellung nach § 658 Abs. 2 ZPO:
„Der Antragsteller hat die Kosten des Verfahrens zu tragen."

oder

„Der Antragsteller hat von den Kosten des Verfahrens (z. B.) ⅓ zu tragen, im übrigen fallen sie der Staatskasse zur Last."

Ob im Falle der Antragsrücknahme § 269 Abs. 3 ZPO ohne Rücksicht auf ein Verschulden des Antragstellers anwendbar ist, ist streitig:

vgl. Stein/Jonas/Schlosser A II 2 und Baumbach/Lauterbach/Albers/Hartmann A 1, je zu § 658 ZPO; Nürnberg BayJMBl. 52, 267; Schumann/Geißinger A 16.

Kostenerstattung. Zu den Kosten des Verfahren, über die gemäß § 658 ZPO **14** zu entscheiden ist, gehören nicht nur die Gerichtskosten, sondern auch die außergerichtlichen Kosten des Antragstellers und des zu Entmündigenden. Der Verfahrensbeteiligte, dem die Kosten auferlegt worden sind, hat diese gesamten Kosten zu tragen. Das gilt auch für die Staatskasse.

Prozeßkostenhilfe. Sowohl dem Antragsteller wie auch dem zu Entmündi- **15** genden kann PKH bewilligt und ihnen ein RA beigeordnet werden. Der beigeordnete RA erhält die Gebühren des § 123 nach dem Werte des Entmündigungsverfahrens.

Verbindung mehrerer Verfahren. Zu einer solchen Verbindung kann es **16** mehrfach kommen:

a) Mehrere Antragsteller haben verschiedene Anträge gegen dieselbe Person gestellt.

b) Mehrere Verfahren sind gegen dieselbe Person wegen verschiedener Entmündigungsgründe begonnen worden.

c) Mehrere Verfahren laufen gegen verschiedene Personen.

Die zu a) und b) genannten Verfahren müssen, die zu c) genannten Verfahren können verbunden werden.

Die bis zur Verbindung entstandenen Gebühren bleiben selbständig. Ab Verbindung entsteht nur noch eine Gebühr.

Der Streitwert erhöht sich in den Fällen a) und b) nicht, sofern nunmehr nicht der Umfang der Sache Anlaß zur Erhöhung gibt. Dagegen sind im Falle c) die Werte der einzelnen Verfahren zusammenzuzählen. Aus dem so gewonnenen Wert errechnen sich die weiteren Gebühren.

17 Kosten der Rechtsstreite. Die gegen den unterlegenen Staatsanwalt im Anfechtungsprozeß ergangene Kostenentscheidung umfaßt auch ohne besonderen Ausspruch die Kosten des amtsgerichtlichen Entmündigungsverfahrens.

Unterliegt der Staatsanwalt in der Aufhebungsklage, hat die Staatskasse die Kosten zu tragen, und zwar einschließlich des amtsgerichtlichen Verfahrens.

§ 45 Aufgebotsverfahren

(1) **Im Aufgebotsverfahren (§§ 946 bis 956, 959, 977 bis 1024 der Zivilprozeßordnung) erhält der Rechtsanwalt als Vertreter des Antragstellers (§ 947 der Zivilprozeßordnung) fünf Zehntel der vollen Gebühr**

1. als Prozeßgebühr,

2. für den Antrag auf Erlaß des Aufgebots,

3 für den Antrag auf Anordnung der Zahlungssperre, wenn der Antrag vor dem Antrag auf Erlaß des Aufgebots gestellt wird,

4. für die Wahrnehmung der Aufgebotstermine.

(2) **Als Vertreter einer anderen Person erhält der Rechtsanwalt fünf Zehntel der vollen Gebühr für das ganze Verfahren.**

Übersicht über die Anmerkungen

1 Allgemeines. § 45 regelt den Gebührenanspruch des RA, der in dem Aufgebotsverfahren der ZPO vor dem Amtsgericht tätig wird. Abs. 1 befaßt sich mit den Gebühren des Vertreters des Antragstellers, Abs. 2 mit den Gebühren der Vertreter anderer Personen.

2 Nur auf die Vorschriften über das **Aufgebotsverfahren nach der ZPO** bezieht sich § 45, gleichviel, ob sie nach Bundes- oder Landesrecht für das Aufgebotsverfahren gelten. Vor Anwendung des § 45 ist deshalb zunächst zu prüfen, ob das Aufgebotsverfahren nach den Vorschriften der ZPO durchgeführt wird. Anwendungsfälle sind z. B. die Aufgebotsverfahren zum Zwecke der Ausschließung

a) des Eigentümers eines Grundstücks nach § 927 BGB,
b) des Schiffseigentümers,
c) eines Hypotheken-, Grundschuld- oder Rentenschuldgläubigers,
d) eines Schiffshypothekengläubigers,
e) sonstiger Grund- und Schiffsberechtigter, z. B. von Berechtigten an Vormerkungen, Vorkaufsrechten, Reallasten, Pfandrechten an Schiffen,
f) von Nachlaßgläubigern, § 1970 BGB,
g) von Gesamtgutsgläubigern im Falle der fortgesetzten Gütergemeinschaft,
h) von Schiffsgläubigern aufgrund des § 765 HGB und des § 110 BinnSchiffG
sowie das Aufgebotsverfahren zum Zwecke
i) der Kraftloserklärung einer Urkunde (z. B. Aktien, Wechsel, Pfandscheine, Hypothekenbriefe usw.)

Anderweite Aufgebotsverfahren,. Dagegen gilt § 45 nicht für die Fälle, in **3** denen das Aufgebot nicht vor den ordentlichen Gerichten oder nicht nach den Vorschriften der ZPO stattfindet, und nicht auf die private Aufforderung. § 45 ist hiernach insbes. nicht anwendbar für das Aufgebot zum Zwecke der Todeserklärung nach dem Verschollenheitsgesetz. Dieses Aufgebotsverfahren ist eine Angelegenheit der freiwilligen Gerichtsbarkeit (mit den Gebühren des § 118).

Ferner gelten die Vorschriften der ZPO (und damit auch § 45) nicht für
a) das Aufgebot zur Beseitigung der Doppelbuchung nach §§ 10 ff. Ausf. VO GBO,
b) das Aufgebot der Verlobten nach §§ 3 ff. PStG,
c) das Aufgebot von Postsparkassenbüchern nach § 18 Postsparkassenordnung,
d) das Aufgebot der Nachlaßgläubiger gemäß § 2061 BGB,
e) die Kraftloserklärung von Aktien durch die Gesellschaft gemäß § 73 AktG,
f) das Aufgebot von Sparkassenbüchern, wenn es durch die Sparkassen erfolgt,
g) Kraftloserklärungen ohne Aufgebot (§§ 176, 1507, 2361, 2368 BGB, §§ 64, 226 AktG),
h) Aufgebote, die keine Rechtsnachteile nach sich ziehen (z. B. §§ 1965, 2358 BGB).

In allen diesen Fällen, in denen § 45 nicht anzuwenden ist, erfolgt die Vergütung des in den Angelegenheiten tätigen RA durch die Gebühren des § 118

Die **Gebühren des §45** betragen je fünf Zehntel der vollen Gebühr. Sie **4** entgelten die gesamte Tätigkeit des RA im Aufgebotsverfahren. Dabei ist gleichgültig, ob der RA einen Gesamtauftrag oder ob er Einzelaufträge hat. Auf den Umfang der Tätigkeit kommt es nicht an, soweit nur die Voraussetzungen der einzelnen Gebührenvorschriften erfüllt sind.

Nur der **Vertreter des Antragstellers** kann die in § 45 Abs. 1 vorgesehenen **5** vier Gebühren erhalten. Antragsteller ist, wer den Antrag auf Erlaß des Aufgebots nach § 947 ZPO stellt oder einem schon eingeleiteten Aufgebotsverfahren beitritt. Ob er zur Antragstellung berechtigt ist, ist für den Gebührenanspruch des RA ohne Belang.
Der RA des Antragstellers erhält also im Höchstfall $^{20}/_{10}$ der vollen Gebühr.

6 Vertritt der RA **mehrere Antragsteller,** so ist § 6 anzuwenden. Der RA erhält die Gebühren des § 45 Abs. 1, insbes. auch die Prozeßgebühr, nur einmal. Werden die Aufträge von den mehreren Antragstellern erteilt, so erhöht sich die 5/10-Prozeßgebühr gemäß § 6 Abs. 1 Satz 2 durch jeden Beitritt um 3/10 von 5/10 = 15/100. Voraussetzung ist, daß der Gegenstand derselbe ist.

Erfolgt mach § 959 ZPO die Verbindung mehrerer Aufgebotsverfahren, so hat dies auf die vor der Verbindung entstandenen Gebühren des RA, der mehrere Antragsteller vertritt, keinen Einfluß. Der RA kann daher für jedes der verbundenen Verfahren seine Gebühren besonders berechnen. Ab Verbindung liegt aber nur noch ein Verfahren vor. Neu entstehende Gebühren erwachsen nur einmal (jedoch aus den zusammengerechneten Streitwerten, wenn die Anträge der einzelnen Auftraggeber verschiedene Gegenstände betreffen).

7 Die **Prozeßgebühr** des § 45 Abs. 1 Nr. 1 entspricht der des § 31 Abs. 1. Sie entsteht ohne Rücksicht auf das spätere Schicksal des Verfahrens mit der ersten Tätigkeit des RA nach der Auftragserteilung, z. B. der Entgegennahme der Information. Der mit der Vertretung im Aufgebotsverfahren beauftragte RA erhält sie auch dann, wenn ein Antrag nicht oder nicht durch ihn gestellt wird. § 32 ist nicht anwendbar.

8 Stellt der RA den **Antrag auf Erlaß des Aufgebots** nach § 947 ZPO, so erhält er daneben die Gebühr des § 45 Abs. 1 Nr. 2. Sie entsteht mit der Einreichung, nicht schon mit der Anfertigung des Antrags, und gilt die gesamte durch die Antragstellung, auch die durch etwaige Ergänzung von Anträgen oder durch neue Anträge, entstehende Tätigkeit ab. Abgegolten wird auch der Antrag auf Zahlungssperre, wenn er nicht vor dem Aufgebotsantrag gestellt worden ist (s. unten A 9). Stellt der RA den Antrag nicht, so erhält er nur die Gebühr des Abs. 1 Nr. 1. Die Prozeßgebühr erhält er aber, wenn er nur irgendwie in der Angelegenheit tätig geworden ist, auf jeden Fall.

9 Eine **Anordnung der Zahlungssperre** ist vorgesehen, wenn das Aufgebotsverfahren die Kraftloserklärung eines Inhaberpapiers betrifft (§ 1019 ZPO). Nach § 1020 ZPO ist die Zahlungssperre schon vor der Einleitung des Verfahrens zu verfügen, wenn die sofortige Einleitung des Verfahrens nach § 1015 S. 2 ZPO nicht zulässig ist, weil der Aufgebotstermin mit Rücksicht auf die Wartefristen der §§ 1010, 1011, 1013, 1014 ZPO nicht innerhalb Jahresfrist bestimmt werden kann. Die Zahlungssperre ist dann eine Art Vorverfahren, für das die Gebühr des § 45 Abs. 1 Nr. 3 bestimmt ist. Ist das Aufgebotsverfahren schon zulässig, so entsteht für den Antrag auf Anordnung einer Zahlungssperre keine besondere Gebühr. Der Antrag auf Anordnung der Zahlungssperre wird dann durch die Gebühr des Abs. 1 Nr. 2 abgegolten. Ist aber der Anspruch auf die Gebühr des Abs. 1 Nr. 3 einmal entstanden, so fällt er nicht dadurch weg, daß später das Aufgebotsverfahren eingeleitet wird.

Daneben erhält der RA die Prozeßgebühr des § 45 Abs. 1 Nr. 1 selbst dann, wenn sich sein Auftrag auf die Vertretung in diesem Verfahren beschränkt.

10 Für die **Wahrnehmung der Aufgebotstermine** erhält der RA des Antragstellers die Gebühr des § 45 Abs. 1 Nr. 4. Sie entsteht auch dann nur einmal,

wenn mehrere Termine stattfinden. Wird der Antrag auf Erlaß des Ausschluß-
urteils nach § 952 Abs. 2 ZPO schriftlich gestellt, so entsteht die Gebühr des
Abs. 1 Nr. 4 nicht. Vielmehr wird diese Tätigkeit durch die Prozeßgebühr des
Abs. 1 Nr. 1 abgegolten.

Stellt der RA den Antrag auf Erlaß des Aufgebots in dem Aufgebotstermin,
hat er Anspruch auf die Gebühren des Abs. 1 Nr. 1, 2 und 4.

Vertretung einer anderen Person liegt z. B. dann vor , wenn der RA für **11**
jemanden, der nicht Antragsteller ist, Rechte anmeldet oder das Recht des
Antragstellers bestreitet (§ 953 ZPO). Dafür erhält der RA nach § 45 Abs. 2
nur eine einmalige Gebühr in Höhe von fünf Zehnteln der vollen Gebühr. Mit
dieser Gebühr wird die gesamte Tätigkeit des RA abgegolten, auch wenn er
mehrere Schriftsätze einreicht und an den Aufgebotsterminen teilnimmt.

Vertritt der RA mehrere Personen, so kann er die Gebühren nur einmal
fordern, und zwar bei verschiedenen Gegenständen nach dem zusammengerechneten Wert. § 6 Abs. 1 S. 2 ist entsprechend anzuwenden, wenn der
Gegenstand bei den mehreren Auftraggebern der gleiche ist. Die Gebühr des
Abs. 2 wird zwar nicht als Prozeßgebühr bezeichnet. Sie ist aber eine Verfahrensgebühr und entspricht deshalb der Prozeßgebühr. Es ist auch kein durch-
schlagender Grund ersichtlich, der zur Versagung der $\frac{3}{10}$-Erhöhung ($\frac{3}{10}$ von $\frac{5}{10}$
= $\frac{15}{100}$) für jeden Beitritt zwingt.

    a. M. Riedel/Sußbauer A 13.

Der **Wert des Aufgebotsverfahrens** bestimmt sich nach dem Interesse des **12**
Antragstellers, das sich nicht notwendig mit dem Werte des auszuschließenden Rechts zu decken braucht.

Als Werte kommen in Betracht bei den Aufgebotsverfahren zum Zwecke der
Ausschließung

a) des Grundstückseigentümers der Grundstückswert,
b) des Schiffseigentümers der Wert des Schiffes,
c) eines Hypotheken-, Grundschuld- oder Rentenschuldgläubigers der Wert
der auszuschließenden Forderung oder der Wert des Grundstücks, wenn
dieser niedriger ist,
d) eines Schiffshypothekengläubigers der Wert wie im Falle c),
e) sonstiger Grund- und Schiffsberechtigter der Wert des auszuschließenden
Rechts,
f) von Nachlaßgläubigern,
g) von Gesamtgläubigern,
h) von Schiffsgläubigern,
zu f) bis h) der Unterschied in der Vermögensbelastung, je nachdem, ob die
Haftung besteht oder nicht,
und bei Aufgebotsverfahren zum Zwecke
i) der Kraftloserklärung von Urkunden, soweit es sich um Wertpapiere
handelt, der Kurswert (und, falls ein solcher nicht besteht, der Nennwert),
soweit es sich um Legitimations- oder Beweisurkunden handelt, 10 bis 20 %
des Nennwertes der Forderung,
soweit es sich um die Kraftloserklärung von Hypotheken- usw. -briefen
aufgrund des Gesetzes vom 18. April 1950 (BGBl. I 88) handelt, in der Regel
20 % des Nennwertes (§ 8 des Ges.).

Der Gegenstandswert des Antrags auf Anordnung der Zahlungssperre liegt in der Regel unter dem Wert des Hauptantrags. Er bemißt sich nach dem Interesse der Sicherung, das bis auf ⅓ absinken, aber auch dem Wert der Hauptsache nahe kommen kann (vergleichbar der Wert des Arrestbegehrens, § 20 GKG).

Bei Vertretung einer anderen Person als des Antragstellers richtet sich der Wert nach dem des angemeldeten oder dem Antragsteller entgegengesetzten Rechts.

13 **Beendet wird das Aufgebotsverfahren** mit der Erlassung des Ausschlußurteils. Eine Tätigkeit des RA, die auf Grund des Ausschlußurteils erfolgt, gehört nicht mehr zum Aufgebotsverfahren und ist besonders zu vergüten. Das gilt besonders für die Vertretung der Partei in einem Rechtsstreit über eine nach § 957 ZPO gegen das Ausschlußurteil erhobene Anfechtungsklage. In dem Rechtsstreit entstehen die normalen Gebühren der §§ 31 ff. Ferner entstehen besondere Gebühren, wenn der RA Erteilung einer neuen Schuldverschreibung oder Aktie oder eines neuen Hypotheken-Grundschuld- oder Rentenschuldbriefs beantragt. Die Vergütung erfolgt durch die Gebühren des § 118.

14 **Weitere Gebühren.** Das Beschwerdeverfahren (§ 952 ZPO) ist eine besondere Gebühreninstanz. Es entstehen die Gebühren des § 61. Kommt es in dem Aufgebotsverfahren oder außerhalb desselben zu dem Abschluß eines Vergleiches zwischen dem Antragsteller und der anderen Person, so erhält der mitwirkende RA zusätzlich die Vergleichsgebühr des § 23, und zwar in voller Höhe ¹⁰/₁₀, nicht nur ⁵/₁₀.

§ 46 Vollstreckbarerklärung von Schiedssprüchen, richterliche Handlungen im schiedsgerichtlichen Verfahren

(1) **Im Verfahren über Anträge auf Vollstreckbarerklärung eines Schiedsspruchs oder eines schiedsrichterlichen Vergleichs (§§ 1042, 1044 a der Zivilprozeßordnung) und im Verfahren nach den §§ 13 bis 30 des Gesetzes zur Ausführung des Abkommens vom 27. Februar 1953 über deutsche Auslandsschulden vom 24. August 1953 (Bundesgesetzbl. I S. 1003) erhält der Rechtsanwalt die in § 31 bestimmten Gebühren.**

(2) **Die Hälfte der in § 31 bestimmten Gebühren erhält der Rechtsanwalt, wenn seine Tätigkeit ausschließlich eine gerichtliche Entscheidung über die Ernennung oder Ablehnung eines Schiedsrichters, das Erlöschen eines Schiedsvertrages oder die Anordnung der von Schiedsrichtern für erforderlich erachteten richterlichen Handlungen (§ 1045 der Zivilprozeßordnung) betrifft.**

       von Eicken

Allgemeines. Die Vergütung des RA, der im schiedsrichterlichen Verfahren 1
tätig wird, ist in § 67 geregelt. § 46 betrifft demgegenüber die Tätigkeit des
RA, die dieser im Zusammenhang mit einem schiedsrichterlichen Verfahren
vor dem staatlichen Gericht entwickelt.

Schiedssprüche (Schiedsvergleiche) sind nur vollstreckbar, wenn sie vom Gericht für vollstreckbar erklärt worden sind. Die auf die Vollstreckbarkeitserklärung gerichtete Tätigkeit des RA wird durch die in Abs. 1 genannten Gebühren vergütet. Diese Gebühren erhält jeder RA, der entsprechend tätig wird, demgemäß auch der Prozeßbevollmächtigte des schiedsrichterlichen Verfahrens.

Außerdem gilt Abs. 1 für die Verfahren, die im Zusammenhang mit dem Londoner Schuldenabkommen notwendig sind.

Abs. 2 betrifft einzelne Tätigkeiten, die in einem engen Zusammenhang mit dem schiedsrichterlichen Verfahren stehen. Der Prozeßbevollmächtigte des schiedsrichterlichen Verfahrens erhält die Gebühren des Abs. 2 nicht. Beim Prozeßbevollmächtigten des schiedsrichterlichen Verfahrens wird die in Abs. 2 genannte Tätigkeit durch die Gebühren des Schiedsverfahrens mit abgegolten. Die Gebühren des Abs. 2 erhält also nur der nicht im schiedsrichterlichen Verfahren beteiligte RA, dem die Tätigkeiten des Abs. 2 als Einzeltätigkeiten übertragen sind.

    Karlsruhe JurBüro 75, 480.

Für die Klage auf Aufhebung des Schiedsspruchs (§ 1041 ZPO) und die Klage auf Feststellung des Nichtbestehens eines Schiedsvertrags gelten die §§ 31 ff. unmittelbar.

Das **Anwendungsgebiet des § 46 Abs. 1** erstreckt sich einmal auf das 2
Verfahren über Anträge auf Vollstreckbarerklärung eines Schiedsspruchs oder eines schiedsrichterlichen Vergleichs. Nach § 1042 ZPO
findet aus dem Schiedsspruch die Zwangsvollstreckung nur statt, wenn er für
vollstreckbar erklärt worden ist.

Nach § 1042a ZPO kann über den Antrag auf Vollstreckbarerklärung eines
Schiedsspruchs ohne vorherige mündliche Verhandlung durch Beschluß entschieden werden. Vor der Entscheidung ist der Gegner zu hören. Hat

mündliche Verhandlung stattgefunden, so ist durch Endurteil zu entscheiden. Nach § 1042 c Abs. 2 ZPO findet gegen den Beschluß, durch den der Schiedsspruch für vollstreckbar erklärt wird, Widerspruch statt. Wird Widerspruch erhoben, so ist durch Endurteil zu entscheiden. Der Beschluß, durch den der Antrag auf Vollstreckbarerklärung abgelehnt wird, unterliegt nach § 1042 c Abs. 3 ZPO der sofortigen Beschwerde. Auf die Vollstreckbarerklärung eines schiedsrichterlichen Vergleichs, in dem sich der Schuldner der sofortigen Zwangsvollstreckung unterworfen hat, finden nach § 1044 a ZPO diese Vorschriften entsprechende Anwendung.

Zuständig für Vollstreckbarerklärung ist nach §§ 1045, 1046 ZPO das Amts- oder Landgericht, das in dem Schiedsspruch als solches bezeichnet ist, in Ermangelung einer Bezeichnung das Amts- oder Landgericht, das für die gerichtliche Geltendmachung des Anspruchs zuständig gewesen wäre.

3 Das **Verfahren nach den §§ 13 bis 30 des Ges. zur Ausführung des Abkommens v. 27. 2. 1953 über deutsche Auslandsschulden v. 24. 8. 1953.** Nach § 13 des Ges. werden Entscheidungen des Gerichts eines Gläubigerstaates über eine Schuld, die nach Inkrafttreten des Abkommens rechtskräftig geworden sind, auf Antrag des Gläubigers durch ein Gericht des Bundesgebiets für vollstreckbar erklärt. Für die Vollstreckbarerklärung ist nach § 16 des Ges. das Landgericht ausschließlich zuständig, in dessen Bezirk der Schuldner seinen allgemeinen Gerichtsstand hat, und in Ermangelung eines solchen das Landgericht, in dessen Bezirk sich Vermögen des Schuldners befindet oder die Vollstreckungshandlung vorzunehmen ist. Nach § 17 dieses Ges. sind die Vorschriften der §§ 1042 a Abs. 1, 1042 b, 1042 c, 1042 d sowie § 794 Abs. 1 Nr. 4 a ZPO entsprechend anzuwenden.

4 Die in § 31 Abs. 1 **bestimmten Gebühren** erhält der RA, der in solchen Verfahren tätig wird.

Der RA muß den Auftrag haben, in dem gesamten Verfahren auf Vollstreckbarerklärung tätig zu werden. Daß er bereits im schiedsgerichtlichen Verfahren tätig war, berührt seinen Gebührenanspruch nicht. Der RA kann in dem Verfahren beim Vorliegen der entsprechenden Voraussetzung alle drei Gebühren des § 31 (die Prozeßgebühr, die Verhandlungsgebühr [evtl. Erörterungsgebühr] und die Beweisgebühr) erhalten.

5 Die **Prozeßgebühr** kann unter den gleichen Voraussetzungen beansprucht werden wie im ordentlichen Rechtsstreit. Liegt ein das Verfahren betreffender Auftrag vor, so genügt jede Tätigkeit des RA. Ob die volle oder nur die halbe Prozeßgebühr gefordert werden kann, richtet sich nach § 32.

> **a. M.** Schumann/Geißinger A 4, weil nicht ausdrücklich auf § 32 verwiesen sei (Zu der Auffassung ist zu bemerken: Andere Bestimmungen, z. B. §§ 55, 57, 61, enthalten ebenfalls den Hinweis auf die Gebühren des § 31, schließen dann aber eine Ermäßigung ausdrücklich mit den Worten aus „Die Vorschriften des § 32 und des § 33 Abs. 1 und 2 gelten nicht". Dieser letzte Satz fehlt in § 46, was wohl die hier vertretene Rechtsansicht rechtfertigt).

Für den RA des Antragstellers entsteht daher die Prozeßgebühr nur zur Hälfte, wenn sich der Auftrag vor der Einreichung oder der mündlichen Stellung des Antrags erledigt hat. Der RA des Antragsgegners erwirbt den Anspruch auf die volle Gebühr, sobald er einen den Erfordernissen des § 32 entsprechenden Schriftsatz eingereicht oder Widerspruch erhoben oder seinen Auftraggeber in einem Termin vertreten hat.

Außer der Prozeßgebühr entsteht keine weitere Gebühr, wenn durch Beschluß entschieden und kein Widerspruch erhoben wird.

Die **Verhandlungsgebühr** kann nur dann entstehen, wenn der RA seinen 6 Auftraggeber in einer mündlichen Verhandlung vertreten hat, so besonders, wenn das Gericht nach § 1042a Abs. 2 ZPO, weil ein Aufhebungsgrund geltend gemacht worden ist und die alsbaldige Ablehnung des Antrags nicht gerechtfertigt erscheint, mündliche Verhandlung angeordnet hat oder wenn über einen Widerspruch nach § 1042c Abs. 2 ZPO durch Urteil entschieden wird. Soweit die mündliche Verhandlung vorgeschrieben ist, kann nach § 35 auch ohne mündliche Verhandlung eine Verhandlungsgebühr entstehen. Anstelle der Verhandlungsgebühr kann unter den Voraussetzungen des § 31 Abs. 1 Nr. 4 die **Erörterungsgebühr** entstehen.

Vgl. die A 147 ff. zu § 31.

Die **Beweisgebühr** entsteht unter den gleichen Voraussetzungen wie im 7 ordentlichen Rechtsstreit

Vgl. hierzu die A 82 ff. zu § 31 und die Anmerkungen zu § 34.

Eine **Vergleichsgebühr** nach § 23 kann nur bei einem Vergleich über die 8 Sache selbst entstehen. Ein Vergleich über die Vollstreckbarkeit ist unzulässig. Hat der RA bereits im schiedsrichterlichen Verfahren bei Abschluß eines Vergleichs mitgewirkt und daduch den Anspruch auf eine Vergleichsgebühr erworben, so kann er im Verfahren über die Vollstreckbarerklärung nochmals den Anspruch auf eine Vergleichsgebühr erwerben.

Denn das Verfahren über den Antrag auf Vollstreckbarerklärung ist stets eine 9 **besondere Angelegenheit.** Eine Anrechnung von Gebühren findet weder dann statt, wenn die gleichen Gebühren für den RA schon durch die Vertretung im schiedsrichterlichen Verfahren entstanden sind, noch dann, wenn sie in einem Rechtsstreit über eine Aufhebungsklage entstehen.

Im **Beschwerdeverfahren** bestimmen sich die Gebühren nach § 61 Abs. 1 10 Nr. 1. Der im Beschwerdeverfahren tätige RA erhält sonach die Prozeßgebühr für das Beschwerdeverfahren in Höhe von $5/10$. Wenn im Beschwerdeverfahren eine mündliche Verhandlung stattfindet, entsteht auch die Verhandlungsgebühr in Höhe von fünf Zehnteln der vollen Gebühr.

Wird der Schiedsspruch erst im Beschwerdeverfahren für vorläufig vollstreckbar erklärt und legt nunmehr der Antragsgegner Widerspruch ein, so entstehen in dem Widerspruchsverfahren die vollen Gebühren des ersten Rechtszuges. Da dann das Widerspruchsverfahren mit dem Antragsverfahren eine Instanz bildet, können Gebühren, die bereits im Antragsverfahren entstanden sind, nicht nochmals entstehen. Der Vertreter des Gläubigers erhält deshalb die Prozeßgebühr für das erstinstanzliche Verfahren (Antrag und Widerspruch) nur einmal. Daneben behält er den Anspruch auf die Vergütung im Beschwerdeverfahren.

Im **Berufungs- und Revisionsverfahren** erhöhen sich die Gebühren nach 11 § 11 Abs. 1 S. 4 u. 5.

Der **Gegenstandswert** richtet sich nach dem vollstreckungsfähigen Inhalt 12 des Schiedsspruchs (des Schiedsvergleichs). Ist der Schiedsspruch (Schieds-

von Eicken   717

vergleich) gegen beide Parteien vollstreckungsfähig, entscheidet nur der zugunsten des Antragstellers ergangene Entscheid. Abweisungen des Schiedsspruchs sind nicht zu berücksichtigen. Zinsen und Kosten bleiben gemäß § 4 ZPO außer Betracht.

  a. M. Schumann/Geißinger A 17.

Wird die Vollstreckbarkeit nur wegen eines ausscheidbaren Teils begehrt, so ist nur dieser Teil maßgebend.

13 Über die **Vollstreckbarerklärung ausländischer Schuldtitel** vgl. § 47.

14 Auf **richterliche Handlungen im schiedsrichterlichen Verfahren** bezieht sich die Vorschrift des § 46 Abs. 2. Für die Tätigkeit des RA als Parteivertreter im schiedsrichterlichen Verfahren als solchem gelten nach § 67 die Vorschriften des 3. Abschnitts sinngemäß. Er erhält also dafür die Regelgebühren des § 31 Abs. 1. Eine zusätzliche Vergütung nach § 46 Abs. 2 steht ihm nicht zu. § 46 Abs. 2 regelt nur die Vergütung für eine solche Tätigkeit, die ausschließlich den Zweck hat, eine gerichtliche Entscheidung über die Ernennung oder Ablehnung eines Schiedsrichters oder über das Erlöschen eines Schiedsvertrags oder über die Anordnung der von den Schiedsrichtern für erforderlich erachteten richterlichen Handlung nach § 1045 ZPO herbeizuführen, z. B. die Beeidigung von Zeugen oder Sachverständigen oder einer Partei. Die auf Herbeiführung der gerichtlichen Entscheidung gerichtete Tätigkeit ist aber wieder zu unterscheiden von der Vertretung der Partei bei der Vornahme der angeordneten richterlichen Handlung durch das Gericht nach § 1036 ZPO. Dieses gerichtliche Verfahren nach § 1036 ZPO gilt nach § 67 Abs. 4 für die Berechnung der Gebühren des im schiedsrichterlichen Verfahren zum Prozeßbevollmächtigten bestellten RA als ein Rechtszug mit dem schiedsgerichtlichen Verfahren. Die Tätigkeit des Prozeßbevollmächtigten in dem Verfahren nach § 1036 ZPO wird also durch die Gebühren des schiedsrichterlichen Verfahrens mit abgegolten. Das gerichtliche Verfahren nach § 1036 ZPO ist aber nicht nur die Vornahme der angeordneten richterlichen Handlung, sondern auch deren Anordnung. Daraus folgt, daß der RA, der Prozeßbevollmächtigte einer Partei im schiedsgerichtlichen Verfahren ist, z. B. für die Stellung des Antrags auf Anordnung der Beeidigung eines Zeugen die Gebühr des § 46 Abs. 2 nicht berechnen kann, wenn er die Prozeßgebühr schon durch seine Tätigkeit im Schiedsgerichtsverfahren verdient hat. Dasselbe gilt für die Verhandlungs- und Beweisgebühr. Hat er im schiedsgerichtlichen Verfahren noch keine Beweisgebühr verdient, so erwirbt er durch die Wahrnehmung des vom Gericht angeordneten Termins zur Beeidigung des Zeugen nicht eine Beweisgebühr nach § 46 Abs. 2, sondern eine volle Beweisgebühr nach § 31 Abs. 1.

Nur dann, wenn die Tätigkeit des RA ausschließlich die in § 46 Abs. 2 genannten Tätigkeiten betrifft, erhält er nach § 46 Abs. 2 die Hälfte der in § 31 Abs. 1 genannten Gebühren. Das ist durch die Einfügung des Wortes „ausschließlich" klargestellt. Der RA erhält also im Streit um die Ablehnung eines Schiedsrichters die Gebühr des § 46 Abs. 2 nicht, wenn er die Partei auch vor dem Schiedsgericht vertritt.

  Frankfurt JurBüro 79, 381; Karlsruhe JurBüro 75, 480.

Eine Verhandlungs- und eine Beweisgebühr können z. B. entstehen, wenn über das Erlöschen eines Schiedsvertrages verhandelt und Beweis erhoben wird. Ebenso kann die Erörterungsgebühr (anstelle der Verhandlungsgebühr) entstehen.

Die **Bestimmungen der** § 32, 33 sind auch auf die Gebühr des § 46 Abs. 2 **15** anzuwenden. Tritt nach § 32 eine Ermäßigung auf die Hälfte der vollen Gebühr ein, so betragen die Gebühren des § 46 Abs. 2 ⁵⁄₂₀ der vollen Gebühr.

> **a. M.** Schumann/Geißinger A 13 (vgl. hierzu vorst. A 5).

Der **Gegenstandswert** ist, wenn es sich um Ernennung oder Ablehnung von **16** Schiedsrichtern oder ähnliche zur Vorbereitung des schiedsgerichtlichen Verfahrens dienende Vorgänge handelt, nach freiem Ermessen zu schätzen. Es ist davon auszugehen, daß die geringere Bedeutung des Ablehnungsverfahrens nicht schon durch die vorgesehene Bruchteilsgebühr berücksichtigt worden ist, daß aber in der Regel das Interesse der Partei höher ist als bei der Ablehnung des Richters.

> Vgl. hierzu Schmidt/Schmidt Gegenstandswert Rz. 26 (der BGH – NJW 68, 796 – nimmt für die Richterablehnung den Streitwert der Hauptsache an; anders der BFH BB 76, 1445 – 10 % des Streitwertes der Hauptsache).

Bei Anordnung richterlicher Handlungen, die eine Beweisaufnahme zum Gegenstand haben, ist der im schiedsrichterlichen Verfahren geltend gemachte Anspruch insoweit maßgebend, als er von der Beweisaufnahme betroffen wird.

Jedes der in § 46 Abs. 2 **bezeichneten Verfahren ist eine besondere** **17** **Angelegenheit** und begründet neue Gebührenansprüche, so z. B. wenn auf Antrag einer Partei das Gericht einen Schiedsrichter für die Gegenpartei ernennt und über die Ablehnung des von der anderen Partei ernannten Schiedsrichters durch die Gegenpartei entscheidet. Werden die Anträge jedoch gleichzeitig gestellt (z. B. Ablehnung des von der Gegenseite benannten Schiedsrichters und Bestellung eines anderen Schiedsrichters), liegt nur ein Verfahren vor. Jedoch ist der Gegenstandswert entsprechend höher anzunehmen.

Soll der Gerichtsvorstand den Obmann des Schiedsrichters bestim- **18** **men,** weil dieser, dem Schiedsvertrag entsprechend, aus den Richtern eines Gerichts durch den Gerichtsvorstand zu ernennen ist, so schlägt § 46 Abs. 2 nicht ein.

§ 47 Vollstreckbarerklärung ausländischer Schuldtitel

(1) **Im Verfahren über Anträge auf Vollstreckbarerklärung ausländischer Schuldtitel oder auf Erteilung der Vollstreckungsklausel zu ausländischen Schuldtiteln sowie im Verfahren der Aufhebung oder Abänderung der Vollstreckbarerklärung oder der Vollstreckungsklausel erhält der Rechtsanwalt die in** § 31 **bestimmten Gebühren auch dann, wenn durch Beschluß entschieden wird.**

(2) **Im Verfahren über die Beschwerde gegen eine den Rechtszug beendende Entscheidung erhält der Rechtsanwalt die gleichen Gebühren wie im ersten Rechtszug.**

von Eicken   719

(3) **Das Verfahren nach § 3 Abs.** 2 des Gesetzes zur Ausführung des Vertrages zwischen der Bundesrepublik Deutschland und der Republik Österreich vom 6. Juni 1959 über die gegenseitige Anerkennung und Vollstreckung von gerichtlichen Entscheidungen, Vergleichen und öffentlichen Urkunden in Zivil- und Handelssachen vom 8. März 1960 (Bundesgesetzbl. I S. 169) gilt als besondere Angelegenheit. Die Prozeßgebühr, die der Rechtsanwalt für das Verfahren nach § 3 Abs. 1 des genannten Gesetzes im ersten Rechtszug erhalten hat, wird jedoch auf die gleiche Gebühr des Verfahrens nach § 3 Abs. 2 zu zwei Dritteln angerechnet.

1 Grundsätze. Gemäß § 722 ZPO findet aus dem Urteil eines ausländischen Gerichts die Zwangsvollstreckung nur statt, wenn ihre Zulässigkeit durch ein Vollstreckungsurteil ausgesprochen worden ist. Auf den Erlaß dieses Urteils muß geklagt werden. In dem Rechtsstreit erhält der RA die Gebühren der §§ 31 ff. Auf das Verfahren nach § 722 ZPO bezieht sich sonach § 47 nicht.

2 Durch **multi- und bilaterale Übereinkommen** werden jedoch in zunehmendem Maße Vereinbarungen getroffen, die die Anerkennung ausländischer Schuldtitel und die Vollstreckung aus ihnen erleichtern.

Solche Vereinbarungen enthalten u. a. Das EWG-Übereinkommen über die gerichtliche Zuständigkeit und die Vollstreckung gerichtlicher Entscheidungen in Zivil- und Handelssachen v. 27. 9. 68 (BGBl 1972 II 773) mit AusfG (BGBl I 1972, 1328, 1973 I, 26) sowie die Staatsverträge mit Belgien (BGBl. 59 II 766 mit BGBl. 59 I 425 und BGBl. 76 I 3281), Griechenland (BGBl. 63 II 109 mit BGBl. 63 I 129), Großbritannien (BGBl. 61 II 302 mit BGBl. 61 I 301), Italien (RGBl. 37 II 145 mit RGBl. 37 II 143), den Niederlanden (BGBl. 65 II 26 mit BGBl. 65 I 17), der Schweiz (RGBl. 30 II 1065 mit RGBl. 30 II 1209), Österreich (BGBl. 60 II 1246 mit BGBl. 60 I 169 und BGBl. 76 I 3281). Lediglich auf Kostenentscheidungen beziehen sich folgende Verträge mit Griechenland (RGBl. 39 II 849 mit RGBl. 39 II 847) und der Türkei (RGBl. 30 II 7 sowie 31 II 539 mit RGBl. 31 II 537).

Außerdem gelten für Kostenentscheidungen Art. 18, 19 des Haager Zivilprozeßübereinkommens (BGBl. 58 II 537 mit BGBl. 58 I 939).

Ferner gilt für Entscheidungen auf dem Gebiete der Unterhaltpflicht gegenüber Kindern das Haager Übereinkommen vom 1. März 1954 (BGBl. 58 II 577 mit BGBl. 58 I 939).

Für die Vollstreckung von Schiedssprüchen kommen u. a. in Betracht das UN-Abkommen vom 10. Juni 1958 (BGBl. 61 II 122) sowie Art. VI Nr. 2 des deutsch-amerikanischen Freundschafts-, Handels- und Schiffahrtsvertrages vom 29. Oktober 1954 (BGBl. 56 II 488).

3 Die **Gebühren des § 31** erhält der RA auch dann, wenn durch Beschluß entschieden wird. Daraus ist aber nicht zu schließen, daß der RA stets sämtliche Gebühren des § 31 berechnen könnte.

Eine Verhandlungs-, eine Erörterungs- und eine Beweisgebühr kann vielmehr nur dann berechnet werden, wenn diese Gebühren auch im ordentlichen Streitverfahren entstanden wären. Der Anspruch auf die Verhandlungsgebühr setzt also voraus, daß eine mündliche Verhandlung stattgefunden und daß der RA in dieser Anträge gestellt hat. Hat keine Verhandlung stattgefunden und ist auch kein Beweis erhoben worden, so entsteht nur die Prozeßgebühr (s. a.

A 5 und 6 zu § 46), falls nicht die Voraussetzungen für die Entstehung der Erörterungsgebühr erfüllt sind. Auch die Vorschriften der §§ 32 ff. sind anzuwenden.

München JVBl. 63, 57 = Rpfleger 67, 134; Stuttgart Rpfleger 64, 130.

Wird in dem Verfahren ein Vergleich geschlossen, entsteht auch die **Vergleichsgebühr (§ 23)**.

Im Verfahren über die **Beschwerde gegen eine den Rechtszug beendende** 4 **Entscheidung** erhält der RA nach § 47 Abs. 2 die gleichen Gebühren wie im ersten Rechtszug. Das sind die Gebühren des § 11 Abs. 1 S. 1, nicht aber die in § 11 Abs. 1 S. 4 u. 5 für das Berufungs- und Revisionsverfahren vorgesehenen erhöhten Gebühren. Der RA erhält sonach im Beschwerdeverfahren die ¹⁰/₁₀-Prozeßgebühr, gegebenenfalls auch die ¹⁰/₁₀-Verhandlungs-, die ¹⁰/₁₀-Erörterungs- und die ¹⁰/₁₀-Beweisgebühr. Für **sonstige Beschwerden** – also solche, die gegen eine die Instanz nicht beendende Entscheidung gerichtet sind – gilt § 61 Abs. 1 Nr. 1, d. h. der RA erhält nur die üblichen ⁵/₁₀-Gebühren.

Das **EuG-Übereinkommen** vom 27. September 1968 über die gerichtliche 5 Zuständigkeit und die Vollstreckung gerichtlicher Entscheidungen in Zivil- und Handelssachen (BGBl. 72 II 773) mit AusfG (BGBl. 72 I 1328) (in Kraft seit 1. 2. 1973 – BGBl. 73 I 126 und II 60) regelt die Anerkennung und Vollstreckung gerichtlicher Entscheidungen, die in einem der Vertragsstaaten der EWG ergangen sind, in den anderen Vertragsstaaten und ersetzt mit den aus Art. 56 des Übereinkommens ergebenden Ausnahmen die bilateralen Vollstreckungsabkommen.

Nach Art. 2 des Übereinkommens entscheidet über die Erteilung der Vollstreckungsklausel der Vorsitzende einer Zivilkammer des Landgerichts ohne mündliche Verhandlung und ohne vorher den Schuldner zu hören (Art. 34). In dem Beschwerdeverfahren ist die mündliche Verhandlung freigestellt. Der Schuldner ist im Beschwerdeverfahren zu hören.

Sowohl vor dem Vorsitzenden einer Zivilkammer des Landgerichts wie im Beschwerdeverfahren entstehen – bei Erfüllung des Tatbestandes – die Gebühren des § 31 in Höhe von ¹⁰/₁₀. Nach § 17 Satz 1 AusfG EGÜb findet gegen die Beschwerdeentscheidung die Rechtsbeschwerde statt, wenn gegen die Entscheidung in Form eines Urteils die Revision zulässig wäre. Die Gebühren richten sich nach § 11 Abs. 1 Satz 4 (¹³/₁₀).

BGH JurBüro 83, 849 = MDR 83, 574; Frankfurt MDR 81, 681 = Rpfleger 81, 321 (Für die Vertretung im Rechtsbeschwerdeverfahren nach Art. 37, 41 EuGÜbk erhält der RA ¹³/₁₀ der vollen Gebühr). Die Vorschrift des Abs. 2 ist nicht anzuwenden, da bei Schaffung der BRAGO die Rechtsbeschwerde nicht vorgesehen war. Gemäß § 2 ist die Vorschrift des § 66 Abs. 3 über die Rechtsbeschwerde entsprechend anzuwenden.

§ 47 ist nicht anwendbar für die Vollstreckbarerklärung von ausländischen 6 Entscheidungen nach den §§ 13 bis 30 des Gesetzes zur Ausführung des Londoner Schuldenabkommens (hier gilt § 46), für die Erteilung der Vollstreckungsklausel durch den Bundesminister der Justiz für Entscheidungen des Gerichtshofes der Europäischen Gemeinschaft für Kohle und Stahl (BGBl. II 54 1030) (hier gilt § 57).

§ 3 des AG zum Vertrag zwischen der Bundesrepublik Deutschland 7 **und der Republik Österreich** v. 6. 3. 1960 bestimmt in Abs. 1:

„Ist eine noch nicht rechtskräftige Entscheidung eines österreichischen Gerichts, hinsichtlich deren die Exekution zur Sicherstellung für zulässig erklärt worden ist, für vollstreckbar zu erklären (Art. 8, 9 des Vertrages), so ist in dem Beschluß oder Urteil auszusprechen, daß die Entscheidung nur zur Sicherung der Zwangsvollstreckung für vollstreckbar erklärt wird."

Abs. 2 lautet:

„Erlangt die Entscheidung des österreichischen Gerichts, die nach Abs. 1 zur Sicherung der Zwangsvollstreckung für vollstreckbar erklärt worden ist, später die Rechtskraft, so ist der Beschluß oder das Urteil über die Vollstreckbarerklärung auf Antrag des Gläubigers dahin zu ändern, daß die Entscheidung ohne Beschränkung für vollstreckbar erklärt wird. Das gleiche gilt für den Fall, daß die Entscheidung des österreichischen Gerichts bereits die Rechtskraft erlangt hat, bevor der Beschluß oder das Urteil erlassen wird, sofern der Eintritt der Rechtskraft in dem Verfahren nicht geltend gemacht worden ist. Über den Antrag ist ohne mündliche Verhandlung durch Beschluß zu entscheiden; vor der Entscheidung ist der Gegner zu hören. Für das Verfahren gelten im übrigen § 1042b Abs. 1, §§ 1042c und 1042d der Zivilprozeßordnung entsprechend."

§ 47 Abs. 3 betrifft also den Fall, daß auf Antrag des Gläubigers eine bisher nur vorläufige Vollstreckbarkeit in eine endgültige Vollstreckbarkeit umgewandelt werden soll. Dann gilt das Verfahren über diesen Antrag als besondere Angelegenheit. Der am Verfahren beteiligte RA kann also die schon im Verfahren über die vorläufige Vollstreckbarerklärung verdienten Gebühren nochmals berechnen. Die Prozeßgebühr wird jedoch zu zwei Dritteln angerechnet. Da über den Antrag ohne mündliche Verhandlung durch Beschluß entschieden wird, werden eine Verhandlungsgebühr und eine Beweisgebühr nur ausnahmsweise entstehen, so daß in der Regel nur noch ein Drittel der Prozeßgebühr neu berechnet werden kann. Gehör des Gegners ist keine Verhandlung und keine Beweisaufnahme. Wird aber nach § 1042c ZPO gegen den Beschluß Widerspruch erhoben und ist deshalb durch Endurteil zu entscheiden, so entsteht auch eine Verhandlungsgebühr (s. dazu A6 und wegen der Beweis- und Vergleichsgebühr A8 zu § 46).

Soll ein rechtskräftiges Urteil eines österreichischen Gerichts für vollstreckbar erklärt werden, so ist das Anordnungs- und das Widerspruchsverfahren anwaltsgebührenrechtlich als eine Angelegenheit anzusehen mit der Folge, daß die anwaltliche Prozeßgebühr nur einmal entsteht.

     KG AnwBl. 74, 185 = JurBüro 75, 342.

8 Der **Gegenstandswert** wird nach deutschem Recht, als z. B. nach den Vorschriften der ZPO und des GKG, berechnet. Nebenforderungen (Zinsen, Kosten) bleiben deshalb unberechnet.

Maßgebend ist der Teil der ausländischen Entscheidung, für den die Vollstreckbarkeit beansprucht wird.

§ 48 Sicherung des Beweises

Im Verfahren über Anträge auf Sicherung des Beweises erhält der Rechtsanwalt, wenn die Hauptsache nicht anhängig ist, die in § 31 bestimmten Gebühren je zur Hälfte.

Lit.: Mümmler JurBüro 79, 315 (Betrachungen zum Beweissicherungsverfahren aus der Sicht des Anwaltsgebührenrechts); H. Schmidt Büro 62, 439 (Anwaltskosten im Beweissicherungsverfahren); Steckel JurBüro 80, 641 (Die Kosten des Beweissicherungsverfahrens); Hansens JurBüro 85, 1291 ff. (Zur Anhängigkeit der Hauptsache i. S. von § 48 BRAGO).

Übersicht über die Anmerkungen

Allgemeines. Mit dem Beweissicherungsverfahren der §§ 485 ff. ZPO befas- **1** sen sich zwei Gebührenvorschriften: § 37 Nr. 3 mit dem Verfahren bei anhängiger Hauptsache, § 48 mit dem Verfahren bei noch nicht anhängiger Hauptsache.

Für Verfahren in Angelegenheiten der freiwilligen Gerichtsbarkeit, die ähnlichen Zwecken wie die Beweissicherungsverfahren der §§ 485 ff. ZPO dienen, gilt § 48 nicht. Die Tätigkeit in solchen Verfahren wird durch die Gebühren des § 118 abgegolten.

Das **Beweissicherungsverfahren** gehört, wenn die Hauptsache anhängig **2** ist, nach § 37 Nr. 3 zum Rechtszug. Der Prozeßbevollmächtigte der Hauptsache kann also in diesem Falle keine Gebühren für seine Tätigkeit im Beweissicherungsverfahren beanspruchen, die er schon durch seine Tätigkeit in der Hauptsache verdient hat.

Ist dem Vertreter des Beklagten beim Stellen des Beweissicherungsantrages unbekannt, daß die Hauptsache bereits anhängig ist, hat er Anspruch auf die Gebühren des § 48.

> Mümmler JurBüro 79, 315 (bei Fn. 11);
> **a. M.** Riedel/Sußbauer A 7; Frankfurt MDR 65, 146 = NJW 65, 306 = JurBüro 64, 910.

Dabei ist gleichgültig, ob das Gesuch bei dem Prozeßgericht (§ 486 Abs. 1 ZPO) oder – in Fällen dringender Gefahr – bei dem Amtsgericht (§ 486 Abs. 2 ZPO) angebracht wird.

Die Beweisgebühr kann der Prozeßbevollmächtigte des Hauptverfahrens im Beweissicherungsverfahren verdienen, wenn er sie im Hauptverfahren noch nicht verdient hat. Da das Beweissicherungsverfahren bei anhängiger Hauptsache Bestandteil der Hauptsache ist, entsteht die Beweisgebühr in voller Höhe ($10/10$, im Berufungsverfahren $13/10$).

Düsseldorf AnwBl. 81, 110 = MDR 81, 325 = JurBüro 81, 390 = Rpfleger 81, 158 = BB 81, 268 (L) = VersR 81, 437 (L); Hamm AnwBl. 67, 54 = JVBl. 67, 86 = JurBüro 67, 133 = JMBlNRW 67, 141 = MDR 67, 225 = NJW 67, 939; Stuttgart Justiz 69, 325;
a. M. KG Büro 59, 522 = Rpfleger 62, 40 (nur zur Hälfte).

Für die Entstehung der Gebühr ist gleichgültig, ob das Ergebnis des Beweissicherungsverfahrens im Rechtsstreit benützt wird oder nicht. Wird also z. B. mit Einlegung der Berufung ein Beweissicherungsverfahren bei dem Berufungsgericht beantragt und durchgeführt, erhält der RA auch dann die $^{13}\!/_{10}$ Beweisgebühr, wenn das Ergebnis der Beweissicherung nicht verwertet wird, weil die Berufung als unzulässig verworfen wird.

       a. M. KG Büro 59, 522 = Rpfleger 62, 40.

Schwebt der Rechtsstreit bereits in der Revisionsinstanz und erwirkt eine Partei beim Berufungsgericht eine Beweissicherungsanordnung, so erhält der RA einer jeder Partei für die Vertretung im Beweissicherungsverfahren die Beweissicherungsgebühr nicht nach § 31 Nr. 3 in voller Höhe ($^{13}\!/_{10}$), sondern nur in halber Höhe ($^{13}\!/_{20}$) nach § 48. Der Berufungsanwalt ist nicht Prozeßbevollmächtigter im Revisionsverfahren.

       München JVBl. 67, 114 = JurBüro 67, 409 = NJW 67, 1574.

Hauptsache ist das Verfahren, in dem die Beweisaufnahme nach § 493 ZPO benutzt werden soll. Soll das Ergebnis für mehrere Angelegenheiten benutzt werden, genügt zur Anwendung des § 37 Nr. 3, daß **ein** Rechtsstreit bereits anhängig ist. Wird ein Beweissicherungsverfahren während eines bereits schwebenden Hauptprozesses eingeleitet, werden aber die Ansprüche, auf die sich die Beweissicherung bezieht, erst nach Stellung des Beweissicherungsantrages, z. B. im Wege der Klageerweiterung oder Widerklage in den Hauptprozeß eingeführt, gilt für die Gebühren des Beweissicherungsverfahrens § 48, denn es beginnt **vor** Anhängigkeit der Hauptsache. Ist mit einer Gegenforderung aufgerechnet worden und wird diese nach der Aufrechnung zum Gegenstand eines Beweissicherungsverfahrens gemacht, ist für § 48 kein Raum; denn die Gegenforderung ist mit der Aufrechnung „anhängig" geworden.

       Hamm JurBüro 74, 865 = MDR 74, 500 = Rpfleger 74, 168 = JMBlNRW 74, 93; Schleswig JurBüro 78, 385;
       a. M. Schumann/Geißinger A 10.

Der Begriff „anhängig" ist streitig. Er ist dahin auszulegen, daß die Einreichung der Klage, des Antrags auf Erlaß eines Mahnbescheids oder einer Widerklage bei Gericht genügt. Die Klage braucht nicht zugestellt zu sein. „Rechtshängigkeit" ist sonach nicht erforderlich.

       Mümmler JurBüro 79, 315; H. Schmidt Büro 62, 439; Frankfurt AnwBl. 78, 69 = MDR 78, 325 = JurBüro 78, 233 = Rpfleger 78, 723; Hamm AnwBl. 67, 54 = JVBl. 67, 86 = JurBüro 67, 133 = JMBlNRW 67, 141 = MDR 67, 225 = NJW 67, 939; Stuttgart Rpfleger 64, 130;
       a. M. Hartmann A 1 (Einbeziehung des Gegners ins Prozeßverhältnis erforderlich); Celle JurBüro 74, 867 (Rechtshängigkeit); LG Berlin JurBüro 81, 562 = Rpfleger 81, 159 (Der RA erhält die besonderen Gebühren § 48 auch dann, wenn der Antrag auf Erlaß eines Mahnbescheids und der Antrag auf Durchführung eines Beweissicherungsverfahrens durch denselben Anwalt gleichzeitig gestellt werden).

Werden der Beweissicherungsantrag und die Klage gleichzeitig eingereicht, ist für die Anwendung des § 48 kein Raum. Werden der Antrag und die Klage am gleichen Tag, aber zu verschiedenen Zeiten eingereicht, kommt es auf den Zeitpunkt der Einreichung an.

Die Einreichung eines Gesuches um Bewilligung von PKH macht den Rechtsstreit nicht anhängig. Wird jedoch mit dem Gesuch auch die Klage eingereicht, wird der Rechtsstreit durch die Klage anhängig. Das gilt nicht, wenn die Klage nur zur Begründung eines Gesuches um Bewilligung von PKH beigefügt ist.

Oldenburg NdsRpfl.60, 17 = Rpfleger 60, 117.

Die Hauptsache im Sinne des § 48 ist das Verfahren, in dem der gesicherte Beweis nach § 493 ZPO benutzt werden soll. Wird das Beweissicherungsverfahren während eines Urkundenprozesses eingeleitet und durchgeführt, ist die Hauptsache in dieser Zeit nicht anhängig, denn Hauptsache kann mangels Verwertbarkeit des Beweisergebnisses im Urkundenprozeß nur das Nachverfahren sein, das gebührenrechtlich im Verhältnis zum Urkundenprozeß eine besondere Angelegenheit darstellt. Für den Prozeßbevollmächtigten entstehen daher für die Vertretung im Beweissicherungsverfahren die Gebühren aus § 48, und zwar die halbe Prozeßgebühr neben der vollen Prozeßgebühr des Hauptprozesses. Die nach Abstandnahme vom Urkundenprozeß ergehende Kostenentscheidung umfaßt auch die Kosten des Beweissicherungsverfahrens, die für die obsiegende Partei immer erforderlich waren, wenn die unterliegende Partei das Beweissicherungsverfahren eingeleitet hatte.

Mümmler JurBüro 79, 315; LG Berlin JurBüro 68, 391.

Wird das Gesuch zwar vor Berufungseinlegung bei dem Gericht erster Instanz eingereicht, die Beweissicherung aber erst nach Einlegung der Berufung vom Berufungsgericht angeordnet und durchgeführt, so ist das Verfahren im Berufungsverfahren durchgeführt worden. Es entstehen sonach die Gebühren des Berufungsverfahrens.

Ein Arrest- oder einstweiliges Verfügungsverfahren macht die Hauptsache nicht anhängig. Der RA erhält deshalb für seine Tätigkeit im Beweissicherungsverfahren die Gebühren des § 48.

KG AnwBl. 84, 212

Ist die Hauptsache nur zum Teil anhängig (z. B. Teilklage über 10 000 DM bei einem Beweissicherungsverfahren mit einem Gegenstandswert von 100 000 DM), entstehen aus dem nicht anhängigen Teil (im Beispiel aus 90 000 DM) die Gebühren des § 48.

Mümmler JurBüro 79, 315 (Fn. 6).

Ist die Hauptsache noch nicht anhängig, wird also das Beweissicherungs- 3 verfahren zu einer Zeit eingeleitet, zu der die Hauptklage noch nicht anhängig ist, so erhält der RA nach § 48 die in § 31 Abs. 1 bestimmten Gebühren je zur Hälfte, gleichviel, ob er bereits Prozeßvollmacht erhalten hat oder nicht. Ob die Hauptsache später anhängig wird und ob die Beweisaufnahme in ihm benutzt wird, ist gleichgültig. Sind die Gebühren des § 48 einmal entstanden, so werden sie auf die Gebühren des späteren Hauptprozesses nicht angerechnet. Soweit die Gebühren beim Anhängigwerden der Hauptsache noch nicht entstanden sind, können sie als Gebühren des § 48 nach dem Anhängigwerden nicht mehr entstehen. Beispiel: Zwischen der Anbringung des Gesuches und der Entscheidung (§ 490 ZPO) wird die Hauptsache anhängig. Es entsteht zwar die Prozeßgebühr des § 48. Dagegen entsteht die Beweisgebühr bereits als Beweisgebühr des kommenden Prozesses. Das hat zur Folge, daß durch weitere Beweiserhebungen im Prozeß keine Beweisgebühr mehr entsteht.

Wird in einem Unfallschadenstreit nach dem Tode des Klägers ein Beweissicherungsverfahren zu dem Zweck der Feststellung erhoben, ob der Tod die Folge des Unfalls ist, so ist die Hauptsache nicht rechtshängig, da sich der Rechtsstreit bisher nur auf die vom Verstorbenen selbst erhobenen Ansprüche bezog.

Beantragt der Vertreter des Beklagten in Unkenntnis der bereits eingereichten Klage das Beweissicherungsverfahren, so liegt zwar objektiv ein Verfahren während der Anhängigkeit der Hauptsache vor. Für den RA des Beklagten gilt jedoch der Auftrag, ein selbständiges Verfahren durchzuführen, gemäß § 674 BGB so lange als fortbestehend, bis er von der Anhängigkeit der Hauptsache Kenntnis erlangt (sie kennen muß). Die Lage ist die gleiche wie bei Einreichung eines Schriftsatzes nach Klagrücknahme (vgl. hierzu § 32 A 5).

Mümmler JurBüro 79, 315 (bei Fn. 11); **a. M.** Riedel/Sußbauer, A 7; Frankfurt JurBüro 64, 910 = MDR 65, 146 = NJW 65, 306 = Rpfleger 65, 161.

Ist ein Rechtsstreit anhängig, werden aber die Tatsachen, auf die der Beklagte seine Widerklage stützt oder die er zur Begründung der Aufrechnung vorträgt, erst nach Durchführung des Beweissicherungsverfahrens in den Rechtsstreit eingeführt, ist das Beweissicherungsverfahren nach dem Anhängigwerden der Hauptsache durchgeführt.

Hamm Rpfleger 74, 168 = JurBüro 74, 865 = MDR 74, 500; Bamberg JurBüro 83, 1834; LG Berlin AnwBl. 80, 510 = Rpfleger 81, 32 = JurBüro 80, 1833 (Ordnet das Prozeßgericht auf Antrag des Beklagten die Sicherung des Beweises für Ansprüche an, die der Beklagte danach zur Aufrechnung und zur Begründung einer noch zu erhebenden Widerklage benutzen will, so erhalten die Prozeßbevollmächtigten nicht Gebühren nach § 48, sondern nach §§ 31 Abs. 1 Ziff. 1 und 3, 37 Ziff. 3. – Führt in einem solchen Fall der Beklagte nach Abschluß der Beweisaufnahme doch nur einen Teil der Ansprüche, deren Beweis gesichert worden ist, in den Rechtsstreit ein, so erhalten die Prozeßbevollmächtigten – abgesehen von der unveränderten Beweisgebühr – wegen der aus dem Rechtsstreit herausgelassenen Ansprüche eine $^5/_{10}$ Differenzprozeßgebühr); **a. M.** Frankfurt AnwBl. 84, 101 = JurBüro 84, 236 = Kost. Rsp. BRAGO § 48 Nr. 9 mit zust. Anm. Herget

4 Wird ein **anderer Rechtsanwalt** als der Prozeßbevollmächtigte der Hauptsache in dem Beweissicherungsverfahren tätig, während die Hauptsache anhängig ist, so erhält er die Gebühren des § 56. Wird der „andere Anwalt" später Prozeßbevollmächtigter, muß er sich die während der Anhängigkeit der Hauptsache verdienten Gebühren gemäß § 13 Abs. 5 und 6 auf seine Gebühren als Prozeßbevollmächtigter anrechnen lassen. Das gleiche gilt, wenn der RA später die Vertretung in der mündlichen Verhandlung übernimmt (§ 53) oder wenn er Beweisanwalt wird (§ 54).

Anderer RA als der Prozeßbevollmächtigte ist auch der Berufungsanwalt, der während des Revisionsverfahrens ein Beweissicherungsverfahren beantragt (vgl. A 2).

Vertritt sich aber die Partei im Hauptprozeß selbst, während sie die Vertretung im Beweissicherungsverfahren einem RA überträgt, so richten sich
dessen Gebühren nach § 48.

Der Verkehrsanwalt, der während der Anhängigkeit der Hauptsache ein
Beweissicherungsverfahren beantragt, erhält die Gebühren des § 48 nicht.
Neben der Verkehrsgebühr erhält er die Beweisgebühr des § 54.

Die **halbe Prozeßgebühr** entsteht mit der Einreichung des Antrags.   5
Endigt der Antrag vor der Einreichung, so erhält der RA nach § 32 den
vierten Teil der Prozeßgebühr, wenn nicht die anderen Voraussetzungen des
§ 32 vorliegen. Ebenso müssen bei dem RA des Antraggegners die Voraussetzungen des § 32 vorliegen, wenn er die halbe Prozeßgebühr beanspruchen
will. Andernfalls ermäßigt sich die Prozeßgebühr auf $^{2,5}/_{10}$.

> Mümmler JurBüro 79, 315 (318); München Rpfleger 74, 275 = JurBüro 74, 1258;
> **a. M.** Schumann/Geißinger A 2, weil § 32 nicht ausdrücklich erwähnt ist (zu der
> Auffassung ist zu bemerken: Andere Bestimmungen – z. B. §§ 55, 57, 61 –
> enthalten ebenfalls den Hinweis auf die Gebühren des § 31, schließen dann aber
> eine Ermäßigung ausdrücklich aus: „Die Vorschriften des § 32 und des § 33 Abs. 1
> und 2 gelten nicht." Dieser letzte Satz fehlt in § 48).

Eine **halbe Verhandlungsgebühr** entsteht nur dann, wenn eine mündliche   6
Verhandlung stattgefunden und der RA in dieser seinen Auftraggeber vertreten hat. Nach § 490 Abs. 1 ZPO kann aber die Entscheidung über das Gesuch
ohne vorherige mündliche Verhandlung erfolgen. Geschieht dies und wird
dem Antrag durch sofortige Anordnung der Beweisaufnahme stattgegeben
oder der Antrag abgelehnt, so entsteht keine Verhandlungsgebühr.

> Mümmler JurBüro 79, 315 (318); Stuttgart Justiz 69, 166; Nürnberg JurBüro 72,
> 510.

Eine halbe Erörterungsgebühr kann entstehen, wenn das Gericht Termin
zur Verhandlung über den Antrag angesetzt hat und die Parteien in diesem
Termin den Sach- und Streitwert erörtern und (z. B.) einen Vergleich schlie
ßen.

Eine **halbe Beweisgebühr** erhält der RA für die Vertretung in einem   7
Beweissicherungsverfahren unter den gleichen Voraussetzungen wie im ordentlichen Verfahren. Der Anspruch kann also auch dann entstehen, wenn die
Beweisaufnahme nicht durchgeführt wird. Beispiel: Der zu vernehmende
Zeuge ist noch vor der Vernehmung verstorben. Der RA des Antragsgegners
kann die halbe Beweisgebühr nur solange verdienen, als die Beweisaufnahme
noch nicht abgeschlossen ist. Dazu gehört auch die Prüfung des erstatteten
Sachverständigengutachtens. Das Beweisaufnahmeverfahren ist aber als abgeschlossen anzusehen, wenn innerhalb angemessener Frist keine Anträge auf
Ergänzung oder Erläuterung des Gutachtens gestellt werden.

> Vgl. dazu Köln AnwBl. 85, 45 = JurBüro 84, 1532; 86, 729; Hamburg JurBüro 86,
> 564; Bamberg JurBüro 86, 1673.

Die **volle Vergleichsgebühr** entsteht, wenn der RA im Laufe des Beweissi 8
cherungsverfahrens bei einem Vergleich über die Hauptsache mitwirkt.

> Mümmler JurBüro 79, 315 (319).

Der **Gegenstandswert** richtet sich nach dem Wert des Anspruchs, dessen   9
Begründung durch die Beweissicherung dargetan oder abgewehrt werden

soll, ist aber nicht stets der gleiche wie der des Hauptanspruchs. Ist nur ein Teil des Anspruchs des Klägers streitig oder wird gegen den höheren Anspruch des Klägers mit einer streitigen Gegenforderung aufgerechnet, während der Rest z. B. aus Rechtsgründen bekämpft wird, bildet den Gegenstandswert nur der streitige Teil des Anspruchs. Dem Umstand, daß das Interesse der Parteien an der Beweissicherung in der Regel geringer ist als ihr Interesse am Hauptprozeß, ist bereits dadurch Rechnung getragen, daß nur die halben Gebühren zur Entstehung gelangen.

> Hartmann A 3; Riedel/Sußbauer A 10; Schmidt/Schmidt Gegenstandswert Rz. 92; Schumann/Geißinger A 13; Mümmler JurBüro 79, 315 (320); H. Schmidt JurBüro 65, 424; Köln JurBüro 78, 1675; LG Bayreuth JurBüro 80, 605; LG Berlin AnwBl. 81, 195; LG Koblenz AnwBl. 82, 198; LG Verden AnwBl. 83, 89; **a. M.** KG MDR 57, 48; LG Berlin MDR 67, 409 (Schätzung nach § 3 ZPO).

Er entspricht dem Wert der Summe der Ansprüche des Antragstellers, die vom Ergebnis des Beweissicherungsverfahrens abhängig sind, und beschränkt sich nicht auf die bereits rechtshängigen Ansprüche, z. B. bei Teilklagen.

> Celle AnwBl. 60, 114.

Ist das Beweissicherungsverfahren vor Beginn eines Rechtsstreits von einem Amtsgericht durchgeführt worden, ist dieses (nicht das spätere Prozeßgericht) für die Streitwertfestsetzung des Beweissicherungsverfahrens zuständig.

> Saarbrücken JurBüro 68, 903.

10 **Mehrere Beweissicherungsanträge** lassen die Gebühren je nach dem Werte ihres Gegenstands gesondert entstehen,

wenn es sich nicht um das gleiche Beweissicherungsverfahren handelt, was dann der Fall ist, wenn mehrere Anträge durch einen Beschluß (ausdrücklich oder stillschweigend) verbunden (die bis zur Verbindung entstandenen Gebühren bleiben erhalten) und durch eine Beweisaufnahme erledigt werden.

> Mümmler JurBüro 79, 315 (319, 320).

oder wenn das Gesuch geändert oder ergänzt wird.

Ob das neue Verfahren das gleiche Ziel hat, ist gleichgültig, z. B. wenn nochmalige Vernehmung des gleichen Zeugen verlangt wird, nachdem das frühere Verfahren schon abgeschlossen ist.

Soll der gegenwärtige Zustand einer Sache festgestellt werden, so liegt auch dann nur ein Verfahren vor, wenn neben dem vom Antragsteller beantragten Sachverständigen noch andere Sachverständige auf Antrag des Gegners oder von Amts wegen gehört werden.

Wird die Hauptsache zwischenzeitlich anhängig, erwachsen in den späteren Verfahren statt der Gebühren des § 48 die Gebühren des § 31 Abs. 1.

11 Die **Erstattung** der Kosten des Beweissicherungsverfahrens richtet sich, wenn es wegen der Angelegenheit, die das Beweissicherungsverfahren veranlaßt hat, zu einem Rechtsstreit gekommen ist, nach der dort ergangenen Kostenentscheidung, die ohne weiteres auch auf die Kosten des Beweissicherungsverfahrens zu beziehen ist. Die Kosten eines Beweissicherungsverfahrens werden von der Kostengrundentscheidung aber nur dann erfaßt, wenn es dieselbe Angelegenheit betroffen hat, die Gegenstand des Rechtsstreits gewesen ist.

Hamburg AnwBl. 73, 81 = MDR 71, 852 = JurBüro 71, 648 und 78, 239 mit
Anm. von Mümmler; KG JurBüro 82, 1521 = Rpfleger 82, 195; München JurBüro
81, 1091 = Rpfleger 81, 203 und JurBüro 82, 1254; Schleswig JurBüro 78, 1880 =
SchlHA 78, 221 (Verfahren diente nicht der Vorbereitung des nachfolgenden
Rechtsstreits) und JurBüro 81, 449 = SchlHA 80, 202.

Die Kosten eines unter Beteiligung des ursprünglichen Gläubigers vor der
späteren Abtretung geführten Beweissicherungsverfahrens werden von der
Kostenentscheidung in dem vom neuen Gläubiger gegen den Schuldner
geführten Rechtsstreit erfaßt (Ergänzung zu KG JurBüro 76, 1384).

KG JurBüro 81, 1392 = MDR 81, 940.

Eine eigene Kostenentscheidung ist im Beweissicherungsverfahren bei Stattgeben des Antrags nicht zu treffen. Die Kostenentscheidung der Hauptsache
bezieht sich allerdings nur dann auf das Beweissicherungsverfahren, wenn die
Parteien die gleichen sind.

Hamm JMBlNRW 71, 262.

Unerheblich ist, ob an dem Beweissicherungsverfahren noch weitere Personen beteiligt waren.

Hamburg JurBüro 74, 511.

Sind die Parteien des Beweissicherungsverfahrens mit denen des Hauptprozesses nur teilweise identisch, so sind die prozeßzugehörigen Kosten des
Beweissicherungsverfahrens nach Maßgabe der Kostengrundentscheidung
des Hauptprozesses zugunsten der an beiden Verfahren beteiligten obsiegenden Partei(en) gegen die an beiden Verfahren beteiligte(n) Partei(en) in voller
Höhe festsetzungs- oder ausgleichsfähig.

KG JurBüro 80, 1419.

Die Kosten eines während eines Revisionsverfahrens für ein erstrebtes neues
Berufungsverfahren durchgeführten Beweissicherungsverfahrens sind aufgrund der Kostenentscheidung des die Revision zurückweisenden Urteils
erstattungsfähig.

KG MDR 72, 524.

Sind mehrere Rechtsstreite Hauptsachen eines Beweissicherungsverfahrens,
so gehören die Kosten des Beweissicherungsverfahrens zu den einzelnen
Hauptsachen im Verhältnis ihrer Streitwerte.

Düsseldorf JurBüro 75, 1370 (Schließen sich dem Beweissicherungsverfahren
mehrere Hauptsachenprozesse an, so sind die Kosten des Beweissicherungsverfahrens auf die einzelnen Hauptsachen regelmäßig im Verhältnis ihrer Streitwerte zu
verteilen); Köln NJW 72, 953 = JurBüro 72, 441.

Ist aber die Klage wegen mangelnder Passivlegitimation abgewiesen worden,
so hängt die Frage, ob der Kläger die ihm selbst entstandenen Kosten des
Beweissicherungsverfahrens zu tragen hat, noch von der über die Berechtigung des Klaganspruchs ergehenden Entscheidung ab. Die im Beweissicherungsverfahren erwachsenen Kosten des Beklagten muß der Kläger auf jeden
Fall tragen.

BGH BGHZ 20, 4 = NJW 56, 785.

Die Kosten des Beweissicherungsverfahrens sind dann nicht von der Kostenentscheidung des Hauptprozesses erfaßt, wenn die Klage als unzulässig abgewiesen wird.

Hamburg AnwBl. 73, 81.

Der Kostenanspruch nach Klagerücknahme umfaßt die Kosten des Beweissicherungsverfahrens nicht.

Frankfurt MDR 82, 942 = Rpfleger 82, 391; KG Rpfleger 79, 143 = MDR 79, 406; Stuttgart JurBüro 80, 1890. München AnwBl. 87, 149 = MDR 87, 151.

Wird im Rechtsstreit über eine gegenüber der Klagforderung zur Aufrechnung gestellte Forderung, deretwegen zwischen denselben Parteien ein selbständiges Beweissicherungsverfahren durchgeführt worden war, rechtskräftig entschieden, so sind aufgrund der ergehenden Kostenentscheidung die Kosten des Beweissicherungsverfahrens erstattungsfähig.

KG JurBüro 82, 408; München Rpfleger 82, 196 = JurBüro 82, 1254.

Wird über den hilfsweise zur Aufrechnung gestellten Anspruch nicht gemäß § 322 Abs. 2 ZPO mit Rechtskraftwirkung entschieden, so zählen die Kosten des Beweissicherungsverfahrens nicht zu den Kosten des Rechtsstreits.

LG Berlin JurBüro 79, 1374.

Wird die Klage wegen der Einrede, daß der Rechtsstreit durch Schiedsrichter zu entscheiden ist, als unzulässig abgewiesen, so müssen die Kosten des Beweissicherungsverfahrens der Kostenentscheidung im schiedsgerichtlichen Verfahren folgen.

Hamburg AnwBl. 73, 81 = MDR 71, 852 = JurBüro 71, 648.

Die Kosten des Beweissicherungsverfahrens gehören auch dann zu den Kosten des Rechtsstreits, wenn das Ergebnis des Beweissicherungsverfahrens zwar in dem Prozeß nicht verwertet worden ist, bei Einleitung des Beweissicherungsverfahrens die Zweckmäßigkeit jedoch zu bejahen war.

Hamburg JurBüro 81, 1396; Nürnberg NJW 72, 771; vgl. aber Koblenz JurBüro 81, 553.

Ist die Zweckmäßigkeit zu verneinen, hat das Gericht die Kosten des Beweissicherungsverfahrens gemäß § 96 ZPO im Urteil der Hauptsache dem Antragsteller aufzuerlegen.

Mümmler JurBüro 79, 315 (321).

Im Kostenfestsetzungsverfahren ist aber nicht mehr zu prüfen, ob das Beweissicherungsverfahren als solches notwendig war oder nicht, sondern nur, ob die einzelnen erstattet verlangten Kosten notwendig waren.

Hamm AnwBl. 73, 360 = JurBüro 73, 969 = Rpfleger 73, 370; Nürnberg MDR 59, 935;
a. M. Köln VersR 73, 91.

Bei dieser Prüfung ist auf den Zeitpunkt der Aufwendung abzustellen. Die Notwendigkeit kann also auch dann bejaht werden, wenn das Beweissicherungsverfahren im Rechtsstreit nicht benutzt worden ist.

Nürnberg MDR 59, 934.

Entsprechendes gilt bei Übernahme der Kosten durch einen Vergleich, soweit in diesem nichts anderes vereinbart ist. Übernimmt eine Partei, die im voraufgegangenen Beweissicherungsverfahren nicht beteiligt war, in Kenntnis der dort entstandenen Kosten durch Vergleich ganz oder teilweise die Kosten des Rechtsstreits, so umfaßt die Übernahme auch die Kosten des Beweissicherungsverfahrens.

Frankfurt JurBüro 81, 764; Hamm JurBüro 75, 1214; KG JurBüro 82, 1078; Stuttgart Rpfleger 82, 195; vgl. aber Frankfurt AnwBl. 81, 195 = JurBüro 81, 1088; Hamm JurBüro 82, 920 = MDR 82, 326 = Rpfleger 82, 80; Nürnberg MDR 82, 941. Vgl. auch Frankfurt MDR 83, 941 = BB 83, 1944 und Oldenburg NdsRpfl. 83, 205; Nachweise zu der streitigen Frage, ob Gerichtskosten des Beweissicherungsverfahrens zu den gerichtlichen oder den außergerichtlichen Kosten des Hauptsacheverfahrens gehören, bei von Eicken, Erstattungsfähige Kosten = KostRsp. ZPO § 91 (A) unter 1.4.1.

Ist es zu keinem Rechtsstreit gekommen, so muß der Erstattungsanspruch auf Grund einer etwa nach materiellem Recht bestehenden Verpflichtung des Gegners durch besondere Klage geltend gemacht werden. Eine solche Verpflichtung kann auch dann bestehen, wenn eine prozessuale Erstattungspflicht deshalb nicht besteht, weil einzelne Kosten nicht als notwendig anzusehen sind.

Mümmler JurBüro 79, 315 (321); Hamburg AnwBl. 73, 81 = MDR 71, 852 = JurBüro 71, 648; Köln VersR 71, 425.

Wird das Beweissicherungsverfahren wegen eines höheren Gegenstandswertes als des Streitwerts im späteren Prozeß durchgeführt, sind die Kosten des Beweissicherungsverfahrens in dem Rechtsstreit nur in Höhe des Streitwertes des Rechtsstreits aufgrund der Kostenentscheidung erstattungsfähig. Im übrigen bleibt nur der materielle Anspruch.

Düsseldorf NJW 76, 115 = JurBüro 75, 1370 (Wird das Beweissicherungsverfahren wegen eines den Wert des nachfolgenden Rechtsstreits übersteigenden Gegenstandswerts durchgeführt, so sind die Kosten des Beweissicherungsverfahrens regelmäßig im Verhältnis seines Werts zum Wert des Hauptsachenprozesses zu quoteln); Frankfurt AnwBl. 79, 431 = JurBüro 79, 1891 = VersR 79, 1128; Hamburg JurBüro 82, 410 = MDR 82, 326 und JurBüro 83, 1257; Hamm Rpfleger 80, 69 = JurBüro 80, 449 und JurBüro 83, 1101; KG JurBüro 86, 1242 = Rpfleger 86, 106; Nürnberg JurBüro 72, 510; Schleswig JurBüro 78, 1880 und 82, 1354 sowie SchlHA 83, 63; Stuttgart JurBüro 82, 599.

Hat sich die Beweisaufnahme eines vor Anhängigkeit des Rechtsstreits durchgeführten Beweissicherungsverfahrens auch auf Gegenstände erstreckt, von deren Einklagung jedenfalls zunächst abgesehen wurde, so können dessen Kosten nur anteilig als Kosten des Rechtsstreits angesehen werden. Diejenigen Kosten, die sich nicht eindeutig ausschließlich dem späteren Rechtsstreit oder dem davon nicht erfaßten Gegenstand zuordnen lassen, sind im Verhältnis beider Verfahrensteile des Beweissicherungsverfahrens aufzuteilen.

KG AnwBl. 74, 184 = Rpfleger 75, 101 = JurBüro 75, 385 und Rpfleger 80, 393; Stuttgart JurBüro 82, 1080.

Ein Beschluß, durch den ein Beweissicherungsantrag zurückgewiesen wird, ist mit einer Kostenentscheidung zu versehen.

Schleswig SchlHA 75, 88 = JurBüro 75, 823.

Prozeßkostenhilfe. Die PKH-Bewilligung für den späteren Hauptprozeß **12** erstreckt sich nicht rückwirkend auf das in § 48 gebührenmäßig geregelte selbständige Beweissicherungsverfahren, § 122 Abs. 3 Nr. 3. Der RA muß

von Eicken 731

sich insoweit im Wege der PKH besonders beiordnen lassen. Dagegen umfaßt die PKH für den Prozeß auch das während der Anhängigkeit durchgeführte Beweissicherungsverfahren, da dieses Verfahren gemäß § 37 Nr. 3 zum Rechtszug gehört und somit Bestandteil des Rechtsstreits ist.

> Mümmler JurBüro 79, 315 (323);
> a. M. Riedel/Sußbauer A 15 (auf jeden Fall gesonderte Beiordnung erforderlich).

13 Die **Einführung des Ergebnisses der Beweissicherung in den Rechtsstreit über die Hauptsache** zwischen den Parteien des Beweissicherungsverfahrens löst für die Prozeßbevollmächtigten keine Beweisgebühr aus. Auch wenn die Tatsachen, wegen deren die Beweissicherung durchgeführt wurde, noch in dem Hauptsacheprozeß streitig sind, findet dort durch die Verwertung der Beweissicherungsverhandlungen keine neue Beweisaufnahme statt; es wird vielmehr nur das Ergebnis einer außerhalb des Prozesses bereits durchgeführten Beweisaufnahme gewürdigt.

> KG Rpfleger 68, 197 = JurBüro 68, 472 = MDR 78, 770; JurBüro 72, 793; Hamm JurBüro 71, 435; Bremen JurBüro 78, 1814; Köln JurBüro 78, 1675; Stuttgart JurBüro 78, 1519; Schleswig JurBüro 77, 1402; Koblenz JurBüro 81, 553; 86, 1833; für den Fall, daß das Beweissicherungsergebnis als solches unstreitig ist, auch Bamberg JurBüro 75, 619.

Nach einer anderen Meinung soll die Beweisgebühr im Hauptprozeß dann entstehen können, wenn das Prozeßgericht die Beweissicherungsakten zum Beweis herbeizieht oder als Beweis verwertet.

> Hamburg AnwBl. 69, 356 = JurBüro 69, 422; München JurBüro 74, 1258; Frankfurt JurBüro 78, 1660; Nürnberg JurBüro 79, 537; Saarbrücken JurBüro 84, 1028.

Dieser Meinung kann jedoch nicht zugestimmt werden. Bei der Verwertung des Beweissicherungsergebnisses wird in aller Regel ein Fall des § 34 Abs. 1 vorliegen, denn mindestens eine Partei wird in der Lage sein, die Beweissicherungsprotokolle oder das im Beweissicherungsverfahren erstattete Gutachten jedenfalls in beglaubigter Abschrift vorzulegen. Nach der bei A 9 zu § 34 vertretenen Ansicht ändert sich daran nichts dadurch, daß das Gericht den Parteien die Vorlegung der Beweissicherungsverhandlung abnimmt, indem es die Beweissicherungsakten anfordert. Ein Fall des § 34 Abs. 2 liegt selbst bei Anforderung der Beweissicherungsakten durch Beweisbeschluß oder bei Verwertung dieser Akten zum Beweis nicht vor, weil es an einer Beiziehung im Sinne dieser Vorschrift fehlt, die nach der bei A 12 zu § 34 vertretenen Auffassung nur gegeben ist, wenn sich die Partei die Akten oder Urkunde nicht selbst beschaffen kann.

Eine Anwendung des § 34 Abs. 2 kommt deshalb nur in Betracht, wenn die Parteien des Prozesses nicht am Beweissicherungsverfahren beteiligt waren und sie deshalb die in den Beweissicherungsakten enthaltenen Beweisverhandlungen nur unter Mitwirkung des Gerichts in dem Prozeß urkundenbeweislich verwerten können.

Nicht ausgeschlossen ist allerdings, daß das Prozeßgericht über den Gegenstand des Beweissicherungsverfahrens erneut Beweis erhebt, indem es z. B. die dort vernommenen Zeugen, wenn sie wider Erwarten noch zur Verfügung stehen, erneut vernimmt oder wenn es den Sachverständigen, der im Beweissicherungsverfahren ein Gutachten erstattet hat, zur mündlichen Erläuterung dieses Gutachtens vor das Prozeßgericht lädt.

Gegen die hier vertretene Ansicht läßt sich nicht einwenden, sie sei insbesondere für denjenigen Prozeßbevollmächtigten, der am Beweissicherungsverfahren nicht beteiligt war und deshalb die Gebühren nach § 48 nicht erlangt hat, unbillig. Die Einarbeitung in ein bereits vorliegendes Beweisergebnis wird durch die Prozeßgebühr abgegolten und löst auch in anderen Fällen keine Beweisgebühr aus, so umfangreich auch die mit der Einarbeitung verbundene Arbeit sein mag. Die Beweisgebühr entsteht nun einmal nur für die Vertretung im Beweisaufnahmeverfahren.

Erstattung bzw. Ersatz der Kosten des Beweissicherungsverfahren, 14 wenn kein Hauptsacheprozeß folgt. Daraus, daß in dem durchgeführten Beweissicherungsverfahren keine Kostenentscheidung ergeht, folgt, daß es keine prozeßrechtliche Kostenerstattungspflicht gibt. Auch für eine entsprechende Anwendung des § 91 ZPO ist kein Raum.

Bank JurBüro 82, 978; Mümmler JurBüro 81, 1788 mit weit. Nachw.

Dagegen kann möglicherweise ein materiellrechtlicher Kostenersatzanspruch bestehen. Ein solcher Kostenersatzanspruch kann sich z. B. als Schadensersatzanspruch aus unerlaubter Handlung ergeben. Beispiel: Nach einem Verkehrsunfall leitet der Geschädigte ein Beweissicherungsverfahren ein, das zu seinen Gunsten ausgeht. Darauf ersetzt der Schädiger den Schaden. Er hat auch die Anwaltskosten des Geschädigten als Schaden zu ersetzen. Ein weiterer Kostenersatzanspruch kann sich aus positiver Vertragsverletzung ergeben. Beispiel: Im Beweissicherungsverfahren wird festgestellt, daß der Handwerker schlecht gearbeitet hat. Der Handwerker bessert darauf den Schaden aus. Er hat auch die Anwaltskosten des Auftraggebers zu ersetzen.

Zusammenfassend ist zu sagen:

Ein prozeßrechtlicher Kostenerstattungsanspruch besteht nicht, wenn es an einem Kostenausspruch fehlt. Der Beschluß im Beweissicherungsverfahren enthält regelmäßig keine Kostenentscheidung.

Ein materiellrechtlicher Kostenersatzanspruch besteht nur, wenn eine entsprechende gesetzliche Regelung gegeben ist.

Erhebt der Antragsteller nach einem ungünstig ausgegangenen Beweissicherungsverfahren keine Klage, haben sowohl der Antragsteller wie auch der Antragsgegner die bei ihnen entstandenen Anwaltskosten selbst zu tragen. Ein prozeßrechtlicher Erstattungsanspruch ist nicht gegeben, da es an einer Kostenentscheidung fehlt. Ein materiellrechtlicher Ersatzanspruch ist nicht gegeben, da es an einer gesetzlichen Vorschrift über den Ersatz fehlt.

BGH NJW 83, 284 = JurBüro 83, 376 = MDR 83, 204 = ZIP 82, 1483 = WM 83, 182; Düsseldorf AnwBl. 82, 118 = MDR 82, 414 = JurBüro 83, 137.

§ 49 Vorläufige Einstellung, Beschränkung oder Aufhebung der Zwangsvollstreckung, Vollstreckbarerklärung von Teilen eines Urteils

(1) Im Verfahren über die vorläufige Einstellung, Beschränkung oder Aufhebung der Zwangsvollstreckung erhält der Rechtsanwalt, wenn eine abgesonderte mündliche Verhandlung hierüber stattfindet, drei Zehntel der in § 31 bestimmten Gebühren. Wird der Antrag beim

**Vollstreckungsgericht und beim Prozeßgericht gestellt, so erhält der
Rechtsanwalt die Prozeßgebühr nur einmal. Die Vorschriften des § 32
und des § 33 Abs. 1 und 2 gelten nicht.**

(2) Im Verfahren auf Vollstreckbarerklärung der durch Rechtsmittelanträge nicht angefochtenen Teile eines Urteils (§§ 534, 560 der Zivilprozeßordnung) erhält der Rechtsanwalt drei Zehntel der vollen Gebühr.

Übersicht über die Anmerkungen

1 Allgemeines. § 49 behandelt in seinen beiden Absätzen zwei – voneinander
verschiedene – Nebenfragen des Rechtsstreits. Abs. 1 betrifft die Gebühren
des RA, wenn nach Erlaß eines vollstreckbaren Titels (Versäumnisurteil,
erstinstanzliches Urteil oder Berufungsurteil des Oberlandesgerichts) die
Einstellung usw. der Zwangsvollstreckung begehrt wird. Abs. 2 befaßt sich
mit der Gebühr des RA, wenn die Vollstreckbarerklärung eines mit dem
eingelegten Rechtsmittel nicht angefochtenen Teils der Vorentscheidung begehrt wird.

2 Der **Geltungsbereich des § 49 Abs. 1** umfaßt alle Verfahren über die vorläufige Einstellung, Beschränkung oder Aufhebung der Zwangsvollstreckung,
die vor dem Gericht der Hauptsache oder dem Vollstreckungsgericht durchgeführt werden. § 49 hat auf eine Aufzählung der unter § 49 fallenden
Verfahren verzichtet. Daher erfaßt die Vorschrift alle Verfahren der Einstellung, selbst solche, die durchgeführt werden, obwohl das Verfahrensgesetz
eine Einstellung usw. nicht vorgesehen hat.

So ist z. B. § 49 anzuwenden, wenn auf eine Abänderungsklage aus § 323
ZPO die Vollstreckung aus dem angegriffenen Titel ganz oder teilweise
eingestellt wird.

Die Hauptfälle der Anwendung des § 49 sind die §§ 707, 719, 769, 770, 771,
785, 786, 805, 810, 924, 1042c ZPO.

Jedoch ist § 49 auch auf die Fälle der §§ 572 Abs. 3, 732 Abs. 2 ZPO anzuwenden.

    a. M. Riedel/Sußbauer A 5 (§ 49 setze einen Prozeß mit obligatorischer mündlicher Verhandlung voraus).

Allerdings werden diese Fälle selten praktisch werden, da in Verfahren mit fakultativer mündlicher Verhandlung kaum eine abgesonderte mündliche Verhandlung über die Einstellung stattfindet (sie ist aber immerhin denkbar, z. B. nach Einlegung einer sofortigen Beschwerde nach § 104 Abs. 3 ZPO). Für die abgesonderte Verhandlung nach § 718 ZPO erhält der RA die Gebühren nach § 49 Abs. 1 nicht.

    Hamm Rpfleger 75, 70 = JurBüro 75, 354 = MDR 75, 501.

Findet keine abgesonderte Verhandlung im Einstellungsverfahren **statt,** **3** so gehört dieses Verfahren nach § 37 Nr. 3 zum Rechtszug. Der Prozeßbevollmächtigte des Hauptprozesses erhält sonach für seine Tätigkeit im Einstellungsverfahren keine besonderen Gebühren. Darauf, ob das Verfahren von dem Verfahren über die Hauptsache getrennt ist, wird nicht abgestellt. Beispiel: Zwischen Einlegung und Begründung der Berufung werden mehrere Schriftsätze nur wegen der Einstellungsfrage gewechselt. Dieser „abgesonderte Schriftsatzwechsel" begründet keine zusätzliche Gebühr.

Nicht ausreichend ist, daß ein Termin bestimmt ist und der RA in ihm erscheint. Es ist notwendig, daß in dem Termin verhandelt wird.

    Köln JurBüro 74, 1547.

Findet aber eine **abgesonderte mündliche Verhandlung** statt, so erhält der **4** RA neben den im Hauptverfahren verdienten Gebühren im Einstellungsverfahren nach § 49 Abs. 1 S. 1 drei Zehntel der in § 31 Abs. 1 bestimmten Gebühren. Das Einstellungsverfahren bildet also dann eine besondere Angelegenheit.

Dazu bedarf es einer Anordnung des Gerichts, daß getrennt von der Verhandlung über die Hauptsache über die Einstellung zu verhandeln ist. Hinzukommen muß, daß die abgesonderte Verhandlung dann auch stattfindet und der RA in ihr erscheint.

Der Anspruch auf die **Prozeßgebühr** entsteht nicht wie sonst regelmäßig **5** dadurch, daß der RA beauftragt wird, eine Einstellung, Beschränkung oder Aufhebung der Zwangsvollstreckung zu beantragen, und daß er in Ausführung dieses Auftrags tätig wird, sondern nur dann, wenn über den Antrag eine abgesonderte mündliche Verhandlung stattfindet. Solange die Voraussetzung des § 49 – Teilnahme des RA an der vom Gericht angeordneten abgesonderten Verhandlung über die Einstellung – nicht erfüllt sind, gehört die Tätigkeit des RA gemäß § 37 Nr. 3 zum Rechtszuge; sie wird durch die Gebühren der Hauptsache abgegolten. Erst mit dem Eintritt aller Voraussetzungen des § 49 wird das Verfahren über die Einstellung zu einer eigenen, von der Hauptsache unabhängigen Angelegenheit mit eigenen Gebühren.

    Düsseldorf AnwBl. 72, 397 = Rpfleger 72, 235 = JurBüro 72, 511 (die Gebühr entsteht mit dem Erscheinen im Termin).

Eine **Verhandlungsgebühr** kann der RA verlangen, wenn er in der Verhand- **6** lung einen Antrag gestellt hat. Er erhält aber infolge der in § 49 Abs. 1 S. 3

angeordneten Nichtanwendbarkeit des § 33 Abs. 1 u. 2 die vollen drei Zehntel der Verhandlungsgebühr auch dann, wenn die Verhandlung nichtstreitig war (Beispiel: Der RA erklärt sich mit der vom Gegner beantragten einstweiligen Einstellung einverstanden) oder nur Anträge zur Prozeß- oder Sachleitung gestellt worden sind.

Düsseldorf Rpfleger 72, 235 = JurBüro 72, 511.

Die **Erörterungsgebühr** kann unter den Voraussetzungen des § 31 Abs. 1 Nr. 4 anstelle oder vor der Verhandlungsgebühr entstehen, und zwar gleichfalls in Höhe von ³/₁₀ (Anrechnung gemäß § 31 Abs. 2).

7 Eine **Beweisgebühr** entsteht regelmäßig nicht, da der Einstellungsgrund nur glaubhaft gemacht zu werden braucht. Sie entsteht, wie im Arrest- und einstweiligen Verfügungsverfahren, nur dann, wenn durch das Gericht in der Verhandlung anwesende Personen vernommen werden oder wenn durch das Gericht eine eidesstattliche Versicherung dieser Personen aufgenommen wird oder wenn eine Augenscheinseinnahme stattfindet (s. A 107 zu § 31 u. A 25 zu § 34).

8 Wird der **Antrag beim Vollstreckungsgericht und beim Prozeßgericht** gestellt, so erhält der RA nach § 49 Abs. 1 S. 2 die Prozeßgebühr nur einmal. Eine abgesonderte mündliche Verhandlung kann nur vor dem Prozeßgericht, nicht vor dem Vollstreckungsgericht erfolgen. Auch schlägt § 37 Nr. 3 nicht ein. Bei dem Verfahren vor dem Vollstreckungsgericht handelt es sich um eine Angelegenheit der Zwangsvollstreckung, für welche die Gebühren des § 57 entstehen. Hat der RA den Antrag auch bei dem Gericht der Hauptsache gestellt, so erhält er die ³/₁₀-Prozeßgebühr nur einmal. Es kann also bei abgesonderter mündlicher Verhandlung vor dem Gericht der Hauptsache nur die Verhandlungs- und die Beweisgebühr entstehen.

Die Verhandlungs- und die Beweisgebühr entstehen, wenn ihre Voraussetzungen vorliegen, in beiden Verfahren.

9 Für den **Gegenstandswert** ist der Wert des Verfahrens maßgebend, in dem das Urteil ergangen ist, dessen Vollstreckung eingestellt werden soll, oder der Wert des Restes der Schuld aus dem Vollstreckungstitel. Zinsen und Kosten sind nicht zu berücksichtigen, da es sich bei der Einstellung durch das Prozeßgericht nicht um ein Verfahren der Zwangsvollstreckung handelt.

Maßgebend ist aber nur der vollstreckungsfähige Teil der Entscheidung.

Lappe Rpfleger 55, 6.

Ist die Klage abgewiesen worden, so ist der Betrag der vom Kläger dem Beklagten zu erstattenden Kosten der Wert des Einstellungsverfahrens.

BGH BGHZ 10, 249 = NJW 53, 1350 = Rpfleger 53, 577.

Soll nur wegen eines abgrenzbaren Teiles eingestellt werden, so ist dieser Teilbetrag maßgebend.

BGH a. a. O.

Bei Urteilen auf Abgabe einer Willenserklärung ist nur der Kostenbetrag der Gegenstandswert, falls nicht nach § 895 ZPO der Gläubiger schon auf Grund des vorläufig vollstreckbaren Urteils Eintragung einer Vorbemerkung in das Grundbuch, das Schiffsregister oder das Schiffsbauregister erwirken kann. Der Kostenbetrag gilt auch bei vorläufig vollstreckbaren Feststellungs- und

Gestaltungsurteilen. Bei Vollstreckungsgegenklagen ist deren Wert auch für die Einstellung nach §§ 769, 780 ZPO maßgebend.

Lappe Rpfleger 55, 6.

Bei der Widerspruchsklage nach § 771 ZPO ist deren Wert maßgebend. Ist die Vollstreckung schon erfolgt, so richtet sich der Wert nach der Vorschrift des § 6 ZPO über die Pfandklage; es ist also der Wert des Pfandgegenstandes maßgebend, wenn er geringer ist. Das gilt auch dann, wenn die Einstellung nur auf einige Wochen erfolgt.

Stellt ein **anderer Rechtsanwalt als der Prozeßbevollmächtigte** den **10** Antrag, so fehlt es an einer Gebührenvorschrift. Sowohl § 37 Nr. 3 wie auch § 49 sind auf dem Prozeßbevollmächtigten zugeschnitten. Die Praxis wendet § 49 auf den anderen RA entsprechend an, jedoch mit der Maßgabe, daß er die Gebühren des § 49 auch dann berechnen kann, wenn über den Antrag keine abgesonderte mündliche Verhandlung stattfindet.

Vgl. jedoch München AnwBl. 80, 299.

Jedoch wird nach § 58 Abs. 2 Nr. 7 die Aufhebung einer Vollstreckungsmaßnahme auch durch die Zwangsvollstreckungsgebühren des § 57 abgegolten. Der im Vollstreckungsverfahren tätige RA erhält in dem bei dem Vollstreckungsgericht anhängigen Einstellungsverfahren außer der Vollstreckungsgebühr keine zusätzliche Gebühr.

Wird der RA später Prozeßbevollmächtigter, so erhält er neben den im Rechtsstreit verdienten Gebühren die Gebühr des § 49 nur dann, wenn über die Einstellungsfrage mündlich verhandelt worden ist. Zu beachten ist, daß der RA bereits dann Prozeßbevollmächtigter ist, wenn er den Prozeßauftrag erhalten hat. Die Klage braucht noch nicht eingereicht zu sein.

Entsprechendes gilt, wenn der RA den Einstellungsantrag stellt, bevor er einen Prozeßauftrag erhalten hat, z. B. im Verfahren über die PKH.

Wird dem Beklagten vor Zustellung einer Vollstreckungsgegenklage vom Gericht Gelegenheit zur schriftlichen Stellungnahme gegeben, so verdient der ihn betreuende RA für die Einzeltätigkeit in entsprechender Anwendung von § 49 Abs. 1 $3/10$-Prozeßgebühr nach dem „vorläufigen" Gegenstand der eingereichten Klage. Diese Gebühr ist auf die Prozeßgebühr, die der RA des Beklagten später für seine Tätigkeit als Prozeßbevollmächtigter nach dem Gegenstandswert bei Klagezustellung verdient, auch dann mit dem vollen Betrage anzurechnen, wenn die Klageanträge vor Zustellung eingeschränkt worden sind.

KG JurBüro 81, 56 = Rpfleger 81, 73.

Eine **Ermäßigung der Gebühren** nach § 32 und § 33 Abs. 1 und 2 ist durch **11** § 49 Abs. 1 Satz 3 ausdrücklich ausgeschlossen.

Gebührenhöhe. Hat der RA die Gebühren des § 49 verdient, so erhält er sie **12** in Höhe von drei Zehnteln der in § 31 Abs. 1 bestimmten Gebühren. Daraus folgt, daß in den Fällen, in denen die Gebühren des § 31 Abs. 1 gemäß § 11 Abs. 1 Satz 4 (im Berufungs- und Revisionsverfahren) $13/10$-Gebühren sind, der Rechtsanwalt $3/10$ aus $13/10$, somit $39/100$ erhält.

Düsseldorf AnwBl. 72, 397 = Rpfleger 72, 235 = JurBüro 72, 511.

Kostenerstattung. Die Kosten des Verfahrens über die vorläufige Einstel- **13**

lung usw. gehören zu den Kosten des Rechtsstreits. Sie werden deshalb von der Kostenentscheidung der Hauptsache umfaßt und können demgemäß mit den Kosten der Hauptsache festgesetzt werden.

14 Die **Prozeßkostenhilfe,** die für die Instanz bewilligt ist, erstreckt sich auch auf das Einstellungsverfahren der Instanz. Der in der Hauptsache beigeordnete RA erhält deshalb bei abgesonderter mündlicher Verhandlung über die Einstellung auch die Gebühren des § 49 aus der Staatskasse.

15 Die **Vollstreckbarerklärung des durch Rechtsmittelanträge nicht angefochtenen Teiles eines Urteils** gehört gemäß § 37 Nr. 7 zum Rechtszuge, und zwar zu dem Rechtszuge, in dem der Antrag gestellt wird, also z. B. zum Berufungsverfahren, wenn beantragt wird, das erstinstanzliche Urteil zum Teil für vollstreckbar zu erklären.

Der RA erhält jedoch nur dann die Gebühr des § 49 Abs. 2 nicht zusätzlich zu den sonst im Rechtsmittelverfahren verdienten Gebühren, wenn der für vollstreckbar erklärte Teil zunächst ebenfalls angefochten war oder nach der Vollstreckbarerklärung noch angefochten wird (vgl. hierzu § 37 A 24).

Beziehen die Parteien den gemäß § 534 ZPO für vorläufig vollstreckbar erklärten Teil des erstinstanzlichen Urteils in einen Vergleich ein, fällt neben den Gebühren der §§ 23 und 32 Abs. 2 keine Gebühr gemäß § 49 Abs. 2 an.

Hamburg JurBüro 82, 1512 = MDR 82, 945.

Ist und bleibt der für vollstreckbar zu erklärende Teil des Urteils unangefochten, so bleibt dieser Teil bei der Bemessung des Streitwertes für das Rechtsmittelverfahren unberücksichtigt. Der RA erhält deshalb aus ihm auch keine Gebühren.

Wird der RA im Verfahren auf Vollstreckbarerklärung des nicht angefochtenen Teils des Urteils tätig – sei es durch Antragstellung, sei es als Vertreter der Gegenseite –, so erhält er zusätzlich eine $\frac{3}{10}$-Gebühr aus $\frac{13}{10}$, somit $\frac{39}{100}$. Diese eine Gebühr gilt die gesamte Tätigkeit des RA ab, also auch die Verhandlung. Der RA erhält somit nicht außerdem eine $\frac{3}{10}$-Verhandlungsgebühr.

Celle NdsRpfl. 59, 152 = Rpfleger 64, 199.

Bei Vertretung mehrerer Auftraggeber erhöht sich die Gebühr gemäß § 6 Abs. 1 S. 2.

Düsseldorf JurBüro 80, 62 = AnwBl. 80, 159.

16 Der **Gegenstandswert** der Gebühr des § 49 Abs. 2 richtet sich nach dem für vollstreckbar zu erklärenden Teil des Urteils (ohne Nebenansprüche).

17 **Kostenerstattung.** Die Vollstreckbarerklärung erfolgt innerhalb des schwebenden Rechtsmittelverfahrens. Sie ist damit ein Teil dieses Verfahrens und wird deshalb von der Kostenentscheidung des Rechtsmittelverfahrens erfaßt.

a. M. Hamm NJW 72, 2314 = MDR 72, 1043 = JurBüro 72, 922 (Beschlüsse nach § 534 ZPO bedürfen einer eigenen Kostenentscheidung).

Die durch die Vollstreckbarerklärung entstehenden Kosten sind der Partei aufzuerlegen, gegen die der nicht angefochtene Teil des Urteils für vollstreckbar erklärt wird. Siegt diese Partei im Rechtsmittelverfahren, empfiehlt es sich, die Kosten der Vollstreckbarkeit aus den übrigen Kosten auszuscheiden und sie der obsiegenden Partei aufzuerlegen.

Beispiel einer Entscheidung über die Kosten des Berufgungsverfahren: „Der

738   *von Eicken*

Kläger hat die Kosten des Berufungsverfahrens zu tragen. Der Beklagte hat zu ihnen jedoch . . . DM beizutragen." Die Kosten des Vollstreckbarkeitsverfahrens müssen errechnet und zahlenmäßig ausgeworfen werden.

Prozeßkostenhilfe. Die der Partei, die den Vollstreckbarkeitsantrag stellt, **18** bewilligte PKH erstreckt sich auch ohne besonderen Ausspruch auf den Antrag auf Vollstreckbarerklärung.

Riedel/Sußbauer A 23, die jedoch dem Rechtsmittelbeklagten anraten, vorsorglich einen Antrag auf Bewilligung für die Vollstreckbarkeitserklärung zu stellen.

Der beigeordnete RA erhält für den Antrag die erhöhte ³⁄₁₀-Gebühr, somit ³⁹⁄₁₀₀ der Gebühr des § 123. Gemeinsam mit der Prozeßgebühr für die Hauptsache kann sie jedoch die Höchstgebühr des § 123 (¹³⁄₁₀ aus 560,– DM = 728,– DM) nicht übersteigen. Beträgt der Streitwert des Rechtsmittelverfahrens mehr als 50000 DM, erhält also der Rechtsanwalt in der Hauptsache bereits die Höchstgebühr des § 123, erhält er für die Vollstreckbarkeitserklärung keine zusätzliche Gebühr.

Die der Partei, gegen die das Urteil teilweise für vollstreckbar erklärt wird, bewilligte PKH erstreckt sich dagegen nicht auf die Vollstreckbarkeitserklärung (insoweit kann die Bewilligung der PKH abgelehnt sein, weil die weitere Rechtsverteidigung keine Aussicht auf Erfolg bietet).

§ 50 Räumungsfrist

Im Verfahren vor dem Prozeßgericht oder dem Amtsgericht auf Bewilligung, Verlängerung oder Verkürzung einer Räumungsfrist (§§ 721, 794a der Zivilprozeßordnung) erhält der Rechtsanwalt fünf Zehntel der in § 31 bestimmten Gebühren, wenn das Verfahren mit dem Verfahren über die Hauptsache nicht verbunden ist.

Übersicht über die Anmerkungen

Allgemeines. § 50 behandelt die Vergütung des RA in Verfahren über eine **1** Räumungsfrist, sofern das Verfahren selbständig – getrennt von der Hauptsache – durchgeführt wird.

Bewilligung einer Räumungsfrist. Wird auf Räumung von Wohnraum **2** erkannt, so kann das Gericht gemäß § 721 ZPO auf Antrag oder von Amts wegen dem Schuldner eine Räumungsfrist gewähren. Hat sich der Schuldner in einem Vergleich, aus dem die Zwangsvollstreckung stattfindet, zur Räumung von Wohnraum verpflichtet, so kann ihm das Amtsgericht gemäß § 794a ZPO eine Räumungsfrist bewilligen.

3 Verlängerung oder Verkürzung der Räumungsfrist. Die bewilligte Räumungsfrist kann gemäß §§ 721 Abs. 3, 794a Abs. 2 ZPO auf Antrag verlängert oder verkürzt werden.

4 Ist das **Verfahren mit der Hauptsache verbunden,** erhält der RA für seine Tätigkeit keine zusätzliche Vergütung. Die Tätigkeit wird durch die in der Hauptsache erwachsenen Gebühren mit abgegolten.

Der Antrag auf Bewilligung einer Räumungsfrist ist gemäß § 721 Abs. 1 Satz 2 ZPO vor dem Schluß der mündlichen Verhandlung, auf die das Urteil ergeht, zu stellen. Der Antrag wird damit regelmäßig innerhalb der Hauptsache behandelt. Jedoch ist möglich, daß das Gericht die Verhandlung über die Bewilligung der begehrten Räumungsfrist von der Hauptsacheverhandlung abtrennt.

Ist die Entscheidung über die Bewilligung der Räumungsfrist im Urteil übersehen worden und wird deshalb die Ergänzung des Urteils gemäß § 321 ZPO begehrt, so liegt mit der Verhandlung über den Antrag keine abgesonderte Verhandlung vor; die Verhandlung gehört gemäß § 37 Nr. 6 zum Rechtszug.

> Vgl. auch LG Frankfurt Rpfleger 84, 287 (§ 50 nicht anwendbar, wenn über Räumungsanspruch nichtstreitig und über Räumungsschutzantrag streitig verhandelt wird).

5 Nichtverbundene Verfahren liegen vor, wenn
a) nach Abschluß des Räumungsprozesses durch Entscheidung die Bewilligung (vgl. § 721 Abs. 2 ZPO), die Verlängerung oder Verkürzung der Räumungsfrist begehrt wird,
b) nach Abschluß eines Vergleiches (§ 794a ZPO) die Bewilligung, Verlängerung oder Verkürzung einer Räumungsfrist beantragt wird.

> Zur Frage, welche Gebühren ein RA in einer Räumungsfristsache erhält, wenn mit dem Räumungsanerkenntnis zugleich eine Räumungsfrist beantragt wird, über die jedoch streitig verhandelt wird, vgl. Tschischgale JurBüro 66, 1010.

6 Gebühren. Nur in den Fällen der A 5 erhält der RA die Gebühren des § 50.
Der RA erhält in dem Räumungsverfahren
die Prozeßgebühr für den allgemeinen Geschäftsbetrieb,
die Verhandlungsgebühr für den Fall, daß das Gericht eine mündliche Verhandlung anordnet und der RA in ihr über die Räumungsfrist verhandelt,
die Beweisgebühr, wenn Beweis in einer Weise erhoben wird, die gemäß § 31 Abs. 1 Nr. 3 oder § 34 die Beweisgebühr auslöst,
die Vergleichsgebühr, falls es zum Abschluß eines Vergleiches in dem Räumungsfristverfahren kommt.

7 Gebührenhöhe. Die Gebühren des § 50 entstehen in Höhe von $\frac{5}{10}$.
Die §§ 32, 33 sind anzuwenden. Unter den Voraussetzungen dieser Vorschriften ermäßigen sich die Gebühren auf $\frac{5}{20}$.
Die Vergleichsgebühr des § 23 entsteht in jedem Falle in voller Höhe ($\frac{10}{10}$).

8 Der **Gegenstandswert** ist nach dem Interesse des Antragstellers an der Bewilligung, Verlängerung oder Abkürzung der Räumungsfrist zu schätzen.

Danach kommt in der Regel der Mietwert der Wohnung für die in Frage stehende Zeit in Betracht.

LG Kempten AnwBl. 68, 58; vgl. auch Tschischgale JurBüro 66, 1010;
a. M. LG Stuttgart Rpfleger 68, 62 (drei Monate).

Kostenerstattung. Findet das Räumungsfristverfahren innerhalb des Rechts- **9** streits – wenn auch in abgetrennter Verhandlung – statt, erstreckt sich die Kostenentscheidung der Hauptsache auf die Kosten des Räumungsfristverfahrens.

Findet ein gesondertes Verfahren außerhalb des Rechtsstreits statt, hat die ergehende Entscheidung über die Kosten des Verfahrens zu befinden.

a. M. LG Lübeck SchlHA 61, 218.

Auf Grund der hiernach notwendigen Kostenentscheidungen können die Kosten festgesetzt werden.

Verfahren nach § 765 a ZPO gehören nicht zu den Verfahren des § 50. Die **10** Tätigkeit des RA in solchen Verfahren wird durch die Vollstreckungsgebühr abgegolten (vgl. hierzu § 58 Abs. 3 Nr. 3).

§ 51 Verfahren über die Prozeßkostenhilfe

(1) **Im Verfahren über die Prozeßkostenhilfe erhält der Rechtsanwalt fünf Zehntel der in § 31 bestimmten Gebühren. In mehreren Verfahren dieser Art erhält der Rechtsanwalt die Gebühren in jedem Rechtszug nur einmal. Die Vorschriften des § 32 und des § 33 Abs. 1 und 2 gelten nicht.**

(2) **Im Verfahren über die Bewilligung oder die Aufhebung der Bewilligung der Prozeßkostenhilfe bestimmt sich der Gegenstandswert nach dem für die Hauptsache maßgebenden Wert.**

Übersicht über die Anmerkungen

von Eicken   741

1 Allgemeines. Die Vorschrift regelt den Gebührenanspruch des RA, der in einem Verfahren über die PKH tätig wird, und zwar in einem Verfahren um die Bewilligung oder die Aufhebung der Bewilligung.

Das Verfahren über die PKH kann sich – das ist der Hauptfall – auf bürgerliche Rechtsstreitigkeiten beziehen. § 51 gilt aber auch für Verfahren, die die Zwangsversteigerung oder die Zwangsverwaltung von Grundstücken betreffen, sowie weiter für Verfahren vor den Verfassungs-, Verwaltungsoder Finanzgerichten.

Dagegen ist § 51 nicht anwendbar auf Verfahren über die PKH in Angelegenheiten der freiwilligen Gerichtsbarkeit und in Strafsachen.

§ 51 erleidet jedoch eine Einschränkung durch § 37 Nr. 3. Danach gehört das Verfahren über die PKH zum Rechtszug. Der RA erhält sonach die Gebühren des § 51 nicht gesondert, wenn er die entsprechenden Gebühren des § 31 Abs. 1 als Prozeßbevollmächtigter (voll oder teilweise) verdient hat.

Abs. 2 bestimmt den Gegenstandswert für das Verfahren über die PKH.

Gebühren des § 51

2 Der **Prozeßbevollmächtigte,** der für seinen Auftraggeber um PKH-Bewilligung nachsucht, erhält für seine Tätigkeit neben der Prozeßgebühr des § 31 Abs. 1 keine zusätzliche Prozeßgebühr für das Verfahren über die PKH. Hat der RA die Klage oder einen Schriftsatz mit Anträgen eingereicht, hat er für die Prozeßtätigkeit die volle Prozeßgebühr des § 31 Abs. 1 verdient. Reicht der RA eine Klage mit einem Gesuch um Bewilligung von PKH ein, ist in der Regel davon auszugehen, daß die Klage zur Begründung des Gesuches beigefügt ist und erst nach Bewilligung der PKH als eingereicht gelten soll. Kommt es nicht zur Durchführung des Rechtsstreits – etwa weil die Bewilligung abgelehnt worden ist –, erhält der RA nur die $^5/_{10}$-Gebühr des § 51.

> München JurBüro 79, 1013.

Die Prozeßgebühr für den RA, der Auftrag zur Vertretung des Klägers oder des Beklagten im Rechtsstreit hat, ermäßigt sich auf die Hälfte, wenn er keine Tätigkeiten vornimmt, die nach § 32 den Anspruch auf die volle Gebühr begründen. Durch die Tätigkeit im Verfahren über die PKH allein kann der RA die vollen Gebühren des § 31 Abs. 1 nicht verdienen.

> Hamm JurBüro 66, 319.

Hat der RA aber Anspruch auf die Gebühren des § 31 Abs. 1, kann er daneben nicht die Gebühren des § 51 beanspruchen. Sucht er dagegen die Bewilligung von PKH für einen Anspruch nach, wegen dessen ihm noch keine Prozeßvollmacht erteilt worden ist, so ist er insoweit nicht Prozeßbevollmächtigter und kann daher auch die Gebühren des § 51 beanspruchen. Z. B. kann ein RA, der mit der Einklagung eines Teilbetrags einer Forderung beauftragt ist, wegen des Mehrbetrags aber nur die Bewilligung von PKH nachsuchen soll, die Prozeßgebühr vom Werte des Teilanspruchs, für den er Klagauftrag hat, und die Fünf-Zehntel-Prozeßgebühr vom Werte desjenigen Teils berechnen, auf den sich sein Klagauftrag nicht bezieht.

Hat der RA die Bewilligung von PKH für einen höheren Gegenstand nachgesucht, wird die PKH aber nur wegen eines Teilbetrags bewilligt, und erhebt er nunmehr die Klage nur wegen dieses Teilbetrags, so erhält er die

Prozeßgebühr wegen des abgelehnten Teiles zu ⁵⁄₁₀ neben der vollen Prozeßgebühr nach dem eingeklagten Teile. Nach § 13 Abs. 3 darf aber nicht mehr als eine volle Prozeßgebühr vom Gesamtstreitwert entstehen.

Durch die Prozeßgebühr wird auch abgegolten, wenn der Prozeßbevollmächtigte in einem Verfahren über die Aufhebung der Bewilligung der PKH tätig wird. Das folgt aus § 37 Nr. 3, wonach das gesamte Verfahren über die PKH ebenfalls zum Rechtszug gehört.

Wird die Tätigkeit im Verfahren über die PKH in einem Rechtszug ausgeübt, auf den sich die Prozeßvollmacht nicht erstreckt, so entstehen die Gebühren des § 51. Beispiel: Der beigeordnete RA des ersten Rechtszugs beantragt PKH-Bewilligung für das Berufungsverfahren.

Der **Verkehrsanwalt,** der die Gebühr des § 52 erhält, ist dem Prozeßbevoll- **3** mächtigten gleichzubehandeln. Beispiel: Eine Partei beauftragt einen RA, einen beim Prozeßgericht zugelassenen RA als Prozeßbevollmächtigten auszusuchen und mit ihm den Verkehr zu führen, aber auch, ein Gesuch um Bewilligung der PKH bei dem Prozeßgericht einzureichen.

In der Regel erhält also nur ein **anderer Anwalt,** der weder Prozeßbevoll- **4** mächtigter noch Verkehrsanwalt in dem in Frage kommenden Rechtszug ist, für die Tätigkeit im Verfahren über die PKH fünf Zehntel der in § 31 Abs. 1 bestimmten Gebühren. Diese Voraussetzung liegt vor, wenn der RA weder Anspruch auf die Prozeßgebühr des § 31 Abs. 1 noch auf die Verkehrsgebühr des § 52 für den in Frage kommenden Rechtszug hat und es sich um den gleichen Gegenstand handelt. Daher erhält auch der Prozeßbevollmächtigte Gebühren nach § 51, wenn er PKH-Bewilligung für eine Klageerweiterung oder für eine Widerklage nachsucht, auf die sich seine Prozeßvollmacht nicht bezieht.

Der **Rechtsanwalt des Antraggegners,** der noch keinen Vertretungsauftrag **5** für den Rechtsstreit hat, erhält die Prozeßgebühr nach § 51, wenn er auftragsgemäß zu einem Gesuch um Bewilligung von PKH Stellung genommen hat. Solange die Klage noch nicht zugestellt ist, wird er auch noch keinen Vertretungsantrag für den Rechtsstreit haben und deshalb die Prozeßgebühr unmittelbar nach § 31 Abs. 1 auch dann nicht beanspruchen können, wenn er seine Stellungnahme in die Form einer Klagbeantwortung gekleidet hat.

Ein **Auftrag** der Partei ist, wie für jeden Gebührenanspruch, auch Vorausset- **6** zung für die Entstehung des Anspruchs auf die Gebühren des § 51.

Eine **Verhandlungsgebühr** entsteht im Verfahren über die PKH nur dann, **7** wenn mündliche Verhandlung angeordnet worden und der RA in dieser tätig geworden ist. Anhörung des Gegners genügt nicht, wenn der RA hierbei nicht tätig wird (etwa durch Fragen oder Vorhalte). Sonst genügt jede Teilnahme an einer Erörterung oder Aussprache. Die Stellung von Anträgen ist nicht erforderlich.

> Bamberg JurBüro 76, 1653; Düsseldorf JurBüro 81, 1519 = VersR 82, 151;
> Hamburg AnwBl. 71, 319 = MDR 71, 1019 = JurBüro 71, 766; KG AnwBl. 81,
> 73 = JurBüro 81, 221 = MDR 81, 239 (L).

Auch dem RA des zukünftigen Prozeßgegners steht die Verhandlungsgebühr zu, wenn er in einer vom Gericht angeordneten mündlichen Verhandlung über die PKH-Bewilligung mitwirkt.

Außergerichtliche „Verhandlungen" mit dem Gegner begründen die Verhandlungsgebühr nicht.

Auch der im Verfahren über die PKH tätige Prozeßbevollmächtigte kann die Verhandlungsgebühr des § 51 ausnahmsweise verdienen, nämlich dann, wenn es im Rechtsstreit zu einer Verhandlung nicht kommt. Beispiel: Nach mündlicher Verhandlung über das PKH-Bewilligungsgesuch wird die Klage zurückgenommen, weil die Bewilligung abgelehnt worden ist. Die **Erörterungsgebühr** wird in der Regel nicht anfallen. Da zur Entstehung der Verhandlungsgebühr die Stellung von Anträgen nicht erforderlich ist, läßt jede Erörterung der Sach- und Rechtslage sofort die Verhandlungsgebühr erwachsen.

8 Eine **Beweisgebühr** nach § 51 kann beansprucht werden, wenn der RA bei einer nach § 118 ZPO ausnahmsweise angeordneten Beweisaufnahme tätig geworden ist, namentlich dann, wenn die Anordnung durch einen förmlichen Beweisbeschluß erfolgt ist. Bei Vernehmung von Zeugen oder Sachverständigen ist eine ausdrückliche Beweisanordnung nicht nötig.

Kommt es im Verfahren über die PKH, nicht aber im Rechtsstreit zu einer Beweisaufnahme, erhält auch der Prozeßbevollmächtigte die Beweisgebühr des § 51, wenn er bei der Beweisaufnahme im Verfahren über die PKH tätig war, also eine ⁵⁄₁₀-Beweisgebühr.

Hamm JurBüro 66, 319 = JMBlNRW 66, 203.

Ist wegen Ablehnung der Bewilligung von PKH nur ein Teilbetrag eingeklagt worden und wird im Rechtsstreit über diesen Teilbetrag nochmals Beweis erhoben, so entsteht eine volle Beweisgebühr nach dem Werte der Teilklage neben der Fünf-Zehntel-Beweisgebühr des abgelehnten Teilanspruchs. Beide Gebühren dürfen aber nach § 13 Abs. 3 den Betrag einer vollen Beweisgebühr vom Gesamtstreitwert nicht übersteigen.

Gerold Büro 59, 145.

9 Eine **Vergleichsgebühr** nach § 23 entsteht, wenn im PKH-Bewilligungsverfahren ein Vergleich über den Anspruch abgeschlossen wird, für den die Bewilligung nachgesucht worden ist (s. A 58 zu § 23).

Düsseldorf JurBüro 82, 559 = Rpfleger 82, 199 (Der RA, der im PKH-Verfahren nach Erörterung beim Vergleichsschluß mitwirkt, verdient neben der vollen Vergleichsgebühr nur eine halbe Prozeß- und eine halbe Verhandlungs- oder Erörterungsgebühr, auch wenn er eine als „Klage" bezeichnete Schrift eingereicht, aber zugleich für die „beabsichtigte Klage" um Bewilligung der PKH nachgesucht hatte).

10 Der **Gegenstandswert** bestimmt sich, wie in § 51 Abs. 2 ausdrücklich vorgeschrieben ist, im Verfahren über die Bewilligung oder Aufhebung der Bewilligung von PKH nach dem für die Hauptsache maßgebenden Wert, weil der geringeren Bedeutung des Verfahrens bereits durch die in § 51 Abs. 1 bestimmten geringeren Gebührensätze ausreichend Rechnung getragen ist.

Der Wert der Hauptsache ist auch dann maßgebend, wenn die Bewilligung nur mit der Maßgabe erfolgt, daß die Partei Raten zu zahlen oder einen Teil ihres Vermögens einzusetzen hat.

Nürnberg Büro 62, 345 = Rpfleger 63, 138.

Wird jedoch PKH nur für einen ausscheidbaren Teil der Hauptsache begehrt, so ist dieser maßgebend.

Auch für die Beschwerde im PKH-Bewilligungsverfahren ist der Wert der Hauptsache maßgebend, wenn sich die Beschwerde gegen die Versagung der PKH überhaupt richtet.

Hamm JurBüro 66, 676; Karlsruhe JurBüro 80, 1853; München JurBüro 70, 405; Schleswig SchlHA 80, 48.

Für die Gerichtskosten des Beschwerdeverfahrens ist § 51 Abs. 2 nicht anwendbar. Der Beschwerdewert richtet sich insoweit nach dem Kosteninteresse des Beschwerdeführers.

Celle NJW 61, 226; Schleswig SchlHA 80, 48; LG Braunschweig MDR 59, 853.

Im Verfahren wegen Aufhebung der PKH richtet sich der Wert nur nach dem Betrage der zu zahlenden Kosten.

Das gilt auch für das Beschwerdeverfahren, mit dem eine gleichzeitig mit der PKH-Bewilligung angeordnete Zahlung (§ 120 ZPO) beseitigt werden soll.

Beispiel: Gesuch um Bewilligung der PKH für einen Rechtsstreit über 50000 DM. Bewilligung mit Anordnung, die Kosten bis zur Höhe von 1000 DM in monatlichen Raten von 50 DM zu zahlen. Beschwerde mit dem Antrag, die Zahlungsanordnung zu streichen. Gegenstandswert für das Bewilligungsverfahren 50000 DM, für das Beschwerdeverfahren 1000 DM.

Entsprechendes gilt für die Beschwerde der Staatskasse nach § 127 Abs. 3 ZPO.

Hat der Prozeßbevollmächtigte oder Verkehrsanwalt bei einer Ver- 11
**handlung oder Beweisaufnahme im Verfahren über die Prozeßkosten-
hilfe mitgewirkt,** so ist insoweit seine Tätigkeit nicht durch die Prozeßgebühr des Hauptprozesses abgegolten.

In solchen Fällen ist auch dem Prozeßbevollmächtigten und dem Verkehrsanwalt die Verhandlungs- oder Beweisgebühr in Höhe von je fünf Zehntel der vollen Gebühr zuzubilligen, falls sie im Hauptprozeß gleichartige Gebühren nicht verdient haben.

Dem beigeordneten RA, der lediglich über die Aufhebung der PKH verhandelt hat, ist eine Verhandlungsgebühr in Höhe von fünf Zehnteln der vollen Gebühr aus der Staatskasse zu erstatten.

In mehreren Verfahren, welche die Bewilligung oder Aufhebung der PKH 12
betreffen, erhält der RA nach § 51 Abs. 2 S. 2 die Gebühren in jedem Rechtszug nur einmal. Gedacht ist an den Fall, daß nach Ablehnung eines Gesuchs um PKH-Bewilligung das gleiche Gesuch mit neuer Begründung wiederholt wird.

Das **Beschwerdeverfahren** ist stets eine besondere Angelegenheit. In ihm 13
entstehen die Gebühren des § 61 Abs. 1 Nr. 1. Diese Gebühren stehen auch dem Prozeßbevollmächtigten oder dem Verkehrsanwalt neben seinen im Hauptprozeß verdienten Gebühren besonders zu, wenn er gegen einen die PKH-Bewilligung ablehnenden oder einen die PKH aufhebenden Beschluß für seinen Auftraggeber Beschwerde einlegt oder sonst im Beschwerdeverfahren tätig wird. Werden mehrere Beschwerden eingelegt, so entstehen auch mehrere Beschwerdegebühren.

Die **Vorschriften des § 32 und des § 33 Abs. 1 und 2** gelten nach § 51 Abs. 1 14
S. 3 nicht. Es entsteht also auch bei vorzeitiger Endigung des Auftrags die Prozeßgebühr stets in Höhe von fünf Zehnteln, ebenso die Verhandlungsge-

bühr bei nichtstreitiger Verhandlung oder Verhandlung nur über die Prozeß- oder Sachleitung. Wenn das Gesuch um PKH-Bewilligung ein Verfahren betrifft, in dem nur ³⁄₁₀-Gebühren entstehen, z. B. die Zwangsvollstreckung, hat der RA im Verfahren über die Prozeßkostenhilfe gleichfalls nur Anspruch auf ³⁄₁₀ der vollen Gebühr.

> KG AnwBl. 81, 73 = JurBüro 81, 221 = MDR 81, 239 (L) = Rpfleger 81, 33.

Im Berufungs- und Revisionsverfahren betragen die Gebühren des § 51 ⁵⁄₁₀ von ¹³⁄₁₀, somit ¹³⁄₂₀.

15 Anrechnung der Gebühren im Verfahren über die Prozeßkostenhilfe auf die Gebühren des Rechtsstreits. Erwirbt der RA, der zunächst die Gebühren des § 51 verdient hat, später die gleichartigen Gebühren des § 31 Abs. 1, muß er sich die Gebühren des § 51 auf die des § 31 Abs. 1 anrechnen lassen.

> Frankfurt Büro 61, 78 = MDR 61, 245 = Rpfleger 61, 337; Nürnberg Rpfleger 63, 138.

Beispiel: Der RA, der das Gesuch um Bewilligung von PKH gefertigt hat, wird nach Bewilligung Prozeßbevollmächtigter und erwirbt als solcher die Prozeßgebühr des § 31 Abs. 1. Die Gebühr des § 51 geht nunmehr in der des § 31 Abs. 1 auf. Zur Frage, ob der RA den Unterschied zwischen den Wahlanwaltsgebühren und den Gebühren des beigeordneten RA (§ 123) von der Partei fordern darf, vgl. A 20 ff., besonders A 24 zu § 121.

Was von dem Prozeßbevollmächtigten gesagt ist, gilt in gleicher Weise für den Verkehrsanwalt, § 52, den Verhandlungsanwalt, § 53 und den Beweisanwalt, § 54.

16 Erstattbar seitens der im Rechtsstreit unterlegenen Gegenpartei sind die Gebühren des § 51 nicht.

> Frankfurt JurBüro 78, 1083; Koblenz JurBüro 75, 354 = Rpfleger 75, 99; Köln NJW 75, 1286 = JurBüro 75, 614; Schleswig SchlHA 78, 75 und 80, 165.

Kommt es zu keinem Rechtsstreit, so kann eine Erstattung schon deshalb nicht verlangt werden, weil im Verfahren über die PKH (einschl. des Beschwerdeverfahrens) keine Kostenentscheidung ergehen soll. Auch wegen der Gerichtskosten des Beschwerdeverfahrens bedarf es keiner Kostenentscheidung. Die erfolgreiche Beschwerde ist gebühren- und auslagenfrei. Für die Gerichtskosten einer erfolglosen Beschwerde haftet der Beschwerdeführer gemäß § 49 GKG bereits als Antragsteller der Instanz.

> Köln JurBüro 77, 726; München JurBüro 82, 1885 mit Anm. von Mümmler; vgl. auch Celle AnwBl. 83, 92 mit Anm. von Riemer (PKH-Gesuch mit beigefügter Klage).

Selbst wenn die Beschwerde gegen die Versagung der PKH kostenfällig zurückgewiesen worden ist, braucht die arme Partei Anwaltskosten des Gegners nicht zu erstatten. § 118 ZPO gilt auch für die Beschwerdeinstanz. Auch Auslagen des RA für Wahrnehmung gerichtlicher Termine sind nicht erstattungsfähig.

> Celle Büro 59, 379.

Das OLG München

MDR 83, 496 = Rpfleger 83, 292 = OLGZ 83, 342;
a. A. Bamberg JurBüro 85, 602 und h. M. Übersicht bei KostRsp. ZPO § 127
Übersicht H.

vertritt die Auffassung, daß dann, wenn der durch den RA vertretenen Partei
erst auf ihre Beschwerde Prozeßkostenhilfe bewilligt wird, die ihr im Beschwerdeverfahren entstandenen Rechtsanwaltskosten der Staatskasse aufzuerlegen sind.

Unter Umständen können aber die im Verfahren über die PKH aufgewendeten Kosten als solche des späteren Rechtsstreits auf Grund der in diesem
ergangenen Kostenentscheidung erstattet verlangt werden, so z. B., wenn
eine rechtsunkundige Partei, die vom Gerichtsort weit entfernt wohnt, sofort
nach Einlegung der Berufung seitens der Gegenseite einen RA beauftragt, die
Bewilligung von PKH für das Berufungsverfahren nachzusuchen, und dann
die Berufung vor ihrer Begründung zurückgenommen wird.

Frankfurt Rpfleger 55, 207.

Ist es nach dem Verfahren über die PKH zu einem Rechtsstreit und in diesem
zu einer Kostenentscheidung gekommen, sind die der bedürftigen Partei im
Verfahren über die PKH entstandenen Kosten als Kosten des Rechtsstreits
erstattungsfähig.

von Eicken-Lappe-Madert Kostenfestsetzung unter B 330 ff.; Zöller-Mühlbauer
A 4 und Thomas-Putzo A 3 b, je zu § 118 a ZPO; Frankfurt AnwBl. 79, 68 =
JurBüro 79, 270 mit zust. anm. von Mümmler = Rpfleger 79, 111; Hamm AnwBl.
73, 210 = JurBüro 73, 848 = Rpfleger 73, 317 und AnwBl. 73, 363 = NJW 74, 244
= Rpfleger 73, 407 = JurBüro 73, 1091 = JMBlNRW 73, 261; Karlsruhe AnwBl.
78, 462 = JurBüro 79, 120 = MDR 79, 147 (L) sowie AnwBl. 80, 198 = JurBüro
80, 940; München Rpfleger 56, 27; Nürnberg Rpfleger 56, 300; Schleswig SchlHA
80, 166 = JurBüro 80, 1731.;
a. M. Riedel/Sußbauer A 18; Stein-Jonas-Pohle Anm. III zu § 118 a ZPO; Koblenz
JurBüro 81, 772; Köln NJW 75, 1286 = JurBüro 75, 614; München JurBüro 70,
405; Schleswig JurBüro 80, 1733.

Ist zwar eine Sachentscheidung im Hauptverfahren ergangen, hat aber ein
anderer RA als der Prozeßbevollmächtigte die Partei im Verfahren über die
PKH vertreten, so ist die Notwendigkeit der Zuziehung eines zweiten RA
regelmäßig zu verneinen.

In einem Vergleich können die Parteien die Erstattungspflicht der im Verfahren über die Prozeßkostenhilfe entstandenen Kosten vereinbaren.

§ 52 Gebühren des Verkehrsanwalts

(1) **Der Rechtsanwalt, der lediglich den Verkehr der Partei mit dem
Prozeßbevollmächtigten führt, erhält hierfür eine Gebühr in Höhe
der dem Prozeßbevollmächtigten zustehenden Prozeßgebühr.**

(2) **Der Rechtsanwalt, der im Einverständnis mit dem Auftraggeber
mit der Übersendung der Akten an den Rechtsanwalt des höheren
Rechtszuges gutachtliche Äußerungen verbindet, erhält hierfür die in
Absatz 1 bestimmte Gebühr.**

Lit.: H. Schmidt JurBüro 64, 234 u. 387 (Die Verkehrsgebühr des § 52 BRAGO); Mümmler JurBüro 72, 9 (Einige Bemerkungen zur Gebühr des Verkehrsanwalts) und JurBüro 79, 625 (Die Gebühren des Verkehrsanwalts); von Eicken/Lappe/ Madert: Kostenfestsetzung B 518–537.

Übersicht über die Anmerkungen

Allgemeines. § 52 behandelt den Gebührenanspruch des sog. Verkehrsan- **1** walts (Korrespondenzanwalts).

Verkehrsanwalt ist der RA, der den Verkehr der Partei mit dem Prozeßbevollmächtigten vermittelt. Er selbst ist weder Prozeßbevollmächtigter noch Unterbevollmächtigter des Prozeßbevollmächtigten. Er ist vielmehr selbständiger Bevollmächtigter der Partei neben dem Prozeßbevollmächtigten, der als Bindeglied zwischen Partei und Prozeßbevollmächtigtem fungiert. Die Hauptfälle sind

a) der erstinstanzliche RA, der den Verkehr mit dem Berufsanwalt vermittelt,

b) der am Wohnsitz der Partei ansässige RA, der in einem Rechtsstreit, der an einem anderen – meist weit entfernten – Ort geführt wird, den Verkehr mit dem Prozeßbevollmächtigten vermittelt.

Von dem Fall b) ist zu unterscheiden der Fall, in dem der RA selbst Prozeßbevollmächtigter bleibt und nur die Vertretung in der mündlichen Verhandlung einem anderen RA überträgt (vgl. hierzu § 33 Abs. 3 und § 53). Das ist möglich, wenn an dem angerufenen Gericht kein Anwaltszwang besteht oder der RA an dem auswärtigen Gericht zugelassen ist.

Abs. 2 behandelt einen Sonderfall, durch den die Verkehrsgebühr ebenfalls verdient werden kann, die gutachtliche Äußerung bei Übersendung der Akten an den höherinstanzlichen RA.

Die Verkehrsgebühr entspricht in etwa der Prozeßgebühr, mit der sie verwandt ist. Zu beachten ist jedoch, daß sich die Gebührentatbestände nicht vollständig decken. So erhält der Prozeßbevollmächtigte z. B. für die Prüfung des Beweisbeschlusses die Beweisgebühr, während beim Verkehrsanwalt diese Tätigkeit durch die Verkehrsgebühr abgegolten wird.

München Rpfleger 61, 420.

Die **Verkehrsgebühr** entsteht, wenn ein RA, der nicht Prozeßbevollmäch- **2** tigter ist, im Auftrag der Partei deren Verkehr mit dem Prozeßbevollmächtigten vermittelt. In der Regel wird der als Verkehrsanwalt in Anspruch genommene RA am Wohnsitz der Partei wohnen. Die Partei wird sich meist an den in ihrer Nähe wohnenden RA mit der Bitte um Hilfe wenden. Verkehrsanwalt kann aber auch ein RA sein, der nicht am Wohnsitz der Partei oder in dessen Nähe seine Kanzlei hat. Das kommt namentlich dann vor, wenn der RA der dauernde Rechtsberater der Partei ist und deshalb über den Streitstoff ebenso gut oder, z. B. weil er die Verhandlungen oder die Vorprozesse geführt hat, sogar noch besser unterrichtet ist als die Partei selbst. So wird häufig der Syndikusanwalt eines Verbandes als Verkehrsanwalt bei Prozessen der Mitglieder des Verbandes eingeschaltet.

Ein **Auftrag** der Partei ist, wie bei jedem Vergütungsanspruch, auch Voraus- **3** setzung der Entstehung einer Verkehrsgebühr. Der Auftrag muß auf die Vermittlung des Verkehrs mit dem – bereits bestellten oder noch zu bestellenden – Prozeßbevollmächtigten gerichtet sein. Er kann auch stillschweigend erteilt werden, z. B. dadurch, daß die Partei den RA über den Sachverhalt unterrichtet, ihn um seine Hilfe bei einem an einem fremden Ort geführten Rechtsstreit bittet. Der Auftrag liegt aber nicht schon darin, daß die Prozeßvollmacht nach § 81 ZPO zur Bestellung eines Prozeßbevollmächtigten für die höheren Instanzen berechtigt. Nach Abschluß der ersten Instanz muß sich der Verkehrsanwalt den Auftrag erteilen lassen, auch im Berufungsverfahren für die Partei tätig zu werden.

4 Der im Wege der Prozeßkostenhilfe **beigeordnete Rechtsanwalt des ersten Rechtszugs,** dem der Auftrag zur Vermittlung des Verkehrs mit dem Prozeßbevollmächtigten beim Berufungsgericht, wenn auch nur stillschweigend, erteilt worden ist, hat zwar Anspruch auf die Bezahlung der Verkehrsgebühr durch die Partei. Hat er aber Anlaß zu der Annahme, der Auftraggeber gehe davon aus, daß sich die bisherige Beiordnung auch auf die Vermittlung des Verkehrs im Berufungsverfahren erstrecke, so ist er verpflichtet, die Partei auf die Entgeltlichkeit seiner Tätigkeit hinzuweisen. Ein Anlaß zu dieser Annahme liegt bei rechtsunkundigen Parteien regelmäßig vor. Er wird die Partei auch auf die Möglichkeit einer Beiordnung als Verkehrsanwalt im Wege der PKH – falls die Voraussetzungen des § 121 Abs. 3 ZPO gegeben sind – hinweisen müssen.

5 Der **Anspruch auf die Verkehrsgebühr entsteht,** sobald der RA den Auftrag zur Führung des Verkehrs erhalten hat und in Ausführung dieses Auftrags irgendwie tätig geworden ist, regelmäßig also mit der Aufnahme der Information. Er kann auch schon entstehen, bevor ein Prozeßbevollmächtigter vorhanden ist, wenn der Auftrag dahin geht, einen solchen für den Auftraggeber zu bestellen.

Düsseldorf MDR 80, 768 = JurBüro 80, 1367; Stuttgart Justiz 75, 148; vgl. auch Koblenz VersR 79, 359 (Der Hinweis des vorprozessual tätigen Anwalts, eine entwaige Klage müsse von einem zugelassenen RA erhoben werden, wird durch die Geschäftsgebühr des § 118 abgegolten).

Die **Tätigkeit des Verkehrsanwalts** braucht nicht in schriftlicher Unterrichtung des Prozeßbevollmächtigten zu bestehen. Die Unterrichtung kann auch mündlich oder fernmündlich erfolgen.

Mümmler JurBüro 79, 626; Celle NdsRpfl. 73, 77 = JurBüro 73, 135.

Auch braucht der Verkehrsanwalt die Partei oder den Prozeßbevollmächtigten nicht rechtlich zu beraten. In der Regel wird allerdings eine solche Beratung – zumindest bei Beginn der Tätigkeit – erfolgen. Die Partei wird von dem RA, an den sie sich wendet, wissen wollen, ob sie den Prozeß an dem fremden Gericht beginnen oder – als beklagte Partei – sich auf ihn einlassen soll.

Auch in Form fertiger Schriftsätze kann die Unterrichtung des zum Prozeßbevollmächtigten bestellten RA erfolgen.

Die Tätigkeit muß aber stets die Prozeßführung selbst betreffen. Es genügt deshalb nicht, wenn der RA dem späteren Prozeßbevollmächtigten vor der Klageerhebung Stoff verschafft oder einen Rechtsrat erteilt oder die Partei beraten oder mit ihr einen Schriftsatz des Prozeßbevollmächtigten besprochen hat. Dafür kann er nur eine Ratsgebühr nach § 20 beanspruchen. Auch bloße Übersendung des Vorschusses genügt nicht.

Vgl. auch Düsseldorf JurBüro 69, 1073 = Rpfleger 69, 393 (Die in einem staatsanwaltschaftlichen Ermittlungsverfahren entstandenen Anwaltskosten des Anzeigenden gehören nicht zu den Kosten des Rechtsstreits, den der Anzeigende wegen desselben Sachverhalts führt.

Ist der in das Ermittlungsverfahren eingeschaltete RA zugleich der Verkehrsanwalt des Anzeigenden in dem Zivilprozeß, so ist ohnehin mit der verdienten Verkehrsgebühr die Tätigkeit des RA zur Ermittlung von Tatumständen und von Zeugen aus den Ermittlungsakten abgegolten).

Führt der RA den Verkehr mit dem RA, der mit der Durchführung der Zwangsvollstreckung beauftragt ist, erhält er nicht die Gebühr des § 52, sondern die des § 57 (³⁄₁₀).

Vgl. § 57 A 1;
a. M. Schumann/Geißinger A 4, die die Gebühr des § 118 zubilligen.

Für ein **Rechtsmittelverfahren** entsteht die Verkehrsgebühr noch nicht **6** dadurch, daß der Prozeßbevollmächtigte oder der Verkehrsanwalt unterer Instanz die anzufechtende Entscheidung mit der Partei bespricht und sie über die zulässigen Rechtsmittel belehrt. Diese Tätigkeit fällt unter die Prozeß- oder Verkehrsgebühr des ersten Rechtszugs,

Düsseldorf NJW 70, 1802 = MDR 70,937 = JurBüro 70, 779 = JVBl. 70, 230 (Die Prüfung der Erfolgsaussicht der Berufung durch den erstinstanzlichen Prozeßbevollmächtigten gehört noch zum ersten Rechtszug und löst daher die Verkehrsgebühr nicht aus. Deshalb ist auch nicht die Ratsgebühr entstanden. Bem. hierzu: Die Prüfung der Erfolgsaussichten und die Beratung der Partei, ein Rechtsmittel einzulegen, gehört nicht mehr zur Tätigkeit der ersten Instanz. Durch diese Tätigkeit wird die Ratsgebühr ausgelöst, die bei späterer Beauftragung, als Verkehrsanwalt tätig zu werden, in der Verkehrsgebühr aufgeht).

ebenso die Beratung über die Frage, welchen RA die Partei im Rechtsmittelverfahren beauftragen soll und ob die Zuziehung eines Verkehrsanwalts notwendig ist.

Dem erstinstanzlichen RA des Berufungsbeklagten kann die Verkehrsgebühr erwachsen sein, auch wenn es wegen der Zurücknahme der Berufung nicht zur Beauftragung eines Berufungsanwalts gekommen ist. Stellt der erstinstanzliche RA des Berufungsbeklagten den Antrag, der Berufungsklägerin die Kosten der Berufung aufzuerlegen, und gibt das Berufungsgericht diesem Antrag statt, so ist dem erstinstanzlichen RA des Berufungsbeklagten die im Berufungsverfahren erhöhte Prozeßgebühr aus dem Kostenwert entstanden.

Frankfurt AnwBl. 80, 462 = JurBüro 80, 1586 mit Anm. von Mümmler = MDR 80, 941.

Die **Übersendung der Handakten** an einen anderen RA gehört nach § 37 **7** Nr. 7 zum Rechtszug, wird also durch die bereits anderweit verdiente Prozeßgebühr abgegolten. Das gilt nicht nur für die Übersendung an den Bevollmächtigten einer anderen Instanz, sondern z. B. auch dann, wenn die Sache an ein anderes Gericht verwiesen oder abgegeben worden ist oder wenn dem Bevollmächtigte des Mahnverfahrens nach Widerspruchserhebung die Handakten an den bei dem zuständigen Gericht zugelassenen RA übersendet.

Verbindet der Rechtsanwalt im Einverständnis mit dem Auftraggeber 8 die Übersendung mit gutachtlichen Äußerungen, so erhält er nach § 52 Abs. 2 dafür die Verkehrsgebühr. Das gilt aber nur bei der Übersendung an den RA des höheren Rechtszugs, also der Berufungs- Revisions- oder Beschwerdeinstanz, nicht aber bei Anwaltswechsel im Laufe des Rechtszugs,

z. B. bei Verweisung oder Zurückverweisung. Zur Entstehung der Gebühr des § 52 Abs. 2 genügt, daß der Auftraggeber von den gutachtlichen Äußerungen Kenntnis hatte und ihnen nicht widersprochen hat. War der RA im ersten Rechtszug der Partei als im Wege der PKH beigeordnet, so ist auch hier zu verlangen, daß er die Partei aufgeklärt hat, daß durch die gutachtlichen Äußerungen ein durch die Bewilligung der PKH für den ersten Rechtszug nicht gedeckter Vergütungsanspruch entsteht (s. oben A 4). Die bloße Wiedergabe des Sachverhalts, der sich schon aus den Akten ergibt, ist keine gutachtliche Äußerung.

Notwendig ist, daß der RA die gutachtliche Äußerung anläßlich der Aktenübersendung gegenüber dem höherinstanzlichen RA abgibt. Äußert er sich nur der Partei gegenüber, ist die Gebühr auch dann nicht verdient, wenn die Partei von der Äußerung dem Rechtsmittelanwalt gegenüber Gebrauch macht.

    Hamm JurBüro 63, 789 = JMBlNRW 63, 170 = Rpfleger 66, 99.

Erstattungsfähig ist die Gebühr im allgemeinen nicht. Regelmäßig wird der RA jedoch in der Folgezeit als Verkehrsanwalt i. S. des § 52 Abs. 1 tätig werden. Die Frage der Erstattungspflicht wird dann meist davon abhängen, ob die Zuziehung des RA als Verkehrsanwalt geboten war.

    Vgl. jedoch LG Düsseldorf AnwBl. 68, 278 (Gebühren gemäß § 52 Abs. 2 sind unter den gleichen Voraussetzungen wie Verkehrsanwaltsgebühren erstattbar); vgl. auch Stuttgart Rpfleger 64, 164.

9 Eine **Gebühr in Höhe der dem Prozeßbevollmächtigten zustehenden Prozeßgebühr** erhält der Verkehrsanwalt.

Der Verkehrsanwalt erhält also die Verkehrsgebühr in der gleichen Höhe, in der der Prozeßbevollmächtigte die Prozeßgebühr erhält. Im Berufungs- und Revisionsverfahren beträgt die Verkehrsgebühr nach § 11 Abs. 1 S. 4 dreizehn Zehntel der vollen Gebühr.

    Düsseldorf AnwBl. 73, 171.

Für den RA am Bundesgerichtshof erhöht sich jetzt allerdings die Prozeßgebühr auf $^{20}/_{10}$. Eine Erhöhung der Verkehrsgebühr dürfte damit jedoch nicht verbunden sein, denn die Erhöhung soll nach § 11 Abs. 1 Satz 5 nur dem beim Bundesgerichtshof zugelassenen RA gebühren.

Fraglich erscheint, ob Ermäßigungen der Prozeßgebühr auch zur Ermäßigung der Verkehrsgebühr führen. Entsteht die Prozeßgebühr mit Rücksicht auf § 32 nur zur Hälfte, entsteht auch die Verkehrsgebühr nur zur Hälfte.

    Mümmler JurBüro 79, 627; Frankfurt JurBüro 69, 962 und 80, 879; Stuttgart JurBüro 75, 1472 und 76, 1668.

Sie entsteht auch dann zur Hälfte, wenn es zur Bestellung eines Prozeßbevollmächtigten nicht kommt. Beispiel: Der zum Verkehrsanwalt bestellte RA schickt ein ausführliches Informationsschreiben an den in Aussicht genommenen Prozeßbevollmächtigten ab. Der Brief kommt als unzustellbar zurück, weil der Empfänger verstorben ist. Zwischenzeitlich zahlt der Schuldner, so daß es zu einer Prozeßführung nicht mehr kommt.

    Mümmler JurBüro 72, 10 und 79, 627; München AnwBl. 78, 110 und 78, 111; vgl. auch Stuttgart Justiz 75, 148.

Erledigt sich der Auftrag vor der Absendung des Informationsschreibens, erhält der Verkehrsanwalt die Verkehrsgebühr in entsprechender Anwendung des § 32 nur zur Hälfte.

Erhält der Prozeßbevollmächtigte eine vereinbarte Vergütung, so erhält der Verkehrsanwalt nur die gesetzliche Vergütung, falls nicht auch für ihn eine höhere Vergütung vereinbart worden ist.

Für die Verkehrsgebühr gilt § 6 Abs. 1 S. 2. Die Verkehrsgebühr erhöht sich deshalb um je $\frac{3}{10}$, wenn der Verkehrsanwalt mehrere Auftraggeber (wegen des gleichen Gegenstandes) vertritt.

> Düsseldorf AnwBl. 81, 240; Hamburg JurBüro 79, 1310; München Rpfleger 78, 110 = JurBüro 78, 370; vgl. auch vorst. Anm. 30 zu § 6.

Der **Gegenstandswert** der Verkehrsgebühr bestimmt sich nach dem der Prozeßgebühr. Eine Ausnahme bildet nur der Fall, daß der Prozeßbevollmächtigte mehrere Streitgenossen vertritt, die mit verschieden hohen Anteilen an dem Rechtsstreit beteiligt sind, während der Verkehrsanwalt nur einen Streitgenossen vertritt. Hier berechnet sich die Verkehrsgebühr allein aus dem Anteil des Auftraggebers.

Die **Verkehrsgebühr ist auch insofern der Prozeßgebühr gleichzustel-** 10 **len,** als der RA neben der Verkehrsgebühr keine Prozeßgebühr erhalten kann, und zwar weder voll noch zu einem Bruchteil.

> München AnwBl. 67, 27 = Rpfleger 67, 427 und NJW 69, 1217 = JurBüro 69, 423 (Der Senat hält an seiner Auffassung fest, daß ein RA, der in der gleichen Sache nacheinander als Verkehrsanwalt und als Prozeßbevollmächtigter oder umgekehrt tätig geworden ist, für diese Tätigkeiten insgesamt nur eine einzige $\frac{10}{10}$-Gebühr erhält).

Soweit Anrechnung von Gebühren auf die Prozeßgebühr vorgeschrieben ist, sind sie auch auf die Verkehrsgebühr anzurechnen, z. B. die Gebühr des § 43 Abs. 1 Nr. 1 für den Antrag auf Erlaß des Mahnbescheids, die Gebühr des § 43 Abs. 1 Nr. 2 für die Erhebung des Widerspruchs, die Gebühr des § 20 für die Erteilung eines Rates oder einer Auskunft oder die Gebühr für eine vorprozessuale Tätigkeit, z. B. für Kündigungs- oder Mahnschreiben (§ 118 Abs. 2).

Wird nach einer **Abgabe oder Verweisung** der bisherige Prozeßbevollmäch- 11 tigte Verkehrsanwalt oder wird umgekehrt der bisherige Verkehrsanwalt Prozeßbevollmächtigter, so kann er nicht im gleichen Rechtszug vom gleichen Gegenstand noch eine Verkehrsgebühr bzw. eine Prozeßgebühr verlangen. Es entsteht zwar durch eine Tätigkeit nach der Verweisung die Verkehrsgebühr bzw. die Prozeßgebühr. Wegen der nahen Verwandschaft der beiden Gebühren kann der RA aber nur die eine oder die andere Gebühr fordern.

> Bamberg JVBl. 71, 40 mit zust. Anm. von Mümmler und JurBüro 76, 241; Düsseldorf JVBl. 67, 282 = JurBüro 67, 901 (es entsteht nur eine Gebühr) und JurBüro 71, 947; Frankfurt JurBüro 78, 236; Karlsruhe Justiz 68, 282 = Rpfleger 69, 419; München JurBüro 69, 423 = Rpfleger 69, 140.

Erhöht sich aber nach der Abgabe oder Verweisung der Streitwert, so kann die Verkehrsgebühr insoweit verlangt werden, als sich dadurch die Prozeßgebühr erhöht hätte. Beispiel: Der RA hat den Rechtsstreit zunächst als Prozeßbevollmächtigter mit einem Streitwert von z. B. 3 000,– DM geführt (Prozeßgebühr: 175,– DM). Nach der Verweisung wird der Streitwert auf 10 000,– DM erhöht. Der nunmehr als Verkehrsanwalt tätige RA kann den Unterschied zwischen einer Verkehrsgebühr aus 10000,– DM (539,– DM) und der Prozeßgebühr aus 3000,– DM (175,– DM) = 364,– DM nachfordern. Er erhält sonach eine volle Gebühr aus einem Streitwert von 10000,– DM.

Mümmler JurBüro 79, 628; Düsseldorf NJW 56, 424; Karlsruhe JurBüro 57, 42.

Der Kläger, dem nach § 281 Abs. 3 S. 2 ZPO die entstandenen Mehrkosten auferlegt worden sind, kann gleichwohl, wenn nach der Verweisung Anwaltswechsel eingetreten ist, die Prozeßgebühr seines ersten RA dann als Verkehrsgebühr erstattet verlangen, wenn die Zuziehung eines Verkehrsanwalts notwendig war, da es sich dann nicht um Mehrkosten i. S. des § 281 Abs. 3 S. 2 ZPO handelt.

Hamburg AnwBl. 72, 396.

Es ist eine Vergleichsrechnung vorzunehmen:

a) Welche Kosten sind bei beiden Gerichten entstanden?

b) Welche Kosten wären entstanden, wenn das Gericht, an das verwiesen worden ist, sofort angerufen worden wäre?

Bis zur Höhe der Kosten im Falle b) sind die gesamten Kosten im Falle a) zu ersetzen. Nur soweit die Kosten a) die Kosten b) übersteigen, liegen Mehrkosten vor, die der Kläger zu tragen hat.

Beispiel: X verklagt Y zu Unrecht in A. Der Anwalt des Y teilt dem Anwalt des X mit, daß er einen RA in A beauftragt, wenn ihm nicht zugesichert werde, daß der Rechtsstreit nach B verwiesen wird. X läßt verweisen. Der Anwalt des X in A wird als Verkehrsanwalt tätig. X gewinnt.

Vergleich:

a) Kosten bei vorstehenden Verfahren
in A: $^{10}/_{10}$-Prozeßgebühr ⎫
in A: $^{5}/_{10}$-Verhandlungsgebühr ⎪
in B: $^{10}/_{10}$-Prozeßgebühr ⎬ Klägervertreter
in B: $^{10}/_{10}$-Verhandlungsgebühr ⎭
in B: $^{10}/_{10}$-Prozeßgebühr ⎫
in B: $^{10}/_{10}$-Verhandlungsgebühr ⎬ Beklagtenvertreter
5 ½-Gebühren

b) Kosten bei sofortiger Anrufung des Gerichts B.
$^{10}/_{10}$-Prozeßgebühr ⎫
$^{10}/_{10}$-Verhandlungsgebühr ⎬ Klägervertreter
$^{10}/_{10}$-Verkehrsgebühr des Anwalts in A. ⎭
$^{10}/_{10}$-Verhandlungsgebühr ⎫
$^{10}/_{10}$-Prozeßgebühr ⎬ Beklagtenvertreter
Insgesamt 5 Gebühren.

Es wären also bei sofortiger Anrufung des Gerichts B. 5 Gebühren erwachsen, während im ersten Verfahren 5 ½ Gebühren angefallen sind. Mehrkosten sind also nur in Form der ½ Verhandlungsgebühr erwachsen. Die Prozeßgebühr des Anwalts des X in A. ist demnach zu erstatten, vorausgesetzt, daß sie als Verkehrsgebühr erstattungsfähig ist.

Düsseldorf JurBüro 71, 947; Hamm Rpfleger 70, 179 = JurBüro 70, 533 (unter Aufgabe seiner bisherigen entgegenstehenden Rechtsprechung); München JurBüro 69, 423 = Rpfleger 69, 140; Schleswig JurBüro 82, 1523 = SchlHA 82, 176; vgl. auch München Rpfleger 79, 387 (Die Kosten eines für den Beklagten tätigen Verkehrsanwalts, der ihn nach Verweisung an das zuständige Gericht als Prozeßbevollmächtigter vertritt, so daß dessen Tätigkeit vor dem unzuständigen Gericht wegen Identität der Prozeß- und Verkehrsgebühr keine Mehrkosten i. S. einer nach § 281 Abs. 3 ZPO getroffenen Kostenentscheidung auslöst, sind auch nicht unter dem Gesichtspunkt einer fiktiven Reise zur Information erstattungsfähig); LG Stuttgart NJW 68, 1727.

War die Zuziehung eines Verkehrsanwalts im Einzelfall nicht geboten, andererseits aber die persönliche Information des Prozeßbevollmächtigten notwendig, so ist die Verkehrsgebühr in Höhe derjenigen Auslagen, welche die Partei selbst hätte aufwenden müssen, wenn sie einen beim zuständigen Gericht zugelassenen RA selbst beauftragt und ihn persönlich informiert hätte, erstattungfähig (also auf jeden Fall in Höhe der Reisekosten).

Was vorstehend über das Verhältnis zur Prozeßgebühr gesagt ist, gilt in gleicher Weise für das Verhältnis zu den Gebühren des Mahnverfahrens (§ 43 Abs. 1 Nr. 1 und 2).

Mümmler JurBüro 79, 628.

Im Kostenfestsetzungsverfahren ist – ungeprüft – hinzunehmen, wenn in der Kostengrundentscheidung die Überbürdung der Mehrkosten wegen der Anrufung eines unzuständigen Gerichts auf die Klagepartei übersehen worden ist.

München AnwBl. 79, 432 = Rpfleger 79, 308 = JurBüro 79, 1899; vgl. auch vorst. Anm. 11 zu § 14.

Abgegolten wird durch die Verkehrsgebühr die gesamte Tätigkeit des 12 Verkehrsanwalts, soweit sie als Tätigkeit des Prozeßbevollmächtigten unter die Prozeßgebühr fallen würde, so z. B. die Beratung der Partei, die Akteneinsicht, die Anfertigung eidesstattlicher Versicherungen und überhaupt jede Tätigkeit, die nach § 37 zum Rechtszug gehört. Übernimmt also z. B. der Verkehrsanwalt die Kostenfestsetzung, so kann er hierfür keine besondere Vergütung fordern, da die Verkehrsgebühr diese Tätigkeit – in gleicher Weise wie die Prozeßgebühr (vgl. § 37 Nr. 7) – abgilt. Wegen der Tätigkeit im Beweisaufnahmeverfahren vgl. A 18.

Vgl. auch Frankfurt AnwBl. 81, 450 = JurBüro 80, 1195 (Ist der Antrag auf Bestimmung des zuständigen Gerichts von dem dann als Verkehrsanwalt tätigen RA gestellt worden, so hat dieser neben der Gebühr des § 52 Abs. 1 nicht auch die Gebühr des § 56 Abs. 1 Nr. 1 verdient).

Auch die **Wahrnehmung von Terminen** wird durch die Verkehrsgebühr 13 abgegolten, soweit es sich nicht um die Wahrnehmung von Verhandlungs- und Beweisaufnahmeterminen handelt (s. unten A 16 und 18). Soweit der Prozeßbevollmächtigte keine besonderen Gebühren berechnen kann, darf auch der Verkehrsanwalt nicht die Gebühr des § 56 Abs. 1 Nr. 2 berechnen, z. B. nicht für die Wahrnehmung eines Sühnetermins oder für die Besichtigung einer Unfallstelle, wenn es sich dabei nicht um eine gerichtliche Augenscheinseinnahme zu Beweiszwecken handelt. Nimmt der Verkehrsanwalt an dem Ortsbesichtigungstermin eines Sachverständigen teil, verdient er die Beweisgebühr zusätzlich, da insoweit ein Beweistermin i. S. des § 54 wahrgenommen wird.

Vgl. hierzu Anm. 83 zu § 31, KG KostRsp. § 54 Nr. 6
a. M. München JVBl. 64, 169 = JurBüro 64, 670 = Rpfleger 65, 247 sowie JurBüro 69, 860 = Rpfleger 69, 359 = MDR 69, 855; Düsseldorf JurBüro 65, 902;

Celle JurBüro 71, 944; Hamm Rpfleger 72, 238; Bamberg JurBüro 80, 221; Schleswig JurBüro 83, 1527.

14 Auch für eine **Tätigkeit im Verfahren über die Prozeßkostenhilfe** des gleichen Rechtszugs kann der Verkehrsanwalt nicht die Gebühren des § 51 beanspruchen. Die ⁵/₁₀-Prozeßgebühr des Verfahren über die PKH wird von der Verkehrsgebühr in gleicher Weise wie von der Prozeßgebühr aufgesogen. Über die Verhandlungs- und Beweisgebühr s. A 11 zu § 51.

15 Für **Tätigkeiten, für die der Prozeßbevollmächtigte besondere Gebühren erhält,** kann auch der Verkehrsanwalt besondere Gebühren beanspruchen. Das in § 52 Abs. 1 gebrauchte Wort „lediglich" steht nicht entgegen, daß der Verkehrsanwalt noch andere Aufträge erhält, sondern besagt nur, daß er nicht Prozeßbevollmächtigter sein darf.

16 So kann der Verkehrsanwalt die **Verhandlungsgebühr** beanspruchen, wenn er nach § 53 auch mit der Vertretung oder mit der Ausführung der Parteirechte in einer mündlichen Verhandlung beauftragt worden ist und den Auftrag ausführt. Er kann aber daneben nicht noch die in § 53 vorgesehene halbe Prozeßgebühr berechnen, weil diese die Arbeit vergüten soll, die dem nur mit der Verhandlung beauftragten RA durch die Einarbeitung in den Prozeßstoff entsteht, der Verkehrsanwalt dafür aber die Verkehrsgüter erhält.

Mümler JurBüro 79, 629.

Ein Auftrag zur Ausführung der Parteirechte liegt auch vor, wenn die Partei zustimmt, daß der Verkehrsanwalt der Verhandlung beiwohnt. Für die Entstehung der Verhandlungsgebühr ist nicht erforderlich, daß der Verkehrsanwalt in der Verhandlung das Wort ergreift, sofern nur sein Auftrag sich nicht darauf beschränkt, zur Information des Prozeßbevollmächtigten anwesend zu sein, sondern der Verkehrsanwalt erforderlichenfalls selbst die Ausführung der Parteirechte übernehmen sollte.

München AnwBl. 67, 234 = NJW 66, 2069 = Rpfleger 67, 167 (In besonderen Ausnahmefällen kann es zur zweckentsprechenden Rechtsverfolgung oder -verteidigung notwendig sein, daß die Partei – neben ihrem Prozeßbevollmächtigten – ihrem Verkehrsanwalt auch die Ausführung der Parteirechte in der mündlichen Verhandlung überträgt. In solchen Fällen sind beide Verhandlungsgebühren, die des Prozeßbevollmächtigten und die des Verkehrsanwalts, erstattbar).

Unter den Voraussetzungen des § 31 Abs. 1 Nr. 4 kann der Verkehrsanwalt auch die **Erörterungsgebühr** verdienen. Beispiel: Der bei dem Landgericht zugelassene Verkehrsanwalt nimmt auf Wunsch der Partei an einem vor dem Oberlandesgericht anberaumten Sühnetermin teil, in dem nach Erörterung der Sach- und Rechtslage ein Vergleich geschlossen wird.

17 Die **Vergleichsgebühr** nach § 23 kann der Verkehrsanwalt beanspruchen, wenn er bei dem Abschluß eines Vergleichs mitgewirkt hat. Das darf nicht mit der Frage verwechselt werden, ob die dem Verkehrsanwalt entstandene Vergleichsgebühr auch erstattungsfähig ist. Ob auch dem Prozeßbevollmächtigten eine Vergleichsgebühr zusteht, ist gleichgültig. Bloße Mitanwesenheit im Vergleichstermin genügt allerdings nicht. Es genügt aber die Beratung des Auftraggebers.

Mümmler JurBüro 79, 630; Frankfurt AnwBl. 80, 512 = JurBüro 80, 1831; **a. M.** Düsseldorf MDR 83, 327 mit abl. Anm. von H. Schmidt MDR 83, 589.

Bloße Übermittlung von Vergleichsvorschlägen wird durch die Verkehrsgebühr abgegolten. Die Vergleichsgebür entsteht nur dann, wenn der Verkehrsanwalt selbst beratend und vermittelnd in die Vergleichsverhandlungen eingreift und sich erfolgreich um den Abschluß des Vergleichs bemüht, so daß seine Tätigkeit für den Abschluß des Vergleichs ursächlich ist.

Hamburg JurBüro 81, 706 (Haben zwischen dem Verkehrsanwalt und der Partei nur allgemeine Erörterungen über die vergleichsweise Beilegung des Rechtsstreits stattgefunden, ist der Verkehrsanwalt dagegen an dem Abschluß des konkret zustande gekommenen Vergleichs gar nicht beteiligt gewesen, so ist für ihn eine Vergleichsgebühr nicht erwachsen); Schleswig JurBüro 80, 1666 (Dem Korrespondenzanwalt erwächst eine Vergleichsgebühr noch nicht deshalb, weil er mit der Partei vor dem Termin die möglichen Grenzen eines Vergleichs erörtert); vgl. aber Düsseldorf Rpfleger 83, 86, das die Entstehung der Vergleichsgebühr für den Verkehrsanwalt verneint (Die Beratung der Partei hinsichtlich der vergleichsweisen Beendigung des Rechtsstreits – hier der Annahme eines gerichtlichen Vergleichsvorschlags – durch den Verkehrsanwalt wird durch die Verkehrsgebühr abgegolten und läßt keine zusätzliche Vergleichsgebühr entstehen).

Der Verkehrsanwalt hat z. B. an dem Abschluß des Vergleiches ursächlich mitgewirkt, wenn er einen vom Prozeßbevollmächtigten mitgeteilten Vergleichsvorschlag des Gerichts mit dem Auftraggeber besprochen und diesem geraten hat, den Vergleich anzunehmen. Das gleiche gilt, wenn er in der Besprechung mit dem Auftraggeber abrät, einen widerruflich abgeschlossenen Vergleich zu widerrufen, und daraufhin der Widerruf unterbleibt.

Frankfurt AnwBl. 82, 248; KG JurBüro 78, 1659; Stuttgart AnwBl. 80, 263.

Erstreckt sich der Vergleich auf nicht eingeklagte Ansprüche, so steht dem Verkehrsanwalt auch eine halbe Verkehrsgebühr aus dem überschießenden Vergleichswert, höchstens jedoch eine volle Verkehrsgebühr aus dem Gesamtwert der verglichenen Ansprüche zu (vgl. § 13 Abs. 3).

Frankfurt AnwBl. 81, 158 = JurBüro 81, 396 = Rpfleger 81, 159;
a.M. Schumann/Geißinger A 16; BGH NJW 69, 932 = MDR 69, 473 = JurBüro 69, 413 (Für den nicht eingeklagten Anspruch entstehen die Gebühren des § 118).

Die **halbe Beweisgebühr** des § 54 erhält der Verkehrsanwalt, wenn er   **18** auftragsgemäß einen Beweistermin wahrnimmt. Dagegen erhält er nicht die in § 54 weiter vorgesehene Prozeßgebühr (s. a. oben A 16).

Mümmler JurBüro 79, 630; München JurBüro 69, 861.

Voraussetzung für den Anspruch auf die halbe Beweisgebühr ist nach § 54 die Vertretung der Partei bei der Beweisaufnahme. Erledigt sich der Auftrag ohne Wahrnehmung des Beweistermins, so erhält der RA nach § 54 S. 2 die Beweisgebühr nicht.

Die Tätigkeit, die sich auf den Empfang eines Beweisbeschlusses für die Partei, die Ladung von Zeugen und die Besprechung mit der Partei über die Durchführung und Auswirkung des Beweisbeschlusses bezieht, wird durch die Verkehrsgebühr abgegolten.

Nimmt der Verkehrsanwalt im gleichen Rechtszug mehrere Beweistermine wahr, so kann er die Beweisgebühr trotzdem nur einmal verlangen.

Dem beigeordneten Verkehrsanwalt steht wegen der Wahrnehmung eines auswärtigen Beweistermins ein Anspruch gegen die Staatskasse nur dann zu, wenn er auch als Beweisanwalt besonders beigeordnet worden war.

Düsseldorf JurBüro 81, 563.

19 **Weitere Gebühren des Verkehrsanwalts.** Verdient der Prozeßbevollmächtigte neben der Prozeßgebühr die Beschwerdegebühr des § 61 Abs. 1 Nr. 1, weil er z. B. gegen eine angeordnete oder abgelehnte Aussetzung des Verfahrens Beschwerde eingelegt hat (§ 252 ZPO), so erhält auch der Verkehrsanwalt zusätzlich zu der Verkehrsgebühr für den Rechtsstreit die Beschwerdegebühr in Höhe von 5/10 für das Beschwerdeverfahren, wenn er ebenfalls im Beschwerdeverfahren tätig war. Denn die Verkehrsgebühr gilt nur für die Tätigkeit für den jeweiligen Rechtszug ab, nicht aber auch die Tätigkeit in dem Rechtsmittelverfahren, wobei gleichgültig ist, ob es sich bei dem Rechtsmittelverfahren um die Berufung, Revision oder die Beschwerde handelt.

Betreibt der Verkehrsanwalt die Kostenfestsetzung selbst und legt er gegen den Kostenfestsetzungsbeschluß Erinnerung ein, so erhält er hierfür die Erinnerungsgebühr des § 61 Abs. 1 Nr. 2. Ist gegen die Erinnerungsentscheidung Beschwerde einzulegen, wird dies der Verkehrsanwalt in der Regel mit Rücksicht auf § 569 Abs. 2 ZPO nicht selbst tun können. Beauftragt er den Prozeßbevollmächtigten mit der Einlegung der Beschwerde und führt er im Beschwerdeverfahren auf Wunsch des Auftraggebers den Verkehr mit dem Prozeßbevollmächtigten, so erhält er für diese Tätigkeit eine 5/10-Beschwerdegebühr. § 61 unterscheidet nicht zwischen dem Prozeßbevollmächtigten und anderen Anwälten. Vielmehr erhält jeder RA, der in den Verfahren des § 61 tätig ist, die entsprechende Gebühr. Demgemäß erhält der Verkehrsanwalt, der im Beschwerdeverfahren – sei es auch nur als Verkehrsanwalt – oder im Erinnerungsverfahren tätig wird, unmittelbar die entsprechende Gebühr des § 61.

> H. Schmidt JurBüro 64, 491.

20 Fälle der **Anrechnung der Prozeßgebühr des Prozeßbevollmächtigten** auf eine frühere Prozeßgebühr. Erfolgt eine **Zurückverweisung** an ein untergeordnetes Gericht, so wird nach § 15 das weitere Verfahren vor diesem Gericht zwar als neuer Rechtszug behandelt, der RA erhält aber die Prozeßgebühr oder die Geschäftsgebühr nur dann, wenn an ein Gericht zurückverwiesen worden ist, das mit der Sache noch nicht befaßt war. Da sich die Verkehrsgebühr nach der Prozeßgebühr bestimmt, die der Prozeßbevollmächtigte erhält, kann sonach auch der Verkehrsanwalt die Gebühr des § 52 nicht nochmals beanspruchen, wenn der Prozeßbevollmächtigte die Prozeßgebühr nicht erneut erhält.

> Hamm JurBüro 65, 989 = Rpfleger 66, 97 und JurBüro 72, 782; Nürnberg Rpfleger 63, 138.

Daß der Verkehrsanwalt für die nach der Zurückverweisung entstandene, oft recht erhebliche Mehrarbeit keine Entschädigung erhält, während der Prozeßbevollmächtigte die Verhandlungs- und Beweisgebühr erneut verdienen kann, ist nicht entscheidend, weil es bei Pauschgebühren auf das Maß der durch sie abgegoltenen Tätigkeit nicht ankommt.

Auch nach **Abstandnahme vom Urkundenprozeß** (§ 39) erhält der Verkehrsanwalt die Verkehrsgebühr nicht neu.

21 Für die Entstehung der Verkehrsgebühr, nicht nur für ihre Erstattungsfähigkeit ist Voraussetzung, daß der Informationsfluß über drei Stationen geht, in deren Mitte der Verkehrsanwalt stehen muß. Es muß sich also darum handeln, daß er von einem anderen, der Partei, die Information entgegennimmt und sie an den Prozeßbevollmächtigten weiterleitet. Daran fehlt es, wenn der **RA selbst die Information erteilt.** Darunter fallen folgende Fälle: Der RA ist **als Privatperson selbst Prozeßpartei.** Als Partei kann er nicht sein eigener Verkehrsanwalt sein, ganz abgesehen davon, daß er zur unmittelbaren schriftlichen Information des Prozeßbevollmächtigten in der Lage ist.

Celle NdsRpfl. 64, 269; München NJW 72, 2058 = JurBüro 72, 146; Bamberg JurBüro 79, 1063 (auch nicht in Höhe ersparter Reisekosten) Düsseldorf Rpfleger 84, 37 = JurBüro 84, 766 (auch nicht Zeitaufwand für Informationen des Prozeßbevollmächtigten); **a. A.** offenbar Lappe, Gebührentips S. 91 für den Fall, daß ein Nichtrechtsanwalt in gleicher Lage einen RA beauftragt hätte.

Anders ist es, wenn der RA als Mitglied einer Erbengemeinschaft zwar auch sich selbst, aber zugleich die anderen Miterben vertritt; dann kann er die Information der Gesamthandgemeinschaft dem Prozeßbevollmächtigten vermitteln.

Der **RA ist Partei kraft Amts.** Auch hier ist es nicht möglich, daß der RA **22** sein eigener Verkehrsanwalt ist, der seine als Partei gegebene Information an den Prozeßbevollmächtigten vermittelt.

München NJW 66, 1063; Bamberg JurBüro 80, 1415; Düsseldorf JurBüro 80, 723; Frankfurt Rpfleger 77, 459 = JurBüro 77, 1567 = MDR 78, 62; Hamm Rpfleger 78, 391; Köln JurBüro 83, 930; KG Rpfleger 81, 411 = JurBüro 81, 1832; Schleswig JurBüro 79, 224; Stuttgart Rpfleger 53, 501 = JurBüro 83, 1835 = Justiz 83, 411; **a. A.** Karlsruhe KTS 78, 260 (sämtlich für RA als Konkursverwalter).

Ob das auch für die Fälle gilt, in denen der RA **Vertretungsorgan** (gesetzli- **23** cher Vertreter) einer juristischen Person ist, ist fraglich, weil er in diesem Fall nicht selbst Partei ist, sondern diese nur vertritt. Jedenfalls dann, wenn er der einzige gesetzliche Vertreter ist, es mithin ausschließlich ihm selbst obliegt, Informationen namens der juristischen Person als Partei zu erteilen, dürfte es ebenfalls an der Vermittlung der Information zwischen der Partei und dem Prozeßbevollmächtigten fehlen; jedenfalls aber müßte die Partei als in der Lage angesehen werden, die Information selbst unmittelbar zu erteilen. Auch in tatsächlicher Hinsicht dürfte es fraglich sein, ob der RA in Ausführung eines ihm (sich selbst) erteilten Verkehrsmandats tätig geworden ist und nicht vielmehr aufgrund seiner anstellungsvertraglichen oder satzungsmäßigen Verpflichtung, ob also der Partei überhaupt ausscheidbare Mehraufwendungen erwachsen sind.

KG MDR 76, 761 (verneint für RA als Mitgeschäftsführer einer GmbH); Stuttgart JurBüro 76, 191; München JurBüro 82, 1034 (verneint für RA als Vorstand eines Vereins).

Ist der RA dagegen **gesetzlicher Vertreter einer natürlichen Person,** **24** (z. B. Vormund, Pfleger), so hat er jedenfalls in den Fällen, in denen ein Nichtrechtsanwalt in gleicher Stellung einen RA als Verkehrsanwalt einschalten würde, gegen die von ihm vertretene Partei einen Aufwendungsersatzanspruch nach § 1835 Abs. 2 BGB in Höhe der Verkehrsgebühr, die der Partei im Falle ihres Obsiegens auch erstattet werden muß.

Frankfurt JurBüro 52, 194; München NJW 59, 539; Hamm MDR 74, 765; KG AnwBl. 76, 219 = RPfleger 76, 248 = JurBüro 76, 1072; Schleswig JurBüro 79, 225 = SchlHA 79,60;

a. A. Köln JurBüro 73, 970 = MDR 73, 1031; Frankfurt JurBüro 79, 714 (beide für RA als Pfleger).

Sonstige Fälle:

RA als Liquidator: Düsseldorf JMBlNW 78, 46 (bejahend); Köln JurBüro 78, 69 u. 241 (verneinend) RA als Vergleichsverwalter Köln AnwBl. 83, 563 = JurBüro 82, 1851 (bejahend).

25 Mehr auf tatsächlichem Gebiet liegt der Fall, daß der **RA im Prozeß seines Ehegatten** oder eines anderen nahen Angehörigen den auswärtigen Prozeßbevollmächtigten informiert. Dann fragt es sich, ob das in Erfüllung der ehelichen Beistandspflicht oder auf Grund eines ihm erteilten Verkehrsmandats geschieht. Die bekanntgewordene Rechtssprechung hat die Entstehung einer Verkehrsgebühr verneint.

Hamburg JurBüro 68, 892 = 68, 687; Köln JurBüro 83, 1047; Koblenz JurBüro 83, 758; Schleswig JurBüro 86, 884 = SchlHA 86, 144; **a. A.** Lappe, Gebührentips S. 91.

Erstattungsfähigkeit der Verkehrsgebühr

26 Eine umfassende Darstellung der außerordentlich umfangreichen, nicht nur in Einzelfragen sondern auch im Grundsätzlichen widersprüchlichen Rechtsprechung und der dazu im Schrifttum vertretenen Meinungen würde den Rahmen eines Gebührenkommentars sprengen. Zu verweisen ist deshalb auf die Kommentare zur ZPO jeweils bei § 91 und zur VwGO bei § 162. Eine systematisch geordnete (nicht kommentierte) Zusammenstellung der Rechtsprechung bis einschließlich 1983 findet sich bei von Eicken: Erstattungsfähige Kosten (identisch mit KostRsp. ZPO § 91 (A)) unter den Gliederungsnummern 4.4.0 bis 4.4.5.2. Neuere Rechtsprechung (nur zeitlich geordnet) bei KostRsp. ZPO § 91 (B-Vertretungskosten). Eine systematische Darstellung der Probleme mit Rechtsprechungsbeispielen enthält von Eicken/Lappe/Madert Kostenfestsetzung bei den Randnummern B 500 ff, insbesondere B 518–537.

27 **Gesetzliche Grundlage** für die Beurteilung der Erstattungsfähigkeit von Verkehrsanwaltskosten ist § 91 Abs. 1 in Verbindung mit Abs. 2 S. 1 und S. 3. Das Gesetz geht danach davon aus, daß ohne Nachprüfung der Notwendigkeit in allen Prozessen nur die durch Einschaltung **eines** Anwalts – des Prozeßbevollmächtigten – verursachten Kosten zu erstatten sind. Hat die Partei mehrere RAe eingeschaltet, wie es bei Beauftragung eines Verkehrsanwalts immer der Fall ist, so müssen besondere Gründe vorliegen, die es rechtfertigen, die durch Beauftragung eines weiteren RA neben dem Prozeßbevollmächtigten entstandenen Kosten als zur zweckmäßigen Rechtsverfolgung oder Rechtsverteidigung notwendig anzusehen. Dieses gesetzliche Regel-Ausnahmeverhältnis darf nicht durch andere ersetzt werden, wie z. B. das Argument, in der Praxis sei es heute weitgehend üblich, daß Parteien, die einen Prozeß vor einem auswärtigen Gericht zu führen haben, einen Verkehrsanwalt einschalten; es sei nicht Aufgabe der Kostenfestsetzung die Entwicklung der Praxis zu korrigieren. Nach dem Gesetz reicht es eben nicht, daß die Einschaltung von Verkehrsanwälten üblich ist oder daß sie von der Praxis als zweckmäßig angesehen wird, sie muß – auch und gerade im Einzelfall – notwendig sein.

28 Die **Notwendigkeit der Einschaltung eines Verkehrsanwalts** kann nur

angenommen werden, wenn die unmittelbare Information des auswärtigen Prozeßbevollmächtigten der Partei entweder nicht möglich, nicht zumutbar oder nicht hinreichend sicher gewesen wäre. Aus dem Prozeßrechtsverhältnis erwächst nach Treu und Glauben die Pflicht, die Prozeßkosten möglichst niedrig zu halten. Zwischen mehreren zumutbaren und gleich sicheren Möglichkeiten muß die Partei deshalb die voraussichtlich billigere wählen. Da es sich dabei um eine Entscheidung handelt, die die Partei vor dem oder zu Beginn des Prozesses treffen muß, dessen Entwicklung nicht mit Sicherheit vorauszusehen ist, kann nach Treu und Glauben nicht mehr als eine ungefähre Abwägung der bei den verschiedenen Möglichkeiten voraussichtlich entstehenden Kosten gefordert werden. Sind die voraussichtlich entstehenden Kosten eines Verkehrsanwalts niedriger, muß dieser Weg gewählt werden; sind sie etwa gleich hoch, wie die bei anderen Formen der Information erwachsenden Kosten, darf die Partei den für sie weniger belastenden Weg wählen, ohne erstattungsrechtliche Nachteile befürchten zu müssen.

In der Kostenfestsetzung geht es bei der im Nachhinein vorzunehmenden **29** Beurteilung der Notwendigkeit letztlich um die **Wahrung der Chancengleichheit** der Parteien. Auf der einen Seite soll nicht eine Partei dadurch benachteiligt sein, daß sie den Prozeß vor einem möglicherweise weit entfernten auswärtigen Gericht führen muß. Auf der anderen Seite kann die Chancengleichheit aber auch dadurch gefährdet werden, daß eine zu großzügige Bejahung der Erstattungsfähigkeit von Verkehrsanwaltskosten große und wirtschaftlich starke Parteien einseitig bevorzugt, indem sie ihnen weitgehend Kosten einer eigenen Rechtsabteilung erspart

vgl. Koblenz JurBüro 85, 1408

und zugleich das Kostenrisiko in einem für den Gegner untragbaren Maße erhöht.

Die Notwendigkeit, neben dem Prozeßbevollmächtigten einen weiteren RA **30** als Verkehrsanwalt einzuschalten, kann nicht ein für alle mal nach bestimmten Einzelkriterien (z. B. Entfernung vom Gerichtsort, Höhe des Streitwerts, vorprozessuale Tätigkeit des als Verkehrsanwalt in Aussicht genommenen RA, Bildungsgrad der Partei) beurteilt werden, sondern nur aufgrund einer **Gesamtwürdigung aller Umstände** des Einzelfalls.
Beispiele: Auch ein Strafrechtshochschullehrer muß nicht in der Lage sein, ohne mündliche Erörterung mit einem Rechtsanwalt mit Sicherheit zu erkennen, welcher tatsächlicher Informationen sein auswärtiger Prozeßbevollmächtigter für einen komplizierten Bauprozeß bedarf. – Bei einem Rechtsstreit mit sehr hohem Streitwert kann gerade die Höhe der entstehenden Verkehrsgebühr ein Grund sein, von der Partei zu verlangen, billigere Möglichkeiten der Information des Prozeßbevollmächtigten – etwa 5 Reisen bei einer Entfernung von 100 km zum Prozeßort zu nutzen, während für eine schwerbehinderte Partei schon eine einmalige Reise von 50 km nicht zumutbar sein kann.
Bedeutsame Umstände können in den persönlichen Verhältnissen der Partei liegen, sich aber auch aus der Art des Streitgegenstandes, dem Verfahrensstadium und anderen objektiven Umständen ergeben.

Wenn im folgenden einige häufiger in Betracht kommende Kriterien genannt werden, so geschieht das mit dem ausdrücklichen Hinweis, daß nur aus-

nahmsweise ein einzelner Umstand so schwer wiegt, daß er allein geeignet
ist, die Notwendigkeitsfrage bejahend oder verneinend zu entscheiden, wozu
allerdings mitunter zu weitgehende oder zu stark verallgemeinernde Leitsätze
gerichtlicher Entscheidungen (die nicht immer von den Gerichten selbst
stammen) verführen. Hier zitierte Entscheidungen sollen nur Beispiele, nicht
Muster sein, nach der sich alle Fälle entscheiden ließen.

31 **Fähigkeit zur ausschließlich schriftlichen Information** des Prozeßbe-
vollmächtigten. Dazu reicht allein die allgemeine Fähigkeit, klar und verständlich schriftlich zu formulieren, nicht aus, so daß gefolgert werden dürfte:
Ein Schriftsteller oder Journalist ist hinreichend schreibgewandt und bedarf
deshalb keines Verkehrsanwalts. Die Fähigkeit muß gerade in Bezug auf die
Materie des Prozesses bestehen, wozu insbesondere auch gehört, daß die
Partei in der Lage ist, die notwendigen Unterscheidungen, zumal zwischen
Tatsachen und eigenen Mutmaßungen, zu treffen. Vor allem aber: Die
gefälligste Schreibweise nutzt nichts, wenn die Partei aus Rechtsunkenntnis
oder auch aus Mangel an Distanz zu ihrer Rechtsangelegenheit Gefahr läuft,
dem auswärtigen Prozeßbevollmächtigten für die Entscheidung und Prozeßführung wesentliche Umstände nicht vollständig mitzuteilen. Dieser Gefahr
unterliegen auch Parteien, die an sich zur schriftlichen Information ihres
Prozeßbevollmächtigten durchaus in der Lage sind, auch Akademiker und
sogar Personen mit juristischer Ausbildung. Es wird deshalb darauf ankommen, ob nach der konkreten Materie diese Gefahr als ausgeschlossen angesehen werden oder die Partei jedenfalls darauf verwiesen werden konnte, nach
einer einmaligen Beratung mit einem örtlichen RA oder nach einer einmaligen Informationsreise zu dem Prozeßbevollmächtigten weitere Informationen schriftlich zu erteilen. Manche Parteien können selbst einfachste Sachver-
halte nicht ohne Gefahr von Mißverständnissen darstellen und sind nicht in
der Lage, schriftliche oder fernmündliche Rückfragen richtig einzuordnen.
Am anderen Ende der Skala stehen Parteien, bei denen die Fähigkeit zur
eigenen schriftlichen Information vom Daseinszweck der Partei vorausgesetzt
werden muß, wie z. B. bei den in § 13 Abs. 2 Nr. 2 und 3 UWG genannten
Verbänden.

32 Für die Fähigkeit zu schriftlicher Information spricht es, wenn die Partei den
Verkehrsanwalt am dritten Ort ebenfalls ausschließlich schriftlich informiert hat. Jedoch kann es auch hier Ausnahmen geben, z. B. wenn der
Verkehrsanwalt die Verhältnisse der Partei so gut kennt, daß ihm ergänzende
schriftliche Informationen genügen, die dem Prozeßbevollmächtigten nicht
ausreichen würden, weil er diese besonderen Kenntnisse nicht besitzt.

33 **Alter und Gesundheitszustand** können es für die Partei unzumutbar machen, Informationsreisen zu dem Prozeßbevollmächtigten zu unternehmen.
Dabei spielen aber auch die zu überwindende Entfernung, die vorhandenen
Verkehrsverbindungen und die sonst gezeigte Fähigkeit der Partei, mit derartigen Fahrten allein fertig zu werden, eine Rolle.

34 **Soziale und wirtschaftliche Bindungen** können es der Partei ebenfalls
unzumutbar machen, Informationsreisen zu unternehmen. Das wird beispielsweise bei einer Mutter, die einen Säugling und zwei weitere Kleinkinder
zu betreuen hat, der Fall sein. Auch die persönliche Betreuung anderer
pflegebedürftiger Angehöriger kann ausreichen, wenn eine Ersatzpflegekraft
nicht zu bekommen ist. Bei Parteien, die in einem festen Arbeitsverhältnis

stehen, wird im allgemeinen eine Reise nicht zumutbar sein, wenn dazu Urlaub genommen werden muß.

> Düsseldorf JurBüro 86, 760 (sogar für freiberuflich und gewerblich Tätige, für die Reisen nicht zum organisatorisch abgedeckten Berufsalltag gehören, wenn eine konkrete Vertretungsregelung getroffen werden müßte).

In diesem Zusammenhang kommt es jedoch darauf an, ob die Möglichkeit bestand, die Informationserteilung bis zu einem günstigeren Zeitpunkt zurückzustellen.

Die Notwendigkeit der Einschaltung eines Verkehrsanwalts kann bei **auslän-** 35 **dischen Parteien** und Parteien aus der DDR näher liegen. Es ist jedoch nicht gerechtfertigt, sie generell anzunehmen.

> so aber Stuttgart JurBüro 81, 870 (ständige Rspr.); 84, 1561 (Partei in der DDR).

Ausländische Großunternehmen mit Zweigniederlassungen oder Vertriebsorganisationen im Inland, die am inländischen Geschäftsleben ständig teilnehmen, sind oft wesentlich besser in der Lage, ihren Prozeßbevollmächtigten unmittelbar zu informieren, als ihr deutscher Gegner. Wenn aus innerbetrieblichen Gründen Rechtsstreitigkeiten grundsätzlich von der im Ausland befindlichen Zentrale aus bearbeitet werden, verpflichtet das den Gegner nicht, höhere RA-Kosten zu erstatten.
Auch für deutsche Parteien, die im Ausland leben, gelten keine generellen Ausnahmen von den für andere Parteien geltenden Grundsätzen. Das schließt nicht aus, daß bei ihnen die konkreten Umstände (Unzumutbarkeit von Informationsreisen) häufiger zur Notwendigkeit eines Verkehrsanwalts, u. U. auch eines ausländischen RA, führen werden.

Daß eine Partei ihre Rechtsangelegenheiten grundsätzlich von einem be- 36 stimmten RA bearbeiten läßt (**Haus- oder Vertrauensanwalt**) privilegiert sie hinsichtlich der Erstattungsfähigkeit der durch die Einschaltung dieses RA als Verkehrsanwalt entstehenden Kosten nicht.

Eine andere Frage ist es, ob die Verkehrsgebühr eines RA, der bereits 37 **vorprozessual für die Partei tätig gewesen ist** und dem diese deshalb ohnehin eine Vergütung schuldet, die nach § 118 Abs. 2 auf die Verkehrsgebühr anzurechnen ist, als erstattungsfähig anzusehen ist, weil die Erteilung des Verkehrsmandats für die Partei selbst der billigste Weg der Informationserteilung an den Prozeßbevollmächtigten ist, indem sie ihr keine oder doch geringere zusätzliche Kosten, als sie mit anderen Formen der Informationserteilung verbunden wären, verursacht. Die jetzt einhellige Rechtsprechung lehnt das mit dem Argument ab, die vorprozessualen Kosten würden von der Kostengrundentscheidung nicht erfaßt und könnten auch nicht mittelbar über die Anrechnung nach § 118 Abs. 2 Gegenstand der Festsetzung werden.

> KG JurBüro 79, 1164; Düsseldorf AnwBl. 84, 380; JurBüro 85, 289 (beide unter Aufgabe früherer gegenteiliger Rspr.); Hamm AnwBl. 82, 80; Hamburg JurBüro 85, 457; Köln JurBüro 81, 1025; Koblenz JurBüro 82, 80; AnwBl. 85, 213; Schleswig JurBüro 82, 227; Karlsruhe Justiz 85, 98.

Das Argument überzeugt nicht, denn es handelt sich um die zweifellos prozeßzugehörige Verkehrsgebühr. Die Frage ist, ob die auswärtige Partei nach Treu und Glauben verpflichtet ist, mit Rücksicht auf den Gegner von der für sie kostengünstigsten Art der Information des Prozeßbevollmächtigten keinen Gebrauch zu machen.

38 Eine damit eng zusammenhängende Frage ist es, ob die Einschaltung eines Verkehrsanwalts deshalb als notwendig angesehen werden kann, weil er über den Streitgegenstand **in tatsächlicher Hinsicht besser informiert ist, als die Partei selbst.** Die Frage ist dann zu bejahen, wenn die einmalige Übermittlung der Information, die der RA aufgrund eines früheren Auftrages ohne besondere Vergütung schuldete, nicht ausreichte (in diesem Falle läge gar kein Verkehrsmandat vor).

39 Viele der vor die Gerichte gelangenden Sachen sind für die auswärtige Partei **Routinesachen,** in der sie keinerlei Gefahr läuft, den Prozeßbevollmächtigten nur unvollständig zu informieren, weil es sich für sie um immer wiederkehrende Geschäftsvorfälle handelt. Das gilt nicht nur für diejenigen Fälle bei ihr ebenso wie bei dem Verkehrsanwalt computermäßig bearbeitet werden, sondern auch für viele andere Fälle, in denen die Partei aus eigener Geschäftskenntnis, oder weil sie über entsprechend geschultes Personal verfügt oder nach Art und Umfang ihres Betriebes bei gehöriger Organisation verfügen müßte, oder aus früheren gleichartigen Prozessen genau weiß, welcher Informationen ihr Prozeßbevollmächtigter bedarf. In derartigen Fällen ist die Einschaltung eines Verkehrsanwalts nicht notwendig; die Partei muß selbst schriftlich informieren.

40 Umgekehrt ist die **rechtliche Schwierigkeit** der Sache allein kein ausreichender Grund für die Bestellung eines Verkehrsanwalts; sie muß vom Prozeßbevollmächtigten allein bewältigt werden.

KG Rpfleger 69, 309 = JurBüro 69, 965; München JurBüro 79, 1844 (L).

Wohl aber kann die rechtliche Schwierigkeit dazu führen, daß die Partei selbst nicht mit hinreichender Sicherheit erkennen kann, auf welche Tatsachen es für die Entscheidung ankommt, diese vielmehr von einem RA erst erfragt werden müssen, wozu die Beauftragung eines Verkehrsanwalts der kostengünstigste Weg sein kann.

Es läßt sich aber nicht allgemein sagen, daß auf bestimmten Rechtsgebieten diese Situation immer bestehe, z. B. – wie früher vielfach angenommen wurde – auf dem **Gebiet des gewerblichen Rechtsschutzes und des Wettbewerbsrechts.**

München AnwBl. 82, 250; 85, 47 = JurBüro 85, 454; Koblenz JurBüro 82, 1036; jetzt fast allgemeine obergerichtliche Rechtsprechung.

41 Am ehesten wird diese Situation noch in **Ehesachen** grundsätzlich anzunehmen sein, weil es hier nicht nur um richtige Tatsachenübermittlung, sondern um zweckmäßige Gestaltung besonders der Folgesachen geht, die eine zu Beginn des Verfahrens meist nicht endgültig abzusehende wiederholte Abstimmung mit dem Prozeßbevollmächtigten erforderlich macht.

KG AnwBl. 75, 139 = Rpfleger 75, 143; 83, 41 = FamRZ 82, 1227 = JurBüro 83, 274;
a. A. Hamm Rpfleger 76, 105 = JurBüro 76, 473.

42 In **Eilsachen** (Arrest, einstweilige Verfügung) können nach den Umständen des Einzelfalls – besonders für die sich verteidigende Partei – die Möglichkeiten einer hinreichend sicheren Informationserteilung auf andere Weise als durch Bestellung eines Verkehrsanwalts praktisch auf Null reduziert werden. Das kann aber keineswegs allgemein angenommen werden.

Stuttgart JurBüro 82, 768 (verneint bei 7 Tagen zwischen Ladung und Termin); KG
NJW 68, 847 =Rpfleger 68, 96 = JurBüro 69, 149 (nur, wenn Termin so
kurzfristig, daß umfassende Sachaufklärung nur durch sofort erreichbaren auswärtigen RA möglich).

Nichts Besonderes gilt bei Eilsachen des gewerblichen Rechtsschutzes.

In den **Rechtsmittelinstanzen** wird die Notwendigkeit eines Verkehrsan- **43**
walts erheblich seltener zu bejahen sein, als im ersten Rechtszug. Das gilt
zumal, wenn der Prozeßbevollmächtigte in beiden Instanzen derselbe bleibt.
Die Benennung eines geeigneten RA für das Rechtsmittelverfahren ist kein
hinreichender Grund, denn sie wird durch die Prozeßgebühr des erstinstanzlichen RA abgegolten. Notwendig kann die Verkehrsanwaltsbestellung nur
dann sein, wenn mit der Berufung die Sache auf eine wesentlich veränderte
tatsächliche Grundlage gestellt werden soll oder – für den Berufungsbeklagten
– gestellt worden ist.

Hamburg JurBüro 72, 419; München AnwBl. 80, 373 = JurBüro 80, 1366; Hamm
AnwBl. 83, 559; Schleswig JurBüro 84, 1246 = SchlHA 84, 151; Bamberg JurBüro
86, 101 u. 921;
a. A. Stuttgart AnwBl. 84, 380 (in Höhe ersparter Informationsreise auch, wenn
Prozeßbevollmächtigter der 1. Instanz beibehalten und im wesentlichen nur
Rechtsfragen).

In der Revision ist die Vermittlung des Verkehrs zwischen der Partei und dem
Prozeßbevollmächtigten nur ganz ausnahmsweise notwendig, weil neue Tatsachen nur ganz ausnahmsweise eine Rolle spielen können. Auch wenn man
die Partei für berechtigt hält, in jedem Rechtszug mindestens einmal die Sache
mit dem Prozeßbevollmächtigten zu erörtern, rechtfertigt das die erneute
Einschaltung des Verkehrsanwalts für die Rechtsmittelinstanz nicht.

Von den sonstigen objektiven Umständen spielt die größte Rolle die **Entfer-** **44**
nung zwischen Sitz oder Wohnsitz der Partei und der Kanzlei des Prozeßbevollmächtigten. Sie wirkt sich hauptsächlich auf die Zumutbarkeit von
Informationsreisen aus, darf jedoch nicht zum allein ausschlaggebenden Kriterium in der Weise erhoben werden, daß von einer bestimmten Entfernung
ab die Einschaltung eines Verkehrsanwalts grundsätzlich bejaht wird, sofern
es sich nicht um eine Routinesache handelt.

Die dahingehende Auffassung einiger Senate des OLG Frankfurt (bei mehr als
40 km sei Verkehrsanwalt notwendig) wird zwar immer wieder publiziert, ist aber
keineswegs herrschende Rechtssprechung. Die Auffassung wird vielmehr fast
einhellig von der sonstigen obergerichtlichen Rechtsprechung und auch von
einigen Senaten des OLG Frankfurt (MDR 84, 587) abgelehnt.

Außer der Entfernung spielen noch andere Kriterien bei der Frage, ob der
Partei eine persönliche Information des Prozeßbevollmächtigten zumutbar
ist, eine erhebliche Rolle, namentlich die Verkehrsverbindungen. Manche
größere Entfernung ist heute mit schnellen Verkehrsmitteln schneller zu
überwinden, als eine wesentlich kürzere andere. Die Zumutbarkeit verschiebt
sich dann zur Frage der Kosten.

Für die **Informationsreisekosten** gelten nach § 91 Abs. 1 S. 2 ZPO die **45**
Vorschriften über die Entschädigung von Zeugen (§§ 9–11 ZSEG) entsprechend. Danach müssen bei Fahrten über 200 km (100 km des Hin- u. Rückwe-
ges) grundsätzlich regelmäßig verkehrende öffentliche Verkehrsmittel benutzt
werden; bei Fahrten bis zu 200 km sind auch Pkw-Kosten in Höhe von z. Zt.

0,40 DM (§ 9 Abs. 3 ZSEG) für jeden angefangenen km erstattungsfähig. Bei Benutzung des Pkw für weitere Entfernungen sind jedenfalls 80 DM für 200 km zu berücksichtigen, darüber hinaus aber nur die Differenz zu den Kosten des preisgünstigsten öffentlichen Verkehrsmittels. Dabei kann diejenige Klasse benutzt werden, die die Partei auch sonst im privaten Leben zu benutzen pflegt. U. U. kann es gerechtfertigt sein, ein teureres Verkehrsmittel (auch das Flugzeug) zu benutzen, wenn dadurch höhere berücksichtigungsfähige andere Aufwendungen (z. B. Übernachtungskosten, Tagegeld oder Verdienstausfall) vermieden werden. Für den Verdienstausfall gelten §§ 2 und 4 ZSEG (Stundensatz jetzt höchstens 20 DM für höchstens 10 Stunden am Tag); wenn kein Verdienstausfall eingetreten ist, gilt die sogen. Nachteilsentschädigung (§ 2 Abs. 3 ZSEG). Etwaige Übernachtungskosten richten sich nach den persönlichen Verhältnissen der Partei. Zu berücksichtigen ist ferner das Tagegeld (§ 9 Abs. 2 ZSEG), sowie sonstige Auslagen (z. B. in größeren Städten Taxikosten).

46 Lassen sich die voraussichtlichen Kosten einer Reise regelmäßig ziemlich genau berechnen, so ist es kaum möglich, die **Zahl der Informationsreisen,** die voraussichtlich erforderlich werden, mit einiger Sicherheit abzuschätzen. Wenn nicht besondere Umstände des Einzelfalls eine nachträgliche Ausweitung des Prozeßstoffs mit einiger Wahrscheinlichkeit erwarten lassen (z. B. durch Erhebung einer Widerklage, eine Hilfsaufrechnung) wird die Partei gut daran tun, nur eine einmalige Informationsreise bei der überschläglichen Ermittlung der durch die eine oder die andere Form der Information des Prozeßbevollmächtigten voraussichtlich entstehenden Kosten in Rechnung zu stellen. Sie riskiert sonst, daß ihr bei der Kostenfestsetzung entgegengehalten wird, für die Notwendigkeit von mehr als einem einzigen sorgfältig vorbereiteten und umfassend auch das voraussichtliche Verhalten des Gegners berücksichtigenden Informationsgespräch hätten keine Anhaltspunkte bestanden, sie habe deshalb den billigeren Weg der persönlichen Information wählen müssen.

47 Wird die **Einschaltung des Verkehrsanwalts** unter Berücksichtigung der Gesamtumstände des Einzelfalls **nicht als notwendig anerkannt,** so müssen die Kostenfestsetzungsinstanzen prüfen, ob und in welcher Höhe durch die Einschaltung des Verkehrsanwalts erstattungsfähige, tatsächlich nicht entstandene (fiktive) notwendige Kosten erspart worden sind. Als derartige fiktive Kosten kommen die Kosten einer oder mehrerer Informationsreisen, die die Partei sonst hätte ausführen müssen, in Betracht. Sie sind ebenso zu berechnen, wie die Kosten einer tatsächlich durchgeführten Informationsreise. Die dazu erforderlichen Daten sollte die Partei hilfsweise vortragen.

In manchen Fällen wird der Partei auch zuzugestehen sein, daß sie sich vor Antritt der fiktiven Informationsreise zunächst durch einen örtlichen RA allgemein zu den Aussichten der beabsichtigten Rechtsverfolgung oder -verteidigung sowie über die dazu zu ergreifenden Maßnahmen beraten lassen durfte. Auch die Kosten, die für eine solche Beratung erwachsen wären, müssen dann als durch die Beauftragung des Verkehrsanwalts erspart berücksichtigt werden. Bei der Bemessung dieser Vergütung (Satzrahmengebühr nach § 20) ist zu berücksichtigen, daß es nicht Aufgabe des um Rat gefragten RA gewesen wäre, auf Einzelheiten der Prozeßführung einzugehen, dies vielmehr dem Prozeßbevollmächtigten zu überlassen gewesen wäre. Je nachdem, ob die fiktive Beratung die Partei in die Lage versetzt hätte, selbst schriftlich zu informieren, oder nunmehr eine (mehrere) Reise(n) zum Prozeßbevollmächtigten nötig gewesen wären, ist die fiktive Ratsgebühr allein oder neben fiktiven Informationsreisekosten zu berücksichtigen.

Zu beachten ist allerdings, daß **fiktive Kosten als solche** niemals erstat- **48** tungsfähig sind. Erstattbar können nur wirklich erwachsene Aufwendungen sein, wenn nicht als solche, so doch in Höhe der durch sie ersparten (fiktiven) notwendigen Aufwendungen.

KG Rpfleger 75, 100.

Eine weitere Möglichkeit zu einer (jedenfalls teilweisen) Erstattung als solcher **49** nicht erstattungsfähiger Verkehrsanwaltskosten besteht dann, wenn der **Verkehrsanwalt in demselben Verfahren vorher in anderer Funktion** an dem Verfahren teilgenommen hatte oder anschließend an die Verkehrsanwaltstätigkeit teilnimmt. Beispiele: 1. Der mit Durchführung des Mahnverfahrens beauftragte RA wird im Streitverfahren Verkehrsanwalt. 2. Nach Verweisung wird der bisherige Verkehrsanwalt Prozeßbevollmächtigter. In diesen Fällen kann zwar der RA die Gebühr nur einmal fordern; sie entsteht aber sowohl als Gebühr nach § 43 (im Mahnverfahren) oder nach § 31 (nach Verweisung), wie als Verkehrsgebühr. Diese Unterscheidung ist gerade für die Erstattung wichtig, weil die eine Gebühr erstattungsfähig sein kann, die andere nicht. Im ersten Beispiel könnte die Mahnverfahrensgebühr des Gläubigeranwalts (§ 43 Abs. 1 Nr. 1) erstattungsfähig sein, weil mit Widerspruch nicht zu rechnen war, die Verkehrsgebühr dagegen nicht. Im zweiten Beispiel kann die Verkehrsgebühr des Beklagten im Verfahren vor dem unzuständigen Gericht nach § 281 Abs. 3 ZPO notwendig und deshalb zu erstatten sein, die Prozeßgebühr dagegen nicht, weil der Beklagte vor dem zuständigen Gericht unterliegt.

Daraus, daß eine etwaige **Verhandlungs-, Beweis- oder Vergleichsge- 50 bühr des Verkehrsanwalts** erwachsen ist (A 16 ff), folgt nicht, daß sie auch **erstattungsfähig** ist, ebenso wie aus der Nichterstattungsfähigkeit umgekehrt nicht gefolgert werden darf – wie es gelegentlich geschieht –, diese Gebühren seien nicht erwachsen. Die Vergleichsgebühr des Verkehrsanwalts ist nur als erstattungsfähig anzuerkennen, wenn seine Mitwirkung beim Vergleich notwendig war, d. h. ohne sie der Vergleich nicht zustandegekommen wäre. Das hängt nicht von der Intensität seiner Mitwirkung beim Vergleichsabschluß ab, ob er einen mehr oder weniger wesentlichen Beitrag für das Zustandekommen geleistet hat. Es ist denkbar, daß der Verkehrsanwalt praktisch den ganzen Vergleich allein vorbereitet hat, weil der Prozeßbevollmächtigte ihm das überließ oder die Partei es so wünschte. Daß dies so geschehen ist, besagt nichts darüber, daß es auch notwendig so geschehen mußte, daß insbesondere sowohl dem Verkehrsanwalt als auch dem Prozeßbevollmächtigten (für die Protokollierung des vom Verkehrsanwalt erarbeiteten Vergleichs) die Vergleichsgebühr entstehen mußte, mit der Folge, daß der Gegner zwei Vergleichsgebühren erstatten muß.

§ 53 Vertretung in der mündlichen Verhandlung, Ausführung der Parteirechte

Der Rechtsanwalt, dem die Partei oder mit deren Einverständnis der Prozeßbevollmächtigte nur für die mündliche Verhandlung die Vertretung oder die Ausführung der Parteirechte übertragen hat, erhält neben der Verhandlungsgebühr eine halbe Prozeßgebühr. Diese Prozeßgebühr erhält er auch dann, wenn der Auftrag vor der mündlichen Verhandlung erledigt ist. Erstreckt sich die Vertretung auf eine mit der mündlichen Verhandlung verbundene Beweisaufnahme, so erhält der Rechtsanwalt außerdem die Beweisgebühr.

Übersicht über die Anmerkungen

1 **Allgemeines.** § 53 befaßt sich mit den Gebühren des RA, der die Partei anstelle des Prozeßbevollmächtigten in der mündlichen Verhandlung vertritt oder der neben dem Prozeßbevollmächtigten in der mündlichen Verhandlung auftritt.

Hauptfälle:

für den Verhandlungsvertreter der RA, der den Prozeßbevollmächtigten in einem Rechtsstreit vor einem auswärtigen Amtsgericht in der Verhandlung vertritt, für den mit der Ausführung der Parteirechte beauftragten RA, der Spezialist auf einem Sonderrechtsgebiet ist (z. B. gewerblicher Rechtsschutz), der neben dem Prozeßbevollmächtigten in der mündlichen Verhandlung erscheint. Nicht hierher gehört der RA, der als Vertreter des RA i. S. des § 4 tätig wird. Dieser RA steht allein in Beziehungen zu dem RA, den er vertritt. Seine Vergütungsansprüche richten sich ausschließlich nach den vertraglichen Beziehungen zu dem vertretenden RA (z. B. Gehaltsansprüche als angestellter RA). Ein Vergütungsanspruch gegen die Partei steht ihm nicht zu.

Nicht geregelt sind die Gebührenansprüche des RA, der nicht nur in der mündlichen Verhandlung, sondern allgemein als Unterbevollmächtigter tätig wird (hierüber unten A 16).

Bei einem auf die **Vertretung in der mündlichen Verhandlung oder** auf 2
Ausführung der Parteirechte beschränkten Auftrag kann der RA, da ihm keine Prozeßvollmacht erteilt worden ist, nicht die Gebühren des § 31 Abs. 1 erhalten. Er erhält vielmehr nur die in § 53 bestimmten Gebühren.

Soweit eine Vertretung durch RAe geboten ist (§ 78 ZPO), kann der Prozeßbevollmächtigte die Vertretung in der mündlichen Verhandlung nur auf einen beim Prozeßgericht zugelassenen RA übertragen.

Er darf aber auch einem nicht bei dem Prozeßgericht zugelassenen RA die Ausführung der Parteirechte in seinem Beistand überlassen. Eine solche Übertragung der Ausführung der Parteirechte kommt besonders dann vor, wenn der Vertrauensanwalt der Partei oder ein besonders erfahrener Fachanwalt den Prozeßbevollmächtigten in der Verhandlung unterstützen soll. Soweit kein Anwaltszwang besteht, kann auch ein bei dem Prozeßgericht nicht zugelassener RA die Vertretung in der mündlichen Verhandlung übernehmen. § 53 ist nur auf die Verhandlung vor dem Prozeßgericht anwendbar, nicht auf andere in der ZPO geregelte Verfahren, wie z. B. das Beschwerdeverfahren oder das Zwangsvollstreckungsverfahren, da für diese Verfahren Gebührenvorschriften für alle RAe ohne Rücksicht auf die Art und den Umfang des Auftrags gelten.

Der **Auftrag** kann von **der Partei** selbst erteilt werden. Das kommt beson- 3
ders dann vor, wenn in einem Rechtsstreit, für den kein Anwaltszwang besteht, die Partei überhaupt keinen RA zum Prozeßbevollmächtigten bestellt hat, sondern den Rechtsstreit selbst führt oder durch einen Nichtanwalt als Prozeßbevollmächtigten führen läßt und einen RA ausschließlich mit ihrer Vertretung in der mündlichen Verhandlung beauftragt.

Der **Auftrag** kann aber auch **von dem Prozeßbevollmächtigten** im 4
Einverständnis mit der Partei erteilt werden. Überträgt dieser einem anderen RA die Vertretung in der mündlichen Verhandlung, so erhält er nach § 33 Abs. 3 fünf Zehntel der Verhandlungsgebühr. Näheres darüber und über das Einverständnis der Partei s. A 35 ff. zu § 33. Überträgt er dem anderen RA nur die Ausführung der Parteirechte, so entsteht daraus kein besonderer Gebührenanspruch für den übertragenden Prozeßbevollmächtigten (S. A 44 zu § 33).

Der beauftragte Rechtsanwalt erhält:

die **Verhandlungsgebühr.** Ihre Höhe ist die gleiche wie die der Verhand- 5
lungsgebühr, die er als Prozeßbevollmächtigter erhalten würde.

Er erhält also bei streitiger Verhandlung die volle Verhandlungsgebühr, bei nichtstreitiger Verhandlung die halbe (§ 33 Abs. 1), bei Verhandlung nur zur Prozeßleitung ebenfalls die halbe Gebühr (§ 33 Abs. 2), im Berufungs- oder Revisionsverfahren dreizehn Zehntel (§ 11 Abs. 1 S. 4).

Erörterungsgebühr. Der mit der Vertretung in der mündlichen Verhandlung beauftragte RA erhält die Erörterungsgebühr unter den gleichen Voraussetzungen wie der Prozeßbevollmächtigte,

vgl. A 147 ff zu § 31.

wenn in dem Termin nicht verhandelt, wohl aber die Sache erörtert wird.

Chemnitz AnwBl. 75, 433; vgl. auch Kersting–Reuter NJW 76, 2248.

6 Für **mehrere Verhandlungen** im gleichen Rechtszug kann er, ebenso wie der Prozeßbevollmächtigte, nach § 13 Abs. 2 die Verhandlungsgebühr nur einmal beanspruchen, auch wenn dazu getrennte Aufträge vorliegen.

Ist dem RA nur die Ausführung der Parteirechte übertragen, so erhält er die Verhandlungsgebühr in der entsprechenden Höhe, falls nur der Prozeßbevollmächtigte oder die Partei verhandelt.

7 Der **Anspruch** auf die Verhandlungsgebühr **entsteht,** wenn der RA in dem Verhandlungstermin für die Partei auftritt.

Ist der RA Vertreter in der mündlichen Verhandlung, erwirkt er die Verhandlungsgebühr nur dann und nur in der Höhe, in der sie der Prozeßbevollmächtigte verdienen würde, wenn er in der mündlichen Verhandlung selbst aufträte.

Die Entstehung der vollen Verhandlungsgebühr setzt also voraus, daß der Vertreter streitig oder unter den Voraussetzungen des § 33 Abs. 1 Nr. 1 bis 3 verhandelt.

Die halbe Verhandlungsgebühr erhält der Vertreter bei – sonstiger – unstreitiger Verhandlung.

Die 5/10-Gebühr des § 33 Abs. 2 erhält der Vertreter, wenn er nur zur Prozeß- oder Sachleitung verhandelt.

Ist dem RA die Ausführung der Parteirechte übertragen, so gilt das gleiche, wenn er allein oder nur mit der Partei in dem Verhandlungstermin erscheint.

Erscheint der RA neben dem Prozeßbevollmächtigten, erwirbt er sie in gleicher Höhe wie der Prozeßbevollmächtigte (unterstellt, dieser habe die Gebühr noch nicht in früheren Verhandlungen verdient). Dabei ist nicht nötig, daß der RA selbst das Wort neben dem Prozeßbevollmächtigten ergreift. Zur Entstehung seiner Verhandlungsgebühr reicht aus, daß er den Gang der Verhandlung verfolgt.

8 **Endigt der Auftrag vor der Verhandlung** so entsteht kein Anspruch auf eine Verhandlungsgebühr, wohl aber nach § 53 S. 2 auf die halbe Prozeßgebühr. Das gilt auch bei Durchführung des Rechtsstreits im schriftlichen Verfahren.

LG Tübingen AnwBl. 86, 42.

9 Außerdem erhält der RA als Betriebsgebühr **eine halbe Prozeßgebühr.** Ihre Höhe ist stets die Hälfte derjenigen Gebühr, die der Prozeßbevollmächtigte erhält oder erhalten würde.

Die halbe Prozeßgebühr soll das Entgelt dafür sein, daß sich der RA in den Streitstoff einarbeiten muß. Er erhält sie deshalb nach § 53 S. 2 auch dann, wenn sein Auftrag vor der mündlichen Verhandlung erledigt ist, sofern er nur in Ausführung des Auftrags etwas getan, z. B. die Akten eingesehen oder die Information entgegengenommen hat.

Auch auf die halbe Prozeßgebühr besteht nur ein **einmaliger Anspruch** in 10 jedem Rechtszug nach § 13 Abs. 2, selbst wenn der RA für mehrere Verhandlungstermine besondere Vertretungsaufträge erhält.

Das gilt auch dann, wenn der RA außer mit der Vertretung in einem Verhandlungstermine noch mit der Wahrnehmung eines Beweistermins beauftragt worden ist (§ 54).

Besteht schon ein Anspruch auf eine Prozeßgebühr, z. B. weil der 11 Verhandlungsvertreter früher im gleichen Rechtszug Prozeßbevollmächtigter war oder weil er Anspruch auf die Verkehrsgebühr hat, so kann daneben nicht noch die halbe Prozeßgebühr des § 53 beansprucht werden.

Hamburg JurBüro 86, 870 = MDR 86, 595.

Bei späterer Erhöhung des Gegenstandswerts kann die halbe Prozeßgebühr vom Mehrbetrag verlangt werden.

Die **Beweisgebühr** erhält der RA nach § 53 S. 3, wenn sich die Vertretung 12 auf eine mit der mündlichen Verhandlung verbundene Beweisaufnahme erstreckt. Die Beweisaufnahme muß eine solche sein, die nach dem § 31 Abs. 1 Nr. 3 in Verbindung mit § 34 auch für den Prozeßbevollmächtigten den Anspruch auf eine Beweisgebühr entstehen läßt. Ferner muß sie mit der mündlichen Verhandlung verbunden sein, also in dem Verhandlungstermin stattgefunden und der RA die Partei in dem Beweisaufnahmeverfahren vertreten haben. Das trifft z. B. zu, wenn er bei der Vernehmung von Zeugen, Sachverständigen oder Parteien anwesend war. Der Auftrag muß sich auf die Beweisaufnahme erstrecken. Das ist anzunehmen, wenn die Beweisaufnahme in der Verhandlung stattfindet, mit deren Wahrnehmung der RA beauftragt war. Findet aber die Beweisaufnahme in einem besonderen Termin vor einem beauftragten oder ersuchten Richter statt, so kann der RA die Beweisgebühr nur nach § 54 verlangen, wenn ihm die Vertretung in der Beweisaufnahme besonders übertragen worden war. Der RA als Vertreter in der mündlichen Verhandlung hat nur Auftrag, die mündliche Verhandlung wahrzunehmen. Soll er in einem eigenen Beweistermin tätig werden, muß ihm zusätzlich ein Auftrag gemäß § 54 erteilt werden.

Die **Vergleichsgebühr** des § 23 erhält der Terminanwalt, wenn er bei dem 13 Abschluß eines Vergleiches mitgewirkt hat. Hat auch der Prozeßbevollmächtigte bei dem Vergleich mitgewirkt, so kann auch dieser die Vergleichsgebühr beanspruchen.

Erstreckt sich der Vergleich auf nicht rechtshängige Ansprüche, so erhält er die halbe Prozeßgebühr auch von dem höheren Vergleichswert.

Für einen **ausländischen RA** richten sich die Gebühren nach ausländischem 14 Recht.

Gebührenschuldner ist die Partei, der Prozeßbevollmächtigte auch dann 15 nicht, wenn er den Auftrag im Einverständnis mit der Partei erteilt hat (s. A 36 zu § 33). Bei Beauftragung eines ausländischen RA ist darauf hinzuweisen, daß der beauftragende RA für die Gebühren des Vertreters nicht persönlich haften will.

16 Der **Unterbevollmächtigte.** In der Praxis hat sich die Übung herausgebildet, den bei dem auswärtigen Amtsgericht tätigen Vertreter nicht nur zum Vertreter in der mündlichen Verhandlung zu bestellen, sondern ihm die Vertretung in Untervollmacht ganz allgemein zu übertragen. Der Unterbevollmächtigte wird ermächtigt, die Ladungen, Schriftsätze, Entscheidungen usw. entgegenzunehmen und den Auftraggeber insoweit voll zu vertreten, als der Prozeßbevollmächtigte an der Vertretung wegen der Entfernung des Prozeßgerichts verhindert ist. Der dem Unterbevollmächtigten erteilte Auftrag erstreckt sich insbesondere auch auf das Beweisaufnahmeverfahren. Die Erteilung eines zusätzlichen Auftrags nach § 54 ist nicht mehr erforderlich.

Zunächst erhebt sich die Frage, ob die Bestellung eines solchen Unterbevollmächtigten überhaupt zulässig ist. Sie ist zu bejahen. Allerdings enthält weder die ZPO noch die BRAGO einen Hinweis auf diesen Unterbevollmächtigten. Dieser Umstand schließt jedoch die Erteilung der Untervollmacht in dem ausgeführten Umfange nicht aus, da die Parteien in der Gestaltung ihrer vertraglichen Beziehungen freigestellt sind (Ausnahme: an den Gerichten, an denen Anwaltszwang besteht, kann der RA nicht Unterbevollmächtigter eines nicht zugelassenen RA sein; hier muß ihm Prozeßvollmacht übertragen werden).

Hinsichtlich der Prozeßgebühr und der Verhandlungsgebühr ergeben sich keine Unterschiede zum Vertreter in der mündlichen Verhandlung. Der Unterbevollmächtigte erhält diese Gebühren in gleicher Weise wie der RA des § 53.

H. Schmidt AnwBl. 65, 355; Hamm AnwBl. 73, 210 = JurBüro 73, 747.

Dagegen wird der Unterbevollmächtigte nicht nur wie ein nach § 53 oder nach § 54 beauftragter RA tätig. Ihm ist vielmehr die Vertretung in dem Beweisaufnahmeverfahren übertragen. Er erwirbt deshalb die Beweisgebühr in gleicher Weise wie ein Prozeßbevollmächtigter.

H. Schmidt AnwBl. 65, 355.

17 Die **Erstattungspflicht** der kostenpflichtigen Gegenpartei richtet sich nach § 91 Abs. 2 ZPO.

Wird nur ein Rechtsanwalt in dem Rechtsstreit tätig, was dann zutrifft, wenn die Partei selbst, die den Rechtsstreit persönlich oder durch einen Nichtanwalt als Prozeßbevollmächtigten führt, den Auftrag erteilt hat, so ist die unterlegene Partei stets verpflichtet, die Kosten des Terminanwalts zu erstatten, zumal sie ja dann noch billiger wegkommt, als wenn die Partei den RA als Prozeßbevollmächtigten zugezogen hätte.

Werden **mehrere Rechtsanwälte** in dem Rechtsstreit tätig, was stets dann zutrifft, wenn der prozeßbevollmächtigte RA einen anderen RA mit der Vertretung in der mündlichen Verhandlung oder mit der Ausführung der Parteirechte beauftragt hat, so ist nach § 91 Abs. 1 ZPO zu prüfen, ob die Zuziehung eines zweiten RA zur zweckmäßigen Rechtsverfolgung oder Rechtsverteidigung notwendig war.

18 **War** nach Lage des Falles **die Zuziehung eines Verkehrsanwalts notwen-**

dig, so sind die entstandenen Mehrkosten regelmäßig zu erstatten, jedenfalls in der Höhe, in der Kosten eines Verkehrsanwalts angefallen wären.

Da die Kosten bei Zuziehung eines Verkehrsanwalts niedriger sind als die Kosten eines Prozeßbevollmächtigten und eines Bevollmächtigten nach § 53, werden in der Regel nur die Kosten eines Verkehrsanwalts und eines Prozeßbevollmächtigten zu erstatten sein.

Bamberg JurBüro 79, 597 und 82, 121; Düsseldorf AnwBl. 73, 115 = JurBüro 73, 318; Frankfurt KostRsp. ZPO § 91 (B-Vertretung) Nr. 367; München AnwBl. 82, 532; LG Bonn JurBüro 74, 201; LG Düsseldorf JurBüro 73, 747 mit zust. Anm. von H. Schmidt.

Auch bei **Verhinderung des Prozeßbevollmächtigten** an der persönlichen 19 Wahrnehmung des Verhandlungstermins ist die unterlegene Gegenpartei verpflichtet, die Kosten beider RAe zu erstatten, aber nur dann, wenn zwingende von dem Prozeßbevollmächtigten nicht zu vertretende Gründe vorliegen. Es genügt nicht, wenn der Prozeßbevollmächtigte nur wegen seiner Pflichten anderen Auftraggebern gegenüber den auswärtigen Verhandlungstermin nicht wahrnehmen kann. Dieser Umstand läßt zwar die Beauftragung eines anderen RA mit der Wahrnehmung eines auswärtigen Beweistermins als notwendig erscheinen (s. A 15 zu § 54). Hier ist aber eine andere Beurteilung geboten. Denn bei auswärtigen Beweisterminen muß der am Sitze des Prozeßgerichts wohnende RA nach einem anderen Ort reisen, während der Prozeßbevollmächtigte, der nicht am Sitze des Prozeßgerichts ansässig ist, von vornherein damit rechnen muß, zu dem bei dem auswärtigen Prozeßgericht stattfindenden Verhandlungstermin reisen zu müssen. Das kann die Partei dadurch vermeiden, daß sie einen bei dem zuständigen Prozeßgericht wohnenden RA zum Prozeßbevollmächtigten bestellt, während sie keine Vorsorge treffen kann, daß Reisen zu auswärtigen Beweisterminen vermieden werden.

Vgl. Hamm JurBüro 78, 1034.

Ersparte Reisekosten der **Partei,** die entstanden wären, wenn sie einen am 20 Sitze des Prozeßgerichts wohnenden RA zum Prozeßbevollmächtigten bestellt und zu notwendigen persönlichen Rücksprachen zu ihm hätte reisen müssen, rechtfertigen die Erstattungspflicht in Höhe der ersparten Reisekosten.

Waren der Partei solche Reisen nicht zuzumuten, z. B. bei alten oder kranken Personen oder dem einzigen Arzt am Ort, der so weit vom Gerichtsort wohnt, daß die Reise zu dem am Gerichtssitz wohnenden Prozeßbevollmächtigten mehrere Tage in Anspruch genommen hätte, so sind die Mehrkosten in gleicher Weise wie sonst eine Verkehrsgebühr zu erstatten.

In allen anderen Fällen sind die Kosten nicht erstattungsfähig, da der 21 Partei zuzumuten ist, alsbald einen am Sitze des Prozeßgerichts wohnenden RA zu bestellen.

LG Kleve AnwBl. 80, 513.

Man kann auch nicht annehmen, daß die Gebühren der § 33 Abs. 3, § 53 stets dann zu erstatten seien, wenn sie niedriger sind als die Reisekosten des auswärtigen Prozeßbevollmächtigten, da auch die Erstattungspflicht der Reisekosten den gleichen Beschränkungen unterliegt (s. A 25 ff zu § 28).

von Eicken 773

22 **Der bei einem sachlich unzuständigen auswärtigen Amtsgericht Beklagte,** der die sachliche Unzuständigkeit geltend machen will, darf nicht zunächst einen an seinem Wohnsitz ansässigen RA beauftragen und durch diesen dem bei dem zuständigen Landgericht zugelassenen RA nur Terminsvollmacht erteilen lassen, damit er die sachliche Unzuständigkeit des Amtsgerichts geltend macht, weil dann dadurch, daß er nach der Verweisung dem bisherigen Terminsbevollmächtigten Prozeßvollmacht erteilen muß, unnötigerweise für den ersten Prozeßbevollmächtigten eine Prozeßgebühr und eine halbe Verhandlungsgebühr entsteht. Selbst wenn die Zuziehung eines Verkehrsanwalts als notwendig anzusehen wäre, könnte doch nur die Prozeßgebühr des ersten RA, nicht auch dessen halbe Verhandlungsgebühr, erstattet verlangt werden. Ist es allerdings dem Landgerichtsanwalt nicht zuzumuten, zu dem weit entfernten Amtsgericht zu reisen, kann zunächst bei dem Amtsgericht ein Vertreter und sodann bei dem Landgericht ein Prozeßbevollmächtigter bestellt werden.

23 **Will der Beklagte die örtliche Unzuständigkeit des angerufenen Amtsgerichts geltend machen** und Verweisung an das Amtsgericht seines Wohnsitzes beantragen, so ist dagegen Bestellung eines am Wohnsitz ansässigen RA zum Prozeßbevollmächtigten und Beauftragung eines am angerufenen Amtsgericht wohnenden Verhandlungsvertreters mit der Stellung des Verweisungsantrags zweckmäßig, da dann nach der Verweisung der am Wohnsitz des Beklagten ansässige Prozeßbevollmächtigte den Rechtsstreit fortsetzen kann.

Hamburg JurBüro 86, 879 = MDR 86, 593.

24 Für den **Kläger, der die Klage bei einem unzuständigen Gericht erhoben hat,** sind im Falle der Verweisung die Mehrkosten schon deshalb nicht erstattungsfähig, weil sie ihm nach § 281 Abs. 3 ZPO auch dann aufzuerlegen sind, wenn er in der Hauptsache obsiegt.

25 Beauftragt ein bei dem Landgericht zugelassener aber an einem anderen Orte wohnender RA einen anderen am Landgerichtssitz wohnenden RA mit der Vertretung in der mündlichen Verhandlung, so sind dadurch entstehende Mehrkosten nicht erstattungspflichtig.

26 Wird nur die **Ausführung der Parteirechte** in der mündlichen Verhandlung einem anderen RA übertragen, so daß er neben dem Prozeßbevollmächtigten in der mündlichen Verhandlung auftritt, so sind dadurch entstehende Mehrkosten nur in ganz besonderen Ausnahmefällen erstattungspflichtig.

Hamm Büro 53, 255 und JurBüro 77, 67; Schleswig JurBüro 81, 570 = SchlHA 81, 70; Hamburg JurBüro 86, 879 = MDR 86, 593.

27 Der Beiordnung eines Unterbevollmächtigten im Wege der PKH kommt keine präjudizielle Bedeutung für das Kostenfestsetzungsverfahren zu.

Bamberg JurBüro 83, 1258.

§ 54 Vertretung in der Beweisaufnahme

Der Rechtsanwalt, dessen Tätigkeit sich auf die Vertretung in der Beweisaufnahme beschränkt, erhält für den Rechtszug je fünf Zehntel der Prozeß- und der Beweisgebühr. Der Rechtsanwalt erhält die Beweis-

gebühr nicht, wenn sich der Auftrag ohne Wahrnehmung eines Termins erledigt.

Übersicht über die Anmerkungen

Allgemeines. Nicht immer erfolgt die Beweisaufnahme – wie § 355 Abs. 1 **1**
Satz 1 ZPO als Regel vorschreibt – vor dem Prozeßgericht selbst. Insbesondere dann, wenn sie an einem vom Prozeßgericht weit entfernten Ort durchzuführen ist, wird sie dem beauftragten oder dem ersuchten Richter übertragen. Aus denn gleichen Gründen, aus denen das Prozeßgericht die Durchführung der Beweisaufnahme überträgt, wird der Prozeßbevollmächtigte häufig verhindert sein, die Beweisaufnahme selbst wahrzunehmen. Da aber die Partei in der Regel vertreten sein muß, wird er die Wahrnehmung des Beweisaufnahmetermins einem anderen RA übertragen. Die Vergütung dieses „Beweisanwalts" richtet sich nach § 54.

Anwendbar ist § 54 auf die Wahrnehmung von Beweisterminen in einem Rechtsstreit und einem Beweissicherungsverfahren bei anhängiger Hauptsache.

In anderen Verfahren (Beweissicherungsverfahren bei nichtanhängiger Hauptsache, Verfahren über die PKH, Beschwerdeverfahren, Zwangsvollstreckungsverfahren) richtet sich die Vergütung nach den für diese Verfahren

von Eicken   775

maßgebenden Vorschriften, die keinen Unterschied zwischen dem „Prozeßbevollmächtigten" und anderen RAen machen. Der auswärtige RA, der z. B. im PKH-Verfahren, einen Termin zur Vernehmung eines auswärtigen Zeugen wahrnimmt, erhält die Gebühren des § 51.

2 Der **Rechtsanwalt, dessen Tätigkeit sich auf die Vertretung in der Beweisaufnahme beschränkt,** erhält die Gebühren des § 54. Es können aber dem RA auch noch andere Tätigkeiten übertragen worden sein, sofern er nur nicht Prozeßbevollmächtigter ist. Deshalb erhält auch der Verkehrsanwalt die halbe Beweisgebühr nach § 54, wenn ihm außerdem die Vertretung in einer Beweisaufnahme übertragen worden ist. Das gleiche gilt für den mit der Vertretung in der mündlichen Verhandlung beauftragten RA, § 53, hier jedoch mit der Einschränkung, daß die Beweisaufnahme nicht mit der mündlichen Verhandlung zusammenhängen darf (hängt sie zusammen, erhält der RA nicht nur die Gebühr des § 54, sondern die – volle – Beweisgebühr des § 31 Abs. 1 Nr. 3).

Der Hauptanwendungsfall des § 54 ist der, daß der Prozeßbevollmächtigte mit der Wahrnehmung eines auswärtigen Beweistermins einen am Orte der Beweisaufnahme ansässigen RA beauftragt.

3 Der **Prozeßbevollmächtigte** ist niemals Beweisanwalt i. S. des § 54; er erhält also auch dann, wenn sich seine Tätigkeit auf die Vertretung in der Beweisaufnahme beschränken sollte, z. B. weil er erst kurz vor einem Beweistermin bestellt worden war und sein Auftrag aus irgendeinem Grunde sich unmittelbar danach erledigt hat, nicht die Gebühren des § 54, sondern die Gebühren des § 31 Abs. 1, also die volle Beweisgebühr. Ob er daneben die volle oder die halbe Prozeßgebühr erhält, bestimmt sich nach § 32 (s. A 20 zu § 32).

Der frühere Prozeßbevollmächtigte kann dagegen nach Verweisung, also zu einer Zeit, in der er nicht mehr Prozeßbevollmächtigter ist, Beweisanwalt werden. Hat er vorher keine Beweisgebühr verdient, so kann er die halbe Beweisgebühr des § 54 beanspruchen.

Der RA erhält als Beweisanwalt

4 die **halbe Beweisgebühr,** wenn er den Beweistermin wahrnimmt.

Erledigt sich der Auftrag ohne Wahrnehmung eines Termins, so erhält der RA die Beweisgebühr nicht. Der Beweisanwalt unterscheidet sich also in doppelter Hinsicht von dem Prozeßbevollmächtigten. Er erhält nur eine halbe Beweisgebühr, nicht – wie dieser – eine volle Gebühr. Außerdem fällt bei ihm die Beweisgebühr nur mit der Wahrnehmung des Beweistermins an, während sie der Prozeßbevollmächtigte auch durch sonstige Vertretung im Beweisverfahren verdienen kann.

Es kommt aber nicht darauf an, ob in dem Termin, in dem der RA erschienen ist, die Beweisaufnahme tatsächlich stattfindet. Der RA erhält also die halbe Beweisgebühr auch dann, wenn der geladene Zeuge nicht erscheint oder die Parteien sich vor der Beweisaufnahme vergleichen.

Der Begriff der Beweisaufnahme ist der gleiche wie in § 31 Abs. 1 Nr. 3. Die Anhörung oder Vernehmung einer Partei nach § 613 ZPO ist Beweisaufnahme, auch wenn sie in § 54 nicht besonders erwähnt ist. Die Anhörung einer

Partei gemäß § 141 ZPO ist dagegen keine Beweisaufnahme, mag sie auch noch so ausführlich durchgeführt werden.

München Rpfleger 61, 417.

Die Teilnahme an einer von Sachverständigen im Auftrage des Gerichts durchgeführten Besichtigung ist die Wahrnehmung eines Beweisaufnahmetermins i. S. des § 54.

Vgl. hierzu A 83 zu § 31; H. Schmidt AnwBl. 80, 107; KG KostRsp. BRAGO § 54 Nr. 6 mit kritischer Anm. E. Schneider.
a. M. Mümmler JurBüro 78, 1269; Bamberg JurBüro 80, 221 mit Anm. von Mümmler; Celle JurBüro 71, 944 = NdsRpfl. 72, 21; Düsseldorf JurBüro 65, 901 = JVBl. 66, 15 = JMBlNRW 66, 59; JurBüro 85, 93; München JurBüro 64, 670 = Rpfleger 65, 247 = Anw.Bl. 64, 169 = JVBl. 64, 169 und unter ausdrücklicher Aufrechterhaltung der vertretenen Meinung JurBüro 69, 860 (zust. E. Schneider) = Rpfleger 69, 359 = MDR 69, 855 (L); Stuttgart JurBüro 86, 1837; Schleswig JurBüro 83, 1527.

Der Prozeßbevollmächtigte, der den anderen RA mit der Vertretung in der Beweisaufnahme beauftragt, erhält die volle Beweisgebühr, da schon diese Beauftragung eine Tätigkeit in einem Beweisaufnahmeverfahren i. S. des § 31 Abs. 1 Nr. 3 darstellt.

Läßt sich der beauftragte RA durch einen **Stellvertreter** vertreten, so ist für 5 die Frage, ob durch dessen Tätigkeit ein Anspruch auf die Beweisgebühr entsteht, die Bestimmung des § 4 maßgebend. Bei Wahrnehmung des Termins durch Kanzleiangestellte entsteht also kein Anspruch auf die Beweisgebühr des § 54, wohl aber bei Wahrnehmung durch den einem RA zur Ausbildung überwiesenen Referendar. Näheres s. bei § 4.

Bei **Wahrnehmung meherer Beweistermine** im gleichen Rechtszug erhält 6 der RA die halbe Beweisgebühr nur einmal, wie jetzt schon daraus folgt, daß die Gebühr in § 54 Nr. 1 ausdrücklich „für den Rechtszug" vorgesehen ist.

Es kommt also auch nicht darauf an, ob die Beweistermine an verschiedenen Orten stattfinden und ob mehrere getrennte Aufträge vorliegen.

München AnwBl. 62, 149 = JVBl. 61, 220 = Büro 61, 498 = MDR 61, 649.

Sind die Beweisgegenstände verschieden, so erhöht sich die zunächst aus einem geringerem Wert berechnete – halbe – Beweisgebühr auf eine – halbe – Beweisgebühr aus dem zusammengerechneten Wert aller Gegenstände, über die Beweis erhoben worden ist (§ 4 ZPO ist jedoch zu beachten; also keine Zusammenrechnung, wenn zunächst über die Hauptsache und später über die Zinsen Beweis erhoben worden ist).

Der RA erhält fener eine **halbe Prozeßgebühr** für die zur Wahrnehmung des 7 Beweistermins notwendige Einarbeitung in den Prozeßstoff und für etwaigen Schriftwechsel mit der Partei und dem Prozeßbevollmächtigten. Da die Einarbeitung vor dem Termin erfolgen muß, fällt der Anspruch auf die halbe Prozeßgebühr nicht weg, wenn sich der Auftrag ohne Wahrnehmung eines Termins erledigt, sofern der RA in Ausführung des Auftrags irgendwie tätig geworden ist. Es genügt, daß er die Information entgegengenommen hat. Die Prozeßgebühr ermäßigt sich auch nicht etwa gemäß § 32 auf eine Viertelgebühr. Es verbleibt auch bei vorzeitiger Beendigung des Auftrags bei der halben Prozeßgebühr.

Hat der beauftragte RA schon **aus anderen Gründen Anspruch auf eine** 8

Prozeßgebühr oder auf eine Verkehrsgebühr, so kann er nicht noch die halbe Prozeßgebühr des § 54 beanspruchen, z. B. nicht, wenn er vor einer Verweisung Prozeßbevollmächtigter war, oder wenn er Verkehrsanwalt ist (s. A 18 zu § 52) oder wenn der Verhandlungsvertreter des § 53 einen Beweistermin wahrnimmt,

München AnwBl. 82, 440 = JurBüro 82, 1679.

oder wenn er im Mahnverfahren die Gebühren des § 43 Abs. 1 Nr. 1 oder 2 verdient hat (vgl. § 43 Abs. 2; im Falle des § 43 Abs. 1 Nr. 2 erhöht sich jedoch die Gebühr von ³/₁₀ auf ⁵/₁₀).

Zu beachten ist jedoch, daß die Prozeßgebühr oder die ihr gleichgestellte Gebühr im gleichen Rechtszug verdient sein muß. Ist die Gebühr z. B. im ersten Rechtszug verdient, während der RA erst im Berufungsverfahren Beweisanwalt wird, erhält er die Prozeßgebühr als Beweisanwalt des Berufungsverfahrens neben der im ersten Rechtszug verdienten Gebühr.

9 Auch wenn der RA **mehrere Beweistermine** im gleichen Rechtszug wahrnimmt, kann er, wie aus den Worten „für den Rechtszug" in § 54 S. 1 folgt, die halbe Prozeßgebühr nur einmal berechnen, selbst wenn es sich um mehrere selbständige Aufträge oder Beiordnungen im Wege der PKH handelt oder wenn die Beweisaufnahme vor verschiedenen auswärtigen Gerichten stattfindet.

10 Die **Höhe der Gebühren** ist die gleiche wie die der entsprechenden Gebühren des Prozeßbevollmächtigten. Im Berufungsverfahren betragen also die halbe Beweisgebühr und die halbe Prozeßgebühr je 13 Zwanzigstel, zusammen 13 Zehntel der vollen Gebühr.

Betrifft die Beweisaufnahme nur einen Teil des Streitgegenstandes, so kann der Beweisanwalt die halbe Prozeßgebühr und die Beweisgebühr nur nach dem Wertteil verlangen, den die Beweisaufnahme betrifft. Auch für die Prozeßgebühr gilt nicht etwa der evtl. höhere volle Wert des Prozesses.

Köln JurBüro 75, 627;
a. M. Hartmann A 3 Bb (zwar Beweisgebühr aus dem Wert der Beweisaufnahme, Prozeßgebühr aus dem Gesamtwert des Rechtsstreits, da der Gesamtstoff bewältigt werden müsse, wenn der Beweisanwalt ordnungsgemäß tätig werden wolle). Gegen Hartmann ist darauf hinzuweisen, daß bei einer Zinsklage aus bestrittenem Darlehen der RA auch den gesamten Streitstoff (das Darlehen) prüfen muß, ohne deshalb andere Gebühren als aus seinem Auftrag (der Zinsklage) zu erhalten. Der Beweisanwalt, der nur in einer Beweisaufnahme über die Zinsen eines bereits anderweit bewiesenen Hauptanspruchs tätig wird, kann seine Gebühren nur aus dem Werte der Zinsen berechnen.

Wird er später im gleichen Rechtszug mit der Wahrnehmung eines weiteren Beweistermins beauftragt, der einen anderen Teil des Streitgegenstandes betrifft, so hat er Anspruch höchstens auf die nach der Summe der Wertteile berechnete halbe Beweisgebühr.

Dagegen kommt eine Erhöhung des Streitwerts nach der Beweisaufnahme dem Beweisanwalt nicht zugute. Das gilt auch dann, wenn die Beweisergebnisse für den erhöhten Anspruch ausgewertet werden. Dagegen kommt dem Beweisanwalt eine Erhöhung zugute, wenn sie während seiner Tätigkeit erfolgt.

11 Die **Vergleichsgebühr** des § 23 kann der Beweisanwalt beanspruchen, wenn

in dem Beweistermin unter seiner Mitwirkung ein Vergleich geschlossen worden ist.

Ein ausländischer Rechtsanwalt, der einen Beweistermin im Ausland **12** wahrnimmt, kann die Gebühren nach der für ihn maßgebenden ausländischen Gebührenordnung berechnen.

AG Kleve AnwBl. 69, 415; LG Köln AnwBl. 82, 532.

Dagegen erhält ein deutscher RA die Gebühren auch dann nach der BRAGO, wenn er einen Beweistermin im Ausland wahrnimmt (Beispiel: ein in einem deutschen Grenzort – etwa in Kehl – wohnender RA nimmt einen im ausländischen Grenzort – etwa in Straßburg – stattfindenden Beweistermin wahr).

Kostenerstattung

Übersteigen die Gebühren des § 54 die Reisekosten, die entstanden **13** wären, wenn der Prozeßbevollmächtigte selbst den Termin wahrgenommen hätte nicht oder nur unwesentlich, so sind sie stets erstattungsfähig.

vgl. auch Koblenz AnwBl. 74, 353 und MDR 80, 412 (Kosten des Beweisanwalts auf jeden Fall in Höhe der Reisekosten des Prozeßbevollmächtigten erstattungsfähig); Schleswig SchlHA 81, 151.

Andererseits wird die Auffassung vertreten, daß die Kosten des Beweisanwalts, soweit sie die Reisekosten des Prozeßbevollmächtigten übersteigen, nicht erstattungsfähig seien.

Hamm JurBüro 78, 1346; Schleswig JurBüro 77, 1737; Frankfurt JurBüro 77, 969.

In dieser Allgemeinheit wird man das jedoch nicht sagen können. Es wird im Einzelfall darauf ankommen, ob man von dem Prozeßbevollmächtigten verlangen konnte, daß er den Termin selbst wahrnahm.

München AnwBl. 84, 211 = JurBüro 84, 595; Hamm JurBüro 84, 1565 = MDR 84, 587; Frankfurt AnwBl. 84, 618 = JurBüro 85, 128 (nur wenn Terminsverlegung vergeblich versucht).

Die **nach ausländischem Recht** berechneten Gebühren eines ausländischen Beweisanwalts für die Wahrnehmung eines Termins im Ausland sind in diesem Falle jedenfalls insoweit zu erstatten, als sie die Kosten, die bei Wahrnehmung des Termins durch einen deutschen RA entstanden wären, nicht übersteigen. Höhere Gebühren als die der BRAGO sind mindestens insoweit zu erstatten, als die erstattungsberechtigte Partei zu ihrer Zahlung an den ausländischen RA genötigt war und es sich um einen für sie wesentlichen Prozeß handelt. Das gilt auch dann, wenn der RA, der den Beweistermin im Ausland wahrgenommen hat, nicht nur dort, sondern auch in Deutschland zugelassen ist.

Düsseldorf MDR 59, 671; LG Köln AnwBl. 83, 532.

Ob die **Wahrnehmung** des Beweistermins durch einen Rechtsanwalt **notwendig** war, ist im Kostenfestsetzungsverfahren nicht zu prüfen. Eine Partei hat Anspruch darauf, in allen Terminen durch einen RA vertreten zu sein. Die durch die Wahrnehmung des Termins durch einen Beweisanwalt entstehenden Kosten gelten zumindest als notwendig i. S. des § 91 ZPO.

Mümmler JurBüro 78, 1269.

Dagegen spielt es für die Erstattungspflicht der Staatskasse gegenüber dem im Wege der PKH beigeordneten RA eine Rolle, ob die Teilnahme des Prozeßbevollmächtigten an dem Beweistermin notwendig war und deshalb seine Reisekosten aus der Staatskasse zu ersetzen sind (vgl. § 126 Abs. 3).

Eine in die Kosten verurteilte Partei kann daher auch nicht einwenden, daß ihr selbst die Beiordnung eines Beweisanwalts abgelehnt und die Reise ihres Prozeßbevollmächtigten zu dem Beweistermin nicht für erforderlich erklärt worden sei.

14 **Verhinderung des Prozeßbevollmächtigten an der persönlichen Wahrnehmung des Beweistermins** begründet nicht unter allen Umständen die Erstattbarkeit. Grundsätzlich ist der Prozeßbevollmächtigte verpflichtet, auch auswärtige Beweistermine wahrzunehmen.

Namentlich kann der Prozeßbevollmächtigte die Wahrnehmung auswärtiger Beweistermine nicht deshalb ablehnen, weil die in § 28 vorgesehenen Reisekosten für die mit der Terminswahrnehmung verbundene Zeitversäumnis zu niedrig seien.

Auch kann kein allgemeiner Grundsatz aufgestellt werden, daß es einem großstädtischen Prozeßbevollmächtigten nicht zugemutet werden könne, auswärtige Termine in großer Entfernung vom Sitze des Prozeßgerichts persönlich wahrzunehmen.

Mümmler JurBüro 78, 1269; Bamberg JurBüro 75, 379; Frankfurt Rpfleger 65, 290; Hamburg MDR 71, 145 (Die Kosten eines Verkehrsanwalts für die Wahrnehmung eines auswärtigen Beweistermins sind dann zu erstatten, wenn sie niedriger sind als die Reisekosten des Prozeßbevollmächtigten oder wenn der Prozeßbevollmächtigte an dem Terminstag verhindert ist und sich eine Terminsverlegung nicht erreichen läßt); 86, 592 (allenfalls bei unabwendbarer Verhinderung).

15 **Beauftragung eines vielbeschäftigten Anwalts,** der auswärtige Termine nicht wahrnehmen kann, darf nicht zu einer Mehrbelastung der erstattungspflichtigen Gegenpartei führen.

Mümmler JurBüro 78, 1269; Koblenz Rpfleger 80,69 = JurBüro 80, 384 = VersR 80, 239.

Ob ein Verhinderungsgrund vorliegt, ist nach der jeweiligen Lage des Einzelfalls zu beurteilen.

KG Rpfleger 62, 157 (für Berliner Anwalt Wahrnehmung von Beweisaufnahmeterminen in der Bundesrepublik häufig unzumutbar). Sehr weitgehend Koblenz Rpfleger 80, 69 (Die Kosten sind nicht allein schon deshalb erstattungsfähig, weil der vielbeschäftigte Hauptbevollmächtigte vergeblich um Verlegung des Beweistermins nachgesucht hat. Eine solche Praxis würde dazu führen, daß sich gerade die Prozesse der vielbeschäftigten Anwälte ungleich verteuerten. Das Problem der Terminskollision muß der vielbeschäftigte Anwalt mit eigenen Mitteln und nicht durch Kostenmehrbelastung des Prozeßgegners lösen).

Dabei können die Dauer der Reise und die Höhe des Streitwerts eine Rolle spielen.

vgl. dazu Düsseldorf JurBüro 65, 778 = JVBl. 66, 141 = JMBlNRW 65, 190 = Rpfleger 66, 28; München Büro 60, 491 = AnwBl. 61, 119 = JVBl. 61, 116 = MDR 61, 66.

Hat das Prozeßgericht den auswärtigen Beweisaufnahmetermin selbst durchgeführt, wird in der Regel auch von dem Prozeßbevollmächtigten zu erwarten sein, daß er den Beweisaufnahmetermin ebenfalls selbst wahrnimmt.

Einem in Wiesbaden ansässigen RA kann in der Regel nicht zugemutet werden, einen Termin in Düsseldorf wahrzunehmen, wenn dort nur ein Zeuge vernommen werden soll.

Frankfurt MDR 58, 249 = Büro 58, 342 = Rpfleger 59, 63.

Etwas anderes muß allerdings gelten, wenn es sich bei der Vernehmung dieses Zeugen um die prozeßentscheidende Beweisaufnahme handelt und die Reisekosten des Prozeßbevollmächtigten in einem angemessenen Verhältnis zum Streitwert stehen.

Als Nachweis der Verhinderung muß im allgemeinen die begründete Versicherung des Prozeßbevollmächtigten genügen. Eine Darlegung, daß vergeblich wegen einer Terminsverlegung nachgesucht worden sei, ist anzuraten. Verhinderung durch Krankheit genügt.

Die Beurteilung der Frage, ob die Kosten eines unterbevollmächtigten RA zur Wahrnehmung eines auswärtigen Beweistermins erstattungsfähig sind, hängt nicht entscheidend von Wünschen der Partei oder der ganz persönlichen Auffassung ihres Prozeßbevollmächtigten ab, sondern davon, ob diese Kosten zur zweckentsprechenden Rechtsverfolgung notwendig gewesen sind.

Schleswig JurBüro 69, 859.

Sind **verschiedene Anwälte** mit der Wahrnehmung von Beweisterminen am 16 gleichen Orte beauftragt worden, so sind die Mehrkosten nur dann erstattungsfähig, wenn Anwaltswechsel notwendig war.

In eigener Sache oder als gesetzlicher Vertreter, Konkursverwalter usw. 17 kann der Rechtsanwalt, wenn er im Auftrag eines Prozeßbevollmächtigten einen Beweistermin wahrnimmt, die Gebühren des § 54 unter den gleichen Voraussetzungen von der unterlegenen Gegenpartei erstattet verlangen, also stets bis zur Höhe der Reisekosten seines Prozeßbevollmächtigten, die Mehrkosten dann, wenn sein Prozeßbevollmächtigter an der Wahrnehmung des Termins verhindert war.

Hat die **Beweisaufnahme im Verfahren über die Prozeßkostenhilfe** 18 stattgefunden, so sind die Gebühren des § 51 nicht zu erstatten (vgl. A 1).

Für die **Erstattbarkeit der Reisekosten des Prozeßbevollmächtigten** zu 19 auswärtigen Beweisterminen sind die Gebühren des § 54 nicht die Höchstgrenze. Sie dürfen nur nicht in auffälligem Mißverhältnis zu der Bedeutung des Rechtsstreits stehen. Wenn dies der Fall wäre, ist der billigere Weg der Beauftragung eines auswärtigen Ra zu wählen.

Hamm JurBüro 71, 696.

In manchen Fällen ist nur der Prozeßbevollmächtigte in der Lage, den Termin sachgemäß wahrzunehmen, z. B. bei verwickelten oder ganz besonderen Sachkunde erfordernden Beweispunkten. Dann sind die Kosten ohne Rücksicht auf die Höhe zu erstatten.

Frankfurt JurBüro 82, 238 (Der Prozeßanwalt ist grundsätzlich dazu berufen, einen auswärtigen Beweistermin selbst wahrzunehmen. Seine Reisekosten sind auch bei weiten Reisen erstattungsfähig, wenn dem Beweistermin prozeßentscheidende Bedeutung zukommt und die Kosten nicht außer Verhältnis zum Streitwert und den anderen Kosten stehen).

Auch für **Beweisaufnahmen im Ausland** gilt der gleiche Grundsatz. Han- 20 delt es sich aber um eine Beweisaufnahme über rein tatsächliche Fragen einfacher und klarer Art, so sind nur die Kosten erstattungspflichtig, die durch Beauftragung eines ausländischen RA entstanden wären.

21 Eine **vereinbarte Vergütung** für die Wahrnehmung eines auswärtigen Beweistermins ist nicht erstattungsfähig, soweit sie die gesetzlichen Gebühren überschreitet. Es können vielmehr stets nur die nach § 28 berechneten Reisekosten erstattet verlangt werden.

22 Nimmt ein **Simultananwalt** Beweistermine an seinem Wohnsitz wahr, so kann sein Auftraggeber die Reisekosten des RA zum Prozeßgericht insoweit erstattet verlangen, als bei Bestellung eines am Sitze des Prozeßgerichts wohnenden RA zum Prozeßbevollmächtigten für diesen Reisekosten zum Beweistermin entstanden wären (s. A 26 zu § 28).

23 **Aus der Staatskasse** werden nach § 126 Abs. 1 S. 1 Auslagen des im Wege der PKH beigeordneten Rechtsanwalts, insbesondere Reisekosten, nicht vergütet, wenn sie zur sachgemäßen Wahrnehmung der Interessen der Partei nicht erforderlich waren. Näheres s. bei § 126.

Über die Beiordnung eines besonderen RA zur Wahrnehmung auswärtiger Beweisaufnahmetermine S. A 4 zu § 122.

Über die Erstattungspflicht der Auslagen des prozeßbevollmächtigten Armenanwalts für die Beauftragung eines auswärtigen RA mit der Wahrnehmung auswärtiger Beweisaufnahmetermine s. A 19 zu § 126.

24 Über die **Wahrnehmung anderer als Beweistermine** s. § 56 Abs. 1 Nr. 2 und Abs. 2

> München (vgl. A 4) sieht den von einem Sachverständigen durchgeführten Besichtigungstermin als einen solchen „anderen Termin" an; ebenso Düsseldorf JurBüro 85, 93.

25 **Beweisanwalt und Prozeßbevollmächtigter oder Verkehrsanwalt.** Wird der bisherige Beweisanwalt später Prozeßbevollmächtigter, muß er sich seine als Beweisanwalt verdiente Prozeßgebühr auf seine Prozeßgebühr – § 31 Abs. 1 Nr. 1 – und seine Beweisgebühr auf die Beweisgebühr des § 31 Nr. 3 anrechnen lassen.

> Celle NdsRpfl. 65, 152 = JVBl. 65, 183.

Wird der Beweisanwalt später Verkehrsanwalt, muß er sich die Prozeßgebühr des § 54 auf seine Verkehrsgebühr anrechnen lassen.

§ 55 Abänderung von Entscheidungen von beauftragten oder ersuchten Richtern, von Rechtspflegern und Urkundsbeamten

Der Rechtsanwalt, dessen Tätigkeit sich auf ein Verfahren auf Änderung einer Entscheidung des beauftragten oder ersuchten Richters, des Rechtspflegers oder des Urkundsbeamten der Geschäftsstelle (§ 576 der Zivilprozeßordnung) beschränkt, erhält drei Zehntel der im § 31 bestimmten Gebühren. Die Vorschriften des § 32 und des § 33 Abs. 1 und 2 gelten nicht.

1 Das **Verfahren des § 576 ZPO** auf Änderung einer Entscheidung des beauftragten oder ersuchten Richters, des Rechtspflegers oder des Urkundsbeamten der Geschäftsstelle gehört nach § 37 Nr. 4 und 5 zum Rechtszug. Die Gebühren des § 55 kann daher nur ein RA beanspruchen, dessen Tätigkeit sich auf ein solches Verfahren beschränkt. Ein solcher Fall wird nur selten vorkommen.

Koblenz VersR 81, 467.

Die Gebühr erhält sowohl der RA des Antragstellers als auch der des Antragsgegners (vorausgesetzt, daß auch dessen Auftrag auf das Verfahren beschränkt ist). Wird dem Antrag stattgegeben und stellt nun der Antragsgegner seinerseits einen Abänderungsantrag, wird hierdurch ein neues Verfahren mit neuen Gebühren eingeleitet (kein neues Verfahren bei Einlegung von Anschlußerinnerung). Die Gebühren betragen drei Zehntel der Gebühren des § 31 Abs. 1. Eine Ermäßigung auf die Hälfte findet nach der Vorschrift des Satzes 2 nicht statt.

Die **Erinnerung gegen einen Kostenfestsetzungsbeschluß** (§§ 104 Abs. 3, **2** 107 Abs. 3 ZPO), gegen den Kostenansatz (§ 5 GKG, § 14 KostO) sowie gegen die Festsetzung der Rechtsanwaltsgebühren (§§ 19, 98, 128) fallen nicht unter § 55. Die Gebühren sind in § 61 Abs. 1 Nr. 2 bestimmt und betragen fünf Zehntel der in § 31 Abs. 1 bestimmten Gebühren.

Das **Verfahren nach § 159 GVG,** wonach, wenn ein Rechtshilfeersuchen **3** abgelehnt oder der Vorschrift des § 158 Abs. 2 GVG zuwider dem Ersuchen stattgegeben wird, das Oberlandesgericht entscheidet, fällt ebenfalls nicht unter § 55. Vielmehr steht dem RA für die Anrufung des vorgesetzten Oberlandesgerichts die Gebühr des § 118 Abs. 1 Nr. 1 zu. Der Wert richtet sich nach dem Interesse an der Durchführung der Rechtshilfe durch das ersuchte Gericht.

Nicht unter § 55 fallen ferner die **Erinnerungen** gegen Entscheidungen des **4** Rechtspflegers in Angelegenheiten der **freiwilligen Gerichtsbarkeit.** Sie sind nach § 118 zu vergüten.

Erinnerungen im Zwangsvollstreckungsverfahren fallen ebenfalls nicht **5** unter § 55. Sie sind nach § 57 zu vergüten.

Dagegen fallen Entscheidungen des Rechtspflegers in Angelegenheiten der Zwangsversteigerung und der Zwangsverwaltung von Grundstücken ebenso wie die gleichen Entscheidungen im Konkurs- und Vergleichsverfahren unter § 55.

Nicht anzuwenden ist § 55 auf den Widerspruch gegen den **Mahnbescheid 6** und den Einspruch gegen den Vollstreckungsbescheid. Hier fällt die Gebühr des § 43 an. Dagegen fällt die Erinnerung gegen die Zurückweisung des Gesuches auf Erlaß des Vollstreckungsbescheids unter § 55.

Der **Gegenstandswert** richtet sich nach dem Streitwert der Hauptsache. **7**

In der **Beschwerdeinstanz** beträgt die Gebühr ⁵⁄₁₀. **8**

§ 56 Sonstige Einzeltätigkeiten

(1) **Der nicht zum Prozeßbevollmächtigten bestellte Rechtsanwalt erhält, soweit in diesem Abschnitt nichts anderes bestimmt ist, eine halbe Gebühr für**

1. die Einreichung, Anfertigung oder Unterzeichnung von Schriftsätzen,
2. die Wahrnehmung von anderen als zur mündlichen Verhandlung oder zur Beweisaufnahme bestimmten Terminen.

(2) **Endigt der Auftrag, bevor der Rechtsanwalt den Schriftsatz ausgehändigt oder eingereicht oder der Termin begonnen hat, so erhält der Rechtsanwalt nur drei Zehntel der vollen Gebühr.**

(3) **§ 120 gilt sinngemäß.**

Übersicht über die Anmerkungen

1 Nur auf **Einzeltätigkeiten** im Rahmen eines bürgerlichen Rechtsstreits oder eines ähnlichen Verfahrens ist § 56 anwendbar, wie sich aus Einreihung der Bestimmung in den 3. Abschnitt ergibt. Der 12. Abschnitt über die Gebühren in sonstigen Angelegenheiten ist auf derartige Einzeltätigkeiten grundsätzlich nicht anzuwenden.

Es ist also für die Anwendung des § 56 erforderlich, daß ein Verfahren in bürgerlichen Rechtsstreitigkeiten oder ein ähnliches Verfahren bei Gericht anhängig ist oder anhängig gemacht werden soll und daß die Tätigkeit des RA diesem Verfahren dient.

Es muß sich um eine Tätigkeit handeln, die für einen mit dem gesamten Tätigkeitskreis beauftragten RA durch die im 3. Abschnitt bestimmten Verfahrenspauschalgebühren abgegolten werden würde.

§ 56 hat den Vorrang vor § 118. Eine Tätigkeit, die nach § 56 zu vergüten ist, läßt die Gebühren des § 118 nicht anfallen.

Die Gebühr des § 56 ist eine Prozeßgebühr i. S. des § 6, so daß bei mehreren Auftraggebern eine Erhöhung der Gebühr nach § 6 Abs. 1 Satz 2 eintritt.

München AnwBl. 78, 470 = JurBüro 78, 1524 = VersR 79, 166 (L).

2 Nur der **nicht zum Prozeßbevollmächtigten bestellte Rechtsanwalt** kann die Gebühren des § 56 verdienen. Reicht der RA in dem Rechtszug, für den er als Prozeßbevollmächtigter bestellt ist, einen Schriftsatz ein oder nimmt er einen anderen als einen zur mündlichen Verhandlung oder zur Beweisaufnahme bestimmten Termin wahr, so wird seine Tätigkeit durch die Prozeßgebühr abgegolten. Nimmt er aber solche Tätigkeiten in einem Rechtszug vor, für den er nicht zum Prozeßbevollmächtigten bestellt ist z. B. wenn der Prozeßbevollmächtigte des ersten Rechtszugs im Berufungsverfahren einen Sühnetermin wahrnimmt, so kann er die Gebühr des § 56 berechnen. Gleiches gilt, wenn der Berufungsanwalt vor dem BGH schriftsätzlich zu einer Frage Stellung nimmt, z. B. ob der Streitwert einer von dem OLG nicht zugelassenen Revision 40 000,- DM übersteigt.

Hamburg AnwBl. 80, 35 = JurBüro 79, 1841 = MDR 80, 66 (²/₁₀); München AnwBl. 78, 470 = MDR 79, 66 = JurBüro 78, 1524 = VersR 79, 166 (¹³/₂₀).

Auch der Verkehrsanwalt erhält für die in § 56 beschriebenen Tätigkeiten die Gebühr des § 56 nicht. Seine Tätigkeit wird durch die Verkehrsgebühr mit abgegolten.

Vgl. A 13 zu § 52; Frankfurt AnwBl. 81, 450 = VersR 81, 827 (L); Hamm Rpfleger 72, 328 = JurBüro 72, 701.

Soweit im 3. Abschnitt nichts anderes bestimmt ist, gilt § 56. Bestehen 3 für die Tätigkeit des nicht zum Prozeßbevollmächtigten bestellten RA Sondervorschriften, wie z. B. im § 48 für das Beweissicherungsverfahren, im § 51 für das Verfahren über die Prozeßkostenhilfe, im § 53 für den Verhandlungsvertreter, im § 54 für den Beweisanwalt und im § 55 für Verfahren nach § 576 ZPO, so kann der mit einer solchen Tätigkeit beauftragte RA die Gebühr des § 56 ebensowenig verlangen wie der Prozeßbevollmächtigte, wenn der Schriftsatz oder die Wahrnehmung des Termins in den Kreis derjenigen Tätigkeiten fällt, für welche die in den genannten Bestimmungen enthaltenen Gebühren vorgesehen sind.

Sind für ein Verfahren niedrigere Gebühren vorgesehen, z. B. drei 4 Zehntel der in § 31 Abs. 1 bestimmten Gebühren, wie für das Zwangsvollstreckungsverfahren nach § 57, für die Vollziehung eines Arrests oder einer einstweiligen Verfügung nach § 59, so kann auch der mit einer Einzeltätigkeit beauftragte Rechtsanwalt nach § 13 Abs. 6 keine höheren Gebühren beanspruchen. Er erhält also z. B. für die Anfertigung eines Schriftsatzes in einem solchen Verfahren nur drei Zehntel der vollen Gebühr. In diesen Fällen erhält also auch der nur mit Einzeltätigkeiten beauftragte RA die gleichen Gebühren wie ein mit der gesamten Angelegenheit beauftragter RA.

Die **Einreichung, Anfertigung oder Unterzeichnung eines Schriftsat-** 5 **zes.** Abs. 1 Nr. 1 behandelt drei Fälle, die jeder für sich die Gebühr des § 56 auslösen, die jedoch auch dann, wenn sie zusammenfallen, keine Gebührenerhöhung mit sich bringen.

Die Anfertigung eines Schriftsatzes läßt die Gebühr des § 56 entstehen. Nicht notwendig ist es, daß der RA den Schriftsatz unterzeichnet und daß er ihn bei Gericht einreicht. Hierher gehört also auch der für eine Partei gefertigte Schriftsatz, den diese selbst unterzeichnen und bei Gericht einreichen will. Durch die Gebühr des § 56 wird die Entgegennahme der Information, die Ratserteilung, mit abgegolten.

Die Unterzeichnung ist nicht auf vom RA selbst gefertigte Schriftsätze beschränkt. Auch der RA, der den vom Auftraggeber selbst gefertigten Schriftsatz unterzeichnet, erhält die Gebühr des § 56.

Schließlich erwähnt § 56 die Einreichung eines Schriftsatzes. Streitig ist, ob sich die Einreichung auf fremde, von der Partei oder Dritten gefertigte und von dem RA nicht unterzeichnete Schriftsätze erstreckt oder ob sie nur vom RA gefertigte oder mit seiner Unterschrift versehene Schriftsätze betrifft.

Riedel/Sußbauer A 7 (Nur die selbst gefertigten oder unterzeichneten Schriftsätze); vgl. aber Schumann/Geißinger A 12 (Es genügt, wenn der RA den von dritter Seite gefertigten Schriftsatz prüft und einreicht).

Da Abs. 1 Nr. 1 die Einreichung eines Schriftsatzes neben der Anfertigung und Unterzeichnung als dritte Möglichkeit der Gebührenentstehung bezeichnet, kann nicht gefordert werden, daß außerdem noch der Tatbestand der Anfertigung oder Unterzeichnung erfüllt sein muß. Einreichen ist die Vorlage des Schriftsatzes an das Gericht unter Bekanntgabe des Vorlegers. Beispiel: Der RA überreicht einen Schriftsatz mit einem Begleitschreiben „beigeschlossen lege ich den Schriftsatz des... vom... mit der Bitte um Kenntnisnahme vor". Damit übernimmt der RA eine gewisse Verantwortung für den Schriftsatz, die durch die Gebühr des § 56 honoriert wird. Durch § 56 wird dagegen die anonyme Mitnahme eines fremden Schriftsatzes zum Gericht und etwa sein Einwurf in den Nachtbriefkasten nicht vergütet. Die Gebühr des § 56 ist kein Botenlohn.

Unerheblich ist, ob der RA den von ihm gefertigten, unterzeichneten oder eingereichten Schriftsatz billigt oder ob er erklärt, er lehne die Verantwortung für den Schriftsatz ab. Ganz kann er sich nicht freizeichnen, denn irgendwie hat er ja doch mitgewirkt, daß der Schriftsatz zu Gericht kommt. Dann hat er aber auch Anspruch auf Vergütung.

a. M. Riedel/Sußbauer A 7.

6 Schriftsätze sind alle schriftlichen Eingaben, nicht nur solche, die nach den Vorschriften des Verfahrensrechts von einem RA unterzeichnet sein müssen, auch Schreiben einfacher Art, wie sich aus der in Abs. 3 vorgesehenen Ermäßigung in sinngemäßer Anwendung des § 120 ergibt,

Zweibrücken JurBüro 82, 84 (Wird nach Klagerücknahme vom Beklagten ein RA lediglich damit beauftragt, einen Antrag gemäß § 269 Abs. 3 ZPO zu stellen, so erhält er für diese Tätigkeit lediglich eine 5/10-Gebühr gemäß § 56 Abs. 1 Ziff. 1; der Wert der Gebühr berechnet sich aus den bis zur Klagerücknahme angefallenen Kosten).

z. B. der Entwurf einer Klage, die bei einem Gericht erhoben werden soll, bei dem der RA nicht zugelassen ist, der Schriftsatz des nicht zum Prozeßbevollmächtigten bestellten RA, mit dem er auftragsgemäß **Rechtsmittelverzicht** erklärt,

Hamburg JurBüro 74, 733 und 75, 1081 = MDR 75, 944; München JurBüro 74, 1388 = MDR 75, 153; Schleswig JurBüro 75, 475; Zweibrücken Rpfleger 77, 112; KG JurBüro 86, 1366 = MDR 86, 861 (L).

die **Einlegung der Revision bei dem BayObLG**, wenn sich der Auftrag darauf beschränkt. Dafür erhält der RA dreizehn Zwanzigstel der vollen Gebühr (die gemäß § 11 Abs. 1 S. 4 erhöhte halbe Gebühr – vgl. auch Anm. 11 zu § 31),

BayObLG BayObLGZ 61, 71 = NJW 61, 1820 = MDR 61, 611; München NJW 59, 993 (L) = JVBl. 59, 168 = Rpfleger 59, 232 = Büro 59, 525 (L) und JurBüro 64, 66; Nürnberg Büro 62, 469 = Rpfleger 63, 138 = BayJMBl. 63, 63.

für den beim BayObLG gestellten Antrag, die Revision zurückzuweisen, Bamberg JurBüro 72, 150 mit Anm.

von Mümmler und JurBüro 73, 849 (Gebühr nicht erstattungsfähig) sowie JurBüro 79, 720 (erstattungsfähig in Höhe von 2/10); 79, 1024 (Nicht erstattungsfähig, wenn erkennbar, daß Landesrecht nicht in Frage kommt); München JurBüro 81, 58 mit Anw. von Mümmler (nicht erstattungsfähig).

die Stellungnahme des Berufungsanwalts zur Frage der Zulässigkeit einer bereits eingelegten Revision, insbes. zur Frage des Streitwertes.

Hamburg MDR 64, 606 = NJW 64, 600 und AnwBl. 80, 35 = JurBüro 79, 1841; München AnwBl. 78, 470 = MDR 79, 66 = JurBüro 78, 1524 = VersR 79, 16; vgl. auch E. Schneider JurBüro 67, 365; a. M. KG AnwBl. 86, 545 = JurBüro 86, 1825 (Stellungnahme des Berufungsanwalts zum Antrag auf Verlängerung der Revisionsbegründungsfrist gehört zum Berufungsrechtszug).

Ferner die Tätigkeit des erstinstanzlichen RA hinsichtlich eines Gesuches des Gegners auf Wiedereinsetzung in den vorigen Stand gegen die Versäumung der Frist zur Einlegung der Berufung.

München JurBüro 63, 469.

Wegen Fertigung und Einreichung einer **Schutzschrift** s. A 30 zu § 40.

Ferner fallen unter den **Geltungsbereich des § 56 Abs. 1 Nr. 1** alle Schriftsät- 7 ze, die für den Prozeßbevollmächtigten keinen besonderen Gebührenanspruch begründen, weil sie einen Gegenstand betreffen, der nach § 37 zum Rechtszug gehört, soweit sie von einem RA eingereicht, angefertigt oder unterzeichnet werden, der nicht Prozeßbevollmächtigter des betreffenden Rechtszugs ist und soweit der 3. Abschnitt keine Sondervorschriften enthält oder § 120 eingreift. Auch dann, wenn der bisherige Prozeßbevollmächtigte wegfällt, bevor der Rechtszug beendet ist, wird regelmäßig ein neuer Prozeßbevollmächtigter bestellt werden, um die noch nicht erledigten, nach § 37 zum Rechtszug gehörenden Geschäfte zu Ende zu führen. Voraussetzung ist allerdings, daß der Prozeß noch nicht in der Instanz beendet ist. Andernfalls ist für die Bestellung eines Prozeßbevollmächtigten kaum noch Raum. Kann jedoch noch ein Prozeßbevollmächtigter bestellt werden, so erhält dieser dann, wenn er keine Tätigkeit mehr vornimmt, die nach § 32 den Anspruch auf die volle Prozeßgebühr begründet, eine halbe Prozeßgebühr nach §§ 31 Abs. 1, 32, nicht die Schriftsatzgebühr des § 56, auch wenn sich seine Tätigkeit nur auf die Einreichung eines Schriftsatzes beschränken sollte. Ein Einzelauftrag kommt aber besonders dann in Frage, wenn die Partei in einem Rechtsstreit, für den kein Anwaltszwang besteht, sich selbst vertritt und nur mit einer der unter § 37 fallenden Einzeltätigkeiten einen RA beauftragt. Ein weiterer Einzelauftrag kann die Kostenfestsetzung betreffen. Der RA erhält die Gebühr des § 56 Abs. 1 Nr. 1 aus dem Wert der festzusetzenden Kosten.

H. Schmidt JurBüro 63, 102; vgl. aber Düsseldorf NJW 64, 1233 = JMBlNRW 64, 33 = JurBüro 64, 367 (gemäß § 56 Abs. 3 nur 2/10).

Gehört aber die in Frage kommende Einzeltätigkeit nach § 58 auch zum Zwangsvollstreckungsverfahren, wie z. B. die erstmalige Erteilung des Notfristzeugnisses, des Rechtskraftzeugnisses und der Vollstreckungsklausel, so erhält auch jetzt der lediglich mit der Einreichung eines solchen Antrags beauftragte RA nur drei Zehntel der vollen Gebühr (s. oben A 4). Dasselbe gilt, wenn er nur den Antrag auf Einstellung der Zwangsvollstreckung stellt (vgl. § 49).

8 Handelt es sich auftragsgemäß nur um Mahnschreiben, Kündigungschreiben oder **Schreiben einfacher Art,** die weder schwierige rechtliche Ausführungen noch größere sachliche Auseinandersetzungen enthalten, so erhält der RA nach § 56 Abs. 3 in sinngemäßer Anwendung des § 120 Abs. 1 nur zwei Zehntel der vollen Gebühr.

9 Beschränkt sich der Auftrag des RA auf ein **Schreiben, das nur dem äußeren Betreiben eines Verfahrens dient,** insbesondere eine Benachrichtigung, ein Beschleunigungsgesuch, ein Gesuch um Erteilung von Ausfertigungen oder Abschriften, so erhält er nach § 120 Abs. 2 eine Gebühr von 15 DM. Darunter fällt aber nicht der Antrag auf Erteilung einer vollstreckbaren Ausfertigung (s. oben A 7 a. E.)

10 Für die **Wahrnehmung von anderen als zu einer mündlichen Verhandlung oder zur Beweisaufnahme bestimmten Terminen,** für welche die Gebühren in den §§ 53, 54 geregelt sind, ist gemäß § 56 Abs. 1 Nr. 2 ebenfalls eine Gebühr vorgesehen.

11 In Frage kommt z. B. die Wahrnehmung eines **Sühnetermins.** Wird damit ein RA beauftragt, der bisher mit der Sache noch nicht befaßt war, der insbesondere keinen Anspruch auf eine Prozeß- oder Verkehrsgebühr hat, so erhält er die halbe Gebühr des § 56 Abs. 1 Nr. 2 als Entgelt für die Wahrnehmung und die Vorbereitung des Termins, besonders auch für die Durcharbeitung der Akten. Der Anspruch auf die halbe Gebühr entsteht, wenn der Termin begonnen hat und der RA in ihm anwesend war, auch wenn es in dem Termin zu keinem Vergleich kommt. Über die Vergütung des RA, falls es nicht zu der Terminswahrnehmung kommt, vgl. A 15.

Kommt es in dem Termin zum Vergleich, so erhält der mit der Terminswahrnehmung beauftragte RA für seine Mitwirkung bei dem Vergleich eine Vergleichsgebühr des § 23. Ob auch der Prozeßbevollmächtigte die Vergleichsgebühr erhält, hängt davon ab, ob er ebenfalls bei dem Zustandekommen des Vergleichs mitgewirkt hat. Die Beauftragung eines anderen Rechtsanwalts mit der Wahrnehmung des Sühnetermins reicht dazu nicht aus.

Da bei dem Zustandekommen des Vergleichs unter seiner Mitwirkung der RA zugleich den Anspruch auf eine halbe Prozeßgebühr nach dem Werte des Vergleichsgegenstandes erwirbt (s. A 62 zu § 23), entfällt der Anspruch auf die halbe Gebühr des § 56. Ist aber der Vergleichsgegenstand niedriger als der Streitwert, so kann der RA noch den Unterschied zwischen der nach dem Streitwert berechnenden halben Gebühr des § 56 und der nur nach dem Vergleichswert zu berechnenden halben Prozeßgebühr verlangen.

12 Auch ein **Termin, in dem sich eine Partei über die Echtheit einer Urkunde erklären soll,** kommt für die Anwendung des § 56 Abs. 1 Nr. 2 in Frage,

oder ein Termin zu einer **Parteianhörung nach § 141 ZPO,**

nicht aber ein **von einem Sachverständigen anberaumter Termin,** der zur Vorbereitung des Gutachtens dienen soll. Der von dem Sachverständigen als dem Gehilfen des Gerichts anberaumte Termin zur Feststellung von Mängeln usw. ist ein Beweistermin i. S. des § 31 Abs. 1 Nr. 3.

Streitig; vgl. hierzu A 83, zu § 31 sowie A 4 zu § 54; München AnwBl. 64, 169 = Rpfleger 65, 247 = JurBüro 64, 670; Düsseldorf JurBüro 85, 93 wollen die Wahrnehmung eines solchen Termins zwar nicht als Terminswahrnehmung für den Beweisanwalt des § 54, wohl aber als eine solche i. S. des § 56 Abs. 1 Nr. 2 ansehen.

Die Gebühr des § 56 ist **eine halbe Gebühr.** Ihre Höhe hängt von der Höhe   13 der Gebühr ab, die der prozeßbevollmächtigte RA als Prozeßgebühr erhält oder erhalten hätte. Deshalb ist im Berufungs- und Revisionsverfahren § 11 Abs. 1 S. 4 anzuwenden, d. h. die Gebühr beträgt ¹³⁄₂₀.

Hamburg JurBüro 79, 1841.

Die Gebühr gilt auch Vorbesprechungen und Schriftwechsel ab.

Wird der RA in derselben Angelegenheit und wegen desselben Gegenstandes für mehrere Auftraggeber tätig, so erhöht sich die Gebühr des § 56 Abs. 1 Nr. 1 nach § 6 Abs. 1 S. 2, nicht dagegen die des § 56 Abs. 1 Nr. 2 Vgl. A 31 zu § 6.

Maßgebend ist der Wert des Gegenstandes, auf den sich der Schriftsatz oder der Termin bezieht.

Über die Anrechnung der Ratsgebühr s. § 20 Abs. 1 S. 3.

Die Gebühr des **§ 56 entsteht in jedem Rechtszug nur einmal,** auch wenn   14 aufgrund getrennter Aufträge mehere Schriftsätze angefertigt oder mehrere Termine wahrgenommen werden. Das folgt daraus, daß in § 56 Abs. 1 von „Schriftsätzen" und von „Terminen" die Rede ist.

München NJW 71, 149.

Es können aber für den gleichen RA im gleichen Rechtszug sowohl die Gebühr des § 56 Abs. 1 Nr. 1 wie der Nr. 2 entstehen.

Bei **Endigung des Auftrags,** bevor der RA den Schriftsatz ausgehändigt   15 oder eingereicht oder der Termin begonnen hat, erhält der RA nach § 56 Abs. 2 drei Zehntel der vollen Gebühr. Das gilt aber auch dann, wenn im Zwangsvollstreckungsverfahren der RA selbst bei Durchführung des Auftrags nur drei Zehntel der vollen Gebühr erhält (s. a. oben A 4).

Ebensowenig tritt im Falle des § 120 eine Ermäßigung der Zweizehntelgebühr ein.

Erstattungsfähig sind die Gebühren des § 56 in der Regel nicht, wenn ein   16 anderer RA neben dem Prozeßbevollmächtigten einen solchen Einzelauftrag erhalten hat, falls nicht aus besonderen Gründen seine Zuziehung als notwendig anzusehen war.

Hat aber die Partei sich selbst vertreten und nur zur Anfertigung eines Schriftsatzes oder zur Wahrnehmung eines Termins einen RA zugezogen, so daß nur ein RA tätig geworden ist, so kann sie nach § 91 Abs. 2 S. 1 ZPO von der unterlegenen Gegenpartei auch Erstattung der Gebühren des § 56 verlangen. Wird dem Landgerichtsanwalt von dem OLG anheimgegeben, zu einem Wiedereinsetzungsgesuch des Gegners für die Berufung Stellung zu nehmen und äußert sich der RA hierauf, so hat er eine ⁵⁄₁₀-Gebühr aus der ¹³⁄₁₀-Gebühr des Berufungsverfahrens verdient. Diese Gebühr ist auch erstattungsfähig; dies gilt jedenfalls dann, wenn kein Berufungsanwalt bestellt wird.

Braunschweig JurBüro 73, 137 mit zust. Anm. von H. Schmidt; vgl. auch Hamburg JurBüro 79, 722 (Trotz des Grundsatzes des § 91 Abs. 2 Satz 3 ZPO kann die vom Unterbevollmächtigten verdiente Gebühr für die Einreichung eines Schriftsatzes – § 56 Abs. 1 Ziff. 1 – ausnahmsweise erstattungsfähig sein, wenn eine Tätigkeit notwendig gewesen ist).

Gleiches gilt, wenn der Berufungsanwalt vor dem BGH schriftsätzlich Stellung genommen hat. Äußert sich der Berufungsanwalt des Revisionsbeklagten gegenüber dem BGH zur Frage der Ablehnung oder Annahme der Revision gemäß § 554b ZPO, sollen die hierdurch entstehenden Kosten nicht erstattungsfähig sein.

KG JurBüro 81, 227 = MDR 81, 324 = Rpfleger 81, 160; Stuttgart AnwBl. 82, 199 = JurBüro 82, 869 = MDR 82, 412.

Dieser Auffassung kann jedenfalls dann nicht zugestimmt werden, wenn die Revision abgelehnt und deshalb kein Revisionsanwalt bestellt wird.

München JurBüro 85, 91 = MDR 84, 950.

Die Kosten für die Revisionseinlegung beim Bayerischen Obersten Landesgericht durch einen nicht beim Bundesgerichtshof zugelassenen RA sind nicht erstattungsfähig, wenn der Revisionskläger mit einem Anwaltswechsel rechnen muß, weil Bundesrecht anzuwenden und deshalb der Bundesgerichtshof zur Verhandlung und Entscheidung über die Revision zuständig ist.

Bamberg JurBüro 79, 720; München JurBüro 81, 58; 82, 412 und (für den Revisionsbeklagten) 84, 1687.

§ 57 Zwangsvollstreckung

(1) **Drei Zehntel der im § 31 bestimmten Gebühren erhält der Rechtsanwalt für die Tätigkeit in der Zwangsvollstreckung mit Ausnahme der im Vierten und Fünften Abschnitt geregelten Angelegenheiten. Die Vorschriften des § 32 und des § 33 Abs. 1 und 2 gelten nicht.**

(2) **Bei Pfändungen bestimmt sich der Gegenstandswert nach dem Betrag der zu vollstreckenden Geldforderung einschließlich der Nebenforderungen. Soll ein bestimmter Gegenstand gepfändet werden und hat dieser einen geringeren Wert, so ist der geringere Wert maßgebend. Wird künftig fällig werdendes Arbeitseinkommen gepfändet (§ 850d Abs. 3 der Zivilprozeßordnung), so sind die noch nicht fälligen Ansprüche nach § 17 Abs. 1, 2 des Gerichtskostengesetzes zu bewerten.**

Lit.: Mümmler JurBüro 72, 935; 86, 1121 ff. (Zur Entstehung und Erstattungsfähigkeit von Anwaltsgebühren in der Zwangsvollstreckung).

Übersicht über die Anmerkungen

Allgemeines. Die §§ 57 bis 60 regeln die Vergütung, die der RA für seine 1 Tätigkeit in der Zwangsvollstreckung zu beanspruchen hat. Dabei ist unerheblich, ob er den Gläubiger oder den Schuldner vertritt. Ebenso ist unerheblich, ob er einen Gesamtauftrag hat oder ob er nur mit einer Einzeltätigkeit beauftragt worden ist. Auch der Verkehrsanwalt in der Zwangsvollstreckung erhält die Vergütung des § 57.

§ 57 wird ergänzt durch § 58. Besondere Vorschriften sind in §§ 59, 60 enthalten.

Nicht durch die Gebühren des §§ 57 ff. abgegolten wird die Tätigkeit des RA in Verfahren der Zwangsversteigerung und der Zwangsverwaltung sowie in Konkursverfahren und in Vergleichsverfahren zur Abwendung des Konkurses. Die Vergütung für eine Tätigkeit in diesen Verfahren ist in den §§ 68 ff. und 72 ff. geregelt.

Nicht unter § 57 fällt weiter das Zwangsverfahren nach § 33 FGG. Die Tätigkeit des RA in einem solchen Verfahren wird durch die Gebühren des § 118 vergütet.

Keine Tätigkeit in der Zwangsvollstreckung ist die Mitwirkung bei der Veräußerung sicherungsübereigneter Gegenstände.

H. Schmidt Rpfleger 71, 426.

Ein Anwaltsnotar, der seine Notarkosten beitreibt, erhält nicht die Gebühr des § 57.

Mümmler JurBüro 82, 31; AG Neustadt a. Rbge. JurBüro 82, 870.

2 Im **Verwaltungszwangsverfahren** (Verwaltungsvollstreckungsverfahren) gilt § 57 nicht. Der RA erhält aber in diesen Verfahren nach § 119 Abs. 2 gleichfalls je drei Zehntel der vollen Gebühr als Geschäftsgebühr, Besprechungsgebühr und Beweisaufnahmegebühr. Ebenso erhält der RA nach § 114 Abs. 5 im gerichtlichen Verfahren über einen Akt der Zwangsvollstreckung (des Verwaltungszwangs) drei Zehntel der in § 31 Abs. 1 bestimmten Gebühren, z. B. wenn er sich im Rahmen einer Verwaltungsvollstreckung mit einer Klage gegen einen Verwaltungsakt wendet.

3 Jede **Tätigkeit in der Zwangsvollstreckung** wird, von den unter A 1 und 2 erwähnten Ausnahmen abgesehen, durch die in § 57 bestimmten Gebühren abgegolten. Es muß aber eine Zwangsvollstreckung im Rechtssinne vorliegen.

Zwangsvollstreckung ist die Anwendung von Zwang durch Vollstreckungsorgane des Staates, um Ansprüche unabhängig von dem Willen des Verpflichteten zu verwirklichen.

Zur Zwangsvollstreckung gehören insbesondere

die in den §§ 803 ff. ZPO geregelte Zwangsvollstreckung wegen Geldforderungen,

die in den §§ 883 ff. ZPO geregelte Zwangsvollstreckung zur Erwirkung der Herausgabe von Sachen und zur Erwirkung von Handlungen oder Unterlassungen,

das Verfahren zur Abnahme der eidesstattlichen Versicherung (§§ 899 ff. ZPO).

Voraussetzung der Zwangsvollstreckung ist das Vorliegen eines Vollstreckungstitels. Dieser Titel braucht nicht notwendig in einem Verfahren der ZPO erwirkt zu sein. Es reicht aus, daß er nach den Vorschriften der ZPO zu vollstrecken ist. Vgl. hierzu z. B. § 62 ArbGG, §§ 164 Abs. 2, 194 KO, § 85 VerglO, §§ 406 b, 464 b S. 3 StPO.

4 **Keine Tätigkeit in der Zwangsvollstreckung** ist der **Antrag auf Vornahme einer Eintragung in das Grundbuch, zu deren Bewilligung der Schuldner rechtskräftig verurteilt worden ist.** Nach § 894 ZPO gilt die Erklärung als abgegeben, sobald das Urteil die Rechtskraft erlangt hat und, wenn die Willenserklärung von einer Gegenleistung abhängig gemacht ist, sobald nach den Vorschriften der §§ 726, 730 ZPO eine vollstreckbare Ausfertigung des rechtskräftigen Urteils erteilt ist. Damit ist die Zwangsvollstreckung beendet. Für eine Tätigkeit des RA im Zwangsvollstreckungsverfahren ist hiernach kein Raum. Der Eintragungsantrag liegt nach dem Ende der Zwangsvollstreckung. Er ist nach § 118 zu vergüten. Insoweit unterscheidet er sich nicht von dem Eintragungsantrag, der ebenfalls gestellt werden muß, wenn der zur Abgabe einer Eintragungsbewilligung Verpflichtete die Bewilligung aus freien Stücken abgibt.

H. Schmidt JurBüro 65, 20; Celle NdsRpfl. 68, 207 = JurBüro 69, 179 (Nach einer Verurteilung nach § 894 ZPO zur Abgabe einer Eintragungsbewilligung zählen die Kosten der Eintragung des Rechts oder der Eintragung einer Vormerkung nach

§ 895 ZPO nicht zu den Kosten der Zwangsvollstreckung und sind nicht nach §§ 788, 103 ZPO festsetzbar); Düsseldorf JMBlNRW 60, 259 = Büro 61, 29; Hamm Büro 62, 345 = JMBlNRW 62, 299 = Rpfleger 66, 100; KG JW 29, 130; Köln JurBüro 69, 442; München ROLG 17, 233.

Ist der Schuldner verpflichtet, die Ansprüche des Gläubigers durch Bestellung einer Hypothek zu sichern, dann sind die mit der Eintragung der Hypothek verbundenen Kosten und Anwaltsgebühren gegen den Schuldner festsetzbar. Denn hier ist der Schuldner nicht nur zur Bewilligung der Eintragung verpflichtet; er ist vielmehr gehalten, die Eintragung zu beantragen und die Kosten hierfür aufzuwenden.

a. M. Hamm JurBüro 69, 1098 (abl. E. Schneider).

Keine Vollstreckungsmaßnahme liegt vor, wenn nach § 895 ZPO auf Grund eines vorläufig vollstreckbaren Urteils die Eintragung einer Vormerkung oder eines Widerspruchs beantragt wird.

Der RA, der auf Grund eines Urteils des Prozeßgerichts nach § 16 Abs. 1 S. 1 HGB die Eintragung in das **Handelsregister** betreibt, entfaltet keine Tätigkeit in der Zwangsvollstreckung und erhält deshalb auch keine Gebühr nach § 57.

KG MDR 71, 1020 = JurBüro 71, 950 = Rpfleger 71, 446.

Gleiches gilt für den Antrag auf **Löschung eines Gebrauchsmusters oder 5 Warenzeichens,** wenn der Schuldner zur Einwilligung in die Löschung rechtskräftig verurteilt worden ist,

oder für den **Antrag auf Auszahlung des hinterlegten Betrages** auf Grund 6 eines Urteils, durch das der Beklagte zur Einwilligung in die Auszahlung verurteilt worden ist.

Die Hinterlegung einer Sicherheit zur Herbeiführung der Vollstreckbarkeit eines Urteils oder zur Abwendung der Zwangsvollstreckung und das Verfahren vor der Hinterlegungsstelle sind ein besonderes Verfahren, das weder durch die Prozeßgebühr noch durch die Gebühren des § 57 abgegolten wird. Vielmehr entstehen die Gebühren des § 118.

München JurBüro 64, 286 = AnwBl. 64, 180 = NJW 64, 409;
a. M. Köln NJW 65, 60; JurBüro 84, 551 (durch Prozeßgebühr abgegolten); KG JurBüro 65, 316.

Die **Einreichung eines Urteils beim Konkursgericht,** durch das eine 7 bestrittene Konkursforderung festgestellt worden ist, zwecks Berichtigung der Konkurstabelle ist keine Zwangsvollstreckung, sondern Anmeldung der Forderung im Konkursverfahren. Der RA erhält also nicht Gebühren nach § 57, sondern nach § 73 oder § 75.

Dagegen sind Tätigkeiten in der Zwangsvollstreckung

der **Antrag auf Eintragung einer Sicherungshypothek** nach §§ 866, 867, 8 870a ZPO. Das folgt jetzt schon daraus, daß das Verfahren über die Eintragung einer Zwangshypothek in § 58 Abs. 3 Nr. 6 als besondere Angelegenheit der Zwangsvollstreckung bezeichnet wird. Der RA erhält also dafür die Gebühren des § 57;

die **Ausübung einer Veröffentlichungsbefugnis.** Auch diese ist jetzt in 9 § 58 Abs. 3 Nr. 13 als besondere Angelegenheit der Zwangsvollstreckung bezeichnet. Der RA kann also hierfür die Gebühren des § 57 berechnen. Der Gegenstandswert berechnet sich nicht nach den Kosten der Veröffentlichung, sondern nach dem Interesse des Gläubigers.

Über die Veröffentlichung in mehreren Zeitungen s. A 36 zu § 58.

10 Über **Eintragungen ins Grundbuch oder andere öffentliche Register auf Grund einer einstweiligen Verfügung** s. A 6 zu § 59.

11 **Gewisse Handlungen, die geeignet sind, die Zwangsvollstreckung vorzubereiten,** gehören noch zu den Aufgaben des Prozeßbevollmächtigten des Rechtsstreits. Führt er sie – seinem Auftrag gemäß – durch, erhält er für seine Tätigkeit keine zusätzliche Gebühr. Seine Tätigkeit wird vielmehr – als zum Rechtszug gehörig – durch die Prozeßgebühr abgegolten. Dazu gehören insbesondere

12 die **Erteilung des Notfristzeugnisses, des Rechtskraftzeugnisses und die erstmalige Erteilung einer Vollstreckungsklausel,** wenn deswegen keine Klage erhoben wird. Die hierauf gerichteten Anträge gehören nach § 37 Nr. 7 zum Rechtszug.

13 Die **Zustellung des Urteils** gehört gleichfalls nach § 37 Nr. 7 zum Rechtszug und wird für den Prozeßbevollmächtigten durch die Prozeßgebühr des Hauptprozesses abgegolten. War dagegen der RA nicht Prozeßbevollmächtigter, ist er vielmehr nur mit der Durchführung der Zwangsvollstreckung beauftragt, gehört die Zustellung bereits zur Zwangsvollstreckung und löst die Gebühr des § 57 aus.

> LAG Baden-Württemberg JurBüro 74, 60.

14 **Weitere Aufgaben** in Richtung der Verwirklichung des im Rechtsstreit durchgesetzten Anspruchs obliegen dem Prozeßbevollmächtigten des Rechtsstreits nicht. Seine Aufgabe ist beendet, wenn er die in § 37 genannten Tätigkeiten ausgeführt hat.

> Köln JurBüro 76, 332 = AnwBl. 76, 167 = NJW 76, 975.

Dem Prozeßbevollmächtigten obliegt z. B. nicht, Maßnahmen zur Verwirklichung des Anspruchs gegen den Schuldner anzukündigen, einzuleiten oder durchzuführen. Das ist bereits Aufgabe des mit der Zwangsvollstreckung beauftragten RA. Von dem Prozeßbevollmächtigten des Rechtsstreits – z. B. von dem Revisionsanwalt – kann nicht erwartet werden, daß er den Gegner auffordert, dem Urteil Folge zu leisten.

15 Die **Tätigkeit des Rechtsanwalts in der Zwangsvollstreckung beginnt** mit der ersten Maßnahme nach Erteilung des Vollstreckungsauftrages. Die erste Maßnahme ist in der Regel die Entgegennahme der Information.

> Hamburg MDR 75, 56 = JurBüro 75, 1346.

Mit der ersten Maßnahme nach Erteilung des Vollstreckungsauftrags hat der RA die Prozeßgebühr des Vollstreckungsverfahrens verdient. Er befindet sich insoweit in der gleichen Lage wie der Prozeßbevollmächtigte des Rechtsstreits, der mit der ersten Tätigkeit nach Erteilung des Klagauftrags die Prozeßgebühr verdient hat.

Beantragt der Gläubiger durch einen RA, dem Schuldner eine Strafe anzudrohen (weil das Urteil oder der Prozeßvergleich keine Strafandrohung enthält), so löst bereits dieser Antrag die Vollstreckungsgebühr des § 57 für den RA aus, auch wenn es auf eine erwirkte Strafandrohung zu keinem Antrag auf Straffestsetzung mehr kommt.

München JurBüro 67, 910 = MDR 67, 1020 (L) = NJW 68, 411.

Ankündigung von Vollstreckungsmaßnahmen. Ebenso wie der RA, **16** dem Klagauftrag erteilt ist, mit der Zahlungsaufforderung an den Schuldner, die Prozeßgebühr des § 31 Abs. 1 (allerdings gemäß § 32 nur zur Hälfte) verdient, verdient auch der mit der Zwangsvollstreckung beauftragte RA für ein Aufforderungsschreiben unter Androhung der Zwangsvollstreckung die Prozeßgebühr des § 57 (hier ohne Ermäßigung, da § 32 ausgeschlossen ist).

Düsseldorf AnwBl. 78, 112; Frankfurt VersR 79, 846 (L); Hamburg JurBüro 80, 386; Köln AnwBl. 76, 167 = NJW 76, 975; München AnwBl. 78, 112 (Zahlungsaufforderung genügt; Androhung der Vollstreckung ist nicht erforderlich); Schleswig JurBüro 78, 392; ArbG Mannheim JurBüro 80, 1683 mit Anm. von Mümmler.

Der mit der Durchführung der Zwangsvollstreckung beauftragte RA hat deshalb die Vollstreckungsgebühr verdient, wenn er den Schuldner auffordert, zur Vermeidung der Vollstreckung zu zahlen, und der Schuldner hierauf zahlt, so daß es zu einer Vollstreckungsmaßnahme nicht mehr kommt. Dabei ist gleichgültig, ob der mit der Durchführung der Zwangsvollstreckung beauftragte RA zugleich Prozeßbevollmächtigter des vorangegangenen Rechtsstreits war.

H. Schmidt JurBüro 63, 651; vgl. außerdem Frankfurt JurBüro 72, 233; Hamburg JurBüro 70, 962; Stuttgart Justiz 73, 351; LG Fulda AnwBl. 71, 54; LG Karlsruhe AnwBl. 71, 55.

Der Auftraggeber wird aber in der Regel den Vollstreckungsauftrag unter der stillschweigenden Bedingung erteilen, daß der RA erst tätig werden soll, wenn die Vollstreckungsvoraussetzungen gegeben sind, so daß die bei seinem RA entstehenden Gebühren vom Schuldner erstattet werden müssen. Deshalb sind die an die Erstattungsfähigkeit zu stellenden Anforderungen auch für die Entstehung der Gebühr erheblich.

Grundsätzlich läßt sich sagen, daß der RA mit Maßnahmen, die die Vollstreckungsgebühr auslösen, abwarten muß, bis der Schuldner Gelegenheit hatte, freiwillig zu leisten. Die danach zu fordernde Wartefrist kann nicht für alle Fälle gleich bemessen werden; sie richtet sich letztlich danach, wann der Gläubiger nach den Umständen des Einzelfalls mit Eingang der Leistung rechnen durfte. Ist nach dem Titel die Leistung des Schuldners bis zu einem bestimmten Zeitpunkt zu erbringen, braucht der Gläubiger nicht länger abzuwarten, wenn die Leistung bis zu diesem Zeitpunkt nicht eingegangen ist.

Für ein Aufforderungsschreiben des Gläubigeranwalts, durch dessen Absendung die Vollstreckungsgebühr ausgelöst wird, brauchen bei einem rechtskräftigen oder ohne Sicherheitsleistung vorläufig vollstreckbaren Titel, auch wenn es sich um eine vollstreckbare Urkunde handelt, keine weiteren Voraussetzungen gegeben zu sein. Insbesondere braucht der Titel nicht zugestellt zu sein. Dessen Zustellung ist zwar nach § 750 Abs. 1 ZPO für den Beginn der Zwangsvollstreckung erforderlich. Damit ist jedoch die Zwangsvollstreckung im Sinne der Anwendung staatlichen Zwanges gemeint. Das anwaltliche Aufforderungsschreiben, bei Vermeidung der Zwangsvollstrekkung zu leisten, soll jedoch gerade dem Schuldner vermeidbare weitere mit der Beauftragung von staatlichen Vollstreckungsorganen verbundene Kosten ersparen.

> Saarbrücken JurBüro 82, 242; KG JurBüro 83, 242; Frankfurt AnwBl. 84, 218 = JurBüro 83, 870.

Die überwiegende Rechtsprechung verlangt dagegen, daß die Voraussetzungen des § 750 ZPO nicht nur vorliegen, sondern auch dem Schuldner nachgewiesen sind, mindestens aber gleichzeitig mit dem Aufforderungsschreiben nachgewiesen werden.

> Einzelnachweise bei Erstattungsfähige Kosten = KostRsp. ZPO § 91 (A) unter 5.1.1.2 sowie bei von Eicken/Lappe/Madert Kostenfestsetzung unter B 603.

Ist der Titel nur gegen Sicherheitsleistung vorläufig vollstreckbar oder stimmen fordernder Gläubiger oder in Anspruch genommener Schuldner nicht mit den im Titel genannten Personen überein, besteht eine Leistungspflicht des Schuldners erst, wenn die nach §§ 750 Abs. 2, 751 Abs. 2 ZPO nötigen Nachweise jedenfalls gleichzeitig mit dem Aufforderungsschreiben erbracht werden. Ist der Schuldner nur zur Leistung Zug-um-Zug verpflichtet, muß ihm die Gegenleistung erbracht oder in einer den Annahmeverzug begründenden Weise angeboten worden sein oder jedenfalls gleichzeitig angeboten werden.

Die Erbringung der Sicherheit ist nicht erforderlich, wenn der zur Vollstreckung gemäß § 720a ZPO berechtigte Gläubiger den Schuldner auffordert, zur Abwendung der Zwangsvollstreckung gemäß § 720a Abs. 3 ZPO Sicherheit zu leisten. Das Urteil muß allerdings mindestens zwei Wochen vorher zugestellt sein (§ 750 Abs. 3 ZPO).

> Hamburg JurBüro 83, 92; Schleswig JurBüro 81, 873 = SchlHA 81, 152.

Fordert der RA den Schuldner, bevor die Sicherheit geleistet ist, statt zur Sicherheitsleistung zur Zahlung auf, ist eine evtl. entstandene Gebühr aus § 57 nicht erstattungsfähig.

> Köln JurBüro 82, 1525 m. Anm. von Mümmler.

Streitig ist, ob der Schuldtitel bereits zugestellt sein muß.

> Bamberg JurBüro 77, 505; Düsseldorf JurBüro 81, 1028; Hamm AnwBl. 71, 319; LG Tübingen JurBüro 82, 244.

Da jedoch die Zustellung des Schuldtitels gemäß § 58 Abs. 2 Nr. 2 zur Zwangsvollstreckung gehört, entsteht die Gebühr bereits vor der Zustellung.

> H. Schmidt AnwBl. 75, 395; Mümmler JurBüro 72, 935; Frankfurt JurBüro 72, 233 und JurBüro 79, 1519 = BB 79, 1378 sowie JurBüro 83, 870; Hamburg JurBüro 80, 386; KG JurBüro 83, 242; ArbG Mannheim JurBüro 80, 1683 mit Anm. von Mümmler.

Beauftragt der Gläubiger einen RA, aus einer notariellen Urkunde die Zwangsvollstreckung einzuleiten, dann steht dem RA eine von dem Schuldner zu erstattende 3/10-Gebühr auch dann zu, wenn der Schuldner die Forderung nach Zustellung der vollstreckbaren Urkunde bezahlt und deshalb wegen der Hauptforderung kein Vollstreckungsauftrag erteilt wird.

> LG Bonn JurBüro 83, 241.

Eine weitere Frage ist, ob der RA den Vollstreckungsauftrag sofort nach Vorliegen der Voraussetzungen entgegennehmen oder ob dem Schuldner eine – allerdings kurze – Frist zur Tilgung seiner Schuld gewährt werden soll. Hamburg JurBüro 71, 770; Hamm JurBüro 72, 151 = Rpfleger 72, 68 = MDR 72, 336; München AnwBl. 81, 161; Saarbrücken JurBüro 82, 242 (Die Vollstreckungsgebühr entsteht bei Zahlungsaufforderung unter Androhung der Zwangsvollstreckung, ohne daß es der vorherigen Zustellung des Titels bedarf. Die Erstattungsfähigkeit dieser Gebühr ist dann gegeben, wenn der Gläubiger nicht mehr erwarten kann, daß der Schuldner freiwillig leisten werde); LG Bayreuth JurBüro 74, 1398 mit Anm. von Mümmler; ArbG Mannheim JurBüro 80, 1683 mit Anm. von Mümmler.

Bleibt die unter Androhung von Zwangsvollstreckungsmaßnahmen erfolgte Zahlungsaufforderung des vom Gläubiger beauftragten RA ohne Erfolg, so steht diesem neben der Gebühr für den anschließend erteilten Vollstreckungsauftrag eine Gebühr für die Zahlungsaufforderung nicht zu.

AG Lippstadt JurBüro 81, 573; AG Melsungen JurBüro 79, 547.

Verwandt dem Aufforderungsschreiben ist die **Anzeige der Absicht, die Zwangsvollstreckung gegen eine juristische Person des öffentlichen Rechts zu betreiben** (§ 882a ZPO). Sie läßt ebenfalls – und zwar auch für den Prozeßbevollmächtigten des Rechtsstreits, dem die Durchsetzung des Urteils übertragen ist – die Vollstreckungsgebühr entstehen. Das gilt auch dann, wenn die Aufsichtsbehörde nach Erhalt der Anzeige die unterstellte Körperschaft zur alsbaldigen Zahlung auffordert und diese Zahlung leistet, ohne daß es zu einer Vollstreckungsmaßnahme kommt (keine Ermäßigung, da § 32 nicht anwendbar).

Hamburg JurBüro 61, 306 = MDR 61, 514 = Rpfleger 62, 234; Köln NJW 65, 50; Schleswig JurBüro 79, 391; Zweibrücken Rpfleger 73, 68 = JurBüro 73, 138; LG Hamburg JurBüro 73, 1180; LG Landshut AnwBl. 63, 146; vgl. auch KG JurBüro 70, 155 = Rpfleger 70, 105 = MDR 70, 340 (Der mit der Zwangsvollstreckung beauftragte RA erhält für die Anzeige der Absicht, die Zwangsvollstreckung gegen eine juristische Person des öffentlichen Rechts zu betreiben, die Gebühr des § 57, auch wenn es nicht zur Zwangsvollstreckung kommt. Diese Gebühr ist jedenfalls dann erstattungsfähig, wenn die Anzeige nach § 882a ZPO später als vier Wochen nach Eintritt der Rechtskraft des Urteils abgesandt worden ist, auch wenn der Schuldner vorher erklärt hat, die Zahlung werde sofort veranlaßt werden).

Sicherungsvollstreckung. Aus einem gegen Sicherheitsleistung vollstreck- **17** baren Urteil kann der Gläubiger gemäß § 720a ZPO in beschränktem Umfang auch ohne Sicherheitsleistung die Zwangsvollstreckung betreiben. Voraussetzung ist gemäß § 750 Abs. 3 ZPO, daß das Urteil und die Vollstreckungsklausel zwei Wochen vorher zugestellt sind. Auch der beschränkte Vollstreckungsauftrag löst die Gebühr des § 57 aus.

Vgl. auch A 16.

Die **Gebühren des mit der Zwangsvollstreckung beauftragten Rechts- 18 anwalts** sind nach § 57 drei Zehntel der in § 31 Abs. 1 bestimmten Gebühren. Die Zwangsvollstreckung bildet gegenüber dem Hauptprozeß eine besondere Angelegenheit. Daher kann auch der Prozeßbevollmächtigte des Hauptprozesses für seine Tätigkeit in der Zwangsvollstreckung die Gebühren des § 57 besonders beanspruchen, soweit es sich nicht um Tätigkeiten handelt, die durch die Prozeßgebühr des Hauptprozesses abgegolten werden. War der mit der Zwangsvollstreckung beauftragte RA nicht Prozeßbevollmächtigter des Hauptprozesses, so entsteht für ihn die Prozeßgebühr des § 57 auch dann, wenn er nur eine die Zwangsvollstreckung vorbereitende Tätigkeit vornimmt, z. B. weil sein Auftrag schon vor der Stellung des Vollstreckungsantrags durch Befriedigung des Gläubigers endet.

LG Köln NJW 59, 204 = AnwBl. 60, 33.

Jeder RA, der in der Zwangsvollstreckung tätig wird, erwirbt Anspruch auf die Gebühren des § 57, auch wenn er nur einen Einzelauftrag erhalten hat. Dabei ist gleichgültig, ob Auftraggeber der Gläubiger oder der Schuldner ist.

So betragen auch die Gebühren eines im Zwangsvollstreckungsverfahren tätigen Verkehrsanwalts oder Beweisanwalts drei Zehntel der vollen Gebühr. Der Verkehrsanwalt und der Beweisanwalt erhalten sonach nicht die Gebühr des § 52 bzw. des § 54, sondern die Gebühr des § 57, da auch sie eine „Tätigkeit in der Zwangsvollstreckung" ausüben. Ebenso erhält der mit Einzeltätigkeiten in der Zwangsvollstreckung beauftragte RA nicht die Gebühren des § 56, sondern die des § 57.

19 Der **Anspruch auf die Prozeßgebühr des § 57 entsteht,** sobald der RA in Ausführung des Vollstreckungsauftrags irgendwie tätig geworden ist. Die erste Tätigkeit ist in der Regel die Entgegennahme der Information nach Auftragsannahme. Nicht erforderlich ist, daß er bereits einen Antrag auf Zwangsvollstreckung gestellt hat.

20 Eine **Ermäßigung der Prozeßgebühr** nach § 32 tritt nach § 57 Abs. 1 S. 2 nicht ein. Der mit der Zwangsvollstreckung beauftragte RA erhält sonach die volle ³⁄₁₀-Prozeßgebühr auch dann, wenn sich der Vollstreckungsauftrag vorzeitig erledigt (Beispiel: Der Schuldner zahlt nach Erhalt des Aufforderungsschreibens freiwillig).

Erhöhung der Gebühr gemäß § 6 Abs. 1 S. 2. Vertritt der RA mehrere Auftraggeber und ist der Gegenstand der anwaltlichen Tätigkeit derselbe, so erhöht sich die Vollstreckungsgebühr durch jeden weiteren Auftraggeber um drei Zehntel.

Mümmler JurBüro 81, 1147; vgl. A 29 zu § 6.

Wenn der RA Unterhaltsansprüche für Ehefrau und Kind aus einem gemeinsamen Titel vollstreckt, erwächst ihm die Vollstreckungsgebühr nur einmal aus den zusammengerechneten Einzelwerten. Keine Erhöhung nach § 6 Abs. 1 S. 2, da Gegenstandsverschiedenheit.

Celle JurBüro 82, 1360.

21 Für den **Rechtsanwalt des Gläubigers** entsteht die Zwangsvollstreckungs-(Prozeß)gebühr durch die erste Tätigkeit nach Erhalt des Vollstreckungsauftrages. Das wird oft die Aufnahme der Information sein, es sei denn, der Auftrag wird dem bisherigen Prozeßbevollmächtigten erteilt, der meist keiner weiteren Information bedarf. Die Gebühr wird ferner insbesondere durch folgende Tätigkeiten ausgelöst:

Erteilung des Vollstreckungsauftrages an den Gerichtsvollzieher;
Antrag auf Pfändung und Überweisung von Forderungen;
Antrag auf Pfändung und Überweisung sonstiger Vermögenswerte;
Antrag auf andere Verwertung einer gepfändeten Forderung, § 844 ZPO;
Erklärung eines Verzichts nach § 843 ZPO;

Antrag, den Gläubiger zu ermächtigen, eine Handlung auf Kosten des Schuldners durch einen Dritten vornehmen zu lassen oder selbst vorzunehmen, § 887 ZPO;
Ladung des zur Aufstellung eines Inventars und zur Abgabe der eidesstattlichen Versicherung Verurteilten zur Abgabe der eidesstattlichen Versicherung über die Vollständigkeit des aufgestellten Inventars;
Antrag auf Terminbestimmung zur Abnahme der eidesstattlichen Versicherung, §§ 807, 900 ZPO;
Tätigkeit im Verfahren über eine vom Schuldner nach § 766 ZPO eingelegte Erinnerung.

Gleichgültig ist, ob eine Vollstreckung auf den Antrag erfolgt oder z. B. deshalb nicht erfolgen kann, weil der Schuldner in einen anderen Gerichtsvollzieherbezirk verzogen ist.

Auch für die **Vorpfändung** nach § 845 ZPO entsteht die Prozeßgebühr des **22** § 57.

Erfolgt aber fristgemäß die gerichtliche Pfändung der gleichen Forderung wegen des gleichen Anspruchs, so kann für die Vorpfändung und den Pfändungsantrag nur eine Gebühr beansprucht werden, § 58 Abs. 1.

Werden mehrere Pfändungsankündigungen an verschiedene Drittschuldner wegen der gleichen Forderung gerichtet, so entsteht die Gebühr nur einmal, wenn ein einheitlicher Pfändungsbeschluß ergeht.

Für **Beratung** des Gläubigers **über** eine **angedrohte Vollstreckungsgegen-** **23** **klage oder Interventionsklage** kann der RA eine Ratsgebühr nach § 20 besonders berechnen, die er sich aber anrechnen lassen muß, wenn er den Gläubiger dann in dem folgenden Rechtsstreit vertritt, in dem er die Gebühren des § 31 Abs. 1 voll erhält. Mit der Tätigkeit des RA in der Zwangsvollstreckung hat diese Beratung nichts zu tun. Die Gebühr des § 20 kann deshalb auf die Gebühr des § 57 nicht angerechnet werden. Ebenso erhält der RA, wenn er mit dem Widersprechenden Verhandlungen führt, die Gebühren des § 118.

> **a. M.** Düsseldorf JMBlNRW 71, 46 = NJW 71, 1617 mit abl. Anm. von H. Schmidt.

Der **Rechtsanwalt des Schuldners** erhält die Gebühren des § 57, wenn er **24** den Schuldner in einem Zwangsvollstreckungsverfahren vertritt, z. B. in einem Erinnerungsverfahren nach § 766 ZPO, oder wenn er sich um die Beseitigung von Vollstreckungsmaßnahmen bemüht.

> Mümmler JurBüro 82, 29; LG Berlin JurBüro 86, 393 (auch neben Prozeßgebühr für Vollstreckungsgegenklage).

Bloße Entgegennahme des Pfändungsbeschlusses und Mitteilung an die Partei begründet aber noch keinen Gebührenanspruch.

Der **Rechtsanwalt eines Dritten** kann die Gebühr nach § 57 im allgemeinen **25** nicht verdienen. Der Dritte ist an dem Zwangsvollstreckungsverfahren nicht beteiligt. Auch wenn der RA für einen Drittschuldner Erklärungen nach § 840 ZPO abgibt oder für einen Dritten ein die Veräußerung hinderndes Recht i. S. des § 771 ZPO geltend macht, um die Freigabe der gepfändeten Sache zu erwirken, handelt er nicht innerhalb des Vollstreckungsverfahrens. Er erhält die Gebühren nach § 118.

a. M. Hartmann A 2 C (Gebühren nach § 57); vgl. auch AG München AnwBl. 81, 40 (Ein Drittschuldner, der von einem Gläubiger auf Auskunft in Anspruch genommen wird, kann von diesem keinen Ersatz seiner Anwaltskosten beanspruchen).

Legt der RA für den Dritten Erinnerungen gemäß § 766 ZPO ein, wird er in der Zwangsvollstreckung tätig und erhält deshalb die Gebühr des § 57.

LG Berlin Rpfleger 73, 443 = JurBüro 74, 61.

26 Die **Verhandlungs-** und die **Beweisgebühr** in Höhe von je drei Zehntel können unter den gleichen Voraussetzungen entstehen wie im ordentlichen Rechtsstreit. Eine Ermäßigung der Verhandlungsgebühr nach § 33 Abs. 1 und Abs. 2 tritt aber nach § 57 Abs. 1 S. 2 nicht ein. Die Verhandlungsgebühr entsteht z. B., wenn der RA des Gläubigers in einem Termin zur Abgabe der eidesstattlichen Versicherung (§§ 899 ff. ZPO) einen Antrag stellt, auch wenn der Schuldner die eidesstattliche Versicherung ohne Widerspruch abgibt.

Karlsruhe Rpfleger 68, 231 (In einem Offenbarungseidverfahren erhält der RA die Verhandlungsgebühr nur für eine mit Antragstellung beginnende mündliche Verhandlung, nicht aber bereits für die Teilnahme am Termin oder für das Mitwirken bei der Erörterung einzelner Rechnungsposten vor Eidesleistung); LG Schweinfurt JurBüro 70, 165 (abl. Mümmler); aber Schleswig JurBüro 83, 1527 (Keine Gebühr bei Teilnahme am Termin des Gerichtsvollziehers).

27 Die **Vergleichsgebühr des § 23** kann auch in dem Zwangsvollstreckungsverfahren entstehen. Sie erwächst stets als volle $^{10}/_{10}$-Gebühr; eine Ermäßigung auf $^3/_{10}$ findet nicht statt.

Friese/Frohn AnwBl. 78, 395; Mümmler JurBüro 82, 807; Hamburg JurBüro 74, 1138 = MDR 74, 942; a. M. Engels AnwBl. 79, 15.

Die Möglichkeit, einen Vergleich in der Vollstreckungsinstanz mit der Folge zu schließen, daß für den beteiligten RA eine Vergleichsgebühr entsteht, wird vielfach geleugnet. Die Versagung der Vergleichsgebühr wird u. a. damit begründet, daß nach rechtskräftiger Entscheidung des Streites für eine Beseitigung dieses Streites kein Raum sei.

Vgl. z. B. LG Bochum MDR 61, 610; AG Herford AnwBl. 61, 31 (abl. Chemnitz).

Trotzdem kann es in Einzelfällen auch noch in der Vollstreckungsinstanz zu Streitigkeiten kommen, nämlich wenn der Schuldner behauptet, zur Erhebung einer Nichtigkeits-, Restitutions- oder Vollstreckungsgegenklage berechtigt zu sein. Dieser Streit über die angekündigten Klagen kann im Vollstreckungsverfahren beseitigt werden. Viel wesentlicher ist jedoch, daß Unsicherheit der Rechtsverwirklichung bestehen kann (vgl. § 779 Abs. 2 BGB).

Beispiel: Ein Gläubiger, der bereits ergebnislos gegen den Schuldner vollstreckt und nunmehr Möbel gepfändet hat, die die Ehefrau des Schuldners als ihr Eigentum in Anspruch nimmt, vereinbart mit dem Schuldner und seiner Ehefrau, daß die Schuld getilgt sei, wenn die Ehefrau des Schuldners die Hälfte der Schuldsumme zahle.

Schumann MDR 60, 456 (Vergleichsgebühr in der Zwangsvollstreckung); LG Kassel AnwBl. 80, 263 (Abtretung des pfändbaren Teils des Arbeitseinkommens und des Steuererstattungsanspruchs).

Die Entstehung der Vergleichsgebühr erfordert aber auch in der Vollstrekkungsinstanz ein gegenseitiges Nachgeben. Daran fehlt es bei den in der Zwangsvollstreckung abgeschlossenen **Ratenzahlungsvergleichen** entgegen der in der 8. Auflage vertretenen Ansicht erfahrungsgemäß häufig, obwohl die für solche Vergleiche entwickelten Formulare Hinweise auf die Notwendigkeit eines Nachgebens auch des Schuldners und entsprechende Vorschläge enthalten. Mit dem psychologischen Hinweis, kaum ein Gläubiger werde nach langem Rechtsstreit ohne jede Gegenleistung Entgegenkommen zeigen, läßt sich die Feststellung eines wirklichen Nachgebens des Schuldners nicht ersetzen. Der Grund für das Nachgeben des Gläubigers kann ganz andere Gründe haben, z. B. Erwartung weiterer Geschäftsbeziehungen, Mitleid oder ganz einfach die Einsicht, daß der Schuldner zu höheren Leistungen nicht in der Lage ist und auch nicht gezwungen werden kann. All das ist ebensowenig ein Nachgeben des Schuldners wie das Vertrauen des Gläubigers auf dessen ehrlichen Zahlungswillen. Der Schuldner muß für die Einräumung von Ratenzahlungen dem Gläubiger einen konkreten Vorteil verschaffen, auf den dieser keinen unmittelbaren Anspruch hat (z. B. Sicherungsübereignung, Gehalts- oder sonstige Forderungsabtretung, Bürgschaftsgestellung).

> Hamburg JurBüro 84, 1358 m. Nachweisen; Nürnberg JurBüro 84, 1675.

Das ungesicherte Versprechen höherer Zinsen ist ebensowenig als Nachgeben zu werten,

> KG Rpfleger 81, 410 = JurBüro 81, 1359 = MDR 81, 1029

wie die Übernahme der Kosten des Ratenzahlungsvergleichs.

> Celle NdsRpfl. 82, 204 (setzt Entstehung eines Vergleichs voraus).

Im Verzicht auf verfahrensrechtliche Möglichkeiten kann nur dann ein Vorteil für den Gläubiger gesehen werden, wenn eine ernsthafte und nicht gänzlich aussichtslose Absicht bestand, von ihnen Gebrauch zu machen.

> Rechtsprechungsnachweise bei Erstattungsfähige Kosten unter 5.0.3 sowie auch von Eicken/Lappe/Madert Kostenfestsetzung bei B 252.

Auch wenn ein echter Vergleich mit gegenseitigem Nachgeben geschlossen worden ist, folgt daraus nicht, daß die durch ihn verursachten Kosten Kosten der Zwangsvollstreckung i. S. des § 788 Abs. 1 ZPO sind. Ist der Vergleich zu einem Zeitpunkt geschlossen, in dem die Voraussetzungen der Zwangsvollstreckung noch nicht vorlagen, kann er nicht den Kosten der Zwangsvollstreckung zugerechnet werden.

> Bremen JurBüro 86, 1203 (Ratenzahlungsvereinbarung unmittelbar im Anschluß an nicht ausgefertigtes Anerkennungsurteil ist keine Tätigkeit in der Zwangsvollstreckung).

Auch bei Zurechenbarkeit zu den Kosten der Zwangsvollstreckung ist die anwaltliche Vergleichsgebühr aber i. d. Regel nicht nach § 788 Abs. 1 ZPO zugleich mit dem zur Zwangsvollstreckung stehenden Anspruch beitreibbar oder gegen den Schuldner festsetzbar. Der Schuldner hat kraft Gesetzes nur die notwendigen Kosten der Zwangsvollstreckung zu tragen. Notwendig wird der Abschluß eines Ratenzahlungsvergleichs für den Gläubiger aber kaum je sein. Bei Abschluß eines Vergleiches in der Vollstreckungsinstanz ist darauf zu achten, daß eine Vereinbarung über die Kosten der Vollstreckung und insbes.

über die Vergleichsgebühr getroffen wird. Der Schuldner könnte sich sonst auf § 98 ZPO oder darauf berufen, daß das Entgegenkommen des Gläubigers auch darin bestehe, keine Kosten im Vollstreckungsverfahren fordern zu wollen.

Haben die Parteien in der Vollstreckungsinstanz einen Ratenzahlungsvergleich abgeschlossen, ist der Gerichtsvollzieher verpflichtet, die für den RA des Gläubigers entstandene Vergleichsgebühr gegen den Schuldner beizutreiben. Einer vorherigen Festsetzung der Gebühr bedarf es nicht.

LG Arnsberg NJW 72, 1430 mit zust. Anm. von H. Schmidt und NJW 72, 1868 mit abl. Anm. von Raacke sowie JurBüro 80, 1031 mit abl. Anm. von Mümmler; LG Baden-Baden AnwBl. 82, 123 = JurBüro 82, 229 m. abl. Anm. von Mümmler; LG Hannover JurBüro 81, 284 (Die anläßlich des Ratenzahlungsvergleichs sowie für die Anzeige der Abtretungserklärung entstandenen Gebühren gehören zu den notwendigen Kosten der Zwangsvollstreckung); a. M. Mümmler JurBüro 79, 1127 (weder beitreibbar noch festsetzbar; Gebühr muß eingeklagt werden); LG Berlin Rpfleger 76, 438; LG Bochum JurBüro 82, 398; LG Freiburg NJW 72, 1332 mit abl. Anm. von H. Schmidt; LG Mainz Rpfleger 80, 305 = JurBüro 80, 1737 mit Anm. von Mümmler; AG München JurBüro 82, 459; LG Bayreuth JurBüro 83, 1569.

28 Abgegolten wird durch die Gebühren des § 57 die gesamte Tätigkeit des RA in der gleichen Angelegenheit der Zwangsvollstreckung. Näheres s. bei § 58, der erläutert, was eine Angelegenheit in der Zwangsvollstreckung ist.

29 Gegenstandswert ist bei der Zwangsvollstreckung wegen Geldforderungen in der Regel (vgl. § 57 Abs. 2) die Summe des beizutreibenden Betrags und der beizutreibenden Zinsen und Kosten.

Daß einzuziehende Zinsen mit zu berücksichtigen sind, ist in Abs. 2 ausdrücklich gesagt. Darunter fallen die Zinsen bis zu dem Tage, an dem die Zwangsvollstreckung ausgeführt oder der Antrag zurückgenommen wird, nicht nur die Zinsen, die bis zur Entstehung des Vollstreckungstitels aufgelaufen sind.

Die Kosten sind ebenfalls mit zu berechnen, auch solche einer früheren Zwangsvollstreckung, nicht aber die gerichtlichen und außergerichtlichen Kosten des jeweils in Frage stehenden Vollstreckungsakts.

Für die Wertberechnung ist der Zeitpunkt maßgebend, in dem der RA durch seine Tätigkeit einen Gebührentatbestand erfüllt.

Nur auf den Betrag, wegen dessen die Zwangsvollstreckung betrieben wird, kommt es an, nicht darauf, ob der Schuldtitel über einen höheren Betrag lautet.

München NJW 58, 1687 = AnwBl. 58, 76.

Der Wert ist für jedes einzelne Zwangsvollstreckungsverfahren, das eine besondere Angelegenheit bildet, besonders zu bestimmen. Soll nur ein bestimmter Gegenstand gepfändet werden, so ist dessen Wert maßgebend, wenn er geringer als der Wert der Vollstreckungsforderung ist (vgl. Abs. 2 Satz 2).

Wird künftig fällig werdendes Arbeitseinkommen gepfändet (§ 850d Abs. 3 ZPO), so sind die noch nicht fälligen Ansprüche nach §§ 17 Abs. 1, 20 Abs. 2 GKG zu bewerten.

Über weitere Einzelheiten s. Schmidt/Schmidt Gegenstandswert Rz. 411.

Der Wert des Beschwerdeverfahrens bei der Zwangsvollstreckung wegen Geldforderungen ist nach der Hauptforderung einschl. der zu vollstreckenden Zinsansprüche zu bemessen.

Köln JurBüro 76, 1229.

Die **Beiordnung eines Rechtsanwalts im Wege der Prozeßkostenhilfe** 30 erstreckt sich nach § 122 Abs. 3 Nr. 1 auf die Zwangsvollstreckung nur dann, wenn sie ausdrücklich hierfür erfolgt ist. Gegebenenfalls muß die Bewilligung der PKH und die Beiordung neu beantragt werden.

Die **Erstattungspflicht der Gegenpartei** richtet sich nach § 788 ZPO. 31 Danach braucht diese die Kosten nur insoweit zu erstatten, als sie nach § 91 ZPO notwendig waren. Das gilt auch für die RA-Gebühren. Im allgemeinen ist davon auszugehen, daß die Vollstreckungskosten notwendige Kosten sind, wenn der Gläubiger einen Vollstreckungsauftrag erteilen mußte.

Gelegentlich wird eingewandt, es müßten erst sämtliche Vollstreckungsvoraussetzungen erfüllt sein, bevor die Erteilung des Vollstreckungsauftrags notwendig sei. Insbesondere müsse der Schuldtitel bereits zugestellt sein.

Vgl. z. B. Düsseldorf VersR 81, 755; Hamburg MDR 69, 404 = JurBüro 69, 426; Hamm JurBüro 69, 1112; München Rpfleger 68, 402.

Dieser Auffassung kann nicht zugestimmt werden. Die Erteilung des Vollstreckungsauftrags wird notwendig, wenn der Schuldner nicht freiwillig leistet (u. U. nach Ablauf einer angemessenen, wenn auch kurzen Frist). Diese Notwendigkeit kann schon vor Zustellung des Urteils eintreten (so kann die Anzeige gemäß § 882a ZPO vor der Zustellung erfolgen; sie löst eindeutig die Vollstreckungsgebühr aus).

Celle AnwBl. 68, 279 = MDR 68, 594 = JurBüro 68, 300 = NdsRpfl. 68, 106; vgl. hierzu auch Hamburg JurBüro 69, 424.

Die Sicherungsvollstreckung aus einem vorläufig vollstreckbaren Urteil (vgl. A 17) gehört zur Vollstreckungsinstanz. Die dem RA für einen Auftrag zur Sicherungsvollstreckung entstehende Vollstreckungsgebühr ist erstattbar.

Saarbrücken AnwBl. 79, 277.

Leistet der Zug um Zug gegen Herausgabe beim Gläubiger befindlicher Gegenstände verurteilte Schuldner trotz eines wörtlichen Angebots der Gegenleistung nicht und beauftragt der Gläubiger daraufhin einen RA mit der Einleitung der Zwangsvollstreckung, so sind die dadurch entstehenden Anwaltsgebühren als notwendige Kosten der Zwangsvollstreckung auch dann erstattungsfähig, wenn der Annahmeverzug des Schuldners noch nicht in der nach §§ 756, 765 ZPO erforderlichen Form bewiesen ist. Auch in einem solchen Fall löst ein Aufforderungsschreiben die Gebühr des § 57 unter den gleichen Voraussetzungen wie bei einer uneingeschränkten Verurteilung des Schuldners aus.

KG AnwBl. 74, 186.

Kosten unzulässiger oder vermeidbarer Vollstreckungsmaßnahmen sind nicht erstattungspflichtig,

KG Rpfleger 68, 239; vgl. auch Frankfurt JurBüro 81, 397 = Rpfleger 81, 161 = VersR 81, 287 (Mehrkosten, die dadurch entstehen, daß der Gläubiger den Schuldner durch seinen Anwalt II. Instanz auffordern läßt, die geschuldete Lei-

stung zu erbringen, die angedrohte Maßnahme dann aber durch seinen Anwalt
I. Instanz erwirken lassen muß, sind nicht erstattungsfähig)

auch nicht die Kosten solcher Maßnahmen, bei denen eine auch nur teilweise
Befriedigung des Gläubigers von vornherein nicht zu erwarten war (die
Aussichtslosigkeit muß offensichtlich sein; es reicht also noch nicht aus, daß
die Vollstreckungsmaßnahme keinen Erfolg gebracht hat),

> LG Nürnberg-Fürth AnwBl. 81, 122; LG Ulm AnwBl. 75, 239

auch nicht Mehrkosten, die dadurch entstehen, daß wegen der ganzen Forderung in Gegenstände vollstreckt wird, wenn deren Wert niedriger ist und dies
dem Gläubiger bekannt ist.

> München NJW 58, 1687 = AnwBl. 58, 76.

Gesamtschuldner haften für die Kosten einer Zwangsvollstreckung gegen
einen anderen Gesamtschuldner nicht.

> München JurBüro 74, 235 = Rpfleger 74, 118 = NJW 74, 957 = MDR 74, 408; LG
> Berlin MDR 83, 140; LG Osnabrück MDR 72, 700; LG Trier JurBüro 72, 333 mit
> zust. Anm. von Mümmler;
> **a. M.** Quardt Büro 59, 51; LG Mannheim NJW 71, 1320 = MDR 71, 769 (L).

Die Erstattungsfähigkeit von Vollstreckungskosten richtet sich nicht nach der
im Rechtsstreit getroffenen Kostenentscheidung; vielmehr sind die Vollstrek-
kungskosten in vollem Umfang zu erstatten, wenn der Vollstreckungstitel,
aus dem vollstreckt worden ist, Bestand hat.

> Schleswig SchlHA 80, 120 = JurBüro 80, 1040; vgl. auch Lappe Rpfleger 83, 248
> (Die Kostenerstattung bei der Forderungspfändung).

Die Kosten, die der Gläubiger aufwenden muß, um vor dem Arbeitsgericht
gegen den Drittschuldner zu klagen, sind Kosten der Zwangsvollstreckung
und erstattbar.

> Jansens JurBüro 81, 1 m. weit. Nachw.; LG Düsseldorf AnwBl. 81, 75.

32 Die **Kosten einer Vorpfändung** nach § 845 ZPO brauchen nicht erstattet zu
werden, wenn die Pfändung ohne besonderen Grund nicht innerhalb der Frist
des § 845 Abs. 2 ZPO nachfolgt, z. B. wenn der Gläubiger auf seine Rechte
verzichtet oder wenn er die Frist aus Nachlässigkeit versäumt hat.

Erstattungspflicht besteht aber dann, wenn der Schuldner nach der Pfändungsankündigung den Gläubiger befriedigt oder wenn er die Vollstreckung
durch Sicherheitsleistung abgewendet oder wenn er Ratenzahlung versprochen hat und die Pfändung aus diesen Gründen unterbleibt.

> Vgl. aber München NJW 73, 2070 = JurBüro 73, 872 = MDR 73, 943 = Rpfleger
> 73, 374 (Die Kosten einer Vorpfändung (§ 845 ZPO) sind nicht stets erstattungsfä-
> hig, sondern nur bei Notwendigkeit dieser Maßnahme nach den Umständen des
> Einzelfalls. Ist es wegen Zahlung des Schuldners nicht zu einer Pfändung innerhalb
> von 3 Wochen gekommen, hängt die Erstattungspflicht davon ab, ob der Gläubi-
> ger begründeten Anlaß zur Besorgnis hatte, er werde ohne Vorpfändung seine
> Forderung nicht realisieren können).

Auch wird mitunter erst die Vorpfändung durch die darauf vom Drittschuldner abzugebenden Erklärungen Klarheit schaffen. Es ist auch sachgemäß,
wenn der Gläubiger dann von der Pfändung absieht, weil der vorgepfändete
Anspruch nicht oder nicht mehr besteht. Bevor die Kosten der Pfändungs-
kündigung als nicht erstattungsfähig erklärt werden, ist deshalb stets zu

prüfen, welche Gründe den Gläubiger zur Abstandnahme von weiteren
Maßnahmen bewogen haben.

Kosten von Erinnerungen und sofortigen Beschwerden sind nur dann 33
zu erstatten, wenn sie der Gegenpartei in der betreffenden Entscheidung
auferlegt worden sind.

Festsetzung der Vollstreckungskosten. Die Kosten der Zwangsvollstrek- 34
kung werden in der Regel zugleich mit dem zur Zwangsvollstreckung
stehenden Anspruch beigetrieben. Eines besonderen Schuldtitels für diese
Kosten bedarf es nicht.

Mit dem Hauptanspruch können nicht nur die Kosten der gegenwärtigen
Vollstreckungsmaßnahme, sondern auch die Kosten früherer – vergeblicher –
Vollstreckungsversuche beigetrieben werden.

> **a. M.** Lappe MDR 79, 795 (Kosten früherer Vollstreckungsversuche müssen
> festgesetzt werden).

Dem Gläubiger steht es jedoch auch frei, die Kosten der Zwangsvollstrekkung festsetzen zu lassen. Er wird dies insbes. dann tun, wenn es nicht mehr
zur Durchführung der Vollstreckung kommt, die Vollstreckungskosten aber
vom Schuldner bestritten werden (z. B. die Vollstreckungsgebühr für die
Aufforderung, zur Vermeidung der Zwangsvollstreckung zu zahlen).

Zuständig für die Festsetzung der Vollstreckungskosten ist der Rechtspfleger
des Prozeßgerichts des ersten Rechtszuges.

> BGH NJW 82, 2070 = AnwBl. 82, 252 = Rpfleger 82, 235 = JurBüro 82, 849 =
> MDR 82, 728; Rpfleger 86, 236 = JurBüro 86, 1185 = MDR 86, 732. Der Rspr.
> des BGH haben sich fast alle OLG angeschlossen;
> **a. A.** nur München Rpfleger 83, 364 = JurBüro 83, 940 = MDR 83, 586; Rpfleger
> 85, 506; 86, 403 = JurBüro 86, 1568 = MDR 86, 856; Hamm AnwBl. 84, 217 =
> JurBüro 83, 1412 = MDR 83, 674; Rpfleger 83, 499 = JurBüro 83, 1656 = MDR
> 83, 1034 (aber nicht im Verfahren nach § 19 BRAGO).

Etwas anderes gilt nur, wenn es ein Prozeßgericht nicht gibt (z. B. bei
vollstreckbaren notariellen Urkunden) oder wenn es sich um Kosten eines
besonderen Vollstreckungsverfahrens handelt, für die das Vollstreckungsgericht eine eigene Kostenentscheidung getroffen hat.

> KG JurBüro 87, 125 (notarielle Urkunde); Hamm NJW-RR 86, 420 (Prozeßgericht
> als Vollstreckungsgericht).

§ 58 Angelegenheiten der Zwangsvollstreckung

(1) **In der Zwangsvollstreckung (§ 57) gilt jede Vollstreckungsmaßnahme zusammen mit den durch diese vorbereiteten weiteren Vollstreckungshandlungen bis zur Befriedigung des Gläubigers als eine
Angelegenheit.**

(2) **Keine besonderen Angelegenheiten sind insbesondere**

1. **die erstmalige Erteilung des Notfristzeugnisses, des Rechtskraftzeugnisses und der Vollstreckungsklausel, wenn deswegen keine
   Klage nach § 731 der Zivilprozeßordnung erhoben wird;**

2. **die Zustellung des Urteils, der Vollstreckungsklausel und der
   sonstigen in § 750 der Zivilprozeßordnung genannten Urkunden;**

von Eicken   805

3. die Zulassung einer Zwangsvollstreckung zur Nachtzeit, an einem Sonntag oder an einem allgemeinen Feiertag (§ 761 der Zivilprozeßordnung);

4. die Bestimmung eines Gerichtsvollziehers (§ 827 Abs. 1, § 854 Abs. 1 der Zivilprozeßordnung) oder eines Sequesters (§§ 848, 855 der Zivilprozeßordnung);

5. die Anzeige der Absicht, die Zwangsvollstreckung gegen eine juristische Person des öffentlichen Rechts zu betreiben (§ 882a der Zivilprozeßordnung);

6. die einer Verurteilung vorausgehende Androhung von Ordnungsgeld (§ 890 Abs. 2 der Zivilprozeßordnung);

7. die Aufhebung einer Vollstreckungsmaßnahme.

(3) Als besondere Angelegenheiten gelten

1. Verfahren über Einwendungen gegen die Erteilung der Vollstreckungsklausel, auf die § 732 der Zivilprozeßordnung anzuwenden ist;

2. das Verfahren auf Erteilung einer weiteren vollstreckbaren Ausfertigung (§ 733 der Zivilprozeßordnung);

3. Verfahren über Anträge nach den §§ 765a, 813a, 851a, 851b der Zivilprozeßordnung, §§ 30, 31 des Wohnraumbewirtschaftungsgesetzes und § 26 des Heimkehrergesetzes vom 19. Juni 1950 (Bundesgesetzbl. S. 221) in der Fassung der Gesetze vom 30. Oktober 1951 (Bundesgesetzbl. I S. 875) und vom 17. August 1953 (Bundesgesetzbl. I S. 931); jedes neue Verfahren, insbesondere jedes Verfahren über Anträge auf Änderung der getroffenen Anordnungen, gilt als besondere Angelegenheit;

4. das Verfahren auf Zulassung der Austauschpfändung (§ 811a der Zivilprozeßordnung);

4a. das Verfahren über einen Antrag nach § 825 der Zivilprozeßordnung;

5. die Ausführung der Zwangsvollstreckung in ein gepfändetes Vermögensrecht durch Verwaltung (§ 857 Abs. 4 der Zivilprozeßordnung);

6. das Verfahren auf Eintragung einer Zwangshypothek (§§ 867, 870a der Zivilprozeßordnung);

7. die Vollstreckung der Entscheidung, durch die der Schuldner zur Vorauszahlung der Kosten, die durch die Vornahme einer Handlung entstehen, verurteilt wird (§ 887 Abs. 2 der Zivilprozeßordnung);

8. das Verfahren zur Ausführung der Zwangsvollstreckung auf Vornahme einer Handlung durch Zwangsmittel (§ 888 der Zivilprozeßordnung);

9. jede Verurteilung zu einem Ordnungsgeld gemäß § 890 Abs. 1 der Zivilprozeßordnung;

10. die Verurteilung zur Bestellung einer Sicherheit im Falle des § 890 Abs. 3 der Zivilprozeßordnung;

11. das Verfahren zur Abnahme der eidestattlichen Versicherung (§§ 900, 901 der Zivilprozeßordnung); im Verfahren nach § 807 der Zivilprozeßordnung bestimmt sich der Gegenstandswert nach dem Betrag, der aus dem Vollstreckungstitel noch geschuldet wird; der Wert beträgt jedoch höchstens 2400 Deutsche Mark;

12. das Verfahren auf Löschung der Eintragung im Schuldnerverzeichnis (§ 915 Abs. 2 der Zivilprozeßordnung);

13. das Ausüben der Veröffentlichungsbefugnis.

Übersicht über die Anmerkungen

von Eicken

1 Allgemeines. § 58 regelt den Begriff der Angelegenheit (§ 13) für die Zwangsvollstreckung. Er bestimmt zunächst in Abs. 1 ganz allgemein, was zu einer Angelegenheit gehört. Die Abs. 2 und 3 erläutern sodann den Begriff der Angelegenheit näher. Abs. 2 besagt, was keine besondere Angelegenheit ist, also keine zusätzlichen Gebühren auslöst, die Vollstreckungsgebühr vielmehr nur einmal entstehen läßt. Abs. 3 normiert einige Ausnahmen, die die Vollstreckung in mehrere Angelegenheiten zerteilen und damit auch mehrere Vollstreckungsgebühren entstehen lassen.

2 Die **gleiche Angelegenheit in der Zwangsvollstreckung** bildet nach § 58 Abs. 1 jede Vollstreckungsmaßnahme zusammen mit den durch diese vorbereiteten weiteren Vollstreckungshandlungen bis zur Befriedigung des Gläubigers. Danach bilden die gesamten zu einer bestimmten Vollstreckungsmaßnahme gehörenden – in einem inneren Zusammenhang stehenden – Einzelmaßnahmen die gleiche Angelegenheit der Zwangsvollstreckung. Die Angelegenheit beginnt mit der ersten Tätigkeit des RA in der Vollstreckungsinstanz, in der Regel mit der Entgegennahme der Information, und endet mit der Befriedigung des Gläubigers.

3 Bei einer **Mehrheit von Schuldnern** besteht keine Streitgenossenschaft i. S. der §§ 59 ff. ZPO. Es ist also stets nur die Zwangsvollstreckung, die gegen ein und denselben Schuldner betrieben wird, als gleiche Angelegenheit anzusehen. Bei Zwangsvollstreckung gegen mehrere Schuldner bildet jede Vollstreckung gegen einen anderen Schuldner eine besondere Angelegenheit, und zwar auch dann, wenn die Zwangsvollstreckung gegen Gesamtschuldner im gleichen Gesuch beantragt wird,

> Mümmler JurBüro 78, 819 und 81, 1147; Hamburg MDR 67, 600; LG Berlin MDR 79, 855 = AnwBl. 79, 277 = JurBüro 79, 1025 = Rpfleger 79, 437; LG Essen JurBüro 68, 810; LG Saarbrücken JurBüro 76, 1669; LG Stuttgart AnwBl. 74, 399; **a. M.** LG München II NJW 67, 1574 (abl. H. Schmidt); AG Alsfeld JurBüro 78, 1829 mit abl. Anm. von Mümmler

selbst bei Vollstreckung eines Räumungsurteils wegen einer von Eheleuten gemeinsam bewohnten Wohnung.

> Bauer JurBüro 66, 717; München NJW 59, 1376 = AnwBl. 59, 131; LG Freiburg AnwBl. 58, 133 = JurBüro 68, 406; LG Hagen JurBüro 71, 1048; **a. M.** München NJW 67, 2018 (abl. H. Schmidt); vgl. auch AG Hannover NdsRpfl. 68, 232 (In einem Vollstreckungsschutzverfahren, das von zur Räumung ihrer Wohnung verurteilten Eheleuten betrieben wird, entsteht für den Prozeßbevollmächtigten des Gläubigers nur eine Gebühr nach § 57, weil es sich nur um eine „Angelegenheit" im Sinne des § 58 Abs. 1 handelt).

Diese Auffassung wird allerdings zum Teil dahin eingeschränkt, in der Regel sei anzunehmen, daß der Gerichtsvollzieher zunächst beauftragt sein soll, gegen den Gesamtschuldner zu vollstrecken, von dem Befriedigung zu erwarten sei, und daß der Vollstreckungsauftrag gegen den zweiten Gesamtschuldner nur unter der Voraussetzung erteilt sein solle, daß bei dem ersten Gesamtschuldner eine vollständige Befriedigung nicht zu erlangen gewesen sei.

> Bauer JurBüro 66, 717 unter Bezugnahme auf LG Kiel MDR 59, 936; vgl. dagegen Mümmler JurBüro 75, 790.

Dieser Meinung kann nicht zugestimmt werden. Zwar ist es möglich, daß ein Vollstreckungsauftrag in der dargelegten Form erteilt wird; zu empfehlen ist eine derartige Handhabung jedoch nicht, auch kann eine solche Beschränkung in einen unbeschränkt erteilten Vollstreckungsauftrag nicht hineininterpretiert werden. Es ist wohl nicht die Regel, daß es Gesamtschuldner erst zur Vollstreckung kommen lassen, daß aber dann bei Erscheinen des Gerichtsvollziehers bereits der erste voraussehbar die gesamte Schuldsumme sofort und freiwillig tilgt. Dem Gerichtsvollzieher kann wohl auch kaum die Verantwortung dafür aufgeladen werden, daß er den „richtigen" Gesamtschuldner als den ersten heraussucht, bei dem er vollstreckt. Der Gerichtsvollzieher darf wohl auch von einer Vollstreckung gegen den zweiten Gesamtschuldner nicht absehen, wenn beim ersten Gesamtschuldner Gegenstände gepfändet worden sind, die die Vollstreckungsforderung an sich decken. Es muß immer damit gerechnet werden, daß ein Dritter die gepfändeten Gegenstände als sein Eigentum in Anspruch nimmt. Es hat deshalb bei der Regel zu verbleiben, daß ein gegen zwei Gesamtschuldner erteilter Vollstreckungsauftrag auch zwei Vollstreckungsgebühren auslöst. Die Gesamtschuldner können die doppelte Kostenbelastung dadurch ersparen, daß sie rechtzeitig zahlen. Die mehreren Vollstreckungsgebühren sind in der Regel auch zu erstatten, es sei denn, daß ein gleichzeitiges Vorgehen gegen die mehreren Schuldner nicht geboten war.

Vgl. hierzu Karlsruhe JVBl. 65, 113.

Der Prozeßbevollmächtigte des Klägers, der nach der Zustellung des Urteils in einem an beide als Gesamtschuldner verurteilte Beklagte gerichteten Schreiben zur Vermeidung der Zwangsvollstreckung zur fristgemäßen freiwilligen Zahlung auffordert, verdient die Vollstreckungsgebühr zweimal, die der Kläger auch erstattet verlangen kann.

Düsseldorf MDR 83, 764 = JurBüro 83, 1048 = Rpfleger 83, 330 = JMBlNRW 83, 143 (Frage an die Vertreter der entgegenstehenden Auffassung: Darf der RA nur an einen Schuldner schreiben, damit nicht zwei Gebühren entstehen?)

Mehrere Maßnahmen zur Befriedigung des Gläubigers wegen derselben   **4** Forderung sind auch, wenn sie sich **gegen den gleichen Schuldner** richten, nur dann die gleiche Angelegenheit, wenn sie sich nur als Fortsetzung der zuerst ergriffenen Maßnahme darstellen. Wenn es sich nicht um die Fortsetzung der zuerst ergriffenen Maßnahme handelt, entstehen zwei Gebühren.

LG Frankenthal JurBüro 79, 1325 (Erteilt der RA des Gläubigers Aufträge zur Vollstreckung in das Geschäftslokal und die in einem anderen Ort gelegene Wohnung des Schuldners, liegen zwei Aufträge vor, die zwei Gebühren auslösen); LG Hannover JurBüro 81, 284 (Ein nach drei Jahren erneut gestellter Mobiliarvollstreckungsauftrag ist gebührenrechtlich ein neuer Auftrag, wenn die Parteien zwischenzeitlich einen Ratenzahlungsvergleich geschlossen haben); LG Mannheim AnwBl. 67, 163 = MDR 66, 939 (Bei der Vollstreckung aus einem Räumungstitel, deren Durchführung wiederholt von der Obdachlosenbehörde vereitelt wird, begründet jeder neue Räumungsauftrag an den Gerichtsvollzieher gebührenrechtlich eine neue Angelegenheit); AG Bonn JurBüro 79, 546; AG Hannover AnwBl. 81, 459; AG Peine JurBüro 82, 728.

Ein Gläubiger kann grundsätzlich gleichzeitig mehrere erfolgversprechende Vollstreckungswege einschlagen, es sei denn, daß er damit rechnen muß, daß schon eine dieser Vollstreckungsmaßnahmen für sich allein zum Erfolg führen wird. Maßgeblicher Beurteilungszeitpunkt ist der, in dem die Vollstreckungsmaßnahmen getroffen werden.

Frankfurt AnwBl. 71, 209; Hamburg JurBüro 79, 854.

5 Bei **ungleichartigen Maßnahmen** trifft das regelmäßig nicht zu. Es beginnt also mit jedem Übergang zu einer anderen Art von Vollstreckungsmaßnahmen, z. B. von der Mobiliar- zur Forderungspfändung, eine neue Angelegenheit, ebenso mit der Vollstreckung in später erworbenes Vermögen.

KG AnwBl. 73, 173 (Der dem Gerichtsvollzieher erteilte Auftrag zur Pfändung körperlicher Gegenstände betrifft eine andersartige Vollstreckungsmaßnahme als der Antrag auf Pfändung von Forderungen und ist daher gebührenrechtlich eine besondere Angelegenheit).

6 Bei der **Pfändung von beweglichen Sachen** gehören zur gleichen Angelegenheit der Auftrag an den Gerichtsvollzieher, die Benachrichtigung der Partei von dem Pfändungsergebnis, die Verhandlungen mit dem Gerichtsvollzieher wegen der Verlegung von Terminen, Anträge auf Versteigerung an einem Sonntag oder an einem bestimmten Orte, auch Eingaben an das Vollstreckungsgericht, z. B. Erinnerungen nach § 766 ZPO gegen die Weigerung des Gerichtsvollziehers, den Auftrag auszuführen, und die nach Erfolg der Erinnerung erneute Beauftragung des Gerichtsvollziehers.

Auch die Tätigkeit im Verfahren über Erinnerungen des Schuldners nach § 766 ZPO begründet für den RA des Gläubigers keinen besonderen Gebührenanspruch.

LG Berlin JurBüro 86, 885 (auch Verteidigung gegen Erinnerung des Schuldners); LG Frankfurt Rpfleger 84, 478 = JurBüro 85, 412 (Verteidigung gegen Erinnerung des Drittschuldners).

Dasselbe gilt für Erinnerungen gegen Entscheidungen des Rechtspflegers nach § 10 RPflG sowie für Dienstaufsichtsbeschwerden.

7 **Mehrere Mobiliarvollstreckungsaufträge** wegen der gleichen Forderung gegen denselben Schuldner, z. B. weil der erste Auftrag wegen Wohnungswechsels oder wegen unrichtiger oder ungenauer Bezeichnung des Schuldners nicht durchgeführt werden konnte, begründen keine neue Angelegenheit, wenn der Fortsetzungsantrag alsbald bei dem gleichen Gerichtsvollzieher gestellt wird. Hier liegt noch eine einheitliche Angelegenheit vor. Dagegen ist eine neue Angelegenheit anzunehmen, wenn ein zweiter Vollstreckungsauftrag einem anderen Gerichtsvollzieher an einem anderen Ort, weil der Schuldner zwischenzeitlich von A nach B verzogen ist, erteilt wird.

Quardt JurBüro 58, 441; LG Darmstadt JurBüro 83, 869; AG Braunschweig AnwBl. 70, 238; AG Verden DGVZ 73, 126; a. M. die weit überwiegende Auffassung; vgl. z. B. Hartmann A 2C zu § 57; Riedel/Sußbauer A 4; Mümmler JurBüro 72, 935 (941) und 80, 831; KG JurBüro 68, 43 = MDR 68, 100 (L) = Rpfleger 68, 62 (Nur eine Angelegenheit liegt vor, wenn wegen Umzugs des Schuldners nacheinander zwei Gerichtsvollziehern der gleiche Vollstreckungsauftrag erteilt wird); Köln JurBüro 83, 871; (Bem. hierzu: Gegen die Auffassung bestehen erhebliche Bedenken. Der Rechtsanwalt hat einen neuen Auftrag erteilt. Er liegt deshalb wohl auch eine neue Angelegenheit vor. Die beiden Gerichtsvollzieher erhalten wohl auch nicht zusammen eine Gebühr); Düsseldorf JurBüro 87, 549; LG Bonn NJW 74, 2326 mit abl. Anm. von H. Schmidt; LG Itzehoe JurBüro 80, 387; LG Lübeck DGVZ 72, 143; LG Aachen JurBüro 85, 1735 = DGVZ 85, 114; LG Hannover JurBüro 86, 883.

Die Frage ist aber, ob ein zweiter Auftrag, der erneut eine Gebühr auslöst, notwendig war, ob nicht der RA schuldhaft eine unrichtige Schuldneranschrift angegeben hat.

Eine einheitliche Angelegenheit, für welche die Vollstreckungsgebühr nur einmal erwächst, liegt nicht vor, wenn der Anwalt wegen derselben Vollstreckungsforderung aufgrund eines nachgeschobenen Vollstreckungsauftrages eine Ausfallmobiliarpfändung vornimmt, weil sich noch vor der Verwertung herausstellt, daß die Erstpfändung zu keiner vollständigen Befriedigung des Gläubigers führen wird.

Karlsruhe JurBüro 80, 1536.

Beendet wird die Zwangsvollstreckung in körperliche Sachen nicht schon **8** mit der Versteigerung oder dem freihändigen Verkauf der Pfänder, sondern erst mit der Ablieferung des Erlöses an den Gläubiger oder dem Zuschlag an den Gläubiger nach § 817 Abs. 4 ZPO.

Wird der Erlös hinterlegt, so gehören auch noch alle auf die Erwirkung der Auszahlung gerichteten Tätigkeiten zu der Angelegenheit. Jedoch kann der RA für die Empfangnahme und Auszahlung des Erlöses die Hebegebühr des § 22 beanspruchen. Über das Verteilungsverfahren s. § 60.

Die Angelegenheit ist weiter beendet, wenn der mit der Vollstreckung erstrebte Erfolg ausgeblieben ist. Beispiel: Die Pfändung ist fruchtlos verlaufen. Die gepfändeten Gegenstände sind vom Gläubiger freigegeben worden. Die Zwangsvollstreckung ist für unzulässig erklärt worden.

Dagegen ist die Angelegenheit nicht damit erledigt, daß die Zwangsvollstreckung einstweilen eingestellt oder daß die durchgeführte Vollstreckungsmaßregel gegen Sicherheitsleistung aufgehoben worden ist. Wird nach der einstweiligen Einstellung später das Verfahren fortgesetzt, so beginnt damit nicht eine neue Angelegenheit, vielmehr wird die alte nunmehr fortbetrieben (also keine Entstehung weiterer Gebühren).

Bei der **Forderungspfändung** gehören zur gleichen Angelegenheit alle Tä- **9** tigkeiten, die zur Durchführung der Pfändung der gleichen Forderung des Schuldners wegen der gleichen Forderung des Gläubigers vorgenommen werden, so der Antrag auf Überweisung an Zahlungs Statt oder zur Einziehung, auch bei getrennter Antragsstellung, die Zwangsvollstreckung gegen den Schuldner auf Herausgabe der über die Forderung vorhandenen Urkunden nach § 836 Abs. 3 ZPO, die Aufforderung an den Drittschuldner zur Erklärung nach § 840 ZPO und die Pfändungsankündigung gemäß § 845 ZPO.

Bei der Überweisung an Zahlungs Statt endet die Vollstreckungsangelegenheit mit dieser Überweisung, bei der Überweisung zur Einziehung erst mit der Zahlung des Drittschuldners. Daher hat auch ein RA, der erst nach der Zustellung des Pfändungs- und Überweisungsbeschlusses, aber vor Zahlung des Drittschuldners tätig geworden ist, Anspruch auf die Zwangsvollstreckungsgebühr.

AG Hamburg MDR 55, 623.

Jedoch wird die **Tätigkeit** des RA, **die sich,** abgesehen von der Aufforde- **10** rung zur Erklärung nach § 840 ZPO, **gegen den Drittschuldner richtet,** z. B. die Mahnung, die Klagerhebung usw., nicht durch die Vollstreckungsgebühr abgegolten, sondern begründet die gleichen Gebührenansprüche wie jeder andere Auftrag zur Mahnung oder Klagerhebung.

Tschischgale JurBüro 65, 937;
a. M. LG Freiburg NJW 72, 1332 mit abl. Anm. von H. Schmidt.

von Eicken 811

Das gilt auch für die Mahnung gegenüber dem Drittschuldner, wenn dieser die Erklärung nicht fristgemäß abgegeben hat. Die Maßnahmen gegen den Drittschuldner liegen außerhalb der Vollstreckung gegen den Schuldner. Sie lassen also die Vollstreckungsgebühr auch dann nicht entstehen, wenn sich der Auftrag des RA auf die angeführten Maßnahmen gegen den Drittschuldner beschränkt.

> Quardt Büro 58, 230.

Die etwa notwendig werdenden Kosten einer Klage gegen den Drittschuldner können als Kosten der Zwangsvollstreckung beigetrieben werden.

> Vgl. Anm. 31 (am Ende) zu § 57.

11 Wird die **Pfändung mehrerer Forderungen** desselben Schuldners gegen einen oder mehrere Drittschuldner in einem einheitlichen Antrag beantragt, so handelt es sich um die gleiche Angelegenheit.

> KG AnwBl. 74, 187 = JurBüro 74, 1386 = Rpfleger 74, 409; LG Stuttgart JurBüro 79, 1507.

Das gilt auch dann, wenn der Gläubiger die Drittschuldner nacheinander benennt, der RA jedoch einen einheitlichen Antrag stellt. Die nachträglichen Aufträge stellen sich als Erweiterung des ersten Auftrags dar. Sie lösen deshalb keine weiteren Vollstreckungsgebühren aus.

Stellt der RA, der mit der Pfändung mehrerer Forderungen desselben Schuldners gegen verschiedene Drittschuldner beauftragt worden ist, mehrere Pfändungsanträge, so stellen sich diese mehreren Anträge als verschiedene Angelegenheiten dar, sie lassen deshalb an sich mehrere Vollstreckungsgebühren entstehen. Der RA kann jedoch – unter dem Gesichtspunkt einer Schadenersatzpflicht wegen Verletzung seines Auftrags – nur eine Gebühr fordern, wenn die Zerreißung des Vollstreckungsauftrags in mehrere Anträge durch die Sachlage nicht geboten war. Der Schuldner braucht in einem solchen Falle auch nur eine Vollstreckungsgebühr zu erstatten, da die Entstehung der weiteren Vollstreckungsgebühren nicht notwendig war.

Eine getrennte Antragstellung ist jedoch z. B. gerechtfertigt, wenn Erklärungen nach § 840 ZPO gefordert werden (Zustellung durch verschiedene Gerichtsvollzieher) oder wenn ein Drittschuldner aus vertretbaren Gründen nichts von einem anderen Drittschuldner erfahren soll.

Bei der Pfändung einer Hypothek gehört der Antrag auf Eintragung im Grundbuch zur Vollstreckungsinstanz. Er läßt deshalb keine weitere Gebühr entstehen (etwa nach § 118), löst aber auch für sich allein die Vollstreckungsgebühr aus, wenn sich der Auftrag des RA darauf beschränkt, den Eintragungsantrag zu stellen.

Wenn auf Grund mehrerer Schuldtitel getrennte Anträge auf Forderungspfändung gleichzeitig gestellt werden, wird darin in der Regel eine unnötige Erhöhung der Kosten liegen, so daß die zusätzlichen Kosten weder der Auftraggeber zu bezahlen noch der Schuldner zu erstatten hat.

Ist kein einheitlicher Auftrag anzunehmen und die Pfändung jeder Forderung getrennt beantragt worden, so liegen verschiedene Angelegenheiten vor. Die Folge ist, daß auch mehrere Vollstreckungsgebühren entstehen.

Für **mehrere Vorpfändungen** (§ 845 ZPO) gelten die gleichen Grundsätze. **12**
Entscheidend ist auch hier die Einheitlichkeit des Auftrags.

Köln JurBüro 86, 1371.

Ein einheitlicher Auftrag wird meist anzunehmen sein, wenn die Pfändungsankündigungen kurz hintereinander zugestellt werden, die Pfändung aber
dann einheitlich beantragt wird, oder wenn sie in eine Urkunde hätten
aufgenommen werden können.
Wenn bei einer Gehaltspfändung die Pfändungsankündigung, z. B. wegen
eines Stellungswechsels des Schuldners, zuerst an einen unrichtigen und dann
an den richtigen Drittschuldner gerichtet worden ist, liegen zwei Angelegenheiten vor. Es entstehen also zwei Vollstreckungsgebühren (der RA kann
jedoch – aus Gründen des Schadenersatzes – nur eine Gebühr fordern, wenn
die erste Fehlmaßnahme auf sein Verschulden zurückzuführen ist; Beispiel:
ihm ist der richtige Drittschuldner genannt worden).

Haben aber getrennte Aufträge, somit verschiedene Angelegenheiten, vorgelegen und hat der RA deshalb die Vollstreckungsgebühr mehrfach verdient,
so wird der Anspruch auf mehrere Gebühren nicht wieder dadurch beseitigt,
daß die Pfändung der Forderungen dann einheitlich beantragt wird.

Erstattungsfähig sind die mehreren Gebühren auch hier nur dann, wenn der
Gläubiger die Erteilung mehrerer Aufträge nicht vermeiden konnte.

Die Pfändungsankündigung und der sich anschließende Antrag auf Erlaß des
Pfändungsbeschlusses bilden eine Angelegenheit. Die Gebühr entsteht deshalb nur einmal.

Bamberg JurBüro 78, 243; LG Stuttgart JurBüro 79, 1507.

Der Streitwert richtet sich bei der Forderungspfändung wie bei der Mobiliarvollstreckung nach dem Wert der Vollstreckungsforderung zuzüglich Zinsen
und Kosten, sofern die gepfändete Forderung nicht niedriger ist.

München Rpfleger 59, 74.

Die **Zwangsvollstreckung zur Erwirkung der Herausgabe von Sachen** **13**
(§ 883 ZPO) endet mit deren Aushändigung an den Gläubiger, die Räumung
einer unbeweglichen Sache nach § 885 ZPO mit der Einweisung des Gläubigers.
Dagegen endet die Zwangsvollstreckung wegen eines Herausgabeanspruchs
nach §§ 846ff. ZPO erst mit der Ablieferung des Erlöses an den Gläubiger.

War die zuerst ergriffene Vollstreckungsmaßnahme fruchtlos, weil der **14**
Gläubiger durch sie keine Befriedigung erhalten hat, und ergreift der Gläubiger dann eine neue Vollstreckungsmaßnahme, so beginnt damit auch dann
eine neue Vollstreckungsangelegenheit, wenn es sich um eine gleichartige
Maßnahme handelt, wenn also z. B. erneut Mobiliar- oder Forderungspfändung vorgenommen wird. Das gilt ebenfalls, wenn die erste Pfändung
aufgehoben oder für unzulässig erklärt worden ist oder wenn der Gläubiger
auf eine für berechtigt anerkannte Intervention eines Dritten die Pfandstücke
freigegeben hat.
Dagegen ist Aufhebung einer Vollstreckungsmaßnahme gegen Sicherheitsleistung keine Beendigung der Zwangsvollstreckung.
Die wiederholte Beauftragung des Gerichtsvollziehers bildet deshalb in die-

sem Falle mit der früheren Vollstreckungsmaßnahme die gleiche Angelegenheit. Dasselbe gilt, wenn der Gerichtsvollzieher sich geweigert hatte, den Vollstreckungsauftrag auszuführen und dagegen das Vollstreckungsgericht mit Erfolg angerufen worden war.

15 **§ 58 Abs. 2** bringt Beispiele für Handlungen, die **keine besonderen Angelegenheiten** darstellen. Die Vorschrift sagt zweierlei. In erster Linie bestimmt Abs. 2, daß der mit der Durchführung der Zwangsvollstreckung beauftragte RA für die in Abs. 2 genannten Tätigkeiten zu seiner anderweit verdienten Vollstreckungsgebühr keine zusätzliche Gebühr, insbesondere keine zweite Vollstreckungsgebühr erhält. Die gesamten in Abs. 2 genannten Tätigkeiten werden durch die Vollstreckungsgebühr mit abgegolten. Die Tätigkeit des RA kann hiernach u. U. sehr umfangreich sein. Trotzdem erhält er – als Folge des Pauschsystems – nur eine Vollstreckungsgebühr. Andererseits besagt Abs. 2, daß die in den einzelnen Nummern aufgezählten Tätigkeiten zur Vollstreckungsinstanz gehören und für den mit der Zwangsvollstreckung beauftragten RA die Vollstreckungsgebühr auslösen, auch wenn er eine weitere Tätigkeit nicht entwickelt, sei es, daß er mit einer der in Abs. 2 genannten Tätigkeiten durch Einzelauftrag beauftragt ist, sei es, daß sich ein erteilter Gesamtauftrag, z. B. durch Kündigung oder Erfüllung seitens des Schuldners, vorzeitig erledigt.

Bei den unter Nr. 1 und 2 erwähnten Fällen handelt es sich um die Zwangsvollstreckung vorbereitende Maßnahmen. Sie werden durch die Vollstreckungsgebühr abgegolten, wenn sie der mit der Vollstreckung beauftragte RA vornimmt. Nimmt sie noch der Prozeßbevollmächtigte vor, so gehören sie nach § 37 Nr. 7 zum Prozeß und werden durch die hierfür angefallene Prozeßgebühr abgegolten. Damit ist klargestellt, daß keiner der beiden RAe hierfür eine besondere Gebühr erhalten kann.

Auch der mit der Zwangsversteigerung oder Zwangsverwaltung beauftragte RA ist mit der Zwangsvollstreckung beauftragt und kann daher für die in § 58 Abs. 2 bezeichneten Tätigkeiten keine besonderen Gebühren verlangen. Er verdient aber bereits mit einer der in § 58 Abs. 2 genannten Tätigkeiten die Gebühr des § 68 Abs. 1 Nr. 1 bzw. des § 69 Abs. 1 Nr. 1.

Im einzelnen werden erwähnt:

16 Die **erstmalige Erteilung des Notfristzeugnisses, des Rechtskraftzeugnisses und der Vollstreckungsklausel,** wenn deswegen keine Klage nach § 731 ZPO erhoben wird **(Nr. 1).** Da in § 58 Abs. 2 Nr. 1 keine §§ aufgeführt sind, gilt die Vorschrift auch für den Fall, daß es sich um die Vollstreckungsklausel einer vollstreckbaren Urkunde handelt. Es kann daher keine besondere Gebühr für die Erwirkung der Vollstreckbarkeitsklausel berechnet werden, wenn eine notarielle Urkunde über einen höheren Betrag lautet als denjenigen, wegen dessen die Zwangsvollstreckung betrieben wird und der deshalb für die Höhe der Vollstreckungsgebühr maßgebend ist. Voraussetzung ist, daß die Vollstreckungsklausel nur hinsichtlich des Betrages begehrt wird, wegen dessen die Vollstreckung betrieben werden soll.

Über Einwendungen gegen die Erteilung der Vollstreckungsklausel und über das Verfahren auf Erteilung einer weiteren vollstreckbaren Ausfertigung s. unten A 24, 25.

17 Die **Zustellung des Urteils, der Vollstreckungsklausel und der sonsti-**

gen in § 750 ZPO genannten Urkunden (Nr. 2). Darüber, daß die in Nr. 1 und 2 genannten Tätigkeiten für den Prozeßbevollmächtigten des Rechtsstreits durch die im Prozeß verdiente Prozeßgebühr abgegolten werden und daher für ihn die Vollstreckungsgebühr nicht auslösen, wenn sich sein Auftrag auf die genannten Tätigkeiten beschränkt, vgl. A 11 zu § 57.

LG Landshut AnwBl. 80, 267 (Zustellung der Bürgschaftsurkunde löst die Vollstreckungsgebühr aus).

Die **Zulassung einer Zwangsvollstreckung zur Nachtzeit, an einem** 18 **Sonntag oder einem allgemeinen Feiertag** nach § 761 ZPO **(Nr. 3).** Diese Tätigkeit ist in § 37 nicht erwähnt, weil der Antrag regelmäßig von dem in der Zwangsvollstreckung beauftragten RA und nicht von dem Prozeßbevollmächtigten des Hauptprozesses gestellt werden wird, wenn dieser nicht selbst den Vollstreckungsauftrag hat. § 58 Abs. 2 Nr. 3 stellt klar, daß der Vollstreckungsbevollmächtigte dafür keine besondere Gebühr beanspruchen kann. Stellt dagegen ein anderer RA den Antrag, so erhält er dafür die Vollstreckungsgebühr, auch wenn er bisher Prozeßbevollmächtigter des Hauptprozesses war.

Der **Antrag auf richterliche Anordnung für die Durchsuchung der Schuldnerwohnung** nach § 758 ZPO leitet keine besondere Angelegenheit ein. Er löst deshalb keine zusätzliche Gebühr aus.

Stuttgart JurBüro 86, 394 = Justiz 85, 474 = DGVZ 86, 26; AG Köln JurBüro 80, 1199; AG Meldorf Rpfleger 80, 32 = JurBüro 80, 388; AG Osnabrück JurBüro 80, 1199; vgl. auch AG Hannover JurBüro 83, 869 (Wird die Erledigung des Vollstreckungsauftrags dadurch unterbrochen, daß die Einholung einer richterlichen Durchsuchungsanordnung erforderlich wird, so stellt der Fortsetzungsantrag des Gläubigers eine Angelegenheit dar, so daß hierfür auch keine weitere Gebühr entsteht).

Die **Bestimmung eines Gerichtsvollziehers** (§ 827 Abs. 1, § 854 Abs. 1 19 ZPO) **oder eines Sequesters** (§§ 848, 855 ZPO) **(Nr. 4).** § 827 Abs. 1 ZPO betrifft den Fall, daß eine Anschlußpfändung durch einen anderen Gerichtsvollzieher bewirkt wird als die erste Pfändung. Es geht dann auf den Gerichtsvollzieher, der die erste Pfändung bewirkt hat, der Auftrag des zweiten Gläubigers kraft Gesetzes über, sofern nicht das Vollstreckungsgericht auf Antrag eines beteiligten Gläubigers oder des Schuldners anordnet, daß die Verrichtungen jenes Gerichtsvollziehers von einem anderen zu übernehmen seien. § 854 Abs. 1 ZPO bestimmt, daß, wenn ein Anspruch, der eine bewegliche körperliche Sache betrifft, für mehrere Gläubiger gepfändet ist, der Gerichtsvollzieher, an den der Drittschuldner die Sache herauszugeben hat, wenn ihn der Gläubiger nicht bezeichnet hat, auf Antrag des Drittschuldners von dem Amtsgericht des Ortes ernannt wird, wo die Sache herauszugeben ist.

Nach § 848 ZPO ist bei Pfändung eines Anspruchs, der eine unbewegliche Sache betrifft, anzuordnen, daß die Sache an einen auf Antrag des Gläubigers vom Amtsgericht der belegenen Sache zu bestimmenden Sequester herauszugeben ist und daß, wenn der Anspruch auf Übertragung des Eigentums gerichtet ist, die Auflassung an den Sequester zu erfolgen hat. Nach § 855 ZPO hat, wenn der gepfändete Herausgabeanspruch eine unbewegliche Sache betrifft, der Drittschuldner die Sache an einen vom Amtsgericht der belegenen Sache ernannten oder auf seinen Antrag zu ernennenden Sequester herauszugeben. Wird in diesen Fällen der Antrag von dem RA des Schuldners

von Eicken   815

oder des Drittschuldners gestellt, so verdient dieser dadurch die Gebühr des § 57. Der vom RA des Gläubigers gestellte Antrag wird durch die Vollstrekkungsgebühr abgegolten.

20 Die **Anzeige der Absicht, die Zwangsvollstreckung gegen eine juristische Person des öffentlichen Rechts zu betreiben,** § 882a ZPO, **(Nr. 5)** ist ebenfalls eine die Zwangsvollstreckung vorbereitende Tätigkeit und wird deshalb durch die Vollstreckungsgebühr abgegolten.

> Frankfurt JurBüro 81, 571 = Rpfleger 81, 158 (Bei einer Vollstreckungsankündigung nach § 882a ZPO müssen alle Voraussetzungen der Zwangsvollstreckung vorliegen, damit die Vollstreckungsgebühr ausgelöst werden kann); Köln Rpfleger 67, 69 (Die Erstattung der Vollstreckungsanzeige nach § 882a ZPO durch den Prozeßbevollmächtigten wird nicht durch die Prozeßgebühr aus § 31 Abs. 1 Nr. 1 abgegolten; sie läßt vielmehr eine ⁄₁₀-Gebühr nach §§ 57, 58 Abs. 2 Nr. 5 entstehen, da diese Tätigkeit gebührenrechtlich der Zwangsvollstreckung zugeordnet ist).

Die Gebühr entfällt nicht und ermäßigt sich auch nicht, wenn die Zwangsvollstreckung unterbleibt, weil Zahlung geleistet worden ist.

> KG JurBüro 70, 155.

Der Antrag auf Zulassung der Zwangsvollstreckung nach § 146 der Hess. GemeindeO stellt keine Tätigkeit in der Zwangsvollstreckung dar.

> Frankfurt JurBüro 74, 1551 = Rpfleger 74, 448;
> **a. A.** Düsseldorf Rpfleger 86, 109 = JurBüro 86, 730 (betr. § 114 GemeindeO NW).

21 Die **einer Verurteilung vorausgehende Androhung von Ordnungsgeld** nach § 890 Abs. 2 ZPO **(Nr. 6).** § 890 ZPO betrifft die Erzwingung von Unterlassungen. Der Schuldner, der der Verpflichtung zuwiderhandelt, eine Handlung zu unterlassen oder die Vornahme einer Handlung zu dulden, ist nach § 890 Abs. 1 ZPO wegen einer jeden Zuwiderhandlung auf Antrag des Gläubigers von dem Prozeßgericht des ersten Rechtszuges zu einem Ordnungsgeld oder einer Ordnungshaft zu verurteilen. Der Verurteilung muß nach § 890 Abs. 2 ZPO eine entsprechende Androhung vorausgehen, die, wenn sie in dem die Verpflichtung aussprechenden Urteil nicht enthalten ist, auf Antrag von dem Prozeßgericht des ersten Rechtszugs zu erlassen ist.

Ist die Androhung in dem Urteil enthalten, so gehört der Antrag zum Rechtszug der Hauptsache. Der Prozeßbevollmächtigte kann dafür keine besondere Gebühr beanspruchen. Ist sie im Urteil nicht enthalten, so ist der Antrag auf Erlassung der Androhung bei dem Prozeßgericht des ersten Rechtszugs zu stellen. Da die Erwirkung der Androhung in § 37 nicht als zum Rechtszug der Hauptsache gehörend angeführt, wohl aber nach § 58 Abs. 2 Nr. 6 die Androhung keine besondere Angelegenheit der Zwangsvollstreckung ist, folgt daraus, daß der Prozeßbevollmächtigte, der den nachträglichen Antrag stellt, dadurch auch dann die Zwangsvollstreckungsgebühr erwirbt, wenn er später die Verurteilung nicht beantragt, daß dagegen der RA, der die Verurteilung beantragt, für den vorher gestellten Antrag auf Androhung des Ordnungsgeldes bzw. der Ordnungshaft neben der Zwangsvollstreckungsgebühr keine besondere Gebühr erhält. Meist wird aber wohl der Prozeßbevollmächtigte der Hauptsache sowohl die Androhung als auch die Verurteilung beantragen. Dann erhält er neben der Prozeßgebühr der Hauptsache noch die Gebühr des § 57 für den Antrag auf Verhängung des Ordnungsgeldes bzw. der Ordnungshaft, die zugleich den Antrag auf nachträgliche Andro-

hung abgilt. Jede Verurteilung ist nach § 58 Abs. 3 Nr. 9 eine besondere
Angelegenheit der Zwangsvollstreckung. Auch die bloße Androhung eines
Antrags auf Androhung läßt die Vollstreckungsgebühr entstehen, da das
Tätigwerden des RA die Erteilung einer Vollstreckungsvollmacht voraussetzt
(ist die Androhung nicht im Urteil enthalten, ist ihre Erwirkung nicht Sache
des Prozeßbevollmächtigten); die Androhung stellt deshalb die erste Tätigkeit
in der Vollstreckungsinstanz dar.

Vgl. BGH MDR 79, 116 (Erwirkung des Androhungsbeschlusses ist Beginn der
Zwangsvollstreckung).

Die **Aufhebung einer Vollstreckungsmaßnahme (Nr. 7).** Für die Aufhe-   22
bung einer Vollstreckungsmaßregel steht weder dem RA, der ihre Vornahme
veranlaßt hat, noch dem RA, der mit dem Betrieb der weiteren Zwangsvollstreckung beauftragt ist, eine Gebühr zu. Daher kann nur der RA, der
ausschließlich bei der Aufhebung tätig wird, die Gebühr des § 57 verlangen.
Das wird oft bei dem RA des Schuldners der Fall sein, z. B. wenn er die
Aufhebung einer Pfändung nach Wegfall des Schuldtitels beantragt oder sich
sonst um die Beseitigung von Vollstreckungsmaßnahmen bemüht oder auch
bei dem RA eines Widerspruchsklägers, der das obsiegende Urteil zur Erwirkung der Freigabe von Pfandstücken einreicht.

Aufhebung einer Vollstreckungsmaßnahme ist nicht nur die Freigabe eines
Pfandstücks und der Verzicht auf die Rechte aus der Pfändung, sondern auch
die Rücknahme des Pfändungsantrags.

**§ 58 Abs. 3 zählt 14 verschiedene Tätigkeiten auf, die als besondere
Angelegenheiten gelten.**

Die Aufzählung ist nicht wie die des Abs. 2 beispielhaft, sondern abschließend.

Der RA, der eine dieser Tätigkeiten ausübt, erhält somit für die Tätigkeit eine
besondere Vollstreckungsgebühr. Hat er bereits anderweit (vgl. Abs. 1 und 2)
die Vollstreckungsgebühr verdient, so erhält er für die in Abs. 3 geregelte
Tätigkeit eine weitere Vollstreckungsgebühr.

Als solche besondere Angelegenheiten gelten:

Verfahren über Einwendungen gegen die Erteilung der Vollstrek-   23
kungsklausel, auf die § 732 ZPO anzuwenden ist **(Nr. 1).** Nach § 732 ZPO
entscheidet über Einwendungen des Schuldners, welche die Zulässigkeit der
Vollstreckungsklausel betreffen, das Gericht, von dessen Geschäftsstelle die
Vollstreckungsklausel erteilt ist. Das Verfahren auf erstmalige Erteilung der
Vollstreckungsklausel wird nach § 37 Nr. 7 für den Prozeßbevollmächtigten
durch die Prozeßgebühr des Hauptprozesses, für den Vollstreckungsbevoll-
mächtigten nach § 58 Abs. 2 Nr. 1 durch die Vollstreckungsgebühr abgegolten. Dagegen bildet nach § 58 Abs. 3 Nr. 1 das Verfahren über die Einwendungen nach § 732 ZPO eine besondere Angelegenheit der Zwangsvollstrekkung. Es erhält also nicht nur der RA des Schuldners, der die Einwendungen
erhebt, sondern auch der RA des Gläubigers für die Tätigkeit in dem
Einwendungsverfahren die Gebühren des § 57, und zwar neben den vorher
oder später durch die Zwangsvollstreckung verdienten Gebühren. Das gilt
auch bei Einwendungen gegen die Erteilung der Vollstreckungsklausel für
gerichtliche oder notarielle Urkunden (§ 797 Abs. 3 ZPO) oder bei Einwen-

dungen, welche die Zulässigkeit der Vollstreckungsklauseln aus Vergleichen vor Gütestellen betreffen (§ 797a Abs. 2 ZPO).

24 Das Verfahren auf **Erteilung einer weiteren vollstreckbaren Ausfertigung** nach § 733 ZPO **(Nr. 2)**. Es können also dafür sowohl der Prozeßbevollmächtigte des Hauptprozesses als der mit der Zwangsvollstreckung beauftragte RA die Gebühren des § 57 für dieses Verfahren neben ihren sonstigen Gebühren beanspruchen.

Das gilt auch dann, wenn der Antrag deshalb gestellt wird, weil die erste Ausfertigung der Partei nicht zugegangen ist.

Die Erinnerung gegen die Entscheidung des Rechtspflegers wird durch die Gebühr damit abgegolten.

Auch der RA des Schuldners, der sich zu einem Antrag des Gläubigers auf Erteilung einer weiteren vollstreckbaren Ausfertigung äußert, erhält für diese Äußerung eine Vollstreckungsgebühr.

Erwirkt der RA des ersten Rechtszugs erst eine Vollstreckungsklausel für das für vorläufig vollstreckbar erklärte Urteil des ersten Rechtszugs und dann eine solche für das Berufungsurteil, so kann er dafür die Gebühr des § 57 für die Erwirkung der zweiten Vollstreckungsklausel von seinem Auftraggeber beanspruchen. Die Gegenpartei braucht sie aber regelmäßig nicht zu erstatten, da die Vollstreckungsklausel des Berufungsurteils von dem Prozeßbevollmächtigten des Berufungsverfahrens gebührenfrei hätte erwirkt werden können.

Wird die vollstreckbare Ausfertigung vorgelegt und beantragt, die Klausel dem Rechtsnachfolger zu erteilen, so liegt darin regelmäßig eine Umschreibung der bisherigen Vollstreckungsklausel auf den neuen Gläubiger (§ 727 ZPO) und nicht die Erteilung einer weiteren vollstreckbaren Ausfertigung (§ 733 ZPO); dem bisherigen Prozeßbevollmächtigten des Klägers erwächst für diesen Antrag keine selbständige Gebühr.

München Rpfleger 72, 264 = JurBüro 72, 702.

25 Das Verfahren über **Anträge nach §§ 765a, 813a, 851a, 851b ZPO, §§ 30, 31 des WohnraumbewirtschaftungsG und § 26 des HeimkehrerG** v. 19. 6. 1950 (BGBl. I 221) in der Fassung der Ges. v. 30. 10. 1951 (BGBl. I 875) und v. 17. 8. 1953 (BGBl. I 931) **(Nr. 3)**.

Es fallen unter die Bestimmung aber nur gerichtliche Verfahren, z. B. nicht der Aufschub des Gerichtsvollziehers nach § 765a Abs. 2 ZPO.

Mehrere Vollstreckungsschutzverfahren gelten nach der Neufassung der Nr. 3 als besondere Angelegenheiten. Wird also z. B. in einem zweiten Vollstreckungsschutzverfahren die weitere Verlängerung der im ersten Vollstreckungsschutzverfahren bewilligten Räumungsfrist beantragt, so entstehen für beide Verfahren jeweils getrennte Gebühren.

Vollstreckungsschutzverfahren, die von mehreren Schuldnern gemeinsam betrieben werden, bleiben verschiedene Angelegenheiten. Die Anwaltsgebühren entstehen deshalb mehrfach. Das gilt auch, wenn Eheleute Vollstreckungsschutz gegen die Räumung ihrer Wohnung begehren.

LG Mannheim Rpfleger 82, 238; LG München NJW 64, 2311.

Die Fortsetzung des Vollstreckungsverfahrens nach Erledigung der Vollstrekkungsschutzverfahren (etwa nach Ablauf einer gewährten Räumungsfrist) stellt mit dem begonnenen (und einstweilen eingestellt gewesenen) Verfahren eine Angelegenheit dar. Die Vollstreckungsgebühr entsteht deshalb nach der Fortsetzung des Verfahrens nicht nochmals.

München AnwBl. 59, 131 (mit Anm. von Chemnitz); LG Münster JurBüro 63, 67.

Ein Antrag auf Aufhebung eines Beschlusses, durch den die Verwertung gepfändeter Gegenstände nach § 813a ZPO ausgesetzt worden war, läßt erneut die Vollstreckungsgebühr entstehen.

LG München II AnwBl. 68, 362.

In dem Vollstreckungsschutzverfahren können alle Regelgebühren und die Beschwerdegebühren entstehen. Zuziehung eines RA ist stets als notwendig anzusehen. Den Gegenstandswert bildet regelmäßig der Gegenstand des Zwangsvollstreckungsverfahrens. Ist nur wegen eines Teiles vollstreckt worden, verlangt aber der Schuldner Schutz wegen des ganzen gegen ihn bestehenden Anspruchs, so ist der ganze Betrag maßgebend. Wird nur wegen eines Teiles Vollstreckungsschutz verlangt, so ist dieser Teil der Gegenstandswert. Der gleiche Wert ist grundsätzlich für das Beschwerdeverfahren maßgebend.

Der Streitwert in dem Räumungsschutzverfahren ist nach § 3 ZPO zu bestimmen.

Die Beschlüsse über die Gewährung oder Versagung von Vollstreckungsschutz haben eine Kostenentscheidung zu enthalten. Die Kosten sind dem Schuldner aufzuerlegen, es sei denn, es entspricht aus besonderen Gründen der Billigkeit, daß sie der Gläubiger trägt (§ 788 Abs. 3 ZPO), oder daß eine Beschwerde des Gläubigers zurückgewiesen wird (§ 97 ZPO).

Das Verfahren auf Zulassung der Austauschpfändung nach § 811a ZPO **26 (Nr. 4).** Über die Zulässigkeit der Pfändung eines unpfändbaren Gegenstandes gegen Überlassung eines Ersatzstücks oder des zur Ersatzbeschaffung erforderlichen Geldbetrags entscheidet nach § 811a Abs. 2 ZPO das Vollstreckungsgericht auf Antrag des Gläubigers durch Beschluß. Auch in diesem Verfahren können alle Regelgebühren gesondert entstehen.

Gegenstandswert ist der zu schätzende Überschuß des Versteigerungserlöses.

Die vorläufige Austauschpfändung durch den Gerichtsvollzieher (§ 811b ZPO) läßt eine zusätzliche Gebühr nicht entstehen.

Stellt der Gläubiger nach Ablehnung seines ersten Antrages (etwa, weil das angebotene Ersatzstück keinen angemessenen Ersatz darstellt) einen zweiten Antrag, so entstehen durch diesen zweiten Antrag erneute Gebühren.

    a. M. Riedel/Sußbauer A 20 (alle Anträge stellen nur eine Angelegenheit dar).

Das Verfahren über einen Antrag nach § 825 ZPO (Nr. 4a). Der frühere **27** Streit, ob Anträge auf besondere Verwertung eines gepfändeten Gegenstandes eine eigene Angelegenheit darstellen, ist nunmehr durch Einfügung der Nr. 4a in dem Sinne entschieden, daß derartige Anträge eine eigene Angelegenheit bilden und deshalb neben der allgemeinen Vollstreckungsgebühr zusätzlich eine weitere Vollstreckungsgebühr entstehen lassen.

Beantragt ein RA als Gläubigervertreter, einen bei Ehegatten als Gesamtschuldnern gepfändeten Gegenstand gemäß § 825 ZPO anderweit zu verwerten, so erhält er für diesen Antrag zwei Gebühren nach § 58 Abs. 3 Ziff. 4a.

H. Schmidt MDR 69, 232;
a. M. AG Düren MDR 69, 232.

Den Streitwert bildet die Vollstreckungsforderung oder – falls geringer – der Übernahmepreis.

28 Die **Ausführung der Zwangsvollstreckung** in ein gepfändetes Vermögensrecht **durch Verwaltung** nach § 857 Abs. 4 ZPO **(Nr. 5)** bildet eine besondere Instanz der Zwangsvollstreckung. Eine Verwaltung kann das Gericht nach § 857 Abs. 4 ZPO bei der Zwangsvollstreckung in ein Nutzungsrecht anordnen. Es wird dann die Pfändung durch Übergabe der zu benutzenden Sache an den Verwalter bewirkt. In diesen Fällen ist sowohl die Pfändung als auch die Ausführung der Verwaltung je eine besondere Angelegenheit der Zwangsvollstreckung. Der RA erhält also neben der Gebühr für die Pfändung bis zur Anordnung der Verwaltung nochmals die Gebühren des § 57 für seine weitere Tätigkeit während der Dauer der Verwaltung, die mit der ersten Verwaltungshandlung beginnt und mit der Befriedigung des Gläubigers endet, z. B. für Verhandlungen mit dem Verwalter, Prüfung der Rechnung usw. Dadurch wird seine gesamte Tätigkeit während der Verwaltung abgegolten. Der Wert richtet sich nach dem Betrage der Forderung, wegen deren die Verwaltung angeordnet worden ist, wenn nicht der Wert des Gegenstandes der Verwaltung geringer ist.

29 Das Verfahren auf **Eintragung einer Zwangshypothek** nach §§ 867, 870a ZPO **(Nr. 6)** ist neben der Zwangsversteigerung und Zwangsverwaltung für die Zwangsvollstreckung in Grundstücke vorgesehen (§ 866 ZPO). Nach § 867 ZPO wird die Sicherungshypothek auf Antrag des Gläubigers in das Grundbuch eingetragen. § 870a ZPO enthält eine entsprechende Bestimmung für die Zwangsvollstreckung in ein eingetragenes Schiff oder ein Schiffsbauwerk. Jetzt ist klargestellt, daß in einem solchen Verfahren die Gebühren des § 57 entstehen und daß es stets eine besondere Angelegenheit der Zwangsvollstreckung ist.

Abgegolten wird durch die Gebühr des § 57 auch die Beschaffung der Vollstreckungs- und Eintragungsvoraussetzungen, z. B. der Vollstreckungsklausel, Zustellungsurkunde, der Verteilung der Forderung auf mehrere Grundstücke (§ 867 Abs. 2 ZPO). Dagegen bilden der Antrag auf vorherige Berichtigung des Grundbuchs (§ 14 GBO) und die Entgegennahme der Eintragungsbenachrichtigung (§ 55 GBO), die Tätigkeit in Erbscheinerteilungsverfahren und in dem auf Beschaffung einer behördlichen Genehmigung sowie die Tätigkeit bei Löschung der Hypothek je besondere Tätigkeiten, die durch die Gebühren des § 118 vergütet werden. Für die Grundbuchbeschwerde gilt ausnahmsweise § 61 Abs. 1 Nr. 1.

Mümmler JurBüro 81, 1476; Schumann MDR 70, 819; Stuttgart NJW 70, 1692 = Rpfleger 70, 295 = Justiz 70, 302.

30 Die Vollstreckung der Entscheidung, durch die der Schuldner zur **Vorauszahlung der Kosten, die durch die Vornahme einer Handlung entstehen,** verurteilt wird, § 887 Abs. 2 ZPO **(Nr. 7)**, bildet ebenfalls eine besondere Vollstreckungsinstanz. Nach § 887 Abs. 1 ZPO ist, wenn der Schuldner die Verpflichtung nicht erfüllt, eine Handlung vorzunehmen, deren Vornahme durch einen Dritten erfolgen kann, der Gläubiger von dem Prozeßgericht erster Instanz auf Antrag zu ermächtigen, auf Kosten des Schuldners die

Handlung vornehmen zu lassen. Wird über den Antrag mündlich verhandelt, entsteht eine ³/₁₀-Verhandlungsgebühr. Außerdem können die Beweisgebühr (³/₁₀) und eine Vergleichsgebühr (¹⁰/₁₀) anfallen.

Nach § 887 Abs. 2 ZPO kann der Gläubiger zugleich beantragen, den Schuldner zur Vorauszahlung der Kosten zu verurteilen, die durch Vornahme der Handlung entstehen werden. Das Verfahren auf Ermächtigung zur Vornahme der Handlung und auf die Verurteilung zur Vorauszahlung der Kosten bilden eine einheitliche Angelegenheit der Zwangsvollstreckung, auch wenn die Vorauszahlung erst später angeordnet wird.

Der RA erhält deshalb die Gebühren des § 57 für das Verfahren von der Einreichung des Antrags bis zur Durchführung der Handlungen nur einmal. Diese Tätigkeit ist in § 58 Abs. 3 Nr. 7 nicht geregelt. Sie wird durch die allgemeine Gebühr abgegolten, §§ 57, 58 Abs. 2.

Beantragt der Schuldner, einen rechtskräftigen Ermächtigungsbeschluß aus § 887 ZPO mit Rücksicht auf eine veränderte Sachlage wieder aufzuheben, wird damit eine neue Angelegenheit eingeleitet.

H. Schmidt JurBüro 63, 452.

Zahlt der Schuldner die Kosten, zu deren Vorauszahlung er verurteilt worden ist, nicht freiwillig, so muß der Gläubiger wegen dieser Kosten eine besondere Vollstreckung betreiben. Dieses Verfahren auf Vollstreckung der Verurteilung zur Vorauszahlung dieser Kosten, z. B. durch Pfändung beweglicher Sachen oder Forderungen, bildet gemäß § 58 Abs. 3 Nr. 7 eine besondere Angelegenheit der Zwangsvollstreckung, für die der RA die Gebühren des § 57 nochmals beanspruchen kann, und zwar, wenn diese Vollstreckung nach § 58 Abs. 1 wieder in mehrere Angelegenheiten zerfällt, mehrmals.

Diese weitere Vollstreckungsangelegenheit beginnt mit der Vollstreckung wegen der vorauszuzahlenden Kosten. Ist die Vollstreckung vergeblich und wird dann ein weiterer Vollstreckungsauftrag erteilt, so beginnt eine weitere Angelegenheit der Zwangsvollstreckung. Kommt es zu einem Verfahren zur Abgabe der eidesstattlichen Versicherung (§ 900 ZPO), so bildet auch dieses wieder eine besondere Angelegenheit. Das gleiche gilt, wenn für die vorzuschießenden Kosten zwei Schuldner als Gesamtschuldner haften und gegen beide die Vollstreckung wegen der Kosten betrieben wird.

Karlsruhe JVBl. 65, 113.

Der Gegenstandswert für das Verfahren auf die Erteilung der Ermächtigung und auf die Verurteilung zur Vorauszahlung richtet sich nach dem Werte der zu erzwingenden Handlung. Dafür bildet der Betrag des verlangten Vorschusses nur einen Anhaltspunkt.

Dagegen ist im Verfahren auf Betreibung des Vorschusses der vorauszuzahlende Kostenbetrag der Gegenstandswert.

Das Verfahren zur Ausführung der **Zwangsvollstreckung auf Vornahme** 31 **einer Handlung durch Zwangsmittel** nach § 888 ZPO (**Nr. 8).** Nach § 888 ZPO ist, wenn eine Handlung durch einen Dritten nicht vorgenommen werden kann und sie ausschließlich vom Willen des Schuldners abhängt, von dem Prozeßgericht erster Instanz zu erkennen, daß der Schuldner zur Vornahme der Handlung durch Zwangsgeld oder durch Zwangshaft anzuhalten sei. Hier bildet, anders als bei der Zwangsvollstreckung auf Unterlassung oder

von Eicken   821

Duldung nach § 58 Abs. 3 Nr. 9, das gesamte Verfahren auch dann eine Angelegenheit, wenn mehrfach eine Verurteilung erfolgt. Zu der Angelegenheit gehört ferner das Verfahren zur Vollstreckung des Zwangsgeldes oder der Zwangshaft, da hier, anders als im Falle des § 890 ZPO, die Vollstreckung nicht von Amts wegen, sondern auf Antrag des Gläubigers erfolgt.

Der Anspruch auf die Gebühr des § 57 wird schon durch den Antrag auf Erlaß der Androhung begründet, da dieser Antrag schon eine Tätigkeit im Zwangsvollstreckungsverfahren ist.

Der Gegenstandswert bestimmt sich nach dem Werte der zu erzwingenden Handlung.

Dabei ist grundsätzlich vom Werte der Hauptsache auszugehen; die Höhe des auszuwerfenden Ordnungsgeldes ist belanglos.

Da nach § 889 ZPO, wenn der Schuldner auf Grund der Vorschriften des bürgerlichen Rechts zur Abgabe der eidesstattlichen Versicherung verurteilt ist, aber in dem zur Abgabe bestimmten Termin nicht erscheint oder die Abgabe verweigert, nach § 888 ZPO zu verfahren ist, so ist auch in einem solchen Falle auf die Gebühren des RA § 58 Abs. 3 Nr. 8 anzuwenden. Der RA erhält deshalb in dem Verfahren auf Abgabe der eidesstattlichen Versicherung die Gebühren des § 57, und zwar auch dann, wenn der Beklagte in dem Termin erscheint und die eidesstattliche Versicherung abgibt, es also zu einer Zwangsmaßnahme nach § 889 Abs. 2 gar nicht kommt. Die Gebühren sind aber dann nicht erstattungsfähig, da nach § 261 Abs. 3 BGB die Kosten der Abnahme der eidesstattlichen Versicherung derjenige zu tragen hat, der die Abgabe der eidesstattlichen Versicherung verlangt.

Richtet sich das Verfahren gegen mehrere Personen, so entstehen die Gebühren für jedes Verfahren besonders.

Die Abgabe der eidesstattlichen Versicherung ist keine Beweisaufnahme im Rechtsstreit und begründet keinen Anspruch auf eine Beweisgebühr nach § 31 Abs. 1 Nr. 3.

32 Jede Verurteilung zu einem Ordnungsgeld gemäß § 890 Abs. 1 ZPO (Nr. 9) bildet eine eigene Angelegenheit. Nach § 890 Abs. 1 ZPO ist der Schuldner, der der Verpflichtung zuwiderhandelt, eine Handlung zu unterlassen oder die Vornahme einer Handlung zu dulden, wegen einer jeden Zuwiderhandlung auf Antrag des Gläubigers von dem Prozeßgericht erster Instanz zu einem Ordnungsgeld oder zu einer Ordnungshaft zu verurteilen. Es beginnt dann nach § 58 Abs. 3 Nr. 9 mit jedem neuen Antrag auf weitere Festsetzung eines Ordnungsgeldes oder einer Ordnungshaft eine neue Angelegenheit der Zwangsvollstreckung. Der Anspruch auf die Vollstreckungsgebühr entsteht mit der Stellung des Antrags. Die Angelegenheit endet mit der Verurteilung oder der Ablehnung des Antrags.

Wird über mehrere Anträge durch einen Beschluß entschieden, so entstehen gleichwohl mehrere Prozeßgebühren, aber nur je eine Verhandlungs- und Beweisgebühr nach § 57 von dem zusammengerechneten Gegenstandswert, wenn über die Anträge gemeinsam verhandelt und Beweis erhoben wird.

a. M. Riedel/Sußbauer A 32; Frankfurt JurBüro 82, 245 m. Anm. von Mümmler; Hamm NJW 75, 545 mit krit. Anm. von H. Schmidt und JurBüro 79, 1166; München Rpfleger 69, 441 = NJW 70, 60 = JVBl. 69, 282 = JurBüro 69, 1076 (Werden mehrere Bestrafungsanträge nach § 890 Abs. 1 ZPO gestellt, über die das Gericht mit einem einheitlichen Strafbeschluß entscheidet, so liegt nur eine Angelegenheit im Sinne des § 58 Abs. 1 und Abs. 3 Nr. 9 vor, d. h. der erste Antrag löst die ³/₁₀-Gebühr des § 57 aus, die weiteren Anträge sind damit abgegolten).

Die Vollstreckung erfolgt ohne Mitwirkung des RA von Amts wegen. Durch sie kann deshalb keine besondere Gebühr entstehen.

Der Gegenstandswert bestimmt sich nach dem Werte der zu erzwingenden Unterlassung oder Duldung. Der Wert des Klaganspruchs ist nicht entscheidend, da es sich um einzelne Störungen handeln kann. Es ist dann das Interesse des Gläubigers an ihrer Beseitigung maßgebend. Auch die Höhe des Ordnungsgeldes, auf das erkannt werden kann, ist bedeutungslos.

Dieser Wert gilt auch bei der Beschwerde des Gläubigers gegen einen ablehnenden Beschluß. Beschwert sich dagegen der Schuldner gegen die Verhängung des Ordnungsgeldes, bildet die Höhe des Ordnungsgeldes den Gegenstandswert.

Die Androhung des Ordnungsgeldes, die der Verurteilung nach § 890 Abs. 2 ZPO vorauszugehen hat, ist nach § 58 Abs. 2 Nr. 6 keine besondere Angelegenheit. Sie läßt deshalb zu der allgemeinen Vollstreckungsgebühr keine zusätzliche Vollstreckungsgebühr entstehen. Andererseits reicht sie aus, um die Vollstreckungsgebühr entstehen zu lassen, wenn der RA diese Gebühr nicht durch eine anderweitige Tätigkeit verdient hat.

Die **Verurteilung zur Bestellung einer Sicherheit** im Falle des § 890 **33** Abs. 3 ZPO **(Nr. 10)**. Nach § 890 Abs. 3 ZPO kann der Schuldner auf Antrag des Gläubigers zur Bestellung einer Sicherheit für den durch fernere Zuwiderhandlungen entstehenden Schaden auf bestimmte Zeit verurteilt werden. Dieses Verfahren bildet eine besondere Angelegenheit, für welche die Vollstreckungsgebühren gesondert erwachsen.

Gegenstandswert ist die Höhe des mutmaßlich entstehenden Schadens, der nach § 3 ZPO zu schätzen ist. Die Höhe der Sicherheit kann einen Anhalt geben.

Das Verfahren auf Rückgabe der Sicherheit nach § 109 ZPO gehört nach § 37 Nr. 3 zum Rechtszug und läßt keine besonderen Gebühren entstehen. Die Zwangsvollstreckung zur Bewirkung der Sicherheitsleistung bildet ein besonderes Vollstreckungsverfahren.

Das **Verfahren zur Abnahme der eidesstattlichen Versicherung** nach **34** §§ 900, 901 ZPO **(Nr. 11)** bildet ebenfalls eine eigene Angelegenheit. In Frage kommt nur die eidesstattliche Versicherung, die nach den §§ 807, 883 ZPO zu leisten ist, nicht eine eidesstattliche Versicherung, zu deren Abgabe der Schuldner auf Grund der Vorschriften des bürgerlichen Rechts verurteilt worden ist (darüber s. oben A 31). Im Verfahren auf Abgabe der eidesstattlichen Versicherung können alle Gebühren des § 57 entstehen.

Der Anspruch auf die Prozeßgebühr entsteht schon mit dem Antrag auf Erteilung einer Auskunft aus dem Schuldnerverzeichnis (§ 915 Abs. 3 ZPO),

LG Mainz JurBüro 84, 1534; AG Würzburg JurBüro 83, 1197; AG Rheine AnwBl. 84, 219 = JurBüro 83, 1198;
a. A. AG Freyung MDR 85, 421

jedenfalls aber mit der Stellung des Antrags, auch wenn die Ladung wegen inzwischen erfolgter Zahlung dem Schuldner nicht zugestellt wird.

Die Entstehung der Gebühr hängt nicht davon ab, daß es zur Abgabe der

von Eicken   823

eidesstattlichen Versicherung kommt, auch nicht davon, daß der RA vor
Einreichung des Antrags feststellt, ob der Schuldner die eidesstattliche Versicherung innerhalb der letzten drei Jahre schon abgegeben hat, wenn dafür
nicht besondere Anhaltspunkte vorliegen. Die Tatsache, daß die Vollstrek-
kung fruchtlos war, bildet keinen solchen Anhaltspunkt.

> AG Wiesbaden JurBüro 74, 61 mit zust. Anm. von H. Schmidt.

Die ³⁄₁₀-Gebühr für die Tätigkeit in der Zwangsvollstreckung entsteht auch
dann, wenn sich die Tätigkeit des Anwalts auf die Stellung eines Antrags auf
Erteilung einer Abschrift aus dem Vermögensverzeichnis beschränkt.

> AG Rheine AnwBl 84, 219 = JurBüro 83, 1198; AG Würzburg JurBüro 83, 1197
> mit zust. Anm. von Mümmler.

Auch bei vorzeitiger Erledigung des Auftrags erhält der RA die volle ³⁄₁₀-
Prozeßgebühr, da nach § 57 Abs. 1 S. 2 § 32 nicht anzuwenden ist.

Eine Verhandlungsgebühr entsteht nur, wenn der RA im Termin zur Abnahme der eidesstattlichen Versicherung Anträge stellt, auch wenn der Schuldner
ausbleibt und der Anwalt des Gläubigers Haftbefehl beantragt.

> Karlsruhe Rpfleger 68, 231; LG Schweinfurth JurBüro 70, 156;
> **a. M.** Schumann/Geißinger A 40; Köln JVBl. 36, 197; LG Aachen Rpfleger 62, 459
> (auch wenn Schuldner eidesstattliche Versicherung ohne Widerspruch abgibt).
> Vgl. zur Verhandlungsgebühr in Zwangsvollstreckungssachen auch Lappe in
> Anm. zu KostRsp. BRAGO §§ 57, 58 Nr. 17).

Der RA des Schuldners, der zur Geltendmachung des Widerspruchs bestellt
wird, erhält die Prozeßgebühr des § 57 und für die Wahrnehmung des
Termins auch die Verhandlungsgebühr des § 57.

Ermäßigungen der Verhandlungsgebühr nach § 33 Abs. 1 und 2 treten nach
§ 57 Abs. 1 S. 2 nicht ein.

Eine Beweisgebühr nach § 57 entsteht, wenn Beweis erhoben wird, z. B. über
neuen Vermögenserwerb.

Wird das Verfahren gegen mehrere Schuldner betrieben, so ist das Verfahren
gegen jeden Schuldner eine besondere Angelegenheit, auch wenn ein einheitlicher Antrag vorliegt, es sich um Gesamtschuldner handelt und dasselbe
Urteil die Grundlage bildet.

Zur Angelegenheit gehören alle Vollstreckungshandlungen von der Einreichung des Antrags bis zur Abgabe der eidesstattlichen Versicherung, auch der
Antrag auf Haftbefehl, soweit er schriftlich gestellt wird, und der dem
Gerichtsvollzieher erteilte Verhaftungsauftrag. Für diese Tätigkeiten kann
daher keine besondere Gebühr berechnet werden.

Der Gegenstandswert bestimmt sich nach der aus dem Vollstreckungstitel
noch geschuldeten Forderung (Hauptforderung zuzüglich Zinsen und Kosten), beträgt aber höchstens 2400 DM.

> H. Schmidt Rpfleger 83, 303; LG Mannheim JurBüro 82, 1361;
> **a. M.** Hartmann B 1 hh; Mümmler JurBüro 82, 681; AG Northeim JurBüro 84,
> 885; AnwBl. 84, 505 mit abl. Anm. H. Schmidt.

Verlangt der Gläubiger wegen Ungenauigkeit des Vermögensverzeichnisses
Ergänzung und eine neue eidesstattliche Versicherung, so handelt es sich um
eine Fortsetzung des bisherigen Verfahrens.

> H. Schmidt JurBüro 63, 128.

Dagegen stellt der Antrag auf wiederholte Abnahme der eidesstattlichen Versicherung gemäß § 903 ZPO (weil der Schuldner neues Vermögen erworben hat) eine neue Angelegenheit dar, die die Vollstreckungsgebühren erneut entstehen läßt.

H. Schmidt JurBüro 63, 128.

Das Verfahren auf **Löschung der Eintragung im Schuldnerverzeichnis** 35 nach § 915 Abs. 2 ZPO **(Nr. 12).** In § 915 ZPO ist bestimmt, daß, wenn die Befriedigung des Gläubigers, der gegen den Schuldner das Verfahren betrieben hat, nachgewiesen wird oder wenn seit dem Schluß des Jahres, in dem die Eintragung in das Verzeichnis erfolgt ist, drei Jahre verstrichen sind, das Vollstreckungsgericht auf Antrag des Schuldners dessen Löschung in dem Schuldnerverzeichnis anzuordnen hat. Da dieses Löschungsverfahren eine besondere Angelegenheit bildet, kann der RA, der in ihm tätig wird, die Gebühren des § 57 auch neben anderen bereits verdienten Zwangsvollstreckungsgebühren besonders berechnen. Meist wird wohl nur der RA des Schuldners in Frage kommen, der den Löschungsantrag stellt, der RA des Gläubigers nur dann, wenn dieser gehört wird. Für den Nachweis der Befriedigung des Gläubigers kann, von dem Falle des § 34 Abs. 1 abgesehen, auch eine Beweisgebühr entstehen. Das Verfahren endet mit der Entscheidung über den Antrag oder der sonstigen Erledigung des Verfahrens. Wird später ein neuer Antrag gestellt, so beginnt eine neue Angelegenheit.

Der Gegenstandswert ist nach dem Interesse des Schuldners an der Löschung frei zu schätzen.

Das **Ausüben der Veröffentlichungsbefugnis (Nr. 13)** bildet eine eigene 36 Angelegenheit. Die Veröffentlichung in mehreren Zeitungen ist aber als eine Angelegenheit anzusehen. Es entsteht deshalb nur eine Vollstreckungsgebühr.

Der Gegenstandswert ist nicht auf die Kosten der Veröffentlichung beschränkt; er richtet sich vielmehr nach dem Interesse des Gläubigers an der Bekanntmachung, das gemäß § 3 ZPO zu schätzen ist.

Hamm Büro 54, 502 = JMBlNRW 54, 177 (auf ⅓ des Wertes der Hauptsache geschätzt).

Über das **Verteilungsverfahren** s. § 60.   37

Rechtsstreitigkeiten, die sich aus Anlaß der Zwangsvollstreckung entwickeln, z. B. Volstreckungsgegenklagen nach § 767 ZPO, Widerspruchsklagen 38 nach § 771 ZPO, Klagen gegen den Drittschuldner gepfändeter Forderungen, gehören nicht zum Zwangsvollstreckungsverfahren, sondern begründen für den in ihnen tätigen RA den Anspruch auf die Regelgebühren des § 31 Abs. 1.

§ 59 Vollziehung eines Arrests oder einer einstweiligen Verfügung

(1) **Die Vorschriften der §§ 57 und 58 gelten bei Vollziehung eines Arrestbefehls oder einer einstweiligen Verfügung (§§ 928 bis 934, 936 der Zivilprozeßordnung) sinngemäß.**

(2) **Die Angelegenheit endet mit der Aufhebung des Arrests oder der einstweiligen Verfügung oder mit dem Beginn der Zwangsvollstreckung aus dem in der Hauptsache erlassenen Urteil.**

Übersicht über die Anmerkungen

1 **Die Vollziehung eines Arrests oder einer einstweiligen Verfügung** verhält sich zu der Anordnung wie die Zwangsvollstreckung zum Rechtsstreit. Das Vollziehungsverfahren ist deshalb ein von dem Anordnungsverfahren getrenntes Verfahren. Im Anordnungsverfahren erhält der RA nach § 40 die vollen Gebühren des § 31 Abs. 1, im Vollziehungsverfahren die ³/₁₀-Gebühren nach § 57.

2 Die **Vollziehungsgebühr des § 59** verdient der RA, wenn er einen Vollziehungsauftrag erhalten hat und in Ausführung des Auftrags tätig geworden ist, z. B. wenn er den Gerichtsvollzieher mit der Pfändung beweglicher Sachen beauftragt oder bei dem Arrestgericht einen Antrag auf Pfändung von Forderungen stellt.

Aus der entsprechenden Anwendung der §§ 57, 58 folgt, daß unter den Voraussetzungen des § 58 Abs. 2 nur eine Angelegenheit vorliegt, daß aber mehrere Angelegenheiten gegeben sind (es entstehen mehrere Gebühren), wenn die Voraussetzungen des § 58 Abs. 3 erfüllt sind.

3 Bei **Verbindung des Antrags auf Anordnung** des Arrests oder der einstweiligen Verfügung **mit dem Antrag auf Vollziehung** fällt der erste Antrag in das Anordnungsverfahren, der zweite Antrag in das Vollziehungsverfahren. Der RA verdient also dadurch die Gebühren des § 57 neben denen des § 31 Abs. 1.

Wird aber der Anordnungsantrag abgelehnt, so kann die Vollziehungsgebühr nicht verlangt werden, weil der Volziehungsantrag nur für den Fall gestellt ist, daß dem Anordnungsantrag stattgegeben wird.

Düsseldorf KostRsp. BRAGO § 59 Nr. 6 = Rpfleger 84, 161 = JurBüro 1984 709.

Dagegen kann die Vollziehungsgebühr vom Auftraggeber gefordert werden, wenn der Arrestbefehl erlassen, aber der beantragte Pfändungsbeschluß abgelehnt oder der Auftrag, den Arrest vollziehen zu lassen, wieder zurückgenommen wird (Beschränkung des Auftrags auf Zustellung des Arrestbefehls).

LG Berlin AnwBl. 82, 122 = JurBüro 82, 74 = Rpfleger 82, 160.

4 Auch durch den Antrag auf **Eintragung einer Sicherungshypothek** entsteht der Anspruch auf die Gebühr des § 57, da dieser Antrag nach § 932 Abs. 3 ZPO als Vollziehung des Arrests gilt. Daß es sich dabei um einen Akt der freiwilligen Gerichtsbarkeit handelt, steht der Entstehung der Vollziehungsgebühr ebensowenig entgegen, wie dieser Umstand bei dem Antrag auf Eintragung einer Sicherungshypothek nach § 867 ZPO der Entstehung der Vollstreckungsgebühr entgegensteht (s. A 8 zu § 57).

Auch durch den Antrag auf **Eintragung einer Vormerkung oder eines** **5** **Widerspruchs** auf Grund einer einstweiligen Verfügung entsteht die Vollziehungsgebühr, da auch ein solcher Antrag als Vollziehung anzusehen ist.

> Düsseldorf JurBüro 65, 657; Frankfurt JurBüro 78, 1036 = Rpfleger 78, 269 = VersR 78, 966 (L) (Eintragung eines Veräußerungsverbotes); München MDR 74, 939; Nürnberg MDR 79, 506 = JurBüro 79, 1025; Schleswig Rpfleger 62, 366.

Hat aber der RA davon Kenntnis, daß bereits das Gericht ein Eintragungsersuchen nach § 941 ZPO an das Grundbuchamt richten wollte, so braucht die Gegenpartei seine Vollziehungsgebühr nicht zu erstatten, wenn nicht Grund zu der Annahme bestand, daß der Eingang dieses Ersuchens beim Grundbuchamt sich erheblich verzögern werde.

> Düsseldorf JurBüro 65, 657 = JMBlNRW 65, 204.

Der bei dem Gericht gestellte Antrag, das Grundbuchamt nach § 941 ZPO um die Eintragung zu ersuchen, begründet keinen Anspruch auf eine Vollziehungsgebühr.

> Bamberg JurBüro 76, 637; LG Bonn MDR 65, 587; LG Hannover NdsRpfl. 67, 223 (Ersucht das Gericht der einstweiligen Verfügung gemäß § 941 ZPO das Grundbuchamt um die Eintragung einer Vormerkung, so entsteht für den RA auch dann keine Vollzugsgebühr, wenn er dies angeregt hat. Nur wenn sich der RA selbst an das Grundbuchamt wendet, entsteht die Gebühr); vgl. aber Schumann/Geißinger A 6.

Durch Antrag auf **Eintragung in andere öffentliche Register,** z. B. Eintra- **6** gung einer durch einstweilige Verfügung angeordneten Entziehung der Geschäftsführung und Vertretung in das Handelsregister oder einer Verfügungsbeschränkung in das Reichsschuldbuch nach § 11 RSchuldbG, entsteht keine Vollziehungsgebühr, da solche Eintragungen von Amts wegen erfolgen.

Der **Antrag auf Löschung** einer Sicherungshypothek nach Aufhebung des **7** Arrests oder einer einstweiligen Verfügung ist keine Maßnahme zur Aufhebung der Arrestvollziehung, da sich durch die Aufhebung des Arrests die Sicherungshypothek nach §§ 868, 932 ZPO in eine Eigentümergrundschuld verwandelt; ebensowenig der Löschungsantrag auf Grund eines Vergleichs, der die Löschungsbewilligung und den Löschungsantrag enthält. Für solche Anträge kann Vergütung nach § 118 verlangt werden.

Der **Antrag auf Aufhebung einer Arrestpfändung** oder einer durch **8** einstweilige Verfügung angeordneten Maßnahme nach Aufhebung des Arrests oder der einstweiligen Verfügung oder zufolge § 934 ZPO nach Hinterlegung des in dem Arrestbefehl festgesetzten Geldbetrags begründet für den RA des Schuldners den Anspruch auf eine Vollziehungsgebühr, soweit er noch keinen Anspruch auf eine solche Gebühr erworben hatte.

Die Verbindung des Antrags auf Aufhebung des Arrests mit dem Antrag auf Aufhebung der Arrestpfändung nimmt diesem Antrag nicht seine selbständige Bedeutung. Es entstehen demnach beide Gebühren, die ³/₁₀-Gebühr des § 59 und die ¹⁰/₁₀-Gebühr für den Hauptantrag.

Neustadt Büro 54, 139.

Beantragt der RA des Arrestschuldners, dem Arrestschuldner zu gestatten, statt der Hinterlegung gemäß § 923 ZPO eine Bankbürgschaft beizubringen, erhält er für diese Tätigkeit die Gebühr des § 59.

Düsseldorf JurBüro 72, 648 mit zust. Anm. von H. Schmidt; vgl. auch Frankfurt Rpfleger 83, 502 = JurBüro 83, 1837 (nur geringe Tätigkeit des RA des Schuldners reicht aus).

9 Dagegen begründet die **Zustellung einer einstweiligen Verfügung,** sofern sie durch den Prozeßbevollmächtigten erfolgt, keinen Anspruch auf die Gebühr des § 57, da diese noch zum Anordnungsverfahren gehört. Das gilt auch dann, wenn die einstweilige Verfügung ein Gebot oder ein Verbot enthält, da eine solche keiner Vollziehung bedarf. Ein Verbot wird wirksam, sobald es dem Antragsgegner zugestellt wird, auch wenn, wie z. B. bei Veräußerungsverboten, noch die Eintragung in das Grundbuch hinzukommen muß, um die Wirksamkeit des Verbots zu sichern. Ebenso wird die einstweilige Verfügung mit der Zustellung wirksam, wenn in ihr etwas geboten oder wenn dem Antragsteller die Ermächtigung zu einem Handeln oder dem Antragsgegner der Befehl zu einem Dulden erteilt wird.

KG JurBüro 65, 903 = Rpfleger 65, 322.

Die Vollziehungsgebühr kann in solchen Fällen nur dann entstehen, wenn sich der Auftrag des RA auf die Zustellung beschränkt oder er in einem anschließenden Verfahren nach § 58 Abs. 3 Nr. 10 tätig wird.

Schleswig JurBüro 84, 410 = SchlHA 84, 62; Koblenz JurBüro 84, 887; Bamberg JurBüro 85, 714; Hansens JurBüro 85, 340.

10 Durch die **bloße Entgegennahme des Pfändungsbeschlusses** entsteht für den RA des Antragsgegners gleichfalls keine Gebühr (s. A 24 zu § 57).

11 Die **Vollziehungsangelegenheit endet** mit der Aufhebung des Arrests oder der einstweiligen Verfügung oder mit dem Beginn der Zwangsvollstreckung aus dem in der Hauptsache ergangenen Urteil (§ 59 Abs. 2), ferner mit der Aufhebung der Arrestvollziehung nach § 934 ZPO oder mit einem in der Hauptsache abgeschlossenen Vergleich.

Durch die Aufhebung wird die weitere Vollziehung unstatthaft, durch den Beginn der Zwangsvollstreckung aus der Hauptsache wird sie überflüssig. Mit letzterer beginnt eine neue Vollstreckungsangelegenheit, die sich von der Arrestvollziehung dadurch unterscheidet, daß die Arrestvollziehung der Sicherung, die Urteilsvollstreckung der Befriedigung dient. Es entstehen deshalb die Gebühren des § 57 erneut. Ist eine Forderung auf Grund eines Arrests gepfändet, so gehört die Überweisung doch lediglich zur Urteilsvollstreckung, deshalb erhält der RA für den Überweisungsantrag die Gebühr des § 57 auch dann, wenn er für die Pfändung bereits die Gebühr erhalten hatte. Ebenso leitet der Auftrag an den Gerichtsvollzieher zur Versteigerung der im Arrestverfahren gepfändeten Sachen eine neue Vollstreckungangelegenheit ein.

12 **Mehrere Angelegenheiten der Arrestvollziehung** liegen dann vor, wenn die Voraussetzungen des § 58 gegeben sind, z. B. wenn auf Grund eines

Arrests mehrere Pfändungsaufträge erteilt werden, weil die erste Pfändung fruchtlos war. Auch das Verfahren zur Abnahme der eidesstattlichen Versicherung kommt als besondere Vollziehungsangelegenheit in Frage.

Der **Gegenstandswert** für die Vollziehung eines Arrests richtet sich nicht **13** nach § 20 GKG, sondern wie bei jeder anderen Vollstreckung nach § 57 Abs. 2. Der Wert für die Vollziehung einer einstweiligen Verfügung, die ein Gebot oder ein Verbot enthält, ist gemäß § 3 ZPO zu schätzen (in der Regel auf den Wert der Hauptsache).

> Vgl. auch Mümmler JurBüro 82, 32; Frankfurt JurBüro 83, 1667.

Prozeßkostenhilfe. Die Beiordnung für die Erwirkung eines Arrestes oder **14** einer einstweiligen Verfügung erstreckt sich gemäß § 122 Abs. 2 auch auf die Vollziehung des Arrestes oder der einstweiligen Verfügung, es sei denn, daß im Beiordnungsbeschluß das Gegenteil bestimmt ist.

Erstattung. Die durch die Vollziehung entstandenen Kosten sind von dem **15** Schuldner zu erstatten.

Wird der Arrestbefehl aufgehoben, so sind die durch die Aufhebung der Vollziehungsmaßnahmen entstehenden Kosten dem Schuldner gemäß § 788 Abs. 2 ZPO zu erstatten.

> Hamburg JurBüro 79, 721.

Rechtsanwaltskosten für die Löschung einer Vormerkung im Grundbuch sind nicht als Vollstreckungskosten erstattungsfähig.

> Frankfurt Rpfleger 79, 222.

§ 60 Verteilungsverfahren

(1) Für die Vertretung im Verteilungsverfahren (§ 858 Abs. 5, §§ 872 bis 877, 882 der Zivilprozeßordnung) erhält der Rechtsanwalt fünf Zehntel, falls jedoch der Auftrag vor dem Termin zur Ausführung der Verteilung erledigt wird, drei Zehntel der vollen Gebühr.

(2) Der Gegenstandswert wird durch den Betrag der Forderung, wenn der zu verteilende Geldbetrag geringer ist, durch diesen bestimmt.

Übersicht über die Anmerkungen

von Eicken   829

1 **Allgemeines.** Das Verteilungsverfahren gehört zur Zwangsvollstreckung. In Ergänzung des § 58 bestimmt jedoch § 60, daß die Tätigkeit des RA im Verteilungsverfahren nicht durch die Gebühr des § 57 abgegolten wird. Der RA erhält vielmehr neben der Gebühr des § 57 – sofern er diese durch eine anderweite Tätigkeit in der Zwangsvollstreckung verdient hat – auch noch die Gebühr des § 60.

2 Das **Verteilungsverfahren** ist in den §§ 858, 872 ff. ZPO geregelt. § 858 ZPO betrifft die Zwangsvollstreckung in den Anteil an einem im Schiffsregister eingetragenen Schiff (Schiffspart). Nach Abs. 5 ist die Hinterlegung des Erlöses anzuordnen, wenn der Auszug aus dem Schiffsregister ergibt, daß die Part mit einem Pfandrecht belastet ist, das einem anderen als dem betreibenden Gläubiger zusteht. In diesem Falle erfolgt die Verteilung des Erlöses nach den Bestimmungen der §§ 873 bis 882 ZPO. Nach § 872 ZPO tritt das Verteilungsverfahren ein, wenn bei der Zwangsvollstreckung in das bewegliche Vermögen ein Geldbetrag hinterlegt ist, der zur Befriedigung der beteiligten Gläubiger nicht hinreicht.

Die §§ 873 bis 882 ZPO regeln das Verteilungsverfahren im einzelnen. Es hat danach jeder Gläubiger eine Berechnung seiner Forderung einzureichen. Das Gericht fertigt dann einen Verteilungsplan an und bestimmt einen Termin zur Erklärung über den Teilungsplan und zur Ausführung der Verteilung. Wird in dem Termin ein Widerspruch gegen den Plan erhoben und erfolgt keine Einigung, so muß der widersprechende Gläubiger gegen die beteiligten Gläubiger Klage erheben. Auf Grund des Urteils wird dann die Auszahlung oder das anderweite Verfahren angeordnet.

3 Die **Gebühr des § 60** beträgt fünf Zehntel der vollen Gebühr; sie steht dem RA auch dann besonders zu, wenn er die Partei bereits im Zwangsvollstreckungsverfahren und im Rechtsstreit vertreten hat.

Sie kann für die gesamte Tätigkeit im Verteilungsverfahren nur einmal verlangt werden, umfaßt also die Einreichung der Forderungsberechnung, die Prüfung des Verteilungsplans, die Wahrnehmung der Termine, die Erhebung von Widersprüchen und die Verhandlung über solche.

Da das Verteilungsverfahren von Amts wegen eingeleitet wird, entsteht der Anspruch auf die Gebühr des § 60 noch nicht dadurch, daß der RA einen Antrag auf Einleitung des Verfahrens stellt. Wohl aber gehört die Entgegennahme der Anordnung des Gerichts, die Berechnung einzureichen, zum Verteilungsverfahren.

4 Bei **Erledigung des Auftrags vor dem Termin** erhält der RA nur drei Zehntel der vollen Gebühr. Eine solche Erledigung liegt aber nicht deshalb vor, weil der RA den Termin nicht wahrnimmt, z. B. da er bei einem auswärtigen Gericht stattfindet. Sie liegt vor bei Rücknahme des Antrags, Befriedigung des Gläubigers vor dem Termin oder Einigung der Parteien.

Die gleiche Ermäßigung tritt ein, wenn der Auftrag von vornherein auf die Tätigkeit beschränkt war, die dem Termine vorausgeht, z. B. auf Einreichung der Berechnung oder die schriftliche Einreichung eines Widerspruchs.

5 Bei **Vertretung mehrerer Gläubiger** erhält der RA die Gebühren nur einmal nach den zusammengerechneten Werten der Forderungen der mehreren Auftraggeber, § 6.

Hartmann A 2; Riedel/Sußbauer A 19 (die Gebühr entsteht nach § 6 nur einmal nach dem zusammengerechneten Wert);
a. A. 8. Auflage und Schumann/Geißinger A 5 (§ 82 entsprechend anwendbar).

Für die **Vertretung in einem Rechtsstreit** auf die nach § 878 ZPO zu **6** erhebende Klage erhält der RA neben der Gebühr des § 60 die Gebühren des § 31 Abs. 1.

Findet ein **anderweites Verteilungsverfahren** nach § 882 ZPO wegen eines **7** im Widerspruchsverfahren ergangenen Urteils statt, so erhält der RA, der schon in dem früheren Verteilungsverfahren tätig war, keine neuen Gebühren. Das anderweite Verteilungsverfahren ist nur die Fortsetzung des früheren. Das Verteilungsverfahren wird erst durch die Verteilung beendet.

Sind Gehaltsforderungen oder ähnliche in fortlaufenden Bezügen bestehende Forderungen von mehreren Gläubigern gemäß § 832 ZPO gepfändet und ihnen zur Einziehung überwiesen, so ist ein einheitliches Verteilungsverfahren für alle – auch künftigen – Hinterlegungen zulässig. Es handelt sich in diesem Falle um ein einziges Verteilungsverfahren, das dementsprechend auch nur eine Gebühr aus § 60 entstehen läßt.

Der **Gegenstandswert** wird nach § 60 Abs. 2 durch den Betrag der Forde- **8** rung, wenn der zu verteilende Geldbetrag geringer ist, durch diesen bestimmt. Der Betrag der Forderung umfaßt auch die Zinsen, Kosten und sonstigen Nebenforderungen einschließlich der Auslagen des Gläubigers im Verteilungsverfahren.

Schumann/Geißinger A 5;
a. M. Hartmann A 4; Riedel/Sußbauer A 8 (Kosten des Verteilungsverfahrens sind nicht einzurechnen).

Zur Berechnung des zu verteilenden Geldbetrags sind die Kosten nicht abzuziehen. Maßgebend ist in diesem Falle der hinterlegte Betrag.

Vertritt der RA mehrere Gläubiger, so sind die Werte für jeden Gläubiger gesondert zu berechnen, aber nach § 7 Abs. 2 zusammenzurechnen.

Riedel/Sußbauer A 19;
a. A. 8. Auflage und Schumann/Geißinger A 5.

Die **Vergleichsgebühr** des § 23 kann zusätzlich entstehen, wenn im Vertei- **9** lungsverfahren ein Vergleich abgeschlossen wird. Sie erwächst in Höhe von $^{10}/_{10}$.

Für die Verteilungsverfahren in der **Zwangsversteigerung** und der **10** **Zwangsverwaltung** gilt § 60 nicht; vgl. hierüber §§ 68, 69, 71, 73.

§ 61 Beschwerde, Erinnerung

(1) **Fünf Zehntel der im § 31 bestimmten Gebühren erhält der Rechtsanwalt**
1. **im Beschwerdeverfahren;**
2. **im Verfahren über die Erinnerung gegen die Kostenfestsetzung und gegen den Kostenansatz.**

(2) **In derselben Angelegenheit erhält der Rechtsanwalt die in Absatz 1 Nr. 2 bezeichneten Gebühren nur einmal.**

(3) **Die Vorschriften des § 32 und des § 33 Abs. 1 und 2 gelten nicht.**

von Eicken 831

Übersicht über die Anmerkungen

1 Allgemeines. Das Beschwerdeverfahren und das Erinnerungsverfahren gehören nicht zum Rechtszug i. S. des § 37 (vgl. § 37 Nr. 7 „die Kostenfestsetzung ausschließlich der Erinnerung"). Der RA, der in diesem Verfahren tätig wird, hat deshalb Anspruch auf eine anderweite Vergütung. Nach § 61 erhält er $^5/_{10}$ der in § 31 Abs. 1 bestimmten Gebühren.

2 § 61 Abs. 1 Nr. 1 gilt grundsätzlich für alle **Beschwerdeverfahren,** gleichgültig welcher Art das Verfahren des ersten Rechtszugs war und ob es sich um einfache oder sofortige Beschwerden handelt, soweit es Verfahren sind, die im 3. Abschnitt geregelt sind. Ebenso ist unerheblich, ob die Beschwerde eine erste oder die weitere Beschwerde ist. Wegen der Ausnahmen vgl. Anm. 3 bis 6.

Nicht ausschlaggebend ist, welche Gebühren der RA im ersten Rechtszug zu beanspruchen hat. Er erhält deshalb auch in den Fällen, in denen ihm schon für seine Tätigkeit im Verfahren des ersten Rechtszugs nur Bruchteile der vollen Gebühr zustehen, fünf Zehntel der vollen Gebühr, nicht etwa nur fünf Zehntel der Bruchteilsgebühr. So kann z. B. der RA, der eine Beschwerde gegen eine im Zwangsvollstreckungsverfahren ergangene Entscheidung oder gegen die Ablehnung des Gesuches um Bewilligung von PKH erhebt, ebenso fünf Zehntel der vollen Gebühren berechnen, wie derjenige, der eine Beschwerde gegen eine im ordentlichen Rechtsstreit ergangene Entscheidung einlegt. Andererseits verbleibt es bei der ⁵⁄₁₀-Beschwerdegebühr, wenn der RA in dem Verfahren, dessen Entscheidung angefochten wird, ¹³⁄₁₀-Gebühren erhält. Verwirft das Oberlandesgericht eine Berufung durch Beschluß als unzulässig, erhält der RA für die Beschwerde ⁵⁄₁₀, nicht etwa ⁵⁄₁₀ von ¹³⁄₁₀. Auch dann, wenn eine Berufung als Beschwerde zu behandeln ist, können nur die ⁵⁄₁₀-Gebühren des § 61 berechnet werden.

Hamm JurBüro 72, 891 = Rpfleger 72, 328.

Die Gebühren des § 31 erhält nicht nur der RA, der mit der Vertretung im ganzen Beschwerdeverfahren beauftragt ist, sondern auch der nur mit Einzeltätigkeiten beauftragte RA. Somit erhält auch der RA, der auftragsgemäß nur die Beschwerde oder nur die Beschwerdeerwiderung zu fertigen hat, die volle ⁵⁄₁₀-Gebühr des § 61.

In gleicher Weise erhält der Verkehrs- oder Beweisanwalt, der in einem Beschwerdeverfahren tätig wird, nicht die Gebühren der §§ 52, 54, sondern die des § 61.

§ 61 Abs. 1 Nr. 1 gilt aber nur in den Verfahren des 3. Abschnitts und in solchen Verfahren, auf die die Vorschriften des 3. Abschnitts für anwendbar erklärt worden sind, also namentlich nicht in Strafsachen, mit Ausnahme der Beschwerden im Kostenfestsetzungs- und Zwangsvollstreckungsverfahren (§ 96). Auch innerhalb des 3. Abschnitts bestehen Ausnahmen (vgl. die folgenden Anmerkungen).

In Verfahren der freiwilligen Gerichtsbarkeit, mit Ausnahme der in §§ 63, 66a und 112 genannten, bestimmt sich die Beschwerdegebühr des RA nicht nach § 61, sondern nach § 118.

BGH NJW 69, 932 = MDR 69, 473 = JurBüro 69, 413 = Rpfleger 69, 163 = Warn. 69 Nr. 23.

Ordnet in Arrest-(einstweiligen Verfügungs-)sachen das Beschwerdegericht mündliche Verhandlung an, geht das Beschlußverfahren ins Spruchverfahren über. Der RA erhält in diesem Falle anstelle der ⁵⁄₁₀-Gebühren des § 31 die vollen ¹⁰⁄₁₀-Gebühren.

Vgl. § 40 A 16. Ob sich das auch auf Verfahren der einstweiligen Anordnung nach VwGO anwenden läßt, ist streitig. Bejahend VGH Baden-Württemberg Justiz 84, 70 = KostRsp. BRAGO § 61 Nr. 31; verneinend OVG Bremen AnwBl. 84, 561 = KostRsp. aaO Nr. 35 mit zust. Anm. Noll.

Gegenvorstellungen sind keine Beschwerden. Sie werden deshalb nicht durch die Gebühr des § 61 abgegolten. Sie gehören zur Ausgangsinstanz und lassen keine neuen Gebühren anfallen. Wird der RA nur mit der Einlegung der Gegenvorstellungen beauftragt, erhält er die Gebühr des § 56 Abs. 1 Nr. 1.

Dagegen entsteht die Beschwerdegebühr auch dann, wenn das Erstgericht einer Beschwerde abhilft. Es kommt nicht darauf an, daß die Akten dem Beschwerdegericht vorgelegt werden. Da Kosten entstanden sind, muß das Erstgericht über die Kosten der Beschwerde eine Entscheidung treffen.

Der RA erhält im zweiten und dritten Rechtszug des **arbeitsgerichtlichen 3 Beschlußverfahrens** zufolge § 62 Abs. 3 Gebühren nach § 11 Abs. 1 S. 4, also die sonst für das Berufungs- und Revisionsverfahren vorgesehenen Gebühren, obwohl es sich nach § 87 ArbGG im zweiten Rechtszug um ein

Beschwerdeverfahren, nach § 92 ArbGG im dritten Rechtszug um ein Rechtsbeschwerdeverfahren handelt. Auch im Beschwerdeverfahren und im Rechtsbeschwerdeverfahren nach dem **Ges. gegen Wettbewerbsbeschränkungen** richten sich zufolge § 65a die Gebühren nach § 11 Abs. 1 S. 4.

4 Im Verfahren auf **Vollstreckbarerklärung ausländischer Schuldtitel** erhält nach § 47 Abs. 2 der RA im Beschwerdeverfahren gegen eine den Rechtszug beendende Entscheidung die gleichen Gebühren wie im ersten Rechtszug.

4a Bei Beschwerden in **Scheidungsfolgesachen** erhält der RA die Gebühr des § 61 a.

5 Für isolierte **Hausratssachen und die anderen in § 63 geregelten Angelegenheiten** trifft § 63 Abs. 2 die gleiche Bestimmung wie § 47 Abs. 2.

5a Im **Vertragshilfeverfahren** (§ 64) erhält der RA – nur – eine ⁵⁄₁₀-Gebühr für jeden Rechtszug.

6 Für die **Nichtzulassungsbeschwerden** des § 114 Abs. 3 erhält der RA die Gebühren zu ¹³⁄₂₀.

Das gleiche gilt gemäß § 227 Abs. 3 BEG im Verfahren über die Beschwerde gegen die Nichtzulassung der Revision in Entschädigungssachen.

Wegen der Gebühren des RA im Rückerstattungsverfahren vgl. A 45 zu § 1 und Schumann/Geißinger A 17.

Gegen die Nichtzulassung der Revision zum BArbG findet gemäß § 72a ArbGG die Beschwerde statt. Wegen der Gebühr des RA vgl. Anm. 4a zu § 62.

Wegen der Beschwerde gegen die Nichtzulassung der Revision in Sozialgerichtssachen vgl. Anm. 7 zu § 116.

7 Die Beschwerdegebühren. Der RA erhält im Beschwerdeverfahren **fünf Zehntel der in § 31 Abs. 1 bestimmten Gebühren.** Die Prozeßgebühr entsteht, wenn der RA auftragsgemäß die Partei in einem Beschwerdeverfahren vertritt, besonders also durch Einlegung einer Beschwerde, auch wenn das Gericht des ersten Rechtszugs der Beschwerde selbst abhilft.

Es ist auch gleichgültig, ob die Beschwerde ohne zureichenden Grund beim Beschwerdegericht eingelegt wird.

8 Der **Rechtsanwalt des Beschwerdegegners** erwirbt den Anspruch auf die Prozeßgebühr des § 61, wenn er auftragsgemäß eine Gegenerklärung auf die Beschwerdeschrift einreicht oder sonst tätig wird. Dazu genügt, daß er sich über die Aussichten der vom Beschwerdeführer eingelegten, noch nicht entschiedenen Beschwerde äußert, nicht aber die bloße Entgegennahme des Beschwerdebeschlusses und seine Mitteilung an die Partei (z. B. weil die Beschwerde dem Gegner nicht zur Stellungnahme mitgeteilt worden ist, da sie sofort als unzulässig verworfen oder als unbegründet zurückgewiesen worden ist).

LG Berlin JurBüro 84, 62; LG Hannover JurBüro 85, 1503.

Für die Entstehung der Prozeßgebühr des Beschwerdeverfahrens reicht es aus, daß der RA durch die Mitteilung der Beschwerdeschrift an einem Beschwerdeverfahren beteiligt wird, auf das sich sein Auftrag erstreckt. In diesem Fall ist als glaubhaft gemacht anzusehen, daß der RA pflichtgemäß geprüft hat, ob für seinen Auftraggeber etwas zu veranlassen ist.

KG JurBüro 71, 530; Frankfurt JurBüro 77, 675 = Rpfleger 77, 185; München JurBüro 74, 64 = Rpfleger 73, 444; Köln JurBüro 86, 1663; LG Berlin JurBüro 83, 1529. **a. A.** offenbar Stuttgart JurBüro 84, 566 (keine Beschwerdegebühr, wenn RA sich nach Erhalt der Beschwerdeschrift entschließt, keinen eigenen Schriftsatz mit weiteren Ausführungen zu machen); vgl. LG Berlin Rpfleger 83, 502 = MDR 83, 1034 (Entgegennahme und unterstellte Prüfung des Nichtabhilfebeschlusses reicht, auch wenn Erinnerungsschrift nicht entgegengenommen).

Die Beratung über die Möglichkeit einer weiteren Beschwerde gehört zum Rechtszug des Beschwerdeverfahrens, wenn der RA im Beschwerdeverfahren tätig gewesen ist, andernfalls beginnt mit der Beratung die Tätigkeit im Verfahren der weiteren Beschwerde.

Berät der RA den Auftraggeber über die Aussichten der weiteren Beschwerde, ist das bereits Tätigkeit im Verfahren der weiteren Beschwerde, die eine neue Beschwerdegebühr auslöst.

Eine **Verhandlungs- und Beweisgebühr** entstehen nur dann, wenn der RA **9** seinen Auftraggeber in einer Verhandlung oder Beweisaufnahme des Beschwerdeverfahrens vertreten hat.

Zur Entstehung der Verhandlungsgebühr reicht es aus, daß das Gericht mit dem RA die Sach- und Rechtslage bespricht. Die Stellung oder Verlesung von Anträgen ist nicht erforderlich, da im Beschwerdeverfahren nicht vorgeschrieben. Immerhin muß verhandelt werden.

Durch Erörterung der Beschwerde entsteht jedenfalls die Erörterungsgebühr des § 31 Abs. 1 Nr. 4 zur Hälfte.

Anhörung der Partei nach § 573 Abs. 2 ZPO ist auch dann keine Beweisaufnahme, wenn sie durch den ersuchten Richter erfolgt.

Eine **Vergleichsgebühr** kann unter den Voraussetzungen des § 23 entstehen. **10** Sie ist stets eine volle Gebühr.

Ob der Vergleich die Hauptsache oder nur den Gegenstand des Beschwerdeverfahrens betrifft, ist gleichgültig.

Betrifft der Vergleich die Hauptsache, entsteht zusätzlich eine Prozeßgebühr in Höhe von fünf Zehnteln nach dem Werte des Vergleichsgegenstandes.

Beispiel: Der erstmals im Beschwerdeverfahren betreffend die Bewilligung von PKH tätige RA vergleicht im Beschwerdeverfahren die Hauptsache. Er erhält die $^{5}/_{10}$-Beschwerdegebühr des § 61, die $^{10}/_{10}$-Vergleichsgebühr des § 23 und eine $^{5}/_{10}$-Prozeßgebühr gemäß §§ 31 Abs. 1, 32.

Voraussetzung ist, daß dem RA nicht schon die Prozeßgebühr in der unteren Instanz oder wenigstens eine gleichhohe Gebühr nach § 118 für eine vorbereitende Tätigkeit hinsichtlich desselben Gegenstandes entstanden ist.

Das Beschwerdeverfahren ist stets eine **besondere Angelegenheit**. Der RA **11** erhält also die Gebühren des § 61 Abs. 1 Nr. 1 auch dann neben seinen sonstigen Gebühren, wenn die Tätigkeit, die den Anlaß zu der Beschwerde bildet, durch die Prozeßgebühr des Hauptverfahrens abgegolten wird, z. B. wenn sich die Beschwerde gegen einen die Prozeßleitung betreffenden Beschluß richtet.

Auch für die Beschwerde gegen die Ablehnung der Bewilligung der PKH kann stets eine besondere Gebühr berechnet werden.

Über Beschwerden im Arrest- und einstweiligen Verfügungsverfahren s. vorstehend A 2.

12 Für **mehrere Beschwerden** können stets besondere Gebühren berechnet werden, wenn sie sich gegen verschiedene Entscheidungen richten, mögen diese auch sachlich dieselbe Frage betreffen.

Dagegen liegt nur ein Beschwerdeverfahren vor, wenn sich beide Parteien gleichzeitig gegen dieselbe Entscheidung beschweren. Beispiel: Das Landgericht hat die Kosten des Rechtsstreits gemäß § 91 a ZPO gegeneinander aufgehoben. Beide Parteien legen gegen den Beschluß Beschwerde ein mit dem Antrag, die gesamten Kosten jeweils der Gegenpartei aufzuerlegen. Ist allerdings eine Beschwerde erledigt, bevor die andere eingelegt wird, liegen zwei Beschwerdeverfahren vor.

Hat das Erstgericht einer einfachen Beschwerde abgeholfen und legt nunmehr der Gegner Beschwerde ein, liegen zwei Beschwerdeverfahren vor.

13 Die **weitere Beschwerde** ist eine besondere Angelegenheit, für welche die Gebühren erneut berechnet werden können.

14 Für den **Antrag auf Aussetzung der Vollziehung** der angefochtenen Entscheidung nach § 572 ZPO kann neben der Beschwerdegebühr keine besondere Gebühr beansprucht werden.

15 Der **Wert des Beschwerdegegenstandes** ist nicht stets der gleiche wie der des Hauptverfahrens. Im allgemeinen richtet er sich nach dem Werte der angefochtenen Entscheidung oder des angefochtenen Teiles der Entscheidung. Bei Beschwerden gegen einen Aussetzungsbeschluß ist das Interesse des Beschwerdeführers an der Aussetzung oder Nichtaussetzung maßgebend.

> BGH BGHZ 22, 283 = NJW 57, 424.

Betrifft die Beschwerde ein besonderes aus einem größeren Rahmen ausscheidbares Verfahren innerhalb des Hauptverfahrens, z. B. bei dem Kostenfestsetzungs- oder Streitwertfestsetzungsverfahren, so ist das Interesse maßgebend, das der Beschwerdeführer an dem Erfolg seiner Beschwerde hat.

Ist ein Dritter beschwerdeberechtigt, z. B. der Zeuge, über dessen Aussageverweigerung nach § 387 ZPO entschieden worden ist, so ist das Interesse dieses Dritten maßgebend.

Berührt der Gegenstand der Beschwerde weder unmittelbar den Gegenstand des Rechtsstreits noch den eines anderen Verfahrens und richtet sich die Beschwerde auch nicht gegen eine Entscheidung, die einen besonderen Gegenstand betrifft, so ist der Wert nach freiem Ermessen zu schätzen, z. B. bei Beschwerden gegen die Ablehnung von Richtern oder Sachverständigen, ebenso wenn die Beschwerde die Frage betrifft, ob über einen Verweisungsantrag nur auf Grund mündlicher Verhandlung entschieden werden durfte.

> Streitig; vgl. Schmidt/Schmidt Gegenstandswert Rz. 26;
> **a. M.** BGH NJW 68, 796 = MDR 68, 394 = Rpfleger 68, 116 = JurBüro 68, 525
> (Der Wert des Beschwerdegegenstandes bestimmt sich im Richterablehnungsverfahren grundsätzlich nach dem Streitwert der Hauptsache) u. a.

16 Im **Erinnerungsverfahren gegen die Kostenfestsetzung und den Kostenansatz** entstehen nach § 61 Abs. 1 Nr. 2 die gleichen Gebühren wie im

Beschwerdeverfahren. Die Bestimmung ist auf andere Rechtspflegererinnerungen nicht entsprechend anwendbar.

Koblenz JurBüro 81, 719.

Die Erinnerungsgebühr erwächst auch dann, wenn der Rechtspfleger (Urkundsbeamte) der Erinnerung abhilft. Mit der Abhilfe ist auch über die Kosten der Erinnerung zu entscheiden.

Mümmler JurBüro 78, 821; Düsseldorf JurBüro 70, 780 = JVBl. 70, 229.

Legt nunmehr die Gegenseite Erinnerung ein, beginnt ein neues Erinnerungsverfahren, das erneut Gebühren aulöst.

Das Kostenfestsetzungsverfahren selbst gehört gemäß § 37 Nr. 7 zum Rechtszuge. Der RA als Prozeßbevollmächtigter erhält deshalb für eine Tätigkeit bei der Kostenfestsetzung keine zusätzliche Vergütung. Seine Mühewaltung wird durch die Prozeßgebühr abgegolten.

Der RA, der nur im Kostenfestsetzungsverfahren tätig wird (etwa, weil der Prozeßbevollmächtigte nach Instanzende verstorben ist), erhält die Gebühr des § 56.

Vgl. A 7 zu § 56.

Das Erinnerungsverfahren bildet eine **besondere Angelegenheit,** wie daraus 17 folgt, daß im § 37 Nr. 7 das Kostenfestsetzungsverfahren „ausschließlich der Erinnerung gegen den Kostenfestsetzungsbeschluß" als zum Rechtszug gehörig bezeichnet wird. Es kann also auch der Prozeßbevollmächtigte des Hauptprozesses die Gebühren des § 61 Abs. 1 Nr. 2 neben seinen sonstigen Gebühren berechnen.

Da sonach im Erinnerungsverfahren außergerichtliche Kosten entstehen, muß die Erinnerungsentscheidung über die Kosten gemäß §§ 91 ff. ZPO befinden.

Vgl. hierzu H. Schmidt Büro 62, 649 u. JurBüro 65, 257.

Die **Durchgriffserinnerung** ist ein Rechtsbehelf eigener Art. Mit der Entscheidung des Erstrichters, der Erinnerung nicht abzuhelfen, wandelt sich die Erinnerung in eine Beschwerde um. Es liegt deshalb nur ein Rechtsmittel vor, so daß der RA nur eine Gebühr erhält.

Mümmler JurBüro 74, 419 und 78, 821; Karlsruhe JurBüro 71, 760 = Justiz 71, 324; Koblenz JurBüro 74, 1275 = Rpfleger 74, 410 = MDR 75, 63; Köln JurBüro 78, 877; München JurBüro 77, 196 = Rpfleger 77, 70 und AnwBl. 80, 299 = MDR 80, 781; Schleswig SchlHA 80, 166 = JurBüro 80, 1731; Stuttgart JurBüro 80, 1417; LG Saarbrücken JurBüro 80, 1200; Düsseldorf Rpfleger 85, 508 = JurBüro 85, 1833 (Aufgabe bisheriger Rspr.);
a. M. Schumann/Geißinger A 8; Hamm JurBüro 79, 1327.

Anders ist die Lage, wenn das Erstgericht der Erinnerung abhilft und nunmehr der Gegner Beschwerde einlegt. Hier entsteht sowohl die Erinnerungs- wie die Beschwerdegebühr. Das gleiche gilt, wenn der Erstrichter die Erinnerung – fälschlich – zurückweist und nunmehr Beschwerde eingelegt wird.

LG Krefeld JurBüro 79, 240.

Zwei Beschwerdeverfahren liegen vor, wenn der Richter auf Erinnerung den Kostenfestsetzungsbeschluß teilweise abändert, im übrigen aber nicht abhilft

von Eicken   837

und nun die durch die Teilabhilfe beschwerte Partei sofortige Beschwerde erhebt.

Stuttgart Rpfleger 72, 306.

18 Die **Vergütungsfestsetzung gegen den Auftraggeber** (§ 19) gehört nach § 37 Nr. 7, wie das Kostenfestsetzungsverfahren nach § 104 ZPO, zum Rechtszug. Da nach § 19 Abs. 2 S. 4 die Vorschriften der ZPO über das Kostenfestsetzungsverfahren sinngemäß gelten, kann auch im Verfahren gegen den Auftraggeber der RA Erinnerungen gegen den Festsetzungsbeschluß einlegen. Obwohl in § 61 Abs. 1 Nr. 2 dieses Erinnerungsverfahren nicht besonders erwähnt wird, kann der RA, soweit seinem Gegner die Kosten auferlegt worden sind, Gebühren nach § 61 Abs. 1 Nr. 2 von ihm erstattet verlangen. § 19 Abs. 2 S. 6, wonach der RA in dem Verfahren vor dem Rechtspfleger keine Gebühr erhält, schlägt nicht ein, da über die Erinnerung das Gericht entscheidet.

19 Auch das Verfahren über die **Erinnerung gegen einen Kostenansatz** fällt unter § 61 Abs. 1 Nr. 2. Der RA erhält also die Gebühren auch dann, wenn er nach § 5 GKG seinen Auftraggeber als Zahlungspflichtigen in einem Erinnerungsverfahren gegen den Ansatz von Gebühren und Auslagen des Gerichts vertritt.

§ 61 Abs. 2 gilt in jedem Erinnerungsverfahren gegen einen Kostenansatz, also auch dann, wenn die Kosten in einer Strafsache, einer Angelegenheit der freiwilligen Gerichtsbarkeit oder in einer Justizverwaltungssache entstanden sind.

20 Die **Gebühren betragen** wie im Beschwerdeverfahren **fünf Zehntel der in § 31 Abs. 1 bestimmten Gebühren.** Im Erinnerungsverfahren wird regelmäßig nur eine Prozeßgebühr entstehen, da eine Verhandlung und Beweisaufnahme kaum jemals in Frage kommen werden. Der Anspruch entsteht, wie auch sonst, sobald der RA den Auftrag zur Einlegung der Erinnerung erhalten und in Ausführung dieses Auftrags tätig geworden ist. Im Verfahren gegen den Auftraggeber ensteht der Anspruch erst mit der Entscheidung, die dem Auftraggeber die Kosten des Erinnerungsverfahrens auferlegt, da es hier an einem Auftrag zur Einlegung der Erinnerung fehlt. Der Erstattungsanspruch gründet sich auf § 91 Abs. 2 S. 4 ZPO.

21 **Vertritt der Rechtsanwalt** im Erinnerungsverfahren **die Gegenpartei,** so entsteht sein Gebührenanspruch, sobald er in deren Auftrag in dem Verfahren tätig geworden ist. Im Erinnerungsverfahren erwächst dem RA des Gegners die $^5/_{10}$-Gebühr nach § 61 schon dadurch, daß er die Rechtsmittelschrift entgegennimmt und prüft, ob darauf zu erwidern ist. Der Einreichung eines Schriftsatzes bedarf es nicht.

Mümmler JurBüro 78, 421; KG JurBüro 71, 530; München JurBüro 74, 64 = Rpfleger 73, 444.

Das gilt auch, wenn im Festsetzungsverfahren gegen den Auftraggeber nach § 19 dieser sich durch einen anderen RA vertreten läßt.

22 **Gegenstandswert** ist der Betrag, gegen dessen Absetzung oder Zubilligung sich die Erinnerung richtet.

Vgl. auch München AnwBl. 80, 299 = MDR 80, 781 (Gegenstandswert eines Erinnerungs- und Beschwerdeverfahrens gegen einen zweiten Kostenfestsetzungsbeschluß ist die Differenz zwischen den im ersten und im zweiten Beschluß festgesetzten Beträgen).

Dieser **Gegenstandswert** ist auch **für die Erstattung der Kosten** durch die 23 Gegenpartei **maßgebend,** sofern dieser die Kosten des Erinnerungsverfahrens auferlegt werden. Hat eine Erinnerung nur beschränkten Erfolg, ist über die Kosten gemäß § 92 ZPO zu entscheiden. Der Ausgleich kann aber nicht in der Weise gefunden werden, daß für die Kostenerstattung nur der Betrag maßgebend ist, in dem die Erinnerung Erfolg gehabt hat.

LG Stuttgart AnwBl. 68, 359 (Der Rechtspfleger, der einer Erinnerung gegen einen Kostenfestsetzungsbeschluß abhilft, hat über die Kosten des Erinnerungsverfahrens zu entscheiden. Für die Erinnerung gegen einen Kostenfestsetzungsbeschluß erhält der RA eine 5/10-Gebühr. Diese Gebühr ist erstattbar).

Wird **Beschwerde** gegen die im Erinnerungsverfahren ergangene Entschei- 24 dung nach § 104 Abs. 3 S. 5 ZPO oder § 5 Abs. 2 S. 1 GKG eingelegt, so entstehen im Beschwerdeverfahren die Gebühren des § 61 Abs. 1 Nr. 1 neben denen des § 61 Abs. 1 Nr. 2.

In der Beschwerdeinstanz ist – jedenfalls in dem Verfahren nach § 104 ZPO – eine Kostenentscheidung zu treffen. Der unterlegene Gegner ist verpflichtet, die Anwaltskosten des Obsiegenden zu erstatten.

In den Fällen, in denen die Beschwerde nur teilweise Erfolg hat, sind die Kosten des Beschwerdeverfahrens (und, da die Erinnerungsentscheidung abgeändert wird, auch die Kosten des Erinnerungsverfahrens) gemäß § 92 ZPO zu verteilen. In der Praxis wird dabei häufig übersehen, daß eine Gerichtsgebühr nur insoweit anfällt, als die Beschwerde erfolglos geblieben ist. Die Gerichtsgebühr kann deshalb nur dem insoweit unterlegenen Beschwerdeführer auferlegt werden. Beispiel: Wegen eines im Kostenfestsetzungsbeschluß abgesetzten Betrages von 200 DM legt der Kläger Erinnerung ein. Das Erstgericht hilft der Erinnerung voll ab. Auf die sofortige Beschwerde des Beklagten, die im übrigen zurückgewiesen wird, werden dem Kläger nur 100 DM zugesprochen. Die Kostenentscheidung des Beschwerdegerichts muß lauten:

Die Kosten des Erinnerungs- und des Beschwerdeverfahrens werden gegeneinander aufgehoben. Die gerichtliche Beschwerdegebühr hat jedoch der Beklagte allein zu tragen.

Der Gegenstandswert zur Berechnung der Anwaltsgebühren beträgt 200 DM. Die Gerichtsgebühr wird nur aus 100 DM (dem Betrag, mit dem der Beschwerdeführer unterlegen ist) erhoben.

In der gleichen Angelegenheit entstehen nach § 61 Abs. 2 **die Gebühren** 25 **des Erinnerungsverfahrens nur einmal.**

Diese Bestimmung ist wegen des engen Zusammenhangs zwischen der Erinnerung gegen den Kostenansatz und der Erinnerung gegen den Kostenfestsetzungsbeschluß getroffen worden.

Dieselbe Angelegenheit liegt auch dann vor, wenn die Kosten in verschiedenen Instanzen erwachsen sind. Bei verschiedenen Gegenständen sind die Werte zusammenzurechnen, so daß in dem späteren Erinnerungsverfahren eine Nachberechnung zu erfolgen hat.

Die Vorschrift, daß die Erinnerungsgebühren nur einmal erwachsen, gilt auch für den Fall, daß einmal Erinnerung gegen die Kostenfestsetzung und zum

anderen Erinnerung gegen den Kostenansatz eingelegt worden ist. Beispiel:
Die unterlegene Partei wendet sich im Erinnerungsverfahren nach § 104 ZPO
gegen die der Gegenpartei zugebilligte Beweisgebühr des RA und in einem
weiteren Erinnerungsverfahren gemäß § 5 GKG gegen den Ansatz einer
gerichtlichen Gebühr. Es entsteht nur eine Erinnerungsgebühr aus dem
zusammengerechneten Werte der beiden Gebühren.

    a. M. Schumann/Geißinger A 7 (es können jeweils nur Verfahren nach § 104 ZPO
und nur Verfahren nach § 5 GKG zusammengefaßt werden, nicht auch Verfahren
nach § 104 ZPO und nach § 5 GKG; hier entstehen zwei getrennte Erinnerungsgebühren).

26 Die **Vorschriften des § 32 und des § 33 Abs. 1 und 2** gelten nach § 61 Abs. 3
weder für das Beschwerde- noch für das Erinnerungsverfahren. Es erhält also
auch der RA, dessen Auftrag sich vor der Einlegung der Beschwerde oder der
Erinnerung erledigt, die vollen fünf Zehntel der Gebühr des § 31 Abs. 1 Nr. 1,
vorausgesetzt, daß er in dem Verfahren schon irgendwie tätig geworden ist
(Entgegennahme der Information genügt). Findet ausnahmsweise eine mündliche Verhandlung statt, so erhält der RA die vollen fünf Zehntel der Gebühr
des § 31 Abs. 1 Nr. 2 auch dann, wenn er nur nichtstreitig oder nur zur
Prozeß- oder Sachleitung verhandelt.

27 Erstattung. Die Gebühren des § 61 sind erstattbar. Deshalb hat jede abschließende Entscheidung über eine Erinnerung oder Beschwerde eine Kostenentscheidung zu enthalten.

    Frankfurt JurBüro 82, 246 = Rpfleger 81, 408 (Richterablehnung).

Wird der Angeklagte im Kostenfestsetzungsverfahren vor dem Beschwerde-
gericht durch einen anderen RA vertreten, dann entsteht zwar jedem RA eine
Beschwerdegebühr, jedoch sind die Kosten nur bis zur Höhe der Kosten eines
RA erstattbar.

    München AnwBl. 80, 299 = MDR 80, 781.

28 Die Beiordnung als **Anwalt im Wege der Prozeßkostenhilfe** für den
Rechtsstreit erstreckt sich nicht auf das Erinnerungs- und Beschwerdeverfahren. Es ist deshalb eine gesonderte Beiordnung erforderlich. Für die Beiordnung im Beschwerdeverfahren ist das Beschwerdegericht zuständig.

§ 61 a Beschwerde in Scheidungsfolgesachen

    **Bei Scheidungsfolgesachen erhält der Rechtsanwalt im Verfahren
über die Beschwerde nach § 621 e Abs. 1 und § 629 a Abs. 2 der Zivilprozeßordnung sowie über die weitere Beschwerde nach § 621 e Abs. 2 und
§ 629 a Abs. 2 der Zivilprozeßordnung die in § 31 bestimmten Gebühren. Die Gebühren richten sich nach § 11 Abs. 1 Satz 4, 5.**

Übersicht über die Anmerkungen

Scheidungsfolgesachen. Für Beschwerden gegen Scheidungsfolgesachen **1** der in § 621 Abs. 1 Nr. 1 bis 3, 6, 7, 9 ZPO bezeichneten Art sind die Beschwerdegebühren des RA den Gebühren des Berufungsverfahrens angepaßt. Es handelt sich um folgende Famliensachen:

1. die Regelung der elterlichen Sorge,
2. die Regelung des persönlichen Verkehrs,
3. die Herausgabe des Kindes an den anderen Elternteil,
6. den Versorgungsausgleich,
7. die Regelung der Rechtsverhältnisse an der Ehewohnung und am Hausrat,
9. Verfahren nach den §§ 1382 und 1383 BGB.

Bei diesen Scheidungsfolgesachen handelt es sich um Gegenstände der freiwilligen Gerichtsbarkeit, die jedoch gebührenrechtlich (vgl. § 31 Abs. 3) als Gegenstände der streitigen Gerichtsbarkeit behandelt werden.

Bei den nicht genannten Scheidungsfolgesachen handelt es sich um echte Gegenstände der streitigen Gerichtsbarkeit, die als solche den Regeln der streitigen Gerichtsbarkeit unterliegen.

Beschwerdeverfahren. Die Beschwerde ist binnen der Frist des § 516 ZPO **2** (ein Monat ab Zustellung) beim Oberlandesgericht einzureichen und in der Frist des § 519 Abs. 2 ZPO zu begründen. Die Beschwerde unterliegt dem Anwaltszwang.

Vgl. aber Frankfurt JurBüro 83, 277 (Beauftragt eine Partei des Versorgungsausgleichsverfahrens ihren erstinstanzlichen Prozeßbevollmächtigten mit ihrer Vertretung in der Beschwerdeinstanz vor dem OLG, so sind die Kosten des nicht postulationsfähigen RA entstanden und auch erstattungsfähig).

Gegen die Beschwerdeentscheidung des Oberlandesgerichts findet (mit Ausnahme der in § 621 Nr. 7 und 9 ZPO genannten Sachen) die weitere Beschwerde statt, wenn sie von dem Oberlandesgericht in dem Beschwerdebeschluß zugelassen oder wenn die Beschwerde als unzulässig verworfen worden ist. Die weitere Beschwerde ist binnen der Frist des § 552 ZPO einzulegen und binnen der Frist des § 554 ZPO zu begründen. Die Parteien müssen sich in dem Verfahren der weiteren Beschwerde durch einen bei dem BGH zugelassenen RA vertreten lassen.

Gebühren. Sowohl in dem Beschwerdeverfahren wie in dem Verfahren der **3** weiteren Beschwerde können die Gebühren des § 31 Abs. 1 anfallen. In der Regel wird allerdings nur die Prozeßgebühr erwachsen, da über die Beschwerde regelmäßig ohne mündliche Verhandlung entschieden wird.

Im Verfahren der Beschwerde entstehen die Gebühren des § 31 Abs. 1 in Höhe von $^{13}/_{10}$.

Im Verfahren der weiteren Beschwerde entsteht die Prozeßgebühr in Höhe von $^{20}/_{10}$, etwaige weitere Gebühren in Höhe von $^{13}/_{10}$.

Im Beschwerdeverfahren ist die Vorschrift des § 32 Abs. 1 anzuwenden.

BGH JurBüro 82, 537 = MDR 82, 566 = Rpfleger 82, 200.

4 Scheidungsfolgesachen im Scheidungsurteil. Ist dem Scheidungsantrag stattzugeben und gleichzeitig über die Folgesachen zu entscheiden, so ergeht die Entscheidung gemäß § 629 Abs. 1 ZPO einheitlich durch Urteil. Wird das Urteil hinsichtlich der Scheidung mit der Berufung angefochten, ist auch die Entscheidung über die Folgesachen mit der Berufung anfechtbar.

Wird der Scheidungsantrag in erster Instanz oder im Berufungsverfahren abgewiesen, so werden die Folgesachen gegenstandslos.

Wird gegen das die Scheidung bestätigende oder aussprechende Berufungsurteil Revision eingelegt, ist auch die Entscheidung über die Folgesachen mit der Revision anfechtbar. Die Revision ist jedoch insoweit nicht zulässig, als über Folgesachen der in § 621 Abs. 1 Nr. 7 (Rechtsverhältnisse an Ehewohnung und Hausrat) oder Nr. 9 (Verfahren nach den §§ 1362 und 1363 BGB) erkannt ist.

Wird das dem Scheidungsantrag stattgebende Urteil nur wegen der Folgesachen angefochten, so findet gegen das Urteil gemäß § 629a Abs. 2 ZPO die Beschwerde und – bei Zulässigkeit – die weitere Beschwerde statt. Über das Beschwerdeverfahren und das Verfahren der weiteren Beschwerde gelten die Ausführungen unter Anm. 1 bis 3 in gleicher Weise.

Wird der Scheidungsantrag zurückgenommen oder abgewiesen, so kann auf Antrag einer Partei vorbehalten werden, eine Folgesache als selbständige Familiensache fortzuführen, §§ 626 Abs. 2, 629 Abs. 3 ZPO. Solche fortgeführten Folgesachen sind auch gebührenrechtlich wie selbständige Familiensachen zu behandeln (s. A 8). Auf sie findet § 61a nicht mehr Anwendung.

5 Der **Gegenstandswert** richtet sich auch in den Gegenständen der freiwilligen Gerichtsbarkeit nach den Wertvorschriften des GKG (vgl. §§ 12, 17a GKG).

Schmidt/Schmidt Gegenstandswert Rz. 157a.

6 Kostenentscheidung. Ist die Beschwerde oder weitere Beschwerde erfolglos, hat der Beschwerdeführer die Kosten des Verfahrens gemäß § 97 ZPO zu tragen. Für erfolgreiche Beschwerden gilt § 93a ZPO, d. h. die Kosten sind gegeneinander aufzuheben. Jedoch kann das Gericht von der Befugnis des § 97 Abs. 2 ZPO Gebrauch machen.

7 Auf die **in § 621e ZPO nicht genannten Scheidungsfolgesachen** findet § 61a keine Anwendung. Für Beschwerden in diesen Verfahren gilt § 61.

8 In **isolierten FG-Verfahren des Familienrechts** sind die Gebühren des RA nicht nach § 61a, sondern nach § 118 zu bestimmen.

BGH JurBüro 81, 1489 = MDR 82, 44 = NJW 81, 2758 = Rpfleger 81, 396; Bamberg JurBüro 87, 74.

§ 62 Arbeitssachen

(1) Im Verfahren vor den Gerichten für Arbeitssachen und vor dem Schiedsgericht (§ 104 des Arbeitsgerichtsgesetzes) gelten die Vorschriften dieses Abschnitts sinngemäß.

(2) Im zweiten und dritten Rechtszug des Beschlußverfahrens erhält der Rechtsanwalt die Gebühren nach § 11 Abs. 1 Satz 4.

(3) Die Hälfte der in § 31 bestimmten Gebühren erhält der Rechtsanwalt, wenn seine Tätigkeit ausschließlich eine gerichtliche Entschei-

dung über die Bestimmung einer Frist (§ 102 Abs. 3 des Arbeitsgerichtsgesetzes), die Ablehnung eines Schiedsrichters (§ 103 Abs. 3 des Arbeitsgerichtsgesetzes) oder die Vornahme einer Beweisaufnahme oder einer Vereidigung (§ 106 Abs. 2 des Arbeitsgerichtsgesetzes) betrifft. § 67 Abs. 4 gilt sinngemäß.

Lit.: Tschischgale-Satzky Das Kostenrecht in Arbeitssachen (3. Aufl.).

Übersicht über die Anmerkungen

Allgemeines. Die Vorschrift bestimmt, daß für die Tätigkeit der RAe vor **1** den Arbeitsgerichten im Grundsatz die gleichen Gebührenvorschriften gelten wie für die Tätigkeit in bürgerlichen Rechtsstreitigkeiten.

Die in Arbeitssachen tätigen RAe erhalten die Gebühren in der gleichen Höhe wie die vor den ordentlichen Gerichten tätigen RAe. Die Tabelle zu § 11 gilt sonach auch hier. Ebenso erhöhen sich die Gebühren im Berufungs- und im Revisionsverfahren gemäß § 11 Abs. 1 Satz 4 um drei Zehntel. § 11 Abs. 1 Satz 5 ist nicht anwendbar.

Für die Zwangsvollstreckung aus arbeitsgerichtlichen Urteilen und sonstigen Schuldtiteln gelten keine Besonderheiten. Die §§ 57 ff., 68 ff., 72 ff. sind somit unmittelbar anzuwenden.

Besondere Vorschriften bestehen für Verfahren vor dem Innungsausschuß (§ 111 Abs. 2 ArbGG) und dem Seemannsamt; vgl. hierzu § 65 Abs. 1 Nr. 2 und 3).

Gerichte für Arbeitssachen sind nach § 1 ArbGG die Arbeitsgerichte (§§ 14 **2** bis 31 ArbGG), die Landesarbeitsgerichte (§§ 33 bis 39 ArbGG) und das Bundesarbeitsgericht (§§ 40 bis 45 ArbGG). In den Rechtsstreitigkeiten nach § 2 ArbGG findet das Urteilsverfahren, in den Fällen des § 2a ArbGG das Beschlußverfahren statt. Im ersten Rechtszug sind die Arbeitsgerichte zuständig. Gegen ihre Urteile findet die Berufung an das Landesarbeitsgericht und gegen die Urteile der Landesarbeitsgerichte die Revision an das Bundesarbeitsgericht statt, falls sie zugelassen ist. Gegen die Beschlüsse der Arbeitsgerichte und ihrer Vorsitzenden im Beschlußverfahren findet die Beschwerde an das Landesarbeitsgericht und gegen dessen Beschlüsse die Rechtsbeschwerde an das Bundesarbeitsgericht statt, wenn sie zugelassen ist.

3 Rechtsanwälte sind nunmehr vor den Arbeitsgerichten als Prozeßbevollmächtigte und Beistände ohne Beschränkung **zugelassen.** Vor dem Landesarbeitsgericht und vor dem Bundesarbeitsgericht müssen sich die Parteien durch RAe als Prozeßbevollmächtigte vertreten lassen. Zur Vertretung berechtigt ist jeder bei einem deutschen Gericht zugelassene RA. Es ist aber nach § 11 Abs. 2 S. 2 ArbGG auch noch Vertretung durch bestimmte andere Personen zulässig.

4 Wird im **Urteilsverfahren** ein RA als Prozeßbevollmächtigter tätig, so erhält er die gleichen Gebühren wie in einem Rechtsstreit nach der ZPO. Im Berufungs- und Revisionsverfahren erhält er die nach § 11 Abs. 1 S. 4 um drei Zehntel erhöhten Gebühren.

Über die Streitwertfestsetzung in Arbeitsgerichtssachen s. A 93 ff. zu § 9. Für den Streitwert in Kündigungsschutzsachen vgl. § 12 Abs. 7 ArbGG. Maßgebend für die Höhe des Gegenstandswertes ist höchstens das für die Dauer eines Vierteljahres zu leistende Arbeitsentgelt. Eine Abfindung wird nicht hinzugerechnet.

4a Nichtzulassungsbeschwerde. Gegen die Nichtzulassung der Revision ist gemäß § 72a ArbGG die Beschwerde gegeben. Eine Gebührenvorschrift für diese Tätigkeit ist nicht geschaffen worden. Es empfiehlt sich, § 114 Abs. 3 entsprechend anzuwenden. Danach erhält der RA die Gebühren des § 31 in Höhe von ¹³⁄₂₀. Kommt es zur Durchführung des Revisionsverfahrens, werden die Gebühren auf die Gebühren des Revisionsverfahrens nicht angerechnet.

LAG Düsseldorf Beschl. v. 2. 6. 80–7 Ta 29/80; LAG Hamm MDR 81, 347 = AnwBl. 81, 107; LAG Stuttgart AnwBl. 82, 317 (L); LAG Schleswig-Holstein KostRsp. BRAGO § 62 Nr. 34;
a. A. LAG Frankfurt NZA 84, 301 (L) (§ 61 anwendbar).

5 Ist Entscheidung durch ein **Schiedsgericht** nach § 101 ArbGG vereinbart, so richtet sich nach § 104 ArbGG das Verfahren vor dem Schiedsgericht nach den §§ 105 bis 110 ArbGG, im übrigen nach dem Ermessen des Schiedsgerichts. Auf die Anwaltsgebühren sind auch in dem schiedsrichterlichen Verfahren die §§ 31 ff. sinngemäß anzuwenden.

§ 67 Abs. 2 ist nicht anwendbar.

Vor einem Oberschiedsgericht entstehen die nach § 11 Abs. 1 S. 4 erhöhten Gebühren. Für die Vollstreckbarkeitserklärung des Schiedsspruchs entstehen die Gebühren des § 46.

6 Eine **Güteverhandlung** ist im § 54 ArbGG für das Urteilsverfahren vor den Arbeitsgerichten vorgeschrieben. Es beginnt danach die mündliche Verhandlung mit einer Verhandlung vor dem Vorsitzenden zum Zwecke gütlicher Einigung der Parteien. Vertritt der RA zulässigerweise seinen Auftraggeber in einer solchen Güteverhandlung, so erhielt er früher nach § 62 Abs. 2 die Verhandlungsgebühr zur Hälfte. Nachdem Abs. 2 weggefallen und in § 31 Abs. 1 Nr. 4 die Erörterungsgebühr geschaffen worden ist, erhält der RA in der Güteverhandlung nunmehr die Erörterungsgebühr des § 31 Abs. 1 Nr. 4 in voller Höhe (¹⁰⁄₁₀).

herrschende Meinung; vgl. z. B. Mümmler JurBüro 82; 361; LAG Düsseldorf AnwBl. 77, 220 ff.; LAG Hannover AnwBl. 77, 471; LAG München AnwBl. 78, 146;
a. M. allein LAG Hamm NJW 76, 2286 = MDR 77, 82 = AnwBl. 77, 26 und

MDR 77, 874 = JurBüro 77, 1404 sowie MDR 82, 696; vgl. hierzu H. Schmidt MDR 83, 724.

Teilweise wird aus § 54 Abs. 1 S. 1 ArbGG – die mündliche Verhandlung beginnt mit einer Verhandlung vor dem Vorsitzenden zum Zwecke der gütlichen Einigung der Parteien – der Schluß gezogen, daß sofort die Verhandlungsgebühr entstehe. Diese Frage kann jedoch offenbleiben, da das Ergebnis das gleiche ist; es entsteht in der Güteverhandlung eine ¹⁰⁄₁₀-Gebühr.

Vgl. A 153 zu § 31.

Nimmt der Vorsitzende nach § 54 Abs. 1 S. 3 ArbGG Aufklärungshandlungen vor, so entsteht dadurch keine Beweisgebühr.

Wird in dem Gütetermin nur zur Prozeß- oder Sachleistung verhandelt, also die Sache nicht erörtert, erhält der RA nur eine ⁵⁄₁₀-Gebühr des § 33 Abs. 2.

Die Prozeßgebühr entsteht ebenfalls in voller Höhe. Wird ein Vergleich abgeschlossen, so hat der RA für seine Mitwirkung den Anspruch auf die Vergleichsgebühr des § 23.

Dabei ist gleichgültig, ob der Gegenstand eine Arbeitssache ist oder nicht. Es kommt nicht darauf an, ob der Gegenstand vor das Arbeitsgericht gehört, sondern allein darauf, ob er vor das Arbeitsgericht gebracht wird.

Dem RA steht im Verfahren vor den Arbeitsgerichten für die Vertretung im Gütetermin oder Verhandlungstermin höchstens eine volle Gebühr zu. War die Erörterungsgebühr durch die Wahrnehmung der Güteverhandlung nach § 54 ArbGG bereits verdient und entsteht im nachfolgenden Verhandlungstermin die volle Verhandlungsgebühr, so wird die Erörterungsgebühr auf die Verhandlungsgebühr angerechnet. Es bleibt bei einer vollen Gebühr.

Im **Beschlußverfahren** erhält nach § 62 Abs. 2 der RA im zweiten und **7** dritten Rechtszug nicht die Beschwerdegebühr nach § 61 Abs. 1 Nr. 1 in Höhe von fünf Zehntel der vollen Gebühr, sondern die um drei Zehntel erhöhten Gebühren des § 11 Abs. 1 S. 4, also die gleichen Gebühren wie in einem Berufungs- oder Revisionsverfahren. Die gegen eine im arbeitsgerichtlichen Beschlußverfahren ergangene Entscheidung zulässigen Rechtsmittel sind zwar als Beschwerde (§ 87 ArbGG) und als Rechtsbeschwerde (§ 92 ArbGG) bezeichnet, es gelten aber für das Verfahren die Vorschriften über die Berufungs- und Revisionsverfahren.

Eine Verhandlungsgebühr entsteht im Beschlußverfahren nur dann, wenn eine mündliche Verhandlung stattgefunden und der RA seinen Auftraggeber in der Verhandlung vertreten hat (s. A 11 zu § 35), nicht aber bei nur schriftlicher Äußerung gemäß § 83 Abs. 4 S. 2 ArbGG.

Der Gegenstandswert ist nach § 8 Abs. 2 zu bestimmen, da das Verfahren gerichtsgebührenfrei ist.

LAG Hamm JurBüro 71, 936 (Ausschluß eines Betriebsratsmitgliedes aus dem Betriebsrat regelmäßig 3000 DM) (Nach neuem Recht wohl höher).

Da eine Kostenerstattung nicht stattfindet, hat keine Kostenentscheidung zu ergehen (streitig).

Riedel/Sußbauer A 7 mit Nachweisen. Vgl. auch Eich (Anspruch des Betriebsrats auf Kostenerstattung bei anwaltlicher Vertretung) AnwBl. 85, 62; derselbe auch MDR 85, 885, siehe auch von Eicken/Lappe/Madert Kostenfestsetzung C 2.

8 Für andere Beschwerden, insbes. für **Beschwerden nach** § 78 **ArbGG**, erhält dagegen der RA die Fünfzehntelgebühr des § 61 Abs. 1 Nr. 1. Im **Verfahren vor dem Schiedsgericht** gelten nach § 62 Abs. 1 die Vorschriften der §§ 31 ff. sinngemäß. § 67 ist damit ausgeschaltet. Vgl. A 5.

9 Für bestimmte **Einzeltätigkeiten im Schiedsgerichtsverfahren** erhält der RA nach § 62 Abs. 3 die Hälfte der in § 31 Abs. 1 bestimmten Gebühren. Voraussetzung ist, daß die Tätigkeit des RA ausschließlich die in § 62 Abs. 3 bestimmten Fälle betrifft. Diese Regelung entspricht der in § 46 Abs. 2 für das schiedsgerichtliche Verfahren der ZPO getroffenen Bestimmung. Ist der RA Prozeßbevollmächtigter der Partei vor dem Schiedsgericht, so erhält er die Gebühren des § 62 Abs. 3 nicht. Vielmehr wird seine Tätigkeit, auch soweit sie die in § 62 Abs. 3 bezeichneten Angelegenheiten betrifft, durch die Gebühren abgegolten, die er als Prozeßbevollmächtigter nach § 31 Abs. 1 erhält. Das folgt aus der in § 62 Abs. 3 S. 2 angeordneten sinngemäßen Anwendung des § 67 Abs. 4. Dort ist bestimmt, daß für die Berechnung der Gebühren des im schiedsrichterlichen Verfahren zum Prozeßbevollmächtigten bestellten RA das gerichtliche Verfahren im Falle des § 1036 ZPO mit dem schiedsgerichtlichen Verfahren als ein Rechtszug gilt. Näheres s. A 14 ff. zu § 46.

Als Einzeltätigkeiten werden in § 62 Abs. 3 aufgeführt:

10 Die **Herbeiführung einer gerichtlichen Entscheidung über die Bestimmung einer Frist nach** § 102 Abs. 3 **ArbGG.** Nach § 102 Abs. 1 ArbGG begründet der Schiedsvertrag in Arbeitsstreitigkeiten eine prozeßhindernde Einrede im arbeitsgerichtlichen Verfahren, die aber unter den in Abs. 2 aufgeführten Voraussetzungen entfällt, so nach Abs. 2 Nr. 2, wenn in einem Falle, in dem nicht die Streitparteien, sondern die Parteien des Schiedsvertrags die Mitglieder zu ernennen haben, das Schiedsgericht nicht gebildet ist und die den Parteien des Schiedsvertrags von dem Vorsitzenden des Arbeitsgerichts gesetzte Frist zur Bildung des Schiedsgerichts fruchtlos verstrichen ist, ferner nach Abs. 2 Nr. 3, wenn das nach dem Schiedsvertrag gebildete Schiedsgericht die Durchführung des Verfahrens verzögert und die ihm von dem Vorsitzenden des Arbeitsgerichts gesetzte Frist zur Durchführung des Verfahrens fruchtlos verstrichen ist. In diesen beiden Fällen erfolgt die Bestimmung der Frist auf Antrag des Klägers durch den Vorsitzenden des Arbeitsgerichts, das für die Geltendmachung des Anspruchs zuständig wäre.

11 Die **Ablehnung eines Schiedsrichters** nach § 103 Abs. 3 ArbGG. Nach § 103 Abs. 2 ArbGG können Mitglieder des Schiedsgerichts unter denselben Voraussetzungen abgelehnt werden, die zur Ablehnung eines Richters berechtigen. Nach Abs. 3 beschließt über die Ablehnung die Kammer des Arbeitsgerichts, das für die Geltendmachung des Anspruchs zuständig wäre, nach mündlicher oder schriftlicher Anhörung der Streitparteien und des abgelehnten Mitglieds des Schiedsgerichts.

12 Die **Vornahme einer Beweisaufnahme oder einer Vereidigung** (§ 106 Abs. 2 ArbGG). Nach § 106 Abs. 1 ArbGG kann das Schiedsgericht zwar Beweise erheben, soweit ihm die Beweismittel zur Verfügung gestellt werden, kann aber Zeugen und Sachverständige nicht beeidigen. Hält das Schiedsgericht eine Beweiserhebung für erforderlich, die es nicht vornehmen kann, so ersucht es nach § 106 Abs. 2 um die Vornahme den Vorsitzenden desjenigen Arbeitsgerichts oder, falls dies aus Gründen der örtlichen Lage zweckmäßig ist, desjenigen Amtsgerichts, in dessen Bezirk die Beweisaufnahme erfolgen soll. Entsprechend ist zu verfahren, wenn das Schiedsgericht die Beeidigung eines Zeugen oder Sachverständigen für notwendig oder eine eidliche Parteivernehmung für sachdienlich erachtet.

Ein **Kostenerstattungsanspruch** der obsiegenden Partei für die Zuziehung 13 eines Prozeßbevollmächtigten oder Beistandes besteht im arbeitsgerichtlichen Urteilsverfahren des ersten Rechtszuges nach § 12a Abs. 1 S. 1 ArbGG nicht. Dieser Ausschluß der Kostenerstattung gilt nicht nur für die eigentlichen Prozeßkosten, sondern auch für die durch eine vorprozessuale Tätigkeit ausgelösten Kosten.

> Tschischgale/Satzky S. 166; LAG Hamm BB 59, 960; LAG Düsseldorf BB 56, 855.

Vorprozessuale Kosten sind auch nicht unter dem Gesichtspunkt des Verzugs zu ersetzen.

Der Ausschluß der Kostenerstattung für die Zuziehung eines RA als Prozeßbevollmächtiger im Verfahren vor dem Arbeitsgericht ist mit dem Grundgesetz vereinbar.

> BVerfG AnwBl. 72, 48 = NJW 71, 2302 = MDR 72, 27 = JVBl. 72, 42.

Jedoch können Kosten in Höhe der dadurch ersparten Parteiaufwendungen, z. B. Reisekosten, erstattet verlangt werden.

> Tschischgale/Satzky S. 166 ff.; von Eicken/Lappe/Madert Kostenfestsetzung C 7–11.

Ist der Rechtsstreit vom Amts- oder Landgericht an das Arbeitsgericht verwiesen worden, so sind die vor dem Amts- oder Landgericht entstandenen Anwaltskosten erstattungsfähig. Die Kosten verlieren ihre Erstattungsfähigkeit auch nicht dadurch, daß der RA nach der Verweisung auch vor dem Arbeitsgericht auftritt. Beispiel: Ein Rechtsstreit wird nach der Beweisaufnahme vom Landgericht an das Arbeitsgericht verwiesen. Das Arbeitsgericht weist sodann die Klage ab. Die vor dem Landgericht entstandenen Kosten des Beklagtenvertreters sind zu erstatten, auch wenn vor dem Arbeitsgericht nochmals verhandelt und Beweis erhoben worden ist.

> LAG Düsseldorf AnwBl. 70, 236; von Eicken/Lappe/Madert a. a. O. C 20.

Wird vom Arbeitsgericht an das Amts- oder Landgericht verwiesen, so sind nur die nach der Verweisung entstandenen Kosten zu erstatten.

> München AnwBl. 71, 110; vgl. aber dass. Rpfleger 67, 168 (Hat das Arbeitsgericht den Rechtsstreit an das ordentliche Gericht verwiesen, so können auch die im arbeitsgerichtlichen Verfahren erwachsenen Anwaltskosten festgesetzt werden, soweit durch die Beauftragung eines RA höhere Reisekosten der Partei zu den arbeitsgerichtlichen Terminen erspart wurden); siehe auch von Eicken/Lappe/ Madert a. a. O. C 18, 19.

Es können allerdings die bereits verdienten Gebühren durch gleiche Tätigkeit vor den ordentlichen Gerichten erneut verdient und damit erstattungsfähig werden. Beispiel: Vor dem Arbeitsgericht ist verhandelt und Beweis erhoben worden. Vor dem Amtsgericht ist nach der Verweisung verhandelt worden. Erstattungsfähig sind die Prozeß- und Verhandlungsgebühr; dagegen ist die

Beweisgebühr, die allein vor dem Arbeitsgericht verdient worden ist, nicht zu erstatten.

Hamm Büro 58, 213 = JVBl. 58, 62.

Wenn die an sich nicht erstattungsfähigen Kosten von der Partei durch Vergleich übernommen worden sind, können sie trotzdem im Kostenfestsetzungsverfahren festgesetzt werden.

a. M. Hartmann A 5; Riedel/Sußbauer A 10.

Hat sich die Gegenpartei ausdrücklich zur Erstattung der Rechtsanwaltsgebühren verpflichtet, so liegt darin ein zulässiger Verpflichtungsgrund. Zweckmäßig ist es, die Anwaltskosten ziffernmäßig in den Vergleich aufzunehmen; dann stellt der Vergleich auch nach der abweichenden Meinung einen Vollstreckungstitel dar.

Tschischgale/Satzky S. 166 ff.

Die in der Zwangsvollstreckung entstandenen Anwaltskosten sind zu erstatten.

Tschischgale/Satzky a. a. O.

Führt der RA in eigener Sache oder als gesetzlicher Vertreter (Partei kraft Amtes) einen Rechtsstreit vor dem Arbeitsgericht, ist für eine Erstattung von Anwaltskosten ebenfalls kein Raum.

Im Berufungsverfahren vor den Landesarbeitsgerichten und im Revisionsverfahren vor dem Bundesarbeitsgericht sind die Vorschriften der ZPO über die Kostenerstattung entsprechend anzuwenden, d. h. die in den Rechtsmittelinstanzen entstandenen Kosten sind erstattungsfähig.

In eigenen Angelegenheiten vor den Rechtsmittelgerichten kann der RA die Erstattung von Anwaltsgebühren begehren, da § 91 Abs. 2 ZPO anwendbar ist.

Über weitere Einzelheiten

vgl. Tschischgale/Satzky S. 174 ff.

14 Prozeßkostenhilfe. Gemäß § 11 a ArbGG kann einer Partei ein RA im Wege der PKH beigeordnet werden. Der beigeordnete RA erhält Gebühren und Auslagen aus der Staatskasse nach den Vorschriften der §§ 121 ff.

§ 63 Hausratssachen, Wohnungseigentumssachen, Landwirtschaftssachen, Regelung der Auslandsschulden

(1) **Die Vorschriften dieses Abschnitts gelten für folgende Verfahren sinngemäß:**
1. **Verfahren nach der Verordnung über die Behandlung der Ehewohnung und des Hausrats vom 21. Oktober 1944 (Reichsgesetzbl. I S. 256);**
2. **Verfahren nach § 43 des Wohnungseigentumsgesetzes;**
3. **Verfahren nach dem Gesetz über das gerichtliche Verfahren in Landwirtschaftssachen vom 21. Juli 1953 (Bundesgesetzbl. I S. 667);**

4. Verfahren nach § 76 des Gesetzes zur Ausführung des Abkommens vom 27. Februar 1953 über deutsche Auslandsschulden vom 24. August 1953 (Bundesgesetzbl. I S. 1003).

(2) Im Verfahren über die Beschwerde gegen eine den Rechtszug beendende Entscheidung erhält der Rechtsanwalt die gleichen Gebühren wie im ersten Rechtszug.

(3) Im Verfahren nach der Verordnung über die Behandlung der Ehewohnung und des Hausrats vom 21. Oktober 1944 (Reichsgesetzbl. I S. 256) erhält der Rechtsanwalt die im § 31 bestimmten Gebühren nur zur Hälfte.

(4) Im Verfahren nach § 35 Abs. 1 Nr. 1 und § 36 des Gesetzes über das gerichtliche Verfahren in Landwirtschaftssachen vom 21. Juli 1953 (Bundesgesetzbl. I S. 667) erhält der Rechtsanwalt die im § 31 bestimmten Gebühren nur zu drei Zehnteln; die Vorschriften des § 32 und des § 33 Abs. 1 und 2 gelten nicht. Wird in einem Verfahren, in dem eine mündliche Verhandlung auf Antrag stattfinden muß, ohne mündliche Verhandlung entschieden, so erhält der Rechtsanwalt die gleichen Gebühren wie in einem Verfahren mit mündlicher Verhandlung.

Lit.: Madert AnwBl. 83, 5 (Rechtsanwaltsgebühren und Gegenstandswert in gerichtlichen Verfahren in Landwirtschaftssachen).

Übersicht über die Anmerkungen

1 Allgemeines. § 63 regelt die Gebühren des RA in besonderen Verfahren der freiwilligen Gerichtsbarkeit und in Verfahren, die sich prozessual ähnlich verhalten. Abs. 1 enthält eine abschließende Aufzählung der Verfahren. Es handelt sich um folgende Verfahren:

a) Hausratssachen,
b) Wohnungseigentumssachen,
c) Landwirtschaftssachen,
d) Sachen des Londoner Schuldenabkommens.

Für weitere Verfahren ist § 63 nicht anzuwenden, also z. B. nicht für Verfahren nach dem Verschollenheitsgesetz oder für Streitigkeiten geschiedener Eltern über den Verkehr mit den gemeinsamen Kindern. Die Tätigkeit des RA in solchen Angelegenheiten wird durch die Gebühren des § 118 vergütet.

2 Die VO über die Behandlung der Ehewohnung und des Hausrats (Hausrats-VO) überträgt dem Familiengericht die Regelung der Rechtsverhältnisse an der Wohnung und am Hausrat, wenn sich die Ehegatten darüber nicht einigen können. Zuständig ist nach § 11 der VO das Familiengericht. Das Verfahren ist nach § 13 der VO eine Angelegenheit der freiwilligen Gerichtsbarkeit. Gegen die gerichtliche Entscheidung ist nach § 14 der VO die Beschwerde des § 621 e ZPO in Ehewohnungssachen unbeschränkt zulässig, in Hausratssachen nur, wenn der Wert des Beschwerdegegenstandes 1000 DM übersteigt.

3 Der Gegenstandswert bestimmt sich zufolge § 21 Abs. 2 der VO, soweit der Streit die Wohnung betrifft, nach dem einjährigen Mietwert, soweit er Hausrat betrifft, nach dem Werte des Hausrats. Betrifft er im wesentlichen nur die Benutzung des Hausrats, so ist das Interesse der Beteiligten an der Regelung maßgebend. Der Richter setzt den Wert in jedem Falle von Amts wegen fest. Im Beschwerdeverfahren richtet sich der Wert – wie üblich – nach dem Unterschied zwischen den in der Vorinstanz gestellten Anträgen und dem Inhalt der angefochtenen Entscheidung, es sei denn, daß die Entscheidung nicht in vollem Umfange angegriffen wird.

4 Der RA erhält in Ehewohnungs- und Hausratssachen die **Gebühren des Dritten Abschnitts,** in erster Linie die Gebühren des § 31 Abs. 1; es können jedoch auch andere Gebühren erwachsen, z. B. die Gebühren der §§ 51 bis 56.

5 Die Gebühren des § 31 Abs. 1 erhält der RA in Ehewohnungs- und Hausratssachen gemäß Abs. 3 allerdings **nur zur Hälfte.** Anderseits ermäßigen sich die Gebühren auch in den Fällen der §§ 32, 33 nicht nochmals. Der RA erhält also in jedem Falle ⁵⁄₁₀-Gebühren.

Für die Tätigkeit des RA im Rahmen einer einstweiligen Anordnung nach § 13 Abs. 4 HausrVO entstehen keine zusätzlichen Gebühren.

Vgl. Anm. 26 zu § 41;
a. M. Köln AnwBl. 83, 88; Bamberg JurBüro 85, 549.

Werden Hausratssachen als Scheidungsfolgesachen im Verbund mit der Scheidungssache behandelt, tritt eine Ermäßigung der Gebühren nicht ein. Der RA hat gemäß § 31 Abs. 3 Anspruch auf die vollen Gebühren.

Hamm Rpfleger 80, 77 = JurBüro 80, 558 und JurBüro 80, 707.

Die **Prozeßgebühr** entsteht mit der ersten Tätigkeit nach Annahme des **6** Auftrags. Die **Verhandlungsgebühr** kann, wie in anderen Verfahren, die sich nach dem FGG richten, nur dann entstehen, wenn eine mündliche Verhandlung stattgefunden und der RA seinen Auftraggeber in der Verhandlung vertreten hat. Es ist aber nicht nötig, daß der RA bestimmte Anträge stellt, sondern es entsteht auch bei nichtstreitiger Verhandlung stets die unverminderte, in Hausratssachen also nach § 63 Abs. 3 stets die halbe Verhandlungsgebühr. Die Erörterungsgebühr wird im Termin kaum anfallen, da regelmäßig sofort die Verhandlungsgebühr erwächst.

Die **Beweisgebühr** entsteht (zu $^5\!/_{10}$), wenn eine Beweisaufnahme stattfindet und der RA in ihr tätig wird. Eine Anhörung der Beteiligten zu Informationszwecken stellt sich aber nicht als Beweisaufnahme dar.

Andere als die in § 31 Abs. 1 bestimmten Gebühren werden nicht auf die **7** Hälfte ermäßigt, sondern entstehen, soweit Vorschriften des 3. Abschnitts anzuwenden sind, in voller Höhe.

Es entsteht auch die volle **Vergleichsgebühr,** wenn der RA bei einem **8** Vergleich mitwirkt, da § 23 im 2. Abschnitt enthalten ist und somit für alle Verfahren gilt. Diese Gebühr ermäßigt sich nicht, bleibt vielmehr auch in Hausratssachen eine $^{10}\!/_{10}$-Gebühr.

Betreibt der RA nach § 16 Abs. 3 der VO die **Zwangsvollstreckung,** so **9** erhält er nach § 57 drei Zehntel der in § 31 Abs. 1 bestimmten Gebühren, nicht nur drei Zwanzigstel.

Im **Beschwerdeverfahren** nach § 14 der VO entstehen, da es sich hier um **10** eine Beschwerde gegen die Endentscheidung des Amtsgerichts handelt, nach § 63 Abs. 2 die gleichen Gebühren wie im ersten Rechtszug, also die in § 31 Abs. 1 bestimmten Gebühren zur Hälfte, jedoch keine Erhöhung nach § 11 Abs. 1 S. 4.

Soweit es sich um Beschwerden gegen eine den Rechtszug nicht beendende Entscheidung handelt, entstehen fünf Zehntel der in § 31 Abs. 1 bestimmten Gebühren nach § 61 Abs. 1 Nr. 1.

Gibt das Prozeßgericht die Sache an das Familiengericht ab, das nach **11** der HausratsVO zuständig ist, so gilt § 14. Die Verfahren vor dem abgebenden und vor dem übernehmenden Gericht sind danach ein Rechtszug. Jedoch ermäßigen sich Gebühren, die bereits vor dem abgebenden Gericht in voller Höhe entstanden sind, nicht auf die Hälfte nach § 63 Abs. 3.

Der im Wege der **Prozeßkostenhilfe** beigeordnete RA erhält die Hälfte der **12** in § 123 vorgesehenen Gebührensätze, mindestens aber 15,— DM.

Erstattung der außergerichtlichen Kosten kann nach § 20 S. 2 der VO ganz **13** oder teilweise vom Richter bestimmt werden.

Im **Verfahren nach § 43 des WohnungseigentumsG** entscheidet das Amts- **14** gericht, in dessen Bezirk das Grundstück liegt, im Verfahren der freiwilligen Gerichtsbarkeit über die dort unter Nr. 1 bis 4 bezeichneten Streitigkeiten. Nach § 45 des WEG ist gegen die Entscheidung die sofortige Beschwerde zulässig, wenn der Wert des Beschwerdegegenstandes 200,— DM übersteigt.

Den **Gegenstandswert** setzt nach § 48 Abs. 2 des WEG der Richter nach dem **15** Interesse der Beteiligten an der Entscheidung von Amts wegen fest.

Für die **Rechtsanwaltsgebühren** gelten die Bestimmungen des 3. Abschnitts **16** sinngemäß. Daher erhält der RA als Verfahrensbevollmächtigter eines Beteiligten – anders als nach der HausratsVO – die vollen Gebühren des § 31 Abs. 1.

Für die Verhandlungsgebühr gilt das oben in A 6 Ausgeführte. Sie entsteht, wenn der RA seinen Auftraggeber in einer mündlichen Verhandlung vertreten hat, stets voll. Auch die übrigen Vorschriften des 3. Abschnitts gelten sinngemäß. Für die Vergleichsgebühr gilt § 23.

Einstweilige Anordnungen nach § 44 Abs. 3 WEG gehören zum Rechtszug. Sie lösen deshalb keine zusätzlichen Gebühren aus.

> Karlsruhe Rpfleger 65, 248.

17 Im **Beschwerdeverfahren** nach § 45 des WEG erhält der RA auch hier nach § 63 Abs. 2 die gleichen Gebühren wie im ersten Rechtszug. Für sonstige Beschwerden gilt § 61 Abs. 1 Nr. .1.

18 **Gibt das Prozeßgericht** nach § 46 des WEG **die Sache an das Amtsgericht ab,** so gilt § 14. S. a. oben A 11.

19 Eine **Erstattung** der außergerichtlichen Kosten kann nach § 47 S. 2 des WEG wie in Hausratssachen ganz oder teilweise angeordnet werden.

20 Das **Verfahren nach dem Ges. über das gerichtliche Verfahren in Landwirtschaftssachen.** Die sachliche Zuständigkeit ist in § 1 des LwVG geregelt. Nach § 9 LwVG sind auf das Verfahren, soweit nichts anderes bestimmt ist, die Vorschriften des FGG sinngemäß anzuwenden. Nach § 22 Abs. 1 LwVG findet gegen die in der Hauptsache erlassenen Beschlüsse des Amtsgerichts die sofortige Beschwerde an das Oberlandesgericht statt. Gegen die in der Hauptsache erlassenen Beschlüsse des Oberlandesgerichts findet nach § 24 Abs. 1 des LwVG die Rechtsbeschwerde an den Bundesgerichtshof statt, wenn sie in dem Beschlusse des Oberlandesgerichts zugelassen ist oder ein Fall des § 24 Abs. 2 LwVG vorliegt. Im Verfahren vor dem Bundesgerichtshof müssen sich die Beteiligten nach § 29 des LwVG durch einen RA vertreten lassen.

> Barnstedt AnwBl. 68, 305 (Anwaltsgebühren im Verfahren betreffend den Erlaß vorläufiger Anordnungen nach § 18 LwVG) und Tschischgale JurBüro 68, 439 (Die Anwaltsgebühren in Landwirtschaftssachen).

21 Den **Gegenstandswert** setzt nach § 34 Abs. 2 des LwVG das Gericht von Amts wegen fest. Gegen die Entscheidung findet die Beschwerde statt, wenn infolge der verlangten Änderung sich die Gebühren zugunsten des Beschwerdeführers um mehr als 100 DM ändern würden. Nähere Bestimmungen über den Geschäftswert enthalten die §§ 35 bis 38 LwVG.

> Madert AnwBl. 83, 9; vgl. auch die in KostRsp. LwVG bei § 60 abgedruckten Entscheidungen.

Die Gebühren des RA für die Vertretung des Miterben eines landwirtschaftlichen Betriebes im Zuweisungsverfahren nach § 13 GrdstVG sind nach dem vollen Geschäftswert des Verfahrens, nicht nach einem der Erbquote des Auftraggebers entsprechenden Teile zu berechnen.

> Düsseldorf AnwBl. 68, 270 = RdL 68, 122.

22 Für die **Rechtsanwaltsgebühren** gelten die Bestimmungen des 3. Abschnitts sinngemäß. Der RA erhält als Verfahrensbevollmächtigter eines Beteiligten sonach die Gebühren des § 31. Es können alle Gebühren entstehen.

Auch dann, wenn in einem Verfahren, in dem eine mündliche Verhandlung auf Antrag stattfinden muß, ohne mündliche Verhandlung entschieden wird, erhält der RA die gleichen Gebühren wie in einem Verfahren mit mündlicher Verhandlung. Es handelt sich bei der Bestimmung des § 63 Abs. 4 Satz 2 um eine Ausnahmevorschrift, da sonst nach § 35 Abs. 2 bei Verfahren ohne mündliche Verhandlung eine Verhandlungsgebühr nur dann entsteht, wenn in einem Verfahren, für das eine mündliche Verhandlung vorgeschrieben ist, die Verhandlung also auch ohne einen darauf gerichteten Antrag stattfinden muß, im Einverständnis der Parteien ohne mündliche Verhandlung entschieden wird. Die Unterlassung eines Antrags ist an und für sich auch noch kein Einverständnis mit der Entscheidung ohne mündliche Verhandlung. Eine Anwendung der Vorschrift des § 63 Abs. 4 S. 2 auf andere Verfahren, in denen nur auf Antrag eine mündliche Verhandlung stattfindet, ist unzulässig. Jedoch gilt die Vorschrift des § 63 Abs. 4 Satz 2 nicht nur für die in § 63 Abs. 4 Satz 1 bezeichneten Verfahren. Die Vorschrift gilt vielmehr für alle Landwirtschaftsverfahren, in denen auf Antrag eine mündliche Verhandlung stattfinden muß.

Vgl. auch Celle JurBüro 68, 709 = RdL 68, 163.

Findet eine Verhandlung statt, nimmt der RA aber an ihr nicht teil, erhält er die Verhandlungsgebühr nicht.

Celle Rpfleger 75, 63 = NdsRpfl. 75, 14.

§ 63 Abs. 4 Satz 2 gilt deshalb auch für die Verfahren nach § 36 a LwVG.

Nürnberg JurBüro 65, 217 = RdL 65, 75 = Rpfleger 66, 290.

Findet in einem Verfahren auf Antrag eine mündliche Verhandlung statt, so erhält nur der RA, der an ihr teilnimmt, die Verhandlungsgebühr. Der RA, der nur Schriftsätze eingereicht hat, erhält in diesem Falle die Verhandlungsgebühr auch dann nicht, wenn er sich mit einer Entscheidung ohne mündliche Verhandlung einverstanden erklärt hat.

Celle RdL 64, 132 und Rpfleger 75, 63 = NdsRpfl. 75, 14; Nürnberg JurBüro 65, 217 = RdL 65, 75 = Rpfleger 66, 290.

§ 63 Abs. 4 Satz 2 findet keine Anwendung, wenn das Gericht nicht entscheidet, weil z. B. der Antrag oder eine Beschwerde zurückgenommen wird.

a. M. Hamm JVBl. 60, 235 = RdL 60, 244 = Rpfleger 61, 450 (Lappe).

In dem Rechtsbeschwerdeverfahren ist es gemäß § 27 Abs. 3 LwVerfG dem BGH freigestellt, ob er eine mündliche Verhandlung anordnen will. Da sonach § 63 Abs. 4 Satz 2 nicht einschlägt, erhält der RA die Verhandlungsgebühr nur dann, wenn vor dem BGH eine Verhandlung stattfindet.

BGH Rpfleger 56, 335.

Auch in Landwirtschaftssachen kann eine Ortsbesichtigung nur dann eine Beweisgebühr auslösen, wenn sie eine Aufklärung der dem Gericht unbekannten und von ihm als erheblich angesehenen Tatsachen bezweckt. Sie entsteht nicht, wenn der Ortstermin lediglich bezweckt, die örtlichen Verhältnisse durch das Gericht kennenzulernen.

Celle NdsRpfl. 67, 88.

Die Gebühren des § 31 erwachsen in den **Verfahren nach § 35 Abs. 1 Nr. 1** 23

von Eicken 853

und § 36 des LwVerfG nur zu drei Zehntel. Es handelt sich um die folgenden Verfahren

a) nach § 8 Abs. 1 Landpachtverkehrsgesetz,

b) auf Grund der Vorschriften über die rechtsgeschäftliche Veräußerung eines Betriebes (§ 1 Nr. 2 LwVG),

c) auf Erteilung eines Zeugnisses oder einer Bescheinigung oder Änderung oder Aufhebung einer Auflage (§ 22 Abs. 1, 4 des Grundstücksverkehrsgesetzes).

Die Vorschrift des § 63 Abs. 4 S. 1 ist auf das Verfahren nach § 10 ReichssiedlungsG betreffend Einwendungen gegen das Vorkaufsrecht entsprechend anzuwenden, so daß für den RA nur $\frac{3}{10}$ der vollen Gebühr anfallen.

Celle NdsRpfl. 78, 146 = JurBüro 78, 1347.

24 Die **Ermäßigung nach § 63 Abs. 4** betrifft nur die im § 31 bestimmten Gebühren. Daher sind nach § 63 Abs. 4 S. 1 Halbs. 2 in solchen Verfahren die Vorschriften des § 32 und des § 33 Abs. 1 u. 2 nicht anzuwenden.

Vgl. Celle RdL 68, 163 (Die eine Vertagungsgebühr vorsehende Bestimmung des § 33 Abs. 2 gilt nicht im landwirtschaftlichen Verfahren).

25 In den anderen – in § 63 Abs. 4 Satz 1 nicht genannten – **Landwirtschaftsverfahren** erwachsen auch die Gebühren des § 31 in voller Höhe ($\frac{10}{10}$). Andererseits ist in diesen Verfahren die Anwendung der §§ 32, 33 nicht ausgeschlossen.

26 Im **Beschwerdeverfahren** gegen eine den Rechtszug beendende Entscheidung nach §§ 22, 24 LwVG erhält der RA, wie in den anderen Fällen des § 63, die gleichen Gebühren wie im ersten Rechtszug, also grundsätzlich die vollen Gebühren, im Verfahren nach § 35 Abs. 1 Nr. 1 und § 36 LwVG drei Zehntel der vollen Gebühren. Für Beschwerden gegen den Rechtszug nicht beendende Entscheidungen erhält der RA nach § 61 Abs. 1 Nr. 1 stets fünf Zehntel der vollen Gebühren.

27 Eine **Kostenerstattung** kommt nur dann in Frage, wenn das Gericht nach § 45 LwVG bei der Entscheidung in der Hauptsache angeordnet hat, daß die außergerichtlichen Kosten ganz oder teilweise von einem unterlegenen Beteiligten zu erstatten sind, was dann zu geschehen hat, wenn der Beteiligte die Kosten durch ein unbegründetes Rechtsmittel oder durch grobes Verschulden veranlaßt hat.

Celle NdsRpfl. 75, 14 = Rpfleger 75, 63 (Wird eine vorsorglich eingelegte Rechtsbeschwerde in einem landwirtschaftlichen Verfahren wieder zurückgenommen und ordnet der Bundesgerichtshof die Erstattung der notwendigen Auslagen des Beschwerdegegners an, so gehören regelmäßig dazu auch die Kosten eines vom Beschwerdegegner mit der Wahrnehmung seiner Rechte in III. Instanz beauftragten RA. – Die Vorschrift des § 13a FGG kann im Verfahren vor den Landwirtschaftsgerichten subsidiär [gegenüber §§ 44, 45 LwVG] Anwendung finden).

28 Das **Verfahren nach § 76 des Ges. zur Ausführung des Abkommens über deutsche Auslandsschulden.** § 75 dieses Ges. betrifft die Änderung und Aufhebung von Sicherheiten aus Schuldverschreibungen. Nach § 76 des Ges. können, wenn in dem Regelungsangebot des Schuldners eine Änderung der Art oder des Umfangs von Sicherheiten gemäß Art. 5 Nr. 12 der Anlage II des Abkommens vorgesehen ist und zu einer solchen Änderung Willenserklärungen eines Treuhänders oder eines anderen nach den Anleihebedingungen Bevollmächtigten erforderlich sind, die Willenserklärungen durch gerichtliche Entscheidung ersetzt werden, sofern die Gläubigervertreter den Gläubigern die Annahme des Regelungsangebotes empfohlen oder auf Grund einer Entscheidung des Schieds- und Vermittlungsausschusses zu empfehlen haben oder die Gläubiger auf Grund einer Entscheidung des Schieds- und Vermittlungsausschusses verpflichtet sind, diese Bedingungen als mit den Bestimmungen des Abkommens in Einklang stehend anzuerkennen. Nach § 77 des Ges. gelten für das gerichtliche Verfahren die Vorschriften des FGG, soweit sich nicht aus den folgenden Bestimmungen etwas anderes ergibt. Zuständig ist nach § 79 des Ges. das Landgericht. Nach § 80 des Ges. werden Entscheidungen nur auf Antrag des Schuldners erlassen. Das Gericht hat nach § 83 des Ges. eine mündliche Verhandlung über den Antrag anzuordnen und nach § 84 des Ges. den Beteiligten das Ergebnis der Beweisaufnahme mitzuteilen. Gegen die Entscheidung steht nach § 86 des Ges. den Beteiligten die sofortige Beschwerde zu, über die das Oberlandesgericht entscheidet. Nach § 79 Abs. 5 des Ges. hat der Schuldner die Kosten einschließlich angemessener Anwaltskosten, die dem Treuhänder und einem sonstigen nach den Anleihebedingungen Berechtigten erwachsen sind, zu erstatten, soweit sie zur Wahrnehmung der Rechte dieser Beteiligten erforderlich waren.

Für die **Gebühren der Rechtsanwälte** gelten die Vorschriften des 3. Ab- **29** schnitts sinngemäß, so daß der RA als Verfahrensbevollmächtigter eines Beteiligten die vollen Gebühren des § 31 Abs. 1 erhält.

Eine **Verhandlungsgebühr** kann auch dann entstehen, wenn im Einver- **30** ständnis mit den Parteien ohne mündliche Verhandlung entschieden wird, da in § 83 des Ges. eine mündliche Verhandlung vorgeschrieben ist. Hat eine mündliche Verhandlung stattgefunden und der RA seinen Auftraggeber in der Verhandlung vertreten, so erhält er stets die volle Verhandlungsgebühr.

Für das **Beschwerdeverfahren** gilt daselbe wie in den übrigen in § 63 **31** geregelten Verfahren. In Verfahren über Beschwerden gegen Endentscheidungen erhält der RA gemäß Abs. 2 die gleichen Gebühren wie im ersten Rechtszug. In Verfahren über andere Beschwerden erhält er die Gebühren des § 61.

Der **Gegenstandswert** bestimmt sich gemäß § 89 des Ges. nach § 30 Abs. 2 **32** KostO (Regelwert 5000 DM).

Schumann/Geißinger A 29 regen eine Honorar-Vereinbarung an.

§ 64 Vertragshilfeverfahren

(1) **Im Verfahren nach dem Vertragshilfegesetz, im Verfahren nach § 14 des Gesetzes über die innerdeutsche Regelung von Vorkriegsremboursverbindlichkeiten vom 20. August 1953 (Bundesgesetzbl. I S. 999) und im Verfahren nach § 22 des Umstellungsergänzungsgesetzes und § 9 Abs. 3 des Zweiten Umstellungsergänzungsgesetzes erhält der Rechtsanwalt fünf Zehntel der vollen Gebühr für jeden Rechtszug. § 23 gilt nicht.**

(2) **Die Gebühr wird nach dem Nennwert der Hauptforderung berechnet; wenn das Verfahren lediglich Nebenforderungen betrifft,**

nach der Höhe der Rückstände. Betrifft das Verfahren lediglich die Beseitigung von Rechtsfolgen, die durch Nichtzahlung von Miet- oder Pachtzinsen eingetreten sind, so wird die Gebühr nach dem einjährigen Miet- oder Pachtzins berechnet.

Lit.: Tschischgale Anwaltsgebührenberechnung und Geschäftswertbestimmung in der Freiwilligen Gerichtsbarkeit (JurBüro 64, 77, 163 und Sonderdruck).

Übersicht über die Anmerkungen

1 Allgemeines. § 64 Abs. 1 regelt die Gebühren im Vertragshilfeverfahren und in anderen Verfahren, deren Eigenart am besten durch die Festsetzung einer Pauschgebühr für das gesamte Verfahren Rechnung getragen wird.

§ 64 ist anwendbar:

2 auf das **Verfahren nach dem VertragsHG** v. 26. 3. 1952 (BGBl. I 198). Nach § 1 dieses Ges. können vor dem 1. 6. 1948 begründete Verbindlichkeiten auf Antrag im Wege richterlicher Vertragshilfe gestundet oder herabgesetzt werden, wenn und soweit die fristgemäße oder volle Leistung dem Schuldner bei gerechter Abwägung der Interessen und der Lage beider Teile nicht zugemutet werden kann. § 1 Abs. 2 bis 4, §§ 2 bis 6 des Ges. enthalten nähere Einzelheiten. Nach § 7 ist zur Gewährung der Vertragshilfe das Gericht zuständig, bei dem der Schuldner seinen allgemeinen Gerichtsstand hat. Nach § 8 des Ges. ist auf das Verfahren das FGG anzuwenden, soweit das Ges. nichts anderes bestimmt. Nach § 12 des Ges. kann das Gericht vor der Entscheidung einstweilige Anordnung erlassen. Es kann nach § 13 des Ges. für die Dauer des Verfahrens durch besonderen Beschluß die Zwangsvollstreckung bis zur Entscheidung über den Antrag einstweilen einstellen, aus besonderen Gründen auch Zwangsvollstreckungsmaßnahmen aufheben. Nach § 14 des Ges. soll das Gericht mit den Beteiligten mündlich verhandeln und auf gütliche Einigung hinwirken. Kommt eine Einigung nicht zustande, so trifft nach § 15 des Ges. das Gericht eine rechtsgestaltende Entscheidung durch Beschluß. Im ersten Rechtszug entscheidet nach § 18 Abs. 1 des Ges., wenn der Antrag eine Verbindlichkeit betrifft, die 6000 DM nicht übersteigt, das Amtsgericht, im übrigen das Landgericht. Gegen die Entscheidung im ersten Rechtszug ist die sofortige Beschwerde und gegen die Entscheidung im zweiten Rechtszug die sofortige weitere Beschwerde zulässig. Werden mehrere Stundungen oder Stundung und Herabsetzung einer Verbindlichkeit nacheinander beantragt, so gilt nach § 19 Abs. 3 des Ges. das Verfahren über jede dieser Maßnahmen als besonderes Verfahren. Außergerichtliche Kosten werden nach § 20 S. 1 des Ges. nicht erstattet.

§ 64 gilt auch in solchen Fällen, in denen die Regelung von Verbindlichkeiten auf Grund anderer Gesetze im Wege der Vertragshilfe nach den Vorschriften des VertragsHG betrieben wird, z. B. nach §§ 82ff. des **BundesvertriebenenG** und nach § 26a des **HeimkehrerG;**

auf das **Verfahren nach § 14 des Ges. über die innerdeutsche Regelung** 3 **von Vorkriegsremboursverbindlichkeiten** v. 20. 8. 1953 (BGBl. I 999), aufgehoben durch Art. 21 des II. RechtsbereinigungsG vom 16. 12. 86 (BGBl 2441). Rembourskredit i. S. des Ges. ist eine auf ausländische Währung lautende, unter die Anlage III des Abkommens über deutsche Auslandsschulden v. 27. 2. 1953 (BGBl. II 331) fallende Verbindlichkeit gegen eine in- oder ausländische Bank aus den in § 1a bis c näher bezeichneten Wechselverpflichtungen. Nach § 3 des Ges. kann dem Direktschuldner auf Antrag ein Beitrag zur Erfüllung einer solchen Verpflichtung unter den Voraussetzungen des Abs. 2 gewährt werden. Soweit der Remboursschuldner als Zweitschuldner gegenüber einer als Erstschuldner haftenden ausländischen Bank verpflichtet ist, kann auf seinen Antrag die Verpflichtung herabgesetzt oder erlassen werden. Über diese Anträge entscheidet nach § 10 des Ges. eine Bankaufsichtsbehörde. (Die Tätigkeit vor ihr wird durch die Gebühren des § 118 abgegolten.) Gegen deren Entscheidung kann nach § 12 des Ges. jeder Verfahrensbeteiligte, soweit er beschwert ist, gerichtliche Entscheidung beantragen. Nach § 14 des Ges. entscheidet er über den Antrag das für den Sitz der Bankaufsichtsbehörde zuständige Landgericht. Gegen dessen Entscheidung findet sofortige Beschwerde an das OLG statt.

auf das **Verfahren nach § 22 des UmstellungsergänzungsG** v. 21. 9. 1953 4 (BGBl. I 1439) und § 9 Abs. 3 des 2. UmstellungsergänzungsG v. 23. 3. 1957 (BGBl. 285). Nach diesen Bestimmungen können vor dem 8. 5. 1945 bestehende Guthaben, sog. Uraltguthaben, unter bestimmten Voraussetzungen zur Umwandlung angemeldet werden. Erkennt die Verwaltungsstelle die Umwandlungsfähigkeit nicht oder nur teilweise an, so kann der Anmelder nach § 21 Abs. 2 des Ges. v. 21. 9. 1953 und § 9 Abs. 3 des Ges. v. 23. 3. 1957 binnen sechs Monaten nach der Mitteilung gerichtliche Entscheidung beantragen. Über diesen Antrag entscheidet nach § 22 des Ges. v. 21. 9. 1953 eine landgerichtliche Zivilkammer, nach § 9 Abs. 3 des Ges. v. 23. 3. 1957 das Landgericht Berlin. In dem gerichtlichen Verfahren gelten, soweit nichts anderes bestimmt ist, die Vorschriften des FGG. Gegen den Beschluß findet nach § 24 des Ges. v. 21. 9. 1953 sofortige Beschwerde statt, die nur auf Gesetzesverletzung gestützt werden kann. Nach § 26 des Ges. v. 21. 9. 1953 kann das Gericht bestimmen, daß außergerichtliche Kosten ganz oder teilweise zu erstatten sind.

Fünf Zehntel der vollen Gebühr erhält der Rechtsanwalt in jedem 5 **Rechtszug.** Er erhält also nicht etwa fünf Zehntel der in § 31 Abs. 1 bestimmten Gebühren, sondern in jedem Rechtszug nur eine einmalige Gebühr. Daraus folgt, daß er auch dann in den genannten Verfahren keine weitere

Gebühr erhält, wenn z. B. nach § 14 VertragsHG eine mündliche Verhandlung stattgefunden und der RA seinen Auftraggeber in ihr vertreten hat oder wenn er ihn im Verfahren über eine einstweilige Anordnung, z. B. nach § 12 VertragsHG, vertritt. Es wird vielmehr die gesamte Tätigkeit des RA in dem betreffenden Rechtszug durch die Gebühr abgegolten.

6 Der **Anspruch auf die Gebühr entsteht,** sobald der RA den Auftrag erhalten hat, seine Partei in einem der in § 64 genannten Verfahren zu vertreten und in Ausführung des Auftrags irgendwie tätig geworden ist. Da die Gebühr des § 64 keine Prozeßgebühr i. S. des § 31 Abs. 1 ist, ist § 32 nicht anwendbar.

7 Eine **Vergleichsgebühr** kann nach der ausdrücklichen Bestimmung des § 64 Abs. 1 S. 2 der RA nicht berechnen, wenn er bei einer Einigung der Parteien mitwirkt.

8 Werden **mehrere Stundungen oder Stundung und Herabsetzung** einer Verbindlichkeit gemäß § 15 Abs. 2 VertragsHG nacheinander beantragt und gilt deshalb nach § 19 Abs. 3 VertragsHG jeder dieser Maßnahmen als besonderes Verfahren, so entsteht die Gebühr in jedem Verfahren neu, nicht aber dann, wenn mehrere Maßnahmen im gleichen Antrag begehrt werden.

9 Auch **in jedem Rechtszug entsteht die Gebühr neu.** Der RA erhält daher z. B. im Verfahren über die sofortige Beschwerde oder die weitere sofortige Beschwerde nach § 18 Abs. 2, 3 VertragsHG oder nach § 14 Abs. 2 des Ges. v. 20. 8. 1953 oder nach § 24 UmstErgG die Gebühr des § 64 Abs. 1 nochmals,

       a. M. Tschischgale MDR 58, 644 (erhöhte Gebühren nach § 11 Abs. 1 S. 14.).

nicht aber dann, wenn es sich nur um eine Beschwerde gegen eine den Rechtszug nicht beendende Entscheidung handelt. Solche Beschwerden werden durch die Gebühr des in Frage kommenden Rechtszuges abgegolten.

10 Der **Gegenstandswert,** nach dem die Gebühr zu berechnen ist, ist zufolge § 64 Abs. 2 der Nennwert der Hauptforderung; wenn das Verfahren lediglich Nebenforderungen betrifft, die Höhe der Rückstände. Betrifft das Verfahren nur die Beseitigung der Rechtsfolgen, die durch Nichtzahlung von Miet- oder Pachtzinsen eingetreten sind, so wird die Gebühr nach dem einjährigen Miet- oder Pachtzins berechnet.

Im Umwandlungsverfahren ist der Betrag maßgebend, auf den die Umwandlung angestrebt wird.

Der Nennwert der Hauptforderung ermöglicht eine einfache Bewertung. Allerdings wird damit das Interesse der Beteiligten häufig zu hoch bewertet. Der volle Nennwert der Forderung ist auch dann maßgebend, wenn im Wege der Vertragshilfe nur eine Stundung oder Herabsetzung der Forderung z. B. um 30% begehrt wird. Ist hiernach der Gegenstandswert in vielen Fällen zu hoch, so wird dies dadurch ausgeglichen, daß nur eine Gebühr in Höhe von fünf Zehntel der vollen Gebühr für das ganze Verfahren erhoben wird, die auch eine vergleichsweise Regelung mit abgilt.

11 Eine **Erstattung** der Gebühr findet nach § 20 S. 1 VertragsHG nicht statt. Im Verfahren nach § 22 UmstErgG kann nach § 26 des Ges. eine Ersattung ganz oder teilweise angeordnet werden.

12 **Tätigkeiten, die über den Rahmen der in § 64 Abs. 1 genannten Verfahren hinausgehen,** sind besonders zu vergüten. Darunter fällt z. B. die

Vertretung in einem Zwangsvollstreckungsverfahren nach § 12 Abs. 5, § 14 S. 2, § 16 Abs. 2 VertragsHG. In diesen Zwangsvollstreckungsverfahren, die sich nach der ZPO richten, erhält der RA die Gebühren des § 57. Vertritt der RA die Partei in einem Rechtsstreit über den Hauptanspruch und außerdem in einem Vertragshilfeverfahren, so erhält er die Gebühr des § 64 neben seinen Gebühren als Prozeßbevollmächtigter des Hauptprozesses.

§ 64 gilt nicht für die richterliche **Vertragshilfe des Prozeßgerichts** (§ 1 13 Abs. 3 VertragsHG). Diese Tätigkeit gehört zum Rechtszuge; sie wird durch die Gebühren des § 31 Abs. 1 mit abgegolten.

Vorgerichtliche Tätigkeit. Versucht ein Schuldner seine Verhältnisse außer- 14 gerichtlich zu regeln, so wird die Tätigkeit des von ihm bevollmächtigten RA mit den Gebühren des § 118 vergütet. Das gleiche gilt von der Tätigkeit des RA eines Gläubigers. Kommt es in diesen außergerichtlichen Verhandlungen zu einem Vergleich, entsteht auch die Vergleichsgebühr des § 23.

Tschischgale MDR 58, 642 und JurBüro 64, 77.

§ 65 Güteverfahren

(1) **Eine volle Gebühr erhält der Rechtsanwalt**
1. **im Güteverfahren vor einer Gütestelle der in § 794 Abs. 1 Nr. 1 der Zivilprozeßordnung bezeichneten Art;**
2. **im Verfahren vor einem Ausschuß der in § 111 Abs. 2 des Arbeitsgerichtsgesetzes bezeichneten Art;**
3. **im Verfahren vor dem Seemannsamt zur vorläufigen Entscheidung von Arbeitssachen;**
4. **im Verfahren vor sonstigen gesetzlich eingerichteten Einigungsstellen, Gütestellen oder Schiedsstellen.**
Auf die Prozeßgebühr, die der Rechtsanwalt in dem nachfolgenden Rechtsstreit erhält, wird die Gebühr nicht angerechnet.

(2) **Der Rechtsanwalt erhält eine volle Gebühr für die Mitwirkung bei einer Einigung der Parteien, die in einem der in Absatz 1 bezeichneten Verfahren erzielt wird. § 23 gilt nicht.**

Übersicht über die Anmerkungen

1 Allgemeines. Die Gebühr des § 65 wird für die Tätigkeit des RA in allen Verfahren vor gesetzlich eingerichteten Einigungsämtern, Gütestellen oder Schiedsstellen gewährt, gleichviel, ob diese Stellen durch Bundes- oder Landesrecht vorgeschrieben sind. Es handelt sich in jedem Falle um außergerichtliche Gütestellen.

Gegenstand des Güteverfahrens muß eine Angelegenheit des bürgerlichen Rechts sein. Für die Tätigkeit des RA bei einem Sühneversuch nach § 380 StPO gilt nicht § 65, sondern § 94 Abs. 5.

Das **Anwendungsgebiet des § 65** umfaßt nach Abs. 1:

2 das **Güteverfahren vor einer Gütestelle der in § 794 Abs. 1 Nr. 1 ZPO bezeichneten Art** (Nr. 1). Nach dieser Bestimmung findet aus Vergleichen, die zwischen den Parteien oder zwischen einer Partei und einem Dritten zur Beilegung des Rechtsstreits seinem ganzen Umfang nach oder in betreff eines Teiles des Streitgegenstandes vor einem deutschen Gericht oder vor einer durch die Landesjustizverwaltung eingerichteten oder anerkannten Gütestelle abgeschlossen sind, die Zwangsvollstreckung statt.

Solche Gütestellen sind die in Hamburg und Lübeck eingerichteten öffentlichen Rechtsauskunfts- und Vergleichsstellen;

3 das **Verfahren vor einem Ausschuß der in § 111 Abs. 2 ArbGG bezeichneten Art** (Nr. 2). Nach § 111 Abs. 2 ArbGG können zur Beilegung von Streitigkeiten zwischen Ausbildenden und Auszubildenden die Handwerksinnungen, im übrigen die zuständigen Stellen i. S. des Berufsbildungsgesetzes, Ausschüsse bilden. Einer Klage muß in allen Fällen die Verhandlung vor dem Ausschuß vorangegangen sein. Aus vor dem Ausschuß geschlossenen Vergleichen und aus Sprüchen des Ausschusses, die von beiden Seiten anerkannt sind, findet die Zwangsvollstreckung statt;

4 das **Verfahren vor dem Seemannsamt zur vorläufigen Entscheidung von Arbeitssachen** (Nr. 3). Nach dem SeemannsG v. 26. 7. 1957 (BGBl. II 713) ist jedes Seemansamt verpflichtet, die gütliche Ausgleichung der zu seiner Kenntnis gebrachten, zwischen dem Kapitän und dem Schiffsmann bestehenden Streitigkeiten zu versuchen;

5 das **Verfahren vor sonstigen gesetzlich eingerichteten Einigungsämtern, Gütestellen oder Schiedsstellen** (Nr. 4). Voraussetzung ist, daß eine andere Stelle zuständig ist als das Gericht, das über eine Klage zu entscheiden hat.

6 Beispiele für derartige Gütestellen usw.:

a) die bei den Industrie- und Handelskammern errichteten Einigungsstellen (§ 27a UWG, § 13 RabattG),

b) die Schiedsmänner (vgl. die preuß. Schiedsmannsordnung),

c) die bei dem Patentamt errichteten Schiedsstellen zur Beilegung von Streitigkeiten zwischen Arbeitgebern und Arbeitnehmern nach §§ 28 ff. des Gesetzes über Arbeitnehmererfindungen,

     LG Mannheim Mitt. dtsch. PatAnw. 64, 196.

d) die Schiedsstellen gemäß § 14 des Gesetzes über die Wahrnehmung von Urheberrechten und verwandten Schutzrechten,

e) die Schiedsstelle für Ansprüche gegen den Entschädigungsfonds gemäß § 14 Nr. 3a PflVG.

Riedel/Sußbauer A 7.

f) die Einigungsstelle nach § 76 Betriebsverfassungsgesetz.

Mümmler JurBüro 81, 1148.

Keine Schiedsstelle i. S. von § 65 ist die Gutachterkommission bei der Landeszahnärztekammer Baden-Württemberg.

Karlsruhe JurBüro 85, 236.

Die **Güteverhandlung vor dem Vorsitzenden des Arbeitsgerichts,** mit 7 der nach § 54 ArbGG die mündliche Verhandlung beginnt, ist kein Güteverfahren i. S. des § 65, für das der Prozeßbevollmächtigte besondere Gebühren berechnen könnte. Der RA erhält neben der Prozeßgebühr für das arbeitsgerichtliche Verfahren die Erörterungsgebühr des § 31 Abs. 1 Nr. 4.

Eine **volle Gebühr** erhält nach § 65 Abs. 1 der RA für seine Tätigkeit in den 8 dort genannten Verfahren, nicht die Gebühren des § 31 Abs. 1. Es kann also keine Verhandlungs- und Beweisgebühr entstehen, auch keine Vertagungsgebühr.

Hartmann A 2 A; Riedel/Sußbauer A 9, Schumann/Geißinger A 2.

Der **Anspruch auf die Gebühr entsteht,** sobald der RA einen Auftrag zur 9 Vertretung in einem der in § 65 Abs. 1 genannten Verfahren erhalten und in Ausführung des Auftrags irgend etwas getan hat. Obwohl es sich um keine Prozeßgebühr handelt und deshalb § 32 nicht umittelbar anwendbar ist, ist dem RA in sinngemäßer Anwendung des § 32 nur eine halbe Gebühr zuzubilligen, wenn sich der Auftrag erledigt, bevor er den das Verfahren einleitenden Antrag gestellt oder seinen Auftraggeber in dem Gütetermin vertreten hat.

Hartmann A 2 A; Riedel/Sußbauer A 9.

Bei mehreren Auftraggebern erhöht sich die Gebühr nach § 6.

München AnwBl. 82, 440.

Bei Rücknahme des Antrags tritt keine Ermäßigung ein.

Schumann/Geißinger A 3.

Eine **Anrechnung der Gebühr** auf die Prozeßgebühr, die der RA in einem 10 nachfolgenden Rechtsstreit erhält, erfolgt nach § 65 Abs. 1 S. 2 nicht. Der RA erhält also, wenn die Verhandlungen vor der Gütestelle scheitern und es zum Rechtsstreit kommt, zusätzlich zu den Gebühren des § 31 Abs. 1 die Gebühr des § 65.

Auch wenn der RA später Verkehrsanwalt, Verhandlungsvertreter oder Beweisanwalt wird, erfolgt keine Anrechnung, ebensowenig, wenn der RA, der im Güteverfahren Substitut war, im Rechtsstreit wieder als solcher oder als Prozeßbevollmächtigter tätig wird.

Für die **Mitwirkung bei einer Einigung** der Parteien, die in einem der in 11 § 65 Abs. 1 genannten Verfahren erfolgt, erhält der RA nach § 65 Abs. 2 eine weitere volle Gebühr. Diese Einigungsgebühr entsteht also neben der Gebühr des § 65 Abs. 1. Daß die Einigung in dem Termin erfolgt, ist nicht notwendig; es genügt vielmehr, daß sie während des Verfahrens unter Mitwirkung des RA zustande kommt.

Hartmann A2 C.

Da nach § 65 Abs. 2 S. 2 die Vorschrift des § 23 nicht gilt und auch nicht von einem Vergleich, sondern von einer Einigung der Parteien die Rede ist, braucht ein gegenseitiges Nachgeben nicht vorzuliegen, und es brauchen auch sonst die Voraussetzungen des § 779 BGB nicht erfüllt zu sein. Daher genügt auch ein Anerkenntnis oder ein Verzicht.

Riedel/Sußbauer A 11; Schumann/Geißinger A 5.

Erfolgt die Einigung unter einer aufschiebenden Bedingung oder unter Vorbehalt des Widerrufs, so liegt, wenn die Bedingung nicht eintritt oder die Einigung widerrufen wird, keine Einigung vor. Die Einigungsgebühr entsteht dann nicht.

Riedel/Sußbauer A 11.

12 **Überträgt der Rechtsanwalt die Vertretung in der Güteverhandlung einem anderen Rechtsanwalt,** z. B. weil er nicht am Sitze der zuständigen Stelle wohnt, so sind § 33 Abs. 3 u. § 53 nicht anwendbar, weil es sich nicht um einen Termin zur mündlichen Verhandlung handelt. Es erhalten dann beide RAe die Gebühr des § 65.

Hartmann A2 A; Riedel/Sußbauer A 8; Schumann/Geißinger A 2.

Überhaupt gilt § 65 für jeden RA, der in dem Verfahren tätig wird, auch wenn er nur mit Einzeltätigkeiten beauftragt ist oder als Beistand auftritt, z. B. auch für den Verkehrsanwalt.

Riedel/Sußbauer A 8.

13 Die **Beschwerdegebühr** des § 61 Abs. 1 Nr. 1 und die **Zwangsvollstreckungsgebühr** des § 57 entstehen stets besonders.

Schumann/Geißinger A 3.

14 **Erstattungsfähig** sind die Gebühren des § 65 nicht, es sei denn, die Parteien vereinbaren in der Einigung eine Erstattung der Kosten.

Hartmann A 4; Riedel/Sußbauer A 13; Schumann/Geißinger A 6.

Im obligatorischen Verfahren vor der Schiedsstelle bei der Verkehrsopferhilfe ist Raum für eine Kostenentscheidung. Gem. § 14 des Gesetzes über die Wahrnehmung von Urheberrechten und verwandten Schutzrechten kann die Schiedsstelle nach § 11 Abs. 1 S. 2 der VO vom 18. 12. 1985 die einem Beteiligten erwachsenen notwendigen Auslagen nach Billigkeit ganz oder teilweise der Gegenseite auferlegen. Im Verfahren vor der Einigungsstelle nach § 76 des Betriebsverfassungsgesetzes ist der Betriebsrat berechtigt, sich von einem RA vertreten zu lassen. Der Arbeitgeber hat nach § 40 Abs. 1 des Betriebsverfassungsgesetzes die dem RA für die Vertretung zustehenden Kosten zu tragen, wenn die Hinzuziehung erforderlich ist.

Riedel/Sußbauer A 13, 14; Eich (Anspruch des Betriebsrats auf Kostenerstattung bei anwaltlicher Vertretung und Anspruch des RA auf Zahlung eines angemessenen Vorschusses) AnwBl. 85, 62; ders. MDR 85, 885 (Kostenerstattung in Personalvertretungsangelegenheiten); BAG AnwBl. 82, 203.

§ 65a Verfahren nach dem Gesetz gegen Wettbewerbsbeschränkungen

Im Beschwerdeverfahren und im Rechtsbeschwerdeverfahren nach dem Gesetz gegen Wettbewerbsbeschränkungen gelten die Vorschriften dieses Abschnitts sinngemäß. Die Gebühren richten sich nach § 11 Abs. 1 Satz 4.

Übersicht über die Anmerkungen

Das **Gesetz gegen Wettbewerbsbschränkungen** (GWB) i. d. F. v. 24. 9. **1** 1980 (BGBl. I 1761) verbietet gewisse Verträge und Beschlüsse von Unternehmervereinigungen, die geeignet sind, die Erzeugung oder die Marktverhältnisse für den Verkehr mit Waren oder gewerblichen Leistungen durch Beschränkung des Wettbewerbs zu beeinflussen, und erklärt sie für unwirksam. Die näheren Bestimmungen sind im Teil 1 (§§ 1 bis 37b) des Ges. enthalten. Im Teil 2 (§§ 38 und 39) ist bestimmt, welche Verstöße gegen das Ges. als Ordnungswidrigkeiten anzusehen sind. Die Kartellbehörden können Erlaubnis zu Verträgen und Beschlüssen erteilen, können Verträge und Beschlüsse für unwirksam erklären und andere Anordnungen treffen. Welche Behörden Kartellbehörden sind, ist im Teil 3 des Ges. (§§ 44 bis 50) bestimmt. Es sind dies das Bundeskartellamt in Berlin, der Bundesminister für Wirtschaft und die nach Landesrecht zuständigen obersten Landesbehörden. Das Verfahren vor den Kartellbehörden ist im 4. Teil des Ges. (§§ 51 ff.) geregelt. Gegen Verfügungen der Kartellbehörden ist nach § 62 Abs. 1 des Ges. die Beschwerde zulässig. Beschwerde ist auch gegen die Unterlassung einer beantragten Verfügung der Kartellbehörde zulässig, auf deren Vornahme der Antragsteller ein Recht zu haben behauptet (§ 62 Abs. 3 GWB). Über die Beschwerde entscheidet nach § 62 Abs. 4 GWB das Oberlandesgericht. Die Beschwerdeschrift und die Beschwerdebegründung müssen nach § 65 Abs. 5 GWB durch einen bei einem deutschen Gericht zugelassenen RA unterzeichnet sein, soweit es sich nicht um Beschwerden der Kartellbehörden handelt. Ferner müssen sich nach § 67 Abs. 1 GWB vor dem Beschwerdegericht die

Beteiligten durch einen bei einem deutschen Gericht zugelassenen RA als Bevollmächtigten vertreten lassen. Die Rechtsbeschwerde an den Bundesgerichtshof findet nach § 73 GWB gegen Beschlüsse des Oberlandesgerichts statt, wenn dieses sie zugelassen hat. Die Nichtzulassung der Rechtsbeschwerde kann nach § 74 GWB selbständig angefochten werden. Die Rechtsbeschwerde kann nach § 75 Abs. 2 GWB nur darauf gestützt werden, daß die Entscheidung auf einer Verletzung des Gesetzes beruht. § 550 und § 551 Nr. 1 bis 3, 5 bis 7 ZPO gelten sinngemäß.

Die §§ 81 bis 85 des Ges. enthalten Vorschriften über das Bußgeldverfahren.

2 Nur für das **Beschwerdeverfahren und Rechtsbeschwerdeverfahren** gilt § 65a. Da die Entscheidung über die Beschwerde dem OLG, die Entscheidung über die Rechtsbeschwerde dem BGH übertragen ist, handelt es sich also um Verfahren vor den ordentlichen Gerichten. Für die Vergütung des RA gelten, da sich auch das Verfahren ähnlich wie ein bürgerlicher Rechtsstreit abspielt, die Vorschriften des 3. Abschnitts der BRAGO sinngemäß. Der RA kann sonach für seine Tätigkeit die Regelgebühren des § 31 Abs. 1 berechnen, soweit die allgemeinen Voraussetzungen für ihre Entstehung vorliegen. Da es sich um Rechtsmittelverfahren vor dem OLG und dem BGH handelt, erhält er aber nicht nur die vollen Gebühren des § 11 Abs. 1 S. 1, sondern nach der ausdrücklichen Vorschrift des § 65a S. 2 die sonst nur für das Berufungs- und Revisionsverfahren vorgesehenen erhöhten Gebühren des § 11 Abs. 1 S. 4.

3 Der Anspruch auf die **Prozeßgebühr** entsteht, sobald der RA den Auftrag zur Einlegung des Rechtsmittels oder zur Vertretung des Rechtsmittelbeklagten erhalten und in Ausführung des Auftrags etwas getan hat, z. B. die Information aufgenommen hat. Erledigt sich der Auftrag, bevor der RA das Rechtsmittel eingelegt oder einen Schriftsatz der in § 32 bezeichneten Art eingereicht oder seine Partei in einem zur mündlichen Verhandlung bestimmten Termin vertreten hat, so erhält er nach § 32 nur die halbe Prozeßgebühr, also nach § 11 Abs. 1 S. 4 ¹³⁄₂₀ der vollen Gebühr.

4 Der Anspruch auf eine **Verhandlungsgebühr** entsteht, da in § 68 Abs. 1 GWB für das Beschwerdeverfahren mündliche Verhandlung vorgschrieben ist, nur dann, wenn der RA seine Partei in einer mündlichen Verhandlung vertreten hat. Da aber nach § 69 Abs. 1 GWB das Beschwerdegericht den Sachverhalt von Amts wegen erforscht, ist es nicht erforderlich, daß der RA in dem Verhandlungstermin Anträge stellt. Auch wenn ein RA nur allein verhandelt, entsteht für ihn die Verhandlungsgebühr.

> Hartmann A 2; Riedel/Sußbauer A 5; Schumann/Geißinger A 8; Schumann NJW 59, 467.

Äußert sich der RA nur zur Prozeß- oder Sachleitung, so entsteht die Verhandlungsgebühr nur zu ⁵⁄₁₀, jedoch aus ¹³⁄₁₀ = ¹³⁄₂₀.

> Hartmann A 2; Riedel/Sußbauer A 5, Schumann/Geißinger A 8.

Auch § 35 ist anwendbar, da nach § 68 Abs. 1 GWB im Einverständnis der Beteiligten ohne mündliche Verhandlung entschieden werden kann. Es ist dann Voraussetzung für die Entstehung einer Verhandlungsgebühr, daß die Beteiligten ihr Einverständnis mit der Entscheidung ohne mündliche Verhandlung erklärt haben und daß das Gericht dann eine Entscheidung erlassen hat (vgl. A 3 und 4 zu § 35).

Ein RA, der in einem Termin zur mündlichen Verhandlung nicht erschienen ist, kann keine Verhandlunggebühr beanspruchen. Z. B. entsteht keine Verhandlungsgebühr, wenn die Beteiligten trotz rechtzeitig vorher erfolgter Benachrichtigung in dem Verhandlungstermin nicht erschienen sind und das Gericht nach § 68 Abs. 1 S. 2 GWB in der Sache verhandelt und entschieden hat, oder wenn nach § 74 GWB der BGH über die Nichtzulassungsbeschwerde ohne mündliche Verhandlung entscheidet.

Für die Entstehung einer **Beweisgebühr** gelten die gleichen Voraussetzungen 5 wie im ordentlichen Rechtsstreit. Auch die Beweisgebühr beträgt $^{13}\!/_{10}$ der vollen Gebühr.

Riedel/Sußbauer A 6; Schumann/Geißinger A 9.

Eine **Erledigungsgebühr** nach § 24 kann entstehen, wenn sich das Be- 6 schwerdeverfahren oder das Rechtsbeschwerdeverfahren durch Zurücknahme oder Änderung der Entscheidung der Kartellbehörde, gegen welche sich das Rechtsmittel richtet, erledigt und der RA bei der Erledigung mitgewirkt hat. In diesem Fall erhält er $^{13}\!/_{10}$ der vollen Gebühr.

Hartmann A 2; Riedel/Sußbauer A 8; Schumann/Geißinger A 11; Schumann NJW 59, 467.

Eine **Vergleichsgebühr** nach 23 wird kaum entstehen können, da über die hier in Frage kommenden Ansprüche regelmäßig nicht vertraglich verfügt werden kann (§ 23 Abs. 3).

Sonstige Gebühren. Ist der RA nicht als Bevollmächtigter, sondern in anderer 7 Eigenschaft tätig, so gelten die jeweils entsprechenden Bestimmungen, sinngemäß also für den Verkehrsanwalt § 52, für den Verhandlungsanwalt § 53, für den Beweisanwalt § 54, für den mit Einzeltätigkeiten beauftragten RA § 56.

Riedel/Sußbauer A 10; Schumann/Geißinger A 6.

Zu beachten ist, daß die jeweiligen Gebühren aus $^{13}\!/_{10}$ zu entnehmen sind.

Für das **Rechtsbeschwerdeverfahren** gelten die Vorschriften über die Revi- 8 sion entsprechend.

Die Prozeßgebühr ($^{13}\!/_{10}$) entsteht mit der Einlegung der Beschwerde. § 32 gilt ebenfalls entsprechend.

Für die **Beschwerde gegen die Nichtzulassung der Revision** fehlt es an 9 einer ausdrücklichen Vorschrift.

Nach einer Meinung

Hartmann A 2; Riedel/Sußbauer A 9.

erhält der RA in diesem Verfahren die Gebühren des § 61 Abs. 1 Nr. 1, allerdings aus den Sätzen des § 11 Abs. 1 Satz 4, somit $^5\!/_{10}$ aus $^{13}\!/_{10} = {}^{13}\!/_{20}$.

Zum Teil werden die vollen Gebühren des § 65 a zugebilligt.

Schumann/Geißinger A 12.

Näher dürfte liegen, § 114 Abs. 3, der die gleichgelagerte Nichtzulassungsbeschwerde in der Verwaltungs- und Finanzgerichtsbarkeit behandelt, entsprechend anzuwenden. Danach hat der RA Anspruch auf die Hälfte der in § 31 Abs. 1 bestimmten Gebühren nach den Sätzen des § 11 Abs. 1 Satz 4, d. h. er erhält eine $^{13}\!/_{20}$-Prozeßgebühr.

10 Einstweilige Anordnungen. Wird eine von der Kartellbehörde erlassene einstweilige Anordnung (§§ 56, 63 GWB) angefochten oder eine solche Anordnung bei dem Beschwerdegericht (§ 63 GWB) beantragt, so erhält der RA die Gebühren des § 65a in Höhe von ¹³⁄₁₀.

Hartmann A 2; Riedel/Sußbauer A 7, Schumann/Geißinger A 10.

Für **einstweilige Einstellungen** usw. gilt die Vorschrift des § 49.

Riedel/Sußbauer A 7.

11 Der **Gegenstandswert** bestimmt sich zufolge § 8 Abs. 1 nach den für die Gerichtsgebühren maßgebenden Wertvorschriften. Nach § 78 GWB gelten im Beschwerdeverfahren und im Rechtsbeschwerdeverfahren für die Gerichtsgebühren die Vorschriften für bürgerliche Rechtsstreitigkeiten sinngemäß. Es bestimmt sich also der Gegenstandswert nach den Vorschriften des GKG und der darin angezogenen Bestimmungen der ZPO.

Riedel/Sußbauer A 12; Schumann-GeißingerA 13.

12 Eine **Kostenerstattung** kann nach § 77 GWB vom Gericht angeordnet werden, wenn dies der Billigkeit entspricht. Hat ein Beteiligter Kosten durch ein unbegründetes Rechtsmittel oder durch grobes Verschulden veranlaßt, so sind ihm die Kosten aufzuerlegen. Da im Beschwerde- und Rechtsbeschwerdeverfahren nach den §§ 65, 67 Abs. 1 des Ges. Anwaltszwang besteht, sind die Rechtsanwaltsgebühren stets als notwendig anzusehen.

Hartmann A 4; Riedel/Sußbauer A 13; Schumann/Geißinger A 14; Schumann NJW 59, 468.

13 Das **Verfahren vor den Kartellbehörden** ist ein Verwaltungsverfahren. Vertritt der RA einen Beteiligten in einem solchen Verfahren, so richten sich seine Gebühren nicht nach § 65a, sondern nach § 118. Die Gebühren des § 118 entstehen auch dann nur einmal, wenn der RA auch in einem Einspruchsverfahren tätig wird (vgl. § 119). Diese Tätigkeit ist dann bei der Bemessung der Gebühren innerhalb des Rahmens des § 118 zu berücksichtigen. Eine Anrechnung der im Verfahren vor den Kartellbehörden entstandenen Gebühren auf die Gebühren, die in einem anschließenden gerichtlichen Beschwerde- oder Rechtsbeschwerdeverfahren entstehen, hat nicht zu erfolgen.

Riedel/Sußbauer A 1; Schumann/Geißinger A 1; Schumann NJW 59, 466.

14 Vertritt der RA in einem **Bußgeldverfahren** (§§ 81 bis 85 des Ges.) einen Beschuldigten, so richten sich seine Gebühren nach § 105.

Hartmann A 1 A c.

15 Für **bürgerliche Rechtsstreitigkeiten,** die sich aus dem Ges. oder aus Kartellverträgen und aus Kartellbeschlüssen ergeben, gilt § 65a nicht. Es handelt sich bei ihnen um regelmäßige Rechtsstreitigkeiten, auf welche die Gebühren der §§ 31ff. unmittelbar anzuwenden sind. Es entstehen daher im ersten Rechtszug nicht die erhöhten Gebühren des § 11 Abs. 1 S. 4, sondern die Regelgebühren des § 1 Abs. 1 S. 1. Nur im Berufungs- und im Revisionsverfahren tritt die Erhöhung der Gebühren nach § 11 Abs. 1 S. 4 ein. Eine Besonderheit besteht für solche Rechtsstreitigkeiten nur insofern, als nach § 89 Abs. 1 und Abs. 2 GWB ähnlich wie in Patentstreitsachen, durch die Landesregierung oder durch Staatsverträge zwischen mehreren Landesregierungen solche Rechtsstreitigkeiten einem bestimmten Landgericht übertragen

werden können. Ist dies erfolgt, so können sich nach § 89 Abs. 3 GWB die
Parteien vor diesem Gericht auch durch RAe vertreten lassen, die bei dem
Gericht zugelassen sind, vor das der Rechtsstreit ohne die Übertragung der
Zuständigkeit gehören würde. Entstehen dabei Mehrkosten, so sind sie nicht
erstattungspflichtig (s. dazu A 31 zu § 28).

Schumann/Geißinger A 5.

Beschwerden in bürgerlichen Rechtsstreitigkeiten. Als Beschwerdever- 16
fahren nach dem GWB i. S. des § 65a sind nur die Beschwerden gegen
Verfügungen der Kartellbehörden gemäß §§ 62ff. GWB anzusehen, nicht
auch die Beschwerden in bürgerlichen Rechtsstreitigkeiten, für die sich die
Zuständigkeit des Kartellsenats aus den §§ 87, 89, 92ff. GWB ergibt.

Riedel/Sußbauer A 2; Frankfurt NJW 71, 519 mit zust. Anm. von H. Schmidt.

Über Anwaltsgebühren bei **Kartellgründung,** im Genehmigungsverfahren 17
und über die Vergütung des RA als Kartellvertreter

s. Schumann NJW 59, 465.

§ 65b Verfahren nach dem Gesetz über die Wahrnehmung von Urheberrechten und verwandten Schutzrechten

**Im Verfahren vor dem Oberlandesgericht nach § 15 des Gesetzes
über die Wahrnehmung von Urheberrechten und verwandten Schutzrechten vom 9. September 1965 (Bundesgesetzbl. I S. 1294) gelten die
Vorschriften dieses Abschnitts sinngemäß. Die Gebühren richten sich
nach § 11 Abs. 1 Satz 4.**

Übersicht über die Anmerkungen

Allgemeines. Das Gesetz über die Wahrnehmung von Urheberrechten und 1
verwandten Schutzrechten (Verwertungsgesellschaftengesetz) sieht in § 12
eine Verpflichtung der Verwertungsgesellschaften vor, mit Vereinigungen,
deren Mitglieder nach dem Urheberrechtsgesetz geschützte Werke oder Leistungen nutzen oder zur Zahlung von Vergütungen nach dem Urheberrechtsgesetz verpflichtet sind, über die von ihr wahrgenommenen Rechte und
Ansprüche Gesamtverträge zu angemessenen Bedingungen abzuschließen, es
sei denn, daß der Verwertungsgesellschaft der Abschluß eines Gesamtvertrages nicht zuzumuten ist, weil die Vereinigung eine zu geringe Mitgliederzahl
hat.

Einigen sich die Beteiligten nicht über den Abschluß oder die Änderung eines
Gesamtvertrages oder eines Vertrages zwischen der Verwertungsgesellschaft

und einem Sonderunternehmen über die von ihr wahrgenommenen Rechte oder Ansprüche, so kann jeder Beteiligte eine Schiedsstelle anrufen, die bei der Aufsichtsbehörde gebildet ist.

Die Entscheidungen dieser Schiedsstelle können von jedem Beteiligten gemäß § 14 des Gesetzes binnen eines Monats nach Zustellung durch einen Antrag auf gerichtliche Entscheidung angefochten werden.

Über den Antrag entscheidet gemäß § 15 des Gesetzes das für den Sitz der Schiedsstelle zuständige Oberlandesgericht endgültig. Für das gerichtliche Verfahren gelten die Verfahrensvorschriften des FGG.

Riedel/Sußbauer A 1; Schumann/Geißinger A 1.

2 Die **Vergütung** der RAe für **Vertragsverhandlungen** bestimmt sich nach § 118.

Die **Tätigkeit vor der Schiedsstelle** wird durch die Gebühren des § 65 abgegolten, da die errichtete Schiedsstelle eine solche i. S. des § 65 Abs. Nr. 4 ist.

Riedel/Sußbauer A 2, Schumann/Geißinger A 2.

Gemäß § 118 Abs. 2 ist die Geschäftsgebühr des § 118 Abs. 1 Nr. 1 für die Vertragsverhandlungen auf die Gebühren des § 65 anzurechnen.

Schumann/Geißinger A 2.

3 **Nur für die Tätigkeit vor dem Oberlandesgericht** ist die Vorschrift des § 65b anzuwenden.

Für den RA, der einen Gesamtvertretungsauftrag erhalten hat, gelten die Gebührenvorschriften des § 31 Abs. 1.

Der RA hat sonach für den allgemeinen Geschäftsbetrieb Anspruch auf die Prozeßgebühr, die sich unter den Voraussetzungen des § 32 auf die Hälfte ermäßigen kann.

Die Verhandlungsgebühr entsteht, wenn der RA an einer mündlichen Verhandlung vor dem Oberlandesgericht teilnimmt. Eine Antragstellung ist nicht erforderlich, da sich das Verfahren nach dem FGG richtet. Eine Ermäßigung gemäß § 33 Abs. 1 erfolgt nicht, da das FGG keinen Unterschied zwischen einer streitigen und unstreitigen Verhandlung macht. Dagegen ist § 33 Abs. 2 anzuwenden, wenn nur zur Prozeß- oder Sachleitung verhandelt wird. Da die mündliche Verhandlung freigestellt ist, ist § 35 nicht anzuwenden.

Riedel/Sußbauer A 3; Schumann/Geißinger A 3.

Die Beweisgebühr ensteht unter den Voraussetzungen des § 31 Abs. 1 Nr. 3 und § 34. Besonderheiten gelten insoweit nicht.

4 **Gebührenhöhe.** Die vor dem Oberlandesgericht entstehenden Gebühren erwachsen gemäß § 65b Satz 2 in Verb. mit § 11 Abs. 1 Satz 4 als volle Gebühr mit $^{13}/_{10}$. Die halbe Gebühr beträgt hiernach $^{13}/_{20}$.

5 Eine **Anrechnung** der für die Tätigkeit vor der Schiedsstelle erwachsenen Gebühren auf die Gebühren des § 65b findet nicht statt (§ 65 Abs. 1 S. 2).

Schumann/Geißinger A 3.

6 **Gegenstandswert.** Die Gebühren berechnen sich gemäß § 9 nach dem für die Gerichtsgebühren maßgebenden Wert.

Die gerichtlichen Gebühren richten sich gemäß § 15 Abs. 6 des Verwertungs-
gesellschaftengesetzes nach § 30 KostO. Wegen der Wertfestsetzung vgl. § 31
KostO.

Schumann/Geißinger A 4.

Gemäß § 9 Abs. 2 kann der RA aus eigenem Recht die Festsetzung des
Geschäftswertes beantragen.

Kostenerstattung. Die Erstattung der in dem gerichtlichen Verfahren ent- **7**
standenen außergerichtlichen Kosten richtet sich nach § 13a FGG.

Schumann/Geißinger A 6.

§ 66 Verfahren vor dem Patentgericht und dem Bundesgerichtshof

**(1) Im Verfahren vor dem Patentgericht und im Verfahren vor dem
Bundesgerichtshof über die Berufung, Rechtsbeschwerde oder Beschwerde gegen eine Entscheidung des Patentgerichts gelten die Vorschriften dieses Abschnitts sinngemäß.**

**(2) Der Rechtsanwalt erhält im Beschwerdeverfahren vor dem Pa-
tentgericht über andere als die in § 23 Abs. 4, § 50 Abs. 1 und 2, § 73
Abs. 3 des Patentgesetzes, § 10 Abs. 2 des Gebrauchsmustergesetzes,
§ 13 Abs. 2 des Warenzeichengesetzes und § 44 Abs. 1 des Sortenschutzgesetzes genannten Angelegenheiten drei Zehntel der in § 31 bestimmten Gebühren. Die Vorschriften der §§ 32 und 33 Abs. 1 und 2 gelten
nicht.**

**(3) Die Gebühren im Verfahren vor dem Bundesgerichtshof richten
sich auch bei Rechtsbeschwerdeverfahren und Beschwerdeverfahren
nach § 11 Abs. 1 Satz 4.**

Lit.: Schumann MDR 61, 901 (Die Anwaltsgebühren im Verfahren vor dem
Patentamt, dem Patentgericht und dem BGH); vgl. auch Gesetz über die Gebühren
des Patentamts und des Patentgerichts vom 18. 8. 1976 (BGBl. I 2188).

Übersicht über die Anmerkungen

Allgemeines. § 66 gilt nur für die in ihm geregelten gerichtlichen Verfahren **1**
vor dem Patentgericht und dem Bundesgerichtshof.

Die Vorschrift ist nicht anzuwenden auf die Tätigkeit des RA vor dem Patentamt. Dabei ist gleichgültig, ob der RA im Prüfungsverfahren, im Einspruchsverfahren oder im Widerspruchsverfahren (§ 5 WZG) tätig wird. Die Vergütung richtet sich in allen diesen Fällen nach § 118.

Schumann/Geißinger A 2.

Ferner findet § 66 keine Anwendung auf die Verfahren in Patentstreitsachen. Patentverletzungsprozesse sind Zivilprozesse, auf die die §§ 31 ff. unmittelbar anzuwenden sind.

2 Die **Verfahren vor dem Patentgericht** zerfallen in die Beschwerdeverfahren (§§ 73 ff PatG, § 13 WZG, § 10 GebrMG) und in die Klageverfahren wegen Nichtigkeitserklärung oder Zurücknahme eines Patentes sowie wegen Erteilung einer Zwangslizenz (§§ 37 ff. PatG).

Schumann/Geißinger A 3.

3 Die **Verfahren vor dem Bundesgerichtshof** gliedern sich in Rechtsbeschwerdeverfahren (§§ 100 ff. PatG, § 13 Abs. 5 WZG, § 10 Abs. 5 GebrMG), Berufungsverfahren (§§ 110 ff. PatG) und Beschwerdeverfahren (§ 122 PatG).

4 **Gebühren.** Die Vorschriften des Dritten Abschnitts (§§ 31 ff.) gelten für die in den A 2 und 3 genannten Verfahren entsprechend. Der für das gesamte Verfahren beauftragte RA erhält insbes. die Gebühren des § 31 Abs. 1; der mit Einzeltätigkeiten beauftragte RA hat Anspruch auf die entsprechenden Gebühren, insbes. auf die Gebühren der § 53, 54, 56.

5 Die **Prozeßgebühr** erwächst in voller Höhe im Beschwerdeverfahren mit der Einlegung der Beschwerde, im Klagverfahren mit der Einreichung der Klage.

§ 32 ist entsprechend anzuweden, d. h. die Prozeßgebühr ermäßigt sich unter den Voraussetzungen des § 32 auf die Hälfte.

Auf die Gebühr hat es keinen Einfluß, wenn das Patentamt der Beschwerde abhilft; der RA hat die Prozeßgebühr des § 66 verdient.

Die Fiktion des § 81 Abs. 6 PatG (Bei Nichtzahlung der Gerichtsgebühren gilt die Klage als nicht erhoben) hat keinen Einfluß auf die Anwaltsgebühren. Auch wenn die Gebühr nicht gezahlt wird, haben der RA für die von ihm eingereichte Klage und der Gegenanwalt für die Klagerwiderung die Prozeßgebühr voll verdient.

6 Die **Verhandlungsgebühr** erwächst in dem Klagverfahren und Berufungsverfahren in gleicher Weise wie bei ordentlichen Rechtsstreitigkeiten. Insbesondere gelten die Vorschriften der §§ 33, 35 entsprechend.

In Beschwerdeverfahren vor dem Patentgericht und im Rechtsbeschwerdeverfahren vor dem BGH ist die mündliche Verhandlung fakultativ. Findet keine Verhandlung statt, entsteht die Verhandlungsgebühr nicht; für eine Anwendung des § 35 ist kein Raum. Findet eine Verhandlung statt, erhält der an ihr teilnehmende RA die Gebühr voll, es sei denn, daß nur zur Prozeß- und Sachleitung verhandelt wird (§ 33 Abs. 2 ist anzuwenden).

In dem Beschwerdeverfahren vor dem BGH ist die mündliche Verhandlung obligatorisch. §§ 33 und 35 sind deshalb entsprechend anzuwenden.

Riedel/Sußbauer A 9, Schumann/Geißinger A 7.

Für die **Beweisgebühr** bestehen keine Besonderheiten. Sie entsteht unter den 7 Voraussetzungen der §§ 31 Abs. 1 Nr. 3, 34.

Riedel/Sußbauer A 12, Schumann/Geißinger A 9.

Im Rechtsbeschwerdeverfahren vor dem BGH findet entsprechend dem Charakter dieses Verfahrens regelmäßig keine Beweisaufnahme statt (Ausnahmen bei Streit über die Fristwahrung oder bei Besetzungsrügen).

Die **Vergleichsgebühr** kann entstehen, sofern der Vergleich in einem Klag- 8 verfahren wegen Nichtigkeit, Rücknahme oder Zwangslizenz geschlossen wird.

Hartmann A 2; Schumann/Geißinger A 10; Schumann MDR 61, 902.

Im Berufungsverfahren vor dem BGH (§ 40 PatG) kann die Vergleichsgebühr gleichfalls entstehen.

Hartmann A 2; Schumann/Geißinger A 10; Schumann MDR 61, 902.

Die **Erledigungsgebühr (§ 24)** kann in solchen Beschwerdeverfahren und 9 Rechtsbeschwerdeverfahren anfallen, in denen Angelegenheiten behandelt werden, über die vertraglich nicht verfügt werden kann, in denen sonach die Vergleichsgebühr nicht entstehen kann.

Schumann/Geißinger A 11.

Die **Höhe der Gebühren in Sachen vor dem Patentgericht.** Im Klagver- 10 fahren erhält der RA die Gebühren des § 31 Abs. 1 zu $^{10}/_{10}$.

Auch im Beschwerdeverfahren erhält der RA die Gebühren des § 31 Abs. 1 zu $^{10}/_{10}$, sofern es sich um folgende Verfahren handelt:

a) nach § 23 Abs. 4 PatG (betr. die Höhe der Lizenzgebühr),

b) nach § 50a Abs. 1 und 2 PatG (betr. Geheimpatente),

c) nach § 73 Abs. 3 PatG (betr. die Zurückweisung, Erteilung oder Beschränkung eines Patents),

d) nach § 10 Abs. 2 GebrMG (betr. die Zurückweisung der Anmeldung eines Gebrauchsmusters oder die Entscheidung über einen Löschungsantrag),

e) nach § 13 Abs. 2 WZG (betr. die Zurückweisung der Anmeldung oder die Eintragung eines Warenzeichens oder die Entscheidung über einen Löschungsantrag),

f) nach § 44 Abs. 1 des Sortenschutzgesetzes (betr. Beschwerden gegen die Entscheidungen des Beschlußausschusses und des Präsidenten des Bundessortenamtes nach § 25 Abs. 4 des Sortengesetzes).

In allen anderen Beschwerdeverfahren vor dem Patentgericht entstehen die Gebühren nur in Höhe von $^3/_{10}$. Eine Ermäßigung dieser $^3/_{10}$-Gebühren findet nicht statt; die Vorschriften der §§ 32 und 33 Abs. 1 und 2 sind auf diese Beschwerdeverfahren nicht anzuwenden.

Vgl. hierzu Schumann/Geißinger A 5 und Schumann MDR 61, 901.

Die **Höhe der Gebühren in Verfahren vor dem BGH** beträgt in allen 11 Verfahren (Rechtsbeschwerdeverfahren, Berufungsverfahren, Beschwerdeverfahren) gleichmäßig $^{13}/_{10}$.

Vgl. hierzu Schumann MDR 61, 902.

Der **Gegenstandswert** bemißt sich nach dem für die Berechnung der Ge- 12 richtsgebühren maßgebenden Geschäftswert, soweit die Gerichtsgebühren nicht Festgebühren sind.

Im **Beschwerdeverfahren** vor dem Patentgericht ist der Wert für die Anwaltsgebühren nach § 8 Abs. 2 zu bestimmen, da die Gerichtsgebühren Festgebühren sind. Maßgebend ist der wirtschaftliche Wert der Angelegenheit. In der Regel wird eine Schätzung am Platze sein. Die Festsetzung des Wertes erfolgt nach § 10, also nur auf Antrag. Zweckmäßig eine Honorarvereinbarung.

Für das **Nichtigkeitsverfahren** gilt das gleiche. Maßgebend ist das Interesse an der Vernichtung des angegriffenen Patents. Im Berufungsverfahren vor dem BGH ist der Streitwert gemäß § 3 ZPO zu schätzen. Der vom BGH festgesetzte Streitwert sollte für den ersten Rechtszug übernommen werden.

Im **Rechtsbeschwerdeverfahren** ist der Wert gemäß § 3 ZPO zu schätzen.

Im **Berufungsverfahren** gegen Urteile der Nichtigkeitssenate des Patentgerichts ist der Wert gemäß § 3 ZPO zu schätzen.

13 Für die **Kostenerstattung** gelten § 80 PatG in Beschwerdeverfahren vor dem Patentgericht (Entscheidung nach Billigkeit), § 44 PatG in den Klagsachen vor dem Patentgericht (Entscheidung nach billigem Ermessen), § 109 PatG für das Rechtsbeschwerdeverfahren vor dem BGH (in der Regel Entscheidung nach billigem Ermessen).

14 Das Verfahren über die Bewilligung der **Verfahrenskostenhilfe** ist in den §§ 129 ff. PatG geregelt.

Nach § 133 PatG kann ein Patentanwalt oder RA beigeordnet werden.

Der beigeordnete RA (Patentanwalt) hat gegen die Staatskasse Anspruch auf die Vergütung nach §§ 121 ff.

Ist der Streitwert für die Partei gemäß § 144 PatG ermäßigt, berechnet sich der Vergütungsanspruch des beigeordneten RA gegen die Staatskasse trotzdem nach dem vollen Streitwert.

Riedel/Sußbauer A 18; Schumann/Geißinger A 20; BGH LM § 53 PatG = AnwBl. 53, 332.

§ 66a Nachprüfung von Anordnungen der Justizbehörden

(1) **Im Verfahren vor dem Oberlandesgericht und dem Bundesgerichtshof nach §§ 25, 29 des Einführungsgesetzes zum Gerichtsverfassungsgesetz und im Verfahren über den Antrag auf gerichtliche Entscheidung nach § 109 des Strafvollzugsgesetzes gelten die Vorschriften dieses Abschnitts sinngemäß; die Gebühren richten sich nach § 11 Abs. 1 Satz 1 und 2.**

(2) **Im Verfahren über die Rechtsbeschwerde nach § 116 des Strafvollzugsgesetzes erhält der Rechtsanwalt die gleichen Gebühren wie im ersten Rechtszug; die Gebühren richten sich nach § 11 Abs. 1 Satz 4.**

Übersicht über die Anmerkungen

Die **Vorschrift** gilt einmal für **das Verfahren nach §§ 23 bis 30 des** 1
EGGVG. Nach § 23 EGGVG entscheiden über die Rechtmäßigkeit der
Anordnungen, Verfügungen oder sonstigen Maßnahmen, die von Justizbe-
hörden zur Regelung einzelner Angelegenheiten auf dem Gebiete des bürgerlichen Rechts einschließlich des Handelsrechts, des Zivilprozesses, der frei-
willigen Gerichtsbarkeit und der Strafrechtspflege getroffen werden, auf
Antrag die ordentlichen Gerichte. Das gleiche gilt für Anordnungen, Verfügungen oder sonstige Maßnahmen der Vollzugsbehörden in Vollzug der
Jugendstrafe, des Jugendarrests und der Untersuchungshaft sowie diejenigen
Freiheitsstrafen und Maßregeln der Besserung und Sicherung, die außerhalb
des Justizvollzuges vollzogen werden. Mit dem Antrag auf gerichtliche
Entscheidung kann auch die Verpflichtung der Justiz- oder Vollzugsbehörde
zum Erlaß eines abgelehnten oder unterlassenen Verwaltungsakts begehrt
werden.

Soweit die ordentlichen Gerichte bereits auf Grund anderer Vorschriften
angerufen werden können (beim Vollzug des GKG, der KostO, des
GVKostG, des ZSEG, des EhrRiEG usw.), behält es hierbei sein Bewenden
(Gebühren des bevollmächtigten RA nach § 118), § 111 BNotG (Gebühren
des RA ebenfalls nach § 118) und § 223 BRAO (Gebühren nach §§ 110 Abs. 2,
114).

Soweit Maßnahmen der Justiz- oder Vollzugsbehörde der Beschwerde oder
einem anderen förmlichen Rechtsbehelf im Verwaltungsverfahren unterliegen, kann der Antrag nach § 24 Abs. 2 EGGVG erst nach vorausgegangenen
Beschwerdeverfahren gestellt werden. Nach § 25 EGGVG entscheidet über
den Antrag ein Zivilsenat oder, wenn der Antrag eine Angelegenheit der
Strafrechtspflege oder des Vollzugs betrifft, ein Strafsenat des Oberlandesgerichts, in dessen Bezirk die Justiz- oder Vollzugsbehörde ihren Sitz hat. Ist ein
Beschwerdeverfahren vorausgegangen, so ist das OLG zuständig, in dessen
Bezirk die Beschwerdebehörde ihren Sitz hat. Ein Land, in dem mehrere
Oberlandesgerichte errichtet sind, kann durch Gesetz die Entscheidung einem
der Oberlandesgerichte oder dem Obersten Landesgericht zuweisen. §§ 26,
27 EGGVG bestimmten die Antragsfrist. § 28 EGGVG regelt den Inhalt der
Entscheidung. Nach § 29 EGGVG ist die Entscheidung des Oberlandesgerichts endgültig. Will das OLG jedoch von einer auf Grund des § 23 EGGVG
ergangenen Entscheidung eines anderen Oberlandesgerichts oder des Bundes-

gerichtshofs abweichen, so legt es die Sache dem BGH vor. Der BGH entscheidet an Stelle des Oberlandesgerichts. Im übrigen finden auf das Verfahren vor dem Zivilsenat die Vorschriften des FGG über das Beschwerdeverfahren, auf das Verfahren vor dem Strafsenat die Vorschriften der StPO über das Beschwerdeverfahren sinngemäß Anwendung. Auf die Bewilligung der Prozeßkostenhilfe sind die Vorschriften der ZPO entsprechend anzuwenden. Nach § 30 EGGVG gelten für die Kosten des Verfahrens vor dem OLG die Vorschriften der KostO entsprechend. Abweichend von § 130 KostO wird jedoch ohne Begrenzung auf einen Höchstbetrag bei Zurückweisung das Doppelte der vollen Gebühr, bei Zurücknahme des Antrags eine volle Gebühr erhoben.

§ 91 Abs. 2 Satz 4 ZPO ist nicht angeführt. Daraus wird geschlossen, daß der RA in eigenen Sachen keine Gebühren geltend machen kann.

Schumann/Geißinger A 8.

Es erhebt sich jedoch die Frage, ob § 91 Abs. 2 Satz 4 ZPO nicht einen allgemeingültigen Satz wiedergibt, daß Berufstätigkeit des RA zu vergüten ist, und zwar auch dann, wenn er sie in eigenen Angelegenheiten entwickelt.

Aufgrund der Kostenentscheidung des OLG findet ein Kostenfestsetzungsverfahren statt, auf das die Vorschriften der §§ 103 ff. ZPO entsprechend anzuwenden sind.

2 Die **Vorschriften des 3. Abschnitts** gelten im Verfahren vor dem Oberlandesgericht und dem Bundesgerichtshof sinngemäß. Es können also alle Gebühren des 3. Abschnitts unter den gleichen Voraussetzungen und in gleicher Höhe entstehen wie in einem bürgerlichen Rechtsstreit. Es erwächst also in der Regel die Prozeßgebühr des § 31 Abs. 1 Nr. 1. Eine Verhandlung wird selten stattfinden, so daß die Verhandlungsgebühr des § 31 Abs. 1 Nr. 2 kaum anfallen wird. Gleiches gilt von der Beweisgebühr des § 31 Abs. 1 Nr. 3. Abweichungen können aber dadurch entstehen, daß auf das Verfahren vor den Zivilsenaten die Vorschriften des FGG über das Beschwerdeverfahren und vor den Strafsenaten die Vorschriften der StPO über das Beschwerdeverfahren Anwendung finden.

3 Auch die **Bestimmungen des 1. und 2. Abschnitts** sind anwendbar.

4 **Nur die nicht erhöhten Gebühren** des § 11 Abs. 1 S. 1 können beansprucht werden, obwohl es sich um Verfahren vor dem Oberlandesgericht oder dem Bundesgerichtshof handelt. Es fallen also nur $^{10}/_{10}$–Gebühren an.

5 Der **Gegenstandswert** bestimmt sich gemäß § 30 Abs. 3 EGGVG nach § 30 KostO. Er ist also in der Regel zu schätzen: Ausgangswert 5000 DM, nicht höher als 1 Million DM und nicht niedriger als 200 DM. Die Festsetzung erfolgt durch unanfechtbaren Beschluß des OLG.

6 **Erstattung außergerichtlicher Kosten.** Das OLG kann nach billigem Ermessen bestimmen, daß die außergerichtlichen Kosten des Antragstellers, die zur zweckentsprechenden Rechtsverfolgung notwendig waren, ganz oder teilweise aus der Staatskasse zu erstatten sind. Die Vorschriften des § 91 Abs. 1 S. 2 und der §§ 103 bis 107 ZPO gelten entsprechend. Die Entscheidung des Oberlandesgerichts kann nicht angefochten werden.

7 Für die **Prozeßkostenhilfe** gelten gemäß § 29 Abs. 3 EGGVG die Vorschrif-

ten der ZPO entsprechend. Die Beiordnung eines RA ist hiernach möglich.
Für die Vergütung gelten die §§ 121 ff. Die **Vorschrift** gilt zum anderen **für das Verfahren nach** § 109 StVollzG.   8
Gemäß § 109 Abs. 1 StVollzG kann gegen eine Maßnahme zur Regelung
einzelner Angelegenheiten auf dem Gebiete des Strafvollzugs gerichtliche
Entscheidung beantragt werden. – Mit dem Antrag kann auch die Verpflich-
tung zum Erlaß einer abgelehnten oder unterlassenen Maßnahme begehrt
werden. Der Antrag auf gerichtliche Entscheidung ist gemäß § 109 Abs. 1
StVollzG nur zulässig, wenn der Antragsteller geltend macht, durch die
Maßnahme oder ihre Ablehnung oder Unterlassung in seinen Rechten verletzt zu sein.

Über den Antrag entscheidet gemäß § 110 StVollzG die Strafvollstreckungskammer, in deren Bezirk die beteiligte Vollzugsbehörde ihren Sitz hat.

Gegen die gerichtliche Entscheidung der Strafvollstreckungskammer ist gemäß § 116 StVollzG die Rechtsbeschwerde zulässig, wenn es geboten ist, die
Nachprüfung zur Fortbildung des Rechts oder zur Sicherung einer einheitlichen Rechtsprechung zu ermöglichen. Die Rechtsbeschwerde kann nur darauf gestützt werden, daß die Entscheidung auf einer Verletzung des Gesetzes
beruhe.

Über die Rechtsbeschwerde entscheidet gemäß § 117 StVollzG ein Strafsenat
des Oberlandesgerichts, in dessen Bezirk die Strafvollstreckungskammer
ihren Sitz hat.

Die Vorschriften des Dritten Abschnitts gelten sinngemäß. Auch die   9
Bestimmungen des 1. und 2. Abschnitts sind anwendbar.

Vgl. A 2 und 3.

Höhe der Gebühren. Der RA erhält im ersten Rechtszuge die nicht erhöhten   10
Gebühren nach § 11 Abs. 1 und 2. Im Verfahren über die Rechtsbeschwerde
richten sich die Gebühren nach § 11 Abs. 1 S. 4; der RA erhält also $^{13}/_{10}$-
Gebühren. Da in dem Verfahren ohne mündliche Verhandlung zu entscheiden
ist, erhält der RA praktisch nur die Prozeßgebühr. Der Wert richtet sich nach
dem Interesse des Antragstellers.

Dem Antragsteller kann gemäß § 20 Abs. 2 StVollzG Prozeßkostenhilfe be-   11
willigt und ihm ein RA beigeordnet werden.

Kosten des Verfahrens nach §§ 109, 116 StVollzG. Über die Kosten des   12
Verfahrens bestimmt § 121 StVollzG.

In der das Verfahren abschließenden Entscheidung ist zu bestimmen, von
wem die Kosten des Verfahrens und die notwendigen Auslagen zu tragen
sind.

Soweit der Antragsteller unterliegt oder seinen Antrag zurücknimmt, trägt er
die Kosten des Verfahrens und die notwendigen Auslagen. Hat sich die
Maßnahme vor einer Entscheidung nach Abs. 1 in anderer Weise als durch
Zurücknahme des Antrags erledigt, so entscheidet das Gericht über die
Kosten des Verfahrens und die notwendigen Auslagen nach billigem Ermes-
sen.

Abs. 2 S. 2 gilt nicht im Falle des § 115 Abs. 3.
Im übrigen gelten die §§ 464 bis 473 der Strafprozeßordnung entsprechend.

Madert   875

13 Andere Rechtsbehelfe im Rahmen der Strafvollstreckung sind in den §§ 448 ff. StPO geregelt.

> Eidt AnwBl. 77, 135 (Rechtsbehelfe und Rechtsschutz nach dem Strafvollzugsgesetz 1977).

Die in diesen Angelegenheiten entwickelte Tätigkeit wird durch die Gebühr des § 91 Nr. 1 abgegolten.

§ 67 Schiedsrichterliches Verfahren

(1) **Im schiedsrichterlichen Verfahren gelten die Vorschriften dieses Abschnitts sinngemäß.**

(2) **Die Verhandlungsgebühr erhält der Rechtsanwalt auch, wenn der Schiedsspruch ohne mündliche Verhandlung erlassen wird.**

(3) **Im schiedsrichterlichen Berufungs- und Revisionsverfahren erhält der Rechtsanwalt die Gebühren nach § 11 Abs. 1 Satz 4.**

(4) **Für die Berechnung der Gebühren des im schiedsrichterlichen Verfahren zum Prozeßbevollmächtigten bestellten Rechtsanwalts gilt das gerichtliche Verfahren im Falle des § 1036 der Zivilprozeßordnung mit dem schiedsrichterlichen Verfahren als ein Rechtszug.**

Übersicht über die Anmerkungen

1 Allgemeines. Schiedsrichterliche Verfahren i. S. des § 67 sind in erster Linie die Verfahren vor privaten Schiedsgerichten, die bürgerliche Rechtsstreitigkeiten betreffen. Die Schiedsgerichte sind in der Regel durch vertragliche Vereinbarungen errichtet, können jedoch auf Satzungen (vgl. § 1048 ZPO) beruhen.

§ 67 ist weiter auf Verfahren vor Schiedsgerichten anzuwenden, die durch Gesetz errichtet sind, sofern auf diese Verfahren die Vorschriften des 10. Buches der ZPO Anwendung finden.

> Riedel/Sußbauer A 1.

Das **schiedsrichterliche Verfahren** ist im 10. Buche der ZPO (§§ 1025 bis **2** 1048) geregelt. Nach § 1034 Abs. 2 ZPO wird, abgesehen von den in § 1034 Abs. 1 ZPO enthaltenen Vorschriften, das Verfahren, soweit nicht die Parteien eine Vereinbarung getroffen haben, von den Schiedsrichtern nach freiem Ermessen bestimmt.

§ 67 findet keine Anwendung für das Verfahren vor dem **Schiedsgericht des 3 § 104 ArbGG.** Die Vergütung des RA für die Tätigkeit in einem solchen Verfahren ist in § 62 geregelt.

§ 67 findet weiter keine Anwendung, wenn sich die Beteiligten auf die Einholung eines **Schiedsgutachtens** geeinigt haben. Insoweit erhält der RA die Gebühren des § 118.

Riedel/Sußbauer A 3.

Die **Tätigkeit des Rechtsanwalts als Schiedsrichter** fällt nicht unter § 67. **4** Dafür erhält der RA die im Schiedsrichtervertrag vereinbarte und in Ermangelung einer Vereinbarung die angemessene Vergütung. Wegen der Einzelheiten vgl. A 31 zu § 1.

Der **Rechtszug** beginnt auch **im schiedsrichterlichen Verfahren** mit der **5** Erteilung des Auftrags. Er endet mit der Zustellung des Schiedsspruchs (§ 1039 ZPO). Für die Zugehörigkeit von Geschäften zum Rechtszug gilt die Vorschrift des § 37.

Riedel/Sußbauer A 11.

Das **gerichtliche Verfahren im Falle des § 1036 ZPO** gilt nach § 67 Abs. 4 **6** für die Berechnung der Gebühren des zum Prozeßbevollmächtigten bestellten RA mit dem schiedsrichterlichen Verfahren als ein Rechtszug. Nach § 1036 ZPO ist eine von den Schiedsrichtern für erforderlich erachtete richterliche Handlung, zu deren Vornahme die Schiedsrichter nicht befugt sind, z. B. die Vernehmung von Zeugen und Sachverständigen, die nicht freiwillig vor dem Schiedsgericht erscheinen, ihre Beeidigung oder die Beeidigung einer Partei, auf Antrag einer Partei von dem zuständigen Gericht vorzunehmen. Der RA, der als Prozeßbevollmächtigter einer Partei einen solchen Termin wahrnimmt, kann also dafür keine Gebühren berechnen, die er schon im schiedsrichterlichen Verfahren verdient hat, also namentlich keine besondere Beweisgebühr. Zu dem gerichtlichen Verfahren im Falle des § 1036 ZPO gehört aber nicht nur die Vornahme der gerichtlichen Handlung, sondern auch deren Anordnung durch das Gericht. Der RA erhält daher als Prozeßbevollmächtigter des schiedsrichterlichen Verfahrens auch für die Stellung des Antrags auf Vornahme der Handlung nicht die Gebühr des § 46 Abs. 2.

Vgl. Hamburg JurBüro 73, 1168 (Zwischenstreit über das Zeugnisverweigerungsrecht eines Zeugen).

Betrifft die Tätigkeit des Prozeßbevollmächtigten die Herbeiführung einer **7** gerichtlichen **Entscheidung über die Ernennung oder Ablehnung eines Schiedsrichters oder über das Erlöschen des Schiedsvertrags** (§ 1045 ZPO), so findet zwar § 67 Abs. 4 keine Anwendung. Da aber nach § 46 Abs. 2 der RA die dort bestimmten Gebühren nur dann erhält, wenn seine Tätigkeit „ausschließlich" eine solche Entscheidung betrifft, kann er als Prozeßbevollmächtigter des schiedsrichterlichen Verfahrens auch dafür die Gebühren des § 46 Abs. 2 nicht berechnen.

Frankfurt AnwBl. 79, 116 = JurBüro 79, 391.

8 Das **Verfahren über die Vollstreckbarerklärung** von Schiedssprüchen (§§ 1042, 1044 a ZPO) ist dagegen eine besondere Angelegenheit, für die der Prozeßbevollmächtigte des schiedsrichterlichen Verfahrens nach § 46 Abs. 1 die Gebühren der §§ 31 ff. besonders erhält. Der RA kann also die Gebühren des § 46 Abs. 1 neben denen des § 67 fordern.

9 Die **Gebühren des Prozeßbevollmächtigten** im schiedsrichterlichen Verfahren sind nach § 67 Abs. 1 in sinngemäßer Anwendung der Vorschriften des 3. Abschnitts zu bestimmen. Der RA erhält also insbesondere die Regelgebühren des § 31 Abs. 1.

Die **Prozeßgebühr** wird durch jede in Ausführung des Auftrags vorgenommene Tätigkeit verdient, kann sich aber nach § 32 auf die Hälfte ermäßigen.

Der Vertretung in einem Termin ist die Vertretung in einer vom Schiedsgericht anberaumten Sitzung auch dann gleichzustellen, wenn der Gegner dazu nicht geladen ist.

Riedel/Sußbauer A 6, Schumann/Geißinger A 3.

10 Die **Verhandlungsgebühr** erhält der Prozeßbevollmächtigte nach § 67 Abs. 2 auch dann, wenn der Schiedsspruch ohne mündliche Verhandlung erlassen wird. Es ist das eine Ausnahme von der Vorschrift des § 31 Abs. 1 Nr. 2. § 35 findet keine Anwendung, da für das schiedsrichterliche Verfahren eine mündliche Verhandlung nicht vorgeschrieben, sondern nach § 1034 ZPO nur das Gehör der Parteien vor Erlassung des Schiedsspruchs notwendig ist. Voraussetzung für die Entstehung der Verhandlungsgebühr ist jedoch, daß ein Schiedsspruch erlassen wurde. Dann entsteht die Verhandlungsgebühr stets voll.

Findet eine Verhandlung statt, so ist die Stellung von Anträgen nicht erforderlich; es genügt, daß der RA das Streitverhältnis erörtert.

Riedel/Sußbauer A 7, Schumann/Geißinger A 4.

Eine Ermäßigung der Gebühr nach § 33 findet nicht statt.

Schumann/Geißinger A 4.

Ob durch „Sachbesprechung" bei nachfolgendem Vergleichsabschluß die Verhandlunggebühr erwächst, war streitig. Die Frage ist gegenstandslos geworden. Die Erörterung des Streitverhältnisses läßt auf jeden Fall die Erörterungsgebühr (§ 31 Abs. 1 Nr. 4) entstehen.

11 Die **Beweisgebühr** entsteht unter den gleichen Voraussetzungen wie im ordentlichen Verfahren nach § 31 Abs. 1 Nr. 3. Sie kann auch dadurch entstehen, daß nach § 1036 ZPO eine Beweisaufnahme vor dem Gericht vorgenommen wird, falls sie nicht schon im schiedsrichterlichen Verfahren entstanden ist. Für die Vorlegung von Urkunden oder die Beiziehung von Akten oder Urkunden gilt § 34.

Riedel/Sußbauer A 8; Schumann/Geißinger A 6.

Da das Schiedsgericht die Beweiserhebung völlig frei gestalten kann, sind an das Entstehen der Beweisgebühr die denkbar geringsten Anforderungen zu stellen.

Tschischgale Büro 58, 89.

Erforderlich ist aber, daß sich das Schiedsgericht zur Ermittlung rechtserheblicher Tatsachen der ordentlichen Beweismittel bedient.

Riedel/Sußbauer A 8.

Notwendig ist weiter, daß der RA bei der Beweiserhebung tätig wird.

Für die **Vergleichsgebühr** gilt § 23. Die Gebühr entsteht sowohl bei einem 12 vor dem Schiedsgericht geschlossenen Vergleich als auch bei einem außergerichtlichen Vergleich.

Gebühren für **Einzeltätigkeiten** können entstehen, wenn der RA nicht zum 13 Prozeßbevollmächtigten bestellt worden ist, sondern nur Einzelaufträge erhalten hat, z. B. zur Anfertigung eines Schriftsatzes oder Wahrnehmung eines Termins. Dann sind die §§ 53, 54, 56 anzuwenden.

Riedel/Sußbauer A 10.

Im schiedsrichterlichen **Berufungs- und Revisionsverfahren** erhält der RA 14 nach § 67 Abs. 3 die Gebühren nach § 11 Abs. 1 S. 4, also die um drei Zehntel erhöhten Gebühren.

Der **Gegenstandswert** kann von dem Schiedsgericht weder für die eigene 15 Vergütung noch für die Gebühren der beteiligten RAe festgesetzt werden.

Eine Festsetzungsbefugnis steht dem Schiedsgericht nur insoweit zu, als die Erstattungsfähigkeit der Kosten in Betracht kommt. Das Schiedsgericht kann sonach bestimmen, daß die unterlegene Partei die Gebühren des RA der obsiegenden Partei nach einem bestimmten Gegenstandswert zu erstatten hat. Wird allerdings der Wert von den Parteien im Einverständnis ihrer RAe mit einem bestimmten Betrag angegeben und sodann von dem Schiedsgericht mit diesem Betrag festgesetzt, so liegt in diesem Vorgang die rechtsgeschäftliche Vereinbarung des Gegenstandswertes durch alle Verfahrensbeteiligten, die bindend ist.

Kommt es zwischen dem Schiedsgericht einerseits und den Parteien andererseits (wegen der Vergütung des Schiedsgerichts) oder den Parteien einerseits und ihren RA andererseits (wegen der Vergütung der RAe) zu keiner Einigung, so hat das im Gebührenprozeß angerufene Gericht den Gegenstandswert zu bestimmen.

Die **Erstattungspflicht** richtet sich nach § 91 ZPO. Enthält der Schieds- 16 spruch eine Kostenentscheidung, so wird diese vollstreckbar, sobald die Zulässigkeit der Vollstreckung des Schiedspruchs nach § 1042 ZPO vom Gericht ausgesprochen worden ist. Die Vollstreckbarerklärung kann auch nur wegen der Kosten erwirkt werden. Entsprechendes gilt nach § 1044a ZPO für den schiedsrichterlichen Vergleich, in dem sich der Schuldner der sofortigen Zwangsvollstreckung unterworfen hat.

Das Schiedsgericht kann schon in dem Schiedsspruch auch den Betrag der zu erstattenden Kosten festsetzen.

Ist das nicht geschehen, so ist es auch zur Festsetzung der zu erstattenden Kosten anzurufen.

Auch eine solche nachträgliche Entscheidung ist ein Schiedsspruch, der den

Madert 879

Erfordernissen eines solchen genügen und nach § 1039 ZPO behandelt werden muß.

Das Gericht kann zur Entscheidung über die Kosten des schiedsrichterlichen Verfahrens nur dann angerufen werden, wenn eine Entscheidung des Schiedsgerichts nicht mehr zu erlangen ist, z. B. bei Tod eines Schiedsrichters. Das Gericht ist bei der Festsetzung der Kosten an die Kostenentscheidung des Schiedsgerichts gebunden.

> Tschischgale Büro 58, 89.

Hat ein schiedsrichterliches Verfahren stattgefunden und ist später in der gleichen Sache ein gerichtliches Urteil ergangen, so können die im schiedsrichterlichen Verfahren entstandenen Kosten nicht auf Grund der Kostenentscheidung des Gerichts als Kosten des Rechtsstreits festgesetzt werden.

Vierter Abschnitt. Gebühren im Verfahren der Zwangsversteigerung und der Zwangsverwaltung

Vorbemerkung

Der vierte Abschnitt regelt in § 68 die Gebühren in der Zwangsversteigerung, in § 69 die Gebühren in der Zwangsverwaltung. § 70 betrifft die Gebühren in den Rechtsmittelverfahren sowohl der Zwangsversteigerung als der Zwangsverwaltung, während § 71 die Gebühren in Verteilungsverfahren regelt, die außerhalb der Zwangsversteigerung und der Zwangsverwaltung stattfinden. Für den durch seinen Prozeßbevollmächtigten gleichzeitig gestellten Antrag eines persönlichen Gläubigers auf Einleitung der Zwangsversteigerung und der Zwangsverwaltung entstehen für den Prozeßbevollmächtigten zwei ³⁄₁₀-Gebühren aus § 68 Abs. 1 Nr. 1 und § 69 Abs. 1 Nr. 1. Beide Gebühren sind auch grundsätzlich erstattungsfähig.

> LG Berlin JurBüro 67, 240.

Ob auf der Schuldnerseite eine oder mehrere Personen stehen, ist für die Vergütung des RA des Gläubigers unerheblich. Der Vertreter des Gläubigers erhält die Vergütung für seine Tätigkeit als einheitliche Verfahrensgebühr (vorausgesetzt, daß es sich um das gleiche Verfahren handelt).

> LG Münster JurBüro 80, 1687 = Rpfleger 80, 401.

§ 68 Zwangsversteigerung

(1) Im Verfahren der Zwangsversteigerung nach dem Gesetz über die Zwangsversteigerung und die Zwangsverwaltung einschließlich der Einstellungsverfahren nach §§ 30 bis 30 d, 180 Abs. 2 erhält der Rechtsanwalt bei Vertretung eines Beteiligten

1. für das Verfahren bis zur Einleitung des Verteilungsverfahrens drei Zehntel der vollen Gebühr;

2. für die Wahrnehmung der Versteigerungstermine vier Zehntel der vollen Gebühr;

3. für das Verteilungsverfahren drei Zehntel der vollen Gebühr; diese

Gebühr erhält der Rechtsanwalt auch, wenn unter seiner Mitwirkung eine außergerichtliche Verteilung stattfindet.

(2) Vertritt der Rechtsanwalt einen Bieter, der nicht Beteiligter ist, so erhält er zwei Zehntel der vollen Gebühr für das ganze Verfahren.

(3) Der Gegenstandswert bestimmt sich

1. bei der Vertretung des Gläubigers oder eines anderen nach § 9 Nr. 1 und 2 des Gesetzes über die Zwangsversteigerung und die Zwangsverwaltung Beteiligten nach dem Wert des dem Gläubiger oder dem Beteiligten zustehenden Rechts; wird das Verfahren wegen einer Teilforderung betrieben, so ist der Teilbetrag nur maßgebend, wenn es sich um einen nach § 10 Abs. 1 Nr. 5 des Gesetzes über die Zwangsversteigerung und die Zwangsverwaltung zu befriedigenden Anspruch handelt; Nebenforderungen sind mitzurechnen; der Wert des Gegenstandes der Zwangsversteigerung (§ 66 Abs. 1, § 74a Abs. 5 des Gesetzes über die Zwangsversteigerung und die Zwangsverwaltung), im Verteilungsverfahren der zur Verteilung kommende Erlös sind maßgebend, wenn sie geringer sind;

2. bei der Vertretung eines anderen Beteiligten, insbesondere des Schuldners, nach dem Wert des Gegenstandes der Zwangsversteigerung, im Verteilungsverfahren nach dem zur Verteilung kommenden Erlös; bei Miteigentümern oder sonstigen Mitberechtigten ist der Anteil maßgebend;

3. bei der Vertretung eines Bieters, der nicht Beteiligter ist, nach dem Betrag des höchsten für den Auftraggeber abgegebenen Gebots, wenn ein solches Gebot nicht abgegeben ist, nach dem Wert des Gegenstandes der Zwangsversteigerung.

Lit.: Mümmler JurBüro 72, 745 (Die Gebühren des RA im Zwangsversteigerungsverfahren) JurBüro 83, 1464 (Einheitliche Zwangsversteigerung gegen mehrere Schuldner) und JurBüro 83, 1623 (Gebühren des RA bei Vertretung mehrerer Schuldner im Zwangsversteigerungsverfahren).

Übersicht über die Anmerkungen

1 Allgemeines. Die Vorschrift des § 68 ist anzuwenden auf Verfahren der
Zwangsversteigerung nach dem Gesetz über die Zwangsversteigerung und
die Zwangsverwaltung (ZVG). Dieses Zwangsversteigerungsverfahren findet statt

a) in Grundstücke oder Bruchteile davon,

b) in das Stockwerkseigentum (Bayern),

c) in das Wohneigentum,

d) in Erbbaurechte,

e) in Bergwerkseigentum und Bergwerkkuxe,

f) in Fischereirechte,

g) in Realgewerbeberechtigungen,

h) in Hochseekabel,

i) in Schiffe und Schiffsbauwerke, die im Schiffsregister eingetragen sind,

k) in Luftfahrzeuge.

Nicht notwendig ist, daß das Verfahren auf Betreiben eines Gläubigers gegen
einen Schuldner betrieben wird. Versteigerungen nach dem ZVG finden auch
statt

a) auf Antrag des Konkursverwalters § 172 ZVG,

b) auf Antrag der Erben im Falle des § 175 ZVG,

c) zwecks Aufhebung einer Gemeinschaft § 180 ZVG.

Nicht anwendbar ist § 68 auf

a) freiwillige Versteigerungen (hier gilt § 118),

b) Zwangsversteigerungen auf Grund landesrechtlicher Vorschriften (hier
gilt ebenfalls § 118),

c) die Vollstreckung aus dem Zuschlagsbeschluß gegen den Grundstücksbe-
sitzer, § 93 ZVG (hier gilt § 57),

d) die Vollstreckung aus dem Zuschlagsbeschluß gegen den Ersteher, § 132 ZVG, auf Zahlung, soweit sie nicht in das ersteigerte Grundstück betrieben wird (hier gilt gleichfalls § 57).

Dagegen ist die Wiederversteigerung des Grundstücks (§ 133 ZVG) ein Zwangsversteigerungsverfahren i. S. des § 68. Dieses Zwangsversteigerungsverfahren ist ein neues – von dem bisherigen unabhängiges – Verfahren; es läßt deshalb neue Gebühren entstehen.

Die **Gebühren des Rechtsanwalts** im Zwangsversteigerungsverfahren sind **2** verschieden geregelt, je nachdem er einen Beteiligten oder einen Bieter vertritt, der nicht Beteiligter ist. Für die Vertretung eines Beteiligten sind in § 68 Abs. 1 drei verschiedene Gebührengruppen vorgesehen, während in § 68 Abs. 2 für die Vertretung eines Bieters, der nicht Beteiligter ist, nur eine Gebühr für das ganze Verfahren zugebilligt wird.

Der RA erhält als **Vertreter eines Beteiligten** **3**

a) eine allgemeine Betriebsgebühr, die ³/₁₀ beträgt,

b) eine Gebühr für die Wahrnehmung des Versteigerungstermins in Höhe von ¹/₁₀,

c) für die Tätigkeit im Verteilungsverfahren eine ³/₁₀-Gebühr.

Auch wenn der Auftraggeber des RA der Antragsteller des Verfahrens ist, erhöhen sich die Gebühren nicht.

Der Gegenstandswert für diese Gebühren bestimmt sich nach § 68 Abs. 3.

Als **Beteiligte** gelten nach § 9 ZVG der Gläubiger und der Schuldner, **4** diejenigen, die für die z. Z. der Eintragung des Vollstreckungsvermerks ein Recht im Grundbuch eingetragen oder durch Eintragung gesichert ist, diejenigen, die ein der Zwangsvollstreckung entgegenstehendes Recht, ein Recht an dem Grundstück oder einem das Grundstück belastenden Recht, einen Anspruch mit dem Recht auf Befriedigung aus dem Grundstück oder ein Miet- oder Pachtrecht, auf Grund dessen ihnen das Grundstück überlassen ist, bei dem Vollstreckungsgericht anmelden und auf Verlangen des Gerichts oder eines Beteiligten glaubhaft machen. Auf die Zwangsvollstreckung eines im Schiffsregister eingetragenen Schiffes oder eines Schiffsbauwerks, das im Schiffsregister eingetragen ist oder in dieses Register eingetragen werden kann, finden nach § 162 ZVG diese Vorschriften entsprechende Anwendung. Nach § 163 Abs. 3 ZVG gelten die Träger der Unfallversicherung und der Invalidenversicherung als Beteiligte, auch wenn sie eine Forderung nicht angemeldet haben.

Weiter gelten als Beteiligte i. S. des § 9 ZVG nach § 24 ErbbaurechtsVO bei der Zwangsvollstreckung in das Erbbaurecht auch die Grundstückseigentümer. Der Konkursverwalter ist im Falle des § 172 ZVG Gläubiger und Schuldner in einer Person.

Der Erbe und jeder andere, der das Aufgebot der Nachlaßgläubiger beantragen kann, sind im Falle des § 175 ZVG, alle Teilhaber der Gemeinschaft sind im Falle des § 180 ZVG Beteiligte.

Beteiligter ist auch der Miteigentümer, der die Teilungsversteigerung betreibt.

Mümmler JurBüro 78, 1462.

Ob der Beteiligte vom Gericht als solcher anerkannt ist, ist für das Gebührenrecht unerheblich. Es kommt nur darauf an, in welcher Eigenschaft der Auftraggeber den RA beauftragt hat.

Keine Beteiligten sind der Bieter, der Ersteher, der Bürge des Erstehers, Mobiliarpfandschuldner. Für die **Vertretung eines Bieters** gilt § 68 Abs. 2. Der RA, der andere Nichtbeteiligte vertritt, hat Anspruch auf die Gebühren des § 118.

Riedel/Sußbauer A 5; Schumann/Geißinger A 7.

5 Die **Verfahrensgebühr** (Allgemeine Betriebsgebühr). Für das **Verfahren bis zur Einleitung des Verteilungsverfahrens** erhält der RA nach § 68 Abs. 1 Nr. 1 drei Zehntel der vollen Gebühr. Das Verteilungsverfahren wird nach der Erteilung des Zuschlags dadurch eingeleitet, daß das Gericht nach § 105 ZVG einen Termin zur Verteilung des Versteigerungserlöses bestimmt. Durch die Gebühr des § 68 Abs. 1 Nr. 1 wird also die gesamte Tätigkeit des RA von der Erteilung des Auftrags zur Vertretung in dem Zwangsversteigerungsverfahren bis zu dieser Terminbestimmung, jedoch mit Ausnahme der Wahrnehmung der Versteigerungstermine, abgegolten. Jede Tätigkeit, die der RA in diesem Verfahresnabschnitt vornimmt, begründet seinen Anspruch auf die Gebühr. Auch die Vorbereitung des Versteigerungstermins fällt darunter, ebenso die Wahrnehmung eines besonderen Verkündungstermins nach § 87 ZVG, ferner die die Zwangsversteigerung vorbereitende Tätigkeit wie die Beschaffung eines Notfrist- oder Rechtskraftzeugnisses, der erforderlichen Vollstreckungsklausel und deren Zustellung. Zu beachten ist, daß der Vertreter des Gläubigers für die Stellung des Zwangsversteigerungsantrags oder die Erklärung des Beitritts keine zusätzliche Vergütung erhält. Die gesamte Tätigkeit des Vertreters außerhalb des Versteigerungstermins wird durch die allgemeine Verfahrensgebühr abgegolten, wobei – mit Ausnahme des in A 6 behandelten Tatbestandes – unerheblich ist, ob der RA eine umfangreiche und mühevolle oder nur eine unbedeutende Tätigkeit entwickelt.

Riedel/Sußbauer A 8; Schumann/Geißinger A 8.

Die Vertretung eines Beteiligten im Verfahren über die Erinnerung gegen die Anordnung der Zwangsversteigerung gehört zum Zwangsversteigerungsverfahren der ersten Instanz und wird durch die Verfahrensgebühr des § 68 Abs. 1 Nr. 1 abgegolten.

LG Berlin JurBüro 84, 1188.

Das Vollstreckungsschutzverfahren nach §§ 30 a ff., 180 Abs. 2 ZVG begründet keinen Anspruch auf weitere oder erhöhte Gebühren. Die gesamte Tätigkeit des RA wird durch die Verfahrensgebühr mit abgegolten.

Hartmann A 2 C a; Riedel/Sußbauer A 18 vor § 68; Mümmler JurBüro 72, 748 und 78, 1462; E. Schneider JurBüro 67, 365; LG München II Rpfleger 71, 363; **a. M.** Schumann/Geißinger A 16 (denen jedoch insoweit zuzustimmen ist, daß bei umfangreichen Verfahren die Vergütung unzureichend wird).

Zusätzliche Gebühren (§ 70) entstehen im Beschwerdeverfahren nach § 30 b Abs. 3 ZVG.

Schumann-Geißinger A 21.

Eine Ausnahme machen nur die Vollstreckungsschutzverfahren nach § 765 a ZPO, § 26 HeimkehrerG, die gesonderte Gebühren aus § 57 auslösen.

Riedel/Sußbauer A 19 vor § 68; Schumann/Geißinger A 19.

Der RA, der den Gläubiger in einem Zwangsversteigerungsverfahren in ein Grundstück, das Eheleuten gehört, vertritt, erhält die Gebühren des § 68 BRAGO nur einmal, obwohl zwei Schuldner vorhanden sind (Abweichung von der Mobiliarvollstreckung)

LG Münster Recht 80, 401 = JurBüro 80, 1687.

Beschränkt sich die Tätigkeit des RA darauf, für einen Beteiligten Prozeßkostenhilfe zu beantragen oder wird der RA nur als Verkehrsanwalt tätig, so wird er nicht in einer sonstigen Angelegenheit tätig. Die Vergütung ist in sinngemäßer Anwendung der §§ 51, 52 unter Beachtung des § 13 Abs. 6 zu bemessen, mithin aus § 68.

Riedel/Sußbauer A 7 vor § 68.

Wird das Zwangsversteigerungsverfahren nicht durchgeführt, ermä- **6** ßigt sich die Gebühr des Abs. 1 Nr. 1 nicht.

Für die **Wahrnehmung der Versteigerungstermine** erhält der RA neben **7** der Verfahrensgebühr des § 68 Abs. 1 Nr. 1 nach Abs. 1 Nr. 2 eine weitere Gebühr von vier Zehnteln der vollen Gebühr. Der Versteigerungstermin soll nach § 36 ZVG erst nach der Beschlagnahme des Grundstücks, also nach dem Beschluß, durch den die Zwangsversteigerung angeordnet wird (§ 20 ZVG), und nach dem Eingang der Mitteilung des Grundbuchamts über die Eintragung der Anordnung der Zwangsversteigerung in das Grundbuch (§ 19 Abs. 3 ZVG) erfolgen. Für das Verfahren in dem Versteigerungstermin gelten die Vorschriften der §§ 66 ff. ZVG. Nach § 87 ZVG ist in dem Versteigerungstermin oder in einem sofort zu bestimmenden Termin der Beschluß, durch den der Zuschlag erteilt oder versagt wird, zu verkünden. Der RA verdient die Gebühr, wenn er als Vertreter eines Beteiligten in dem Termin anwesend ist, selbst wenn er sich in dem Termin nicht weiter betätigt. Der im Termin auftretende RA erhält also in jedem Falle – auch wenn er vor dem Termin noch nicht tätig gewesen ist – die Verfahrensgebühr des Abs. 1 Nr. 1 in Höhe von 3/10 und die Terminsgebühr in Höhe von 4/10, somit eine Vergütung von 7/10 der vollen Gebühr des § 11.

Hartmann A 2 C; Riedel/Sußbauer A 9, 10; Schumann/Geißinger A 3.

Die Gebühr entsteht nicht für die Wahrnehmung anderer Termine als der Versteigerungstermine (z. B. zur Verhandlung über einen Vollstreckungsschutzantrag, § 30 b Abs. 2 S. 2 ZVG, eines Vortermins nach § 62 ZVG oder eines bloßen Verkündungstermins nach § 87 ZVG).

Riedel/Sußbauer A 9.

Mehrere Versteigerungstermine sind nötig, wenn es in dem ersten Termin **8** nicht zum Zuschlag kommt. Vertritt der RA einen Beteiligten in mehreren Versteigerungsterminen, so erwirbt er dadurch keinen Anspruch auf eine weitere Gebühr. Die Gebühr des § 68 Abs. 1 Nr. 2 entsteht in jedem Zwangsversteigerungsverfahren nur einmal, wie sich daraus ergibt, daß die Gebühr ausdrücklich für die Wahrnehmung „der Versteigerungstermine" vorgesehen ist. Auch aus § 13 Abs. 2 S. 1 folgt, daß die Gebühr nur einmal entstehen kann.

Hartmann A 2 C; Riedel/Sußbauer A 9, Schumann/Geißinger A 3.

9 Für das **Verteilungsverfahren** erhält der RA nach § 68 Abs. 1 Nr. 3 drei Zehntel der vollen Gebühr. Das Verteilungsverfahren ist in den §§ 105 ff. ZVG geregelt. Es findet ein besonderer Verteilungstermin statt. Der RA verdient die Gebühr des Abs. 1 Nr. 3 durch jede Tätigkeit, die er nach der Bestimmung des Verteilungstermins (§ 105 ZVG) für einen Beteiligten auftragsgemäß vornimmt, z. B. durch die Einreichung der Berechnung der Ansprüche seines Auftraggebers nach § 106 ZVG. Nicht notwendig ist, daß er in dem Verteilungstermin auftritt. Die Entgegennahme der Ladung zu dem Termin genügt für sich allein nicht, wohl aber die Prüfung des Verteilungsplans.

Abgegolten wird durch die Gebühr die gesamte Tätigkeit des RA bis zur Ausführung des Verteilungsplans, auch die Wahrnehmung des Verteilungstermins oder etwaiger mehrerer Verteilungstermine.

Wird der RA lediglich im Verteilungsverfahren tätig, so kann er nur die Gebühr des § 68 Abs. 1 Nr. 3, nicht aber daneben noch die Gebühr des Abs. 1 Nr. 1, berechnen. Ist der RA dagegen in dem gesamten Verfahren tätig, erhält er die ³⁄₁₀-Verfahrensgebühr des Abs. 1 Nr. 1, die ⁵⁄₁₀-Versteigerungsterminsgebühr des Abs. 1 Nr. 2 und die ³⁄₁₀-Gebühr für das Verteilungsverfahren.

10 **Haben sich die Beteiligten über die Verteilung des Erlöses außergerichtlich geeinigt,** so findet nach § 143 ZVG die Verteilung des Versteigerungserlöses durch das Gericht nicht statt, wenn dem Gericht durch öffentliche oder öffentlich beglaubigte Urkunden die Einigung nachgewiesen wird. Es kann daher eine Verteilung in einem gerichtlichen Verteilungsverfahren nicht stattfinden. Nach § 68 Abs. 1 Nr. 3 Halbs. 2 erhält der RA auch in diesem Falle die Gebühr des § 68 Abs. 1 Nr. 3, wenn die außergerichtliche Verteilung unter seiner Mitwirkung stattfindet. Dasselbe gilt für seine Mitwirkung bei der außergerichtlichen Befriedigung der Berechtigten (§ 144 ZVG). Als Mitwirkung genügt, wie beim Vergleich, die Beratung der eigenen Partei. Ein Vergleich i. S. des § 23 braucht nicht vorzuliegen, da nach § 143 ZVG nur eine Einigung unter Mitwirkung des RA verlangt wird. Es genügt also eine Anerkenntnis der Ansprüche anderer Beteiligter oder ein Verzicht oder eine gemeinsame Berechnung, wie der Erlös zu verteilen ist; wobei Einigkeit über Rang und Höhe der einzelnen Ansprüche besteht. Kommt es dagegen bei dieser außergerichtlichen Verteilung zu einem echten Vergleich i. S. des § 23, hat der RA auch die **Vergleichsgebühr** zu beanspruchen. Die Vergleichsgebühr kann nicht mit der Begründung versagt werden, sie werde durch die Gebühr für die außergerichtliche Verteilung aufgesogen. Die Verteilungsgebühr ist eine Tätigkeitsgebühr; die Vergleichsgebühr eine Erfolgsgebühr für die Erzielung eines Erfolges bei dieser Tätigkeit. Wird das gerichtliche Verfahren durchgeführt, können sich die Parteien im Widerspruchsprozeß ebenfalls mit der Maßgabe vergleichen, daß für die beteiligten RAe die Vergleichsgebühr anfällt. Es besteht kein Anlaß, bei einem in einem früheren Zeitpunkt geschlossenen Vergleich die Vergleichsgebühr nicht zuzubilligen.

Vgl. Riedel/Sußbauer A 12; Schumann/Geißinger A 29.

Liegt der Sonderfall vor, daß das Verteilungsverfahren ohne Verhandlung abgeschlossen und der Erlös hinterlegt wurde, so beginnt bei neuen Verhandlungen der Beteiligten eine neue Angelegenheit. Hierbei entstehen für den beteiligten RA die Gebühren aus § 118.

Vertritt der Rechtsanwalt einen Bieter, der nicht Beteiligter ist, so **11** erhält er nach § 68 Abs. 2 zwei Zehntel der vollen Gebühr für das ganze Verfahren. In einem solchen Falle wird sich die Tätigkeit des RA regelmäßig auf die Teilnahme an dem Versteigerungstermin beschränken. Abgegolten wird insbesondere die Vorbereitung und Wahrnehmung der Versteigerungstermine, die Abgabe von Geboten, Sicherheitsleistung durch Übergabe an das Vollstreckungsgericht (§ 69 Abs. 3 ZVG), die Erklärung, für einen anderen geboten zu haben (§ 81 Abs. 3 ZVG).

Schumann/Geißinger A 9.

Nicht abgegolten werden Verhandlungen vor dem Versteigerungstermin mit Hypothekengläubigern oder anderen Grundbuchberechtigten über das Bestehenbleiben oder den Erwerb dieser Rechte sowie Ausbietungsabkommen mit Dritten. Hierher gehört auch die namens des Erstehers mit einem dinglich Berechtigten geschlossene Vereinbarung über das Bestehenbleiben der Rechte. Diese sind nach § 118 zu vergüten.

Nicht behandelt – jedenfalls nicht ausdrücklich – ist die Frage, wie die Vergütung des RA zu bemessen ist, der einen Beteiligten vertritt, von diesem jedoch nicht nur mit der Wahrnehmung seiner Rechte, sondern darüber hinaus mit der Abgabe von Geboten beauftragt ist.

Beispiel: Ein an sicherer Stelle stehender Hypothekengläubiger (Forderung z. B. 10000 DM) ist an dem Erwerb des zu versteigernden Grundstücks außerordentlich interessiert. Der RA bietet für ihn z. B. 200000 DM (hier unterstellt, daß die Hypothek als bestehen bleibend in das geringste Gebot gefallen oder mit 100000 DM ausgeboten gewesen wäre).

Würde in einem solchen Falle die Vergütung allein nach § 68 Abs. 1 Nr. 1 und 2 in Verb. mit Abs. 3 Nr. 1 berechnet, wäre sie völlig unzulänglich. Der RA erhielte insgesamt $^7/_{10}$-Gebühr aus 10000 DM = 404,30 DM. Wäre er nicht von einem Beteiligten, sondern von einem Dritten beauftragt, zu bieten, würde er allein für diese Tätigkeit nach § 68 Abs. 2 in Verb. mit Abs. 3 Nr. 3 eine $^2/_{10}$-Gebühr aus 200000 DM = 482,80 DM erhalten.

Es ist offensichtlich, daß eine derartige Lösung nicht rechtens sein kann. § 68 wird – gegebenenfalls auf dem Wege über § 2 – dahin auszulegen sein, daß der RA auch dann, wenn er für einen Beteiligten bietet, eine zusätzliche Vergütung zu beanspruchen hat. Dabei bietet sich an, dem RA die Gebühren des Beteiligtenvertreters und des Bietervertreters zu gewähren.

Riedel/Sußbauer A 14; Mümmler JurBüro 72, 754.

Hiernach hätte in dem Beispiel der RA zu beanspruchen:

$^7/_{10}$ aus   10000 DM = 404,30 DM
$^2/_{10}$ aus 200000 DM = <u>482,80 DM</u>
                                887,10 DM.

Der **Gegenstandswert** bestimmt sich, obwohl es sich um ein gerichtliches **12** Verfahren handelt, für die Rechtsanwaltsgebühren nicht gemäß § 8 Abs. 1 S. 1 nach den für die Gerichtsgebühren geltenden Wertvorschriften der §§ 28ff.

GKG. § 68 hat in Abs. 3 eigene Vorschriften über die Bestimmung des Gegenstandswertes geschaffen.

Riedel/Sußbauer A 17 ff.; Schumann/Geißinger A 30 ff.; vgl. zum Gegenstandswert Nürnberg JurBüro 67, 916.

13 Der Gegenstandswert richtet sich gemäß Abs. 3 Nr. 1 bei der **Vertretung des Gläubigers oder eines anderen nach § 9 Nr. 1 und 2 ZVG Beteiligten** nach dem Wert des dem Gläubiger oder dem Beteiligten zustehenden Rechts. Gläubiger ist derjenige, der das Verfahren beantragt hat oder der dem Antrag später beigetreten ist. Beteiligte nach § 9 Nr. 1 ZVG sind diejenigen, für die z. Z. der Eintragung des Vollstreckungsvermerks ein Recht im Grundbuch eingetragen oder durch Eintragung gesichert ist, nach § 9 Nr. 2 ZVG diejenigen, die ein der Zwangsvollstreckung entgegenstehendes Recht, ein Recht an dem Grundstück oder an einem das Grundstück belastenden Recht, einen Anspruch mit dem Recht auf Befriedigung aus dem Grundstück oder ein Miet- oder Pachtrecht, auf Grund dessen ihnen das Grundstück überlassen ist, anmelden.

Auszugehen ist hiernach grundsätzlich von dem Wert des dem Gläubiger oder dem anderen Beteiligten zustehenden Rechts.

14 Wird das **Verfahren wegen einer Teilforderung** betrieben, so ist nach § 68 Abs. 3 Nr. 1 Halbs. 2 der Teilbetrag nur maßgebend, wenn es sich um einen nach § 10 Abs. 1 Nr. 5 ZVG zu befriedigenden Anspruch handelt. § 10 Abs. 1 Nr. 5 ZVG betrifft die Ansprüche des Gläubigers, soweit er nicht in einer der in § 10 Abs. 1 Nr. 1 bis 4 ihm vorgehenden Klassen zu befriedigen ist, also seine Ansprüche aus persönlichen Titeln. In diesen Fällen ist für den Gegenstandswert der Teilbetrag der Forderung maßgebend, wegen der die Zwangsversteigerung betrieben wird, weil dann von vornherein feststeht, daß der Gläubiger wegen des Mehrbetrags aus dem Erlös keine Befriedigung erlangt. In allen anderen Fällen ist der volle Wert des dem Gläubiger oder dem Beteiligten zustehenden Rechts auch dann maßgebend, wenn die Zwangsversteigerung nur wegen einer Teilforderung betrieben wird.

Vertritt der RA den Beteiligten wegen mehrerer Forderungen, so sind die Werte zusammenzurechnen.

Riedel/Sußbauer A 20.

Über den Fall, daß der RA mehrere Beteiligte wegen verschiedener Forderungen vertritt, vgl. A 20.

15 Nebenforderungen, also namentlich Zinsen und Kosten, sind nach § 68 Abs. 3 Nr. 1 Halbs. 3 mitzurechnen. Ihr Betrag ist also, wie auch sonst bei der Zwangsvollstreckung, dem Werte der Hauptforderung hinzuzuzählen.

Die Zinsen sind bis zum Erlaß des Anordnungs- oder Beitrittsbeschlusses zu berechnen. Zu berücksichtigen sind ferner alle Prozeßkosten und die Kosten früherer Zwangsvollstreckungen sowie die Kosten des Zwangsversteigerungsverfahrens, soweit sie angemeldet sind.

Riedel/Sußbauer A 26.

16 Der **Wert des Gegenstandes der Zwangsversteigerung** (§ 66 Abs. 1, § 74a Abs. 5 ZVG), im Verteilungsverfahren **der zur Verteilung kommende Erlös** sind nach § 68 Abs. 3 Nr. 1 Halbs. 4 maßgebend, wenn sie geringer sind. Diese Bestimmung entspricht der für Pfandrechte geltenden Wertvorschrift des § 6 ZPO.

Der Wert des Grundstücks, das den Gegenstand der Zwangsversteigerung bildet, wird nach § 66 Abs. 1 ZVG vom Gericht festgesetzt und im Versteigerungstermin bekanntgegeben. Ein Beschwerderecht steht dem RA insoweit nicht zu. Auf die Zwangsversteigerung von Schiffen und Schiffsbauwerken ist diese Bestimmung nach § 162 ZVG entsprechend anzuwenden. § 74 a Abs. 5 ZVG betrifft die gerichtliche Festsetzung des Wertes des Grundstücks und der beweglichen Gegenstände, auf die sich die Versteigerung erstreckt, in dem Falle, daß der Zuschlag wegen eines zu geringen Meistgebots versagt wird. Ist eine Festsetzung nach § 74 a Abs. 5 ZVG nicht erfolgt, ist der Verkehrswert des Grundstücks maßgebend.

Werden mehrere Grundstücke in einem Verfahren versteigert, so sind die Werte aller Grundstücke zusammenzurechnen, sofern sich die Tätigkeit des RA auf alle Grundstücke bezieht.

Der zur Verteilung kommende Erlös setzt sich zusammen aus dem Betrag, den der Ersteher zu zahlen hat, nämlich dem Bargebot mit Zinsen, dem Erlös anderer Gegenstände, die nach § 65 ZVG besonders versteigert und verwertet werden, den Versicherungsgeldern, auf die sich die Beschlagnahme erstreckt, und den Entschädigungsbeträgen, die an Stelle des Grundstücks oder seines Zubehörs getreten sind. Die Kosten des Verfahrens, die aus der Teilungsmasse vorweg zu entnehmen sind (§ 109 Abs. 1 ZVG), werden nicht abgezogen. Bestehen bleibende Rechte werden nicht hinzugezählt.

Riedel/Sußbauer A 30; Schumann/Geißinger A 34.

Höher als diese Werte kann also der Gegenstandswert nach § 68 Abs. 3 Nr. 1 niemals angenommen werden.

Soweit teilweise angenommen wird, der zur Verteilung kommende Erlös sei der auf den Gläubiger entfallende Erlös,

Schumann/Geißinger A 34; E. Schneider MDR 76, 182

ist dies unrichtig. „Zur Verteilung kommender Erlös" ist der Gesamtbetrag, den der Ersteher zu leisten hat, nicht nur der auf den Gläubiger entfallende Anteil.

Bei der Vertretung eines anderen Beteiligten, insbesondere des 17 Schuldners, Konkursverwalters, Miterben, Miteigentümers, eines eingetragenen Eigentümers, ist nach § 68 Abs. 3 Nr. 2 der Wert des Gegenstandes der Zwangsversteigerung, im Verteilungsverfahren der zur Verteilung kommende Erlös, also der Wert, der nach § 68 Abs. 3 Nr. 1 den Höchstbetrag des Gegenstandswerts bildet (oben A 16), stets der für die Berechnung der Rechtsanwaltsgebühren maßgebende Gegenstandswert.

Riedel/Sußbauer A 31; Schumann/Geißinger A 35.

Bei Miteigentümern oder sonstigen Mitberechtigten ist nach § 68 Abs. 3 Nr. 2 letzter Halbs. der Anteil maßgebend.

Mümmler JurBüro 78, 1462; LG Bonn JurBüro 80, 887 (Anteil des Miteigentümers bei Teilungsversteigerung).

Vertritt der RA einen Gläubiger, der den Anspruch eines Miteigentümers auf Aufhebung der Gemeinschaft oder den Anteil an der Gesamthandsgemeinschaft hat pfänden und sich überweisen lassen, so ist nicht der Betrag der Forderung des Gläubigers, sondern der Anteil des Miteigentümers maßgebend.

Ist ein Auftraggeber Beteiligter i. S. des Abs. 3 Nr. 1 und gleichzeitig auch i. S. des Abs. 3 Nr. 2, gelten für die Berechnung der Vergütung des beauftragten RA die Vorschriften des Abs. 3 Nr. 1 und 2 in gleicher Weise wie bei Alleinvertretung. Maßgebend ist der höhere Wert, der bei Mitberechtigten häufig in dem Wert des Grundstücks bestehen wird.

18 Bei der **Vertretung eines Bieters, der nicht Beteiligter ist,** ist nach § 68 Abs. 3 Nr. 3 der Betrag des höchsten für den Auftraggeber abgegebenen Gebots, wenn aber ein solches nicht abgegeben ist, der Wert des Gegenstandes der Zwangsversteigerung maßgebend. Die bestehenbleibenden Rechte sind dem Bargebot zuzurechnen.

> Riedel/Sußbauer A 32; Schumann/Geißinger A 36, 47.

Wegen der Vertretung eines Beteiligten, der gleichzeitig Bietungsauftrag erteilt hat, vgl. oben A 6.

19 **Andere Vorschriften der BRAGO sind** im Zwangsversteigerungsverfahren **anwendbar,** soweit sie im 1. und 2. Abschnitt enthalten sind. Es gelten daher z. B. § 3 über die Vereinbarung der Vergütung, § 4 über die Tätigkeit von Stellvertretern. So erhält der RA z. B. die Hebegebühr (§ 22).

> Riedel/Sußbauer A 13.

Nicht anwendbar sind dagegen im 3. Abschnitt enthaltene Vorschriften, mit Ausnahme der §§ 51, 55 u. 61 hinsichtlich der Beschwerde gegen den Gerichtskostenansatz.

20 Bei einer **Tätigkeit für mehrere Auftraggeber** gilt folgendes:
Stehen die mehreren Auftraggeber in Rechtsgemeinschaft, liegt ein einheitlicher Auftrag vor. Beispiel: Eine Erbengemeinschaft, bestehend aus 3 Miterben, betreibt wegen einer ihr zustehenden Forderung die Zwangsvollstreckung. Oder der RA vertritt als Gesamtschuldner Ehemann und Ehefrau, die Miteigentümer je zur Hälfte sind.

> Riedel/Sußbauer A 14 vor § 68.

Auch wenn die Auftraggeber nicht in Rechtsgemeinschaft stehen, liegt nur eine Angelegenheit vor. Beispiel: Der RA vertritt den Gläubiger A mit einer Forderung von 20000 DM und den Gläubiger B mit einer Forderung von 30000 DM. Er erhält die Gebühren aus 50000 DM.

> **a. M.** Schumann/Geißinger A 27.

Auch bei verschiedenartiger Beteiligung der Auftraggeber (Ehemann als Schuldner, Ehefrau als Hypothekengläubigerin und Bieterin) liegt nur eine Angelegenheit vor, wenn auch mit verschiedenen Gegenständen. Der RA hat in dem Beispiel gegen den Ehemann Anspruch auf die Gebühren des Abs. 1 Nr. 1 und Nr. 2 aus z. B. 200000 DM, gegen die Ehefrau Anspruch auf die Gebühren des Abs. 1 Nr. 1 aus z. B. 20000 DM und des Abs. 2 aus z. B. 100000 DM, so daß der RA zu beanspruchen hat die Gebühren des Abs. 1 Nr. 1 und 2 aus einem Werte von 220000 DM und die Gebühr des Abs. 2 aus einem Werte von 100000 DM.

Die Gebühren des § 68 werden nicht nach § 6 Abs. 1 S. 2 erhöht, da es sich nicht um Prozeßgebühren handelt.

Riedel/Sußbauer § 6 A 32; Schumann/Geißinger § 6 A 28.

Für den **Abgeltungsbereich** der Gebühren gilt § 13. Im Verfahren bis zur 21 Einleitung des Verteilungsverfahrens kann neben der Gebühr des § 68 Abs. 1 Nr. 1 nur noch die Gebühr des Abs. 1 Nr. 2 entstehen. Im Verteilungsverfahren entsteht stets nur die Gebühr des Abs. 1 Nr. 3.

Der Fall, daß der RA nur mit **Einzelhandlungen** beauftragt ist, ist im 4. 22 Abschnitt nicht ausdrücklich geregelt. Solche Einzelaufträge werden auch im Zwangsversteigerungsverfahren nicht sehr häufig vorkommen. Beschränkt sich z. B. der Auftrag des RA darauf, die Zwangsversteigerung zu beantragen, während sich der Gläubiger im übrigen Verfahren selbst vertritt, so wird man dem RA die Gebühren des § 68 Abs. 1 Nr. 1 zubilligen müssen, denn § 68 macht keinen Unterschied zwischen dem Bevollmächtigten mit Gesamtauftrag und dem mit Einzeltätigkeiten beauftragten RA.

Riedel/Sußbauer A 7 vor § 68.

Wird der RA nur mit der Wahrnehmung des Versteigerungstermins beauftragt, so wird er nicht nur die Gebühr des § 68 Abs. 1 Nr. 2, sondern auch die Gebühr des § 68 Abs. 1 Nr. 1 berechnen können, da er zur sachgemäßen Wahrnehmung des Termins sich über den Gang des ganzen Verfahrens unterrichten muß. Wird er nur mit der Prüfung des Verteilungsplans beauftragt, so ist es geboten, ihm die Gebühr des § 68 Abs. 1 Nr. 3 zuzubilligen. Stets gilt § 13 Abs. 6, wonach der RA für Einzelaufträge nicht mehr an Gebühren erhalten kann, als der mit der gesamten Angelegenheit beauftragte RA für die gleiche Tätigkeit erhalten würde.

Betrifft der Auftrag lediglich eine die Zwangsversteigerung nur vor- 23 **bereitende Tätigkeit,** so ist, wenn es sich nur um Kündigungs- oder Mahnschreiben handelt, § 120, andernfalls § 118 anzuwenden. Die Gebühr ist, wenn der RA in einem anschließenden Zwangsversteigerungsverfahren Vertretungsauftrag erhält, nach § 118 Abs. 2 auf die Gebühren des § 68 anzurechnen. Dasselbe gilt nach § 20 Abs. 1 S. 3 für die durch einen die Zwangsversteigerung betreffenden Rat oder eine darauf bezügliche Auskunft verdiente Gebühr. Für den Prozeßbevollmächtigten, der solche vorbereitende Tätigkeiten vornimmt, werden sie durch die Prozeßgebür abgegolten, soweit sie unter § 37 fallen, wie z. B. der Antrag auf Erteilung einer Vollstreckungsklausel. Da die Zwangsversteigerung gleichzeitig eine Zwangsvollstreckung ist, werden durch die Gebühren des § 68 besonders auch die in § 58 Abs. 2 Nr. 1 und 2 aufgeführten Tätigkeiten abgegolten.

Die **Festsetzung** seiner Vergütung **gegen den Auftraggeber** nach § 19 kann 24 auch der mit der Vertretung im Zwangsversteigerungsverfahren beauftragte RA beantragen.

Die **Hebegebühr** des § 22 entsteht auch im Zwangsversteigerungsverfahren, 25 soweit die Voraussetzungen des § 22 vorliegen.

Auch die **Vergleichsgebühr** des § 23 kann entstehen, wenn im Laufe des 26 Zwangsversteigerungsverfahrens unter Mitwirkung des RA zwischen dem Gläubiger und dem Schuldner ein Vergleich über den Anspruch geschlossen wird, wegen dessen die Zwangsversteigerung eingeleitet worden war. Sie

Madert 891

entsteht u. U. auch für eine unter Mitwirkung des RA über die Verteilung des Erlöses erzielte außergerichtliche Einigung (s. oben A 10).

    Vgl. aber Schumann/Geißinger A 29.

27 Der Anspruch auf **Ersatz von Auslagen** richtet sich nach den §§ 25 bis 30.

28 Über die Gebühren im **Rechtsmittelverfahren** s. § 70.

29 Auf die **Bestellung** eines RA als Zustellungsvertreter nach § 6 ZVG ist die BRAGO nicht anwendbar. Vielmehr entscheidet nach § 7 ZVG über die Höhe der Vergütung und die Erstattung der Auslagen das Vollstreckungsgericht.

30 Dasselbe gilt, wenn ein RA nach § 135 ZVG als **Vertreter für die unbekannten Berechtigten** bestellt wird, denen ein Betrag aus dem Versteigerungserlös zuerkannt worden ist. Wenn allerdings ein zum Vertreter bestellter Nichtanwalt einen RA mit der Wahrnehmung der Interessen der unbekannten Berechtigten beauftragen müßte, kann der RA die Gebühren des § 68 in entsprechender Anwendung des § 1835 Abs. 2 BGB beanspruchen.

    Vgl. jedoch Riedel/Sußbauer A 5 vor § 68.

31 Hat der RA **Antrag auf Eintragung einer Sicherungshypothek** gestellt (§ 866 ZPO), so hat er für diesen Antrag die Gebühr des § 57 verdient. Beantragt er – gleichzeitig oder nach Eintragung der Zwangshypothek – die Zwangsversteigerung wegen der Vollstreckungsforderung oder vertritt er sonst den Gläubiger in dem Zwangsversteigerungsverfahren, so entstehen die Gebühren des § 68 unabhängig von der Gebühr des § 57.

Für die Eintragung einer Sicherungshypothek für die Forderung gegen den Ersteher nach § 128 ZVG entsteht keine besondere Zwangsvollstreckungsgebühr nach § 57, da es sich insoweit um ein Amtsverfahren des Versteigerungsgerichts handelt, das von Anträgen der Beteiligten unabhängig ist.

32 Wird die **Zwangsvollstreckung aus dem Zuschlagsbeschluß** nach § 93 ZVG gegen den Besitzer des Grundstücks oder einer mitversteigerten Sache auf Räumung oder Herausgabe betrieben oder wird nach § 132 ZVG gegen den Ersteher auf Grund einer vollstreckbaren Ausfertigung des Zuschlagsbeschlusses die Zwangsvollstreckung in andere Gegenstände als das Grundstück betrieben, so handelt es sich um ein gewöhnliches Zwangsvollstreckungsverfahren nach den Vorschriften der ZPO, für das der RA die Gebühren des § 57 gesondert berechnen kann.

33 **Wird gegen den Ersteher die Zwangsversteigerung des Grundstücks** nach § 133 ZVG **betrieben,** so handelt es sich um ein neues Zwangsversteigerungsverfahren, in dem die Gebühren des § 68 neu entstehen.

    Schumann/Geißinger A 28.

34 Bei dem **Aufgebotsverfahren** zum Zwecke der Ausschließung eines unbekannten Beteiligten nach §§ 138, 140 ZVG handelt es sich um ein Aufgebotsverfahren nach § 946 ZPO, in dem der RA Gebühren nach § 45 erhält.

35 **Werden Widersprüche** gegen die Zwangsversteigerung **durch Klage geltend gemacht,** so handelt es sich um bürgerliche Rechtsstreitigkeiten, in denen sich die Gebühren nach §§ 31 ff. bestimmen. Dasselbe gilt für andere Prozesse, die aus einem Zwangsversteigerungsverfahren entstanden sind (§§ 115, 137, 139 ZVG).

36 **Prozeßkostenhilfe.** Den Beteiligten (dem Schuldner nur für Rechtsbehelfe) kann PKH bewilligt und ein RA beigeordnet werden. Die Vergütung des beigeordneten RA richtet sich nach den §§ 121 ff. Ist dem Gläubiger im Rechtsstreit der RA auch für die Zwangsvollstreckung im Wege der PKH beigeordnet worden, erstreckt sich die Beiordnung auch auf das Zwangsversteigerungsverfahren.

Riedel/Sußbauer A 21 vor § 68.

Geltendmachen der Kosten. Die Kosten der die Befriedigung aus dem **37** Grundstück bezweckenden Rechtsverfolgung sind gemäß § 10 Abs. 2 ZVG im Range des Hauptanspruchs mit Vorrang vor diesem (§ 12 ZVG) zu berücksichtigen. Sie sind spezifiziert und rechtzeitig (§ 110 ZVG) anzumelden und auf Verlangen glaubhaft zu machen. Der Erwirkung eines Kostenfestsetzungsbeschlusses bedarf es nicht.

Riedel/Sußbauer A 22 ff. vor § 68; vgl. auch LG Köln AnwBl. 81, 75 (Teilnahme des RA eines Gläubigers eines im Grundbuch eingetragenen Rechts an einer Teilungsversteigerung).

Das Gericht hat die Kosten, wenn sie dem betreibenden Gläubiger vorgehen, bei der Feststellung des geringsten Gebots zu berücksichtigen (§ 45 ZVG), stets in den Teilungsplan aufzunehmen (§ 114 ZVG).

Die Festsetzung des Gegenstandswertes für die Rechtsanwaltsgebühren erfolgt nach § 10, sonach nur auf Antrag.

§ 69 Zwangsverwaltung

(1) **Im Verfahren der Zwangsverwaltung nach dem Gesetz über die Zwangsversteigerung und die Zwangsverwaltung erhält der Rechtsanwalt**

1. **für die Vertretung des Antragstellers im Verfahren über den Antrag auf Anordnung der Zwangsverwaltung oder auf Zulassung des Beitritts drei Zehntel der vollen Gebühr;**

2. **für die Vertretung des Antragstellers im weiteren Verfahren einschließlich des Verteilungsverfahrens und für die Vertretung eines sonstigen Beteiligten im ganzen Verfahren einschließlich des Verteilungsverfahrens drei Zehntel der vollen Gebühr, mindestens jedoch 60 Deutsche Mark.**

(2) **Der Gegenstandswert bestimmt sich bei der Vertretung des Antragstellers nach dem Anspruch, wegen dessen das Verfahren beantragt ist; Nebenforderungen sind mitzurechnen; bei Ansprüchen auf wiederkehrende Leistungen ist der Wert der Leistungen eines Jahres maßgebend. Bei der Vertretung des Schuldners bestimmt sich der Gegenstandswert nach dem zusammengerechneten Wert aller Ansprüche, wegen deren das Verfahren beantragt ist, bei der Vertretung eines sonstigen Beteiligten nach § 8 Abs. 2 Satz 2.**

Übersicht über die Anmerkungen

Madert

1 Die **Zwangsverwaltung** ist in den §§ 146 bis 161 ZVG geregelt. Sie findet grundsätzlich auf Antrag eines persönlichen oder dinglichen Gläubigers wegen eines Geldanspruchs statt. Nach § 172 ZVG kann auch der Konkursverwalter die Zwangsverwaltung beantragen. Auf Antrag eines Miteigentümers – etwa zur besseren Verwaltung des Eigentums – kann die Zwangsverwaltung nicht angeordnet werden.

Der Zwangsverwaltung unterliegen Grundstücke, Erbbaurechte, Wohnungseigentum, Hochseekabel. Dagegen ist die Zwangsverwaltung bei Schiffen, Schiffsbauwerken und Luftfahrzeugen nicht vorgesehen.

2 Als **Gebühren des Rechtsanwalts** sind in § 69 Verfahrensgebühren vorgesehen, die die anwaltliche Tätigkeit im ganzen Verfahren abgelten. Gleichgültig ist, ob der RA Gesamtvertretungsauftrag hat oder er mit einer Einzeltätigkeit beauftragt worden ist.

Vgl. Köln JurBüro 81, 54 (Der Anwalt erhält für den im Namen ein und desselben Gläubigers einheitlich gestellten Antrag auf Zwangsverwaltung von mehreren, im Eigentum desselben Schuldners stehenden Wohnungseigentumseinheiten die Gebühr des § 69 Abs. 1 Nr. 1 nur einmal. Es handelt sich um eine Angelegenheit i. S. von § 13 Abs. 2).

Der Rechtsanwalt erhält:

3 für die **Vertretung des Antragstellers** (auch des antragstellenden Konkursverwalters) **im Verfahren über den Antrag** auf Anordnung der Zwangsverwaltung oder auf Zulassung des Beitritts nach § 69 Abs. 1 Nr. 1 drei Zehntel der vollen Gebühr. Der Anspruch auf die Gebühr entsteht, sobald der RA den Auftrag zur Antragstellung erhalten und in Ausführung des Auftrags etwas getan hat, z. B. schon durch die Aufnahme der Information. Eine Ermäßigung der Gebühr für den Fall, daß der Auftrag vor Einreichung des Antrags endet, ist nicht vorgesehen. Die Antragsgebühr entsteht auch dann, wenn der RA als Vertreter des Antragstellers nach ergebnisloser Zwangsversteigerung gemäß § 77 Abs. 2 ZVG beantragt, das Verfahren als Zwangsverwaltung fortzusetzen oder, falls die Zwangsverwaltung bereits von anderer Seite betrieben wird, seinen Beitritt zuzulassen.

Hartmann A 2 B; Riedel/Sußbauer A 6.

Abgegolten wird die gesamte Tätigkeit des RA, bis die Anordnung der Zwangsverwaltung oder die Zulassung des Beitritts erfolgt oder abgelehnt worden ist.

4 **Vertritt der Rechtsanwalt den Antragsteller auch in dem weiteren**

Verfahren nach Anordnung der Zwangsverwaltung oder nach Zulassung des Beitritts, so erhält er nach § 69 Abs. 1 Nr. 2 weitere drei Zehntel der vollen Gebühr, mindestens aber 60 DM. Auch diese Gebühr verdient er durch jede Tätigkeit, die er auftragsgemäß nach diesem Zeitpunkt vornimmt. Abgegolten wird dadurch seine gesamte Tätigkeit bis zur Aufhebung des Verfahrens, gleichviel wie lange dieses dauert. Auch seine Tätigkeit in dem Verteilungsverfahren wird durch die Gebühr mit abgegolten, also auch die Wahrnehmung eines oder mehrerer Verteilungstermine. Wird der RA erst nach der Anordnung der Zwangsverwaltung oder nach der Zulassung des Beitritts beauftragt, so erhält er nur die Gebühr des § 69 Abs. 1 Nr. 2.

Der **Gegenstandswert,** nach dem diese Gebühren zu berechnen sind, be- **5** stimmt sich zufolge § 69 Abs. 2 S. 1 nach dem Anspruch, wegen dessen das Verfahren beantragt ist. Wird das Verfahren nur wegen eines Teiles der Forderung beantragt, so ist der Teilbetrag maßgebend. Für die Berechnung des Wertes des Anspruchs gelten die Vorschriften der §§ 12 ff. GKG. Nebenforderungen, besonders Zinsen und Kosten, sind, wie auch sonst bei der Zwangsvollstreckung, mitzurechnen.

> Riedel/Sußbauer A 10, 11; Schumann/Geißinger A 8.

Bei **Ansprüchen auf wiederkehrende Leistungen** ist nach § 69 Abs. 2 S. 1 **6** letzter Halbs. der Wert der Leistungen eines Jahres maßgebend. Das gilt abweichend von §§ 16, 17 GKG nicht nur bei Miet- oder Pachtzinsen oder ähnlichen Nutzungen und bei Ansprüchen auf gesetzlichen Unterhalt, sondern bei allen wiederkehrenden Leistungen einschließlich laufender Zinsen. Der Jahresbetrag ist nur der Höchstbetrag, also nicht maßgebend, wenn der Gesamtbetrag der wiederkehrenden Leistungen, wegen deren die Anordnung erfolgt ist, geringer ist als der Jahresbetrag. Rückstände bis zur Anordnung der Zwangsverwaltung sind neben den laufenden wiederkehrenden Leistungen zusätzlich zu bewerten. Sie fallen nicht in den Jahresbetrag.

> Riedel/Sußbauer A 12.

Für die **Vertretung eines anderen Beteiligten,** also besonders **auch** für die **7** Vertretung **des Schuldners,** erhält der RA nach § 69 Abs. 1 Nr. 2 im ganzen Verfahren einschließlich des Verteilungsverfahrens drei Zehntel der vollen Gebühr, mindestens jedoch 60 DM. Dagegen hat der RA der anderen Beteiligten (einschl. des Schuldners) keinen Anspruch auf die Gebühr des § 69 Abs. 1 Nr. 1, selbst wenn er den Beteiligten, namentlich den Schuldner, schon im Antragsverfahren vertreten hat.

Vertretung mehrerer Beteiligter. Vertritt der RA in einem Verfahren **8** mehrere Beteiligte, liegt nur eine Angelegenheit vor. Er erhält die Gebühren jeweils nur einmal. Sind die mehreren Auftraggeber mit verschiedenen Gegenständen beteiligt, sind die Werte zusammenzurechnen.

Der Gegenstandswert bei der Vertretung des Schuldners bestimmt sich **9** nach dem zusammengerechneten Wert aller Ansprüche, wegen deren das Verfahren beantragt ist (§ 69 Abs. 2 S. 2). Es werden also auch solche Ansprüche mitgerechnet, wegen deren das Verfahren zwar beantragt, aber nicht angeordnet worden ist, vorausgesetzt, daß sich der Auftrag des RA auch auf diese Ansprüche bezogen hat, er also z. B. nicht erst nach Rücknahme oder Ablehnung beauftragt worden ist.

10 Der **Gegenstandswert bei der Vertretung eines sonstigen Beteiligten** bestimmt sich zufolge § 69 Abs. 2 S. 2 Halbs. 2 nach § 8 Abs. 2 S. 2. Danach ist der Gegenstandswert, soweit er nicht feststeht, nach billigem Ermessen zu bestimmen; in Ermangelung genügender tatsächlicher Anhaltspunkte für eine Schätzung ist der Gegenstandswert auf 6000 DM, nach Lage des Falles niedriger oder höher, jedoch nicht unter 300 DM und nicht über eine Million DM anzunehmen.

Vertritt der RA den **Konkursverwalter als Antragsteller,** so gilt insoweit § 8 Abs. 2 Satz 2; § 69 Abs. 2 Satz 1 ist nicht anwendbar, da der Konkursverwalter keinen Geldanspruch geltend macht.

> Riedel/Sußbauer A 13.

11 Andere Gebühren kann der RA für seine Tätigkeit im Zwangsverwaltungsverfahren als solchem nicht beanspruchen. Für die Anwendbarkeit von Bestimmungen des 1. und 2. Abschnitts gilt das Gleiche wie im Zwangsversteigerungsverfahren (s. A 19 bis 27 zu § 68). Für Rechtsmittelverfahren gilt § 70.

12 Vertritt der Rechtsanwalt seinen Auftraggeber in einem Rechtsstreit, der mit dem Zwangsverwaltungsverfahren zusammenhängt, z. B. einer Klage auf Planänderung nach § 159 ZVG, so erhält er in diesem Rechtsstreit die Gebühren der §§ 31 ff. neben den Gebühren des § 69.

13 Die **gerichtliche Verwaltung nach § 94 ZVG** ist keine Zwangsverwaltung i. S. des § 69, ebensowenig eine nach § 25 ZVG als Sicherungsmaßregel angeordnete Verwahrung oder Bewachung des Grundstücks.

> Riedel/Sußbauer A 3.

Die Tätigkeit des RA in einem solchen Verfahren wird durch die Gebühr des § 68 Abs. 1 Nr. 1 abgegolten.

14 Auch eine **Sequestration,** die nach §§ 848, 855, 857 Abs. 4 ZPO oder nach § 938 ZPO durch einstweilige Verfügung angeordnet worden ist, fällt nicht unter § 69.

> Hartmann A 1; Riedel/Sußbauer A 3; vgl. auch Noack MDR 67, 168 (die durch einstweilige Verfügung angeordnete Sequestration).

Durch einstweilige Verfügung kann aber auch ein Zwangsverwaltungsverfahren zum Zwecke der Beschlagnahme der Mieten zugunsten eines Hypothekengläubigers angeordnet werden, wenn der Grundstückseigentümer in Konkurs geraten ist. Hat das Vollstreckungsgericht in einem solchen Falle die Zwangsverwaltung angeordnet, so hat diese, obwohl sie nur zur Sicherung, nicht zur Befriedung dient, dieselben rechtlichen Wirkungen wie eine Zwangsverwaltung nach dem ZVG. Dann ist auf die Rechtsanwaltsgebühren auch § 69 anzuwenden.

15 Wird ein **Rechtsanwalt als Zwangsverwalter** bestellt, so wird seine Vergütung nach § 153 ZVG vom Gericht festgesetzt. Die BRAGO findet nach § 1 Abs. 2 keine Anwendung. Durch die gerichtlich festgesetzte Vergütung werden alle Tätigkeiten abgegolten, die auch jeder andere Zwangsverwalter auszuführen hat, z. B. der Abschluß von Mietverträgen für das verwaltete Grundstück oder die Beauftragung eines Gerichtsvollziehers mit der Verschaffung des Besitzes am Grundstück nach § 150 Abs. 2 ZVG. Führt aber der RA in seiner Eigenschaft als Zwangsverwalter einen Rechtsstreit, so kann er in entsprechender Anwendung des § 1835 Abs. 2 BGB dafür Gebühren nach §§ 31 ff. berechnen.

Die Vergütung des Zwangsverwalters ist durch die VO über die Geschäftsführung und die Vergütung des Zwangsverwalters vom 16. Februar 1970 (BGBl. I 185) geregelt (abgedruckt im Anhang C unter Nr. 8).

§ 70 Rechtsmittelverfahren

(1) **In den Angelegenheiten der §§ 68 und 69 erhält der Rechtsanwalt für die Vertretung eines Beteiligten im Rechtsmittelverfahren fünf Zehntel der vollen Gebühr**
1. **als Prozeßgebühr;**
2. **für die Wahrnehmung der im Verfahren stattfindenden Termine;**
3. **für die Vertretung im Beweisaufnahmeverfahren; § 34 gilt sinngemäß.**

(2) **Der Gegenstandswert bestimmt sich nach § 8 Abs. 1 Satz 1.**

Allgemeines. Die §§ 68, 69 regeln die Gebühren, die der RA in Zwangsver- 1 steigerungs- und Zwangsverwaltungssachen der ersten Instanz erhält. § 70 enthält die Vorschriften über die Gebühren bei der Vertretung in der Rechtsmittelinstanz beider Verfahren.

Rechtsmittel im Zwangsversteigerungs- und Zwangsverwaltungsverfahren 2 ist die sofortige Beschwerde. Soweit im ZVG Vorschriften fehlen, sind die Bestimmungen der ZPO anzuwenden. Es gilt also § 793 ZPO, wonach gegen Entscheidungen, die im Zwangsvollstreckungsverfahren ohne mündliche Verhandlung ergehen können, sofortige Beschwerde stattfindet. Insbesondere findet die sofortige Beschwerde nach § 793 ZPO gegen den Verteilungsplan statt.

Nach § 95 ZVG kann gegen eine Entscheidung, die vor der Beschlußfassung über den Zuschlag erfolgt, die Beschwerde nur eingelegt werden, soweit die Entscheidung die Anordnung, Aufhebung, einstweilige Einstellung oder Fortsetzung des Verfahrens betrifft. Auf die Beschwerde gegen die Entscheidung über den Zuschlag finden nach § 96 ZVG die Vorschriften der ZPO über die sofortige Beschwerde mit den in den §§ 97 bis 104 ZVG bestimmten Abweichungen Anwendung. Für die weitere Beschwerde gilt § 568 Abs. 2 ZPO. Ist nach § 3 RpflG der Rechtspfleger tätig geworden, so ist gegen seine Entscheidung nach § 11 Abs. 1 RpflG die sofortige Erinnerung zulässig. Die Einlegung der Erinnerung als solche gehört zur ersten Instanz und wird deshalb durch die Gebühren der §§ 68, 69 abgegolten. Über die Erinnerung entscheidet der Richter, wenn er sie für zulässig und begründet erachtet oder wenn gegen die Entscheidung, falls er sie erlassen hätte, ein Rechtsmittel nicht gegeben ist. Anderenfalls legt der Richter die Erinnerung dem Rechtsmittelgericht vor. Mit der Vorlage wandelt sich die Erinnerung in eine Beschwerde um. Damit entsteht die Prozeßgebühr des § 70 Abs. 1 Nr. 1.

Riedel/Sußbauer A 3.

Wird der RA, der bisher in dem Verfahren nicht tätig war, erstmals mit der Einlegung der Erinnerung beauftragt, erhält er die Gebühren des § 68 Abs. 1

oder des § 69 Abs. 1. Daneben erhält er die Prozeßgebühr des § 70 Abs. 1 Nr. 1, wenn sich die Erinnerung in eine sofortige Beschwerde umwandelt.

Vgl. Schumann/Geißinger A 3.

3 Die Beschwerdegebühren. Die in § 70 Abs. 1 vorgesehenen **Fünf-Zehntel-Gebühren** als Prozeßgebühr, Gebühr für die Wahrnehmung von Terminen und für die Vertretung im Beweisaufnahmeverfahren entsprechen den in § 61 Abs. 1 Nr. 1 für das Beschwerdeverfahren in bürgerlichen Rechtsstreitigkeiten und ähnlichen Verfahren vorgesehenen Gebühren. § 70 weicht aber von § 61 Abs. 1 Nr. 1 insoweit ab, als dort von den im § 31 Abs. 1 bestimmten Gebühren die Rede ist, während § 70 einzeln aufführt, für welche Verfahrensabschnitte die Gebühren gewährt werden sollen. Das hat seinen Grund darin, daß § 31 nur für bürgerliche Rechtsstreitigkeiten und ähnliche Verfahren gilt.

4 Die **Prozeßgebühr** des § 70 Abs. 1 Nr. 1 entspricht derjenigen des § 61 Abs. 1 Nr. 1. Daß eine Ermäßigung nach § 32 nicht eintritt, bedurfte keiner besonderen Erwähnung, da überhaupt nicht auf die Bestimmungen des 3. Abschnitts verwiesen wird.

Im allgemeinen wird, da im Beschwerdeverfahren mündliche Verhandlung nicht vorgeschrieben ist, wie im Beschwerdeverfahren nach der ZPO, nur die Prozeßgebühr entstehen.

5 Die **Gebühr** des § 70 Abs. 1 Nr. 2 **für die Wahrnehmung der im Verfahren stattfindenden Termine** entspricht nicht völlig der Verhandlungsgebühr des § 61 Abs. 1 Nr. 1 mit § 31 Abs. 1 Nr. 2. Es ist nicht nötig, daß in dem Termin mündlich verhandelt wird, also Anträge gestellt werden. Vielmehr genügt, daß der RA in einem im Beschwerdeverfahren stattfindenden Termin als Vertreter seines Auftraggebers anwesend ist. Auch hier bedurfte es keines Hinweises, daß § 33 Abs. 1 und 2 nicht gelten.

Riedel/Sußbauer A 7.

6 Für die **Gebühr** des § 70 Abs. 1 Nr. 3 **für die Vertretung in einem Beweisaufnahmeverfahren** gilt dasselbe wie für die Gebühr des § 61 Abs. 1 Nr. 1 in Verbindung mit § 31 Abs. 1 Nr. 3, da hier auch auf § 34 ausdrücklich verwiesen wird.

7 Mehrere Beschwerden gegen die gleiche Entscheidung sind eine Angelegenheit und lassen daher die Gebühren nur einmal entstehen. Mehrere Beschwerden gegen verschiedene Entscheidungen sind mehrere Angelegenheiten und lassen die Gebühren mehrfach entstehen (erst ab einer etwaigen Verbindung werden sie eine Angelegenheit).

Riedel/Sußbauer A 7, 8; München JurBüro 67, 1020 = Rpfleger 68, 32 (Beschwerde gegen eine einheitliche Entscheidung nach § 30a ZVG und § 765a ZPO eine Angelegenheit).

8 Der **Gegenstandswert** bestimmt sich zufolge § 70 Abs. 3 nach § 8 Abs. 1 S. 1, also nach den für die Gerichtsgebühren geltenden Wertvorschriften. Für die Gerichtsgebühren im Zwangsversteigerungs- und Zwangsverwaltungsverfahren bestimmt sich der Wert nach § 29 bzw. § 30 GKG.

Der Wert einer Beschwerde, mit der sich der Eigentümer gegen die Zurückweisung eines Einstellungsantrages nach § 30a ZVG wendet, bemißt sich in der Regel nach einem Bruchteil der Forderung des Gläubigers oder des

Verkehrswertes des Grundstücks, wenn dieser unter dem Betrag der Forderung liegt.

KG Rpfleger 71, 193 = JurBüro 71, 182.

Der Wert einer Beschwerde gegen die Festsetzung des Verkehrswertes gemäß § 74a ZVG ist in der Regel auf ein Drittel der Differenz zwischen dem festgesetzten und dem mit der Beschwerde erstrebten Verkehrswert anzusetzen.

KG JurBüro 69, 260 = Rpfleger 68, 403.

Der Wert der Zuschlagsbeschwerde ist nicht nach einem Bruchteil des Wertes des versteigerten Grundstücks, sondern unter Abwägung aller Umstände nach der Wichtigkeit und wirtschaftlichen Bedeutung der Entscheidung zu schätzen, wobei neben dem Wert des Grundstücks auch das Interesse des Beschwerdeführers an der erstrebten Änderung der Entscheidung über den Zuschlag zu berücksichtigen ist. Das Interesse des betreibenden Gläubigers geht in der Regel dahin, voll befriedigt zu werden. Maßgebend ist hiernach, welcher Betrag am Meistgebot fehlt, um den Gläubiger voll zu befriedigen. Das Interesse des Schuldners geht in der Regel dahin, eine Verschleuderung seines Grundbesitzes zu verhindern. Eine Verschleuderung ist in der Regel anzunehmen, wenn das Meistgebot unter der Hälfte des Grundstückswertes liegt. Beschwerdewert ist hiernach in der Regel der Unterschied zwischen der Hälfte des Verkehrswertes und dem Meistgebot. Haben sowohl der Gläubiger wie der Schuldner Beschwerde eingelegt, sind die vorstehenden Werte zur Berechnung der Gebühren zusammenzuzählen.

Vgl. Bamberg JurBüro 72, 249 mit Anm. von Mümmler; vgl. auch KG JurBüro 82, 1399 = Rpfleger 82, 233 (Der Wert der Zuschlagsbeschwerde richtet sich nach dem verfolgten wirtschaftlichen Interesse. Das mit der nicht näher begründeten Beschwerde des Schuldners verfolgte wirtschaftliche Interesse ist in der Regel auf den Unterschied zwischen dem nach § 74a Abs. 5 ZVG festgesetzten Verkehrswert und dem Gebot, auf das der Zuschlag erteilt ist, zuzüglich des Werts etwa bestehenbleibender Rechte anzunehmen).

Der Streitwert eines gegen einen Teilungsplan in der Zwangsversteigerung gerichteten Beschwerdeverfahrens ist nur auf einen Bruchteil der Teilungsmasse zu bestimmen.

Bamberg JurBüro 80, 1885.

§ 71 Besondere Verteilungsverfahren

Für die Mitwirkung des Rechtsanwalts in einem Verteilungsverfahren außerhalb der Zwangsversteigerung und der Zwangsverwaltung gilt, soweit dieses Gesetz nichts anderes bestimmt, § 68 Abs. 1 Nr. 3, Abs. 3 Nr. 1 und 2 sinngemäß.

Verteilungsverfahren außerhalb der Zwangsversteigerung und der Zwangs- 1 verwaltung sind z. B. in Art. 53 Abs. 1 S. 2, 53a u. 67 Abs. 2 EGBGB vorgesehen. Das Verfahren richtet sich in diesen Fällen nach den §§ 105ff. ZVG.

Vgl. dazu Staudinger-Leiß Art. 53 A 3 c EGBGB.

Verteilungsverfahren, für die ebenfalls § 71 Anwendung findet, sind z. B. in folgenden Bundesgesetzen vorgesehen: in § 75 Abs. 2 des Flurbereinigungsgesetzes i. d. F. v. 16. 3. 1976 (BGBl. I 546), in § 55 des Bundesleistungsgesetzes i. d. F. v. 27. 9. 1961 (BGBl. I 1769, 1920), in § 54 Abs. 3 des Landbeschaffungsgesetzes v. 23. 2. 1957 (BGBl. I 134), in § 119 des Baugesetzbuches i. d. F. v. 8. 12. 1986 (BGBl. I 2253).

2 Für die **Gebühren des Rechtsanwalts,** der in einem solchen Verteilungsverfahren mitwirkt, der also einen Beteiligten in einem solchen Verfahren vertritt, gelten § 68 Abs. 1 Nr. 3 und § 68 Abs. 3 Nr. 1 und 2 sinngemäß, soweit die BRAGO nichts anderes bestimmt.

3 Eine solche andere Bestimmung enthält § 60, der aber nur für Verteilungsverfahren nach § 858 Abs. 5, §§ 872 bis 877 und 882 ZPO gilt. § 60 hat sonach den Vorrang vor § 71.

4 Die **Gebühr** des **§ 71 beträgt** nach § 68 Abs. 1 Nr. 3 **drei Zehntel der vollen Gebühr.** Der RA erhält sie auch dann, wenn unter seiner Mitwirkung eine außergerichtliche Verteilung stattfindet. S. A 8, 9 zu § 68. Der **Gegenstandswert** bestimmt sich nach § 68 Abs. 3 Nr. 1 und 2. S. dazu A 12 bis 16 zu § 68.

5 Da es sich hier stets um ein Verteilungsverfahren handelt, ist also der zur Verteilung kommende Erlös im Falle des § 68 Abs. 3 Nr. 1 der Höchstwert, im Falle des § 68 Abs. 3 Nr. 2 der Gegenstandswert.

6 Auf das **Beschwerdeverfahren** ist § 70 anzuwenden, obwohl § 70 in § 71 nicht ausdrücklich erwähnt worden ist.

Riedel/Sußbauer A 4.

Fünfter Abschnitt. Gebühren in Konkursverfahren und in Vergleichsverfahren zur Abwendung des Konkurses sowie in seerechtlichen Verteilungsverfahren

Vorbemerkungen

Übersicht über die Vorbemerkungen

Allgemeines. Im fünften Abschnitt sind nur die Gebühren des RA geregelt, **1** die er im Konkursverfahren oder im gerichtlichen Vergleichsverfahren sowie im seerechtlichen Verteilungsverfahren als Vertreter des Schuldners oder eines Gläubigers, der an dem Verfahren teilnimmt, zu erhalten hat.

Vertritt der RA einen anderen Auftraggeber, erhält er folgende Gebühren:
a) als Vertreter eines Aussonderungsberechtigten.

Verhandelt der RA außergerichtlich, erhält er die Gebühren des § 118; führt er einen Rechtsstreit auf Aussonderung, hat er die Gebühren des § 31 Abs. 1 zu beanspruchen.

b) als Vertreter eines Absonderungsberechtigten.

Macht der RA die Absonderung außergerichtlich geltend, erhält er die Gebühren des § 118. Kommt es zum Rechtsstreit wegen der Absonderung, hat er die Gebühren des § 31 Abs. 1 zu fordern.

Soweit der RA den Ausfall gemäß § 64 KO geltend macht, ist sein Auftraggeber Konkursgläubiger. Der RA vertritt insoweit einen Gläubiger und hat demgemäß die Gebühren des fünften Abschnitts zu fordern.

c) als Vertreter eines Vertragspartners des Gemeinschuldners betr. die Erfüllung der Rechtsgeschäfte (§§ 17 ff. KO).

Für Verhandlungen mit dem Konkursverwalter über die Frage der Erfüllung oder Nichterfüllung hat der RA die Gebühren des § 118 zu beanspruchen. Lehnt der Konkursverwalter die Erfüllung ab und fordert der RA nunmehr für seinen Auftraggeber Schadensersatz (Konkursforderung), vertritt er nunmehr einen Konkursgläubiger und hat demgemäß die Gebühren des fünften Abschnitts zu erhalten.

Eine Anrechnung der Geschäftsgebühr des § 118 auf die des fünften Abschnitts findet nicht statt, da die Erfüllung des Rechtsgeschäfts und die Erhebung von Schadensersatzansprüchen wegen Nichterfüllung zwei verschiedene Angelegenheiten sind, so daß für eine Anwendung des § 118 Abs. 2 kein Raum ist.

Die Gebühren. Der RA als Vertreter eines Gläubigers oder des Gemein- **2** schuldners (Schuldners) kann folgende Gebühren erhalten:

a) im Konkursverfahren:

die Gebühr des § 72 für eine Tätigkeit im Eröffnungsverfahren,

die Gebühr des § 73 für die Vertretung im Konkursverfahren,

die Gebühr des § 74 für die Tätigkeit im Zwangsvergleichsverfahren,

die Gebühr des § 75, falls sich die Tätigkeit auf die Anmeldung einer Konkursforderung beschränkt,

die Gebühren des § 76 für eine Tätigkeit im Beschwerdeverfahren und im Verfahren über Anträge auf Anordnung von Sicherheitsmaßregeln,

b) im wiederaufgenommenen Konkursverfahren:

die Gebühren zu a) erneut (§ 78),

c) im Vergleichsverfahren:

Madert 901

die Gebühr des § 79 für eine Tätigkeit im Eröffnungsverfahren,
die Gebühren des § 80 im anschließenden Verfahren.

3 Ergänzende Vorschriften. Die Vorschriften des ersten und des zweiten
Abschnitts gelten ergänzend. § 6 ist jedoch durch § 82 ausgeschaltet.
Wegen der Vergleichsgebühr vgl. A 1 zu § 74 und A 3 zu § 80.

4 Die **Vergütung des Rechtsanwalts als Konkurs- oder Vergleichsverwal-
ter, Mitglied des Gläubigerausschusses oder Gläubigerbeirats** bestimmt
sich, wie in § 1 ausdrücklich hervorgehoben wird, nicht nach der BRAGO.
Sie wird vielmehr nach den §§ 85, 91 KO, §§ 43, 45 Abs. 2 VerglO durch das
Konkursgericht bzw. das Vergleichsgericht festgesetzt.
Wegen der Höhe der Vergütungen vgl. A 26 bis 28 zu § 1.

5 Gebühren nach der BRAGO kann aber der RA auch in den vorgenannten
Fällen dann berechnen, wenn es sich um Geschäfte handelt, die ein Konkursverwalter usw., der nicht RA ist, berechtigterweise einem RA übertragen
hätte. Das folgt daraus, daß nach § 1 Abs. 2 § 1835 BGB unberührt bleibt. S.
hierzu A 26 bis 28 zu § 1.

       a. M. Riedel/Sußbauer A 8 zu § 73.

So kann für die **Führung von Masseprozessen** der Konkursverwalter die
Gebühren des 3. Abschnitts berechnen und sie der Konkursmasse in Rechnung stellen, falls er einen solchen Rechtsstreit selbst führt, statt ihn einem
anderen RA zu übertragen. Durch die ihm nach § 85 KO zustehende Vergütung wird die Prozeßführung nicht abgegolten. S. A 26 zu § 1.

Auch bei **Vornahme einzelner Prozeßhandlungen** in Rechtsstreitigkeiten,
deren Führung einem anderen RA übertragen ist, können Gebühren nach der
BRAGO berechnet werden, z. B. wenn der RA als Konkursverwalter einen
Beweisaufnahmetermin selbst wahrnimmt oder wenn er ein Zwangsversteige-
rungs- oder ein Zwangsverwaltungsverfahren auf Rechnung der Masse
selbst betreibt.

Selbst die **Gebühren der §§ 72ff.** kann der RA dann verlangen, wenn er als
Konkursverwalter in einem Konkursverfahren über das Vermögen eines
Schuldners des Gemeinschuldners tätig wird.

6 Kein Vergütungsanspruch nach der BRAGO entsteht aber dann, wenn
der RA als Konkursverwalter im Masseprozeß als Partei vernommen wird
oder wenn er lediglich den Verkehr mit dem Prozeßbevollmächtigten führt,
es sei denn, ein Konkursverwalter, der nicht RA ist, hätte berechtigterweise
einen Verkehrsanwalt zugezogen. S. A 26 zu § 1 und A 51 zu § 52.

Ein RA, der als Vorsitzender des Gläubigerausschusses den vom Konkursverwalter zum Prozeßbevollmächtigten bestellten RA unterrichtet, kann die
Verkehrsgebühr unter den gleichen Voraussetzungen beanspruchen, die für
den RA als Konkursverwalter gelten.

7 Über die **Vergleichsgebühr** s. A. 26 zu § 1.

8 Reisekosten für Reisen, die in der Eigenschaft als Konkursverwalter usw.
unternommen werden, können nicht nach § 28 berechnet werden. Es kann
vielmehr nur Ersatz der tatsächlichen Auslagen verlangt werden. S. A 26 zu
§ 1.

Eine **Hebegebühr** nach § 22 kann für die Auszahlung oder Rückzahlung von 9
Massegeldern nicht berechnet werden.

Jaeger/Weber A 3 zu § 85 KO.

Über die **Erstattungspflicht der Gegenpartei** für die dem RA bei Führung 10
von Masseprozessen entstandenen Gebühren s. A 77 ff. zu § 1.

Vertritt ein anderer Rechtsanwalt den Konkursverwalter, einen Gläu- 11
biger oder den Gemeinschuldner in einem Rechtsstreit, so erhält er die
Gebühren des 3. Abschnitts.

Erteilt ein RA einer an einem Konkurs- oder Vergleichsverfahren beteiligten 12
Person, besonders einem Gläubiger, einen **Rat oder eine Auskunft,** so ist
§ 20 anzuwenden.

Ist ein RA beauftragt, eine **außergerichtliche Einigung** mit den Gläubigern 13
herbeizuführen, ohne daß ein Konkursverfahren oder ein gerichtliches Vergleichsverfahren anhängig gemacht werden soll, so ist seine Tätigkeit nach
§ 118 zu vergüten.

Hartmann V 2 vor § 72.

Wirkt er bei einem Vergleich mit, so erhält er die Vergleichsgebühr des § 23.

Erstattungspflicht. 14

Eine Erstattungspflicht der Konkursmasse für die während des Konkursverfahrens entstandenen Rechtsanwaltsgebühren eines Gläubigers besteht nach
§ 63 Nr. 2 KO nicht. Nur die vor der Eröffnung des Konkursverfahrens
entstandenen Kosten sind nach § 62 Nr. 1 KO mit der Kapitalforderung an
der gleichen Stelle anzusetzen. Dazu gehören auch die Gebühren des § 72 und
die durch Teilnahme an einem Vergleichsverfahren entstandenen Kosten. Sie
können somit als Konkursforderungen angemeldet werden.

Jaeger/Lent A 3 zu § 63 KO.

Ein RA, der sich als Gläubiger selbst vertritt, kann die gleichen Kosten wie
ein bevollmächtigter RA geltend machen. Im Konkursverfahren gilt zwar
§ 91 Abs. 2 Satz 4 ZPO nicht. Die Tätigkeit des RA ist aber Berufstätigkeit.
Für diese können Kosten geltend gemacht werden.

Vgl. § 1 A 98;
a. M. Riedel-Sußbauer A 9 vor § 72.

Vertritt der Rechtsanwalt den Gemeinschuldner, so können seine Ge- 15
bühren nicht aus der Konkursmasse erstattet werden. Dabei ist
gleichgültig, ob der RA den Gemeinschuldner im Konkursverfahren oder
außerhalb desselben (etwa in einem Rechtsstreit) vertritt. Nur dann, wenn der
Vertretungsauftrag durch den Konkursverwalter erteilt worden ist, handelt es
sich bei dem Vergütungsanspruch des RA um einen Anspruch aus Geschäften
des Konkursverwalters, so daß dieser nach § 59 Nr. 1 KO eine Masseschuld
ist.

Welche Gebührenansprüche dem RA zustehen, der in einem Rechtsstreit
zunächst den Gemeinschuldner und später nach der Aufnahme den Konkursverwalter vertritt, ist streitig. Nach einer Meinung

Jaeger/Lent A 2 und Böhle-Stammschräder/Kilger A 1, je zu § 59 KO

ist der aufgenommene Rechtsstreit die gleiche Angelegenheit wie der vom

Gemeinschuldner geführte Rechtsstreit. Die Gebühren der Instanz – gleichgültig, ob vor oder nach Konkurseröffnung entstanden – werden Masseschulden.

Richtiger ist wohl folgende Auffassung. Der Rechtsstreit bleibt die gleiche Angelegenheit, so daß die Gebühren insgesamt nur einmal entstehen können. Die Gebühren, die durch den Auftrag des Gemeinschuldners entstanden sind, bleiben Konkursforderungen. Gebühren, die durch den Auftrag des Konkursverwalters entstehen, werden Masseschulden. Gebühren, die sowohl durch die Tätigkeit für den Gemeinschuldner wie durch die Tätigkeit für den Konkursverwalter erwachsen (z. B. die Prozeßgebühr), werden in der nach der Aufnahme angefallenen Höhe (bei Änderung des Streitwertes) Masseschulden, während sie wegen des Restes Konkursforderungen bleiben.

Vgl. H. Schmidt NJW 76, 98; Riedel/Sußbauer A 8, 13 vor § 72.

§ 58 Nr. 1 KO betrifft nur die Gerichtskosten. Sind die Rechtsanwaltskosten vor der Eröffnung des Konkursverfahrens entstanden, so ist der Vergütungsanspruch des RA eine gewöhnliche Konkursforderung, so z. B., wenn der RA den Gemeinschuldner in einem der Konkurseröffnung vorausgegangenen Vergleichsverfahren oder in dem Eröffnungsverfahren vertreten hat. Ist der Vergütungsanspruch des RA erst nach der Konkurseröffnung gegen den Gemeinschuldner entstanden, so ist er eine Neuforderung, die nicht aus dem zur Masse gehörigen Vermögen des Gemeinschuldners, sondern nur aus nach der Konkurseröffnung entstandenen Einkünften zu befriedigen ist.

Durch die Gebühr nach § 73 wird nur die Tätigkeit des RA im Konkursverfahren abgegolten, nicht dagegen eine andere, nach außen gerichtete Tätigkeit, mag sie auch im Hinblick auf das Konkursverfahren und in dessen Interesse geleistet werden.

H. Schmidt MDR 68, 206.

16 Die **Fragen der Kostenerstattung im Vergleichsverfahren** sind entsprechend den Bestimmungen des Konkursverfahrens geregelt.

Gemäß § 25 VerglO nehmen an dem Vergleichsverfahren grundsätzlich alle persönlichen Gläubiger des Schuldners teil, die einen zur Zeit der Eröffnung des Verfahrens begründeten Vermögensanspruch gegen den Schuldner haben. Zu diesen Forderungen gehören die bereits entstandenen Vergütungsansprüche des RA einschl. der Gebühr des § 79.

Die Kosten, die den einzelnen Gläubigern durch ihre Teilnahme an dem Vergleichsverfahren erwachsen, insbes. die Vergütung des von ihnen mit ihrer Vertretung im Vergleichsverfahren beauftragten RA (§ 80), können im Vergleichsverfahren nicht geltend gemacht werden. Sie gelten mit Abschluß des Vergleichs, falls dieser keine abweichende Bestimmung enthält, gemäß § 83 Abs. 2 VerglO als erlassen.

Neuschulden sind am Vergleichsverfahren nicht beteiligt. Die Vergütungsansprüche des RA für Tätigkeiten, die über die Vergleichseröffnung hinweg ausgeführt oder danach erst begonnen werden (z. B. ein neuer Prozeßauftrag), werden durch das Vergleichsverfahren nicht berührt.

17 **Prozeßkostenhilfe** kann dem Konkurs- oder Vergleichsgläubiger bewilligt werden. Auch ein RA kann beigeordnet werden.

Riedel-Sußbauer A 20 vor § 72.

Dem Gemeinschuldner und dem Vergleichsschuldner kann PKH nicht bewilligt werden. Infolgedessen ist auch für die Beiordnung eines RA kein Raum. Bley/Mohrbutter A 8 zu § 115 VerglO.

§ 72 Eröffnung des Konkursverfahrens

Im Verfahren über einen Antrag auf Eröffnung des Konkursverfahrens (§§ 104 bis 106 der Konkursordnung) erhält der Rechtsanwalt drei Zehntel der vollen Gebühr; vertritt er einen Gläubiger, so erhält er die Hälfte der vollen Gebühr.

Übersicht über die Anmerkungen

Allgemeines. § 72 bestimmt die Gebühr, die der RA für eine Tätigkeit im   **1**
Eröffnungsverfahren zu beanspruchen hat. Dabei ist gleichgültig, ob der RA die Vertretung im gesamten Konkursverfahren übernommen hat oder sich seine Tätigkeit auf das Eröffnungsverfahren beschränkt (etwa Auftrag des Schuldners, die Konkurseröffnung abzuwenden). Ebenso ist unerheblich, ob der RA innerhalb des Eröffnungsverfahrens einen Gesamtauftrag erhalten hat oder ob er nur mit einer Einzeltätigkeit beauftragt worden ist.
Die Vergütung ist für den Gläubigervertreter (⁵/₁₀) und den Vertreter des Gemeinschuldners (³/₁₀) verschieden hoch.

Die Bestimmungen der §§ 104 bis 106 KO. § 104 KO regelt den Antrag des   **2**
Gemeinschuldners, § 105 KO den Antrag eines Gläubigers auf Eröffnung des Konkursverfahrens. Nach § 105 Abs. 2 KO hat das Gericht, wenn der Antrag des Gläubigers zugelassen wird, den Schuldner zu hören. Nach § 106 KO kann das Gericht zur Sicherung der Masse dienende einstweilige Anordnungen erlassen.

Die Gebühren des Rechtsanwalts betragen: **3**

bei **Vertretung des Gemeinschuldners,** sei es bei der Stellung des Antrags nach § 104 KO, sei es bei Gehör des Schuldners nach § 105 Abs. 2 KO, drei Zehntel der vollen Gebühr. Gegenstandswert ist in diesem Falle nach § 77 Abs. 1 der Betrag der Aktivmasse,

4 bei **Vertretung eines Gläubigers,** der den Antrag nach § 105 KO stellt, fünf Zehntel der vollen Gebühr, deren Gegenstandswert aber nach § 77 Abs. 2 nur der Nennwert der Forderung des Gläubigers ist.

5 **Abgegolten** wird durch diese Gebühren die **gesamte Tätigkeit** des RA im **Eröffnungsverfahren.** Dieses beginnt mit der Stellung des Antrags und endet mit der Eröffnung, Nichtzulassung, Abweisung oder Rücknahme des Antrags.

Die einstweiligen Anordnungen des § 106 KO gehören zu dem Eröffnungsverfahren. Der RA kann also dafür keine besonderen Gebühren berechnen.

Der Anspruch auf die Gebühr des § 72 entsteht, sobald der RA in Ausführung des ihm erteilten Auftrags irgendwie tätig geworden ist. Das wird in der Regel die Entgegennahme der Information sein. Mitabgegolten werden auch vorbereitende Tätigkeiten. Übernimmt der RA aber, die erforderlichen Antragsgrundlagen (§ 104 KO) selbst zu beschaffen, sie herzustellen und hierzu Ermittlungen anzustellen, so kann er hierfür die Geschäftsgebühr des § 118 Abs. 1 Nr. 1 aus einem nach § 8 Abs. 2 zu bemessenden Gegenstandswert fordern. Denn diese Besorgung ist nicht Aufgabe des RA; er übernimmt also eine ihm besonders angetragene Aufgabe, die einen selbständigen Gegenstand hat.

Riedel/Sußbauer A 4; vgl. auch § 79 A 4.

Wird die Entscheidung über den Antrag auf Eröffnung des Verfahrens ausgesetzt (§ 46 VerglO), so bleibt der Anspruch auf die Gebühr bestehen. Sie wird nicht auf die Gebühren des § 79 angerechnet, wenn das Vergleichsverfahren eröffnet wird.

Hartmann A 1; Riedel/Sußbauer A 7; Schumann/Geißinger A 10.

Eine **Ermäßigung der Gebühr bei vorzeitiger Erledigung des Auftrags** ist nicht vorgesehen. Der RA des Gläubigers behält also z. B. seinen vollen Gebührenanspruch (½ Gebühr), wenn sich sein Auftrag, einen Antrag auf Konkurseröffnung zu stellen, alsbald nach Entgegennahme der Information erledigt, weil der Schuldner die Forderung des Gläubigers zwischenzeitlich getilgt hat.

Schumann/Geißinger A 7.

Fordert der RA den Schuldner nach Erhalt des Auftrags unter der Androhung, er werde den Antrag auf Konkurseröffnung stellen, zur Zahlung auf, so hat er Anspruch auf die Gebühr des § 72, denn er ist nach Erhalt des Auftrags, Konkursantrag zu stellen, tätig geworden. Die Gebühr ist auch erstattungsfähig, wenn der Schuldner alsbald zahlt.

a. M. Schumann/Geißinger A 2 (nur Gebühr nach § 120).

6 Auch wenn der RA nur einen **Einzelauftrag** erhalten hat, z. B. auf die Erwirkung von Sicherheiten nach § 106 Abs. I KO oder zur Anfertigung eines Entwurfs des Eröffnungsantrags, kann er die in § 72 bestimmten Gebühren berechnen, da die BRAGO Ermäßigungen von ³/₁₀-Gebühren nicht vorsieht. Auch für die ⁵/₁₀-Gebühr bei Vertretung eines Gläubigers ist für Einzelaufträge keine Ermäßigung vorgesehen.

Riedel/Sußbauer A 2.

Beschränkt sich der Auftrag auf die Erteilung eines Rates, so ist § 20 anzuwenden. Die Gebühr des § 72 entsteht daneben nicht.

Hartmann A 1; Riedel/Sußbauer A 2; Schumann/Geißinger A 8.

In den **Fällen der** §§ 207 ff. **KO** – Konkursverfahren über Handelsgesell- 7
schaften, Genossenschaften, juristische Personen und Vereine, Nachlaß- und
Gesamtgutskonkurs – steht der Vertretung des Gemeinschuldners die Vertretung eines Vorstandsmitglieds, Liquidators, persönlich haftenden Gesellschafters, Erben, Nachlaßverwalters, Testamentsvollstreckers, Teilhabers am Gesamtgut der fortgesetzten Gütergemeinschaft gleich. Vertretung des Gemeinschuldners ist, wenn der Antrag nicht von allen Vorstandsmitgliedern, Liquidatoren, persönlich haftenden Gesellschaftern, Erben usw. gestellt wird, auch die Vertretung der übrigen bei der Anhörung über den Antrag.

Hartmann A 2; Riedel/Sußbauer A 5; Schumann/Geißinger A 6.

Erstreckt sich die Tätigkeit des Rechtsanwalts auf das Verfahren nach 8
der Eröffnung des Konkursverfahrens, so erhält er neben der Gebühr des
§ 72 noch die in den §§ 73, 74 vorgesehenen Gebühren.

Das **Beschwerdeverfahren** ist nach § 76 Nr. 1 eine besondere gebühren- 9
pflichtige Angelegenheit.

Wenn die **Eröffnung des Vergleichsverfahrens abgelehnt** wird, ist gemäß 10
§ 19 VerglO zugleich von Amts wegen über die Eröffnung des Konkursverfahrens zu entscheiden. Der RA des Gläubigers und des Schuldners ist
hiernach nur im Verfahren über die Eröffnung des Vergleichsverfahrens tätig
gewesen. Er hat die Gebühr des § 79 zu beanspruchen. Dagegen fällt die
Gebühr des § 72 nicht an.

Riedel/Sußbauer A 6.

Wird der **Anschlußkonkurs**(§ 102 VerglO) **eröffnet**, findet ein Verfahren 11
gemäß § 72 nicht statt. Bis zur Eröffnung des Anschlußkonkurses ist eine
Tätigkeit im Vergleichsverfahren gegeben. Die Gebühr des § 72 kann sonach
bei der Eröffnung des Anschlußkonkurses nicht entstehen.

Riedel/Sußbauer A 8.

Der **Gegenstandswert** berechnet sich nach § 77.   12

Kostentragungspflicht des Gläubigers. Wird der Antrag des Gläubigers 13
auf Eröffnung des Konkursverfahrens zurückgewiesen, hat der Gläubiger die
Kosten zu tragen. Zu den Kosten gehören auch die Anwaltskosten des
Schuldners, die wegen des Gegenstandswertes (§ 77) hoch sein können. Wird
der Eröffnungsantrag zurückgenommen, etwa weil der Schuldner gezahlt
hat, gilt das gleiche. Hier ist also notwendig, daß der Schuldner die Kosten
übernimmt und auf die Erstattung eigener Kosten verzichtet (anderenfalls
Anzeige der Erledigung und Antrag, die Kosten dem Schuldner aufzuerlegen).

§ 73 Vertretung im Konkursverfahren

**Für die Vertretung im Konkursverfahren erhält der Rechtsanwalt
die Hälfte der vollen Gebühr.**

Allgemeines. Mit der Eröffnung des Konkursverfahrens ist das Vorverfah- 1 ren – sei es das Eröffnungsverfahren (Gebühren: § 72), sei es das Verfahren über den Antrag auf Eröffnung des Vergleichsverfahrens mit Ablehnung gemäß § 19 VerglO (Gebühren: § 79), sei es nach Eröffnung des Anschlußkonkurses gemäß § 102 VerglO (Gebühren bisher: §§ 79, 80) – abgeschlossen. Die Tätigkeit des RA in diesen Verfahren wird durch die angeführten Gebühren abgegolten.

Wird der RA außerdem im Konkursverfahren tätig, erhält er zusätzlich die Gebühr des § 73. Wird er erst nach der Konkurseröffnung tätig, erhält er nur die Gebühr des § 73. Die Gebühr des § 73 kann sonach durch eine Tätigkeit vor Eröffnung des Konkurses nicht verdient werden.

2 Die **Gebühr des § 73** ist eine allgemeine **Betriebsgebühr.** Sie entspricht im wesentlichen der Prozeßgebühr des § 31 Abs. 1 Nr. 1. Sie setzt voraus, daß das Konkursverfahren eröffnet worden ist und daß der RA in dem Konkursverfahren den Gemeinschuldner oder einen Gläubiger vertritt. Sie entsteht, sobald der RA auftragsgemäß nach der Eröffnung des Konkursverfahrens irgendwie tätig geworden ist. Der Umfang der Tätigkeit ist belanglos. Abgegolten wird die gesamte Tätigkeit des RA im Konkursverfahren, soweit nicht in den §§ 72 (Eröffnungsverfahren), 74 (Zwangsvergleichsverfahren), 76 (Beschwerdeverfahren) und in den gemeinsamen Vorschriften des 2. Abschnitts besondere Gebühren vorgesehen sind. Der RA des Gläubigers kann also z. B. die Hebegebühr des § 22 zusätzlich verdienen.

Unter die Gebühr fällt der allgemeine Geschäftsbetrieb, die Aufnahme der Information, die Beratung des Auftraggebers, die Wahrnehmung von Terminen, die Stellung von Anträgen, die Anfertigung von Eingaben, schriftliche und mündliche Verhandlung mit dem Konkursverwalter und sonstigen Beteiligten.

Hartmann A 1; Riedel/Sußbauer A 5; Schumann/Geißinger A 6.

Auch die Tätigkeit, welche die Abgabe der eidesstattlichen Versicherung durch den Gemeinschuldner nach § 125 KO betrifft, wird dadurch abgegolten.

Schumann/Geißinger A 6.

Die Anmeldung einer Forderung im Konkurse und die Einreichung eines Urteils, durch das eine bestrittene Konkursforderung festgestellt worden ist zwecks Berichtigung der Konkurstabelle, fällt unter § 73.

Vgl. jedoch A 5.

3 Auch für die **Tätigkeit bei Prüfung der Forderungen und in dem Verteilungsverfahren** kann keine besondere Gebühr verlangt werden. Die Zwangsvollstreckung aus dem Tabellenauszug (§ 164 KO) ist jedoch eine besondere Angelegenheit, für die die Gebühren der §§ 57 ff. entstehen.

Riedel/Sußbauer A 6.

Der Arbeitsaufwand des RA bei der Prüfung der Forderungen und im Verteilungsverfahren pflegt so gering zu sein, daß neben der Verfahrensgebühr des § 73 besondere Gebühren als nicht gerechtfertigt angesehen worden sind.

4 Die **Gebührenhöhe** ist beim Schuldnervertreter und beim Gläubigervertreter die gleiche. Beide Anwälte erhalten eine halbe Gebühr. Allerdings ist der

Gegenstandswert, aus dem die Gebühr zu berechnen ist, verschieden hoch (vgl. § 77).

Geringer Umfang der Tätigkeit. Auch bei Endigung der Vertretung vor **5** dem allgemeinen Prüfungstermin (§ 138 KO) oder bei Beginn der Tätigkeit erst nach diesem Termin erhält der RA keine geringeren Gebühren.

Beschränkt sich aber die Tätigkeit auftragsgemäß **auf die Anmeldung 6 einer Konkursforderung,** so erhält er nicht die Gebühr des § 73, sondern nur drei Zehntel der vollen Gebühr nach § 75.

War der Rechtsanwalt schon im Eröffnungsverfahren tätig, so erhält er **7** neben der Gebühr des § 73 noch die Gebühr des § 72.

Für die **Vertretung von Massegläubigern, Absonderungs- und Ausson- 8 derungsberechtigten** gilt § 73 nur dann, wenn sie wegen Verzichts auf ihr Vorrecht oder wegen Ausfalls an dem Verfahren als Konkursgläubiger teilnehmen. Im übrigen bestimmen sich die Gebühren für ihre Vertretung in einem Rechtsstreit nach den §§ 31 ff., bei Tätigkeiten außerhalb eines Prozesses nach § 118.

> Vgl. Vorbem. 1 vor § 72; Hartmann A 1; Riedel/Sußbauer A 7; Schumann/ Geißinger A 12.

Der Anwalt, der für einen **Vertragspartner** über die Erfüllung oder Nichterfüllung zweiseitiger Verträge (§ 17 KO) verhandelt, hat Anspruch auf die Gebühren des § 118.

> Schumann/Geißinger A 4.

Der Anwalt, der für den Gemeinschuldner außerhalb des Konkursverfahrens tätig wird, hat Anspruch auf weitere Gebühren neben der Gebühr des § 73.

> Schumann/Geißinger A 3; H. Schmidt MDR 68, 206.

§ 74 Zwangsvergleich

Für die Tätigkeit im Zwangsvergleichsverfahren erhält der Rechtsanwalt eine besondere volle Gebühr.

Allgemeines. Die Tätigkeit des RA im Zwangsvergleichsverfahren erfordert **1** besondere Mühewaltung und Verantwortung. § 74 gewährt deshalb dem RA für diese Tätigkeit eine besondere Vergütung.

Die Gebühr ist eine Tätigkeitsgebühr, die allein für die Tätigkeit gewährt wird. Der RA verdient sie deshalb auch dann, wenn ein Zwangsvergleich nicht zustande kommt oder wenn sich der RA namens seines Auftraggebers gegen einen Zwangsvergleich wendet. Insoweit unterscheidet sich die Gebühr des § 74 von der Vergleichsgebühr des § 23, die eine reine Erfolgsgebühr ist. Andererseits schließt die Gebühr den Erfolg ein. Die Vergleichsgebühr des § 23 entsteht deshalb nicht zusätzlich im Falle des Zustandekommens eines Zwangsvergleichs.

> Hartmann A 1; Riedel/Sußbauer A 2; Schumann/Geißinger A 2.

Das **Zwangsvergleichsverfahren** ist in den §§ 173 bis 201 KO geregelt. **2** Wird der RA in einem solchen Verfahren auftragsgemäß tätig, so erhält er nach § 74 eine volle Gebühr. War er in dem dem Zwangsvergleichsverfahren vorausgegangenen Konkursverfahren tätig oder wird er später nach Verwerfung des Vergleichs in dem wiederaufgenommenen Konkursverfahren tätig, so erhält er neben der Gebühr des § 74 noch die Gebühr des § 73 und, falls er schon im Eröffnungsverfahren tätig war, auch noch die Gebühr des § 72.

Beschränkt sich der Auftrag auf die Vertretung im Zwangsvergleichsverfahren, so kann der RA nur die Gebühr des § 74 berechnen. Der RA erhält in diesem Falle die Gebühr des § 73 nicht. Die Gebühr des § 74 ist also gleichzeitig eine Art Betriebsgebühr.

> Hartmann A 1; Riedel/Sußbauer A 1.

3 Der **Gegenstandswert,** nach dem die Gebühr zu berechnen ist, ist nach § 77 Abs. 1 bei Vertretung des Gemeinschuldners, wie bei den Gebühren der §§ 72 u. 73, der Betrag der Aktivmasse, bei Vertretung eines Gläubigers aber nicht der Nennwert der Forderung, sondern nach § 77 Abs. 2 nur der Wert der Forderung des Gläubigers unter sinngemäßer Anwendung des § 148 KO. Er ist also mit Rücksicht auf das Verhältnis der Teilungsmasse zur Schuldenmasse nach freiem Ermessen festzusetzen, d. h. nach dem Betrage der voraussichtlich auf die Forderung entfallenden Konkursdividende.

> Schumann/Geißinger A 2.

4 Vertritt der Rechtsanwalt mehrere Gläubiger, so entsteht nach § 82 die Gebühr für jeden Gläubiger besonders nach dem Betrage der auf jede Forderung voraussichtlich entfallenden Konkursdividende.

5 Auch die Gebühr des § 74 ist eine **Pauschgebühr.** Sie entsteht durch jede im Zwangsvergleichsverfahren auftragsgemäß vorgenommene Tätigkeit, ohne daß es auf ihren Umfang ankommt. Insbesondere ist nicht erforderlich, daß der RA den Vergleichstermin wahrgenommen hat. Es genügt, wenn er für den Gemeinschuldner den Vergleichsvorschlag ausgearbeitet oder darüber mit den Gläubigern verhandelt oder als Vertreter eines Gläubigers den Vergleichsvorschlag geprüft, darüber mit seinem Auftraggeber verhandelt oder sich über die Bestätigung des Vergleichs geäußert hat.

> Hartmann A 1; Riedel/Sußbauer A 4; Schumann/Geißinger A 2.

Nicht genügend ist die bloße Empfangnahme und Weitergabe der Ladung zum Vergleichstermin, falls es sich dabei um reine Botentätigkeit handeln sollte (was bei einem RA kaum anzunehmen ist). Es genügt aber, wenn der RA den Gläubiger über den Vergleichsvorschlag berät.

> Hartmann A 1; Schumann/Geißinger A 2.

Abgegolten durch die Gebühr des § 74 wird die gesamte Tätigkeit des RA in dem Zwangsvergleichsverfahren. Im Beschwerdeverfahren entsteht jedoch die Gebühr des § 76 Nr. 1 zusätzlich.

6 Die **Hebegebühr** des § 22 für die Empfangnahme und Auszahlung der Vergleichsquote kann besonders berechnet werden.

> Schumann/Geißinger A 5.

Ebenso erhält der RA für die Tätigkeit im Beschwerdeverfahren die Gebühr des § 76 Nr. 1.

> Schumann/Geißinger A 4.

7 Für die Vertretung im **Zwangsvollstreckungsverfahren** aus dem Vergleich

(§ 194 KO) erhält der RA die Gebühren des § 57 besonders. Es handelt sich hier um eine Tätigkeit nach dem Abschluß des Zwangsvergleichsverfahrens. Die Tätigkeit bei der Erfüllung des Vergleichs wird durch die Gebühr des § 74 nicht mit abgegolten.

Schumann/Geißinger A 6.

Die Gebühr des § 74 ist **die volle Gebühr.** Sie ermäßigt sich nicht bei **8** vorzeitiger Erledigung des Auftrags. § 32 ist nicht anzuwenden.

Hartmann A 2.

Der **Konkursverwalter** (Rechtsanwalt) erhält die Gebühr des § 74 nicht. **9** Seine Bemühungen um einen Zwangsvergleich werden durch die Konkursverwaltervergütung abgegolten. Er hat jedoch dann einen besonderen Vergütungsanspruch zusätzlich, wenn er den Zwangsvergleich abwickelt.

Schumann/Geißinger A 7; Braunschweig KTS 68, 187 = NdsRpfl. 68, 108.

§ 75 Anmeldung einer Konkursforderung

Beschränkt sich die Tätigkeit des Rechtsanwalts auf die Anmeldung einer Konkursforderung, so erhält er drei Zehntel der vollen Gebühr.

Allgemeines. Hat der RA im Konkursverfahren nur einen bestimmten **1** Einzelauftrag – die Anmeldung einer Konkursforderung – erhalten, so hat er nicht die Gebühr des § 73 verdient. Er kann nur die Gebühr des § 75 beanspruchen. Hat der RA zunächst die Konkursforderung angemeldet und später das Feststellungsurteil vorgelegt, erhält er die Gebühr des § 75 nur einmal.

a. M. Riedel/Sußbauer A 4 (zweimal).

Auf die **Anmeldung einer Konkursforderung** ist die Tätigkeit des RA **2** beschränkt, wenn er ausschließlich den Auftrag erhalten hat, eine solche Forderung anzumelden, und in Ausführung dieses Auftrags tätig wird, sein Auftrag also nicht dahin geht, den Gläubiger in dem Konkursverfahren allgemein zu vertreten. In einem solchen Falle kann der RA nur drei Zehntel der vollen Gebühr, nicht aber etwa daneben noch die Gebühr des § 73 verlangen. Die Gebühr berechnet sich zufolge § 77 Abs. 2 nach dem Nennwert der anzumeldenden Forderung.

Anmeldung einer Forderung ist auch die Einreichung eines Urteils, durch das eine bestrittene Konkursforderung festgestellt ist, zwecks Berichtigung der Konkurstabelle.

Hat der RA **Auftrag zur Vertretung** im Konkursverfahren oder erhält er **3** später einen über die Anmeldung der Forderung hinausgehenden Auftrag, z. B. den Auftrag, den Gläubiger auch bei der Prüfung der Forderung oder im Verteilungsverfahren zu vertreten, so erhält er die Gebühr des § 73. Durch die Gebühr des § 73 wird aber auch die Anmeldung der Forderung mit abgegolten.

Riedel/Sußbauer A 1; Schumann/Geißinger A 1.

Abgegolten durch die Gebühr wird ferner eine damit verbundene Beratung. Neben der Eröffnungsgebühr des § 72 kann die Gebühr des § 75 entstehen.

Sie entsteht auch dann, wenn der Auftrag nur dahin geht, die Anmeldung zu entwerfen oder zu unterzeichnen, nicht aber, wenn nur ein Rat erteilt wird.

Riedel/Sußbauer A 2.

§ 76 Beschwerdeverfahren, Sicherheitsmaßregeln

Der Rechtsanwalt erhält besonders fünf Zehntel der in § 31 bestimmten Gebühren

1. **im Beschwerdeverfahren;**
2. **im Verfahren über Anträge auf Anordnung von Sicherheitsmaßregeln im Falle des § 197 Abs. 2 der Konkursordnung.**

Die Vorschriften des § 32 und des § 33 Abs. 1 und 2 gelten nicht.

1 **Allgemeines.** § 76 gewährt zwei Sondergebühren für bestimmte Tätigkeiten. Für die Entstehung der Gebühren ist gleichgültig, ob der RA einen Auftrag zur Gesamtvertretung im Konkursverfahren oder nur einen Einzelauftrag – eine der in § 76 genannten Tätigkeiten zu übernehmen – erhalten hat.

Schumann/Geißinger A 1.

2 Im **Beschwerdeverfahren** erhält der RA fünf Zehntel der in § 31 bestimmten Gebühren, sei es, daß er den Beschwerdeführer, sei es, daß er den Beschwerdegegner im Verfahren über eine Beschwerde gegen einen Beschluß des Konkursgerichts vertritt. Beschränkt sich die Tätigkeit des RA auf das Beschwerdeverfahren, so erhält er nur die Gebühren des § 76 Nr. 1. Ist er auch sonst noch im Konkursverfahren tätig, so erhält er diese Gebühren neben den ihm nach den §§ 72 bis 74 zustehenden Gebühren.

Im Beschwerdeverfahren entsteht regelmäßig nur die Prozeßgebühr. Im allgemeinen wird über Beschwerden ohne mündliche Verhandlung entschieden.

Die Verhandlungs- und die Beweisgebühr entstehen nur in Ausnahmefällen, nämlich dann, wenn es zu einer mündlichen Verhandlung und zu einer Beweisaufnahme kommt. Die Voraussetzungen des § 31 Abs. 1 Nr. 2 und 3 müssen erfüllt sein. § 34 ist anzuwenden. Auch die Erörterungsgebühr kann u. U. anstelle der Verhandlungsgebühr anfallen, aber ebenfalls nur in Höhe von ⁵/₁₀.

Hartmann A 2.

Jede selbständige Beschwerde begründet den Anspruch auf neue Gebühren.

Schumann/Geißinger A 2.

Ebenso eröffnet die **weitere Beschwerde** einen neuen Rechtszug mit neuen Gebühren.

Hartmann A 2.

Erinnerungen gegen Entscheidungen des Rechtspflegers fallen nicht unter § 76, sondern werden durch die sonstigen Gebühren des Konkursverfahrens abgegolten. Bei der Durchgriffserinnerung (§ 11 RpflG) beginnt das Beschwerdeverfahren, sobald der Richter entschieden hat, daß er der Erinnerung nicht stattgeben will. Mit dieser Entscheidung beginnt das Beschwerdeverfahren und erhält demgemäß der RA die Beschwerdegebühr.

Hartmann A 2; Riedel/Sußbauer A 2; Schumann/Geißinger A 3.

Gegenstandswert ist, wenn sich die Beschwerde gegen den Beschluß über **3** die Eröffnung des Konkursverfahrens (§ 109 KO) oder den Beschluß über die Bestätigung eines Zwangsvergleichs (§ 189, § 230 Abs. 2, § 236 KO) richtet und der Auftrag von dem Gemeinschuldner erteilt worden ist, zufolge § 77 Abs. 1 der Betrag der Aktivmasse. Ist der Auftrag von einem Konkursgläubiger erteilt, so ist zufolge § 77 Abs. 2 bei der Beschwerde gegen den Beschluß über die Eröffnung des Konkursverfahrens der Nennwert der Forderung und bei der Beschwerde über die Bestätigung eines Zwangsvergleichs der Wert der Forderung des Gläubigers unter sinngemäßer Anwendung des § 148 KO, also die Zwangsvergleichsquote, die voraussichtlich auf die Forderung entfällt, der Gegenstandswert. Ob der RA seinen Auftraggeber in seiner Eigenschaft als Beschwerdeführer oder als Beschwerdegegner vertritt, ist gleichgültig.

Unter dem Beschluß über die Bestätigung eines Zwangsvergleichs ist auch der verwerfende Beschluß zu verstehen.

Richtet sich die Beschwerde gegen einen Beschluß anderer Art, so ist der Beschwerdewert nach dem Interesse des Beschwerdeführers gemäß § 3 ZPO zu schätzen.

Hartmann A 2; Schumann/Geißinger A 6.

Im Verfahren über Anträge auf Anordnung von Sicherheitsmaßregeln 4 im Falle des § 197 Abs. 2 KO erhält der RA ebenfalls fünf Zehntel der in § 31 bestimmten Gebühren. Nach § 197 Abs. 1 KO hebt die rechtskräftige Verurteilung des Gemeinschuldners wegen betrügerischen Bankrotts für alle Gläubiger den durch den Zwangsvergleich begründeten Erlaß auf, unbeschadet der ihnen durch den Zwangsvergleich gewährten Rechte. Nach § 197 Abs. 2 KO kann das Konkursgericht auf Antrag eines Gläubigers schon vor der rechtskräftigen Verurteilung Sicherheitsmaßregeln anordnen. Es handelt sich also bei einem solchen Antrag um eine Tätigkeit des RA, die erst vorgenommen wird, nachdem durch Abschluß des Zwangsvergleichs und nach dessen rechtskräftiger Bestätigung seine frühere Tätigkeit im Konkursverfahren schon abgeschlossen war.

Riedel/Sußbauer A 3; Schumann/Geißinger A 7.

Der **Gegenstandswert** ist für den RA des Gläubigers, der den Antrag auf **5** solche Sicherheitsmaßregeln stellt, höchstens der Nennbetrag der Forderung oder der etwa geringere Wert der zu sichernden Gegenstände, für den RA des Gemeinschuldners, der zur Abwehr der Maßregeln tätig wird, der Wert der zu sichernden Gegenstände. Das kann auch die gesamte Aktivmasse sein, z. B. wenn in bezug auf sie ein Veräußerungsverbot ergeht. Jedoch bleibt der Wert solcher Gegenstände, die zur Sicherung von Absonderungsrechten dienen, außer Betracht.

Hartmann A 4; Schumann/Geißinger A 11; vgl. auch LG Freiburg KTS 82, 490 und E. Schneider Rpfleger 82, 370.

6 Auch **mehrere selbständige Anträge** gemäß § 76 Nr. 2 begründen nur den Anspruch auf einmalige Gebühren.

> Riedel/Sußbauer A 4; Schumann/Geißinger A 7.

7 Das Verfahren über **einstweilige Anordnungen zur Sicherung der Masse nach § 106 KO** fällt nicht unter § 76 Nr. 2. Vielmehr wird die Tätigkeit des RA in einem solchen Verfahren durch die Gebühr des § 72 abgegolten.

> Schumann/Geißinger A 8.

8 Ermäßigungen der Dreizehntelgebühren des § 76 nach § 32 oder nach § 33 Abs. 1 und 2 erfolgen nicht.

9 Die **Vergleichsgebühr** des § 23 (in Höhe von ¹⁰⁄₁₀) kann in den Verfahren des § 76 entstehen, wenn es zum Abschluß eines Vergleichs i. S. des § 779 BGB kommt und die sonstigen Voraussetzungen des § 23 erfüllt sind.

> Schumann/Geißinger A 5.

§ 77 Gegenstandswert

(1) Die Gebühren der §§ 72 bis 74 sowie des § 76 im Falle der Beschwerde gegen den Beschluß über die Eröffnung des Konkursverfahrens (§ 109 der Konkursordnung) oder den Beschluß über die Bestätigung eines Zwangsvergleichs (§§ 189, 230 Abs. 2, § 236 der Konkursordnung) werden, wenn der Auftrag vom Gemeinschuldner erteilt ist, nach dem Betrage der Aktivmasse (§ 37 des Gerichtskostengesetzes) berechnet.

(2) Ist der Auftrag von einem Konkursgläubiger erteilt, so werden die Gebühren der §§ 72, 73, 75 und die Gebühren im Falle der Beschwerde gegen den Beschluß über die Eröffnung des Konkursverfahrens nach dem Nennwert der Forderung, die Gebühr des § 74 und die Gebühren im Falle der Beschwerde gegen den Beschluß über die Bestätigung eines Zwangsvergleichs nach dem Wert der Forderung des Gläubigers unter sinngemäßer Anwendung des § 148 der Konkursordnung berechnet. Nebenforderungen sind mitzurechnen.

1 Allgemeines. § 77 bestimmt in Abs. 1 den Gegenstandswert für die Gebühren des RA als Vertreter des Gemeinschuldners. In Abs. 2 wird der Gegenstandswert für die Gebühren des RA als Vertreter eines Gläubigers geregelt.

§ 77 trifft keine Bestimmung über den Gegenstandswert bei sonstigen – in § 77 nicht erwähnten – Beschwerden und für die Gebühr des § 76 Nr. 2.

Drei verschiedene Gegenstandswerte sind in § 77 vorgesehen.

2 Der **Betrag der Aktivmasse.** Nach ihm werden die Gebühren des RA in allen Fällen berechnet, in denen er den **Gemeinschuldner vertritt**, nämlich die Gebühr für das Eröffnungsverfahren des § 72, die Gebühr für die Vertretung im Konkursverfahren des § 73, die Gebühr für das Zwangsvergleichsverfahren des § 74 und die Beschwerdegebühren des § 76 Nr. 1, wenn sich die Beschwerde gegen den Beschluß über die Eröffnung des Konkursverfahrens oder den Beschluß über die Bestätigung eines Zwangsvergleichs richtet. Das gilt nicht nur dann, wenn der Gemeinschuldner gegen die Eröffnung des Konkursverfahrens Beschwerde einlegt, sondern auch dann, wenn er sich im

Verfahren über die Beschwerde eines Gläubigers gegen die Ablehnung des Eröffnungsantrags als Beschwerdegegner durch einen RA vertreten läßt.

Hartmann A 2; Riedel/Sußbauer A 3; Schumann/Geißinger A 3; Stuttgart NJW 54, 1853.

Zur Aktivmasse gehört das gesamte der Zwangsvollstreckung unterliegende Vermögen, das dem Konkursschuldner zur Zeit der Konkurseröffnung gehört (§ 1 KO) einschl. Früchten, Nutzungen, Zinsen.

Riedel/Sußbauer A 4; Schumann/Geißinger A 4.

Aus dem in § 77 Abs. 1 herangezogenen § 37 GKG folgt, daß bei der Berechnung der Aktivmasse nach § 37 Abs. 1 S. 2 GKG Gegenstände, die zur abgesonderten Befriedigung dienen, nur in Höhe des für diese nicht erforderlichen Betrags angesetzt werden, und daß nach § 37 Abs. 3 GKG für die Berechnung der Masse die Zeit der Beendigung des Verfahrens maßgebend ist. Massekosten und Masseschulden werden nicht abgesetzt.

Riedel/Sußbauer A 4; Schumann/Geißinger A 4.

Der Aussonderung unterliegende Gegenstände (§§ 43 bis 46 KO) gehören überhaupt nicht zur Aktivmasse.

Endet der Auftrag des RA vor der Beendigung des Konkursverfahrens, so ist für seine Tätigkeit der Wert z. Z. der Beendigung seiner Tätigkeit maßgebend.

Riedel/Sußbauer A 5.

§ 37 Abs. 2 GKG, wonach, wenn die Aktivmasse höher ist als die Schuldenmasse, der Betrag der Schuldenmasse maßgebend ist, ist anwendbar. § 77 erwähnt zwar ausdrücklich nur die Aktivmasse. Aber auch die Anführung des § 37 GKG besagt, daß sich der Gegenstandswert nach der Schuldenmasse richten soll, wenn diese niedriger ist.

Hartmann A 1 B; Riedel/Sußbauer A 5; Schumann/Geißinger A 9.

Es besteht kein Anlaß, den Gegenstandswert für die Gebühren des Anwalts des Gemeinschuldners höher anzunehmen als den Gegenstandswert für die Berechnung der Gerichtskosten.

Der **Nennwert der Forderung** des Gläubigers (einschließlich Zinsen und **3** Kosten bis zur Konkurseröffnung) ist maßgebend, wenn der **Vertretungsauftrag** von einem **Konkursgläubiger** erteilt worden ist. Nach ihm werden berechnet: die Gebühr des § 72 für die Vertretung im Eröffnungsverfahren, die Gebühr des § 73 für die Vertretung im Konkursverfahren, die Gebühr des § 75 für die Anmeldung einer Konkursforderung und die Beschwerdegebühr des § 76 Nr. 1, wenn sich die Beschwerde gegen den Beschluß über die Eröffnung des Konkursverfahrens richtet.

Wird der **Konkursantrag nur auf einen Teilbetrag der Forderung ge- 4 stützt,** so ist der geltendgemachte Teilbetrag maßgebend. Der „Nennbetrag" steht im Gegensatz zum „Wert der Forderung unter sinngemäßer Anwendung des § 148 KO". § 77 Abs. 2 will aber nicht sagen, daß der Gesamtbetrag der Forderung maßgebend sein soll, wenn nur ein Teilbetrag geltend gemacht wird. § 77 Abs. 2 stellt keine dahingehende Vorschrift dar.

Schumann/Geißinger A 13;
a. M. Riedel/Sußbauer A 9 (die gesamte Forderung ist maßgebend).

5 Bei der **Forderungsanmeldung** ist ebenfalls nur der angemeldete Teilbetrag für die Gebühr des § 75 maßgebend.

Hatte der RA den Auftrag, die ganze Forderung anzumelden, und ist auf seinen Rat nur ein Teilbetrag angemeldet worden, so hat der RA den Anspruch auf die Ratsgebühr des § 20 nach dem Werte des nicht angemeldeten Teilbetrags.

Schumann/Geißinger A 13.

6 Meldet ein **Absonderungsberechtigter** zunächst den Gesamtbetrag seiner Forderung als Ausfallforderung an, so ist dieser für die Berechnung der Gebühr des § 75 maßgebend. Macht er nur die Ausfallforderung geltend, so ist diese der Gegenstandswert. Ist die ganze Forderung angemeldet worden und ergibt sich später ein Ausfall in geringerer Höhe, so berechnen sich die Gebühren bis zu diesem Zeitpunkt nach dem Nennbetrag der ganzen Forderung, von der Ermittlung des geringeren Ausfalls ab nur nach der Höhe des Ausfalls.

Riedel/Sußbauer A 10; Schumann/Geißinger A 14.

7 Der **Wert der Forderung des Gläubigers unter sinngemäßer Anwendung des § 148 KO** ist der Gegenstandswert bei Vertretung eines Konkursgläubigers im Zwangsvergleichsverfahren (§ 74) und im Beschwerdeverfahren, wenn sich die Beschwerde gegen den Beschluß über die Bestätigung eines Zwangsvergleichs richtet.

Das gilt auch dann, wenn der Gemeinschuldner Beschwerdeführer ist.

Hartmann A 3 B; Riedel/Sußbauer A 11.

§ 148 KO bestimmt, daß der Wert mit Rücksicht auf das Verhältnis der Teilungs- zur Schuldenmasse von dem Gericht nach freiem Ermessen festzusetzen ist.

Es ist also die auf die Forderung voraussichtlich entfallende Konkursdividende von dem Gericht nach § 3 ZPO zu ermitteln.

Riedel/Sußbauer A 11; Schumann/Geißinger A 15; BGH NJW 64, 1229.

Im Streitfall erfolgt die Festsetzung nach § 10.

Hartmann A 3 B; Riedel/Sußbauer A 12.

Für die Höhe dieser Konkursdividende ist die pflichtgemäße, hinreichend glaubhaft gemachte Erklärung des Konkursverwalters entscheidend. Nach dieser Erklärung hat das Gericht die voraussichtliche Konkursdividende und damit den Wert der Forderung zu schätzen.

8 **Nebenforderungen,** also besonders Zinsen und Kosten, sind nach § 77 Abs. 2 S. 2 bei der Ermittlung der Forderung des Gläubigers sowohl dann, wenn ihr Nennbetrag, als auch dann, wenn nur die auf sie entfallende Konkursdividende den Gegenstandswert bildet, wie auch sonst im Zwangsvollstreckungsverfahren, mitzurechnen. Zinsen sind nur bis zur Konkurseröffnung zu bewerten. Kosten, die im Konkursverfahren nicht erstattet werden, sind ebenfalls außer Betracht zu lassen.

Riedel/Sußbauer A 9; Schumann/Geißinger A 12.

9 Die **allgemeinen Bestimmungen** über den Gegenstandswert **der §§ 7 ff.** gelten an und für sich auch für die Gebühren des RA im Konkursverfahren.

Da sie im 1. Abschnitt enthalten sind, der für alle Verfahrensarten gilt, bedurfte das keiner besonderen Hervorhebung. Jedoch ist § 8 Abs. 1 S. 1, wonach in gerichtlichen Verfahren sich der Gegenstandswert auch für die Rechtsanwaltsgebühren nach den für die Gerichtsgebühren maßgebenden Wertvorschriften bestimmt, insoweit nicht anwendbar, als in § 77 für die Rechtsanwaltsgebühren Sonderbestimmungen für die Berechnung des Gegenstandswerts enthalten sind. Für die **gerichtliche Wertfestsetzung** gilt insoweit § 10.

Hartmann A 3 D; Riedel/Sußbauer A 14.

Der für die Gerichtsgebühren maßgebende Wert gilt auch für die Berech- 10 nung der Anwaltsgebühren, soweit § 77 keine Regelung enthält und auch sonst kein Grund für eine abweichende Bestimmung des Gegenstandswertes besteht. Für die Festsetzung des Gegenstandswertes gilt in diesem Falle § 9.

Riedel/Sußbauer A 14.

Nicht geregelt ist der Gegenstandswert für die in § 77 nicht genannten Beschwerden (z. B. bei Richterablehnung, Beschwerden gegen die Höhe der Vergütung für den Konkursverwalter usw.) und für das Verfahren über Anträge auf Anordnung von Sicherheitsmaßregeln (§ 76 Nr. 2). Vgl. wegen des Gegenstandswertes insoweit die A 3 und 5 zu § 76.

§ 78 Wiederaufnahme des Konkursverfahrens

Das wiederaufgenommene Konkursverfahren ist eine besondere Angelegenheit.

Allgemeines. § 78 bestimmt, daß das wiederaufgenommene Konkursverfah- 1 ren eine besondere Angelegenheit darstellt, also wie ein neues Konkursverfahren zu behandeln ist.

Eine **Wiederaufnahme des Konkursverfahrens** erfolgt nach § 198 KO auf 2 Antrag eines Konkursgläubigers, wenn nach einem Zwangsvergleich der Gemeinschuldner wegen betrügerischen Bankrotts rechtskräftig verurteilt worden ist und genügend Masse vorhanden ist oder ein zur Deckung der in § 58 Nr. 1, 2 KO bezeichneten Massekosten ausreichender Geldbetrag vorgeschossen wird.

Die **Gebühren des Rechtsanwalts** in dem wiederaufgenommenen Konkurs- 3 verfahren bestimmen sich nach den §§ 73 ff. Sie entstehen auch dann nochmals, wenn der RA die gleichen Gebühren bereits in dem früheren Verfahren verdient hat.

Riedel/Sußbauer A 3; Schumann/Geißinger A 1.

Für den **Antrag auf Wiederaufnahme** des Verfahrens ist eine gesetzliche 4 Regelung nicht ausdrücklich vorgesehen. Das Verfahren über den Antrag auf Wiederaufnahme des Konkursverfahrens entspricht jedoch in etwa dem Eröffnungsverfahren. Teilweise (vgl. § 198 Abs. 2 KO) sind sogar Vorschriften des Eröffnungsverfahrens ausdrücklich übernommen. Es ist deshalb angemessen, dem in dem Verfahren auf Wiederaufnahme des Konkursverfahrens tätigen RA die Gebühren des § 72 zuzubilligen.

Riedel/Sußbauer A 8 (soweit der RA nicht die Gebühr des § 73 im früheren Konkursverfahren verdient hat); Schumann/Geißinger A 7; **a. M.** Hartmann A 1 (die Gebühr des § 72 kann nicht anfallen).

Die Gebühr erhält auch der RA, der im vorangegangenen Konkursverfahren die Gebühr des § 73 verdient hat. Ein Antrag auf Wiederaufnahme gehört nicht zum früheren Rechtszug. Mit ihm beginnt vielmehr die neue Angelegenheit. Das gilt für andere Verfahren ausnahmslos (vgl. z. B. § 90). Es besteht deshalb kein Anlaß, im Konkursverfahren das Verfahren über die Wiederaufnahme zum ersten Verfahren zu rechnen.

So aber Riedel/Sußbauer A 7 (Die Gebühr des § 72 fällt nicht an, wenn der RA die Gebühr des § 73 im früheren Verfahren verdient hat).

5 Eine **Gebühr für das Zwangsvergleichsverfahren** nach § 74 kann nicht wieder entstehen, da nach § 175 Nr. 3 KO ein Zwangsvergleich nicht mehr möglich ist.

Schumann/Geißinger A 3.

Dagegen kann die **Beschwerdegebühr** des § 76 Nr. 1 anfallen.

Schumann/Geißinger A 2.

Der RA, der in dem wiederaufgenommenen Verfahren nur beauftragt ist, eine Konkursforderung anzumelden, erhält die Gebühr des § 75.

6 Für das Verfahren auf **Anordnung von Sicherheitsmaßregeln** erhält der RA die Gebühren des § 76 Nr. 2. Da solche Sicherheitsmaßregeln schon vor der Wiederaufnahme des Konkursverfahrens anzuordnen sind, entstehen also die Gebühren des § 76 Nr. 2 in dem wiederaufgenommenen Verfahren selbst nicht. Der RA eines Gläubigers kann die Gebühr des § 76 Nr. 2 nur einmal verdienen.

Schumann/Geißinger A 2.

7 **Der Gegenstandswert.** Soweit gemäß § 77 die Aktivmasse in Betracht kommt, ist von der im Zeitpunkt der Wiederaufnahme vorhandenen Aktivmasse auszugehen. Bereits an die Gläubiger auf Grund des Zwangsvergleichs gezahlte Beträge bleiben abgesetzt. Dagegen gehören Werte, die auf Grund einer Anfechtung gemäß § 199 KO zur Masse zurückkehren, zur Aktivmasse. Ebenso gehört zwischenzeitlich neu erworbenes Vermögen zur Aktivmasse.

Schumann/Geißinger A 4.

Soweit der Betrag der Forderung des Gläubigers gemäß § 77 Abs. 2 den Gegenstandswert bestimmt, ist der Bestand der Forderung im Zeitpunkt der Wiederaufnahme des Konkursverfahrens maßgebend. Bereits erhaltene Zahlungen sind abzusetzen. Die bis zur Wiederaufnahme angefallenen Zinsen und die Kosten des alten Konkursverfahrens können als Neuforderungen (vgl. § 200 Abs. 2 KO) geltend gemacht werden. Sie sind deshalb bei der Bemessung des Gegenstandswertes zu beachten.

§ 79 Eröffnung des Vergleichsverfahrens

Im Verfahren über den Antrag auf Eröffnung des Vergleichsverfahrens zur Abwendung des Konkurses erhält der Rechtsanwalt drei Zehntel der vollen Gebühr; vertritt er einen Gläubiger, so erhält er die Hälfte der vollen Gebühr.

Allgemeines. Die Bestimmung des § 79 sieht eine Gebühr für die Tätigkeit **1** im Verfahren über den Antrag auf Eröffnung des Vergleichsverfahrens vor, die der in § 72 bestimmten Gebühr entspricht. In Übereinstimmung mit der in § 73 für das Konkursverfahren getroffenen Regelung wird damit klargestellt, daß die in § 80 bestimmte Gebühr nur die Tätigkeit nach Eröffnung des Vergleichsverfahrens abgilt.

> Hartmann A 1.

Die **Eröffnung des Vergleichsverfahrens** setzt nach § 2 VerglO einen **2** Eröffnungsantrag des Schuldners voraus, nach dessen Eingang das Gericht nach § 11 VerglO einen vorläufigen Verwalter zu bestellen, nach § 12 VerglO Sicherungsmaßnahmen zu treffen, nach § 14 VerglO die Berufsvertretung zu hören und die erforderlichen Ermittlungen anzustellen hat. Nach § 21 VerglO ist in dem Beschluß über die Eröffnung des Vergleichsverfahrens die Stunde der Eröffnung anzugeben. Nach diesem Zeitpunkte liegende Tätigkeiten des RA werden nach § 80 vergütet.

Die **Gebühren des Rechtsanwalts** in dem Verfahren über den Antrag auf **3** Eröffnung des Vergleichsverfahrens betragen nach § 79, wenn er den Schuldner vertritt, drei Zehntel, wenn er einen Gläubiger vertritt, die Hälfte der vollen Gebühr. Eine Ermäßigung dieser Gebühren bei vorzeitiger Beendigung des Auftrags ist im Gesetz nicht vorgesehen.

Abgegolten durch die Gebühr des § 79 werden alle Tätigkeiten des RA in **4** dem Verfahren über den Eröffnungsantrag bis zur Entscheidung über die Eröffnung des Vergleichsverfahrens. Die Gebühr entsteht – wie üblich – mit der ersten Tätigkeit nach der Auftragserteilung, also in der Regel mit der Informationserteilung. Alle nach diesem Zeitpunkt liegenden Tätigkeiten werden durch die Gebühr des § 79 abgegolten. In Frage kommt insbesondere die Vertretung des Schuldners bei Stellung des Eröffnungsantrags, bei Verhandlung mit den Gläubigern wegen der Abgabe der Zustimmungserklärung zur Eröffnung des Vergleichsverfahrens und mit den Personen, die für die Erfüllung des Vergleichs Sicherheiten übernehmen sollen. Jede auftragsgemäß vorgenommene Tätigkeit des RA begründet den Anspruch auf die Gebühr. Vorbereitungstätigkeiten wie Aufstellen der Gläubiger- und Schuldnerlisten sowie der Vermögensübersicht (vgl. §§ 3 bis 6 VerglO) werden durch die Gebühr des § 79 nicht abgegolten. Insoweit kann der RA Gebühren gemäß § 118 aus einem nach § 8 Abs. 2 zu bestimmenden Gegenstandswert fordern.

> Riedel/Sußbauer A 2; Schumann/Geißinger A 6; Bley/Mohrbutter VerglO A 2 zu § 79 BRAGO (Gebühren nach § 118). Wegen des Umfangs der Tätigkeit Honorarvereinbarung ratsam.

Der RA des Gläubigers verdient die Gebühr, wenn er auftragsgemäß zu dem Vergleichsvorschlag Stellung nimmt.

Vertritt der RA im Eröffnungsverfahren nichtbeteiligte außenstehende Gläubiger oder Gläubiger minderberechtigter Forderungen, erhält er für seine Tätigkeit ebenfalls die Gebühr des § 79.

Bley/Mohrbutter VerglO A 3 zu § 79 BRAGO.

Ist der RA nur mit der Beratung beauftragt, so erhält er die Gebühr des § 20, nicht die des § 79. Neben der Gebühr des § 79 entsteht keine Beratungsgebühr. Wird der RA nach der Ratserteilung mit der Vertretung im Eröffnungsverfahren beauftragt, geht die Gebühr des § 20 in der Gebühr des § 79 auf.

Riedel/Sußbauer A 2; Schumann/Geißinger A 4.

Abgegolten wird auch das Verfahren über die Eröffnung des Konkursverfahrens, über die bei Ablehnung der Eröffnung des Vergleichsverfahrens nach § 19 VerglO von Amts wegen zu entscheiden ist, so daß die Gebühr des § 72 nicht neben der des § 79 entstehen kann. Ist aber der Antrag auf Eröffnung des Konkursverfahrens schon vorher gestellt oder hat der Schuldner danach Eröffnung des Vergleichsverfahrens beantragt, und ist die Entscheidung über die Eröffnung des Konkursverfahrens nach § 46 VerglO ausgesetzt worden, so ist die Gebühr des § 72 bereits entstanden und tritt zu der des § 79 hinzu.

Hartmann A 2; Bley/Mohrbutter VerglO A 2 zu § 79 BRAGO.

5 Der **Gegenstandswert** für die Gebühren des § 79 ergibt sich aus § 81.

6 Außergerichtliche Sanierungsverhandlungen. Solange kein Auftrag zur Vertretung im Verfahren über die Eröffnung des Vergleichsverfahrens erteilt ist, richten sich die Gebühren für außergerichtliche Sanierungsverhandlungen nach § 118.

Riedel/Sußbauer A 4; Schumann/Geißinger A 10; Bley/Mohrbutter VerglO A 5 zu § 79 BRAGO.

Führen die Verhandlungen zu einem Erfolg, entsteht außerdem die Vergleichsgebühr des § 23.

Riedel/Sußbauer A 4.

Der Gegenstandswert bemißt sich für die RAe der Gläubiger nach dem Betrag der Forderungen, die von ihren Auftraggebern geltend gemacht werden, für den RA des Schuldners gemäß §§ 8 Abs. 1 S. 2, 77 i. Verb. mit § 37 GKG nach der Aktivmasse.

Bley/Mohrbutter VerglO A 5 zu § 79 BRAGO; BGH JurBüro 71, 52 = MDR 70, 755;
a. M. Schumann/Geißinger A 11, 12 (Gesamtbetrag der Schulden).

Der Schuldner will im Regelfall nicht mit jedem Gläubiger eine Angelegenheit betreiben, wie andererseits die Gläubiger nur dann zu einem Entgegenkommen bereit sein werden, wenn alle Gläubiger an der Sanierung teilnehmen. Es wird hiernach im Regelfall eine Angelegenheit betrieben, wobei allerdings dem Schuldner mehrere Gläubiger gegenüberstehen. Enden die außergerichtlichen Sanierungsverhandlungen mit einem Vergleich, so erwächst für den RA des Schuldners nur eine einheitliche Vergleichsgebühr aus dem Gesamtbetrag aller Forderungen. Auch dann, wenn die Vergleiche mit den einzelnen Gläubigern getrennt geschlosen werden, liegen im Regelfall nicht mehrere Vergleiche vor, die jeweils eine eigene Vergleichsgebühr erwachsen lassen. Es sind in diesen Vergleichen vielmehr Teilvergleiche in einer

Angelegenheit zu sehen, die gebührenmäßig zu einem Vergleich zusammengefaßt werden.

Schumann/Geißinger A 11; Bley Mohrbutter VerglO A 5 zu § 79 BRAGO; **a. M.** München NJW 56, 1801.

Scheitern die Sanierungsverhandlungen und kommt es anschließend zu einem Vergleichs- oder Konkursverfahren, ist zweifelhaft, ob die Geschäftsgebühr des § 118 gemäß § 118 Abs. 2 auf die Gebühren des nachfolgenden Vergleichs- oder Konkursverfahrens anzurechnen ist. Die Frage wird zu bejahen sein.

Riedel/Sußbauer A 4; **a. M.** Schumann/Geißinger A 12; Bley/Mohrbutter VerglO A 5 zu § 79 BRAGO.

Es ist jedoch auch möglich, daß der Schuldner seinem Anwalt Einzelaufträge erteilt. Das wird dann insbes. in Frage kommen, wenn der Schuldner den einzelnen Gläubigern verschiedenartige Vorschläge unterbreiten will. Dann werden die Gebühren je Einzelauftrag nach dem Gegenstand der Forderung des einzelnen Gläubigers abgerechnet.

§ 80 Vertretung im Vergleichsverfahren, Beschwerdeverfahren, Sicherungsmaßregeln

(1) Für die Vertretung im Vergleichsverfahren zur Abwendung des Konkurses erhält der Rechtsanwalt eine volle Gebühr. Er erhält nur eine halbe Gebühr, wenn seine Tätigkeit vor dem Vergleichstermin beendet ist.

(2) Der Rechtsanwalt erhält besonders fünf Zehntel der vollen Gebühr

1. im Beschwerdeverfahren;

2. im Verfahren über Anträge auf Anordnung von Sicherungsmaßregeln (§ 88 Abs. 2 der Vergleichsordnung).

Übersicht über die Anmerkungen

Madert

1 Allgemeines. Die Gebührenregelung für Tätigkeiten des RA im Vergleichsverfahren entspricht in etwa der Regelung für Tätigkeiten im Konkursverfahren.

Im Eröffnungsverfahren fallen die Gebühren der §§ 72 und 79 an.

Für die Tätigkeit ab Eröffnung erhält der RA einerseits die Gebühren der §§ 73, 74, andererseits die Gebühr des § 80 Abs. 1.

Für das Beschwerdeverfahren und die Anordnung von Sicherheitsmaßregeln finden sich die Gebühren in den §§ 76 und 80 Abs. 2.

2 Das **Vergleichsverfahren** beginnt mit dem Eröffnungsbeschluß, in dem nach § 21 VerglO die Stunde der Eröffnung anzugeben ist. Es endet mit der Aufhebung – §§ 90, 91, 96 VerglO –, mit der rechtskräftigen Einstellung – §§ 99, 100 VerglO – oder mit der rechtskräftigen Versagung der Bestätigung – §§ 80, 81, 101 VerglO.

3 Die **Gebühr des Rechtsanwalts** für seine Tätigkeit im Vergleichsverfahren ist die volle Gebühr, nicht wie im Konkursverfahren nach § 73 nur eine halbe Gebühr. Sie erwächst für den RA des Gläubigers in gleicher Weise wie für den RA des Schuldners (nur der Gegenstandswert ist verschieden, aus dem die Gebühr berechnet wird; vgl. § 81). Die Gebühr gilt die gesamte Tätigkeit von dem im Eröffnungsbeschluß angegebenen Zeitpunkt bis zur Beendigung des Verfahrens ab, besonders auch die Vertretung im Vergleichstermin, bei der Anmeldung von Forderungen, dem Beistand bei der Abgabe der eidesstattlichen Versicherung durch den Schuldner (§ 69 VerglO), die Vertretung bei der Abstimmung, im Bestätigungs- und Überwachungsverfahren, in dem nach § 96 VerglO fortgesetzten Verfahren und im Einstellungsverfahren. Die Vergleichsgebühr des § 23 entsteht daneben nicht.

Hartmann A 1; Riedel/Sußbauer A 6; Schumann/Geißinger A 9; Bley/Mohrbutter VerglO A 2–4 zu § 80 BRAGO.

Sondergebühren sind nur für das Beschwerdeverfahren und für das Verfahren über Anträge auf Anordnung von Sicherungsmaßregeln in § 80 Abs. 2 vorgesehen. Die Gebühr ist eine Pauschgebühr und gilt deshalb die Tätigkeit des RA ohne Rücksicht auf ihren Umfang ab. Der Anspruch auf die Gebühr entsteht durch jede auftragsgemäß nach der Eröffnung des Vergleichsverfahrens vorgenommene Tätigkeit.

Die Tätigkeit in der Zeit der „vereinbarten Überwachung" nach Aufhebung des Vergleichsverfahrens gemäß § 91 VerglO wird nicht durch die Gebühr des § 80 abgegolten. Maßgebende Gebührenvorschrift ist der § 118.

Bley/Mohrbutter VerglO Anm. 2 zu § 80 BRAGO.

Die Tätigkeit als Mitglied des Gläubigerbeirats wird durch die Vergütung des § 13 der VergütungsVO abgegolten.

Vgl. Anhang C Nr. 7.

4 Endet aber **die Tätigkeit vor dem Vergleichstermin,** so erhält der RA nach § 80 Abs. 1 S. 2 nur eine halbe Gebühr. Der Vergleichstermin ist nach § 20 VerglO im Eröffnungsbeschluß zu bestimmen. In ihm wird nach § 66 VerglO über den Vergleichsvorschlag verhandelt und nach § 74 VerglO abgestimmt. Maßgebend ist der Aufruf zum ersten Termin, auch wenn dieser alsbald vertagt wird.

Ob der RA den Termin wahrnimmt, ist ohne Bedeutung. Die Ermäßigung der Gebühr tritt nur dann ein, wenn seine Tätigkeit vor Aufruf des Termins beendet ist.

Hartmann A 1; Riedel-Sußbauer A 8; Schumann-Geißinger A 6; Bley/Mohrbutter VerglO A 4 zu § 80 BRAGO.

Dieser Fall liegt besonders dann vor, wenn der Vergleichsantrag vor dem Termin zurückgenommen wird oder wenn der RA eines Gläubigers nach § 73 VerglO schriftlich die Zustimmung zum Vergleichsvorschlag erklärt und in dem Termin nicht auftritt, wobei sich Auftraggeber und RA einig sind, daß sich damit der Auftrag des RA erledigt hat. Etwas anderes gilt, wenn der RA in dem Verfahren weiter tätig bleibt und nur ein Erscheinen im Vergleichstermin nicht für geboten erachtet.

Die volle Gebühr entsteht auch dann, wenn die Tätigkeit des RA erst nach dem Termin beginnt.

Hartmann A 1; Riedel-Sußbauer A 8; Schumann-Geißinger A 6.

Bei **Tätigkeit** des RA **im Eröffnungsverfahren und im Vergleichsver- 5 fahren** selbst erhält er sowohl die Gebühr des § 79 als die des § 80.

Für **Einzelaufträge** sind keine ermäßigten Gebühren vorgesehen. Der RA 6 erhält also auch bei einer Einzeltätigkeit, z. B. der Wahrnehmung des Vergleichstermins als Beistand des Gläubigers, die Gebühr des § 80.

Riedel-Sußbauer A 2; Bley/Mohrbutter VerglO A 2 zu § 80 BRAGO.

Jedoch kann nach § 13 Abs. 6 der mit Einzeltätigkeiten beauftragte RA nicht mehr berechnen als der mit der Vertretung im allgemeinen beauftragte RA.

Schumann-Geißinger A 10.

Vertritt der RA nichtbeteiligte Gläubiger, wird seine Tätigkeit ebenfalls durch 7 die Gebühr des § 80 abgegolten. Nichtbeteiligte Gläubiger sind auf Antrag im Vergleichstermin zu hören, § 66 Abs. 2 VerglO, ebenso im Ermächtigungsverfahren zur Abwicklung gegenseitiger Verträge, § 50 Abs. 2 VerglO.

Bley/Mohrbutter VerglO A 4 zu § 80 BRAGO; vgl. aber Riedel-Sußbauer A 5.

Im **Beschwerdeverfahren** erhält der RA nach § 80 Abs. 2 Nr. 1 eine eigene 8 Gebühr in Höhe von fünf Zehnteln der vollen Gebühr. Anders als in § 76 Nr. 1 sind also nicht fünf Zehntel der in § 31 Abs. 1 bestimmten Gebühren vorgesehen. Die Beschwerdegebühr entsteht daher auch dann nur einmal, wenn in dem Beschwerdeverfahren mündlich verhandelt oder Beweis erhoben wird.

Wohl aber entsteht bei mehreren selbständigen Beschwerdeverfahren der Anspruch auf die Fünfzehntelgebühr des § 80 Abs. 2 Nr. 1 in jedem Beschwerdeverfahren neu.

Hartmann A 2; Riedel-Sußbauer A 11; Schumann-Geißinger A 12; Bley/Mohrbutter VerglO A 8 zu § 80 BRAGO.

Auch die Beschwerde gegen die Eröffnung oder die Ablehnung der Eröffnung des Konkursverfahrens (§ 19 Abs. 2 VerglO) ist eine Beschwerde im Vergleichsverfahren, für welche die Gebühr des § 80 Abs. 2 Nr. 1, nicht aber die Gebühr nach § 76 Abs. 1 Nr. 1 entsteht.

Hartmann A 2; Riedel-Sußbauer A 10; Schumann-Geißinger A 12; vgl. auch Bley/Mohrbutter VerglO A 8 zu § 80 BRAGO.

9 Im **Verfahren über Anträge auf Anordnung von Sicherungsmaßregeln** nach § 88 Abs. 2 VerglO erhält der RA nach § 80 Abs. 2 Nr. 2 ebenfalls fünf Zehntel der vollen Gebühr besonders. Es entsteht auch hier die Fünfzehntelgebühr nur einmal.

> Riedel/Sußbauer A 13.

§ 88 Abs. 1 VerglO bestimmt, daß der Vergleich für alle von ihm betroffenen Gläubiger, unbeschadet der ihnen durch den Vergleich gewährten Rechte, seine Wirkung verliert, wenn der Schuldner wegen vorsätzlich falsch abgegebener eidesstattlicher Versicherung nach § 3 Abs. 4 oder nach § 69 Abs. 2 VerglO oder im Zusammenhang mit dem Vergleichsverfahren wegen betrügerischen Bankrotts rechtskräftig verurteilt wird. Nach § 88 Abs. 2 VerglO kann auf Antrag eines von dem Vergleich betroffenen Gläubigers das Gericht, bei dem das Vergleichsverfahren anhängig ist oder anhängig war, auch schon vor der rechtskräftigen Verurteilung des Schuldners Sicherungsmaßregeln, insbesondere Verfügungsbeschränkungen nach Maßgabe der §§ 59 bis 65 VerglO, anordnen.

> Riedel/Sußbauer A 13; Schumann/Geißinger A 13; Bley/Mohrbutter VerglO A 9 zu § 80 BRAGO.

Der Anspruch auf die Gebühr des § 80 Abs. 2 Nr. 2 entsteht, sobald der RA den Auftrag erhalten hat, einen solchen Antrag zu stellen, und in Ausführung dieses Auftrags tätig geworden ist. Für den RA des Schuldners entsteht er dadurch, daß er in dessen Auftrag zwecks Abwehr der beantragten Maßregeln tätig wird. Wird ein Antrag abgelehnt und später ein neuer gestellt, so entsteht die Gebühr nur einmal.

> Riedel/Sußbauer A 13; Schumann/Geißinger A 15; Bley/Mohrbutter VerglO A 9 zu § 80 BRAGO.

Sicherungsmaßnahmen, die nicht nach § 88 Abs. 2 VerglO getroffen werden, z. B. Verfügungsbeschränkungen auf Grund von §§ 58, 59 VerglO, fallen nicht unter § 80 Abs. 2 Nr. 2.

10 **Der Gegenstandswert** richtet sich nach § 81, hilfsweise nach den Vorschriften, die für die Berechnung der Gerichtskosten maßgebend sind. Vgl. hierzu die A zu § 81.

11 Bei **Überleitung des Vergleichsverfahrens in das Konkursverfahren** (§ 102 VerglO) entstehen für die weitere Tätigkeit des RA im Anschlußkonkurs die für das Konkursverfahren vorgeschriebenen Gebühren (aber nicht die Gebühren des § 72). Die im Vergleichsverfahren entstandenen Gebühren werden nicht angerechnet.

> Hartmann A 1; Riedel/Sußbauer A 6 bis 8 zu § 72; Schumann/Geißinger A 11; Bley/Mohrbutter VerglO A 7 zu § 80 BRAGO.

12 Für die **Zwangsvollstreckung** aus dem Vergleich entstehen die Gebühren des § 57 besonders.

> Hartmann A 1; Riedel/Sußbauer A 3; Schumann/Geißinger A 5.

13 Für ein **außergerichtliches Vergleichsverfahren** gilt § 80 nicht. In ihm bestimmen sich die Gebühren des RA nach § 118. Kommt es bei diesen außergerichtlichen Sanierungsverhandlungen unter Mitwirkung des RA zu einem Vergleich, so entsteht die Vergleichsgebühr des § 23.

> Vgl. hierzu A 6 zu § 79.

Die Tätigkeit des RA während der **außergerichtlichen Überwachung** nach 14
Aufhebung des Vergleichsverfahrens wird nicht durch die Gebühr des § 80,
sondern durch die Gebühren des § 118 abgegolten.

Riedel/Sußbauer A 3; Nürnberg JurBüro 73, 936 = MDR 73, 135.

§ 81 Gegenstandswert

**Die Gebühren der §§ 79 und 80 werden bei der Vertretung des
Schuldners nach dem Betrag der Aktiven (§ 36 des Gerichtskostengesetzes) berechnet. Bei der Vertretung eines Gläubigers werden die
Gebühr des § 79 nach dem Nennwert der Forderung und die Gebühren
des § 80 nach dem Wert der Forderung unter sinngemäßer Anwendung
des § 148 der Konkursordnung berechnet. Nebenforderungen sind
mitzurechnen.**

Allgemeines. Die Vorschrift entspricht der Vorschrift des § 77 für das 1
Konkursverfahren.

Der Gegenstandswert für die Gebühren des Schuldnervertreters richtet sich
nach den Aktiven, wird aber nach oben begrenzt durch den geringeren
Gesamtbetrag der Forderungen.

Hartmann A 2; Celle NdsRpfl. 63, 107 = NJW 63, 1017.

Der Gegenstandswert für die Gebühren des Gläubigervertreters richtet sich in
gleicher Weise teils nach dem Nennwert, teils nach dem wirtschaftlichen Wert
der Forderung.

Wie in § 77 fehlen Vorschriften für den Gegenstandswert gewisser Beschwerden.

Bei der **Vertretung des Schuldners** ist für sämtliche Gebühren im Ver- 2
gleichsverfahren der Betrag der Aktivmasse maßgebend. Aus der Anführung
des § 36 GKG ergibt sich, daß der Wert der Aktiven aus sämtlichen Vermö-
gensgegenständen des Schuldners besteht, daß aber nach § 36 Abs. 1 S. 2
GKG Gegenstände, die zur abgesonderten Befriedigung dienen, nur in Höhe
des für diese nicht erforderlichen Betrags angesetzt werden. Die Aktiven
ergeben sich aus der mit dem Vergleichsantrag einzurechnenden Vermögensübersicht (§ 5 VerglO). Maßgebend sind die wirklichen Werte, nicht die vom
Schuldner etwa abweichend angegebenen. Grundstücke sind mit dem Verkehrswert anzusetzen.

Riedel/Sußbauer A 3; Schumann/Geißinger A 2; Bley/Mohrbutter VerglO Anm. 2
zu § 81 BRAGO.

§ 36 Abs. 2 GKG, wonach dann, wenn der Wert der Aktiven den Gesamtbetrag der Forderungen der am Verfahren beteiligten Gläubiger übersteigt, der
geringere Gesamtbetrag der Forderungen maßgebend ist, ist ebenfalls anwendbar. Persönliche Forderungen eines Absonderungsberechtigten sind voll
anzusetzen.

Hartmann A 2; Riedel/Sußbauer A 4; Schumann/Geißinger A 5; Bley/Mohrbutter
VerglO A 2 zu § 81 BRAGO.

Bestrittene Forderungen sind mit dem nach § 87 Abs. 1 VerglO festgesetzten
Betrag zu bewerten.

Madert　　　925

Schumann/Geißinger A 6; Bley/Mohrbutter VerglO A 2 zu § 81 BRAGO;
a. M. Riedel/Sußbauer A 4 (voller Betrag).

Die Bestimmung des § 36 Abs. 1 S. 1 GKG, daß der Betrag der Aktivmasse
zur Zeit der Stellung des Antrags auf Eröffnung des Verfahrens maßgebend
ist, gilt ohne Einschränkung sowohl für die Gebühr des § 79 wie auch für die
Gebühren des § 80.

Riedel/Sußbauer A 3; Bley/Mohrbutter VerglO A 2 zu § 81 BRAGO;
a. M. Schumann/Geißinger A 4 (spätere Werterhöhungen sind zu beachten).

Dadurch, daß bei der Berechnung der Gebühren für die Vertretung des
Schuldners der Wert der gesamten Aktiven zugrunde gelegt wird, wird dem
Umstand Rechnung getragen, daß dabei ein größerer Arbeitsaufwand ent-
steht als bei der Vertretung eines Gläubigers.

3 Bei **Vertretung eines Gläubigers** ist nach § 81 S. 2 für die Gebühr des § 79
der Nennwert der Forderung, für die Gebühren des § 80, also auch für die
Gebühren des Beschwerdeverfahrens und des Verfahrens über Anträge auf
Anordnung von Sicherungsmaßregeln, der Wert der Forderung unter sinngemäßer Anwendung des § 148 KO, also die voraussichtlich darauf entfallende
Vergleichsquote, maßgebend. Nebenforderungen sind nach § 81 S. 3 mitzurechnen.

Riedel/Sußbauer A 6; Schumann/Geißinger A 8; Bley/Mohrbutter VerglO A 3 zu
§ 81 BRAGO.

Beim treuhänderischen Liquidationsvergleich steht zur Verteilung die Liqui-
dationsmasse zur Verfügung. Von ihrem Wert sind die voll zu befriedigenden
Forderungen abzusetzen. Der verbleibende Rest ist zum Gesamtbetrag der
Forderungen der Vergleichsgläubiger in Verhältnis zu setzen.

Bley/Mohrbutter VerglO A 3 zu § 81 BRAGO.

4 **Vertritt der Rechtsanwalt eine andere Person** als den Schuldner oder
einen Gläubiger, so gilt § 81 nicht. Z. B. ist bei Beschwerden des Vergleichsverwalters gegen die Festsetzung eines Zwangsgeldes nach § 41 VerglO der
Betrag des Zwangsgeldes, für Beschwerden gegen die Festsetzung der Höhe
seiner Vergütung der Betrag der begehrten Erhöhung oder Herabsetzung
maßgebend.

Riedel/Sußbauer A 7; Bley/Mohrbutter VerglO A 6 zu § 81 BRAGO.

5 **Beschwerden.** Betrifft die Tätigkeit des RA im Beschwerdeverfahren das
Vergleichsverfahren an sich, so richtet sich der Gegenstandswert nach § 81.

Bley/Mohrbutter VerglO A 4 zu § 81 BRAGO.

6 **Sicherungsmaßregeln.** Betrifft die Tätigkeit die Vertretung des antragstellenden Gläubigers, so richtet sich der Gegenstandswert nach dem in sinngemäßer Anwendung des § 148 KO ergebenden Wert der Forderung des Gläubigers. Bei einer Vertretung des Schuldners richtet sich der Gegenstandswert
nach dem in Anspruch genommenen Vermögen.

Vgl. Schumann-Geißinger A 10; Bley/Mohrbutter VerglO A 5 zu § 81 BRAGO.

7 Wegen **weiterer Einzelheiten** vgl. die Anmerkungen zu § 77.

§ 81a Seerechtliches Verteilungsverfahren

(1) Im Verfahren nach der Seerechtlichen Verteilungsordnung gelten § 72 erster Halbsatz, §§ 73, 75 entsprechend. § 77 gilt entsprechend mit der Maßgabe, daß an die Stelle der Aktivmasse die festgesetzte Haftungssumme tritt.

(2) Der Rechtsanwalt erhält besonders drei Zehntel der in § 31 bestimmten Gebühren:

1. im Verfahren über eine Beschwerde (§ 3 Abs. 2 der Seerechtlichen Verteilungsordnung) oder über eine Erinnerung (§ 12 Abs. 2, 4 der Seerechtlichen Verteilungsordnung);
2. im Verfahren über Anträge auf Aufhebung von Vollstreckungsmaßregeln (§ 8 Abs. 5 der Seerechtlichen Verteilungsordnung);
3. im Verfahren über Anträge auf Zulassung der Zwangsvollstreckung, soweit diese auf § 17 Abs. 4 der Seerechtlichen Verteilungsordnung gestützt werden.

Die Vorschriften der §§ 32, 33 Abs. 1 und 2 gelten nicht.

Allgemeines. Die §§ 486 ff. HGB sehen vor, daß die Haftung des Reeders **1** und der ihm gleichgestellten Person für bestimmte Ansprüche durch ein gerichtliches Verteilungsverfahren beschränkt werden kann. Das Verfahren richtet sich nach der Seerechtlichen Verteilungsordnung.

Jeder Schuldner, der nach materiellem Recht beschränkbar haftet, kann die Festsetzung der Haftungssumme durch das Verteilungsgericht beantragen. Nach der Einzahlung bzw. Sicherstellung der Haftungssumme wird vor dem Gericht das Verteilungsverfahren eröffnet. Durch die Eröffnung wird die Haftung aller Schuldner, die aus dem gleichen Ereignis beschränkbar haften, beschränkt.

Die Gläubiger werden in einem konkursähnlichen Verfahren befriedigt. Es findet ein Aufgebot der Gläubiger und der nicht antragstellenden Schuldner statt. In einem Prüfungstermin werden die angemeldeten Ansprüche behandelt. Bei Widerspruch gegen die Teilnahmeberechtigung ist der Streit in einem Rechtsstreit auszutragen.

Vertritt der RA den antragstellenden oder einen anderen Schuldner im **2** **Eröffnungsverfahren,** erhält er nach § 72 drei Zehntel der vollen Gebühr aus dem Wert der festgesetzten Haftungssumme.

Der Gläubiger wird am Eröffnungsverfahren nicht beteiligt.

Verteilungsverfahren. Vertritt der RA einen Schuldner oder einen Gläubi- **3** ger, erhält er gemäß § 73 die Hälfte der vollen Gebühr. Die Gebühr gilt die gesamte Tätigkeit im Verteilungsverfahren ab, beginnend mit der Entgegennahme der Information über die Anmeldung, Prüfung und Feststellung der Ansprüche, die Erhebung von Widersprüchen bis zur Vertretung bei der Verteilung einschl. etwaiger Nachtragsverteilungen.

Eine Ermäßigung der Gebühr des § 73 bei vorzeitiger Erledigung findet nicht statt. § 73 verweist nicht auf § 31 und damit auch nicht auf die §§ 32, 33.

Riedel/Sußbauer A 6; Schumann/Geißinger A 3; **a.M.** Hartmann A 2 B.

Anmeldung. Beschränkt sich die Tätigkeit auf die Anmeldung einer Forde- **4** rung, so erhält er gemäß § 75 nur drei Zehntel der vollen Gebühr.

5 Der **Gegenstandswert** ist entsprechend § 77 mit der Maßgabe zu berechnen, daß an die Stelle der Aktivmasse die festgesetzte Haftungssumme tritt.

Bei der Vertretung des Schuldners ist sonach die Haftungssumme, höchstens der Betrag sämtlicher Forderungen, maßgebend. Bei der Vertretung eines Gläubigers richtet sich der Gegenstandswert nach dem Nennbetrag der Forderung zuzüglich der Nebenansprüche bis zum Tag vor der Eröffnung des Verteilungsverfahrens.

Riedel/Sußbauer A 12.

6 Die **Gebühren des Abs.** 2 sind drei Zehntel der Gebühren des § 31 Abs. 1. Der RA erhält also eine Prozeßgebühr. Daneben können die Verhandlungs- und die Beweisgebühr entstehen. Eine Ermäßigung dieser Gebühren gemäß §§ 32, 33 findet nicht statt. Auch die Erörterungsgebühr kann u. U. statt der Verhandlungsgebühr anfallen, aber ebenfalls nur in Höhe von ³⁄₁₀.

Die Beschwerdegebühren entstehen bei Beschwerden nach § 3 Abs. 2 und § 12 Abs. 1 der VerteilungsO.

Hartmann A 3 B; Schumann/Geißinger A 5.

Über mehrere Erinnerungen (§ 12 Abs. 2, 4 der VerteilungsO) ist in einem einheitlichen Verfahren gleichzeitig zu entscheiden. Die Gebühren entstehen deshalb nur einmal. Weitere Gebühren entstehen in dem Verfahren über Anträge auf Aufhebung von Vollstreckungsmaßregeln gemäß § 8 Abs. 4 VerteilungsO und im Verfahren über Anträge auf Zulassung der Zwangsvollstreckung, soweit diese auf § 17 Abs. 4 VerteilungsO gestützt werden.

Der RA, der mit Tätigkeiten gemäß Abs. 2 beauftragt ist, erhält diese Gebühren neben den Gebühren des Abs. 1, falls er auch insoweit Auftrag hat.

Der RA, der nur mit Tätigkeiten gemäß Abs. 2 beauftragt ist, erhält nur die Gebühren des Abs. 2.

Anträge gemäß § 8 Abs. 3 VerteilungsO werden nicht durch die Gebühren des Abs. 2, sondern die des Abs. 1 abgegolten.

7 **Mehrere Aufträge** lassen die Gebühren je Auftrag gesondert entstehen – § 82.

8 Wegen der **Einzelheiten** vgl. die Erläuterungen zu §§ 72, 73, 75, 77.

§ 82 Mehrere Aufträge

Die Gebühren werden für jeden Auftrag gesondert ohne Rücksicht auf andere Aufträge berechnet.

1 **Allgemeines.** § 82 Abs. 1 Satz 1 enthält eine Abweichung von § 6 und damit im Umfange der Abweichung den Ausschluß des § 7.

Die Vorschrift gilt nicht nur für das Vergleichsverfahren, sondern auch für das Konkursverfahren sowie für das Seerechtliche Verteilungsverfahren.

2 Nur bei Vertretung mehrerer Gläubiger, die verschiedene Forderungen geltend machen, ist § 82 anzuwenden. Der RA kann in jedem Verfahren von jedem Auftraggeber die Gebühren gesondert nach dem in Frage kommenden Gegenstandswert eines jeden Auftrags verlangen. Eine Mithaftung anderer Auftraggeber, wie sie § 6 Abs. 2 vorsieht, kann nur für Auslagen vorkommen, die sich für die einzelnen Aufträge nicht getrennt berechnen lassen. Im übrigen wird die Gebührenfrage im Verhältnis RA zu jedem Auftraggeber so behandelt, als habe er nur von diesem Auftraggeber einen Auftrag erhalten. Bei einem einheitlichen Auftrag durch eine Personenmehrheit (z. B. Anmeldung einer Konkursforderung für eine Erbengemeinschaft) sollte aber § 6 Abs. 1 S. 2 anwendbar sein.

Vgl. § 6 A 32; LG Freiburg Rpfleger 82, 393.

Vertritt der Rechtsanwalt nur einen Gläubiger, der mehrere Forderungen **3** geltend macht, so liegt nur ein Auftrag vor, selbst wenn der Auftrag erst später auf weitere Forderungen erstreckt wird. Die verschiedenen Forderungen desselben Auftraggebers sind nach § 7 Abs. 2 zusammenzurechnen. Verschiedene Aufträge desselben Auftraggebers liegen selbst dann nicht vor, wenn sie inhaltlich in keinem Zusammenhang stehen, so z. B. wenn erst der Auftrag erteilt wird, eine Konkursforderung geltend zu machen, und später der RA mit der Geltendmachung einer Ausfallsforderung beauftragt wird.

Riedel/Sußbauer A 2; Schumann/Geißinger A 2.

Machen mehrere Auftraggeber einen gemeinsamen Anspruch geltend, 4 so schlägt § 82 nicht ein, so z. B. bei der Vertretung von Gesamtgläubigern, Miterben, Gläubigern und Pfandgläubigern. Ein einheitlicher Auftrag liegt auch dann vor, wenn sich ein Mitberechtigter erst später anschließt. Eine Erhöhung der Gebühr gemäß § 6 Abs. 1 S. 2 findet auch bei gleichzeitiger Auftragserteilung statt.

Handelt es sich um **Vertretung in mehreren selbständigen Verfahren,** so **5** können die Gebühren für jedes Verfahren gesondert berechnet werden. Ein solcher Fall liegt z. B. auch dann vor, wenn der RA denselben Gläubiger wegen derselben Forderung oder den gleichen Schuldner sowohl im Konkurs der Gesellschaft (§ 209 KO) als im Konkursverfahren über das Privatvermögen eines persönlich haftenden Gesellschafters (§ 212 KO) oder im Nachlaßkonkurs (§ 214 KO) und im Konkursverfahren über das Vermögen des Erbens (§ 234 KO) der in mehreren selbständigen Vergleichsverfahren oder im Vergleichsverfahren und im Anschlußkonkursverfahren (s. A 10 zu § 80) vertritt.

Riedel/Sußbauer A 4; Schumann/Geißinger A 3.

Sechster Abschnitt. Gebühren in Strafsachen

Vorbemerkungen

Übersicht über die Anmerkungen

Lit.: Madert Gebühren des Strafverteidigers (Praxis der Strafverteidigung Bd. 5);
H. Schmidt Die Vergütung des Strafverteidigers, 2. Aufl.

1 Der sechste Abschnitt regelt die Gebühren des Rechtsanwalts in Strafsachen. Einer Erläuterung bedarf der Begriff „Strafsachen" nicht, da er in Wissenschaft und Praxis genügend klar umgrenzt ist. Hervorzuheben ist nur, daß es nicht entscheidend darauf ankommt, ob das Verfahren nach den Vorschriften der StPO durchgeführt wird. Der sechste Abschnitt findet auf alle Strafsachen Anwendung. Daher gilt er z. B. auch für die landesrechtlich geregelten Forst- und Feldrügesachen.

2 Nicht unter den Begriff „Strafsachen" im Sinne des sechsten Abschnitts – sie sind besonders geregelt – **fallen**

a) die Bußgeldverfahren § 105,

b) die Verfahren nach dem Gesetz über die internationale Rechtshilfe in Strafsachen § 106,

c) die Disziplinarverfahren § 109,

d) die Wehrbeschwerdeverfahren vor den Wehrdienstgerichten § 109 a,

e) die ehren- und berufsgerichtlichen Verfahren § 110,

f) die Untersuchung von Seeunfällen § 111,

g) die gerichtlichen Verfahren bei Freiheitsentziehung § 112,

h) die Verfahren nach §§ 25, 29 EGGVG (Nachprüfung von Anordnungen der Justizbehörden) und die Verfahren über den Antrag auf gerichtliche Entscheidung nach § 109 des Strafvollzugsgesetzes (vgl. § 66 a).

Zu beachten ist jedoch, daß die Vorschriften des sechsten Abschnitts auf die vorgenannten Verfahren vielfach entsprechend anzuwenden sind.

Ebenso gelten für die in § 113 geregelten strafprozeßähnlichen Verfahren vor den Verfassungsgerichten die Vorschriften des sechsten Abschnitts entsprechend.

3 Eine eigene Gebührenvorschrift über das Verfahren nach dem **Gesetz über die innerdeutsche Rechts- und Amtshilfe in Strafsachen** (BGBl. 53 I 161) enthält § 105 a.

Im übrigen gilt der sechste Abschnitt (§§ 83 ff.) sinngemäß.

4 Zu den Strafsachen des sechsten Abschnitts gehören außer den üblichen Strafverfahren (Offizialverfahren) gegen Erwachsene auch

a) die Jugendstrafverfahren §§ 83 ff.,

b) die Privatklagverfahren § 94,

c) das Klagerzwingungsverfahren § 91 Abs. 2, § 102,

d) das Verfahren zur Vorbereitung der öffentlichen Klage vor der Staatsanwaltschaft § 84.

Ermittlungsverfahren der Polizei sind dann Strafsachen i. S. des sechsten 5
Abschnitts, wenn die Verhandlungen nach ihrem Abschluß an die Staatsanwaltschaft abzugeben sind.

Dabei ist gleichgültig, ob die ermittelnden Polizei-
beamten Hilfsbeamte der Staatsanwaltschaft (§ 152 GVG) sind oder nicht.

Sind die Verhandlungen dagegen nach dem Abschluß der Ermittlungen an die
Verwaltungsbehörden abzugeben, etwa zur Einleitung eines Bußgeldverfah-
rens oder eines sonstigen Verwaltungsverfahrens, bildet das polizeiliche Verfahren ein Vorverfahren der genannten Verfahren. Es gehört deshalb gebührenmäßig zu ihnen, also nicht in den sechsten Abschnitt.

> Riedel/Sußbauer Vorbem. 4 vor § 83.

Gleichgültig ist, ob das Strafverfahren von deutschen Gerichten durchgeführt 6
wird. **Verteidigt ein deutscher Rechtsanwalt vor ausländischen Gerichten,** richtet sich seine Vergütung in der Regel auch nach den Gebührenvorschriften dieses Abschnitts.

Der sechste Abschnitt regelt in erster Linie die Gebühren des Verteidigers; 7
dabei ist gleichgültig, ob er von dem Beschuldigten (Angeklagten) gewählt
oder ihm vom Gericht bestellt ist (§§ 137 ff. StPO). **Dem Verteidiger sind**
jedoch gebührenrechtlich **gleichgestellt**

a) der Vertreter (oder Beistand) des Privatklägers § 94,
b) der Vertreter (oder Beistand) des Nebenklägers § 95,
c) der Vertreter (oder Beistand) der Einziehungs- und Nebenbeteiligten § 95.

Übernimmt ein RA, der Vormund oder Pfleger ist, selbst die Verteidigung
seines Mündels oder tritt er als Vertreter (Beistand) nach a bis c auf, hat er
Anspruch auf die Gebühren des sechsten Abschnitts (§ 1835 Abs. 2 BGB).

Für den Gebührenanspruch des RA als Verteidiger usw. ist gleichgültig, von
wem er beauftragt ist. Er kann von dem Beschuldigten, dessen gesetzlichem
Vertreter oder einem Dritten beauftragt werden. Während der gesetzliche
Vertreter selbständige Befugnisse besitzt (§§ 137 Abs. 2, 149, 298, 365 StPO),
kann der von einem Dritten beauftragte RA nur verteidigen, wenn der
Beschuldigte damit einverstanden ist und ihm Vollmacht erteilt.

Der sechste Abschnitt ist in zwei Unterabschnitte geteilt. 8

Im Unterabschnitt 1 (§§ 83 ff.) sind die **Gebühren des gewählten Verteidigers** und der anderen gewählten Vertreter geregelt.

Der Unterabschnitt 2 (§§ 97 ff.) befaßt sich mit den **Gebühren des gerichtlich bestellten Verteidigers** und des beigeordneten RA.

Der sechste Abschnitt regelt nicht nur die Vergütung des RA bei Übertragung 9
der **Verteidigung (der Vertretung) im ganzen.**

Einige Vorschriften (§§ 91–93) regeln die **Gebühren für einzelne Bei-
standsleistungen.**

Entscheidend für die Frage, ob der Anwalt Gebühren für die Verteidigung
oder nur für einzelne Tätigkeiten erhält, ist der Umfang des Auftrags.

Der mit der Verteidigung im ganzen beauftragte RA erhält die Gebühren des
Verteidigers auch dann, wenn er nur eine einzelne Beistandsleistung erbringt.
Mit dieser ersten Beistandsleistung hat er bereits seine Verteidigertätigkeit
begonnen.

> Riedel/Sußbauer Vorbem. 12 vor § 83.

Beispiele: Der mit der Verteidigung beauftragte RA stirbt nach Entgegennahme der Information und der ersten Akteneinsicht. Er hat die Gebühr des § 84 verdient. Der mit der Verteidigung in der Revisionsinstanz beauftragte RA beschränkt sich auf die Anfertigung der Revisionsbegründung, weil er die Teilnahme an der Revisionshauptverhandlung nicht für geboten erachtet. Er erhält die Gebühr des § 86 Abs. 3, nicht die des § 91 Nr. 3.

10 Der sechste Abschnitt enthält – im Gegensatz zum dritten Abschnitt – **keine Sondervorschriften für den Unterbevollmächtigten,** dem die ganze Verteidigungstätigkeit übertragen wird. Auch der StPO ist der Begriff Verteidiger in Untervollmacht fremd. Dennoch kommt es häufig vor, daß ein auswärtiger Verteidiger einen RA am Ort des Gerichts, vor dem die Hauptverhandlung stattfindet, bittet, für ihn „in Untervollmacht" den Hauptverhandlungstermin wahrzunehmen; der Auftrag ist oft noch mit der Bitte verbunden, mit einer Gebührenteilung einverstanden zu sein. In Wahrheit liegt hier eine Verteidigung durch zwei Verteidiger vor, die sich die Aufgaben teilen. Die Vergütung des Unterbevollmächtigten bestimmt sich deshalb ebenfalls nach den §§ 83 ff. Der „Hauptbevollmächtigte", der nicht in der Hauptverhandlung auftritt, erhält die Gebühr aus § 84, der „Unterbevollmächtigte", der den Hauptverhandlungstermin wahrnimmt, die Gebühr des § 83 Abs. 1. Weil der Hauptbevollmächtigte die Information entgegennimmt und die gesamte Tätigkeit vor der Hauptverhandlung allein ausübt, ist die Mindertätigkeit des Unterbevollmächtigten gem. § 12 bei der Ausfüllung des Gebührenrahmens zu beachten. Ob eine Gebührenteilung standesrechtlich zulässig ist, ist mehr als fraglich, weil § 55a Abs. 2 der Standesrichtlinien unmittelbar nicht, sondern höchstens entsprechend angewandt werden könnte. Eine Gebührenteilung ist auch unnötig, weil bei genauer Aufteilung der Aufgabengebiete bestimmte Gebühren bei dem einen Verteidiger, andere bei dem anderen anfallen.

Von der sogenannten „Untervollmacht" ist zu unterscheiden, wenn der Verteidiger einem RA eine Einzeltätigkeit, z. B. die Teilnahme an einem Termin vor einem beauftragten oder ersuchten Richter überträgt; hier richtet sich die Vergütung nach § 91.

Der **Verkehrsanwalt,** der den Verkehr zwischen dem Auftraggeber (z. B. dem Beschuldigten, Nebenkläger) und dem Verteidiger (Nebenklägervertreter) führt, hat Anspruch auf die Vergütung des § 91 Nr. 2.

11 Die **Gebühren** in Strafsachen sind im sechsten Abschnitt **nicht abschließend geregelt.** Die allgemeinen Bestimmungen des ersten und zweiten Abschnitts gelten auch für Strafsachen.

Hervorzuheben sind
§ 3 (Vereinbarung einer Vergütung),
§ 4 (Vergütung für Tätigkeiten von Vertretern des RA),
§ 5 (die Vergütung mehrerer RAe),
§ 6 (die Erhöhung der Gebühren bei Vertretung mehrerer Auftraggeber),
§ 12 (die Bemessung der Rahmengebühren),
§ 13 (der Abgeltungsbereich der Gebühren),
§ 14 (die Verweisung an ein anderes Gericht),
§ 15 (die Zurückweisung),
§ 16 (die Fälligkeit der Gebühren),
§ 17 (der Vorschuß),

§ 18 (die Berechnung der Gebühren),
§ 20 (Ratserteilung),
§ 21 (Gutachten),
§§ 25 ff. (die Auslagen).

Außerdem sind Vorschriften sonstiger Abschnitte anwendbar, soweit auf sie verwiesen ist. Hervorzuheben sind hier
§ 23 (Hinweis in den §§ 89, 94),
§ 31 (Hinweis in § 89),
§§ 57 ff. (Hinweis in § 96),
§ 61 (Hinweis in § 96),
§ 132 (Beratungshilfe).

Entstehung der Gebühren. Die Gebühren des Verteidigers entstehen mit **12** der ersten Tätigkeit, die der RA in den einzelnen Verfahrensabschnitten entwickelt. Der RA erhält die Gebühr des § 84 für das vorbereitende Verfahren mit der ersten Tätigkeit im vorbereitenden Verfahren, die Gebühr des § 84 für das gerichtliche Verfahren ohne Hauptverhandlung mit der ersten Tätigkeit nach dem Ende des vorbereitenden Verfahrens, die Gebühr des § 83 mit der Teilnahme an der Hauptverhandlung (sie entsteht neu, wenn der RA erst in der Hauptverhandlung tätig wird; sie erstarkt aus der Gebühr des § 84 zur Gebühr des § 83, wenn der RA bereits nach dem Abschluß des vorbereitenden Verfahrens tätig war).

Das **Beschwerdeverfahren** bildet keinen eigenen Rechtszug. Die Tätigkeit **13** des RA im Beschwerdeverfahren wird durch die Gebühren im Ausgangsverfahren mit abgegolten (rechtfertigt aber eine Erhöhung dieser Gebühren).

Vgl. A 3 zu § 87.

Geltendmachen der Gebühren. Die Gebühren des sechsten Abschnitts sind **14** Betragsrahmengebühren. Sie können deshalb nicht in dem vereinfachten Verfahren des § 19 festgesetzt werden (§ 19 Abs. 7). Der RA ist vielmehr gehalten, seine Gebühren (und Auslagen!) im Wege der Klage gegen den Auftraggeber geltend zu machen. Die Einholung eines Gutachtens des Vorstandes der Rechtsanwaltskammer ist dem Gericht durch § 12 Abs. 2 zwingend vorgeschrieben. Von der Beiziehung kann jedoch abgesehen werden, wenn der RA nur die Mindestgebühr fordert oder über die Höhe der Gebühr (auch der Höchstgebühr) kein Streit besteht.

Vgl. ausführliche Darstellung Madert Gebühren des Strafverteidigers A 165–168.

Über den Weg, auf dem der Pflichtverteidiger (der bestellte Vertreter) seine Ansprüche gegen die Staatskasse und gegen den Beschuldigten (Vertretenen) geltend machen kann, vgl. die §§ 97 ff., 100.

Erstattung durch die Staatskasse. § 467 Abs. 1 StPO lautet: „Wird der **15** Angeschuldigte freigesprochen oder die Eröffnung des Hauptverfahrens gegen ihn abgelehnt oder das Verfahren gegen ihn eingestellt, so fallen die Kosten des Verfahrens und die notwendigen Auslagen des Angeschuldigten der Staatskasse zur Last." Aus der Verwendung des Begriffs „Angeschuldigter" (vgl. § 157 StPO) ergibt sich, daß das Verfahren durch Erhebung der öffentlichen Klage bei Gericht anhängig geworden sein muß. Endet dieses Verfahren durch eine Entscheidung, die keine Verurteilung i. S. von § 465 Abs. 1 StPO enthält, dann gilt die Regel, daß die Kosten des Verfahrens und

die notwendigen Auslagen des Angeschuldigten der Staatskasse zur Last
fallen. Ausnahmen von der Regel des Abs. 1 enthalten die Abs. 2 bis 5 des
§ 467 StPO, ferner die §§ 470 S. 2, 472 a Abs. 2, 472 b Abs. 2 StPO. Bejaht das
Gericht die Voraussetzung des § 467 Abs. 1 StPO, so spricht es lediglich aus,
daß die dem Angeschuldigten erwachsenen notwendigen Auslagen der
Staatskasse auferlegt werden. Welche Auslagen dann als notwendig und
erstattungsfähig anzusehen sind, wird im Festsetzungsverfahren nach
§§ 464 a, 464 b StPO entschieden.

Eine Ausnahme vom Grundsatz der Erstattungspflicht enthält § 467 Abs. 2
StPO. Danach werden die Kosten des Verfahrens, die der Angeschuldigte
durch eine **schuldhafte Säumnis** verursacht hat, ihm und nicht der Staatskasse auferlegt. Ob ein Fall der Säumnis vorlag und deshalb dem Angeschuldigten die Kosten des Verfahrens auferlegt bzw. seine Auslagen insoweit der
Staatskasse nicht auferlegt werden, entscheidet das Gericht in der Kostengrundentscheidung. Unterbleibt dies, so kann das im Kostenfestsetzungsverfahren nicht nachgeholt werden, insbesondere dort nicht ausgesprochen
werden, daß die im versäumten Termin entstandenen Auslagen des Erstattungsberechtigten nicht notwendig gewesen wären.

> Zweibrücken Rpfleger 79, 344; LG Krefeld JurBüro 75, 915; LG Hannover
> NdsRpfl. 78, 200; LG Wuppertal JurBüro 84, 1059;
> **a. A.** LG Trier Rpfleger 77, 106; LG Wuppertal JurBüro 79, 1184.

Nach § 467 Abs. 3 S. 1 StPO werden die notwendigen Auslagen des Angeschuldigten der Staatskasse nicht auferlegt, wenn der Angeschuldigte die
Erhebung der öffentlichen Klage dadurch veranlaßt hat, daß er in einer
Selbstanzeige vorgetäuscht hat, die ihm zur Last gelegte Tat begangen zu
haben. Die unwahre Selbstanzeige muß die Erhebung der öffentlichen Klage
verursacht haben.

> KK-Schikora § 464 StPO Rn. 5.

§ 467 Abs. 3 S. 2 Nr. 1 StPO regelt die **wahrheitswidrige Belastung**. Das
Gericht kann davon absehen, die notwendigen Auslagen des Angeschuldigten
der Staatskasse aufzuerlegen, wenn der Angeschuldigte die Erhebung der
öffentlichen Klage dadurch veranlaßt hat, daß er sich selbst in wesentlichen
Punkten wahrheitswidrig oder im Widerspruch zu seinen späteren Erklärungen belastet. Auch hier muß seine Erklärung für die Anklageerhebung
ursächlich gewesen sein.

Auch beim **Verschweigen wesentlicher entlastender Umstände** kann das
Gericht von der Überbürdung absehen, § 467 Abs. 3 S. 2 Nr. 1 StPO. Das
Verschweigen hat aber nur dann kostenrechtliche Nachteile, wenn der Ange-
schuldigte sich vor Klageerhebung zur Beschuldigung geäußert hat. Schweigt
der Beschuldigte bis zur Anklageerhebung (dasselbe gilt für den Betroffenen
im Bußgeldverfahren bis zum Erlaß des Bußgeldbescheids), gibt aber nach
Anklageerhebung sein Schweigen auf und wird dann wegen seines Vorbringens entlastender Umstände freigesprochen, so ist § 467 Abs. 3 S. 2. Nr. 1
StPO nicht anzuwenden. Denn das Gesetz gewährt dem Angeschuldigten das
Recht zu schweigen. Es steht in seinem Belieben zu entscheiden, ob und wann
er sich zur Sache äußern will. Wenn ein Angeschuldigter mithin die gesetzliche Möglichkeit ausnutzt, sich nicht zur Sache zu äußern, so darf dieses
Verhalten nicht auf dem Umweg einer Teilbelastung mit den Kosten des

Verfahrens gleichsam bestrafungsähnlich berücksichtigt werden, wenn er freigesprochen wird; an sein Schweigen können keine kostenrechtlichen Nachteile geknüpft werden.

Bremen JurBüro 77, 696; Frankfurt JurBüro 81, 885; Koblenz AnwBl. 79, 393; LG Münster AnwBl. 74, 227; LG Nürnberg-Fürth AnwBl. 77, 262; LG Hannover Rpfleger 78, 200; LG Braunschweig AnwBl. 79, 41; AG Giessen JurBüro 80, 100; AG Hersfeld AnwBl. 78, 320; LR-Schäfer § 467 StPO Rn. 45; KK-Schikora § 467 Rn. 8; Schmidt Die Vergütung S. 58.

Eine Mindermeinung wendet aus Billigkeitsgründen die Vorschrift dann an, wenn der Beschuldigte im Ermittlungsverfahren in Kenntnis des entlastenden Umstandes keine Aussage zur Sache gemacht hat, denselben Umstand aber im gerichtlichen Verfahren vorbringt.

Karlsruhe Die Justiz 76, 263; LG Bremen JurBüro 76, 1529; LG Würzburg JurBüro 77, 1381 m. abl. Anm. v. Mümmler; LG Mainz NJW 79, 1867; LG Frankenthal MDR 79, 1065; s. auch BVerfG NJW 82, 478; nach München DAR 83, 397 auch anwendbar, wenn durch das Verschweigen die Fortführung des Verfahrens veranlaßt wurde.

Eine Ausnahme von § 467 Abs. 3 S. 2 StPO enthält § 109a Abs. 2 OWiG, der bestimmt: Soweit dem Betroffenen Auslagen entstanden sind, die er durch ein rechtzeitiges Vorbringen entlastender Umstände hätte vermeiden können, kann davon abgesehen werden, diese der Staatskasse aufzuerlegen.

Wendet die Kostengrundentscheidung § 467 Abs. 3 S. 2 Nr. 1 StPO nicht an, so darf sie im Kostenfestsetzungsverfahren nicht dadurch ausgehöhlt werden, daß die verfahrensbedingten Auslagen des Freigesprochenen ganz oder zum Teil als nicht nötig angesehen werden, weil er das Verfahren hätte vermeiden können.

S. die vorstehend angegebene Rspr. sowie Bremen AnwBl. 77, 73; München AnwBl. 79, 198; Zweibrücken Rpfleger 79; 344; LG Dortmund JurBüro 81, 881 m. abl. Anm. v. Mümmler; LG Krefeld AnwBl. 70, 362 u. 367; JurBüro 75, 915; AG Saarlouis AnwBl. 82, 262; Meyer JurBüro 81, 161;
a. A. (Korrektur der Kostengrundentscheidung möglich) LG Trier Rpfleger 77, 106; LG Limburg NJW 77, 1210 m. abl. Anm. Schmidt; LG Mainz NJW 79, 1897; LG Wuppertal JurBüro 79, 1184.

Nach § 467 Abs. 3 S. 2 Nr. 2 StPO kann das Gericht davon absehen, die notwendigen Auslagen des Angeschuldigten der Staatskasse aufzuerlegen, wenn er wegen einer Straftat nur deshalb nicht verurteilt wird, weil ein **Verfahrenshindernis** besteht. Dies setzt voraus, daß der Angeschuldigte ohne das Vorliegen des Verfahrenshindernisses mit Sicherheit wäre verurteilt worden.

Hamburg NJW 69, 945; MDR 72, 344; 74, 160; BayObLG NJW 70, 875; Karlsruhe AnwBl. 76, 305; München JurBüro 85, 1509; LG Krefeld MDR 70, 697; LG Braunschweig AnwBl. 73, 367.

Stand das Verfahrenshindernis dem Verfahren von vornherein erkennbar entgegen, bleibt es ebenfalls bei der Regel des Abs. 1.

Hamm NJW 69, 707; Köln MDR 70, 610; Saarbrücken MDR 72, 443; Karlsruhe MDR 75, 426; Düsseldorf KostRspr. StPO § 467 (A) Nr. 108; Karlsruhe Justiz 81, 138; LG Kiel AnwBl. 74, 168; LG Flensburg DAR 84, 126; Kleinknecht-Meyer § 467 StPO Rn. 18.

Tritt es während des Verfahrens ein oder wird sein Vorliegen erst nachträglich erkennbar, so können die Verfahrensabschnitte vor und nach diesem Zeitpunkt für die Anwendung der Ausnahmeregelung unterschiedlich behandelt werden.

BayObLG KostRsp. StPO § 467 (A) Nr. 80; KK-Schikora § 467 StPO Rn. 10.

Hinsichtlich des Verfahrenshindernisses Verfolgungsverjährung enthält § 25 a StVG eine Ausnahmevorschrift.

Kann in einem Bußgeldverfahren wegen eines Halt- oder Parkverstosses der Führer des Kraftfahrzeugs, der den Verstoß begangen hat, nicht vor Eintritt der Verfolgungsverjährung ermittelt werden oder würde seine Ermittlung einen unangemessenen Aufwand erfordern, so werden dem Halter des Kraftfahrzeugs oder seinem Beauftragten die Kosten des Verfahrens auferlegt; er hat dann auch seine Auslagen zu tragen. Von dieser Entscheidung wird abgesehen, wenn es unbillig wäre, den Halter des Kraftfahrzeugs oder seinen Beauftragten mit den Kosten zu belasten.

Stellt das Gericht das Verfahren nach einer Vorschrift ein, die dies nach seinem Ermessen zuläßt, so kann es davon absehen, die notwendigen Auslagen des Angeschuldigten der Staatskasse aufzuerlegen, § 467 Abs. 4 StPO. Gemeint sind die Fälle der endgültigen Verfahrenseinstellung, z. B. § 153 Abs. 2 StPO. Die Überbürdung der notwendigen Auslagen kann im Einzelfall angemessen sein, wenn diese durch unrichtige Sachbehandlung i. S. von § 8 GKG entstanden sind oder wenn das Verschulden des Täters sehr gering ist.

Hamm MDR 76, 424; KK Schikora § 467 StPO Rn. 11. Nach Frankfurt Rpfleger 83, 143 besteht für die Überbürdung auf die Staatskasse in der Regel kein Anlaß, wenn der Angeschuldigte auf Erstattungsansprüche verzichtet hat.

Ist das Verfahren nach § 153 a StPO vorläufig eingestellt und wird es nach Erfüllung der Auflagen und Weisungen endgültig eingestellt, so werden die notwendigen Auslagen des Angeschuldigten der Staatskasse nicht auferlegt, § 467 Abs. 5 StPO.

Nimmt die Staatsanwaltschaft die öffentliche Klage zurück und stellt sie das Verfahren ein, so hat das Gericht auf Antrag die dem Angeschuldigten erwachsenen notwendigen Auslagen der Staatskasse aufzuerlegen, § 467 a Abs. 1 S. 1 StPO. Die öffentliche Klage muß also erhoben und wirksam zurückgenommen sein, sodann muß die Staatsanwaltschaft das Ermittlungsverfahren eingestellt haben. Daraus folgt, daß die Vorschrift bei Einstellung eines Ermittlungsverfahrens, das nicht gerichtlich anhängig gewesen ist, nicht anzuwenden ist.

BGHSt 30, 152.

Das Gericht prüft, ob der als Regel vorgesehenen Auslagenerstattung besondere Umstände entgegenstehen; denn nach S. 2 des Abs. 1 gilt § 467 Abs. 2 bis 5 StPO sinngemäß.

Einzelheiten s. die ausführliche Darstellung von Madert in von Eicken/Lappe/ Madert Kostenfestsetzung Rn. F 16–24.

Die Entscheidung darüber, wer die notwendigen Auslagen zu tragen hat, ist von dem Gericht in dem Urteil oder in dem das Verfahren abschließenden Beschluß zu treffen, § 464 Abs. 2 StPO.

Die gerichtliche Entscheidung über die Kosten des Verfahrens und die Entscheidung über die Tragung notwendiger Auslagen ist nur eine Entscheidung „dem Grunde nach" und wird kurz **Kostengrundentscheidung** genannt.

Fehlt entgegen der Vorschrift des § 464 Abs. 1 StPO die Kostengrundentscheidung, so fallen die Kosten des Verfahrens der Staatskasse zur Last und jeder Beteiligte trägt seine notwendigen Auslagen selbst.

KK-Schikora § 464 Rn. 4; LR-Schäfer § 464 Rn. 26.

Eine unterbliebene Kostenentscheidung kann nicht nachgeholt, eine unvollständige nicht ergänzt werden. Abhilfe ist nur durch Einlegung der sofortigen Beschwerde (§ 464 Abs. 3 S. 1 StPO) möglich. Ist das Urteil rechtskräftig, entfällt jede Ergänzungsmöglichkeit; Einzelheiten s. Madert in von Eicken/ Lappe/Madert Kostenfestsetzung Rn. F 3–10.

Koblenz Rpfleger 73, 101; Hamm NJW 74, 71; Karlsruhe MDR 76, 513; München JurBüro 80, 403; Düsseldorf JurBüro 86, 407; Meyer JR 79, 256.

Schließlich besagt die Bezugnahme auf § 91 Abs. 2 ZPO, daß dem RA in eigenen Verfahren die Gebühren und Auslagen zu erstatten sind, die er als Gebühren und Auslagen eines bevollmächtigten RA erstattet verlangen könnte. Der RA, der sich in einem Strafverfahren selbst verteidigt und freigesprochen wird, kann hiernach die Vergütung eines Verteidigers gegen die Staatskasse geltend machen.

Streitig; vgl. § 1 A 92.

Die Kosten sind gemäß § 464b StPO im Kostenfestsetzungsverfahren geltend zu machen. Über das Kostenfestsetzungsgesuch entscheidet der Rechtspfleger, gegen dessen Entscheidung gemäß dem entsprechend anwendbaren § 104 Abs. 3 ZPO die Durchgriffserinnerung gegeben ist, die binnen 2 Wochen einzulegen ist. Über die Erinnerung entscheidet das Erstgericht, wenn es sie für begründet erachtet oder wenn ein Rechtsmittel nicht gegeben ist (der Beschwerdegegenstand übersteigt 100 DM nicht). Andernfalls hat es die Erinnerung dem Beschwerdegericht vorzulegen, die sich damit in eine sofortige Beschwerde umwandelt. Gegen die stattgebende Entscheidung des Erstgerichts ist die sofortige Beschwerde gegeben, wenn die Beschwerdesumme erreicht ist. Über die Fristen besteht in der Praxis Streit (1 Woche oder 2 Wochen); dringend anzuraten ist, die Auffassung des zuständigen Gerichts zu beachten und nach Möglichkeit das Rechtsmittel innerhalb 1 Woche einzulegen (die Begründung kann später erfolgen).

Einzelheite s. ausführliche Darstellung von Madert in von Eicken/Lappe/Madert Kostenfestsetzung Rn. F 124–140.

Gesetzliche Gebühren sind die Gebühren der §§ 83ff. in der sich aus § 12 ergebenden Höhe.

Gesetzliche Auslagen sind die Auslagen, die der RA neben seinen Gebühren gemäß §§ 26ff. fordern kann.

Darüber, wann die Kosten eines auswärtigen RA zu erstatten sind, vgl. A 41 zu § 28.

Erstattung vereinbarter Honorare. Sie sind nicht zu erstatten, falls sie die 16 gesetzliche Höchstgebühr übersteigen. Dies folgt aus Wortlaut und Entstehungsgeschichte des § 464a StPO.

Inzwischen gefestigte Rspr.: BVerfG NJW 85, 727; Düsseldorf JurBüro 79, 398; Celle Rpfleger 71, 28; Frankfurt NJW 71, 1327; Köln JMBlNRW 73, 101; Koblenz Rpfleger 74, 289 u. 84, 288; Hamm NJW 69, 1450; Hamburg MDR 76, 952; Nürnberg JurBüro 73, 733; München JurBüro 75, 336; Frankfurt JurBüro 78, 259;

KK-Schikora § 464a StPO Rn. 11; Kleinknecht-Meyer § 464a StPO Rn. 11; LR-Schäfer § 464a StPO Rn. 29; Göttlich-Mümmler „Strafsachen" II. 4.12; **a. A.** Schmidt Die Vergütung S. 79 sowie Gerold-Schmidt 8. Auflage vor § 83 A 14.

Die Frage, ob ein innerhalb der gesetzlichen Grenzen liegendes vereinbartes Honorar auf jeden Fall zu erstatten ist, wenn es die gesetzliche Gebühr überschreitet, ist ebenfalls zu verneinen. Ist das innerhalb des gesetzlichen Gebührenrahmens vereinbarte Honorar unbillig hoch, besteht kein Anlaß, seine Vereinbarung für notwendig und erstattungsfähig zu erklären.

Allerdings ist bei der Bemessung der gesetzlichen Gebühr im Rahmen des § 12 die Höhe der vereinbarten Vergütung ein wichtiges Anzeichen dafür, welche Bedeutung der Auftraggeber der Angelegenheit beigemessen hat, was ihm die Verteidigung wert ist.

Schleswig SchlHA 71, 95; Celle Rpfleger 71, 28; Köln AnwBl. 74, 54; München JurBüro 75, 339; LG Düsseldorf AnwBl. 70, 58; 71, 90; LR-Schäfer § 464a StPO Rn. 29; Schmidt a. a. O.

17 Die Erstattung bei teilweisem Freispruch. Maßgebend ist, was die Kostenentscheidung über die Erstattung der notwendigen Auslagen des Angeklagten sagt. Es ist nicht Aufgabe der Kostenfestsetzungsinstanzen, eine unrichtige Kostenentscheidung zu korrigieren.

Vgl. Dieter Meyer JurBüro 79, 165.

Nach der Auffassung des Bundesgerichtshofes

Vgl. BGHSt 25, 109 = NJW 73, 665 = MDR 73, 421 = Rpfleger 73, 130 = JurBüro 73, 512 = JR 74, 30

ist bei Teilfreispruch eine Bruchteilsentscheidung über die Verfahrensauslagen und die notwendigen Auslagen des Angeklagten ausgeschlossen. Es ist nur möglich, die Mehrkosten, die auf den Gegenstand des Teilfreispruchs entfallen, der Staatskasse aufzuerlegen.

Nach dem Bundesgerichtshof

BGHSt 25, 109; 26, 29

lautet der korrekte Kosten- und Auslagenausspruch dann: Der Angeklagte hat die Kosten des Verfahrens zu tragen, soweit er verurteilt ist; soweit er freigesprochen bzw. soweit das Verfahren eingestellt ist, fallen die Kosten des Verfahrens und die notwendigen Auslagen des Angeklagten der Staatskasse zur Last. Nach dem BGH ist bei Teilfreispruch eine Bruchteilsentscheidung über die Verfahrenskosten und die notwendigen Auslagen des Angeklagten ausgeschlossen. Gerichte und Schrifttum sind dem BGH mehrheitlich gefolgt.

Düsseldorf JMBlNRW 71, 142; NJW 71, 394 u. 1281; Karlsruhe NJW 84, 468; Celle NdsRpfl. 74, 190; Kleinknecht-Meyer § 464b StPO Rn. 1; LR-Schäfer § 465 StPO Rn. 40 ff.; **a. A.** Nürnberg NJW 72, 67; Frankfurt NJW 73, 338.

Der BGH hat weiter ausgeführt, im Verfahren nach § 464b StPO sei eine Festsetzung der auf die Staatskasse und der auf den Angeklagten entfallenden Auslagen aufgrund einer Schätzung nicht ausgeschlossen. Der BGH wälzt damit die Bruchteilsentscheidung vom Gericht auf den Rechtspfleger ab.

Schmidt Die Vergütung S. 66.

Im Kostenansatz- bzw. Kostenfestsetzungsverfahren muß somit abgegrenzt werden. Der Angeklagte soll kostenmäßig so gestellt werden, wie er gestanden hätte, wenn allein die zur Verurteilung führende Tat Gegenstand des Verfahrens gewesen wäre; die in diesem Fall entstandenen Kosten fallen ihm zur Last. Er soll jedoch von allen Mehrkosten freigestellt werden, die durch die Tat veranlaßt sind, welche zum Freispruch geführt hat.

BGH a. a. O.; LG Itzehoe JurBüro 75, 1475; LG Flensburg JurBüro 76, 634.

Oft lassen sich diese Mehrkosten nicht eindeutig zuordnen, weil die Aufwendungen (z. B. Gebühren des Wahlverteidigers) das gesamte Verfahren betreffen. Dann müssen sie durch einen Vergleich der dem Angeklagten tatsächlich entstandenen notwendigen Auslagen mit den im Fall des beschränkten Verfahrens gegenstandshypothetisch erwachsenen ermittelt werden. Bei der Verteidigervergütung bedeutet dies, daß der RA in seinem Kostenfestsetzungsantrag zwei Gebühren bestimmt, einmal die Gebühren für das gesamte Verfahren, zum anderen die Gebühren, die angefallen wären, wenn das Verfahren nur wegen der Straftaten durchgeführt worden wäre, die zu einer Verurteilung geführt haben. Der Unterschied, der sich aus den beiden Gebührenaufstellungen ergibt, sind die Mehrkosten, die dem insoweit freigesprochenen Angeklagten aus der Staatskasse zu ersetzen sind.

Sog. Differenztheorie; Braunschweig NJW 70, 1809; Düsseldorf JurBüro 75, 786; JurBüro 84, 724; Koblenz KostRsp. StPO § 465 Nr. 19; LG Nürnberg-Fürth AnwBl. 80, 201; LG Würzburg JurBüro 80, 1334; Mümmler JurBüro 78, 1844; Schmidt Die Vergütung S. 67.

Im Einzelfall kann das gesamte Verteidigerhonorar zu erstatten sein, nämlich dann, wenn es überhaupt nicht entstanden wäre, wenn von Anfang an sich der Schuldvorwurf auf den sich später als begründet erwiesenen Teil der Anklage beschränkt hätte. Beispiel: Der wegen einer Verkehrsordnungswidrigkeit und wegen Unfallflucht Angeklagte bittet den RA, ihn nur gegen den Vorwurf der Unfallflucht zu verteidigen, da er die Verkehrsordnungswidrigkeit zugeben müsse.

LG München I AnwBl. 75, 441; LG München II AnwBl. 79, 482; LG Hanau AnwBl. 79, 69; LG Kempten AnwBl. 80, 123.

Die Ansicht, eine Beschränkung der Verteidigung sei nicht möglich, ist falsch.

So aber LG Darmstadt Rpfleger 76, 322 = JurBüro 76, 1501 m. abl. Anm. von Mümmler.

Denn maßgebend ist allein der dem Anwalt erteilte Auftrag. Für eine solche Beschränkung ist der Angeklagte sozusagen behauptungs- und beweispflichtig. Nach LG Flensburg gibt es keinen Erfahrungssatz dafür, daß ein Betroffener geringfügige Straf- oder Ordnungswidrigkeitenvorwürfe ohne weiteres hingenommen hätte; die nachträgliche Behauptung des Angeklagten, er hätte sich mit einem Bußgeldbescheid abgefunden, reicht nicht aus.

LG Flensburg JurBüro 78, 700; 80, 890.

Der Verteidiger tut also gut daran, die Beschränkung frühzeitig, wenn möglich schon im Bestellungsschriftsatz oder in der Vollmacht, kenntlich zu machen.

1. Gebühren des gewählten Verteidigers und anderer gewählter Vertreter

§ 83 Erster Rechtszug

(1) Der Rechtsanwalt erhält im ersten Rechtszug als Verteidiger in der Hauptverhandlung folgende Gebühren:

1. Im Verfahren vor dem Oberlandesgericht, dem Schwurgericht und vor der Jugendkammer, soweit diese in Sachen entscheidet, die nach den allgemeinen Vorschriften zur Zuständigkeit des Schwurgerichts gehören,

   140 bis 2060 Deutsche Mark;

2. im Verfahren vor der großen Strafkammer und vor der Jugendkammer, soweit sich die Gebühr nicht nach Nummer 1 bestimmt,

   100 bis 1240 Deutsche Mark;

3. im Verfahren vor dem Schöffengericht, dem Jugendschöffengericht, dem Strafrichter und dem Jugendrichter

   80 bis 1060 Deutsche Mark.

(2) Erstreckt sich die Hauptverhandlung über einen Kalendertag hinaus, so erhält der Rechtsanwalt für jeden weiteren Verhandlungstag in den Fällen des Absatzes 1

Nr. 1 140 bis 1030 Deutsche Mark,
Nr. 1 100 bis   620 Deutsche Mark,
Nr. 1   80 bis   530 Deutsche Mark,

Wird jedoch mit dem Verfahren von neuem begonnen, so gelten für den ersten Tag der neuen Hauptverhandlung die Vorschriften des Absatzes 1.

Übersicht über die Anmerkungen

Die **Gebühren des gewählten Verteidigers** sind in dem die §§ 83 bis 96 **1**
umfassenden ersten Unterabschnitt geregelt. Sie stehen dem RA auch dann
zu, wenn er zulässigerweise als Vertreter des Angeklagten auftritt, wie z. B. in
der Hauptverhandlung gegen einen abwesenden Angeklagten (§ 234 StPO),
in der Hauptverhandlung nach Einspruch gegen einen Strafbefehl (§ 411
StPO) oder in der Hauptverhandlung im Sicherungsverfahren (§ 415 StPO).
Für die Tätigkeit als Beistand oder Vertreter eines Privatklägers, eines Nebenklägers, eines Einziehungs- oder Nebenbeteiligten gelten nach den §§ 94, 95
die §§ 83 bis 93 entsprechend.

Die **Gebühren des gerichtlich bestellten Verteidigers** und des beigeordneten RA sind in den §§ 97 bis 102 geregelt. Sie entsprechen im Grundsatz
den Gebühren des gewählten Verteidigers (Vertreters), sind jedoch – wie die
Gebühren des im Wege der Prozeßkostenhilfe beigeordneten RA im Zivilprozeß – der Höhe nach herabgesetzt.

Die §§ 83, 84 befassen sich nur mit den Gebühren des ersten Rechtszuges.
Für das Berufungs- und Revisionsverfahren sind die Gebühren in den §§ 85,
86 besonders geregelt.

Grundsätze. Die Gebühren des Verteidigers sind als Pauschgebühren ausge- **2**
bildet. Der Verteidiger erhält also für seine Tätigkeit keine Einzelgebühren,
sondern für seine innerhalb eines Rechtszuges entwickelte Tätigkeit eine
Gesamtvergütung. Ist er bereits im vorbereitenden Verfahren tätig gewesen,
erhält er zu den Gebühren des § 83 noch zusätzlich die Gebühr des § 84.

Diese Pauschgebühr des § 83 für das gesamte Verfahren der Instanz ermäßigt
sich nur – ähnlich der Prozeßgebühr des § 31 Abs. 1 im Falle des § 32 – gemäß
§ 84 auf die halbe Gebühr, wenn eine Hauptverhandlung nicht stattfindet oder
der Verteidiger an ihr nicht teilnimmt. Sie erhöht sich gemäß der Vorschrift
des § 6 Abs. 1 Satz 3, wenn der RA mehrere Auftraggeber vertritt (z. B.
mehrere Privatkläger). Erstreckt sich die Hauptverhandlung über einen Kalendertag hinaus, erhält der Verteidiger für jeden weiteren Verhandlungstag
die Zusatzgebühr des § 83 Abs. 2.

Bezieht sich die Tätigkeit des Verteidigers auf die Einziehung oder verwandte
Maßnahmen bzw. auf die Abwehr vermögensrechtlicher Ansprüche, entstehen unter den Voraussetzungen der §§ 88, 89 weitere Gebühren.

Im Privatklagverfahren kann zu der Pauschgebühr der §§ 83, 84 gemäß § 94
Abs. 3 zusätzlich eine Vergleichsgebühr entstehen.

Nicht zum Rechtszuge gehört die Vertretung in einer Gnadensache. Diese
Tätigkeit ist deshalb gemäß § 93 gesondert zu vergüten.

Ebenso erhält der Verteidiger die Gebühren des § 96 – Kostenfestsetzung,
Zwangsvollstreckung – neben der Pauschvergütung der §§ 83, 84.

Dagegen hat der gewählte Verteidiger, der die Gebühr der §§ 83 oder 84
erhält, keinen Anspruch auf die Gebühren der §§ 91, 92 für seine Tätigkeit im
ersten Rechtszuge. Ebenso erhält er die Ratsgebühr des § 20 nicht. Hat er
zunächst einen Rat erteilt und erst darauf die Verteidigung übernommen, ist
die Ratsgebühr auf die Pauschgebühr des § 83 (§ 84) anzurechnen.

Die **Gebühren im einzelnen**

3 Der **Rahmen des Abs. 1 Nr. 1** von 140,— bis 2060,— DM gilt im Verfahren
vor dem Oberlandesgericht, dem Schwurgericht und vor der Jugendkammer,
soweit diese in Sachen entscheidet, die nach den allgemeinen Vorschriften zur
Zuständigkeit der Schwurgerichte gehören.

Unter § 83 Abs. 1 Nr. 1 fällt auch das Bayerische Oberste Landesgericht, das
einem OLG gleichsteht (§ 120 Abs. 2 S. 2 GVG, § 9 EGGVG, § 4 des Bayerischen Ges. Nr. 124 in der Fassung der Bek. v. 23. 11. 1953 [GVBl. 191]).
Die Zuständigkeit der Schwurgerichte ist in § 74 Abs. 2 GVG geregelt.
Gebührenrechtlich dem Schwurgericht gleichgestellt ist die Jugendkammer,
soweit diese in Sachen entscheidet, die nach den allgemeinen Vorschriften zur
Zuständigkeit der Schwurgericht gehören (§ 41 Abs. 1 Nr. 1 JGG, § 74 Abs. 2
GVG). Das Verfahren unterscheidet sich, was Schwierigkeit und Umfang
sowie die damit für den Verteidiger verbundene Verantwortung anbelangt,
nicht von einem Verfahren vor dem Schwurgericht.

4 Der **Rahmen des Abs. 1 Nr. 2** von 100,— bis 1240,— DM gilt im Verfahren
vor der großen Strafkammer und vor der Jugendkammer, soweit sich die
Gebühr nicht nach Nr. 1 bestimmt.

Die Zuständigkeit der Strafkammer im ersten Rechtszug ist in § 74 GVG
geregelt. Im ersten Rechtszug entscheidet stets die mit drei Richtern und zwei
Schöffen besetzte große Strafkammer (§ 75 Abs. 2 GVG).

Für die Jugendkammer kommen diejenigen Fälle in Frage, in denen die
Jugendkammer eine Sache nach Vorlage des Jugendschöffengerichts wegen
ihres besonderen Umfangs übernimmt (§ 40 Abs. 2, § 41 Abs. 1 Nr. 2 JGG).

Es ist streitig, ob das Sicherungsverfahren (§§ 413 ff. StPO) vor dem Schwurgericht oder der Strafkammer durchzuführen ist. Gebührenrechtlich kann die
Frage offen bleiben. Maßgebend ist, vor welchem Gericht das Verfahren
tatsächlich durchgeführt wird.

5 Der **Rahmen des Abs. 1 Nr. 3** von 80 bis 1060 DM gilt im Verfahren vor
dem Schöffengericht, dem Jugendschöffengericht, dem Amtsrichter und dem
Jugendrichter.

Die Zuständigkeit der Amtsgerichte in Strafsachen ist in § 24 GVG geregelt.
§ 25 GVG bestimmt, in welchen Fällen der Strafrichter allein entscheidet. Das
Schöffengericht entscheidet nach § 28 GVG in den zur Zuständigkeit der
Amtsgerichte gehörenden Strafsachen, soweit nicht nach § 25 GVG der
Strafrichter allein entscheidet.

Zu beachten ist, daß unter § 83 Abs. 1 Nr. 3 auch die Verfahren vor dem
erweiterten Schöffengericht (§ 29 Abs. 2 GVG) fallen, bei denen es sich stets
um besonders umfangreiche Sachen handelt.

Die sachliche Zuständigkeit des Jugendrichters ergibt sich aus § 39 JGG, die
des Jugendschöffengerichts aus § 40 JGG.

**Wird der Rechtsanwalt innerhalb desselben Rechtszuges vor Gerichten
verschieden hoher Ordnung tätig,** richtet sich die Gebühr für seine
Tätigkeit nach dem Gericht der höheren Ordnung.

Beispiel: Anklage zur großen Strafkammer, die vor dem Schöffengericht
eröffnet. Hauptverhandlung vor dem Schöffengericht. War der RA bereits
vor der Eröffnung, somit noch vor dem Landgericht tätig, erhält er zunächst

die Gebühr des § 84 Abs. 1 Nr. 2 (z. B. die Mittelgebühr von 335,— DM) für die Tätigkeit vor der großen Strafkammer und für die Tätigkeit in der Hauptverhandlung den Unterschied zwischen der Gebühr des § 84 Abs. 1 Nr. 3 (z. B. die Mittelgebühr von 285,— DM) und der Gebühr des § 83 Abs. 1 Nr. 3 (z. B. die Mittelgebühr von 570,— DM), also 335,— DM und (570,— DM abzüglich 285,— DM =) 285,— DM, somit 620,— DM; d. h. 70,— DM zusätzlich. War er jedoch erst nach der Eröffnung, somit nur vor dem Schöffengericht tätig, erhält er nur die Gebühr des § 83 Abs. 1 Nr. 3.

Eine **Tätigkeit des Verteidigers in der Hauptverhandlung** ist Vorausset- 6 zung der Entstehung der in § 83 Abs. 1 bestimmten Gebühren. War der RA nur außerhalb der Hauptverhandlung tätig, so bemessen sich seine Gebühren nach § 84, im Berufungsverfahren nach § 85 Abs. 3, im Revisionsverfahren nach § 86 Abs. 3. Dabei ist gleichgültig, ob der Auftrag des RA von vornherein auf eine Tätigkeit außerhalb der Hauptverhandlung beschränkt war oder ob der RA an sich auch in der Hauptverhandlung tätig werden sollte, es dazu aber nicht gekommen ist, weil z. B. keine Hauptverhandlung stattgefunden hat (der Angeklagte ist vorher gestorben), oder weil der RA an der Hauptverhandlung nicht teilgenommen hat (z. B. weil er vorher verstorben ist). Ferner muß der RA einen allgemeinen Verteidigungsauftrag erhalten haben. Beschränkt sich seine Tätigkeit auf die Beistandsleistung für den Beschuldigten bei einer richterlichen Vernehmung oder in einer mündlichen Verhandlung oder einer Augenscheinseinnahme außerhalb der Hauptverhandlung, so erhält er nach § 91 Nr. 2 eine Gebühr von 40,— bis 520,— DM.

Die Hauptverhandlung beginnt nach § 243 Abs. 1 StPO mit dem Aufruf 7 der Sache.

Die Hauptverhandlung hat sonach auch dann begonnen, wenn der Vorsitzende nach dem Aufruf der Sache feststellt, daß der Angeklagte nicht erschienen ist (es ergeht z. B. Haftbefehl), oder daß die Zeugen ausgeblieben sind (ihre Ladung ist z. B. versehentlich unterblieben), und wenn daraufhin sofort die Vertagung beschlossen wird.

Schumann/Geißinger A 26; Hamm JurBüro 55, 270 und NJW 53, 1198; LG Berlin JurBüro 83, 1049; LG Saarbrücken AnwBl. 85, 152.

Dagegen findet keine Hauptverhandlung statt, wenn der Aufruf der Sache unterbleibt, weil z. B. der Vorsitzende erkrankt oder ein Schöffe nicht erschienen ist.

KG Rpfleger 71, 369; LG Schweinfurt JurBüro 80, 573;
a. M. Riedel/Sußbauer A 10, die die Mitteilung, daß wegen Ausbleibens der Geschworenen nicht verhandelt werden kann, als Aufruf der Sache ansehen (vgl. auch Hamm JMBlNRW 49, 273). Es kann aber wohl nichts ausmachen, ob den Beteiligten durch den Wachtmeister mitgeteilt wird, daß die Sitzung ausfällt, oder ob die Berufsrichter im Sitzungssaal erscheinen und mitteilen, daß die Geschworenen nicht geladen seien und deshalb heute nicht verhandelt werden könne.

Ein Termin vor dem beauftragten Richter ist keine Hauptverhandlung, die Tätigkeit in einem solche Termin sonach Tätigkeit außerhalb der Hauptverhandlung.

Hartmann A 2 A; Schumann/Geißinger A 32; Braunschweig NJW 52, 339; Düsseldorf AnwBl. 80, 463; Nürnberg JurBüro 59, 71.

Der Anspruch des Rechtsanwalts auf die Gebühr des § 83 entsteht, 8 wenn er im Zeitpunkt des Beginns der Hauptverhandlung in seiner Eigenschaft als Verteidiger anwesend war. Nicht erforderlich ist, daß in eine sachliche Verhandlung eingetreten worden ist. Deshalb entsteht die Gebühr aus § 83 auch dann, wenn der Angeklagte nach dem Aufruf der Sache und Belehrung durch den Richter den Einspruch gegen den Strafbefehl zurücknimmt.

LG Düsseldorf JMBlNRW 67, 139.

Der Pflichtverteidiger erhält die Gebühr für den ersten Hauptverhandlungstag selbst dann, wenn er zum Beginn der Hauptverhandlung sofort entbunden werden mußte, weil ein Wahlverteidiger sich bestellt hat.

LG Saarbrücken AnwBl. 85, 152 = JurBüro 85, 882.

Der Anspruch entsteht ferner dann, wenn nach Aufruf der Sache die Verhandlung sofort vertagt wird und der RA in der späteren Hauptverhandlung nicht mehr auftritt.

AG Köln AnwBl. 68, 363.

Tritt er auch in dem neuen Hauptverhandlungstermin auf, so hat er außerdem Anspruch auf die Zusatzgebühr des § 83 Abs. 2.

Es genügt nicht, wenn während der Dauer der Hauptverhandlung, aber außerhalb derselben, der RA den Angeklagten berät, Beweismaterial beschafft oder Schriftsätze beim Gericht einreicht, auch nicht eine Tätigkeit in der Zeit, während der die Hauptverhandlung ausgesetzt oder unterbrochen worden ist.

9 Abgegolten durch die Gebühr des § 83 Abs. 1 wird nach § 87 die gesamte Tätigkeit des RA in dem Strafverfahren des ersten Rechtszugs nach dem Abschluß des vorbereitenden Verfahrens, nicht nur die Tätigkeit in der Hauptverhandlung.

Der RA kann die Gebühr des § 84 neben der Gebühr des § 83 nur beanspruchen, wenn er auch im vorbereitenden Verfahren tätig war.

Abgegolten wird hiernach z. B. die Informationsaufnahme, die Beratung des Auftraggebers, der gesamte schriftliche und mündliche Verkehr mit dem Auftraggeber (einschließlich der Besuche im Gefängnis, mögen diese auch noch so zahlreich und zeitraubend sein), der gesamte schriftliche (Eingaben, Schriftsätze) oder mündliche (z. B. Vorsprachen) Verkehr mit der Polizei, der Staatsanwaltschaft oder dem Gericht, die Akteneinsicht und die Fertigung von Notizen aus ihnen (wegen der Fertigung von Abschriften vgl. § 27; es entstehen Schreibauslagen), die gesamte Tätigkeit im Haftprüfungsverfahren (einschließlich der Teilnahme an Haftprüfungsterminen und der Abgabe von Erklärungen an das Oberlandesgericht), die Vorbereitung der Hauptverhandlung (z. B. vorherige Besichtigung der Unfallstelle), die Teilnahme an Beweisverhandlungen außerhalb der Hauptverhandlung (Vernehmen durch den ersuchten oder beauftragten Richter), die Einlegung von Rechtsmitteln (und ihre Begründung, soweit es sich nicht um die Berufungs- oder Revisionsbegründung handelt – diese gehören bereits zur nächsten Instanz; ebenso gehört die Rücknahme der Berufung oder Revision bereits zum nächsten Rechtszug) sowie die Feststellung, ob der Gegner ein Rechtsmittel eingelegt und ob er es wieder zurückgenommen hat, sowie die Mitteilung hiervon an den Auftraggeber.

Riedel/Sußbauer A 13.

Nicht zur Instanz gehört die Tätigkeit hinsichtlich eines Antrags an das Parlament zur Aufhebung der Immunität des Beschuldigten (diese Tätigkeit ist nach § 118 zu vergüten).

Riedel/Sußbauer A 14.

Das Beschwerdeverfahren bildet, im Gegensatz zu den bürgerlichen Rechtsstreitigkeiten, im Strafverfahren keine besondere Angelegenheit. Die Tätigkeit des RA im Beschwerdeverfahren wird vielmehr gleichfalls durch die Gebühr des § 83 abgegolten.

LG Krefeld MDR 74, 252 mit Anm. von H. Schmidt = JurBüro 74, 603 mit Anm. von Mümmler; s. auch A 3, 4 zu § 87.

Auch die **Wahrnehmung auswärtiger Beweisaufnahmen oder von Terminen vor einem beauftragten Richter** wird durch die Gebühr des § 83 mit abgegolten. Es entsteht auch dafür keine Zusatzgebühr nach § 83 Abs. 2. **10**

Braunschweig NJW 52, 399; Düsseldorf AnwBl. 80, 463; Nürnberg Büro 59, 71; LG Flensburg JurBüro 78, 542.

Beschränkt sich die Tätigkeit des RA, ohne daß ihm die Verteidigung übertragen ist, auf die Beistandsleistung für den Beschuldigten bei einer richterlichen Vernehmung oder einer mündlichen Verhandlung oder einer Augenscheinsnahme außerhalb der Hauptverhandlung, so erhält er nach § 91 Nr. 2 eine Gebühr von 40,— bis 520,— DM.

Die Hauptverhandlung schließt – wie § 260 StPO sagt – mit der auf die Beratung folgenden Verkündung des Urteils. Sie kann jedoch ausnahmsweise mit dem Erlaß eines Beschlusses enden, so im Fall der Einstellung des Verfahrens wegen Geringfügigkeit (§ 153 Abs. 2 StPO) oder der Verweisung an ein höheres zuständiges Gericht (§ 270 StPO). **11**

Verweisung, Zurückverweisung. Wird eine Sache an ein anderes Gericht verwiesen oder abgegeben, so sind nach § 14 S. 1 die Verfahren vor dem verweisenden oder abgebenden und vor dem übernehmenden Gericht ein Rechtszug. Daher ist auf die Verfahren vor dem verweisenden (abgebenden) Gericht und dem übernehmenden Gericht die Vorschrift des § 13 anzuwenden, wonach der RA die Gebühren in derselben Angelegenheit nur einmal fordern kann, § 13 Abs. 2 S. 1. Beispiel: Die Strafkammer verweist an eine andere Strafkammer, weil diese als Staatschutzkammer zuständig ist (§§ 6a StPO, 74a GVG). Wird aber die Sache an ein Gericht eines niedrigeren Rechtszugs verwiesen oder abgegeben, so ist gem. § 14 S. 2 das weitere Verfahren vor diesem Gericht ein neuer Rechtszug. Etwas anderes gilt, wenn die Tätigkeit des RA vor und nach der Verweisung nicht nach den gleichen Gebührenvorschriften vergütet wird. **12**

Beispiel: Die Staatsanwaltschaft ermittelt und klagt wegen gefährlicher Körperverletzung zum Schöffengericht an. Im Hauptverhandlungstermin wird die Sache gem. § 270 StPO wegen der Annahme eines hinreichenden Verdachts des versuchten Totschlags an das Schwurgericht verwiesen. Der RA war als Verteidiger im Ermittlungsverfahren, in der Hauptverhandlung beim Schöffengericht und beim Schwurgericht tätig. Dann sind entstanden: Die

Gebühr des § 84 für das vorbereitende Verfahren, die des § 83 für die Hauptverhandlung beim Schöffengericht und nochmals § 83 für die Hauptverhandlung beim Schwurgericht.

Nach Ansicht des OLG Düsseldorf

> JurBüro 82, 1529 = JMBlNJW 82, 251.

hat § 14 S. 1 gebührenrechtlich zur Folge, daß für die Tätigkeit des Verteidigers für das Gesamtverfahren innerhalb des Rechtszugs sowohl vor dem abgebenden als auch vor dem übernehmenden Gericht nur eine einheitliche Verfahrensgebühr nach § 83 berechnet werden kann; aus dem Grundsatz der Einheitlichkeit des Rechtszugs ergibt sich weiterhin, daß das jeweils höchste Gericht, vor dem die Verteidigertätigkeit entfaltet wird, den Gebührenrahmen bestimmt. Folglich ist die Gebühr auch für das vorbereitende Verfahren und für die Verhandlung beim Schöffengericht aus dem Schwurgerichtsrahmen der Nr. 1 zu entnehmen.

> So auch Hamm AnwBl. 66, 144; Schleswig JurBüro 84, 867; a. A. Hamburg AnwBl. 81, 202 (die Gebühr für das vorbereitende Verfahren wie für die Hauptverhandlung beim Schöffengericht ist jeweils aus dem Rahmen der Nr. 3, die Gebühr für die Hauptverhandlung beim Schwurgericht aus dem Rahmen der Nr. 1 zu entnehmen). Nach Mümmler i. Anm. zu Düsseldorf JurBüro 82, 1529 u. JurBüro 84, 867 ist das zwar richtig für die Gebühr beim Schöffengericht, nicht aber für die Vorverfahrensgebühr, weil insoweit die Tätigkeit während dieses Verfahrenabschnitts bereits abgeschlossen gewesen, eine Wiederholung vor dem Schwurgericht nicht stattfinden könne, daher bei der Gebühr des § 84 diese aus Nr. 3 zu entnehmen sei.

Wird der Anwalt nach der Verweisung an das höhere Gericht nicht mehr tätig, verbleibt es bei dem niederen Gebührenrahmen, im vorstehenden Beispiel also bei dem Rahmen des § 83 Abs. 1 Nr. 2.

Zu beachten ist (was vielfach übersehen wird), daß das **Verfahren nach der Zurückverweisung** – z. B. auf Revision vom BGH an die große Strafkammer – einen neuen Rechtszug eröffnet. Die Pauschgebühr des § 83 Abs. 1 ist keine Prozeßgebühr i. S. des § 15 S. 2. Der RA, der nach der Zurückverweisung die Verteidigung fortführt, hat deshalb erneut Anspruch auf die Pauschgebühr des § 83 Abs. 1, nicht nur auf eine solche des § 83 Abs. 2.

13 Die **Zusatzgebühr für eine mehrtägige Hauptverhandlung** ist in § 83 Abs. 2 geregelt. In ihm sind im Interesse der Übersichtlichkeit die Fälle zusammengefaßt, in denen die Hauptverhandlung mehrere Tage dauert. Die Mindestsätze sind denen des Abs. 1 angepaßt.

Der RA erhält diese Zusatzgebühr, wenn sich die Hauptverhandlung über einen Kalendertag hinaus erstreckt, für jeden weiteren Verhandlungstag.

14 **Endet die Hauptverhandlung erst nach Mitternacht,** so erstreckt sie sich auch dann über einen Kalendertag hinaus, wenn sie keine 24 Stunden dauert. Da die Hauptverhandlung erst mit der **Urteilsverkündung** endet (§ 260 StPO), erstreckt sie sich auch dann auf mehrere Tage, wenn nur das Urteil an einem anderen Kalendertag verkündet wird (sei es, daß bei einer Hauptverhandlung am Abend die Beratung z. B. von 23.30 Uhr bis 0.30 Uhr dauert, sei es, daß die Verkündigung des Urteils ausgesetzt wird, § 268 StPO).

> Hartmann A 3; Riedel/Sußbauer A 24; Oldenburg AnwBl. 57, 82 = NdsRpfl. 57, 18.

Auch bei **Unterbrechung** (§§ 228, 229 StPO) oder **Aussetzung der Ver- 15 kündigung** nach § 268 Abs. 3 StPO erstreckt sich die Hauptverhandlung auf jeden einzelnen Tag, an dem die Hauptverhandlung von neuem begonnen wird, ohne daß es darauf ankommt, zu welchem Zwecke die Unterbrechung angeordnet wird, welche Tätigkeit der Verteidiger dabei vornimmt und ob in der fortgesetzten Verhandlung etwas Wesentliches geschieht oder nur ein neuer Beschluß auf Unterbrechung ergeht. Voraussetzung ist, daß die Hauptverhandlung innerhalb der Frist des § 229 StPO fortgesetzt wird.

Die Abgrenzung zwischen Aussetzung und Unterbrechung hängt nicht von 16 der von dem Gericht gewählten Bezeichnung (das Gericht spricht häufig von **Vertagung**), sondern ausschließlich von der Länge der Zeitspanne ab, in der nicht verhandelt wird. Aussetzung ist das Abbrechen der Verhandlung über den Zeitpunkt, bis zu dem eine Hauptverhandlung nach § 229 Abs. 1 oder Abs. 2 StPO unterbrochen werden darf. Jeder kürzere verhandlungsfreie Zeitraum stellt sich als Unterbrechung dar. Wird die Hauptverhandlung unterbrochen, dann erhält der Verteidiger für jeden weiteren Verhandlungstag, an dem er tatsächlich teilnimmt, die Zusatzgebühr aus dem reduzierten Rahmen des Abs. 2 S. 1 der §§ 83, 85 oder 86.

Keine Zusatzgebühr entsteht, wenn die unterbrochene Hauptverhandlung noch am gleichen Kalendertag fortgesetzt wird. Wenn z. B. der Amtsrichter am Morgen eine Hauptverhandlung auf die nächste Woche verschieben muß, weil ein Zeuge nicht erschienen ist, erscheint der Zeuge aber später und gelingt es, die übrigen Prozeßbeteiligten zu benachrichtigen, so daß die Verhandlung noch am selben Tag fortgesetzt und zu Ende geführt werden kann, dann entsteht die zusätzliche Gebühr nach § 83 Abs. 2 S. 1 nicht, weil kein weiterer Verhandlungstag stattgefunden hat.

Wird mit dem Verfahren von neuem begonnen, so erhält der Verteidiger für den ersten Tag der neuen Hauptverhandlung die jeweilige Rahmengebühr nach Abs. 1 der §§ 83, 85 oder 86, wie Abs. 2 S. 2 der § 83, 84 und 86 jeweils bestimmt. Eine Aussetzung der Hauptverhandlung mit der Gebührenfolge des Abs. 2 S. 2 liegt auch dann vor, wenn zwar die Frist aus § 229 Abs. 1 oder Abs. 2 StPO gewahrt ist, mit der Hauptverhandlung aber von vorne begonnen werden muß. Das ist immer dann der Fall, wenn vor einem anderen Gericht oder vor demselben Gericht, aber in anderer Besetzung verhandelt wird.

Gelegentlich kommt es vor, daß der **Rechtsanwalt erst am zweiten Haupt- 17 verhandlungstage** (etwa nach einer Aussetzung der Hauptverhandlung) mit der Verteidigung beauftragt wird. Der RA erhält in diesem Fall nicht etwa nur die Zusatzgebühr des § 83 Abs. 2. Für ihn handelt es sich um den ersten Hauptverhandlungstermin. Er hat deshalb Anspruch auf die Gebühr des § 83 Abs. 1. Die Zusatzgebühr des § 83 Abs. 2 kann erst entstehen, wenn der RA bereits die Gebühr des § 83 Abs. 1 verdient (er also bereits an einem Hauptverhandlungstermin teilgenommen) hat.

Zweibrücken JurBüro 81, 1029 = Rpfleger 81, 321.

Über **Termine vor einem beauftragten oder ersuchten Richter** s. oben 18 A 10.

Bei **vereinbarter Vergütung** tritt nicht ohne weiteres der Anspruch auf die 19 Zusatzgebühr des § 83 Abs. 2 ein, wenn sich die Hauptverhandlung über einen Kalendertag hinaus erstreckt, sondern nur dann, wenn eine solche Erhöhung vereinbart worden ist oder – was allerdings häufig der Fall sein wird – sich aus den Umständen ergibt, daß die Beteiligten bei Vereinbarung der Vergütung nur mit dem Normalfall – einem Verhandlungstag – rechneten. Insbesondere dann, wenn die gesetzlichen Gebühren infolge der unvorhergesehenen Dauer der Hauptverhandlung höher sind als die vereinbarte Vergütung, wird davon ausgegangen werden können, daß die Gebührenvereinbarung von einer kürzeren (meist eintägigen) Hauptverhandlung ausging. In diesem Falle wird die Höhe der Vergütung im Wege ergänzender Vertragsauslegung zu bestimmen sein. Sie wird – wenn die vereinbarte Vergütung über der gesetzlichen Gebühr für eine eintägige Verhandlung lag – die gesetzlichen Gebühren für eine mehrtägige Hauptverhandlung mindestens erreichen, im Regelfall überschreiten müssen.

Erhöhung kann verlangt werden, wenn sie als zumindest stillschweigend vereinbart angesehen werden kann. Das Problem wird allerdings nur selten praktisch, da die Honorarvereinbarungen in der Regel den Satz enthalten, daß mindestens die gesetzlichen Gebühren gelten, wenn diese höher sind als das vereinbarte Honorar.

20 Die **Höhe der Gebühr** innerhalb des Rahmens **im Einzelfall** ist nach § 12 unter Berücksichtigung aller Umstände, insbesondere der Bedeutung der Angelegenheit, des Umfangs und der Schwierigkeit der anwaltlichen Tätigkeit sowie der Vermögens- und Einkommensverhältnisse des Auftraggebers von dem RA nach billigem Ermessen zu bestimmen. Im Streitfall (sei es im Rechtsstreit gegen den Auftraggeber, sei es in der Kostenfestsetzung gegen die Staatskasse usw.) empfiehlt es sich, die in A 9 geschilderten Tätigkeiten im einzelnen darzulegen, damit das Gericht den Umfang der Tätigkeit richtig beurteilen kann. Näheres s. bei § 12.

Die Zahl und Schwere der Straftaten spielt nur bei der Bemessung der Gebühr innerhalb des Gebührenrahmens eine Rolle. Auch wenn über mehrere Straftaten des gleichen Angeklagten im gleichen Verfahren verhandelt wird, entsteht nur eine Gebühr, die sich innerhalb des vorgeschriebenen Rahmens halten muß. Auch die Verbindung mehrerer Straftaten begründet keine Erhöhung des Rahmens, läßt aber bereits entstandene Gebühren für die Einzelverfahren unberührt. Vgl. aber § 88.

Die Mittelgebühren betragen in den Fällen

des Abs. 1	des Abs. 2
Nr. 1 1100,— DM	Nr. 1 585,— DM
Nr. 2 670,— DM	Nr. 2 360,— DM
Nr. 3 570,— DM	Nr. 3 305,— DM

21 Die **Verbindung** wie auch die **Trennung** von Strafsachen kommen häufiger vor, als gemeinhin angenommen wird.

Bis zur Verbindung bleiben die einzelnen Strafverfahren selbständig. Insbesondere bedeutet die Anberaumung der Hauptverhandlungen auf den gleichen Termin noch nicht die Verbindung. Das gilt nur dann nicht, wenn bei Terminbestimmung gleichzeitig die Verbindung der mehreren Strafsachen angeordnet wird. Andernfalls beginnen mit dem Aufruf der mehreren Sachen mehrere Hauptverhandlungen, die sodann erst verbunden werden.

Schumann/Geißinger A 41; LG Krefeld AnwBl. 74. 399 = JurBüro 74, 1553; unrichtig LG Mönchengladbach MDR 69, 240 (abl. Anm. H. Schmidt) und LG Wuppertal JurBüro 75, 1610.

Für die Gebühren des Verteidigers gilt folgendes: Die bis zur Verbindung entstandenen Gebühren bleiben als selbständige Gebühren erhalten.

Vgl. Düsseldorf AnwBl. 71, 24; LG Düsseldorf AnwBl. 79, 283; LG Krefeld AnwBl. 74, 399 = JurBüro 74, 1553; LG Bayreuth JurBüro 84, 877 m. abl. Anm. v. Mümmler; AG Köln AnwBl. 70, 111 (Wird dem Angeklagten vor Eintritt in die Hauptverhandlung ein Pflichtverteidiger in drei Verfahren beigeordnet und werden die Sachen dann zur gemeinsamen Verhandlung und Entscheidung verbunden, so erhält der Verteidiger drei Gebühren. Für das Entstehen der Gebühr für das Vorverfahren genügt es, wenn der Angeklagte nach Aufruf der Sache vor Eintritt in die Hauptverhandlung nach Rücksprache mit seinem Verteidiger erklärt, er verzichte auf Einhaltung aller Fristen, und darauf nach Eröffnung des Hauptverfahrens die Hauptverhandlung durchgeführt wird).

Ab Verbindung kann allerdings nur eine einheitliche Gebühr anfallen. Eine Erhöhung des Gebührenrahmens (§ 6) findet nicht statt. Die Mehrarbeit ist nur ein Umstand, der gemäß § 12 zu beachten ist.

Bei der Trennung eines Strafverfahrens in mehrere Strafverfahren entstehen mit der Trennung die gesetzlichen Gebühren mehrfach.

Schumann/Geißinger A 42; Bremen JurBüro 75, 1085.

Beispiele: Verbindung nach Beginn der Hauptverhandlung: Der RA behält die bereits verdienten mehreren Gebühren aus § 83 Abs. 1. Wird in den nunmehr verbundenen Sachen ein zweiter Verhandlungstag nötig, erhält er nunmehr nur eine Zusatzgebühr aus § 83 Abs. 2.

Verbindung vor Beginn der Hauptverhandlung: 3 Verfahren werden nach Eröffnung des Hauptverfahrens verbunden. Entstanden sind 3 Gebühren aus § 84, von denen eine mit dem Beginn der Hauptverhandlung zu einer Gebühr des § 83 erstarkt.

Trennung: Der RA erhält an Stelle der bisher verdienten einen Gebühr des § 83 Abs. 1 nunmehr mehrere Gebühren (nach der Zahl der getrennten Verfahren) aus § 83 Abs. 1.

Bremen MDR 75, 514 = JurBüro 75, 1085.

Wird ein Verfahren in der Hauptverhandlung in mehrere Verfahren aufgeteilt und werden die abgetrennten Verfahren später ohne weitere Hauptverhandlung eingestellt, erwächst dem Verteidiger, der auch nach der Abtrennung noch tätig geworden ist, in den abgetrennten Verfahren die Gebühr des § 84 für das gerichtliche Verfahren ohne Hauptverhandlung. Außerdem erhält der Anwalt für jedes dieser Verfahren die entsprechende Postgebührenpauschale.

Bremen MDR 85, 415 = JurBüro 75, 1085;
a. M. LG Heilbronn AnwBl. 79, 69 m. abl. Anm. v. H. Schmidt.

Überträgt ein auswärtiger Rechtsanwalt, der mit der Gesamtvertretung 22 eines am Strafverfahren Beteiligten beauftragt ist, **die Vertretung in der Hauptverhandlung einem ortsansässigen Rechtsanwalt,** so verdient dieser die Hauptverhandlungsgebühr. Im Verhältnis beider RAe zueinander kann der Unterbevollmächtigte die Gebühr des § 83 unter Berücksichtigung des

Umstandes verlangen, daß er vor der Hauptverhandlung nicht tätig war, der Hauptbevollmächtigte nur eine im Rahmen des § 84 berechnete Gebühr.

Vgl. A 10.

23 Rechtsbeistand als Verteidiger. Ein gemäß § 138 Abs. 2 StPO als Verteidiger zugelassener Rechtsbeistand kann für seine entsprechende Berufstätigkeit eine Vergütung liquidieren, die der Höhe nach der gesetzlichen Anwaltsgebühr entspricht.

LG Frankfurt JurBüro 82, 104.

§ 84 Verfahren außerhalb der Hauptverhandlung

(1) Der Rechtsanwalt erhält im vorbereitenden Verfahren, im gerichtlich anhängigen Verfahren, in dem er nur außerhalb der Hauptverhandlung tätig ist, und in einem Verfahren, in dem eine Hauptverhandlung nicht stattfindet, die Hälfte der Gebühren des § 83 Abs. 1.

(2) Ist das Verfahren nicht gerichtlich anhängig geworden, so bestimmt sich die Gebühr nach der Ordnung des Gerichts, das für das Hauptverfahren zuständig gewesen wäre.

Übersicht über die Anmerkungen

1 § 84 entspricht in etwa dem § 32. Mit der Gebühr des § 84 wird die Verteidigung im ersten Rechtszug abgegolten, wenn der RA im vorbereitenden Verfahren tätig wird, außerdem, wenn er danach noch tätig wird, es aber zu einer Hauptverhandlung nicht kommt oder der RA an ihr nicht teilnimmt. § 84 zählt drei Möglichkeiten auf:

a) Tätigwerden im vorbereitenden Verfahren,
b) Tätigwerden nur außerhalb der Hauptverhandlung, sei es vor, sei es nach der Hauptverhandlung,
c) Tätigwerden in einem Verfahren, in dem eine Hauptverhandlung nicht stattfindet.

Für die Gebühr ist ein Rahmen vorgesehen, der je nach der Ordnung des zuständigen Gerichts verschieden hoch ist. Die Mindest- und Höchstsätze entsprechen der Hälfte der in § 83 Abs. 1 für die Verteidigung in der Hauptverhandlung vorgesehenen Sätze.

Im Gegensatz zum bisherigen Recht erhält der Verteidiger zwei Gebühren nach § 84, wenn er im vorbereitenden Verfahren und danach tätig ist. Er erhält ferner die Gebühr des § 84 neben der Gebühr des § 83, wenn er nicht nur in der Hauptverhandlung, sondern auch bereits im vorbereitenden Verfahren tätig ist.

Vgl. A 11.

Über den Begriff „vorbereitendes Verfahren" vgl. A 4.

Nur die **Gebühr des gewählten Verteidigers** und anderer gewählter Vertre- **2** ter oder Beistände ist in § 84 geregelt. Insoweit gilt das in A 2 zu § 83 Gesagte.

Die **Ordnung des zuständigen Gerichts** ist wie für die Höhe der Gebühren **3** des § 83 auch für die Höhe der Gebühren des § 84 maßgebend. Sie beträgt nach § 84 Abs. 1 in den Fällen des § 83 Abs. 1 Nr. 1, also im Verfahren vor dem OLG, dem Schwurgericht und vor der Jugendkammer, soweit diese in Sachen entscheidet, die nach den allgemeinen Vorschriften zur Zuständigkeit der Schwurgerichte gehören, 70,— bis 1030,— DM, in den Fällen des § 83 Abs. 1 Nr. 2, also im Verfahren vor der großen Strafkammer und vor der Jugendkammer, soweit sich die Gebühr nicht nach Nr. 1 bestimmt, 50,— bis 620,— DM und in den Fällen des § 83 Abs. 1 Nr. 3, also im Verfahren vor dem Schöffengericht, dem Jugendschöffengericht, dem Strafrichter und dem Jugendrichter 40,— bis 530,— DM. Näheres s. A 3 zu § 83.

Ist das Verfahren nicht gerichtlich anhängig geworden, so kommt es nach § 84 Abs. 2 auf die Ordnung des Gerichts an, das für das Hauptverfahren voraussichtlich zuständig geworden wäre. Die dabei notwendige hypothetische Betrachtung läßt sich bei der Zuständigkeitsregelung des GVG nicht vermeiden. Ihr Ausgangspunkt ist die Lage in dem Zeipunkt, in dem die Tätigkeit des Anwalts endet. Diese Lösung ermöglicht es, jedenfalls der Mehrzahl der vorkommenden Fälle ohne Schwierigkeiten gerecht zu werden. Im übrigen bietet sich innerhalb des im Einzelfall in Frage kommenden Gebührenrahmens die Möglichkeit eines gewissen Ausgleichs.

Soweit die Staatsanwaltschaft die Möglichkeit hat, bei Gerichten verschiedener Ordnung die Klage zu erheben, ist davon auszugehen, daß sie von ihrem Ermessen einen sachgemäßen Gebrauch macht. Entsprechendes gilt für die Möglichkeit der Übernahme einer Jugendsache durch die Jugendkammer. Solange die Jugendkammer das Verfahren nicht eröffnet, kann zweifelhaft sein, ob die Jugendkammer anstelle des Schwurgerichts tätig wird oder nicht.

Vgl. Zweibrücken AnwBl. 82, 386 = JurBüro 82, 1200 = Rpfleger 83, 312.

Hat sich bei der zuständigen Staatsanwaltschaft eine bestimmte Übung gebildet, ist diese zu beachten (in Grenzfällen wird zur großen Strafkammer, nicht zum Schöffengericht angeklagt). Bei Tätigwerden vor Gerichten verschieden hoher Ordnung innerhalb der gleichen Instanz richtet sich die Gebühr nach dem Gericht der Ordnung, vor dem der RA tätig wird.

Beispiel: Anklage zur Strafkammer, die vor dem Schöffengericht eröffnet. Die Tätigkeit des RA vor und nach der Anklage wird durch zwei Gebühren des § 84 (für das vorbereitende Verfahren und das Verfahren vor der Strafkammer ohne Hauptverhandlung) sowie im Falle der Hauptverhandlung vor dem Schöffengericht durch den Unterschied zwischen der Gebühr des § 83 Abs. 1 Nr. 3 und der Gebühr des § 84 Abs. 1 Nr. 2 abgegolten.

4 Die in § 84 geregelten Gebühren erhält der Rechtsanwalt, wenn sich seine Tätigkeit erstreckt

a) entweder auf das **vorbereitende Verfahren.** Dieses wird unterschieden von dem gerichtlich anhängigen Verfahren. Es beginnt mit dem Zeitpunkt, in dem von einer Behörde eine strafrechtliche Untersuchung eingeleitet wird, und dauert bis zum Beginn des gerichtlichen Verfahrens. Es fällt vor allem hierunter das Verfahren vor der Staatsanwaltschaft, besonders das in den §§ 158 bis 177 StPO geregelte Ermittlungsverfahren. Es ist aber auch das polizeiliche Ermittlungsverfahren zu dem vorbereitenden Verfahren zu rechnen, da die BRAGO nicht nur für die Tätigkeit des RA vor den Gerichten gilt. Es muß sich aber um ein Ermittlungsverfahren handeln, bei dem die Verhandlungen an die Staatsanwaltschaft abzugeben sind. Sonst kann das polizeiliche Ermittlungsverfahren zu einem Bußgeldverfahren oder einem sonstigen Verwaltungsverfahren gehören.

Riedel/Sußbauer A 4 vor § 83.

Durch die in § 84 Abs. 1 bestimmte Gebühr wird die gesamte Tätigkeit des RA für des Beschuldigten im vorbereitenden Verfahren, zu dem auch das sogenannte Klagerzwingungsverfahren gehört, abgegolten.

Sind dem Antragsteller durch den seinen Auftrag nach § 172 Abs. 2 StPO verwerfenden Beschluß gemäß § 177 StPO die Kosten des Verfahrens auferlegt worden, so ist die Gebühr des RA den Beschuldigten nach § 84 Abs. 1 jedenfalls insoweit erstattungsfähig, als die Tätigkeit des Verteidigers in dem Klagerzwingungsverfahren zu einer Erhöhung der Pauschgebühr innerhalb des Gebührenrahmens des § 84 Abs. 1 geführt hat.

Oldenburg NdsRpfl. 67, 23.

§ 84 Abs. 1 1. Alternative gibt dem Verteidiger eine **Gebühr für das vorbereitende Verfahren.** Während der Verteidiger eine Zusatzgebühr aus § 84 Abs. 1 2. Alternative für das gerichtliche Verfahren nur erhält, wenn er nicht in der Hauptverhandlung tätig gewesen ist bzw. eine solche nicht stattfindet, erhält er die Gebühr für das Vorverfahren unabhängig davon, ob er im gerichtlichen Verfahren in oder außerhalb der Hauptverhandlung tätig ist. Diese sogenannte **„Vorverfahrensgebühr"** des § 84 Abs. 1 1. Alternative wurde verselbständigt durch das Kostenänderungsgesetz 1975. Eine längere Zeit danach war es hoch streitig, wann gebührenrechtlich das vorbereitende Verfahren endet, gerichtliche Verfahren beginnt. Nach der heute überw. M. endet das vorbereitende Verfahren mit der Anklageerhebung (§ 170 StPO) bzw. mit dem Antrag auf Erlaß des Strafbefehls (§ 408 StPO),

Bamberg JurBüro 78, 1528 u. 1833; Braunschweig KostRsp. BRAGO § 87 Nr. 57; Düsseldorf JurBüro 78, 1218 u. 85, 1350; Frankfurt JurBüro 77, 971; Hamburg JurBüro 77, 222; Hamm JurBüro 77, 222; Koblenz Rpfleger 77, 376; Köln KostRsp. BRAGO § 84 Nr. 71; München AnwBl. 78, 186; Nürnberg JurBüro 79, 1027; Schleswig JurBüro 78, 246; Stuttgart KostRsp. BRAGO § 84 Nr. 21; Zweibrücken AnwBl. 78, 74; Göttlich-Mümmler „Strafsachen" 1.421; Hartmann A 2 a; Lappe DAR 79, 65; Riedel/Sußbauer A 7–9; Schumann/Geißinger A 12,

während nach einer Mindermeinung das gerichtliche Verfahren erst mit dem Erlaß des Eröffnungsbeschlusses bzw. im Strafbefehlsverfahren mit der Entscheidung über den Antrag der Staatsanwaltschaft (§ 408 StPO, Erlaß des Strafbefehls oder, wenn der Richter Bedenken hat, mit der Anberaumung der Hauptverhandlung) endet.

Nürnberg JurBüro 79, 1522; LG Frankfurt AnwBl. 87, 51; Gerold-Schmidt 8. Aufl. A 4; Matzen AnwBl. 76, 158 u. 76, 332; Chemnitz AnwBl. 78, 72.

Der überw. M. ist zuzustimmen. Die Bezeichnung „vorbereitendes Verfahren" ist ein im Strafprozeßrecht eindeutig festgelegter Verfahrensabschnitt, der mit dem Eingang der Anklageschrift beim Gericht sein Ende findet. Es geht nicht an, diesem von der StPO definierten Begriff im Gebührenrecht einen anderen Sinn beizulegen. Hierfür spricht auch der Aufbau des 1975 neu gefaßten § 84. Er unterscheidet zwischen dem vorbereitenden und dem gerichtlich anhängigen Verfahren und legt fest, daß die zusätzliche Gebühr für eine Tätigkeit im gerichtlich anhängigen Verfahren dann entsteht, wenn der RA nur außerhalb der Hauptverhandlung tätig wurde. „Gerichtlich anhängig" ist ein Verfahren aber bereits mit Eingang der Anklage und nicht erst mit der Eröffnung des Hauptverfahrens. Diese Unterscheidung innerhalb des Gebührentatbetandes wäre überflüssig, wenn schon das vorbereitende Verfahren bis zu diesem „gerichtlich anhängigen" Verfahren reichen würde. Bei der ebenfalls 1975 erfolgten Neufassung des Abs. 3 des § 97, der ausdrücklich auf den Zeitraum „vor Eröffnung des Hauptverfahrens" abstellt, hätte nichts nähergelegen, als diesen Begriff auch bei der Neuregelung des § 84 zu verwenden, wenn diese Zeitspanne in den Gebührentatbestand des § 84 hätte einbezogen werden sollen.

Stuttgart AnwBl. 86, 454.

b) oder auf das **gerichtlich anhängige Verfahren außerhalb der Haupt- 5 verhandlung.** Darunter fällt das gesamte gerichtliche Strafverfahren vom Eingang der Anklage bei Gericht an, also der die Vorbereitung der Hauptverhandlung betreffende Verfahrensabschnitt (§§ 213 bis 225 StPO), also auch das Haftprüfungsverfahren einschließlich der Mitwirkung bei der mündlichen Verhandlung über einen Haftbefehl, soweit diese Tätigkeit nach Anklageerhebung liegt.

Hartmann A 2; Riedel/Sußbauer A 5 zu §§ 83, 84; Hamm JMBlNRW 50, 44 = SJZ 50, 221.

Voraussetzung ist jedoch, daß der RA nicht an der Hauptverhandlung teilnimmt;

Vgl. den Fall des AG Leonberg KostRsp. Nr. 5 mit Anm. von H. Schmidt.

c) oder auf ein **Verfahren, in dem keine Hauptverhandlung stattfindet. 6** Solche Verfahren sind z. B. das Verfahren bei Strafbefehlen, wenn der Einspruch vor dem Beginn der Hauptverhandlung zurückgenommen wird oder wenn der Beschuldigte den RA beauftragt, gegen einen erlassenen Strafbefehl Einspruch einzulegen und der RA nach Prüfung rät, von der Einlegung des Einspruchs abzusehen, und das Verfahren bei Einziehungen und Vermögensbeschlagnahmen (§§ 430 bis 433 StPO), da die in § 431 StPO vorgesehene mündliche Verhandlung keine Hauptverhandlung i. S. der §§ 226 ff. StPO ist.

Ferner kommt der Fall in Frage, daß das Strafverfahren vor dem Beginn der Hauptverhandlung eingestellt wird.

Wird die Hauptverhandlung vertagt und werden weitere Ermittlungen ange-

stellt, an denen der RA beteiligt ist, wird die Tätigkeit des RA noch durch die
vorher verdiente Gebühr des § 83 mit abgegolten. Die Gebühr des § 83 gilt die
gesamte Tätigkeit im gerichtlichen Verfahren ab (alleinige Ausnahme: weitere
Hauptverhandlungstermine).

Mümmler JurBüro 78, 824.

7 Auch bei **Endigung des Auftrags vor Beginn der** Hauptverhandlung ist
§ 84 anzuwenden (Beispiele: Tod des Angeklagten oder des Verteidigers vor
dem Beginn der Hauptverhandlung).

8 Der nur mit **Einzeltätigkeiten** beauftragte RA hat keinen Anspruch auf die
Gebühr des § 84. Vielmehr bestimmt sich seine Vergütung nach § 91. Auch
§ 84 setzt voraus, daß der RA allgemein mit der Verteidigung des Beschuldigten beauftragt ist.

Andererseits hat der Verteidiger, der die Gebühr des § 84 erhält, keinen
Anspruch auf die Gebühren des § 91 für seine Tätigkeit im gleichen Rechtszuge. Dagegen stehen ihm zusätzlich die Gebühren der §§ 93, 96 bei Erfüllung
der bei diesen Bestimmungen ersichtlichen Voraussetzungen zu.

9 Der **Anspruch auf die Gebühr des § 84 entsteht,** sobald der RA einen
Verteidigungsauftrag für das Strafverfahren erhalten und in Ausführung des
Auftrags irgend etwas getan hat. Wie auch sonst bei Pauschgebühren kommt
es auf das Maß der von dem RA vorgenommenen Tätigkeiten nicht an. Der
Anspruch entsteht deshalb schon durch Akteneinsicht und Besprechung mit
dem Beschuldigten, z. B. mit seiner Aufsuchung im Untersuchungsgefängnis
zur Aufnahme von Informationen oder durch Schriftwechsel mit dem Beschuldigten, Antrag auf seine Überführung an den Gerichtsort und die
Erklärung, daß gegen die Anordnung der Hauptverhandlung nichts eingewendet wird,

Hartmann A 2 B; LG Münster Büro 59, 126.

selbst durch erfolglose Bemühungen um Gewährung der Akteneinsicht.
Die Vorverfahrensgebühr kann schon durch die Besprechung anläßlich der
Mandatsverteilung entstehen, auch wenn der Anwalt im Außenverhältnis
noch nicht tätig geworden ist.

LG Hanau AnwBl. 84, 263.

Das Verfahren braucht auch noch nicht gerichtlich anhängig zu sein. Es
genügt, wenn ein Verfahren zur Vorbereitung der öffentlichen Klage bei der
Staatsanwaltschaft oder der Polizei schwebt, sei es, daß eine Anzeige erstattet
worden ist, sei es, daß Ermittlungen von Amts wegen aufgenommen worden
sind. In diesem Falle entsteht die Gebühr des § 84 für das vorbereitende
Verfahren.

10 **Abgegolten** durch die Gebühr des § 84 wird die gesamte Tätigkeit des RA in
dem vorbereitenden Verfahren bzw. in dem gerichtlichen Strafverfahren
außerhalb der Hauptverhandlung, einschließlich der Wahrnehmung anderer
Termine, Anfertigung von Schriftsätzen, Besprechungen mit dem Beschuldigten und mit Dritten, Akteneinsicht, sonstiger Information, Stellung von
Anträgen, Einlegung von Beschwerden und Vertretung in dem Beschwerdeverfahren,

Hartmann A 2 B; Riedel/Sußbauer A 13. Das eine umfangreiche Tätigkeit (insbes.

die Einlegung und Begründung von Beschwerden) sich gebührenerhöhend auswirkt, ist selbstverständlich.

ebenso das Haftprüfungsverfahren (s. oben A 5).

Nach der Zurückverweisung beginnt gemäß § 15 eine neue Instanz. So steht z. B. dem in einer früheren Hauptverhandlung tätig gewesenen Verteidiger, der nach der Zurückverweisung der Sache aus der Revisionsinstanz nur noch vor der neuen Hauptverhandlung tätig wurde, die Gebühr des § 84 zu.

Hamm JurBüro 65, 637.

Wenn der RA **sowohl im vorbereitenden als im gerichtlich anhängigen** 11 **Strafverfahren** tätig geworden ist, erhält er die Gebühr des § 84 doppelt. Durch die Neufassung des § 84 war bezweckt, das vorbereitende Verfahren zu verselbständigen, d. h. eine weitere Gebühr entstehen zu lassen, wenn der Verteidiger bereits im vorbereitenden Verfahren tätig geworden ist.

BT-Drucks. 7/3243 Nr. 44.

Dieses Ziel ist durch die Neuformulierung erreicht.

Schumann/Geißinger A 11; Lappe NJW 76, 1250; H. Schmidt NJW 78, 2541; Zweibrücken AnwBl. 78, 73 = Rpfleger 77, 335 = JurBüro 77, 1241; Schleswig AnwBl. 85, 152; LG Aachen JurBüro 78, 1213; LG Ellwangen AnwBl. 77, 81; LG Flensburg JurBüro 77, 675; LG Hannover AnwBl. 78, 150; LG Karlsruhe AnwBl. 78, 34; LG Krefeld Rpfleger 77, 25; LG München I JurBüro 79, 855 und AnwBl. 79, 236 sowie AnwBl. 80, 35; LG Trier AnwBl. 78, 360; AG Frankfurt AnwBl. 78, 35; vgl. ferner die Hinweise JurBüro 77, 645 (JM Baden-Württemberg, Bayern, Schleswig-Holstein);
a. M. Hartmann A 1 (aber A 2 B).

Der RA erhält die Gebühr des § 84 nur einmal, wenn die Staatsanwaltschaft die erhobene Anklage zurücknimmt und nach weiteren Ermittlungen erneut Anklage erhebt. Es bleibt ein einheitliches Verfahren.

Wird der Rechtsanwalt auch in der Hauptverhandlung tätig, so ist § 84 12 nicht anwendbar (Ausnahme: Er war bereits im vorbereitenden Verfahren tätig. Für dieses Verfahren erhält er zusätzlich die Gebühr des § 84). Die Vergütung des RA richtet sich dann nach dem in § 83 vorgesehenen Gebührenrahmen, innerhalb dessen die Tätigkeit im Verfahren außerhalb der Hauptverhandlung berücksichtigt werden muß. Er kann die Gebühr des § 84 neben der des § 83 nur dann beanspruchen, wenn er bereits im vorbereitenden Verfahren tätig war. § 84 billigt dem RA für die Tätigkeit nach der Eröffnung des Hauptverfahrens (nach anderer Ansicht nach der Anklageerhebung) keine zusätzliche Gebühr zu, wenn er auch in der Hauptverhandlung tätig wird und die Gebühr des § 83 verdient.

Auf das **Privatklageverfahren** ist nach § 94 Abs. 1 § 84 dann anwendbar, 13 wenn der RA allgemein als Beistand oder Vertreter des Privatklägers oder des Privatbeklagten bestellt ist und nur außerhalb der Hauptverhandlung tätig wird, z. B. weil die Privatklage schon vorher zurückgenommen wird. Es fallen dann unter § 84 z. B. Erklärungen des Beschuldigten, etwaige vor der Hauptverhandlung angestellte Ermittlungen, das Verfahren über eine gegen die Zurückweisung der Klage eingelegte Beschwerde, Verhandlungen über eine gütliche Einigung, die Ermittlung des Sachverhalts, die Beischaffung von Beweismitteln, die Beantwortung der Privatklage, die Wahrnehmung von Terminen außerhalb der Hauptverhandlung.

Die Gebühr des § 84 für das vorbereitende Verfahren kann der RA im Privatklageverfahren ebenfalls erhalten.

Vgl. hierzu A 5 zu § 94.

Für die Tätigkeit, die sich auf die Anfertigung oder Unterzeichnung der Privatklage beschränkt, und für die Beistandsleistung oder Vertretung in einem Sühneversuch nach § 380 StPO erhält der RA die in § 94 Abs. 4 oder 5 vorgesehenen Gebühren.

14 Die Gebühr für das **Berufungs-** und das **Revisionsverfahren** ist, soweit der RA nur außerhalb der Hauptverhandlung tätig wird, in § 85 Abs. 3 und § 86 Abs. 3 geregelt. Die Gebühr des § 84 kann der RA im Rechtsmittelverfahren nicht erhalten.

15 Über die **Bemessung der Gebühr im Einzelfall** s. A 20 zu § 83.

Beispiele:

Die Zubilligung der Höchstgebühr nach § 84 ist nicht auf denkbar schwierigste Strafsachen gegen ganz besonders wohlhabende Beschuldigte beschränkt.

Hamm NJW 68, 1490.

Einem Verteidiger, der durch eine umfangreiche Tätigkeit vor Eröffnung des Hauptverfahrens erreicht, daß die Anklage zurückgenommen wird, steht die Höchstgebühr des § 84 auch dann zu, wenn es sich im übrigen um eine Sache von nur durchschnittlicher Bedeutung handelt.

LG Bochum AnwBl. 67, 237; vgl. auch LG Duisburg AnwBl. 83, 133 (Vorverfahrensgebühr über dem Mittelwert in einem Trunkenheitsfall).

Die **Mittelgebühren** betragen in den Fällen des Abs. 1
Nr. 1 550,— DM
Nr. 2 335,— DM
Nr. 3 285,— DM.

§ 85 Berufungsverfahren

(1) **Der Rechtsanwalt erhält im Berufungsverfahren als Verteidiger folgende Gebühren:**

1. **Im Verfahren vor der großen Strafkammer und der Jugendkammer 100 bis 1240 Deutsche Mark;**

2. **im Verfahren vor der kleinen Strafkammer 80 bis 1060 Deutsche Mark.**

(2) **Erstreckt sich die Hauptverhandlung über einen Kalendertag hinaus, so erhält der Rechtsanwalt für jeden weiteren Verhandlungstag in den Fällen des Absatzes 1**

Nr. 1 100 Mark bis 620 Deutsche Mark,
Nr. 2 80 Mark bis 530 Deutsche Mark.

Wird jedoch mit dem Verfahren von neuem begonnen, so gelten für den ersten Tag der neuen Hauptverhandlung die Vorschriften des Absatzes 1.

(3) **Ist der Rechtsanwalt im Berufungsverfahren nur außerhalb der Hauptverhandlung tätig oder findet eine Hauptverhandlung vor dem**

Berufungsgericht nicht statt, so erhält er die Hälfte der Gebühren des Absatzes 1.

Allgemeines. § 85 gilt für den RA als gewählten Verteidiger, dem die 1 gesamte Verteidigung für das Berufungsverfahren (nicht nur eine Einzeltätigkeit innerhalb des Berufungsverfahrens) übertragen worden ist.

Die Gebühren richten sich danach, ob die Hauptverhandlung vor der großen Strafkammer oder vor der kleinen Strafkammer stattfindet. Die Jugendkammer, die stets mit drei Berufsrichtern und zwei Jugendschöffen besetzt ist, ist der großen Strafkammer gleichgestellt, mag sie auch im Einzelfall über eine Berufung gegen ein Urteil des Jugendrichters als Einzelrichter zu entscheiden haben.

Unerheblich ist, ob das Ersturteil mit der Berufung im vollen Umfange oder nur zum Teil (etwa nur im Strafmaß) angefochten wird. In jedem Fall entsteht für den Verteidiger die Gebühr des § 85. Ein etwaiger geringerer Umfang des auf das Strafmaß bechränkten Berufungsverfahrens ist nur bei Ausfüllung des Gebührenrahmens gemäß § 12 zu beachten.

Die **Gebühren des Rechtsanwalts** als Verteidiger **in der Hauptverhand-** 2 **lung** des Berufungsverfahrens betragen nach § 85 Abs. 1 vor der großen Strafkammer und vor der Jugendkammer 100,— bis 1240,— DM, vor der kleinen Strafkammer 80,— bis 1060,— DM.

Die Hauptverhandlung beginnt im Berufungsverfahren – wie im ersten 3 Rechtszuge – nach §§ 243 Abs. 1, 324 Abs. 1 Satz 1 StPO mit dem Aufruf der Sache (s. dazu A 7 zu § 83).

Im Berufungsverfahren über Privatklagen hat der RA die Gebühr des § 85 Abs. 1 auch dann verdient, wenn er nach Zurücknahme der Berufung des Gegners lediglich eine Entscheidung über die Kosten erwirkt.

Die Wahrnehmung eines Termins vor dem beauftragten Richter löst auch im Berufungsverfahren keine zusätzliche Gebühr für den RA aus. Diese Tätigkeit wird durch die Gebühr für die Hauptverhandlung mit abgegolten.

Erstreckt sich die **Hauptverhandlung über einen Kalendertag hinaus,** so 4 erhält der Verteidiger nach § 85 Abs. 2 für jeden weiteren Verhandlungstag im Verfahren vor der großen Strafkammer und der Jugendkammer 100,— bis 620,— DM, im Verfahren vor der kleinen Strafkammer 80,— DM bis 530,— DM. Die Mindestsätze sind die gleichen wie die des Abs. 1. Über Einzelheiten s. A 13 bis 17 zu § 83.

Wird mit dem Verfahren – etwa wegen Ablaufs der Frist des § 229 StPO – von neuem begonnen, so gelten für den ersten Tag der neuen Hauptverhandlung die Vorschriften des Absatzes 1.

Ist der RA im Berufungsverfahren nur **außerhalb der Hauptverhandlung** 5 tätig oder findet vor dem Berufungsgericht keine Hauptverhandlung statt, so erhält er nach § 85 Abs. 3 die Hälfte der Gebühren des § 85 Abs. 1. Diese Vorschrift entspricht den für das Verfahren des ersten Rechtszugs geltenden Vorschriften des § 84. Vor dem Berufungsgericht findet z. B. dann keine Hauptverhandlung statt, wenn nach § 322 Abs. 1 S. 1 StPO die Berufung durch Beschluß als unzulässig verworfen oder wenn die Berufung vor Beginn der Hauptverhandlung zurückgenommen wird.

Obwohl in solchen Fällen das Berufungsgericht mit der Sache u. U. nicht befaßt worden ist, ist der RA doch im Berufungsverfahren tätig geworden, so daß sich der Gebührenrahmen nach § 85 bestimmt.

> Hartmann A 3; Riedel/Sußbauer A 2 zu §§ 85, 86.

Tätigkeit außerhalb der Hauptverhandlung im Berufungsverfahren ist alles, was der mit der Verteidigung im Berufungsverfahren beauftragte RA in diesem Verfahren zur Wahrnehmung der Interessen seines Auftraggeber außerhalb der Hauptverhandlung vornimmt, z. B. die Aufnahme der Instruktion, die Einlegung (das gilt nicht, wenn der RA bereits in der ersten Instanz Verteidiger war; vgl. A 6) und Begründung der Berufung, die Entgegnung auf die Berufung der Staatsanwaltschaft. Jede solche Tätigkeit begründet den Anspruch auf die Gebühr des § 85 Abs. 3. Dazu gehört auch der Antrag auf Zurückweisung oder Verwerfung des von der Gegenseite eingelegten Rechtsmittels. S. aber unten A 6.

> LG Oldenburg Büro 60, 491; LG Osnabrück Büro 60, 213.

Die Gebühr des § 84 kann im Berufungsverfahren nicht entstehen.

6 **War der Rechtsanwalt bereits im ersten Rechtszug tätig,** so erhält er für seine Tätigkeit im Berufungsverfahren je nachdem, ob er die Verteidigung in der Hauptverhandlung oder nur im Verfahren außerhalb der Hauptverhandlung geführt hat, die Gebühr des § 85 Abs. 1, 2 oder die Gebühr des § 85 Abs. 3 neben der im ersten Rechtszug verdienten Gebühr. Jedoch ist zu beachten, daß nach § 87 die Einlegung von Rechtsmitteln bei dem Gericht desselben Rechtszugs durch die Gebühr des ersten Rechtszugs mit abgegolten wird. Beschränkt sich die Tätigkeit des mit der Verteidigung im Berufungsverfahren beauftragten RA, der auch die Verteidigung im ersten Rechtszug geführt hat, auf die Einlegung der Berufung, die nach § 314 StPO bei dem Gericht des ersten Rechtszugs zu erfolgen hat, so erwirbt er also dadurch keinen Anspruch auf die Gebühr des § 85 Abs. 3.

Zur „Einlegung der Berufung", somit zur unteren Instanz, gehört die Beratung des Auftraggebers über die Zulässigkeit und Zweckmäßigkeit der Einlegung des Rechtsmittels. Der RA kann für diese Tätigkeit auch nicht die Ratsgebühr des § 20 fordern.

Dagegen hat der mit der Verteidigung im Berufungsverfahren beauftragte RA eine weitere Gebühr verdient, wenn er nach der Berufungseinlegung tätig wird. Rät er dem Angeklagten, die eingelegte Berufung zurückzunehmen, oder nimmt er auftragsgemäß eine von ihm oder von dem Angeklagten selbst eingelegte Berufung zurück, wird er „im Berufungsverfahren" tätig. Er hat damit die Gebühr des § 85 Abs. 3 verdient.

> Riedel/Sußbauer A 2; Schumann/Geißinger A 14; Bamberg AnwBl. 68, 165; Düsseldorf AnwBl. 67, 164; Frankfurt AnwBl. 66, 68; Karlsruhe AnwBl. 67, 165; Köln NJW 69, 108; Oldenburg AnwBl. 64, 288.

Ebenso ist die Stellungnahme des Verteidigers zu der von der Staatsanwaltschaft (dem Nebenkläger usw.) eingelegten Berufung eine Tätigkeit im Berufungsverfahren und löst deshalb die Gebühr des § 85 (Abs. 3) aus.

> Riedel/Sußbauer A 2 zu §§ 85, 86; OLG Nürnberg KostRsp. § 473 StPO Nr. 2.

In gleicher Weise entsteht die Berufungsgebühr, wenn der Verteidiger zur Vorbereitung der Berufungsverhandlung nochmals die Akten einsieht und

durcharbeitet. Das gilt auch dann, wenn das Verfahren außerhalb der Hauptverhandlung nach § 154 StPO eingestellt wird.

Schumann/Geißinger A 17.

War der Verteidiger in erster Instanz nicht tätig und beginnt seine Tätigkeit
mit der Einlegung der Berufung, so entsteht mit der Einlegung der Berufung
die Gebühr des § 85 Abs. 3.

Riedel/Sußbauer A 4.

Denn nur für den Anwalt, der in erster Instanz als Verteidiger tätig war,
bestimmt § 87 gebührenrechtlich, daß seine Tätigkeit in dem Zwischenver-
fahren einschließlich der Einlegung des Rechtsmittels noch durch die in erster
Instanz verdienten Gebühren abgegolten ist.

Hat ein Dritter (Staatsanwalt oder Nebenkläger) das Rechtsmittel eingelegt,
so ist für den RA als Verteidiger, gleichgültig, ob er in der Vorinstanz tätig
war oder nicht, diese Instanz beendet. Wenn er jetzt den Mandanten über die
Aussichten des von dem Dritten eingelegten Rechtsmittels berät, dann entfaltet er als Rechtsmittelgegner Tätigkeit in der zweiten Instanz, ihm erwächst
die Gebühr aus § 85 Abs. 3, die ihm auch verbleibt, wenn die Staatsanwaltschaft die Berufung jetzt zurücknimmt.

LG Düsseldorf NJW 72, 1681; LG Kassel AnwBl. 80, 202; Hartmann § 86 A 1;
a. A. Düsseldorf MDR 81, 74; Oldenburg KostRsp. BRAGO § 76 Nr. 17 m. abl.
Anm. v. Schmidt; LG Nürnberg-Fürth KostRsp. BRAGO § 87 Nr. 6 m. abl.
Anm. v. Schmidt; LG Osnabrück KostRsp. BRAGO § 87 Nr. 8 m. abl. Anm. v.
Schmidt; LG Würzburg KostRsp. BRAGO § 85 Nr. 28 m. zust. Anm. v. Mümm-
ler.

Denn aus § 87 S. 2 folgt, daß die Beratung über das Rechtsmittel nur dann
durch die Gebühr der Vorinstanz abgegolten wird, wenn der beratende RA
das Rechtsmittel einlegt. Die Gerichte, die die Beratung über das Rechtsmittel
des Dritten mit den Gebühren der Vorinstanz abgelten, verwechseln Rechtsmittelführer und Rechtsmittelgegner.

Beschränkt sich die Tätigkeit des RA auftragsgemäß **auf die Einlegung,** 7
Begründung oder Beantwortung der Berufung, ist er also nicht mit der
Verteidigung im Berufungsverfahren allgemein beauftragt, so gilt § 91. Er
erhält dann, wenn er auch nicht im ersten Rechtszug als Verteidiger tätig war,
für die Einlegung der Berufung nach § 91 Nr. 1 eine Gebühr von 20,— DM
bis 280,— DM, für die Rechtfertigung der Berufung oder die Beantwortung
der von der Staatsanwaltschaft eingelegten Berufung nach § 91 Nr. 2 eine
Gebühr von 40,— DM bis 520,— DM, und zwar auch dann, wenn er die
Verteidigung im ersten Rechtszug geführt hat.

Über die **Bemessung der Gebühr im Einzelfall** s. A 20 zu § 83. 8
Die Mittelgebühren betragen in den Fällen

des Abs. 1	des Abs. 2
Nr. 1 670,— DM	Nr. 1 360,— DM
Nr. 2 570,— DM	Nr. 2 305,— DM.

Hebt die Strafkammer auf Berufung ein Urteil des Amtsgerichts auf, 9
weil die erstinstanzliche Zuständigkeit der Strafkammer gegeben ist, **und**
verweist es die Sache gemäß § 270 StPO **an sich als Gericht der ersten**
Instanz, so liegt darin eine Verweisung an ein Gericht des niederen Rechtszu-

Madert 959

ges (statt Berufungsgericht nunmehr Gericht des ersten Rechtszuges) i. S. des § 14. Das weitere Verfahren gilt deshalb als ein neuer Rechtszug und begründet demgemäß für den Verteidiger die Gebühr des § 83 Abs. 1 Nr. 2 (neben der Gebühr des § 85).

10 Kostenerstattung. Legt die Staatsanwaltschaft Berufung ein und beauftragt der Angeklagte daraufhin einen Verteidiger, dann sind die dem Angeklagten durch Beauftragung des Verteidigers entstandenen Kosten als notwendige Auslagen aus der Staatskasse zu erstatten, wenn die Berufung zurückgenommen wird. Nimmt die Staatsanwaltschaft ihr Rechtsmittel vor Begründung zurück, so wird von einem Teil der Rechtsprechung die Erstattungsfähigkeit der Rechtsanwaltskosten unter Hinweis auf § 91 Abs. 1 S. 1 ZPO mit der Begründung verneint, die Tätigkeit eines RA vor Begründung des Rechtsmittels durch die Staatsanwaltschaft sei überflüssig und nicht notwendig gewesen.

Köln OLGSt § 473 S. 3; Koblenz MDR 85, 344; München JurBüro 77, 490; Zweibrücken Rpfleger 78, 27; Hamm MDR 78, 596; Düsseldorf JMBlNRW 79, 69; JurBüro 80, 1688; 81, 229; Karlsruhe Die Justiz 81, 288.

Dieser Ansicht ist nicht zuzustimmen. § 464a Abs. 2 Nr. 2 StPO sollte dazu beitragen, das strafrechtliche Erstattungsverfahren zu vereinfachen. Hinsichtlich der Gebühren eines Anwalts sollte im Strafverfahren nichts anderes gelten als im Zivilrechtsstreit. Dort geht aber die h. M. davon aus, daß der Rechtsmittelgegner regelmäßig sogleich nach der Rechtsmitteleinlegung Maßnahmen zur Abwendung des Rechtsmittelangriffs durch seinen RA ergreifen, und seine Verteidigung vorbereiten darf, selbst dann, wenn das Rechtsmittel ausdrücklich nur zur Fristwahrung eingelegt und alsbald wieder zurückgenommen wird. Der Hinweis, vor Begründung des Rechtsmittels durch die Staatsanwaltschaft könne der Anwalt Maßnahmen zur Verteidigung im Hinblick auf das Rechtsmittel nicht ergreifen, geht fehl. Der RA kann z. B. aus der Kenntnis der Hauptverhandlung der Vorinstanz sehr wohl wissen, wo die Schwachstellen des freisprechenden Urteils liegen und daß auf seiten des Angeklagten hier zusätzliche Anstrengungen erforderlich sind, die vorbereitet werden müssen. Da der Rechtsmittelgegner mit der Durchführung des Rechtsmittels durch den Rechtsmittelführer grundsätzlich rechnen muß, muß man ihm auch zubilligen, die gesamte zur Verfügung stehende Zeit zur sachgemäßen Vorbereitung für den Fall der Durchführung auszunutzen. Aus diesem Grunde kann auch ein Unterschied zwischen Berufung und Revision nicht gemacht werden. Denn auch im Falle der Revision kommen in dem Verfahrensabschnitt zwischen Einlegung und Zurücknahme des Rechtsmittels auf seiten des Verteidigers und seines Mandanten Maßnahmen in Betracht, die die Rechtslage klären und die weitere Verteidigung vorbereiten könne, die somit prozeßfördernd wirken. Regelmäßig löst daher jede Tätigkeit des Verteidigers für den Angeklagten als Gegner eines von der Staatsanwaltschaft eingelegten Rechtsmittels mit dessen Eingang beginnend eine erstattbare Gebühr aus, auch dann, wenn das Rechtsmittel noch vor der Begründung zurückgenommen wird. Unterschiede sind nur zu machen in der Höhe der Gebühr. Wenn die Tätigkeit des Verteidigers lediglich darin besteht, den Mandanten von der Einlegung des Rechtsmittels zu unterrichten, was seine Pflicht ist, und in dem formularmäßigen Antrag, das Rechtsmittel zu verwerfen, dann kann es sicherlich gerechtfertigt sein, dem Verteidiger nur eine geringe Gebühr zuzubilligen. Ihm auch diese abzusprechen, würde bedeuten, daß dem Verteidiger zugemutet würde, die Unterrichtung seines Mandanten zu unterlassen oder entsprechende Fragen des Mandanten nicht zu beantworten mit dem Hinweis auf Probleme der Gebührenerstattung.

Karlsruhe JurBüro 77, 1743; Celle NStZ 83, 129 = AnwBl. 83, 231; LG Aachen AnwBl. 75, 250; LG Bayreuth JurBüro 86, 737; LG Hannover NJW 76, 2031; LG Krefeld AnwBl. 79, 79 u. 394; aufgegeben in JurBüro 85, 567; LG Bonn AnwBl. 77, 121; LG Darmstadt KostRsp. BRAGO § 86 Nr. 46; LG Duisburg AnwBl. 78, 37; LG Karlsruhe AnwBl. 78, 38; LG Ellwangen NJW 78, 118; LG Zweibrücken AnwBl. 70, 35; LG Berlin AnwBl. 87, 53; LG Kassel AnwBl. 80, 202; LG Braunschweig JurBüro 70, 1041; AG Bad Hersfeld DAR 85, 62; KK-Schikora § 464a StPO Rn. 10; Schumann/Geißinger § 96 A; Riedel/Sußbauer § 86 Abs. 2; Hartmann Kostengesetze § 85 Anm. 2, § 86 Anm. 1 und § 87 Anm. 1; Meyer JurBüro 75, 1537; Beulke NJW 76, 1112.

§ 86 Revisionsverfahren

(1) **Der Rechtsanwalt erhält im Revisionsverfahren als Verteidiger folgende Gebühren:**

1. **Im Verfahren vor dem Bundesgerichtshof**
140 bis 2060 Deutsche Mark;

2. **im Verfahren vor dem Oberlandesgericht**
100 bis 1240 Deutsche Mark

und, wenn im ersten Rechtszug der Strafrichter, ausgenommen als Jugendrichter, entschieden hat,

80 bis 1060 Deutsche Mark.

(2) **Erstreckt sich die Hauptverhandlung über einen Kalendertag hinaus, so erhält der Rechtsanwalt für jeden weiteren Verhandlungstag in den Fällen des Absatzes 1**

Nr. 1 140 bis 1030 Deutsche Mark,

Nr. 2 100 bis 620 Deutsche Mark

und, wenn im ersten Rechtszug der Strafrichter, ausgenommen als Jugendrichter, entschieden hat,

80 bis 530 Deutsche Mark.

Wird jedoch mit dem Verfahren von neuem begonnen, so gelten für den ersten Tag der neuen Hauptverhandlung die Vorschriften des Absatzes 1.

(3) **Ist der Rechtsanwalt im Revisionsverfahren als Verteidiger nur außerhalb der Hauptverhandlung tätig oder findet eine Hauptverhandlung vor dem Revisionsgericht nicht statt, so erhält er die Hälfte der Gebühren des Absatzes 1.**

Allgemeines. § 86 billigt dem RA im Revisionsverfahren vor dem BGH **1** denselben Rahmen zu, der früher auch für erstinstanzliche Verfahren vor diesem Gericht vorgesehen war. Die Begründung der Revision in den zum großen Teil umfangreichen und schwerwiegenden Strafsachen und die Vertretung des Rechtsmittels in der Hauptverhandlung vor den besonders qualifizierten Richtern stellt an den veranwortungsbewußten RA hohe Anforderungen und ist mit zeitraubender Mühe verbunden.

Auch wenn im Revisionsverfahren keine Beweisaufnahme stattfindet, so läßt es dessen rechtliche Bedeutung nicht zu, die Gebühren niedriger zu bemessen als im Berufungsverfahren. § 86 sieht deshalb für das Revisionsverfahren vor dem OLG (BayObLG) denselben Gebührenrahmen vor, der für das Berufungsverfahren vor der großen Strafkammer und vor der Jugendkammer bestimmt ist. Hat im ersten Rechtszug der Strafrichter, ausgenommen als Jugendrichter, entschieden, so soll im Revisionsverfahren derselbe Gebührenrahmen wie im ersten Rechtszug und im Berufungsverfahren maßgebend sein. Dagegen gilt für das Revisionsverfahren vor dem OLG der Gebührenrahmen von 100–1240 DM, wenn im ersten Rechtszug der Jugendrichter als Einzelrichter entschieden hat; in diesen Fällen kommt auch im Berufungsverfahren nach § 85 Abs. 1 Nr. 1 ein Gebührenrahmen von 100,— bis 1240,— DM in Betracht.

2 Sprungrevision. Legt der RA als Verteidiger gegen ein amtsgerichtliches Urteil Sprungrevision ein, erhält er die Gebühren des § 86. Legt die Staatsanwaltschaft gegen das gleiche Urteil Berufung ein, wird die Revision gemäß § 355 Abs. 3 StPO als Berufung behandelt. Sie bleibt aber Revision und ist als solche zu begründen. Denn wenn die Staatsanwaltschaft ihre Berufung zurücknimmt oder die Berufung als unzulässig verworfen wird, wird die Sprungrevision wieder als Revision behandelt. Sie muß dann begründet sein, andernfalls wird sie als unzulässig verworfen. Daraus folgt, daß der RA weiterhin die Gebühr des § 86 Abs. 3 für das Revisionsverfahren erhält. Wird die Berufung durchgeführt, erhält er zusätzlich die Gebühr des § 85 Abs. 1. Die Gebühr ist auch erstattungsfähig, wenn die Kosten des Berufungsverfahrens der Staatskasse auferlegt werden.

> Kümmelmann AnwBl. 80, 26; Mümmler JurBüro 82, 197; RAKammer Bamberg KostRsp. Nr. 34.

3 Die **Gebühren des Verteidigers in der Hauptverhandlung** des Revisionsverfahrens sind in § 86 Abs. 1 bestimmt. Die Gebühr beträgt: im Verfahren vor dem BGH 140,— bis 2060,— DM, im Verfahren vor dem OLG 100,— bis 1240,— DM, wenn aber im ersten Rechtszug der Strafrichter, ausgenommen als Jugendrichter, erkannt hat, 80,— bis 1060,— DM.

4 Die **Hauptverhandlung beginnt** im Revisionsverfahren nach § 351 StPO mit dem Vortrag eines Berichterstatters. Der RA verdient also die Gebühr des Abs. 1, wenn er in diesem Zeitpunkt in seiner Eigenschaft als Verteidiger anwesend ist. Daß er selbst etwas tut, ist nicht notwendig.

5 Erstreckt sich die Hauptverhandlung über einen Kalendertag hinaus, so erhält der RA für jeden weiteren Verhandlungstag im Verfahren vor dem BGH 140,— bis 1030,— DM, im Verfahren vor dem OLG 100,— bis 620,— DM und, wenn im ersten Rechtszug der Strafrichter, ausgenommen der Jugendrichter, entschieden hat, 80,— bis 530,— DM. Es genügt, wenn an dem weiteren Verhandlungstag das Urteil verkündet wird. Notwendig ist aber, daß der RA an dem weiteren Verhandlungstag tätig wird, wobei die Anwesenheit in dem Verhandlungstermin (z. B. bei der Urteilsverkündung) genügt. Über Einzelheiten s. A 13–19 zu § 83.

Wird jedoch mit dem Verfahren – etwa wegen Ablaufs der Frist des § 229

StPO – von neuem begonnen, so gelten für den ersten Tag der neuen Hauptverhandlung die Vorschriften des Absatzes 1; d. h. der Verteidiger erhält zum zweiten Mal die volle Revisionsgebühr.

Ist der RA im Revisionsverfahren nur **außerhalb der Hauptverhandlung** 6 tätig oder findet vor dem Revisionsgericht keine Hauptverhandlung statt, so erhält er nach § 86 Abs. 3 nur die Hälfte der Gebühren des § 86 Abs. 1. Vor dem Revisionsgericht findet z. B. dann keine Hauptverhandlung statt, wenn die Revision als unzulässig oder als unbegründet nach § 349 StPO durch Beschluß verworfen oder wenn sie vor Beginn der Hauptverhandlung zurückgenommen wird oder wenn das Revisionsgericht die zugunsten des Angeklagten eingelegte Revision einstimmig für begründet erachtet (vgl. § 349 Abs. 4 StPO).

Für die Tätigkeit außerhalb der Hauptverhandlung gilt das in A 5 zu § 85 für das Berufungsverfahren Gesagte sinngemäß.

Die Gebühr entsteht auch dann, wenn der für alle Instanzen bestellte Verteidiger die Revisionsbegründung der Staatsanwaltschaft oder des Nebenklägers in Empfang nimmt und mit seinem Auftraggeber bespricht oder wenn er sie – ohne Zuziehung des Auftraggebers – prüft.

Hartmann A 3 A; Riedel/Sußbauer A 2; Bamberg AnwBl. 68, 165; Koblenz Rpfleger 76, 218; Köln NJW 69, 108; vgl. auch Zweibrücken JurBüro 81, 1531 = Rpfleger 81, 411 (Die Gebühr für das Revisionsverfahren entsteht schon durch die Überprüfung des schriftlichen Urteils auf Rechtsfehler. Sie steht dem RA auch dann zu, wenn er bei negativem Ergebnis der Prüfung nicht weiter tätig und deshalb die Revision mangels Begründung verworfen wird).

Ebenso erwächst die – halbe – Revisionsgebühr, wenn der Verteidiger die eingelegte Revision zurücknimmt.

Schumann/Geißinger A 9; Karlsruhe AnwBl. 67, 165 = MDR 67, 519; vgl. aber Zweibrücken AnwBl. 81, 77 = JurBüro 81, 231 = Rpfleger 81, 74.

Ferner hat der Verteidiger Anspruch auf die Gebühr des § 83 Abs. 3, wenn er nach Einlegung der Revision durch die Staatsanwaltschaft mit dem Auftraggeber über die Aussichten der Revision spricht oder wenn er die Verwerfung der Revision beantragt, auch wenn die Staatsanwaltschaft die Revision vor ihrer Begründung zurücknimmt.

Vgl. § 85 A 10.

War der Rechtsanwalt bereits in einem früheren Rechtszug tätig, so 7 erhält er für seine Tätigkeit im Revisionsverfahren die Gebühr des § 86 Abs. 1, 2 bzw. Abs. 3 neben den früher verdienten Gebühren. Da auch die Revision nach § 341 StPO bei dem Gericht einzulegen ist, dessen Urteil angefochten wird, erhält der RA, der bereits in dem früheren Rechtszug tätig war, wenn sich seine weitere Tätigkeit auf die Einlegung der Revision beschränkt, nicht die Gebühr des § 86 Abs. 3. Gemäß § 87 Satz 2 gehört die Einlegung von Rechtsmitteln bei dem Gericht desselben Rechtszuges zur Instanz.

Auch die Beratung, ob Revision eingelegt werden soll, wird durch die Pauschgebühr für die Tätigkeit in dem früheren Rechtszug abgegolten. Der RA hat also auch keinen Anspruch auf die Ratsgebühr des § 20. Ist dagegen bereits Revision eingelegt, reicht die Beratung des mit der Verteidigung im Revisionsverfahren beauftragten RA, ob die Revision durchgeführt werden soll, aus, die Revisionsgebühr entstehen zu lassen. In gleicher Weise läßt die

Rücknahme der eingelegten Revision durch den Verteidiger die Gebühr des § 86 Abs. 3 erwachsen.

Oldenburg AnwBl. 64, 288 = NJW 64, 2124.

Die Beratung des Angeklagten über die Erfolgsaussichten der Revision der Staatsanwaltschaft löst die Gebühr des § 86 aus.

Für den RA, der in dem früheren Rechtszug nicht als Verteidiger tätig war, gehört die Einlegung der Revision zur Revisionsinstanz. Er verdient deshalb bereits mit der Einlegung des Rechtsmittels die Gebühr des § 86 Abs. 3 (nicht etwa zusätzlich die Gebühr für die untere Instanz). Rügt der Verteidiger in der Revisionsschrift die Verletzung des materiellen Rechts, so liegt in dieser Rüge die Begründung der Revision. Der RA hat deshalb durch einen solchen Schriftsatz bereits die Revisionsgebühr verdient. Dabei ist unerheblich, ob er sich eine weitere Begründung und die Stellung von Revisionsanträgen ausdrücklich für später vorbehalten hat.

Schumann-Geißinger A 12; LG Osnabrück AnwBl. 61, 20.

8 Ist dem **Rechtsanwalt** nicht die gesamte Verteidigung im Revisionsverfahren übertragen worden, hat er vielmehr **nur einen beschränkten Einzelauftrag** erhalten, etwa Revision einzulegen oder die eingelegte Revision zu begründen oder auf die eingelegte Revision der Staatsanwaltschaft (des Nebenklägers usw.) zu erwidern, hat er keinen Anspruch auf die Gebühr des § 86. Seine Tätigkeit wird vielmehr durch die Gebühr des § 91 abgegolten. Für die Einlegung der Revision erhält er nach § 91 Nr. 1, wenn er nicht im früheren Rechtszug tätig war, eine Gebühr von 20,— bis 280,— DM. Für die Anfertigung oder Unterzeichnung einer Schrift zur Begründung der Revision oder Erklärung auf die von der Staatsanwaltschaft eingelegte Revision erhält er nach § 91 Nr. 3 eine Gebühr von 60,— bis 820,— DM, auch wenn er im früheren Verfahren tätig war. Diese Gebühr ist zwar niedriger als die Gebühr des § 86 Abs. 3 für die Tätigkeit des RA im Revisionsverfahren außerhalb der Hauptverhandlung vor dem BGH, die 70,— bis 1030,— DM beträgt, aber höher als diejenige für das Revisionsverfahren außerhalb der Hauptverhandlung vor dem OLG, die nur 50,— bis 620,— DM bzw. 40,— bis 530,— DM (wenn im ersten Rechtszug der Strafrichter entschieden hat) beträgt. Er kann jedoch gemäß § 13 Abs. 6 nicht mehr erhalten, als er erhalten würde, wenn er zum Revisionsanwalt bestellt wäre.

Vgl. dazu § 91 A 18.

Der mit der Verteidigung im Revisionsverfahren beauftragte RA kann, auch wenn sich seine Tätigkeit im Revisionsverfahren auf die Begründung oder die Erklärung auf die von der Staatsanwaltschaft oder dem Nebenkläger eingelegte Revision beschränkt, seine Gebühr stets nach dem Rahmen des § 86 Abs. 3 berechnen.

Hamm AnwBl. 63, 143 = Rpfleger 62, 26; Karlsruhe Die Justiz 63, 244; LG Hagen AnwBl. 61, 321.

Ist der RA nur mit der Verteidigung in der Tatsacheninstanz beauftragt worden und fertigt er die Revisionsbegründung oder -erwiderung als Einzeltätigkeit, hat er Anspruch auf die Gebühr des § 91 Nr. 3, höchstens jedoch auf die Gebühr des § 86 Abs. 3. Die Worte „Beschränkt sich die Tätigkeit des Rechtsanwalts, ohne daß ihm sonst die Verteidigung übertragen ist, auf..."

beziehen sich nur auf eine Tätigkeit in der gleichen Instanz. Mit einer Einzeltätigkeit in der Revisionsinstanz ist also vereinbar, daß der RA im ersten Rechtszug Vollverteidiger war.

Die Entgegennahme der Revisionsschrift oder der Revisionsbegründung der Staatsanwaltschaft durch den für alle Instanzen bestellten Verteidiger und die darauf folgende Besprechung mit dem Auftraggeber gehört dagegen bereits zur Revisionsinstanz, sie löst deshalb die Gebühr des § 86 aus. Die Abgabe der Gegenerklärung auf die Revision ist hiernach Tätigkeit im Revisionsverfahren.

> Nürnberg Büro 61, 250 = Rpfleger 63, 139; LG Essen AnwBl. 61, 19.

Über die **Bemessung der Gebühr im Einzelfall** s. A 20 zu § 83.   9

Die Mittelgebühren betragen in den Fällen

des Abs. 1	des Abs. 2
Nr. 1 1100,— DM	Nr. 1 585,— DM
Nr. 2a 670,— DM	Nr. 2a 360,— DM
Nr. 2b 570,— DM	Nr. 2b 305,— DM.

Streit besteht, ob die **Kosten für die Vertretung in der Revisionshaupt-** 10 **verhandlung zu erstatten** sind. Die Frage ist zu bejahen. Findet eine Hauptverhandlung im Revisionsverfahren statt, ist es in der Regel angebracht, daß der Verteidiger die Rechte seines Auftraggebers wahrnimmt und an der Revisionsverhandlung teilnimmt.

> Schumann/Geißinger Abs. 15; H. Schmidt Büro 62, 247; Bamberg JurBüro 77, 950; Oldenburg AnwBl. 81, 119; LG Frankfurt NJW 67, 1810 und AnwBl. 68, 60; LG Kiel KostRsp. Nr. 11; LG Konstanz JVBl. 67, 186 und AnwBl. 73, 27; LG Verden AnwBl. 69, 29 = NdsRpfl. 69, 21 (Bei der mündlichen Verhandlung in der Revisionsinstanz ist die Vertretung des Angeklagten durch seinen Verteidiger in der Regel sachgemäß. Die Kosten des Verteidigers sind daher erstattungsfähig); ebenso LG Düsseldorf AnwBl. 70, 109 (Die Kosten eines Verteidigers in der Hauptverhandlung vor dem Revisionsgericht sind aus der Staatskasse zu erstatten, wenn der Angeklagte freigesprochen wird). Einschränkend LG München II AnwBl. 67, 30 (Die Kosten eines Anwalts für die Verteidigung in der Revisionsinstanz sind aus der Staatskasse zu erstatten, wenn die Terminwahrnehmung sachdienlich und zweckmäßig war); im Grundsatz verneinend LG Frankfurt NJW 67, 66 (abl. Dahs jun.) = MDR 66, 779 (Der Verteidiger ist zu einer vollständigen schriftlichen Revisionsbegründung verpflichtet, damit eine ungerechtfertigte Belastung der Staatskasse durch die Kosten für die Teilnahme an der Revisionsverhandlung vermieden wird. Die Teilnahme des Verteidigers an der Revisionshauptverhandlung ist nur notwendig i. S. des § 467 II StPO, wenn die besonderen Umstände des Einzelfalles es erfordern) (Bem. hierzu: Warum gibt es dann überhaupt Revisionshauptverhandlungen? Wenn das Revisionsgericht eine Hauptverhandlung anberaumt, muß der Verteidiger auch teilnehmen dürfen).

Die von dem Vorsitzenden der Tatsacheninstanz vorgenommene Beiordnung eines Pflichtverteidigers wirkt mit den sich daraus ergebenden gebührenrechtlichen Folgen auch für die Einlegung und Begründung der Revision.

> Braunschweig NJW 50, 79; Celle NdsRpfl. 52, 58; Hamburg NJW 66, 2324.

Bei notwendiger Verteidigung erstreckt sich die Beiordnung grundsätzlich auf das gesamte Revisionsverfahren außerhalb der Hauptverhandlung.

> Hamm NJW 70, 440; Stuttgart NJW 79, 1373.

Sie erstreckt sich nicht auf die Hauptverhandlung vor dem Revisionsgericht.

Hierzu bedarf es einer besonderen Verteidigerbestellung durch den Vorsitzenden des Revisionsgerichts, § 350 Abs. 3 StPO.

BGHSt 19, 258 = NJW 64, 1035; Karlsruhe NJW 69, 228.

Nimmt der Pflichtverteidiger an der Revisionshauptverhandlung als Wahlanwalt teil, entsteht die volle Gebühr des § 86.

Schumann/Geißinger A 18.

11 Erstattung der Revisionskosten außerhalb der Hauptverhandlung. Für den Anwalt des Revisionsgegners erwächst die Revisionsgebühr des § 86 mit jeder im Revisionsverfahren entwickelten Tätigkeit. Als solche Tätigkeiten kommen u. a. in Betracht die Entgegennahme der Revisionsschrift (auch ohne Begründung), die Beratung des Auftraggebers, die Entgegennahme von Informationen, das Einreichen von Schriftsätzen oder Anträgen, die Akteneinsicht oder ein entsprechender Versuch. Infolgedessen reicht die Einreichung eines Schriftsatzes mit dem Antrag, die Revision zu verwerfen, für sich aus, die Gebühr des § 86 entstehen zu lassen. Grundsätzlich ist diese Gebühr auch zu erstatten. Es kann keine Rede davon sein, daß es sich um eine völlig überflüssige oder verfrühte Tätigkeit handelt. Auf jeden Fall ist die Beratung des Auftraggeber eine zweckentsprechende Tätigkeit. Der Verteidiger wird wohl auch in etwa übersehen können, ob die Revision der Staatsanwaltschaft Aussicht auf Erfolg hat.

Schumann/Geißinger A 19; LG Hamburg AnwBl. 78, 321 (Beratung über die Erfolgsaussichten); LG Hildesheim MDR 70, 439; LG Karlsruhe AnwBl. 78, 38; LG Krefeld AnwBl. 72, 93 = Rpfleger 71, 436 = JurBüro 71, 853; vgl. auch § 85 A 10;
a. M. (nicht zu erstatten) Düsseldorf JurBüro 79, 231 = JMBlNRW 79, 69, JurBüro 80, 1688 = Rpfleger 80, 445 und JurBüro 81, 229; Hamm JurBüro 78, 884 = MDR 78, 596; Karlsruhe JurBüro 81, 1225; München JurBüro 77, 490; Zweibrücken Rpfleger 78, 27 = JurBüro 78, 256 mit Anm. von Mümmler; vgl. auch A 10 zu § 85, die das gleiche Problem für das Berufungsverfahren behandeln.

§ 87 Pauschgebühren

Durch die Gebühren der §§ 83 bis 86 wird die gesamte Tätigkeit des Rechtsanwalts als Verteidiger entgolten. Hierzu gehört auch die Einlegung von Rechtsmitteln bei dem Gericht desselben Rechtszuges.

1 Die Gebühren der §§ 83 bis 86 sind Pauschgebühren. Sie gelten, wie dies schon in der allgemeinen Vorschrift des § 13 Abs. 1 bestimmt ist, die gesamte Tätigkeit des RA als Verteidiger vom Anfang bis zur Erledigung der Angelegenheit, für die der betreffende Gebührenrahmen vorgesehen ist, ab. Abgegolten werden hiernach insbes. die Aufnahme der Information, die Beratung des Auftraggebers, die Einsicht in die Strafakten, die Beschaffung von Material, die Ermittlung von Zeugen, alle Besprechungen, Besuche in der Haftanstalt, Teilnahme an Terminen (insbes. Haftprüfungsterminen), Anfertigung von Schriftsätzen. Da § 87 nach § 94 auch für die Tätigkeit des RA als Beistand oder Vertreter eines Privatklägers nach § 95 für die Tätigkeit als Beistand oder Vertreter eines Nebenklägers sowie eines Einziehungs- oder Nebenbeteiligten sinngemäß gilt, kann auch ein solcher RA neben den Gebühren der §§ 83 bis 86 keine besonderen Gebühren berechnen. Soweit es sich um Tätigkeiten handelt, die zu dem Verfahrensabschnitt gehören, für den in den §§ 83 bis 86 eine Gebühr vorgesehen ist, kann für sie auch nicht aus dem Gesichtspunkt des § 2 eine besondere Gebühr zugebilligt werden. Wird eine Pauschgebühr später verdient, so fällt nach § 92 Abs. 2 S. 2 auch eine Einzelgebühr weg, auf die der RA deshalb Anspruch hatte, weil sein Auftrag bisher auf die Einzeltätigkeit beschränkt war. Über Einzelheiten s. a. A 9 zu § 83 u. A 10 zu § 84, über das Haftprüfungsverfahren s. A 5 zu § 84.

Auch die **Einlegung von Rechtsmitteln** bei dem Gericht desselben Rechts- 2 zugs wird nach der ausdrücklichen Vorschrift des § 87 durch die Gebühren der §§ 83 ff. abgegolten. Daraus folgt, daß der RA, der in dem Rechtszug tätig war, gegen dessen Entscheidung er Berufung oder Revision eingelegt hat, auch wenn er mit der Vertretung in dem Rechtsmittelverfahren beauftragt ist, doch nicht die Gebühr des § 85 Abs. 3 oder des § 86 Abs. 3 berechnen kann, falls seine Tätigkeit in dem Berufungs- oder Revisionsverfahren nach der Einlegung des Rechtsmittels endet. Dagegen gehören die Begründung des Rechtsmittels und die Rücknahme eines eingelegten Rechtsmittels bereits zur nächsten Instanz.

Vgl. Frankfurt AnwBl. 66, 68 (Dem beigeordneten Anwalt steht eine halbe Revisionsgebühr für die Beratung des Angeklagten, die eingelegte Revision zurückzunehmen, und die Zurücknahme der Revision zu).

War der RA in der Vorinstanz nicht tätig, verdient er mit der Einlegung des Rechtsmittels bereits die Gebühr für die Rechtsmittelinstanz (aber auch nur diese; nicht die Gebühr für die Vorinstanz).

Die **Beratung des Rechtsmittelsgegners** über die Aussichten des eingelegten Rechtsmittels gehört bereits zur Rechtsmittelinstanz. Beispiel: Der Verteidiger, der den Angeklagten über die Aussichten der von der Staatsanwaltschaft eingelegten Berufung berät, verdient die Gebühr des § 85 Abs. 3.

Hartmann A 2 B b; Riedel/Sußbauer § 86 A 2; LG Düsseldorf NJW 72, 1681; vgl. auch § 86 A 5; **a. M.** LG Bayreuth NJW 75, 1046 mit abl. Anm. von H. Schmidt; LG Mainz NJW 72, 1681 mit abl. Anm. von H. Schmidt; LG Osnabrück JurBüro 76, 66.

Diese Gebühr ist auch erstattungsfähig.

Vgl. §§ 85, 86 – je A 10.

Das **Beschwerdeverfahren** selbst ist, anders als in bürgerlichen Rechtsstrei- 3 tigkeiten und ähnlichen Verfahren, keine besondere Angelegenheit. Daher wird die Vertretung im Beschwerdeverfahren durch die Rahmengebühr mit abgegolten, die der RA in demjenigen Verfahrensabschnitt erhält, in dem die Entscheidung ergangen ist, gegen die sich die Beschwerde richtet.

Die auf das Beschwerdeverfahren verwendete Tätigkeit ist aber bei der Bemessung der Gebühr für die Ausgangsinstanz gemäß § 12 zu beachten.

Düsseldorf AnwBl. 80, 463; LG Flensburg JurBüro 78, 865 und 83, 569; LG Göttingen AnwBl. 80, 310; LG Krefeld AnwBl. 66, 208 = Rpfleger 66, 280.

Das Beschwerdeverfahren ist jedoch eine eigene Angelegenheit, wenn die Tätigkeit des RA darauf beschränkt ist (vgl. § 91 A 7).

Riedel/Sußbauer A 16 zu §§ 83, 84; vgl. auch LG Flensburg JurBüro 77, 229 (Beschwerde gegen Beschlagnahme des Führerscheins); LG Göttingen NdsRpfl. 50, 11; LG Lübeck NJW 52, 399.

Das folgt daraus, daß im Sechsten Abschnitt für das Beschwerdeverfahren,

abgesehen von der Beschwerde in Kostenfestsetzungs- und Zwangsvollstrekkungsverfahren (§ 96), keine besonderen Gebühren enthalten sind. Für
Rechtsmittelverfahren sind besondere Bestimmungen nur für das Berufungs-
und Revisionsverfahren in den §§ 85, 86 vorgesehen. Daher wird nicht nur
die Einlegung der Beschwerde bei dem Gericht desselben Rechtszugs, sondern auch die in dringenden Fällen bei dem Beschwerdegericht eingelegte
Beschwerde, die Begründung der Beschwerde und die weitere Tätigkeit des
RA im Beschwerdeverfahren durch die Gebühren der §§ 83 bis 86 mit
abgegolten.

Auch der RA des Nebenklägers kann neben den Gebühren der §§ 83, 84 keine
besondere Gebühr für die Erstattung der Strafanzeige, für die Beschwerde
gegen die Ablehnung der Strafverfolgung und für die Wahrnehmung eines
Termins verlangen, wobei es keinen Unterschied macht, ob die Tätigkeit vor
oder nach Zulassung als Nebenkläger ausgeübt worden ist.

    Hamburg Büro 55, 368.

4 Gleiches gilt für die **sofortige Beschwerde nach § 383 Abs. 2 S. 3 StPO,** die
sich gegen eine Einstellung des Privatklagverfahrens wegen Geringfügigkeit
richtet, und zwar auch dann, wenn die Einstellung in der Hauptverhandlung
erfolgt ist. Solange der Einstellungsbeschluß nicht rechtskräftig ist, beendet er
das Verfahren des ersten Rechtszugs nicht. Vor dem Beschwerdegericht findet
keine Hauptverhandlung statt. Darauf, ob das Beschwerdegericht den gesamten Streitstoff nochmals prüfen muß, kommt es nicht an. Ist hiernach die
Tätigkeit des RA im Beschwerdeverfahren durch die Gebühr des § 83 oder
§ 84 abgegolten, so kann auch Zubilligung einer Gebühr auf Grund des § 2
nicht in Frage kommen.

    Hartmann § 84 A 4; Riedel/Sußbauer A 16 zu §§ 83, 84; LG Aschaffenburg NJW
    67, 1243 (Anm. Tschischgale); LG Bielefeld MDR 53, 757; LG Itzehoe SchlHA 49,
    196, das aber unrichtigerweise darauf abstellt, ob eine Hauptverhandlung stattge-
    funden hat; LG Karlsruhe NJW 67, 2421; LG Lüneburg Büro 59, 422; LG
    Oldenburg NJW 55, 475; AG Gelsenkirchen Büro 58, 77;
    a. M. LG Kiel SchlHA 52, 54 = Büro 52, 164; LG Lübeck AnwBl. 55, 39.

Soweit dem RA durch die Durchführung eines Beschwerdeverfahrens Mehrarbeit entsteht, ist diese durch höhere Bemessung der Gebühr innerhalb des in
Frage kommenden Gebührenrahmens zu berücksichtigen. Der Fall, daß der
Anwalt schon ohnedies die Höchstgebühr beanspruchen kann, dürfte selten
vorliegen.

    Vgl. LG Krefeld AnwBl. 66, 208 = Rpfleger 66, 280 (Wird ein Privatklageverfah-
    ren eingestellt, dann entsteht im dagegen angestrengten Beschwerdeverfahren
    keine besondere Anwaltsgebühr, sondern die Gebühr für die Vertretung der
    Privatklage ist angemessen zu erhöhen) und LG Saarbrücken NJW 66, 1137 (Anm.
    Tschischgale).

5 Die **Beschwerde über die Kosten** und die notwendigen Auslagen gemäß
§ 464 Abs. 3 StPO eröffnet keine neue Instanz. Das Beschwerdeverfahren
gehört vielmehr gebührenrechtlich zur Instanz, es läßt somit keine weitere
Gebühr entstehen. Wird die Entscheidung über die sofortige Beschwerde mit
der Entscheidung über das in der Sache selbst eingelegte Rechtsmittel verbunden und ist der RA auch in dem Berufungs-(Revisions)Verfahren tätig, hat er
Anspruch auf die Gebühren der §§ 85, 86.

Zu beachten ist, daß in dem **Beschwerdeverfahren** eine **eigene Kostenent-**

scheidung ergehen kann, die mit der Kostenentscheidung des angefochtenen Beschlusses nicht übereinzustimmen braucht.

Beispiel:

Einstellung der Privatklage. Kosten dem Beschuldigten auferlegt. Dagegen Beschwerde des Privatklägers, der die Durchführung des Verfahrens begehrt. Zurückweisung der Beschwerde. Kosten des Beschwerdeverfahrens zu Lasten des Privatklägers. Die Gebühren der beteiligten RAe sind wie folgt zu verteilen, wobei zunächst festzustellen ist:
a) welche Gesamtgebühr ist erwachsen (x)? Beispiel 500,— DM.
b) welche Gebühr wäre erwachsen, wenn der RA nur vor dem Amtsgericht tätig gewesen wäre (y)? Beispiel: 300,— DM.
c) welche Gebühr wäre erwachsen, wenn der RA nur im Beschwerdeverfahren tätig geworden wäre (z)? Beispiel: 400,— DM.

Hiernach haben zu tragen

der Beschuldigte $\dfrac{y}{y+z} \cdot x = \dfrac{300}{700} \cdot 500 = 214,29$ DM

der Privatkläger $\dfrac{z}{y+z} \cdot x = \dfrac{400}{700} \cdot 500 = 285,71$ DM

H. Schmidt JurBüro 65, 192; vgl. auch Celle NdsRpfl. 70, 44 (Führt die Haftbeschwerde durch Aufhebung des Haftbefehls zum vollen Erfolg, so müssen die dem Beschwerdeführer im Haftbeschwerdeverfahren erwachsenen notwendigen Auslagen der Landeskasse auferlegt werden [§ 473 Abs. 3 StPO]. Das hat bereits mit der Haftbeschwerdeentscheidung zu geschehen, weil diese einen festumrissenen Verfahrensabschnitt abschließt [§ 464 Abs. 2 StPO]).

Weiteres Beispiel: Die Beschwerde gegen die vorläufige Entziehung der Fahrerlaubnis hat Erfolg (Kosten des Beschwerdeverfahrens zu Lasten der Staatskasse). Der Angeklagte wird verurteilt (Verfahrenskosten zu seinen Lasten). Die Staatskasse hat nur die durch die Beschwerde veranlaßten Mehrkosten (die Erhöhung der Gebühr des § 83) zu erstatten.

LG Flensburg JurBüro 77, 1228.

Beschränkt sich die Tätigkeit auftragsgemäß auf ein Beschwerdever- 6 fahren, so ist § 91 Nr. 1 anzuwenden.

Als selbständige gebührenrechtliche Angelegenheiten kommen im Strafver- 7 fahren nur in Frage:
a) das Strafverfahren des ersten Rechtszugs von der ersten Befassung einer Behörde, der Staatsanwaltschaft oder des Gerichts mit der Straftat bis zur Verkündigung, bei abwesenden Angeklagten bis zur Zustellung des Urteils oder bis zur Verweisung an das Gericht eines niedrigeren Rechtszugs, wobei eine Erhöhung bei mehrtägiger Hauptverhandlung, eine Ermäßigung bei Beschränkung der Tätigkeit des RA auf Tätigkeiten außerhalb der Hauptverhandlung eintritt, wobei aber zu der Instanz auch noch die Einlegung des Rechtsmittels bei dem unteren Gericht und die gewöhnlichen Abwicklungstätigkeiten gehören, z. B. Entgegennahme der Urteilszustellung und Weiterleitung an den Auftraggeber, Beratung über die Zulässigkeit und Zweckmäßigkeit der Rechtsmitteleinlegung und die Kostenfestsetzung mit Ausnahme der Erinnerung und der Beschwerde. Wird der RA im ersten Rechtszug im vorbereitenden Verfahren und danach tätig, entstehen zwei Gebühren (entwe-

der zweimal die Gebühr des § 84, wenn keine Hauptverhandlung stattfindet, oder die Gebühr des § 84 für das vorbereitende Verfahren und die Gebühr des § 83 für die Hauptverhandlung);

b) das Berufungsverfahren,

c) das Revisionsverfahren,

in beiden Verfahren sind wie im ersten Rechtszug Zusatzgebühren für eine mehrtätige Hauptverhandlung und ermäßigte Gebührenrahmen für Tätigkeiten nur außerhalb der Hauptverhandlung vorgesehen;

d) das Wiederaufnahmeverfahren (§ 90),

e) das Verfahren nach der Verweisung an ein Gericht eines niedrigeren Rechtszugs (§ 14 S. 2) oder nach einer Zurückverweisung (§ 15), bei dem in Strafsachen keine Anrechnung von Gebühren erfolgt;

> Beispiele:
> aa) Berufung der Staatsanwaltschaft gegen ein Urteil des Strafrichters. Die kleine Strafkammer hält die Zuständigkeit des Amtsgerichts nicht für gegeben. Sie hebt das angefochtene Urteil auf und verweist die Sache an die große Strafkammer als Gericht der ersten Instanz.
> Gebühren des Verteidigers:
> Amtsgericht: § 83 Abs. 1 Nr. 3,
> kleine Strafkammer: § 85 Abs. 1 Nr. 2,
> große Strafkammer: § 83 Abs. 1 Nr. 2.
> Die große Strafkammer (erste Instanz) ist gegenüber der kleinen Strafkammer (Berufungsgericht) ein „Gericht eines niedrigeren Rechtszuges".
> bb) Urteil des Strafrichters. Dagegen Revision mit Zurückverweisung an das Amtsgericht. Neue Hauptverhandlung vor dem Amtsgericht.
> Gebühren des Verteidigers:
> Amtsgericht: § 83 Abs. 1 Nr. 3,
> Revisionsgericht: § 86 Abs. 1 Nr. 2,
> erneute Hauptverhandlung vor dem Amtsgericht: § 83 Abs. 1 Nr. 3
> (nicht etwa § 83 Abs. 2 Nr. 3; denn die Gebühr des Verteidigers ist keine Prozeßgebühr i. S. des § 15 Satz 2).

f) das Erinnerungs- und Beschwerdeverfahren in der Kostenfestsetzung nach § 96 Nr. 1,

g) das Zwangsvollstreckungsverfahren nach § 96 Nr. 2,

h) das Gnadenverfahren (§ 93).

8 Über **Einziehung** und verwandte Maßnahmen s. § 88, über die **Geltendmachung vermögensrechtlicher Ansprüche** im Strafverfahren s. § 89.

9 Tätigkeit nach dem Gesetz über die Entschädigung für Strafverfolgungsmaßnahmen (StrEG). Ist dem Beschuldigten eine Entschädigung nach dem StrEG zu gewähren, so entscheidet über die Verpflichtung zur Entschädigung das Gericht in einem Urteil oder Beschluß, mit dem das Verfahren abgeschlossen wird. Der RA hat zur Frage der Entschädigung während des Verfahrens Stellung zu nehmen. Seine Tätigkeit wird durch die Verfahrensgebühr (z. B. § 83) mit abgegolten. Hat die Staatsanwaltschaft das Verfahren eingestellt, entscheidet auf Antrag des Beschuldigten gemäß § 9 StrEG das Gericht.

Diese Tätigkeit des RA wird durch die Gebühr des § 84 für das vorbereitende Verfahren mit abgegolten. Gegen die Entscheidung des Gerichts findet die Beschwerde statt, die keine neuen Gebühren auslöst (aber Beachtung gemäß § 12).

Hat das Gericht die Entschädigungspflicht bejaht, entscheidet über die Höhe der Entschädigung die Staatsanwaltschaft. Die Tätigkeit des RA wird durch die Gebühren des § 118 abgegolten.

Gegen die Entschädigung der Staatsanwaltschaft kann Klage erhoben werden, die die üblichen Gebühren des § 31 auslöst.

Reichen die Gebühren nicht aus, um die Tätigkeit des RA angemessen zu vergüten, kann die Vergütung in Anwendung des § 88 über § 2 erhöht werden.

Schumann/Geißinger A 13; Krekeler AnwBl. 74, 137; H. Schmidt MDR 72, 756.

Umstritten ist die Frage, ob die Anwaltskosten zu dem nach § 7 StrEG zu ersetzenden Schaden gehören, wenn der Beschuldigte allein oder überwiegend wegen der ungerechtfertigten Strafverfolgung einen RA beizieht. Es wird die Ansicht vertreten, wenn die Staatsanwaltschaft das Verfahren einstelle, eine Kostenentscheidung somit nicht ergehe, dann könnten Anwaltskosten wegen der abschließenden Regelung des Systems der §§ 464a und b StPO nicht dem Staat auferlegt werden.

GenStA Nürnberg MDR 73, 160; München MDR 76, 6; LG München I NJW 73, 2305.

Diese Ansicht verkennt, daß es einen materiellen Kostenerstattungsanspruch gibt, der durch prozessuale Vorschriften nicht ausgeschlossen wird.

Schmidt NJW 73, 1167; Schulte AnwBl. 74, 135; BGHZ 65, 170 = AnwBl. 76, 21; BGHZ 68, 86 = AnwBl. 77, 319.

Die meisten Generalstaatsanwälte gewähren demgemäß zu Recht die Entschädigung.

Vgl. Zusammenstellung in der Anm. v. Schmidt zu KostRsp. StPO § 467a Nr. 13; Mümmler JurBüro 84, 822; Meyer StrEG § 7 Abs. 18–20.

Welche Gebühr für den Anwalt entsteht, hängt davon ab, ob er die Tätigkeit als Einzeltätigkeit (Gebühr nach § 91) oder als Verteidigung (Gebühr nach § 84) übernimmt.

Wegen der Einzelheiten s. hierzu Schmidt Die Vergütung S. 110, sowie GenStA Zweibrücken JurBüro 74, 340 m. Anm. v. Schmidt.

Macht der Anwalt für seinen Auftraggeber den Entschädigungsanspruch gegen den Staat geltend, so werden seine Gebühren hierfür (§ 118) in den Entschädigungsbetrag einbezogen.

Kleinknecht-Meyer StPO Rn. 6 zu § 7 StrEG.

§ 88 Einziehung und verwandte Maßnahmen

Wenn der Rechtsanwalt eine Tätigkeit für den Beschuldigten ausübt, die sich auf die Einziehung oder den Verfall, die Vernichtung, die Unbrauchbarmachung, die Abführung des Mehrerlöses oder auf eine diesen Zwecken dienende Beschlagnahme bezieht, so ist bei den nach § 12 maßgebenden Umständen auch der Gegenstandswert (§ 7) angemessen zu berücksichtigen. Der Gebührenrahmen kann um einen Betrag bis zu einer nach diesem Gegenstandswert berechneten vollen

Gebühr (§ 11) überschritten werden, soweit der Rahmen nicht ausreicht, um die gesamte Tätigkeit des Rechtsanwalts angemessen zu entgelten. Übt der Rechtsanwalt eine Tätigkeit für den Beschuldigten aus, die sich auf das Fahrverbot oder die Entziehung der Fahrerlaubnis erstreckt, und reicht der Gebührenrahmen nicht aus, um die gesamte Tätigkeit des Rechtsanwalts angemessen zu entgelten, so kann er bis zu 25 vom Hundert überschritten werden.

1 **Die in § 88 geschilderte Tätigkeit des Rechtsanwalts** wird grundsätzlich durch die Gebühren der §§ 83–86 abgegolten. Die sich hierdurch ergebende Mehrarbeit und die erhöhte Verantwortung sind Umstände, die gemäß § 12 bei Ausfüllung des Gebührenrahmens zu beachten sind, sich somit gebührenerhöhend auswirken. Häufig wird jedoch durch die Gebühren der §§ 83–86 keine angemessene Vergütung des RA erreicht, sei es, daß bereits die anderen gemäß § 12 zu berücksichtigenden Umstände die Höchstgebühr rechtfertigen, sei es, daß die in § 88 aufgeführte Tätigkeit so wesentlich ist, daß sie den Rahmen der §§ 83–86 sprengt. § 88 erweitert deshalb in den Fällen des S. 1 den Gebührenrahmen um eine volle Gebühr nach § 11 aus dem Gegenstandswert.

Hartmann A 1; Riedel/Sußbauer A 1.

In den Fällen des S. 3 kann der Gebührenrahmen um bis zu 25 % überschritten werden.

§ 88 ist nur dann anwendbar, wenn der Gebührenrahmen der §§ 83 ff. nicht ausreicht, die Tätigkeit des Verteidigers angemessen zu honorieren. Zunächst ist der Gebührenrahmen – bis zur Höchstgebühr – auszuschöpfen.

München JurBüro 81, 874 = MDR 81, 782 = DAR 81, 264 = Rpfleger 81, 322; LG Flensburg JurBüro 78, 865.

2 **Der Rechtsanwalt muß Vollverteidiger sein.** Nur dann, wenn er eine der Gebühren der §§ 83–86 verdient, ist § 88 anzuwenden.

§ 88 gilt nicht nur für den ersten Rechtszug, sondern auch für das Berufungs- und Revisionsverfahren.

Der Gebührenrahmen des § 91 für Einzeltätigkeiten kann sich deshalb nicht gemäß § 88 erhöhen, auch wenn sich die Einzeltätigkeit auf die Einbeziehung und verwandte Maßnahmen erstreckt.

Hartmann A 2 B; Riedel/Sußbauer A 9.

Der RA, der die Vollvertretung im objektiven Verfahren übernommen hat (vgl. z. B. §§ 430 ff. StPO), ist jedoch Vollverteidiger i. S. des § 88.

Gemäß §§ 94, 95 gelten die Vorschriften der §§ 83 bis 93 für den Beistand oder Vertreter der Privatkläger, der Nebenkläger, sowie eines Erziehungs- oder Nebenberechtigten entsprechend. Die Gebühren dieser RAe können deshalb gemäß § 88 erhöht werden.

Dagegen gilt § 88 nicht für den gerichtlich bestellten Verteidiger (§ 97) und den beigeordneten RA (§ 102). § 97 nimmt nicht auf die Vorschrift des § 88 Bezug, sondern läßt sie vielmehr ausdrücklich aus. Vgl. hierzu A 7.

3 Auf die **Einziehung oder verwandte Maßnahmen** der in § 88 einzeln aufgeführten Art muß sich die Tätigkeit des RA erstrecken. Wertersatz, der

den Charakter eines bürgerlichen Schadensersatzes hat, wie er besonders in landesrechtlichen Forstgesetzen vorgesehen ist, gehört nicht hierher. Auch Verfallerklärungen gehören hierher nur dann, wenn sie Strafcharakter haben, nicht aber der Verfall einer zur Abwendung der Untersuchungshaft geleistete Sicherheit.

Bei Beschlagnahmen muß es sich um solche handeln, durch die eine Einziehung oder Beschlagnahme sichergestellt werden soll. Andere Beschlagnahmen scheiden aus, z. B. solche, die der Sicherstellung von Beweismitteln dienen, ebenso Vermögensbeschlagnahmen nach §§ 283, 284, 290, 433 StPO.

Die Beschlagnahme und die Einziehung von Sachwerten hat vor allem in Steuerstrafverfahren, aber auch in anderen Strafverfahren für den Beschuldigten oder den sonst Betroffenen, häufig eine erhebliche wirtschaftliche Bedeutung, die in keinem Verhältnis zu der zu erwartenden Strafe steht. Die Tätigkeit des RA ist in solchen Fällen erheblich umfangreicher und verantwortlicher.

Die Tätigkeit kann sich, wie z. B. im objektiven Strafverfahren (§ 430 StPO), ausschließlich auf die Einziehung usw. beziehen, kann aber auch neben der Tätigkeit für oder gegen den eigentlichen Strafanspruch liegen. Es genügt dann, daß nach Lage der Sache eine Einziehung usw. in Betracht kommt. Die Einziehung usw. braucht nicht ausdrücklich beantragt zu sein. Der RA braucht auch nicht eine besondere Tätigkeit hinsichtlich der Einziehungsfrage auszuüben; es genügt, wenn er sich um die Abwehr einer Bestrafung bemüht. Im vorbereitenden Verfahren kann der RA auch gegenüber der Staatsanwaltschaft oder der Polizei oder einer Verwaltungsbehörde, z. B. dem Finanzamt, tätig werden.

Die Berücksichtigung der Tätigkeit des RA, **die sich auf die Einzie-** 4 **hung und verwandte Maßnahmen bezieht,** wäre allerdings auch ohne die Sonderbestimmung des § 88 möglich gewesen, da ja nach § 12 bei Rahmengebühren die Gebühr im Einzelfall unter Berücksichtigung aller Umstände zu bestimmen ist. § 88 weist aber noch besonders darauf hin, daß auch der Gegenstandswert der in Frage kommenden Maßnahmen angemessen zu berücksichtigen ist.

Wesentliche Bedeutung gewinnt § 88 dadurch, daß er eine Überschreitung 5 des Gebührenrahmens der §§ 83 bis 86 für zulässig erklärt. Der Gebührenrahmen kann um einen Betrag bis zu einer nach diesem Gegenstandswert berechneten vollen Gebühr (§ 11) überschritten werden. Es kann also zu der Höchstgebühr des für die Tätigkeit des RA in Frage kommenden Gebührenrahmens noch der Betrag einer vollen Gebühr hinzugerechnet werden, die sich nach dem Gegenstandswert der Einziehung oder einer anderen der in § 88 aufgeführten Maßnahmen berechnet. Im Berufungs- oder Revisionsverfahren ist volle Gebühr die gemäß § 11 Abs. 1 Satz 4 auf $^{13}/_{10}$ erhöhte Gebühr.

Riedel/Sußbauer A 17; Schumann/Geißinger A 13;
a. M. Hartmann A 4 Ad ($^{10}/_{10}$).

Gegenstandswert ist – wie die Verweisung auf § 7 ergibt – der objektive Verkehrswert der Sache. Das subjektive Interesse des Täters bleibt außer Betracht (eingezogenes Falschgeld hat keinen Verkehrswert).

Riedel/Sußbauer A 12; Schumann/Geißinger A 15.

Bei der Beschlagnahme ist der Gegenstandswert – wie bei einem Arrest – frei zu schätzen. Er wird – wegen der Vorläufigkeit der Maßnahme – in der Regel unter dem tatsächlichen Sachwert liegen, kann ihn jedoch auch erreichen (die spätere Einziehung ist nur durch die vorherige Beschlagnahme zu sichern).

Riedel/Sußbauer A 13.

Bei der Vertretung eines Erziehungsberechtigten (§ 431 StPO) ist dessen Interesse zu berücksichtigen; ist er nur Miteigentümer, ist nur sein Anteil zu bewerten, steht ihm nur ein beschränkt dingliches Recht zu, ist nur der Wert dieses Rechts zu beachten, § 6 ZPO.

Riedel/Sußbauer A 14.

6 Voraussetzung für eine Erhöhung der Höchstgebühr ist, daß der Gebührenrahmen für sich allein nicht ausreicht, um die gesamte Tätigkeit des RA angemessen zu entgelten.

LG Flensburg JurBüro 78, 865.

Beträgt z. B. der Gegenstand der Einziehung usw. 100000,— DM, so ergibt sich aus der Tabelle der Anlage zu § 11 eine volle Gebühr von 1889,— DM. Verteidigt der RA den Beschuldigten in einem Strafverfahren vor dem Strafrichter in der Hauptverhandlung, so beträgt die Höchstgebühr 1060,— DM. Diese kann sonach um 1889,— DM auf 2949,— DM erhöht werden. Dieser Betrag darf aber nur dann zugebilligt werden, wenn auch die anderen nach § 12 zu berücksichtigenden Umstände die Zubilligung der Höchstgebühr rechtfertigen.

Reicht schon eine innerhalb des Gebührenrahmens liegende Gebühr aus, um die gesamte Tätigkeit des RA angemessen zu entgelten, so ist auch bei hohem Gegenstandswert der auf die Einziehung usw. gerichteten Tätigkeit eine Überschreitung des Gebührenrahmens unzulässig. In dem angenommen Beispiel (es stehen 100000,— DM zur Einziehung) ist die Tätigkeit des RA mit 1060,— DM kaum ausreichend vergütet. Zu beachten ist dabei, daß der RA für Fehler einzustehen hat und daß dieses Risiko ebenfalls durch die Vergütung gedeckt werden muß. Bei sehr hohem Wert wird deshalb eine Überschreitung der Gebühren der §§ 83 ff. wohl fast immer in Rede stehen. Andererseits ist es unzulässig, zu der Mittelgebühr des § 12 immer die volle Gebühr nach dem Gegenstandswert hinzuzurechnen. Bei geringeren Gegenstandswerten kommt im allgemeinen eine Überschreitung des Gebührenrahmens nicht in Betracht. Jedoch können auch geringe Gegenstandswerte im Einzelfall eine Überschreitung des Gebührenrahmens rechtfertigen, z. B. dann, wenn bereits die anderen nach § 12 zu berücksichtigenden Umstände die Höchstgebühr bedingen.

Reicht der Gebührenrahmen der §§ 83 bis 86 nicht aus, um die Tätigkeit des RA angemessen zu vergüten, ist der Gebührenrahmen der §§ 83 bis 86 bis zur Grenze des § 11 zu überschreiten. Die Grenze braucht aber nicht in jedem Fall erreicht werden. So ist es z. B. in dem vorstehenden Beispiel (Höchstgebühr des § 83: 1060,— DM, Höchstgebühr nach §§ 83, 88: 2949,— DM) möglich, die Vergütung des RA z. B. auf 1500,— DM oder 2000,— DM festzusetzen.

Die Überschreitung des Gebührenrahmens ist in jedem Rechtszug zulässig. In einem durch drei Instanzen geführten Strafverfahren kann sonach jede der drei Verteidigergebühren um eine volle Gebühr erhöht werden. Jedoch ist für jede Instanz die Notwendigkeit der Gebührenerhöhung gesondert zu prüfen. Zu § 88 gibt es kaum Entscheidungen.

KostRsp. BRAGO § 88 Nr. 1 (m. Anm. v. Schmidt) bis Nr. 3 stellen nur fest, der Gebührenrahmen sei nicht erschöpft, daher keine Erhöhung aus § 88; Nr. 4 ist falsch.

Dies liegt daran, daß in solchen Verfahren wohl grundsätzlich Honorarvereinbarungen abgeschlossen werden, zum anderen, weil § 88 nicht für den Pflichtverteidiger gilt (s. nachstehend).

Für den **bestellten Verteidiger** oder den dem Privatkläger, dem Nebenklä- 7 ger oder sonst **beigeordneten Rechtsanwalt** gilt § 88 nach allgemeiner Meinung nicht, da er in den §§ 97, 102 nicht herangezogen ist.

Ein Nachteil für diese Anwälte ist jedoch in dem Ausschluß nicht zu sehen. Die Gebühren der Pflichtanwälte sind nach festen Sätzen bemessen. Umfang und Schwierigkeit der Tätigkeit spielen keine Rolle. Bei besonderem Umfang oder besonderer Schwierigkeit kann dem Pflichtanwalt gemäß § 99 eine erhöhte Pauschvergütung bewilligt werden. Anlaß zu dieser Bewilligung kann auch die in § 88 aufgeführte Tätigkeit bieten.

§ 88 gilt gemäß § 105 Abs. 3 im **Bußgeldverfahren** entsprechend. 8

Bei **Fahrverbot und Entziehung der Fahrerlaubnis** ist bestimmt, daß der 9 Gebührenrahmen bis zu 25 vom Hundert überschritten werden kann, wenn er nicht ausreicht, um die Tätigkeit des RA angemessen zu entgelten. So kann also z. B. die Gebühr des § 83 Abs. 1 Nr. 3 bis auf 1325,— DM erhöht werden.

Maßgebend zu berücksichtigen ist nicht nur der Umfang der Tätigkeit des RA, sondern insbes. auch die Bedeutung der Angelegenheit für den Beschuldigten. Es ist denkbar, daß für den Inhaber einer Fahrschule, der allein den Fahrunterricht gibt oder für den Inhaber eines Fuhrunternehmens, der es allein mit einem einzigen Lastkraftwagen betreibt, die Entziehung der Fahrerlaubnis zur Vernichtung seiner wirtschaftlichen Existenz führt, so daß der Gebührenrahmen des § 83 nicht ausreicht, er über § 88 zu erhöhen ist.

Vgl. Matzen AnwBl. 76, 206.

§ 89 Vermögensrechtliche Ansprüche

(1) **Macht der Verletzte oder sein Erbe im Strafverfahren einen aus der Straftat erwachsenen vermögensrechtlichen Anspruch geltend, so erhält der Rechtsanwalt neben den Gebühren eines Verteidigers an Stelle der im § 31 bestimmten Gebühren im ersten Rechtszug das Eineinhalbfache, im Berufungs- und im Revisionsverfahren das Doppelte der vollen Gebühr (§ 11). Wird der Anspruch im Berufungsverfahren erstmalig geltend gemacht, so erhöht sich für das Berufungsverfahren die Gebühr nicht.**

(2) **Wird der Rechtsanwalt als Prozeßbevollmächtigter des Beschuldigten wegen desselben Anspruchs im bürgerlichen Rechtsstreit tätig, so werden zwei Drittel der Gebühr, die ihm für die Abwehr des Anspruchs im Strafverfahren zusteht, auf die im bürgerlichen Rechts-**

streit anfallenden Gebühren angerechnet. Die Anrechnung unterbleibt, soweit der Rechtsanwalt durch diese weniger als zwei Drittel der ihm im bürgerlichen Rechtsstreit zustehenden Gebühren erhalten würde.

(3) Beschränkt sich die Tätigkeit des Rechtsanwalts auf die Geltendmachung oder Abwehr eines aus der Straftat erwachsenen vermögensrechtlichen Anspruchs im Strafverfahren, so erhält er nur die im Absatz 1 bestimmte Gebühr. Absatz 2 gilt sinngemäß.

(4) Die Gebühr für die Mitwirkung beim Abschluß eines Vergleichs nach § 23 bleibt unberührt.

Übersicht über die Anmerkungen

1 Allgemeines. § 89 bringt eine besondere gebührenrechtliche Regelung für eine auf die Geltendmachung oder Abwehr vermögensrechtlicher Ansprüche im Strafverfahren gerichtete Tätigkeit des RA, also für das sog. **Adhäsionsverfahren.** Die Möglichkeit, bürgerlich-rechtliche Entschädigungsansprüche in Strafprozessen mitzuerledigen, sollte eine erhebliche für den Rechtsuchenden und eine erwünschte Arbeitsersparnis für die Justiz bezwecken. Dennoch spielt das Adhäsionsverfahren bisher in der Praxis so gut wie keine Rolle. Die Gründe dafür sind, daß die Stellung des „Adhäsionsklägers" denkbar schwach ist, er kann keine Entscheidung verlangen (§ 405 StPO), daß die Anwälte das Adhäsionsverfahrens nicht beantragen, weil sie Gebühreneinbußen befürchten.

Fey AnwBl. 86, 491 (Ist das Adhäsions-Verfahren endlich tot?).

Ob daran das 1. Gesetz zur Verbesserung der Stellung des Verletzten im Strafverfahren (Opferschutzgesetz) vom 18. Dezember 1986 (BGBl. I 2496) wesentlich etwas ändern wird, bleibt abzuwarten. Ziel des Gesetzes ist u. a. offensichtliche Anwendungshemmnisse des geltenden Rechts zu beseitigen. Das Gesetz bringt eine Erweiterung der Zuständigkeit im amtsgerichtlichen Verfahren, die Möglichkeit der Prozeßkostenhilfe und die Zulassung des Grund- und Teilurteils. Namentlich mit der letzten Regelung kann erwartet werden, daß die Praxis ihre bisherige Zurückhaltung gegenüber dieser Verfahrensart aufgibt. Der mit den Mitteln des Strafprozesses eher aufklärbare Haftungsgrund kann jetzt im Adhäsionsverfahren entschieden werden, während die für das Strafverfahren im einzelnen irrelevante Schadenshöhe, deren Aufklärung das Strafverfahren verzögern würde, gegebenenfalls einem späteren Zivilprozeß überlassen wird. Damit wird jedenfalls eine mehrfache Beweisaufnahme über den Anspruchsgrund erspart; vielfach wird sich darüber hinaus eine weitere streitige Auseinandersetzung über die Anspruchshöhe erübrigen.

Die **Entschädigung des Verletzten** ist in den §§ 403 bis 406 c StPO geregelt. **2** § 403 Abs. 1 StPO bestimmt, daß der Verletzte oder sein Erbe gegen den Beschuldigten einen aus der Straftat erwachsenen vermögensrechtlichen Anspruch, der zur Zuständigkeit der ordentlichen Gerichte gehört und noch nicht anderweit gerichtlich anhängig gemacht ist, im Strafverfahren geltend machen kann, im Verfahren vor dem Amtsgericht jedoch nur insoweit, als der Anspruch zu dessen Zuständigkeit gehört. Nach § 405 StPO sieht das Gericht von einer Entscheidung über den Antrag im Urteil unter den dort genannten Voraussetzungen ab. Nach § 406 Abs. 3 S. 1 StPO steht die Entscheidung über den Antrag einem im bürgerlichen Rechtsstreit ergangenen Endurteil gleich. Soweit der Anspruch nicht zuerkannt ist, kann er nach § 406 Abs. 3 S. 2 StPO anderweit geltend gemacht werden.

Die in § 89 Abs. 1 bestimmten Gebühren erhält der **Rechtsanwalt,** der **zum 3 Vollverteidiger bestellt** worden ist. Das ergibt sich aus der Bestimmung, daß der RA die Gebühren neben den Gebühren eines Verteidigers erhält.

Gemäß §§ 94, 95 findet jedoch § 89 auf die Tätigkeit des Beistandes oder Vertreters des Privatklägers und Nebenklägers entsprechende Anwendung. Die Gebühren des § 89 Abs. 1 werden deshalb sowohl für die Geltendmachung wie für die Abwehr vermögensrechtlicher Ansprüche im Strafverfahren gewährt.

Der Rechtsanwalt erhält für die Geltendmachung bzw. Abwehr der 4 vermögensrechtlichen Ansprüche eine einheitliche Gebühr. Diese einheitliche Gebühr tritt an die Stelle der verschiedenen im bürgerlichen Rechtsstreit entstehenden Gebühren (der Prozeß-, der Verhandlungs- und der Beweisgebühr). Diese einheitliche Gebühr beträgt im ersten Rechtszug das Eineinhalbfache, im Berufungsverfahren und im Revisionsverfahren das Doppelte der vollen Gebühr der Anlage zu § 11. Aus der Erhöhung der Gebühr auf das Doppelte der vollen Gebühr im Berufungs- und Revisionsverfahren ergibt sich, daß für eine Anwendung des § 11 Abs. 1 Satz 4 – Erhöhung der Gebühr auf ¹³/₁₀ – kein Raum ist.

> Riedel/Sußbauer A 9; Schumann/Geißinger Abs. 8, 9; LG Detmold JurBüro 75, 1221.

Bei der 1 ½fachen Gebühr (aus ¹⁰/₁₀) verbleibt es für das Berufungsverfahren, wenn die vermögensrechtlichen Ansprüche erstmals im Berufungsverfahren geltend gemacht werden (im Revisionsverfahren erhält der RA immer die doppelten Gebühren).

Auf den Umfang der Tätigkeit des RA kommt es für die Entstehung der einheitlichen Gebühren des § 89 Abs. 1 nicht an. Die Gebühr entsteht deshalb auch dann voll, wenn über die vermögensrechtlichen Ansprüche weder verhandelt noch Beweis erhoben worden ist.

5 Der **Gegenstandswert** richtet sich nach der Bewertung, die die Ansprüche im bürgerlichen Rechtsstreit erfahren würden. Insbesondere ist § 7 Abs. 2 und § 17 Abs. 2 GKG zu beachten.

> Hamburg JurBüro 84, 54.

Beispiel: Der Vertreter des Nebenklägers beantragt vor dem Amtsgericht einen Betrag von 1000,— DM. Das Gericht erkennt auf 600,— DM. Berufung allein des Angeklagten, der u. a. den Wegfall erreichen will. Berufungsurteil – 100,— DM Entschädigung.

Gegenstandswert: Amtsgericht 1000,— DM (weil in dieser Höhe beantragt), Landgericht 600,— DM (weil nur noch 600,— DM streitbefangen; Nebenkläger hatte keine Berufung eingelegt). Auf das Ergebnis kommt es nicht an.

6 Eine verbreitete Meinung verlangt zur **Entstehung der Gebühr** ein Tätigwerden gegenüber dem Gericht, beginnend mit der Erklärung, daß der Anspruch geltend gemacht werde bzw. dem Antrag, den geltend gemachten Anspruch abzuweisen. Eine davorliegende Tätigkeit solle nach § 118 vergütet werden.

> Hartmann A 2 A; Riedel/Sußbauer A 7.

Dem kann nicht zugestimmt werden. Die Tätigkeit des Anwalts beginnt – wie auch sonst – mit der Informationsentgegennahme. Der Umstand, daß § 89 nur § 31 und nicht § 32 erwähnt, rechtfertigt nicht, die Vorschrift des § 89 erst dann anzuwenden, wenn der RA dem Gericht gegenüber tätig wird. § 32 bringt nur eine Ermäßigung der Prozeßgebühr des § 31 Abs. 1, nicht aber an Stelle der Prozeßgebühr des § 31 Abs. 1 eine völlig andere Gebühr. Ob die Prozeßgebühr und die Verhandlungsgebühr (bei dieser müßte dann wohl auch § 33 erwähnt werden) voll oder nur zum Teil anfallen, ist für § 89 ohne Belang. Der RA hat auf jeden Fall Anspruch auf die Gebühr des § 89, wenn er – mit der Verfolgung oder Abwehr vermögensrechtlicher Ansprüche beauftragt – tätig wird.

Darauf, ob eine Hauptverhandlung stattfindet und ob in einer Hauptverhandlung über die vermögensrechtlichen Ansprüche verhandelt (und Beweis erhoben) wird, kommt es für die Entstehung der Gebühr des § 89 Abs. 1 nicht an. Die Gebühren des § 89 Abs. 1 können also nicht nur neben der Gebühr des § 83, sondern auch neben der Gebühr des § 84 entstehen.

Die Gebühr des § 89 Abs. 1 ist eine einheitliche. Sie entsteht also in voller Höhe auch dann, wenn keine Verhandlung oder Beweisaufnahme stattgefunden hat. Sie verbleibt dem RA auch dann, wenn das Gericht von einer Entscheidung über den vermögensrechtlichen Anspruch nach § 405 StPO absieht oder wenn der Antrag zurückgenommen wird.

> Schumann/Geißinger A 20.

7 Im Revisionsverfahren kann der Antrag nicht erstmalig gestellt werden. Daher erübrigt sich die gelegentlich aufgeworfene Frage, ob der RA bei der erstmaligen Geltendmachung in der Revisionsinstanz die doppelte oder nur die eineinhalbfache Gebühr erhält.

Darauf, ob der RA erstmalig im Berufungsverfahren auftritt, kommt es nicht an. Der RA, der in der Rechtsmittelinstanz erstmalig auftritt, erhält somit ebenfalls das Doppelte der vollen Gebühr, wenn nur der Anspruch in der Vorinstanz geltend gemacht war.

Wird ein **Vergleich** über die vermögensrechtlichen Ansprüche geschlossen, 8
so hat der RA für seine Mitwirkung bei dem Abschluß des Vergleichs noch
Anspruch auf die Vergleichsgebühr nach der allgemeinen Bestimmung des
§ 23. Das ist in § 89 Abs. 4 ausdrücklich hervorgehoben worden. Die Vergleichsgebühr beträgt gemäß § 11 Abs. 1 Satz 4 ¹³/₁₀, wenn der Vergleich in der
Rechtsmittelinstanz abgeschlossen wird.
Sie erhöht sich jedoch nicht nach § 11 Abs. 1 S. 4, wenn die vermögensrechtlichen Ansprüche erstmals im Berufungsverfahren geltend gemacht worden
sind. Die Berufungsinstanz wird insoweit als erste Instanz behandelt.

 Schumann/Geißinger A 10.

Da die Gebühr des § 89 Abs. 1 an die Stelle der Gebühr des § 31 Abs. 1 tritt,
kann der RA daneben nicht noch besonders eine halbe Prozeßgebühr berechnen.

Kommt im **Privatklageverfahren** noch ein **Vergleich über den Bestra-
fungsantrag** zustande, so tritt die Gebühr des § 94 Abs. 3 zu der des § 23
hinzu.

Ob der Vergleich vor Gericht oder außergerichtlich geschlossen worden ist,
ist gleichgültig.

Folgt dem Strafverfahren, in dem die vermögensrechtlichen Ansprüche – 9
nicht abschließend – geltend gemacht worden sind, **ein bürgerlicher
Rechtsstreit,** muß sich der RA, der den Berechtigten oder den Beschuldigten
in beiden Verfahren vertritt, einen Teil seiner Gebühr aus § 89 auf die
Gebühren im Rechtsstreit (§§ 31 ff.) anrechnen lassen. Ein **bürgerlicher
Rechtsstreit** wegen desselben Anspruchs, der bereits im Strafverfahren
geltend gemacht worden ist, kommt dann in Frage, wenn und soweit der
Anspruch im Strafverfahren nicht zuerkannt worden ist (§ 406 Abs. 3 StPO).
Das Strafgericht sieht von der Entscheidung ab, wenn sich der Antrag zur
Erledigung im Strafverfahren nicht eignet, insbesondere wenn seine Prüfung
das Strafverfahren verzögern würde (§ 405 S. 2 StPO). Im übrigen kann das
Gericht über den Antrag dann nicht entscheiden, wenn das Strafverfahren zu
keiner Verurteilung führt. Auch soweit der Strafrichter den Anspruch für
unbegründet hält, sieht er von der Entscheidung ab (§ 405 S. 1 StPO). Der
Antragsteller ist in diesen Fällen genötigt, seinen Anspruch im bürgerlichen
Rechtsstreit weiterzuverfolgen, was zu einer neuen Belastung mit Gebühren
führt. § 89 versucht nach Möglichkeit zu vermeiden, daß die Einführung
einer besonderen Gebühr für das Adhäsionsverfahren in diesen Fällen zum
Nachteil des Mandanten ausfällt. Vertritt derselbe RA, der im Strafverfahren
tätig war, den Mandanten auch in dem nachfolgenden bürgerlichen Rechtsstreit, so muß sich der RA nach § 89 Abs. 2 die ihm für das Adhäsionsverfahren zustehende Gebühr in gewissem Umfang auf die im bürgerlichen Rechtsstreit anfallenden Gebühren anrechnen lassen.

Eine volle Anrechnung der Gebühr findet jedoch nicht statt. § 89 Abs. 2 10
beschränkt die Anrechnung in doppelter Weise. Nach § 89 Abs. 2 Satz 1
werden nur zwei Drittel der Gebühr des § 89 Abs. 1 angerechnet. Beträgt die
Gebühr ¹⁵/₁₀ der vollen Gebühr, werden sonach ¹⁰/₁₀ angerechnet. Dem RA
verbleiben auf jeden Fall ⁵/₁₀.

Dem Rechtsanwalt müssen darüber hinaus mindestens zwei Drittel 11
der ihm im Zivilprozeß zustehenden Gebühren erhalten bleiben. Er-

kennt z. B. der Beklagte den Anspruch im Prozeß an, entstehen $^{10}/_{10}$-Prozeßgebühr und $^{5}/_{10}$-Verhandlungsgebühr, somit insgesamt $^{15}/_{10}$-Gebühren. Würden aus dem Strafverfahren $^{10}/_{10}$ angerechnet, so verbleiben dem Anwalt nur $^{5}/_{10}$, also weniger als $^{2}/_{3}$ aus $^{15}/_{10}$. Dem RA müssen jedoch $^{2}/_{3}$ aus $^{15}/_{10}$ verbleiben. Der RA hat hiernach Anspruch auf mindesten $^{1}/_{3}$ der im Strafverfahren entstandenen Gebühren des § 89 und auf mindestens $^{2}/_{3}$ der im folgenden Zivilprozeß entstandenen Gebühren.

Berechnungsbeispiele:

a) Strafverfahren	$^{15}/_{10}$
Zivilprozeß (alle 3 Gebühren entstehen)	$^{30}/_{10}$
anzurechnen $^{2}/_{3}$ aus $^{15}/_{10}$	$^{10}/_{10}$
verbleiben	$^{20}/_{10}$
somit $^{2}/_{3}$ aus $^{30}/_{10}$	
Der RA erhält hiernach	
aus dem Strafverfahren	$^{15}/_{10}$
aus dem Zivilprozeß	$^{20}/_{10}$
b) Strafverfahren	$^{15}/_{10}$
Zivilprozeß (nur Prozeßgebühr entstanden)	$^{10}/_{10}$
anrechnen $^{2}/_{3}$ aus $^{15}/_{10}$	$^{10}/_{10}$

Für den Zivilprozeß verbleiben somit weniger als $^{2}/_{3}$ aus der Prozeßgebühr ($^{10}/_{10}$)
Die Anrechnung unterbleibt deshalb teilweise.

Der RA erhält sonach	
aus dem Strafverfahren	$^{15}/_{10}$
aus dem Zivilprozeß $^{2}/_{3}$ aus $^{10}/_{10}$	$^{2}/_{3}$
c) Strafverfahren	$^{15}/_{10}$
Zivilprozeß (nur $^{5}/_{10}$-Prozeßgebühr)	$^{5}/_{10}$
anzurechnen	$^{10}/_{10}$

Für den Zivilprozeß verbleiben
sonach weniger als $^{2}/_{3}$ aus der Prozeßgebühr ($^{5}/_{10}$).
Die Anrechnung unterbleibt deshalb ebenfalls teilweise.

Der RA erhält sonach	
aus dem Strafverfahren	$^{15}/_{10}$
aus dem Zivilprozeß $^{2}/_{3}$ aus $^{5}/_{10}$	$^{1}/_{3}$

In den vorstehenden Beispielen ist davon ausgegangen worden, daß im Strafverfahren und im Zivilprozeß die gleichen Ansprüche geltend gemacht werden, sich also die Gegenstandswerte decken. Es ist jedoch auch möglich, daß im nachfolgenden Zivilprozeß höhere, aber auch niedrigere Ansprüche geltend gemacht werden.

Werden im Zivilprozeß niedrigere Ansprüche als im Strafverfahren geltend gemacht, sind die anzurechnenden $^{2}/_{3}$ der Gebühr aus § 89 nur nach dem Werte zu berechnen, der auch später geltend gemacht wird.

Beispiel: Im Strafverfahren werden 10000,— DM gefordert. Im Zivilprozeß werden nur noch 5000,— DM geltend gemacht.

Die anzurechnenden $\frac{2}{3}$ der $^{15}\!/_{10}$-Gebühr (= $^{10}\!/_{10}$) sind nur aus 5000,— DM zu entnehmen. Es sind sonach nur 279,— DM, nicht 539,— DM anzurechnen. Werden im Zivilprozeß höhere Ansprüche als im Strafverfahren geltend gemacht, findet eine Anrechnung ebenfalls nur insoweit statt, als sich die Werte in beiden Verfahren decken.

Beispiel: Im Strafverfahren werden 10000,— DM geltend gemacht ($^{15}\!/_{10}$-Gebühr aus 10000,— DM).

Im Zivilprozeß werden 20000,— DM geltend gemacht (da Versäumnisurteil ergeht, entstehen nur $^{15}\!/_{10}$-Gebühren).

Berechnung

Strafverfahren $^{15}\!/_{10}$ = aus 10000,— DM	808,50 DM
Zivilprozeß $^{15}\!/_{10}$ aus 20000,— DM	1273,50 DM

Anzurechnen sind, da nur insoweit die Gegenstandswerte übereinstimmen, die Gebühren aus 10000,— DM.

Zivilprozeß	$^{15}\!/_{10}$
anzurechnen	$^{10}\!/_{10}$
verbleiben	$^{5}\!/_{10}$

somit weniger als $\frac{2}{3}$ aus $^{15}\!/_{10}$. Der Anwalt erhält

deshalb die $\frac{2}{3}$	$^{10}\!/_{10}$

Gesamtberechnung

Strafverfahren $^{5}\!/_{10}$ aus	10000,— DM
Zivilprozeß nach Anrechnung $^{10}\!/_{10}$ aus	10000,— DM
außerdem $^{15}\!/_{10}$ aus den restlichen	10000,— DM
jedoch nicht mehr als $^{15}\!/_{10}$ aus	20000,— DM

Anzurechnen sind nur die Gebühren der entsprechenden Rechtszüge. 12
Wird z. B. der Angeklagte im Berufungsverfahren freigesprochen und die dem vermögensrechtlichen Anspruch stattgegebene Entscheidung des ersten Rechtszugs aufgehoben, so wird auf die Gebühren des ersten Rechtszugs des anschließenden Zivilprozesses die Adhäsionsgebühr des Berufungsverfahrens nicht angerechnet, sondern nur die im ersten Rechtszug entstandene Gebühr. Dagegen wird die Adhäsionsgebühr des Berufungsverfahrens angerechnet, wenn der vermögensrechtliche Anspruch im Berufungsverfahren erstmals geltend gemacht worden ist. Vertritt der RA seinen Auftraggeber in beiden Instanzen der beiden Verfahren (im Strafverfahren und im Zivilprozeß), sind die erstinstanzlichen Gebühren aus dem Strafverfahren auf die erstinstanzlichen im Zivilprozeß und die zweitinstanzlichen Gebühren aus dem Strafverfahren auf die zweitinstanzlichen Gebühren im Zivilprozeß anzurechnen. Selbstverständliche Voraussetzung der Anrechnung ist, daß in den einzelnen Rechtszügen der beiden Verfahren die gleichen RAe auftreten. Der Prozeßbevollmächtigte im Berufungsverfahren des Zivilprozesses muß z. B. auch Verteidiger (oder Nebenklägervertreter) in der Berufungsinstanz des Strafverfahrens gewesen sein (Ausnahme § 89 Abs. 1 Satz 2: Anrechnung der Gebüh-

ren der Berufungsinstanz im Strafverfahren auf die Gebühren der ersten Instanz im Zivilprozeß).

13 Auch der RA als **Prozeßbevollmächtigter des Klägers,** der als Beistand oder Vertreter eines Privatklägers oder Nebenklägers den Anspruch im Strafverfahren geltend gemacht hat, muß sich die dort in dem Adhäsionsverfahren verdienten Gebühren in gleicher Weise auf die Gebühren des bürgerlichen Rechts anrechnen lassen, obwohl im § 89 Abs. 2 nur vom Prozeßbevollmächtigten des Beschuldigten und von der ihm für die Abwehr des Anspruchs im Strafverfahren zustehenden Gebühr die Rede ist. Das folgt aus der in den §§ 94, 95 vorgeschriebenen sinngemäßen Anwendung des § 89.

14 **Beschränkt sich die Tätigkeit** des RA **auf die Geltendmachung oder Abwehr eines** aus der Straftat erwachsenen **vermögensrechtlichen Anspruchs** im Strafverfahren, so erhält er nach § 89 Abs. 3 nur die im § 89 Abs. 1 bestimmte Gebühr, also keine Gebühr nach den §§ 83 bis 85.

> Schumann/Geißinger A 16.

Dieser Fall liegt dann vor, wenn der Verletzte entweder keine Privatklage oder Nebenklage erhoben oder den RA lediglich mit der Geltendmachung des vermögensrechtlichen Anspruchs im Strafverfahren beauftragt hatte, oder wenn der Beschuldigte dem RA nicht die Verteidigung in der Strafsache, sondern nur die Abwehr des vermögensrechtlichen Anspruchs übertragen hatte. Da die Entscheidung über den vermögensrechtlichen Anspruch nur zulässig ist, wenn wegen der Straftat verurteilt wird, läßt sich im allgemeinen die Tätigkeit wegen der vermögensrechtlichen Ansprüche von der Tätigkeit hinsichtlich der Straffrage nicht trennen.

Eine auf die vermögensrechtlichen Ansprüche im Strafverfahren beschränkte Tätigkeit im Sinne des § 89 Abs. 3 kommt also z. B. in Frage, wenn der Angeklagte nach § 406 a Abs. 2 StPO die Entscheidung ohne den strafrechtlichen Teil des Urteils anficht.

15 Für die Tätigkeit im **Zwangsvollstreckungsverfahren** aus Entscheidungen, die im Strafverfahren über einen aus der Straftat erwachsenen vermögensrechtlichen Anspruch ergangen sind, hat der RA nach § 96 Anspruch auf die Gebühren des § 57.

Die Vorschriften über den Abgeltungsbereich der Gebühr des § 31 Abs. 1 gelten auch hier, z. B. § 37 Nr. 7, § 58 Abs. 2.

16 In den §§ 97, 102 wird nicht auf § 89 Bezug genommen. **Dem gerichtlich bestellten Verteidiger und dem beigeordneten Rechtsanwalt** stehen deshalb die Gebühren des § 89 nicht kraft Gesetzes zu. Für die Geltendmachung bzw. Abwehr von vermögensrechtlichen Ansprüchen ist die PKH geschaffen. Der Pflichtverteidiger des § 97 bzw. der beigeordnete RA des § 102 hat nach Bewilligung der PKH und Beiordnung – rechtzeitig beantragen! – Anspruch auf 1 ½ Gebühren nach der Tabelle des § 123.

> Schumann/Geißinger A 6; Bremen JVBl. 60, 138; vgl. auch LG Hamburg AnwBl. 66, 29 (Dem zur Wahrnehmung einer Adhäsionsklage beigeordneten Prozeßbevollmächtigten stehen die Gebühren gemäß §§ 89, 123 aus der Staatskasse zu. § 102 findet keine Anwendung); LG Koblenz AnwBl. 80, 213.

Die Kostenentscheidung richtet sich nach § 472a StPO.

§ 90 Wiederaufnahmeverfahren

(1) Für die Vorbereitung eines Antrags auf Wiederaufnahme des Verfahrens, die Stellung eines solchen Antrags und die Vertretung in dem Verfahren zur Entscheidung über den Antrag gelten die in § 84 bestimmten Gebühren. Diese gelten auch dann, wenn der Rechtsanwalt von der Stellung eines Antrags auf Wiederaufnahme des Verfahrens abrät.

(2) Der Gebührenrahmen bestimmt sich nach der Ordnung des Gerichts, das im ersten Rechtszug entschieden hat.

Die Überschrift des § 90 geht über den Inhalt der Vorschrift hinaus. Mit 1 der Gebühr des § 90 wird nicht die Tätigkeit des RA im gesamten Wiederaufnahmeverfahren abgegolten, sondern nur die Tätigkeit bis zur Entscheidung des Gerichts (Verwerfung wegen Unzulässigkeit gemäß § 368 StPO oder wegen Unbegründetheit gemäß § 370 Abs. 1 StPO oder Anordnung der Wiederaufnahme des Verfahrens gemäß § 370 Abs. 2 StPO).

Der Antrag auf Wiederaufnahme des Verfahrens (§ 366 StPO) leitet einen 2 neuen Rechtszug ein. Dieser neue Rechtszug hat nichts zu tun mit dem
a) alten Strafverfahren, das wieder aufgenommen werden soll,
b) neuen Verfahren, das sich an die Anordnung der Wiederaufnahme des Verfahrens anschließt.

Der RA, der in dem Verfahren gemäß § 90 tätig wird, erhält die Gebühr unabhängig davon, ob er in den zu a) und b) genannten Verfahren tätig war oder wird.

Die in § 84 bestimmten Gebühren gelten nach § 90 Abs. 1 für die Tätigkeit 3 des RA ab Erhalt des Auftrags, einen Antrag auf Wiederaufnahme des Verfahrens zu stellen, und für die Vertretung in dem Verfahren zur Entscheidung über diesen Antrag. Gebührenrechtlich beginnt das Wiederaufnahmeverfahren mit der Auftragserteilung und der ersten nach ihr entwickelten Tätigkeit in der Regel mit der Informationsaufnahme. Damit entsteht die Gebühr.

Die Tätigkeit endet mit der in A 1 genannten Entscheidung des Gerichts. Die Gebühr des § 90 entsteht nicht nur für den RA, der namens seines Auftraggebers das Wiederaufnahmeverfahren betreibt, sondern auch für den RA des Gegners (z. B. des Privatklägers oder Nebenklägers, wenn der Angeklagte die Wiederaufnahme betreibt, des Angeklagten, wenn die Staatsanwaltschaft oder der Privatkläger die Wiederaufnahme betreibt). Der Umfang der Tätigkeit, die durch § 90 vergütet wird, ist jetzt in § 90 näher umrissen. Auch dann, wenn der RA den Rat erteilt, von der Stellung eines Antrags auf Wiederaufnahme des Verfahrens abzusehen, und er dann nicht mehr tätig wird, erhält er die Gebühr des § 90.

Die Gebühr des § 90 ist eine **Verfahrenspauschgebühr** und gilt deshalb nur 4 für den mit der Vertretung im ganzen Verfahren beauftragten RA.

Ist der RA nur mit **Einzeltätigkeiten** beauftragt, z. B. mit der Unterzeichnung des Wiederaufnahmevertrags, so richten sich seine Gebühren nach § 91.

Der Gebührenrahmen bestimmt sich zufolge § 90 Abs. 2 nach der Ordnung 5 des Gerichts, das im ersten Rechtszug entschieden hat.

Der Gebührenrahmen beträgt also, wenn das OLG, das Schwurgericht oder die Jugendkammer in zur Zuständigkeit des Schwurgerichts gehörenden Sachen entschieden hatte, 70,— bis 1030,— DM, wenn die große Strafkammer oder die Jugendkammer in nicht zur Zuständigkeit des Schwurgerichts gehörenden Sachen als Gericht der ersten Instanz entschieden hatte, 50,— bis 620,— DM, wenn das Schöffengericht, das Jugendschöffengericht, der Amtsrichter oder der Jugendrichter entschieden hatte, 40,— bis 530,— DM.

6 **Abgegolten** wird durch die Gebühr des § 90 die gesamte Tätigkeit des RA in dem Verfahren über den Antrag auf Wiederaufnahme des Verfahrens bis zur Entscheidung über den Antrag. Maßgebend ist die Entscheidung des § 370 StPO über die Begründetheit des Antrags, nicht die des § 367 StPO über die Zulässigkeit. Daher wird auch die Tätigkeit in einem Beweisaufnahmeverfahren über die Begründetheit abgegolten, ebenso die Tätigkeit in einem Beschwerdeverfahren nach § 372 StPO gegen die Verwerfung des Antrags.

Die Vorschrift des § 87 gilt auch für die Gebühr des § 90, da diese der Gebühr des § 84 entspricht

7 Ist die **Wiederaufnahme des Verfahrens angeordnet** und wird der RA auch in dem folgenden Verfahren tätig, erhält er für dieses wiederaufgenommene Verfahren zusätzlich die Gebühren der §§ 83 ff., also z. B.

a) wenn die Hauptverhandlung in dem wiederaufgenommenen Verfahren stattfindet, die Gebühr des § 83 Abs. 1,

b) wenn die Hauptverhandlung nicht stattfindet (etwa aus den Gründen des § 371 Abs. 1 oder 2 StPO), die Gebühr des § 84 Abs. 1.

Wird der Angeklagte nach Wiederaufnahme ohne Hauptverhandlung freigesprochen, erhält der von Beginn an tätige RA zwei Gebühren aus § 84, die eine für das Wiederaufnahmeverfahren gemäß § 90, die andere für das wiederaufgenommene Verfahren gemäß § 84,

> LG Köln AnwBl. 65, 185; LG Oldenburg AnwBl. 84, 267; LG Marburg MDR 85, 520.

c) wenn die Hauptverhandlung vor der großen Strafkammer als Berufungsgericht stattfindet, die Gebühr des § 85 Abs. 1 Nr. 1,

d) wenn das Berufungsgericht ohne Hauptverhandlung freispricht, die Gebühr des § 85 Abs. 1 Nr. 1 in Verbindung mit Abs. 3.

In den Fällen c) und d) ist zu beachten, daß die Gebühren für das Wiederaufnahmeverfahren und für das wiederaufgenommene Verfahren auseinanderfallen: Für das Wiederaufnahmeverfahren wird nur die Gebühr des § 84 Abs. 1 Nr. 3 verdient; wenngleich das Berufungsgericht über die Wiederaufnahme entschieden hat; für das wiederaufgenommene Berufungsverfahren fällt dagegen die Gebühr des § 85 Abs. 1 Nr. 1 an.

Für die Gebühren ist unerheblich, ob der RA bereits in dem alten Strafverfahren tätig war. Das alte Verfahren bleibt auch nach der Anordnung der Wiederaufnahme ein eigener selbständiger Rechtszug, so daß der RA z. B. zu beanspruchen hat

die Gebühr des § 83 für das alte Verfahren,

die Gebühr des § 84 gemäß § 90 für das Wiederaufnahmeverfahren,

die Gebühr des § 83 für das wiederaufgenommene Verfahren.

8 **Die Gebühren der §§ 88 und 89** entstehen nicht neben der Gebühr des § 90.

Vielmehr wird das Wiederaufnahmeverfahren (bis zur Entscheidung) allein durch die Gebühr des § 90 abgegolten. Das gilt auch für den Fall des § 406 c Abs. 1 StPO, daß der Antrag auf Wiederaufnahme darauf beschränkt wird, eine wesentlich andere Entscheidung über den vermögensrechtlichen Anspruch herbeizuführen.

Ist allerdings die Wiederaufnahme des Verfahrens angeordnet, können in dem neuen Verfahren auch die Gebühren der §§ 88, 89 anfallen. Ist die Wiederaufnahme gemäß § 406 c Abs. 1 StPO beschränkt, erhält der RA in dem folgenden Verfahren nur die Gebühr des § 89 Abs. 3.

> Riedel/Sußbauer A 16 zu § 89; Schumann/Geißinger A 17 zu § 89.

Da das **Wiederaufnahmeverfahren** einen **eigenen Rechtszug** darstellt, ist 9 die Vergütung, die der RA als Wahlanwalt für das Wiederaufnahmeverfahren erhalten hat, nicht auf die Pflichtverteidigergebühr für das wiederaufgenommene Verfahren anzurechnen.

> Schumann/Geißinger A 9; LG Oldenburg AnwBl. 57, 267.

Über die **Bemessung der Gebühr im Einzelfall** s. A 20 zu § 83. 10

Nach § 90 Abs. 2 sind die Gebühren aus § 84 zu entnehmen. Dieser Gebührenrahmen ist zumindest dann, wenn das Verfahren über die Prüfung der Zulässigkeit in die Prüfung der Begründetheit kommt, völlig unzureichend. Ohne angemessene Honorarvereinbarung ist eine Vertretung in einem solchen Wiederaufnahmeverfahren nicht möglich.

> S. auch LG Hof JurBüro 84, 1024; der Rechtspfleger hatte die Gebühr aus § 90 auf 350 DM angesetzt; das LG Hof meint, diese Gebühr sei deutlich überhöht und setzte sie auf 35 DM herab!

§ 91 Gebühren für einzelne Tätigkeiten

Beschränkt sich die Tätigkeit des Rechtsanwalts, ohne daß ihm sonst die Verteidigung übertragen ist, auf

1. **die Einlegung eines Rechtsmittels, die Anfertigung oder Unterzeichnung anderer Anträge, Gesuche oder Erklärungen oder eine andere nicht in den Nummern 2 oder 3 erwähnte Beistandsleistung;**

2. **die Anfertigung oder Unterzeichnung einer Schrift zur Rechtfertigung der Berufung oder zur Beantwortung der von dem Staatsanwalt, Privatkläger oder Nebenkläger eingelegten Berufung, die Führung des Verkehrs mit dem Verteidiger, die Beistandsleistung für den Beschuldigten bei einer staatsanwaltschaftlichen oder richterlichen Vernehmung oder einer mündlichen Verhandlung oder einer Augenscheinseinnahme außerhalb der Hauptverhandlung oder die Beistandsleistung im Verfahren zur gerichtlichen Erzwingung der Anklage (§ 172 Abs. 2 bis 4, § 173 der Strafprozeßordnung);**

3. **die Anfertigung oder Unterzeichnung einer Schrift zur Begründung der Revision oder zur Erklärung auf die von dem Staatsanwalt, Privatkläger oder Nebenkläger eingelegte Revision;**

so erhält er in den Fällen der

Nummer 1 eine Gebühr
von 20 bis 280 Deutsche Mark,

Nummer 2 eine Gebühr
von 40 bis 520 Deutsche Mark,
Nummer 3 eine Gebühr
von 60 bis 820 Deutsche Mark.

Lit.: Madert AnwBl. 82, 176 (Die Gebühren in Strafsachen für einzelne Tätigkeiten
– §§ 91, 92 BRAGO).

Übersicht über die Anmerkungen

1 Allgemeines. § 91 regelt – ohne daß dies im Gesetz klar herausgestellt
worden ist – die Vergütung für zwei Tätigkeitsgruppen:
a) **Die Tätigkeit des Rechtsanwalts, der nicht zum Verteidiger** oder zu
einem diesem gleichgestellten Vertreter (des Privatklägers, des Nebenklägers
oder eines anderen Verfahrensbeteiligten) **bestellt worden ist,** dem vielmehr
nur eine oder mehrere Einzelaufgaben aus dem Arbeitsbereich des Verteidigers übertragen worden sind. § 91 zählt eine Reihe von Beispielen auf, u. a.
die Einlegung eines Rechtsmittels (Nr. 1), die Anfertigung einer Berufungsbegründung (Nr. 2) und die Anfertigung einer Revisionsbegründung oder
Revisionsgegenerklärung (Nr. 3).
Der RA, dem die Verteidigung übertragen worden ist, kann für diese
Tätigkeit keine gesonderte Vergütung erhalten. Seine Arbeit wird insoweit
durch die Verteidigergebühr abgegolten (§ 87). Der RA, der den Angeklagten
vor dem Amtsgericht verteidigt hat, kann für die Einlegung der Berufung
und die ihr vorausgehende Beratung des Angeklagten nicht die Gebühr des
§ 91 Nr. 1 fordern. Der RA, der für seine Tätigkeit im Revisionsverfahren die

Gebühr des § 86 erhält, sei es auch nur zur Hälfte (§ 86 Abs. 3), kann für die Anfertigung der Revisionsbegründung nicht außerdem noch die Gebühr des § 91 Nr. 3 verlangen.

Hamm JMBlNRW 62, 226; Nürnberg Rpfleger 63, 139.

Voraussetzung für den Ausschluß der Gebühren des § 91 ist, daß der RA in der Instanz, in der er zum Verteidiger bestellt ist, tätig ist, in einer anderen Instanz aber eine Einzeltätigkeit ausübt. Beispiel: der RA, der die Verteidigung vor der Strafkammer geführt hat, kann sich die Anfertigung der Revisionsbegründung als Einzeltätigkeit übertragen lassen.

Andererseits erhält der RA, der zum Verteidiger bestellt worden ist, auch dann die Gebühren der §§ 83–86, wenn er nur eine Einzeltätigkeit ausgeübt hat und sein Auftrag anschließend erlischt.

b) **Die Tätigkeit des Rechtsanwalts,** der zwar **zum Verteidiger** usw. **2 bestellt** worden ist, **aber** eine **Tätigkeit** – zusätzlich – entwickelt, die **durch** die **Verteidigergebühr nicht abgegolten** ist.

Riedel/Sußbauer Abs. 4; Göttlich-Mümmler „Strafsachen" 8.2.

Die Verteidigertätigkeit in der Instanz endet mit der Einlegung des Rechtsmittels (§ 87 Satz 2) oder der Rechtskraft der Entscheidung. Jedoch gehört die Kostenfestsetzung noch zur Instanz (vgl. § 96 Abs. 1 Nr. 1: neue Gebühren ab Einlegung der Erinnerung). Jede danach entwickelte Tätigkeit ist – sofern nicht eigene Gebührenvorschriften bestehen (vgl. §§ 93, 96) – durch die Gebühren des § 91 zu vergüten.

Beispiele:

Nachträglicher Antrag auf Strafaussetzung zur Bewährung (§ 56 StGB),

Vgl. zur Höhe der Gebühr München AnwBl. 78, 38 = Rpfleger 77, 377 = JurBüro 77, 1523.

Antrag auf Erlaß der Strafe und Absehen vom Widerruf (§ 56 f. StGB),

Hamburg MDR 74, 1039 (Vertretung im Anhörungstermin); Koblenz JurBüro 73, 852 (Beschwerde gegen Beschluß über Widerruf) und 80, 87 (einschl. Beschwerdeverfahren); LG Aschaffenburg JurBüro 78, 246 mit Anm. von Mümmler (Beschwerde gegen den Widerrufsbeschluß); LG Mainz NJW 72, 2059 = AnwBl. 72, 293 = Rpfleger 72, 265; a. M. Hartmann A 1.

Anträge auf Aussetzung des Strafrestes gemäß § 57 StGB,

Riedel/Sußbauer A 4; Oldenburg NJW 63, 170.

Anträge auf vorzeitige Aufhebung der Sperre für den Führerschein,

Schumann/Geißinger A 10; Tschischgale NJW 65, 572.

Anträge auf nachträgliche Anordnung der Nichteintragung in die Zentralkartei,

Tschischgale JurBüro 65, 169.

Beschwerde gegen die nach § 268a StPO durch Beschluß verhängten Bewährungsauflagen,

AG Münsingen MDR 81, 1041.

anwaltschaftliche Tätigkeiten beim Strafvollzug.

Riedel-Sußbauer A 4; vgl. Eidt AnwBl. 77, 135 (Rechtsbehelfe und Rechtsschutz nach dem Strafvollzugsgesetz 1977).

Nicht durch § 91, sondern durch § 66a werden abgegolten die Tätigkeiten im Verfahren über den Antrag auf gerichtliche Entscheidung nach § 109 des Strafvollzugsgesetzes und im Verfahren über die Rechtsbeschwerde nach § 116 des Strafvollzugsgesetzes. **Dagegen ist für eine Anwendung des § 91 kein Raum,** wenn die Tätigkeit des RA durch eine andere Gebührenvorschrift vergütet wird.

Beispiele:
Tätigkeit im Gnadenverfahren § 93,
Tätigkeit im Erinnerungs- und Beschwerdeverfahren in der Kostenfestsetzung § 96, Abs. 1 Nr. 1,
Tätigkeit im Wiederaufnahmeverfahren § 90,
Tätigkeit in der Zwangsvollstreckung § 96 Abs. 1 Nr. 2.

Zu beachten ist, daß für den Verteidiger der Rechtsmittelinstanz die Einlegung des Rechtmittels zur Instanz gehört, mag das Rechtsmittel auch bei dem Gericht der unteren Instanz einzulegen sein. Der Verteidiger im Revisionsverfahren erhält also neben seiner Gebühr aus § 86 keine zusätzliche Gebühr aus § 91 Nr. 1 für die Einlegung der Revision.

Zusammenfassend ist festzustellen:

3 § 91 regelt die **Vergütung für alle Einzeltätigkeiten** des RA in Strafsachen, **soweit nicht** diese Tätigkeiten durch die Pauschgebühren der §§ 83–86 abgegolten werden oder **Sonderbestimmungen bestehen.**

4 Die Gebühren des § 91 sind ebenfalls **Pauschgebühren,** und zwar insofern, als durch sie alle diejenigen Tätigkeiten des RA abgegolten werden, die zur Ausführung des ihm erteilten Auftrags erforderlich sind. Voraussetzungen für ihre Entstehung ist, daß der RA einen Auftrag zur Ausführung eines der in § 91 bezeichneten Geschäfte erhalten und in Ausführung des Auftrags irgend etwas getan hat. Die Aufnahme der dazu nötigen Instruktion genügt, so daß der Gebührenanspruch auch dann entsteht, wenn es nicht mehr zur Ausführung der aufgetragenen Tätigkeit gekommen ist, z. B. weil der Auftrag vorher zurückgenommen worden ist. Das Maß der Tätigkeit des RA spielt also für die Entstehung des Anspruchs keine Rolle, ist aber bei der Bemessung der Gebühr innerhalb des vorgeschriebenen Gebührenrahmens nach § 12 zu berücksichtigen.

Riedel/Sußbauer A 19; Schumann/Geißinger A 1.

Wird der **Rechtsanwalt gleichzeitig für mehrere Auftraggeber (z. B. Nebenkläger oder Privatkläger) tätig,** so erhält er zwar nach § 6 Abs. 1 S. 1 die Gebühr nur einmal, es erhöht sich aber nach § 6 Abs. 1 S. 3 der Mindest- und der Höchstbetrag je weiteren Auftraggeber um drei Zehntel. Inwieweit für **mehrere Einzeltätigkeiten** mehrere Gebühren berechnet werden können, ist in § 92 geregelt.

5 § 91 unterscheidet **drei Gruppen von Einzeltätigkeiten** und stellt für jede dieser Gruppen einen anderen Gebührenrahmen auf.

6 Die Gruppe 1 umfaßt zunächst die **Einlegung eines Rechtsmittels.** Rechtsmittel sind Berufung, Revision und Beschwerde. Ferner ist i. S. des

§ 91 Nr. 1 auch der Einspruch gegen einen Strafbefehl als Einlegung eines Rechtsmittels anzusehen.   Hartmann A 2.

Der Wiederaufnahmeantrag ist kein Rechtsmittel in diesem Sinne. Für ihn gilt § 90, soweit sich nicht der Auftrag des RA auf die Unterzeichnung des Wiederaufnahmeantrags beschränkt oder auf eine sonstige Einzeltätigkeit im Wiederaufnahmeverfahren (s. A 3 zu § 90). Da die Einlegung von Rechtsmitteln bei dem Gericht desselben Rechtszugs nach § 87 S. 2 durch die Gebühren der §§ 83 bis 86 abgegolten wird, hat also der RA desjenigen Rechtszugs, in dem die angefochtene Entscheidung ergangen ist, keinen Anspruch auf die Gebühr des § 91 Nr. 1. Der RA, der die Vertretung (Verteidigung) im ersten Rechtszug übernommen hatte, hat deshalb keinen Anspruch auf eine Beschwerdegebühr (das Beschwerdeverfahren gehört in seiner Gesamtheit gebührenrechtlich zur Vorinstanz). Dasselbe gilt aber auch für den RA, der die Partei in dem Rechtsmittelverfahren vertritt, soweit für dieses besondere Gebühren vorgesehen sind, also im Berufungs- und Revisionsverfahren. Für die Rechtfertigung der Berufung ist die Gebühr des § 91 Nr. 2, für die Begründung der Revision die Gebühr des § 91 Nr. 3 vorgesehen. Hat der RA Anspruch auf eine dieser Gebühren, so wird nach § 92 Nr. 1 dadurch auch die Einlegung des Rechtsmittels entgolten. Die Gebühr des § 91 Nr. 1 kann deshalb für die Einlegung der Berufung oder der Revision nur in den seltenen Fällen entstehen, daß ein RA diese Rechtsmittel eingelegt hat, der weder in dem unteren Rechtszug noch in dem Rechtsmittel- verfahren die Partei vertritt noch diese Rechtsmittel begründet hat. Be- schränkt sich die Vertretung auf die Vertretung im Beschwerdeverfahren, kann der RA nur die Gebühr des § 91 Nr. 1 beanspruchen. Das gilt auch dann, wenn er die Beschwerde begründet und sogar, wenn er den Auftraggeber im gesamten Beschwerdeverfahren vertreten hat (einschl. einer etwaigen Be- weisaufnahme). Die Gebühren des § 91 Nr. 2 oder 3 können nicht erwachsen, da es sich bei der Vertretung in einem Beschwerdeverfahren um eine andere nicht in Nr. 2 und 3 erwähnte Beistandsleistung handelt. Jedoch ist dann die Gebühr innerhalb des Rahmens der Nr. 1 höher zu bemessen als bei der bloßen Einlegung der Beschwerde. Dagegen erhält der RA die Gebühr des § 91 Nr. 1 doppelt, wenn er zunächst einen Antrag gestellt und sodann gegen die ablehnende Entscheidung Beschwerde eingelegt hat (vgl. hierzu § 92).

Zur Gruppe 1 gehört weiter die **Anfertigung** oder **Unterzeichnung ande-**   7 **rer Anträge, Gesuche oder Erklärungen.** Darunter fallen alle von einem RA angefertigten oder unterzeichneten Schriftsätze, soweit dem Anwalt die Vertretung übertragen worden ist und keine Sondervorschrift einschlägt.

Beispiele:

a) Antrag auf Strafaussetzung zur Bewährung oder Verwarnung mit Straf- vorbehalt (§ 56, 59 StGB).

b) Widerruf der Strafaussetzung zur Bewährung oder Aussetzung des Straf- restes (§ 56 f., 57 Abs. 3 StGB).

Koblenz KostRspr. BRAGO § 91 Nr. 19 = JurBüro 80, 57; München KostRspr. BRAGO § 91 Nr. 17 = AnwBl. 78, 38 (Es fällt bei Antrags- und Beschwerdesa- chen bezüglich bedingter Strafaussetzung zur Bewährung und deren Widerruf in der Regel eine über dem Mittelwert des Rahmens des § 91 Nr. 1 liegende Gebühr an).

c) Antrag auf Fristgewährung zur Zahlung einer Geldstrafe (§ 42 StGB, § 459 a StPO). Auch hier ist zu unterscheiden: Wird der Antrag – wie häufig – nach Verkündigung des Urteils aber vor Erklärung des Rechtsmittelverzichts gestellt, wird er durch § 83 oder § 85 abgegolten; wird er nach Rechtskraft des Urteils gestellt, ist er durch § 91 Nr. 1 abzugelten.

d) Gesuch um Strafaufschub (§§ 455, 456 StPO) u. a. im Rahmen der Strafvollstreckung fallende Entscheidungen.

e) Strafanzeigen, mit deren Anfertigung oder Unterzeichnung der Anwalt beauftragt wird, Beschwerde gegen Ablehnung der Strafverfolgung, Anschlußerklärung für den Nebenkläger.

Auch hier ist scharf zu unterscheiden: War dem Anwalt mit dem Auftrag zur Stellung des Strafantrags und Zulassung als Nebenkläger zugleich der Auftrag erteilt worden, den Auftraggeber als potentiellen Nebenkläger insgesamt zu vertreten, so erhält er nur die Gebühr des § 84; dann wird auch das Beschwerdeverfahren gegen die Ablehnung der Strafverfolgung durch die einheitliche Gebühr des § 84 mit abgegolten. Nur wenn ihm nicht die Vollvertretung übertragen ist, eröffnet das Beschwerdeverfahren gebührenrechtliche sozusagen einen neuen Rechtszug und der Anwalt erhält ein weiteres Mal die Gebühr aus § 91 Nr. 1.

f) Anträge auf vorzeitige Aufhebung der Sperre für die Erteilung der Fahrerlaubnis.

Tätigkeit nach § 69 a Abs. 7 StGB gehört nicht mehr zum erkenntnismäßigen Strafverfahren, so daß der Verteidiger zusätzlich die Gebühr des § 91 Nr. 1 erhält. Bei der vorläufigen Entziehung der Fahrerlaubnis nach § 111 a StPO ist zu unterscheiden: Ist dem RA die Verteidigung im ganzen übertragen worden, so wird auch die Tätigkeit hinsichtlich § 111 a StPO durch die Rahmengebühren der §§ 83 mit abgegolten. Nur wenn lediglich der Auftrag erteilt wird, Beschwerde gegen den Beschluß nach § 111 a StPO einzulegen und zu begründen, gilt § 91 Nr. 1.

g) Anträge auf Bewilligung der Prozeßkostenhilfe (Privat- und Nebenkläger).

h) Tätigkeit im Grundverfahren nach § 9 StrEG (Im Betragsverfahren nach § 10 StrEG entstehen die Gebühren des § 118).

LG Bamberg JurBüro 84, 65.

Ferner kommen in Betracht: Anträge auf Haftentlassung oder Haftvergünstigungen, Beweisanträge, Rücknahme von Rechtsmitteln.

Über die Mitwirkung bei der Ausübung der Veröffentlichungsbefugnis s. § 96 Abs. 1 Nr. 2. Eine Sondervorschrift besteht für die Anfertigung oder Unterzeichnung einer Privatklage. Der RA erhält für diese Tätigkeit die Gebühr des § 94 Abs. 4.

Der RA, der erstmals im Kostenfestsetzungsverfahren tätig wird, hat Anspruch auf die Gebühr des § 91 Ziff. 1.

LG Krefeld AnwBl. 79, 120 = JurBüro 79, 240.

8 Schließlich gehört zur Gruppe 1 jede **andere** nicht in den Nummern 2 und 3 erwähnte **Beistandsleistung**. Diese Beistandsleistung kann in einer mündlichen Besprechung oder einer Vorsprache des RA im Interesse des Beschuldigten bestehen. Die Bestimmung enthält eine Generalklausel. Es fällt jede nicht besonders geregelte Einzeltätigkeit eines RA in einem Strafverfahren darunter.

Besonders ist auch die sonst nicht geregelte Vertretung in einem Beschwerdeverfahren durch einen anderen Anwalt als denjenigen, der die Vertretung in dem Rechtszug hatte, in dem die angefochtene Entscheidung ergangen ist, nach § 91 Nr. 1 zu vergüten. Auch Anträge, die der RA für Dritte im Rahmen eines Strafverfahrens stellt, fallen unter § 91 Nr. 1.

Beispiele:

Antrag für einen Zeugen, einen Bestrafungsbeschluß aufzuheben.

> Zur Erstattungsfähigkeit der Rechtsanwaltskosten bei „Einspruch" gegen einen Ordnungsstrafenbeschluß s. (dafür) Hamm AnwBl. 80, 167; LG Frankenthal JurBüro 86, 1675; (dagegen) LG Würzburg JurBüro 80, 1540; LG Hannover JurBüro 86, 1675.

Antrag für einen Bürgen oder sonstigen Dritten, die Sicherheit gemäß § 123 StPO freizugeben.

> Riedel/Sußbauer A 9; Düsseldorf MDR 71, 684 und JMBlNRW 80, 35 (Beistand für Zeugen bei der Vernehmung) sowie JurBüro 82, 1856 = AnwBl. 83, 135 = MDR 83, 186; Hamm JMBlNRW 72, 47; LG Wiesbaden Büro 62, 98.

Die Tätigkeit des RA in dem – dem gerichtlichen Verfahren nach §§ 109 ff. StVollZG vorangehenden – Verwaltungsverfahren einschl. der Beschwerde an das Justizministerium wird gebührenrechtlich nach § 118 Abs. 1 Nr. 1 abgegolten.

> Karlsruhe JurBüro 79, 857.

Beistandsleistung für die Eltern eines Getöteten in einer Jugendgerichtssache, in der Nebenklage nicht möglich ist (§ 80 Abs. 3 JGG).

> Mümmler JurBüro 84, 505.

Auch der Auftrag zur Akteneinsicht unterliegt dieser Auffangbestimmung (nicht zu verwechseln mit dem Honorar für Akteneinsicht und Aktenauszüge in Unfall-Strafsachen für Versicherungsgesellschaften; hier gilt die Vereinbarung zwischen DAV und HUK-Verband, s. Anhang Teil C, Anhang 13).

Die **Gebühr beträgt** in allen Fällen der Nr. 1 20,— bis 280,— DM, in den **9** Fällen des § 6 Abs. 1 S. 3 erhöht sich der Gebührenrahmen je weiterer Auftraggeber um ³⁄₁₀. Wegen der Ausfüllung des Gebührenrahmengesetzes vgl. § 12. Die Mittelgebühr beträgt bei einem Auftraggeber 150,— DM.

In **Gruppe 2** sind unter Heraushebung aus der Generalklausel der Nr. 1 eine **10** Reihe von Tätigkeiten des Anwalts zusammengefaßt, die eine bessere gebührenrechtliche Behandlung verdienen.

Es sind das einmal die Anfertigung oder Unterzeichnung einer Schrift zur **11** **Rechtfertigung der Berufung oder Beantwortung der** von dem Staatsanwalt, Privatkläger oder Nebenkläger eingelegten **Berufung.** Neben der Anfertigung ist auch die Unterzeichnung einer solchen Schrift ausdrücklich erwähnt.

Die Rechtfertigung einer Berufung (§ 317 StPO) gehört zum Berufungsverfahren. Sie wird also durch die Gebühr des § 85 abgegolten, wenn der RA den Angeklagten, den Privatkläger oder den Nebenkläger im Berufungsverfahren vertritt,

> Hartmann A 2.

Madert 991

nicht aber durch die Gebühr des § 83, wenn der RA nur im ersten Rechtszug tätig war.

> Hartmann A 3 A.

Dasselbe gilt von der Beantwortung der Berufung. Mit der Gebühr für die Rechtfertigung der Berufung ist nach § 92 Abs. 1 auch die Einlegung der Berufung abgegolten.

12 Ferner gehört zur Gruppe 2 die **Führung des Verkehrs mit dem Verteidiger.** Entsprechendes gilt nach den §§ 94, 95 für die Führung des Verkehrs mit dem Beistand oder Vertreter eines Privatklägers, Nebenklägers oder eines anderen Verfahrensbeteiligten. Auf die Entstehung der Gebühr sind die gleichen Grundsätze anzuwenden, die für die Entstehung einer Verkehrsgebühr nach § 52 gelten. Daß auch diese Gebühr eine Pauschgebühr ist, folgt, obwohl in §§ 87, 91 nicht mit aufgeführt ist, aus § 13 Abs. 1. Sie gilt daher die gesamte Tätigkeit des Verkehrsanwalts in dem in Frage kommenden Rechtszug ab, so z. B. die Beratung, die Belehrung über die Zulässigkeit von Rechtsmitteln, nicht aber die Beistandsleistung in Terminen. Dafür kann der Verkehrsanwalt die Gebühr des § 91 Nr. 2 nochmals berechnen.

> Riedel/Sußbauer A 15.

Die Verkehrsgebühr erwächst in jedem Rechtszug neu. Führt also der RA den Verkehr mit dem Verteidiger in einem durch 3 Instanzen laufenden Strafverfahren, so erhält er die Verkehrsgebühr dreimal. Eine Erhöhung der Gebühr (wie in § 52) in den Rechtsmittelzügen tritt jedoch nicht ein.

13 Die **Beistandsleistung** für den **Beschuldigten** bei einer **staatsanwaltschaftlichen** oder **richterlichen Vernehmung oder einer mündlichen Verhandlung oder einer Augenscheinseinnahme** außerhalb der Hauptverhandlung gehört ebenfalls zur Gruppe 2. Auch die Beistandsleistung für einen Privatkläger, Nebenkläger oder einen anderen Verfahrensbeteiligten fällt nach §§ 94, 95 unter § 91 Nr. 2.

Hierher gehört auch die Beistandsleistung bei einer mündlichen Verhandlung über den Haftbefehl und im Haftprüfungsverfahren, bei der Vernehmung von Zeugen und Sachverständigen durch den beauftragten oder ersuchten Richter.

Die Gebühr wird verdient, wenn der RA den Auftrag zur Wahrnehmung des Termins erhalten hat und in Ausführung des Auftrags tätig geworden ist, z. B. wenn er sich für die Wahrnehmung des Termins vorbereitet hat, selbst wenn sich der Termin vor seiner Wahrnehmung erledigt. Die Erledigung ist innerhalb des Gebührenrahmens zu berücksichtigen.

14 Die Beistandsleistung im **Verfahren zur gerichtlichen Erzwingung der Anklage** nach § 172 Abs. 2 bis 4, § 173 Abs. 1 StPO wird gleichfalls durch die Gebühr des § 91 Nr. 2 abgegolten. Nach § 172 Abs. 1 StPO steht dem Antragsteller, der zugleich der Verletzte ist, wenn die Staatsanwaltschaft einen Antrag auf Erhebung der öffentlichen Klage keine Folge gibt oder die Einstellung des Verfahrens beschließt, dagegen die Beschwerde zu. Die Einlegung einer solchen Beschwerde fällt nicht unter § 91 Nr. 2, sondern unter § 91 Nr. 1. Ebenso ist die Vertretung oder Beistandsleistung vor der Staatsanwaltschaft nicht durch die Gebühr des § 91 Nr. 2 abgegolten.

Nach § 172 Abs. 2 StPO kann der Antragsteller gegen den ablehnenden Bescheid des vorgesetzten Beamten der Staatsanwaltschaft gerichtliche Entscheidung beantragen, soweit nicht ein Fall vorliegt, in dem ein solcher Antrag nach § 172 Abs. 2 S. 3 StPO unzulässig ist. Der Antrag muß nach § 172 Abs. 3 StPO von einem Anwalt unterzeichnet sein. Nach § 173 Abs. 3 StPO kann das Gericht zur Vorbereitung seiner Entscheidung Ermittlungen anordnen.

Für die Beistandsleistung in diesem gerichtlichen Verfahren ist die Gebühr des § 91 Nr. 2 vorgesehen. Unter die Beistandsleistung im Klagerzwingungsverfahren fällt nicht nur die Vertretung des Beschuldigten, sondern auch die des Antragstellers.

 Riedel/Sußbauer A 17.

Die Gebühr ist eine Pauschgebühr. Sie gilt nicht nur die Anfertigung oder Unterzeichnung des Antrags, sondern auch die Beistandsleistung bei etwaigen gerichtlichen Ermittlungen ab.

Die Gebühren des § 91 Nr. 1 und des § 91 Nr. 2 erwachsen nebeneinander.

Beispiel:
Der RA des Antragstellers erhält
für die Erstattung der Anzeige und die Stellung des Strafantrags die Gebühr des § 91 Nr. 1,
für die Beschwerde gegen den ablehnenden Bescheid der Staatsanwaltschaft die Gebühr des § 91 Nr. 1,
für die Vertretung im Klagerzwingungsverfahren
die Gebühr des § 91 Nr. 2.

Die **Gebühr beträgt** in allen Fällen der Nr. 2 40,— DM bis 520,— DM; bei **15** mehreren Auftraggebern erhöht sich gemäß § 6 Abs. 1 S. 3 der Gebührenrahmen je weiterer Auftraggeber um 3/10, also z. B. bei 2 Auftraggebern auf 52,— DM bis 676,— DM. Die Mittelgebühr beträgt bei einem Auftraggeber 280,— DM, bei zwei Auftraggebern 364,— DM.

Die **Gruppe 3** betrifft nur die **Anfertigung oder Unterzeichnung einer 16 Schrift zur Begründung der Revision oder einer Erklärung auf die** von dem Staatsanwalt, Privatkläger oder Nebenkläger eingelegte **Revision.** § 91 Nr. 3 enthält ähnliche Klarstellungen wie § 91 Nr. 2, insofern hier die Unterzeichnung der Revision sowie das vom Privatkläger und Nebkläger eingelegte Rechtsmittel ausdrücklich erwähnt sind.

Die Begründung der Revision (§ 344 StPO) gehört zum Revisionverfahren, wird also für den mit der Vertretung im Revisionsverfahren beauftragten RA durch die Gebühr des § 86 abgegolten. Dasselbe gilt für die Revisionsbeantwortung und für die Beantwortung der Revision des Angeklagten durch den mit der Vertretung in der Revisionsinstanz beauftragten RA des Nebenklägers.

 Köln NJW 58, 959 (L) = JMBlNRW 58, 116 = AnwBl. 58, 97.

Mit der Gebühr für die Begründung der Revision ist nach § 92 Abs. 1 auch die Einlegung der Revision abgegolten.

Eine Schrift, die schon äußerlich den an die genannten Schriften zu stellenden Anforderungen nicht entspricht, begründet den Anspruch auf die Gebühr des § 91 Nr. 3 nicht, wohl aber eine solche, die sachlich mangelhaft ist.

Zur Begründung der Revision genügt die Erklärung, daß die Revision auf die Verletzung materiellen Rechts gestützt werde.

17 Die **Gebühr beträgt** 60,— DM bis 820,— DM; bei mehreren Auftraggebern erhöht sich gemäß § 6 Abs. 1 S. 3 der Gebührenrahmen je weiteren Auftraggeber um ³⁄₁₀. Die Mittelgebühr beträgt bei einem Auftraggeber 440,— DM. Die Gebühr aus § 91 Nr. 3 ist also höher als die Gebühr des § 86 Abs. 3 für die Tätigkeit des RA im Revisionsverfahren außerhalb der Hauptverhandlung im Verfahren vor dem Oberlandesgericht, die nur 50,— bis 620,— DM oder, wenn im ersten Rechtszug der Strafrichter, ausgenommen als Jugendrichter, entschieden hat, sogar nur 40,— bis 530,— DM beträgt. Allein im Revisionsverfahren vor dem BGH beträgt die Gebühr für die Verteidigung außerhalb der Hauptverhandlung 70,— bis 1030,— DM. Da nach § 92 der § 13 und somit auch § 3 Abs. 6 anzuwenden ist, kann der mit der Fertigung einer Schrift zur Begründung der Revision zum Oberlandesgericht beauftragte RA keine höhere Gebühr erhalten, als er erhalten würde, wenn ihm die Verteidigung in der Revisionsinstanz übertragen worden wäre. Hierfür spricht auch die Bestimmung des § 92 Abs. 2 S. 2. Wird der mit der Einzeltätigkeit beauftragte RA später Verteidiger, sind die Gebühren des § 91 auf die Gebühren des Verteidigers anzurechnen.

Riedel/Sußbauer Abs. 20;
a. M. Schumann/Geißinger A 25.

Das alles ist der Grund dafür, daß § 91 Nr. 3 praktisch bedeutungslos ist. Zwar kommt es oft vor, daß der erstinstanzliche Anwalt, der sich im Revisionsrecht nicht sicher fühlt, die Anfertigung der Revisionsbegründung einem sogenannten Revisionsspezialisten überträgt, ohne daß dieser zum Verteidiger im Revisionsverfahren bestellt wird. In einem solchen Falle wäre zwar § 91 Nr. 3 anzuwenden. Aber sogenannte Revisionsspezialisten werden sich auch nicht mit der Höchstgebühr zufrieden gegen, sondern den Auftrag nur auf der Basis einer Honorarvereinbarung annehmen.

Über die Gebühren des Pflichtverteidigers s. A 6 u. A 16 zu § 97.

18 Für die **Erteilung eines Rates oder einer Auskunft** in einer strafrechtlichen Angelegenheit erhält der RA nach § 20 Abs. 1 S. 2 eine Gebühr von 25,— bis 325,— DM (Mittelgebühr 175,— DM). Ist der RA lediglich beauftragt, die Aussichten eines Rechtsmittels in Strafsachen zu prüfen, und rät er von der Einlegung des Rechtsmittels ab, so ist § 20 Abs. 2 nicht anwendbar. Hier erwächst eine Gebühr von 20,— bis 280,— DM nach § 91 Abs. 1 Nr. 1.

19 **Erstattungsfähigkeit.** Sofern die Vergütung des Vollverteidigers erstattungsfähig ist, ist auch die Gebühr des § 91 erstattungsfähig.

Die Kosten eines zweiten mit einer Einzeltätigkeit beauftragten RA sind jedenfalls in der Höhe erstattungsfähig, in der höhere Kosten des Verteidigers entstanden wären, wenn dieser die Einzeltätigkeit zusätzlich ausgeübt hätte.

LG Hanau AnwBl. 69, 195; LG Main Rpfleger 72, 31 (Die Kosten des weiteren RA, der für den Angeklagten den zur kommissarischen Vernehmung auswärtiger Zeugen bestimmten Termin wahrnimmt, sind bis zur Höhe der Reisekosten des Verteidigers erstattungsfähig, wenn die Terminswahrnehmung zur ordnungsgemäßen Verteidigung notwendig ist);
a. M. LG München I NJW 71, 2083 mit abl. Anm. von H. Schmidt.

Ist es zur Durchsetzung des Anspruchs geboten, gegen den Gegner Strafanzeige zu erstatten, sind die hierfür aufgewendeten Kosten im Zivilprozeß als Vorbereitungskosten zu erstatten.

LG Frankfurt AnwBl. 82, 385 = MDR 82, 759 = JurBüro 82, 1247.

§ 92 Mehrere einzelne Tätigkeiten

(1) **Mit der Gebühr für die Rechtfertigung der Berufung oder die Begründung der Revision ist die Gebühr für die Einlegung des Rechtsmittels entgolten.**

(2) **Im übrigen erhält der Rechtsanwalt mit der Beschränkung des § 13 für jede der in § 91 bezeichneten Tätigkeiten eine gesonderte Gebühr. Wird ihm die Verteidigung übertragen, so werden die Gebühren des § 91 auf die dem Rechtsanwalt als Verteidiger zustehenden Gebühren angerechnet.**

Übersicht über die Anmerkungen

Allgemeines. § 92 Abs. 1 schränkt den § 91 insoweit ein, als zwei Einzeltä- **1** tigkeiten – die Einlegung des Rechtsmittels und seine spätere Begründung – zu einer Einheit zusammengefaßt und durch eine Gebühr – die Gebühr des § 91 Nr. 2 bzw. des § 91 Nr. 3 – abgegolten werden. § 92 Abs. 2 bringt – zur Klarstellung – eine Wiederholung der Grundsätze des § 13.

Mit der **Gebühr für die Rechtfertigung der Berufung** (§ 91 Nr. 2) **und die 2 Begründung der Revision** (§ 91 Nr. 3) wird nach § 92 Abs. 1 auch die Einlegung des Rechtsmittels abgegolten. Die Gebühr für die Einlegung des Rechtsmittels (§ 91 Nr. 1) als Einzeltätigkeit kann also nur der RA erhalten, der weder die Berufungsrechtfertigung angefertigt oder den Revisionsbegründung angefertigt oder unterzeichnet hat. Ist der RA zunächst damit beauftragt worden, das Rechtsmittel einzulegen, und erhält er außerdem noch den Auftrag – sei es gleichzeitig, sei es später –, das Rechtsmittel zu begründen, hat der RA nur die Gebühr für die Begründung des Rechtsmittels zu beanspruchen. Voraussetzung für die Anwendung der §§ 91, 92 ist, daß der RA Einzelauftrag erhalten hat. Der RA, der den Rechtsmittelkläger im Berufungsverfahren oder im Revisionsverfahren voll vertritt (z. B. als Verteidiger oder als Nebenklägervertreter), kann weder die Gebühr für die Einlegung des Rechtsmittels noch die Gebühr für die Berufungsrechtfertigung bzw. für die Revisionsbegründung berechnen, da diese Tätigkeiten durch die Gebühren der §§ 85, 86 abgegolten werden. Der RA des niedrigeren Rechtszugs kann die Gebühr des § 91 Nr. 1 für die Einlegung des Rechtsmittels bei dem Gericht desselben Rechtszugs nach § 87 S. 2 nicht berechnen, wohl aber gegebenenfalls die Gebühr für die Rechtfertigung der Berufung oder die Begründung der

Revision, sofern ihm nicht die Vertretung im Rechtsmittelverfahren übertragen worden ist.

Dagegen gilt die Gebühr für die Berufungsbeantwortung oder für die Erklärung auf die vom Gegner eingelegte Revision die Gebühr für die Einlegung des Rechtsmittels nicht ab.

Riedel/Sußbauer A 6.

Auf das Beschwerdeverfahren ist § 92 Abs. 1 nicht anwendbar. Für die Begründung der Beschwerde erhält der RA keine gesonderte Gebühr, wenn er den Auftrag erhalten hat, Beschwerde einzulegen und sie zu begründen. Die Gebühr des § 91 Nr. 1 gilt in diesem Falle die Einlegung und die Begründung der Beschwerde ab. Der Umfang der Tätigkeit ist gemäß § 12 bei der Ausfüllung des Gebührenrahmens zu berücksichtigen.

Schumann/Geißinger A 5.

3 Der Rechtsanwalt erhält für jede in § 91 bezeichnete Tätigkeit eine gesonderte Gebühr, allerdings mit der Beschränkung des § 13. Der gleiche RA kann hiernach im gleichen Rechtszug nicht nur alle Gebühren für die verschiedenen in § 91 bezeichneten Geschäfte erhalten. Es können vielmehr auch mehrere Gebühren für gleichartige Geschäfte entstehen. Für den gleichen RA können sonach im gleichen Rechtszug nicht nur alle Gebühren für die verschiedenen in § 91 bezeichneten Geschäft, sondern auch mehrere Gebühren für gleiche Geschäfte entstehen. Beispiel: der RA fertigt aufgrund mehrerer Aufträge mehrere Gesuche; er erhält mehrere Gebühren aus § 91 Nr. 1. Dieser Grundsatz erfährt aber durch die Bestimmung des § 13 eine wesentliche Einschränkung.

4 Die Gebühren des § 91 sind teils Einzelaktgebühren (z. B. für die Anfertigung oder Unterzeichnung eines Gesuches oder einer Rechtsmittelbegründung), **teils Verfahrensgebühren** (für den Verkehr mit dem Verteidiger oder für die Beistandsleistung im Verfahren zur gerichtlichen Erzwingung der Anklage). Beide Gebühren sind **Pauschgebühren** i. S. des § 13 Abs. 1, entgelten also, soweit die BRAGO nichts anderes bestimmt, die gesamte Tätigkeit des RA vom Anfang bis zur Erledigung der Angelegenheit ab. Die Tätigkeit beginnt mit der Entgegennahme der Information und dauert bis zur vollständigen Erledigung der Angelegenheit; sie umfaßt auch alle Nebentätigkeiten (für eine Besprechung, die der in Frage kommenden Tätigkeit vorausgeht, kann sonach keine besondere Gebühr berechnet werden). Mit der Entgegennahme der Information ist die in Betracht kommende Gebühr des § 91 verdient. Der Umfang der Tätigkeit ist innerhalb des Gebührenrahmens zu beachten. Mehrere gleichartige Gebühren können im gleichen Rechtszug nur dann entstehen, wenn voneinander getrennte Einzelaufträge vorliegen. Werden auf Grund des gleichen Auftrags mehrere Anträge, Gesuche oder Erklärungen angefertigt oder unterzeichnet oder wird mehrfach Beistand geleistet, so entsteht jede der in § 91 Nr. 1 oder 2 bestimmte Gebühr im gleichen Rechtszug nur einmal, wobei die mehrfache Tätigkeit nur innerhalb des Gebührenrahmens zu berücksichtigen ist.

5 Für mehrere Strafanzeigen entsteht dann für jede Anzeige eine gesonderte Gebühr, wenn es sich um mehrere Aufträge handelt.

Beispiele: Ein durch einen Betrug Geschädigter beauftragt den RA, gegen die

Betrüger (Mittäter), die teils in München, teils in Hamburg wohnen, Anzeige bei den Staatsanwaltschaften München und Hamburg zu erstatten (ein Antrag, eine Gebühr). Der Geschädigte beauftragt den RA, gegen die ihm allein bekannten Münchner Betrüger Anzeige zu erstatten. Als er von der Mittäterschaft der Hamburger erfährt, beauftragt er den RA, auch gegen die Hamburger Anzeige zu erstatten (zwei Aufträge, zwei Gebühren). Der Geschädigte beauftragt den RA in einer Besprechung, gegen einen Münchner Dieb und gegen einen Hamburger Betrüger Anzeige zu erstatten (zwei Angelegenheiten, mögen sie auch anläßlich einer Besprechung dem Anwalt übertragen worden sein, daher zwei Gebühren).

Die **Verkehrsgebühr** des § 91 Nr. 2 gilt die gesamte zur Führung des **6** Verkehrs erforderliche Tätigkeit des RA für den gleichen Rechtszug ab. Sie gleicht auch insoweit der Verkehrsgebühr des § 52. Bei Führung des Verkehrs durch verschiedene Instanzen entsteht die Verkehrsgebühr mehrfach. Eine Erhöhung des Gebührenrahmens findet in der Rechtsmittelinstanz nicht statt. Bei Zurückverweisung durch das Rechtsmittelgericht an die Vorinstanz entsteht auch für die Vorinstanz die Verkehrsgebühr neu (die Verkehrsgebühr des § 91 ist keine Prozeßgebühr i. S. des § 15 Satz 2).

Nimmt der Verkehrsanwalt Termine (z. B. zur Zeugenvernehmung vor dem ersuchten Richter) wahr, erhält er für diese Tätigkeit zusätzlich die Gebühr des § 91 Nr. 2.

Schumann/Geißinger A 8.

Die Gebühr für die **Beistandsleistung bei Terminen** des § 91 Nr. 2 umfaßt **7** auch die dazu notwendige Einarbeitung in den Prozeßstoff und den durch den Auftrag bedingten Schriftwechsel. Nimmt der RA im gleichen Rechtszug des gleichen Strafverfahrens auf Grund eines neuen Auftrags einen weiteren Termin wahr, z. B. einen weiteren Haftprüfungstermin, der auf Grund eines neuen Antrags anberaumt worden ist, so erhält er mehrere Gebühren.

Ist aber der RA nur mit der Wahrnehmung eines Termins außerhalb der Hauptverhandlung beauftragt und wird er später mit der Wahrnehmung eines weiteren solchen Termins in derselben Angelegenheit beauftragt, weil diese noch nicht in dem ersten Termin erledigt war, so erhält er keine neue Gebühr. Die Mehrtätigkeit ist innerhalb des Gebührenrahmens zu berücksichtigen.

Hartmann A 3.

Im **Klagerzwingungsverfahren** gilt die Gebühr des § 91 Nr. 2 die gesamte **8** Tätigkeit des RA in diesem Verfahren ab. S. A 14 zu § 91.

Die **Gebühr, die der mit der gesamten Angelegenheit beauftragte 9 Rechtsanwalt für die gleiche Tätigkeit erhalten würde, bildet** nach § 13 Abs. 6 **die Höchstgrenze.** Der mit verschiedenen Einzeltätigkeiten beauftragte RA kann also im gleichen Rechtszug eines Strafverfahrens höchstens denjenigen Gebührenbetrag erhalten, den der Verteidiger, Beistand oder Vertreter für die Vertretung in dem betreffenden Rechtszug erhalten würde. Da bei den Einzelaufträgen des § 91 eine Verteidigung in der Hauptverhandlung nicht in Frage kommt, bilden also die Gebühren des § 84, des § 85 Abs. 3 und des § 86 Abs. 3 die Höchstgrenze. Zu beachten ist, daß auch der Verteidiger Gebühren des § 91 neben seinen Gebühren als Verteidiger erhalten kann (z. B. eine Gebühr für dem Antrag auf bedingte Entlassung nach § 26 StGB). Soweit hiernach dem Verteidiger zusätzliche Gebühren zustehen, sind diese auch dem mit Einzeltätigkeiten beauftragten RA nicht auf die Höchstgrenze des § 13 Abs. 6 anzurechnen.

10 Bei späterer **Übertragung der Verteidigung** auf den RA, der zunächst nur Einzelaufträge erhalten hatte, werden nach § 92 Abs. 2 S. 2 die durch die Einzeltätigkeiten vorher verdiente Gebühr des § 91 auf die dem RA als Verteidiger zustehende Gebühr angerechnet. Das gilt nach den §§ 94, 95 auch dann, wenn dem RA die Beistandsleistung oder Vertretung eines Privatklägers, Nebenklägers oder eines anderen Verfahrensbeteiligten übertragen wird.

Die früheren Einzeltätigkeiten müssen innerhalb des für den Vollverteidiger geltenden Gebührenrahmens berücksichtigt werden.

Zu beachten ist auch insoweit, daß nur die Gebühr anzurechnen ist, die der RA für Tätigkeiten erhalten hat, die durch die Verteidigergebühr abgegolten wird. Gebühren, die auch der Verteidiger neben seiner Verteidigergebühr erhält, sind auch dem zunächst mit Einzeltätigkeiten beauftragten RA auf seine spätere Verteidigergebühr nicht anzurechnen.

Angerechnet werden nur die Gebühren, die im gleichen Rechtszug entstanden sind.

11 Erledigt sich die Angelegenheit vorzeitig oder endet der Auftrag vor ihrer Erledigung, so ist das nach § 13 Abs. 4 auf bereits entstandene Gebühren ohne Einfluß. Zur Entstehung des Gebührenanspruchs ist nur notwendig, daß der RA in Ausführung des ihm erteilten Auftrags irgendwie tätig geworden ist. Es entsteht daher z. B. die Gebühr für die Anfertigung einer Schrift schon dann, wenn der RA die dazu notwendige Instruktion entgegengenommen hat, der Anspruch für die Beistandsleistung in einem Termin schon mit der Durcharbeitung der Akten (s. A 12 zu § 91). Einer Bestimmung, die der für Einzeltätigkeiten in bürgerlichen Rechtsstreitigkeiten und ähnlichen Verfahren getroffenen Vorschrift des § 56 Abs. 2 entspricht, bedurfte es für Strafsachen nicht, da die vorzeitige Erledigung oder Endigung des Auftrags bei Bemessung der Gebühr innerhalb des Gebührenrahmens berücksichtigt werden kann (s. A 58 zu § 13).

12 Über die **Gebühr für die Erteilung eines Rates oder einer Auskunft** s. A 18 zu § 91 und A 20 zu § 20.

§ 93 Gnadengesuche

Für die Vertretung in einer Gnadensache erhält der Rechtsanwalt eine Gebühr von 30 bis 410 Deutsche Mark. Sie steht ihm auch dann zu, wenn ihm die Verteidigung übertragen war.

1 § 93 gewährt eine eigene Pauschgebühr für die Vertretung in einer Gnadensache. Durch die Fassung ist klargestellt, daß durch die Gebühr die gesamte Tätigkeit des RA in Gnadenverfahren abgegolten wird, also auch die Einlegung oder Vertretung von Beschwerden in Gnadensachen bis zur letzten Gnadeninstanz.

Wird aber der RA nach Ablehnung eines Gnadengesuches mit der Stellung eines weiteren Gnadengesuches beauftragt, so entsteht die Gebühr des § 93 erneut.

Gnadensachen sind stets eine besondere Angelegenheit. Die Verteidigung **2** endet mit dem rechtskräftigen Urteil. § 93 S. 2 bestimmt ausdrücklich, daß dem RA die Gebühr des § 93 auch dann zusteht, wenn ihm die Verteidigung übertragen war. Er erhält sie also neben den durch die Verteidigung verdienten Gebühren.

Ebenso erhält er die Gebühr des § 93 für die Vertretung in dem Gnadenverfahren, wenn sich seine Tätigkeit auf einzelne Angelegenheiten beschränkt hatte und er deshalb nur Anspruch auf eine oder mehrere Gebühren des § 91 hat.

Der **Geltungsbereich des § 93** beschränkt sich auf die in den Gnadenordnun- **3** gen geregelten Gnadenverfahren, bei denen es darum geht, das Gnadenrecht des Staatsoberhaupts durch dieses oder durch Stellen, denen es besonders übertragen worden ist, auszuüben (vgl. § 452 StPO). Verfahren, die sich auf ein Straffreiheitsgesetz gründen, sind keine Gnadensachen.

Die Tätigkeit, welche die Einstellung eines Strafverfahrens betrifft, wird für den Verteidiger durch die Gebühren der §§ 83 ff. abgegolten. Für Einzeltätigkeiten gilt § 91.

Keine Gnadensachen sind Gesuche, die an das Gericht, die Vollstreckungs- **4** behörde oder den Vollstreckungsleiter gerichtet und von diesem zu bescheiden sind. Tätigkeiten, die Gesuche um Strafaussetzung, Stundung von Geldstrafen oder Gewährung von Ratenzahlungen, Strafaufschub betreffen, werden sonach nicht durch die Gebühr des § 93 vergütet. Wird die auf diese Gesuche gerichtete Tätigkeit innerhalb des Strafverfahrens entwickelt (z. B. Antrag in der Hauptverhandlung, dem Angeklagten eine Bewährungsfrist zu bewilligen) und ist über sie durch das Urteil zu befinden, ist sie durch die Verteidigergebühren abgegolten. Wird die Tätigkeit außerhalb des Strafverfahrens entwickelt, hat der Verteidiger Anspruch auf die Gebühr des § 91 Abs. 1. Zu beachten ist jedoch, daß dann eine Gnadensache vorliegt, wenn die Bewilligung der Bewährungsfrist, der Gewährung von Strafaufschub usw. im Gnadenwege von der Gnadenbehörde erbeten wird. Wenn aber z. B. beantragt wird, wegen der schlechten wirtschaftlichen Lage von der Vollstreckung einer Ersatzfreiheitsstrafe abzusehen, hilfsweise im Gnadenwege zu entscheiden, dann entsteht für den Antrag nach § 459 f StPO die Gebühr aus § 91, nach Ablehnung des Antrags und Weitergabe an die Gnadenbehörde die Gebühr aus § 93. Gnadenbehörden in diesem Sinne sind auch die – z. B. in Nordrhein-Westfalen eingerichteten – Gnadenstellen bei den Landgerichten, die auf Grund einer Ermächtigung der Gnadenordnung in gewissem Umfange Gnade erweisen dürfen (z. B. Bewährungsfristen bewilligen). Daß diese Gnadenstellen „bei den Gerichten" eingerichtet sind, nimmt ihnen nicht den Charakter als Gnadeninstanz und macht sie nicht zu Gerichten, für die § 93 nicht gilt.

Keine Gnadensachen sind ferner Anträge auf Tilgung von Einträgen im Strafregister oder auf Anordnung beschränkter Auskunft. Diese Anträge richten sich an die Justizbehörden als Verwaltungsbehörden. Die Vergütung des RA erfolgt nach § 118, in Nachprüfungsverfahren nach § 66 a.

Die **Gnadensache** beginnt mit dem Auftrag, in der Gnadeninstanz tätig zu **5** werden. Der Anspruch auf die Gebühr entsteht mit der Aufnahme der Information. Sie endet mit der Entscheidung der Gnadenbehörde. Jedoch gehört auch das Verfahren über eine Beschwerde gegen die Ablehnung noch zu der gleichen Gnadensache (s. oben A 1). Die gesamte Tätigkeit wird durch die Gebühr des § 93 abgegolten, also z. B. auch Vorsprachen bei der Gnadenbehörde. Wird aber später auf Grund eines neuen Auftrags ein neues Gnadengesuch eingereicht, so entsteht der Anspruch auf die Gebühr des § 93 neu. Der neue Auftrag kann u. U. auch in dem Auftrag zur Einlegung der Beschwerde liegen, wenn mit der Beschwerde ein aliud erbeten werden soll (z. B. statt Straferlaß nunmehr nur noch Strafaufschub). Ebenso liegt ein neuer Auftrag vor, wenn nach Ablehnung eines ersten Gesuches ein zweites Gesuch gestellt wird (etwa, weil der Verurteilte zwischenzeitlich einen weiteren Teil der Strafe verbüßt und sich während des Strafvollzugs gut geführt hat).

6 Betrifft die Gnadensache **mehrere Verurteilte,** liegen mehrere Angelegenheiten vor. Die Gebühr des § 93 entsteht deshalb mehrfach.

Riedel/Sußbauer A 11; Schumann/Geißinger A 15.

7 Wird dem RA nicht die gesamte „Vertretung in einer Gnadensache" übertragen, wird er vielmehr nur mit einer **Einzeltätigkeit** beauftragt (z. B. allein mit der Anfertigung des Gnadengesuches oder allein mit einer Vorsprache beim Justizministerium), erhält er nicht die Gebühr des § 93, sondern nur die Gebühr des § 91 Nr. 1.

8 **Der Pflichtverteidiger** oder der sonst beigeordnete RA hat für eine etwaige Vertretung in einer Gnadensache keinen Anspruch gegen die Staatskasse, da in §§ 97, 102 auf § 93 nicht Bezug genommen worden ist. Der Pflichtverteidiger muß sich wegen der Gebühr des § 93 an seinen Auftraggeber wenden.

Hartmann A 1; Riedel/Sußbauer A 12; Schumann/Geißinger A 2.

§ 94 Privatklage

(1) **Für die Tätigkeit als Beistand oder Vertreter eines Privatklägers gelten die Vorschriften der §§ 83 bis 93 sinngemäß.**

(2) **Durch die Widerklage erhöhen sich die Gebühren des Rechtsanwalts als Beistand oder Vertreter des Privatklägers und des Widerbeklagten sowie des Verteidigers des Angeklagten auch dann nicht, wenn der Privatkläger nicht der Verletzte ist.**

(3) **Für die Mitwirkung beim Abschluß eines Vergleichs erhält der Rechtsanwalt des Privatklägers und des Beschuldigten eine weitere Gebühr in Höhe von**

20 bis 210 Deutsche Mark.

Die Vorschrift des § 23 bleibt unberührt.

(4) **Beschränkt sich die Tätigkeit des Rechtsanwalts auf die Anfertigung oder Unterzeichnung der Privatklage, so erhält er eine Gebühr von**

40 bis 520 Deutsche Mark.

Wird dem Rechtsanwalt die Vertretung des Privatklägers übertragen, so wird die im Satz 1 bestimmte Gebühr auf die Gebühren angerechnet, die ihm als Vertreter des Privatklägers zustehen.

(5) **Für die Tätigkeit des Beistands oder Vertreters in einem Sühneversuch nach § 380 der Strafprozeßordnung erhält der Rechtsanwalt eine Gebühr von**

§ 94. Privatklage   1, 2 § 94

20 bis 210 Deutsche Mark
und für die Mitwirkung bei einer Einigung der Beteiligten eine weite-
re Gebühr von
20 bis 210 Deutsche Mark.

Übersicht über die Anmerkungen

Allgemeines. § 94 bringt eine Sondervorschrift für die Privatklage. Die **1**
Vorschrift regelt die Gebühren des Beistandes oder Vertreters des Privatklägers, auf den – da er nicht Verteidiger ist – die Vorschriften der §§ 83 ff. nicht
unmittelbar angewendet werden können. Die §§ 83 bis 93 gelten nach § 94
Abs. 1 jedoch sinngemäß (für den Verteidiger im Privatklageverfahren gelten
sie unmittelbar). Außerdem werden in § 94 einige Besonderheiten gebührenrechtlich geregelt, und zwar sowohl für den Beistand oder Vertreter des
Privatklägers wie auch für den Verteidiger (insoweit werden die §§ 83 ff.
durch § 94 ergänzt), die sich aus der Gestaltung des Privatklageverfahrens
ergeben: in Abs. 2 die Erhebung einer Widerklage, in Abs. 3 die Mitwirkung
bei einem Vergleich sowie in Abs. 5 die Tätigkeit in dem Sühneverfahren nach
§ 380 StPO. Schließlich enthält Abs. 4 eine Abweichung von § 91: Der mit
der Anfertigung der Privatklage als Einzeltätigkeit beauftragte RA erhält
nicht die Gebühr des § 91, sondern eine Sondergebühr.
Die Gebührenvorschriften für den Vertreter des Nebenklägers finden sich in
§ 95.

Die **Gebühren des Rechtsanwalts als Beistand oder Vertreter eines** **2**
Privatklägers sind dieselben, die ihm für die gleiche Tätigkeit als gewähltem
Verteidiger des Beschuldigten in dem in Frage kommenden Verfahren zustehen würden. Nach § 378 StPO kann der RA in der Hauptverhandlung neben
oder in Vertretung des Privatklägers auftreten. Dies berücksichtigt § 94,
indem er außer dem Vertreter ausdrücklich den RA als Beistand des Privatklägers erwähnt.

3 Für den **Abgeltungsbereich der Gebühren** des Vertreters (Beistands) des Privatklägers gilt – wie für den der Gebühren des Verteidigers – § 87. Durch die Gebühren der §§ 83 bis 86 wird sonach die gesamte Tätigkeit des RA abgegolten, beginnend mit der Entgegennahme der Information über die Sammlung des Beweisstoffes und sonstige Ermittlungen bis zur Beendigung des Rechtszuges. Insbesondere wird auch das Beschwerdeverfahren nach der Einstellung des Privatklageverfahrens von der Gebühr der Instanz mit abgegolten. Der Vertreter (Beistand) des Privatklägers hat auch Anspruch auf die Gebühr des § 84 für das vorbereitende Verfahren (vgl. A 5).

Die Gebühr erwächst mit der ersten Tätigkeit nach Auftragserteilung, in der Regel sonach mit der Aufnahme der Information. Ist die Erhebung der Privatklage erst nach Vornahme eines Sühneversuches (§ 380 StPO) zulässig, wird man den Auftrag, Privatklage zu erheben, in der Regel dahin auslegen müssen, das Sühneverfahren zu betreiben (evtl. zugleich als bedingten Auftrag, für den Fall der Erfolglosigkeit des Sühneversuchs Privatklage zu erheben). Denn der RA wird sich keinen Auftrag erteilen lassen, ein unzulässiges Verfahren in Gang zu bringen. Die Frage wird wesentlich, wenn es „nach Erteilung des Privatklageauftrags" nicht mehr zur Erhebung der Privatklage kommt, etwa weil sich die Beteiligten vor oder in dem Sühnetermin einigen oder weil sich der Auftrag des RA in anderer Weise erledigt (Tod, Kündigung). Der RA wird in diesem Fällen nicht die Gebühr des § 84, sondern nur die Gebühr des § 94 Abs. 5 fordern können.

Hat der RA den Auftrag erhalten, ausschließlich außergerichtlich tätig zu werden, erhält er seine Vergütung nicht gemäß § 94 in Verbindung mit § 84, er hat vielmehr nur Anspruch auf eine Gebühr aus § 91 Nr. 1 für eine – andere nicht in den Nrn. 2 oder 3 des § 91 erwähnte – Beistandsleistung.

Übernimmt der Staatsanwalt nach § 377 Abs. 3 StPO die Strafverfolgung, so hat von da ab der Privatkläger die Stellung des Nebenklägers. Das ist auf die Gebühren ohne Einfluß. Wird aber das Privatklageverfahren eingestellt, weil es für die Verfolgung der in Frage kommenden strafbaren Handlung nicht zulässig ist, so ist das dann durch den Staatsanwalt eingeleitete Verfahren eine neue Gebühreninstanz, auf deren Gebühren die im Privatklageverfahren entstandenen Gebühren nicht angerechnet werden.

Riedel/Sußbauer A 7, 8; Schumann/Geißinger A 50.

Die Gebühr des § 91 Nr. 1 für die Strafanzeige oder den Strafantrag wird auf die Gebühren des Privatklageverfahrens angerechnet.

Riedel/Sußbauer A 9.

4 Bei **Tätigkeit für mehrere Privatkläger** erhöht sich nach § 6 Abs. 1 S. 3 die Mindest- und die Höchstgebühr je weiterer Auftraggeber um $\frac{3}{10}$. Mehrere Klagberechtigte sind auch der Beleidigte und dessen Vorgesetzter (§ 194 Abs. 3 StGB), wenn der RA beide vertritt. Dagegen sind der minderjährige Privatkläger und sein gesetzlicher Vertreter nur **eine** Person i. S. des § 6 Abs. 1 S. 3. Ebenso vertritt der RA nur „einen" Privatkläger, wenn dieser mehrere gesetzliche Vertreter hat, mögen auch diese mehreren Vertreter mit ihm verhandeln. Ferner ist für eine Anwendung des § 6 Abs. 1 S. 3 kein Raum – also keine Erhöhung der Gebühren–, wenn der RA einen Privatkläger gegen mehrere Beschuldigte vertritt. Jedoch ist die Tatsache, daß auf die

Gegenseite eine Personenmehrheit steht, ein Umstand, der bei der Bemessung der Gebühr gemäß § 12 gebührenerhöhend zu beachten ist.

Riedel/Sußbauer A 4; Schumann/Geißinger A 40 ff.

§ 6 ist auch anwendbar, wenn wegen derselben Tat mehrere selbständige Privatklagen gegen verschiedene Personen erhoben werden. Denn wegen einer Tat darf nur ein Verfahren rechtshängig sein. Selbst wenn das Amtsgericht erst in der Hauptverhandlung die Verfahren verbindet, handelt es sich nicht um eine echte Verbindung zweier bis dahin selbständiger Verfahren, sondern um ein Privatklageverfahren mit Beitritt eines zweiten Privatklägers.

LG Krefeld AnwBl. 81, 27 = JurBüro 80, 1825.

Alle Bestimmungen der §§ 83 bis 93 gelten sinngemäß. Der RA erhält 5 also auch die Zusatzgebühr für eine mehrtätige Hauptverhandlung.

Über das Verfahren außerhalb der Hauptverhandlung s. A 13 zu § 84, über die Entstehung der Gebühr des § 85 Abs. 1 s. A 3 zu § 85.

Der RA (sei es als Vertreter des Privatklägers, sei es als Verteidiger des Beschuldigten) kann auch die Gebühr des § 84 für das vorbereitende Verfahren erhalten. Zwar bestimmt § 94 Abs. 1, daß für die Tätigkeit als Vertreter eines Privatklägers die Vorschriften der §§ 83 bis 93 sinngemäß, also auch § 84 gelten. Aber § 84 1. Alternative regelt die Gebühr für das vorbereitende Verfahren. Das ist aber als Ermittlungsverfahren in §§ 158 ff. StPO abschließend geregelt und wird von der Staatsanwaltschaft betrieben. Da es ein sonstiges Ermittlungsverfahren im Privatklageverfahren nicht gibt, der RA kein staatsanwaltliches Ermittlungsverfahren betreiben kann, war man der Meinung, im Privatklageverfahren könne die Gebühr des § 84 1. Alternative nicht entstehen.

LG Hanau KostRsp. BRAGO § 94 Nr. 6.

Richtig ist zwar, daß es kein vorbereitendes Offizialverfahren in Privatklageverfahren gibt. Aber es gibt eine vorbereitende Tätigkeit, die abzugelten ist. Denn wenn § 94 Abs. 1 davon spricht, daß die Vorschriften der §§ 83 bis 93 sinngemäß anzuwenden sind, dann entspricht es der sinngemäßen Anwendung, die Arbeit vor der Einreichung der Privatklage durch eine Gebühr – und hierfür kommt nur die des § 84 in Frage – abzugelten. Mit Recht hat das LG Bamberg

JurBüro 79, 1859 m. zust. Anm. von Mümmler.

darauf hingewiesen, es treffe nicht zu, daß im Privatklageverfahren ein vorbereitendes Verfahren im Sinne von § 84 fehle; es gäbe nur kein vorbereitendes Offizialverfahren. Dafür hat aber der als Privatklägervertreter tätige Anwalt ohne Unterstützung durch einen ihm sonst zur Verfügung stehenden Ermittlungsapparat der Polizei selbst Informationen und Beweismittel zu sammeln, zu sichten. Die Tätigkeit ist sicher von nicht geringerer Bedeutung als etwa diejenige des Nebenklägervertreters, der in der Regel ein amtliches Ermittlungsverfahren nur begleitet. Diesem wird aber von der mittlerweise h. M. eine Gebühr für die Tätigkeit im vorbereitenden Verfahren zuerkannt. Es ist kein vernünftiger Grund zu sehen, ihn besser als den Vertreter des Privatklägers zu stellen. Die Meinung, daß im Privatklageverfahren eine Gebühr aus § 84 1. Alternative entstehen kann, ist stark im Vordringen.

Hartmann A 2; Riedel/Sußbacher A 6; LG Ansbach AnwBl. 81, 463; LG Augsburg AnwBl. 85, 162; LG Bochum AnwBl. 83, 211; LG Darmstadt AnwBl. 82, 212; LG Duisburg AnwBl. 82, 169; LG Düsseldorf AnwBl. 80, 470; LG Essen JurBüro 79, 1540; LG Hannover AnwBl. 79, 283; LG Heilbronn AnwBl. 79, 75 (gut begründet); LG München II AnwBl. 79, 121 (ebenfalls gut begründet) u. AnwBl. 80, 470; LG Mönchengladbach AnwBl. 78, 360; LG Nürnberg-Fürth AnwBl. 80, 73; LG Ravensburg AnwBl. 80, 44; LG Regensburg AnwBl. 82, 390; LG Saarbrücken AnwBl. 79, 76; wichtig auch Düsseldorf JurBüro 81, 1834 (Die Entscheidung betrifft zwar den Nebenkläger. In den Gründen heißt es aber: „Dem Vertreter des Privatklägers erwächst für seine Tätigkeit im vorbereitenden Verfahren unzweifelhaft die Gebühr des § 84 Abs. 1 Nr. 3").

Das Problem läßt sich mit der Gebühr des § 94 Abs. 4 nicht lösen. Diese bekommt der RA, der ausschließlich mit der Anfertigung oder Unterzeichnung einer Privatklage beauftragt ist.

Wird der RA nach der Erhebung der Privatklage im anschließenden Verfahren (ohne Hauptverhandlung) tätig, erhält er für diese Tätigkeit eine weitere Gebühr aus § 84.

LG München II AnwBl. 80, 470.

Das Beschwerdeverfahren nach der Einstellung des Verfahrens gemäß § 383 Abs. 2 StPO gehört zum erstinstanzlichen Verfahren und wird durch die Gebühren des § 83 bzw. § 84 abgegolten. Die Mehrtätigkeit ist durch Anhebung der Gebühr gemäß § 12 zu berücksichtigen.

Schumann/Geißinger A 12.

6 Durch die **Widerklage** erhöhen sich nach § 94 Abs. 2 die Gebühren des RA als Beistand oder Vertreter des Privatklägers und des Widerbeklagten sowie des Verteidigers des Angeklagten auch dann nicht, wenn der Privatkläger nicht der Verletzte ist, die Widerklage also nicht gegen den Privatkläger, sondern gegen den Verletzten erhoben wird (§ 388 Abs. 2 StPO), der RA des Privatklägers also zwei Personen, den Privatkläger und den mit ihm nicht identischen Verletzten und nunmehrigen Widerbeklagten vertritt. Innerhalb des Gebührenrahmens ist aber die durch die Widerklage verursachte Mehrtätigkeit des RA gemäß § 12 zu beachten.

Hartmann A 3; Riedel/Sußbauer A 5;
a. M. Schumann/Geißinger A 43 (Erhöhung nach § 6 Abs. 1 S. 3).

Davon zu unterscheiden ist die selbständige Privatklage gegen den Privatkläger, die anstelle der Widerklage möglich ist und allein vom Willen des Beschuldigten abhängt. Dann gilt nicht § 94 Abs. 2; es handelt sich um zwei völlig selbständige Verfahren, die allerdings nach § 237 StPO verbunden werden können. Der RA des Privatklägers erhält für das 1. Verfahren die Gebühr des § 94 Abs. 1, für das 2. Verfahren die des § 83 Abs. 1 Nr. 3, der RA des Beschuldigten im 1. Verfahren die des § 83 Abs. 1 Nr. 3 und die des § 94 Abs. 1 für das 2. Verfahren.

7 Für die **Mitwirkung beim Abschluß eines Vergleichs** erhält der RA des Privatklägers und des Beschuldigten nach § 94 Abs. 3 eine weitere Gebühr in Höhe von 20,— bis 210,— DM. Die Vergleichsgebühr ist wie die Vergleichsgebühr des § 23 eine Erfolgsgebühr. Der RA verdient die Gebühr also nur, wenn ein Vergleich unter seiner Mitwirkung abgeschlossen wird. Notwendig ist sonach, daß der RA eine Tätigkeit in Richtung auf den Vergleich entwik-

kelt. Der Begriff der Mitwirkung ist der gleiche wie zu § 23; s. A 29 ff. zu § 23. Es genügt also z. B. der Rat an den Privatkläger, einen von dem Gericht vorgeschlagenen Vergleich anzunehmen. Für erfolglose Vergleichsverhandlungen erhält der RA sonach keine zusätzliche Vergütung. Seine Tätigkeit wird vielmehr durch die allgemeine Verfahrensgebühr mit abgegolten. Eine Ausnahme bildet gemäß Abs. 5 nur das in § 380 StPO geregelte Sühneverfahren. Bei der Tätigkeit des RA in diesem Verfahren kommt es auf den Erfolg insoweit nicht an, als auf jeden Fall die Sühnegebühr entsteht. Die Vergleichsgebühr tritt je nachdem, ob der Vergleich in der Hauptverhandlung oder außerhalb der Hauptverhandlung geschlossen worden ist, neben die Gebühr des § 83 oder des § 84, im Berufungsverfahren neben die Gebühr des § 85 Abs. 1 oder die des § 85 Abs. 3. Wird der Vergleich außergerichtlich geschlossen, bevor ein erforderlicher Sühneversuch durchgeführt worden ist, stehen dem RA nur die Gebühren des § 94 Abs. 5 zu. War ihm der Versuch einer Einigung als Einzeltätigkeit übertragen, hat er Anspruch auf die Gebühr des § 91 Nr. 1 (vgl. oben A 4). Dabei kann offen bleiben, ob die Vergleichsgebühr in den Fällen, in denen der Vergleich vor Vornahme des nach § 380 StPO erforderlichen Sühneverfahrens geschlossen wird, eine solche des Abs. 3 oder eine solche des Abs. 5 ist (beide sind gleich hoch). § 94 Abs. 3 billigt dem RA für die Mitwirkung beim Abschluß eines Vergleichs eine zusätzlichen Gebühr zu, um die gütliche Erledigung von Privatklagesachen zu fördern.

Der Privatklagevergleich ist ein Vertrag, der zwischen dem Privatkläger **8** (bzw. Privatklageberechtigten) und dem Beschuldigten abgeschlossen wird. Der Vertrag muß die Aufgabe haben, ein Privatklageverfahren zu verhüten oder zu beenden. Er fordert ein gegenseitiges Nachgeben.

a. M. Hartmann A 4; Riedel/Sußbauer A 14; Schumann/Geißinger A 28.

Ein solches Nachgeben liegt auf Seiten des Beschuldigten nicht vor, wenn der Privatkläger die Privatklage zurücknimmt und sämtliche Kosten trägt. Dagegen gibt auch der Beschuldigte nach, wenn er auf die Erstattung seiner notwendigen Auslagen verzichtet. Ebenso liegt ein Vergleich vor, wenn der Beschuldigte eine ausgesprochene Beleidigung zurücknimmt, eine Buße an das Rote Kreuz zu zahlt und die gesamten Kosten übernimmt. Das Nachgeben des Privatklägers liegt hier im Verzicht auf den Strafanspruch.

Der Privatklagevergleich kann vor oder nach Erhebung der Privatklage geschlossen werden, jedoch nicht mehr nach rechtskräftiger Erledigung des Verfahrens.

Möglich ist, in einem Privatklagevergleich auch noch andere außerstrafrechtliche Ansprüche zu vergleichen, z. B. den Anspruch eines Verletzten auf Schmerzensgeld oder Krankenhauskosten usw. Die Tätigkeit, die sich auf diese außerstrafrechtliche Seite des Vergleichs bezieht, wird durch die Vergleichsgebühr des § 94 nicht abgegolten. Hierfür steht dem RA zusätzlich die in § 23 für die Mitwirkung beim Abschluß eines Vergleichs nach § 79 BGB vorgesehene Gebühr zu (s. unten A 15).

Hartmann A 4 B.

Beschränkt sich der Auftrag des RA auf den Versuch einer gütlichen Einigung, so hat der RA den Auftrag zu einer Einzeltätigkeit erhalten. Er hat in diesem Falle Anspruch auf die Gebühr des § 91, und zwar der Nr. 1 für „eine andere nicht in den Nummern 2 oder 3 erwähnte Beistandsleistung".

Riedel/Sußbauer A 16.

9 Für die **Anfertigung oder Unterzeichnung einer Privatklage** erhält der RA, wenn sich seine Tätigkeit auftragsgemäß darauf beschränkt, nach § 94 Abs. 4 eine Gebühr von 40,— bis 520,— DM. Die Mittelgebühr beträgt 280,— DM.

Hat der RA einen allgemeinen Auftrag zur Vertretung oder Beistandsleistung im Privatklageverfahren, so wird durch die Gebühr der §§ 83 oder 84 auch die Anfertigung oder Unterzeichnung der Privatklage abgegolten. Er kann dann nicht etwa noch die Gebühr des § 94 Abs. 4 gesondert verlangen. Erhält er später den allgemeinen Vertretungsauftrag, so ist nach § 94 Abs. 4 S. 2 die bereits vorher verdiente Gebühr des § 94 Abs. 4 S. 1 auf die numehr nach §§ 83, 84 entstehenden Gebühren anzurechnen (s. a. unten A 12).

Ist die Erhebung der Privatklage erst zulässig, nachdem vor einer durch die Landesjustizverwaltung bezeichneten Vergleichsbehörde die Sühne erfolglos versucht worden ist (§ 380 StPO), so kann der RA, der die Privatklage schon vor dem Sühnetermin angefertigt hat, die Gebühr des § 94 Abs. 4 nicht berechnen, wenn sich die Parteien in dem Sühneverfahren einigen. Das gleiche gilt für die Gebühr des § 84. Da eine Privatklage vor der Durchführung des Sühneversuchs unzulässig ist, kann der RA zulässig keinen unbedingten Auftrag zur Vertretung im Privatklageverfahren übernehmen. Übernimmt er den Auftrag trotzdem, macht er sich in Höhe der Privatklaggebühr schadensersatzpflichtig. Der RA kann aber einen Auftrag zur Vertretung im Sühneverfahren nach § 380 StPO und bedingt (für den Fall des Scheiterns des Sühneversuchs) auch zur Vertretung im Privatklageverfahren entgegennehmen. Mit dem Eintritt der Bedingung erstarkt der Privatklageauftrag und löst die Gebühr des § 84 oder des § 83 aus.

Riedel/Sußbauer A 21; Schumann/Geißinger A 13; H. Schmidt Büro 62, 73.

10 Ist der RA mit **anderen Einzeltätigkeiten** beauftragt, z. B. mit der Einreichung eines weiteren Schriftsatzes oder der Beistandsleistung in einem Termin, so hat er dafür Anspruch auf die Gebühr des § 91 Nr. 1 oder Nr. 2. Insgesamt kann er aber nach § 92 Abs. 2 nicht mehr als die Gebühr des § 84 berechnen, soweit seine Tätigkeit in die gleiche Gebühreninstanz fällt. Die Mehrtätigkeit kann nur innerhalb des Gebührenrahmens des § 84 berücksichtigt werden. Besonders entstehen die Gebühren des § 96.

Schumann/Geißinger A 39.

11 Auf die **Erklärung des Beschuldigten oder auf die Widerklage** ist § 94 Abs. 4 ebensowenig anzuwenden wie auf die Anschlußerklärung des Nebenklägers oder die Stellung eines Strafantrags.

Vielmehr gilt für die auf solche Erklärungen beschränkte Tätigkeit des RA § 91 Nr. 1.

12 **Wird dem Rechtsanwalt die Vertretung des Privatklägers oder die Verteidigung übertragen,** nachdem er bereits die Privatklage auftragsgemäß angefertigt oder unterzeichnet und dadurch die Gebühren des § 94 Abs. 4 S. 1 verdient hat, so werden nach Abs. 4 S. 2 die Gebühren des Abs. 4 S. 1 auf die ihm als Vertreter des Privatklägers oder als Verteidiger zustehenden

Gebühren angerechnet. Hatte der RA von vornherein Vertretungs- oder Verteidigungsauftrag, so kommt deshalb keine Anrechnung in Betracht, weil dann die Anfertigung oder Unterzeichnung der Privatklage durch die Gebühren der §§ 83, 84 mitabgegolten werden, also die Gebühren des § 94 Abs. 4 S. 1 überhaupt nicht entstehen.

Für die Tätigkeit des Beistands oder Vertreters in einem **Sühneverfahren** 13 **nach § 380 StPO** erhält der RA nach § 94 Abs. 5 eine Gebühr von 20,— bis 210,— DM und für die Mitwirkung bei einer Einigung der Beteiligten eine weitere Gebühr von 20,— bis 210,— DM. An dem Sühnetermin selbst braucht der RA nicht teilzunehmen. Er erhält die Gebühr des Abs. 5 auch dann, wenn er nur den Antrag auf Anberaumung eines Sühnetermins stellt oder wenn er mit dem Privatkläger (dem Beschuldigten, wenn er diesen vertritt) dessen Verhalten in dem künftigen Sühnetermin bespricht.

Riedel/Sußbauer A 21; Schumann/Geißinger A 37; AG Mainz AnwBl. 81, 512; **a. A.** LG Frankfurt MDR 71, 949 = KostRsp. BRAGO § 94 Nr. 1 m. abl. Anm. von Schmidt; LG Mönchengladbach AnwBl. 78, 360; LG Saarbrücken JurBüro 85, 1505 m. zust. Anm. von Mümmler (die Entscheidungen sind unrichtig, denn die Begründung, die Tätigkeit werde durch das nachfolgende Privatklageverfahren mitabgegolten, kann nicht zutreffen; Schmidt fragt mit Recht was ist, wenn der RA mit dem Privatkläger das Sühneverfahren vorbereitet, selbst aber nicht hingeht und die Parteien sich im Sühnetermin einigen).

Unterschiede im Umfang der Tätigkeit sind gemäß § 12 bei der Bestimmung der Gebühr innerhalb des Gebührenrahmens zu berücksichtigen.

Die Vorschrift des § 94 Abs. 5 sieht einmal eine Gebühr dafür vor, daß der RA in einem solchen Sühneverfahren die Interessen der klagenden oder beschuldigten Partei wahrnimmt, sei es neben ihr oder in ihrer Vertretung. Für die Mitwirkung bei einer gütlichen Einigung erhält der RA eine weitere Gebühr. Dadurch wird den besonderen Bemühungen des RA Rechnung getragen, die zum Erfolg des Sühneversuchs führen. Wenn hier, abweichend von Abs. 3, von der Mitwirkung bei einer Einigung die Rede ist, nicht aber von der Mitwirkung bei einem Vergleich, so soll damit zum Ausdruck gebracht werden, daß ein Vergleich i. S. des § 779 BGB nicht vorzuliegen braucht, also ein beiderseitiges Nachgeben nicht erforderlich ist. Die Gebühr entsteht daher auch dann, wenn der Strafantrag zurückgenommen wird, ohne daß die Gegenpartei entgegenkommt.

Die Gebühren des Abs. 5 werden nicht angerechnet, wenn dem RA die Vertretung oder Beistandsleistung in dem anschließenden gerichtlichen Verfahren übertragen wird.

Die Vergütung des Anwalts für seine Tätigkeit im Sühneverfahren ist erstattungsfähig, wenn es zur Durchführung der Privatklage kommt und der Beschuldigte verurteilt wird oder der Beschuldigte sie in einem Vergleich übernimmt (andernfalls hat sie der Privatkläger selbst zu tragen).

Das gilt auch dann, wenn zweifelhaft ist, ob ein Sühneverfahren überhaupt erforderlich ist. Beispiel: Der Privatkläger hat zwei Wohnsitze, einen am Ort und einen auswärts. Er kann auf jeden Fall das Sühneverfahren durchführen. Die Vergütung des RA ist auch in diesem Falle erstattungsfähig.

Sieht der Verletzte von der Erhebung der Privatklage ab, obwohl die Voraussetzungen hierfür erfüllt sind, sind die dem Beschuldigten entstandenen Anwaltskosten nicht zu erstatten.

Vgl. LG Kreuznach AnwBl. 85, 323; AG Cham AnwBl. 82, 217; AG Hamburg AnwBl. 80, 312; AG Vohenstrauß AnwBl. 70, 29; AG Stade AnwBl. 79, 244; **a. M.** AG Göttingen AnwBl. 69, 211 (Wer einen anderen zu einem Sühneversuch vor den Schiedsmann laden läßt, dann aber trotz Scheiterns des Sühneversuchs keine Privatklage erhebt, ist dem anderen zur Erstattung seiner im Sühneverfahren entstandenen Anwaltskosten verpflichtet. Dieser Erstattungsanspruch kann im Wege der Zivilklage geltend gemacht werden); AG Hanau AnwBl. 82, 268; AG Weilburg AnwBl. 80, 215; AG Wesel AnwBl. 79, 403; AG Charlottenburg JurBüro 83, 878.

14 Die **Geltendmachung vermögensrechtlicher Ansprüche** im Privatklageverfahren ist in § 89 geregelt.

15 Wird ein **Vergleich über vermögensrechtliche Ansprüche** in einem Privatklageverfahren abgeschlossen, so erhält der RA für seine Mitwirkung die Vergleichsgebühr des § 23 nach dem Werte der verglichenen Ansprüche. Dieses wird nicht dadurch ausgeschlossen, daß der RA für den Vergleich der Privatklagesache als solcher bereits eine Vergleichsgebühr nach § 94 Abs. 3 erhält. S. dazu oben A 7 und A 8 zu § 89.

Die Vergleichsgebühr des § 23 entsteht nicht schon dadurch, daß sich der Beschuldigte im Privatklagevergleich zu einer Geldzahlung an den Verletzten oder einen Dritten verpflichtet. Vielmehr muß der Vergleich außerstrafrechtliche Ansprüche, über die Streit besteht, betreffen, auch wenn diese im Wege der Bußklage geltend gemacht worden sind. Neben der Vergleichsgebühr des § 23 entsteht, falls der RA schon Prozeßauftrag hatte, eine halbe Prozeßgebühr, sonst eine oder zwei Gebühren nach § 118. Eine Betriebsgebühr muß immer zu der Gebühr des § 23 hinzutreten.

Hartmann A 4 B; Riedel/Sußbauer A 19; Schumann/Geißinger A 14; H. Schmidt JurBüro 61, 532.

16 Der **Pflichtverteidiger** (der dem Privatkläger **beigeordnete Rechtsanwalt**) erhält gemäß § 102 die Gebühren des § 97.

17 Die **Bemessung der Rahmengebühr.** § 94 hat die Gebühren der §§ 83 ff. und mit ihnen den in diesen Vorschriften niedergelegten Gebührenrahmen voll übernommen. Für ein durchgeführtes Privatklageverfahren gilt hiernach gemäß § 83 Abs. 1 Nr. 3 der Gebührenrahmen von 80,— bis 1060,— DM mit der Mittelgebühr von 570,— DM. Es ist unzulässig, die Gebühr allein deshalb weitgehend herabzusetzen, weil es sich um ein Privatklageverfahren handelt. Die Gebühr ist vielmehr gemäß § 12 unter Beachtung aller Umstände – ausgehend von der Mittelgebühr – zu bemessen. So kann z. B. die Erhebung einer Widerklage gebührenerhöhend auswirken.

Schumann/Geißinger A 18 ff.; H. Schmidt Büro 62, 177 ff.

Dauert die Hauptverhandlung über einen Kalendertag, erhält der RA die Zusatzgebühr des § 83 Abs. 2 S. 1 (Nr. 3: 80,— bis 530,— DM). Wird jedoch mit dem Verfahren von neuem begonnen, gelten für den ersten Tag der neuen Hauptverhandlung die Vorschriften des § 83 Abs. 1 (Nr. 3: Gebühr 80,— bis 1060,— DM).

Im vorbereitenden Verfahren und im gerichtlichen Verfahren ohne Hauptverhandlung gelten die Vorschriften des § 84 (Nr. 3: Gebühr 40,— bis 530,— DM).

Im Berufungsverfahren gelten die Vorschriften des § 85.

Zur Postgebührenpauschale: Die Sühnestelle ist im Verhältnis zum Amtsgericht eine andere Behörde, es ist sozusagen eine andere Instanz angegangen, daher entstehen zwei Gebührenpauschalen.

a. A. AG Mainz AnwBl. 81, 520.

Zur Gebührenhöhe abschließend folgendes: Zwar steht der Gebührenrahmen der §§ 83 ff. zur Verfügung. Dennoch ist es Erfahrungstatsache, daß im Privatklageverfahren oft viele Schriftsätze gewechselt werden, weit mehr als sonst in Strafsachen. Häufig findet auch ein Beschwerdeverfahren gegen die Einstellung nach § 383 StPO statt. Jeder RA sollte sorgfältig erwägen, ob die Vertretung in einem Privatklageverfahren, gleichgültig ob als Vertreter des Privatklägers oder des Beschuldigten, durch die gesetzlichen Gebühren ausreichend honoriert wird, ob nicht der Abschluß einer Honorarvereinbarung geboten ist.

Kostenerstattung. Voraussetzung einer Kostenfestsetzung gemäß § 464 b **18** StPO ist, daß einem Verfahrensbeteiligten die Kosten ganz oder teilweise durch gerichtliche Entscheidung auferlegt worden sind. Die gerichtliche Kostenentscheidung richtet sich nach § 471 StPO.

Bei einem im Privatklageverfahren abgeschlossenen gerichtlichen Vergleich über die Kosten ist zu unterscheiden: Wird die Zahlung einer bestimmten Summe vereinbart, so ist der Vergleich Vollstreckungstitel i. S. v. § 794 Abs. 1 Nr. 1 ZPO. Entspricht die protokollierte Abrede einer Kostengrundentscheidung, so muß hinzukommen, daß der Richter die Vereinbarung in seine Kostenentscheidung übernimmt. Denn Kostenfestsetzung nach § 464 b StPO setzt eine Kostengrundentscheidung voraus.

L-R-Schäfer Rn 22 zu § 471 StPO; LG Marburg JurBüro 81, 239 m. zust. Anm. v. Mümmler;
a. M. – gerichtliche Kostenentscheidung entbehrlich, Vergleich Grundlage der Kostenfestsetzung – LG Hildesheim NdsRpfl. 66, 18; AG Neunkirchen AnwBl. 76, 183; Schmidt AnwBl. 77, 501; KK-Schikora § 471 StPO Rn 6.

Gemäß § 464 a Abs. 2 Nr. 2 StPO sind die gesetzlichen Gebühren des RA (§ 91 Abs. 2 ZPO) in jedem Fall der obsiegenden Partei zu erstatten. Das gilt auch für die Hauptverhandlungsgebühr in der Revisionsinstanz.

Riedel/Sußbauer A 24; BayObLG NJW 57, 959.

Gesetzliche Gebühren des RA sind Rahmengebühren, z. B. der §§ 83 ff. Welche Gebühr im Einzelfall erwachsen und zu erstatten ist, hat der RA zu bestimmen und der Rechtspfleger unter Anwendung der Grundsätze des § 12 nachzuprüfen, ob die von dem RA bestimmte Gebühr unbillig hoch ist (die Unbilligkeit muß dargetan werden).

Vereinbarte Honorare sind nicht erstattungsfähig, soweit sie die im Einzelfall gesetzlich erwachsenden Gebühren übersteigen. Jedoch bestehen keine Bedenken, daß in einem Vergleich ein Verfahrensbeteiligter auch ein vereinbartes Honorar des RA des Gegners übernimmt. Festgesetzt werden kann dieses Honorar jedoch nur dann, wenn es in einem gerichtlichen Vergleich auch der Höhe nach fixiert ist.

Die Gebühr des Abs. 5 für die Tätigkeit in dem erfolglos gebliebenen Sühneverfahren gehört zu den notwendigen Kosten des Privatklageverfahrens. Sie ist deshalb von dem unterlegenen Gegner zu erstatten.

Schumann/Geißinger A 50 regen an, in Vergleichen ausdrücklich die Bestimmung aufzunehmen, daß auch die vor dem Sühneamt entstandenen außergerichtlichen Kosten zu erstatten sind; LG Paderborn JurBüro 65, 726.

Möglich ist, daß gegensätzliche Kostenentscheidungen ergehen, die die gleiche Gebühr betreffen. Beispiel: Das Privatklageverfahren wird eingestellt; Kosten zu Lasten des Privatbeklagten. Beschwerde des Privatklägers mit dem Antrag, das Verfahren durchzuführen. Die Beschwerde wird auf Kosten des Privatklägers verworfen. Entstanden ist eine Gebühr aus § 84 (bei Einstellung vor Eröffnung). Diese Gebühr gilt das gesamte Verfahren einschl. Beschwerdeverfahren ab (§ 87). Die Gebühr erhöht sich allerdings gemäß § 12 durch den größeren Umfang. Für die Erstattung gilt das in A 5 zu § 87 Gesagte.

19 Ein **Rechtsanwalt,** der sich in einem Privatklageverfahren gegen ihn **selbst verteidigt** hat und freigesprochen worden ist, kann Verteidigergebühren gegen den Privatkläger geltend machen, und zwar auch für die Teilnahme am Sühnetermin.

Riedel/Sußbauer A 24; Schumann/Geißinger A 49; LG Bückeberg MDR 68, 607; LG Heidelberg AnwBl. 81, 78; LG Hanau AnwBl. 72, 390; vgl. jedoch auch das in Anm. 92 zu § 1 Gesagte.

Ebenso kann ein RA in eigener Sache als Privatkläger Gebühren gemäß § 94 geltend machen, wenn er eine Kostenentscheidung zu seinen Gunsten erzielt hat.

§ 95 Vertretung eines Nebenklägers und anderer Verfahrensbeteiligter

Für die Tätigkeit als Beistand oder Vertreter eines Nebenklägers, eines Einziehungs- oder Nebenbeteiligten sowie eines Verletzten gelten die Vorschriften der §§ 83 bis 93 sinngemäß; für die Tätigkeit als Beistand oder Vertreter des Verletzten erhält der Rechtsanwalt die Hälfte der Gebühren.

Lit.: H. Schmidt Die Vergütung des Strafverteidigers S. 41; Madert Gebühren des Strafverteidigers Rn 63–67.

1 **Allgemeines.** § 95 regelt die Vergütung des RA, der als Vertreter oder Beistand eines anderen Verfahrensbeteiligten (als des Beschuldigten, §§ 83 ff., oder des Privatklägers, § 94) in einem Strafverfahren tätig wird, und zwar als Vertreter oder Beistand

a) eines Nebenklägers,
b) eines Einziehungsbeteiligten,
c) eines Nebenbeteiligten,
d) eines Verletzten.

2 Die **Nebenklage** ist in den §§ 395 bis 402 StPO geregelt. Sie ist zulässig ab Erhebung der öffentlichen Klage bis zum rechtskräftigen Abschluß des Verfahrens.

Sie ist gemäß § 396 Abs. 1 S. 2 StPO im Strafbefehlsverfahren zulässig, wenn Termin zur Hauptverhandlung anberaumt (§§ 408 Abs. 2, 411 Abs. 1 StPO) oder der Antrag auf Erlaß eines Strafbefehls abgelehnt worden ist.

Nach erfolgtem Anschluß hat der Nebenkläger die in den §§ 397–402, 378 und 385 geregelten Rechte.

Das Verfahren bei **Einziehungen und Vermögensbeschlagnahmen** findet 3
nach § 430 StPO statt, wenn in Fällen der §§ 73 ff. StGB die Verfolgung oder
Verurteilung einer bestimmten Person nicht ausführbar ist. Nach § 434 StPO
können in diesem Verfahren Personen, die einen rechtlichen Anspruch auf die
Gegenstände der Einziehung, Vernichtung oder Unbrauchbarmachung haben, alle Befugnisse ausüben, die einem Angeklagten zustehen, sich auch
durch einen RA vertreten lassen.

Nebenbeteiligte sind z. B. Personen, denen bei Steuer- und Zollvergehen ein
Recht an Gegenständen, die der Einziehung unterliegen, oder ein Anspruch
auf solche Gegenstände zusteht, ferner Personen, die für die Geldstrafe und
Kosten haften, die dem Täter oder einem Teilnehmer auferlegt werden (§ 375
AO).

Auch **Verletzte** können sich an einem Strafverfahren beteiligen, ohne daß sie
sich als Nebenkläger anschließen (§§ 403–406 h StPO).

Die **Gebühren,** auf die der Beistand oder Vertreter eines Nebenklägers oder 4
eines anderen Beteiligten Anspruch hat, sind die gleichen wie die eines
gewählten Verteidigers in dem in Frage kommenden Verfahren. Gelegentlich
wird die Auffassung vertreten, die Tätigkeit des Nebenklägervertreters sei
grundsätzlich von geringerer Bedeutung als die des Verteidigers oder Privat-
klagevertreters.

> Vgl. LG Dortmund Rpfleger 63, 253 (Anm. Lappe); LG Karlsruhe AnwBl. 78, 362
> (aber Mittelgebühr, wenn Umfang und Bedeutung überdurchschnittlich) und
> DAR 82, 19 mit abl. Anm. von H. Schmidt; LG Koblenz AnwBl. 78, 362 (bei der
> Bemessung der Vorverfahrensgebühr nicht von der Mittelgebühr ausgehen); AG
> Kaufbeuren Rpfleger 62, 112. Vgl. auch LG Karlsruhe DAR 83, 366 mit abl. Anm.
> von H. Schmidt.

Für eine solche Auffassung ist kein Raum. Das Gesetz hat dem Nebenkläger-
vertreter die gleichen Gebühren wie dem Verteidiger zugebilligt. Auch der
Umstand, daß der RA als Nebenklägervertreter neben bzw. nach dem
Staatsanwalt tätig wird, rechtfertigt nicht, seine Vergütung zu kürzen.

> Schumann/Geißinger A 11; Mümmler JurBüro 79, 813; Hamm AnwBl. 80, 40; LG
> Baden-Baden AnwBl. 82, 266; LG Bochum AnwBl. 78, 361 = JurBüro 79, 226,
> AnwBl. 79, 79 und 79, 201; LG Duisburg AnwBl. 80, 41 und 82, 212; LG Essen
> AnwBl. 76, 308 und 79, 78; LG Flensburg JurBüro 79, 1150; LG Freiburg
> AnwBl. 65, 184; LG Hanau AnwBl. 82, 494; LG Heidelberg AnwBl. 65, 185; LG
> Heilbronn AnwBl. 76, 252; LG Kempten AnwBl. 79, 400; LG Kleve AnwBl. 64,
> 88 und 78, 328; LG Köln AnwBl. 70, 111; LG München I AnwBl. 83, 467; LG
> Osnabrück AnwBl. 76, 446; LG Regensburg Rpfleger 63, 252; LG Stuttgart
> AnwBl. 61, 17; LG Tübingen AnwBl. 80, 41; LG Verden AnwBl. 81, 31.

Im Einzelfall kann allerdings die Gebühr des Nebenklägervertreters niedriger
sein als die des Verteidigers, z. B. dann, wenn der RA erst kurz vor dem
Hauptverhandlungstermin als Nebenklägervertreter bestellt wurde, während
der Verteidiger bereits lange vor dem Termin umfangreich tätig geworden ist.

Bei Bemessung der Gebühren innerhalb des Rahmens ist es unerheblich, ob
der Vertreter des Nebenklägers in der Hauptverhandlung besonders hervorgetreten ist, da es nicht seine Aufgabe ist, den Gang des Verfahrens erkennbar
zu beeinflussen.

> Koblenz Büro 59, 463; vgl. jedoch München AnwBl. 79, 198 = JurBüro 79, 227 =
> MDR 79, 252 (L) (Beschränkung auf die Beobachtung des Verfahrens).

Bei Abwägung der Umstände des § 12 sind insbesondere auch schwere Unfallfolgen und sich daraus ergebende Schadensersatzansprüche zu beachten, mögen sie auch in dem Strafverfahren nicht geltend gemacht werden, sondern einem besonderen Zivilprozeß vorbehalten bleiben.

LG Bamberg JurBüro 72, 822; LG Göttingen KostRsp. BRAGO § 12 Nr. 132; LG Köln AnwBl. 86, 42; LG Verden AnwBl. 81, 31; AG Hanau AnwBl. 80, 311 (Höchstgebühr).

In durchschnittlichen Strafverfahren (§ 12) erhält deshalb der RA als Nebenklägervertreter usw. die Mittelgebühr.

Vgl. H. Schmidt Büro 62, 177 ff.; AG Bonn AnwBl. 68, 129.

Bei Vertretung mehrerer Nebenkläger erhöhen sich die Gebühren des RA gemäß § 6 Abs. 1 Satz 3.

Vgl. A 37 zu § 6; vgl. auch Schumann-Geißinger A 15; München AnwBl. 79, 74; LG Darmstadt AnwBl. 80, 210; LG Hanau AnwBl. 82, 494; LG Landshut AnwBl. 67, 64 (Anm. Chemnitz); AG Hanau AnwBl. 80, 311; AG Schwabach JurBüro 68, 409 (Anm. Tschischgale).

Insbesondere findet auch § 88 Anwendung, wenn der RA einen Einziehungsbeteiligten vertritt. Näheres s. bei § 88.

Da § 94 nicht für sinngemäß anwendbar erklärt worden ist, erhält der RA, dessen Tätigkeit sich auf die Anfertigung oder Unterzeichnung der Anschlußerklärung als Nebenkläger beschränkt, nicht die Gebühr des § 94 Abs. 4, sondern die des § 91 Nr. 1. Auch die Vorschrift des § 94 Abs. 3 über die Vergleichsgebühr gilt für die Nebenklage nicht.

Der RA, der den Akteninhalt und die Aussagen dem nicht der deutschen Sprache mächtigen Nebenkläger übersetzt, hat Anspruch auf Dolmetschervergütung.

AG Ludwigshafen AnwBl. 79, 121.

5 Die **Tätigkeit** des RA **vor Zulassung** des Nebenklägers oder vor der Stellung des Antrags auf Zulassung, wie z. B. die Erstattung der Strafanzeige, die Beschwerde gegen die Ablehnung der Strafverfolgung, wird durch die Gebühren des § 83 (Verfahren mit Hauptverhandlung) oder des § 84 (vorbereitendes Verfahren und gerichtliches Verfahren ohne Hauptverhandlung) abgegolten. Wird der RA – als Nebenkläger beauftragt – im vorbereitenden Verfahren tätig, hat er Anspruch auf die Gebühr des § 84 Abs. 1, 1. Alt., also z. B. für die Stellung des Strafantrags, Einsichtnahme in die Strafakten, Rücksprache mit der Staatsanwaltschaft, die Ermittlung von Zeugen usw. Wird er im anschließenden gerichtlichen Verfahren tätig, hat er zusätzlich Anspruch auf die Gebühr des § 83, wenn er den Nebenkläger in der Hauptverhandlung vertritt, oder auf die Gebühr des § 84, wenn es zu einer Hauptverhandlung nicht kommt oder der RA an ihr nicht teilnimmt.

LG Flensburg JurBüro 79, 1150.

Hat er den Nebenkläger auch im vorbereitenden Verfahren vertreten, entsteht die Gebühr des § 84 zweimal.

LG Aachen AnwBl. 77, 81 und JurBüro 78, 1213; LG Baden-Baden AnwBl. 82, 266; LG Bochum AnwBl. 79, 79 und AnwBl. 79, 201 = JurBüro 79, 226; LG Ellwangen AnwBl. 77, 81; LG Flensburg JurBüro 77, 218; LG Hannover AnwBl. 78, 150; LG Kaiserslautern AnwBl. 77, 264; LG Koblenz AnwBl. 77, 172;

LG Köln AnwBl. 79, 202; LG Osnabrück AnwBl. 77, 264; LG Regensburg
AnwBl. 79, 78;
a. M. Meyer MDR 80, 102; LG Bremen NJW 76, 1513 = JurBüro 76, 1083; LG
Limburg JurBüro 77, 883 mit abl. Anm. von Mümmler = Rpfleger 77, 148; LG
Zweibrücken Rpfleger 77, 113.

Für die Tätigkeit als Beistand oder Vertreter des Verletzten erhält der RA
gem. § 95 2. Halbsatz die Hälfte der Gebühren, die für den RA als Vertreter
oder Beistand des Nebenklägers gelten. Dem Gesetzgeber erschien es wegen
des mit der bloßen Tätigkeit als Verletztenbeistand oder -vertreter verbundenen regelmäßig geringeren Arbeitsaufwandes angebracht, die Gebühren auf
die Hälfte zu bemessen.

BT-Drucksache 10/5305 (S. 25).

Vor allem in Verkehrsstrafsachen wird es häufig vorkommen, daß ein **Ne-**   6
benkläger an einem Strafverfahren zugleich als Angeklagter beteiligt
ist. Vertritt der RA den Auftraggeber zugleich als Nebenklägervertreter und
als Verteidiger, so hat er doch nur Anspruch auf eine Gebühr je Rechtszug.
Die mit der Doppelfunktion verbundene Mehrbelastung und erhöhte Verantwortung ist jedoch ein Umstand, der bei der Ausfüllung des Gebührenrahmens gemäß § 12 zu beachten ist.

Vgl. hierzu Schmidt Die Vergütung des Strafverteidigers S. 68 und H. Schmidt
DAR 79, 159 (Die Vergütung des in einer Doppelfunktion tätigen Rechtsanwalts);
LG Tübingen AnwBl. 67, 166; LG Regensburg AnwBl. 67, 100; LG Bochum
AnwBl. 68, 235; LG Krefeld AnwBl. 79, 79 = Rpfleger 78, 462; vgl. auch
Schumann-Geißinger A 13 (aber A 14: Ehemann als Angeklagter und Ehefrau als
Nebenklägerin 2 Gebühren).

Die **Gebühren des beigeordneten Rechtsanwalts** sind in § 102 geregelt.   7

Kostenerstattung. Nach § 472 Abs. 1 StPO sind dem Angeklagten die dem   8
Nebenkläger erwachsenen notwendigen Auslagen aufzuerlegen, wenn er
wegen einer Tat verurteilt wird, die den Nebenkläger betrifft; hiervon kann
ganz oder teilweise abgesehen werden, soweit es unbillig wäre, den Angeklagten damit zu belasten.

Stellt das Gericht das Verfahren nach einer Vorschrift, die dies nach seinem
Ermessen zuläßt, ein, so kann es die notwendigen Auslagen des Nebenklägers
ganz oder teilweise dem Angeschuldigten auferlegen, soweit dies aus besonderen Gründen der Billigkeit entspricht; stellt das Gericht das Verfahren nach
vorangegangener vorläufiger Einstellung (§ 153a StPO) endgültig ein, gilt
nach § 472 Abs. 2 der Abs. 1 entsprechend.

§ 472 Abs. 1 und 2 StPO gelten entsprechend für die notwendigen Auslagen,
die einem zum Anschluß als Nebenkläger Berechtigten erwachsen sind, der
aber seinen Anschluß als Nebenkläger nicht erklärt, dem aber in Wahrnehmung seiner Befugnis nach § 406g StPO Auslagen erwachsen sind.

Fraglich könnte sein, ob der verurteilte Angeklagte auch die Kosten zu tragen
hat, die vor der Zulassung des Nebenklägers entstanden sind. Kommt es zu
einer Zulassung und zu einer Entscheidung, daß der Angeklagte die Kosten –
damit auch die Kosten des Nebenklägers – zu erstatten hat, hat der Angeklagte sämtliche Kosten des Nebenklägers, somit auch die Gebühren des § 84 zu
erstatten.

Dies war lange Zeit lebhaft umstritten. Die Gerichte und Kommentatoren,

Madert   1013

die das ablehnten, begründeten dies schlicht wie folgt: Gem. § 395 Abs. 1 StPO kann sich der Nebenkläger erst bei erhobener öffentlicher Klage anschließen. Also kann er vor Abschluß des Vorverfahrens durch Erhebung der öffentlichen Klage mangels einer wirksamen Nebenklage nicht als Nebenklägervertreter tätig sein. Inzwischen billigt die h. M. dem Nebenklägervertreter die Vorverfahrensgebühr zu. Die wesentliche Begründung lautet, daß die Tätigkeit des Verteidigers im vorbereitenden Verfahren gebührenrechtlich wegen der Bedeutung dieses Verfahrensabschnitts durch die neue Regelung des § 84 im Jahre 1975 verselbständigt worden ist, daß § 95 keine Einschränkung bei der Anwendung der §§ 83 bis 93 auf die Tätigkeit des Nebenklägervertreters vorsieht.

Bamberg AnwBl. 83, 46; Celle AnwBl. 78, 148 = Rpfleger 78, 152; Düsseldorf AnwBl. 81, 30; Frankfurt AnwBl. 78, 271; 83, 136; Hamm AnwBl. 79, 40; JurBüro 85, 1503; Koblenz AnwBl. 81, 29; München AnwBl. 79, 198; Rpfleger 79, 33; Nürnberg JurBüro 79, 1522; Stuttgart AnwBl. 78, 325 = Rpfleger 78, 338; Zweibrücken AnwBl. 81, 205 = Rpfleger 81, 322. LGe (in alphabetischer Reihenfolge): Aachen JurBüro 84, 1189; Aschaffenburg AnwBl. 82, 493; Bamberg AnwBl. 78, 31; Bielefeld AnwBl. 78, 74; Bochum AnwBl. 79, 79; Bremen AnwBl. 77, 476; Düsseldorf AnwBl. 78, 74; Duisburg AnwBl. 80, 41; Darmstadt AnwBl. 80, 210; Dortmund AnwBl. 80, 470; Ellwangen AnwBl. 77, 81; Essen AnwBl. 80, 41; Flensburg JurBüro 79, 1323; Frankenthal DAR 78, 195; Freiburg AnwBl. 78, 425; Göttingen AnwBl. 77, 321; Hanau AnwBl. 77, 476; Hannover AnwBl. 78, 150; Hildesheim AnwBl. 79, 283; Heidelberg AnwBl. 78, 271; Hof AnwBl. 83, 229; Hechingen AnwBl. 85, 159; Kaiserslautern AnwBl. 77, 264; Karlsruhe AnwBl. 78, 242; Kleve AnwBl. 78, 326; Köln DAR 86, 62; Krefeld Rpfleger 77, 333; Koblenz AnwBl. 80, 210; Kreuznach KostRsp. BRAGO § 95 Nr. 69; Lahn (Gießen) AnwBl. 78, 31; Landau AnwBl. 78, 150; Limburg Rpfleger 77, 148 = JurBüro 77, 683; Mainz NJW 77, 2279; Marburg JurBüro 83, 1671; München I AnwBl. 83, 467; München II AnwBl. 78, 32; Mönchengladbach JurBüro 80, 390; Nürnberg-Fürth AnwBl. 77, 475; Offenburg AnwBl. 78, 327; Oldenburg KostRsp. BRAGO § 84 Nr. 15; Osnabrück AnwBl. 79, 400; Passau AnwBl. 77, 513; Regensburg AnwBl. 79, 76; Rottweil AnwBl. 78, 243; Ravensburg AnwBl. 84, 268; Saarbrücken AnwBl. 80, 125; Schweinfurt AnwBl. 78, 151; Stade AnwBl. 78, 33; Trier AnwBl. 78, 151; Tübingen AnwBl. 80, 41; Vreden AnwBl. 81, 31; Zweibrücken JurBüro 81, 1030;
a. A. (nicht erstattungsfähig): Baumgärtel VersR 78, 589; VersR 79, 117; Schmidt NJW 79, 302, Meyer MDR 80, 102 (Übersicht); LG Dortmund Rpfleger 78, 1037; LG Flensburg JurBüro 79, 1028 u. 1167; JurBüro 84, 63; LG Memmingen MDR 80, 77.

Ergeht gegen den Beschuldigten ein Strafbefehl, ist für eine Zulassung des Nebenklägers kein Raum. Infolgedessen findet auch eine Kostenerstattung im Strafverfahren nicht statt. Legt der Beschuldigte gegen den Strafbefehl Einspruch ein, ist die Nebenklage zulässig. Der Beschuldigte hat dann im Falle einer Verurteilung oder der Rücknahme des Einspruchs die Kosten des Nebenklägers zu tragen.

LG Aachen AnwBl. 77, 81; LG Ellwangen AnwBl. 77, 81; LG Regensburg AnwBl. 79, 78.

Legt der Beschuldigte gegen den Strafbefehl Einspruch ein und nimmt diesen wieder zurück, bevor der Richter Hauptverhandlungstermin anberaumt hat, dann wird der Antrag auf Zulassung als Nebenkläger dem wirksam, folglich ist auch keine Kostenerstattung möglich. Das gilt auch, wenn es vor Terminsanberaumung zu einer Einstellung z. B. nach § 153a StPO kommt.

LG Flensburg JurBüro 83, 396.

Im Rechtsmittelverfahren kommt es darauf an, von wem und mit welchem Erfolg das Rechtsmittel eingelegt worden ist. Im Regelfall (nicht jedoch in der ersten Instanz) gibt die Kostenentscheidung über die Erstattungspflicht Auskunft. Hat der Nebenkläger erfolglos ein Rechtsmittel eingelegt, so hat er dem Angeklagten die diesem im Rechtsmittelverfahren entstandenen notwendigen Auslagen zu erstatten. Hat der Angeklagte erfolglos ein Rechtsmittel eingelegt, so hat er dem Nebenkläger die diesem entstandenen notwendigen Auslagen zu erstatten, sofern der Nebenkläger durch das Rechtsmittel berührt wird.

Vgl. hierzu H. Schmidt Büro 65, 773ff.; Einzelheiten s. Madert in von Eicken/ Lappe/Madert Kostenfestsetzung Rn F 71–77.

Notwendige Auslagen des Nebenklägers hat der Angeklagte auch dann zu erstatten, wenn sein auf das Strafmaß beschränkte Rechtsmittel Erfolg hat.

Hamm AnwBl. 79, 240.

In der Praxis ergeben sich häufig Schwierigkeiten, wenn ein Nebenkläger zugleich Mitangeklagter ist. Der RA erhält für seine Tätigkeit ein einheitliche Gebühr. Streitig ist nur, ob und in welchem Umfange der andere Angeklagte im Falle seiner Verurteilung die Gebühr des gegnerischen Anwalts zu erstatten hat. Zu erstatten ist die Vergütung, die der RA des Nebenklägers zu beanspruchen hätte, wenn er seinen Auftraggeber nur in seiner Eigenschaft als Nebenkläger vertreten hätte. Der so errechnete Betrag ist zu erstatten.

Beispiel: Die Gebühr für die Verteidigung und die Vertretung der Nebenklage beträgt z. B. 800,— DM. Wäre der RA nur als Nebenklägerverteter beauftragt worden, hätte seine Gebühr z. B. 570,— DM (die Mittelgebühr) betragen. Der Angeklagte kann von dem Mitangeklagten sonach 570,— DM fordern. Für seine eigene Verteidigung braucht er nur 230,— DM aufzuwenden.

Vgl. wegen der Einzelheiten und der abweichenden Auffassungen H. Schmidt Die Vergütung des Strafverteidigers S. 46, 68; ders. JurBüro 65, 779ff. sowie DAR 79, 159 (Die Vergütung des im Doppelfunktion tätigen RA); LG Freiburg AnwBl. 74, 192; LG Kleve AnwBl. 69, 31; LG Koblenz AnwBl. 71, 92; LG Lüneburg AnwBl. 69, 143; LG Osnabrück AnwBl. 68, 331; LG Krefeld AnwBl. 79, 79 = Rpfleger 78, 462 = JurBüro 78, 1500.

Wird der Angeklagte unter Übernahme seiner notwendigen Auslagen auf die Staatskasse freigesprochen, hat der Angeklagte zwei Ersatzpflichtige, einmal den verurteilten Mitangeklagten hinsichtlich der Nebenklägerkosten, zum anderen die Staatskasse hinsichtlich der Verteidigerkosten. Hier ist für den Erstattungsanspruch gegen die Staatskasse zu prüfen, welche Gebühr für die Verteidigung allein angemessen gewesen wäre. Unterstellt, die Mittelgebühr wäre angemessen, hatte der Angeklagte gegen die Staatskasse Anspruch in Höhe von 570,— DM Verteidigergebühr und gegen den Mitangeklagten in Höhe von 570,— DM Nebenklägerkosten, gegen beide Erstattungspflichtige insgesamt jedoch nur in Höhe von 800,— DM.

Vgl. wegen der Einzelheiten und der abweichenden Auffassungen H. Schmidt Die Vergütung des Strafverteidigers S. 68ff. und JurBüro 65, 779ff. Über den Fall der Verteidigung des – freigesprochenen – Ehemannes und der Vertretung der Ehefrau gegen den – verurteilten – Mitangeklagten vgl. LG Kassel KostRsp. Nr. 9 mit Anm. von H. Schmidt.

Nach anderer Ansicht

> Vgl. insbes. LG Bonn MDR 71, 776; LG Regensburg AnwBl. 67, 100 = DAR 67, 250 = JVBl. 67, 92 = JurBüro 67, 241 (zust. Tschischgale) = NJW 67, 898; LG Tübingen AnwBl. 72, 101; LG Verden JurBüro79, 1504, aber auch LG Mosbach JurBüro 70, 160 (Der Mitangeklagte, der zugleich Nebenkläger ist, kann für den von ihm hinzugezogenen RA die Rahmengebühr des § 83 von dem zu den Kosten des Verfahrens verurteilten anderen Mitangeklagten nur in der Höhe erstattet verlangen, wie dies durch die erhöhte Tätigkeit seines Anwalts als Nebenklägervertreter gerechtfertigt ist); LG Freiburg JurBüro 82, 1685; Göttlich-Mümmler „Nebenklage" 3.18.

hat der Angeklagte die auf seine Verteidigung entfallende Vergütung (im Beispiel 570,— DM) selbst zu tragen; er kann von dem Mitangeklagten als Nebenklagekosten nur den Rest von (800,— DM ./. 570,— DM =) 230,— DM fordern. Diese Meinung wird häufig in der Praxis angewandt, vermutlich deshalb, weil sie einfach zu handhaben ist.

Nach einer weiteren Meinung

> Vgl. LG Kassel KostRsp. Nr. 9; LG Kiel AnwBl. 68, 32.

hat der Angeklagte bei gleicher Beteiligung die Hälfte der Gesamtgebühr selbst zu tragen, während er die andere Hälfte von dem Mitangeklagten als Nebenklagekosten fordern kann.

Schließlich wird noch die Auffassung vertreten,

> Vgl. LG Coburg JurBüro 68, 800; LG Kempten AnwBl. 79, 241 (1 : 1); LG Tübingen AnwBl. 67, 166 und AnwBl. 79, 81 = DAR 79, 80 (Verteidigung ⅔, Nebenklage ⅓).

daß die Gesamtgebühr nach dem Verhältnis des Interesses an der eigenen Verteidigung zu dem Interesse an der Nebenklage aufzuteilen sei.

Es liegt hier – das wird von den Vertretern der Gegenmeinungen nicht beachtet – das gleiche Problem vor, das im Zivilprozeß bei der Vertretung zweier durch einen Anwalt vertretener Streitgenossen entsteht, wenn der eine gewinnt und der andere verliert. Wer im Zivilprozeß das Problem in Übereinstimmung mit dem BGH löst (vgl. oben A 63 zu § 6), muß sich im Strafverfahren für die hier vertretene Meinung entscheiden. Das LG Krefeld

> AnwBl. 79, 79 mit ganz ausführlicher Begründung = Rpfleger 78, 462.

weist darauf hin, daß diese Lösung klar überschaubar ist, eine gleichmäßige Sachbehandlung gewährleistet und geeignet sein dürfte, vom Prinzip her alle denkbaren Fälle solcher und ähnlicher Art befriedigend, billig sowie relativ einfach zu erfassen und fährt dann fort: „Erstattungsfähig ist der Betrag, der geschuldet werden würde, wenn nur der Einzelauftrag ... erteilt worden wäre; Ersparnisse durch Beschränkung auf nur einen Anwalt sollen allein dem Auftraggeber zugutekommen." Denn er wäre ebensowenig gehindert, zwei Anwälte zu beauftragen, wie mehrere Auftraggeber in gleicher Interessenrichtung. Dem dürfte auch nicht die Regelung aus § 464a Abs. 2 Nr. 2 StPO entgegenstehen, wonach nur „notwendige" Auslagen erstattungsfähig sind. Einmal gilt hier ebenfalls sinngemäß dasselbe bei mehreren Auftraggebern in gleicher Interessenlage (z. B. Eheleute als Nebenkläger), daß sie sich alle am Verfahren beteiligen und dementsprechend jeder durch einen anderen Anwalt vertreten lassen. Zum anderen ist mit der Bezugnahme auf § 91 Abs. 2 S. 3 ZPO für das Strafverfahren nur der Fall der grundsätzlichen

Nichterstattungsfähigkeit mehrerer Verteidiger oder mehrerer Nebenklage-vertreter für denselben Anwalt gemeint, also jeweils nur die einer „Parteirol-le" bzw. „Funktion".

Stehen dem Nebenkläger zwei Angeklagte gegenüber, die verurteilt worden sind, ist es dem Nebenkläger freigestellt, von welchem der beiden Angeklag-ten er seine Auslagen fordern will (beschränkt auf die Auslagen, die gegen den in Anspruch genommenen Angeklagten erwachsen sind, also nicht die Mehr-kosten, die dadurch entstanden sind, daß die Vertretung gegen zwei Ange-klagte erhöhte Mühe verursacht hat).
LG Detmold JurBüro 75, 1221 mit zust. Anm. von H. Schmidt.

Über außerprozessuale Kostenerstattungsansprüche und ihre Konkurrenz zu dem prozessualen Kostenerstattungsanspruch
s. H. Schmidt JurBüro 65, 781 ff., 855 ff. mit Nachweisen.

§ 96 Kostenfestsetzung, Zwangsvollstreckung

(1) Dem Rechtsanwalt stehen besondere Gebühren zu

1. im Verfahren über die Erinnerung gegen einen Kostenfestsetzungs-beschluß (§ 464 b der Strafprozeßordnung) oder Kostenansatz und im Beschwerdeverfahren gegen die Entscheidung über diese Erinne-rung;

2. in der Zwangsvollstreckung aus Entscheidungen, diese über einen aus der Straftat erwachsenen vermögensrechtlichen Anspruch oder die Erstattung von Kosten ergangen sind (§§ 406 b, 464 b der Strafprozeß-ordnung), für die Mitwirkung bei der Ausübung der Veröffent-lichungsbefugnis und im Beschwerdeverfahren gegen eine dieser Entscheidungen.

(2) Die Gebühren bestimmen sich nach den Vorschriften des Dritten Abschnitts.

Übersicht über die Anmerkungen

Allgemeines. Wie im Zivilprozeß gehören auch verschiedene Tätigkeiten 1 des RA im Strafverfahren nicht zur Instanz, werden also durch die Pauschge-bühren der §§ 83 ff. nicht abgegolten. Es sind dies
a) gewisse Tätigkeiten im Kostenfestsetzungsverfahren,
b) gewisse Tätigkeiten im Kostenansatzverfahren und schließlich
c) die Tätigkeit des RA in der Zwangsvollstreckung.

Für diese Tätigkeiten sieht § 96 besondere Gebühren vor, d. h. die Gebühren entstehen neben den sonstigen Gebühren.

2 Kostenfestsetzungsverfahren. Die Erstattung der Kosten ist in den §§ 464 ff. StPO geregelt. Voraussetzung der prozessualen Erstattungspflicht ist das Vorliegen einer Kostenentscheidung, eines Kostentitels. Deshalb muß jedes Urteil, jeder Strafbefehl, jede Strafverfügung und jede eine Untersuchung einstellende Entscheidung darüber Bestimmung treffen, von wem die Kosten des Verfahrens einschließlich der notwendigen Auslagen der Beteiligten zu tragen sind. Auch ein in einer Privatklage zu gerichtlichem Protokoll geschlossener Vergleich, der eine Kostenregelung enthält, ist in entsprechender Anwendung des § 794 Nr. 1 ZPO ein zur Zwangsvollstreckung geeigneter Titel.

    S. ausführliche Darstellung Madert in von Eicken/Lappe/Madert Kostenfestsetzung Rn F 124–140.

Die Höhe der auf Grund eines Kostentitels von einem Beteiligten dem anderen Verfahrensbeteiligten zu erstattenden Kosten wird gemäß § 464 b StPO auf Antrag durch den Rechtspfleger festgesetzt.

Die Stellung des Kostenfestsetzungsgesuches gehört noch zu den Aufgaben des RA, für die er die allgemeine Verfahrensgebühr (etwa die Gebühr des § 83 Abs. 1 oder die des § 84 Abs. 1) erhält. Der RA kann deshalb für das Kostenfestsetzungsverfahren keine besondere Vergütung fordern.

Erhält der RA die Verfahrenspauschale nicht, etwa deshalb, weil er nur mit dem Kostenfestsetzungsverfahren beauftragt worden ist, hat er Ansprüche auf die Gebühr des § 91 Ziff. 1 (s. hierzu § 91 A 7).

    LG Krefeld AnwBl. 79, 120 = JurBüro 79, 240 mit Anm. von Mümmler.

3 Legt der RA gegen den ergangenen **Kostenfestsetzungsbeschluß Erinnerung** ein oder vertritt er im Erinnerungsverfahren den Gegner des Erinnerungsführers, hat der RA gemäß § 96 Abs. 1 Nr. 1 Anspruch auf eine besondere Gebühr, und zwar auch dann, wenn er die Verfahrenspauschgebühr zu beanspruchen hat.

Die Gebühr ist gemäß § 96 Abs. 2 in Verb. mit § 61 Abs. 1 Nr. 2 eine 5/10-Gebühr.

4 Sofortige Beschwerde. Hilft der Rechtspfleger der Erinnerung nicht ab, hat über sie der Richter zu entscheiden, wenn er sie für zulässig und begründet erachtet oder wenn gegen die Entscheidung, falls sie der Richter erlassen hätte, ein Rechtsmittel nicht gegeben wäre (etwa, weil die Beschwerdesumme nicht erreicht ist). Sind die Voraussetzungen für die abschließende Entscheidung des Richters nicht gegeben, legt der Richter die Erinnerung dem Rechtsmittelgericht vor. In diesem Falle gilt die Erinnerung als Beschwerde gegen die Entscheidung des Rechtspflegers (sog. Durchgriffierinnerung). Hier erhält nach der überw. M. der RA nur die Erinnerungsgebühr aus § 96 Abs. 1 Nr. 2, nicht zusätzlich die Beschwerdegebühr aus § 96 Abs. 1 Nr. 1, weil infolge der Umwandlung der Erinnerung in eine Beschwerde nur ein Rechtsmittel vorliegt.

    Karlsruhe JurBüro 71, 760; München AnwBl. 77, 112; MDR 80, 781; Koblenz JurBüro 74, 1275; Köln JurBüro 78, 877; Schleswig JurBüro 80, 1731; Düsseldorf JurBüro 85, 1833; Riedel-Sußbauer § 61 A 18; Mümmler JurBüro 74, 19;

a. A. (für zweifachen Anfall der 5/10-Gebühr) Hamm Rpfleger 71, 14; JurBüro 79, 1327; Hartmann § 61 A 3; Schumann/Geißinger § 61 A 8.

Hilft der Rechtspfleger der Erinnerung ab oder entscheidet der Richter, dann ist gegen diese auf die Erinnerung ergehende Entscheidung die sofortige Beschwerde zulässig. Für dieses Beschwerdeverfahren erhalten Rechtsmittelführer und Rechtsmittelgegner eine weitere 5/10-Gebühr aus § 96 Abs. 1 Nr. 1 i. Verb. m. § 61 Abs. 1 Nr. 1. Entscheidet eine Erinnerung – fälschlich – durch zurückweisenden Beschluß und legt der RA nunmehr sofortige Beschwerde ein, entstehen zwei Gebühren.

LG Krefeld AnwBl. 79, 120 = JurBüro 79, 204.

Gegen den **Ansatz von Gerichtskosten** (Gebühren und Auslagen) ist gemäß **5** § 5 GKG die Erinnerung gegeben. Für die Überprüfung der Kostenrechnung erhält der RA, der die Verfahrenspauschgebühr zu beanspruchen hat, keine zusätzliche Vergütung. Diese Tätigkeit gehört auch in den Kreis der Tätigkeiten, die gemäß § 87 durch die Pauschgebühren abgegolten werden. Dagegen erhält der RA, der Erinnerungen eingelegt oder als Gegner – etwa bei Erinnerungen der Staatskasse – Stellung nimmt, gemäß § 96 Abs. 2 in Verb. mit § 61 Nr. 2 eine 5/10-Gebühr.

Die **Höhe der Gebühr** ergibt sich aus der Tabelle zu § 11. Gegenstandswert **6** ist der Betrag, um den sich der Erinnerungsführer (der Beschwerdeführer) beschwert fühlt.

Nach § 61 Abs. 2 erhält der RA für die **Vertretung im Erinnerungsverfah-** **7** **ren gegen die Kostenfestsetzung und den Kostenansatz** nur eine Gebühr. Der RA, der sich mit Erinnerungen gegen die Kostenfestsetzung wie auch – sei es auch völlig getrennt – gegen den Kostenansatz wendet, hat sonach nicht zwei Erinnerungsgebühren verdient. Die eine Erinnerungsgebühr, die der RA zu beanspruchen hat, erhält er aber aus den zusammengerechneten Gegenstandswerten beider Erinnerungsverfahren. Beträgt also z. B. der Wert der Erinnerungen gegen die Kostenfestsetzung 200,— DM und gegen den Kostenansatz 100,— DM, so hat der RA eine 5/10-Erinnerungsgebühr aus 300,— DM zu beanspruchen.

Die Beschwerden werden dagegen nicht zusammengerechnet. Der RA erhält für jede Beschwerde eine gesonderte 5/10-Beschwerdegebühr nach dem Wert der einzelnen Beschwerde. Es können sonach mehrere Beschwerdegebühren entstehen. Gilt die Erinnerung gegen die Kostenfestsetzung als Beschwerde, ist die Gebühr eine Beschwerdegebühr. Der RA erhält sonach zwei Gebühren, wenn er außerdem Erinnerung gegen den Kostenansatz einlegt.

Riedel/Sußbauer A 5.

Sollte es im Erinnerungs- oder im Beschwerdeverfahren – was an sich nicht **8** sehr wahrscheinlich ist – zu einer mündlichen Verhandlung oder einer Beweisaufnahme kommen, erhält der RA zusätzlich eine 5/10-**Verhandlungs-** und gegebenenfalls auch eine 5/10-**Beweisgebühr.**

Das Verfahren der **Zwangsvollstreckung** aus Entscheidungen, die über **9** einen aus der Straftat erwachsenen vermögensrechtlichen Anspruch oder die Erstattung von Kosten ergangen sind (§§ 406b, 464b StPO), ist nach § 96 Abs. 1 Nr. 1 für den RA eine besondere gebührenrechtliche Angelegenheit.

Die Vollstreckung erfolgt nach den Vorschriften der ZPO. Demgemäß erhält der RA für seine Tätigkeit im Zwangsvollstreckungsverfahren die gleichen Gebühren, die für die Zwangsvollstreckung im bürgerlichen Rechtsstreit gewährt werden, nämlich nach § 57 drei Zehntel der in § 31 Abs. 1 bestimmten Gebühren. Auch § 58 ist anzuwenden. Gegenstandswert ist der beizutreibende Betrag. Näheres s. bei §§ 57, 58. Für das Beschwerdeverfahren gilt § 61 Abs. 1 Nr. 1.

Bei der Vollstreckung gegen den Staat gilt die Anzeige nach § 882a ZPO als eine die Zwangsvollstreckung vorbereitende Tätigkeit, folglich löst sie die Vollstreckungsgebühr nach § 57 aus.

Hamburg JurBüro 61, 306 = MDR 61, 514 = Rpfleger 62, 234; Köln NJW 65; 50; Zweibrücken Rpfleger 73, 78; LAG Hamm AnwBl. 84, 161; LG Landshut AnwBl. 63, 146; LG Hamburg JurBüro 73, 1180; Hartmann § 58 BRAGO 4 Be; Mümmler JurBüro 72, 935; **a. A.** AG Mülheim AnwBl. 82, 123 m. abl. Anm. v. Madert.

§ 58 Abs. 2 Nr. 5, der bestimmt, die Anzeige der Absicht der Zwangsvollstreckung nach § 882a ZPO sei keine besondere Angelegenheit, steht dem nicht entgegen.

Köln Rpfleger 67, 69.

10 Auch für die **Mitwirkung bei der Ausübung der Veröffentlichungsbefugnis** erhält der RA nach § 96 Abs. 1 Nr. 2 die Gebühr des § 57. Das Verfahren ist nach § 58 Abs. 3 Nr. 12 eine besondere Angelegenheit der Zwangsvollstreckung.

11 Der **Pflichtverteidiger (beigeordneter Rechtsanwalt)** hat wegen der Gebühren des § 96 keinen Anspruch gegen die Staatskasse. Die Gebühren schuldet der Auftraggeber. Es ist jedoch möglich, dem Auftraggeber Prozeßkostenhilfe zu bewilligen und ihm den RA beizuordnen.

Riedel/Sußbauer A 10.

§ 96a Abtretung des Kostenerstattungsanspruchs

Tritt der Angeschuldigte den Anspruch gegen die Staatskasse auf Erstattung von Anwaltskosten als notwendige Auslagen (§§ 464b, 464a Abs. 2 Nr. 2 der Strafprozeßordnung) an den Rechtsanwalt ab, so ist eine von der Staatskasse gegenüber dem Angeschuldigten erklärte Aufrechnung insoweit unwirksam, als sie den Anspruch des Rechtsanwalts vereiteln oder beeinträchtigen würde.

1 **Allgemeines.** Es kommt häufig vor (z. B. im Fall des Teilfreispruchs sowie vor allem beim Teilerfolg eines Rechtsmittels), daß dem Anspruch des Angeklagten auf Ersatz seiner notwendigen Auslagen gegen die Staatskasse ein Anspruch der Staatskasse gegen ihn auf Zahlung von Geldstrafe und Gerichtskosten gegenübersteht. Die Staatskasse pflegt in einem solchen Fall regelmäßig ihren Anspruch gegen den Anspruch auf Erstattung der notwendigen Auslagen aufzurechnen. Ist die Aufrechnung wirksam, dann wird der als Verteidiger tätige RA um die Möglichkeit gebracht, sich wegen seiner Vergütung aus dem Anspruch des Angeklagten gegenüber der Staatskasse ganz oder wenigstens teilweise zu befriedigen.

Abtretung. Dieser Nachteil ist durch die 1975 neu in die BRAGO eingefügte 2 Vorschrift des § 96a beseitigt worden. Danach ist eine von der Staatskasse gegenüber dem Angeschuldigten erklärte Aufrechnung insoweit unwirksam, als sie den Anspruch des RA vereiteln oder beeinträchtigen würde, wenn der Angeschuldigte den Anspruch gegen die Staatskasse auf Erstattung von Anwaltskosten als notwendige Auslagen an den RA abtritt. Der Verteidiger (nur ein RA, nicht ein anderer Verteidiger) hat mithin Vorrang vor der Staatskasse. In welchem Zeitpunkt der Angeschuldigte seinen Erstattungsanspruch an den RA abtritt, ist gleichgültig. Die Abtretung kann auch noch nach der Aufrechnungserklärung erfolgen. In diesem Falle lebt der untergegangene Erstattungsanspruch des Angeschuldigten wieder auf.

KG NJW 79, 2255 = Rpfleger 78, 34 = JurBüro 78, 543 m. Anm. von Mümmler; München AnwBl. 78, 323 = MDR 78, 866; Karlsruhe AnwBl. 85, 158 = Rpfleger 85, 125; LG Flensburg JurBüro 79, 67; LG Krefeld AnwBl. 79, 196; Hartmann A 2 Cb; Mümmler JurBüro 80, 89 u. 85, 884; **a. A.** Bamberg JurBüro 80, 89; Celle Rpfleger 84, 218; Düsseldorf JurBüro 80, 88 m. abl. Anm. von Mümmler; Schleswig JurBüro 79, 1525; Hamburg AnwBl. 86, 42.

Zur Erwirkung der gerichtlichen Feststellung, daß die Aufrechnung der Landeskasse unwirksam sei, muß der Verteidiger eine Abtretungsurkunde auch dann einreichen, wenn in der Prozeßvollmacht die Ermächtigung zum Geldempfang enthalten ist.

KG Rpfleger 80, 402.

Anwaltskosten. Das Privileg des § 96a gilt nur für die Anwaltskosten 3 (Gebühren und Auslagen) im gegenwärtigen Verfahren, soweit sie als notwendige Auslagen entstanden sind. Abgetretene Ansprüche auf Erstattung eigener Auslagen des Angeschuldigten (etwa eigene Reisekosten) sind gegen die Aufrechnung nicht geschützt.

LG Bamberg JurBüro 76, 1353; AG Bamberg JurBüro 76, 764 und AnwBl. 76, 257.

§ 96a gilt auch nicht für ein vereinbartes Honorar, das die gesetzlichen Gebühren übersteigt.

München AnwBl. 79, 71 mit abl. Anm. von Chemnitz = Rpfleger 79, 76 = MDR 79, 357 = JurBüro 79, 394.

Beispiel (nach Schumann/Geißinger): Vereinbartes Honorar 1000 DM, gesetzliche Gebühren 700 DM, Differenz also 300 DM, geleisteter Vorschuß 400 DM. Aus dem Vorschuß ist zunächst der außerhalb der gesetzlichen Gebühr liegende Honorar-Differenzbetrag von 300 DM zu verrechnen, so daß auf die gesetzliche Gebühr 100 DM zu verrechnen sind. Die Aufrechnung der Staatskasse ist somit insoweit unwirksam, als der RA dadurch eines Teils des Anspruchs von 600 DM verlustig gehen würde.

Schumann/Geißinger A 1.

Nachteil des Rechtsanwalts. Die Aufrechnung ist nur insoweit unwirksam, 4 als sie den Anspruch des RA vereiteln oder beeinträchtigen würde. Dem RA müssen also noch Kostenansprüche aus dem gegenwärtigen Verfahren zustehen.

LG Bamberg JurBüro 76, 1353; AG Bonn AnwBl. 76, 312.

Eine Abtretung wegen anderer Ansprüche (etwa aus einem Darlehen) ist gegen die Aufrechnung nicht geschützt.

Die Unwirksamkeit der Aufrechnung erstreckt sich nur insoweit, als gesetzliche Vergütungsansprüche des RA offen sind.

Der RA, der einer Aufrechnung unter Hinweis auf die Abtretung widerspricht, wird deshalb angeben müssen, daß ihm noch Ansprüche auf Gebühren und Auslagen aus dem gegenwärtigen Verfahren zustehen. Weitere Erfordernisse sind nicht aufgestellt. Es ist deshalb unrichtig, wenn verlangt wird, der RA müsse angeben, aus welchen Gründen er keinen Vorschuß gefordert und erhalten habe.

So aber Riedel/Sußbauer A 10; Mümmler JurBüro 75, 783 und 1007; vgl. auch Mümmler JurBüro 76, 712; LG Bamberg JurBüro 76, 1353 verlangt, daß der RA glaubhaft macht, daß sein Vergütungsanspruch durch die Aufrechnung vereitelt oder beeinträchtigt wird.

Es genügt die Angabe des RA, daß ihm noch Kostenansprüche zustehen. Ebenso unrichtig ist, den RA auf Ratenzahlungen zu verweisen, wenn der Auftraggeber die Schuld nur in Raten abtragen kann.

So aber Mümmler a. a. O.; wie hier AG Bamberg AnwBl. 76, 257.

Bereits die Verweisung auf Ratenzahlungen „beeinträchtigt" den Anspruch des RA (gegen die Staatskasse hat er einen Anspruch auf sofortige Zahlung).

Riedel/Sußbauer A 9.

5 Entscheidung. Ob die Staatskasse im Hinblick auf die von ihr erklärte Aufrechnung die Erfüllung der an den Verteidiger abgetretenen Forderung auf Erstattung der Anwaltskosten verweigern darf, ist auf Antrag des RA im Verfahren nach Art. XI § 1 KostÄndG 57 zu prüfen. Es entscheidet das Amtsgericht, in dessen Bezirk die für die Einziehung oder Befriedigung des Anspruchs zuständige Kasse ihren Sitz hat. Gegen seine Entscheidung ist Beschwerde und evtl. weitere Beschwerde nach § 14 Abs. 3 bis 5 KostO gegeben.

Hartmann A 1; KG NJW 79, 225 = AnwBl. 78, 28 = Rpfleger 78, 34 = JurBüro 78, 543 mit Anm. von Mümmler; Schleswig SchlHA 79, 183 = JurBüro 79, 1525.

2. Gebühren des gerichtlich bestellten Verteidigers und des beigeordneten Rechtsanwalts

Vorbemerkungen

1 Der 2. Unterabschnitt des Sechsten Abschnitts befaßt sich mit den Gebühren und Auslagen des Pflichtanwalts in Strafsachen.

Pflichtanwälte i. S. des 2. Unterabschnittes sind

a) der gerichtlich bestellte Verteidiger des § 97,

b) der in § 102 genannte RA, der dem Privatkläger, dem Nebenkläger, dem Antragsteller im Klageerzwingungsverfahren, dem Verletzten oder sonst beigeordnet worden ist.

Einzelne Vorschriften des 2. Unterabschnitts gelten

gemäß § 107 Abs. 2 sinngemäß für den im Verfahren nach dem Gesetz über die internationale Rechtshilfe in Strafsachen beigeordneten RA (§§ 97 Abs. 2, 4, 98 Abs. 1, 2 und 4, 99, 101 und 103), gemäß § 112 Abs. 4 in gerichtlichen Verfahren bei Freiheitsentziehungen (§ 97 Abs. 2, 4, §§ 98 bis 101, 103).
Die Vorschriften des gesamten Sechsten Abschnitts – und damit die Bestimmungen des 2. Unterabschnitts – gelten sinngemäß
a) in Disziplinarsachen (§ 109),
b) in ehren- und berufsgerichtlichen Verfahren (§ 110 Abs. 1),
c) in der Untersuchung von Seeunfällen (§ 111 Abs. 1)

Die §§ 97ff. gehen insoweit **über die Vorschriften des § 1 hinaus,** als sie **2** nicht nur die Höhe der Vergütung des Pflichtanwalts regeln. Sie bilden gleichzeitig die gesetzliche Grundlage für den Gebührenanspruch des Pflichtanwalts.

Grundlage des Gebührenanspruchs des gerichtlich bestellten Verteidigers gegen die Staatskasse (§ 97) und gegen den Beschuldigten (§ 100) ist allein die gerichtliche Bestellung. Unerheblich ist, ob der Beschuldigte mit der Bestellung des RA einverstanden ist und ober er dem RA Vollmacht erteilt. Auch für den in § 102 genannten RA ist die Beiordnung Grundlage des Vergütungsanspruchs. Bei ihm muß allerdings noch – wie bei dem im Wege der PKH beigeordneten RA im Zivilprozeß – eine weitere – bürgerlichrechtliche – Grundlage hinzukommen, z. B. der Dienstvertrag oder eine Geschäftsführung ohne Auftrag. Die unterschiedliche Bestellung ist damit zu erklären, daß es nicht von dem Willen des Beschuldigten abhängen kann, ob ihm ein Pflichtverteidiger bestellt werden darf (er könnte sonst in Fällen der notwendigen Verteidigung die Durchführung des Strafverfahrens vereiteln), während bei dem in § 102 genannten Personenkreis kein Staatsinteresse berührt wird, wenn die Vertretung durch einen Anwalt unterbleibt.

Der gerichtlich bestellte Verteidiger erhält gemäß § 97 grundsätzlich die **3** gleiche Gebühr wie der Wahlverteidiger, jedoch ist sein Gebührenanspruch der Höhe nach fest umrissen. Er erhält – ohne Rücksicht auf den Umfang seiner Tätigkeit – das Vierfache der gesetzlichen Mindestgebühren, jedoch nicht mehr als die Hälfte des Höchstbetrages.

In § 97 nicht genannt und deshalb nicht anwendbar sind die Gebührenvorschriften des § 88 (Einbeziehung und verwandte Maßnahmen), § 89 (vermögensrechtliche Ansprüche) und § 93 (Gnadengesuche). Vgl. hierzu im einzelnen § 97 A 3.

Für den Anspruch auf Ersatz der Auslagen des gerichtlich bestellten Vertreters gelten gemäß Abs. 2 die Vorschriften über den Auslagenersatz des Armenanwalts entsprechend (vgl. § 126).

§ 98 regelt das Verfahren, mit dem der gerichtlich bestellte RA die ihm **4** zustehende Vergütung von der Staatskasse fordern kann.

Die **Pauschvergütung des § 99.** Die gesetzlichen Gebühren des gerichtlich **5** bestellten Verteidigers und des beigeordneten RA sind so gering bemessen, daß sie einem RA in besonders umfangreichen oder schwierigen Strafsachen nicht zugemutet werden können. § 99 sieht deshalb die Möglichkeit vor, in solchen Fällen dem RA auf Antrag eine Pauschvergütung zu gewähren, die über den Mindestsätzen des § 97 liegt und selbst über die Höchstgebühren des

Wahlverteidigers hinausgehen kann. Die Entscheidung trifft der zuständige Strafsenat des Oberlandesgerichts, in dessen Bezirk die Strafsache anhängig war (der BGH, wenn dieser den RA als Verteidiger bestellt oder sonst beigeordnet hat).

6 **§ 100 räumt** dem bestellten Verteidiger **gegen den Beschuldigten einen Gebührenanspruch ein.** Dieser Gebührenanspruch ist von einem Vertragsverhältnis zwischen dem RA und dem Beschuldigten unabhängig. Dieser Gebührenanspruch besteht auch dann, wenn der RA gegen den Willen des Beschuldigten zum Verteidiger bestellt worden ist.

Der Anspruch kann nur insoweit geltend gemacht werden, als dem Beschuldigten ein Erstattungsanspruch gegen die Staatskasse zusteht. Besteht ein solcher nicht, dann muß das Gericht zunächst feststellen, ob und in welcher Höhe der Beschuldigte zur Zahlung in der Lage ist, ohne den für ihn und seine Familie notwendigen Unterhalt zu gefährden. Nach Feststellung der Leistungsfähigkeit kann (muß) der RA eine besondere Gebührenklage erheben. Vorschuß kann der Pflichtverteidiger von dem Beschuldigten jedoch nicht fordern.

7 **§ 101** behandelt den Fall, daß der **Pflichtverteidiger** vor und nach der Bestellung Vorschüsse bzw. **Zahlungen erhalten** hat. Er bestimmt, ob und in welchem Umfange die empfangenen Beträge auf die Pflichtverteidigergebühren zu verrechnen sind.

8 **§ 102** bestimmt, daß für den „**beigeordneten Rechtsanwalt**" die Vorschriften der §§ 97 und 101 sinngemäß gelten.

9 **§ 103** erläutert den **Begriff der zahlungspflichtigen Staatskasse.** Außerdem regelt er den Fall, daß der Verteidiger in einem Verfahren sowohl von einem Gericht des Bundes wie von dem Gericht eines Landes bestellt worden ist.

§ 97 Anspruch gegen die Staatskasse

(1) **Ist der Rechtsanwalt gerichtlich bestellt worden, so erhält er anstelle der gesetzlichen Gebühr das Vierfache der in den §§ 83 bis 86, 90 bis 92, 94 und 95 bestimmten Mindestbeträge aus der Staatskasse, jedoch nicht mehr als die Hälfte des Höchstbetrages. Im Falle des § 90 Abs. 1 Satz 2 gilt dies nur dann, wenn der Rechtsanwalt nach § 364 b Abs. 1 Satz 1 der Strafprozeßordnung bestellt worden ist oder das Gericht die Feststellung nach § 364 b Abs. 1 Satz 2 der Strafprozeßordnung getroffen hat. In den Fällen der §§ 23, 89 ist § 123 anzuwenden.**

(2) **Der Rechtsanwalt erhält ferner Ersatz der Auslagen aus der Staatskasse. § 126 Abs. 1 Satz 1, Abs. 2 gilt sinngemäß; die Feststellung nach § 126 Abs. 2 kann auch für andere Auslagen als Reisekosten getung eines Wiederaufnahmeverfahrens entstehen, werden einem Rechtsanwalt nach Maßgabe der Sätze 1 und 2 vergütet, wenn er nach § 364 b Abs. 1 Satz 1 der Strafprozeßordnung bestellt worden ist oder wenn das Gericht die Feststellung nach § 364 b Abs. 1 Satz 2 der Strafprozeßordnung getroffen hat.**

(3) **Für die Tätigkeit als Verteidiger vor Eröffnung des Hauptver-**

**fahrens erhält der Rechtsanwalt die Vergütung unabhängig vom Zeit-
punkt seiner Bestellung.**
(4) **Wegen des Vorschusses gelten § 127 Satz 1, § 98 sinngemäß.**

Übersicht über die Anmerkungen

Allgemeines. § 97 regelt den Vergütungsanspruch des gerichtlich bestellten **1**
Verteidigers gegen die Staatskasse nach Grund und Höhe. Er zählt die
einzelnen Gebührentatbestände auf, die für den Pflichtverteidiger gelten.
Gerichtlich bestellter Rechtsanwalt. Die Vorschriften über die Bestellung **2**
eines Verteidigers in Fällen der notwendigen Verteidigung finden sich in den
§§ 140, 141 StPO. Zu beachten ist, daß die Bestellung auch auf Antrag der
Staatsanwaltschaft – schon im Vorverfahren – zulässig ist. Weitere Fälle der
notwendigen Verteidigung sind für Verfahren in Jugendgerichtssachen in § 68
JGG aufgezählt.
Das Gericht kann jedoch auch in anderen Verfahren, in denen die Verteidigung nicht notwendig ist, dem Beschuldigten einen Verteidiger bestellen.
Die Vorschrift des § 97 ist entsprechend anzuwenden, wenn ein nicht zum
Pflichtverteidiger bestellter RA infolge eines Kanzleiversehens ein gerichtliches Bestellungsschreiben erhalten hat, das seine Bestellung durch Anordnung des zuständigen Vorsitzenden ausweist und von einer an sich zuständigen Justizangestellten beglaubigt ist, es sei denn, der RA hätte erkennen
müssen, daß die Ausfertigung der Urkunde auf einem Irrtum beruht.

Hamm AnwBl. 68, 19 = JVBl. 69, 212.

Ausnahmsweise kann die Bestellung eines RA als Pflichtverteidiger durch den Vorsitzenden des Gerichts auch stillschweigend erfolgen. Koblenz OLGSt § 97 BRAGO; vgl. auch A 5.

Aus überflüssiger Tätigkeit kann der Pflichtverteidiger einen Gebührenanspruch nicht herleiten.

Riedel/Sußbauer A 6; Celle NdsRpfl. 69, 143 = Rpfleger 69, 100 = OLGSt § 97 BRAGO (Der von dem OLG Celle gebildete Leitsatz ist an sich richtig, jedoch gehen die gezogenen Folgerungen fehl; vgl. hierzu oben A 11 zu § 86).

3 Der Umfang der Bestellung ergibt sich entweder aus der Entschließung des Gerichtsvorsitzenden (§ 142 StPO), mit der er den zu bestellenden Verteidiger auswählt, oder aus dem Gesetz, wenn die Verteidigerbestellung keine weitergehende Beschränkung enthält.

Es ist möglich, wenn auch nicht zweckmäßig, den RA für einzelne Instanzen oder Teile einer Instanz, z. B. für das Wiederaufnahmeverfahren bis zur Entscheidung über den Wiederaufnahmeantrag, oder nur für einzelne Tätigkeiten (z. B. die Begründung einer Revision) zu bestellen. Der Gebührenanspruch des bestellten Verteidigers richtet sich nach dem durch die Bestellung gesetzten Rahmen.

Üblich ist es, den Verteidiger ohne Beschränkung zu bestellen. Der Rahmen der von dem RA zu entwickelnden und ihm demgemäß zu vergütenden Tätigkeit ergibt sich aus dem Gesetz.

Düsseldorf Rpfleger 80, 39; Hamm NJW 68, 854; AnwBl. 80, 39 u. 82, 214 (Es ist unzulässig einen Pflichtverteidiger mit der Einschränkung zu bestellen, daß er nur die Vergütung eines ortsansässigen RA aus der Staatskasse beanspruchen könne. – Trotz der Unzulässigkeit der Einschränkung bleibt die Pflichtverteidigerbestellung selbst gültig); LG Aurich AnwBl. 70, 325; vgl. aber Koblenz MDR 79, 427.

Die uneingeschränkte Bestellung ermächtigt und verpflichtet den RA zur Tätigkeit ab Bestellung durch alle Instanzen einschl. der Revisionsinstanz (jedoch kraft der ausdrücklichen Vorschrift des § 350 Abs. 3 StPO ausschließlich der Revisionshauptverhandlung). Die Bestellung erstreckt sich sogar über die Rechtskraft der das Verfahren abschließenden Entscheidung hinaus auf das Wiederaufnahmeverfahren bis zur Entscheidung über den Wiederaufnahmeantrag. Zu beachten ist jedoch, daß es in den Fällen, in denen der RA von der Stellung des Antrags auf Wiederaufnahme des Verfahrens abrät, der Feststellung nach § 364 Abs. 1 S. 2 StPO bedarf.

Die Vertretung in der Revisionshauptverhandlung ist durch die uneingeschränkte Bestellung in einer früheren Instanz nicht gedeckt. Der Vorsitzende des Revisionsgerichts kann dem Angeklagten auf Antrag unter den Voraussetzungen des § 350 Abs. 3 StPO einen RA als Verteidiger in der Revisionshauptverhandlung bestellen. Als Verteidiger kann – nicht: muß – auch der Verteidiger der unteren Instanz bestellt werden. Der BGH macht von dieser Möglichkeit, den bisherigen Verteidiger zu bestellen, in der Regel Gebrauch. Der bestellte Verteidiger hat nunmehr Anspruch auf die Gebühr für das Revisionsverfahren, und zwar gemäß § 103 je zur Hälfte gegen die Landeskasse (§ 86 Abs. 3) und gegen die Bundeskasse (Rest zu § 86 Abs. 1).

4 Von der Verteidigerbestellung nicht erfaßte Tätigkeiten. Die Bestellung als Verteidiger erstreckt sich nicht auf die Vertretung in Gnadensachen. „Gnade für den Verurteilten zu erbitten" gehört nicht zu den Aufgaben, für die der Staat den RA als Pflichtverteidiger zur Verfügung stellt. § 93 ist dementsprechend auch nicht in § 97 aufgeführt. Der Ausschluß des § 93 kann auch nicht in der Weise umgangen werden, daß man ein Gnadengesuch des Pflichtverteidigers als Einzeltätigkeit würdigt und dies gemäß § 91 Nr. 1 vergütet.

BayObLG Rpfleger 67, 68 (Der zum Verteidiger in der Hauptverhandlung bestellte RA erhält für einen Antrag auf bedingte Entlassung des Verurteilten keine Gebühr aus der Staatskasse).

§ 97 erwähnt ferner nicht den § 88, der die Tätigkeit betrifft, die der RA für den Beschuldigten im Hinblick auf eine drohende Einziehung oder verwandte Maßnahme ausübt. Damit ist nicht gesagt, daß es nicht Aufgabe des Pflichtverteidigers ist, in bezug auf die Einziehung usw. tätig zu werden. Auch der Pflichtverteidiger hat die Aufgabe, den Beschuldigten in Fragen der Einziehung usw. zu vertreten. Die Nichterwähnung des § 88 in § 97 bringt dem Pflichtverteidiger auch keine Nachteile. Soweit § 88 ausführt, die Tätigkeit des RA in bezug auf die Einziehung sei bei Ausfüllung des Gebührenrahmens zu beachten, berührt dies den Pflichtverteidiger nicht, da er feste Gebühren erhält. Daneben gewährt § 88 allerdings noch die Möglichkeit, zusätzlich eine volle Gebühr (§ 11) aus dem Gegenstandswert zu berechnen. Der Ausschluß dieser Möglichkeit beeinträchtigt die Stellung des Pflichtverteidigers ebenfalls nicht wesentlich. In den Fällen, die es rechtfertigen, daß der Wahlverteidiger zusätzlich eine Gebühr berechnet, sind die Voraussetzungen des § 99 erfüllt. Dem Pflichtverteidiger kann insoweit über die Pauschvergütung geholfen werden.

Ferner ist § 89 (Abwehr vermögensrechtlicher Ansprüche) in § 97 nicht erwähnt. Es erhebt sich insoweit die Frage: Ist der RA als Verteidiger berechtigt und verpflichtet, zur Abwehr geltend gemachter Ansprüche tätig zu werden? Ist der Pflichtverteidiger gehalten, sich mit den Gebühren des § 97 zu begnügen, oder kann er weitergehende Gebührenansprüche erheben, gegebenenfalls welche?

Gemäß § 89 Abs. 3 kann sich die Tätigkeit des RA auf die Abwehr eines aus der Straftat erwachsenen vermögensrechtlichen Anspruchs beschränken. Es ist also möglich, daß im Einzelfall keine Notwendigkeit besteht, dem Angeklagten einen RA als Vollverteidiger zu bestellen, daß aber trotzdem ein Bedürfnis hervortritt, dem Angeklagten etwa zur Abwehr ungerechtfertigt hoher Ansprüche einen RA zu bestellen. Als Pflichtverteidiger mit Beschränkung auf die in § 89 Abs. 3 genannte Tätigkeit kann er nicht bestellt werden, da § 97 einem auf diese Weise bestellten RA keine Gebühr zuspricht. Als Ausweg bietet sich – unter den Voraussetzungen des §§ 114ff. ZPO – die Bewilligung der Prozeßkostenhilfe für den Angeklagten und die Beiordnung eines RA an. Da es sich um die Geltendmachung von vermögensrechtlichen Ansprüchen, also die Verfolgung zivilrechtlicher Ansprüche im Strafverfahren handelt, sollten keine Bedenken bestehen, die entsprechenden zivilprozessualen Vorschriften in das Strafverfahren zu übernehmen.

Ist der RA als Vollverteidiger bestellt, bieten sich zwei Möglichkeiten an, seine Tätigkeit bei der Abwehr vermögensrechtlicher Ansprüche zu vergüten: Er hat nur Anspruch auf die Gebühren des § 97. Sind jedoch – infolge der Abwehrtätigkeit – die Voraussetzungen des § 99 erfüllt, kann der Verteidiger eine Pauschvergütung erhalten. Die andere Möglichkeit ist die vorstehend genannte Beiordnung nach Bewilligung von Prozeßkostenhilfe. Die Bewilligung der Prozeßkostenhilfe mit Beiordnung ist vorzuziehen. Einmal spricht für eine solche Regelung die Gleichheit der Behandlung mit dem in § 89 Abs. 3 genannten Fällen. Weiter hat der Verteidiger, der zusätzlich nach Bewilligung von Prozeßkostenhilfe bestellt ist, einen Rechtsanspruch auf Gebühren eines beigeordneten RA (§§ 121 ff.). In entsprechender Anwendung des § 89 erhält der beigeordnete RA die in § 89 genannten Gebühren in der aus § 123 ersichtlichen Höhe. Für die entsprechende Anwendung der Vorschriften der ZPO über die PKH spricht weiter, daß der Staat keine Kosten aufzuwenden braucht, wenn der Angeklagte nicht arm ist oder wenn die Rechtsverteidigung gegen den geltend gemachten Anspruch aussichtslos ist.

Schumann/Geißinger A 7.

Diese von der Rechtspr. in analoger Anwendung des § 114 ZPO bewilligte PKH für den Angeschuldigten hat jetzt das 1. Gesetz zur Verbesserung der Stellung des Verletzten im Strafverfahren (Opferschutzgesetz vom 18. 12. 1986, BGBl. I2496) durch den neu geschaffenen Abs. 5 des § 404 StPO ausdrücklich anerkannt. Dort heißt es: „Dem Antragssteller und dem Angeschuldigten ist auf Antrag Prozeßkostenhilfe nach denselben Vorschriften wie in bürgerlichen Rechtsstreitigkeiten zu bewilligen, sobald die Klage erhoben ist. § 121 Abs. 2 S. 1 der Zivilprozeßordnung gilt mit der Maßgabe, daß dem Angeschuldigten, der einen Verteidiger hat, dieser beigeordnet werden soll; dem Antragsteller, der sich im Hauptverfahren des Beistandes eines RA bedient, soll dieser beigeordnet werden. Zuständig für die Entscheidung ist das mit der Sache befaßte Gericht; die Entscheidung ist nicht anfechtbar."

Durch das Opferschutzgesetz ist dem § 97 Abs. 1 der Satz 3 angefügt worden, wonach in den Fällen der §§ 23, 89 der § 123 anzuwenden ist. Damit wird die Gebühr für den bestellten RA geregelt, der im Adhäsionsverfahren tätig ist, und – durch die Verweisung in § 102 – für den im Wege der PKH für das Adhäsionsverfahren beigeordneten RA. Dies war erforderlich, weil bisher nur die Gebühr für den im Adhäsionsverfahren gewählten RA bestimmt war (§ 89). Durch die Änderung wird klargestellt, daß die Gebührenregelung des § 89 und des § 23 für den bestellten und den beigeordneten Anwalt mit der Maßgabe gilt, daß bei Werten über 5000 DM anstelle der vollen Gebühren die in § 123 bestimmten Gebühren aus der Staatskasse zu ersetzen sind.

Ferner erstreckt sich die Beiordnung des Pflichtanwalts nicht auf Tätigkeiten, die auch beim Wahlanwalt nicht durch die Pauschgebühren des §§ 83 ff. abgegolten werden, für die er vielmehr – falls ihm diese Tätigkeit zusätzlich übertragen wird – weitere Gebühren nach § 91 beanspruchen kann (z. B. für einen Antrag auf bedingte Entlassung).

Schließlich erstreckt sich die Bestellung des Pflichtverteidigers nicht auf die Tätigkeit im Kostenfestsetzungsverfahren und bei der Zwangsvollstreckung. § 96 ist deshalb in § 97 gleichfalls nicht genannt. Besteht im Einzelfall ausnahmsweise das Bedürfnis, dem Beschuldigten einen RA für die in § 96 genannten Tätigkeiten beizuordnen, kann dies in entsprechender Anwendung der §§ 114 ff. ZPO geschehen (Bewilligung von PKH und Beiordnung eines RA).

5   Als **Zeitpunkt,** von dem an die Bestellung als Pflichtanwalt wirkt, kommt **5** grundsätzlich der Tag der Bestellung in Betracht.

Eine rückwirkende Beiordnung eines Pflichtverteidigers ist nicht zulässig.

Mümmler JurBüro 84, 1782; Düsseldorf NJW 52, 1151; JMBlNW 84, 79; Hamm NJW 58, 642; Hamburg Rpfleger 66, 29; München Rpfleger 75, 107. **a. M.** Gerold-Schmidt 8. Aufl. § 97 A 5; Karlsruhe JurBüro 75, 487 u. 1610.

Jedoch kann in der gesetzlich gebotenen Inanspruchnahme eines RA durch das Gericht dessen stillschweigende Bestellung zum Pflichtverteidiger erblickt werden.

Hamburg MDR 74, 1039; Hamm JurBüro 66, 134; Oldenburg NdsRpfl 68, 118; Düsseldorf JMBlNW 84, 79 = JurBüro 84, 715.

Eine unzulässige rückwärtige Bestellung läßt aber die Gebührenansprüche betehen.

Hamm NJW 58, 641.

Einen Sonderfall einer rückwirkenden Kraft der Beiordnung regelt Abs. 3, vgl. A 16.

Die Gebühren des gerichtlich bestellten und des beigeordneten 6 **Rechtsanwalts,** die dieser aus der Staatskasse erhält, sind nach § 97 Abs. 1 S. 2 die vierfachen Beträge der in den §§ 83 bis 86, 90 bis 92, 94 und 95 bestimmten Mindestsätze, jedoch mit der Beschränkung auf die Hälfte des Höchstbetrages.

Die Beschränkung bedeutet nicht eine Rahmengebühr zwischen dem Vierfachen der in §§ 83 ff. bestimmten Mindestgebühren und der Hälfte des Höchstbetrages.

Düsseldorf Rpfleger 74, 372.

Durch die Einfügung der Worte „anstelle der gesetzlichen Gebühr" ist klargestellt, daß „gesetzliche Gebühr" des Pflichtanwalts die Gebühr des Wahlanwalts ist. Wesentlich wird dies für die Höhe der Postgebührenpauschale des § 26.

Für die **Verteidigung** in der **Hauptverhandlung des ersten Rechtszugs** 7 erhält der bestellte Verteidiger demnach in den Fällen des § 83 Abs. 1 Nr. 1 560,— DM, in denen der Nr. 2 400,— DM und in denen der Nr. 3 320,— DM aus der Staatskasse.

Im **Berufungsverfahren** erhält er für die Verteidigung in der Hauptverhand- 8 lung in den Fällen des § 85 Abs. 1 Nr. 1 400,— DM, in denen der Nr. 2 320,— DM.

Im **Revisionsverfahren** stehen ihm für die Verteidigung in der Hauptver- 9 handlung, sofern er ausdrücklich für diese bestellt ist, nach § 86 Abs. 1 im Verfahren vor dem BGH 560,— DM, vor dem OLG 400,— DM bzw. 320,— DM zu.

Erstreckt sich die **Hauptverhandlung über einen Kalendertag hinaus,** so 10 erhält der bestellte Verteidiger für jeden weiteren Kalendertag die vierfachen Beträge der in den §§ 83 Abs. 2, 85 Abs. 2 und bei ausdrücklicher Bestellung für die Hauptverhandlung im Revisionsverfahren auch der in § 86 Abs. 2 bestimmten Mindestsätze, jedoch mit der hier wesentlich werdenden Beschränkung auf die Hälfte des Höchstbetrages. So beträgt z. B. die Gebühr für den zweiten Verhandlungstag vor dem Strafrichter nicht 320,— DM (der vierfache Betrag), sondern nur 265,— DM (die Hälfte des Höchstbetrages).

Näheres über die Entstehung des Anspruchs auf diese Zusatzgebühr s. A 13 ff. zu § 83. Das gilt auch im Privatklageverfahren.

Wird mit dem Verfahren von neuem begonnen, so gelten für den ersten Tag der neuen Hauptverhandlung die vierfachen Mindestgebühren der §§ 83 Abs. 1, 85 Abs. 1 und 86 Abs. 1.

11 War der bestellte Verteidiger **nur im Verfahren außerhalb der Hauptverhandlung** tätig, so erhält er im ersten Rechtszug die vierfachen Beträge der in § 84 Abs. 1 bestimmten Mindestsätze, somit 280,— DM, 200,— DM oder 160,— DM, im Berufungsverfahren die vierfachen Beträge der in § 85 Abs. 3 bestimmten Mindestsätze, somit 200,— DM oder 160,— DM, und im Revisionsverfahren die vierfachen Beträge der in § 86 Abs. 3 bestimmten Mindestsätze, somit 280,— DM oder 200,— DM bzw. 160,— DM.

Für die Tätigkeit des bestellten Verteidigers außerhalb der Hauptverhandlung sind keine anderen Erfordernisse aufzustellen als für die Tätigkeit des gewählten Verteidigers. Ein nach außen erkennbares Tun braucht nicht vorzuliegen. Es genügt jede Tätigkeit, die darauf gerichtet ist, die Rechte des Beschuldigten wahrzunehmen, auch wenn sie dazu führt, daß der Verteidiger von der Stellung weiterer Anträge absieht. Es genügt besonders auch Besprechung mit dem Beschuldigten und Akteneinsicht. Auch die Tätigkeit im Haftprüfungsverfahren fällt darunter.

12 Streitig ist, **welche Gebühren der Pflichtverteidiger für die Anfertigung oder Unterzeichnung einer Schrift zur Begründung der Revision** oder die Erklärung auf die von dem Staatsanwalt, dem Privatkläger oder dem Nebenkläger eingelegte Revision zu beanspruchen hat. Der Streit ist dadurch veranlaßt, daß die Gebühr des § 91 teilweise – versehentlich(?) – höher ist als die Gebühr des § 86. Aus diesem Zwiespalt werden die verschiedenartigen Schlüsse gezogen:

a) Der Vollverteidiger erhält die Gebühr des § 91 Nr. 3 zusätzlich.

b) Der Vollverteidiger erhält mindestens die Gebühr des § 91 Nr. 3 (soweit sie – wie beim OLG – höher ist als die Gebühr des § 86 Abs. 2).

c) Der RA, der nur die Tätigkeit des § 91 Nr. 3 ausführt, kann mit Rücksicht auf § 13 Abs. 6 in Revisionen vor dem OLG nur die geringeren Sätze des § 86 Abs. 3 erhalten.

d) Der Vollverteidiger erhält die Gebühr des § 86 Abs. 3, der mit Einzeltätigkeit beauftragte RA die Gebühr des § 91 Nr. 3.

Der unter c) dargelegten Auffassung ist beizutreten. § 13 Abs. 6 verbietet, dem mit einer Einzeltätigkeit beauftragten RA eine höhere Vergütung zuzubilligen als dem mit der gesamten Angelegenheit beauftragten RA.

Die in a) genannte Auffassung ist abzulehnen, weil der Auftrag zur Vollverteidigung die Anwendung des § 91 ausschließt.

Die zu b) genannte Meinung findet im Gesetz keine Stütze. Genau bestimmte Gebühren können nicht deshalb höher bemessen werden, weil in einer anderen Vorschrift für eine u. U. gleichartige Tätigkeit eine höhere Vergütung angesetzt ist.

13 Zusatzgebühr bei Tätigwerden vor der Eröffnung des Hauptverfahrens, § 97 Abs. 3. Normalerweise entstehen Vergütungsansprüche gegen den Staat erst für Tätigkeiten ab Bestellung zum Pflichtverteidiger. Eine Ausnahme von diesem Grundsatz bringt § 97 Abs. 3, wonach der RA für die Tätigkeit als Verteidiger vor Eröffnung des Hauptverfahrens die Vergütung unabhängig vom Zeitpunkt seiner Bestellung erhält. Zu dem Vergütungsanspruch des § 97 Abs. 1 tritt zusätzlich noch eine weitere Gebühr in Höhe des Vierfachen der Mindestbeträge des § 84, sofern der Verteidiger auch im vorbereitenden Verfahren tätig war. Umstritten sind die Voraussetzungen, nach denen der vor der Eröffnung des Verfahrens als Wahlverteidiger tätig gewesene RA die Vorverfahrensgebühr als Pflichtverteidiger erhält. Umstritten ist hier wie beim Wahlverteidiger, was unter „vorbereitendem Verfahren" zu verstehen ist. Endet es mit dem Eröffnungsbeschluß,

Einzelheiten s. A 4 zu § 84

dann ergibt sich kein Problem; unabhängig vom Zeitpunkt der Anklageerhebung war der Verteidiger im Vorverfahren tätig und hat die Zusatzgebühr verdient.

Nach der wohl überw. M. endet es mit der Anklageerhebung.

Einzelheiten s. A 4 zu § 84.

Ein großer Teil der Gerichte gibt daher dem Pflichtverteidiger die Zusatzgebühr des § 97 Abs. 3 nur, wenn der Verteidiger im Verfahren bis zur Anklageerhebung tätig war, nicht aber, wenn er erstmals im Verfahrensabschnitt zwischen Anklageerhebung und Eröffnung tätig geworden ist.

Bamberg JurBüro 78, 1833 m. abl. Anm. von Mümmler; JurBüro 81, 1834 u. 82, 1362; Celle NdsRsp. 77, 281; Frankfurt JurBüro 77, 1578: Hamburg MDR 82, 955; Nürnberg JurBüro 86, 1206; Stuttgart KostRsp. BRAGO § 97 Nr. 7; Hamm AnwBl. 77, 37; Karlsruhe JurBüro 83, 1201; Übersicht zur Rechtsprechung der Landesgerichte s. Herget Anm. KostRsp. BRAGO § 97 Nr. 8 sowie Sommermeyer AnwBl. 83, 201; aus dem Nichtannahmebeschluß des BVerfG JurBüro 83, 63 mit Anm. v. Mümmler kann nichts entnommen werden.

Vor dem Kostenänderungsgesetz 1975 bestimmte der § 97 Abs. 1 S. 2: „War er auch vor Eröffnung des Hauptverfahrens als Verteidiger tätig, so erhält er, unabhängig vom Zeitpunkt seiner Bestellung, zusätzlich eine weitere Gebühr in Höhe des Vierfachen der Mindestgebühr des § 84." Da hier § 84 ausdrücklich genannt war, kam es auf die Streitfrage nicht an, wann das Vorverfahren endet. Dieser Satz 2 fiel durch das Kostenänderungsverfahren 1975 weg und wurde durch die allgemeine Vorschrift des § 97 Abs. 1 S. 1 ersetzt, wonach der Pflichtverteidiger das Vierfache der in den §§ 83 bis 86 bestimmten Mindestbeträge erhält. Es wird also nicht mehr gesagt, daß der Pflichtverteidiger die Gebühr des § 84 zusätzlich erhält, wenn er vor der Eröffnung des Hauptverfahrens – sei es auch nach Erhebung der Anklage – tätig gewesen ist. Dennoch ist es unrichtig, aus der Gesetzesänderung zu folgern, daß der Pflichtverteidiger die Gebühr des § 84 nur dann zusätzlich erhält, wenn sie auch der Wahlverteidiger erhält. Denn das Kostenänderungsgesetz 1975 war darauf abgestellt, die Vergütung des RA und auch des Pflichtverteidigers zu verbessern. Aus diesem Grunde ist den Gerichten zuzustimmen, die ansonsten der h. M. folgen und dem Wahlverteidiger nur die Gebühr des § 84 geben, wenn er vor der Anklageerhebung tätig war, dem Pflichtverteidiger die Gebühr des § 84 aber auch zusprechen, wenn er erst nach Anklageerhebung und vor Eröffnung tätig geworden ist.

Düsseldorf KostRsp. BRAGO § 87 Nr. 8 = Rpfleger 78, 232; AnwBl. 77, 472;

JurBüro 81, 1529 = Rpfleger 81, 1529; Karlsruhe JurBüro 77, 982; Koblenz Rpfleger 77, 264 = JurBüro 77, 975; Köln AnwBl. 77, 472; München Rpfleger 78, 188 = AnwBl. 78, 186; Schleswig JurBüro 86, 1207; Stuttgart AnwBl. 78, 357 = Rpfleger 78, 464; Zweibrücken JurBüro 77, 685 = Rpfleger 77, 185; weitere Rechtspr. insbes. LGe s. Herget a.a.O.

14 Die **Zusatzgebühr ist der vierfache Betrag des Mindestsatzes des § 84.** War der RA in der Hauptverhandlung tätig und erhält er zusätzlich die Gebühr nach Abs. 3, so erhält er also in den Fällen des § 83 Abs. 1 Nr. 1 560,— + 280,— = 840,— DM, in den Fällen des § 83 Abs. 1 Nr. 2 400,— + 200,— = 600,— DM und in den Fällen des § 83 Abs. 1 Nr. 3 320,— + 160 = 480,— DM. War der RA nur im Verfahren nach dem Ende des Vorverfahrens, aber nicht in der Hauptverhandlung und außerdem im Vorverfahren tätig, so beträgt seine Gebühr in den Fällen des § 84 Nr. 1 280,— + 280,— = 560,— DM, in den Fällen des § 84 Nr. 2 200,— + 200,— = 400,— DM, in den Fällen des § 84 Nr. 3 160,— + 160,— = 320,— DM. Zu den Gebühren des Berufungs- und des Revisionsverfahrens kann die Zusatzgebühr nicht hinzu- treten, da es in diesem Verfahren keine Vorverfahren gibt.

Bei der Zusatzgebühr für eine mehrtägige Hauptverhandlung tritt keine weitere Erhöhung ein. Der bestellte Verteidiger, der in einer zweitä- gigen Hauptverhandlung und im Vorverfahren tätig war, erhält also in den Fällen des § 83 Abs. 1 Nr. 1 560,— + 280,— (§ 84) + 515,— (Hälfte des Höchstbetrages aus Abs. 2) = 1355,— DM, in den Fällen des § 83 Abs. 1 Nr. 2 400,— + 200,— + 310,— = 910,— DM, in den Fällen des § 83 Abs. 1 Nr. 3 320,— + 160,— + 265,— = 745,— DM.

15 Die **Bestimmung des Abs. 3.** Grundsätzlich erhält ein beigeordneter RA (z. B. auch der im Wege der Prozeßkostenhilfe beigeordnete RA) aus der Staatskasse die Vergütung nur für die nach seiner Beiordnung (bei rückwir- kender Beiordnung ab Rückwirkung) entwickelte Tätigkeit. Von diesem Grundsatz bringt Abs. 3 eine Ausnahme. Der beigeordnete RA erhält unab- hängig vom Zeitpunkt seiner Bestellung (also auch wenn die Bestellung z. B. erst in der Hauptverhandlung erfolgt) die Vergütung für die vor der Eröff- nung des Hauptverfahrens entwickelte Tätigkeit aus der Staatskasse erstattet. Unter Vergütung sind einmal die Gebühren, zum anderen die Auslagen zu verstehen. Beispiele: Der Verteidiger ist im vorbereitenden Verfahren als Wahlverteidiger tätig gewesen. Er erhält als später beigeordneter Pflichtver- teidiger die Gebühr des § 84 für das vorbereitende Verfahren aus der Staats- kasse. Der Verteidiger hat den Beschuldigten vor der Eröffnung des Haupt- verfahrens mehrfach in einer auswärtigen Haftanstalt besucht. Er hat als später beigeordneter Verteidiger Anspruch auf Erstattung der Reisekosten.

Abs. 3 erwähnt nur die vor der Eröffnung des Hauptverfahrens entstandene Vergütung. Streitig ist, ob auch die nach der Eröffnung des Hauptverfahrens entstandene Vergütung aus der Staatskasse zu erstatten ist. Beispiele: Der Verteidiger wird erst am 4. Hauptverhandlungstag als Pflichtverteidiger be- stellt. Der Verteidiger besucht den Beschuldigten nach der Eröffnung des Hauptverfahrens noch mehrmals in der auswärtigen Strafanstalt. Eine Auffas- sung schließt aus dem Wortlaut „vor Eröffnung des Hauptverfahrens", daß die nach der Eröffnung des Hauptverfahrens, aber vor der Beiordnung entstandene Vergütung nicht aus der Staatskasse zu erstatten ist (in den

Beispielen: keine Erstattung der Gebühren für die ersten 3 Verhandlungstage, keine Erstattung der Reisekosten).

Koblenz OLGSt § 97 BRAGO = Rpfleger 81, 246; Hamm AnwBl. 80, 468 m. abl. Anm. von Chemnitz; LG Wuppertal JurBüro 78, 1352 mit zust. Anm. von Mümmler = KostRsp. Nr. 59 mit krit. Anm. von H. Schmidt.

Dieser Auffassung kann nicht zugestimmt werden. Für sie spricht zwar der Wortlaut der Bestimmung. Der Ausschluß der zwischen der Eröffnung des Hauptverfahrens und der Beiordnung entstandenen Vergütung von der Erstattung hat jedoch keinen Sinn. Wenn schon die Tätigkeit vor der Eröffnung des Hauptverfahrens aus der Staatskasse vergütet wird, besteht kein vernünftiger Grund, die nach der Eröffnung des Hauptverfahrens entwickelte Tätigkeit nicht aus der Staatskasse zu vergüten. Augenscheinlich ist bei der Fassung der Bestimmung übersehen worden, daß auch nach der Eröffnung des Hauptverfahrens, aber vor der Beiordnung noch Vergütungsansprüche entstehen können.

LG Hamburg Rpfleger 80, 163; AG Frankfurt Strafverteidiger 81, 247.

Ist der RA **mehreren Beteiligten beigeordnet** (z. B. mehreren Nebenklä- **16** gern), so erhöht sich nach § 6 Abs. 1 S. 3 die dem Pflichtanwalt nach den vorstehenden Ausführungen zustehende Gebühr für jeden weiteren Beteiligten um ³⁄₁₀. Diese Erhöhung tritt bei allen Gebühren ein, also auch bei der Zusatzgebühr für eine mehrtägige Verhandlung und bei der Zusatzgebühr des § 84 Abs. 1. Die erhöhten Gebühren sind aus der Tabelle (Die Gebühren in Strafsachen) am Schluß des Bandes ersichtlich.

Möglich ist auch, daß der RA einen Beteiligten als Pflichtanwalt und einen zweiten Beteiligten als Wahlanwalt betreut. Auch in diesem Falle erhöhen sich die Gebühren gemäß § 6 Abs. 1 Satz 3 um ³⁄₁₀. Bei dem Anspruch gegen die Staatskasse verbleibt es jedoch bei der Gebühr des Pflichtanwalts.

Über die Anrechnung von Zahlungen in diesem Falle vgl. A 4 zu § 101.

Abtrennung und Verbindung. Bei Abtrennung einer verbundenen Sache **17** erhält der bestellte Verteidiger für die abgetrennte Sache auch dann eine besondere Hauptverhandlungsgebühr, wenn er für den gleichen Verhandlungstag bereits eine solche für die verbundenen Sachen erhalten hat. War er schon vor dem Ende des vorbereitenden Verfahrens als bestellter Verteidiger tätig, so steht ihm die Zusatzgebühr des § 84 Abs. 1 nur einmal zu.

Ist der RA vor der Verbindung in mehreren Sachen als Pflichtverteidiger bestellt worden, so erhält er die Gebühr des § 84 für jedes Verfahren, die Gebühr des § 83 aber nur einmal, wenn die Sachen vor dem Beginn der Hauptverhandlung miteinander verbunden worden sind. Werden die Sachen jedoch erst in dem Hauptverhandlungstermin verbunden, erhält der RA auch die Gebühr des § 83 doppelt oder – bei mehreren Sachen – mehrfach.

Düsseldorf AnwBl. 71, 24.

Für die Anfertigung oder Unterzeichnung eines Antrags auf **Wiederaufnah-** **18** **me des Verfahrens** und die Vertretung in dem Verfahren zur Entscheidung über diesen Antrag gelten nach § 90 die in § 84 bestimmten Gebühren. Da die Bestellung des Verteidigers sich auch auf dieses Verfahren erstreckt, hat er also unter den Voraussetzungen des § 90 außer den in dem wiederaufzunehmenden Verfahren verdienten Gebühren noch Anspruch auf den vierfachen Betrag der

Mindestgebühr des § 84 für seine Tätigkeit in dem Verfahren zur Entscheidung über den Wiederaufnahmeantrag. Wird er danach noch in dem wiederaufgenommenen Verfahren tätig, so erhält er für dieses neue Verfahren die Gebühr des § 97 nochmals, vorausgesetzt, daß er in dem neuen Verfahren als Pflichtverteidiger beigeordnet wird.

Wegen der Notwendigkeit der Stellung eines Antrages gemäß § 364b Abs. 1 StPO in den Fällen des § 90 Abs. 1 S. 2 vgl. oben A 3 am Ende.

War der RA in dem wiederaufgenommenen Verfahren nicht als Pflichtanwalt beigeordnet, muß er sich für das Wiederaufnahmeverfahren als Pflichtanwalt beiordnen lassen. Die Bestellung zum Pflichtverteidiger in der neuen Hauptverhandlung wirkt nicht auf das vorgeschaltete Wiederaufnahmeverfahren zurück. Abs. 3 ist nicht entsprechend anzuwenden.

Celle NdsRpfl. 82, 97.

19 In **Strafsachen von besonderem Umfang oder besonderer Schwierigkeit** kann in § 99 dem bestellten Verteidiger und dem beigeordneten RA auf Antrag eine Pauschvergütung bewilligt werden. Näheres s. bei § 99.

20 Für den Anspruch auf **Ersatz von Auslagen** aus der Staatskasse gilt nach § 97 Abs. 2 § 126 Abs. 1 S. 1, Abs. 2. Wegen des Vorschusses gilt § 127 sinngemäß. Näheres über den Auslagenersatz s. bei § 126, für die Postgebührenpauschale bei § 26, für die Schreibauslagen (z. B. Ablichtungen aus den Strafakten) bei § 27. Ein Vorschuß kann nach § 127 für bereits entstandene Gebühren und für entstandene und voraussichtlich entstehende Auslagen verlangt werden. Wegen eines Vorschusses für die Pauschvergütung des § 99 vgl. A 12 zu § 99. § 126 Abs. 1 S. 2 ist nicht für anwendbar erklärt worden. Wird ein Pflichtverteidiger bestellt, der seine Kanzlei nicht am Sitze des Prozeßgerichts hat, so sind seine notwendigen Reisekosten voll zu erstatten. Ein Verzicht ist unwirksam.

Hartmann A 2; Riedel/Sußbauer A 4; Hamm NJW 68, 854 und AnwBl. 82, 214; LG Aurich AnwBl. 70, 325; vgl. auch Bamberg JurBüro 79, 859 (Verzicht dann wirksam, wenn auch dem Beschuldigten gegenüber erklärt) und Hamm AnwBl. 80, 39 = JurBüro 79, 1668 (Die Bestellung eines Pflichtverteidigers unter Beschränkung seiner Ansprüche auf Erstattung von Reisekosten und Zahlung von Abwesenheitsgeldern ist mit Einverständnis des Verteidigers zulässig. Das Einverständnis ist jedenfalls dann rücknehmbar, wenn die bei der Bestellung zu erwartende Prozeßdauer erheblich überschritten wird); Koblenz MDR 79, 427.

Die Feststellung nach § 126 Abs. 2 kann auch für andere Auslagen als Reisekosten getroffen werden. Der Pflichtverteidiger, der z. B. umfangreiche Ablichtungen fertigen will, kann also vorher die Notwendigkeit dieser Ablichtungen feststellen lassen.

Der frühere Streit, ob der Pflichtverteidiger, der vor der Eröffnung des Hauptverfahrens tätig geworden, aber erst danach bestellt worden ist, außer der Gebühr für das vorbereitende Verfahren auch die Erstattung seiner vor der Beiordnung entstandenen notwendigen Auslagen fordern kann, ist nunmehr durch Abs. 3 dahin entschieden worden, daß es auch für die Erstattung der Auslagen nicht auf den Zeitpunkt der Beiordnung ankommt. „Vergütung" i. S. des Abs. 3 sind Gebühren und Auslagen. Abs. 3 sollte erweiternd dahin ausgelegt werden, daß auch die nach der Eröffnung des

Hauptverfahrens, aber vor der Beiordnung entstandenen Auslagen aus der Staatskasse erstattet werden.

KG AnwBl. 80, 467; LG Hamburg Rpfleger 80, 163 (Wird ein RA erst im Laufe des Hauptverfahrens beigeordnet, so hat er auch Anspruch auf Erstattung der Auslagen, die ihm nach Eröffnung des Hauptverfahrens, aber vor seiner Beiordnung erwachsen sind); Weitere Einzelheiten s. in den Anm. von Schmidt u. Herget KostRsp. BRAGO § 97 Nr. 9; wegen der Auslagen, die nach Eröffnung des Hauptverfahrens aber vor Bestellung zum Pflichtverteidiger entstehen vgl. Düsseldorf JurBüro 86, 571; **a. M.** Hamm AnwBl. 80, 468 mit abl. Anm. von Chemnitz; Hamburg Rpfleger 80, 202 (Wird der Anwalt erst im Laufe des Hauptverfahrens beigeordnet, so hat er keinen Anspruch auf Erstattung der Auslagen, die ihm nach Eröffnung des Hauptverfahrens, aber vor seiner Beiordnung erwachsen sind); Zweibrücken JurBüro 83, 1203; vgl. hierzu vorst. Anm. 15a.

Nach § 97 Abs. 2 S. 1 in Verb. mit § 126 Abs. 2 kann der Pflichtverteidiger vor Entstehung der Aufwendungen – und zwar aller Aufwendungen, nicht nur der Reisekosten – ihre Notwendigkeit feststellen lassen. Werden die Auslagen als notwendig festgestellt, ist diese Feststellung für das Festsetzungsverfahren bindend. Gegen den ablehnenden Bescheid sieht das Gesetz keine Rechtsmittel vor; § 128 Abs. 3 ist nicht für anwendbar erklärt. Also ist die Entscheidung unanfechtbar.

h. M. Zweibrücken JurBüro 84, 418 m. weiteren Nachweisen; Düsseldorf JurBüro 86, 891.

Als Ausweg bietet sich an gem. § 97 Abs. 4 in Verb. m. § 127 für die voraussichtlich entstehenden Auslagen einen angemessenen Vorschuß zu fordern. Da § 98 sinngemäß gilt, ist gegen die Ablehnung des Vorschusses gem. § 98 Abs. 2 Erinnerung und gem. Abs. 3 Beschwerde möglich, wenn der Beschwerdegegenstand 100 DM übersteigt.

Nur der positive Bescheid gem. § 126 Abs. 2 bindet im Festsetzungsverfahren. Trotz negativen Bescheides müssen Auslagen ersetzt werden, wenn sich später herausstellt, daß sie notwendig waren.

Zweibrücken AnwBl. 81, 511.

Das **Verhältnis** des bestellten Verteidigers **zu dem Beschuldigten** ist in 21 § 100 geregelt.

Die **Fälligkeit des Gebührenanspruchs** regelt § 16. Der Anspruch gegen 22 die Staatskasse auf Zahlung der Pflichtverteidigervergütung erlischt nicht dadurch, daß der RA gegen den Beschuldigten seinen Anspruch auf Zahlung der Gebühren eines gewählten Verteidigers gemäß § 100 durchzusetzen versucht.

Nürnberg Rpfleger 70, 443.

Gemäß § 127 kann der Pflichtverteidiger **Vorschuß** fordern. Die Gebühren müssen bereits angefallen sein, die Auslagen müssen zu erwarten sein.

Die Vorschrift des § 97 gilt gemäß § 102 auch für den dem Privatkläger, 23 Nebenkläger oder sonst **beigeordneten Rechtsanwalt.**

Über die **Stellvertretung** s. A 15 zu § 4. 24

§ 97a Tätigkeit als Kontaktperson

(1) **Der nach § 34a des Einführungsgesetzes zum Gerichtsverfassungsgesetz als Kontaktperson beigeordnete Rechtsanwalt erhält für seine gesamte Tätigkeit das Zweifache der Höchstgebühr des § 83 Abs. 1 Nr. 1 aus der Staatskasse, ferner Ersatz seiner Auslagen. Für eine besonders umfangreiche Tätigkeit bewilligt das Oberlandesgericht, in dessen Bezirk die Justizvollzugsanstalt liegt, auf Antrag eine höhere Gebühr als nach Satz 1.**

(2) **Die Vergütung wird auf Antrag von dem Urkundsbeamten der Geschäftsstelle des Landgerichts festgesetzt, in dessen Bezirk die Justizvollzugsanstalt liegt.**

(3) **Im übrigen gelten die Bestimmungen dieses Gesetzes sinngemäß.**

1 Allgemeines. § 97a ist eingeführt worden durch das Gesetz zur Änderung des Einführungsgesetzes zum Gerichtsverfassungsgesetz vom 4. Dezember 1985 (BGBl. I 2141). Er hat zum Ziel, die Auswirkungen einer Kontaktsperre nach §§ 31 ff. EGGVG für den betroffenen Gefangenen zu mildern, ohne daß dadurch der Schutz vor terroristischen Aktivitäten beeinträchtigt wird. Durch die Beiordnung eines RA gem. § 34a EGGVG als Kontaktperson sollen die strafprozessualen Garantien und die Rechtsposition des betroffenen Gefangenen gestärkt werden. Der beigeordnete RA wird als Kontaktperson nur auf Antrag des betroffenen Gefangenen bestellt und soll ihm während der Kontaktsperre rechtlichen Beistand leisten. Der als Kontaktperson beigeordnete RA ersetzt jedoch nicht den Verteidiger und hat nur beschränkte Aufgaben zugunsten des betroffenen Gefangenen.

2 Gebühren. Abs. 1 regelt die Vergütung des als Kontaktperson beigeordneten RA. Weil die BRAGO keine Vorschriften enthält, die unmittelbar oder sinngemäß (§ 2) angewendet werden konnten, war eine eigenständige Regelung erforderlich.

Die Gebühr beträgt nach S. 1 für die gesamte Tätigkeit das Zweifache der Höchstgebühr des § 83 Abs. 1 Nr. 1, also 2 × 2060 DM = 4120 DM. Hiermit wird der Breite und Schwierigkeit der Aufgaben der Kontaktperson Rechnung getragen.

3 Auslagen. Nach ·1 S. 1 erhält der RA ferner Ersatz seiner Auslagen aus der Staatskasse. Nach Abs. 3 gelten im übrigen die Bestimmungen dieses Gesetzes sinngemäß. Von diesem kommen vor allem § 97 Abs. 2 S. 1 i. V. m. § 126 über den Umfang und die Feststellung der Erforderlichkeit der Auslagen sowie § 97 Abs. 4 i. V. m. § 127 über den Vorschuß in Betracht.

4 Pauschgebühr nach § 99. Nach Abs. 1 S. 2 bewilligt das Oberlandesgericht, in dessen Bezirk die Justizvollzugsanstalt liegt, für eine besonders umfangreiche Tätigkeit auf Antrag eine höhere Gebühr als nach S. 1.

5 Festsetzung. Die Vergütung nach Abs. 1 S. 1 wird auf Antrag von dem Urkundsbeamten der Geschäftsstelle des Landgerichts festgesetzt, in dessen Bezirk die Justizvollzugsanstalt liegt.

§ 98 Festsetzung der Gebühren

(1) **Die aus der Staatskasse zu gewährende Vergütung wird auf Antrag des Rechtsanwalts von dem Urkundsbeamten der Geschäftsstelle des Gerichts des ersten Rechtszuges festgesetzt. § 104 Abs. 2 der Zivilprozeßordnung gilt sinngemäß.**

(2) **Über die Erinnerung des Rechtsanwalts oder der Staatskasse gegen die Festsetzung nach Absatz 1 entscheidet der Vorsitzende des Gerichts des ersten Rechtszuges durch Beschluß.**

(3) **Gegen den Beschluß ist Beschwerde nach den Vorschriften der §§ 304 bis 310, 311a der Strafprozeßordnung zulässig.**

(4) **Das Verfahren über die Erinnerung und über die Beschwerde ist gebührenfrei. Kosten werden nicht erstattet.**

Die Vorschrift regelt die Festsetzung der aus der Staatskasse zu gewähren- **1** den Vergütung. § 98 gilt nur für den bestellten Verteidiger, sondern gemäß § 102 Abs. 1 auch für den dem Privatkläger, dem Nebenkläger, dem Antragsteller im Klagerzwingungsverfahren oder sonst beigeordneten RA. Auch für den im Verfahren nach dem Gesetz über die internationale Rechtshilfe in Strafsachen beigeordneten RA ist gemäß § 107 Abs. 2 der § 98 entsprechend anwendbar.

§ 98 gilt dagegen nicht für den Anspruch des gerichtlich bestellten RA gegen den Beschuldigten (vgl. hierzu §§ 100).

§ 98 ist auch nicht anwendbar für die Gebühren des Wahlverteidigers, über dessen Gebühr nur im Rechtsstreit entschieden werden kann (vgl. § 19 Abs. 7). Schließlich gilt die Vorschrift nicht für die Festsetzung der Kosten, die von einem Beteiligten einem anderen Beteiligten zu erstatten sind (vgl. hierzu §§ 464 ff. StPO).

Der RA muß einen **Antrag** auf Festsetzung der Vergütung stellen. Dieser **2** Antrag soll der Berechnung des § 18 entsprechen. Anzugeben sind hiernach die Beträge der einzelnen Gebühren unter Angabe der angewandten Gebührenvorschriften,

die Beträge der Auslagen, wobei hinsichtlich der Post-, Telegrafen-, Fernsprech- und Fernschreibkosten die Angabe des Gesamtbetrages genügt,

die Beträge der etwa erhaltenen Vorschüsse.

Über die Abdruckstellen der bundeseinheitlich beschlossenen Bestimmungen über die Festsetzung der aus der Staatskasse zu gewährenden Vergütung der RAe

Vgl. Schönfelder Deutsche Gesetze BRAGO § 98 Fußn. 2.

Die Entstehung der Auslagen ist glaubhaft zu machen. Dabei genügt hinsichtlich der Auslagen an Porto, Telegrafen-, Fernsprech- und Fernschreibgebühren die Versicherung des RA, daß diese Auslagen entstanden sind. Der RA kann auch an Stelle der tatsächlichen Portoauslagen usw. die Pauschale des § 26 Satz 2 (nach den Gebühren des Wahlverteidigers) fordern. Werden Schreibauslagen in größerem Umfange gefordert, sollte dargelegt werden, welche Ablichtungen gefertigt worden sind und daß diese Ablichtungen notwendig waren.

Der Antrag ist zulässig, sobald die Vergütung fällig ist; vgl. hierzu § 16.

Vorschüsse auf die Gebühren können von dem RA gefordert werden, wenn die Gebühren bereits entstanden sind. Vorschüsse für Auslagen können sowohl für bereits entstandene als auch für voraussichtlich entstehende Auslagen gefordert werden. Vgl. § 127 Satz 1.

Eine Verzinsung der festgesetzten Kosten erfolgt nicht.

Schumann/Geißinger A 6; Frankfurt AnwBl. 74, 87 = NJW 74, 960 = Rpfleger 74, 126.

3 Der **Antrag** ist immer **an den Urkundsbeamten** der Geschäftsstelle des Gerichts des ersten Rechtszuges zu **richten.** Das gilt auch dann, wenn der RA von dem Gericht der höheren Instanz bestellt worden ist, etwa von dem OLG oder dem BGH für die Revisionshauptverhandlung. Hat der BGH den Verteidiger bestellt und gemäß § 103 die Bundeskasse die Vergütung zu zahlen, so hat der Urkundsbeamte der Geschäftsstelle des Gerichts des ersten Rechtszuges die Durchschrift des Festsetzungsgesuches dem BGH zur Erteilung der Auszahlungsanordnung zu übersenden.

Riedel/Sußbauer A 3; Schumann/Geißinger A 10.

Ist das Strafverfahren nicht gerichtlich anhängig geworden, z. B. im Falle des § 81 Abs. 3 StPO, so ist der Urkundsbeamte desjenigen Gerichts zuständig, das den Verteidiger bestellt hat (bei Bestellung auf Beschwerde das Erstgericht).

4 Der Urkundsbeamte (nicht der Rechtspfleger), an den der Antrag zu richten ist, hat auch über den Antrag zu entscheiden. Er wird dabei als unabhängiges Gerichtsorgan tätig.

Karlsruhe Justiz 77, 471; Koblenz MDR 75, 75; Stuttgart Rpfleger 74, 79.

Der Urkundsbeamte kann – z. B. zur Überprüfung der Notwendigkeit der Auslagenaufwendung – die Handakten des RA anfordern. Er soll sich jedoch hüten, in Zweifelsfällen seine eigene Auffassung betr. die Notwendigkeit über die Ansicht des RA zu stellen.

Über den Festsetzungsantrag ist durch Beschluß zu entscheiden. Dabei werden die Gebühren, die aus der Landeskasse zu erstatten sind, von denen zu trennen sein, die die Bundeskasse zu erstatten hat (z. B. die Gebühr für die Wahrnehmung der Revisionshauptverhandlung). Der Urkundsbeamte des ersten Rechtszuges hat über die Vergütung für die Wahrnehmung der Revisionshauptverhandlung vor dem BGH nicht zu entscheiden (das ist Sache des Urkundenbeamten beim BGH).

Die festgesetzte Vergütung ist nicht zu verzinsen.

5 Gegen den Festsetzungsbeschluß ist die – unbefristete – **Erinnerung gegeben** (nicht die Durchgriffserinnerung).

Koblenz Rpfleger 80, 356.

Erinnerungsberechtigt sind der RA und der Vertreter der zuständigen Staatskasse (Landes- oder Bundeskasse). Sie sind als Gegner der von der anderen Seite eingelegten Erinnerung zu hören.

Der Beschuldigte (in den Fällen des § 102 der Privatkläger usw.) ist an dem Erinnerungsverfahren nicht beteiligt. Er kann deshalb nicht Erinnerung einlegen. Allerdings wirkt auch der Festsetzungsbeschluß (die Erinnerungsentscheidung) nicht gegen ihn. Soweit die festgesetzten und dem RA ausgezahlten Kosten dem Beschuldigten gemäß Nr. 1906 KostVerz. (= Anl. 1 zum GKG) in Rechnung gestellt werden, kann er gegen eine ungerechtfertigte Inanspruchnahme gegen die Gerichtskostenrechnung Erinnerung einlegen. In diesem Erinnerungsverfahren ist über die dem Pflichtanwalt ausgezahlte Vergütung ohne Bindung an die nach § 98 ergangene Entscheidung neu zu befinden.

Über die Erinnerung entscheidet nicht das Gericht, sondern **der Vorsit-** 6 **zende** des Gerichts des ersten Rechtszuges, in erstinstanzlichen Strafkammersachen somit nicht die Strafkammer, sondern allein der Vorsitzende der Strafkammer.

Hamm JMBlNRW 73, 180; Koblenz MDR 75, 75 und 80, 956; Stuttgart Rpfleger 74, 79.

Zu beachten ist, daß über Erinnerungen im Kostenfestsetzungsverfahren (§ 464 b StPO) nicht der Vorsitzende, sondern das Gericht zu entscheiden hat.

Gegen den Beschluß des Vorsitzenden ist zufolge § 98 Abs. 3 die **Beschwerde** 7 nach den Vorschriften der §§ 304 bis 310, 311 a StPO zulässig. Nach § 304 Abs. 3 StPO ist die Zulässigkeit der Beschwerde davon abhängig, daß der Wert des Beschwerdegegenstandes, also der Betrag der Vergütung, gegen dessen Absetzung oder Zubilligung sich die Beschwerde richtet, 100,– DM übersteigt.

Vgl. auch Hamm JMBlNRW 68, 90 = OLGSt § 26 BRAGO (Entscheidet der Vorsitzende der Strafkammer über drei Erinnerungen gegen drei in einem Strafverfahren ergangene Kostenfestsetzungsentscheidungen des Urkundsbeamten in einem Beschluß, so bemißt sich der Wert des Beschwerdegegenstandes ausschließlich nach diesem Beschluß). (Bem. hierzu: Die Beträge sind also zur Feststellung der Beschwer zusammenzurechnen.)

Gegen Beschlüsse des Vorsitzenden ist nach § 304 Abs. 4 StPO keine Beschwerde zulässig, wenn der Vorsitzende des Strafsenats des OLG über die Erinnerungen entschieden hat. Es gibt auch keine Anrufung des Strafsenats.

Schumann/Geißinger A 14.

Nach § 306 StPO wird die Beschwerde bei dem Gericht, dessen Vorsitzender die angefochtene Entscheidung erlassen hat, zu Protokoll der Geschäftsstelle oder schriftlich eingelegt; sie kann in dringenden Fällen auch bei dem Beschwerdegericht eingelegt werden. Erachtet der Vorsitzende, dessen Entscheidung angefochten ist, die Beschwerde für begründet, so hat er ihr abzuhelfen. Eine weitere Beschwerde findet nach § 310 Abs. 2 StPO nicht statt. An eine Frist ist die Beschwerde nicht gebunden.

Hartmann A 4 A c.

Eine **Vergütung** erhält der RA nach § 98 Abs. 4 für die Verfahren der 8 Absätze 1 bis 3 nicht, also auch nicht im Erinnerungs- und Beschwerdeverfahren. Kosten werden nicht erstattet.

§ 99 Strafsachen besonderen Umfangs

(1) In besonders umfangreichen oder schwierigen Strafsachen ist dem gerichtlich bestellten Rechtsanwalt für das ganze Verfahren oder für einzelne Teile des Verfahrens auf Antrag eine Pauschvergütung zu bewilligen, die über die Gebühren des § 97 hinausgeht.

(2) **Über den Antrag entscheidet das Oberlandesgericht, zu dessen Bezirk das Gericht gehört, bei dem die Strafsache im ersten Rechtszug anhängig ist oder war. Der Bundesgerichtshof ist zur Entscheidung berufen, soweit er den Rechtsanwalt bestellt hat. In dem Verfahren ist die Staatskasse zu hören.**

Lit.: Helperts JVBl. 60, 204; H. W. Schmidt NJW 61, 350; Oswald AnwBl. 75, 434 und 76, 207; insbes. H. Schmidt AnwBl. 72, 59 (Die Pauschvergütung des § 99 BRAGO).

Übersicht über die Anmerkungen

1 Allgemeines. Die Vergütung, die der Pflichtverteidiger für seine Tätigkeit gemäß § 97 aus der Staatskasse erhält, liegt – wie die Vergütung des im Wege der Prozeßkostenhilfe beigeordneten RA (vgl. §§ 121 ff.) – unter den Normalgebühren. Für den Regelfall kann diese geringere Vergütung hingenommen werden.

In besonders umfangreichen oder schwierigen Verfahren kann sich die Vergütung des § 97 jedoch als unzumutbar niedrig erweisen. § 99 gewährt deshalb die Möglichkeit, eine höhere Pauschvergütung zu bewilligen. Zweck der Vorschrift ist es, eine Ausgleichsmöglichkeit für solche Fälle zu schaffen, in denen die gesetzlichen Gebühren die Arbeit des bestellten Verteidigers nicht ausreichend abgelten.

Düsseldorf Büro 60, 292 = JMBl NRW 60, 120 = Rpfleger 60, 224.

§ 99 gilt nicht nur für den gerichtlich bestellten Verteidiger, sondern auch für den RA, der dem Privatkläger, dem Nebenkläger oder dem Verletzten im Klageerzwingungsverfahren beigeordnet worden ist (vgl. § 102). Er ist ferner anwendbar in den gerichtlichen Verfahren bei Freiheitsentziehungen (vgl. § 112 Abs. 4) und in bestimmten Verfahren vor den Verfassungsgerichten (§ 113 Abs. 1).

Hartmann A 1.

Für den Wahlverteidiger und den diesem gleichgestellten RA gilt § 99 nicht. Der Wahlverteidiger hat die Möglichkeit, die Übernahme der Verteidigung von einer Honorarvereinbarung (§ 3) abhängig zu machen.

Hamburg AnwBl. 76, 352.

Voraussetzungen. § 99 gilt nicht für die durchschnittlichen Strafverfahren, **2** auch nicht für die Strafverfahren, die etwas über dem Durchschnitt liegen. Voraussetzung der Bewilligung der Pauschvergütung ist, daß die Strafsache besonders umfangreich oder besonders schwierig ist. Nicht erforderlich ist, daß die Strafsache besonders umfangreich und besonders schwierig ist. Für die Berechnung einer Pauschvergütung ist ausreichend, daß eine der beiden Voraussetzungen erfüllt ist.

Ist keine der beiden Voraussetzungen (besonderer Umfang oder besondere Schwierigkeit) jeweils für sich allein gesehen erfüllt, bedingten jedoch Umfang und Schwierigkeit in ihrer Gesamtheit eine besondere Inanspruchnahme und Mühewaltung des Pflichtverteidigers, so rechtfertigt auch dies die Bewilligung einer Pauschvergütung.

München AnwBl. 76, 178 = MDR 76, 689 = Rpfleger 76, 226 = JurBüro 76, 638.

Auf das Ergebnis des Verfahrens kommt es nicht an. Die Voraussetzungen des § 99 können auch dann erfüllt sein, wenn nach umfangreichen Ermittlungen das Verfahren eingestellt wird.

Besonders umfangreiche Strafsache. Bei dem Umfang ist der zeitliche **3** Aufwand zu berücksichtigen, den der RA auf die Sache verwenden muß. Dieser Aufwand muß erheblich über dem Zeitaufwand liegen, den der RA einer normalen Sache zu widmen hat, denn nur dann ist die Strafsache besonders umfangreich. Als Maßstab dienen nur gleichartige Verfahren, also z. B. für eine Schwurgerichtssache die normalen Schwurgerichtsverfahren, für eine Sache vor der großen Strafkammer die üblicherweise vor den großen Strafkammern durchgeführten Verfahren usw. Die Anforderungen dürfen aber nicht zu hoch gestellt werden.

Für die Bewilligung einer Pauschvergütung kann eine für den Beschuldigten in einem anderen Verfahren entfaltete gebührenpflichtige Tätigkeit (§§ 23ff. BZRG = Vorstrafenlöschung im Strafregister) nicht berücksichtigt werden, auch wenn es hierbei um die Klärung einer für die Verurteilung bedeutsamen Vorfrage ging.

Hamm JurBüro 66, 956.

Anzeichen für besonders umfangreiche Strafsachen sind der Umfang der Akten, insbes. auch der Beiakten (soweit sie nicht nur zur Feststellung der Rückfallvoraussetzungen beigezogen worden sind), die Zahl der Zeugen und Sachverständigen, die Dauer der Hauptverhandlung, die wiederholte Erstreckung der Hauptverhandlung in Zeiten, in denen ein RA üblicherweise in seiner Kanzlei zu tun hat, umfangreiche Vorbereitungstätigkeit, insbes. mit längeren Schriftsätzen, Erstreckung des Verfahrens über Jahre mit großen Zeitabständen usw.

Besonders schwierige Strafsache. Schwierigkeit liegt vor, wenn die Sache **4** aus besonderen Gründen – sei es rechtlichen, sei es tatsächlichen – über das Normalmaß hinaus verwickelt ist. Auch hier ist nötig, daß die Schwierigkeit erheblich ist. Es reicht also nicht aus, daß die Strafsache etwas verwickelter als üblich ist.

5 Beispiele. Die Gerichte waren im allgemeinen bei Anwendung des § 99 viel zu streng. Sie stellten so hohe Anforderungen an den Begriff „außergewöhnlich", daß aus ihm der Begriff „ganz außergewöhnlich" wurde.

Um eine Änderung dieser Rechtsprechung zu erreichen, wurde das Wort „außergewöhnlich" durch das Wort „besonders" ersetzt. Die Strafsenate der Oberlandesgerichte sollen durch diese Gesetzesänderung angehalten werden, großzügiger in der Bewilligung von Pauschvergütungen zu verfahren (sowohl zur Möglichkeit einer Bewilligung als auch zur Höhe der Pauschvergütung). Zweck des § 99 ist, dem Pflichtverteidiger ein angemessenes Entgelt für seine Tätigkeit zu gewähren. Viele Oberlandesgerichte sind jedoch bei der strengen Handhabung des § 99 verblieben.

Eine Verhandlungsdauer von 6 bis 8 Stunden kann beim Schwurgericht noch als „gewöhnlich" angesehen werden. Dagegen überschreitet sie bei der Strafkammer bereits die Grenze (übliche Dauer der Hauptverhandlung etwa 4 bis 5 Stunden) und ist beim Amtsrichter als Einzelrichter (übliche Dauer der Hauptverhandlung etwa 2 Stunden) bereits ungewöhnlich lang.

Vgl. jedoch Bamberg JurBüro 79, 71 (Strafkammer 8 Stunden sind normal); 82, 90 u. 84, 1191; Bremen JurBüro 81, 1193; Hamm JurBüro 79, 552; Köln KostRsp. BRAGO § 99 Nr. 57; Saarbrücken KostRsp. BRAGO § 99 Nr. 3.

Mehrtägige Verhandlungen können besonders umfangreich sein. Zu beachten ist zwar, daß für jeden weiteren Verhandlungtag zusätzliche Gebühren gewährt werden (vgl. §§ 83 Abs. 2, 85 Abs. 2, 86 Abs. 2), so daß der Zeitaufwand für jeden weiteren Tag durch die zusätzliche Gebühr an sich abgegolten ist. Durch die zusätzliche Gebühr wird jedoch nicht abgegolten der erhebliche Zeitaufwand, der zur Vorbereitung der Verhandlung erforderlich ist. Der für die Vorbereitung einer mehrtägigen Verhandlung gebotene Zeitaufwand kann die Strafsache zu einer besonders umfangreichen machen. Ein klassisches Beispiel bildet ein von dem Kammergericht entschiedener Fall: Eine Strafsache war von der großen Strafkammer in 41 ½ Stunden bei 8 Verhandlungtagen verhandelt worden. Eine Verhandlungsdauer von 5 bis 6 Stunden je Tag ist nicht außergewöhnlich. Außergewöhnlich zeitraubend war aber die Vorbereitung auf die Verhandlung: Die Anklageschrift umfaßte 222 Seiten. Die Gerichtsakten beliefen sich auf 14 Bände. Zu ihnen kamen noch 12 Bände Beiakten. Hier hätte das Kammergericht bereits nach altem Recht eine Pauschvergütung bewilligen müssen, zumindest für die Vorbereitungszeit.

H. Schmidt JurBüro 63, 545 gegen KG JurBüro 63, 544.

Die Wahrnehmung eines einzelnen Beweistermins außerhalb der Hauptverhandlung macht die Strafsache noch nicht zu einer besonders umfangreichen.

Nürnberg BayJMBl. 59, 21 = Büro 59, 71.

Ist jedoch eine größere Zahl von Terminen außerhalb der Hauptverhandlung wahrzunehmen, liegt bereits eine besonders umfangreiche Strafsache vor.

Nürnberg JurBüro 66, 778.

Ebenso kann ein besonders häufiger Besuch des Angeklagten in der Untersuchungshaft – falls erforderlich – die Sache zu einer besonders umfangreichen machen.

Nürnberg JurBüro 66, 788; Bremen KostRsp. § 99 Nr. 45.

Ist ein auswärtiger RA zum Pflichtverteidiger bestellt worden, so ist auch die Zeit außerhalb des Termins, in der er seiner Kanzlei fernbleiben muß, zu berücksichtigen.

Schumann/Geißinger A 14; Köln AnwBl. 64, 267 = NJW 64, 1334.

Eine besonders umfangreiche Sache kann auch dann vorliegen, wenn im Vorverfahren die Durcharbeitung umfangreicher Akten, langwierige und zahlreiche Besprechungen, umfangreiche Verteidigungsschriften und Beweisanträge erforderlich sind oder wenn das Hauptverfahren auf längere Zeit die volle Arbeitskraft des RA in Anspruch nimmt.

Bremen KostRsp. BRAGO § 99 Nr. 36; Stuttgart AnwBl. 72, 89; Köln AnwBl. 66, 237.

Besonders schwierig ist eine Strafsache nicht bereits deshalb, weil gemäß § 265 StPO auf eine Veränderung des rechtlichen Gesichtspunktes hingewiesen worden ist.

Riedel/Sußbauer A 10.

Ebenso reicht für sich allein nicht aus, daß in der Verhandlung ein Psychiater oder ein Psychologe beigezogen worden ist.

Dagegen wird eine besondere Schwierigkeit vorliegen, wenn der Angeklagte der deutschen Sprache nicht mächtig ist und mit ihm nur über einen Dolmetscher verkehrt werden kann.

Bamberg JurBüro 79, 1527; Koblenz KostRsp. BRAGO § 99 Nr. 113.

Eine Strafsache kann auch dadurch besonders schwierig werden, daß sich der Angeklagte in hohem Maße uneinsichtig zeigt und eine ordnungsgemäße Verteidigung erheblich behindert.

Bremen KostRsp. BRAGO § 99 Nr. 19; KG KostRsp. Nr. 25

Die Einsparung der Zuziehung eines Dolmetschers im Vorverfahren durch eigene Sprachkenntnisse des Pflichtverteidigers kann für sich allein bereits eine Erhöhung der Vorverfahrensgebühr bewirken.

Im Einzelfall kann die Strafsache schwierig werden, wenn in der Hauptverhandlung ein Dolmetscher zugezogen werden muß, so daß auch die Gebühr für die Wahrnehmung der Hauptverhandlung zu erhöhen ist.

Vgl. KG Rpfleger 62, 40 (Bei der Prüfung der Frage, ob eine besonders schwierige Sache vorlag, ist zu berücksichtigen, daß die Verhandlungen mit dem Angeklagten bereits deswegen besonders schwierig waren, weil mit ihm nur englisch gesprochen werden konnte).

Ebenso kann die Strafsache besonders schwierig sein, wenn besondere Kenntnisse erforderlich sind. Als besonders schwierig sind z. B. solche Sachen anzusehen, für die sich der RA die Kenntnis ausländischen Rechts verschaffen muß, oder bei denen über das normale Maß hinausgehende wirtschaftliche, buchhalterische oder steuerrechtliche Kenntnisse erforderlich sind, die sich der RA nur schwierig verschaffen kann.

Schumann/Geißinger A 22; Hamm KostRsp. BRAGO § 99 Nr. 112.

6 Der **gerichtlich bestellte Rechtsanwalt** oder sein allgemeiner Vertreter oder – mit Zustimmung des Gerichts – ein anderer in § 4 genannter Vertreter muß die Verteidigung geführt haben.

Hat – mit Zustimmung des Gerichts – ein anderer RA den gerichtlich bestellten RA vertreten, so steht die Vergütung dem Vertretenen zu.

> Hamburg MDR 64, 170.

Für den Pflichtverteidiger, der sich in der Hauptverhandlung durch einen bei ihm beschäftigten, aber nicht zu seinem allgemeinen Vertreter bestellten Assessor hat vertreten lassen, kommt eine Pauschvergütung jedoch nicht in Betracht.

> Hamm JVBl. 69, 95 und JurBüro 79, 520 = AnwBl. 79, 236; Oldenburg JurBüro 79, 68.

7 **Die Vergütung kann für das ganze Verfahren oder für einzelne Teile des Verfahrens** bewilligt werden. Üblich ist, die Vergütung nach Instanzen zu trennen, zumal die Tätigkeit in den einzelnen Instanzen verschieden schwierig und umfangreich sein kann.

Innerhalb der Instanz die Vergütung für einen einzelnen Verfahrensabschnitt zu bewilligen, ist zwar zulässig (also z. B. für die Hauptverhandlung oder für das Verfahren bis zur Hauptverhandlung),

> Riedel/Sußbauer A 2; jedoch keine weitere Unterteilung im Verfahren vor der Eröffnung und nach der Eröffnung des Hauptverfahrens: Hamm JurBüro 66, 955 = JMBlNRW 66, 155.

aber unüblich und nicht zu empfehlen.

> Vgl. Düsseldorf JurBüro 80, 392 (im allgemeinen nur, wenn der Verteidiger ausscheidet); Bamberg JurBüro 83, 876 (Der Antrag nach § 99 kann nicht auf einzelne Tage der Hauptverhandlung beschränkt werden. Die Überlänge eines Hauptverhandlungstages kann durch die kurze Dauer eines anderen Hauptverhandlungstages kompensiert werden).

8 **Pauschvergütung.** Der RA erhält unter den Voraussetzungen des § 99 keine – über die Sätze des § 97 hinaus – erhöhten Gebühren für einzelne Tätigkeiten, sondern für seine gesamte Tätigkeit, die abgegolten werden soll (vgl. A 7), einen festen Pauschbetrag. Dieser Pauschbetrag wird allerdings in der Regel in der Weise gefunden, daß die einzelnen Tätigkeiten bewertet werden. Zuerkannt wird aber der Pauschbetrag. Es ist also nicht die erwachsene Pflichtverteidigergebühr zu bestimmen und zu erhöhen. Es ist vielmehr die nach Zeitaufwand und Schwierigkeit angemessene Vergütung zu ermitteln.

9 **Auslagen.** Durch die Pauschvergütung wird nur der Gebührenanspruch des RA abgegolten. Die Auslagen sind gesondert – nicht von dem Oberlandesgericht, sondern von dem Urkundsbeamten im Kostenfestsetzungsverfahren – festzusetzen.

> Riedel/Sußbauer A 17; Düsseldorf Rpfleger 61, 414; KG Rpfleger 62, 40.

Der RA hat also neben der Pauschvergütung Anspruch auf Ersatz seiner Postgebühren (§ 26), seiner Schreibauslagen (§ 27) und seiner Reisekosten (§ 28).

> Düsseldorf Rpfleger 61, 414 (für Aktenauszug).

Die Pauschvergütung ist eine gesetzliche Vergütung. Der RA kann deshalb die Umsatzsteuer neben ihr berechnen.

Hartmann A 3 D; BGH Rpfleger 62, 261 = JVBl. 62, 250 = Büro 62, 341.

Die Höhe der Pauschvergütung läßt sich nicht für alle Fälle gleichmäßig **10** bestimmen. Sie muß über den Gebühren des § 97 liegen. Sie kann sogar die gesetzlichen Höchstbeträge des §§ 83 ff. übersteigen.

Hartmann A 2 B; Riedel/Sußbauer A 4; Bamberg JurBüro 80, 1043 (Bei der Festsetzung einer Pauschvergütung ist nicht von der aufgewendeten Zeit im Sinne einer stundenweisen Berechnung auszugehen. Die Arbeitszeit ist nur ein Indiz für den besonderen Umfang der Sache. – Das OLG Bamberg hat den fünffachen Betrag der Höchstgebühr eines Wahlverteidigers bewilligt.); Hamm JurBüro 78, 1821; München AnwBl. 77, 78 = JurBüro 77, 359 mit Anm. von Mümmler = MDR 77, 251 (L) = Rpfleger 77, 114 und AnwBl. 82, 213 = JurBüro 82, 93 (Pauschvergütung in Höhe der doppelten Wahlanwaltshöchstgebühr); Nürnberg JurBüro 87, 245; vgl. aber Bremen JurBüro 81, 1193 (Die Höchstgebühr eines Wahlverteidigers stellt grundsätzlich auch die Höchstgrenze der Pauschvergütung eines Pflichtverteidigers dar) und Düsseldorf AnwBl. 82, 265 = JurBüro 82, 246 (Pauschvergütungen, die die gesetzlichen Gebühren eines Wahlverteidigers überschreiten, kommen für einen Pflichtverteidiger nur ausnahmsweise, nämlich bei außergewöhnlich umfangreichen oder schwierigen Strafsachen in Betracht).

Für eine Strafsache vor der großen Strafkammer mit eintägiger Hauptverhandlung kann also z. B. eine Pauschvergütung von 2500,— DM bewilligt werden (gesetzliche Höchstgebühr des § 83 Abs. 1 Nr. 2, 1240,— DM).

In einem extrem umfangreichen und schwierigen Verfahren ist eine Pauschvergütung von 100000,— DM bewilligt worden (Pflichtverteidigergebühr 13200,— DM, Wahlverteidigerhöchstgebühr 27000,— DM).

München AnwBl. 77, 118.

Bei Strafsachen, die zwar besonders, aber nicht „außergewöhnlich" sind, wird im allgemeinen eine Vergütung in Höhe des zwei- bis dreifachen Betrages der Pflichtverteidigergebühr des § 97 zu bewilligen sein.

Im Einzelfall kann eine noch höhere Pauschvergütung angemessen sein.

Bamberg JurBüro 77, 950 (Höchstgebühr); Karlsruhe AnwBl. 79, 279 (mit Angabe von Tagessätzen); München AnwBl. 65, 55 (Festsetzung einer Pauschgebühr von 2000,— DM wegen beosnderen Umfangs und besonderer Schwierigkeit eines Strafverfahrens, das die Verunglimpfung des Andenkens eines Verstorbenen zum Gegenstand hatte und das vor der Hauptverhandlung eingestellt wurde – Regelgebühr 45,— DM) und AnwBl. 77, 78 = Rpfleger 77, 114 = JurBüro 77, 369 = MDR 77, 251 (Die Höchstgebühren eines Wahlverteidigers stellen zwar grundsätzlich auch die Höchstgrenze für die Bemessung der Pauschvergütung des Pflichtverteidigers dar. Doch ist ein Überschreiten dieser Grenze dann zulässig und geboten, wenn auch die Wahlverteidigerhöchstgebühr in einem grob unbilligen Mißverhältnis zu der Inanspruchnahme des Pflichtverteidigers stehen würde).

Leitlinien für die Festsetzung der Pauschvergütung hat Schleswig aufgestellt, Regelsätze für Großverfahren Köln.

Schleswig JurBüro 86, 197 = SchlHA 85, 184; Köln NJW 66, 1281 = AnwBl. 86, 237; s. auch München AnwBl. 77, 118.

Soweit gelegentlich ausgeführt wird, Billigkeitserwägungen seien nicht zulässig, so ist dies unrichtig. Mit der Vorschrift des § 99 soll gerade vermieden werden, daß der RA sich mit einer unbilligen Vergütung begnügen soll.

Daher unrichtig Bamberg JurBüro 82, 90 (Die Pauschvergütung muß nicht kostendeckend sein).

Eine mehrtägige Verhandlung wird allerdings durch die Zusatzvergütung des § 83 Abs. 2 (§ 85 Abs. 2, § 56 Abs. 2) abgegolten. Nicht abgegolten wird aber die zusätzlich notwendige Vorbereitungszeit, für die ja nicht die Vergütung des § 83 Abs. 2 bestimmt ist, die vielmehr nur durch die Gebühr des § 83 Abs. 1 abgegolten wird. Dauert die Verhandlung an den weiteren Verhandlungstagen lange, kann auch dies ein Grund für die Bewilligung einer Pauschvergütung sein.

11 Zeitpunkt der Bewilligung. Die Pauschvergütung ist zu bewilligen, sobald die zu vergütende Tätigkeit abgeschlossen ist. In der Regel muß also die Instanz beendet sein. Bei der Bewilligung einer Pauschvergütung für die Revisionsbegründung muß die Begründungsschrift vorliegen.

> Riedel/Sußbauer A 15; Hamm NJW 65, 1826 = JMBlNRW 66, 69; vgl. aber Düsseldorf JurBüro 80, 392 (regelmäßig erst nach Rechtskraft).

12 Ein **Vorschuß** auf die Pauschvergütung ist im Gesetz nicht vorgesehen. Die Zahlung eines Vorschusses wird deshalb im allgemeinen nicht in Betracht kommen.

Jedoch kann in Monsterprozessen, die den RA auf Wochen oder Monate seiner Praxis entziehen, eine Vorschußzahlung geboten sein. Als Anhalt bietet sich die für den Sachverständigen in § 14 Abs. 2 ZSEG geschaffene Bestimmung an. Die Oberlandesgerichte sind zwischenzeitlich etwas großzügiger geworden und bewilligen einen Vorschuß bereits dann, wenn dies der Billigkeit entspricht.

> Schumann/Geißinger A 42; Bamberg JurBüro 82, 94 (in Großverfahren); Bremen NJW 67, 899; Düsseldorf JurBüro 80, 392 (nur in Großverfahren); Hamburg AnwBl. 67, 410 = NJW 67, 2220; Hamm NJW 68, 1537; Koblenz Rpfleger 82, 160; München AnwBl. 68, 191 = JVBl. 68, 240 = JurBüro 68, 548 = MDR 68, 607.

Jedoch ist auf erst zu erbringende Leistungen die Zahlung eines Vorschusses nicht möglich.

Zuständig für die Bewilligung ist das Oberlandesgericht bzw. das Gericht, das über die Pauschvergütung zu entscheiden hat.

> Vgl. die vorstehenden Entscheidungen;
> **a. M.** Riedel/Sußbauer A 15; Celle JVBl. 68, 165 = JurBüro 68, 390 = NJW 68, 1152 = NdsRpfl. 68, 139 (zuständig das Justizministerium); Hamm NJW 65, 1826 = JMBlNRW 66, 63.

13 Die Pauschvergütung wird **nur auf Antrag bewilligt.** Der RA muß demgemäß einen entsprechenden Antrag stellen. In diesem Antrag wird er zweckmäßig den begehrten Betrag sowie die Umstände, die die Bewilligung der Pauschvergütung rechtfertigen sollen, angeben.

Vorgeschlagenes **Formblatt** für einen Antrag

An das

Oberlandesgericht......

über

das Land-/Amtsgericht......

(das Gericht einsetzen, vor dem die Verteidigung durchgeführt worden ist)

Betreff: Bewilligung einer Pauschvergütung gemäß § 99 BRAGO
hier:
Strafsache gegen...... wegen.....
......gericht...... Az......
Ich bin in der vorstehend bezeichneten Strafsache als Verteidiger gerichtlich
bestellt worden.

Ich bin vor der Eröffnung des Hauptverfahrens – nicht –

> Falls bereits vor der Eröffnung des Hauptverfahrens tätig gewesen, das Wort
> „nicht" streichen. Auf den Zeitpunkt der Bestellung als Pflichtverteidiger kommt
> es nicht an.

tätig gewesen.
Meine Pflichtverteidigergebühren würden gemäß § 97 BRAGO ... DM
betragen.

Durch diese Gebühren ist meine Tätigkeit nicht ausreichend vergütet, weil es
sich um eine besonders umfangreiche und schwierige Strafsache gehandelt
hat.

> Falls die Strafsache nur umfangreich oder nur schwierig war, die übrigen Worte
> streichen.

Ich beantrage deshalb, mir gemäß § 99 BRAGO eine Pauschvergütung von
DM... zu bewilligen.

Ich begründe meinen Antrag wie folgt:

> hier angeben:
> Besonders häufige Besuche des Beschuldigten in der Untersuchungshaft, Teilnah-
> me an Haftprüfungsterminen, umfangreiche Beiakten, verwickelter Sachverhalt
> (erheblicher Umfang der Akten), schwierige Rechtsfragen (entlegene Rechtsgebie-
> te, z. B. Abgabenhinterziehung usw.), lange Dauer der Verhandlung (die Verhand-
> lung hat gedauert am
> 1. Tag von..........bis..........Uhr
> 2. Tag von..........bis..........Uhr
> 3. Tag von..........bis..........Uhr
> In der Verhandlung sind ...Zeugen und ...Sachverständige vernommen worden).

Die **Auszahlung der Pflichtverteidigergebühren** des § 97 hindert die **14**
Stellung eines Antrages auf Bewilligung der Pauschvergütung nicht. Es
empfiehlt sich vielmehr, zunächst die Gebühren des § 97 auszahlen zu lassen,
da bis zur Bewilligung der Pauschvergütung erfahrungsgemäß eine geraume
Zeit vergeht (Protokoll und Urteil müssen zunächst zu den Akten gebracht
werden. In der Regel sind die Akten bei Rechtsmitteleinlegung nicht vor
Eingang der Begründung entbehrlich). Der Festsetzung einer Pauschvergütung steht aber nicht entgegen, daß die Pflichtverteidigergebühren noch nicht
festgesetzt sind.

> Nürnberg JurBüro 87, 245. Riedel/Sußbauer A 16; Braunschweig NJW 61, 619 =
> Rpfleger 64, 65; Hamm Rpfleger 61, 412.

Die ausgezahlten Pflichtverteidigergebühren sind bei Bewilligung einer
Pauschvergütung von dem Urkundsbeamten bei Fertigung der Zahlungsan-
weisung von der bewilligten Pauschvergütung abzusetzen. Denn die Pausch-

vergütung wird nicht zusätzlich zu den Pflichtverteidigergebühren, sondern
an deren Stelle bewilligt.

Riedel/Sußbauer A 16; KG Rpfleger 62, 41.

Der Antrag auf Bewilligung der Pauschvergütung soll nicht so spät nach
Erhalt der Pflichtverteidigergebühren gestellt werden, daß in dem Zuwarten
ein Verzicht auf die Pauschvergütung gesehen werden kann.

Braunschweig NJW 61, 619 = Rpfleger 64, 65.

Der Anspruch auf Bewilligung einer Pauschvergütung verjährt nach § 196
BGB in 2 Jahren.

Rauer Festschrift S. 145.

Ein Pflichtverteidiger, der einen Beschluß nach § 100 erwirkt hat, ist nicht
gehindert, seine Gebühren nach § 97 geltend zu machen und eine Pauschvergütung gemäß § 99 zu beantragen.

15 Der RA hat unter den Voraussetzungen des § 99 einen **Rechtsanspruch auf
die Pauschvergütung.** Die Bewilligung der Pauschvergütung kann nicht
deshalb abgelehnt werden, weil keine Haushaltmittel zu Verfügung stehen.

Riedel/Sußbauer A 18.

16 Zuständigkeit. Über den Antrag auf Bewilligung einer Pauschvergütung
hat der Strafsenat des Oberlandesgerichts zu entscheiden, wenn das Oberlandesgericht oder – was die Regel sein wird – ein nachgeordnetes Gericht den
RA zum Pflichtverteidiger bestellt hat.

Der Bundesgerichtshof ist zuständig, soweit er den RA bestellt hat. Das ist
der Fall in Revisionshauptverhandlungen vor dem BGH (§ 350 Abs. 3 StPO).
Der BGH entscheidet nur über die Pauschvergütung für die Wahrnehmung
der Revisionshauptverhandlung und die Vorbereitung für diese. Für die
Bewilligung einer Pauschvergütung für die Revisionsbegründung bleibt das
Oberlandesgericht zuständig, und zwar auch dann, wenn im Revisionsverfahren eine Hauptverhandlung vor dem BGH stattfindet.

BGH BGHSt. 23, 324.

In Verfahren, die in erster Instanz vor dem BayObLG durchgeführt werden,
ist das BayObLG für die Bewilligung der Pauschvergütung zuständig.

Schumann/Geißinger A 32.

Ist der RA nicht von den ordentlichen Gerichten bestellt worden, haben diese
auch über die Pauschvergütung nicht zu entscheiden.

In Ehrengerichtsverfahren gegen RAe obliegt die Entscheidung dem Ehrengerichtshof.

Hamm JMBlNRW 64, 264 = NJW 64, 1915; Stuttgart AnwBl. 65, 90.

Im Dienststrafverfahren ist zur Bewilligung einer Pauschvergütung an den im
ersten Rechtszug beigeordneten RA das Truppendienstgericht, nicht das
Bundesverwaltungsgericht zuständig.

BGH NJW 60, 1218 = MDR 60, 864.

17 Das **Verfahren** auf Bewilligung der Pauschvergütung ist ein formales gerichtliches Verfahren, in dem den Beteiligten das rechtliche Gehör gewährt
werden muß. Gemäß § 99 Abs. 2 Satz 3 ist die Staatskasse zu hören.

Die Äußerung des Vertreters der Staatskasse ist dem RA vor der Entscheidung über seinen Antrag zur Kenntnis- und Stellungnahme zuzuleiten, insbesondere wenn dem Antrag in der Höhe oder in der Begründung entgegengetreten wird.

Hartmann A 3; BVerfG Rpfleger 64, 210 = AnwBl. 64, 254 (mit Anm. von Jünemann).

Die **Entscheidung des Gerichts** ergeht durch Beschluß, der unanfechtbar **18** ist.

Hartmann A 3; BGH NJW 60, 1218 = MDR 60, 864.

Gegenvorstellungen sind jedoch zulässig.

Nürnberg AnwBl. 74, 356 = JurBüro 75, 201.

Zahlungen des Angeklagten oder dritter Personen sind im Rahmen des **19** § 101 auf die gewährte Pauschvergütung anzurechnen. Bei der Entscheidung gemäß § 99 sind die Zahlungen nicht zu beachten.

Hamm Büro 59, 167 = JMBlNRW 59, 44 = Rpfleger 59, 200.

Der RA hat die Zahlungen bei dem Urkundsbeamten gemäß § 101 Abs. 3 anzuzeigen.

Hartmann A 3; Hamm Rpfleger 59, 200 = Büro 59, 167 = JMBlNRW 59, 44.

Hat der RA Zahlungen erhalten, empfiehlt es sich, den Antrag auf Bewilligung einer Pauschvergütung unverzüglich zu stellen.

Rauer Festschrift S. 145.

Der Anspruch gegen den Beschuldigten gemäß § 100 wird durch die **20** Bewilligung einer Pauschvergütung nicht beseitigt. Der RA muß sich jedoch Zahlungen gemäß § 101 anrechnen lassen (vgl. A 19).

§ 100 Anspruch gegen den Beschuldigten

(1) **Der gerichtlich bestellte Rechtsanwalt kann von dem Beschuldigten die Zahlung der Gebühren eines gewählten Verteidigers verlangen; er kann jedoch keinen Vorschuß fordern. Der Anspruch gegen den Beschuldigten entfällt insoweit, als die Staatskasse nach den §§ 97 und 99 Gebühren bezahlt hat.**

(2) **Der Anspruch kann nur insoweit geltend gemacht werden, als dem Beschuldigten ein Erstattungsanspruch gegen die Staatskasse zusteht, oder das Gericht des ersten Rechtszugs auf Antrag des Rechtsanwalts nach Anhörung des Beschuldigten feststellt, daß dieser ohne Beeinträchtigung des für ihn und seine Familie notwendigen Unterhalts zur Zahlung in der Lage ist. Ist das Verfahren nicht gerichtlich anhängig geworden, so entscheidet das Gericht, das den Verteidiger bestellt hat. Gegen den Beschluß ist sofortige Beschwerde nach den Vorschriften der §§ 304 bis 311a der Strafprozeßordnung zulässig.**

(3) **Der für den Beginn der Verjährung maßgebende Zeitpunkt tritt mit der Rechtskraft der das Verfahren abschließenden gerichtlichen Entscheidung, in Ermangelung einer solchen mit der Beendigung des**

Verfahrens ein. Von der in Absatz 2 Satz 1 vorgesehenen Feststellung des Gerichts ist der Lauf der Verjährungsfrist nicht abhängig.

Lit.: Dahs Handbuch des Strafverteidigers; Oppe NJW 67, 2042 (Die Honorarvereinbarung des Pflichtverteidigers); Schueler AnwBl. 60, 87 (Der Anspruch des Pflichtverteidigers auf volle Gebühren).

Übersicht über die Anmerkungen

1 Allgemeines. § 100 ist eine Vorschrift, die dem gerichtlich bestellten Verteidiger unter bestimmten Umständen einen Anspruch gegen den Beschuldigten auf Zahlung der angemessenen Wahlverteidigergebühr gibt. Im Zivilprozeß muß zwischen dem im Wege der Prozeßkostenhilfe beigeordneten RA und der Partei ein bürgerlich-rechtliches Verhältnis (in der Regel ein Dienstvertrag u. U. auch Geschäftsführung ohne Auftrag) bestehen, das den Pflichtanwalt zur Tätigkeit veranlaßt. Demgegenüber ist der Pflichtverteidiger allein auf Grund des öffentlich-rechtlichen Verhältnisses seiner Bestellung zur Verteidigung des Beschuldigten verpflichtet. Er hat auch ohne, ja sogar gegen den Willen des Beschuldigten tätig zu werden. Fehlt es aber an einem bürgerlich-rechtlichen Verhältnis zwischen Verteidiger und Beschuldigtem, kann der Verteidiger gegen den Beschuldigten keine vertragliche Gebührenansprüche erwerben. Das wäre in den Fällen unbillig, in denen der Beschuldigte in der Lage ist, die Gebühren eines Wahlverteidigers zu zahlen. § 100 schafft deshalb für diese Fälle eine gesetzliche Verpflichtung. Andererseits soll der Beschuldigte an seinen Pflichtanwalt nicht mehr als die Gebühren eines Wahlanwalts zahlen müssen.

Düsseldorf Rpfleger 78, 233.

Der Anspruch entfällt deshalb insoweit, als die Staatskasse bereits Zahlungen geleistet hat. § 100 gilt allgemein, somit auch für den im Jugendgerichtsverfahren gerichtlich bestellten Verteidiger.

Hamm NJW 61, 1540.

Auch dann, wenn der Pflichtverteidiger neben einem Wahlanwalt – selbst

gegen den Willen der Beschuldigten – bestellt worden ist, hat er einen
Anspruch gegen den Beschuldigten.

Düsseldorf AnwBl. 78, 358.

Der gerichtlich bestellte Verteidiger kann nach § 100 Abs. 1 **von dem** **2**
Beschuldigten die Zahlung der Gebühren eines gewählten Verteidigers
verlangen. Der Gebührenanspruch gegen den Beschuldigten tritt kraft Gesetzes neben den Vergütungsanspruch gegen die Staatskasse. Anders als beim
im Wege der Prozeßkostenhilfe beigeordneten RA entspringt der Gebührenanspruch des bestellten Verteidigers gegen den Beschuldigten nicht einem
Geschäftsbesorgungsvertrag, sondern hat seine Grundlage im öffentlichen
Recht. Anders als bei dem Anspruch des gewählten Verteidigers muß die
Tätigkeit des Pflichtverteidigers nicht von einem Auftrag, sondern nur von
der gerichtlichen Bestellung umfaßt sein. Daraus, daß der Pflichtverteidiger
den Weisungen des Beschuldigten nicht gefolgt ist, kann der Beschuldigte
keine Einreden herleiten. Es kommt nur darauf an, ob der Pflichtverteidiger
die ihm kraft Gesetzes obliegenden Pflichten verletzt hat. Abgesehen davon
richtet sich aber der Anspruch nach den Vorschriften, die für den gewählten
Verteidiger gelten. Er ist, wenn er nach Abs. 2 erhoben werden kann, im
ordentlichen Rechtsweg zu verfolgen. Die Rechtsfolgen des Verzugs und die
Aufrechnung richten sich nach dem BGB.

Riedel/Sußbauer A 8.

Verzichtet der Verteidiger, was allerdings standesrechtlich bedenklich ist, auf
die Wahlverteidigervergütung (etwa durch die Erklärung: Durch die Pflichtverteidigung entstehen keine Kosten), kann er die Wahlanwaltsgebühren
nicht geltend machen.

Riedel/Sußbauer A 8; Schumann/Geißinger A 9.

Die **Gebühren eines gewählten Verteidigers** können berechnet werden. **3**
Der Verteidiger kann also seine Gebühr innerhalb des für seine Tätigkeit
vorgeschriebenen Gebührenrahmens unter Beachtung des § 12 fordern, ohne
auf die Mindestsätze beschränkt zu sein.

Der Anspruch auf Ersatz von **Auslagen** ist in § 100 nicht ausdrücklich **4**
erwähnt. Da ein solcher schon nach allgemeinen Vorschriften besteht, ist er
auch dem bestellten Verteidiger gegen den Beschuldigten zuzubilligen. Der
Anspruch wird allerdings kaum praktisch werden, da der Pflichtanwalt die
entstandenen Auslagen in der Regel gegen die Staatskasse geltend machen
wird. Auslagen, die wegen der in § 97 Abs. 2 vorgesehenen Beschränkungen
gegen die Staatskasse nicht geltend gemacht werden dürfen, können von dem
Beschuldigten auf Grund der gesetzlichen Regelung des §§ 100 gefordert
werden. Beispiel: Der Beschuldigte läßt durch den RA Ablichtungen fertigen,
die nicht notwendig sind. Die Staatskasse hat diese Ablichtungskosten nicht
zu erstatten. Wohl aber hat sie der Beschuldigte gemäß § 27 zu vergüten.

   a. M. kein Anspruch auf Auslagenersatz Hartmann A 1 E; Riedel-Sußbauer A 11;
Düsseldorf JurBüro 86, 573; Koblenz MDR 80, 163 (Frage: Wie steht es mit der
Umsatzsteuer für den Teil der Wahlanwaltsgebühren, der die Pflichtverteidigerver-
gütung überschreitet; die Umsatzsteuer ist Auslage i. S. des § 25).

Der durch § 100 gewährte gesetzliche Anspruch auf Auslagen besteht nur in
dem Rahmen, in dem die Bestellung als Pflichtanwalt erfolgt ist. Für Tätig-

keiten, die gemäß § 97 keinen Anspruch gegen die Staatskasse auslösen, kann der Pflichtverteidiger gemäß § 100 auch keine Gebührenansprüche gegen den Beschuldigten stellen. Da sich z. B. die Bestellung des Pflichtverteidigers nicht auf die Vertretung im Gnadenverfahren erstreckt, kann der Verteidiger die Gebühr des § 93 nicht aus der Staatskasse und demgemäß auch nicht kraft Gesetzes (§ 100) von dem Beschuldigten fordern.

Dagegen ist nicht ausgeschlossen – in der Praxis sogar die Regel –, daß zwischen dem Pflichtverteidiger und dem Beschuldigten auch ein Dienstvertrag abgeschlossen wird. Der Beschuldigte beauftragt und bevollmächtigt den Pflichtanwalt mit seiner Verteidigung, nämlich wie die Partei den im Wege der Prozeßkostenhilfe beigeordneten RA. In diesem Fall tritt zu dem öffentlich-rechtlichen Verhältnis zwischen Staat und Pflichtverteidiger noch der bürgerlich-rechtliche Auftrag des Beschuldigten an den RA. Soweit dem RA Ansprüche auf Gebühren und Auslagen aus dem erteilten Auftrag erwachsen, kann er sie ohne die Beschränkungen des § 100 gegen den Beschuldigten geltend machen. Dies gilt auch dann, wenn der vertragliche Gebührenanspruch – etwa wegen der Rückwirkungsanordnung des § 97 Abs. 3 – ihre Grundlage in demselben Gebührensachverhalt haben.

Düsseldorf JurBüro 84, 567;
a. M. Koblenz OLGSt § 100 BRAGO 33.

Vertritt der RA den Beschuldigten z. B. in einer Gnadensache, kann er von ihm die Gebühren des § 93 fordern, ohne daß erst die Leistungsfähigkeit des Beschuldigten festgestellt werden muß. Das gleiche gilt von Auslagen, die der Verteidiger auf Veranlassung des Beschuldigten aufgewendet hat, soweit diese über die nach §§ 97 Abs. 2, 126 erstattungsfähigen Auslagen hinausgehen (z. B. vom Beschuldigten gewünschte Abschriften, die nicht als notwendig angesehen werden).

5 Vorschuß kann der bestellte Verteidiger nach der ausdrücklichen Vorschrift des § 100 Abs. 1 Halbs. 2 von dem Beschuldigten nicht fordern, also seine Tätigkeit auch nicht von der Vorschußzahlung abhängig machen. Soweit allerdings ein vom Beschuldigten erteilter Auftrag über den Rahmen der Bestellung zum Pflichtverteidiger hinausgeht, kann der RA jedoch auch Vorschuß fordern. Vertritt der RA den Beschuldigten z. B. in dem Gnadenverfahren, kann er für die Gebühr des § 93 einen Vorschuß fordern.

Das Verlangen eines Vorschusses könnte zu Störungen des Verhältnisses zwischen dem Beschuldigten und dem Verteidiger führen. Das wäre mit dem Wesen der Pflichtverteidigung nicht vereinbar. Im Interesse eines rechtsstaatlichen Verfahrens muß in den Fällen, in denen ein Verteidiger bestellt wird, unabhängig von gebührenrechtlichen Erwägungen die Gewähr einer sachgemäßen Verteidigung gegeben sein. Rein freiwillige Zuwendung des Beschuldigten darf der Pflichtverteidiger dagegen als Vorschuß annehmen, sofern diese Zahlungen nicht durch schillernde Erklärungen, Versprechungen, Unmutsäußerungen oder dergleichen herbeigeführt worden sind.

Vorschüsse, die der RA vor und nach der gerichtlichen Bestellung erhalten hat, sind nach § 101 auf die von der Staatskasse zu zahlenden Gebühren anzurechnen. Näheres s. bei § 101.

6 Der **Anspruch** gegen den Beschuldigten **entfällt** nach § 100 Abs. 1 S. 2 insoweit, als die Staatskasse nach den §§ 97 und 99 Gebühren und Auslagen gezahlt hat. Insoweit ist der Anspruch auf die Staatskasse übergegangen, die die gezahlten Beträge als Auslagen von dem Beschuldigten erhebt. Der bestellte Verteidiger kann von dem Beschuldigten nur die Zahlung des Unterschiedsbetrages zwischen den Gebühren des Wahlanwalts und den aus der Staatskasse erhaltenen Gebühren fordern.

Mehr als die Vergütung des Wahlverteidigers insgesamt kann der RA nicht fordern. Wird dem Verteidiger eine Pauschvergütung in Höhe der angemessenen Gebühr eines Wahlverteidigers (oder darüber) bewilligt, hat er keinen Anspruch gegen den Auftraggeber.

Leistungsfähigkeit des Beschuldigten ist nach § 100 Abs. 2 Voraussetzung **7** des Anspruchs auf Zahlung der Gebühren eines gewählten Verteidigers. Der Anspruch kann nur insoweit geltend gemacht werden, als das Gericht des ersten Rechtszugs auf Antrag des RA nach Anhörung des Beschuldigten feststellt, daß dieser ohne Beeinträchtigung des für ihn und seine Familie notwendigen Unterhalts zur Zahlung in der Lage ist.

Der Pflichtverteidiger kann sich auf keine Rechtshandlungen des Beschuldigten berufen, die vor der Feststellung der Leistungsfähigkeit vorgenommen worden sind, z. B. nicht auf ein Anerkenntnis oder ein Schuldversprechen.

Sein Unvermögen zur Tragung der Gebühren wird der Beschuldigte, der von dem Gericht zu dem Antrag zu hören ist, vielfach durch ein Mittellosigkeitszeugnis dartun können. Doch stellt § 100 Abs. 2 nicht hierauf ab. Das Gericht hat vielmehr die Pflicht, im Beschlußverfahren nach den Vorschriften der StPO die Verhältnisse des Beschuldigten von Amts wegen zu ermitteln. Damit es aber insoweit ermitteln kann, muß der Feststellungsantrag des Pflichtverteidigers gewisse Mindestangaben über seinen Mandanten enthalten, darunter Hinweise auf seine derzeitige berufliche Tätigkeit oder wenigstens Tatsachen, aus denen sich Schlüsse auf die Einkommens- und Vermögensverhältnisse ziehen lassen.

Düsseldorf JurBüro 85, 725; München AnwBl. 74, 283; vgl. aber Düsseldorf Rpfleger 73, 445 = AnwBl. 73, 404 = JMBlNRW 74, 11.

Maßgebend sind die wirtschaftlichen Verhältnisse des Beschuldigten im Zeitpunkt der Entscheidung des Gerichts.

Riedel/Sußbauer A 20; Düsseldorf AnwBl. 74, 88 = Rpfleger 74, 79 = NJW 74, 961; JurBüro 83, 571; Hamm MDR 71, 601; Zweibrücken MDR 74, 66; LG Bielefeld AnwBl. 75, 250;
a. M. Hartmann 2 C c; KG JR 68, 309 (Für die Feststellung der Leistungsfähigkeit nach §§ 100 Abs. 2 sind die wirtschaftlichen Verhältnisse des Beschuldigten z. Z. seines Strafverfahrens maßgebend. Mit einer nachträglichen Besserung dieser Verhältnisse darf daher die Leistungsfähigkeit nicht begründet werden). Die Entscheidung des KG ist abzulehnen. Wie KG auch Koblenz MDR 71, 866; Oldenburg Rpfleger 72, 328; Saarbrücken NJW 73, 2313 (Das Gesetz läßt eine Beschränkung der Rechte des Pflichtverteidigers nicht erkennen. Ist es wirklich unbillig, daß der „arme Beschuldigte", der nach Erledigung des Strafverfahrens 500000 DM im Lotto gewonnen hat, seine Wahlanwaltskosten zahlen muß? Sieht auch die Staatskasse davon ab, nachträglich die Gerichtskosten geltend zu machen, wenn sich die wirtschaftlichen Verhältnisse des Verurteilten grundlegend gebessert haben?) Vgl. auch Schumann-Geißinger A 21, die unter Hinweis auf H. Schmidt NJW 74, 90 fordern, daß die Zahlungsfähigkeit sowohl im Zeitpunkt der Bestellung als auch im Zeitpunkt der Entscheidung des Gerichts gegeben sein muß.

Das Gericht hat nicht zu prüfen, ob die Forderung des RA den Grundsätzen des § 12 entspricht. Es hat nur festzustellen, bis zu welcher Höhe die Leistungsfähigkeit des Beschuldigten besteht.

Vgl. **Frankfurt OLGSt** § 100 BRAGO (Vom Gericht des ersten Rechtszuges ist nur festzustellen, wieweit die Leistungsfähigkeit des Beschuldigten reicht; es hat nicht zu prüfen, welchen Betrag der Beschuldigte als „angemessene" Wahlverteidigergebühr dem bestellten Verteidiger schuldet. Die Entscheidung darf daher nicht von Angaben über die Höhe der verlangten „angemessenen" Gebühr abhängig gemacht werden); vgl. aber KG JR 77, 172.

Der RA ist nicht verpflichtet, in seinem Antrag anzugeben, welchen Betrag er dem Beschuldigten innerhalb des Gebührenrahmens in Rechnung stellen will. Das Gericht hat nicht über die Höhe seines Anspruchs zu entscheiden. Stellt das Gericht fest, daß der Beschuldigte die gesetzliche Höchstgebühr nicht zahlen kann, so hat es zu bestimmen, bis zu welcher Höhe er zahlungsfähig ist. In der Regel wird ein Höchstbetrag nicht zu nennen sein, wenn der Beschuldigte aufgrund seiner Einkommensverhältnisse in der Lage ist, Ratenzahlungen auf längere Zeit zu leisten. Der RA kann jedoch auch erklären, daß er nicht die Höchstbeträge, sondern geringere Gebühren (etwa die Mittelgebühren) fordern will. Dann kann sich das Gericht darauf beschränken zu entscheiden, ob der Beschuldigte in der Lage ist, die geforderten Beträge zu zahlen (es hat aber nicht zu entscheiden, ob die Ansprüche des RA berechtigt sind).

Schumann/Geißinger A 17; Schueler AnwBl. 60, 87; LG Essen AnwBl. 60, 227.

Das Gericht kann auch feststellen, daß der Beschuldigte nur in der Lage ist, den Anspruch durch Ratenzahlungen zu befriedigen. Dann sind die Teilbeträge der Raten und die Zahlungstermine in dem Beschluß zu bestimmen.

Riedel/Sußbauer A 21; Schumann/Geißinger A 20.

Auf eine Verurteilung zur Zahlung darf der Beschluß nicht lauten. Die Feststellung der Zahlungsfähigkeit schafft keinen vollstreckbaren Titel. Lehnt der Beschuldigte die Zahlung ab, so muß der RA, da eine Festsetzung der Vergütung nach § 19 Abs. 7 nicht zulässig ist, auf Leistung klagen. § 100 enthält keine Vorschrift darüber, wann der Antrag gestellt werden kann. Zeitliche Grenzen sind nicht gesetzt. Zu beachten ist jedoch, daß die Verjährungsfrist von dem Zeitpunkt an läuft, in dem das Verfahren beendet ist (z. B. die das Verfahren beendende Entscheidung rechtskräftig wird). Der Antrag sollte also so rechtzeitig gestellt werden, daß über ihn noch vor Ablauf der Verjährung entschieden und die Verjährung durch Klageerhebung noch unterbrochen werden kann. Andererseits kann der Antrag nicht vor dem in § 16 genannten Zeitpunkt gestellt werden. Der Eintritt der Verjährung hindert nicht, eine Entscheidung gemäß § 100 Abs. 2 zu treffen. Die Verjährung ist erst im Gebührenprozeß zwischen Anwalt und Mandanten zu prüfen, wenn die Einrede erhoben wird.

Vgl. auch Hamm JMBlNRW 68, 201 = VRS 34, 464.

In dem Antrag auf Feststellung der Zahlungspflicht, in dem nicht einmal die Höhe der beanspruchten Vergütung angegeben zu werden braucht, liegt noch keine Einforderung der Vergütung. Das gilt jedoch auch dann, wenn die Höhe der beanspruchten Vergütung angegeben ist.

8 Auch bei **Freisprechung des Angeklagten** in dem Strafverfahren besteht der Anspruch des bestellten Verteidigers gegen ihn. Zwar ist nicht zu verkennen, daß dies für den Beschuldigten, dem ohne seinen Willen – vielleicht sogar gegen seinen Willen – ein Verteidiger bestellt worden ist, Härten mit sich bringen kann. Auf der anderen Seite würde es unbillig sein, dem RA dann, wenn seine Verteidigung zu einem Freispruch geführt hat, einen geringeren Gebührenanspruch zu gewähren, als im Falle der Verurteilung seines Mandanten. Auch andere Erwägungen sprechen dafür, den Gebührenanspruch gegen den Beschuldigten ohne Rücksicht auf den Ausgang des Verfahrens zu gewähren. Würde im Falle der Freisprechung des Beschuldigten dem RA kein Anspruch gegen diesen zustehen, so könnten dann Schwierigkeiten entstehen, wenn der Beschuldigte bereits einen Vorschuß gegeben hat oder im ersten Rechtszug zunächst verurteilt wurde. Die Begründung eines Rückzahlungsanspruchs des Beschuldigten gegen seinen Verteidiger würde hier eine wenig zufriedenstellende Lösung bieten. § 100 zieht daher vor, dem RA in allen Fällen gegen den Beschuldigten einen Anspruch zu gewähren. Eine unbillige Belastung des freigesprochenen Angeklagten mit dem Gebührenanspruch seines Verteidigers kann durch die Vorschrift des § 467 StPO vermieden werden. Danach sind im Falle des Freispruchs die notwendigen Auslagen der Staatskasse aufzuerlegen.

Bei der Feststellung der Leistungsfähigkeit des Beschuldigten ist auch zu **9** prüfen, ob dem Beschuldigten **Ansprüche gegen dritte Personen** zustehen. Hat z. B. in einem Privatklageverfahren der unterlegene Privatkläger die Kosten des Beschuldigten zu tragen und ist er in der Lage, die Kosten zu erstatten, ist die Leistungsfähigkeit des Beschuldigten auch dann gegeben, wenn er selbst arm ist. Der Beschuldigte kann die Wahlverteidigergebühren durch Beitreibung von der Gegenseite zahlen. Das gleiche gilt, wenn ein beschuldigter Ehegatte gegen den anderen Ehegatten gemäß § 1360 a Abs. 4 BGB Anspruch auf vorschußweise Zahlung der Strafverfahrenskosten hat. Wegen der Verpflichtung der Eltern, die Kosten für die Verteidigung der Kinder zu tragen, vgl. § 1610 BGB.

Auch ein **Erstattungsanspruch gegen die Staatskasse** begründet die Zahlungsfähigkeit des Beschuldigten. Dies hat das Kostenänderungsgesetz 1986 durch die Einführung der Worte „als dem Beschuldigten ein Erstattungsanspruch gegen die Staatskasse zusteht" klargestellt. Die frühere Streitfrage ist daher überholt.

S. hierzu Gerold–Schmidt 8. Auflage A 9.

Zur Entlastung der Gerichte wird in einem solchen Fall auf das Feststellungsverfahren nach § 100 Abs. 2 verzichtet.

Zuständig für die Entscheidung über die Leistungsfähigkeit des Beschul- **10** digten ist nach § 100 Abs. 2 S. 1 das Gericht des ersten Rechtszugs. Dieses entscheidet auch über die in der höheren Instanz entstandenen Gebührenansprüche, selbst wenn der Verteidiger von der höheren Instanz bestellt worden ist. Bei Abgabe oder Verweisung ist das Gericht zuständig, an das abgegeben oder verwiesen worden ist.

Hartmann A 2; Riedel/Sußbauer A 17.

Ist das Verfahren nicht gerichtlich anhängig geworden, so entscheidet nach § 100 Abs. 2 Satz 2 das Gericht, das den Verteidiger bestellt hat.

Die **sofortige Beschwerde** nach den Vorschriften der §§ 304 bis 311 a StPO **11** ist nach § 100 Abs. 2 S. 3 gegen den Beschluß zulässig. Beschwerdeberechtigt sind der Verteidiger und der Beschuldigte. Fraglich ist, ob der auf Kosten der Staatskasse freigesprochene Angeklagte ein Rechtsschutzinteresse an der Beschwerde hat.

Verneint von Hamm JMBlNRW 72, 136 = AnwBl. 72, 288; bejaht von Hamm OLGSt § 100 = KostRsp. BRAGO § 100 Nr. 64 mit krit. Anm. von H. Schmidt.

Die Beschwerdefrist beträgt nach § 311 Abs. 2 StPO eine Woche von der Bekanntmachung der Entscheidung an gerechnet. Dagegen sind erstattungspflichtige Dritte nicht beschwerdeberechtigt, da sie nur mittelbar berührt werden. Das gilt auch für die Staatskasse, der nach § 467 StPO die notwendigen Auslagen des Beschuldigten auferlegt worden sind.

Hartmann 2 Ch; Riedel/Sußbauer A 23; Schumann/Geißinger A 27; Düsseldorf JMBlNRW 79, 67; Hamm Rpfleger 62, 187 (Anm. Tschischgale) = AnwBl. 62, 181; KGJR 67, 472 = OLGSt § 100 BRAGO; Karlsruhe NJW 68, 857 = Justiz 68, 181 = JVBl. 68, 164; Köln MDR 71, 240 = JMBlNRW 70, 304; Oldenburg AnwBl. 72, 331 = NJW 72, 2323 = NdsRpfl. 72, 228; LG Würzburg JurBüro 81, 1836;
a. M. Düsseldorf Rpfleger 79, 393 = JMBlNRW 79, 211, MDR 79, 1045 = JurBüro 80, 386 = OLGSt § 100 BRAGO (Die Staatsanwaltschaft ist beschwerdeberechtigt).

Allgemein wird angenommen, da es sich bei der Beschwerde um eine solche über Kosten handele, daß sonach die Beschwerde gemäß § 304 Abs. 3 StPO nur zulässig sei, wenn der Wert des Beschwerdegegenstandes 100,—DM übersteige. Dagegen läßt sich einwenden, daß durch die Entscheidung des Gerichts über die Leistungsfähigkeit noch nicht über die Kosten selbst entschieden werde, daß sonach „eine Entscheidung über Kosten usw." i. S. des § 304 Abs. 3 StPO gar nicht vorliege. Die Versagung der PKH mangels Armut in § 114 ZPO ist auch keine Kostenentscheidung i. S. von § 567 Abs. 2 ZPO. Selbst wenn das Gericht bei seiner Entscheidung sagt, der Beschuldigte könne 150,—DM zahlen, steht nicht fest, daß der Beschuldigte tatsächlich 150,—DM zahlen muß. In dem späteren Prozeß kann sich das Prozeßgericht auf den Standpunkt stellen, dem RA ständen außer der Pflichtanwaltsgebühr nur noch 45,—DM zu. Im übrigen spielt die Frage in der Praxis kaum eine Rolle, da der Unterschied zwischen der Höchstgebühr und der Pflichtanwaltsgebühr in der Regel 100,—DM übersteigen wird. Nur dann, wenn das Gericht etwa sagt, bis zu 100,—DM könne der Beschuldigte zahlen, hängt die Zulässigkeit einer Beschwerde des Beschuldigten davon ab, ob die Beschwerde als eine solche in Kosten angesehen wird. Dies ist zu verneinen.

München AnwBl. 78, 265 = JurBüro 78, 1834 = MDR 78, 779 (keine Beschwerdesumme);
a. M. Hartmann A 2 C h bb.

Hat das OLG entschieden, so ist nach § 304 Abs. 4 StPO keine Beschwerde zulässig. Die weitere Beschwerde ist ebenfalls ausgeschlossen.

Die Wiederholung eines abgelehnten Antrags bei Änderung der Verhältnisse ist zulässig.

Riedel/Sußbauer A 26;
a. M. KG JR 67, 309, das seine abweichende Meinung damit begründet, es komme ausschlaggebend auf die wirtschaftlichen Verhältnisse zur Zeit der Tätigkeit des Pflichtverteidigers an, eine spätere Besserung der wirtschaftlichen Verhältnisse sei unerheblich (vgl. hierzu A 7).

Die rechtskräftige Feststellung der Leistungfähigkeit kann aber nicht wegen späterer Änderung der Verhältnisse aufgehoben werden.

Schumann/Geißinger A 19; Schueler AnwBl. 60, 87.

Der Beschuldigte hätte ja in der Zeit, in der er für zahlungsfähig gehalten worden ist, zahlen können. Etwas anderes wird gelten, wenn auf die Leistungsfähigkeit in der Zukunft abgestellt wird, z. B. bei der Feststellung, daß nur Ratenzahlungen geleistet werden können. Verändern sich hier die Verhältnisse, kann die Abänderung der bisherigen Entscheidung für die Zukunft – sei es zugunsten des Anwalts (höhere Raten oder sofortige Zahlung), sei es zugunsten des Beschuldigten (z. B. Verneinung der Leistungspflicht für die zukünftigen Raten etwa wegen Arbeitslosigkeit) – begehrt werden.

Die Entscheidung ergeht gebührenfrei. Für die Zurückweisung der Beschwerde wird eine Gebühr von 15,— DM erhoben. Außergerichtliche Kosten werden nicht erstattet.

Der **Lauf der Verjährungsfrist** ist nach § 100 Abs. 3 von der in § 100 Abs. 2 **12** S. 1 vorgesehenen Festlegung des Gerichts über die Leistungsfähigkeit des Beschuldigten nicht abhängig. Die Verjährungsfrist beträgt nach § 196 Abs. 1 Nr. 15 BGB zwei Jahre und beginnt mit der Beendigung des Verfahrens, in der Regel mit der Rechtskraft der das Verfahren abschließenden gerichtlichen Entscheidung. Die Verjährungsfrist beginnt auch dann nicht früher, wenn der RA vorzeitig aus dem Verfahren ausscheidet.

Der bestellte Verteidiger muß also den Antrag so rechtzeitig stellen, daß er den Anspruch noch vor Ablauf dieser zwei Jahre gerichtlich geltend machen kann. Die Stellung des Antrags nach § 100 Abs. 2 unterbricht die Verjährungsfrist nicht.

§ 100 Abs. 2, 3 finden auf Ansprüche eines RA, die dieser vor seiner Bestellung zum Pflichtverteidiger bereits als Wahlverteidiger aus einer Honorarvereinbarung erworben hatte, keine Anwendung. Die Verjährung der Ansprüche aus einer solchen Honorarvereinbarung ist im Zweifel für die Dauer der Pflichtverteidigung gehemmt.

BGH NJW 83, 1047 = MDR 83, 471 = Rpfleger 83, 293.

Die **Vereinbarung einer Vergütung** zwischen dem bestellten Verteidiger **13** und dem Beschuldigten ist zulässig. Sie fällt auch nicht unter § 3 Abs. 4. Die Vereinbarung ist völlig unbedenklich, wenn sie vor der Bestellung des RA zum Pflichtanwalt getroffen worden ist. Sie ist jedoch auch noch nach der Bestellung zum Pflichtverteidiger zulässig. Voraussetzung ist allerdings, daß der Beschuldigte (oder für ihn ein Dritter) die Verpflichtung „freiwillig" eingeht. Der RA darf also die Honorarvereinbarung nicht mit schillernden Erklärungen, Versprechungen, Unmutsäußerungen oder kurz vor der Hauptverhandlung fordern und damit den Beschuldigten unter Druck setzen.

Dahs Rz. 1098 ff.; Schumann/Geißinger A 33; BGH Rpfleger 79, 412 = MDR 79, 1004 = JurBüro 79, 1793;

Ist eine Honorarvereinbarung rechtswirksam zustande gekommen, kann der RA die vereinbarte Vergütung fordern, ohne erst eine Entscheidung nach § 100 Abs. 2 herbeiführen zu müssen.

Dahs Rz. 1098 mit Nachw.; BGH Rpfleger 79, 412 = MDR 79, 1004 = JurBüro 79, 1793 = NJW 80, 1394 (L) = AnwBl. 80, 465;

a. M. vgl. Riedel/Sußbauer A 16 (nur aus einem vor der Beiordnung abgegebenen Honorarversprechen in Höhe der bis zur Beiordnung entstandenen gesetzlichen Gebühren); Düsseldorf NJW 61, 1640; zweifelnd EGH Schleswig AnwBl. 68, 198.

Wenn ein Wahlverteidiger eine Honorarvereinbarung trifft und sich später zum Pflichtverteidiger bestellen läßt, kann der Verteidiger einen entsprechenden Teil des Honorars für die schon geleistete Arbeit beanspruchen. Dahs Rz. 1099; BGH NJW 83, 1047 = MDR 83, 471.

Auf Grund der Vereinbarung geleistete Zahlungen sind nach § 101 Abs. 1 auf die von der Staatskasse zu zahlenden Gebühren anzurechnen.

14 Auch **für den dem Privatkläger, dem Nebenkläger, dem Antragsteller im Klageerzwingungsverfahren oder sonst beigeordneten Rechtsanwalt** gilt § 100 nach § 102 Abs. 1. Diese Vorschrift geht der Bestimmung des § 379 Abs. 3 StPO und des § 172 Abs. 3 StPO vor, nach denen im Privatklageverfahren und im Klageerzwingungsverfahren für die PKH dieselben Vorschriften gelten wie für bürgerliche Rechtsstreitigkeiten.

15 Für den im **Verfahren nach dem Gesetz über die internationale Rechtshilfe in Strafsachen** dem Verfolgten beigeordneten RA gilt nach § 107 Abs. 2 § 100 nicht.

§ 101 Anrechnung, Rückzahlung

(1) **Vorschüsse und Zahlungen, die der Rechtsanwalt vor oder nach der gerichtlichen Bestellung für seine Tätigkeit in der Strafsache von dem Beschuldigten oder einem Dritten nach dieser Gebührenordnung oder auf Grund einer Vereinbarung erhalten hat, sind auf die von der Staatskasse zu zahlenden Gebühren anzurechnen. Hat der Rechtsanwalt von dem Beschuldigten oder einem Dritten Zahlungen empfangen, nachdem er Gebühren aus der Staatskasse erhalten hat, so ist er zur Rückzahlung an die Staatskasse verpflichtet.**

(2) **Die Anrechnung oder Rückzahlung unterbleibt, soweit der Rechtsanwalt durch diese insgesamt weniger als den doppelten Betrag der ihm nach den §§ 97 und 99 zustehenden Gebühr oder Pauschvergütung erhalten würde.**

(3) **Vorschüsse und Zahlungen, die für die Anrechnung oder die Pflicht zur Rückzahlung nach den Absätzen 1 und 2 von Bedeutung sind, hat der Rechtsanwalt der Staatskasse anzuzeigen.**

Lit.: H. Schmidt JVBl. 66, 25 und 69, 203; Rauer Festschrift S. 143 (Ist die vom Pflichtverteidiger unterlassene Mitteilung an die Staatskasse – § 101 III BRAGO – strafbar?).

1 **Allgemeines.** § 101 regelt die Anrechnung von Vorschüssen und Zahlungen, die der Pflichtanwalt – sei es vor, sei es nach der Bestellung – von dem Beschuldigten oder einem Dritten erhalten hat. Der Pflichtanwalt ist mit der Regelung des § 101 erheblich schlechter gestellt worden als der Armenanwalt. Während § 129 für den im Wege der Prozeßkostenhilfe beigeordneten RA bestimmt, daß Vorschüsse und Zahlungen zunächst auf die Vergütungen anzurechnen sind, für die ein Anspruch gegen die Bundes- oder Landeskasse nicht besteht (den sog. Differenzbetrag), besagt § 101 im Gegenteil, daß

Zahlungen grundsätzlich auf die aus der Staatskasse zu zahlende Vergütung anzurechnen sind. Er schränkt dieses Anrechnungsgebot im Abs. 2 nur insoweit etwas ein, als dem Pflichtanwalt über die Pflichtverteidigergebühr hinaus gewisse Beträge verbleiben dürfen.

Anzurechnen auf die aus der Staatskasse zu zahlenden Gebühren **sind** 2 **Vorschüsse und Zahlungen,** die der RA vor oder nach der gerichtlichen Bestellung für seine Tätigkeit in der Strafsache von dem Beschuldigten oder einem Dritten nach der BRAGO oder auf Grund einer Vereinbarung erhalten hat. Auch Zahlungen, die nach Feststellung der Leistungsfähigkeit erfolgt sind, sind anzurechnen.

Es sind jedoch nur solche Zahlungen anzurechnen, die Tätigkeiten betreffen, für die dem bestellten Verteidiger auch ein Gebühren- oder Pauschvergütungsanspruch gegen die Staatskasse zusteht.

München AnwBl. 79, 399 = Rpfleger 79, 354.

Bereits aus der Staatskasse erhaltene Gebühren sind nach § 101 Abs. 1 S. 2 entsprechend zurückzuzahlen. Zu den anzurechnenden Zuwendungen gehören auch Zahlungen, die der RA für seine Tätigkeit in der Strafsache von einem Dritten erhalten hat. Die Anrechnung oder Rückzahlung ist eine echte Rechtspflicht des RA. Sie kann nicht durch Sondervereinbarungen zwischen ihm und dem Beschuldigten oder einem Dritten ausgeschlossen werden. Daher ist auch eine vor der Bestellung zwischen dem RA und dem Zahlenden getroffene Vereinbarung, daß im Falle der Bestellung als Pflichtverteidiger der RA die erhaltenen Zahlungen an den Beschuldigten oder an den Dritten zurückzuzahlen habe, unwirksam.

Hartmann A 1.

Vorschußzahlungen, die für Reiseunkosten des Verteidigers geleistet wurden, sind auf die Pflichtverteidigungsvergütung anzurechnen.

Hartmann A 2 D;
a. M. Stuttgart Rpfleger 79, 78 = AnwBl. 79, 195.

Nur **in derselben Strafsache** erhaltene Beträge sind anzurechnen oder 3 zurückzuzahlen. Die Strafsache erstreckt sich von dem vorbereitenden Verfahren bis zur rechtskräftigen Entscheidung oder anderweitigen endgültigen Erledigung. Sie umfaßt auch das Wiederaufnahmeverfahren bis zur Entscheidung über die Begründetheit des Antrags (§ 370 StPO). Aus dieser weitgehenden Fassung könnte der Schluß gezogen werden, daß Zahlungen, die auf Wahlanwaltsgebühren höherer Instanzen gezahlt werden, auf die Pflichtanwaltsgebühren unterer Instanzen angerechnet werden müssen (und umgekehrt). Die Vorschrift ist vielmehr – soll sie nicht einen völlig unmöglichen Inhalt erhalten – einschränkend dahin auszulegen, daß die Worte „für die gleiche Instanz" einzufügen sind. Zahlungen, die der RA für seine Tätigkeit in der ersten Instanz erhält, muß er sich auf die Pflichtanwaltsgebühren der gleichen Instanz anrechnen lassen; das gilt auch dann, wenn die Zahlungen als Sonderhonorar für bestimmte Leistungen (etwa für die Tätigkeit im Haftprüfungsverfahren oder für die Wahrnehmung von Terminen vor dem ersuchten Richter) versprochen oder gezahlt worden sind. Dagegen sind Zahlungen für die Wahrnehmung der Revisionshauptverhandlung, für die eine Beiordnung nicht erfolgt ist, nicht auf die Pflichtanwaltsgebühren der ersten Instanz anzurechnen (wohl aber auf die Pflichtanwaltsgebühren der Revisionsinstanz, weil die Gebühr für die Gesamtvertretung im Revisionsverfahren – § 86 Abs. 1 – auch die Tätigkeit vor der Hauptverhandlung abgilt, § 86 Abs. 3).

> Vgl. Riedel/Sußbauer A 5; Schumann/Geißinger A 6 ff.

Der erst im Berufungsverfahren beigeordnete RA braucht sich auf seine Pflichtverteidigergebühr der Berufungsinstanz nicht Zahlungen anrechnen zu lassen, die er auf seine Vergütung als Wahlanwalt der ersten Instanz erhalten hat.

Ebenso sind Zahlungen nicht anzurechnen, mit denen Vergütungsansprüche für Tätigkeiten getilgt werden sollen, die von der Beiordnung als Pflichtanwalt nicht erfaßt werden. Beispiel: Nicht anzurechnen sind Zahlungen auf die Gebühr des § 93, da sich die Beiordnung nicht auf die Vertretung im Gnadenverfahren erstreckt.

> München JurBüro 79, 860.

4 Auch **Zahlungen Dritter** sollen nach § 101 auf die Pflichtverteidigergebühren angerechnet werden. Es ist also gleichgültig, ob der Beschuldigte selbst oder für ihn ein Dritter die Zahlungen an den Pflichtverteidiger leistet. Beispiel: Der Ehemann leistet an den Verteidiger seiner Ehefrau Zahlungen.

Auch solche Zahlungen, die erstattungspflichtige Dritte an den Pflichtverteidiger auf dessen Gebührenansprüche leisten, sind anzurechnen. Beispiel: Das Rechtsmittel des Nebenklägers ist verworfen worden. Er hat die dem Angeklagten entstandenen notwendigen Auslagen zu erstatten. Leistet nun der Nebenkläger an den Pflichtverteidiger des Angeklagten Zahlungen, sind diese Zahlungen auf die aus der Staatskasse zu zahlende Pflichtverteidigergebühr anzurechnen.

Strittig ist, ob auch solche Zahlungen anzurechnen sind, die Dritte in der Strafsache auf eigene Verpflichtungen leisten. Beispiel: Der RA verteidigt einen Angeklagten als Pflichtverteidiger und vertritt dessen Ehefrau als Wahlanwalt – Nebenklägervertreter. Die Ehefrau zahlt an den RA 410,– DM.

Nach der einen Ansicht

> Riedel/Sußbauer A 2; Düsseldorf Rpfleger 62, 354.

ist auch der andere Auftraggeber (hier: die Ehefrau) Dritter i. S. des § 101.

Nach einer zweiten Meinung

> Schumann/Geißinger A 5; Düsseldorf AnwBl. 74, 56 = Rpfleger 73, 375; Hamm Rpfleger 65, 53.

sind Zahlungen der Nebenklägerin an ihren Wahlanwalt auf die Pflichtverteidigergebühren des Angeklagten niemals anzurechnen.

Beiden Auffassungen kann nicht zugestimmt werden. Die aufgeworfene Frage ist nicht aus § 101, sondern aus § 6 zu lösen.

> Vgl. hierzu im einzelnen H. Schmidt JVBl. 66, 25.

Ein Fall des § 101 liegt nur vor, wenn der Dritte die Zahlungen in der Strafsache gegen den Beschuldigten, m. a. W. für den Beschuldigten leistet. Dagegen ist § 101 nicht anwendbar, wenn der Dritte die Zahlungen auf eine eigene Gebührenschuld leistet. Allerdings können sich die Zahlungen auch zugunsten der Staatskasse auswirken, weil die Vergütung für die Verteidigung eines Angeklagten und die Vertretung eines Nebenklägers in der Regel niedriger ist als zwei Vergütungen für die Verteidigung eines Angeklagten und eines Nebenklägers. Vgl. hierzu im einzelnen H. Schmidt JVBl. 66, 25 und das Beispiel A 6 (am Ende).

Für eine „**Anrechnung**" ist selbstverständlich kein Raum, wenn der Beschul- 5 digte oder ein erstattungspflichtiger Gegner (etwa der im Rechtsmittelverfahren unterlegene Nebenkläger) die **Pflichtverteidigergebühr der Staatskasse erstattet** hat. Auf mehr als auf die Rückzahlung verauslagter Pflichtverteidigergebühren hat die Staatskasse keinen Anspruch.

Die **Anrechnung oder Rückzahlung unterbleibt** nach § 101 Abs. 2, soweit 6 der RA durch diese insgesamt weniger als das Doppelte der ihm nach den §§ 97 und 99 zustehenden Gebühr oder Pauschvergütung erhalten würde. Durch diese Bestimmung wird versucht, die Interessen des RA und des Staates in einen gerechten Einklang zu bringen. Der bestellte Verteidiger hat also, anders als der im Wege der Prozeßkostenhilfe beigeordnete RA, nicht ohne weiteres Anspruch darauf, daß ihm einschließlich der aus der Staatskasse zu zahlenden oder gezahlten Beträge der Gesamtbetrag verbleibt, den er als gewählter Verteidiger zu fordern hätte. Hat der RA durch die Zahlungen weniger als das Doppelte der ihm nach den §§ 97 und 99 zustehenden Gebühr oder Pauschvergütung erhalten, so kann er den Restbetrag noch aus der Staatskasse verlangen, falls diese noch nicht gezahlt hat.

Beispiele:
a) Pflichtverteidigergebühren § 97

Gebühr aus § 83	320,— DM
Gebühr aus § 84	160,— DM
	480,— DM

Das Doppelte der Pflichtverteidigergebühren § 97

Gebühr aus § 83	640,— DM
Gebühr aus § 84	320,— DM
	960,— DM

Unterschied	960,— DM
	./. 480,— DM
	480,— DM

Zahlungen, die 480,— DM nicht erreichen (also bis 479,99 DM), werden nicht angerechnet. Darüber hinausgehende Zahlungen kürzen den Gebührenanspruch gegen die Staatskasse bzw. verpflichten den RA zu Rückzahlungen. Hat z. B. der Beschuldigte freiwillig 600,— DM gezahlt, hat er 120,01 DM (= 600,— DM ./. 479,99 DM) anrechnungspflichtig gezahlt. Der Pflichtanwalt erhält aus der Staatskasse nur noch

	480,— DM
	./. 120,01 DM
	359,99 DM

Hat er bereits 480,—DM erhalten, muß er 120,01 DM zurückzahlen. Die

Rückzahlung entfällt nur, wenn der Beschuldigte bereits die Pflichtanwaltsgebühr an die Staatskasse zurückvergütet hat.

b) Verteidigung eines Beschuldigten als Pflichtverteidiger und Vertretung eines Nebenklägers als Wahlanwalt vor dem Amtsgericht nach Eröffnungsbeschluß. Angemessene Vergütung für die Vertretung der beiden Auftraggeber die Mittelgebühr von 720,—DM, bei Wahlverteidigung eines Beschuldigten oder Vertretung des Nebenklägers 570,—DM (kein Fall des § 101, sondern des § 6 Abs. 2; s. vorst. A 4).

Pflichtverteidigergebühr   320,—DM
Wahlanwaltsgebühr für die Vertretung des Nebenklägers
Mittelgebühr   570,—DM

Zahlt der Nebenkläger an seinen Wahlanwalt 570,—DM, zahlt er nur seine Schuld. Der Rechtsanwalt hat aber nur Anspruch auf die Mittelgebühr von 720,—DM. Die Staatskasse hat deshalb statt der gesamten Pflichtverteidigergebühr von 320,—DM nur noch 150,—DM (= 720,—DM ./. 570,—DM = 150,—DM) zu zahlen.

7 Daß Zahlungen auf **vereinbarte Vergütungen** unter § 101 fallen, ist in § 101 Abs. 1 ausdrücklich gesagt.

8 Zur **Anzeige der erhaltenen Vorschüsse und Zahlungen** ist nach § 101 Abs. 3 der RA insoweit verpflichtet, als sie für die Anrechnung oder für die Rückzahlungspflicht nach § 101 Abs. 1 und 2 von Bedeutung sind. Zahlt also z. B. der Nebenkläger nur einen geringen Betrag (z. B. 290,—DM) und wird dadurch der Anspruch gegen die Staatskasse nicht berührt (720,—DM ./. 290,—DM; es verbleiben 430,—DM, also mehr als 320,—DM), so ist der Verteidiger auch nicht verpflichtet, die Zahlung anzuzeigen.

Die Anzeigepflicht besteht gegenüber der Staatskasse im Sinne des § 103 Abs. 1.

Vgl. auch Rauer Festschrift S. 143.

Eine Anzeigefrist ist im Gesetz nicht bestimmt. Die Erklärung wird in angemessener Frist – ohne schuldhaftes Zögern – abzugeben sein.

Vgl. hierzu Rauer Festschrift S. 152.

Hat der Pflichtverteidiger neben der Verteidigung auch noch andere Angelegenheiten für den Angeklagten besorgt, kommt es darauf an, ob und welche Verrechnungsbestimmungen getroffen worden sind. Sind keine Bestimmungen getroffen worden, ist gemäß § 366 BGB zu verrechnen.

Wegen der Einzelheiten vgl. H. Schmidt JVBl. 69, 203.

9 Ist der **Rechtsanwalt zunächst als Wahlverteidiger** und später als Pflichtverteidiger tätig geworden, kann er insgesamt nicht mehr erhalten, als er erhalten würde, wenn er bis zum Schluß Wahlverteidiger geblieben wäre.

a. M. Hamm Büro 79, 71 mit Anm. Mümmler.

10 Die **Entscheidung,** ob und welche Beträge zurückzuzahlen sind, ist gemäß § 98 zu treffen.

Riedel/Sußbauer A 13, 14; Schumann/Geißinger A 15.

§ 102 Privatklage, Nebenklage, Klageerzwingungsverfahren
Für die Gebühren des Rechtsanwalts, der dem Privatkläger, dem
Nebenkläger oder dem Antragsteller im Klageerzwingungsverfahren
oder sonst beigeordnet worden ist, gelten die Vorschriften der §§ 97 bis
101 sinngemäß.

Dem **Privatkläger,** dem Nebenkläger und dem Antragsteller im Klageer- 1
zwingungsverfahren kann ein RA nur im Wege der Bewilligung von **Pro-**
zeßkostenhilfe beigeordnet werden. Die genannten Personen müssen sonach dem Gericht gemäß § 117 Abs. 2 ZPO ihre wirtschaftlichen Verhältnisse
darlegen.

LG Duisburg AnwBl. 80, 124 (Nebenkläger).

Im Adhäsionsverfahren kann dem Antragsteller und dem Angeschuldigten
PKH bewilligt werden, § 404 StPO.

Im **Privatklageverfahren** – der Nebenkläger hat nach erfolgtem Anschluß 2
gemäß § 397 StPO die Rechte eines Privatklägers – und im **Klageerzwin-**
gungsverfahren gelten nach § 379 a StPO bzw. nach § 172 Abs. 3 StPO für
die PKH dieselben Vorschriften wie in bürgerlichen Rechtsstreitigkeiten.

Im Privatklageverfahren kann PKH zwar dem Privatkläger, dem Beklagten
aber nur insoweit bewilligt werden, als er Widerkläger ist. Soweit er Beschuldigter ist, kann nur die Bestellung eines Verteidigers nach § 140 StPO
erfolgen. Die Beiordnung eines RA für den Privatkläger kann zwecks formgerechter Anbringung von Revisions- und von Wiederaufnahmeanträgen
erfolgen. Auch für andere Fälle ist, obwohl der Privatkläger zu anderen als
den in § 390 StPO bestimmten Anträgen nach § 378 StPO nicht der Mitwirkung eines RA bedarf, Beiordnung nicht ausgeschlossen.

Der Antrag auf gerichtliche Entscheidung im Klageerzwingungsverfahren
muß von einem RA unterzeichnet sein. Deshalb ist dem Antragsteller, wenn
die Voraussetzungen des § 114 ZPO vorliegen, auch ein RA beizuordnen.

Der beigeordnete RA ist im Wege der PKH beigeordnet. Deshalb ist außer
der Beiordnung der Abschluß eines Vertrags mit der Partei zur Begründung
des Vergütungsanspruchs nötig. U. U. entsteht der Gebührenanspruch aus
Geschäftsführung ohne Auftrag, evtl. auch aus ungerechtfertigter Bereicherung.

Schumann/Geißinger A 2.

Jedoch gelten für ihn, abweichend vom im Zivilprozeß beigeordneten RA,
wie für den Pflichtverteidiger nicht die Vorschriften der §§ 121 ff., soweit
nicht in § 97 Abs. 2 auf die Vorschriften der §§ 126, 127 verwiesen wird.

Die Beiordnung wirkt vom Bestellungszeitpunkt aus nicht zurück, sie erstreckt sich nur auf die jeweilige Instanz.

Riedel/Sußbauer A 1; Schumann/Geißinger A 3; Hamburg AnwBl. 86, 455 =
JurBüro 86, 1838.

Die Beiordnung für das Revisionsverfahren erfolgt durch das Gericht, dessen
Entscheidung angefochten wird.

Hartmann A 1.

3 Auf die **Gebühren des beigeordneten Rechtsanwalts** finden nach § 102 Abs. 1 die Vorschriften der §§ 97 bis 101 sinngemäß Anwendung. Es gilt also für seine Gebühren das gleiche wie für die des bestellten Verteidigers. Es kann deshalb hier auf die Anmerkungen zu den §§ 97 bis 101 verwiesen werden. Auch die Bewilligung einer Pauschvergütung ist möglich.

Der im Klageerzwingungsverfahren beigeordnete RA erhält das Vierfache des in § 91 vorgesehenen Mindestbetrages, somit 160,- DM nach § 97 Abs. 1 S. 1 in Verbindung mit § 91 Nr. 2, aus der Staatskasse.

4 Für eine **mehrtägige Verhandlung** gilt keine Abweichung von den für den bestellten Verteidiger geltenden Gebührenvorschriften. Es erhöhen sich auch im Privatklageverfahren die Gebühren des gerichtlich bestellten oder beigeordneten RA. Der beigeordnete RA erhält also, wenn sich die Hauptverhandlung über einen Kalendertag hinaus erstreckt, für jeden weiteren Verhandlungstag die dafür vorgesehenen Zusatzgebühren.

Die Vorverfahrensgebühr steht dem RA ebenfalls zu.

    Vgl. A 5 zu § 94 und A 4 zu § 95.

Auch § 97 Abs. 3 ist auf den Vertreter des Nebenklägers anwendbar.

    Schumann/Geißinger A 7; Göttlich-Mümmler „Amtsverteidiger" 10; Bamberg AnwBl. 83, 46; Hamburg AnwBl. 85, 320.
    a. M. Oldenburg JurBüro 79, 1171.

5 Bei **Vertretung mehrerer** Privatkläger, Nebenkläger oder Antragsteller usw. erhöhen sich die dem beigeordneten RA zustehenden Gebühren nach § 6 Abs. 1 S. 3 je weiteren Auftraggeber um drei Zehntel.

    Schumann/Geißinger A 9.

Die Anrechnung von Vorschüssen und Zahlungen richtet sich nach § 101, nicht nach § 129.

6 Der dem Nebenkläger im Wege der **Prozeßkostenhilfe** beigeordnete RA kann – in entspr. **Anwendung des § 126 ZPO** – von dem zur Tragung der notwendigen Auslagen des Nebenklägers Verurteilten seine Gebühren und Auslagen (soweit sie nicht aus der Staatskasse erstattet sind) im eigenen Namen beanspruchen.

    Hartmann A 2; Hamburg Rpfleger 75, 319.

Wahlanwaltskosten des dem Nebenkläger im Wege der PKH beigeordneten RA können gegen den verurteilten Angeklagten jedoch nur insoweit festgesetzt werden, als diese die Pflichtanwaltskosten übersteigen.

    München KostRsp. StPO § 471 (B) Nr. 88.

§ 103 Bundeskasse, Landeskasse

(1) **Staatskasse im Sinne dieser Vorschriften ist die Bundeskasse, wenn ein Gericht des Bundes, die Landeskasse, wenn ein Gericht des Landes den Rechtsanwalt bestellt oder beigeordnet hat.**

(2) **Hat zuerst ein Gericht des Bundes und sodann ein Gericht des Landes den Rechtsanwalt bestellt oder beigeordnet, so zahlt die Bundeskasse die Vergütung, die der Rechtsanwalt während der Dauer der Bestellung oder Beiordnung durch das Gericht des Bundes verdient**

hat, die Landeskasse die dem Rechtsanwalt darüber hinaus zustehende Vergütung. **Dies gilt sinngemäß, wenn zuerst ein Gericht des Landes und sodann ein Gericht des Bundes den Rechtsanwalt bestellt oder beigeordnet hat.**

Für die **Bestimmung der zahlungspflichtigen Kasse** kommt es, wie § 103 **1** klarstellt, auf den Bestellungsakt an, d. h. welches Gericht den RA bestellt hat. Dagegen kommt es nicht darauf an, vor welchen Gerichten der RA tätig geworden ist.

Die **Bundeskasse** ist zahlungspflichtig, wenn ein Gericht des Bundes den RA **2** bestellt oder beigeordnet hat.

Erfolgt die **Bestellung durch Gerichte verschiedener Länder,** gilt Abs. 2 **3** entsprechend.

Die **Zahlungsanzeige nach § 101 Abs. 3** bzw. die Rückzahlung der Vergü- **4** tung hat an die in § 103 bestimmte Staatskasse zu erfolgen. Welcher Beamte für die Empfangnahme der Zahlungsanzeige zuständig ist, ergibt das Gesetz nicht. Rauer

Rauer Festschrift S. 151.

hält den Prüfungsbeamten, bei den Länderjustizverwaltungen den Bezirksrevisor für zuständig. Zweckmäßiger dürfte es sein, die Zahlungsanzeige an den festsetzenden Urkundsbeamten bzw. Rechtspfleger zu richten. Die Rückzahlung hat an die Kasse zu erfolgen, die die Zahlung geleistet hatte.

Siebenter Abschnitt. Gebühren in Bußgeldverfahren

Vorbemerkungen

Der siebte Abschnitt regelt die Vergütung des RA für seine Tätigkeit in einem Verfahren, das den Strafverfahren vor den ordentlichen Gerichten ähnelt. Es handelt sich um das Bußgeldverfahren (§ 105).

§ 104 Verwaltungsstrafverfahren *(aufgehoben)*

§ 105 Bußgeldverfahren

(1) **Im Bußgeldverfahren vor der Verwaltungsbehörde und dem sich anschließenden Verfahren bis zum Eingang der Akten bei Gericht erhält der Rechtsanwalt als Verteidiger die Hälfte der Gebühr des § 83 Abs. 1 Nr. 3.**

(2) **Im Bußgeldverfahren vor dem Amtsgericht erhält der Rechtsanwalt als Verteidiger die Gebühren des § 83 Abs. 1 Nr. 3.**

(3) **Im übrigen gelten die Vorschriften des Sechsten Abschnitts sinngemäß.**

Lit.: H. Schmidt DAR 78, 229 und Lappe DAR 79, 91 (Die Anwaltsgebühren in Verkehrssachen).

Übersicht über die Anmerkungen

1 Das **Bußgeldverfahren** ist in dem Ges. über Ordnungswidrigkeiten (OWiG) geregelt. Für die Anwendung des § 105 kommt es ausschlaggebend darauf an, ob das Verfahren von der Verwaltungsbehörde als Bußgeldverfahren betrieben wird oder nicht. Dagegen ist es für den Gebührentatbestand des § 105 unerheblich, ob das dem Betroffenen vorgeworfene Verhalten tatsächlich eine Ordnungswidrigkeit darstellt oder nicht.

Riedel/Sußbauer A 1.

2 Eine **Ordnungswidrigkeit** ist nach § 1 OWiG eine Handlung, die ausschließlich mit Geldbuße bedroht ist, und eine Handlung, die entweder mit Strafe oder Geldbuße bedroht ist, dann, wenn sie mit Geldbuße zu ahnden ist. Ob dies der Fall ist, richtet sich zufolge § 2 OWiG nach der auf die Handlung anwendbaren Vorschrift über die Abgrenzung von Straftat und Ordnungswidrigkeit.

Die Festsetzung einer Geldbuße steht nach § 47 Abs. 1 OWiG im pflichtmäßigen Ermessen der Verwaltungsbehörde. In Fällen von geringer Bedeutung kann nach § 58 Abs. 1 OWiG an die Stelle einer Geldbuße eine schriftliche gebührenpflichtige Verwarnung treten. Die §§ 18 bis 25 regeln die Einziehung von Gegenständen, die durch eine Zuwiderhandlung gewonnen oder erlangt werden.

3 Das **Verfahren** ist im zweiten Teil des OWiG (§§ 35 ff.) geregelt. Nach § 35 Abs. 1 OWiG führt die Ermittlungen, sofern es sich um Strafsachen handelt, die Staatsanwaltschaft, sofern es sich um Bußgeldsachen handelt, die Verwaltungsbehörde. Ergeben die Ermittlungen der Staatsanwaltschaft, daß die Zuwiderhandlung eine Ordnungswidrigkeit ist oder hält das Gericht eine Bußgeldsache für vorliegend, so geben sie nach § 43 OWiG die Sache an die Verwaltungsbehörde ab.

Die Geldbuße wird nach § 65 OWiG durch einen Bußgeldbescheid der Verwaltungsbehörde festgesetzt.

4 **Antrag auf gerichtliche Entscheidung** gegen den Bußgeldbescheid kann nach § 67 OWiG der Betroffene stellen. Zur Entscheidung ist nach § 68 OWiG der Strafrichter zuständig. Für das Verfahren vor dem Gericht gelten die Vorschriften der StPO, die nach zulässigem Einspruch gegen einen Strafbefehl gelten.

Hält das Gericht eine Hauptverhandlung nicht für erforderlich, so kann es durch Beschluß entscheiden, wenn der Betroffene und die Staatsanwaltschaft diesem Verfahren nicht widersprechen. Das Gericht weist sie zuvor auf die Möglichkeit eines solchen Verfahrens und des Widerspruchs hin und gibt ihnen Gelegenheit, sich zu äußern.

Rechtsbeschwerde gemäß §§ 79, 80 OWiG. Gegen das Urteil und den 5 Beschluß nach § 72 ist Rechtsbeschwerde zulässig, wenn

1. gegen den Betroffenen eine Geldbuße von mehr als zweihundert Deutsche Mark festgesetzt worden ist,

2. eine Nebenfolge angeordnet worden ist, es sei denn, daß es sich um eine Nebenfolge vermögensrechtlicher Art handelt, deren Wert im Urteil oder im Beschluß nach § 72 auf nicht mehr als zweihundert Deutsche Mark festgesetzt worden ist,

3. der Betroffene wegen einer Ordnungswidrigkeit freigesprochen oder das Verfahren eingestellt worden ist und wegen der Tat im Bußgeldbescheid oder im Strafbefehl eine Geldbuße von mehr als fünfhundert Deutsche Mark festgesetzt oder eine solche Geldbuße von der Staatsanwaltschaft beantragt worden war,

4. der Einspruch durch Urteil als unzulässig verworfen worden ist oder

5. durch Beschluß nach § 72 entschieden worden ist, obwohl der Beschwerdeführer diesem Verfahren widersprochen hatte.

Gegen das Urteil ist die Rechtsbeschwerde ferner zulässig, wenn sie zugelassen wird.

Hat das Urteil oder der Beschluß nach § 72 mehrere Taten zum Gegenstand und sind die Voraussetzungen des vorstehenden Absatzes 1 Satz 1 Nr. 1 bis 3 oder des Satzes 2 nur hinsichtlich einzelner Taten gegeben, so ist die Rechtsbeschwerde nur insoweit zulässig.

Für die Rechtsbeschwerde und das weitere Verfahren gelten, soweit dieses Gesetz nichts anderes bestimmt, die Vorschriften der Strafprozeßordnung und des Gerichtsverfassungsgesetzes über die Revision entsprechend.

Über die Rechtsbeschwerde entscheidet das Oberlandesgericht

Die **Gebühren des Verteidigers** im Bußgeldverfahren betragen nach § 105 6 Abs. 1 die Hälfte der Gebühren des § 83 Abs. 1 Nr. 3, also 40,- bis 530,- DM. Die Mittelgebühr beträgt 285,- DM.

Das **Bußgeldverfahren vor der Verwaltungsbehörde** beginnt mit dem 7 Eingang einer Anzeige bzw. – bei Tätigkeit von Amts wegen – mit der Aufnahme der Ermittlungen. Der RA, der nach dem Beginn tätig wird, hat Anspruch auf die Gebühr des § 105 Abs. 1. Beispiel einer Tätigkeit: Ausfüllung des Fragebogens bei einer Verkehrsordnungswidrigkeit. Das Bußgeldverfahren vor der Verwaltungsbehörde endet mit der Einstellung des Verfahrens durch die Verwaltungsbehörde oder die Staatsanwaltschaft, den Erlaß eines Bußgeldbescheides, wenn kein Einspruch erhoben wird, und dem

Eingang der Akten bei dem Amtsgericht, wenn Einspruch eingelegt worden ist.

Auch der RA, der erstmals nach dem Erlaß des Bußgeldbescheids, z. B. durch die Einlegung des Einspruchs gegen den Bußgeldbescheid tätig wird, erhält die Gebühr aus § 105 Abs. 1. Denn die Fassung des Abs. 1 durch das Kostenänderungsgesetz 1986 stellt unmißverständlich klar, daß der RA die Gebühr im Bußgeldverfahren vor der Verwaltungsbehörde und den sich anschließenden Verfahren bis zum Eingang der Akten bei Gericht erhält. Damit ist ein jahrelanger Streit erledigt.

Zu den (überholten) abweichenden Meinungen s. Gerold–Schmidt 8. Auflage A 8.

8 Verfahren vor dem Amtsgericht. Mit dem Eingang der Akten bei dem Amtsgericht beginnt das gerichtliche Bußgeldverfahren. Für dieses Verfahren erhält der RA gemäß § 105 Abs. 2 die Gebühren des § 83 Abs. 1 Nr. 3. Die Gebührenrechtsnovelle 1975 hat den § 105 Abs. 2 geändert, um zu verhindern, daß die Gerichte weiterhin die Bußgeldverfahren mit den Strafverfahren (insbes. vor dem erweiterten Schöffengericht) vergleichen und als Folge dessen zu extrem niedrigen Gebühren kommen.

BT-Drucks. 7/3243 unter Nr. 52.

Von der Gesetzesänderung haben eine Reihe von Gerichten keine Kenntnis genommen. Sie vergleichen Bußgeldverfahren nach wie vor mit Strafverfahren.

Vgl. z. B. LG Düsseldorf NJW 76, 684 mit abl. Anm. von H. Schmidt; LG Würzburg KostRsp. Nr. 1 und JurBüro 76, 768; dagegen H. Schmidt MDR 76, 549; LG Aachen AnwBl. 76, 361 = NJW 76, 1515; LG Duisburg AnwBl. 77, 42; LG Wuppertal DAR 81, 25 mit Anm. von H. Schmidt.

Für das Bußgeldverfahren vor dem Amtsgericht gilt nunmehr der Rahmen des § 83 Abs. 1 Nr. 3 von 80,- bis 1060,- DM mit der Mittelgebühr in Höhe von 570,- DM.

Erstreckt sich die Hauptverhandlung über einen Kalendertag hinaus, so erhält der RA für jeden weiteren Verhandlungstag gemäß § 83 Abs. 2 Nr. 3 eine Gebühr in Höhe von 80,- bis 530,- DM und eine Mittelgebühr von 305,- DM. Wird mit dem Verfahren von neuem begonnen, gilt § 83 Abs. 2 Satz 2; es entsteht die Gebühr des § 83 Abs. 1 Nr. 3 nochmals.

LG Detmold AnwBl. 77, 41; LG Köln NJW 76, 2225;
a. M. LG Düsseldorf JurBüro 76, 1081; LG Siegen AnwBl. 77, 40 (vgl. hierzu H. Schmidt AnwBl. 77, 16).

Wenn eine Hauptverhandlung nicht stattfindet, z. B. weil das Gericht durch Beschluß entscheidet oder das Verfahren einstellt, erhält der RA die Gebühr des § 84. Diese Bestimmung ist über § 105 Abs. 3 für anwendbar erklärt worden.

9 Anrechnung. Die früher angeordnet gewesene Anrechnung der Gebühr des § 105 Abs. 1 auf die Gebühr für die Tätigkeit vor dem Amtsgericht ist weggefallen. Der RA, der sowohl vor der Verwaltungsbehörde wie vor dem Amtsgericht tätig ist, erhält nunmehr zwei Gebühren; die Gebühr des § 105 Abs. 1 und die Gebühr des § 83 Abs. 1 Nr. 3.

Beispiel: Der RA vertritt den Betroffenen vor der Verwaltungsbehörde, legt gegen den Bußgeldbescheid Einspruch ein (§ 105 Abs. 1) und vertritt den Betroffenen sodann in der Hauptverhandlung (§ 83 Abs. 1). Das gleiche gilt, wenn der RA vor der Verwaltungsbehörde (Gebühr des § 105 Abs. 1) und sodann im gerichtlichen Verfahren ohne Hauptverhandlung (Gebühr des § 84) tätig geworden ist.

H. Schmidt AnwBl. 77, 302; LG Aachen JurBüro 78, 1213; LG Ellwangen AnwBl. 77, 81; LG Krefeld AnwBl. 77, 34.

Im **Rechtsbeschwerdeverfahren,** das gemäß § 79 Abs. 3 OWiG dem Revi- **10** sionsverfahren entspricht, erhält der RA gemäß § 105 Abs. 3 die Gebühren des § 86.

Da im ersten Rechtszuge der Strafrichter entscheidet, betragen die Gebühren des RA im Beschlußverfahren gemäß § 86 Abs. 1 Nr. 2 in Verb. mit § 86 Abs. 3 40,- bis 530,- DM.

Entscheidet das Oberlandesgericht als Beschwerdegericht gemäß § 79 Abs. 5 OWiG durch Urteil, so erhält der Rechtsanwalt, der an der Hauptverhandlung teilgenommen hat, gemäß §§ 105 Abs. 3, 86 Abs. 1 Nr. 2 eine Gebühr von 80,- bis 1060,- DM.

Erstreckt sich die Hauptverhandlung über einen Kalendertag hinaus, so erhält der RA für jeden weiteren Verhandlungstag eine zusätzliche Gebühr von 80,- bis 530,- DM. § 86 Abs. 2 Satz 2 gilt entsprechend (Gebühr des § 86 Abs. 1 Nr. 2 bei Neubeginn der Hauptverhandlung).

Sinngemäße Anwendung der Vorschriften des Sechsten Abschnitts. 11 Für das Bußgeldverfahren gelten auch alle Vorschriften des Sechsten Abschnitts, soweit sich nicht aus der Verfahrensgestaltung in Bußgeldverfahren etwas anderes ergibt. So sind insbesondere anwendbar die Bestimmungen § 84 (gerichtliches Verfahren ohne Hauptverhandlung),

AG Bremen AnwBl. 78, 155 = JurBüro 78, 722 mit Anm. v. Mümmler.

§ 87 Pauschgebühren,
§ 88 Einziehung,
§ 90 Wiederaufnahmeverfahren,
§ 91 Gebühr für einzelne Tätigkeiten,
§ 92 Mehrere Einzeltätigkeiten,
§ 93 Gnadengesuche,
§ 96 Kostenfestsetzung,
§§ 97 ff. (insbes. auch § 99) Pflichtverteidiger.

Geltung der allgemeinen Vorschriften. Die Vorschriften der §§ 1 ff. gelten **12** selbstverständlich auch für die in § 105 geregelte Tätigkeit. Es sind sonach insbesondere anwendbar

§ 3 (Vereinbarung einer Vergütung),
§ 6 (Erhöhung der Gebühr bei Vertretung mehrerer Auftraggeber. Der Gebührenrahmen erhöht sich bei jedem weiteren Auftraggeber um drei Zehntel),
§ 20 (Ratsgebühr),
§ 26 (Postgebühren),
§ 27 (Schreibauslagen),
§ 28 (Reisekosten).

13 Wiederaufnahmeverfahren. Gemäß § 85 OWiG ist das Wiederaufnahmeverfahren eines durch rechtskräftige Bußgeldentscheidung abgeschlossenen Verfahrens zulässig. Über die Wiederaufnahme entscheidet das nach § 68 OWiG zuständige Gericht. Für die Tätigkeit des RA im Wiederaufnahmeverfahren gilt die Gebührenvorschrift des § 90.

War das Bußgeldverfahren durch eine gerichtliche Entscheidung abgeschlossen, gelten die §§ 359 ff. StPO unmittelbar. Gebührenvorschrift ebenfalls § 90.

Nach der Zulassung der Wiederaufnahme entsteht die Gebühr des § 105 Abs. 2 neu.

      Hartmann A 4 F.

14 Vollstreckung. Eine Tätigkeit des RA bei der Vollstreckung wird, soweit die Verwaltungsbehörde Vollstreckungsbehörde ist (vgl. § 92 OWiG), durch die Gebühren des § 119 Abs. 2, soweit die Gerichte Vollstreckungsbehörden sind (vgl. § 91 OWiG), durch die Gebühren des § 96 Nr. 2 abgegolten. Ein sachlicher Unterschied besteht kaum. Der RA erhält in beiden Fällen ⁷⁄₁₀-Gebühren.

      Hartmann A 4 I.

15 Erzwingungshaft. Die Tätigkeit des RA in dem Verfahren gemäß § 96 OWiG wird durch die Gebühr des § 91 (Nr. 1, bei mündlicher Verhandlung Nr. 2) abgegolten.

      Hartmann A 4 I; Riedel/Sußbauer A 13; Schumann/Geißinger A 12.

16 Pflichtverteidiger. § 60 OWiG bestimmt, daß in den Fällen, in denen die Mitwirkung eines Verteidigers vor der Verwaltungsbehörde geboten ist, die Verwaltungsbehörde den Pflichtverteidiger zu bestellen hat. Der Pflichtverteidiger hat gemäß § 105 Abs. 3 Anspruch auf die Pflichtverteidigervergütung der §§ 97 ff. (vgl. oben A 11). War er bereits vor der Verwaltungsbehörde tätig, erhält er die Gebühr des § 105 Abs. 1 auch dann, wenn er erst später beigeordnet worden ist (§ 97 Abs. 3).

      Schumann/Geißinger A 8.

17 Die **Höhe der Gebühr** des RA ist im Einzelfall gemäß § 12 zu bestimmen. Zu beachten ist hierbei, daß § 105 den Rahmen der §§ 83 ff. voll übernommen hat.

Durch das KostÄndG 75 ist § 105 Abs. 2 geändert worden. Durch die Änderung sollte erreicht werden, daß Bußgeldverfahren nicht mehr mit Strafverfahren verglichen und höhere Gebühren in Bußgeldverfahren bestimmt werden.

      BT-Drucks. 7/3243 unter Nr. 52;
      a. M. LG Wuppertal DAR 81, 25.

§ 105 Abs. 1 entspricht dem § 84 Abs. 1. In dem Verfahren vor den Gerichten gilt der Rahmen der §§ 83, 86, ohne Beschränkung.

Es ist sonach unrichtig, in Bußgeldverfahren grundsätzlich von einer geringeren Vergütung auszugehen oder die Vergütung des RA an der Höhe der von der Verwaltungsbehörde ausgeworfenen Geldbuße auszurichten.

Im Bußgeldverfahren vor dem Amtsgericht gilt hiernach der volle Gebührenrahmen von 80,– bis 1060,– DM mit einer Mittelgebühr von 570,– DM.

Ob in Bußgeldverfahren wegen Verkehrsordnungswidrigkeiten von der Mittelgebühr auszugehen ist oder grundsätzlich von der niedrigeren Gebühr, ist hochstreitig.

Vgl. § 12 A 13.

Baumgärtel

VersR 78, 581.

hat ein Punktesystem entworfen, wobei er die einzelnen Punkte mit 30,- DM bewertet und bei Annahme aller höchstmöglichen Punkte zu einer Gebühr von 750,- DM kommt. Die aus seiner Berechnung sich ergebenden Gebühren sind sehr niedrig.

Das Punktesystem haben übernommen LG Baden-Baden JurBüro 80, 95; LG Memmingen JurBüro 79, 723 = VersR 79, 635; LG Nürnberg-Fürth JurBüro 79, 234 mit krit. Anm. von Mümmler ebd. S. 861 = VersR 79, 267 und 465.

Die Auffassung von Baumgärtel ist abzulehnen.

H. Schmidt VersR 79, 114; LG Baden-Baden AnwBl. 82, 267 mit Anm. von Madert; LG Tübingen AnwBl. 80, 215; AG Hersbruck AnwBl. 81, 35 (die Punktetabelle ist rechtswidrig).

Staatsanwaltschaftliches Ermittlungs- und Bußgeldverfahren. Stellt die 18 Staatsanwaltschaft ein Ermittlungsverfahren wegen einer Straftat ein und gibt sie sodann die Akten an die Bußgeldbehörde zur Verfolgung wegen einer Ordnungswidrigkeit ab, hat der Verteidiger, der sowohl vor der Staatsanwaltschaft wie vor der Bußgeldbehörde tätig gewesen ist, Anspruch auf die Gebühr des § 84 und des § 105 Abs. 1. Es sind zwei verschiedene Angelegenheiten.

Hartmann A 2 B zu § 84; Schumann/Geißinger A 6; Chemnitz AnwBl. 76, 12; Lappe NJW 76, 1250; Matzen AnwBl. 76, 158; H. Schmidt AnwBl. 74, 368 und MDR 76, 285; LG Bielefeld AnwBl. 76, 253; LG Krefeld JurBüro 82, 88 = Rpfleger 82, 81; AG Kusel AnwBl. 78, 30; AG Meschede AnwBl. 83, 467; AG Freiburg AnwBl. 82, 266;
a. M. Mümmler JurBüro 74, 1505 (eine Angelegenheit); LG Flensburg JurBüro 77, 232 und 83, 1338; LG Verden KostRsp. BRAGO § 13 Nr. 47 m. abl. Anm. v. Lappe; LG Darmstadt JurBüro 84, 419; AG Bühl JurBüro 79, 1856 und 80, 91; AG Charlottenburg JurBüro 80, 91; AG Marburg JurBüro 80, 91.

Legt der RA für den Betroffenen Einspruch gegen den Bußgeldbescheid ein, ermittelt der Staatsanwalt nach Erhalt der Akten, wobei der RA ebenfalls tätig wird; stellt er sodann das Verfahren ein und gibt die Bußgeldakte an das Amtsgericht weiter, vor dem der RA gleichfalls tätig wird, hat der RA folgende Gebührenansprüche: Gebühr nach § 105 Abs. 1 (Verwaltungsbehörde), § 84 (Staatsanwaltschaft) und § 83 (Amtsgericht).

Chemnitz AnwBl. 76, 12.

Wird ein Bußgeldverfahren gemäß § 81 OWiG in ein Strafverfahren übergeleitet, liegt nur eine Angelegenheit vor. Der RA erhält die Gebühren des § 105 Abs. 1 (Verwaltungsbehörde) und die des § 83 (Amtsgericht).

Lappe NJW 76, 1250.

Kostenentscheidung und Kostenfestsetzung. Stellt die Verwaltungsbe- 19 hörde das Bußgeldverfahren ein, fallen die Ermittlungskosten der Staatskasse zur Last. Der Betroffene hat die ihm erwachsenen Auslagen selbst zu tragen.

Für eine Erstattung z. B. der Anwaltskosten durch die Staatskasse ist kein Raum. Die Verwaltungsbehörde hat insoweit die Stellung der Staatsanwaltschaft (vgl. hierzu § 467 a StPO). § 467 StPO ist in § 105 OWiG nicht aufgeführt.

Göhler Anm. 2 B zu § 105 OWiG.

Hat die Verwaltungsbehörde einen Bußgeldbescheid erlassen und nimmt sie ihn auf Einspruch des Betroffenen zurück und stellt sie das Verfahren ein, fallen die Kosten des Verfahrens gemäß § 105 OWiG, § 467 a StPO der Staatskasse zur Last. Die Verwaltungsbehörde hat – in der Regel in dem Einstellungsbeschluß – über die Kosten zu entscheiden; dabei sind die notwendigen Auslagen des Betroffenen grundsätzlich der Staatskasse aufzuerlegen. Nur in den Fällen des § 467 Abs. 3 und 4 StPO kann die Verwaltungsbehörde davon absehen, die notwendigen Auslagen des Betroffenen der Staatskasse aufzuerlegen. Gegen einen ihm ungünstigen Kostenbescheid kann der Betroffene gemäß § 108 OWiG binnen einer Woche nach Zustellung des Bescheides Antrag auf gerichtliche Entscheidung stellen.

Hat die Verwaltungsbehörde die Kosten des Betroffenen der Staatskasse auferlegt, sind die Kosten gemäß § 106 OWiG auf Antrag des Betroffenen durch die Verwaltungsbehörde festzusetzen. Gegen den Kostenfestsetzungsbescheid kann gemäß § 108 OWiG binnen einer Woche nach Zustellung des Bescheides Antrag auf gerichtliche Entscheidung gestellt werden.

Gegen die gerichtlichen Entscheidungen ist gemäß § 108 Abs. 2 OWiG die sofortige Beschwerde zulässig, wenn der Wert des Beschwerdegegenstandes 100,- DM übersteigt.

Stellt die Staatsanwaltschaft das ihr von der Verwaltungsbehörde zugeleitete Verfahren ein, hat sie auch gem. § 467 a StPO über die Kosten des Verfahrens zu entscheiden.

Göhler OWiG § 109 A 3;
a. M. (das Amtsgericht hat zu entscheiden) LG Nürnberg-Fürth AnwBl. 78, 268; LG Würzburg MDR 79, 161; (die Verwaltungsbehörde hat zu entscheiden) LG Hanau KostRsp. StPO § 467 a Nr. 36; LG Limburg MDR 78, 513 m. abl. Anm. von H. Schmidt.

Nimmt der Betroffene den Einspruch gegen den Bußgeldbescheid zurück oder wird sein Einspruch verworfen, so trägt er gemäß § 109 OWiG auch die Kosten des gerichtlichen Verfahrens. Seine eigenen Kosten hat er gleichfalls selbst zu tragen.

Ist über den Einspruch sachlich zu entscheiden, gelten für das gerichtliche Verfahren die Vorschriften der §§ 464 ff. StPO unmittelbar (vgl. § 46 Abs. 1 OWiG). Die Entscheidung des Gerichts über die Kosten umfaßt auch die in dem Verfahren vor der Verwaltungsbehörde entstandenen Kosten.

Achter Abschnitt. Gebühren in Verfahren nach dem Gesetz über die innerdeutsche Rechts- und Amtshilfe in Strafsachen

§ 105 a

(1) **Der Rechtsanwalt erhält für die Beistandsleistung im Verfahren vor der Staatsanwaltschaft die Hälfte der Gebühr des § 83 Abs. 1 Nr. 3,**

vor dem Oberlandesgericht oder dem Bundesgerichtshof die Hälfte der Gebühr des § 83 Abs. 1 Nr. 1.

(2) Im übrigen gelten die Vorschriften des Sechsten Abschnitts sinngemäß.

Allgemeines. In dem Gesetz über die innerdeutsche Rechts- und Amtshilfe **1** in Strafsachen (RHilfeG = BGBl. III 312–3) ist geregelt, unter welchen Voraussetzungen den Ersuchen deutscher Gerichte und Behörden außerhalb des Geltungsbereiches dieses Gesetzes Rechts- und Amtshilfe zu gewähren ist. Weiter ist das Verfahren geregelt.

Verfahren vor dem Generalstaatsanwalt. Die Rechts- und Amtshilfe **2** bedarf nach § 3 Abs. 1 RHilfeG der Genehmigung des Generalstaatsanwalts, wenn sich das Ersuchen richtet auf Zulieferung, Verhaftung, Vollstreckung einer gerichtlichen Entscheidung, Zuführung oder Vernehmung eines Beschuldigten oder Zeugen, Aktenübersendung oder Auskunft über einen Beschuldigten oder Zeugen (mit Ausnahme von Auskünften aus dem Strafregister).

Vor der Erteilung der Genehmigung ist der Betroffene gemäß § 4 Abs. 1 RHilfeG zu hören, wenn um seine Zulieferung oder Zuführung oder um die Vollstreckung einer Strafe, Maßregel der Besserung und Sicherung, Nebenstrafe oder sonstige Folge einer Verurteilung erwirkt wird. In den übrigen Fällen soll der Betroffene gehört werden, wenn Anhörung geboten ist.

Der Betroffene kann sich gemäß § 4 Abs. 4 eines RA bedienen.

Der Generalstaatsanwalt hat seine Verfügung dem Betroffenen unter Rechtsmittelbelehrung bekanntzugeben.

Verfahren vor dem Oberlandesgericht. Genehmigt der Generalstaatsan- **3** walt in den Fällen des § 4 Abs. 1 RHilfeG die Rechts- oder Amtshilfe ganz oder teilweise, so kann der Betroffene binnen einer Woche gerichtliche Entscheidung beantragen (§ 5 Abs. 1 RHilfeG). Über den Antrag entscheidet gemäß § 7 RHilfeG das Oberlandesgericht. Es kann Ermittlungen anstellen und mündliche Verhandlung anordnen.

Beschwerde zum Bundesgerichtshof. Gegen die Entscheidung des Ober- **4** landesgerichts ist die Beschwerde zulässig, die binnen einer Woche einzulegen ist.

Erneute Entscheidung. Werden nach Abschluß des Verfahrens neue Tatsa- **5** chen oder Beweismittel beigebracht, die allein oder in Verbindung mit den früher vorgebrachten Beweisen oder durchgeführten Ermittlungen eine wesentlich andere Entscheidung zu begründen geeignet sind, so hat der Generalstaatsanwalt von Amts wegen oder auf Antrag der Betroffenen gemäß § 9 RHilfeG erneut zu entscheiden. Gegen seine Verfügung können das Oberlandesgericht und der Bundesgerichtshof erneut angerufen werden.

Gebühren in dem Verfahren vor dem Generalstaatsanwalt. Der RA, der **6** in dem Verfahren vor dem Generalstaatsanwalt tätig wird, hat Anspruch auf eine Gebühr von 40,–DM bis 530,–DM (Mittelgebühr 285,–DM). Die Bestimmung der Gebühr im Einzelfall hat nach § 12 zu erfolgen.

Hat der Generalstaatsanwalt nach § 9 RHilfeG erneut zu entscheiden, erhält der RA, der bereits im ersten Verfahren tätig war, die Gebühr erneut.

7 Gebühren vor dem Oberlandesgericht und dem Bundesgerichtshof.
Der RA, der vor diesen Gerichten tätig wird, hat je Rechtszug Anspruch auf
eine Gebühr von 70,-DM bis 1030,-DM (Mittelgebühr 550,-DM).

8 Vorschriften des Sechsten Abschnitts.
Es gelten sinngemäß insbes. die §§ 87 (Pauschgebühren), 97 (beigeordneter
RA), 99 (Pauschvergütung).

Neunter Abschnitt.
Gebühren in Verfahren nach dem Gesetz über die internationale Rechtshilfe in Strafsachen

Vorbemerkungen

Der neunte Abschnitt regelt die Gebühren des in Verfahren nach dem Gesetz
über die internationale Rechtshilfe in Strafsachen (IRG) vom 23. Dezember
1982 (BGBl. I 2071) tätigen RA.

Diese Verfahren sind keine Strafverfahren i. S. der §§ 83 ff. Es handelt sich bei
ihnen um ein Verfahren eigener Art, das teils der Strafrechtspflege ausländischer Staaten Rechtshilfe leistet, teils die Interessen der Betroffenen wahrt
(vgl. BGH BGHSt. 2, 44 und 6, 236)

Wegen des Begriffs der Verfahren vgl. A 2 zu § 106.

Der neunte Abschnitt enthält drei Vorschriften, die §§ 106 bis 108.

In § 106 sind die Gebühren des gewählten Vertreters behandelt, und zwar
abweichend von den Gebühren in Strafsachen. Der RA erhält für den Betrieb
der Angelegenheit eine Verfahrensgebühr und – falls er an einer mündlichen
Verhandlung teilnimmt – zusätzlich eine Verhandlungsgebühr.

§ 107 behandelt die Vergütung des beigeordneten RA. Der beigeordnete RA
erhält für die Tätigkeit im gesamten Verfahren – im Gegensatz zu § 106 – nur
eine Gebühr, die sich zudem noch auf die Hälfte ermäßigt, wenn keine
mündliche Verhandlung stattfindet.

§ 108 entspricht in etwa dem § 87. Er umreißt den Begriff der Angelegenheit
in den Verfahren und bestimmt, daß durch die Pauschgebühren der §§ 106,
107 die gesamte Tätigkeit des RA in dem jeweiligen Verfahren abgegolten
wird.

§ 106 Beistandsleistung

(1) **Für die Beistandsleistung nach den §§ 40, 45 Abs. 6, §§ 53, 61
Abs. 1 Satz 3, §§ 65, 71 Abs. 4 Satz 4 des Gesetzes über die internationale
Rechtshilfe in Strafsachen erhält der Rechtsanwalt die Hälfte der
Gebühr des § 83 Abs. 1 Nr. 1.**

(2) **Für die Beistandsleistung bei einer mündlichen Verhandlung
erhält er die Gebühr des § 83 Abs. 1 Nr. 1. Erstreckt sich die Verhandlung über einen Kalendertag hinaus, so erhält der Rechtsanwalt für
jeden weiteren Verhandlungstag die Gebühr des § 83 Abs. 2 Nr. 1.**

Übersicht über die Anmerkungen

Allgemeines. § 106 behandelt die Vergütung des von dem Verfolgten frei **1** gewählten Vertreters. Der Vertreter muß RA sein. Für den Rechtslehrer einer deutschen Hochschule, der ebenfalls in den Verfahren tätig sein kann, gilt § 106 nicht unmittelbar; seine Anwendung müßte – was allerdings möglich ist – vereinbart sein.

Das **Rechtshilfegesetz (IRG)** regelt im zweiten Teil die Auslieferung eines **2** Ausländers an die Behörde eines ausländischen Staates zur Strafverfolgung oder Strafvollstreckung (§§ 2 bis 42) und die Durchlieferung eines Ausländers durch das Gebiet der Bundesrepublik (§§ 43 bis 47). Die §§ 38, 39 regeln die Herausgabe von Gegenständen an die Regierung eines ausländischen Staates. Der vierte Teil (§§ 48 bis 58) regelt die Rechtshilfe durch Vollstreckung ausländischer Erkenntnisse. Im fünften Teil (§§ 59 bis 67) ist die Sonstige Rechtshilfe geregelt. Der sechste Teil (§§ 68 bis 73) befaßt sich mit den ausgehenden Ersuchen. Im siebenten Teil (§§ 74 bis 77) sind die gemeinsamen Vorschriften enthalten.

Zur Entscheidung über die Zulässigkeit ist das Oberlandesgericht zuständig (§ 8 Abs. 2 § 37 Abs. 2)

Nach § 40 IRG kann sich der Verfolgte in jeder Lage des Auslieferungsverfahrens des Beistandes eines RA oder eines Rechslehrers einer deutschen Hochschule bedienen. § 45 Abs. 6 IRG ordnet die entsprechende Anwendung dieser Bestimmung auf das Durchlieferungsverfahren an.

Die Vorschriften des §§ 106 ff. gelten nicht für die Vertretung eines Betroffenen nach dem Gesetz über die innerdeutsche Rechts- und Amtshilfe in Strafsachen vom 2. Mai 1953. Vgl. hierzu § 105 a.

Als **Gebühren für die Beistandsleistung** sind für den RA, der nicht nach **3** § 40 Abs. 2 IRG beigeordnet ist, je eine Gebühr vorgesehen für die Beistandsleistung als solche (§ 106 Abs. 1) und für die Beistandsleistung bei einer mündlichen Verhandlung (§ 106 Abs. 2).

Man kann also die Gebühr des § 106 Abs. 1 als Verfahrensgebühr, die Gebühr des § 106 Abs. 2 als Verhandlungsgebühr bezeichnen. Die Verfahrensgebühr ist, anders als die Gebühr des § 84, nicht lediglich für den Fall bestimmt, daß sich die Beistandsleistung auf das gerichtlich anhängige Verfahren außerhalb der Verhandlung beschränkt. Sie stellt also, anders als § 84, keine Gebührenermäßigung für den Fall dar, daß der RA nicht in der Verhandlung tätig wird, sondern steht dem Beistand in dem Verfahren stets zu. Ist er auch noch als Beistand in einer mündlichen Verhandlung tätig, so erhält er die Gebühr des § 106 Abs. 2 neben der des Abs. 1.

Hartmann A 3.

Die Gebühr des § 106 Abs. 1 ist also mit der Prozeßgebühr des § 31 Abs. 1 Nr. 1, die Gebühr des § 106 Abs. 2 mit der Verhandlungsgebühr des § 31 Abs. 1 Nr. 2 zu vergleichen.

4 Die **Verfahrensgebühr des § 106 Abs. 1** beträgt 70,- bis 1030,- DM.

5 Der **Anspruch** auf die Gebühr **entsteht** durch jede Tätigkeit des RA in seiner Eigenschaft als Beistand, wobei es gleichgültig ist, ob er neben dem Verfolgten oder dem Beteiligten oder als sein Vertreter auftritt. Die erste Tätigkeit ist in der Regel die Entgegennahme der Information. Mit ihr entsteht die Gebühr des Abs. 1. Die Gebühr verbleibt dem RA auch dann, wenn es zu keiner weiteren Tätigkeit in dem Verfahren kommt, etwa weil der Verfolgte stirbt. Der geringe Umfang der Tätigkeit des RA ist nur bei Ausfüllung des Gebührenrahmens gemäß § 12 zu beachten. Als Tätigkeit des Beistandes sind z. B. zu nennen die Einsicht in die Gerichtsakten, der schriftliche und mündliche Verkehr mit dem Verfolgten, die Verhandlungen mit dem Staatsanwalt oder dem Gericht, die Einreichung von Schriftsätzen, Einwendungen gegen einen Haftbefehl und die Vorbereitung der mündlichen Verhandlung, auch wenn diese nicht stattfindet.

Hartmann A 2.

6 Die Gebühr ist eine **Pauschgebühr** nach § 108. Sie steht dem RA auch dann zu, wenn er die Gebühr für die Beistandsleistung bei einer mündlichen Verhandlung nach § 106 Abs. 2 erhält. Das gilt selbst dann, wenn der RA nur mit der Beistandsleistung in der mündlichen Verhandlung beauftragt worden ist.

Hartmann A 2.

Abgegolten werden alle Tätigkeiten des RA als Beistand bis zur Beendigung des Verfahrens mit Ausnahme der Beistandsleistung in einer mündlichen Verhandlung. Ist der RA auch in der mündlichen Verhandlung tätig, erhält er zusätzlich die Gebühr des Abs. 2 (vgl. nachstehend A 7).

7 Die **Verhandlungsgebühr des § 106 Abs. 2** entspricht ihrer Höhe nach der Gebühr des § 83 Abs. 1 Nr. 1 für die Verteidigung in der Hauptverhandlung vor dem Oberlandesgericht, das ja auch in den Verfahren des IRG zuständig ist. Sie beträgt 140,— bis 2060,— DM.

Eine mündliche Verhandlung kann nach § 30 Abs. 3 IRG vor der Entscheidung über die Zulässigkeit der Auslieferung durch das Oberlandesgericht angeordnet werden. Das Verfahren bei dieser mündlichen Verhandlung ist in § 31 IRG geregelt. Treten, nachdem das Gericht die Auslieferung für zulässig erklärt hat, Umstände ein, die es zweifelhaft erscheinen lassen, ob die Voraussetzungen der Zulässigkeit noch bestehen, so kann nach § 33 IRG erneut mündliche Verhandlung angeordnet werden. Dasselbe gilt nach § 35

IRG, wenn nach Durchführung der Auslieferung die ausländische Regierung um Zustimmung zur Strafverfolgung, Strafvollstreckung oder Weiterlieferung wegen einer Tat ersucht, für die die Auslieferung nicht bewilligt ist. Für die Durchlieferung gelten diese Bestimmungen entsprechend, ebenso für die Herausgabe von Gegenständen.

Eine **bloße Vernehmung** des Verfolgten **oder** eine bloße **Beweiserhebung** 8 ist keine mündliche Verhandlung.

Hartmann A 3.

Der **Anspruch** auf die Gebühr des § 106 Abs. 2 **entsteht** durch Anwesenheit 9 des RA als Beistand in der mündlichen Verhandlung. Da den Beteiligten Gelegenheit zu geben ist, sich zur Sache zu äußern, wird es wohl kaum vorkommen, daß der RA in der Verhandlung völlig schweigt. Sollte es doch der Fall sein, so wird der Anspruch auf die Gebühr dadurch nicht berührt. Die Verhandlung beginnt mit der Erörterung der Sache.

Hartmann A 3.

Erstreckt sich die Verhandlung über einen Kalendertag hinaus, so erhält 10 der RA nach § 106 Abs. 2 S. 2 für jeden weiteren Verhandlungstag 140,— bis 1030,— DM. Das gilt auch dann, wenn die Verhandlung unterbrochen und später fortgesetzt oder wenn die Entscheidung in einem späteren Termin verkündet wird. Bei Vertagung der Verhandlung vor ihrem Beginn entsteht der Anspruch auf die Gebühr des § 106 Abs. 2 S. 1 erst mit der Beistandsleistung in dem neuen Verhandlungstermin. Wird aber die Verhandlung nach ihrem Beginn vertagt, so erstreckt sich die Verhandlung über einen Kalendertag hinaus.

Wird nach § 33 IRG erneut mündliche Verhandlung angeordnet (s. oben A 7), so entsteht keine neue Verhandlungsgebühr, sondern nur die Zusatzgebühr des § 106 Abs. 2 S. 2, da es sich um die gleiche Angelegenheit handelt.

Hartmann A 3 u. A 2 zu § 108.

Dagegen ist das Verfahren nach § 35 IRG eine neue Angelegenheit, in der die Gebühren des § 106 neu entstehen (s. A 2 zu § 108).

Hartmann A 2 zu § 108.

Übernimmt der RA die **Beistandsleistung für mehrere Beteiligte** (§ 146 11 StPO gilt nicht), so erhöhen sich seine Gebühren gemäß § 6 Abs. 1 Satz 3 je weiteren Beteiligten um drei Zehntel.

Eine Beistandsleistung für mehrere Beteiligte liegt nur dann vor, wenn es sich um ein einheitliches Verfahren handelt. Das ist nicht der Fall, wenn es sich bei dem einen Auftraggeber um ein Auslieferungsverfahren, bei dem anderen um ein Durchlieferungsverfahren handelt. Dann entstehen getrennte Gebühren.

Beschränkt sich der Auftrag des RA auf **Einzeltätigkeiten,** so erhält er 12 ebenfalls die Gebühren des § 106, also die Verfahrensgebühr und u. U. auch die Verhandlungsgebühr. § 106 macht keinen Unterschied zwischen Gesamtauftrag und Einzeltätigkeit. Der unterschiedliche Umfang der Arbeit und Verantwortung des RA ist bei Ausfüllung des Gebührenrahmens gemäß § 12 zu beachten.

Beschränkt sich der Auftrag auf **Erteilung eines Rates oder einer Aus-** 13 **kunft** in einer Sache nach dem IRG, so beträgt die Gebühr nach § 20 Abs. 1

S. 2 25,— bis 335,— DM. Sie ist nach § 20 Abs. 1 S. 2 auf die Gebühr des § 106 anzurechnen, wenn der RA danach mit der Beistandsleistung beauftragt wird.

14 Die Ausfüllung des Gebührenrahmens. Wie hoch die Gebühren innerhalb des Gebührenrahmens des § 106 im Einzelfall zu bemessen sind, ergibt sich aus § 12. Es sind alle Umstände, die für eine Erhöhung und für eine Ermäßigung der Gebühr sprechen, zu beachten und gegeneinander abzuwägen.

Die Mittelgebühren betragen

bei der Gebühr des Abs. 1	550,— DM
bei der Gebühr des Abs. 2 Satz 1	1100,— DM
bei der Gebühr des Abs. 2 Satz 2	585,— DM

§ 12 Abs. 2 (Gutachten des Vorstandes der Rechtsanwaltskammer) ist zu beachten.

Eine Erweiterung des Gebührenrahmens gemäß § 88 Satz 2 tritt bei Herausgabeinteressen nicht ein.

Hartmann A 1.

15 Ergänzende Vorschriften. Die Bestimmungen des allgemeinen Teils gelten auch für die Vergütung in Auslieferungssachen. Anzuwenden sind deshalb insbes. die Vorschriften des

§ 3 Vereinbarung einer Vergütung

§ 4 Vergütung für Tätigkeiten von Vertretern des Rechtsanwalts,

§ 6 Mehrere Auftraggeber, s. oben A 11,

§§ 16 ff. Fälligkeit, Vorschuß, Berechnung,

§ 26 Postgebühren,

§ 27 Schreibauslagen,

§ 28 Geschäftsreisen.

§ 19 ist gemäß § 19 Abs. 7 nicht anzuwenden, da es sich bei den Gebühren des § 106 um Rahmengebühren handelt.

§ 88 – Erweiterung des Gebührenrahmens – ist gleichfalls nicht anzuwenden, da die Vergütung in den Verfahren des IRG selbständig, ohne Bezugnahme auf § 88, geregelt ist.

16 Eine **Erstattung** der in den Verfahren des IRG dem Verfolgten notwendigen Auslagen findet nicht statt.

Hamburg NJW 80, 1239; vgl. aber auch Koblenz MDR 83, 691.

§ 107 Bestellter Rechtsanwalt

(1) **Ist der Rechtsanwalt gerichtlich bestellt worden (§ 31 Abs. 2 Satz 3, § 33 Abs. 3, § 36 Abs. 2 Satz 2, § 40 Abs. 2, § 45 Abs. 6, § 52 Abs. 2 Satz 2, § 53 Abs. 2, §§ 65, 71 Abs. 4 Satz 5 des Gesetzes über die internationale Rechtshilfe in Strafsachen), so erhält er anstelle der gesetzlichen Gebühr das Vierfache der in § 106 bestimmten Mindestbeträge aus der Staatskasse, jedoch nicht mehr als die Hälfte des Höchstbetrages.**

(2) **§ 97 Abs. 2 und 4, § 98 Abs. 1, 2 und 4 sowie die §§ 99, 101 und 103 gelten sinngemäß. In den Fällen der Bestellung für Verfahren nach den**

1–7 **§ 107**

§§ 53, 71 Abs. 4 Satz 5 des Gesetzes über die internationale Rechtshilfe in Strafsachen gilt § 98 Abs. 3 sinngemäß.

Allgemeines. § 107 regelt die Vergütung des beigeordneten RA. Der beige- **1** ordnete RA erhält – wie der Wahlanwalt – sowohl die Gebühr des § 106 Abs. 1 wie auch die Gebühr des § 106 Abs. 2, die – ähnlich wie die Vergütung des Pflichtverteidigers – auf das Vierfache der in § 106 bestimmten Mindestbeträge – nicht aber über die Hälfte des Höchstbetrages – bestimmt ist.

Die **Beiordnung eines Rechtsanwalts** als Rechtsbeistand hat unter den **2** Voraussetzungen des § 40 Abs. 2 IRG zu erfolgen, wenn der Verfolgte noch keinen Rechtsbeistand gewählt hat. Für das Durchlieferungsverfahren und für das Verfahren wegen Herausgabe von Gegenständen ist eine entsprechende Anwendung dieser Bestimmung in § 45 Abs. 6 IRG vorgesehen.

Ist der RA dem Verfolgten in entsprechender Anwendung der Vorschriften über den Notanwalt beigeordnet worden (weil der Verfolgte keinen zur Übernahme des Auftrags bereiten RA gefunden hat), so ist § 107 nicht anzuwenden. Der RA hat aber einen Gebührenanspruch gegen den Verfolgten unmittelbar. Er kann auch Vorschuß fordern und die Übernahme des Auftrags von der Vorschußleistung abhängig machen.

Aus der Staatskasse erhält der beigeordnete Rechtsanwalt, wie auch in **3** Strafsachen nach § 97 der bestellte Verteidiger, nicht die vollen Gebühren, die ihm als Wahlbeistand zustehen würden, sondern nur gekürzte Gebühren. Er erhält zunächst die Verfahrensgebühr des § 106 Abs. 1 in Höhe von 280,– DM.

Findet eine mündliche Verhandlung statt, so muß der beigeordnete RA, um die Gebühr des § 106 Abs. 2 (560,– DM) zu erhalten, auch in der mündlichen Verhandlung tätig gewesen sein.

Erstreckt sich die mündliche Verhandlung über einen Kalendertag **4** **hinaus,** so erhält der beigeordnete RA, wie der Wahlbeistand, für die weiteren Verhandlungstage besondere Gebühren. Er erhält für jeden weiteren Verhandlungstag 515,– DM. Ein weiterer Verhandlungstag ist auch dann gegeben, wenn an dem zweiten Kalendertag nur die Entscheidung verkündet wird. Voraussetzung ist allerdings, daß der RA hierbei anwesend ist.

Als gemeinschaftlicher Beistand mehrerer Beteiligter (§ 146 StPO gilt **5** nicht) erhält der beigeordnete RA nach § 6 Abs. 1 S. 3 eine Gebührenerhöhung um drei Zehntel je weiteren Beteiligten.

Hartmann A 2.

Für den Anspruch auf **Ersatz von Auslagen** gilt zufolge der in § 107 Abs. 2 **6** herangezogenen Bestimmungen des § 97 Abs. 2 § 126 Abs. 1 S. 1 und Abs. 2.

Für die **Festsetzung der Gebühr** gelten nach § 107 Abs. 2 die Vorschriften **7** des § 98 Abs. 1, 2 u. 4 sinngemäß, also nicht die Vorschrift des § 98 Abs. 3 über die Beschwerde, da ja über die Erinnerung schon das OLG entscheidet. Der Festsetzungsantrag ist an den Urkundsbeamten der Geschäftsstelle des Oberlandesgerichts zu richten. Gegen die Entscheidung findet die Erinnerung statt. Die Entscheidung trifft der Vorsitzende des zuständigen Strafsenats. Seine Entscheidung ist unanfechtbar; auch eine Anrufung des Senats ist nicht vorgesehen.

In den Verfahren nach §§ 53, 71 Abs. 4 Satz 5 IRG, in denen das Landgericht entscheidet, ist nach § 107 Abs. 2 § 98 Abs. 3 anzuwenden, d. h. gegen den Beschluß über die Erinnerung ist die Beschwerde zulässig.

8 **Die Zubilligung einer höheren Pauschvergütung** ist zulässig, da § 99 in § 107 Abs. 2 erwähnt wird.

Auch die **Vorschriften des § 101** über die Anrechnung oder Rückzahlung sind nach § 107 Abs. 2 sinngemäß anzuwenden. Dagegen besteht kein Anspruch gegen die Verfolgten, da § 100 nicht herangezogen ist.

Die Annahme freiwilliger Zahlungen ist zulässig, auch eine Vergütungsvereinbarung, da der im Auslieferungsverfahren beigeordnete RA kein im Wege der PKH beigeordneter RA ist. Doch darf der beigeordnete RA seine Tätigkeit weder vom Abschluß einer Vergütungsvereinbarung noch von der Leistung von Zahlungen abhängig machen.

9 Gemäß dem für anwendbar erklärten § 97 Abs. 4 kann der RA nach § 127 Satz 1 **Vorschuß** auf die bereits entstandenen Gebühren und die entstandenen und voraussichtlich entstehenden Auslagen erhalten.

10 **Keine Erstattung.** Die aus der Staatskasse gezahlten Beträge können von dem Verfolgten nicht zurückgefordert werden.

§ 108 Pauschgebühren

Durch die in den §§ 106 und 107 bestimmten Gebühren wird die gesamte Tätigkeit des Rechtsanwalts in dem jeweiligen Verfahren abgegolten. Hierzu gehören auch die Anfertigung und Unterzeichnung von Anträgen und Erklärungen an die beteiligten Behörden.

1 **Pauschgebühren** sind die Gebühren der §§ 106 u. 107 nach der Vorschrift des § 108. Durch sie werden sämtliche Tätigkeiten des RA, die das gleiche Verfahren betreffen, entgolten, so die Information, die Beratung des Auftraggebers, die Anwesenheit bei Vernehmungsterminen oder bei einzelnen Beweisaufnahmen, die Anfertigung und Unterzeichnung aller das Verfahren betreffenden Anträge und Erklärungen an die beteiligten Behörden und der Schriftwechsel mit dem Verfolgten, den Beteiligten und dritten Personen.

Nur für die Beistandsleistung in der mündlichen Verhandlung kann neben der Gebühr des § 106 Abs. 1 noch die Gebühr des § 106 Abs. 2 verlangt werden.

2 Der **Rechtszug endet** mit der Durchführung der Auslieferung, Durchlieferung oder Herausgabe von Gegenständen, mit der Rücknahme oder Ablehnung des Ersuchens.

Wird nach § 33 IRG erneut mündliche Verhandlung angeordnet, nachdem das Gericht die Auslieferung schon für zulässig erklärt hatte, so beginnt kein neues Auslieferungsverfahren. Daher entsteht die Verfahrensgebühr des § 106 Abs. 1 nicht neu. Die zusätzliche Tätigkeit ist bei Ausfüllung des Gebührenrahmens gemäß § 12 zu beachten. Ist die früher angefallene Gebühr bereits beglichen, kann der RA den Mehrbetrag nachfordern. Bei erneuter Beistandsleistung für eine mündliche Verhandlung kann die Zusatzgebühr des § 106 Abs. 2 S. 2 verlangt werden.

Findet aber nach § 35 IRG eine neue Verhandlung deshalb statt, weil nach Durchführung der Auslieferung die ausländische Regierung um Zustimmung zur Strafverfolgung, Strafvollstreckung oder Weiterlieferung wegen einer Tat ersucht, für welche die Auslieferung nicht bewilligt worden war, so beginnt damit eine neue Angelegenheit. Daher entsteht nicht nur die Gebühr des §106 Abs. 2, sondern auch die Gebühr des §106 Abs. 1 von neuem.

Hartmann A 2.

Zehnter Abschnitt. Gebühren im Disziplinarverfahren, im Verfahren nach der Wehrbeschwerdeordnung vor den Wehrdienstgerichten, im ehren- und berufsgerichtlichen Verfahren, bei der Untersuchung von Seeunfällen und bei Freiheitsentziehungen

Vorbemerkung

Der zehnte Abschnitt regelt die Vergütung des RA in verschiedenen Verfahren, die keine Strafverfahren darstellen, aber so gestaltet sind, daß die Vorschriften des sechsten Abschnitts über die Vergütung in Strafsachen – mit gewissen Abweichungen – entsprechend angewendet werden können. Es handelt sich
in § 109 um Disziplinarverfahren,
in § 109 a um Wehrbeschwerdeverfahren vor den Wehrdienstgerichten,
in § 110 um ehren- und berufsgerichtliche Verfahren,
in § 111 um die Untersuchung von Seeunfällen und
in § 112 um gerichtliche Verfahren bei Freiheitsentziehungen.

§ 109 Disziplinarverfahren

(1) **Im Disziplinarverfahren gelten nach Maßgabe der Absätze 2 bis 8 die Vorschriften des Sechsten Abschnitts sinngemäß.**

(2) **Der Rechtsanwalt erhält als Verteidiger im förmlichen Disziplinarverfahren einschließlich des vorangegangenen Verfahrens folgende Gebühren:**
1. **Im ersten Rechtszug 100 bis 1240 Deutsche Mark,**
2. **im zweiten Rechtszug 110 bis 1480 Deutsche Mark,**
3. **im dritten Rechtszug 140 bis 2060 Deutsche Mark.**

(3) **Erstreckt sich die Hauptverhandlung über einen Kalendertag hinaus, so erhält der Rechtsanwalt für jeden weiteren Verhandlungstag in den Fällen des Absatzes 2**
Nr. 1 100 bis 620 Deutsche Mark,
Nr. 2 110 bis 730 Deutsche Mark,
Nr. 3 140 bis 1030 Deutsche Mark.

(4) **Im Verfahren vor den Dienstvorgesetzten einschließlich Verfahren der Beschwerde erhält der Rechtsanwalt, der nicht auch Verteidiger im förmlichen Disziplinarverfahren ist, eine Gebühr von 60 bis 730 Deutsche Mark.**

(5) **Im Verfahren auf gerichtliche Entscheidung über die Disziplinarverfügung erhält der Rechtsanwalt als Verteidiger eine Gebühr von**

40 bis 530 Deutsche Mark. Erstreckt sich die mündliche Verhandlung oder Beweiserhebung über einen Kalendertag hinaus, so erhält der Rechtsanwalt für jeden weiteren Tag eine Gebühr von 40 bis 530 Deutsche Mark.

(6) **Im Verfahren über die Beschwerde gegen die Nichtzulassung der Revision erhält der Rechtsanwalt eine Gebühr von 70 bis 1030 Deutsche Mark.**

(7) **Im Verfahren auf Abänderung oder Neubewilligung eines Unterhaltsbeitrages erhält der Rechtsanwalt eine Gebühr von 40 bis 530 Deutsche Mark.**

(8) **Im Verfahren vor dem Dienstvorgesetzten und im gerichtlichen Verfahren über die nachträgliche Aufhebung einer Disziplinarmaßnahme erhält der Rechtsanwalt jeweils eine Gebühr von 30 bis 410 Deutsche Mark.**

Übersicht über die Anmerkungen

1 Allgemeines. § 109 Abs. 1 regelt die Gebühren in Disziplinarangelegenheiten jeder Art, soweit überhaupt die Mitwirkung eines RA in Betracht kommt, im wesentlichen durch Verweisung auf die Vorschriften des 6. Abschnitts. In den Absätzen 2 bis 8 ist jedoch die Höhe der Gebühren für die Fälle, die in Disziplinarangelegenheiten häufig vorkommen, besonders bestimmt.

In Betracht kommen

a) Verfahren vor den Dienstvorgesetzten einschl. Verfahren der Beschwerde (Abs. 4),

b) Verfahren auf gerichtliche Entscheidung über die Disziplinarverfügung (Abs. 5),

c) Verfahren über die Beschwerde gegen die Nichtzulassung der Revision (Abs. 6).

d) das förmliche Disziplinarverfahren (Abs. 2 und 3),

e) das Rechtsmittelverfahren bei förmlichen Disziplinarverfahren (ebenfalls Abs. 2 und 3),

f) Verfahren auf Abänderung oder Neubewilligung eines Unterhaltsbeitrages (Abs. 7),

g) Verfahren vor dem Dienstvorgesetzten und im gerichtlichen Verfahren über die nachträgliche Aufhebung einer Disziplinarmaßnahme (Abs. 8).

Das **Disziplinarverfahren** ist für Bundesbeamte durch die Bundesdisziplina- 2
rordnung (BDO) vom 20. 7. 1967 (BGBl. I 751) geregelt.

Werden Tatsachen bekannt, die den Verdacht eines Dienstvergehens begründen, so veranlaßt der Dienstvorgesetzte die zur Aufklärung des Sachverhalts
erforderlichen Ermittlungen (§ 26 Abs. 1 BDO). Jeder Dienstvorgesetzte ist
zu Warnungen und Verweisen gegen die ihm nachgeordneten Beamten befugt. Ferner können die oberste Dienstbehörde, der ihr unmittelbar nachge-
ordnete Dienstvorgesetzte und die übrigen Dienstvorgesetzten Geldstrafen
verhängen, deren Höhe verschieden abgestuft ist (§ 29 BDO). Die Verhängung einer solchen Disziplinarstrafe erfolgt durch schriftliche, mit Gründen
versehene Disziplinarverfügung (§ 30 BDO), gegen die Beschwerde und
weitere Beschwerde zulässig sind, sofern die Disziplinarverfügung nicht von
der obersten Dienstbehörde erlassen ist (§ 31 BDO). Nach § 31 Abs. 3 BDO
kann der Beschuldigte gegen die nach § 31 Abs. 3 BDO ergehende Beschwerdeentscheidung Entscheidung der Disziplinarkammer beantragen.

Das förmliche Disziplinarverfahren gliedert sich in die Untersuchung und das
Verfahren vor dem Disziplinargericht. Es wird durch schriftliche Verfügung
der in § 35 BDO bezeichneten Einleitungsbehörden eingeleitet (§ 33 BDO).
RAe können nach § 40 BDO als Verteidiger zugezogen werden.

Bundesdisziplinargerichte sind das Bundesdisziplinargericht und das Bundesverwaltungsgericht (§ 41 BDO).

In der Hauptverhandlung trägt der Vorsitzende oder ein von ihm bestimmter
Beisitzer in Abwesenheit der Zeugen das Ergebnis des bisherigen Verfahrens
vor. Ist der Beschuldigte erschienen, so wird er gehört (§ 74 BDO). Gegen
Urteile des Bundesdisziplinargerichts ist Berufung an das Bundesverwaltungsgericht zulässig (§ 80 BDO).

Das Bundesdisziplinargericht kann in einem auf Entfernung aus dem Dienste
oder Aberkennung des Ruhegehalts lautenden Urteil dem Verurteilten einen
Unterhaltsbeitrag bewilligen, wenn besondere Umstände eine mildere Beurteilung zulassen und der Verurteilte nach seiner wirtschaftlichen Lage der
Unterstützung nicht unwürdig erscheint (§ 77 BDO). Auf Antrag der obersten Dienstbehörde kann das Bundesdisziplinargericht gemäß § 110 BDO
beschließen, daß ein nach § 77 BDO bewilligter Unterhaltsbeitrag herabgesetzt oder ganz entzogen wird, wenn sich nachträglich herausstellt, daß der
Verurteilte des Unterhaltsbeitrags unwürdig oder nicht bedürftig war oder
wenn er sich dessen unwürdig erweist oder wenn seine wirtschaftlichen
Verhältnisse sich wesentlich gebessert haben. Auf Antrag des Verurteilten
kann das Bundesdisziplinargericht beschließen, daß ein nach § 110 Abs. 2
BDO bewilligter Unterhaltsbeitrag im gesetzlichen Rahmen erhöht wird,
wenn die wirtschaftlichen Verhältnisse der Verurteilten sich wesentlich verschlechtert haben. Unter den gleichen Voraussetzungen kann ein Unterhaltsbeitrag neu bewilligt werden, wenn die Voraussetzungen des § 77 BDO
vorliegen. Gegen den Beschluß ist nach § 79 BDO die Beschwerde zulässig
(§ 110 Abs. 6 BDO).

Die dem Beschuldigten erwachsenen notwendigen Auslagen einschließlich
der Kosten des Verteidigers können dem Bund ganz oder teilweise auferlegt
werden (§ 115 BDO). Bleibt der Beamte unentschuldigt vom Dienst fern,
können seine Dienstbezüge gekürzt werden. Gegen den Bescheid kann er

gemäß § 121 BDO die Entscheidung des Bundesdisziplinargerichts anrufen, gegen die die Beschwerde an das Bundesverwaltungsgericht zulässig ist.

Ferner kommen als bundesrechtliche Regelungen in Betracht:
a) die Wehrdisziplinarordnung vom 4. September 1972 (BGBl. I 1666) (geändert durch Art. 155 EGStGB),
b) das Deutsche Richtergesetz vom 19. April 1972 (BGBl. I 713) mit nachtr. Änderungen,
c) die Bundesnotarordnung vom 24. Februar 1961 (BGBl. I 98) mit nachtr. Änderungen.
Die Disziplinarordnungen und die Richtergesetze der Länder enthalten ähnliche Bestimmungen.

Verfahren zur Ahndung von Verstößen gegen eine Anstaltsdiszplin, z. B. durch akademische Disziplinarbehörden, sowie Verfahren, die von öffentlichen Religionsgesellschaften durchgeführt werden, fallen nicht unter § 109, da sie nicht auf staatlichem Recht beruhen. Wird der RA in solchen Verfahren tätig, so richtet sich seine Vergütung nach § 118.

Verfahren gegen Bundesrichter sind Anklagen gegen Richter nach Art. 98 Abs. 2 GG. Sie fallen unter § 113 Abs. 1.

Hartmann A 1; Riedel/Sußbauer A 4.

3 Für die **Gebühren des Verteidigers** gelten nach § 109 Abs. 1 die Vorschriften des 6. Abschnitts sinngemäß, soweit nicht in den Absätzen 2 bis 8 abweichende Gebührenrahmen vorgesehen sind. Die §§ 83 ff. gelten also überall da, wo eine solche Sondervorschrift nicht eingreift.

Hiernach gelten insbesondere:
§ 87 über den Abgeltungsbereich,
§ 90 über das Wiederaufnahmeverfahren,
§ 91 über die Vergütung für Einzeltätigkeiten,
§ 92 Abs. 2 über die Vergütung für mehrere Einzeltätigkeiten und die Anrechnung bei späterer Übertragung der Verteidigung im ganzen,
§ 93 über die Vergütung in Gnadensachen,
§ 96 über die Vergütung bei Kostenfestsetzung und der Zwangsvollstreckung,
§ 96 a über die Erstattung des Kostenanspruchs,
§§ 97 ff. über die Vergütung des Pflichtverteidigers (der Pflichtverteidiger erhält das Vierfache der Mindestsätze des § 109 Abs. 2 ff). (im Disziplinarverfahren spielt die gerichtliche Bestellung eines Verteidigers allerdings eine untergeordnete Rolle),
somit auch
§ 99 über Pauschvergütung (der Antrag ist bei dem Gericht des zweiten Rechtszuges, jedoch nicht bei einem obersten Bundesgericht – hier kommt das Erstgericht in Frage – zu stellen, somit z. B. beim Truppendienstgericht und nicht beim Bundesverwaltungsgericht).

Riedel/Sußbauer A 15; Schumann/Geißinger A 27; BDH NJW 60, 1218.

4 Besonders geregelt sind in § 109 Abs. 2 bis 8:
Die Gebühr für die **Verteidigung im ersten Rechtszug** des förmlichen Disziplinarverfahrens einschließlich des vorausgegangenen Verfahrens. Diese Gebühr beträgt 100,— bis 1240,— DM, die Mittelgebühr sonach 670,— DM.

Ihre Höhe entspricht der Höhe der Gebühr des § 83 Abs. 1 Nr. 2 für die Verteidigung in der Hauptverhandlung vor der großen Strafkammer. Sie gilt auch die Tätigkeit des Verteidigers im Vorverfahren mit ab. Die Vorschrift des § 84 über das vorbereitende Verfahren (zusätzliche Gebühr) ist sonach nicht anwendbar.

Schumann/Geißinger A 14.

Erstreckt sich die Hauptverhandlung über einen Kalendertag hinaus, erhält der RA für jeden weiteren Verhandlungstag eine Gebühr von 100,— bis 620,— DM (Mittelgebühr 360,— DM)

Wird jedoch mit dem Verfahren von neuem begonnen, erhält der RA erneut die Gebühren des Abs. 2.

Schumann/Geißinger A 14.

Gemäß § 87 Satz 2 ist durch die Gebühr des § 109 Abs. 2 auch die Einlegung von Rechtsmitteln bei dem Gericht desselben Rechtszugs abgegolten. Wird das Rechtsmittel, was zur Fristwahrung genügt, ohne Begründung bei dem Rechtsmittelgericht eingelegt, so gilt in sinngemäßer Anwendung des § 87 dasselbe.

Die Gebühr für die **Verteidigung im zweiten Rechtszug** des förmlichen 5 Disziplinarverfahrens beträgt nach § 109 Abs. 2 110,— bis 1480,— DM (Mittelgebühr 795,— DM). Erstreckt sich die Hauptverhandlung über einen Kalendertag hinaus, erhält der RA für jeden weiteren Verhandlungstag eine Gebühr von 110,— bis 730,— DM (Mittelgebühr 420,— DM).

Die Gebühr für die **Verteidigung im dritten Rechtszug** beträgt 140,— DM 6 bis 2060,— DM (Mittelgebühr 1100,— DM) Erstreckt sich die Hauptverhandlung im dritten Rechtszuge über einen Kalendertag hinaus, erhält der RA für jede weiteren Verhandlungstag eine Gebühr von 140,— bis 1030,— DM (Mittelgebühr 585,— DM)

Ein dritter Rechtszug kann aufgrund des § 79 Abs. 3 des Deutschen Richtergesetzes durch die Landesgesetzgebung vorgesehen werden. Hiervon haben mehrere Länder Gebrauch gemacht.

Ist der RA nur im **Verfahren vor dem Dienstvorgesetzten** einschließlich 7 Verfahren der Beschwerde als Verteidiger tätig, so erhält er nach § 109 Abs. 4 eine Gebühr von 60,— bis 730,— DM (Mittelgebühr 395,— DM). § 109 Abs. 4 stellt es darauf ab, daß der RA nur im Verfahren vor dem Dienstvorgesetzten einschließlich Verfahren der Beschwerde als Verteidiger tätig war, daß also entweder nur ein Verfahren vor dem Dienstvorgesetzten stattgefunden oder daß sich die Tätigkeit des RA vor der Einleitung des förmlichen Disziplinarverfahrens erledigt hat (s. a oben A 4).

Schumann/Geißinger A 18.

Im **Verfahren auf gerichtliche Entscheidung über die Disziplinarverfü-** 8 **gung** erhält der RA nach § 109 Abs. 5 als Verteidiger eine Gebühr von 40,— bis 530,— DM (Mittelgebühr 285,— DM). Erstreckt sich die mündliche Verhandlung oder Beweiserhebung über einen Kalendertag hinaus, erhält der RA für jeden weiteren Tag eine Gebühr von 40,— bis 530,— DM (Mittelgebühr 285,— DM).

Im Verfahren über die **Beschwerde gegen die Nichtzulassung der Revi-** 9

sion (vgl. oben A 6 und § 81 Abs. 2 des Deutschen Richtergesetzes) erhält der RA eine Gebühr von 70,— bis 1030,— DM (Mittelgebühr 550,— DM). Diese Gebühr ist auf die später anfallende Gebühr für den dritten Rechtszug nicht anzurechnen.

Schumann/Geißinger A 20.

10 Im Verfahren auf **Abänderung oder Neubewilligung eines Unterhaltsbeitrags** erhält der RA nach § 109 Abs. 7 wiederum eine Gebühr von 40,— bis 530,— DM (Mittelgebühr 285,— DM). Voraussetzung für die Entstehung dieser Gebühr ist, daß ein besonderes Verfahren stattfindet. Die Gebühr entsteht also nicht schon dann neben der Verteidigungsgebühr des § 109 Abs. 2, wenn das Bundesdisziplinargericht zugleich mit seiner Entscheidung auf Entfernung aus dem Dienste oder auf Aberkennung des Ruhegehalts einen Unterhaltsbeitrag bewilligt, sondern nur dann, wenn nach Abschluß des Disziplinarverfahrens ein neues Verfahren auf Herabsetzung oder Entziehung des Unterhaltsbeitrags oder ein solches auf Erhöhung oder Neubewilligung dieses Beitrags stattfindet. Jedes abgeschlossene Verfahren ist eine besondere gebührenrechtliche Angelegenheit, so daß der Anspruch auf die Gebühr mehrmals entstehen kann. Das Verfahren über eine Beschwerde gegen die gerichtliche Entscheidung ist ebenfalls ein gerichtliches Verfahren, so daß § 13 Abs. 2 Satz 2 anzuwenden ist. Der RA erhält sonach für das Beschwerdeverfahren eigene Gebühren. Da ein besonderer Gebührenrahmen für das Beschwerdeverfahren nicht bestimmt worden ist, erhält der Rechtsanwalt in der Beschwerdeinstanz die Gebühr des § 109 Abs. 7.

11 Nach § 123 BDO kann eine **Disziplinarmaßnahme nachträglich aufgehoben** werden. Die Entscheidung über die Aufhebung erfolgt durch den Dienstvorgesetzten, der die Disziplinarmaßnahme erlassen hat, oder durch das Bundesdisziplinargericht, wenn dieses auf die Maßnahme erkannt hat. Lehnt der Dienstvorgesetzte die Aufhebung ab, kann das Bundesdisziplinargericht angerufen werden.

Besteht Streit über die Auslegung, die Tragweite oder die Folgen einer Disziplinarentscheidung, ist dem Betroffenen gemäß § 122 BDO ein Bescheid zu erteilen, gegen den die Entscheidung des Bundesdisziplinargerichts oder – wenn das Bundesverwaltungsgericht die Entscheidung erlassen hat – die Entscheidung dieses Gerichts beantragt werden kann.

Gemäß § 34 BDO kann der Beamte die Einleitung eines förmlichen Disziplinarverfahrens gegen sich beantragen. Gegen die Entscheidung, wenn sie ungünstig ausfällt, kann das Bundesdisziplinargericht angerufen werden. Der RA erhält für seine Tätigkeit in diesen Verfahren eine Gebühr nach § 109 Abs. 8 von 30,— bis 410,— DM (Mittelgebühr 220,— DM). Wird der RA sowohl vor dem Dienstvorgesetzten als auch vor dem Bundesdisziplinargericht nach dessen Anrufung tätig, erhält er die Gebühr zweimal.

12 **Anwendung der Allgemeinen Vorschriften.** Die Bestimmungen des § 109 werden ergänzt durch die §§ 1 ff. Anwendbar sind hiernach insbes.
§ 3 Gebührenvereinbarung.
§ 4 Vergütung für Vertretertätigkeit,
§ 6 Gebührenerhöhung gemäß § 6 Abs. 1 Satz 3, wenn der RA mehrere Beschuldigte verteidigt,
§ 12 Ausfüllung des Gebührenrahmens,

§ 20 Ratsgebühr (verlangt der Beschuldigte nur einen Rat, erhält der RA allein die Gebühr des § 20, nicht daneben oder statt ihrer die Gebühr des § 109).
§§ 25 ff. (Ersatz von Auslagen, Postgebühren, Schreibauslagen, Reisekosten).

§ 109a Wehrbeschwerdeverfahren vor den Wehrdienstgerichten

(1) Im Verfahren auf gerichtliche Entscheidung nach der Wehrbeschwerdeordnung erhält der Rechtsanwalt im Verfahren vor dem Truppendienstgericht die Gebühr des § 109 Abs. 2 Nr. 1 und im Verfahren vor dem Bundesverwaltungsgericht die Gebühr des § 109 Abs. 2 Nr. 2.

(2) § 109 Abs. 3 gilt sinngemäß.

Allgemeines. Nach § 1 der Wehrbeschwerdeordnung (WBO) vom 11. Sept. **1** 1972 (BGBl. I 1738) kann sich der Soldat beschweren, wenn er glaubt, von Vorgesetzten oder Dienststellen der Bundeswehr unrichtig behandelt oder durch pflichtwidriges Verhalten von Kameraden verletzt zu sein. Über die Beschwerde entscheidet gemäß § 9 WBO im allgemeinen der Disziplinarvorgesetzte. Gemäß § 16 WBO kann gegen die Beschwerdeentscheidung weitere Beschwerde eingelegt werden, über die der nächsthöhere Disziplinarvorgesetzte entscheidet.

Ist die weitere Beschwerde erfolglos geblieben oder ist über sie innerhalb eines Monats nicht entschieden worden, kann gemäß § 17 WBO das Truppendienstgericht angerufen werden. Das Truppendienstgericht kann gemäß § 18 WBO Beweis erheben. Es entscheidet grundsätzlich ohne mündliche Verhandlung, kann aber auch mündliche Verhandlung anordnen, wenn es dies für erforderlich erachtet.

Hat der Bundesminister der Verteidigung entschieden, tritt gemäß § 21 WBO an die Stelle des Truppendienstgerichts das Bundesverwaltungsgericht.

Als Gebühren im Beschwerdeverfahren entstehen die Gebühren des § 118. Der Gegenstandswert ist nach § 8 Abs. 2 zu bestimmen.

> Schumann/Geißinger A 8; BVerwG NJW 68, 1298.

Eine Anrechnung der Geschäftsgebühr auf die Gebühren des § 109a findet nicht statt.

> Schumann/Geißinger A 9.

Gebühren. Der im Verfahren auf gerichtliche Entscheidung zugezogene RA **2** erhält die Gebühren des § 109 Abs. 2 Nr. 1 und Nr. 2.

Ist der RA vor dem Truppendienstgericht tätig, beträgt die Gebühr 100,— bis 1240,— DM (Mittelgebühr 670,— DM). Ist der RA vor dem Bundesverwaltungsgericht tätig, beträgt die Gebühr 110,— bis 1480,— DM (Mittelgebühr 795,— DM).

Der Gebührenrahmen ändert sich nicht, wenn ohne mündliche Verhandlung entschieden wird. Es entsteht jedoch auch keine weitere Gebühr, wenn eine mündliche Verhandlung stattfindet oder wenn Beweis erhoben wird. Erstreckt sich allerdings die Verhandlung über einen Kalendertag hinaus, so erhält der RA gemäß Abs. 2 nach § 109 Abs. 3 Nr. 1 als Zusatzgebühr vor dem Truppendienstgericht 100,— bis 620,— DM (Mittelgebühr 360,— DM) je Tag. Welche Zusatzgebühr vor dem Bundesverwaltungsgericht anfällt, ist nicht bestimmt. Nach der Abstufung der Gebühren erscheint die Zusatzgebühr des § 109 Abs. 3 Nr. 2 angemessen. Der Rahmen beträgt sonach 110,— bis 730,— DM (Mittelgebühr 420,— DM).

Hartmann A 2; Schumann/Geißinger A 10.

Die Bestimmung der Gebühr im Einzelfall hat nach § 12 zu geschehen.

Einzeltätigkeiten vor dem Truppendienstgericht und dem Bundesverwaltungsgericht werden ebenfalls durch die Gebühren des § 109 a abgegolten. Die geringere Tätigkeit ist bei der Bemessung der Gebühr gemäß § 12 zu beachten.

Schumann/Geißinger A 12.

Für Erteilung eines Rates oder einer Auskunft erhält der RA die Gebühr des § 20.

Schumann/Geißinger A 16.

Vertritt der RA mehrere Auftraggeber, erhöht sich seine Gebühr gemäß § 6 Abs. 1 S. 3 (³/₁₀).

Schumann/Geißinger A 13.

3 Kostenerstattung. Gemäß § 20 WBO sind die dem Beschwerdeführer im **3** Verfahren vor dem Truppendienstgericht (dem Bundesverwaltungsgericht) erwachsenen notwendigen Auslagen dem Bund aufzuerlegen, soweit dem Antrag stattgegeben wird.

Dagegen sind die dem Beschwerdeführer im Vorverfahren erwachsenen Auslagen nicht erstattungsfähig.

Schumann/Geißinger A 18.; BVerwG NJW 75, 1938.

§ 110 Ehren- und berufsgerichtliche Verfahren

(1) **Im Verfahren vor Ehrengerichten oder anderen Berufsgerichten wegen Verletzung einer Berufspflicht gelten die Vorschriften des Sechsten Abschnitts sinngemäß. Die Gebühren richten sich in der ersten Instanz nach den für das Verfahren vor dem Amtsgericht und im weiteren Verfahren in jedem Rechtszug nach den für das Berufungsverfahren vor der großen Strafkammer geltenden Vorschriften.**

(2) **Soweit es sich nicht um die Verletzung einer Berufspflicht handelt, gilt die Vorschrift des § 114 über das verwaltungsgerichtliche Verfahren sinngemäß.**

Übersicht über die Anmerkungen

Allgemeines. § 110 behandelt die Vergütung des RA, der vor Berufsgerich- **1** ten (zu denen die Ehrengerichte gehören) tätig wird. Die Berufsgerichte können in zweifacher Hinsicht entscheiden, einmal als Disziplinargericht über Verletzung der Berufspflichten, zum anderen als eine Art Verwaltungsgericht über Zulassungen zum Beruf und ähnliche Angelegenheiten. Dementsprechend richtet sich die Vergütung einmal nach den Gebühren in Strafsachen (Abs. 1), zum anderen nach den Gebühren, die der RA vor den Verwaltungsgerichten erhält (Abs. 2).

Im **Verfahren vor Ehrengerichten oder anderen Berufsgerichten** gilt **2** § 110, also in allen Fällen, in denen durch Gesetz Ehren- oder Berufsgerichte vorgesehen sind und der RA als Verteidiger tätig werden kann.

Solche Berufsgerichte sind z. B.

a) die Ehrengerichte der Rechtsanwälte gemäß den Vorschriften der BRAGO,

b) die landesrechtlich geregelten Berufsgerichte der Ärzte, Zahnärzte, Tierärzte und Apotheker,

c) die Kammern (Senate) für Wirtschaftsprüfsachen gemäß der Wirtschaftsprüferordnung,

d) die Kammern (Senate) für Steuerberater und Steuerbevollmächtigte gemäß dem Steuerberatungsgesetz.

Das Berufsgericht braucht nicht den Charakter eines Gerichts i. S. des GG zu haben. Es genügt, daß es auf gesetzlicher Grundlage beruht, als Spruchkörper auftritt und in einem justizförmigen Verfahren entscheidet.

> Riedel/Sußbauer A 3.

Die Gebühren des Verfahrensbevollmächtigten eines RA im Ausschlußverfahren nach den §§ 138 a ff. StPO richten sich ebenfalls nach § 110.

> Koblenz MDR 80, 78.

Keine Berufsgerichte (Ehrengerichte i. S. des § 110) sind z. B.

a) die Ehrengerichte studentischer Korporationen,
b) die Gerichte von Sportverbänden oder Vereinen.

Wird der RA vor derartigen „Gerichten" tätig, richtet sich seine Vergütung nach § 118.

> Hartmann A 1; Riedel/Sußbauer A 4; Schumann/Geißinger A 4.

Die **Gebühren des Rechtsanwalts** als Verteidiger richten sich, wenn es sich **3** um Verletzung einer Berufspflicht handelt, zufolge § 110 Abs. 1 nach den Vorschriften des 6. Abschnitts über die Gebühren in Strafsachen. Es sind also sämtliche Vorschriften der §§ 83 ff. sinngemäß anzuwenden, soweit sich die Tätigkeit in eine dieser Bestimmungen einordnen läßt.

In der ersten Instanz richten sich die Gebühren zufolge § 110 Abs. 1 S. 2 **4** nach den für das Verfahren vor dem Amtsgericht geltenden Vorschriften. Sie betragen also, wenn der RA auch in der Hauptverhandlung tätig wird, nach § 83 Abs. 1 Nr. 3 80,— bis 1060,— DM (Mittelgebühr 570,— DM). Erstreckt sich die Hauptverhandlung über einen Kalendertag hinaus, so erhält der RA

für jeden weiteren Verhandlungstag nach § 83 Abs. 2 Nr. 3 80,— bis
530,— DM (Mittelgebühr 305,— DM). Wird das Verfahren von neuem be-
gonnen, entsteht für den ersten Verhandlungstag die Gebühr des § 83 Abs. 1.
Ist der RA nur außerhalb der Hauptverhandlung tätig oder findet in dem
Verfahren keine Hauptverhandlung statt, so beträgt die Gebühr 40,— bis
530,— DM (Mittelgebühr 285,— DM) nach § 84 Abs. 1 Nr. 3. § 110 Abs. 1
S. 2 gebraucht für den ersten Rechtszug das unbestimmte Wort „Instanz".
Damit soll ausgedrückt werden, daß es für die Gebühren nicht darauf
ankommt, ob das Ehren- oder Berufsgericht ein Gericht im Sinne des
Grundgesetzes ist oder nicht.

Unter Hauptverhandlung ist die mündliche Verhandlung vor dem Berufsgericht zu verstehen. Die Verhandlung vor dem Untersuchungsführer ist auch
dann keine Hauptverhandlung, wenn dieser Beweise erhebt.

Hartmann A 2 A; Riedel/Sußbauer A 5; Schumann/Geißinger A 6.

Durch die Gebühren der §§ 83 ff. wird auch das Beweissicherungsverfahren
nach §§ 148, 149 BRAO abgegolten.

Riedel/Sußbauer A 7; Schumann/Geißinger A 11; Schumann NJW 59, 1761

Das ehrengerichtliche Verfahren gegen einen RA beginnt erst mit dem Antrag
auf Eröffnung der ehrengerichtlichen Voruntersuchung (§ 74 Abs. 5, § 121
Abs. 1 u. 3 BRAO).

Läßt sich der RA in einem **Einspruchsverfahren gegen eine Rüge** des
Vorstandes der Anwaltskammer durch einen anderen RA vertreten, so richten
sich die Gebühren nach § 118.

Riedel/Sußbauer A 5; Schumann/Geißinger A 11.

Wegen weiterer Einzelheiten kann auf die Anmerkungen zu den §§ 83, 84
verwiesen werden.

5 **Im weiteren Verfahren** richten sich die Gebühren in jedem Rechtszug
zufolge § 110 Abs. 1 S. 2 nach den für das Berufungsverfahren vor der Großen
Strafkammer geltenden Vorschriften. Der RA erhält also, wenn er die Verteidigung auch in der Hauptverhandlung führt, nach § 85 Abs. 1 Nr. 1 100,— bis
1240,— DM (Mittelgebühr 670,— DM). Erstreckt sich die Hauptverhandlung über einen Kalendertag hinaus, so erhält er für jeden weiteren Verhandlungstag nach § 85 Abs. 2 Nr. 1 100,— bis 620,— DM (Mittelgebühr
360,— DM). Wird das Verfahren von neuem begonnen, entsteht die Gebühr
des § 85 Abs. 1. Ist er im Rechtsmittelverfahren nur außerhalb der Hauptverhandlung tätig oder findet in dem Rechtsmittelverfahren keine Hauptverhandlung statt, so erhält er nach § 85 Abs. 3 50,— bis 620,— DM (Mittelgebühr 335,— DM).

Ob das weitere Verfahren als Berufung, Revision, Beschwerde oder Rechtsbeschwerde oder noch anders bezeichnet ist, spielt für die Höhe der Gebühr
keine Rolle. Es muß sich aber um ein Verfahren über ein Rechtsmittel gegen
eine die untere Instanz abschließende Entscheidung handeln. Hierunter fällt
die Berufung gegen ein Urteil des Ehrengerichts nach § 143 BRAO und die
Revision gegen ein Urteil des Ehrengerichtshofs (§ 145 BRAO). Die Gebühren des dritten Rechtszuges sind die gleichen wie die Gebühren des zweiten
Rechtszuges. Die Vergütung des RA, der einen anderen RA vor dem Senat
für Anwaltssachen des Bundesgerichtshofs in einem Revisionsverfahren ge-

gen ein Urteil des Ehrengerichtshofs vertritt, beträgt hiernach mit Auftreten in der Verhandlung 100,— bis 1240,—DM (Mittelgebühr 670,—DM), für den zweiten und jeden weiteren Verhandlungstag 100,— bis 620,—DM (Mittelgebühr 360,—DM), für die Vertretung unter Ausschluß einer Verhandlung 50,— bis 620,—DM (Mittelgebühr 335,—DM).

Für die Beschwerde gegen die Nichtzulassung der Revision erhält der RA die Hälfte der Gebühr vor der Großen Strafkammer. Die Gebühr ist auf die Gebühr für die Revision anzurechnen.

a. M. Riedel/Sußbauer A 6 (keine neue Instanz).

Die Gebühren für die Tätigkeit vor dem BGH liegen somit unter den Gebühren, die gemäß § 86 in Strafsachen vor dem BGH entstehen.

Richtet sich eine Beschwerde gegen eine das Verfahren in einer Instanz abschließende Entscheidung, so liegt kein „weiteres Verfahren" i. S. des § 110 Abs. 1 S. 2 vor. Vielmehr wird die Tätigkeit des RA in einem solchen Beschwerdeverfahren, wie auch in anderen Strafverfahren, durch die Gebühr abgegolten, die der RA in dem in Frage kommenden Rechtszug erhält (s. A 3 zu § 87).

Die Einlegung des Rechtsmittels bei dem Ehren- oder Berufsgericht **6** derselben Instanz wird zufolge § 87 durch die Gebühren der §§ 83 bis 85 abgegolten. Die Begründung der Rechtsmittel gehört dagegen bereits zum nächsten Rechtszug.

Für auf Einzeltätigkeiten beschränkte Aufträge gelten die § 91, 92.

Ob die Auslagen des Beschuldigten zu erstatten sind, wenn er ganz oder **7** teilweise freigesprochen wird, bestimmt die für das ehrengerichtliche Verfahren maßgebende Verfahrensordnung. Für das ehrengerichtliche Verfahren gegen RAe gelten die §§ 195 ff. BRAO.

Auch die übrigen Vorschriften des 6. Abschnitts sind sinngemäß anzu- **8** wenden. Danach gelten außer den bereits erwähnten
§§ 83 bis 85 (Gebühren der verschiedenen Rechtszüge),
§ 87 (Abgeltungsbereich),
§§ 91, 92 (Einzeltätigkeiten),

insbesondere noch
§ 90 (Wiederaufnahmeverfahren),
§ 93 (Gnadengesuche),
§ 96 (Kostenfestsetzung und Zwangsvollstreckung),
§ 96a (Abtretung des Kostenerstattungsanspruchs)
§§ 97 ff. (Gebühren des gerichtlich bestellten Verteidigers),

u. a. auch
§ 99 (Pauschvergütung).

Zu beachten ist, daß die Entscheidung nicht dem OLG, sondern dem zweitinstanzlichen Berufsgericht obliegt, sonach in Anwaltssachen dem Ehrengerichtshof: Hamm JMBlNRW 64, 264 = NJW 64, 1915; Stuttgart AnwBl. 65, 90.

In Verfahren gegen einen RA fällt die Pflichtverteidigervergütung der Rechtsanwaltskammer zur Last. Die Vergütung hat der Urkundsbeamte der Geschäftsstelle des Ehrengerichts festzusetzen. Über die Erinnerung entscheidet der Vorsitzende des Ehrengerichts, gegen dessen Entscheidung die Beschwerde an den Ehrengerichtshof stattfindet.

> Hartmann A 2 D.

Außerdem sind – das ist selbstverständlich – die Allgemeinen Vorschriften anzuwenden. Es gelten also insbesondere:

§ 3 (Honorarvereinbarung),
§ 6 (Gebührenerhöhung bei Verteidigung mehrerer Beschuldigter),
§ 12 (Ausfüllung des Gebührenrahmens),
§ 13 (Abgeltungsbereich),
§ 14 (Verweisung),
§§ 16–18 (Fälligkeit, Vorschuß, Berechnung),
§ 20 (Ratserteilung),
§ 21 (Gutachten),
§ 26 (Postgebühren, auch hinsichtlich der Pauschale),
§ 27 (Schreibauslagen),
§ 28 (Geschäftsreisen).

9 **Handelt es sich nicht um die Verletzung einer Berufspflicht,** so gilt nach § 110 Abs. 2 die Vorschrift des § 114 über das verwaltungsgerichtliche Verfahren sinngemäß. Sie kommt dann zur Anwendung, wenn das Verfahren keine ehren- oder berufsgerichtliche Bestrafung zum Gegenstand hat, z. B. im Verfahren gegen ein die Zulassung zur Rechtsanwaltschaft ablehnendes Gutachten der Rechtsanwaltskammer nach § 9 Abs. 2 BRAO oder gegen den Beschluß, durch den die Landesjustizverwaltung die Zulassung zur Anwaltschaft versagt, nach § 11 Abs. 2 BRAO oder gegen die Zurücknahme der Zulassung nach § 16 Abs. 4 BRAO oder gegen die Versagung der Zulassung bei einem bestimmten Gericht nach § 21 Abs. 2 BRAO oder gegen den Bescheid, durch den die Erlaubnis zur Einrichtung einer Zweigstelle verweigert wird, nach § 28 Abs. 3 BRAO oder gegen den Bescheid über Ausnahmen von der Residenzpflicht nach § 29 Abs. 3 BRAO oder gegen die Zurücknahme der Zulassung nach § 35 Abs. 2 BRAO.

> Schumann/Geißinger A 2.

Weiter ist § 110 Abs. 2 einschlägig, wenn nach den §§ 90, 91 BRAO der Ehrengerichtshof über Anträge auf Nichtigerklärung von Wahlen oder Beschlüssen zu entscheiden hat.

> Riedel/Sußbauer A 8; Schumann NJW 59, 1761;
> **a. M.** Lappe JVBl. 60, 7.

In anderen standes- oder berufsgerichtlichen Regelungen finden sich ähnliche Bestimmungen.

Da nach § 114 Abs. 1 in solchen Verfahren die Gebühren des RA für die Vertretung eines Beteiligten sich nach den Vorschriften des 3. Abschnitts richten, erhält der RA die gleichen Gebühren wie ein Prozeßbevollmächtigter in bürgerlichen Rechtsstreitigkeiten, wenn er allgemeinen Vertretungsauftrag hat. Er hat also Anspruch auf die Gebühren der §§ 31 ff. Das gilt auch für das Rechtsmittelverfahren. Bei „sinngemäßer Anwendung" entstehen deshalb in dem Verfahren (Beschwerdeverfahren) nach den §§ 42, 40 BRAO vor dem BGH die Gebühren des § 31 Abs. 1 in Höhe von ¹³/₁₀, nicht nur die ³/₁₀-Gebühren des § 61 Abs. 1 Nr. 1.

Lappe JVBl. 60, 6; Schumann/Geißinger A 18;
a. M. EGH Frankfurt Ehrenger. Entsch. Bd. X S. 123 = KostRsp. Nr. 1 mit
eingehender abl. Anm. von H. Schmidt; EGH Stuttgart KostRsp. Nr. 2 mit abl.
Anm. von H. Schmidt. Für den Gegenstandswert gelten nach §§ 200, 202 BRAO die Bestimmungen
des § 30 KostO.

Schumann NJW 59, 1761.

Für die Erstattungspflicht gilt § 13a FGG. Vertritt sich der RA im Verfahren
gegen die Rücknahme seiner Zulassung selbst, so kann er für den Fall, daß die
Erstattung der außergerichtlichen Kosten angeordnet worden ist, die vollen
Gebühren wie ein beauftragter RA fordern.

Vgl. hierzu A 75 zu § 1;
a. M. Schumann NJW 59, 1761; vgl. auch Zimmermann NJW 61, 911.

§ 111 Untersuchung von Seeunfällen

(1) **Bei der Untersuchung von Seeunfällen gelten die Vorschriften
des Sechsten Abschnitts sinngemäß.**

(2) **Die Gebühren richten sich im Verfahren vor dem Seeamt nach
den für das Verfahren vor dem Amtsgericht und im Verfahren vor
dem Oberseeamt nach den für das Berufungsverfahren vor der großen
Strafkammer geltenden Vorschriften.**

Allgemeines. § 111 behandelt die Vergütung des RA, der bei der Untersu- 1
chung von Seeunfällen als Vertreter oder Beistand eines Beteiligten tätig wird.
Der RA erhält in dem Verfahren vor dem Seeamt die Gebühren des Verteidigers vor dem Amtsgericht (§§ 83, 84) und in dem Verfahren vor dem
Oberseeamt die Gebühren des Verteidigers im Berufungsverfahren vor der
Großen Strafkammer (§ 85).
Die **Untersuchung von Seeunfällen** ist geregelt durch das Ges. v. 28. 9. 2
1935 (RGBl. I 1183), geändert durch VO vom 4. 12. 1944 (RGBl. I 334). Sie
soll die Ursachen und Umstände eines Seeunfalls ermitteln (§ 5 des Ges.) und
erfolgt durch das Seeamt. Die Beteiligten können sich in jeder Lage des
Verfahrens eines rechts- oder fachkundigen Beistandes bedienen (§ 12 des
Ges.). Der Vorsitzende bewirkt die Ermittlungen für die Untersuchung (§ 13
des Ges.), beschließt nach dem Ergebnis der Ermittlungen die Einleitung der
Untersuchung (§ 14 des Ges.) und beraumt die Hauptverhandlung an (§ 17).
Der Spruch wird am Schlusse der Hauptverhandlung verkündet (§ 25).
Entzieht der Spruch des Seeamtes eine Gewerbebefugnis oder stellt er in
seiner Formel das schuldhafte Verhalten eines Beteiligten fest, so kann der
Betroffene und der Staatskommissar Berufung einlegen (§ 34). Diese muß
schriftlich gerechtfertigt werden (§ 35). Über sie entscheidet das Oberseeamt
aufgrund einer Hauptverhandlung (§ 36). Hat die Berufung eines Beteiligten
Erfolg oder ist diejenige des Staatskommissars erfolglos, so können dem
Beteiligten die notwendigen Auslagen für seine Verteidigung im Berufungsverfahren erstattet werden (§ 39).
Die **Gebühren des Rechtsanwalts** als Beistand eines Beteiligten richten sich 3
nach den §§ 83 ff. Sie betragen im Verfahren vor dem Seeamt, wenn der RA

auch in der Hauptverhandlung tätig wird, 80,— bis 1060,—DM (Mittelgebühr 570,—DM) und, wenn sich die Hauptverhandlung über einen Kalendertag hinaus erstreckt, 80,— bis 530,—DM (Mittelgebühr 305,—DM) für jeden weiteren Verhandlungstag. Wird das Verfahren von neuem begonnen, entsteht für diesen ersten Verhandlungstag die Gebühr des § 83 Abs. 1 erneut. Wird der RA nur im Verfahren außerhalb der Hauptverhandlung tätig, so beträgt die Gebühr 40,— bis 530,—DM (Mittelgebühr 285,—DM).

Im Verfahren vor dem Oberseeamt beträgt die Gebühr bei Vertretung in der Hauptverhandlung 100,— bis 1240,—DM (Mittelgebühr 670,—DM), und, wenn sich diese über einen Kalendertag hinaus erstreckt, 100,— bis 620,—DM (Mittelgebühr 360,—DM) für jeden weiteren Verhandlungstag. Wird mit der Verhandlung von neuem begonnen, entsteht für den ersten Verhandlungstag die Gebühr des § 85 Abs. 1 erneut. Im Verfahren außerhalb der Hauptverhandlung erwächst die Gebühr in Höhe von 50,— bis 620,—DM (Mittelgebühr 335,—DM).

Durch die Gebühren (seien es die des § 83, seien es die des § 85) sind auch die Beweiserhebungen vor dem Vorsitzenden des Seeamtes abgegolten.

Ist der RA bei der Untersuchung von Seeunfällen nur mit Einzeltätigkeiten beauftragt, erhält er die Gebühren der §§ 91, 92.

Schumann/Geißinger A 13

Wegen Einzelheiten wird auf die Anmerkungen zu den §§ 83 ff. und der §§ 109, 110 verwiesen.

Vertritt der RA mehrere Auftraggeber, erhöhen sich seine Gebühren gemäß § 6 Abs. 1 Satz 3.

Schumann/Geißinger A 15.

4 Gerichtliches Verfahren. Wird der Spruch des Oberseeamts mit der Klage zum Verwaltungsgericht angefochten, gelten für das sich anschließende gerichtliche Verfahren die Gebührenvorschriften des § 114.

Schumann/Geißinger A 17.

5 Für **Verklarungsverfahren vor den Binnenschiffahrtsgerichten** gilt § 111 nicht entsprechend. Der RA erhält vielmehr in den Verfahren vor diesen Gerichten die Gebühren des § 118.

Riedel/Sußbauer A 1; Schumann/Geißinger A 2.

6 Wegen des **Seerechtlichen Verteilungsverfahrens** vgl. § 81 a.

§ 112 Freiheitsentziehungen

(1) **Im gerichtlichen Verfahren bei Freiheitsentziehungen erhält der Rechtsanwalt in jedem Rechtszug eine Gebühr**

von 40 bis 530 Deutsche Mark

1. für seine Tätigkeit in dem Verfahren im allgemeinen,

2. für die Mitwirkung bei der mündlichen Anhörung der Person, der die Freiheit entzogen werden soll, und bei der mündlichen Vernehmung von Zeugen oder Sachverständigen.

(2) Im Verfahren über die Fortdauer der Freiheitsentziehung und im Verfahren über Anträge auf Aufhebung der Freiheitsentziehung erhält der Rechtsanwalt in jedem Rechtszug eine Gebühr

von 30 bis 320 Deutsche Mark

1. für seine Tätigkeit in dem Verfahren im allgemeinen,
2. für die Mitwirkung bei der mündlichen Anhörung der Person, der die Freiheit entzogen ist, und bei der mündlichen Vernehmung von Zeugen oder Sachverständigen.

(3) Beschränkt sich die Tätigkeit des Rechtsanwalts auf die Einlegung eines Rechtsmittels, die Anfertigung oder Unterzeichnung von Anträgen, Gesuchen oder Erklärungen oder auf eine sonstige Beistandsleistung, so erhält er eine Gebühr

von 20 bis 280 Deutsche Mark.

(4) Ist der Rechtsanwalt vom Gericht beigeordnet worden, so erhält er das Vierfache der in den Absätzen 1, 2 und 3 bestimmten Mindestgebühren aus der Staatskasse; § 97 Abs. 2, 4, §§ 98 bis 101, 103 gelten sinngemäß.

(5) Die Absätze 1 bis 4 gelten sinngemäß im Verfahren über die Genehmigung der Unterbringung eines Mündels oder Kindes nach §§ 64a bis 64i des Gesetzes über die Angelegenheiten der freiwilligen Gerichtsbarkeit.

Übersicht über die Anmerkungen

Allgemeines. § 112 behandelt die Vergütung des RA, der in gerichtlichen 1 Verfahren bei Freiheitsentziehungen als Vertreter oder Beistand des Betroffenen oder eines anderen Verfahrensbeteiligten tätig wird.

Nicht unter § 112 fällt – trotz des sehr weitgehenden Wortlauts – die Tätigkeit des RA in Strafsachen, soweit er in Haftprüfungsterminen, in Haftbeschwerdeverfahren oder in Verfahren nach § 81 StPO (Einweisung in eine Heil- und Pflegeanstalt zur Untersuchung auf die strafrechtliche Verantwortung des Beschuldigten) tätig wird. Diese Tätigkeit ist durch die Gebühren der §§ 83 ff. abgegolten.

Dagegen fallen Verfahren in Abschiebungshaftsachen unter § 112.

Düsseldorf JurBüro 81, 234 mit Anm. von Mümmler.

Ebenso betrifft § 112 nicht Verfahren auf Freiheitsentziehung, soweit diese von Verwaltungsbehörden betrieben werden. Die insoweit entwickelte Tätigkeit wird durch die Gebühren des § 118 abgegolten.

Hartmann A 2 A; Schumann/Geißinger A 2.

§ 112 sieht im wesentlichen gleich hohe Gebühren wie im amtsgerichtlichen Strafverfahren vor, paßt jedoch die Gebührentatbestände der Eigenart des gerichtlichen Verfahrens bei Freiheitsentziehungen an, das ein Verfahren der freiwilligen Gerichtsbarkeit ist.

§ 122 unterscheidet die Vergütungen nach der Art des Verfahrens:

a) Im Anordnungsverfahren erhält der RA eine allgemeine Verfahrensgebühr (Abs. 1 Nr. 1) und eine besonders geregelte Beweisgebühr (Abs. 1 Nr. 2), die erhebliche Unterschiede gegenüber der Beweisgebühr des § 31 Abs. 1 Nr. 3 aufweist.

b) Im Verfahren über die Fortdauer oder die Aufhebung der Freiheitseintziehung erhält der RA auch zwei Gebühren, eine allgemeine Verfahrensgebühr (Abs. 2 Nr. 1) und eine besonders geregelte Beweisgebühr (Abs. 2 Nr. 2). Die Vergütung in Abs. 1 und Abs. 2 ist gleichgeschaltet. Jedoch sind die Gebühren des Abs 2 niederiger.

c) Für Einzeltätigkeiten erhält der RA die Gebühren des Abs. 3.

d) Abs. 4 behandelt die Vergütung des beigeordneten RA in Anlehnung an die Gebühren des Pflichtverteidigers.

e) Abs. 5 bestimmt, daß die Absätze 1 bis 4 sinngemäß im Verfahren über die Genehmigung der Unterbringung des Mündels oder eines Kindes nach §§ 64a bis 64i FGG gelten.

f) § 112 bestimmt schließlich allgemein, daß der RA die vorstehend aufgeführten Gebühren „in jedem Rechtszug" erhält. Der RA, der in mehreren Rechtszügen tätig wird, erhält also die Gebühren mehrfach.

2 Das **gerichtliche Verfahren bei Freiheitsentziehungen** ist in dem Ges. v. 29. 6. 1956 (BGBl. I 599) geregelt. Über die Zulässigkeit und Fortdauer einer Freiheitsentziehung hat nach Art. 104 Abs. 2 GG nur der Richter zu entscheiden. Bei jeder nicht auf gerichtliche Anordnung beruhenden Freiheitsentziehung ist unverzüglich eine richterliche Entscheidung herbeizuführen. Nach § 3 des Ges. v. 29. 6. 1956 kann nur das Amtsgericht auf Antrag der zuständigen Verwaltungsbehörde die Freiheitsentziehung anordnen. Für das Verfahren gilt, soweit in dem Ges. nichts anderes bestimmt ist, das FGG. Das Gericht entscheidet nach mündlichem Gehör der Person, der die Freiheit entzogen werden soll (§ 5), durch einen mit Gründen versehenen Beschluß (§ 6), gegen den sofortige Beschwerde stattfindet. In der Entscheidung, durch die eine Freiheitsentziehung angeordnet wird, ist eine Frist bis zu Höchstdauer eines Jahres zu bestimmen, vor deren Ablauf über die Fortdauer der Freiheitsentziehung von Amts wegen zu entscheiden ist (§ 9).

Für Freiheitsentziehungen, die aufgrund Landesrechts angeordnet werden, gilt § 112, wenn über die Freiheitsentziehung das ordentliche Gericht im Verfahren der freiwilligen Gerichtsbarkeit zu entscheiden hat. Es handelt sich um die Unterbringungs- oder Verwahrungsverfahren geisteskranker, geistesschwacher, rauschgift- oder alkoholsüchtiger Personen, die in den Gesetzen der einzelnen Länder geregelt sind.

Riedel/Sußbauer A 4; Schumann/Geißinger A 1; BayObLG Rpfleger 80, 119.

Die **Gebühren des RA,** der auftragsgemäß in dem gerichtlichen Verfahren 3 tätig wird, betragen nach § 112 Abs 1 Nr. 1 **in dem Verfahren im allgemeinen** in jedem Rechtszug 40,—DM bis 530,—DM (Mittelgebühr 285,—DM). Die Gebühr ist also gleich hoch wie die Gebühr für die Verteidigung in einem Strafverfahren vor dem Amtsgericht außerhalb der Hauptverhandlung. Sie gilt aber nicht die gesamte Tätigkeit in dem betreffenden Rechtszug ab, sondern ist der Prozeßgebühr des § 31 Abs. 1 Nr. 1 zu vergleichen. Sie ist jedoch keine Prozeßgebühr i. S. von § 15 S. 2.

LG Berlin JurBüro 76, 1084.

§ 112 enthält eine Regelung für alle Rechtszüge, also auch für die Vertretung eines Betroffenen im Verfahren der weiteren Beschwerde.

Schumann/Geißinger A 14, 20; BayObLG Rpfleger 80, 119; Hamm Rpfleger 61, 412.

Abgegolten wird aber durch die Gebühr des Abs. 1 Nr. 1 auch das richterliche Verfahren, in dem eine Verwaltungsmaßnahme, die eine Freiheitsentziehung darstellt, nachgeprüft wird, einschließlich der Anfechtung einer solchen (§ 13 Abs. 1, 2 des Ges.) und die einstweilige Freiheitsentziehung (§ 11 des Ges.).

Hartmann A 2 A; Riedel/Sußbauer A 5.

Die Gebühr entsteht mit der ersten Tätigkeit.

LG Aachen AnwBl. 75, 103.

Der RA, der einen von einer Freiheitsentziehung Betroffenen in einem nach Beendigung der Freiheitsentziehung bei dem Amtsgericht weitergeführten Verfahren auf Feststellung der Rechtswidrigkeit der Freiheitsentziehung vertritt, erhält die Gebühren des § 112 Abs. 1.

LG Berlin JurBüro 76, 1084.

Für die **Mitwirkung bei der mündlichen Anhörung** der Person, der die 4 Freiheit entzogen werden soll, **und bei der mündlichen Vernehmung von Zeugen oder Sachverständigen** erhält der RA nach § 112 Abs. 1 Nr. 2 noch eine weitere Gebühr in gleicher Höhe. Für mehrfache Anhörungen oder mehrfache Vernehmungen im gleichen Rechtszug kann die Gebühr nach § 13 Abs. 2 nur einmal berechnet werden. Der RA erhält also die Gebühr des Abs. 1 Nr. 2 auch dann nur einmal, wenn die Person, der die Freiheit entzogen werden soll, **und** Zeugen und Sachverständige mündlich vernommen werden.

Hartmann A 2 B; Riedel/Sußbauer A 8; Schumann/Geißinger A 17; Sußbauer Rpfleger 59, 211; LG Koblenz Rpfleger 60, 419; LG Berlin JurBüro 86, 395.

Zur Entstehung der Gebühr ist erforderlich, daß der RA bei der Vernehmung oder Anhörung mitgewirkt hat. Dazu ist erforderlich, aber auch ausreichend, daß er an der Vernehmung bzw. Anhörung teilnimmt. Nicht notwendig ist, daß er Fragen bei dem Gericht anregt oder selbst stellt. Ein nach dem Termin gestellter Antrag auf Beeidigung genügt nicht.

Hartmann A 2 B; Riedel/Sußbauer A 8; LG Lüneburg AnwBl. 67, 414; LG München I AnwBl. 60, 117; AG Winsen AnwBl. 67, 66 (Anm. Brangsch).

Die Gebühr entsteht, sobald unter Teilnahme des RA mit der Vernehmung begonnen wird.

LG Aachen AnwBl. 75, 103.

Nicht genügt, wenn der RA, der bei der Vernehmung nicht anwesend war, nachträglich den Unterzubringenden aufsucht.

LG Osnabrück Büro 59, 464; vgl. auch Hamm Rpfleger 61, 258.

Zu beachten ist, daß durch eine andere Tätigkeit als die Teilnahme an Vernehmungen die Gebühr des Abs. 1 Nr. 2 nicht verdient werden kann. Es genügt also z. B. nicht die Benachrichtigung des Auftraggebers von der beabsichtigten Vernehmung oder die Überprüfung eines schriftlichen Gutachtens.

5 Im **Beschwerdeverfahren** gegen die gerichtliche Entscheidung über die Freiheitsentziehung entstehen die gleichen Gebühren nochmals. Die Gebühr des § 112 Abs. 1 Nr. 1 entsteht in jedem Rechtszug neu, die Gebühr des § 112 Abs. 1 Nr. 2 nur dann, wenn im Beschwerdeverfahren die Person, der die Freiheit entzogen werden soll, nochmals gehört wird oder noch eine Vernehmung von Zeugen oder Sachverständigen stattfindet und der RA dabei mitwirkt. Dabei ist unerheblich, ob neue Zeugen oder Sachverständige vernommen werden oder ob nur die Vernehmung der ersten Instanz wiederholt und ergänzt wird. Bei sonstigen Beschwerden entstehen keine besonderen Gebühren.

Riedel/Sußbauer A 6; Düsseldorf JurBüro 85, 729.

Die Beschwerdegebühr entsteht mit der ersten Tätigkeit im Beschwerdeverfahren (in der Regel mit der Einlegung der Beschwerde), unabhängig davon, ob es zu einer Entscheidung des Beschwerdegerichts kommt (z. B. der judex a quo hilft der Beschwerde ab).

LG Aurich NdsRpfl. 76, 259; LG Kiel AnwBl. 83, 332; LG Oldenburg NdsRpfl. 76, 176; LG Osnabrück AnwBl. 75, 405; LG Verden NdsRpfl. 77, 107.

6 Die Tätigkeit bei **einstweiligen Anordnungen** wird durch die Gebühren abgegolten. Wird gegen eine einstweilige Anordnung Beschwerde erhoben, entstehen im Beschwerdeverfahren neue Gebühren.

Schumann/Geißinger A 14; LG Aurich NdsRpfl. 76, 259; LG Oldenburg AnwBl. 76, 404 und NdsRpfl. 82, 85; LG Osnabrück AnwBl. 75, 405; LG Verden NdsRpfl. 77, 107;
a. M. Riedel/Sußbauer A 6.

7 Im **Verfahren über die Fortdauer der Freiheitsentziehung** (§ 9 des Ges.) **und im Verfahren über Anträge auf Aufhebung der Freiheitsentziehung** erhält der RA nach § 112 Abs. 2 für seine Tätigkeit auch zwei Gebühren, die allgemeine Verfahrensgebühr (Abs. 2 Nr. 1) und die Beweisaufnahmegebühr (Abs. 2 Nr. 2). Die Gebühren sind allerdings niedriger als die Gebühren des Abs. 1. Sie betragen 30,— bis 320,—DM (Mittelgebühr 175,—DM).

Im Verfahren der Beschwerde und der weiteren Beschwerde entstehen die Gebühren des Abs. 2 erneut.

Ist die Fortdauer angeordnet worden, so sind weitere – spätere – Verfahren, in denen erneut über eine weitere Fortdauer entschieden wird, neue Angelegenheiten.

Hartmann A 3; Riedel/Sußbauer A 9.

Wird die Aufhebung schon im Anordnungsverfahren beantragt, so entsteht die Gebühr des Abs. 2 nicht neben der Gebühr des Abs. 1 Nr. 1.

Riedel/Sußbauer A 9.

Beschränkt sich der Auftrag des RA auf **Einzeltätigkeiten,** z. B. auf die **8** Einlegung eines Rechtsmittels, die Anfertigung oder Unterzeichnung von Anträgen, Gesuchen oder Erklärungen oder auf eine sonstige Beistandsleistung, so erhält der RA nach § 112 Abs. 3 eine Gebühr von 20,— bis 280,— DM (Mittelgebühr 150,— DM). Das ist derselbe Satz, der auch in § 91 Nr. 1 enthalten ist. Er gilt aber für alle Einzeltätigkeiten, also auch für solche, die sonst unter § 91 Nr. 2 fallen könnten. Auf mehrere Einzeltätigkeiten oder die spätere Übertragung der Gesamtvertretung ist § 92 sinngemäß anzuwenden.

Schumann/Geißinger A 23.

Als sonstige Beistandsleistung ist auch die Mitteilung der erfolgten Aufhebung an den Auftraggeber anzusehen.

LG Lübeck Büro 60, 253.

Vertritt der Rechtsanwalt mehrere Betroffene, ist § 6 nicht anzuwenden. **9** Die Gebühren entstehen jeweils selbständig.

Schumann/Geißinger A 8.

Ist der **Rechtsanwalt vom Gericht beigeordnet worden,** so erhält er nach **10** § 112 Abs. 4 wie der Pflichtverteidiger (§ 97 Abs. 1) das Vierfache der in den Absätzen 1 bis 3 bestimmten Mindestgebühren aus der Staatskasse.

Der Gebührenanspruch entsteht mit der ersten Tätigkeit nach der Beiordnung.

LG Aachen AnwBl. 75, 103.

Auch § 99 über die Gewährung einer Pauschvergütung in besonders umfangreichen oder schwierigen Sachen kann angewendet werden, wird aber wohl nur selten in Frage kommen. Ebenso gelten die Vorschriften des § 100 über den Anspruch gegen den Vertretenen und des § 101 über die Anrechnung und Rückzahlung von Vorschüssen und Zahlungen sinngemäß.

Eine Beiordnung ist in einigen Landesgesetzen vorgesehen. Das Ges. v. 29. 6. 1956 sieht nur die Bestellung eines Pflegers vor (§ 5 Abs. 2 S. 2). Der Pfleger ist kein beigeordneter RA i. S. des § 112 Abs. 4. Er hat keinen Anspruch gegen die Staatskasse, sondern nur einen solchen gegen den Pflegling nach §§ 1805, 1915 BGB.

Hartmann A 5; Riedel/Sußbauer A 13; Mümmler JurBüro 81, 1807; LG Regensburg JurBüro 82, 1691 mit Anm. von Mümmler.

Ist jedoch der RA – sei es auch fälschlich – als Pflichtanwalt beigeordnet worden, hat er auch Anspruch auf die Gebühren des Abs. 4.

Im Festsetzungsverfahren kann die Zulässigkeit einer erfolgten Beiordnung nicht mehr nachgeprüft werden.

LG Aachen Büro 60, 531; LG Hildesheim NdsRpfl. 64, 30; AG Frankfurt AnwBl. 64, 296.

Für das Beschwerdeverfahren ist auch dann eine besondere Beiordnung erforderlich, wenn die Beiordnung erst nach der gerichtlichen Entscheidung erfolgt ist.

Gerold Büro 60, 102; Schumann/Geißinger A 29.

11 Erstattungsfähig sind die Gebühren dann, wenn das Gericht nach § 16 Abs. 1 des Ges. die Auslagen des Betroffenen der Gebietskörperschaft, der die Verwaltungsbehörde angehört, auferlegt hat, weil es den Antrag der Verwaltungsbehörde auf Freiheitsentziehung abgelehnt und das Verfahren ergeben hat, daß kein begründeter Anlaß zur Stellung des Antrags vorgelegen hat.

BayObLG MDR 85, 773.

12 Vormundschaftsgerichtliche Verfahren gemäß § 1800 BGB i. V. mit § 1631 b BGB sind in den Bestimmungen der §§ 64a bis 64i FGG geregelt. Tätigkeiten des RA in diesen Verfahren werden nunmehr gemäß Abs. 5 durch die Gebühren des Absatz 1 bis 4 vergütet.

13 Tätigkeit vor den Verwaltungsbehörden. Wird der RA im Zusammenhang mit einem Verfahren gemäß § 112 auch vor der Verwaltungsbehörde tätig, die den Antrag gestellt hat, so wird diese Tätigkeit durch die Gebühren des § 112 abgegolten. Kommt es dagegen nicht zu einem gerichtlichen Verfahren oder wird der RA in ihm nicht tätig oder liegt die Tätigkeit vor dem Beginn des gerichtlichen Verfahrens, erhält der RA die Gebühren des § 118.

Hartmann A 2 A; Riedel/Sußbauer A 16.

14 Reisekosten. Der im Unterbringungsverfahren beigeordnete RA ist verpflichtet, sich persönlich über den Zustand des Betreffenden zu unterrichten und zu versuchen, mit ihm zu sprechen. Eine fernmündliche Rückfrage beim behandelnden Arzt würde dieser Pflicht nicht genügen. Für diesen Zweck aufgewendete Reisekosten sind ihm auch dann aus der Staatskasse zu erstatten, wenn der Betreffende sich als nicht ansprechbar erweist.

AG Medingen AnwBl. 66, 140.

15 Gemäß dem für anwendbar erklärten § 97 Abs. 4 kann der RA nach Maßgabe des § 127 Satz 1 **Vorschuß** begehren.

16 Für die **Kostenfestsetzung** gilt § 98 sinngemäß.

Elfter Abschnitt.
Gebühren in Verfahren vor Gerichten der Verfassungsgerichtsbarkeit, vor dem Gerichtshof der Europäischen Gemeinschaften, vor Gerichten der Verwaltungs-, Sozial- und Finanzgerichtsbarkeit

Der 11. Abschnitt regelt in § 113 die Gebühren in Verfahren vor Verfassungsgerichten, in § 113a die Gebühren in Verfahren vor dem Gerichtshof der

Europäischen Gemeinschaften, in den §§ 114 bis 117 die Gebühren in Verfahren vor Verwaltungs-, Sozial- und Finanzgerichten.

Während für die Tätigkeit vor den Verfassungsgerichten in gewissen Verfahren, die einem Strafverfahren ähnlich sind, die Vorschriften des 6. Abschnitts anzuwenden sind, gelten im übrigen die Vorschriften des 3. Abschnitts über die Gebühren in bürgerlichen Rechtsstreitigkeiten und ähnlichen Verfahren sinngemäß. Die Bemessung des Gegenstandswerts erfolgt aber in den Verfahren vor Verfassungsgerichten nach anderen Grundsätzen (§ 113 Abs. 2 S. 2). Im Verfahren vor den Sozialgerichten scheidet der Gegenstandswert für die Bemessung der Gebühren bei den Regelprozessen (Ausnahmen: § 116 Abs. 2) aus, da für diese Verfahren in § 116 Rahmengebühren vorgesehen sind. In Verfahren vor Gerichten der Sozialgerichtsbarkeit gibt es keine Vergleichsgebühr nach § 23 (Ausnahme: die Verfahren nach § 116 Abs. 2). Der RA erhält die Verhandlungsgebühr im Verfahren vor Gerichten der Finanzgerichtsbarkeit auch dann, wenn ohne mündliche Verhandlung entschieden wird (§ 117).

§ 113 Verfahren vor Verfassungsgerichten

(1) **Die Vorschriften des Sechsten Abschnitts für Strafsachen, die im ersten Rechtszug vor das Oberlandesgericht gehören, gelten sinngemäß in folgenden Verfahren vor dem Bundesverfassungsgericht oder dem Verfassungsgericht (Verfassungsgerichtshof, Staatsgerichtshof) eines Landes:**

1. **Verfahren über die Verwirkung von Grundrechten, den Verlust des Stimmrechts, den Ausschluß von Wahlen und Abstimmungen,**
2. **Verfahren über die Verfassungswidrigkeit von Parteien,**
3. **Verfahren über Anklagen gegen den Bundespräsidenten, gegen ein Regierungsmitglied eines Landes oder gegen einen Abgeordneten oder Richter,**
4. **Verfahren über sonstige Gegenstände, die in einem dem Strafprozeß ähnlichen Verfahren behandelt werden.**

(2) **In sonstigen Verfahren vor dem Bundesverfassungsgericht oder dem Verfassungsgericht eines Landes gelten die Vorschriften des Dritten Abschnitts sinngemäß. Die Gebühren richten sich nach § 11 Abs. 1 Satz 4. Der Gegenstandswert ist unter Berücksichtigung aller Umstände, insbesondere der Bedeutung der Angelegenheit, des Umfangs und der Schwierigkeit der anwaltlichen Tätigkeit sowie der Vermögens- und Einkommensverhältnisse des Auftraggebers nach billigem Ermessen zu bestimmen, jedoch nicht unter 6000 Deutsche Mark.**

Lit.: Abendroth AnwBl. 81, 394 (Gegenstandswert einer Verfassungsbeschwerde); Engler NJW 65, 996 (Kostenfragen im Verfahren vor dem Bundesverfassungsgericht).

Übersicht über die Anmerkungen

1 Das **Verfahren vor dem Bundesverfassungsgericht** ist durch das Ges. v.
12. 3. 1951 (BGBl. I 283) i. d. Fassung der Bekanntmachung v. 3. 2. 1971
(BGBl. I 105) geregelt; zuletzt geändert durch Artikel 33 des Ges. v. 22. 12. 83
(BGBl. I 1532) u. Art. 1 des Ges. v. 12. 12. 1986 (BGBl. I 2226). § 13 des Ges.
zählt unter Nr. 1 bis 15 die Fälle auf, in denen das BVerfG zuständig ist. Nach
§ 22 des Ges. können sich die Beteiligten in jeder Lage des Verfahrens durch
einen bei einem deutschen Gericht zugelassenen RA oder durch einen Lehrer
des Rechts an einer deutschen Universität vertreten lassen. In der mündlichen
Verhandlung müssen sie sich in dieser Weise vertreten lassen. Nach § 25
Abs. 1 des Ges. entscheidet das BVerfG, soweit nichts anderes bestimmt ist,
aufgrund mündlicher Verhandlung, es sei denn, daß alle Beteiligten ausdrücklich auf sie verzichten. Nach § 26 Abs. 1 des Ges. erhebt das BVerfG die zur
Erforschung der Wahrheit erforderlichen Beweise.

2 Das **Verfahren vor dem Verfassungsgericht eines Landes** (Verfassungsgerichtshof, Staatsgerichtshof) ist durch Landesgesetze geregelt.

3 **Für die Gebühren des Rechtsanwalts** ist zu entscheiden zwischen Verfahren, die in einem dem Strafprozeß ähnlichen Verfahren behandelt werden,
einerseits und den sonstigen Verfahren andererseits.

4 Die **Vorschriften des Sechsten Abschnitts für Strafsachen,** die im ersten
Rechtszug vor das OLG gehören, gelten sinngemäß in Verfahren, für die
allgemein oder für einzelne Abschnitte, z. B. für die Vernehmung von Zeugen
und Sachverständigen, Vorschriften der StPO anzuwenden sind, und die
einem Strafverfahren auch insofern ähnlich sind, als von dem Gericht über die
angeklagte Person oder Personengruppe wegen verfassungswidrigen Verhaltens Rechtsnachteile verhängt werden können. Hierher gehören die in den
§§ 28, 13 Nr. 1, 2, 4 und 9 BVerfGG aufgezählten Verfahren und ähnliche
Angelegenheiten, die in den Verfassungsgerichtsgesetzen der Länder geregelt
sind.

An Gebühren erhält der RA, wenn er in der Verhandlung tätig war, nach § 83
Abs. 1 Nr. 1 140,— bis 2060,—DM (Mittelgebühr 1100,—DM). Erstreckt
sich die Verhandlung über einen Kalendertag hinaus, so erhält er nach § 83
Abs. 2 Nr. 1 140,— bis 1030,—DM (Mittelgebühr 585,—DM) für jeden
weiteren Verhandlungstag. Ist er im Verfahren nur außerhalb der Hauptverhandlung tätig, so erhält er nach § 84 Abs. 1 Nr. 1 70,— bis 1030,—DM
(Mittelgebühr 550,—DM).

Bei Vertretung mehrerer Personen gilt § 6 Abs. 1 S. 3; die vorstehend genannten Gebühren erhöhen sich somit je weiteren Auftraggeber um drei Zehntel.
Bei auf Einzeltätigkeiten beschränkten Aufträgen gelten § 91 und § 92.

Im übrigen gelten die §§ 87, 90, 93, 96, 96 a entsprechend.

Wird der RA seinem Auftraggeber beigeordnet, gelten die §§ 97 ff. Außerdem
sind – wie in Strafsachen – die allgemeinen Bestimmungen anzuwenden. Die
Bemessung der Gebühr des Wahlanwalts im Einzelfall erfolgt nach § 12.

Eine **Aufzählung der wichtigsten Angelegenheiten**, in denen der RA vor **5** den Verfassungsgerichten Gebühren wie ein Verteidiger erhält, ist in § 113 Abs. 1 enthalten, da eine allgemein gehaltene Umschreibung dieser Verfahren Einordnungsschwierigkeiten bereiten würde. Die Aufzählung ist nicht abschließend, um eine Möglichkeit zu eröffnen, die Gebühren in ähnlichen Verfahren vor den Verfassungsgerichten, wenn solche, z. B. durch Landesrecht, neu gechaffen werden, ohne Änderung der BRAGO in gleicher Weise zu behandcln. Als ähnliches Verfahren kommt z. Z. das Verfahren auf Erzwingung der Strafverfolgung wegen eines Verfassungsbruchs oder eines auf Verfassungsbruch gerichteten Unternehmens in Betracht (vgl. § 38 des HessG v. 12. 12. 1947).

Riedel/Sußbauer A 3.

In sonstigen Verfahren vor dem BVerfG oder dem VerfG eines Landes **6** gelten nach § 113 Abs. 2 **die Vorschriften des 3. Abschnitts** sinngemäß. Die übrigen, den Verfassungsgerichten zugewiesenen Verfahren, z. B. Verfassungsstreitigkeiten, die abstrakte Normenkontrolle, das Wahlprüfungsverfahren, öffentlich-rechtliche Streitigkeiten zwischen Bund und Ländern, zwischen Ländern oder innerhalb eines Landes usw., unterscheiden sich ihrem Gegenstand nach nicht wesentlich von Verfahren, die vor Verwaltungsgerichte gehören, und werden der Regel nach auch prozessual ähnlich wie Verfahren vor den Verwaltungsgerichten ablaufen. Daher sind die Gebühren des RA wie im Verfahren vor den Verwaltungsgerichten sinngemäß nach den für den Zivilprozeß gegebenen Vorschriften des 3. Abschnitts bemessen worden. Der RA erhält also in solchen Verfahren die Gebühren des § 31 Abs. 1.

Die in der Tabelle der Anlage zu § 11 für die vollen Gebühren angegebenen Beträge erhöhen sich nach der Bestimmung des § 113 Abs. 2 S. 2 um drei Zehntel nach § 11 Abs. 1 S. 4. Sie werden also nach den sonst nur für das Berufungs- und Revisionsverfahren geltenden Grundsätzen bemessen. Eine Erhöhung der Prozeßgebühr auf ^{20}/10 (vgl. § 11 Abs. 1 S. 5) ist auch für Verfahren vor dem Bundesverfassungsgericht nicht vorgesehen.

Vertritt der RA mehrere Auftraggeber, erhöht sich die Prozeßgebühr gemäß § 6 Abs. 1 S. 2 je weiteren Auftraggeber um ³/10 (höchstens jedoch um zwei volle Gebühren).

Auf die **Verhandlungsgebühr** ist auch § 35 anzuwenden, da im Verfahren **7** vor dem BVerfG im allgemeinen mündliche Verhandlung vorgeschrieben ist, falls nicht alle Beteiligten auf sie verzichten. Für Verfahren über Verfassungsbeschwerden ist die mündliche Verhandlung nicht mehr vorgeschrieben. § 35 ist daher für diese Verfahren nicht anzuwenden.

Schumann/Geißinger A 20.

Die **Beweisgebühr** wird in der Regel nicht anfallen.

BVerfG Rpfleger 83, 258; Riedel/Sußbauer A 7; Schumann/Geißinger A 21.

Der **Gegenstandswert** ist nach § 113 Abs. 2 S. 3 unter Berücksichtigung aller **8** Umstände, insbesondere der Bedeutung der Angelegenheit, des Umfangs und der Schgwierigkeit der anwaltlichen Tätigkeit, sowie der Vermögens- und Einkommensverhältnisse des Auftraggebers nach billigem Ermessen zu bestimmen, aber nicht unter 6000,— DM. Das gilt bei Normenkontrollverfahren auch dann, wenn das ausgesetzte Verfahren einen erheblich geringeren Wert besitzt.

> Vgl. auch Zuck AnwBl. 74, 34 (Gegenstandswert im Verfassungsbeschwerdeverfahren) und AnwBl. 78, 333 (Die Festsetzung des Gegenstandswertes im Verfassungsbeschwerdeverfahren) sowie BVerfG AnwBl. 80, 358 (Auch im Verfahren der Normenkontrolle nach § 100 Abs. 1 GG ist ein Gegenstandswert nach Maßgabe des § 113 Abs. 2 S. 3 festzusetzen).

Die Festsetzung des Streitwerts hat nach § 10 vom Verfassungsgericht zu erfolgen. Für die Festsetzung der Vergütung nach § 19 ist der Urkundsbeamte des Verfassungsgerichts, für die Erinnerung das Verfassungsgericht selbst zuständig.

> Riedel/Sußbauer A 9; Schumann/Geißinger A 29.

Jedes Verfahren vor dem Verfassungsgericht, auch das Normenkontrollverfahren, ist eine gebührenrechtlich selbständige Angelegenheit. Das gilt auch dann, wenn – wie bei der Vorlage zur abstrakten Normenkontrolle – das Verfahren vor dem Verfassungsgericht der Erledigung eines anderweitig anhängigen Rechtsstreits dient.

> Hartmann A 3 B; Riedel/Sußbauer A 5.

9 **Prozeßkostenhilfe** kann auch für Verfahren vor dem Bundesverfassungsgericht – insbesondere für Verfahren über Verfassungsbeschwerden – bewilligt werden. Beigeordnet werden kann jeder vor einem deutschen Gericht zugelassene RA, auch im schriftlichen Verfahren.

> Lechner BVerfGG Anm. zu § 34 Abs. 1.

Insoweit gelten die Vorschriften der §§ 121 ff. entsprechend. Als Höchstgebühr erhält der beigeordnete RA gemäß § 123 Abs. 1 eine $^{13}/_{10}$-Gebühr aus 560,—DM = 728,—DM.

> Schumann/Geißinger A 22.

10 Für die Kostenerstattung in Verfahren vor dem Bundesverfassungsgericht gilt § 34a BVerfGG:

> *(1) Erweist sich der Antrag auf Verwirkung der Grundrechte (§ 13 Nr. 1), die Anklage gegen den Bundespräsidenten (§ 13 Nr. 4) oder einen Richter (§ 13 Nr. 9) als unbegründet, so sind dem Antragsgegner oder dem Angeklagten die notwendigen Auslagen einschließlich der Kosten der Verteidigung zu ersetzen.*
>
> *(2) Erweist sich eine Verfassungsbeschwerde als begründet, so sind dem Beschwerdeführer die notwendigen Auslagen ganz oder teilweise zu erstatten.*
>
> *(3) In den übrigen Fällen kann das Bundesverfassungsgericht volle oder teilweise Erstattung der Auslagen anordnen.*

Von der in Abs. 3 gewährten Befugnis macht das Bundesverfassungsgericht nur sehr zurückhaltenden Gebrauch.

> Vgl. BVerfGG 14, 121; 18, 133; 20, 119; 22, 118; NJW 77, 751.

Bei erfolgreichen Verfassungsbeschwerden muß nach Abs. 2 die Erstattung der Auslagen, zumindest teilweise, angeordnet werden.

> Wegen der Einzelheiten vgl. Lechner BVerfGG § 34; Leibholz/Rupprecht BVerfGG § 34; Zuck Rpfleger 64, 333 und AnwBl. 65, 131; Engler NJW 65, 996; Rupprecht NJW 71, 169.

Verfügt das Bundesverfassungsgericht eine Auslagenerstattung nicht, werden die Kosten von einzelnen Gerichten als Bestandteil der Kosten des vor diesen Gerichten anhängigen Verfahrens angesehen.

LG München I AnwBl. 64, 51 und 66, 329; AG München AnwBl. 63, 180; **a. M.** BFH BStBl 65 III 519; FinG Düsseldorf EFG 64, 63; FinG Stuttgart EFG 64, 84; Hamm NJW 66, 2073.

Eine nur teilweise Erstattung sollte nur dann angeordnet werden, wenn die Verfassungsbeschwerde teilweise Erfolg hatte. Im Falle eines vollen Erfolgs sind sie ganz zu ersetzen.

Lechner BVerfGG Anm. zu § 34 Abs. 4.

§ 34 BVerfG lautet:

(1) Das Verfahren des Bundesverfassungsgerichts ist kostenfrei.

(2) Wird die Annahme einer Verfassungsbeschwerde abgelehnt (§ 93 b Abs. 1 oder § 93 c), eine Verfassungsbeschwerde oder eine Beschwerde nach Artikel 41 Abs. 2 des Grundgesetzes verworfen (§ 24), so kann das Bundesverfassungsgericht dem Beschwerdeführer eine Gebühr bis zu 1000 Deutsche Mark auferlegen. Die Entscheidung über die Gebühr und über die Höhe ist unter Berücksichtigung aller Umstände, insbesondere des Gewichts der geltendgemachten Gründe, der Bedeutung des Verfahrens für den Beschwerdeführer und seiner Vermögens- und Einkommensverhältnisse zu treffen. Das Bundesverfassungsgericht kann dem Antragssteller nach Maßgabe der Sätze 1 und 2 eine Gebühr auferlegen, wenn es einen Antrag auf Erlaß einer einstweiligen Anordnung zurückweist.

(3) Von der Auferlegung einer Gebühr ist abzusehen, wenn sie unbillig wäre.

(4) Das Bundesverfassungsgericht kann eine erhöhte Gebühr bis zu 5000 Deutsche Mark auferlegen, wenn die Einlegung der Verfassungsbeschwerde oder der Beschwerde nach Artikel 41 Abs. 2 des Grundgesetzes einen Mißbrauch darstellt oder wenn ein Antrag auf Erlaß einer einstweiligen Anordnung (§ 32) mißbräuchlich gestellt ist.

(5) Für die Einziehung der Gebühren gilt § 59 Abs. 1 der Bundeshaushaltsordnung entsprechend.

(6) Der Berichterstatter kann dem Beschwerdeführer aufgeben, binnen eines Monats einen Vorschuß auf die Gebühr nach Absatz 2 Satz 1 zu zahlen. Der Berichterstatter hebt die Anordnung auf oder ändert sie ab, wenn der Beschwerdeführer nachweist, daß er den Vorschuß nach seinen persönlichen und wirtschaftlichen Verhältnissen nicht, nur zum Teil oder nur in Raten aufbringen kann. Die Anordnungen des Berichterstatters sind unanfechtbar.

Wegen Einzelheiten vgl. Fritz AnwBl. 86, 358 (360) sowie Zuck NJW 86, 2093; BVerfG NVwZ 85, 335 = NJW 85, 1151 (Mißbrauchsgebühr bei verspäteter Verfassungsbeschwerde).

§ 113 a Verfahren vor dem Gerichtshof der Europäischen Gemeinschaften

(1) **In Vorabentscheidungsverfahren vor dem Gerichtshof der Europäischen Gemeinschaften gelten die Vorschriften des Dritten Abschnitts sinngemäß. Die Gebühren richten sich nach § 11 Abs. 1 Satz 4. Die Prozeßgebühr des Verfahrens, in dem vorgelegt worden ist, wird**

auf die Prozeßgebühr des Verfahrens vor dem Gerichtshof der Europäischen Gemeinschaften angerechnet, wenn nicht eine im Verfahrensrecht vorgesehene schriftliche Stellungnahme gegenüber dem Gerichtshof der Europäischen Gemeinschaften abgegeben wird. Der Gegenstandswert bestimmt sich nach den Wertvorschriften, die für die Gerichtsgebühren des Verfahrens gelten, in dem vorgelegt wird. Das vorlegende Gericht setzt den Gegenstandswert auf Antrag durch Beschluß fest. § 10 Abs. 2 bis 4 gilt sinngemäß.

(2) Ist für das Verfahren, in dem vorgelegt worden ist, die Gebühr nur dem Mindest- und Höchstbetrag nach bestimmt, so erhält der Rechtsanwalt in dem Vorabentscheidungsverfahren eine Gebühr von 140 bis 2060 Deutsche Mark. Ist der Rechtsanwalt in dem Verfahren vor dem Gericht, das vorgelegt hat, Verteidiger, Beistand oder Vertreter, so erhält er in dem Vorabentscheidungsverfahren eine Gebühr nur, wenn er vor dem Gerichtshof der Europäischen Gemeinschaften mündlich verhandelt; die Gebühr beträgt 140 bis 1030 Deutsche Mark. Hat ein Gericht der Sozialgerichtsbarkeit vorgelegt, so erhält der Rechtsanwalt in dem Vorabentscheidungsverfahren eine Gebühr von 110 bis 1240 Deutsche Mark. Ist der Rechtsanwalt in dem Verfahren vor dem Gericht der Sozialgerichtsbarkeit, das vorgelegt hat, Prozeßbevollmächtigter, so erhält er in dem Vorabentscheidungsverfahren eine Gebühr nur, wenn er vor dem Gerichtshof der Europäischen Gemeinschaften mündlich verhandelt; die Gebühr beträgt 100 bis 620 Deutsche Mark.

1 Allgemeines. Der Gerichtshof der Europäischen Gemeinschaften kann in Rechtsstreitigkeiten auf Klage im sog. Vorabentscheidungsverfahren auf Vorlage von Gerichten der Mitgleidsstaaten tätig werden. § 113 a befaßt sich nur mit den Gebühren des RA, der in den Vorabentscheidungsverfahren tätig wird.

2 Das **Vorabentscheidungsverfahren** ist geregelt in Art. 177 des EWG-Vertrages, in Art. 20 des Protokolls des Gerichtshofes und in Art. 103 der Verfahrensordnung (BGBl. 60 II 451 und 62 II 1030). Nach Art. 177 entscheidet der Gerichtshof im Wege der Vorabentscheidung

a) über die Auslegung des EWG-Vertrages,

b) über die Gültigkeit und die Auslegung von Handlungen der Organe der Gemeinschaft und

c) über die Auslegung der Satzungen der durch den Rat getroffenen Einrichtungen, soweit diese Satzungen dies vorsehen.

Wird eine derartige Frage einem Gericht eines Mitgliedsstaates gestellt und hält dieses Gericht eine Entscheidung darüber zum Erlaß seines Urteils für erforderlich, so kann es diese Frage dem Gerichtshof zur Entscheidung vorlegen. Letztinstanzliche Gerichte sind gemäß Art. 177 Abs. 3 des EWG-Vertrages zur Vorlage verpflichtet.

Die Parteien des vor einem Gericht eines Mitgliedsstaates anhängigen Verfahrens sind nicht berechtigt, die Fragen dem Gerichtshof vorzulegen. Sie können nur auf das Gericht, vor dem ihr Verfahren schwebt, einzuwirken versuchen, daß dieses die Frage dem Gerichtshof vorlegt.

Sobald der Vorlagebeschluß bei dem Gerichtshof eingegangen ist, beginnt das Vorabentscheidungsverfahren. Der Kanzler des Gerichtshofes stellt den Vorlagebeschluß den Parteien des Ausgangsverfahrens, den Mitgliedsstaaten, der Kommission und – falls es um die Gültigkeit oder Auslegung einer Handlung des Rates geht – dem Rat zu. Die Genannten können binnen zwei Monaten Schriftsätze einreichen. Nach Fristablauf beraumt der Gerichtshof einen Verhandlungstermin an, in dem durch Urteil entschieden wird.

Falls erforderlich, kann der Gerichtshof eine Beweisaufnahme durchführen (z. B. durch Einholung von Auskünften).

Die Anhörungsberechtigten, insbes. die Parteien des Ausgangsrechtsstreits, besitzen keine prozessualen Initiativrechte; sie können insbes. keine Anträge stellen.

Kostenentscheidung. Die in den Vorentscheidungsverfahren ergehenden **3** Urteile des Gerichtshofes enthalten folgende Entscheidung:

„Die Auslagen der Regierung der . . ., des Rates und der Kommission der Europäischen Gemeinschaften, die Erklärungen vor dem Gerichtshof abgegeben haben, sind nicht erstattungsfähig. Für die Parteien des Ausgangsverfahrens ist das Verfahren ein Zwischenstreit in dem vor dem nationalen Gericht anhängigen Rechtsstreit. Die Kostenentscheidung obliegt daher diesem Gericht."

Die Kosten des Vorabentscheidungsverfahrens sind somit Bestandteil der Kostenentscheidung des Gerichts des Ausgangsverfahrens nach Abschluß des Vorentscheidungsverfahrens.

> Schumann/Geißinger A 18.

Die **Gebühren** des RA in dem Vorabentscheidungsverfahren richten sich **4** nach der Art des Ausgangsrechtsstreits.

Entstehen in dem Ausgangsrechtsstreit (z. B. Zivilprozeß, Verwaltungsgerichts- und Finanzgerichtsverfahren) die Gebühren der §§ 31 ff., entstehen sie auch vor dem Gerichtshof.

Entstehen in dem Ausgangsrechtsstreit (z. B. Strafverfahren) Betragsrahmengebühren, entstehen solche auch vor dem Gerichtshof.

Hat ein Gericht der Sozialgerichtsbarkeit vorgelegt, erhält der RA – wie in dem Verfahren vor dem Sozialgericht – eine Betragsrahmengebühr.

Die **Gebühren der §§ 31 ff.** fallen vor dem Gerichtshof in Höhe von $^{13}/_{10}$ an. **5** Sie erwachsen auch dann in Höhe von $^{13}/_{10}$, wenn sie vor dem vorlegenden Gericht nur in niedrigerer Höhe (z. B. in Höhe von $^{10}/_{10}$ vor den erstinstanzlichen Gerichten) anfallen, andererseits nicht in Höhe von $^{20}/_{10}$, wenn der BGH vorlegt.

Der RA kann die Prozeßgebühr, bei Teilnahme an der Verhandlung die Verhandlungsgebühr, bei einer Tätigkeit im Beweisaufnahmeverfahren auch die Beweisgebühr erhalten. Die §§ 32 und 34 sind anwendbar. Dagegen ist für eine Anwendung des § 33 kein Raum, wohl aber des § 35.

> Schumann/Geißinger A 8.

Die Prozeßgebühr entsteht gemäß § 32 nur zur Hälfte, wenn der RA weder einen Termin wahrnimmt noch einen Schriftsatz einreicht.

Zur Entstehung der Verhandlungsgebühr ist die Stellung eines Antrags nicht erforderlich. Es genügt die Teilnahme an dem Verhandlungstermin.

Gibt der RA in dem Vorabentscheidungsverfahren keine schriftliche Stellungnahme gegenüber dem Gerichtshof ab, beschränkt er sich z. B. auf die Prüfung der von anderen Anhörungsberechtigten abgegebenen Erklärungen, ist die Prozeßgebühr des Ausgangsverfahrens auf die Prozeßgebühr im Vorabentscheidungsverfahren anzurechnen, d. h. der RA erhält zusätzlich nur eine $^{13}/_{10}$-Gebühr (vorausgesetzt, daß er in dem Ausgangsrechtsstreit nur eine $^{10}/_{10}$-Prozeßgebühr erhält; beträgt die Prozeßgebühr in dem Ausgangsrechtsstreit – z. B. wenn das Berufungsgericht vorlegt – $^{13}/_{10}$, erhält der RA keine zusätzliche Vergütung). Im übrigen entstehen alle Gebühren zusätzlich zu den im Ausgangsverfahren verdienten Gebühren.

Obwohl die Bedeutung des Urteils des Gerichtshofes weit über die Bedeutung für den Einzelfall, in dem die Vorlage erfolgt ist, hinausgehen kann, bestimmt sich der Gegenstandswert nach den Wertvorschriften, die für die Gerichtsgebühren des Verfahrens gelten, in dem vorgelegt wird. Er kann unter dem Wert des Ausgangsverfahrens liegen, z. B. wenn die Vorlage nur wegen eines Teilkomplexes erfolgt ist.

Schumann/Geißinger A 13.

Die Festsetzung des Gegenstandswertes erfolgt durch das vorliegende Gericht. § 10 Abs. 2 bis 4 ist sinngemäß anzuwenden.

6 Erhält der RA für das Verfahren, in dem vorgelegt worden ist, **Betragsrahmengebühren,** so erhält er auch im Vorabentscheidungsverfahren eine Betragsrahmengebühr. Diese Gebühr beträgt 140,— bis 2060,— DM (Mittelgebühr 1100,— DM), und zwar auch dann, wenn die Gebühr in dem Verfahren, in dem die Vorlegung erfolgt, geringer ist, z. B. vor dem Amtsgericht (80,— bis 1060,— DM; Mittelgebühr 570,— DM).

Ist der RA in dem Verfahren vor dem Gericht, das vorgelegt hat, als Verteidiger, Beistand oder Vertreter (z. B. des Nebenklägers) tätig, erhält er für seine Tätigkeit vor dem Gerichtshof eine zusätzliche Vergütung nur, wenn er vor dem Gerichtshof mündlich verhandelt. In diesem Falle beträgt die Gebühr 140,— bis 1030,— DM (Mittelgebühr 585,— DM). Verhandelt er nicht, wird seine Tätigkeit vor dem Gerichtshof durch die Gebühr mit abgegolten, die er in dem Ausgangsverfahren erhält. Diese Gebühr ist gemäß § 12 entsprechend zu erhöhen.

7 Hat ein Gericht der **Sozialgerichtsbarkeit** vorgelegt, erhält der RA für seine Tätigkeit vor dem Gerichtshof eine Gebühr von 110,— bis 1240,— DM (Mittelgebühr 675,— DM). Ist der RA in dem Verfahren vor dem Sozialgericht Prozeßbevollmächtigter, erhält er für seine Tätigkeit vor dem Gerichtshof nur dann eine zusätzliche Vergütung, wenn er in dem anberaumten Verhandlungstermin mündlich verhandelt. Die Gebühr beträgt in diesem Falle 100,— bis 620,— DM (Mittelgebühr 360,— DM). Verhandelt der Prozeßbevollmächtigte des Sozialgerichtsverfahrens vor dem Gerichtshof nicht, ist seine Tätigkeit vor dem Gerichtshof durch eine entsprechende Erhöhung der Gebühr des § 116 zu vergüten.

Nicht besonders geregelt ist die Frage, welche Gebühren der RA erhält, wenn die Vorlage in einem der in § 116 Abs. 2 geregelten Rechtsstreite erfolgt. Da der RA in einem solchen Rechtsstreit die Gebühren der §§ 31 ff. erhält, erscheint es angemessen, bei einer Vorlage § 113a Abs. 1 entsprechend anzuwenden (vgl. A 5).

Die **Vorschriften des 1. und 2. Abschnitts** gelten auch in den Verfahren 8 des § 113a, also z. B.

§ 3 Honorarvereinbarung,
§ 6 Erhöhung der Gebühr bei Vertretung mehrerer Auftraggeber,
§ 20 Raterteilung,
§§ 25 ff. (Auslagen, Postgebühren, Schreibauslagen, Reisekosten).

§ 114 Verfahren vor Gerichten der Verwaltungs- und Finanzgerichtsbarkeit

(1) **In Verfahren vor den Gerichten der Verwaltungsgerichtsbarkeit und der Finanzgerichtsbarkeit gelten die Vorschriften des Dritten Abschnitts sinngemäß.**

(2) **Der Rechtsanwalt erhält im erstinstanzlichen Verfahren vor dem Bundesverwaltungsgericht, dem Bundesfinanzhof und vor einem Oberverwaltungsgericht (Verwaltungsgerichtshof) Gebühren nach § 11 Abs. 1 Satz 4, im Verfahren vor dem Finanzgericht Gebühren nach § 11 Abs. 1 Satz 1 und 2.**

(3) **Im Verfahren über die Beschwerde gegen die Nichtzulassung der Berufung oder der Revision erhält der Rechtsanwalt die Hälfte der in § 31 bestimmten Gebühren nach den Sätzen des § 11 Abs. 1 Satz 4.**

(4) **Im Verfahren auf Aussetzung oder Aufhebung der Vollziehung des Verwaltungsakts, auf Anordnung oder Wiederherstellung der aufschiebenden Wirkung und in Verfahren auf Erlaß einer einstweiligen Anordnung gilt § 40 sinngemäß. Bei Vollziehung einer einstweiligen Anordnung gilt § 59 sinngemäß.**

(5) **Im gerichtlichen Verfahren über einen Akt der Zwangsvollstreckung (des Verwaltungszwangs) erhält der Rechtsanwalt drei Zehntel der in § 31 bestimmten Gebühren. Die Vorschriften des § 32 und des § 33 Abs. 1 und 2 gelten nicht.**

Lit.: Kommentare zur VwGO; Kommentare zur FGO; Johlen AnwBl. 83, 484 (Besonderheiten des anwaltl. Gebührenrechts im Verwaltungsrechtsstreitverfahren).

Übersicht über die Anmerkungen

Madert

1 Allgemeines. In § 114 ist die Vergütung des RA geregelt, der seinen Auftraggeber in Verfahren vor Gerichten der Verwaltungs- und Finanzgerichtsbarkeit vertritt. Ob diese Gerichte zur Entscheidung des Streitfalls zuständig sind, ist unerheblich. Es genügt, daß die Gerichte angerufen worden sind. Für Verfahren vor Gerichten der Sozialgerichtsbarkeit gilt § 114 nicht. Die Vergütung des RA vor diesen Gerichten richtet sich allein nach § 116. Vgl. jedoch die in § 116 Abs. 2 geregelten Verfahren. Notwendig ist eine Tätigkeit vor Gerichten der Verwaltungs- und Finanzgerichtsbarkeit. Ist der RA vor Verwaltungs- oder Finanzbehörden tätig, ist § 114 nicht anzuwenden. Die Vergütung für diese Tätigkeit richtet sich nach § 118. Da die Geschäftsgebühr des § 118 innerhalb eines behördlichen Verfahrens entsteht, ist sie gemäß § 118 Abs. 2 auf die Gebühren des § 114 für das folgende gerichtliche Verfahren nicht anzurechnen.

2 Die **Verwaltungsgerichtsbarkeit** ist durch die Verwaltungsgerichtsordnung (VwGO) v. 21. 1. 1960 (BGBl. I 17) mit vielen Änderungen geregelt. Es sind in den Ländern Verwaltungsgerichte und Oberverwaltungsgerichte (in Bayern: Verwaltungsgerichtshof), im Bund das Bundesverwaltungsgericht mit dem Sitz in Berlin eingerichtet.

Durch Klage kann die Aufhebung eines Verwaltungsakts (Anfechtungsklage), die Verurteilung zum Erlaß eines abgelehnten oder unterlassenen Verwaltungsakts (Verpflichtungsklage) begehrt werden (§ 42), ferner die Feststellung des Bestehens oder Nichtbestehens eines Rechtsverhältnisses, wenn der Kläger ein berechtigtes Interesse an der baldigen Feststellung hat (Feststellungsklage, § 43). Der Erhebung der Anfechtungs- und der Verpflichtungsklage, wenn ein Antrag auf Vornahme eines Verwaltungsakts abgelehnt worden ist, hat ein Vorverfahren vorauszugehen (§ 68), das mit der Erhebung des Widerspruchs beginnt (§ 69). Hilft die Behörde dem Widerspruch nicht ab, so ergeht ein Widerspruchsbescheid (§ 73). Erweist sich die Klage als unzulässig oder als offenbar unbegründet, so kann das Gericht bis zur Anberaumung der mündlichen Verhandlung die Klage durch einen Vorbescheid mit Gründen abweisen, der als rechtskräftiges Urteil gilt, falls die Beteiligten nicht fristgemäß mündliche Verhandlung beantragen (§ 84). Das Gericht erforscht den Sachverhalt von Amts wegen (§ 86). Es entscheidet, soweit nichts anderes bestimmt ist, aufgrund mündlicher Verhandlung. Mit Einverständnis der Beteiligten kann es ohne mündliche Verhandlung entscheiden, soweit nichts anderes bestimmt ist (§ 101). Nach Aufruf der Sache trägt der Vorsitzende oder der Berichterstatter den wesentlichen Inhalt der Akten vor. Hierauf erhalten die Beteiligten das Wort, um ihre Anträge zu stellen (§ 103).

Berufungsgericht ist das OVG, Revisionsgericht ausnahmsweise das OVG, sonst das BVerwG, das nach § 50 auch bestimmte Angelegenheiten im ersten und letzten Rechtszug entscheidet. Die Berufung kann für bestimmte Rechtsgebiete durch Bundesgesetz von einer Zulassung abhängig gemacht werden. Die Revision bedarf grundsätzlich der Zulassung durch das OVG. Gegen die Nichtzulassung ist Beschwerde möglich (§§ 124 ff.).

Die **Finanzgerichtsbarkeit** ist durch die Finanzgerichtsordnung (FGO) vom **3** 6. 10. 1965 (BGBl. I 1477) mit Änderungen geregelt. Sie wird durch unabhängige, von den Verwaltungsbehörden getrennte besondere Verwaltungsgerichte ausgeübt (§ 1 FGO). Die Finanzgerichtsbarkeit ist zweistufig aufgebaut. Gerichte sind in den Ländern die Finanzgerichte und im Bund der Bundesfinanzhof mit dem Sitz in München (§ 2 FGO).

Der Finanzrechtsweg ist gegeben für die in § 33 FGO aufgezählten Angelegenheiten.

Das Verfahren beginnt gemäß §§ 40, 41 FGO mit der Erhebung der Klage (Anfechtungsklage, Leistungsklage, Feststellungsklage oder Verpflichtungsklage). Als Gericht erster Instanz entscheidet gemäß § 35 FGO das Finanzgericht, soweit nicht nach § 37 FGO der Bundesfinanzhof zuständig ist.

Der Klage hat regelmäßig ein Vorverfahren vor der Verwaltungsbehörde vorauszugehen, der Einspruch §§ 348, 367 AO.

Das Finanzgericht entscheidet gemäß § 40 Abs. 1 FGO grundsätzlich aufgrund mündlicher Verhandlung durch Urteil (§ 95 FGO). Im Einverständnis der Beteiligten kann das Gericht gemäß § 90 Abs. 2 FGO ohne mündliche Verhandlung entscheiden.

Das Finanzgericht kann weiter gemäß § 90 Abs. 3 FGO ohne mündliche Verhandlung durch Vorbescheid entscheiden. Gegen den Vorbescheid kann jeder Beteiligte mündliche Verhandlung beantragen. Bei rechtzeitigem Antrag gilt der Vorbescheid als nicht ergangen, sonst wirkt er als Urteil.

Der Bundesfinanzhof entscheidet gemäß § 36 FGO über das Rechtsmittel

1) der Revision gegen Urteil des Finanzgerichts und gegen Entscheidungen, die Urteilen des Finanzgerichts gleichstehen,

2) der Beschwerde gegen andere Entscheidungen der Finanzgerichte oder des Vorsitzenden des Senats.

Die Revision findet statt, wenn das Finanzgericht die Revision oder auf Beschwerde gegen die Nichtzulassung der BFH sie zugelassen hat.

Die Nichtzulassung der Revision kann gemäß § 115 Abs. 3 FGO selbständig durch Beschwerde angefochten werden.

Für die **Gebühren der Rechtsanwälte** gelten in beiden Verfahren (Verwal- **4** tungsgerichtsbarkeit und Finanzgerichtsbarkeit) die Vorschriften des Dritten Abschnitts gemäß § 114 Abs. 1 sinngemäß.

Nur die sinngemäße, nicht die unmittelbare Anwendung ist vorgeschrieben, um der Rechtsprechung die Möglichkeit zu geben, den Verschiedenheiten der Verfahrensarten Rechnung zu tragen. § 114 sieht davon ab, die Bestimmungen des 3. Abschnitts, die für eine sinngemäße Anwendung in Betracht kommen oder nicht in Betracht kommen, aufzuzählen. Es ist der Rechtsprechung überlassen, die den Verfahren vor Gerichten der Verwaltungs- und Finanzgerichtsbarkeit sinngemäß entsprechenden Vorschriften des 3. Abschnitts an Hand der Einzelfälle zu ermitteln.

5 Die **Gebühren des § 31.** Das Verfahren vor den Gerichten der Verwaltungs- und Finanzgerichtsbarkeit spielt sich in ähnlicher Weise ab wie ein Zivilprozeß. Deshalb entstehen für den prozeßbevollmächtigten RA die Prozeßgebühr, die Verhandlungsgebühr und evtl. stattdessen die Erörterungsgebühr und gegebenenfalls die Beweisgebühr des § 31 Abs. 1 unter den gleichen Voraussetzungen wie im ordentlichen Rechtsstreit. Was zum Rechtszug gehört, erläutert § 37.

6 Die **Vorschriften des 1. und 2. Abschnitts** sind als allgemeine bzw. gemeinsame Vorschriften anzuwenden. Soweit ein Vergleich möglich ist (nicht in der Finanzgerichtsbarkeit), kann daher auch eine **Vergleichsgebühr** nach § 23 entstehen. Ebenso kann unter den Voraussetzungen des § 24 die **Erledigungsgebühr** anfallen. Selbstverständlich finden die Vorschriften der §§ 25 ff. über die **Auslagen** Anwendung.

7 Die **Gebühren des § 11** gelten auch in den Verfahren vor den Verwaltungs- und Finanzgerichten. Sie berechnen sich also in diesen Verfahren aufgrund der Anlage zu § 11 nach dem Gegenstandswert. Der Wert wird gemäß § 13 GKG nach der sich aus dem Antrag des Klägers für ihn ergebenden Bedeutung der Sache nach Ermessen festgesetzt. Betrifft der Antrag des Klägers eine bezifferte Geldleistung oder einen hierauf gerichteten Verwaltungsakt, so ist deren Höhe maßgebend (die anderslautenden §§ 189 VwGO und 140 FGO sind aufgehoben). Die Verfahren vor den Finanzgerichten sind erstinstanzliche Verfahren. Obwohl bei den Finanzgerichten Senate bestehen, verbleibt es bei den erstinstanzlichen Gebühren (§ 114 Abs. 2).

In den Rechtsmittelverfahren (Berufung und Revision) entstehen die erhöhten Gebühren des § 11 Abs. 1 Satz 4 ($^{13}/_{10}$).

8 Die **erhöhten Gebühren des § 11 Abs. 1 S. 4** entstehen ferner **im erstinstanzlichen Verfahren** vor dem Bundesverwaltungsgericht, dem Bundesfinanzhof und vor einem Oberverwaltungsgericht (Verwaltungsgerichtshof). Diese Ausnahme bestimmt § 114 Abs. 2. Vor diesen Gerichten erhält also der RA auch dann $^{13}/_{10}$ der vollen Gebühren, wenn es sich um ein Verfahren des ersten Rechtszugs handelt. Das ist mit Rücksicht auf die besondere Bedeutung dieser Verfahren gerechtfertigt.

Erstmals beim Berufungsgericht anhängig gemachte Verfahren nach § 80 Abs. 5 VwGO zählen nicht zu den erstinstanzlichen Verfahren i. S. des § 114 Abs. 2.

BayVGH KostRsp. Nr. 12.

9 Die **Prozeßgebühr** entsteht, wie auch sonst, wenn der RA beauftragt ist, in einem gerichtlichen Verfahren tätig zu werden, auch für vor Anhängigkeit des Rechtsstreits vorgenommene Tätigkeiten, z. B. für die Entgegennahme der Information oder die Vorbereitung des Rechtsstreits. Bei vorzeitiger Beendigung des Auftrags gilt § 32.

Wegen der Einzelheiten vgl. die A zu §§ 31, 32.

10 Die **Verhandlungsgebühr** entsteht grundsätzlich im Verfahren vor den Verwaltungsgerichten, wie auch sonst, nur dann, wenn eine mündliche Verhandlung stattgefunden und der Prozeßbevollmächtigte in ihr tätig geworden ist. Da im Verfahren vor den Verwaltungsgerichten Amtsbetrieb herrscht, ist § 33 Abs. 1 S. 2 Nr. 3 sinngemäß anwendbar, da, wenn in der mündlichen Verhandlung nur der Prozeßbevollmächtigte einer Partei aufgetreten ist, trotz des Nichterscheinens der anderen Partei eine Sachentscheidung zu ergehen hat. Die volle Verhandlungsgebühr entsteht daher für den in der Verhandlung erschienenen RA auch dann, wenn er nach Beginn der mündlichen Verhandlung zur Sache verhandelt hat, wozu Stellung eines Antrags nicht erforderlich ist. Das gilt auch für den RA des Beklagten oder Beigeladenen, selbst wenn er dem Vorbringen des Klägers zustimmt oder der Kläger nicht erschienen ist oder nicht verhandelt.

Hartmann A 2 A; Riedel/Sußbauer A 9, 10; Schumann/Geißinger A 7; OVG Hamburg NJW 70, 1094 = MDR 70, 619; OVG Münster NJW 65, 2125; VG Köln KostRsp. Nr. 13 (zust. Anm. Luetgebrune).

Verzichtet der Kläger in dem Verfahren vor dem Verwaltungsgericht sofort auf seinen Anspruch oder erkennt der Beklagte den Anspruch an und ergeht Anerkenntnisurteil, erhält der RA die Verhandlungsgebühr nur zur Hälfte (§ 33 Abs. 1).

Keine Verhandlungsgebühr entsteht, wenn der Beklagte vor dem Verwaltungsgericht den Kläger klaglos stellt und darauf die Hauptsache sofort für erledigt erklärt wird.

Regelmäßig kann die Verhandlungsgebühr erst nach dem Vortrag durch den Vorsitzenden oder den Berichterstatter verdient werden. Zur Entstehung der vollen Verhandlungsgebühr genügt, wenn der RA sich nach dem Vortrag des Vorsitzenden oder Berichterstatters, zu dem auch der Vortrag der Anträge gehört, zur Sache äußert.

BayVGH NJW 68, 71 (Im verwaltungsgerichtlichen Verfahren fällt die Verhandlungsgebühr an, wenn der wesentliche Inhalt der Akten vorgetragen ist und darauf unter Beteiligung des RA, um dessen Gebührenanspruch es geht, die Sach- und Rechtslage erörtert worden ist).

Verhandelt der RA nur zur Prozeß- oder Sachleitung, so gilt § 33 Abs. 2.

Hartmann A 2 A; Riedel/Sußbauer A 11.

§ 35 ist sinngemäß anzuwenden. Daher entsteht die Verhandlungsgebühr, wenn die Parteien nach § 108 Abs. 2, § 125 Abs. 1, § 141 VwGO ausdrücklich auf mündliche Verhandlung verzichtet haben (s. A 2 zu § 35).

Riedel/Sußbauer A 14.

Es muß eine Entscheidung ohne mündliche Verhandlung ergangen sein. Als solche genügt auch ein Aufklärungsbeschluß, mag er an eine Behörde oder einen Beteiligten ergehen, oder eine Beweisanordnung, dies selbst dann, wenn kein formeller Beweisbeschluß ergeht. Dagegen reicht eine Entscheidung nicht aus, die auch ohne den Verzicht der Beteiligten ohne mündliche Verhandlung hätte ergehen können.

Riedel/Sußbauer A 16; Schumann/Geißinger A 17.

Ein RA, der in einem durchgeführten Verhandlungstermin nicht erschienen ist, kann keine Verhandlungsgebühr beanspruchen.

Durch die Teilnahme an dem sog. Erörterungstermin (§ 87 S. 2 VwGO, § 79 S. 2 FGO) wird die Verhandlungsgebühr nicht begründet. Diese Frage kann jedoch offen bleiben, da der RA jetzt Anspruch auf die Erörterungsgebühr des § 31 Abs. 1 Nr. 4 hat.

Madert

Für das Verfahren vor den Gerichten der Finanzgerichtsbarkeit gilt das für das Verfahren vor den Gerichten der Verwaltungsgerichtsbarkeit Gesagte in gleicher Weise. Der RA des Klägers erhält also z. B. die volle Verhandlungsgebühr, auch wenn das Finanzamt in dem Verhandlungstermin nicht vertreten ist.

Für die Teilnahme an einem Beweistermin vor dem Berichterstatter erhält der RA weder die Verhandlungs- noch die Erörterungsgebühr (es sei denn, im Anschluß an die Beweisaufnahme wird die Sache erörtert, dann erhält der RA die Erörterungsgebühr, wenn er nicht bereits die Verhandlungsgebühr verdient hat).

Schumann/Geißinger A 7; OVG Lüneburg AnwBl. 62, 262 (abl. Luetgebrune).

Nach der Bestimmung des § 117 besteht für das Verfahren vor Gerichten der Finanzgerichtsbarkeit die weitere Ausnahme, daß selbst dann, wenn ohne mündliche Verhandlung entschieden wird, der RA die gleichen Gebühren erhält, wie in einem Verfahren mit mündlicher Verhandlung.

Vgl. hierzu die Anm. zu § 117.

Nach dem Gesetz zur Entlastung der Gerichte in der Verwaltungs- und Finanzgerichtsbarkeit kann das Verwaltungsgericht über eine Klage durch Gerichtsentscheid entscheiden, wenn es der Auffassung ist, daß die Sache keine besonderen Schwierigkeiten aufweist und der Sachverhalt geklärt ist. Der RA erhält in diesem Falle eine halbe Gebühr, die als Verhandlungsgebühr gilt.

Wegen der Einzelheiten vgl. A 18 zu § 35.

11 Die **Erörterungsgebühr** entsteht unter den gleichen Voraussetzungen wie in bürgerlichen Rechtsstreitigkeiten. Wird also im Verhandlungstermin vor dem Vortrag des Vorsitzenden oder Berichterstatters die Sache erörtert, entsteht anstelle der Verhandlungs- die Erörterungsgebühr.

Wegen der Einzelheiten vgl. A 147 ff. zu § 31.

12 Für die Entstehung der **Beweisgebühr** ist zu beachten, daß im Bereich des Untersuchungsgrundsatzes ein Beweisaufnahmeverfahren dann vorliegt, wenn das Gericht zur Ermittlung rechtserheblicher Tatsachen sich eines ordentlichen Beweismittels bedient. Darauf, ob das Vorbringen streitig ist, kommt es nicht an, da im Verwaltungsprozeß der Sachverhalt von Amts wegen zu erforschen ist. Für Beiziehung von Akten oder Urkunden gilt § 34 Abs. 2.

Anm. 82 ff. zu § 31 und Anm. 11 ff. zu § 34; Hartmann A 2 A c; Riedel/Sußbauer A 18.

Werden Akten beigezogen, so ist davon auszugehen, daß ihre Beiziehung zu Beweiszwecken erfolgt. Die Akten müssen vorgetragen werden.

Riedel/Sußbauer A 21.

Das Gericht muß mit der Beiziehung der Akten (ihrem Vortrag) beabsichtigen, Vorbringen, das es für rechtserheblich hält, nachzuprüfen.

Schumann/Geißinger A 11; Stich NJW 59, 1161.

Die Beiziehung der bei der Verwaltungsbehörde oder in Finanzgerichtssachen bei dem Finanzamt über den Streitfall ergangenen Akten ist keine Beiziehung i. S. des § 34 Abs. 2, sondern Vorlegung von Akten i. S. des § 34 Abs. 1, mag die Vorlegung auch in einem Beweisbeschluß angeordnet oder als Aktenbeiziehung bezeichnet sein. Dagegen erwächst die Beweisgebühr, wenn Akten unbeteiligter Behörden beigezogen werden, es sei denn, daß diese nur „zur Information" beigezogen werden.

Die Besprechung anhand vorgelegter Pläne, Modelle usw. dient in der Regel der Erforschung des Sachverhalts und ist deshalb keine Beweisaufnahme.

Schumann/Geißinger A 11.

Die Anhörung eines Beteiligten in der mündlichen Verhandlung stellt eine Beweisaufnahme dar, wenn das Gericht nicht nur den Parteivortrag entgegennimmt, sondern sich durch die Aussage überzeugen will, ob eine Behauptung richtig ist, besonders wenn die Angaben in der Entscheidung verwertet werden.

Hartmann A 2 A; Riedel/Sußbauer A 20; Schumann/Geißinger A 10; OVG Bremen AnwBl. 82, 28; VGH München BayVBl. 81, 572; VGH Kassel AnwBl. 83, 284.

Es genügt auch, wenn das Gericht bestimmte Ermittlungen einer Verwaltungsbehörde, z. B. dem Finanzamt, überträgt.

Der RA muß den Auftraggeber in der Beweisaufnahme vertreten.

Vgl. hierzu A 123 ff. zu § 31.

Weitere Gebühren. In den Verfahren nach § 114 können weiter entstehen die 13 Vergleichsgebühr (§ 23) (nicht in den Verfahren der Finanzgerichtsbarkeit) und die Erledigungsgebühr (§ 24).

Die Erledigungsgebühr des § 24 kann entstehen, wenn sich ein Rechtsstreit ganz oder teilweise durch Zurücknahme oder Änderung des angefochtenen Verwaltungsakts erledigt und der RA bei der Erledigung mitgewirkt hat. Dabei ist jedoch zu beachten, daß der Bundesfinanzhof in ständiger Rechtsprechung eine ungewöhnlich einschränkende Auffassung vertritt, die kaum mit dem § 24 vereinbar ist. Der BFH führt aus: „Erledigt sich ein Rechtsstreit ganz oder teilweise durch Zurücknahme oder Änderung des angefochtenen Verwaltungsakts, so erhält der Prozeßbevollmächtigte, der bei der Erledigung mitgewirkt hat, eine volle Gebühr (§ 24). Als Mitwirkung im Sinne dieser Vorschrift kommt, wie der Senat wiederholt entschieden hat, nur eine besondere auf die Erledigung ohne Urteil gerichtete Tätigkeit des Bevollmächtigten in Betracht (BFH, 8. 5. 1962, HFR 1963 Nr. 77; 6. 8. 1968, BFHE 93 S. 264 = BStBl. 1968 II 772 = BB 1968, 1414). An dieser Auffassung hält der Senat fest. Eine besondere auf die Erledigung ohne Urteil gerichtete Tätigkeit des Prozeßbevollmächtigten liegt nicht vor, wenn lediglich die Äußerungen des Berichterstatters im Erörterungstermin das Finanzamt veranlaßt haben, einen Steuerbescheid zurückzunehmen. Allein die Beteiligung des Prozeßbevollmächtigten oder seines Vertreters an der Erörterung der Streitsache durch den Berichterstatter erfüllt nicht die Voraussetzungen des § 24 BRAGO". Der BFH verkennt, daß die Erledigungsgebühr keine Tätigkeitsgebühr, sondern eine Erfolgsgebühr ist. Es ist also unrichtig, wenn der BFH sagt, der RA müsse eine „besondere" auf die Erledigung ohne Urteil gerichtete Tätigkeit entwickelt haben. Es ist nicht erforderlich, daß der RA eine zusätzliche Tätigkeit entwickelt, die nicht durch die Prozeß- oder Verhandlungsgebühr abgegolten wird. Es reicht aus, daß der RA in irgendeiner

Madert 1115

Weise tätig geworden ist, die im Endergebnis dazu geführt hat, daß der angefochtene Bescheid zurückgenommen oder geändert wird. Hier sei der von dem BFH herangezogene Erörterungstermin vor dem Berichterstatter als Beispiel erwähnt. Hat der RA maßgebende Gesichtspunkte in der Klage oder in der mündlichen Erörterung vorgebracht, die in der gleichen Richtung lagen wie die Ausführungen des Berichterstatters (mag der Berichterstatter bereits von vornherein die gleiche Rechtsauffassung gehabt haben oder – dann wird es noch deutlicher – sie erst durch die Ausführungen des RA gewonnen haben), dann hat der RA „bei der Erledigung mitgewirkt". Mehr als dieses „Mitwirken bei der Erledigung" fordert § 24 nicht. Der RA hätte die Erledigungsgebühr nur dann nicht verdient, wenn seine Ausführungen neben der Sache lagen und auf die Finanzbehörde keinen Eindruck machten, und wenn der Berichterstatter eine bisher im Rechtsstreit nicht vorgebrachte Auffassung im Erörterungstermin dargelegt hätte, die die Finanzbehörde von der Unrichtigkeit ihres Verwaltungsaktes überzeugte und sie veranlaßte, den Verwaltungsakt zu ändern oder ganz zurückzunehmen. In einem solchen Fall hätte der RA an der Erledigung nicht mitgewirkt. Er hätte andererseits doch mitgewirkt, wenn der Verwaltungsakt nur teilweise geändert worden wäre, und der RA seinen Auftraggeber veranlaßt hätte, sich mit der teilweisen Änderung zufrieden zu geben. Denn erst damit hätte sich der Rechtsstreit vollständig erledigt; andernfalls hätte das Gericht noch insoweit entscheiden müssen, als der Verwaltungsakt nicht geändert worden ist. Zusammenfassend ist zu sagen: Es muß sich die Rechtssache ganz oder teilweise erledigt haben. Bei der Erledigung muß der RA mitgewirkt haben. Seine Tätigkeit muß – allein oder gemeinsam mit anderen Umständen – bewirkt haben, daß die Erledigung eingetreten ist. Für seine Tätigkeit erwirbt der RA die Tätigkeitsgebühr (z. B. die Prozeßgebühr oder Verhandlungsgebühr). Für den erzielten Erfolg erhält er die Erledigungsgebühr. Auch bei einem Vergleich – § 23 – muß der RA „mitgewirkt" haben, ohne daß deshalb die Vergleichsgebühr als Tätigkeitsgebühr angesehen wird.

Wird der RA nur mit der Vertretung in der mündlichen Verhandlung beauftragt, erhält er die Gebühren des § 53, d. h. eine halbe Prozeßgebühr und die Verhandlungsgebühr.

Vgl. die Anm. zu § 53.

Vertritt der RA den Auftraggeber nur in der Beweisaufnahme, hat er Anspruch auf die Gebühren des § 54, d. h. auf eine halbe Prozeßgebühr und eine halbe Beweisgebühr.

Vgl. die Anm. zu § 54.

Führt der RA lediglich den Verkehr der Partei mit dem Prozeßbevollmächtigten, hat er Anspruch auf die Verkehrsgebühr des § 52.

Vgl. die Anm. zu § 52.

14 Die **Nichtzulassungsbeschwerde.** Die Beschwerde gegen die Nichtzulassung eines Rechtsmittels durch das entscheidende Gericht ist vorgesehen bei der Berufung in gewissen Verwaltungsgerichtssachen (§ 131 Abs. 3 VwGO), bei der Revision in Verwaltungsgerichtssachen (§ 132 Abs. 3 VwGO) und in Verfahren der Finanzgerichte (§ 115 Abs. 3 FGO). Die Tätigkeit des RA erfordert besondere Mühewaltung; sie ist deshalb durch eine $^{13}/_{20}$-Gebühr honoriert. Hat die Beschwerde Erfolg, wird die Gebühr auf die in dem nunmehr durchgeführten Rechtsmittelverfahren entstehenden Gebühren nicht angerechnet. Der RA erhält sie also zusätzlich zu den Gebühren für das Rechtsmittelverfahren.

Hartmann A 4; Riedel/Sußbauer A 25; Schumann/Geißinger A 18; Corves JVBl. 65, 172.

Für Entschädigungssachen vgl. § 227 BEG.

Gegenstandswert der Gebühr des Abs. 3 ist der Wert der Hauptsache.

Hartmann A 4.

Im Verfahren auf **Aussetzung oder Aufhebung der Vollziehung** des 15 Verwaltungsaktes, auf Anordnung oder Wiederherstellung der aufschiebenden Wirkung (vgl. § 69 FGO) und in Verfahren auf Erlaß einer einstweiligen Anordnung (vgl. § 114 FGO) gilt § 40 sinngemäß. Die Verfahren gelten sonach als besondere Angelegenheiten, die eigene Gebühren entstehen lassen. Der RA erhält in diesen Verfahren die Gebühren, die in der Hauptsache anfallen. Im Gegensatz zu § 49 ist nicht erforderlich, daß eine abgesonderte mündliche Verhandlung stattfindet.

Schumann/Geißinger A 21; Bieler DStR 76, 15.

Es muß aber eine Verhandlung stattfinden, soll die Verhandlungsgebühr entstehen.

Vor den Rechtsmittelgerichten erhöhen sich die Gebühren gemäß dem für anwendbar erklärten § 40 Abs. 3 nicht. Der RA erhält also in Verfahren, die vor den Rechtsmittelgerichten anhängig gemacht werden, die Gebühren des § 31 Abs. 1 nur in Höhe von 10/10.

Schumann/Geißinger A 21.

Im Beschwerdeverfahren entstehen gemäß § 61 nur 5/10-Gebühren.

VGH Kassel AnwBl. 82, 159; OVG Münster KostRsp. Nr. 7.

Die Erledigungsgebühr des § 24 kann in den Verfahren anfallen.

Hartmann A 5 B; Schumann/Geißinger A 25;
a. M. VG Düsseldorf AnwBl. 62, 131 (abl. Chemnitz).

Der Streitwert in Verfahren, in denen nach § 80 Abs. 5 VwGO die aufschiebende Wirkung des Rechtsmittels hergestellt werden soll, bemißt sich nach dem Wert der Hauptsache.

Schumann/Geißinger A 26; OVG Lüneburg NJW 68, 2159. Diese Auffassung ist strittig; vgl. auch Haupt DVBl. 69, 617 (zur kostenrechtlichen Bewertung des Aussetzungsverfahrens nach § 80 Abs. 5 VwGO).

Bei Vollziehung einer einstweiligen Anordnung gilt § 59 sinngemäß, d. h. der RA erhält die 3/10-Gebühren des § 57.

Auf Antrag kann vor dem Finanzgericht gemäß § 82 FGO ein **Beweissiche-** 16 **rungsverfahren** durchgeführt werden. Es gelten die Vorschriften der § 485 ff. ZPO. Der RA erhält, wenn die Hauptsache noch nicht anhängig ist, die Gebühren des § 48.

Vgl. hierzu die Anm. zu § 48.

Im gerichtlichen Verfahren über einen Akt der Zwangsvollstreckung 17 (des Verwaltungszwangs) erhält der RA nach § 114 Abs. 5 drei Zehntel der in

§ 31 Abs. 1 bestimmten Gebühren. Abs. 5 betrifft den Fall, daß der RA im Rahmen der Verwaltungsvollstreckung sich mit einer Klage gegen den Verwaltungsakt wendet. Da in diesem Fall eine Nachprüfung nicht in der Sache, sondern nur hinsichtlich der Vollstreckungsmaßnahmen erfolgt, ist es gerechtfertigt, die Gebühren mit den Gebühren abzustimmen, die in den §§ 57 ff. für die Zwangsvollstreckung vorgesehen sind. Für die Tätigkeit des RA im Zwangsverfahren der Verwaltungsbehörden gilt § 119 Abs. 2 u. 3.

Riedel/Sußbauer A 30; Schumann/Geißinger A 28.

Die Vorschriften des § 32 und des § 33 Abs. 1 und 2 gelten nicht, da die BRAGO Bruchteile von drei Zehntel-Gebühren vermeidet.

Richtet sich die Klage gegen einen einheitlichen Bescheid, der sowohl die Grundverfügung als auch die Androhung oder Festsetzung von Zwangsmitteln erhält, so entstehen neben den Gebühren aus §§ 31 Abs. 1 keine besonderen Gebühren nach § 114 Abs. 5.

18 Beschwerdeverfahren. Gegen die Entscheidung der Verwaltungsgerichte (vgl. §§ 146 ff. VwGO) und Finanzgerichte (vgl. §§ 128 ff. FGO) ist die Beschwerde zulässig.

Vgl. jedoch das Gesetz zur Entlastung des Bundesfinanzhofes.

In diesen Verfahren entstehen in sinngemäßer Anwendung des § 61 Abs. 1 Nr. 1 ebenfalls ⁵/₁₀ der in § 31 Abs. 1 bestimmten Gebühren.

Das gilt aber nicht für das Rechtsbeschwerdeverfahren, das in den Verfahren vor den Finanzgerichten dem Revisionsverfahren entspricht. In diesem entstehen vielmehr nach § 11 Abs. 1 S. 4 die um drei Zehntel erhöhten Gebühren.

19 Der **Gegenstandswert** bestimmt sich sowohl in Verfahren vor Gerichten der Verwaltungsgerichtsbarkeit wie in Verfahren vor Gerichten der Finanzgerichtsbarkeit nach den Vorschriften des GKG. Maßgebend ist die Vorschrift des § 13 GKG. Ergänzend sind die übrigen Streitwertvorschriften des GKG, insbes. §§ 14 bis 22 GKG, heranzuziehen, soweit sie nicht in Widerspruch zu der Bestimmung des § 13 GKG stehen.

20 Die Kosten des Verwaltungsprozesses. Gemäß § 161 VwGO hat das Gericht im Urteil oder, wenn das Verfahren in anderer Weise beendet worden ist, durch Beschluß über die Kosten zu entscheiden.

Grundsätzlich trägt der unterliegende Teil nach § 154 Abs. 1 VwGO die Kosten des Verfahrens. Die Kosten eines ohne Erfolg eingelegten Rechtsmittels fallen nach § 154 Abs. 2 VwGO demjenigen zur Last, der das Rechtsmittel eingelegt hat. Wenn ein Beteiligter teils obsiegt, teils unterliegt, so sind die Kosten gemäß § 155 Abs. 1 VwGO gegeneinander aufzuheben oder verhältnismäßig zu verteilen. Wer einen Antrag, eine Klage, ein Rechtsmittel oder einen anderen Rechtsbehelf zurücknimmt, hat die Kosten gemäß § 155 Abs. 2 VwGO zu tragen. Ist der Rechtsstreit in der Hauptsache erledigt, so entscheidet das Gericht gemäß § 161 Abs. 2 VwGO – außer in den Fällen des § 113 Abs. 1 S. 4 VwGO – nach billigem Ermessen über die Kosten des Verfahrens durch Beschluß. In den Fällen des § 75 VwGO (Untätigkeitsklage) fallen die Kosten stets dem Beklagten zur Last, wenn der Kläger mit seiner Bescheidung vor Klageerhebung rechnen durfte.

Die Kostenerstattung ist in § 162 VwGO geregelt. Kosten sind – außer den

Gerichtskosten – die zur zweckentsprechenden Rechtsverfolgung oder Rechtsverteidigung notwendigen Aufwendungen der Beteiligten einschließlich der Kosten des Vorverfahrens.

Die Gebühren und Auslagen eines RA sind gemäß § 162 Abs. 2 VwGO stets erstattungsfähig. Die Kosten mehrerer Rechtsanwälte sind nur insoweit zu erstatten, als sie die Kosten eines RA nicht übersteigen oder als in der Person des Rechtsanwalts ein Wechsel eintreten mußte.

In eigener Sache sind dem RA die Gebühren und Auslagen zu erstatten, die er als Gebühren und Auslagen eines bevollmächtigten RA erstattet verlangen könnte. Das gleiche gilt, wenn der RA den Rechtsstreit als Partei kraft Amtes führt.

München BayVBl. 72, 645.

Kosten eines Verkehrsanwalts sind erstattungsfähig, wenn dessen Zuziehung notwendig war.

Kassel NJW 69, 1640; München BayVBl. 76, 697.

Die Auslagen des RA sind ebenfalls zu erstatten, soweit sie notwendig waren.

Reisekosten eines auswärtigen RA sind grundsätzlich erstattungsfähig, soweit die Zuziehung notwendig war. Das gilt insbes. bei Beauftragung eines am Wohnsitz des Beteiligten ansässigen RA.

München BayVBl. 73, 621 und 75, 343.

Die Kosten des Vorverfahrens sind nicht zu erstatten, soweit die Angelegenheit im Vorverfahren beendet wird, und zwar auch dann, wenn ein Beteiligter in vollem Umfang obsiegt.

OVG Münster NJW 80, 356.

Kommt es dagegen zu einem Verfahren vor dem Verwaltungsgericht, sind auch die Kosten des Vorverfahrens erstattungsfähig. Die Kosten eines in dem Vorverfahren zugezogenen RA sind jedoch gemäß § 162 Abs. 2 S. 2 VwGO nur erstattungsfähig, wenn das Gericht die Zuziehung eines RA für notwendig erklärt. Die Notwendigkeit ist dann zu bejahen, wenn es dem Beteiligten nicht zuzumuten ist, sich selbst zu vertreten.

Gemäß § 166 VwGO kann einem Beteiligten **Prozeßkostenhilfe** bewilligt werden. Ein RA ist beizuordnen, wenn die Vertretung durch einen RA geboten erscheint.

Die Kosten sind gemäß § 164 VwGO durch den Urkundsbeamten des Gerichts des ersten Rechtszuges festzusetzen.

Gegen die **Festsetzung** ist gemäß § 165 VwGO die Erinnerung gegeben, die innerhalb von 2 Wochen einzulegen ist (§ 151 VwGO). Gegen den Beschluß des Gerichts ist gemäß §§ 146ff. VwGO die Beschwerde zulässig, wenn die Beschwerdesumme erreicht ist (mehr als 100,—DM).

Festsetzung der Vergütung gemäß § 19 ist zulässig.

Die Kosten des Finanzprozesses. Gemäß § 143 FGO hat das Gericht im 21 Urteil oder, wenn das Verfahren auf andere Weise beendet worden ist, durch Beschluß über die Kosten zu entscheiden.

Grundsätzlich trägt der unterliegende Beteiligte gemäß § 135 Abs. 1 FGO die Kosten des Verfahrens. Die Kosten eines ohne Erfolg eingelegten Rechtsmittels fallen nach § 135 Abs. 2 FGO demjenigen zur Last, der das Rechtsmittel eingelegt hat. Wenn ein Beteiligter teils obsiegt, teils unterliegt, so sind die Kosten gemäß § 136 Abs. 1 FGO gegeneinander aufzuheben oder verhältnismäßig zu verteilen (das Gegeneinanderaufheben empfiehlt sich nicht, da in diesem Fall der Kläger seine gesamten außergerichtlichen Kosten selbst zu tragen hat, während dem Finanzamt Kosten nicht zur Last fallen. Vorschlag: Die Kosten des Verfahrens werden den Parteien je zur Hälfte auferlegt). Wer einen Antrag, eine Klage, ein Rechtsmittel oder einen anderen Rechtsbehelf zurücknimmt, hat nach § 136 Abs. 2 FGO die Kosten zu tragen. Ist der Rechtsstreit in der Hauptsache erledigt, so entscheidet das Gericht gemäß § 138 Abs. 1 FGO nach billigem Ermessen über die Kosten des Verfahrens durch Beschluß. Soweit ein Rechtsstreit dadurch erledigt wird, daß die Behörde nachgibt, sind die Kosten gemäß § 138 Abs. 2 FGO der Behörde aufzuerlegen.

Die Kostenerstattung ist in § 139 FGO geregelt. Kosten sind – außer den Gerichtskosten – die zur zweckmäßigen Rechtsverfolgung oder Rechtsverteidigung notwendigen Aufwendungen der Beteiligten einschließlich der Kosten des Vorverfahrens.

Die Aufwendungen der Finanzbehörde sind nach § 139 Abs. 2 FGO nicht zu erstatten.

Stimmen der Streitwert des Finanzprozesses und der Gegenstandswert des Vorverfahrens nicht überein (Beispiel: Der Kläger hatte bereits im Vorverfahren zum Teil obgesiegt), berechnen sich die zu erstattenden Kosten nur nach dem Streitwert des Finanzprozesses.

Gemäß § 155 FGO sind die Vorschriften der ZPO, somit auch die Bestimmungen des § 91 Abs. 2 ZPO sinngemäß anzuwenden. Das heißt einmal, daß die gesetzlichen **Gebühren und Auslagen des Rechtsanwalts** der obsiegenden Partei auf jeden Fall zu erstatten sind. Die Kosten mehrerer RAe sind nur insoweit zu erstatten, als sie die Kosten eines RA nicht übersteigen oder als in der Person des RA ein Wechsel eintreten mußte (z. B. durch Tod des zuerst beauftragten RA).

In eigener Sache sind dem RA die Gebühren und Auslagen zu erstatten, die er als Gebühren und Auslagen eines bevollmächtigten RA erstattet verlangen könnte. Das gleiche gilt, wenn der RA als Partei kraft Amtes einen Finanzprozeß führt.

Kosten eines Verkehrsanwalts (§ 52) sind dann erstattungsfähig, wenn die Zuziehung des Verkehrsanwalts notwendig war. Im allgemeinen wird die Frage der Notwendigkeit zu verneinen sein, sei es, daß der Auftraggeber einen RA an seinem Sitz zuziehen oder seinen Prozeßbevollmächtigten unmittelbar (schriftlich oder mündlich) unterrichten konnte (ggf. sind die Kosten einer Informationsreise erstattungsfähig).

Die Gebühren der §§ 53, 54 sind insoweit erstattungsfähig, als sie gemeinsam mit den Kosten des Prozeßbevollmächtigten die Kosten eines RA nicht übersteigen oder wenn die Zuziehung eines zweiten RA geboten war.

Die **Auslagen** des RA (§§ 25 ff.) sind ebenfalls zu erstatten, soweit sie notwendig waren.

Notwendig sind auf jeden Fall die Umsatzsteuer und die Postgebühren, soweit sie bis zur Höhe der Postgebührenpauschale geltend gemacht werden.

Höhere Postgebühren sind zu erstatten, soweit sie notwendig entstanden sind (ratsam: kurze Begründung geben).

Schreibauslagen sind zu erstatten, soweit sie der RA nach § 27 beanspruchen kann und die Anfertigung der Abschriften (Fotokopien) notwendig war.

Vgl. hierzu die Anm. zu § 27.

Reisekosten eines auswärtigen RA sind insoweit zu erstatten, als die Zuziehung zur zweckentsprechenden Rechtsverfolgung oder Rechtsverteidigung notwendig war. Das wird z. B. dann der Fall sein, wenn es bei schwieriger Rechtslage geboten ist, einen Spezialisten zuzuziehen oder wenn nur der auswärtige RA mit den besonderen betrieblichen Verhältnissen vertraut ist.

Die Kosten des Vorverfahrens sind nicht zu erstatten, soweit die Angelegenheit im Vorverfahren beendet wird, und zwar auch dann, wenn der Beteiligte im vollen Umfange obsiegt. Kommt es dagegen zu einem Verfahren vor dem Finanzgericht, gehören auch die Kosten des Vorverfahrens zu den notwendigen Kosten. Die Kosten eines im Vorverfahren zugezogenen RA oder sonstigen Bevollmächtigten sind jedoch nur dann zu erstatten, wenn das Gericht – in dem Urteil oder einem besonderen Beschluß – die Zuziehung des RA oder sonstigen Bevollmächtigten für notwendig erklärt. Die Zuziehung ist dann geboten, wenn es den Beteiligten im Einzelfall nicht zuzumuten ist, sich selbst zu vertreten. Dabei wird es auf die Bedeutung, den Umfang und die Schwierigkeit der Sache ankommen. In eigener Sache des RA wird die Notwendigkeit der Zuziehung zu verneinen sein, da der RA in der Lage ist, sich selbst zu vertreten. Dagegen kann die Notwendigkeit der Zuziehung zu bejahen sein, wenn der RA als Partei kraft Amtes handelt.

Gemäß § 142 FGO kann einem Beteiligten **Prozeßkostenhilfe** bewilligt werden. Ein RA ist beizuordnen, wenn die Vertretung durch einen RA geboten erscheint.

Die **Kosten** sind gemäß § 149 FGO auf Antrag durch den Urkundsbeamten des Gerichts des ersten Rechtszuges **festzusetzen.**

Die festgesetzten Kosten sind auf Antrag zu verzinsen.

Gegen die Festsetzung ist die Erinnerung an das Gericht gegeben, die binnen zwei Wochen einzulegen ist. Über die Erinnerung entscheidet das Gericht.

Festsetzung der Vergütung gemäß § 19 ist zulässig. Der Antrag ist an den Urkundsbeamten des Gerichts des ersten Rechtszuges zu richten.

Streitwerte in der Verwaltungsgerichtsbarkeit.   **22**

Vgl. H. Schmidt AnwBl. 83, 303 (Der Streitwert in der Verwaltungsgerichtsbarkeit).

Nachstehend seien einige Streitwerte genannt:

Klage gegen Abbruchsanordnung. Maßgebend ist das Interesse des Klägers an der Erhaltung des Gebäudes (in der Regel der Zeitwert des Gebäudes zuzüglich Abbruchkosten).

Markl GKG § 13 Anh. 1.

Klage auf Erteilung einer Abbruchsgenehmigung. Maßgebend ist das Interesse des Klägers an der Beseitigung (Nutzung des Grundstücks nach dem Abbruch).

Klage in Abgabesachen. Maßgebend ist der Geldbetrag, um den gestritten wird (bei laufenden Abgaben höchstens der Jahresbetrag). Im Verfahren nach § 80 Abs. 5 VwGO regelmäßig ¹⁄₁₀ des Hauptsachebedarfes.

Markl GKG § 13 Anh. 1.

Ablehnung von Richtern und Sachverständigen. Maßgebend ist das Interesse an der Ausschaltung; geringer als der Wert der Hauptsache (etwa ⅓).

Markl GKG § 13 Anh. 1 – sehr streitig;
a.M. Hauptsache.

Anfechtungsklage. Maßgebend ist das Interesse des Klägers an der Beseitigung des Verwaltungsaktes.

Markl GKG § 13 Anh. 1.

Aufbaudarlehen. Klage auf Bewilligung. Maßgebend ist die Höhe des beantragten Darlehens.

Markl GKG § 13 Anh. 1; OVG Berlin DÖV 77, 797.

Ausländer. Aufenthaltserlaubnis, Ausweisung. Maßgebend ist das Interesse des Klägers (Anhaltspunkte: Erwerbsmöglichkeit, wirtschaftliche und persönliche Bindung, Dauer des bisherigen Aufenthalts).

Markl GKG § 13 Anh. 1.

Hilfsweise ist § 13 Abs. 1 S. 2 GKG anzuwenden (6000,— DM).

a.M. Markl GKG § 13 Anh. 1

Aussetzung der Vollziehung (§ 80 Abs. 5 VwGO). Maßgebend ist das Interesse an dem Aufschub (in der Regel etwa ⅓ der Hauptsache; jedoch Hauptsache, wenn Vollziehung vollendete Tatsachen schafft).

Markl GKG § 13 Anh. 1

BaföG. Keine Gerichtskosten (§ 188 VwGO); Festsetzung nach § 10. Bei Klage auf Förderung gilt der streitige Betrag für die Dauer des Bewilligungszeitraums.

Klage auf Erteilung einer Baugenehmigung. Maßgebend sind die Baukosten und die erzielte Wertsteigerung; davon ist ein Bruchteil zu nehmen, etwa ⅙ bis ½.

Sehr streitig; vgl. Noll Die Streitwertfestsetzung im Verwaltungsprozeß Rdnr. 34 ff. und Markl GKG § 13 Anh. 1.

Klage der Nachbarn auf Verweigerung der erteilten Genehmigung. Das Interesse der Nachbarn an der Versagung.

Beigeladener. Maßgebend ist das Interesse des Klägers, es sei denn, der Beigeladene ist nur an einem Teil des Streitgegenstandes interessiert.

Markl GKG § 13 Anh. 1.

Berufszulassung. Maßgebend ist die mit der Zulassung verbundene Erhöhung der Bruttoeinnahmen (bei unbefristeter Zulassung etwa 5 Jahre).

Vgl. aber Markl GKG § 13 Anh. 1 (ein Jahr).

Beweissicherungsverfahren. Maßgebend ist das Interesse des Antragstellers an der Sicherung (meist erheblich unter dem Wert der Hauptsache).

Klage auf Erteilung einer Bodenverkehrsgenehmigung, § 19 BBauG.

Maßgebend ist die Hälfte des erwarteten Kaufpreises (bei Verkauf) bzw. der erwarteten Wertsteigerung (bei Teilung).

Vgl. Noll Rdnr. 51.

Einstweilige Anordnung, § 123 VwGO. Maßgebend ist die Höhe der bezifferten Geldleistung (jedoch wegen der Vorläufigkeit nur zur Hälfte).

Markl GKG § 13 Anh. 1.

Enteignung. Maßgebend ist der Sachwert des zu enteignenden Gegenstandes.

Markl GKG § 13 Anh. 1.

Erledigterklärung. Bis zur Abgabe der Erklärung gilt weiterhin der Wert der Hauptsache, nach Abgabe der Betrag der Gerichtskosten und außergerichtlichen Kosten. Bei einseitiger Erklärung verbleibt es bei dem Wert der Hauptsache.

Markl GKG § 13 Anh. 1 (sehr streitig).

Fahrerlaubnis. Der Wert ist abhängig von der Klasse der erstrebten Erlaubnis (Regel: Klasse I – 4000,—DM, Klasse II – 7000,—DM, Klasse III – 6000,—DM). Erhöhung bei Berufskraftfahrern.

Markl GKG § 13 Ang. 1.

Fahrtenbuch. Ein Verfahren wegen der Auferlegung der Führung eines Fahrtenbuches hat im Regelfall einen Streitwert von 6000,—DM.

VGH Kassel AnwBl. 80, 118.

Gewerbe. Bei Streitigkeiten wegen Erteilung der Rücknahme einer Gewerbeerlaubnis ist maßgebend der Gewinn, der in Frage steht (bei Dauerentscheidung 5-Jahresbetrag).

Grundsteuervergünstigung. Maßgebend ist die erzielbare Befreiung von der Steuer auf 10 Jahre. Hinzuzurechnen sind Grundbuchkosten und Grunderwerbsteuer.

Markl GKG § 13 Anh. 1.

Handwerk. s. Gewerbe. Bei Streit um Befugnis zur Lehrlingsausbildung ist maßgebend das Interesse des Klägers (evtl. § 13 Abs. 1 S. 2 GKG: 6000,—DM).

Markl GKG § 13 Anh. 1.

Leistungsklage. Maßgebend ist der Wert der begehrten Leistung.

Nachbarklage. Maßgebend ist das Interesse des Klägers, das in der behaupteten Wertminderung seines Grundstücks durch das beanstandete Bauvorhaben besteht.

Markl GKG § 13 Anh. 1; BayVGH BayVBl. 77, 774.

Nichtvermögensrechtliche Streitigkeiten. Maßgebend ist das Interesse des Klägers. Falls dieses nicht festzustellen ist, Streitwert nach § 13 Abs. 1 S. 2 – 6000,—DM.

Nichtzulassungsbeschwerde. Maßgebend ist der Streitwert, den das nicht zugelassene Rechtsmittel haben würde.

Markl GKG § 13 Anh. 1.

Normenkontrollverfahren. Maßgebend ist das Interesse des Klägers, nicht die Bedeutung für die Allgemeinheit.

Markl GKG § 13 Anh. 1.

Ordnungswidrigkeit. Maßgebend ist die Höhe der Verwarnungsgebühr und der dem Kläger außerdem auferlegten Maßnahmen.

Markl GKG § 13 Anh. 1.

Planfeststellung. Maßgebend ist die Beeinträchtigung, die der Kläger abgewendet wissen will.

Markl GKG § 13 Anh. 1.

Polizeirecht. Maßgebend ist das Interesse des Klägers, die ergangene Verfügung zu beseitigen.

Markl GKG § 13 Anh. 1.

Sozialhilfe. Da keine Gerichtskosten erhoben werden, § 188 VwGO, erfolgt Festsetzung nach § 10. Bei Streit um laufende Hilfe ist maßgebend der Jahresbetrag.

Vertriebenenausweis. Maßgebend ist die Vergünstigung, die der Kläger aus dem Besitz des Ausweises erwartet.

Markl GKG § 13 Anh. 1.

Vollstreckung. Will der Schuldner überhaupt die Vollstreckung verhindern, ist der Streitwert der zu vollstreckenden Maßnahmen, bei Geldleistungen die Höhe des Betrages, maßgebend.

Markl GKG § 13 Anh. 1.

Waffenrecht. Maßgebend ist das Interesse des Klägers am Besitz des Waffenscheins (mindestens 6000,— DM).

Markl GKG § 13 Anh. 1.

Wohnungsrecht. Bei Streit, ob die Wohnung der Bindung öffentlich geförderter Wohnungen unterliegt, ist Streitwert der Unterschied zur Nutzung freier Wohnungen (Dreijahresbetrag).

Markl GKG § 13 Anh. 1.

23 Streitwerte in der Finanzgerichtsbarkeit.

Anfechtungsklage. Der Streitwert entspricht dem Interesse des Klägers.

BFH BStBl. III 67, 253.

Arrest. Streitwert ist die Hälfte der Hinterlegungssumme.

BFH BSt.Bl. 82 II 328.

Aussetzung des Verfahren. Maßgebend ist das Interesse an dem Hinausschieben der Entscheidung (regelmäßig 10% der Hauptsache).

Hartmann GKG Anh. § 13;
a. M.: BFH BStBl. II 71, 154 = BB 71, 596 (5%).

Aussetzung der Vollziehung. Streitwert = ⅓ des Wertes der Hauptsache.

Markl GKG § 13 Anh. 2; BFH BFHE 121, 314 = BStBl. II 77, 354 = BB 77, 1141.

Bei Streit um Sicherheitsleistungen ist der Wert ¹⁄₁₀ der geforderten Sicherheit.

BFH BFHE 106, 498 = BStBl. II 73, 16 = BB 72, 1394.

Einheitswert. Bei Anfechtung eines zum 1. 1. 1974 oder zu einem späteren Zeitpunkt festgestellten Einheitswertes ist der Streitwert im Regelfall 60 v. T. des streitigen Wertunterschiedes. Wenn die Besteuerungsgrundlage für weniger als 3 Jahre gilt, Ermäßigung.

BFH BStBl. II 77, 352 = JurBüro 77, 934; vgl. aber Hartmann GKG Anh. § 13 (40 v. T.)

Einheitswert – Betriebsvermögen. Wert 20 v. T. des Unterschieds zwischen dem festgestellten und dem begehrten Einheitswert (gilt auch, wenn der beantragte Einheitswert negativ ist.).

Markl GKG § 13 Anh. 2.

Wirkt sich der Einheitswert nur für 1 Jahr aus, ist der Wert 10 v. T. des strittigen Unterschiedsbetrages.

BFH BFHE 115, 304 = BStBl. II 75, 548 = BB 75, 819.

Einkommensteuer. Maßgebend ist der Betrag, um den die Steuer ermäßigt werden soll für 1 Jahr. Folgesteuern (z. B. Kirchensteuer) bleiben außer Betracht.

Markl GKG § 13 Anh. 2; BFH BStBl. II 78, 347 = BB 78, 350.

Einstweilige Anordnung – § 114 FGO. Maßgebend ist das finanzielle Interesse des Antragstellers (i. d. R. ⅓ des Hauptsachestreitwerts).

Markl GKG § 13 Anh. 2; BFH BFHE 120, 338 = BStBl. II 77, 80 = NJW 77, 920.

Erlaß. Maßgebend ist der Betrag, der nach dem Antrag des Klägers erlassen werden soll.

Markl GKG § 13 Anh. 2.

Erledigungserklärung. Bei übereinstimmender Erklärung gilt als Wert ab Erklärung der Betrag der Gerichtskosten und außergerichtlichen Kosten.

Markl GKG § 13 Anh. 2.

Bei einseitiger Erklärung keine Herabsetzung des Sreitwertes.

Markl GKG § 13 Anh. 2; BFH BFHE 122, 443 = BStBl. II 77, 697 = BB 77, 1493.

Fälligkeit. Streit um Fälligkeit einer unstreitigen Forderung ist mit 10% zu bewerten.

FG Düsseldorf EFG 74, 435.

Feststellungsklage. Maßgebend ist das Interessse des Klägers an der baldigen Feststellung (Wert geringer – 20% – als die Leistungsklage).

Gewerbesteuer. Streitwert ist der mit der Klage erstrebte finanzielle Vorteil (im Unterschied zwischen dem festgesetzten und erstrebten Steuermeßbetrag, vervielfältigt mit dem jeweiligen Hebesatz).

Hartmann GKG Anh. § 13; Markl GKG § 13 Anh. 2.

Grunderwerbsteuer. Wert in der Höhe des Betrages, der angefochten wird.

Markl GKG § 13 Anh. 2.

Grundsteuer. Maßgebend ist das Vierfache der aus dem streitigen Meßbetrag entfallenden Jahressteuer.

> BFH BStBl. III 52, 283.

Haftungsbescheid. Maßgebend ist die Geldsumme, auf die der Schuldner in Anspruch genommen wird und die er beseitigt wissen will.

> Markl GKG § 13 Anh. 2; BFH BFHE 104, 37 = BStBl. II 72, 181.

Kirchensteuer. Bei Anfechtung ist maßgebend der streitige Betrag.

Klagehäufung. Mehrere selbständige Klagen haben ihren eigenen Streitwert. Nach Verbindung werden die Werte zusammengezählt, soweit sie verschiedene Gegenstände betreffen.

> Markl GKG § 13 Anh. 2.

Kraftfahrzeugsteuer. Bei unbefristeter Festsetzung ist Streitwert die Steuer für 1 Jahr. Bei befristeter Festsetzung ist der Streitwert die Steuer für die gesamte Zeit.

Lohnsteuer-Jahresausgleich. Maßgebend ist der beantragte Lohnsteuer-Erstattungsbetrag.

> BFH BFHE 109, 24 = BStBl. II 73, 685 = BB 73, 1153.

Die Kirchenlohnsteuer wird dabei nicht berücksichtigt.

> BFH BFHE 114, 4 = BStBl. II 75, 143.

Lohnsteuerfreibetrag. Maßgebend ist die sich daraus ergebende Steuerminderung für 1 Jahr.

Nichtzulassungsbeschwerde. Der Streitwert richtet sich nach dem Streitwert des beabsichtigten Revisionsverfahrens.

> BFH BStBl. II 78, 314 = BB 78, 749 = JurBüro 78, 997.

Stundung – Streitwert 10 % des Betrages, dessen Stundung begehrt wird.

> Markl GKG § 13 Anh. 2.

Umsatzsteuer. Maßgebend ist der bestrittene Steuerbetrag.

> Markl GKG § 13 Anh. 2.

Verbindung. Sind mehrere Steuerfälle zu einem Verfahren verbunden (z. B. für mehrere Veranlagungszeiträume), ist nur ein einheitlicher Streitwert festzusetzen.

> Markl GKG § 13 Anh. 2.

Für mehrere Anfechtungsklagen gilt: Vor der Verbindung Einzelstreitwerte, nach der Verbindung zusammengerechneter Streitwert.

> Markl GKG § 13 Anh. 2.

Vermögenssteuer. Streitwert ist der doppelte Jahressteuerbetrag. Wenn Neu- oder Hauptveranlagung bevorsteht, ist der Streitwert der Einjahresbetrag.

> Markl GKG § 13 Anh. 2; vgl. aber BFH BB 83, 1402 (Dreijahresbetrag).

Zinsen. Zinsen bleiben außer Betracht, wenn die Hauptforderung streitbefangen ist.

Zwangsvollstreckung. Maßgebend ist der Betrag, wegen dessen vollstreckt wird.

Markl GKG § 13 Anh. 2.

§ **115** *(aufgehoben)*

§ **116 Verfahren vor Gerichten der Sozialgerichtsbarkeit**

(1) **Im Verfahren vor Gerichten der Sozialgerichtsbarkeit erhält der Rechtsanwalt**

1. **vor dem Sozialgericht 50 bis 590 Deutsche Mark,**
2. **vor dem Landessozialgericht 70 bis 850 Deutsche Mark,**
3. **vor dem Bundessozialgericht 130 bis 1410 Deutsche Mark.**

(2) **In Verfahren**

1. **auf Grund der Beziehungen zwischen Ärzten, Zahnärzten und Krankenkassen (Kassenarztrecht) sowie öffentlich-rechtlicher Versicherungsträger untereinander,**
2. **auf Grund öffentlich-rechtlicher Streitigkeiten zwischen Arbeitgebern und der Bundesanstalt für Arbeit oder einer Berufsgenossenschaft**

werden die Gebühren nach dem Gegenstandswert berechnet. Die Vorschriften des Dritten Abschnittes gelten sinngemäß.

(3) **In den Fällen des Absatzes 1 gelten die §§ 23, 24 nicht.**

Lit.: Schuwerack SGb. 72, 348 (Die gerichtliche Entscheidung nach § 197 Abs. 2 SGG und das dabei zu beobachtende Verfahren); SGb. 78, 100 (Außergerichtliche Kosten nach dem Gegenstandswert in der Sozialgerichtsbarkeit); JurBüro 79, 1767 (Fälligkeit der Gebühren des Rechtsanwalts und Wertfestsetzung im sozialgerichtlichen Verfahren); SozV 80, 29 (Einige Bemerkungen zur Bundesrechtsanwaltsgebührenordnung – BRAGO –); JA 78, 338 (Zulässigkeit einstweiliger Anordnungen in der Sozialgerichtsbarkeit).

Übersicht über die Anmerkungen

1 Allgemeines. Die Sozialgerichtsbarkeit richtet sich nach dem SozialgerichtsG (SGG) v. 23. Sept. 1975 (BGBl. I 2535). Sie wird durch unabhängige, von den Verwaltungsbehörden getrennte, besondere Verwaltungsgerichte ausgeübt (§ 1 SGG). Als solche werden in den Ländern Sozialgerichte und Landessozialgerichte, im Bund das Bundessozialgericht errichtet (§ 2 SGG). Die Landessozialgerichte entscheiden über die Berufung gegen die Urteile und die Beschwerde gegen andere Entscheidungen der Sozialgerichte (§ 29 SGG). Das Bundessozialgericht, das seinen Sitz in Kassel hat, entscheidet über das Rechtsmittel der Revision und ferner im ersten und letzten Rechtszug über Streitigkeiten nicht verfassungsrechtlicher Art des § 51 SGG zwischen dem Bund und den Ländern sowie zwischen verschiedenen Ländern (§§ 38, 39 SGG). Nach § 51 SGG entscheiden die Gerichte der Sozialgerichtsbarkeit über öffentlich-rechtliche Streitigkeiten in Angelegenheiten der Sozialversicherung, der Arbeitslosenversicherung und der übrigen Aufgaben der Bundesanstalt für Arbeitsvermittlung und Arbeitslosenversicherung sowie der Kriegsopferversorgung. Angelegenheiten der Sozialversicherung sind auch die Angelegenheiten, die aufgrund der Beziehungen zwischen Ärzten, Zahnärzten und Krankenkassen (Kassenarztrecht) im Rechtsweg zu entscheiden sind. Zu den Angelegenheiten der Kriegsopferversorgung gehören nicht Maßnahmen auf dem Gebiet der sozialen Fürsorge nach §§ 25 bis 27 BVersorgG. Ferner entscheiden die Gerichte der Sozialgerichtsbarkeit über sonstige öffentlich-rechtliche Streitigkeiten, für die durch Gesetz der Rechtsweg vor diesen Gerichten eröffnet wird.

Hält ein Gericht der Sozialgerichtsbarkeit den zu ihm beschrittenen Rechtsweg nicht für gegeben, so verweist es nach § 52 Abs. 3 SGG zugleich auf Antrag des Klägers die Sache an das Gericht, zu dem es den Rechtsweg für gegeben hält.

Nach § 53 SGG wird der Rechtsschutz auf Klage gewährt, der in bestimmten Fällen (§ 78 SGG) ein Widerspruchsverfahren vorauszugehen hat. Durch die Klage kann nach § 54 SGG die Aufhebung des Verwaltungsakts oder seine Abänderung sowie die Verurteilung zum Erlaß eines abgelehnten oder unterlassenen Verwaltungsakts begehrt werden. Eine Körperschaft oder eine Anstalt des öffentlichen Rechts kann mit der Klage die Aufhebung einer Anordnung der Aufsichtsbehörde begehren, wenn sie behauptet, daß die Anordnung das Aufsichtsrecht überschreite. Betrifft der angefochtene Verwaltungsakt eine Leistung, auf die ein Rechtsanspruch besteht, so kann mit der Klage neben der Aufhebung des Verwaltungsakts gleichzeitig die Leistung verlangt werden.

Nach § 101 SGG können die Beteiligten einen Vergleich schließen, um den geltend gemachten Anspruch vollständig oder zum Teil zu erledigen, soweit sie über den Gegenstand der Klage verfügen können.

Das Gericht erforscht nach § 103 SGG den Sachverhalt von Amts wegen. Nach § 124 SGG entscheidet das Gericht, soweit nichts anderes bestimmt ist, aufgrund mündlicher Verhandlung, kann aber im Einverständnis mit den

Beteiligten ohne solche durch Urteil entscheiden. Vor dem Bundessozialgericht müssen sich die Beteiligten, soweit es sich nicht um Behörden oder Körperschaften oder Anstalten des öffentlichen Rechts handelt, durch Prozeßbevollmächtigte vertreten lassen. Jeder bei einem deutschen Gericht zugelassene RA ist vor ihm als Prozeßbevollmächtigter zugelassen. In welchem Umfang die Beteiligten einem anderen Kosten zu erstatten haben, entscheidet das Gericht nach § 193 SGG durch Urteil und, wenn das Verfahren anders beendet ist, durch Beschluß. Die gesetzlichen Gebühren und die notwendigen Auslagen eines RA (§§ 25 bis 30) sind stets zu erstatten.

Die Vergütung, die der RA für seine Tätigkeit in Verfahren vor Gerichten der Sozialgerichtsbarkeit zu beanspruchen hat, ist – ohne Verweisung auf die Vorschriften des Dritten Abschnitts – allein durch § 116 geregelt (Ausnahme: die Verfahren des Abs. 2). Ergänzend gelten nur die Vorschriften des Ersten und Zweiten Abschnitts, soweit sie nicht ausdrücklich ausgeschlossen sind (§§ 23, 24). Der RA erhält ausschließlich die in Abs. 1 genannten Rahmengebühren (und zwar je Rechtszug nur eine Gebühr, die in den einzelnen Nummern des Abs. 1 bestimmte Gebühr).

Diese Rahmengebühren gelten wie die Rahmengebühren in Strafsachen die gesamte Tätigkeit des RA in dem in Frage kommenden Verfahren ab. Das gilt auch für Beschwerdeverfahren.

> Mümmler JurBüro 79, 820.

und einstweilige Anordnungen, die während des Hauptsacheverfahrens beantragt werden.

Prozeßkostenhilfe kann nunmehr in allen Instanzen bewilligt werden (§ 73a **2** SGG). Dem Beteiligten kann auch ein RA beigeordnet werden.

Honorarvereinbarung. Die Vergütung in Sozialgerichtssachen ist niedrig **3** gehalten, um die wirtschaftlich schwächeren Parteien zu schonen. Die Gebühren sind inzwischen soweit angehoben worden, daß sie in einigen Fällen eine angemessene Vergütung ergeben. Bei umfangreichen Verfahren sind sie jedoch immer noch unzulänglich.

Der RA wird in solchen Verfahren gehalten sein, eine Honorarvereinbarung zu treffen, die ihm eine Vergütung sichert, die seiner Verantwortung und dem Umfang seiner Tätigkeit entspricht. Für sie gilt § 3.

Auf den **Umfang des Auftrags** kommt es für die Entstehung der Rahmen- **4** gebühr des § 116 nicht an. Die Gebühr des § 116 erhält sowohl der Prozeßbevollmächtigte, der im gesamten Verfahren tätig ist, wie auch der Verkehrsanwalt, der Beweisanwalt und der nur mit Einzeltätigkeiten beauftragte RA (z. B. beauftragt mit der Anfertigung eines Schriftsatzes). Der unterschiedliche Umfang der Tätigkeit ist bei Ausfüllung des Gebührenrahmens gemäß § 12 zu beachten.

Abgeltungsbereich. Durch die Gebühr des Abs. 1 ist die gesamte Tätigkeit **5** des RA je Rechtszug abgegolten. Der RA erhält sonach für Vorbereitungs-, Neben- und Abwicklungstätigkeiten keine zusätzliche Vergütung. Durch die in Abs. 3 niedergelegte Bestimmung „§ 23 mit § 24 gelten nicht" werden auch die Vergleichs- und die Erledigungsgebühr ausgeschlossen. Der Abschluß eines Vergleichs wird nur innerhalb des Gebührenrahmens berücksichtigt. Andererseits ermäßigt sich die Gebühr niemals unter die Mindestgebühr. Der

Rahmen des Abs. 1 Nr. 1 ändert sich sonach z. B. nicht deshalb, weil der Auftrag vor Einreichung der Klage endigt. Die Mindertätigkeit in solchen Fällen ist nur gemäß § 12 zu beachten. Die Gebühr des § 116 entsteht mit der ersten Tätigkeit nach Annahme des Auftrags, also in der Regel mit der ersten Entgegennahme von Informationen.

Durch die Gebühren der Instanz wird auch die Tätigkeit in Beschwerdeverfahren

Mümmler JurBüro 79, 820.

abgegolten.

Besondere Gebühren entstehen dagegen für Nichtzulassungsbeschwerden (vgl. Anm. 4 b).

6 Einstweilige Anordnungen. Einstweilige Anordnungen sind bereits vor Klageerhebung und während des Verfahrens über die Hauptsache zulässig.

BVerfG NJW 78, 693.

Die hierauf gerichtete Tätigkeit kann durch die für die Hauptsache entstehende Gebühr nicht abgegolten werden. Diese gemäß § 40 abzugeltende Tätigkeit ist gesondert durch die Gebühr des Abs. 1 zu vergüten. Der mindere Umfang des Verfahrens ist bei der Bemessung der Gebühr gemäß § 12 zu berücksichtigen.

Hartmann A 2 A.

7 Nichtzulassungsbeschwerde. Gegen die Nichtzulassung der Revision ist gemäß § 160 a SGG die Beschwerde gegeben. Eine Gebührenvorschrift für diese Tätigkeit ist nicht geschaffen worden. Die Praxis hilft sich durch eine entsprechende Anwendung anderer Vorschriften (vgl. §§ 61, 114 Abs. 3).

Die früher streitige Frage, ob nur dann eine besondere Gebühr anfällt, wenn es nicht zur Durchführung der Revision kommt, ist nunmehr dahin geklärt, daß auch dann eine selbständige Gebühr entsteht, wenn die Revision durchgeführt wird. Sie wird auf die Gebühr für das Revisionsverfahren nicht angerechnet.

Hartmann A 2 A; vgl. BSG SGb. 79, 387 = MDR 79, 348.

Streit besteht weiterhin über die Höhe der Gebühr. Nach einer Ansicht

BSG SGb. 79, 387 = MDR 79, 348.

fällt in den Fällen des Abs. 1 Nr. 3 und in den Fällen des Abs. 2 die Gebühr des § 61 an.

Richtiger dürfte sein, beide Fälle (Abs. 1 und Abs. 2) gleich zu behandeln und in beiden Fällen § 114 Abs. 3 entsprechend anzuwenden. Danach ist die Tätigkeit wie folgt zu vergüten: In den Fällen des Abs. 1 mit einer Gebühr aus dem halben Rahmen des Abs. 1 Nr. 3, sonach mit einer Rahmengebühr von 65,— DM bis 705,— DM, in den Fällen des Abs. 2 mit einer $^{13}/_{20}$-Gebühr aus dem Wert der Hauptsache.

So Holger Schmidt SGb. 79, 388.

8 Mehrere Auftraggeber. Da die Gebühren des § 116 Gebühren sind, die nur dem Mindest- und Höchstbetrag nach bestimmt sind, erhöht sich der Mindest- und Höchstbetrag gemäß § 6 Abs. 1 Satz 3 um je drei Zehntel, wenn der RA mehrere Auftraggeber vertritt.

Schumann/Geißinger A 10.

Der RA erhält sonach bei Vertretung, z. B. von zwei Auftraggebern, im Verfahren

1. vor dem Sozialgericht
65,— DM bis 607,70 DM,
2. vor dem Landessozialgericht
91,— DM bis 875,50 DM
3. vor dem Bundessozialgericht
169,— DM bis 1833,— DM.

Die **Gebühr des Abs.** 1 fällt je **Rechtszug** an. Wird eine Sache von dem **9** höheren Gericht an ein untergeordnetes Gericht zurückverwiesen (z. B. vom Bundessozialgericht an das Landessozialgericht), so ist das weitere Verfahren vor diesem Gericht ein neuer Rechtszug. Die Rahmengebühr fällt deshalb gemäß § 15 Satz 1 des Abs. 2 neu an. Die Gebühr des Abs. 1 ist keine Prozeßgebühr i. S. des § 15 Satz 2.

Riedel/Sußbauer A 5; Schumann/Geißinger A 11; SozG Hamburg MDR 69, 426; SozG München AnwBl. 64, 324; **a. M.** Hartmann A 2 B (Ermäßigung der Gebühr geboten).

Die **Ausfüllung des Gebührenrahmens** im Einzelfall erfolgt gemäß § 12 **10** durch den RA unter Berücksichtigung aller Umstände.

Wie auch sonst ist bei den Rahmengebühren des § 116 ebenfalls von dem Mittelwert auszugehen.

Schumann/Geißinger A 9; SG Braunschweig MDR 80, 876; SG Düsseldorf AnwBl. 82, 210; SG Duisburg AnwBl. 80, 127; SG Kiel AnwBl. 80, 172; vgl. auch SG Duisburg AnwBl 83, 39 (keine Bindung an die Mittelgebühr); kritisch: Plagemann SGb 82, 191.

Der Mittelwert beträgt	bei Einzel-vertretung	bei Vertretung von zwei Auftragge-bern
vor dem Sozialgericht	320,— DM	416,— DM
vor dem Landessozialgericht	460,— DM	598,— DM
vor dem Bundessozialgericht	770,— DM	1001,— DM

Hartmann A 2 B; SG Nürnberg AnwBl. 64, 27.

Bei der erheblichen Bedeutung, die eine Rentensache in der Regel für den Betroffenen hat, wird es häufig gerechtfertigt sein, die Mittelgebühr bis zur Höchstgebühr zu überschreiten, auch wenn der Umfang der Tätigkeit und die wirtschaftlichen Verhältnisse des Auftraggebers für die Beibehaltung der Mittelgebühr sprechen.

Vgl. Hartmann A 2 B; Schumann/Geißinger A 9; Tschischgale Sozialsachen S. 130; vgl. auch SG Berlin AnwBl. 82, 32; SG Düsseldorf AnwBl. 80, 128 (Höchstgebühr für das Revisionsverfahren); SG Hannover AnwBl. 80, 428; SG Münster JurBüro 82, 95; SG Nürnberg AnwBl. 68, 132 (In einer Sozialgerichtssache ist bei der Bemessung der Anwaltsgebühren vom Mittelwert des Gebührenrahmens auszugehen. – Eine Rentensache, in der der Anwalt sich mit ärztlichen Befundberichten auseinandersetzen muß, gehört ihrer Natur nach nicht zu den einfachen Angelegenheiten i. S. des § 12) und NJW 76, 311 = JurBüro 76, 211 = KostRsp. Nr. 5; SG Saarland JurBüro 82, 566; SG Schleswig Büro 62, 626 (in Invalidenrentensachen stets die Höchstgebühr); zweifelnd Riedel-Sußbauer A 11; SG Regensburg JurBüro 80, 1859; SG Aachen AnwBl. 83, 476; SG Dortmund AnwBl. 83, 474; SG Freiburg AnwBl. 83, 473.

11 Die **Bemessung der Gebühr** im Verhältnis RA zu **Auftraggeber** erfolgt nicht durch das Sozialgericht. Es gelten vielmehr die allgemeinen Vorschriften (§ 315 BGB). Gemäß § 12 Abs. 1 bestimmt der RA die Höhe der Gebühr. Wird die Höhe der Gebühr, weil unbillig hoch, vom Auftraggeber nicht anerkannt, bestimmt das Prozeßgericht im Gebührenprozeß die Höhe der Gebühr. Unbillig hoch ist die bestimmte Gebühr, wenn sie 20 % der angemessenen Gebühr übersteigt.

> SG Duisburg AnwBl. 80, 127; SG Hildesheim AnwBl. 78, 329; SG Stuttgart AnwBl. 80, 125.

Abstriche von weniger als 50 DM sollten in der Regel nicht vorgenommen werden.

> Hartmann A 2 B.

Gemäß § 12 Abs. 2 hat das Gericht ein Gutachten des Vorstandes der Rechtsanwaltskammer einzuholen. Eine Festsetzung der Vergütung gemäß § 19 entfällt, da § 19 nach § 19 Abs. 7 nicht für Rahmengebühren gilt.

12 Für die **Kostenerstattung** in Verfahren vor den Sozialgerichten gilt § 193 SGG. Dieser bestimmt:

> *(1) Das Gericht hat im Urteil zu entscheiden, ob und in welchem Umfang die Beteiligten einander Kosten zu erstatten haben; es entscheidet auf Antrag durch Beschluß, wenn das Verfahren anders beendet wird.*

> *(2) Kosten sind die zur zweckentsprechenden Rechtsverfolgung oder Rechtsverteidigung notwendigen Aufwendungen der Beteiligten.*

> *(3) Die gesetzlichen Gebühren und die notwendigen Auslagen eines Rechtsanwalts (§§ 25 bis 30 der Bundesgebührenordnung für Rechtsanwälte) oder eines Rechtsbeistandes sind stets erstattungsfähig.*

> *(4) Nicht erstattungsfähig sind die Aufwendungen der Behörden, der Körperschaften und Anstalten des Öffentlichen Rechts.*

Soweit das Sozialgericht durch Urteil zu entscheiden hat, ist darin gleichzeitig über die außergerichtlichen Kosten der Beteiligten zu entscheiden.

Wenn das Verfahren anders beendet wird, entscheidet das SozG auf Antrag durch Beschluß. Der Beschluß kann innerhalb eines Monats nach seiner Zustellung mit der Beschwerde angefochten werden (§ 172 SGB).

Solche Fälle anderweiter Beendigung sind die Klagrücknahme (§ 102 SGG), das angenommene Anerkenntnis (§ 101 Abs. 2 SGG), der Vergleich (§ 101 Abs. 1 SGG).

> Schuwerack SozV 80, 29; SG Hamburg AnwBl. 83, 474.

Auch dann, wenn das Verfahren durch Klagrücknahme beendet wird, können die Kosten des Klägers für erstattungsfähig erklärt werden. Das wird z. B. dann angebracht sein, wenn die Klage zurückgenommen wird, weil der Anspruch des Klägers erfüllt worden ist.

13 **Kostenfestsetzung.** Hat das Gericht gemäß § 193 Abs. 1 SGG die Erstattung der Kosten angeordnet, erfolgt die Festsetzung der zu erstattenden Kosten durch den Urkundsbeamten des ersten Rechtszuges. Gegen den Beschluß des Urkundsbeamten kann innerhalb eines Monats ab Bekanntgabe die Entscheidung des Gerichts angerufen werden, die unanfechtbar ist, vgl. § 197 SGG.

Riedel/Sußbauer A 2; Schumann/Geißinger A 26, 27; Schuwerack SGb. 72, 348.

Die Tätigkeit im Erinnerungsverfahren soll durch die Gebühr des § 116 mit abgegolten sein.

So Riedel/Sußbauer A 12; Schumann/Geißinger A 27; SG München JurBüro 70, 583;
a. M. SG Schleswig NJW 64, 422.

Ein Gutachten des Vorstandes der Rechtsanwaltskammer braucht in Kostenfestsetzungsverfahren nicht eingeholt werden, da dieses Verfahren kein Rechtsstreit ist. Die Einholung des Gutachtens ist jedoch zulässig und dringend zu empfehlen, wenn der Urkundsbeamte von dem Antrag der obsiegenden Partei abweichen will oder wenn in dem Verfahren vor Gericht die Höhe der Vergütung streitig wird.

Ob die festgesetzten Kosten zu verzinsen sind, ist streitig. Die neuere Entwicklung geht dahin, daß die Kosten – wie in anderen Verfahren – zu verzinsen sind.

SG Kiel AnwBl. 80, 128 u. 84, 571; SG Stuttgart AnwBl. 80, 127; SG Düsseldorf AnwBl. 84, 572; SG Konstanz AnwBl. 84, 57?;
a. M. SG Nürnberg JurBüro 80, 1690.

Der RA, der im Wege der **Prozeßkostenhilfe** beigeordnet worden ist, erhält **14** aus der Staatskasse nach Maßgabe des § 121 die volle gesetzliche Vergütung, nicht wie in Strafsachen nur die vierfachen Mindestgebühren des Rahmens. Wegen der Auslagen gilt § 126, für das Festsetzungsverfahren § 128.

Hartmann A 2 C; Riedel/Sußbauer A 19.

§ 123 ist nicht anwendbar. Der beigeordnete RA erhält sonach die gleichen Gebühren wie der Wahlanwalt.

Hartmann A 2 C; Riedel/Sußbauer A 19; Schumann/Geißinger A 29; v. Maydell NJW 81, 1182; Wilde/Homann NJW 81, 1070.

Ratsgebühr. Ist der RA weder mit der Gesamtvertretung noch mit einer **15** Einzeltätigkeit beauftragt, wird von ihm vielmehr nur die Erteilung eines Rates begehrt, erhält der RA nicht die Gebühr des § 116, sondern nur die Ratsgebühr des § 20.

Riedel/Sußbauer A 7.

Die Ratsgebühr beträgt 25,—DM bis 335,—DM, da sich der Rat auf eine sonstige Angelegenheit bezieht, in der die Gebühren nicht nach dem Gegenstandswert berechnet werden (Sozialgerichtsprozeß).

Die Ratsgebühr ist auf die Gebühr des § 116 anzurechnen, wenn der RA nachträglich einen Auftrag für eine Tätigkeit erhält, die nach § 116 vergütet wird.

Außergerichtliche Tätigkeit. Wird der RA beauftragt, den Auftraggeber **16** gegenüber Sozialversicherungsträgern zu vertreten, übt der RA eine Tätigkeit in einer sonstigen Angelegenheit aus. Er hat deshalb Anspruch auf Vergütung. Streitig ist jedoch die Höhe der Vergütung.

Nach einer Auffassung

> BGH BGHZ 48, 134 = AnwBl. 67, 351 = JurBüro 67, 889 = MDR 67, 756 = NJW 67, 2312 = ZfS 67, 308 (abl. Schumann); BSG KostRsp. BRAGO § 116 Nr. 41 = AnwBl. 84, 565 m. Anm. von Schmidt = JurBüro 84, 1151; Nürnberg JurBüro 64, 736 mit zust. Anm. von Tschischgale; vgl. außerdem Riedel/Sußbauer A 6 und A 15 zu § 118; SG Bremen AnwBl. 80, 425; SG Düsseldorf NJW 63, 1845 und 64, 692 (abl. Schumann); SG Konstanz AnwBl. 81, 124.

ist § 116 Abs. 1 entsprechend anzuwenden. Der RA erhält sonach eine Gebühr nach Nr. 1 mit 50,— DM bis 590,— DM.

Nach einer zweiten Meinung

> Schumann/Geißinger A 15 zu § 118; vgl. besonders Schumann ZfS 65, 449 und NJW 65, 1797, aber auch Sußbauer ZfS 66, 288; Sg Münster AnwBl. 82, 394 = JurBüro 82, 1206; SG Hamburg JurBüro 83, 1674; SG Stuttgart AnwBl. 80, 125.

hat der RA Anspruch auf die Gebühr des § 118. Der RA erhält sonach die Geschäftsgebühr, u. U. auch die Besprechungsgebühr und die Beweisaufnahmegebühr. Er kann also – im Gegensatz zu der ersten Meinung – bis zu drei Gebühren verdienen. Die einzelne Gebühr beträgt gemäß § 118 Abs. 1 fünf Zehntel bis zehn Zehntel. Sie ist aus dem Gegenstandswert zu berechnen. Der Gegenstandswert ist nach § 8 zu bestimmen.

Nach einer dritten Meinung ist die Gebühr teils aus § 118, teils aus § 116 zu entnehmen.

> LSG Schleswig AnwBl. 84, 567; SG Hildesheim AnwBl. 80, 424 mit krit. Anm. von Chemnitz; SG Oldenburg NdsRpfl. 79, 274 = KostRsp. BRAGO § 116 Nr. 8 mit abl. Anm. von Noll.

Der ersten Meinung ist zuzustimmen. Allerdings hat das Bundessozialgericht hierfür einen eigenen Gebührenrahmen „erfunden",

> KostRsp. BRAGO § 116 Nr. 41

der von einer Mindestgebühr ausgeht, die unter der gesetzlichen liegt. Das ist unzulässig.

> H. Schmidt AnwBl. 85, 635.

17 Anrechnung. Die Gebühr für die vorgerichtliche Tätigkeit und die Gebühr für das gerichtliche Verfahren sind nicht aufeinander abzurechnen.

> SG Kassel AnwBl. 79, 159; SG Nürnberg JurBüro 80, 1690; **a. M.** SG Berlin JurBüro 81, 235 m. Anm. v. Mümmler = MDR 81, 260.

18 Erstattung vorprozessualer Kosten. Eindeutig ist, daß in den Fällen, in denen der Klage ein Widerspruchsverfahren vorauszugehen hat (§ 78 SGG), die entstehenden Kosten notwendig und daher zu erstatten sind.

> Riedel/Sußbauer A 6, Schumann/Geißinger A 25; SG Kiel AnwBl. 80, 172; SG Mannheim JurBüro 79, 396; SG Münster AnwBl. 82, 394 = JurBüro 82, 1206; SG Oldenburg NdsRpfl. 79, 274; SG Hamburg JurBüro 83, 1674.

Aber auch in den Fällen, in denen ein Widerspruchsverfahren nicht vorgeschrieben ist, muß dem gerichtlichen Verfahren ein Verfahren vor dem Leistungsträger vorausgehen. Die hierdurch entstandenen Kosten sind ebenfalls Kosten des Vorverfahrens des gerichtlichen Verfahrens und somit wie diese zu erstatten (§ 63 SGB).

> SG Augsburg JurBüro 86, 397.

§ 63 SGB X bestimmt über die Erstattung von Kosten im Vorverfahren:

> *(1) Soweit der Widerspruch erfolgreich ist, hat der Rechtsträger, dessen Behörde den angefochtenen Verwaltungsakt erlassen hat, demjenigen, der Widerspruch erhoben hat, die zur zweckentsprechenden Rechtsverfolgung oder Rechtsverteidigung notwendigen Aufwendungen zu erstatten. Dies gilt auch, wenn der Widerspruch nur deshalb keinen Erfolg hat, weil die Verletzung einer Verfahrens- oder Formvorschrift nach § 41 unbeachtlich ist. Aufwendungen, die durch das Verschulden eines Erstattungsberechtigten entstanden sind, hat dieser selbst zu tragen; das Verschulden eines Vertreters ist dem Vertretenen zuzurechnen.*

> *(2) Die Gebühren und Auslagen eines Rechtsanwalts oder eines sonstigen Bevollmächtigten im Vorverfahren sind erstattungsfähig, wenn die Zuziehung eines Bevollmächtigten notwendig war.*

> *(3) Die Behörde, die die Kostenentscheidung getroffen hat, setzt auf Antrag den Betrag der zu erstattenden Aufwendungen fest; hat ein Ausschuß oder Beirat die Kostenentscheidung getroffen, obliegt die Kostenfestsetzung der Behörde, bei der der Ausschuß oder Beirat gebildet ist. Die Kostenentscheidung bestimmt auch, ob die Zuziehung eines Rechtanwalts oder eines sonstigen Bevollmächtigten notwendig war.*

Um die Erstattbarkeit klarzustellen, empfiehlt es sich, in die Entscheidung die folgenden Worte aufzunehmen: „einschließlich der außergerichtlichen Kosten des Widerspruchsverfahrens". Fehlt dieser Zusatz, so kann innerhalb eines Monats nach Zustellung des Urteils die Ergänzung (nach § 140 Abs. 1 SSG wegen eines übergangenen Anspruchs) beantragt werden.

Schuwerack SozV 80, 29.

Verfahren nach Abs. 2. Von der Gebührenregelung des Abs. 1 sind einige **19** Verfahren ausgenommen, auf die der soziale Gesichtspunkt (möglichst billiges Verfahren) nicht zutrifft. Es sind dies die in Abs. 2 geregelten Verfahren, nämlich die Verfahren aufgrund der Beziehungen zwischen Ärzten, Zahnärzten und Krankenkassen (Kassenarztrecht) sowie öffentlich-rechtlicher Versicherungsträger untereinander und außerdem die Verfahren aufgrund öffentlich-rechtlicher Streitigkeiten zwischen Arbeitgebern und der Bundesanstalt für Arbeit oder einer Berufsgenossenschaft.

Schuwerack AGb. 78, 100; BSG SozR 1930 § 8 BRAGO Nr. 5 sowie BSG Breithaupt 1983 S. 466 (Das BSG vertritt die Auffassung, daß auch bei feststehenden Gegenstandswerten, die unter 300 DM liegen, der Gegenstandswert nicht unter 300 DM festgesetzt werden kann).

Der RA erhält die Gebühren des Abs. 1, nicht die des Abs. 2 Nr. 2, wenn die Bundesanstalt für Arbeit an dem Verfahren nur als Beigeladener beteiligt ist.

BSG SozR 1930 § 116 BRAGO Nr. 6; LSG NRW JurBüro 79, 1330.

Die Vorschrift des Abs. 2 Nr. 2 ist nicht erweiternd auszulegen.

LSG Schleswig MDR 80, 1652 = AnwBl. 81, 121 = SchlHA 81, 19.

In diesen Verfahren des Abs. 2 werden die Gebühren nach dem Gegenstandswert berechnet (s. o. § 10 Anm. 1 und nachstehend Anm. 17).

Da die Vorschriften des Dritten Abschnitts sinngemäß anzuwenden sind, hat der RA Anspruch auf die Gebühren der §§ 31 ff. Es entstehen also die Prozeßgebühr, die Verhandlungsgebühr und u. U. die Beweisgebühr.

Wegen der Einzelheiten vgl. die Ausführungen zu §§ 31 ff.

In den Verfahren nach Abs. 2 kann der RA auch die Vergleichsgebühr (§ 23) oder die Erledigungsgebühr (§ 24) verdienen.

> Hartmann A 3 B; Schumann/Geißinger A 13; SG Mainz AnwBl. 79, 160 (Vergleichsgebühr).

Anwendbar sind die Vorschriften der §§ 15, 32, 35.

> Schumann/Geißinger A 14 bis 16.

20 Gegenstandswert der Verfahren nach Abs. 2. Der Gegenstandswert in den Fällen des Abs. 2 richtet sich, da Gerichtsgebühren nicht erhoben werden, nach § 8 Abs. 2. Geht der Streit um einen bestimmten Betrag, ist dieser maßgebend. In anderen Fällen gelten die in § 8 Abs. 2 S. 1 genannten Vorschriften der KostO, notfalls die Bestimmung des § 8 Abs. 2 Satz 3.

> Eingehend hierzu Schuwerack SGb. 78, 100; BSG SozR 1930 § 116 BRAGO; LSG Essen AnwBl. 81, 120; vgl. auch LSG Saarland JurBüro 80, 1829 = MDR 80, 1052 und BSG AnwBl. 80, 499 mit krit. Anm. von Diemer.

Die Festsetzung erfolgt nach § 10 – nur auf Antrag –. Der Antrag ist zulässig, sobald die Vergütung fällig ist (vgl. § 16).

> Schuwerack SGb. 78, 100 und JurBüro 79, 1767.

Das wirtschaftliche Interesse eines Klägers an einer Entscheidung, die eine beitragsfreie Versicherung seiner im Blutspendedienst Beschäftigten zur Folge hat, rechtfertigt es, ein Mehrfaches des Jahresbeitrages als Gegenstandswert anzunehmen.

> BSG SozR 1930 § 8 BRAGO Nr. 5.

Beantragt eine Kassenärztliche Vereinigung mit der Klage die Aufhebung eines Schiedsspruches zur Festsetzung des Honorars für ärztliche Leistungen, so ist der Gegenstandswert nach § 8 Abs. 2 Satz 2 Halbs. 2 zu bestimmen.

> BSG SozR 1930 § 8 BRAGO Nr. 4.

Die nach dem Klageantrag objektiv angemessene Summe scheidet als Anhaltspunkt für die Bedeutung der Sache aus, wenn die Bestimmung der objektiv angemessenen Summe eine Ermessungsentscheidung ist.

> BSG SozR 1930 § 88 BRAGO u. MDR 83, 877 (Streitwert nicht unter 300 DM).

§ 117 Besonderheiten für Verfahren vor Gerichten der Finanzgerichtsbarkeit
Wird ohne mündliche Verhandlung entschieden, so erhält der Rechtsanwalt die gleichen Gebühren wie in einem Verfahren mit mündlicher Verhandlung.

1 Allgemeines. Die Vergütung, die der RA für seine Tätigkeit in Verfahren vor den Gerichten der Finanzgerichtsbarkeit zu beanspruchen hat, ist in § 114 geregelt. Vgl. hierzu die Ausführungen zu § 114.
Die Vergütung für eine Tätigkeit vor den Finanz**behörden** ist in § 118 geregelt. Vgl. die Ausführungen zu § 118.
§ 117 regelt eine Besonderheit für das finanzgerichtliche Verfahren:

Auch dann, wenn ohne mündliche Verhandlung entschieden wird, erhält der RA die Verhandlungsgebühr.

Bei der Anhörung eines Prozeßbeteiligten, die ohne Beweisbeschluß in der mündlichen Verhandlung stattfindet und nicht der Beseitigung tatsächlicher Zweifel, sondern lediglich der rechtlichen Würdigung bereits vorgetragener unstreitiger Tatsachen dient, handelt es sich nicht um eine Parteivernehmung im Sinne des § 445 ZPO.

FinG Niedersachsen JurBüro 69, 504 = EFG 68, 470.

Die Einholung einer schriftlichen Zeugenaussage durch den Berichterstatter begründet eine Verhandlungsgebühr und – falls der Bevollmächtigte das Auskunftsersuchen vor dem Bekanntwerden der Auskunft mit seinem Mandanten erörtert – auch eine Beweisgebühr.

SchlHFinG EFG 69, 312 = KostRsp. Nr. 5 (zust. Anm. H. Schmidt).

Die **Vergleichsgebühr** des § 23 kann in Verfahren vor den Finanzgerichten in 2 der Regel nicht entstehen, da öffentlich-rechtliche Ansprüche nicht vergleichsweise erledigt werden können. Jedoch sind Ausnahmefälle möglich.

Hartmann A 1.

Wird ohne mündliche Verhandlung entschieden, so erhält der RA die 3 gleichen Gebühren wie in einem Verfahren mit mündlicher Verhandlung. Es handelt sich hier um eine Ausnahmevorschrift, die nicht auf andere Verfahren sinngemäß angewendet werden darf. Sie hat darin ihren Grund, daß mündliche Verhandlung nicht in allen Fällen zwingend vorgeschrieben ist.

Hartmann A 2.

§ 35 macht die Entstehung der Verhandlungsgebühr davon abhängig, daß in Verfahren, für die mündliche Verhandlung vorgeschrieben ist, daß Gericht im Einverständnis der Parteien ohne mündliche Verhandlung entscheidet. Es kommt also auf das Einverständnis der Parteien an. § 117 bestimmt zusätzlich, daß in einigen Fällen die Verhandlungsgebühr auch dann entsteht, wenn die Beteiligten ihr Einverständnis nicht erklärt haben. Nach § 90 Abs. 1 FGO können Urteile und andere Entscheidungen, soweit dies besonders bestimmt ist, grundsätzlich nur aufgrund mündlicher Verhandlung ergehen. Gemäß § 90 Abs. 2 FGO kann das Gericht mit Einverständnis der Beteiligten ohne mündliche Verhandlung entscheiden. Insoweit stimmt § 117 mit § 35 überein. Darüber hinaus kann das Gericht ohne Einverständnis der Beteiligten ohne mündliche Verhandlung entscheiden, mit der Maßgabe, daß in diesen Fällen für den RA die Verhandlungsgebühr erwächst. Nach § 90 Abs. 2 FGO kann das Gericht durch Vorbescheid entscheiden. Nach § 81 Abs. 2 FGO kann das Gericht in geeigneten Fällen schon vor der mündlichen Verhandlung Beweisanordnungen treffen. Ferner lösen ohne mündliche Verhandlung ergangene Aufklärungsbeschlüsse die Verhandlungsgebühr aus.

a. M. Hartmann A 2; BFH NJW 74, 1216 = BStBl. 74 II 23.

Weist der BFH die Revision gemäß dem BFHEntlG durch Beschluß einstim- 4 mig als unbegründet zurück, entsteht die Verhandlungsgebühr.

FG Niedersachsen EFG 82, 46.

Dagegen lösen Beschlüsse, die grundsätzlich ohne mündliche Verhandlung ergehen können, die Verhandlungsgebühr nicht aus. Als Beispiele seien genannt Kostenentscheidungen nach Erledigung der Hauptsache, § 138 Abs. 1 FGO.

> **a. M.** Schumann/Geißinger A 3.

Verwerfung der Revision als unzulässig, § 126 Abs. 1 FGO.

> Riedel/Sußbauer A 5;
> **a. M.** Schumann/Geißinger A 4.

Die Verhandlungsgebühr kann ferner nicht entstehen, solange eine bei dem Finanzamt eingereichte Klage (Berufung) noch nicht an das Gericht weitergeleitet worden ist. Durch eine Erledigung des Klagbegehrens seitens des Finanzamts entsteht keine Verhandlungsgebühr.

> Riedel/Sußbauer A 5.

Ebensowenig entsteht die Verhandlungsgebühr, wenn das Gericht oder der Vorsitzende unter Hinweis auf die Sach- oder Rechtslage der beklagten Finanzverwaltungsbehörde anheimgibt, der Klage außergerichtlich zu entsprechen, oder dem Kläger anheimgibt, die unzulässige oder offenbar unbegründete Klage zurückzunehmen.

> Riedel/Sußbauer A 5.

Aufklärungsanordnungen des Vorsitzenden oder des Berichterstatters lösen die Verhandlungsgebühr nicht aus.

> Hartmann A 2; FinG München EFG 71, 144.

Wird die Vollziehung eines Steuerbescheides gemäß § 69 Abs. 3 FGO durch Gerichtsbeschluß aufgehoben, so handelt es sich um eine Entscheidung, die ohne mündliche Verhandlung durch Beschluß ergehen kann und die deshalb die Verhandlungsgebühr nicht auslöst.

> Riedel/Sußbauer A 5; FinG Bremen EFG 69, 417.

5 Eine **Entscheidung** muß ergehen. Wird ohne mündliche Verhandlung entschieden, so entsteht die Verhandlungsgebühr erst durch die gerichtliche Entscheidung und nicht schon mit dem Einreichen von Schriftsätzen. Bei Entscheidung ohne mündliche Verhandlung entsteht, wenn zuvor mehrere Verfahren verbunden waren, nur *eine* Verhandlungsgebühr.

> BFH, BFHE 96, 498 = BStBl. 69 II, 709 = StRK BRAGO § 117 R. 3 = DB 69, 2163 (L) = BB 69, 1465 m. Anm. Schriftl. = JurBüro 70, 44.

Zwölfter Abschnitt. Gebühren in sonstigen Angelegenheiten

Vorbemerkungen

Lit.: Tschischgale JurBüro 64, 77 (Anwaltsgebührenberechnung und Geschäftswertbestimmung in der freiwilligen Gerichtsbarkeit) sowie H. Schmidt JurBüro 64, 617, 697, 795 (Die Gebühren des RA in sonstigen Angelegenheiten), insbes. aber Schumann MDR 58, 897 (Der Anspruch auf eine Besprechungsgebühr bei außergerichtlichen Vergleichsverhandlungen); MDR 63, 191 (Entstehung der Termingebühr des § 44 Abs. 1 Ziff. 1 oder der Besprechungsgebühr des § 118 Abs. 1

Ziff. 2, wenn sogleich vertagt wird); MDR 62, 266 ff. (Die komplizierte Gebührenberechnung nach § 118); MDR 63, 14 ff. (Die Gebührenberechnung nach § 118 [eine oder mehrere Angelegenheiten – Anrechnung von Gebühren]); JVBl. 62, 261 (Zur Anwendung des § 118 für Vergleiche über Auseinandersetzungen im Rahmen des Ehescheidungsrechtsstreits); NJW 63, 898 (Außergerichtliche Vergleichsverhandlungen in Ehesachen); NJW 64, 338 (Zum Gegenstandswert für die Gebührenberechnung aus § 118 nach § 8 Abs. 2); MDR 67, 176 ff. (Der Gegenstandswert für die Gebührenberechnung nach § 118); NJW 66, 97 (Probleme des neuen Gebührenrechts); NJW 66, 1953 (Die Mittelgebühr des § 118); NJW 59, 465 (Die Rechtsanwaltsgebühren in Kartellsachen); NJW 63, 1241 (Zu den Gebühren für eine Tätigkeit gegenüber der EWG aufgrund des Kartellgesetzes); NJW 59, 1761 (Kostenprobleme zur Bundesrechtsanwaltsordnung); MDR 61, 901 (Die RA-Gebühren im Verfahren vor dem Patentamt); MDR 63, 373 (Die Gebühren für Hinterlegung oder Rückforderung einer Sicherheit). Vgl. ferner Steffen DVBl. 69, 174 (Enteignung und Kostenerstattung); Haupt MDR 69, 188 (Die Gebühren des § 118 im verwaltungsgerichtlichen Kostenfestsetzungsverfahren); Grüter Betrieb 69, 1326 (Die Verkehrsgebühr des Hausanwalts als materieller Schadensersatz); H. Schmidt JurBüro 72, 837 (Gegenstandswert und Gebühren bei Entwerfen von Urkunden durch Rechtsanwälte); NJW 71, 2294 (Der BGH und § 118); Rpfleger 71, 426 (Zur Vergütung des Rechtsanwalts, der bei der Verwertung sicherungsübereigneter Gegenstände mitwirkt); Mümmler JurBüro 83, 961 (Die Gebühren des Rechtsanwalts in sonstigen Angelegenheiten).

Übersicht über die Anmerkungen

Allgemeines. Der zwölfte Abschnitt regelt die Gebühren in sonstigen Ange- 1 legenheiten, also in all den Angelegenheiten, die sich in keine der in den anderen Abschnitten geregelten Gebührengruppen einordnen lassen. Vor Anwendung der §§ 118 ff. ist hiernach stets zu prüfen, ob nicht eine Angelegenheit des dritten bis elften Abschnitts gegeben ist.

Beispiele:

a) Auftrag zur Scheidung. Außergerichtliche Verhandlungen. Kündigung. Keine Besprechungsgebühr, da Angelegenheit des § 31.

b) Unterbevollmächtigter (§ 53) erörtert im Termin. Erörterungsgebühr, nicht Besprechungsgebühr.

2 Die §§ 118 ff. sind **keine Lückenbüßer** in dem Sinne, daß ihre Gebühren dann anfallen, wenn in der BRAGO für eine einzelne Tätigkeit keine Gebühren vorgesehen sind. Hier ist § 2 anzuwenden. Von § 2 unterscheiden sich die §§ 118 ff. sonach dahin, daß § 2 in Betracht kommen kann, wenn für eine bestimmte Tätigkeit der in den früheren Abschnitten geregelten Angelegenheiten keine Gebühr vorgesehen ist, während die §§ 118 ff. dann anzuwenden sind, wenn die Tätigkeit des Anwalts eine Angelegenheit betrifft, die in den früheren Abschnitten nicht geregelt ist.

> Riedel/Sußbauer Vorbem. vor § 118.

Für die Anwendung der §§ 118 ff. ist hiernach kein Raum, wenn die Tätigkeit des RA eine Angelegenheit der Abschnitte drei bis elf betrifft.

Beispiel: Der RA, der die Sach- und Rechtslage aus früherer Tätigkeit genau kennt, unterrichtet den Prozeßbevollmächtigten. Gebühr des § 52 über § 2.

3 Außerdem ist die **Anwendung der §§ 118 ff. ausgeschlossen,** wenn andere Gebührenvorschriften Vorrang genießen.

Es sind dies zunächst die Gebühren, die im zweiten Abschnitt „Gemeinsame Vorschriften" geregelt sind;

in § 20 die Gebühr für die Erteilung eines Rates oder einer Auskunft,

> Vgl. Anm. 5 zu § 118 und Schumann MDR 68, 891 (Die Abgrenzung zwischen § 20 und § 118 BRAGO).

in § 21 die Gebühr für die Ausarbeitung eines schriftlichen Gutachtens, in § 21 a die Gebühr für die Ausarbeitung eines schriftlichen Gutachtens über die Aussichten einer Berufung oder einer Revision, in § 22 die Hebegebühr.
Weitere Sonderregelungen:
Anfertigung eines Schriftsatzes, § 56,
Wahrnehmung eines Termins (aber nicht Verhandlungs- und Beweisaufnahmetermin), § 56,
Beratungshilfe 132 Abs. 2.
§ 118 gilt weiter nicht für Tätigkeiten, deren Vergütung abweichend von der BRAGO geregelt ist.
Zu nennen ist hier die Tätigkeit in Verfahren vor Ausgleichs- und Feststellungsbehörden (VO vom 24. 8. 1953 – BGBl. 53 I 1026; 57 I 1380, aufrechterhalten durch Art. XI § 5 Abs. 2 Nr. 3 KostÄndG).

> Riedel/Sußbauer A 19 zu § 118; vgl. jedoch die gegen die Gültigkeit der VO v. 24. 8. 53 erhobenen Bedenken AnwBl. 66, 185.

4 Ferner ist für eine Anwendung der §§ 118 ff. kein Raum, wenn der RA im Einzelfall eine Tätigkeit ausübt, die **keine Anwaltstätigkeit** oder eine Tätigkeit ist, die auch von anderen ausgeübt werden kann.

Wann eine von einem RA ausgeübte Tätigkeit Anwaltstätigkeit ist und wann es sich um eine berufsfremde Tätigkeit handelt, kann im Einzelfall zweifelhaft sein. So können z. B. die Übergänge von der Anwaltstätigkeit zur Maklertätigkeit fließend sein.

Eindeutig als nicht nach der BRAGO und damit auch nicht gemäß §§ 118 ff. zu vergüten zählt § 1 Abs. 2 folgende Tätigkeiten auf: als Vormund, Pfleger, Testamentsvollstrecker, Konkursverwalter, Vergleichsverwalter, Mitglied des Gläubigerausschusses oder Gläubigerbeirats, Nachlaßverwalter, Zwangsverwalter, Treuhänder und Schiedsrichter. Weiter werden nicht durch § 118 vergütete Tätigkeiten als Aufsichtsratsmitglied, Erbenvertreter gemäß § 779 ZPO, Geschäftsführer einer GmbH, Vorstandsmitglied einer AG.

Vgl. oben A 20 ff. zu § 1 und Schumann/Geißinger A 2.

Den in § 1 Abs. 2 genannten Verwaltergeschäften sind die Hausverwaltungen und die Vermögensverwaltungen eng verwandt. Sie stellen sich deshalb nicht als eigentliche Berufsgeschäfte des RA dar und sind demgemäß nicht nach § 118 zu vergüten. Der RA als Haus- und Vermögensverwalter hat vielmehr Anspruch auf die angemessene Vergütung gemäß § 612 BGB, falls er nicht eine Vergütungsvereinbarung getroffen hat (Schriftform gemäß § 3 nicht erforderlich, da keine nach der BRAGO zu vergütende Tätigkeit).

A 34 zu § 1.

Sind allerdings innerhalb der Vermögens- oder Hausverwaltung rechtlich schwierige Einzelangelegenheiten zu betreiben, erhält der RA als Vermögens- oder Hausverwalter zusätzlich zu seinem Verwalterhonorar für diese Einzeltätigkeiten die Gebühren des § 118.

Riedel/Sußbauer A 27 zu § 1.

Zweifelsfälle:

Führung von Verkaufsverhandlungen über Grundstücke,

Schumann/Geißinger A 112.

Vermittlung von Hypotheken und Darlehen.

Schumann/Geißinger A 113.

Es wird darauf ankommen, ob die juristischen Fähigkeiten oder die persönlichen Beziehungen des RA in Anspruch genommen werden. Ähnliches gilt für den Konkursverwalter.

H. Schmidt Rpfleger 68, 251; vgl. auch LG Aachen KTS 77, 187.

Grenzfälle. Verschiedene Tätigkeiten können nach ihrem äußeren Ablauf **5** sowohl eine Angelegenheit betreffen, die in früheren Abschnitten geregelt ist, als auch eine „sonstige Angelegenheit" i. S. der §§ 118 ff.
Beispiele:
Mahnungen eines säumigen Schuldners oder Vergleichsverhandlungen mit einem Haftpflichtversicherer in einer Unfallangelegenheit.
In diesen Fällen kommt es ausschlaggebend auf den erteilten Auftrag an:

Riedel/Sußbauer A 2.

Hat der RA den Auftrag, eine Klage zu erheben, und mahnt er zunächst den Gegner, um ihn in Verzug zu setzen, so liegt eine Angelegenheit des dritten Abschnitts vor (Prozeßauftrag; die Mahnung gehört gemäß § 37 Nr. 1 zum Rechtszug).

Erhält der RA nur den Auftrag, zu mahnen (z. B. weil zu erwarten ist, daß der Schuldner zahlt, wenn ein RA die Angelegenheit beitreibt), liegt eine Angelegenheit des Zwölften Abschnitts vor (§ 118 oder § 120).

Riedel/Sußbauer A 3 zu § 118.

Hat der RA in der Unfallangelegenheit den Auftrag, mit der Versicherungsgesellschaft eine außergerichtliche Regulierung herbeizuführen, betreibt er eine Angelegenheit des Zwölften Abschnitts.

Hat der RA in der Unfallsache Klagauftrag, weil mit der als vergleichsabgeneigt bekannten Versicherungsgesellschaft eine Vereinbarung nicht zu erwarten ist, wendet er sich aber trotzdem an die Versicherungsgesellschaft, um durch eine vergebliche Zahlungsaufforderung Veranlassung zur Klagerhebung zu erhalten, liegt eine Angelegenheit des dritten Abschnitts vor. Bei der durch diese Tätigkeit verdienten Prozeßgebühr der §§ 31, 32 verbleibt es auch dann, wenn wider Erwarten des Auftraggebers eine Vereinbarung zustande kommt (vgl. § 37 Nr. 2). Für eine – nachträgliche – Anwendung des § 118 ist kein Raum. Der RA erhält also in einem solchen Falle insbes. nicht die Besprechungsgebühr, wenn er mit dem Regulierungsbeamten der Versicherungsgesellschaft verhandelt.

Riedel/Sußbauer A 4 zu § 118; LG Augsburg VersR 67, 888; LG Berlin VersR 68, 1001.

Der RA kann auch von vornherein zwei Aufträge erhalten, einmal außergerichtlich die Schadensregulierung zu versuchen, zum anderen für den Fall des Scheiterns der Verhandlungen Klage erheben. Hier liegt ein unbedingter Auftrag zu einer Angelegenheit des § 118 und – aufschiebend bedingt – ein Klagauftrag (§ 31) vor. Bis zum Eintritt der Bedingung erhält der RA die Gebühren des § 118. Erst mit dem Scheitern der Verhandlungen wird die Angelegenheit zu einer des dritten Abschnitts.

Riedel/Sußbauer A 4 zu § 118; H. Schmidt AnwBl. 69, 72; BGH AnwBl. 69, 15 = JurBüro 69, 46 = MDR 69, 41 (gekürzt) = NJW 68, 2334 (gekürzt) = VersR 68, 1145; Oldenburg MDR 61, 245.

Dabei kommt es ausschlaggebend nicht auf die Vollmacht, sondern auf den erteilten Auftrag an. Die Gebühren des § 118 können also auch dann anfallen, wenn der Anwalt bereits eine schriftliche Prozeßvollmacht erhalten hat, vorausgesetzt, daß der Auftrag zunächst dahin ging, außergerichtliche Verhandlungen zu pflegen.

Die Vermutung spricht dafür, daß der Anwalt zunächst versuchen soll, die Sache gütlich zu bereinigen, daß er also in erster Linie einen nach § 118 zu vergütenden Auftrag erhalten hat.

BGH AnwBl. 69, 17.

Allerdings ist dringend zu empfehlen, sich zwei Vollmachten, Prozeßvollmacht und Vollmacht zu außergerichtlicher Tätigkeit, erteilen zu lassen, um Schwierigkeiten zu vermeiden.

H. Schmidt AnwBl. 69, 72.

6 Vergleichsverhandlungen über rechtshängige und nichtrechtshängige Ansprüche. Nicht selten geschieht es, daß Parteien aus Anlaß eines zwischen ihnen schwebenden Rechtsstreits versuchen, alle bestehenden Fragen zu bereinigen, d. h., daß die Vergleichsbesprechungen weit über den Gegenstand des Rechtsstreits hinausgehen.

Nach Ansicht des BGH

BGH NJW 69, 932 = JurBüro 69, 413 = MDR 69, 475, ebenso Schumann/ Geißinger A 147.

ist allein entscheidend, ob der RA hinsichtlich der nicht rechtshängigen Ansprüche einen Klagauftrag hatte. Liegt ein solcher vor, so sind nur die Vorschriften des 3. Abschnitts anwendbar. Hatte der RA keinen Klagauftrag und führt er wegen weiterer nichtrechtshängiger Ansprüche erfolglose Vergleichsverhandlungen, so ist seine Tätigkeit, soweit sie die nicht rechtshängigen Ansprüche betrifft, nach § 118 zu vergüten. Mit der Protokollierung des abgeschlossenen Vergleichs entstehen die Gebühren des 3. Abschnitts mit Anrechnung gemäß § 118 Abs. 2.

Beispiel:

Rechtsstreit über 3000 DM. Einbeziehung von 7000 DM nichtrechtshängiger Ansprüche. Vergleich über die gesamten 10000 DM. (Dabei wird hier unterstellt, daß etwa nach § 118 erwachsene Gebühren in Höhe von $^{10}/_{10}$ entstanden sind.)

Gebührenrechnung.

a) der RA hatte Klagauftrag

$^{10}/_{10}$-Prozeßgebühr	aus	3000,— DM	175,— DM
$^{5}/_{10}$-Prozeßgebühr	aus	7000,— DM	191,50 DM
$^{10}/_{10}$-Erörterungsgebühr	aus	3000,— DM	175,— DM
$^{10}/_{10}$-Vergleichsgebühr	aus	10000,— DM	539,— DM
			1080,50 DM

b) der RA hatte keinen Klagauftrag, keine Protokollierung im Rechtsstreit.

$^{10}/_{10}$-Prozeßgebühr	aus	3000,— DM	175,— DM
$^{10}/_{10}$-Geschäftsgebühr	aus	7000,— DM	383,— DM
$^{10}/_{10}$-Besprechungsgebühr	aus	7000,— DM	383,— DM
$^{10}/_{10}$-Vergleichsgebühr	aus	10000,— DM	539,— DM
			1480,— DM

c) der RA hatte keinen Klagauftrag, jedoch mit Protokollierung im Rechtsstreit.

$^{10}/_{10}$-Prozeßgebühr	aus	3000,— DM	175,— DM
$^{10}/_{10}$-Geschäftsgebühr	aus	7000,— DM	383,— DM
$^{10}/_{10}$-Besprechungsgebühr	aus	7000,— DM	383,— DM
$^{5}/_{10}$-Prozeßgebühr			
§ 32 Abs. 2	aus	7000,— DM	191,50 DM
$^{10}/_{10}$-Vergleichsgebühr	aus	10000,— DM	539,— DM
			1671,50 DM

jedoch Wegfall der zusätzlichen 191,50 DM wegen der Abrechnungsvorschrift des § 118 Abs. 2. Ergebnis also   1480,— DM

Nach H. Schmidt

NJW 71, 2294 und Gerold-Schmidt 8. Aufl. vor § 118 A 8

kommt es ausschlaggebend auf den von der Partei erteilten Auftrag an, ob die Vergleichsverhandlungen über den Gesamtkomplex innerhalb des Rechtsstreits oder von ihm völlig losgelöst geführt werden sollten. Werden die

Vergleichsverhandlungen innerhalb des Rechtsstreits geführt, so lautet die Gebührenrechnung:

$^{10}/_{10}$-Prozeßgebühr	aus	3000,—DM	175,—DM
$^{5}/_{10}$-Prozeßgebühr	aus	7000,—DM	191,50 DM
$^{10}/_{10}$-Erörterungsgebühr	aus	3000,—DM	175,—DM
$^{10}/_{10}$-Vergleichsgebühr	aus	10000,—DM	539,—DM
			1080,50 DM

Werden die Vergleichsverhandlungen unabhängig vom Rechtsstreit ohne Protokollierung im Rechtsstreit geführt, so entstehen

$^{10}/_{10}$-Geschäftsgebühr	aus	10000,—DM	539,—DM
$^{10}/_{10}$-Besprechungsgebühr	aus	10000,—DM	539,—DM
$^{10}/_{10}$-Vergleichsgebühr	aus	10000,—DM	539,—DM
			1617,—DM

Außerdem im Prozeß entstanden

$^{10}/_{10}$-Prozeßgebühr	aus	3000,—DM	175,—DM

(keine Anrechnung der im Prozeß entstandenen Gebühr auf die später erwachsenen Gebühren aus § 118; § 118 Abs. 2 trifft nicht zu).

7 Wird über **Familiensachen außergerichtlich verhandelt,** entstehen die Gebühren des § 118. Das gilt sowohl für die Familiensachen der streitigen Gerichtsbarkeit (z. B. Unterhalt) wie auch für die Familiensachen der freiwilligen Gerichtsbarkeit. Beispiel: Der Ehemann verhandelt mit der getrennt lebenden Ehefrau, der die Personensorge für die Kinder zusteht, über den Umgang mit den Kindern. Der Gegenstandswert richtet sich in den FGG-Sachen nach §§ 94 Abs. 2, 30 Abs. 2 KostO.

Schmidt/Schmidt, Gegenstandswert Rdnr. 149 a.

8 Wird über **Familiensachen der freiwilligen Gerichtsbarkeit gerichtlich verhandelt,** entstehen die Gebühren des § 118. Beispiele für getrennt durchgeführte Verfahren betr. das elterliche Sorgerecht: verspätete Überleitung § 623 Abs. 4 ZPO, Änderung § 1690 BGB, Getrenntleben § 1672 BGB, Scheidung im Ausland, Nichtigkeitserklärung der Ehe.

Wegen des Gegenstandswertes vgl. Anm. 7.

9 **Scheidungsvereinbarungen** können in verschiedener Weise getroffen werden:

a) innerhalb des Ehescheidungsverfahrens mit den Gebühren der §§ 31, 32,

b) durch selbständige außergerichtliche Verhandlungen.

Vgl. hierzu die Ausführungen bei § 36, wo auch die widersprechenden Meinungen dargestellt sind; vgl. auch Göppinger (Vereinbarungen anläßlich der Ehescheidung) Rdnr. 187 und Schumann/Geißinger A 146.

Welcher der beiden Fälle vorliegt, ist Tatfrage. Wesentlich wird sein, ob die Bereinigung der beiderseitigen Beziehungen außerhalb des gerichtlichen Verfahrens oder die möglichst einfache Beendigung des Rechtsstreits den Anlaß zur Aufnahme der Verhandlungen geboten hat.

Der mit den außergerichtlichen Verhandlungen beauftragte RA erhält die Geschäftsgebühr sowie bei mündlichen Verhandlungen mit dem Gegner die Besprechungsgebühr und beim Zustandekommen einer Scheidungsvereinbarung die Vergleichsgebühr. Wird die Einigung entgegen der bisherigen Pla-

nung zu Protokoll gegeben, entsteht ferner die Gebühr des § 31 Abs. 1 Nr. 1
gemäß § 32 in Höhe von $\frac{5}{10}$, auf die jedoch gemäß § 118 Abs. 2 die Geschäftsgebühr anzurechnen ist. Die Kostenrechnung lautet hiernach.

$\frac{5}{10}$-Gebühr aus §§ 31 Abs. 1 Nr. 1, 32,
$\frac{10}{10}$-Vergleichsgebühr § 23,
$\frac{2,5}{10}$ restliche Geschäftsgebühr § 118 Abs. 1 Nr. 1
($\frac{7,5}{10}$, davon $\frac{5}{10}$ auf die Gebühr der §§ 31 Abs. 1, 32 angerechnet),
$\frac{7,5}{10}$-Besprechungsgebühr § 118 Abs. 1 Nr. 2.

Um Klarheit zu schaffen, empfiehlt es sich, sich Vollmacht zu außergerichtlicher Tätigkeit geben zu lassen. Dann ist eindeutig, daß die Gebühren aus
§ 118 gefordert werden können.

Hinsichtlich der **Anwaltskosten bei Unfallschadensregulierungen** gilt 10
nach dem BGH und H. Schmidt folgendes. War der Anwalt zunächst mit der
außergerichtlichen Regulierung eines Unfallschadens beauftragt, dann berechnen sich seine Gebühren nach § 118. Bei außergerichtlichen Vergleichsverhandlungen mit Versicherern spricht eine Vermutung dafür, daß der RA
zunächst mit einer außergerichtlichen Regulierung beauftragt war und eine
ihm gleichzeitig ausgestellte Prozeßvollmacht nur für den Fall erteilt war, daß
die außergerichtlichen Verhandlungen scheitern sollten.

BGH AnwBl. 69, 15 = JurBüro 69, 46 = MDR 69, 41 (gekürzt) = NJW 68, 2334
(gekürzt) = VersR 68, 1145; H. Schmidt AnwBl. 69, 72, vgl. auch Schumann/
Geißinger A 195 u. Klimke VersR 69, 487.

Bei einer Unfallschadensregulierung sind die Anwaltskosten des Geschädigten ein vom Schädiger zu ersetzender Vermögensschaden.

Wegen des Gegenstandswertes vgl. A 21 zu § 118.

Der Deutsche Anwaltverein hat mit einigen Haftpflichtversicherern eine
Vereinbarung über eine pauschale Abgeltung der Anwaltsgebühren bei außer-
gerichtlicher Unfallregulierung abgeschlossen. Wegen des Wortlauts dieser
Vereinbarung und der Liste der Haftpflichtversicherer vgl. unten Teil C,
Anhang Nr. 13.

Streitig ist, welche Anwaltsgebühren entstehen, wenn der RA mehrere
Unfallgeschädigte vertritt. Wird der Auftrag gemeinschaftlich erteilt, entstehen die Gebühren nur einmal. Werden getrennte Aufträge erteilt und behandelt der RA die Sachen getrennt, entstehen die Gebühren bei jedem Auftraggeber getrennt von den Gebühren, die hinsichtlich der anderen Auftraggeber
anfallen.

H. Schmidt AnwBl. 73, 333.

Die **Angelegenheiten** des zwölften Abschnitts lassen sich **einteilen:**   11
A. in solche, an denen auch Behörden beteiligt sind,
B. in solche, an denen Behörden nicht beteiligt sind.

Die Gruppe A läßt sich weiter untergliedern in:

a) Angelegenheiten der freiwilligen Gerichtsbarkeit,
b) andere Angelegenheiten vor den ordentlichen Gerichten bzw. vor der
Justizverwaltung,
c) Angelegenheiten vor den Behörden der (Inneren) Verwaltung,
d) Angelegenheiten vor den Finanzbehörden,
e) Angelegenheiten vor anderen Behörden, z. B. in Patent- oder Kartellfragen.

Die Gruppe B läßt sich weiter untergliedern in:
a) Entwerfen von Urkunden,
b) Führen von Vergleichsverhandlungen,
c) Führen von anderen Verhandlungen,
d) Teilnahme an Versammlungen,
e) Erledigung sonstiger Angelegenheiten.

12 Die **Angelegenheiten der freiwilligen Gerichtsbarkeit** sind zum überwiegenden Teil solche Angelegenheiten, in denen sich die Vergütung des RA nach § 118 richtet.

Hervorzuheben sind insbesondere
a) die Grundbuchsachen,

> Wegen Berichtigung des Grundbuchs zwecks Eintragung einer Zwangshypothek vgl. A 29 zu § 58.

b) die Vormundschafts- und Pflegschaftssachen,
c) die Nachlaßsachen.

> Über die Einziehung eines Erbscheins s. H. Schmidt Büro 62, 134; wegen der Erteilung eines Erbscheins zwecks Eintragung einer Zwangshypothek vgl. A 29 zu § 58.

d) die Registersachen (Handelsregister, Güterrechtsregister, Vereinsregister, Schiffsregister usw.),

> Vgl. hierzu Lappe-Stöber Kosten in Handelssachen S. 187 ff.; Celle NJW 73, 203 = JurBüro 73, 135 = NdsRpfl. 73, 77 (Handelsregister).

e) Verschollenheitsangelegenheiten,
f) Verfahren zur Abgabe der eidesstattlichen Versicherung nach §§ 259, 260, 2028, 2057 BGB,
g) Verfahren nach dem Gesetz über das gerichtliche Verfahren bei Freiheitsentziehung und nach den landesrechtlichen Verwahrungsgesetzen,
h) Fideikommißangelegenheiten,
i) freiwillige Versteigerungen, insbesondere von Wohnungseigentum (§§ 53 ff. WEG). Dabei ist gleichgültig, ob der RA den betreibenden Wohnungseigentümer, den verpflichteten Wohnungseigentümer oder den Bieter vertritt.

> Vgl. Riedel/Sußbauer A 11.

Folgende Angelegenheiten der freiwilligen Gerichtsbarkeit sind jedoch bereits im Dritten Abschnitt (§§ 63, 64) geregelt:
a) Hausratssachen,
b) Verfahren nach § 43 des Wohnungseigentumsgesetzes,
c) Landwirtschaftssachen,
d) Verfahren nach dem Londoner Schuldenabkommen,
e) Vertragshilfeverfahren,
f) Verfahren zur Regelung von Vorkriegsremboursverbindlichkeiten,
g) Verfahren nach dem Umstellungsergänzungsgesetz und dem Zweiten Umstellungsergänzungsgesetz.

Die Tätigkeit des Anwalts in diesen Angelegenheiten wird deshalb nicht nach § 118 vergütet.

> Vgl. hierzu Tschischgale JurBüro 64, 79 ff.

Andere Angelegenheiten vor den ordentlichen Gerichten, deren Betrei- 13
ben durch einen RA die Gebühren des § 118 entstehen läßt, sind:
a) Das Beistandleisten für Personen, die an einem gerichtlichen Verfahren
zwar nicht unmittelbar beteiligt sind, in dieses Verfahren aber in irgendeiner
Weise einbezogen werden.

Riedel/Sußbauer A 6.

Beispiele:
aa) Ein RA wird von einer Person, die an einem bestimmten Verfahren ein
besonderes Interesse hat, beauftragt, an diesem Verfahren als Beobachter
teilzunehmen.

bb) Ein Zeuge, der fürchtet, von einem Verfahrensbeteiligten angegriffen
und durch das Gericht nicht ausreichend geschützt zu werden, bittet einen RA
zu dem Vernehmungstermin mitzukommen und ihm notfalls Beistand zu
leisten.

cc) Ein RA erscheint als Beistand des Vergleichsbürgen im Vergleichstermin
(§ 66 VerglO, § 179 KO).

Mohrbutter Büro 60, 50.

dd) Der RA wird beauftragt, einen dem Geschädigten gemäß dem StrEG
zustehenden Ersatzanspruch geltend zu machen.

Hartmann A 1 A.

Eine verbreitete Auffassung rechnet auch die folgenden Tätigkeiten hierzu:
ee) Ein RA wird von einem Zeugen oder Sachverständigen in dem Zwischenstreit über die Berechtigung, die Aussage oder das Gutachten zu verweigern, als Beistand zugezogen.

ff) Der RA wird in einem Ordnungsstrafverfahren gegen einen Zeugen,
Sachverständigen oder am Verfahren nicht beteiligte Dritte (Zuhörer) wegen
Ungebühr tätig.

Beschwerden sollen allerdings durch die Gebühren der §§ 61, 91 abgegolten
werden.

Hartmann A 1 A; Riedel-Sußbauer A 6, je zu § 118; Hamburg Rpfleger 71, 269 =
MDR 71, 685.

Richtiger dürfte sein, diese Tätigkeit durch die Gebühren der §§ 56, 91
abzugelten. Dadurch wird auch der Bruch vermieden, der dadurch entsteht,
daß im ersten Rechtszug § 118, im Beschwerdeverfahren § 61 bzw. § 91
angewendet werden soll.

Düsseldorf JurBüro 82, 1856; AnwBl. 83, 135; Hamm JMBlNRW 72, 47.

Der RA, der einen Verfahrensbeteiligten (Partei im Zivilprozeß, Angeklagten, Privatkläger oder Nebenkläger im Strafverfahren) vertritt, erhält für die
zu aa) bis ee) genannten Tätigkeiten keine zusätzliche Vergütung.

Diese Tätigkeiten sind durch die Prozeßgebühr, Verteidigergebühr abgegol-
ten. Die Vertretung des Schuldners oder eines Gläubigers im Konkurs- oder
Vergleichsverfahren wird durch die Gebühr der §§ 72ff. vergütet. Für das
Beschwerdeverfahren entstehen allerdings zusätzliche Gebühren.

b) Das in Art. 7 § 1 FamRÄndG in der Fassung des 1. EheRG vom 14. 6. 1976

(BGBl. I 1421) geregelte Verfahren auf Anerkennung ausländischer Eheschei-
dungsurteile,

> Riedel/Sußbauer A 12.

c) die Verfahren betreffend die Anfechtung von Justizverwaltungsakten nach
§ 111 BNotO
(nicht aber die Anfechtung nach §§ 25, 29 EGGVG; vgl. hierzu § 66a).

> Riedel/Sußbauer A 12.

14 Sicherheitsleistung. Die meisten – noch nicht rechtskräftigen – Urteile sind
vorläufig vollstreckbar, teils gegen Sicherheitsleistung, teils mit der Maßgabe,
daß der Schuldner berechtigt ist, durch Sicherheitsleistung die Vollstreckung
abzuwenden. Der Prozeßanwalt wird sonach sehr häufig mit der Leistung der
gebotenen Sicherheit beauftragt werden. Die Sicherheit wird in der Regel
durch Hinterlegung von Geld oder – was viel häufiger ist – durch Beibringung einer selbstschuldnerischen Bankbürgschaft geleistet.

Die im Zusammenhang mit der Sicherheitsleistung ausgeübte Tätigkeit wird
nur zum Teil durch anderweit verdiente Gebühren abgegolten.

Unterstellt, die Partner haben alle mit der Sicherheitsleistung zusammenhängenden Geschäfte selbst ausgeführt (die Hinterlegung von Geld durchgeführt,
die Bankbürgschaft beigebracht), verbleibt dem Anwalt nur noch die Zustellung des Hinterlegungsscheins oder der Bürgschaftsurkunde. Diese Tätigkeit
wird durch die Prozeßgebühr und durch die Vollstreckungsgebühr abgegolten. Hat der Anwalt eine dieser Gebühren für anderweite Tätigkeit zu
beanspruchen, erhält er für seine im Rahmen der Sicherheitsleistung aufge-
wandte Tätigkeit keine zusätzliche Vergütung.

Es ist jedoch auch möglich, daß der Anwalt die Hinterlegung von Geld
durchführt oder die Bankbürgschaft selbst besorgt. Beide Tätigkeiten stehen
zwar im Zusammenhang mit der Prozeßführung bzw. – auf seiten des
Gläubigers – mit der beabsichtigten Zwangsvollstreckung. Sie stellen aber
keine Nebentätigkeiten dar, die gemäß § 37 durch die Prozeß-(Vollstrek-
kungs)gebühr abgegolten werden. Für die Hinterlegung bei der Hinterlegungsstelle ergibt sich dies eindeutig aus § 37 Nr. 1: die Hinterlegung stellt ein
besonderes gerichtliches Verfahren dar. Gleiches gilt aber auch für die Verhandlungen mit der Bank wegen Leistung einer Bürgschaft.

Für seine Tätigkeit erhält der RA die Gebühren des § 118, sonach auf jeden
Fall die Geschäftsgebühr und unter den Voraussetzungen des § 118 Abs. 1
Nr. 2 auch die Besprechungsgebühr.

> Schumann/Geißinger Anm. 25 zu § 37; Göttlich/Mümmler BRAGO (Hinterlegung
> 2.2); Bamberg JurBüro 73, 1076; Hamburg MDR 67, 681 und JurBüro 69, 153 =
> MDR 68, 936; München Rpfleger 67, 169 = AnwBl.67, 383 = JVBl. 67, 182 =
> JurBüro 67, 228 = MDR 67, 412 und AnwBl. 68, 184 (Anm. Chemnitz);
> Nürnberg AnwBl. 67, 440 = JurBüro 67, 427 = NJW 67, 940; Karlsruhe AnwBl.
> 84, 326; Düsseldorf AnwBl. 84, 110 = JurBüro 84, 596; LG Essen JurBüro 73, 229;
> LG Hanau AnwBl. 83, 47 (festsetzbar und erstattbar);
> **a.M.** Frankfurt JurBüro 77, 1092 mit abl. Anm. von Mümmler; Stuttgart JurBüro
> 81, 220 (die Tätigkeit wird durch die Prozeß- bzw. die Verkehrsgebühr abgegolten;
> Koblenz MDR 84, 325.

Geht das zur Hinterlegung benötigte Geld durch seine Hände, erhält der
Anwalt zusätzlich die Hebegebühr des § 22.

München Rpfleger 67, 169 = AnwBl. 67, 383 = JVBl. 67, 182 =JurBüro 67, 228 = MDR 67, 412.

Zur Frage, ob die Gebühren erstattungsfähig sind, vgl. A 31 zu § 118.

Besorgung der Deckungszusage der Rechtsschutzversicherung. Beauf- **15** tragt der Auftraggeber den RA, von der Rechtsschutzversicherung die Dek- kungszusage für die Kosten des Verfahrens (Kosten der Verteidigung im Straf- oder Bußgeldverfahren, Kosten als Kläger oder Beklagter im Zivilpro- zeß) zu besorgen, so entstehen durch diesen Auftrag eigene Gebühren, die Gebühren des § 118. Diese Tätigkeit wird durch die Gebühren im Verfahren (z. B. die Verteidigergebühr oder die Prozeßgebühr) nicht mit abgegolten.

Mümmler JurBüro 76, 585 und 79, 1609; H. Schmidt JurBüro 74, 820; Madert AnwBl. 83, 78; AG Ahaus AnwBl. 76, 171 = JurBüro 76, 57.

Um einen Streit mit dem Auftraggeber zu vermeiden, empfiehlt es sich, den Auftraggeber darauf hinzuweisen, daß durch das Besorgen der Deckungszu- sage besondere Kosten anfallen, die vom Auftraggeber zu zahlen und die nicht erstattungsfähig sind, es sei denn, es liegt Verzug der Versicherung vor.

Den Gegenstandswert bilden die zu erwartenden Kosten, die von der Rechts- schutzversicherung zu tragen sind.

Verwaltungsangelegenheiten. Die Tätigkeit des RA vor den Verwaltungs- **16** behörden wird grundsätzlich nach § 118 vergütet.

Schumann/Geißinger A 192 ff.

Solche Verwaltungsangelegenheiten sind z. B.

a) Baupolizeiliche Angelegenheiten,
b) Konzessionsangelegenheiten nach der Gewerbeordnung oder nach dem Gaststättengesetz,
c) Fürsorgesachen,
d) Wohnungsangelegenheiten,
e) Enteignungen,
f) Erlaubnis zum Führen von Kraftfahrzeugen,
g) Flurbereinigungsverfahren,

Tschischgale JurBüro 66, 927 (Welche Gebühren entstehen für Verhandlungen außerhalb eines Umlegungsverfahrens o. ä.?).

h) Verfahren vor den Spruchausschüssen der Verwaltung (z. B. für Kassen- ärzte),
i) Verfahren vor Selbstverwaltungsbehörden einschl. der Behörden der öf- fentlichen Körperschaften, Anstalten und Stiftungen (z. B. Verfahren vor der kassenärztlichen Vereinigung),
k) Freistellungsverfahren beim Kreiswehrersatzamt,

Tschischgale JurBüro 66, 928.

l) die Geltendmachung von Ersatzansprüchen bei dem Amt für Verteidi- gungslasten,

Hamm JurBüro 66, 957 (Die Kosten, die dem im Schadensprozeß obsiegenden Anspruchsberechtigten im Verfahren vor dem Amt für Verteidigungslasten ent- standen sind, sind grundsätzlich nicht als Prozeßkosten erstattungsfähig. Sie müssen also im Rechtsstreit als Hauptsache geltend gemacht werden).

m) die Vertretung des Berechtigten in einem Abhilfeverfahren nach der BayerVO vom 24. März 1966 (GVBl. S. 33),

Tschischgale JurBüro 66, 205.

n) Verfahren auf Namensänderung.

Tschischgale JurBüro 66, 1009.

Nicht nach § 118 richten sich - **da insoweit eigene Gebührenvorschriften bestehen -**

a) die Verfahren vor Gütestellen (§ 65),
b) die Verfahren vor der Sühnebehörde in Privatklagesachen (§ 94 Abs. 5),
c) das Bußgeldverfahren (§ 105),
d) das „förmliche" Disziplinarverfahren (§ 109) (dagegen fällt das Dienstaufsichtsverfahren, mag es auch mit der Verhängung einer Disziplinarstrafe enden, unter § 118),
e) die Verfahren vor Ehrengerichten oder anderen Berufsgerichten wegen Verletzung einer Berufspflicht (§ 110) und - dies ist besonders wichtig -
f) die Verfahren vor den Verwaltungs- und Sozialgerichten (§§ 114, 116).

17 Außergerichtliche **Tätigkeit vor den Behörden der Sozialversicherung.**

Vgl. hierzu A 16 zu § 116.

18 Die **Tätigkeit vor den Finanzbehörden** wird gleichfalls nach § 118 vergütet.

Schumann/Geißinger A 177 ff.

Als solche Tätigkeiten in Steuerangelegenheiten kommen insbesondere in Betracht:

a) die Prüfung einer vom Auftraggeber gefertigten Steuererklärung,
b) die Anfertigung einer Steuererklärung mit Beilagen,
c) schriftliche Stundungs- und Erlaßgesuche, Beschwerden gegen die Ablehnung solcher Gesuche sowie sonstige Eingaben an Steuerbehörden,
d) Teilnahme an Verhandlungen aus Anlaß einer Betriebsprüfung (einschließlich der Schlußbesprechung),
e) Verhandlungen mit Steuerbehörden zwecks Klärung von Zweifelsfragen,
f) Vertretung des Auftraggebers in einer Zollsache vor dem Hauptzollamt.

Dagegen wird die Tätigkeit in Verfahren vor den Finanzgerichten nicht nach § 118, sondern nach § 114 vergütet.

19 Tätigkeiten vor anderen Behörden. Auch soweit der RA in Angelegenheiten vor anderen Behörden tätig wird, richtet sich seine Vergütung nach § 118, soweit nicht im Einzelfall in den vorangegangenen Bestimmungen eigene Gebührenvorschriften enthalten sind.

Beispiele:

a) die Vertretung des Auftraggebers vor dem Patentamt.

Beispiele: Anmeldung von Patenten oder Warenzeichen; vgl. Eichmann GRUR 71, 68 (Die Rechtsanwaltsgebühren im Warenzeichen-Eintragsverfahren).

In Verfahren vor dem Patentgericht richtet sich die Vergütung jedoch nach § 66.

b) Die Vertretung des Auftraggebers vor den Kartellbehörden.

Die Vertretung in gerichtlichen Angelegenheiten wird dagegen gemäß §65a vergütet.

Angelegenheiten, an denen Behörden nicht beteiligt sind. Die gesamte **20** Tätigkeit, die der RA in der vorsorgenden Rechtsbetreuung ausübt, wird durch die Gebühren des § 118 vergütet.

Als solche Tätigkeiten kommen insbesondere in Betracht:

a) das Entwerfen von Verträgen und sonstigen rechtsgeschäftlichen Erklärungen,

> Vgl. Schumann/Geißinger A 155 ff.; Mümmler JurBüro 75, 587; H. Schmidt JurBüro 72, 837.

b) das Entwerfen von Geschäfts-, Lieferungs- und ähnlichen Bedingungen,
c) das Führen von Verhandlungen, um Ansprüche des Auftraggebers durchzusetzen oder fremde Ansprüche abzuwehren,

> Vgl. hierzu BGH BGHZ 52, 393 = NJW 70, 243 = BB 69, 1502 = Betrieb 70, 47 (Wer einen Wettbewerbsverstoß begangen hat, muß einem Verein zur Bekämpfung des unlauteren Wettbewerbs die notwendigen Aufwendungen für eine vorprozessuale Abmahnung erstatten) sowie Düsseldorf AnwBl. 69, 446 (Macht ein Vertragspartner gegen den anderen schuldhaft unberechtigte Zahlungsansprüche geltend und veranlaßt er dadurch den anderen, einen Anwalt mit der Abwehr dieser Ansprüche zu beauftragen, dann hat er dem anderen die diesem entstandenen Anwaltskosten als Schaden aus positiver Vertragsverletzung zu ersetzen).

d) die Teilnahme an Vertragsverhandlungen,
e) die Mitwirkung bei Gründung von Gesellschaften usw.,
f) die Teilnahme an Gesellschaftsversammlungen,

> Schumann/Geißinger A 137.

g) die Unterstützung des Auftraggebers in Sanierungsangelegenheiten, bei der Anlegung von Kapital oder der Beschaffung von Kredit,

> Schumann/Geißinger A 112.

h) Beratung des Auftraggebers nach Aufhebung des Vergleichsverfahrens.

> Nürnberg JurBüro 73, 956 = MDR 73, 135.

Notwendig ist allerdings in diesen Angelegenheiten, daß die rechtliche Betreuung überwiegt.

Soweit die wirtschaftliche Seite der Tätigkeit überwiegt, liegt keine berufseigene Tätigkeit des RA vor. Die Vergütung des RA richtet sich in diesen Fällen nicht nach der BRAGO, sondern nach § 612 BGB (vgl. oben A 4). Wann die rechtliche oder die wirtschaftliche Betreuung überwiegt, kann im Einzelfall zweifelhaft sein.

Abgrenzung zur Notartätigkeit. In einer Reihe der vorstehend behandelten **21** Angelegenheiten können sowohl RAe als auch Notare tätig werden.

Das Problem spielt keine Rolle in den Ländern, in denen Anwaltschaft und Notariat getrennt sind (z. B. in Bayern). Wird ein RA in solchen Angelegenheiten tätig, richtet sich seine Vergütung nach der BRAGO; wird ein Notar tätig, richtet sich dessen Vergütung nach der KostO. Ein RA, der einen notariell zu beurkundenden Vertrag entwirft, ist in der Regel nicht verpflichtet, den Mandanten darauf hinzuweisen, daß noch Notarkosten entstehen werden.

> Düsseldorf MDR 84, 844.

a) Dagegen wird die Frage brennend, wenn ein Anwaltsnotar (Notaranwalt) tätig wird: ist dessen Tätigkeit nach der BRAGO oder nach der KostO zu vergüten?

b) Kann ein Anwaltsnotar (Notaranwalt) in solchen Fällen konkurrierender Zuständigkeit erklären: „Ich will nicht als Notar, sondern als Anwalt tätig werden"?

Zu a): Die Antwort ergibt sich aus dem Auftrag, nämlich, ob die Tätigkeit dem Anwaltsnotar (Notaranwalt) als RA oder als Notar übertragen worden ist. Für den Regelfall ist jedoch mit dieser Antwort nichts gewonnen, da der Auftraggeber sich meist nichts denken und noch weniger zum Ausdruck bringen wird, weil ihm der Unterschied gar nicht bewußt ist.

Vgl. hierzu Hamm DNotZ 68, 625 (Entfaltet der als Notar angegangene Anwaltsnotar eine anwaltliche Tätigkeit und nimmt der Klient diese in der Meinung entgegen, der Anwaltsnotar werde als Notar tätig, so kommt ein Anwaltsvertrag nicht zustande) und Rpfleger 75, 449 = MDR 76, 152.

Die bessere Antwort gibt § 24 BNotO, der in seinen Abs. 1 und 2 eine Regelung für die unklaren Fälle enthält.

§ 24 BNotO bestimmt.

(1) *Zu dem Amt des Notars gehört auch die sonstige Betreuung der Beteiligten auf dem Gebiet vorsorgender Rechtspflege, insbesondere die Anfertigung von Urkundenentwürfen und die Beratung der Beteiligten. Der Notar ist auch, soweit sich nicht aus anderen Vorschriften Beschränkungen ergeben, in diesem Umfange befugt, die Beteiligten vor Gerichten und Verwaltungsbehörden zu vertreten.*
(2) *Nimmt ein Notar, der zugleich Rechtsanwalt ist, Handlungen der im Absatz 1 bezeichneten Art vor, so ist anzunehmen, daß er als Notar tätig geworden ist, wenn die Handlung bestimmt ist, Amtsgeschäfte der in §§ 20 bis 23 bezeichneten Art vorzubereiten oder auszuführen. Im übrigen ist im Zweifel anzunehmen, daß er als Rechtsanwalt tätig geworden ist.*

Danach liegt Notartätigkeit vor, wenn ein Notar, der zugleich RA ist, den Vollzug einer von ihm beurkundeten oder zur Vorbereitung der Beurkundung oder Beglaubigung entworfenen Urkunde betreibt.

Wegen weiterer Einzelheiten zu dieser Frage vgl. Tschischgale Büro 59, 221; Korintenberg/Lappe/Bengel/Reimann Anm. 68–70 zu § 146 und Anm. 92–125 zu § 147 KostO; Rohs/Wedewer A II zu § 140 KostO; vgl. außerdem Mümmler JurBüro 81, 1315 und 82, 1646; Celle JurBüro 68, 892 = NdsRpfl. 69, 18 (Wenn der einen Hofübergabevertrag beurkundende Notar die landwirtschaftliche Genehmigung auf Verlangen der Beteiligten beantragt und sie vor dem Landwirtschaftsgericht vertritt, handelt er auch als Anwaltsnotar als Notar und kann deshalb für seine Tätigkeit in diesem Verfahren nicht Gebühren nach Maßgabe der BRAGO beanspruchen); Hamm MDR 76, 152 = JurBüro 75, 1489 = DNotZ 77, 49; KG DNotZ 72, 184 = JurBüro 72, 235 (Notargebühren und nicht Rechtsanwaltsgebühren fallen an, wenn ein RA und Notar bei der Auseinandersetzung über ein Gesamtunternehmen mitwirkt, zu der die Abtretung von GmbH-Anteilen gehört und vorgesehen ist und in deren Verlauf die notarielle Beurkundung einer Gesamtvereinbarung vereinbart wird) und Oldenburg Rpfleger 68, 101 (Wenn ein RA und Notar auf einem Formular, das er sonst für die Herstellung notarieller Urkunden verwendet, den Entwurf einer notariellen Urkunde hergestellt hat, spricht nach der Lebenserfahrung eine Vermutung dafür, daß er das in seiner Eigenschaft als Notar getan hat); dass. DNotZ 74, 55 mit krit. Anm. von Petersen (Einreichung der notariellen Urkunde beim Grundbuchamt und die Vertretung der Beteiligten in einem sich anschließenden Beschwerdeverfahren); OVG Bremen

MDR 80, 873 (Legt ein Anwaltsnotar Widerspruch gegen die Versagung der Bodenverkehrsgenehmigung ein, so wird er als Notar tätig und ist nicht nach der BRAGO, sondern nach der KostO zu entschädigen).

Soweit § 24 BNotO nicht einschlägt, ist im Zweifel Anwaltstätigkeit anzunehmen.

Vgl. z. B. LG Berlin DNotZ 66, 634 (Wird ein Anwaltsnotar mit dem Auftrag tätig, für ein Grundstück seines Mandanten einen Kaufinteressenten zu finden und mit diesem einen Vertrag zu möglichst günstigen Bedingungen für seinen Mandanten zu vereinbaren, so entfaltet er eine anwaltliche Tätigkeit.); LG Bochum und LG Essen Rpfleger 80, 313 mit Anm. von Schopp (Sind in einem Erbscheinsverfahren gegensätzliche Interessen verschiedener Beteiligten zu klären, so ist die Tätigkeit eines Anwaltsnotars nach der BRAGO zu vergüten).

Zu b): Bei der weiteren Frage, ob ein Anwaltsnotar (Notaranwalt) ablehnen kann, als Notar tätig zu werden mit dem weiteren Angebot, in der gleichen Sache als Anwalt tätig werden zu wollen, wird man unterscheiden müssen.

Vgl. zu dieser Frage Korintenberg/Lappe/Bengel/Reimann A 3 zu § 140, Anm. 93 ff. zu § 147 KostO mit weiteren Nachweisen.

Als eindeutig ist jedoch zweierlei vorauszuschicken:

Die Fälle der konkurrierenden Zuständigkeit sind – wie bereits die Begriffbestimmung ergibt – keine Fälle ausschließlicher Notartätigkeit. Liegt aber kein eigentliches Amtsgeschäft als Notar vor, wird dem Anwaltsnotar (Notaranwalt) grundsätzlich die Befugnis einzuräumen sein, sich zu entscheiden, in welcher Eigenschaft – als Notar oder als RA – er bereit ist, die ihm angetragene Tätigkeit zu übernehmen.

Der angesprochene Anwaltsnotar (Notaranwalt) muß seine Entscheidung (nicht als Notar, sondern als Anwalt tätig werden zu wollen) den Beteiligten klar und mit dem Hinweis auf die Folgen bekannt geben. Er muß den Beteiligten also sagen, daß ein Fall konkurrierender Zuständigkeit vorliegt, daß er also sowohl als Notar wie als RA tätig werden kann, daß er aber im gegebenen Falle nur bereit ist, als RA zu handeln, weil er dann nach der BRAGO höhere Gebühren beanspruchen kann.

Nur dann, wenn die Beteiligten wissen, daß eine Wahlmöglichkeit besteht und daß eine Inanspruchnahme der Tätigkeit als RA teurer ist, wird man aus dem nunmehr erhaltenen Auftrag folgern können, daß der Anwaltsnotar (Notaranwalt) als RA beauftragt worden ist.

Hamm RdL 67, 109 (Der Notar, der einen Übergabevertrag beurkundet hat, die Genehigung beim Landwirtschaftsgericht beantragt und die Beteiligten im Genehmigungsverfahren vertritt, handelt, auch wenn er zugleich RA ist, als Notar und kann deshalb für seine Tätigkeit im Genehmigungsverfahren nicht nach der BRAGO liquidieren. Will er von der notariellen zur rechtsanwaltlichen Tätigkeit übergehen, müssen die Beteiligten das Auftreten des Notars als Anwalt bewußt billigen).

Der Anwaltsnotar (Notaranwalt) wird auch nach einer reinen Amtstätigkeit (z. B. Beurkundung eines Grundstückskaufvertrages) ablehnen können, die Geschäfte der §§ 146, 147 KostO als Notar zu besorgen.

Hier wird man allerdings bereits eine Einschränkung machen müssen. In den Fällen, in denen es üblich ist, daß der Notar die Vollzugsgeschäfte übernimmt, wird der Anwaltsnotar (Notaranwalt) seine Weigerung, bei dem

Vollzug des Geschäfts als Notar tätig zu werden, vor der Übernahme des Amtsgeschäfts (z. B. der Beurkundung des Grundstückskaufvertrags) bekanntgeben müssen: den Beteiligten muß die Wahl gelassen bleiben, zu einem anderen Notar zu gehen, der auch beim Vollzug als Notar mitwirken will. Nach der Beurkundung des Vertrages bleibt den Beteiligten nur noch die Wahl, „alles selbst machen" oder „den Anwaltsnotar (Notaranwalt) als RA beauftragen". In diese Lage darf der Anwaltsnotar (Notaranwalt) die Beteiligten nicht bringen.

Weiter wird man generell sagen können: Hat der Anwaltsnotar (Notaranwalt) bereits begonnen, als Notar beim Vollzug tätig zu werden, ist es nicht mehr möglich, von der Notartätigkeit zur Anwaltstätigkeit überzuwechseln. Das gilt nicht nur innerhalb einer einzelnen Vollzugstätigkeit i. S. des § 146 KostO, sondern auch dann, wenn mehrere Vollzugsgeschäfte zur Durchführung einer Grundstücksveräußerung notwendig sind. Der Anwaltsnotar (Notaranwalt) kann also nicht sagen: Das erste Vollzugsgeschäft führe ich zwar als Notar zu Ende, bei dem zweiten will ich aber als RA tätig werden.

§ 118 Geschäftsgebühr, Besprechungsgebühr, Beweisaufnahmegebühr

(1) **In anderen als den im Dritten bis Elften Abschnitt geregelten Angelegenheiten erhält der Rechtsanwalt fünf Zehntel bis zehn Zehntel der vollen Gebühr**
1. **für das Betreiben des Geschäfts einschließlich der Information, des Einreichens, Fertigens oder Unterzeichnens von Schriftsätzen oder Schreiben und des Entwerfens von Urkunden (Geschäftsgebühr); der Rechtsanwalt erhält diese Gebühr nicht für einen Rat oder eine Auskunft (§ 20);**
2. **für das Mitwirken bei mündlichen Verhandlungen oder Besprechungen über tatsächliche oder rechtliche Fragen, die von einem Gericht oder einer Behörde angeordnet oder im Einverständnis mit dem Auftraggeber vor einem Gericht oder einer Behörde, mit dem Gegner oder mit einem Dritten geführt werden; für das Mitwirken bei der Gestaltung eines Gesellschaftsvertrages und bei der Auseinandersetzung von Gesellschaften und Gemeinschaften (Besprechungsgebühr); der Rechtsanwalt erhält diese Gebühr nicht für eine mündliche oder fernmündliche Nachfrage;**
3. **für das Mitwirken bei Beweisaufnahmen, die von einem Gericht oder von einer Behörde angeordnet worden sind (Beweiaufnahmegebühr); § 34 gilt sinngemäß.**

(2) **Soweit die in Absatz 1 Nr. 1 bestimmte Geschäftsgebühr für eine Tätigkeit außerhalb eines gerichtlichen oder behördlichen Verfahrens entsteht, ist sie auf die entsprechenden Gebühren für ein anschließendes gerichtliches oder behördliches Verfahren anzurechnen.**

Übersicht über die Anmerkungen

Allgemeines. § 118 ist nur dann anzuwenden, wenn der RA „in anderen als **1** den im Dritten bis Elften Abschnitt geregelten Angelegenheiten" tätig wird. Darüber, welche Tätigkeiten hiernach gemäß § 118 zu vergüten sind, vgl. die Vorbemerkungen.

Zu wiederholen ist, daß eine Tätigkeit nicht deshalb nach § 118 zu vergüten ist, weil sich die Gebühren des Dritten bis Elften Abschnitts im Einzelfall als unzulänglich erweisen.

Beispiel:
Nach Klagerhebung führt der RA ausgedehnte außergerichtliche Vergleichsverhandlungen, die scheitern. Für diese Tätigkeit erhält der RA keine zusätzliche Vergütung, da sie gemäß § 37 Nr. 2 zum Rechtszug gehört.

Die Gebühren des § 118. In den Angelegenheiten des § 118 kann der RA **2** erhalten

a) die Geschäftsgebühr,
b) die Besprechungsgebühr,
c) die Beweisaufnahmegebühr.

Diese Gebühren sind mit den Gebühren des § 31 Abs. 1 eng verwandt: die Geschäftsgebühr entspricht der Prozeßgebühr, die Besprechungsgebühr der Verhandlungsgebühr, die Beweisaufnahmegebühr der Beweisgebühr. Zu beachten ist jedoch, daß nicht völlige Gleichheit besteht. So entsteht die Besprechungsgebühr z. B. bei Wahrnehmung von Terminen vor dem Nachlaßgericht früher und unter leichteren Voraussetzungen als die Verhandlungsgebühr bei einem Termin vor dem Prozeßgericht.

Pauschgebühren. Die Gebühren des § 118 sind Pauschgebühren. Sie gelten **3**

die gesamte Tätigkeit des RA ab, die sich auf die in Frage stehende Angelegenheit bezieht. Insbesondere werden auch Nebentätigkeiten durch die Gebühren mit abgegolten (vgl. Anm. 6).

4 Ob der RA einen **Gesamtauftrag** oder nur einen Auftrag zu einer **Einzeltätigkeit** in einer Angelegenheit des § 118 erhalten hat, ist gleichgültig. Die Vergütung richtet sich in beiden Fällen nach § 118. Ein unterschiedlicher Umfang der Tätigkeit ist durch die Bemessung der Gebühr innerhalb des Gebührenrahmens auszugleichen.

5 Die **Geschäftsgebühr** ist eine Grundgebühr, die in allen Angelegenheiten anfallen muß, deren Erledigung durch die Gebühren des § 118 abgegolten wird (Betriebsgebühr). Sie entsteht mit der ersten Tätigkeit des RA nach Erhalt des Auftrags, also regelmäßig mit der Entgegennahme der Information. Sie gilt alle Besprechungen mit dem Auftraggeber sowie den gesamten Schriftverkehr – sei es mit dem Auftraggeber, dem Gericht oder Behörde, sei es mit der Gegenpartei – ab.

Lautet der Auftrag z. B. auf den Entwurf einer Urkunde, ist die Geschäftsgebühr die einzige Gebühr, die in der Angelegenheit erwächst.

Andererseits können die beiden anderen Gebühren des § 118, die Besprechungsgebühr und die Beweisaufnahmegebühr nicht allein entstehen. Es muß immer die Geschäftsgebühr als allgemeine Betriebsgebühr außerdem anfallen.

Die Abgrenzung zur Ratsgebühr kann im Einzelfall schwierig sein. Darauf, ob der RA nach außen hervortritt, kommt es nicht an.

Vgl. A 5 zu § 20 und Riedel/Sußbauer A 25;
a. M. Frankfurt Büro 60, 32.

Das ergibt sich mit Sicherheit aus dem Auftrag, eine Urkunde zu entwerfen. Hier spielt sich die Tätigkeit des RA intern ab. Trotzdem ist nicht zu leugnen, daß eine Angelegenheit des § 118 vorliegt. Der Auftrag geht z. B. nicht über einen Beratungsauftrag hinaus, wenn dem RA ein von fremder Hand gefertigter Vertrag mit der Bitte um Prüfung und Stellungnahme vorgelegt wird. Selbst wenn der RA sich schriftlich äußert, liegt wohl noch ein – schriftlicher – Rat vor. Dagegen liegt eine Angelegenheit des § 118, ein über die Beratung hinausgehender Auftrag, vor, wenn der RA zu ungünstigen Vertragsbedingungen einen Gegenentwurf fertigen soll. Hier wird eine über die Beratung hinausgehende Tätigkeit gefordert. Im allgemeinen wird es allerdings auf die Unterscheidung Rat/Geschäftsbesorgung nicht ankommen. Die Tätigkeit wird wohl nach beiden Gebührenbestimmungen – § 20 und § 118 – gleichbewertet werden können. Allerdings ist der Gebührenrahmen verschieden groß: bei § 20 schwankt er zwischen $\frac{1}{10}$ und $\frac{10}{10}$, bei § 118 nur zwischen $\frac{5}{10}$ und $\frac{10}{10}$. Was bei § 20 eine weit über das Mittelmaß hinausgehende Tätigkeit ist, kann bei der Geschäftsgebühr unter dem Mittelwert liegen, so daß z. B. nach beiden Vorschriften etwa $\frac{6}{10}$ bis $\frac{8}{10}$ die angemessene Gebühr darstellen können.

Gelegentlich wird ausgeführt, eine Tätigkeit, die durch die Gebühren des § 118 abgegolten wurde, werde nur durch die Ratsgebühr vergütet, wenn die Tätigkeit nach einer Beratung beendet werde.

Beispiel: Der RA erhält den Auftrag, den Auftraggeber in einer Nachlaßsache zu vertreten. Er berät den Auftraggeber und bittet ihn, Urkunden beizubringen, damit er die Angelegenheit weiter betreiben könne. Der Auftraggeber kündigt am nächsten Tag den Auftrag. Hier war eindeutig ein Auftrag nach § 118 erteilt. Die Geschäftsgebühr fällt mit der ersten Tätigkeit, hier mit der Beratung, an. Sie entfällt auch nicht wieder und wird nicht durch die Gebühr des § 20 ersetzt, weil die Tätigkeit des Anwalts nicht über die Beratung hinausgegangen ist. Wesentlich wird die Frage für die Höhe der Mindestgebühr (§ 118 $\frac{5}{10}$, § 20 $\frac{1}{10}$).

Durch die Geschäftsgebühr wird nicht nur die eigentliche Haupttätigkeit **6** vergütet. Durch sie werden vielmehr auch die **Nebentätigkeiten** abgegolten, die das Hauptgeschäft fördern und den beabsichtigten Erfolg herbeiführen:

a) die Einsicht in Vorakten (z. B. in die Strafakten bei Auftrag, wegen der Verkehrsunfallschäden zu verhandeln),

b) die Einsicht in das Grundbuch oder in Register (Handelsregister, Vereinsregister usw.),

c) das Fertigen, Unterzeichnen und Einreichen von Schriftsätzen und sonstigen Schreiben sowie das Entwerfen von Urkunden (z. B. der Entwurf eines Vergleichs bzw. Abschlusses einer Unfallschadensregulierung).

Eine Ermäßigung der Gebühr – etwa auf die Hälfte – für den Fall der vorzeitigen Erledigung der Angelegenheit ist nicht vorgesehen, da § 32 nicht anwendbar ist. Der Ausgleich ist über die Veränderung des Gebührensatzes vorzunehmen (Senkung bis $\frac{5}{10}$ möglich).

Liegen die Voraussetzungen des § 120 vor, entsteht die Geschäftsgebühr nicht. Die Tätigkeit des RA wird vielmehr durch die Gebühr des § 120 abgegolten. Das gilt jedoch nur, wenn der Auftrag auf eine Tätigkeit des § 120 beschränkt war. Hatte der Anwalt einen weitergehenden Auftrag, verbleibt es auch dann bei der Vergütung nach § 118, wenn sich der Auftrag vorzeitig erledigt und der Anwalt bis dahin nur eine Tätigkeit entwickelt hatte, die in § 120 aufgeführt ist.

Vgl. A 2 zu § 120.

Besitzt der RA **Spezialkenntnisse,** wird deren Verwertung durch die Ge- **7** schäftsgebühr mit abgegolten (also keine zusätzliche Vergütung, aber Berücksichtigung bei der Höhe der Gebühr).

Schumann/Geißinger A 5.

Das gleiche gilt, wenn der RA **Sprachkenntnisse** verwerten muß (z. B. Briefwechsel in französischer Sprache, Besprechung in englischer Sprache).

Schumann/Geißinger A 6.

Reine Übersetzertätigkeit wird aber gemäß § 17 ZSEG abgegolten.

Die **Besprechungsgebühr** entspricht, wenn auch nicht völlig, der Verhand- **8** lungsgebühr des § 31 Abs. 1 Nr. 2. Für Besprechungen mit dem Auftraggeber kann sie – abgesehen von Besprechungen bei der Gestaltung eines Gesellschaftsvertrages oder bei der Auseinandersetzung von Gesellschaften und Gemeinschaften – nicht berechnet werden. Diese Besprechungen werden vielmehr durch die Geschäftsgebühr abgegolten, gleichviel, ob nur eine oder ob mehrere Besprechungen mit ihm stattfinden.

Für das Entstehen der Besprechungsgebühr ist Voraussetzung: Es muß eine

mündliche Verhandlung oder Besprechung stattfinden. Dabei ist unter
„mündlich" auch „fernmündlich" zu verstehen. Eine fernmündliche Verhandlung läßt also – bei Erfüllung der übrigen Voraussetzungen – die Besprechungsgebühr in gleicher Weise entstehen wie eine Verhandlung unter Anwesenden.

> LG Bremen AnwBl. 78, 317 = VersR 78, 929; AG Karlsruhe AnwBl. 69, 141
> (Besprechungsgebühr für Einholen einer fernmündlichen Information bei einem
> Dritten) und AnwBl. 77, 259; AG München AnwBl. 69, 141 (Die Besprechungs-
> gebühr entsteht, wenn der Schädiger in einem Telefongespräch mit dem Anwalt
> des Geschädigten den Schaden bestreitet).

Mündliche oder fernmündliche Nachfragen (etwa nach dem Sachstand) lassen
allerdings die Besprechungsgebühr – wie in Abs. 1 Nr. 2 ausdrücklich bestimmt – nicht entstehen.

Die Verhandlungen müssen über tatsächliche oder rechtliche Fragen geführt
werden.

> Vgl. LG München I VersR 68, 754 (Die Entstehung einer Besprechungsgebühr
> setzt ein sachbezogenes Gespräch voraus, das zur Beilegung des Streits bzw. zur
> Förderung des Streitstands geeignet ist) (Wohl zu weitgehend. Es genügt, daß ein
> sachbezogenes Gespräch geführt wird. Oder soll im späteren Gebührenprozeß
> darüber gestritten werden dürfen, ob das Gespräch zur Förderung geeignet war,
> wenn es der Anwalt für geeignet gehalten hat?)

Die Verhandlungen können im Einvernehmen geführt werden. Es ist nicht
erforderlich, daß Argumente und Gegenargumente vorgebracht werden.

> Hartmann A 3 B a cc; Mümmler JurBüro 80, 1793;? LG München I VersR 68, 754;
> AG Köln AnwBl. 76, 172;
> a. M. KG DAR 78, 91 (fernmündliche Besprechung mit Sachbearbeiter ohne
> ausführliche Darlegungen); LG Berlin VersR 71, 726; AG München VersR 73, 954.

Die Verhandlungen können auch kurz geführt werden. Die etwa notwendige
Länge der Verhandlungen wirkt sich nur auf die Höhe der Gebühr aus.

> a. M. Stuttgart JurBüro 72, 155 = Rpfleger 72, 72 = Justiz 72, 36.

Der RA muß an diesen Verhandlungen oder Besprechungen mitwirken. Der
RA kann nur mitwirken, wenn er erschienen ist. Er muß also bei den
Verhandlungen oder Besprechungen anwesend sein. Dagegen ist nicht notwendig, daß er selbst das Wort ergreift. Es genügt z. B., daß er als Berater
oder Beobachter teilnimmt.

> Schumann/Geißinger A 17; KG AnwBl. 84, 452 = JurBüro 84, 1847.

Bei fernmündlichen Verhandlungen genügt, daß der RA die Verhandlungen
an einem zweiten Hörer verfolgt, falls er nicht selbst die fernmündliche
Besprechung führt (vorausgesetzt allerdings, daß er nicht nur als Zuhörer
Zeuge sein, sondern sich auch gegebenenfalls in das Gespräch einschalten
soll).

Weitere Voraussetzung für das Entstehen der Besprechungsgebühr ist, daß die
Verhandlungen oder Besprechungen

a) angeordnet worden sind

oder

b) im Einverständnis mit dem Auftraggeber geführt werden.

Die Besprechungsgebühr entsteht also nicht, wenn der RA eine Verhandlung
ohne Anordnung und ohne Einverständnis führt. Selbstverständlich ist, daß

der Verhandlungspartner auch bereit sein muß, ein Gespräch zu führen. Das Einreden auf einen Gegner, der nicht hören will, reicht nicht aus.

LG München I VersR 68, 483 (Eine Besprechungsgebühr nach § 118 Abs. 1 steht dem Anwalt nicht für eine bloße mündliche Nachfrage zu, sondern lediglich für ein sachbezogenes Gespräch, das zur Beilegung bzw. Förderung des Streitstandes geeignet ist und mit einem Gegner geführt wird, der die Sache besprechen und verhandeln will, hierzu geneigt und tatsächlich auch in der Lage ist).

Die Anordnung muß durch ein Gericht oder eine Behörde erfolgen.

Der Begriff „Gericht" ist eindeutig. Unter „Behörde" ist ein Organ der öffentlichen Gewalt zu verstehen, das berufen ist, unter öffentlicher Autorität des Staates nach eigenem Ermessen für die Herbeiführung der Zwecke des Staates oder einer öffentlichen Korporation tätig zu sein, und das eine selbständige durch Recht und Verfassung dauernd geregelte Amtsorganisation besitzt. Behörden sind hiernach insbesondere die Amtsstellen des Bundes, der Länder, der Gemeinden, die Rechtsanwaltskammern, die Ärztekammern, die Ortskrankenkassen, die Berufsgenossenschaften.

Schumann/Geißinger A 16.

Die Verhandlung oder Besprechung muß „angeordnet" sein. Diese Anordnung kann förmlich erfolgen, etwa durch Bestimmung eines Termins mit Vorladung zu diesem Termin. Sie kann aber auch formlos geschehen, z. B. durch einen fernmündlichen Anruf.

Ein weiteres Beispiel bringt Schumann MDR 62, 270: Der Anwalt des Mannes erscheint – ohne besonders vorgeladen zu sein – in einem Verfahren wegen Übertragung der elterlichen Sorge zum Termin über die Anhörung der Ehefrau. Es gehört zu den Pflichten des RA, an solchen Besprechungen teilzunehmen.

Dagegen liegt keine „angeordnete" Besprechung vor, wenn der RA von sich aus zu Gericht oder zu der Behörde geht, mag auch der Richter oder der Sachbearbeiter das Vorsprechen sehr begrüßen (hier wird aber in der Regel das „Einverständnis" des Auftraggebers vorliegen – also die Besprechungsgebühr gleichfalls entstehen).

Sind die Verhandlungen oder Besprechungen nicht angeordnet, werden sie aber im Einverständnis mit dem Auftraggeber geführt, entsteht die Besprechungsgebühr gleichfalls. Es reicht also, wenn der RA z. B. den Beamten, ohne geladen zu sein, aufsucht und sich mit ihm im Einverständnis des Auftraggebers bespricht.

OVG Lüneburg AnwBl. 85, 533.

Das „Einverständnis" braucht nicht ausdrücklich erklärt zu werden, es kann sich auch stillschweigend aus den Umständen ergeben. Der Auftrag des Auftraggebers geht in der Regel – ohne Beschränkungen – dahin, eine Angelegenheit sachgemäß im Interesse des Auftraggebers zu erledigen. Gehört zu der sachgemäßen Erledigung eine mündliche Verhandlung, ist der RA ermächtigt, diese Verhandlung zu führen (stillschweigendes Einverständnis des Auftraggebers).

Schumann/Geißinger A 19.

Beispiel:
Ein Unfallgeschädigter überträgt die Geltendmachung seiner Ersatzansprüche einem RA. Eine Verhandlung mit dem Regulierungsbeamten der gegneri-

schen Versicherung liegt im Interesse des Auftraggebers. Damit ist das –
stillschweigende – Einverständnis des Auftraggebers gegeben.

Der RA kann auf Grund einer allgemeinen Bevollmächtigung die Zustimmung seines Mandanten zu einer Besprechung mit dem Finanzamt annehmen, wenn diese Verhandlung zur sachgemäßen Erledigung eines Vorverfahrens gehört.

> HessFinG EFG 69, 364; vgl. aber BFH NJW 70, 1704 = JurBüro 70, 385 (Das
> Einverständnis muß sich aus dem Verhalten des Auftraggebers ergeben); unrichtig
> Schalhorn JurBüro 72, 1050 (ausdrückliches Einverständnis erforderlich).

Wünscht ein Auftraggeber in Angelegenheiten, in denen regelmäßig mündliche Verhandlungen geführt werden, keine Verhandlung seines Anwalts mit
der Gegenseite, so muß der Auftraggeber das zum Ausdruck bringen.

Sind allerdings Verhandlungen nicht üblich, kann der RA das „Einverständnis" nicht ohne weiteres unterstellen, er muß es vielmehr einholen.

Beispiel:
Ein RA wird beauftragt, einen Vertragsentwurf zu fertigen. Hier kann der RA
nicht ohne weiteres das „Einverständnis" mit einer Besprechung unterstellen,
die der RA mit dem in Aussicht genommenen Vertragspartner führen möch-
te, um Zweifelsfragen zu klären. Im allgemeinen wird der Anwalt den
Auftraggeber um sein Einverständnis angehen müssen. Ein stillschweigendes
Einverständnis kann aber angenommen werden, wenn die Angelegenheit eilt
und der Auftraggeber z. B. wegen Ortsabwesenheit nicht zu erreichen ist.

Die einverständlichen Verhandlungen können einmal mit dem Gericht oder
mit einer Behörde geführt werden. Die einverständlichen Verhandlungen
können jedoch auch

a) mit dem Gegner,
b) mit einem Dritten

geführt werden.

Wie das Komma zwischen „einer Behörde" und „mit dem Gegner" ergibt, ist
nicht nötig, daß die Besprechungen mit dem Gegner oder mit einem Dritten
„vor einem Gericht oder einer Behörde" erfolgen. Es genügt jede Verhandlung oder Besprechung mit dem Gegner oder dem Dritten.

Dritter ist jeder, der nicht Auftraggeber oder sein Bevollmächtigter ist. Dritte
können deshalb auch Angestellte des Auftraggebers sein (der Anwalt läßt sich
von dem als Zeugen in Betracht kommenden Fahrer den Unfall schildern),
ebenso der Versicherungsnehmer, wenn Auftraggeber der Versicherungsträger ist. Soll jedoch der Angestellte anstelle des Auftraggebers den RA
informieren, ist er nicht Dritter.

> Schumann/Geißinger A 21.

Ein Bevollmächtigter, der mit einem Zeugen Besprechungen führt mit dem
Ziel, Informationen zu erhalten oder eine eidesstattliche Versicherung dieses
Zeugen vorlegen zu können, verdient dadurch die Besprechungsgebühr.

> Schumann/Geißinger A 21; BFH AnwBl. 76, 402; AG Heidelberg AnwBl. 86, 653;
> vgl. aber Hartmann A 3 d und LG Berlin AnwBl. 80, 519 mit krit. Anm. von
> Chemnitz = JurBüro 80, 1691 = Rpfleger 81, 33 (Die Besprechungsgebühr
> entsteht nicht, wenn der RA sich von dem Ehegatten seines Mandanten mündliche
> Informationen erteilen läßt, sei es auch aufgrund besonderer Fachkenntnisse des
> Ehegatten).

An welchem Ort die Verhandlungen oder Besprechungen stattfinden, ist gleichgültig. Sie können also bei Gericht, bei der Behörde, in der eigenen Kanzlei, beim Auftraggeber, beim Gegner und schließlich auch an einem neutralen Ort geführt werden.

Schumann/Geißinger A 24.

Beispiele für das Entstehen der Besprechungsgebühr:

a) Führen von oder Mitwirken bei außergerichtlichen Vergleichsverhandlungen.

Die frühere Streitfrage, ob die Besprechungsgebühr zu versagen ist, weil der mit außergerichtlichen Vergleichsverhandlungen beauftragte RA sonst höhere Gebühren verdienen kann als der RA, der Vergleichsverhandlungen nach Erhalt des Prozeßauftrags führt, ist durch die Entscheidung des BGH

AnwBl. 61, 260 = Büro 61, 447 = JR 61, 462 = NJW 61, 1469 = MDR 61, 765 = VRS 21, 108

für die Praxis geklärt. Die Besprechungsgebühr wird nunmehr allseits zugebilligt.

b) Beistandsleistung bei einer gerichtlichen oder notariellen Beurkundung oder bei sonstigen Amtstätigkeiten eines Notars.

Schumann/Geißinger A 16 und A 304.

c) Teilnahme an Gesellschafterversammlungen.

d) Fernmündliche Verhandlung des Anwalts des Unfallgeschädigten mit dem Haftpflichtversicherer des Schädigers über die Unfallfolgen oder über die Gewährung von Vorschuß.

LG Bremen AnwBl. 78, 317 = VersR 78, 929; AG Unna AnwBl. 67, 446; AG Heidelberg AnwBl. 79, 36; AG Ingolstadt AnwBl. 82, 220; AG Lüdenscheid DAR 82, 404; AG München AnwBl. 73, 151; AG Ahaus AnwBl. 83, 472.

e) Verhandlungen des Anwalts des Unfallgeschädigten mit einer Bank über die Gewährung eines Kredites.

LG München AnwBl. 77, 259; AG München in ständiger Rechtsprechung (vgl. z. B. AnwBl. 71, 323, 74, 359, 75, 12 und 77, 259); a. M. AG Köln VersR 76, 279.

f) Besprechungen des Anwalts des Unfallgeschädigten mit dem Sachverständigen oder der Reparaturfirma.

LG Düsseldorf AnwBl. 81, 459; LG Hagen AnwBl. 82, 541; AG Augsburg AnwBl. 82, 397; AG Bergisch-Gladbach VersR 75, 1161 mit abl. Anm. von Klimke; AG Lörrach DAR 79, 80; AG München AnwBl. 73, 364; AG Bonn AnwBl. 83, 472; AG Düsseldorf AnwBl. 83, 472; AG Karlsruhe AnwBl. 84, 276; AG Münsingen AnwBl. 87, 54; a. M. AG Freiburg VersR 70, 961.

g) Besprechungen im Rahmen eines Auseinandersetzungsvergleichs mit dem Steuerberater der anderen Partei über deren wirtschaftlichen Verhältnisse.

LG Krefeld AnwBl. 74, 52.

h) ein Telefongespräch mit der Flurbereinigungsdirektion über das Widerspruchsverfahren.

VGH München AnwBl. 81, 162.

i) Ob die telefonische Ermittlung des Namens, der Anschrift und der Versicherungsnummer des KFZ-Halters beim **Zentralruf der Autoversicherer** die Besprechungsgebühr auslöst, ist umstritten. Nach wohl richtiger Ansicht handelt es sich entweder um Informationsbeschaffung zur Durchführung des Auftrags, die mit der Geschäftsgebühr abgegolten ist, oder um eine bloße Nachfrage, die die Besprechungsgebühr – wie § 118 Abs. 1 Nr. 2 ausdrücklich bestimmt – nicht entstehen läßt.

> München DAR 83, 267 = AnwBl. 83, 573; LG Hagen AnwBl. 82, 541; LG Würzburg ZfS 83, 303; AG Heidelberg VersR 83, 70; AG Köln AnwBl. 86, 653; AG Hamburg AnwBl. 86, 210.

Nach anderer Ansicht löst der Anruf des RA bei dem Autozentralruf die Besprechungsgebühr aus; denn es habe eine Besprechung stattgefunden, nämlich ein Gespräch zwischen zwei Beteiligten; das Gespräch sei über eine tatsächliche Frage geführt worden, der RA habe Versicherung und Versicherungsnummer des Schädigers erfahren wollen, um beim Versicherer die Ansprüche des Geschädigten anmelden zu können; der Autozentralruf habe diese Auskunft erteilt; das Gespräch habe die Angelegenheit auch gefördert, denn der RA habe die Versicherung erfahren. Auf die Dauer und die Intensität des Gesprächs käme es für die Entstehung der Besprechungsgebühr nicht an.

> H. Schmidt AnwBl. 82, 542; AG Ingolstadt AnwBl. 82, 220; AG Marl AnwBl. 83, 96 m. Anm. von Madert; AG Offenbach AnwBl. 82, 38; AG Würzburg AnwBl. 83, 142; AG Karlsruhe AnwBl. 83, 471; AG Hersbruck AnwBl. 84, 111; AG Frankfurt AnwBl. 86, 219.

9 Wirkt der RA bei der **Gestaltung eines Gesellschaftsvertrages** oder bei der **Auseinandersetzung von Gesellschaften** oder **Gemeinschaften** mit, erhält er ebenfalls die Besprechungsgebühr. Dabei ist es gleichgültig, ob der RA nur von einem Gesellschafter beauftragt ist und er zwecks Gestaltung eines Gesellschaftsvertrages oder einer Auseinandersetzung mit dem Partner seines Auftraggebers in dessen Einverständnis verhandelt, oder ob er von der Gesellschaft oder von allen Gesellschaftern beauftragt ist (in einem solchen Fall ist kein Gegner vorhanden).

> Schumann/Geißinger A 22.

Gesellschaftsverträge sind vor allem Verträge für Gesellschaften des Handelsrechts, aber auch solche für BGB-Gesellschaften, sowie sonstige korporative Zusammenschlüsse wie der Verein und die Genossenschaft.

> Karlsruhe JurBüro 86, 1049.

Gestaltung ist sowohl die Neuanfertigung eines Vertrages wie auch die Abänderung eines bestehenden Vertrages.

Unter der Auseinandersetzung ist die Auflösung und wirtschaftliche Abwicklung der Gesellschaften zu verstehen. Gemeinschaften sind z. B. Erbengemeinschaften.

Der Begriff „mitwirken" ist umfassend. Der RA „wirkt mit", wenn er die Gesellschaft berät, aber auch dann, wenn er einen Vertrag entwirft oder einen Auseinandersetzungsplan vorschlägt.

Regelmäßig wird eine Besprechung stattfinden. Notwendig ist dies aber nicht. Findet allerdings eine Besprechung nicht statt, kann die Besprechungsgebühr nicht entstehen.

> **a. M.** Hartmann A 3 B c.

Die **Beweisaufnahmegebühr** wird gewährt für das Mitwirken bei Beweis- 10
aufnahmen, die von einem Gericht oder von einer Behörde angeordnet
worden sind.
Sie entspricht in etwa der Beweisgebühr des § 31 Abs. 1 Nr. 3. Es muß eine
Beweisaufnahme erfolgen. Der Begriff der Beweisaufnahme entspricht dem
des § 31 Abs. 1 Nr. 3. Er ist nicht ganz unstreitig. Man wird ihn dahin fassen
können:
Beweisaufnahme ist die Tätigkeit eines Gerichts oder einer Behörde innerhalb
eines gerichtlichen oder behördlichen Verfahrens. Sie hat zum Ziele, beweisbedürftige (als des Beweises bedürftig angesehene), erhebliche Umstände, die
in der Regel tatsächlicher Art sind, mittels Beweismitteln zu beweisen (d. h.
das Gericht oder die Behörde von der Wahrheit oder Unwahrheit einer
Tatsache oder der Richtigkeit oder Unrichtigkeit eines anderen Umstandes zu
überzeugen).
Die Beweisaufnahme muß – das stellt § 118 Abs. 1 Nr. 3 klar heraus – von
einem Gericht oder einer Behörde angeordnet sein. „Beweisaufnahmen"
außerhalb gerichtlicher oder behördlicher Verfahren lassen also die Beweisaufnahmegebühr nicht entstehen.

Beispiele:
a) Der RA hört selbst Auskunftspersonen an, um sich schlüssig zu werden,
ob ein Anspruch verfolgt werden soll.
b) Der RA schaut sich eine Unfallstelle an, um über die Örtlichkeit orientiert
zu sein, wenn es demnächst zu der Verhandlung mit dem Regulierungsbeamten der gegnerischen Versicherung kommt.
Die Tätigkeiten des RA in diesen beiden Beispielen werden abgegolten:
zu a) durch die Besprechungsgebühr,
zu b) durch die Geschäftsgebühr.
Beispiele für das Entstehen der Beweisaufnahmegebühr:
a) Zeugenvernehmungen durch das Nachlaßgericht in einem Erbscheinsverfahren,
b) Ortsbesichtigung mit der Behörde in einem Baugenehmigungsverfahren.

Der RA muß bei der Beweisaufnahme mitwirken. Mitwirken bedeutet, daß
er irgendwie bei der Beweisaufnahme tätig wird. Dazu ist erforderlich, aber
auch ausreichend die Anwesenheit bei den Beweiserhebungen. Es ist also
nicht nötig, daß der RA einem zu vernehmenden Zeugen Fragen stellt; es
genügt, daß der RA die Vernehmung des Zeugen verfolgt. Ebenso reicht es
aus, daß der RA zu einer Ortsbesichtigung erscheint und an ihr teilnimmt. Er
braucht nicht darüber hinaus noch Anträge zu stellen oder Anregungen zu
geben.
Dagegen reicht es nicht aus, wenn der RA nur von einem Protokoll über eine
Beweisaufnahme Kenntnis nimmt, an der er nicht teilgenommen hat.

Beispiel für ein Nichtmitwirken Nürnberg Büro 61, 617 (Das Amt für Verteidigungslasten zieht die Unfallakten bei und verwertet sie bei seiner Entscheidung,
ohne den Anwalt des Verletzten zu verständigen); BFH JurBüro 70, 385 = BFHE
98, 12 = BStBl II 70, 251 = StRK BRAGO § 118 Nr. 3 (Ein Mitwirken bei der
Beweisaufnahme liegt nicht schon dann vor, wenn der Bevollmächtigte von dem
Ergebnis der Beweisaufnahme Kenntnis erhalten und dazu Stellung genommen
hat).

Zu beachten ist, daß die Beweisaufnahme innerhalb eines gerichtlichen oder behördlichen „Verfahrens" stattfinden muß.

Beispiel für eine Beweisaufnahme ohne behördliches Verfahren s. H. Schmidt JurBüro 63, 523; BGH JurBüro 73, 412 mit zust. Anm. von H. Schmidt; Köln JMBlNRW 68, 239 (Die Beweisgebühr entsteht nur in einem gerichtlichen oder behördlichen Verfahren. Ein solches Verfahren liegt nicht vor, wenn eine Behörde in Kaufverhandlungen über ein Grundstück eintritt und ein Gutachten über den Wert des zu kaufenden Grundstücks einholt).

§ 34 gilt sinngemäß. Aus § 34 Abs. 1 folgt sonach, daß die Beweisaufnahmegebühr nicht entsteht, wenn die Beweisaufnahme nur in der Vorlegung von Urkunden besteht, die sich in den Händen des Auftraggebers des RA befinden.

BFH BFHE 96, 219 = BStBl. 1969 II 590 = StRK FGO § 139 R 21.

Dagegen entsteht die Beweisgebühr gemäß § 34 Abs. 2, wenn das Gericht oder die Behörde Akten oder Urkunden erkennbar zum Beweis beigezogen oder als Beweis verwertet hat.

Wegen der Einzelheiten wird auf die Anm. zu § 34 verwiesen.

11 Streitig ist, ob und wann die **Beweisaufnahmegebühr in Familiensachen des § 621 Abs. 1 bis 3, 6 und 9 ZPO** entsteht. Gem. § 621 a Abs. 1 ZPO findet § 12 FGG Anwendung. Das Gericht ist mithin von Amts wegen und ohne Rücksicht auf die Streitigkeit gehalten, die zur Feststellung der Tatsachen erforderlichen Ermittlungen zu treffen und die geeignet erscheinenden Beweise zu erheben. Die Amtsermittlungspflicht des Gerichts besteht unabhängig davon, ob die Parteien überhaupt etwas vorgetragen haben und inwieweit zwischen ihnen Streit besteht. Aus dem Wortlaut des § 12 FGG kann nicht der Schluß gezogen werden, das Gericht müsse die von ihm ermittelten Tatsachen stets durch eine Beweisaufnahme auf ihren Wahrheitsgehalt hin überprüfen. Denn wenn das Gericht nur von ihm für wahr gehaltene Tatsachen der Entscheidung zugrunde legt, so brauchen diese nicht unbedingt in einer Beweisaufnahme festgestellt zu sein.

Im Zivilprozeß müssen die Parteien die entscheidungserheblichen Tatsachen beibringen, im FGG-Verfahren ist dies dem Gericht selbst übertragen. Das Sammeln der möglicherweise entscheidungserheblichen tatsächlichen Umstände, gewöhnlich auch Stoffsammlung genannt, ist daher keine Beweisaufnahme. Die Gewährung des rechtlichen Gehörs für die Verfahrensbeteiligten, aber auch die Anhörung Dritter, die vom Gesetz vorgeschrieben ist, ist daher Stoffsammlung, unabhängig davon, ob Streit oder konkrete Zweifel des Gerichts über die Wahrheit bestehen. Wenn es aber zur Behebung von konkreten Zweifeln oder bei Streit über die Wahrheit der entscheidungserheblichen Tatsachen einer Wahrheitsfeststellung bedarf, dann liegt Beweisaufnahme vor.

Weitere Einzelheiten s. § 31 A 113 bis 115.

Immer ist Beweisaufnahme gegeben, wenn das Gericht nach § 15 FGG gem. den Vorschriften der ZPO Beweis durch Augenschein, durch Zeugen oder durch Sachverständige erhebt, wobei es nicht darauf ankommt, ob ein solches förmliches Beweisaufnahmeverfahren notwendig gewesen ist. Auch ein verfahrensfehlerhaft durchgeführtes Beweisaufnahmeverfahren löst die Beweisgebühr aus.

Trotz der begrifflichen Abgrenzung zwischen Stoffsammlung und Beweisaufnahme, macht die Entscheidung, ob ein Beweisaufnahmeverfahren vorgelegen hat oder nicht, den Gerichten nach wie vor große Schwierigkeiten,
zumal im Anwendungsbereich des FGG das Beweisaufnahmeverfahren nicht
formalisiert ist.

Handelt es sich ausschließlich um Gewährung des rechtlichen Gehörs für
einen Verfahrensbeteiligten, dann ist eine Beweisaufnahme zu verneinen.
Schwierig wird die Frage aber schon bei der **Anhörung der Eltern** in den
Folgesachen elterliche Sorge, Umgangsrecht und Kindesherausgabe, § 621
Abs. 1 Nr. 1 bis 3 ZPO. Die Eltern sind Verfahrensbeteiligte. Sie müssen
regelmäßig angehört werden unabhängig davon, ob das Gericht bestimmte
Umstände für zweifelhaft hält oder nicht. Aus dem Wortlaut des § 50a Abs. 2
und Abs. 4 FGG ist zu schließen, daß die Vorschrift der Aufklärung, nicht der
Wahrheitsfeststellung dient. Die Anhörung der Eltern, die der Anhörung
nach § 141 ZPO vergleichbar ist, löst daher regelmäßig die Beweisaufnahmegebühr nicht aus.

Auch die **Anhörung von Kindern** ist regelmäßig keine Beweisaufnahme.
Kinder, die das vierzehnte Lebensjahr nicht vollendet haben, sind nicht
Verfahrensbeteiligte. Mithin kann ihre Anhörung nicht als Gewährung des
rechtlichen Gehörs angesehen werden. Kinder, die das vierzehnte Lebensjahr
überschritten haben, sind zwar am Verfahren zu beteiligen, ihnen ist nach
§ 50b Abs. 2 S. 3 FGG Gelegenheit zur Äußerung zu geben. Dennoch dient
diese Anhörung nicht ausschließlich der Gewährung des rechtlichen Gehörs.
Im Vordergrund steht auch hier die Feststellung des Sachverhalts, zu dem
auch innere Tatsachen wie Neigung, Bindung und Wille des Kindes gehören.
Es soll also in erster Linie nicht geklärt werden, was wahr oder unwahr ist.

Einzelheiten sowie Rechtsprechungsnachweise s. § 31 A 118, 119.

Will das Gericht aber erkennbar durch die Anhörung von Eltern und Kindern
sich über die Wahrheit streitiger oder sonst zweifelhaft erscheinender entscheidungserheblicher Umstände klar werden, dann ist Beweisaufnahme
gegeben.

Die **Anhörung des Jugendamts** – zwingend vorgeschrieben nach § 48a
Abs. 1 Nr. 3, 4 und 6 JWG – ist regelmäßig nicht Beweisaufnahme. Denn sie
dient in aller Regel nicht der Feststellung, ob bereis dem Gericht unterbreitete
Tatsachen wahr oder unwahr sind. Im Vordergrund steht der Zweck, dem
Gericht bisher nicht bekannte Tatsachen, die für die Beurteilung des Kindes-
wohls erheblich sind, darzulegen.

Wenn aber das Gericht das Jugendamt bittet, zu ermitteln, welche gegensätzliche Darstellungen der Eltern wahr sind, dann ordnet es Beweisaufnahme an.
Schließlich ist auf den Fall hinzuweisen, daß das Gericht den Bericht des
Jugendamtes verwertet, um streitige und entscheidungserhebliche Tatsachen
zu klären. Hier kann dem RA unter Anwendung des im § 34 zum Ausdruck
kommenden Rechtsgedankens die Beweisgebühr erwachsen, sofern er die
subjektiven Voraussetzungen für deren Entstehung erfüllt.

Einzelheiten und Nachweise der Rechtspr. s. § 31 A 120.

In der Folgesache Versorgungsausgleich müssen gem. § 53b Abs. 1 S. 2 FGG
Auskünfte über Grund und Höhe der Versorgungsanwartschaften eingeholt werden.

Überwiegend wird hier Beweisaufnahme mit der Begründung verneint, es handele sich um prozessuale Erklärungen und damit um Sachvortrag der gem. § 53 b Abs. 2 S. FGG formell- und materiell beteiligten Versicherungs- und Versorgungsträger.

Einzelheiten und Rechtspr. s. § 31 A 121.

Daraus wird im Wege des Umkehrschlusses teilweise Beweisaufnahme bejaht, wenn die Auskünfte nicht bei Verfahrensbeteiligten, sondern z. B. beim Arbeitgeber hinsichtlich der betrieblichen Altersversorgung eingeholt wird.

Koblenz JurBüro 79, 534; Düsseldorf JurBüro 80, 546 u. 1186.

Jedenfalls liegt dann Beweisaufnahme vor, wenn das Gericht – meist aufgrund abweichender Angaben der Parteien – Zweifel an den Auskünften hat und deshalb eine gezielte weitere Auskunft einholt.

Wegen der weiteren Einzelheiten vgl. auch die gleichgelagerte Beweisaufnahme in Scheidungsfolgesachen Anm. 113–121 zu § 31.

12 Einmaligkeit der Gebühren. Gemäß § 13 Abs. 2 Satz 1 können je Angelegenheit die Gebühren des § 118 nur einmal entstehen. Der RA kann sonach in jeder Angelegenheit nur eine Geschäftsgebühr, nur eine Besprechungsgebühr und nur eine Beweisaufnahmegebühr verdienen. Dabei ist gleichgültig, ob eine oder mehrere Besprechungen oder Beweisaufnahmen stattfinden. Ebenso ist unerheblich, ob die Angelegenheit einen großen oder nur einen geringen Umfang aufweist. Der mehr oder minder große Umfang der Angelegenheit ist allein innerhalb des Gebührenrahmens zu beachten. Nimmt ein Anwalt, der in den Verhandlungen mit den Vertragspartnern einen Vertrag entworfen hat, an der Beurkundung beim Notar teil, so entsteht hierdurch keine zweite Besprechungsgebühr.

Mehrere Instanzen in gerichtlichen Verfahren sind mehrere Angelegenheiten (§ 13 Abs. 2). Die Gebühren können deshalb in mehreren Instanzen mehrfach anfallen (vgl. aber § 119 für das Verwaltungsverfahren).

Die Geschäftsgebühr muß immer entstehen; deshalb keine Besprechungsgebühr ohne Geschäftsgebühr.

13 Mehrere Auftraggeber. Auch wenn der RA den Auftrag von mehreren Auftraggebern erhalten hat, entstehen die Gebühren des § 118 nur je einmal. Das gilt auch dann, wenn die Aufträge nicht gleichzeitig erteilt werden. Nach § 6 erhöht sich jedoch die Geschäftsgebühr um je drei Zehntel, wenn der RA von mehreren Personen mit der Bearbeitung des gleichen Gegenstandes beauftragt wird. Die Erhöhung tritt auch ein, wenn der RA gleichzeitig beauftragt wird. Die Erhöhung erfolgt von der Ausgangsgebühr, also z. B. ³⁄₁₀ von ⁷·⁵⁄₁₀.

Vgl. A 34 zu § 6.

14 Mehrere Angelegenheiten. Die Frage, ob der RA eine oder mehrere Angelegenheiten zu bearbeiten hat, ist mitunter zweifelhaft.

Vgl. zum Begriff „Angelegenheit" A 5 zu § 13.

Beispiel: Anwaltsgebühren für die Vertretung mehrerer Unfallgeschädigter.

H. Schmidt AnwBl. 73, 333.

15 Eindeutig ist die Rechtslage, wenn die Angelegenheit in einem **gerichtlichen**

Verfahren behandelt wird. Gemäß § 13 Abs. 2 Satz 2 kann der RA die Gebühren – also auch die Gebühren des § 118, sofern diese in gerichtlichen Verfahren anfallen, z. B. in FGG-Sachen – in jedem Rechtszug fordern. Zu beachten ist, daß § 118 **keine** eigene **Beschwerdegebühr** kennt. Der RA erhält vielmehr in gerichtlichen Beschwerdeverfahren auch die Gebühren des § 118.

Riedel/Sußbauer A 15; BGH JurBüro 69, 413 = MDR 69, 473 = NJW 69, 932.

Der mehr oder minder große Umfang des Beschwerdeverfahrens ist bei Ausfüllung des Gebührenrahmens zu beachten. Andererseits wird die Gebühr des § 118 nicht gemäß § 11 Abs. 1 S. 4 um ³⁄₁₀ erhöht.

Schumann/Geißinger A 8. Vgl. KG JurBüro 79, 688 = Rpfleger 79, 226 (Setzt der RA für eine mit nicht unerheblichem Zeit- und Arbeitsaufwand verbundene Tätigkeit im Beschwerdeverfahren der freiwilligen Gerichtsbarkeit ⁷·⁵⁄₁₀ der vollen Gebühr an, so ist diese Bestimmung selbst dann nicht unbillig, wenn es sich um eine einfache Sache gehandelt hat und die Einkommens- und Vermögensverhältnisse des Betroffenen ersichtlich schlecht sind).

Gleichgültig ist, ob sich die Beschwerde gegen eine Endentscheidung oder z. B. gegen eine Zwischenverfügung richtet. Beschwerde bleibt Beschwerde. Das ist bei den Beschwerdeverfahren des § 61 unbestritten. Es ist nicht ersichtlich, warum bei den Beschwerden in Angelegenheiten des § 118 etwas anderes gelten soll. Die – übrigens unglückliche – Gebührenregelung in Strafsachen kann nicht entsprechend herangezogen werden; die §§ 83 ff. sehen – mit Ausnahme des § 96 – keine Gebühren für Beschwerden vor, unterscheiden vielmehr nur nach erster Instanz, Berufungsverfahren und Revisionsverfahren, so daß Beschwerden zwangsläufig von den Gebühren der Instanz umfaßt werden, in der sie eingelegt werden.

Tschischgale JurBüro 64, 92; vgl. Saarbrücken JurBüro 80, 1686 mit Anm. von Mümmler (Für die Tätigkeit des RA in einer Beschwerde im Verfahren der einstweiligen Anordnung in einer isolierten Familiensache entsteht eine Gebühr nach § 118);
a. M. Riedel/Sußbauer A 15, soweit gewisse Zwischenverfügungen der freiwilligen Gerichtsbarkeit in Frage stehen.

In isolierten FGG-Verfahren des Familienrechts sind die Gebühren des für die Beschwerde nicht nach § 61 a, sondern nach § 118 zu bestimmen.

BHG MDR 82, 44.

Die §§ 14, 15 gelten auch für die gerichtlichen Verfahren in Angelegenheiten des § 118. Bei einer Verweisung oder Abgabe der Sache an ein anderes Gericht bilden die Verfahren vor dem abgebenden und dem übernehmenden Gericht sonach grundsätzlich – wegen der Ausnahme vgl. § 14 Satz 2 – einen Rechtszug. Im Falle der Zurückverweisung an ein untergeordnetes Gericht bildet das Verfahren vor diesem Gericht gemäß § 15 Satz 1 einen neuen Rechtszug. Die Geschäftsgebühr ist jedoch keine Prozeßgebühr, so daß § 15 S. 2 nicht anzuwenden ist.

Riedel/Sußbauer A 9 zu § 15; Schumann/Geißinger A 48;
a. M. Mümmler JurBüro 78, 1615; LG Braunschweig JurBüro 62, 30.

Für **Verwaltungsverfahren** ist der Begriff der Angelegenheit in § 119 ge- **16** setzlich dahin geregelt, daß alle vorgerichtlichen Verfahren vom Vorverfahren vor dem Erlaß des Verwaltungsaktes über das Einspruchs-, Beschwerde- oder

Abhilfeverfahren eine einzige Angelegenheit bilden, in der somit die Gebühren des § 118 nur einmal entstehen können.

Vgl. die Anm. zu § 119 sowie Schumann/Geißinger A 192 ff.

Das Beschwerdeverfahren bildet also – im Gegensatz zu den Beschwerden in gerichtlichen Verfahren (vgl. A 15) – keine eigene Instanz.

In Steuerangelegenheiten ist z. B. die Anfertigung der Steuererklärung und der Einspruch gegen den ergangenen Steuerbescheid eine Angelegenheit.

Riedel/Sußbauer A 20.

17 Andere Tätigkeiten. Für andere als vor Gerichten oder Behörden vorzunehmende Tätigkeiten wird es für die Frage, ob eine oder mehrere Angelegenheiten vorliegen, auf den Auftrag ankommen, den der RA erhalten hat. Als Anhalt mag dienen, daß sich ein einheitlich zu bearbeitender Lebensvorgang in der Regel auch als eine Angelegenheit darstellen wird. Andererseits wird das, was im Leben als zwei verschiedene Vorgänge angesehen wird, auch als zwei verschiedene Angelegenheiten anzusehen sein.

Der Entwurf eines Vertrages und die Teilnahme an der späteren notariellen Beurkundung sind eine Angelegenheit.

Schumann/Geißinger A 1.

18 Die Höhe der Gebühren. Jede der drei Gebühren des § 118 beträgt $\frac{5}{10}$ bis $\frac{10}{10}$ der vollen Gebühr. Das gilt auch für Rechtsmittelinstanzen in gerichtlichen Verfahren (keine Erhöhung nach § 11 Abs. 1 S. 4). Bei mehreren Auftraggebern erhöht sich der Rahmen der Geschäftsgebühr (nicht der anderen Gebühren) gemäß § 6 Abs. 1 S. 2 je weiteren Auftraggeber um drei Zehntel.

Welche Gebühr der RA für seine Tätigkeit im Einzelfall verdient hat, ist gemäß § 12 unter Berücksichtigung aller Umstände zu bestimmen. Zu beachten sind hierbei insbesondere

a) die Bedeutung der Angelegenheit,
b) der Umfang und die Schwierigkeiten der anwaltlichen Tätigkeit,
c) die Vermögens- und Einkommensverhältnisse des Auftraggebers.

Sämtlichen aufgeführten Umständen kommt an sich der gleiche Rang zu. Im Einzelfall kann es jedoch zu Verschiebungen kommen, einmal kann der Bedeutung der Angelegenheit der Vorrang einzuräumen sein, ein anderes Mal den wirtschaftlichen Verhältnissen, ein drittes Mal den „anderen" nicht aufgeführten Umständen, z. B. dem Umstand, daß dem RA zwanzig Auftraggeber mit zum Teil auseinandergehenden Interessen gegenüberstehen.

Vgl. KG Rpfleger 79, 434 (Setzt der beigeordnete RA für eine mit erheblichem Zeit- und Arbeitsaufwand verbundene Tätigkeit im Beschwerdeverfahren der freiwilligen Gerichtsbarkeit die volle Gebühr an, so ist diese Bestimmung nicht schon wegen der Mittellosigkeit des Betroffenen unbillig i. S. von § 12 Abs. 1 S. 2).

Wegen der Einzelheiten sei auf die Ausführungen zu § 12 hingewiesen. Hervorgehoben sei nur, daß Spezialkenntnisse und Sprachkenntnisse (bei Unterhaltung mit Ausländern, die der deutschen Sprache nicht mächtig sind) sich gebührenerhöhend auswirken.

Vgl. vorst. A 7; Schumann/Geißinger A 5, 6; AG Frankfurt VersR 86, 776.

Da sich nachträglich Zahl, Dauer und Umfang sowie Schwierigkeit der

Besprechungen nur schwer nachweisen lassen, empfiehlt es sich, über jede Besprechung eine Aktennotiz zu fertigen.

Schumann/Geißinger A 12.

Besonders notwendig ist, über Telefongespräche Aktennotizen zu fertigen, um nachweisen zu können, daß es sich nicht nur um „fernmündliche Nachfragen" gehandelt hat.

Wie in Strafsachen kommt die Praxis nicht ohne einen Anhaltspunkt aus. Als Anhaltspunkt bietet sich die sog. Mittelgebühr an.

Schumann/Geißinger A 34;
a. M. Riedel/Sußbauer A 36, die die Auffassung vertreten, jede einzelne Gebühr müsse individuell bestimmt werden.

Die Praxis und die h. M. gehen überwiegend von der Mittelgebühr aus, die mathematisch genau mit $^{7,5}/_{10}$ angenommen wird.

Vgl. z. B. Hartmann A 5 A; Schumann-Geißinger A 34; Hamburg MDR 68, 936; KG JurBüro 79, 688, Saarbrücken JBl. Saar 67, 109 (Ehesache); LG Hannover AnwBl. 66, 330; LG Köln AnwBl.67, 94; LG Oldenburg AnwBl. 68, 186 = JurBüro 68, 410; LG Waldshut AnwBl. 66, 331 = VersR 67, 511; **a. A.** Tschischgale MDR 65, 793 und NJW 66, 144 (Mittelgebühr wird auf $^{8}/_{10}$ aufgerundet).

Erheblicher Streit besteht, wie die Vergütung des RA in Sozialsachen bei vorgerichtlicher Tätigkeit gegenüber Versicherungsträgern zu berechnen ist. Vgl. hierzu A 16 zu § 116.

Ebenso bestand einige Zeit nach Erlaß des Änderungsgesetzes 1965 Streit, welche Gebühr bei sogen. einfachen Verkehrsunfallregulierungen am Platz ist. Dieser Streit dürfte in der Praxis nunmehr als ausgetragen gelten. Der Anwalt des Geschädigten hat auch in sogen. einfachen Regulierungssachen Anspruch auf die $^{7,5}/_{10}$-Mittelgebühr.

Schumann/Geißinger A 35; AG Freiburg NJW 67, 258 mit zust. Anm. von H. Schmidt; vgl. auch AG Köln AnwBl. 74, 51; vgl. aber auch AG Nürnberg AnwBl. 69, 99 (Bei schwierigen und hartnäckig geführten Regulierungsverhandlungen und -besprechungen fallen die Gebühren des § 118 Abs. 1 Nr. 1 und 2 in Höhe von $^{10}/_{10}$ an) sowie AG Darmstadt AnwBl. 70, 80 (Muß die Korrespondenz mit dem Auftraggeber in einer Fremdsprache geführt werden, fallen die Gebühren des § 118 Abs. 1 in Höhe von $^{10}/_{10}$ an).

Die Höchstgebühren sind gerechtfertigt bei überdurchschnittlichen wirtschaftlichen Verhältnissen des Auftraggebers oder wenn der Umfang oder die Schwierigkeit der Tätigkeit des RA weit über den Normalfall hinausgegangen ist.

Schumann/Geißinger A 35; Nürnberg JurBüro 75, 204 = AnwBl. 75, 96; vgl. auch VG Koblenz AnwBl. 79, 69 (Auch bei nur durchschnittlichem Umfang und durchschnittlicher Schwierigkeit berechtigt die erhebliche Bedeutung der Sache für den Antragsteller den Anwalt zum Ansatz von $^{10}/_{10}$-Gebühren); KG JurBüro 80, 1022 (Setzt der beigeordnete RA für eine mit erheblichem Zeit- und Arbeitsaufwand verbundene Tätigkeit im Beschwerdeverfahren der freiwilligen Gerichtsbarkeit die volle Gebühr an, so ist diese Bestimmung nicht schon wegen der Mittellosigkeit des Betroffenen im Sinne von § 12 Abs. 1 Satz 2; vgl. aber auch KG JurBüro 80, 1010 (1. Bei der Bestimmung der Geschäftsgebühr für ein Beschwerdeverfahren in einer selbständigen Familiensache entspricht es nicht der Billigkeit, die Höchstgebühr anzusetzen, wenn die Umstände, die dies rechtfertigen könnten, ersichtlich bereits bei der Festsetzung des ohnehin verhältnismäßig hohen Beschwerdewertes nach der KostO berücksichtigt worden sind und andere Umstände es nahelegen, eher an der unteren Grenze des Gebührenrahmens zu bleiben. – 2. Bei der Bemessung der Geschäftsgebühr für das Beschwerdeverfahren, das selbst nur einen geringen Umfang hatte, kann der Umfang des erstinstanzlichen Verfahrens jedenfalls bei einem bereits in dieser Instanz tätig gewesenen Anwalts nicht berücksichtigt werden).

19 Ein **Gutachten des Vorstandes der Rechtsanwaltskammer** muß vor Bestimmung der Gebühr im Einzelfall gemäß § 12 Abs. 2 nur dann beigezogen werden, wenn der RA und der Auftraggeber einen Rechtsstreit um die Vergütung führen (jedoch nicht erforderlich, wenn die Parteien über die Gebührenhöhe einig sind – Mindestgebühr, Mittelgebühr, Höchstgebühr). Dagegen ist die Beiziehung des Gutachtens nicht geboten, wenn z. B. die Kosten gegen den Gegner festgesetzt werden, Auch, wenn gegen einen Kostenfestsetzungsbeschluß Erinnerung und sodann Beschwerde eingelegt wird, ist es nicht erforderlich, das Gutachten einzuholen. Andererseits ist es nicht unzulässig, den Vorstand der Rechtsanwaltskammer zu hören; es ist vielmehr dringend zu empfehlen, in allen zweifelhaften Fällen von der gebotenen Möglichkeit Gebrauch zu machen.

Vgl. hierzu z. B. das in NJW 67, 258 = AnwBl. 69, 73 abgedruckte Gutachten der RAK Freiburg zur Höhe der Anwaltsgebühr bei der Unfallschadensregulierung; vgl. ferner OVG Münster NJW 67, 901 = Betrieb 67, 771 = JMBlNRW 67, 261 (Auch für die Normalfälle eines verwaltungsgerichtlichen Vorverfahrens ist der Ansatz einer Mittelgebühr gerechtfertigt. Sie beträgt fünfzehn Zwanzigstel der vollen Gebühr).

20 Die **Festsetzung gegen den Auftraggeber** gemäß § 19 ist unzulässig. § 19 Abs. 7 schließt die Festsetzung bei Rahmengebühren aus.

Eine insbesondere von Tschischgale

Tschischgale JurBüro 63, 693 und 64, 94; vgl. auch Stuttgart NJW 71, 59 = Justiz 71, 26.

vertretene Auffassung ging dahin, daß § 19 Abs. 7 sich nur auf die Gebühren mit Betragsrahmen beziehe, daß somit eine Festsetzung der Gebühren des § 118 – der Gebühren mit Satzrahmen – ohne Einschränkung zulässig sei.

Aber Abs. 7 spricht – ohne jede Beschränkung – von Rahmengebühren. Rahmengebühren sind aber nicht nur die Gebühren mit Betragsrahmen, sondern auch die mit Satzrahmen. Gebühren aus § 118 können daher nur im Wege der Klage gegen den Auftraggeber geltend gemacht werden.

Jetzt überwiegende Auffassung; vgl. z. B. Hartmann A 5 C; Braunschweig NJW 71, 1466; Hamm NJW 72, 2318.

21 Der **Gegenstandswert** ist nach § 7 auch der Berechnung der Gebühren des § 118 zugrunde zu legen. Die für die Gerichtsgebühren geltenden Wertvorschriften sind nach § 8 Abs. 1 S. 1 für die Berechnung der Rechtsanwaltsgebühren auch in sonstigen Angelegenheiten maßgebend, wenn es sich um eine Tätigkeit in einem gerichtlichen Verfahren handelt, deren Gebühren nicht im 3. bis 10. Abschnitt geregelt sind. Handelt es sich dabei um eine Tätigkeit vor einem Gericht der freiwilligen Gerichtsbarkeit, so sind die Wertvorschriften der KostO wie für die Gerichtsgebühren auch für die Anwaltsgebühren anzuwenden.

Schumann-Geißinger A 50 ff.

Ferner sind die für die Gerichtsgebühren geltenden Wertvorschriften nach § 8 Abs. 1 S. 2 immer dann maßgebend, wenn es sich um eine Tätigkeit des RA handelt, die einem gerichtlichen Verfahren vorausgeht, insbesondere für Zahlungsaufforderungen, Mahnungen, Kündigungen, Versuche der gütlichen Einigung, ferner für die Vorbereitung der Klage oder der Rechtsverteidigung und für die Tätigkeit in einem Einspruchs-, Beschwerde- oder Abhilfeverfahren, und zwar auch dann, wenn sich die Angelegenheit ohne gerichtliches Verfahren erledigt oder der RA in dem gerichtlichen Verfahren nicht tätig wird.

In allen anderen Angelegenheiten und dann, wenn für die Gerichtsgebühren keine Wertvorschriften vorgesehen sind, gilt § 8 Abs. 2.

Näheres Schumann MDR 67, 176 (Er behandelt eingehend den Gegenstandswert bei gerichtlichen Verfahren und vorgerichtlicher Tätigkeit – Zur Anwendung der Wertvorschriften der KostO – Angelegenheiten ohne bestimmten Geldwert – Zum Regelwert in vermögensrechtlichen Angelegenheiten und nichtvermögensrechtlichen Angelegenheiten).

Im Verwaltungsverfahren sind stets die Wertvorschriften des gerichtlichen Verfahrens zugrunde zu legen. Eine Wertfestsetzung nur für die Anwaltsgebühren nach § 10 wird in der Regel daran scheitern, daß es an einem Gericht des Rechtszugs fehlt, das diese Festsetzung vornehmen kann.

Entsteht in einem gerichtlichen Verfahren keine Gerichtsgebühr oder unterscheidet sich der Gegenstandswert der Tätigkeit des RA (er vertritt z. B. nur einen von mehreren Auftraggebern, die verschiedene Gegenstände geltend machen) von dem des Gerichts, ist der Streitwert nach § 10 zu bestimmen.

Zu beachten ist, daß hier nur der Gegenstandswert in Frage steht, aus dem die Gebühren zu berechnen sind, die der Anwalt gegen seine Auftraggeber geltend machen kann. Dieser Gegenstandswert kann sich u. U. weitgehend von dem Gegenstandswert unterscheiden, aus dem die Höhe der Vergütung zu berechnen ist, die der Auftraggeber von einem ersatzpflichtigen Dritten fordern kann.

H. Schmidt AnwBl. 69, 72 ff. (unter IV und V); BGH AnwBl. 69, 15 (zu Leitsatz 4). Einzelheiten siehe A 30.

Das zwischen dem Gegenstandswert, aus dem der RA seine Gebühren fordert, und dem Gegenstandswert, aus dem der Auftraggeber Ersatz der Anwaltskosten von einem erstattungspflichtigen Gegner verlangen kann, ein erheblicher Unterschied bestehen kann, wird vielfach verkannt.

H. Schmidt AnwBl. 69, 72 ff.

Beispiel:
Ein Unfallgeschädigter beauftragt einen RA, einen Betrag von 30000,— DM als Schmerzensgeld geltend zu machen. Der Haftpflichtversicherer des Schädigers erklärt sich bereit, 10000,— DM zu zahlen und die Anwaltskosten aus 10000,— DM zu übernehmen. In diesem Falle kann der RA seine Gebühren aus 30000,— DM berechnen, während sein Auftraggeber die Erstattung der Gebühren nur aus einem Betrag von 10000,— DM fordern kann. Wegen der Höhe des Gegenstandswertes, wenn ein Unfallschaden gemäß der Vereinbarung des DAV mit Versicherungsgesellschaften abgerechnet wird, vgl. Anhang C Nr. 13.

22 Beispiele für die Bestimmung des Gegenstandswertes und die Berechnung des Gebührensatzes. Eine lückenlose Übersicht über alle Möglichkeiten der Bestimmung des Gegenstandswertes und der Berechnung des Gebührensatzes kann bei der Vielfalt der Lebensvorgänge nicht gegeben werden. Vgl. wegen des Gegenstandswertes Schmidt/Schmidt Der Gegenstandswert in bürgerlichen Rechtsangelegenheiten Rz. 419 ff.; Schumann/Geißinger A 50 ff.

Im folgenden soll versucht werden, einige Beispiele zu bilden.

Vertragshilfeangelegenheiten pflegen meist umfangreich und schwierig zu sein, so daß selbst bei durchschnittlichen Einkommens- und Vermögensverhältnissen eine Erhöhung der Gebühren auf ¹⁰/₁₀ angebracht ist.

Kleinere Anträge an das Grundbuchamt, Registergericht, Vormundschaftsgericht (etwa auf Pflegerbestellung für ein Kind, dessen Ehelichkeit angefochten werden soll) sind dagegen häufig mit der Mindestgebühr (⁵/₁₀) ausreichend honoriert.

Länger dauernde Verfahren der freiwilligen Gerichtsbarkeit (z. B. bei einem hartnäckigen Streit um die Einziehung eines Erbscheins) werden regelmäßig die Erhöhung der Gebühr auf ¹⁰/₁₀ bewirken.

Die Anfertigung einfacher Urkunden (z. B. Abtretungserklärungen oder Löschungsanträge, Bürgschaftserklärungen, Handelsregisteranmeldungen, Schuldanerkenntnisse, Vollmachten) wird in der Regel durch eine ⁵/₁₀ bis ⁶/₁₀-Gebühr ausreichend vergütet sein.

Das Entwerfen von Verträgen der üblichen Art wird in der Regel den Ansatz der Mittelgebühr rechtfertigen.

Sind schwierigere Urkunden (komplizierte Gesellschaftsverträge, Erbauseinandersetzungsverträge, Testamente mit verwickelten Anordnungen) zu entwerfen, wird häufig die Höchstgebühr von ¹⁰/₁₀ in Betracht kommen.

Steht zu erwarten – wie u. U. bei Gesellschafts- oder Auseinandersetzungsverträgen –, daß mehrere Entwürfe zu fertigen sind, kann sogar die Höchstgebühr zu niedrig sein.

Bei der Fertigung von Geschäftsbedingungen, Musterverträgen und ähnlichen vielseitig verwendbaren Formularen wird über § 118 selten eine angemessene Vergütung des RA zu erzielen sein. Auf alle Fälle kann es zu einem Streit über die Höhe des Gegenstandswertes kommen. Es ist daher dringend anzuraten, bei derartigen Aufträgen Honorarvereinbarungen zu treffen. Der Entwurf guter Geschäftsbedingungen oder eines vielseitig zu verwendenden Mustervertrags kann für einen Geschäftsmann durch die Vermeidung von Streitigkeiten, Kosten usw. wesentlich wertvoller sein als das Erscheinen einer für sein Geschäft werbenden Anzeige, für die bedenkenlos 10000,—DM und mehr ausgegeben werden.

Wird der RA mit der Durchführung einer außergerichtlichen Schuldenregelung beauftragt, bestimmt der Gesamtbetrag der zu regelnden Schulden den Gegenstandswert, vorausgesetzt, daß eine einheitliche Angelegenheit vorliegt.

Tschischgale JurBüro 66, 375.

Über den Gegenstandswert bei Anmeldungen zum Handelsregister,

Lappe-Stöber Kosten in Handelssachen S. 188; Schumann/Geißinger A 61 ff.

im Beschwerdeverfahren gegen Entscheidungen des Registergerichts,
Lappe-Stöber a. a. O. S. 188

im Löschungsverfahren (Handelsregister),
Lappe-Stöber a. a. O. S. 188.

im Ordnungsverfahren (Registergericht),
Lappe-Stöber a. a. O. S. 189.

für Mitwirkung als Vertreter eines Beteiligten bei einer Beurkundung,
Lappe-Stöber a. a. O. S. 190.

bei Abschluß eines Gesellschaftsvertrags,
Lappe-Stöber a. a. O. S. 190.

bei Teilnahme an einer Haupt- oder Generalversammlung,
Lappe-Stöber a. a. O. S. 191; Schumann/Geißinger A 137.

bei Nachlaßverhandlungen,
Schumann/Geißinger A 64.

bei Erbscheinsverhandlungen.
Schumann/Geißinger A 58.

Honorarvereinbarung. Wie nicht anders zu erwarten, kann eine einzelne **23** Vorschrift – § 118 –, die verschiedenartigste Tätigkeiten gebührenmäßig regelt, nicht immer die angemessene Vergütung der Arbeit des RA gewährleisten.

Dabei besteht weniger die Gefahr, daß § 118 zu übersetzten Gebühren führt. Bei einfachen Schreiben kann gemäß § 120 statt der Gebühren des § 118 nur eine $\frac{2}{10}$-Gebühr, evtl. sogar nur eine Gebühr von 15,— DM anfallen.

Weitaus größer ist die Gefahr, daß die Tätigkeit des RA nur unzulänglich vergütet wird.

Ein umfangreicheres Verwaltungsverfahren ist durch die Gebühren des § 118 zu gering vergütet.

Gleiches gilt vielfach von dem Betreiben von Steuerangelegenheiten.

Es ist daher dringend zu empfehlen, vor Annahme des Auftrags zu erwägen, ob die Gebühren des § 118 eine ausreichende Vergütung gewährleisten, und in Zweifelsfällen (insbesondere auch hinsichtlich des Gegenstandswertes) die Übernahme des Mandats von einer Gebührenvereinbarung abhängig zu machen (Einzelheiten bei § 3).

Vgl. z. B. Hartmann A 1 C.

Dabei bietet sich z. B. in Verwaltungssachen an, den Ausschluß des § 119 mit der Maßgabe zu vereinbaren, daß die verschiedenen Verfahren als eigene Angelegenheiten gelten sollen.

Ebenso bietet sich bei Tätigkeiten, die in Tätigkeiten vor Gericht oder einer Behörde übergehen können, an, den Ausschluß der Anrechnungsanordnung des Abs. 2 zu vereinbaren.

Hat der RA mit dem Auftraggeber ein über dem gesetzlichen Gebührenanspruch liegendes Honorar vereinbart, ist bei einer Anrechnung nach Abs. 2

die Vergütung nur in Höhe der gesetzlichen Gebühren anzurechnen (falls die Anrechnung nicht überhaupt ausgeschlossen worden ist).

Riedel/Sußbauer A 49.

24 Weitere Gebühren. Außer den Gebühren des § 118 kann der RA zusätzlich erhalten

die Vergleichsgebühr des § 23 (vgl. aber wegen Verfahren in Sozialsachen § 116)

oder an ihrer Stelle

die Erledigungsgebühr des § 24,

Tschischgale JurBüro 64, 81.

außerdem

die Hebegebühr des § 22.

Die Vergleichsgebühr wird vielfach entstehen bei Auseinandersetzungsverhandlungen (z. B. Erbauseinandersetzung) oder bei der Unfallschadensregulierung.

Schumann/Geißinger A 27.

§ 51 ist in **Verfahren über die Prozeßkostenhilfe,** die Angelegenheiten des Zwölften Abschnitts betreffen, nicht anzuwenden. Der RA, der im Verfahren über die Prozeßkostenhilfe tätig wird, erhält ebenfalls die Gebühren des § 118. Dabei wird allerdings wohl – in Anlehnung an den Gedanken des § 51 – die Mittelgebühr in der Regel unterschritten werden können.

Der in gerichtlichen Verfahren im Wege der PKH beigeordnete RA erhält den gleichen Gebührensatz wie ein Wahlanwalt, jedoch die Gebühren nur nach den Beträgen des § 123.

Tschischgale JurBüro 64, 31.

25 Die **Anrechnung der Geschäftsgebühr nach Abs. 2.** Anzurechnen ist nach § 118 Abs. 2 die Geschäftsgebühr, soweit sie für eine Tätigkeit außerhalb eines gerichtlichen oder behördlichen Verfahrens entsteht, auf die Gebühren für ein anschließendes gerichtliches oder behördliches Verfahren.

Schumann/Geißinger A 37 ff.; LG Augsburg AnwBl. 82, 318.

Die Anrechnung hat nicht nur auf das unmittelbar anschließende Verfahren, sondern auch auf die nächstfolgenden zu erfolgen.

Hamburg JurBüro 77, 376.

Geht die im anschließenden Verfahren entstandene Gebühr ihrerseits in einer Gebühr für ein weiteres Verfahren auf (z. B. die Gebühr des § 51 in der Gebühr des § 31 Abs. 1 Nr. 1), ist auch die Geschäftsgebühr auf die im weiteren Verfahren entstandene Gebühr anzurechnen.

Hamburg MDR 77, 325 = JurBüro 77, 376.

Diese Vorschrift ist von besonderer Bedeutung, wenn ein RA, der zunächst den Auftrag hat, den Schuldner zur freiwilligen Leistung zu bewegen, nach dem Scheitern seiner Bemühungen den Auftrag erhält, ein gerichtliches Verfahren einzuleiten. Da ein RA, der sich in dieser Richtung bemüht, nachdem er den Prozeßauftrag erhalten hat, auch für diese Bemühungen durch die Prozeßgebühr abgegolten wird, ist vom Gesetz vorgesehen, daß die nach § 118 entstandene Geschäftsgebühr auf die Gebühren für die weitere Tätigkeit anzurechnen ist. Es folgt daraus, daß die Tätigkeit des RA, für welche die Geschäftsgebühr des § 118 entstanden ist, zu dem Kreise derjenigen Tätigkeiten gehören muß, die bei einem Prozeßauftrag nach § 37 durch die Prozeßgebühr abgegolten werden, wie z. B. die Vorbereitung der Klage, des Antrags oder der Rechtsverteidigung, soweit kein besonderes gerichtliches oder behördliches Verfahren stattfindet (§ 37 Nr. 1), und außergerichtliche Vergleichsverhandlungen (§ 37 Nr. 2). Durch die Vorschrift des § 13 Abs. 5, wonach der RA, nachdem er in einer Angelegenheit tätig geworden ist, beauftragt wird, in derselben Angelegenheit weiter tätig zu werden, nicht mehr an Gebühren erhält, als wenn er von vornherein hiermit beauftragt worden wäre, wird die Bestimmung des § 118 Abs. 2 nicht entbehrlich. Denn im Falle des § 13 Abs. 5 muß es sich um dieselbe Angelegenheit handeln, während es sich im Falle des § 118 Abs. 2 um eine andere – erste – Angelegenheit handelt, die mit dem zweiten Auftrag (dem Prozeßauftrag) nur zusammenhängt. Es muß also der erste Auftrag auf eine Tätigkeit außerhalb eines gerichtlichen oder behördlichen Verfahrens gerichtet gewesen sein, der zweite Auftrag auf die Vertretung in einem gerichtlichen oder behördlichen Verfahren. Er muß erteilt worden sein, nachdem sich herausgestellt hat, daß der erste Auftrag nicht den gewünschten Erfolg gehabt hat. Dieses Verfahren muß sich an den ersten Auftrag anschließen.

Damit ist zum Ausdruck gebracht, daß ein innerer und äußerer Zusammenhang bestehen muß.

> Vgl. z. B. Riedel JVBl. 58, 187; Tschischgale JurBüro 64, 92 („Fortsetzungszusammenhang").

Ein innerer Zusammenhang liegt vor, wenn das gleiche

> Riedel JVBl. 58, 187ff. spricht davon, daß der Streitstoff „im wesentlichen derselbe" sein muß. Dem ist zuzustimmen; wenn der Sachverhalt im großen und ganzen der gleiche bleibt, schaden einige Berichtigungen im tatsächlichen oder rechtlichen Vorbringen nicht.

Begehren, das zunächst außergerichtlich (außerhalb der Behörde) geltend gemacht worden ist, nunmehr gerichtlich (vor der Behörde) geltend gemacht wird. Dieser Zusammenhang ist auch dann gegeben, wenn der RA zunächst außergerichtlich einen Zahlungsanspruch verfolgt und gerichtlich wegen desselben Anspruchs als Verkehrsanwalt in der negativen Feststellungsklage des Gegners tätig ist.

> LG Nürnberg-Fürth JurBüro 85, 890.

Nicht das gleiche Begehren wird geltend gemacht, wenn ein Unfallgeschädigter sich außergerichtlich an den Haftpflichtversicherer des Schädigers wendet und sodann den Schädiger selbst – nur ihn allein – verklagt. Hier richtet sich das Begehren gegen zwei verschiedene Personen. Die Folge ist, daß eine Anrechnung nicht erfolgt. Die Gebühren des § 118 bleiben neben denen des § 31 Abs. 1 bestehen.

> H. Schmidt AnwBl. 74, 340 und 75, 222; LG Frankfurt JurBüro 82, 873 = AnwBl. 82, 318;
> **a. M.** Klimke AnwBl. 75, 220; AG Alzey AnwBl. 82, 399.

Die (Prozeß-)Gebühr für die vorgerichtliche Beratung des Ehegatten, der Auftrag, Scheidung einzureichen, erteilt, diesen dann aber wieder zurückgezogen hatte, ist auf die Gebühren für seine Vertretung in der später von dem anderen Ehegatten eingereichten Scheidung grundsätzlich nicht anzurechnen.

Karlsruhe JurBüro 82, 1208.

Ebenso ist die einem RA erwachsene Gebühr für den Entwurf einer notariellen Anfechtungserklärung bezüglich eines Erbvertrages nicht auf die Prozeßgebühr einer sich anschließenden Feststellungsklage über die Rechtswirksamkeit des Erbvertrages anzurechnen.

München JurBüro 73, 1160 = MDR 74, 149.

Außerdem muß ein zeitlicher Zusammenhang bestehen. Der RA muß die Angelegenheit noch gegenwärtig haben und sich nicht erneut einarbeiten müssen. Allerdings ist nicht nötig, daß sich das gerichtliche oder behördliche Verfahren unmittelbar anschließt. Dem Auftraggeber muß ein gewisser Zeitraum für Überlegungen gelassen werden, ob er nun einen Rechtsstreit oder ein behördliches Verfahren riskieren will. Wie groß dieser Zeitraum bemessen werden muß, läßt sich nicht einheitlich für alle Fälle sagen. Es wird auf die einzelnen Umstände ankommen.

Riedel/Sußbauer A 47; KG DAR 78, 91 (ein gewisser Zusammenhang muß bestehen).

Welcher Art das gerichtliche (oder behördliche) Verfahren ist, das sich anschließt, ist gleichgültig. Es muß also nicht notwendig ein Prozeß sein. Es genügt auch jedes andere Verfahren, wenn es sich nur als die logische Fortsetzung der früheren Tätigkeit darstellt.

Beispiele:

a) An außergerichtliche Sanierungsverhandlungen schließt sich ein Konkursverfahren an.

b) Auf Verhandlungen über die Bezahlung einer Schuld, für die ein Schuldtitel des § 794 Abs. 1 Nr. 5 ZPO besteht, folgt nach ihrem Scheitern der Vollstreckungsauftrag.

In beiden Fällen schließt sich das gerichtliche Verfahren an. Der RA, der den Gläubiger oder den Gemeinschuldner im Konkursverfahren vertritt, muß sich auf die im Konkursverfahren verdienten Gebühren die bereits verdiente Geschäftsgebühr anrechnen lassen.

Das gleiche gilt von dem RA, der im Falle b) den Vollstreckungsauftrag erteilt. Dabei ist unerheblich, ob das Vollstreckungsgericht oder der Gerichtsvollzieher angegangen wird, denn auch die Vollstreckungstätigkeit durch den Gerichtsvollzieher ist ein gerichtliches Verfahren i. S. des § 118 Abs. 2.

Weitere Beispiele:

a) Außergerichtliche Einigungsversuche – Teilzahlung – Klage wegen des Restes.

Schumann/Geißinger A 315; KG VersR 76, 641.

b) Abmahnschreiben in Wettbewerbssachen, das einer einstweiligen Verfügung vorausgeht.

Hamburg MDR 81, 944.

c) Abschlußschreiben in Wettbewerbssachen, das dem Hauptprozeß vorausgeht.

Hamburg MDR 81, 944; AnwBl. 82, 397.

Zweck der Anrechnungsvorschrift ist es zu verhindern, daß die gleiche – oder annähernd gleiche – Tätigkeit zweimal honoriert wird, wenn die Angelegenheit zunächst als außergerichtliche und erst später als gerichtliche betrieben wird, während sie nur einmal honoriert worden wäre, wenn die Angelegenheit sofort vor das Gericht gebracht worden wäre. Damit ist der Kreis der in § 37 aufgeführten Tätigkeiten umrissen.

Beispiele:

a) Die Entgegennahme der Information wird gemäß § 37 Nr. 1 durch die Prozeßgebühr abgegolten,

b) Vergleichsverhandlungen nach Erteilung des Prozeßauftrages werden gemäß § 37 Nr. 2 ebenfalls durch die Prozeßgebühr abgegolten.

In diesen Fällen muß die Geschäftsgebühr auf die Prozeßgebühr angerechnet werden.

Wäre die Tätigkeit, die der RA vor Erhalt des Auftrags zur gerichtlichen Geltendmachung entwickelt hat, auch dann gesondert neben den üblichen Gebühren für das gerichtliche Verfahren zu vergüten, wenn sie nach Erteilung des Auftrags ausgeführt worden wäre, ist für eine Anrechnung kein Raum.

Gemäß § 37 Nr. 1 gehört z. B. die Vorbereitung der Klage nicht zum Rechtszuge, „soweit ein besonderes gerichtliches oder behördliches Verahren stattfindet". Diese Tätigkeit wird auch dem Prozeßanwalt gesondert vergütet.

Beispiele:

a) Das Verfahren vor dem Amt für Verteidigungslasten,

Hamm JMBlNRW 67, 92 (Kosten, die dem im Schadensprozeß obsiegenden Anspruchsberechtigten im Verfahren vor dem Amt für Verteidigungslasten entstanden sind, sind grundsätzlich nicht als Prozeßkosten erstattungsfähig; sie müssen mit der Hauptsache zusammen eingeklagt werden).

b) das Verfahren vor dem Vormundschaftsgericht (Antrag auf Pflegerbestellung usw.),

c) das Abhilfeverfahren in Bayern vor einem Rechtsstreit gegen den Staat.

Werden diese Verfahren von dem Prozeßbevollmächtigten betrieben, so wird seine Tätigkeit nicht durch die Prozeßgebühr abgegolten. Sie ist gesondert gemäß § 118 zu vergüten.

Hat der Prozeßbevollmächtigte die Gebühren für diese Verfahren gesondert zu beanspruchen, hat sie auch der RA, der zunächst außergerichtlich tätig war, neben den später anfallenden Gebühren im Prozeß zu erhalten. Eine Anrechnung findet nicht statt.

Beispiel:

Der RA hat nur den Auftrag, einen Anspruch bei dem Amt für Verteidigungslasten geltend zu machen. Er erhält Gebühren nach § 118. Die Verhandlungen scheitern. Der Rechtsanwalt wird nunmehr mit der Führung des Rechtsstreits beauftragt. Der RA erhält die Gebühren des § 31 Abs. 1 gesondert neben den Gebühren des § 118.

Die Besprechungsgebühr ist auf später anfallende Gebühren nicht anzurechnen. Der RA hat also Anspruch auf die Besprechungsgebühr und zusätzlich auf die Verhandlungs- bzw. Erörterungsgebühr, wenn es im Rechtsstreit zur Verhandlung oder Erörterung kommt.

Für eine Anrechnung der Beweisaufnahmegebühr ist gleichfalls kein Raum, da ihre Entstehung bereits ein gerichtliches oder behördliches Verfahren voraussetzt, sie also für „eine Tätigkeit außerhalb eines gerichtlichen oder behördlichen Verfahrens" nicht erwachsen kann.

Nach Abs. 2 wird die Geschäftsgebühr auf die Gebühren für die gerichtliche Tätigkeit angerechnet, sie wird aber nicht durch die prozessualen Gebühren ersetzt.

Das bedeutet, daß die Geschäftsgebühr bestehen bleibt, soweit sie höher ist als die Gebühren, die in dem gerichtlichen Verfahren für die entsprechende Tätigkeit anfallen.

Selbstverständlich ist, daß die Anrechnungsanordnung nicht dazu führen kann, dem RA die durch seine vorgerichtliche Tätigkeit bereits verdiente Geschäftsgebühr zu nehmen, weil die Gebühren für die Tätigkeit innerhalb des gerichtlichen Verfahrens geringer sind.

Schließt sich ein Verwaltungsverfahren an Verhandlungen mit dem Gegner an, so wird im allgemeinen nur eine einzige Angelegenheit vorliegen, so daß die in § 118 bestimmten Gebühren nach § 13 Abs. 2 S. 1 nur einmal entstehen. In diesem Fall kommt eine Anrechnung von Gebühren nicht in Betracht. Handelt es sich aber um verschiedene Angelegenheiten, die zusammenhängen, so ist angemessen, daß auf die Geschäftsgebühr für das Verwaltungsverfahren die für die vorausgegangene Tätigkeit entstandene Geschäftsgebühr angerechnet wird. Ein besonderer Arbeitsaufwand des RA kann in beiden Fällen innerhalb des Gebührensatzrahmens des § 118 angeglichen werden.

Eine Anrechnung der Geschäftsgebühr für ein Verwaltungsverfahren auf die Gebühren für ein anschließendes gerichtliches Verfahren hat nicht zu erfolgen. Beide Verfahren sind selbständige Verfahren und auch gebührenrechtlich verschieden geregelt. Jedes Verfahren erfordert für sich einen beträchtlichen besonderen Arbeitsaufwand. Daher ist es angemessen, daß der RA die für jedes dieser Verfahren besonders bestimmten Gebühren ungekürzt erhält.

      München JurBüro 76, 209 = Rpfleger 76, 106.

Das Verwaltungsverfahren, das dem Rechtsstreit vorausgeht und der Nachprüfung des Verwaltungsverfahrens dient (Vorverfahren, Einspruchsverfahren, Beschwerdeverfahren, Abhilfeverfahren), ist nach § 119 Abs. 1 zusammen mit dem vorangegangenen Verwaltungsverfahren eine Angelegenheit.

Keine Anrechnung, wenn außergerichtlich und im folgenden Rechtsstreit verschiedene Gegenstände geltend gemacht werden.

      Schumann/Geißinger A 318.

Keine Anrechnung, wenn nach außergerichtlichem Vergleich die Kosten geltend gemacht werden.

      Stuttgart JurBüro 76, 339.

Die Geschäftsgebühr geht auch nicht in einer Prozeßgebühr eines vorangehenden Rechtsstreits auf. Sie entsteht vielmehr selbständig. Beispiel: Der RA hat ein Feststellungsurteil über den Grund von Schadensersatzansprüchen erwirkt. Er wird nunmehr beauftragt, außergerichtlich über die Höhe zu verhandeln. Die für diese Tätigkeit anfallende Geschäftsgebühr geht nicht in der Prozeßgebühr des Feststellungsverfahrens auf.

26 Die Anrechnung bei verschieden hohen Gegenstandswerten. Es ist möglich, daß sich die Gegenstandswerte, auf die sich die außergerichtliche Tätigkeit und die spätere Tätigkeit bei Gericht beziehen, nicht decken.

Vgl. Riedel JVBl. 58, 188; H. Schmidt AnwBl. 69, 80; Schumann JVBl. 59, 67 und MDR 63, 17.

Der Gegenstandswert der gerichtlichen Tätigkeit kann höher, er kann aber auch niedriger sein.

a) Der Gegenstandswert der Tätigkeit vor Gericht ist höher.

aa) Der Gebührensatz bleibt gleich hoch oder erhöht sich ebenfalls.
Beispiel: Der RA macht außergerichtlich 3000,— DM geltend (Gebühr: $^{7,5}/_{10}$-Geschäftsgebühr). Er erhebt sodann Klage wegen 5000,— DM (Gebühr: $^{10}/_{10}$-Prozeßgebühr).

Berechnung:

$^{7,5}/_{10}$-Geschäftsgebühr aus 3000,— DM	131,30 DM
$^{10}/_{10}$-Prozeßgebühr aus 5000,— DM	279,— DM
Die Geschäftsgebühr ist voll anzurechnen.	
Der RA erhält sonach	279,— DM
oder, falls er die Geschäftsgebühr mit	131,30 DM
bereits erhalten hat, noch	147,50 DM
auf die Prozeßgebühr.	

bb) Der Gebührensatz ermäßigt sich.
Beispiel: Der RA macht außergerichtlich 3000,— DM geltend (Gebühr: $^{7,5}/_{10}$-Geschäftsgebühr). Er erhält Klagauftrag wegen 5000,— DM. Vor Klageinreichung erledigt sich die Angelegenheit vollständig (Gebühr: $^{5}/_{10}$-Prozeßgebühr).

Berechnung.

$^{7,5}/_{10}$ Geschäftsgebühr	aus 3000,— DM	131,30 DM
$^{5}/_{10}$ Prozeßgebühr	aus 5000,— DM	139,50 DM
		270,80 DM
abzüglich		
$^{5}/_{10}$	aus 3000,— DM	87,50 DM
verbleiben		183,30 DM.

Riedel JVBl. 58, 189 Nr. 2 unter „Beispiele" u. S. 189ff.; Schumann JVBl. 59, 67 Ziff. 4; Kersting-Reuter MDR 84, 446 Fall 5; Mümmler JurBüro 85, 990.

Aus der Geschäftsgebühr ist der Gebührenanteil auf die Prozeßgebühr anzurechnen, der $^{5}/_{10}$ aus dem niedrigeren Wert entspricht.

Mümmler JurBüro 85, 990.

Gerold-Schmidt
8. Aufl. § 118 A 22 u. Schmidt AnwBl. 69, 80

rechnen anders:
Der RA kann beanspruchen in entsprechender Anwendung des § 13 Abs. 3

$^{7,5}/_{10}$-Gebühr	aus 3000,— DM	131,30 DM
und $^{5}/_{10}$-Gebühr	aus 5000,— DM – 3000,— DM	
	= 2000,— DM	65,— DM
		196,30 DM,
jedoch nicht mehr als		
$^{7,5}/_{10}$-Gebühr	aus 5000,— DM	209,30 DM.
Es verbleibt sonach bei		196,30 DM.

Gegen diese Berechnung ist einzuwenden, daß nicht erst bei den Beträgen, sondern schon bei den Werten abgezogen wird. Es ist aber eine Gebühr (= Betrag), nicht deren Wert anzurechnen.

b) Der Gegenstandswert der gerichtlichen Tätigkeit ist niedriger.

H. Schmidt AnwBl. 69, 72 (bei VI) (eingehende Behandlung mit Beispielen aus der Unfallschadensregulierung; Stellungnahme zu BGH AnwBl. 69, 19); KG VersR 76, 641 = JurBüro 76, 1673.

aa) Der Gebührensatz bleibt gleich hoch oder verringert sich ebenfalls. Beispiel: Der RA macht außergerichtlich 5000,— DM geltend (Gebühr: $^{7,5}/_{10}$-Geschäftsgebühr). Er erhält sodann Klagauftrag über 3000,— DM. Die Angelegenheit erledigt sich vor Einreichung der Klage (Gebühr: $^{5}/_{10}$-Prozeßgebühr).

Berechnung:

$^{7,5}/_{10}$-Geschäftsgebühr aus 5000,— DM	209,30 DM
$^{5}/_{10}$-Prozeßgebühr aus 3000,— DM	87,50 DM
Der RA kann fordern die Prozeßgebühr	87,50 DM
und die restliche Geschäftsgebühr(209,30 DM ∕ 87,50 DM =)	121,80 DM
	209,30 DM

d. h.

praktisch nur die Geschäftsgebühr mit   209,30 DM.

bb) Der Gebührensatz erhöht sich. Beispiel: Der RA macht außergerichtlich 5000,— DM geltend (Gebühr: $^{7,5}/_{10}$-Geschäftsgebühr). Er erhebt sodann Klage über 3000,— DM ($^{10}/_{10}$-Prozeßgebühr).

Vgl. KG JurBüro 76, 1673.

Berechnung.

$^{7,5}/_{10}$-Geschäftsgebühr	aus 5000,— DM	209,30 DM
$^{10}/_{10}$-Prozeßgebühr	aus 3000,— DM	175,— DM
		384,30 DM
abzüglich $^{7,5}/_{10}$	aus 3000,— DM	131,30 DM
verbleiben		253,— DM.

Der Prozeßgebühr aus dem rechtshängigen Betrag kann nur jene Geschäftsgebühr zugerechnet werden, die sich aus den Gebührenunterschieden der Geschäftsgebühr aus dem ursprünglich geltendgemachten Betrag und der Geschäftsgebühr aus dem in den Rechtsstreit eingeführten Restbetrag ergibt.

Mümmler JurBüro 85, 990 (992); Kersting-Reuter a. a. O.

Also kann man auch so rechnen:

$^{10}/_{10}$-Prozeßgebühr	aus 3000,— DM	175,— DM
zuzüglich Differenz	aus	
der $^{7,5}/_{10}$-Geschäftsgebühr	aus 5000,— DM = 209,30 DM	
_ $^{7,5}/_{10}$	aus 3000,— DM = 131,30 DM	
		78,— DM
ergibt		253,— DM.

Gerold-Schmidt

8. Auflg. § 118 A 22

rechnen auch hier anders:

¹⁰⁄₁₀-Prozeßgebühr	aus 3000,— DM	175,— DM
sowie ⁷˙⁵⁄₁₀-Geschäftsgebühr		
	aus 5000,— DM – 3000,— DM	
ergibt	= 2000,— DM	97,50 DM
jedoch nicht mehr als		272,50 DM,
¹⁰⁄₁₀-Prozeßgebühr		
	aus 5000,— DM	279,— DM.

Hier wird also schon bei den Gegenstandswerten abgezogen und der Teilgegenstandswert von 2000,— DM zweimal vergütet, was unzulässig ist.

Kersting-Reuter a. a. O.

Keine Anrechnung bei der Vergleichsgebühr. § 118 Abs. 2 schreibt nur **27** die Anrechnung der Geschäftsgebühr vor. Hierzu gehört die Vergleichsgebühr des § 23 nicht. Die in vorgerichtlicher Tätigkeit verdiente Vergleichsgebühr ist auf die in dem anschließenden gerichtlichen oder behördlichen Verfahren anfallenden Gebühren nicht anzurechnen,

Riedel/Sußbauer A 48.

auch nicht auf eine etwa nochmals entstehende Vergleichsgebühr. Es handelt sich um Vergleiche in zwei verschiedenen Angelegenheiten. Daraus folgt, daß auch § 13 Abs. 2 S. 1 nicht entgegensteht.

Beispiel: Eine Unfallschadenssache ist vorgerichtlich wirksam verglichen worden. Trotzdem entsteht Streit, der in dem folgenden Rechtsstreit erneut durch einen Vergleich beendet wird. Es sind 2 Vergleichsgebühren entstanden.

Daß **bei den Auslagen keine Anrechnung** erfolgt, ist an sich selbstver- **28** ständlich. Einmal gemachte Aufwendungen können nicht in späteren Aufwendungen untergehen. Das gilt auch von den Postgebühren in Form der Pauschale des § 26 Satz 2.

Beispiel: Vorgerichtliche Gebühren 250,— DM, Postpauschale 37,50 DM. Gerichtliche Gebühren 400,— DM, in denen die 250,— DM vorgerichtliche Gebühren voll aufgehen. Postpauschale 40,— DM.

Der RA kann fordern	
die Postpauschale der vorgerichtlichen Tätigkeit	37,50 DM
die Gebühr	400,— DM
die Postpauschale des gerichtlichen Verfahrens	40,— DM
	477,50 DM

H. Schmidt AnwBl. 69, 85.

Wiederaufleben angerechneter Gebühren. Fallen die im gerichtlichen **29** Verfahren dem RA erwachsenen Gebühren weg, weil die Prozeßführung schuldhaft unrichtig war, so bleiben die vorgerichtlich entstandenen Gebühren dem RA erhalten.

Riedel/Sußbauer A 52, Nürnberg AnwBl. 63, 106 = JurBüro 63, 49 = NJW 62, 2014 = Rpfleger 63, 15 (Anm. Petermann).

Materiellrechtlicher Kostenersatzanspruch. In vielen Fällen hat der Auf- **30** traggeber einen Anspruch auf Ersatz der von ihm an seinen Anwalt gezahlten

Vergütung gegen einen Dritten. Dieser Ersatzanspruch kann auf verschiedenen Rechtsgründen beruhen.

Am klarsten und einfachsten ist die Lage, wenn der Dritte die Kosten vertraglich übernommen hat.

Beispiel: Der Haftpflichtversicherer eines Schädigers übernimmt die Anwaltskosten des Geschädigten.

Vgl. AG Stuttgart AnwBl. 71, 112 mit Anm. von Chemnitz.

Diese Übernahme braucht nicht unbedingt expressis verbis zu erfolgen (wenn dies allerdings im Interesse der Klarheit zu empfehlen ist), kann sich vielmehr auch aus den Umständen ergeben.

Vgl. die bei A 69 zu § 23 wiedergegebene Rechtsprechung des BGH zum Vergleich in Stationierungsschadensregelungen.

Dabei können sich Besonderheiten hinsichtlich des Gegenstandswerts und der Höhe der Gebühren ergeben.

Fordert ein Unfallgeschädigter z. B. 10000,— DM und vergleicht er sich sodann auf 3000,— DM, so kann es geschehen, daß der Haftpflichtversicherer des Schädigers die Kosten nur aus einem Werte von 4000,— DM übernimmt, weil er die Ansprüche bis höchstens zu diesem Betrag für vertretbar erachtet. In einem solchen Falle sind die Anwaltskosten nur aus einem Werte von 4000,— DM zu ersetzen (seinem Anwalt muß der Geschädigte die Gebühren aus 10000,— DM zahlen). Will dies der Geschädigte nicht, darf er keinen Vergleich eingehen.

Ebenso ist es möglich, daß der Geschädigte mit seinem Anwalt eine $^{10}/_{10}$-Geschäfts- und eine $^{10}/_{10}$-Besprechungsgebühr vereinbart hat, während der Haftpflichtversicherer des Schädigers neben der $^{10}/_{10}$-Vergleichsgebühr nur eine $^{7,5}/_{10}$-Geschäftsgebühr und eine $^{7,5}/_{10}$-Besprechungsgebühr zahlen will. Vergleichen sich die Parteien auf der von dem Haftpflichtversicherer vorgeschlagenen Basis, erhält der Geschädigte nur je eine $^{7,5}/_{10}$-Geschäfts- und Besprechungsgebühr, während er an seinen Anwalt $^{10}/_{10}$-Gebühren zu zahlen hat.

Außerdem hat der Auftraggeber u. U. gegen Dritte Anspruch auf Ersatz seiner Kosten auf Grund gesetzlicher Vorschriften.

So können die Anwaltskosten eines Geschädigten Folgeschäden sein, die mit dem Hauptschaden von dem Schädiger zu ersetzen sind. Hierzu zählen insbesondere die Anwaltskosten des Geschädigten bei der Unfallschadensregulierung.

Vgl. z. B. BGH AnwBl. 69, 15 = MDR 69, 41 = NJW 68, 2334 = VersR 68, 1145.

Zu ersetzen sind die Gebühren in der gesetzlichen Höhe, nicht jedoch vereinbarte Gebühren in einer darüber hinausgehenden Höhe. Über die Bestimmung der gesetzlichen Gebühr vgl. § 12.

Hinsichtlich des **Gegenstandswerts** wird z. T. die Auffassung vertreten, daß die Gebühren aus dem Wert des Anspruchs zu ersetzen sind, der sich zwar als objektiv nicht im vollen Umfang begründet erweist, der aber aus der Sicht des Geschädigten zur Zeit der Geltendmachung verständigerweise vertretbar gewesen ist. Begründet wird diese Ansicht damit, dem Geschädigten könne ein besonderes Kostenrisiko nicht zugemutet werden; es sei billig, daß der Schädiger diese Kosten trage, denn ohne das Schadensereignis wären diese Kosten nicht entstanden.

So insbes. Gerold-Schmidt 8. Aufl. § 118 A 26; H. Schmidt AnwBl. 69, 72; ebenso Ruhkopf VersR 68, 22; Schütz VersR 68, 913; LG Hannover VersR 66, 1145; AG Burgsteinfurt AnwBl. 86, 135.

Nach **h. M.** richtet sich der Gegenstandswert für die Frage der Kostenerstattung allein nach der Höhe des vom Ersatzpflichtigen tatsächlichen bezahlten Betrages. Denn auch im Rechtsstreit trägt der Kläger das volle Kostenrisiko. Ist sein Anspruch zum Teil unbegründet und wird die Klage daher teilweise abgewiesen, fallen ihm die Prozeßkosten im entsprechenden Verhältnis zur Last, ohne daß jemand fragt, ob der Kläger den Klaganspruch im Zeitpunkt seiner Geltendmachung vernünftigerweise für vertretbar halten konnte. Nimmt er die Klage zurück, ohne auf den Klaganspruch zu verzichten, so begibt er sich selbst in die Rolle des Unterlegenen und ihm müssen die Kosten auferlegt werden, ohne daß es auf seine Motive zur Klagerücknahme ankommt. Die Kosten sind also abhängig vom prozessualen Erfolg, messen sich allein an dem Grade des Obsiegens oder des Unterliegens. Diese Grundsätze gelten auch bei außergerichtlichen Schadensregulierungen.

BGH AnwBl. 69, 15 = VersR 68, 1145; NJW 70, 1122 = DAR 70, 242 = MDR 70, 663.

In der Unfallschadensregulierung ist streitig, ob zu den Anwaltskosten des Unfallgeschädigten, die der Haftpflichtversicherer des Schädigers grundsätzlich erstatten muß, auch die Kosten gehören, die durch die Einschaltung des Anwalts bei den Regulierungsverhandlungen mit der eigenen Kaskoversicherung entstehen. Die Frage wird teilweise verneint,

Celle VersR 58, 344; Düsseldorf VersR 54, 179; LG Konstanz VersR 61, 95; AG Köln VersR 69, 959.

teilweise bejaht.

KG VersR 73, 926; Hamm AnwBl. 83, 141; LG Gießen VersR 81, 963; AG Marburg VersR 74, 71 mit zust. Anm. von Klimke (VersR 74, 350) und abl. Anm. von Schmatzl (VersR 75, 387); AG Saarbrücken AnwBl. 82, 38.

Eine dritte Auffassung dürfte richtig sein. Dadurch, daß sich der Geschädigte zunächst an seine Kaskoversicherung wendet, wird der Anspruch gegen den Haftpflichtversicherer des Schädigers geringer. Damit sinken auch die Anwaltskosten. Es entspricht der Billigkeit, daß der Haftpflichtversicherer soviel an Kosten zahlt, wie entstanden wären, wenn sich der Geschädigte wegen seiner gesamten Ansprüche an den Haftpflichtversicherer gewandt hätte. Einen darüber hinausgehenden Betrag kann er nicht fordern, weil er gemäß § 254 BGB verpflichtet ist, den Schaden gering zu halten. Nach dem Grundsatz kausaler Adäquanz braucht der Schädiger Kosten nur im Rahmen des ihm zuzurechnenden Verantwortungsbeitrages zu erstatten. Haftet der Schädiger z. B. über § 17 StVG nur zu ½, dann können auch nur die Hälfte der durch die Anspruchnahme des Kaskoversichererers entstandenen Anwaltskosten vom Schädiger ersetzt verlangt werden. Außerdem ist die Degression der Gebührentabelle zu berücksichtigen. Wenn infolge der Degression der Tabelle durch die Inanspruchnahme des Kaskoversicherers abgrenzbare Mehrkosten entstehen, dann ist der Schädiger zur Erstattung dieser Mehrkosten nicht verpflichtet. Beispiel: 5000,— DM Sachschaden werden bei der Kaskoversicherung des Mandanten, 3000,— DM Schmerzensgeld bei der Haftpflichtversicherung des Schädigers geltend gemacht. Die $^{7,5}/_{10}$ Geschäftsgebühr bezüglich der Kaskoversicherung beträgt 209,30 DM, bezüglich der Haftpflichtversicherung 131,30 DM, zusammen 340,60 DM. Aber die Haftpflichtversicherung hat zu erstatten lediglich die $^{7,5}/_{10}$-Geschäftsgebühr aus dem Gegenstandswert 8000,— DM mit 326,30 DM. Den Rest von 14,30 DM muß der Geschädigte seinem Anwalt selbst zahlen.

Klimke AnwBl. 75, 220; AnwBl. 76, 169.

Kommt der Haftpflichtversicherer allerdings in Verzug (er zahlt den geforderten Vorschuß nicht alsbald) oder verzögert sich die Schadensregulierung aus anderen – von dem Geschädigten nicht zu vertretenden – Gründen, kann er auch die durch die Inanspruchnahme der Kaskoversicherung entstandenen Anwaltskosten voll erstattet verlangen.

Vgl. LG Karlsruhe AnwBl. 83, 336.

In gleicher Weise können Anwaltskosten im wasserrechtlichen Entschädigungsverfahren zu ersetzen sein.

BGH DVBl. 69, 208 = MDR 69, 297 = WM 69, 603 (Die Frage, ob die Beiziehung eines RA notwendig erscheint, muß von der Sicht einer verständigen Partei her, nicht aber nach den objektiven Maßstäben beurteilt werden, die einer rechts- und sachkundigen Person in der betreffenden Rechtsmaterie zur Verfügung stehen. Es kann unterstellt werden, daß die Behörde auf Entschädigungsansprüche mit aller Sorgfalt eingeht und viele Entschädigungsverfahren bereinigt, ohne daß sich der Antragsteller der Hilfe eines Anwalts bedient. Dies schließt im Einzelfall nicht aus, daß ein Betroffener zur Erforschung und zum Nachweis des rechtserheblichen Sachverhalts rechtskundiger Hilfe bedarf oder von seinem Standpunkt aus für erforderlich ansehen darf. Dabei ist von der Lage auszugehen, die beim Eintritt der Schädigung vorlag, und die Dinge sind vom damaligen Standpunkt des Geschädigten aus zu betrachten).

Ebenso sind Anwaltskosten, die dem Betroffenen im administrativen Enteignungsverfahren erwachsen sind, zu ersetzen.

Steffen DVBl. 69, 174; BGH DVBl. 69, 204 und NJW 73, 2202 = MDR 74, 30 = JurBüro 74, 186 = Rpfleger 73, 425 (Besitzeinweisungsverfahren).

Ferner können sich Ersatzansprüche aus positiver Vertragsverletzung

Vgl. z. B. LG Münster JurBüro 81, 1194 mit Anm. von Mümmler; AG Heidelberg MDR 69, 391.

oder aus Verzug ergeben.

AG Nürnberg AnwBl. 81, 198.

Außerdem – es sei nur noch dieses Beispiel angeführt – ist es möglich, daß die Anwaltskosten für die Abwehr von unbegründeten Anspruch als Folgeschäden eines Eingriffs in einen eingerichteten Gewerbebetrieb zu ersetzen sind. Anwaltliche Abmahnungskosten bei unlauterem Wettbewerb sind als Schadensersatz bzw. aus Geschäftsführung ohne Auftrag zu erstatten.

BGH BGHZ 52, 393 und MDR 81, 24; Köln GRUR 79, 76.

31 Prozessualer Kostenerstattungsanspruch. Hier sind verschiedene Gruppen zu unterscheiden.

Vgl. zu dem Problem v. Eicken Festschrift S. 11 ff. (Erstattungsfähigkeit vorprozessualer Gutachter- und Anwaltskosten).

An erster Stelle seien die Verfahren genannt, in denen Anwaltsgebühren aus § 118 erwachsen; es sind dies z. B. die meisten Verfahren der freiwilligen

Gerichtsbarkeit. In diesen Verfahren können gemäß § 13a FGG Kostenent-scheidungen dahin ergehen, daß ein Beteiligter die einem anderen Beteiligten erwachsenen notwendigen Auslagen zu erstatten hat. Hier ist eindeutig, daß die Kostenfestsetzungsinstanzen auch die Rahmengebühren des § 118 zur Erstattung festzusetzen haben. Wegen der Bestimmung der Höhe der Gebühren vgl. § 12.

Ferner ist möglich, daß die Gebühren zwar nicht im Prozeß selbst, aber notwendigerweise zu seiner Vorbereitung entstehen.

Beispiel: Um einen Ehelichkeitsanfechtungsprozeß führen zu können, muß ein Pfleger bestellt werden. Der mit der Prozeßführung beauftragte RA beantragt die Pflegerbestellung. Er erhält hierfür die Geschäftsgebühr.

Unstreitig ist, daß auf Grund einer Kostenentscheidung gemäß §§ 91 ff. ZPO nicht nur die eigentlichen Prozeßkosten zu erstatten sind, sondern auch die Kosten, die zu seiner Vorbereitung notwendig waren. Notwendig waren im oben genannten Beispiel auch die Anwaltskosten. Der Rechtspfleger hat deshalb in seinem Kostenfestsetzungsbeschluß auch über diese vorgerichtli-chen Gebühren aus § 118 zu entscheiden (er kann das ebenso wie der Beamte in der Abteilung für freiwillige Gerichtsbarkeit).

> Karlsruhe Rpfleger 69, 422; Koblenz NJW 78, 1751;
> **a. M.** Frankfurt Rpfleger 70, 444 = JurBüro 70, 965; München NJW 70, 433 = JurBüro 69 1215 =JVBl. 70, 39 = Rpfleger 70, 32 (Die Kosten einer für die Klagerhebung erforderlichen vormundschaftsgerichtlichen Genehmigung sind von dem im anschließenden Rechtsstreit unterlegenen Gegner nicht zu erstatten).

Dagegen können die Kosten, die zwar vorgerichtlich entstanden, aber nicht durch eine Tätigkeit veranlaßt sind, die unmittelbar auf die Prozeßführung gerichtet ist, auf Grund der Kostenentscheidung im Urteil, nicht im Wege der Kostenfestsetzung festgesetzt werden.

Beispiel: Der RA des Geschädigten fordert Ersatz des Unfallschadens, der verweigert wird. Nach seinem Tode (verstorben, um die Anrechnung gemäß § 118 Abs. 2 auszuschließen) führt ein zweiter Anwalt den Prozeß und ge-winnt. Die Kosten des ersten Anwalts können nicht festgesetzt werden. Sie müssen eingeklagt werden.

Über den Fall, in dem auch ohne Anwaltswechsel ein Teil der Kosten eingeklagt werden muß (weil ein Teil vorgerichtlich bezahlt worden ist),

> Vgl. H. Schmidt AnwBl. 69, 72.

Die Kosten eines vorprozessualen Abmahnschreibens können nicht als Kosten des Rechtsstreits erstattet verlangt werden. Sie müssen – falls notwendig – eingeklagt werden. Allerdings wird in der Regel eine Anrechnung nach § 118 Abs. 2 in Betracht kommen.

> Vgl. Koblenz JurBüro 81, 1089.

Sehr streitig ist, ob die **Kosten** zu erstatten sind, die einem Gläubiger dadurch entstehen, daß er die zur Ermöglichung der Vollstreckung aus einem gegen **Sicherheitsleistung** vorläufig vollstreckbaren Urteil notwendige Sicherheit leistet. Zu diesen Kosten gehören nicht nur die Anwaltskosten, sondern z. B. auch die Beträge, die die Bank als Gegenleistung für die selbstschuldnerische Bürgschaft fordert.

Eine Meinung geht dahin, diese Kosten seien weder Prozeß- noch Vollstrek-
kungskosten. Sie müßten gesondert eingeklagt werden.

> Vgl. z. B. Stein/Jonas/Pohle A VI 1 zu § 91 und Stein/Jonas/Münzberg I 2 b zu § 788
> ZPO; Wieczorek A B II zu § 788; Frankfurt MDR 82, 412; Stuttgart JurBüro 76,
> 514; vgl. auch Saarbrücken Rpfleger 81, 320 (Im Zusammenhang mit der Erbrin-
> gung einer Sicherheit zum Zwecke der Zwangsvollstreckung sind regelmäßig
> Anwaltskosten nicht erstattungsfähig, wohl aber ggf. eine Beratungsgebühr).

Eine andere Auffassung geht dahin, daß die Kosten der Sicherheitsleistung zu
den zu erstattenden Kosten gehören.

> Vgl. z. B. Hartmann A 5 zu § 788 ZPO; Thomas/Putzo A 4 zu § 788 ZPO; Zöller/
> Mühlbauer A 5 zu § 91 sowie Zöller/Scherübl A 1 a zu § 788 ZPO; Düsseldorf
> JurBüro 74, 1443 = KostRsp. ZPO § 788 Nr. 110; KG MDR 74, 938 = Rpfleger
> 74, 366 = JurBüro 75, 78; Frankfurt JurBüro 83, 601; vgl. auch BGH NJW 74, 693.

Der zweiten Meinung ist zuzustimmen. Sie ist jedenfalls die praktikablere
(warum einen weiteren Prozeß provozieren, dem dann ein weiterer zu folgen
hat, wenn das Urteil wieder für vorläufig vollstreckbar erklärt wird usw.).

Ist hiernach die Erstattungsfähigkeit der für die Sicherheitsleistung aufgewendeten Kosten dem Grunde nach zu bejahen, so wird, was die Anwaltskosten
betrifft, die Notwendigkeit der Anwaltszuziehung bestritten.

> Vgl. z. B. Bamberg JurBüro 73, 1076; Celle JurBüro 69, 179; Düsseldorf MDR 68,
> 934 und JMBlNRW 69, 237 = Rpfleger 69, 197; KG JurBüro 77, 501; München
> JurBüro 69, 325 = MDR 69, 155 (L) = Rpfleger 69, 62; Nürnberg JurBüro 72, 504
> mit Anm. von H. Schmidt; vgl. auch Hamm JurBüro 70, 65 (Wird ein RA
> hinzugezogen, um durch Hinterlegung Sicherheit zwecks Vollstreckung aus einem
> vorläufig vollstreckbaren Urteil zu leisten, so sind die Kosten nur zu erstatten,
> wenn die Tätigkeit des RA aus besonderen Gründen notwendig war); vgl. aber
> Düsseldorf DAR 83, 359.

Der Gläubiger möge selbst hinterlegen; er möge die Bankbürgschaft selbst
beibringen. Diese Auffassung ist als zu eng abzulehnen. Sicher werden in
vielen Fällen Gläubiger die Bankbürgschaft selbst beibringen, weil sie (nicht
der Anwalt) mit ihrer Bank in Geschäftsverbindung stehen. Es besteht aber
kein Anlaß, die Erstattungsfähigkeit auch dann zu versagen, wenn der
Anwalt die besseren (oder vielleicht die einzigen) Möglichkeiten besitzt, die
Bürgschaft zu beschaffen. Wie ist es, wenn ein geschäftsgewandter Gläubiger
Geld hinterlegen will. Muß der Anwalt zu ihm wirklich sagen: „Das müssen
Sie selbst tun. Wenn ich für Sie tätig werde, müssen Sie die Kosten selbst
tragen. Das Gericht meint, meine Einschaltung sei überflüssig." Deshalb
sollten die Anwaltskosten für den Regelfall erstattungsfähig sein.

> München AnwBl. 67, 383 = JVBl. 67, 182 = JurBüro 67, 228 = MDR 67, 412 =
> Rpfleger 67, 169; Nürnberg AnwBl. 67, 440 = JurBüro 67, 427 = NJW 67, 940 =
> KostRsp. Nr. 8; Karlsruhe JurBüro 84, 1515; LG Essen JurBüro 73, 229.

Über die Erstattung der in gerichtlichen Scheidungsvereinbarungen übernommenen Kosten vgl. A 1 ff. zu § 36.

Die Parteien können dabei vereinbaren, daß die Kosten nach einem höheren
Gegenstandswert erstattet werden als nach dem vom Gericht festgesetzten
Streitwert.

> Hamm AnwBl. 75, 95.

Bei Übernahme der Kosten in einem gerichtlich geschlossenen Vergleich können auch die Gebühren aus § 118 u. U. als übernommen gelten.

Nürnberg JurBüro 75, 204 = AnwBl. 75, 96.

Über die Gebühren des § 118 im verwaltungsgerichtlichen Kostenfestsetzungsverfahren

vgl. Haupt MDR, 69, 188.

Über die Erstattung der Gebühr des § 118, wenn der RA sowohl im steuerlichen Veranlagungsverfahren wie im Einspruchsverfahren tätig war,

vgl. Chemnitz in der abl. Anm. zu FG Karlsruhe AnwBl. 80, 520.

§ 119 Vorverfahren, Verwaltungszwangsverfahren, Aussetzung der Vollziehung

(1) **Das Verwaltungsverfahren, das dem Rechtsstreit vorausgeht und der Nachprüfung des Verwaltungsakts dient (Vorverfahren, Einspruchsverfahren, Beschwerdeverfahren, Abhilfeverfahren), ist zusammen mit dem vorangegangenen Verwaltungsverfahren eine Angelegenheit.**

(2) **Im Verwaltungszwangsverfahren (Verwaltungsvollstreckungsverfahren) erhält der Rechtsanwalt je drei Zehntel der vollen Gebühr als Geschäftsgebühr, Besprechungsgebühr und Beweisaufnahmegebühr.**

(3) **Das Verwaltungsverfahren auf Aussetzung der Vollziehung oder auf Beseitigung der aufschiebenden oder hemmenden Wirkung ist zusammen mit den in den Absätzen 1 und 2 genannten Verfahren eine Angelegenheit.**

Allgemeines. § 119 behandelt in seinen drei Absätzen drei verschiedene **1** Fragen:

Abs. 1 umreißt – in Ergänzung oder Erläuterung des § 3 – den Begriff der Angelegenheit in Verwaltungssachen. Vom Beginn des Verfahrens bis zu seiner Beendigung bzw. dem Beginn des gerichtlichen Verfahrens liegt nur eine einheitliche Angelegenheit vor, und zwar auch dann, wenn die Angelegenheit durch mehrere Verwaltungsinstanzen betrieben wird.

Abs. 2 bestimmt die Gebühren für die Tätigkeit des RA in der Verwaltungsvollstreckung. Sie betragen – wie die Vollstreckungsgebühren des § 57 – $\frac{3}{10}$ der vollen Gebühr. Im Unterschied zu § 57 erhält der RA nicht die $\frac{3}{10}$-Gebühr des § 31 Abs. 1, sondern solche aus § 118 (ein praktischer Unterschied ist damit kaum verbunden).

Abs. 3 bestimmt schließlich, daß der RA, der die Gebühr für das Verwaltungsverfahren (die $\frac{5}{10}$ bis $\frac{10}{10}$-Gebühren des § 118) oder die Gebühren für das Verwaltungszwangsverfahren ($\frac{3}{10}$-Gebühren aus § 119) verdient hat, im Verfahren auf Aussetzung der Vollziehung oder auf Beseitigung der aufschiebenden oder hemmenden Wirkung keine zusätzliche Gebühr erhält. Das Aussetzungsverfahren bildet mit jedem der beiden anderen Verfahren eine Angelegenheit.

2 Der Begriff der Angelegenheit ist für Verwaltungssachen in Abs. 1 außerordentlich weit gefaßt.

Beginnt das Verwaltungsverfahren mit dem Antrag an die Behörde, einen Verwaltungsakt zu erlassen, besteht die erste Tätigkeit des beteiligten RA in der Entgegennahme der Information für diesen Antrag. Hat die Behörde von Amts wegen oder auf Antrag eines anderen Beteiligten entschieden, beginnt die Tätigkeit des RA ebenfalls mit der Entgegennahme der Information, diesmal zu dem ergangenen Verwaltungsakt oder zu dem Antrag des anderen Beteiligten.

Die Angelegenheit erstreckt sich über dieses Vorverfahren, den Erlaß oder die Ablehnung des Verwaltungsaktes, das Einspruchsverfahren, ein Beschwerdeverfahren oder Abhilfeverfahren bis zur abschließenden Entscheidung.

Die Angelegenheit ist hiernach beendet, wenn sich die Beteiligten bei der letzten Entscheidung bescheiden oder wenn Klage erhoben wird. Mit der Erhebung der Klage beginnt eine neue Angelegenheit.

Beispiele: Das Antragsverfahren vor dem Patentamt und das Einspruchsverfahren sowie der Antrag auf Eintragung eines Warenzeichens und das Widerspruchsverfahren sind eine Angelegenheit. Dagegen ist das Löschungsverfahren nach § 9 GebrMG eine besondere Angelegenheit mit eigenen Gebühren.

  Schumann/Geißinger A 209 zu § 118.

3 Einmaligkeit der Gebühren. Da das gesamte Verwaltungsverfahren vom Beginn bis zum Ende nur eine Angelegenheit ist, kann der RA die Gebühren des § 118 gemäß § 13 Abs. 2 Satz 1 nur je einmal fordern. Er kann also nur eine Geschäftsgebühr, eine Besprechungsgebühr und eine Beweisaufnahmegebühr – vorausgesetzt, daß die jeweiligen Erfordernisse des § 118 erfüllt sind – erhalten.

Gleichgültig ist, wann die einzelnen Tatbestände erfüllt sind. Es kann also sein, daß die Geschäftsgebühr bereits im Vorverfahren verdient wird, während die Besprechungsgebühr erst im Beschwerdeverfahren entsteht (z. B. weil erst bei der Regierung eine Besprechung stattfindet).

4 Die Höhe der Gebühr – Vereinbarte Vergütung. Für die Höhe der Gebühr ($^5/_{10}$ bis $^{10}/_{10}$) ist gemäß § 12 u. a. der Umfang der Angelegenheit maßgebend. Ist der RA von Anbeginn des Vorverfahrens bis zum Ende des Beschwerdeverfahrens beschäftigt, ist die Höchstgebühr gerechtfertigt.

In umfangreichen und langwierigen Verfahren stellt die Vergütung des RA vielfach kein angemessenes Entgelt seiner Tätigkeit dar. Es finden sich deshalb in Verwaltungssachen häufig Gebührenvereinbarungen (§ 3), sei es, daß ein bestimmter Betrag neben oder statt der Gebühr vereinbart oder daß ausgemacht wird, das Vorverfahren, das Einspruchsverfahren und das Beschwerdeverfahren stellten je eine eigene Angelegenheit dar, so daß der RA die Gebühren des § 118 mehrfach berechnen kann.

5 Gerichtliches Verfahren. Schließt sich an das Verwaltungsverfahren ein gerichtliches Verfahren an, so bildet dieses gerichtliche Verfahren – je Rechtszug (§ 13 Abs. 2 Satz 2) – eine eigene, von dem Verwaltungsverfahren unabhängige Angelegenheit. Der RA erhält somit die Gebühren für das gerichtliche Verfahren neben denen für das Verwaltungsverfahren.

Eine Anrechnung der im Verwaltungsverfahren entstandenen Geschäftsgebühr auf die Gebühren des gerichtlichen Verfahrens erfolgt nicht. § 118 Abs. 2

ist nicht anwendbar, da ein „behördliches Verfahren", das Verwaltungsverfahren, vorangegangen ist.

Im **Verwaltungszwangsverfahren** (Verwaltungsvollstreckungsverfahren) **6** erhält der RA nach § 119 Abs. 2 je drei Zehntel der vollen Gebühr als Geschäftsgebühr, Besprechungsgebühr und Beweisaufnahmegebühr. Diese Gebühren entsprechen den in § 57 für das Zwangsvollstreckungsverfahren in bürgerlichen Rechtsstreitigkeiten vorgesehenen Dreizehntelgebühren. Das Verwaltungszwangsverfahren bildet ebenso wie das Zwangsvollstreckungsverfahren im bürgerlichen Rechtsstreit stets eine besondere Angelegenheit. Der RA erhält also die Gebühren des § 119 Abs. 2 neben den Gebühren des § 118. Eine Ermäßigung oder Erhöhung dieser Gebühren ist nicht vorgesehen.

Riedel/Sußbauer A 4.

Dagegen erhält der RA die Gebühren des § 119 Abs. 2 dann nicht neben den Gebühren des § 118, wenn das Verfahren gleichzeitig die Grundverfügung und den Verwaltungszwang betrifft, z. B. wenn eine Polizeiverfügung mit Androhung eines Zwangsmittels verbunden ist.

Hartmann A 2; Riedel/Sußbauer A 3.

Das **Verwaltungsverfahren auf Aussetzung der Vollziehung** oder auf **7** Beseitigung der aufschiebenden oder hemmenden Wirkung ist nach § 119 Abs. 3 mit den in § 119 Abs. 1 u. 2 genannten Verfahren eine Angelegenheit. Die Tätigkeit des RA, die ein solches Verfahren zum Gegenstand hat, wird also sowohl durch die in dem Verwaltungsverfahren nach § 118 entstandenen Gebühren als durch die im Verwaltungszwangsverfahren nach § 119 Abs. 2 entstandenen Gebühren abgegolten. Das gilt aber nur für reine Verwaltungsverfahren, nicht auch für Verfahren vor den Verwaltungsgerichten. In diesen kann vielmehr der RA nach § 114 Abs. 5 im Verfahren auf Aussetzung oder Aufhebung der Vollziehung oder Wiederherstellung der aufschiebenden Wirkung die in § 49 bestimmten Gebühren stets besonders berechnen.

Einzelauftrag. Wird ein RA ausnahmsweise nur in einem Verfahren nach **8** § 119 Abs. 3 tätig, so sind ihm die Gebühren des § 119 Abs. 2 zuzubilligen.

Über den **Gegenstandwert,** seine Festsetzung und die **Kostenerstattung 9** s. Hartmann A 4 u. 5.

Die Gebühren und Auslagen eines RA im Vorverfahren sind erstattbar, wenn die Zuziehung eines Bevollmächtigten nötig war. Die Notwendigkeit der Hinziehung eines RA im Vorverfahren ist nicht nach objektiven Maßstäben, sondern aus der Sicht einer verständigen Partei zu beurteilen. Sie ist in der Regel zu bejahen, da der Bürger ohne rechtskundigen Rat nur in Ausnahmefällen materiell und verfahrensrechtlich in der Lage ist, seine Rechte gegenüber der Verwaltung ausreichend zu wahren.

VG Oldenburg AnwBl. 81, 248.

§ 120 Einfache Schreiben

(1) **Beschränkt sich die Tätigkeit des Rechtsanwalts auf Mahnungen, Kündigungen oder Schreiben einfacher Art, die weder schwierige rechtliche Ausführungen noch größere sachliche Auseinandersetzungen enthalten, so erhält er nur zwei Zehntel der vollen Gebühr.**

(2) **Beschränkt sich die Tätigkeit des Rechtsanwalts auf ein Schreiben, das nur dem äußeren Betreiben eines Verfahrens dient, insbesondere eine Benachrichtigung, ein Beschleunigungsgesuch, ein Gesuch um Erteilung von Ausfertigungen oder Abschriften, so erhält der Rechtsanwalt nur die Mindestgebühr (§ 11 Abs. 2 Satz 1).**

1 Allgemeines. § 120 stellt sich als eine Ergänzung der §§ 118, 119 dar. Er soll die Vergütung des RA in Bagatellangelegenheiten herabsetzen.

Während früher – als die Gebühren des § 118 noch bis auf ²⁄₁₀ herabgesetzt werden konnten – vielfach unerheblich war, ob die Voraussetzungen des § 120 erfüllt waren (eine einfache Angelegenheit des § 118 konnte ebenfalls mit ²⁄₁₀ bewertet werden), wird der Unterschied jetzt wesentlich:
die Mindestgebühr des § 118 beträgt ⁵⁄₁₀.

Da § 56 in seinem Abs. 3 auf § 120 verweist, gilt § 120 auch für geringfügige Einzeltätigkeiten des § 56.

2 Der Auftrag, den der RA erhalten hat, muß auf die Tätigkeiten des § 120 beschränkt sein. Hat der RA einen über den Rahmen des § 120 hinausgehenden Auftrag, wird seine Tätigkeit nach § 118 vergütet. Auf den Umfang seiner Tätigkeit kommt es nicht an.

Riedel/Sußbauer A 1; Schumann/Geißinger A 1; Tschischgale JurBüro 67, 773; BGH AnwBl. 83, 512 = JurBüro 83, 1498; LG Berlin Rpfleger 81, 369 (Hat der Gläubiger den Anwalt neben der Mahnung mit der Klagerhebung beauftragt, so steht diesem auch dann, wenn es bei der Mahnung bleibt, die ⁵⁄₁₀-Prozeßgebühr nach § 32 Abs. 1, nicht nur die Gebühr des § 120 Abs. 1 zu) und Rpfleger 81, 1528 (Erhält der RA nicht nur den Auftrag, den Drittschuldner an die Abgabe der Erklärung nach § 840 ZPO zu erinnern, sondern erforderlichenfalls dahingehend Klage einzureichen, so erwächst ihm für die Vorbereitungsmaßnahmen bereits die ⁵⁄₁₀-Prozeßgebühr nach § 32 Abs. 1 und nicht nur die Gebühr nach § 120 Abs. 1); AG Bruchsal AnwBl. 74, 92.

Soweit die Auffassung vertreten wird, es komme nicht auf den Auftrag, sondern auf die Tätigkeit des RA an (ein RA mit umfassendem Auftrag, der zunächst ein einfaches Mahnschreiben hinausschicke, erhalte nur die ²⁄₁₀-Gebühr des § 120),

So z. B. Hartmann A 1; Koblenz JurBüro 78, 549 mit abl. Anm. von Mümmler.

kann ihr nicht gefolgt werden. Die Meinung übersieht, daß der RA die Gebühr des § 118 bereits längst vor Absendung des Mahnschreibens – nämlich mit der Entgegennahme der Information – verdient hat. Zu einer Information muß es wohl gekommen sein, denn ohne Information kann auch ein Mahnschreiben nicht abgesandt werden. Die Information bezog sich auf den umfassenderen Auftrag und löste deshalb die Gebühr des § 118 aus.

3 Einfache Schreiben, für die nur zwei Zehntel der vollen Gebühr nach § 120 Abs. 1 berechnet werden darf, sind Schreiben einfacher Art, die weder schwierige rechtliche Ausführungen noch größere sachliche Auseinandersetzungen enthalten. Mahnungen und Kündigungen sind nur als Beispiele solcher Schreiben aufgeführt. Auch sie können unter Umständen mit schwierigen rechtlichen Ausführungen oder größeren sachlichen Auseinandersetzungen verbunden sein, z. B. wenn in dem Mahn- oder Kündigungsschreiben die Höhe und Fälligkeit der Forderung oder die Zulässigkeit der Kündigung noch eingehend begründet werden mußte. Ist dies der Fall, so kann auch für Mahnungen und Kündigungen eine Geschäftsgebühr in Höhe von fünf bis zehn Zehnteln der vollen Gebühr nach § 118 Abs. 1 Nr. 1 berechnet werden. Aufforderung zur Freigabe gepfändeter Gegenstände fällt regelmäßig nicht unter § 120, da Prüfung einer Reihe von Rechtsfragen erforderlich ist.

> Quardt Büro 58, 480.

Zwischen Schreiben an Behörden und Schreiben an Privatpersonen macht § 120 keinen Unterschied.

Wie weit der Begriff „einfaches Schreiben" ausgedehnt werden kann, mag im Einzelfall zweifelhaft sein. Im allgemeinen wird bereits das äußere Bild des Schreibens auf die richtige Lösung hinweisen. Ein Schreiben eines RA, mit dem eine Ausfertigung eines vor Gericht geschlossenen, Anträge und Bewilligungen enthaltenden, Vergleichs dem Grundbuchamt vorgelegt wird, ist sicher ein einfaches Schreiben. Enthält erst das Schreiben des RA den erforderlichen Eintragungsantrag an das Grundbuchamt, so liegt wohl ebenso sicher kein einfaches Schreiben vor.

> Vgl. hierzu Riedel/Sußbauer A 2 einerseits und Nürnberg JurBüro 63, 287 andererseits.

§ 120 spricht nur von einfachen Schreiben, gilt nicht für einfache Gespräche.

Schreiben, die einen **Rat,** eine **Auskunft** oder ein **Gutachten enthalten,** 4 werden durch die Gebühren der §§ 20, 21 abgegolten. Für das Schreiben an den Auftraggeber kann die Gebühr des § 120 nicht berechnet werden. Schreibt der RA in Ausführung des Auftrags für den Ratsuchenden an einen Dritten, so gilt folgendes: Hat der RA – was allerdings kaum vorkommen wird – nur Anspruch auf eine ¹⁄₁₀-Ratsgebühr, so geht diese Gebühr gemäß § 20 Abs 1 Satz 3 in der Gebühr des § 120 auf. Ist die Ratsgebühr höher als die Gebühr des § 120, so zehrt sie diese Gebühr auf. Der Umstand, daß an einen Dritten geschrieben wird, ist bei Bemessung der Gebühr des § 20 zu beachten. Es ist jedoch auch möglich, daß sich aus der Ratsangelegenheit des § 20 sofort eine Angelegenheit des § 118 entwickelt.

Für ein **Schreiben, das nur dem äußeren Betrieb des Verfahrens dient,** 5 kann nach § 120 Abs. 2 nur eine Gebühr von 15 DM berechnet werden. Als Beispiele werden Benachrichtigungen, Beschleunigungsgesuche, Gesuche um Erteilung von Ausfertigungen oder Abschriften genannt. Auch hier ist Voraussetzung, daß sich die Tätigkeit des RA auftragsgemäß darauf beschränkt. Im allgemeinen werden derartige Schreiben in den Rahmen eines weitergehenden Auftrags fallen und dann durch die für diesen Auftrag entstehende Geschäftsgebühr abgegolten.

Für **mehrere Schreiben** der in Abs. 1 genannten Art, die die gleiche Angele- 6 genheit betreffen, erhält der RA die Gebühr nur einmal.

> Hartmann A 2; München VersR 74, 180.

Für mehrere Schreiben der in Abs. 2 genannten Art kann die Vergütung von

15,— DM auch dann mehrfach gefordert werden, wenn die Schreiben sich auf die gleiche Angelegenheit beziehen. Hartmann A 3.

Insgesamt kann jedoch der RA für mehrere Schreiben nicht mehr als zwei Zehntel der vollen Gebühr fordern.

Zum Ansatz einer Gebühr für die Erteilung der neuen Anschrift des Schuldners im Rahmen eines Inkassoauftrags vgl. Köln AnwBl. 68, 35; AG Einbeck AnwBl. 83, 48; Schumann-Geißinger A 6.

7 **Postgebühren** können nach § 26 besonders gerechnet werden.

8 Die **Anrechnungspflicht** des § 118 Abs. 2 bezieht sich auch auf die Gebühren des § 120. Das folgt schon daraus, daß § 120 nur eine Ermäßigung der Gebühren des § 118 Abs. 1 anordnet. Das gilt namentlich für Mahn- und Kündigungsschreiben, falls der RA wegen der gleichen Forderung später Prozeßauftrag erhält, da solche Schreiben durch die Prozeßgebühr abgegolten werden. Betrafen die Schreiben einen höheren Forderungsbetrag als der spätere Prozeßauftrag, z. B. weil inzwischen ein Teil bezahlt worden war, so behält der RA den Anspruch auf die Gebühr des § 120, berechnet von dem Mehrbetrtag.

Dreizehnter Abschnitt. Vergütung bei Prozeßkostenhilfe

Vorbemerkungen

Übersicht über die Anmerkungen

Geschichtliche Entwicklung. Das frühere Armenrecht ist durch das Gesetz **1** über die Prozeßkostenhilfe v. 13. Juni 1980 (BGBl. 1 677) durch das System der Prozeßkostenhilfe (PKH) ersetzt worden. Die wesentlichen Änderungen waren folgende:

a) Der Rechtssuchende kann einen zur Vertretung bereiten RA frei wählen, § 121 Abs. 1–3 ZPO;

b) der Anspruch auf Beiordnung eines RA ist erweitert worden, § 121 Abs. 2 ZPO;

c) der RA kann im Umfang seiner Beiordnung und solange die PKH-Bewilligung besteht seine Ansprüche auf Vergütung gegen die begünstigte Partei unmittelbar nicht geltend machen, § 122 Abs. 1 Nr. 3 ZPO;

d) eine Nachzahlungsanordnung ist nicht mehr vorgesehen; es gibt nur noch eine Aufhebung der PKH, § 124 ZPO;

e) die schon während der Geltung des Armenrechts von der Rechtsprechung entwickelte Verbindung von Bewilligung und Anordnung von Ratenzahlungen der bedürftigen Partei ist gesetzlich geregelt, §§ 114 mit Tabelle Anlage 1, 120 ZPO;

f) der beigeordnete RA kann u. U. über die Sätze des § 123 hinaus eine weitere Vergütung bis zur Grenze der Regelvergütung des Wahlanwalts aus der Staatskasse erhalten, § 124.

Durch das Gesetz z. Änderung von Kostengesetzen v. 9. 12. 86 (BGBl. 1, 2326 ff.) ist nunmehr wieder eine gewisse Heranziehung der bedürftigen Partei zu Ratenzahlungen oder Beiträgen aus ihrem Vermögen auch bei nachträglicher Verbesserung ihrer wirtschaftlichen Verhältnisse vorgesehen, § 120 Abs. 4 ZPO. Der Vertreter der Staatskasse erhält ein Beschwerderecht gegen die Nichtanordnung der Zahlung von Raten oder Beiträgen aus dem Vermögen, § 127 Abs. 3 ZPO. Die Zahlungen der begünstigten Partei gehen jedoch weiterhin nur an die Staatskasse; ihre unmittelbare Inanspruchnahme durch den beigeordneten RA bleibt ausgeschlossen; für diesen erhöht sich nur die Aussicht auf eine weitere Vergütung aus der Staatskasse.

Gesetzliche Regelung. Der Dreizehnte Abschnitt regelt in § 121 die Be- **2** gründung eines Vergütungsanspruchs des beigeordneten RA gegen die Staatskasse,

§ 122 den gegenständlichen Umfang der Beiordnung,

§ 123 die Höhe der Gebühren, die der beigeordnete RA aus der Staatskasse erhält, soweit sie niedriger sind, als die Gebühren des Wahlanwalts,

§ 124 die weitere Vergütung aus der Staatskasse,

von Eicken 1193

§ 125 die Folgen eines vom beigeordneten RA verschuldeten Anwaltswechsels,

§ 126 die Auslagen, die dem beigeordneten RA vergütet werden,

§ 127 den Vorschußanspruch des beigeordneten RA,

§ 128 das Verfahren zur Festsetzung der Vergütung,

§ 129 die Anrechnung von Vorschüssen oder Zahlungen, die der RA vom Auftraggeber oder von Dritten erhalten hat,

§ 130 den Übergang der Ansprüche des beigeordneten RA auf die Staatskasse.

3 Sachlicher Anwendungsbereich. Die Vorschriften über die Beiordnung eines RA im Wege der PKH sind anwendbar:

a) In Verfahren, für die die Vorschriften der **ZPO unmittelbar** gelten einschließlich der Zwangsvollstreckungsverfahren, auch soweit sie im ZVG (Zwangsversteigerung und Zwangsverwaltung) geregelt sind. Das bedeutet aber nicht, daß PKH-Bewilligung und Beiordnung in einem Zivilprozeß sich auf alle in der ZPO und dem ZVG geregelten Verfahren erstrecke (dazu § 122),

b) Im **arbeitsgerichtlichen Verfahren,** § 11 a Abs. 1 und 3 ArbGG,

c) Im **Konkurs- und Vergleichsverfahren,** §§ 72 KO, 115 VerglO. Einem Konkurs- oder Vergleichsgläubiger kann für die Teilnahme am Verfahren PKH bewilligt und ein RA beigeordnet werden.

> LG Hannover AnwBl. 85, 596 (Gläubiger braucht sich für Anmeldung zur Konkurstabelle nicht auf Hilfe d. Gerichts zu verlassen).

Ob dem Konkursverwalter zur Führung von Rechtsstreitigkeiten PKH bewilligt werden kann, ergibt sich aus § 116 Nr. 1 ZPO.

d) In **Verfahren der freiwilligen Gerichtsbarkeit,** § 14 FGG. Für einen beigeordneten RA sind auch hier außer in Freiheitsentziehungssachen (s. A 4) die §§ 121 ff. anzuwenden. Die Notwendigkeit der Beiordnung eines RA ergibt hier allerdings nicht ohne weiteres daraus, daß andere Beteiligte anwaltlich vertreten sind. Es kommt darauf an, ob das von dem Bedürftigen verfolgte Interesse mit dem des anwaltlich vertretenen Beteiligten in Gegensatz steht oder bei anwaltlicher Beratung stehen könnte.

> Hamm AnwBl. 83, 34; Bamberg JurBüro 85, 1419; Zweibrücken Rpfleger 85, 505 = JurBüro 86, 131.

In den in §§ 63, 64 genannten Verfahren erhält der RA Gebühren des 3. Abschnitts, in anderen FGG-Verfahren Gebühren nach § 118 jeweils nach den Sätzen des § 123. Den Gebührensatz der letzteren bestimmt der RA auch der Staatskasse gegenüber gemäß § 12 nach billigem Ermessen. § 12 Abs. 1 S. 2 ist zwar nicht anwendbar, weil die Staatskasse nicht Dritter, der die Gebühr dem Gebührenschuldner zu ersetzen hat, sondern Schuldnerin ist. Gleichwohl ist eine unbillige Bestimmung der Rahmengebühr durch den RA auch ihr gegenüber nach §§ 316, 315 Abs. 3 BGB nicht verbindlich.

e) Im **Verwaltungsgerichtsverfahren,** § 166 VwGO.

f) Im **Sozialgerichtsverfahren,** § 73 a SGG.

g) Im **Finanzgerichtsverfahren,** § 142 FGO.

4 Auf **Freiheitsentziehungssachen,** zu denen auch die Verfahren über die Genehmigung der Unterbringung eines Mündels oder Kindes nach

§§ 64a–64i FGG und die gerichtlichen Verfahren nach den Unterbringungs-
gesetzen (Gesetzen für psychisch Kranke) der Länder gehören, ist zwar das
FGG und damit auch dessen § 14 anwendbar; die Vergütung des beigeordneten RA richtet sich jedoch nach § 112 Abs. 4.

In **Patent-, Gebrauchsmuster- und Sortenschutzsachen** ist die Bewilli- 5
gung von **Verfahrenskostenhilfe** und die Beiordnung eines RA sowohl für
das **Verwaltungsverfahren vor dem Patentamt,** wie für das Verfahren vor
dem Patentgericht und dem BGH möglich, §§ 129, 133 PatG, 12 Abs. 2
GebrMG, § 36 SortenschutzG v. 11. 12. 85 (BGBl. I, 2170). Das Bewilligungsverfahren ist in den §§ 129–138 PatG besonders geregelt. Die Gebühren
des beigeordneten Vertreters richten sich nach einem besonderen Gesetz über
die Erstattung von Gebühren des beigeordneten Vertreters in Patent-, Ge-
brauchsmuster- und Sortenschutzsachen v. 18. 7. 53 (abgedruckt in Schönfelder, Deutsche Gesetze unter Nr. 75), das nur teilweise auf §§ 121 ff. verweist.

In **Geschmacksmustersachen** sieht § 10b GeschmMG i. d. Fassung v.
18.12.86 (BGBl. I, 2501) ebenfalls Verfahrenskostenhilfe unter entsprechender Anwendung der einschlägigen Vorschriften des PatG vor; diese Vorschrift
tritt aber nach Art. 7 Abs. 2 des Gesetzes erst am 1. 7. 88 in Kraft. Bis dahin
wird das Musterregister weiter bei den Registergerichten geführt, bei denen
nach § 14 FGG PKH bewilligt werden kann. Für Geschmacksmusteranmel-
dungen beim BPatAmt (nur für Ausländer) gibt es bis zum 1. 7. 88 weder
Verfahrenskostenhilfe noch PKH.

In **Warenzeichensachen** vor dem BPatAmt, dem BPatG und dem BGH
sowie im Verfahren der Schiedsstelle für Arbeitnehmererfindungen beim
BPatAmt gibt es ebenfalls weder Verfahrens- noch Prozeßkostenhilfe.
Wegen der Vergütung eines beigeordneten Patentanwalts s. A 12.

In **Strafsachen** kann zwar u. a. dem Privatkläger, dem Nebenkläger und dem 6
Antragsteller im Klageerzwingungsverfahren ein RA im Wege der PKH
beigeordnet werden. Dessen Vergütungsanspruch richtet sich aber gemäß
§ 102 nach den §§ 97–101. Die §§ 121 ff. gelten nur insoweit, als sie in § 97 für
sinngemäß anwendbar erklärt werden. Für den im **Bußgeldverfahren** und
in den Verfahren nach dem **Gesetz über die innerdeutsche Rechts- und
Amtshilfe in Strafsachen** und dem **Gesetz über die internationale
Rechtshilfe in Strafsachen** beigeordneten RA gelten nach Maßgabe der
§§ 105 Abs. 3, 105a Abs. 2 und 107 Abs. 2 ebenfalls die Vorschriften über die
Gebühren des gerichtlich bestellten Verteidigers und des in Strafsachen beigeordneten RA.

Für das **PKH-Bewilligungsverfahren** gibt es grundsätzlich weder Bewilli- 7
gung von PKH noch Beiordnung eines RA.

BGH BGHZ 91, 311 = NJW 84, 2106 = Rpfleger 85, 38 = JurBüro 84, 1349 =
MDR 84, 931; Nürnberg NJW 82, 288 = AnwBl. 82, 76 = JurBüro 82, 290; KG
FamRZ 82, 421; Hamm FamRZ 82, 623; Rpfleger 82, 354 = MDR 82, 760 =
JurBüro 82, 801; Düsseldorf JurBüro 82, 1732; Karlsruhe AnwBl. 82, 491; Justiz
84, 345; Frankfurt FamRZ 82, 1225; BayVGH BayVBl. 82, 573; Stuttgart FamRZ
84, 72;
a. M. Köln MDR 80, 407 (Armenrecht); Hamm (1. ZS) NJW 82, 287 = FamRZ
82, 420; Waldner JurBüro 82, 801; MDR 84, 932; Vorauflage A 5 zu § 121.

Dasselbe gilt auch für das PKH-Beschwerdeverfahren jedenfalls dann, wenn sich die Beschwerde gegen die völlige oder teilweise Verweigerung der PKH richtet.

Hamm Rpfleger 81, 322; Hamburg JurBüro 83, 287; LAG München JurBüro 84, 774; Karlsruhe Justiz 84, 345.

Etwas anderes wird man aber dann annehmen müssen, wenn sich die Partei, der bereits PKH bewilligt war, mit der Beschwerde gegen deren volle oder teilweise Entziehung wehrt, d. h. für die Beschwerde der Partei gegen die Aufhebung der PKH gem. § 124 ZPO oder für die Verteidigung der Partei gegen eine Beschwerde der Staatskasse gem. § 127 Abs. 3 ZPO. In diesen Fällen wirkt die PKH-Bewilligung und die Beiordnung eines RA zwar nicht unmittelbar auch für das Beschwerdeverfahren, weil dieses Verfahren nicht zum Rechtszug gehört (vgl. A 15 zu § 122), muß aber die PKH-Bewilligung und Beiordnung für das Beschwerdeverfahren als zulässig angesehen werden, um die Chancengleichheit der bedürftigen mit einer bemittelten Partei zu gewährleisten.

8 Eine weitere Ausnahme ist allgemein (im erstinstanzlichen PKH-Bewilligungsverfahren und im PKH-Beschwerdeverfahren) dann anzuerkennen, wenn sich das Verfahren, für das die PKH beantragt war, im Bewilligungsverfahren durch **Protokollierung eines Vergleichs (§ 118 Abs. 1 S. 3 ZPO)** endgültig erledigt. Dann ist es zulässig, den RA, der dies Ergebnis herbeigeführt hat, für das Bewilligungsverfahren beizuordnen.

Frankfurt FamRZ 82, 1225; Hamburg JurBüro 83, 287; Schleswig FamRZ 85, 88 = SchlHA 84, 149; Nürnberg AnwBl. 82, 113 (das den Vergleich nach Verhandlung über den PKH-Antrag und Bewilligung als im Hauptverfahren geschlossen ansieht); Köln OLGZ 83, 312 = Rpfleger 83, 124 = MDR 83, 324 (das im Prüfungsverfahren eine teilweise PKH-Bewilligung und Beiordnung nicht nur dann für zulässig hält, wenn die Hauptsache durch Vergleich erledigt, sondern auch dann, wenn sie durch Zeugenvernehmung tatsächlich präjudiziert wird). In letzterer Hinsicht **a. A.** LG Aachen MDR 86, 504.

Wegen der Höhe der Vergütung in diesem Fall s. A 71 zu § 122.

9 Das Bedürfnis nach Beratung einer unerfahrenen Partei, ob und wie die Bewilligung von PKH zu beantragen ist, kann durch **Beratungshilfe im Vorfeld der PKH** erfüllt werden.

BGH NJW 84, 2106 = JurBüro 84, 1349 = Rpfleger 85, 38; AG Aurich AnwBl. 85, 333; AG Neustadt AnwBl. 86, 458; H. Schmidt AnwBl. 84, 141; Herget MDR 84, 529, 530; Hansens JurBüro 86, 1611 m.w.N.; vgl. auch LG Mainz Rpfleger 86, 155.

Persönlicher Anwendungsbereich des Dreizehnten Abschnitts

10 Unmittelbar gelten die Vorschriften des Dreizehnten Abschnitts für den im Wege der PKH und nach § 11a ArbGG beigeordneten RA. Für den RA, der **nach § 625 ZPO dem Antragsgegner beigeordnet** ist (zulässig nur für die Scheidungssache und die Regelung der elterlichen Sorge), gelten sie nur dann sinngemäß, wenn der Antragsgegner mit der Zahlung der von ihm geschuldeten Wahlanwaltsvergütung in Verzug ist, § 36a Abs. 2. Der nach § 625 ZPO beigeordnete RA hat nur die Stellung eines Beistandes, § 625 Abs. 2 ZPO (Näheres bei § 36a).

11 Für den **Steuerberater,** der nach § 142 Abs. 2 FGO im Wege der PKH

beigeordnet ist, gelten die Vorschriften ebenfalls sinngemäß, § 46 StBGeb-VO.

Patentanwälte können in Patent-, Gebrauchsmuster-, Sortenschutz- und ab **12** 1. 7. 88 Geschmackssachen im Verwaltungsverfahren vor dem Patentamt und im patentgerichtlichen Verfahren beigeordnet werden, s. A 5. In Patent**streitsachen** und allgemeinen Rechtsstreitigkeiten, soweit die Entscheidung von einer Patentfrage abhängt (entsprechendes gilt für Gebrauchsmuster-, Geschmacksmuster-, Warenzeichen-, Sortenschutz- und Arbeitnehmererfindungs-Streitsachen), kann ein Patentanwalt im Wege der PKH beigeordnet werden. Seine Vergütung regelt sich dann nach dem Gesetz über die Beiordnung von Patentanwälten bei Prozeßkostenhilfe vom 5. 2. 38 (RGBl. I, 116) i. d. Fassung d. Gesetzes vom 7. 9. 66 (BGBl. I 557) und vom 13. 6. 80 (BGBl. I 677), zuletzt geändert durch das SortenschutzG v. 11. 12. 85 (BGBl. I, 2170):

§ 1

(1) Wird in einem Rechtsstreit, in dem ein Anspruch aus einem der im Patentgesetz, im Gebrauchsmustergesetz, im Warenzeichengesetz, im Gesetz über Arbeitnehmererfindungen, im Gesetz betreffend das Urheberrecht an Mustern und Modellen (Geschmacksmustergesetz) oder im Sortenschutzgesetz geregelten Rechtsverhältnisse geltend gemacht wird, einer Partei Prozeßkostenhilfe bewilligt, so kann ihr auf ihren Antrag zu ihrer Beratung und zur Unterstützung des Rechtsanwalts ein Patentanwalt beigeordnet werden, wenn und soweit es zur sachgemäßen Rechtsverfolgung oder Rechtsverteidigung erforderlich erscheint.

(2) Das gleiche gilt für sonstige Rechtsstreitigkeiten, soweit für die Entscheidung eine Frage von Bedeutung ist, die ein Patent, ein Gebrauchsmuster, ein Warenzeichen, ein Geschmacksmuster, eine nicht geschützte Erfindung oder eine sonstige, die Technik bereichernde Leistung, einen Sortenschutz oder eine nicht geschützte, den Pflanzenbau bereichernde Leistung auf dem Gebiet der Pflanzenzüchtung betrifft, oder soweit für die Entscheidung eine mit einer solchen Frage unmittelbar zusammenhängende Rechtsfrage von Bedeutung ist.

(3) Die Vorschriften des § 117 Abs. 1, des § 119 Satz 1, des § 121 Abs. 2 und 3, des § 122 Abs. 1 Nr. 1 Buchstabe b und Nr. 3 und der §§ 124, 126 und 127 der Zivilprozeßordnung gelten entsprechend.

§ 2

Auf die Erstattung der Gebühren und Auslagen des beigeordneten Patentanwalts sind die Vorschriften der Bundesgebührenordnung für Rechtsanwälte v. 26. Juni 1957 (BGBl. I S. 861, 907), die für die Vergütung bei Prozeßhilfe gelten, sinngemäß mit folgender Maßgabe anzuwenden)

1. Der Patentanwalt erhält eine volle Gebühr und, wenn er eine mündliche Verhandlung oder einen Beweistermin wahrgenommen hat, insgesamt zwei volle Gebühren in Höhe der in § 123 der Bundesgebührenordnung für Rechtsanwälte bestimmten Beträge.

2. Der dem Patentanwalt insgesamt zu ersetzende Gebührenbetrag darf den Betrag einer vollen Gebühr nach § 11 Abs. 1 der Bundesgebührenordnung für Rechtsanwälte nicht übersteigen.

3. Reisekosten für die Wahrnehmung einer mündlichen Verhandlung oder eines Beweistermins werden nur ersetzt, wenn das Prozeßgericht vor dem Termin die Teilnahme des Patentanwalts für geboten erklärt hat.

Rechtsbeistände, gleichgültig ob sie noch eine umfassende oder nur eine auf **13**

bestimmte Sachbereiche beschränkte Erlaubnis zur geschäftsmäßigen Rechtsbesorgung besitzen und ob sie Mitglied einer Rechtsanwaltskammer (§ 209
BRAO) sind, können nicht im Wege der PKH beigordnet werden. Ein
gleichwohl beigeordneter Rechtsbeistand erhält jedoch dieselben Gebühren
wie ein RA aus der Staatskasse.

> Düsseldorf JurBüro 83, 715 (ob Beiordnung zu Recht erfolgt ist, darf im Festset
> zungsverfahren nicht überprüft werden).

14 Auch sonstige **Nichtanwälte** (Nur-Notare, Hochschullehrer und ausländische Rechtsanwälte, auch wenn sie berechtigt sind, vor deutschen Gerichten
aufzutreten) können nicht im Wege der PKH beigordnet werden.

15 Schließlich hat auch der RA, der **nicht im Wege der PKH,** nach § 11 a
ArbGG oder nach § 625 ZPO (s. A 10) beigeordnet ist, keinen Anspruch auf
Vergütung aus der Staatskasse. Das gilt insbesondere:

a) Für den **nach § 78 b ZPO beigeordneten Notanwalt.**

> LG Arnsberg AnwBl. 83, 180.

Dieser kann trotz seiner Beiordnung die Übernahme der Vertretung davon
abhängig machen, daß die Partei ihm einen Vorschuß in zulässiger Höhe
(§ 17) zahlt, § 78 c Abs. 2 ZPO. Damit ist er ausreichend gesichert; zahlt die Partei den Vorschuß nicht, kann er die Aufhebung seiner Beiordnung beantragen

b) Für den einer prozeßunfähigen Partei **nach § 57 ZPO ZPO** bestellten
Vertreter.

c) Für den **im Entmündigungsverfahren bestellten RA** (§§ 668, 679, 686
ZPO)

16 In **eigener Sache** kann dem RA zwar PKH bewilligt werden; er kann aber
nicht sich selbst beigordnet werden.

> **a. M.** München AnwBl. 81, 507.

Eine Partei, die **von einem RA gesetzlich vertreten** wird, ist im gerichtlichen Verfahren von der Bewilligung der PKH nicht ausgeschlosseen. Der RA
kann ihr auch beigeordnet werden. Dem steht § 1835 Abs. 3 BGB nicht
entgegen.

Beiordnung

17 Die Beiordnung erfolgt **auf Antrag.** In Verfahren mit Anwaltszwang (§ 121
Abs. 1 ZPO) enthält jedoch der Antrag auf PKH-Bewilligung als der weitergehende den Beiordnungsantrag.

> LAG Bremen KostRsp ArbGG § 11 a Nr. 9 m. Anm. E. Schneider

Wird Beiordnung nach § 21 Abs. 2–4 ZPO begehrt, bedarf es neben dem
Antrag auf PKH-Bewilligung eines besonderen Beiordnungsantrages, der
sich im Einzelfall auch daraus ergeben kann, daß der Bewilligungsantrag
durch einen RA gestellt wird.

> Düsseldorf MDR 81, 502; Köln Rpfleger 83, 413 = MDR 83, 847.

18 Sicherer ist aber ein ausdrücklicher Beiordnungsantrag, in dem zugleich die
Wahl der Partei und die Vertretungsbereitschaft des RA zum Ausdruck
kommt.

Der Antrag kann wirksam nur **bis zum Abschluß der Instanz** oder des Verfahrens, wenn dieses auf andere Weise als durch gerichtliche Entscheidung endet, gestellt werden.

OVG Bremen KostRsp ZPO § 119 Nr. 31; Bamberg JurBüro 86, 1730 (keine PKH-Bewilligung auf nach Klagerücknahme gestellten Antrag)

Nur durch gerichtlichen Beschluß kann eine Beiordnung erfolgen. Auch **19** das Beschwerdegericht kann sie bei Abänderung der vorinstanzlichen Ablehnung von PKH oder Beiordnung beschließen.

Köln OLGZ 83, 312 = Rpfleger 83, 124 = MDR 83, 324.

Ist keine Rückwirkung angeordnet oder sonst erkennbar gewollt, wird die **20** Beiordnung mit der **Bekanntmachung an den beigeordneten RA** wirksam, die entweder durch Verkündung oder durch formlose Bekanntmachung erfolgt (§ 329 Abs. 2 ZPO). Nicht maßgeblich ist der Zeitpunkt des Erlasses des Beiordnungsbeschlusses, d. h. der Zeitpunkt in dem das Gericht den Beschluß aus seiner Verfügungsgewalt entläßt. Gegenteiliges läßt sich auch nicht aus § 127 Abs. 3 S. 4 ZPO herleiten, wonach die Beschwerdefrist für die Staatskasse mit dem Zeitpunkt beginnt, in dem die unterschriebene Entscheidung der Geschäftsstelle übergeben wird. Diese Regelung beruht darauf, daß nach S. 5 die Entscheidung der Staatskasse nicht von Amts wegen mitgeteilt wird.

Das Gesetz sieht in § 122 Abs. 2 und 3 S. 1 eine Erstreckung des für bestimmte **21** Gegenstände bereits beigeordneten RA auf weitere Gegenstände vor, stellt aber in § 122 Abs. 3 S. 2 u. 3 ganz klar, daß es im übrigen einer **ausdrücklichen Beiordnung** bedarf. Damit ist der Konstruktion einer stillschweigenden Beiordnung eine klare Absage erteilt, denn wenn es für Angelegenheiten, die mit dem Hauptprozeß nur zusammenhängen, einer ausdrücklichen Beiordnung bedarf, so muß erst recht die Beiordnung für die Hauptsache ausdrücklich erfolgen.

Der Konstruktion einer stillschweigenden Beiordnung bedarf es aber auch **22** nicht, denn das Gericht kann auf einen rechtzeitig – u. U. auch stillschweigend – gestellten Antrag ebenso wie die Bewilligung der PKH auch die Beiordnung nachträglich **mit rückwirkender Kraft** auszusprechen.

BGH NJW 82, 446 = Rpfleger 81, 477 = JurBüro 82, 52 = MDR 82, 217 = FamRZ 82, 58.

Das ist unbestritten. Streitig ist lediglich, ob und unter welchen Voraussetzungen rückwirkende PKH-Bewilligung und Beiordnung auch noch nach Abschluß der Instanz oder sogar nach rechtskräftiger Erledigung der Angelegenheit angeordnet werden darf. Maßgeblich muß sein, ob die bedürftige Partei einen zulässigen, d. h. vollständigen oder ohne ihr Verschulden nicht ganz vollständigen Antrag so rechtzeitig gestellt hatte, daß das Gericht über ihn noch vor, spätestens aber mit Abschluß der Instanz hätte entscheiden können. Verzögerungen bei Gericht dürfen nicht zu Lasten der bedürftigen Partei oder ihres RA gehen.

Zweibrücken JurBüro 82, 1259; 83, 454; BayerVGH BayVBl. 83. 220; BayObLG FamRZ 84, 73; Köln Rpfleger 84, 330; Hamm JurBüro 86, 1730; Düsseldorf JurBüro 86, 933;
a. A. LAG Bremen AnwBl. 82, 443 = MDR 82, 142 (auch wenn Bedürftiger Unterlagen erst nach Beendigung der Instanz beigebracht hat); OVG Koblenz

NJW 82, 2834 = AnwBl. 83, 278 m. krit. Anm. Bönke (nicht nach rechtskräftigem Verfahrensabschluß).

23 Die rückwirkende Beiordnung bedarf des Einverständnisses des beigeordneten RA, wenn er bereits als Wahlanwalt tätig geworden war, weil durch die Beiordnung seine Möglichkeit, die Wahlanwaltsvergütung gegen den Mandanten geltend zu machen, eingeschränkt wird (s. A 21 ff zu § 121).

BGH MDR 63, 746.

Wird die Beiordnung rückwirkend angeordnet, so sollte der Beschluß den Rückwirkungszeitpunkt datiert festlegen. Ist das zunächst nicht geschehen, so empfiehlt es sich, eine Ergänzung des Beschlusses zu beantragen, die jedenfalls sicherer ist, als die Ermittlung des Rückwirkungszeitpunktes im Wege der Auslegung. Die Rückwirkung „ab Antragstellung" ist unsicher; häufig werden Gesuche eingereicht, die noch keine hinreichenden Angaben für die Beurteilung der Erfolgsaussicht und/oder über die persönlichen und wirtschaftlichen Verhältnisse des Antragsstellers enthalten; dann ist unklar, ob der Eingang des ersten oder des vollständigen Gesuchs gemeint ist. Zulässig wäre nur letzteres.

BGH NJW 82, 115 = Rpfleger 81, 477 = JurBüro 82, 52 = MDR 82, 217 = FamRZ 82, 58; München Rpfleger 83, 503 = JurBüro 83, 1843; LAG München JurBüro 84, 774; Bamberg JurBüro 85, 141; Karlsruhe OLGZ 85, 459 = JurBüro 85, 1263; Nürnberg JurBüro 84, 773 läßt es genügen, wenn Antragsteller die Erklärung noch innerhalb der normalen Bearbeitungszeit beibringt; ähnlich Köln Rpfleger 84, 330;
a. A. BGH NJW 70, 757; Hamm JurBüro 81, 1408 und 8. Auflage (Zeitpunkt, in dem dem Antrag bei sachgemäßer Bearbeitung hätte stattgegeben werden können); vgl. auch Frankfurt KostRsp ZPO § 121 Nr. 52 m. Anm. von Eicken.

Ist die Beiordnung unzulässiger Weise auf einen vor der Stellung eines vollständigen Antrags liegenden Zeitpunkt angeordnet worden, so ist das gleichwohl für die Festsetzung der Vergütung aus der Staatskasse verbindlich.

München Rpfleger 83, 503 = JurBüro 83, 1843; Rpfleger 1986, 108 = JurBüro 86, 769 = MDR 86, 242;
a. A. LG Landau Rpfleger 85, 375 (außerordentliches Beschwerderecht gegeben).

24 Bei **Abweichung der Ausfertigung von der Urschrift** des Beiordnungsbeschlusses ist zugunsten des RA die Ausfertigung maßgeblich, wenn er nach den Umständen auf deren Richtigkeit vertrauen durfte. Das ist nicht der Fall, wenn die Ausfertigung ernste Zweifel an ihrer Richtigkeit aufkommen läßt und der RA sich nicht erkundigt. Der Staat als Vergütungsschuldner handelt treuwidrig, wenn er sich auf die Unrichtigkeit des durch seine Bediensteten verursachten Rechtsscheins beruft.

a. A. KG JW 29, 1680; Stuttgart Justiz 86, 18; Schumann/Geißinger A 13 (Urschrift maßgeblich).

Der Vertrauensschutz gilt aber nur für vergütungserhebliche Umstände, die bereits verwirklicht wurden, bevor der RA Kenntnis von der Urschrift erlangte.

25 **Auslegung des Beiordnungsbeschlusses** durch das Prozeßgericht ist für den Vergütungsanspruch nicht verbindlich. Wohl aber kann in der „Auslegung" eine neue Entscheidung über die Beiordnung liegen. Beispiel: Legt das Gericht seinen Beiordnungsbeschluß dahin aus, daß er Rückwirkung habe, so liegt jedenfalls in dem Auslegungsbeschluß die Anordnung der Rückwirkung, die auch nachträglich zulässig ist.

Bedingte Beiordnung, z. B. die Beiordnung eines RA für den Berufungsbe- **26** klagten unter der Bedingung, daß die Berufung nicht zurückgenommen oder als unzulässig verworfen wird, ist unzulässig. Bei trotzdem angeordneter auflösender Bedingung ist der RA überhaupt nicht, bei aufschiebender Bedingung bis zu deren Eintritt nicht zum Tätigwerden verpflichtet.

Die Beiordnung eines **auswärtigen RA zu den Bedingungen eines am 27 Gerichtsort ansässigen RA** ist keine bedingte Beiordnung; sie schränkt vielmehr im Hinblick auf § 121 Abs. 2 S. 2 ZPO den Vergütungsanspruch des beigeordneten RA ein. Das ist nur mit dessen Einverständnis zulässig, wenn besondere Gründe die Beiordnung eines auswärtigen RA als geboten erscheinen lassen.

Hamm Rpfleger 82, 483 = JurBüro 82, 1735; AnwBl. 83, 228 = JurBüro 83, 615 (Vertreter d. Nebenklägers); Koblenz AnwBl. 85, 48 = JurBüro 85, 1727 = FamRZ 85, 302; Karlsruhe Justiz 85, 354; LG Aachen JurBüro 85, 1420; LG Braunschweig JurBüro 86, 772;
a. A. Zweibrücken AnwBl. 79, 440; Celle AnwBl. 81, 196; Braunschweig AnwBl. 83, 570; 85, 271; Riedel/Sußbauer A 25, 26 zu § 121.

Ebenso ist es zulässig, einen neuen RA bei dessen Einverständnis mit der **28** Einschränkung beizuordnen, daß er die dem bisher beigeordneten RA aus der Staatskasse zustehende Vergütung nicht nochmals erhält; in dem Einverständnis liegt ein zulässiger, nicht frei widerrufbarer Verzicht des neuen RA auf diesen Vergütungteil.

KG Rpfleger 82, 396 = JurBüro 82, 1694;
a. A. Riedel/Sußbauer A 26 (frei widerruflich).

Eine **Aufhebung der Beiordnung** ist im Gesetz nur im Falle des § 48 Abs. 2 **29** BRAO (Aufhebung auf Antrag des RA aus wichtigen Gründen) vorgesehen. In entsprechender Anwendung des § 124 ZPO wird sie dann als zulässig anzusehen sein, wenn der beigeordnete RA bewußt durch unrichtige Darstellung des Streitverhältnisses (z. B. falsche Angaben über die zuständigkeitsbegründenden Tatsachen) oder Verschweigen von Umständen, nach denen er von der Vertretung ausgeschlossen ist, seine Beiordnung erwirkt hat; die Sanktion des § 125 reicht dann nicht immer aus.

Aufhebung der PKH und der Beiordnung werden mit der Bekanntgabe wirksam. Wegen des Vergütungsanspruchs bei Aufhebung der PKH s. A 18 zu § 121.

Wegen sonstiger Fälle der Beendigung der Beiordnung s. A 16–20 zu § 122.

Beschwerde. Die Ablehnung der Beiordnung des gewählten RA oder eines **30** RA überhaupt kann nur von der bedürftigen Partei, nicht aber von der Staatskasse oder dem nicht beigeordneten RA mit der einfachen Beschwerde angefochten werden, § 127 Abs. 2 S. 2 ZPO.

Düsseldorf JurBüro 86, 298.

Dem RA steht gegen die Ablehnung seines Aufhebungsantrages nach § 48 Abs. 2 BRAO die Beschwerde zu. Dagegen kann die Partei die Aufhebung Beiordnung des gewählten RA nicht im Beschwerdewege durchsetzen.

Bamberg JurBüro 85, 1113.

31 Fortdauer der Beiordnung. Ebenso wie die PKH-Bewilligung gilt die Beiordnung nur für den Rechtszug, § 119 S. 1 ZPO. Während des Rechtszuges bleibt sie auch im Falle einer Verweisung oder Abgabe des Verfahrens bestehen, falls der RA auch bei dem neuen Gericht zugelassen ist. Das Verfahren nach **Zurückverweisung** durch das Rechtsmittelgericht gehört ebenso wie die **Fortsetzung des Rechtsstreits nach Anfechtung eines Prozeßvergleichs** zum ursprünglichen Rechtszug, PKH-Bewilligung und Beiordnung bestehen also fort.

Stuttgart JurBüro 78, 1654 = Justiz 78, 407 = KostRsp BRAGO § 13 Nr. 30 m. Anm. E. Schneider (betr. Verfahren über prozeßbeendende Wirkung eines Prozeßvergleichs).

Die Beiordnung für den **Urkundenprozeß** erstreckt sich auf das ordentliche Verfahren (vgl. A 14 zu § 122).

§ 121 Vergütung aus der Bundes- oder Landeskasse

Der im Wege der Prozeßkostenhilfe oder nach § 11 a des Arbeitsgerichtsgesetzes beigeordnete Rechtsanwalt erhält, soweit in diesem Abschnitt nichts anderes bestimmt ist, die gesetzliche Vergütung in Verfahren vor Gerichten des Bundes aus der Bundeskasse, in Verfahren vor Gerichten eines Landes aus der Landeskasse.

Übersicht über die Anmerkungen

Allgemeines. Die Vorschrift begründet für den im Wege der PKH oder nach 1
§ 11 a ArbGG beigeordneten RA einen öffentlichrechtlichen Vergütungsanspruch gegen die Staatskasse.

Sie gilt nicht für den gerichtlich bestellten Verteidiger und den dem Privatkläger, Nebenkläger, Antragsteller im Klageerzwingungsverfahren oder den einem Beteiligten im Freiheitsentziehungsverfahren beigeordneten RA. Hier gelten die §§ 97 ff., 112 Abs. 4, die allerdings wegen der Auslagen – und des Vorschusses – aber nur wegen dieser – auf die §§ 126, 127 verweisen (s. A 4, 6 vor § 121).

Der öffentlichrechtliche Vergütungsanspruch steht dem beigeordneten RA 2
unmittelbar gegen die Staatskasse zu, und zwar in Verfahren vor Gerichten des Bundes gegen die Bundeskasse, in Verfahren vor Gerichten eines Landes gegen die Landeskasse.

Der Anspruch begründet eine unmittelbare Schuldnerschaft der Staatskasse, 3
nicht lediglich eine Haftung für die Schuld der bedürftigen Partei. Die Staatskasse ist deshalb auch nicht i. S. des § 12 Abs. 1 S. 2 Dritte, die eine Gebühr dem eigentlichen Gebührenschuldner „zu ersetzen" hat.

Der öffentlichrechtliche Vergütungsanspruch ist **nicht subsidiär** gegenüber 4
Ansprüchen, die dem RA für seine Tätigkeit in derselben gebührenrechtlichen Angelegenheit gegen den Mandanten, weitere Auftraggeber, den in die Kosten verurteilten Gegner oder sonstige ersatzpflichtige Dritte zustehen (Näheres s. A 29).

Die Ansicht, bei dem Vergütungsanspruch handele es sich um einen Aufopfe- 5
rungsanspruch,

so insbesondere Chemnitz in Riedel/Sußbauer A 42 vor § 121,

verdient keine Zustimmung. Von dem dafür notwendigen Sonderopfer könnte nur die Rede sein, wenn das Rechtsinstitut durch Zurücksetzung der Rechte und Vorteile Einzelner zugunsten des gemeinschaftlichen Wohls gekennzeichnet wäre. Daran fehlt es in der Rechtswirklichkeit. Nach §§ 121 Abs. 1 – 3 ZPO wird grundsätzlich nur ein zur Vertretung bereiter RA beigeordnet, auch für die verbleibenden wenigen Fälle des § 121 Abs. 4 ZPO gibt es meist genügend RAe, die bereit sind, sich beiordnen zu lassen, ja sogar um ihre Berücksichtigung bei Beiordnungen bitten. Es ist im übrigen auch nicht so, daß der beigeordnete RA etwas aufopfern müsse, was ihm ohne den in der Beiordnung gesehenen staatlichen Eingriff als wirklicher Vermögensvorteil zustände. Ohne das „Sonderopfer" der Beiordnung würden viele der Mandate wegen der geringen Aussichten, die Regelvergütung von dem bedürftigen Mandanten ohne erhebliche zusätzliche Mühewaltung, wenn überhaupt, tatsächlich zu erhalten, gar nicht übernommen werden. Einen vorgegebenen Anspruch, daß der Staat für minderbemittelte Rechtssuchende auch bei Werten über 5000 DM die volle Wahlanwaltsvergütung zahle, dessen Aufopferung dem RA zugunsten des gemeinschaftlichen Wohl abverlangt würde, gibt es nicht. Der Nachteil einer gegenüber den Regelsätzen verminderten Vergütung wird durch die Vorteile, einen sicheren Vergütungsschuldner zu erhalten, gegen den in die Kosten verurteilten Gegner im eigenen Namen die Festsetzung betreiben zu dürfen (§ 126 ZPO), die Beschränkung der dabei zulässigen Einwendungen des Gegners und in manchen Fällen die Aussicht, eine weitere Vergütung bis hin zur vollen Regelvergütung aus der Staatskasse zu erhalten (§ 124), wobei diese die Überwachung und nötigenfalls Beitreibung der vom Mandanten zu erlangenden Ratenzahlungen übernimmt, doch wohl im wirtschaftlichen Endergebnis in einem Maße ausgeglichen, daß von einem Sonderopfer, das Einzelnen zugemutet wird, nicht die Rede sein kann.

Aber selbst wenn der Anspruch des beigeordneten RA gegen die Staatskasse in einem allgemeineren Sinn als Aufopferungsanspruch anzusehen wäre, könnte daraus nicht hergeleitet werden, daß es sich nicht um einen Vergütungs-, sondern um einen Entschädigungsanspruch handele, auf den die Regelungen für den privatrechtlichen Vergütungsanspruch des RA gegen den Auftraggeber nicht anwendbar seien. Das steht im Widerspruch zu der gesetzlichen Terminologie, die den Anspruch durchgehend als Anspruch auf Vergütung bezeichnet.

6 Dieser Anspruch geht nach § 121 grundsätzlich auf **die gesetzliche Vergütung,** d. h. auf die in der BRAGO geregelte Vergütung des Wahlanwalts, allerdings mit der Einschränkung „soweit in diesem Abschnitt nichts anderes bestimmt ist". Etwas anderes ist hinsichtlich der Gebührenhöhe bei Werten über 5000 DM in § 123 und bezüglich der Vergütung von Auslagen in § 126 bestimmt. Im übrigen gelten alle Vorschriften, die die Vergütung des Wahlanwalts regeln. Wenn § 127 gegenüber der Staatskasse einen Vorschußanspruch begründet, so werden damit nur mögliche Zweifel ausgeschaltet, ob der Vorschußanspruch Teil der gesetzlichen Vergütung oder ein besonderer Anspruch ist und ob er gegenüber der Staatskasse besteht, obwohl er gegenüber dem bedürftigen Auftraggeber gerade ausgeschlossen ist.

7 Für die **Fälligkeit** des Vergütungsanspruchs gilt § 16. Sie tritt für jede gebührenrechtliche Angelegenheit gesondert ein. Vorsicht ist deshalb geboten, wo neben einem Hauptverfahren gebührenrechtlich selbständige Nebenverfahren laufen oder wo ein Rechtsstreit gleichzeitig in zwei Rechtszügen anhängig ist (Beispiele A 8). Der Erledigung des Auftrags ist die Beendigung der Beiordnung gleichzustellen (vgl. hierzu A 16 ff zu § 122).

8 Die **Verjährungsfrist** beträgt entsprechend § 196 Abs. 1 Nr. 15 BGB zwei Jahre. Sie beginnt mit Ablauf des Jahres, in dem die Fälligkeit eintritt, § 201 BGB.

Celle JurBüro 83, 699 = NdsRpfl. 83, 94; KG AnwBl. 84, 625 = JurBüro 85, 76; München AnwBl. 85, 596 m. krit. Anm. Chemnitz; **a. A.** Riedel/Sußbauer A 45–48 zu § 121 (die aus dem vermeintlichen Aufopferungscharakter Verjährung in 30 Jahren ableiten; ein völlig unpraktisches Ergebnis!)

Da die Fälligkeit (für jede gebührenrechtlich selbständige Angelegenheit besonders) schon eintritt, wenn das Verfahren länger als drei Monate ruht, ist Vorsicht geboten. Beispiele:

In einem Schadensersatzprozeß ist gegen ein Zwischenurteil über den Grund Berufung eingelegt worden. Der Anspruch auf die Anwaltsgebühren der ersten Instanz wird drei Monate nach Erlaß des Zwischenurteils fällig, falls nicht in der

Zwischenzeit – etwa gem. § 304 Abs. 2 ZPO – über den Betrag verhandelt wird. Wird nach einem langdauernden Berufungsverfahren die Klage vom Rechtsmittelgericht abgewiesen, muß der RA des ersten Rechtszuges mit der Verjährungseinrede rechnen, wenn er erst nach Erledigung des Rechtsstreits seine Gebühren aus der Staatskasse fordert (der Umstand, daß der RA die Partei im zweiten Rechtszug vertreten hat, hinderte nicht, daß die erstinstanzlichen Gebühren fällig wurden und verjährten). In einem Ehescheidungsprozeß sind einstweilige Anordnungen gem. § 620 ZPO ergangen. Der Anspruch auf die Gebühren nach § 41 wird nach drei Monaten fällig, wenn zwischenzeitlich weder ein Verfahren nach § 620 b ZPO eingeleitet noch eine weitere einstweilige Anordnung gem. § 620 ZPO beantragt worden ist. Daß die einstweilige Anordnung gem. § 620 b ZPO danach noch in derselben Instanz abänderbar ist oder sich der Streitwert noch durch weitere Anträge auf Erlaß von einstweiligen Anordnungen erhöhen kann, beseitigt die eingetretene Fälligkeit und den darauf beruhenden Ablauf der Verjährung nicht. Wenn der RA seine Gebühren aus der Staatskasse erst beantragt, nachdem die Ehescheidungssache nach 3 Jahren rechtskräftig abgeschlossen ist, muß er mit der Verjährungseinrede rechnen.
KG JurBüro 86, 724.

Beiordnung allein begründet keinen Vergütungsanspruch. Während der **9** Anspruch des gerichtlich bestellten Verteidigers (§ 97) gegen die Staatskasse allein auf Grund der Bestellung entsteht, setzt bei dem im Wege der PKH beigeordneten RA die Entstehung eines Vergütungsanspruchs gegen die Staatskasse zweierlei voraus:

1. Ihm muß gegen den Bedürftigen, dem er beigeordnet ist, nach bürgerlichem Recht ein privatrechtlicher Vergütungsanspruch erwachsen sein.

2. Dieser privatrechtliche Vergütungsanspruch muß auf einer nach dem Wirksamwerden der Beiordnung entfalteten Tätigkeit beruhen.

In aller Regel ergibt er sich aus einem zwischen dem RA und der bedürftigen **10** Partei abgeschlossenen Geschäftsbesorgungsvertrag mit entsprechender Prozeß(Verfahrens-)vollmacht. Die Beiordnung ersetzt weder den Auftrag der Partei noch die Vollmacht.
BGH BGHZ 2, 227; JurBüro 73, 629.

Ein Vergütungsanspruch entsteht daher nicht, wenn der RA lediglich anzeigt, die Partei habe die Auftragserteilung verweigert. Auch die für das Zustandekommen des Auftrags entfaltete Tätigkeit (z. B. Bemühungen um Ermittlung der Anschrift der Partei) begründen noch keinen Vergütungsanspruch gegen die Staatskasse.
Bamberg JurBüro 78, 886; München Rpfleger 67, 135 (Beiordnung in Unkenntnis, daß bedürftige Partei bereits verstorben ist).

Der RA braucht aber den Nachweis, daß ihm ein Auftrag erteilt worden ist, nicht zu erbringen, sofern nicht konkrete Umstände gegen die Auftragserteilung sprechen.
LG Berlin JurBüro 78, 1222.

Häufig ist der Auftrag der Partei schon vor der Beiordnung – unbedingt oder **11** bedingt für den Fall der erwarteten Beiordnung – erteilt. Das wird insbesondere dann anzunehmen sein, wenn der RA den **Antrag auf Bewilligung der PKH** für die Partei eingereicht hat. Stellt die Partei selbst den Antrag, so liegt darin auch dann noch keine Auftragserteilung, wenn sie die Auswahl des beizuordnenden RA dem Gericht überläßt. Wohl aber kann die Vollmacht schon in dem Gesuch ausdrücklich erklärt werden.

Stillschweigende Erteilung des Auftrags und der Vollmacht genügt. Sie liegt in der stillschweigenden Genehmigung der Tätigkeit des RA, z. B. im Erscheinen der Partei neben dem RA im Termin, in der nachträglichen Ausstellung einer Prozeßvollmacht oder in der Übersendung der Handakten des erstinstanzlichen Prozeßbevollmächtigten an den für das Berufungsverfahren beigeordneten RA.

12 Der für die Entstehung des Vergütungsanspruchs gegen die Staatskasse erforderliche privatrechtliche Vergütungsanspruch kann sich auch aus **Geschäftsführung ohne Auftrag oder ungerechtfertigter Bereicherung** ergeben.

Bei **Vornahme unaufschiebbarer Handlungen** durch den beigeordneten RA vor Auftragserteilung, z. B. der Einsicht der Gerichtsakten zur Feststellung, ob eiliges Handeln geboten ist, bei der Wahrnehmung eines Verhandlungstermins zur Verhütung eines Versäumnisurteils oder bei Einlegung eines Rechtsmittels zur Fristwahrung kann dem RA ein Vergütungsanspruch gegen die Partei aus dem Gesichtspunkt der Geschäftsführung ohne Auftrag entstehen. Dabei ist zu berücksichtigen, daß die Beiordnung zwar kein Vertragsverhältnis zwischen RA und Partei, wohl aber gewisse Fürsorge-, Belehrungs- und Betreuungspflichten begründet, deren Verletzung den beigeordneten RA schadensersatzpflichtig machen kann. So muß er die rechtsunkundige Partei – auch wenn diese ihm noch keinen Auftrag erteilt hat – über nunmehr zu ergreifende Maßnahmen, vor allem über einzuhaltende Fristen belehren und zu verhindern versuchen, daß sie aus Rechtsunkenntnis Schaden erleidet.

BGH BGHZ 30, 226 = NJW 59, 1732 = MDR 59, 733.

Auch wenn der RA mangels Prozeß(Verfahrens-)vollmacht dann keinen der Gebührentatbestände der BRAGO unmittelbar erfüllt, erhält er für solche Tätigkeiten doch eine in entsprechender Anwendung dieser Tatbestände bemessene übliche Vergütung als Aufwandentschädigung oder Entreicherung (§§ 683, 684, 812 BGB).

BAG ZIP 80, 804 = BB 80, 1428 (LS); KG AnwBl. 85, 218 = Rpfleger 85, 39 = JurBüro 85, 404 (halbe Prozeßgebühr für Akteneinsicht zur Feststellung, ob unaufschiebbare Maßnahmen erforderlich; aber keine weitere Gebühr für Wahrnehmung eines Verhandlungstermins in Ehesache).

Auftragslose Geschäftsführung kann trotz vorheriger Entziehung der Vollmacht durch schlüssige Handlungen genehmigt werden.

13 Durch **Stellvertreter** kann der Vergütungsanspruch erworben werden, soweit sich der beigeordnete RA durch die in § 4 genannten Personen vertreten läßt und vertreten lassen durfte. Dem steht nicht entgegen, daß die Beiordnung nur für den RA selbst, nicht für die Sozietät, der er angehört, oder andere RAe, die bei ihm angestellt sind oder mit denen er eine Bürogemeinschaft unterhält, gilt. Da der RA auf Grund des Mandatsverhältnisses die gesetzliche Vergütung auch dann erhält, wenn er sich durch eine der in § 4 genannten Personen vertreten läßt, erhält er diese gesetzliche Vergütung auch aus der Staatskasse. Beauftragt er z. B. einen anderen RA mit der Wahrnehmung eines Vergleichstermins und kommt es unter dessen Mitwirkung zu

einem Vergleich, so kann nur der beigeordnete RA die Vergleichsgebühr aus der Staatskasse verlangen. Die Entschädigung des Vertreters ist seine Sache.

Der **Abwickler der Kanzlei** eines im Wege der PKH beigeordneten Prozeß- **14** bevollmächtigten kann nach § 55 Abs. 3 BRAO ihm persönlich zustehende Gebühren und Auslagen auch dann aus der Staatskasse verlangen, wenn er der Partei nicht ausdrücklich beigeordnet worden ist.

> Düsseldorf JurBüro 63, 791 = JMBlNRW 63, 255 = MDR 64, 66.

Läßt sich der RA im Einverständnis der Partei durch **andere als die in § 4** **15** **genannte Personen** vertreten, so bemißt sich die Vergütung nicht nach der BRAGO, entsteht dem beigeordneten RA also durch Handlungen des Vertreters kein Anspruch auf die gesetzliche Vergütung. Daraus ließe sich folgern, daß ihm insoweit auch kein Anspruch auf Vergütung aus der Staatskasse erwüchse. Diese Folgerung wird aber den Bedürfnissen der Praxis nicht gerecht, denn weder läßt sich die Notwendigkeit, kurzfristig einen Vertreter zu beauftragen, gänzlich vermeiden, noch kann ihr immer durch Beauftragung einer der in § 4 genannten Personen begegnet werden. Unter Berücksichtigung des Zwecks der Beiordnung, der bedürftigen Partei einen Vertreter mit anwaltlicher Qualifikation zu stellen, sollte es in solchen Ausnahmesituationen für die Entstehung eines Vergütungsanspruchs auch gegen die Staatskasse ausreichen, wenn sich der beigeordnete RA durch eine Person mit entsprechender Qualifikation vertreten läßt.

> Frankfurt NJW 75, 2211 = MDR 75, 767; Düsseldorf AnwBl. 78, 426; VG Freiburg AnwBl. 84, 325 (Assessor, der Zulassung als RA beantragt hat); **a. A.** Saarbrücken JurBüro 84, 1668; Düsseldorf JurBüro 85, 1496 (Vertretung durch Rechtsbeistand, der Mitglied der RA-Kammer ist); E. Schneider in Anm. zu KostRsp. BRAGO § 4 Nr. 3.

Nur **Handlungen nach Wirksamwerden der Beiordnung** können den **16** Vergütungsanspruch gegen die Staatskasse begründen.

> BGH KostRsp BRAGO § 122 Nr. 8; Düsseldorf MDR 61, 423; Stuttgart Rpfleger 64, 130; Frankfurt JurBüro 66, 777; Hamm Rpfleger 74, 448 = JurBüro 74, 1392 = JMBlNRW 74, 240; KG AnwBl. 80, 374 = JurBüro 80, 580 = Rpfleger 80, 301 = JurBüro 80, 1086; Schleswig SchlHA 82, 48 (Vergleichsabschluß vor Beiordnung); Bamberg JurBüro 84, 1033; Karlsruhe JurBüro 85, 874 = Justiz 85, 166; Koblenz JurBüro 85, 235 (im Grundsatz ebenso; anders aber für vor Beiordnung gemachte Auslagen, wenn im Zusammenhang mit von PKH umfaßter Tätigkeit entstanden).

War der **Auftrag z. Z. der Beiordnung schon erledigt**, so entsteht kein **17** Vergütungsanspruch gegen die Staatskasse. Gilt allerdings der Auftrag gemäß § 674 BGB als fortbestehend, so erwirbt der RA für Handlungen, die er nach der Beiordnung vornimmt, einen Anspruch gegen die Partei und deshalb auch einen Vergütungsanspruch gegen die Staatskasse.

> KG JurBüro 69, 243.

Die **Aufhebung der PKH** (§ 124 ZPO) beseitigt den bis zur Aufhebung **18** bereits erwachsenen Vergütungsanspruch des beigeordneten RA gegen die Staatskasse nicht.

> Düsseldorf AnwBl. 83, 94 = Rpfleger 82, 396 = JurBüro 82, 1407; Zweibrücken Rpfleger 84, 115 = JurBüro 84, 237.

Etwas anderes gilt nur dann, wenn der RA die ungerechtfertigte Bewilligung der PKH selbst durch bewußt unrichtige Sachdarstellung herbeigeführt hat. Dann verstößt er gegen Treu und Glauben, wenn er sich auf die erschlichene Beiordnung beruft.

19 Für **Tätigkeiten vor dem Wirksamwerden der Beiordnung** erwirbt der RA keinen Anspruch gegen die Staatskasse.

Köln 67, 69 (LG) (keine Gebühr nach § 35, wenn RA Einverständnis mit schriftlicher Entscheidung vor Beiordnung erklärt hatte).

Reicht der RA eine **Klage zusammen mit dem Antrag auf PKH-Bewilligung** ein, ohne zum Ausdruck zu bringen, daß zunächst nur über das Gesuch entschieden werden solle, so kann er aus der Staatskasse nur die halbe Prozeßgebühr beanspruchen, sofern er nicht nach der Beiordnung einen der Tatbestände des § 32 Abs. 1 (erstmals oder erneut) erfüllt hat.

Hamm Rpfleger 74, 448 = JurBüro 74, 1392 (ebenso, wenn Berufung vor Beiordnung eingelegt).

20 Ob der RA in diesen Fällen für die vor Beiordnung entfaltete Tätigkeit einen **Anspruch gegen die Partei** erlangt, hängt davon ab, ob die Partei den RA in Kenntnis der dadurch für sie entstehenden Vergütungspflicht (vgl. dazu Standesrichtlinien § 58) beauftragt hat, schon vor der Entscheidung über das Gesuch um PKH-Bewilligung und Beiordnung oder ohne Rücksicht auf deren Ergebnis für ihn tätig zu werden. Im Streitfall muß der RA beweisen, daß die Partei nach Belehrung über die Vergütungsfolge einen derartigen Auftrag erteilt hat. Dazu genügt nicht, daß der Auftrag bereits vor Einreichung des PKH-Gesuchs erteilt und eine Prozeßvollmacht unterzeichnet wurde, denn im Zweifel ist beides nur bedingt für den Fall der Bewilligung der PKH und Beiordnung dieses RA gewollt.

21 Eine davon zu unterscheidende Frage ist es, ob der RA, der auftragsgemäß vor der Beiordnung tätig geworden ist, einen dadurch erlangten **Anspruch auf Wahlanwaltsvergütung gegen die Partei** nach seiner Beiordnung geltend machen darf. Hier ist § 122 Abs. 1 Nr. 3 ZPO zu beachten, wonach die Bewilligung der PKH bewirkt, daß die beigeordneten RAe Ansprüche auf Vergütung gegen die Partei nicht geltend machen dürfen.

Beschränkung der Geltendmachung. Daraus ergibt sich zunächst, daß die Beiordnung eines RA im Wege der PKH nicht zur Folge hat, daß dem RA gegen die bedürftige Partei überhaupt kein Anspruch auf die Wahlanwaltsvergütung erwächst oder ein bereits entstandener Anspruch erlischt. Nicht richtig ist es deshalb, wenn – wie es häufig geschieht – formuliert wird, dem beigeordneten RA stehe ein Vergütungsanspruch nur gegen die Staatskasse zu.

Das Gesetz geht vielmehr davon aus, daß der bedürftige Mandant dem von ihm beauftragten RA trotz der Beiordnung eine Vergütung schuldet, und zwar mangels anderweitiger Bestimmung die in den Gebührentatbeständen der BRAGO bestimmte gesetzliche Vergütung eines Wahlanwalts. Zum Schutz der bedürftigen Partei schränkt es lediglich die Geltendmachung dieses Anspruchs gegen Partei, der PKH bewilligt ist, ein.

Diese Beschränkung wird vielfach als **Stundung** bezeichnet. Das mag für das frühere Armenrecht zutreffend gewesen sein ("vorläufig" unentgeltliche Wahrnehmung). Um eine zeitliche Hinausschiebung der Fälligkeit handelt es sich aber nach der jetzigen Gesetzeslage nicht mehr. Zwar kann auch jetzt noch die Sperrwirkung zu einem späteren Zeitpunkt wegfallen. Das setzt aber voraus, daß die Bewilligung der PKH als solche nach § 124 ZPO aufgehoben wird. Jedenfalls die Tatbestände Nr. 1–3 des § 124 ZPO geben aber den Wirkungen der PKH nicht allgemein den Charakter der Vorläufigkeit. Sie sollen vielmehr ermöglichen, die PKH insgesamt zu beseitigen, wenn sich – was nur selten der Fall ist – nachträglich herausstellt, daß die Bewilligungsvoraussetzungen nicht vorgelegen haben. Der Aufhebungstatbestand des § 124 Nr. 4 ist eine Sanktion zum Schutz der Staatskasse. Das KostÄndG v. 9. 12. 86 (BGBl I, 2326 ff) hat zwar durch § 120 Abs. 4 ZPO wieder eine dem früheren Nachzahlungsbeschluß im Ergebnis nahekommende Möglichkeit geschaffen, die bedürftige Partei bei nachträglicher Verbesserung ihrer persönlichen oder wirtschaftlichen Verhältnisse zur Begleichung der Prozeßkosten heranzuziehen.

Selbst in diesem Fall wird aber (anders als bei der früheren Nachzahlungsanordnung) die Sperrwirkung des § 122 Abs. 1 Nr. 3 ZPO weder ganz noch teilweise aufgehoben. Diese Sperrwirkung stellt sich daher als Maßnahme zum Schutz der bedürftigen Partei dar, die den Ansprüchen des beigeordneten RA auf die Regelvergütung im Umfang und für die Dauer der PKH-Bewilligung (nicht nur für die Dauer der Beiordnung) die Durchsetzbarkeit nimmt, sie damit im Verhältnis zu der Partei (nicht jedoch Dritten gegenüber) zu Naturobligationen macht.

Die Sperrwirkung trifft nur einen beigeordneten RA. Sie greift deshalb nicht **22** für Vergütungsansprüche des RA ein, die darauf beruhen, daß der **RA zeitlich oder gegenständlich außerhalb des Umfangs der Beiordnung auftragsgemäß tätig** geworden ist.

Beispiele:
Der RA hat die Partei in einem vor seiner Beiordnung abgeschlossenen Beweisaufnahmeverfahren vertreten; nach der Beiordnung ist nicht erneut Beweis erhoben worden. Der RA kann die Beweisgebühr nur von der Partei fordern; er ist durch die PKH-Bewilligung nicht gehindert, sie gegen die Partei geltend zu machen, auch wenn die Beweisaufnahme den Gegenstand der späteren Beiordnung betraf.

Dem Beklagten war nur für einen Teil des Streitgegenstandes PKH bewilligt worden. Der beigeordnete RA beantragt auftragsgemäß in vollem Umfang Klageabweisung. Nach dem Wert, für den PKH bewilligt wurde, kann er Prozeß- und Verhandlungsgebühr nur gegen die Staatskasse (oder gem. § 126 ZPO gegen den unterlegenen Gegner), nicht aber gegen den Mandanten geltend machen. Nach dem von der PKH-Bewilligung nicht gedeckten weitergehenden Streitwert kann er beide Gebühren nicht gegen die Staatskasse, wohl aber gegen den Mandanten (und/oder den unterlegenen Gegner) in Höhe der Regelvergütung geltend machen. Insgesamt darf dabei die Vergütung die vollen Wahlanwaltsgebühren nach dem Gesamtstreitwert nicht übersteigen.

Gebühren und Auslagen, wegen deren dem beigeordneten RA überhaupt ein **23** Vergütungsanspruch gegen die Staatskasse zusteht, darf er während des Bestehens der PKH-Bewilligung gegen den Mandanten nicht, auch nicht in Höhe der sogen. **Differenzgebühren** (Differenz zwischen den Wahlanwaltsgebühren und den Gebühren des § 123), geltend machen. Dabei spielt es keine

Rolle, ob er den Gebühren- oder Auslagentatbestand auch bereits vor der Beiordnung als Wahlanwalt erfüllt hat.

Düsseldorf MDR 61, 423; Koblenz JurBüro 78, 1187; Köln JurBüro 78, 868; Bamberg JurBüro 84, 292; KG MDR 84, 410 (auch nicht nach Aufhebung der Beiordnung, wenn PKH fortbesteht) a. A. Hamburg MDR 85, 416 = KostRsp BRAGO § 122 Nr. 17 m. krit. Anm. von Eicken; Riedel/Sußbauer A 51 zu § 121 nehmen an, der RA sei während des Bestehens der Beiordnung nur standesrechtlich gehindert, wegen seiner vor der Beiordnung erlangten Wahlanwaltsvergütung gegen den Mandanten gerichtlich vorzugehen oder seine weitere Tätigkeit von deren Begleichung abhängig zu machen.

24 Dasselbe gilt auch für **Gebühren, die auf eine Gebühr, für die ein Anspruch gegen die Staatskasse besteht, anzurechnen sind,** wie die Mahnverfahrens- und Widerspruchsgebühr (§ 43 Abs. 1 Nr. 1 u. 2, Abs. 2) und insbesondere auch für die Gebühren des § 51 (wegen deren Anrechenbarkeit auf die Gebühren des § 31 s. A. 15 zu 51).

25 Eine **Geltendmachung** i. S. des § 122 Abs. 1 Nr. 3 ZPO liegt nicht nur in der gerichtlichen oder außergerichtlichen Einforderung der Wahlanwaltsvergütung, sondern in jeglicher Rechtshandlung mit dem Ziel der Befriedigung des Vergütungsanspruchs durch den Mandanten, also auch in der Verrechnung von Guthaben aus anderen Sachen, von Vorschüssen, die nicht zweckbestimmt auf die Wahlanwaltsvergütung geleistet worden waren, von Zahlungen, die der Prozeßgegner zu Händen des RA geleistet hat, und in der Aufrechnung mit dem Vergütungsanspruch gegen sonstige Ansprüche des Mandanten. Zulässig ist dagegen die Annahme freiwilliger Zahlungen des Mandanten und die Geltendmachung der Vergütungsansprüche gegen Dritte.

26 Neben dem öffentlichrechtlichen Vergütungsanspruch gegen die Staatskasse und dem privatrechtlichen Vergütungsanspruch gegen den Mandanten können dem beigeordneten RA **weitere Ansprüche** mit gleicher oder ähnlicher Zielsetzung zustehen.

Wird der Gegner des Mandanten in die Prozeßkosten verurteilt, so entsteht gegen diesen nach Maßgabe der Kostengrundentscheidung ein **prozessualer Kostenerstattungsanspruch,** der u. a. die notwendigen Anwaltskosten des Obsiegenden umfaßt, § 91 Abs. 2 S. 1 ZPO. Diesen kann der beigeordnete RA wegen seiner (Wahlanwalts)Gebühren und Auslagen nach § 126 ZPO im eigenen Namen beitreiben, sofern er nicht bereits gem. § 130 Abs. 1 auf die Staatskasse übergegangen ist. Dieser Anspruch wird als ein dem Einziehungsrecht des Pfändungs- und Einziehungsgläubigers nach § 835 ZPO vergleichbares Recht, den Kostenerstattungsanspruch der Partei im eigenen Namen geltend zu machen, bezeichnet. Ob dieser Vergleich heute noch zutrifft, erscheint fraglich. Nach der jetzigen Fassung des § 122 Abs. 1 Nr. 3 ZPO kann ein Erstattungsanspruch der bedürftigen Partei hinsichtlich der Gebühren und Auslagen des ihr beigeordneten RA nicht mehr angenommen werden: Da sie während des Bestehens der PKH-Bewilligung von dem beigeordneten RA nicht mehr in Anspruch genommen werden kann, kann sie auch nichts erstattet verlangen. Würde man den zwar bestehenden, aber nicht durchsetzbaren Anspruch (s. A 21) als hinreichende Grundlage für einen Erstattungsanspruch gegen den Gegner ansehen, so könnte das zu einer nicht gerechtfertigten Bereicherung der bedürftigen Partei führen. Ein Erstattungsanspruch der Partei entsteht deshalb erst dann und nur insoweit, als sie

tatsächlich selbst (z. B. durch Vorschußzahlung vor Stellung des PKH-Gesuchs) für die Vergütung des beigeordneten RA etwas aufgewendet hat oder
(z. B. nach Aufhebung der PKH-Bewilligung) der Inanspruchnahme durch
den RA ausgesetzt ist.

Nach Wortlaut und Sinn des § 126 ZPO ist indessen **Festsetzbarkeit des
Erstattungsanspruchs zugunsten der Partei nicht Voraussetzung** des
Beitreibungsrechts des beigeordneten RA. Notwendig ist nur, daß zugunsten
der Partei eine Kostengrundentscheidung ergangen ist, die den Gegner voll
oder teilweise in die Prozeßkosten verurteilt.

Das Beitreibungsrecht besteht **nur im Rahmen der Kostengrundentscheidung,** der eine **Kostenvereinbarung** in einem Prozeßvergleich gleichsteht;
es ist insbesondere auf das zur zweckmäßigen Rechtsverfolgung oder -vertei-
digung Notwendige beschränkt. Es besteht ferner nur hinsichtlich derjenigen
Gebühren und Auslagen, die dem beigeordneten RA als solchem, d. h.
gegenständlich im Rahmen und zeitlich nach der Beiordnung erwachsen sind,
ist aber im übrigen nicht auf den Vergütungsanspruch gegen die Staatskasse
begrenzt, umfaßt also auch die Differenzkosten.

Materiellrechtliche Kostenerstattungsansprüche und Versicherungsan- 27
sprüche der Partei geben dem beigeordneten RA kein gesetzliches eigenes
Beitreibungsrecht.

Vergütungsansprüche des beigeordneten RA gegen Streitgenossen und 28
Streithelfer der bedürftigen Partei sowie gegen sonstige Beteiligte, die er
gleichzeitig vertreten hat, bestehen unabhängig sowohl von dem Vergütungsanspruch gegen die Staatskasse wie von dem privatrechtlichen Vergütungsanspruch gegen die bedürftige Partei, § 6 Abs. 2.

Über das **Verhältnis der verschiedenen Ansprüche zueinander** enthält 29
das Gesetz nur punktuelle Aussagen:
a) Der öffentlichrechtliche Vergütungsanspruch gegen die Staatskasse ist
davon abhängig, daß ein entsprechender privatrechtlicher Vergütungsanspruch des RA gegen die Partei besteht (s. A 9).
b) Mit Erfüllung des öffentlichrechtlichen Vergütungsanspruchs gehen die
entsprechenden privatrechtlichen Ansprüche des beigeordneten RA gegen die
Partei und einen ersatzpflichtigen Gegner auf die Staatskasse über, § 130
Abs. 1.
c) Vorschüsse und Zahlungen, die der RA auf seine Vergütung von seinem
Auftraggeber oder einem Dritten vor oder nach der Beiordnung erhalten hat,
sind zunächst auf die Vergütung anzurechnen, für die ein Anspruch gegen die
Staatskasse nicht oder nur unter den Voraussetzungen des § 124 besteht,
§ 129.
Wenn auch letztlich alle Ansprüche auf Befriedigung des beigeordneten RA
wegen seiner Wahlanwaltsvergütung zielen, so besteht doch zwischen den
Schuldnern **kein echtes Gesamtschuldverhältnis,** weil nicht alle gleichzeitig verpflichtet sind, die ganze Leistung zu bewirken, sich die Beträge,
hinsichtlich deren eine gemeinsame Verpflichtung besteht, auch nicht in
jedem Fall decken und die einzelnen Ansprüche auch nicht gleichstufig sind.
Der gemeinsame Zweck aller Ansprüche wirkt sich dahin aus, daß der RA
insgesamt nicht mehr als seine volle Wahlanwaltsvergütung erhalten darf.

Ein **Rangverhältnis** zwischen den verschiedenen dem beigeordneten RA zustehenden Ansprüchen ist dem Gesetz weder unmittelbar noch mittelbar zu entnehmen. Es steht dem RA deshalb frei, in welcher Reihenfolge er die Ansprüche geltend macht. Insbesondere ist er nicht gehalten, zunächst etwaige weitere Vergütungsschuldner und/oder den in die Kosten verurteilten Gegner in Anspruch zu nehmen, bevor er die Vergütung aus der Staatskasse beansprucht.

A. A. Celle JurBüro 84, 1248 (weiterer Gebührenschuldner muß zunächst in Anspruch genommen werden).

30 **Abtretung und Pfändung** des Vergütungsanspruchs des beigeordneten RA gegen die Staatskasse sind zulässig. Voraussetzung ist, daß der RA im Rahmen der Beiordnung schon tätig geworden ist.

Eine Pfändung zukünftiger Vergütungsansprüche aus einer noch nicht angeordneten Beiordnung ist unwirksam.

Zur hinreichenden Bestimmtheit der Pfändung ist die Bezeichnung derjenigen Rechtsstreitigkeiten nötig, in denen der zu pfändende Vergütungsanspruch entstanden sein soll; die bloße Angabe des Gerichts reicht nicht aus.

Abtretungs- und Pfändungsgläubiger sind berechtigt, die Festsetzung der Vergütung nach § 128 zu beantragen und mit Erinnerung und Beschwerde zu verfolgen.

§ 122 Umfang der Beiordnung

(1) **Der Anspruch des Rechtsanwalts bestimmt sich nach den Beschlüssen, durch die die Prozeßkostenhilfe bewilligt und der Rechtsanwalt beigeordnet worden ist.**

(2) **Der Rechtsanwalt erhält Vergütung aus der Bundes- oder Landeskasse, wenn er für eine Berufung oder Revision beigeordnet ist, auch für die Rechtsverteidigung gegen eine Anschlußberufung oder eine Anschlußrevision und, wenn er für die Erwirkung eines Arrests oder einer einstweiligen Verfügung beigeordnet ist, auch für die Vollziehung des Arrests oder der einstweiligen Verfügung. Dies gilt nicht, wenn der Beiordnungsbeschluß ausdrücklich bestimmt, daß der Rechtsanwalt für die Rechtsverteidigung gegen die Anschlußberufung oder Anschlußrevision oder für die Vollziehung des Arrests oder der einstweiligen Verfügung nicht beigeordnet ist.**

(3) **Die Beiordnung eines Rechtsanwalts in einer Ehesache erstreckt sich auf den Abschluß eines Vergleichs, der den gegenseitigen Unterhalt der Ehegatten und den Unterhalt gegenüber den Kindern im Verhältnis der Ehegatten zueinander, die Sorge für die Person der gemeinschaftlichen minderjährigen Kinder, die Rechtsverhältnisse an der Ehewohnung und dem Hausrat und die Ansprüche aus dem ehelichen Güterrecht betrifft. In anderen Angelegenheiten, die mit dem Hauptprozeß nur zusammenhängen, erhält der für den Hauptprozeß beigeordnete Rechtsanwalt Vergütung aus der Bundes- oder Landeskasse nur dann, wenn er ausdrücklich auch hierfür beigeordnet ist. Dies gilt insbesondere für**
1. **die Zwangsvollstreckung (den Verwaltungszwang);**
2. **das Verfahren über den Arrest, die einstweilige Verfügung und die einstweilige Anordnung;**

3. das Beweissicherungsverfahren;
4. das Verfahren über die Widerklage, ausgenommen die Rechtsverteidigung gegen die Widerklage in Ehesachen.

Übersicht über die Anmerkungen

von Eicken   1213

Allgemeines. Die Vorschrift regelt den gegenständlichen Umfang der Bei- **1** ordnung, nach dem sich die Höhe der Vergütung des beigeordneten RA bestimmt. Sie wird durch §§ 119, 121 Abs. 3, 624 Abs. 2 ZPO ergänzt. Grundsätzlich ist für den **Umfang der Beiordnung** der Beiordnungsbeschluß sowohl in gegenständlicher als auch in zeitlicher Hinsicht maßgeblich. Enthält der Beiordnungsbeschluß keine näheren Angaben über den Umfang der Beiordnung, so ist die Beiordnung im Umfang der PKH-Bewilligung angeordnet. Enthält auch der Beschluß über die Bewilligung der PKH keine näheren Angaben, so ist die PKH und damit auch die Beiordnung im Umfang des Antrages auf PKH-Bewilligung angeordnet.

Ohne daß es einer diesbezüglichen ausdrücklichen Anordnung bedarf (eine **2** solche ist gleichwohl der Klarheit halber dringend zu empfehlen) gilt die PKH-Bewilligung und damit auch die Beiordnung **nur für den jeweiligen Rechtszug,** § 119 S. 1 ZPO. Der für einen bestimmten Rechtszug beigeordnete RA ist also nicht auch für den höheren Rechtszug beigeordnet, auch wenn er bei dem Rechtsmittelgericht zugelassen ist. Reicht er für den höheren Rechtszug einen Antrag auf PKH-Bewilligung ein, so erwächst ihm dafür auch bei Bewilligung kein Vergütungsanspruch gegen die Staatskasse, auch nicht etwa auf eine Verkehrsgebühr. Das gilt ebenso, wenn der RA zum PKH-Antrag der Gegenpartei für den höheren Rechtszug Stellung nimmt. Wegen des Begriffs des Rechtszuges s. A. 14.

Für die **Zwangsvollstreckung** muß die PKH grundsätzlich besonders bean- **3** tragt und bewilligt werden. Dies kann zwar gleichzeitig mit der Bewilligung geschehen; das Prozeßgericht ist für die Bewilligung von PKH für die Zwangsvollstreckung jedoch nur insoweit zuständig, als es selbst Vollstreckungsgericht ist. Auch soweit PKH für die Zwangsvollstreckung bewilligt ist, folgt daraus nicht, daß der für den Rechtsstreit beigeordnete RA auch insoweit beigeordnet ist. Nach der eindeutigen Vorschrift des § 122 Abs. 3 S. 3 Nr. 1 muß der RA für die Zwangsvollstreckung **ausdrücklich** beigeordnet werden. Näheres s. A 51 ff.

Etwas anderes gilt nach § 122 Abs. 2 für **die Vollziehung eines Arrests oder einer einstweiligen Verfügung.** Der RA, der für die Erwirkung des Arrests oder der einstweiligen Verfügung beigeordnet ist, erhält ohne besondere Beiordnung die Vergütung aus der Staatskasse auch für deren Vollziehung, sofern in dem Beiordnungsbeschluß nicht ausdrücklich bestimmt ist, daß die Beiordnung die Vollziehung nicht umfaßt. S. auch A 31, 59.

Grundsätzlich umfaßt die Beiordnung eines RA – ohne daß dies besonders **4** zum Ausdruck kommen muß – **alle Aufgaben eines Prozeß- oder Verfahrensbevollmächtigten** im Rahmen der gebührenrechtlichen Angelegenheit, für die die PKH bewilligt ist. Eine Beschränkung der Beiordnung auf einzelne Verfahrenshandlungen verbietet das Gesetz nicht ausdrücklich. Aus § 121 Abs. 3 ZPO kann aber geschlossen werden, daß die Beschränkung der Beiordnung auf einzelne Funktionen oder Verfahrensabschnitte nur in den dort genannten beiden Fällen der Beiordnung **als Beweis- oder als Verkehrsanwalt** erfolgen soll. Damit nicht zu verwechseln ist es, daß die Beiordnung erst so spät wirksam wird, daß sie bestimmte Tätigkeiten, die der RA nur vor der Beiordnung als Prozeßbevollmächtiger vorgenommen hat, nicht mehr erfaßt, oder daß der Auftrag der Partei sich auf die Vornahme einzelner Verfahrenshandlungen (z. B. Vergleichsabschluß, Rechtsmittelverzicht) beschränkt.

5 Zwischen **Handlungen, die auch die Partei selbst vornehmen könnte** (§ 78 Abs. 3 ZPO), und solchen, die nur der RA vornehmen kann, besteht kein Unterschied. Daher erwächst dem beigeordneten RA ein Vergütungsanspruch gegen die Staatskasse, wenn er einen Beweistermin vor dem beauftragten oder ersuchten Richter wahrnimmt.

Nürnberg BayJMBl. 53, 206.

6 Die **Notwendigkeit der Tätigkeit** zur zweckmäßigen Rechtsverfolgung oder -verteidigung ist, anders als bei den Auslagen (§ 126), nicht zu prüfen. Wegen mangelhafter Vertretung der Interessen der Partei kann die Vergütung nicht versagt werden, falls es nicht zur Aufhebung der Beiordnung und zur Beiordnung eines anderen RA kommt (§ 125); vgl. aber A 54.

Braunschweig NdsRpfl. 52, 12; Celle NJW 53, 1759.

7 Nur **völlig überflüssige und bedeutungslose Prozeßhandlungen** lösen keinen Vergütungsanspruch aus.

KG NJW 69, 2022 = AnwBl. 70, 18 = JurBüro 69, 1057 (der RA, der offensichtlich ohne jeden sachlichen Grund einen Gebührentatbestand nur mit dem Ziel herbeiführt, die Gebühr für sich entstehen zu lassen, kann dafür auch aus der Staatskasse keine Vergütung beanspruchen; eine solche offensichtlich zwecklose Handlung liegt aber nicht vor, wenn er trotz des Auftrags oder der Ermächtigung des Mandanten, eine Aussetzung des Verfahrens nach § 614 ZPO zu beantragen, zunächst Sachanträge stellt); vgl. auch Düsseldorf NJW 71, 2180 = AnwBl. 71, 355 = JurBüro 71, 763 = Rpfleger 71, 367 = MDR 71, 936.

Das Gericht ist nicht befugt, auf Antrag der Partei festzustellen, daß dem beigeordneten RA kein Gebührenanspruch zustehe, weil er schuldhaft die Vertretung aufgegeben oder vernachlässigt habe. Gegen einen solchen Beschluß ist Beschwerde zulässig.

Düsseldorf Rpfleger 65, 43.

8 Ist die **PKH nur für einen Teil der beabsichtigten Rechtsverfolgung oder -verteidigung** bewilligt, so umfaßt auch die Beiordnung nur diesen Teil. Beispiel: Für eine beabsichtigte Klage über 15 000 DM wird die PKH nur in Höhe von 7000 DM bewilligt. Der RA ist dann nur wegen 7000 DM beigeordnet und erhält eine Vergütung aus der Staatskase nur nach diesem Wert, auch wenn die Partei ihn mit der weitergehenden Klageerhebung beauftragt und diese auch zum Erfolg führt. Für den weitergehenden Auftrag (s. dazu Teil C Anhang 9, § 58 Abs. 1 der Grundsätze d. anwaltlichen Standesrechts) erlangt der RA einen Vergütungsanspruch nur gegen die Partei. Dieser bemißt sich nach der Differenz zwischen der Wahlanwaltsvergütung für den gesamten Auftrag und der Wahlanwaltsvergütung für den Teil des Auftrags, für den Beiordnung besteht. Im obigen Beispiel beträgt eine volle Gebühr gegen den Auftraggeber

Wahlanwaltsvergütung Wert 15 000		694 DM
./. Wahlanwaltsvergütung Wert 7000 DM		383 DM
		311 DM.

Riedel/Sußbauer A 31 zu § 13; BGHZ 13, 373 (entschieden für die Gerichtsgebühren, jedoch unter ausdrücklicher Berücksichtigung der Folgen für die Vergütung des beigeordneten RA); ähnlich Köln JurBüro 81, 1011 (Differenz zwischen

Wahlanwaltsvergütung nach Gesamtwert und PKH-Anwaltsvergütung nach Wert der Beiordnung).

Eine andere Meinung will § 13 Abs. 3 entsprechend anwenden. Sie berechnet die von der Partei allein geschuldete Vergütung nach dem Wert, für den PKH nicht bewilligt ist (im Beispiel also 8000 DM, eine volle Gebühr 435 DM) allerdings mit der Einschränkung, daß der RA insgesamt höchstens die Wahlanwaltsgebühr aus dem Gesamtwert erhält (darin sind sich alle Berechnungsmethoden einig). Nach dieser Ansicht soll es dem RA freistehen, ob er die Staatskasse auf die volle Vergütung und den Auftraggeber auf den Rest, oder umgekehrt den Auftraggeber auf die volle von ihm allein geschuldete Vergütung und die Staatskasse auf den Rest in Anspruch nimmt.

So 8. Auflage A 21 zu § 122; München JurBüro 69, 514 mit abl. Anm. E. Schneider; JurBüro 81, 700 mit abl. Anm. Mümmler; JurBüro 83, 1205.

Diese Ansicht stellt, worauf schon der BGH hingewiesen hat, die bedürftige Partei hinsichtlich des über die PKH-Bewilligung hinausgehenden Teils des einheitlichen Auftrags schlechter als die nicht bedürftige Partei. Sie ist auch mit § 122 Abs. 1 Nr. 3 ZPO nicht vereinbar. Wenn der beigeordnete RA im Umfang der Beiordnung seine Vergütung gegen die Partei nicht geltend machen darf, so betrifft das gerade die Differenz zwischen der Wahlanwaltsvergütung und der Vergütung des § 123 nach dem Wert der Beiordnung. Diese Differenz darf der RA auch nicht deshalb fordern, weil die Partei ihm einen weitergehenden (nicht einen selbständigen weiteren) Auftrag erteilt hat. Daraus folgt zugleich, daß er der Partei gegenüber gehalten ist, die ihm aus der Staatskasse zustehende Vergütung zunächst voll in Anspruch zu nehmen.

Auch bei voller PKH-Bewilligung umfaßt die Beiordnung **nur die im** 9 **Beiordnungsbeschluß bezeichneten Gegenstände** und solche, auf die das Gesetz selbst PKH oder Beiordnung erstreckt (§§ 624 Abs. 2 ZPO; 122 Abs. 2 und Abs. 3 S. 1).

Die nicht auf einzelne Stufen beschränkte PKH und Beiordnung für eine **Stufenklage** erstrecken sich auf alle anhängig gemachten Ansprüche, auch auf einen noch nicht bezifferten Zahlungsanspruch.

Köln NJW 62, 814, JurBüro 83, 285; München JurBüro 80, 1692 = Rpfleger 81, 34; Saarbrücken JurBüro 84, 1250; anders aber, wenn Zahlungsanspruch nur vorbehalten München JurBüro 79, 1513.

Ist dem Kläger PKH für eine Kaufpreisklage über 3000 DM bewilligt worden, so wirkt die Bewilligung und damit die Beiordnung nicht mehr, wenn die Klage dahin geändert wird, daß nunmehr 3000 DM aus Darlehen gefordert werden. Die PKH muß für die Darlehensklage neu bewilligt werden. Das gleiche gilt für den Beklagten, dem zur Rechtsverteidigung PKH bewilligt und ein RA beigeordnet worden ist. Auch er muß im Falle einer Klageänderung um eine Erstreckung der Bewilligung und Beiordnung nachsuchen.

Celle Rpfleger 64, 199.

Für eine **Klageerweiterung,** die Verteidigung gegen eine solche oder für die Erweiterung des Rechtsmittels und die Verteidigung dagegen muß die PKH besonders bewilligt und die Beiordnung besonders angeordnet werden. Wegen Erhebung einer Widerklage s. A 64.

10 Die Festsetzung eines sogen. **Teilstreitwerts nach §§ 144 PatG, 23 b UWG, 26 GebrMG, 31 a WZG** (s. Teil C Anhang 4) hat nicht zur Folge, daß der beigeordnete RA seine Gebühren aus der Staatskasse nur nach dem herabgesetzten Wert erhält. Er kann die Gebühren des § 123 vielmehr nach dem vollen Streitwert beanspruchen.

BGH AnwBl. 53, 332.

11 Eine **Erhöhung des Streitwerts über 50 000 DM** ist, wenn sie nach einer Zurückverweisung erfolgt, der RA aber schon die Prozeßgebühr nach dem Höchstbetrag des § 123 erhalten hat, auf den Vergütungsanspruch gegen die Staatskasse ohne Einfluß.

12 Bei **Übergang von der Feststellungs- zur Leistungsklage** bedarf es, sofern die PKH nicht für einen Zahlungsanspruch und einen alle weiteren Schäden umfassenden Feststellungsantrag bewilligt worden war, ebenfalls erneuter PKH-Bewilligung und Beiordnung.

13 Die Bewilligung der **PKH für die Scheidungssache erstreckt sich nach § 624 Abs. 2 ZPO** nur noch auf die Folgesachen Regelung der elterlichen Sorge für ein eheliches Kind und Versorgungsausgleich (§ 621 Abs. 1 Nr. 1 u. 6 ZPO), sofern diese nicht ausdrücklich von der Bewilligung ausgenommen werden. Die zu der früheren Fassung dieser Vorschrift entstandene Streitfrage, ob die PKH-Bewilligung für die Scheidungssache nur die im Zeitpunkt der Bewilligung bereits anhängig gemachten oder auch die erst später beantragten Folgesachen umfasse, ist damit überholt. Für alle anderen Folgesachen als elterliche Sorge und Versorgungsausgleich muß die PKH in jedem Fall besonders beantragt und bewilligt werden.

Eine dem § 624 Abs. 2 ZPO entsprechende ausdrückliche **Erstreckung der Beiordnung** des für die Scheidungssache beigeordneten RA enthält das Gesetz nicht. Die in § 122 Abs. 3 S. 1 vorgesehene Erstreckung der Beiordnung für die Ehesache gilt nur für den Abschluß eines Vergleichs über bestimmte Gegenstände, die nicht als Folgesachen anhängig gemacht sein müssen und allein durch den Abschluß des Scheidungsvergleichs auch nicht anhängig werden. Dennoch folgt für die Ehegatten die Erstreckung der Beiordnung für die Scheidungssache auf diejenigen Folgesachen, für die PKH bewilligt ist, daraus, daß das Verbundverfahren für die Ehegatten nach § 78 Abs. 2 Nr. 1 ZPO insgesamt dem Anwaltszwang unterliegt, die Anwaltsbeiordnung mithin nach § 121 Abs. 1 ZPO notwendig ist. Aus § 122 Abs. 3 S. 2 ergibt sich kein Erfordernis ausdrücklicher Beiordnung für Folgesachen, auf die sich die PKH-Bewilligung nach § 624 ZPO erstreckt oder für die PKH besonders bewilligt ist, denn diese hängen mit dem Hauptprozeß (der Scheidungssache) nicht nur zusammen, sondern sind mit ihm ein einheitliches Verfahren. Dennoch empfiehlt es sich zur Vermeidung von Zweifeln, die Beiordnung auch für die genannten Folgesachen ausdrücklich anzuordnen.

Für die Tätigkeit des RA zur **Herbeiführung der Voraussetzungen einer einverständlichen Scheidung** gilt Folgendes:
1. Für Tätigkeiten, die der RA vor seiner Beiordnung entfaltet hat, besteht auch hier kein Anspruch auf Vergütung aus der Staatskasse nach dem 13. Abschnitt. Eine Vergütung für Beratungshilfe ist nicht ausgeschlossen.
2. Der Antrag auf Bewilligung der PKH für einen Scheidungsantrag nach § 1566 Abs. 1 ZPO setzt nicht voraus, daß ein vollstreckbarer Schuldtitel

(§ 630 Abs. 3 ZPO) über die in § 630 Abs. 1 Nr. 3 ZPO bezeichneten Gegenstände bereits vorliegt. Die hinreichende Aussicht für einen solchen Antrag kann schon bejaht werden, wenn die Antragsschrift die Angabe enthält, die Eheleute würden die nach § 630 Abs. 1 Nr. 1–3 ZPO erforderlichen Erklärungen zu gerichtlichem Protokoll abgeben, der Antragsgegner nicht widerspricht und die sonstigen Scheidungsvoraussetzungen vorliegen. 3. Auch wenn das Familiengericht grundsätzlich oder aus Gründen des Einzelfalls die PKH für einen solchen Antrag erst bewilligt, wenn der vollstreckbare Schuldtitel gem. § 630 Abs. 3 ZPO vorliegt, kann die PKH rückwirkend auf den Zeitpunkt der Antragstellung bewilligt werden mit der Folge, daß die von dem beigeordneten RA nach diesem Zeitpunkt zur Herbeiführung des gerichtlichen Scheidungsvergleichs entfaltete Tätigkeit nach § 122 Abs. 3 S. 1 aus der Staatskasse zu vergüten ist.

KG AnwBl. 80, 301 = FamRZ 80, 580 = Rpfleger 80, 301 = JurBüro 80, 1086 = MDR 80, 675.

Der Begriff des **Rechtszuges** entspricht dem des GKG. Daher wirken bei **14** einer Verweisung die vorher bewilligte PKH und die Beiordnung fort, wenn der RA bei dem Gericht, an das verwiesen worden ist, zugelassen ist. Bei Zurückverweisung wirkt die Beiordnung bei dem unteren Gericht fort, § 33 GKG. Das ordentliche Verfahren nach dem Urkunden- oder Wechselverfahren ist trotz § 39 keine neue Instanz. Der im Urkundenverfahren beigeordnete RA bleibt also auch für das ordentliche Verfahren beigeordnet, erhält aber nach § 39 gesonderte Gebühren für beide Verfahren aus der Staatskasse.

Auch für ein **Beschwerdeverfahren** muß die PKH besonders bewilligt und **15** muß der RA, um einen Anspruch auf die Gebühren der §§ 61 Abs. 1 Nr. 1, 61 a gegen die Staatskasse zu erlangen, besonders beigeordnet worden sein. Das gilt auch dann, wenn sich die Beschwerde gegen eine Entscheidung in demjenigen Rechtszug richtet, für den er beigeordnet ist und zwar selbst dann, wenn das Gericht der Instanz abhilft. Zuständig ist dasjenige Gericht, das über die Beschwerde entscheidet, d. h. das Instanzgericht, wenn es der Beschwerde abhilft, sonst das Beschwerdegericht.
Wegen PKH für das PKH-Beschwerdeverfahren s. A 7 vor § 121.

Außer durch Aufhebung von PKH oder Beiordnung (A 29 vor § 121) **endet 16 die Beiordnung:**
1. Mit dem **Tod der bedürftigen Partei.** Handelt der beigeordnete RA in Unkenntnis des Todes seiner Partei, so ist auf seinen Vergütungsanspruch gegen die Staatskasse § 674 BGB entsprechend anzuwenden (vgl. A 17 zu § 121). Wird er dagegen in Kenntnis des Todes der Partei tätig, so entsteht ein Vergütungsanspruch gegen die Staatskasse nur bei Vornahme unaufschiebbarer Geschäfte, z. B. dem Antrag auf Aussetzung des Verfahrens gem. § 246 ZPO.

Setzen die Erben den Rechtsstreit fort, so bedarf es einer neuen Bewilligung **17** der PKH und Beiordnung. Wird der RA erneut beigeordnet, so können bereits erwachsene Gebühren nur einmal gefordert werden, weil es sich um dieselbe gebührenrechtliche Angelegenheit handelt, § 13 Abs. 2. Wird der RA als Wahlanwalt für die Rechtsnachfolger tätig, so hat er die Wahl: Er kann die bisher entstandenen Gebühren der §§ 121 ff aus der Staatskasse und den Rest der Gebühren, soweit sie neu oder erneut erwachsen, von den Rechtsnachfolgern fordern. Er kann sich aber auch allein an die

Rechtsnachfolger wenden. Die Staatskasse kann ihn jedoch nicht auf die Rechtsnachfolger verweisen.

18 2. Mit der **Kündigung des Auftrags** seitens der Partei. Über Verschulden des RA s. § 125.

19 3. Mit dem **Tode des beigeordneten RA.** Wird danach dessen Sozius tätig, so hat er, solange er nicht beigeordnet ist, keinen Vergütungsanspruch gegen die Staatskasse. Wird er beigeordnet, so entsteht für ihn der Anspruch auf alle Gebühren neu. Eine Pflicht, sich die in der Person des Verstorbenen erwachsenen Gebühren anrechnen zu lassen, besteht nicht.

20 4. Mit der **Beendigung der Zulassung** bei dem Prozeßgericht. Bestand diese schon im Zeitpunkt der Beiordnung nicht mehr, so entsteht kein Vergütungsanspruch.

5. Mit der **Verweisung des Rechtsstreits** an ein Gericht, bei dem der bisher beigeordnete RA nicht zugelassen ist.

21 Entstehen aus dem Rechtsstreit, für den der RA beigeordnet ist, mehrere Rechtsstreitigkeiten (**Verfahrenstrennung**), so bleibt er in jedem Fall beigeordnet. Bereits entstandene Gebühren entstehen neu, z. B. die Verhandlungsgebühr, wenn vor und nach der Trennung verhandelt worden ist. Der RA hat die Wahl, ob er die Gebühren des gemeinsamen Verfahrens oder der getrennten Verfahren aus der Staatskasse fordern will. In der Regel wird er die – meist höheren – Gebühren der getrennten Verfahren berechnen.

22 Der häufig vorkommende Fall der **Vorabentscheidung über den Scheidungsantrag nach § 628 ZPO** ist aber kein Fall der Verfahrenstrennung, obwohl er gelegentlich so bezeichnet wird. Die noch nicht entschiedene Folgesache bleibt im Verbund, es entsteht nur ein einheitlicher Vergütungsanspruch für das gesamte Verbundverfahren. Ebenso handelt es sich nicht um eine Verfahrenstrennung, wenn nach Anfechtung eines Grundurteils das Betragsverfahren im ersten Rechtszug gem. § 304 Abs. 2 ZPO fortgesetzt wird.

23 Eine **Verbindung** wirkt erst für die Zukunft. Eine stillschweigende Verbindung ist zwar möglich, liegt aber i. d. R. nicht in einem einheitlichen PKH-Bewilligungs- und Beiordnungsbeschluß.
Der Vergütungsanspruch gegen die Staatskasse richtet sich danach, ob die Beiordnung vor oder nach der Verbindung erfolgt ist. Wird der RA erst nach der Verbindung tätig, so erhält er die Gebühren nur einmal.

> Hamm JurBüro 79, 865 (bei Zweifel, ob Verbindung vor oder nach Beiordnung, ist für Berechnung der Gebühren von getrennten Prozessen auszugehen).

24 Ist die PKH für einen Rechtsstreit **gegen mehrere Streitgenossen** beantragt, bewilligt und der RA hierfür beigeordnet, so deckt diese Beiordnung nicht die getrennte Klageerhebung gegen einzelne Streitgenossen, wenn diese nicht nachträglich vom Gericht gebilligt wird. Der RA erhält die Gebühren nur einmal. Trennt das Gericht selbst das Verfahren gegen einen Streitgenossen ab, so gilt das zu A 21 Gesagte.

Anders liegt es, wenn der RA zunächst nur für einen von mehreren Klägern beigeordnet und dieses Verfahren zunächst allein betrieben worden ist, z. B. weil die PKH für die anderen zunächst abgelehnt und erst nach längerer Zeit auf Beschwerde hin bewilligt wurde. Dann kann es, sofern der Beiordnungsbeschluß nicht ausdrücklich Gegenteiliges bestimmt, sachgerecht sein, eine weitere Klage zu erheben. In diesem Fall entsteht ein einheitliches Verfahren erst durch spätere vom Gericht angeordnete Verbindung. Die vor der Verbindung in jedem Verfahren entstandenen Gebühren können voll aus der Staatskasse beansprucht werden. Näher wird allerdings meistens die Klageerweiterung durch Eintritt der neuen Kläger liegen. In diesem Fall entstehen dem den Klägern gemeinsam beigeordneten RA keine neuen Vergütungsansprüche; lediglich die Prozeßgebühr erhöht sich unter den Voraussetzungen des § 6 Abs. 1 S. 2. Ob unter den konkreten Umständen des Einzelfalls der von dem RA gewählte Weg getrennter Klagen sachlich gerechtfertigt war, kann im Verfahren nach § 128 entschieden werden; zu ihrer Verneinung besteht kein Grund, wenn das Gericht die getrennten Verfahren nicht verbunden hat. Umgekehrt kann der Vergütungsanspruch des beigeordneten RA gegen die Staatskasse nicht deshalb gekürzt werden, weil er auch einen nicht bedürftigen Streitgenossen als Wahlanwalt mitvertritt. Die Erhöhung der Prozeßgebühr nach § 6 kann er aus der Staatskasse aber nur beanspruchen, wenn er mehreren Streitgenossen beigeordnet war.

§ 122 Abs. 2 und Abs. 3 S. 1 enthalten wichtige **gesetzliche Erstreckungen** **25** **der Beiordnung.** Sie sind einer erweiternden oder entsprechenden Anwendung nur in sehr engen Grenzen zugänglich, wenn der Grund für die Regelung in vollem Umfang auch auf einen anderen Sachverhalt zutrifft. Das ergibt sich aus § 122 Abs. 3 S. 2. Diese Vorschrift stellt die in Abs. 2 und Abs. 3 S. 1 geregelten Fälle allen anderen Angelegenheiten, die mit dem Hauptprozeß nur zusammenhängen, gegenüber. Diese klare gesetzliche Trennung wird nicht dadurch eingeschränkt, daß in Abs. 3 S. 3 einige Fälle solcher mit dem Hauptprozeß nur zusammenhängenden Angelegenheiten besonders benannt werden, denn diese Aufzählung ist nur beispielhaft gemeint, wie sich aus dem Wort „insbesondere" ergibt.

Ist der RA für eine **Berufung oder Revision** beigeordnet, so erhält er die **26** Vergütung aus der Staatskasse auch für die Rechtsverteidigung gegen eine Anschlußberufung oder eine Anschlußrevision und zwar unabhängig davon, ob das Anschlußrechtsmittel selbständig oder unselbständig ist.

Entsprechendes gilt für den RA, der für ein **Beschwerdeverfahren** beige- **27** ordnet worden ist. Seine Beiordnung erstreckt sich automatisch auf die Verteidigung gegen eine Anschlußbeschwerde. Da das Institut der Anschlußbeschwerde auf einer entsprechenden Anwendung der Vorschriften über die Anschlußberufung und -revision beruht, bestehen hier keine Bedenken gegen die entsprechende Anwendung des § 122 Abs. 2.

Der **Rechtsmittelbeklagte** bedarf dagegen zur Einlegung eines Anschluß- **28** rechtsmittels oder eines selbständigen Rechtsmittels stets einer besonderen PKH-Bewilligung und Beiordnung.

Auf den **Antrag auf Verlustigerklärung** wegen eines schon vor der Beiord- **29** nung zurückgenommenen Teiles des Rechtsmittels erstreckt sich die Beiordnung für den Rechtsmittelbeklagten.

Die Beiordnung für die Berufung gegen ein **Zwischenurteil** erstreckt sich **30** nicht auf die Berufung gegen das Urteil in der Hauptsache. Hier handelt es sich um zwei vollständig getrennte Rechtsmittelverfahren.

Ist der RA für die Erwirkung eines **Arrests oder einer einstweiligen** **31**

Verfügung beigeordnet, so erstreckt sich die Beiordnung auch auf die **Vollziehung** des Arrests oder der Verfügung. Das gilt auch dann, wenn der Arrest oder die einstweilige Verfügung im zweiten Rechtszug beantragt wird. Das Widerspruchsverfahren gehört zum Anordnungsverfahren und wird somit von der Beiordnung für dieses umfaßt.

Die Beiordnung für den Hauptsacherechtsstreit erstreckt sich nicht auf die Erwirkung eines Arrests oder einer einstweiligen Verfügung und umgekehrt, § 122 Abs. 3 S. 3 Nr. 2.

32 Bei den Beiordnungserstreckungen des § 122 Abs. 2 S. 1 bleibt dem Gericht aber die Möglichkeit, die Erfolgsaussicht zu prüfen und bei deren Verneinung die **ausdrückliche Bestimmung zu treffen, daß die Erstreckung nicht stattfinden soll,** § 122 Abs. 2 S. 2.

33 § 122 Abs. 3 S. 1 erstreckt die Beiordnung für die Ehesache kraft Gesetzes auf den **Abschluß eines Vergleichs** über bestimmte mit der Auflösung der Ehe zusammenhängende Gegenstände. Die Aufzählung dieser Gegenstände ist abschließend und kann nicht erweiternd auch auf andere Regelungen, die die Eheleute aus Anlaß der Eheauflösung treffen, angewandt werden. Für diese bedarf es vielmehr nach § 122 Abs. 3 S. 2 einer besonderen Bewilligung der PKH und ausdrücklicher Beiordnung.

34 Nicht entscheidend ist dabei von der Absicht des Gesetzes her, daß es sich um einen echten Vergleich i. S. des § 779 BGB handelt, daß also Streit oder Ungewißheit über ein Rechtsverhältnis im Wege gegenseitigen Nachgebens beseitigt werden. Das Gesetz will durch die Erstreckung der Beiordnung lediglich erleichtern, daß es über die aufgeführten Gegenstände überhaupt zu einer Einigung kommt, mag dabei auch nur ein Ehegatte nachgeben. Ausreichend ist deshalb auch eine bloße **Scheidungsvereinbarung,** die die genannten Gegenstände betrifft. Der Mangel gegenseitigen Nachgebens hat nur zur Folge, daß eine Vergleichsgebühr nicht entsteht.

35 Soweit nach § 624 Abs. 2 ZPO die PKH-Bewilligung für die Scheidungssache auch die Folgesachen Regelung der elterlichen Sorge und Versorgungsausgleich umfaßt und für andere Folgesachen PKH besonders bewilligt ist, umfaßt die Beiordnung für die Ehesache auch diese Folgesachen (A 13). Für sie bedarf es daher der Vorschrift des Abs. 3 S. 1 nicht, denn die Beiordnung für die Folgesache umfaßt selbstverständlich auch die Befugnis zu deren gütlicher Regelung, für die der RA auch ohne die Vorschrift des Abs. 3 S. 1 Vergütung aus der Staatskasse beanspruchen könnte.

> Hamm NJW 67, 60 = AnwBl. 66, 363 = JurBüro 66, 952 = MDR 67, 55; Düsseldorf AnwBl. 82, 378 = JurBüro 81, 1825 u. 82, 569; Hamburg JurBüro 86, 224 = MDR 86, 246.

36 Daraus, daß der Versorgungsausgleich in § 122 Abs. 3 S. 1 nicht genannt ist, kann mithin nicht geschlossen werden, daß bei einer Einigung der Eheleute über ihn sein Wert bei der etwa entstandenen Vergleichsgebühr nicht zu berücksichtigen sei. Das ergibt sich auch nicht daraus, daß die Vereinbarung nach § 1587 o Abs. 2 S. 3 BGB der Genehmigung des Familiengerichts bedarf. Da die Beiordnung für die Scheidungssache nach § 624 Abs. 2 ZPO auch das Verfahren über den Versorgungsausgleich umfaßt, umfaßt sie auch den Abschluß einer Vereinbarung über ihn.

37 Dasselbe gilt auch für eine Einigung über die in Abs. 3 S. 1 erwähnte **Sorge für die Person eines gemeinschaftlichen minderjährigen Kindes.** Hier

können die Ehegatten zwar eine eigentliche Regelung überhaupt nicht treffen, weil – auch wenn sie sich geeinigt haben – das Gericht gem. § 1671 Abs. 1 BGB in jedem Fall über die elterliche Sorge noch entscheiden muß. Sie können sich aber dahin einigen, daß sie dem Gericht einen gemeinschaftlichen Vorschlag (§ 1671 Abs. 3 BGB) machen, wodurch dessen Entscheidungsspielraum stark eingeschränkt wird. Nur dieser gemeinschaftliche Vorschlag kann gemeint sein. Auch die Einigung auf einen gemeinschaftlichen Vorschlag hat einen Wert, der deshalb bei der Vergleichsgebühr zu berücksichtigen ist, wenn eine solche überhaupt entsteht. Das dafür erforderliche gegenseitige Nachgeben muß nicht in der Sorgerechtsregelung selbst liegen; es liegt auch vor, wenn ein Ehegatte in der Sorgerechtsfrage, der andere in einem anderen Punkt nachgibt.

Praktische Bedeutung erlangt Abs. 3 S. 1 somit nur für den **Abschluß einer** 38 **Vereinbarung im Zusammenhang mit einer Ehesache** über die Gegenstände
a) gegenseitiger Unterhalt der Ehegatten,
b) Unterhalt gegenüber Kindern im Verhältnis der Ehegatten zueinander,
c) Rechtsverhältnisse an der Ehewohnung,
d) Rechtsverhältnisse an dem Hausrat,
e) Ansprüche aus dem ehelichen Güterrecht,
sofern sie nicht durch Antrag auf gerichtliche Entscheidung für den Fall der Scheidung zu Folgesachen geworden waren oder sofern für diese Folgesachen PKH entweder nicht beantragt oder nicht bewilligt worden war.

Der Katalog der Gegenstände, auf die sich die Beiordnung für die Ehesache 39 bei Abschluß einer Scheidungsvereinbarung erstreckt, ist abschließend. Er kann nicht durch analoge oder „großzügige" Anwendung erweitert werden. Das gilt insbesondere für den Begriff **Ansprüche aus dem ehelichen Güterrecht.** Dieser ist genauso auszulegen wie in § 23 b Abs. 1 S. 2 Nr. 9 GVG.

Stuttgart JurBüro 76, 1062; KG Rpfleger 80, 78 = JurBüro 80, 400 = MDR 80, 326; Düsseldorf JurBüro 81, 70 u. 563; München JurBüro 83, 716; **a. A.** Hamburg, JurBüro 76, 1211; Hamm Rpfleger 79, 228 = JurBüro 79, 700; Zweibrücken FamRZ 84, 74 = JurBüro 83, 1522 u. 1531; Riedel/Sußbauer A 34; Hartmann A 3 Fb) zu § 122 (beide für weite Auslegung).

Wenn das Gesetz einzelne Gegenstände aufzählt, so läßt sich daraus nicht schließen, diese seien nur beispielhaft gemeint, der Abschluß möglichst umfassender Scheidungsvereinbarungen habe erleichtert werden sollen. Wenn auch die Regelung anderer vermögensrechtlicher Beziehungen zwischen den Ehegatten (z. B. arbeits- oder gesellschaftsrechtliche Ansprüche, Miteigentum an Grundstücken usw., Abtragung gemeinsamer Schulden) hätten erfaßt werden sollen, so konnte als Sammelbezeichnung kaum etwas ferner liegen, als ein so spezieller und anderweitig besetzter Begriff wie „Ansprüche aus dem ehelichen Güterrecht". Ein derartiger terminologischer Fehlbegriff kann dem Gesetzgeber nicht unterstellt werden. Richtig ist nur, daß zur Auseinandersetzung güterrechtlicher Beziehungen vertragliche Ansprüche (auch in Form eines Vergleichs) begründet werden können.

BGH NJW 78, 1923; 80, 2529 = FamRZ 80, 878; NJW 81, 128 = FamRZ 80, 1106.

Nur wenn im Einzelfall klar erkennbar ist, daß mit der Scheidungsvereinbarung (auch) die güterrechtlichen Ansprüche geregelt werden sollten, lassen sich auch allgemeine vermögensrechtliche Vergleichsregelungen der oben genannten Art unter den Begriff „Ansprüche aus dem ehelichen Güterrecht" bringen. Der RA sollte sich in dieser Hinsicht aber nicht auf im Ergebnis unsichere Auslegung verlassen, sondern sich für den Abschluß des konkreten Vergleichs **ausdrücklich** beiordnen lassen.

40 Das **Umgangsrecht** eines Elternteils mit dem Kinde wurde bei Erlaß des § 122 Abs. 3 S. 1 als (Rest)Bestandteil des Personensorgerechts aufgefaßt. Seine einverständliche Regelung wird deshalb von der Erstreckung der Beiordnung auf die Sorge für die Person der gemeinschaftlichen minderjährigen Kinder erfaßt. Dem steht nicht entgegen, daß nach den später erlassenen §§ 23 b GVG, 620 und 621 ZPO Sorgerecht und Umgangsrecht gesonderte Verfahrensgegenstände sind. Es ist nicht ersichtlich, daß das Gesetz mit den letztgenannten Vorschriften den Anwendungsbereich des Abs. 3 S. 1 einschränken wollte, zumal übereinstimmender Elternvorschlag für das Sorgerecht und Regelung des Umgangsrechts sich meist gegenseitig bedingen.

> Koblenz JurBüro 80, 1048;
> **a. A.** Nürnberg JurBüro 86, 1533.

41 Dem beigeordneten RA steht ein Vergütungsanspruch gegen die Staatskasse für den Abschluß einer Scheidungsvereinbarung vor dem Prozeßgericht auch dann zu, wenn der **Gegner nicht anwaltlich vertreten** war. Es genügt, daß die Vereinbarung materiellrechtlich wirksam ist. Auf die Frage, ob sie auch als vollstreckbarer Schuldtitel anzusehen ist, kommt es daher nicht an.

> Diese Frage bejahend München Rpfleger 86, 408 = JurBüro 86, 1377 = MDR 86, 770 m. weiteren Nachweisen.

42 Da die Beiordnung im Wege der PKH nur für das gerichtliche Verfahren erfolgt, ist auch die gesetzliche Erstreckung der Beiordnung **beschränkt auf die vor Gericht abgeschlossene Scheidungsvereinbarung.** Aus der Staatskasse erhält der RA nur die dafür entstehende halbe Prozeßgebühr (§ 32 Abs. 2) und – wenn ein gegenseitiges Nachgeben vorliegt – die Vergleichsgebühr, nicht dagegen Gebühren nach § 118 für die außergerichtliche Verhandlung über den erstrebten Scheidungsvergleich oder für dessen außergerichtlichen Abschluß.

> München JurBüro 77, 1106 = MDR 77, 853; KG AnwBl. 80, 374 = Rpfleger 80, 301 = JurBüro 80, 1046 = KostRsp. BRAGO § 122 Nr. 17 m. Anm. von Lappe u. von Eicken; Düsseldorf AnwBl. 83, 320 mit Anm. von Chemnitz = JurBüro 83, 701; Celle JurBüro 84, 125 = NdsRpfl 83, 253; Stuttgart JurBüro 84, 1369 = Justiz 84, 301; Hamm JurBüro 86, 1839.

Auch eine zu gerichtlichem Protokoll gegebene Erklärung, einer der in Abs. 3 S. 1 aufgeführten Gegenstände sei durch außergerichtliche Einigung erledigt, reicht nicht aus, sofern dieser Gegenstand nicht als Folgesache zur gerichtlichen Entscheidung gestellt war.

43 Erst recht kann eine Vergütung aus der Staatskasse nicht für **vergebliche Vergleichsverhandlungen** auch über einen der in Abs. 3 S. 1 genannten Gegenstände gefordert werden. Die Erstreckung der Beiordnung durch Abs. 3 S. 1 nimmt dem Gericht jede Möglichkeit, die Erfolgsaussicht der geltend gemachten Ansprüche (zumal der Unterhaltsansprüche und der Ansprüche aus dem ehelichen Güterrecht) zu prüfen und (anders als in den Fällen des Abs. 2) sie bei Verneinung von der Erstreckung auszunehmen. Die

Erfolgsaussicht muß sich darum durch den erfolgreichen Abschluß der Vereinbarung selbst erweisen.

Wenn keine Vereinbarung vor Gericht zustandekommt, spielt es auch keine **44** Rolle, ob die Vergleichsverhandlungen vor oder nach Einleitung des Eheverfahrens, vor oder nach der Beiordnung für die Ehesache geführt worden sind. Eine mit der hier behandelten Frage der Erstreckung der Beiordnung für die Ehesache nicht zu verwechselnde andere Frage ist es, welche Vergütung der beigeordnete RA aus der Staatskasse beanspruchen kann, wenn er **für die zur gerichtlichen Entscheidung stehende Folgesache oder selbständige Familiensache (§ 621 ZPO) beigeordnet** ist. Auch dann erhält er keine Vergütung aus der Staatskasse für vorgerichtliche Vergleichsbemühungen, weil diese von der Beiordnung nicht erfaßt werden. Für während des gerichtlichen Verfahrens begonnene oder fortgeführte Verhandlungen erhält er gleichfalls keine besondere Vergütung, weil sie nach § 37 Nr. 2 zum Rechtszug gehören, also durch die Prozeßgebühr abgegolten werden. Kommt es zu einer Erledigung der Sache, für die der RA beigeordnet ist, durch gerichtlichen oder außergerichtlichen Vergleich (gegenseitiges Nachgeben erforderlich), so erhält er die Vergleichsgebühr aus der Staatskasse nur im Umfang seiner Beiordnung. Bei einer zu gerichtlichem Protokoll gegebenen Vereinbarung erhält er die halbe Prozeßgebühr des § 32 Abs. 2 und ggf. die Vergleichsgebühr nach dem Wert der mitgeregelten Gegenstände nur, sofern er auch für deren Protokollierung ausdrücklich beigeordnet ist.

> derartige Fälle betrafen Hamm NJW 67, 60; Düsseldorf AnwBl. 82, 378 = JurBüro 81, 1825 u. 82, 569; Hamburg AnwBl. 83, 572 (Vergleich zwischen den Instanzen durch für erste Instanz beigeordneten RA in Unterhaltsprozeß) u. LG München II AnwBl. 84, 508 (Vereinbarung der Klagerücknahme).

§ 122 Abs. 3 S. 1 gilt auch für den **nach § 625 ZPO beigeordneten RA,** denn **45** auch er ist dem Antragsgegner für die Ehesache beigeordnet. Daß seine Beiordnung für andere Folgesachen als die elterliche Sorge nicht zulässig ist, schließt die Erstreckung der Beiordnung für den Abschluß einer Scheidungsvereinbarung nicht aus. Da der RA kraft der Beiordnung nach § 625 Abs. 2 ZPO nur die Stellung eines Beistandes hat, muß er allerdings vom Antragsgegner für den Abschluß der Scheidungsvereinbarung bevollmächtigt sein, da diese sonst nicht zustandekommt.

> München AnwBl. 79, 440 = JurBüro 79, 1672.

Auch für den **für die Ehesache beigeordneten Verkehrsanwalt** gilt Abs. 3 **46** S. 1. Erforderlich ist nur, daß er durch Verkehrstätigkeit ursächlich am Zustandekommen der Vereinbarung mitgewirkt hat; auf die für die Kostenfestsetzung nach §§ 103 ff ZPO erhebliche Frage, ob seine Mitwirkung notwendig war, kommt es für die Erstreckung der Beiordnung nicht an.

> Stuttgart JurBüro 79, 865; Düsseldorf JurBüro 81, 563; Zweibrücken JurBüro 86, 223;

§ 122 Abs. 3 S. 1 besagt nicht, daß nur ein für den Fall der Rechtskraft der **47** Scheidung geschlossener Vergleich die Erstreckung der Beiordnung bewirkt. Diese tritt auch ein, wenn die Vereinbarung auch oder sogar **nur für die Dauer des Scheidungsverfahrens** geschlossen wird. Die Vorschrift greift z. B. auch ein, wenn der für die Ehesache beigeordnete RA einen Vergleich über den während des Scheidungsverfahrens zu zahlenden Trennungsunterhalt abschließt. Er muß dazu nicht für ein Verfahren der einstweiligen Anordnung gem. § 620 Abs. 1 Nr. 6 ZPO beigeordnet sein.

> Stuttgart Rpfleger 80, 120 = JurBüro 80, 727 = Justiz 80, 205 (das allerdings zu Unrecht meint, die Beiordnung des für die Ehesache beigeordneten RA erstrecke sich nicht auf den Vergleichsabschluß über ein bereits anhängiges Verfahren der einstw. Anordnung, für das der RA nicht ausdrücklich beigeordnet ist).

Andererseits würde sich eine auf das Verfahren über eine einzelne einstweilige Anordnung beschränkte Beiordnung nicht kraft Gesetzes auf einen über andere Gegenstände des § 620 ZPO geschlossenen Vergleich erstrecken, wenn der RA nicht zugleich auch für die Ehesache beigeordnet ist. Wegen des Erfordernisses ausdrücklicher Beiordnung für Verfahren der einstweiligen Anordnung s. A 61 f.

48 Schließlich **verlangt Abs. 3 S. 1 nicht, daß der abgeschlossene Vergleich auch wirksam wird.** In aller Regel wird er für den Fall der Rechtskraft des Scheidungsurteils geschlossen. Dann erwächst allerdings die Vergleichsgebühr gem. § 23 Abs. 2 erst mit Eintritt der Rechtskraft. Die halbe Prozeßgebühr des § 32 Abs. 2 für die Protokollierung der Einigung erhält der beigeordnete RA aber auch, wenn der Vergleich nicht wirksam wird (z. B. weil die Ehegatten sich versöhnen oder weil ein Ehegatte vor Rechtskraft stirbt).

49 Die Beiordnung für die Ehesache umfaßt auch die Bemühungen des RA um die **Aussöhnung** der Ehegatten, ohne daß es hierfür einer besonderen Beiordnung bedarf. Der beigeordnete RA, der bei der Aussöhnung mitgewirkt hat, erhält die Aussöhnungsgebühr (§ 36 Abs. 2) aus der Staatskasse.

> Hamburg NJW 63, 2331; Celle NJW 64, 2069 = Rpfleger 65, 245 = JurBüro 64, 589 = NdsRpfl. 65, 15.

Die Beschränkung der Beiordnungserstreckung auf die in Abs. 3 S. 1 genannten Gegenstände enthält kein Verbot, PKH und Beiordnung auch für eine Vereinbarung über dort nicht genannte Gegenstände zu bewilligen. Das muß aber nach Abs. 3 S. 2 ausdrücklich geschehen.

50 § 122 Abs. 3 S. 2 stellt klar, daß grundsätzlich der RA in **Angelegenheiten, die mit dem Hauptprozeß nur zusammenhängen** Vergütung aus der Staatskasse nur dann erhält, wenn er für sie **ausdrücklich** beigeordnet ist. Die in S. 3 aufgeführten Angelegenheiten sind, wie das Wort „insbesondere" zeigt, nur häufig vorkommende Beispiele, nicht Ausnahmen von einer entgegengesetzten Regel. Das Wort „ausdrücklich" enthält eine klare Absage an alle Versuche, eine stillschweigende Beiordnung zu konstruieren.

51 Die **Zwangsvollstreckung** (der Verwaltungszwang). Die der Partei für den Rechtsstreit bewilligte PKH ebenso wie die Beiordnung erstrecken sich nicht auf die Zwangsvollstreckung. Sie müssen besonders beantragt und bewilligt werden. Die Beiordnung wird nur angeordnet, soweit eine anwaltliche Vertretung in der Zwangsvollstreckung geboten erscheint.
Einer besonderen Beiordnung bedarf es nicht nur für den Gläubiger, sondern auch für den Schuldner der sich gegen Zwangsvollstreckungsmaßnahmen wehren will.

52 **Zuständig** für Bewilligung und Beiordnung ist grundsätzlich das Vollstreckungsgericht.

> BGH NJW 79, 1048 = MDR 79, 564.

Die Bewilligung von PKH und Beiordnung für das Erkenntnisverfahren einschließlich der Zwangsvollstreckung ist in die geltende Fassung des § 119 ZPO nicht übernommen worden und danach allenfalls dann noch zulässig, wenn das Prozeßgericht nach dem Gegenstand des Erkenntnisverfahrens auch Vollstreckungsgericht ist. Auch dann ist sie aber nur selten angebracht. Hat ein danach nicht zuständiges Gericht der Beiordnung für die Zwangsvollstreckung ausgesprochen, so liegt darin eine gleichwohl wirksame, dem § 122 Abs. 3 S. 3 genügende ausdrückliche Beiordnung.

Ob PKH-Bewilligung und Beiordnung für die gesamte Zwangsvollstreckung **53** als einheitliches Verfahren oder **nur für jede einzelne Zwangsvollstreckungsmaßnahme** (dieselbe Angelegenheit i. S. des § 58) anzuordnen ist, ist streitig.

LG Detmold AnwBl. 83, 34; LG Fulda Rpfleger 84, 34 = KostRsp. ZPO § 119 Nr. 28 mit zustimmender Anm. von Lappe; Riedel/Sußbauer A 50, 51 zu § 122; wohl auch Hartmann A Gb (Pauschalbewilligung zulässig); LG Frankenthal Rpfleger 82, 235 = MDR 82, 585 (nur wenn Ratenzahlung nicht in Betracht kommt ausnahmsweise pauschale Bewiligung); ähnlich auch Zöller/Schneider A 13 zu § 119 ZPO m. w. Nachweisen; LG Bayreuth JurBüro 82, 1735; LG Bielefeld AnwBl. 82, 534; LG Gießen Rpfleger 83, 456 (für jede einzelne Vollstreckungsmaßnahme); vgl. auch Behr-Hantke Rpfleger 81, 265; Künkel DAVorm 83, 352).

Den praktischen Bedürfnissen entspricht nur die pauschale Bewilligung, von der allerdings solche Vollstreckungsmaßnahmen ausgenommen werden sollten, für die ein besonderes gerichtliches Verfahren vorgeschrieben ist (Verfahren nach dem ZVG, Eintragung einer Zwangshypothek, Offenbarungsversicherungsverfahren) und die auch zeitlich eingeschränkt werden kann. Für die Vergütung aus der Staatskasse ist jedenfalls die Beiordnung so, wie sie angeordnet wurde, maßgeblich. Auch wenn nur für eine einzelne Maßnahme beigeordnet wurde, umfaßt das diejenigen Handlungen des RA, die deren Vorbereitung dienen (§ 58 Abs. 1), z. B. die Aufforderung an den Gegner, zur Vermeidung der Zwangsvollstreckung zu zahlen oder die Erwirkung einer Durchsuchungserlaubnis (§ 758 ZPO).

Für **nicht notwendige Maßnahmen der Zwangsvollstreckung** hat der **54** RA keinen Anspruch auf Vergütung gegen die Staatskasse. Wenn das Vollstreckungsgericht PKH und Beiordnung für eine einzelne Maßnahme bewilligt hat, kann die Notwendigkeit dieser Maßnahme aber im Festsetzungsverfahren nicht mehr in Frage gestellt werden. Aber auch bei pauschaler PKH-Bewilligung und Beiordnung ist Zurückhaltung bei der Beurteilung einer Vollstreckungsmaßnahme als unnötig angebracht. Auch Vollstreckungsversuche von Gläubigern, die keine PKH genießen, bleiben häufig vergeblich. Nicht alles, was sich als erfolglos herausstellt, kann von vornherein aussichtslos und damit unnötig bezeichnet werden.

Der Abschluß eines **Ratenzahlungsvergleichs** mit dem Schuldner wird nur **55** ausnahmsweise als notwendige Maßnahme der Zwangsvollstreckung anzusehen sein, wenn die zwangsweise Beitreibung keine ernsthafte Erfolgsaussicht versprach oder mit erheblichen zusätzlichen Kosten verbunden gewesen wäre. Eine Vergleichsgebühr erhält der beigeordnete RA aus der Staatskasse nur, wenn nicht nur der Gläubiger, sondern auch der Schuldner nachgegeben hat.

Die **Erinnerung nach § 766 ZPO** löst für den RA keine besondere Vergü- **56** tung aus und wird daher von der Beiordnung für die oder zur Abwehr der Zwangsvollstreckung umfaßt.

von Eicken 1227

57 Das **Beschwerdeverfahren** ist dagegen auch in der Zwangsvollstreckung ein neuer Rechtszug und eine besondere gebührenrechtliche Angelegenheit. Es erfordert eine besondere PKH-Bewilligung und Beiordnung.

58 Für **Rechtsstreitigkeiten,** die sich bei der Durchführung der Zwangsvollstreckung ergeben (z. B. Klagen nach §§ 767, 771 ZPO, Prozesse gegen den Drittschuldner), ist stets eine besondere Beiordnung nötig.

59 Auf die Vollziehung von **Arrest oder einstweiliger Verfügung** sind zwar nach §§ 928, 936 ZPO die Vorschriften über die Zwangsvollstreckung entsprechend anzuwenden. Hier umfaßt aber nach § 122 Abs. 2 S. 1 die Beiordnung für die Erwirkung auch die Vollziehung, sofern das Gegenteil nicht ausdrücklich angeordnet wird (A 3). Das Verfahren auf **Abänderung oder Aufhebung** bildet nach § 40 Abs. 2 mit dem Anordnungsverfahren gebührenrechtlich eine Einheit. Deshalb wird es von der Beiordnung für das Anordnungsverfahren mitumfaßt. Das gilt auch für Gebühren und Auslagen, die erstmals im Aufhebungs- oder Abänderungsverfahren erwachsen. Das gilt auch, wenn beantragt wird, eine im Widerspruchsverfahren bereits bestätigte Anordnung nach §§ 926, 927 ZPO aufzuheben, denn auch das ist gebührenrechtlich kein neuer Rechtszug.

> **A. A.** Hartmann A 3 E und 8. Auflage.

Wird der RA für ein solches Verfahren dennoch erneut beigeordnet, wird dieses jedenfalls dadurch nicht zu einer neuen gebührenrechtlichen Angelegenheit. Die bereits im Anordnungs- oder Widerspruchsverfahren erlangten Gebühren können nicht entgegen § 40 Abs. 2 erneut aus der Staatskasse gefordert werden.

60 War der **RA am Anordnungsverfahren noch nicht beteiligt** (z. B. beim RA des Antragstellers, weil die einstweilige Verfügung von einem beim Verfügungsgericht nicht zugelassenen RA erwirkt wurde, oder beim RA des Antragsgegners, weil sie ohne mündliche Verhandlung erlassen wurde), muß er stets besonders beigeordnet werden.

61 Als mit dem Hauptprozeß zusammenhängende selbständige Angelegenheiten nennt § 122 Abs. 3 S. 3 Nr. 2 auch die **einstweiligen Anordnungen.** Gemeint sind damit nicht alle Anträge auf vorläufige gerichtliche Anordnungen (z. B. nicht die in § 49 genannte vorläufige Einstellung, Beschränkung oder Aufhebung der Zwangsvollstreckung, die Anordnungen nach § 24 Abs. 3 FGG, die gesetzlich nicht geregelte vorläufige Anordnung im FGG-Verfahren bis zum Abschluß der erforderlichen Amtsermittlungen) sondern nur die **in einem besonders geregelten Verfahren** zu erlassenden einstweiligen Anordnungen, die gebührenrechtlich nach § 41 Abs. 1 oder § 114 Abs. 4 S. 1 i. Verb. m. § 40 als besondere Angelegenheiten gegenüber dem Hauptprozeß gelten (Verfahren nach §§ 127 a, 620, 620 b, 621 f, 641 d, 641 e ZPO, 80 Abs. 5, 123 VwGO, 69 Abs. 3 u. 4, 114 FGO).

62 Im **Ehescheidungsverfahren** umfaßt die Beiordnung für die Folgesache nicht die Beiordnung für das Verfahren der einstweiligen Anordnung über denselben Gegenstand. Hierfür bedarf es vielmehr einer besonders zu beantragenden ausdrücklichen Beiordnung.

> Hamm JurBüro 80, 1539; KG AnwBl. 80, 302; Koblenz FamRZ 85, 618 (auch nicht für nach § 625 ZPO beigeordneten RA). München JurBüro 84, 1851 (nicht

ausreichend formularmäßige Bewilligung für garnicht beantragte einstw. Anordnungen).

Dagegen umfaßt die Beiordnung für ein Anordnungsverfahren nach § 620 ZPO von vornherein auch die Vertretung in einem Verfahren nach § 620 b, Abs. 1 oder 2 ZPO, ohne daß das ausdrücklich angeordnet werden muß, denn beide Verfahren sind nach § 41 Abs. 1 S. 2 untereinander dieselbe gebührenrechtliche Angelegenheit.

KG JurBüro 80, 1673 = MDR 80, 1031.

Das **Beweissicherungsverfahren** ist lediglich dann eine mit dem Hauptpro- 63 zeß nur zusammenhängende Angelegenheit, wenn es außerhalb der anhängigen Hauptsache durchgeführt wird (Fall des § 48). Die im Rahmen der anhängigen Hauptsache durchgeführte Beweissicherung gehört gem. § 37 Nr. 3 zum Rechtszug; der für die Hauptsache beigeordnete RA wird für seine Beweissicherungstätigkeit in diesem Fall also durch die Gebühren des Hauptsacheprozesses vergütet.

A. A. Hartmann A 3 G d (auch bei anhängiger Hauptsache gesonderte Bewilligung der PKH u. ausdrückliche Beiordnung erforderlich).

Die Gebühren des § 48 erhält er dagegen aus der Staatskasse nur, wenn er ausdrücklich auch für das außerhalb einer anhängigen Hauptsache durchgeführte Beweissicherungsverfahren beigeordnet ist.

Der für die Verteidigung gegen die Klage beigeordnete RA erhält für das 64 Verfahren über eine von ihm erhobene **Widerklage** (auch einen Widerantrag in Ehesachen) eine Vergütung aus der Staatskasse nur, wenn er ausdrücklich auch für die Widerklage beigeordnet ist. Das gleiche gilt bei dem dem Kläger für die Klage beigeordneten RA für die Verteidigung gegenüber der Widerklage, ausgenommen einer Widerklage in Ehesachen.
Ohne die danach erforderliche ausdrückliche besondere Beiordnung hat der dem Beklagten beigeordnete RA keinen Vergütungsanspruch gegen die Staatskasse, soweit die Gebühren allein durch die Widerklage veranlaßt sind (z. B. eine Beweisaufnahme erfolgt nur wegen der Widerklagebehauptungen). Soweit eine Gebühr nach dem zusammengerechneten Wert von Klage und Widerklage erwachsen ist (§ 8 Abs. 1 BRAGO in Verb. m. § 19 Abs. 1 S. 2 GKG), kann er aus der Staatskasse die Gebühr nur nach dem Wert der Klage beanspruchen. Das gleiche gilt für den Ersatz von Auslagen, die allein durch die Widerklage verursacht sind. Nur für den Antragsteller in einer Ehesache erstreckt sich die für den Antrag ausgesprochene Beiordnung automatisch auch auf die Verteidigung gegen den Widerantrag.
Was für die Widerklage gilt, beansprucht auch für die Wider-Widerklage Geltung.
Welche Anträge der dem Antragsteller beigeordnete RA in einer Ehesache nach Erhebung des Widerantrags stellt, ist unerheblich. Beschränkt er sich darauf, nur Abweisung des gegnerischen Widerantrags zu beantragen, so kann er die Verhandlungsgebühr und gegebenenfalls auch die Beweisgebühr, die beide allein durch die Verteidigung gegen den Widerantrag entstanden sind, aus der Staatskasse beanspruchen.

Frankfurt NJW 64, 1532 = Rpfleger 65, 162 (LS) = JurBüro 64, 428.

Eine andere Auffassung ist in Ehesachen auch dann nicht gerechtfertigt, wenn

von Eicken   1229

der Antragsteller nach Erhebung des Widerantrags seinen eigenen Antrag zurücknimmt. Denn mit der Erhebung des Widerantrags hat sich die Bewilligung der PKH und die Beiordnung kraft Gesetzes auf die Verteidigung gegen den Widerantrag erstreckt. Diese einmal eingetretene Wirkung entfällt nicht ohne weiteres Zutun des Gerichts.

> Nürnberg NJW 70, 2301 = AnwBl. 71, 19;
> **a. A.** Frankfurt NJW 63, 1786 = JurBüro 63, 546; München NJW 66, 113 = Rpfleger 66, 220 = JurBüro 66, 56 = MDR 66, 341.

65 Im Falle einer **streitwerterhöhenden Hilfsaufrechnung** ist § 122 Abs. 3 S. 3 Nr. 4 nicht entsprechend anzuwenden. Einer besonderen Beiordnung für die Hilfsaufrechnung, die nicht Angriffs-, besonders Verteidigungsmittel ist, bedarf es wie für anderes Verteidigungsvorbringen nicht.

> LG Berlin AnwBl. 79, 273 = JurBüro 79, 1031; LG Frankenthal JurBüro 83, 1843 (bestätigt vom OLG Zweibrücken).

66 Als sonstige Angelegenheiten, die mit dem Hauptprozeß nur zusammenhängen kommen in Betracht:
Die **Erwirkung einer vormundschaftsgerichtlichen Genehmigung.** Sie wird in einem vom Hauptprozeß unabhängigen Verfahren der freiwilligen Gerichtsbarkeit eingeholt, für das PKH besonders beantragt und bewilligt und die Beiordnung ausdrücklich angeordnet werden muß.

67 Das Kostenfestsetzungsverfahren nach §§ 104, 107 ZPO gehört zwar nach § 37 Nr. 7 zum Rechtszug, jedoch ausschließlich der **Erinnerung gegen den Kostenfestsetzungsbeschluß.** Für das Erinnerungsverfahren (auch gegen den Kostenansatz) kann und muß PKH und Beiordnung besonders beantragt und bewilligt werden, um einen Anspruch auf die Gebühr des § 61 Abs. 1 Nr. 2 gegen die Staatskasse zu begründen.

Einzelne Gebühren

68 Die **Prozeßgebühr** entsteht für den beigeordneten RA nach den gleichen Grundsätzen wie für den Wahlanwalt. Ein Anspruch gegen die Staatskasse wird jedoch nur für Tätigkeiten nach dem Wirksamwerden der Beiordnung begründet.
Der Abgeltungsbereich der Prozeßgebühr ist der gleiche wie beim Wahlanwalt. Der beigeordnete RA, der seinen Schriftwechsel mit der Partei in ausländischer Sprache führt, erhält deshalb dafür keine zusätzliche Vergütung.

69 **Jede Tätigkeit nach Wirksamwerden der Beiordnung und Auftragserteilung** begründet den Anspruch auf Vergütung der Prozeßgebühr aus der Staatskasse, z. B. schon die Aufforderung des Auftraggebers zur Informationserteilung.

70 Erfolgen PKH-Bewilligung und Beiordnung **ohne Rückwirkung erst mit der instanzabschließenden Entscheidung,** so kann der Staatskasse gegenüber nur die Prozeßgebühr entstehen und auch diese nur zur Hälfte, wenn der RA keinen der in § 32 Abs. 1 genannten Tatbestände nach der Beiordnung erfüllt. Was er vor der Beiordnung als Wahlanwalt getan hat, ist für den Vergütungsanspruch gegen die Staatskasse ohne Bedeutung (vgl. A 16 zu § 121).

71 Wird der RA **nur für den Vergleichsabschluß beigeordnet,** so erhält er neben der Vergleichsgebühr nur die halbe Prozeßgebühr des § 32 Abs. 2 und zwar auch dann, wenn der Vergleich in einem zur mündlichen Verhandlung über andere Ansprüche oder über die Ehesache bestimmten Termin geschlossen wird.

München NJW 70, 765 mit weit. Nachweisen.

Das gilt auch bei Beiordnung für einen Vergleichsabschluß im PKH-Bewilligungsverfahren oder PKH-Beschwerdeverfahren (A 8 vor § 121). Dabei spielt es keine Rolle, ob die halbe Prozeßgebühr aus § 32 Abs. 2 oder aus § 51 hergeleitet wird.

Bamberg JurBüro 82, 1213; 85, 1193
a. A. Düsseldorf MJBlNW 55, 249 (bei Vergleichsabschluß im Beschwerdeverfahren auch noch Beschwerdegebühr).

Ist der Vergleich im Bewilligungsverfahren für ein bereits eingelegtes Rechtsmittel geschlossen worden, so ist die PKH-Bewilligung als solche für das Rechtsmittelverfahren aufzufassen.

Hamm JurBüro 52, 290.

Wird nach einer **Zurückweisung** der bisherige Wahlanwalt im Wege der **72** PKH beigeordnet, so kann er die Prozeßgebühr aus der Staatskasse verlangen, wenn er sie von dem Auftraggeber noch nicht erhalten hat.

Wird die Klage vor einem **unzuständigen Gericht** erhoben, das den RA **73** beigeordnet hat, so entstehen für diesen die gleichen Gebühren wie bei Erhebung der Klage vor dem zuständigen Gericht.

Vgl. aber Braunschweig NdsRpfl. 56, 199 = Rpfleger 56, 114 (LS), das jeden Gebührenanspruch versagt, wenn infolge Verweisung Anwaltswechsel eintritt, falls nicht die Zuständigkeit zweifelhaft und der RA sich auf neuere Entscheidungen stützen kann.

Auch wenn die **Beiordnung mit Ausnahme der Prozeßgebühr** erfolgt ist, hat der RA Anspruch auf die Prozeßgebühr aus der Staatskasse, wenn er auf diese nicht wirksam verzichtet hat.

KG JurBüro 81, 706; 82, 1694 = Rpfleger 82, 396.

Die **Verhandlungsgebühr** kann, wenn die PKH und Beiordnung auf den **74** vor der Verhandlung gestellten Antrag erst nach Verhandlung bewilligt werden, aus der Staatskasse verlangt werden, wenn davon auszugehen ist, daß das Gericht die Beiordnung mit Wirkung ab Antragstellung aussprechen wollte. Besser ist die ausdrückliche Anordnung der Rückwirkung, die auch nachgeholt werden kann.

Hamburg JurBüro 85, 1655 = MDR 86, 65.

War PKH **nur für einen Teilanspruch** bewilligt, erledigt sich der Gesamtan- **75** spruch vor der Verhandlung und ist dann streitig über die Gesamtkosten verhandelt worden, so kann der für den Teilanspruch beigeordnete RA die Verhandlungsgebühr nur nach dem Wert derjenigen Kosten beanspruchen, die entstanden wären, wenn der Rechtsstreit nur wegen des Teilanspruchs geführt worden wäre.

Hat der RA vor seiner Beiordnung **Antrag auf Entscheidung nach Lage 76 der Akten (§ 331 a ZPO)** gestellt, so kann er die dadurch nach § 33 Abs. 1 Nr. 1 entstandene Verhandlungsgebühr aus der Staatskasse ohne erneute

Verhandlung nur verlangen, wenn die Beiordnung auf einen vor dem Antrag nach § 331 a ZPO liegenden Zeitpunkt zurückwirkt.

77 Der RA, der als Wahlanwalt ein **Versäumnisurteil erwirkt** hat, erlangt gegen die Staatskasse keinen Anspruch auf die Gebühr des § 38 Abs. 2, wenn er später ohne Rückwirkung auf einen vor der Beantragung des Versäumnisurteils liegenden Zeitpunkt beigeordnet wird.

Der beigeordnete **Verkehrsanwalt** erhält keine Verhandlungsgebühr für die Vertretung der Partei in der mündlichen Verhandlung.

> Zweibrücken JurBüro 86, 223.

78 Die **Beweisgebühr** kann der beigeordnete RA aus der Staatskasse verlangen, wenn nach dem Wirksamwerden der Beiordnung ein Beweisbeschluß erlassen worden ist oder er in einem vor seiner Beiordnung angeordneten Beweisaufnahmeverfahren nach seiner Beiordnung tätig geworden ist, nicht aber, wenn die Beiordnung erst nach Abschluß der Beweisaufnahme wirksam geworden ist.

> Bamberg JurBüro 84, 1033 (Parteianhörung in Ehesache vor Beiordnung)

79 Der RA, der **als Verkehrsanwalt beigeordnet** ist, erhält die Beweisgebühr für die Wahrnehmung eines auswärtigen Beweistermins aus der Staatskasse nur, wenn er auch als Beweisanwalt beigeordnet war.

> Düsseldorf, JurBüro 81, 563; Zweibrücken JurBüro 86, 223.

80 Die **Vergleichsgebühr** kann der beigeordnete RA aus der Staatskasse beanspruchen, wenn nach seiner Beiordnung unter seiner Mitwirkung ein Vergleich zustandegekommen ist, der den Gegenstand betrifft, wegen dessen er beigeordnet worden ist.

> Düsseldorf AnwBl. 82, 378 = JurBüro 81, 1825; JurBüro 82, 569 = VersR 82, 882.

81 Unerheblich ist, wo der Vergleich geschlossen worden ist. Der RA erhält deshalb die Vergleichsgebühr **für einen außergerichtlich geschlossenen Vergleich** (vgl. auch A 44) über Gegenstände, für die er beigeordnet ist.

> Hamm NJW 67, 60 = AnwBl. 66, 363 = JurBüro 66, 952 = MDR 67, 55; Düsseldorf AnwBl. 82, 378 = JurBüro 81, 1825; 82, 569; Hamburg AnwBl. 83, 572; JurBüro 86, 224 = MDR 86, 246; vgl. auch E. Schneider MDR 85, 814 ff.

Das gleiche gilt, wenn der Vergleich in einem Verfahren geschlossen wird, für das der RA nicht beigeordnet ist.

> München JurBüro 60, 391.

82 Der Staatskasse gegenüber kann die **Höhe der Vergleichsgebühr** nur nach dem Wert des Anspruchs berechnet werden, für den die Beiordnung erfolgt ist, höchstens jedoch nach dem Wert des Anspruchs, der verglichen worden ist. Das gilt gerade, wenn andere Ansprüche, für die der RA nicht beigeordnet ist, mitverglichen wurden. Um die Vergleichsgebühr auch nach dem Wert solcher mitverglichener Ansprüche aus der Staatskasse beanspruchen zu können, muß der RA sich ausdrücklich für den gesamten Vergleichsabschluß beiordnen lassen, was zulässig ist.

> KG Rpfleger 62, 41; Celle Rpfleger 64, 199; Neustadt Rpfleger 67, 4.

83 Eine **stillschweigende Beiordnung** ist, wie allgemein, auch für eine solche Ausdehnung des Vergleichs nicht möglich. Sie ist auch dann nicht anzunehmen, wenn der Vergleich einem gerichtlichen Vorschlag entspricht. Dagegen ist eine rückwirkende Beiordnung zulässig, wenn der Beiordnungsantrag für den gesamten Vergleich schon vor dessen Abschluß gestellt, aber noch nicht beschieden war.

Unterläßt der RA es, eine solche erweiterte Beiordnung rechtzeitig zu bean- **84** tragen, kann er sich dem Auftraggeber gegenüber schadenersatzpflichtig machen, so daß dieser gegen den Anspruch des RA auf Zahlung des Mehrbetrages der Vergleichsgebühr aufrechnen kann. Dem steht nicht entgegen, daß die Partei auch wegen der mitverglichenen Ansprüche einen Anwaltsvertrag geschlossen hat, denn das schließt die Verpflichtung des RA, den für den Auftraggeber kostengünstigsten Weg zu beschreiten, nicht aus. Die gegenteilige Auffassung der 8. Auflage (dort A 62) wird aufgegeben.

Bei **Einbeziehung von Ansprüchen Dritter** ist die Ausdehnung der Bei- **85** ordnung auf diese Ansprüche nicht möglich.

Werden **mehrere Rechtsstreitigkeiten** derselben Parteien unter Mitwir- **86** kung der gleichen beigeordneten RAe gemeinsam verglichen, so erhalten diese die Vergleichsgebühr nur einmal nach dem zusammengerechneten Wert. Sie können aus der Staatskasse in jeder Sache den auf diese entfallenden Teil der Vergleichsgebühr verlangen. Ist in einer Sache die Vergleichsgebühr nach dem Wert dieser Sache bereits festgesetzt, so ist in der anderen Sache der Unterschied zwischen dieser Vergleichsgebühr und der nach dem Gesamtvergleichswert berechneten Vergleichsgebühr festzusetzen.

Ist die **Höchstgebühr** des § 123 schon durch einen der mitverglichenen **87** Ansprüche entstanden, so erhöht sich durch die Einbeziehung weiterer Ansprüche die aus der Staatskasse zu fordernde Vergleichsgebühr nicht.

Ist der Vergleich bereits **vor dem Wirksamwerden der Beiordnung zu- 88 standegekommen,** hat der RA keinen Anspruch auf die Vergleichsgebühr gegen die Staatskasse.

Schleswig SchlHA 82, 48.

Kommt der Vergleich **erst nach Beendigung der Instanz,** für die der RA **89** beigeordnet ist, zustande, sei es auch unter seiner Mitwirkung, so hat er gegen die Staatskasse keinen Anspruch auf die Vergleichsgebühr. In diesem Sinn gehört ein nach Urteilszustellung, aber vor Rechtsmitteleinlegung geschlossener Vergleich noch zum unteren Rechtszug. Wird dagegen der Vergleich erst geschlossen, nachdem ein Rechtsmittel eingelegt ist, kann der beigeordnete RA der unteren Instanz für seine Mitwirkung beim Abschluß des Vergleichs keine Vergütung aus der Staatskasse beanspruchen, auch wenn seine Partei für die Rechtsmittelinstanz noch keinen neuen RA bestellt hatte.

Der beigeordnete **Verkehrsanwalt** hat Anspruch auf die Vergleichsgebühr, **90** nicht jedoch der beigeordnete Beweisanwalt, der dazu für den Vergleichsabschluß besonders beigeordnet sein muß.

Wenn und soweit der RA gemäß § 121 als Verkehrsanwalt beigeordnet ist, **91** erhält er für die Vermittlung des Verkehrs der Partei mit dem Prozeßbevollmächtigten die **Verkehrsgebühr** aus der Staatskasse. Falls diese Tätigkeit ursächlich für einen Vergleichsabschluß war, erhält er auch die Vergleichsgebühr (A 46). Anders als bei der Kostenfestsetzung gegen den Gegner kommt es nicht darauf an, ob die Verkehrstätigkeit dazu notwendig im Sinne war, daß der Vergleich ohne sie nicht zustandegekommen wäre.

Die Beiordnung als Verkehrsanwalt umfaßt jedoch nicht zugleich die Beiordnung als Beweisanwalt oder zur Wahrnehmung eines Verhandlungstermins.
Zweibrücken JurBüro 86, 223.

Ohne Beiordnung reicht es nicht aus, daß die Wahrnehmung des Beweis- oder Verhandlungstermins durch den Verkehrsanwalt zweckmäßig oder die billigste Lösung war. War dies der Fall, kann allerdings eine nachträgliche rückwirkende Beiordnung in Betracht kommen, wenn diese rechtzeitig beantragt war.

Der auch als Beweisanwalt beigeordnete Verkehrsanwalt erhält neben der Verkehrsgebühr, weil beide Gebühren wesensgleich sind, nicht auch noch die halbe Prozeßgebühr, sondern nur die halbe Beweisgebühr des § 54 aus der Staatskasse.

92 Ein Anspruch auf die **Hebegebühr** entsteht dem beigeordneten RA gegen die Staatskasse nur dann, wenn Zahlungen für die bedürftige Partei, zu deren Geltendmachung er beigeordnet ist, unaufgefordert an ihn geleistet werden.

93 Die Bewilligung der PKH und Beiordnung für das Scheidungsverfahren umfaßt auch die Bemühungen um eine Aussöhnung der Eheleute; bei deren Erfolg erhält der RA die **Aussöhnungsgebühr aus der Staatskasse.**
Hamburg NJW 63, 2331.

§ 123 Gebühren des Rechtsanwalts

Aus der Staatskasse (§ 121) werden bei einem Gegenstandswert von mehr als 5000 Deutsche Mark anstelle der vollen Gebühr (§ 11 Abs. 1 Satz 1 und 2) folgende Gebühren vergütet:

Gegenstandswert bis (Deutsche Mark)	Gebühren (Deutsche Mark)	Gegenstandswert bis (Deutsche Mark)	Gebühren (Deutsche Mark)
5 500	295	15 000	440
6 000	310	16 000	450
6 500	320	17 000	460
7 000	330	18 000	470
7 500	340	19 000	480
8 000	350	20 000	490
8 500	360	25 000	500
9 000	370	30 000	510
9 500	380	35 000	520
10 000	390	40 000	530
11 000	400	45 000	540
12 000	410	50 000	550
13 000	420	mehr als	
14 000	430	50 000	560

Übersicht über die Anmerkungen

Allgemeines. Gemäß § 121 erhält der im Wege der PKH beigeordnete RA **1** aus der Staatskasse die gesetzliche Vergütung – soweit nicht anderes bestimmt ist. Solche abweichenden Bestimmungen enthält § 123. Er bestimmt, daß der beigeordnete RA bei Werten über 5000 DM niedrigere Gebühren, bei Werten über 50000 DM eine Festgebühr erhält.

Diese Beschränkung der Gebühren ist mit dem Grundgesetz vereinbar, verstößt insbes. nicht gegen den Gleichheitsgrundsatz.

BVerfG NJW 71, 187.

Nicht herabgesetzt sind
a) die Gebühren bei Werten bis 5000 DM,
b) die Betragsrahmengebühren, insbes. die Gebühren des § 116 für den bei den Sozialgerichten beigeordneten RA.

Bei Gebühren mit Satzrahmen (z. B. § 118: $\frac{5}{10}$ bis $\frac{10}{10}$) ändern sich für den beigeordneten RA die Sätze nicht. Die Gebühr selbst ist aber aus der Tabelle des § 123 zu entnehmen.

Stehen dem beigeordneten RA **Bruchteile der vollen Gebühr** zu, so erhält **2** er die entsprechenden Bruchteile von den in § 123 genannten Beträgen. Erhält z. B. der beigeordnete RA in Hausratssachen nach § 63 Abs. 3 die in § 31 Abs. 1 bestimmten Gebühren nur zur Hälfte, so kann er aus der Staatskasse nur die Hälfte der in § 123 bestimmten Beträge erhalten. Das gilt auch bei Gegenstandswerten von mehr als 50000 DM. Hier beträgt die halbe Gebühr 280,— DM. Es sind dann also nicht etwa zuerst die vollen Gebühren nach § 11 Abs. 1 S. 2 zu berechnen, um die Hälfte zu kürzen und für den beigeordneten RA dann diejenige Gebühr einzusetzen, die der so errechneten halben Gebühr entsprechen, sondern der beigeordnete RA kann bei Gegenstandswerten über 50000 DM als volle Gebühr stets nur 560 DM erhalten.

Die **Höchstgebühr** von 560 DM kann in keinem Fall überschritten werden. **3** Das gilt auch dann, wenn für Teile des Gegenstandes gemäß § 13 Abs. 3 verschiedene Gebührensätze anzuwenden sind.

Beispiele:
In einem Rechtsstreit über 8000 DM Teilanspruch wird in einem Vergleich der Gesamtanspruch von 30000 DM bereinigt (die Beiordnung für den weitergehenden Anspruch ist erfolgt!). Der beigeordnete RA hat zur beanspruchen:

$\frac{10}{10}$-Prozeßgebühr aus 8000 DM =	350,— DM
$\frac{5}{10}$-Prozeßgebühr aus 22000 DM =	250,— DM
	600,— DM,

jedoch nicht mehr als
$\frac{10}{10}$-Prozeßgebühr aus einem Betrag von 30000 DM = 510,— DM.
Der RA erhält also nur 510,— DM.

Erhält der RA bereits für den geltend gemachten Teilanspruch (z. B. über 50 000 DM) die Höchstgebühr von 560,— DM, erhöht sich die Gebühr auch durch Einbeziehung weiterer Ansprüche nicht (z. B. bei Vergleich über 60 000 DM).

Riedel/Sußbauer A 5; Hamm JurBüro 66, 682; Schleswig JurBüro 65, 58 = SchlHA 64, 218.

Werden verschiedene Prozesse durch einen Vergleich gemeinsam beendet, so erhält der in allen Verfahren beigeordnete RA nur eine Vergleichsgebühr, deren Höchstgrenze 560,— DM ist.

Riedel/Sußbauer A 5.

Vertritt der beigeordnete RA mehrere Auftraggeber, erhöht sich die Gebühr gemäß § 6 Abs. 1 Satz 2 um ³⁄₁₀ je weiteren Auftraggeber, wenn der Gegenstand derselbe ist. Das gilt auch für die Höchstgebühr.

Hamm MDR 80, 152 = AnwBl. 80, 75.

Die Gebührenerhöhung gemäß § 6 Abs. 1 S. 2 kommt nach Auffassung des BGH

AnwBl. 81, 402 = JurBüro 81, 1657 = NJW 81, 2757 = MDR 81, 1004

auch dem beigeordneten RA zugute, der mehrere Auftraggeber hinsichtlich verschiedener Gegenstände vertritt, wenn und soweit die Zusammenrechnung der verschiedenen Gegenstände gem. § 7 Abs. 2 wegen der Höchstgebühr des § 123 nicht zu einer Gebührenerhöhung führt.

4 Im **Berufungs- und Revisionsverfahren** erhöhen sich die Gebühren gemäß § 11 Abs. 1 Satz 4 und 5. Die ¹³⁄₁₀-Gebühr bei Werten über 50 000 DM beträgt sonach 728,— DM.

Vgl. die Tabelle II im Anhang (Teil D).

5 Der **Mindestbetrag einer Gebühr** beträgt nach § 11 Abs. 2 Satz 1 15,— DM.

§ 124 Weitere Vergütung

(1) **Gebühren bis zur Höhe der Regelgebühren erhält der Rechtsanwalt, soweit die von der Bundes- und der Landeskasse eingezogenen Beträge den Betrag übersteigen, der zur Deckung der in § 122 Abs. 1 Nr. 1 der Zivilprozeßordnung bezeichneten Kosten und Ansprüche erforderlich ist. Die weitere Vergütung wird aus der Staatskasse gewährt, an die die Zahlungen nach § 120 Abs. 2 der Zivilprozeßordnung zu leisten waren.**

(2) **Der beigeordnete Rechtsanwalt soll eine Berechnung seiner Vergütung unverzüglich zu den Prozeßakten mitteilen.**

(3) **Die weitere Vergütung wird erst festgesetzt, wenn das Verfahren durch rechtskräftige Entscheidung oder in sonstiger Weise beendet ist und die von der Partei zu zahlenden Beträge beglichen sind oder eine**

Zwangsvollstreckung in das bewegliche Vermögen der Partei erfolglos geblieben ist oder aussichtslos erscheint.

(4) Waren mehrere Rechtsanwälte beigeordnet, so bemessen sich die auf die einzelnen Rechtsanwälte entfallenden Beträge nach dem Verhältnis der jeweiligen Unterschiedsbeträge zwischen den Gebühren nach § 123 und den Regelgebühren; dabei sind Zahlungen, die nach § 129 auf den Unterschiedsbetrag anzurechnen sind, von diesem abzuziehen.

Übersicht über die Anmerkungen

Allgemeines. Die Vorschrift ermöglicht einen gewissen Ausgleich dafür, daß **1** der im Wege der PKH beigeordnete RA nach § 122 Abs. 1 Nr. 3 ZPO während des Bestehens und im Umfang der PKH Ansprüche auf Vergütung gegen die Partei auch dann nicht geltend machen kann, wenn diese in der Lage ist, Ratenzahlungen zu leisten oder in zumutbarer Weise ihr Vermögen einzusetzen (§ 115 ZPO). Das Verbot, die Vergütung gegen die Partei geltend zu machen, gilt selbst dann, wenn diese nachträglich, insbesondere auch durch den Prozeßgewinn, in die Lage versetzt wird, die volle RA-Vergütung aufzubringen. § 120 Abs. 4 ZPO i. d. Fassung des KostÄndG v. 9. 12. 1986 (BGBl. I, 2326, 2338) ermöglicht zwar jetzt, Veränderungen der persönlichen und wirtschaftlichen Verhältnisse innerhalb von vier Jahren seit Beendigung des Verfahrens durch nachträgliche Anordnung oder Erhöhung von Ratenzahlungen und/oder Beiträgen aus dem Vermögen zu berücksichtigen. Auch in diesem Fall gehen aber die Zahlungen gem. § 120 Abs. 2 ZPO an die Staatskasse. Als Ausgleich für das Verbot einer unmittelbaren Geltendmachung des Vergütungsanspruchs erhält der beigeordnete RA den Anspruch auf eine **weitere Vergütung** aus der Staatskasse bis zur Höhe seiner Regelvergütung.

Die **Staatskasse ist verpflichtet,** die bei PKH-Bewilligung oder nachträg- **2** lich angeordneten Beiträge und Raten (nach Anlage 1 zu § 114 ZPO höchstens 48 Raten) einzuziehen, bis nicht nur die in § 122 Abs. 1 Nr. 1 bezeichneten Gebühren und Auslagen, sondern auch die weitere Vergütung des beigeordneten RA gedeckt ist.

Köln AnwBl. 84, 103; Hamm MDR 85, 149 = JurBüro 85, 892; AnwBl. 85, 50; Schleswig AnwBl. 84, 457 = JurBüro 84, 1852; Stuttgart AnwBl. 85, 49 = Rpfleger 85, 164 = JurBüro 85, 1724 = Justiz 85, 204; Frankfurt JurBüro 85, 1728; **a. M.** LAG Frankfurt MDR 86, 1054 = KostRsp ZPO § 120 Nr. 30 mit abl. Anm. von Eicken u. zust. Anm. E. Schneider; LAG Hamm Rpfleger 87, 174 = MDR 87, 258.

Wenn § 120 Abs. 3 Nr. 1 ZPO bestimmt, das Gericht solle die vorläufige Einstellung der Ratenzahlungen anordnen, wenn abzusehen ist, daß die

Zahlungen der Partei die Kosten decken, so spricht weder der Wortlaut noch erst recht der Sinn des Gesetzes dafür, daß unter „den Kosten" nur die in § 122 Abs. 1 Nr. 1 ZPO genannten zu verstehen sind. Wenn die hier vertretene Ansicht zur Folge hat, daß die Staatskasse über ihre eigene Befriedigung hinaus auch zugunsten des beigeordneten RA die Zahlung der angeordneten Beträge überwachen und nötigenfalls zwangsweise durchsetzen muß, so ist das der Ausgleich für das Befriedigungsvorrecht der Staatskasse, das darin liegt, daß der Anspruch des RA auf weitere Vergütung gegen die Staatskasse erst entsteht, wenn deren Gebühren und Auslagen gedeckt sind. Eine mit dem Gleichheitsgrundsatz nicht vereinbare Bevorzugung des beigeordneten RA liegt darin weder gegenüber dem Wahlanwalt, der seine Vergütung zwar selbst beitreiben muß, den das Gesetz aber auch nicht hindert, bei der Beitreibung seiner Vergütung mit der Staatskasse zu konkurrieren, noch gegenüber einem PKH-Anwalt, dessen Mandant keine oder nur solche Raten aufbringen kann, die nur die Ansprüche der Staatskasse decken. Die „Mühewaltung" der Staatskasse für den beigeordneten RA wird überdies durch § 124 Nr. 4 ZPO begrenzt, der bei Zahlungsrückständen der Partei die Aufhebung der PKH ermöglicht, wodurch für den beigeordneten RA die Sperre des § 122 Abs. 1 Nr. 3 ZPO beseitigt wird.

3 Sind die angeordneten **Ratenzahlungen vorzeitig nach § 120 Abs. 3 ZPO eingestellt** worden, ist deren Wiederaufnahme anzuordnen, wenn die Regelvergütung des beigeordneten RA noch nicht gedeckt ist.

> München AnwBl. 84, 105 = JurBüro 84, 892; Stuttgart AnwBl. 85, 49 = Rpfleger 85, 164 = Justiz 85, 203.

4 Verwendung der eingegangenen Beträge. Beträge, die die Staatskasse von der Partei oder dem in die Kosten verurteilten Gegner (nach Übergang gem. § 130) erhalten hat und die den zur Deckung der Kosten und Ansprüche nach § 122 Abs. 1 Nr. 1 ZPO erforderlichen Betrag übersteigen, sind an den beigeordneten RA bis zur Deckung von dessen Anspruch auf die Wahlanwaltsvergütung abzuführen.

Um dem Gericht Klarheit über diesen Anspruch (auch für die etwaige Einstellung der Zahlungen der Partei nach § 120 Abs. 3 ZPO) zu verschaffen, soll der RA eine Berechnung seiner (Wahlanwalts)-Vergütung unverzüglich, d. h. alsbald nach Eintritt der Fälligkeit als Wahlanwaltskosten (§ 16), zu den Prozeßakten mitteilen. Die Einreichung kann nach § 128 Abs. 2 von den Urkundsbeamten der Geschäftsstelle (bei Fristversäumung Gefahr des Erlöschens der Ansprüche, s. A 14,15 zu § 128!) erzwungen werden.

5 Zeitpunkt der Festsetzung. Die Festsetzung der weiteren Vergütung ist erst zulässig, wenn sowohl
a) das Verfahren durch rechtskräftige Entscheidung oder in sonstiger Weise (z. B. durch Klagerücknahme oder Vergleich) beendet ist,

> vgl. Düsseldorf Rpfleger 83, 176 = JurBüro 83, 719 (Bei Abtrennung des Verfahrens über den Versorgungsausgleich kann die weitere Vergütung für das gesamte Verbundverfahren erst festgesetzt werden, wenn auch das abgetrennte Verfahren abgeschlossen ist)

als auch
b) alle Zahlungen, die der Partei aufgegeben sind, eingegangen sind oder es feststeht, daß weitere Zahlungen von der Partei entweder nicht mehr benötigt werden oder von der Partei nicht zu erlangen sind, z. B. weil die Zwangsvoll-

streckung in das bewegliche Vermögen erfolglos geblieben ist oder aussichtslos erscheint.

Beiordnung mehrerer RAe. Es ist möglich, daß der Partei mehrere RAe **6** beigeordnet werden. Der Hauptfall wird der sein, daß der Rechtsstreit durch mehrere Instanzen geführt wird und in diesen Instanzen verschiedene RAe beigeordnet worden sind. Es ist aber auch möglich, daß in einer Instanz mehrere RAe beigeordnet worden sind (Beispiel: Der zuerst beigeordnete RA ist während der Instanz verstorben).

Auszuzahlender Betrag. Auszuzahlen ist der Betrag, den die Staatskasse **7** tatsächlich über die in § 122 Abs. 1 Nr. 1 ZPO bezeichneten Kosten und Ansprüche hinaus erhalten hat. Nicht einziehbare Beträge hat die Staatskasse nicht von sich aus zu erstatten.

Auszuzahlen ist höchstens der Unterschied zwischen der Regelgebühr und der aus der Staatskasse erstatteten Gebühr. Reicht der von der Partei gezahlte Betrag hierzu nicht aus, ist nur der tatsächlich eingegangene Betrag auszuzahlen.

Sind mehrere RAe an der Auszahlung beteiligt, so gilt für den Fall, daß nicht alle Ansprüche befriedigt werden können, folgendes:

Bei jedem RA ist der Unterschiedsbetrag zwischen den Gebühren nach § 123 und den Regelgebühren festzustellen. Von dem Unterschiedsbetrag ist noch der Betrag abzuziehen, den sich der RA auf seine Vergütung gemäß § 129 anrechnen zu lassen hat.

Beispiel: Eingegangen von der Partei sind 4500,– DM. Die Unterschiedsbeträge sind bei RA A 2000,– DM, bei RA B 3000,– DM und bei RA C 4000,– DM. Auf 9000,– DM Ansprüche sind 4500,– DM zu verteilen. Jeder RA kann hiernach nur die Hälfte erhalten: A 1000,– DM, B 1500,– DM, C 2000,– DM.

Beitreibung der Vergütung von dem unterlegenen Gegner. Gemäß **8** § 126 ZPO ist der beigeordnete RA berechtigt, seine Gebühren und Auslagen von dem in die Prozeßkosten verurteilten Gegner im eigenen Namen beizutreiben; vgl. dazu A 26, 29 zu § 121.

§ 125 Verschulden eines beigeordneten Rechtsanwalts

Hat der beigeordnete Rechtsanwalt durch schuldhaftes Verhalten die Beiordnung eines anderen Rechtsanwalts veranlaßt, so kann er Gebühren, die auch für den anderen Rechtsanwalt entstehen, nicht fordern.

Übersicht über die Anmerkungen

von Eicken

1 Allgemeines. § 125 will verhindern, daß die Bundes- oder Landeskasse die gleichen Gebühren an mehrere RAe bezahlen muß, wenn die Beiordnung eines weiteren RA wegen Verschuldens des zuerst beigeordneten RA erforderlich wird. § 125 regelt also nicht allgemein die Frage, ob dem beigeordneten RA wegen eines Verschuldens die Vergütung überhaupt versagt werden kann, sondern nur den Fall, daß infolge seines schuldhaften Verhaltens ein anderer RA beigeordnet werden muß.

2 Ist **kein Wechsel des beigeordneten RA** erfolgt, so greift § 125 nicht ein. Vom Erfolg der anwaltlichen Tätigkeit ist der Vergütungsanspruch des beigeordneten RA gegen die Staatskasse nicht abhängig. Auch ob die Tätigkeit zur zweckentsprechenden Rechtsverfolgung oder Rechtsverteidigung notwendig war, hat die Staatskasse nicht zu prüfen. Nur durch völlig überflüssige und bedeutungslose Prozeßhandlungen kann kein Vergütungsanspruch entstehen. Die Staatskasse kann also z. B. nicht einwenden, der RA hätte die Entstehung der Beweisgebühr vermeiden können, wenn er sich sorgfältig bei der Partei über den Sachverhalt erkundigt hätte.

3 Ist der **Partei durch Verschulden des RA ein Schaden entstanden,** so kann sie den RA in gleicher Weise auf Schadensersatz in Anspruch nehmen, wie wenn er sie als Wahlanwalt vertreten hätte. Der Staatskasse stehen aber nicht wie einem Bürgen die Einreden des § 768 BGB zu. Sie kann auch nicht mit Schadensersatzansprüchen der Partei gegen den Vergütungsanspruch des beigeordneten RA aufrechnen. Im Festsetzungsverfahren kann über eine solche Gegenforderung der Partei nicht entschieden werden.

Die Staatskasse kann jedoch einwenden, daß ein Vergütungsanspruch nicht entstanden sei, weil die Tätigkeit des beigeordneten RA den Gebührentatbestand nicht erfülle oder daß der mit der Partei geschlossene Geschäftsbesorgungsvertrag unwirksam sei. Auf die Vereinbarung der Unentgeltlichkeit kann sich die Staatskasse nicht berufen.

4 Bei **Beiordnung eines anderen RA** an Stelle der ersten entsteht grundsätzlich mit jeder neuen Beiordnung ein weiterer Vergütungsanspruch gegen die Staatskasse. Jeder beigeordnete RA kann also die durch seine Tätigkeit entstandenen Gebühren geltend machen. Auch wenn das Gericht ohne ausreichenden Grund einen anderen RA beiordnet, kann es diesem die Vergütung nicht deshalb versagen, weil die gleichen Gebühren bereits an den ersten RA bezahlt worden seien.

LG Mönchengladbach AnwBl. 78, 858.

Das Gericht kann auch nicht bei der Beiordnung des zweiten RA dessen

Vergütungsanspruch auf die nicht bereits für den ersten RA entstandenen Gebühren beschränken.

Eine solche Beschränkung ist für das Festsetzungsverfahren nicht bindend. KG MDR 59, 937 = AnwBl. 60, 120; vgl. aber A 28 vor § 121.

Wird an Stelle eines verstorbenen RA dessen Sozius beigeordnet, so hat auch dieser einen Anspruch auf alle neu oder erneut entstandenen Gebühren gegen die Staatskasse.

Ob die Staatskasse einen **Rückgriffsanspruch gegen die erstattungs-** 5 **pflichtige Gegenpartei** hat, ob diese also für die Kosten mehrerer RAe haftet, ist nicht entscheidend.

Ein **Kündigungsrecht** des beigeordneten RA besteht auch dann nicht, wenn 6 ein wichtiger Grund vorliegt, z. B. offensichtlich falsche Unterrichtung durch die Partei. Der RA kann nur die Aufhebung seiner Beiordnung beantragen.

Beantragt der RA die Aufhebung seiner Beiordnung, so muß er die Tatsachen darlegen, die ihn dazu veranlassen, widrigenfalls er so zu behandeln ist, als habe er seine Entlassung verschuldet.

Fehlt ein ausreichender Grund für einen Anwaltswechsel, so ist die 7 Beiordnung eines anderen RA abzulehnen.

Fehlende Information und die Notwendigkeit, sich mit ausländischem Recht vertraut zu machen, ist kein Grund für die Aufhebung der Beiordnung, auch nicht Aussichtslosigkeit der Rechtsverfolgung oder Rechtsverteidigung.

Hat die Partei die Aufhebung der Beiordnung des ersten RA **verschul-** 8 **det,** so ist das auf dessen Vergütungsanspruch ohne Einfluß, z. B. dann, wenn sie dem beigeordneten RA ohne ausreichenden Grund die Vollmacht entzogen hat.

Hamm Büro 56, 385.

Nur dann, **wenn der beigeordnete RA durch schuldhaftes Verhalten die** 9 **Beiordnung eines anderen RA veranlaßt hat,** kann er nach § 125 die Gebühren, die auch für den anderen RA entstehen, nicht fordern. Grobes Verschulden ist nicht erforderlich.

Verschulden eines Erfüllungsgehilfen reicht aus.

Obwohl das Gesetz nur von Gebühren spricht, gilt das auch für nochmals entstehende Auslagen.

Hamburg Rpfleger 77, 420.

Ein schuldhaftes Verhalten des RA kann bereits anläßlich der Beiordnung vorliegen, wenn der RA nicht auf Umstände hinweist, die ihn voraussichtlich hindern werden, die Angelegenheit zu Ende zu führen.

Oldenburg Rpfleger 68, 314 (LS) (Einer Partei im Eheverfahren mußte ein anderer RA beigeordnet werden, weil der zunächst beigeordnete RA in früheren, fünf und sieben Jahren zurückliegenden Verfahren die Gegenpartei vertreten hatte – § 45 Nr. 2 BRAO –. Da nun wußte, daß früher schon einmal die Ehesache zwischen den Parteien anhängig war und daß die Parteien stets am gleichen Ort wohnten, mußte der zunächst beigeordnete RA prüfen, ob er schon einmal die Gegenpartei vertreten hatte. Die unterlassene Prüfung hat die Beiordnung des anderen RA schuldhaft veranlaßt).

Er kann durch späteres schuldhaftes Verhalten die Beiordnung eines anderen RA veranlassen, z. B. wenn er das Vertrauensverhältnis zu der Partei stört.

10 Die **Aufgabe der Zulassung** durch den zuerst beigeordneten RA ist einer der häufigsten Fälle, in denen ohne Schuld der Partei Bestellung eines anderen RA erforderlich wird. Durch die Aufgabe der Zulassung macht der RA sich die Erfüllung der durch den Anwaltsvertrag übernommenen Verpflichtungen unmöglich. Da aber § 125 dem RA nur dann den Vergütungsanspruch versagt, wenn er die Beiordnung eines anderen RA durch sein schuldhaftes Verhalten veranlaßt hat, ist es nicht entscheidend, ob der RA als Wahlanwalt nach § 13 Abs. 4 von seinem Auftraggeber die Vergütung für seine bisherige Tätigkeit beanspruchen könnte. Der Vergütungsanspruch für Gebühren, die auch dem neuen RA entstehen, entfällt nur dann, wenn in der Aufgabe der Zulassung ein Verschulden des RA zu finden ist. Die Beantwortung dieser Frage hängt davon ab, ob man eine Pflicht des RA annimmt, vor der Erledigung der Angelegenheit, für die er beigeordnet ist, seine Zulassung nicht aufzugeben. Eine solche Verpflichtung besteht aber nicht. Es kann also in der freiwilligen Aufgabe der Zulassung, auch wenn sie aus wirtschaftlichen Gründen erfolgt, im allgemeinen kein Verschulden gefunden werden.

    a. M. Nürnberg JurBüro 59, 72; Neustadt MDR 59, 138.

11 Daß **Aufgabe der Zulassung wegen Krankheit oder hohen Alters** kein Verschulden ist, wird allgemein angenommen.

    Frankfurt AnwBl. 74, 1599.

12 Verschweigt aber der RA bei der Beiordnung **seine Absicht, die Zulassung aufzugeben,** so liegt darin regelmäßig ein Verschulden. Dagegen reicht die Bewerbung um Aufnahme in den Staatsdienst nicht aus, solange der RA über den Zeitpunkt seiner Einberufung keine Gewißheit hat.

    Frankfurt AnwBl. 84, 205 = JurBüro 84, 764; Bamberg JurBüro 84, 1562.

13 Hat sich der RA einer strafbaren Handlung schuldig gemacht oder sonst **der Partei einen wichtigen Kündigungsgrund gegeben,** so hat er die Beiordnung eines anderen RA verschuldet.

14 Das gilt besonders im Falle seiner **Ausschließung aus der Anwaltschaft** oder wenn er sich löschen läßt, um weiteren Unannehmlichkeiten infolge begangener Pflichtwidrigkeiten aus dem Wege zu gehen,

15 oder bei **grundloser Niederlegung der Vollmacht.**

16 Selbstmord des RA ist nicht ohne weiteres Verschulden. So ist der Selbstmord eines kranken RA in einem Zustand der Depression nicht als schuldhaft anzusehen. Anders ist die Lage zu beurteilen, wenn der RA Selbstmord begeht, weil er wegen schwerer Untreuehandlungen verhaftet werden soll. Es kommt also auch hier auf die Lage des Einzelfalles an.

Verunglückt der RA tödlich, weil er mit dem Kraftwagen zu schnell gefahren ist, stellt dies kein schuldhaftes Verhalten i. S. des § 125 dar. Anders wird die Lage zu beurteilen sein, wenn der Verkehrsunfall auf Trunkenheit am Steuer zurückzuführen ist.

17 Der RA, der seine **Zulassung oder seine Beiordnung erschlichen** hat (vgl.

A 29 vor § 121), kann auch dann keine Vergütung aus der Staatskasse verlangen, wenn dadurch Kosten eines anderen RA erspart worden sind.

Braunschweig NdsRpfl. 50, 60.

Umfang des Gebührenverlustes. Der RA, der den Anwaltswechsel ver- **18** schuldet hat, geht seines Gebührenanspruchs nur insoweit verlustig, als die Gebühren in der Person des zweiten RA nochmals erwachsen.

Beispiele:

Der RA hat ein Versäumnisurteil erwirkt und nach Einspruchseinlegung streitig verhandelt. Bei Anwaltswechsel behält er auf jeden Fall die halbe Verhandlungsgebühr für die Erwirkung des Versäumnisurteils, weil diese in der Person des Nachfolgers nicht entstehen kann.

Vor dem Anwaltswechsel ist Beweis erhoben worden, danach nicht mehr. Der erste RA behält den Anspruch auf die Beweisgebühr.

Vielfach wird sich erst am Ende der Instanz erweisen, welche Gebühren in der Person des Nachfolgers nochmals entstehen. Ist dies der Fall, kann eine frühere Festsetzung der Gebühren des ersten RA abgelehnt werden.

Frankfurt JurBüro 75, 1612.

Der RA verliert seinen Gebührenanspruch. Er hat nicht die – u. U. höheren – Gebühren seines Nachfolgers zu erstatten. (Beispiel: Infolge Erhöhung der Gebühren sind die Gebühren des Nachfolgers höher.)

Fehler des Gerichts. Es ist nicht Aufgabe des § 125, einen vom Gericht **19** begangenen Fehler dem RA anzulasten, mag auch der Fehler bei einem sorgfältigeren Verhalten des RA vermeidbar gewesen sein. So kann dem RA, der den Aufenthalt des Beklagten auf Grund der Angaben des Klägers als unbekannt bezeichnet, die Vergütung für die bei dem unzuständigen Gericht erhobene Klage nicht deshalb entzogen werden, weil eine Anfrage bei dem Meldeamt des letzten Wohnortes den Wohnsitz des Beklagten ergeben hätte. Das Gericht hätte vor der Beiordnung die gleiche Anfrage an das Meldeamt richten, sodann die Bewilligung der PKH ablehnen und damit die Entstehung der Vergütung verhindern können.

a. M. Hamm JurBüro 67, 137 = JVBl. 67, 19 = MDR 67, 139 (LS); LG Essen JVBl. 71, 263.

§ 126 Auslagen

(1) Auslagen, insbesondere Reisekosten, werden nicht vergütet, wenn sie zur sachgemäßen Wahrnehmung der Interessen der Partei nicht erforderlich waren. Nicht zu vergüten sind die Mehrkosten, die dadurch entstehen, daß der Rechtsanwalt seinen Wohnsitz oder seine Kanzlei nicht an dem Ort hat, an dem sich das Prozeßgericht oder eine auswärtige Abteilung dieses Gerichts befindet; dies gilt nicht, wenn ein Rechtsanwalt beigeordnet wird, der weder bei dem Prozeßgericht noch bei einem Gericht zugelassen ist, das sich an demselben Ort wie das Prozeßgericht befindet.

(2) Ob eine Reise erforderlich ist, stellt das Gericht des Rechtszugs auf Antrag vor Antritt der Reise fest. Die Feststellung, daß die Reise erforderlich ist, ist für das Festsetzungsverfahren (§ 128) bindend.

Übersicht über die Anmerkungen

1 Allgemeines. Gemäß § 121 erhält der im Wege der PKH beigeordnete RA aus der Staatskasse die „gesetzliche Vergütung", soweit nichts anderes bestimmt ist. Zur gesetzlichen Vergütung gehören außer den Gebühren auch die Auslagen. Der RA hat danach im Grundsatz Anspruch auf vollen Ersatz seiner Auslagen. Das gilt auf jeden Fall für die in §§ 25 Abs. 2 genannten Auslagen, die Postgebühren des § 26, die Schreibauslagen des § 27 und die Reisekosten des § 28.

Der Ersatz dieser Auslagen aus der Staatskasse ist nur insoweit eingeschränkt, als

a) es nicht auf den Auftrag (vgl. § 26) oder das Einverständnis des Auftraggebers (§ 27) ankommt, sondern darauf, ob die Auslagen zur sachgemäßen Wahrnehmung der Interessen der Partei erforderlich waren,

b) gewisse Reisekosten nicht erstattet werden (§ 126 Abs. 1 Satz 2).

Auch bei den in § 25 Abs. 2 nicht genannten Auslagen hängt die Erstattung durch die Staatskasse davon ab, ob diese Auslagen in der Person des RA zur sachgemäßen Wahrnehmung der Interessen der Partei erforderlich waren.

Die Vorschrift des § 126 ist nicht verfassungswidrig.

    Hamm AnwBl. 66, 233 = JurBüro 66, 501 = Rpfleger 66, 158.

Die Bewilligung der PKH umfaßt solche Auslagen nicht, die dem Prozeßbevollmächtigten der Partei vor der Beiordnung im Verfahren über die Bewilligung der PKH erwachsen sind,

Düsseldorf AnwBl. 78, 419 = Rpfleger 79, 35 = JurBüro 78, 1535 = VersR 78, 965

sofern sie sonst nicht nach der Beiordnung notwendig geworden wären (vgl. A 4)

Auslagen. Die Allgemeinen Geschäftsunkosten gehören nicht zu den Ausla- **2** gen im Sinne des § 126. Sie werden vielmehr nach § 25 Abs. 1 mit den Gebühren abgegolten. Auslagen sind insbes. die Postgebühren, die Auslagen für i. S. des § 27 „zusätzlich" gefertigte Abschriften und Ablichtungen und die Reisekosten. Darüber hinaus sind Auslagen alle zum Zwecke der Ausführung des Auftrags gemachten Aufwendungen, die der RA den Umständen nach für erforderlich halten durfte (§ 670 BGB).

Die **Ersatzpflicht des Auftraggebers** besteht stets dann, wenn der Beauf- **3** tragte Aufwendungen zum Zwecke der Ausführung des Auftrags macht, die dem Willen des Auftraggebers entsprechen. Durch die Bewilligung der PKH ist diese Ersatzpflicht insoweit gegenstandslos, als dem RA ein Ersatzanspruch gegen die Staatskasse zusteht. Die Partei haftet also nur, soweit sie den RA veranlaßt hat, nicht erforderliche Auslagen zu machen. Beispiel: Die Partei wünscht zahlreiche Ablichtungen, deren Herstellung nicht erforderlich ist.

Aus der Staatskasse werden nach § 126 Abs. 1 S. 1 Auslagen, insbesondere **4** Schreibauslagen und Reisekosten, **nicht vergütet, wenn sie** zur sachgemäßen Wahrnehmung der Interessen der Partei **nicht erforderlich waren,** mögen sie auch mit Willen der Partei erwachsen sein.

Die Ersatzpflicht der Partei und die der Staatskasse unterscheiden sich hiernach wie folgt:
Die Partei muß die Auslagen erstatten, die sie gewünscht hat, die aber zur sachgemäßen Wahrnehmung ihrer Interessen nicht erforderlich waren.
Die Staatskasse hat nur die Auslagen zu vergüten, die zur sachgemäßen Wahrnehmung der Interessen der Partei erforderlich waren. Sie ist aber nicht verpflichtet, die Kosten für unnötige Sonderwünsche der Partei zu übernehmen.

Soweit die Staatskasse für auftragsgemäß entstandene Auslagen nicht aufzukommen hat, ist der Ersatzanspruch gegen die Partei durch die Bewilligung der PKH nicht aufgehoben. Der RA kann also insoweit von der Partei die Zahlung und zur Deckung dieser Auslagen einen Vorschuß fordern.

Soweit hiernach die Auslagen durch die Staatskasse vergütet werden, sind sie stets voll zu ersetzen. Eine Kürzung, wie sie für die Gebühren vorgesehen ist, findet nicht statt.

Eine Ausnahme besteht nur für bestimmte Reisekosten nach Maßgabe des § 126 Abs. 1 S. 2. Umsatzsteuer kann auch von den Auslagen berechnet werden.

Vor der Beiordnung gemachte Auslagen sind aus der Staatskasse nur dann zu vergüten, wenn die PKH für den Zeitpunkt, zu dem die Auslagen entstanden sind, rückwirkend bewilligt worden ist oder soweit sie sonst notwendigerweise nach der Beiordnung hätten gemacht worden müssen.

von Eicken 1245

Düsseldorf AnwBl. 78, 419 = Rpfleger 79, 35 = JurBüro 78, 1535 = VersR 78, 965; Koblenz Rpfleger 81, 246;
a. M. LG Bielefeld AnwBl. 79, 185 (Ablichtungen aus Strafakten vor Beiordnung sind zu erstatten).

5 Die **Beweislast** dafür, daß die Auslagen zur sachgemäßen Wahrnehmung der Interessen der Partei nicht erforderlich waren, hat, wie aus der negativen Fassung des Abs. 1 S. 1 hervorgeht, die Staatskasse. Die unabhängige Stellung des beigeordneten RA soll nicht durch kleinliche Handhabung der Ersatzfrage beeinträchtigt werden. Es müssen wichtige, auf Tatsachen beruhende Anhaltspunkte dafür bestehen, daß der RA unnötige Auslagen gemacht hat, bevor von ihm die Darlegung der Notwendigkeit gefordert wird. Im Zweifel ist die Notwendigkeit der Auslagen anzuerkennen. Es ist nicht Aufgabe des die Vergütung des beigeordneten RA festsetzenden Urkundsbeamten oder des auf Erinnerung entscheidenden Gerichts, seine eigene Auffassung an die Stelle der Meinung des RA zu setzen. Der RA – nicht der Urkundsbeamte und nicht das Gericht – führt den Rechtsstreit; nur er ist für die sachgemäße Wahrung der Interessen der Partei verantwortlich. Die Fassung des § 126 Abs. 1 Satz 1 soll nur dazu dienen, augenscheinlichen Mißbräuchen zu begegnen, und verhindern, daß nicht nötige Sonderwünsche der Partei aus der Staatskasse zu zahlen sind.

Schleswig JurBüro 85, 249; Saarbrücken JurBüro 86, 1213; LG Frankenthal AnwBl. 83, 571

Für die Beurteilung kommt es auf den Zeitpunkt an, zu dem der Anwalt die Aufwendung gemacht hat, nicht auf den Zeitpunkt der Festsetzung. Hinterher erscheinen Aufwendungen oft als überflüssig, die im Zeitpunkt ihrer Entstehung notwendig erschienen. Beispiel: Der Beklagte bestreitet, den Darlehensbetrag, auf dessen Rückzahlung geklagt wird, empfangen zu haben. Durch den ersuchten Richter wird eine Zeugin über die Darlehenshingabe vernommen. Der beigeordnete RA nimmt den Vernehmungstermin wahr. Die Zeugin bestätigt die Darlehenshingabe eindeutig. Der Beklagte erklärt auf die Befragung des Richters, er habe zu der Aussage der Zeugin nichts zu sagen. Hier ergibt sich nachträglich, daß die Reisekosten des RA überflüssig waren. Bei einem so glatten Ausgang der Beweisaufnahme war es nicht nötig, daß der beigeordnete RA anwesend war. Trotzdem sind die Reisekosten aus der Staatskasse zu erstatten, weil dieser Ausgang nicht vorauszusehen war, als sich der RA entscheiden mußte, ob er den Termin wahrnimmt oder nicht.

Auslagen, die der RA im eigenen Interesse gemacht hat, z. B. zur Durchsetzung seines Anspruchs gegen die Staatskasse, gehören nicht zur gesetzlichen Vergütung und sind daher nicht gemäß § 126 zu erstatten.

6 **Postgebühren** sind nach § 26 zu ersetzen, soweit sie der RA für erforderlich halten durfte (vgl. A 5: Keine kleinliche Nachrechnerei).

Wohnt die Partei in Übersee, ist die Benutzung der Luftpost wohl stets geboten.

Durch Einlegung in die Abholungsfächer der Gerichte ersparte Portoauslagen sind nicht zu ersetzen, wie überhaupt der Grundsatz besteht, daß nicht entstandene Kosten nicht erstattet werden können. Allerdings können Aufwendungen, die als solche aus irgend einem Grund zu vergüten sind

(z. B. weil sie nicht notwendig waren oder weil sie vor der Beiordnung gemacht wurden) in Höhe dadurch ersparter, tatsächlich allerdings nicht getätigter notwendiger Auslagen erstattet werden.

Koblenz JurBüro 85, 1840 (zu § 97); Schleswig JurBüro 85, 247 = SchlHA 85, 180.

Portokosten für die Rücksendung von Gerichtsakten oder Beiakten sind zu erstatten, wenn die Einsichtnahme geboten war (z. B. für den nach Verweisung des Rechtsstreits neu beigeordneten RA).

Die **Postgebührenpauschale** wird in derselben Höhe vergütet, in der sie dem Wahlanwalt zustehen würde (also berechnet nach den Wahlanwaltsgebühren)

KG JurBüro 80, 1198. Vgl. hierzu A 6 zu § 26.

Schreibauslagen, die nach § 27 dem RA für zusätzlich gefertigte Abschriften 7 und Ablichtungen zustehen, kann der beigeordnete RA der Staatskasse ebenfalls berechnen, wenn die Fertigung dieser Abschriften zur sachgemäßen Wahrnehmung der Interessen der Partei erforderlich war.

Für die Schreibauslagen gilt also nichts anderes als für alle anderen Auslagen: Die Staatskasse hat die Schreibauslagen für die erforderlichen Abschriften zu vergüten. Nicht erforderlich sind die Kosten für solche Abschriften, die von den Gerichten unentgeltlich zu erhalten sind.

München Rpfleger 82, 486 (Ablichtung des Sitzungsprotokolls); Saarbrücken JurBüro 86, 1841 (Ablichtung von Formularen); Düsseldorf JurBüro 81, 236 (vom Gericht unvollständig mitgeteilte Auskunft des Rentenversicherungsträgers).

Die Partei hat die Schreibauslagen für solche Abschriften zu erstatten, die sie über das notwendige Maß hinaus gewünscht hat.

Hinsichtlich der Erstattungspflicht der Staatskasse gilt das für alle Auslagen Gesagte: Es muß grundsätzlich dem RA überlassen bleiben, welche Abschriften er für geboten erachtet.

Das erfordert aber, daß er selbst die Entscheidung trifft, was abgelichtet werden soll, und diese nicht seinem Büropersonal überläßt. Kleinliche Handhabung der Vergütungsfrage ist ebenso unangebracht, wie eine allzu großzügige Ablichtungspraxis auf Kosten der Allgemeinheit.

Vgl. BVerwG NJW 71, 209; Stuttgart JurBüro 83, 577; Schleswig JurBüro 85, 248; enger Düsseldorf JurBüro 70, 1071; Frankfurt AnwBl. 78, 183 = JurBüro 78, 706; Schleswig JurBüro 78, 1355 = SchlHA 78, 123 und JurBüro 78, 1223 = SchlHA 78, 122 (die Kosten sind niedrig zu halten).

Dem beigeordneten RA sind also die Schreibauslagen für solche zusätzlichen Abschriften zu erstatten, die er im Zeitpunkt der Herstellung für erforderlich halten durfte.

Wegen des Begriffs der „zusätzlichen Abschrift" vgl. A 7 zu § 27.

Ebenso kann wegen des Begriffs „zur sachgemäßen Wahrnehmung der Interessen der Partei erforderlich" auf A 19 zu § 27 verwiesen werden. Zu beachten ist jedoch, daß zwischen den Vorschriften, die die Erstattung der Kosten durch den unterlegenen Gegner regeln (z. B. § 91 ZPO, § 467 StPO – der Staat ist insoweit ein unterlegener Gegner), und der Vorschrift des § 126 ein erheblicher Unterschied besteht. Die Notwendigkeit der Fertigung der Abschrift muß von der Partei nachgewiesen werden, soll der Gegner die

Schreibauslagen ersetzen. Zweifel gehen zu Lasten der obsiegenden Partei. Dagegen muß dem die Erstattung seiner Schreibauslagen aus der Staatskasse fordernden beigeordneten RA die Überflüssigkeit seiner Aufwendungen nachgewiesen werden. Zweifel gehen zu Lasten der Staatskasse.

Düsseldorf JurBüro 84, 713 = Strafverteidiger 84, 292; VGH München AnwBl. 81, 243; AG Darmstadt AnwBl. 82, 170.

Einzelne Gerichte sind sehr kleinlich. Bevor der Ersatz der Schreibauslagen abgelehnt wird, sollte der RA aufgefordert werden, anzugeben, was er abgelichtet hat, und zur Notwendigkeit der Auslagen Stellung zu nehmen. Fraglich ist, ob dem Pflichtverteidiger die Erstattung von Schreibauslagen versagt werden kann, wenn er sich weigert, die Ablichtungen dem neuen Pflichtverteidiger zu überlassen.

Wohl mit Recht bejahend Hamburg AnwBl. 79, 72 mit abl. Anm. von Dahs = Rpfleger 77, 420 = JurBüro 77, 1579 = MDR 77, 1040.

8 Auslagen, die von der Partei selbst aufzuwenden sind und von ihr auch aufgewendet wurden, sind nicht aus der Staatskasse zu ersetzen, namentlich nicht solche, die der RA schon im Kostenfestsetzungsverfahren gegen die Gegenpartei als Auslagen seiner Partei geltend gemacht hat.

Zweifel könnten hinsichtlich der Aufwendungen entstehen, die an sich Sache der Partei sind, im Einzelfall jedoch von dem RA erbracht worden sind. Diese Aufwendungen sind im Regelfall dem RA nicht aus der Staatskasse zu erstatten.

Beispiel: An sich ist es Sache der Partei, sich zu dem RA zu begeben und ihn in seiner Kanzlei zu informieren. Fährt statt dessen der RA zu der Partei in die Wohnung, so sind die dadurch entstehenden Reisekosten aus der Staatskasse nicht zu erstatten.

Eine Ausnahme ist aber für den Fall zu machen, daß der Partei billigerweise nicht zugemutet werden kann, die Aufwendungen selbst zu machen, weil sie dazu entweder außerstande ist, die Aufwendungen aber für die erfolgreiche Durchführung des Rechtsstreits wichtig sind, oder wenn eigene Tätigkeit für den erstrebten notwendigen Zweck wenig Wert hätte und nur der RA die Tätigkeit sachgemäß ausführen könnte.

Beispiele:

In dem obigen Beispiel liegt die Partei schwer verletzt im Krankenhaus. Ein sofortiges Tätigwerden des RA ist erforderlich, weil z. B. die Verjährung droht oder der Anspruch aus anderen Gründen sofort rechtshängig gemacht werden muß (z. B. ein Schmerzensgeldanspruch), weil mit dem Ableben des Verletzten gerechnet werden muß). In einem solchen Falle ist der Besuch des RA im Krankenhaus angebracht. Seine Reisekosten sind deshalb aus der Staatskasse zu erstatten.

Für die Prozeßführung werden Auskünfte aus dem Handelsregister oder vom Gewerbeamt benötigt. Die Partei ist nicht in der Lage, diese Auskünfte einzuholen. Hier ist es Aufgabe des beigeordneten RA zu helfen. Seine Auslagen sind deshalb aus der Staatskasse zu erstatten.

Hat der Auftraggeber Unterlagen beizubringen, ist er aber außerstande, die Kosten aus eigenen Mitteln zu bestreiten, kann der beigeordnete RA die

Kosten ausnahmsweise aufbringen und ihren Ersatz aus der Staatskasse fordern.

Köln JMBlNRW 73, 225.

Hat der RA Bedenken gegen die Angaben seiner Partei, der Gegner sei unbekannten Aufenthalts, kann sich eine Anfrage beim Meldeamt als zweckmäßig erweisen, die der RA u. U. nicht der Partei überlassen, sondern selbst einholen sollte.

Vgl. hierzu Hamm JurBüro 67, 137 = JVBl. 67, 19 = MDR 67, 139, das die Einholung der Auskunft verlangt (vgl. auch A 19 zu § 125).

In Sonderfällen kann der Pflichtverteidiger ausnahmsweise auch die Kosten für die Beschaffung von Beweismaterial als seine (und nicht des Angeklagten) Auslagen gegenüber der Staatskasse geltend machen.

Frankfurt OLGSt. § 97 BRAGO S. 3 (In Sonderfällen kann der Pflichtverteidiger ausnahmsweise auch die Kosten für die Beschaffung von Beweismaterial als seine [und nicht des Angeklagten] Auslagen gegenüber der Staatskasse geltend machen); Celle MDR 69, 413 (Ist der gegen den Angeklagten erhobene Vorwurf sehr schwer – hier: Mordvorwurf –, liegt es im berechtigten Schutzbedürfnis des Angeklagten, alle Schritte zu unternehmen, die geeignet erscheinen, um den Vorwurf zu entkräften. Unter diesen Umständen kann auch eine Reise des Verteidigers nach Paris zur Ermittlung des Vorwurfs zust. Anm. H. Schmidt. Vgl. aber Karlsruhe JurBüro 75, 486 = OLGSt. § 467 StPO S. 139 (Beträge, die ein Pflichtverteidiger zur Beschaffung von Beweismitteln aufwendet, sind jedenfalls i. d. R. nicht als Auslagen des Verteidigers i. S. des § 126 BRAGO, sondern als Auslagen des Beschuldigten anzusehen, für deren Erstattung allein § 467 StPO maßgeblich ist).

Für die **Gewährung von Vorschüssen an die Partei** kann der beigeordnete **9** RA keinen Ersatz aus der Staatskasse verlangen. Eine Ausnahme kann dann gemacht werden, wenn der RA der Partei die Kosten für eine Informationsreise vorgeschossen hat, die sie nicht aufbringen konnte. Voraussetzung hierfür ist allerdings, daß die Partei sonst eine Reiseentschädigung gemäß den bundeseinheitlichen Verwaltungsanweisungen vom 1. 8. 1977 (Abdrucknachweise bei Hartmann, Anlage zu § 18 ZSEG) aus der Staatskasse erhalten hätte.

Vgl. auch Hamm JurBüro 69, 279 = MDR 69, 244 = Rpfleger 69, 68 (Durch prozeßleitende gerichtliche Anordnung kann über die Vorschriften betr. die Bewilligung von Reiseentschädigungen an mittellose Personen hinaus dem mittellosen Angeklagten auch für eine Rücksprache mit seinem nicht am selben Ort wohnenden Pflichtverteidiger Reisekostenersatz – auch vorschußweise – gewährt werden).

Gerichtskosten, die ein später beigeordneter RA aus eigenen Mitteln für die Partei gezahlt hat, sind nicht aus der Staatskasse zu vergüten.

KG AnwBl. 84, 456 = JurBüro 84, 1849.

Kosten eines Dolmetschers, der durch Gerichtsbeschluß zugezogen wor- **10** den ist, gehören zu den gerichtlichen Auslagen. Hat der beigeordnete RA einen Dolmetscher zugezogen, so können ihm die Kosten vergütet werden, wenn das Gericht die Zuziehung genehmigt.

LG München I AnwBl. 82, 495; LAG Hamm AnwBl. 85, 275 = MDR 85, 435.

Zu erstatten sind auf jeden Fall die Kosten eines Dolmetschers, der notwendig war, damit der RA überhaupt Information erlangen konnte.

Hamburg AnwBl. 72, 237 = MDR 72, 710 = Rpfleger 72, 329 = OLGSt § 126 BRAGO S. 5 (Dem zum Verteidiger eines nicht deutsch-sprechenden Ausländers bestellten RA können Aufwendungen zu vergüten sein, die ihm dadurch entstanden sind, daß er einen Dolmetscher mit der Übersetzung einer Eingabe des Angeklagten beauftragt hat, deren Inhalt zugleich für ihn und das Gericht bestimmt war); Düsseldorf JurBüro 86, 1374 (Dolmetscherkosten des Pflichtverteidigers zur Anhörung der Ehefrau des Angeklagten); vgl. auch LG Bochum AnwBl. 86, 256 = Rpfleger 86, 155 = JurBüro 86, 403 (Dolmetscher im Rahmen der Beratungshilfe für asylsuchenden Ausländer); AG Köln AnwBl. 84, 517.

11 **Übersetzungskosten** sind zu erstatten, wenn es sich um ausländische Protokolle usw. handelt, soweit nicht das Gericht die Übersetzung vorgenommen hat, nicht aber bei fremdsprachigen Urkunden aus dem Besitz der Partei. Eine Ausnahme wird dann gemacht werden können, wenn die gleichen Übersetzungskosten bei Gericht angefallen wären, weil das Gericht die Urkunden auch hätte übersetzen lassen müssen.

Frankfurt AnwBl. 61, 121 (Dem Armenanwalt steht für die Übersetzung amtlicher Urkunden im Prozeß über das im allgemeinen übliche und zumutbare Maß hinaus eine besondere Vergütung neben der Prozeßgebühr zu, die von der Staatskasse zu vergüten ist. Das gilt auch, wenn der RA wegen seiner besonderen fremdsprachlichen Kenntnisse beigeordnet worden ist); AG Lemgo JurBüro 79, 1533 mit Anm. von Mümmler (Die für Übersetzungen gegnerischer Schriftsätze, gerichtlicher Protokolle und Entscheidungen durch den RA für seinen Mandanten entstandene Auslagen sind aus der Staatskasse zu erstatten.

Dagegen sind im allgemeinen die Übersetzungskosten nicht aus der Staatskasse zu ersetzen, die dem RA dadurch erwachsen, daß er seine Briefe und die gerichtlichen Protokolle und Entscheidungen in die Sprache seiner Partei übersetzen läßt. Es ist Sache der im Ausland lebenden Partei, die Übersetzung der deutsch geschriebenen Schriftstücke in ihre Muttersprache zu veranlassen.

a. M. Nürnberg JurBüro 63, 288 (Die Übersetzung des Scheidungsurteils ist dem RA zu erstatten); ebenso Stuttgart JurBüro 73, 751 = Justiz 73, 284.

Dafür, daß der RA den Schriftverkehr mit dem Auftraggeber in einer fremden Sprache führt, steht ihm eine zusätzliche Vergütung nicht zu.

Hamburg MDR 66, 426; vgl. A 28 zu § 31.

12 **Kosten für die Beschaffung von Prozeßstoff** sind grundsätzlich nicht zu ersetzen, da dies Sache der Partei ist, z. B. nicht die Kosten für die Beschaffung von Anschriften von Zeugen.

Ausnahme, wenn dem RA eine kurze Frist gesetzt und der Ausschluß des Beweismittels zu besorgen ist; so Celle NJW 62, 1922 = MDR 62, 998 = NdsRpfl. 63, 13 = Rpfleger 64, 199.

es sei denn, daß sie dem RA unter Nachnahme übersandt worden sind,

auch nicht Kosten polizeilicher Auskünfte zum Nachweis der Voraussetzungen für die öffentliche Zustellung

oder Detektivkosten.

Das gleiche gilt für Beträge, die der Pflichtverteidiger zur Führung der Verteidigung, insbesondere zur Beschaffung von Beweismaterial, verauslagt hat. Sie sind keine von der Staatskasse zu erstattenden Auslagen des Pflichtverteidigers, sondern Auslagen des Beschuldigten, für deren Erstattung allein § 467 StPO maßgebend ist.

Hamm JMBlNRW 66, 69 = Rpfleger 66, 282.

Über Ausnahmefälle s. oben A 8.

Kosten für die Besorgung eines Gutachtens sind erstattbar, wenn die Einholung des Gutachtens notwendig war.

Stuttgart AnwBl. 79, 392 = VersR 79, 427 = KostRsp. BRAGO § 126 Nr. 20 m. Anm. E. Schneider.

Auslagen für einen höheren Rechtszug sind dem für den ersten Rechtszug 13 beigeordneten RA zu erstatten, solange für den höheren Rechtszug kein RA beigeordnet worden ist, und der RA eine Tätigkeit ausübt, die üblicherweise vom erstinstanzlichen Prozeßbevollmächtigten erbracht wird.

Für **Reisekosten** gilt, wie für andere Auslagen, der Grundsatz des § 126 14 Abs. 1 S. 1. Sie werden nicht erstattet, wenn die Reise zur sachgemäßen Wahrnehmung der Interessen der Partei nicht erforderlich war.

Reisen zur Wahrnehmung von Terminen vor dem Prozeßgericht sind 15 stets erforderlich. Hat der beigeordnete RA seinen Wohnsitz oder seine Kanzlei an dem Ort, an dem sich das Prozeßgericht oder eine auswärtige Abteilung dieses Gerichts befindet, so entstehen solche Reisekosten in der Regel nur dann, wenn das Prozeßgericht Termine an einem anderen Ort abhält. Einen solchen Termin kann der beigeordnete RA wahrnehmen. Er kann daher die dadurch entstehenden Reisekosten stets erstattet verlangen.

Eine Einschränkung besteht nur dann, wenn der beigeordnete RA seinen Wohnsitz oder seine Kanzlei an einem anderen Ort hat. S. unten A 22.

Auch in diesem Fall kann er jedoch Reisekosten berechnen, wenn ein Termin an seinem Wohnort stattfindet. Die Kosten sind der Höhe nach begrenzt durch die Reisekosten, die einem RA am Sitz des Prozeßgerichts durch die Reise entstanden wären.

Auch die **Wahrnehmung auswärtiger Termine,** die nicht vor dem Prozeß- 16 gericht selbst, sondern **vor einem beauftragten oder ersuchten Richter** an einem anderen Orte als dem Sitze des Prozeßgerichts oder seiner auswärtigen Abteilung stattfinden, gehört grundsätzlich zu den Aufgaben des als Prozeßbevollmächtigten beigeordneten RA.

Nürnberg, BayJMBl. 53, 206.

Grundsätzlich ist daher die Wahrnehmung jedes auswärtigen Beweistermins erforderlich, falls nicht klar auf der Hand liegt, daß die Beweisaufnahme ohne jede Schwierigkeit einen glatten Verlauf nehmen oder ohne wesentliche Bedeutung sein wird.

Erforderlich ist die Wahrnehmung des Termins durch den beigeordneten RA jedenfalls dann, wenn die Gefahr besteht, daß aus seiner Abwesenheit sich für die Partei Nachteile ergeben können. Diese Gefahr kann nur in den seltensten Fällen ausgeschaltet werden. Dem RA, der den auswärtigen Beweisaufnahmetermin wahrnehmen will, kann nicht entgegengehalten werden, es sei Sache des Richters, Vorhalte zu machen und Rückfragen zu stellen. Die Partei hat einen Rechtsanspruch darauf, in dem Beweisaufnahmetermin ordnungsgemäß vertreten zu sein. Die Teilnahme an dem Beweisaufnahmetermin kann dem beigeordneten RA in der Regel auch nicht mit dem Hinweis abgelehnt werden, die Partei könne den Beweisaufnahmetermin selbst wahrnehmen und entsprechende Fragen stellen. Im allgemeinen hat die Partei einen Anspruch darauf, daß ihr Prozeßbevollmächtigter als ihr Berater an dem Beweisaufnahmetermin teilnimmt. Das gilt insbes. bei prozeßentscheidenden Beweisaufnahmen und weiter bei solchen, in denen mit der Anwesenheit der Gegenpartei und ihres RA zu rechnen ist, oder die Gegenpartei vernommen werden soll und diese Vernehmung das einzige Beweismittel ist.

Braunschweig AnwBl. 60, 121.

17 Für die **Wahrnehmung eines von einem Sachverständigen anberaumten Besichtigungstermins** zur Vorbereitung seines Gutachtens gelten die gleichen Grundsätze.

18 **Informationsreisen** können als erforderlich angesehen werden, wenn die Partei durch Krankheit an der Reise zum RA verhindert und eine Aussprache nach Lage der Sache geboten ist. Ebenso kann es im Einzelfall geboten sein, daß der RA eine Unfallstelle besichtigt, wenn besondere Umstände bei dem Unfall eine Rolle spielen.

Über Reisen zu Vergleichsverhandlungen s. A 39 zu § 28.

Fahrtauslagen innerhalb des Wohnorts des beigeordneten RA sind nicht zu erstatten.

19 **Auslagen für die Wahrnehmung eines Beweistermins vor dem ersuchten Richter durch einen RA, der nicht beigeordnet ist,** sollten von dem RA nach Möglichkeit vermieden werden. Der beigeordnete RA sollte sich nicht ohne Not der Gefahr aussetzen, daß die Kosten für den auswärtigen RA in seiner Kostenrechnung gestrichen werden.

Vgl. jedoch Nürnberg JurBüro 64, 583 = Rpfleger 66, 290 (Der Armenanwalt kann die Rechte seiner Partei in einem auswärtigen Beweisaufnahmetermin auf verschiedene Weise wahrnehmen: a) er kann selbst zu dem Termin fahren, b) er kann die Beiordnung eines Beweisanwalts im Armenrecht beantragen, c) er kann schließlich einen Unterbevollmächtigten bestellen und dessen Kosten als Auslagen geltend machen. Falls diese Möglichkeiten gleichwertig sind, hat er den billigsten Weg zu wählen); vgl. auch Düsseldorf JVBl. 66, 160 (Die Kosten eines von dem Prozeßbevollmächtigten und Armenanwalt beauftragten auswärtigen Terminvertreters für die Wahrnehmung des von einem gerichtlichen Sachverständigen anberaumten Ortstermins sind in der Regel dem RA als dessen bare Auslagen aus der Landeskasse zu erstatten, sofern die Beauftragung des auswärtigen Terminvertreters durch den RA wegen dessen objektiver Behinderung geboten war); Koblenz JVBl. 59, 39.

Die Beiordnung eines besonderen RA für die Wahrnehmung eines auswärtigen Beweistermins ist zulässig (s. A 24 zu § 122). Der als Prozeßbevollmächtigte beigeordnete RA kann also entweder den Termin selbst wahrnehmen oder die Beiordnung eines besonderen RA beantragen. Will oder kann der beigeordnete RA den Termin nicht selbst wahrnehmen, so kann regelmäßig verlangt werden, daß er die Beiordnung eines Beweisanwalts beantragt. Wird ein solcher beigeordnet, so erlangt dieser einen eigenen Vergütungsanspruch gegen die Staatskasse, der mit der Erledigung des Rechtshilfeersuchens fällig wird und bei dem Urkundsbeamten der Geschäftsstelle des Prozeßgerichts geltend zu machen ist, wobei sich die Höhe der Gebühren des § 54 nach § 123 richtet.

Wird die Beiordnung abgelehnt, so wird in der Regel die Wahrnehmung des Termins nicht als erforderlich i. S. des § 126 Abs. 1 S. 1 angesehen werden oder dem Prozeßbevollmächtigten zugemutet, daß er den auswärtigen Termin selbst wahrnimmt (falls hierdurch geringere Kosten entstehen). Unter diesen Umständen werden die Auslagen, die dadurch entstehen, daß der beigeordnete RA selbst einen anderen RA mit der Wahrnehmung von Terminen beauftragt, nicht als erforderlich angesehen werden können. Vertritt das Gericht die Auffassung, es sei überhaupt nicht erforderlich gewesen, den Termin wahrzunehmen, sind die Kosten des auswärtigen RA aus der Staatskasse nicht zu erstatten. Hätte der Termin durch den beigeordneten RA selbst wahrgenommen werden sollen, sind die Kosten des auswärtigen RA in Höhe der ersparten Reisekosten des Prozeßbevollmächtigten aus der Staatskasse zu erstatten. Dagegen ist eine unmittelbare Beauftragung eines auswärtigen RA durch den Prozeßbevollmächtigten z. B. nicht zu umgehen, wenn der beigeordnete RA erst im letzten Augenblick an der Wahrnehmung des Termins durch unvorhergesehene Umstände verhindert wird, so daß keine Zeit mehr ist, die Beiordnung eines besonderen RA zu beantragen. In solchen Ausnahmefällen kann der als Prozeßbevollmächtigte beigeordnete RA diejenigen Gebühren und Auslagen erstattet erhalten, die der auswärtige RA im Falle seiner Beiordnung aus der Staatskasse verlangen könnte, auch wenn sie höher sind, als die Reisekosten bei persönlicher Wahrnehmung des Termins gewesen wären.

Celle Rpfleger 64, 199 (Der RA, der an der erforderlichen Wahrnehmung eines auswärtigen Beweistermins verhindert ist, muß versuchen, daß seiner Partei ein Beweisanwalt beigeordnet wird. Reicht die Zeit hierzu nicht aus, darf er selbst einen Vertreter beauftragen. Er kann die hierdurch entstehenden Auslagen jedoch grundsätzlich nur in Höhe der Vergütung erstattet verlangen, wie sie dem Vertreter als einem im Armenrecht beigeordneten Beweisanwalt zugestanden hätte).

Voraussetzung der Erstattungspflicht ist aber stets, daß die Wahrnehmung des Termins durch einen RA erforderlich war, was im allgemeinen zu bejahen ist (vgl. oben A 16).

War dies der Fall, weil es sich um einen auswärtigen Verhandlungstermin handelte, und hat der beigeordnete RA einen Unterbevollmächtigten bestellt, dessen Reisekosten niedriger waren als seine eigenen gewesen wären, so kann der beigeordnete RA auch die Reisekosten seines Unterbevollmächtigten aus der Staatskasse erstattet verlangen.

Koblenz JVBl. 59, 39; München Rpfleger 81, 34 (LS) = JurBüro 80, 1694; Schleswig JurBüro 1985, 247 = SchlHA 85, 180; Stuttgart JurBüro 1985, 894 = Justiz 85, 313.

Läßt sich der beigeordnete RA durch einen **Stellvertreter** der in § 4 genann- **20** ten Art vertreten, so sind dessen Reisekosten aus der Staatskasse in gleicher Weise zu erstatten, wie wenn der RA die Reise persönlich unternommen hätte. Ein Anspruch auf Abwesenheitsgeld entsteht allerdings nur dann, wenn an seiner Stelle sein allgemeiner Stellvertreter reist. S. A 24 zu § 28. Bei Vertretung durch andere Personen hat er keinen Erstattungsanspruch gegen die Staatskasse.

Die **Höhe der zu vergütenden Reisekosten** bestimmt sich nach den §§ 28, **21** 29. Sie ist nicht auf die Höhe derjenigen Kosten beschränkt, die ein am Ort der Beweisaufnahme wohnender RA für die Wahrnehmung des Termins beanspruchen könnte.

Sind aber die Reisekosten des zum Prozeßbevollmächtigten bestellten RA höher, so ist zu prüfen, ob nicht die Beiordnung eines am Ort der Beweisaufnahme wohnenden RA hätte beantragt werden müssen. Aber auch in solchen Fällen kann die Reise des zum Prozeßbevollmächtigten bestellten RA als erforderlich angesehen werden. Denn grundsätzlich hat die Partei einen Anspruch darauf, durch ihren Prozeßbevollmächtigten selbst vertreten zu werden. Ist die Wahrnehmung des Beweistermins überhaupt als erforderlich anzusehen, so kann regelmäßig die Erstattung der Reisekosten des zum Prozeßbevollmächtigten bestellten RA nur dann abgelehnt werden, wenn sie unverhältnismäßig hoch sind und die besonderen Umstände des Falles die Wahrnehmung des Termins durch einen anderen RA zulassen, so daß auch eine Partei, die keine Prozeßkostenhilfe in Anspruch nimmt, sich mit der Bestellung eines Unterbevollmächtigten begnügt hätte.

Vgl. wegen der Einzelheiten Tschischgale NJW 63, 1760 (Die Wahrnehmung auswärtiger Beweistermine durch den Armenanwalt).

22 **Hat der RA seine Wohnung oder seine Kanzlei nicht an dem Ort, an dem sich das Prozeßgericht** oder eine auswärtige Abteilung dieses Gerichts **befindet,** so sind nach § 126 Abs. 1 S. 2 die dadurch entstehenden Mehrkosten nicht zu vergüten. Dieser Fall liegt besonders dann vor, wenn der RA gleichzeitig bei mehreren Gerichten, die ihren Sitz an verschiedenen Orten haben, zugelassen ist (Simultananwalt) oder wenn der RA von der Verpflichtung befreit ist, an dem Ort des Gerichts, bei dem er zugelassen ist, eine Kanzlei zu errichten. Ferner gilt § 126 Abs. 1 S. 2 auch in dem Fall, daß in Patentsachen ein auswärtiger RA beigeordnet worden ist. Die Vorschrift entspricht der für die Erstattungspflicht der Gegenpartei geltenden Vorschrift des § 91 Abs. 2 S. 2 ZPO.

Diese Regelung ist mit dem Grundgesetz vereinbar.

Hamm JurBüro 66, 501 = Rpfleger 66, 158 = AnwBl. 66, 233 = JVBl. 66, 162.

Durch die Übertragung der Eheverfahren von den Landgerichten auf die Familiengerichte der Amtsgerichte haben sich die Fälle gehäuft, daß ein nicht am Sitz des Prozeßgerichts ansässiger, aber bei dem übergeordneten Landgericht zugelassener RA von der Partei mit der Durchführung des Scheidungsverfahrens beauftragt und vom Prozeßgericht im Wege der Prozeßkostenhilfe beigeordnet wird. Durch die Wahrnehmung der Termine bei dem Prozeßgericht entstehen dem RA Reisekosten. Es erhebt sich die Frage, ob die Vorschrift des Abs. 1 Satz 2 Halbsatz 1 anzuwenden ist, daß also die Reisekosten nicht aus der Staatskasse zu erstatten sind. Diese Frage wird überwiegend bejaht.

Mümmler JurBüro 82, 1152; Bamberg JurBüro 82, 730; Celle NdsRpfl. 83, 95 = JurBüro 83, 1054; Hamm MDR 81, 856 = JurBüro 81, 1220 = Rpfleger 81, 369; Stuttgart Rpfleger 81, 205 = Justiz 81, 86; vgl. auch Düsseldorf JurBüro 83, 1532; Oldenburg NdsRpfl. 83, 231 = JurBüro 84, 1095; Zweibrücken JurBüro 84, 1197; Schleswig JurBüro 85, 1662, SchlHA 85, 127.

Sie wird teilweise verneint (also Erstattung der Reisekosten aus der Staatskasse).

E. Schneider Anm. zu AG Viechtach KostRsp. BRAGO § 126 Nr. 16; Zweibrücken JurBüro 82, 714; München AnwBl. 84, 210 = JurBüro 84, 707 (beide für den Fall der Beiordnung eines auswärtigen RA in nicht dem Anwaltszwang unterliegender Familiensache).

Der Wortlaut spricht für die erste Auffassung. Zu beachten ist jedoch, daß der RA auch gegen seinen Auftraggeber keinen Anspruch auf Erstattung der Reisekosten hat.

Mümmler JurBüro 82, 1152.

Zur **Feststellung, ob Mehrkosten entstanden sind,** die nicht vergütet 23 werden, sind diejenigen Auslagen, besonders Reisekosten, zu berechnen, die ein am Sitze des Prozeßgerichtrs wohnender RA aus der Staatskasse erstattet verlangen könnte. Diese sind denjenigen Kosten gegenüberzustellen, die der auswärts wohnende RA berechnen könnte. Ergibt sich bei diesem Vergleich, daß die Kosten des auswärtigen RA einschließlich seiner Reisekosten nicht höher sind als die Kosten des am Sitze des Prozeßgerichts wohnenden RA, so hat die Staatskasse seine Auslagen zu erstatten. Ein solcher Fall kann namentlich dann eintreten, wenn Termine an dem Ort stattfinden, an dem der auswärtige RA wohnt und deshalb ein am Sitz des Prozeßgerichts wohnender RA zur Wahrnehmung dieser Termine Reisen hätte unternehmen müssen, soweit diese Reisekosten nach § 126 Abs. 1 S. 1 erstattungspflichtig gewesen wären.

Die Staatskasse hat also dem beigeordneten Simultananwalt unter Umständen auch Reisekosten für die Fahrt zum Prozeßgericht zu erstatten. Der Simultananwalt darf gegenüber dem am Sitze des Prozeßgerichts ansässigen RA nur insoweit benachteiligt werden, als durch seine Beiordnung Mehrkosten eintreten.

Wegen der Zulässigkeit der Beiordnung eines auswärtigen RA zu den Bedingungen eines am Gerichtsort ansässigen RA s. A 27, 28 vor § 121.

Anders als beim Anspruch auf Erstattung von Wahlanwaltskosten gegen die Gegenpartei sind bei dem Vergütungsanspruch des beigeordneten RA gegen die Staatskasse eigene Reisekosten der Partei bei dem Vergleich der Kosten nicht zu berücksichtigen, da solche die Staatskasse nicht zu erstatten braucht.

Bamberg JurBüro 78, 552; 84, 1044; 86, 606; Hamm JurBüro 69, 971 = Rpfleger 69, 359; Nürnberg Rpfleger 72, 462; Stuttgart AnwBl. 81, 159 und JurBüro 83, 577.

Diese ersparten Reisekosten der Partei können dann ausnahmsweise in die Vergleichsberechnung aufgenommen werden, wenn die Staatskasse für diese Reisekosten aufgekommen wäre (vgl. A 9). Ebenso ist an die Stelle dieser Reisekosten in die Vergleichsberechnung die ersparte Verkehrsgebühr eines Verkehrsanwalts einzusetzen, wenn durch die Auswahl des auswärtigen RA die Zuziehung eines Verkehrsanwalts überflüssig geworden ist.

Vgl. aber auch Frankfurt AnwBl. 66, 402 = NJW 66, 2417 (Dem auswärtigen RA sind aus der Landeskasse seine Reisekosten zum Ort des Prozeßgerichts in Höhe der Reisekosten zu vergüten, die die arme Partei bei Beiordnung eines RA am Ort des Prozeßgerichts für eine Informationsreise hätte aufwenden müssen), Düsseldorf JurBüro 83, 1532.

Auch wenn sich der beigeordnete RA bei einem Termin vor dem Prozeßgericht durch einen ortsansässigen RA vertreten lassen hat, kann er dessen Gebühren als Auslagen in Höhe der Reisekosten erstattet verlangen, die dadurch erspart worden sind, daß er Beweistermine, deren Wahrnehmung erforderlich war, an seinem Wohnort selbst wahrgenommen hat.

von Eicken 1255

Tschischgale Büro 57, 220; vgl. auch München JurBüro 80, 1694 (Der auswärtige Armenanwalt kann die Kosten für einen von ihm mit der Wahrnehmung der Verhandlungstermine betrauten Unterbevollmächtigten als Auslagen nach § 126 BRAGO aus der Staatskasse jedenfalls dann erstattet verlangen, wenn dadurch die Kosten nicht überschritten werden, die bei seinem persönlichen Auftreten vor dem Prozeßgericht entstehen würden).

24 Hat der RA seinen **Wohnsitz an mehreren Orten,** so stehen ihm für die Wahrnehmung eines Termins an seinem zweiten Wohnort keine Reisekosten zu.

25 Wird ein RA beigeordnet, der weder bei dem **Prozeßgericht** noch bei einem **Gericht zugelassen ist,** das sich an **demselben Ort** wie das **Prozeßgericht** befindet, so gilt nach § 126 Abs. 1 S. 2 Halbs. 2 die Einschränkung des Abs. 1 S. 2 Halbs. 1 nicht. Eine solche Beiordnung ist wegen § 121 Abs. 2 S. 2 ZPO nur ausnahmsweise möglich, wenn in einem Rechtsstreit, für den kein Anwaltszwang besteht, also besonders im Amtsgerichtsprozeß, ein RA beigeordnet wird. Es kann dann vorkommen, daß entweder bei dem Amtsgericht oder bei einem Gericht desselben Ortes kein RA zugelassen ist oder daß der einzige dort zugelassene RA schon die Gegenpartei vertritt oder daß aus einem anderen Grunde ein bei dem Amtsgericht oder bei einem Gericht desselben Ortes zugelassener RA nicht beigeordnet werden kann. Es sind dann die entstehenden Mehrkosten im Rahmen des § 126 Abs. 1 S. 1 dem beigeordneten auswärtigen RA ohne Rücksicht darauf, ob die Beiordnung im Hinblick auf § 121 Abs. 2 S. 2 ZPO zulässig war, zu erstatten.

München AnwBl. 84, 210 = JurBüro 84, 707 (im Fall eines beim übergeordneten LG zugelassenen RA für isolierte Familiensache); Zweibrücken 82, 714; 84, 1197.

Auch bei Gerichten, vor denen jeder deutsche RA auftreten darf, kann der Fall des § 126 Abs. 1 S. 2 Halbs. 2 eintreten, ebenso in den Fällen des § 143 Abs. 3 PatG, des § 19 Abs. 3 GebrMG und des § 32 Abs. 3 WZG.

Dasselbe gilt auch, wenn ein auswärtiger RA als Pflichtverteidiger bestellt worden ist.

Bamberg Rpfleger 50, 479; Hamm Rpfleger 52, 303.

Die Bestellung zum Pflichtverteidiger mit Beschränkung auf die Vergütung eines ortsansässigen RA ist zulässig, wenn der Anwalt einverstanden ist.

Koblenz MDR 79, 427.

26 Eine **gerichtliche Feststellung, ob die Reise erforderlich ist,** sieht § 126 Abs. 2 vor.

Der beigeordnete RA hat ein Interesse daran, vor Antritt der Reise zu erfahren, ob er für seine Reise aus der Staatskasse entschädigt wird. Auch die Partei hat ein berechtigtes Interesse daran, rechtzeitig Klarheit darüber zu erlangen, ob eine Reise ihres RA auf Staatskosten erfolgen kann. Wird gerichtlich festgestellt, daß die Reise erforderlich ist, so ist diese Feststellung für das Feststellungsverfahren (§ 128) über die Verpflichtung der Staatskasse, die Reisekosten zu erstatten, bindend. Dagegen ist eine negative Feststellung nicht bindend. Ist eine Feststellung nicht getroffen, sei es, daß ein entsprechender Antrag nicht gestellt, sei es, daß der Antrag abschlägig beschieden worden ist, so muß im Festsetzungsverfahren nach §§ 128 über die Verpflichtung entschieden werden.

Zweibrücken AnwBl. 81, 511 = Rpfleger 82, 39 = JurBüro 81, 1846.

Nimmt der RA trotz eines abschlägigen Bescheids an dem auswärtigen Termin teil und stellt sich hierbei heraus, daß die Anwesenheit des RA doch geboten war, hat der RA einen Anspruch auf Ersatz der Reisekosten aus der Staatskasse.

Bamberg JurBüro 80, 885; Braunschweig AnwBl. 60, 121; Koblenz MDR 59, 224 (L).

Antragsberechtigt ist nur der beigeordnete RA, nicht die Partei selbst.

Nürnberg JurBüro 60, 393 und 65, 386 (zust. Tschischgale); a. A. Hamburg AnwBl. 64, 182.

§ 126 Abs. 2 spricht nur von Reisen. Eine entsprechende Anwendung der Vorschrift erscheint jedoch geboten, wenn der beigeordnete RA andere Aufwendungen machen will, die mit nicht nur geringfügigen Kosten verbunden sind.

Frankfurt AnwBl. 74, 188 = NJW 74, 2095; AG Celle MDR 83, 143 (Übersetzungskosten); a. A. Hess. VGH AnwBl. 84, 457 = NJW 85, 218 (Dolmetscherkosten).

Für den Pflichtverteidiger ist die entsprechende Anwendung durch § 97 Abs. 2 S. 2 nunmehr ausdrücklich angeordnet worden. Denn dem Pflichtverteidiger in einem Großverfahren kann z. B. kaum zugemutet werden, daß er Ablichtungen aus den Strafakten mit einem Kostenaufwand von 100,– bis 200,– DM herstellen läßt und nach der Entstehung der Kosten im Festsetzungsverfahren bescheinigt erhält, die Ablichtungen seien überflüssig gewesen und deshalb ihre Kosten aus der Staatskasse nicht zu ersetzen.

Ein nach Durchführung der Reise durch den RA gestellter Antrag ist unzulässig.

Bamberg JurBüro 80, 1051.

Das gewollte Ergebnis kann aber dadurch erreicht werden, daß gemäß § 127 Vorschuß „für entstandene Auslagen" gefordert wird. Die Erstattung der Reisekosten setzt nicht voraus, daß das Gericht die Erforderlichkeit der Reise vor ihrem Antritt festgestellt hat.

Zweibrücken Anwbl. 81, 511 = Rpfleger 82, 39 = JurBüro 81, 1846; a. A. Bremen KostRsp BRAGO § 126 Nr. 21 mit abl. Anm. E. Schneider.

Beschwerde ist nur gegeben, wenn das Gericht eine Entscheidung zur 27 Notwendigkeit überhaupt ablehnt, insbesondere wenn es den Antrag als unzulässig zurückweist, denn darin liegt die Zurückweisung eines das Verfahren betreffenden Gesuchs, § 567 Abs. 1 ZPO.

a. A. Zweibrücken KostRsp. BRAGO § 126 Nr. 34.

Dagegen ist die negative Entscheidung **unanfechtbar.** Da die Entscheidung, daß die Reise (oder sonstige Auslage) nicht erforderlich sei, nur vorläufigen Charakter hat und für die spätere Festsetzung nicht bindend ist, besteht keine hinreichende Grundlage, die im Gesetz nicht vorgesehene Anfechtung aus einer entsprechenden Anwendung ähnlicher, jedoch endgültiger Entscheidungen (wie die Ablehnung des Antrags, einen Beweisanwalt beizuordnen oder die Beschränkung des Umfangs der PKH-Bewilligung oder Beiordnung) herzuleiten.

Bamberg JurBüro 79, 70; Celle Rpfleger 70, 73; Düsseldorf JurBüro 79, 233; Frankfurt NJW 71, 2185; Hamburg MDR 76, 424; Hamm JurBüro 72, 234 = JMBlNRW 72, 157; KG MDR 86, 505 (auch keine weitere Beschwerde gegen Verwerfung der ersten Beschwerde); Koblenz Rpfleger 76, 331; München NJW 59, 1738; Nürnberg JurBüro 60, 393 u. 65, 386 (zust. Tschischgale); Zweibrücken KostRsp BRAGO § 126 Nr. 34; **a. A.** 8. Auflage; Schumann/Geißinger A 19; Friese NJW 55, 1502; Zeitlmann JurBüro 59, 287; Düsseldorf Rpfleger 65, 62; Frankfurt NJW 74, 2095 = AnwBl. 74, 188; Hamburg AnwBl. 64, 182.

Soweit mit der hier abgelehnten Meinung die Beschwerde gegen die negative Entscheidung überhaupt für zulässig gehalten wird, setzt sie voraus, daß der Beschwerdewert (§ 567 Abs. 2 ZPO; § 128 Abs. 4 S. 1) erreicht ist.

Hamm JurBüro 65, 904.

Sie ist auch dann ausgeschlossen, wenn die Entscheidung vom Rechtsmittelgericht getroffen worden ist, § 127 Abs. 2 S. 2 ZPO analog.

Da die Feststellung, daß die Reise (oder eine sonstige Auslage) erforderlich ist, gem. § 126 Abs. 2 S. 2 für das Festsetzungsverfahren verbindlich ist, steht dem Vertreter der Staatskasse dagegen die Beschwerde gem. § 128 Abs. 4 zu.

28 In **Strafsachen** und ähnlichen Verfahren (Auslieferungssachen, Freiheitsentziehungen) gelten nach §§ 97 Abs. 2, 102, 107 Abs. 2, 112 Abs. 4 die Vorschriften des Abs. 1 S. 1 u. Abs. 2 des § 126.

Gemäß § 97 Abs. 3 sind dem Pflichtverteidiger die Auslagen zu erstatten, also auch Auslagen, die er als Wahlanwalt gemacht hat.

Der Pflichtverteidiger hat Anspruch auf Ersatz der Reisekosten, die ihm durch Besuche beim Angeklagten in der Untersuchungshaft entstehen.

LG Düsseldorf AnwBl. 69, 372 (Anm. Brangsch).

29 Über **Vorschüsse** aus der Staatskasse s. § 127.

30 **Teilweise bewilligte Prozeßkostenhilfe, rückwirkende Bewilligung der Prozeßkostenhilfe.**

Ist die Prozeßkostenhilfe der Partei nur zum Teil bewilligt (Beispiel: Bei einer Klage über 10 000,– DM wird die Prozeßkostenhilfe wegen eines Teilanspruches von 3 000,– DM bewilligt), hat die Staatskasse die Auslagen zu erstatten, die durch den Teil veranlaßt sind, hinsichtlich dessen die Prozeßkostenhilfe bewilligt ist. Lassen sich die Auslagen nicht trennen, hat die Staatskasse die gesamten Auslagen zu erstatten (z. B. die Reisekosten zum auswärtigen Beweistermin, wenn über den gesamten Anspruch Beweis erhoben wird).

Ist die Prozeßkostenhilfe rückwirkend bewilligt worden, so sind die Auslagen aus der Staatskasse zu erstatten, die von dem Zeitpunkt der Rückwirkung an entstanden sind.

§ 127 Vorschuß

Für die entstandenen Gebühren (§ 123) und die entstandenen und voraussichtlich entstehenden Auslagen kann der Rechtsanwalt aus der Bundes- oder Landeskasse angemessenen Vorschuß fordern. § 128 gilt sinngemäß.

Gebührenvorschüsse kann der beigeordnete RA fordern, soweit Gebühren **1** bereits entstanden sind. Beispiel: Angemessen ist der Vorschuß, wenn er in voller Höhe der bisher entstandenen Gebühren gewährt wird (nicht nur in Höhe eines Teilbetrages). Mit der Einreichung der Klage ist die Prozeßgebühr angefallen. In Höhe der Prozeßgebühr kann der RA Vorschuß aus der Staatskasse fordern.

      a. M. AG Alzey AnwBl. 81, 113 (Vorschuß nur in Höhe von ⅓) mit abl. Anm. von H. Schmidt (Vorschuß in voller Höhe der entstandenen Gebühren).

Vorschüsse für Auslagen, insbesondere für Reisekosten, können nach § 127 **2** gefordert werden, soweit sie voraussichtlich entstehen werden.

Auch für bereits entstandene und voraussichtlich entstehende Auslagen kann Vorschuß (stets in voller Höhe) verlangt werden.

Der RA darf eine erforderliche Aufwendung nicht deshalb zurückhalten, weil die Staatskasse die Auslagen nicht vorgeschossen hat.

Es ist andererseits vor der Bewilligung des Vorschusses nicht zu prüfen, ob der RA in der Lage ist, die Auslagen bis zur Fälligkeit seiner Vergütung selbst zu tragen.

Für die **Geltendmachung** des Rechts auf Vorschuß gilt nach § 127 S. 2 die **3** Vorschrift des § 128 sinngemäß. Der Anspruch auf den Vorschuß ist gegenüber dem Urkundsbeamten geltend zu machen. Gegen eine ablehnende Entscheidung ist die Erinnerung gegeben. Gegen die Erinnerungsentscheidung findet die Beschwerde statt.

§ 128 Rechtsweg

(1) Die aus der Bundes- oder Landeskasse zu gewährende Vergütung wird auf Antrag des Rechtsanwalts von dem Urkundsbeamten der Geschäftsstelle des Gerichts des Rechtszuges festgesetzt; jedoch setzt eine aus der Landeskasse zu gewährende Vergütung, wenn das Verfahren durch rechtskräftige Entscheidung oder in sonstiger Weise beendet ist, der Urkundsbeamte des Gerichts des ersten Rechtszuges fest. § 104 Abs. 2 der Zivilprozeßordnung gilt sinngemäß. Der Antrag hat die Erklärung zu enthalten, ob und welche Zahlungen der Rechtsanwalt von der Partei oder einem Dritten bis zum Tage der Antragstellung erhalten hat; Zahlungen, die er nach diesem Zeitpunkt erhalten hat, hat er unverzüglich anzuzeigen.

(2) Der Urkundsbeamte kann vor einer Festsetzung nach § 124 einen Rechtsanwalt auffordern, innerhalb einer Frist von einem Monat bei der Geschäftsstelle des Gerichts, dem der Urkundsbeamte angehört, Anträge auf Festsetzung der Vergütungen, für die ihm noch Ansprüche gegen die Bundes- oder Landeskasse zustehen, einzureichen oder sich zu den empfangenen Zahlungen (Absatz 1 Satz 3) zu erklären.

Kommt der Rechtsanwalt der Aufforderung nicht nach, erlöschen seine Ansprüche.

(3) **Über Erinnerungen des Rechtsanwalts und der Bundes- oder Landeskasse gegen die Festsetzung entscheidet das Gericht des Rechtszuges, bei dem die Vergütung festgesetzt ist, durch Beschluß. § 10 Abs. 4 gilt sinngemäß.**

(4) **Gegen den Beschluß ist die Beschwerde zulässig, wenn der Beschwerdegegenstand einhundert Deutsche Mark übersteigt. § 10 Abs. 3 Satz 2, 4 und Absatz 4 gilt sinngemäß. Eine weitere Beschwerde findet nicht statt.**

(5) **Das Verfahren über die Erinnerung und über die Beschwerde ist gebührenfrei. Kosten werden nicht erstattet.**

Lit.: von Eicken-Lappe-Madert: Die Kostenfestsetzung, Abschnitt H Festsetzung der Vergütung gegen die Staatskasse.

Übersicht über die Anmerkungen

1 Allgemeines. § 128 regelt das Verfahren für die Festsetzung der Vergütung des beigeordneten RA gegen die Staatskasse. Er gilt in allen Verfahren, in denen ein RA im Wege der PKH, der Verfahrenskostenhilfe oder nach § 11 a ArbGG beigeordnet wird (s. A 3, 5, 7 vor § 121). Sinngemäß gilt die Vorschrift nach § 127 S. 2 auch für die Gewährung von Vorschüssen aus der Staatskasse und nach § 133 S. 1 für die Festsetzung der Vergütung für Beratungshilfe.

Für Straf-, Bußgeld-, Disziplinar- und Freiheitsentziehungssachen (s. A 4, 6 vor § 121) ist das Festsetzungsverfahren in § 98 geregelt.

Das Verfahren ist ein dem Urkundsbeamten der Geschäftsstelle (nicht dem Rechtspfleger, daher keine Anwendbarkeit des RpflG auch wenn der Urkundsbeamte zugleich Rechtspfleger ist) übertragenes Parteiverfahren, das nur auf Antrag eingeleitet wird und in dem sich der beigeordnete RA und die Staatskasse als Beteiligte gegenüberstehen. Als unabhängiges Entscheidungsorgan ist der Urkundsbeamte nicht zur Vertretung der Interessen der Staatskasse berufen; er entscheidet vielmehr, ohne an Weisungen gebunden zu sein,

    a. A. Riedel/Sußbauer A 4 zu § 128,

im Rahmen der gestellten Anträge nach dem Gesetz. Als Justizverwaltungsbeamter kann er nur angewiesen werden, die Akten dem zur Vertretung der Staatskasse berufenen Beamten in bestimmten Fällen vorzulegen, damit dieser entscheiden kann, ob für die Staatskasse Einwendungen oder Einreden zu erheben, Rechtsbehelfe oder Rechtsmittel einzulegen sind.

Anders als das Kostenfestsetzungsverfahren nach §§ 103 ff. ZPO setzt das Verfahren keine auszufüllende Kostengrundentscheidung voraus. Der Inhalt einer etwa bereits vorliegenden Kostengrundentscheidung ist für den Vergütungsanspruch des beigeordneten RA gegen die Staatskasse ohne Belang.

Im allgemeinen wird der Staat (die Bundesrepublik oder das einzelne Land) den festgesetzten Betrag freiwillig auszahlen. Sollte der RA jedoch in die Lage kommen, seine Vergütung zwangsweise beitreiben zu müssen, muß er sich erst durch Klage zum Verwaltungsgericht einen Vollstreckungstitel verschaffen; die im Verfahren nach § 128 ergehenden Entscheidungen bieten keinen Vollstreckungstitel; sie bestimmten nur mit bindender Wirkung für das Verwaltungsgericht Grund und Höhe des Anspruchs.

Antrag. Antragsberechtigt ist jeder RA, der – sei es auch nur als Beweis- **2** oder Verkehrsanwalt – beigeordnet war oder ist, und zwar jeder für sich. Fortbestehen der Zulassung als RA ist nicht Voraussetzung. Im Falle der Gesamt- oder Sonderrechtsnachfolge ist der Rechtsnachfolger (Erbe, Abtretungsempfänger, Pfändungspfandgläubiger) antragsberechtigt. Die Entscheidung, wer Rechtsnachfolger ist, kann – anders als im Verfahren nach § 19 – nicht als nichtgebührenrechtlich in ein anderes Verfahren verwiesen werden, denn ein anderes Verfahren zur Festsetzung der Vergütung des beigeordneten RA gegen die Staatskasse gibt es nicht.

Partei und Prozeßgegner haben kein Antragsrecht. Sie sind am Festsetzungsverfahren überhaupt nicht beteiligt. Das hat zur Folge, daß in diesem Verfahren ergehenden Entscheidungen für sie auch keine Rechtskraftwirkung entfalten. Nimmt die Staatskasse gegen sie auf Grund des Anspruchsübergangs nach § 130 Abs. 1 Rückgriff, können sie in dem betreffenden Verfahren (§ 5 GKG oder § 126 ZPO) geltend machen, dem RA sei zu viel vergütet worden.

3 Der **Antrag ist formfrei.** Die Benutzung der von der Justizverwaltung herausgegebenen Formblätter ist zweckmäßig und erleichtert das Verfahren, kann aber nicht zur Voraussetzung der Festsetzung gemacht werden. Hamm AnwBl. 75, 95; LAG Hamm AnwBl. 85, 106 = JurBüro 85, 555.

Der Antrag wird in der Regel schriftlich gestellt, kann aber auch zu Protokoll der Geschäftsstelle erklärt werden. Er muß erkennen lassen, welche Vergütung für welche Tätigkeit beansprucht wird. Näherer Substantiierung bedarf es nur bei Gebührentatbeständen und Auslagen, deren Entstehung sich nicht aus den Gerichtsakten ergibt. Schließlich muß in dem Antrag erklärt werden, ob und welche Zahlungen der RA von dem Auftraggeber oder von Dritten bis zum Tag der Antragstellung erhalten hat.

4 Eine **Frist für die Antragstellung** ist gesetzlich nicht bestimmt. Die Festsetzung kann beantragt werden, sobald die Vergütung fällig ist, § 16. Der RA braucht nicht abzuwarten, bis die gebührenrechtliche Angelegenheit abgeschlossen ist, weitere Gebühren also nicht mehr entstehen können oder mit der Erhöhung fälliger Gebühren nicht mehr zu rechnen ist. Der Urkundsbeamte kann aber die Antragstellung durch Fristsetzung erzwingen, wenn die Festsetzung einer weiteren Vergütung (§ 124) in Betracht kommt. Dazu A 14.

5 **Zuständigkeit.** Zuständig ist grundsätzlich das Gericht des Rechtszuges. Unter Rechtszug ist dabei die Instanz zu verstehen, in der die beantragten Gebühren entstanden sind. War der RA für mehrere Instanzen beigeordnet – was eine besondere Beiordnung für die einzelne Instanz erfordert – muß er mithin die Festsetzung gesondert bei dem Urkundsbeamten der jeweiligen Instanz beantragen. Beispiele:

War der RA für den ersten Rechtszug vor dem LG und für das Berufungsverfahren vor dem OLG beigeordnet, so hat über seine Vergütung für den ersten Rechtszug der UdG des LG, für die des Berufungsverfahrens der UdG des OLG zu entscheiden.

Hat das Beschwerdegericht die Beiordnung für die erste Instanz angeordnet, so ist das Beschwerdegericht nur an die Stelle des erstinstanzlichen Gerichts getreten. Über die Festsetzung hat dessen UdG zu entscheiden.

Hat das Beschwerdegericht PKH für die Beschwerdeinstanz bewilligt und den RA im Beschwerdeverfahren beigeordnet, ist das Beschwerdegericht Gericht des Rechtszuges. Sein UdG hat zu entscheiden.

Anders als im Kostenfestsetzungsverfahren gegen den Gegner nach § 103 Abs. 2 ZPO ist das Gericht des ersten Rechtszuges für die Festsetzung einer auf Grund der Beiordnung für ein Rechtsmittelverfahren entstandenen Vergütung nur dann zuständig, wenn es sich um die Vergütung aus der Landeskasse handelt und das gesamte Verfahren (nicht nur der Rechtszug) durch rechtskräftige Entscheidung oder in sonstiger Weise (z. B. Vergleich, Rücknahme der Klage oder des Rechtsmittels) beendet ist.

Beispiel: Das LG hat über die Berufung gegen ein Urteil des AG entschieden. Da die Vergütung des Berufungsanwalts mit dem – rechtskräftigen – Berufungsurteil fällig geworden ist, hat der UdG des AG dessen Vergütung festzusetzen. Gleiches gilt, wenn in der Rechtsmittelinstanz die Klage zurückgenommen wird.

Ist der Antrag des für das Rechtsmittelverfahren beigeordneten RA noch vor dem endgültigen Abschluß des Ausgangsverfahrens bei der Geschäftsstelle des Rechtsmittelgerichts eingegangen, so hat dessen Urkundsbeamter auch dann noch zu entscheiden, wenn das Verfahren zwischenzeitlich endgültig abgeschlossen ist.

VGH Kassel KostRsp. § 128 Nr. 41 m. Anm. Lappe.

Die aus der Bundeskasse zu zahlende Vergütung hat auf jeden Fall der Urkundsbeamte des Gerichts des Rechtszuges festzusetzen.

Kosten der Zwangsvollstreckung sind bei demjenigen Gericht festzusetzen, **6** daß die Beiordnung des RA für die Zwangsvollstreckung oder die Zwangsvollstreckungsmaßnahme angeordnet hat, gleichgültig, ob es dafür zuständig war oder nicht (vgl. A 52ff. zu § 122).

Schleswig SchlHA 82, 112;
a. A. München JurBüro 85, 1841 (Vollstreckungsgericht zuständig, auch wenn Prozeßgericht zu Unrecht für die Zwangsvollstreckung beigeordnet hatte).

Bei Verweisung (oder Abgabe) des Verfahrens ist das Gericht, an das verwiesen wurde, zuständig, wenn der RA auch nach Verweisung (Abgabe) beigeordnet geblieben ist. Endete die Beiordnung des RA mit der Verweisung (Abgabe), so bleibt das bisherige Gericht nur zuständig, wenn das Gesuch noch vor Versendung der Akten an das neue Gericht eingegangen ist. Verweist erst das Rechtsmittelgericht, so ist nach endgültigem Abschluß des Verfahrens das dem neuen Gericht zugeordnete erstinstanzliche Gericht zuständig, auch wenn es selbst nicht mit dem Verfahren befaßt gewesen war.

Aus der sinngemäßen **Anwendung des § 104 Abs. 2 ZPO**, die in § 128 **7** Abs. 1 Satz 2 vorgeschrieben ist, folgt, daß zur Berücksichtigung eines Ansatzes die Glaubhaftmachung genügt, für Post-, Telegrafen und Fernsprechgebühren die Versicherung des RA, daß sie entstanden sind. Wählt der beigeordnete RA den Pauschsatz des § 26 Satz 2 (aus den Sätzen des Wahlanwalts), genügt der Hinweis, daß der Pauschsatz begehrt wird.

Pflicht zur Zahlungsanzeige. Gemäß § 129 ist der beigeordnete RA ver- **8** pflichtet, sich Vorschüsse oder Zahlungen, die er von dem Auftraggeber oder einem Dritten (z. B. auch dem unterlegenen Gegner) erhalten hat, in bestimmtem Umfang sich auf die aus der Staatskasse zu zahlende Vergütung anrechnen zu lassen; deshalb muß dem Urkundsbeamten möglich sein, zu prüfen, ob eine solche Anrechnung zu erfolgen hat. Der RA ist deshalb verpflichtet, bereits erhaltene Vorschüsse und Zahlungen in dem Festsetzungsgesuch anzugeben. Er hat auch solche Beträge anzugeben, die er nach § 129 behalten darf. Dem Urkundsbeamten muß die Nachprüfung ermöglicht werden. Hat der RA nach der Festsetzung Beträge erhalten, hat er die Zahlungen unverzüglich anzuzeigen.

Bindung des Urkundsbeamten. Der Urkundsbeamte und die im Fest- **9** setzungsverfahren entscheidenden Gerichte sind an die Bewilligung der PKH und die Beiordnung gebunden. Sie haben diese, insbesondere auch eine etwa angeordnete Rückwirkung, nicht auf ihre Zulässigkeit hin zu überprüfen.

Düsseldorf Rpfleger 71, 267; München Rpfleger 83, 503 = JurBüro 83, 1843; Rpfleger 86, 108 = JurBüro 86, 769 = MDR 86, 242 (Der Umfang der Rückwirkung muß sich aber zweifelsfrei aus dem Bewilligungsbeschluß selbst ergeben).

Eine im Gesetz nicht vorgesehene Beschränkung der Beiordnung auf Gebühren, die nicht bereits einem anderen RA zu vergüten sind, ist dagegen, wenn kein Verzicht des zweiten RA vorliegt, nicht zu beachten.

KG AnwBl. 60, 120 = MDR 59, 937.

Auch die Verfahrensgestaltung durch das Prozeßgericht haben die Festsetzungsinstanzen ungeprüft hinzunehmen.

Bamberg JurBüro 86, 219 (über die Zulässigkeit einer vom Gericht angeordneten Prozeßverbindung ist nicht zu befinden).

10 Die **Prüfungspflicht des Urkundsbeamten** umfaßt das Bestehen des Vergütungsanspruchs, besonders auch, ob die entfaltete Tätigkeit vom zeitlichen und gegenständlichen Umfang der Beiordnung gedeckt ist, ob die Vergütung nach § 123 richtig berechnet ist, ob ein etwaiger Anwaltswechsel von dem RA verschuldet ist (§ 125) und ob die berechneten Auslagen zur sachgemäßen Wahrnehmung der Interessen der Partei erforderlich waren (§ 126), ferner die Anrechnung von Vorschüssen und Zahlungen (§ 129).

Bei Zweifeln über die Notwendigkeit von Auslagen können weitere Einzelheiten und deren Glaubhaftmachung gefordert werden. Zur Vorlage seiner Handakten ist der RA nicht verpflichtet.

LG Hannover Rpfleger 86, 72 = JurBüro 86, 241; AG Braunschweig AnwBl. 85, 538, 539;
a. A. LG Göttingen JurBüro 86, 242 (Pflicht zur Glaubhaftmachung befreit dem Gericht gegenüber von der Verschwiegenheitspflicht).

Die Festsetzung kann nicht allein deshalb abgelehnt werden, weil der RA einer Aufforderung zur Vorlage der Handakten nicht nachgekommen ist, sondern nur weil nach den glaubhaft gemachten Umständen die berechneten Auslagen nicht erforderlich waren.

Der Urkundsbeamte kann die Festsetzung ablehnen, nicht aber die Entscheidung über den Antrag bis zur Spezifizierung der Auslagen zurückstellen. Gegen einen dahingehenden Beschluß ist zunächst die Erinnerung und gegen einen diese zurückweisenden Beschluß die an keine Frist und Beschwerdesumme gebundene Beschwerde des § 576 ZPO gegeben.

Da der Urkundsbeamte nicht Vertreter der Staatskasse ist, darf er materiellrechtliche Einwendungen und Einrede nicht von Amts wegen, sondern nur dann berücksichtigen, wenn sie vom Vertreter der Staatskasse erhoben werden. In Fällen, in denen sich die zur Festsetzung angemeldeten Gebühren und Auslagen nicht ohne weiteres aus den Gerichtsakten ergeben oder in denen er sonst Bedenken hat, wird er die Akten dem Vertreter der Staatskasse zur Stellungnahme vorlegen und kann er dazu auch angewiesen werden.

Nimmt der Vertreter der Staatskasse Stellung, so muß dazu dem RA das rechtliche Gehör gewährt werden. Zu einer Erwiderung des RA muß wiederum dem Vertreter der Staatskasse Gelegeheit zur Stellungnahme gegeben werden.

11 Auch **Rahmengebühren** sind festsetzbar. Dabei ist zwar § 12 Abs. 1 S. 2 nicht anwendbar, weil die Staatskasse nicht „Dritter" sondern Vergütungsschuldner ist (s. A 3 zu § 121). Dennoch findet zu ihren Gunsten eine Billigkeitskontrolle nach § 315 Abs. 3 S. 1 BGB statt. Entspricht die Bestimmung der Rahmengebühr durch den RA nicht der Billigkeit, was nur dann der Fall ist, wenn sie die nach Auffassung des Gerichts gerechtfertigten Höhe um 20–25 v. H. übersteigt, so ist sie entsprechend niedriger festzusetzen. § 315 Abs. 3 S. 2 sieht zwar eine Bestimmung durch „Urteil" vor. Da es indessen für die Festsetzung der Vergütung gegen die Staatskasse kein Urteilsverfahren gibt, ist der Festsetzungsbeschluß der gegebene Ort für diese Entscheidung.

Düsseldorf AnwBl. 82, 254; JurBüro 82, 871.

Eine gesetzliche Bestimmung dahin, daß dem beigeordneten RA ein Vergütungsanspruch gegen die Staatskasse nur zusteht, wenn und soweit ein Übergang auf die Staatskasse gemäß § 130 stattfindet, gibt es nicht.

Bremen NJW 65, 1027 =Rpfleger 65, 98.

Bindung des Urkundsbeamten an den Antrag. Aus der Ausgestaltung des **12** Festsetzungsverfahrens als antragsabhängiges Parteiverfahren folgt, daß eine über den von dem RA gestellten Antrag hinausgehende Festsetzung nicht zulässig ist. Wohl aber darf der Urkundsbeamte innerhalb des insgesamt beantragten Betrages und im Rahmen des dem Antrag zugrundegelegten Sachverhalts einen Positionsaustausch dahin vornehmen, daß statt einer geforderten, aber nicht oder nicht in der geforderten Höhe entstandenen Gebühr eine andere, nicht geforderte, aber entstandene Gebühr berücksichtigt werden kann. Dabei ist, wenn nichts Gegenteiliges ersichtlich ist, davon auszugehen, daß der RA alle ihm durch seine aktenkundig im Rahmen und zeitlich nach der Beiordnung entfaltete Tätigkeit erwachsenen Gebühren und Auslagen berücksichtigt wissen will. Beantragt i. S. des § 308 Abs. 1 ZPO ist dabei der Betrag, dessen Vergütung der RA nach dem Gesamtinhalt des Antrags unter Berücksichtigung erhaltener Vorschüsse und Zahlungen Dritter noch aus der Staatskasse erstrebt. Die in der 8. Auflage vertretene Ansicht, der Urkundsbeamte habe von Amts wegen auch über den gestellten Antrag hinaus die „richtige" Vergütung festzusetzen, wird aufgegeben. Der Urkundsbeamte ist aber nicht gehindert, nach § 319 ZPO und auch zur Vermeidung unnötiger Geschäftsbelastung durch spätere Nachliquidation im eigenen Interesse vielmehr gehalten, auf sachgemäße Antragstellung hinzuwirken, den RA also auf von diesem offensichtlich übersehene Positionen aufmerksam zu machen.

Über den Gegenstandswert kann der Urkundsbeamte entscheiden, solange noch keine gerichtliche Festsetzung nach §§ 9, 10 erfolgt ist. § 19 Abs. 3 gilt nur bei der Festsetzung der Vergütung gegen den Auftraggeber. Ist allerdings der Gegenstandswert vom Gericht festgesetzt, ist der Urkundsbeamte an ihn gebunden; er darf von ihm selbst dann nicht abweichen, wenn er ihn für unrichtig hält. Allenfalls kann er bei einem nach § 9 festgesetzten Wert dessen Abänderung – sofern noch zulässig – beim Gericht anregen.

Die **Entscheidung** ergeht durch Beschluß. Eine Verzinsung der festgesetzten **13** Kosten ist – anders als in § 104 ZPO – nicht auszusprechen.

Stuttgart Rpfleger 74, 34; BVerwG NJW 82, 1113 = Rpfleger 81, 370 = JurBüro 81, 1504.

Eine **Bekanntgabe** an den RA ist nicht üblich, wenn seinem Antrag ohne Änderung entsprochen worden ist. Von dieser Tatsache erfährt der RA durch die Anweisung des festgesetzten Betrages.

Weicht die Festsetzung dagegen von dem Antrag zuungunsten des RA ab, muß diesem der Beschluß mit Begründung für die teilweise oder volle

Zurückweisung bekanntgemacht werden. Dem Vertreter der Staatskasse wird die Entscheidung zur Vermeidung unnötigen Verwaltungsaufwandes nicht bekanntgegeben. Die bundeseinheitlich vereinbarten Verfügungen über die Festsetzung der aus der Staatskasse zu gewährenden Vergütung stellen insoweit einen Verzicht auf Verfahrensbeteiligung (außer in Fällen, in denen Verjährung in Betracht kommt) dar.

14 Aufforderung zur Stellung eines Festsetzungsantrages. Vor der Festsetzung einer weiteren Vergütung (§ 124) muß der Urkundsbeamte feststellen, welche zur Deckung der in § 122 Abs. 1 Nr. 1 ZPO bezeichneten Kosten und Ansprüche nicht benötigten Beträge gem. § 124 auf die beteiligten beigeordneten RAe zu verteilen sind. Um die zu verteilende Masse feststellen zu können, müssen die dem beigeordneten RA aus der Landes- oder Bundeskasse zu zahlenden Beträge feststehen. Hat ein RA sein Festsetzungsgesuch noch nicht eingereicht, kann er von dem Urkundsbeamten aufgefordert werden, sein Gesuch binnen Monatsfrist einzureichen oder sich über empfangene Zahlungen zu erklären.

Die Frist von einem Monat ist gesetzlich festgelegt; sie darf weder verlängert noch verkürzt werden. Sie ist auch keine Notfrist. Gegen ihre Versäumung gibt es daher keine Wiedereinsetzung in den vorigen Stand.

Reicht der RA sein Gesuch nicht fristgerecht ein oder erklärt er sich nicht zu den empfangenen Zahlungen, so erlöschen seine Ansprüche auf Vergütung aus der Staatskasse, und zwar sämtliche Ansprüche, die sich aus der in Frage stehenden Beiordnung ergeben, nicht nur diejenigen auf eine weitere Vergütung. Von dieser gesetzlichen Folge der Fristversäumung können die Festsetzungsinstanzen nicht aus Billigkeitsgründen absehen. Das Erlöschen der Ansprüche kann durch besonderen Beschluß auch dann ausgesprochen werden, wenn für die Auskehrung einer weiteren Vergütung noch nicht genügend Beiträge eingegangen sind. Dieser Beschluß ist nach § 128 Abs. 3 und 4 anfechtbar.

> KG JurBüro 84, 1692.

Die Vergütungsansprüche gegen den Auftraggeber und die Befugnis, diese von dem in die Kosten verurteilten Gegener beizutreiben (§ 126 ZPO) erlöschen nicht.

Hat der Urkundsbeamte eine weitere Vergütung festgesetzt, ohne die beigeordneten RAe nach § 128 Abs. 2 aufzufordern, so bleibt das ohne Folgerungen sowohl für etwa noch bestehende Vergütungsansprüche nach §§ 121, 123 als auch für die ausgezahlte weitere Vergütung.

> Koblenz KostRsp BRAGO § 128 Nr. 33.

15 Über **Erinnerungen** des RA und der Bundes- oder Landeskasse gegen den Festsetzungsbeschluß des Urkundsbeamten, die unbefristet sind, entscheidet nach § 128 Abs. 2 S. 1 das Gericht des Rechtszugs, bei dem die Vergütung festgesetzt ist, durch Beschluß. Das Recht zur Einlegung der Erinnerung steht außer dem beigeordneten RA und den oben in A 2 genannten Rechtsnachfolgern der Bundes- oder Landeskasse zu, nicht aber der Partei und dem kostenpflichtigen Gegner. Die Bundes- oder Landeskasse kann nicht zugunsten des RA Erinnerung einlegen.

Nach **§ 10 Abs. 4,** dessen sinngemäße Anwendung in § 128 Abs. 3 S. 2 vorgeschrieben ist, können Erinnerungen durch Erklärung zu Protokoll der

Geschäftsstelle oder schriftlich ohne Mitwirkung eines RA eingelegt werden. Infolgedessen kann z. B. der von dem Oberlandesgericht beigeordnete Beweisanwalt, der bei dem Oberlandesgericht nicht zugelassen ist, selbst Erinnerung einlegen. Die Erinnerung ist unbefristet. Der Urkundsbeamte kann ihr abhelfen.

Die **Entscheidung** erfolgt durch Beschluß des Gerichts des Rechtszugs, bei **16** dem die Vergütung festgesetzt worden ist. Die Erinnerung ist keine Durchgriffserinnerung.

Bischof MDR 75, 632; Celle NdsRpfl. 82, 218; Koblenz JurBüro 74, 1555 sowie 75, 205 und MDR 75, 589; München Rpfleger 80, 203 = JurBüro 80, 1051; Schleswig SchlHA 78, 165.

Das Gericht hat im Erinnerungsverfahren grundsätzlich selbst zu entscheiden. Für eine Zurückverweisung ist in der Regel kein Raum.

a. M.Düsseldorf JurBüro 79, 48 mit abl. Anm. von Mümmler.

Ist vom Patentamt in Patent- oder Gebrauchsmustersachen ein RA beigeordnet worden, so entscheidet die für die Bewilligung der Verfahrenskostenhilfe zuständige Stelle.

Bindung. Eine Entscheidung in den Kostenfestsetzungsverfahren nach **17** §§ 103 ff, 126 ZPO oder § 19 ist für das Verfahren nach § 128 nicht bindend. Andererseits hat die im Festsetzungsverfahren nach § 128 getroffene Entscheidung für diese Kostenfestsetzungsverfahren keine bindende Wirkung.

Eine **Änderung der Entscheidung von Amts wegen** ist nicht möglich. **18** Der Urkundsbeamte kann seine Entscheidung nur auf Erinnerung – der Staatskasse oder des RA – ändern.

Hartmann A 2 c; Hamburg MDR 79, 413; Hamm JurBüro 82, 255; München Rpfleger 81, 412 = JurBüro 81, 1692; Düsseldorf JurBüro 81, 1847; Lappe in Anm. zu KostRsp BRAGO § 128 Nr. 12; **a. M.** Stuttgart AnwBl. 78, 462 = JurBüro 79, 383.

Auch bei einer **Erhöhung des Gegenstandswerts** ist die Änderung der **19** Entscheidung nur auf Antrag zulässig. Der Urkundsbeamte ist weder berechtigt noch verpflichtet, von Amts wegen die festgesetzten Gebühren entsprechend der Erhöhung des Gegenstandswertes zu erhöhen. Auch hier wird aber ein nobile officium in Richtung auf Anregung eines Ergänzungsantrags anzunehmen sein, so daß der RA auf jeden Fall die richtigen Gebühren erhält.

Abgeändert werden kann aber nur die eigene Wertfestsetzung, nicht eine vom Rechtsmittelgericht kraft seines Abänderungsrechts oder auf Beschwerde getroffene Entscheidung. Das Rechtsmittelgericht ist nur so lange zur Änderung der Wertfestsetzung befugt, als das Verfahren wegen der Hauptsache, der Entscheidung über den Streitwert, den Kostenansatz oder die Kostenfestsetzung bei ihm anhängig ist. Die Anregung zu einer Abänderung kann nicht nur von dem beigeordneten RA oder von der Staatskasse, sondern auch von der armen Partei oder der kostenpflichtigen Gegenpartei ausgehen.

Die **Beschwerde** gegen den auf Erinnerung ergangenen Beschluß ist nach **20** § 128 Abs. 4 zulässig, wenn der Beschwerdegegenstand 100,— DM übersteigt. Beschwerdegegenstand ist derjenige Vergütungsbetrag, gegen dessen

Ablehnung oder Zubilligung sich der Beschwerdeführer wendet. Dabei kommt es auf die Höhe der dem beigeordneten RA aus der Staatskasse zu erstattenden Vergütung, nicht auf die Höhe der vollen Anwaltsgebühren an.

KG Büro 57, 272.

Die Umsatzsteuer ist hinzuzurechnen.

Chemnitz AnwBl. 62, 55; Celle AnwBl. 61, 313 = JVBl. 62, 17 = MDR 62, 64 = Rpfleger 62, 112 und 64, 199; Hamburg AnwBl. 59, 72 = Rpfleger 62, 234; Hamm Büro 60, 346 = Rpfleger 61, 318; KG NJW 61, 1588; München Rpfleger 67, 135; Schleswig Büro 60, 214 = SchlHA 60, 6.

21 Für das **Recht zur Einlegung der Beschwerde** gilt dasselbe wie bei der Erinnerung (oben A 15).

Für die Beschwerde gelten § 10 Abs. 3 S. 2, 4 und Abs. 4 nach § 128 Abs. 3 S. 2 sinngemäß.

Nach diesen Bestimmungen sind die für die Beschwerde in der Hauptsache geltenden Verfahrensvorschriften anzuwenden.

22 Die **Einlegung der Beschwerde** kann nach § 10 Abs. 4 in allen Fällen durch Erklärung zu Protokoll der Geschäftsstelle oder schriftlich ohne Mitwirkung eines RA erfolgen. Es kann also auch ein RA, der bei dem Gericht, bei dem die Beschwerde einzulegen ist, nicht zugelassen ist, die Beschwerde selbst einlegen.

Das Gericht kann der Beschwerde abhelfen. Hilft das Gericht teilweise ab und sinkt dadurch der Beschwerdewert unter 100,— DM, wird die Beschwerde trotzdem nicht unzulässig.

KG NJW 58, 2023;
a. M. Zöller-Schneider ZPO 14. Aufl. A 52 zu § 567; Hamm JurBüro 70, 47; 82, 582.

23 **Unzulässig** ist nach § 128 Abs. 4 S. 2 in Verb. mit § 10 Abs. 3 S. 2 eine Beschwerde an ein oberstes Bundesgericht. Auch folgt schon aus § 567 Abs. 3 ZPO, daß gegen Entscheidungen der Oberlandesgerichte keine Beschwerde stattfindet.

24 Eine **weitere Beschwerde** ist unzulässig. Das gilt auch dann, wenn Kosten des beigeordneten RA in einer Sache der freiwilligen Gerichtsbarkeit festgesetzt werden.

25 In der **Beschwerdeentscheidung** braucht nur geprüft zu werden, ob der festgesetzte Betrag die berechtigte Forderung des beigeordneten RA übersteigt, falls die Staatskasse die Beschwerde eingelegt hat. Ob die Vergütung des beigeordneten RA etwa zu niedrig festgesetzt worden ist, hat das Beschwerdegericht auf die Beschwerde der Staatskasse nicht zu prüfen.

Umgekehrt hat das Beschwerdegericht auf die Beschwerde des RA nur zu prüfen, ob der festgesetzte Betrag zu erhöhen ist.

Das Gericht kann einen Ausgleich der Gebühren vornehmen, falls ein Abstrich und ein Zusatz gerechtfertigt sind.

Eine Abänderung zuungunsten des Beschwerdeführers ist unzulässig (Verbot der reformatio in peius).

a. M. Hartmann A 3 C b.

Eine Aufrechnung kann der RA in diesem Verfahren nicht geltend machen.

Das Beschwerdegericht hat grundsätzlich selbst zu entscheiden. Eine Zurückverweisung ist nur dann am Platze, wenn erhebliche Verfahrensverstöße vorliegen und weitere Ermittlungen anzustellen sind.

a. M. Düsseldorf JurBüro 79, 48 mit abl. Anm. von Mümmler.

Gegenvorstellungen sind sowohl gegen erstinstanzliche Entscheidungen **26** wie gegen Beschwerdebeschlüsse zulässig.

a. M. Holger Schmidt JurBüro 75, 1311 (Nur gegen letztinstanzliche Entscheidungen ist die Gegenvorstellung zulässig.)

Eine **Verwirkung** des Antrags-, Erinnerungs- und Beschwerderechts ist **für 27 beide Seiten** nur dann anzunehmen, wenn die Kostenberechnung längst abgewickelt ist und sich alle Beteiligten darauf eingestellt haben, daß sich die Kostenfrage erledigt habe. Das Vertrauen darauf, daß die Sache kostenmäßig abgeschlossen ist und nicht wieder aufgerollt werden wird, ist analog § 7 GKG jedenfalls dann als berechtigt anzuerkennen, wenn das der letzten in dem konkreten Festsetzungsverfahren ergangenen Entscheidung oder verfahrensbeendenden Handlung (z. B. Antrags- oder Rechtsmittelrücknahme) folgende Jahr abgelaufen ist. Auf den Abschluß des Ausgangsverfahrens ist nicht abzustellen, weil die Beiordnung nur für einen Rechtszug erfolgt und das Schicksal des Ausgangsverfahrens für die Vergütung aus der Staatskasse ohne Belang ist.

Hamm JurBüro 82, 877; Köln JurBüro 83, 97.

Eine frühere Verwirkung ist nicht ausgeschlossen, aber nur anzunehmen, wenn besondere Umstände des Einzelfalls das Vertrauen der anderen Seite rechtfertigten, der Fall sei endgültig abgeschlossen (z. B. letztinstanzliche Entscheidung in der Sache, Zahlung der weiteren Vergütung des § 124 entsprechend der Berechnung des RA). Eine Änderung der Rechtsprechung ist kein solcher Umstand des Einzelfalls, denn mit ihr muß jedenfalls bei in Rechtsprechung und Schrifttum streitigen Fragen immer gerechnet werden, so daß es nicht als treuwidrig angesehen werden kann, wenn ein Verfahrensbeteiligter die ihm günstigere geänderte Rechtsprechung mit verfahrensrechtlich noch gegebenen Möglichkeiten (Nachliquidation, Erinnerung oder Beschwerde) geltend macht.

Celle Rpfleger 82, 165; JurBüro 83, 99 (Verfassungsbeschwerde dagegen vom BVerfG nicht angenommen JurBüro 83, 1325 = NdsRpfl 83, 160); **a. A.** H. Schmidt MDR 83, 637; Hamburg AnwBl. 82, 255 = JurBüro 82, 731 LG Ulm AnwBl. 78, 263 (Anfechtung durch Staatskasse allein wegen geänderter Rechtsprechung unzulässig); Koblenz AnwBl. 83, 323 = JurBüro 83, 579 (Nachliquidation wegen geänderter Rechtsprechung steht regelmäßig nach 3 Monaten Einwand der Rechtssicherheit entgegen).

Für die **Rückforderung** einer an den beigeordneten RA zuviel gezahlten **28** Vergütung gilt nichts anderes.

Hamm JurBüro 82, 877; Frankfurt JurBüro 82, 1698; Celle JurBüro 83, 99; Köln JurBüro 83, 97; LG Kleve JurBüro 85, 1663; 87, 75 (Beratungshilfe); LG Bochum JurBüro 86, 403 (Beratungshilfe): **a. A.** Hamburg JurBüro 83, 720.

Entsprach die Auszahlung der Festsetzung, setzt die Rückforderung eine Änderung der Festsetzung voraus, die nur auf Erinnerung oder Beschwerde der Staatskasse hin zulässig ist.

s. A 18; Düsseldorf JurBüro 81, 1847; Köln JurBüro 83, 97; vgl. auch Hamm JurBüro 79, 541 = KostRsp. BRAGO § 128 Nr. 12 mit krit. Anm. Lappe. Die zugunsten der Staatskasse geänderte Festsetzung wirkt als Feststellung der Rückzahlungsverpflichtung. Auf einen Wegfall der Bereicherung kann sich der RA nicht berufen. München Rpfleger 72, 114; Celle Rpfleger 81, 497; KG Rpfleger 81, 456 (betr. Sachverständigenentschädigung); Zweibrücken JurBüro 83, 722; Köln KostRsp. BRAGO § 128 Nr. 45.

29 Die **Betreibung** erfolgt nach § 1 Abs. 1 Nr. 8 JBeitrO (abgedruckt in Schönfelder Deutsche Gesetze Nr. 122). Die Staatskasse kann auch mit dem Rückforderungsanspruch gegen andere Vergütungsansprüche des RA aufrechnen.

30 Kosten. Das Festsetzungs-, Erinnerungs- und Beschwerdeverfahren sind nach § 128 Abs. 5 S. 1 gerichtsgebührenfrei. Eine **Vergütung** erhält der RA in diesen Verfahren nach § 128 Abs. 5 S. 2 nicht; § 91 Abs. 2 S. 4 ZPO ist nicht entsprechend anwendbar.

§ 129 Anrechnung von Vorschüssen und Zahlungen

Vorschüsse und Zahlungen, die der Rechtsanwalt von seinem Auftraggeber oder einem Dritten vor oder nach der Beiordnung erhalten hat, sind zunächst auf die Vergütungen anzurechnen, für die ein Anspruch gegen die Bundes- oder Landeskasse nicht oder nur unter den Voraussetzungen des § 124 besteht.

Übersicht über die Anmerkungen

1 Allgemeines. Der beigeordnete RA ist in § 129 besser gestellt als der Pflichtverteidiger in § 101. Während der Pflichtverteidiger Vorschüsse und Zahlungen sich grundsätzlich auf seine Pflichtverteidigergebühr anrechnen lassen muß (nur die Einschränkung des § 101 Abs. 2 besteht), kann der beigeordnete RA Vorschüsse und Zahlungen zunächst auf den Unterschied zwischen den Anwaltskosten des § 123 und den Gebühren des § 11 sowie auf die Auslagen, die die Staatskasse gemäß § 126 nicht vergütet, verrechnen.

2 Auf die **Vergütung, für die kein Anspruch gegen die Staatskasse besteht,** sind Vorschüsse und Zahlungen zunächst anzurechnen. Der Vergütungsanspruch des beigeordneten RA zerfällt in zwei Teile, einmal den durch die Haftung der Staatskasse gedeckten Teil und andererseits den Unterschiedsbetrag zwischen den Wahlanwaltskosten und den Gebühren des § 123.

Die Staatskasse zahlt nach § 123 nur einen Teil der vollen gesetzlichen Gebühren und vergütet nach § 126 auch die Auslagen nur in begrenztem Umfang, nämlich, soweit die Auslagen zur sachgemäßen Wahrnehmung der Interessen erforderlich waren (richtiger formuliert: alle Auslagen mit Ausnahme derjenigen, die nicht erforderlich waren). Sonderwünsche der Partei braucht die Staatskasse nicht zu bezahlen. Es können auch in der gleichen Angelegenheit Vergütungsansprüche entstehen, für die die Staatskasse überhaupt nicht haftet, die Partei aber unbeschränkt zahlungspflichtig ist. Das ist der Fall, wenn der RA entweder schon vor seiner Beiordnung oder über den Rahmen seiner Beiordnung hinaus auftragsgemäß für die Partei tätig geworden ist. Auf diese nicht durch die Haftung der Staatskasse gedeckten Ansprüche sind die Vorschüsse und Zahlungen zuerst anzurechnen. Das folgt übrigens schon aus § 366 BGB. Die Haftung der Staatskasse wird durch Vorschüsse und Zahlungen erst dann gemindert, wenn diese den Unterschied zwischen dem Gesamtbetrag der nach den allgemeinen Vorschriften berechneten Gebühren und Auslagen einerseits und der aus der Staatskasse zu zahlenden Vergütung andererseits übersteigen.

Mümmler JurBüro 83, 823.

Hat z. B. der RA für die Partei ein Gesuch um Bewilligung von PKH eingereicht und dafür von ihr die Gebühr des § 51 erhalten, so braucht er sich diese nicht anrechnen zu lassen, soweit sie zusammen mit der Vergütung aus der Staatskasse nicht den Anspruch auf die nach den Sätzen des § 11 berechnete Prozeßgebühr übersteigt.

Beispiele:

Für einen Rechtsstreit über 6000,—DM fertigt der RA ein PKH-Gesuch. Die Partei zahlt ihm dafür eine halbe Prozeßgebühr (§ 51) in Höhe von 165,50 DM. Nach PKH-Bewilligung und Beiordnung reicht der RA die Klage ein. Nunmehr zahlt der Beklagte. Aus der Staatskasse kann der RA eine volle Prozeßgebühr gem. § 123 in Höhe von 310,—DM beanspruchen. Da die Gebühr des § 51 auf diejenige des § 31 anzurechnen ist (arg. § 37 Nr. 3) darf die Vergütung insgesamt nicht mehr betragen als eine volle Wahlanwaltsgebühr von 331,—DM. Folgende Berechnung ist anzustellen:

Prozeßgebühr als Wahlanwalt	331,—DM
∕. Prozeßgebühr nach § 123	310,—DM
	21,—DM.

Diese 21,—DM braucht der RA sich nicht anrechnen zu lassen; die restlichen 144,50 DM sind anrechenbar. Die Vergütung, die der RA aus der Staatskasse zu beanspruchen hat, beträgt 310,— ∕. 144,50 = 165,50 DM.

Hätte in demselben Fall der Beklagte sofort nach PKH-Bewilligung gezahlt und wäre es deshalb nicht mehr zur Klageeinreichung gekommen, so hätte der RA keinen Anspruch auf Vergütung aus der Staatskasse, denn in diesem Fall hätte er die ihm insgesamt höchstens zustehende 5/10 Wahlanwaltsgebühr von 165,50 DM bereits vom Auftraggeber erhalten.

Wegen der Möglichkeit, den erhaltenen Vorschuß zurückzuzahlen und die PKH-Anwaltsvergütung aus der Staatskasse zu fordern s. A 5.

Ist der RA erst im Laufe der Instanz beigeordnet worden, so ist ein ihm vorher gezahlter Vorschuß nicht ohne weiteres auf seine Prozeßgebühr zu verrechnen, so daß ihm aus der Staatskasse keine Prozeßgebühr mehr zustände. Vielmehr ist der Vorschuß nur auf den Unterschied zwischen den gesamten gesetzlichen Wahlanwaltsgebühren und den gesamten Gebühren des beigeordneten RA zu verrechnen.

Beispiel:

In einem Rechtsstreit über 10000,—DM zahlt der Kläger 500,—DM Vorschuß. Es entstehen 2 Gebühren. Folgende Berechnung ist vorzunehmen:

2 Wahlanwaltsgebühren	1078,—DM
∕. 2 PKH-Anwaltsgebühren	780,—DM
ungedeckter Rest (sogen. Differenzkosten)	298,—DM.

Diese 298,—DM darf der RA behalten. Die restlichen 500,— ∕. 298,— = 202,—DM muß er sich auf seine Gebühren aus der Staatskase anrechnen lassen, so daß er von dieser nur noch 780,— ∕. 202,— = 578,—DM zu beanspruchen hat.

Für die Rechtsverteidigung gegen eine Klage von 15000,—DM ist dem Beklagten PKH unter Beiordnung seines RA nur in Höhe von 7000,—DM bewilligt worden. Er beauftragt den RA gleichwohl, Klageabweisung in vollem Umfang zu beantragen. Es entstehen 2 Gebühren. Der Beklagte hat 900,—DM Vorschuß gezahlt. In diesem Fall ist der Vorschuß auch ohne diesbezügliche Zweckbestimmung zunächst auf die Gebühren für den Teil der Rechtsverteidigung zu verrechnen, für die keine PKH bewilligt ist, nach der Berechnungsmethode A 8 zu § 122:

2 Wahlanwaltsgebühren aus 15 000	1388 DM
∕. 2 Wahlanwaltsgebühren aus 7000	766 DM
	622 DM.

Alsdann ist der Vorschuß, wenn er nicht ausdrücklich zweckbestimmt nur für die über die PKH-Bewilligung hinausgehende Rechtsverteidigung geleistet worden war, auch auf die Gebühren zu verrechnen, für die zwar PKH und Beiordnung, aber kein Anspruch gegen die Staatskasse bestehen, im Beispiel also

2 Wahlanwaltsgebühren aus 7000	766 DM
∕. 2 PKH-Anwaltsgebühren aus 7000	660 DM
	106 DM.

Der verbleibende Vorschuß von 900 − (622 + 106) = 172 DM ist auf die Vergütung aus der Staatskasse anzurechnen, die mithin 660 − 172 = 488 DM beträgt.

Anders ist es, wenn der Vorschuß ausdrücklich nur auf die Rechtsverteidigung geleistet wurde, für die PKH nicht bewilligt ist. Dann ist der Vorschuß an den Auftraggeber zurückzuzahlen, soweit er dafür nicht benötigt wird, hier also in Höhe von 900 − 622 = 278 DM.

Eine Bewilligung der Prozeßkostenhilfe mit der Maßgabe, daß sich der Anspruch des beigeordneten RA gegen die Staatskasse um den Betrag der von der Partei gezahlten Vorschüsse vermindere, ist unzulässig. Der Beschluß ist jedoch in der Kostenfestsetzung bis zu seiner Aufhebung zu beachten. Der

RA muß deshalb gegen die gesetzwidrige Beschränkung seiner Vergütung Beschwerde einlegen.

Braunschweig NdsRpfl. 50, 177.

Dem Umstand, daß ein Anspruch gegen die Staatskasse nicht besteht, ist gleichgestellt dem Anspruch unter den Voraussetzungen des § 124. Sind der Partei Ratenzahlungen oder Zahlungen aus ihrem Vermögen aufgegeben, hat der RA unter Umständen Anspruch auf eine die Vergütung nach § 123 übersteigende Vergütung. Diese Vergütung wird allerdings erst nach dem Ende des Verfahrens festgesetzt. Solange der RA diese zusätzliche Zahlung nicht erhalten hat, kann er Zahlungen auf seine Vergütung von der Partei oder Dritten annehmen. Die so gezahlten Beträge kann er behalten. Er muß nur den Erhalt der Beträge anzeigen (vgl. § 124 Abs. 4 Halbsatz 2).

Auf eine **vereinbarte Vergütung,** soweit sie die gesetzlichen Gebühren 3 übersteigt, darf der RA die Vorschüsse und Zahlungen nicht anrechnen. Die Zahlungspflicht der Staatskasse kann durch eine Vergütungsvereinbarung nicht erweitert werden. Eine solche Vergütungsvereinbarung kann wirksam schon vor der Beiordnung erfolgt sein. Durch eine nach der Beiordnung getroffene Vergütungsvereinbarung wird zufolge § 3 Abs. 4 S. 1 zwar keine Verbindlichkeit begründet, es kann jedoch nach § 3 Abs. 4 S. 2 eine freiwillig und ohne Vorbehalt gezahlte vereinbarte Vergütung nicht zurückgefordert werden. Der Staatskasse gegenüber aber darf der RA auf eine vereinbarte Vergütung geleistete Zahlungen nur bis zur Höhe des Unterschieds zwischen den gesetzlichen und den von der Staatskasse geschuldeten Gebühren anrechnen.

In dem Beispiel A 2 (Rechtsstreit über 10 000 DM mit 2 Gebühren) vereinbaren die Partei und der RA ein Zusatzhonorar von 200 DM zu den gesetzlichen Gebühren. Die Partei zahlt vorschußweise 600 DM. Folgende Berechnung ist anzustellen:

Vereinbartes Honorar	1278 DM
Gesetzliche Wahlanwaltsgebühr	1078 DM
Vergütung des beigeordneten RA	780 DM
Der RA darf behalten	
den Unterschied zwischen den Wahlanwaltsgebühren	1078,— DM
und der Vergütung des beigeordneten RA	780,— DM
	298,— DM

Die restlichen (600 DM − 298 DM =) 302 DM des Vorschusses muß er sich auf die aus der Staatskasse zu zahlende Vergütung anrechnen lassen, so daß die Staatskasse nur

	780 DM
	− 302 DM
	478 DM

zu zahlen hat.

Das gilt auch dann, wenn die Vergütung mit einem Dritten, z. B. mit den Eltern der Partei, vereinbart ist,

oder für die Wahrnehmung eines auswärtigen Termins, soweit die Kosten für die Wahrnehmung des auswärtigen Termins der Staatskasse zur Last fallen (z. B. wenn das Prozeßgericht gemäß § 126 Abs. 2 festgestellt hat, daß die

Reise erforderlich ist). Sind die Kosten dagegen nicht von der Staatskasse zu tragen (z. B. das Gericht stellt fest, daß die Reise nicht erforderlich ist), wünscht aber die Partei dennoch die Wahrnehmung des Termins, kann der RA mit der Partei eine Gebühren- und Auslagenvereinbarung für die Wahrnehmung des Termins treffen. Die für die Wahrnehmung dieses Termins gezahlte Vergütung ist nicht auf die aus der Staatskasse für den Rechtsstreit zu zahlende Vergütung anzurechnen.

4 **Vereinbarungen über die Anrechnung** zwischen RA und Partei können die Anrechnungspflicht zwar erweitern, aber nicht einschränken.

5 **Vorschüsse,** die der RA vor oder nach der Beiordnung erhalten hat, sind in gleicher Weise zu verrechnen, wie es ohne die Beiordnung zu geschehen hätte. Übersteigen sie die nicht aus der Staatskasse zu erstattende Vergütung, so mindert sich deren Zahlungspflicht entsprechend. Der RA ist nicht frei, Vorschüsse, die er für Angelegenheiten, die von der Beiordnung umfaßt sind, erhalten hat, an die Partei zurückzuzahlen, um auf diese Weise die Anrechnung auf die von der Staatskasse zu zahlende Vergütung zu verhindern. Das gilt auch, wenn er vor seiner Beiordnung eine dahingehende Vereinbarung mit dem Auftraggeber getroffen hat, denn eine solche Vereinbarung setzt voraus, daß die Beteiligten sich der Möglichkeit einer späteren Beiordnung bewußt waren und gerade für diesen Fall zum Nachteil der Staatskasse die Anrechnungspflicht ausschließen wollten.

      a. M. 8. Auflage A 5; Riedel/Sußbauer A 5; Hartmann A 2 Bb.

Hiervon ist nur dann eine Ausnahme zu machen, wenn der RA rückwirkend beigeordnet wird. Dann ist es ihm unbenommen, sich so stellen zu lassen, als sei er bereits im Zeitpunkt der Rückwirkung beigeordnet worden. Er kann dann Vorschüsse, die er nach dem Rückwirkungszeitpunkt erhalten hat an den Auftraggeber, sofern diesem keine Ratenzahlungen auferlegt worden waren, zurückzahlen und die ungekürzte Vergütung aus der Staatskasse verlangen.

      BGH JurBüro 63, 533 = MDR 63, 827; Düsseldorf AnwBl. 82, 382 = Rpfleger 82, 356 = JurBüro 82, 1210 = MDR 82, 765; Bamberg JurBüro 85, 730.

Die ungekürzte Vergütung kann auch mit der Auflage festgesetzt werden, die Vorschüsse an die Partei zurückzuzahlen. Nicht zulässig ist es aber, nach dem Rückwirkungszeitpunkt erhaltene Vorschüsse nur insoweit zurückzuzahlen, als sie auf die Vergütung aus der Staatskasse anzurechnen wären.

Anders ist es, wenn der Vorschuß ausdrücklich nur auf den Teil des (einheitlichen) Auftrages, für den PKH nicht bewilligt worden war, geleistet worden war. Der für diesen Teil nicht benötigte Vorschuß ist an den Auftraggeber zurückzuzahlen; eine Anrechnungspflicht besteht nicht (vgl. das letzte Beispiel bei A 2).

6 **Zahlungen von Streitgenossen** der Partei, der Prozeßkostenhilfe bewilligt worden ist, auf Vergütungsansprüche, für die eine gesamtschuldnerische Haftung besteht, sind gleichfalls anzurechnen, selbst solche, die der Sozius des beigeordneten RA, der die anderen Streitgenossen vertritt, erhalten hat. Das gilt jedoch nicht, wenn vereinbart ist, daß der eine RA nur die Partei, der Prozeßkostenhilfe bewilligt worden ist, und der andere RA nur den Streitgenossen vertritt. Hier sind mehrere RAe nebeneinander tätig, von denen jeder

einen selbständigen Gebührenanspruch hat. (Ob eine derartige Vereinbarung mit dem Standesrecht kollidiert, ist eine andere Frage.) Auch vom **Prozeßgegner** auf die Vergütung des beigeordneten RA freiwil- **7** lig geleistete oder von ihm beigetriebene Beträge sind als Zahlungen Dritter anzurechnen. Ist die Zahlung erfolgt, nachdem die Staatskasse dem RA seine Vergütung bezahlt hatte, so kann eine Rückzahlungspflicht des RA eintreten, soweit er insgesamt mehr als die gesetzliche Vergütung eines Wahlanwalts erhalten hat. Zahlungen der Staatskasse sind zuerst auf die Kosten anzurechnen, für die die Gegenpartei nicht haftet.

Nur in der gleichen Angelegenheit erhaltene Vorschüsse und Zahlun- **8** **gen** sind anzurechnen, nicht solche für eine Vertretung in einer anderen Angelegenheit. Dabei ist der Begriff der „anderen Angelegenheit" kostenrechtlich zu verstehen. Was gebührenrechtlich selbständig ist, stellt eine eigene – andere – Angelegenheit dar, so z. B. das einstweilige Anordnungsverfahren (§ 41) neben der Ehesache, das vor Anhängigkeit der Hauptsache durchgeführte Beweissicherungsverfahren (§ 48) neben der Hauptsache.

Vorschüsse, die nicht für eine bestimmte Sache geleistet worden sind, sind nach § 366 BGB zunächst auf die Gebühren anzurechnen, die nicht aus Aufträgen, für die PKH bewilligt worden ist, herrühren.

Eine vereinbarte Vergütung ist nur auf diejenige Angelegenheit anzurechnen, für welche die Vereinbarung getroffen worden ist. Ist die Vereinbarung nicht für eine bestimmte Angelegenheit, sondern allgemein für die Vertretung erfolgt, so ist die Vergütung zu teilen und der auf jede Angelegenheit nach dem Verhältnis der gesetzlichen Gebühren, die in den einzelnen Angelegenheiten anfallen, entfallende Teil auf die einzelnen Angelegenheiten anzurechnen. Übersteigt dieser Teil die gesetzliche Vergütung für diejenige Angelegenheit, für die der RA beigeordnet worden ist, so ist der Überschuß auf die von der Staatskasse geschuldete Vergütung anzurechnen.

Für einen bestimmten Rechtszug geleistete Zahlungen dürfen nicht auf **9** die Vergütung für einen anderen Rechtszug angerechnet werden.

Nicht auf die Vergütung des beigeordneten RA geleistete Zahlungen **10** sind nicht anzurechnen, z. B. nicht ein zur Weiterleitung an einen Verkehrsanwalt erhaltener und dazu verwendeter Betrag oder ein verbrauchter Gerichtskostenvorschuß.

Bei Bewilligung der PKH für einen Teil des Anspruchs sind Zahlungen, die für die Geltendmachung des Restes gezahlt worden sind, nicht anzurechnen.

Der RA hat eine **Mitteilungspflicht** gegenüber der Staatskasse, ob und **11** welche Vorschüsse oder Zahlungen er von der Partei oder von Dritten erhalten hat. Die Mitteilung, er habe keine anrechnungspflichtigen Beträge erhalten, genügt nicht. Vielmehr sind die erhaltenen Beträge ziffernmäßig anzugeben. Erhält der RA nach der Zahlung der Gebühren aus § 123 aus der Staatskasse Beträge von der Partei, dem Gegner oder sonstigen Dritten, so hat er diese Beträge den Urkundsbeamten mitzuteilen, und zwar auch dann, wenn eine Abführungspflicht nicht besteht. Der Urkundsbeamte muß selbständig prüfen können, ob eine Rückzahlungspflicht besteht.

§ 130 Übergang von Ansprüchen auf die Bundes- oder Landeskasse

(1) Soweit dem Rechtsanwalt wegen seiner Vergütung ein Anspruch gegen die Partei oder einen ersatzpflichtigen Gegner zusteht, geht der Anspruch mit der Befriedigung des Rechtsanwalts durch die Bundes- oder Landeskasse auf diese über. Der Übergang kann nicht zum Nachteil des Rechtsanwalts geltend gemacht werden.

(2) Für die Geltendmachung des Anspruchs gelten die Vorschriften über die Einziehung der Kosten des gerichtlichen Verfahrens sinngemäß.

Übersicht über die Anmerkungen

1 Zweck der Vorschrift des § 130 ist es, der Staatskasse einen Ausgleich für ihre Aufwendungen zugunsten der Partei, der PKH bewilligt worden ist, zu gewähren. § 130 verschafft der Staatskasse eine Art Rückgriffsanspruch gegen diejenigen, die von dem beigeordneten RA zur Zahlung seiner Vergütung herangezogen werden können.

Wie auf den Bürgen, der den Gläubiger ganz oder teilweise befriedigt, die Forderung des Gläubigers gegen den Schuldner gemäß § 774 Abs. 1 Satz 1 BGB übergeht – und zwar im Umfange der Befriedigung –, so geht der Anspruch des RA gegen seine Partei, einen erstattungspflichtigen Gegner oder etwaige sonstige Dritte auf Erstattung seiner Vergütung insoweit auf die Staatskasse über, als diese die Vergütung ganz oder teilweise leistet (der Übergang erfolgt erst mit der Leistung der Staatskasse, nicht bereits mit der Entstehung des Anspruchs des RA gegen die Staatskasse oder mit dem Eintritt seiner Fälligkeit).

Wie beim Bürgen (§ 774 Abs. 1 Satz 2 BGB) kann der Übergang nicht zum Nachteil des Gläubigers, hier des RA, geltend gemacht werden.

Mit der **Befriedigung des RA durch die Bundes- oder Landeskasse** 2 gehen die dem RA wegen seiner Vergütung zustehenden **Ansprüche** gegen die Partei und einen ersatzpflichtigen Gegner **auf die Bundes- oder Landeskasse über.** Es handelt sich um einen gesetzlichen Übergang i. S. des § 412 BGB. Mit der Zahlung – nicht bereits mit der Festsetzung – geht ein etwaiger Anspruch des RA auf die Staatskasse über.

Mit der Forderung gehen gemäß § 401 BGB bestehende Sicherungsrechte über. Solche Sicherung liegt z. B. vor, wenn ein Ausländer für die Kosten Sicherheit geleistet hat.

Ebenso geht ein Pfändungspfandrecht über, wenn wegen der Vergütung des RA Gegenstände des erstattungspflichtigen Gegners gepfändet worden sind.

Auch die weiteren Vorschriften, auf die in § 412 BGB verwiesen ist (§§ 399 bis 404, 406 bis 410 BGB), sind anzuwenden, insbes. also die Vorschrift des § 406 BGB über die Aufrechnung oder des § 407 BGB über den Schutz des gutgläubigen Schuldners.

Zum Nachteil des RA darf der Übergang nicht geltend gemacht 3 werden.

Deckt der aus der Staatskasse gezahlte Betrag nur einen Teil der dem RA als Wahlanwalt gegen seinen Auftraggeber zustehenden Vergütung, so darf sich also der RA aus dem nach § 126 ZPO auf ihn übergegangenen Anspruch auf Erstattung der Kosten durch die unterlegene Gegenpartei zunächst befriedigen, ehe die Staatskasse den Forderungsübergang geltend machen darf.

Das gilt auch dann, wenn die Festsetzung auf den Namen der Partei erfolgt ist.

Deckt der von der Gegenpartei zu erstattende Betrag die gesetzliche Vergütung, die dem RA als Wahlanwalt zusteht, nicht voll, so kann der RA die Zahlungen der Staatskasse zunächst auf diejenigen Kosten verrechnen, für welche die Gegenpartei nicht haftet.

     Hamburg NJW 54, 1044.

Die Staatskasse darf also ihre Rechte aus § 130 erst dann ausüben, wenn der RA voll befriedigt ist. Auch die Gegenpartei kann sich darauf berufen, daß die Ansprüche des RA denen der Staatskasse vorgehen. Dem RA steht es frei, ob er wegen seiner Vergütung zuerst die Staatskasse oder die erstattungspflichtige Gegenpartei in Anspruch nehmen will oder beide zu einem Teil, solange nicht der Gesamtbetrag seine gesetzliche Vergütung übersteigt.

     Vgl. A 29 zu § 121; vgl. auch Nürnberg AnwBl. 78, 113.

Der Gegner kann von dem RA auch dann in Anspruch genommen werden, wenn ihm gleichfalls PKH bewilligt ist.

     Hamm JurBüro 73, 1181 = Rpfleger 73, 408.

Treffen Vollstreckungsmaßnahmen der Staatskasse und des RA zusammen, so kann sich die Staatskasse aus den Pfandgegenständen nur im Range nach dem Pfandrecht des RA befriedigen. Entsprechendes gilt für die auf die Staatskasse übergegangenen Sicherungsrechte. Das gilt aber nur für Vollstreckungsmaßnahmen des Staates, die übergegangene RAkosten betreffen. Vollstreckt der Staat wegen der Gerichtskosten, besteht kein Vorrang des RA.

4 Die Staatskasse erwirbt die Ansprüche **in dem Zustand,** in dem sie sich z. Z. des Übergangs befinden, also die Ansprüche gegen die erstattungspflichtige Gegenpartei bei rechtskräftigem Urteil endgültig, bei nur vorläufig vollstreckbarem Urteil nur bedingt (s. a. unten A 11).

5 Auch dem beigeordneten RA erwächst ein **Anspruch gegen seine Partei** auf die gesetzliche Vergütung (s. A 21 ff. zu § 121), der mit der Befriedigung des RA durch die Staatskasse auf diese übergeht.

6 Die Staatskasse kann diesen Anspruch gegen die bedürftige Partei nur unter den Voraussetzungen des § 122 Abs. 1 Nr. 1 b) oder Nr. 3 ZPO geltend machen, d. h. nur, wenn entweder die **Bewilligung der PKH gem. § 124 ZPO aufgehoben** oder die Zahlung von Raten oder Beträgen aus dem Vermögen gem. § 120 Abs. 1 oder 4 ZPO festgesetzt worden ist.

7 Gegen **Streitgenossen** der Partei, der PKH bewilligt worden ist, erwirbt die Staatskasse keinen Erstattungsanspruch. Sie kann nur den bürgerlich-rechtlichen Ausgleichsanspruch der Partei aus § 426 BGB erwerben, soweit sie an deren Stelle den beigeordneten RA befriedigt hat. Voraussetzung ist, daß die Staatskasse mehr als den Anteil des Streitgenossen, dem PKH bewilligt worden ist, bezahlt hat. Dieser Anspruch kann nur durch Klage, nicht nach § 130 Abs. 2, geltend gemacht werden.

Bamberg JurBüro 71, 78 mit Anm. von Mümmler.

8 Nach § 126 ZPO steht dem beigeordneten RA ein eigener **Erstattungsanspruch gegen die Gegenpartei** zu, soweit die Kosten ihr auferlegt oder von ihr übernommen worden sind. Auch dieser Anspruch einschließlich der mit ihm nach § 126 Abs. 2 ZPO verbundenen Einredenbeschränkung geht auf die Staatskasse über, wenn und soweit sie den beigeordneten RA befriedigt hat.

9 Beruht der Erstattungsanspruch des RA auf einer Kostenentscheidung, so unterliegt er denselben Bedingungen wie die Entscheidung selbst.
Ist die **Entscheidung nur vorläufig vollstreckbar,** so ist der Erstattungsanspruch auflösend bedingt.
Ist die vorläufige Vollstreckbarkeit von einer Sicherheitsleistung abhängig, so gilt das auch für den auf den RA oder die Staatskasse übergegangenen Anspruch.
Macht die Gegenpartei von der Befugnis zur Sicherheitsleistung Gebrauch, so kann der Anspruch von der Staatskasse nicht geltend gemacht werden, bevor nicht die Entscheidung rechtskräftig ist.
Endgültig wird der Anspruch erst mit der Rechtskraft der Entscheidung.
Nach § 9 Abs. 3 Nr. 2 der bundeseinheitlichen Kostenverfügung v. 1. März 1976 kann die Staatskasse die auf sie übergegangenen Ansprüche des beigeordneten RA gegen den unterlegenen Gegner nur auf Grund eines rechtskräftigen Titels geltend machen.

10 Genießt die Gegenpartei **Gebührenfreiheit,** so hat das auf den Erstattungsanspruch keinen Einfluß. Der Gegner ist daher verpflichtet, die auf die

Staatskasse übergegangenen Ansprüche zu begleichen. Die zwischen Bund und Ländern vereinbarten haushaltrechtlichen Bestimmungen, nach denen Zahlungen zu unterbleiben haben, gelten auch hier.

> vgl. auch Löscher JurBüro 63, 61; BGH JurBüro 65, 209 = JVBl. 65, 67 = MDR 65, 287 = NJW 65, 538 = Rpfleger 65, 77.

Ist auch der Gegenpartei **PKH** bewilligt, so ist die Beitreibung der von ihr zu **11** erstattenden Kosten zulässig.

> Frankfurt Rpfleger 69, 217 (Der gemäß § 130 Abs. 1 auf die Staatskasse übergegangene Kostenanspruch kann gegen den erstattungspflichtigen Gegner auch dann geltend gemacht werden, wenn diesem das Armenrecht bewilligt war); **a. A.** Hamburg JurBüro 83, 612; Koblenz KostRsp. ZPO § 122 Nr. 21 mit abl. Anm. von Eicken; Düsseldorf Rpfleger 86, 448 = JurBüro 86, 1878; Mümmler Anm. JurBüro 84, 1046 unter Hinweis auf die Begründung zu dem Entwurf d. PKH-Ges., BT-Drucks. 8/3068 S. 30 zu k) (Einziehung nur nach § 122 Abs. 1 Nr. 1 ZPO).

Sind die **Kosten unter die Parteien nach Quoten verteilt,** so hängt der **12** Erstattungsanspruch der Staatskasse von der nach § 106 ZPO vorzunehmenden Kostenausgleichung ab. Diese ist zunächst so vorzunehmen, als ob keine PKH bewilligt worden wäre. Die Vergütung, für die der beigeordnete RA von der Staatskasse befriedigt worden ist, ist nur dann von dem sich zugunsten der bedürftigen Partei ergebenden Saldo abzuziehen und statt auf den Namen des RA für die Staatskasse festzusetzen, wenn dieser Saldo den Unterschied zwischen den vollen und den aus der Staatskasse gezahlten Gebühren des RA übersteigt. Der Übergang auf die Staatskasse wird dadurch an sich nicht berührt, sondern es wird nur seine Berücksichtigung bis zur Befriedigung des RA ausgeschlossen.

> München AnwBl. 82, 115 = JurBüro 82, 417 = Rpfleger 82, 119; Oldenburg JurBüro 80, 1052 mit krit. Anm. von Mümmler (Umfaßt der Kostenerstattungsanspruch der mittellosen Partei neben dem Vergütungsanspruch des beigeordneten RA auch eigene Aufwendungen der Partei, so sind im Falle einer Kostenausgleichung nach § 106 ZPO die gegnerischen Kosten gegen die einzelnen Teile des Kostenerstattungsanspruchs entsprechend ihrem Verhältnis „aufzurechnen", so daß der Teil der Erstattungsforderung, den der RA beanspruchen kann, sich zu seiner gesamten erstattungsfähigen Vergütung so verhält, wie der nach Ausgleich sich ergebende Betrag der zu erstattenden Kosten zu den gesamten erstattungsfähigen Kosten seiner Partei).

Der dem beigeordneten RA aus der Staatskasse zu erstattende Betrag ist also zunächst auf den von der Gegenpartei nicht zu erstattenden Teil der Vergütung des RA anzurechnen.

Auch **Auslagen der Partei** gehen der Staatskasse vor, soweit sie innerhalb **13** des Bruchteils geltend gemacht werden, den der Gegner zu erstatten hat.

Berechnungsbeispiel:

Rechtsstreit über 20 000,— DM
Kosten des Klägers, dem Prozeßkostenhilfe bewilligt worden ist,

3 Gebühren zu je 849,— DM	= 2547,— DM
eigene Auslagen des Klägers	100,— DM
	2647,— DM

Staatskasse hat gezahlt
3 × 490,— DM = 1470,— DM
Restanspruch des Klägervertreters 1077,— DM

Kosten auf seiten des Beklagten
ebenfalls   2647,— DM
Gesamtkosten 5294,— DM
Kostenverteilung
⅓ Kläger zu ⅘ Beklagter
Beklagter muß tragen   4235,20 DM
eigen Kosten   ⁄. 2647,— DM
zu erstatten   1588,20 DM.

Dieser Betrag entfällt
auf den Anwalt des Klägers mit   1077,— DM
auf den Kläger selbst mit ⅕ aus 100,— DM   80,— DM
auf die Staatskasse mit dem Rest   431,20 DM
                                                   1588,20 DM.
Die hier vertretene Auffassung ist jedoch nicht unstreitig.

> Vgl. die Ausführungen und Rechnungsbeispiele bei Riedel/Sußbauer A 57 ff. sowie HessVerwGH JVBl. 64, 145.

Wird die Kostenausgleichung von der Partei nicht beantragt und bleibt auch eine Anregung des Urkundsbeamten erfolglos, so hat der Urkundsbeamte von sich aus den Saldo zu ermitteln.

Die Gerichtskosten sind gesondert auszugleichen.

Auch wenn nur in einem Rechtszug die Kosten nach Quoten verteilt sind, hat die Kostenausgleichung für alle Rechtszüge gleichzeitig zu erfolgen, wenn z. Z. der Kostenfestsetzung bereits die Kostenentscheidung für die mehreren Instanzen vorliegt. Zuständig ist die Geschäftsstelle des ersten Rechtszugs. Sind die Kosten für die verschiedenen Instanzen schon getrennt festgesetzt und ist der Festsetzungsbeschluß rechtskräftig, so kann die Gegenpartei gleichwohl noch Erinnerung gegen den Ansatz der Kosten des beigeordneten RA in der Gerichtskostenrechnung nach § 5 GKG einlegen, da die Rechtskraft nur unter den Parteien wirkt.

14 **Nebenrechte,** z. B. die von einem Ausländer bestellte Sicherheit, gehen ebenfalls auf die Staatskasse über und haften der Staatskasse in Höhe des erstatteten Betrags.

15 Bei **Anwaltswechsel** kann, wenn die Staatskasse für die Vergütung mehrerer beigeordneter RAe haftet, z. B. weil ohne Verschulden des ersten RA die Beiordnung eines anderen RA erfolgt ist, die Gegenpartei aber nur die Kosten eines RA zu erstatten braucht, weil der Anwaltswechsel nicht als notwendig i. S. des § 91 Abs. 2 ZPO anzusehen ist, nur der Anspruch auf Erstattung der Kosten eines RA auf die Staatskasse übergehen.

16 **Hat die Gegenpartei die zu erstattenden Kosten an die Partei bezahlt,** weil die Kosten auf deren Namen festgesetzt worden waren, so hat der beigeordnete RA seinen Anspruch an die Gegenpartei verloren. Ein Forderungsübergang auf die Staatskasse ist daher nicht möglich.

17 Hat die Gegenpartei sich in einem Vergleich verpflichtet, einen **bezifferten Betrag** zu den außergerichtlichen Kosten der Partei beizutragen, der nur für den durch die Haftung der Staatskasse nicht gedeckten Teil der Anwaltsvergütung ausreicht, so geht der Anspruch nicht auf die Staatskasse über.

18 Die **für die Gerichtskosten geltenden Vorschriften** finden auf den auf die

Staatskasse übergegangenen Anspruch des beigeordneten RA keine Anwendung, besonders nicht die Bestimmungen über die Haftung für Gerichtskosten. Durch den Übergang auf die Staatskasse verlieren die Ansprüche des beigeordneten RA nicht ihre Eigenschaft als außergerichtliche Kosten.

> KG JurBüro 74, 866 = Rpfleger 74, 233; vgl. auch LG Wuppertal JurBüro 75, 359.

Auch auf die Entstehung des Anspruchs sind die für die Gerichtskosten geltenden Vorschriften nicht anwendbar.

Die **obsiegende Partei** haftet daher auch dann nicht, wenn sie das Verfahren **19** veranlaßt hat.

Hat die Gegenpartei in einem Vergleich die Gerichtskosten übernom- 20 men, so fallen darunter nicht die dem beigeordneten RA aus der Staatskasse zu erstattenden Kosten.

> Düsseldorf JMBlNRW 54, 212 = AnwBl. 54, 182.

Bei Übernahme der Kosten dem Gericht gegenüber (§ 54 Nr. 2 GKG) liegt kein Übergang nach § 130 vor. Die Staatskasse erlangt dadurch aber einen Gesamtschuldner aus einem neuen Rechtsgrund.

Das **Verfügungsrecht der Partei** bleibt trotz des Übergangs bestehen, so **21** daß durch Vergleich der Erstattungsanspruch gegen die Gegenpartei beseitigt werden kann.

> Frankfurt NJW 69, 144 = JurBüro 68, 898 = Rpfleger 69, 23 (Der kostenpflichtige Gegner der armen Partei kann eine ihn begünstigende außergerichtliche Einigung mit der armen Partei innerhalb des prozessualen Rahmens über die Kostentragungspflicht dem Beitreibungsanspruch des PKH-Anwalts aus § 126 ZPO und dem Erstattungsanspruch der Staatskasse aus § 130 entgegenhalten); Neustadt Rpfleger 67, 4 (Durch die Bewilligung des Armenrechts wird die arme Partei grundsätzlich nicht gehindert, im Rechtsstreit über das Verfahren im Rahmen des Zulässigen zu verfügen und zu diesem Zweck auch Vereinbarungen über die Kostentragung zu treffen).

Das gilt auch noch im zweiten Rechtszug, nachdem die Staatskasse den beigeordneten RA befriedigt hat.

Nimmt die Partei, die im ersten Rechtszug obgesiegt hatte, im zweiten Rechtszug die Klage zurück, so kann die Staatskasse die dem beigeordneten RA gezahlte Vergütung nicht mehr von der Gegenpartei fordern.

Hatte die Staatskasse die an den bisherigen beigeordneten RA gezahlte Vergütung bereits von der Gegenpartei eingezogen, so muß sie die erhaltenen Beträge zurückzahlen.

Das **Verfügungsrecht endet** mit der Rechtskraft des Urteils. Ein später **22** abgeschlossener Vergleich kann der Staatskasse den auf sie übergegangenen Erstattungsanspruch nicht mehr entziehen.

> Düsseldorf NJW 56, 1161 = JMBlNRW 56, 67; Stuttgart NJW 56, 1405.

Das gilt auch dann, wenn die Staatskasse die Vergütung des beigeordneten RA erst nach Abschluß des Vergleichs gezahlt hat.

> Köln MDR 56, 363; JMBlNRW 72, 146.

Auch ein **außergerichtlicher Vergleich,** der vor Rechtskraft des Urteils **23** geschlossen worden ist, kann den Erstattungsanspruch gegen die Gegenpartei beseitigen, selbst wenn das Urteil später rechtskräftig geworden ist.

Frankfurt Rpfleger 69, 23 = NJW 69, 144 = JurBüro 68, 898; LG Bayreuth
JurBüro 74, 1403 mit Anm. von Mümmler.

Die Staatskasse kann daher den Übergang nicht geltend machen, wenn der
Abschluß des Vergleichs ihr vor Rechtskraft angezeigt worden ist.

Ist das nicht geschehen, so kann der Einwand, daß die Erstattungspflicht
durch außergerichtlichen Vergleich beseitigt worden sei, durch Erinnerung
nach § 8 JustBeitrO in Verbindung mit § 128 geltend gemacht werden.

a. M. Hartmann A 2 D (Klage nach § 767 ZPO).

24 Wird ein Vergleich in dem **Bewußtsein, die Staatskasse zu benachteiligen,** ohne verständigen Grund abgeschlossen, so ist er der Staatskasse
gegenüber unwirksam,

München JurBüro 73, 751 (Benachteiligungsabsicht viel zu großzügig angenommen).

z. B. wenn nur der von der Staatskasse befriedigte Teil der Vergütung des RA
von der Erstattung ausgenommen wird.

Ein Vergleich, durch den die Partei Kostenteilung vereinbart hat, um ihr
Prozeßziel im wesentlichen zu erreichen, ist nicht sittenwidrig.

LG Köln AnwBl. 56, 51.

Die Partei darf aber das Beitreibungsrecht der Staatskasse nicht aus unsachli-
chen oder eigennützigen Beweggründen vereiteln. Andernfalls kann die
Staatskasse die dem beigeordneten RA gezahlten Gebühren zurückfordern
wie u. U. auch der Gegenpartei anlasten. Beispiel: Der Beklagte ist zur
Zahlung und Tragung der Kosten verurteilt worden. Einen Tag vor Rechtskraft vereinbaren die Parteien, daß die Anwaltskosten des Klägers nur in
Höhe des nicht aus der Staatskasse zu zahlenden Betrages zu erstatten sind,
während der Kläger auf den Rest verzichtet.

Celle NdsRpfl. 62, 82 = Rpfleger 64, 199; München JurBüro 73, 751.

25 **Gibt der beigeordnete Rechtsanwalt sein Recht aus § 126 ZPO grund-
los aus der Hand,** so kann die Staatskasse seinem Vergütungsanspruch die
Einrede der Arglist entgegensetzen.

Grobe Fahrlässigkeit genügt. Sie liegt auch darin, daß der RA seine Vergütung zunächst auf den Namen der Partei festsetzen läßt, damit die Aufrechnung des erstattungspflichtigen Gegners ermöglicht und erst nach dem so
bewirkten Erlöschen seines Vergütungsanspruchs seine Vergütung aus der
Staatskasse fordert.

LG Berlin JurBüro 84, 74.

26 Für die **Geltendmachung des Anspruchs** sind nach § 130 Abs. 2 die Vorschriften über die Einziehung der Kosten des gerichtlichen Verfahrens sinngemäß anzuwenden. Die Geltendmachung erfolgt also im Bereich der ordentlichen Gerichtsbarkeit nach der JBeitrO (Schönfelder Deutsche Gesetze
Nr. 122). Einen Schuldtitel braucht sich die Staatskasse nicht zu beschaffen. In
der Gerichtskostenrechnung ist die dem beigeordneten RA gezahlte Vergütung gesondert aufzuführen.

Nach 3.3.2 der bundeseinheitlichen Durchführungsbestimmungen zum
PKH-Ges. (DB-PKHG) setzt die Beitreibung von der Gegenpartei entweder

eine unwiderrufliche Übernahmeerklärung oder eine rechtskräftige gerichtliche Kostenentscheidung, die der Gegenpartei die außergerichtlichen Kosten auferlegt, voraus.

Einwendungen können die Berechnung beanstanden, den Anspruch der 27 Staatskasse überhaupt oder die Zahlungspflicht bestreiten oder auch geltendmachen, die Staatskasse habe die Vergütung zu Unrecht an den beigeordneten RA bezahlt, z. B. bei verschuldetem Anwaltswechsel.

Einwendungen, welche die Gegenpartei im Zeitpunkt des Übergangs dem beigeordneten RA entgegensetzen kann, können auch der Staatskasse nach § 5 GKG entgegengesetzt werden.

> Düsseldorf JurBüro 85, 99.

Macht die Staatskasse die Anwaltskosten des beigeordneten RA gegen den unterlegenen Gegner geltend, kann dieser z. B. einwenden, es seien zu hohe Gebührenwerte berechnet worden.

> BGH MDR 78, 214 = JurBüro 78, 517 = Rpfleger 78, 54 = KostRsp. Nr. 7 mit krit. Anm. von Lappe.

Eine **Aufrechnung** ist zwar zulässig, 28

> München Rpfleger 56, 28 (L).

aber, soweit es sich um Ansprüche des Gegners gegen die arme Partei handelt, nur mit Kosten, die nach der in demselben Rechtsstreit erlassenen Kostenentscheidung von der mittellosen Partei zu erstatten sind (§ 126 Abs. 2 ZPO).

> LG Berlin AnwBl. 83, 327 = JurBüro 83, 878 mit Anm. von Mümmler; **a. M.** Zweibrücken JurBüro 84, 1044 mit abl. Anm. Mümmler.

Überdies ist nach § 8 JBeitrO die Einwendung, daß mit einer Gegenforderung aufgerechnet worden sei, nur zulässig, wenn die Gegenforderung anerkannt oder gerichtlich festgestellt ist.

Wird gegen einen auf den Namen der mittellosen Partei lautenden Kostenfestsetzungsbeschluß durch den Prozeßgegner wirksam aufgerechnet, so kann die Staatskasse den auf sie übergegangenen Anspruch nicht mehr geltend machen.

> LG Berlin JurBüro 83, 879 mit Anm. von Mümmler; = KostRsp. BRAGO § 130 Nr. 13 mit Anm. Lappe; vgl. aber auch A 25. LG Bielefeld JurBüro 79, 78.

Die **Beschwerde** ist nach § 567 Abs. 2 ZPO davon abhängig, daß der Wert 29 des Beschwerdegegenstandes 100,— DM übersteigt.

Beschwerde an das Oberlandesgericht ist auch dann zulässig, wenn in dem Rechtsstreit, dessen Kosten erstattet verlangt werden, der Rechtsmittelzug nur bis zum Landgericht geht.

> München Rpfleger 56, 28 (L).

Hinsichtlich des auf die Staatskasse bereits übergegangenen Anspruchs kann 30 weder die Partei noch der beigeordnete RA das **Kostenfestsetzungsverfahren gegen die Gegenpartei** betreiben; die Partei nicht, weil ihr selbst wegen der aus der Staatskasse gezahlten Vergütung keine erstattungsfähigen Aufwendungen erwachsen sind und sie im Hinblick auf § 122 Abs. 1 Nr. 3 ZPO auch nicht von dem ihr beigeordneten RA in Anspruch genommen werden kann; dieser nicht, weil er wegen des Forderungsübergangs zur Beitreibung nach § 126 ZPO nur noch wegen der Differenzkosten legitimiert ist. Etwas

anderes gilt nur, wenn und soweit die Partei nach Aufhebung der PKH (§ 124
ZPO) oder wegen Anordnungen nach §§ 115 oder 120 Abs. 4 ZPO Zahlungen an die Staatskasse tatsächlich geleistet hat. In dieser Höhe erlöschen dann
nämlich die auf die Staatskasse übergegangenen Ansprüche und die Partei
kann ihre dafür gemachten Aufwendungen von dem in die Prozeßkosten
verurteilten Gegner nach §§ 103 ff. ZPO erstattet verlangen. Voraussetzung
ist aber, daß die Partei die Beträge der Staatskasse nicht nur schuldet, sondern
sie auch tatsächlich entrichtet hat.

KG AnwBl. 83, 324 = JurBüro 83, 1056.

Der beigeordnete RA hat nach Aufhebung der PKH kein Beitreibungsrecht
nach § 126 ZPO mehr. Die ihm aus der Staatskasse gezahlte Vergütung
verbleibt ihm zwar, aber gerade deswegen ist er zu einer Kostenfestsetzung im
eigenen Namen gegen den Gegner nicht mehr befugt.

Vierzehnter Abschnitt. Vergütung für die Beratungshilfe

Vorbemerkungen

Lit.: Mümmler JurBüro 84, 1125 (Betrachtungen zum Beratungshilfegesetz); Greißin-
ger JurBüro 84, 1761 (Betrachtungen zum Beratungshilfegesetz); AnwBl. 86, 417
(Rechtsprechung in Beratungshilfesachen); Herget MDR 84, 529 (Beratungshilfe in der
gerichtlichen Praxis); Hansens JurBüro 86, 1, 169, 339 (Die Vergütung des RA für die
Beratungshilfe aus der Sicht der Praxis); JurBüro 87, 23 (Die Vergütung des RA für
Beratungshilfe in Ehesachen).

Übersicht über die Anmerkungen

1 Allgemeines. Durch das Beratungshilfegesetz (BerHG) vom 18. Juni 1980
(BGBl. I 689) ist die Rechtsberatung und die Vertretung für Bürger mit
geringem Einkommen nunmehr bundesgesetzlich geregelt worden.

2 Subjektive Voraussetzungen. § 1 BerHG regelt, wem Beratungshilfe gewährt werden kann. Er lautet:

„(1) Hilfe für die Wahrnehmung von Rechten außerhalb eines gerichtlichen Verfahrens (Beratungshilfe) wird auf Antrag gewährt, wenn

1. der Rechtsuchende die erforderlichen Mittel nach seinen persönlichen und wirtschaftlichen Verhältnissen nicht aufbringen kann,

2. nicht andere Möglichkeiten für eine Hilfe zur Verfügung stehen, deren Inanspruchnahme dem Rechtsuchenden zuzumuten ist,

3. die Wahrnehmung der Rechte nicht mutwillig ist.

(2) Die Voraussetzungen des Absatzes 1 Nr. 1 sind gegeben, wenn dem Rechtsuchenden Prozeßkostenhilfe nach den Vorschriften der Zivilprozeßordnung ohne einen eigenen Beitrag zu den Kosten zu gewähren wäre.“

Nach Abs. 2 kann der Rechtsuchende die erforderlichen Mittel nach seinen persönlichen und wirtschaftlichen Verhältnissen nicht aufbringen, wenn ihm PKH nach den Vorschriften der ZPO ohne eigenen Beitrag zu den Kosten zu gewähren wäre. Soweit es sich um das Einkommen handelt, ist von der Tabelle zu § 114 ZPO auszugehen, Vermögen ist einzusetzen, soweit dies zumutbar ist, § 115 ZPO. Der Antrag kann nicht schon mit der Begründung zurückgewiesen werden, die Mittellosigkeit sei selbst verschuldet.

AG München KostRsp. BerHG § 1 Nr. 1 = AnwBl. 83, 477.

Es kommt nur auf das Einkommen des Antragstellers an. Verlangt z. B. die Ehefrau Bewilligung der Beratungshilfe, so bleibt grundsätzlich das Verdienst des Ehemannes außer Betracht.

München JurBüro 82, 322; Schmidt MDR 81, 793; Mümmler JurBüro 84, 1131.

Der Anspruch eines Ehegatten auf Zahlung eines Prozeßkostenvorschusses durch den anderen Ehegatten schließt die Gewährung der Beratungshilfe nicht aus. § 1360a Abs. 4 BGB gibt nur einen Anspruch für die Kosten eines Rechtsstreits. § 1 BerHG betrifft jedoch nur außergerichtliche Verfahren.

Greißinger AnwBl. 83, 477; Mümmler JurBüro 84, 1132;
a. A. AG Osnabrück AnwBl. 83, 477.

Andere Möglichkeiten für eine Hilfe. Ist der Rechtsuchende rechtsschutz- **3** versichert, wird er die Rechtsschutzversicherung in Anspruch nehmen müssen. Dies gilt aber nur insoweit, als der Versicherungsvertrag sich auch auf jenes Rechtsgebiet erstreckt, für das Beratungshilfe gesucht wird. Beratungshilfe kann dann nicht gewährt werden, wenn dem Rechtsuchenden auch andere Möglichkeiten als die Hilfe eines RA verbleiben und ein verständiger, den RA selbst bezahlender Bürger den Rat eines Anwalts nicht einholen würde.

AG Marburg KostRsp. BerHG § 1 Nr. 12.

Mutwilligkeit. Schließlich darf die Wahrnehmung der Rechte nicht mutwil- **4** lig sein. Sie liegt vor, wenn eine verständige, nicht bedürftige Partei ihre Rechte nicht in gleicher Weise verfolgen würde, wo ein sachlich gerechtfertigter Wunsch nach Aufklärung über Rechtslage und rechtlichem Beistand nicht zu erkennen ist.

LG Münster JurBüro 84, 447; AG Marburg JurBüro 85, 594 m. zust. Anm. v. Mümmler; AG Geldern JurBüro 87, 142 (einem mittellosen Gläubiger ist zuzumuten, sich der Rechtsantragsstelle für die Einleitung von Vollstreckungsmaßnahmen zu bedienen).

Dagegen sind die Erfolgsaussichten nicht zu prüfen.

5 Außerhalb eines gerichtlichen Verfahrens. Nur dort kann nach § 1 Abs. 1
BerHG Hilfe für die Wahrnehmung von Rechten gewährt werden. Der BGH
hat sich in seiner Entscheidung vom 30. 5. 1984

> BGHZ 91, 311 = NJW 84, 2106 = AnwBl. 85, 216 = JurBüro 84, 1349.

der überw. Auffassung angeschlossen, nach der für das Prozeßkostenhilfever-
fahren grundsätzlich keine PKH gewährt werden kann. Die Gründe für den
BGH sind: Das Gesetz sieht für das Bewilligungsverfahren keine Prozeßkostenhilfe vor; nach § 114 ZPO kann Prozeßkostenhilfe nur für die „Prozeßführung" gewährt werden, darunter ist das eigentliche Streitverfahren zu
verstehen, nicht aber das PKH-Prüfungsverfahren. Entscheidend für den
BGH ist, daß dennoch dem Rechtsuchenden kein Nachteil entsteht, weil die
Beratung über die Erfolgsaussichten eines Prozeßkostenhilfeantrags unter das
BerHG fällt.

> BGH a. a. O.; OLG Nürnberg NJW 82, 288; AG Neustadt AnwBl. 86, 458;
> Schneider MDR 81, 793; für die Anwendung des BerHG zugunsten des Antrags-
> gegners, weil für diesen das PKH-Verfahren kein gerichtliches Verfahren sei Pentz
> NJW 82, 1269; Trenk-Hinterberger AnwBl. 85, 217.

Die Interessen des Rechtsuchenden und die Funktion des BerHG lassen es
geboten erscheinen, den Tatbestand „außerhalb eines gerichtlichen Verfahrens" nicht engherzig auszulegen. „Außerhalb" kann auch (nur) außergerichtlich während eines gerichtlichen Verfahrens bedeuten.

> So AG Kiel AnwBl. 86, 46; AG Aurich JurBüro 85, 459; Baumbach-Lauterbach
> ZPO Anhang nach § 127 ZPO Anm. I zu § 1 bis 9 BerHG; Klinge AnwBl. 83, 476;
> Schmidt AnwBl. 84, 141.

Läßt sich z. B. ein Beklagter, dem eine Klage zugestellt ist, über die Aussichten einer Rechtsverteidigung gegen die Klage beraten, so fällt dies unter das
BerHG.

> AG Köln MDR 84, 502.

Der BGH hat unentschieden gelassen, ob für das PKH-Prüfungsverfahren
auch Beratungshilfe in Form der Vertretung möglich ist mit der Folge, daß die
Gebühr des § 132 Abs. 2 anfällt. Er weist darauf hin, daß der Antrag auf
PKH-Bewilligung als solcher sodann (gemeint ist nach Beratung durch den
RA) von der Partei selbst zu Protokoll der Geschäftsstelle erklärt werden
kann, Anwaltszwang nicht besteht, der Urkundsbeamte der Geschäftsstelle
verpflichtet ist, den Antragsteller über die Antragserfordernisse des § 117
ZPO sachgemäß zu beraten. Da die Rechtsberatung der armen Partei durch
das BerHG gewährleistet sei und der UdG für einen vollständigen und
sachgemäßen Antrag der Partei sorgen müsse, sei die Chancengleichheit der
armen Partei im Vergleich zu finanziell gut gestellten Rechtsuchenden gewahrt.

> BGH a. a. O.

Die Chancengleichheit ist aber nur gewahrt vor Stellung des PKH-Antrags.
Hat der Urkundsbeamte der Geschäftsstelle den Antrag aufgenommen, dann
ist eine reiche Partei im PKH-Prüfungsverfahren, die sich durch einen RA
vertreten läßt, im Vorteil, eine arme Partei, der keine Beratungshilfe in Form
der Vertretung für das PKH-Prüfungsverfahren gewährt wird, im Nachteil,

wenn sie durch einen RA das Prüfungsverfahren nicht durchgängig steuern kann. Die rechtliche Vertretung von bedürftigen Personen im PKH-Prüfungsverfahren kann somit nur durch Beratungshilfe gewährleistet werden.

> AG Wuppertal AnwBl. 84, 459.

Gegenstand der Beratungshilfe. § 2 BerHG regelt, welche Angelegenhei- 6
ten Gegenstand der Beratungshilfe sein können. Er lautet:

„(1) Die Beratungshilfe besteht in Beratung und, soweit erforderlich, in Vertretung.

(2) Beratungshilfe nach diesem Gesetz wird gewährt in Angelegenheiten

1. *des Zivilrechts außer in Angelegenheiten, für deren Entscheidung die Gerichte für Arbeitssachen ausschließlich zuständig sind,*
2. *des Verwaltungsrechts,*
3. *des Verfassungsrechts.*

In Angelegenheiten des Strafrechts und des Ordnungswidrigkeitenrechts wird nur Beratung gewährt. Ist es im Geamtzusammenhang notwendig, auf andere Rechtsgebiete einzugehen, wird auch insoweit Beratungshilfe gewährt.

(3) Beratungshilfe nach diesem Gesetz wird nicht gewährt in Angelegenheiten, in denen das Recht anderer Staaten anzuwenden ist, sofern der Sachverhalt keine Beziehung zum Inland aufweist.“

Die Ausnahme des Arbeitsrechts und des Sozialrechts (– weil das Sozialrecht im Wortlaut nicht vorkommt –) ist eine Konzession an die verbandspolitischen Interessen der Gewerkschaften, sie ist verfassungsrechtlich bedenklich (Verstoß gegen Art. 3 Abs. 1, Art. 19 Abs. 4, Art. 9 Abs. 1 i. V. m. Art. 2 Abs. 1, Art. 103 Abs. 1 GG).

> Klinge BerHG § 2 Rn. 2; Riedel-Sußbauer vor § 131 A 3;
> **a. A.** BVerfG JurBüro 86, 1025 (für Sozialversicherungsrecht).

Inzwischen haben einige Länder aufgrund ihrer Gesetzgebungskompetenz (Art. 72 Abs. 1 GG) für die Ausfüllung der vom Bundesgesetzgeber gelassenen Lücken diese durch Einbeziehung des Arbeits- und des Sozialrechts in die Beratungshilfe ergänzt.

> BayJMBl. 81, 9 (ausgenommen sind das Arbeitsrecht); Niedersachsen NdsRpfl. 81, 6 = AnwBl. 83, 117; NdsRpfl. 84, 6; Rheinland-Pfalz JMBlRhldPf. 81, 13; Saarland GeMBl. 82, 169.

Umstritten ist, ob die Abgrenzung hinsichtlich der Gegenstände der Beratungshilfe nach materiell-rechtlichen Begriffen zu erfolgen hat oder ob an die Rechtswegzuweisung anzuknüpfen ist. So ist Beratungshilfe für die Verfolgung von Ansprüchen aus dem Bundessozialhilfegesetz zu gewähren, wenn der Rechtsweg das Abgrenzungskriterium ist, weil hier das Verwaltungsgericht zu entscheiden hat.

> So LG Osnabrück AnwBl. 85, 335; AG Mönchengladbach Rpfleger 82, 346; AG Heidelberg AB 83, 238; AG Steinfurth Rpfleger 84, 471; AG Castrop-Rauxel AnwBl. 85, 655; AG Marburg Rpfleger 84, 522; AG Heidenheim (für Arbeitslosenhilfe) AnwBl. 84, 517; AG Halle AnwBl. 85, 111; AG Hamm AnwBl. 86, 249; v. Maydell NJW 81, 1181;
> **a. A.** AG Siegen AnwBl. 83, 474 m. überzeugender abl. Stellungnahme von Trenk-Hinterberger; AG Gießen JurBüro 85, 460.

Strafvollzug ist dem Strafrecht zuzuordnen, wenn es auf den Rechtsweg ankommt,

so LG Göttingen NdsRpfl. 83, 161; Schoreit-Dehn § 2 A 28,

dem Gebiete des Verwaltungsrechts, wenn es auf den materiell-rechtlichen Inhalt ankommt,

so LG Berlin JurBüro 86, 172; AG Osnabrück AnwBl. 82, 496; AG Bochum Strafverteidiger 85, 73 = Kostsp. BerHG § 2 Nr. 7.

Nach § 2 Abs. 2 BerHG wird in Angelegenheiten des Straf- und des Ordnungswidrigkeitenrechts nur Beratung gewährt. Ist es im Gesamtzusammenhang notwendig, auf andere Rechtsgebiete einzugehen, wird auch insoweit Beratungshilfe gewährt. Mit der Einschränkung der Beratungshilfe in Straf- und Bußgeldsachen auf die Gewährung von Beratung unter Ausschluß der Vertretung soll auf das bestehende System der Pflichtverteidigung Rücksicht genommen werden. Das AG Braunschweig ist daher der Ansicht, daß ein RA, der einen Rechtsuchenden, ohne mit seiner Verteidigung beauftragt oder ihn als Verteidiger beigeordnet zu sein, in einer Strafsache berät und die Ermittlungsakten für ihn einsieht, ein Anspruch auf Entschädigung für Vertretung nach § 132 Abs. 2 hat.

AG Braunschweig AnwBl. 84, 517; Schoreit-Dehn § 2 BerHG A 27, 33.

7 Träger der Beratungshilfe. § 3 BerHG lautet:

„(1) Die Beratungshilfe wird durch Rechtsanwälte gewährt, auch in Beratungsstellen, die aufgrund einer Vereinbarung mit der Landesjustizverwaltung eingerichtet sind.

(2) Die Beratungshilfe kann auch durch das Amtsgericht gewährt werden, soweit dem Anliegen durch eine sofortige Auskunft, einen Hinweis auf andere Möglichkeiten für Hilfe oder die Aufnahme eines Antrags oder einer Erklärung entsprochen werden kann."

Der RA ist der berufene unabhängige Berater und Vertreter in allen rechtlichen Angelegenheiten. Ihm ist daher in erster Linie die Beratungshilfe vom Gesetz übertragen worden. Durch § 49a BRAO ist der RA verpflichtet, die Beratungshilfe zu übernehmen. Er kann sie nur im Einzelfall aus wichtigem Grund ablehnen.

Nach § 3 Abs. 2 BerHG kann Beratungshilfe auch durch das Amtsgericht (Rechtspfleger, § 24a Abs. 1 Nr. 2 RpflG) gewährt werden, soweit dem Anliegen durch eine sofortige Auskunft, einen Hinweis auf andere Möglichkeiten für Hilfe oder die Aufnahme eines Antrags oder einer Erklärung entsprochen werden kann. Die Befugnisse des Rechtspflegers sind somit vom Gesetzgeber eindeutig umrissen. Der Rechtspfleger darf weder beraten (d. h. dem Rechtsuchenden empfehlen, sich in einer bestimmten Rechtslage in einer bestimmten Weise zu verhalten), noch gar vertreten. Er darf rechtliche Auskünfte erteilen, soweit ihm dies sofort möglich ist, etwa aus eigenem Wissen oder durch Vermittlung einer einschlägigen Gesetzesbestimmung. So kann er z. B. den Rechtsuchenden, gegen den ein Mahnbescheid ergangen ist, darauf hinweisen, daß dagegen Widerspruch möglich ist. Er darf ihn aber nicht darüber beraten, ob ein Widerspruch aussichtsreich ist oder nicht.

Zur Abgrenzung ausführlich Chemnitz in Riedel/Sußbauer vor § 131 A 11–15.

Träger der Beratungshilfe sind auch die in einer Beratungsstelle tätigen RAe, die aufgrund einer Vereinbarung mit der Landesjustizverwaltung eingerichtet werden. Wegen der Besonderheiten in den Ländern Bremen, Hamburg und Berlin s. § 14 BerHG sowie unter A 15.

Verfahren, Antrag. § 4 BerHG regelt das Verfahren für den Antrag auf **8** Beratungshilfe. Er bestimmt:

> *„(1) Über den Antrag auf Beratungshilfe entscheidet das Amtsgericht, in dessen Bezirk ein Bedürfnis für Beratungshilfe auftritt.*
>
> *(2) Der Antrag kann mündlich oder schriftlich gestellt werden. Der Sachverhalt, für den Beratungshilfe beantragt wird, ist anzugeben. Die persönlichen und wirtschaftlichen Verhältnisse des Rechtssuchenden sind glaubhaft zu machen. Wenn sich der Rechtssuchende wegen Beratungshilfe unmittelbar an einen Rechtsanwalt wendet, kann der Antrg nachträglich gestellt werden."*

Der Rechtsuchende hat sich zunächst grundsätzlich an das Amtsgericht zu wenden, in dessen Bezirk das Bedürfnis für eine Beratungshilfe auftritt. Wo nun ein derartiges Bedürfnis gegeben ist, besagt das Gesetz nicht. Nach der Begründung zum Gesetzentwurf der Bundesregierung vom 2. 11. 1979 – BT-Drucksache 8/3311 S. 14 – sollte der Zugang zum Rechtsrat möglichst erleichtert werden. Daraus ergibt sich, daß grundsätzlich das AG zuständig ist, in dessen Bezirk der Rechtsuchende zum Zeitpunkt der Antragstellung seinen Wohnsitz hat. Daneben kommen auch das AG des Aufenthaltsortes von längerer Dauer, des ständigen Arbeitsplatzes, unter Umständen des Urlaubsortes, des Ausbildungsortes oder auch das Gericht, in dessen Bezirk das gerichtliche Verfahren anhängig gemacht werden müßte, in Betracht.

Karlsruhe JurBüro 82, 735; Zweibrücken Rpfleger 83, 90; Mümmler JurBüro 84, 1133.

Der Antrag auf Beratungshilfe kann mündlich oder schriftlich gestellt werden. Der Sachverhalt ist anzugeben. Außerdem sind die persönlichen und wirtschaftlichen Verhältnisse des Rechtsuchenden glaubhaft zu machen.

In § 4 Abs. 2 S. 3 BerHG hat der Gesetzgeber dem Rechtsuchenden auch die Möglichkeit eröffnet, sich unmittelbar wegen Beratungshilfe an einen RA zu wenden. Der Rechtsuchende hat diesem seine persönlichen und wirtschaftlichen Verhältnisse glaubhaft zu machen und zu versichern, daß ihm in derselben Angelegenheit Beratungshilfe bisher weder gewährt noch durch das Amtsgericht versagt worden ist (§ 7 BerHG). Der Antrag auf Gewährung der Beratungshilfe kann in diesem Falle nachträglich gestellt werden. Berät oder vertritt der RA, ohne daß ihm der Rechtsuchende einen Berechtigungsschein vorlegt, so riskiert er, daß der Antrag später abgelehnt wird, weil die Voraussetzung für die Gewährung der Beratungshilfe nicht vorliegt. Der RA erhält dann auch keine Vergütung aus der Staatskasse.

Es wird sich empfehlen, in Zweifelsfällen den Rechtsuchenden auf diese Ungewißheit hinzuweisen und ihm anheim zu stellen, sich zuvor einen Berechtigungsschein zu besorgen. Zuständig für die nachträgliche Ausstellung des Berechtigungsscheines ist sowohl das Amtsgericht, in dessen Bezirk der RA seine Kanzlei hat und das nach § 133 S. 2 zuständig ist für seine Vergütung,

Zweibrücken Rpfleger 83, 285; Karlsruhe JurBüro 82, 735; JurBüro 82, 735;

AnwBl. 84, 514; KG JurBüro 83, 1707; Celle KostRsp. BerHG § 4 Nr. 2; Düsseldorf AnwBl. 86, 655.

aber auch das Amtsgericht nach § 4 Abs. 1 BerHG.

BayObLG JurBüro 84, 121; Hamm MDR 84, 268; Köln JurBüro 85, 1115; Mümmler JurBüro 84, 1135;
a. A. (nur das AG gem. § 4 BerHG) Stuttgart JurBüro 86, 120; KG JurBüro 85, 598.

9 **§ 5 BerHG** bestimmt:

   „Für das Verfahren gelten die Vorschriften des Gesetzes über die Angelegenheiten der freiwilligen Gerichtsbarkeit sinngemäß, soweit in diesem Gesetz nichts anderes bestimmt ist."

   Wegen der Rechtsbehelfe s. nachfolgend A 11.

10 **Ausstellung des Berechtigungsscheines.** Hierzu bestimmt § 6 Abs. 1 BerHG:

   „(1) Sind die Voraussetzungen für die Gewährung von Beratungshilfe gegeben und wird die Angelegenheit nicht durch das Amtsgericht erledigt, stellt das Amtsgericht dem Rechtsuchenden unter genauer Bezeichnung der Angelegenheit einen Berechtigungsschein für Beratungshilfe durch einen Rechtsanwalt seiner Wahl aus."

   Sind die Voraussetzungen für die Gewährung von Beratungshilfe gegeben und hat sich die Angelegenheit nicht im Bewilligungsverfahren erledigen lassen, dann muß der Rechtspfleger dem Rechtsuchenden den Berechtigungsschein für Beratungshilfe durch einen RA seiner Wahl ausstellen. Die Auswahl des RA bleibt dem Rechtsuchenden überlassen. Der Rechtspfleger ist nicht berechtigt, einen bestimmten RA beizuordnen.

   Riedel/Sußbauer vor § 131 A 16.

   Umstritten ist, ob der Rechtspfleger bereits im Bewilligungsverfahren die Zahl der Angelegenheiten bindend für das Vergütungsverfahren im Berechtigungsschein festlegt bzw. bei mehreren Angelegenheiten auch mehrere Berechtigungsscheine ausstellen muß.

   So LG Köln MDR 85, 944; LG Münster JurBüro 83, 1893 m. abl. Anm. v. Mümmler = KostRsp. BRAGO § 132 Nr. 22; Nagel Rpfleger 82, 212.

   Die Frage kann ungeklärt bleiben. Denn weder aus dem Wortlaut noch aus der Entstehungsgeschichte des Gesetzes ergibt sich, daß der Kostenbeamte an die Auffassung des Rechtspflegers, der den Berechtigungsschein erteilt, gebunden ist. Vielmehr hat der Kostenbeamte bei der Vergütungsfestsetzung in eigener Kompetenz zu prüfen, ob es sich um eine oder mehrere Angelegenheiten handelt, zumal dies oftmals im Bewilligungsverfahren noch gar nicht feststeht, sondern sich manchmal erst aus der Tätigkeit des RA ergibt.

   LG Berlin JurBüro 85, 1667; LG Bonn AnwBl. 85, 109 = JurBüro 85, 713; LG Dortmund AnwBl. 85, 334 = Rpfleger 85, 78; LG Wuppertal JurBüro 85, 1426; Mümmler JurBüro 84, 1134; Greißinger NJW 85; 1676; Herget MDR 85, 945; Hansens JurBüro 87, 23.

11 **Rechtsbehelf.** § 6 Abs. 2 BerHG lautet:

   „(2) Gegen den Beschluß, durch den der Antrag zurückgewiesen wird, ist nur die Erinnerung statthaft."

   Nach § 24a Abs. 1 Nr. 1 RpflG ist die Entscheidung über Anträge auf

Gewährung von Beratungshilfe dem Rechtspfleger übertragen. Gegen seine Entscheidung ist die nicht fristgebundene Erinnerung zulässig (§ 11 Abs. 1 S. 1 i. V. m. § 24a Abs. 2 RpflG). Hilft der Rechtspfleger der Erinnerung nicht ab, wozu er nach § 11 Abs. 2 S. 1 RpflG befugt wäre, so legt er sie dem Richter vor (§ 11 Abs. 2 S. 2 RpflG). Dieser entscheidet über die Erinnerung endgültig. Durch die Sondervorschrift des § 6 Abs. 2 BerHG wird somit § 11 Abs. 2 RpflG modifiziert. Es ist weder eine Vorlage der Erinnerung nach § 11 Abs. 2 S. 4 RpflG an das Rechtsmittelgericht in der Form einer Durchgriffserinnerung möglich noch eine Beschwerde gegen die Entscheidung des Amtsrichters.

Hamm Rpfleger 84, 271; Schleswig Rpfleger 83, 489 = JurBüro 84, 452; Stuttgart JurBüro 84, 124 = MDR 84, 153; BayObLG JurBüro 86, 121; Schoreit-Dehn § 6 BerHG A 3; Mümmler JurBüro 84, 1134.

Gegen den Beschluß, durch den Beratungshilfe gewährt wird, gibt es keinen Rechtsbehelf, weil § 6 Abs. 2 BerHG eine abschließende Regelung enthält. Auch der (vergleichbare) Beschluß, mit dem PKH bewilligt wird, ist gem. § 127 Abs. 2 S. 1 ZPO unanfechtbar.

LG Bochum AnwBl. 84, 105; LG Köln Rpfleger 83, 286 = JurBüro 83, 1709; LG Göppingen NdsRpfleger 83, 277; AG Köln AnwBl. 84, 517; Schoreit-Dehn § 6 BerHG A 3; **a. A.** (Erinnerung des Bezirksrevisors möglich) Hamm Rpfleger 84, 517; LG Münster JurBüro 83, 1893 m. abl. Anm. v. Mümmler; AG Würzburg JurBüro 86, 776.

Für die **Beratungshilfe ohne Berechtigungsschein** bestimmt § 7 BerHG: **12**

„Der Rechtsuchende, der unmittelbar einen Rechtsanwalt aufsucht, hat seine persönlichen und wirtschaftlichen Verhältnisse glaubhaft zu machen und zu versichern, daß ihm in derselben Angelegenheit Beratungshilfe bisher weder gewährt noch durch das Amtsgericht versagt worden ist."

Auf oben A 8 wird verwiesen.

Schutzgebühr, Vergütungsvereinbarung. § 8 BerHG lautet: **13**

„(1) Dem Rechtsanwalt steht gegen den Rechtsuchenden, dem er Beratungshilfe gewährt, eine Gebühr von 20 Deutsche Mark zu, die er nach dessen Verhältnissen erlassen kann.

(2) Vereinbarungen über eine Vergütung sind nichtig."

Der RA kann diese Schutzgebühr von 20 DM fordern, unabhängig davon, ob ihm ein Berechtigungsschein vorgelegt wird oder nicht. Er kann auf die Schutzgebühr gegenüber dem Rechtsuchenden ganz oder teilweise verzichten. Er erhält jedoch bei einem Verzicht keinen Ausgleich aus der Staatskasse. Da die Schutzgebühr keine solche der BRAGO ist, ist sie auch nicht gem. § 19 festsetzbar.

AG Mainz Rpfleger 85, 324.

Vergütungsvereinbarungen sind gem. § 8 Abs. 2 BerHG nichtig.

Anspruch gegen den Gegner. Hierzu lautet § 9 BerHG: **14**

„Ist der Gegner verpflichtet, dem Rechtsuchenden die Kosten der Wahrnehmung seiner Rechte zu ersetzen, hat er die gesetzliche Vergütung für die Tätigkeit des Rechtsanwalts zu zahlen. Der Anspruch geht auf den Rechtsanwalt über. Der Übergang kann nicht zum Nachteil des Rechtsuchenden geltend gemacht werden.

Madert   1291

Zahlungen, die der Rechtsanwalt nach Satz 2 erhält, werden auf die Vergütung aus der Landeskasse (§ 131 der Bundesgebührenordnung für Rechtsanwälte) angerechnet. "

Der RA hat gegen den Rechtsuchenden, sofern dieser ihn in Beratungshilfe in Anspruch genommen hat, über die Schutzgebühr des § 8 BerHG hinaus keinen Gebührenanspruch. Hat aber der Rechtsuchende einen materiell-rechtlichen Kostenerstattungsanspruch gegen den Gegner (etwa aus Verzug, positiver Vertragsverletzung, unerlaubter Handlung), so geht gem. § 9 BerHG dieser Anspruch auf den RA über. Der Kostenerstattungsanspruch des Rechtsuchenden besteht in Höhe der gesetzlichen Vergütung, also nach den Gebühren und Auslagen eines Wahlanwalts. Das ist ein bemerkenswerter Vorgang, weil der Rechtsuchende selbst solche Gebühren seinem Anwalt nicht schuldet. Er ist aus der Absicht des Gesetzgebers zu erklären, den Gegner durch die Beratungshilfe nicht zu begünstigen.

> Riedel/Sußbauer vor § 131 A 20, 21; Hansens JurBüro 86, 349.

Der RA muß bedenken, daß, wenn er den übergegangenen Kostenerstattungsanspruch klageweise durchsetzen muß, er einen eigenen Anspruch einklagt, er selbst also das volle Prozeßkostenrisiko trägt. Er ist für die Voraussetzungen des materiell-rechtlichen Kostenerstattungsanspruchs darlegungs- und beweispflichtig. Als Beweismittel kommen in Betracht sein Mandant als Zeuge sowie für den Anfall der Anwaltsvergütung die Handakten. Der Anwalt sollte das Prozeßkostenrisiko nur eingehen, wenn der Unterschied zwischen der Vergütung nach § 132 und den Wahlanwaltskosten groß ist.

Streit besteht darüber, ob die vom Rechtsuchenden gezahlte Schutzgebühr von 20 DM bei der Geltendmachung des auf den RA übergegangenen Anspruchs auf seine Regelgebühren zu berücksichtigen ist. Eine Meinung besagt, daß die Schutzgebühr vom Anspruch auf die Regelvergütung gegen den Gegner abzuziehen ist.

> Klingé § 9 BerHG A 1; Schaich AnwBl. 81, 2.

Nach Chemnitz ist die vom Rechtsuchenden gezahlte Schutzgebühr keine Teilzahlung auf die gesetzliche Vergütung des Anwalts, sondern eine eigenständige Gebühr nach § 8 BerHG. Deshalb hat der RA dem Rechtsuchenden die Schutzgebühr zurückzuzahlen, wenn es ihm gelingt, die vollen Regelgebühren vom Gegner einzuziehen.

> Chemnitz in Riedel/Sußbauer vor § 131 A 25–27; so auch Schoreit-Dehn § 9 BerHG A 4.

Der Übergang des Kostenerstattungsanspruchs kann jedoch nicht zum Nachteil des Rechtsuchenden geltend gemacht werden. Ist also z. B. der Gegner nicht in vollem Umfang zahlungsfähig, gehen die Ansprüche des Rechtsuchenden denen des RA vor. Zahlungen, die der RA vom Gegner erhält, sind auf die aus der Landeskasse zu zahlende Vergütung anzurechnen. Hat der RA bereits Zahlungen aus der Landeskasse erhalten, hat er sie, soweit sie den Unterschied zwischen den Wahlanwaltskosten und der aus der Landeskasse geleisteten Vergütung übersteigen, an die Landeskasse abzuführen.

15 Stadtstaatenklausel. § 14 BerHG lautet:

> *„(1) In den Ländern Bremen und Hamburg tritt die eingeführte öffentliche*

Rechtsberatung an die Stelle der Beratungshilfe nach diesem Gesetz, wenn und soweit das Landesrecht nichts anderes bestimmt.

(2) Im Land Berlin hat der Rechtsuchende die Wahl zwischen der Inanspruchnahme der dort eingeführten öffentlichen Rechtsberatung und anwaltlicher Beratungshilfe nach diesem Gesetz, wenn und soweit das Landesrecht nichts anderes bestimmt."

Die Stadtstaatenklausel nimmt die Länder Bremen und Hamburg praktisch vom Gesetz aus. Dort sind die minderbemittelten Rechtsuchenden nach wie vor auf die dort bereits eingeführte öffentliche Rechtsberatung angewiesen, können sich also nicht vom Anwalt ihrer Wahl beraten oder vertreten lassen. Demgegenüber hat in Berlin der Rechtsuchende die Wahl zwischen der öffentlichen Rechtsberatung und anwaltlicher Beratungshilfe. Diese Berliner Alternativlösung gewährleistet die Chancengleichheit der Minderbemittelten. Sie wäre auch für Bremen und Hamburg angezeigt gewesen und hätte sicher die dortigen öffentlichen Rechtsberatungseinrichtungen in ihrem Bestande nicht bedroht.

§ 131 Vergütung aus der Landeskasse

Der Rechtsanwalt erhält, soweit nicht für die Tätigkeit in Beratungsstellen nach § 3 Abs. 1 des Beratungshilfegesetzes besondere Vereinbarungen getroffen sind, eine Vergütung nach diesem Gesetz aus der Landeskasse.

Tätigkeit in Beratungsstellen. Soweit der RA in Beratungsstellen, die **1** aufgrund einer Vereinbarung mit der Landesjustizverwaltung eingerichtet sind, tätig wird, verbleibt es hinsichtlich der Vergütung bei den getroffenen Vereinbarungen. Eine darüber hinausgehende oder abweichende Vergütung wird aus der Staatskasse aufgrund des Beratungshilfegesetzes nicht gewährt.

Tätigkeit aufgrund des Beratungshilfegesetzes. Gewährt der RA, dem **2** ein Berechtigungsschein vorgelegt worden ist, Beratungshilfe durch Beratung oder Vertretung, richten sich seine Vergütungsansprüche gegen die Landeskasse nach den §§ 132, 133. Denn die §§ 131–133 regeln ausschließlich den Entschädigungsanspruch des RA, der nach dem Beratungshilfegesetz tätig geworden ist, gegen die Landeskasse. Daneben gelten ergänzend die allgemeinen Vorschriften des ersten Abschnitts. Der Anspruch gegen den Rechtsuchenden auf die Schutzgebühr bleibt daneben bestehen.

Erbittet ein Rechtsuchender **Rat oder Vertretung ohne Vorlage eines 3 Berechtigungsscheines,** dann kommen folgende Möglichkeiten in Betracht:

a) Der Rechtsuchende erklärt, in seiner Person seien die Voraussetzungen für die Gewährung von Beratungshilfe gegeben. Dann kann der RA dem Rechtsuchenden erklären, er möge sich erst beim Amtsgericht einen Berechtigungsschein besorgen. Wird der Berechtigungsschein erteilt, und gewährt der RA darauf die Beratungshilfe, dann hat er den Anspruch auf Vergütung nach den §§ 132, 133 gegen die Landeskasse. Diese kann gegen den Anspruch des RA nicht mehr einwenden, die Voraussetzungen der Beratungshilfe hätten nicht vorgelegen. Denn die Voraussetzungen sind vor Erteilung des Berechtigungsscheines vom Rechtspfleger zu prüfen.

Riedel/Sußbauer § 131 A 9.

Der RA kann aber auch die Beratungshilfe sofort leisten, ohne daß er die Vorlage des Berechtigungsscheines abwartet. Obwohl er in einem solchen Falle Beratungshilfe erteilt hat, reicht das für einen Vergütungsanspruch gegen die Staatskasse nicht aus. Denn für den Anspruch gegen die Staatskasse auf Entschädigung nach den §§ 131 ff. muß neben der Gewährung der Beratungshilfe durch den RA noch ein Staatshoheitsakt kommen, nämlich die Ausstellung des Berechtigungsscheines. Wird der Berechtigungsschein nicht erteilt, dann erwirbt der RA keinen Vergütungsanspruch gegen die Staatskasse, ihm bleibt nur die Schutzgebühr des § 8 BerHG. Ein Anspruch auf Regelgebühren gegen den Rechtsuchenden hat er nicht, denn der Rechtsuchende wollte Beratung und Vertretung nur unter den Voraussetzungen der Beratungshilfe. Wenn der RA diese gewährt hat, ohne die Vorlage des Berechtigungsscheines abzuwarten, so erteilte er sie auf sein eigenes Risiko.

b) Bittet ein Rechtsuchender um Rat oder Vertretung, ohne auf Beratungshilfe hinzuweisen, erkennt aber der RA im Laufe der Beratung, daß beim Rechtsuchenden die Voraussetzungen der Beratungshilfe gegeben sein können, so ist er verpflichtet, den Rechtsuchenden auf die Möglichkeit der Beratungshilfe aufmerksam zu machen.

Riedel/Sußbauer § 131 A 5; Greißinger AnwBl. 82, 289; Klinge AnwBl. 82, 290; so auch Düsseldorf AnwBl. 84, 444 für Prozeßkostenhilfe.

Anschließend gibt es wieder die zwei Möglichkeiten, wie vorstehend unter a).

c) Es kann aber auch sein, daß der Rechtsuchende erklärt, er wünsche Rat oder Vertretung auch für den Fall, daß ihm „nachträglich" der Berechtigungsschein verweigert werde. Nur in diesem Fall kann der RA die Regelgebühren fordern, wenn der Berechtigungsschein verweigert wird.

§ 132 Gebühren für die Beratungshilfe

(1) **Für einen mündlichen oder schriftlichen Rat und für eine Auskunft, die nicht mit einer anderen gebührenpflichtigen Tätigkeit zusammenhängen, erhält der Rechtsanwalt eine Gebühr von 35 Deutsche Mark. § 20 Abs. 1 Satz 3 ist anzuwenden.**

(2) **Für die in § 118 bezeichneten Tätigkeiten erhält der Rechtsanwalt eine Gebühr von 90 Deutsche Mark. Auf die Gebühren für ein anschließendes gerichtliches oder behördliches Verfahren ist diese Gebühr zur Hälfte anzurechnen.**

(3) **Führt die Tätigkeit des Rechtsanwalts nach Absatz 2 Satz 1 zu einem Vergleich oder einer Erledigung der Rechtssache (§§ 23, 24), so erhält der Rechtsanwalt eine Gebühr von 110 Deutsche Mark.**

Übersicht über die Anmerkungen

Allgemeines. § 132 regelt den öffentlich-rechtlichen Entschädigungsan- **1** spruch des auf Beratungshilfe in Anspruch genommenen RA gegen die Landeskasse. Dem in Beratungshilfe tätig werdenden Anwalt steht – abgesehen von der Schutzgebühr des § 8 BerHG – kein Vergütungsanspruch gegen den Rechtsuchenden zu. Die Überschrift „Gebühren für die Beratungshilfe" ist daher etwas irreführend, weil mit „Gebühren" im allgemeinen das in § 1 Abs. 1 genannte rechtsgeschäftliche Entgelt des RA gegen seinen Mandanten bezeichnet wird. Wenn im Gesetz und im folgenden dennoch von Gebühren gesprochen wird, so ist immer gemeint der Vergütungsanspruch des RA gegen die Landeskasse.

§ 132 nennt drei feste Gebühren, die der Beratungshilfe gewährende RA erhalten kann. Diese Gebühren sind unabhängig von dem Gegenstandswert, von dem Umfang und der Schwierigkeit der anwaltlichen Tätigkeit. Der RA hat auch dann Anspruch auf diese festen Gebühren, wenn die gesetzlichen Wahlanwaltsgebühren im Einzelfall niedriger sind. Beispiel: Die Ratsgebühr des § 20 wäre nur in Höhe von 20 DM angefallen. Es verbleibt bei der Gebühr von 35 DM.

LG Münster JurBüro 83, 1706.

Andererseits erhöht sich die Gebühr nicht, wenn die Angelegenheit im Einzelfall besonders umfangreich und/oder schwierig ist oder einen hohen Gegenstandswert hat.

Gebühr für Rat oder Auskunft. Für einen mündlichen oder schriftlichen **2** Rat oder eine Auskunft erhält der RA 35 DM. Der Tatbestand des § 132 Abs. 1 S. 1 stimmt hinsichtlich der Voraussetzungen mit § 20 Abs. 1 S. 1 für die Ratsgebühr überein. Wegen der Begriffe Rat und Auskunft vgl. die Anmerkungen zu § 20. Auch das Abraten (z. B. Abraten, einen Rechtsstreit zu führen) ist Ratserteilung. Ob der Rat für die Beurteilung und Art und Weise ihrer Behandlung von Bedeutung ist, ist unerheblich.

Riedel/Sußbauer § 132 A 12;
a. A. Schoreit-Dehn BerHG § 10 A 11.

Auch der Rat, der sich auf einen nebensächlichen Punkt bezieht, löst die Ratsgebühr des Abs. 1 aus, wenn der Rat sich im Rahmen der Bewilligung hält.

Hansens JurBüro 86, 170.

Selbst für die sofortige (einfache) Auskunft, zu deren Erteilung gem. § 3 Abs. 2 BerHG auch der Rechtspfleger befugt ist, entsteht die Gebühr. Denn

Madert

der Rechtspfleger ist nicht verpflichtet, in jedem Fall sofortige Auskunft zu erteilen (im Gesetzestext heißt es: „kann"). Schließlich kann der Rechtspfleger überhaupt keine sofortige Auskunft erteilen, wenn der Rechtsuchende sich unmittelbar an den RA wendet.

Riedel/Sußbauer § 132 A 13; Hansens JurBüro 86, 171; **a. A.** Schoreit-Dehn § 10 BerHG A 11.

Nach dem Wortlaut der Bestimmung erhält der RA die Gebühr für einen Rat oder eine Auskunft. Das ist nicht zahlenmäßig zu verstehen. Auch für mehrere Besprechungen, in denen Rat oder Auskunft erteilt werden, erhält der RA die Gebühr nur einmal, wenn diese mehreren Besprechungen in einer Angelegenheit erfolgen (wegen des Begriffs vgl. § 13 A 5 ff.). Denn auf den Umfang der Tätigkeit kommt es hier nicht an.

Andererseits handelt es sich um mehrere Angelegenheiten, wenn mehreren Asylbewerbern in einem Berechtigungsschein Beratungshilfe bewilligt wird, und der RA jeden Bewerber darüber berät, was sie gegen den das Asylrecht ablehnenden Bescheid tun können. Denn zwischen den einzelnen Rechtspositionen der Ausländer besteht kein innerer Zusammenhang, jeder erstrebt die Anerkennung des Asylrechts für sich. Daß z. B. alle drei Asylanten einer einzigen Familie angehören, spielt keine Rolle. Der RA erhält die Vergütung aus der Landeskasse für jeden einzelnen Bewerber, von dem er in Anspruch genommen wurde.

LG Berlin AnwBl. 84, 105 = JurBüro 84, 239 m. zust. Anm. Mümmler; AG Köln AnwBl. 85, 335; Riedel/Sußbauer § 132 A 17; s. auch LG Berlin JurBüro 85, 1507 = AnwBl. 85, 109 (mehrere Bezirksämter in Berlin hatten vielen Personen die Zahlung von Leistungen nach dem Bundesausbildungsförderungsgesetz verweigert. 93 der Betroffenen erteilten demselben RA das Mandat, im Rahmen der Beratungshilfe Widerspruch einzulegen. Der RA formulierte für alle Mandanten ein Widerspruchsschreiben, bei dem er nur den Namen des jeweiligen Mandanten, das Aktenzeichen und die anderen unterschiedlichen Daten dem konkreten Fall entsprechend abänderte. Mit Recht hat das LG 93 verschiedene Angelegenheiten angenommen, da der RA für jeden Auftraggeber jeweils dessen selbständigen Anspruch geltend gemacht habe; der RA erhielt 93 × 104,88 DM = 9753,84 DM, die Vorinstanz hatte 80 DM zuzüglich Erhöhungsbetrag von 160,40 DM, Postgebührenpauschale und Umsatzsteuer, zusammen 319,20 DM bewilligt).

Gleichfalls liegt nur eine Angelegenheit vor, wenn ein Ehegatte sich über die Voraussetzung der Ehescheidung zusammen mit Fragen des Ehegatten- und des Kindesunterhalts, der Hausratsauseinandersetzung und des Versorgungsausgleichs beraten läßt.

Hansens JurBüro 87, 23; Göttlich-Mümmler BRAGO „Beratungshilfe" 6.2; LG Aurich JurBüro 86, 239; LG Berlin JurBüro 84, 240; LG Dortmund JurBüro 85, 1034; LG Göttingen JurBüro 86, 1843; LG Kleve JurBüro 86, 734; LG Stuttgart JurBüro 86, 1519; LG Wuppertal JurBüro 85, 1426; AG Bayreuth JurBüro 83, 1844; **a. A.;** LG Braunschweig AnwBl. 84, 514 = JurBüro 85, 250; AG Köln AnwBl. 86, 414; s. auch § 13 A 5 ff. sowie A 10 vor § 131.

3 Rat oder Auskunft im Zusammenhang mit einer anderen gebührenpflichtigen Tätigkeit. Der Rat oder die Auskunft dürfen nicht mit einer anderen gebührenpflichtigen Tätigkeit zusammenhängen. Beispiel: Der Rechtsuchende bittet den RA um Hilfe gegen die Kündigung einer Wohnung. Der RA fertigt ein Schreiben an den Vermieter und erteilt dem Rechtsuchenden bei dieser Gelegenheit einen Rat, wie er sich in Zukunft gegenüber dem

Vermieter verhalten soll. Für das Schreiben an den Vermieter erhält der RA den Anspruch aus § 132 Abs. 2, während der Anspruch auf eine Ratsgebühr aus § 132 Abs. 1 S. 1 wegen des einschränkenden Nebensatzes in der Bestimmung entfällt.

Anrechnung der Ratsgebühr, Rückzahlung. Nach § 132 Abs. 1 S. 2 ist **4** § 20 Abs. 1 S. 3 anzuwenden. Die Gebühr des § 132 Abs. 1 S. 1 ist somit auf eine Gebühr anzurechnen, die der RA für eine sonstige Tätigkeit erhält, die mit der Ratserteilung oder der Auskunft zusammenhängt. Die Ratsgebühr wird mithin auch auf die Gebühr des § 132 Abs. 2 angerechnet.

> LG Frankfurt AnwBl. 82, 319 = JurBüro 82, 1368.

Diese spätere Tätigkeit kann eine außergerichtliche, aber auch eine gerichtliche sein. Kommt es z. B. zu einem Rechtsstreit und wird der RA im Wege der Prozeßkostenhilfe als Prozeßbevollmächtigter oder Verkehrsanwalt beigeordnet, ist die Ratsgebühr auf die Prozeß- bzw. Verkehrsgebühr anzurechnen.

> Riedel/Sußbauer § 132 A 19; Klinge BerHG § 10 A 2; Mümmler JurBüro 84, 1771; Hansens JurBüro 86, 172; **a. A.** Schoreit-Dehn (Anrechnung nur auf außergerichtliche Tätigkeiten) BerHG § 10 A 15.

Wird eine Scheidungs- oder Scheidungsfolgesache nach dem Beratungshilfeverfahren gerichtlich anhängig, so sind auf die dem RA im Rahmen der Prozeßkostenhilfe zu erstattende Vergütung nur die Beratungsgebühren anzurechnen, die ihm in den anhängigen Verfahren entsprechenden Beratungshilfeverfahren gewährt worden sind.

> Düsseldorf JurBüro 86, 299 = MDR 86, 157 = AnwBl. 86, 162.

Rückzahlung. Wird die Bewilligung von Beratungshilfe aufgehoben, so werden die zuvielgezahlten Beträge gem. § 1 Abs. 1 Ziffer 8 JBeitrO zurückgefordert.

> LG Paderborn JurBüro 86, 1211; AG Münster JurBüro 85, 1348.

Vergütung für die in **§ 118 bezeichneten Tätigkeiten.** Entwickelt der RA **5** eine – außergerichtliche – Tätigkeit, die gesetzlich nach § 118 zu vergüten ist, z. B. Aufnahme schriftlicher, telefonischer oder mündlicher Kontakte zur Gegenpartei, Führung von Vergleichsgesprächen, Abfassung von Vertragsentwürfen oder rechtsgeschäftlicher Erklärungen,

> vgl. hierzu die Anm. zu § 118.

erhält der RA eine Einheitsgebühr von 90 DM. Es bleibt bei dieser Einheitsgebühr auch dann, wenn nach § 118 mehrere Gebühren – z. B. die Geschäftsgebühr und die Besprechungsgebühr – entstanden wären. Beispiel: In einer Unfallschadensregulierungsangelegenheit schreibt der RA zunächst an den Haftpflichtversicherer des Schädigers und verhandelt später mündlich mit dem Sachbearbeiter der Versicherung. Es ist nur eine Gebühr in Höhe von 90 DM erwachsen. Auf die Höhe des Vergütungsanspruchs, der dem RA nach § 118 entstanden wäre, kommt es für seinen Entschädigungsanspruch gegen die Landeskasse nicht an. Das gilt aber auch für den Fall, daß seine Regelgebühren nach § 118 niedriger gewesen wären als sein Entschädigungsanspruch nach dieser Vorschrift.

> Riedel/Sußbauer § 132 A 21; LG Berlin Rpfleger 83, 176 = JurBüro 83, 1059.

§ 120 ist nicht anwendbar. Der RA erhält auch dann die Gebühr des Abs. 2, wenn an sich die Voraussetzungen des § 120 erfüllt sind. Es bleibt bei der Festgebühr von 90 DM also auch dann, wenn die ²⁄₁₀-Wertgebühr des § 120 Abs. 1 im Einzelfall niedriger wäre oder wenn er nur die Festgebühr des § 120 Abs. 2 in Höhe von 15 DM erhielte.

> Riedel/Sußbauer § 132 Rn. 21; Klinge BerHG § 10 A 3; Hansens JurBüro 86, 173.

6 Abgrenzung zwischen Rat/Auskunft und Vertretung. § 132 Abs. 1 nimmt auf die Bestimmung des § 20 Bezug, § 132 Abs. 2 verweist ausdrücklich auf die in § 118 genannten Tätigkeiten. Die Abgrenzung ist oft schwierig. In Abweichung von dem Vorschlag A 5 zu § 20 ist hier – wegen der Verschiedenheit der Gebühren – geboten, genau festzustellen, ob eine Tätigkeit nach § 20 oder nach § 118 vorliegt. Tätigkeit nach außen ist sicher ein Kennzeichen für eine Tätigkeit nach § 118. Jedoch kann auch eine Tätigkeit, die nicht nach außen gerichtet ist, die Grenzen des § 20 überschreiten. Beispiel: Der RA entwirft dem Ratsuchenden ein Schreiben, das dieser selbst absenden soll oder der RA entwirft einen Vertrag. Ratsgebühr nach § 132 Abs. 1 S. 1 und Vertretungsgebühr nach § 132 Abs. 2 S. 1 kann der RA nicht nebeneinander beanspruchen, weil nach der ausdrücklichen gesetzlichen Regelung die Ratsgebühr nur anfällt, wenn Rat oder Auskunft nicht mit einer anderen gebührenpflichtigen Tätigkeit zusammenhängt.

> **a. A.** Hartmann KostG § 132 A 3 B (wonach der RA beide Gebühren nebeneinander beanspruchen kann, von Anrechnungsfällen abgesehen); zutreffend von Mümmler (JurBüro 84, 1782) als zumindest unklar und mißverständlich, von Hansens (JurBüro 86, 177) als schlicht falsch bezeichnet.

7 Erhöhung der Festgebühr bei mehreren Auftraggebern. Der Mehrvertretungszuschlag des § 6 Abs. 1 S. 2 bezieht sich seinem Wortlaut nach nur auf die Geschäftsgebühr (§ 118 Abs. 1 Nr. 1) und die Prozeßgebühr (§ 31 Abs. 1 Nr. 1). Nach allgemeiner Ansicht tritt die Erhöhung aber auch in solchen Fällen ein, in denen auf den Tatbestand des § 31 Abs. 1 Nr. 1 Bezug genommen wird, in denen eine Prozeßgebühr nur mit anderen Sätzen normiert wird und in denen schließlich die Gebühren dem Tatbestand der Prozeßgebühr gleich kommen.

> Vgl. die Anm. zu § 6.

§ 6 Abs. 1 S. 2 ist daher auch auf die Geschäftsgebühr des § 132 Abs. 2 S. 1 anzuwenden. Ist also der Gegenstand der anwaltlichen Tätigkeit derselbe, erhöht sich die Vergütungsgebühr aus § 132 Abs. 2 S. 1 für jeden weiteren Auftraggeber, den der RA in derselben Angelegenheit vertritt, um ³⁄₁₀. Da es sich um eine Festgebühr handelt, beträgt der Mehrvertretungszuschlag für jeden weiteren Auftraggeber 27 DM bis zum in § 6 Abs. 1 S. 2 letzter Absatz festgesetzten Höchstsatz von zwei vollen Gebühren, hier somit 180 DM.

> LG Berlin JurBüro 84, 894; LG Göttingen AnwBl. 84, 516; LG Bayreuth JurBüro 84, 1047; AG Mönchengladbach AnwBl. 82, 400 = Rpfleger 82, 486; AG Bochum AnwBl. 86, 46; AG Marburg JurBüro 86, 238; Mümmler JurBüro 82, 1670; Herget MDR 84, 531; Hansens JurBüro 86, 178;
> **a. A.** LG Dortmund JurBüro 86, 1534.

8 Anrechnung nach § 132 Abs. 2 S. 2. Kommt es im Anschluß an die Vertretung zu einem gerichtlichen oder behördlichen Verfahren und übernimmt der

RA in diesem sich anschließenden Verfahren die Vertretung des Rechtsuchenden, so ist die Gebühr (90 DM) zur Hälfte (also in Höhe von 45 DM) auf die in
dem sich anschließenden Verfahren entstehenden Gebühren anzurechnen. Die
Regelung unterscheidet sich von der Regelung des § 118 Abs. 2. Während
dort die Geschäftsgebühr des § 118 Abs. 1 Nr. 1 voll anzurechnen ist, ordnet
§ 132 Abs. 2 S. 2 die Anrechnung der Festgebühr nur zur Hälfte an. Das
beruht darauf, daß durch die Festgebühr auch Tätigkeiten nach § 118 Abs. 1
Nr. 2 u. 3 abgegolten werden, die dafür sonst außerhalb der Beratungshilfe
angefallene Besprechungs- und Beweisaufnahmegebühr jedoch nicht anzurechnen wäre.

Vgl. amtl. Begründung BT-Drucks. 8/3311, S. 16.

Ein weiterer Unterschied besteht darin, daß die halbe Gebühr auf alle in den
späteren Verfahren entstehenden Gebühren anzurechnen ist, nicht nur auf die
der Geschäftsgebühr entsprechende Gebühr. Leistet der RA zunächst Beratungshilfe, wird er dann als PKH-Anwalt als Prozeßbevollmächtigter beigeordnet, so erfolgt die Anrechnung auf die Gebühren, die er gem. § 121 ff. aus
der Landeskasse erhält. Eine Anrechnung auf den Unterschiedsbetrag zwischen den niedrigeren Gebühren nach § 123 und den höheren Wahlanwaltsgebühren ist aber ausgeschlossen.

LG Berlin JurBüro 83, 1060; Schoreit-Dehn BerHG § 10 A 19; Mümmler JurBüro
84, 1137 u. 1773; Hansens JurBüro 86, 179.

Die Bestimmung des § 32 Abs. 1 (vorzeitige Beendigung des Auftrags) ist im
Rahmen des § 132 Abs. 2 S. 1 auch nicht entsprechend anwendbar, wenn sich
die Beratungshilfe erledigt, der RA aber bereits Vorbereitungen für beabsichtigten Schriftverkehr getroffen hat.

a. A. Schoreit-Dehn BerHG § 10 A 21.

§ 32 Abs. 1 bezieht sich auf eine Prozeßgebühr, nicht auf eine Satzrahmengebühr des § 118. Zwar kann die vorzeitige Erledigung des Auftrags bei der
Gebühr des § 118 dazu führen, daß nur eine $\frac{5}{10}$ Gebühr angefallen ist. Eine
solche Korrektur ist bei der Festgebühr des § 132 Abs. 2 S. 1 vom Gesetzgeber
nicht vorgesehen und auch wohl nicht gewollt. Denn wie oben gezeigt, bleibt
es auch bei der Festgebühr von 90 DM, selbst wenn ein Fall des § 120 Abs. 2
(15 DM) vorliegt. Da die Geschäftsgebühr schon mit der Entgegennahme der
ersten Information durch den RA anfällt, bleibt es bei der Festgebühr aus
§ 132 Abs. 2 S. 1 auch dann, wenn sich der Auftrag zur Vertretung danach
erledigt.

Hansens JurBüro 86, 174.

Führt die in § 118 bezeichnete Tätigkeit des RA zu einem **Vergleich oder** 9
einer Erledigung der Rechtssache (§ 23, 24), so erhält der RA zu der
Gebühr in Höhe von 90 DM eine weitere Gebühr von 110 DM. Die Entschädigung nach Abs. 3 knüpft tatbeständlich an „die Tätigkeit des Rechtsanwalts
nach Abs. 2 S. 1" an. Deshalb fällt im Rahmen der Beratungshilfe keine
Gebühr nach § 132 Abs. 3 an, wenn der RA lediglich mitgewirkt hat bei der
Aussöhnung für Eheleute, für die er sonst die Gebühr des § 36 Abs. 2
berechnen könnte, da § 132 Abs. 2 die Vorschrift des § 36 Abs. 2 nicht in
Bezug nimmt.

LG Kleve JurBüro 85, 1844; Darmstadt KostRsp. BRAGO § 132 Nr. 47; LG Berlin JurBüro 86, 1842.

Durch den Klammerhinweis auf die §§ 23, 24 in Abs. 3 hat der Gesetzgeber deren Gebührentatbestände in die Vorschrift übernommen. Wegen der Begriffe Vergleich und Erledigung der Rechtssache vgl. die Anm. zu §§ 23, 24. Mehrere Vergleiche in derselben Beratungshilfeangelegenheit lassen den Entschädigungsanspruch aus § 132 Abs. 3 nur einmal entstehen.

Riedel/Sußbauer § 132 A 29.

10 Die Vergütung des Abs. 3 neben der des Abs. 2. Nach Inkrafttreten des BerHG war eine zeitlang umstritten, ob die Vergleichs- und die Erledigungsgebühr neben der Vertretungsgebühr oder anstelle dieser Gebühr anfalle. Nach der inzwischen als herrschend zu bezeichnenden Auffassung können die Gebühren nebeneinander (kumulativ) entstehen.

LG Darmstadt Abs. 83, 142; LG Köln JurBüro 82, 256; LG Frankfurt JurBüro 82, 1368; LG Berlin MDR 83, 765 = Rpfleger 83, 414; LG Duisburg AnwBl. 85, 110; LG Essen AnwBl. 85, 110; LG Baden AnwBl. 85, 111; LG Arnsberg AnwBl. 85, 336; LG Hagen AnwBl. 85, 336; LG Aurich JurBüro 86, 243; AG Reutlingen AnwBl. 81, 458; AG Köln AnwBl. 82, 25; AG Mannheim AnwBl. 82, 126; AG Salzgitter JurBüro 82, 733; AG Braunschweig AnwBl. 84, 108; AG Wetzlar AnwBl. 84, 107; Riedel/Sußbauer § 132 A 25; Hartmann KostG § 132 A 3b; Göttlich-Mümmler „Beratungshilfe" 6.23; Schoreit-Dehn BerHG § 10 A 35; Klinge BerHG § 10 A 4; Schaich AnwBl. 81, 2; Bischof NJW 81, 894; Forstmann AnwBl. 82, 181; Finger MDR 82, 361; Nagel Rpfleger 82, 212; Greißinger JurBüro 84, 11761 und NJW 85, 1671.

Die von der Mindermeinung vertretene Ansicht, wonach dem RA bei einem Vergleichsabschluß oder bei einer Erledigung der Rechtssache nur die Gebühr des § 132 Abs. 3 und nicht zusätzlich die Gebühr des § 132 Abs. 2 erwächst, ist falsch.

So aber LG Hannover JurBüro 83, 724; LG Oldenburg JurBüro 84, 1200; LG Münster AnwBl. 84, 106; LG Braunschweig NdsRpfleger 85, 118; AnwBl. 86, 346 m. abl. Anm. von Schaich; AG Lichtenfels JurBüro 81, 1368.

Die Gesetzesmaterialien sprechen von einer „weiteren Gebühr".

BT-Drucks. 8/3311, S. 16.

Eine weitere Gebühr sollte für den Anwalt ein Anreiz sein, die Angelegenheit außergerichtlich zu bereinigen, der Anreiz einer im Normalfall hierfür um 20 DM höheren Vergütung wäre jedoch nicht übertrieben groß.

Hansens JurBüro 86, 182.

Der Gesetzgeber hat beide Entschädigungsforderungen des Anwalts in eigenständigen Absätzen geregelt. Hätte er die Gebührenkumulation ausschließen wollen, so hätte er in § 132 Abs. 2 einen weiteren Satz angeführt, nach dem sich die Vergütung auf 110 DM erhöht, wenn die Tätigkeit des RA zu einem Vergleich oder zu einer Erledigung der Rechtssache führt, eines selbständigen dritten Absatzes hätte es nicht bedurft.

Schaich in Anm. zu LG Münster AnwBl. 84, 106.

Geradezu absurd ist das Argument der Minderansicht, der RA würde beim Abschluß eines Vergleichs im Rahmen der Beratungshilfe eine überproportionale hohe Vergütung erhalten im Verhältnis zu der entsprechenden außergerichtlichen oder gerichtlichen Vertretung des Mandanten außerhalb der Beratungshilfe.

So aber LG Hannover und LG Braunschweig a.a.O.

Hansens

JurBüro 86, 182.

hat die Minderansicht durch folgendes Beispiel ad absurdum geführt: Vertritt der RA im Rahmen der Beratungshilfe in derselben Angelegenheit zwei Auftraggeber, so erhält er die um ³⁄₁₀ erhöhte Festgebühr von 117 DM. Schließt der RA für seine beiden Auftraggeber zusätzlich noch einen Vergleich, so soll er für seine größeren Bemühungen nach der Ansicht der Mindermeinung nur mit der Vergleichsgebühr „belohnt" werden, ihm keine Vertretungsgebühr zustehen. Die Vergleichsgebühr beträgt aber nur 110 DM, kann nicht in entsprechender Anwendung von § 6 Abs. 1 S. 2 erhöht werden. Der Verlust von 7 DM kann wahrlich nicht als „eine nach Umfang und Erfolg der anwaltlichen Tätigkeit abgestufte Erhöhung der Vergütung" bei einem Vergleichsabschluß angesehen werden.

So aber LG Braunschweig a.a.O.

Hansens ist daher voll zuzustimmen, wenn er meint, auch einem nicht zu sehr auf die Vergütung schauenden RA wird in einem solchen Fall das Verständnis dafür fehlen, daß er für eine Mehrarbeit gebührenrechtlich bestraft werden soll.

§ 133

Die §§ 125, 126, 128, 130 Abs. 1 sind sinngemäß anzuwenden. Der Pauschsatz des § 6 bemißt sich nach den Gebühren des § 132. Zuständig ist das Amtsgericht, das den Berechtigungsschein ausgestellt hat, in den Fällen des § 7 des Beratungshilfegesetzes das Amtsgericht, in dessen Bezirk der Rechtsanwalt seine Kanzlei hat.

Übersicht über die Anmerkungen

Allgemeines. § 133 verweist auf einige Bestimmungen über die Prozeßko- 1 stenhilfe. Wegen der Einzelheiten wird auf die Anmerkungen zu den herangezogenen Bestimmungen verwiesen.

§ 125 Verschulden des Rechtsanwalts. Hat der RA, der Beratungshilfe 2 gewährt, durch sein Verschulden veranlaßt, daß ein weiterer RA Beratungshilfe gewähren muß, so kann er die Gebühren, die auch für den anderen RA entstehen, nicht fordern. Mit Gebühren ist die Entschädigung nach § 132 gemeint, so daß der RA auch seine Auslagen nur insoweit aus der Landeskasse erhält, als sie nicht dem weiteren RA zu ersetzen sind.

Riedel/Sußbauer § 133 A 2.

Die Verweisung auf § 125 bezieht sich nicht auf die Schutzgebühr des § 8 des Beratungshilfegesetzes (20,— DM). Der Rechtsgedanke des § 125 rechtfertigt jedoch, die Vorschrift entsprechend anzuwenden (d. h. der RA muß die Schutzgebühr zurückzahlen), wenn der zweite RA ebenfalls die Schutzgebühr fordert.

3 § 126 Auslagen des Rechtsanwalts. Der Beratungshilfe gewährende RA hat den gleichen Anspruch auf Ersatz seiner Auslagen wie ein im Wege der Prozeßkostenhilfe beigeordneter RA. Er hat also z. B. auch Anspruch auf Erstattung der Mehrwertsteuer. Es besteht nur ein Unterschied zum beigeordneten RA, daß er die Postgebührenpauschale des § 26 nicht nach den Wahlanwaltsgebühren berechnen kann. Maßgebend für ihn sind die Gebühren des § 132. Der Pauschsatz beträgt sonach bei schriftlicher Erteilung eines Rates oder einer Auskunft 5,25 DM, bei der Tätigkeit des § 132 Abs. 2 13,50 DM und, wenn auch ein Vergleich geschlossen oder die Erledigung der Rechtssache erreicht wird, 30,— DM (13,50 DM + 16,50 DM). Voraussetzung ist aber immer, daß Postgebühren entstanden sind. Bei einer nur mündlichen Ratserteilung wird das nicht der Fall sein.

Vgl. jedoch LG Frankfurt JurBüro 86, 732 (da in Strafsachen Beratungshilfe nur für Beratung gewährt wird, ist die Tätigkeit des RA nach § 132 Abs. 1 zu vergüten. Schreibauslagen sind zu erstatten, wenn z. B. der RA für seine Beratungstätigkeit Akten einsehen mußte und Auszüge aus Akten benötigte); zu Reisekosten s. LG Hannover JurBüro 86, 120 u. LG Bochum JurBüro 86, 403: zu Dolmetscherkosten s. ebenfalls LG Bochum a.a.O.; LG Hannover JurBüro 86, 1214.

4 § 128 Rechtsweg. § 133 verweist auf § 128. Die aus der Landeskasse zu gewährende Vergütung wird auf Antrag des RA von dem Urkundsbeamten der Geschäftsstelle des AG festgesetzt, das den Berechtigungsschein ausgestellt hat. Ist der Rechtsuchende unmittelbar zu dem RA gegangen, ist der Urkundsbeamte der Geschäftsstelle des Amtsgerichts zuständig, in dessen Bezirk der RA seine Kanzlei hat. Es handelt sich nicht um eines derjenigen Geschäfte in Festsetzungsverfahren, die in § 21 RpflegerG dem Rechtspfleger übertragen worden sind.

LG Köln AnwBl. 82, 83 = Rpfleger 82, 120.

Für den Festsetzungsantrag ist der amtliche Vordruck (Anlage 2) der Verordnung des Bundesjustizministers vom 02. 01. 1981 (BGBl. I 26) zu verwenden. Die Verordnung und damit der amtliche Vordruck beruht auf § 13 BerHG. Dort wird der Bundesminister der Justiz ermächtigt, zur Vereinfachung und Vereinheitlichung des Verfahrens durch Rechtsverordnung Vordrucke für den Antrag auf Gewährung von Beratungshilfe und auf Zahlung der Vergütung des Anwalts einzuführen und deren Verwendung vorzuschreiben.

Die Verordnung, die Vordrucke nebst Ausfüllhinweisen sind abgedruckt in Schoreit-Dehn § 3 BerHG Rn. 1–3.

5 Nachweis der Tätigkeit, Glaubhaftmachung. Der amtliche Vordruck für den Festsetzungsantrag sieht Glaubhaftmachung nicht vor. Aber nach § 133 i. V. m. § 128 Abs. 1 S. 2 gilt § 104 Abs. 2 ZPO sinngemäß. Nach dieser

Vorschrift genügt hinsichtlich der dem RA erwachsenen Auslagen aus § 26 die Versicherung des RA, daß diese Auslagen entstanden sind, während für das Entstehen der Festgebühren des § 132 Glaubhaftmachung erforderlich ist. Welche Art der Glaubhaftmachung für § 133 ausreichend ist, ist umstritten. Für die Ratsgebühr des § 132 Abs. 2 genügt die anwaltliche Versicherung, Rat oder Auskunft erteilt zu haben. Für die Vertretungsgebühr des § 132 Abs. 2 ist darauf abzustellen, welche Mittel des Streng- und Freibeweises im Sinne von § 294 ZPO ausreichend aber auch nötig sind, um dem Kostenbeamten die Prüfung zu ermöglichen, ob der Gebührentatbestand erfüllt ist. Eine stichwortartige Darstellung der Vertretungstätigkeit mit einfacher oder eidesstattlicher anwaltlicher Versicherung kann ausreichend sein.

> Mümmler JurBüro 84, 1140.

Da dem RA aber die Darlegungs- und Glaubhaftmachungslast obliegt, ist er bei Zweifeln des Urkundsbeamten gehalten, den Nachweis der Vertretungstätigkeit durch Vorlage von Fotokopien seiner Schreiben, notfalls Vorlage der Handakten, auszuräumen.

> LG Köln AnwBl. 82, 83; LG Göttingen JurBüro 86, 242 (die anwaltliche Verschwiegenheitspflicht steht nicht entgegen).

Ob zu der Gebühr des § 132 Abs. 2 die Gebühr des Abs. 3 hinzutritt, kann nicht mit einfacher oder eidesstattlicher Versicherung glaubhaft gemacht werden.

> LG Berlin JurBüro 83, 1199; LG Aurich JurBüro 86, 246; Mümmler JurBüro 84, 1140;
> **a. A.** (eidesstattliche Versicherung genügt) LG Darmstadt 83, 142; LG Osnabrück AnwBl. 83, 143; LG Hannover JurBüro 86, 241, LG Hannover AnwBl. 86, 255.

Dem Urkundsbeamten müssen Abschriften bzw. Ablichtungen der gebührenauslösenden Stücke oder die Handakten vorgelegt werden, weil er sonst nicht die Tatbestandsvoraussetzungen der §§ 23 u. 24 prüfen kann.

> LG Berlin JurBüro 83, 1199; LG Aurich JurBüro 86, 246; Mümmler JurBüro 84, 1141.

Keine Verzinsung. Anders als in § 105 Abs. 1 S. 2 ZPO ist in den §§ 132, 133 **6** und 128 eine Verzinsung nicht vorgesehen.

> LG Berlin AnwBl. 84, 515 = JurBüro 84, 1854.

Rechtsbehelfe gegen die Festsetzung. Gegen die Festsetzungsentscheidung **7** findet die – unbefristete – Erinnerung statt, über die der Amtsrichter entscheidet, wenn der Urkundsbeamte ihr nicht abhilft. Gegen seine Entscheidung ist gem. § 128 Abs. 4 die Beschwerde zum Landgericht gegeben, wenn die Beschwerdesumme 100,—DM übersteigt. Eine weitere Beschwerde findet nicht statt, § 128 Abs. 4 S. 2. Das Verfahren über die Erinnerung und über die Beschwerde ist gebührenfrei. Kosten werden nicht erstattet, § 128 Abs. 5. Über die Beschwerde entscheidet das Landgericht. Dies gilt auch, wenn eine Familiensache Gegenstand der Beratungshilfe war.

> BGH FamRZ 84, 774; Hamm Rpfleger 84, 271; LG Köln MDR 85, 944; LG Bochum AnwBl. 86, 256.

§ 130 Abs. 1. Übergang von Ansprüchen auf die Landeskasse. Hat der **8** Rechtsuchende wegen derselben Angelegenheit, wegen der ihm Beratungshilfe gewährt worden ist, gegen seinen Gegner einen materiell-rechtlichen Kostenerstattungsanspruch, dann ist dieser ihm zur Zahlung der Regelgebühren und Auslagen für die Tätigkeit des RA verpflichtet. Der Anspruch gem. § 9 S. 2 BerHG geht kraft Gesetzes auf den RA über. Zahlungen, die der RA erhält, werden auf die Vergütung aus der Landeskasse angerechnet, § 9 S. 4 BerHG. Der Übergang kann nicht zum Nachteil des RA geltend gemacht werden. Der RA behält also – vorrangig – den Anspruch auf den Unterschied zwischen der Wahlanwaltsvergütung und der aus der Staatskasse gezahlten Vergütung. Die Schutzgebühr von 20,—DM gegen den Rechtsuchenden gem. § 8 BerHG fällt nicht unter diese Vorschrift. Diese Gebühr ist ihrer Zweckbestimmung nach vom Übergang auf die Landeskasse ausgeschlossen.

Riedel/Sußbauer § 133 A 8; Hartmann KostG § 133 A 5; Schoreit-Dehn § 10 BerHG A 74.

Fünfzehnter Abschnitt. Übergangs- und Schlußvorschriften

§ 134 Übergangsvorschrift

(1) **Die Vergütung ist nach bisherigem Recht zu berechnen, wenn der unbedingte Auftrag zur Erledigung derselben Angelegenheit im Sinne des § 13 vor dem Inkrafttreten einer Gesetzesänderung erteilt oder der Rechtsanwalt vor diesem Zeitpunkt gerichtlich bestellt oder beigeordnet worden ist. Ist ein gerichtliches Verfahren im Zeitpunkt des Inkrafttretens einer Gesetzesänderung noch anhängig, so ist die Vergütung nach neuem Recht nur für das Verfahren über ein Rechtsmittel zu berechnen, das nach diesem Zeitpunkt eingelegt worden ist. Die Sätze 1 und 2 gelten auch, wenn Vorschriften geändert werden, auf die dieses Gesetz verweist.**

(2) **Sind Gebühren nach dem zusammengerechneten Wert mehrerer Gegenstände zu bemessen, gilt für die gesamte Vergütung das bisherige Recht auch dann, wenn dies nach Absatz 1 nur für einen der Gegenstände gelten würde.**

Übersicht über die Anmerkungen

Allgemeines. Die Übergangsvorschrift weicht von der des 5. Änderungsge- **1** setzes vom 18. August 1980 (BGBl. I 1503) erheblich ab. Das Änderungsgesetz 1980 hatte es auf das Ende der Angelegenheit abgestellt. Nach ihm galt bisheriges Recht, wenn die Angelegenheit vor dem 1. Januar 1981 beendet war, neues Recht, wenn sie noch nicht beendet war. Die jetzige Änderung knüpft an das Kostenänderungsgesetz vom 26. Juli 1957 (BGBl. I 861) und insbesondere an das vom 20. August 1975 (BGBl. I 2189) an, welche es auf die Auftragserteilung abgestellt hatten. Die dazu ergangene Rechtsprechung und das damalige Schrifttum können wieder zur Auslegung herangezogen werden.

Z. B. von Eicken AnwBl. 75, 339; Mümmler JurBüro 77, 289; Gerold-Schmidt 6. Auflage Teil C Anhang 17.

Grundsätzlich entscheidet darüber, ob für die Gebühren bisheriges oder neues Recht anzuwenden ist, nicht unmittelbar der Zeitpunkt des Inkrafttretens des Gesetzes (im folgenden „Stichtag" genannt), sondern der Zeitpunkt des Auftrags. Von diesem Grundsatz gibt es zwei Ausnahmen: Die Fälle der gerichtlichen Bestellung oder Beiordnung eines Anwalts und das Rechtsmittelverfahren.

Auftrag. Maßgebend für die Frage, ob altes oder neues Gebührenrecht **2** anzuwenden ist, ist also der Zeitpunkt der Auftragserteilung. Ist der Auftrag vor dem 1. Januar 1987 erteilt, gilt altes Gebührenrecht; ist der Auftrag nach dem 31. Dezember 1986 erteilt, gilt neues Gebührenrecht. Das gilt sowohl für außergerichtliche als auch für gerichtliche Tätigkeit. Das Auftragsverhältnis kommt nicht mit dem Auftragsschreiben, sondern erst mit der Annahme des Auftrags zustande. Geht z. B. das Auftragsschreiben am 31. Dezember 1986 beim RA ein, nimmt er den Auftrag am 2. Januar 1987 an, ist neues Gebührenrecht anzuwenden.

Von Eicken AnwBl. 75, 339.

Führt der RA einen Rechtsstreit in eigener Sache und sind ihm gem. § 91 Abs. 2 S. 4 ZPO Kosten zu erstatten, so gilt neues Gebührenrecht, wenn seine prozeßbezogene Tätigkeit nach dem Stichtag begann.

Mümmler JurBüro 87, 10; KG JurBüro 76, 762.

Werden mehrere Aufträge erteilt, kommt es auf den Zeitpunkt an, zu dem der einzelne Auftrag wirksam wird. Werden Aufträge zur Prozeßführung und zur Zwangsvollstreckung erteilt, wird der Vollstreckungsauftrag erst wirksam, wenn ein Vollstreckungstitel erwirkt ist.

Von Eicken AnwBl. 75, 339.

Aufträge zur außergerichtlichen Tätigkeit und evtl. Prozeßführung stehen
sich als unbedingter Auftrag zur außergerichtlichen Tätigkeit und als bedingter (bedingt durch das Scheitern der außergerichtlichen Tätigkeit) Auftrag zur
Prozeßführung dar. Ist der Auftrag vor dem Stichtag erteilt, tritt aber die
Bedingung (Scheitern der außergerichtlichen Bemühungen) erst nach dem
Stichtag ein, so sind die Gebühren nach § 118 nach altem Recht, die nach
§§ 31 ff. nach neuem Gebührenrecht zu bemessen.

> Von Eicken AnwBl. 75, 339; Nürnberg JurBüro 76, 1643.

Maßgebend ist der Zeitpunkt des Auftrags, nicht der Zeitpunkt der Voll-
machtserteilung.
Auch auf den Zeitpunkt der Tätigkeit kommt es nicht an. Ist der Prozeßauf-
trag vor dem Stichtag erteilt, fertigt der RA die Klage aber erst nach dem
Stichtag an, gilt altes Gebührenrecht. Ebenso werden alle in § 37 aufgezählten
Tätigkeiten nach altem Gebührenrecht vergütet, auch wenn sie erst nach dem
Stichtag ausgeführt werden.
Ist die Klage vor dem 1. Januar 1987 erhoben, wird sie dem Beklagten erst
nach diesem Zeitpunkt zugestellt, so stehen dem Anwalt des Klägers Gebüh-
ren nach altem, dem Anwalt des Beklagten Gebühren nach neuem Recht zu.

> Bamberg JurBüro 77, 657.

3 Mehrere Auftraggeber. Es ist möglich, daß der RA, der mehrere Auftraggeber vertritt, von dem einen Auftraggeber vor dem Stichtag und von dem
anderen nach dem Stichtag beauftragt worden ist. Hier gilt für den ersten
Auftraggeber altes Gebührenrecht und für den (oder die) späteren Auftraggeber neues Gebührenrecht. Der Mehrvertretungszuschlag aus § 6 Abs. 2 S. 2 ist
nach neuem Gebührenrecht zu berechnen, weil er durch den Auftrag nach
dem Stichtag entsteht.

4 Einstweilige Anordnungen. Verfahren über einstweilige Anordnungen in
Ehesachen gelten gegenüber der Ehesache als besondere Angelegenheiten,
§ 41 Abs. 1. Die Gebühren für jedes einzelne Anordnungsverfahren, mit
deren Einleitung der Anwalt erst nach dem Stichtag beauftragt wird, richten
sich nach neuem Recht, mag auch der Auftrag für die Ehesache bereits vor
dem Zeitpunkt erteilt worden sein.

> KG JurBüro 58, 206; = Rpfleger 58, 930; Koblenz MDR 58, 615; von Eicken
> AnwBl. 75, 339.

5 Arrest- und einstweiliges Verfügungsverfahren sind gegenüber der
Hauptsache selbständige Angelegenheiten, § 40 Abs. 1. Ist der Auftrag zum
Antrag auf Erlaß einer einstweiligen Verfügung vor, der Klagauftrag dagegen
erst nach dem Stichtag erteilt worden, so ist das Verfügungsverfahren nach
bisherigem, das Klageverfahren nach neuem Gebührenrecht abzurechnen.
Ebenso ist es im umgekehrten Fall.

> Von Eicken AnwBl. 75, 339.

6 Auslagen. Das Kostenänderungsgesetz 1975 hatte in Art. 5 § 2 Abs. 5 bestimmt, daß für Auslagen, die vor dem Inkrafttreten des Gesetzes fällig
geworden sind, bisheriges Recht gilt. Da Auslagen erst fällig werden im
Zeitpunkt der Entstehung, galt für alle Auslagen, die ab 15. September 1975
entstanden, neues Recht. In der jetzigen Übergangsregelung ist diese Unterscheidung weggefallen, und es wird für die Vergütung auf den Zeitpunkt des

Auftrags abgestellt. Da Vergütung nach § 1 Abs. 1 auch die Auslagen umfaßt, sind die Auslagen nach bisherigem Recht zu berechnen, wenn der Auftrag vor dem Stichtag erteilt ist, mögen die Auslagen selbst erst lange nach dem Stichtag entstanden sein. Also auch die Fotokopien ab 51 Stück werden mit 1 DM und nicht mit 0,30 DM je Stück berechnet, wenn altes Gebührenrecht gilt. Eine Ausnahme besteht im Rechtsmittelverfahren, bei dem der Zeitpunkt der Einlegung entscheidet.

Vgl. A 16.

Außergerichtliche und gerichtliche Tätigkeit. War der RA mit außerge- **7** richtlicher Tätigkeit vor dem Stichtag und mit gerichtlicher Tätigkeit erst nach dem Stichtag beauftragt, gilt für die außergerichtliche Tätigkeit altes Gebührenrecht und für die gerichtliche Tätigkeit neues Gebührenrecht.

Stuttgart AnwBl. 76, 49 = JurBüro 76, 793.

Ist der Auftrag zur gerichtlichen Tätigkeit bedingt erteilt und tritt die Bedingung erst nach dem Stichtag ein, gilt für die gerichtliche Tätigkeit neues Gebührenrecht.

Vgl. hierzu A 2.

Beweisanwalt. Für ihn gilt neues Gebührenrecht, wenn er nach dem Stich- **8** tag beauftragt worden ist, auch wenn der Rechtsstreit vor dem Stichtag begonnen wurde. Dies gilt auch dann, wenn der RA vor dem 1. Januar 1987 als Verkehrsanwalt beauftragt worden ist. Die Aufträge als Verkehrsanwalt und als Beweisanwalt tätig zu werden, sind zwei verschiedene Aufträge, die nicht zu einem Auftrag zusammengefaßt werden können. Der RA erhält in diesem Falle die $^5/_{10}$ Prozeßgebühr nach neuem Recht und die $^5/_{10}$ Verkehrsgebühr nach altem Recht.

Honorarvereinbarung. Auch wenn nach der Übergangsregelung bisheriges **9** Recht für die Anwaltsgebühren maßgeblich bleibt, ist es zulässig, eine Gebührenvereinbarung zu treffen, wonach die Gebühren nach neuem Recht berechnet werden sollen.

Wegen der standesrechtlichen Pflichten s. § 3 A 6.

Klageerweiterung. Wird in einem vor dem 1. Januar 1987 begonnenen **10** Rechtsstreit die Klage nach dem 31. Dezember erweitert, so gilt Abs. 2 der Übergangsvorschrift. Danach gilt, wenn Gebühren nach dem zusammengerechneten Wert mehrerer Gegenstände zu bemessen sind, für die gesamte Vergütung das bisherige Recht auch dann, wenn dies nach Abs. 1 nur für einen der Gegenstände gelten würde. Dadurch wird für alle Fälle des § 7 Abs. 2 ein gespaltenes Kostenrecht vermieden.

Ansonsten kann es zu einem **gespaltenen Kostenrecht** kommen. Denn **11** wenn in einem Rechtsstreit der Klägervertreter vor dem Stichtag beauftragt worden ist, während der Beklagtenvertreter nach dem Stichtag, dann ist eindeutig: Der Klägervertreter erhält die Gebühren nach altem Recht, der Beklagtenvertreter nach neuem Recht.

Hamm AnwBl. 76, 215; Stuttgart JurBüro 76, 1053; AnwBl. 80, 291.

Das gilt für den Beklagtenvertreter auch dann, wenn der Beklagte ihn auch schon vor dem Stichtag hätte beauftragen können.

KG JurBüro 76, 1195.

12 Mahnverfahren und Rechtsstreit. Aus der Anrechnungsbestimmung des § 43 Abs. 2 und aus der Verweisung in Abs. 3 ergibt sich, daß das Mahnverfahren gegenüber dem nachfolgenden Rechtsstreit eine eigene Angelegenheit ist, zumal der Gläubiger nach Widerspruch des Schuldners regelmäßig selbst entscheiden kann, ob er durch Einzahlung der weiteren halben Gerichtsgebühr dem Verfahren Fortgang geben will. Hat der Auftraggeber vor dem Stichtag den Auftrag zur Erwirkung eines Mahnbescheids gegeben, erteilt er nach dem Stichtag, nachdem Widerspruch gegen den Mahnbescheid erhoben worden ist, den Auftrag für das Streitverfahren, so gilt für das Mahnverfahren altes und für den Rechtsstreit neues Gebührenrecht. Da der RA Anspruch auf die Prozeßgebühr nach neuem Recht hat, gilt praktisch neues Gebührenrecht.

Hat der RA vor dem 1. Januar 1987 Klagauftrag erhalten, hat er jedoch zunächst ohne Auftrag einen Mahnbescheid beantragt, gilt auch dann für den Rechtsstreit altes Gebührenrecht, wenn das Mahnverfahren erst nach dem Stichtag in das Prozeßverfahren übergegangen ist.

     Von Eicken AnwBl. 75, 339.

13 Parteiwechsel. Wurde der von A vor dem Stichtag beauftragte RA nach dem Stichtag anstelle des ausscheidenden A von B beauftragt, erhält er von B die Gebühren nach neuem Recht.

     Von Eicken AnwBl. 75, 339.

14 Prozeßkostenhilfe, beigeordneter Rechtsanwalt. Altes Gebührenrecht gilt, wenn der Auftrag vor dem Stichtag erteilt oder der RA im Wege der Prozeßkostenhilfe oder nach § 11 a ArbGG beigeordnet worden ist. Aus dieser Formulierung (aus dem Wort „oder") ist schon für die Übergangsvorschrift des Änderungsgesetzes 1975 der Schluß gezogen worden, daß es allein auf den ersten Zeitpunkt (der Erteilung des Auftrags oder der Beiordnung) ankommt, auch wenn der zweite Tatbestand (die Beiordnung oder die Auftragserteilung) erst nach dem Stichtag eintritt. So sollen die PKH-Gebühren bei einer Beiordnung nach dem Stichtag auch dann nach altem Gebührenrecht zu berechnen sein, wenn der Auftrag vor dem Stichtag erteilt worden ist.

     Übersicht über die Rechtsprechung s. Gerold-Schmidt 6. Aufl. Teil C Anhang 17 A 4.

Es ist aber zu unterscheiden zwischen dem Auftrag, zunächst nur PKH zu beantragen, und dem durch die Beiordnung bedingten Prozeßauftrag. Geht der vor dem Stichtag erteilte Auftrag dahin, die Klage auf jeden Fall durchzuführen und lediglich zu versuchen, für sie PKH zu erlangen, so liegt ein unbedingter Prozeßauftrag vor, das PKH-Bewilligungsverfahren gehört gem. § 37 Nr. 3 zur Instanz. Die Gebühren des RA richten sich daher auch dann nach bisherigem Recht, wenn die Beiordnung erst nach dem Inkrafttreten erfolgt.

     Von Eicken AnwBl. 75, 339; Koblenz JurBüro 76, 1058; Bamberg JurBüro 76, 1336.

Etwas anderes muß gelten, wenn die Klage nur für den Fall der Gewährung der Prozeßkostenhilfe durchgeführt werden soll. Dann liegt ein unbedingter Auftrag nur für das PKH-Bewilligungsverfahren vor und die Gebühr des § 51 richtet sich nach altem Recht, gleichgültig ob die Beiordnung vor oder nach dem Stichtag erfolgt. Der Prozeßauftrag ist dagegen durch die Beiordnung bedingt und wird erst mit Eintritt der Bedingung, also durch die Beiordnung wirksam. Liegt die Beiordnung nach dem Stichtag, so richten sich die Gebühren des § 123 nach neuem Recht. Wird die Prozeßkostenhilfe verweigert und entscheidet sich der Auftraggeber dennoch zur Durchführung der Klage, so kommt es nur auf den Zeitpunkt dieses Auftrags an.

    Von Eicken AnwBl. 75, 339; Mümmler JurBüro 87, 11.

Pflichtverteidiger. Für ihn gilt das gleiche wie für den PKH-Anwalt. **15**
War der RA Wahlverteidiger vor dem Stichtag, erfolgt die Beiordnung als Pflichtverteidiger nach dem Stichtag, dann erhält der RA als Wahlverteidiger Vergütung nach altem Recht, Vergütung für die Pflichtverteidigung aus der Staatskasse nach neuem Gebührenrecht.

    Düsseldorf AnwBl. 76, 354

Rechtsmittel. Nach Abs. 1 S. 2 ist, wenn ein gerichtliches Verfahren im **16** Zeitpunkt des Inkrafttretens des Gesetzes noch anhängig ist, die Vergütung nach neuem Recht nur für das Verfahren über ein Rechtsmittel zu berechnen, das nach diesem Zeitpunkt eingelegt worden ist. Abweichend von der allgemeinen Regelung gilt für Rechtsmittelverfahren nicht der Zeitpunkt der Auftragserteilung, sondern der Zeitpunkt der Einlegung des Rechtsmittels. Sonach gilt neues Recht, wenn die Berufung oder die Revision nach dem 31. Dezember 1986 eingelegt worden ist, auch wenn der Auftrag zur Rechtsmitteleinlegung vorher erteilt worden ist.

    Mümmler JurBüro 87, 13.

Für den RA des Rechtsmittelgegners gilt neues Gebührenrecht, wenn er nach dem Stichtag beauftragt worden ist, auch wenn das Rechtsmittel vor dem Stichtag eingelegt worden ist.

    Hamm AnwBl. 77, 31 = JurBüro 76, 1495; Koblenz JurBüro 78, 528.

Für die Beschwerde kommt es darauf an, ob sie sich gegen eine den Rechtszug abschließende Entscheidung richtet. Ist dies der Fall, dann gilt neues Gebührenrecht, wenn die Beschwerde nach dem Stichtag eingelegt wird. Für alle anderen Beschwerden gilt altes Gebührenrecht, wenn der Rechtszug vor dem Stichtag begonnen worden ist, auch wenn die Beschwerde nach dem Stichtag eingelegt worden ist.

Scheidungsvereinbarung. Es kommt darauf an, wann der Auftrag zum **17** Abschluß einer Scheidungsvereinbarung (zum Führen der entsprechenden Verhandlungen) erteilt worden ist. Auf den Zeitpunkt, zu dem der Auftrag zur Führung des Scheidungsrechtstreits erteilt worden ist, kommt es nicht an. Es gilt mithin neues Gebührenrecht, wenn die Parteien nach dem Stichtag ihre Anwälte beauftragen, eine Scheidungsvereinbarung auszuhandeln. Altes Gebührenrecht gilt dagegen, wenn die Parteien die Anwälte vor dem Stichtag insoweit beauftragt haben. Darauf, daß die vor dem 1. Januar 1987 erteilte Prozeßvollmacht zur Führung des Eheverfahrens zugleich zum Abschluß einer Scheidungsvereinbarung ermächtigt, kommt es nicht an. Maßgebend ist der Auftrag, nicht die Vollmacht.

    Hamm AnwBl. 77, 31 = JurBüro 76, 1489; KG MDR 76, 766; AnwBl. 76, 46;
    Saarbrücken AnwBl. 76, 217.

18 Streitwertänderung. Das Kostenänderungsgesetz 1986 hat den Ausgangs-streitwert in verwaltungsgerichtlichen und finanzgerichtlichen Verfahren gem. § 13 GKG von 4000 auf 6000 DM erhöht. Folgerichtig ist gem. § 8 Abs. 2 S. 2 von einem Gegenstandswert von 6000 DM auszugehen. Die Übergangsvorschrift des § 73 GKG bestimmt, daß die Kosten nach bisherigem Recht erhoben werden in Rechtsstreitigkeiten, die vor dem Inkrafttreten einer Gesetzesänderung anhängig geworden sind. Ist der Rechts-streit vor dem Stichtag anhängig geworden und der RA vor ihm beauftragt, so sind sowohl Streitwert als auch Gebühren nach altem Recht zu bemessen. Schwierigkeiten ergeben sich, wenn dem RA der Auftrag vor dem Stichtag erteilt worden ist, die Klage nach dem Stichtag eingereicht wird und jetzt infolge der Streitwertänderung durch § 13 GKG für die Gerichtsgebühren der Ausgangswert von 6000 DM gilt. Nach der Übergangsvorschrift des § 134 müßte es auch für die Gebühren beim früheren Streitwert von 4000 DM bleiben. Aber gem. § 8 Abs. 1 S. 1 bestimmt sich in gerichtlichen Verfahren der Gegenstandswert nach den für die Gerichtsgebühren geltenden Vorschrif-ten und nach § 9 Abs. 1 gilt der für die Gerichtsgebühren maßgebende Wert auch für die Gebühren des RA. Hinsichtlich des Gegenstandswertes ist den spezielleren Vorschriften der §§ 8 und 9 gegenüber der Übergangsregelung des § 134 der Vorzug zu geben. Die Anwaltsgebühren richten sich in diesem Falle hinsichtlich des Streitwertes nach neuem Streitwertrecht, hinsichtlich der Höhe nach altem Gebührenrecht.

19 Unterbevollmächtigter. Die Gebühren der Unterbevollmächtigten des § 53 bemessen sich nach neuem Recht, wenn er nach dem Stichtag beauftragt worden ist, auch wenn der Prozeßbevollmächtigte vor dem Stichtag beauf-tragt worden ist und deshalb seine Vergütung nach altem Recht zu bestimmen ist.

    Nürnberg JurBüro 77, 346.

20 Urkunden- (Wechsel-)Prozeß. Der Urkunden- (Wechsel-)Prozeß ist gem. § 39 gegenüber dem ordentlichen Verfahren eine besondere Angelegenheit. Ist hiernach der Auftrag zum Urkundenprozeß vor dem Stichtag und der Auftrag für das ordentliche Verfahren erst nach dem Stichtag erteilt, gilt für den Urkundenprozeß altes Gebührenrecht und für das ordentliche Verfahren neues Gebührenrecht.

21 Verkehrsanwalt. Der Verkehrsanwalt erhält die Gebühr nach altem Recht, wenn er vor dem Stichtag beauftragt worden ist, auch wenn der Prozeßbe-vollmächtigte nach dem Stichtag bestellt worden ist. Wird der vor dem Stichtag bestellte Verkehrsanwalt nach dem Stichtag Prozeßbevollmächtigter (und umgekehrt), erhält er die Gebühren als Prozeßbevollmächtigter nach neuem Recht. Denn der Auftrag als Prozeßbevollmächtigter tätig zu werden, ist ein neuer Auftrag. Ist ein Anwalt vor dem Stichtag außergerichtlich tätig gewesen und erhält er – als Korrespondenzanwalt – nach dem Stichtag den Auftrag, die Klageerhebung zu veranlassen, so ist die Korrespondenzgebühr nach neuem Recht zu berechnen. Hier kann nicht ein einheitlicher vor dem Stichtag erteilter Auftrag angenommen werden.

    Stuttgart JurBüro 76, 793.

Widerklage. Für die Berechnung der Gebühren gilt das zur Klageerweite- 22
rung gesagte in gleicher Weise.

    Vgl. A 10.

Zurückverweisung. Wird in einem vor dem Stichtag begonnenen Rechts- 23
streit die Sache von dem Rechtsmittelgericht nach dem Stichtag an die
Vorinstanz zurückverwiesen, so gilt für das Verfahren neues Gebührenrecht,
da das weitere Verfahren vor dem untergeordneten Gericht einen neuen
Rechtszug darstellt, für den der RA entsprechend § 13 Abs. 3 S. 2 erneut
Gebühren fordern kann.

    Mümmler JurBüro 87, 12; Hamburg 77, 201; Düsseldorf JurBüro 78, 1166;
    Bamberg JurBüro 80, 537; Hamm JurBüro 80, 537.

Darauf, ob für das Verfahren vor dem Rechtsmittelgericht altes oder neues
Gebührenrecht gilt, kommt es nicht an.

Nach § 15 erhält der RA die Prozeßgebühr nicht zum zweiten Mal. Er hat
auch keinen Anspruch auf den Unterschiedsbetrag nach altem und neuem
Recht.

    Mümmler JurBüro 87, 12; Hamburg JurBüro 77, 207.

Zusammenrechnung. Wenn Gebühren nach dem zusammengerechneten 24
Wert mehrerer Gegenstände zu bemessen sind, gilt nach Abs. 2 für die
gesamte Vergütung das bisherige Recht auch dann, wenn dies nach Abs. 1 nur
für einen der Gegenstände gelten würde.

Nach § 7 Abs. 3 gelten eine Scheidungssache und die Folgesachen als dieselbe
Angelegenheit im Sinne der BRAGO. Nach § 19a GKG sind die Gebühren
nach dem zusammengerechneten Wert der Gegenstände zu berechnen. Ist
somit der Anwalt vor dem Stichtag in der Scheidungssache tätig, dann
berechnen sich die Gebühren in Folgesachen auch dann nach altem Gebührenrecht, wenn er den Auftrag zur Anhängigmachung einer Folgesache erst nach
dem Stichtag erhalten hat. Weitere Fälle der Zusammenrechnung sind z. B.
Klage und Widerklage, soweit sie nicht denselben Streitgegenstand betreffen
(§ 19 Abs. 1 S. 2 GKG) sowie die Hilfsaufrechnung (§ 19 Abs. 3 GKG).

Zwangsvollstreckung. Für die Durchführung einer Zwangsvollstreckung 25
wird dem RA im allgemeinen kein besonderer Auftrag erteilt werden. Der
Auftrag wird in der Regel lauten: „Verhelfen Sie mir zu meinem Geld." Auch
wenn dieser Auftrag vor dem 1. Januar 1987 erteilt wurde, gilt für den
Vollstreckungsauftrag neues Gebührenrecht, wenn der Vollstreckungstitel
erst nach dem Stichtag erwirkt worden ist. Denn der Vollstreckungsauftrag
ist bedingt durch das Vorliegen eines Vollstreckungstitels.

    Von Eicken AnwBl. 75, 339.

§ 135 Berlin-Klausel

    **Dieses Gesetz gilt nach Maßgabe des § 13 Abs. 1 des Dritten Überlei-
tungsgesetzes auch im Land Berlin.**

Teil C. Anhang

1. Gerichtskostengesetz

(Auszug)

Lit.: Drischler/Oestreich/Heun/Haupt Gerichtskostengesetz,
Hartmann Kostengesetze,
Lappe Gerichtskostengesetz,
Markl Gerichtskostengesetz

§ 12 Wertberechnung in bürgerlichen Rechtsstreitigkeiten und Scheidungsfolgesachen

(1) Für die Wertberechnung in bürgerlichen Rechtsstreitigkeiten und den in § 1 Abs. 2 genannten Scheidungsfolgesachen gelten die §§ 3 bis 9 der Zivilprozeßordnung und § 148 der Konkursordnung, soweit in den folgenden Vorschriften nichts anderes bestimmt ist.

(2) In nichtvermögensrechtlichen Streitigkeiten ist der Wert des Streitgegenstandes unter Berücksichtigung aller Umstände des Einzelfalles, insbesondere des Umfangs und der Bedeutung der Sache und der Vermögens- und Einkommensverhältnisse der Parteien, nach Ermessen zu bestimmen. In Ehesachen ist für die Einkommensverhältnisse das in drei Monaten erzielte Nettoeinkommen der Eheleute einzusetzen. In Kindschaftssachen ist von einem Wert von 4000 Deutsche Mark auszugehen, in einer Scheidungsfolgesache nach § 623 Abs. 1, 4, § 621 Abs. 1 Nr. 1, 2 oder 3 der Zivilprozeßordnung von 1500 Deutsche Mark. Der Wert darf nicht über 2 Millionen Deutsche Mark und nicht unter 600 Deutsche Mark, in Ehesachen jedoch nicht unter 4000 Deutsche Mark, angenommen werden.

(3) Ist mit einem nichtvermögensrechtlichen Anspruch ein aus ihm hergeleiteter vermögensrechtlicher Anspruch verbunden, so ist nur ein Anspruch, und zwar der höhere, maßgebend.

§ 13 Wertberechnung in Verfahren vor Gerichten der Verwaltungsgerichtsbarkeit und Finanzgerichtsbarkeit

(1) In Verfahren vor den Gerichten der Verwaltungsgerichtsbarkeit und der Finanzgerichtsbarkeit ist der Streitwert vorbehaltlich der folgenden Vorschriften nach der sich aus dem Antrag des Klägers für ihn ergebenden Bedeutung der Sache nach Ermessen zu bestimmen. Bietet der bisherige Sach- und Streitstand hierfür keine genügenden Anhaltspunkte, so ist ein Streitwert von 6000 Deutsche Mark anzunehmen.

(2) Betrifft der Antrag des Klägers eine bezifferte Geldleistung oder einen hierauf gerichteten Verwaltungsakt, so ist deren Höhe maßgebend.

(3) Dem Kläger steht gleich, wer sonst das Verfahren der ersten Instanz beantragt hat.

§ 14 Wertberechnung in Berufungs- und Revisionsverfahren

(1) Im Berufungs- und Revisionsverfahren bestimmt sich der Streitwert nach den Anträgen des Rechtsmittelklägers. Endet das Verfahren, ohne daß solche Anträge eingerecht werden, oder werden, wenn eine Frist für die Berufungs- oder Revisionsbegründung vorgeschrieben ist, innerhalb dieser Frist Berufungs- oder Revisionsanträge nicht eingereicht, so ist die Beschwer maßgebend.

(2) Der Streitwert ist durch den Wert des Streitgegenstandes der ersten Instanz begrenzt. Das gilt nicht, soweit der Streitgegenstand erweitert wird. § 15 Abs. 1 bleibt unberührt.

§ 15 Zeitpunkt der Wertberechnung

(1) Ist der Wert des Streitgegenstandes bei Beendigung der Instanz höher als zu Beginn der Instanz, so ist den in der Instanz entstandenen Gebühren der höhere Wert zugrunde zu legen.

(2) In der Zwangsvollstreckung ist für die Wertberechnung der Zeitpunkt der die Zwangsvollstreckung einleitenden Prozeßhandlung entscheidend.

§ 16 Miet-, Pacht- und ähnliche Nutzungsverhältnisse

(1) Ist das Bestehen oder die Dauer eines Miet-, Pacht- oder ähnlichen Nutzungsverhältnisses streitig, so ist der Betrag des auf die streitige Zeit entfallenden Zinses und, wenn der einjährige Zins geringer ist, dieser Betrag für die Wertberechnung maßgebend.

(2) Wird wegen Beendigung eines Miet-, Pacht- oder ähnlichen Nutzungsverhältnisses die Räumung eines Grundstücks, Gebäudes oder Gebäudeteils verlangt, so ist ohne Rücksicht darauf, ob über das Bestehen des Nutzungsverhältnisses Streit besteht, der für die Dauer eines Jahres zu entrichtende Zins maßgebend, wenn sich nicht nach Absatz 1 ein geringerer Streitwert ergibt. Verlangt ein Kläger die Räumung oder Herausgabe auch aus einem anderen Rechtsgrund, so ist der Wert der Nutzung eines Jahres maßgebend.

(3) Werden der Anspruch auf Räumung von Wohnraum und der Anspruch nach den §§ 556 a, 556 b des Bürgerlichen Gesetzbuchs auf Fortsetzung des Mietverhältnisses über diesen Wohnraum in demselben Prozeß verhandelt, so werden die Werte nicht zusammengerechnet.

(4) Bei Ansprüchen nach §§ 556 a, 556 b des Bürgerlichen Gesetzbuchs ist auch für die Rechtsmittelinstanz der für die erste Instanz maßgebende Wert zugrunde zu legen, sofern nicht die Beschwer geringer ist.

(5) Bei Ansprüchen auf Erhöhung des Mietzinses für Wohnraum ist höchstens der Jahresbetrag des zusätzlich geforderten Zinses maßgebend.

§ 17 Wiederkehrende Leistungen

(1) Bei Ansprüchen auf Erfüllung einer gesetzlichen Unterhaltspflicht ist der Jahresbetrag der wiederkehrenden Leistungen maßgebend, wenn nicht der Gesamtbetrag der geforderten Leistungen geringer ist. Wird auf Leistung des Regelunterhalts geklagt (§§ 642, 642 d der Zivilprozeßordnung), so ist der Jahresbetrag auf der Grundlage des Regelbedarfs nach freiem Ermessen zu bestimmen.

(2) Wird wegen der Tötung eines Menschen oder wegen der Verletzung

des Körpers oder der Gesundheit eines Menschen Schadensersatz durch Entrichtung einer Geldrente verlangt, so ist der fünffache Betrag des einjährigen Bezuges maßgebend, wenn nicht der Gesamtbetrag der geforderten Leistungen geringer ist. Dies gilt nicht bei Ansprüchen aus einem Vertrag, der auf Leistung einer solchen Rente gerichtet ist.

(3) Bei Ansprüchen auf wiederkehrende Leistungen aus einem öffentlich-rechtlichen Dienst- oder Amtsverhältnis, einer Dienstpflicht oder einer Tätigkeit, die anstelle einer gesetzlichen Dienstpflicht geleistet werden kann, sowie bei Ansprüchen von Arbeitnehmern auf wiederkehrende Leistungen ist der dreifache Jahresbetrag der wiederkehrenden Leistungen maßgebend, wenn nicht der Gesamtbetrag der geforderten Leistungen geringer ist.

(4) Rückstände aus der Zeit vor der Einreichung der Klage werden dem Streitwert hinzugerechnet.

§ 17a Versorgungsausgleich

Im Verfahren über den Versorgungsausgleich sind maßgebend

1. in den Fällen des § 1587b des Bürgerlichen Gesetzbuchs der Jahresbetrag der Rente, die den zu übertragenden oder zu begründenden Rentenanwartschaften entspricht, mindestens jedoch 1000 Deutsche Mark.

2. im Falle des § 1587g Abs. 1 des Bürgerlichen Gesetzbuchs der Jahresbetrag der Geldrente, mindestens jedoch 1000 Deutsche Mark.

§ 18 Stufenklage

Wird mit der Klage auf Rechnungslegung oder auf Vorlegung eines Vermögensverzeichnisses oder auf Abgabe einer eidesstattlichen Versicherung die Klage auf Herausgabe desjenigen verbunden, was der Beklagte aus dem zugrunde liegenden Rechtsverhältnis schuldet, so ist für die Wertberechnung nur einer der verbundenen Ansprüche, und zwar der höhere, maßgebend.

§ 19 Klage und Widerklage, wechselseitige Rechtsmittel, Aufrechnung, Hilfsanspruch

(1) Soweit Klage und Widerklage, die nicht in getrennten Prozessen verhandelt werden, denselben Streitgegenstand betreffen, sind die Gebühren nach dem einfachen Wert dieses Gegenstandes zu berechnen. Soweit beide Klagen nicht denselben Streitgegenstand betreffen, sind die Gegenstände zusammenzurechnen.

(2) Das gleiche gilt für wechselseitig eingelegte Rechtsmittel, die nicht in getrennten Prozessen verhandelt werden.

(3) Macht der Beklagte hilfsweise die Aufrechnung mit einer bestrittenen Gegenforderung geltend, so erhöht sich der Streitwert um den Wert der Gegenforderung, soweit eine der Rechtskraft fähige Entscheidung über sie ergeht. Bei einer Erledigung des Rechtsstreits durch Vergleich gilt Satz 1 entsprechend.

(4) Der höhere Wert eines hilfsweise geltend gemachten Anspruchs ist maßgebend, wenn über ihn entschieden wird; sonst bleibt dieser Anspruch außer Betracht.

§ 19a Scheidungssachen und Folgesachen

Die Scheidungssache und die Folgesachen (§ 623 Abs. 1, 4, § 621 Abs. 1 der

Zivilprozeßordnung) gelten als ein Verfahren, dessen Gebühren nach dem zusammengerechneten Wert der Gegenstände zu berechnen sind. Eine Scheidungsfolgesache nach § 623 Abs. 1, 4 § 621 Abs. 1 Nr. 1, 2 oder 3 der Zivilprozeßordnung ist auch dann als ein Gegenstand zu bewerten, wenn sie mehrere Kinder betrifft. § 12 Abs. 3 ist nicht anzuwenden.

§ 20 Arreste, einstweilige Verfügungen, einstweilige Anordnungen

(1) Im Verfahren über einen Antrag auf Anordnung, Abänderung oder Aufhebung eines Arrestes oder einer einstweiligen Verfügung bestimmt sich der Wert nach § 3 der Zivilprozeßordnung.

(2) Ist in einem Verfahren nach § 620 Satz 1 Nr. 4, 6 oder in einem Verfahren nach § 641 d der Zivilprozeßordnung die Unterhaltspflicht zu regeln, so wird der Wert nach dem sechsmonatigen Bezug berechnet. Im Verfahren nach § 620 Satz 1 Nr. 7 der Zivilprozeßordnung bestimmt sich der Wert, soweit die Benutzung der Ehewohnung zu regeln ist, nach dem dreimonatigen Mietwert, soweit die Benutzung des Hausrats zu regeln ist, nach § 3 der Zivilprozeßordnung.

(3) Im Verfahren über einen Antrag auf Erlaß, Abänderung oder Aufhebung einer einstweiligen Anordnung nach § 123 der Verwaltungsgerichtsordnung oder § 114 der Finanzgerichtsordnung und in Verfahren nach § 80 Abs. 5 bis 7 der Verwaltungsgerichtsordnung oder § 69 Abs. 3, 4 der Finanzgerichtsordnung bestimmt sich der Wert nach § 13 Abs. 1.

§ 21 Teile des Streitgegenstandes

(1) Für Handlungen, die einen Teil des Streitgegenstandes betreffen, sind die Gebühren nur nach dem Wert dieses Teils zu berechnen.

(2) Sind von einzelnen Wertteilen in derselben Instanz für gleiche Handlungen Gebühren zu berechnen, so darf nicht mehr erhoben werden, als wenn die Gebühr von dem Gesamtbetrag der Wertteile zu berechnen wäre.

(3) Sind für Teile des Gegenstandes verschiedene Gebührensätze anzuwenden, so sind die Gebühren für die Teile gesondert zu berechnen; die aus dem Gesamtbetrag der Wertteile nach dem höchsten Gebührensatz berechnete Gebühr darf jedoch nicht überschritten werden.

§ 22 Nebenforderungen

(1) Bei Handlungen, die außer dem Hauptanspruch auch Früchte, Nutzungen, Zinsen oder Kosten als Nebenforderungen betreffen, wird der Wert der Nebenforderung nicht berücksichtigt.

(2) Bei Handlungen, die Früchte, Nutzungen, Zinsen oder Kosten als Nebenforderungen ohne den Hauptanspruch betreffen, ist der Wert der Nebenforderungen maßgebend, soweit er den Wert des Hauptanspruchs nicht übersteigt.

(3) Bei Handlungen, welche die Kosten des Rechtsstreits ohne den Hauptanspruch betreffen, ist der Betrag der Kosten maßgebend, soweit er den Wert des Hauptanspruchs nicht übersteigt.

§ 23 Angabe des Wertes

(1) Bei jedem Antrag ist der Wert des Streitgegenstandes, sofern dieser nicht in einer bestimmten Geldsumme besteht, oder sich aus früheren Anträ-

gen ergibt, und auf Erfordern auch der Wert eines Teils des Streitgegenstandes schriftlich oder zu Protokoll der Geschäftsstelle anzugeben.

(2) Die Angabe kann jederzeit berichtigt werden.

§ 24 Wertfestsetzung für die Zuständigkeit des Prozeßgerichts oder die Zulässigkeit des Rechtsmittels

Ist der Streitwert für die Entscheidung über die Zuständigkeit des Prozeßgerichts oder die Zulässigkeit des Rechtsmittels festgesetzt, so ist die Festsetzung auch für die Berechnung der Gebühren maßgebend. §§ 14 bis 20 bleiben unberührt.

§ 25 Wertfestsetzung für die Gerichtsgebühren

(1) Soweit eine Entscheidung nach § 24 Satz 1 nicht ergeht oder nach § 24 Satz 2 nicht bindet, setzt das Prozeßgericht den Wert durch Beschluß fest, wenn dies eine Partei, ein Beteiligter oder die Staatskasse beantragt oder das Gericht es für angemessen erachtet. Der Antrag kann zu Protokoll der Geschäftsstelle oder schriftlich, auch ohne Mitwirkung eines Bevollmächtigten, gestellt werden. Die Festsetzung kann von dem Gericht, das sie getroffen hat, und, wenn das Verfahren wegen der Hauptsache oder wegen der Entscheidung über den Streitwert, den Kostenansatz oder die Kostenfestsetzung in der Rechtsmittelinstanz schwebt, von dem Rechtsmittelgericht von Amts wegen geändert werden. Die Änderung ist nur innerhalb von sechs Monaten zulässig, nachdem die Entscheidung in der Hauptsache Rechtskraft erlangt oder das Verfahren sich anderweitig erledigt hat.

(2) Gegen den Beschluß findet die Beschwerde statt, wenn der Wert des Beschwerdegegenstandes einhundert Deutsche Mark übersteigt; § 5 Abs. 2 Satz 2, 3, 5 bis 7 und Abs. 3 Satz 1 ist anzuwenden. Die Beschwerde ist ausgeschlossen, wenn das Rechtsmittelgericht den Beschluß erlassen hat. Sie ist nur zulässig, wenn sie innerhalb der in Absatz 1 Satz 4 bestimmten Frist eingelegt wird; ist der Streitwert später als einen Monat vor Ablauf dieser Frist festgesetzt worden, so kann sie noch innerhalb eines Monats nach Zustellung oder formloser Mitteilung des Festsetzungsbeschlusses eingelegt werden.

(3) Das Verfahren über die Beschwerde ist gebührenfrei. Kosten werden nicht erstattet.

§ 26 Schätzung des Wertes

Wird eine Abschätzung durch Sachverständige erforderlich, so ist in dem Beschluß, durch den der Wert festgesetzt wird (§ 25), über die Kosten der Abschätzung zu entscheiden. Diese Kosten können ganz oder teilweise der Partei auferlegt werden, welche die Abschätzung durch Unterlassen der ihr obliegenden Wertangabe, durch unrichtige Angabe des Wertes, durch unbegründetes Bestreiten des angegebenen Wertes oder durch eine unbegründete Beschwerde veranlaßt hat.

2. Zivilprozeßordnung

(Auszug)

Lit.: Baumbach/Lauterbach/Albers/Hartmann Zivilprozeßordnung sowie die übrigen Kommentare zur ZPO.

§ 3 Wertfestsetzung nach freiem Ermessen

Der Wert wird von dem Gericht nach freiem Ermessen festgesetzt; es kann eine beantragte Beweisaufnahme sowie von Amts wegen die Einnahme des Augenscheins und die Begutachtung durch Sachverständige anordnen.

§ 4 Wertberechnung; Nebenforderungen

(1) Für die Wertberechnung ist der Zeitpunkt der Einreichung der Klage, in der Rechtsmittelinstanz der Zeitpunkt der Einlegung des Rechtsmittels, bei der Verurteilung der Zeitpunkt des Schlusses der mündlichen Verhandlung, auf die das Urteil ergeht, entscheidend; Früchte, Nutzungen, Zinsen und Kosten bleiben unberücksichtigt, wenn sie als Nebenforderungen geltend gemacht werden.

(2) Bei Ansprüchen aus Wechseln im Sinne des Wechselgesetzes sind Zinsen, Kosten und Provision, die außer der Wechselsumme gefordert werden, als Nebenforderungen anzusehen.

§ 5 Mehrere Ansprüche

Mehrere in einer Klage geltend gemachte Ansprüche werden zusammengerechnet; dies gilt nicht für den Gegenstand der Klage und der Widerklage.

§ 6 Besitz; Sicherstellung; Pfandrecht

Der Wert wird bestimmt: durch den Wert einer Sache, wenn es auf deren Besitz, und durch den Betrag einer Forderung, wenn es auf deren Sicherstellung oder ein Pfandrecht ankommt. Hat der Gegenstand des Pfandrechts einen geringeren Wert, so ist dieser maßgebend.

§ 7 Grunddienstbarkeit

Der Wert einer Grunddienstbarkeit wird durch den Wert, den sie für das herrschende Grundstück hat, und wenn der Betrag, um den sich der Wert des dienenden Grundstücks durch die Dienstbarkeit mindert, größer ist, durch diesen Betrag bestimmt.

§ 8 Miet- oder Pachtverhältnis

Ist das Bestehen oder die Dauer eines Pacht- und Mietverhältnisses streitig, so ist der Betrag des auf die gesamte streitige Zeit fallenden Zinses und, wenn der fünfundzwanzigfache Betrag des einjährigen Zinses geringer ist, dieser Betrag für die Wertberechnung entscheidend.

§ 9 Wiederkehrende Nutzungen oder Leistungen

Der Wert des Rechts auf wiederkehrende Nutzungen oder Leistungen wird nach dem Wert des einjährigen Bezugs berechnet, und zwar:

auf den zwölfundeinhalbfachen Betrag, wenn der künftige Wegfall des Bezugsrechts gewiß, die Zeit des Wegfalls aber ungewiß ist;

auf den fünfundzwanzigfachen Betrag, bei unbeschränkter oder bestimmter Dauer des Bezugsrechts. Bei bestimmter Dauer des Bezugsrechts ist der Gesamtbetrag der künftigen Bezüge maßgebend, wenn er der geringere ist.

3. Konkursordnung

(Auszug)

Lit.: Jaeger, Böhle-Stamschräder/Kilger, Mentzel/Kuhn/Uhlenbruck Kommentare zur Konkursordnung.

§ 148 Streitwert

Der Wert des Streitgegenstandes eines Prozesses über die Richtigkeit oder das Vorrecht einer Forderung ist mit Rücksicht auf das Verhältnis der Teilungs- zur Schuldenmasse von dem Prozeßgerichte nach freiem Ermessen festzusetzen.

4. Gewerblicher Rechtsschutz

(Auszug)
Patentgesetz

§ 144 Herabsetzung des Streitwertes

(1) Macht in einer Patentstreitsache eine Partei glaubhaft, daß die Belastung mit den Prozeßkosten nach dem vollen Streitwert ihre wirtschaftliche Lage erheblich gefährden würde, so kann das Gericht auf ihren Antrag anordnen, daß die Verpflichtung dieser Partei zur Zahlung von Gerichtskosten sich nach einem ihrer Wirtschaftslage angepaßten Teil des Streitwertes bemißt. Die Anordnung hat zur Folge, daß die begünstigte Partei die Gebühren ihres Rechtsanwalts ebenfalls nur nach diesem Teil des Streitwertes zu entrichten hat. Soweit ihr Kosten des Rechtsstreits auferlegt werden oder soweit sie diese übernimmt, hat sie die von dem Gegner entrichteten Gerichtsgebühren und die Gebühren seines Rechtsanwalts nur nach dem Teil des Streitwerts zu erstatten. Soweit die außergerichtlichen Kosten dem Gegner auferlegt oder von ihm übernommen werden, kann der Rechtsanwalt der begünstigten Partei seine Gebühren von dem Gegner nach dem für diesen geltenden Streitwert beitreiben.

(2) Der Antrag nach Absatz 1 kann vor der Geschäftsstelle des Gerichts zur Niederschrift erklärt werden. Er ist vor der Verhandlung zur Hauptsache anzubringen. Danach ist er nur zulässig, wenn der angenommene oder festgesetzte Streitwert später durch das Gericht heraufgesetzt wird. Vor der Entscheidung über den Antrag ist der Gegner zu hören.

Gebrauchsmustergesetz
(in der Fassung d. Ges. v. 28. 6. 1986, BGBl. I, 1455)

§ 26 Herabsetzung des Streitwerts

(1) Macht in bürgerlichen Rechtsstreitigkeiten, in denen durch Klage ein

Anspruch aus einem der in diesem Gesetz geregelten Rechtsverhältnisse geltend gemacht wird, eine Partei glaubhaft, daß die Belastung mit den Prozeßkosten nach dem vollen Streitwert ihre wirtschaftliche Lage erheblich gefährden würde, so kann das Gericht auf ihren Antrag anordnen, daß die Verpflichtung dieser Partei zur Zahlung von Gerichtskosten sich nach einem ihrer Wirtschaftslage angepaßten Teil des Streitwerts bemißt. Die Anordnung hat zur Folge, daß die begünstigte Partei die Gebühren ihres Rechtsanwalts ebenfalls nur nach diesem Teil des Streitwerts zu entrichten hat. Soweit ihr Kosten des Rechtsstreits auferlegt werden oder soweit sie diese übernimmt, hat sie die von dem Gegner entrichteten Gerichtsgebühren und die Gebühren seines Rechtsanwalts nur nach dem Teil des Streitwerts zu erstatten. Soweit die außergerichtlichen Kosten dem Gegner auferlegt oder von ihm übernommen werden, kann der Rechtsanwalt der begünstigten Partei seine Gebühren von dem Gegner nach dem für diesen geltenden Streitwert beitreiben.

(2) Der Antrag nach Absatz 1 kann vor der Geschäftsstelle des Gerichts zur Niederschrift erklärt werden. Er ist vor der Verhandlung zur Hauptsache anzubringen. Danach ist er nur zulässig, wenn der angenommene oder festgesetzte Streitwert später durch das Gericht heraufgesetzt wird. Vor der Entscheidung über den Antrag ist der Gegner zu hören.

Warenzeichengesetz

§ 31a Herabsetzung des Streitwerts

(1) Macht in bürgerlichen Rechtsstreitigkeiten, in denen durch Klage ein Anspruch aus einem der in diesem Gesetz geregelten Rechtsverhältnisse geltend gemacht wird, eine Partei glaubhaft, daß die Belastung mit den Prozeßkosten nach dem vollen Streitwert ihre wirtschaftliche Lage erheblich gefährden würde, so kann das Gericht auf ihren Antrag anordnen, daß die Verpflichtung dieser Partei zur Zahlung von Gerichtskosten sich nach einem ihrer Wirtschaftslage angepaßten Teil des Streitwerts bemißt. Die Anordnung hat zur Folge, daß die begünstigte Partei die Gebühren ihres Rechtsanwalts ebenfalls nur nach diesem Teil des Streitwerts zu entrichten hat. Soweit ihr Kosten des Rechtsstreits auferlegt werden oder soweit sie diese übernimmt, hat sie die von dem Gegner entrichteten Gerichtsgebühren und die Gebühren seines Rechtsanwalts nur nach dem Teil des Streitwerts zu erstatten. Soweit die außergerichtlichen Kosten dem Gegner auferlegt oder von ihm übernommen werden, kann der Rechtsanwalt der begünstigten Partei seine Gebühren von dem Gegner nach dem für diesen geltenden Streitwert beitreiben.

(2) Der Antrag nach Absatz 1 kann vor der Geschäftsstelle des Gerichts zur Niederschrift erklärt werden. Er ist vor der Verhandlung zur Hauptsache anzubringen. Danach ist er nur zulässig, wenn der angenommene oder festgesetzte Streitwert später durch das Gericht heraufgesetzt wird. Vor der Entscheidung über den Antrag ist der Gegner zu hören.

Gesetz gegen den unlauteren Wettbewerb
(in der Fassung des Ges. v. 25. 7. 1986, BGBl. I, 1169, 1171)

§ 23 a Herabsetzung des Streitwerts

Bei der Bemessung des Streitwerts für Ansprüche auf Unterlassung von Zuwiderhandlungen gegen die §§ 1, 3, 4, 6, 6 a bis 6 e, 7, 8 ist es wertmindernd zu berücksichtigen, wenn die Sache nach Art und Umfang einfach gelagert ist oder eine Belastung einer der Parteien mit den Prozeßkosten nach dem vollen Streitwert angesichts ihrer Vermögens- und Einkommensverhältnisse nicht tragbar erscheint.

§ 23 b Herabsetzung des Streitwerts

(1) Macht in bürgerlichen Rechtsstreitigkeiten, in denen durch Klage ein Anspruch aus einem der in diesem Gesetz geregelten Rechtsverhältnisse geltend gemacht wird, eine Partei glaubhaft, daß die Belastung mit den Prozeßkosten nach dem vollen Streitwert ihre wirtschaftliche Lage erheblich gefährden würde, so kann das Gericht auf ihren Antrag anordnen, daß die Verpflichtung dieser Partei zur Zahlung von Gerichtskosten sich nach einem ihrer Wirtschaftslage angepaßten Teil des Streitwerts bemißt. Das Gericht kann die Anordnung davon abhängig machen, daß die Partei außerdem glaubhaft macht, daß die von ihr zu tragenden Kosten des Rechtsstreits weder unmittelbar noch mittelbar von einem Dritten übernommen werden. Die Anordnung hat zur Folge, daß die begünstigte Partei die Gebühren ihres Rechtsanwalts ebenfalls nur nach diesem Teil des Streitwerts zu entrichten hat. Soweit ihr Kosten des Rechtsstreits auferlegt werden oder soweit sie diese übernimmt, hat sie die von dem Gegner entrichteten Gerichtsgebühren und die Gebühren seines Rechtsanwalts nur nach dem Teil des Streitwerts zu erstatten. Soweit die außergerichtlichen Kosten dem Gegner auferlegt oder von ihm übernommen werden, kann der Rechtsanwalt der begünstigten Partei seine Gebühren von dem Gegner nach dem für diesen geltenden Streitwert beitreiben.

(2) Der Antrag nach Absatz 1 kann vor der Geschäftsstelle des Gerichts zur Niederschrift erklärt werden. Er ist vor der Verhandlung zur Hauptsache anzubringen. Danach ist er nur zulässig, wenn der angenommene oder festgesetzte Streitwert später durch das Gericht heraufgesetzt wird. Vor der Entscheidung über den Antrag ist der Gegner zu hören.

5. Gesetz über die Kosten in Angelegenheiten der freiwilligen Gerichtsbarkeit (Kostenordnung)

(Auszug)

Lit.. Hartmann Kostengesetze,
Korintenberg/Lappe/Bengel/Reimann, Kommentar zur Kostenordnung, 10. Aufl.

§ 18 Grundsatz

(1) Die Gebühren werden nach dem Wert berechnet, den der Gegenstand des Geschäfts zur Zeit der Fälligkeit hat (Geschäftswert).

(2) Maßgebend ist der Hauptgegenstand des Geschäfts. Früchte, Nutzungen, Zinsen, Vertragsstrafen und Kosten werden nur berücksichtigt, wenn sie Gegenstand eines besonderen Geschäfts sind.

(3) Verbindlichkeiten, die auf dem Gegenstand lasten, werden bei Ermittlung des Geschäftswerts nicht abgezogen; dies gilt auch dann, wenn Gegenstand des Geschäfts ein Nachlaß oder eine sonstige Vermögensmasse ist.

§ 19 Sachen

(1) Der Wert einer Sache ist der gemeine Wert. Er wird durch den Preis bestimmt, der im gewöhnlichen Geschäftsverkehr nach der Beschaffenheit der Sache unter Berücksichtigung aller den Preis beeinflussenden Umstände bei einer Veräußerung zu erzielen wäre; ungewöhnliche oder nur persönliche Verhältnisse bleiben außer Betracht.

(2) Bei der Bewertung von Grundbesitz ist der letzte Einheitswert maßgebend, der zur Zeit der Fälligkeit der Gebühr bereits festgestellt ist, sofern sich nicht aus dem Inhalt des Geschäfts, den Angaben der Beteiligten, Grundstücksbelastungen, amtlich bekannten oder aus den Grundakten ersichtlichen Tatsachen oder Vergleichswerten oder sonstigen ausreichenden Anhaltspunkten ein höherer Wert ergibt; jedoch soll von einer Beweisaufnahme zur Feststellung eines höheren Werts abgesehen werden. Wird der Einheitswert nicht nachgewiesen, so ist das Finanzamt um Auskunft über die Höhe des Einheitswerts zu ersuchen. Ist der Einheitswert noch nicht festgestellt, so ist dieser vorläufig zu schätzen; die Schätzung ist nach der ersten Feststellung des Einheitswerts zu berichtigen; die Angelegenheit ist erst mit der Feststellung des Einheitswerts endgültig erledigt (§ 15).

(3) Ist der Einheitswert maßgebend, weicht aber der Gegenstand des gebührenpflichtigen Geschäfts vom Gegenstand der Einheitsbewertung wesentlich ab oder hat sich der Wert infolge bestimmter Umstände, die nach dem Feststellungszeitpunkt des Einheitswerts eingetreten sind, wesentlich verändert, so ermittelt das Gericht auf der Grundlage des Einheitswerts den Geschäftswert selbständig nach freiem Ermessen.

§ 20 Kauf, Vorkaufs- und Wiederkaufsrecht

(1) Beim Kauf von Sachen ist der Kaufpreis maßgebend; der Wert der vorbehaltenen Nutzungen und der vom Käufer übernommenen oder ihm sonst infolge der Veräußerung obliegenden Leistungen wird hinzugerechnet. Ist der Kaufpreis niedriger als der Wert der Sache (§ 19), so ist dieser maßgebend; beim Kauf eines Grundstücks bleibt eine für Rechnung des Erwerbers vorgenommene Bebauung bei der Ermittlung des Werts außer Betracht.

(2) Als Wert eines Vorkaufs- oder Wiederkaufsrechts ist in der Regel der halbe Wert der Sache anzunehmen.

§ 21 Erbbaurecht, Wohnungseigentum, Wohnungserbbaurecht

(1) Bei der Bestellung eines Erbbaurechts beträgt der Wert achtzig vom Hundert des Werts des belasteten Grundstücks (§ 19 Abs. 2). Eine für Rechnung des Erbbauberechtigten erfolgte Bebauung des Grundstücks bleibt bei der Ermittlung des Grundstückswerts außer Betracht. Ist als Entgelt für die Bestellung des Erbbaurechts ein Erbbauzins vereinbart, dessen nach § 24

errechneter Wert den nach Satz 1 und 2 berechneten Wert übersteigt, so ist der Wert des Erbbauzinses maßgebend; entsprechendes gilt, wenn statt des Erbbauzinses ein fester Kapitalbetrag vereinbart ist.

(2) Bei der Begründung von Wohnungseigentum (Teileigentum) sowie bei Geschäften, die die Aufhebung oder das Erlöschen von Sondereigentum betreffen, ist als Geschäftswert die Hälfte des Werts des Grundstücks (§ 19 Abs. 2) anzunehmen.

(3) Bei Wohnungserbbaurechten (Teilerbbaurechten) gilt Absatz 2 entsprechend mit der Maßgabe, daß an die Stelle des Werts des Grundstücks der Einheitswert des Erbbaurechts oder, wenn ein solcher nicht festgestellt ist, der nach Absatz 1 bestimmende Wert des Erbbaurechts tritt.

§ 22 Grunddienstbarkeiten

Der Wert einer Grunddienstbarkeit bestimmt sich nach dem Wert, den sie für das herrschende Grundstück hat; ist der Betrag, um den sich der Wert des dienenden Grundstücks durch die Dienstbarkeit mindert, größer, so ist dieser höhere Betrag maßgebend.

§ 23 Pfandrechte und sonstige Sicherheiten, Rangänderungen

(1) Der Wert eines Pfandrechts oder der sonstigen Sicherstellung einer Forderung durch Bürgschaft, Sicherungsübereignung oder dgl. bestimmt sich nach dem Betrag der Forderung und, wenn der als Pfand oder zur Sicherung dienende Gegenstand einen geringeren Wert hat, nach diesem.

(2) Als Wert einer Hypothek, Schiffshypothek oder Grundschuld gilt der Nennbetrag der Schuld, als Wert einer Rentenschuld der Nennbetrag der Ablösungssumme; bei der Einbeziehung in die Mithaft und bei der Entlassung aus der Mithaft ist jedoch der Wert des Grundstücks (Schiffs, Schiffsbauwerks) maßgebend, wenn er geringer ist.

(3) Bei Einräumung des Vorrangs oder des gleichen Rangs ist der Wert des vortretenden Rechts, höchstens jedoch der Wert des zurücktretenden Rechts maßgebend. Die Vormerkung gemäß § 1179 des Bürgerlichen Gesetzbuchs zugunsten eines nach- oder gleichstehenden Berechtigten steht der Vorrangseinräumung gleich. Der Ausschluß des Löschungsanspruchs nach § 1179a Abs. 5 des Bürgerlichen Gesetzbuchs ist wie ein Rangrücktritt der Rechte zu behandeln, als dessen Inhalt der Ausschluß vereinbart wird.

§ 24 Wiederkehrende Nutzungen oder Leistungen

(1) Der Wert des Rechts auf wiederkehrende oder dauernde Nutzungen oder Leistungen wird unter Zugrundelegung des einjährigen Bezugswerts nach Maßgabe folgender Vorschriften berechnet.

a) Der Wert von Nutzungen oder Leistungen, die auf bestimmte Zeit beschränkt sind, ist die Summe der einzelnen Jahreswerte, höchstens jedoch das Fünfundzwanzigfache des Jahreswerts; ist die Dauer des Rechts außerdem durch das Leben einer oder mehrerer Personen bedingt, so darf der nach Absatz 2 zu berechnende Wert nicht überschritten werden;

b) Bezugsrechte von unbeschränkter Dauer sind mit dem Fünfundzwanzigfachen, Nutzungen oder Leistungen von unbestimmter Dauer – vorbehaltlich der Vorschriften des Absatzes 2 – mit dem Zwölfeinhalbfachen des Jahreswertes zu bewerten.

(2) Ist die Nutzung oder Leistung auf die Lebensdauer einer Person beschränkt, so gilt als Geschäftswert bei einem Lebensalter

von 15 Jahren oder weniger	der 22fache Betrag,
über 15 Jahren bis zu 25 Jahren	der 21fache Betrag,
über 25 Jahren bis zu 35 Jahren	der 20fache Betrag,
über 35 Jahren bis zu 45 Jahren	der 18fache Betrag,
über 45 Jahren bis zu 55 Jahren	der 15fache Betrag,
über 55 Jahren bis zu 65 Jahren	der 11fache Betrag,
über 65 Jahren bis zu 75 Jahren	der 7½fache Betrag,
über 75 Jahren bis zu 80 Jahren	der 5fache Betrag,
über 80 Jahren	der 3fache Betrag

der einjährigen Nutzung oder Leistung. Hängt die Dauer der Nutzung oder Leistung von der Lebensdauer mehrerer Personen ab, so entscheidet, je nachdem ob das Recht mit dem Tode des zuerst oder des zuletzt Sterbenden erlischt, das Lebensalter des Ältesten oder des Jüngsten.

(3) Der Geschäftswert ist höchstens das Fünffache des einjährigen Bezugs, wenn das Recht dem Ehegatten oder einem früheren Ehegatten des Verpflichteten oder einer Person zusteht, die mit dem Verpflichteten in gerader Linie verwandt, verschwägert oder in der Seitenlinie bis zum dritten Grad verwandt oder bis zum zweiten Grad verschwägert ist, auch wenn die die Schwägerschaft begründende Ehe nicht mehr besteht.

(4) Der Geschäftswert des einem nichtehelichen Kind gegen seinen Vater zustehenden Unterhaltsrechts bestimmt sich nach dem Betrag des einjährigen Bezugs. Ist dieser Betrag in den einzelnen Jahren verschieden, so kommt der höchste Betrag zum Ansatz.

(5) Der einjährige Wert von Nutzungen wird zu vier vom Hundert des Werts des Gegenstandes, der die Nutzungen gewährt, angenommen, sofern nicht ein anderer Wert festgestellt werden kann.

(6) Für die Berechnung des Geschäftswerts ist der Beginn des Bezugsrechts maßgebend. Bildet das Recht später den Gegenstand eines gebührenpflichtigen Geschäfts, so ist der spätere Zeitpunkt maßgebend. Steht im Zeitpunkt des Geschäfts der Beginn des Bezugsrechts noch nicht fest oder ist das Recht in anderer Weise bedingt, so ist der Geschäftswert nach den Umständen des Falles niedriger anzusetzen.

§ 25 Miet- und Pachtrechte, Dienstverträge

(1) Der Wert eines Miet- oder Pachtrechts bemißt sich nach dem Wert aller Leistungen des Mieters oder Pächters während der ganzen Vertragszeit. Bei Miet- oder Pachtrechten von unbestimmter Vertragsdauer ist der Wert dreier Jahre maßgebend; ist jedoch die Auflösung des Vertrags erst nach einem längeren Zeitraum zulässig, so ist dieser maßgebend. In keinem Fall darf der Wert den fünfundzwanzigfachen Betrag der einjährigen Leistungen übersteigen.

(2) Der Wert eines Dienstvertrags bemißt sich nach dem Wert aller Bezüge des zur Dienstleistung Verpflichteten während der ganzen Vertragszeit, höchstens jedoch nach dem dreifachen Jahresbetrag der Bezüge.

§ 29 Anmeldungen zum Güterrechtsregister, Eintragungen in das Güterrechtsregister, Eintragungen aufgrund von Eheverträgen

Bei Anmeldungen zum Güterrechtsregister und Eintragungen in dieses Register bestimmt sich der Wert nach § 30 Abs. 2, bei Eintragungen aufgrund von Eheverträgen nach § 39 Abs. 3.

§ 30 Angelegenheiten ohne bestimmten Geschäftswert, nichtvermögensrechtliche Angelegenheiten

(1) Soweit in einer vermögensrechtlichen Angelegenheit der Wert sich aus den Vorschriften dieses Gesetzes nicht ergibt und auch sonst nicht feststeht, ist er nach freiem Ermessen zu bestimmen; insbesondere ist bei Änderungen bestehender Rechte, sofern die Änderung nicht einen bestimmten Geldwert hat, sowie bei Verfügungsbeschränkungen der Wert nach freiem Ermessen festzusetzen.

(2) In Ermangelung genügender tatsächlicher Anhaltspunkte für eine Schätzung ist der Wert regelmäßig auf 5000 Deutsche Mark anzunehmen. Er kann nach Lage des Falles niedriger oder höher, jedoch nicht unter 200 Deutsche Mark und nicht über eine Million Deutsche Mark angenommen werden.

(3) In nichtvermögensrechtlichen Angelegenheiten ist der Wert nach Abs. 2 zu bestimmen. Zu Angelegenheiten, die die Annahme eines Minderjährigen betreffen, beträgt der Wert stets 5000 Deutsche Mark.

§ 31 Festsetzung des Geschäftswerts

(1) Das Gericht setzt den Geschäftswert durch Beschluß gebührenfrei fest, wenn ein Zahlungspflichtiger oder die Staatskasse dies beantragt oder es sonst angemessen erscheint. Die Festsetzung kann von dem Gericht, das sie getroffen hat, und, wenn das Verfahren wegen der Hauptsache oder wegen der Entscheidung über den Geschäftswert, den Kostenansatz oder die Kostenfestsetzung in der Rechtsmittelinstanz schwebt, von dem Rechtsmittelgericht von Amts wegen geändert werden. Die Änderung ist nur innerhalb von sechs Monaten zulässig, nachdem die Entscheidung in der Hauptsache Rechtskraft erlangt oder das Verfahren sich anderweitig erledigt hat.

(2) Das Gericht kann eine Beweisaufnahme, insbesondere die Begutachtung durch Sachverständige auf Antrag oder von Amts wegen anordnen. Die Kosten können ganz oder teilweise einem Beteiligten auferlegt werden, der durch Unterlassung der Wertangabe, durch unrichtige Angabe, unbegründetes Bestreiten oder unbegründete Beschwerde die Abschätzung veranlaßt hat.

(3) Gegen den Beschluß findet Beschwerde nach Maßgabe des § 14 Abs. 3 und 4 statt. Das Verfahren über die Beschwerde ist gebührenfrei. Kosten werden nicht erstattet.

§ 39 Geschäftswert

(1) Der Geschäftswert bestimmt sich nach dem Wert des Rechtsverhältnisses, auf das sich die beurkundete Erklärung bezieht. Handelt es sich um Veränderungen eines Rechtsverhältnisses, so darf der Wert des von der Veränderung betroffenen Rechtsverhältnisses nicht überschritten werden, und zwar auch dann nicht, wenn es sich um mehrere Veränderungen desselben Rechtsverhältnisses handelt.

(2) Bei Verträgen, die den Austausch von Leistungen zum Gegenstand haben, ist nur der Wert der Leistungen des einen Teils und, wenn der Wert der Leistungen verschieden ist, der höhere maßgebend.

(3) . . . .

(4) . . . .

6. Gesetz zur Änderung und Ergänzung kostenrechtlicher Vorschriften

In der im Bundesgesetzblatt – Teil III, Gliederungsnummer 369 –
veröffentlichten bereinigten Fassung, zuletzt geändert durch
Artikel 2 des Fünften Gesetzes zur Änderung der Bundesgebührenordnung
für RAe vom 18. August 1980 (BGBl. I, 1503).

Artikel IX

(1) Die Bundesgebührenordnung für Rechtsanwälte gilt für die Vergütung von Personen, denen die Erlaubnis zur geschäftsmäßigen Besorgung fremder Rechtsangelegenheiten erteilt worden ist, sinngemäß. Eine Vereinbarung, durch die die Höhe der Vergütung vom Ausgang der Sache oder sonst vom Erfolg der Tätigkeit abhängig gemacht wird, ist nichtig. Für die Erstattung der Vergütung gelten die Vorschriften der Verfahrensordnungen über die Erstattung der Vergütung eines Rechtsanwalts sinngemäß.

(2) Absatz 1 Satz 1 und 2 gilt nicht für Frachtprüfer und Inkassobüros.

7. Verordnung über die Vergütung des Konkursverwalters, des Vergleichsverwalters, der Mitglieder des Gläubigerausschusses und der Mitglieder des Gläubigerbeirats

In der im Bundesgesetzblatt Teil III, Gliederungsnummer 311–6,
veröffentlichten bereinigten Fassung, geändert durch die
Verordnung vom 8. Dezember 1977 (BGBl. I, 2482) und die
Verordnung vom 11. Juni 1979 (BGBl. I, 637)

Lit.: H. Schmidt Rpfleger 68, 251 sowie KTS 70, 147; 73, 43 und 74, 197

Erster Abschnitt. Vergütung des Konkursverwalters

§ 1

(1) Die Vergütung des Konkursverwalters wird nach der Teilungsmasse berechnet, auf die sich die Schlußrechnung erstreckt.

(2) Ist der Gesamtbetrag der Konkursforderungen geringer, so ist dieser maßgebend.

§ 2

Die Teilungsmasse ist im einzelnen wie folgt zu bestimmen:

1. Massegegenstände, die mit Absonderungsrechten (z. B. Hypotheken, Vertrags- oder Pfändungsrechten, Rechten aus einer Sicherungsübereignung) belastet sind, werden nur insoweit berücksichtigt, als aus ihnen ein Überschuß zur Masse geflossen ist oder voraussichtlich noch fließen wird. Gegenstände, die dem Vermieterpfandrecht unterliegen, werden jedoch voll berücksichtigt, auch wenn aufgrund des Pfandrechts Zahlungen aus der Masse an den Vermieter geleistet sind.

2. Werden Aus- oder Absonderungsrechte abgefunden, so wird die aus der Masse hierfür gewährte Leistung vom Sachwert der Gegenstände, auf die sich diese Rechte erstreckten, abgezogen.

3. Massekosten und Masseschulden werden nicht abgesetzt. Beträge, die der Konkursverwalter als Rechtsanwaltsgebühren aus der Masse erhält, werden jedoch in Abzug gebracht.

Gehen verauslagte Prozeß- oder Vollstreckungskosten wieder ein, so werden sie gegen die verauslagten Kosten verrechnet.

4. Steht einer Forderung eine Gegenforderung gegenüber, so wird lediglich der bei einer Verrechnung sich ergebende Überschuß berücksichtigt.

5. Wird das Geschäft des Gemeinschuldners weitergeführt, so ist aus den Einnahmen nur der Überschuß zu berücksichtigen, der sich nach Abzug der Ausgaben ergibt.

6. Ein zur Durchführung des Verfahrens von einem anderen als dem Gemeinschuldner geleisteter Vorschuß oder ein zur Erfüllung eines Zwangsvergleichs zur Masse geleisteter Zuschuß bleibt außer Betracht. Gleiches gilt für den Verzicht eines Gläubigers auf seine Forderung.

§ 3

(1) Der Konkursverwalter erhält in der Regel von den ersten

10000 DM der Teilungsmasse	15 v. H.,
von dem Mehrbetrag bis zu	
50000 DM der Teilungsmasse	12 v. H.,
von dem Mehrbetrag bis zu	
100000 DM der Teilungsmasse	6 v. H.,
von dem Mehrbetrag bis zu	
500000 DM der Teilungsmasse	2 v. H.,
von dem Mehrbetrag bis zu	
1000000 DM der Teilungsmasse	1 v. H.,
von dem darüber hinausgehenden Betrag	½ v. H.

(2) Die Vergütung soll in der Regel mindestens 400 DM betragen.

(3) Sind mehrere Konkursverwalter nebeneinander bestellt, so sind die Vergütungen so zu berechnen, daß sie zusammen den Betrag nicht übersteigen, der in dieser Verordnung als Vergütung für einen Konkursverwalter vorgesehen ist.

§ 4

(1) Die Vergütung ist abweichend vom Regelsatz (§§ 1 bis 3) festzusetzen,

wenn Besonderheiten der Geschäftsführung des Konkursverwalters es erfordern.

(2) Eine den Regelsatz übersteigende Vergütung ist insbesondere festzusetzen, wenn

a) die Bearbeitung von Aus- und Absonderungsrechten einen erheblichen Teil der Verwaltertätigkeit ausgemacht hat, ohne daß die Teilungsmasse entsprechend größer geworden ist, oder

b) der Verwalter zur Vermeidung von Nachteilen für die Konkursmasse das Geschäft weitergeführt oder er Häuser verwaltet hat und die Teilungsmasse nicht entsprechend größer geworden ist.

(3) Ein Zurückbleiben hinter dem Regelsatz kann insbesondere gerechtfertigt sein, wenn

a) der Konkursverwalter in einem früheren Vergleichsverfahren als Vergleichsverwalter erhebliche Vorarbeiten für das Konkursverfahren geleistet und dafür eine entsprechende Vergütung erhalten hat, oder

b) die Masse bereits zu einem wesentlichen Teil verwertet war, als der Konkursverwalter das Amt übernahm, oder

c) das Konkursverfahren vorzeitig beendet wird (etwa durch Aufhebung des Eröffnungsbeschlusses oder durch Einstellung des Verfahrens) oder

d) die Teilungsmasse groß war und die Geschäftsführung verhältnismäßig geringe Anforderungen an den Konkursverwalter stellte.

(4) Ob und in welcher Höhe Nachtragsverteilungen besonders vergütet werden, bestimmt das Gericht nach billigem Ermessen unter Berücksichtigung der Umstände des Einzelfalles.

(5) In der Vergütung ist die vom Konkursverwalter zu zahlende Umsatzsteuer enthalten. Wird für die Leistung des Konkursverwalters jedoch eine Umsatzsteuer nach § 12 Abs. 1 des Umsatzsteuergesetzes erhoben, so erhält er einen Ausgleich in Höhe der Hälfte des Betrages, der sich aus der Anwendung des allgemeinen Steuersatzes auf die sonstige Vergütung ergibt.

§ 5

(1) Durch die Vergütung sind die allgemeinen Geschäftsunkosten abgegolten. Zu den allgemeinen Geschäftsunkosten gehört der Büroaufwand des Konkursverwalters. Schreibgebühren und Gehälter von Angestellten, die im Rahmen ihrer laufenden Arbeiten auch bei der Konkursverwaltung beschäftigt werden, können der Masse daher nicht – auch nicht anteilig – in Rechnung gestellt werden. Gleiches gilt für die Kosten einer Haftpflichtversicherung.

(2) Zu den allgemeinen Geschäftsunkosten gehören nicht die besonderen Unkosten, die dem Verwalter im Einzelfall (z. B durch die Einstellung von Hilfskräften für bestimmte Aufgaben im Rahmen der Konkursverwaltung oder durch Reisen) tatsächlich erwachsen. Durch Absatz 1 wird nicht ausgeschlossen, daß diese besonderen Unkosten als Auslagen erstattet werden, soweit sie angemessen sind.

§ 6

(1) Vergütung und Auslagen werden auf Antrag des Konkursverwalters

vom Konkursgericht festgesetzt. Die Festsetzung erfolgt für Vergütung und
Auslagen gesondert.

(2) Der Antrag soll tunlichst gestellt werden, wenn die Schlußrechnung an
das Konkursgericht übersandt wird.

(3) In dem Antrag ist anzugeben und näher darzulegen, inwieweit die in
der Schlußrechnung ausgewiesenen Einnahmen als Teilungsmasse anzusehen
sind.

(4) Auslagen hat der Konkursverwalter anzuführen und zu belegen. Ist
zweifelhaft, ob eine Aufwendung als Masseschuld nach § 59 KO oder als eine
nach § 85 KO zu erstattende Auslage anzusehen ist, so hat er den Posten zu
erläutern. Dies kann erforderlich werden, wenn Entschädigungen an Hilfskräfte gezahlt worden sind, die zur Beaufsichtigung des Geschäfts, zur
Ordnung des Lagers oder zur Bestandsaufnahme herangezogen wurden; hatte
der Verwalter diese Aufgaben eigenen Angestellten übertragen, so ist dies
anzugeben.

§ 7

Der Konkursverwalter kann aus der Masse einen Vorschuß auf die Vergütung und Auslagen entnehmen, wenn das Konkursgericht es genehmigt. Die
Genehmigung soll erteilt werden, wenn das Konkursverfahren ungewöhnlich
lange dauert oder besonders hohe Auslagen erforderlich werden.

Zweiter Abschnitt. Vergütung des Vergleichsverwalters

§ 8

(1) Die Vergütung des Vergleichsverwalters wird nach dem Aktivvermögen des Schuldners berechnet. Das Aktivvermögen ergibt sich aus der mit
dem Vergleichsantrag eingereichten Vermögensübersicht (§ 5 VerglO); Berichtigungen, die sich im Laufe des Verfahrens (etwa aufgrund der Angaben
des Schuldners oder aufgrund von Ermittlungen des Gerichts oder des
Vergleichsverwalters) ergeben, werden berücksichtigt.

(2) Für die Bestimmung des Aktivvermögens gilt im einzelnen folgendes:
1. Der Wert von Gegenständen, die mit Absonderungsrechten belastet sind,
wird nur insoweit in Ansatz gebracht, als er den Wert dieser Rechte übersteigt.
2. Werden Aus- oder Absonderungsrechte abgefunden, so sind von dem
Wert der Gegenstände die Abfindungsbeträge abzusetzen.
3. Steht einer Forderung eine Gegenforderung gegenüber, so ist lediglich der
bei einer Verrechnung sich ergebende Überschuß zu berücksichtigen.
4. Die zur Erfüllung des Vergleichs von einem Dritten geleisteten Zuschüsse
bleiben außer Betracht.

(3) Ist der Gesamtbetrag der Vergleichsforderungen geringer als das Aktivvermögen des Schuldners, so ist für die Berechnung der Vergütung des
Vergleichsverwalters der Gesamtbetrag der Vergleichsforderungen maßgebend.

§ 9

Der Vergleichsverwalter erhält als Vergütung in der Regel ½ der in § 3 Abs. 1 für den Konkursverwalter bestimmten Sätze, in der Regel jedoch mindestens 300 DM.

§ 10

(1) § 4 Abs. 1 gilt für den Vergleichsverwalter entsprechend.

(2) Eine den Regelsatz übersteigende Vergütung ist insbesondere festzusetzen, wenn

a) die Prüfung von Aus- und Absonderungsrechten einen erheblichen Teil der Verwaltertätigkeit ausgemacht hat oder

b) durch die Ausübung des Mitwirkungsrechts bei Rechtsgeschäften des Schuldners nach § 57 VerglO oder durch Maßnahmen mit Rücksicht auf Verfügungsbeschränkungen des Schuldners nach §§ 58 ff. VerglO oder infolge anderer durch das Verfahren bedingter Umstände die Verwaltertätigkeit besonders umfangreich war.

(3) Ein Zurückbleiben hinter dem Regelsatz kann insbesondere gerechtfertigt sein, wenn

a) das Vergleichsverfahren durch Einstellung vorzeitig beendet wurde oder

b) das Aktivvermögen des Schuldners groß war und das Verfahren verhältnismäßig geringe Anforderungen an den Verwalter stellte oder

c) der Verwalter ausnahmsweise zum Vergleichsverwalter bestellt wurde, obwohl er vor der Stellung des Antrags auf Eröffnung des Vergleichsverfahrens zur Vorbereitung des Vergleichsantrags tätig war und für die vorbereitende Tätigkeit ein Entgelt erhalten hat.

(4) § 4 Abs. 5 gilt für den Vergleichsverwalter entsprechend.

§ 11

(1) Für den Umfang der durch die Vergütung des Vergleichsverwalters abgegoltenen Tätigkeit und den Ersatz der besonderen Auslagen gilt § 5 entsprechend. Die Vergütung deckt in der Regel auch die Auslagen des Verwalters für die Prüfung der Bücher oder die Abschätzung der Warenbestände des Schuldners (§ 43 Abs. 1 Satz 2 VerglO).

(2) Eine Tätigkeit, die der Vergleichsverwalter vor der Eröffnung des Vergleichsverfahrens als vorläufiger Verwalter ausgeübt hat, wird nicht besonders vergütet. Wird der vorläufige Verwalter nicht zum Vergleichsverwalter bestellt, so erhält er für seine Tätigkeit als vorläufiger Verwalter einen angemessenen Bruchteil der in § 9 für den Vergleichsverwalter vorgesehenen Regelvergütung. § 10 gilt entsprechend.

(3) Die Tätigkeit des Vergleichsverwalters in einem Nachverfahren nach § 96 VerglO wird besonders vergütet (§ 43 Abs. 2 Satz 3 VerglO). Die Vergütung wird nach der Art und dem Umfang der Tätigkeit des Verwalters im Nachverfahren bemessen; zu berücksichtigen ist, inwieweit der Vergleich erfüllt worden ist. Die Vergütung soll in der Regel einen angemessenen Bruchteil der Vergütung für das Vergleichsverfahren nicht überschreiten.

§ 12

(1) Vergütung und Auslagen werden von dem Vergleichsgericht getrennt festgesetzt.

(2) Die Festsetzung erfolgt alsbald nach der Beendigung des Amtes des Vergleichsverwalters oder – wenn das Verfahren nicht mit der Bestätigung des Vergleichs endet – alsbald nach der Bestätigung des Vergleichs. Für das Nachverfahren werden die Vergütung und Auslagen alsbald nach dessen Beendigung festgesetzt.

(3) Vorschußzahlungen auf die Vergütung und den Auslagenersatz soll das Gericht nur in Ausnahmefällen bewilligen.

Dritter Abschnitt. Entschädigung der Mitglieder des Gläubigerausschusses und des Gläubigerbeirats

§ 13

(1) Die Vergütung der Mitglieder des Gläubigerausschusses im Konkursverfahren richtet sich nach der Art und dem Umfang ihrer Tätigkeit. Maßgebend ist im allgemeinen der erforderliche Zeitaufwand. Die Vergütung beträgt regelmäßig 15 DM je Stunde. Dies gilt auch für die Teilnahme an einer Gläubigerausschußsitzung und für die Vornahme einer Kassenprüfung.

(2) Der Anspruch der Mitglieder des Gläubigerbeirats auf Ersatz für Zeitversäumnis im Vergleichsverfahren bestimmt sich nach dem erforderlichen Zeitaufwand. Absatz 1 Satz 3 und 4 gilt entsprechend.

8. Verordnung über die Geschäftsführung und die Vergütung des Zwangsverwalters

Vom 16. Februar 1970 (BGBl. I, 185)

(Auszug)

§ 23 Vergütung und Auslagenersatz

(1) Der Verwalter hat Anspruch auf eine Vergütung für seine Geschäftsführung, auf Erstattung angemessener barer Auslagen und auf Ersatz der darauf entfallenden Umsatzsteuer.

(2) Der nach § 150 a Abs. 2 Satz 1 des Gesetzes über die Zwangsversteigerung und die Zwangsverwaltung bestellte Verwalter erhält für seine Tätigkeit keine Vergütung (§ 150 a Abs. 2 Satz 2 des Gesetzes über die Zwangsversteigerung und die Zwangsverwaltung).

§ 24 Regelvergütung

(1) Bei der Verwaltung von Grundstücken, die durch Vermieten oder Verpachten genutzt werden, erhält der Verwalter als Vergütung von dem im Kalenderjahr an Miet- oder Pachtzinsen eingezogenen Betrag

bis zu 1000,— DM	9 v. H.
und von den Beträgen	
über 1000,— DM bis 2000,— DM	8 v. H.,

Als eingezogen gelten auch die auf das Kalenderjahr zu verrechnenden Mietvorauszahlungen.

(2) Ist das Grundstück in einzelnen Teilen vermietet oder verpachtet, so werden die Hundertsätze von den Miet- oder Pachteinnahmen für jeden Teil besonders berechnet.

(3) Ist das Grundstück von dem Verwalter in Besitz genommen, so beträgt die Vergütung des Verwalters, sofern die vorstehenden Bestimmungen nicht einen höheren Betrag ergeben, für jedes angefangene Kalenderjahr 60,—DM.

(4) Ist das Verfahren der Zwangsverwaltung aufgehoben worden, bevor der Verwalter das Grundstück in Besitz genommen hat, so erhält er eine Vergütung von 30,—DM, sofern er bereits tätig geworden ist.

§ 25 Abweichende Festsetzung der Vergütung

Ergibt sich im Einzelfall ein Mißverhältnis zwischen der Tätigkeit des Verwalters und der Vergütung nach § 24, so ist eine entsprechend geringere oder höhere Vergütung festzusetzen.

§ 26 Vergütung in besonderen Fällen

Für die Verwaltung von Grundstücken, die nicht durch Vermieten oder Verpachten genutzt werden, bestimmt sich die Vergütung des Verwalters nach dem Umfang seiner Tätigkeit und den gezogenen Nutzungen.

§ 27 Geschäftsunkosten

(1) Durch die Vergütung sind die allgemeinen Geschäftsunkosten abgegolten. Zu den allgemeinen Geschäftsunkosten gehört der Büroaufwand des Verwalters. Schreibgebühren und Gehälter von Angestellten, die im Rahmen ihrer laufenden Arbeiten auch bei der Zwangsverwaltung beschäftigt werden, können daher nicht – auch nicht anteilig – in Rechnung gestellt werden. Gleiches gilt für die Kosten einer Haftpflichtversicherung.

(2) Zu den allgemeinen Geschäftsunkosten gehören nicht die besonderen Unkosten, die dem Verwalter im Einzelfall (z. B. durch die Einstellung von Hilfskräften für bestimmte Aufgaben im Rahmen der Zwangsverwaltung oder durch Reisen) erwachsen. Durch Absatz 1 wird nicht ausgeschlossen, daß diese besonderen Unkosten als Auslagen erstattet werden, soweit sie angemessen sind.

§ 28 Festsetzung

Die Vergütung und die dem Verwalter zu erstattenden Beträge werden auf seinen Antrag vom Gericht festgesetzt. Vor der Festsetzung kann der Verwalter mit Einwilligung des Gerichts aus den Einnahmen einen Vorschuß auf die Vergütung und die Auslagen entnehmen.

9. Grundsätze des anwaltlichen Standesrechts (Richtlinien gemäß § 177 II 2 BRAGO)

Festgestellt am 21. Juni 1973
Stand: 1. Februar 1985
(Auszug)

V. Gebühren

§ 50 Grundsatz der Gebührenbemessung

Bei der Bemessung des Entgelts für seine berufliche Tätigkeit muß sich der Rechtsanwalt grundsätzlich an die gesetzlichen Bestimmungen halten.

§ 51 Abweichende Gebührenbemessung

(1) Es ist unzulässig, geringere Gebühren und Auslagen zu vereinbaren oder zu fordern, als sie die Bundesgebührenordnung für Rechtsanwälte vorsieht. Dieses Verbot betrifft grundsätzlich auch den Verzicht auf Tage-, Reise- und Übernachtungs- sowie Abwesenheitsgelder, soweit sie im Falle des Obsiegens erstattungsfähig wären.

(2) Wenn Abreden zwischen berufenen Vertretern der Anwaltschaft und beteiligten Wirtschaftsgruppen Pauschalhonorare vorsehen, ist es nicht standeswidrig, auf dieser Grundlage abzurechnen.

(3) Ausnahmsweise darf der Rechtsanwalt im Einzelfall besonderen Umständen, etwa der Bedürftigkeit eines Auftraggebers, durch Ermäßigung oder Streichung von Gebühren oder Auslagen nach Erledigung des Auftrages Rechnung tragen. Es ist jedoch darauf zu achten, daß der Verdacht unzulässigen Werbens vermieden wird.

(4) Es ist zulässig, eine höhere Vergütung zu vereinbaren, als sie das Gesetz vorsieht (vgl. § 3 BRAGO). Dabei muß jedoch der Auftraggeber deutlich darauf hingewiesen werden, daß der vereinbarte Betrag von der gesetzlichen Regelung abweicht.

(5) Bei der Vertretung eines Kollegen, einer Kollegenwitwe oder eines Mitarbeiters in deren eigener Sache darf der Rechtsanwalt auf seine Gebühren verzichten.

(6) Für die Gebührenberechnung in Beitreibungssachen wird auf die Anlagen 1 und 2 verwiesen.

§ 52 Erfolgshonorar und quota litis

(1) Vereinbarungen, durch die die Höhe der Vergütung vom Ausgang der Sache oder vom sonstigen Erfolg der anwaltlichen Tätigkeit abhängig gemacht wird, sind unzulässig.

(2) Nur in Ausnahmefällen kann eine solche Vereinbarung standesrechtlich zulässig sein. Bei Vereinbarungen dieser Art ist aber mit besonderer Sorgfalt und Gewissenhaftigkeit zu prüfen, ob der Rechtsanwalt nicht Gefahr läuft, hierdurch seine unabhängige Stellung zu verlieren.

(3) Vereinbarungen, durch die sich der Rechtsanwalt im voraus einen Teil des erstrittenen Betrages als Honorar ausbedingt (quota litis), sind unzulässig.

§ 53 Pauschalvergütung

(1) Es ist standesrechtlich zulässig, mit einem Auftraggeber eine Pauschalvergütung für die laufende Beratungstätigkeit zu vereinbaren. Diese Pauschalvergütung muß im angemessenen Verhältnis zur Leistung des Rechtsanwalts stehen.

(2) Bei Prozeßführung und Zwangsvollstreckung hat der Rechtsanwalt jedoch die Sätze der Bundesgebührenordnung für Rechtsanwälte zu fordern, abgesehen von den Ausnahmen in den Anlagen 1 und 2.

(3) Handelt es sich bei dem Auftraggeber um einen Verband oder Verein, so darf auch für die Beratung der Mitglieder dieser Organisation eine Pauschalvergütung vereinbart werden, soweit sich die Beratung auf Fragen des Fachgebietes der Organisation bezieht.

§ 54 Beitreibung der Gebühren

(1) Bei der Beitreibung der Gebühren und Auslagen gegen den Auftraggeber hat der Rechtsanwalt so vorzugehen, daß er nicht das Ansehen seines Standes schädigt. Auf die Bestimmungen über den Geldverkehr (§ 47 Abs. 5) wird hingewiesen.

(2) Es kann standesrechtlich bedenklich sein, geringfügige Gebühren und Auslagen einzuziehen, wenn hierdurch unverhältnismäßig hohe Kosten verursacht werden.

(3) Es ist unzulässig, Kostenforderungen zwecks Beitreibung an einen Dritten, der nicht Rechtsanwalt ist, abzutreten oder ein Inkassobüro mit ihrer Einziehung zu beauftragen.

§ 55 Gebührenteilung

(1) Die Abgabe eines Teils der Gebühren oder die Gewährung sonstiger Vorteile für die Vermittlung von Aufträgen, gleichgültig ob an Rechtsanwälte oder andere Personen, ist standeswidrig; auch eine solche Vereinbarung ist standeswidrig.

(2) Es ist auch unzulässig, von einem Notar die Abgabe eines Gebührenanteils für die Zuführung von Aufträgen zu fordern oder anzunehmen.

§ 55a Teilung der Aufgaben und der Vergütung zwischen Rechtsanwälten

(1) Es ist nicht standeswidrig, wenn mehrere bei demselben Gericht zugelassene Rechtsanwälte (§ 18 BRAO), die einen Auftrag gemeinsam bearbeiten, die Gebühren nur einmal erheben und untereinander teilen.

(2) Es ist auch nicht standeswidrig, wenn in Rechtsstreitigkeiten der Prozeßbevollmächtigte den Verkehrsanwalt für eine über dessen Pflichten (§ 52 Abs. 1 BRAGO) hinausgehende Mitarbeit angemessen honoriert, es sei denn, der Prozeßbevollmächtigte ist beim Bundesgerichtshof oder singular beim Oberlandesgericht zugelassen. Bei Beurteilung der Angemessenheit ist der Verantwortlichkeit, dem Haftungsrisiko und den sonstigen Umständen des Einzelfalles Rechnung zu tragen. Eine derartige Vereinbarung darf nicht zur Voraussetzung der Mandatserteilung gemacht werden.

§ 56 Sicherung der Gebührenforderung

(1) Es ist standesrechtlich nicht zu beanstanden, wenn der Rechtsanwalt ausnahmsweise an Stelle des Vorschusses für seine Gebührenforderung eine angemessene Sicherung anderer Art vereinbart. Dabei hat er jedoch darauf zu achten, daß die Vereinbarung rechtlich zulässig ist und die wirtschaftliche Bewegungsfreiheit des Auftraggebers nicht unangemessen einengt.

(2) Die Übernahme von Sachwerten zur Begleichung der Gebührenforderung erfordert besondere Vorsicht. Es empfiehlt sich schriftliche Vereinbarung. Der Rechtsanwalt darf übernommene Sachwerte nicht unangemessen gering anrechnen.

VI. Prozeßkostenhilfe, Beratungshilfe und Pflichtverteidigung

§ 57 Maß der Sorgfalt

Der Rechtsanwalt ist verpflichtet, den Prozeßkostenhilfe-Sachen und Pflichtverteidigungen die gleiche Sorgfalt zu widmen, die er bei der Erledigung der sonstigen Aufträge anzuwenden hat.

§ 58 Honorar im Falle der Nichtbeiordnung

(1) Der Rechtsanwalt, der sich der Partei gegenüber bereit erklärt, sie in einer Prozeßkostenhilfe-Sache für den Fall der Beiordnung zu vertreten, hat seine Partei bei Übernahme der Vertretung darüber zu belehren, welche Gebühren für den Prozeßkostenhilfe-Antrag und insoweit entstehen, als die Beiordnung vom Gericht abgelehnt wird.

(2) Das gleiche gilt, wenn der Rechtsanwalt für diese Partei außerhalb des Verfahrens tätig wird, für das er beigeordnet ist.

§ 59 Honorarforderung und -versprechen in Prozeßkostenhilfe-Sachen

(1) Der Rechtsanwalt handelt standeswidrig, wenn er im Zusammenhang mit einem prozeßkostenhilfe-Antrag oder nach einer Beiordnung von der Partei Zahlungen oder Sachleistungen irgendwelcher Art, insbesondere die Differenz zwischen den Prozeßkostenhilfe- und den vollen Gebühren fordert oder sich versprechen läßt. Ausgenommen sind die Vergütung für das Antragsverfahren und die Auslagen, die der Rechtsanwalt auf ausdrücklichen Wunsch der Partei aufwendet, die ihm die Staatskasse aber nicht ersetzt.

(2) Dies gilt auch dann, wenn die Partei ausdrücklich erklärt, daß sie die Leistung freiwillig verspreche, obwohl sie wisse, daß sie zur Leistung nicht verpflichtet sei.

§ 60 Honorarversprechen Dritter in Prozeßkostenhilfe-Sachen

Es ist zulässig, von Dritten Zahlungs- oder Leistungsversprechen anzunehmen, die in Kenntnis der Tatsache gegeben werden, daß die Partei zur Zahlung oder Leistung nicht verpflichtet ist. Der beigeordnete Rechtsanwalt darf derartige Versprechen jedoch nicht fordern.

§ 62 Freiwillige Leistungen in Prozeßkostenhilfe-Sachen

Es ist zulässig, Zahlungen oder sonstige Leistungen anzunehmen, die die

Partei oder ein Dritter in Kenntnis der Tatsache, daß eine Verpflichtung nicht besteht, freiwillig anbietet oder bewirkt.

§ 62 Vor der Beiordnung entstandene Kosten

Wird die Prozeßkostenhilfe im Laufe eines Rechtsstreits bewilligt, so ist es standeswidrig, wenn der Rechtsanwalt, solange er beigeordnet ist, wegen der vor der Beiordnung entstandenen Gebühren und Auslagen gegen seinen Auftraggeber gerichtlich vorgeht oder seine weitere Tätigkeit von der Begleichung dieser Kosten abhängig macht.

§ 63 Beratungshilfe

§ 57 und §§ 59 bis 62 gelten für die Beratungshilfe nach dem Beratungshilfegesetz sinngemäß. Der Rechtsanwalt darf von dem Rechtsuchenden keine höhere Gebühr als die in § 8 BerHG festgelegte fordern oder sich versprechen lassen.

§ 64 Honorar bei Pflichtverteidigungen

(1) Die Vereinbarung eines Honorars und die Annahme zusätzlicher Vergütungen sind dem Pflichtverteidiger gestattet. Der Rechtsanwalt darf jedoch seine Tätigkeit als Pflichtverteidiger nicht von der Vereinbarung oder Zahlung eines Honorars abhängig machen.

(2) Der Rechtsanwalt handelt standeswidrig, wenn er von dem Auftraggeber die Zahlung der Gebühren eines gewählten Verteidigers verlangt, bevor ein Beschluß nach § 100 Abs. 2 BRAGO ergangen ist.

10. Grundsätze für die Gebührenberechnung in Beitreibungssachen für ständige Auftraggeber und ausländische Rechtsanwälte

Anlage 1 der Richtlinien

In Beitreibungssachen ist es dem RA gestattet, mit ständigen Auftraggebern und ausländischen RAen nach Maßgabe der nachfolgenden Grundsätze geringere Gebühren als die gesetzlichen zu vereinbaren.

1. Beitreibungssachen sind außergerichtliche Mahnsachen sowie gerichtliche Mahn-, Prozeß- oder Zwangsvollstreckungsverfahren, die ohne streitige Verhandlung durchgeführt werden.

Ständiger Auftraggeber ist, wer sich verpflichtet hat, seine sämtlichen Sachen, für die ein Gericht im Bereich des Zulassungsbezirks des RA zuständig ist, seinem ständigen RA oder mehreren RAen zu übertragen.

Die Geltendmachung von dinglichen Ansprüchen und die Zwangsvollstreckung in das unbewegliche Vermögen gehören nicht zu den Beitreibungssachen.

2. In Beitreibungssachen werden von dem RA die gesetzlichen Gebühren dem Auftraggeber gegenüber nicht geltend gemacht, wenn die Forderung nicht eingegangen ist. Geht die Forderung nur zum Teil ein, so wird der beigetriebene Betrag in erster Linie zur Abdeckung der entstandenen gesetzlichen Gebühren verwendet.

3. Die baren Auslagen des RA für Porto, Ferngespräche, Gerichts- und Gerichtsvollziehergebühren sowie Schreibauslagen für gewünschte Abschriften u. a. hat der Auftraggeber auch dann zu ersetzen, wenn sie vom Schuldner bei der Kosteneinziehung nicht beigetrieben werden können.

4. Bleiben die Beitreibungsversuche erfolglos, so zahlt der Auftraggeber dem RA zur Deckung seiner sonstigen allgemeinen Unkosten eine Vergütung. Für die Mindestvergütung ist eine Vereinbarung gemäß § 51 Abs. 2 maßgebend, soweit die gesetzlichen Gebühren nicht niedriger sind.

5. Der RA erhebt keine Vorschüsse auf seine Gebühren.

6. Wird der Auftrag vom Auftraggeber ohne wichtigen Grund zurückgezogen, so sind für noch nicht abgeschlossene Sachen die gesetzlichen Gebühren zu zahlen.

7. Der RA hat eine Liste der Auftraggeber zu führen, für die er Beitreibungssachen nach den vorstehenden Grundsätzen übernimmt. Der Beginn des Auftragsverhältnisses ist darin zu vermerken. Die Liste ist dem Vorstand der Rechtsanwaltskammer auf Verlangen zur Einsicht vorzulegen.

Vgl. BGH NJW 80, 1852 = MDR 80, 830 = JurBüro 80, 1645 (Zur Zulässigkeit einer Honorarvereinbarung in Beitreibungssachen zwischen RA und Auftraggeber).

11. Grundsätze für die Gebührenberechnung in Beitreibungssachen bei Zusammenarbeit mit genehmigten Inkassobüros

Anlage 2 der Richtlinien

1. Der RA macht die gesetzlichen Gebühren dem Inkassobüro und dem Auftraggeber gegenüber nicht geltend, wenn die Forderung nicht eingegangen ist.

2. Die baren Auslagen des RA für Porto, Ferngespräche, Gerichts- und Gerichtsvollziehergebühren sowie Schreibauslagen für gewünschte Abschriften u. a. hat das Inkassobüro auch dann zu ersetzen, wenn sie vom Schuldner bei der Kosteneinziehung nicht beigetrieben werden können.

3. Bleiben die Beitreibungsversuche erfolglos oder ist die Vollstreckung offensichtlich aussichtslos, so zahlt das Inkassobüro dem RA zur Deckung seiner sonstigen allgemeinen Unkosten eine Vergütung. Für die Mindestvergütung ist eine Vereinbarung gemäß § 51 Abs. 2 maßgebend, soweit die gesetzlichen Gebühren nicht niedriger sind.

4. Geht die Forderung nur zum Teil ein, so wird der beigetriebene Betrag in erster Linie zur Abdeckung der entstandenen gesetzlichen Gebühren verwendet.

5. Der RA erhebt weder von dem Inkassobüro noch von dem Auftraggeber Vorschüsse auf seine Gebühren.

6. Wird der Auftrag vor Beendigung durch Zwangsvollstreckung zurückgezogen, so sind die gesetzlichen Gebühren zu zahlen. Wird derselbe RA später mit der weiteren Durchführung der Zwangsvollstreckung beauftragt und bleibt diese ganz oder teilweise erfolglos, sind die Nummern 1 bis 4 bei der endgültigen Abrechnung anzuwenden.

12. Honorar für Akteneinsicht und Aktenauszüge aus Unfallstrafakten für Versicherungsgesellschaften Vereinbarung zwischen dem DAV und dem HUK-Verband

(wirksam ab 1. Januar 1970) – vgl. AnwBl. 69, 431 –

Lit.: Chemnitz AnwBl. 85, 118 (123).

1. a) Der Anwalt erhält für die Einsichtnahme in Unfallakten und für die Herstellung eines Auszuges zur Abgeltung seiner persönlichen Arbeitsleistung und der üblicherweise mit der Erledigung eines solchen Auftrages verbundenen Kosten (Porto und Telefon – außer Ferngesprächen, die besonders berechnet werden –) ein Pauschalhonorar von 40 DM für jede Sache.

b) Er erhält außerdem für jede Seite des Aktenauszuges (auch Fotokopie) die Schreibgebühr gem. § 27 BRAGO.

c) Wird eine Ergänzung des Aktenauszuges gewünscht, die sich auf nach dem Zeitpunkt der ersten Akteneinsicht zur Akte gelangte Aktenteile oder Beiakten bezieht, so erhält der RA für diese Tätigkeit ein Pauschalhonorar von 20 DM zuzüglich der Schreibgebühren.

2. Durch diese Pauschale sind **nicht** abgegolten:

a) Gerichtskosten und sonstige außergewöhnliche Kosten des Auftraggebers, die vom RA verauslagt worden sind.

b) Außergewöhnliche Aufwendungen, die zu einer vom Auftraggeber gewünschten beschleunigten Ausführung des Auftrages aufgewandt worden sind.

c) Die auf die obige Vergütung zu zahlende Umsatzsteuer (Mehrwertsteuer) oder der statt dessen dem Anwalt nach § 25 Abs. 2 BRAGO zustehende Ausgleichsbetrag.

13. Vereinbarungen über die pauschale Abgeltung der Anwaltsgebühren bei außergerichtlicher Unfallregulierung

Text (AnwBl. 81, 390)

Lit.: Chemnitz AnwBl. 85, 118 (Gebührenrecht in Verkehrssachen).

„Die vielfältigen und häufigen Meinungsverschiedenheiten zwischen Versicherern und RAen über Art und Höhe der bei außergerichtlichen Unfallregulierungen zu ersetzenden Anwaltsgebühren stellen für beide Seiten eine unerfreuliche und unrationelle Belastung dar.

Die nachstehend verzeichneten Versicherer und der DAV haben deshalb nach eingehender Tatsachenprüfung folgende Rahmenvereinbarung geschlossen:

1. Die Versicherung ersetzt als Kraftfahrzeughaftpflicht-Versicherung des Schädigers im Falle einer außergerichtlichen Schadenregulierung dem Geschädigten anstelle der gesetzlichen Anwaltsgebühren stets eine einheitliche Gebühr in Höhe von $^{15}/_{10}$. Der Geschäftswert errechnet sich aus dem Erledi-

gungsbetrag zuzüglich 10 %; er ist jedoch nicht höher als der geforderte Betrag.

Die einheitliche Gebühr von ¹⁵⁄₁₀ wird gezahlt, gleichgültig, ob ein Vergleich abgeschlossen wurde und/oder eine Besprechung stattgefunden hat.

2. Diese Vereinbarung gilt für Personen- und Sachschäden bis zu einem Erledigungsbetrag von 17500 DM.

3. Die Versicherung behält sich vor, diese Vereinbarung nicht anzuwenden

a) im Einzelfall, wenn der Sachschaden durch eine Zwischenfinanzierung erhöht wurde, ohne daß der Versicherung vorher Gelegenheit zur Zahlung gegeben war,

b) generell, wenn sich der RA in Widerspruch zu der in AnwBl. 71, 133 veröffentlichten Auffassung der BRAK (insbesondere Stapelvollmacht, Unfallhelfer etc.) verhalten hat.

4. Die Vereinbarung tritt am 1. 7. 1971 in Kraft und bezieht sich auf Schadenfälle, die noch nicht abgeschlossen sind.

5. Die Vereinbarung gilt bis zum 30. 6. 1972. Die Gültigkeitsdauer verlängert sich jeweils stillschweigend um ein Jahr, wenn die Vereinbarung nicht 3 Monate vorher schriftlich gekündigt worden ist."

Klarstellungen (AnwBl. 72, 84 und 77, 241)

1. Das Abkommen gilt auch, wenn der Haftpflichtversicherer für eine ausländische Versicherungsgesellschaft als Korrespondenzversicherung tätig wird.

2. Das Abkommen gilt nur bei Kfz-Haftpflichtschäden, nicht auch bei allgemeinen Haftpflichtschäden (z. B. Privathaftpflicht- oder Berufshaftpflichtversicherung).

3. Das Abkommen gilt nur bei vollständiger außergerichtlicher Unfallregulierung, also nicht auch dann, wenn ein Teil der Ansprüche eingeklagt wird.

4. Das Abkommen gilt nur die gesetzlichen Gebühren (Geschäfts-, Besprechungs- und Vergleichsgebühr) ab. Ansprüche auf Auslagenersatz, insbesondere Fotokopien, Postgebühren, Hebegebühren bleiben erhalten.

5. Der Anwalt sollte sich in seiner Kostennote wie folgt auf das Abkommen berufen: „¹⁵⁄₁₀ Pauschalgebühr gemäß DAV-Abkommen."

Beigetretene Versicherer:
Allianz Versicherungs-AG
Bayerische Versicherungsbank-AG
Central Europäische Versicherungs-AG
Continentale Volkswohl-Versicherungs-AG
Frankfurter Versicherungs-AG
Iduna Allgemeine Versicherungs-AG
Saarbrücker Versicherungs-AG
VÖDAG – Versicherung für den öffentlichen Dienst-AG
Württembergische Feuerversicherungs-AG
Zentraleuropäische Versicherungs-AG.

Das Abkommen ist auch anwendbar bei Regulierungen über:
Omnium Versicherungsdienst, Rüsselsheim,
Volkswagen Versicherungsdienst, Wolfsburg.

Erweiterung der pauschalen Anwaltskostenregulierung bei außergerichtlicher Schadenregulierung im Falle einer Teilschadenregulierung durch die Kaskoversicherung

Text AnwBl. 84, 491

Folgende HUK-Versicherer

Allianz Versicherungs-AG
Bayerische Versicherungsbank AG
Continentale Sachversicherung AG
Frankfurter Versicherungs-AG
SAVAG
Württembergische Feuer-Versicherungs-AG
Zentraleuropäische Versicherungs-AG

haben sich bereit erklärt, auch im Falle einer Teilschadenregulierung durch den Kasko-Versicherer und außergerichtlicher Regulierung des Restschadens die Anwaltskosten der Kasko-Schadenregulierung in der Form in die Unfallschadenregulierung einzubeziehen, daß der $^{15}/_{10}$ Gebühr der Erledigungswert zugrunde gelegt wird, der ohne Inanspruchnahme der Kaskoversicherung in Ansatz gekommen wäre. Der Geschäftswert errechnet sich in diesem Fall aus diesem (fiktiven) Erledigungsbetrag zuzüglich 10 %.

Die Vergütung des Anwalts bei außergerichtlicher Unfallschadenregulierung in Verbindung mit der Regulierung eines Kaskoschadens richtet sich daher in diesen Fällen nach folgender Verlautbarung:
(es folgt der Text wie AnwBl. 81, 390. Lediglich Ziffer 1 hat jetzt folgenden erweiterten Text:)

1. Die Versicherung ersetzt als Kraftfahrzeughaftpflicht-Versicherung des Schädigers im Falle einer außergerichtlichen Schadensregulierung dem Geschädigten anstelle der gesetzlichen Anwaltsgebühren stets eine einheitliche Gebühr in Höhe von $^{15}/_{10}$. Der Geschäftswert errechnet sich aus dem Erledigungsbetrag zuzüglich 10 %; er ist jedoch nicht höher als der geforderte Betrag. Wird der RA in einem Haftpflichtschadenfall auch mit der Abwicklung des Kaskoschadens beauftragt, dann wird der Erledigungswert angesetzt, der ohne Inanspruchnahme der Kaskoversicherung in Ansatz käme.

Die einheitliche Gebühr von $^{15}/_{10}$ wird gezahlt, gleichgültig ob ein Vergleich geschlossen wurde und/oder eine Besprechung stattgefunden hat.

Bei den Klarstellungen (AnwBl. 72, 84 u. 77, 241) hat Ziffer 2 nun folgenden Wortlaut:

2. Das Abkommen gilt nur bei Kfz-Haftpflichtschäden und im Zusammenhang mit diesen vom selben RA abgewickelten Kaskoschäden, nicht auch bei allgemeinen Haftpflichtschäden (z. B bei Privathaftpflicht oder Berufshaftpflichtversicherung).

**Auswirkungen des DAV-Gebührenpauschalabkommens
mit Haftpflichtversicherern auf den Gebührenanspruch
des Anwalts gegen seinen Mandanten**

– Abhandlung von Matzen in AnwBl. 73, 60 –

I.

Ausgangspunkt

Die Höhe der vom Schädiger zu ersetzenden Anwaltskosten ist – wenn nicht ein „voller Erfolg" vorliegt – nicht notwendig identisch mit dem Gebührenanspruch des Anwalts gegenüber seinem Mandanten.

Unterschiede können sich aus drei Faktoren ergeben:

1. Art der Gebühr

Wenn eine Geschäfts-, Besprechungs- oder Vergleichsgebühr entstanden ist, wird dies in aller Regel als adäquate Schadensfolge anzusehen sein, so daß diese Gebühren vom Schädiger zu ersetzen sind. Ausnahmen, z. B. dahin, daß eine Besprechung völlig überflüssig war, sind kaum denkbar.

Wenn nach der BGH-Rechtsprechung bei der sog. „Abrechnung" ein Vergleich regelmäßig nicht zustande kommt und der Anwalt diese Rechtsprechung nicht angreifen will, so gilt diese Rechtsprechung „inter omnes", d. h., der Anwalt kann sich nicht auf den Standpunkt stellen, daß zwar im Verhältnis zum Schädiger – weil Abrechnung – kein Vergleich und somit keine Vergleichsgebühr entstanden sei, wohl aber im Verhältnis zu seinem Mandanten.

2. Bruchteilsmäßige Höhe der Gebühren

Auch die bruchteilsmäßige Höhe der gesetzlich entstandenen Gebühren (z. B. $\frac{5}{10}$, $\frac{7.5}{10}$ oder $\frac{10}{10}$) wird in aller Regel als adäquate Schadensfolge zu gelten haben. Nur ausnahmsweise, z. B. bei übermäßig starker, objektiv nicht erforderlicher Inanspruchnahme des Anwalts durch den Geschädigten (Querulant), ist denkbar, daß der Mandant z. B. eine $\frac{10}{10}$-Gebühr schuldet, aber nur eine $\frac{5}{10}$-Gebühr ersetzt verlangen kann.

3. Geschäftswert

Nach der Rechtsprechung des BGH (NJW 70, 1122) berechnet sich der Geschäftswert der Anwaltskosten, die der Schädiger zu ersetzen hat, nach den anerkannten oder gezahlten Schadensbeträgen. Dagegen berechnet sich die Höhe der vom Mandanten an seinen Anwalt zu zahlenden Anwaltsgebühren nach dem Wert der geltend gemachten Forderungen.

Stellt sich der Anwalt auf den Boden der – umstrittenen – BGH-Rechtsprechung, so hat das zur Folge, daß der Geschädigte die sich aus den unterschiedlichen Geschäftswerten ergebende Differenz an Anwaltskosten selbst zu tragen hat.

II.
Auswirkungen des DAV-Abkommens

1. Das Gebührenpauschalabkommen, das der DAV mit verschiedenen Haftpflichtversicherern geschlossen hat, soll nach einer Präambel dazu die-

nen, „die vielfältigen und häufigen Meinungsverschiedenheiten zwischen Versicherern und RAen über Art und Höhe der bei außergerichtlichen Unfallregulierungen zu ersetzenden Anwaltsgebühren zu beseitigen" (AnwBl. 71, 198). Durch das Abkommen werden daher diejenigen Anwaltskosten pauschaliert, die der Anwalt im Namen der Geschädigten als Schadensersatz vom Schädiger bzw. dessen Haftpflichtversicherer ersetzt verlangen kann.

2. Findet also das Gebührenpauschalabkommen Anwendung, das lediglich die vom Schädiger zu ersetzenden Anwaltskosten pauschaliert, so fragt sich, ob der Anwalt seinem Mandanten eine eventuell nicht ersetzte Differenz an Anwaltsgebühren in Rechnung stellen kann.

a) Soweit eine Differenz aufgrund der unterschiedlichen Geschäftswerte übrig bleibt, ist die Frage zu bejahen. Dabei ist zu beachten, daß sich die Haftpflichtversicherer bereit erklärt haben, bei der Berechnung des Geschäftswerts von einem um 10 % erhöhten Erledigungsbetrag auszugehen. Diese 10 % muß sich der Anwalt anrechnen lassen.

Beispiel 1: Verlangt 7000 DM, gezahlt 5000 DM; gesetzliche Gebühren $^{15}/_{10}$
1. Gebührenanspruch gegen Mandanten:
   $^{15}/_{10}$ aus 7000 DM   = 537,— DM
2. Ersatzanspruch des Mandanten gegen Schädiger:
   a) BGH: $^{15}/_{10}$ aus 5000 DM   = 397,50 DM
   b) DAV-Abkommen:
      $^{15}/_{10}$ aus 5500 DM   = 424,50 DM

Der Anwalt kann von seinem Mandanten noch 537 DM ∕ 424,50 DM = 112,50 DM verlangen.

(Anm: Hier sind in Abweichung von Matzen die neuen Gebühren angesetzt.)

b) Soweit eine Gebührendifferenz darauf zurückzuführen ist, daß die vom Schädiger nach dem DAV-Abkommen ersetzten Anwaltsgebühren ($^{15}/_{10}$) ihrer Art nach oder bruchteilsmäßig geringer sind als die nach dem Gesetz gegenüber dem Mandanten entstandenen, kann der Anwalt diese Differenz nicht vom Mandanten verlangen.

Das Gebührenpauschalabkommen des DAV mit verschiedenen Haftpflichtversicherern hat nämlich u. a. den Zweck, das leidige Problem zu beseitigen, ob im Einzelfall eine Besprechung stattgefunden hat und ein Vergleich abgeschlossen ist oder nicht. Findet das Abkommen Anwendung, dann wirkt es insoweit auch gegenüber dem Mandanten. Sind also z. B. gesetzliche Gebühren in Höhe von $^{25}/_{10}$ angefallen, ersetzt jedoch der Schädiger bzw. dessen Haftpflichtversicherer lediglich $^{15}/_{10}$, so kann der Anwalt die Differenz von $^{10}/_{10}$ nicht von seinem Mandanten verlangen. Der Anwalt, der dem Schädiger von vornherein verspricht, auch dann nur $^{15}/_{10}$-Gebühren in Rechnung zu stellen, wenn $^{20}/_{10}$-Gebühren entstanden sein sollten und daher vom Schädiger zu ersetzen wären, dann aber die Differenz von seinem Mandanten verlangt, begäbe sich in gefährliche Nähe zu § 356 StGB.

Beispiel 2: Verlangt 7000 DM, gezahlt 5000 DM; gesetzliche Gebühren $^{25}/_{10}$
1. Gebührenanspruch gegen Mandanten:
   $^{25}/_{10}$ aus 7000 DM   = 895,— DM
2. Ersatzanspruch des Mandanten gegen Schädiger: $^{25}/_{10}$

a) BGH: $^{25}\!/_{10}$ aus 5000 DM   = 662,50 DM
b) DAV-Abkommen:
   $^{15}\!/_{10}$ aus 5500 DM   = 424,50 DM
Verlangen darf der Anwalt vom Mandanten:
$^{15}\!/_{10}$ aus 7000 DM   = 537,— DM
Nach Abzug der ersetzten 424,50 DM also noch 112,50 DM.

c) Sind nach dem Gesetz geringere Gebühren als $^{15}\!/_{10}$ angefallen (z. B. nur eine Geschäftsgebühr), ersetzt der Haftpflichtversicherer aber gemäß dem Abkommen $^{15}\!/_{10}$, darf der Anwalt bei der Inanspruchnahme seines Mandanten wegen der „Geschäftswert-Differenz" nur von den gesetzlich entstandenen Gebühren ausgehen. Das wird meist dazu führen, daß keine vom Mandanten zu tragende Differenz vorhanden ist.

Beispiel 3: Verlangt 7000 DM, gezahlt 5000 DM;
gesetzliche Gebühren $^{7,5}\!/_{10}$
1. Gebührenanspruch gegen Mandanten:
   $^{7,5}\!/_{10}$ aus 7000 DM   = 268,50 DM
2. Ersatzanspruch des Mandanten gegen Schädiger:
   a) BGH: $^{7,5}\!/_{10}$ aus 5000 DM   = 198,50 DM
   b) DAV-Abkommen:
      $^{15}\!/_{10}$ aus 5500 DM   = 424,50 DM
Der Anwalt hat also keine Restforderung gegen seinen Mandanten.

Beispiel 4: Verlangt 17000 DM, gezahlt 5000 DM;
entstandene Gebühren $^{10}\!/_{10}$
1. Gebührenanspruch gegen Mandanten:
   $^{10}\!/_{10}$ aus 17000 DM   = 729,— DM
2. Ersatzanspruch des Mandanten gegen Schädiger:
   a) BGH: $^{10}\!/_{10}$ aus 5000 DM   = 265,— DM
   b) DAV-Abkommen:
      $^{15}\!/_{10}$ aus 5500 DM   = 424,50 DM
Der Anwalt kann also noch von seinem Mandanten 314,50 DM verlangen. Dieser letzte Fall ist etwas sehr „konstruiert".

III.
Zusammenfassung

1. Bei Anwendung des Gebührenpauschalabkommens des DAV mit verschiedenen Haftpflichtversicherern können dem Anwalt Rest-Gebührenansprüche gegen seinen Mandanten verbleiben.

2. Diese können sich nur daraus ergeben, daß der (ggf. um 10 % erhöhte) Erledigungsbetrag geringer als der Geschäftswert im Verhältnis zum Mandanten ist.

3. Bei der Berechnung dieser Restgebühren ist darauf zu achten, daß dem Mandanten gegenüber u. U. geringere Gebühren als $^{15}\!/_{10}$, z. B. nur $^{7,5}\!/_{10}$, zugrunde zu legen sind.

S. auch Chemnitz AnwBl. 85, 119.

14. Bundesrechtsanwaltsordnung

§ 46 Rechtsanwälte in ständigen Dienstverhältnissen

Der Rechtsanwalt darf für einen Auftraggeber, dem er aufgrund eines ständigen Dienst- oder ähnlichen Beschäftigungsverhältnisses seine Arbeitszeit und -kraft überwiegend zur Verfügung stellen muß, vor Gerichten oder Schiedsgerichten nicht in seiner Eigenschaft als Rechtsanwalt tätig werden.

15. Gesetz zur Änderung und Ergänzung kostenrechtlicher Vorschriften

Vom 26. 7. 1957

Artikel XI. Schlußvorschriften

§ 5 Unberührt bleibendes Recht

(1) Durch die Aufhebung der bisherigen Vorschriften über die Kosten der Gerichtsvollzieher werden folgende Vorschriften nicht berührt:

1. Die landesrechtlichen Vorschriften über die Kosten der Vollstreckung im Verwaltungszwangsverfahren;

2. (inzwischen aufgehoben).

(2) Durch die Aufhebung der Vorschriften, nach denen sich bisher die Gebühren und Auslagen der RAe bemessen, werden folgende Vorschriften nicht berührt:

1. § 53 des Patentgesetzes in der Fassung der Anlage 1 des Gesetzes vom 18. Juli 1953 (Bundesgesetzbl. I S. 615, 623);

2. Das Gesetz über die Erstattung von Gebühren für im Armenrecht beigeordnete Vertreter in Patent- und Gebrauchsmustersachen vom 18. Juli 1953 (Bundesgesetzbl. I S. 654);

3. die Verordnung über die Vertretung vor den Ausgleichsbehörden und Feststellungsbehörden (4. LeistungsDV-LA = 2. FeststellungsDV) vom 24. August 1953 (Bundesgesetzbl. I S. 1026);

4. § 9 Abs. 2 der 16. Durchführungsverordnung zum Umstellungsgesetz und Artikel 9 Nr. 15 der Durchführungsbestimmungen Nr. 13 der Berliner Militärregierungen zur Zweiten Verordnung zur Neuordnung des Geldwesens (Umstellungsverordnung) vom 4. Juli 1948 (Verordnungsbl. für Groß-Berlin 1949 I S. 163, 166);

5. die Vorschriften, nach denen sich die Gebühren und Auslagen der RAe in Rückerstattungssachen und in Angelegenheiten der Entschädigungsgesetze bestimmen.

Anmerkung: Wegen des Textes der vorstehend genannten Gesetze usw. vgl. Bundeskostengesetz (C. H. Becksche Verlagsbuchhandlung, München.)

Teil D. Tabellen

I. Die Gebühren des § 11
II. Die Gebühren des § 123
III. Die Hebegebühren
IV. Die Gebühren in Strafsachen

I. Die Gebühren des § 11

Gruppe A

Hier sind die am häufigsten vorkommenden Gebühren (insbes. im Prozeß) zusammengefaßt:
Die $^{10}/_{10}$-Gebühr ist z. B. die volle Gebühr des § 31;
die $^{5}/_{10}$-Gebühr ist z. B. die halbe Gebühr des § 32;
die $^{3}/_{10}$-Gebühr ist z. B. die Gebühr des § 57 und die Erhöhung gemäß § 6 Abs. 1 S. 2 aus der vollen ($^{10}/_{10}$) Gebühr je weiteren Auftraggeber.

Gruppe B

Hier ist die Mittelgebühr des § 118 wiedergegeben ($^{7,5}/_{10}$).
Die $^{7,5}/_{10}$-Gebühr kann auch sonst anfallen (vgl. z. B. als Ratsgebühr mit dem Rahmen von $^{1}/_{10}$ bis $^{10}/_{10}$).

Gruppe C

Hier sind die am häufigsten vorkommenden Gebühren im Rechtsmittelverfahren (Berufung, Revision und die ihnen gleichgestellten Verfahren) zusammengefaßt:
Die $^{13}/_{10}$-Gebühr ist die volle Gebühr (vgl. § 11 Abs. 2 Satz 4);
die $^{13}/_{20}$-Gebühr ist die halbe Gebühr;
die $^{3}/_{10}$ von $^{13}/_{10}$ = $^{39}/_{100}$-Gebühr ist die Erhöhung gemäß § 6 Abs. 1 S. 2 aus der vollen ($^{13}/_{10}$) Gebühr je weiteren Auftraggeber.

Gruppe D

Hier sind die Erhöhungen gemäß § 6 Abs. 1 S. 2 je weiteren Auftraggeber angegeben für die Gebühren $^{7,5}/_{10}$ und $^{5}/_{10}$.
Die Erhöhung aus der vollen Gebühr ($^{10}/_{10}$) ergibt sich aus der Spalte A ($^{3}/_{10}$).
Die Erhöhung aus der vollen Gebühr des Rechtsmittelverfahrens ($^{13}/_{10}$) ergibt sich aus der Spalte C ($^{39}/_{100}$).

Tabelle I Gebühren des § 11   Teil D

Wert bis	Gebühren A			Gebühren B
	$^{10}\!/_{10}$	$^{5}\!/_{10}$	$^{3}\!/_{10}$	$^{7,5}\!/_{10}$
300	40,--	20,--	15,--	30,--
600	55,--	27,50	16,50	41,30
900	70,--	35,--	21,--	52,50
1200	85,--	42,50	25,50	63,80
1500	100,--	50,--	30,--	75,--
1800	115,--	57,50	34,50	86,30
2100	130,--	65,--	39,--	97,50
2400	145,--	72,50	43,50	108,80
2700	160,--	80,--	48,--	120,--
3000	175,--	87,50	52,50	131,30
3500	201,--	100,50	60,30	150,80
4000	227,--	113,50	68,10	170,30
4500	253,--	126,50	75,90	189,80
5000	279,--	139,50	83,70	209,30
5500	305,--	152,50	91,50	228,80
6000	331,--	165,50	99,30	248,30
6500	357,--	178,50	107,10	267,80
7000	383,--	191,50	114,90	287,30
7500	409,--	204,50	122,70	306,80
8000	435,--	217,50	130,50	326,30
8500	461,--	230,50	138,30	345,80
9000	487,--	243,50	146,10	365,30
9500	513,--	256,50	153,90	384,80
10000	539,--	269,50	161,70	404,30
11000	570,--	285,--	171,--	427,50
12000	601,--	300,50	180,30	450,80
13000	632,--	316,--	189,60	474,--
14000	663,--	331,50	198,90	497,30
15000	694,--	347,--	208,20	520,50
16000	725,--	362,50	217,50	543,80
17000	756,--	378,--	226,80	567,--
18000	787,--	393,50	236,10	590,30
19000	818,--	409,--	245,40	613,50
20000	849,--	424,50	254,70	636,80
25000	914,--	457,--	274,20	685,50
30000	979,--	489,50	293,70	734,30
35000	1044,--	522,--	313,20	783,--
40000	1109,--	554,40	332,70	831,80
45000	1174,--	587,--	352,20	880,50
50000	1239,--	619,50	371,20	929,30

Wert bis	Gebühren C			Gebühren D	
	$^{13}/_{10}$	$^{13}/_{20}$	$^3/_{10}$ von $^{13}/_{10} = {}^{39}/_{100}$	$^3/_{10}$ von $^5/_{10}$	$^3/_{10}$ von $^{7,5}/_{10}$
300	52,--	26,--	15,60	6,--	9,--
600	71,50	35,80	21,50	8,30	12,40
900	91,--	45,50	27,30	10,50	15,80
1200	110,50	55,30	33,20	12,80	19,20
1500	130,--	65,--	39,--	15,--	22,50
1800	149,50	74,80	44,90	17,30	25,90
2100	169,--	84,50	50,70	19,50	29,30
2400	188,50	94,30	56,60	21,80	32,70
2700	208,--	104,--	62,40	24,--	36,--
3000	227,50	113,80	68,30	26,30	39,40
3500	261,30	130,70	78,40	30,20	45,30
4000	295,10	147,60	88,60	34,10	51,10
4500	328,90	164,50	98,70	38,--	57,--
5000	362,70	181,40	108,90	41,90	62,80
5500	396,50	198,30	119,--	45,80	68,70
6000	430,30	215,20	129,10	49,70	74,50
6500	464,10	232,10	139,30	53,60	80,40
7000	497,90	249,--	149,40	57,50	86,20
7500	531,70	265,90	159,60	61,40	92,10
8000	565,50	282,80	169,70	65,30	97,90
8500	599,30	299,70	179,80	69,20	103,80
9000	633,10	316,60	190,--	73,10	109,60
9500	666,90	333,50	200,10	77,--	115,50
10000	700,70	350,40	210,30	80,90	121,30
11000	741,--	370,50	222,30	85,50	128,30
12000	781,30	390,70	234,40	90,20	135,30
13000	821,60	410,80	246,50	94,80	142,20
14000	861,90	431,--	258,60	99,50	149,20
15000	902,20	451,10	270,70	104,10	156,20
16000	942,50	471,30	282,80	108,80	163,20
17000	982,80	491,40	294,90	113,40	170,10
18000	1023,10	511,60	307,--	118,10	177,10
19000	1063,40	531,70	319,10	122,70	184,10
20000	1103,70	551,90	331,20	127,40	191,10
25000	1188,20	594,10	356,50	137,10	205,70
30000	1272,70	636,40	381,90	146,90	220,30
35000	1357,20	678,60	407,20	156,60	234,90
40000	1441,70	720,90	432,60	166,40	249,60
45000	1526,20	763,10	457,90	176,10	264,20
50000	1610,70	805,40	483,20	185,90	278,80

Tabelle I Gebühren des § 11 Teil D

Wert bis	Gebühren A			Gebühren B
	¹⁰⁄₁₀	⁵⁄₁₀	³⁄₁₀	⁷˙⁵⁄₁₀
55 000	1 304,--	652,--	391,20	978,--
60 000	1 369,--	684,50	410,70	1 026,80
65 000	1 434,--	717,--	430,20	1 075,50
70 000	1 499,--	749,50	449,70	1 124,30
75 000	1 564,--	782,--	469,20	1 173,--
80 000	1 629,--	814,50	488,70	1 221,80
85 000	1 694,--	847,--	508,20	1 270,50
90 000	1 759,--	879,50	527,70	1 319,30
95 000	1 824,--	912,--	547,20	1 368,--
100 000	1 889,--	944,50	566,70	1 416,80
115 000	1 964,--	982,--	589,20	1 473,--
130 000	2 039,--	1 019,50	611,70	1 529,30
145 000	2 114,--	1 057,--	634,20	1 585,50
160 000	2 189,--	1 094,50	656,70	1 641,80
175 000	2 264,--	1 132,--	679,20	1 698,--
190 000	2 339,--	1 169,50	701,70	1 754,30
205 000	2 414,--	1 207,--	724,20	1 810,50
220 000	2 489,--	1 244,50	746,70	1 866,80
235 000	2 564,--	1 282,--	769,20	1 923,--
250 000	2 639,--	1 319,50	791,70	1 979,30
265 000	2 714,--	1 357,--	814,20	2 035,50
280 000	2 789,--	1 394,50	836,70	2 091,80
295 000	2 864,--	1 432,--	859,20	2 148,--
310 000	2 939,--	1 469,50	881,70	2 204,30
325 000	3 014,--	1 507,--	904,20	2 260,50
340 000	3 089,--	1 544,50	926,70	2 316,80
355 000	3 164,--	1 582,--	949,20	2 373,--
370 000	3 239,--	1 619,50	971,70	2 429,30
385 000	3 314,--	1 657,--	994,20	2 485,50
400 000	3 389,--	1 694,50	1 016,70	2 541,80
430 000	3 509,--	1 754,50	1 052,70	2 631,80
460 000	3 629,--	1 814,50	1 088,70	2 721,80
490 000	3 749,--	1 874,70	1 124,70	2 811,80
520 000	3 869,--	1 934,50	1 160,70	2 901,80
550 000	3 989,--	1 994,50	1 196,70	2 991,80
580 000	4 109,--	2 054,50	1 232,70	3 081,80
610 000	4 229,--	2 114,50	1 268,70	3 171,80
640 000	4 349,--	2 174,70	1 304,70	3 261,80
670 000	4 469,--	2 234,50	1 340,70	3 351,80
700 000	4 589,--	2 294,50	1 376,70	3 441,80

Wert bis	Gebühren C			Gebühren D	
	$^{13}/_{10}$	$^{13}/_{20}$	$^3/_{10}$ von $^{13}/_{10} = {}^{39}/_{100}$	$^3/_{10}$ von $^5/_{10}$	$^3/_{10}$ von $^{7,5}/_{10}$
55000	1695,20	847,60	508,60	195,60	293,40
60000	1779,70	889,90	533,90	205,40	308,10
65000	1864,20	832,10	559,30	215,10	322,70
70000	1948,70	974,40	584,70	224,90	337,30
75000	2033,20	1016,60	610,--	234,60	351,90
80000	2117,70	1058,90	635,30	244,40	366,60
85000	2202,20	1101,10	660,70	254,10	381,20
90000	2286,70	1143,40	686,10	263,90	395,80
95000	2371,20	1185,60	711,40	273,60	410,40
100000	2455,70	1227,90	736,80	283,40	425,10
115000	2553,20	1276,60	766,--	294,60	441,90
130000	2650,70	1325,40	795,30	305,90	458,80
145000	2748,20	1374,10	824,50	317,10	475,70
160000	2845,70	1422,90	853,80	328,40	492,60
175000	2943,20	1471,60	883,--	339,60	509,40
190000	3040,70	1520,40	912,30	350,90	526,30
205000	3138,20	1569,10	941,50	362,10	543,20
220000	3235,70	1617,90	970,80	373,40	560,10
235000	3333,20	1666,60	1000,--	384,60	576,90
250000	3430,70	1715,40	1029,30	395,90	593,80
265000	3528,20	1764,10	1058,50	407,10	610,70
280000	3625,70	1812,90	1087,80	418,40	627,60
295000	3723,20	1861,60	1117,--	429,60	644,40
310000	3820,70	1910,40	1146,30	440,90	661,30
325000	3918,20	1959,10	1175,50	452,10	678,20
340000	4015,70	2007,90	1204,80	463,40	695,10
355000	4113,20	2056,60	1234,--	474,60	711,90
370000	4210,70	2105,40	1263,30	485,90	728,80
385000	4308,20	2154,10	1292,50	497,10	745,70
400000	4405,70	2202,90	1321,80	508,40	762,60
430000	4561,70	2280,90	1368,60	526,40	789,60
460000	4717,70	2358,90	1415,40	544,40	816,60
490000	4873,70	2436,90	1462,10	562,40	843,60
520000	5029,70	2514,90	1509--	580,40	870,60
550000	5185,70	2592,90	1555,10	598,40	897,60
580000	5341,70	2670,90	1602,60	616,40	924,60
610000	5497,70	2748,90	1619,40	634,40	951,60
640000	5653,70	2826,90	1696,20	652,40	978,60
670000	5809,70	2904,90	1743,--	670,40	1005,60
700000	5965,70	2982,90	1789,80	688,40	1032,60

Wert bis	Gebühren A			Gebühren B
	$^{10}\!/_{10}$	$^{5}\!/_{10}$	$^{3}\!/_{10}$ ·	$^{7,5}\!/_{10}$
730000	4709,--	2354,50	1412,70	3531,80
760000	4829,--	2414,50	1448,70	3621,80
790000	4949,--	2474,50	1484,70	3711,80
820000	5069,--	2534,50	1520,70	3801,80
850000	5189,--	2594,50	1556,70	3891,80
880000	5309,--	2654,50	1592,70	3981,80
910000	5429,--	2714,50	1628,70	4071,80
940000	5549,--	2774,50	1664,70	4161,80
970000	5669,--	2834,50	1700,70	4251,80
1000000	5789,--	2894,50	1736,70	4341,80
1050000	5939,--	2969,50	1781,70	4454,30
1100000	6089,--	3044,50	1826,70	4566,80
1150000	6239,--	3119,50	1871,70	4679,30
1200000	6389,--	3194,50	1916,70	4791,80
1250000	6539,--	3269,50	1961,70	4904,30
1300000	6689,--	3344,50	2006,70	5016,80
1350000	6839,--	3419,50	2051,70	5129,30
1400000	6989,--	3494,50	2096,70	5241,80
1450000	7139,--	3569,50	2141,70	5354,30
1500000	7289,--	3644,50	2186,70	5466,80
1550000	7439,--	3719,50	2231,70	5579,30
1600000	7589,--	3794,50	2276,70	5691,80
1650000	7739,--	3869,50	2321,70	5804,30
1700000	7889,--	3944,50	2366,70	5916,80
1750000	8039,--	4019,50	2411,70	6029,30
1800000	8189,--	4094,50	2456,70	6141,80
1850000	8339,--	4169,50	2501,70	6254,30
1900000	8489,--	4244,50	2546,70	6366,80
1950000	8639,--	4319,50	2591,70	6479,50
2000000	8789,--	4394,50	2636,70	6591,80
2050000	8939,--	4469,50	2681,70	6704,30
2100000	9089,--	4544,50	2726,70	6816,80
2150000	9239,--	4619,50	2771,70	6929,30
2200000	9389,--	4694,50	2816,70	7041,80
2250000	9539,--	4769,50	2861,70	7154,30
2300000	9689,--	4844,50	2906,70	7266,80
2350000	9839,--	4919,50	2951,70	7379,30
2400000	9989,--	4994,50	2996,70	7491,80
2450000	10139,--	5069,50	3041,70	7604,30
2500000	10289,--	5144,50	3086,70	7716,80

Wert bis	Gebühren C			Gebühren D	
	$13/_{10}$	$13/_{20}$	$3/_{10}$ von $13/_{10} = 39/_{100}$	$3/_{10}$ von $5/_{10}$	$3/_{10}$ von $7,5/_{10}$
730 000	6 121,70	3 060,90	1 836,60	706,40	1 059,60
760 000	6 277,70	3 138,90	1 883,40	724,40	1 086,60
790 000	6 433,70	3 216,90	1 930,20	742,40	1 113,60
820 000	6 589,70	3 294,90	1 977,--	760,40	1 140,60
850 000	6 745,70	3 372,90	2 023,80	778,40	1 167,60
880 000	6 901,70	3 450,90	2 070,60	796,40	1 194,60
910 000	7 057,70	3 528,90	2 117,40	814,40	1 221,60
940 000	7 213,70	3 606,90	2 164,20	832,40	1 248,60
970 000	7 369,70	3 684,90	2 211,--	850,40	1 275,60
1 000 000	7 525,70	3 762,90	2 257,80	868,40	1 302,60
1 050 000	7 720,70	3 860,40	2 316,30	890,90	1 336,30
1 100 000	7 915,70	3 957,90	2 314,80	913,40	1 370,10
1 150 000	8 110,70	4 055,40	2 433,30	935,90	1 403,80
1 200 000	8 305,70	4 152,90	2 491,80	958,40	1 437,60
1 250 000	8 500,70	4 250,40	2 550,30	980,90	1 471,30
1 300 000	8 695,70	4 347,90	2 608,80	1 003,40	1 505,10
1 350 000	8 890,70	4 445,40	2 667,30	1 025,90	1 538,80
1 400 000	9 085,70	4 542,90	2 725,80	1 048,40	1 572,60
1 450 000	9 280,70	4 640,40	2 784, 30	1 070,90	1 606,30
1 500 000	9 475,70	4 737,90	2 842,80	1 093,40	1 640,10
1 550 000	9 670,70	4 835,40	2 901,30	1 115,90	1 673,80
1 600 000	9 865,70	4 932,90	2 959,80	1 138,40	1 707,60
1 650 000	10 060,70	5 030,40	3 018,30	1 160,90	1 741,30
1 700 000	10 255,70	5 127,90	3 076,80	1 183,40	1 775,10
1 750 000	10 450,70	5 225,40	3 135,30	1 205,90	1 808,80
1 800 000	10 645,70	5 322,90	3 193,80	1 228,40	1 842,60
1 850 000	10 840,70	5 420,40	3 252,30	1 250,90	1 876,30
1 900 000	11 035,70	5 517,90	3 310,80	1 273,40	1 910,10
1 950 000	11 230,70	5 615,40	3 369,30	1 295,90	1 943,80
2 000 000	11 425,70	5 712,90	3 427,80	1 318,40	1 977,60
2 050 000	11 620,70	5 810,40	3 486,30	1 340,90	2 011,30
2 100 000	11 815,70	5 907,90	3 544,80	1 360,40	2 045,10
2 150 000	12 010,70	6 005,40	3 603,30	1 385,90	2 078,80
2 200 000	12 205,70	6 102,90	3 661,80	1 408,40	2 112,60
2 250 000	12 400,70	6 200,40	3 720,30	1 430,90	2 146,30
2 300 000	12 595,70	6 297,90	3 778,80	1 453,40	2 180,10
2 350 000	12 790,70	6 395,40	3 837,30	1 475,90	2 213,80
2 400 000	12 985,70	6 492,90	3 895,80	1 498,40	2 247,60
2 450 000	13 180,70	6 590,40	3 954,30	1 520,90	2 281,30
2 500 000	13 375,70	6 687,90	4 012,80	1 543,40	2 315,10

Madert

Wert bis	Gebühren A			Gebühren B
	¹⁰⁄₁₀	⁵⁄₁₀	³⁄₁₀	⁷·⁵⁄₁₀
2 550 000	10 439,--	5 219,50	3 131,70	7 829,30
2 600 000	10 589,--	5 294,50	3 176,70	7 941,80
2 650 000	10 739,--	5 369,50	3 221,70	8 054,30
2 700 000	10 889,--	5 444,50	3 266,70	8 166,80
2 750 000	11 039,--	5 519,50	3 311,70	8 279,30
2 800 000	11 189,--	5 594,50	3 356,70	8 391,80
2 850 000	11 339,--	5 669,50	3 401,70	8 504,30
2 900 000	11 489,--	5 774,50	3 446,70	8 616,80
2 950 000	11 639,--	5 819,50	3 491,70	8 729,30
3 000 000	11 789,--	5 894,50	3 536,70	8 841,80
3 050 000	11 939,--	5 969,50	3 581,70	8 954,30
3 100 000	12 089,--	6 044,50	3 626,70	9 066,80
3 150 000	12 239,--	6 119,50	3 671,70	9 179,30
3 200 000	12 389,--	6 194,50	3 716,70	9 291,80
3 250 000	12 539,--	6 269,50	3 761,70	9 404,30
3 300 000	12 689,--	6 344,50	3 806,70	9 516,80
3 350 000	12 839,--	6 419,50	3 851,70	9 629,30
3 400 000	12 989,--	6 494,50	3 896,70	9 741,80
3 450 000	13 139,--	6 569,50	3 941,70	9 854,30
3 500 000	13 289,--	6 644,50	3 986,70	9 966,80
3 550 000	13 439,--	6 719,50	4 031,70	10 079,30
3 600 000	13 589,--	6 794,50	4 076,70	10 191,80
3 650 000	13 739,--	6 869,50	4 121,70	10 304,30
3 700 000	13 889,--	6 944,50	4 166,70	10 416,80
3 750 000	14 039,--	7 019,50	4 211,70	10 529,30
3 800 000	14 189,--	7 094,50	4 256,70	10 641,80
3 850 000	14 339,--	7 169,50	4 301,70	10 754,30
3 900 000	14 489,--	7 244,50	4 346,70	10 866,80
3 950 000	14 639,--	7 319,50	4 391,70	10 979,30
4 000 000	14 789,--	7 394,50	4 436,70	11 091,80
4 050 000	14 939,--	7 469,50	4 481,70	11 204,30
4 100 000	15 089,--	7 544,50	4 526,70	11 316,80
4 150 000	15 239,--	7 619,50	4 571,70	11 429,30
4 200 000	15 389,--	7 694,50	4 616,70	11 541,80
4 250 000	15 539,--	7 769,50	4 661,70	11 654,30
4 300 000	15 689,--	7 844,50	4 706,70	11 766,80
4 350 000	15 839,--	7 919,50	4 751,70	11 879,30
4 400 000	15 989,--	7 994,50	4 796,70	11 991,80
4 450 000	16 139,--	8 069,50	4 841,70	12 104,30
4 500 000	16 289,--	8 144,50	4 886,70	12 216,80

Wert bis	Gebühren C			Gebühren D	
	$^{13}/_{10}$	$^{13}/_{20}$	$^{3}/_{10}$ von $^{13}/_{10} = {}^{39}/_{100}$	$^{3}/_{10}$ von $^{5}/_{10}$	$^{3}/_{10}$ von $^{7,5}/_{10}$
2 550 000	13 570,70	6 785,40	4 071,30	1 565,90	2 348,80
2 600 000	13 765,70	6 882,90	4 129,80	1 588,40	2 382,60
2 650 000	13 960,70	6 980,40	4 188,30	1 610,90	2 416,30
2 700 000	14 155,70	7 077,90	4 246,80	1 633,40	2 450,10
2 750 000	14 350,70	7 175,40	4 305,30	1 655,90	2 483,80
2 800 000	14 545,70	7 272,90	4 363,80	1 678,40	2 517,60
2 850 000	14 740,70	7 370,40	4 422,30	1 700,90	2 551,30
2 900 000	14 935,70	7 467,90	4 480,80	1 723,40	2 581,10
2 950 000	15 130,70	7 565,40	4 539,30	1 745,90	2 618,80
3 000 000	15 325,70	7 662,90	4 597,80	1 768,40	2 652,60
3 050 000	15 520,70	7 760,40	4 656,30	1 790,90	2 686,30
3 100 000	15 715,70	7 857,40	4 714,80	1 813,40	2 720,10
3 150 000	15 910,70	7 955,40	4 773,30	1 835,90	2 753,80
3 200 000	16 105,70	8 052,90	4 831,80	1 858,40	2 787,60
3 250 000	16 300,70	8 150,40	4 890,30	1 880,90	2 821,30
3 300 000	16 495,70	8 247,90	4 948,80	1 903,40	2 855,10
3 350 000	16 690,70	8 345,40	5 007,30	1 925,90	2 888,80
3 400 000	16 885,70	8 442,90	5 065,80	1 948,40	2 922,60
3 450 000	17 080,70	8 540,40	5 124,30	1 970,90	2 956,30
3 500 000	17 275,70	8 637,90	5 182,80	1 993,40	2 990,10
3 550 000	17 470,70	8 735,40	5 241,30	2 015,90	3 023,80
3 600 000	17 665,70	8 832,90	5 299,80	2 038,40	3 057,60
3 650 000	17 860,70	8 930,40	5 358,30	2 060,90	3 091,30
3 700 000	18 055,70	9 027,90	5 416,80	2 083,40	3 125,10
3 750 000	18 250,70	9 125,40	5 475,30	2 105,90	3 158,80
3 800 000	18 445,70	9 222,90	5 533,80	2 128,40	3 192,60
3 850 000	18 640,70	9 320,40	5 592,30	2 150,90	3 226,30
3 900 000	18 835,70	9 417,90	5 650,80	2 173,40	3 260,10
3 950 000	19 030,70	9 515,40	5 709,30	2 193,90	3 293,80
4 000 000	19 225,70	9 612,90	5 767,80	2 218,40	3 327,60
4 050 000	19 420,70	9 710,40	5 826,30	2 240,90	3 361,30
4 100 000	19 615,70	9 807,90	5 884,80	2 263,40	3 395,10
4 150 000	19 810,70	9 905,40	5 943,30	2 285,90	3 428,80
4 200 000	20 005,70	10 002,90	6 001,80	2 308,40	3 462,60
4 250 000	20 200,70	10 100,40	6 060,30	2 330,90	3 496,30
4 300 000	20 395,70	10 197,90	6 118,80	2 353,40	3 530,10
4 350 000	20 590,70	10 295,40	6 177,30	2 375,90	3 563,80
4 400 000	20 785,70	10 392,90	6 235,80	2 398,40	3 597,60
4 450 000	20 980,70	10 490,40	6 294,30	2 420,90	3 631,30
4 500 000	21 175,70	10 587,90	6 352,80	2 443,40	3 665,10

Wert bis	Gebühren A			Gebühren B
	$^{10}/_{10}$	$^{5}/_{10}$	$^{3}/_{10}$	$^{7,5}/_{10}$
4550000	16439,--	8219,50	4931,70	12329,30
4600000	16589,--	8294,50	4976,70	12441,80
4650000	16739,--	8369,50	5021,70	12554,30
4700000	16889,--	8444,50	5066,70	12666,80
4750000	17039,--	8519,50	5111,70	12779,30
4800000	17189,--	8594,50	5156,70	12891,80
4850000	17339,--	8669,50	5201,70	13004,30
4900000	17489,--	8744,50	5246,70	13116,80
4950000	17639,--	8819,50	5291,70	13229,30
5000000	17789,--	8894,50	5336,70	13341,80

Wert bis	Gebühren C			Gebühren D	
	$^{13}/_{10}$	$^{13}/_{20}$	$^3/_{10}$ von $^{13}/_{10} = {}^{39}/_{100}$	$^3/_{10}$ von $^5/_{10}$	$^3/_{10}$ von $^{7,5}/_{10}$
4 550 000	21 370,70	10 685,40	6 411,30	2 465,90	3 698,80
4 600 000	21 565,70	10 782,90	6 469,80	2 488,40	3 732,60
4 650 000	21 760,70	10 880,40	6 528,30	2 510,90	3 766,30
4 700 000	21 955,70	10 977,90	6 586,80	2 533,40	3 800,10
4 750 000	22 150,70	11 075,40	6 645,30	2 555,90	3 833,80
4 800 000	22 345,70	11 172,90	6 703,80	2 578,40	3 867,60
4 850 000	22 540,70	11 270,40	6 762,30	2 600,90	3 901,30
4 900 000	22 735,70	11 367,90	6 820,80	2 623,40	3 935,10
4 950 000	22 930,70	11 465,40	6 879,30	2 645,90	3 968,80
5 000 000	23 125,70	11 562,90	6 937,80	2 668,40	4 002,60

Tabelle I Gebühren des § 11   Teil D

Höhere Gegenstandswerte

Berechnung der Gebühren bei Werten über 5 Millionen DM

Der Betrag wird zunächst auf volle 50000 DM aufgerundet. Der so gefundene Betrag wird nunmehr durch 10000 geteilt (d. h. die letzten vier Nullen werden gestrichen).

Beispiel:

Gegenstandswert	8257590,-- DM
aufgerundet	8300000,-- DM
geteilt	830,-- DM

Der so gefundene Betrag wird multipliziert bei der

Gruppe A

$^{10}/_{10}$-Gebühr mit	30
$^{5}/_{10}$-Gebühr mit	15
$^{3}/_{10}$-Gebühr mit	9

Gruppe B

$^{7,5}/_{10}$-Gebühr mit	22,5

Gruppe C

$^{13}/_{10}$-Gebühr mit	39
$^{13}/_{20}$-Gebühr mit	19,5
$^{3}/_{10}$ von $^{13}/_{10}$-Gebühr mit	11,7

Gruppe D

$^{3}/_{10}$ von $^{5}/_{10}$-Gebühr	4,5
$^{3}/_{10}$ von $^{75}/_{10}$-Gebühr	6,75

Zu dem so gefundenen Betrag werden hinzugerechnet bei der

$^{10}/_{10}$-Gebühr	2789,-- DM
$^{5}/_{10}$-Gebühr	1394,50 DM
$^{3}/_{10}$-Gebühr	836,70 DM
$^{7,5}/_{10}$-Gebühr	2091,80 DM
$^{13}/_{10}$-Gebühr	3625,70 DM
$^{13}/_{20}$-Gebühr	1812,90 DM
$^{3}/_{10}$ von $^{13}/_{10}$-Gebühr	1087,71 DM
$^{3}/_{10}$-Gebühr von $^{5}/_{10}$	418,35 DM
$^{3}/_{10}$-Gebühr von $^{75}/_{10}$	627,53 DM

Gebühr auf volle 10 Dpf. aufrunden!

Berechnungsbeispiele:

1. $^{10}/_{10}$-Gebühr aus 8257590 DM

   8300000 DM

830 DM × 30 =	24900,-- DM
+	2789,-- DM
$^{10}/_{10}$-Gebühr	27689,-- DM

2. $^{5}/_{10}$-Gebühr aus 9 Millionen DM

   9000000 DM

900 DM × 15 =	13500,-- DM
+	1394,50
$^{5}/_{10}$-Gebühr	14894,50

Beispiele der $^{10}/_{10}$-Gebühren bei hohen Werten

Wert	Gebühr
6 Mill. DM	20789,-- DM
7 Mill. DM	23789,-- DM
8 Mill. DM	26789,-- DM
9 Mill. DM	29789,-- DM
10 Mill. DM	32789,-- DM
20 Mill. DM	62789,-- DM
30 Mill. DM	92789,-- DM
40 Mill. DM	122789,-- DM
50 Mill. DM	152789,-- DM

II. Die Gebühren des § 123

Wert bis	Gebühren A			Gebühren B
	$^{10}/_{10}$	$^{5}/_{10}$	$^{3}/_{10}$	$^{7,5}/_{10}$
300	40,--	20,--	15,--	30,--
600	55,--	27,50	16,50	41,30
900	70,--	35,--	21,--	52,50
1200	85,--	42,50	25,50	63,80
1500	100,--	50,--	30,--	75,--
1800	115,--	57,50	34,50	86,30
2100	130,--	65,--	39,--	97,50
2400	145,--	72,50	43,50	108,80
2700	160,--	80,--	48,--	120,--
3000	175,--	87,50	52,50	131,30
3500	201,--	100,50	60,30	150,80
4000	227,--	113,50	68,10	170,30
4500	253,--	126,50	75,90	189,80
5000	279,--	139,50	83,70	209,30
5500	295,--	147,50	88,50	221,30
6000	310,--	155,--	93,--	232,50
6500	320,--	160,--	96,--	240,--
7000	330,--	165,--	99,--	247,50
7500	340,--	170,--	102,--	255,--
8000	350,--	175,--	105,--	262,50
8500	360,--	180,--	108,--	270,--
9000	370,--	185,--	111,--	277,50
9500	380,--	190,--	114,--	285,--
10000	390,--	195,--	117,--	292,50
11000	400,--	200,--	120,--	300,--
12000	410,--	205,--	123,--	307,50
13000	420,--	210,--	126,--	315,--
14000	430,--	215,--	129,--	322,50
15000	440,--	220,--	132,--	330,--
16000	450,--	225,--	135,--	337,50
17000	460,--	230,--	138,--	345,--
18000	470,--	235,--	141,--	352,50
19000	480,--	240,--	144,--	360,--
20000	490,--	245,--	147,--	367,50
25000	500,--	250,--	150,--	375,--
30000	510,--	255,--	153,--	382,50
35000	520,--	260,--	156,--	390,--
40000	530,--	265,--	159,--	397,50
45000	540,--	270,--	162,--	405,--
50000	550,--	275,--	165,--	412,50
über 50000	560,--	280,--	168,--	420,--

Wert bis	Gebühren C			Gebühren D	
	$^{13}/_{10}$	$^{13}/_{20}$	$^3/_{10}$ von $^{13}/_{10} = {}^{39}/_{100}$	$^3/_{10}$ von $^5/_{10}$	$^3/_{10}$ von $^{7,5}/_{10}$
300	52,--	26,--	15,60	6,--	9,--
600	71,50	35,80	21,50	8,30	12,40
900	91,--	45,50	27,30	10,50	15,80
1200	110,50	55,30	33,20	12,80	19,20
1500	130,--	65,--	39,--	15,--	22,50
1800	149,50	74,80	44,90	17,50	25,90
2100	169,--	84,50	50,70	19,50	29,30
2400	188,50	94,30	56,60	21,80	32,70
2700	208,--	104,--	62,40	24,--	36,--
3000	227,50	113,80	68,30	26,30	39,40
3500	261,30	130,70	78,40	30,20	45,30
4000	295,10	147,60	88,60	34,10	51,10
4500	328,90	164,50	98,70	38,--	57,--
5000	362,70	181,40	108,90	41,90	62,80
5500	383,50	191,80	115,10	44,30	66,40
6000	403,--	201,50	120,90	46,50	69,80
6500	416,--	208,--	124,80	48,--	72,--
7000	429,--	214,50	128,70	49,50	74,30
7500	442,--	221,--	132,60	51,--	76,50
8000	455,--	227,50	136,50	52,50	78,80
8500	468,--	234,--	140,40	54,--	81,--
9000	481,--	240,50	144,30	55,50	83,30
9500	494,--	247,--	148,20	57,--	85,50
10000	507,--	253,50	152,10	58,50	87,80
11000	520,--	260,--	156,--	60,--	90,--
12000	533,--	266,50	159,90	61,50	92,10
13000	546,--	273,--	163,80	63,--	94,50
14000	559,--	279,50	167,70	64,50	96,80
15000	572,--	286,--	171,60	66,--	99,--
16000	585,--	292,50	175,50	67,50	101,30
17000	598,--	299,--	179,40	69,--	103,50
18000	611,--	305,50	183,30	70,50	105,80
19000	624,--	312,--	187,20	72,--	108,--
20000	637,--	318,50	191,10	73,50	110,30
25000	650,--	325,--	195,--	75,--	112,50
30000	663,--	331,50	198,90	76,50	114,80
35000	676,--	338,--	202,80	78,--	117,--
40000	689,--	344,50	206,70	79,50	119,30
45000	702,--	351,--	210,60	81,--	121,50
50000	715,--	357,50	214,50	82,50	123,80
über 50000	728,--	364,--	218,40	84,--	126,--

Tabelle III Die Hebegebühr   Teil D

III. Die Hebegebühr
§ 22 BRAGO

Die Hebegebühr beträgt bei Beträgen

bis zu 5000 DM einschl. 1 v.H.

von dem Mehrbetrage bis zu 20000 DM einschl. 0,5 v.H.

von dem Mehrbetrage über 20000 DM 0,25 v.H.

Die Gebühr ist bei der Auszahlung oder Rückzahlung zu erheben. Bei Auszahlung in Teilbeträgen ist sie von jedem Teilbetrag zu berechnen. Auf die Art der Einzahlung (auch in Teilbeträgen) kommt es nicht an.

Wert bis einschl. DM	Hebe- gebühr DM	Wert bis einschl. DM	Hebe- gebühr DM	Wert bis einschl. DM	Hebe- gebühr DM
100,--	1,--				
110,--	1,10	380,--	3,80	650,--	6,50
120,--	1,20	390,--	3,90	660,--	6,60
130,--	1,30	400,--	4,--	670,--	6,70
140,--	1,40	410,--	4,10	680,--	6,80
150,--	1,50	420,--	4,20	690,--	6,90
160,--	1,60	430,--	4,30	700,--	7,--
170,--	1,70	440,--	4,40	710,--	7,10
180,--	1,80	450,--	4,50	720,--	7,20
190,--	1,90	460,--	4,60	730,--	7,30
200,--	2,--	470,--	4,70	740,--	7,40
210,--	2,10	480,--	4,80	750,--	7,50
220,--	2,20	490,--	4,90	760,--	7,60
230,--	2,30	500,--	5,--	770,--	7,70
240,--	2,40	510,--	5,10	780,--	7,80
250,--	2,50	520,--	5,20	790,--	7,90
260,--	2,60	530,--	5,30	800,--	8,--
270,--	2,70	540,--	5,40	810,--	8,10
280,--	2,80	550,--	5,50	820,--	8,20
290,--	2,90	560,--	5,60	830,--	8,30
300,--	3,--	570,--	5,70	840,--	8,40
310,--	3,10	580,--	5,80	850,--	8,50
320,--	3,20	590,--	5,90	860,--	8,60
330,--	3,30	600,--	6,--	870,--	8,70
340,--	3,40	610,--	6,10	880,--	8,80
350,--	3,50	620,--	6,20	890,--	8,90
360,--	3,60	630,--	6,30	900,--	9,--
370,--	3,70	640,--	6,40	910,--	9,10

Wert bis einschl. DM	Hebe- gebühr DM	Wert bis einschl. DM	Hebe- gebühr DM	Wert bis einschl. DM	Hebe- gebühr DM
920,--	9,20	1280,--	12,80	1640,--	16,40
930,--	9,30	1290,--	12,90	1650,--	16,50
940,--	9,40	1300,--	13,--	1660,--	16,60
950,--	9,50	1310,--	13,10	1670,--	16,70
960,--	9,60	1320,--	13,20	1680,--	16,80
970,--	9,70	1330,--	13,30	1690,--	16,90
980,--	9,80	1340,--	13,40	1700,--	17,--
990,--	9,90	1350,--	13,50	1710,--	17,10
1000,--	10,--	1360,--	13,60	1720,--	17,20
1010,--	10,10	1370,--	13,70	1730,--	17,30
1020,--	10,20	1380,--	13,80	1740,--	17,40
1030,--	10,30	1390,--	13,90	1750,--	17,50
1040,--	10,40	1400,--	14,--	1760,--	17,60
1050,--	10,50	1410,--	14,10	1770,--	17,70
1060,--	10,60	1420,--	14,20	1780,--	17,80
1070,--	10,70	1430,--	14,30	1790,--	17,90
1080,--	10,80	1440,--	14,40	1800,--	18,--
1090,--	10,90	1450,--	14,50	1810,--	18,10
1100,--	11,--	1460,--	14,60	1820,--	18,20
1110,--	11,10	1470,--	14,70	1830,--	18,30
1120,--	11,20	1480,--	14,80	1840,--	18,40
1130,--	11,30	1490,--	14,90	1850,--	18,50
1140,--	11,40	1500,--	15,--	1860,--	18,60
1150,--	11,50	1510,--	15,10	1870,--	18,70
1160,--	11,60	1520,--	15,20	1880,--	18,80
1170,--	11,70	1530,--	15,30	1890,--	18,90
1180,--	11,80	1540,--	15,40	1900,--	19,--
1190,--	11,90	1550,--	15,50	1910,--	19,10
1200,--	12,--	1560,--	15,60	1920,--	19,20
1210,--	12,10	1570,--	15,70	1930,--	19,30
1220,--	12,20	1580,--	15,80	1940,--	19,40
1230,--	12,30	1590,--	15,90	1950,--	19,50
1240,--	12,40	1600,--	16,--	1960,--	19,60
1250,--	12,50	1610,--	16,10	1970,--	19,70
1260,--	12,60	1620,--	16,20	1980,--	19,80
1270,--	12,70	1630,--	16,30	1990,--	19,90

Tabelle III Die Hebegebühr   Teil D

Wert bis einschl. DM	Hebe- gebühr DM	Wert bis einschl. DM	Hebe- gebühr DM	Wert bis einschl. DM	Hebe- gebühr DM
2000,--	20,--	2360,--	23,60	2720,--	27,20
2010,--	20,10	2370,--	23,70	2730,--	27,30
2020,--	20,20	2380,--	23,80	2740,--	27,40
2030,--	20,30	2390,--	23,90	2750,--	27,50
2040,--	20,40	2400,--	24,--	2760,--	27,60
2050,--	20,50	2410,--	24,10	2770,--	27,70
2060,--	20,60	2420,--	24,20	2780,--	27,80
2070,--	20,70	2430,--	24,30	2790,--	27,90
2080,--	20,80	2440,--	24,40	2800,--	28,--
2090,--	20,90	2450,--	24,50	2810,--	28,10
2100,--	21,--	2460,--	24,60	2820,--	28,20
2110,--	21,10	2470,--	24,70	2830,--	28,30
2120,--	21,20	2480,--	24,80	2840,--	28,40
2130,--	21,30	2490,--	24,90	2850,--	28,50
2140,--	21,40	2500,--	25,--	2860,--	28,60
2150,--	21,50	2510,--	25,10	2870,--	28,70
2160,--	21,60	2520,--	25,20	2880,--	28,80
2170,--	21,70	2530,--	25,30	2890,--	28,90
2180,--	21,80	2540,--	25,40	2900,--	29,--
2190,--	21,90	2550,--	25,50	2910,--	29,10
2200,--	22,--	2560,--	25,60	2920,--	29,20
2210,--	22,10	2570,--	25,70	2930,--	29,30
2220,--	22,20	2580,--	25,80	2940,--	29,40
2230,--	22,30	2590,--	25,90	2950,--	29,50
2240,--	22,40	2600,--	26,--	2960,--	29,60
2250,--	22,50	2610,--	26,10	2970,--	29,70
2260,--	22,60	2620,--	26,20	2980,--	29,80
2270,--	22,70	2630,--	26,30	2990,--	29,90
2280,--	22,80	2640,--	26,40	3000,--	30,--
2290,--	22,90	2650,--	26,50	3010,--	30,10
2300,--	23,--	2660,--	26,60	3020,--	30,20
2310,--	23,10	2670,--	26,70	3030,--	30,30
2320,--	23,20	2680,--	26,80	3040,--	30,40
2330,--	23,30	2690,--	26,90	3050,--	30,50
2340,--	23,40	2700,--	27,--	3060,--	30,60
2350,--	23,50	2710,--	27,10	3070,--	30,70

Wert bis einschl. DM	Hebe- gebühr DM	Wert bis einschl. DM	Hebe- gebühr DM	Wert bis einschl. DM	Hebe- gebühr DM
3080,--	30,80	3440,--	34,40	3800,--	38,--
3090,--	30,90	3450,--	34,50	3810,--	38,10
3100,--	31,--	3460,--	34,60	3820,--	38,20
3110,--	31,10	3470,--	34,70	3830,--	38,30
3120,--	31,20	3480,--	34,80	3840,--	38,40
3130,--	31,30	3490,--	34,90	3850,--	38,50
3140,--	31,40	3500,--	35,--	3860,--	38,60
3150,--	31,50	3510,--	35,10	3870,--	38,70
3160,--	31,60	3520,--	35,20	3880,--	38,80
3170,--	31,70	3530,--	35,30	3890,--	38,90
3180,--	31,80	3540,--	35,40	3900,--	39,--
3190,--	31,90	3550,--	35,50	3910,--	39,10
3200,--	32,--	3560,--	35,60	3920,--	39,20
3210,--	32,10	3570,--	35,70	3930,--	39,30
3220,--	32,20	3580,--	35,80	3940,--	39,40
3230,--	32,30	3590,--	35,90	3950,--	39,50
3240,--	32,40	3600,--	36,--	3960,--	39,60
3250,--	32,50	3610,--	36,10	3970,--	39,70
3260,--	32,60	3620,--	36,20	3980,--	39,80
3270,--	32,70	3630,--	36,30	3990,--	39,90
3280,--	32,80	3640,--	36,40	4000,--	40,--
3290,--	32,90	3650,--	36,50	4010,--	40,10
3300,--	33,--	3660,--	36,60	4020,--	40,20
3310,--	33,10	3670,--	36,70	4030,--	40,30
3320,--	33,20	3680,--	36,80	4040,--	40,40
3330,--	33,30	3690,--	36,90	4050,--	40,50
3340,--	33,40	3700,--	37,--	4060,--	40,60
3350,--	33,50	3710,--	37,10	4070,--	40,70
3360,--	33,60	3720,--	37,20	4080,--	40,80
3370,--	33,70	3730,--	37,30	4090,--	40,90
3380,--	33,80	3740,--	37,40	4100,--	41,--
3390,--	33,90	3750,--	37,50	4110,--	41,10
3400,--	34,--	3760,--	37,60	4120,--	41,20
3410,--	34,10	3770,--	37,70	4130,--	41,30
3420,--	34,20	3780,--	37,80	4140,--	41,40
3430,--	34,30	3790,--	37,90	4150,--	41,50

Tabelle III Die Hebegebühr   Teil D

Wert bis einschl. DM	Hebe-gebühr DM	Wert bis einschl. DM	Hebe-gebühr DM	Wert bis einschl. DM	Hebe-gebühr DM
4160,--	41,60	4520,--	45,20	4880,--	48,80
4170,--	41,70	4530,--	45,30	4890,--	48,90
4180,--	41,80	4540,--	45,40	4900,--	49,--
4190,--	41,90	4550,--	45,50	4910,--	49,10
4200,--	42,--	4560,--	45,60	4920,--	49,20
4210,--	42,10	4570,--	45,70	4930,--	49,30
4220,--	42,20	4580,--	45,80	4940,--	49,40
4230,--	42,30	4590,--	45,90	4950,--	49,50
4240,--	42,40	4600,--	46,--	4960,--	49,60
4250,--	42,50	4610,--	46,10	4970,--	49,70
4260,--	42,60	4620,--	46,20	4980,--	49,80
4270,--	42,70	4630,--	46,30	4990,--	49,90
4280,--	42,80	4640,--	46,40	5000,--	50,--
4290,--	42,90	4650,--	46,50	5020,--	50,10
4300,--	43,--	4660,--	46,60	5040,--	50,20
4310,--	43,10	4670,--	46,70	5060,--	50,30
4320,--	43,20	4680,--	46,80	5080,--	50,40
4330,--	43,30	4690,--	46,90	5100,--	50,50
4340,--	43,40	4700,--	47,--	5120,--	50,60
4350,--	43,50	4710,--	47,10	5140,--	50,70
4360,--	43,60	4720,--	47,20	5160,--	50,80
4370,--	43,70	4730,--	47,30	5180,--	50,90
4380,--	43,80	4740,--	47,40	5200,--	51,--
4390,--	43,90	4750,--	47,50	5220,--	51,10
4400,--	44,--	4760,--	47,60	5240,--	51,20
4410,--	44,10	4770,--	47,70	5260,--	51,30
4420,--	44,20	4780,--	47,80	5280,--	51,40
4430,--	44,30	4790,--	47,90	5300,--	51,50
4440,--	44,40	4800,--	48,--	5320,--	51,60
4450,--	44,50	4810,--	48,10	5340,--	51,70
4460,--	44,60	4820,--	48,20	5360,--	51,80
4470,--	44,70	4830,--	48,30	5380,--	51,90
4480,--	44,80	4840,--	48,40	5400,--	52,--
4490,--	44,90	4850,--	48,50	5420,--	52,10
4500,--	45,--	4860,--	48,60	5440,--	52,20
4510,--	45,10	4870,--	48,70	5460,--	52,30

Wert bis einschl. DM	Hebe- gebühr DM	Wert bis einschl. DM	Hebe- gebühr DM	Wert bis einschl. DM	Hebe- gebühr DM
5 480,--	52,40	6 200,--	56,--	6 920,--	59,60
5 500,--	52,50	6 220,--	56,10	6 940,--	59,70
5 520,--	52,60	6 240,--	56,20	6 960,--	59,80
5 540,--	52,70	6 260,--	56,30	6 980,--	59,90
5 560,--	52,80	6 280,--	56,40	7 000,--	60,--
5 580,--	52,90	6 300,--	56,50	7 020,--	60,10
5 600,--	53,--	6 320,--	56,60	7 040,--	60,20
5 620,--	53,10	6 340,--	56,70	7 060,--	60,30
5 640,--	53,20	6 360,--	56,80	7 080,--	60,40
5 660,--	53,30	6 380,--	56,90	7 100,--	60,50
5 680,--	53,40	6 400,--	57,--	7 120,--	60,60
5 700,--	53,50	6 420,--	57,10	7 140,--	60,70
5 720,--	53,60	6 440,--	57,20	7 160,--	60,80
5 740,--	53,70	6 460,--	57,30	7 180,--	60,90
5 760,--	53,80	6 480,--	57,40	7 200,--	61,--
5 780,--	53,90	6 500,--	57,50	7 220,--	61,10
5 800,--	54,--	6 520,--	57,60	7 240,--	61,20
5 820,--	54,10	6 540,--	57,70	7 260,--	61,30
5 840,--	54,20	6 560,--	57,80	7 280,--	61,40
5 860,--	54,30	6 580,--	57,90	7 300,--	61,50
5 880,--	54,40	6 600,--	58,--	7 320,--	61,60
5 900,--	54,50	6 620,--	58,10	7 340,--	61,70
5 920,--	54,60	6 640,--	58,20	7 360,--	61,80
5 940,--	54,70	6 660,--	58,30	7 380,--	61,90
5 960,--	54,80	6 680,--	58,40	7 400,--	62,--
5 980,--	54,90	6 700,--	58,50	7 420,--	62,10
6 000,--	55,--	6 720,--	58,60	7 440,--	62,20
6 020,--	55,10	6 740,--	58,70	7 460,--	62,30
6 040,--	55,20	6 760,--	58,80	7 480,--	62,40
6 060,--	55,30	6 780,--	58,90	7 500,--	62,50
6 080,--	55,40	6 800,--	59,--	7 520,--	62,60
6 100,--	55,50	6 820,--	59,10	7 540,--	62,70
6 120,--	55,60	6 840,--	59,20	7 560,--	62,80
6 140,--	55,70	6 860,--	59,30	7 580,--	62,90
6 160,--	55,80	6 880,--	59,40	7 600,--	63,--
6 180,--	55,90	6 900,--	59,50	7 620,--	63,10

Tabelle III Die Hebegebühr Teil D

Wert bis einschl. DM	Hebe- gebühr DM	Wert bis einschl. DM	Hebe- gebühr DM	Wert bis einschl. DM	Hebe- gebühr DM
7640,--	63,20	8360,--	66,80	9080,--	70,40
7660,--	63,30	8380,--	66,90	9100,--	70,50
7680,--	63,40	8400,--	67,--	9120,--	70,60
7700,--	63,50	8420,--	67,10	9140,--	70,70
7720,--	63,60	8440,--	67,20	9160,--	70,80
7740,--	63,70	8460,--	67,30	9180,--	70,90
7760,--	63,80	8480,--	67,40	9200,--	71,--
7780,--	63,90	8500,--	67,50	9220,--	71,10
7800,--	64,--	8520,--	67,60	9240,--	71,20
7820,--	64,10	8540,--	67,70	9260,--	71,30
7840,--	64,20	8560,--	67,80	9280,--	71,40
7860,--	64,30	8580,--	67,90	9300,--	71,50
7880,--	64,40	8600,--	68,--	9320,--	71,60
7900,--	64,50	8620,--	68,10	9340,--	71,70
7920,--	64,60	8640,--	68,20	9360,--	71,80
7940,--	64,70	8660,--	68,30	9380,--	71,90
7960,--	64,80	8680,--	68,40	9400,--	72,--
7980,--	64,90	8700,--	68,50	9420,--	72,10
8000,--	65,--	8720,--	68,60	9440,--	72,20
8020,--	65,10	8740,--	68,70	9460,--	72,30
8040,--	65,20	8760,--	68,80	9480,--	72,40
8060,--	65,30	8780,--	68,90	9500,--	72,50
8080,--	65,40	8800,--	69,--	9520,--	72,60
8100,--	65,50	8820,--	69,10	9540,--	72,70
8120,--	65,60	8840,--	69,20	9560,--	72,80
8140,--	65,70	8860,--	69,30	9580,--	72,90
8160,--	65,80	8880,--	69,40	9600,--	73,--
8180,--	65,90	8900,--	69,50	9620,--	73,10
8200,--	66,--	8920,--	69,60	9640,--	73,20
8220,--	66,10	8940,--	69,70	9660,--	73,30
8240,--	66,20	8960,--	69,80	9680,--	73,40
8260,--	66,30	8980,--	69,90	9700,--	73,50
8280,--	66,40	9000,--	70,--	9720,--	73,60
8300,--	66,50	9020,--	70,10	9740,--	73,70
8320,--	66,60	9040,--	70,20	9760,--	73,80
8340,--	66,70	9060,--	70,30	9780,--	73,90

Wert bis einschl. DM	Hebe- gebühr DM	Wert bis einschl. DM	Hebe- gebühr DM	Wert bis einschl. DM	Hebe- gebühr DM
9800,--	74,--	10520,--	77,60	11240,--	81,20
9820,--	74,10	10540,--	77,70	11260,--	81,30
9840,--	74,20	10560,--	77,80	11280,--	81,40
9860,--	74,30	10580,--	77,90	11300,--	81,50
9880,--	74,40	10600,--	78,--	11320,--	81,60
9900,--	74,50	10620,--	78,10	11340,--	81,70
9920,--	74,60	10640,--	78,20	11360,--	81,80
9940,--	74,70	10660,--	78,30	11380,--	81,90
9960,--	74,80	10680,--	78,40	11400,--	82,--
9980,--	74,90	10700,--	78,50	11420,--	82,10
10000,--	75,--	10720,--	78,60	11440,--	82,20
10020,--	75,10	10740,--	78,70	11460,--	82,30
10040,--	75,20	10760,--	78,80	11480,--	82,40
10060,--	75,30	10780,--	78,90	11500,--	82,50
10080,--	75,40	10800,--	79,--	11520,--	82,60
10100,--	75,50	10820,--	79,10	11540,--	82,70
10120,--	75,60	10840,--	79,20	11560,--	82,80
10140,--	75,70	10860,--	79,30	11580,--	82,90
10160,--	75,80	10880,--	79,40	11600,--	83,--
10180,--	75,90	10900,--	79,50	11620,--	83,10
10200,--	76,--	10920,--	79,60	11640,--	83,20
10220,--	76,10	10940,--	79,70	11660,--	83,30
10240,--	76,20	10960,--	79,80	11680,--	83,40
10260,--	76,30	10980,--	79,90	11700,--	83,50
10280,--	76,40	11000,--	80,--	11720,--	83,60
10300,--	76,50	11020,--	80,10	11740,--	83,70
10320,--	76,60	11040,--	80,20	11760,--	83,80
10340,--	76,70	11060,--	80,30	11780,--	83,90
10360,--	76,80	11080,--	80,40	11800,--	84,--
10380,--	76,90	11100,--	80,50	11820,--	84,10
10400,--	77,--	11120,--	80,60	11840,--	84,20
10420,--	77,10	11140,--	80,70	11860,--	84,30
10440,--	77,20	11160,--	80,80	11880,--	84,40
10460,--	77,30	11180,--	80,90	11900,--	84,50
10480,--	77,40	11200,--	81,--	11920,--	84,60
10500,--	77,50	11220,--	81,10	11940,--	84,70

Tabelle III Die Hebegebühr   Teil D

Wert bis einschl. DM	Hebe- gebühr DM	Wert bis einschl. DM	Hebe- gebühr DM	Wert bis einschl. DM	Hebe- gebühr DM
11960,--	84,80	12680,--	88,40	13400,--	92,--
11980,--	84,90	12700,--	88,50	13420,--	92,10
12000,--	85,--	12720,--	88,60	13440,--	92,20
12020,--	85,10	12740,--	88,70	13460,--	92,30
12040,--	85,20	12760,--	88,80	13480,--	92,40
12060,--	85,30	12780,--	88,90	13500,--	92,50
12080,--	85,40	12800,--	89,--	13520,--	92,60
12100,--	85,50	12820,--	89,10	13540,--	92,70
12120,--	85,60	12840,--	89,20	13560,--	92,80
12140,--	85,70	12860,--	89,30	13580,--	92,90
12160,--	85,80	12880,--	89,40	13600,--	93,--
12180,--	85,90	12900,--	89,50	13620,--	93,10
12200,--	86,--	12920,--	89,60	13640,--	93,20
12220,--	86,10	12940,--	89,70	13660,--	93,30
12240,--	86,20	12960,--	89,80	13680,--	93,40
12260,--	86,30	12980,--	89,90	13700,--	93,50
12280,--	86,40	13000,--	90,--	13720,--	93,60
12300,--	86,50	13020,--	90,10	13740,--	93,70
12320,--	86,60	13040,--	90,20	13760,--	93,80
12340,--	86,70	13060,--	90,30	13780,--	93,90
12360,--	86,80	13080,--	90,40	13800,--	94,--
12380,--	86,90	13100,--	90,50	13820,--	94,10
12400,--	87,--	13120,--	90,60	13840,--	94,20
12420,--	87,10	13140,--	90,70	13860,--	94,30
12440,--	87,20	13160,--	90,80	13880,--	94,40
12460,--	87,30	13180,--	90,90	13900,--	94,50
12480,--	87,40	13200,--	91,--	13920,--	94,60
12500,--	87,50	13220,--	91,10	13940,--	94,70
12520,--	87,60	13240,--	91,20	13960,--	94,80
12540,--	87,70	13260,--	91,30	13980,--	94,90
12560,--	87,80	13280,--	91,40	14000,--	95,--
12580,--	87,90	13300,--	91,50	14020,--	95,10
12600,--	88,--	13320,--	91,60	14040,--	95,20
12620,--	88,10	13340,--	91,70	14060,--	95,30
12640,--	88,20	13360,--	91,80	14080,--	95,40
12660,--	88,30	13380,--	91,90	14100,--	95,50

Wert bis einschl. DM	Hebe- gebühr DM	Wert bis einschl. DM	Hebe- gebühr DM	Wert bis einschl. DM	Hebe- gebühr DM
14120,--	95,60	14840,--	99,20	15560,--	102,80
14140,--	95,70	14860,--	99,30	15580,--	102,90
14160,--	95,80	14880,--	99,40	15600,--	103,--
14180,--	95,90	14900,--	99,50	15620,--	103,10
14200,--	96,--	14920,--	99,60	15640,--	103,20
14220,--	96,10	14940,--	99,70	15660,--	103,30
14240,--	96,20	14960,--	99,80	15680,--	103,40
14260,--	92,30	14980,--	99,90	15700,--	103,50
14280,--	96,40	15000,--	100,--	15720,--	103,60
14300,--	96,50	15020,--	100,10	15740,--	103,70
14320,--	96,60	15040,--	100,20	15760,--	103,80
14340,--	96,70	15060,--	100,30	15780,--	103,90
14360,--	96,80	15080,--	100,40	15800,--	104,--
14380,--	96,90	15100,--	100,50	15820,--	104,10
14400,--	97,--	15120,--	100,60	15840,--	104,20
14420,--	97,10	15140,--	100,70	15860,--	104,30
14440,--	97,20	15160,--	100,80	15880,--	104,40
14460,--	97,30	15180,--	100,90	15900,--	104,50
14480,--	97,40	15200,--	101,--	15920,--	104,60
14500,--	97,50	15220,--	101,10	15940,--	104,70
14520,--	97,60	15240,--	101,20	15960,--	104,80
14540,--	97,70	15260,--	101,30	15980,--	104,90
14560,--	97,80	15280,--	101,40	16000,--	105,--
14580,--	97,90	15300,--	101,50	16020,--	105,10
14600,--	98,--	15320,--	101,60	16040,--	105,20
14620,--	98,10	15340,--	101,70	16060,--	105,30
14640,--	98,20	15360,--	101,80	16080,--	105,40
14660,--	98,30	15380,--	101,90	16100,--	105,50
14680,--	98,40	15400,--	102,--	16120,--	105,60
14700,--	98,50	15420,--	102,10	16140,--	105,70
14720,--	98,60	15440,--	102,20	16160,--	105,80
14740,--	98,70	15460,--	102,30	16180,--	105,90
14760,--	98,80	15480,--	102,40	16200,--	106,--
14780,--	98,90	15500,--	102,50	16220,--	106,10
14800,--	99,--	15520,--	102,60	16240,--	106,20
14820,--	99,10	15540,--	102,70	16260,--	106,30

Tabelle III Die Hebegebühr   Teil D

Wert bis einschl. DM	Hebe- gebühr DM	Wert bis einschl. DM	Hebe- gebühr DM	Wert bis einschl. DM	Hebe- gebühr DM
16280,--	106,40	17000,--	110,--	17720,--	113,60
16300,--	106,50	17020,--	110,10	17740,--	113,70
16320,--	106,60	17040,--	110,20	17760,--	113,80
16340,--	106,70	17060,--	110,30	17780,--	113,90
16360,--	106,80	17080,--	110,40	17800,--	114,--
16380,--	106,90	17100,--	110,50	17820,--	114,10
16400,--	107,--	17120,--	110,60	17840,--	114,20
16420,--	107,10	17140,--	110,70	17860,--	114,30
16440,--	107,20	17160,--	110,80	17880,--	114,40
16460,--	107,30	17180,--	110,90	17900,--	114,50
16480,--	107,40	17200,--	111,--	17920,--	114,60
16500,--	107,50	17220,--	111,10	17940,--	114,70
16520,--	107,60	17240,--	111,20	17960,--	114,80
16540,--	107,70	17260,--	111,30	17980,--	114,90
16560,--	107,80	17280,--	111,40	18000,--	115,--
16580,--	107,90	17300,--	111,50	18020,--	115,10
16600,--	108,--	17320,--	111,60	18040,--	115,20
16620,--	108,10	17340,--	111,70	18060,--	115,30
16640,--	108,20	17360,--	111,80	18080,--	115,40
16660,--	108,30	17380,--	111,90	18100,--	115,50
16680,--	108,40	17400,--	112,--	18120,--	115,60
16700,--	108,50	17420,--	112,10	18140,--	115,70
16720,--	108,60	17440,--	112,20	18160,--	115,80
16740,--	108,70	17460,--	112,30	18180,--	115,90
16760,--	108,80	17480,--	112,40	18200,--	116,--
16780,--	108,90	17500,--	112,50	18220,--	116,10
16800,--	109,--	17520,--	112,60	18240,--	116,20
16820,--	109,10	17540,--	112,70	18260,--	116,30
16840,--	109,20	17560,--	112,80	18280,--	116,40
16860,--	109,30	17580,--	112,90	18300,--	116,50
16880,--	109,40	17600,--	113,--	18320,--	116,60
16900,--	109,50	17620,--	113,10	18340,--	116,70
16920,--	109,60	17640,--	113,20	18360,--	116,80
16940,--	109,70	17660,--	113,30	18380,--	116,90
16960,--	109,80	17680,--	113,40	18400,--	117,--
16980,--	109,90	17700,--	113,50	18420,--	117,10

Wert bis einschl. DM	Hebe- gebühr DM	Wert bis einschl. DM	Hebe- gebühr DM	Wert bis einschl. DM	Hebe- gebühr DM
18440,--	117,20	18980,--	119,90	19520,--	122,60
18460,--	117,30	19000,--	120,--	19540,--	122,70
18480,--	117,40	19020,--	120,10	19560,--	122,80
18500,--	117,50	19040,--	120,20	19580,--	122,90
18520,--	117,60	19060,--	120,30	19600,--	123,--
18540,--	117,70	19080,--	120,40	19620,--	123,10
18560,--	117,80	19100,--	120,50	19640,--	123,20
18580,--	117,90	19120,--	120,60	19660,--	123,30
18600,--	118,--	19140,--	120,70	19680,--	123,40
18620,--	118,10	19160,--	120,80	19700,--	123,50
18640,--	118,20	19180,--	120,90	19720,--	123,60
18660,--	118,30	19200,--	121,--	19740,--	123,70
18680,--	118,40	19220,--	121,10	19760,--	123,80
18700,--	118,50	19240,--	121,20	19780,--	123,90
18720,--	118,60	19260,--	121,30	19800,--	124,--
18740,--	118,70	19280,--	121,40	19820,--	124,10
18760,--	118,80	19300,--	121,50	19840,--	124,20
18780,--	118,90	19320,--	121,60	19860,--	124,30
18800,--	119,--	19340,--	121,70	19880,--	124,40
18820,--	119,10	19360,--	121,80	19900,--	124,50
18840,--	119,20	19380,--	121,90	19920,--	124,60
18860,--	119,30	19400,--	122,--	19940,--	124,70
18880,--	119,40	19420,--	122,10	19960,--	124,80
18900,--	119,50	19440,--	122,20	19980,--	124,90
18920,--	119,60	19460,--	122,30	20000,--	125,--
18940,--	119,70	19480,--	122,40		
18960,--	119,80	19500,--	122,50		

Tabelle III Die Hebegebühr   Teil D

Berechnung der Hebegebühr bei Beträgen über 2000,– DM.
Wert durch 1000 teilen
Betrag mit 2,5 multiplizieren
75,– DM zuschlagen
auf volle 10 Dpf. aufrunden.

Beispiel:
Hebegebühr aus 50000,-- DM
50000 : 1000 = 50

50 × 2,5	125,-- DM
+ 75,-- DM	75,-- DM
Hebegebühr	200,-- DM

Beispiele der Hebegebühr bei hohen Werten

Wert bis einschl. DM	Hebe-gebühr DM	Wert bis einschl. DM	Hebe-gebühr DM
30000,--	150,--	2 Mill.	5075,--
40000,--	175,--	3 Mill.	7575,--
50000,--	200,--	4 Mill.	10075,--
100000,--	325,--	5 Mill.	12575,--
200000,--	575,--	10 Mill.	25075,--
300000,--	825,--	20 Mill.	50075,--
400000,--	1075,--	30 Mill.	75075,--
500000,--	1325,--	40 Mill.	100075,--
1 Mill.	2575,--	50 Mill.	125075,--

von Eicken

IV. Die Gebühren in Strafsachen

I. Erster Rechtszug

mit Hauptverhandlung

Regelgebühr

Wahlverteidiger § 83 Abs. 1

Gerichte	Mindest- bis Höchst-gebühr DM	Mittelgebühr DM
OLG (BayObLG), Schwurgericht, Jugendkammer an Stelle des Schwurgerichts	140–2060	1100
Große Strafkammer, Jugendkammer, soweit nicht vorstehend	100–1240	670
Schöffengericht, Jugendschöffengericht, Strafrichter, Jugendrichter	80–1060	570

Pflichtverteidiger § 97

Gerichte	DM	
OLG (BayObLG), Schwurgericht, Jugendkammer an Stelle des Schwurgerichts	560	
Große Strafkammer, Jugendkammer, soweit nicht vorstehend	400	
Schöffengericht, Jugendschöffengericht, Strafrichter, Jugendrichter	320	

Madert   1373

Tabelle IV Strafsachen   Teil D

Zusatzgebühr
für den zweiten und jeden weiteren Verhandlungstag § 83 Abs. 2

Gericht	Mindest- bis Höchstgebühr DM	Mittelgebühr DM	Pflichtverteidiger DM
OLG (BayObLG), Schwurgericht, Jugendkammer an Stelle des Schwurgerichts	140–1030	585	515
Große Strafkammer, Jugendkammer, soweit nicht vorstehend	100–620	360	310
Schöffengericht, Jugendschöffengericht, Strafrichter, Jugendrichter	80–530	305	265

II. Verfahren außerhalb der Hauptverhandlung § 84
Zusatzgebühr für vorbereitendes Verfahren

Gericht	Mindest- bis Höchstgebühr DM	Mittelgebühr DM	Pflichtverteidiger DM
OLG (BayObLG), Schwurgericht, Jugendkammer an Stelle des Schwurgerichts	70–1030	550	280
Große Strafkammer, Jugendkammer, soweit nicht vorstehend	50–620	335	200
Schöffengericht, Jugendschöffengericht, Strafrichter, Jugendrichter	40–530	285	160

III. Berufungsverfahren

Regelgebühr § 85 Abs. 1

Gericht	Mindest- bis Höchstgebühr DM	Mittelgebühr DM	Pflichtverteidiger DM
Große Strafkammer Jugendkammer	100–1240	670	400
Kleine Strafkammer	80–1060	570	320

Zusatzgebühr
für den zweiten und jeden weiteren Verhandlungstag § 85 Abs. 2

Gericht	Mindest- bis Höchstgebühr DM	Mittelgebühr DM	Pflichtverteidiger DM
Große Strafkammer Jugendkammer	100–620	360	310
Kleine Strafkammer	80–530	305	265

Berufungsverfahren ohne Hauptverhandlung § 85 Abs. 3

Gericht	Mindest- bis Höchstgebühr DM	Mittelgebühr DM	Pflichtverteidiger DM
Große Strafkammer Jugendkammer	50–620	335	200
Kleine Strafkammer	40–530	285	160

IV. Revisionsverfahren

Regelgebühr § 86 Abs. 1

Gericht	Mindest- bis Höchstgebühr DM	Mittelgebühr DM	Pflichtverteidiger DM
BGH	140–2060	1100	560
OLG (BayObLG)	100–1240	670	400
OLG (BayObLG) falls 1. Instanz Strafrichter allein (nicht jedoch Jugendrichter)	80–1060	570	320

Zusatzgebühr
für den zweiten und jeden weiteren Verhandlungstag § 86 Abs. 2

Gericht	Mindest- bis Höchstgebühr DM	Mittelgebühr DM	Pflichtverteidiger DM
BGH	140–1030	585	515
OLG (BayObLG)	100–620	360	310
OLG (BayObLG) falls 1. Instanz Strafrichter allein (nicht jedoch Jugendrichter)	80–530	305	265

Revisionsverfahren ohne Hauptverhandlung § 86 Abs. 3

Gericht	Mindest- bis Höchstgebühr DM	Mittelgebühr DM	Pflichtverteidiger DM
BGH	70–1030	550	280
OLG (BayObLG)	50–620	335	200
OLG (BayObLG) falls 1. Instanz Amtsrichter allein (nicht jedoch Jugendrichter)	40–530	285	160

§ 91
Gebühren für einzelne Tätigkeiten

	Mindest- bis Höchstgebühr DM	Mittelgebühr DM
Nr. 1 Rechtsmitteleinlegung Anträge, Gesuche sonstiger Beistand	20–280	150
Nr. 2 Berufungsbegründung Berufungsantwort, Verkehrs- anwalt, Beistand bei Vernehmung, Augenschein, Klageerzwingung	40–520	280
Nr. 3 Revisionsbegründung Revisionsantwort	60–820	440

§ 93
Gnadengesuche

Mindest- bis Höchstgebühr DM 30–410	Mittelgebühr DM 220

Tabelle IV Strafsachen   Teil D

§ 94
Privatklage
- Besonderheiten

Tätigkeit	Mindest- bis Höchstgebühr DM	Mittelgebühr DM	Pflichtanwalt DM
Abs. 3 Vergleichsgebühr	20–210	115	80
Abs. 4 nur Anfertigung der Privatklage	40–520	280	–
Abs. 5 Sühneverfahren	20–210	115	–
Einigung im Sühneverfahren zusätzlich	20–210	115	–

Sachverzeichnis

Die **fetten** Zahlen bezeichnen die Paragraphen, soweit nichts anderes angegeben ist, der BRAGO, die mager gesetzten Zahlen die Randnummern.
V bedeutet Vorbemerkung.
Die meisten Vorschriften enthalten vor Beginn der Erläuterungen umfangreiche systematische Inhaltsübersichten. In vielen Fällen ist es ratsam, statt des Sachverzeichnisses diese Inhaltsübersichten zu benutzen.

Sachverzeichnis

von Eicken

Sachverzeichnis

von Eicken

Sachverzeichnis

von Eicken

Sachverzeichnis

Sachverzeichnis

von Eicken

Sachverzeichnis

Sachverzeichnis

1404

Sachverzeichnis

magere Zahlen = Randnummern   **Sachverzeichnis**

von Eicken   1407

Sachverzeichnis

von Eicken

Sachverzeichnis

fette Zahlen = §§

1410

von Eicken

Sachverzeichnis

Sachverzeichnis

fette Zahlen = §§

Sachverzeichnis

fette Zahlen = §§

Sachverzeichnis

Sachverzeichnis

von Eicken

Sachverzeichnis

von Eicken

Sachverzeichnis

von Eicken

Sachverzeichnis

Sachverzeichnis

von Eicken

Sachverzeichnis

von Eicken

Sachverzeichnis

von Eicken

Sachverzeichnis

von Eicken

Sachverzeichnis

Sachverzeichnis

fette Zahlen = §§

von Eicken

von Eicken

Sachverzeichnis

von Eicken

Sachverzeichnis